2015

CHINA STATISTICAL YEARBOOK (TOWNSHIP)

中国县域统计年鉴(乡镇卷)

国家统计局农村社会经济调查司 编

中国统计出版社
China Statistics Press

图书在版编目 (CIP) 数据

中国县域统计年鉴 . 2015. 乡镇卷 / 国家统计局农村社会经济调查司编 . -- 北京 : 中国统计出版社 , 2015.12
ISBN 978-7-5037-7726-4

Ⅰ . ①中 … Ⅱ . ①国 … Ⅲ . ①乡镇经济 – 经济统计 – 中国 – 2015 – 年鉴 Ⅳ . ① F127-54

中国版本图书馆 CIP 数据核字 (2015) 第 295109 号

中国县域统计年鉴—2015（乡镇卷）

编　　者 / 国家统计局农村社会经济调查司
责任编辑 / 尹　伊
出版发行 / 中国统计出版社
通信地址 / 北京市丰台区西三环南路甲 6 号　邮政编码 /100073
电　　话 / 邮购 (010) 63376909　书店 (010) 68783171
网　　址 / http://www.zgtjcbs.com
印　　刷 / 河北天普润印刷厂
经　　销 / 新华书店
开　　本 / 880×1230 毫米　1/16
字　　数 / 1500 千字
印　　张 / 46.75
版　　别 / 2015 年 12 月第 1 版
版　　次 / 2015 年 12 月第 1 次印刷
定　　价 / 550. 00 元（全套）

如有印装差错，由本社发行部调换。

《中国县域统计年鉴（乡镇卷）-2015》
编辑委员会

编者说明

一、《中国县域统计年鉴（乡镇卷）-2015》收录了2014年全国30000多个乡镇的基本情况、人口与就业、财政收支、农业、工业及建筑业、贸易及餐饮、教育、文化、卫生、社会保障等方面的资料。

二、本年鉴的资料范围包括全国除香港特别行政区、澳门特别行政区和台湾省以外的所有乡镇，行政区划截止到2014年12月31日。

三、全书主要内容包括三个部分：一是全国乡镇社会经济综合情况；二是各地区主要指标居全国前1000位的乡镇；三是各地区乡镇基本情况。篇末另附主要指标解释。

四、本年鉴所列指标的计量单位均采用公制。

五、本年鉴的资料来自2014年乡镇社会经济统计年报。

六、本书空栏有如下情况：

（1）该项数据较小，不够规定单位。

（2）该项指标当年没有统计任务，所以无统计数据。

（3）该项指标未掌握确切数据。

七、咨询服务电话：010-68782830，010-68782872。

编　者

2015年10月

目录

一、全国乡镇社会经济综合情况

二、各地区主要指标居全国前 1000 位的乡镇

三、各地区乡镇基本情况

附录：主要指标解释

1

全国乡镇社会经济综合情况

全国乡镇社会经济综合发展情况

指标名称	计算单位	2014年	2013年	同比增减绝对值(±)	同比增减幅度(%)
一、基本情况					
乡镇个数	个	32786	32973	-187	-0.6
按属性分：1.重点镇	个	3675	3671	4	0.1
2.非重点镇	个	16663	16342	321	2.0
3.乡	个	12448	12960	-512	-4.0
按区域分：老区乡镇	个	8107	8130	-23	-0.3
边区乡镇	个	618	618		
民族乡	个	1013	1027	-14	-1.4
行政区域面积	千公顷	835161.8	857854.4	-22692.7	-2.6
居民委员会个数	个	37037	39933	-2896	-7.3
村民委员会个数	个	541159	548356	-7197	-1.3
#通公共交通的村个数	个	379008	363510	15498	4.3
通宽带的村个数	个	447821	436317	11504	2.6
通有线电视的村个数	个	432316	431284	1032	0.2
通自来水的村个数	个	422749	415023	7726	1.9
垃圾集中处理的村个数	个	305972	271934	34038	12.5
污水集中处理的村个数	个	69107	60681	8426	13.9
二、人口与就业					
常住户数	万户	29408.7	29541.0	-132.4	-0.4
常住人口	万人	97043.9	98357.6	-1313.7	-1.3
户籍人口	万人	101264.9	101373.5	-108.6	-0.1
#农业户籍人口	万人	82918.4	83284.7	-366.3	-0.4
第一产业从业人员	万人	25607.4	26398.3	-790.9	-3.0
第二产业从业人员	万人	15541.8	15558.8	-17.0	-0.1
第三产业从业人员	万人	14258.4	14156.8	101.7	0.7
外来从业人员	万人	5594.7	5518.4	76.3	1.4
三、财政收支					
公共财政收入	亿元	12562.3	11802.7	759.5	6.4
企业实交税金	亿元	15317.1	14484.9	832.2	5.7
公共财政支出	亿元	10131.9	9703.5	428.3	4.4
年末债务总额	亿元	5709.3	4569.0	1140.3	25.0
四、农业					
耕地面积	千公顷	100205.8	98190.8	2015.0	2.1
设施农业占地面积	千公顷	3285.2	3571.0	-285.8	-8.0
有效灌溉面积	千公顷	52455.6	52050.0	405.6	0.8
农作物播种面积	千公顷	153434.7	155074.2	-1639.5	-1.1
#粮食作物播种面积	千公顷	107253.3	107869.9	-616.6	-0.6
农业技术服务机构	个	73511	72889	622	0.9
农业技术服务机构从业人员	万人	51.6	48.9	2.7	5.5
农民合作社个数	个	708795	603379	105416	17.5
农民合作社成员	万户	2771.6	2532.5	239.1	9.4
耕地流转面积	千公顷	16073.5	14028.3	2045.2	14.6
种植大户数	万户	117.3	112.3	5.0	4.5
养殖大户数	万户	215.4	204.6	10.8	5.3

注：此表的乡镇个数与《中国统计年鉴》公布的乡镇个数有所差异，原因是乡镇统计数据为年度数据，因此填报报表时使用乡镇原行政区划属性，而《中国统计年鉴》中乡镇个数使用的是即时更新的数据，统计上使用的乡镇个数统计与属性数据滞后一年。

续表

指标名称	计算单位	2014年	2013年	同比增减绝对值(±)	同比增减幅度(%)
五、工业及建筑业					
工业企业个数	个	2733879	2836973	-103094	-3.6
#规模以上工业企业个数	个	219723	218842	881	0.4
工业总产值	亿元	614159.3	557623.5	56535.8	10.1
#规模以上工业总产值	亿元	480484.6	431656.3	48828.3	11.3
工业企业从业人员	万人	8719.9	8738.5	-18.6	-0.2
建筑业企业个数	个	72366	89122	-16756	-18.8
建筑业总产值	亿元	43340.4	42774.7	565.7	1.3
建筑业企业从业人员	万人	1355.0	1442.9	-87.8	-6.1
六、贸易及餐饮					
社会消费品零售总额	亿元	87258.1	80107.8	7150.4	8.9
#限额以上社会消费品零售总额	亿元	27930.8	26179.4	1751.4	6.7
市场个数	个	102760	106114	-3354	-3.2
50平米以上的超市个数	个	459890	449282	10608	2.4
住宿餐饮业企业个数	个	375565	377617	-2052	-0.5
七、教育、文化、卫生					
小学数	所	216207	227889	-11682	-5.1
小学专任教师	万人	417.7	430.7	-13.0	-3.0
小学在校学生	万人	6404.8	6581.4	-176.6	-2.7
幼儿园、托儿所	个	192916	190193	2723	1.4
图书馆、文化站	个	72675	72252	423	0.6
剧场、影剧院	个	5144	5646	-502	-8.9
体育场馆	个	8995	9868	-873	-8.8
医院、卫生院	所	85744	81751	3993	4.9
医院、卫生院床位	万床	243.8	237.6	6.1	2.6
执业(助理)医师	万人	117.5	123.7	-6.1	-5.0
八、社会保障					
各种社会福利收养性单位数	个	33404	33077	327	1.0
各种社会福利收养性单位床位数	万床	214.1	203.7	10.4	5.1
各种社会福利收养性单位收养人数	万人	144.4	144.9	-0.4	-0.3
新型农村合作医疗参保人数	万人	80609.2	80584.1	25.1	0.0
新型农村社会养老保险参保人数	万人	41275.6	41182.9	92.7	0.2
农村居民最低生活保障人数	万人	4864.8	5090.3	-225.5	-4.4
九、公用事业					
自来水用水户数	万户	18105.9	17230.0	875.9	5.1
燃气用气户数	万户	9178.1	8925.3	252.8	2.8
金融机构网点	个	99937	103837	-3900	-3.8
公园及休闲健身广场个数	个	114961	96663	18298	18.9
十、城镇基本情况					
城镇建成区面积	千公顷	8827.4	8536.1	291.3	3.4
城镇建成区总户数	万户	7310.0	7109.5	200.5	2.8
城镇建成区总人口	万人	24194.2	23577.3	616.9	2.6
城镇建成区绿化面积	千公顷	850.8	795.6	55.1	6.9

全国重点镇社会经济综合发展情况

指标名称	计算单位	2014年	2013年	同比增减绝对值(±)	同比增减幅度(%)
一、基本情况					
镇个数	个	3675	3671	4	0.1
行政区域面积	千公顷	116215.1	115990.0	225.1	0.2
居民委员会个数	个	9135	9199	-64	-0.7
村民委员会个数	个	81108	81732	-624	-0.8
#通公共交通的村个数	个	61434	58348	3086	5.3
通宽带的村个数	个	71034	68908	2126	3.1
通有线电视的村个数	个	69492	69048	444	0.6
通自来水的村个数	个	67287	66387	900	1.4
垃圾集中处理的村个数	个	51635	46941	4694	10.0
污水集中处理的村个数	个	15027	12595	2432	19.3
二、人口与就业					
常住户数	万户	5470.7	5419.2	51.5	1.0
常住人口	万人	17742.9	17709.4	33.5	0.2
户籍人口	万人	17181.0	17057.4	123.6	0.7
#农业户籍人口	万人	12987.7	12945.6	42.1	0.3
第一产业从业人员	万人	3790.5	3908.4	-117.8	-3.0
第二产业从业人员	万人	3399.3	3360.3	39.0	1.2
第三产业从业人员	万人	2829.9	2753.7	76.2	2.8
外来从业人员	万人	1773.6	1729.3	44.3	2.6
三、财政收支					
公共财政收入	亿元	3290.5	3003.6	286.9	9.6
企业实交税金	亿元	4354.0	3998.9	355.1	8.9
公共财政支出	亿元	2540.0	2464.6	75.5	3.1
年末债务总额	亿元	1773.3	1245.1	528.2	42.4
四、农业					
耕地面积	千公顷	14913.1	14624.9	288.2	2.0
设施农业占地面积	千公顷	593.1	633.0	-39.9	-6.3
有效灌溉面积	千公顷	8222.8	8138.1	84.7	1.0
农作物播种面积	千公顷	22608.0	22701.8	-93.8	-0.4
#粮食作物播种面积	千公顷	15436.8	15547.4	-110.6	-0.7
农业技术服务机构	个	11079	10858	221	2.0
农业技术服务机构从业人员	万人	10.3	9.1	1.2	12.7
农民合作社个数	个	119995	101968	18027	17.7
农民合作社成员	万户	459.5	422.8	36.7	8.7
耕地流转面积	千公顷	2598.2	2345.7	252.5	10.8
种植大户数	万户	19.7	19.0	0.7	3.8
养殖大户数	万户	33.1	32.4	0.7	2.3

续表

指标名称	计算单位	2014年	2013年	同比增减绝对值(±)	同比增减幅度(%)
五、工业及建筑业					
工业企业个数	个	728075	718618	9457	1.3
#规模以上工业企业个数	个	56893	55579	1314	2.4
工业总产值	亿元	173425.2	156360.2	17065.0	10.9
#规模以上工业总产值	亿元	138256.1	123339.8	14916.2	12.1
工业企业从业人员	万人	2357.1	2372.7	-15.6	-0.7
建筑业企业个数	个	14535	17094	-2559	-15.0
建筑业总产值	亿元	10389.0	8303.0	2086.0	25.1
建筑业企业从业人员	万人	277.7	274.6	3.1	1.1
六、贸易及餐饮					
社会消费品零售总额	亿元	19824.4	17490.0	2334.4	13.3
#限额以上社会消费品零售总额	亿元	5951.9	5273.6	678.4	12.9
市场个数	个	18482	19734	-1252	-6.3
50平米以上的超市个数	个	91722	86358	5364	6.2
住宿餐饮业企业个数	个	97722	90048	7674	8.5
七、教育、文化、卫生					
小学数	所	31379	32732	-1353	-4.1
小学专任教师	万人	75.4	77.6	-2.2	-2.8
小学在校学生	万人	1209.6	1217.7	-8.1	-0.7
幼儿园、托儿所	个	35419	35616	-197	-0.6
图书馆、文化站	个	10797	10933	-136	-1.2
剧场、影剧院	个	1327	1365	-38	-2.8
体育场馆	个	1900	2149	-249	-11.6
医院、卫生院	所	14638	13833	805	5.8
医院、卫生院床位	万床	54.7	52.5	2.2	4.1
执业(助理)医师	万人	27.1	27.9	-0.8	-2.8
八、社会保障					
各种社会福利收养性单位数	个	5010	4813	197	4.1
各种社会福利收养性单位床位数	万床	38.6	35.3	3.3	9.2
各种社会福利收养性单位收养人数	万人	25.5	25.1	0.4	1.8
新型农村合作医疗参保人数	万人	12868.6	12763.5	105.1	0.8
新型农村社会养老保险参保人数	万人	6748.6	6678.2	70.4	1.1
农村居民最低生活保障人数	万人	717.1	749.6	-32.5	-4.3
九、公用事业					
自来水用水户数	万户	3662.1	3484.4	177.7	5.1
燃气用气户数	万户	1905.5	1816.4	89.1	4.9
金融机构网点	个	21787	21118	669	3.2
公园及休闲健身广场个数	个	21651	18721	2930	15.7
十、城镇基本情况					
城镇建成区面积	千公顷	2924.3	2372.0	552.3	23.3
城镇建成区总户数	万户	2207.4	2116.9	90.5	4.3
城镇建成区总人口	万人	7399.7	7099.1	300.6	4.2
城镇建成区绿化面积	千公顷	248.4	244.4	4.0	1.6

全国非重点镇社会经济综合发展情况

指标名称	计算单位	2014年	2013年	同比增减绝对值(±)	同比增减幅度(%)
一、基本情况					
镇个数	个	16663	16342	321	2.0
行政区域面积	千公顷	315346.7	303610.9	11735.8	3.9
居民委员会个数	个	24779	25747	-968	-3.8
村民委员会个数	个	309762	308343	1419	0.5
#通公共交通的村个数	个	223579	213600	9979	4.7
通宽带的村个数	个	269989	260745	9244	3.5
通有线电视的村个数	个	261354	256702	4652	1.8
通自来水的村个数	个	247536	239102	8434	3.5
垃圾集中处理的村个数	个	191097	166625	24472	14.7
污水集中处理的村个数	个	44135	39211	4924	12.6
二、人口与就业					
常住户数	万户	18243.1	18106.1	137.0	0.8
常住人口	万人	59793.3	59803.9	-10.6	0.0
户籍人口	万人	62430.7	61663.4	767.2	1.2
#农业户籍人口	万人	49998.1	49365.8	632.3	1.3
第一产业从业人员	万人	15102.2	15238.7	-136.5	-0.9
第二产业从业人员	万人	9843.8	9758.0	85.8	0.9
第三产业从业人员	万人	8950.0	8782.9	167.2	1.9
外来从业人员	万人	3413.4	3389.3	24.1	0.7
三、财政收支					
公共财政收入	亿元	8058.1	7535.7	522.4	6.9
企业实交税金	亿元	10107.5	9576.0	531.5	5.6
公共财政支出	亿元	6421.0	5930.7	490.3	8.3
年末债务总额	亿元	3481.8	2872.0	609.8	21.2
四、农业					
耕地面积	千公顷	55864.3	53681.0	2183.3	4.1
设施农业占地面积	千公顷	2063.6	2159.3	-95.7	-4.4
有效灌溉面积	千公顷	30763.7	29932.7	831.0	2.8
农作物播种面积	千公顷	88656.9	87456.0	1200.9	1.4
#粮食作物播种面积	千公顷	61781.9	60894.8	887.1	1.5
农业技术服务机构	个	39083	38152	931	2.4
农业技术服务机构从业人员	万人	27.6	26.7	1.0	3.6
农民合作社个数	个	419096	347761	71335	20.5
农民合作社成员	万户	1821.2	1652.6	168.6	10.2
耕地流转面积	千公顷	9240.5	7783.5	1457.0	18.7
种植大户数	万户	66.4	63.3	3.1	4.9
养殖大户数	万户	120.2	112.3	7.8	7.0

续表

指标名称	计算单位	2014年	2013年	同比增减绝对值(±)	同比增减幅度(%)
五、工业及建筑业					
工业企业个数	个	1718320	1797598	-79278	-4.4
#规模以上工业企业个数	个	143271	142547	724	0.5
工业总产值	亿元	393794.6	356372.3	37422.3	10.5
#规模以上工业总产值	亿元	308795.7	276226.8	32568.9	11.8
工业企业从业人员	万人	5561.4	5507.3	54.1	1.0
建筑业企业个数	个	48585	59817	-11232	-18.8
建筑业总产值	亿元	30944.1	32263.0	-1318.9	-4.1
建筑业企业从业人员	万人	1002.2	1075.5	-73.3	-6.8
六、贸易及餐饮					
社会消费品零售总额	亿元	58337.4	53702.4	4635.0	8.6
#限额以上社会消费品零售总额	亿元	19670.9	18515.3	1155.6	6.2
市场个数	个	63045	63175	-130	-0.2
50平米以上的超市个数	个	285345	279880	5465	2.0
住宿餐饮业企业个数	个	227244	234496	-7252	-3.1
七、教育、文化、卫生					
小学数	所	122153	125502	-3349	-2.7
小学专任教师	万人	250.9	254.5	-3.5	-1.4
小学在校学生	万人	3903.6	3943.1	-39.6	-1.0
幼儿园、托儿所	个	117503	113936	3567	3.1
图书馆、文化站	个	38624	38171	453	1.2
剧场、影剧院	个	3265	3498	-233	-6.7
体育场馆	个	5437	5844	-407	-7.0
医院、卫生院	所	51300	48268	3032	6.3
医院、卫生院床位	万床	158.7	153.9	4.8	3.1
执业(助理)医师	万人	75.9	79.8	-3.9	-4.9
八、社会保障					
各种社会福利收养性单位数	个	20337	19931	406	2.0
各种社会福利收养性单位床位数	万床	138.1	131.9	6.2	4.7
各种社会福利收养性单位收养人数	万人	93.2	90.8	2.4	2.6
新型农村合作医疗参保人数	万人	49069.5	48214.4	855.1	1.8
新型农村社会养老保险参保人数	万人	24936.7	24494.9	441.8	1.8
农村居民最低生活保障人数	万人	2592.0	2668.5	-76.4	-2.9
九、公用事业					
自来水用水户数	万户	11448.9	10887.5	561.4	5.2
燃气用气户数	万户	6275.5	6066.9	208.6	3.4
金融机构网点	个	62394	66100	-3706	-5.6
公园及休闲健身广场个数	个	72550	60756	11794	19.4
十、城镇基本情况					
城镇建成区面积	千公顷	5903.1	6164.1	-261.1	-4.2
城镇建成区总户数	万户	5102.6	4992.6	110.0	2.2
城镇建成区总人口	万人	16794.5	16478.2	316.2	1.9
城镇建成区绿化面积	千公顷	602.4	551.3	51.2	9.3

全国乡社会经济综合发展情况

指标名称	计算单位	2014年	2013年	同比增减绝对值(±)	同比增减幅度(%)
一、基本情况					
乡个数	个	12448	12960	-512	-4.0
行政区域面积	千公顷	403600.0	438253.6	-34653.6	-7.9
居民委员会个数	个	3123	4987	-1864	-37.4
村民委员会个数	个	150289	158281	-7992	-5.0
#通公共交通的村个数	个	93995	91562	2433	2.7
通宽带的村个数	个	106798	106664	134	0.1
通有线电视的村个数	个	101470	105534	-4064	-3.9
通自来水的村个数	个	107926	109534	-1608	-1.5
垃圾集中处理的村个数	个	63240	58368	4872	8.3
污水集中处理的村个数	个	9945	8875	1070	12.1
二、人口与就业					
常住户数	万户	5694.8	6015.7	-320.9	-5.3
常住人口	万人	19507.7	20844.3	-1336.5	-6.4
户籍人口	万人	21653.2	22652.7	-999.5	-4.4
#农业户籍人口	万人	19932.6	20973.3	-1040.7	-5.0
第一产业从业人员	万人	6714.7	7251.3	-536.6	-7.4
第二产业从业人员	万人	2298.8	2440.6	-141.8	-5.8
第三产业从业人员	万人	2478.5	2620.2	-141.7	-5.4
外来从业人员	万人	407.7	399.7	8.0	2.0
三、财政收支					
公共财政收入	万元	1213.7	1263.4	-49.7	-3.9
企业实交税金	万元	855.6	910.0	-54.4	-6.0
公共财政支出	万元	1170.8	1308.3	-137.4	-10.5
年末债务总额	万元	454.2	451.9	2.3	0.5
四、农业					
耕地面积	千公顷	29428.4	29884.9	-456.5	-1.5
设施农业占地面积	千公顷	628.5	778.7	-150.2	-19.3
有效灌溉面积	千公顷	13469.1	13979.2	-510.1	-3.6
农作物播种面积	千公顷	42169.8	44916.5	-2746.7	-6.1
#粮食作物播种面积	千公顷	30034.6	31427.6	-1393.0	-4.4
农业技术服务机构	个	23349	23879	-530	-2.2
农业技术服务机构从业人员	万人	13.7	13.2	0.6	4.2
农民合作社个数	个	179584	153650	25934	16.9
农民合作社成员	万户	490.8	457.1	33.8	7.4
耕地流转面积	千公顷	4234.8	3899.1	335.7	8.6
种植大户数	万户	31.2	30.0	1.2	4.0
养殖大户数	万户	62.2	59.9	2.2	3.7

续表

指标名称	计算单位	2014年	2013年	同比增减绝对值(±)	同比增减幅度(%)
五、工业及建筑业					
工业企业个数	个	287484	320757	-33273	-10.4
#规模以上工业企业个数	个	19559	20716	-1157	-5.6
工业总产值	万元	46939.5	44891.1	2048.5	4.6
#规模以上工业总产值	万元	33432.8	32089.7	1343.1	4.2
工业企业从业人员	万人	801.4	858.6	-57.1	-6.7
建筑业企业个数	个	9246	12211	-2965	-24.3
建筑业总产值	万元	2007.3	2208.7	-201.5	-9.1
建筑业企业从业人员	万人	75.2	92.7	-17.5	-18.9
六、贸易及餐饮					
社会消费品零售总额	万元	9096.3	8915.3	180.9	2.0
#限额以上社会消费品零售总额	万元	2308.0	2390.5	-82.5	-3.5
市场个数	个	21233	23205	-1972	-8.5
50平米以上的超市个数	个	82823	83044	-221	-0.3
住宿餐饮业企业个数	个	50599	53073	-2474	-4.7
七、教育、文化、卫生					
小学数	所	62675	69655	-6980	-10.0
小学专任教师	万人	91.4	98.7	-7.3	-7.4
小学在校学生	万人	1291.7	1420.5	-128.9	-9.1
幼儿园、托儿所	个	39994	40641	-647	-1.6
图书馆、文化站	个	23254	23148	106	0.5
剧场、影剧院	个	552	783	-231	-29.5
体育场馆	个	1658	1875	-217	-11.6
医院、卫生院	所	19806	19650	156	0.8
医院、卫生院床位	万床	30.4	31.2	-0.8	-2.6
执业(助理)医师	万人	14.5	16.0	-1.4	-9.1
八、社会保障					
各种社会福利收养性单位数	个	8057	8333	-276	-3.3
各种社会福利收养性单位床位数	万床	37.4	36.5	0.9	2.4
各种社会福利收养性单位收养人数	万人	25.7	29.0	-3.3	-11.3
新型农村合作医疗参保人数	万人	18671.1	19606.2	-935.1	-4.8
新型农村社会养老保险参保人数	万人	9590.3	10009.9	-419.5	-4.2
农村居民最低生活保障人数	万人	1555.7	1672.2	-116.5	-7.0
九、公用事业					
自来水用水户数	万户	2994.9	2858.1	136.8	4.8
燃气用气户数	万户	997.0	1042.0	-44.9	-4.3
金融机构网点	个	15756	16619	-863	-5.2
公园及休闲健身广场个数	个	20760	17186	3574	20.8
十、城镇基本情况					
城镇建成区面积	千公顷	0.0	0.0	0.0	
城镇建成区总户数	万户	0.0	0.0	0.0	
城镇建成区总人口	万人	0.0	0.0	0.0	
城镇建成区绿化面积	千公顷	0.0	0.0	0.0	

全国老区乡镇社会经济综合发展情况

指标名称	计算单位	2014年	2013年	同比增减绝对值(±)	同比增减幅度(%)
一、基本情况					
乡镇个数	个	8107	8130	-23	-0.3
行政区域面积	千公顷	128670.1	129478.0	-807.9	-0.6
居民委员会个数	个	8549	9227	-678	-7.3
村民委员会个数	个	141724	143031	-1307	-0.9
#通公共交通的村个数	个	86780	83441	3339	4.0
通宽带的村个数	个	111636	108637	2999	2.8
通有线电视的村个数	个	111820	112116	-296	-0.3
通自来水的村个数	个	105645	102950	2695	2.6
垃圾集中处理的村个数	个	78593	71756	6837	9.5
污水集中处理的村个数	个	16109	14073	2036	14.5
二、人口与就业					
常住户数	万户	6883.5	6941.3	-57.8	-0.8
常住人口	万人	22304.2	22745.7	-441.5	-1.9
户籍人口	万人	24747.7	24792.2	-44.5	-0.2
#农业户籍人口	万人	20356.0	20435.6	-79.7	-0.4
第一产业从业人员	万人	6009.8	6202.9	-193.1	-3.1
第二产业从业人员	万人	3302.3	3351.3	-49.0	-1.5
第三产业从业人员	万人	3365.6	3356.7	8.9	0.3
外来从业人员	万人	854.9	824.6	30.3	3.7
三、财政收支					
公共财政收入	亿元	2250.6	2093.3	157.3	7.5
企业实交税金	亿元	2079.4	2065.5	13.9	0.7
公共财政支出	亿元	1860.2	1750.8	109.4	6.2
年末债务总额	亿元	1039.1	869.3	169.8	19.5
四、农业					
耕地面积	千公顷	20221.5	19787.8	433.6	2.2
设施农业占地面积	千公顷	714.3	770.3	-56.0	-7.3
有效灌溉面积	千公顷	10079.1	10050.4	28.7	0.3
农作物播种面积	千公顷	34119.5	34266.9	-147.4	-0.4
#粮食作物播种面积	千公顷	23128.1	23222.0	-93.8	-0.4
农业技术服务机构	个	16203	16314	-111	-0.7
农业技术服务机构从业人员	万人	10.8	10.6	0.2	1.8
农民合作社个数	个	170932	148201	22731	15.3
农民合作社成员	万户	756.5	714.7	41.8	5.9
耕地流转面积	千公顷	3008.8	2641.7	367.1	13.9
种植大户数	万户	25.4	23.8	1.6	6.8
养殖大户数	万户	46.2	44.0	2.2	5.0

续表

指标名称	计算单位	2014年	2013年	同比增减绝对值(±)	同比增减幅度(%)
五、工业及建筑业					
工业企业个数	个	552858	578001	-25143	-4.3
#规模以上工业企业个数	个	41515	40634	881	2.2
工业总产值	亿元	112528.3	101174.9	11353.4	11.2
#规模以上工业总产值	亿元	86951.3	78417.8	8533.5	10.9
工业企业从业人员	万人	1662.5	1642.2	20.4	1.2
建筑业企业个数	个	12976	15531	-2555	-16.5
建筑业总产值	亿元	10404.4	10097.4	306.9	3.0
建筑业企业从业人员	万人	310.1	321.3	-11.2	-3.5
六、贸易及餐饮					
社会消费品零售总额	亿元	17167.9	15929.8	1238.1	7.8
#限额以上社会消费品零售总额	亿元	4836.5	4396.5	440.1	10.0
市场个数	个	20968	21428	-460	-2.1
50平米以上的超市个数	个	92360	95386	-3026	-3.2
住宿餐饮业企业个数	个	74924	78142	-3218	-4.1
七、教育、文化、卫生					
小学数	所	50198	53907	-3709	-6.9
小学专任教师	万人	96.9	100.1	-3.2	-3.2
小学在校学生	万人	1504.0	1545.3	-41.4	-2.7
幼儿园、托儿所	个	45008	44747	261	0.6
图书馆、文化站	个	15381	15679	-298	-1.9
剧场、影剧院	个	1263	1447	-184	-12.7
体育场馆	个	1849	2204	-355	-16.1
医院、卫生院	所	24274	23455	819	3.5
医院、卫生院床位	万床	57.7	57.5	0.3	0.4
执业(助理)医师	万人	27.0	28.7	-1.6	-5.7
八、社会保障					
各种社会福利收养性单位数	个	8823	8938	-115	-1.3
各种社会福利收养性单位床位数	万床	51.6	48.6	3.0	6.1
各种社会福利收养性单位收养人数	万人	35.8	35.6	0.2	0.6
新型农村合作医疗参保人数	万人	19994.7	19892.6	102.1	0.5
新型农村社会养老保险参保人数	万人	9816.0	9727.2	88.8	0.9
农村居民最低生活保障人数	万人	1218.9	1271.0	-52.1	-4.1
九、公用事业					
自来水用水户数	万户	3935.0	3784.1	150.9	4.0
燃气用气户数	万户	2193.0	2168.1	24.9	1.1
金融机构网点	个	22555	22029	526	2.4
公园及休闲健身广场个数	个	22816	19002	3814	20.1
十、城镇基本情况					
城镇建成区面积	千公顷	1737.1	1741.8	-4.7	-0.3
城镇建成区总户数	万户	1712.4	1679.6	32.9	2.0
城镇建成区总人口	万人	5747.0	5619.2	127.8	2.3
城镇建成区绿化面积	千公顷	204.8	191.0	13.7	7.2

全国边区乡镇社会经济综合发展情况

指标名称	计算单位	2014年	2013年	同比增减绝对值(±)	同比增减幅度(%)
一、基本情况					
乡镇个数	个	618	618	0	0.0
行政区域面积	千公顷	122726.7	122726.7	0.0	0.0
居民委员会个数	个	366	376	-10	-2.7
村民委员会个数	个	4659	4666	-7	-0.2
#通公共交通的村个数	个	2987	2563	424	16.5
通宽带的村个数	个	3164	2759	405	14.7
通有线电视的村个数	个	3189	3140	49	1.6
通自来水的村个数	个	3426	3453	-27	-0.8
垃圾集中处理的村个数	个	1854	1600	254	15.9
污水集中处理的村个数	个	143	112	31	27.7
二、人口与就业					
常住户数	万户	214.0	206.7	7.3	3.5
常住人口	万人	714.7	699.9	14.8	2.1
户籍人口	万人	713.8	700.9	12.9	1.8
#农业户籍人口	万人	521.4	524.7	-3.2	-0.6
第一产业从业人员	万人	252.4	250.4	1.9	0.8
第二产业从业人员	万人	40.5	38.9	1.5	4.0
第三产业从业人员	万人	80.1	75.5	4.6	6.1
外来从业人员	万人	36.5	33.4	3.1	9.3
三、财政收支					
公共财政收入	亿元	98.9	84.2	14.7	17.5
企业实交税金	亿元	59.3	56.3	3.0	5.3
公共财政支出	亿元	95.8	89.4	6.4	7.1
年末债务总额	亿元	22.4	21.1	1.3	6.3
四、农业					
耕地面积	千公顷	2139.2	1976.5	162.7	8.2
设施农业占地面积	千公顷	35.4	21.9	13.5	61.8
有效灌溉面积	千公顷	793.4	787.3	6.0	0.8
农作物播种面积	千公顷	2260.6	2213.4	47.2	2.1
#粮食作物播种面积	千公顷	1690.5	1647.2	43.3	2.6
农业技术服务机构	个	806	777	29	3.7
农业技术服务机构从业人员	人	5582.0	5261.0	321.0	6.1
农民合作社个数	个	8065	6846	1219	17.8
农民合作社成员	万户	18.2	14.8	3.4	23.0
耕地流转面积	千公顷	352.0	330.8	21.2	6.4
种植大户数	万户	2.7	2.7	0.1	1.9
养殖大户数	万户	2.9	2.1	0.9	43.0

续表

指标名称	计算单位	2014年	2013年	同比增减绝对值(±)	同比增减幅度(%)
五、工业及建筑业					
工业企业个数	个	5248	5308	-60	-1.1
#规模以上工业企业个数	个	774	724	50	6.9
工业总产值	亿元	2335.5	1820.4	515.1	28.3
#规模以上工业总产值	亿元	1695.4	1430.1	265.3	18.5
工业企业从业人员	万人	22.2	22.0	0.3	1.2
建筑业企业个数	个	515	521	-6	-1.2
建筑业总产值	亿元	131.9	106.4	25.5	24.0
建筑业企业从业人员	万人	3.0	3.6	-0.6	-17.2
六、贸易及餐饮					
社会消费品零售总额	亿元	428.2	337.1	91.1	27.0
#限额以上社会消费品零售总额	亿元	83.1	83.0	0.1	0.1
市场个数	个	584	1470	-886	-60.3
50平米以上的超市个数	个	2974	2739	235	8.6
住宿餐饮业企业个数	个	3931	2726	1205	44.2
七、教育、文化、卫生					
小学数	所	1978	1986	-8	-0.4
小学专任教师	万人	4.2	4.3	0.0	-0.7
小学在校学生	万人	52.1	52.1	0.0	0.0
幼儿园、托儿所	个	1343	1889	-546	-28.9
图书馆、文化站	个	1052	899	153	17.0
剧场、影剧院	个	51	39	12	30.8
体育场馆	个	105	79	26	32.9
医院、卫生院	所	977	916	61	6.7
医院、卫生院床位	万床	2.3	2.2	0.0	1.3
执业(助理)医师	万人	0.9	0.9	0.0	-4.2
八、社会保障					
各种社会福利收养性单位数	个	223	231	-8	-3.5
各种社会福利收养性单位床位数	万床	0.9	0.8	0.1	8.7
各种社会福利收养性单位收养人数	万人	0.5	0.5	0.0	3.3
新型农村合作医疗参保人数	万人	511.0	511.4	-0.4	-0.1
新型农村社会养老保险参保人数	万人	242.9	250.3	-7.4	-2.9
农村居民最低生活保障人数	万人	104.4	108.8	-4.4	-4.0
九、公用事业					
自来水用水户数	万户	131.0	119.7	11.3	9.4
燃气用气户数	万户	42.5	39.0	3.5	8.9
金融机构网点	个	1015	1039	-24	-2.3
公园及休闲健身广场个数	个	656	439	217	49.4
十、城镇基本情况					
城镇建成区面积	千公顷	518.8	518.8	0.0	0.0
城镇建成区总户数	万户	60.6	57.1	3.6	6.2
城镇建成区总人口	万人	176.8	172.0	4.9	2.8
城镇建成区绿化面积	千公顷	7.7	7.4	0.3	4.4

全国民族乡社会经济综合发展情况

指标名称	计算单位	2014年	2013年	同比增减绝对值(±)	同比增减幅度(%)
一、基本情况					
乡个数	个	1013	1027	-14	-1.4
行政区域面积	千公顷	25203.5	25375.3	-171.8	-0.7
居民委员会个数	个	208	335	-127	-37.9
村民委员会个数	个	9782	9974	-192	-1.9
#通公共交通的村个数	个	5678	5348	330	6.2
通宽带的村个数	个	6253	5822	431	7.4
通有线电视的村个数	个	6145	6089	56	0.9
通自来水的村个数	个	7423	7292	131	1.8
垃圾集中处理的村个数	个	3594	3332	262	7.9
污水集中处理的村个数	个	498	437	61	14.0
二、人口与就业					
常住户数	万万户	418.8	424.3	-5.5	-1.3
常住人口	万人	1399.7	1423.6	-24.0	-1.7
户籍人口	万人	1593.0	1597.3	-4.3	-0.3
#农业户籍人口	万人	1480.4	1484.8	-4.4	-0.3
第一产业从业人员	万人	541.1	557.0	-15.9	-2.9
第二产业从业人员	万人	125.0	133.6	-8.6	-6.4
第三产业从业人员	万人	204.6	199.5	5.1	2.6
外来从业人员	万人	28.7	29.1	-0.4	-1.3
三、财政收支					
公共财政收入	亿元	113.6	106.8	6.8	6.4
企业实交税金	亿元	65.6	72.8	-7.3	-10.0
公共财政支出	亿元	108.7	111.0	-2.3	-2.1
年末债务总额	亿元	36.0	27.3	8.7	31.9
四、农业					
耕地面积	千公顷	2459.2	2330.6	128.6	5.5
设施农业占地面积	千公顷	30.8	37.7	-6.9	-18.2
有效灌溉面积	千公顷	765.4	751.6	13.7	1.8
农作物播种面积	千公顷	3356.5	3364.6	-8.1	-0.2
#粮食作物播种面积	千公顷	2318.1	2351.8	-33.7	-1.4
农业技术服务机构	个	1578	1658	-80	-4.8
农业技术服务机构从业人员	人	8866.0	8758.0	108.0	1.2
农民合作社个数	个	12322	10238	2084	20.4
农民合作社成员	万户	34.9	29.8	5.1	17.0
耕地流转面积	千公顷	342.1	298.2	43.8	14.7
种植大户数	万户	2.9	2.5	0.5	19.4
养殖大户数	万户	3.8	3.8	0.0	0.1

注：本年鉴民族乡与《中华人民共和国乡镇行政区划简册(2015)》的在册民族乡一致。

续表

指标名称	计算单位	2014年	2013年	同比增减绝对值(±)	同比增减幅度(%)
五、工业及建筑业					
工业企业个数	个	18173	20091	-1918	-9.5
#规模以上工业企业个数	个	1442	1497	-55	-3.7
工业总产值	亿元	3362.6	3205.1	157.5	4.9
#规模以上工业总产值	亿元	2519.3	2221.9	297.5	13.4
工业企业从业人员	万人	43.9	44.2	-0.3	-0.7
建筑业企业个数	个	445	557	-112	-20.1
建筑业总产值	亿元	155.1	151.8	3.3	2.2
建筑业企业从业人员	万人	3.1	3.9	-0.8	-21.5
六、贸易及餐饮					
社会消费品零售总额	亿元	552.8	493.9	58.9	11.9
#限额以上社会消费品零售总额	亿元	114.2	96.8	17.4	18.0
市场个数	个	1551	1622	-71	-4.4
50平米以上的超市个数	个	4595	4645	-50	-1.1
住宿餐饮业企业个数	个	3949	3816	133	3.5
七、教育、文化、卫生					
小学数	所	4924	5218	-294	-5.6
小学专任教师	万人	7.3	7.5	-0.2	-3.2
小学在校学生	万人	102.7	106.5	-3.9	-3.6
幼儿园、托儿所	个	2329	2199	130	5.9
图书馆、文化站	个	1401	1363	38	2.8
剧场、影剧院	个	16	14	2	14.3
体育场馆	个	60	38	22	57.9
医院、卫生院	所	1323	1347	-24	-1.8
医院、卫生院床位	万床	2.2	2.2	0.0	0.6
执业(助理)医师	万人	0.8	0.9	-0.1	-9.2
八、社会保障					
各种社会福利收养性单位数	个	639	623	16	2.6
各种社会福利收养性单位床位数	万床	2.4	2.3	0.1	5.9
各种社会福利收养性单位收养人数	万人	1.5	1.5	0.0	-0.2
新型农村合作医疗参保人数	万人	1344.6	1350.4	-5.8	-0.4
新型农村社会养老保险参保人数	万人	677.1	682.6	-5.5	-0.8
农村居民最低生活保障人数	万人	159.0	170.7	-11.8	-6.9
九、公用事业					
自来水用水户数	万户	226.1	207.0	19.2	9.3
燃气用气户数	万户	62.2	64.0	-1.8	-2.9
金融机构网点	个	1194	1164	30	2.6
公园及休闲健身广场个数	个	1399	1167	232	19.9
十、城镇基本情况					
城镇建成区面积	千公顷				
城镇建成区总户数	万户				
城镇建成区总人口	万人				
城镇建成区绿化面积	千公顷				

各地区乡镇变化情况

单位：个

地区	乡镇个数		重点镇		非重点镇		乡	
	2014年	2013年	2014年	2013年	2014年	2013年	2014年	2013年
全国总计	**32786**	**32973**	**3675**	**3671**	**16663**	**16342**	**12448**	**12960**
北京	182	182	21	21	123	123	38	38
天津	127	134	10	10	111	118	6	6
河北	1958	1958	191	191	855	834	912	933
山西	1196	1196	138	138	426	426	632	632
内蒙古	771	763	143	143	352	346	276	274
辽宁	867	874	88	88	552	535	227	251
吉林	631	631	81	81	368	365	182	185
黑龙江	880	864	115	114	379	353	386	397
上海	103	103	22	22	79	79	2	2
江苏	862	875	96	96	689	702	77	77
浙江	893	904	137	137	497	503	259	264
安徽	1254	1254	127	127	806	797	321	330
福建	929	929	91	91	535	521	303	317
江西	1404	1400	124	124	692	682	588	594
山东	1201	1210	207	207	902	895	92	108
河南	1836	1842	203	203	902	860	731	779
湖北	933	932	140	140	621	608	172	184
湖南	2062	2078	170	170	975	971	917	937
广东	1146	1145	123	123	1012	1011	11	11
广西	1127	1125	116	116	638	606	373	403
海南	201	203	34	34	146	148	21	21
重庆	818	824	89	89	521	517	208	218
四川	4351	4361	277	277	1637	1562	2437	2522
贵州	1264	1391	136	136	628	631	500	624
云南	1230	1246	184	184	483	479	563	583
西藏	684	684	138	138	18	18	528	528
陕西	1216	1215	128	128	1014	1013	74	74
甘肃	1232	1232	142	142	354	329	736	761
青海	366	367	65	65	75	73	226	229
宁夏	193	192	28	28	74	73	91	91
新疆	869	859	111	108	199	164	559	587

续表

单位：个

地区	乡镇个数		老区乡镇		边区乡镇		民族乡	
	2014年	2013年	2014年	2013年	2014年	2013年	2014年	2013年
全国总计	**32786**	**32973**	**8107**	**8130**	**618**	**618**	**1013**	**1027**
北京	182	182	6	6			5	5
天津	127	134	8	8			1	1
河北	1958	1958	273	273			50	51
山西	1196	1196	478	478				
内蒙古	771	763	116	117	79	79	18	18
辽宁	867	874	2	2	12	12	56	61
吉林	631	631	4	4	32	32	28	28
黑龙江	880	864	122	123	86	86	52	52
上海	103	103						
江苏	862	875	424	429			1	1
浙江	893	904	201	202			14	14
安徽	1254	1254	178	178			9	9
福建	929	929	398	398			19	19
江西	1404	1400	583	583			8	8
山东	1201	1210	277	279				
河南	1836	1842	429	433			12	12
湖北	933	932	465	467			10	10
湖南	2062	2078	554	557			97	97
广东	1146	1145	430	430			7	7
广西	1127	1125	367	367	28	28	59	58
海南	201	203	106	106				
重庆	818	824	171	172			14	14
四川	4351	4361	1549	1551			98	98
贵州	1264	1391	258	259			208	215
云南	1230	1246	144	144	115	115	140	142
西藏	684	684			126	126	9	9
陕西	1216	1215	457	457				
甘肃	1232	1232	99	99	3	3	34	34
青海	366	367					28	28
宁夏	193	192	8	8				
新疆	869	859			137	137	36	36

各地区乡镇社会经济发展情况

单位：万户、万人

地　区	常住户数		常住人口	
	2014年	2013年	2014年	2013年
全国总计	**29408.7**	**29541.0**	**97043.9**	**98357.6**
北　京	333.7	326.9	879.4	862.4
天　津	138.0	141.5	427.1	439.8
河　北	1721.6	1801.6	5983.8	6060.7
山　西	897.9	907.8	2565.6	2600.6
内蒙古	552.1	551.9	1576.4	1621.3
辽　宁	633.6	638.2	1989.0	2013.5
吉　林	555.5	545.0	1738.8	1743.3
黑龙江	649.0	649.7	2078.0	2090.4
上　海	465.7	458.4	1316.8	1309.4
江　苏	1648.8	1691.5	5413.5	5527.2
浙　江	1013.9	1016.6	3131.9	3144.8
安　徽	1605.4	1590.5	5549.2	5533.8
福　建	833.1	818.9	2717.9	2822.1
江　西	1088.4	1087.0	3873.0	3858.5
山　东	1826.2	1807.5	5826.5	5823.8
河　南	2123.0	2111.8	7770.6	7945.7
湖　北	1166.8	1176.6	3724.8	3819.4
湖　南	1689.0	1720.5	5727.7	5921.0
广　东	1716.1	1683.6	6598.6	6502.1
广　西	1274.3	1269.6	4568.6	4630.2
海　南	176.1	172.6	686.4	694.6
重　庆	695.6	709.0	1791.9	1932.6
四　川	2411.3	2466.7	6936.7	7132.8
贵　州	960.2	980.5	2864.9	2965.3
云　南	1072.3	1089.3	3709.2	3832.4
西　藏	61.6	56.6	274.8	261.0
陕　西	877.4	865.4	2722.8	2713.6
甘　肃	565.6	566.0	2186.4	2199.4
青　海	124.0	124.5	462.8	462.5
宁　夏	134.5	130.7	463.2	453.3
新　疆	397.8	384.7	1487.5	1439.9

续表 1

单位：万人

地　区	第一产业从业人员		第二产业从业人员		第三产业从业人员	
	2014年	2013年	2014年	2013年	2014年	2013年
全国总计	**25607.4**	**26398.3**	**15541.8**	**15558.9**	**14258.4**	**14156.8**
北　京	53.9	56.9	149.4	145.5	295.2	286.6
天　津	63.9	67.7	85.8	87.8	53.3	53.7
河　北	1357.3	1408.0	1016.2	1017.4	678.4	668.1
山　西	640.2	643.7	262.5	268.2	276.7	274.2
内蒙古	568.0	585.4	134.8	129.7	195.8	188.7
辽　宁	580.5	590.6	203.6	210.7	256.5	253.1
吉　林	520.9	522.6	154.8	147.8	189.4	186.4
黑龙江	715.0	727.1	189.0	189.7	246.0	252.2
上　海	46.1	45.5	391.8	401.4	267.3	279.4
江　苏	680.8	700.6	1419.7	1424.4	926.8	946.9
浙　江	481.0	495.3	918.3	923.5	590.3	589.2
安　徽	1437.0	1490.6	946.6	916.8	853.8	826.2
福　建	559.5	567.6	576.1	567.5	434.8	416.9
江　西	838.1	889.1	637.1	650.5	563.2	548.9
山　东	1614.2	1656.5	1078.4	1043.6	844.3	805.1
河　南	2292.6	2382.8	1455.4	1545.4	1193.5	1251.7
湖　北	798.5	865.4	709.9	700.2	686.8	655.6
湖　南	1874.6	1952.1	704.7	731.2	766.1	753.5
广　东	1335.8	1322.8	1442.2	1416.9	922.9	921.3
广　西	1618.9	1637.4	532.2	529.4	466.3	464.0
海　南	226.4	227.8	32.2	32.4	74.4	74.4
重　庆	528.2	560.5	386.3	385.1	324.6	339.5
四　川	1920.4	2002.0	972.5	938.8	1222.7	1222.2
贵　州	1036.4	1112.4	281.9	291.8	675.5	664.1
云　南	1506.8	1547.2	207.1	219.7	373.0	378.0
西　藏	100.2	91.2	17.6	15.9	20.5	21.2
陕　西	773.3	756.7	305.3	310.8	348.5	346.7
甘　肃	685.1	749.7	151.8	145.5	276.5	266.8
青　海	122.7	122.8	48.5	47.3	52.4	55.2
宁　夏	129.6	135.9	54.1	55.2	54.4	51.8
新　疆	501.4	484.5	75.9	68.7	128.9	115.5

续表 2

单位：个、万人、亿元

地　区	工业企业个数		工业企业从业人员		工业总产值	
	2014年	2013年	2014年	2013年	2014年	2013年
全国总计	**2733879**	**2836973**	**8719.9**	**8738.5**	**614159.3**	**557623.5**
北　京	20948	20586	64.9	64.8	4555.2	4179.7
天　津	31226	33680	86.3	88.4	7014.4	6283.4
河　北	185848	183695	538.5	525.0	41650.5	38469.1
山　西	32015	33639	154.6	162.7	10366.2	10636.2
内 蒙 古	14718	14235	84.2	75.4	12126.5	9489.2
辽　宁	48690	49792	159.1	173.7	21009.2	22696.1
吉　林	24792	25215	87.8	81.1	8898.3	7636.4
黑 龙 江	30559	29408	71.6	70.6	4689.6	4335.4
上　海	50918	53483	248.3	264.6	12489.5	11512.9
江　苏	400249	411620	1113.1	1111.8	92513.1	84980.2
浙　江	377361	396033	717.4	735.5	46769.7	45670.4
安　徽	76932	80712	279.1	284.6	15160.3	13718.2
福　建	103590	103499	472.3	449.1	27848.3	23707.4
江　西	101737	109114	264.9	254.1	13553.2	11592.2
山　东	134828	132500	688.0	666.9	71542.9	65583.1
河　南	249924	270670	719.7	776.1	44981.9	41312.0
湖　北	117012	118870	341.7	328.7	21378.6	18728.9
湖　南	114175	123387	329.7	335.8	18695.4	17558.8
广　东	302073	298191	1111.3	1101.4	54449.3	48707.5
广　西	71416	78207	184.0	182.2	10210.7	9294.9
海　南	3370	3545	12.4	13.5	839.6	880.3
重　庆	27254	28253	139.0	142.6	8810.8	7327.1
四　川	68144	73229	418.8	410.7	26282.8	24198.5
贵　州	31310	35639	87.8	87.4	7144.4	5139.5
云　南	27279	31220	87.6	104.2	5664.6	5820.8
西　藏	333	116	2.0	0.4	20.1	9.4
陕　西	49552	60494	126.3	123.5	16917.8	10489.2
甘　肃	21945	22013	58.7	59.8	3168.8	2954.2
青　海	2985	3083	12.3	11.8	801.3	700.1
宁　夏	5402	5487	28.0	24.3	2363.6	2121.1
新　疆	7294	7358	30.5	27.9	2242.9	1891.1

续表 3　　单位：个、万人、亿元

地区	建筑业企业个数		建筑业企业从业人员		建筑业总产值	
	2014年	2013年	2014年	2013年	2014年	2013年
全国总计	**72366**	**89122**	**1355.0**	**1442.9**	**43340.4**	**42774.7**
北京	4312	3856	17.6	17.6	1347.2	1402.4
天津	1961	1804	10.0	10.3	591.1	671.1
河北	2333	7419	49.9	64.1	1321.8	1575.2
山西	1853	2514	17.1	19.6	561.4	681.6
内蒙古	498	638	8.0	11.1	336.8	207.7
辽宁	2595	2537	23.0	27.7	860.7	976.3
吉林	653	886	18.0	20.1	433.8	340.6
黑龙江	1145	1283	9.8	12.2	270.4	281.5
上海	2529	2762	32.6	31.5	1737.4	1574.4
江苏	5872	5721	239.9	243.7	8921.4	8586.8
浙江	3320	5261	143.9	154.3	5398.5	6142.2
安徽	4549	4796	66.9	63.8	1481.9	1659.8
福建	1503	2360	98.0	129.3	2240.7	2467.4
江西	2903	3283	52.2	50.7	1447.1	1295.5
山东	2439	2577	69.3	67.0	1720.2	1723.4
河南	8963	12252	104.1	113.3	2493.2	2453.2
湖北	2393	3592	52.9	51.4	1735.0	1382.0
湖南	5164	6213	57.1	60.6	1098.4	1431.2
广东	4491	4114	41.5	42.5	1459.4	1175.6
广西	2094	1753	18.8	18.5	548.1	561.4
海南	890	698	4.9	3.1	354.7	231.7
重庆	969	1246	31.1	36.9	921.4	1161.3
四川	2246	2431	90.2	92.0	2355.9	2203.5
贵州	608	539	8.0	8.2	198.6	148.3
云南	1839	2132	22.7	30.1	632.7	892.0
西藏	244	5	0.9	0.0	3.7	5.0
陕西	1662	1916	27.4	26.2	647.6	562.8
甘肃	1423	3762	24.7	24.5	718.0	561.6
青海	408	376	4.0	4.0	79.8	71.8
宁夏	202	204	4.6	4.5	196.8	175.2
新疆	305	192	5.9	4.0	1226.8	172.4

续表 4

单位：亿元、个

地区	社会消费品零售总额		市场个数		住宿餐饮业企业个数	
	2014年	2013年	2014年	2013年	2014年	2013年
全国总计	**87258.1**	**80107.8**	**102760**	**106114**	**375565**	**377617**
北京	2597.4	2562.4	395	410	10917	12363
天津	775.2	489.7	288	284	2781	2474
河北	6406.3	6230.8	8121	9048	17424	17006
山西	1352.9	1311.8	2083	2195	6300	6113
内蒙古	1592.4	1223.6	1336	1318	11966	12533
辽宁	1795.5	1662.5	4582	3606	11225	11480
吉林	2017.8	1877.8	1235	1283	1039	3965
黑龙江	1223.6	1186.4	1373	1366	10753	10187
上海	3000.3	2700.2	698	696	3734	3912
江苏	10199.2	9357.1	3624	3743	17084	21113
浙江	5288.1	5002.1	2806	3074	19944	19716
安徽	3109.2	2785.9	4347	4301	12824	12095
福建	3724.0	3360.7	1900	1903	9076	9200
江西	2079.3	1967.2	3453	3569	11876	12137
山东	6741.7	6107.3	20478	21819	5904	5790
河南	6292.3	5595.8	8722	9141	39428	36759
湖北	3561.0	3279.8	7544	7494	18785	17389
湖南	3312.9	3271.5	3628	3609	27459	30937
广东	7359.4	6557.6	4258	4215	34342	30367
广西	2126.8	1953.9	2266	2268	10807	12485
海南	354.4	350.2	387	392	1603	1554
重庆	1289.5	1337.5	1669	2064	13682	14416
四川	5190.6	4811.4	5863	5850	22044	23048
贵州	850.3	399.6	2378	2792	11096	11786
云南	1556.6	1604.6	2714	3657	12761	14372
西藏	25.4		177	91	2864	
陕西	1723.9	1603.6	3468	3138	13743	13058
甘肃	774.3	762.1	1465	1436	5730	5043
青海	147.9	124.1	316	245	1134	1090
宁夏	279.3	240.0	261	250	2123	2123
新疆	510.7	390.8	925	857	5117	3106

续表 5

单位：亿元

地区	公共财政收入		企业实交税金		公共财政支出	
	2014年	2013年	2014年	2013年	2014年	2013年
全国总计	**12562.3**	**11802.7**	**15317.1**	**14484.9**	**10131.9**	**9703.5**
北京	284.3	255.3	414.6	316.2	279.4	297.3
天津	206.4	179.0	245.0	177.1	137.6	122.1
河北	565.7	670.1	945.9	966.3	392.8	422.7
山西	155.6	203.5	276.2	343.3	114.2	130.3
内蒙古	245.7	213.3	156.8	173.6	245.4	188.9
辽宁	310.0	360.8	254.1	295.5	271.9	312.0
吉林	116.7	138.0	83.3	106.6	101.0	108.1
黑龙江	127.4	148.1	59.4	62.9	114.9	130.7
上海	725.0	661.4	1728.1	1568.6	501.5	473.8
江苏	2079.2	1801.2	3032.3	2790.0	1319.1	1047.9
浙江	1139.0	1118.4	1290.7	1252.2	722.4	752.8
安徽	507.4	471.7	417.2	388.0	305.7	297.7
福建	477.1	416.2	595.7	653.5	332.3	315.5
江西	600.2	536.4	417.6	384.0	455.4	406.8
山东	766.7	681.9	881.8	773.9	600.9	555.3
河南	468.7	446.6	613.4	610.2	354.4	364.9
湖北	416.1	407.8	405.1	409.4	413.8	416.6
湖南	298.1	235.3	219.9	216.6	282.9	233.0
广东	1059.6	979.3	2111.0	1866.7	1118.9	1025.7
广西	251.6	261.4	130.9	130.6	193.9	200.8
海南	97.8	93.1	46.5	40.4	57.4	65.6
重庆	142.8	124.8	133.0	127.8	156.5	143.7
四川	507.8	448.1	312.2	305.1	536.2	500.3
贵州	244.6	204.5	137.1	140.3	217.5	228.1
云南	229.0	250.2	114.5	136.1	221.1	262.5
西藏	16.7	11.3	0.2	0.2	16.8	17.8
陕西	236.2	209.9	172.6	170.8	356.5	347.3
甘肃	86.8	69.3	33.8	29.7	85.3	90.9
青海	38.3	32.1	4.7	6.0	38.0	35.3
宁夏	39.3	36.9	30.4	22.6	36.9	36.4
新疆	122.5	136.7	53.2	20.7	151.2	172.8

续表 6

单位：所、万人

地　区	小学校		小学教师		小学在校学生	
	2014年	2013年	2014年	2013年	2014年	2013年
全国总计	**216207**	**227889**	**417.7**	**430.7**	**6404.8**	**6581.4**
北　京	582	611	2.3	2.4	27.4	27.4
天　津	547	562	1.9	2.2	27.3	26.8
河　北	12302	13272	27.3	27.6	418.9	417.2
山　西	8312	8882	12.5	13.2	133.8	144.3
内蒙古	1776	1917	7.7	8.5	70.7	72.5
辽　宁	3476	3662	8.4	8.9	88.2	96.1
吉　林	3978	4246	8.8	9.4	77.9	82.8
黑龙江	3404	3616	8.7	9.1	80.6	84.7
上　海	415	415	2.8	2.8	40.9	41.4
江　苏	3877	3981	19.1	19.4	289.3	287.9
浙　江	2510	2551	9.4	9.7	159.3	163.0
安　徽	13153	13431	20.3	21.5	322.5	329.2
福　建	5273	5503	11.9	12.0	179.4	172.4
江　西	13051	13929	18.3	18.1	332.4	336.2
山　东	8442	8664	21.6	22.3	325.4	325.3
河　南	27166	27858	40.8	41.6	734.6	772.0
湖　北	5427	6064	13.0	13.3	197.1	201.9
湖　南	13334	13874	20.0	20.4	340.2	348.6
广　东	10980	11695	27.7	27.6	468.9	467.7
广　西	13522	13946	20.3	21.5	361.7	369.1
海　南	1899	1956	3.9	4.1	49.5	49.9
重　庆	3430	3565	7.8	8.2	123.2	128.8
四　川	9351	11130	26.2	27.4	442.5	466.5
贵　州	11548	12573	16.8	17.6	275.6	296.1
云　南	12922	13597	19.0	20.0	307.9	330.7
西　藏	968	1140	1.7	1.7	23.6	25.3
陕　西	6338	6649	12.0	12.5	149.9	156.9
甘　肃	11740	12045	12.5	12.4	155.9	165.2
青　海	1246	1365	2.1	2.2	35.1	36.7
宁　夏	1769	1747	2.4	2.4	41.1	42.9
新　疆	3469	3443	10.6	10.8	123.7	115.7

续表 7　　　　单位：个

地　区	图书馆、文化站		剧场、影剧院		体育场馆	
	2014年	2013年	2014年	2013年	2014年	2013年
全国总计	**72675**	**72252**	**5144**	**5646**	**8995**	**9868**
北　京	227	255	27	53	17	63
天　津	433	322	11	10	18	16
河　北	6249	6793	163	333	140	187
山　西	4747	5960	272	399	540	754
内蒙古	1695	1630	115	129	120	132
辽　宁	1531	1544	66	67	84	92
吉　林	895	851	47	51	75	74
黑龙江	1503	1425	56	52	139	124
上　海	184	181	111	105	87	79
江　苏	2074	2074	626	632	929	898
浙　江	3542	3426	300	341	313	336
安　徽	4166	4226	224	203	941	1061
福　建	1448	1433	166	165	141	117
江　西	2749	2712	200	226	236	451
山　东	2969	3096	222	225	106	114
河　南	9838	9446	547	566	1459	1784
湖　北	1891	1837	295	330	246	460
湖　南	3672	3333	269	292	497	491
广　东	2582	2611	338	319	473	326
广　西	1403	1417	131	137	245	267
海　南	325	341	43	46	57	55
重　庆	941	908	43	41	69	66
四　川	6506	6310	281	388	929	974
贵　州	2051	2118	49	47	180	140
云　南	1666	1708	103	100	244	254
西　藏	1756	990	10		62	21
陕　西	2083	1948	116	118	142	135
甘　肃	1405	1387	195	183	124	71
青　海	313	281	9	6	36	27
宁　夏	226	237	29	29	26	26
新　疆	1605	1452	80	53	320	273

续表 8

单位：个、万床、万人

地　区	医疗卫生机构		医疗卫生机构床位		执业(助理)医师	
	2014年	2013年	2014年	2013年	2014年	2013年
全国总计	**85744**	**81751**	**243.78**	**237.64**	**117.53**	**123.65**
北　京	320	304	2.28	2.15	1.56	1.51
天　津	240	185	0.97	0.88	0.69	0.54
河　北	2909	2941	14.41	14.66	5.77	6.57
山　西	2554	2782	6.09	6.18	3.09	3.31
内蒙古	2233	2055	4.18	4.18	2.18	2.28
辽　宁	1319	1358	4.61	4.42	2.00	2.11
吉　林	945	1002	3.38	3.32	2.20	2.31
黑龙江	1878	1785	3.92	3.80	2.27	2.26
上　海	242	230	3.30	3.13	1.66	1.65
江　苏	13381	12867	18.58	18.32	10.28	10.50
浙　江	3979	4137	4.90	5.01	4.17	4.21
安　徽	5309	4767	13.09	11.86	6.51	6.45
福　建	1244	1218	6.34	5.98	2.75	2.62
江　西	2935	2924	8.45	8.05	4.50	4.77
山　东	3636	3460	10.75	10.71	5.22	5.49
河　南	4483	4164	22.26	22.95	10.66	11.70
湖　北	5367	4672	11.11	10.89	5.76	6.53
湖　南	4025	3656	14.78	14.66	7.75	8.17
广　东	3763	3367	12.34	11.30	6.26	6.17
广　西	1879	2078	8.98	8.54	3.99	4.21
海　南	529	509	1.54	1.42	0.77	0.71
重　庆	1074	1074	4.60	4.64	2.04	2.27
四　川	6424	6259	22.77	21.24	9.94	11.33
贵　州	2907	2756	7.43	7.41	2.49	2.67
云　南	2397	2315	10.16	10.55	3.36	3.85
西　藏	977	761	0.50	0.49	0.29	0.42
陕　西	2877	2897	9.41	8.86	3.77	3.64
甘　肃	3495	2823	5.06	4.93	3.05	2.85
青　海	611	601	1.24	1.18	0.54	0.53
宁　夏	392	377	1.22	1.30	0.53	0.56
新　疆	1420	1427	5.12	4.64	1.50	1.45

续表 9

单位：个、万床、万人

地　区	各种社会福利收养性单位数		各种社会福利收养性单位床位数		各种社会福利收养性单位收养人数	
	2014年	2013年	2014年	2013年	2014年	2013年
全国总计	**33404**	**33077**	**214.11**	**203.73**	**144.43**	**144.86**
北　京	233	225	3.72	3.26	1.96	1.86
天　津	95	95	0.54	0.53	0.20	0.21
河　北	940	907	12.01	10.51	6.50	6.94
山　西	774	811	3.30	3.26	2.13	2.16
内蒙古	594	546	4.87	4.17	3.03	2.84
辽　宁	643	654	4.88	4.68	3.22	3.22
吉　林	777	756	4.50	4.29	2.97	2.99
黑龙江	412	382	5.06	4.91	4.00	4.11
上　海	270	257	5.00	4.41	3.47	3.29
江　苏	1574	1587	16.48	15.59	10.12	10.35
浙　江	1109	1135	8.30	7.95	5.02	4.96
安　徽	1936	1878	15.50	14.58	10.77	12.77
福　建	996	897	4.02	3.31	1.46	1.26
江　西	1523	1519	9.81	9.65	7.96	7.97
山　东	1489	1423	17.53	16.56	11.98	11.87
河　南	2659	2692	17.16	20.62	13.38	13.66
湖　北	1411	1446	12.25	12.21	9.61	9.84
湖　南	2169	2219	10.12	9.85	7.92	7.84
广　东	1755	1732	5.88	5.61	3.63	3.69
广　西	4184	4152	5.93	5.75	3.80	4.07
海　南	181	179	0.47	0.45	0.29	0.28
重　庆	1239	1240	6.17	5.78	3.94	3.69
四　川	2931	2896	22.91	19.82	16.68	15.42
贵　州	1039	1024	4.64	3.90	2.03	1.76
云　南	571	568	2.67	2.56	1.53	1.58
西　藏	188	180	0.46	0.29	0.37	0.26
陕　西	659	681	5.67	5.53	3.64	3.45
甘　肃	499	471	1.37	1.21	0.83	0.75
青　海	136	118	0.61	0.51	0.45	0.39
宁　夏	61	61	0.55	0.53	0.43	0.44
新　疆	357	346	1.70	1.45	1.08	0.94

2

各地区主要指标居全国前 1000 位的乡镇

各地区户籍人口居全国前1000位的乡镇

单位：人

地区	代码	乡镇名称	数量
天津	120112100	津南区咸水沽镇	102310
	120221100	宁河县芦台镇	114509
	120223100	静海县静海镇	118926
河北	130123100	正定县正定镇	127545
	130131100	平山县平山镇	119076
	130133100	赵县赵州镇	116973
	130183100	晋州市晋州镇	130895
	130322100	昌黎县昌黎镇	122183
	130406100	峰峰矿区临水镇	128639
	130423100	临漳县临漳镇	102804
	130427100	磁县磁州镇	155238
	130428100	肥乡县肥乡镇	88914
	130429100	永年县临洺关镇	157636
	130434100	魏县魏城镇	133325
	130481100	武安市武安镇	107679
	130525100	隆尧县隆尧镇	99546
	130528100	宁晋县凤凰镇	143329
	130534100	清河县葛仙庄镇	133393
	130621100	满城县满城镇	114127
	130625100	徐水县安肃镇	135460
	130626100	定兴县定兴镇	98955
	130627100	唐县仁厚镇	93620
	130633100	易县易州镇	92024
	130635100	蠡县蠡吾镇	108954
	130638100	雄县雄州镇	106792
	130730100	怀来县沙城镇	97039
	130823100	平泉县平泉镇	101082
	130922100	青县清州镇	110029
	130984100	河间市瀛州镇	106495
	131022100	固安县固安镇	161776
	131023100	永清县永清镇	109934
	131024100	香河县淑阳镇	90263
	131026100	文安县文安镇	88049
	131081105	霸州市胜芳镇	97462
	131082109	三河市燕郊镇	246361
	131121100	枣强县枣强镇	103574
	131126100	故城县郑口镇	114959
	139002100	辛集市辛集镇	145889
山西	140121100	清徐县清源镇	103106
	140221100	阳高县龙泉镇	91146
	140224100	灵丘县武灵镇	99389
	140225100	浑源县永安镇	118933
	140321100	平定县冠山镇	104348
	140522100	阳城县凤城镇	110345
	140624100	怀仁县云中镇	111568
	140728100	平遥县古陶镇	93482
	140823100	闻喜县桐城镇	113709
	140824100	稷山县稷峰镇	127148
	141023100	襄汾县新城镇	89667
	141024100	洪洞县大槐树镇	150152
	141125100	柳林县柳林镇	88468
内蒙古	150121100	土默特左旗察素齐镇	91970
	150429100	宁城县天义镇	123288
	150430100	敖汉旗新惠镇	103403
	150523100	开鲁县开鲁镇	109403
	150526100	扎鲁特旗鲁北镇	106194
	150722100	莫力达瓦达斡尔族自治旗尼尔基镇	104578
	150821100	五原县隆兴昌镇	105008
	150823100	乌拉特前旗乌拉山镇	92707
	150826100	杭锦后旗陕坝镇	110051
	152224100	突泉县突泉镇	102503
辽宁	210124100	法库县法库镇	89976
	210423100	清原满族自治县清原镇	88336
	210624100	宽甸满族自治县宽甸镇	146356
	210804100	鲅鱼圈区熊岳镇	93194
	211224100	昌图县昌图镇	144778
吉林	220122100	农安县农安镇	272946
	220221100	永吉县口前镇	97461
	220322100	梨树县梨树镇	114422
	220381103	公主岭市范家屯镇	89752
	220381106	公主岭市怀德镇	100379
	220421100	东丰县东丰镇	102150
	220523100	辉南县朝阳镇	119731
	220524100	柳河县柳河镇	113693
	220721100	前郭尔罗斯蒙古族自治县前郭尔罗斯镇	91024
	220722100	长岭县长岭镇	95040
	220723100	乾安县乾安镇	89510
	220781100	扶余市三岔河镇	104708
	220821100	镇赉县镇赉镇	105042
	220822100	通榆县开通镇	123850
黑龙江	230125100	宾县宾州镇	127272
	230126100	巴彦县巴彦镇	103115
	230182100	双城市双城镇	178734
	230183100	尚志市尚志镇	125730
	230184100	五常市五常镇	138668
	230184102	五常市山河镇	101498
	230221100	龙江县龙江镇	131895
	230223100	依安县依安镇	102001
	230231100	拜泉县拜泉镇	88397
	230225100	甘南县甘南镇	87985
	230781100	铁力市铁力镇	118794
	231083100	海林市海林镇	127988
	231121100	嫩江县嫩江镇	104767
	231225100	明水县明水镇	89007

续表 1

单位：人

地区	代码	乡镇名称	数量	地区	代码	乡镇名称	数量
上海	310112101	闵行区莘庄镇	138810		320582100	张家港市杨舍镇	280911
	310112102	闵行区七宝镇	131704		320582101	张家港市塘桥镇	91855
	310112108	闵行区梅陇镇	123446		320582102	张家港市金港镇	178619
	310112114	闵行区浦江镇	123464		320582103	张家港市锦丰镇	114476
	310113102	宝山区大场镇	151511		320583100	昆山市玉山镇	185204
	310113109	宝山区顾村镇	96059		320585100	太仓市城厢镇	184029
	310114103	嘉定区安亭镇	90213		320612100	南通市通州区金沙镇	271680
	310115103	浦东新区川沙新镇	153994		320612104	南通市通州区三余镇	125125
	310115104	浦东新区高桥镇	89668		320621100	海安县海安镇	274022
	310115105	浦东新区北蔡镇	134408		320621101	海安县城东镇	149850
	310115130	浦东新区三林镇	133760		320621102	海安县曲塘镇	96460
	310115131	浦东新区惠南镇	115466		320623104	如东县大豫镇	102183
	310115139	浦东新区祝桥镇	138080		320623105	如东县掘港镇	207584
	310120101	奉贤区南桥镇	117841		320681100	启东市汇龙镇	251930
	310230101	崇明县城桥镇	96829		320681106	启东市南阳镇	104888
江苏	320117100	溧水区永阳镇	103334		320681109	启东市王鲍镇	91029
	320118100	高淳区淳溪镇	114699		320681110	启东市吕四港镇	178422
	320206102	惠山区洛社镇	98020		320682105	如皋市白蒲镇	123326
	320281104	江阴市徐霞客镇	109702		320682111	如皋市长江镇	139316
	320281107	江阴市华士镇	92262		320682113	如皋市江安镇	120458
	320281108	江阴市周庄镇	104398		320682116	如皋市搬经镇	139395
	320282103	宜兴市徐舍镇	100245		320684108	海门市悦来镇	108717
	320282112	宜兴市丁蜀镇	149122		320707100	赣榆区青口镇	206560
	320321102	丰县首羡镇	95214		320707109	赣榆区班庄镇	101115
	320321105	丰县欢口镇	99396		320707110	赣榆区城头镇	89056
	320321111	丰县宋楼镇	94675		320707115	赣榆区沙河镇	118456
	320321113	丰县王沟镇	106169		320723100	灌云县伊山镇	159235
	320322104	沛县沛城镇	188927		320723102	灌云县杨集镇	121294
	320322108	沛县张庄镇	96718		320723108	灌云县下车镇	97911
	320322109	沛县张寨镇	94157		320723212	灌云县南岗乡	109147
	320322115	沛县安国镇	96268		320724100	灌南县新安镇	182563
	320324101	睢宁县睢城镇	204428		320724101	灌南县堆沟港镇	90471
	320324111	睢宁县邱集镇	113171		320803100	淮安区淮城镇	180234
	320324113	睢宁县姚集镇	96415		320804100	淮阴区王营镇	170342
	320382103	邳州市官湖镇	106433		320826100	涟水县涟城镇	154413
	320382108	邳州市碾庄镇	100514		320826101	涟水县高沟镇	101264
	320382115	邳州市铁富镇	116650		320829100	洪泽县高良涧镇	129645
	320382123	邳州市赵墩镇	105825		320830100	盱眙县盱城镇	118983
	320411100	新北区春江镇	132481		320831100	金湖县黎城镇	105216
	320412100	武进区湖塘镇	147761		320903108	盐都区秦南镇	88000
	320481100	溧阳市溧城镇	247000		320921102	响水县小尖镇	102781
	320482100	金坛市金城镇	187353		320922100	滨海县东坎镇	224962
	320509100	吴江区太湖新城镇	251691		320922103	滨海县正红镇	107928
	320509105	吴江区盛泽镇	135554		320922107	滨海县八滩镇	90238
	320509110	吴江区黎里镇	142974		320922109	滨海县滨淮镇	106906
	320581100	常熟市虞山镇	207613		320923109	阜宁县东沟镇	115530
	320581102	常熟市海虞镇	89247		320923110	阜宁县益林镇	95305

续表 2

单位：人

地区	代码	乡镇名称	数量
	320924100	射阳县合德镇	287447
	320924106	射阳县海河镇	105754
	320925108	建湖县上冈镇	151109
	320981110	东台市富安镇	95816
	320981122	东台市东台镇	218899
	320982100	大丰市大中镇	185616
	320982110	大丰市新丰镇	105764
	321012100	江都区仙女镇	139896
	321012101	江都区小纪镇	92546
	321012118	江都区大桥镇	143598
	321023100	宝应县安宜镇	118389
	321023104	宝应县射阳湖镇	89593
	321081100	仪征市真州镇	118852
	321084115	高邮市临泽镇	95103
	321281123	兴化市戴南镇	96485
	321281125	兴化市昭阳镇	161930
	321282103	靖江市斜桥镇	91192
	321283100	泰兴市黄桥镇	193252
	321302150	宿城区洋河镇	110604
	321323100	泗阳县众兴镇	361022
	321324100	泗洪县青阳镇	231468
浙江	330106109	杭州市西湖区三墩镇	90159
	330109113	萧山区瓜沥镇	161786
	330110102	余杭区塘栖镇	97821
	330282107	慈溪市观海卫镇	123560
	330282121	慈溪市周巷镇	115313
	330324104	永嘉县桥下镇	128305
	330326100	平阳县昆阳镇	117464
	330326101	平阳县鳌江镇	212596
	330326102	平阳县水头镇	172863
	330326103	平阳县萧江镇	111446
	330327100	苍南县灵溪镇	278625
	330327101	苍南县龙港镇	370127
	330327104	苍南县钱库镇	168264
	330327107	苍南县金乡镇	127426
	330327118	苍南县马站镇	90825
	330328100	文成县大峃镇	113592
	330381101	瑞安市塘下镇	174901
	330381116	瑞安市马屿镇	147329
	330381120	瑞安市陶山镇	135551
	330381122	瑞安市湖岭镇	128468
	330381125	瑞安市高楼镇	102524
	330382101	乐清市大荆镇	146578
	330382108	乐清市虹桥镇	170280
	330382114	乐清市柳市镇	221899
	330382115	乐清市北白象镇	128693
	330481101	海宁市许村镇	111603
	330483107	桐乡市崇福镇	101700
	330502100	吴兴区织里镇	103417
	330503100	南浔区南浔镇	124766
	330521100	德清县武康镇	115403
	330604113	上虞区崧厦镇	105561
	330783123	东阳市横店镇	89668
	330824115	开化县华埠镇	107351
	331004106	路桥区金清镇	105628
	331022107	三门县浦坝港镇	105261
	331023105	天台县平桥镇	112322
	331081100	温岭市泽国镇	128502
	331081101	温岭市大溪镇	131965
	331081102	温岭市松门镇	94075
	331081103	温岭市箬横镇	148872
	331081104	温岭市新河镇	123533
	331082106	临海市白水洋镇	103625
	331082112	临海市杜桥镇	215820
	331082114	临海市桃渚镇	96483
安徽	340104100	蜀山区井岗镇	112436
	340121100	长丰县水湖镇	112452
	340122100	肥东县店埠镇	192617
	340122101	肥东县撮镇镇	89266
	340123100	肥西县上派镇	136358
	340123106	肥西县花岗镇	101253
	340124100	庐江县庐城镇	163206
	340124110	庐江县白湖镇	101661
	340124114	庐江县泥河镇	94981
	340207101	鸠江区沈巷镇	127603
	340221100	芜湖县湾沚镇	119159
	340223100	南陵县籍山镇	136605
	340223101	南陵县许镇镇	110037
	340223102	南陵县弋江镇	104974
	340225100	无为县无城镇	154640
	340321100	怀远县城关镇	158968
	340321104	怀远县常坟镇	98520
	340322100	五河县城关镇	105261
	340323100	固镇县城关镇	114931
	340506100	博望区博望镇	89889
	340521100	当涂县姑孰镇	109158
	340522100	含山县环峰镇	95734
	340523100	和县历阳镇	137660
	340604102	烈山区古饶镇	108215
	340621100	濉溪县濉溪镇	93221
	340621103	濉溪县五沟镇	105922
	340621104	濉溪县临涣镇	96429
	340621105	濉溪县双堆集镇	106482
	340621106	濉溪县铁佛镇	133379

续表 3

单位：人

地区	代码	乡镇名称	数量	地区	代码	乡镇名称	数量
	340621107	濉溪县南坪镇	101911		341823100	泾县泾川镇	95632
	340621108	濉溪县百善镇	116340	福建	350111100	晋安区鼓山镇	99451
	340621109	濉溪县孙町镇	105930		350111101	晋安区新店镇	91582
	340621110	濉溪县四铺镇	88968		350181106	福清市龙田镇	128860
	340823100	枞阳县枞阳镇	95501		350181107	福清市江镜镇	98687
	340823102	枞阳县汤沟镇	92148		350181111	福清市三山镇	122968
	340824100	潜山县梅城镇	103929		350213102	翔安区马巷镇	98356
	340827100	望江县华阳镇	126586		350213104	翔安区新店镇	100914
	341122100	来安县新安镇	104999		350302101	城厢区华亭镇	111956
	341124100	全椒县襄河镇	122603		350304101	荔城区黄石镇	163450
	341125100	定远县定城镇	150569		350304102	荔城区新度镇	103525
	341125101	定远县炉桥镇	106099		350304103	荔城区北高镇	109126
	341126100	凤阳县府城镇	159835		350305100	秀屿区笏石镇	130140
	341204100	颍泉区伍明镇	116208		350305104	秀屿区东峤镇	125893
	341204101	颍泉区宁老庄镇	109793		350305105	秀屿区埭头镇	137507
	341204102	颍泉区闻集镇	139287		350305106	秀屿区平海镇	102318
	341204103	颍泉区行流镇	107524		350322100	仙游县枫亭镇	112430
	341221100	临泉县城关镇	146996		350322101	仙游县榜头镇	161807
	341221109	临泉县宋集镇	89923		350322103	仙游县度尾镇	90083
	341221113	临泉县韦寨镇	89772		350322106	仙游县盖尾镇	102580
	341222100	太和县城关镇	151524		350322108	仙游县大济镇	94259
	341225120	阜南县鹿城镇	143120		350505100	泉港区南埔镇	96982
	341226100	颍上县慎城镇	168199		350521100	惠安县螺城镇	90203
	341226104	颍上县江口镇	90776		350521109	惠安县涂寨镇	91154
	341302100	埇桥区符离镇	88698		350524102	安溪县湖头镇	90068
	341321100	砀山县砀城镇	192776		350524206	安溪县长坑乡	89993
	341321106	砀山县玄庙镇	92353		350582101	晋江市安海镇	121159
	341322100	萧县龙城镇	121134		350582102	晋江市磁灶镇	93777
	341322101	萧县黄口镇	98000		350582104	晋江市东石镇	106950
	341323100	灵璧县灵城镇	109762		350583106	南安市诗山镇	88756
	341324100	泗县泗城镇	92165		350583118	南安市官桥镇	106880
	341521100	寿县寿春镇	123108		350583119	南安市水头镇	115669
	341522100	霍邱县城关镇	123369		350623100	漳浦县绥安镇	111333
	341523100	舒城县城关镇	172114		350627100	南靖县山城镇	91474
	341524100	金寨县梅山镇	115015		350628100	平和县小溪镇	91816
	341602115	谯城区双沟镇	92488		350681102	龙海市角美镇	124918
	341621121	涡阳县牌坊镇	92893	江西	360111104	青山湖区湖坊镇	89994
	341622100	蒙城县城关镇	110562		360111180	青山湖区蛟桥镇(南昌经济技术开发区)	154825
	341622110	蒙城县立仓镇	113893		360121100	南昌县莲塘镇	118549
	341622111	蒙城县楚村镇	101662		360121101	南昌县向塘镇	118967
	341622112	蒙城县乐土镇	102893		360121105	南昌县蒋巷镇	95055
	341623100	利辛县城关镇	158158		360121191	南昌县昌东镇	118640
	341623101	利辛县阚疃镇	101700		360122100	新建县长堎镇	99573
	341623114	利辛县胡集镇	91997		360124100	进贤县民和镇	187268
	341623118	利辛县望疃镇	103699		360281103	乐平市众埠镇	97826
	341821100	郎溪县建平镇	108709		360428100	都昌县都昌镇	111432
	341822100	广德县桃州镇	120657		360502190	渝水区水西镇	112633

续表 4　　　　　　　　　　　　　　　　　　单位：人

地区	代码	乡镇名称	数量
	360521100	分宜县分宜镇	107716
	360703100	南康区唐江镇	105141
	360722100	信丰县嘉定镇	165039
	360727100	龙南县龙南镇	89067
	360730100	宁都县梅江镇	159335
	360731100	于都县贡江镇	204354
	360732100	兴国县潋江镇	119183
	360733100	会昌县文武坝镇	92015
	360735100	石城县琴江镇	100607
	360781100	瑞金市象湖镇	149679
	360821100	吉安县敦厚镇	93052
	360822100	吉水县文峰镇	134020
	360825100	永丰县恩江镇	93697
	360826100	泰和县澄江镇	137088
	360827100	遂川县泉江镇	123794
	360830100	永新县禾川镇	99405
	361002100	临川区上顿渡镇	125758
	361021100	南城县建昌镇	98593
	361023100	南丰县琴城镇	89294
	361024100	崇仁县巴山镇	101342
	361029100	东乡县孝岗镇	146290
	361123100	玉山县冰溪镇	105928
	361127100	余干县玉亭镇	134088
	361128100	鄱阳县鄱阳镇	177264
	361128104	鄱阳县油墩街镇	103579
	361128110	鄱阳县古县渡镇	106402
山东	370112101	历城区仲宫镇	115335
	370282117	即墨市移风店镇	92175
	370282121	即墨市田横镇	136869
	370283105	平度市南村镇	133498
	370283108	平度市蓼兰镇	88302
	370283122	平度市旧店镇	105608
	370285101	莱西市姜山镇	92190
	370303100	张店区马尚镇	90216
	370481103	滕州市大坞镇	89839
	370481104	滕州市滨湖镇	114625
	370481106	滕州市西岗镇	129418
	370481107	滕州市姜屯镇	88838
	370481109	滕州市张汪镇	88395
	370481116	滕州市东郭镇	119068
	370523101	广饶县大王镇	92878
	370683101	莱州市沙河镇	100100
	370686104	栖霞市桃村镇	92378
	370704108	坊子区太保庄镇	146095
	370724103	临朐县冶源镇	106568
	370724107	临朐县辛寨镇	122449
	370724116	临朐县蒋峪镇	89824
	370725107	昌乐县乔官镇	88796
	370725108	昌乐县唐吾镇	104613
	370725110	昌乐县红河镇	88975
	370725116	昌乐县营丘镇	97386
	370781115	青州市谭坊镇	98310
	370782102	诸城市贾悦镇	109061
	370782114	诸城市林家村镇	96547
	370783109	寿光市侯镇	99125
	370783112	寿光市稻田镇	96525
	370784100	安丘市景芝镇	134577
	370784103	安丘市凌河镇	103004
	370785103	高密市夏庄镇	113417
	370829104	嘉祥县疃里镇	98175
	370830101	汶上县南站镇	89292
	370832104	梁山县拳铺镇	117932
	370883102	邹城市城前镇	90424
	370883107	邹城市太平镇	122172
	370921109	宁阳县磁窑镇	114610
	370921110	宁阳县华丰镇	90218
	370982105	新泰市羊流镇	96374
	370982117	新泰市汶南镇	103268
	371302105	兰山区义堂镇	113535
	371302109	兰山区方城镇	103547
	371321109	沂南县大庄镇	98176
	371322101	郯城县马头镇	88139
	371322102	郯城县重坊镇	100409
	371322103	郯城县李庄镇	104249
	371323103	沂水县许家湖镇	130694
	371324101	苍山县大仲村镇	88255
	371324102	苍山县兰陵镇	122461
	371324103	苍山县长城镇	109947
	371324108	苍山县向城镇	117636
	371324112	苍山县庄坞镇	92091
	371324116	苍山县金岭镇	99495
	371325105	费县探沂镇	98647
	371325107	费县梁邱镇	94402
	371329108	临沭县青云镇	97424
	371502101	东昌府区沙镇镇	94684
	371702100	牡丹区沙土镇	99142
	371702108	牡丹区马岭岗镇	99396
	371721103	曹县青固集镇	103426
	371721107	曹县古营集镇	88240
	371721110	曹县苏集镇	90615
	371727102	定陶县冉固镇	90219
河南	410181113	巩义市回郭镇	91280
	410182103	荥阳市广武镇	101000
	410323100	新安县城关镇	99740

续表 5　　　　单位：人

地区	代码	乡镇名称	数量	地区	代码	乡镇名称	数量
	410482104	汝州市小屯镇	88600		420624100	南漳县城关镇	153335
	410522101	安阳县水冶镇	123693		420624101	南漳县武安镇	114510
	410581102	林州市临淇镇	99810		420624102	南漳县九集镇	107358
	410581104	林州市横水镇	89125		420625100	谷城县城关镇	100097
	410581107	林州市姚村镇	94147		420625101	谷城县石花镇	122592
	410581200	林州市城郊乡	94209		420683101	枣阳市七方镇	105814
	410621101	浚县善堂镇	94850		420683103	枣阳市太平镇	101633
	410621104	浚县新镇镇	88636		420683109	枣阳市吴店镇	88979
	410822100	博爱县清化镇	98800		420821100	京山县新市镇	145931
	410825100	温县温泉镇	94337		420881103	钟祥市胡集镇	143594
	411322101	方城县独树镇	88982		420881108	钟祥市石牌镇	91894
	411322102	方城县博望镇	105339		420881109	钟祥市旧口镇	101211
	411322105	方城县赵河镇	112680		420881110	钟祥市柴湖镇	109249
	411326104	淅川县厚坡镇	108539		420902104	孝南区肖港镇	104834
	411328101	唐河县源潭镇	93408		420921100	孝昌县花园镇	130216
	411328102	唐河县张店镇	93910		420922100	大悟县城关镇	118394
	411328106	唐河县大河屯镇	88275		421022100	公安县埠河镇	99039
	411381104	邓州市穰东镇	97800		421022101	公安县斗湖堤镇	141037
	411381107	邓州市构林镇	94299		421023100	监利县容城镇	129650
	411381305	邓州市裴营乡	98321		421023101	监利县朱河镇	100569
	411421100	民权县城关镇	112721		421023102	监利县新沟镇	95990
	411481107	永城市薛湖镇	91268		421023113	监利县尺八镇	93418
	411503101	平桥区明港镇	118967		421023200	监利县红城乡	124694
	411521100	罗山县城关镇	93008		421083105	洪湖市峰口镇	90498
	411623104	商水县固墙镇	96640		421087100	松滋市新江口镇	121083
	411624100	沈丘县槐店回族镇	120570		421122100	红安县城关镇	118423
	411625103	郸城县白马镇	88153		421123100	罗田县凤山镇	125161
	411625106	郸城县钱店镇	88794		421124100	英山县温泉镇	110694
	411626100	淮阳县城关回族镇	133418		421125100	浠水县清泉镇	229663
	411626105	淮阳县安岭镇	97653		421125101	浠水县巴河镇	124688
	411626202	淮阳县冯塘乡	95940		421125104	浠水县团陂镇	96265
	411627100	太康县城关回族镇	97909		421125105	浠水县关口镇	94390
	411627104	太康县朱口镇	90216		421126100	蕲春县漕河镇	164716
	411627105	太康县马头镇	92162		421126102	蕲春县蕲州镇	101820
	411627109	太康县马厂镇	89835		421126105	蕲春县横车镇	97663
	411724100	正阳县真阳镇	99965		421126107	蕲春县刘河镇	97211
湖北	420222100	阳新县兴国镇	93256		421127100	黄梅县黄梅镇	139987
	420222107	阳新县白沙镇	99254		421127101	黄梅县孔垄镇	112775
	420222110	阳新县龙港镇	108613		421127102	黄梅县小池镇	114293
	420281104	大冶市还地桥镇	88947		421127107	黄梅县濯港镇	89013
	420304117	郧阳区郧县城关镇	109060		421127108	黄梅县蔡山镇	101905
	420527101	秭归县茅坪镇	96837		421181103	麻城市白果镇	91423
	420528101	长阳土家族自治县龙舟坪镇	91836		421182100	武穴市梅川镇	141680
	420602100	襄城区欧庙镇	92163		421182102	武穴市花桥镇	88253
	420606101	樊城区太平店镇	114801		421221103	嘉鱼县鱼岳镇	99062
	420607107	襄州区双沟镇	93548		421222100	通城县隽水镇	129204
	420607111	襄州区东津镇	119107		421223100	崇阳县天城镇	111942

续表 6　　单位：人

地区	代码	乡镇名称	数量	地区	代码	乡镇名称	数量
湖南	421224100	通山县通羊镇	109435		431126104	宁远县冷水镇	89720
	421303187	曾都区淅河镇	125372		431222109	沅陵县沅陵镇	125796
	421321109	随县唐县镇	98600		431224100	溆浦县卢峰镇	118353
	422802101	利川市柏杨坝镇	89067		431229100	靖州苗族侗族自治县渠阳镇	94741
	422802102	利川市汪营镇	101013		431321100	双峰县永丰镇	92127
	422822100	建始县业州镇	112324		431322100	新化县上梅镇	171927
	422827100	来凤县翔凤镇	101489		431382105	涟源市桥头河镇	122710
	429004105	仙桃市长倘口镇	118983		433124109	花垣县花垣镇	93907
	429004106	仙桃市西流河镇	109015	广东	440111103	广州市白云区人和镇	94222
	429004108	仙桃市杨林尾镇	92642		440111107	广州市白云区太和镇	92774
	429004109	仙桃市彭场镇	99338		440111108	广州市白云区钟落潭镇	132028
	429006107	天门市岳口镇	141028		440111113	广州市白云区江高镇	120134
	430421100	衡阳县西渡镇	174896		440114105	花都区花东镇	111831
	430423100	衡山县开云镇	89076		440117111	从化区太平镇	89779
	430522100	新邵县酿溪镇	93625		440117113	从化区鳌头镇	138830
	430523100	邵阳县塘渡口镇	120898		440118101	增城区新塘镇	114958
	430523111	邵阳县五峰铺镇	104663		440118102	增城区石滩镇	111367
	430524100	隆回县桃洪镇	118321		440205100	曲江区马坝镇	106345
	430525100	洞口县洞口镇	101361		440229100	翁源县龙仙镇	122337
	430525103	洞口县高沙镇	118143		440281108	乐昌市坪石镇	88380
	430525104	洞口县竹市镇	88043		440403106	斗门区白蕉镇	95437
	430525105	洞口县石江镇	90223		440403107	斗门区井岸镇	102476
	430525106	洞口县黄桥镇	99034		440513100	潮阳区海门镇	123703
	430528100	新宁县金石镇	104449		440513101	潮阳区河溪镇	88897
	430623100	华容县城关镇	111493		440513102	潮阳区和平镇	183395
	430624100	湘阴县文星镇	145320		440513103	潮阳区西胪镇	184824
	430626100	平江县城关镇	89473		440513104	潮阳区关埠镇	135563
	430721100	安乡县深柳镇	124573		440513106	潮阳区谷饶镇	170485
	430722116	汉寿县龙阳镇	123628		440513107	潮阳区贵屿镇	162512
	430725100	桃源县漳江镇	120383		440513108	潮阳区铜盂镇	133160
	430821100	慈利县零阳镇	131700		440513110	潮阳区金灶镇	149508
	430902106	资阳区长春镇	91861		440514101	潮南区井都镇	99562
	430902107	资阳区新桥河镇	91211		440514103	潮南区成田镇	99335
	430903111	赫山区兰溪镇	90294		440514104	潮南区司马浦镇	132991
	430921125	南县南洲镇	138056		440514105	潮南区陈店镇	125131
	430922112	桃江县桃花江镇	152200		440514106	潮南区两英镇	235070
	430922113	桃江县灰山港镇	124818		440514107	潮南区仙城镇	122743
	430923119	安化县大福镇	99121		440514108	潮南区胪岗镇	156478
	430923121	安化县东坪镇	136401		440514112	潮南区陇田镇	147115
	430981112	沅江市南大膳镇	92062		440515102	澄海区莲下镇	115677
	430981114	沅江市草尾镇	98345		440604100	禅城区南庄镇	135887
	431021109	桂阳县舂陵江镇	106772		440605121	南海区九江镇	105452
	431023108	永兴县便江镇	107577		440605122	南海区西樵镇	154276
	431024100	嘉禾县珠泉镇	109485		440605123	南海区丹灶镇	90651
	431028106	安仁县永乐江镇	143892		440605124	南海区狮山镇	282419
	431122100	东安县白牙市镇	97900		440605125	南海区大沥镇	251595
	431124102	道县寿雁镇	94091		440605126	南海区里水镇	130702

续表 7

单位：人

地区	代码	乡镇名称	数量	地区	代码	乡镇名称	数量
	440606102	顺德区北滘镇	121956		440982120	化州市中垌镇	125704
	440606103	顺德区乐从镇	106710		440983113	信宜市怀乡镇	90138
	440606104	顺德区龙江镇	102173		440983124	信宜市朱砂镇	97009
	440606105	顺德区杏坛镇	133395		440983125	信宜市北界镇	96494
	440606106	顺德区均安镇	89932		441223109	广宁县南街镇	115437
	440705104	新会区双水镇	91324		441224100	怀集县怀城镇	154614
	440804100	坡头区南三镇	96662		441224108	怀集县大岗镇	89015
	440811100	麻章区麻章镇	88247		441224110	怀集县冷坑镇	135795
	440811101	麻章区太平镇	109091		441225111	封开县南丰镇	99982
	440823100	遂溪县遂城镇	215538		441322110	博罗县罗阳镇	149513
	440823101	遂溪县黄略镇	107953		441323113	惠东县多祝镇	100996
	440823106	遂溪县杨柑镇	101755		441422100	大埔县湖寮镇	96282
	440823107	遂溪县城月镇	107570		441423127	丰顺县汤坑镇	143582
	440881106	廉江市良垌镇	131664		441423128	丰顺县留隍镇	100268
	440881107	廉江市横山镇	125579		441424130	五华县华城镇	120059
	440881108	廉江市安铺镇	131985		441424134	五华县水寨镇	166115
	440881109	廉江市营仔镇	105182		441424135	五华县河东镇	134103
	440881110	廉江市青平镇	107664		441424138	五华县横陂镇	108145
	440881113	廉江市石岭镇	123414		441424139	五华县安流镇	138125
	440881117	廉江市塘蓬镇	99819		441424140	五华县棉洋镇	99379
	440882100	雷州市白沙镇	90972		441424141	五华县龙村镇	92046
	440882102	雷州市客路镇	140398		441426119	平远县大柘镇	90289
	440882103	雷州市杨家镇	90221		441521101	海丰县梅陇镇	105448
	440882106	雷州市纪家镇	110482		441521115	海丰县海城镇	159369
	440882108	雷州市南兴镇	112342		441523100	陆河县河田镇	89039
	440882115	雷州市乌石镇	90253		441581101	陆丰市甲子镇	131031
	440882117	雷州市附城镇	128155		441581102	陆丰市碣石镇	247331
	440883101	吴川市长岐镇	88554		441581103	陆丰市湖东镇	110295
	440883102	吴川市覃巴镇	89626		441581107	陆丰市南塘镇	146602
	440883104	吴川市振文镇	126125		441581112	陆丰市甲东镇	97665
	440883106	吴川市吴阳镇	102213		441581118	陆丰市甲西镇	147826
	440883107	吴川市塘缀镇	140868		441621100	紫金县紫城镇	170525
	440883109	吴川市黄坡镇	170080		441622100	龙川县老隆镇	159371
	440902104	茂南区鳌头镇	92010		441624100	和平县阳明镇	106307
	440904100	电白区马踏镇	88153		441702103	江城区平冈镇	103105
	440904102	电白区坡心镇	93074		441721100	阳西县织篢镇	133726
	440904108	电白区羊角镇	153786		441721104	阳西县溪头镇	90778
	440904115	电白区霞洞镇	103605		441781105	阳春市春湾镇	98137
	440904116	电白区观珠镇	105740		441802103	清城区源潭镇	93127
	440904123	电白区水东镇	126258		441803112	清新区龙颈镇	117217
	440904126	电白区林头镇	142870		441803113	清新区禾云镇	113841
	440904127	电白区电城镇	171093		441803117	清新区浸潭镇	120216
	440981127	高州市石鼓镇	125598		441821100	佛冈县石角镇	116510
	440981128	高州市东岸镇	91646		441823119	阳山县阳城镇	113586
	440982102	化州市杨梅镇	89132		441881137	英德市东华镇	102574
	440982113	化州市那务镇	96724		441882100	连州市连州镇	138540
	440982116	化州市平定镇	115599		441900121	东莞市虎门镇	131470

续表 8　　　　单位：人

地区	代码	乡镇名称	数量	地区	代码	乡镇名称	数量
	441900122	东莞市厚街镇	100166		450127101	横县百合镇	109072
	442000100	中山市小榄镇	169000		450127103	横县南乡镇	97191
	442000101	中山市黄圃镇	88171		450127108	横县六景镇	98674
	445103104	潮安区浮洋镇	105916		450127112	横县陶圩镇	91510
	445103108	潮安区彩塘镇	113131		450127113	横县校椅镇	108003
	445103109	潮安区东凤镇	92946		450221100	柳江县拉堡镇	162732
	445103110	潮安区庵埠镇	132389		450223100	鹿寨县鹿寨镇	135450
	445103121	潮安区枫溪镇	111154		450224100	融安县长安镇	97307
	445122100	饶平县黄冈镇	198645		450225100	融水苗族自治县融水镇	90638
	445122117	饶平县钱东镇	97106		450312100	临桂区临桂镇	101125
	445202101	榕城区渔湖镇	115237		450324100	全州县全州镇	111389
	445202102	榕城区炮台镇	131865		450325100	兴安县兴安镇	91057
	445202103	榕城区地都镇	104856		450330100	平乐县平乐镇	98709
	445203102	揭东区云路镇	89561		450406100	龙圩区龙圩镇	88363
	445203104	揭东区锡场镇	120969		450422100	藤县藤州镇	161073
	445203105	揭东区新亨镇	121359		450422111	藤县蒙江镇	88933
	445203106	揭东区玉湖镇	117559		450422113	藤县太平镇	106027
	445203110	揭东区白塔镇	106080		450481100	岑溪市岑城镇	160145
	445222110	揭西县棉湖镇	105368		450521100	合浦县廉州镇	176764
	445224100	惠来县惠城镇	183332		450521102	合浦县西场镇	98013
	445224103	惠来县仙庵镇	95104		450521106	合浦县公馆镇	137584
	445224107	惠来县神泉镇	95200		450521107	合浦县白沙镇	116906
	445224108	惠来县东陇镇	106706		450703101	钦北区平吉镇	93401
	445224110	惠来县隆江镇	175006		450703103	钦北区小董镇	96292
	445224114	惠来县葵潭镇	126189		450703104	钦北区板城镇	99333
	445281103	普宁市大坝镇	117105		450703108	钦北区大直镇	92525
	445281104	普宁市洪阳镇	171812		450703109	钦北区大寺镇	93534
	445281105	普宁市南溪镇	120656		450721100	灵山县灵城镇	173519
	445281107	普宁市麒麟镇	124940		450721101	灵山县新圩镇	114258
	445281108	普宁市南径镇	145586		450721108	灵山县檀圩镇	112335
	445281109	普宁市占陇镇	182528		450721109	灵山县那隆镇	126196
	445281110	普宁市军埠镇	126752		450721111	灵山县陆屋镇	106424
	445281111	普宁市下架山镇	106925		450721112	灵山县旧州镇	115545
	445281119	普宁市里湖镇	115237		450721113	灵山县太平镇	131680
	445281121	普宁市梅塘镇	146021		450721117	灵山县伯劳镇	98038
	445321100	新兴县新城镇	102512		450722100	浦北县小江镇	137825
	445381100	罗定市罗镜镇	102475		450722104	浦北县张黄镇	88172
	445381104	罗定市罗平镇	91285		450722109	浦北县龙门镇	98215
广西	450109100	邕宁区蒲庙镇	140889		450802101	港北区大圩镇	95203
	450109101	邕宁区那楼镇	93969		450802102	港北区庆丰镇	94946
	450122100	武鸣县城厢镇	106358		450803100	港南区桥圩镇	113774
	450124102	马山县林圩镇	95794		450803101	港南区木格镇	107743
	450124105	马山县周鹿镇	94323		450821100	平南县平南镇	219010
	450126100	宾阳县宾州镇	219200		450821104	平南县大新镇	93661
	450126101	宾阳县黎塘镇	120229		450821105	平南县大安镇	115436
	450126107	宾阳县大桥镇	89195		450821113	平南县丹竹镇	107492
	450127100	横县横州镇	169708		450821114	平南县官成镇	105635

续表 9

单位：人

地区	代码	乡镇名称	数量	地区	代码	乡镇名称	数量
	450821115	平南县思旺镇	97081		500235131	云阳县江口镇	111304
	450881107	桂平市麻垌镇	100568		500240100	石柱土家族自治县南宾镇	106827
	450881117	桂平市蒙圩镇	90418	四川	510114103	新都区新繁镇	95809
	450881118	桂平市西山镇	133537		510182100	彭州市天彭镇	167417
	450881119	桂平市南木镇	120885		510183100	邛崃市临邛镇	165230
	450881120	桂平市江口镇	108912		510321100	荣县旭阳镇	158624
	450881121	桂平市金田镇	89996		510322100	富顺县富世镇	147707
	450903107	福绵区福绵镇	92437		510521107	泸县玄滩镇	89863
	450903109	福绵区樟木镇	101242		510522100	合江县合江镇	107687
	450921100	容县容州镇	155975		510524100	叙永县叙永镇	101695
	450921105	容县黎村镇	94061		510525100	古蔺县古蔺镇	116474
	450922101	陆川县温泉镇	154896		510681100	广汉市雒城镇	111442
	450922103	陆川县马坡镇	106484		510722101	三台县潼川镇	131064
	450922108	陆川县乌石镇	136354		510781100	江油市中坝镇	100057
	450922109	陆川县良田镇	97649		510781102	江油市三合镇	113545
	450923100	博白县博白镇	227710		510824100	苍溪县陵江镇	128792
	450923120	博白县文地镇	105210		510921100	蓬溪县赤城镇	94555
	450923127	博白县龙潭镇	103682		510923100	大英县蓬莱镇	146124
	451023100	平果县马头镇	109593		511024100	威远县严陵镇	161941
	451025100	靖西县新靖镇	98727		511025100	资中县重龙镇	100771
	451102106	八步区桂岭镇	96437		511025116	资中县水南镇	89993
	451119103	平桂管理区沙田镇	105914		511181100	峨眉山市绥山镇	114281
	451122100	钟山县钟山镇	96426		511322100	营山县朗池镇	117012
	451225100	罗城仫佬族自治县东门镇	98601		511323115	蓬安县相如镇	138385
	451229100	大化瑶族自治县大化镇	100458		511324101	仪陇县新政镇	98948
	451281100	宜州市庆远镇	151307		511325100	西充县晋城镇	138951
	451321100	忻城县城关镇	90725		511421123	仁寿县文林镇	157868
海南	460203198	吉阳区吉阳镇	98400		511524100	长宁县长宁镇	88444
	469002100	琼海市嘉积镇	138070		511526101	珙县巡场镇	111404
	469003100	儋州市那大镇	169908		511527100	筠连县筠连镇	104335
	469005100	文昌市文城镇	132829		511528100	兴文县古宋镇	94269
	469006100	万宁市万城镇	170694		511621100	岳池县九龙镇	177908
	469007100	东方市八所镇	180542		511622100	武胜县沿口镇	125054
	469021100	定安县定城镇	94637		511623100	邻水县鼎屏镇	93879
	469023100	澄迈县金江镇	182063		511722100	宣汉县东乡镇	153985
	469024100	临高县临城镇	106002		511722107	宣汉县南坝镇	103371
重庆	500101144	万州区分水镇	98750		511723100	开江县新宁镇	93549
	500107110	九龙坡区西彭镇	102798		511724100	大竹县竹阳镇	133476
	500111100	大足区龙水镇	114428		511725100	渠县渠江镇	125674
	500116105	江津区石蟆镇	103129		511921100	通江县诺江镇	104904
	500116108	江津区白沙镇	136619		512021100	安岳县岳阳镇	121717
	500116110	江津区李市镇	89096		512022100	乐至县天池镇	109941
	500117120	合川区钱塘镇	93691	贵州	520203100	六枝特区平寨镇	145977
	500118118	永川区朱沱镇	88035		520321100	遵义县南白镇	102268
	500233100	忠县忠州镇	154190		520322100	桐梓县娄山关镇	120201
	500234130	开县临江镇	103849		520330100	习水县东皇镇	90681
	500235128	云阳县南溪镇	110993		520422100	普定县城关镇	88889

续表 10 单位：人

地区	代码	乡镇名称	数量	地区	代码	乡镇名称	数量
云南	530122102	晋宁县晋城镇	96446		532923103	祥云县云南驿镇	101512
	530322102	陆良县板桥镇	99433		532924101	宾川县金牛镇	101235
	530322103	陆良县三岔河镇	123112		532925101	弥渡县弥城镇	88176
	530322104	陆良县马街镇	115609	陕西	610125100	户县甘亭镇	105971
	530325106	富源县大河镇	91006		610323100	岐山县凤鸣镇	106906
	530325108	富源县富村镇	102881		610323101	岐山县蔡家坡镇	145917
	530326103	会泽县迤车镇	88862		610324100	扶风县城关镇	93599
	530326106	会泽县者海镇	99367		610422100	三原县城关镇	122298
	530381106	宣威市倘塘镇	92279		610424100	乾县城关镇	118232
	530502101	隆阳区板桥镇	102152		610425100	礼泉县城关镇	147015
	530522101	腾冲县腾越镇	118565		610431100	武功县普集镇	99027
	530622101	巧家县白鹤滩镇	107876		610523100	大荔县城关镇	99707
	530625101	永善县溪洛渡镇	98332		610526100	蒲城县城关镇	124005
	530627101	镇雄县乌峰镇	150802		610527100	白水县城关镇	102465
	530627102	镇雄县泼机镇	122834		610528101	富平县庄里镇	99760
	530628101	彝良县角奎镇	116778		610528116	富平县城关镇	144773
	530629101	威信县扎西镇	125483		610623100	子长县瓦窑堡镇	91328
	530922101	云县爱华镇	91857		610722100	城固县博望镇	102968
	530926103	耿马傣族佤族自治县孟定镇	90770		610724100	西乡县城关镇	95055
	532301101	楚雄市鹿城镇	169155		610821100	神木县神木镇	195251
	532325101	姚安县栋川镇	92669		610902107	汉滨区恒口镇	110186
	532326101	大姚县金碧镇	99096		611021100	洛南县城关镇	93924
	532503101	蒙自市文澜镇	165862	甘肃	620523100	甘谷县大像山镇	102333
	532504101	弥勒市弥阳镇	146008		620523102	甘谷县新兴镇	110725
	532524101	建水县临安镇	156608		621122100	陇西县巩昌镇	122756
	532525101	石屏县异龙镇	96585		621124100	临洮县洮阳镇	99623
	532527101	泸西县中枢镇	119605	青海	630121100	大通回族土族自治县桥头镇	142162
	532627101	广南县莲城镇	103447	新疆	653125100	莎车县莎车镇	130468
	532901101	大理市下关镇	190835		653126100	叶城县喀格勒克镇	93496
	532923101	祥云县祥城镇	117123		654223100	沙湾县三道河子镇	98807

各地区公共财政收入居全国前1000位的乡镇

单位：万元

地区	代码	乡镇名称	数量	地区	代码	乡镇名称	数量
北京	110105022	朝阳区高碑店地区办事处	24391		120111105	西青区大寺镇	121163
	110105028	朝阳区十八里店地区办事处	33367		120111106	西青区王稳庄镇	23309
	110105036	朝阳区金盏地区办事处	49510		120112100	津南区咸水沽镇	23687
	110105037	朝阳区孙河地区办事处	26654		120112101	津南区葛沽镇	100000
	110105038	朝阳区崔各庄地区办事处	21487		120112102	津南区小站镇	77043
	110105039	朝阳区东坝地区办事处	23597		120112103	津南区双港镇	106007
	110108024	海淀区东升地区办事处	37603		120112107	津南区八里台镇	24592
	110108026	海淀区温泉地区办事处	26457		120112108	津南区北闸口镇	56507
	110108027	海淀区四季青地区办事处	48476		120113101	北辰区北仓镇	32345
	110108028	海淀区西北旺地区办事处	57508		120113103	北辰区双口镇	28593
	110108029	海淀区苏家坨地区办事处	46047		120114101	武清区梅厂镇	32301
	110108030	海淀区上庄地区办事处	25849		120114102	武清区大碱厂镇	31819
	110111105	房山区长阳镇	77711		120114105	武清区下伍旗镇	28270
	110112005	通州区永顺地区办事处	32601		120114118	武清区大王古庄镇	94127
	110112006	通州区梨园地区办事处	36620		120115119	宝坻区牛道口镇	27940
	110112104	通州区宋庄镇	28126		120223100	静海县静海镇	52896
	110112105	通州区张家湾镇	37638		120223101	静海县唐官屯镇	23284
	110112106	通州区漷县镇	21699		120223105	静海县子牙镇	21825
	110112109	通州区马驹桥镇	74401		120223108	静海县大邱庄镇	144154
	110112110	通州区西集镇	32771	河北	130123100	正定县正定镇	22609
	110112114	通州区台湖镇	39327		130207113	丰南区丰南镇	94386
	110112117	通州区永乐店镇	33064		130223100	滦县滦州镇	23185
	110112209	通州区于家务回族乡	37217		130223101	滦县响堂镇	24005
	110113003	顺义区仁和地区办事处	63243		130227100	迁西县兴城镇	22682
	110113004	顺义区后沙峪地区办事处	29635		130283108	迁安市蔡园镇	24813
	110113005	顺义区天竺地区办事处	60918		130283109	迁安市马兰庄镇	62792
	110113007	顺义区牛栏山地区办事处	38900		130283111	迁安市木厂口镇	41592
	110113008	顺义区南法信地区办事处	26464		130427100	磁县磁州镇	52663
	110113009	顺义区马坡地区办事处	40374		130481100	武安市武安镇	68845
	110113101	顺义区高丽营镇	21638		130481102	武安市午汲镇	62418
	110114002	昌平区南口地区办事处	36180		130481103	武安市磁山镇	117464
	110114004	昌平区沙河地区办事处	36392		130481200	武安市上团城乡	29251
	110114006	昌平区回龙观地区办事处	25996		130521104	邢台县南石门镇	27529
	110114115	昌平区北七家镇	26280		130528100	宁晋县凤凰镇	38267
	110115004	大兴区亦庄地区办事处	35716		130672103	保定白沟新城白沟镇	39100
	110115005	大兴区黄村地区办事处	71077		130705201	宣化区春光乡	23872
	110115006	大兴区旧宫地区办事处	30717		130722100	张北县张北镇	48510
	110115007	大兴区西红门地区办事处	26177		130726100	蔚县蔚州镇	52653
	110115108	大兴区庞各庄镇	21724		130733100	崇礼县西湾子镇	24673
	110115110	大兴区魏善庄镇	25227		130821100	承德县下板城镇	25859
	110116103	怀柔区杨宋镇	23372		130822100	兴隆县兴隆镇	22170
	110117005	平谷区马坊地区办事处	50089		130823100	平泉县平泉镇	32676
	110117106	平谷区夏各庄镇	22794		130824205	滦平县小营满族乡	23591
天津	120111100	西青区中北镇	81253		130825100	隆化县隆化镇	22130
	120111101	西青区杨柳青镇	24129		130826100	丰宁满族自治县大阁镇	24636
	120111103	西青区张家窝镇	68421		130923100	东光县东光镇	43951
	120111104	西青区精武镇	24721		130924100	海兴县苏基镇	22483

续表 1

单位：万元

地区	代码	乡镇名称	数量	地区	代码	乡镇名称	数量
	130925100	盐山县盐山镇	27110		210811101	老边区路南镇	27006
	130926100	肃宁县肃宁镇	111911		210911102	细河区四合镇	35845
	130983100	黄骅市黄骅镇	71643		211004101	宏伟区曙光镇	119848
	131022100	固安县固安镇	133745		211005101	弓长岭区汤河镇	21569
	131023100	永清县永清镇	25016		211081205	灯塔市鸡冠山乡	25000
	131024100	香河县淑阳镇	70785		211121105	大洼县田家镇	32765
	131024104	香河县安平镇	33798		211221101	铁岭县新台子镇	26006
	131081105	霸州市胜芳镇	70499		211321108	朝阳县大庙镇	30319
	131082100	三河市泃阳镇	198587		211322118	建平县青峰山镇	22022
	131082109	三河市燕郊镇	444256	吉林	220105171	二道区卡伦湖镇	37500
	131181100	冀州市冀州镇	32661		220112270	双阳区双营子回族乡	31000
	139002100	辛集市辛集镇	27505	黑龙江	230125100	宾县宾州镇	33510
山西	140121100	清徐县清源镇	22348		230126101	巴彦县兴隆镇	25610
	140211200	南郊区口泉乡	30896	上海	310112101	闵行区莘庄镇	135300
	140321100	平定县冠山镇	47636		310112102	闵行区七宝镇	96660
	140421204	长治县南宋乡	28560		310112103	闵行区颛桥镇	106900
	140424103	屯留县余吾镇	98166		310112106	闵行区华漕镇	48200
	140431102	沁源县灵空山镇	35000		310112107	闵行区虹桥镇	116400
	140431104	沁源县李元镇	55257		310112108	闵行区梅陇镇	119500
	140624100	怀仁县云中镇	28549		310112110	闵行区吴泾镇	190400
内蒙古	150204100	包头市青山区青福镇	39513		310112112	闵行区马桥镇	220100
	150204101	包头市青山区兴胜镇	39812		310112114	闵行区浦江镇	175400
	150207103	九原区麻池镇	25116		310113101	宝山区罗店镇	61227
	150207105	九原区哈林格尔镇	42618		310113102	宝山区大场镇	83818
	150221106	土默特右旗美岱召镇	24661		310113103	宝山区杨行镇	72961
	150221107	土默特右旗沟门镇	22896		310113104	宝山区月浦镇	82557
	150221108	土默特右旗将军尧镇	22321		310113106	宝山区罗泾镇	30878
	150221215	土默特右旗苏波盖乡	22580		310113109	宝山区顾村镇	70073
	150302101	海勃湾区千里山镇	58239		310113111	宝山区高境镇	40072
	150602101	东胜区罕台镇	25157		310113112	宝山区庙行镇	33368
	150602102	东胜区铜川镇	100000		310113113	宝山区淞南镇	28350
	150624101	鄂托克旗棋盘井镇	302201		310114102	嘉定区南翔镇	166895
	150626102	乌审旗图克镇	21593		310114103	嘉定区安亭镇	215826
	150627101	伊金霍洛旗札萨克镇	45000		310114106	嘉定区马陆镇	186623
	150724111	鄂温克族自治旗伊敏河镇	47286		310114109	嘉定区徐行镇	38126
	152525105	东乌珠穆沁旗巴音胡硕镇	48567		310114114	嘉定区外冈镇	59763
	152921104	阿拉善左旗乌斯太镇	112972		310114118	嘉定区江桥镇	137386
	152921110	阿拉善左旗巴彦浩特镇	21591		310115103	浦东新区川沙新镇	93000
	152921113	阿拉善左旗宗别立镇	46870		310115104	浦东新区高桥镇	55000
辽宁	210283115	庄河市大郑镇	23260		310115105	浦东新区北蔡镇	68500
	210381107	海城市牌楼镇	34426		310115110	浦东新区合庆镇	33500
	210381112	海城市西柳镇	22859		310115114	浦东新区唐镇	69521
	210381118	海城市腾鳌镇	45240		310115117	浦东新区曹路镇	228224
	210521112	本溪满族自治县高官镇	56210		310115120	浦东新区金桥镇	68867
	210681104	东港市前阳镇	32660		310115121	浦东新区高行镇	57611
	210782112	北镇市沟帮子镇	34656		310115123	浦东新区高东镇	41000
	210804100	鲅鱼圈区熊岳镇	79167		310115125	浦东新区张江镇	53600

续表 2

单位：万元

地区	代码	乡镇名称	数量
	310115130	浦东新区三林镇	82057
	310115131	浦东新区惠南镇	51400
	310115132	浦东新区周浦镇	61940
	310115133	浦东新区新场镇	27000
	310115134	浦东新区大团镇	21469
	310115136	浦东新区康桥镇	44166
	310115137	浦东新区航头镇	42268
	310115139	浦东新区祝桥镇	446199
	310115140	浦东新区泥城镇	44800
	310115142	浦东新区书院镇	32346
	310115143	浦东新区万祥镇	22850
	310115145	浦东新区南汇新城镇	93000
	310116101	金山区朱泾镇	121000
	310116102	金山区枫泾镇	58320
	310116103	金山区张堰镇	27295
	310116104	金山区亭林镇	146259
	310116105	金山区吕巷镇	76411
	310116107	金山区廊下镇	23173
	310116109	金山区金山卫镇	74985
	310116112	金山区漕泾镇	27537
	310116113	金山区山阳镇	46818
	310117102	松江区泗泾镇	41344
	310117104	松江区车墩镇	32652
	310117105	松江区新桥镇	54733
	310117107	松江区九亭镇	57181
	310117109	松江区泖港镇	29908
	310117116	松江区石湖荡镇	26482
	310118102	青浦区朱家角镇	170937
	310118103	青浦区练塘镇	164357
	310118104	青浦区金泽镇	96381
	310118105	青浦区赵巷镇	143691
	310118106	青浦区徐泾镇	301607
	310118107	青浦区华新镇	278078
	310118109	青浦区重固镇	114581
	310118110	青浦区白鹤镇	158837
	310120101	奉贤区南桥镇	72126
	310120102	奉贤区奉城镇	31937
	310120104	奉贤区庄行镇	32926
	310120106	奉贤区金汇镇	41897
	310120109	奉贤区四团镇	28254
	310120111	奉贤区青村镇	43059
	310120118	奉贤区柘林镇	31336
	310230101	崇明县城桥镇	25869
	310230123	崇明县长兴镇	63828
	310230203	崇明县横沙乡	52659
江苏	320117100	溧水区永阳镇	121803
	320118100	高淳区淳溪镇	33309
	320205102	锡山区羊尖镇	25635
	320205103	锡山区鹅湖镇	26416
	320205105	锡山区锡北镇	36905
	320205106	锡山区东港镇	60800
	320206102	惠山区洛社镇	104283
	320206103	惠山区阳山镇	25830
	320211101	滨湖区胡埭镇	32624
	320281100	江阴市璜土镇	72834
	320281102	江阴市月城镇	28902
	320281103	江阴市青阳镇	26602
	320281104	江阴市徐霞客镇	53014
	320281107	江阴市华士镇	79687
	320281108	江阴市周庄镇	82162
	320281109	江阴市新桥镇	103993
	320281110	江阴市长泾镇	25958
	320281111	江阴市顾山镇	37730
	320281112	江阴市祝塘镇	34760
	320282104	宜兴市官林镇	83508
	320282108	宜兴市高塍镇	43141
	320282110	宜兴市周铁镇	26831
	320282112	宜兴市丁蜀镇	142077
	320305102	贾汪区青山泉镇	66910
	320312106	铜山区柳新镇	52973
	320312116	铜山区利国镇	56092
	320312120	铜山区柳泉镇	31477
	320322101	沛县龙固镇	42498
	320322102	沛县杨屯镇	28922
	320322103	沛县大屯镇	69595
	320322104	沛县沛城镇	120549
	320322110	沛县敬安镇	24024
	320322115	沛县安国镇	22129
	320324101	睢宁县睢城镇	93434
	320381102	新沂市瓦窑镇	22853
	320381116	新沂市双塘镇	21429
	320382103	邳州市官湖镇	53973
	320382108	邳州市碾庄镇	34417
	320411100	新北区春江镇	125676
	320411101	新北区孟河镇	22861
	320411102	新北区新桥镇	38993
	320411103	新北区薛家镇	89844
	320411104	新北区罗溪镇	34191
	320412100	武进区湖塘镇	270537
	320412102	武进区牛塘镇	40844
	320412103	武进区洛阳镇	24950
	320412104	武进区遥观镇	50476
	320412105	武进区横林镇	29367
	320412106	武进区横山桥镇	39891

续表 3　　单位：万元

地区	代码	乡镇名称	数量	地区	代码	乡镇名称	数量
	320412109	武进区郑陆镇	43018		320583105	昆山市淀山湖镇	81058
	320412110	武进区雪堰镇	64226		320583106	昆山市张浦镇	160528
	320412114	武进区礼嘉镇	38610		320583108	昆山市千灯镇	139378
	320412116	武进区邹区镇	33180		320583109	昆山市锦溪镇	46201
	320412120	武进区湟里镇	42289		320585100	太仓市城厢镇	540416
	320481100	溧阳市溧城镇	126736		320585101	太仓市沙溪镇	57500
	320481106	溧阳市天目湖镇	36556		320585102	太仓市浏河镇	45176
	320482100	金坛市金城镇	59599		320585103	太仓市浮桥镇	197026
	320505100	虎丘区浒墅关镇	68550		320585104	太仓市璜泾镇	26881
	320505101	虎丘区通安镇	33188		320585105	太仓市双凤镇	23051
	320506100	吴中区角直镇	81251		320612100	南通市通州区金沙镇	167044
	320506103	吴中区木渎镇	197940		320612114	南通市通州区平潮镇	32057
	320506104	吴中区胥口镇	87747		320612116	南通市通州区五接镇	22440
	320506110	吴中区临湖镇	29531		320612120	南通市通州区川姜镇	47296
	320507100	相城区望亭镇	36255		320621100	海安县海安镇	218799
	320507102	相城区黄埭镇	85294		320621101	海安县城东镇	123572
	320507105	相城区渭塘镇	41410		320623101	如东县洋口镇	52919
	320507109	相城区阳澄湖镇	24755		320623102	如东县苴镇	44149
	320509100	吴江区太湖新城镇	555973		320623103	如东县长沙镇	51655
	320509104	吴江区平望镇	58921		320623105	如东县掘港镇	119338
	320509105	吴江区盛泽镇	257510		320681100	启东市汇龙镇	87480
	320509107	吴江区七都镇	37273		320681110	启东市吕四港镇	40300
	320509108	吴江区震泽镇	46448		320681405	启东市海工船舶工业园	42520
	320509109	吴江区桃源镇	67722		320682111	如皋市长江镇	141839
	320509110	吴江区黎里镇	184356		320684415	海门市海门港新区	34599
	320581100	常熟市虞山镇	464596		320707100	赣榆区青口镇	93088
	320581101	常熟市梅李镇	54058		320707101	赣榆区柘汪镇	40919
	320581102	常熟市海虞镇	71541		320707106	赣榆区海头镇	34527
	320581104	常熟市古里镇	67167		320723100	灌云县伊山镇	25739
	320581105	常熟市沙家浜镇	46310		320723208	灌云县侍庄乡	77000
	320581106	常熟市支塘镇	30266		320724100	灌南县新安镇	40615
	320581107	常熟市董浜镇	22069		320724101	灌南县堆沟港镇	32748
	320581110	常熟市辛庄镇	45494		320724102	灌南县田楼镇	25030
	320581111	常熟市尚湖镇	32787		320724109	灌南县新集镇	22607
	320582100	张家港市杨舍镇	495245		320803100	淮安区淮城镇	24013
	320582101	张家港市塘桥镇	75093		320803106	淮安区施河镇	29781
	320582102	张家港市金港镇	348498		320804100	淮阴区王营镇	134191
	320582103	张家港市锦丰镇	201703		320811200	清浦区城南乡	47679
	320582104	张家港市乐余镇	29232		320830100	盱眙县盱城镇	47986
	320582105	张家港市凤凰镇	63675		320830101	盱眙县马坝镇	51139
	320582106	张家港市南丰镇	58857		320830102	盱眙县官滩镇	28000
	320582107	张家港市大新镇	25314		320831100	金湖县黎城镇	35910
	320583100	昆山市玉山镇	566703		320871350	淮安经济技术开发区钵池乡	33000
	320583101	昆山市巴城镇	135043		320921100	响水县响水镇	35299
	320583102	昆山市周市镇	194483		320922100	滨海县东坎镇	75077
	320583103	昆山市陆家镇	130854		320923110	阜宁县益林镇	25909
	320583104	昆山市花桥镇	282783		320925101	建湖县建阳镇	23600

续表 4

单位：万元

地区	代码	乡镇名称	数量	地区	代码	乡镇名称	数量
	320925108	建湖县上冈镇	26917		330110109	余杭区径山镇	30901
	320981100	东台市溱东镇	24308		330110110	余杭区瓶窑镇	50400
	320981101	东台市时堰镇	22801		330205103	宁波市江北区慈城镇	91606
	320981107	东台市梁垛镇	33900		330211100	镇海区澥浦镇	32483
	320981110	东台市富安镇	22014		330211101	镇海区九龙湖镇	32897
	320981121	东台市弶港镇	45230		330212102	鄞州区塘溪镇	61803
	320981122	东台市东台镇	107708		330212103	鄞州区东钱湖镇	96505
	320982100	大丰市大中镇	124387		330212104	鄞州区东吴镇	66830
	321002401	扬州市生态科技新城杭集镇	46256		330212105	鄞州区五乡镇	67088
	321003111	邗江区西湖镇	26365		330212106	鄞州区邱隘镇	38673
	321003201	邗江区双桥乡	29900		330212108	鄞州区云龙镇	22706
	321012100	江都区仙女镇	129896		330212109	鄞州区横溪镇	28652
	321012114	江都区邵伯镇	22818		330212110	鄞州区姜山镇	130043
	321012118	江都区大桥镇	27099		330212113	鄞州区高桥镇	55065
	321023100	宝应县安宜镇	28318		330212116	鄞州区古林镇	73530
	321081100	仪征市真州镇	56020		330225101	象山县石浦镇	50658
	321084107	高邮市卸甲镇	25200		330225102	象山县西周镇	62802
	321181108	丹阳市界牌镇	28246		330226108	宁海县黄坛镇	29447
	321181113	丹阳市丹北镇	68416		330226111	宁海县西店镇	28205
	321182101	扬中市新坝镇	44989		330281100	余姚市临山镇	28581
	321183100	句容市华阳镇	51002		330281101	余姚市黄家埠镇	24001
	321183102	句容市下蜀镇	26152		330281102	余姚市小曹娥镇	30405
	321183109	句容市宝华镇	56411		330281103	余姚市泗门镇	80394
	321202100	海陵区九龙镇	22402		330281106	余姚市马渚镇	52757
	321203100	高港区永安洲镇	46336		330281113	余姚市陆埠镇	34997
	321281123	兴化市戴南镇	53275		330282107	慈溪市观海卫镇	51203
	321281125	兴化市昭阳镇	50800		330282114	慈溪市横河镇	34232
	321282106	靖江市孤山镇	27723		330282118	慈溪市庵东镇	43701
	321283100	泰兴市黄桥镇	25811		330282121	慈溪市周巷镇	58478
	321283114	泰兴市姚王镇	25159		330282123	慈溪市龙山镇	31365
	321283123	泰兴市滨江镇	115061		330283100	奉化市溪口镇	30445
	321283124	泰兴市虹桥镇	33966		330324102	永嘉县桥头镇	33559
	321302150	宿城区洋河镇	43850		330326101	平阳县鳌江镇	89690
	321323100	泗阳县众兴镇	48618		330327100	苍南县灵溪镇	52413
	321324100	泗洪县青阳镇	51257		330327101	苍南县龙港镇	53800
浙江	330104102	江干区彭埠镇	74032		330382101	乐清市大荆镇	29876
	330104104	江干区丁桥镇	62800		330382108	乐清市虹桥镇	159615
	330104105	江干区九堡镇	38485		330382114	乐清市柳市镇	317700
	330106109	杭州市西湖区三墩镇	91579		330382115	乐清市北白象镇	182351
	330109102	萧山区戴村镇	23382		330402100	南湖区凤桥镇	33038
	330109103	萧山区浦阳镇	23200		330402101	南湖区余新镇	48564
	330109105	萧山区临浦镇	31520		330402104	南湖区七星镇	27460
	330109106	萧山区义桥镇	57861		330402105	南湖区大桥镇	136677
	330109107	萧山区所前镇	26841		330411101	秀洲区王江泾镇	82022
	330109108	萧山区衙前镇	79098		330411103	秀洲区油车港镇	28781
	330109113	萧山区瓜沥镇	202813		330411105	秀洲区王店镇	52982
	330110102	余杭区塘栖镇	140352		330411106	秀洲区洪合镇	27211

续表 5

单位：万元

地区	代码	乡镇名称	数量	地区	代码	乡镇名称	数量
	330421102	嘉善县大云镇	24441		330681105	诸暨市阮市镇	23868
	330421103	嘉善县西塘镇	63280		330681109	诸暨市枫桥镇	76024
	330421111	嘉善县姚庄镇	58822		330681117	诸暨市安华镇	23431
	330481101	海宁市许村镇	24587		330681118	诸暨市街亭镇	29101
	330481103	海宁市长安镇	56153		330681119	诸暨市璜山镇	30346
	330481108	海宁市黄湾镇	28900		330683100	嵊州市甘霖镇	40621
	330481110	海宁市盐官镇	32673		330703101	金东区孝顺镇	30382
	330481112	海宁市袁花镇	45799		330723103	武义县泉溪镇	23311
	330482101	平湖市乍浦镇	66106		330726101	浦江县黄宅镇	27283
	330482102	平湖市新埭镇	39705		330782100	义乌市佛堂镇	74379
	330482108	平湖市独山港镇	32471		330782104	义乌市上溪镇	27643
	330483101	桐乡市濮院镇	71601		330782105	义乌市苏溪镇	45059
	330483102	桐乡市屠甸镇	22058		330783118	东阳市南马镇	24434
	330483105	桐乡市洲泉镇	62500		330783123	东阳市横店镇	359238
	330483107	桐乡市崇福镇	41367		330881121	江山市贺村镇	59086
	330483108	桐乡市高桥镇	26687		330902100	定海区金塘镇	31567
	330502100	吴兴区织里镇	161191		330902104	定海区白泉镇	26118
	330502101	吴兴区八里店镇	103444		330903100	舟山市普陀区六横镇	51618
	330503100	南浔区南浔镇	42398		330903106	舟山市普陀区普陀山镇	90247
	330503101	南浔区双林镇	40104		331004106	路桥区金清镇	78826
	330503102	南浔区练市镇	47916		331021102	玉环县楚门镇	65351
	330521100	德清县武康镇	102321		331021105	玉环县沙门镇	25607
	330521102	德清县新市镇	28115		331081100	温岭市泽国镇	82082
	330521104	德清县钟管镇	51687		331081101	温岭市大溪镇	74677
	330522102	长兴县李家巷镇	31003		331081102	温岭市松门镇	31602
	330522110	长兴县和平镇	35637		331081103	温岭市箬横镇	34056
	330523110	安吉县梅溪镇	56133		331081104	温岭市新河镇	27620
	330602101	越城区灵芝镇	67757		331082112	临海市杜桥镇	42954
	330602105	越城区马山镇	71996		331122101	缙云县壶镇镇	70051
	330602106	越城区斗门镇	73205	安徽	340121104	长丰县岗集镇	28500
	330603100	柯桥区齐贤镇	72827		340121105	长丰县双墩镇	159400
	330603101	柯桥区钱清镇	136652		340122101	肥东县撮镇镇	92000
	330603103	柯桥区福全镇	35970		340123100	肥西县上派镇	99376
	330603104	柯桥区马鞍镇	89920		340123108	肥西县桃花镇	69200
	330603105	柯桥区平水镇	27244		340124100	庐江县庐城镇	90606
	330603106	柯桥区安昌镇	24253		340221100	芜湖县湾沚镇	48066
	330603110	柯桥区杨汛桥镇	36030		340221101	芜湖县六郎镇	37039
	330603111	柯桥区漓渚镇	25359		340222100	繁昌县繁阳镇	33302
	330604100	上虞区道墟镇	75194		340222101	繁昌县荻港镇	46263
	330604106	上虞区丰惠镇	25624		340222102	繁昌县孙村镇	44689
	330604110	上虞区小越镇	32283		340225100	无为县无城镇	45600
	330604113	上虞区崧厦镇	55824		340225118	无为县高沟镇	42258
	330604114	上虞区沥海镇	22647		340311100	淮上区小蚌埠镇	33500
	330681101	诸暨市大唐镇	146712		340321100	怀远县城关镇	52602
	330681102	诸暨市应店街镇	25011		340323100	固镇县城关镇	37924
	330681103	诸暨市次坞镇	40211		340403100	田家庵区舜耕镇	31364
	330681104	诸暨市店口镇	194860		340403101	田家庵区安成镇	51955

续表 6　　　　单位：万元

地区	代码	乡镇名称	数量	地区	代码	乡镇名称	数量
	340421102	凤台县新集镇	25600		350524102	安溪县湖头镇	25940
	340421104	凤台县岳张集镇	22000		350524105	安溪县城厢镇	43817
	340504100	雨山区向山镇	21600		350526100	德化县浔中镇	22700
	340504200	雨山区佳山乡	26800		350581100	石狮市灵秀镇	58482
	340506100	博望区博望镇	30229		350581101	石狮市宝盖镇	51689
	340521100	当涂县姑孰镇	35100		350581104	石狮市鸿山镇	24780
	340521110	当涂县年陡镇	44486		350582101	晋江市安海镇	81157
	340522104	含山县林头镇	31165		350582102	晋江市磁灶镇	35232
	340523107	和县乌江镇	42931		350582103	晋江市陈埭镇	82759
	340523109	和县石杨镇	32600		350582104	晋江市东石镇	35118
	340621100	濉溪县濉溪镇	35055		350582105	晋江市深沪镇	32772
	340621101	濉溪县韩村镇	23026		350582106	晋江市金井镇	31312
	340826100	宿松县孚玉镇	45564		350582107	晋江市池店镇	101656
	341021100	歙县徽城镇	32500		350582112	晋江市英林镇	26072
	341122103	来安县汊河镇	42003		350583101	南安市仑苍镇	53473
	341124100	全椒县襄河镇	54579		350583117	南安市霞美镇	30302
	341124107	全椒县十字镇	26749		350583118	南安市官桥镇	28121
	341181100	天长市铜城镇	32349		350583119	南安市水头镇	70650
	341222100	太和县城关镇	26683		350583120	南安市石井镇	23024
	341282105	界首市田营镇	77116		350602102	芗城区芝山镇	78647
	341503204	裕安区平桥乡	27000		350603100	龙文区蓝田镇	22613
	341525100	霍山县衡山镇	31552		350603101	龙文区步文镇	21854
	341602107	谯城区十八里镇	29975		350622101	云霄县陈岱镇	21725
	341721100	东至县尧渡镇	24900		350623100	漳浦县绥安镇	71385
	341721102	东至县大渡口镇	21988		350625100	长泰县武安镇	161364
	341821100	郎溪县建平镇	28700		350628100	平和县小溪镇	27345
	341822104	广德县新杭镇	67690		350629100	华安县华丰镇	43597
	341823100	泾县泾川镇	29704		350681100	龙海市石码镇	46462
	341881100	宁国市港口镇	46600		350681102	龙海市角美镇	151611
福建	350102100	福州市鼓楼区洪山镇	44840		350681106	龙海市港尾镇	162115
	350104101	仓山区城门镇	23120	江西	360103101	南昌市西湖区桃花镇	114000
	350111100	晋安区鼓山镇	41053		360104100	青云谱区青云谱镇	33870
	350121102	闽侯县南屿镇	87230		360111104	青山湖区湖坊镇	40011
	350121104	闽侯县祥谦镇	24249		360111105	青山湖区塘山镇	37765
	350121105	闽侯县青口镇	44336		360111180	青山湖区蛟桥镇	66672
	350121107	闽侯县上街镇	54920		360121100	南昌县莲塘镇	62935
	350121108	闽侯县荆溪镇	23651		360121191	南昌县昌东镇	34558
	350122101	连江县敖江镇	24820		360121205	南昌县东新乡	91877
	350213102	翔安区马巷镇	116500		360122100	新建县长堎镇	21935
	350303102	涵江区国欢镇	25306		360202290	昌江区吕蒙乡	21453
	350304100	荔城区西天尾镇	79515		360203100	珠山区竟成镇	34710
	350322100	仙游县枫亭镇	21767		360302100	安源区安源镇	32790
	350322104	仙游县鲤南镇	26916		360302101	安源区高坑镇	26668
	350505100	泉港区南埔镇	66536		360302103	安源区青山镇	27148
	350521100	惠安县螺城镇	40466		360322101	上栗县上栗镇	22136
	350521101	惠安县螺阳镇	33977		360323101	芦溪县芦溪镇	33378
	350524100	安溪县凤城镇	43806		360402103	庐山区莲花镇	36879

续表 7

单位：万元

地区	代码	乡镇名称	数量	地区	代码	乡镇名称	数量
	360481100	瑞昌市码头镇	41463		370684109	蓬莱市北沟镇	39450
	360482100	共青城市甘露镇	25665		370685101	招远市辛庄镇	78000
	360502190	渝水区水西镇	34556		370685102	招远市蚕庄镇	42053
	360521100	分宜县分宜镇	39834		370685105	招远市玲珑镇	22351
	360521102	分宜县湖泽镇	25758		370783109	寿光市侯镇	62371
	360521104	分宜县钤山镇	21705		370783115	寿光市羊口镇	72130
	360622103	余江县中童镇	36840		370784100	安丘市景芝镇	28496
	360734100	寻乌县长宁镇	33790		370785103	高密市夏庄镇	26489
	360781100	瑞金市象湖镇	25272		370812101	兖州区大安镇	32767
	360824100	新干县金川镇	29218		370812105	兖州区新兖镇	105499
	360825100	永丰县恩江镇	28935		370826102	微山县欢城镇	61719
	360826100	泰和县澄江镇	43287		370826106	微山县留庄镇	27682
	360827100	遂川县泉江镇	28090		370827104	鱼台县张黄镇	27603
	360827101	遂川县雩田镇	21458		370828108	金乡县鱼山镇	25723
	360981109	丰城市洛市镇	28110		370829104	嘉祥县疃里镇	21426
	360981126	丰城市曲江镇	43980		370830101	汶上县南站镇	25684
	360983104	高安市八景镇	29146		370883104	邹城市北宿镇	82902
	361121104	上饶县茶亭镇	31860		370883105	邹城市中心店镇	76871
	361128100	鄱阳县鄱阳镇	23664		370883106	邹城市唐村镇	37159
	361129100	万年县陈营镇	28443		370883107	邹城市太平镇	100679
	361181107	德兴市泗洲镇	49062		370911106	岱岳区满庄镇	33496
山东	370181110	章丘市刁镇	48536		370921109	宁阳县磁窑镇	25690
	370211103	黄岛区泊里镇	51942		370982103	新泰市翟镇	28203
	370281100	胶州市胶莱镇	29317		370982107	新泰市西张庄镇	21996
	370281102	胶州市李哥庄镇	36872		370983106	肥城市石横镇	35396
	370281110	胶州市胶西镇	25928		371002100	环翠区张村镇	48970
	370282105	即墨市蓝村镇	21672		371002102	环翠区温泉镇	24680
	370282119	即墨市大信镇	23955		371073107	威海临港经济技术开发区草庙子镇	31163
	370283105	平度市南村镇	22589		371082102	荣成市成山镇	30259
	370285101	莱西市姜山镇	37573		371083102	乳山市海阳所镇	25771
	370303100	张店区马尚镇	25455		371202106	莱城区雪野镇	23129
	370304102	博山区域城镇	23490		371302105	兰山区义堂镇	24425
	370305109	临淄区凤凰镇	29328		371323103	沂水县许家湖镇	44246
	370305111	临淄区金山镇	97947		371325105	费县探沂镇	33759
	370321105	桓台县马桥镇	54020		371327104	莒南县坪上镇	25336
	370321109	桓台县唐山镇	37390		371428103	武城县鲁权屯镇	29514
	370321110	桓台县果里镇	38231		371482101	禹城市房寺镇	53636
	370323103	沂源县东里镇	22230		371623105	无棣县马山子镇	44815
	370481104	滕州市滨湖镇	23152		371625102	博兴县兴福镇	22033
	370481105	滕州市级索镇	50023		371626101	邹平县长山镇	25988
	370481106	滕州市西岗镇	62325		371626102	邹平县魏桥镇	38007
	370523101	广饶县大王镇	101429		371626109	邹平县韩店镇	46641
	370523102	广饶县稻庄镇	32709	河南	410104201	管城回族区南曹乡	33000
	370681110	龙口市诸由观镇	33057		410122105	中牟县白沙镇	31400
	370683101	莱州市沙河镇	58955		410181113	巩义市回郭镇	33151
	370683104	莱州市金城镇	23484		410182102	荥阳市豫龙镇	33394
	370683111	莱州市土山镇	21977		410183104	新密市超化镇	33710

续表 8

单位：万元

地区	代码	乡镇名称	数量	地区	代码	乡镇名称	数量
	410183106	新密市大隗镇	22658		420923100	云梦县城关镇	26979
	410183110	新密市来集镇	37561		420981104	应城市黄滩镇	26275
	410184109	新郑市龙湖镇	183066		420984104	汉川市沉湖镇	22013
	410185105	登封市大冶镇	44540		420984111	汉川市新河镇	45486
	410327105	宜阳县香鹿山镇	21599		421022101	公安县斗湖堤镇	25643
	410522101	安阳县水冶镇	38649		421087100	松滋市新江口镇	51090
	410523100	汤阴县城关镇	23194		421087102	松滋市八宝镇	43793
	410781105	卫辉市唐庄镇	28971		421126100	蕲春县漕河镇	52825
	410782104	辉县市孟庄镇	45300		421127102	黄梅县小池镇	28943
	410782112	辉县市冀屯镇	23631		421181101	麻城市宋埠镇	29236
	410882101	沁阳市西向镇	37189		421182003	武穴市田镇街道办事处	39864
	411171201	漯河经济技术开发区后谢乡	27069		421222100	通城县隽水镇	38312
	419001100	济源市克井镇	21471		421223100	崇阳县天城镇	32588
湖北	420117100	新洲区辛冲镇	41178	湖南	430112105	望城区铜官镇	31288
	420222100	阳新县兴国镇	24645		430121105	长沙县黄花镇	30795
	420222101	阳新县富池镇	36623		430124100	宁乡县玉潭镇	193630
	420281102	大冶市灵乡镇	66938		430124217	宁乡县城郊乡	46016
	420281104	大冶市还地桥镇	58815		430181117	浏阳市永安镇	28330
	420281108	大冶市陈贵镇	59141		430203100	芦淞区白关镇	221000
	420381103	丹江口市六里坪镇	47268		430525100	洞口县洞口镇	60873
	420503201	伍家岗区伍家乡	39424		430922113	桃江县灰山港镇	27864
	420506101	夷陵区樟村坪镇	82500		431003100	苏仙区桥口镇	41292
	420506107	夷陵区龙泉镇	71256		431003102	苏仙区良田镇	36446
	420506108	夷陵区鸦鹊岭镇	24380		431022111	宜章县玉溪镇	24628
	420525106	远安县荷花镇	35776	广东	440113102	番禺区南村镇	39125
	420526101	兴山县古夫镇	54913		440113105	番禺区石楼镇	58145
	420528101	长阳土家族自治县龙舟坪镇	60409		440113118	番禺区沙湾镇	34760
	420581100	宜都市红花套镇	27382		440113120	番禺区石基镇	35457
	420581104	宜都市枝城镇	57944		440114105	花都区花东镇	114119
	420582105	当阳市王店镇	31885		440114109	花都区狮岭镇	23380
	420606100	樊城区牛首镇	30203		440115100	南沙区万顷沙镇	22504
	420606101	樊城区太平店镇	28965		440115102	南沙区黄阁镇	26665
	420624100	南漳县城关镇	40146		440115103	南沙区东涌镇	67366
	420625100	谷城县城关镇	56326		440115104	南沙区大岗镇	58485
	420625101	谷城县石花镇	46611		440115105	南沙区榄核镇	24876
	420626107	保康县马桥镇	38671		440116101	萝岗区九龙镇	32108
	420682105	老河口市洪山嘴镇	22896		440118101	增城区新塘镇	77770
	420682106	老河口市李楼镇	26534		440118102	增城区石滩镇	38318
	420683109	枣阳市吴店镇	30149		440402100	香洲区唐家湾镇	120936
	420684109	宜城市雷河镇	23440		440402104	香洲区横琴镇	266799
	420703101	华容区葛店镇	21421		440403103	斗门区斗门镇	27808
	420704107	鄂城区花湖镇	26032		440403105	斗门区乾务镇	23561
	420822100	沙洋县沙洋镇	33118		440403106	斗门区白蕉镇	24041
	420822105	沙洋县后港镇	26730		440404100	金湾区三灶镇	42716
	420881103	钟祥市胡集镇	73400		440404101	金湾区南水镇	160770
	420881104	钟祥市双河镇	26003		440404103	金湾区红旗镇	41857
	420922100	大悟县城关镇	25610		440404104	金湾区平沙镇	39000

续表 9

单位：万元

地区	代码	乡镇名称	数量	地区	代码	乡镇名称	数量
	440514106	潮南区两英镇	23021		441900123	东莞市沙田镇	107363
	440604100	禅城区南庄镇	38547		441900124	东莞市道滘镇	68806
	440605121	南海区九江镇	102338		441900125	东莞市洪梅镇	37390
	440605122	南海区西樵镇	120843		441900126	东莞市麻涌镇	90622
	440605123	南海区丹灶镇	125856		441900127	东莞市望牛墩镇	50660
	440605124	南海区狮山镇	592432		441900128	东莞市中堂镇	69586
	440605125	南海区大沥镇	198689		441900129	东莞市高埗镇	63608
	440605126	南海区里水镇	348100		442000100	中山市小榄镇	132472
	440606101	顺德区陈村镇	67206		442000101	中山市黄圃镇	45989
	440606102	顺德区北滘镇	93319		442000102	中山市民众镇	39927
	440606103	顺德区乐从镇	138800		442000103	中山市东凤镇	61549
	440606104	顺德区龙江镇	53814		442000104	中山市东升镇	56034
	440606105	顺德区杏坛镇	70710		442000105	中山市古镇镇	62618
	440606106	顺德区均安镇	44458		442000106	中山市沙溪镇	61085
	440607101	三水区大塘镇	21757		442000107	中山市坦洲镇	65093
	440607103	三水区乐平镇	69646		442000108	中山市港口镇	38538
	440608106	高明区杨和镇	22870		442000109	中山市三角镇	33446
	440608107	高明区明城镇	39330		442000110	中山市横栏镇	44032
	440703101	蓬江区棠下镇	32950		442000111	中山市南头镇	37323
	440705104	新会区双水镇	56821		442000113	中山市南朗镇	81415
	440783117	开平市水口镇	26013		442000114	中山市三乡镇	86592
	440904123	电白区水东镇	45580		442000117	中山市神湾镇	27006
	441322110	博罗县罗阳镇	38148		445103108	潮安区彩塘镇	25118
	441322121	博罗县石湾镇	30003		445103121	潮安区枫溪镇	34508
	441621100	紫金县紫城镇	28778		445303106	云安区都杨镇	21836
	441702105	江城区闸坡镇	30096	广西	450126100	宾阳县宾州镇	67571
	441900101	东莞市石碣镇	69683		450126101	宾阳县黎塘镇	27550
	441900102	东莞市石龙镇	72450		450127100	横县横州镇	45361
	441900103	东莞市茶山镇	72595		450221100	柳江县拉堡镇	46770
	441900104	东莞市石排镇	53910		450223100	鹿寨县鹿寨镇	40918
	441900105	东莞市企石镇	47566		450224100	融安县长安镇	27375
	441900106	东莞市横沥镇	58353		450323100	灵川县灵川镇	24568
	441900107	东莞市桥头镇	67283		450512102	铁山港区兴港镇	62014
	441900108	东莞市谢岗镇	44048		450521100	合浦县廉州镇	43600
	441900109	东莞市东坑镇	62887		450681100	东兴市东兴镇	56592
	441900110	东莞市常平镇	142296		450722100	浦北县小江镇	27802
	441900111	东莞市寮步镇	130082		450802100	港北区港城镇	23925
	441900112	东莞市樟木头镇	77984		450821100	平南县平南镇	41346
	441900113	东莞市大朗镇	95451		450821113	平南县丹竹镇	24520
	441900114	东莞市黄江镇	87363		450881118	桂平市西山镇	38578
	441900115	东莞市清溪镇	118555		450921100	容县容州镇	26076
	441900116	东莞市塘厦镇	173473		450923100	博白县博白镇	30339
	441900117	东莞市凤岗镇	184594		451221101	南丹县大厂镇	37985
	441900118	东莞市大岭山镇	105867	海南	469001100	五指山市通什镇	171305
	441900119	东莞市长安镇	220228		469005100	文昌市文城镇	44971
	441900121	东莞市虎门镇	227971		469023100	澄迈县金江镇	30550
	441900122	东莞市厚街镇	171300		469027105	乐东黎族自治县九所镇	26854

续表 10 单位：万元

地区	代码	乡镇名称	数量	地区	代码	乡镇名称	数量
	469028100	陵水黎族自治县椰林镇	35599		532923101	祥云县祥城镇	32517
	469028103	陵水黎族自治县英州镇	170600		533421103	香格里拉县虎跳峡镇	23086
四川	510112104	龙泉驿区西河镇	45302	陕西	610323101	岐山县蔡家坡镇	41000
	510114103	新都区新繁镇	26229		610521100	华县华州镇	23725
	510124102	郫县犀浦镇	68249		610523100	大荔县城关镇	22792
	510132100	新津县五津镇	46419		610581100	韩城市龙门镇	81800
	510132102	新津县花源镇	27700		610821102	神木县店塔镇	57800
	510181101	都江堰市幸福镇	27805		610821103	神木县孙家岔镇	281300
	510181102	都江堰市蒲阳镇	46515		610821104	神木县大柳塔镇	30070
	510182126	彭州市致和镇	21734		610821105	神木县花石崖镇	31690
	510422100	盐边县桐子林镇	62833		610821112	神木县栏杆堡镇	22500
	510422201	盐边县新九乡	45476		610822100	府谷县府谷镇	37768
	510703113	涪城区永兴镇	37634		610822104	府谷县庙沟门镇	35135
	510921100	蓬溪县赤城镇	31807		610822105	府谷县新民镇	44742
	511826101	芦山县飞仙关镇	25312		610822108	府谷县大昌汗镇	27287
	511826202	芦山县龙门乡	28707		610822110	府谷县三道沟镇	24084
	511903100	恩阳区恩阳镇	72222		610822111	府谷县老高川镇	29394
贵州	520121102	开阳县金中镇	28172		610825100	定边县定边镇	126704
	520222100	盘县红果镇	41624		610825101	定边县贺圈镇	29493
	520302103	红花岗区忠庄镇	23750		610902107	汉滨区恒口镇	29149
	520330100	习水县东皇镇	33652		611021100	洛南县城关镇	37360
	522301109	兴义市威舍镇	24900	甘肃	620922100	瓜州县渊泉镇	29105
	522301110	兴义市清水河镇	36300	青海	630225100	循化撒拉族自治县积石镇	132561
	522301111	兴义市顶效镇	40853		632859100	茫崖行政委员会花土沟镇	46745
云南	532301101	楚雄市鹿城镇	74309	宁夏	640181103	灵武市宁东镇	24350
	532301102	楚雄市东瓜镇	54636	新疆	652201100	哈密市雅满苏镇	86593
	532504101	弥勒市弥阳镇	43853		652302100	阜康市甘河子镇	27353
	532624101	麻栗坡县麻栗镇	23615		653126204	叶城县吐古其乡	44993
	532901101	大理市下关镇	37417		656174802	皮山县皮山农场	42200
	532901105	大理市海东镇	39003		659001100	石河子市北泉镇	100360

各地区农作物播种面积居全国前1000位的乡镇

单位：公顷

地区	代码	乡镇名称	数量	地区	代码	乡镇名称	数量
河北	130224101	滦南县宋道口镇	17877		150521109	科尔沁左翼中旗代力吉镇	15600
	130922201	青县曹寺乡	15930		150521201	科尔沁左翼中旗协代苏木	15570
	131003102	广阳区九州镇	15284		150521203	科尔沁左翼中旗图布信苏木	23760
	131023100	永清县永清镇	18306		150522100	科尔沁左翼后旗甘旗卡镇	30000
内蒙古	150121106	土默特左旗敕勒川镇	15600		150522101	科尔沁左翼后旗吉尔嘎朗镇	15194
	150122104	托克托县古城镇	15800		150522102	科尔沁左翼后旗金宝屯镇	17867
	150125100	武川县可镇	14974		150522103	科尔沁左翼后旗常胜镇	18221
	150125102	武川县西乌兰不浪镇	21934		150522104	科尔沁左翼后旗查日苏镇	25292
	150125205	武川县上秃亥乡	22568		150522106	科尔沁左翼后旗阿古拉镇	15375
	150125211	武川县二份子乡	29141		150522109	科尔沁左翼后旗海鲁吐镇	25396
	150125214	武川县耗赖山乡	15178		150522200	科尔沁左翼后旗阿都沁苏木	21059
	150221105	土默特右旗双龙镇	19287		150522203	科尔沁左翼后旗散都苏木	15333
	150221108	土默特右旗将军尧镇	24753		150523100	开鲁县开鲁镇	25033
	150221214	土默特右旗明沙淖乡	16204		150523106	开鲁县小街基镇	18417
	150222102	固阳县金山镇	18230		150524100	库伦旗库伦镇	27144
	150222103	固阳县西斗铺镇	16667		150525100	奈曼旗大沁他拉镇	27463
	150222105	固阳县银号镇	18865		150525101	奈曼旗八仙筒镇	18985
	150222106	固阳县怀朔镇	29667		150525102	奈曼旗青龙山镇	16746
	150222107	固阳县兴顺西镇	28072		150525103	奈曼旗新镇	22300
	150223105	达尔罕茂明安联合旗石宝镇	15740		150525105	奈曼旗东明镇	22478
	150404105	松山区哈拉道口镇	16101		150525200	奈曼旗固日班花苏木	15340
	150404108	松山区太平地镇	15349		150525202	奈曼旗明仁苏木	21474
	150421101	阿鲁科尔沁旗天山口镇	14765		150526100	扎鲁特旗鲁北镇	27345
	150421105	阿鲁科尔沁旗绍根镇	27323		150526102	扎鲁特旗嘎亥图镇	16669
	150422100	巴林左旗林东镇	19052		150526103	扎鲁特旗巨日合镇	16799
	150422101	巴林左旗隆昌镇	25333		150621100	达拉特旗树林召镇	22076
	150422103	巴林左旗碧流台镇	15013		150621102	达拉特旗白泥井镇	26383
	150425105	克什克腾旗芝瑞镇	15508		150621103	达拉特旗王爱召镇	19901
	150426100	翁牛特旗乌丹镇	16157		150621104	达拉特旗昭君镇	14933
	150426103	翁牛特旗桥头镇	18135		150623102	鄂托克前旗城川镇	15523
	150426105	翁牛特旗梧桐花镇	17692		150625102	杭锦旗吉日嘎朗图镇	16060
	150429107	宁城县汐子镇	14866		150625103	杭锦旗独贵特拉镇	15533
	150430100	敖汉旗新惠镇	14806		150702100	海拉尔区哈克镇	17122
	150430102	敖汉旗长胜镇	15571		150721101	阿荣旗六合镇	47653
	150430103	敖汉旗贝子府镇	16133		150721102	阿荣旗亚东镇	38876
	150430105	敖汉旗下洼镇	18080		150721103	阿荣旗霍尔奇镇	44360
	150430202	敖汉旗木头营子乡	16035		150721104	阿荣旗向阳峪镇	27480
	150430203	敖汉旗古鲁板蒿乡	18090		150721105	阿荣旗三岔河镇	29865
	150502100	科尔沁区大林镇	23588		150721106	阿荣旗复兴镇	20303
	150521100	科尔沁左翼中旗保康镇	17707		150721200	阿荣旗得力其鄂温克民族乡	20051
	150521101	科尔沁左翼中旗宝龙山镇	24357		150721201	阿荣旗查巴奇鄂温克民族乡	18881
	150521102	科尔沁左翼中旗舍伯吐镇	24284		150722100	莫力达瓦达斡尔族自治旗尼尔基镇	38690
	150521103	科尔沁左翼中旗巴彦塔拉镇	23729		150722101	莫力达瓦达斡尔族自治旗红彦镇	22138
	150521105	科尔沁左翼中旗架玛吐镇	22030		150722102	莫力达瓦达斡尔族自治旗宝山镇	27667
	150521106	科尔沁左翼中旗腰林毛都镇	16337		150722103	莫力达瓦达斡尔族自治旗哈达阳镇	37479
	150521107	科尔沁左翼中旗希伯花镇	15008		150722104	莫力达瓦达斡尔族自治旗阿尔拉镇	14866
	150521108	科尔沁左翼中旗花吐古拉镇	16927		150722106	莫力达瓦达斡尔族自治旗西瓦尔图镇	39269

续表 1　　　　单位：公顷

地区	代码	乡镇名称	数量	地区	代码	乡镇名称	数量
	150722108	莫力达瓦达斡尔族自治旗腾克镇	52370		152223100	扎赉特旗音德尔镇	42780
	150722109	莫力达瓦达斡尔族自治旗奎勒河镇	26000		152223101	扎赉特旗新林镇	22140
	150722110	莫力达瓦达斡尔族自治旗塔温敖宝镇	63378		152223102	扎赉特旗巴彦高勒镇	36784
	150722200	莫力达瓦达斡尔族自治旗巴彦鄂温克民族乡	33952		152223200	扎赉特旗好力保乡	18042
	150722203	莫力达瓦达斡尔族自治旗杜拉尔鄂温克民族乡	16534		152224100	突泉县突泉镇	26481
	150723101	鄂伦春自治旗大杨树镇	34606		152224101	突泉县六户镇	15087
	150723104	鄂伦春自治旗诺敏镇	37346		152224102	突泉县东杜尔基镇	15287
	150723105	鄂伦春自治旗乌鲁布铁镇	50933		152224103	突泉县永安镇	15907
	150723106	鄂伦春自治旗宜里镇	57333		152224104	突泉县水泉镇	26758
	150723200	鄂伦春自治旗古里乡	53724		152224105	突泉县宝石镇	16071
	150726203	新巴尔虎左旗乌布尔宝力格苏木	26506		152224202	突泉县太平乡	27179
	150782100	牙克石市免渡河镇	31000		152502202	锡林浩特市巴彦锡勒办事处乡	15344
	150783100	扎兰屯市磨菇气镇	25511		152527101	太仆寺旗千斤沟镇	24698
	150783102	扎兰屯市卧牛河镇	21787		152527102	太仆寺旗红旗镇	25505
	150783103	扎兰屯市成吉思汗镇	31006		152527103	太仆寺旗骆驼山镇	15488
	150783104	扎兰屯市大河湾镇	27473	辽宁	210124103	法库县秀水河子镇	15302
	150783107	扎兰屯市中和镇	29566		210782106	北镇市中安镇	19705
	150784200	额尔古纳市三河回族乡	33100		210921105	阜新蒙古族自治县旧庙镇	17454
	150802100	临河区狼山镇	18187		210921109	阜新蒙古族自治县泡子镇	16273
	150802101	临河区新华镇	28605		210921116	阜新蒙古族自治县平安地镇	17562
	150802102	临河区干召庙镇	20437		210921119	阜新蒙古族自治县大五家子镇	17564
	150802103	临河区乌兰图克镇	16525		211224119	昌图县古榆树镇	16139
	150802106	临河区白脑包镇	20217	吉林	220103101	宽城区米沙子镇	19907
	150821100	五原县隆兴昌镇	22253		220112100	双阳区齐家镇	17050
	150821101	五原县塔尔湖镇	22453		220112101	双阳区太平镇	16390
	150821102	五原县套海镇	16093		220113100	九台区沐石河镇	17985
	150821103	五原县新公中镇	18265		220113101	九台区城子街镇	16716
	150821105	五原县胜丰镇	15713		220113106	九台区苇子沟镇	17754
	150823102	乌拉特前旗先锋镇	18332		220122100	农安县农安镇	46350
	150823103	乌拉特前旗新安镇	25035		220122101	农安县伏龙泉镇	20905
	150823104	乌拉特前旗西小召镇	20781		220122102	农安县哈拉海镇	30850
	150823105	乌拉特前旗大佘太镇	19752		220122104	农安县开安镇	24228
	150824101	乌拉特中旗乌加河镇	23585		220122107	农安县华家镇	17292
	150824102	乌拉特中旗德岭山镇	28546		220122108	农安县三盛玉镇	19420
	150824103	乌拉特中旗石哈河镇	23963		220122109	农安县巴吉垒镇	20485
	150929101	四子王旗四子王旗吉生太镇	22400		220122200	农安县前岗乡	20382
	150929102	四子王旗四子王旗库伦图镇	14900		220122203	农安县万顺乡	17137
	152201101	乌兰浩特市葛根庙镇	15518		220122204	农安县杨树林乡	21685
	152221102	科尔沁右翼前旗德佰斯镇	20721		220122205	农安县永安乡	15002
	152221103	科尔沁右翼前旗大石寨镇	22762		220122208	农安县新农乡	15113
	152221104	科尔沁右翼前旗归流河镇	17131		220182100	榆树市五棵树镇	17287
	152221107	科尔沁右翼前旗额尔格图镇	25893		220182101	榆树市弓棚镇	19271
	152221202	科尔沁右翼前旗阿力得尔苏木	25292		220182104	榆树市黑林镇	18591
	152221203	科尔沁右翼前旗巴拉格歹乡	33270		220182105	榆树市土桥镇	26351
	152222100	科尔沁右翼中旗巴彦呼舒镇	15005		220182106	榆树市新立镇	17644
	152222101	科尔沁右翼中旗巴仁哲里木镇	25450		220182107	榆树市大岭镇	22698
	152222104	科尔沁右翼中旗高力板镇	18855		220182108	榆树市于家镇	22099

续表 2

单位：公顷

地区	代码	乡镇名称	数量	地区	代码	乡镇名称	数量
	220182110	榆树市八号镇	20808		220723104	乾安县所字镇	23072
	220182112	榆树市秀水镇	17274		220723105	乾安县安字镇	22759
	220182114	榆树市新庄镇	16530		220781100	扶余市三岔河镇	21970
	220182207	榆树市城发乡	18015		220781101	扶余市长春岭镇	20638
	220182208	榆树市环城乡	22278		220781102	扶余市五家站镇	17344
	220183104	德惠市大房身镇	22030		220781103	扶余市陶赖昭镇	22592
	220183200	德惠市同太乡	19475		220781104	扶余市蔡家沟镇	16232
	220204101	船营区搜登站镇	16421		220781105	扶余市弓棚子镇	21895
	220221104	永吉县一拉溪镇	17669		220781106	扶余市三井子镇	26089
	220281103	蛟河市漂河镇	15603		220781107	扶余市增盛镇	24325
	220282101	桦甸市二道甸子镇	14778		220781108	扶余市新万发镇	19134
	220282105	桦甸市金沙镇	21338		220781111	扶余市得胜镇	22475
	220282200	桦甸市桦郊乡	20496		220781200	扶余市三骏满族蒙古族锡伯族乡	18711
	220282204	桦甸市公吉乡	15005		220781201	扶余市永平乡	16834
	220322104	梨树县小城子镇	14890		220781203	扶余市新站乡	14848
	220322107	梨树县刘家馆子镇	15728		220781206	扶余市肖家乡	21641
	220322110	梨树县万发镇	15892		220821106	镇赉县黑鱼泡镇	27781
	220322113	梨树县林海镇	19417		220821202	镇赉县建平乡	25516
	220381101	公主岭市黑林子镇	19551		220821203	镇赉县嘎什根乡	19139
	220381106	公主岭市怀德镇	36007		220822100	通榆县开通镇	16320
	220381107	公主岭市双城堡镇	33015		220822101	通榆县瞻榆镇	34500
	220381109	公主岭市杨大城子镇	19475		220822103	通榆县兴隆山镇	27714
	220381111	公主岭市玻璃城子镇	19585		220822106	通榆县新华镇	27214
	220381114	公主岭市秦家屯镇	16263		220822107	通榆县乌兰花镇	23972
	220382100	双辽市茂林镇	25767		220822202	通榆县向海蒙古族乡	27214
	220382101	双辽市双山镇	22103		220822204	通榆县团结乡	27214
	220382102	双辽市卧虎镇	17268		220881105	洮南市福顺镇	17461
	220382103	双辽市服先镇	21472		220881209	洮南市二龙乡	14761
	220421101	东丰县大阳镇	15124		220882105	大安市舍力镇	15354
	220702100	宁江区大洼镇	19327		222403100	敦化市大石头镇	19113
	220721101	前郭尔罗斯蒙古族自治县长山镇	15272		222403102	敦化市官地镇	29890
	220721102	前郭尔罗斯蒙古族自治县海渤日戈镇	16760		222424101	汪清县大兴沟镇	16160
	220721103	前郭尔罗斯蒙古族自治县乌兰图嘎镇	23103		222424103	汪清县罗子沟镇	15521
	220721104	前郭尔罗斯蒙古族自治县查干花镇	19320	黑龙江	230123102	依兰县江湾镇	22497
	220721105	前郭尔罗斯蒙古族自治县王府站镇	15240		230123103	依兰县三道岗镇	31866
	220721106	前郭尔罗斯蒙古族自治县八郎镇	15360		230123104	依兰县道台桥镇	30781
	220721108	前郭尔罗斯蒙古族自治县查干湖镇	16660		230123105	依兰县宏克利镇	22092
	220721210	前郭尔罗斯蒙古族自治县乌兰塔拉乡	18013		230123200	依兰县团山子乡	25272
	220722100	长岭县长岭镇	22446		230123201	依兰县愚公乡	35235
	220722104	长岭县前七号镇	21797		230126106	巴彦县龙庙镇	15126
	220722105	长岭县新安镇	22521		230126108	巴彦县天增镇	18196
	220722106	长岭县三青山镇	19081		230126205	巴彦县丰乐乡	16995
	220722107	长岭县大兴镇	22132		230126209	巴彦县德祥乡	17343
	220722108	长岭县北正镇	17224		230126210	巴彦县红光乡	14865
	220722109	长岭县流水镇	15540		230127101	木兰县东兴镇	15344
	220722206	长岭县腰坨子乡	15874		230127102	木兰县大贵镇	15468
	220723103	乾安县让字镇	14876		230128102	通河县清河镇	15432

续表 3　　单位：公顷

地区	代码	乡镇名称	数量	地区	代码	乡镇名称	数量
	230128105	通河县祥顺镇	16709		230227201	富裕县绍文乡	16285
	230129101	延寿县六团镇	17786		230227203	富裕县友谊乡	16488
	230182214	双城市万隆乡	15080		230229102	克山县西城镇	15082
	230184102	五常市山河镇	16723		230229105	克山县西河镇	15149
	230184103	五常市小山子镇	17796		230229200	克山县河南乡	15523
	230184105	五常市牛家满族镇	16211		230229201	克山县双河乡	17032
	230184111	五常市龙凤山镇	17128		230229208	克山县向华乡	16961
	230184209	五常市红旗满族乡	15506		230230101	克东县宝泉镇	21545
	230184210	五常市八家子乡	14860		230230102	克东县乾丰镇	15659
	230184215	五常市兴隆乡	17515		230230103	克东县玉岗镇	23079
	230208102	梅里斯达斡尔族区卧牛吐达斡尔族镇	16035		230230202	克东县润津乡	17370
	230208103	梅里斯达斡尔族区达呼店镇	27634		230230204	克东县昌盛乡	19597
	230208105	梅里斯达斡尔族区梅里斯镇	21355		230231101	拜泉县三道镇	20324
	230221100	龙江县龙江镇	15397		230231102	拜泉县兴农镇	20580
	230221101	龙江县景星镇	36678		230231103	拜泉县长春镇	20666
	230221102	龙江县龙兴镇	28964		230231104	拜泉县龙泉镇	18857
	230221103	龙江县山泉镇	42272		230231200	拜泉县新生乡	14911
	230221104	龙江县七棵树镇	27275		230231209	拜泉县丰产乡	20879
	230221105	龙江县杏山镇	31950		230231212	拜泉县爱农乡	16300
	230221106	龙江县白山镇	18160		230281102	讷河市二克浅镇	32010
	230221203	龙江县华民乡	16963		230281103	讷河市学田镇	28166
	230221204	龙江县哈拉海乡	14806		230281104	讷河市龙河镇	31525
	230221214	龙江县头站乡	20201		230281105	讷河市讷南镇	28188
	230221215	龙江县鲁河乡	15030		230281106	讷河市六合镇	27348
	230221217	龙江县济沁河乡	15058		230281107	讷河市长发镇	16090
	230223101	依安县依龙镇	39921		230281108	讷河市通南镇	27273
	230223103	依安县三兴镇	16350		230281109	讷河市同义镇	22584
	230223104	依安县中心镇	29620		230281110	讷河市九井镇	24413
	230223105	依安县新兴镇	33457		230281111	讷河市老莱镇	30020
	230223200	依安县富饶乡	20573		230281201	讷河市孔国乡	27613
	230223207	依安县先锋乡	18025		230281207	讷河市和盛乡	18417
	230223208	依安县新屯乡	14804		230281208	讷河市同心乡	21449
	230224102	泰来县汤池镇	15694		230281210	讷河市兴旺鄂温克族乡	24670
	230224105	泰来县大兴镇	27662		230381103	虎林市虎头镇	28370
	230224106	泰来县和平镇	26464		230381207	虎林市阿北乡	21145
	230224107	泰来县克利镇	22001		230382201	密山市杨木乡	15630
	230225100	甘南县甘南镇	23488		230421103	萝北县团结镇	26606
	230225103	甘南县东阳镇	22348		230422102	绥滨县忠仁镇	19088
	230225104	甘南县巨宝镇	19845		230521204	集贤县永安乡	16910
	230225201	甘南县长山乡	23497		230523100	宝清县宝清镇	19403
	230225202	甘南县中兴乡	27012		230523101	宝清县七星泡镇	25205
	230225203	甘南县兴隆乡	20088		230523102	宝清县青原镇	19443
	230225204	甘南县宝山乡	35411		230523204	宝清县尖山子乡	18140
	230227101	富裕县富路镇	27346		230524101	饶河县小佳河镇	17068
	230227103	富裕县二道湾镇	16863		230524102	饶河县西丰镇	15809
	230227105	富裕县塔哈镇	18949		230606200	大同区祝三乡	15021
	230227200	富裕县繁荣乡	15585		230621104	肇州县兴城镇	20342

续表 4

单位：公顷

地区	代码	乡镇名称	数量	地区	代码	乡镇名称	数量
	230621105	肇州县二井镇	17987		231083100	海林市海林镇	19777
	230621211	肇州县新福乡	17421		231084104	宁安市沙兰镇	16317
	230622102	肇源县二站镇	16845		231084105	宁安市海浪镇	23722
	230622104	肇源县古龙镇	21515		231084202	宁安市江南朝鲜族满族乡	15277
	230622105	肇源县新站镇	17754		231085102	穆棱市下城子镇	21210
	230623102	林甸县花园镇	22537		231102103	爱辉区罕达汽镇	16943
	230623103	林甸县四季青镇	20660		231121101	嫩江县伊拉哈镇	19872
	230623200	林甸县东兴乡	30338		231121103	嫩江县多宝山镇	49485
	230623202	林甸县三合乡	19214		231121104	嫩江县海江镇	33772
	230623204	林甸县四合乡	23133		231121105	嫩江县前进镇	16895
	230624103	杜尔伯特蒙古族自治县他拉哈镇	17578		231121106	嫩江县长福镇	23252
	230624204	杜尔伯特蒙古族自治县巴彦查干乡	20885		231121107	嫩江县科洛镇	33145
	230722204	嘉荫县保兴乡	22092		231121202	嫩江县临江乡	16668
	230781101	铁力市双丰镇	15261		231121206	嫩江县联兴乡	26443
	230822106	桦南县桦南镇	22021		231121207	嫩江县白云乡	29170
	230822107	桦南县土龙山镇	35650		231121208	嫩江县塔溪乡	32951
	230822108	桦南县孟家岗镇	19241		231121210	嫩江县霍龙门乡	48155
	230822109	桦南县闫家镇	20858		231123102	逊克县克林镇	23919
	230822205	桦南县金沙乡	16933		231181102	北安市赵光镇	14960
	230822213	桦南县梨树乡	19746		231181104	北安市石泉镇	25778
	230822214	桦南县明义乡	16295		231181203	北安市杨家乡	15458
	230822215	桦南县大八浪乡	16295		231182207	五大连池市团结乡	18336
	230826105	桦川县新城镇	25365		231202103	北林区西长发镇	15732
	230826202	桦川县梨丰乡	20296		231202109	北林区四方台镇	15766
	230833101	抚远县寒葱沟镇	17813		231221106	望奎县先锋镇	18155
	230833102	抚远县浓桥镇	25846		231221107	望奎县火箭镇	17995
	230833202	抚远县海青乡	35193		231222103	兰西县临江镇	15148
	230833204	抚远县鸭南乡	18533		231222209	兰西县远大乡	17802
	230881102	同江市三村镇	19413		231223102	青冈县祯祥镇	18403
	230881104	同江市向阳镇	15054		231223108	青冈县劳动镇	17585
	230881203	同江市青河乡	20635		231223209	青冈县德胜乡	16500
	230881206	同江市金川乡	19870		231224204	庆安县新胜乡	18021
	230881207	同江市银川乡	16744		231224206	庆安县丰收乡	15721
	230882103	富锦市长安镇	29357		231224208	庆安县发展乡	17893
	230882106	富锦市砚山镇	20554		231225104	明水县通达镇	17560
	230882107	富锦市头林镇	31249		231225201	明水县双兴乡	16368
	230882108	富锦市兴隆岗镇	32000		231226103	绥棱县双岔河镇	16221
	230882109	富锦市宏胜镇	24667		231226203	绥棱县长山乡	24084
	230882110	富锦市向阳川镇	42067		231281106	安达市羊草镇	14991
	230882111	富锦市二龙山镇	33829		231281110	安达市吉兴岗镇	16314
	230882112	富锦市上街基镇	21691		231282103	肇东市五站镇	19572
	230882113	富锦市锦山镇	49999		231282104	肇东市尚家镇	17738
	230882114	富锦市大榆树镇	24130		231282110	肇东市黎明镇	15836
	230904101	茄子河区宏伟镇	20918		231282211	肇东市西八里乡	16482
	230921202	勃利县永恒乡	17060		231282213	肇东市宣化乡	17776
	231025102	林口县刁翎镇	17288		231283101	海伦市海北镇	20396
	231025107	林口县龙爪镇	16462		231283102	海伦市伦河镇	17004

续表 5　　单位：公顷

地区	代码	乡镇名称	数量	地区	代码	乡镇名称	数量
	231283103	海伦市共合镇	14835		320981121	东台市弶港镇	25924
	231283106	海伦市东风镇	15074		320981122	东台市东台镇	22460
	231283202	海伦市前进乡	14853		320982100	大丰市大中镇	20713
	231283205	海伦市东林乡	18522		320982105	大丰市小海镇	16563
	231283213	海伦市永富乡	18388		320982106	大丰市大桥镇	16500
	231283217	海伦市永和乡	16065		320982107	大丰市草庙镇	14799
	232721200	呼玛县三卡乡	25591		320982108	大丰市万盈镇	17055
江苏	320282103	宜兴市徐舍镇	15474		320982110	大丰市新丰镇	29265
	320312113	铜山区房村镇	15502		320982111	大丰市三龙镇	17017
	320321102	丰县首羡镇	14941		321012101	江都区小纪镇	17344
	320322108	沛县张庄镇	16456		321023101	宝应县氾水镇	16750
	320322113	沛县鹿楼镇	18331		321023104	宝应县射阳湖镇	16736
	320324102	睢宁县王集镇	15825		321084107	高邮市卸甲镇	18010
	320324111	睢宁县邱集镇	16993		321084109	高邮市甘垛镇	15199
	320382106	邳州市八义集镇	20493		321084115	高邮市临泽镇	19359
	320382123	邳州市赵墩镇	16780		321084116	高邮市送桥镇	14860
	320481109	溧阳市上兴镇	16329		321283100	泰兴市黄桥镇	24438
	320481116	溧阳市社渚镇	15614		321323100	泗阳县众兴镇	21633
	320612104	南通市通州区三余镇	23452		321324100	泗洪县青阳镇	17927
	320623104	如东县大豫镇	20350	浙江	330109113	萧山区瓜沥镇	15429
	320623105	如东县掘港镇	19990		330522111	长兴县泗安镇	15610
	320623108	如东县丰利镇	15242	安徽	340104102	蜀山区小庙镇	17040
	320623110	如东县岔河镇	15222		340121106	长丰县下塘镇	16073
	320681106	启东市南阳镇	18549		340121200	长丰县罗塘乡	21082
	320681110	启东市吕四港镇	14991		340121205	长丰县杜集乡	16602
	320682105	如皋市白蒲镇	15878		340122106	肥东县古城镇	15170
	320682116	如皋市搬经镇	20475		340122107	肥东县八斗镇	19268
	320684108	海门市悦来镇	15782		340122109	肥东县白龙镇	16638
	320684415	海门市海门港新区	19006		340123105	肥西县山南镇	16107
	320707115	赣榆区沙河镇	15864		340123106	肥西县花岗镇	17308
	320722113	东海县平明镇	18843		340124110	庐江县白湖镇	29927
	320724100	灌南县新安镇	15202		340124114	庐江县泥河镇	16390
	320903108	盐都区秦南镇	14900		340223101	南陵县许镇镇	18213
	320921102	响水县小尖镇	19753		340223102	南陵县弋江镇	17177
	320921107	响水县运河镇	15130		340311104	淮上区沫河口镇	20386
	320922101	滨海县五汛镇	16640		340321101	怀远县鲍集镇	18685
	320922103	滨海县正红镇	16039		340321104	怀远县常坟镇	16069
	320922109	滨海县滨淮镇	18464		340321109	怀远县唐集镇	18171
	320923109	阜宁县东沟镇	19015		340321110	怀远县白莲坡镇	16123
	320924100	射阳县合德镇	27874		340321201	怀远县淝河乡	16112
	320924101	射阳县临海镇	16521		340322106	五河县东刘集镇	23655
	320924102	射阳县千秋镇	16265		340322111	五河县浍南镇	21241
	320924104	射阳县四明镇	18280		340323104	固镇县刘集镇	17899
	320924106	射阳县海河镇	28382		340323105	固镇县任桥镇	16027
	320925108	建湖县上冈镇	24547		340323106	固镇县湖沟镇	14774
	320981115	东台市三仓镇	20041		340323201	固镇县杨庙乡	16096
	320981118	东台市头灶镇	29958		340323202	固镇县仲兴乡	16579

续表 6　　　　单位：公顷

地区	代码	乡镇名称	数量	地区	代码	乡镇名称	数量
	340523100	和县历阳镇	14995		341622201	蒙城县王集乡	15656
	340604102	烈山区古饶镇	15819		341622202	蒙城县小辛集乡	15414
	340621103	濉溪县五沟镇	24970		341623118	利辛县望疃镇	18575
	340621104	濉溪县临涣镇	19442		341721103	东至县胜利镇	15553
	340621105	濉溪县双堆集镇	34339	江西	360121101	南昌县向塘镇	18942
	340621106	濉溪县铁佛镇	28195		360121103	南昌县塘南镇	19250
	340621107	濉溪县南坪镇	25817		360121105	南昌县蒋巷镇	21114
	340621108	濉溪县百善镇	27228		360121200	南昌县泾口乡	24236
	340621109	濉溪县孙町镇	24490		360121201	南昌县南新乡	17327
	340621110	濉溪县四铺镇	25719		360281103	乐平市众埠镇	16138
	340827104	望江县高士镇	15168		360826114	泰和县万合镇	14827
	340827105	望江县鸦滩镇	16895	山东	370125101	济阳县垛石镇	18136
	341122101	来安县半塔镇	15109		370125103	济阳县曲堤镇	16646
	341125100	定远县定城镇	17162		370125104	济阳县仁风镇	16123
	341125101	定远县炉桥镇	15344		370125108	济阳县太平镇	17023
	341125103	定远县吴圩镇	17525		370126105	商河县郑路镇	15763
	341125106	定远县藕塘镇	16136		370126107	商河县玉皇庙镇	15619
	341181100	天长市铜城镇	17338		370181114	章丘市高官寨镇	16335
	341204100	颍泉区伍明镇	16957		370281100	胶州市胶莱镇	17244
	341204102	颍泉区闻集镇	18231		370281108	胶州市里岔镇	14985
	341204103	颍泉区行流镇	16011		370282107	即墨市灵山镇	17509
	341222117	太和县坟台镇	15802		370282115	即墨市段泊岚镇	17362
	341302101	埇桥区芦岭镇	15550		370282117	即墨市移风店镇	17618
	341302106	埇桥区栏杆镇	15303		370283105	平度市南村镇	34942
	341302108	埇桥区永安镇	16877		370283108	平度市蓼兰镇	28759
	341302110	埇桥区大店镇	20861		370283109	平度市崔家集镇	24757
	341322104	萧县新庄镇	14905		370283110	平度市明村镇	22776
	341323103	灵璧县娄庄镇	23104		370283113	平度市田庄镇	22467
	341323104	灵璧县杨疃镇	17938		370283116	平度市新河镇	17728
	341324103	泗县草沟镇	19400		370283122	平度市旧店镇	19397
	341324104	泗县长沟镇	15855		370285101	莱西市姜山镇	20545
	341324109	泗县黑塔镇	17842		370285104	莱西市院上镇	16692
	341324111	泗县屏山镇	16717		370404100	峄城区古邵镇	17909
	341522211	霍邱县孙岗乡	27783		370481103	滕州市大坞镇	16147
	341602112	谯城区大杨镇	15186		370481104	滕州市滨湖镇	16745
	341602115	谯城区双沟镇	16410		370522102	利津县盐窝镇	20738
	341621109	涡阳县曹市镇	17807		370704108	坊子区太保庄镇	21366
	341621110	涡阳县青町镇	16251		370725108	昌乐县唐吾镇	16309
	341621115	涡阳县临湖镇	17370		370725110	昌乐县红河镇	15252
	341621121	涡阳县牌坊镇	19878		370725116	昌乐县营丘镇	18184
	341622102	蒙城县小涧镇	15660		370781115	青州市谭坊镇	18124
	341622106	蒙城县许疃镇	16133		370782102	诸城市贾悦镇	27395
	341622107	蒙城县板桥集镇	17251		370782105	诸城市石桥子镇	18656
	341622109	蒙城县岳坊镇	14850		370782114	诸城市林家村镇	23512
	341622110	蒙城县立仓镇	24697		370783109	寿光市侯镇	17686
	341622111	蒙城县楚村镇	19246		370783112	寿光市稻田镇	18603
	341622112	蒙城县乐土镇	23389		370784100	安丘市景芝镇	23020

续表 7

单位：公顷

地区	代码	乡镇名称	数量	地区	代码	乡镇名称	数量
	370785103	高密市夏庄镇	23876		371723101	成武县成武县大田集镇	15395
	370785104	高密市姜庄镇	18493		371723103	成武县成武县汶上集镇	15508
	370785106	高密市大牟家镇	19087		371727102	定陶县冉固镇	16541
	370785109	高密市阚家镇	16745		371727104	定陶县黄店镇	16456
	370785114	高密市柴沟镇	22782		371728101	东明县东明集镇	18033
	370786108	昌邑市饮马镇	16424		371728103	东明县陆圈镇	18396
	370786109	昌邑市北孟镇	19557		371728110	东明县小井镇	17178
	370811111	任城区喻屯镇	15443	河南	410222101	通许县竖岗镇	14773
	370832104	梁山县拳铺镇	18964		410224208	开封县西姜寨乡	18692
	370832108	梁山县小安山镇	14824		410224210	开封县万隆乡	20872
	370911113	岱岳区良庄镇	17107		410224211	开封县范村乡	19260
	370921109	宁阳县磁窑镇	14806		410225103	兰考县考城镇	15065
	370923109	东平县接山镇	17222		410327203	宜阳县盐镇乡	15270
	370983104	肥城市王庄镇	15036		410523104	汤阴县宜沟镇	15322
	370983111	肥城市边院镇	16650		410526102	滑县白道口镇	16173
	371321109	沂南县大庄镇	15358		410526103	滑县留固镇	18883
	371323103	沂水县许家湖镇	16452		410526105	滑县牛屯镇	16696
	371324102	苍山县兰陵镇	16037		410526109	滑县老店镇	15604
	371324103	苍山县长城镇	16517		410526202	滑县八里营乡	17413
	371324117	苍山县芦柞镇	14849		410621102	浚县屯子镇	16184
	371424103	临邑县德平镇	16783		410621104	浚县新镇镇	16538
	371425105	齐河县仁里集镇	17003		410726202	延津县位邱乡	15605
	371425106	齐河县潘店镇	18023		411023200	许昌县陈曹乡	15000
	371426101	平原县王凤楼镇	21376		411104103	召陵区老窝镇	15913
	371426102	平原县前曹镇	18875		411302104	宛城区红泥湾镇	15172
	371428100	武城县武城镇	16222		411322101	方城县独树镇	18095
	371428103	武城县鲁权屯镇	18903		411322102	方城县博望镇	20069
	371481105	乐陵市郑店镇	15436		411322104	方城县小史店镇	19574
	371482100	禹城市伦镇	15472		411322105	方城县赵河镇	20678
	371482101	禹城市房寺镇	19158		411322106	方城县广阳镇	15298
	371502101	东昌府区沙镇镇	19498		411322108	方城县杨楼镇	17690
	371502103	东昌府区梁水镇	18239		411322300	方城县券桥乡	15689
	371521103	阳谷县阿城镇	16163		411322306	方城县清河乡	16903
	371523101	茌平县乐平铺镇	19103		411325102	内乡县师岗镇	15030
	371523102	茌平县冯官屯镇	14758		411326103	淅川县香花镇	15518
	371525102	冠县桑阿镇	16132		411326104	淅川县厚坡镇	26308
	371526103	高唐县清平镇	14830		411326105	淅川县丹阳镇	16409
	371603103	沾化区冯家镇	16031		411327103	社旗县饶良镇	16450
	371621101	惠民县石庙镇	16221		411327109	社旗县朱集镇	16685
	371621111	惠民县姜楼镇	15547		411328101	唐河县源潭镇	22566
	371621113	惠民县辛店镇	17465		411328102	唐河县张店镇	21820
	371626102	邹平县魏桥镇	16930		411328103	唐河县郭滩镇	17228
	371702100	牡丹区沙土镇	16860		411328104	唐河县湖阳镇	15701
	371702107	牡丹区李村镇	16383		411328106	唐河县大河屯镇	19526
	371702108	牡丹区马岭岗镇	15761		411328108	唐河县桐寨铺镇	23186
	371722103	单县终兴镇	16106		411328110	唐河县上屯镇	15671
	371722106	单县徐寨镇	15411		411328300	唐河县城郊乡	17596

续表 8　　　　单位：公顷

地区	代码	乡镇名称	数量
	411328306	唐河县昝岗乡	18714
	411328308	唐河县马振抚乡	15551
	411328309	唐河县古城乡	15256
	411381107	邓州市构林镇	21633
	411381110	邓州市都司镇	15511
	411381112	邓州市刘集镇	16814
	411381116	邓州市腰店镇	15200
	411381304	邓州市夏集乡	16945
	411421101	民权县人和镇	15762
	411481105	永城市裴桥镇	14928
	411481106	永城市马桥镇	16381
	411525106	固始县胡族铺镇	19758
	411525110	固始县汪棚镇	15962
	411621102	扶沟县江村镇	15841
	411625103	郸城县白马镇	15504
	411625107	郸城县汲冢镇	16551
	411626200	淮阳县朱集乡	18061
	411626202	淮阳县冯塘乡	16480
	411626205	淮阳县大连乡	14820
	411626209	淮阳县齐老乡	15693
	411723105	平舆县西洋店镇	15372
	411724200	正阳县慎水乡	15478
	411724207	正阳县雷寨乡	15513
	411725104	确山县留庄镇	15057
	411725108	确山县双河镇	20134
	411726102	泌阳县羊册镇	16237
	411727102	汝南县梁祝镇	15275
	411727108	汝南县常兴镇	17593
	411727111	汝南县三桥镇	15564
	411728105	遂平县和兴镇	16680
	411728106	遂平县沈寨镇	15826
	411729111	新蔡县余店镇	18110
湖北	420506108	夷陵区鸦鹊岭镇	18399
	420582102	当阳市河溶镇	21500
	420582103	当阳市育溪镇	17203
	420582106	当阳市半月镇	16620
	420583106	枝江市问安镇	15567
	420583108	枝江市百里洲镇	24312
	420606100	樊城区牛首镇	16757
	420606101	樊城区太平店镇	15557
	420607100	襄州区龙王镇	24155
	420607101	襄州区石桥镇	19263
	420607102	襄州区黄集镇	23241
	420607104	襄州区古驿镇	23330
	420607107	襄州区双沟镇	17638
	420607110	襄州区峪山镇	17352
	420607111	襄州区东津镇	20870
	420624101	南漳县武安镇	18362
	420624102	南漳县九集镇	19134
	420682103	老河口市张集镇	16465
	420683100	枣阳市琚湾镇	18357
	420683101	枣阳市七方镇	34392
	420683102	枣阳市杨当镇	21000
	420683103	枣阳市太平镇	27095
	420683109	枣阳市吴店镇	16713
	420684102	宜城市郑集镇	18708
	420684103	宜城市小河镇	15124
	420684106	宜城市流水镇	22603
	420684107	宜城市板桥镇	15196
	420804100	掇刀区团林铺镇	22353
	420821103	京山县罗店镇	23129
	420821109	京山县孙桥镇	15661
	420821112	京山县雁门口镇	16572
	420822101	沙洋县五里铺镇	15713
	420822105	沙洋县后港镇	18871
	420822112	沙洋县曾集镇	15374
	420881100	钟祥市洋梓镇	17581
	420881103	钟祥市胡集镇	17369
	420881108	钟祥市石牌镇	15633
	420881109	钟祥市旧口镇	23506
	420921107	孝昌县邹岗镇	15070
	421003105	荆州区弥市镇	21434
	421022110	公安县章庄铺镇	15770
	421022112	公安县斑竹垱镇	14837
	421023101	监利县朱河镇	15671
	421023102	监利县新沟镇	21635
	421023104	监利县周老嘴镇	16700
	421023105	监利县黄歇口镇	17685
	421023106	监利县汪桥镇	17660
	421023107	监利县程集镇	15715
	421023113	监利县尺八镇	16757
	421023116	监利县三洲镇	15833
	421023200	监利县红城乡	21813
	421023202	监利县柘木乡	17140
	421083111	洪湖市万全镇	16849
	421087102	松滋市八宝镇	17153
	421122101	红安县七里坪镇	19288
	421125101	浠水县巴河镇	15504
	421126105	蕲春县横车镇	16411
	421181200	麻城市铁门岗乡	17536
	421182100	武穴市梅川镇	22601
	421182102	武穴市花桥镇	16331
	421221106	嘉鱼县潘家湾镇	21069
	421321109	随县唐县镇	19432

续表 9　　　　单位：公顷

地区	代码	乡镇名称	数量
	422801201	恩施市新塘乡	18730
	422801202	恩施市红土乡	17780
	422802101	利川市柏杨坝镇	22230
	422802102	利川市汪营镇	23590
	422802103	利川市建南镇	17050
	422802104	利川市忠路镇	18490
	422802105	利川市团堡镇	15920
	422802200	利川市凉雾乡	16300
	422802203	利川市文斗乡	17620
	422823107	巴东县野三关镇	15290
	429004105	仙桃市长倘口镇	19903
	429004106	仙桃市西流河镇	22885
	429004108	仙桃市杨林尾镇	17436
	429004109	仙桃市彭场镇	17019
	429006100	天门市多宝镇	16178
湖南	430321112	湘潭县石潭镇	18325
	430421100	衡阳县西渡镇	15643
	430525103	洞口县高沙镇	19440
	430525104	洞口县竹市镇	16728
	430525105	洞口县石江镇	15315
	430621107	岳阳县筻口镇	15238
	430623114	华容县东山镇	21154
	430624117	湘阴县新泉镇	19077
	430725105	桃源县漆河镇	15395
	430902106	资阳区长春镇	17196
	430921103	南县青树嘴镇	15157
	430921126	南县华阁镇	16526
	430921127	南县茅草街镇	15901
	430921129	南县麻河口镇	17752
	430922113	桃江县灰山港镇	15422
	430971121	益阳市大通湖管理区河坝镇	17710
	430981105	沅江市泗湖山镇	17731
	430981112	沅江市南大膳镇	24279
	430981113	沅江市黄茅洲镇	19976
	430981114	沅江市草尾镇	24396
	430981115	沅江市阳罗洲镇	16182
	430981116	沅江市共华镇	21448
	431028102	安仁县龙海镇	17800
	431028106	安仁县永乐江镇	16982
	431102106	零陵区邮亭圩镇	14851
	431124102	道县寿雁镇	15990
	431322100	新化县上梅镇	67478
广东	440118102	增城区石滩镇	19612
	440823100	遂溪县遂城镇	17796
	440881106	廉江市良垌镇	18672
	440881107	廉江市横山镇	17532
	440882102	雷州市客路镇	17171
	441303109	惠阳区良井镇	89796
	445224109	惠来县岐石镇	60247
广西	450105102	江南区吴圩镇	15346
	450105103	江南区苏圩镇	24955
	450105105	江南区江西镇	17096
	450107105	西乡塘区坛洛镇	16638
	450108103	良庆区大塘镇	18425
	450109100	邕宁区蒲庙镇	16507
	450109101	邕宁区那楼镇	19086
	450122100	武鸣县城厢镇	19082
	450122103	武鸣县双桥镇	15290
	450122105	武鸣县锣圩镇	21358
	450122107	武鸣县府城镇	15070
	450122108	武鸣县陆斡镇	19235
	450126100	宾阳县宾州镇	15914
	450127113	横县校椅镇	18862
	450223100	鹿寨县鹿寨镇	18064
	450312103	临桂区两江镇	15877
	450503100	银海区福成镇	17852
	450703101	钦北区平吉镇	16699
	451302101	兴宾区凤凰镇	18939
	451421101	扶绥县渠黎镇	20609
	451421104	扶绥县东门镇	19379
	451421105	扶绥县山圩镇	17334
	451424102	大新县雷平镇	14884
海南	469023100	澄迈县金江镇	20797
	469027105	乐东黎族自治县九所镇	18471
重庆	500102119	涪陵区珍溪镇	30125
	500102121	涪陵区焦石镇	14926
	500234134	开县岳溪镇	15120
四川	512002106	雁江区中和镇	16132
贵州	520321108	遵义县新舟镇	15208
	520321109	遵义县永乐镇	15391
云南	530322108	陆良县小百户镇	15202
	530324103	罗平县马街镇	16317
	530324104	罗平县富乐镇	15467
	530324106	罗平县阿岗镇	20684
	530326104	会泽县乐业镇	17029
	530328103	沾益县盘江镇	19845
	530328201	沾益县炎方乡	21390
	530328203	沾益县大坡乡	16582
	530328204	沾益县菱角乡	17152
	530381106	宣威市倘塘镇	16192
	530381112	宣威市热水镇	24808
	530522106	腾冲县界头镇	26810
	530824102	景谷傣族彝族自治县永平镇	21500
	530923103	永德县永康镇	16907

续表 10　　单位：公顷

地区	代码	乡镇名称	数量	地区	代码	乡镇名称	数量
	532527101	泸西县中枢镇	16723		652701101	博乐市达勒特镇	16060
	532622101	砚山县江那镇	16170		652722101	精河县大河沿子镇	20085
	532622102	砚山县平远镇	25543		652722102	精河县托里镇	32277
	532622104	砚山县阿猛镇	16089		652801205	库尔勒市哈拉玉宫乡	21991
	532622202	砚山县维末彝族乡	19218		652823201	尉犁县兴平乡	24023
	532626103	丘北县双龙营镇	19135		652828200	和硕县乌什塔拉回族民族乡	16935
	532626204	丘北县树皮彝族乡	20551		652901100	阿克苏市喀勒塔勒镇	21986
	532627101	广南县莲城镇	16075		652924101	沙雅县托依堡勒迪镇	18761
	532627106	广南县珠琳镇	17146		652924103	沙雅县英买力镇	18429
	532627107	广南县坝美镇	15315		652924105	沙雅县古勒巴格镇	16664
	532822104	勐海县勐遮镇	18244		652925204	新和县玉奇喀特乡	15832
	533103102	芒市遮放镇	16712		652928202	阿瓦提县英艾日克乡	15326
	533103105	芒市风平镇	16596		653125209	莎车县喀群乡	27750
	533123104	盈江县弄璋镇	16504		653127202	麦盖提县央塔克乡	18253
陕西	610824101	靖边县东坑镇	15001		653127203	麦盖提县吐曼塔勒乡	17345
	610825104	定边县白泥井镇	16200		653127204	麦盖提县尕孜库勒乡	15234
甘肃	621002101	西峰区董志镇	14777		653127205	麦盖提县克孜勒阿瓦提乡	15111
	621102102	安定区内官镇	15089		653128102	岳普湖县铁热木镇	17899
青海	630121205	大通回族土族自治县宝库乡	18778		653128204	岳普湖县色也克乡	15579
宁夏	640323102	盐池县惠安堡镇	16000		653129203	伽师县卧里托格拉克乡	15990
	640324103	同心县下马关镇	17530		653226101	于田县先拜巴扎镇	39551
	640324105	同心县王团镇	15904		654201101	塔城市恰夏镇	24533
	640324203	同心县张家塬乡	15052		654202104	乌苏市甘河子镇	17025
	640502200	沙坡头区香山乡	16146		654221103	额敏县上户镇	18156
新疆	652302201	阜康市上户沟哈萨克民族乡	20380		654221200	额敏县郊区乡	16333
	652323105	呼图壁县五工台镇	15763		654223101	沙湾县四道河子镇	14990
	652324104	玛纳斯县北五岔镇	14835		654223102	沙湾县老沙湾镇	17508
	652325102	奇台县半截沟镇	18246		654226203	和布克赛尔蒙古自治县巴音傲瓦乡	29595
	652325105	奇台县西地镇	15464		654323201	福海县阔克阿尕什乡	15304
	652325201	奇台县西北湾乡	16710		659002200	阿拉尔市托喀依乡	19233

各地区社会消费品零售总额居全国前1000位的乡镇

单位：亿元

地区	代码	乡镇名称	数量	地区	代码	乡镇名称	数量
北京	110105022	朝阳区高碑店地区办事处	67.93		120223108	静海县大邱庄镇	17.30
	110105024	朝阳区太阳宫地区办事处	93.38	河北	130109101	藁城区兴安镇	34.27
	110105027	朝阳区小红门地区办事处	26.92		130125100	行唐县龙州镇	17.18
	110105028	朝阳区十八里店地区办事处	53.54		130127100	高邑县高邑镇	22.60
	110105029	朝阳区平房地区办事处	68.32		130131100	平山县平山镇	18.99
	110105030	朝阳区东风地区办事处	16.09		130133100	赵县赵州镇	17.84
	110105032	朝阳区来广营地区办事处	80.26		130204202	古冶区习家套乡	15.48
	110105034	朝阳区三间房地区办事处	24.98		130207106	丰南区大新庄镇	16.65
	110105036	朝阳区金盏地区办事处	41.07		130207113	丰南区丰南镇	21.46
	110105038	朝阳区崔各庄地区办事处	41.99		130208114	丰润区石各庄镇	38.71
	110105042	朝阳区王四营地区办事处	65.64		130224100	滦南县倴城镇	23.87
	110106017	丰台区卢沟桥地区办事处	101.86		130229100	玉田县玉田镇	52.09
	110106018	丰台区花乡地区办事处	55.55		130229102	玉田县鸦鸿桥镇	17.41
	110106019	丰台区南苑地区办事处	40.01		130281100	遵化市遵化镇	34.60
	110108027	海淀区四季青地区办事处	171.57		130281106	遵化市党峪镇	18.23
	110108028	海淀区西北旺地区办事处	459.72		130303100	山海关区第一关镇	20.53
	110111105	房山区长阳镇	16.58		130303102	山海关区孟姜镇	18.36
	110112005	通州区永顺地区办事处	27.11		130406100	峰峰矿区临水镇	27.24
	110112006	通州区梨园地区办事处	95.75		130421200	邯郸县南堡乡	21.74
	110112104	通州区宋庄镇	23.16		130425100	大名县大名镇	36.46
	110112105	通州区张家湾镇	26.10		130426100	涉县涉城镇	35.31
	110112109	通州区马驹桥镇	59.46		130427100	磁县磁州镇	44.61
	110112114	通州区台湖镇	26.30		130429100	永年县临洺关镇	47.25
	110113005	顺义区天竺地区办事处	18.50		130432100	广平县广平镇	23.83
	110113007	顺义区牛栏山地区办事处	53.20		130434100	魏县魏城镇	34.67
	110113008	顺义区南法信地区办事处	45.18		130435100	曲周县曲周镇	25.70
	110113104	顺义区李桥镇	16.68		130481100	武安市武安镇	70.00
	110113116	顺义区赵全营镇	39.33		130525100	隆尧县隆尧镇	18.70
	110114006	昌平区回龙观地区办事处	45.18		130529100	巨鹿县巨鹿镇	24.84
	110114115	昌平区北七家镇	59.92		130534100	清河县葛仙庄镇	29.09
	110115005	大兴区黄村地区办事处	28.01		130603202	北市区百楼乡	22.41
	110115006	大兴区旧宫地区办事处	22.97		130604201	南市区南大园乡	19.33
	110115007	大兴区西红门地区办事处	33.84		130629100	容城县容城镇	16.06
	110116003	怀柔区怀柔地区办事处	16.16		130632100	安新县安新镇	22.16
	110228103	密云县十里堡镇	19.98		130636100	顺平县蒲阳镇	19.57
天津	120111100	西青区中北镇	51.23		130672103	保定白沟新城白沟镇	58.90
	120111101	西青区杨柳青镇	26.40		130683100	安国市祁州镇	26.00
	120111103	西青区张家窝镇	76.36		130721103	宣化县沙岭子镇	16.63
	120111105	西青区大寺镇	40.00		130730100	怀来县沙城镇	19.43
	120112100	津南区咸水沽镇	51.89		130771100	张家口市高新技术产业开发区老鸦庄镇	25.66
	120112102	津南区小站镇	59.78		130802103	双桥区大石庙镇	16.86
	120112103	津南区双港镇	21.00		130823100	平泉县平泉镇	42.21
	120112104	津南区辛庄镇	26.76		130825100	隆化县隆化镇	17.37
	120112107	津南区八里台镇	88.68		130826100	丰宁满族自治县大阁镇	23.05
	120113106	北辰区宜兴埠镇	40.56		130827100	宽城满族自治县宽城镇	20.46
	120114109	武清区河西务镇	20.65		130903100	运河区小王庄镇	19.87
	120223100	静海县静海镇	68.81		130922100	青县清州镇	27.34

续表 1　　　　单位：亿元

地区	代码	乡镇名称	数量	地区	代码	乡镇名称	数量
	130925100	盐山县盐山镇	22.82		150625100	杭锦旗锡尼镇	21.05
	130983100	黄骅市黄骅镇	54.19		150627100	伊金霍洛旗阿勒腾席热镇	17.90
	130984100	河间市瀛州镇	18.67		150721100	阿荣旗那吉镇	24.45
	131003101	广阳区万庄镇	24.06		150823100	乌拉特前旗乌拉山镇	20.49
	131003102	广阳区九州镇	18.28		150923101	商都县七台镇	20.00
	131022100	固安县固安镇	40.39		150925103	凉城县岱海镇	16.87
	131023100	永清县永清镇	19.60		150929100	四子王旗乌兰花镇	16.10
	131024100	香河县淑阳镇	15.97		152525100	东乌珠穆沁旗乌里雅斯太镇	18.60
	131081100	霸州市霸州镇	21.09		152526100	西乌珠穆沁旗巴拉嘎尔高勒镇	16.84
	131081105	霸州市胜芳镇	18.15		152527100	太仆寺旗宝昌镇	15.67
	131082109	三河市燕郊镇	55.01	辽宁	210181109	新民市胡台镇	17.42
	131127100	景县景州镇	15.50		210381112	海城市西柳镇	47.27
	139002100	辛集市辛集镇	27.80		210381118	海城市腾鳌镇	22.18
	139002101	辛集市旧城镇	18.21		210422100	新宾满族自治县新宾镇	19.90
	139002103	辛集市位伯镇	16.03		210423100	清原满族自治县清原镇	16.30
	139002106	辛集市南智邱镇	16.35		210804100	鲅鱼圈区熊岳镇	25.40
	139002107	辛集市王口镇	17.10		211005101	弓长岭区汤河镇	17.33
	139002204	辛集市田家庄乡	18.72		211021100	辽阳县首山镇	21.26
山西	140105201	小店区刘家堡乡	24.65		211081101	灯塔市佟二堡镇	202.43
	140106100	迎泽区郝庄镇	44.45		211282107	开原市八宝镇	17.04
	140321100	平定县冠山镇	30.76	吉林	220122100	农安县农安镇	49.03
	140322100	盂县秀水镇	38.61		220174100	长春汽车经济技术开发区(特殊镇)	94.84
	140411101	长治市郊区堠北庄镇	18.58		220204102	船营区越北镇	21.25
	140622100	应县金城镇	17.50		220302200	四平市铁西区平西乡	18.99
	140624100	怀仁县云中镇	30.20		220322100	梨树县梨树镇	31.89
	140728100	平遥县古陶镇	24.70		220421100	东丰县东丰镇	30.20
	140821100	临猗县猗氏镇	38.17		220502100	东昌区金厂镇	18.93
	140824100	稷山县稷峰镇	18.52		220523100	辉南县朝阳镇	38.33
	140825100	新绛县龙兴镇	24.98		220524100	柳河县柳河镇	15.57
	140828100	夏县瑶峰镇	17.17		220721100	前郭尔罗斯蒙古族自治县前郭尔罗斯镇	48.89
	141002109	尧都区尧庙镇	32.00		220722100	长岭县长岭镇	62.88
	141024100	洪洞县大槐树镇	15.86		220723100	乾安县乾安镇	17.58
内蒙古	150103100	回民区攸攸板镇	153.19		220781100	扶余市三岔河镇	43.55
	150104100	玉泉区小黑河镇	26.41		220781106	扶余市三井子镇	49.83
	150121100	土默特左旗察素齐镇	23.64	黑龙江	230124100	方正县方正镇	19.77
	150122100	托克托县双河镇	17.39		230125100	宾县宾州镇	37.18
	150202100	东河区河东镇	15.44		230128100	通河县通河镇	15.44
	150204100	包头市青山区青福镇	32.39		230129100	延寿县延寿镇	16.07
	150207103	九原区麻池镇	58.77		230182100	双城市双城镇	43.35
	150423100	巴林右旗大板镇	20.68		230183100	尚志市尚志镇	33.15
	150429100	宁城县天义镇	42.56		230184100	五常市五常镇	45.96
	150502100	科尔沁区大林镇	18.22		230223100	依安县依安镇	16.50
	150522100	科尔沁左翼后旗甘旗卡镇	17.66		230229100	克山县克山镇	22.08
	150523100	开鲁县开鲁镇	19.97		230606102	大同区太阳升镇	19.80
	150525100	奈曼旗大沁他拉镇	21.53		231081100	绥芬河市绥芬河镇	20.80
	150602101	东胜区罕台镇	19.39	上海	310112101	闵行区莘庄镇	65.34
	150602102	东胜区铜川镇	35.13		310112102	闵行区七宝镇	121.25

续表 2　　　　单位：亿元

地区	代码	乡镇名称	数量	地区	代码	乡镇名称	数量
	310112103	闵行区颛桥镇	54.88		310118110	青浦区白鹤镇	24.01
	310112106	闵行区华漕镇	20.93		310120101	奉贤区南桥镇	95.51
	310112107	闵行区虹桥镇	116.32		310120102	奉贤区奉城镇	55.52
	310112108	闵行区梅陇镇	72.68		310120104	奉贤区庄行镇	19.16
	310112110	闵行区吴泾镇	16.10		310120106	奉贤区金汇镇	19.81
	310112114	闵行区浦江镇	17.36		310120111	奉贤区青村镇	23.73
	310113101	宝山区罗店镇	20.41		310120118	奉贤区柘林镇	20.72
	310113102	宝山区大场镇	110.00	江苏	320116110	六合区竹镇镇	16.03
	310113103	宝山区杨行镇	47.88		320117100	溧水区永阳镇	70.46
	310113104	宝山区月浦镇	20.38		320118100	高淳区淳溪镇	71.44
	310113109	宝山区顾村镇	27.31		320205103	锡山区鹅湖镇	38.06
	310113111	宝山区高境镇	45.41		320205105	锡山区锡北镇	16.25
	310113112	宝山区庙行镇	96.50		320205106	锡山区东港镇	35.84
	310113113	宝山区淞南镇	69.62		320206102	惠山区洛社镇	32.17
	310114102	嘉定区南翔镇	21.63		320211101	滨湖区胡埭镇	22.50
	310114103	嘉定区安亭镇	87.02		320281100	江阴市璜土镇	46.76
	310114106	嘉定区马陆镇	27.26		320281104	江阴市徐霞客镇	18.61
	310114118	嘉定区江桥镇	37.32		320281107	江阴市华士镇	24.75
	310115103	浦东新区川沙新镇	84.99		320281108	江阴市周庄镇	58.58
	310115105	浦东新区北蔡镇	39.69		320281110	江阴市长泾镇	32.06
	310115114	浦东新区唐镇	35.18		320281111	江阴市顾山镇	40.86
	310115121	浦东新区高行镇	32.13		320281112	江阴市祝塘镇	38.41
	310115130	浦东新区三林镇	195.91		320282100	宜兴市张渚镇	28.00
	310115131	浦东新区惠南镇	160.80		320282109	宜兴市万石镇	19.13
	310115132	浦东新区周浦镇	17.57		320282110	宜兴市周铁镇	28.42
	310115136	浦东新区康桥镇	63.53		320312106	铜山区柳新镇	18.49
	310115137	浦东新区航头镇	86.46		320312112	铜山区张集镇	48.93
	310115139	浦东新区祝桥镇	89.77		320312113	铜山区房村镇	27.66
	310116101	金山区朱泾镇	40.21		320312119	铜山区茅村镇	17.21
	310116102	金山区枫泾镇	40.81		320312120	铜山区柳泉镇	21.61
	310116104	金山区亭林镇	27.78		320321111	丰县宋楼镇	127.79
	310116105	金山区吕巷镇	24.34		320322103	沛县大屯镇	28.83
	310116109	金山区金山卫镇	19.13		320322104	沛县沛城镇	48.24
	310116113	金山区山阳镇	26.88		320322108	沛县张庄镇	18.23
	310117102	松江区泗泾镇	26.42		320324101	睢宁县睢城镇	22.67
	310117104	松江区车墩镇	32.57		320382103	邳州市官湖镇	36.02
	310117105	松江区新桥镇	18.33		320382109	邳州市港上镇	18.01
	310117106	松江区洞泾镇	29.16		320382115	邳州市铁富镇	35.87
	310117107	松江区九亭镇	34.82		320411100	新北区春江镇	48.62
	310117120	松江区叶榭镇	37.30		320411103	新北区薛家镇	18.80
	310117121	松江区小昆山镇	18.00		320412100	武进区湖塘镇	180.28
	310118102	青浦区朱家角镇	36.77		320412104	武进区遥观镇	17.68
	310118104	青浦区金泽镇	16.32		320412106	武进区横山桥镇	30.18
	310118105	青浦区赵巷镇	74.54		320412113	武进区前黄镇	23.92
	310118106	青浦区徐泾镇	55.06		320412116	武进区邹区镇	39.78
	310118107	青浦区华新镇	50.29		320481100	溧阳市溧城镇	122.98
	310118109	青浦区重固镇	16.02		320481102	溧阳市上黄镇	17.82

续表 3

单位：亿元

地区	代码	乡镇名称	数量	地区	代码	乡镇名称	数量
	320481106	溧阳市天目湖镇	31.92		320623111	如东县双甸镇	16.00
	320481107	溧阳市别桥镇	20.37		320681100	启东市汇龙镇	170.72
	320482100	金坛市金城镇	115.99		320681110	启东市吕四港镇	25.48
	320506103	吴中区木渎镇	136.66		320682105	如皋市白蒲镇	18.27
	320506104	吴中区胥口镇	17.13		320682111	如皋市长江镇	36.11
	320506110	吴中区临湖镇	24.80		320682116	如皋市搬经镇	25.88
	320507105	相城区渭塘镇	31.87		320684108	海门市悦来镇	22.17
	320509100	吴江区太湖新城镇	194.15		320684114	海门市正余镇	18.09
	320509104	吴江区平望镇	32.48		320684415	海门市海门港新区	29.74
	320509105	吴江区盛泽镇	24.57		320723207	灌云县东王集乡	42.14
	320581100	常熟市虞山镇	380.61		320724100	灌南县新安镇	21.43
	320581101	常熟市梅李镇	20.34		320724101	灌南县堆沟港镇	38.72
	320581102	常熟市海虞镇	20.31		320804100	淮阴区王营镇	68.78
	320581104	常熟市古里镇	24.24		320826100	涟水县涟城镇	19.11
	320581105	常熟市沙家浜镇	17.37		320829100	洪泽县高良涧镇	48.00
	320581106	常熟市支塘镇	21.62		320830100	盱眙县盱城镇	42.51
	320581110	常熟市辛庄镇	28.74		320830108	盱眙县黄花塘镇	20.19
	320581111	常熟市尚湖镇	18.68		320831100	金湖县黎城镇	46.77
	320582100	张家港市杨舍镇	261.13		320871350	淮安经济技术开发区钵池乡	32.80
	320582101	张家港市塘桥镇	24.05		320871351	淮安经济技术开发区徐杨乡	44.56
	320582102	张家港市金港镇	43.45		320871352	淮安经济技术开发区南马厂乡	30.17
	320582103	张家港市锦丰镇	19.76		320903102	盐都区楼王镇	26.10
	320582105	张家港市凤凰镇	20.11		320903105	盐都区尚庄镇	22.53
	320582106	张家港市南丰镇	16.01		320903109	盐都区龙冈镇	19.56
	320583100	昆山市玉山镇	116.30		320922100	滨海县东坎镇	39.41
	320583101	昆山市巴城镇	18.02		320924100	射阳县合德镇	64.92
	320583102	昆山市周市镇	110.77		320925108	建湖县上冈镇	20.42
	320583104	昆山市花桥镇	88.42		320981122	东台市东台镇	98.39
	320583105	昆山市淀山湖镇	100.27		320982100	大丰市大中镇	57.56
	320583108	昆山市千灯镇	57.22		320982108	大丰市万盈镇	76.54
	320585100	太仓市城厢镇	141.10		321002401	扬州市生态科技新城杭集镇	37.26
	320585101	太仓市沙溪镇	24.62		321003201	邗江区双桥乡	21.91
	320585103	太仓市浮桥镇	27.32		321012100	江都区仙女镇	352.14
	320585104	太仓市璜泾镇	15.47		321012109	江都区宜陵镇	145.76
	320612100	南通市通州区金沙镇	104.64		321012112	江都区郭村镇	42.80
	320612110	南通市通州区石港镇	18.52		321023100	宝应县安宜镇	99.08
	320612114	南通市通州区平潮镇	28.21		321081100	仪征市真州镇	115.80
	320612120	南通市通州区川姜镇	31.59		321084106	高邮市汤庄镇	37.86
	320621100	海安县海安镇	89.29		321084200	高邮市菱塘回族乡	33.20
	320621101	海安县城东镇	38.68		321183100	句容市华阳镇	71.92
	320621102	海安县曲塘镇	20.53		321281114	兴化市竹泓镇	57.85
	320621103	海安县李堡镇	16.94		321281123	兴化市戴南镇	19.82
	320623101	如东县洋口镇	17.56		321282106	靖江市孤山镇	32.47
	320623104	如东县大豫镇	17.33		321283100	泰兴市黄桥镇	21.70
	320623105	如东县掘港镇	79.57		321283101	泰兴市分界镇	21.56
	320623108	如东县丰利镇	17.56		321283105	泰兴市珊瑚镇	15.81
	320623110	如东县岔河镇	18.50		321283123	泰兴市滨江镇	55.28

续表 4

单位：亿元

地区	代码	乡镇名称	数量	地区	代码	乡镇名称	数量
	321283124	泰兴市虹桥镇	27.06		330503101	南浔区双林镇	31.20
	321302100	宿城区双庄镇	23.97		330503102	南浔区练市镇	18.53
	321323100	泗阳县众兴镇	61.48		330503105	南浔区菱湖镇	32.57
	321324100	泗洪县青阳镇	32.47		330521100	德清县武康镇	52.93
浙江	330104102	江干区彭埠镇	88.07		330522110	长兴县和平镇	28.00
	330104103	江干区笕桥镇	33.21		330522111	长兴县泗安镇	21.01
	330104104	江干区丁桥镇	16.10		330602100	越城区东湖镇	21.83
	330104105	江干区九堡镇	18.87		330602102	越城区东浦镇	22.68
	330106109	杭州市西湖区三墩镇	25.31		330602104	越城区皋埠镇	25.77
	330109113	萧山区瓜沥镇	29.00		330602106	越城区斗门镇	136.14
	330110102	余杭区塘栖镇	23.35		330603100	柯桥区齐贤镇	87.62
	330110110	余杭区瓶窑镇	17.80		330603101	柯桥区钱清镇	39.75
	330127100	淳安县千岛湖镇	33.44		330603104	柯桥区马鞍镇	41.20
	330212110	鄞州区姜山镇	21.19		330604110	上虞区小越镇	35.46
	330212115	鄞州区集士港镇	20.74		330604113	上虞区崧厦镇	20.32
	330212116	鄞州区古林镇	38.38		330681101	诸暨市大唐镇	22.46
	330225101	象山县石浦镇	32.96		330681102	诸暨市应店街镇	17.47
	330281103	余姚市泗门镇	21.22		330681103	诸暨市次坞镇	19.24
	330282107	慈溪市观海卫镇	36.40		330681104	诸暨市店口镇	31.77
	330282111	慈溪市逍林镇	29.29		330703108	金东区赤松镇	56.91
	330282114	慈溪市横河镇	76.41		330782100	义乌市佛堂镇	30.64
	330282121	慈溪市周巷镇	44.41		330783118	东阳市南马镇	32.80
	330282123	慈溪市龙山镇	20.50		330783123	东阳市横店镇	58.00
	330324102	永嘉县桥头镇	26.15		330921100	岱山县高亭镇	26.08
	330326100	平阳县昆阳镇	35.26		330921106	岱山县衢山镇	15.44
	330326101	平阳县鳌江镇	57.54		330922100	嵊泗县菜园镇	18.00
	330326102	平阳县水头镇	26.82		331004106	路桥区金清镇	33.88
	330327100	苍南县灵溪镇	70.91		331021101	玉环县清港镇	16.82
	330327101	苍南县龙港镇	72.16		331021102	玉环县楚门镇	16.96
	330327104	苍南县钱库镇	18.39		331023105	天台县平桥镇	16.76
	330328100	文成县大峃镇	21.49		331081100	温岭市泽国镇	45.42
	330381101	瑞安市塘下镇	75.68		331081101	温岭市大溪镇	46.65
	330382108	乐清市虹桥镇	32.19		331081102	温岭市松门镇	33.25
	330382114	乐清市柳市镇	76.45		331081103	温岭市箬横镇	52.62
	330382115	乐清市北白象镇	26.82		331081104	温岭市新河镇	43.67
	330402105	南湖区大桥镇	21.14		331081105	温岭市石塘镇	25.17
	330421103	嘉善县西塘镇	18.16		331081106	温岭市滨海镇	27.03
	330421111	嘉善县姚庄镇	18.61		331081107	温岭市温峤镇	22.66
	330421112	嘉善县天凝镇	18.08		331081108	温岭市城南镇	26.85
	330481101	海宁市许村镇	16.17		331082112	临海市杜桥镇	35.50
	330481103	海宁市长安镇	27.98	安徽	340122100	肥东县店埠镇	33.57
	330482101	平湖市乍浦镇	19.28		340123100	肥西县上派镇	20.14
	330483101	桐乡市濮院镇	23.49		340124100	庐江县庐城镇	28.99
	330483107	桐乡市崇福镇	25.77		340208100	三山区峨桥镇	23.00
	330502100	吴兴区织里镇	48.67		340221100	芜湖县湾沚镇	15.76
	330502101	吴兴区八里店镇	38.43		340222100	繁昌县繁阳镇	17.15
	330503100	南浔区南浔镇	99.75		340225100	无为县无城镇	67.25

续表 5　　单位：亿元

地区	代码	乡镇名称	数量	地区	代码	乡镇名称	数量
	340321100	怀远县城关镇	30.91		350304101	荔城区黄石镇	23.47
	340321104	怀远县常坟镇	40.12		350322101	仙游县榜头镇	17.68
	340521100	当涂县姑孰镇	27.69		350402100	梅列区陈大镇	15.67
	340523100	和县历阳镇	27.87		350425106	大田县建设镇	17.38
	340603100	相山区渠沟镇	24.51		350426100	尤溪县城关镇	20.39
	340621100	濉溪县濉溪镇	22.84		350505100	泉港区南埔镇	22.45
	340822100	怀宁县高河镇	25.65		350521100	惠安县螺城镇	33.99
	340824100	潜山县梅城镇	29.00		350521101	惠安县螺阳镇	17.48
	341002100	屯溪区屯光镇	26.80		350521105	惠安县东园镇	22.21
	341022100	休宁县海阳镇	20.01		350521107	惠安县崇武镇	17.23
	341124100	全椒县襄河镇	32.26		350524100	安溪县凤城镇	31.87
	341125100	定远县定城镇	21.05		350524105	安溪县城厢镇	20.76
	341126100	凤阳县府城镇	23.47		350525100	永春县桃城镇	36.38
	341221100	临泉县城关镇	56.78		350526100	德化县浔中镇	16.29
	341222100	太和县城关镇	61.00		350526101	德化县龙浔镇	21.45
	341225120	阜南县鹿城镇	31.73		350581100	石狮市灵秀镇	97.69
	341226100	颍上县慎城镇	17.01		350581101	石狮市宝盖镇	23.97
	341322100	萧县龙城镇	61.70		350582102	晋江市磁灶镇	22.70
	341323100	灵璧县灵城镇	16.76		350582103	晋江市陈埭镇	31.77
	341324100	泗县泗城镇	27.02		350582106	晋江市金井镇	19.04
	341502109	金安区三十铺镇	85.46		350582113	晋江市紫帽镇	25.92
	341522100	霍邱县城关镇	17.63		350583117	南安市霞美镇	22.68
	341525100	霍山县衡山镇	16.69		350583119	南安市水头镇	55.18
	341622100	蒙城县城关镇	56.76		350583120	南安市石井镇	37.43
	341623100	利辛县城关镇	21.49		350603100	龙文区蓝田镇	28.62
	341723100	青阳县蓉城镇	16.25		350603101	龙文区步文镇	39.90
	341822100	广德县桃州镇	25.72		350623100	漳浦县绥安镇	71.92
	341823100	泾县泾川镇	17.87		350628100	平和县小溪镇	20.16
福建	350102100	福州市鼓楼区洪山镇	168.71		350681100	龙海市石码镇	39.16
	350104100	仓山区仓山镇	24.26		350821100	长汀县汀州镇	16.05
	350104101	仓山区城门镇	64.91		350823101	上杭县临城镇	17.29
	350104102	仓山区盖山镇	57.63		350824100	武平县平川镇	17.53
	350105100	马尾区马尾镇	36.31		350825100	连城县莲峰镇	20.87
	350111100	晋安区鼓山镇	98.85		350902100	蕉城区城南镇	15.37
	350111101	晋安区新店镇	50.03	**江西**	360111100	青山湖区京东镇	20.64
	350111102	晋安区岳峰镇	103.22		360111104	青山湖区湖坊镇	51.59
	350121102	闽侯县南屿镇	22.00		360111105	青山湖区塘山镇	51.54
	350121103	闽侯县尚干镇	27.85		360111180	青山湖区蛟桥镇	46.52
	350121106	闽侯县南通镇	17.51		360121100	南昌县莲塘镇	19.76
	350121107	闽侯县上街镇	21.89		360124100	进贤县民和镇	18.62
	350123100	罗源县凤山镇	25.39		360124101	进贤县李渡镇	58.90
	350181104	福清市城头镇	17.00		360702102	章贡区水南镇	35.69
	350181116	福清市江阴镇	26.80		360727100	龙南县龙南镇	17.97
	350182111	长乐市金峰镇	61.78		360730100	宁都县梅江镇	17.32
	350213102	翔安区马巷镇	38.84		360829100	安福县平都镇	18.63
	350303101	涵江区白塘镇	15.56		360981126	丰城市曲江镇	19.52
	350304100	荔城区西天尾镇	52.35		361023100	南丰县琴城镇	29.37

续表 6

单位：亿元

地区	代码	乡镇名称	数量	地区	代码	乡镇名称	数量
	361126109	弋阳县弋江镇	19.26		370983105	肥城市湖屯镇	15.49
	361128100	鄱阳县鄱阳镇	24.78		370983106	肥城市石横镇	25.96
	361129100	万年县陈营镇	18.53		370983110	肥城市汶阳镇	19.18
山东	370181101	章丘市普集镇	16.35		371002100	环翠区张村镇	18.53
	370181103	章丘市绣惠镇	16.30		371202100	莱城区口镇	36.40
	370181110	章丘市刁镇	20.27		371203103	钢城区辛庄镇	31.01
	370281102	胶州市李哥庄镇	15.33		371323103	沂水县许家湖镇	17.42
	370282105	即墨市蓝村镇	56.88		371324102	苍山县兰陵镇	16.46
	370283105	平度市南村镇	16.56		371324108	苍山县向城镇	40.21
	370283119	平度市店子镇	19.18		371326105	平邑县卞桥镇	16.93
	370285101	莱西市姜山镇	44.30		371326110	平邑县郑城镇	19.27
	370285105	莱西市日庄镇	16.97		371502101	东昌府区沙镇镇	21.66
	370285116	莱西市马连庄镇	23.88		371502103	东昌府区梁水镇	16.21
	370303101	张店区南定镇	42.37		371524105	东阿县姜楼镇	16.84
	370303104	张店区傅家镇	92.51		371603101	沾化区下洼镇	15.72
	370304103	博山区白塔镇	17.35		371623106	无棣县车王镇	20.20
	370305100	临淄区齐都镇	21.76	河南	410184101	新郑市新村镇	16.62
	370305111	临淄区金山镇	36.14		410184109	新郑市龙湖镇	22.26
	370306101	周村区南郊镇	24.98		410185102	登封市卢店镇	18.20
	370321107	桓台县新城镇	19.05		410185105	登封市大冶镇	57.90
	370321110	桓台县果里镇	39.86		410211201	金明区西郊乡	30.81
	370403106	薛城区常庄镇	17.69		410221100	杞县城关镇	36.15
	370481106	滕州市西岗镇	15.52		410222100	通许县城关镇	26.01
	370521102	垦利县郝家镇	24.06		410223100	尉氏县城关镇	31.75
	370523101	广饶县大王镇	16.64		410225100	兰考县城关镇	26.38
	370683101	莱州市沙河镇	37.25		410304200	瀍河回族区瀍河回族乡	59.65
	370683102	莱州市朱桥镇	19.27		410311102	洛龙区安乐镇	41.65
	370683111	莱州市土山镇	16.71		410322100	孟津县城关镇	17.16
	370684107	蓬莱市大辛店镇	16.66		410323100	新安县城关镇	53.65
	370686104	栖霞市桃村镇	18.17		410324100	栾川县城关镇	18.91
	370704108	坊子区太保庄镇	19.13		410327100	宜阳县城关镇	23.42
	370724107	临朐县辛寨镇	16.40		410329100	伊川县城关镇	72.70
	370784100	安丘市景芝镇	17.07		410421100	宝丰县城关镇	20.02
	370785103	高密市夏庄镇	23.89		410482106	汝州市蟒川镇	38.51
	370785104	高密市姜庄镇	18.66		410502102	文峰区高庄镇	17.80
	370786101	昌邑市柳疃镇	37.89		410523100	汤阴县城关镇	15.95
	370812101	兖州区大安镇	26.96		410527100	内黄县城关镇	16.51
	370812105	兖州区新兖镇	32.74		410724100	获嘉县城关镇	17.07
	370812110	兖州区兴隆庄镇	20.15		410727100	封丘县城关镇	17.01
	370832104	梁山县拳铺镇	16.93		410822100	博爱县清化镇	19.57
	370883104	邹城市北宿镇	22.69		410922100	清丰县城关镇	27.60
	370883105	邹城市中心店镇	30.04		410928100	濮阳县城关镇	31.39
	370883106	邹城市唐村镇	18.90		410928101	濮阳县濮阳县柳屯镇	34.69
	370883107	邹城市太平镇	24.59		411024100	鄢陵县安陵镇	57.95
	370911106	岱岳区满庄镇	49.31		411024206	鄢陵县马坊乡	25.30
	370921110	宁阳县华丰镇	16.57		411121100	舞阳县舞泉镇	47.46
	370982103	新泰市翟镇	16.53		411122100	临颍县城关镇	39.25

续表 7 单位：亿元

地区	代码	乡镇名称	数量
	411221100	渑池县城关镇	19.88
	411421100	民权县城关镇	33.08
	411421103	民权县北关镇	50.34
	411425100	虞城县城关镇	18.84
	411521100	罗山县城关镇	28.94
	411621100	扶沟县城关镇	23.81
	411624100	沈丘县槐店回族镇	16.67
	411626100	淮阳县城关回族镇	22.71
	411627100	太康县城关回族镇	36.63
	411628100	鹿邑县涡北镇	26.96
	411724100	正阳县真阳镇	15.75
	419001100	济源市克井镇	33.25
湖北	420222100	阳新县兴国镇	24.03
	420281104	大冶市还地桥镇	23.53
	420322100	郧西县城关镇	29.82
	420324100	竹溪县城关镇	15.37
	420503201	伍家岗区伍家乡	37.02
	420506108	夷陵区鸦鹊岭镇	27.54
	420525101	远安县鸣凤镇	19.56
	420528101	长阳土家族自治县龙舟坪镇	32.48
	420581104	宜都市枝城镇	22.25
	420606171	樊城区高新区米庄镇	16.53
	420624100	南漳县城关镇	55.00
	420625100	谷城县城关镇	43.25
	420625101	谷城县石花镇	22.05
	420683109	枣阳市吴店镇	21.60
	420703100	华容区华容镇	16.28
	420821100	京山县新市镇	53.41
	420821170	京山县开发区(镇)	15.76
	420822100	沙洋县沙洋镇	17.53
	420881103	钟祥市胡集镇	32.97
	420921100	孝昌县花园镇	22.87
	420923100	云梦县城关镇	25.01
	420984100	汉川市马口镇	24.67
	420984111	汉川市新河镇	15.38
	421002200	沙市区立新乡	35.23
	421003106	荆州区郢城镇	32.57
	421022101	公安县斗湖堤镇	66.10
	421023100	监利县容城镇	67.84
	421024106	江陵县郝穴镇	23.66
	421087100	松滋市新江口镇	42.00
	421087102	松滋市八宝镇	19.96
	421122100	红安县城关镇	20.12
	421123100	罗田县凤山镇	21.96
	421125100	浠水县清泉镇	24.36
	421126100	蕲春县漕河镇	17.86
	421127100	黄梅县黄梅镇	26.38
	421181101	麻城市宋埠镇	16.48
	421182100	武穴市梅川镇	17.09
	421221103	嘉鱼县鱼岳镇	23.51
	421222100	通城县隽水镇	30.80
	421223100	崇阳县天城镇	31.57
	421224100	通山县通羊镇	20.70
	421303187	曾都区淅河镇	18.82
	421321104	随县草店镇	15.91
	429006107	天门市岳口镇	17.68
湖南	430124100	宁乡县玉潭镇	75.86
	430124216	宁乡县历经铺乡	32.50
	430181110	浏阳市大瑶镇	19.28
	430221100	株洲县渌口镇	15.99
	430223106	攸县网岭镇	17.08
	430302200	雨湖区昭潭乡	30.45
	430302202	雨湖区长城乡	15.97
	430407200	石鼓区松木乡	18.05
	430422111	衡南县三塘镇	27.96
	430424102	衡东县新塘镇	34.30
	430482101	常宁市柏坊镇	51.65
	430523100	邵阳县塘渡口镇	19.51
	430524100	隆回县桃洪镇	33.00
	430621100	岳阳县荣家湾镇	29.65
	430623100	华容县城关镇	62.20
	430624100	湘阴县文星镇	31.55
	430626100	平江县城关镇	35.78
	430724100	临澧县安福镇	17.48
	430726100	石门县楚江镇	29.07
	430821100	慈利县零阳镇	20.25
	430921125	南县南洲镇	35.13
	430922112	桃江县桃花江镇	46.22
	431003101	苏仙区白露塘镇	111.41
	431003103	苏仙区栖凤渡镇	16.03
	431021118	桂阳县四里镇	22.41
	431022104	宜章县梅田镇	42.39
	431022111	宜章县玉溪镇	26.88
	431027100	桂东县沤江镇	34.47
	431028106	安仁县永乐江镇	20.12
	431122100	东安县白牙市镇	22.10
	431129202	江华瑶族自治县大石桥乡	24.60
	431222109	沅陵县沅陵镇	35.25
	431224100	溆浦县卢峰镇	20.56
	431228100	芷江侗族自治县芷江镇	16.39
	431281101	洪江市黔城镇	60.20
	433127116	永顺县灵溪镇	18.98
广东	440111103	广州市白云区人和镇	32.36
	440111107	广州市白云区太和镇	38.19

续表 8

单位：亿元

地区	代码	乡镇名称	数量
	440111108	广州市白云区钟落潭镇	26.94
	440111113	广州市白云区江高镇	29.78
	440113102	番禺区南村镇	199.78
	440113105	番禺区石楼镇	26.68
	440113118	番禺区沙湾镇	18.30
	440113120	番禺区石基镇	37.34
	440114104	花都区花山镇	19.21
	440114105	花都区花东镇	21.80
	440114109	花都区狮岭镇	63.26
	440115103	南沙区东涌镇	59.90
	440116101	萝岗区九龙镇	224.56
	440117111	从化区太平镇	17.79
	440117113	从化区鳌头镇	15.65
	440118101	增城区新塘镇	122.47
	440118102	增城区石滩镇	22.17
	440118103	增城区中新镇	18.80
	440204101	浈江区乐园镇	73.89
	440205100	曲江区马坝镇	36.15
	440232100	乳源瑶族自治县乳城镇	15.62
	440402100	香洲区唐家湾镇	137.77
	440403106	斗门区白蕉镇	20.97
	440404103	金湾区红旗镇	37.68
	440513102	潮阳区和平镇	31.25
	440513106	潮阳区谷饶镇	29.00
	440513108	潮阳区铜盂镇	22.00
	440514104	潮南区司马浦镇	17.48
	440514108	潮南区胪岗镇	24.67
	440604100	禅城区南庄镇	46.20
	440605121	南海区九江镇	39.16
	440605122	南海区西樵镇	73.01
	440605123	南海区丹灶镇	36.42
	440605124	南海区狮山镇	152.12
	440605125	南海区大沥镇	187.86
	440605126	南海区里水镇	76.08
	440606101	顺德区陈村镇	32.58
	440606102	顺德区北滘镇	44.33
	440606103	顺德区乐从镇	55.14
	440606104	顺德区龙江镇	27.30
	440607103	三水区乐平镇	25.77
	440781100	台山市大江镇	18.04
	440783117	开平市水口镇	28.61
	440811100	麻章区麻章镇	19.36
	440823100	遂溪县遂城镇	35.70
	440904102	电白区坡心镇	71.25
	440904108	电白区羊角镇	27.15
	441323101	惠东县大岭镇	19.81
	441403132	梅县区程江镇	21.87
	441427115	蕉岭县蕉城镇	17.46
	441521101	海丰县梅陇镇	31.98
	441521115	海丰县海城镇	89.52
	441521118	海丰县公平镇	21.00
	441521119	海丰县附城镇	19.75
	441521120	海丰县城东镇	20.48
	441621117	紫金县瓦溪镇	25.90
	441622100	龙川县老隆镇	59.51
	441625101	东源县灯塔镇	23.96
	441702105	江城区闸坡镇	18.59
	441721100	阳西县织篢镇	25.28
	441781102	阳春市松柏镇	15.35
	441802103	清城区源潭镇	34.30
	441802106	清城区石角镇	25.33
	441802107	清城区飞来峡镇	30.08
	441803102	清新区太和镇	27.30
	441823119	阳山县阳城镇	28.64
	441882100	连州市连州镇	46.79
	441900101	东莞市石碣镇	24.73
	441900102	东莞市石龙镇	29.67
	441900103	东莞市茶山镇	26.53
	441900104	东莞市石排镇	22.51
	441900106	东莞市横沥镇	23.37
	441900107	东莞市桥头镇	21.19
	441900109	东莞市东坑镇	17.25
	441900110	东莞市常平镇	93.66
	441900111	东莞市寮步镇	196.53
	441900112	东莞市樟木头镇	47.61
	441900113	东莞市大朗镇	62.92
	441900114	东莞市黄江镇	28.09
	441900115	东莞市清溪镇	38.75
	441900116	东莞市塘厦镇	66.66
	441900117	东莞市凤岗镇	33.51
	441900118	东莞市大岭山镇	56.28
	441900119	东莞市长安镇	72.53
	441900121	东莞市虎门镇	167.08
	441900122	东莞市厚街镇	109.63
	441900123	东莞市沙田镇	19.07
	441900128	东莞市中堂镇	23.52
	441900129	东莞市高埗镇	21.17
	442000100	中山市小榄镇	100.53
	442000103	中山市东凤镇	16.55
	442000104	中山市东升镇	44.29
	442000105	中山市古镇镇	58.56
	442000106	中山市沙溪镇	42.94
	442000107	中山市坦洲镇	42.80
	442000108	中山市港口镇	20.65

续表 9　　　　单位：亿元

地区	代码	乡镇名称	数量
	442000111	中山市南头镇	15.97
	442000112	中山市阜沙镇	23.19
	442000113	中山市南朗镇	17.77
	442000114	中山市三乡镇	40.40
	442000115	中山市板芙镇	20.47
	445103104	潮安区浮洋镇	18.65
	445103121	潮安区枫溪镇	50.91
	445202102	榕城区炮台镇	19.59
	445281109	普宁市占陇镇	19.15
	445321112	新兴县天堂镇	18.85
	445322100	郁南县都城镇	19.90
广西	450126100	宾阳县宾州镇	20.85
	450127100	横县横州镇	32.31
	450204100	柳南区太阳村镇	15.56
	450222100	柳城县大埔镇	28.97
	450223100	鹿寨县鹿寨镇	19.80
	450224100	融安县长安镇	15.69
	450225100	融水苗族自治县融水镇	21.79
	450323100	灵川县灵川镇	33.41
	450324100	全州县全州镇	20.16
	450325100	兴安县兴安镇	24.96
	450331100	荔浦县荔城镇	30.13
	450406100	龙圩区龙圩镇	16.43
	450422100	藤县藤州镇	20.96
	450521100	合浦县廉州镇	49.61
	450603106	防城区江山镇	20.08
	450681100	东兴市东兴镇	16.36
	450721100	灵山县灵城镇	26.36
	450722100	浦北县小江镇	18.76
	450821100	平南县平南镇	60.56
	450921100	容县容州镇	19.37
	450923100	博白县博白镇	19.88
	451025100	靖西县新靖镇	21.89
	451122100	钟山县钟山镇	18.08
	451281100	宜州市庆远镇	35.36
	451323100	武宣县武宣镇	15.48
海南	460106100	龙华区城西镇	18.02
	469003100	儋州市那大镇	15.53
	469005100	文昌市文城镇	31.02
	469006100	万宁市万城镇	16.30
	469007100	东方市八所镇	17.00
	469024100	临高县临城镇	19.33
重庆	500101140	万州区天城镇	21.58
	500105101	重庆市江北区复盛镇	16.40
	500107103	九龙坡区含谷镇	19.86
	500107105	九龙坡区白市驿镇	43.00
	500108101	南岸区南坪镇	47.31

地区	代码	乡镇名称	数量
	500111100	大足区龙水镇	20.82
	500113103	巴南区界石镇	31.35
	500116108	江津区白沙镇	16.02
	500232100	武隆县巷口镇	17.89
	500233100	忠县忠州镇	37.65
	500240100	石柱土家族自治县南宾镇	28.99
四川	510114103	新都区新繁镇	24.35
	510124107	郫县安靖镇	16.54
	510181101	都江堰市幸福镇	63.66
	510182100	彭州市天彭镇	33.67
	510303102	贡井区长土镇	20.13
	510304207	大安区凤凰乡	18.17
	510321100	荣县旭阳镇	29.97
	510322100	富顺县富世镇	23.06
	510411107	仁和区前进镇	16.83
	510522100	合江县合江镇	32.58
	510524100	叙永县叙永镇	20.15
	510623100	中江县凯江镇	46.36
	510681100	广汉市雒城镇	63.41
	510683100	绵竹市剑南镇	18.69
	510703104	涪城区龙门镇	27.52
	510703113	涪城区永兴镇	20.69
	510722101	三台县潼川镇	69.77
	510723100	盐亭县云溪镇	25.59
	510725100	梓潼县文昌镇	34.50
	510781100	江油市中坝镇	45.12
	510921100	蓬溪县赤城镇	35.99
	510923100	大英县蓬莱镇	16.76
	511024100	威远县严陵镇	51.08
	511025116	资中县水南镇	15.35
	511028002	隆昌县金鹅街道办事处	19.02
	511112100	五通桥区竹根镇	23.31
	511123100	犍为县玉津镇	28.35
	511126100	夹江县焉城镇	36.97
	511181100	峨眉山市绥山镇	57.42
	511323115	蓬安县相如镇	23.31
	511325209	西充县金源乡	23.41
	511421123	仁寿县文林镇	80.83
	511422112	彭山县凤鸣镇	15.86
	511521100	宜宾县柏溪镇	20.65
	511523100	江安县江安镇	17.06
	511524100	长宁县长宁镇	23.36
	511528100	兴文县古宋镇	24.32
	511621100	岳池县九龙镇	49.82
	511622100	武胜县沿口镇	29.15
	511623100	邻水县鼎屏镇	31.75
	511722100	宣汉县东乡镇	43.04

续表 10　　单位：亿元

地区	代码	乡镇名称	数量
	511724100	大竹县竹阳镇	60.39
	511725100	渠县渠江镇	67.31
	511781100	万源市太平镇	20.46
	511921100	通江县诺江镇	19.34
	511922100	南江县南江镇	17.16
	512021100	安岳县岳阳镇	33.92
	512022100	乐至县天池镇	23.09
	512022104	乐至县童家镇	16.56
	513322100	泸定县泸桥镇	19.01
	513401200	西昌市西郊乡	16.86
	513425100	会理县城关镇	17.89
	513426100	会东县会东镇	21.27
贵州	520102200	南明区后巢乡	24.15
	520103100	云岩区黔灵镇	15.53
	520113100	贵阳市白云区艳山红镇	28.73
	520203100	六枝特区平寨镇	21.75
	520321101	遵义县龙坑镇	28.57
	520323100	绥阳县洋川镇	25.89
	520382100	仁怀市茅台镇	64.00
云南	530522101	腾冲县腾越镇	23.02
	532301101	楚雄市鹿城镇	58.17
	532301102	楚雄市东瓜镇	33.85
	532503101	蒙自市文澜镇	62.39
	532504101	弥勒市弥阳镇	25.30
	532524101	建水县临安镇	25.23
	532628101	富宁县新华镇	19.23
	532901101	大理市下关镇	48.57
	532923101	祥云县祥城镇	25.90
	533102101	瑞丽市勐卯镇	21.70
	533123101	盈江县平原镇	20.01
	533421101	香格里拉县建塘镇	16.01
陕西	610122100	蓝田县蓝关镇	34.21
	610124100	周至县二曲镇	21.89
	610125100	户县甘亭镇	24.45
	610303100	金台区陈仓镇	82.17
	610323101	岐山县蔡家坡镇	22.25
	610423100	泾阳县泾干镇	19.86
	610424100	乾县城关镇	36.11
	610425100	礼泉县城关镇	19.03
	610427100	彬县城关镇	23.41
	610523100	大荔县城关镇	51.15
	610525100	澄城县城关镇	19.15
	610526100	蒲城县城关镇	30.98
	610527100	白水县城关镇	19.10
	610528116	富平县城关镇	22.21
	610722100	城固县博望镇	20.76
	610725100	勉县勉阳镇	16.90
	610822100	府谷县府谷镇	21.28
	610824100	靖边县张家畔镇	38.05
	610825100	定边县定边镇	15.94
	611021100	洛南县城关镇	16.48
甘肃	620982101	敦煌市沙州镇	21.25
	621021100	庆城县庆城镇	22.01
	621202100	武都区城关镇	19.70
宁夏	640122100	贺兰县习岗镇	97.09
	640221100	平罗县城关镇	19.80
新疆	652324100	玛纳斯县玛纳斯镇	24.51
	652325100	奇台县奇台镇	21.53
	652327105	吉木萨尔县大有镇	86.00
	652701102	博乐市乌图布拉格镇	21.00

3

各地区乡镇基本情况

各地区乡镇基本情况

（北京市） 计算单位：公顷、人、万元

名称	行政区域面积	常住人口	从业人员	二三产业从业人员	工业总产值	城镇建成区面积	城镇建成区常住人口
北京市							
朝阳区南磨房地区办事处	943	142292	95460	95460	27.2	175	28359
朝阳区高碑店地区办事处	1508	116919	86129	84639	3262911.8	925	82943
朝阳区将台地区办事处	1145	97077	60187	59826	90126.7	733	67960
朝阳区太阳宫地区办事处	578	98171	34658	34658	212158.7	555	96114
朝阳区小红门地区办事处	1207	53774	29270	29250	66841.4	99	4501
朝阳区十八里店地区办事处	2526	170246	94736	93595	65363.7	178	31386
朝阳区平房地区办事处	1518	147648	60535	58961	72154.7		
朝阳区东风地区办事处	738	81585	55477	55465	4261.9	524	58500
朝阳区来广营地区办事处	2093	184208	116051	114853	43449.2		
朝阳区常营地区办事处	930	176006	109704	109345	41708.2	503	121434
朝阳区三间房地区办事处	875	122185	53028	52929	118639.6	60	27313
朝阳区管庄地区办事处	1015	108451	61162	61162	171113.5		
朝阳区金盏地区办事处	5000	66204	42272	41124	130571.6		
朝阳区孙河地区办事处	3520	44051	24164	23761	208737.3		
朝阳区崔各庄地区办事处	3174	109794	77027	76924	87341.0		
朝阳区东坝地区办事处	2460	120693	68795	68374	29410.6		
朝阳区黑庄户地区办事处	2450	51244	30891	30434	70721.8		
朝阳区豆各庄地区办事处	1416	28344	9197	9116	48845.5	325	6496
朝阳区王四营地区办事处	1930	62494	43532	43482	608541.1	141	8394
丰台区卢沟桥地区办事处	5630	83771	54569	53314	96779.0	5630	83771
丰台区花乡地区办事处	5015	99528	64298	60062	450621.0	5015	99528
丰台区南苑地区办事处	5674	113488	75755	75180	162301.0	5674	113488
丰台区长辛店镇	6302	42016	27261	25022	213467.0	108	3134
丰台区王佐镇	6250	44910	21773	19755	59981.9	150	34765
海淀区万柳地区办事处	479	27523	12185	12185	562.0	89	
海淀区东升地区办事处	830	81535	49733	49733	77310.0	96	10383
海淀区温泉地区办事处	3320	46765	25895	24747	83070.0	100	7220
海淀区四季青地区办事处	4080	206489	148935	147681	277475.8	150	9960
海淀区西北旺地区办事处	5109	130754	65717	62108	919221.1	206	17496
海淀区苏家坨地区办事处	8450	49096	26314	23219	154639.4	79	9400
海淀区上庄地区办事处	3850	54223	31118	26518	64000.0	20	9450
门头沟区王平地区办事处	4592	7111	3591	3154	1729.0	17	1667
门头沟区永定地区办事处	6548	46769	20535	20287	10964.2	3857	46769
门头沟区龙泉地区办事处	4915	45616	22757	22459	26481.0	120	1104
门头沟区潭柘寺镇	7983	8269	4466	3750	3280.0	63	4205
门头沟区军庄镇	3347	13501	6084	5649	11485.0	238	7860
门头沟区雁翅镇	26389	8078	4147	2495	230.0	20	787
门头沟区斋堂镇	38234	13437	6099	3878	7144.0	103	3635
门头沟区清水镇	33527	9798	5502	3756	54.0	59	2153
门头沟区妙峰山镇	11261	9665	5151	4012	36976.0	30	1621
房山区良乡地区办事处	2590	20871	11656	9586	128086.9	106	2340
房山区周口店地区办事处	11983	39391	16122	13967	84608.0	170	10295
房山区琉璃河地区办事处	10742	60418	40146	29093	130152.0	310	21438
房山区阎村镇	4851	56820	22730	20622	597704.0	156	14789
房山区窦店镇	6534	75453	29712	25593	942201.4	260	33638
房山区石楼镇	4229	31127	15247	10998	93436.9	344	4357
房山区长阳镇	9133	81035	47371	43276	172148.3	843	18599
房山区河北镇	6787	23373	8873	6837	4100.8	139	8330

续表 1　　(北京市)　　计算单位：公顷、人、万元

名　　称	行政区域面　　积	常住人口	从业人员	二三产业从业人员	工　业总产值	城镇建成区 面 积	城镇建成区常住人口
房山区长沟镇	3811	30813	17668	13960	23338.1	407	12284
房山区大石窝镇	9155	38756	23005	17074	23332.1	180	11565
房山区张坊镇	11870	19588	10103	7090	8587.2	130	2851
房山区十渡镇	19206	10989	6134	4103	76.8	66	1888
房山区青龙湖镇	9585	48596	23261	19073	58899.8	10	8543
房山区韩村河镇	10081	40918	19706	13949	16290.6	150	5568
房山区霞云岭乡	20730	9254	5394	2653		3	278
房山区南窖乡	4016	5901	3507	2282	11.0	2	357
房山区佛子庄乡	14870	12829	7093	4449		3	12
房山区大安山乡	6229	9802	4950	2848		370	1824
房山区史家营乡	10987	11433	4184	1936		44	960
房山区蒲洼乡	8643	3258	1885	843		30	1204
通州区永顺地区办事处	3947	188233	104784	103610	158214.0	3947	188233
通州区梨园地区办事处	2460	144650	53800	53700	71541.0	2455	143498
通州区宋庄镇	11593	122475	68897	61260	782290.0	520	36338
通州区张家湾镇	10543	82456	46747	41406	1219389.0	278	3456
通州区漷县镇	11360	77578	31666	20505	561986.0	320	20798
通州区马驹桥镇	8200	97861	56199	51528	746000.0	205	32816
通州区西集镇	9096	41976	20579	12454	465230.0	330	2740
通州区台湖镇	8130	110253	56761	54209	2130415.0	320	5418
通州区永乐店镇	10500	43162	20823	12396	359292.0	490	8842
通州区潞城镇	7000	84979	45627	41283	794589.0	251	2658
通州区于家务回族乡	6570	26607	14588	11036	275810.0	29	
顺义区仁和地区办事处	5400	67900	34505	34392	4417027.0	182	14000
顺义区后沙峪地区办事处	4260	30403	14320	14143	72676.0	360	7293
顺义区天竺地区办事处	1324	20298	14137	14061	146638.0	760	710
顺义区杨镇地区办事处	9610	67274	42702	30697	717710.0	500	26414
顺义区牛栏山地区办事处	4710	36025	15622	14752	1360000.0	60	18990
顺义区南法信地区办事处	2060	25283	19903	19706	194767.0	94	11557
顺义区马坡地区办事处	3510	28960	13890	13092	732856.0	922	18372
顺义区高丽营镇	6110	41068	24432	22481	313151.0	110	2523
顺义区李桥镇	7558	67220	38775	35581	957173.0	490	3711
顺义区李遂镇	4000	22009	10959	9439	132100.0	216	3435
顺义区南彩镇	5774	57641	35750	33936	648763.5	50	5890
顺义区北务镇	3200	12672	7820	5187	110802.0	106	3300
顺义区大孙各庄镇	7460	25848	12561	8588	97890.0	121	2190
顺义区张镇	5345	24400	10962	9073	75590.0	184	5750
顺义区龙湾屯镇	5660	15469	9388	7397	50880.0	629	3890
顺义区木林镇	8347	33993	16594	12642	22482.5	200	3180
顺义区北小营镇	5580	41162	21466	19492	597718.0	290	8770
顺义区北石槽镇	3250	15617	8249	7141	85787.0	150	1824
顺义区赵全营镇	6450	34619	18976	16837	298000.0	139	3640
昌平区南口地区办事处	20100	69350	31533	28645	527822.6	420	52695
昌平区马池口地区办事处	6167	64512	37748	35356	396911.0	615	8730
昌平区沙河地区办事处	5470	131000	86448	85676	3306285.0	72	6140
昌平区回龙观地区办事处	3066	371000	145393	145116	1514328.8	434	22428
昌平区东小口地区办事处	1730	115000	73486	73366	26367.0	300	1998
昌平区阳坊镇	4058	21822	11486	10304	164370.4	13	10020
昌平区小汤山镇	7018	61384	38914	34442	160550.0	720	19690
昌平区南邵镇	3519	24903	16035	14328	55540.0	220	1570

续表 2　　（北京市）　　计算单位：公顷、人、万元

名　称	行政区域面　积	常住人口	从业人员	二三产业从业人员	工　业总产值	城镇建成区 面 积	城镇建成区常住人口
昌平区崔村镇	6285	18235	10363	8400	106900.0	23	1333
昌平区百善镇	3519	26286	12812	10718	66500.0	306	6323
昌平区北七家镇	5665	258296	208303	201945	121133.0	5665	258296
昌平区兴寿镇	7503	30381	15540	11270	56765.7	310	3895
昌平区流村镇	26936	21195	12971	9253	125750.0	6	607
昌平区十三陵镇	15730	28143	18211	11306	2400.0	250	1390
昌平区延寿镇	12760	10851	6516	2529	6503.5	541	1010
大兴区亦庄地区办事处	1818	53814	36324	36286	78280.8	47	3789
大兴区黄村地区办事处	6537	150912	98805	95305	1455653.9	103	9137
大兴区旧宫地区办事处	2940	123774	23074	23058	288786.6	450	12043
大兴区西红门地区办事处	2854	182334	123222	122828	566342.1	345	92493
大兴区瀛海地区办事处	3238	46670	34738	31764	960438.5	90	5924
大兴区青云店镇	7030	63643	40806	33931	485191.6	800	9205
大兴区采育镇	7155	34464	21991	16298	658782.0	623	12020
大兴区安定镇	7780	29635	15659	6901	183661.0	120	5249
大兴区礼贤镇	9383	33514	17776	8437	45777.1	233	7098
大兴区榆垡镇	13414	56101	33700	18400	567703.0	371	17968
大兴区庞各庄镇	10940	56475	35015	24627	624589.0	347	14213
大兴区北臧村镇	4740	33180	20536	17416	73683.9	138	5660
大兴区魏善庄镇	8133	45544	27970	20660	246398.0	179	4770
大兴区长子营镇	5971	33573	22454	14870	260741.5	250	4268
怀柔区怀柔地区办事处	5884	53233	27059	24658	183172.0	76	5426
怀柔区雁栖地区办事处	15383	26966	15227	14107	11705.0	168	2089
怀柔区庙城地区办事处	3196	25817	13278	11990	135040.0	270	5559
怀柔区北房镇	5466	22675	10676	8056	266107.0	254	7824
怀柔区杨宋镇	4721	20230	10179	7791	217905.0	310	12657
怀柔区桥梓镇	10878	21494	11573	8961	28139.0	200	3841
怀柔区怀北镇	10480	12425	7295	5546	63193.0	141	1920
怀柔区汤河口镇	22560	9912	4910	2039	279632.0	110	3986
怀柔区渤海镇	15277	15247	7637	3370	5966.0	190	6625
怀柔区九渡河镇	17691	16226	8690	3431	739.0	70	2050
怀柔区琉璃庙镇	20500	6597	3775	1844	121.0	31	969
怀柔区宝山镇	25045	9851	5676	2462	242.0	26	998
怀柔区长哨营满族乡	24140	8041	5027	2412	5400.0	50	995
怀柔区喇叭沟门满族乡	30200	6010	3663	1302		12	559
平谷区渔阳地区办事处	2800	57479	31378	30154	80813.4	333	34840
平谷区峪口地区办事处	6400	26247	16067	12297	89625.0	240	7421
平谷区马坊地区办事处	3700	20698	9924	8155	300383.1	436	11611
平谷区金海湖地区办事处	13400	27170	18481	10444	13957.3	200	5366
平谷区东高村镇	5700	28264	16645	11900	86634.0	219	7506
平谷区山东庄镇	4400	17688	9834	7879	39647.0	200	4050
平谷区南独乐河镇	6900	21394	11485	5974	29939.3	56	4135
平谷区大华山镇	9700	16603	11494	5434	6172.5	100	3427
平谷区夏各庄镇	6100	24441	14146	11838	62760.9	303	7598
平谷区马昌营镇	2800	15012	7495	5408	58311.0	130	3275
平谷区王辛庄镇	6700	28271	15638	11347	35351.4	79	3129
平谷区大兴庄镇	3300	17541	10516	8348	26225.0	45	2910
平谷区刘家店镇	3600	7418	4593	833	5851.0	42	1048
平谷区镇罗营镇	8000	8284	4984	2119	4840.3	120	1115
平谷区黄松峪乡	6100	5107	3753	1427	1706.0	45	1800

续表 3　　(北京市、天津市)　　计算单位：公顷、人、万元

名　称	行政区域面积	常住人口	从业人员	二三产业从业人员	工业总产值	城镇建成区面积	城镇建成区常住人口
平谷区熊儿寨乡	3500	3663	2667	1283	663.9	40	1081
密云县檀营地区办事处	273	9282	4317	4308	5239.6	24	9182
密云县密云镇	1370	16044	8638	7184	99148.0	100	7923
密云县溪翁庄镇	8790	26808	18107	14404	42817.9	200	12951
密云县西田各庄镇	12964	42328	26467	18419	28708.7	26	8637
密云县十里堡镇	3080	27413	17085	14960	88284.0	80	7928
密云县河南寨镇	6670	25021	14620	9331	57962.0	328	7816
密云县巨各庄镇	10780	24054	13186	7849	240553.0	67	4360
密云县穆家峪镇	10200	36071	20234	13660	49398.5	100	5000
密云县太师屯镇	20200	33894	21609	13968	72092.8	244	10982
密云县高岭镇	11144	18251	10541	5902	33025.0	120	2353
密云县不老屯镇	19320	22620	13132	6042	3792.0	3	1961
密云县冯家峪镇	21425	8337	4689	2231	15285.0	10	580
密云县古北口镇	8410	10021	6609	5353	1910.2	60	4436
密云县大城子镇	14400	15189	8396	4622	2423.2	10	1902
密云县东邵渠镇	11000	12708	7359	2873	9095.1	24	2700
密云县北庄镇	8350	9847	5814	3791	7226.8	50	3157
密云县新城子镇	15702	9031	5810	3028	3873.0	50	1142
密云县石城镇	25280	5801	3320	1810	701.2	18	997
延庆县延庆镇	6731	40136	22992	20449	99048.9	4050	27932
延庆县康庄镇	10650	31385	20880	15280	287367.0	360	9141
延庆县八达岭镇	9631	7835	4569	3914	1287.0	251	3510
延庆县永宁镇	14713	25203	14499	10029	6245.0	318	13210
延庆县旧县镇	10703	20818	10937	6118	6319.0	150	5425
延庆县张山营镇	26345	20618	12072	6618	229.0	12	418
延庆县四海镇	11543	6315	3421	1452	2585.0	24	1936
延庆县千家店镇	36349	10290	5116	3189	1430.0	110	2557
延庆县沈家营镇	3111	11677	6633	4320	16912.3	188	750
延庆县大榆树镇	6032	14517	6634	4602	23105.8	47	1275
延庆县井庄镇	12612	10315	7329	3589	15224.0	42	863
延庆县大庄科乡	12637	5199	3214	1395	1070.0		
延庆县刘斌堡乡	12191	7265	3945	1861	674.0		
延庆县香营乡	11700	7673	4810	1734	9657.0		
延庆县珍珠泉乡	14428	3378	2082	946	1967.0		
天津市							
西青区中北镇	3976	43159	26065	26065	1696758.0	196	2140
西青区杨柳青镇	6517	135674	50933	45986	1000000.0	1300	113523
西青区辛口镇	6279	49611	20489	10091	638548.0	4	6298
西青区张家窝镇	6271	40677	29331	27644	2360741.0	904	40677
西青区精武镇	6873	41212	24978	22540	1605640.0	5	8478
西青区大寺镇	8914	114536	53376	52051	1812601.0	100	12162
西青区王稳庄镇	12010	39487	22020	19301	1989227.0	440	25880
津南区咸水沽镇	6039	166546	73778	73339	759494.0	800	128782
津南区葛沽镇	4410	64875	31567	28291	5735560.0	171	21080
津南区小站镇	6380	77899	32509	31960	996000.0	523	28605
津南区双港镇	3016	36195	16193	16109	893156.0	180	6636
津南区辛庄镇	2848	31293	13467	13412	494050.0	200	7032
津南区双桥河镇	2730	31260	16596	16199	581325.0	210	17805
津南区八里台镇	10600	54602	26759	19848	1270000.0	290	16472
津南区北闸口镇	3814	34967	15324	15234	1081580.0	160	10052

续表 4 （天津市） 计算单位：公顷、人、万元

名　　称	行政区域面积	常住人口	从业人员	二三产业从业人员	工业总产值	城镇建成区面积	城镇建成区常住人口
北辰区天穆镇	2700	35143	18240	18159	1063925.0	500	16638
北辰区北仓镇	3500	24203	11387	10055	1233645.0	160	6656
北辰区双街镇	4073	39642	17017	16220	2306000.0	200	9650
北辰区双口镇	7240	42602	17887	8834	633954.0	400	13535
北辰区青光镇	4400	32148	13001	10446	483000.0	300	10382
北辰区宜兴埠镇	2290	23702	14138	13605	1877958.0	130	2275
北辰区小淀镇	4300	33497	14347	13496	1198135.0	600	15637
北辰区大张庄镇	9815	34754	15429	12589	2653760.0	600	7137
北辰区西堤头镇	8965	38538	15220	10762	1739000.0	500	7288
武清区梅厂镇	7071	37112	19229	13583	369100.0	600	8478
武清区大碱厂镇	3537	19690	11472	6989	102553.0	100	4312
武清区崔黄口镇	9000	48868	26107	19794	214700.0	400	8677
武清区大良镇	8120	42108	18703	10087	32353.0	360	6848
武清区下伍旗镇	5000	24560	13669	3113	28524.0	150	3806
武清区南蔡村镇	8000	43534	22700	13644	350000.0	100	4602
武清区大孟庄镇	4658	24073	11577	5674	153000.0	100	2515
武清区泗村店镇	5260	17812	9043	3005	40000.0	400	3935
武清区河西务镇	7000	42931	22778	8138	315598.0	350	16373
武清区城关镇	5600	25571	13977	4216	47580.0	270	6806
武清区东马圈镇	3700	15754	8915	5271	63056.0	350	3207
武清区黄花店镇	4800	24735	13345	3978	15642.0	320	5791
武清区石各庄镇	4500	23170	13934	6312	293926.0	440	8498
武清区王庆坨镇	5200	44385	20135	16838	436000.0	14	30892
武清区汊沽港镇	5856	39581	18348	11180	553800.0	900	19516
武清区河北屯镇	4497	31225	18990	11617	49700.0	100	4488
武清区上马台镇	6708	23826	11453	7794	740000.0	160	10291
武清区大王古庄镇	4808	24794	11900	8462	960000.0	1000	8814
武清区陈咀镇	6127	31524	16011	9241	84266.0	390	5500
武清区豆张庄镇	6600	22814	12399	6729	126200.0	100	3043
武清区曹子里镇	5600	21549	12864	6167	123210.0	400	1028
武清区大黄堡镇	9600	17192	8720	4050	76146.0	200	1325
武清区高村镇	4350	19584	9927	5294	36750.0	300	2536
武清区白古屯镇	5167	21776	12423	5737	17000.0	200	1546
宝坻区大口屯镇	8800	48869	24160	9827	443525.0	100	6753
宝坻区王卜庄镇	7000	33066	16218	7942	224568.0	600	6328
宝坻区方家庄镇	4600	29878	15693	7971	472400.0	480	3278
宝坻区林亭口镇	10180	29950	14607	5648	196000.0	310	7017
宝坻区八门城镇	10100	27130	16400	11152	24700.0	100	3447
宝坻区大钟庄镇	9100	33992	15497	10343	339082.0	200	2601
宝坻区新安镇	5600	31436	18606	9194	31820.0	100	3012
宝坻区霍各庄镇	3800	26503	14633	11588	209628.0	320	3204
宝坻区新开口镇	4050	25395	14505	10288	431252.0	400	5426
宝坻区大唐庄镇	6000	12509	8595	1009	13854.0	300	2443
宝坻区牛道口镇	6900	47384	20424	8073	257071.0	100	2102
宝坻区史各庄镇	3900	25731	10235	7015	192434.0	200	1352
宝坻区郝各庄镇	4500	18920	9884	5117	136125.0	100	420
宝坻区牛家牌镇	6200	16853	6995	3076	121149.0	200	1475
宝坻区尔王庄镇	7500	12622	7650	1094	22350.0	100	1320
宝坻区黄庄镇	10240	11227	5141	1439	10526.0	100	3604
滨海新区新城镇	3200	29611	12998	11581	321663.0	30	9813

续表 5 （天津市） 计算单位：公顷、人、万元

名　　称	行政区域面　　积	常住人口	从业人员	二三产业从业人员	工　业总产值	城镇建成区 面 积	城镇建成区常住人口
滨海新区杨家泊镇	6017	17092	9223	2649	176352.0	54	3240
滨海新区太平镇	17493	33788	16717	8895	325913.0	260	13665
滨海新区小王庄镇	10555	22138	11759	7165	145000.0	631	2900
滨海新区中塘镇	8900	45064	25140	17055	859468.0	200	11138
宁河县芦台镇	6286	113975	62285	60034	854160.0	100	4420
宁河县宁河镇	8319	22004	9008	3307	256000.0	97	620
宁河县苗庄镇	6230	16671	8222	3502	25121.0	172	790
宁河县丰台镇	8562	25006	8554	2298	415211.0	63	1856
宁河县岳龙镇	6568	13321	6402	693	482810.0	100	2106
宁河县板桥镇	4709	9190	4606	1384	168800.0	60	1130
宁河县潘庄镇	11415	27039	10690	5684	620639.0	298	6299
宁河县造甲城镇	10506	25626	6508	3687	750580.0	500	8534
宁河县七里海镇	5934	26595	12513	7457	889960.0	800	4430
宁河县大北涧沽镇	2548	13890	5566	5132	703000.0	85	2002
宁河县东棘坨镇	16410	28130	13782	1948	270134.0	200	402
宁河县北淮淀乡	6570	20173	8489	3231	73144.0	200	11124
宁河县俵口乡	4571	19425	6378	3136	99566.0	500	1839
宁河县廉庄子乡	4552	16715	6633	3395	213600.0	65	760
静海县静海镇	8027	116926	15851	11629	1338440.0	1300	113026
静海县唐官屯镇	11310	47915	21575	13532	556542.0	436	13282
静海县独流镇	6440	36715	16627	10529	327750.0	430	20160
静海县王口镇	7724	34480	14579	8370	245000.0	320	18102
静海县台头镇	5660	25015	8468	4133	73300.0	200	1770
静海县子牙镇	7416	36321	16351	8484	250000.0	200	11792
静海县陈官屯镇	9250	31275	15180	8198	246500.0	500	6159
静海县中旺镇	11840	35904	15346	9703	365197.0	230	7576
静海县大邱庄镇	11900	105975	65427	61984	9750608.0	400	41828
静海县蔡公庄镇	6530	21540	8133	4144	391890.0	100	4140
静海县梁头镇	8486	23158	9499	6214	346800.0	136	4371
静海县团泊镇	2860	11591	5221	4880	199880.0	550	6350
静海县双塘镇	4410	14299	9401	7038	400000.0	100	5084
静海县大丰堆镇	5570	15637	6271	4688	155586.0	150	3971
静海县沿庄镇	9870	35833	20006	12887	182575.0	200	4225
静海县西翟庄镇	5590	14334	5439	3127	284769.0	180	2100
静海县良王庄乡	5330	19732	7228	3210	97000.0	100	3389
静海县杨成庄乡	6751	26205	12992	9885	110000.0	70	3020
蓟县渔阳镇	7717	39844	21280	18747	206640.0	630	14999
蓟县洇溜镇	2828	24263	10016	5882	39099.0	100	1237
蓟县官庄镇	8422	31106	14308	9606	102000.0	200	3341
蓟县马伸桥镇	4350	33952	14060	10124	207000.0	460	6804
蓟县下营镇	14364	20337	9144	4718	40000.0	100	5064
蓟县邦均镇	3473	33689	17212	7290	138100.0	310	19350
蓟县别山镇	8218	43006	24381	21325	594500.0	100	2500
蓟县尤古庄镇	4997	25620	13693	5875	163770.0	150	4625
蓟县上仓镇	4695	32185	14837	7426	88900.0	300	4390
蓟县下仓镇	8529	43935	22278	11651	178000.0	200	5893
蓟县罗庄子镇	9631	12423	6844	3982	55628.0	100	1086
蓟县白涧镇	4331	21149	9714	6869	38868.0	200	5029
蓟县五百户镇	4312	26503	12166	6567	3406.0	100	
蓟县侯家营镇	5558	38157	20437	8698	119337.0	300	7421

续表 6　　（天津市、河北省）　　计算单位：公顷、人、万元

名　　称	行政区域面　积	常住人口	从业人员	二三产业从业人员	工　业总产值	城镇建成区 面 积	城镇建成区常住人口
蓟县桑梓镇	6876	38887	17175	9293	152000.0	300	6147
蓟县东施古镇	2736	16125	6367	2998	114650.0	200	1208
蓟县下窝头镇	4479	29062	14120	9655	110800.0	60	1746
蓟县杨津庄镇	7103	36683	15340	9865	56200.0	100	3186
蓟县出头岭镇	3490	35046	16807	6301	62576.0	100	1533
蓟县西龙虎峪镇	4365	25658	12310	7010	13000.0	20	3280
蓟县穿芳峪镇	5400	15807	7784	5079	112177.0	40	2141
蓟县东二营镇	2833	18520	10388	5974	20157.0	119	3220
蓟县许家台镇	4205	12252	7064	6864	15200.0	100	3431
蓟县礼明庄镇	3617	24296	11523	6862	44000.0	80	1040
蓟县东赵各庄镇	2943	21639	10690	6772	34250.0	10	570
蓟县孙各庄乡	2548	6812	3661	1422	1192.0	40	1730
河北省							
石家庄市长安区西兆通镇	3000	42929	4492	4492	48832.0	7	7592
石家庄市长安区南村镇	3000	42156	5328	5048	32000.0	6	5985
石家庄市长安区高营镇	1600	26837	10008	7146	45330.0	7	8763
石家庄市长安区桃园镇	1836	34633	18780	18780	99538.0	1836	34633
石家庄市新华区大郭镇	1847	29062	21030	19465	46720.0		
石家庄市新华区赵陵铺镇	830	56725	7290	6620	58527.0	200	56725
石家庄市新华区西三庄乡	1450	31642	5820	5706	14130.0		
石家庄市新华区杜北乡	2499	25200	13140	11340	280000.0		
井陉矿区贾庄镇	3441	24312	9554	8754	578623.0	1053	8570
井陉矿区凤山镇	1913	14732	4415	3415	207181.0	59	2126
井陉矿区横涧乡	1511	14460	5051	3991	152269.0		
裕华区方村镇	1600	37405	17391	13663	78873.0		
藁城区廉州镇	8638	78338	39347	34058	1880097.0	347	16731
藁城区兴安镇	6705	52619	24140	19474	1463116.0	1076	9930
藁城区贾市庄镇	5486	51961	25129	19264	456050.0	852	10688
藁城区南营镇	5256	46826	23823	20390	306480.0	798	9434
藁城区梅花镇	7445	63654	35692	28930	1135173.0	568	5503
藁城区岗上镇	4647	36431	20251	16447	551300.0	230	2367
藁城区南董镇	4875	44765	25452	21940	223450.0	401	3415
藁城区张家庄镇	4740	58722	35126	28001	1120885.0	525	6273
藁城区南孟镇	3974	48964	25633	22392	829531.0	283	3868
藁城区增村镇	5637	61432	30048	23173	112536.0	495	5007
藁城区常安镇	6638	56904	32989	29363	973633.0	295	5022
藁城区西关镇	4982	40164	22256	17052	847218.0	420	5809
藁城区九门回族乡	4660	46521	23255	17826	731745.0	186	8446
鹿泉区获鹿镇	4952	65722	17512	12811	678812.0	2976	22404
鹿泉区铜冶镇	7270	65760	28080	18051	1162664.0	360	13530
鹿泉区寺家庄镇	3984	41349	21158	17984	1087557.0	1434	15444
鹿泉区上庄镇	4872	49259	18856	10575	421000.0	300	27500
鹿泉区李村镇	6500	36278	14191	6927	484698.0	600	4279
鹿泉区宜安镇	6997	30308	17679	11167	58878.0	118	3588
鹿泉区黄壁庄镇	3300	18093	10118	3359	59815.0	35	774
鹿泉区大河镇	6397	44409	22479	9773	910909.0	117	8061
鹿泉区山尹村镇	2355	21096	5046	3572	590530.0	737	13163
鹿泉区石井乡	4552	12952	7368	5503	98683.0		
鹿泉区白鹿泉乡	4325	10254	5560	3529	4142.0		
鹿泉区上寨乡	3170	9544	5868	2797	35444.0		

续表 7　　（河北省）　　计算单位：公顷、人、万元

名　　称	行政区域面　积	常住人口	从业人员	二三产业从业人员	工　业总产值	城镇建成区 面 积	城镇建成区常住人口
栾城区栾城镇	5172	82710	26548	20168	1173434.2	2503	61410
栾城区冶河镇	4327	49237	25223	19282	446317.9	754	24715
栾城区窦妪镇	5783	52739	26501	19562	795335.2	647	16975
栾城区楼底镇	3042	45767	27616	20188	802509.5	1088	42375
栾城区南高乡	3675	27522	18780	14515	394774.7		
栾城区柳林屯乡	4816	41624	20135	15146	403141.0		
栾城区西营乡	5746	44960	26080	18110	154516.9		
井陉县微水镇	10005	62399	20169	16951	260340.0	2100	59480
井陉县上安镇	5711	22779	11122	7383	834650.0	109	3902
井陉县天长镇	10090	39092	18814	6316	267567.0	70	7976
井陉县秀林镇	5868	26603	12986	7686	83286.0	370	17218
井陉县南峪镇	8075	13697	6834	4770	31957.0	167	4050
井陉县威州镇	7934	27090	13089	8041	110516.0	140	8098
井陉县小作镇	7984	18715	9746	6405	288269.0	30	8468
井陉县南障城镇	10296	10907	6955	3755	10874.0	40	2661
井陉县苍岩山镇	11897	8758	5770	3600	275.0	90	679
井陉县测鱼镇	16617	15033	6568	2917	42315.0	225	3620
井陉县吴家窑乡	4581	12692	6524	3263	63510.0		
井陉县北正乡	1849	9547	4777	3349	121726.0		
井陉县于家乡	3345	6988	3271	2052	120812.0		
井陉县孙庄乡	5381	15778	8532	3702	24316.0		
井陉县南陉乡	4579	7567	4240	2120	2486.0		
井陉县辛庄乡	16075	9386	5423	2218	42604.0		
井陉县南王庄乡	7859	10177	4073	1552	366.0		
正定县正定镇	8447	73725	37341	27708	1639413.0	815	19982
正定县新城铺镇	3600	36414	19021	13315	405643.0	620	10087
正定县新安镇	4100	39568	22742	16667	810504.0	457	5466
正定县南牛乡	4000	48059	25377	17265	401283.0		
正定县南楼乡	8500	54166	31650	21790	39584.0		
正定县西平乐乡	2300	19362	15516	11536	151764.0		
正定县北早现乡	4100	40025	21227	14047	422000.0		
正定县曲阳桥乡	6400	51143	25861	17309	399053.0		
行唐县龙州镇	4243	91849	21707	14727	211964.0	2000	84500
行唐县南桥镇	6193	29093	16060	8182	56607.0	355	11760
行唐县上碑镇	2552	16524	9561	6037	40694.0	140	8003
行唐县口头镇	14631	24012	14821	10753	78228.0	110	4317
行唐县独羊岗乡	6111	38524	23847	18279	170362.0		
行唐县安香乡	5453	26696	16833	10487	320505.0		
行唐县只里乡	6251	39815	23494	17077	537507.0		
行唐县市同乡	2815	22090	13596	10073	304532.0		
行唐县翟营乡	7154	31039	21559	12279	110221.0		
行唐县城寨乡	6017	19340	9878	6750	70983.0		
行唐县上方乡	4964	23482	16418	10130	270903.0		
行唐县玉亭乡	5434	19778	13179	9162	12611.0		
行唐县北河乡	4217	6145	4101	1761	7241.0		
行唐县上闫庄乡	5847	5309	3868	2268	45606.0		
行唐县九口子乡	13122	14336	9372	4168	61625.0		
灵寿县灵寿镇	4805	61563	7100	3073	181249.0	1075	49858
灵寿县青同镇	6235	28607	9527	1935	88198.0	49	10249
灵寿县塔上镇	4398	12016	4428	952	81061.0	24	1982

续表 8　　(河北省)　　计算单位：公顷、人、万元

名　　称	行政区域面　　积	常住人口	从业人员	二三产业从业人员	工　业总产值	城镇建成区 面 积	城镇建成区常住人口
灵寿县陈庄镇	16073	22398	8408	1398	8056.0	108	9109
灵寿县慈峪镇	9275	34410	10878	1706	29980.0	122	11481
灵寿县岔头镇	9382	18597	7977	1727	57572.0	36	2857
灵寿县三圣院乡	3113	25500	5815	2878	253403.0		
灵寿县北洼乡	3133	22924	11132	2921	70774.0		
灵寿县牛城乡	4654	25333	8580	1721	51174.0		
灵寿县狗台乡	4839	24255	6603	2278	76395.0		
灵寿县南寨乡	2569	16996	4833	1511	57832.0		
灵寿县南燕川乡	6919	13223	4011	801	27505.0		
灵寿县北谭庄乡	3790	11426	3178	962	73732.0		
灵寿县寨头乡	10785	12935	5617	629	92756.0		
灵寿县南营乡	16650	9086	5565	583	140.0		
高邑县高邑镇	3780	55310	18269	10481	441095.0	832	13401
高邑县大营镇	4620	31720	17862	10180	399388.0	150	2490
高邑县富村镇	5450	38283	22227	11142	451180.0	75	3645
高邑县中韩乡	3380	25002	17615	9766	19800.0		
高邑县万城乡	4970	41264	28957	17046	43205.0		
深泽县深泽镇	2814	47583	14198	11078	724981.0	750	47211
深泽县铁杆镇	7324	46475	23902	15479	165548.0	85	2223
深泽县赵八镇	3598	30989	19201	13389	369892.0	45	2245
深泽县白庄乡	5770	51204	25582	13693	124089.0		
深泽县留村乡	3831	31224	19074	11024	35109.0		
深泽县桥头乡	6263	49540	26418	15437	637339.0		
赞皇县赞皇镇	6324	64667	19365	11475	627111.0	600	61736
赞皇县院头镇	10402	22458	12942	7974	347199.0	105	3822
赞皇县西龙门乡	4486	24888	13413	8345	169943.0		
赞皇县南邢郭乡	5085	25224	11528	7072	391433.0		
赞皇县南清河乡	4741	20652	13298	8273	121936.0		
赞皇县西阳泽乡	7405	25510	14266	9099	12449.0		
赞皇县土门乡	4891	13387	9728	6052	124188.0		
赞皇县黄北坪乡	9228	13131	8009	4983			
赞皇县嶂石岩乡	9256	6487	3998	2488			
赞皇县许亭乡	14610	20226	11908	7408	145937.0		
赞皇县张楞乡	5555	15316	9238	5745	19478.0		
无极县无极镇	5700	81899	26357	14330	443910.0	410	46130
无极县七汲镇	5400	43651	22315	11621	20603.0	171	2892
无极县张段固镇	5100	44019	22164	11692	700996.0	290	4501
无极县北苏镇	5400	58263	30407	16521	177491.0	630	6490
无极县郭庄镇	4300	43957	22472	11942	60277.0	360	5348
无极县大陈镇	4200	33042	18783	10776	6847.0	330	4385
无极县高头回族乡	3200	35963	18379	9763	18909.0		
无极县郝庄乡	5500	53989	27119	14618	657445.0		
无极县东侯坊乡	5600	51759	27302	15076	290728.0		
无极县里城道乡	4400	44260	22232	11490	38014.0		
无极县南流乡	3000	26497	13463	7011	5880.0		
平山县平山镇	19988	113095	51775	21951	780973.0	2174	93805
平山县东回舍镇	7835	34610	19649	8285	134895.0	226	18100
平山县温塘镇	9820	22169	10834	6580	64828.0	200	5829
平山县南甸镇	6346	23459	9898	5840	4816720.0	158	12000
平山县岗南镇	9642	29138	14847	5057	1407.0	176	5352

续表 9　　　　　　　　　　　　　　　　（河北省）　　　　　　　　　　　　　　　　计算单位：公顷、人、万元

名　　称	行政区域面　　积	常住人口	从业人员	二三产业从业人员	工　业总产值	城镇建成区 面 积	城镇建成区常住人口
平山县古月镇	13135	16278	11133	3514	123.0	71	4251
平山县下槐镇	13775	16121	11294	2435	145.0	16	1637
平山县孟家庄镇	10827	5700	4081	1681	24.0	13	770
平山县小觉镇	17987	17371	10491	4288	997.0	38	1105
平山县蛟潭庄镇	14943	7803	4923	660	243.0	24	1470
平山县西柏坡镇	2523	6479	4269	1408	50.0	31	1887
平山县下口镇	12075	8251	4812	3175	13240.0	19	3325
平山县西大吾乡	3919	20538	13179	1525			
平山县上三汲乡	4258	20920	13772	3682	104.0		
平山县两河乡	4070	19950	9664	2674	397.0		
平山县东王坡乡	12849	21301	10542	916			
平山县苏家庄乡	5874	7583	4612	2432	201.0		
平山县宅北乡	10122	12045	8672	5731	6101.0		
平山县北冶乡	20857	16900	11037	1359	61.0		
平山县上观音堂乡	11119	4700	2209	448	98.0		
平山县杨家桥乡	13497	8760	5729	1471	340.0		
平山县营里乡	23469	10151	4407	1607	10.0		
平山县合河口乡	15870	4100	2806	174	48.0		
元氏县槐阳镇	4798	44868	21811	8076	685776.0	1102	15873
元氏县殷村镇	3928	31622	20411	5390	24441.0	460	7433
元氏县南佐镇	4039	17133	10261	6598	29129.0	350	7629
元氏县宋曹镇	3674	35115	19911	6935	92876.0	450	4968
元氏县南因镇	4063	37652	20217	9624	460598.0	500	7940
元氏县姬村镇	4351	28380	15807	8708	162191.0	316	3909
元氏县北褚镇	5124	23834	14138	3240	58559.0	209	1890
元氏县马村乡	4254	35581	23431	7721	334334.0		
元氏县东张乡	4536	40634	20837	7136	460658.0		
元氏县赵同乡	3833	29152	16062	5018	40589.0		
元氏县苏村乡	3656	15764	6250	1789	164.0		
元氏县苏阳乡	4803	25158	11394	3686	163674.0		
元氏县北正乡	5766	13973	6994	1461	1.0		
元氏县前仙乡	4381	10077	4837	1320	140.0		
元氏县黑水河乡	5835	14729	6213	1554	413.0		
赵县赵州镇	7827	120889	36876	23834	2825251.0	1617	57928
赵县范庄镇	8968	74755	41464	29385	302192.0	123	7089
赵县北王里镇	6209	46830	24683	15067	402427.0	57	5040
赵县新寨店镇	4721	32185	17010	9573	2724609.0	47	3186
赵县韩村镇	6442	50983	27504	17470	243596.0	64	6145
赵县南柏舍镇	5825	41538	21853	16063	804904.0	56	3870
赵县沙河店镇	4677	35809	19314	13724	18218.0	64	6024
赵县前大章乡	5946	44017	25072	16019	101168.0		
赵县谢庄乡	7671	72042	42991	27613	103207.0		
赵县高村乡	5718	41246	16884	8749	159976.0		
赵县王西章乡	3395	29633	16866	10842	457425.0		
石家庄高新技术产业开发区宋营镇	2945	68745	22610	20010	32000.0	525	8500
石家庄高新技术产业开发区郄马镇	2503	30843	18852	11914	44543.0	180	12119
石家庄循环化工园区丘头镇	5421	50578	23159	19168	2172346.0	623	7205
晋州市晋州镇	8896	129696	42481	30166	1530305.0	1003	41501
晋州市总十庄镇	6448	51699	27327	16202	399648.0	2060	34446
晋州市营里镇	4625	32406	17297	10202	841016.0	1115	4408

续表 10　　（河北省）　　计算单位：公顷、人、万元

名　　称	行政区域面　　积	常住人口	从业人员	二三产业从业人员	工　业总产值	城镇建成区 面 积	城镇建成区常住人口
晋州市桃园镇	7691	58398	26793	16210	312200.0	260	2610
晋州市东卓宿镇	5404	47458	22723	15614	384158.0	760	3656
晋州市马于镇	5987	42783	21433	12373	432339.0	380	3216
晋州市小樵镇	6372	61432	31646	23151	352110.0	380	9115
晋州市槐树镇	6960	56429	35081	25024	1172164.0	255	9879
晋州市东里庄镇	5753	50892	28027	16107	603230.0	110	3965
晋州市周家庄乡	1609	17806	6337	4899	19860.0		
新乐市化皮镇	2671	23580	17218	10989	13199.0	300	4185
新乐市承安镇	7932	76286	28204	20044	670000.0	250	5360
新乐市正莫镇	3990	23916	11187	8480	351942.0	90	5588
新乐市南大岳镇	2069	22755	11502	7638	168533.0	44	3927
新乐市杜固镇	3152	31936	15681	11776	155970.0	75	4673
新乐市邯邰镇	8361	80882	31936	24820	304300.0	213	14526
新乐市东王镇	3829	31555	14051	9983	16333.0	52	3024
新乐市马头铺镇	4541	46108	23141	18151	460000.0	141	2460
新乐市协神乡	4719	43719	27806	21808	323106.0		
新乐市木村乡	2835	22271	10682	8898	442200.0		
新乐市彭家庄回族乡	2969	21070	11004	8904	242709.0		
路南区稻地镇	5008	29405	15090	9590	600000.0	180	14285
路南区女织寨乡	3200	32625	16356	12407	330000.0		
路北区韩城镇	5560	54378	33774	21030	97652.0	812	19297
路北区果园乡	4000	63961	34474	19462	83852.0		
古冶区范各庄镇	6380	59530	28394	24882	1294473.0	1210	26209
古冶区卑家店镇	5767	32771	16274	7691	389184.0	1018	7409
古冶区王辇庄乡	5914	25180	18645	10496	160184.0		
古冶区习家套乡	1875	14553	6358	3899	46220.0		
古冶区大庄坨乡	1745	17645	5629	1069	653177.0		
开平区开平镇	6110	55175	27833	22719	648516.0	121	1270
开平区栗园镇	3370	29922	16355	11048	111449.0	60	491
开平区郑庄子镇	2264	19791	8202	7132	880214.0	98	5741
开平区双桥镇	3170	15811	5834	3023	43429.0	314	3472
开平区洼里镇	3200	20929	11089	8207	168862.0	7	1009
开平区越河镇	5640	36821	18168	11175	444224.0	324	4012
丰南区小集镇	7733	35678	18961	10070	4031457.0	405	7424
丰南区黄各庄镇	6856	49673	27904	23997	1154215.0	350	26542
丰南区西葛镇	4810	25018	13285	11782	798997.0	281	14983
丰南区大新庄镇	13200	56310	31965	12383	155760.0	156	5571
丰南区钱营镇	11467	39567	20358	12397	1089328.0	350	14233
丰南区唐坊镇	4871	17387	9298	5185	360200.0	62	6953
丰南区王兰庄镇	8650	40059	24828	20593	135925.0	140	8187
丰南区柳树鄌镇	10906	30649	16217	9087	37872.0	115	6535
丰南区黑沿子镇	10729	22156	11827	6079	98650.0	341	11888
丰南区丰南镇	7417	77968	35511	31826	7249241.0	5136	52362
丰南区大齐各庄镇	3986	13460	6515	4920	585301.0	699	3422
丰南区岔河镇	4229	27797	15367	7643	83652.0	172	4299
丰南区南孙庄乡	9418	23327	14190	5807	89590.0		
丰南区东田庄乡	7288	16585	13075	4725	137599.0		
丰南区尖字沽乡	4565	16879	9167	4492	32500.0		
丰润区丰润镇	9520	76585	41879	22053	1394905.0	1220	20814
丰润区任各庄镇	4986	29332	17636	14590	375000.0	64	3797

续表 11　　（河北省）　　计算单位：公顷、人、万元

名　　称	行政区域面　　积	常住人口	从业人员	二三产业从业人员	工　业总产值	城镇建成区 面 积	城镇建成区常住人口
丰润区左家坞镇	8370	37782	32830	9832	63092.0	224	2286
丰润区泉河头镇	5380	26553	16116	6964	83700.0	395	1568
丰润区王官营镇	9710	40896	25070	8050	76700.0	140	8356
丰润区火石营镇	13080	30409	24308	3886	17200.0	1183	5776
丰润区新军屯镇	4970	39286	21738	10529	889700.0	175	7762
丰润区小张各庄镇	2230	16143	9081	1601	765000.0	77	2952
丰润区丰登坞镇	6817	41724	16634	5348	356090.0	129	3446
丰润区李钊庄镇	6370	23851	14169	5138	953100.0	22	3515
丰润区白官屯镇	6600	44485	42520	11602	588900.0	895	9050
丰润区石各庄镇	4510	24219	11484	4415	454591.0	392	2783
丰润区沙流河镇	5630	35557	24470	14207	338245.0	1739	15703
丰润区七树庄镇	2670	19053	9760	4500	465057.0	460	2840
丰润区杨官林镇	4899	28397	13845	5995	82200.0	18	2803
丰润区银城铺镇	5100	32913	19089	12468	2429252.0		
丰润区常庄镇	2900	21064	11030	7351	393200.0	405	5332
丰润区姜家营乡	2977	15438	8109	5498	54100.0		
丰润区欢喜庄乡	3600	15462	12279	5427	406000.0		
丰润区刘家营乡	2700	14070	12492	4291	102868.0		
曹妃甸区唐海镇	5617	65229	11291	5856	40889.0	1540	42091
曹妃甸区滨海镇	12400	18527	9997	6010	23939.0	67	4043
曹妃甸区柳赞镇	5490	13491	7216	3762	42214.0	182	8437
滦县滦州镇	8907	56799	27916	15142	2806852.0	932	51052
滦县响堂镇	6574	40387	19063	13444	48114.0	280	25520
滦县东安各庄镇	11673	61535	40626	24637	248622.0	203	8242
滦县雷庄镇	7743	35615	17061	9040	358452.0	89	5190
滦县茨榆坨镇	6125	25772	14926	8895	83810.0	200	11971
滦县榛子镇	9588	56401	31490	17154	1711637.0	307	25701
滦县杨柳庄镇	8299	22633	12586	7542	108452.0	66	2791
滦县油榨镇	8194	43429	23139	13832	254456.0	78	5724
滦县古马镇	6965	31161	19855	10172	3762.0	78	4134
滦县小马庄镇	8562	35301	22874	13281	11852.0	35	1176
滦县九百户镇	8036	33010	18541	12810	851250.0	50	4550
滦县王店子镇	5912	25549	17263	9271	41268.0	34	1459
滦南县倴城镇	9631	65972	34846	18877	682878.0	5000	47850
滦南县宋道口镇	8744	48090	27994	9848	108015.0	2700	16272
滦南县长凝镇	5368	30952	19808	9406	161499.0	1500	8855
滦南县胡各庄镇	6752	34499	18708	11402	19562.0	2100	11638
滦南县坨里镇	3756	16046	10067	3295	1869.0	1100	5052
滦南县姚王庄镇	2659	16729	9533	1331	795.0	600	4510
滦南县司各庄镇	11947	41292	26912	9779	12481.0	1500	5689
滦南县安各庄镇	6985	23866	13905	3346	457166.0	1100	4545
滦南县扒齿港镇	11601	38316	24313	6045	43660.0	2300	8445
滦南县程庄镇	9193	53618	30525	8614	8831.0	1800	11275
滦南县青坨营镇	8694	28604	13579	2800	8550.0	1100	3532
滦南县柏各庄镇	9670	47305	23581	9551	37660.0	3500	16714
滦南县南堡镇	2614	15056	8347	1918	15610.0	2600	8148
滦南县方各庄镇	5342	29265	17904	7737	22300.0	1300	7389
滦南县东黄坨镇	5250	16556	8700	4256	1050.0	1600	4909
滦南县马城镇	3066	17249	10851	7158	9317.0	800	5481
乐亭县乐亭镇	8129	38954	26370	15520	43066.0		

续表 12 （河北省） 计算单位：公顷、人、万元

名　　称	行政区域面　　积	常住人口	从业人员	二三产业从业人员	工　业总产值	城镇建成区面积	城镇建成区常住人口
乐亭县汤家河镇	9548	24271	14378	9099	43260.0	75	5230
乐亭县胡家坨镇	5100	19074	12479	4488	12912.0	72	6810
乐亭县闫各庄镇	6820	32462	21440	11636	10303.0	154	6500
乐亭县马头营镇	8605	22955	13284	8817	7563.0	73	5485
乐亭县新寨镇	3960	22919	14415	6940	18349.0	180	9507
乐亭县汀流河镇	6714	23928	15404	7638	818800.0	132	8715
乐亭县姜各庄镇	21132	42890	28645	15201	65864.0	186	8298
乐亭县毛庄镇	8600	28744	18436	10366	37968.0	54	1191
乐亭县中堡镇	8640	19757	19262	10379	16087.0	36	3658
乐亭县庞各庄乡	3700	21014	13119	6059	19098.0		
乐亭县大相各庄乡	3897	17703	13389	6365	53704.0		
乐亭县古河乡	6200	17491	10888	6334	18472.0		
迁西县兴城镇	12700	51264	28162	18714	211994.0	5200	42930
迁西县金厂峪镇	8600	17079	9323	5214	122697.0	1088	7829
迁西县洒河桥镇	7900	19021	10957	7135	128499.0	1766	11995
迁西县太平寨镇	11200	35142	18295	9586	229356.0	1965	11340
迁西县罗家屯镇	6900	24562	13652	7885	70996.0	1866	11860
迁西县东荒峪镇	7000	14856	8087	4176	75375.0	900	4441
迁西县新集镇	9700	27036	14133	8992	196423.0	1450	10936
迁西县三屯营镇	11100	30235	14889	8793	1902891.0	1833	17997
迁西县滦阳镇	10400	19100	10785	6259	134896.0	985	7293
迁西县白庙子乡	6500	17688	9421	6216	94233.0		
迁西县上营乡	8600	11951	6195	3452	156482.0		
迁西县汉儿庄乡	11400	21713	11719	5510	337615.0		
迁西县渔户寨乡	5800	11346	5952	3109	12000.0		
迁西县旧城乡	4800	9673	5316	2726	155780.0		
迁西县尹庄乡	7500	18681	9776	5403	107304.0		
迁西县东莲花院乡	6000	12179	6658	2797	2524.0		
迁西县新庄子乡	6200	12201	6285	2799	11108.0		
玉田县玉田镇	7913	65337	20950	14850	1263673.0	913	29539
玉田县亮甲店镇	7500	37020	22686	16504	432488.0	89	4420
玉田县鸦鸿桥镇	6300	65205	35333	29912	271310.0	480	37636
玉田县窝洛沽镇	7700	51677	24970	19192	456915.0	240	14940
玉田县石臼窝镇	11300	35356	22742	16184	105463.0	66	3319
玉田县虹桥镇	5500	31146	18037	13772	263114.0	118	8057
玉田县散水头镇	5100	26530	17229	13784	121457.0	80	4190
玉田县林南仓镇	2900	24004	11696	8882	237458.0	167	8806
玉田县林西镇	6400	29574	17297	13346	154998.0	114	5681
玉田县杨家板桥镇	5600	27503	15080	11113	13575.0	123	2975
玉田县彩亭桥镇	2800	20151	12277	9916	176944.0	112	3350
玉田县孤树镇	4400	24472	14725	10997	295313.0	58	3450
玉田县大安镇镇	5700	29235	16658	13028	37583.0	145	4030
玉田县唐自头镇	5700	18760	11231	8218	14531.0	79	2906
玉田县郭家屯乡	8300	31641	19528	14704	350579.0		
玉田县林头屯乡	3800	21737	12242	8405	20995.0		
玉田县杨家套乡	4800	27207	16179	10259	280814.0		
玉田县潮洛窝乡	6000	22358	14602	9122	42460.0		
玉田县陈家铺乡	3700	14349	10319	7754	226152.0		
玉田县郭家桥乡	4000	16227	9687	6851	17284.0		
唐山市芦台经济技术开发区海北镇	8613	27395	19459	9908	329008.0	258	1037

续表 13　（河北省）　计算单位：公顷、人、万元

名　　称	行政区域面　积	常住人口	从业人员	二三产业从业人员	工　业总产值	城镇建成区 面 积	城镇建成区常住人口
唐山市汉沽管理区汉丰镇	8950	24350	14164	6818	16310.0	181	7522
唐山高新技术产业开发区老庄子镇	3817	27087	20955	7735	48300.0	318	4620
唐山海港经济开发区王滩镇	18415	49977	30234	18922	81000.0	71	19964
遵化市遵化镇	3140	45725	22700	20737	63069.0	2548	45000
遵化市堡子店镇	6750	37102	15446	9356	136481.0	416	16208
遵化市马兰峪镇	5280	23983	10777	7293	343585.0	22	10407
遵化市平安城镇	9570	49704	24781	17346	79145.0	120	5958
遵化市东新庄镇	6320	34392	19130	13780	323625.0	781	8270
遵化市新店子镇	9540	46616	23585	12488	83376.0	160	2402
遵化市党峪镇	2334	27991	13813	10013	626061.0	180	4405
遵化市地北头镇	6350	20262	10212	5726	33712.0	531	2677
遵化市东旧寨镇	7590	23452	12404	5744	253795.0	10	4972
遵化市铁厂镇	7630	17532	9308	5585	1275.0	87	7406
遵化市苏家洼镇	6200	29394	14876	10036	649510.0	90	8387
遵化市建明镇	7230	30535	15325	8888	1500080.0	120	15971
遵化市石门镇	7268	30976	17487	12727	100353.0	760	11932
遵化市西留村乡	2980	24203	9068	6320	275007.0		
遵化市崔家庄乡	2950	19158	13122	9247	229019.0		
遵化市兴旺寨乡	6450	24514	11969	8643	576444.0	42	1662
遵化市西下营满族乡	2430	12122	5454	2410	112843.0		
遵化市汤泉满族乡	2430	9599	3755	2247	25258.0		
遵化市东陵满族乡	7980	23863	9687	7918	7839.0		
遵化市刘备寨乡	6070	23913	15580	11465	6320.0		
遵化市团瓢庄乡	4360	25711	18995	13745	22380.0		
遵化市娘娘庄乡	7370	23871	9865	5805	360239.0		
遵化市西三里乡	2300	16544	8037	6376	32150.0		
遵化市侯家寨乡	5852	15653	5825	3800	40417.0		
遵化市小厂乡	9286	17902	14766	6163	179727.0		
迁安市夏官营镇	7181	29001	17140	14274	415829.0	502	12255
迁安市杨各庄镇	7601	33464	19758	15738	114320.0	283	2918
迁安市建昌营镇	8992	41182	28278	19193	85618.0	1000	23506
迁安市赵店子镇	3943	18521	10742	8485	1507705.0	350	3189
迁安市野鸡坨镇	7527	33103	18175	15533	629148.0	700	3205
迁安市大崔庄镇	6612	22520	11969	9002	118657.0	93	2415
迁安市蔡园镇	5571	25818	13637	11232	2822656.0	1140	19890
迁安市马兰庄镇	4916	21353	8190	7492	2847231.0	1183	14798
迁安市沙河驿镇	4077	27149	16363	15097	1370219.0	703	9680
迁安市木厂口镇	5879	15910	11223	9315	1754153.0	400	7588
迁安市扣庄乡	7126	37744	20921	17605	150219.0		
迁安市彭店子乡	4055	18443	11741	9535	290627.0		
迁安市上射雁庄乡	4434	21280	12426	6593	111146.0		
迁安市闫家店乡	4239	22209	11103	9172	85123.0		
迁安市五重安乡	6771	23498	17275	13609	39125.0		
迁安市大五里乡	5050	16388	11496	10024	603905.0		
迁安市太平庄乡	6508	14194	9515	6620	228991.0		
海港区东港镇	1700	14762	9012	7913	123535.0	30	785
海港区海港镇	1290	11992	3478	3478	16650.0	1287	11992
海港区西港镇	1404	21647	9750	6631	186089.0	89	2200
海港区海阳镇	2560	19217	10172	4012	27945.0		
海港区北港镇	5400	17924	8572	1898	42000.0		

续表 14 （河北省） 计算单位：公顷、人、万元

名　　称	行政区域面积	常住人口	从业人员	二三产业从业人员	工业总产值	城镇建成区面积	城镇建成区常住人口
山海关区第一关镇	2200	15871	9680	4692	89500.0	62	1292
山海关区石河镇	6250	20603	12133	5692	174751.0	70	2147
山海关区孟姜镇	4100	16951	13461	4225	88668.0	81	3720
北戴河区海滨镇	917	13876	8117	7326	33.0	797	13876
北戴河区戴河镇	3714	28380	15183	8746	38611.0	134	850
青龙满族自治县青龙镇	36100	93692	36850	26418	78472.0	569	78045
青龙满族自治县祖山镇	31500	22599	15198	9837	285640.0	25	11847
青龙满族自治县木头凳镇	18600	27863	23820	6716	78909.0	33	5633
青龙满族自治县双山子镇	10400	20712	20324	11193	24845.0	40	5063
青龙满族自治县马圈子镇	18900	23198	13047	8542	28447.0	25	6387
青龙满族自治县肖营子镇	13400	32830	17333	8952	93978.0	56	5277
青龙满族自治县大巫岚镇	16500	30297	20561	10035	584875.0	37	4963
青龙满族自治县土门子镇	12000	24744	15015	4526	35269.0	42	2853
青龙满族自治县八道河镇	17200	28754	18596	7668	43163.0	81	3753
青龙满族自治县隔河头镇	16600	24746	15619	8407	2335.0	27	1805
青龙满族自治县娄杖子镇	11000	23554	15480	5556	15083.0	36	2557
青龙满族自治县凤凰山乡	7800	8364	5546	1349	5.0		
青龙满族自治县龙王庙乡	12100	13467	10094	3814	77.0		
青龙满族自治县三星口乡	10400	12370	6872	3711	86.0		
青龙满族自治县干沟乡	8800	7965	5651	3521	123.0		
青龙满族自治县大石岭乡	11500	11106	7322	2137	550.0		
青龙满族自治县官场乡	18400	6802	5719	1345	110.0		
青龙满族自治县茨榆山乡	11000	17261	8247	3985	18653.0		
青龙满族自治县平方子乡	7915	9449	6617	2731	1003.0		
青龙满族自治县安子岭乡	14000	11080	7749	3624	2247.0		
青龙满族自治县朱杖子乡	6400	12528	11138	5153	26949.0		
青龙满族自治县草碾乡	8500	8705	5490	2657	1920.0		
青龙满族自治县七道河乡	6100	7708	3758	2468	4976.0		
青龙满族自治县三拨子乡	8400	10605	6889	3740	960.0		
青龙满族自治县凉水河乡	11500	17443	10350	5884	31116.0		
昌黎县昌黎镇	8713	120287	31233	14405	217109.0	1376	90550
昌黎县靖安镇	9027	43103	27378	9103	1677961.0	102	12902
昌黎县安山镇	8290	47738	28577	18890	82170.0	932	7708
昌黎县龙家店镇	8361	42364	23444	14554	184865.0	215	8195
昌黎县泥井镇	7300	25703	16084	2807	16542.0	95	2381
昌黎县大蒲河镇	3500	11697	6727	1959	28344.0	367	1802
昌黎县新集镇	8523	31253	22301	3938	15808.0	217	1129
昌黎县刘台庄镇	5880	23336	15419	2779	500.0	110	3124
昌黎县茹荷镇	10840	16315	8636	1496		135	1943
昌黎县朱各庄镇	5830	31996	20784	9717	1203623.0	408	3059
昌黎县荒佃庄镇	7122	29638	15786	3614	12577.0	156	6816
昌黎县团林乡	1306	8471	5643	1490	8780.0		
昌黎县葛条港乡	4170	22066	14181	5189	48565.0		
昌黎县马坨店乡	9600	38729	21538	6195	6320.0		
昌黎县两山乡	5046	18906	8046	4967	21891.0		
昌黎县十里铺乡	3367	13580	8136	1774	39206.0		
抚宁县抚宁镇	19655	77633	44568	16372	601736.0	760	37050
抚宁县留守营镇	8970	50362	31643	19135	229361.0	1028	12224
抚宁县榆关镇	12750	34560	19200	4042	116145.0	75	3198
抚宁县牛头崖镇	5257	34866	19053	10215	6200.0	1179	9355

续表 15　　　　（河北省）　　　　计算单位：公顷、人、万元

名　　称	行政区域面　　积	常住人口	从业人员	二三产业从业人员	工　业总产值	城镇建成区 面 积	城镇建成区常住人口
抚宁县石门寨镇	17928	46586	23566	12178	222805.0	161	8994
抚宁县台营镇	15864	42159	21014	4195	6377.0	146	5362
抚宁县大新寨镇	21357	34007	20209	2694	5914.0	55	3475
抚宁县驻操营镇	22436	23712	16049	5982	11000.0	600	3844
抚宁县杜庄镇	9257	29982	14908	9066	1029159.0	1025	5374
抚宁县茶棚乡	11395	37212	22414	7968	80385.0		
抚宁县深河乡	3583	7479	4245	1824	28890.0		
卢龙县卢龙镇	10645	77193	24376	8654	117520.0	1015	40201
卢龙县潘庄镇	8294	22935	15893	3663	25105.0	95	3512
卢龙县燕河营镇	10756	30859	21839	5447	26439.0	151	8773
卢龙县双望镇	7921	27532	17369	4686	37550.0	301	8103
卢龙县刘田各庄镇	11095	40624	25273	6115	37575.0	380	8778
卢龙县石门镇	8850	42251	19140	5059	822065.0	461	15871
卢龙县木井镇	6875	40276	25698	13645	63755.0	53	6992
卢龙县下寨乡	4035	14838	9261	2761	32250.0		
卢龙县刘家营乡	6194	15344	9538	4109	149000.0		
卢龙县陈官屯乡	7409	24881	16696	7026	22130.0		
卢龙县印庄乡	7102	25480	15885	3681	22046.0		
卢龙县蛤泊乡	5183	24699	17691	5289	35989.0		
秦皇岛市经济技术开发区渤海乡	1997	9320	4855	3745	820.0		
邯山区北张庄镇	3600	30268	14280	9000	27960.0	250	2876
邯山区马庄乡	790	17520	5789	4114	99865.0		
丛台区黄粱梦镇	5819	51212	12794	4649	82456.0	4800	48150
丛台区苏曹乡	800	50033	4649	4649			
丛台区三陵乡	5579	25566	9266	4402	62378.0		
复兴区户村镇	4012	28544	17119	12783	1235872.0	350	10338
复兴区彭家寨乡	1054	44531	21790	21790	157262.0		
复兴区康庄乡	6014	26030	13420	7070	135000.0		
峰峰矿区临水镇	2243	137038	12653	9120	125854.0	1060	126617
峰峰矿区峰峰镇	4308	79348	9354	6812	282004.6	1201	53520
峰峰矿区新坡镇	2415	27865	6225	2180	105246.9	45	13828
峰峰矿区大社镇	4113	44674	11886	6606	175960.4	200	14865
峰峰矿区和村镇	5249	61747	17925	12324	291342.1	900	12880
峰峰矿区义井镇	5686	55293	15884	11370	278928.3	150	12476
峰峰矿区彭城镇	3335	58126	9750	5875	408573.3	291	2258
峰峰矿区界城镇	2716	26517	7420	5680	306833.7	45	690
峰峰矿区大峪镇	2013	17934	3806	2017	374736.4	150	2803
峰峰矿区西固义乡	2043	13721	4831	3345	24600.0		
邯郸县尚璧镇	2918	33579	12019	5810	20015.0	400	4625
邯郸县河沙镇镇	4814	35469	23713	10820	4510.0	225	5512
邯郸县南堡乡	5315	89754	51455	36044	116240.0		
邯郸县南吕固乡	2617	27886	16703	10197	82465.0		
邯郸县兼庄乡	2412	72971	10411	8471	25220.0		
邯郸县代召乡	4410	28787	19123	10747	86650.0		
邯郸县姚寨乡	5358	32712	17593	10795	225485.0		
临漳县临漳镇	5201	61860	39282	11949	925375.0	253	24195
临漳县南东坊镇	2695	26016	11359	336	8100.0	600	5014
临漳县孙陶集镇	7300	59650	32720	6920	3120.0	10	2150
临漳县柳园镇	7111	55986	24713	10217	187520.0	15	7980
临漳县称勾集镇	5470	42963	33934	14494	7009.0	160	3664

续表 16　　（河北省）　　计算单位：公顷、人、万元

名　　称	行政区域面积	常住人口	从业人员	二三产业从业人员	工业总产值	城镇建成区面积	城镇建成区常住人口
临漳县狄邱乡	3653	28942	26746	16198	147841.0		
临漳县张村集乡	7595	53765	33416	8786	140510.0		
临漳县西羊羔乡	3052	23205	13052	3820	58567.0		
临漳县香菜营乡	5027	32300	14505	4670	48592.0		
临漳县杜村集乡	6360	50628	26488	3342	18390.0		
临漳县章里集乡	4189	38420	24300	7083	264329.0		
临漳县习文乡	5702	35599	19407	4024	20000.0		
临漳县砖寨营乡	5725	43108	25734	7233	22000.0		
临漳县柏鹤集乡	4935	45580	20182	2873	6307.0		
成安县成安镇	4842	90701	51923	40383	1780527.0	1932	90005
成安县商城镇	7213	65148	39853	27459	776694.0	271	42213
成安县漳河店镇	4888	34738	21217	14916	10265.0	112	9654
成安县李家疃镇	5102	36683	22255	15645	850.0	92	16013
成安县辛义乡	5635	38123	24930	17526	2551.0		
成安县柏寺营乡	3363	24494	13159	9251	3760.0		
成安县道东堡乡	6475	41054	24768	17412	24506.0		
成安县北乡义乡	6423	35098	22639	15915	839.0		
成安县长巷乡	4190	18616	10974	7715	296720.0		
大名县大名镇	4607	63819	16000	12000	1005800.5	4607	63819
大名县杨桥镇	6297	49339	19410	9859	11860.1	900	32396
大名县万堤镇	4906	32403	13987	7790	61246.9	1002	14160
大名县龙王庙镇	5043	53870	29680	15879	16628.8	840	40573
大名县束馆镇	5364	39852	18700	2926	10120.9	760	18656
大名县金滩镇	6065	47821	22413	14367	16263.4	1100	26905
大名县沙圪塔镇	5859	36978	18219	10659	1621.5	680	11312
大名县王村乡	4832	38208	20990	10413	1678.4		
大名县铺上乡	4597	29689	13196	6596	229561.3		
大名县黄金堤乡	5406	33814	14340	7751	9881.1		
大名县大街乡	6386	39656	19422	10632	169148.4		
大名县旧治乡	5850	46896	19974	13218	334669.5		
大名县西未庄乡	4344	31016	10992	3235	2690.4		
大名县孙甘店乡	5736	36347	17829	9626	11614.9		
大名县西付集乡	5440	38511	24862	16366	26154.1		
大名县埝头乡	6348	47444	16748	9215	122476.9		
大名县北峰乡	5002	31623	14540	6739	6329.2		
大名县张铁集乡	6264	38544	18686	9895	35184.2		
大名县红庙乡	4999	31076	18052	10057	17449.5		
大名县营镇回族乡	1971	14735	7423	4396	2660.0		
涉县涉城镇	5810	66210	20160	15254	143363.8	2314	34090
涉县河南店镇	7503	32935	15395	10556	3353.6	1005	16166
涉县索堡镇	9578	24060	14557	9894	29259.0	533	4620
涉县西戌镇	4165	16659	7680	5190	20523.0	1520	8632
涉县井店镇	10836	42703	20770	18378	2990496.3	2383	27151
涉县更乐镇	6613	24696	12634	10160	401333.9	1108	14345
涉县固新镇	15435	24342	11341	7939	477.0	150	12396
涉县西达镇	9440	17081	7201	4306	4865.5	106	9429
涉县偏城镇	13611	14020	6000	3310	36.0	1595	2740
涉县神头乡	6172	13154	7728	4419	80433.4		
涉县辽城乡	11192	17023	10730	7845	6316.1		
涉县偏店乡	4352	17121	10167	4919	46889.6		

续表 17　（河北省）　计算单位：公顷、人、万元

名　　称	行政区域面　积	常住人口	从业人员	二三产业从业人员	工　业总产值	城镇建成区 面 积	城镇建成区常住人口
涉县龙虎乡	7633	22712	12123	6181	29051.4		
涉县木井乡	6033	16369	9953	5515	15072.3		
涉县关防乡	10504	13500	8722	5838	2430.4		
涉县合漳乡	11118	20712	10688	7182	3399.6		
涉县鹿头乡	10917	15422	10604	6235	1154.0		
磁县磁州镇	10430	157109	43908	36385	249426.0	1690	118667
磁县高臾镇	5270	39493	21003	15136	2314.0	669	11194
磁县西光禄镇	5263	26446	11452	8646	45532.0	581	17311
磁县讲武城镇	5606	47503	28006	21928	31970.0	248	5896
磁县岳城镇	9489	37141	18536	14573	272335.0	297	7233
磁县观台镇	4041	31597	15560	11468	764954.0	227	13862
磁县林坛镇	5756	30516	14883	11304	67934.0	231	3656
磁县白土镇	6383	21638	8375	5436	190.0	330	6945
磁县黄沙镇	2026	17424	6667	5106	484020.0	328	8769
磁县路村营乡	4388	24690	11113	7487	12992.0		
磁县辛庄营乡	3368	30248	12951	10393	1050.0		
磁县花官营乡	3449	36205	16254	12337	6411.0		
磁县时村营乡	4594	25840	12866	9249	412634.0		
磁县南城乡	5494	25014	13833	10349	1739.0		
磁县台城乡	3352	23300	13601	8783	11648.0		
磁县陶泉乡	8903	19039	10084	6698	3544.0		
磁县都党乡	4095	14915	7778	6579	10677.0		
磁县北贾壁乡	7487	26805	15641	10836	170.0		
肥乡县肥乡镇	8062	78149	67220	59616	451370.0	1360	70069
肥乡县天台山镇	5928	38438	20641	13975	22310.0	120	12050
肥乡县辛安镇镇	4505	33186	17528	11942	459100.0	100	6656
肥乡县大西韩乡	4539	33431	17514	11150	38070.0		
肥乡县毛演堡乡	5463	39184	21800	15799	35665.0		
肥乡县元固乡	5569	42288	24653	15342	136490.0		
肥乡县屯庄营乡	5338	31819	16524	10959	42300.0		
肥乡县东漳堡乡	5352	33933	22170	14556	95269.0		
肥乡县旧店乡	5499	32024	22430	13788	87795.0		
永年县临洺关镇	8200	174493	68029	54203	1759127.7	1831	78085
永年县大北汪镇	3971	37061	21138	15000	11006.4	500	16577
永年县张西堡镇	5078	47486	20911	13749	11822.0	56	9495
永年县广府镇	4037	47452	23913	16120	160966.2	194	26705
永年县南沿村镇	4212	51463	21664	13518	31964.1	179	19018
永年县永合会镇	7870	37656	20166	13601	28243.7	26	3968
永年县西苏乡	4664	58537	33608	22857	69726.8		
永年县界河店乡	3430	27776	14509	9750	1178232.1		
永年县刘营乡	3186	48333	35782	26182	190827.3		
永年县刘汉乡	4710	45578	24461	17173	76226.3		
永年县正西乡	4275	33812	18009	11715	10.3		
永年县讲武乡	3743	44352	18172	10207	6442.0		
永年县曲陌乡	3683	42460	23026	16420	9.8		
永年县辛庄堡乡	4383	39307	18170	11156	313.8		
永年县小龙马乡	4120	47335	31389	23014	14622.1		
永年县东杨庄乡	3289	44850	25266	18064	5703.2		
永年县小西堡乡	4477	33552	16910	10802	774.5		
永年县西河庄乡	4366	35464	12673	7561	14587.1		

续表 18　　（河北省）　　计算单位：公顷、人、万元

名　　称	行政区域面　　积	常住人口	从业人员	二三产业从业人员	工　业总产值	城镇建成区 面 积	城镇建成区常住人口
永年县西阳城乡	2800	26933	13798	9476	3690.0		
邱县新马头镇	12045	48708	26373	15368	196845.0	502	21868
邱县邱城镇	6638	31890	18498	6596	19581.0	630	7752
邱县梁二庄镇	6800	32100	14540	7220	134455.0	100	6520
邱县香城固镇	5100	32609	18863	6715	133675.0	13	1426
邱县南辛店乡	5145	21026	12888	5605	3194.0		
邱县古城营乡	7130	27994	13016	3518	73996.0		
邱县陈村回族乡	1200	6435	3509	2294	73855.0		
鸡泽县鸡泽镇	7266	58506	23425	18278	823019.0	1978	50146
鸡泽县小寨镇	6258	36989	17506	11027	465412.0	836	16312
鸡泽县双塔镇	3564	31515	22155	18883	95870.0	945	13590
鸡泽县浮图店乡	4691	54531	25381	21946	59050.0		
鸡泽县吴官营乡	4280	31203	9985	7218	43360.0		
鸡泽县风正乡	2768	27723	10984	9417	422129.0		
鸡泽县曹庄乡	4770	39160	20423	15418	26570.0		
广平县广平镇	4962	62384	30638	14002	670962.0	295	27503
广平县平固店镇	5306	39640	17625	10625	115086.0	115	5612
广平县胜营镇	4691	45823	22275	13230	51107.0	110	5324
广平县南阳堡镇	3151	26722	16888	7683	7903.0	88	3325
广平县十里铺乡	4510	42389	19947	12116	10530.0		
广平县南韩村乡	4897	32862	16659	6749	15547.0		
广平县东张孟乡	3837	25035	12725	3453	4978.0		
馆陶县馆陶镇	4825	66878	21070	6036	818904.0	752	51297
馆陶县房寨镇	4378	26772	12735	5932	68.3	330	11390
馆陶县柴堡镇	7447	43705	22171	4890	110854.0	370	11452
馆陶县魏僧寨镇	5600	34187	17344	11872	326605.0	495	16530
馆陶县寿山寺乡	6039	43192	13382	3190	406223.0		
馆陶县王桥乡	5660	34600	17066	9365	59882.0		
馆陶县南徐村乡	4269	26956	19244	6580	9877.3		
馆陶县路桥乡	7226	38710	23645	20400	7792.5		
魏县魏城镇	6491	159878	43504	17517	953062.0	1200	32572
魏县德政镇	2365	25277	12340	2045	113257.1	12	5182
魏县北皋镇	6471	63588	27958	2268	78000.0	458	8100
魏县双井镇	4879	44670	20661	3123	70933.0	318	8659
魏县牙里镇	4814	50923	21050	7300	61288.4	410	8120
魏县车往镇	4372	35885	17919	4506	186422.0	75	10148
魏县回隆镇	4301	45058	20512	5160	133706.8	265	15000
魏县张二庄镇	5862	55218	22040	4810	187700.0	535	18500
魏县东代固镇	2629	30366	14055	2015	12650.0	12	5120
魏县棘针寨乡	2791	23190	9599	4396	34223.6		
魏县沙口集乡	6165	39141	22160	7900	31652.6		
魏县野胡拐乡	2618	17357	11155	3793	22600.0		
魏县仕望集乡	2391	20567	14025	1935	20996.0		
魏县前大磨乡	3704	25773	15325	2532	25610.3		
魏县院堡乡	2083	18314	10354	2948	64506.0		
魏县南双庙乡	4179	33449	17974	4954	9613.0		
魏县大辛庄乡	4592	30045	15040	3540	6336.2		
魏县大马村乡	2250	18490	8465	2160	105405.0		
魏县边马乡	5098	44295	25076	9620	21646.6		
魏县北台头乡	2699	16635	10799	2886	32235.0		

续表 19　　（河北省）　　计算单位：公顷、人、万元

名　　称	行政区域面　积	常住人口	从业人员	二三产业从业人员	工　业总产值	城镇建成区 面 积	城镇建成区常住人口
魏县泊口乡	4261	34664	15407	2294	19830.0		
曲周县曲周镇	7099	101980	46052	29563	776472.0	2465	67535
曲周县安寨镇	9511	48076	27115	20963	39068.0	328	8992
曲周县侯村镇	9532	48735	29522	21168	119328.0	321	5560
曲周县河南疃镇	7741	42013	17935	14570	621354.0	810	7920
曲周县第四疃镇	7325	34423	28197	18762	111784.0	102	10826
曲周县槐桥乡	5428	23609	19060	11983	147706.0		
曲周县南里岳乡	5602	28072	14661	11827	43540.0		
曲周县白寨乡	6533	45350	24063	14776	229493.0		
曲周县大河道乡	3517	23848	22200	13959	203154.0		
曲周县依庄乡	4412	27664	13452	9890	1312.0		
邯郸马头经济开发区马头镇	1800	33462	13978	12603	204836.0	395	5712
武安市武安镇	4150	108595	36564	34459	1924125.0	2200	108595
武安市康二城镇	8000	35030	17520	13020	356430.0	170	6600
武安市午汲镇	7200	44510	17232	8608	2136851.0	215	3825
武安市磁山镇	6800	76850	18604	14104	774580.0	2000	12540
武安市伯延镇	4300	21156	9424	4766	10015.0	510	8213
武安市淑村镇	6300	26123	15610	10420	111756.0	400	3150
武安市大同镇	7400	45180	20970	11210	616580.0	39	4185
武安市邑城镇	6700	39843	12345	9140	10632.0	145	7810
武安市矿山镇	9900	45415	20641	11989	525073.0	660	2338
武安市贺进镇	12000	26020	12124	3300	13841.0	1590	7011
武安市阳邑镇	10200	45819	21747	11922	1636014.0	107	8839
武安市徘徊镇	10600	29297	12405	6230	90215.0	701	2698
武安市冶陶镇	7409	25608	12535	9210	1747281.0	600	5860
武安市上团城乡	7710	35844	22879	17859	2370000.0		
武安市北安庄乡	2000	16812	9365	5550	111021.0		
武安市北安乐乡	5000	31050	15880	10060	59702.0		
武安市西土山乡	7396	54455	29842	16591	1630570.0		
武安市西寺庄乡	3000	41775	19093	11988	46484.0		
武安市活水乡	22122	25278	9742	5890	910.0		
武安市石洞乡	7200	23505	9673	7248	500000.0		
武安市管陶乡	16565	19720	9496	5281	1505.0		
武安市马家庄乡	8370	16340	9245	3621	1250.0		
邢台市桥东区东郭村镇	1307	21249	3373	2553	17540.0	1168	19000
邢台市桥东区大梁庄乡	898	14200	5202	4595	2684.0		
邢台市桥西区南大郭镇	2500	29612	11030	6530	4365.0	443	28445
邢台市桥西区李村镇	6500	36660	18151	12663	10923.0	520	27447
邢台县晏家屯镇	4927	26722	15462	11138	1650000.0	80	2460
邢台县南石门镇	10238	43749	25490	20790	866434.0	2785	20432
邢台县羊范镇	7817	27743	12023	8908	75650.0	1500	8250
邢台县皇寺镇	15500	31936	17293	12169	62120.0	1381	5366
邢台县会宁镇	10400	36113	19136	14174	96290.0	1189	7925
邢台县西黄村镇	14000	20141	9135	6052	23044.0	1625	6819
邢台县路罗镇	14600	16495	6052	4156	2310.0	1050	2931
邢台县将军墓镇	12500	13335	6574	3960	3000.0	1503	3737
邢台县浆水镇	16300	25223	11148	5611	39641.0	1465	9120
邢台县宋家庄镇	16200	18396	9347	4129	34686.0	2016	6543
邢台县太子井乡	6500	13252	6800	5696	49000.0		
邢台县龙泉寺乡	15200	13708	5988	4212	1468.0		

续表 20 （河北省） 计算单位：公顷、人、万元

名称	行政区域面积	常住人口	从业人员	二三产业从业人员	工业总产值	城镇建成区面积	城镇建成区常住人口
邢台县北小庄乡	11400	10164	5721	3618	292.0		
邢台县城计头乡	8900	10071	3851	1572	10100.0		
邢台县白岸乡	12100	9928	5279	1950	2768.0		
邢台县冀家村乡	8200	9790	5300	2596	1878.0		
临城县临城镇	12900	68995	18923	5296	894409.4	90	35860
临城县东镇镇	5296	25141	9756	3100	233117.3	113	14733
临城县西竖镇	8867	18119	7008	2297	18896.0	373	4346
临城县郝庄镇	9482	13647	5800	1760	205402.0	102	3650
临城县黑城乡	10271	25138	18524	3051	150492.7		
临城县鸭鸽营乡	9071	28551	11774	4954	8220.0		
临城县石城乡	7333	10830	6280	2500	10280.0		
临城县赵庄乡	16369	17972	8798	3990	211672.8		
内丘县内丘镇	6520	79382	18827	11489	168820.0	700	51936
内丘县大孟村镇	7650	31808	16877	4687	508888.4	70	11126
内丘县金店镇	9920	59211	29987	20105	998215.4	81	6577
内丘县官庄镇	4830	27898	16567	8205	18420.0	62	4733
内丘县柳林镇	9160	20797	10974	3898	5990.0	38	4156
内丘县五郭店乡	7980	25871	14800	5350	48516.4		
内丘县南赛乡	9650	9974	5575	2830	3700.0		
内丘县獐獏乡	5650	5812	2883	1923	6607.0		
内丘县侯家庄乡	17390	11448	7385	4776	300.0		
柏乡县柏乡镇	5030	39287	17358	8465	284965.0	300	27399
柏乡县固城店镇	5240	40733	17103	9005	38384.0	200	5099
柏乡县西汪镇	3660	32757	16900	8670	74356.0	150	3716
柏乡县王家庄乡	3320	19106	8986	3935	48061.0		
柏乡县龙华乡	5460	42215	18500	7222	109412.0		
柏乡县内步乡	3290	19679	10885	6475	27095.0		
隆尧县隆尧镇	8160	87099	28768	21294	179255.0	1350	88000
隆尧县魏家庄镇	4110	32400	21813	17648	47258.0	520	15968
隆尧县尹村镇	6690	46326	22050	14050	128966.0	88	4300
隆尧县山口镇	5280	33068	13653	10256	85719.0	50	3600
隆尧县莲子镇镇	7800	73222	24050	17650	1314174.0	510	10190
隆尧县固城镇	6470	43990	20596	15203	74196.0	76	6810
隆尧县北楼乡	4090	29334	15230	5560	4902.0		
隆尧县东良乡	6910	50727	23900	13860	12000.0		
隆尧县双碑乡	3621	27558	11080	7410	36398.0		
隆尧县牛家桥乡	4450	24419	12816	6497	70100.0		
隆尧县千户营乡	7800	31646	15771	9126	120.0		
隆尧县大张庄乡	6600	33132	15778	5968	3879.0		
任县任城镇	5600	64035	53423	41489	246960.0	2830	64035
任县邢家湾镇	5300	37828	34438	21280	205600.0	1080	10210
任县辛店镇	3500	36104	23870	14765	28566.0	1270	13851
任县天口镇	6800	49425	20370	14432	71500.0	520	6430
任县西固城乡	6300	39123	18238	9381	5987.0		
任县永福庄乡	4900	32416	14595	6779	30000.0		
任县大屯乡	6800	46401	17436	8670	3009.0		
任县骆庄乡	3900	29549	17877	11667	4560.0		
南和县和阳镇	4514	55009	16301	7023	79078.0	1924	47882
南和县贾宋镇	6768	50006	29101	20204	16999.0	792	18185
南和县郝桥镇	6110	57479	30402	17163	656.0	668	20820

续表 21　（河北省）　计算单位：公顷、人、万元

名　　称	行政区域面　积	常住人口	从业人员	二三产业从业人员	工　业总产值	城镇建成区 面 积	城镇建成区常住人口
南和县东三召乡	5800	44879	20563	10886	5420.0		
南和县阎里乡	4515	33307	20472	8159	201093.0		
南和县河郭乡	4461	31691	15714	9136	486685.0		
南和县史召乡	3800	33779	21092	11757	59959.7		
南和县三思乡	4532	26185	14113	3105	58787.0		
宁晋县凤凰镇	11170	151839	49147	21471	3125021.0	885	74342
宁晋县河渠镇	7960	66086	31961	11150	266459.0	49	3652
宁晋县北河庄镇	5996	50485	26511	11292	145258.0	80	8436
宁晋县耿庄桥镇	13312	58415	25842	10200	212601.0	220	5712
宁晋县东汪镇	5860	36076	18885	8383	570638.0	78	12806
宁晋县贾家口镇	8616	51220	33420	20484	1131050.0	75	4550
宁晋县四芝兰镇	8586	58424	23476	11237	93834.0	100	6258
宁晋县大陆村镇	6637	47472	23912	16072	208275.0	520	25845
宁晋县苏家庄镇	8667	62394	23787	14155	897023.0	177	8345
宁晋县换马店镇	6571	52370	24786	14573	218288.0	108	4542
宁晋县侯口乡	5826	22460	15091	9710	322498.0		
宁晋县纪昌庄乡	5931	25777	16788	10370	8927.0		
宁晋县唐邱乡	6015	46282	22515	10405	34370.0		
宁晋县北鱼乡	2061	9004	5500	2740			
巨鹿县巨鹿镇	8637	115650	31324	18012	538657.0	935	95463
巨鹿县王虎寨镇	4721	23271	16000	9100	133154.0	169	6891
巨鹿县西郭城镇	3718	13899	5409	3054	371231.0	375	7230
巨鹿县官亭镇	6535	32011	19377	6596	44017.0	598	12457
巨鹿县阎疃镇	6353	25719	17922	5264	21042.0	260	9499
巨鹿县小吕寨镇	3763	23009	14470	3660	29961.0	200	17531
巨鹿县堤村乡	7310	40991	23280	6680	25710.0		
巨鹿县张王疃乡	7456	40200	27234	9020	12717.0		
巨鹿县观寨乡	6641	34171	23590	9370	31210.0		
巨鹿县苏家营乡	7989	33710	21378	11660	36050.0		
新河县新河镇	5706	45580	24936	10803	139554.0	145	19685
新河县寻寨镇	5456	23773	12397	5665	7431.0	432	4460
新河县白神首乡	4135	18085	6088	2123	145182.0		
新河县荆家庄乡	6659	26737	14380	3575	226038.0		
新河县西流乡	6689	25996	8367	3745	130531.0		
新河县仁让里乡	7665	22125	5362	3625	2864.0		
广宗县广宗镇	6480	72557	40564	30624	283347.0	30	10025
广宗县冯家寨镇	6813	40784	20864	12368	167069.0	26	2100
广宗县葫芦乡	4199	21459	10592	3832	869.0		
广宗县大平台乡	7309	42643	21465	15165	2762.0		
广宗县件只乡	4890	24061	18615	9800	978.0		
广宗县核桃园乡	6793	25813	19950	11448	18213.0		
广宗县东召乡	3669	17973	13635	10660	553.0		
广宗县北塘疃乡	9219	44620	23413	13301	11974.0		
平乡县丰州镇	4360	32996	18773	15737	74302.0		
平乡县平乡镇	5270	37794	18101	12685	54820.0	408	14125
平乡县河古庙镇	6370	50988	22535	18735	292684.0	550	9689
平乡县节固乡	5730	37999	20006	12303	60310.0		
平乡县油召乡	6550	39579	26895	18362	128352.0		
平乡县田付村乡	4940	28094	14164	8064	41483.0		
平乡县寻召乡	5290	31070	17279	10187	30851.0		

续表 22 （河北省） 计算单位：公顷、人、万元

名　　称	行政区域面　　积	常住人口	从业人员	二三产业从业人员	工　业总产值	城镇建成区 面 积	城镇建成区常住人口
威县洺州镇	6300	93330	22820	15900	1565800.0	520	44667
威县梨园屯镇	5400	29884	18362	8841	151201.0	60	3390
威县章台镇	5850	38836	13923	5323	142561.0	120	2850
威县侯贯镇	6800	34110	19457	6477	56138.0	40	4791
威县七级镇	6800	32256	16135	3715	148800.0	75	5430
威县贺营镇	6532	33614	18670	8550	46856.0	20	4465
威县方家营镇	5400	27504	14408	5510	145524.0	5	2000
威县第什营乡	7950	42096	20688	6500	45890.0		
威县枣园乡	5400	35390	24982	16182	113940.0		
威县固献乡	6550	29110	17205	4325	86500.0		
威县贺钊乡	6600	29615	15216	10215	60992.0		
威县张家营乡	5050	24051	10668	4728	159670.0		
威县常屯乡	7450	31168	18265	10737	125668.0		
威县常庄乡	5800	25896	17590	10970	820510.0		
威县高公庄乡	5550	28369	18837	6086	55487.0		
威县赵村乡	6050	33410	15450	6387	45789.0		
清河县葛仙庄镇	12698	141538	36929	31229	1042953.0	2227	66829
清河县连庄镇	8200	58750	22814	16458	459978.0	601	12645
清河县油坊镇	7150	44497	28301	20621	163614.0	588	9240
清河县谢炉镇	7021	52059	21012	15638	316173.0	310	9368
清河县王官庄镇	7200	53932	31021	27175	717469.0	1500	16294
清河县坝营镇	7771	43685	18910	13700	186829.0	285	8038
临西县临西镇	4100	66366	9095	4795	98850.0	2200	36765
临西县河西镇	5300	43204	13787	9457	252775.0	138	19456
临西县下堡寺镇	6000	32500	18863	6858	203002.0	90	3862
临西县尖冢镇	6000	37916	14329	9206	7120.0	380	6127
临西县老官寨镇	7400	37153	16804	9913	223375.0	241	4280
临西县吕寨镇	6800	36888	16808	9808	128760.0	190	3940
临西县东枣园乡	4400	23369	14020	8786	42890.0		
临西县摇鞍镇乡	7700	38890	18688	6336	7206.0		
临西县大刘庄乡	6500	34354	17425	9232	147300.0		
邢台市经济开发区东汪镇	2080	30411	17361	11600	362971.0	2016	30411
邢台市经济开发区王快镇	2860	37526	32595	13750	535500.0	512	11288
邢台市经济开发区祝村镇	3655	26569	14080	12627	8163.0	327	3997
邢台市经济开发区沙河城镇	2985	20101	9030	7370	7880.0	450	8144
邢台市经济开发区留村镇	6930	50120	28394	10367	138000.0	300	5190
邢台市大曹庄管理区徐家河乡	3900	17735	11653	5251	51650.0		
邢台市大曹庄管理区大曹庄乡	2100	14839	9773	3692	30265.0		
南宫市苏村镇	5060	22431	11212	5833	203294.0	230	10745
南宫市大高村镇	4620	20791	10778	4826	30208.0	100	6249
南宫市垂杨镇	7760	40911	22546	16309	86606.0	310	10876
南宫市明化镇	6950	32609	14296	5703	56668.0	105	5407
南宫市段芦头镇	9290	51748	23681	11162	423528.0	615	13270
南宫市紫冢镇	8550	40667	22284	14367	249124.0	418	5586
南宫市大村乡	5870	22891	12035	6060	4554.0		
南宫市南便村乡	6080	29023	12316	6887	10692.0		
南宫市大屯乡	5640	21943	8806	2621	24592.0		
南宫市王道寨乡	5800	24201	11227	5143	68124.0		
南宫市薛吴村乡	6680	31767	17451	8997	86230.0		
沙河市新城镇	5244	43353	14624	7633	272574.0	450	7725

续表 23　　（河北省）　　计算单位：公顷、人、万元

名　　称	行政区域面　　积	常住人口	从业人员	二三产业从业人员	工　业总产值	城镇建成区 面 积	城镇建成区常住人口
沙河市白塔镇	8400	46233	26268	14580	1315712.0	455	30850
沙河市十里亭镇	6330	30209	11658	4689	298865.0	13	8500
沙河市綦村镇	10842	32734	12828	5557	138300.0	66	7751
沙河市册井乡	4638	27988	13554	6598	40965.0		
沙河市刘石岗乡	7550	25486	7979	3398	3250.0		
沙河市柴关乡	8249	16547	6405	3058	11088.0		
沙河市蝉房乡	15230	18158	8890	5924	410.0		
保定市新市区颉庄乡	1140	21438	11720	7990	618897.0		
保定市新市区富昌乡	1416	23990	12982	10167	375380.0		
保定市新市区韩村乡	550	12550	5861	4842	277390.0		
保定市新市区南奇乡	2389	20503	16442	9587	263350.0		
保定市新市区江城乡	4289	36416	16116	8388	510000.0		
北市区韩庄乡	2180	42783	11407	5259	4112.0		
北市区东金庄乡	1656	24507	12020	5774	234521.0		
北市区百楼乡	2512	25580	13095	7713	37479.0		
南市区杨庄乡	1272	13627	8615	4620	10521.0		
南市区南大园乡	1722	27287	15534	10352			
南市区焦庄乡	3233	36877	15611	6175	29116.0		
南市区五尧乡	2779	24331	13403	10553	212351.0		
满城县满城镇	8542	115868	39736	12805	395693.0	177	36110
满城县大册营镇	4740	38084	19770	10654	662105.0	15	2632
满城县神星镇	7391	40378	22185	9050	137250.0	200	3654
满城县南韩村镇	5933	45058	20420	6689	499140.0	298	5390
满城县方顺桥镇	5199	44671	21497	10329	538400.0	420	8058
满城县于家庄乡	2947	22448	10665	4610	313000.0		
满城县要庄乡	2816	21203	15479	5791	155000.0		
满城县白龙乡	4940	18221	10384	3173	22485.0		
满城县石井乡	5924	22786	11910	6101	165226.0		
满城县坨南乡	6667	17603	9071	2693	3168.0		
满城县刘家台乡	7862	5155	2839	1149	1890.0		
清苑县清苑镇	4690	38143	18329	8032	1399080.0	595	32088
清苑县冉庄镇	6440	36869	20224	14104	890.0	120	3599
清苑县阳城镇	6563	38108	19929	8214	3082.0	130	5882
清苑县魏村镇	4529	37637	21501	13288	77594.0	475	18666
清苑县温仁镇	6709	48598	25255	7898	308601.0	1366	9904
清苑县张登镇	5538	37831	24490	10517	9472.0	410	11535
清苑县大庄镇	2757	24684	13629	6260	60021.0	140	6273
清苑县臧村镇	4069	31011	21239	11742	21000.0	960	2150
清苑县白团乡	5051	35033	20487	10403	26573.0		
清苑县北店乡	4502	26125	15117	9777	300202.0		
清苑县石桥乡	6635	42536	28934	7380	137048.0		
清苑县李庄乡	4860	25730	13309	6335	160.0		
清苑县北王力乡	4499	27648	19143	8104	114.0		
清苑县东吕乡	5886	46182	27845	7087	33885.0		
清苑县何桥乡	3938	27635	16708	7299	34484.0		
清苑县孙村乡	2200	18367	9979	4864	19203.0		
清苑县阎庄乡	2233	19837	11360	6078	21913.0		
清苑县望亭乡	4212	40177	26698	7639	222472.0		
涞水县涞水镇	4432	38251	22025	8724	24552.7	375	4453
涞水县永阳镇	6486	30316	20535	8701	52970.2	15	1995

续表 24 （河北省） 计算单位：公顷、人、万元

名称	行政区域面积	常住人口	从业人员	二三产业从业人员	工业总产值	城镇建成区面积	城镇建成区常住人口
涞水县义安镇	5336	30203	15328	6228	67020.6	111	1843
涞水县石亭镇	7357	36604	19526	6465	9798.2	244	4472
涞水县赵各庄镇	25311	22645	10324	1790	170.0	23	2886
涞水县九龙镇	22419	16405	7424	966	2848.0	38	1990
涞水县三坡镇	21837	13844	4990	2932	3100.5	500	1520
涞水县明义乡	3330	20385	13093	3712	3232.0		
涞水县王村乡	3444	21525	14077	4496	10005.1		
涞水县东文山乡	3200	16805	9715	4089	12705.9		
涞水县娄村满族乡	16206	28505	15505	3248	335.0		
涞水县宋各庄乡	4798	9554	6809	3907	6809.0	300	710
涞水县其中口乡	17678	6368	3313	283			
涞水县龙门乡	21307	10877	5852	593	92.0		
涞水县胡家庄乡	2520	14624	9536	3484	4627.2		
阜平县阜平镇	29440	51490	24599	5211	59842.0	300	28425
阜平县龙泉关镇	14872	7520	3180	1380	2140.0	20	2000
阜平县平阳镇	18726	26492	8910	1857	14570.0	21	1436
阜平县城南庄镇	27580	18845	8100	4450	9500.0	210	3457
阜平县天生桥镇	16483	10096	3559	1777	2756.0	413	1581
阜平县王林口镇	10550	19358	6084	2432	14882.0	15	4988
阜平县台峪乡	11367	7300	3495	630	3850.0		
阜平县大台乡	17714	12156	4678	611	45000.0		
阜平县史家寨乡	26381	9218	2175	510	9950.0		
阜平县砂窝乡	23169	11780	5890	1010	890.0		
阜平县吴王口乡	20423	4396	1415	150	1535.0		
阜平县夏庄乡	16941	5930	1462	463	1061.0		
阜平县北果元乡	15947	23430	7894	2725	19560.0		
徐水县安肃镇	8154	132109	84454	64494	1347054.0	235	62649
徐水县崔庄镇	7039	71301	37773	24320	376000.0	180	7861
徐水县大因镇	5744	58709	37212	14201	241270.0	394	5881
徐水县遂城镇	6791	49345	26614	7389	347403.0	25	3141
徐水县高林村镇	6577	43129	28198	11085	216644.0	540	5613
徐水县大王店镇	6917	40194	36479	12359	188262.0	609	8347
徐水县漕河镇	5287	36382	19983	9133	46500.0	48	944
徐水县东史端乡	4236	35294	18063	5944	290000.0		
徐水县留村乡	3730	29902	17705	11030	237025.0		
徐水县正村乡	3942	25318	12860	2842	36297.0		
徐水县户木乡	3647	24685	16139	6764	38611.0		
徐水县瀑河乡	3306	15844	9005	3185	20812.0		
徐水县东釜山乡	3813	13475	8367	5394	20820.0		
徐水县义联庄乡	3122	9313	5229	2155	14270.0		
定兴县定兴镇	6585	110024	33179	23123	1024584.0	1230	98900
定兴县固城镇	6732	46211	33462	14192	185568.0	67	22455
定兴县贤寓镇	6722	42258	27162	8061	23000.0	716	9100
定兴县北河镇	3331	20341	10491	6523	10080.0	365	5840
定兴县天宫寺镇	4271	34078	24117	12302	6100.0	892	8450
定兴县小朱庄镇	4486	29929	14044	8036	43160.0	570	8900
定兴县东落堡乡	3921	24796	11983	5990	22500.0		
定兴县高里乡	8242	46666	32118	13028	11900.0		
定兴县张家庄乡	2793	16502	10689	5972	2600.0		
定兴县姚村乡	3083	19410	10601	4201	47135.0		

续表 25　　（河北省）　　计算单位：公顷、人、万元

名　　称	行政区域面　积	常住人口	从业人员	二三产业从业人员	工　业总产值	城镇建成区 面 积	城镇建成区常住人口
定兴县肖村乡	3761	21301	18545	10765	5984.0		
定兴县柳卓乡	3156	21164	10697	9379	43154.0		
定兴县杨村乡	3856	25756	21895	11350	9408.0		
定兴县北田乡	4881	32774	26406	13920	16498.0		
定兴县北南蔡乡	2815	18006	13636	8118	3159.0		
定兴县李郁庄乡	2771	16529	10486	2606	9400.0		
唐县仁厚镇	5000	41636	24579	10059	42139.0	27	34694
唐县王京镇	4600	55778	24250	16682	160000.0	100	3635
唐县高昌镇	5500	36055	17087	1687	7450.0	400	3452
唐县北罗镇	4100	55722	24195	13174	73000.0	10	3381
唐县白合镇	11000	29784	15901	10541	193091.3	20	3085
唐县军城镇	9700	23452	10775	2254	3900.0	46	2527
唐县川里镇	10100	8754	5280	2117	45000.0	20	1125
唐县长古城乡	4300	41659	20357	7637	41503.0	36	3048
唐县都亭乡	3400	24278	13821	6815	45484.0		
唐县南店头乡	1800	22638	12765	8615	37290.0		
唐县北店头乡	7800	35204	18524	7504	24010.0		
唐县罗庄乡	5400	36656	16694	6773	1355.0		
唐县雹水乡	2900	16851	7792	1722	1780.0		
唐县大洋乡	5100	25390	13709	6104	8962.0		
唐县迷城乡	5200	11941	5779	725	5300.0		
唐县齐家佐乡	11600	26735	13850	1344	6020.0		
唐县羊角乡	9200	10056	5968	1193	19180.0		
唐县石门乡	9400	9201	3250	554	2150.0		
唐县黄石口乡	11800	17662	10058	2029	1036.0		
唐县倒马关乡	10300	4317	2135	631	4730.0		
高阳县高阳镇	3884	63426	16264	9651	812574.0	104	8552
高阳县庞口镇	8612	47106	28163	17100	186600.0	85	3658
高阳县西演镇	7176	48400	32600	21300	338000.0	47	4140
高阳县邢家南镇	5046	39163	20290	14758	630000.0	775	15600
高阳县晋庄镇	5617	35332	18914	12914	403670.0	216	1767
高阳县蒲口乡	5254	24238	13590	6283	192156.0		
高阳县小王果庄乡	4432	30632	18186	12160	232341.0		
高阳县龙化乡	5143	31962	16019	8304	30000.0		
高阳县庞家佐乡	4324	23400	12920	1496	145721.0		
容城县容城镇	7590	73058	21062	15902	579806.0	924	27605
容城县小里镇	3500	27281	14760	9760	205910.0	813	14650
容城县南张镇	5380	43318	25696	15156	210800.0	665	10680
容城县大河镇	3200	23194	14194	10163	367810.0	350	2650
容城县晾马台镇	3380	26822	15390	11400	160080.0	276	4363
容城县八于乡	2920	20276	10976	3826	26910.0		
容城县贾光乡	2380	23811	12670	7190	79000.0		
容城县平王乡	3050	25513	14376	9970	315900.0		
涞源县涞源镇	20300	95445	35403	20391	480284.0	772	47331
涞源县银坊镇	23220	14277	8362	3142	15000.0	160	1807
涞源县走马驿镇	15700	17375	9023	2065	110270.0	21	1200
涞源县水堡镇	15260	6637	3287	1173	149523.0	23	720
涞源县王安镇	14550	16570	7455	2908	28000.0	1000	2000
涞源县杨家庄镇	11700	16215	5118	3495	188305.0	2250	4100
涞源县白石山镇	15660	19778	10063	3407	40574.0	533	2399

续表 26　　（河北省）　　计算单位：公顷、人、万元

名　　称	行政区域面　　积	常住人口	从业人员	二三产业从业人员	工　业总产值	城镇建成区 面 积	城镇建成区常住人口
涞源县南屯乡	7060	10106	5355	1445	43885.0	130	1241
涞源县南马庄乡	13500	8166	6876	2837	510.0		
涞源县北石佛乡	14890	16713	10469	1283	10200.0		
涞源县金家井乡	17670	12329	7789	967	2694.0		
涞源县留家庄乡	13970	5528	4035	385	240.0		
涞源县上庄乡	19330	12452	7310	1532	600.0		
涞源县东团堡乡	19420	13492	9249	817	17276.0		
涞源县塔崖驿乡	7540	5239	3954	709	28751.0		
涞源县乌龙沟乡	7540	5848	3049	1288	11105.0		
涞源县烟煤洞乡	7440	2812	2207	671	2111.0		
望都县望都镇	3980	61911	20644	11436	260571.0	112	22500
望都县固店镇	4994	28679	17823	3751	120752.0	84	2431
望都县贾村镇	4016	26561	15063	2280	3300.0	200	2120
望都县寺庄乡	4883	30209	13117	5452	7552.0		
望都县赵庄乡	3413	27084	17410	6841	32170.0		
望都县黑堡乡	3822	26857	12047	5052	8200.0		
望都县高岭乡	4031	30597	16908	4459	12700.0		
望都县中韩庄乡	6535	26248	15827	2802	130210.0		
安新县安新镇	7138	46187	28449	18808	221582.0	1100	13743
安新县大王镇	7300	28830	15157	5637	93632.0	543	2812
安新县三台镇	5600	54991	19869	10943	388510.0	325	4202
安新县端村镇	7200	41355	24224	6348	15765.0	200	10980
安新县赵北口镇	2260	17634	13973	7271	16782.0	200	10735
安新县同口镇	8700	33650	19151	4863	209180.0	200	10730
安新县刘李庄镇	6200	51238	26629	11697	24920.0	283	3452
安新县安州镇	7700	39526	22228	4516	20000.0	278	492
安新县老河头镇	6400	44898	23250	5770	134600.0	670	6807
安新县圈头乡	4500	18710	17918	11199	16030.0		
安新县寨里乡	5700	33924	17848	9631	56740.0		
安新县芦庄乡	4100	20744	14122	12449	310257.0		
易县易州镇	8060	104204	22316	13979	396180.0	70	13650
易县梁格庄镇	14500	30347	15728	9873	67414.0	24	2021
易县西陵镇	8000	14873	7084	2523	5486.0	107	1186
易县裴山镇	8100	33454	19603	5508	82911.0	33	1864
易县塘湖镇	7333	36540	25971	6050	20841.0	33	3905
易县狼牙山镇	14667	16074	7461	2246	331.0	21	1259
易县良岗镇	16700	12025	6233	2571	2450.0	13	1807
易县紫荆关镇	26300	22028	6367	3065	68923.0	33	850
易县高村镇	9800	35784	19802	7040	271002.0	30	1100
易县桥头乡	5440	26786	13823	8889	66714.0		
易县白马乡	5940	14308	7413	2522	87659.0		
易县流井乡	10800	16747	8331	4471	189.0		
易县高陌乡	6450	50416	24046	9941	43225.0		
易县大龙华乡	7500	11961	7518	1923	33182.0		
易县安格庄乡	10300	10326	5924	2133	2648.0		
易县凌云册乡	6620	29124	16920	3318	173027.0		
易县西山北乡	9345	21697	11136	3621	4218.0		
易县尉都乡	4050	16252	10008	6753	9863.0		
易县独乐乡	3700	10060	4931	808	34422.0		
易县七峪乡	5100	2820	1816	516	5680.0		

续表 27　　（河北省）　　计算单位：公顷、人、万元

名　　称	行政区域面　积	常住人口	从业人员	二三产业从业人员	工　业总产值	城镇建成区 面 积	城镇建成区常住人口
易县富岗乡	10600	6032	3280	1089	3783.0		
易县坡仓乡	7200	5571	3030	1433	56242.0		
易县牛岗乡	8379	5173	3546	674	1750.0		
易县桥家河乡	7310	4253	1522	779	187710.0		
易县甘河净乡	6200	1562	802	137	70378.0		
易县蔡家峪乡	7200	2437	1451	423			
易县南城司乡	17800	13292	5592	2577	2270.0		
曲阳县恒州镇	4820	80745	23490	7114	33758.0	190	42015
曲阳县灵山镇	12210	73776	29586	13363	49000.0	97	13662
曲阳县燕赵镇	4850	45670	16630	6262	26125.0	108	4950
曲阳县羊平镇	5150	39300	18596	10594	6001.0	102	3870
曲阳县文德镇	3800	45149	22153	9328	34383.0	150	7619
曲阳县路庄子乡	3640	20386	7810	2180	4000.0		
曲阳县下河乡	5930	34926	13548	4489	1401.0		
曲阳县庄窠乡	2310	13041	8091	3703			
曲阳县孝墓乡	6660	24461	13750	4162	2306.0		
曲阳县东旺乡	5840	40946	16745	6187	1650.0		
曲阳县晓林乡	6140	37675	18916	7718	31370.0		
曲阳县邸村乡	3040	23705	12218	5052	5049.0		
曲阳县产德乡	8760	29074	15795	7524	500.0		
曲阳县齐村乡	7620	15572	9211	2734	287.0		
曲阳县党城乡	6420	23939	16350	8010	31210.0		
曲阳县郎家庄乡	10050	23817	16019	3270			
曲阳县范家庄乡	4810	9319	5309	1788			
曲阳县北台乡	6300	12525	4238	718	6028.0		
蠡县蠡吾镇	9954	102799	41941	20402	422269.0	1250	45790
蠡县留史镇	5962	52380	33751	17178	166786.0	800	16502
蠡县大百尺镇	7130	59091	34868	22276	430000.0	468	8040
蠡县辛兴镇	6251	49231	26214	17793	743300.0	420	7969
蠡县北郭丹镇	2569	22079	10260	8100	63850.0	150	10980
蠡县万安镇	2991	29217	17606	7838	47500.0	205	10000
蠡县桑园镇	3686	28018	15115	9276	199730.0	105	7410
蠡县南庄镇	6870	36436	21901	2859	45865.0	75	5823
蠡县小陈乡	2955	22896	13096	2924	67597.0		
蠡县林堡乡	2719	21248	17300	5900	73000.0		
蠡县北埝头乡	4675	22858	20697	3002	5666.0		
蠡县鲍墟乡	5830	39568	18530	3530	36245.0		
蠡县大曲堤乡	2815	24570	15467	2902	49000.0	510	5428
顺平县蒲阳镇	6473	69986	40905	22370	300369.0	740	52380
顺平县高于铺镇	6729	54094	30673	8111	281192.0	211	19892
顺平县腰山镇	5224	35913	18950	8570	97205.0	86	2668
顺平县蒲上镇	5901	30921	15762	5697	252887.0	39	8560
顺平县神南镇	8987	9407	6097	1564	156.0	67	6828
顺平县白云乡	6362	28743	17075	6025	50531.0		
顺平县河口乡	5837	15625	9209	2356	14.0		
顺平县安阳乡	8885	18218	12324	2902	18066.0		
顺平县台鱼乡	5923	16969	9792	2442	36147.0		
顺平县大悲乡	10821	16120	10244	2864	3403.0		
博野县博野镇	7809	65222	27017	19759	229706.0	350	19131
博野县小店镇	3078	30713	17506	12887	91435.6	167	3438

续表 28　　（河北省）　　计算单位：公顷、人、万元

名　　称	行政区域面积	常住人口	从业人员	二三产业从业人员	工业总产值	城镇建成区面积	城镇建成区常住人口
博野县程委镇	7143	42008	23635	12082	70756.0	191	2318
博野县东墟镇	2895	25724	14832	8640	171003.3	130	3301
博野县北杨村乡	2813	27574	13220	7315	9520.0	6	7503
博野县城东乡	4074	29338	16998	10930	98451.0		
博野县南小王乡	5278	35302	26142	15940	92226.0		
雄县雄州镇	9018	103022	47019	33797	641657.0	910	85754
雄县昝岗镇	4503	32982	26471	12992	468924.0	584	16926
雄县大营镇	6137	38049	22298	8634	61887.0	584	10293
雄县龙湾镇	8074	50753	24292	16035	721569.0	556	29256
雄县朱各庄镇	5120	34446	23200	10347	582529.0	250	14454
雄县米家务镇	5769	35742	23383	9542	331506.0	303	7671
雄县北沙口乡	3741	22497	12086	7493	110675.0		
雄县双堂乡	4109	20941	11513	4262	8314.0		
雄县张岗乡	4879	30220	12859	4904	29850.0		
保定高新技术产业开发区贤台乡	2857	22106	22094	6200	44515.0		
保定高新技术产业开发区大马坊乡	2050	20310	10012	3379	3494.0		
保定白沟新城白沟镇	5397	149100	105333	97600	2097874.0	1800	42000
涿州市松林店镇	7200	62965	25519	10609	1196989.0	300	18905
涿州市码头镇	5932	37410	21241	6827	93832.0	12	1870
涿州市东城坊镇	10000	40313	24757	10269	72510.0	177	2258
涿州市高官庄镇	4260	26670	15458	4121	30240.0	400	2351
涿州市东仙坡镇	4420	32290	16700	9651	13600.0	168	5186
涿州市百尺竿镇	5400	45854	19765	9875	146547.0	450	955
涿州市义和庄乡	7910	36806	21068	5272	28808.0		
涿州市林家屯乡	5000	37797	19001	6372	89210.0		
涿州市孙庄乡	2969	18588	8873	5740	14243.0		
涿州市豆庄乡	6700	36800	23920	5720	39710.0		
涿州市刁窝乡	6980	33129	18480	5780	54274.0		
安国市祁州镇	4302	58414	28113	19686	426955.0	40	34747
安国市伍仁桥镇	3480	31418	20020	12015	458960.0	249	3985
安国市石佛镇	5495	33578	20435	10331	370340.0	140	4301
安国市郑章镇	5500	37130	23001	11441	158075.0	451	3736
安国市大五女镇	3900	24034	14458	4947	17576.0	240	1950
安国市西佛落镇	3200	22516	14702	7408	191730.0	291	2832
安国市明官店乡	4700	32092	20579	12199	103900.0		
安国市南娄底乡	3952	35752	21431	16676	61081.0		
安国市西安国城乡	3500	28910	17255	8228	5180.0		
安国市北段村乡	4700	24098	14400	7250	60700.0		
高碑店市方官镇	6400	44536	28150	11353	20906.0	300	5089
高碑店市新城镇	7000	48022	31002	14907	6550.0	163	7428
高碑店市泗庄镇	5600	35133	20718	10238	10580.0	440	8995
高碑店市辛立庄镇	6030	37238	22470	5316	6880.0	127	5585
高碑店市东马营镇	4000	31170	15525	7859	12970.0	421	12336
高碑店市肖官营乡	4400	27277	21680	7737	13260.0		
高碑店市梁家营乡	2900	25137	13900	2787	8054.0		
高碑店市张六庄乡	6200	36405	19261	8609	4286.0		
高碑店市辛桥乡	7200	35472	16825	6493	2128.0		
张家口市桥东区姚家庄镇	4619	18475	6280	3130	33931.0	67	2523
张家口市桥西区东窑子镇	8857	21300	11250	9117	24512.0	7	6670
宣化区庞家堡镇	12718	19793	10372	6397	19746.0	100	11531

续表 29　　（河北省）　　计算单位：公顷、人、万元

名　　称	行政区域面　　积	常住人口	从业人员	二三产业从业人员	工　业总产值	城镇建成区 面 积	城镇建成区常住人口
宣化区河子西乡	4900	16965	3481	2321	27638.0		
宣化区春光乡	3700	15263	7836	4403	140020.0		
宣化区侯家庙乡	5879	13146	6698	1754	11147.0		
下花园区花园乡	5470	10168	5568	2568	17487.0		
下花园区辛庄子乡	6937	4930	2573	1759	25317.0		
下花园区定方水乡	10460	7143	4560	1740	51.0		
下花园区段家堡乡	6420	1757	1365	172	29.0		
宣化县洋河南镇	13060	37558	23436	15909	181166.0	317	18670
宣化县深井镇	26644	24036	14200	3434	198900.0	225	4868
宣化县崞村镇	25587	16573	11269	2184	8256.0	10	1392
宣化县沙岭子镇	4107	31944	17725	8756	174672.0	2500	26557
宣化县大仓盖镇	9697	23100	11638	4371	163890.0	670	2973
宣化县贾家营镇	19472	20480	12697	4452	184905.0	73	1416
宣化县顾家营镇	4533	14247	8253	2714	131320.0	411	1948
宣化县赵川镇	17753	32656	19912	9775	208743.2	110	7310
宣化县王家湾乡	22680	2343	1615	357	926.0		
宣化县塔儿村乡	18480	5213	3387	1084	1830.0		
宣化县江家屯乡	11813	24826	14677	5531	44306.0		
宣化县东望山乡	18680	16493	9097	2311	222550.0		
宣化县李家堡乡	10140	7612	3029	1043	148450.0		
张北县张北镇	14177	86790	36809	21813	452173.0	7280	69715
张北县公会镇	26033	12078	9514	2928	785.0	2211	3286
张北县二台镇	32017	22338	15445	5373	13766.0	2350	5828
张北县大囫囵镇	27782	11551	7690	1183	6820.0	1352	685
张北县小二台镇	20147	14286	8050	2820		530	11568
张北县台路沟乡	17212	9059	6740	2935	110.0		
张北县油篓沟乡	23307	13119	11895	3417	59875.0		
张北县馒头营乡	19451	12574	9171	5527	147.0		
张北县二泉井乡	23282	11207	8870	1935			
张北县单晶河乡	16126	12155	8815	2605	540.0		
张北县大河乡	22234	16109	9692	3800	17618.0		
张北县海流图乡	28432	11328	8060	3841	21601.0		
张北县两面井乡	20283	9828	6326	1898	356.0		
张北县大西湾乡	21626	11979	6161	3125	11803.4	20	1398
张北县郝家营乡	16229	9178	9177	4148	2990.0		
张北县白庙滩乡	21007	10738	7644	2156	74828.0		
张北县战海乡	17721	11521	6002	879	63.2		
张北县三号乡	19271	8751	8735	2848	52567.0		
康保县康保镇	32903	70961	13637	8283	95104.0	2900	38055
康保县张纪镇	25918	13196	11917	3909	16223.0	28	1615
康保县土城子镇	19644	10601	8320	1690	380.0	180	1932
康保县邓油坊镇	15602	8085	6474	2384	60.0	100	2235
康保县李家地镇	15261	11012	7111	2586	85.0	80	1220
康保县照阳河镇	25103	6760	6759	1874	7520.0	90	513
康保县屯垦镇	41057	13861	13717	917	23595.0	80	1261
康保县闫油坊乡	24670	7195	4868	2543	40.0		
康保县丹清河乡	21368	7408	7382	1819	2130.0		
康保县哈咇嘎乡	16770	8138	6069	1338	7644.0		
康保县二号卜乡	19090	8508	8248	3845			
康保县芦家营乡	16130	5165	5008	2253	4982.0		

续表 30　　（河北省）　　计算单位：公顷、人、万元

名　　称	行政区域面　　积	常住人口	从业人员	二三产业从业人员	工　业总产值	城镇建成区 面 积	城镇建成区常住人口
康保县忠义乡	11425	6288	5652	1086	50.0		
康保县处长地乡	14346	7149	7042	3019	7901.0		
康保县满德堂乡	27666	8630	6953	1907	860.0		
沽源县平定堡镇	38000	32156	19561	5756	4126.0	2547	28174
沽源县小厂镇	22000	12631	7990	2170	2230.0	2199	1150
沽源县黄盖淖镇	17800	11656	9008	2926		1642	392
沽源县九连城镇	32200	11751	8822	1195	12915.0	800	1510
沽源县高山堡乡	17700	7179	6160	640	5269.0		
沽源县小河子乡	34400	11453	11353	2191	2964.0		
沽源县二道渠乡	21800	10242	7340	639	1250.0		
沽源县大二号回族乡	5700	3044	1865	172	270.0		
沽源县闪电河乡	22600	9606	7972	2391	2300.0		
沽源县长梁乡	23000	7185	7096	591	216.0		
沽源县丰源店乡	28288	9115	7220	1440			
沽源县西辛营乡	21300	10548	10085	897	10992.0		
沽源县莲花滩乡	21900	4322	4178	869			
沽源县白土窑乡	28700	10561	10560	1505	15.0		
尚义县南壕堑镇	24828	42425	10889	8785	51050.0	315	27768
尚义县大青沟镇	18187	18928	12098	3300	13662.0	300	7845
尚义县八道沟镇	20015	12380	8660	2080	38628.0	300	1450
尚义县红土梁镇	29333	7456	6519	2957	6046.0	304	3701
尚义县小蒜沟镇	37284	8350	6983	1265	1365.4	2200	1781
尚义县三工地镇	10729	8117	7499	540	9.9	30	1026
尚义县满井镇	16490	8850	2750	2503	60653.1	40	1229
尚义县大营盘乡	25748	8306	5226	114	3540.8		
尚义县大苏计乡	13854	8157	8094	1657	104.7	133	2212
尚义县石井乡	13100	6754	4299	444	8966.0		
尚义县七甲乡	7259	7450	4010	1037	2150.0		
尚义县套里庄乡	11461	3902	1602	822	2300.0		
尚义县甲石河乡	14324	4396	3838	532	2412.0		
尚义县下马圈乡	14587	4140	1655	355			
蔚县蔚州镇	3689	92342	13451	9633	59400.0	800	92342
蔚县代王城镇	6910	28766	16290	8290	570.0	400	7281
蔚县西合营镇	14032	49067	19888	8808	1630.0	1125	22281
蔚县吉家庄镇	13500	21633	12480	1184	3451.0	800	4395
蔚县白乐镇	6701	18727	9790	2245	1.0	200	6258
蔚县暖泉镇	4370	15566	5748	1384	4.0	30	10276
蔚县南留庄镇	7120	24957	8122	2863	200715.0	25	8100
蔚县北水泉镇	10425	10759	5454	1704	18.0	31	4541
蔚县桃花镇	15470	20837	11134	4184		1828	8516
蔚县阳眷镇	13670	12598	5668	3040		136	4476
蔚县宋家庄镇	30483	23666	9636	1988	34750.0	30	1788
蔚县下宫村乡	30996	20482	14397	4346			
蔚县南杨庄乡	10326	15125	7500	70	6405.0		
蔚县柏树乡	23706	12165	5976	847			
蔚县常宁乡	5881	8383	4678	782	21.0		
蔚县涌泉庄乡	7900	23691	8035	2297	131075.0		
蔚县杨庄窠乡	12478	13178	10524	3395	3100.0		
蔚县南岭庄乡	7300	10732	6682	1389			
蔚县陈家洼乡	10369	7151	3811	1423			

续表 31　　（河北省）　　计算单位：公顷、人、万元

名　　称	行政区域面　　积	常住人口	从业人员	二三产业从业人员	工　业总产值	城镇建成区 面 积	城镇建成区常住人口
蔚县黄梅乡	7712	9293	6463	1521	29.0		
蔚县白草村乡	12300	7340	5570	1853	820.0		
蔚县草沟堡乡	48722	8480	5692	2492			
阳原县西城镇	11219	75269	12860	8727	144010.0	2851	28648
阳原县东城镇	16742	17154	10010	4210	4230.0	2079	6496
阳原县化稍营镇	9411	24579	11800	3665	57862.0	1880	9381
阳原县揣骨疃镇	28809	21946	11452	4201	10612.0	1490	6820
阳原县东井集镇	12747	26561	17140	6798	7152.0	1170	6553
阳原县要家庄乡	10305	16672	12385	7740	9206.0		
阳原县东坊城堡乡	10961	7327	4350	1188	2951.0		
阳原县井儿沟乡	12632	9719	5740	2376	11905.0		
阳原县三马坊乡	5700	8844	5036	1101	1930.0		
阳原县高墙乡	17962	13520	8932	2064	7712.0		
阳原县大田洼乡	7827	4079	3224	423			
阳原县辛堡乡	11385	12029	7314	1819	1892.0		
阳原县马圈堡乡	11412	7377	3981	1230	622.0		
阳原县浮图讲乡	15330	9572	5300	2280	29196.1		
怀安县柴沟堡镇	16383	73582	24540	11292	160500.0	920	55000
怀安县左卫镇	27187	30433	23111	9640	173450.0	572	8567
怀安县头百户镇	8381	15335	10283	1846	1600.0	235	2812
怀安县怀安城镇	20487	26090	19428	10843	54790.0	173	12276
怀安县渡口堡乡	20237	14162	10263	3707	13902.0		
怀安县第六屯乡	8361	8298	6171	1950	463.0		
怀安县西湾堡乡	11622	5252	4110	964	35743.0		
怀安县西沙城乡	8500	9671	4892	1903	16234.0		
怀安县太平庄乡	16877	6183	5494	1935	3351.0		
怀安县王虎屯乡	17383	11716	7922	1995	74852.0		
怀安县第三堡乡	13771	11841	9375	2718	17171.0		
万全县孔家庄镇	6540	34500	17970	8400	170187.0	912	21230
万全县万全镇	7126	14524	7384	2584	8200.0	56	7256
万全县洗马林镇	13858	8190	6188	2035	69627.0	100	4850
万全县郭磊庄镇	5852	24110	10263	1663	72906.0	10	3100
万全县膳房堡乡	17695	11222	7577	1351	3161.0		
万全县北新屯乡	18176	9121	3870	1385			
万全县宣平堡乡	7123	23423	12597	6349	585326.5		
万全县高庙堡乡	13400	13342	8037	2815	765.0		
万全县旧堡乡	6424	10743	7007	1240	315.0		
万全县安家堡乡	10138	25050	14700	4900	2291.8		
万全县北沙城乡	6484	16506	13359	3050	208.0		
怀来县沙城镇	5902	116118	14903	9488	103451.0	2760	102069
怀来县北辛堡镇	7056	17682	11707	1355	12.0	3756	1335
怀来县新保安镇	6686	14877	407	265	27539.0	1566	9548
怀来县东花园镇	13100	16269	8320	4909	138341.0	391	3956
怀来县官厅镇	17800	11646	6702	1891	1700.0	730	3628
怀来县桑园镇	12133	25166	19697	5864	9540.0	70	4122
怀来县存瑞镇	15125	27191	17278	6526	7400.0	805	2660
怀来县土木镇	9354	24148	14762	5853	8648.0	522	1005
怀来县大黄庄镇	4617	15570	11593	5256	2846.0	2013	9435
怀来县西八里镇	3658	22143	14022	4575	1223.0	52	4416
怀来县小南辛堡镇	17236	16572	9686	2504	12360.0	244	1488

续表 32　　(河北省)　　计算单位：公顷、人、万元

名　　称	行政区域面　　积	常住人口	从业人员	二三产业从业人员	工　业总产值	城镇建成区 面 积	城镇建成区常住人口
怀来县狼山乡	5470	10222	6842	2605	2241.0		
怀来县鸡鸣驿乡	4200	8652	4859	2806	3516.0		
怀来县东八里乡	2530	9350	5844	2757	2440.0		
怀来县瑞云观乡	11830	5682	3449	1465	16706.0		
怀来县孙庄子乡	11130	4637	2937	245			
怀来县王家楼回族乡	13200	7454	4910	1067	1023.0		
涿鹿县涿鹿镇	7122	71475	32002	18744	139920.0	2982	67800
涿鹿县张家堡镇	6914	18710	8271	3724	136618.1	68	4173
涿鹿县武家沟镇	27000	12596	7252	1848	201910.0	401	886
涿鹿县五堡镇	6773	25687	15280	5766	1478.0	174	6485
涿鹿县保岱镇	9930	25782	17680	4707	2873.0	186	1153
涿鹿县矾山镇	14660	20563	17973	2972	19000.0	80	4407
涿鹿县大堡镇	26676	16012	11280	1576	3643.0	416	7839
涿鹿县河东镇	39661	11443	5460	1541	9700.0	360	3990
涿鹿县东小庄镇	5823	32223	19083	4283	13587.0	366	3565
涿鹿县辉耀镇	22483	10744	5308	1464	14633.0	38	1620
涿鹿县大河南镇	26643	10490	3510	1151	17842.0	90	3320
涿鹿县温泉屯镇	7660	14678	8928	539	1100.0	991	2393
涿鹿县蟒石口镇	20439	9349	4107	1207	800.0	2530	1838
涿鹿县栾庄乡	9254	20008	11477	1302			
涿鹿县黑山寺乡	7177	10118	8793	573	200.0		
涿鹿县卧佛寺乡	23873	10355	6800	500	78227.0		
涿鹿县谢家堡乡	18106	5810	3085	911	16850.0		
赤城县赤城镇	24660	67808	15370	8888	39879.0	2453	51719
赤城县田家窑镇	19620	17885	8733	2741	168015.0	788	2149
赤城县龙关镇	28730	27908	10985	5084	272776.0	4500	13176
赤城县雕鄂镇	35390	11574	7700	2200	7365.0	27	2129
赤城县独石口镇	21706	4926	2585	1287	230.0	3010	2015
赤城县白草镇	24380	7913	6118	1189		948	1733
赤城县龙门所镇	23590	9521	5921	1245	135.0	2056	3727
赤城县后城镇	37468	15219	9068	2984		857	4056
赤城县东卯镇	44560	15968	7928	2648	6164.0	960	912
赤城县炮梁乡	15634	7291	3386	1033	328236.0		
赤城县大海陀乡	27550	7518	4390	726	210.0		
赤城县镇宁堡乡	33300	7338	6157	1946	22946.0		
赤城县马营乡	31750	6235	4148	836	390.0		
赤城县云州乡	52034	12482	7200	1488	6797.0		
赤城县三道川乡	33708	5891	5149	1400	800.0		
赤城县东万口乡	28220	11390	8702	2400	684.0		
赤城县茨营子乡	27420	8024	3175	759	50.0		
赤城县样田乡	18980	6028	4099	482	664.0		
崇礼县西湾子镇	22440	35988	17669	12515	10083.0	430	30893
崇礼县高家营镇	34256	26301	12697	4691	10311.0	102	7066
崇礼县四台嘴乡	37488	10763	7104	1310	229175.0		
崇礼县红旗营乡	17676	4857	4252	1993	380.0		
崇礼县石窑子乡	14223	3305	2837	1608	14475.0		
崇礼县驿马图乡	34191	4173	4169	1828	4450.0		
崇礼县石嘴子乡	30467	6251	4739	981	6480.0		
崇礼县狮子沟乡	12032	3881	3880	2193	6192.0		
崇礼县清三营乡	14009	3074	3020	218			

续表 33　　(河北省)　　计算单位：公顷、人、万元

名　　称	行政区域面　　积	常住人口	从业人员	二三产业从业人员	工　业总产值	城镇建成区 面 积	城镇建成区常住人口
崇礼县白旗乡	15628	5614	3350	1340	175.0		
张家口市高新技术产业开发区老鸦庄镇	2950	55208	14811	10019	275298.0	441	5133
张家口市高新技术产业开发区沈家屯镇	4500	27399	14780	5934	251222.0	350	1985
张家口市高新技术产业开发区姚家房镇	3013	25460	13374	6748	430278.0	124	6789
张家口市察北管理区沙沟镇	9627	4817	4453	980		796	1520
张家口市察北管理区宇宙营乡	9730	4374	4168	150	211.0		
双桥区水泉沟镇	4128	18069	5055	4370	5678.0	100	1411
双桥区狮子沟镇	3038	22629	9990	9766	2670.0	780	2773
双桥区牛圈子沟镇	6200	44879	16628	16319	72747.0	289	16092
双桥区大石庙镇	8230	21755	7565	4999	22630.0	210	6348
双桥区双峰寺镇	12513	30200	14830	5510	13900.0	586	10618
双滦区双塔山镇	8856	61804	8464	7259	13345.0	2740	43958
双滦区滦河镇	1525	35744	4176	3658	186961.0	1525	35744
双滦区大庙镇	9436	12296	4877	2824	60806.0	400	1983
双滦区偏桥子镇	5253	9156	5821	2480	1260.0	22	1390
双滦区陈栅子乡	8795	12917	8337	3251	500.0		
双滦区西地满族乡	11333	20054	11852	8651	9916.0		
鹰手营子矿区鹰手营子镇	3420	7403	4526	3321	65200.0	260	7220
鹰手营子矿区北马圈子镇	2392	11639	8628	7729	539243.0	900	2232
鹰手营子矿区寿王坟镇	6020	11288	8150	7680	76870.0	1758	10460
鹰手营子矿区汪家庄镇	2500	8195	6858	6517	20041.0	650	982
承德县下板城镇	25364	99516	42086	28599	283428.0	600	84401
承德县甲山镇	17116	22353	14354	8216	108636.0	209	11495
承德县六沟镇	18040	32486	18188	5483	20095.0	1456	10430
承德县三沟镇	18033	20522	14183	4088	21039.0	951	9116
承德县头沟镇	18513	23283	11960	4141	299703.0	1367	5120
承德县高寺台镇	13364	13166	9377	5346	763017.0	433	6957
承德县东小白旗乡	11693	7579	6972	4792			
承德县鞍匠乡	18693	14335	10650	3702	4480.0		
承德县刘杖子乡	17587	8432	8398	4332	2788.0		
承德县新杖子乡	10030	10320	7006	2994	7312.0		
承德县孟家院乡	10147	9075	7451	3791	15069.0		
承德县大营子乡	17358	7607	5638	2564	316.0		
承德县八家乡	13741	7623	6979	4090	21429.0		
承德县上谷乡	12472	16419	12736	5955	5319.0		
承德县满杖子乡	11028	7533	5741	2135	320.0		
承德县石灰窑乡	12868	17553	13726	7324	2747.0		
承德县五道河乡	15857	7390	6298	1959	180.0		
承德县岔沟乡	18367	11583	9165	3191	135390.0		
承德县岗子满族乡	8120	7084	5928	1918	17648.0		
承德县磴上乡	24997	13192	8983	2983	2780.0		
承德县两家满族乡	10098	8272	6695	3515	1920.0		
承德县三家乡	30329	18249	13402	6170	30939.0		
承德县仓子乡	10991	8794	6620	3854	2880.0		
兴隆县兴隆镇	19200	76485	20003	12100	322220.0	5724	64319
兴隆县半壁山镇	13100	22152	10167	2864	78578.0	350	7165
兴隆县挂兰峪镇	18800	14465	6820	1638	23670.0	216	3369
兴隆县青松岭镇	18100	13123	7158	1630	22000.0	298	1704
兴隆县六道河镇	17600	16751	11051	4621	57580.0	45	4100
兴隆县平安堡镇	11200	14528	7626	3968	699600.0	1466	6863

续表 34　　（河北省）　　计算单位：公顷、人、万元

名　　称	行政区域面　积	常住人口	从业人员	二三产业从业人员	工　业总产值	城镇建成区 面 积	城镇建成区常住人口
兴隆县北营房镇	13200	12479	6811	3926	12650.0	242	1404
兴隆县孤山子镇	7500	11116	5923	1967	140043.0	224	3787
兴隆县蓝旗营镇	9800	14220	6556	1568	18606.0	1466	3611
兴隆县南天门满族乡	11300	7047	3961	1045	56619.0		
兴隆县八卦岭满族乡	10200	14102	7263	1747	103457.0		
兴隆县陡子峪乡	7600	6267	3370	988	20000.0		
兴隆县上石洞乡	13000	2666	1976	243	2302.0		
兴隆县雾灵山乡	27700	11651	7745	3860	10602.0		
兴隆县李家营乡	15200	10295	5770	3284	32039.0		
兴隆县大杖子乡	23900	16935	10451	1663	8213.0		
兴隆县蘑菇峪乡	33500	17321	14343	2609	34405.0		
兴隆县三道河乡	11800	16785	9611	2053	3361.0		
兴隆县安子岭乡	7800	5213	3148	1260	13397.0		
兴隆县大水泉乡	21800	14496	7635	2898	316.0		
平泉县平泉镇	22386	122548	75520	66717	766826.0	8185	92715
平泉县黄土梁子镇	15340	20531	13120	6696	7555.0	750	5682
平泉县榆树林子镇	29872	27286	17426	7801	5532.0	1304	5054
平泉县杨树岭镇	20476	28463	15399	6905	80824.0	880	5430
平泉县七沟镇	28119	24061	13602	5645	27828.0	870	4883
平泉县小寺沟镇	15067	22305	13426	5339	87250.0	850	5111
平泉县党坝镇	22243	23969	15666	7619	15685.0	820	5331
平泉县卧龙镇	23023	28730	17358	10357	612755.0	700	5165
平泉县南五十家子镇	9140	19759	9925	5813	93960.0	710	4889
平泉县北五十家子镇	11556	11940	7116	2067	21330.0	3230	4403
平泉县桲椤树镇	13833	19324	9359	4443	77620.0	1852	4702
平泉县柳溪镇	22811	11041	6413	1557	5350.0	260	2955
平泉县王土房乡	12803	5379	3085	1077	18200.0		
平泉县七家岱满族乡	11424	7772	4881	2298	9575.0		
平泉县平房满族蒙古族乡	12536	15088	8554	2731	3466.0		
平泉县茅兰沟满族蒙古族乡	16997	14846	12074	5062	690.0		
平泉县台头山乡	19015	17081	11775	4053	725.0		
平泉县松树台乡	15460	14694	8547	3377	3301.0		
平泉县道虎沟乡	7310	13322	8305	4552	2862.0		
滦平县滦平镇	14600	17031	8944	4984	271837.0	998	4960
滦平县长山峪镇	20084	19123	11562	5737	2058.0	700	1325
滦平县红旗镇	13531	14272	9724	5411	382000.0	70	2605
滦平县金沟屯镇	21025	16512	10787	5563	680186.0	281	5007
滦平县虎什哈镇	24224	18368	11107	5795	7015.0	120	2556
滦平县巴克什营镇	18445	17084	9092	4892	5879.0	4441	7549
滦平县张百湾镇	21751	21602	14735	7983	176411.0	300	4116
滦平县平坊满族乡	6753	5166	3699	1796	867.0		
滦平县安纯沟门满族乡	15703	10045	7313	3900	1950.0		
滦平县付营子乡	21102	15097	9545	5394	3700.0		
滦平县小营满族乡	12869	12295	7862	4570	796733.0		
滦平县西沟满族乡	15255	5895	4786	2427	725.0		
滦平县邓厂满族乡	7386	1972	1508	787	5629.0		
滦平县五道营子满族乡	12370	3285	2420	1025	35.0		
滦平县马营子满族乡	13872	6494	5107	2488	2629.0		
滦平县付家店满族乡	7928	3784	3744	2326	16430.0		
滦平县火斗山乡	15815	10947	8150	4330	15826.0		

续表 35　　　　　　　　　　　　　　(河北省)　　　　　　　　　　　　　　计算单位：公顷、人、万元

名　　称	行政区域面　　积	常住人口	从业人员	二三产业从业人员	工　业总产值	城镇建成区区 面 积	城镇建成区常住人口
滦平县两间房乡	9680	7272	4320	1910			
滦平县涝洼乡	9225	4994	4710	2582	10.0		
滦平县大屯满族乡	15843	16375	9350	6370	16800.0		
隆化县隆化镇	28958	99357	24113	12450	380000.0	1388	84348
隆化县韩麻营镇	21671	20013	12363	4482	487165.0	210	4000
隆化县中关镇	8296	8918	5292	2267	282190.0	58	4016
隆化县七家镇	14610	9970	7710	2980	124.0	75	4523
隆化县汤头沟镇	26401	23996	14092	3660	55310.0	88	4970
隆化县张三营镇	14281	19135	12387	4906	15690.0	680	11160
隆化县唐三营镇	27822	21625	18570	6540	30000.0	86	4820
隆化县蓝旗镇	26526	16541	12460	6930	45000.0	125	3710
隆化县步古沟镇	27254	13443	10275	5226	1620.0	55	3082
隆化县郭家屯镇	70271	19431	11365	2209	3667.0	140	7989
隆化县荒地乡	28563	12911	9815	2575			
隆化县章吉营乡	15627	12616	9356	2508	3000.0		
隆化县茅荆坝乡	30568	9090	5980	1934			
隆化县尹家营满族乡	8994	6195	5138	1863	16332.0		
隆化县庙子沟蒙古族满族乡	9825	5330	4800	1718	5300.0		
隆化县偏坡营满族乡	17903	9530	6503	2363	2880.0		
隆化县山湾乡	19097	7281	6800	2706	2560.0		
隆化县八达营蒙古族乡	18878	11098	6461	465	10180.0		
隆化县太平庄满族乡	17131	7972	4979	1561	4500.0		
隆化县旧屯满族乡	17405	6560	5560	1244			
隆化县西阿超满族蒙古族乡	18969	8318	5553	1499	3000.0		
隆化县白虎沟满族蒙古族乡	9409	5945	4800	1148	144.0		
隆化县碱房乡	20397	5243	4214	558	4000.0		
隆化县韩家店乡	28286	9250	7190	1770	1800.0		
隆化县湾沟门乡	20203	6132	5608	2263	3500.0		
丰宁满族自治县大阁镇	39616	61086	21463	10537	477322.0	4076	61085
丰宁满族自治县大滩镇	62100	18462	11365	3285	1680.0	62	2590
丰宁满族自治县鱼儿山镇	31342	14024	9369	2249	7156.0	34	1472
丰宁满族自治县土城镇	36170	17243	8540	2273	1150.0	49	2078
丰宁满族自治县黄旗镇	32032	14792	7708	2705	8910.0	120	3000
丰宁满族自治县凤山镇	36258	36423	19644	6457	20156.0	176	8830
丰宁满族自治县波罗诺镇	16100	11770	6030	2068	39608.0	56	2867
丰宁满族自治县黑山咀镇	29585	20266	8937	3770	55997.0	130	4974
丰宁满族自治县天桥镇	15891	9428	5163	1820	276.0	65	2312
丰宁满族自治县万胜永乡	26023	4468	2505	1165	13209.0		
丰宁满族自治县四岔口乡	56667	6954	4226	1728	23520.0		
丰宁满族自治县苏家店乡	38663	5837	2932	1125	285.0		
丰宁满族自治县外沟门乡	53445	6306	3069	1070	300.0		
丰宁满族自治县草原乡	21271	6546	2535	1436	2280.0		
丰宁满族自治县窟窿山乡	27125	3972	2393	372	4580.0		
丰宁满族自治县小坝子乡	31115	4948	2545	995	720.0		
丰宁满族自治县五道营乡	26957	8898	4095	2025	9210.0		
丰宁满族自治县南关蒙古族乡	33394	18745	9232	2964	12350.0		
丰宁满族自治县选将营乡	34229	13071	7279	3848	70.0		
丰宁满族自治县西官营乡	24950	13250	7300	1440	3620.0		
丰宁满族自治县王营乡	10646	6106	3309	1272	6698.0		
丰宁满族自治县北头营乡	16323	7534	3930	1417	910.0		

续表 36 （河北省） 计算单位：公顷、人、万元

名　　称	行政区域面积	常住人口	从业人员	二三产业从业人员	工业总产值	城镇建成区面积	城镇建成区常住人口
丰宁满族自治县胡麻营乡	26810	17122	9245	3863	368940.0		
丰宁满族自治县石人沟乡	34650	16067	7849	4708	57914.0		
丰宁满族自治县汤河乡	37230	9473	4573	837	370.0		
丰宁满族自治县杨木栅子乡	18398	8099	4023	1339	281.0		
宽城满族自治县宽城镇	17253	74951	53956	48272	1956516.0	1150	73372
宽城满族自治县龙须门镇	18620	19936	12248	6541	136449.0	370	5383
宽城满族自治县峪耳崖镇	14149	26979	13829	6825	145850.0	420	9237
宽城满族自治县板城镇	16061	21479	11799	8478	1862028.0	240	7973
宽城满族自治县汤道河镇	23126	18967	11005	5038	14646.0	270	4562
宽城满族自治县饽罗台镇	8091	7856	4329	1812	52477.0	64	4395
宽城满族自治县碾子峪镇	7849	15323	8360	4600	498379.0	96	2497
宽城满族自治县亮甲台镇	6710	7668	3811	1556	358592.0	41	2034
宽城满族自治县化皮溜子乡	5854	9127	5127	1752	12439.0		
宽城满族自治县塌山乡	8307	5427	3156	1754	5187.0		
宽城满族自治县孟子岭乡	9682	6867	3732	1838	8590.0		
宽城满族自治县独石沟乡	4968	1268	770	230	6916.0		
宽城满族自治县东大地乡	4844	5871	3027	1386	56500.0		
宽城满族自治县铧尖乡	6274	7443	3869	2242	15038.0		
宽城满族自治县东黄花川乡	4422	6146	3028	1945	17103.0		
宽城满族自治县苇子沟乡	9592	7233	3860	2020	2598.0		
宽城满族自治县大字沟门乡	7250	5176	3011	1896	3358.0		
宽城满族自治县大石柱子乡	9732	6769	4166	2105	487.0		
围场满族蒙古族自治县围场镇	18575	109310	6251	2461	70800.0	9736	57861
围场满族蒙古族自治县四合永镇	15320	27184	17124	10569	65600.0	5340	17264
围场满族蒙古族自治县克勒沟镇	15793	14415	9730	2430	7250.0	225	3530
围场满族蒙古族自治县棋盘山镇	28000	17040	9100	3059	6014.0	625	3314
围场满族蒙古族自治县半截塔镇	20930	8983	6536	1569	13471.0	450	3125
围场满族蒙古族自治县朝阳地镇	16220	13171	9324	2644	830.0	1230	2210
围场满族蒙古族自治县朝阳湾镇	18272	14388	11074	3195	2500.0	516	1172
围场满族蒙古族自治县腰站镇	20800	17242	12616	3802	22538.0	43	1224
围场满族蒙古族自治县道坝子乡	19333	7064	6372	1281	520.0		
围场满族蒙古族自治县龙头山乡	13869	8343	5747	1896	13126.0		
围场满族蒙古族自治县黄土坎乡	25133	10097	6631	1839	3741.0		
围场满族蒙古族自治县四道沟乡	10163	5788	4798	1769	1480.0		
围场满族蒙古族自治县兰旗卡伦乡	20140	9092	6760	1564	285.0		
围场满族蒙古族自治县银窝沟乡	29073	12089	9684	2034	2400.0		
围场满族蒙古族自治县新地乡	22733	16373	9895	1190			
围场满族蒙古族自治县广发永乡	17180	7918	4466	1144	2208.0		
围场满族蒙古族自治县育太和乡	9412	5506	4029	1006	196.0		
围场满族蒙古族自治县郭家湾乡	35910	7936	5499	1366	6000.0		
围场满族蒙古族自治县杨家湾乡	16815	7614	6402	2112	80.0		
围场满族蒙古族自治县大唤起乡	12667	6753	4984	991	3940.0		
围场满族蒙古族自治县哈里哈乡	21440	7281	5480	1154	105.0		
围场满族蒙古族自治县新拨乡	31001	11648	11528	1634	901.0		
围场满族蒙古族自治县张家湾乡	12668	3855	2706	374	90.0		
围场满族蒙古族自治县宝元栈乡	16392	7815	3532	842	125.0		
围场满族蒙古族自治县山湾子乡	21374	7689	5120	600	5400.0		
围场满族蒙古族自治县三义永乡	24400	6558	6169	919	4050.0		
围场满族蒙古族自治县姜家店乡	17100	5714	4920	730	995.0		
围场满族蒙古族自治县下伙房乡	17691	5792	3504	824	100.0		

续表 37　（河北省）　计算单位：公顷、人、万元

名　　称	行政区域面　　积	常住人口	从业人员	二三产业从业人员	工　业总产值	城镇建成区 面 积	城镇建成区常住人口
围场满族蒙古族自治县燕格柏乡	29800	3596	3170	370	340.0		
围场满族蒙古族自治县牌楼乡	22100	6385	6229	939	3062.0		
围场满族蒙古族自治县城子乡	29724	7616	6720	578			
围场满族蒙古族自治县老窝铺乡	27360	2514	1030	476			
围场满族蒙古族自治县御道口乡	23642	3643	3010	464	1580.0	40	568
围场满族蒙古族自治县石桌子乡	13151	4144	3910	902	1040.0		
围场满族蒙古族自治县大头山乡	17864	7260	5658	884	1350.0		
围场满族蒙古族自治县南山嘴乡	17346	3139	2196	731	590.0		
围场满族蒙古族自治县西龙头乡	13669	3373	3350	540			
承德高新技术产业开发区冯营子镇	9022	56638	11580	8294	1420205.0	1250	12384
承德高新技术产业开发区上板城镇	19627	39145	18316	8462	89236.0	518	23276
沧州市新华区小赵庄乡	2421	34277	16459	9890	159950.0		
运河区小王庄镇	4243	28842	14255	8230	186540.0	4243	28842
运河区南陈屯乡	4940	45659	23202	8154	122631.0	101	9230
沧县旧州镇	8200	22354	13425	12505	414375.0	1790	9890
沧县兴济镇	11400	50108	30018	28013	173200.0	600	14184
沧县杜生镇	5800	42896	25047	22693	420798.0	740	10485
沧县崔尔庄镇	11800	54308	32761	25131	243670.0	710	6670
沧县薛官屯乡	9300	23995	12022	9876	430000.0		
沧县捷地回族乡	4300	30085	16835	15135	60000.0		
沧县张官屯乡	7900	48105	30427	21565	285632.0		
沧县李天木回族乡	9000	39466	20776	14781	205366.0		
沧县风化店乡	13000	40650	19086	16456	227105.0		
沧县姚官屯乡	7000	34225	16660	12430	243453.0		
沧县杜林回族乡	8300	43785	22808	20400	205530.0		
沧县汪家铺乡	8700	37116	20535	16035	133210.0		
沧县刘家庙乡	6500	26882	13570	9386	3900.0		
沧县仵龙堂乡	6900	29879	16190	13790	140638.0		
沧县大官厅乡	8500	40520	20788	13946	148773.0		
沧县高川乡	6500	35660	18869	12939	69500.0		
沧县黄递铺乡	4600	23823	15980	11035	14202.0		
沧县大褚村回族乡	5500	26680	13415	10745	9230.0		
沧县纸房头乡	8800	41158	23008	18021	888000.0		
青县清州镇	11000	122918	58073	54470	1774390.0	4860	105000
青县金牛镇	14300	40265	23510	21044	1084583.0	220	11140
青县新兴镇	8800	34631	19812	12289	34206.0	145	12255
青县流河镇	11000	34636	22926	17656	90064.0	206	10092
青县木门店镇	7800	30764	15769	9606	28640.0	260	7852
青县马厂镇	14100	40840	22321	18731	420659.0	455	25540
青县上伍乡	6000	21296	12010	8321	65520.0		
青县曹寺乡	12600	40163	24433	14523	18037.0		
青县盘古乡	7200	28362	16038	6134	30201.0		
青县陈嘴乡	4000	17002	10254	6367	18000.0		
东光县东光镇	7049	72289	15644	12484	803699.0	3757	63029
东光县连镇镇	8890	41918	23382	13211	161056.0	425	14890
东光县找王镇	4562	29020	14255	8645	109740.0	1668	8922
东光县秦村镇	6940	30328	12209	6909	40258.0	88	3876
东光县灯明寺镇	8796	31670	14894	8014	37051.0	135	7010
东光县南霞口镇	9500	40355	22611	12755	93871.1	1822	14230
东光县大单镇	8657	48030	25787	17147	150203.0	176	3493

续表 38　　　　（河北省）　　　　计算单位：公顷、人、万元

名称	行政区域面积	常住人口	从业人员	二三产业从业人员	工业总产值	城镇建成区面积	城镇建成区常住人口
东光县龙王李镇	6138	39339	14858	8346	62538.0	500	18169
东光县于桥乡	10431	34650	19488	7480	89257.0		
海兴县苏基镇	10900	59498	10785	6930	79134.0	300	33465
海兴县辛集镇	4800	20035	12016	4567	5200.0	300	7880
海兴县高湾镇	7900	25516	14698	5140	10426.0	200	5601
海兴县赵毛陶乡	13500	32560	20583	6703	44310.0		
海兴县香坊乡	6300	16704	10078	4251	13640.0		
海兴县小山乡	13100	24009	15932	7960	8574.0		
海兴县张会亭乡	6300	21426	15872	7202	4410.0		
盐山县盐山镇	9640	47870	31115	26615	1137033.0	500	46084
盐山县望树镇	5380	28926	15872	6692	76580.0	20	3424
盐山县庆云镇	5600	45032	20461	12112	152000.0	202	5013
盐山县韩集镇	5270	39700	19820	16800	27330.0	21	4220
盐山县千童镇	3810	25301	15160	9378	14560.0	30	7786
盐山县圣佛镇	7770	45223	17880	10552	570000.0	72	12229
盐山县边务乡	9070	29520	18115	9110	250100.0		
盐山县小营乡	5900	29907	11802	7682	19225.0		
盐山县杨集乡	8810	27982	12389	6782	84546.0		
盐山县孟店乡	8520	38980	25376	12969	51000.0		
盐山县常庄乡	3280	21300	11320	6555	17301.0		
盐山县小庄乡	6470	34000	15134	8784	15001.0		
肃宁县肃宁镇	4972	75793	24642	18387	332192.0	1600	67115
肃宁县梁家村镇	8146	48875	35195	25774	241097.0	899	12463
肃宁县窝北镇	6083	33127	25046	17833	155210.0	614	12708
肃宁县尚村镇	5453	34870	26368	20310	1492294.0	1453	32948
肃宁县万里镇	5595	34323	32107	24490	89036.0	679	13758
肃宁县师素镇	6776	36221	23068	15539	183350.0	50	2193
肃宁县河北留善寺乡	5127	31933	22389	16661	118964.0		
肃宁县付家佐乡	5067	27755	22230	16329	146998.0		
肃宁县邵庄乡	4403	22976	19005	14152	201778.0		
南皮县南皮镇	6524	77200	15501	8251	489400.0	215	32102
南皮县冯家口镇	10095	40467	24959	11466	134812.0	120	4535
南皮县寨子镇	8571	52899	27798	14497	39466.0	416	8502
南皮县鲍官屯镇	9104	36243	20100	9401	60237.0	150	5371
南皮县王寺镇	9069	37123	21321	8634	106174.0	158	4556
南皮县乌马营镇	9657	27651	16305	8569	327963.0	110	2438
南皮县大浪淀乡	9981	27457	19638	9740	46687.0		
南皮县刘八里乡	5716	33727	13827	7389	252280.0		
南皮县潞灌乡	9854	45801	27351	5977	137625.0		
吴桥县桑园镇	4542	51321	36669	33454	1559380.0	1200	50322
吴桥县铁城镇	7357	38722	24755	19100	204899.0	65	3020
吴桥县于集镇	6065	26211	17349	10400	684159.0	189	2166
吴桥县梁集镇	5262	21276	16211	10930	230000.0	123	4130
吴桥县安陵镇	6745	25013	14861	9627	430000.0	378	10684
吴桥县曹家洼乡	5142	22141	15445	9958	599056.0	625	3072
吴桥县宋门乡	6420	26453	14401	11261	741080.0	101	2584
吴桥县杨家寺乡	5125	22719	12316	5214	530000.0	48	2034
吴桥县沟店铺乡	6017	25710	15053	9558	410050.0	107	2221
吴桥县何庄乡	5629	25704	13234	8837	391105.0	180	3980
献县乐寿镇	9900	78075	20280	10278	430175.0	2120	75680

续表 39　　（河北省）　　计算单位：公顷、人、万元

名　称	行政区域面积	常住人口	从业人员	二三产业从业人员	工业总产值	城镇建成区面积	城镇建成区常住人口
献县淮镇镇	7200	41351	19650	16535	592720.0	3348	18321
献县郭庄镇	5800	33240	18197	13280	981525.0	310	11527
献县河城街镇	8300	44744	21495	17575	693245.0	4260	26319
献县韩村镇	11100	53174	26291	10476	373947.0	264	16146
献县陌南镇	8400	40314	21543	10183	107525.0	540	8933
献县陈庄镇	8600	34259	15425	8173	660000.0	400	7292
献县徐留高乡	4900	28995	13100	7690	334426.0		
献县商林乡	5100	27360	17167	8482	573900.0		
献县段村乡	6900	27421	13916	9631	148925.0		
献县张村乡	6700	26561	12086	6580	114798.0		
献县临河乡	5400	30242	15136	12438	96635.0		
献县小平王乡	4900	19239	11492	5171	200090.0		
献县十五级乡	6500	27196	12825	8104	510650.0		
献县垒头乡	4800	22522	9100	7200	187098.0		
献县南河头乡	3700	24210	11946	9943	745000.0		
献县西城乡	5800	25283	9998	5648	230000.0		
献县本斋回族乡	3000	15274	5730	3904	349243.0		
孟村回族自治县孟村镇	7600	60543	19941	14544	358555.0	1005	40556
孟村回族自治县新县镇	6400	31609	14842	5641	247706.0	600	8733
孟村回族自治县辛店镇	4100	27600	13945	8702	1630271.0	726	12867
孟村回族自治县高寨镇	6100	23341	12628	8133	260019.0	900	7902
孟村回族自治县宋庄子乡	5500	32390	15282	8941	189240.0		
孟村回族自治县牛进庄乡	8300	33846	15171	9160	783075.0		
沧州渤海新区新村回族乡	11800	9916	5625	3669	3436000.0		
泊头市泊镇	7199	56876	27788	23390	1412000.0	2400	34295
泊头市交河镇	7904	43350	20596	17087	527431.0	1800	33947
泊头市齐桥镇	10392	50331	29010	22670	40438.0	350	5601
泊头市寺门村镇	8158	30861	19320	14935	500000.0	423	2992
泊头市郝村镇	9278	32583	23774	17756	310822.0	576	5059
泊头市富镇镇	7818	31053	19280	16180	162280.0	400	11976
泊头市文庙镇	8466	31909	20303	14878	126300.0	257	2478
泊头市洼里王镇	7044	30635	24000	18000	150000.0	532	4997
泊头市王武庄乡	6942	26190	16364	13657	174480.0		
泊头市营子乡	9412	37695	24160	17530	184060.0		
泊头市四营乡	7548	26025	22035	13305	242300.0		
泊头市西辛店乡	9629	31617	24850	13850	12091.0		
任丘市出岸镇	5400	35577	17915	13369	120980.0	838	8475
任丘市石门桥镇	5990	41964	20253	15732	223001.0	213	11970
任丘市吕公堡镇	5170	38923	20493	17572	270344.0	1348	11844
任丘市长丰镇	7860	44470	26987	19628	380596.0	1100	10747
任丘市鄚州镇	5820	26355	11021	9287	201759.0	1500	8577
任丘市苟各庄镇	6208	28490	15232	13477	235601.0	800	11685
任丘市梁召镇	7390	42008	18234	16538	297638.0	500	13851
任丘市辛中驿镇	5880	37652	17493	11339	245639.0	1869	16706
任丘市麻家坞镇	7230	37598	19677	17116	356578.0	12	6072
任丘市议论堡乡	7178	38178	19350	15920	273500.0		
任丘市青塔乡	5260	29393	15272	10646	130591.0		
任丘市北辛庄乡	4140	30846	11825	8850	364538.0		
任丘市七间房乡	5220	25864	11818	10207	91597.0		
任丘市北汉乡	5120	29461	15794	11131	170269.0		

续表 40　　（河北省）　　计算单位：公顷、人、万元

名　　称	行政区域面　积	常住人口	从业人员	二三产业从业人员	工　业总产值	城镇建成区 面 积	城镇建成区常住人口
任丘市于村乡	7489	38573	18147	15431	89230.0		
黄骅市黄骅镇	12931	41376	15738	14612	2035020.0	2310	33321
黄骅市南排河镇	7194	52752	23988	15233	45663.0	1100	14119
黄骅市吕桥镇	11368	42305	21599	19542	939876.0	1910	11361
黄骅市旧城镇	14311	34968	24919	23100	901150.0	2670	14931
黄骅市羊二庄回族乡	22079	45500	23433	21399	669680.0		
黄骅市常郭乡	16573	46000	24932	20182	202290.0		
黄骅市滕庄子乡	19351	40890	21978	18765	397695.0		
黄骅市官庄乡	9182	31660	15738	13129	209607.0		
黄骅市齐家务乡	16069	43510	15354	13410	421789.0	60	2150
黄骅市羊三木回族乡	5506	9130	4677	4084	169136.0		
河间市瀛州镇	5750	140174	22354	18304	389205.0	2110	62498
河间市米各庄镇	8800	57092	31832	29443	445265.0	3105	22521
河间市景和镇	6500	29087	19424	11373	132976.0	1690	13602
河间市卧佛堂镇	8150	49598	23709	20237	74581.0	1275	13337
河间市束城镇	9600	52667	24003	22537	417423.0	2080	20381
河间市留古寺镇	5650	32973	19236	16920	365730.0	1370	9810
河间市沙河桥镇	8000	43382	18397	12450	461344.0	1200	15530
河间市故仙乡	8400	35821	21017	17378	410000.0		
河间市黎民居乡	10600	43481	22848	18527	355000.0		
河间市兴村乡	8900	55223	28688	21489	40218.0		
河间市沙洼乡	5600	35115	20206	16673	116055.0		
河间市西九吉乡	4950	28278	20119	17642	58302.0		
河间市北石槽乡	4400	21507	16449	13886	310219.0		
河间市诗经村乡	5650	29086	19900	14541	59913.0		
河间市郭家村乡	4750	26058	17304	14493	38520.0		
河间市时村乡	6600	24399	15922	11988	49309.2		
河间市行别营乡	5850	38648	20570	10554	395000.0		
河间市尊祖庄乡	7600	34854	27666	21728	377610.0		
河间市龙华店乡	4950	27894	17931	12592	18136.0		
河间市果子洼回族乡	2600	23331	14746	10759	16450.0		
安次区落垡镇	5966	20912	13460	3245	13221.0	205	4171
安次区码头镇	10508	39903	25139	10925	71075.0	216	4648
安次区葛渔城镇	8045	40691	23208	11867	37337.0	567	13190
安次区东沽港镇	6443	38555	24963	9003	956211.0	207	9575
安次区杨税务乡	9206	28038	18936	6520	149243.0		
安次区仇庄乡	7258	24427	17278	3968	117055.0		
安次区调河头乡	6198	25013	13301	3269	26435.0		
安次区北史家务乡	3139	52580	14679	10084	23378.0		
广阳区南尖塔镇	2626	23349	10730	6904	27913.0	28	1526
广阳区万庄镇	8842	36954	21362	3989	5853.0	86	1480
广阳区九州镇	13301	54842	32149	8289	19507.0	139	2957
广阳区北旺乡	4331	30716	15620	8114	23815.0		
固安县固安镇	16614	167046	31700	8500	1031556.0	1274	34162
固安县宫村镇	7360	33454	18010	5214	182252.0	182	6270
固安县柳泉镇	8686	38446	19137	3334	72458.0	122	7539
固安县牛驼镇	8053	35673	20253	4767	42418.0	130	6700
固安县马庄镇	6650	26680	18264	3889	25433.0	140	6855
固安县东湾乡	7475	39649	18572	4967	18483.0	100	2990
固安县彭村乡	4616	25798	14035	2888	25000.0	132	3980

续表 41　（河北省）　计算单位：公顷、人、万元

名　　称	行政区域面　积	常住人口	从业人员	二三产业从业人员	工　业总产值	城镇建成区 面 积	城镇建成区常住人口
固安县渠沟乡	4980	25220	15935	3542	22700.0	52	2952
固安县礼让店乡	3570	15212	10474	1957	69999.0	89	3928
永清县永清镇	16620	97071	52298	50607	677703.0	1100	69022
永清县韩村镇	9060	26310	17119	10626	9120.0	58	3100
永清县后奕镇	5130	22719	10811	8552	18501.0	70	5500
永清县别古庄镇	9950	28720	16947	9608	121500.0	98	3755
永清县里澜城镇	6793	28616	13308	8778	101000.0	33	8012
永清县管家务回族乡	2568	10380	5138	1308	35850.0		
永清县曹家务乡	9057	25326	15292	9719	198823.0		
永清县龙虎庄乡	5251	28008	14970	6640	24000.0		
永清县刘街乡	5890	30765	20570	8850	168000.0		
永清县三圣口乡	5975	29180	9640	9450	426000.0		
香河县淑阳镇	5233	106719	24444	21355	995967.0	1950	73330
香河县蒋辛屯镇	5597	28592	13081	8564	311187.0	195	3046
香河县渠口镇	6475	47054	22795	11872	391909.0	462	5501
香河县安头屯镇	4588	26799	9629	4430	98807.0	490	4368
香河县安平镇	3352	28888	12741	7484	508074.0	832	10976
香河县刘宋镇	6289	35003	15169	12141	148341.0	320	3988
香河县五百户镇	6199	40773	17395	5177	475610.0	510	5108
香河县钱旺镇	3651	26437	13536	9948	193833.0	120	2342
香河县钳屯镇	3421	22437	9146	4086	137494.0	273	2449
大城县平舒镇	6796	75890	15841	11303	287615.0	718	8852
大城县旺村镇	14564	40496	20301	10583	485783.8	685	4628
大城县大尚屯镇	13146	70750	32026	15941	149413.5	764	4255
大城县南赵扶镇	10705	47333	23570	10324	120086.0	689	4400
大城县留各庄镇	7907	44135	20649	12003	207642.3	900	6149
大城县权村镇	6359	41765	18831	5731	191334.5	1210	5297
大城县里坦镇	5994	26835	14408	4456	28513.6	820	4080
大城县广安镇	6856	40120	15830	9380	142189.1	662	4789
大城县北位乡	7304	46678	21949	7716	20798.0		
大城县臧屯乡	10069	48012	24429	11893	122301.2		
文安县文安镇	13717	96419	21092	12433	265992.0	322	28571
文安县新镇镇	4815	32282	16940	14453	1127568.0	1467	10563
文安县苏桥镇	8253	33031	17539	10293	363591.0	590	5629
文安县大柳河镇	10503	39264	17568	13547	534717.0	600	3475
文安县左各庄镇	4682	29412	11334	9445	535778.0	2260	14270
文安县滩里镇	6522	30757	13146	10292	2151709.0	1021	11168
文安县史各庄镇	3628	24263	10833	7475	352637.0	605	9099
文安县赵各庄镇	7949	44505	19072	13873	313399.0	260	7427
文安县兴隆宫镇	5462	31714	15218	10962	327965.0	1249	8264
文安县大留镇镇	7083	39121	20549	14337	253979.0	246	4378
文安县孙氏镇	14392	61611	27932	11057	438545.0	660	6037
文安县德归镇	10487	22339	9213	3818	148676.0	815	2933
文安县大围河回族满族乡	6198	32137	20043	8400	226520.0		
大厂回族自治县大厂镇	4133	44580	11385	8915	202691.0	908	11989
大厂回族自治县夏垫镇	4118	27075	2972	1570	310282.0	1580	14528
大厂回族自治县祁各庄镇	4752	23833	11482	960	177145.0	130	6355
大厂回族自治县邵府镇	2218	10825	1948	448	32968.0		3026
大厂回族自治县陈府镇	2376	12598	1247	242	8050.0		1456
霸州市霸州镇	7670	141583	23736	16480	560057.0	2006	22620

续表 42　　（河北省）　　计算单位：公顷、人、万元

名　　称	行政区域面　　积	常住人口	从业人员	二三产业从业人员	工　业总产值	城镇建成区 面 积	城镇建成区常住人口
霸州市南孟镇	5196	37054	18141	10339	155989.0	119	13230
霸州市信安镇	4158	31266	18500	14300	1318188.0	250	19067
霸州市堂二里镇	4637	35291	13223	9573	875000.0	500	14945
霸州市煎茶铺镇	7420	44395	23200	14900	250000.0	300	11420
霸州市胜芳镇	9701	112615	72575	69050	4908554.0	2200	88100
霸州市杨芬港镇	8506	39723	31860	12375	1082085.0	280	13080
霸州市岔河集乡	3990	41227	6822	3292	380000.0		
霸州市康仙庄乡	7854	44345	21999	15399	168424.0		
霸州市东杨庄乡	2921	21645	11142	7540	98612.0		
霸州市王庄子乡	5146	35526	23400	18390	141257.0		
霸州市东段乡	2410	43560	9098	8078	1861754.0		
三河市泃阳镇	6000	53332	26819	17742	492376.3	1250	32231
三河市李旗庄镇	4800	29154	13797	9560	1363722.3	642	3923
三河市杨庄镇	4800	27341	19263	13943	257946.6	182	5110
三河市皇庄镇	6500	42935	23593	18222	415769.7	455	6550
三河市新集镇	6300	43762	18712	12326	197866.9	617	7810
三河市段甲岭镇	6200	20572	10967	7888	159886.7	400	9022
三河市黄土庄镇	6200	34609	22720	17350	599870.3	390	6860
三河市高楼镇	7800	44801	19808	11915	243179.8	370	5802
三河市齐心庄镇	4400	22011	13059	8919	120031.8	145	4520
三河市燕郊镇	10800	261055	93593	83672	5287531.6	4600	171146
桃城区郑家河沿镇	11400	44789	21521	15149	53468.0	270	3813
桃城区赵家圈镇	11400	38672	21633	14376	413507.0	849	5255
桃城区邓庄镇	10026	29986	15734	9788	124758.0	64	4856
桃城区何家庄乡	2199	26626	11572	11331	191899.0		
枣强县枣强镇	19200	104364	24893	9850	259039.0	600	56291
枣强县恩察镇	3700	15735	8565	3487	8150.0	89	2318
枣强县大营镇	13600	76361	31752	18386	836217.0	1350	28129
枣强县嘉会镇	3200	11046	6773	3423	9987.0	45	3154
枣强县马屯镇	11400	39726	18212	7631	11350.0	36	6671
枣强县肖张镇	3400	14088	5727	2557	58949.0	165	6075
枣强县张秀屯镇	9300	33860	17917	10406	179639.0	180	1611
枣强县新屯镇	7200	34900	18748	12603	90711.0	186	2218
枣强县王均乡	6400	20425	11241	2654	16044.0		
枣强县唐林乡	6900	23189	15211	6253	22003.0		
枣强县王常乡	6000	22601	14287	5858	10735.0		
武邑县武邑镇	15899	103317	29380	19842	341985.0	1272	79406
武邑县清凉店镇	8982	26426	16030	8680	23912.0	360	11235
武邑县审坡镇	10531	31419	19431	10538	21446.0	460	11369
武邑县赵桥镇	9767	31432	20439	11386	24310.0	660	6359
武邑县韩庄镇	10522	31973	18407	9391	9878.0	400	6429
武邑县肖桥头镇	7397	25029	15129	8199	139996.0	730	5312
武邑县龙店乡	7477	23504	13695	7082	2529.0		
武邑县圈头乡	5922	18758	11973	6591	10558.0		
武邑县大紫塔乡	6410	17574	12157	7208	15012.0		
武强县武强镇	9603	80248	21997	9962	116525.0	780	29561
武强县街关镇	7536	28383	18206	6298	75590.0	202	5024
武强县周窝镇	5309	23302	14846	7833	227036.0	82	5335
武强县豆村乡	6237	28254	16437	7535	73301.0		
武强县北代乡	8086	26788	14174	5322	91220.5		

续表 43　　（河北省）　　计算单位：公顷、人、万元

名　　称	行政区域面　　积	常住人口	从业人员	二三产业从业人员	工　业总产值	城镇建成区 面 积	城镇建成区常住人口
武强县孙庄乡	7511	29475	15423	7603	276414.0		
饶阳县饶阳镇	8235	76388	21590	15627	98566.0	420	30680
饶阳县大尹村镇	4701	21727	14141	9084	27265.0	153	7876
饶阳县五公镇	6611	35645	17785	12305	208017.0	111	11824
饶阳县大官亭镇	8740	39616	21763	13716	74521.0	185	23267
饶阳县王同岳乡	6417	27738	19212	12931	56663.0		
饶阳县留楚乡	14333	49109	35093	21140	102160.0		
饶阳县东里满乡	7661	33919	21941	13345	58739.0		
安平县安平镇	8195	84747	26250	15130	412679.0	2440	23500
安平县马店镇	8145	55420	26510	18990	70361.0	492	7250
安平县南王庄镇	6159	35600	19051	11600	68074.0	471	6900
安平县大何庄乡	5911	36152	19710	15790	15639.0		
安平县程油子乡	5940	37460	18595	10195	55527.0		
安平县西两洼乡	4431	21990	11673	7773	85801.0		
安平县大子文乡	5623	32226	13014	11564	89592.0		
安平县东黄城乡	5113	30090	13610	12685	368031.0		
故城县郑口镇	12070	111148	35418	27709	731955.0	1100	67686
故城县夏庄镇	8027	40012	25286	5140	158973.0	90	2787
故城县青罕镇	4960	28125	9738	4849	40262.0	214	4710
故城县故城镇	5226	28049	13929	6908	14936.0	170	6359
故城县武官寨镇	7500	37806	20864	8860	110485.0	200	2709
故城县饶阳店镇	8441	34303	12762	7600	208596.0	20	5789
故城县军屯镇	3010	17018	6294	3278	28000.0	186	2331
故城县建国镇	6693	49589	18408	10616	89000.0	320	18305
故城县西半屯镇	8129	39891	27825	13000	27109.0	715	2999
故城县辛庄乡	7142	28763	9200	2974	5538.0		
故城县里老乡	5357	19506	7101	4004	8850.0		
故城县房庄乡	10112	33876	18054	8228	24988.0		
故城县三朗乡	7448	26955	11448	4353	41028.0		
景县景州镇	8973	60726	14686	9674	1069060.0	1106	32176
景县龙华镇	7851	47560	15011	10515	384764.0	644	18360
景县广川镇	8055	33813	16856	8253	380536.0	290	5694
景县王瞳镇	6355	27456	12285	6658	12174.0	471	3940
景县洚河流镇	6275	25191	12872	6201	213111.0	545	6789
景县安陵镇	5692	22686	15514	11284	14918.0	369	2436
景县杜桥镇	8982	32799	15523	11288	97955.0	221	6215
景县王谦寺镇	7560	29938	13554	7578	96031.0	221	2915
景县北留智镇	7706	32786	14347	7600	9924.0	163	6983
景县留智庙镇	8254	39045	16701	9493	69853.0	389	4615
景县刘集乡	7309	27543	12173	5715	9806.0		
景县连镇乡	5959	24149	13088	7141	3569.0		
景县梁集乡	8200	36742	19061	10109	41194.0		
景县温城乡	6337	25204	9659	5085	45679.0		
景县后留名府乡	7489	30374	11110	3410	99214.0		
景县青兰乡	7771	29286	11720	6898	2998.0		
阜城县阜城镇	8680	44490	24467	12911	340567.0	2516	5673
阜城县古城镇	9032	41060	19913	9691	99454.0	751	6871
阜城县码头镇	10060	42850	24701	19160	90713.5	273	4012
阜城县霞口镇	6804	31906	20395	13580	189692.0	519	4499
阜城县崔家庙镇	9211	38865	25816	18408	89428.0	510	12687

续表 44　　（河北省）　　计算单位：公顷、人、万元

名　　称	行政区域面　　积	常住人口	从业人员	二三产业从业人员	工　业总产值	城镇建成区面积	城镇建成区常住人口
阜城县漫河乡	6780	25017	15536	9758	81632.0		
阜城县建桥乡	4134	17675	10696	3786	32269.0		
阜城县蒋坊乡	5287	27657	18752	13428	87234.0		
阜城县大白乡	4432	19047	10127	6114	17324.0		
阜城县王集乡	5106	23530	11510	7060	24169.0		
衡水经济开发区大麻森乡	8047	31186	18901	11015	1483708.0		
衡水滨湖新区魏家屯镇	4183	20456	13225	7469	170400.0	318	2822
衡水滨湖新区彭杜村乡	9500	37382	21336	15006	121326.0		
冀州市冀州镇	13416	52378	26807	18610	563720.0	1566	38692
冀州市官道李镇	6408	21416	14393	7405	30644.0	696	2553
冀州市南午村镇	11646	38196	22859	15499	157719.0	751	4419
冀州市周村镇	7720	23556	12633	6633	80724.0	750	4900
冀州市码头李镇	9310	27635	15135	6527	95858.0	1313	5715
冀州市西王镇	7377	30051	11676	4854	267476.0	80	4356
冀州市门家庄乡	6203	19064	10918	2414	57089.0		
冀州市徐家庄乡	8123	27144	11500	6885	47229.0		
冀州市北漳淮乡	5878	22526	11509	6999	60594.0		
冀州市小寨乡	11703	34400	13069	2420	210808.0		
深州市唐奉镇	8373	43253	23876	15773	186493.0	290	8224
深州市深州镇	8302	148309	22199	16956	608183.0	1154	66982
深州市辰时镇	9829	33832	22975	18600	56341.0	392	4803
深州市榆科镇	7510	24378	14202	9731	63311.0	240	2309
深州市魏家桥镇	7782	24312	14552	8139	32032.0	200	4011
深州市大堤镇	7214	21612	13118	4630	63923.0	136	2793
深州市前磨头镇	6909	22436	16571	10657	106009.0	576	6957
深州市王家井镇	8581	29098	18532	14673	316877.0	105	5588
深州市护驾迟镇	6785	21370	12465	7895	39589.0	300	3094
深州市大屯镇	7745	21290	14471	7656	51574.0	180	3275
深州市高古庄镇	6642	23760	11576	7181	35833.0	600	4150
深州市兵曹乡	5608	27971	17534	8374	42309.0		
深州市穆村乡	4218	23575	15603	6817	70812.0		
深州市东安庄乡	7200	36789	17732	9841	64694.0		
深州市北溪村乡	7004	24590	18166	12578	30673.0		
深州市大冯营乡	8479	27664	23628	12518	15190.0		
深州市乔屯乡	6339	17346	12371	7878	21864.0		
定州市留早镇	8687	44453	30420	22279	142.0	1400	7188
定州市清风店镇	5522	45461	28535	21083	9028.0	1366	16764
定州市庞村镇	4977	45639	27303	19898	380596.0	616	10396
定州市砖路镇	5596	52458	31467	21893	108807.0	500	6318
定州市明月店镇	4137	46382	28921	17707	28831.0	300	11066
定州市叮咛店镇	8316	54651	35975	28067	180000.0	342	4396
定州市东亭镇	4918	33101	22669	15659	11214.0	1720	6900
定州市大辛庄镇	4173	30800	18650	13050	230.0	500	7960
定州市东旺镇	4425	32247	21508	14636	8206.0	493	7660
定州市高蓬镇	5615	45700	23628	16445	154261.0	875	9374
定州市邢邑镇	4839	30260	24320	17930	17740.0	793	11161
定州市李亲顾镇	4684	46811	34180	27719	169860.0	510	30744
定州市子位镇	6096	39766	26567	19598	8152.0	550	8412
定州市开元镇	4500	46738	30562	21567	459781.0	750	8537
定州市周村镇	5036	46557	26986	12144	26928.0	745	5220

续表 45　　（河北省、山西省）　　计算单位：公顷、人、万元

名　　称	行政区域面　　积	常住人口	从业人员	二三产业从业人员	工　业总产值	城镇建成区 面 积	城镇建成区常住人口
定州市息冢镇	5544	36307	22230	15918	28272.0	650	6362
定州市东留春乡	4911	27480	19691	13789	4249.0		
定州市号头庄回族乡	5406	34152	21587	16639	182.0		
定州市杨家庄乡	3600	30077	17156	10556	90.0		
定州市大鹿庄乡	5707	42852	26645	19625			
定州市西城乡	3488	23914	16980	11380	2578.0		
辛集市辛集镇	7543	177345	32246	25039	5298543.0	2178	33866
辛集市旧城镇	5516	44121	21966	14934	192656.0	120	4388
辛集市张古庄镇	4608	31800	19298	12667	233588.0	482	4590
辛集市位伯镇	5150	38442	25388	17529	261784.0	455	3176
辛集市新垒头镇	4006	29569	18815	12595	250000.0	540	6200
辛集市新城镇	5555	24145	10494	6579	180724.0	1000	7335
辛集市南智邱镇	7896	35758	15030	9335	690610.0	335	1935
辛集市王口镇	10411	40018	19801	13848	36818.0	1130	6952
辛集市天宫营乡	5336	31516	16668	11490	142913.0		
辛集市前营乡	5923	35420	23422	15038	18524.0		
辛集市马庄乡	7472	26890	14266	7935	17030.0	1000	7335
辛集市和睦井乡	6729	33308	17381	11618	44422.0		
辛集市田家庄乡	8541	50416	26044	17235	892570.0		
辛集市中里厢乡	4230	23693	11803	7896	8655.0		
辛集市小辛庄乡	4021	25333	10752	6765	29526.0		
山西省							
小店区北格镇	6755	43672	17185	7362	290308.0	98	4235
小店区西温庄乡	4358	32000	15982	6482	144398.0		
小店区刘家堡乡	4570	34546	17028	6086	85649.0		
迎泽区郝庄镇	8508	74750	34500	28376	20038.0	600	33570
杏花岭区中涧河乡	4444	40485	20653	19390	85452.0		
杏花岭区小返乡	5564	8793	4247	3188	27734.0		
尖草坪区向阳镇	2940	16024	6530	3930	138900.0	82	8000
尖草坪区阳曲镇	3200	18471	8324	4625	140018.0	100	4949
尖草坪区马头水乡	3723	5667	2708	2439			
尖草坪区柏板乡	2556	12255	5789	3908	22445.0		
尖草坪区西焉乡	2000	5736	3294	1309	14800.0		
万柏林区王封乡	10300	7268	3052	2049			
晋源区金胜镇	4453	50720	18159	7486	208910.0	100	3060
晋源区晋祠镇	7462	32365	21800	11700	4998.0	149	7410
晋源区姚村镇	5599	27578	12882	4864	29272.0	81	4631
清徐县清源镇	7874	105780	53743	47196	1448992.0	81	4877
清徐县徐沟镇	8426	48000	21692	6943	9600.0	296	26310
清徐县东于镇	9700	26269	11812	6590	566307.0	300	7135
清徐县孟封镇	7615	34713	15555	2717	136834.0	116	8056
清徐县马峪乡	10126	19798	12436	4490	4043.0		
清徐县柳杜乡	3800	19479	9980	3932	1700.0		
清徐县西谷乡	3540	19165	8236	4001	18658.0		
清徐县王答乡	4476	34571	13645	8344	45427.0		
清徐县集义乡	5336	27870	11425	3055	10561.0		
阳曲县黄寨镇	18077	49896	17693	12698	267000.0	450	31365
阳曲县大盂镇	10108	11248	5206	1891	18636.0	108	2232
阳曲县东黄水镇	13138	9122	6189	2069	65000.0	59	2356
阳曲县泥屯镇	26844	23053	9065	4097	22480.0	68	2394

续表 46　（山西省）　计算单位：公顷、人、万元

名　称	行政区域面积	常住人口	从业人员	二三产业从业人员	工业总产值	城镇建成区面积	城镇建成区常住人口
阳曲县高村乡	11304	10735	6453	2115	193387.0		
阳曲县侯村乡	8821	8590	5617	4159	24422.0		
阳曲县凌井店乡	18300	10063	4525	891	249.0		
阳曲县西凌井乡	35631	598	1521	374	2800.0		
阳曲县北小店乡	18012	2950	1139	414			
阳曲县杨兴乡	41667	5185	2600	649	12.0		
娄烦县娄烦镇	15900	34980	17945	8145	3500.0	270	23500
娄烦县静游镇	13200	25145	12249	4637	138.0	75	5000
娄烦县杜交曲镇	15800	8300	3510	2010	50.0	60	2370
娄烦县庙湾乡	15100	7300	4660	1860			
娄烦县马家庄乡	17900	16392	7325	790	5000.0		
娄烦县盖家庄乡	11700	5818	3950	1390	6000.0		
娄烦县米峪镇乡	21200	11364	6590	1617			
娄烦县天池店乡	16800	10489	4260	2245	3006.0		
古交市河口镇	20285	22350	4950	2950	45000.0	70	5325
古交市镇城底镇	4965	13094	3128	2343	105140.0	35	3512
古交市马兰镇	11456	22424	7624	1855	34443.0	45	1220
古交市阁上乡	17640	1693	653	129			
古交市加乐泉乡	12215	9358	2706	1770	21.0		
古交市梭峪乡	4240	15573	3295	2727	7800.0		
古交市岔口乡	17698	6629	3180	1167	90.0		
古交市常安乡	9753	6607	3808	608	300.0		
古交市原相乡	10372	6641	2748	1728	24688.0		
古交市邢家社乡	26191	10189	4377	1777	2260.0		
南郊区古店镇	8312	10901	6015	2999	49714.0	134	5397
南郊区高山镇	14425	18000	7734	4134	20000.0	80	1992
南郊区云冈镇	12250	22362	5518	3919	679.0		
南郊区口泉乡	21299	45497	22445	12971	36384.0	300	1358
南郊区新旺乡	4951	20901	9414	9283	5323.0	4951	20901
南郊区水泊寺乡	10240	61250	30866	21518	45268.0		
南郊区马军营乡	11000	47921	24162	19708	48844.0		
南郊区西韩岭乡	10713	28835	13787	5995	79336.0		
南郊区平旺乡	3610	24074	11703	8284	22254.0		
南郊区鸦儿崖乡	8200	9652	2991	1575	375.3		
新荣区新荣镇	10300	38641	12326	8301	1868.0	178	24424
新荣区破鲁堡乡	9000	10145	4640	3027	93.0	53	703
新荣区郭家窑乡	14633	12753	8294	2878		57	1449
新荣区花元屯乡	25130	11602	7739	3037	40006.0	59	2574
新荣区西村乡	16223	8300	4176	1707	15000.0	60	291
新荣区上深涧乡	8400	9284	1918	831	300.0	74	2819
新荣区堡子湾乡	17887	9600	9330	5700	9890.0	43	1020
阳高县龙泉镇	17680	109300	54603	29001	2980.0	644	64131
阳高县罗文皂镇	16074	30115	15505	5205		320	5989
阳高县大白登镇	10905	19986	7292	2009	858.0	120	2310
阳高县王官屯镇	20143	23920	10260	3819	55900.0	73	1368
阳高县古城镇	15218	17823	8621	4432		102	1974
阳高县东小村镇	10581	10606	5483	1049		94	1896
阳高县友宰镇	14101	10672	6107	1877	80.0	117	2298
阳高县长城乡	13474	2496	2483	185	5882.0	13	620
阳高县北徐屯乡	6897	16154	5869	1169		6	1600

续表 47　（山西省）　计算单位：公顷、人、万元

名　　称	行政区域面　　积	常住人口	从业人员	二三产业从业人员	工　业总产值	城镇建成区 面 积	城镇建成区常住人口
阳高县狮子屯乡	11709	18280	5380	1300	18.0	7	2050
阳高县下深井乡	15991	17215	10350	1250		8	650
阳高县马家皂乡	7998	14598	4616	1122		7	1999
阳高县鳌石乡	7056	11521	4352	1276	5.0	9	1868
天镇县玉泉镇	7583	64147	31987	28476	6450.0	692	55820
天镇县谷前堡镇	12574	19168	7714	2748	14538.0	250	5778
天镇县米薪关镇	19470	18725	7883	1269	890.0	23	1275
天镇县逯家湾镇	21692	15108	6193	1978	11727.0	23	2203
天镇县新平镇	18700	12356	6246	568		29	2769
天镇县卅里铺乡	11673	21768	8636	2736	16840.0	210	3100
天镇县南河堡乡	8980	22642	8987	2729	452.0	240	3050
天镇县贾家屯乡	12942	10729	5371	583	10412.0	72	595
天镇县赵家沟乡	12016	7653	2617	352	580.0	103	1135
天镇县南高崖乡	21844	8104	3489	1386	950.0	80	641
天镇县张西河乡	15456	10528	4720	722	47540.0	85	750
广灵县壶泉镇	7910	59346	10156	4227	13840.0	260	7034
广灵县南村镇	27660	27294	7840	3450	6600.0	134	3800
广灵县一斗泉乡	11260	11958	5480	1129	1872.0	80	2534
广灵县蕉山乡	8930	16871	7250	2118	1098.0	56	1775
广灵县加斗乡	11380	18135	5587	1049	726.0	48	3046
广灵县宜兴乡	13010	12102	4022	1054	2046.0	25	2546
广灵县作疃乡	11240	19519	8668	1422	10546.0	34	1314
广灵县梁庄乡	18820	12272	4607	471	167.0		
广灵县望狐乡	18090	5510	3796	607	2160.0	49	2555
灵丘县武灵镇	23300	109356	32845	20097	34000.0	800	36467
灵丘县东河南镇	24700	32144	13441	3254	40.0	289	7258
灵丘县上寨镇	29100	17128	8596	1246	2700.0	100	3807
灵丘县落水河乡	28300	26412	13556	2031	50771.0	430	2600
灵丘县史庄乡	14400	6903	4071	603		160	768
灵丘县赵北乡	28300	14200	7053	3196	19537.6	380	2300
灵丘县石家田乡	18600	8697	6133	829	703.0	110	1280
灵丘县柳科乡	20200	7395	4136	2000	5700.0	70	1040
灵丘县白崖台乡	19000	6450	2955	1314	1520.0	120	818
灵丘县红石塄乡	14600	4382	1520	370	100.0	17	1026
灵丘县下关乡	26600	8352	3473	1803	8865.0	267	2740
灵丘县独峪乡	26000	9042	3605	1424	1200.0	200	580
浑源县永安镇	9155	123105	25515	14934	14854.0	2382	85174
浑源县西坊城镇	5619	14527	7022	1661		170	3827
浑源县蔡村镇	5968	11033	6199	3008	1030.0	168	3442
浑源县沙圪坨镇	17778	16363	15478	12084	70.0	125	3103
浑源县王庄堡镇	18950	15593	6647	3862	2100.0	170	4015
浑源县大磁窑镇	4317	4508	3314	2626	320.0	20	2018
浑源县东坊城乡	11960	23104	11150	4539	48026.0		
浑源县裴村乡	8870	14854	5580	1608	1300.0		
浑源县驼峰乡	8452	8459	6462	2903	100.0		
浑源县西留村乡	8472	9720	5875	2093			
浑源县下韩村乡	2815	10993	5029	1888	11800.0		
浑源县南榆林乡	11294	9345	3728	1955	540.0		
浑源县吴城乡	10113	5641	5017	1888	55.0		
浑源县黄花滩乡	10669	12319	6693	1482			

续表 48　　　　（山西省）　　　　计算单位：公顷、人、万元

名　　称	行政区域面　　积	常住人口	从业人员	二三产业从业人员	工　业总产值	城镇建成区 面 积	城镇建成区常住人口
浑源县大仁庄乡	11871	3335	2371	1249			
浑源县千佛岭乡	19341	16368	8018	5110	808.0		
浑源县官儿乡	19537	10213	4432	183			
浑源县青磁窑乡	11570	9178	4220	2585	9500.0		
左云县云兴镇	13758	60825	13050	9334	656.0	900	36982
左云县鹊儿山镇	5558	6556	3166	1366	8227.0	60	1735
左云县店湾镇	10636	7287	4683	2490	106260.0	73	1016
左云县管家堡乡	12386	11440	4728	2391	5610.0	70	1452
左云县张家场乡	19368	10345	7852	3982	17220.0	49	942
左云县三屯乡	23136	13334	8151	1811	662.0	62	911
左云县马道头乡	14460	11000	4892	1314	8.0	118	878
左云县小京庄乡	23465	8611	5643	1099	6483.0	46	965
左云县水窑乡	8651	2904	2143	1169	260.0	56	489
大同县西坪镇	12420	30060	8406	1286	1730.0	165	13154
大同县倍加造镇	7752	19939	7535	3564	42735.0	200	6450
大同县周士庄镇	14501	17570	7579	3624	43000.0	385	8018
大同县吉家庄乡	18913	6780	4863	1204	1000.0	36	1117
大同县峰峪乡	17316	6110	3571	1040		17	1092
大同县杜庄乡	14359	12080	3148	492	352.0	70	849
大同县党留庄乡	7432	14971	6281	2421	38120.0	98	2876
大同县瓜园乡	12803	8100	3845	645	7200.0	42	1276
大同县巨乐乡	13947	6165	2667	606	50.0	53	1882
大同县许堡乡	27236	11231	6607	1912	160.0	45	1403
阳泉市郊区荫营镇	10330	54539	27341	23087	42756.0	408	21781
阳泉市郊区河底镇	10304	36821	11348	8337	62152.0	480	5229
阳泉市郊区义井镇	4111	33449	15791	12602	85018.0	243	6149
阳泉市郊区平坦镇	17402	30387	10777	8455	31459.0	72	2932
阳泉市郊区西南舁乡	5799	12447	6711	3834	21108.0		
阳泉市郊区杨家庄乡	2835	10967	6016	4790	60707.0		
阳泉市郊区李家庄乡	2127	17007	6549	5866	19635.0		
阳泉市郊区旧街乡	8638	6335	2883	1509	83214.0		
平定县冠山镇	8711	126312	25259	20261	646503.0	870	53000
平定县冶西镇	14117	13735	5203	3155	37250.0	110	2356
平定县锁簧镇	5343	30918	14596	9218	135800.0	153	4720
平定县张庄镇	16194	35295	17252	9542	133727.0	130	3768
平定县东回镇	23898	20326	14841	6157	480.0	102	2216
平定县柏井镇	11712	18256	8260	4028	3018.0	142	4214
平定县娘子关镇	15099	12913	7671	3611	5002.0	340	4082
平定县巨城镇	15829	19460	10323	5368	46784.0	87	2409
平定县石门口乡	9072	17436	7477	3941	171000.0		
平定县岔口乡	19119	14045	6479	1587	31500.0		
盂县秀水镇	5417	105676	22137	17084	45876.0	1883	65682
盂县孙家庄镇	9278	27300	10055	3716	132500.0	710	6610
盂县路家村镇	9377	20589	11112	5597	700000.0	35	2169
盂县南娄镇	17984	29926	12528	6971	382000.0	40	2100
盂县牛村镇	6938	19078	10143	2273	28050.0	56	2618
盂县苌池镇	22595	23448	14480	4502	90000.0	82	2699
盂县上社镇	37637	15730	6707	1588	12000.0	59	2298
盂县西烟镇	30986	18798	9727	1144	32000.0	135	2340
盂县仙人乡	20474	11517	5519	1669	1000.0	48	1256

续表 49　　（山西省）　　计算单位：公顷、人、万元

名　　称	行政区域面　积	常住人口	从业人员	二三产业从业人员	工　业总产值	城镇建成区 面 积	城镇建成区常住人口
盂县北下庄乡	12433	10291	6131	1308	500.0	7	966
盂县下社乡	13298	7992	3816	1460	190.0	10	430
盂县梁家寨乡	24409	9998	4839	1243	35.0	23	585
盂县西潘乡	24340	8086	4152	311	215.0	31	417
盂县东梁乡	16271	10133	3946	695		15	316
长治市郊区老顶山镇	6521	34637	14087	9155	17240.0	184	8608
长治市郊区堠北庄镇	4409	40727	17011	11683	625530.0	130	2800
长治市郊区大辛庄镇	2842	24715	12071	9230	490180.0	38	5045
长治市郊区马厂镇	4150	31974	21518	14763	936000.0	240	4312
长治市郊区黄碾镇	3958	29540	14187	8665	1365240.0	130	2605
长治市郊区西白兔乡	2657	8702	3673	3195	707217.0	32	2715
长治县韩店镇	4300	76996	26274	16750	106542.0	519	34204
长治县苏店镇	4500	38790	15458	7854	8300.0	190	8000
长治县荫城镇	6600	51165	22556	12512	40000.0	500	5991
长治县西火镇	4500	24870	12412	6314	20117.0	299	6621
长治县八义镇	4700	24835	12240	5520	6000.0	163	3563
长治县贾掌镇	2900	16611	8068	4510	4100.0	200	5358
长治县郝家庄乡	3600	27889	16453	9069	44970.0	72	2900
长治县西池乡	4300	24233	12765	7175	5962.0	43	681
长治县北呈乡	3400	22481	12877	6497	39000.0	51	750
长治县东和乡	3300	20459	11390	6260	36109.0	200	3242
长治县南宋乡	4600	18335	9774	4902	149753.0	110	3000
襄垣县古韩镇	10755	24488	10024	8445	144000.0		
襄垣县王桥镇	8791	34507	10049	4722	230992.5	482	17359
襄垣县侯堡镇	7958	36749	7199	4390	1752607.0	100	2359
襄垣县夏店镇	14382	20344	8724	1069	216210.0	18	1195
襄垣县虒亭镇	12512	16184	9196	2044	2640.0	25	1164
襄垣县西营镇	5756	10602	3864	1127	10700.0	110	2276
襄垣县王村镇	13794	13881	7420	884	2950.0	53	1081
襄垣县下良镇	17343	16254	6738	2004	194950.0	50	1279
襄垣县善福乡	3865	9425	4648	1757	89242.7	26	710
襄垣县北底乡	6968	7975	2975	849	5920.0	62	722
襄垣县上马乡	9715	7303	2674	367		18	646
屯留县麟绛镇	6035	53133	31328	22639	223334.1	800	21973
屯留县上村镇	5912	22005	13130	4546	24056.0	110	2724
屯留县渔泽镇	2680	24192	9313	4681	963326.0	150	4430
屯留县余吾镇	6645	19921	9626	4286	12213916.7	210	4428
屯留县吾元镇	16288	16024	6913	2145	1280.0	37	960
屯留县张店镇	28830	21626	7905	1890	95.0	70	1843
屯留县丰宜镇	4890	9510	3761	1181	30.0	160	2600
屯留县李高乡	5950	16227	8607	2906	1900.0	48	1720
屯留县路村乡	6337	31601	16010	8210	189564.3	61	1844
屯留县河神庙乡	8385	17848	7714	3868	42.0	28	852
屯留县西贾乡	5235	13731	7771	1769	22.0	28	1045
平顺县青羊镇	16100	20865	11325	6749	2032.0	242	20725
平顺县龙溪镇	9000	16363	7241	2931	91640.0	91	2900
平顺县石城镇	17800	12016	6919	3051	1200.0	76	1630
平顺县苗庄镇	3400	8759	4194	944	37.0	62	1692
平顺县杏城镇	19100	10722	5090	1470	72040.0	100	1841
平顺县西沟乡	7900	6520	3498	1918	61000.0	330	950

续表 50 （山西省） 计算单位：公顷、人、万元

名　　称	行政区域面　　积	常住人口	从业人员	二三产业从业人员	工　业总产值	城镇建成区 面 积	城镇建成区常住人口
平顺县东寺头乡	23200	7434	3280	1770		19	386
平顺县虹梯关乡	14718	6999	3433	910	25.0	20	460
平顺县阳高乡	13100	9453	7562	3009	5980.0	32	800
平顺县北耽车乡	18400	8903	3804	2247	4300.0	25	4590
平顺县中五井乡	5600	7223	3835	367	22002.0	35	1333
平顺县北社乡	5800	17005	8785	3455	170.0	45	3500
黎城县黎侯镇	13060	53598	28628	21927	797163.9	820	35681
黎城县东阳关镇	14040	16426	8365	4005	280.0	115	2359
黎城县上遥镇	26260	17276	6813	4819	900.0	70	1601
黎城县西井镇	23348	25858	12237	4165	1520.0	136	4272
黎城县黄崖洞镇	12350	14798	7142	4453	60002.0	70	1580
黎城县西仵乡	2590	7626	3473	1902	558201.5	42	510
黎城县停河铺乡	3260	7505	4022	1678	3105.0	20	1200
黎城县程家山乡	5990	8000	4543	1400	220.0	80	690
黎城县洪井乡	9195	8920	4737	1392	362.0	365	603
壶关县龙泉镇	32394	42686	18474	10746	475690.2	242	21600
壶关县百尺镇	9565	31010	19223	13971	46087.0	45	2980
壶关县店上镇	7512	29304	19418	6915	60.0	83	4900
壶关县晋庄镇	10094	27029	14957	5883	11605.9	35	2232
壶关县树掌镇	2726	11046	5631	1477	23.0	35	2321
壶关县集店乡	4500	27990	15765	8467	58014.0	44	3400
壶关县黄山乡	5405	28216	13772	4581	37010.0	37	1945
壶关县东井岭乡	7927	17898	6775	3197	15.0	18	633
壶关县石坡乡	2434	9370	7527	3309		27	1513
壶关县五龙山乡	4200	8810	4712	1063	51234.2	20	341
壶关县鹅屋乡	10527	8513	4606	1373		16	580
壶关县桥上乡	5857	8847	3766	819		19	506
长子县丹朱镇	7150	77360	24304	7777	264298.0	230	43998
长子县鲍店镇	4950	24780	13940	4370	12073.0	123	5763
长子县石哲镇	32600	29682	13831	2639	2100.0	64	2685
长子县大堡头镇	7650	38625	16538	7322	84000.0	46	2975
长子县慈林镇	6300	30268	13749	5340	573373.2	38	1072
长子县色头镇	4600	20596	8459	3599	207030.0	142	2902
长子县南漳镇	3100	25017	16736	3956	174913.0	134	3210
长子县岚水乡	4550	19800	8360	2922	3800.0	25	1800
长子县碾张乡	7800	15828	9780	2728	635.0	28	1792
长子县常张乡	5550	16848	9023	2524	2213.0	26	1194
长子县南陈乡	12300	21406	9360	4693	1100.0	32	4550
长子县宋村乡	6350	35380	18628	3787	18000.0	61	1740
武乡县丰州镇	16240	50460	11900	4300	118028.0	1400	49000
武乡县洪水镇	20360	26542	9536	2453	176751.0	110	7125
武乡县蟠龙镇	19650	25938	12341	4188	110538.0	40	3588
武乡县监漳镇	4840	10323	4000	720	3590.0	30	1721
武乡县故城镇	15320	18613	8057	2561	4150.0	29	3083
武乡县墨镫乡	5490	7032	2463	1224	165394.0	22	1500
武乡县韩北乡	11880	13050	11100	5585	58253.0	36	1185
武乡县大有乡	9570	12984	4500	500	20.0	23	1370
武乡县贾豁乡	9280	11189	2239	119		15	1256
武乡县故县乡	4250	4742	2140	333	146.0	6	986
武乡县上司乡	5710	8690	2779	825	293.0	26	320

续表 51　　（山西省）　　计算单位：公顷、人、万元

名　　称	行政区域面　积	常住人口	从业人员	二三产业从业人员	工　业总产值	城镇建成区 面 积	城镇建成区常住人口
武乡县石北乡	7610	5992	2851	1149	800.0	16	485
武乡县涌泉乡	7900	7601	4696	1212		26	796
武乡县分水岭乡	22900	5308	3099	287	15.0	17	1170
沁县定昌镇	7400	59762	16524	13002	17381.0	300	31642
沁县郭村镇	7900	10502	4116	1040	632.0	80	2042
沁县故县镇	15000	12664	5565	1867	512.0	105	2671
沁县新店镇	12400	14863	5564	2109	420.0	60	1372
沁县漳源镇	12600	13462	4219	1594	254.0	75	1721
沁县册村镇	12700	13440	6796	2184	39485.0	70	1573
沁县段柳乡	8200	14976	7950	2000	412.0	74	1632
沁县松村乡	9900	10296	4229	915	8104.0	80	1703
沁县次村乡	6600	3401	1907	214	157.0	45	769
沁县牛寺乡	12500	6837	2358	769	124.0	48	804
沁县南里乡	5400	7321	3100	1564	179.0	40	713
沁县南泉乡	9200	2708	1448	231	89.0	35	542
沁县杨安乡	9900	2957	918	307	94.0	35	518
沁源县沁河镇	19567	51266	14346	8566	1470.0	1480	29884
沁源县郭道镇	26550	17423	5689	2406	104682.0	500	6548
沁源县灵空山镇	14910	8855	3849	1803	292000.0	60	1140
沁源县王和镇	15330	13558	6860	3596	36500.0	32	3906
沁源县李元镇	12210	8510	3655	2410	989776.0	45	2831
沁源县中峪乡	12140	5300	1177	380		65	1080
沁源县法中乡	22680	7760	4040	3600	330.0	73	1520
沁源县交口乡	22170	9173	3861	1421	1200.0	67	995
沁源县聪子峪乡	7770	5866	2793	2365	176950.0	186	1564
沁源县韩洪乡	26300	10142	3593	578	200.0	26	1948
沁源县官滩乡	15140	3634	2055	744		45	316
沁源县景凤乡	12100	2897	1419	706		8	523
沁源县赤石桥乡	19200	5706	2767	1166	400.0	23	920
沁源县王陶乡	29340	10274	3715	1633	39000.0	36	2360
潞城市店上镇	8411	30515	16105	8310	1102800.0	520	9286
潞城市微子镇	7749	20237	8157	3164	94328.0	84	4324
潞城市辛安泉镇	8704	13944	6869	2629	15170.0	15	1331
潞城市翟店镇	4948	22754	11322	4530	301300.0	20	2776
潞城市合室乡	8810	5789	5124	1628	6500.0	107	3772
潞城市黄牛蹄乡	5661	15200	7030	2880	5745.0	20	1858
潞城市史回乡	4555	19541	11229	4980	501990.0	188	2107
晋城市城区北石店镇	3980	91435	32738	28820	58470.0	500	86607
沁水县龙港镇	38975	56530	24635	19022	64652.0	26	46320
沁水县中村镇	24368	14390	7426	3852	78851.5	110	9095
沁水县郑庄镇	37853	17287	9180	2543	22160.0	500	1875
沁水县端氏镇	24728	26114	13479	5446	92202.0	84	9890
沁水县嘉峰镇	8187	24382	12401	7451	724388.0	687	2650
沁水县郑村镇	9264	16116	9548	4929	311000.0	33	2680
沁水县柿庄镇	24122	11360	7424	1530	4317.4	39	935
沁水县樊村河乡	11713	2112	1050	298		2992	731
沁水县土沃乡	14865	7029	3893	836	11110.0	440	724
沁水县张村乡	7919	4080	1931	746	336.0	719	717
沁水县苏庄乡	11188	2277	1456	303		3000	567
沁水县胡底乡	9150	10045	5604	2515	1052.0	622	1312

续表 52　（山西省）　计算单位：公顷、人、万元

名称	行政区域面积	常住人口	从业人员	二三产业从业人员	工业总产值	城镇建成区面积	城镇建成区常住人口
沁水县固县乡	16858	6580	4480	1475	150.0	165	1328
沁水县十里乡	26631	10316	5443	1432	315.0	40	860
阳城县凤城镇	10670	144053	30519	20283	369700.0	1270	82965
阳城县北留镇	8142	38037	19404	10578	918026.0	571	11273
阳城县润城镇	7192	29127	13697	8339	81000.0	320	13620
阳城县町店镇	5789	15312	6194	2948	307341.0	150	6130
阳城县芹池镇	13010	15286	7973	2749	120192.0	75	6350
阳城县次营镇	6197	11428	8308	2281	6475.0	400	2400
阳城县横河镇	18730	2948	2233	633	55.0	76	1312
阳城县河北镇	20060	12206	7239	2369	4126.0	150	3640
阳城县蟒河镇	24140	15011	13436	8176	39660.0	1040	5281
阳城县东冶镇	26750	22589	14037	6404	19950.0	100	3465
阳城县白桑乡	5810	14093	8171	4174	15261.0	100	1784
阳城县寺头乡	7200	8343	5804	830	12716.0	331	819
阳城县西河乡	3583	13866	7453	3747	60324.0	140	5884
阳城县演礼乡	3810	12455	6647	2481	56965.0	280	680
阳城县固隆乡	4061	7989	3870	1023	15400.0	60	1900
阳城县董封乡	21800	4754	2573	511	3644.0	50	987
阳城县驾岭乡	7433	6020	4116	1697	260.0	30	528
陵川县崇文镇	14200	66693	23343	16318	30737.0	513	43430
陵川县礼义镇	8600	28883	15592	9783	121180.0	160	10213
陵川县附城镇	19000	28853	12720	6850	64641.0	143	6748
陵川县西河底镇	8700	17822	7873	3472	5160.0	160	3976
陵川县平城镇	5180	22945	13429	6086	87410.0	250	8617
陵川县杨村镇	3100	15412	8130	3198	14778.7	200	2883
陵川县潞城镇	14400	11641	7100	2046		210	2601
陵川县夺火乡	24560	4576	2256	549		151	932
陵川县马圪当乡	23600	6018	2843	1181	1000.0	80	825
陵川县古郊乡	23080	8022	3912	1985		78	658
陵川县六泉乡	23790	10493	6353	1213	1000.0	50	643
陵川县秦家庄乡	6890	12975	7037	3083	4500.0	102	921
泽州县南村镇	8225	46580	15904	9930	480000.0	225	12202
泽州县下村镇	9486	46910	11776	6600	112800.0	240	8620
泽州县大东沟镇	9600	31425	15887	4336	90000.0	886	10253
泽州县周村镇	6843	25354	13931	5183	195832.0	206	13397
泽州县犁川镇	4021	16229	8755	3553	24632.0	42	6283
泽州县晋庙铺镇	15000	18612	6711	2292	1076.0	28	2200
泽州县金村镇	21714	52779	23769	12280	99518.0	46	4982
泽州县高都镇	11911	36577	16814	7440	313250.0	81	8295
泽州县巴公镇	11708	59990	30421	17220	1273015.0	850	17900
泽州县大阳镇	5258	24441	12099	7735	24290.0	180	12563
泽州县山河镇	22205	23524	10160	5223	6009.0	14	1789
泽州县大箕镇	13190	19754	11058	6720	73.0	34	2084
泽州县柳树口镇	33644	14085	5229	642	2870.0	22	1100
泽州县北义城镇	7165	28658	15394	7016	140400.0	50	1610
泽州县川底乡	6997	20386	10190	3941	1433510.3	153	1571
泽州县李寨乡	7702	12191	5094	2427	21.0	27	1876
泽州县南岭乡	7702	9292	5299	1914	622.0	21	629
高平市米山镇	7162	34413	17891	6573	106624.0	99	5157
高平市三甲镇	4130	24535	14017	8121	258302.0	102	3489

续表 53　　（山西省）　　计算单位：公顷、人、万元

名　　称	行政区域面　　积	常住人口	从业人员	二三产业从业人员	工　业总产值	城镇建成区 面 积	城镇建成区常住人口
高平市神农镇	5087	23067	10793	5553	21656.0	77	3230
高平市陈区镇	6314	30639	14351	6986	74420.0	28	2346
高平市北诗镇	7654	31006	16120	7014	13460.0	30	1838
高平市河西镇	9957	44993	24675	10466	199978.0	82	7328
高平市马村镇	6890	33921	15438	10107	259583.0	60	4916
高平市野川镇	8922	21858	10707	3047	59755.0	61	3050
高平市寺庄镇	13703	47485	20602	7930	464164.0	118	5470
高平市建宁乡	3309	18651	8051	3216	34425.0	57	4897
高平市石末乡	4775	15897	7744	2555	2729.0	35	1932
高平市原村乡	7550	19705	11288	4660	321553.0	130	2984
高平市永录乡	3062	12853	5564	2782	41142.0	37	2154
朔城区神头镇	16118	29262	13266	4899	52300.0	225	2036
朔城区利民镇	26615	9024	7449	4275		100	2232
朔城区下团堡乡	13048	28048	14385	6041	21150.0		
朔城区小平易乡	7603	23231	13331	9230	2302.0		
朔城区滋润乡	13815	14972	8364	498			
朔城区福善庄乡	8656	15473	10694	1272			
朔城区南榆林乡	19300	7038	6950	2789	1802.0		
朔城区贾庄乡	9215	16620	5788	1676	3210.0		
朔城区沙塄河乡	19964	14281	10400	4540			
朔城区窑子头乡	13248	9995	5423	1140	4500.0		
朔城区张蔡庄乡	19092	5505	3700	1850	200.0		
平鲁区井坪镇	14400	81003	37240	15940	12350.0	1660	52600
平鲁区凤凰城镇	18200	8300	5996	1686		174	2410
平鲁区白堂乡	12300	11325	6839	5329	131988.0		
平鲁区陶村乡	8800	17552	12223	8287	25200.0		
平鲁区下水头乡	30100	9782	5693	2430			
平鲁区双碾乡	18500	2265	1887	193			
平鲁区阻虎乡	17800	9483	3634	908			
平鲁区高石庄乡	23000	4532	3986	1709			
平鲁区西水界乡	21000	3593	3592	615			
平鲁区下面高乡	20640	14686	8539	3400	1200.0		
平鲁区下木角乡	15600	3204	2907	1553			
平鲁区向阳堡乡	19000	18570	6849	5384	4360.0		
平鲁区榆岭乡	9295	12340	7068	5410	210.0		
山阴县玉井镇	16845	13099	5541	2408	107914.3	100	2818
山阴县北周庄镇	16786	20463	7114	3103	619752.1	148	5850
山阴县古城镇	16681	17256	8550	2750	99107.3	80	4251
山阴县岱岳镇	13553	89573	59192	50061	108717.9	1500	66730
山阴县吴马营乡	10684	3543	2134	663			
山阴县马营乡	12236	11238	4507	1792	383232.0		
山阴县下喇叭乡	13411	3754	2303	369			
山阴县合盛堡乡	9459	11556	5071	599	2500.0		
山阴县安荣乡	9000	12136	4060	894	24743.2		
山阴县薛圐圙乡	12771	10542	5080	960	5441.6		
山阴县后所乡	11515	14628	5092	442			
山阴县张家庄乡	8923	7709	3871	509			
山阴县马营庄乡	13279	14601	5251	1645			
应县金城镇	9822	104982	36926	27930	670000.0	2403	85194
应县南河种镇	15020	39677	15471	4700	4860.0	129	7810

续表 54　　（山西省）　　计算单位：公顷、人、万元

名　　称	行政区域面　　积	常住人口	从业人员	二三产业从业人员	工　业总产值	城镇建成区 面 积	城镇建成区常住人口
应县下社镇	5317	22423	9235	2112	9812.0	170	1628
应县镇子梁乡	7499	19769	11603	1604		40	1318
应县义井乡	16049	17658	13951	2709			
应县藏寨乡	18238	24026	7686	3427	11159.0		
应县大黄巍乡	9380	14038	6309	883	2560.0	38	999
应县杏寨乡	9572	18191	11274	2286		48	1281
应县下马峪乡	11538	12087	6131	1245			
应县南泉乡	14363	13750	5235	1624		5	1551
应县大临河乡	17845	27752	13614	1986	10658.0		
应县白马石乡	32298	13869	6437	1325			
右玉县新城镇	17387	26102	5367	2474	45617.0	207	11600
右玉县右卫镇	24275	12304	4654	1864	9185.0	74	2992
右玉县威远镇	25806	6185	6129	2288	13160.7	37	2386
右玉县元堡子镇	14450	14217	7959	4240	381724.0	49	1395
右玉县牛心堡乡	19410	3617	3345	1340	7600.0		
右玉县白头里乡	15312	5585	2610	1238	87952.0		
右玉县高家堡乡	22638	8136	4066	1475	9419.0		
右玉县丁家窑乡	15505	1870	1073	99			
右玉县杨千河乡	16833	3914	1502	77	2100.0		
右玉县李达窑乡	25251	9044	5045	1957	12019.5		
怀仁县云中镇	15926	159361	39099	31653	417895.0	2500	123200
怀仁县吴家窑镇	3794	8085	3837	3700		92	6345
怀仁县金沙滩镇	18075	21964	9490	4054	409405.5	300	3860
怀仁县毛家皂镇	12788	13788	6858	2494	169000.0	30	1960
怀仁县何家堡乡	7200	20213	8432	5233	131000.2		
怀仁县新家园乡	16700	46880	23799	16674	368660.0		
怀仁县亲和乡	12628	23273	11177	3014	21300.0		
怀仁县海北头乡	11013	13312	7863	3353	59404.0		
怀仁县马辛庄乡	13533	7412	3377	815	2095.0		
怀仁县河头乡	13350	12169	5687	538	55.0		
榆次区乌金山镇	15924	33442	16187	7597	456900.0	200	4267
榆次区东阳镇	5789	27475	13656	3596	1300.0	200	4140
榆次区什贴镇	11893	15695	7439	1181	19510.0	30	2271
榆次区长凝镇	32807	15766	6969	2283	11175.0	32	1931
榆次区北田镇	10204	22830	9359	2277	9812.0	150	3785
榆次区修文镇	7388	31362	15947	5417	40644.0	13	1361
榆次区郭家堡乡	9212	68904	26243	18603	551334.0	5588	48095
榆次区张庆乡	7815	34041	16875	5842	250277.0		
榆次区庄子乡	16081	16618	10722	1206	20040.0	43	964
榆次区东赵乡	9119	14641	5721	2303	17000.0	100	400
榆社县箕城镇	28300	33631	12211	6793	9540.0	500	7800
榆社县云簇镇	12700	19000	10000	3000	500.0	200	4500
榆社县郝北镇	15400	13583	7327	2325	2356.0	22	1743
榆社县社城镇	31200	8054	3760	1860	216.0	30	818
榆社县河峪乡	22400	12947	4312	1712	21.0	2	306
榆社县北寨乡	20800	8990	3979	890	15.0	20	80
榆社县西马乡	19600	10985	6853	2790	160.0	2012	834
榆社县岚峪乡	7000	3579	3182	1482		0	240
榆社县讲堂乡	12500	4400	2056	1136		12500	4400
左权县辽阳镇	18095	19807	8738	4976	27221.0	20	963

续表 55　　（山西省）　　计算单位：公顷、人、万元

名　　称	行政区域面　积	常住人口	从业人员	二三产业从业人员	工　业总产值	城镇建成区 面 积	城镇建成区常住人口
左权县桐峪镇	15700	11387	4632	1568	52184.1	92	3880
左权县麻田镇	22700	23721	10147	2471	2820.0	150	4185
左权县芹泉镇	17900	15820	9281	1497	9750.0	100	2278
左权县拐儿镇	23200	13211	7620	2359	5516.0	100	1820
左权县寒王乡	16700	14520	4966	3098	90937.9		
左权县石匣乡	43600	14172	4642	3282	6735.0		
左权县龙泉乡	17700	9808	5180	2663	81296.8		
左权县粟城乡	16100	6449	4724	1081	19811.6		
左权县羊角乡	10500	7600	4134	977	1175.0		
和顺县义兴镇	38400	28496	12444	4463		540	22200
和顺县李阳镇	15200	15680	12621	6943		30	1460
和顺县松烟镇	28400	14227	6118	911		40	1946
和顺县青城镇	18900	7828	5032	1010	94.0	30	1426
和顺县横岭镇	26400	5101	2484	780		10	630
和顺县喂马乡	11000	5730	3414	1742	60924.0		
和顺县平松乡	17900	7563	3594	2059		10	518
和顺县牛川乡	7700	5200	5112	1619			
和顺县马坊乡	43000	4122	2610	271		10	
和顺县阳光占乡	18100	3685	2063	1160			
昔阳县乐平镇	19626	41034	16030	9699	285360.0	297	11046
昔阳县皋落镇	18862	11564	6064	1346		80	2606
昔阳县冶头镇	12502	13204	5663	1117		45	1702
昔阳县沾尚镇	25923	8933	4840	860	2097.0	20	680
昔阳县大寨镇	18531	33110	17630	8273	12418.0	70	830
昔阳县李家庄乡	3801	16695	8865	3659	3000.0	480	1100
昔阳县界都乡	12976	13211	7434	2486	20563.0	75	1251
昔阳县三都乡	7007	9984	4914	1027	17559.8		
昔阳县赵壁乡	24844	21500	12418	1681	60.0		
昔阳县孔氏乡	20271	11200	4510	1060		124	930
昔阳县闫庄乡	10560	8406	4518	976		0	963
昔阳县西寨乡	20122	4943	1904	48		1	329
寿阳县朝阳镇	17700	69900	16754	6481	121391.0	380	42460
寿阳县南燕竹镇	15000	16757	10910	2679	7600.0	30	1734
寿阳县宗艾镇	6700	11120	5400	1436	9000.0	58	4122
寿阳县平头镇	20000	21041	8706	2162	16178.0	36	3736
寿阳县松塔镇	31300	12225	6028	1148	19017.0	33	1946
寿阳县西洛镇	20700	10938	4815	362	1623.0	22	876
寿阳县尹灵芝镇	21800	10563	3752	1276	2332.0	40	902
寿阳县平舒乡	11000	14490	6913	2100	253000.0	1	1420
寿阳县解愁乡	10800	10123	4183	1866	49352.0	2	1430
寿阳县温家庄乡	6600	6899	2974	1956	98370.0	30	495
寿阳县景尚乡	9500	5740	3034	448		33	700
寿阳县上湖乡	10400	4673	2621	442		5	1036
寿阳县羊头崖乡	21100	8803	4119	1236		5	940
寿阳县马首乡	8400	6300	3200	1150	700.0	80	2005
太谷县明星镇	2080	12668	6407	2570	3510.0	220	1130
太谷县胡村镇	7069	45516	23013	14195	151767.0	216	6890
太谷县范村镇	30401	16374	9862	3354	650.0	68	4837
太谷县侯城乡	19054	28486	12397	6316	196659.0	72	5118
太谷县北汪乡	6036	21948	10108	2273	85400.0	93	4635

续表 56 （山西省） 计算单位：公顷、人、万元

名　　称	行政区域面　　积	常住人口	从业人员	二三产业从业人员	工　业总产值	城镇建成区 面 积	城镇建成区常住人口
太谷县水秀乡	3772	20125	9899	3972	26582.0	62	5435
太谷县阳邑乡	21422	20835	10772	5390	63212.0	102	4145
太谷县小白乡	7503	17702	8782	4013	26155.0	49	1623
太谷县任村乡	4657	15953	6999	1736	4920.0	69	3112
祁县昭馀镇	2285	33132	11723	8790	177204.0		
祁县东观镇	9060	48251	27320	14855	69899.0	400	15163
祁县古县镇	14015	33430	19499	8179	129825.0	50	2115
祁县贾令镇	5924	24732	10998	2672	16000.0	60	4156
祁县城赵镇	7541	36679	18116	8845	13284.0	507	4992
祁县来远镇	27267	3533	1521	475		15	657
祁县西六支乡	2837	20354	9175	5428	89426.0	4	3360
祁县峪口乡	12800	9201	4831	3069	12001.0	400	4006
平遥县古陶镇	2700	104925	42605	41305	416487.0	1720	104532
平遥县段村镇	6196	34100	11926	6718		100	15687
平遥县东泉镇	13996	13265	8530	3335		100	4010
平遥县洪善镇	7520	35339	17137	8981	20830.0	167	2312
平遥县宁固镇	8100	39382	18684	6705	14580.0	85	4000
平遥县南政乡	6300	42694	17947	14189	218625.0	2	785
平遥县中都乡	5300	34100	15996	7011	192540.0	447	4030
平遥县岳壁乡	8387	51900	29618	10992	116000.0		
平遥县卜宜乡	9411	28076	15850	10070	16298.0	21	1680
平遥县孟山乡	22500	3694	1840	337			
平遥县朱坑乡	18496	26556	11825	4946	35626.0	192	2679
平遥县襄垣乡	6589	23683	10953	5128	4230.0	54	2696
平遥县杜家庄乡	4503	19055	8441	2401			
平遥县香乐乡	6606	26270	11912	3425	43500.0	1	3470
灵石县翠峰镇	20721	41054	19035	13781	2000.0	20721	41054
灵石县静升镇	5643	27311	11533	8720	189000.0	432	11265
灵石县两渡镇	9901	26152	8823	7889	233615.0	210	15619
灵石县夏门镇	9386	15320	6973	2948	265505.0	65	2000
灵石县南关镇	25909	39994	11928	6275	83000.0	200	16980
灵石县段纯镇	8327	16100	5911	2540	1680.0	40	4020
灵石县马和乡	8574	9756	5083	1823	22510.0	46	3476
灵石县英武乡	5519	5983	4359	1967	69300.0	20	1550
灵石县王禹乡	5542	5390	5245	1952	21002.0		
灵石县坛镇乡	5903	7519	4226	889	68000.0	22	2012
灵石县梁家焉乡	8652	11031	4075	1471	400.0		
灵石县交口乡	6136	7354	3916	1866	30052.0		
介休市义安镇	8620	54272	29261	21121	1694123.0	292	11600
介休市张兰镇	10060	45549	19770	10713	84365.0	150	12627
介休市连福镇	10150	30354	13952	8186	271341.0	131	2624
介休市洪山镇	2740	10945	5764	3503	15000.0	73	5428
介休市龙凤镇	11040	13395	6960	3762	5700.0	42	4406
介休市绵山镇	15850	30483	16864	10216	186089.0	90	2495
介休市义棠镇	7800	31062	18214	11524	209000.0	201	4750
介休市城关乡	2420	26286	11860	10423	96000.0		
介休市宋古乡	3540	32908	17585	11535	63463.0		
介休市三佳乡	1794	19471	9380	5576	58397.0		
盐湖区解州镇	20465	64205	36725	17100	36598.0	49	7452
盐湖区龙居镇	9123	41715	21879	5370	3800.0	32	2000

续表 57　　（山西省）　　计算单位：公顷、人、万元

名称	行政区域面积	常住人口	从业人员	二三产业从业人员	工业总产值	城镇建成区面积	城镇建成区常住人口
盐湖区北相镇	6615	41170	17575	4211	32129.0	129	5460
盐湖区泓芝驿镇	4074	21688	13560	7599	15.0	57	2183
盐湖区三路里镇	5136	12768	8328	3588	1200.0	82	5951
盐湖区陶村镇	5633	27933	17355	4677	29288.0	31	2855
盐湖区东郭镇	5699	16915	7627	1182	500.0	40	3908
盐湖区席张乡	6930	15490	10184	4184	700.0	5	300
盐湖区金井乡	5034	24960	12501	2860	3002.0	60	1747
盐湖区王范乡	4337	17480	10448	1050	4000.0	26	4810
盐湖区冯村乡	5511	21913	11295	2020	2000.0	183	9500
盐湖区上郭乡	6941	22521	13997	2200	1000.0	80	4680
盐湖区上王乡	4109	9515	5442	1281	386.0	47	2589
临猗县猗氏镇	8060	36440	24965	13651	792996.0	500	12000
临猗县嵋阳镇	8400	26663	12977	3785	40410.0	40	3920
临猗县临晋镇	9030	43060	17486	4339	28000.0	280	13830
临猗县七级镇	7031	28299	17167	1511	6900.0	110	3000
临猗县东张镇	7768	32535	16958	1700	31000.0	105	4500
临猗县孙吉镇	15840	54280	24931	7737	34400.0	80	6325
临猗县三管镇	5002	17735	10634	3395	17060.0	60	3780
临猗县牛杜镇	7850	33633	15867	6687	22083.0	48	5270
临猗县耽子镇	7070	22800	8951	1330	15450.0	41	766
临猗县楚侯乡	6311	25630	16260	5310	26130.0	180	1538
临猗县庙上乡	7600	31370	15841	4954	10196.0	96	1432
临猗县角杯乡	10627	38779	16968	9028	14350.0	65	3430
临猗县北辛乡	7500	30950	14912	4866	10680.0	4	600
临猗县北景乡	10543	40946	20180	2944	53972.0	141	4103
万荣县解店镇	8670	79275	14626	6465	323796.0	350	17436
万荣县通化镇	5164	31788	9713	4451	3000.0	38	8613
万荣县汉薛镇	6400	25471	10001	2698	6100.0	140	10397
万荣县荣河镇	11128	43700	15885	4448	492300.0	320	15002
万荣县万泉乡	4413	15753	7478	2350	21.0	10	1000
万荣县里望乡	5188	25749	10038	1478	9518.0	10	280
万荣县西村乡	5105	18523	8311	5011	1200.0	10	4000
万荣县南张乡	6391	31753	13155	6355	6500.0	65	2230
万荣县高村乡	8775	32521	14096	5185	9200.0	33	2160
万荣县皇甫乡	8185	23450	9320	3775	4500.0	33	1705
万荣县贾村乡	6514	25425	12758	1908	3000.0	100	834
万荣县王显乡	7054	30292	12212	2056	4800.0	2	2643
万荣县光华乡	7652	36791	21835	6403	6000.0	320	1720
万荣县裴庄乡	10336	28360	18677	4390	24330.0	280	2826
闻喜县桐城镇	14038	120901	44916	29847	145600.0	1125	53663
闻喜县郭家庄镇	11965	34341	15342	8819	72232.0	65	1420
闻喜县畖底镇	8047	29663	17484	10744	5843.0	70	3700
闻喜县薛店镇	3900	13116	6965	3005	860.0	31	1297
闻喜县东镇镇	7355	46050	18400	11720	1553000.0	495	16650
闻喜县礼元镇	8068	31544	19672	8389	140000.0	55	2044
闻喜县河底镇	12346	38900	17599	5661	5526.0	90	2995
闻喜县神柏乡	3634	10576	5782	5255	8800.0	23	1350
闻喜县阳隅乡	5256	14470	8133	6753	890.0	24	1489
闻喜县侯村乡	4626	21032	8720	3920	48261.0	28	2978
闻喜县裴社乡	8020	19855	10500	5150	35000.0	35	2700

续表 58　　（山西省）　　计算单位：公顷、人、万元

名　　称	行政区域面　　积	常住人口	从业人员	二三产业从业人员	工　业总产值	城镇建成区 面 积	城镇建成区常住人口
闻喜县后宫乡	11575	18112	8254	1642	3123.0	22	1342
闻喜县石门乡	17436	8850	5088	1516	260.0	18	652
稷山县稷峰镇	15035	127719	77506	29120	106759.0	843	86591
稷山县西社镇	10260	29218	14412	7012	697603.0	102	5084
稷山县化峪镇	11313	41896	20744	8958	3648.0	83	6072
稷山县翟店镇	6000	38539	22064	14454	134000.0	600	13564
稷山县清河镇	7090	33355	19768	7502	2310.0	79	5340
稷山县蔡村乡	5300	29129	14930	6909	5000.0	53	2542
稷山县太阳乡	10600	51293	25890	15210	8456.0	47	11097
新绛县龙兴镇	7000	41860	23882	11125	105800.0	178	4232
新绛县三泉镇	7466	42686	19333	7733	340983.0	130	6010
新绛县泽掌镇	8267	28399	12372	3416	81900.0	153	4060
新绛县北张镇	6121	22564	13594	2994	815.0	120	3385
新绛县古交镇	5814	39056	26263	9135	30100.0	165	5305
新绛县万安镇	4516	19321	7259	3029	13000.0	70	4598
新绛县阳王镇	6600	24511	13601	4758	1211.0	110	3703
新绛县泉掌镇	2585	17645	11535	2806	50.0	110	1673
新绛县横桥乡	10931	47710	23197	8029	898648.7	61	3945
绛县古绛镇	14131	73890	29964	9144	246887.0	800	48560
绛县横水镇	8025	50100	26392	11708	22000.0	286	13200
绛县陈村镇	9796	12490	3512	1478	18000.0	100	4200
绛县卫庄镇	12866	5719	3796	2501	2420.0	30	538
绛县磨里镇	15930	11088	4550	1130	10773.0	60	4756
绛县南樊镇	5617	26898	16789	3097	14932.6	89	6050
绛县安峪镇	10263	30572	14729	5899	373563.2	170	2205
绛县大交镇	5517	30054	15093	5212	131709.4	167	4600
绛县郝庄乡	5114	21368	12505	2291	2148.0	10	350
绛县冷口乡	10836	10372	6181	2158	900.0	10	260
垣曲县新城镇	9800	75510	49811	24131	641557.0	610	71328
垣曲县历山镇	39200	13154	8013	3933	96.0	36	3031
垣曲县古城镇	11900	24350	12744	3144	3700.0	400	9528
垣曲县王茅镇	5500	10648	5495	1850	3200.0	39	2712
垣曲县毛家湾镇	19300	8703	3965	1887	700.0	53	1263
垣曲县蒲掌乡	16700	14458	6237	2869	2000.0	380	1986
垣曲县英言乡	8400	17256	11889	2457	456.0	67	4800
垣曲县解峪乡	21500	6321	3910	1715	132.0	4	510
垣曲县华峰乡	6200	21100	11200	5400	1300.0	600	5500
垣曲县长直乡	9800	13306	6697	2072	12056.0	52	1589
垣曲县皋落乡	13700	16255	9367	1657	31500.0	71	4050
夏县瑶峰镇	19838	93325	33707	8473	80173.0	530	50521
夏县庙前镇	11930	31640	15395	3655	12456.0	90	7200
夏县裴介镇	6190	49978	32902	9747	8335.0	60	3912
夏县水头镇	8902	42948	22727	4431	128503.0	420	15348
夏县埝掌镇	5428	12148	6722	682	3090.0	200	4108
夏县泗交镇	38258	9576	5440	1622	390.0	27	790
夏县尉郭乡	3097	25018	13702	6942	14957.0	150	6520
夏县禹王乡	5375	32092	21408	1372	9680.0	62	3257
夏县胡张乡	8383	36341	20172	8997	20570.0	58	2304
夏县南大里乡	6529	17676	10428	2087	20800.0	62	1329
夏县祁家河乡	21119	8345	5982	1749	485.0	5	1100

续表 59　　（山西省）　　计算单位：公顷、人、万元

名　　称	行政区域面　积	常住人口	从业人员	二三产业从业人员	工　业总产值	城镇建成区 面 积	城镇建成区常住人口
平陆县圣人涧镇	25765	84400	22776	8622	321461.6	620	32900
平陆县常乐镇	15916	44391	23632	4100	8000.0	80	4850
平陆县张店镇	9409	16577	8378	1402	10476.0	90	3628
平陆县张村镇	9262	24977	9440	3072	320.0	58	1935
平陆县曹川镇	18277	20724	8772	2321	11456.0	58	3145
平陆县三门镇	9860	8852	3540	1250	4465.0	42	1500
平陆县洪池乡	4651	14200	7824	690	30.0	20	2300
平陆县杜马乡	4601	12531	6862	681	18.0	11	1375
平陆县部官乡	7229	14663	7468	2755	510.0	198	1045
平陆县坡底乡	8789	8425	5929	3920	240.0	14	2600
芮城县古魏镇	12340	84500	38114	29750	446000.0	1200	49400
芮城县风陵渡镇	14850	58812	36777	21406	12250.0	35	7926
芮城县陌南镇	14460	43574	22600	1080	4100.0	70	11350
芮城县西陌镇	8550	21850	9545	5440	100.0	10	2058
芮城县永乐镇	7440	23620	14250	5750	1400.0	130	2328
芮城县大王镇	12860	29627	16312	2120	6000.0	30	2203
芮城县阳城镇	16620	36220	21459	9033	5810.0	90	8510
芮城县东垆乡	7200	21291	11475	4885	760.0	70	3260
芮城县南卫乡	9260	34582	22566	3855	5800.0	25	1930
芮城县学张乡	10100	23258	14434	5911	1985.0	20	3458
永济市虞乡镇	15010	42022	20856	10073	18012.0	160	3948
永济市卿头镇	11564	51800	27411	6998	482939.0	68	4120
永济市开张镇	11036	42750	22806	5606	1340.0	31	5230
永济市栲栳镇	10010	52733	32138	18382	24049.0	63	4865
永济市蒲州镇	9775	42606	24795	4215	10988.0	94	2522
永济市韩阳镇	7668	25120	15346	5109	5850.0	15	600
永济市张营镇	6913	32083	18306	5949	4800.0	93	3123
河津市樊村镇	6000	48035	19915	11264	294965.0	281	9975
河津市僧楼镇	7542	51077	28906	14234	1032040.0	266	12573
河津市小梁乡	5307	31746	13630	6960	4000.0	260	3777
河津市柴家乡	4545	30988	19511	8690	11430.0	100	2135
河津市赵家庄乡	5588	32330	12714	3983	262482.0	145	8000
河津市下化乡	8298	18065	9462	3297	26140.0	50	2430
河津市阳村乡	10123	23154	10121	6331	249374.0	110	4860
忻府区播明镇	4200	18300	7460	3426		86	1800
忻府区奇村镇	18400	30189	15014	5874	2036.0	180	6096
忻府区三交镇	38200	6897	4487	1350	1800.0	15	205
忻府区庄磨镇	12000	12410	7552	3272	15140.0	180	1800
忻府区豆罗镇	13200	18969	10291	3928	34616.0	129	1863
忻府区董村镇	8000	23818	12978	5183	15320.0	152	5680
忻府区曹张乡	5000	19012	9955	1755	1210.0		
忻府区高城乡	5100	15243	7447	2109	8208.0		
忻府区秦城乡	5800	21632	9330	3945	3120.0		
忻府区解原乡	8703	27819	13358	6846	37734.0		
忻府区合索乡	13099	18000	6920	2040	6000.0		
忻府区阳坡乡	27333	2175	1678	419			
忻府区兰村乡	12940	17258	10513	4314	263781.0		
忻府区紫岩乡	4422	14753	7886	3180	4360.0		
忻府区西张乡	5776	12729	8129	2859	500.0		
忻府区东楼乡	2560	16907	7872	5551	2840.0		

续表 60　　（山西省）　　计算单位：公顷、人、万元

名　　称	行政区域面　　积	常住人口	从业人员	二三产业从业人员	工　业总产值	城镇建成区 面 积	城镇建成区常住人口
忻府区北义井乡	3212	15434	6439	2937	23831.0		
定襄县晋昌镇	3594	25277	11331	8103	503510.0	385	8100
定襄县河边镇	23120	29396	14081	8658	282050.0	1614	10512
定襄县宏道镇	6263	27023	14137	6383	36200.0	1012	9000
定襄县杨芳乡	3593	15244	7804	2884	55000.0		
定襄县南王乡	18237	24562	12040	5730	20000.0		
定襄县蒋村乡	8186	14169	9500	2697	40994.0		
定襄县神山乡	3399	14923	8780	5470	354000.0		
定襄县季庄乡	6500	17976	9410	3760	39500.0		
定襄县受禄乡	11000	18259	10851	1431			
五台县台城镇	8615	33093	19584	17103	624.0	292	27062
五台县台怀镇	18945	9062	3745	2625	202.0	135	4100
五台县耿镇镇	21833	13903	7289	2624	630.0	22	3200
五台县豆村镇	32695	26103	8612	4781	35200.0	110	7245
五台县白家庄镇	8271	14690	6146	2021	30493.0	69	2060
五台县东冶镇	9914	42800	11253	5785	18000.0	183	18224
五台县沟南乡	11796	26891	9024	5669	123570.0		
五台县东雷乡	14433	10862	5957	1559	810.0		
五台县高洪口乡	11507	7023	3326	1236			
五台县门限石乡	24905	10003	4422	2077			
五台县陈家庄乡	28549	14160	4166	1205	5390.0		
五台县建安乡	6432	14530	6645	3108	41073.0		
五台县神西乡	5011	5913	1841	683	53879.0		
五台县蒋坊乡	11168	9862	3435	1405	13756.0		
五台县灵境乡	13005	1146	763	290			
五台县阳白乡	19268	20872	12040	3174	200.0		
五台县茹村乡	16620	29912	8607	5112	310.0		
五台县石咀乡	14721	5921	2001	314	70.0		
五台县金岗库乡	9629	2752	1032	217			
代县上馆镇	8641	52798	13310	7005	19506.0	100	4128
代县阳明堡镇	11490	21613	12490	2303	8100.0	80	6454
代县峨口镇	4025	32400	9000	6000	8100.0	203	14800
代县聂营镇	19207	12544	10184	4857	97158.0	55	3723
代县枣林镇	11640	19230	9260	3160	52100.0	36	840
代县滩上镇	28432	3723	3923	1429	9810.0	17	840
代县新高乡	21506	17875	9385	3419	251190.2		
代县峪口乡	10027	17608	9928	2448	13903.0		
代县上磨坊乡	21374	13389	6303	1826	16636.5		
代县胡峪乡	18362	6914	4271	1768	5709.0		
代县雁门关乡	18187	8086	4335	1335	12600.0		
繁峙县繁城镇	16981	60145	19451	9741	77800.0	880	45304
繁峙县砂河镇	22234	49755	15644	7182	169016.0	1000	20109
繁峙县大营镇	14060	22896	8508	1260		200	3895
繁峙县下茹越乡	9723	12257	4194	1968	46000.0		
繁峙县杏园乡	11571	20642	7390	1937	9840.0		
繁峙县光裕堡乡	10023	12814	3962	927	14800.0		
繁峙县集义庄乡	7600	14768	6059	1141	13500.0		
繁峙县东山乡	27569	28096	10558	2546	28560.0		
繁峙县金山铺乡	16077	18814	6556	2456	40000.8		
繁峙县柏家庄乡	11424	9961	3762	547	2700.0		

续表 61　　（山西省）　　计算单位：公顷、人、万元

名　　称	行政区域面　积	常住人口	从业人员	二三产业从业人员	工　业总产值	城镇建成区 面 积	城镇建成区常住人口
繁峙县横涧乡	15753	11888	5233	1372	51266.0		
繁峙县神堂堡乡	42092	7129	3344	1892	51078.0		
繁峙县岩头乡	31241	9370	3924	1883	19250.0		
宁武县凤凰镇	8732	13995	5200	3900	292800.0	400	4800
宁武县阳方口镇	7533	9520	3998	2147	2430.0	30	3015
宁武县东寨镇	20675	17179	6403	2563	20.0	40	4155
宁武县石家庄镇	2085	4232	2557	1107		10	560
宁武县薛家洼乡	18262	2072	2028	1198	114036.0		
宁武县余庄乡	48332	9244	3513	1388	3418.3		
宁武县涔山乡	28670	4668	1500	866			
宁武县化北屯乡	14820	10524	5638	2039	92716.0		
宁武县西马坊乡	20000	7527	2664	1251	16878.0		
宁武县新堡乡	11200	7302	3023	1255			
宁武县迭台寺乡	10900	4568	3682	1061			
宁武县圪廖乡	8100	3600	1270	630	10.0		
宁武县怀道乡	13200	4323	4257	848			
宁武县东马坊乡	15600	8783	3439	68	12359.0		
静乐县鹅城镇	12632	39656	16774	14520	36578.0	240	25680
静乐县杜家村镇	17286	12850	6383	2383	60320.0	90	2821
静乐县康家会镇	16055	4102	3356	2456	30.0	79	1688
静乐县丰润镇	10275	8226	3400	1800	520.0	110	2350
静乐县堂尔上乡	6900	4224	1691	759			
静乐县中庄乡	7385	7089	2801	1286			
静乐县双路乡	14565	13030	5654	3548	1465.0		
静乐县段家寨乡	10997	10724	4570	2670	60.0		
静乐县辛村乡	12130	5594	3281	1636	2000.0		
静乐县王村乡	16000	10899	5368	2798	30.0		
静乐县神峪沟乡	16275	10750	5035	2054			
静乐县娘子神乡	16344	9739	3701	1945	53080.0		
静乐县娑婆乡	16800	8249	3301	1181	3.0		
静乐县赤泥洼乡	27270	11160	4055	1115	145.0		
神池县龙泉镇	10970	11708	3746	1813	260.0	386	8516
神池县义井镇	12000	11780	3935	539		660	3386
神池县八角镇	22000	10128	3494	311		28	1968
神池县东湖乡	18900	9000	3747	246			
神池县太平庄乡	10667	7736	2816	590			
神池县虎北乡	10666	7170	2428	339			
神池县贺职乡	13960	9308	3005	205			
神池县长畛乡	17800	6023	2022	322			
神池县烈堡乡	12800	6726	1676	334			
神池县大严备乡	15300	5900	2000	200			
五寨县砚城镇	3499	43670	19732	17070	24225.0	618	41100
五寨县小河头镇	8357	5665	3350	280	25279.0	20	1485
五寨县三岔镇	18014	12726	5166	2780	8530.0	180	5381
五寨县前所乡	20993	11244	5388	1606	11850.0		
五寨县李家坪乡	9279	4902	3180	211			
五寨县孙家坪乡	11291	7812	3039	853	1477.5		
五寨县梁家坪乡	6248	3864	1795	80			
五寨县胡会乡	9171	7399	3920	820	539.0		
五寨县新寨乡	6819	6986	3156	1045	1820.0		

续表 62　　（山西省）　　计算单位：公顷、人、万元

名　　称	行政区域面　　积	常住人口	从业人员	二三产业从业人员	工　业总产值	城镇建成区 面 积	城镇建成区常住人口
五寨县韩家楼乡	12871	6758	2875	164	6464.5		
五寨县东秀庄乡	14186	4957	3616	553			
五寨县杏岭子乡	17801	5580	2139	230			
岢岚县岚漪镇	21660	42203	21703	11430	42571.0	880	35654
岢岚县三井镇	11304	6850	4030	530	16500.0	57	2097
岢岚县神堂坪乡	13310	6874	2641	762			
岢岚县高家会乡	12666	6627	2560	710	31200.0		
岢岚县李家沟乡	13533	1983	1277	281			
岢岚县水峪贯乡	19000	2173	2008	358			
岢岚县西豹峪乡	16633	3429	1615	220			
岢岚县温泉乡	11200	2663	1813	188			
岢岚县阳坪乡	18420	3321	1996	686	968.0		
岢岚县大涧乡	12687	3957	2306	1055	2900.0		
岢岚县宋家沟乡	25300	5010	2844	644	6000.0		
岢岚县王家岔乡	8560	1820	663	453			
河曲县文笔镇	5142	76972	20170	11975	620900.3	660	58300
河曲县楼子营镇	5499	12100	3627	2076	169500.0	49	4860
河曲县刘家塔镇	12353	14515	4866	1321	44134.0	136	3246
河曲县巡镇镇	8262	11265	4722	1602	126365.0	480	3045
河曲县鹿固乡	8526	8925	4337	882			
河曲县前川乡	11432	2165	2844	1561			
河曲县单寨乡	14970	2816	2541	936			
河曲县土沟乡	11192	4100	2592	674			
河曲县旧县乡	5581	7150	3112	1525			
河曲县沙坪乡	8710	7302	2259	681	34362.4		
河曲县社梁乡	8861	8256	4194	208			
河曲县沙泉乡	20353	9393	3799	611	13002.0		
河曲县赵家沟乡	10552	3024	1100	80			
保德县东关镇	4599	19221	5542	3760	4211.0	500	17248
保德县义门镇	8895	18453	9548	4363	18000.0	130	2816
保德县桥头镇	9790	19088	9257	3047	8000.0	280	5984
保德县杨家湾镇	6660	12215	4320	1420	1.0	57	1278
保德县腰庄乡	5466	9402	6618	1438	13.0		
保德县韩家川乡	5800	7255	2992	1570	2200.0		
保德县林遮峪乡	4731	6078	3235	1915			
保德县冯家川乡	4710	6909	3724	1060	120.0		
保德县土崖塔乡	5006	5906	2750	1268			
保德县孙家沟乡	12023	11994	6545	3180	230.0		
保德县窑洼乡	9720	5454	1913	833	6500.0		
保德县窑圪台乡	6000	4225	2439	1270	2017.0		
保德县南河沟乡	16365	15864	7909	4564			
偏关县新关镇	17958	21270	9254	5162	15701.0	440	14460
偏关县天峰坪镇	6533	8063	3523	1637	3191.0	2	810
偏关县老营镇	21429	7742	3296	615	25830.0	100	2189
偏关县万家寨镇	21133	8200	3658	1257	66874.6	53	586
偏关县窑头乡	14949	14597	5742	2196	2434.0	21	504
偏关县楼沟乡	27981	7376	4612	835	1148.0	40	605
偏关县尚峪乡	15005	4992	3062	995	911.0	25	310
偏关县南堡子乡	13675	4300	1513	291	7744.8	30	355
偏关县水泉乡	12985	4780	2500	1380	550.0	98	1025

续表 63　　（山西省）　　计算单位：公顷、人、万元

名　称	行政区域面　积	常住人口	从业人员	二三产业从业人员	工　业总产值	城镇建成区 面 积	城镇建成区常住人口
偏关县陈家营乡	16993	7353	2646	947	588.0	38	364
原平市东社镇	20527	23411	15248	8771	2290.0	100	4712
原平市苏龙口镇	22782	15332	6066	1950	70220.0	22	934
原平市崞阳镇	15362	28928	16643	6965	25300.0	450	21000
原平市大牛店镇	18129	20608	9482	6186	46500.0	150	2100
原平市闫庄镇	11426	23640	8911	2910	10200.0	110	3420
原平市长梁沟镇	19215	17229	6966	5281	2400.0	25	1958
原平市轩岗镇	21613	69595	39373	35645	266199.0	50	54601
原平市新原乡	7800	35192	12090	6220	90963.0		
原平市南白乡	6811	10509	5096	2094	3300.0		
原平市子干乡	8800	15947	6852	4111	2930.0		
原平市中阳乡	12100	13500	6499	2076	4193.0		
原平市沿沟乡	12300	19669	7780	2441	15697.0		
原平市大林乡	9767	15205	9180	2117	9166.0		
原平市西镇乡	10800	29116	12385	4138	804954.3		
原平市解村乡	6712	12682	4123	1805	29150.0		
原平市王家庄乡	5030	14552	6680	2600	5300.0		
原平市楼板寨乡	15651	8022	3585	1928	5230.0		
原平市段家堡乡	19835	18585	9656	4263	28120.3		
尧都区屯里镇	2151	19560	9336	7976	6370.0	90	4500
尧都区乔李镇	3330	20652	9312	5779	18000.0	150	4707
尧都区大阳镇	11565	29979	15674	7572	25910.0	110	4200
尧都区县底镇	8730	33797	15400	4400	3990.0	80	2692
尧都区刘村镇	7012	49885	22861	13871	100388.0	230	4950
尧都区金殿镇	9590	68960	38940	24800	72500.0	110	4296
尧都区吴村镇	4263	24858	13792	5604	28032.0	430	2939
尧都区土门镇	12988	30340	16657	10052	36000.0	569	3439
尧都区魏村镇	2949	13654	7041	4610	3100.0	70	4326
尧都区尧庙镇	3130	23057	7248	2769	67000.0	104	2880
尧都区段店乡	5050	36758	18143	1680	5200.0	76	1353
尧都区贾得乡	8968	55709	32471	19511	28524.0	200	4713
尧都区贺家庄乡	6431	7855	4193	885	60.0	50	1643
尧都区一平垣乡	12760	15200	7350	2750	105020.0	36	1257
尧都区枕头乡	16101	19298	10617	7682	345.0	195	1970
尧都区河底乡	11898	9416	5280	1730	32186.0	192	1224
曲沃县乐昌镇	3919	62803	11277	5090	112702.0	943	60328
曲沃县史村镇	8596	41665	24657	9561	115802.0	60	1626
曲沃县曲村镇	4520	23689	15300	7248	2010.0	260	4774
曲沃县高显镇	7020	26525	12568	8199	2547060.0	370	7900
曲沃县里村镇	4700	18110	9868	3233	33754.0	112	2100
曲沃县北董乡	8915	36609	21673	6273	7201.0	215	1214
曲沃县杨谈乡	6060	21358	12048	7234	5516.0	240	1019
翼城县唐兴镇	6600	84824	33282	24776	348304.0	1256	79031
翼城县南梁镇	12140	42667	17340	9360	133420.0	145	3500
翼城县里砦镇	9650	28043	11885	3950	21000.0	150	3426
翼城县隆化镇	16638	35525	14595	6654	53497.0	130	3058
翼城县桥上镇	6540	10711	4742	2845	10200.0	225	4400
翼城县西阎镇	23200	6286	2186	1100	620.0	75	3040
翼城县中卫乡	14240	33738	14980	8254	30850.0	69	3600
翼城县南唐乡	5100	27169	11804	4261	25521.0	48	27117

续表 64　　（山西省）　　计算单位：公顷、人、万元

名　　称	行政区域面　　积	常住人口	从业人员	二三产业从业人员	工　业总产值	城镇建成区 面 积	城镇建成区常住人口
翼城县王庄乡	12202	29397	13721	6595	80513.0	74	4989
翼城县浇底乡	8600	6654	2811	592	240.0	30	1235
襄汾县新城镇	9954	104355	50748	33068	32100.0	1000	54347
襄汾县赵康镇	7952	32802	15589	7101	8352.0	165	5422
襄汾县汾城镇	12885	52899	25540	6820	36963.0	209	8754
襄汾县南贾镇	8464	25422	17125	3354	8005.0	217	4850
襄汾县古城镇	8761	48159	21572	11141	147360.0	470	6800
襄汾县襄陵镇	6926	38827	22030	13877	25200.0	133	9982
襄汾县邓庄镇	7602	44072	23178	9640	542561.0	220	8154
襄汾县陶寺乡	7742	22256	10390	5718	59200.0	108	3092
襄汾县永固乡	5073	23777	13388	10032	249959.0	65	3780
襄汾县景毛乡	4359	17000	10958	5058	357000.0	399	2850
襄汾县西贾乡	5947	23185	10988	2810	120.0	25	3241
襄汾县南辛店乡	9152	42569	24437	11376	281036.0	433	4113
襄汾县大邓乡	7989	18025	8590	4338	134577.0	56	2840
洪洞县大槐树镇	9453	146280	46163	25929	55293.0	681	69980
洪洞县甘亭镇	5302	37658	16930	13880	150000.0	240	8500
洪洞县曲亭镇	12222	51451	28387	10700	1120.0	780	6768
洪洞县苏堡镇	12490	27898	15869	10747	47680.0	220	5362
洪洞县广胜寺镇	5760	53450	17856	11498	5860.0	540	17980
洪洞县明姜镇	10106	51466	25983	8346	3600.0	300	7722
洪洞县赵城镇	8499	68248	33224	25601	607200.0	1100	15240
洪洞县万安镇	16534	65019	29770	10650	472343.0	300	7180
洪洞县刘家垣镇	10802	29417	14373	4977	167598.7	130	4350
洪洞县淹底乡	9661	38980	21558	5900	2115.0	130	3580
洪洞县兴唐寺乡	7698	16614	8833	3418	1200.0	57	2680
洪洞县堤村乡	10241	52019	24379	17626	311892.3	15	6800
洪洞县辛村乡	7461	55866	30600	17600	2000.0	200	6000
洪洞县龙马乡	5815	25459	15758	4334	5450.0	10	1100
洪洞县山头乡	8099	7856	4060	2025	3190.0	10	680
洪洞县左木乡	9207	7933	3796	1438	57136.1	89	809
古县岳阳镇	21013	34880	16280	13070	287400.0	240	22868
古县北平镇	21019	12500	3486	2566	187505.0	90	1655
古县古阳镇	13701	11092	2228	1054	76452.0	50	1953
古县旧县镇	21316	11988	3871	771	320.0	72	1563
古县石壁乡	14528	6148	1920	680		49	860
古县永乐乡	12938	5892	1439	627	1230.0	14	895
古县南垣乡	15125	9800	2973	707		10	530
安泽县府城镇	32650	29750	9608	5953	3352.0	485	17285
安泽县和川镇	30892	11956	4110	1765	198.0	135	4455
安泽县唐城镇	17600	10231	4970	3870	719854.0	145	5120
安泽县冀氏镇	28423	10107	4127	1477		125	3442
安泽县马必乡	35707	7645	3632	414		70	820
安泽县杜村乡	22220	6018	2628	276		50	562
安泽县良马乡	28418	6254	3548	1868		35	1672
浮山县天坛镇	10823	37560	17808	12615	6670.0	1100	28300
浮山县响水河镇	8798	15936	6557	3088	6270.0	125	3950
浮山县张庄乡	9025	22380	8985	3084	28700.0	32	1500
浮山县东张乡	5518	12340	6149	3972	39470.0	35	2000
浮山县槐埝乡	6622	7950	3329	1569	12300.0	45	950

续表 65　　（山西省）　　计算单位：公顷、人、万元

名　　称	行政区域面　积	常住人口	从业人员	二三产业从业人员	工　业总产值	城镇建成区 面 积	城镇建成区常住人口
浮山县北王乡	11980	14905	5690	1704	1930.0	46	2820
浮山县北韩乡	7852	6017	2520	766	5100.0	12	801
浮山县米家垣乡	11047	5080	2205	818	600.0	18	478
浮山县寨圪塔乡	22092	5586	2212	883	660.0	35	775
吉县吉昌镇	14945	37092	9913	8263	173.0	210	16243
吉县屯里镇	63328	12246	4208	3462	8601.0	54	1591
吉县壶口镇	10164	4520	1970	882	1850.0	60	365
吉县车城乡	20821	7888	2960	925	840.0	190	2150
吉县文城乡	17779	10025	4250	890	285.0	1333	1010
吉县东城乡	8404	7703	2930	1025	1000.0	1000	1310
吉县柏山寺乡	18650	13235	3390	2505	80.0	133	840
吉县中垛乡	23862	14087	5890	1881		98	1510
乡宁县昌宁镇	22527	65821	25960	5710	12350.0	910	31085
乡宁县光华镇	14453	22881	8905	1919	48300.0	230	7826
乡宁县台头镇	10507	10180	4181	2771	185200.0	200	7320
乡宁县管头镇	22399	19604	6678	1888	285500.0	80	3150
乡宁县西坡镇	8386	14610	4756	2404	85450.0	151	7600
乡宁县双鹤乡	18567	26431	13531	4223	400.0	70	1920
乡宁县关王庙乡	33852	23938	9734	1580		80	1654
乡宁县尉庄乡	22554	17402	6089	3323	5600.0	40	925
乡宁县西交口乡	24687	11807	6168	2690	36636.0	25	1250
乡宁县枣岭乡	24508	29612	10156	3011	56775.0	200	9018
大宁县昕水镇	17382	29954	10862	4680	4095.0	400	17660
大宁县曲峨镇	22998	10418	3921	813	13.0	21	1098
大宁县三多乡	22042	8501	4053	1713		40	602
大宁县太德乡	7257	4804	2280	642	6.0	25	855
大宁县徐家垛乡	15979	8474	3766	925		4	564
大宁县太古乡	10662	4149	1891	56		7	845
隰县龙泉镇	10882	32246	8161	3021	4600.0	703	31024
隰县午城镇	15134	11798	4274	1122	615.0	74	3606
隰县黄土镇	22533	12663	7095	1518	83.0	75	3332
隰县阳头升乡	23266	10968	3000	518		29	1046
隰县寨子乡	10800	8075	3821	700	145.0	33	1135
隰县陡坡乡	10333	5064	3184	156		37	654
隰县下李乡	21200	10399	3647	1177	300.0	70	1242
隰县城南乡	20200	16487	4982	1148	139.0	20	6035
永和县芝河镇	26500	22140	6770	4864	5870.0	495	17400
永和县桑壁镇	18300	5548	3099	445	200.0	60	1367
永和县阁底乡	15600	10867	3601	611		10	992
永和县南庄乡	10490	5567	1972	388		16	213
永和县打石腰乡	11100	5485	2968	321	92.0	6	150
永和县坡头乡	20400	4962	2076	648	690.0	3	1044
永和县交口乡	18900	7565	1973	298	182.0	3	390
蒲县蒲城镇	26498	23980	7482	5245	2000.0	350	15200
蒲县薛关镇	13671	9360	6016	2392	247.0	200	4752
蒲县黑龙关镇	21865	17474	6098	3202	93583.5	110	1805
蒲县克城镇	19923	16711	8004	4404	9800.0	303	3100
蒲县山中乡	19067	4791	1923	651	2201.0	8	993
蒲县古县乡	9661	6452	4005	1448		6	980
蒲县红道乡	15095	3711	2263	525	53521.2	4	370

续表 66 （山西省） 计算单位：公顷、人、万元

名 称	行政区域面积	常住人口	从业人员	二三产业从业人员	工业总产值	城镇建成区面积	城镇建成区常住人口
蒲县乔家湾乡	12242	11085	5489	1393	50000.0	72	3841
蒲县太林乡	12778	7099	4155	1888	230000.0	20	950
汾西县永安镇	14300	22196	14506	6322	26585.0	500	12130
汾西县对竹镇	11800	12342	6660	2770	2060.0	69	2781
汾西县勍香镇	15000	17125	7890	1910	560.0	61	4207
汾西县和平镇	8600	14055	6386	1145	585.0	66	3120
汾西县僧念镇	9300	15650	7005	1958	6205.0	76	3095
汾西县佃坪乡	12900	11165	6008	3432	1720.0	62	1136
汾西县团柏乡	5400	12560	5666	1656	902.0	45	1283
汾西县邢家要乡	8900	8143	4150	1140	253.0	30	1062
侯马市新田乡	3956	32282	17981	11871	62450.0	10	98
侯马市高村乡	3060	17437	7729	3104	31650.0	68	1639
侯马市凤城乡	3460	18383	8860	4260	52800.0	78	2528
霍州市白龙镇	5230	18932	8446	5206	501203.0	240	8998
霍州市辛置镇	5390	72583	38442	35361	795896.0	545	14025
霍州市大张镇	4070	29472	13814	5650	256.0	200	8135
霍州市李曹镇	20395	27163	13029	4475	13180.0	86	1863
霍州市陶唐峪乡	8935	19113	11089	3300	310.0	10	2961
霍州市三教乡	15170	22631	12448	1747	3102.0	12	3221
霍州市师庄乡	8970	14501	4117	1466	1256.0	8	1804
离石区吴城镇	42328	9023	4240	986	1540.0	40	1200
离石区信义镇	42829	15854	7099	1280	15556.0	23	1879
离石区红眼川乡	2773	5887	2931	2161	15860.0		
离石区枣林乡	10551	10221	4230	1985	59574.0		
离石区坪头乡	7306	17075	7770	1970	65820.0		
文水县凤城镇	14954	73707	36317	22659	320000.0	323	15730
文水县开栅镇	37686	35204	20180	13850	127350.0	300	11325
文水县南庄镇	3922	21054	10688	3282	23000.0	110	4557
文水县南安镇	6499	35524	17302	3761	19620.0	55	4950
文水县刘胡兰镇	7630	41506	26670	8258	142876.0	217	2420
文水县下曲镇	9450	35000	20050	8650	1754.0	100	5988
文水县孝义镇	3895	29413	14372	7981	62000.0	27	4616
文水县南武乡	3065	22120	10600	5000	90350.0		
文水县西城乡	3370	28149	13275	3757	33625.0		
文水县北张乡	4128	29452	9315	3915	500.0		
文水县马西乡	8685	11456	6497	4774	29586.0		
文水县西槽头乡	3093	16000	9410	3910	73870.0		
交城县天宁镇	7620	46879	21086	17629	801018.0	408	19910
交城县夏家营镇	5118	36468	22225	15279	305000.0	207	5748
交城县西营镇	2800	27590	12820	7864	15000.0	256	7380
交城县水峪贯镇	14500	13450	5254	2186	48873.0	130	2705
交城县西社镇	10999	10989	5701	3672	2510.0	57	2132
交城县庞泉沟镇	25400	3922	1379	375		100	544
交城县洪相乡	9600	24691	12905	9180	98542.0	100	3759
交城县岭底乡	16800	8997	3099	931	200.0	121	608
交城县东坡底乡	36766	7259	2669	1292		8	849
交城县会立乡	44660	7354	2989	1097		14	868
兴县蔚汾镇	22056	68770	18780	12050	263217.9	160	25460
兴县魏家滩镇	25346	24485	13508	921	680284.1	87	3692
兴县瓦塘镇	17391	20409	9394	3594	158504.0	15	2419

续表 67

（山西省）

计算单位：公顷、人、万元

名　　称	行政区域面　　积	常住人口	从业人员	二三产业从业人员	工　业总产值	城镇建成区 面 积	城镇建成区常住人口
兴县康宁镇	19400	19550	12310	7009	34834.8	34	3506
兴县高家村镇	18200	15818	6055	2397	420.0	68	1989
兴县罗峪口镇	19096	8906	3723	1755		30	375
兴县蔡家会镇	17530	10788	3974	592	432.0	40	2455
兴县交楼申乡	17318	8424	4368	1112	91.0	45	1347
兴县恶虎滩乡	18598	7208	2867	976	1130.0	40	938
兴县东会乡	17230	9179	4634	997		18	890
兴县固贤乡	16969	12263	4565	476	48007.0	26	2388
兴县奥家湾乡	14000	16485	5781	3221	40375.0	13	926
兴县蔡家崖乡	16670	22990	22989	9175	9473.0	30	740
兴县贺家会乡	19104	8532	3612	1460		30	840
兴县孟家坪乡	21565	13953	5265			15	947
兴县赵家坪乡	14600	7566	2147	206		30	800
兴县圪垯上乡	15093	7763	3160	946		80	642
临县临泉镇	14103	86770	21675	10163	2013.0	40	5287
临县白文镇	25829	44602	19660	8072	2300.0	40	9038
临县城庄镇	28486	27072	14105	4065		135	3269
临县兔坂镇	20863	24768	10220	2113	128.0	13	1258
临县克虎镇	8700	12584	5243	2099		21	2120
临县三交镇	12195	57685	25388	10546	76500.0	65	12000
临县湍水头镇	6496	18762	8072	4349	36036.0	110	2010
临县林家坪镇	8700	29297	15338	8439	39883.0	54	2873
临县招贤镇	3212	15258	5994	2783	18045.5	431	3395
临县碛口镇	9531	31299	12051	7254	210.0	100	1970
临县刘家会镇	12249	31500	12775	866	12040.0	30	2800
临县丛罗峪镇	7723	19023	8481	1342		15	1985
临县曲峪镇	13812	27356	9890	1780	5900.0	15	848
临县木瓜坪乡	11100	18386	7798	3398	141552.0	50	400
临县安业乡	5400	23067	8808	2068	580.0	300	3767
临县玉坪乡	13030	19806	8287	3191			1320
临县青凉寺乡	16699	16919	8040	2307			1805
临县石白头乡	13593	22101	8118	606		2	80
临县雷家碛乡	20670	17134	9020	993	30.0	1000	1317
临县八堡乡	12659	13091	7082	1935	500.0	8	1284
临县大禹乡	11306	41181	15325	7999	15486.0		1723
临县车赶乡	5900	15883	6343	2203		26	1420
临县安家庄乡	9651	18706	7354	1003	2500.0	274	1640
柳林县柳林镇	10500	93468	19299	12069	225530.0	600	76650
柳林县穆村镇	3582	31090	18880	14480	1080.0	1860	17100
柳林县薛村镇	8900	21779	9912	7112	1800.0	200	6445
柳林县庄上镇	8300	17740	6373	2625	16500.0	200	3689
柳林县留誉镇	15400	20850	17500	6500		300	1820
柳林县三交镇	10700	18730	9000	6000	380.0	55	4290
柳林县成家庄镇	7698	15669	6378	3827	26164.0	135	1265
柳林县孟门镇	7300	18816	6129	1763	7126.0	62	1180
柳林县李家湾乡	5700	15820	4230	2609	33000.0		
柳林县贾家垣乡	7300	16286	6535	4255	5000.0		
柳林县陈家湾乡	12800	23225	8411	4932	150679.7	3	1817
柳林县金家庄乡	8458	13665	5772	3358	57417.0	1220	2115
柳林县高家沟乡	10900	18743	7540	4830		20	700

续表 68　　(山西省)　　计算单位：公顷、人、万元

名　　称	行政区域面　　积	常住人口	从业人员	二三产业从业人员	工　业总产值	城镇建成区 面 积	城镇建成区常住人口
柳林县石西乡	5500	12045	4600	3947	14.2		
柳林县王家沟乡	10500	14686	6170	3170	8000.0	16	2300
石楼县灵泉镇	31807	42463	13544	8196	5225.0	90	15463
石楼县罗村镇	27738	11590	4574	1291	15250.0	50	2010
石楼县义牒镇	23132	5856	2226	376	70.0	30	1042
石楼县小蒜镇	20322	11663	5333	824	40.0	29	2135
石楼县龙交乡	15961	10574	4257	1704	50.0	13	400
石楼县和合乡	17706	10001	3756	970	13.0	31	501
石楼县前山乡	18536	9300	3988	923		10	470
石楼县曹家垣乡	7584	6829	2862	430	13.5	16	644
石楼县裴沟乡	10705	9202	4018	718	22.0	19	276
岚县东村镇	7422	47993	23374	19902	1795.0	135	39465
岚县岚城镇	10928	12421	5301	2852	70.0	120	3983
岚县普明镇	15449	25700	10954	4443	121599.0	110	4081
岚县界河口镇	12957	6635	2812	616	10.0	15	1235
岚县土峪乡	3970	7489	2563	360		25	1830
岚县上明乡	11524	15398	6750	1159		75	1334
岚县王狮乡	18885	12067	5549	547	7.5	75	1700
岚县梁家庄乡	15862	14545	5983	2205	442716.1	200	836
岚县顺会乡	13799	11310	4398	827	122.0	15	429
岚县河口乡	14534	7134	3461	596		100	668
岚县社科乡	11068	18307	9497	3050	68411.4	28	788
岚县大蛇头乡	14874	8452	2983	447		8	905
方山县圪洞镇	21222	46720	11797	3895	598.0	273	17295
方山县马坊镇	36843	17177	7723	457	9400.0	33	3360
方山县峪口镇	16037	25423	10277	5077	70210.0	50	4785
方山县大武镇	15730	30277	14735	5124	378093.0	600	7907
方山县北武当镇	23139	6526	1931	171		77	1042
方山县积翠乡	15910	8795	3500	250	16165.0	110	1448
方山县麻地会乡	14100	10140	3987	1406	15000.0	70	624
中阳县宁乡镇	12212	51250	23838	21212	960984.3	1000	34025
中阳县金罗镇	19792	39539	17482	11895	187497.0	51	3920
中阳县枝柯镇	24857	9697	4321	2253	158700.0	40	1542
中阳县武家庄镇	18395	14696	5548	1875	58198.0	40	2427
中阳县暖泉镇	18297	16135	6654	3098	1484.0	40	3092
中阳县下枣林乡	16260	11858	4312	1607	95459.2	20	1140
中阳县车鸣峪乡	16260	7226	2575	1150		41	1373
交口县水头镇	32600	14084	5651	2285	4350.0	130	12084
交口县康城镇	19200	14905	5546	2346	81167.0	14	1799
交口县双池镇	8600	17928	7858	2631	334918.0	68	5965
交口县桃红坡镇	28700	14859	8345	2105	229000.0	30	1980
交口县石口乡	27200	15439	6590	1926	320.0		
交口县回龙乡	11200	14050	4750	1550	3850.0		
交口县温泉乡	14862	11528	5054	1674	34250.0	67	1473
孝义市兑镇镇	6442	46987	14214	8502	512546.0	973	28547
孝义市阳泉曲镇	7454	39510	21360	18834	375518.9	523	12986
孝义市下堡镇	6809	20331	12198	6297	13938.3	108	15012
孝义市西辛庄镇	7294	15825	6660	3618	98058.0	205	3044
孝义市高阳镇	4969	43405	10343	7520	622000.0	110	36149
孝义市梧桐镇	3554	26640	18135	16849	1143247.0	100	21619

续表 69　（山西省、内蒙古自治区）　计算单位：公顷、人、万元

名　称	行政区域面　积	常住人口	从业人员	二三产业从业人员	工　业总产值	城镇建成区 面 积	城镇建成区常住人口
孝义市柱濮镇	6702	14326	6609	2139	29878.0	41	7203
孝义市大孝堡乡	5454	33679	16032	9678	1102758.0	355	3979
孝义市下栅乡	6221	18415	8399	4125	344677.3	10	5500
孝义市驿马乡	7763	11430	7411	6077	120380.0	10	920
孝义市南阳乡	13589	7556	3044	1167	48124.0	125	1677
孝义市杜村乡	5773	9458	5201	1240	31590.0	1	107
汾阳市贾家庄镇	4843	24045	10793	6382	6366.0	120	2600
汾阳市杏花村镇	8538	35428	19098	14513	648753.0	800	15024
汾阳市冀村镇	6268	41194	23390	11046	19600.0	300	14905
汾阳市肖家庄镇	5658	33759	16928	9343	51000.0	108	5340
汾阳市演武镇	5809	28068	13707	2685	9320.0	75	3860
汾阳市三泉镇	8297	32552	16743	6246	207939.0	160	7033
汾阳市石庄镇	8724	4636	2958	1155	1008.0	130	2200
汾阳市杨家庄镇	13976	11194	8859	4723	31247.0	60	1397
汾阳市峪道河镇	30255	23037	10598	3666	5770.0	200	3300
汾阳市西河乡	1090	45410	17863	16653	1970.0	654	37356
汾阳市阳城乡	7464	42002	22466	10343	78315.0	1142	3745
汾阳市栗家庄乡	13064	23521	11586	3871	166022.0	85	2010
内蒙古自治区							
呼和浩特市新城区保合少镇	50130	13762	8938	3538	9780.0	3100	2874
回民区攸攸板镇	15700	165968	45060	41086	14181.0	215	119368
玉泉区小黑河镇	12724	39011	12464	2352	309386.0	164	2279
赛罕区榆林镇	24300	18800	6849	2004	250.0	0	1719
赛罕区黄合少镇	35582	41813	21011	4861	37900.0	899	9023
赛罕区金河镇	20960	39680	24113	9024	9120.0	1320	3586
土默特左旗察素齐镇	61468	97739	44690	35278	72905.0	1050	64526
土默特左旗毕克齐镇	57968	36037	18332	9737	18042.0	80	14454
土默特左旗善岱镇	20668	48488	25204	9874	1833.0	15	3629
土默特左旗台阁牧镇	11110	24934	12775	8292	2151752.0	3566	4069
土默特左旗白庙子镇	23554	39230	21975	12022	33410.0	347	5197
土默特左旗沙尔沁镇	19560	17780	9687	5135	301.0	899	2628
土默特左旗敕勒川镇	46945	41590	22012	9720	1218.0	100	1060
土默特左旗北什轴乡	20576	30452	16323	6203	36.0	65	1780
土默特左旗塔布赛乡	14647	26908	14321	6346	66.0	65	2300
托克托县双河镇	24600	77184	34366	21097	194416.0	7200	58201
托克托县新营子镇	35400	52236	25773	12805	3728007.0	200	7621
托克托县五申镇	20800	33644	20839	11594	25283.0	225	2144
托克托县伍什家镇	22300	16550	7364	1512	5719.0	60	2292
托克托县古城镇	28900	26591	16485	4500	4275.0	1131	1536
和林格尔县城关镇	49893	52248	33962	26656	28200.0	3398	42477
和林格尔县盛乐镇	43216	31639	22286	6306	9000.0	1920	4225
和林格尔县新店子镇	51776	11477	5599	1270	78.0	350	1360
和林格尔县舍必崖乡	39700	21571	14849	1566	125.0	5	110
和林格尔县大红城乡	57900	18652	9436	1798	238.0	500	852
和林格尔县羊群沟乡	47710	3618	2465	99	8500.0	65	521
和林格尔县黑老夭乡	22988	3624	2361	592		41	655
和林格尔县巧什营乡	15500	13860	9026	526	50.0	160	3389
清水河县城关镇	49800	55720	19453	14987	168940.0	726	37551
清水河县宏河镇	26426	8416	5800	1840	7306.0	250	2967
清水河县喇嘛湾镇	21766	18000	6114	2247	118400.0	413	13063

续表 70　　（内蒙古自治区）　　计算单位：公顷、人、万元

名　称	行政区域面　积	常住人口	从业人员	二三产业从业人员	工　业总产值	城镇建成区面积	城镇建成区常住人口
清水河县窑沟乡	24200	10257	5349	2581	98138.0		
清水河县北堡乡	50096	7824	4125	149	612.0		
清水河县韭菜庄乡	50128	6813	5582	758	2918.0		
清水河县五良太乡	29023	4064	2490	181	526.0		
清水河县单台子乡	30500	5687	3969	1504			
武川县可镇	24500	61543	12935	5719	384844.0	1009	49168
武川县哈乐镇	66700	7976	7762	3649	17000.0	116	1854
武川县西乌兰不浪镇	61830	10285	9639	3274	42000.0	96	1144
武川县大青山乡	52790	3968	5195	2405	424700.0		
武川县上秃亥乡	50850	18331	17413	4653			
武川县德胜沟乡	49650	4633	3352	262	750.0		
武川县二份子乡	76376	6210	5970	1516	5000.0		
武川县哈拉合少乡	81640	7060	5408	1613	11790.0		
武川县耗赖山乡	24248	8262	8104	1381			
东河区河东镇	3489	61824	20725	17096	358000.0	110	6181
东河区沙尔沁镇	37147	54874	17828	9978	288051.0	800	5471
昆都仑区昆河镇	1530	41372	24164	23044	1386.0	1530	41372
昆都仑区卜尔汉图镇	20110	25781	12559	8107	310521.0	986	16175
包头市青山区青福镇	4570	56738	28358	25900	128320.0	3488	56738
包头市青山区兴胜镇	17600	38487	20575	14550	54772.0	1	38487
石拐区五当召镇	29300	9876	9676	8791	1697042.0	200	593
石拐区吉忽伦图苏木	22500	1995	1048	532		22500	1995
九原区麻池镇	4460	33486	24233	18071	566112.0	312	10131
九原区哈林格尔镇	18300	24192	18824	14863	130805.0	121	3641
九原区哈业胡同镇	21440	18918	12208	2588	2587.0	275	3191
九原区阿嘎如泰苏木乡	17148	1452	915	221	88800.0	506	362
土默特右旗萨拉齐镇	10700	96175	79570	65614	729158.0	2500	87098
土默特右旗双龙镇	24800	26894	16943	3390	383353.0	220	2574
土默特右旗美岱召镇	26700	23400	13914	3911	483500.0	107	3076
土默特右旗沟门镇	18800	32144	23140	10460	1092520.9	120	2306
土默特右旗将军尧镇	39900	31795	27481	6201	380998.0	190	1774
土默特右旗海子乡	24900	28173	18747	8083			
土默特右旗明沙淖乡	25000	23463	15992	3557	470398.0		
土默特右旗苏波盖乡	15200	21855	17305	7408	387348.0		
固阳县金山镇	157800	64362	24293	6085	1011100.0	900	5750
固阳县西斗铺镇	89000	21353	10023	2408	130000.0	52	971
固阳县下湿壕镇	62600	25525	11546	2761	470100.0	8	813
固阳县银号镇	59000	13636	5726	1380	401000.0	28	1186
固阳县怀朔镇	75700	25546	10766	2631	392000.0	42	1301
固阳县兴顺西镇	58400	20078	10563	2526	120000.0	76	1472
达尔罕茂明安联合旗满都拉镇	249489	1447	1118	700	13928.1	100	426
达尔罕茂明安联合旗希拉穆仁镇	71123	1980	1460	870	69158.7	50	1177
达尔罕茂明安联合旗百灵庙镇	47868	41800	16350	14460	280295.7	800	36112
达尔罕茂明安联合旗石宝镇	64300	17010	5030	1830	523559.0	220	3593
达尔罕茂明安联合旗乌克忽洞镇	73892	11018	8784	3385	21112.0	200	1999
达尔罕茂明安联合旗明安镇	232673	2911	1570	910	140676.0	30	121
达尔罕茂明安联合旗巴音花镇	306417	2650	1810	340	113341.0	40	66
达尔罕茂明安联合旗达尔罕苏木乡	131487	3164	2030	500	41805.0		
达尔罕茂明安联合旗查干哈达苏木	228400	1676	1200	370	2662.0		
达尔罕茂明安联合旗巴音敖包苏木	244964	2908	1390	290	169483.7		

续表 71　　（内蒙古自治区）　　计算单位：公顷、人、万元

名　　称	行政区域面　积	常住人口	从业人员	二三产业从业人员	工　业总产值	城镇建成区 面 积	城镇建成区常住人口
达尔罕茂明安联合旗西河乡	53093	5051	3280	280	17762.0		
达尔罕茂明安联合旗小文公乡	44523	6253	4910	1890	2602.0		
包头稀土高新技术产业开发区万水泉镇	11514	32582	22611	7964	504796.0	5375	27182
海勃湾区千里山镇	18000	18132	17932	17402	795957.0	18000	18132
海南区公乌素镇	5400	21162	8116	8116	231280.0	364	20503
海南区拉僧庙镇	10042	9606	4060	3098	90000.0	300	7593
海南区巴音陶亥镇	56000	7697	5420	1663	63700.0	72	2153
乌达区乌兰淖尔镇	8700	3270	1832	1241	1944.0	165	1917
红山区红庙子镇	2600	25446	9994	5004	8463.0	1100	9966
红山区文钟镇	31333	41552	20378	8297	2867.0	280	1264
元宝山区风水沟镇	12860	19428	12459	6391	28096.0	140	6540
元宝山区元宝山镇	31404	42651	24216	14553	481030.0	960	42651
元宝山区美丽河镇	8364	20666	12020	4030	34000.0	250	7159
元宝山区平庄镇	22049	66442	32222	20002	122081.0	4900	13540
元宝山区五家镇	4423	18596	4766	2398	79706.0	500	14970
元宝山区小五家乡	14040	5181	2955	552		33	1204
松山区穆家营子镇	22700	98500	33191	17206	144751.0	3800	53693
松山区初头朗镇	48900	33620	16470	7370	46500.0	160	8590
松山区大庙镇	45600	25022	14994	6620	2200.0	100	2215
松山区王府镇	28800	30860	14923	6605	22315.0	55	7259
松山区老府镇	59966	34152	21637	4473	40.0	100	4126
松山区哈拉道口镇	31167	25983	15259	5049	1897.0	114	2905
松山区上官地镇	33000	11853	6934	2271	42534.0	105	1281
松山区安庆镇	29100	25009	14905	6300	26700.0	220	2200
松山区太平地镇	31477	44151	30275	15847	58642.0	59	462
松山区当铺地满族乡	38600	38853	23391	13516	135000.0		
松山区夏家店乡	36800	36438	24980	12882	48500.0	132	8508
松山区城子乡	35700	23455	13652	6091	14775.0	115	2400
松山区大夫营子乡	69700	13500	10191	4265	76028.0	80	1300
松山区岗子乡	46600	13162	10858	2955	50418.0	71	430
阿鲁科尔沁旗天山镇	53260	32862	19901	7500	28000.0	34	2243
阿鲁科尔沁旗天山口镇	49000	30031	20957	3269	18900.0	43	1393
阿鲁科尔沁旗双胜镇	32110	24300	16980	1622	53000.0	400	2260
阿鲁科尔沁旗坤都镇	124130	8783	4718	398	16958.0	950	795
阿鲁科尔沁旗巴彦花镇	50620	25641	17320	1773		583	1592
阿鲁科尔沁旗绍根镇	209990	21243	11598	4341	44368.0	133	1064
阿鲁科尔沁旗扎嘎斯台镇	139940	9879	5477	542	7900.0	70	310
阿鲁科尔沁旗新民乡	31300	14974	6812	1418	83500.0		
阿鲁科尔沁旗先锋乡	27000	15741	9443	3502	14800.0		
阿鲁科尔沁旗罕苏木苏木	79850	7042	3930	352			
阿鲁科尔沁旗赛汉塔拉苏木	90520	6282	4360	587	25601.0		
阿鲁科尔沁旗巴拉奇如德苏木	130162	16277	7640	470	26242.0		
阿鲁科尔沁旗乌兰哈达乡	19690	14088	10377	1962	4390.0		
阿鲁科尔沁旗巴彦温都尔苏木	414180	15089	7707	438	23150.0		
巴林左旗林东镇	89800	58926	36037	14944	127933.0	30	1300
巴林左旗隆昌镇	76700	55260	25012	3552	2487.0	320	3282
巴林左旗十三敖包镇	51370	36554	12672	3807	230986.0	1927	1755
巴林左旗碧流台镇	82500	51237	23041	6147	14670.0	1260	2634
巴林左旗富河镇	83900	19807	17389	8185	45999.1	420	783
巴林左旗白音勿拉镇	90400	15856	6785	290	41000.0	120	1272

续表 72　　（内蒙古自治区）　　计算单位：公顷、人、万元

名　　称	行政区域面　　积	常住人口	从业人员	二三产业从业人员	工　业总产值	城镇建成区 面 积	城镇建成区常住人口
巴林左旗哈拉哈达镇	33800	16682	8604	2792	11469.0	3613	3315
巴林左旗查干哈达苏木	33878	6663	3895	158			
巴林左旗乌兰达坝苏木	35113	4614	2385	280	21486.0		
巴林左旗三山乡	32900	12880	6130	2130	129.0		
巴林左旗花加拉嘎乡	33200	14975	9930	3412		2	1573
巴林右旗大板镇	192500	74925	7563	647	845326.0	8000	57685
巴林右旗索博日嘎镇	130000	19821	9980	1299	24887.0	214	1997
巴林右旗宝日勿苏镇	116800	16800	9731	1615		300	1232
巴林右旗查干诺尔镇	97500	14948	2989	131		39	765
巴林右旗巴彦琥硕镇	44000	5682	2861	191		215	1552
巴林右旗西拉沐沦苏木	130500	13888	5817	871			
巴林右旗巴彦塔拉苏木	83800	9216	3871	57	39880.0		
巴林右旗幸福之路苏木	96500	9820	4655	718	264297.0		
巴林右旗查干沐沦苏木	92100	7490	2616	442			
林西县林西镇	9106	23445	13810	6026	673817.0	101	6920
林西县新城子镇	61300	12460	7249	1469	12000.0	49	1820
林西县新林镇	51600	9759	6044	1323	10103.5	150	2410
林西县五十家子镇	66200	18546	10308	5672	1594.0	70	2278
林西县官地镇	40800	18770	8538	1828	1640.0	74	3790
林西县大井镇	24200	11682	5814	1238	70431.0	780	1758
林西县统部镇	55100	18126	9389	2348	24003.0	96	3358
林西县大营子乡	46800	21378	10433	3108	14769.0	565	2953
林西县十二吐乡	36300	13987	7050	1465	60000.0		
克什克腾旗经棚镇	186500	21054	11771	2408	348668.0	3600	11132
克什克腾旗宇宙地镇	68480	13276	7920	1410	12800.0	60	1696
克什克腾旗土城子镇	98600	23287	13431	2894	670.0	110	1670
克什克腾旗同兴镇	128500	12369	7449	2464	457056.0	458	1415
克什克腾旗万合永镇	184500	14245	8393	842		45	336
克什克腾旗芝瑞镇	231300	22378	13203	1935	100749.0	42	750
克什克腾旗达来诺日镇	154200	5344	3066	346	356.0	166	1080
克什克腾旗新开地乡	34000	15378	9150	1854	33.0	354	412
克什克腾旗红山子乡	135700	5986	3376	978	652.0	106	1014
克什克腾旗达日罕乌拉苏木	223400	7105	4192	902	32531.0	72	384
克什克腾旗巴彦查干苏木	331100	9214	6378	730	686740.0	90	751
克什克腾旗浩来呼热苏木	164000	3214	1719	428	446.0	68	1584
克什克腾旗乌兰布统苏木	123400	4515	2721	1347	329.0	267	1582
翁牛特旗乌丹镇	186842	32471	30132	17111	35320.0		
翁牛特旗乌敦套海镇	54347	30601	12998	4571	24000.0	340	4863
翁牛特旗五分地镇	54300	29038	14217	5184	52857.0	20	3491
翁牛特旗桥头镇	74013	56178	51175	14748	10250.0	268	3810
翁牛特旗广德公镇	66939	26769	10300	4500	110000.0	40	1186
翁牛特旗梧桐花镇	83069	40196	19944	4593	37820.0	147	3230
翁牛特旗海拉苏镇	75883	9511	4283	941	3912.0	400	4019
翁牛特旗亿合公镇	98142	38103	22361	1641	2480.0	39	3615
翁牛特旗解放营子乡	47581	19870	11000	1790	6200.0	160	1350
翁牛特旗阿什罕苏木	98000	6951	4193	191			
翁牛特旗新苏莫苏木	87130	13191	8828	914	2196.0	200	3100
翁牛特旗白音套海苏木	62497	16710	9480	2608	45.0		
翁牛特旗毛山东乡	69802	14290	7713	980	5896.0	30	302
翁牛特旗格日僧苏木	109671	6213	3378	389	300.0		

续表 73　　（内蒙古自治区）　　计算单位：公顷、人、万元

名　　称	行政区域面　　积	常住人口	从业人员	二三产业从业人员	工　业总产值	城镇建成区　面　积	城镇建成区常住人口
喀喇沁旗锦山镇	31300	74256	41210	30852	604956.0	791	66057
喀喇沁旗美林镇	55000	22757	19016	9377	4060.0	110	2450
喀喇沁旗王爷府镇	50300	28767	21442	8180	26555.0	100	3098
喀喇沁旗小牛群镇	42800	22712	15978	3806	1637.0	70	1865
喀喇沁旗牛家营子镇	35400	43974	28592	9864	73384.0	110	10085
喀喇沁旗乃林镇	14100	31388	12968	3504	23190.0	140	9993
喀喇沁旗西桥镇	24200	23886	18307	4942	13300.0	110	4583
喀喇沁旗十家满族乡	34100	22013	17449	9980	46207.0	100	903
喀喇沁旗南台子乡	17800	10885	8808	1787	1430.0	35	1690
宁城县天义镇	18800	70037	39854	38284	880144.0	2557	69233
宁城县小城子镇	31800	28650	20075	5866	16546.0	19	6800
宁城县大城子镇	38400	35018	17563	2509	14219.0	125	5876
宁城县八里罕镇	37300	42743	15176	4631	51987.0	110	5372
宁城县黑里河镇	53100	25419	12202	2929	156900.0	32	1652
宁城县甸子镇	26700	45762	34974	8067	106385.0	301	1982
宁城县大双庙镇	17200	26612	6270	1914	331.0	69	2560
宁城县汐子镇	34200	48178	31570	11900	380010.0	100	1942
宁城县大明镇	17400	38960	19302	6814	38498.0	526	1550
宁城县忙农镇	29200	35946	19741	5850	111463.0	140	595
宁城县五化镇	25000	23896	17036	3863	153260.0	100	2269
宁城县三座店镇	21600	30742	18117	5408	20238.0	15	2361
宁城县必斯营子镇	27200	29726	17284	6659	190100.0	51	3240
宁城县一肯中乡	22400	33821	20783	9836	9848.0	92	1100
宁城县存金沟乡	30200	16790	10740	3240	40000.0	10	1200
敖汉旗新惠镇	71000	125885	44829	23541	253000.0	5674	82444
敖汉旗四家子镇	32505	28957	16230	5119	266000.0	624	4105
敖汉旗长胜镇	76293	56754	38476	14095	35200.0	613	4679
敖汉旗贝子府镇	73700	50828	25799	4812	263028.0	750	6886
敖汉旗四道湾子镇	38120	34421	21733	6310	57000.0	390	8512
敖汉旗下洼镇	49500	35195	18510	2720	42291.0	650	9561
敖汉旗金厂沟梁镇	35335	32564	15422	6462	103300.0	3661	11357
敖汉旗兴隆洼镇	59861	29580	15446	3156	45720.0	150	6754
敖汉旗牛古吐乡	70500	31278	15329	2042	14000.0		
敖汉旗木头营子乡	64219	36626	18561	4904	1500.0	600	1250
敖汉旗古鲁板蒿乡	55421	28354	24104	4248	6948.0		
敖汉旗丰收乡	40500	26819	13446	5902	10558.0	149	4500
敖汉旗玛尼罕乡	45936	12540	9586	3878	11546.0		
敖汉旗萨力巴乡	37809	14074	13883	2856	2025.0	13	225
敖汉旗敖润苏莫苏木	38400	3800	3650	350		210	317
敖汉旗林家地乡	33756	26042	14996	5279	191000.0		
科尔沁区大林镇	53715	79413	71305	6232	55521.0	461	17763
科尔沁区钱家店镇	26302	46273	31441	13874	279567.0	88	8573
科尔沁区余粮堡镇	17346	36891	35891	6800	19019.0	20	11460
科尔沁区木里图镇	19877	43827	30082	14243	2709875.0	999	14244
科尔沁区丰田镇	19427	31381	19356	9912	31435.0	105	2687
科尔沁区清河镇	22421	38505	35493	10993	5486.0	424	3110
科尔沁区育新镇	15485	29658	28930	14720	370731.0	960	2520
科尔沁区庆和镇	25458	25474	15376	3940	13256.0	130	3861
科尔沁区敖力布皋镇	22417	28346	15258	1772	1100.0	120	2166
科尔沁区莫力庙苏木	26169	17541	9140	2716	18699.0	132	3120

续表 74　　（内蒙古自治区）　　计算单位：公顷、人、万元

名　　称	行政区域面　积	常住人口	从业人员	二三产业从业人员	工　业总产值	城镇建成区 面 积	城镇建成区常住人口
科尔沁左翼中旗保康镇	38398	34052	11932	11548	87067.0	150	26814
科尔沁左翼中旗宝龙山镇	100546	49757	38964	12946	928844.0	1000	23815
科尔沁左翼中旗舍伯吐镇	66351	45562	19699	7308	113697.0	400	18460
科尔沁左翼中旗巴彦塔拉镇	57926	38500	10782	2745	47246.0	450	4983
科尔沁左翼中旗门达镇	17835	19472	11465	4143	90011.0	1300	3521
科尔沁左翼中旗架玛吐镇	48177	39208	21827	5680	36183.0	120	2300
科尔沁左翼中旗腰林毛都镇	61024	32620	17645	2477	3843.0	20	3488
科尔沁左翼中旗希伯花镇	56399	34798	17864	2581	37995.0	35	4048
科尔沁左翼中旗花吐古拉镇	41855	20411	12375	3312	44392.0	267	2500
科尔沁左翼中旗代力吉镇	61243	18863	14570	8747	45691.0	60	1958
科尔沁左翼中旗努日木镇	23995	20760	7388	2441	3643.0	100	1628
科尔沁左翼中旗花胡硕苏木	75372	17646	10416	4200	3216.0	9000	3765
科尔沁左翼中旗协代苏木	34013	14659	8785	1926		2668	1108
科尔沁左翼中旗白兴吐苏木	42136	16429	10944	1786	3216.0	800	755
科尔沁左翼中旗图布信苏木	39335	18408	15157	7360		5494	3733
科尔沁左翼中旗敖包苏木	18138	14552	10103	2931	25594.0	4300	365
科尔沁左翼中旗胜利乡	23401	18495	10406	6481	74510.0	38	889
科尔沁左翼后旗甘旗卡镇	173804	78008	40170	29970	1642380.0	1980	76000
科尔沁左翼后旗吉尔嘎朗镇	71940	21735	9266	2440	2000.0	149	3789
科尔沁左翼后旗金宝屯镇	59040	28164	13237	4319	57608.0	400	17556
科尔沁左翼后旗常胜镇	55448	24274	12353	2413	22542.0	146	4380
科尔沁左翼后旗查日苏镇	67580	31306	17672	5866	173742.0	190	3954
科尔沁左翼后旗双胜镇	21920	32294	12984	1711	25.0	400	1047
科尔沁左翼后旗阿古拉镇	91380	14912	7224	1143	295.0	550	990
科尔沁左翼后旗朝鲁吐镇	70490	10114	4517	401	50.0	151	1121
科尔沁左翼后旗努古斯台镇	59067	9568	4822	583	26800.0	152	1580
科尔沁左翼后旗海鲁吐镇	77940	20683	12194	1492	6860.0	120	1446
科尔沁左翼后旗阿都沁苏木	81150	17120	8820	1740	270.0	95	1050
科尔沁左翼后旗茂道吐苏木	84040	11622	7194	1322	360.0	104	1450
科尔沁左翼后旗巴嘎塔拉苏木	84040	13041	6966	1892	30310.0	161	1500
科尔沁左翼后旗散都苏木	45255	16957	9645	2570	29896.0	150	732
科尔沁左翼后旗巴彦毛都苏木	49255	5799	3881	837		173	696
开鲁县开鲁镇	70850	109788	64586	43849	2675056.0	1200	44568
开鲁县大榆树镇	13230	31086	14443	4784	1330.0	282	2869
开鲁县黑龙坝镇	16520	19943	17664	8546	11340.6	382	2710
开鲁县麦新镇	24250	33961	11660	2617	1809.0	690	3837
开鲁县义和塔拉镇	63110	35637	14710	2701	71002.0	332	2430
开鲁县建华镇	73040	37580	19396	2996	78050.0	133	4056
开鲁县小街基镇	81710	53391	28854	5963	43157.7	300	9600
开鲁县东风镇	41350	18481	15575	5835	267979.4	331	1980
开鲁县吉日嘎郎吐镇	23240	23396	10633	1506	926.0	150	2768
开鲁县东来镇	18030	15535	10200	3900	108752.0	208	6915
库伦旗库伦镇	121075	31601	19636	4953	43777.0	20	7895
库伦旗扣河子镇	45948	24465	21006	10341	27332.0	600	2096
库伦旗白音花镇	38200	16000	10730	30	3890.0	896	653
库伦旗六家子镇	41333	17353	11873	747	8379.0	160	2240
库伦旗额勒顺镇	100667	12040	10771	731		20	1159
库伦旗茫汗苏木	76667	10580	4417	407		201	702
库伦旗先进苏木	16390	11863	5956	152	80.0	210	980
库伦旗水泉乡	30000	14250	10628	928	7940.0	200	1500

续表 75　　　　（内蒙古自治区）　　　　计算单位：公顷、人、万元

名　　称	行政区域面　积	常住人口	从业人员	二三产业从业人员	工　业总产值	城镇建成区 面 积	城镇建成区常住人口
奈曼旗大沁他拉镇	110046	60340	32013	12248	1402990.0	1800	10990
奈曼旗八仙筒镇	96800	58563	32467	5399	4687.0	600	8962
奈曼旗青龙山镇	46917	31468	18623	8152	6080.0	150	4162
奈曼旗新镇	86604	42071	24227	4154	33480.0	422	1698
奈曼旗治安镇	35333	16411	11115	1065	1500.0	180	1970
奈曼旗东明镇	71808	51147	21660	2032	2932.0	313	7044
奈曼旗沙日浩来镇	38232	16819	7444	1638	522.6	196	2137
奈曼旗义隆永镇	28095	18781	12302	4452	158.0	24	1664
奈曼旗固日班花苏木	81333	14615	11972	3141	1000.0	330	14615
奈曼旗白音他拉苏木	47284	14882	14483	643	4018.0	350	2510
奈曼旗明仁苏木	54130	27403	14782	1051	980.0	7710	27403
奈曼旗黄花塔拉苏木	34000	15928	9665	1651	900.0	150	2376
奈曼旗土城子乡	20770	13287	7704	570	43.0	200	1665
奈曼旗苇莲苏乡	42475	14576	8847	347	36.8	20	1452
扎鲁特旗鲁北镇	113408	114882	70496	52486	920140.0	1371	85881
扎鲁特旗黄花山镇	1198	12199	7278	6605	2955.5	432	12199
扎鲁特旗嘎亥图镇	133000	18913	7047	804		58	3440
扎鲁特旗巨日合镇	66667	23351	12929	1912	12400.0	100	2924
扎鲁特旗巴雅尔图胡硕镇	142167	6865	3350	423	6100.0	327	2100
扎鲁特旗香山镇	36980	18494	10495	3150	18.0	57	2033
扎鲁特旗阿日昆都楞镇	140620	4492	2396	529	25292.0	38	552
扎鲁特旗巴彦塔拉苏木	62795	12259	9684	1435	3523.2	62795	12259
扎鲁特旗乌力吉木仁苏木	116295	8887	5614	605	2510.0	116295	8887
扎鲁特旗道老杜苏木	156313	10292	5937	530	220.0	156313	10292
扎鲁特旗格日朝鲁苏木	232000	14254	5456	604	6000.0	232000	14254
扎鲁特旗前德门苏木	44460	6916	3998	508		44460	6916
扎鲁特旗乌兰哈达苏木	91333	5879	3012	310		91333	5879
扎鲁特旗查布嘎图苏木	102667	6405	4403	363	250.0	102667	6405
扎鲁特旗乌额格其苏木	38267	11591	6861	1540	53270.0	38267	11591
通辽经济技术开发区辽河镇	24800	36240	18397	7269	1553264.9		
东胜区泊尔江海子镇	91800	6418	5412	1277	6700.0	280	1685
东胜区罕台镇	52600	20432	7807	5700	670867.0	1015	17750
东胜区铜川镇	54600	4532	4045	1802	1746851.0	100	3252
达拉特旗树林召镇	112560	80134	26300	17020	4488593.0	320	3700
达拉特旗吉格斯太镇	103599	19701	8474	2259	34871.0	265	2685
达拉特旗白泥井镇	93643	18826	17555	5469	510824.0	188	4550
达拉特旗王爱召镇	64510	36220	18824	4473	39906.0	100	1588
达拉特旗昭君镇	124980	15589	11691	4391	824354.0	150	3801
达拉特旗恩格贝镇	124292	12589	8383	789	500.0	300	547
达拉特旗中和西镇	91006	6332	4619	318		210	800
达拉特旗展旦召苏木	106988	17702	15483	7898	463155.1	70	5358
准格尔旗薛家湾镇	108644	22386	20431	9883	1423491.0		
准格尔旗沙圪堵镇	162300	60923	28172	21560	1756120.0	350	41882
准格尔旗大路镇	73400	20249	9774	2309	54306.0	180	9102
准格尔旗纳日松镇	83700	26000	14375	6394	2760953.0	150	14477
准格尔旗龙口镇	59450	28906	16238	6201	459774.0	265	27806
准格尔旗准格尔召镇	47200	18223	5601	4493	1285950.0	200	18223
准格尔旗暖水乡	63900	3259	2232	2065	275434.0	245	3020
准格尔旗十二连城乡	69585	14174	4976	2376		200	2734
准格尔旗布尔陶亥苏木	65441	4357	2076	1091		165	4145

续表 76　　（内蒙古自治区）　　计算单位：公顷、人、万元

名　称	行政区域面　积	常住人口	从业人员	二三产业从业人员	工　业总产值	城镇建成区　面　积	城镇建成区常住人口
鄂托克前旗敖勒召其镇	166271	34950	23671	15550	1570405.6	815	34066
鄂托克前旗上海庙镇	387121	15950	14417	7207	771598.9	1100	4589
鄂托克前旗城川镇	241802	13195	10433	1646	95816.6	255	2725
鄂托克前旗昂素镇	423788	7143	7140	285	20000.0	120	902
鄂托克旗乌兰镇	322444	42778	24870	20118	109383.0	1670	32741
鄂托克旗棋盘井镇	355782	50266	27462	18342	5534000.0	34500	50143
鄂托克旗蒙西镇	198538	17386	14608	10088	1613679.0	10322	9153
鄂托克旗木凯淖尔镇	249700	9198	6372	3431	22390.0	1098	2349
鄂托克旗苏米图苏木	262737	3637	3298	1053	23820.0	89	364
鄂托克旗阿尔巴斯苏木	640000	10039	7486	2265	21600.0	98	633
杭锦旗锡尼镇	310900	50532	35461	25072	134650.0	1200	41200
杭锦旗巴拉贡镇	197700	12887	7607	2407	53289.0	600	5699
杭锦旗吉日嘎朗图镇	274700	9780	6703	143	650.0	250	1380
杭锦旗独贵特拉镇	460371	20621	17674	2439	83200.0	400	2630
杭锦旗呼和木独镇	122640	5315	4359	376	620.0	400	1850
杭锦旗伊和乌素苏木乡	559000	8720	6723	963	72450.0	400	2163
乌审旗嘎鲁图镇	230940	49499	28163	18720	43451.0	1870	41728
乌审旗乌审召镇	190100	11613	3509	723	201942.0	1805	9285
乌审旗图克镇	140960	13320	9312	392	1842977.0	300	585
乌审旗乌兰陶勒盖镇	138740	8369	3806	431	2071092.0	625	901
乌审旗无定河镇	135340	21093	16389	6566	583451.0	200	1080
乌审旗苏力德苏木乡	315000	8236	7873	289	600000.0	183	669
伊金霍洛旗阿勒腾席热镇	30670	98521	37628	36270	1286323.0	1810	78926
伊金霍洛旗札萨克镇	99600	18055	17552	8402	91779.0	450	9982
伊金霍洛旗乌兰木伦镇	78960	50160	35100	30000	5085517.0	96	28000
伊金霍洛旗纳林陶亥镇	75280	22582	10432	4200	2124620.0	125	5145
伊金霍洛旗苏布尔嘎镇	95190	19127	7979	2161	23509.0	79	1502
伊金霍洛旗红庆河镇	101850	16100	9464	2446	246.0	60	1945
伊金霍洛旗伊金霍洛镇	67130	15884	6263	2166	28608.0	327	7654
海拉尔区哈克镇	96100	13357	11945	8600	6000.0	300	2427
海拉尔区奋斗镇	13972	25674	17721	15155	3516.0	13972	25674
扎赉诺尔区灵泉镇	10351	11867	3178	3070		1890	11235
阿荣旗那吉镇	3738	54290	33527	32981	1012529.0	1300	54290
阿荣旗六合镇	78918	27235	27226	2727	172.0	185	2427
阿荣旗亚东镇	58400	24536	19344	1725	1034.0	139	7764
阿荣旗霍尔奇镇	78960	25345	9534	1382	27139.0	191	3549
阿荣旗向阳峪镇	56012	23442	17651	4639	2375.0	104	1343
阿荣旗三岔河镇	58200	16407	6814	1857	133.0	86	2821
阿荣旗复兴镇	55120	14663	10590	1280	4640.0	80	2150
阿荣旗得力其鄂温克民族乡	34000	10347	6803	1190		108	2119
阿荣旗查巴奇鄂温克民族乡	72630	9434	7055	668	43.0	221	4417
阿荣旗音河达斡尔鄂温克民族乡	26432	9653	8840	956		160	3944
阿荣旗新发朝鲜民族乡	17220	8969	7064	2089	215036.0	100	317
莫力达瓦达斡尔族自治旗尼尔基镇	83289	102192	30147	4791	290376.0	1765	60749
莫力达瓦达斡尔族自治旗红彦镇	116606	10200	9857	1031	450.0	652	5380
莫力达瓦达斡尔族自治旗宝山镇	51833	14251	12381	1181	480.0	600	2530
莫力达瓦达斡尔族自治旗哈达阳镇	96810	13560	12660	301	34038.0	189	1632
莫力达瓦达斡尔族自治旗阿尔拉镇	35427	6400	4743	325	36.0	225	1320
莫力达瓦达斡尔族自治旗汉古尔河镇	28203	11095	8243	394		524	2294
莫力达瓦达斡尔族自治旗西瓦尔图镇	73980	20400	14366	994	102.0	600	3156

续表 77　　　　　　　　　　　　（内蒙古自治区）　　　　　　　　　　计算单位：公顷、人、万元

名　　称	行政区域面　积	常住人口	从业人员	二三产业从业人员	工　业总产值	城镇建成区 面 积	城镇建成区常住人口
莫力达瓦达斡尔族自治旗腾克镇	139050	12100	9174	252		650	2171
莫力达瓦达斡尔族自治旗奎勒河镇	51112	12100	11894	1908	33070.0	450	974
莫力达瓦达斡尔族自治旗塔温敖宝镇	126753	20200	18288	1728		400	2010
莫力达瓦达斡尔族自治旗巴彦鄂温克民族乡	40290	11500	8199	304			
莫力达瓦达斡尔族自治旗库如奇乡	38295	5231	5133	426			
莫力达瓦达斡尔族自治旗杜拉尔鄂温克民族乡	52948	6352	4241	154			
鄂伦春自治旗阿里河镇	454140	36213	11339	9535	31088.4	1600	32461
鄂伦春自治旗大杨树镇	101600	73565	32382	24541	39479.6	2500	51527
鄂伦春自治旗甘河镇	356300	24600	11811	8702	3285.0	1296	24000
鄂伦春自治旗吉文镇	230000	13451	5862	3232	30950.0	900	12603
鄂伦春自治旗诺敏镇	782500	15780	5990	1053	1100.0	580	11248
鄂伦春自治旗乌鲁布铁镇	380650	13452	8357	532	1300.0	300	2399
鄂伦春自治旗宜里镇	329000	22283	10208	722		200	4437
鄂伦春自治旗克一河镇	616441	12245	4538	1688	688.4	1200	10294
鄂伦春自治旗古里乡	2022200	5300	3465	50			
鄂伦春自治旗托扎敏乡	240000	2356	863	49			
鄂温克族自治旗巴彦托海镇	50549	20005	11230	3930	26430.0	50549	20005
鄂温克族自治旗大雁镇	31230	47011	30609	9559	106892.0	31230	47011
鄂温克族自治旗伊敏河镇	20760	19492	8719	8044	775210.0	20760	19492
鄂温克族自治旗红花尔基镇	29180	4247	1918	623	2800.0	360	2545
鄂温克族自治旗巴彦查岗苏木	92012	1506	695	45			
鄂温克族自治旗锡尼河西苏木	316500	4266	3182	530			
鄂温克族自治旗锡尼河东苏木	586961	4701	3220	120			
鄂温克族自治旗巴彦塔拉达斡尔民族乡	41848	1756	950				
鄂温克族自治旗伊敏苏木	445300	3155	1703	179			
鄂温克族自治旗辉苏木	295560	4473	3760	180			
陈巴尔虎旗巴彦库仁镇	72000	20819	3474	3474	303617.0	749	20604
陈巴尔虎旗宝日希勒镇	61300	13404	4728	4206	600669.0	410	11534
陈巴尔虎旗呼和诺尔镇	457900	4476	1726	427	25740.0	410	2310
陈巴尔虎旗西乌珠尔苏木	119600	1751	757	52			
陈巴尔虎旗鄂温克民族苏木	603700	2922	1149	168	2278.0		
陈巴尔虎旗东乌珠尔苏木	198000	2289	1054	37			
陈巴尔虎旗巴彦哈达苏木	298400	1696	962	139	125935.0		
新巴尔虎左旗嵯岗镇	210500	8097	5693	1612	63000.0	380	3563
新巴尔虎左旗阿木古郎镇	167100	16237	8552	7802		430	14249
新巴尔虎左旗新宝力格苏木	359900	4120	3385	420			
新巴尔虎左旗乌布尔宝力格苏木	87465	5968	5967	591			
新巴尔虎左旗罕达盖苏木	1513	1192	1148	80			
新巴尔虎左旗吉布胡郎图苏木	2046	2782	1362	137			
新巴尔虎左旗甘珠尔苏木	314000	2119	1754	104			
新巴尔虎右旗阿拉坦额莫勒镇	319943	23195	5565	5565	696099.4	575	24200
新巴尔虎右旗阿日哈沙特镇	264200	3860	3213	1795	199236.0	120	326
新巴尔虎右旗呼伦镇	258691	1967	1357	80	1920.0	100	711
新巴尔虎右旗贝尔苏木	184833	2089	2011	649		30	632
新巴尔虎右旗克尔伦苏木	582672	5794	3192	46			
新巴尔虎右旗达赉苏木	372034	1366	1168	86	2365.0		
新巴尔虎右旗宝格德乌拉苏木	473439	2223	1370	20		320	385
满洲里市新开河镇	26041	4960	1				
牙克石市免渡河镇	412650	21535	14492	9977	405915.0	2789	13357
牙克石市博克图镇	398800	21468	10010	6921	56385.0	1010	17145

续表 78　　（内蒙古自治区）　　计算单位：公顷、人、万元

名　　称	行政区域面积	常住人口	从业人员	二三产业从业人员	工业总产值	城镇建成区面积	城镇建成区常住人口
牙克石市绰河源镇	222000	8794	5267	3251	68662.0	2450	6574
牙克石市乌尔其汉镇	384800	35882	16832	11205	52106.0	1500	29848
牙克石市库都尔镇	316380	15972	9779	3997	113850.0	1200	11389
牙克石市图里河镇	367819	25612	10411	9493	112088.0	1100	23676
牙克石市乌奴耳镇	222950	11486	5218	3204	121260.0	1000	7418
牙克石市塔尔气镇	103090	14400	2065	345	52170.0	700	13498
牙克石市伊图里河镇	113700	12095	6923	4337	46780.0	800	11423
扎兰屯市磨菇气镇	70796	38766	27661	6599	4000.0	480	7310
扎兰屯市卧牛河镇	139454	22103	17475	3388	8000.0	150	3675
扎兰屯市成吉思汗镇	88070	32770	23399	4702	102861.0	631	15907
扎兰屯市大河湾镇	34396	23446	11900	4085		350	3060
扎兰屯市浩饶山镇	55540	4200	3600	550		600	2320
扎兰屯市柴河镇	549772	2662	1268	928		150	1870
扎兰屯市中和镇	101230	44628	26602	4111	3500.0	900	2865
扎兰屯市哈多河镇	40969	12450	11445	630		605	2768
扎兰屯市达斡尔民族乡	42326	9384	8892	1212	4600.0		
扎兰屯市鄂伦春民族乡	200556	6830	6818	2243	14441.0		
扎兰屯市萨马街鄂温克民族乡	193900	7098	4918	880		4	2380
扎兰屯市洼堤乡	71402	8978	6332	244	24.0		
额尔古纳市黑山头镇	105600	2247	1341	217	203.0	197	1081
额尔古纳市莫尔道嘎镇	938400	16245	6586	3125	2630.0	1200	16201
额尔古纳市恩和哈达镇	589500	3	1			1	
额尔古纳市三河回族乡	220000	6713	2857	536	210.0	420	4323
额尔古纳市恩和俄罗斯族民族乡	208900	2077	1120	400			
额尔古纳市蒙兀室韦苏木	144600	938	701	416	130.0	100	818
额尔古纳市奇乾乡	251800	54	28	28			
根河市金河镇	504065	13387	4104	1050	10244.0	805	13891
根河市阿龙山镇	312532	12619	4799	2900	4262.0	762	12134
根河市满归镇	308562	10659	6036	3000	17500.0	452	10149
根河市得耳布尔镇	242814	12920	4156	3580	11000.0	770	12920
根河市敖鲁古雅乡	174067	569	419	221	360.0		
临河区狼山镇	26919	31120	14700	1440	26137.5	730	3209
临河区新华镇	42811	39545	21152	2173	1200.0	400	2650
临河区干召庙镇	33440	48869	28129	6765	54260.0	650	1973
临河区乌兰图克镇	32399	28448	14897	1492	6744.0	588	1912
临河区双河镇	27528	22280	14122	533	1300.0	990	1480
临河区城关镇	11768	17201	10718	3388	133.0	146	590
临河区白脑包镇	29649	32364	25175	1593	6982.0	350	1687
临河区曙光乡	4000	21586	10070	5486	257875.7		
临河区八一乡	10495	15996	10692	4815	1577934.9		
五原县隆兴昌镇	41253	110950	31338	15588	120000.0	650	87700
五原县塔尔湖镇	42700	39000	27606	3659	792.0	123	11643
五原县套海镇	33100	24833	15418	2614	2523.0	246	7013
五原县新公中镇	24539	25900	16416	1360	219.0	145	712
五原县天吉太镇	26025	16985	9885	485	435.0	112	860
五原县胜丰镇	29800	21879	14014	647	1110.0	58	754
五原县银定图镇	18169	14700	3753	1203		310	635
五原县复兴镇	15100	13750	10221	463	7200.0	110	7385
五原县和胜乡	13414	9171	6504	202	569.2		
磴口县巴彦高勒镇	22615	52343	22090	16570	385486.0	630	50000

续表 79　　（内蒙古自治区）　　计算单位：公顷、人、万元

名　　称	行政区域面积	常住人口	从业人员	二三产业从业人员	工业总产值	城镇建成区面积	城镇建成区常住人口
磴口县隆盛合镇	31153	15780	11577	2675	226.0	68	3721
磴口县渡口镇	23281	9886	6411	200	120.0	17	2405
磴口县补隆淖镇	7200	6276	4864	646	60010.0	15	536
磴口县沙金套海苏木	302130	7412	6304	491	85.0	20	308
乌拉特前旗乌拉山镇	34240	118694	32998	24698	279803.0	1722	114480
乌拉特前旗白彦花镇	67220	7839	5057	1497	33376.0	120	3075
乌拉特前旗先锋镇	48800	30739	18131	1826	342331.0	400	893
乌拉特前旗新安镇	48783	33950	14118	1017	4108.0	100	1465
乌拉特前旗西小召镇	46450	22333	14815	1977		150	1497
乌拉特前旗大佘太镇	92500	26480	20181	1716	3834.1	144	6202
乌拉特前旗明安镇	74180	15529	11434	2694	9333.2	200	1513
乌拉特前旗小佘太镇	63500	7940	3368	531	94724.0	240	2247
乌拉特前旗苏独仑镇	38500	8600	6650	155	600.0	230	2258
乌拉特前旗额尔登布拉格苏木	83200	3377	1584	218	154329.3	3	
乌拉特前旗沙德格苏木	71100	1189	682	86	154945.0	35	255
乌拉特中旗海流图镇	6200	37684	17910	17401	60107.0	788	37174
乌拉特中旗乌加河镇	72900	24549	12648	1128	680.0	260	1607
乌拉特中旗德岭山镇	85974	26497	18252	2492	1050739.0	310	1950
乌拉特中旗石哈河镇	184400	17850	6155	659	45533.0	30	901
乌拉特中旗甘其毛都镇	431700	2345	1590	750	136139.0	220	580
乌拉特中旗温更镇	181921	5175	2863	973	48456.0	12	1308
乌拉特中旗呼鲁斯太苏木	204900	3793	2943	124	310.0		
乌拉特中旗川井苏木	201100	1911	1153	191	65539.0		
乌拉特中旗巴音乌兰苏木	642700	7619	3780	82	45248.0		
乌拉特中旗新忽热苏木	271600	4102	3006	720	128878.0		
乌拉特后旗巴音宝力格镇	99370	14560	6475	3377	530514.1	490	2950
乌拉特后旗呼和温都尔镇	154800	13870	7272	5066	457832.3	350	7819
乌拉特后旗潮格温都尔镇	635510	9800	1978	701	51830.7	125	5675
乌拉特后旗获各琦苏木	879300	4670	3996	3100	121408.9		
乌拉特后旗巴音前达门苏木	606700	3400	975				
乌拉特后旗乌盖苏木	86230	6100	6089	4991	14109.9		
杭锦后旗陕坝镇	19855	121181	60665	46823	1292461.0	1812	90703
杭锦后旗头道桥镇	19731	18668	10039	1012	9395.0	6	531
杭锦后旗二道桥镇	24024	26102	14234	956	6035.0	298	606
杭锦后旗三道桥镇	12055	15068	9635	307	10589.0	298	3447
杭锦后旗蛮会镇	19931	18783	13252	3734	5332.0	100	633
杭锦后旗团结镇	17279	13656	7525	946	6025.0	100	344
杭锦后旗双庙镇	19432	13391	7248	801	4393.0	204	1006
杭锦后旗沙海镇	16574	16321	10460	3979	491.0	50	415
杭锦后旗蒙海镇	12298	11854	9879	1128	10238.0	32	252
集宁区白海子镇	14322	33287	22992	8118	396760.0	1200	13274
集宁区马莲渠乡	13600	18031	17913	6739	299473.0	1800	3896
卓资县卓资山镇	37879	50735	36103	29786	311568.0	1200	41498
卓资县旗下营镇	32267	16682	12376	8687	381618.0	1201	8991
卓资县十八台镇	44880	18655	11236	2222	4720.0	80	598
卓资县巴音锡勒镇	36500	10456	7620	3699	30285.0	30	816
卓资县梨花镇	38479	12785	8035	2169	49250.0	60	534
卓资县大榆树乡	52516	13162	7560	2440	60631.0	75	448
卓资县红召乡	41859	4496	3262	678	18250.0	25	119
卓资县复兴乡	27520	8215	5113	1946	2756.0	73	535

续表 80　　（内蒙古自治区）　　计算单位：公顷、人、万元

名　　称	行政区域面　积	常住人口	从业人员	二三产业从业人员	工　业总产值	城镇建成区 面 积	城镇建成区常住人口
化德县长顺镇	39100	61478	43283	31945	562681.4	5290	43725
化德县朝阳镇	53462	22062	11199	319		120	1290
化德县七号镇	42300	11360	7396	499		80	1333
化德县德包图乡	42367	12534	6294	213		50	783
化德县公腊胡洞乡	38700	6269	3956	199		111	350
化德县白音特拉乡	36771	9797	4792	165		71	1352
商都县七台镇	28372	96530	38949	34826	68035.2	4136	89100
商都县十八顷镇	43656	12123	8072	678	8722.5	3	739
商都县大黑沙土镇	41793	13203	8809	168		100	1120
商都县西井子镇	54538	19240	16678	1680	40662.0	297	804
商都县屯垦队镇	58081	12760	8489	323	23030.2	28	1476
商都县小海子镇	45204	20764	18856	2433	31717.0	29	929
商都县大库伦乡	52482	7130	6427	263			
商都县卯都乡	28134	3061	2547	112	2000.0		
商都县玻璃忽镜乡	44242	6934	5380	1200	8816.2		
商都县三大顷乡	31847	5022	3130	254	64.0		
兴和县城关镇	43146	75680	60411	21861	727709.0	5500	55104
兴和县张皋镇	26395	21884	19134	605		600	5300
兴和县赛乌素镇	46984	20605	13269	2702	15356.0	88	1637
兴和县鄂尔栋镇	44970	18213	13689	6219	22.0	15	152
兴和县店子镇	46000	13860	12860	2910	35857.0	160	1860
兴和县大库联乡	43700	24280	12803	1265	3000.0	260	1240
兴和县民族团结乡	38300	23672	14721	1125	290.0		
兴和县大同夭乡	34400	15690	15176	976	370.0		
兴和县五股泉乡	27600	8143	2611	141			
凉城县岱海镇	43335	86798	45302	22077	104380.0	1208	38760
凉城县六苏木镇	58419	25200	16050	1400	417758.9	170	1441
凉城县麦胡图镇	22806	20692	12444	644		328	321
凉城县永兴镇	36170	9050	6060	880	1923.0	186	105
凉城县蛮汉镇	60288	16490	9845	693		184	560
凉城县天成乡	52923	15809	10597	871		197	258
凉城县曹碾满族乡	12383	1385	990	20		32	224
凉城县厂汉营乡	44217	11950	7211	55		102	131
察哈尔右翼前旗土贵乌拉镇	21820	56724	38283	18870	130000.0	1500	36195
察哈尔右翼前旗平地泉镇	15931	11715	10953	5929	468597.0	40	9951
察哈尔右翼前旗玫瑰营镇	41820	18251	12078	2232	13700.0	120	1917
察哈尔右翼前旗巴音塔拉镇	25603	16732	11704	2547	16.0	28	1173
察哈尔右翼前旗黄旗海镇	9806	8135	4629	2197	26909.0	29	381
察哈尔右翼前旗乌拉哈乌拉乡	24559	7827	5055	545	850.0	505	1212
察哈尔右翼前旗黄茂营乡	34290	6174	5276	898	85.0		
察哈尔右翼前旗三岔口乡	37361	8709	4299	1067	94629.0	343	3157
察哈尔右翼前旗老圈沟乡	24106	2304	2291	788		3393	370
察哈尔右翼中旗科布尔镇	30326	42413	24896	11625	163800.0	620	38080
察哈尔右翼中旗铁沙盖镇	29250	15027	13024	1199		760	1632
察哈尔右翼中旗黄羊城镇	39913	13449	9515	1833	22034.0	250	705
察哈尔右翼中旗广益隆镇	53806	10660	10262	922	13989.0	200	682
察哈尔右翼中旗乌素图镇	15480	9481	6494	794		136	2100
察哈尔右翼中旗大滩乡	63769	10477	3966	2161			
察哈尔右翼中旗宏盘乡	49908	11500	6927	1427	5069.0		
察哈尔右翼中旗巴音乡	13057	7314	4755	1106			

续表 81　　（内蒙古自治区）　　计算单位：公顷、人、万元

名　　称	行政区域面　　积	常住人口	从业人员	二三产业从业人员	工　业总产值	城镇建成区 面 积	城镇建成区常住人口
察哈尔右翼中旗库联苏木	39429	1615	1460	344	12135.0		
察哈尔右翼中旗乌兰哈页苏木	31570	12203	6560	1731	76848.5		
察哈尔右翼中旗土城子乡	19970	9366	8365	318	18270.0		
察哈尔右翼后旗白音察干镇	58780	64597	33500	21500	330000.0	710	38428
察哈尔右翼后旗土牧尔台镇	56000	16325	11458	4935	60000.0	305	13985
察哈尔右翼后旗红格尔图镇	21600	9440	6543	2164	101449.7	15	2296
察哈尔右翼后旗贲红镇	40120	11680	7973	1906	1805.0	800	1168
察哈尔右翼后旗大六号镇	21700	6837	4603	488	27855.0		
察哈尔右翼后旗当郎忽洞苏木	44800	5513	5427	1407	3800.0		
察哈尔右翼后旗乌兰哈达苏木	65300	6854	6515	1055	70000.0		
察哈尔右翼后旗锡勒乡	82700	4274	1937	147	60000.0		
四子王旗乌兰花镇	40169	49820	18255	12860	280300.0	495	2800
四子王旗吉生太镇	103390	20028	19928	3641	38000.0	35	800
四子王旗库伦图镇	44256	20820	12602	4370	20100.0	50	712
四子王旗供济堂镇	54721	18182	17082	1030		40	790
四子王旗白音朝克图镇	317916	5508	3374	1164	62126.0	40	660
四子王旗红格尔苏木	54721	5423	5422	2000		40	205
四子王旗江岸苏木	499243	3239	1527	327	52600.0	42	425
四子王旗查干补力格苏木	273982	3128	2630	410	31200.0	42	235
四子王旗脑木更苏木	431348	2395	1393	193	22120.0	41	310
四子王旗东八号乡	52472	16320	16294	1514	67600.0	45	820
四子王旗忽鸡图乡	67291	18780	14590	7155		40	490
四子王旗大黑河乡	27300	12210	12202	3342	14870.0	30	650
四子王旗巴音敖包苏木	280000	2380	1450	300	15943.0	35	235
丰镇市隆盛庄镇	42107	19357	19356	11314	23000.0	400	3500
丰镇市黑土台镇	25831	16177	16176	13243	5000.0	48	455
丰镇市红砂坝镇	36283	9922	6915	1537	39227.5	100	1000
丰镇市巨宝庄镇	29894	24605	11761	3153	275610.1		
丰镇市三义泉镇	36400	10075	9808	5913	15000.0	21	810
丰镇市浑源窑乡	29984	5307	2294	79	2550.0	8	840
丰镇市元山子乡	31570	12038	6203	4554	7500.0	9	1056
丰镇市官屯堡乡	30196	16151	12377	3588	3000.0	200	780
乌兰浩特市乌兰哈达镇	37278	24291	13032	4271	348074.0	4	1440
乌兰浩特市葛根庙镇	59900	27531	24452	617		11	477
乌兰浩特市太本站镇	110400	4502	3043	183		25	1183
乌兰浩特市义勒力特镇	17163	17046	7735	1924	3000.0	45	1872
阿尔山市天池镇	373477	4170	1857	1026	6696.0	4	563
阿尔山市白狼镇	74453	2654	967	455	260.0	200	1140
阿尔山市五岔沟镇	80868	7754	1926	645		242	5506
阿尔山市明水河镇	201200	7508	2520	635		124	2594
科尔沁右翼前旗科尔沁镇	19800	17054	10600	2000	1195515.0	280	1530
科尔沁右翼前旗索伦镇	211000	17818	6606	1651	80336.0	695	9417
科尔沁右翼前旗德佰斯镇	133700	27926	19827	988	40.0	200	1600
科尔沁右翼前旗大石寨镇	87300	35033	9677	2085	9183.0	360	8700
科尔沁右翼前旗归流河镇	68200	22800	13443	1118	14942.0	375	6378
科尔沁右翼前旗居力很镇	24200	25010	13355	5178	3130.0	400	4770
科尔沁右翼前旗察尔森镇	73200	17457	12566	932	3883.0	345	3850
科尔沁右翼前旗额尔格图镇	137200	16730	8570	851		189	3130
科尔沁右翼前旗俄体镇	43200	23772	14418	3825	461.0	100	2610
科尔沁右翼前旗满族屯满族乡	334000	4020	2063	114		132	1347

续表 82　　（内蒙古自治区）　　计算单位：公顷、人、万元

名　　称	行政区域面　　积	常住人口	从业人员	二三产业从业人员	工　业总产值	城镇建成区 面 积	城镇建成区常住人口
科尔沁右翼前旗乌兰毛都苏木	209600	4969	3714	1146	4350.0	4949	2610
科尔沁右翼前旗阿力得尔苏木	152200	33098	10700	2050	48146.0	600	3500
科尔沁右翼前旗巴拉格歹乡	70000	52650	24150	3150	22680.0	150	7350
科尔沁右翼前旗桃合木苏木	112800	4745	2891	210		18	1256
科尔沁右翼中旗巴彦呼舒镇	103962	79138	38679	25514	298591.0	1225	54094
科尔沁右翼中旗巴仁哲里木镇	249070	13771	7012	773	21238.0	200	1297
科尔沁右翼中旗吐列毛都镇	140231	22173	14668	1761	48.0	400	3332
科尔沁右翼中旗杜尔基镇	118534	18522	11585	1123	195.0	108	2191
科尔沁右翼中旗高力板镇	96708	25534	14359	2007	38385.0	300	4143
科尔沁右翼中旗好腰苏木镇	74204	10855	5054	932		30	945
科尔沁右翼中旗代钦塔拉苏木	88418	9837	6469	822	4637.0	16	379
科尔沁右翼中旗新佳木苏木	114315	13071	6787	810		450	1486
科尔沁右翼中旗哈日诺尔苏木	118567	3506	2648	366	42002.0	200	776
科尔沁右翼中旗额木庭高勒苏木	49320	17470	9743	1082	3547.0	310	1171
科尔沁右翼中旗巴彦茫哈苏木	73747	10391	5795	643		450	982
科尔沁右翼中旗巴彦淖尔苏木	52710	10489	6696	695		208	1582
扎赉特旗音德尔镇	102000	85300	36430	13200	375610.0	1534	52100
扎赉特旗新林镇	72666	32100	18415	1465		268	5810
扎赉特旗巴彦高勒镇	111788	41855	23030	1680	1215.0	645	5780
扎赉特旗胡尔勒镇	213100	37120	12800	750	210.0	268	3520
扎赉特旗阿尔本格勒镇	104120	32350	18060	850	2215.0	294	4176
扎赉特旗巴达尔胡镇	83000	23895	9651	896	6490.0	335	2910
扎赉特旗图牧吉镇	96000	12980	6590	340	80.0	150	1475
扎赉特旗好力保乡	27600	17320	9955	970	8752.0	1200	6190
扎赉特旗巴彦乌兰苏木	80000	18720	10040	790	4550.0	1500	3335
扎赉特旗宝力根花苏木	51300	13120	6710	600		200	1910
扎赉特旗阿拉达尔吐苏木	95780	11845	8125	215	1200.0	192	2769
扎赉特旗巴彦扎拉嘎乡	35800	19962	16335	3945		320	1235
扎赉特旗努文牧仁乡	35600	12560	10025	890	105.0	120	1320
突泉县突泉镇	53642	101200	56320	28891	324914.0	420	60600
突泉县六户镇	74567	36540	31770	10430	22047.3	11	5240
突泉县东杜尔基镇	33362	24357	13379	1796		206	3443
突泉县永安镇	39367	24088	14877	1630	56206.4	410	2186
突泉县水泉镇	62125	21193	13571	697		310	2750
突泉县宝石镇	99078	49427	21273	2720		101	2940
突泉县学田乡	36708	20880	11820	2270			
突泉县九龙乡	21557	11875	4952	937	82589.5		
突泉县太平乡	59289	17152	12340	1357	23174.7		
二连浩特市格日勒敖都苏木	384830	2260	1137	46			
锡林浩特市阿尔善宝拉格镇	209838	1751	1422	205	2644.0	400	650
锡林浩特市宝力根苏木	325502	3794	3116	514			
锡林浩特市朝克乌拉苏木	181614	2461	1864	181			
锡林浩特市巴彦锡勒办事处	340300	5980	3110	630			
锡林浩特市巴彦宝拉格苏木	151675	1368	1173	50			
阿巴嘎旗别力古台镇	465800	22102	11032	8960	260868.0	600	19397
阿巴嘎旗洪格尔高勒镇	296800	4472	3633	1596	175083.0	55	624
阿巴嘎旗查干淖尔镇	408400	4809	3793	1338	23815.0	59	856
阿巴嘎旗那仁宝拉格苏木	453000	3251	2132	574	64078.0	58	637
阿巴嘎旗伊和高勒苏木	342750	2049	1600	481		56	314
阿巴嘎旗吉尔嘎郎图苏木	294400	2823	2636	1678	296391.0	42	337

续表 83　　（内蒙古自治区）　　计算单位：公顷、人、万元

名　　称	行政区域面积	常住人口	从业人员	二三产业从业人员	工业总产值	城镇建成区面积	城镇建成区常住人口
阿巴嘎旗巴彦图嘎苏木	497700	2987	1886	432		52	176
苏尼特左旗满都拉图镇	568546	18116	6655	4774	228348.0	509	15057
苏尼特左旗查干敖包镇	393891	1445	1236	447	17038.0	8	38
苏尼特左旗巴彦淖尔镇	609626	5976	5085	1132		9	120
苏尼特左旗巴彦乌拉苏木	427065	2651	2631	941	116832.0	7	29
苏尼特左旗赛罕高毕苏木	469011	1676	1245	255	88293.0	6	70
苏尼特左旗洪格尔苏木	572682	1895	1412	213		13	43
苏尼特左旗达来苏木	383195	1740	1531	295		9	35
苏尼特右旗赛汉塔拉镇	331717	35825	14931	12831	407167.3	831	32379
苏尼特右旗朱日和镇	274070	9812	5437	692	269452.6	900	3098
苏尼特右旗乌日根塔拉镇	372940	3740	3632	2162	43319.7	66	2070
苏尼特右旗桑宝拉格苏木	345250	3876	2700	95		5	403
苏尼特右旗额仁淖尔苏木	451270	2090	2020	15		20	19
苏尼特右旗赛罕乌力吉苏木	266360	3321	1655	35		20	171
苏尼特右旗阿其图乌拉苏木	193400	2025	1957	546		40	59
东乌珠穆沁旗乌里雅斯太镇	545900	35136	8032	4040	85264.0	3200	23553
东乌珠穆沁旗道特淖尔镇	491490	4937	3421	595		430	1934
东乌珠穆沁旗嘎达布其镇	347300	2823	1701	165		4	232
东乌珠穆沁旗满都胡宝拉格镇	562900	2290	1493	143	110000.0	1	242
东乌珠穆沁旗额吉淖尔镇	388000	5456	3355	801	65975.0	400	383
东乌珠穆沁旗巴音胡硕镇	77968	19560	11591	9003	78124.0	652	18269
东乌珠穆沁旗呼热图淖尔苏木	638300	7212	4852	252			
东乌珠穆沁旗萨麦苏木	778200	5252	2939	141	224000.0		
东乌珠穆沁旗嘎海乐苏木	518730	3781	2889	604	59000.0		
东乌珠穆沁旗阿拉坦合力苏木	262700	2906	2343	151	89168.0		
西乌珠穆沁旗巴拉嘎尔高勒镇	1039	17958	10377	10377	315403.0	263	14521
西乌珠穆沁旗巴彦花镇	531217	12262	5810	461	854594.0	30	1321
西乌珠穆沁旗吉仁高勒镇	420982	5244	4641	280		52	1069
西乌珠穆沁旗浩勒图高勒镇	382330	8388	4715	985	20534.0	20	348
西乌珠穆沁旗高日罕镇	156651	3498	3441	43	7080.0	70	1094
西乌珠穆沁旗巴彦胡舒苏木	385777	4665	3690	425		12	198
西乌珠穆沁旗乌兰哈拉嘎苏木	349320	4327	3193	102	5004.0	14	240
太仆寺旗宝昌镇	25910	48621	21932	6250	332699.0	992	41085
太仆寺旗千斤沟镇	57121	19981	11345	676	15041.6	820	2350
太仆寺旗红旗镇	69099	14083	12504	645	26405.0	250	1500
太仆寺旗骆驼山镇	56113	9915	6051	229		200	2365
太仆寺旗永丰镇	37835	12458	6414	284		220	1468
太仆寺旗幸福乡	18902	6676	4734	76			
太仆寺旗贡宝拉格苏木	77634	1246	838	167			
镶黄旗新宝拉格镇	2965	16006	4336	3086		633	16006
镶黄旗巴彦塔拉镇	175761	6232	4388	203		72	215
镶黄旗翁贡乌拉苏木	164694	3952	3872	500			
镶黄旗宝格达音高勒苏木	170306	6546	5590	175			
正镶白旗明安图镇	104500	22943	11938	8477	123677.0	740	22943
正镶白旗星耀镇	38783	16708	11585	120			
正镶白旗伊和淖尔苏木	173913	4530	4390	119	16791.0		
正镶白旗乌兰查布苏木	179115	4628	4597	90			
正镶白旗宝拉根陶海苏木	128980	4391	3353	323	49488.0		
正蓝旗上都镇	181640	38775	13916	11280	747744.0	1373	31017
正蓝旗桑根达来镇	165850	8422	3804	402		200	2052

续表 84　　（内蒙古自治区、辽宁省）　　计算单位：公顷、人、万元

名　　称	行政区域面　　积	常住人口	从业人员	二三产业从业人员	工　业总产值	城镇建成区 面 积	城镇建成区常住人口
正蓝旗哈毕日嘎镇	44745	8008	4789	656		400	1971
正蓝旗宝绍代苏木	112900	4809	3070	1535			
正蓝旗那日图苏木	96760	4018	2682	822			
正蓝旗赛音呼都嘎苏木	203110	4905	4200	700			
正蓝旗扎格斯台苏木	130780	3205	1802	20			
多伦县大北沟镇	43100	12780	10501	1717	8872.0	180	825
多伦县多伦诺尔镇	53988	61087	29733	21897	702751.0	1280	57968
多伦县大河口乡	109270	9215	6444	1133	121109.0	123	187
多伦县蔡木山乡	124143	10247	7634	909	52414.0		
多伦县西干沟乡	55867	8654	7064	1472	207532.0		
阿拉善左旗温都尔勒图镇	331900	2216	2138	418	1500.0	150	240
阿拉善左旗乌斯太镇	181900	31100	23219	13046	3213842.0	2600	31000
阿拉善左旗巴润别立镇	318500	10372	5850	1178	36000.0	180	931
阿拉善左旗巴彦浩特镇	547848	8263	3789	939	34420.0		
阿拉善左旗嘉尔嘎勒赛汉镇	310100	8992	4431	1189	35592.0	550	1596
阿拉善左旗吉兰泰镇	1238700	20117	16225	10098	91476.0	2470	11893
阿拉善左旗宗别立镇	202400	10695	8350	5600	850000.0	2	108
阿拉善左旗敖伦布拉格镇	466300	3587	2351	1408	60666.0	150	650
阿拉善左旗腾格里额里斯镇	268800	3026	2860	1828	129816.0	130	326
阿拉善左旗巴彦木仁苏木	263400	2774	1867	76		6	204
阿拉善左旗乌力吉苏木	770700	974	533	38		88	129
阿拉善左旗巴彦诺日公苏木	1221500	4295	4139	899	42000.0	120	323
阿拉善左旗额尔克哈什哈苏木	973000	1861	926	479		3	68
阿拉善左旗银根苏木	657300	682	600	59		114	70
阿拉善左旗超格图呼热苏木	267100	1379	1085	357	4138.0	2	130
阿拉善右旗巴丹吉林镇	664000	14234	8364	7823	246118.0	480	13290
阿拉善右旗雅布赖镇	1171760	4439	1154	499	92643.0	130	3339
阿拉善右旗阿拉腾敖包镇	360000	1648	1359	809	77063.0	110	256
阿拉善右旗曼德拉苏木	570000	1676	1180	375	2384.0		
阿拉善右旗阿拉腾朝格苏木	1900000	1747	1272	187	7832.0		
阿拉善右旗巴音高勒苏木	350000	1447	1446	568	44319.0		
阿拉善右旗塔木素布拉格苏木	2432700	1492	717	55	15054.0		
额济纳旗达来呼布镇	1050	15000	10184	9579	9790.2	800	15000
额济纳旗东风镇	2579500	1338	1212	24	2000.0	30	
额济纳旗哈日布日格德音乌拉镇	2284582	1350	239	37	31794.0	100	1350
额济纳旗赛汉陶来苏木	2150000	732	490		31000.0	1	109
额济纳旗马鬃山苏木	1903818	112	111	24		960	119
额济纳旗苏泊淖尔苏木	471600	2369	1150	20		800	1020
额济纳旗巴彦陶来苏木	500050	2126	1282	69		2	26
额济纳旗温图高勒苏木	1570000	346	300	8		1	346
辽宁省							
辽中县于家房镇	6995	20130	16780	1555	287522.0	2179	8661
辽中县朱家房镇	10622	21654	18121	10021	500000.0	500	3426
辽中县冷子堡镇	12900	28389	16983	5477	272096.0	145	5533
辽中县刘二堡镇	8649	19568	14218	7764	638730.0	822	4021
辽中县茨榆坨镇	10400	90000	26979	16838	1143269.0	800	30720
辽中县新民屯镇	5983	19285	11154	4818	268000.0	663	5023
辽中县满都户镇	8845	20987	10997	3886	208525.0	1233	6870
辽中县杨士岗镇	5300	14511	14406	1675	2016727.0	232	7005
辽中县肖寨门镇	13597	42285	21110	8514	436000.0	548	7229

续表 85　　（辽宁省）　　计算单位：公顷、人、万元

名　　称	行政区域面积	常住人口	从业人员	二三产业从业人员	工业总产值	城镇建成区面积	城镇建成区常住人口
辽中县长滩镇	6359	23295	11096	4387	31000.0	170	3094
辽中县四方台镇	6154	20000	10629	3840	210000.0	740	3836
辽中县城郊镇	6526	16385	9145	4080	591243.0	1135	16385
辽中县六间房镇	9903	21162	11382	5278	991519.0	340	1951
辽中县养士堡镇	8081	15672	10110	2380	562877.0	1626	4055
辽中县潘家堡镇	6400	17527	10053	1289	132170.0	544	2878
辽中县老大房镇	8285	16090	10619	6126	238000.0	1335	3272
辽中县大黑岗子镇	8600	14675	7792	1042	78450.0	500	1194
辽中县牛心坨镇	14380	20399	10935	3673	97840.0	600	2847
康平县小城子镇	15933	18961	8725	2624	230000.0	913	2783
康平县张强镇	15800	24145	10573	4424	283546.0	400	2085
康平县方家屯镇	10100	19816	8660	3795	256885.0	183	3872
康平县郝官屯镇	13255	20653	5408	1098	246179.0	65	1384
康平县二牛所口镇	16667	22745	10568	4957	227941.0	300	1932
康平县北四家子乡	14200	16128	6946	1807	195000.0		
康平县两家子乡	11800	13980	6630	697	150000.0		
康平县海洲窝堡乡	14770	15622	8555	695	227696.0		
康平县沙金台蒙古族满族乡	15000	18800	9380	3880	202000.0		
康平县柳树屯蒙古族满族乡	10500	15262	6984	1298	207555.0		
康平县西关屯蒙古族满族乡	8806	15242	8590	2450	246310.0		
康平县东升满族蒙古族乡	12270	18325	9960	3115	221825.0		
法库县法库镇	13279	89947	14650	8218	490000.0	3000	70072
法库县大孤家子镇	10366	20342	10600	4700	480000.0	30	5000
法库县三面船镇	12400	22265	12957	3197	409934.0	825	5733
法库县秀水河子镇	20400	31854	15485	5822	383687.0	198	4297
法库县叶茂台镇	17500	24309	17202	4088	295403.0	300	4585
法库县登仕堡子镇	9468	16472	8013	2095	333307.0	400	2015
法库县柏家沟镇	11567	22110	16080	7844	526655.0	180	5013
法库县丁家房镇	13200	20543	13019	3542	255925.0	180	3719
法库县孟家镇	9160	15500	9538	2284	1002431.0	85	916
法库县十间房镇	11579	15851	10462	1605	353235.0	680	1810
法库县冯贝堡镇	8917	17005	9599	1306	460000.0	130	2306
法库县依牛堡子镇	13000	26407	14552	5504	530008.0	130	1610
法库县五台子镇	13400	31120	18775	13219	343102.0	1080	3288
法库县包家屯镇	17500	27309	8270	2352	469896.0	156	3921
法库县慈恩寺乡	9996	18425	11300	5790	298840.0		
法库县和平乡	7133	10482	6363	3571	420808.0		
法库县四家子蒙古族乡	9533	16780	10520	6380	212954.0		
法库县双台子乡	11257	17650	10800	3216	289962.0		
法库县卧牛石乡	12362	21090	11760	4531	371280.0		
新民市大红旗镇	12484	23457	8868	2820	77131.3	245	1833
新民市梁山镇	20387	24080	10389	1529	411420.0	244	3500
新民市公主屯镇	19379	40036	18543	7095	71334.0	702	3960
新民市兴隆镇	13928	29146	14291	9551	1027799.0	280	7500
新民市前当堡镇	9428	22276	11173	5115	1247330.9	1570	8299
新民市大民屯镇	11217	31590	17002	4988	265681.8	285	14280
新民市大柳屯镇	22943	28980	14423	5236	53940.2	907	1703
新民市兴隆堡镇	15087	61656	23872	17223	1212308.9	800	34761
新民市胡台镇	9999	33321	14603	8741	3808714.1	660	11196
新民市法哈牛镇	10808	31886	13181	4110	1317703.6	575	9667

续表 86　　（辽宁省）　　计算单位：公顷、人、万元

名　　称	行政区域面积	常住人口	从业人员	二三产业从业人员	工业总产值	城镇建成区面积	城镇建成区常住人口
新民市柳河沟镇	20600	23110	13618	3176	177909.2	400	1848
新民市高台子镇	9922	14520	6028	1263	547139.0	150	1783
新民市张家屯镇	7822	17015	10446	3450	300452.7	105	1256
新民市罗家房镇	13013	26282	14061	4667	721766.9	150	2710
新民市三道岗子镇	11773	21986	9644	4397	579751.5	1200	1839
新民市东蛇山子镇	11793	21985	8582	2758	455885.2	715	2194
新民市陶家屯镇	4872	11921	5240	1299	48960.1	612	1695
新民市周坨子镇	12910	15410	6653	608	16766.0	55	1347
新民市金五台子乡	13252	18920	7384	2686	106081.0		
新民市红旗乡	9443	13719	6487	615	208.0		
新民市卢家屯乡	11690	14810	5916	1473	243247.3		
新民市姚堡乡	13725	17250	7234	1314	85810.0		
新民市于家窝堡乡	10970	11415	5061	2056	47573.0		
新民市新农乡	10592	13532	6131	2155	52850.0		
长海县大长山岛镇	4051	35955	17327	11615	103500.0	2515	28320
长海县獐子岛镇	1582	15501	11635	3635	59510.0	850	14006
长海县小长山乡	2757	17270	7080	2680	70844.0	1896	7990
长海县广鹿乡	3770	12492	7730	2740	50328.0	540	3072
长海县海洋乡	2044	7223	2355	955	3260.0	48	2860
瓦房店市复州城镇	11926	46211	21930	12097	623510.0	726	26560
瓦房店市松树镇	13154	31752	19454	9155	38610.0	150	15000
瓦房店市得利寺镇	8900	25505	10507	5095	526380.0	200	6980
瓦房店市万家岭镇	13300	24591	20712	6032	41934.0	150	2475
瓦房店市许屯镇	14740	33943	22260	9220	276511.0	379	10278
瓦房店市永宁镇	13333	39896	28400	16429	1760000.0	900	10236
瓦房店市谢屯镇	19250	29373	14423	9089	530000.0	420	9111
瓦房店市老虎屯镇	10795	24029	23390	17132	2124085.0	750	7163
瓦房店市红沿河镇	13900	17807	9654	3200	188400.0	86	3150
瓦房店市李官镇	11172	21622	25521	11215	202200.0	216	3344
瓦房店市仙浴湾镇	8246	12990	7280	4425	363515.0	93	3112
瓦房店市元台镇	15000	41115	18477	7301	277440.0	40	10671
瓦房店市瓦窝镇	9700	22376	9949	7000	1180000.0	250	5057
瓦房店市赵屯乡	14720	35022	13500	4800	101000.0		
瓦房店市土城乡	9600	22925	15820	3401	478102.0	108	2741
瓦房店市阎店乡	11200	26204	14549	2804	223000.0	60	2400
瓦房店市西杨乡	11200	29525	12895	3530	231280.0		
瓦房店市驼山乡	13600	24150	12050	3901	71566.0	50	1700
瓦房店市三台满族乡	13000	26131	13776	8987	856490.0	18	4270
瓦房店市泡崖乡	13490	18745	13893	3800	740101.0	300	1450
瓦房店市杨家满族乡	10410	23124	13229	5586	730316.0	0	1235
普兰店市双塔镇	15614	32448	31258	4908	161137.0	344	3389
普兰店市安波镇	30459	41627	16525	10865	31765.0	800	7850
普兰店市四平镇	10179	22054	5794	3192	170500.0	130	2438
普兰店市沙包镇	16532	28405	11366	9326	231520.0	150	2881
普兰店市星台镇	23386	43841	22603	12182	108582.0	150	5343
普兰店市墨盘乡	11933	16560	14589	9712	102503.0	200	400
普兰店市同益乡	13578	20680	14311	4335	63135.0		
普兰店市乐甲满族乡	10850	18207	10784	2664	139860.0		
庄河市青堆镇	19330	54485	36150	26187	1430000.0	2200	26252
庄河市徐岭镇	9712	32140	16174	12692	1198985.0	1293	16839

续表 87　　（辽宁省）　　计算单位：公顷、人、万元

名　　称	行政区域面　　积	常住人口	从业人员	二三产业从业人员	工　业总产值	城镇建成区 面 积	城镇建成区常住人口
庄河市黑岛镇	13054	32337	17928	13550	1688196.0	1540	11680
庄河市栗子房镇	22202	56872	31667	21683	708820.0	1600	16308
庄河市大营镇	13934	23043	11679	7571	441290.0	97	1262
庄河市塔岭镇	17824	22840	12552	5565	139846.0	30	3810
庄河市仙人洞镇	33422	34761	17078	10047	175540.0	200	7651
庄河市蓉花山镇	21277	34932	18724	10592	292062.0	600	10203
庄河市长岭镇	15341	27469	12565	6398	218883.0	300	6000
庄河市荷花山镇	14949	12479	7238	3449	292500.0	200	2788
庄河市城山镇	19794	33689	18821	9439	295660.0	63	4000
庄河市光明山镇	23892	53499	26595	12797	496570.0	700	4297
庄河市大郑镇	24667	56892	27360	19880	950000.0	2000	8800
庄河市吴炉镇	17371	36905	19448	13446	785250.0	1133	15249
庄河市王家镇	967	6790	3335	2203	50620.0	865	6590
庄河市鞍子山乡	28584	45003	26831	20031	763377.0	200	7608
庄河市太平岭满族乡	10478	21478	11338	4844	77470.0	525	2387
庄河市步云山乡	21262	19621	9000	4500	143939.0	80	4100
庄河市桂云花满族乡	21413	19281	8795	4485	235472.0	24	968
庄河市兰店乡	8817	21272	11044	7160	1423800.0	102	3728
庄河市石城乡	3749	8978	4618	1831	83116.0	275	1964
千山区唐家房镇	7830	19512	7073	2944	12400.0	2453	8622
千山区大屯镇	10543	35081	14959	10913	796429.0	265	22783
千山区甘泉镇	5397	21496	13516	5886	24680.0	250	5314
台安县西佛镇	11500	27055	16200	6970	331879.0	280	7794
台安县新开河镇	11300	31324	15037	6125	332973.0	130	2655
台安县黄沙坨镇	14300	49542	29737	11297	443420.0	900	10480
台安县高力房镇	11200	39714	24645	7437	487269.0	200	4912
台安县桑林镇	16600	24993	18855	4433	302351.0	120	3430
台安县富家镇	8500	18916	11675	5307	254512.0	450	3986
台安县达牛镇	9900	28401	21012	8441	175600.0	450	4680
台安县韭菜台镇	5800	15436	8117	2763	158200.0	130	2492
台安县新台镇	13300	17638	11027	4218	481020.0	100	3055
台安县桓洞镇	9700	17310	13393	8368	11548.0	200	3039
岫岩满族自治县三家子镇	21700	17737	8768	3397	219880.0	3014	4054
岫岩满族自治县石庙子镇	20100	17144	2794	1763	358500.0	2108	2520
岫岩满族自治县黄花甸镇	17300	24407	19344	4937	139511.0	700	8503
岫岩满族自治县大营子镇	36000	21765	9960	3085	226034.0	2520	3025
岫岩满族自治县苏子沟镇	16861	14439	7703	2094	130300.0	700	3861
岫岩满族自治县偏岭镇	26500	27645	13846	8696	998000.0	200	8365
岫岩满族自治县哈达碑镇	30600	28965	16256	7698	327012.0	2887	4368
岫岩满族自治县新甸镇	12300	21379	13110	2952	337798.0	1700	3957
岫岩满族自治县洋河镇	20600	18302	7304	3481	193548.0	2200	2670
岫岩满族自治县杨家堡镇	14700	12174	8543	3208	84496.0	3800	4437
岫岩满族自治县清凉山镇	21100	17038	6681	3941	150690.0	915	2657
岫岩满族自治县石灰窑镇	23073	21493	10782	4201	252497.0	300	2854
岫岩满族自治县前营子镇	19151	13902	8072	3944	89000.0	567	860
岫岩满族自治县龙潭镇	19891	16357	8059	3496	7783.0	2121	2591
岫岩满族自治县牧牛镇	20800	15845	7267	4648	198675.0	4100	3091
岫岩满族自治县药山镇	15100	12650	5202	1106	120632.0	285	2662
岫岩满族自治县大房身镇	18133	13736	6507	3794	294500.0	3203	2958
岫岩满族自治县朝阳镇	20600	16525	6958	2341	56260.0	200	2178

续表 88 （辽宁省） 计算单位：公顷、人、万元

名　　称	行政区域面积	常住人口	从业人员	二三产业从业人员	工业总产值	城镇建成区面积	城镇建成区常住人口
岫岩满族自治县红旗营子乡	19195	15115	6778	2327	27542.0		
岫岩满族自治县岭沟乡	11800	10126	5389	2313	58562.0		
岫岩满族自治县哨子河乡	13682	9634	6068	2882	51925.0		
海城市孤山镇	20360	23984	10719	4246	36805.0	1056	2507
海城市岔沟镇	14100	25329	14874	6492	83320.0	3000	6826
海城市接文镇	17070	22512	13009	5762	61941.0	2074	4399
海城市析木镇	14027	31400	17024	5958	295067.0	1530	6112
海城市马风镇	16540	32168	19769	14183	627764.0	1200	4029
海城市牌楼镇	9570	40816	25051	23570	1933596.0	1000	26750
海城市八里镇	9318	33205	24014	18600	1448634.0	889	13588
海城市毛祁镇	6470	21367	15071	12327	644730.0	2246	8388
海城市英落镇	16180	39721	23786	19050	2481863.0	1100	2922
海城市感王镇	9318	42986	22170	17940	1245119.0	1181	7135
海城市西柳镇	6480	65649	40915	35803	790123.0	1030	23199
海城市中小镇	5160	24196	17179	10855	431877.0	230	7458
海城市王石镇	16020	39133	24961	12195	783745.0	3736	15427
海城市南台镇	9360	60288	34054	26907	1893566.0	2062	17277
海城市腾鳌镇	12670	73191	63298	55652	1790590.0	720	57873
海城市耿庄镇	11360	41955	22467	11022	440002.0	1729	9156
海城市牛庄镇	4990	36914	21144	15215	508391.0	3998	27103
海城市西四镇	9280	31399	20616	7044	138265.0	1148	5195
海城市望台镇	7520	26434	20581	8853	106136.0	1732	7747
海城市温香镇	13980	41685	23816	5407	52930.0	2931	9747
海城市高坨镇	5930	20765	9220	4053	233342.0	1286	6113
新抚区千金乡	6200	17997	8955	3881	100000.0		
东洲区章党镇	22200	18818	12616	3110	103383.0	537	11088
东洲区哈达镇	20200	19563	7788	1445	156542.0	368	2986
东洲区碾盘乡	8555	19270	12657	6617	507806.0		
东洲区兰山乡	3305	6505	4125	2663	211532.0		
望花区塔峪镇	5277	18804	12317	4450	268164.0	198	5102
望花区拉古满族乡	10413	17025	10009	5632	978320.0		
顺城区前甸镇	11938	39893	14032	9924	570120.0	571	3150
顺城区河北乡	7804	22081	13878	9599	296800.0		
顺城区会元乡	10500	15803	9500	3490	161000.0		
抚顺县石文镇	13893	20286	13096	3799	848400.0	60	3356
抚顺县后安镇	36645	16850	8962	4756	389700.0	604	1934
抚顺县上马镇	34599	20663	15002	6391	305572.0	800	1225
抚顺县救兵镇	26706	19615	14260	6197	1257462.0	263	1689
抚顺县马圈子乡	14156	5832	3578	1414	66717.0		
抚顺县峡河乡	12592	9047	6032	1084	125585.0		
抚顺县海浪乡	12834	12100	7135	3098	360969.0		
抚顺县汤图满族乡	19032	7746	6825	1459	55904.0		
新宾满族自治县新宾镇	38622	66775	30957	18430	660351.0	1100	46373
新宾满族自治县旺清门镇	23051	15962	10507	2221	104400.0	280	4255
新宾满族自治县永陵镇	51578	44832	19344	9868	662585.0	330	21790
新宾满族自治县平顶山镇	35495	18929	10338	2949	134955.0	252	3802
新宾满族自治县大四平镇	26488	20412	9564	4464	480814.0	145	3725
新宾满族自治县苇子峪镇	40280	15850	8882	1967	156100.0	400	3310
新宾满族自治县木奇镇	43965	18251	9102	1744	249635.0	360	4952
新宾满族自治县上夹河镇	26740	16672	9150	2221	196547.0	160	5394

续表 89　　（辽宁省）　　计算单位：公顷、人、万元

名　　称	行政区域面　积	常住人口	从业人员	二三产业从业人员	工　业总产值	城镇建成区 面 积	城镇建成区常住人口
新宾满族自治县南杂木镇	9063	20221	8153	5811	895511.0	316	18606
新宾满族自治县红升乡	12616	7998	3613	607	176245.0		
新宾满族自治县响水河子乡	14163	8845	5051	854	107590.0		
新宾满族自治县红庙子乡	32215	14624	6889	1685	102755.0		
新宾满族自治县北四平乡	24774	7063	4542	519	143545.0		
新宾满族自治县榆树乡	32599	13369	6088	2025	274276.0		
新宾满族自治县下夹河乡	16607	10189	5632	1102	39600.0		
清原满族自治县清原镇	30013	88336	15014	5816	644800.0	1020	68248
清原满族自治县红透山镇	19958	32030	21652	15193	405000.0	384	3218
清原满族自治县草市镇	15253	16198	9483	1844	196071.0	120	4013
清原满族自治县英额门镇	27960	17084	11097	2789	261235.0	300	3733
清原满族自治县南口前镇	33446	22754	10120	3076	439268.0	115	6105
清原满族自治县南山城镇	42220	26591	16456	5015	186024.0	100	4321
清原满族自治县湾甸子镇	35872	15892	9153	4841	342717.0	100	3887
清原满族自治县大孤家镇	20600	20241	13467	4432	154324.0	120	4107
清原满族自治县夏家堡镇	45192	30663	18093	4269	239583.0	315	3319
清原满族自治县土口子乡	28069	15381	9031	1029	321850.0		
清原满族自治县北三家乡	27281	15582	10032	3616	369000.0		
清原满族自治县敖家堡乡	17199	11096	4468	1416	267740.0		
清原满族自治县大苏河乡	29285	8787	5482	1285	182500.0	50	2417
清原满族自治县枸乃甸乡	20734	7521	4843	1395	310269.0		
本溪满族自治县小市镇	54819	33989	15911	10083	294206.0	300	3290
本溪满族自治县草河掌镇	37540	11120	5716	2280	48635.0	100	551
本溪满族自治县草河城镇	20374	11827	7380	4141	548648.0	100	841
本溪满族自治县草河口镇	19666	23723	10234	5082	155257.0	170	13886
本溪满族自治县连山关镇	20339	12713	5442	3416	87412.0	134	2010
本溪满族自治县清河城镇	31460	12029	6940	3158	135910.0	47	1713
本溪满族自治县田师傅镇	13426	28881	4648	3718	305308.0	316	13105
本溪满族自治县南甸镇	17400	13076	6204	4146	321540.0	300	3752
本溪满族自治县碱厂镇	35478	25079	11524	4878	155141.0	400	8220
本溪满族自治县高官镇	43279	21832	10999	4840	952156.0	20	895
本溪满族自治县东营房乡	37630	12274	7775	4474	31761.0		
桓仁满族自治县桓仁镇	30280	38649	21231	11295	304234.0	3100	12477
桓仁满族自治县普乐堡镇	30700	13278	5785	2117	13363.0	1012	3343
桓仁满族自治县二棚甸子镇	33447	23612	12427	6600	136560.0	124	12616
桓仁满族自治县沙尖子镇	28966	14338	7960	4330	6661.0	543	3154
桓仁满族自治县五里甸子镇	22447	10384	4539	1549	3150.0	150	2787
桓仁满族自治县八里甸子镇	37900	16617	8772	4814	82215.0	1020	4315
桓仁满族自治县华来镇	59991	40974	22922	10538	160577.0	400	6538
桓仁满族自治县古城镇	31200	25768	14183	4771	86530.0	780	2939
桓仁满族自治县雅河朝鲜族乡	21200	14946	8927	5280	312355.0		
桓仁满族自治县向阳乡	20809	8528	4113	1389	108070.0		
桓仁满族自治县黑沟乡	21560	10797	6495	3555	67993.0		
桓仁满族自治县北甸子乡	12100	6212	5016	1958	73447.0		
元宝区金山镇	7181	38697	11486	8105	527083.0	1150	31260
振兴区浪头镇	3314	27696	8275	5120	96210.0	660	1918
振兴区安民镇	2009	13550	6528	3895	74360.0	210	2495
振兴区汤池镇	8500	27792	12902	9939	501404.0	335	6473
振安区同兴镇	7440	17626	10840	7800	363212.0	104	6500
振安区五龙背镇	10511	38549	9908	5575	345260.0	600	14584

续表 90　　（辽宁省）　　计算单位：公顷、人、万元

名　　称	行政区域面　积	常住人口	从业人员	二三产业从业人员	工　业总产值	城镇建成区 面 积	城镇建成区常住人口
振安区楼房镇	11323	16916	10687	4728	127847.0	62	3161
振安区九连城镇	4660	29252	13093	7508	100000.0	280	4250
振安区汤山城镇	22590	20612	11868	4663	114139.0	798	3275
宽甸满族自治县宽甸镇	3584	96885	8197	5241	113626.0	870	49474
宽甸满族自治县灌水镇	37808	30012	13375	5611	93526.0	720	7816
宽甸满族自治县硼海镇	26508	13575	7526	3693	153064.0	80	2712
宽甸满族自治县红石镇	44295	20626	11425	3620	223361.0	38	3456
宽甸满族自治县毛甸子镇	32485	13461	7788	3630	37744.0	120	1824
宽甸满族自治县长甸镇	40005	28457	15008	4420	164979.0	100	3586
宽甸满族自治县永甸镇	29592	24464	13627	3312	52026.0	40	6220
宽甸满族自治县太平哨镇	34987	19899	11153	2881	105690.0	135	890
宽甸满族自治县青山沟镇	26306	11595	6555	3965	48291.0	103	4310
宽甸满族自治县牛毛坞镇	32402	15437	9461	1769	167112.0	76	2301
宽甸满族自治县大川头镇	27939	10921	5242	1303	98638.0	26	1100
宽甸满族自治县青椅山镇	20502	12496	7789	1866	62401.0	89	1642
宽甸满族自治县杨木川镇	25809	12773	6772	2750	36653.0	46	1710
宽甸满族自治县虎山镇	21218	12890	7437	1353	71432.0	33	728
宽甸满族自治县振江镇	29670	12311	6543	1879	45462.0	24	878
宽甸满族自治县步达远镇	31800	17375	7659	2589	53303.0	45	2877
宽甸满族自治县大西岔镇	32249	11977	7129	2449	222538.0	24	674
宽甸满族自治县八河川镇	19656	10473	6696	2034	136293.0	42	1068
宽甸满族自治县双山子镇	26860	11485	8800	2847	38450.0	20	1861
宽甸满族自治县石湖沟乡	17184	25598	11306	6321	258406.0		
宽甸满族自治县古楼子乡	13061	8835	5372	1896	45356.0	400	2400
宽甸满族自治县下露河朝鲜族乡	27546	11001	6303	2280	1975.0		
东港市孤山镇	19817	64130	26788	11233	428216.0	600	33172
东港市前阳镇	12116	62610	32876	21111	2465186.0	600	23300
东港市长安镇	19476	14230	7935	2933	28840.0	100	945
东港市十字街镇	11980	26413	14376	6633	109142.0	255	3342
东港市长山镇	15049	47801	23181	10830	260820.0	100	17280
东港市北井子镇	12340	32035	16938	7515	236300.0	100	8695
东港市椅圈镇	14498	34094	17866	5062	184940.0	200	4205
东港市黄土坎镇	10397	27358	13024	4811	259060.0	306	6120
东港市马家店镇	13218	30153	16672	8868	67750.0	100	4136
东港市龙王庙镇	8156	19069	10916	3530	41300.0	100	2468
东港市小甸子镇	12149	24388	13546	4898	35486.0	300	2548
东港市菩萨庙镇	8599	25133	12837	5940	453604.0	100	2560
东港市黑沟镇	15564	14938	6974	3896	48339.0	200	1640
东港市新农镇	11365	15771	8336	2952	54400.0	260	2120
东港市合隆满族乡	9911	20628	11356	8079	46139.0		
凤城市宝山镇	31944	20955	9438	3734	197529.0	145	925
凤城市白旗镇	19271	13294	7417	2843	82640.0	90	1830
凤城市沙里寨镇	19000	14339	8377	1788	28554.0	40	1730
凤城市红旗镇	26275	19762	8333	2559	240463.0	91	2103
凤城市蓝旗镇	16000	17019	12451	2307	21592.0	50	3873
凤城市边门镇	39500	27129	15131	6157	493296.0	100	5519
凤城市东汤镇	32700	23659	9976	3504	93404.0	150	3255
凤城市石城镇	40917	21260	12518	3448	16500.0	100	3870
凤城市大兴镇	20199	10268	6655	2945	153541.0	60	1906
凤城市爱阳镇	32611	34525	18973	11507	85932.0	240	18119

续表 91　　（辽宁省）　　计算单位：公顷、人、万元

名　称	行政区域面　积	常住人口	从业人员	二三产业从业人员	工　业总产值	城镇建成区 面 积	城镇建成区常住人口
凤城市赛马镇	41383	31394	16870	9038	756932.0	130	9869
凤城市弟兄山镇	20522	12356	9090	3285	269339.0	110	4424
凤城市鸡冠山镇	43800	24743	11638	4181	317588.0	200	1957
凤城市刘家河镇	35580	23769	13384	7359	305178.0	100	5098
凤城市通远堡镇	18000	29856	9755	6308	996668.0	500	16128
凤城市四门子镇	27000	15151	8457	4361	165640.0	50	2720
凤城市青城子镇	23695	29723	9761	6058	664653.0	280	15991
凤城市大堡蒙古族乡	26620	23206	11318	4814	39454.0	230	3204
太和区女儿河乡	4340	22006	9977	4776	1721000.0		
太和区营盘乡	1714	9536	4168	2358	685242.0	8	1200
太和区新民乡	6156	39335	21014	9233	681956.0		
黑山县芳山镇	14494	30783	17129	4974	239010.0	200	4558
黑山县白厂门镇	9426	16285	10041	6060	37210.0	90	3134
黑山县常兴镇	11748	23238	11587	1956	244172.0	110	3760
黑山县姜屯镇	9221	23217	13009	5496	85422.0	300	4301
黑山县励家镇	10234	26523	13571	4501	287000.0	100	4238
黑山县绕阳河镇	12391	24298	10579	2841	127189.0	50	2623
黑山县半拉门镇	11938	19964	14045	2804	157869.0	156	6066
黑山县无梁殿镇	12344	24606	12091	7896	166959.0	100	2272
黑山县胡家镇	10747	24023	13987	5205	200525.0	136	3025
黑山县新立屯镇	6925	28494	10673	4452	231236.0	395	20677
黑山县八道壕镇	9038	41681	12365	5218	366157.0	300	20138
黑山县四家子镇	13321	19335	12680	1778	200983.0	30	1425
黑山县新兴镇	16116	15480	10008	1776	375122.0	70	1310
黑山县太和镇	11541	24619	16086	6399	329551.0	300	2870
黑山县镇安镇	11865	33435	18267	7455	505783.0	10633	33435
黑山县英城子乡	11564	21189	11765	4004	170000.0		
黑山县段家乡	8178	24310	13623	4999	341927.0		
黑山县大兴乡	6367	11302	5444	1499	105680.0		
黑山县薛屯乡	10110	18740	12176	4586	172714.0		
义县刘龙台镇	9602	7631	3244	881	322908.0	40	1876
义县七里河镇	14975	33291	15807	7026	950000.0	105	3436
义县大榆树堡镇	20384	30936	15005	2840	216000.0	70	3096
义县稍户营子镇	14330	27607	12075	4570	462536.0	90	4551
义县九道岭镇	16003	34857	17300	8569	1047200.0	92	1522
义县高台子镇	18090	23027	12929	3088	220000.0	40	1703
义县瓦子峪镇	23454	28032	12984	5443	346782.0	125	2109
义县头台镇	12389	12421	8465	3850	416213.0	23	1301
义县前杨镇	10260	23442	15001	7467	560846.0	50	2216
义县张家堡镇	15768	28203	12589	5676	168462.0	23	3743
义县头道河镇	18042	14442	6974	1723	270000.0	546	1703
义县留龙沟镇	16571	12175	6471	3827	275090.0	76	1391
义县聚粮屯镇	9165	20004	11569	3493	41200.0	13	1320
义县地藏寺满族乡	11574	7662	4275	1500	300001.0		
义县大定堡满族乡	10923	8268	3900	1806	270060.0		
义县白庙子乡	15634	21675	10353	3518	342724.0		
凌海市石山镇	8500	29104	17704	12266	175460.0	200	3652
凌海市余积镇	10800	25072	11072	5035	379685.0	250	2200
凌海市双羊镇	9870	31762	18060	8673	742230.0	451	4219
凌海市班吉塔镇	13300	17063	9530	3770	600223.0	100	1790

续表 92　（辽宁省）　计算单位：公顷、人、万元

名　称	行政区域面　积	常住人口	从业人员	二三产业从业人员	工　业总产值	城镇建成区 面 积	城镇建成区常住人口
凌海市沈家台镇	18400	21015	13961	4176	723547.0	120	1692
凌海市三台子镇	15000	41680	18478	6183	97323.0	150	1340
凌海市右卫满族镇	8000	17240	10808	2773	213510.0	100	2602
凌海市阎家镇	7500	14350	9039	3199	126890.0	200	1731
凌海市新庄子镇	12300	29070	11421	5231	277696.0	210	2334
凌海市翠岩镇	13000	17043	9836	3721	632114.0	1013	1945
凌海市安屯镇	11100	9780	5900	2650	525024.0	86	1790
凌海市大业镇	8500	22635	11667	3858	359880.0	267	1837
凌海市西八千镇	9700	10138	5716	1731	388230.0	75	1261
凌海市建业镇	11500	29036	13556	2723	381043.0	210	29036
凌海市温滴楼满族镇	16700	18877	10302	4859	238375.0	71	18877
凌海市白台子镇	17400	32964	25228	10102	142027.0	25	558
凌海市板石沟乡	10200	13844	7454	4301	48575.0		
凌海市谢屯乡	5700	14910	8085	2196	32123.0		
北镇市大市镇	11290	11816	6740	2000	5314.0	100	3720
北镇市罗罗堡镇	17950	21956	10719	1226	394394.0	200	2714
北镇市常兴店镇	7500	22819	10086	1274	11421.0	200	4347
北镇市正安镇	10324	27904	21744	6372	152568.0	300	4962
北镇市闾阳镇	7978	30445	17122	4808	40615.0	600	4952
北镇市中安镇	22733	76564	38649	5852	16430.0	100	3783
北镇市廖屯镇	10134	37378	14910	5228	195722.0	100	3298
北镇市赵屯镇	6722	25679	23335	14779	22733.0	500	2596
北镇市青堆子镇	5500	22606	14158	4785	77206.0	448	8851
北镇市高山子镇	6009	21300	8592	1652	10212.0	300	4750
北镇市沟帮子镇	5557	69630	13840	9550	1807959.0	600	8550
北镇市吴家镇	5887	11941	4847	1262	40682.0	75	2275
北镇市鲍家乡	5780	12775	9302	2982	20284.0		
北镇市大屯乡	4874	16008	13757	759	17619.0		
北镇市柳家乡	6024	12925	4019	775	8572.0		
鲅鱼圈区熊岳镇	5350	98696	48671	40785	1820254.0	3330	49586
鲅鱼圈区芦屯镇	10320	41693	21040	12340	2700000.0	28	15000
鲅鱼圈区红旗满族镇	3644	27846	17742	9641	490260.0	500	6450
老边区路南镇	5400	33749	17386	15392	1560000.0	286	3605
老边区柳树镇	6400	22717	13360	6924	1002740.0	200	5183
老边区边城镇	5000	24358	19284	11403	1289095.0	20	
盖州市高屯镇	12559	18475	12751	3903	31780.0	151	2582
盖州市沙岗镇	5400	20932	8469	5473	660276.0	100	2441
盖州市九寨镇	11400	36459	21046	5328	61369.0	200	12000
盖州市万福镇	22364	36891	19408	7575	35000.0	670	7121
盖州市卧龙泉镇	18443	17763	10627	3861	19600.0	370	2752
盖州市青石岭镇	8248	25787	17870	6828	471300.0	150	3409
盖州市暖泉镇	10400	13963	6397	2903	17580.0	450	1418
盖州市榜式堡镇	15600	23015	11219	5959	370125.0	1000	3431
盖州市团甸镇	5660	11300	4893	1685	18860.0	91	2013
盖州市双台镇	8740	21600	10045	5178	60351.0	560	6650
盖州市杨运镇	23000	24860	16835	6387	58850.0	1260	2870
盖州市徐屯镇	10623	18972	12095	7049	214313.0	528	2493
盖州市什字街镇	28800	30982	17495	6745	5500.0	120	1555
盖州市矿洞沟镇	26000	25200	15198	7350	60800.0	108	2060
盖州市陈屯镇	7561	21445	10453	4572	41804.0	150	2370

续表 93　（辽宁省）　计算单位：公顷、人、万元

名　称	行政区域面　积	常住人口	从业人员	二三产业从业人员	工　业总产值	城镇建成区 面 积	城镇建成区常住人口
盖州市梁屯镇	21139	29567	27537	11900	30096.0	887	2796
盖州市小石棚乡	14301	10013	6396	1256	15800.0		
盖州市果园乡	182	1186	1112	370	35450.0		
盖州市二台乡	2027	7413	6130	1205	41445.0		
大石桥市水源镇	11600	39210	38127	16911	320221.0	257	2913
大石桥市沟沿镇	8700	35169	24405	13979	640406.0	271	8998
大石桥市石佛镇	5851	22918	14202	9341	21273.0	99	3280
大石桥市高坎镇	15300	45105	31415	8592	661003.0	420	10056
大石桥市旗口镇	12321	54221	29305	14061	507361.0	630	9650
大石桥市虎庄镇	8700	32845	18560	9901	530000.0	300	9190
大石桥市官屯镇	9180	31284	15615	10369	710610.0	350	3817
大石桥市博洛铺镇	6516	31323	16906	9673	771612.0	183	11015
大石桥市永安镇	4930	26759	15815	8547	2050258.0	230	5085
大石桥市汤池镇	13117	40715	21045	13440	260489.0	300	6955
大石桥市建一镇	15000	18776	7095	4505	193000.0	100	3013
大石桥市黄土岭镇	19900	34280	13135	5568	95000.0	570	3211
大石桥市周家镇	11400	22390	9375	5917	90663.0	100	2800
阜新市海州区韩家店镇	3700	20650	10009	6968	93105.0	500	2753
新邱区长营子蒙古族镇	11718	26143	13815	9409	159067.0	208	2313
太平区水泉镇	6150	20196	10915	4550	110000.0	263	1900
清河门区河西镇	4100	12743	4684	2673	23500.0	13	1560
清河门区乌龙坝镇	4850	12280	6134	3054	17860.0	11	1723
细河区四合镇	7411	20945	16084	13983	632464.0	2058	18325
阜新蒙古族自治县阜新镇	28333	32744	19975	11941	107330.0	75	1902
阜新蒙古族自治县东梁镇	11870	24860	13617	5903	113990.0	100	7000
阜新蒙古族自治县佛寺镇	11853	12297	7823	1960	1675.0	67	1263
阜新蒙古族自治县伊吗图镇	9240	26039	12885	7914	148543.0		
阜新蒙古族自治县旧庙镇	32400	26516	9367	4141	4710.0	45	1912
阜新蒙古族自治县务欢池镇	21500	29764	20508	4187	10790.0	100	5498
阜新蒙古族自治县建设镇	19400	27003	11253	1922	143220.0	120	1950
阜新蒙古族自治县大巴镇	20200	23456	10130	3550	43550.0	115	5177
阜新蒙古族自治县泡子镇	21333	30767	11009	5950	46044.0	300	6000
阜新蒙古族自治县十家子镇	11000	22298	13362	7749	98123.0	45	2272
阜新蒙古族自治县王府镇	16200	24991	11292	3074	52000.0	163	3538
阜新蒙古族自治县于寺镇	22353	17200	8652	3224	8878.0	22	1365
阜新蒙古族自治县富荣镇	14710	19925	9709	2365	10736.0	612	1560
阜新蒙古族自治县新民镇	14488	17821	10690	4841	54395.0	80	365
阜新蒙古族自治县福兴地镇	24246	17447	10381	2303	77478.0	7	2408
阜新蒙古族自治县平安地镇	30000	20052	11375	4187	66609.0	1350	3354
阜新蒙古族自治县沙拉镇	14289	16917	10774	4898	30295.0	4	788
阜新蒙古族自治县大固本镇	15668	21595	11576	821	19125.0	62	2339
阜新蒙古族自治县大五家子镇	25700	18942	11121	3447	78976.0	1500	1870
阜新蒙古族自治县大板镇	14206	12271	3566	1208	15802.0	62	2212
阜新蒙古族自治县招束沟镇	16645	17556	11193	5527	15226.0	300	2737
阜新蒙古族自治县八家子镇	18600	12056	8178	513	40427.0	89	2285
阜新蒙古族自治县蜘蛛山镇	18000	21398	10527	4839	15420.0	112	234
阜新蒙古族自治县塔营子镇	11292	12537	7590	2598	984.0	15	810
阜新蒙古族自治县扎兰营子镇	21333	16658	9926	1707	61980.0	35	1428
阜新蒙古族自治县七家子镇	11713	14907	7972	2926	10637.0	45	892
阜新蒙古族自治县红帽子镇	17200	13953	7865	3555	16896.0	54	2571

续表 94 （辽宁省） 计算单位：公顷、人、万元

名　　称	行政区域面　积	常住人口	从业人员	二三产业从业人员	工　业总产值	城镇建成区 面 积	城镇建成区常住人口
阜新蒙古族自治县紫都台镇	18400	13690	6644	965		45	2261
阜新蒙古族自治县化石戈镇	24287	14776	10930	1980	7900.0	77	2210
阜新蒙古族自治县哈达户稍镇	16800	13686	8698	2084	9375.0	9	1649
阜新蒙古族自治县老河土镇	14667	17804	10300	1245	49940.0	93	1866
阜新蒙古族自治县太平镇	17000	11398	6274	1841	67693.0	29	708
阜新蒙古族自治县卧凤沟乡	8066	14217	9366	2304	1500.0		
阜新蒙古族自治县苍土乡	8889	13824	7336	3068	3290.0		
阜新蒙古族自治县国华乡	13333	9045	8942	932	27600.0		
彰武县彰武镇	5470	79390	21130	17100	271752.0	830	69300
彰武县哈尔套镇	17400	23918	14749	4947	93000.0	105	6250
彰武县章古台镇	26000	12958	5070	917	71588.0	87	1023
彰武县五峰镇	19100	20485	12103	4139	114972.0	103	2389
彰武县冯家镇	14400	17337	8718	2427	35600.0	170	3605
彰武县后新秋镇	18200	21336	12570	4700	104520.0	92	2279
彰武县东六家子镇	11500	16092	10065	4197	87112.0	230	3064
彰武县阿尔乡镇	14700	5895	5518	1910	113600.0	237	2584
彰武县前福兴地镇	12656	8558	5883	1620	57468.0	75	2521
彰武县双庙镇	14600	13693	8429	1353	74004.0	78	1711
彰武县大四家子镇	11100	11722	8000	3378	4000.0	200	2540
彰武县苇子沟镇	14667	17241	9820	3279	14353.0	141	3191
彰武县兴隆山镇	7263	9643	6142	1328	83712.0	15	210
彰武县满堂红镇	19600	12908	8694	1387	126000.0	173	1721
彰武县四合城镇	18267	11796	7444	1487	47736.0	80	1430
彰武县大冷蒙古族镇	25900	18276	6006	1529	55260.0	63	2385
彰武县两家子镇	16228	17276	10717	2387	66970.0	10	3500
彰武县平安镇	11600	12651	9695	2600	13675.0	32	415
彰武县二道河子蒙古族乡	9300	13445	5640	1990	41392.0		
彰武县西六家子蒙古族满族乡	13800	18333	9598	4810	24400.0		
彰武县四堡子乡	22333	13469	7760	1005	52680.0		
彰武县丰田乡	15300	10948	6625	1256	54000.0		
彰武县大德乡	12500	10146	6493	3715	11400.0		
彰武县兴隆堡乡	14200	16465	6750	1995	11000.0		
文圣区小屯镇	12700	32255	13835	7365	242445.0	254	11576
文圣区罗大台镇	7366	29008	12946	4253	245800.0	20	3100
宏伟区曙光镇	8996	36960	22478	16500	2257172.0	206	7850
宏伟区兰家镇	4177	17501	9655	6379	20560.0	67	5355
弓长岭区汤河镇	15270	16238	6656	3982	35952.0	150	1458
弓长岭区安平乡	18309	19312	10817	5423	467500.0		
太子河区祁家镇	4250	27089	16720	10771	288460.0	380	6422
太子河区沙岭镇	10200	42887	24037	9038	18000.0	410	6220
太子河区王家镇	6992	19911	11904	4182	147700.0	290	7180
太子河区东宁卫乡	2235	13895	7963	5930	200582.0		
辽阳县首山镇	5066	86971	41049	39285	984639.0	800	5746
辽阳县刘二堡镇	12500	69966	31893	17918	1754224.0	2147	30777
辽阳县小北河镇	13400	47786	24099	14344	141281.0	350	5112
辽阳县黄泥洼镇	8800	36216	18036	7909	35000.0	891	5980
辽阳县唐马寨镇	13600	41827	20217	9893	85825.0	366	4200
辽阳县穆家镇	11500	34945	18276	6675	166093.0	140	7508
辽阳县柳壕镇	10300	26094	9880	3222	55807.0	40	3126
辽阳县河栏镇	421300	24714	8001	2410	47050.0	11	2184

续表 95 （辽宁省） 计算单位：公顷、人、万元

名称	行政区域面积	常住人口	从业人员	二三产业从业人员	工业总产值	城镇建成区面积	城镇建成区常住人口
辽阳县隆昌镇	12100	14240	4984	718	9500.0	19	2340
辽阳县八会镇	17500	16306	9940	3620	1700.0	700	1290
辽阳县寒岭镇	18900	17608	9150	3130	736090.0	2	700
辽阳县兴隆镇	5333	29505	14009	6100	136286.0	14	8730
辽阳县下达河乡	13800	9213	4627	904	22571.0		
辽阳县吉洞峪满族乡	27700	19782	12110	2595	115299.0		
辽阳县甜水满族乡	31400	20892	11875	5008	104889.0		
灯塔市佟二堡镇	9800	48293	22622	10315	1920000.0	800	23500
灯塔市铧子镇	11400	49897	24036	13850	1018482.0	1400	16576
灯塔市张台子镇	3880	19442	10263	4524	320000.0	71	2850
灯塔市西大窑镇	8688	23793	14577	8211	230254.0	90	2920
灯塔市沈旦堡镇	8792	34255	22179	8056	172754.0	178	6395
灯塔市西马峰镇	7938	35209	33261	6208	170015.0	361	3612
灯塔市柳条寨镇	9630	33686	21414	3737	76000.0	340	2040
灯塔市柳河子镇	11394	17714	11807	4159	106880.0	10	2159
灯塔市大河南镇	5619	20565	10155	3557	129949.0	470	2371
灯塔市五星镇	10969	43283	23009	6009	63823.0	80	1500
灯塔市鸡冠山乡	14800	7184	3755	1490	900000.0	12	1130
双台子区统一镇	590	3036	2945	1540		12	860
双台子区陆家镇	3450	11655	4410	2040	226360.0	45	11655
大洼县大洼镇	5100	98136	12660	9010	930218.0	4000	98136
大洼县田庄台镇	3600	29959	13711	5800	461500.0	240	13450
大洼县东风镇	10995	22597	13519	5174	800000.0	130	3082
大洼县新开镇	6692	20896	11385	3490	798650.0	160	1663
大洼县田家镇	8596	112513	46207	35844	355613.0	1080	54520
大洼县清水镇	7025	20397	13072	7570	883321.0	198	6837
大洼县新兴镇	6703	20929	16945	11885	1240000.0	150	7916
大洼县西安镇	8559	27800	12979	2840	90214.0	155	3746
大洼县新立镇	7600	17238	15838	6379	937180.0	130	5325
大洼县荣兴镇	21200	13778	10155	1705	5380.0	298	1552
大洼县王家镇	6644	12422	7606	4269	441330.0	518	2660
大洼县唐家镇	10950	27360	19611	5965	1146744.0	132	3153
大洼县平安镇	6768	18450	10380	6100	244443.0	180	3506
大洼县赵圈河镇	17200	8240	4414	1729	15000.0	105	3031
大洼县榆树镇	12000	17099	11838	6138	204000.0	92	6357
盘山县沙岭镇	12900	40000	25460	6146	600000.0	600	17063
盘山县高升镇	15921	28631	20037	5647	920000.0	440	14600
盘山县胡家镇	16971	28500	15120	3914	126700.0	56	8667
盘山县石新镇	9467	14877	9355	2398	39600.0	52	5967
盘山县东郭镇	65462	17759	11572	5714	136000.0	110	6607
盘山县羊圈子镇	24607	19275	9985	3987	50000.0	174	5741
盘山县古城子镇	7169	20229	12146	4856	781100.0	45	2811
盘山县坝墙子镇	6682	19660	12381	5180	635600.0	270	2650
盘山县太平镇	10752	47240	25050	20288	469390.0	660	28500
盘山县陈家镇	8750	13381	13111	2783	510558.0	550	1269
盘山县甜水镇	8636	16007	10256	3886	310000.0	298	13830
盘山县吴家镇	4084	11881	7260	3681	532621.0	250	6000
盘山县得胜镇	9376	16415	8513	2127	321210.0	25	1973
银州区龙山乡	4000	30504	15263	10973	501550.0		
铁岭市清河区张相镇	11579	20878	9447	3885	131210.0	624	7715

续表 96　（辽宁省）　计算单位：公顷、人、万元

名　　称	行政区域面积	常住人口	从业人员	二三产业从业人员	工业总产值	城镇建成区面积	城镇建成区常住人口
铁岭市清河区杨木林子镇	15600	23005	9288	4148	36117.0	520	3910
铁岭市清河区聂家满族乡	13190	11800	6674	2517	37786.0		
铁岭县新台子镇	11431	50176	18273	8141	105560.0	181	18920
铁岭县阿吉镇	11733	25032	18010	8913	160000.0	149	4532
铁岭县平顶堡镇	8292	19156	11736	7977	403764.0	110	3762
铁岭县大甸子镇	29000	25107	10578	3422	28978.0	220	7095
铁岭县凡河镇	17800	55369	30090	19175	145000.0	620	32058
铁岭县腰堡镇	121900	30500	13763	7462	324867.0	100	10100
铁岭县镇西堡镇	14522	30992	11184	2793	179758.0	3000	6469
铁岭县蔡牛镇	14400	34618	23468	4418	7950.0	233	691
铁岭县李千户镇	30500	40083	17968	4276	23281.0	665	2383
铁岭县熊官屯镇	16770	19051	10832	4260	23600.0	1193	4657
铁岭县横道河子镇	12400	13848	6909	3449	13547.0	103	2149
铁岭县双井子镇	13600	22524	9598	3245	124807.0	690	1709
铁岭县鸡冠山乡	18933	11273	4686	1654	52500.0		
铁岭县白旗寨满族乡	16600	12779	7628	977	4500.0		
西丰县西丰镇	12930	71260	42382	29788	297300.0	920	46984
西丰县平岗镇	7960	14560	5998	1386	9210.0	54	2725
西丰县郜家店镇	23149	29231	7913	2781	418576.0	200	1300
西丰县凉泉镇	12100	15000	7682	3831	98715.0	72	4436
西丰县振兴镇	16400	16547	6725	1974	19700.0	350	2850
西丰县安民镇	17859	19735	11208	4314	106964.0	85	2000
西丰县天德镇	15580	20080	7422	2420	69000.0	10	2030
西丰县房木镇	22667	23484	9390	4074	265.0	244	3594
西丰县柏榆镇	14600	14872	9740	4410	28100.0	55	2050
西丰县陶然镇	10200	11173	6294	3280	41000.0	300	409
西丰县钓鱼镇	10850	10111	9534	1189	24390.0	76	659
西丰县更刻镇	7796	10695	3598	1168	35000.0	39	1166
西丰县德兴满族乡	10600	10006	5225	447	68183.0		
西丰县明德满族乡	11600	10308	5332	1309	506.0		
西丰县成平满族乡	14667	12734	6591	1288	1500.0		
西丰县和隆满族乡	26500	15313	12569	1526	1810.0		
西丰县营厂满族乡	17930	9806	5145	1819	8000.0		
西丰县金星满族乡	13356	12402	5138	2218	16760.0		
昌图县昌图镇	19800	141795	47063	40903	377957.0	1890	136596
昌图县老城镇	10560	41329	8339	3739	362000.0	1500	13975
昌图县八面城镇	13740	69350	26584	17612	378000.0	900	33920
昌图县三江口镇	18700	34750	8081	745	39843.0	610	13606
昌图县金家镇	10000	25109	10310	4743	50243.0	500	4934
昌图县宝力镇	15300	40455	18641	14349	90334.0	350	10721
昌图县泉头镇	14064	22123	10758	4985	66139.0	144	6015
昌图县双庙子镇	7500	16341	5597	1717	35162.0	600	5568
昌图县亮中桥镇	15700	30212	9289	2642	223000.0	200	919
昌图县马仲河镇	8711	22467	8608	4330	100000.0	100	1842
昌图县毛家店镇	18630	38900	14854	3245	337486.0	300	4060
昌图县老四平镇	8200	21068	8531	3816	495600.0	250	4359
昌图县大洼镇	13000	27044	12629	3910	39000.0	26	5815
昌图县头道镇	10495	23632	8258	4121	43697.0	100	4470
昌图县鴜鹭树镇	10400	20825	5765	825	80505.0	40	4345
昌图县傅家镇	21100	28363	11474	1867	39084.0	220	2515

续表 97　　（辽宁省）　　计算单位：公顷、人、万元

名　　称	行政区域面　积	常住人口	从业人员	二三产业从业人员	工　业总产值	城镇建成区 面 积	城镇建成区常住人口
昌图县四合镇	9400	21095	12285	3317	73285.0	400	4919
昌图县朝阳镇	10700	19938	9761	5559	86974.0	76	1520
昌图县古榆树镇	20400	33324	15998	5082	70000.0	300	4585
昌图县七家子镇	10700	17722	7555	1323	39106.0	364	2580
昌图县东嘎镇	11000	19178	16217	8153	12300.0	77	2129
昌图县四面城镇	11333	23748	12309	4610	39772.0	180	2261
昌图县前双井镇	13100	22842	11148	3205	21639.0	67	1600
昌图县通江口镇	12800	30883	9604	2170	72000.0	52	6674
昌图县大四家子镇	10440	23710	14556	4630	23767.0	95	2912
昌图县曲家店镇	13700	28469	10394	6493	65360.0	224	2480
昌图县十八家子镇	8000	18058	7034	3467	22411.0	120	1640
昌图县太平镇	7600	18058	6241	2131		120	1610
昌图县下二台镇	13730	16085	6325	1559	67241.0	30	2011
昌图县平安堡镇	10500	19107	11339	2391	34162.0	78	740
昌图县大兴镇	8000	16038	6016	1667	49715.0	600	2752
昌图县后窑镇	8900	15683	13937	2675	29645.0	680	2372
昌图县长发镇	7600	12545	5705	2187	17300.0	276	2110
调兵山市晓明镇	6100	24125	13168	8230	150000.0	245	11953
调兵山市大明镇	5900	29385	7008	4408	394250.0	316	25710
调兵山市晓南镇	10590	31711	13398	2587	600000.0	480	12688
开原市威远堡镇	17300	20094	11251	3943	11205.0	110	4505
开原市庆云堡镇	10020	27003	11569	9371	384630.0	321	15385
开原市中固镇	12750	27975	13718	6465	20521.0	200	9077
开原市八棵树镇	22470	29405	15729	6577	8500.0	200	5995
开原市金沟子镇	11310	28395	13934	3189	15833.0	125	6000
开原市八宝镇	10780	30716	9508	6805	125768.0	505	9979
开原市业民镇	9750	18422	17508	10309	139666.0	1168	2903
开原市莲花镇	17980	14565	8638	2516	2065.0	35	2370
开原市靠山镇	19493	19783	9538	4578	69300.0	58	1913
开原市马家寨镇	10840	12710	8145	1830	2000.0	40	2510
开原市下肥镇	14310	15247	7974	2570	2300.0	88	5098
开原市松山镇	23500	22251	9296	4950	2610.0	47	3645
开原市城东镇	8530	17943	9156	3181	3719.0	9	1685
开原市李家台镇	19950	15809	10044	2957	2345.0	69	3229
开原市上肥地满族镇	13830	9542	5548	3306	145.0	23	1707
开原市黄旗寨满族镇	22120	16865	5200	2600	3560.0	60	3100
开原市林丰满族乡	14230	10659	5484	2323	138.0		
开原市三家子乡	6740	18319	13299	2550	17500.0		
双塔区桃花吐镇	11400	17331	7390	3030	15800.0	1138	2198
双塔区他拉皋镇	7419	22407	6869	6180	110607.0	785	4369
双塔区孙家湾镇	17426	15738	6603	1953	14017.0	174	1759
双塔区长宝营子乡	6870	6679	3824	2424	18900.0		
龙城区七道泉子镇	4099	18073	8610	4797	361736.0	722	5639
龙城区西大营子镇	6834	27543	14328	8744	134670.0	451	5131
龙城区召都巴镇	8795	20707	11602	6521	132187.0	797	3795
龙城区大平房镇	11000	22044	10764	3016	9926.0	300	4476
龙城区联合镇	17500	20586	10593	3527	21200.0	110	1721
龙城区边杖子镇	13000	18062	9194	5389	62000.0	656	2300
朝阳县波罗赤镇	10830	18301	11175	3671	10696.0	70	3815
朝阳县木头城子镇	13300	28504	16418	4426	84642.0	100	4691

续表 98　　（辽宁省）　　计算单位：公顷、人、万元

名　称	行政区域面　积	常住人口	从业人员	二三产业从业人员	工　业总产值	城镇建成区 面 积	城镇建成区常住人口
朝阳县二十家子镇	20920	37278	17097	6724	49579.0	128	6409
朝阳县羊山镇	19150	35680	19987	11619	13768.0	80	4250
朝阳县六家子镇	11820	26881	21450	3440	19470.0	243	4350
朝阳县瓦房子镇	10780	18020	11231	5980	525000.0	670	6879
朝阳县大庙镇	17190	19847	11871	7326	571752.0	52	12120
朝阳县古山子镇	22480	18818	11189	7443	472580.0	27	1716
朝阳县南双庙镇	17140	29233	17875	5638	10510.0	15	740
朝阳县台子镇	18980	19562	10185	3530	16020.0	80	3891
朝阳县清风岭镇	9100	15300	9368	4476	3961.0	130	2800
朝阳县西五家子乡	11980	11978	7135	3556	4850.0		
朝阳县北沟门子乡	10000	7295	4950	1955	15975.0		
朝阳县杨树湾乡	10640	8881	4687	2550	34117.0		
朝阳县东大道乡	12830	13019	7865	3067	28160.0		
朝阳县乌兰河硕蒙古族乡	6680	9698	5828	1598	5724.0		
朝阳县胜利乡	29600	37310	23945	8506	20171.0		
朝阳县东大屯乡	11280	15568	8510	5444	9383.0		
朝阳县松岭门蒙古族乡	8010	10604	5612	1882	24281.0		
朝阳县根德营子乡	12900	17305	11840	3322	7802.0		
朝阳县西营子乡	9720	12731	6607	3001	8056.0		
朝阳县七道岭乡	21060	26498	17283	4216	34548.0		
朝阳县北四家子乡	14340	24630	12971	4573	13573.0		
朝阳县王营子乡	10690	12118	7495	974	4283.0		
朝阳县黑牛营子乡	7930	17539	8925	2962	18.0		
朝阳县尚志乡	5890	11513	5721	2298	18217.0		
建平县朱碌科镇	13789	25000	12604	6373	126085.0	300	3678
建平县建平镇	28877	21230	11492	3350	49300.0	500	3996
建平县黑水镇	17000	22395	11473	4206	15651.0	300	7265
建平县喀喇沁镇	19800	21429	11772	2691	57050.0	800	2153
建平县北二十家子镇	16900	15240	6681	2081	5500.0	100	1100
建平县沙海镇	26700	30793	19486	8568	198222.0	120	5609
建平县哈拉道口镇	19800	13866	6203	2763	821.0	100	4326
建平县榆树林子镇	25300	31518	18248	7740	95800.0	600	5207
建平县老官地镇	16048	10321	5022	2715		5	2446
建平县深井镇	15640	16720	10058	4830	316000.0	30	1484
建平县奎德素镇	21200	20136	11812	4338	4380.0	80	3475
建平县小塘镇	17836	19138	12063	4778	52187.0	85	1257
建平县马场镇	20700	15647	12561	2543	650.0	100	2078
建平县昌隆镇	14360	15112	9620	3406		15	2615
建平县张家营子镇	22000	16011	8694	3576	17800.0	100	2184
建平县青峰山镇	17000	13707	7504	4502	253000.0	47	1185
建平县青松岭乡	15600	10292	3491	429	1725.0	29	2400
建平县杨树岭乡	11400	8817	5662	2212	9080.0	26	1110
建平县罗福沟乡	18691	10570	9508	2058		1	742
建平县烧锅营子乡	17093	9105	4421	1730	55.0	48	981
建平县太平庄乡	13923	18761	12028	2989		10	1067
建平县白山乡	13840	14176	8991	1630	17000.0	74	654
建平县三家蒙古族乡	16000	28693	26693	6659	95000.0	12	1171
建平县义成功乡	14812	7189	3924	722	7000.0	11	728
喀喇沁左翼蒙古族自治县南公营子镇	11200	24656	8914	3050	94560.0	75	2809
喀喇沁左翼蒙古族自治县山嘴子镇	9100	19366	11114	5794	9455.0	230	1642

续表 99　　（辽宁省）　　计算单位：公顷、人、万元

名　　称	行政区域面　　积	常住人口	从业人员	二三产业从业人员	工　业总产值	城镇建成区 面 积	城镇建成区常住人口
喀喇沁左翼蒙古族自治县公营子镇	17100	35165	18250	13759	1035000.0	880	10448
喀喇沁左翼蒙古族自治县白塔子镇	11100	28777	9873	3833	49649.0	670	4522
喀喇沁左翼蒙古族自治县中三家镇	17400	15413	6983	4017	514761.0	210	2204
喀喇沁左翼蒙古族自治县老爷庙镇	13300	23412	10017	4421	22185.0	30	2556
喀喇沁左翼蒙古族自治县六官营子镇	12400	12256	6580	2615	30454.0	40	2278
喀喇沁左翼蒙古族自治县平房子镇	13300	28187	13448	3276	149938.0	300	2550
喀喇沁左翼蒙古族自治县十二德堡镇	10065	19404	6114	735	69576.0	100	1645
喀喇沁左翼蒙古族自治县羊角沟镇	15500	18481	8015	1991	8373.0	255	2464
喀喇沁左翼蒙古族自治县兴隆庄镇	6900	15727	10854	5557	23000.0	35	2480
喀喇沁左翼蒙古族自治县甘招镇	7900	14714	8769	3544	57200.0	811	2365
喀喇沁左翼蒙古族自治县尤杖子乡	6233	11310	5810	2902	17814.0	241	2394
喀喇沁左翼蒙古族自治县东哨乡	8216	17032	10729	5258	17536.0		
喀喇沁左翼蒙古族自治县草场乡	5500	8213	3092	836	7903.0		
喀喇沁左翼蒙古族自治县坤都营子乡	6800	11231	6460	2017	18350.0		
喀喇沁左翼蒙古族自治县大营子乡	12600	9213	3581	566	49316.0		
喀喇沁左翼蒙古族自治县卧虎沟乡	10200	9535	5880	2429	23447.0		
喀喇沁左翼蒙古族自治县水泉乡	7200	16755	10404	5891	129478.0		
北票市西官营镇	20070	24725	13462	6555	413000.0	218	3504
北票市大板镇	15500	6775	3340	1190	4200.0	75	2135
北票市上园镇	25000	13518	6612	2492	3150.0	70	3170
北票市宝国老镇	23400	20988	13155	6790	462712.0	350	1842
北票市黑城子镇	14900	15390	9233	4747	39000.0	180	2720
北票市五间房镇	10900	31847	14019	5377	51744.0	154	1983
北票市台吉镇	4700	13538	6979	3857	133900.0	560	2556
北票市东官营镇	22000	21123	9195	6626	306000.0	410	4600
北票市龙潭镇	20600	17374	6571	3465	360000.0	112	1599
北票市北塔镇	14100	13600	8677	3954	201497.0	36	1415
北票市蒙古营镇	14700	15120	8339	2579	30560.0	73	2343
北票市大三家镇	9700	15661	8739	3872	16746.0	112	4471
北票市长皋乡	21500	10076	6583	2636	7798.0		
北票市常河营乡	17524	9767	4498	783	49223.0		
北票市小塔子乡	13840	9529	3994	527	20000.0		
北票市马友营蒙古族乡	21300	15678	7790	2173	4800.0		
北票市泉巨永乡	16200	11364	9375	2175	28806.0		
北票市哈尔脑乡	14400	14966	8013	2904	5653.0		
北票市南八家子乡	11700	8915	5138	2644	13995.0		
北票市章吉营乡	14000	9263	4036	798			
北票市三宝营乡	10200	7042	3425	1194	85266.0		
北票市巴图营乡	15930	13550	5153	1226	5683.0		
北票市台吉营乡	16200	13002	9856	2955	46000.0		
北票市娄家店乡	17434	14125	8475	4175	333707.0		
北票市北四家乡	17300	9958	6938	4327	243800.0	6	255
北票市凉水河蒙古族乡	11200	6835	3883	2100	7000.0		
北票市三宝乡	13300	19539	8390	3663	175870.0		
凌源市万元店镇	10000	13850	8187	3899	85817.8	260	835
凌源市宋杖子镇	16700	31628	18528	4570	21960.0	350	600
凌源市三十家子镇	19300	37413	13814	3966	154961.3	200	8754
凌源市杨杖子镇	3300	4471	1939	1113	29134.8	500	3100
凌源市刀尔登镇	22500	26866	11466	3611	57828.9	178	5600
凌源市松岭子镇	16670	20868	9707	2225	40227.0	300	2979

续表 100　　(辽宁省)　　计算单位：公顷、人、万元

名　称	行政区域面积	常住人口	从业人员	二三产业从业人员	工业总产值	城镇建成区面积	城镇建成区常住人口
凌源市四官营子镇	15061	17856	12874	3130	63705.6	650	4526
凌源市沟门子镇	15600	29594	11494	3470	43851.6	100	1200
凌源市小城子镇	7470	16125	14636	5500	63516.1	780	2169
凌源市四合当镇	21730	28848	14832	4871	28800.0	150	2481
凌源市乌兰白镇	8500	7668	7528	3755	22885.0	8	1234
凌源市瓦房店镇	10145	12886	11729	4075	10999.6	9947	12886
凌源市大河北镇	17633	17220	16903	5254	12850.0	230	1004
凌源市大王杖子乡	9600	12133	6538	2424	11029.4		
凌源市刘杖子乡	8200	11339	7734	230	13053.1		
凌源市前进乡	8138	7929	4245	2415	14700.0		
凌源市三道河子乡	17050	17887	8422	3849	28288.0		
凌源市牛营子乡	14000	23131	12739	4471	42000.0		
凌源市北炉乡	10100	17428	9215	4015	18250.7		
凌源市三家子乡	23400	31485	19707	13797	58399.3		
凌源市佛爷洞乡	11360	10427	10417	6096	7000.0		
凌源市河坎子乡	13700	11918	8829	1701	63393.8		
连山区钢屯镇	14815	32705	13499	8308	127884.0	980	8370
连山区寺儿堡镇	10487	24438	14533	8386	62000.0	600	1850
连山区新台门蒙古族镇	16500	21669	8962	3122	4003.0	270	2709
连山区沙河营乡	12772	21135	10026	3766	60000.0		
连山区孤竹营子乡	5639	5773	2645	1429	3100.0		
连山区白马石乡	7900	7209	4089	2077	9006.0		
连山区山神庙子乡	13148	11870	5237	1390	3700.0		
连山区塔山乡	14694	25663	9520	2218	103916.0		
连山区杨郊乡	10100	8754	2563	896	20000.0		
龙港区双树乡	3420	12301	6846	4900	5429.0		
南票区缸窑岭镇	12600	18221	5389	2644	49897.0	19	2033
南票区暖池塘镇	12500	16848	10092	4757	10202.0	800	1850
南票区高桥镇	5760	24120	14811	9574	60054.0	270	12978
南票区虹螺岘镇	7800	33231	12469	6472	24806.0	1000	11934
南票区金星镇	6333	29762	18939	11200	109000.0	1000	6230
南票区台集屯镇	8111	14380	8355	1723	42500.0	262	2011
南票区沙锅屯乡	9700	12756	4532	2507	170380.0		
南票区黄土坎乡	8600	14787	4850	2033	19821.0		
南票区大兴乡	11280	21172	9070	3721	11013.0		
南票区张相公屯乡	9412	14353	5640	1288	11827.0		
绥中县绥中镇	1993	85799	57200	57200	78883.0	1993	85799
绥中县西甸子镇	8507	23082	12530	1310	54793.0	59	6230
绥中县宽帮满族镇	15787	26271	10378	2739	21213.0	21	1570
绥中县大王庙满族镇	19992	32832	18217	6145	40973.0	50	929
绥中县万家镇	6756	23647	8714	3723		438	2765
绥中县前所镇	7144	21098	7935	4175	10750.0	580	3550
绥中县高岭镇	13247	27483	11583	2696	99987.0	724	3854
绥中县前卫镇	12495	25919	17750	5011	26400.0	280	11997
绥中县荒地满族镇	8634	26780	12079	5037	5780.0	480	2930
绥中县塔山屯镇	7338	33066	20627	3219	48750.0	15	3531
绥中县高台镇	11331	30586	15087	5644	41914.0	137	1256
绥中县王宝镇	6630	20394	8460	2719		67	1900
绥中县沙河镇	14170	33568	16203	4115	78980.0	4	2661
绥中县小庄子镇	8545	35145	16553	5828	24519.0	260	1760

续表 101　　　　（辽宁省）　　　　计算单位：公顷、人、万元

名　　称	行政区域面　　积	常住人口	从业人员	二三产业从业人员	工　业总产值	城镇建成区 面 积	城镇建成区常住人口
绥中县西平坡满族乡	11092	19860	8700	1316	3097.0	2	120
绥中县葛家满族乡	10569	14663	7346	2146	6000.0	5	300
绥中县高甸子满族乡	11147	19109	10185	2718	9797.0	2	700
绥中县范家满族乡	12920	16633	10071	2156	3750.0	10	1250
绥中县明水满族乡	11320	14492	6541	1832	5100.0		
绥中县秋子沟乡	7800	11659	8228	3310		5	380
绥中县加碑岩乡	22608	18000	11000	3400	3129.0		
绥中县永安堡乡	22382	7867	2981	392		0	187
绥中县李家堡乡	11710	21587	8200	2260	100563.0	315	1450
绥中县网户满族乡	7122	21670	14966	3698	12330.0	0	890
绥中县城郊乡	2683	22344	11413	6396	60000.0	73	1103
建昌县建昌镇	1500	116873	35622	34533	39843.0	1500	116873
建昌县八家子镇	9300	16527	9698	7453	88239.0	580	6408
建昌县喇嘛洞镇	10900	25550	16359	6779		120	5100
建昌县药王庙镇	21700	30135	19614	8749	100002.0	302	2510
建昌县汤神庙镇	11700	32154	18577	9267		100	1581
建昌县玲珑塔镇	12400	23997	20477	13285	135.0	200	1455
建昌县大屯镇	16900	19946	10821	5894	9568.0	52	2033
建昌县牤牛营子乡	16500	40730	19762	11087	3447.0		
建昌县素珠营子乡	12830	24014	12254	3385			
建昌县石佛乡	11400	18374	8874	5868	3491.0		
建昌县王宝营子乡	11300	19413	11111	5731			
建昌县老达杖子乡	17000	24428	10592	6137	12445.0		
建昌县要路沟乡	10900	24498	11800	5841			
建昌县魏家岭乡	10000	11356	6126	2910			
建昌县西碱厂乡	7900	17430	8280	4550			
建昌县头道营子乡	5500	13353	7970	4400			
建昌县新开岭乡	9900	16875	15091	10786	2656.0		
建昌县贺杖子乡	6200	6104	3034	1474			
建昌县养马甸子乡	13500	18266	7869	1944			
建昌县和尚房子乡	19400	29599	8070	2000			
建昌县杨树湾子乡	11600	15991	7223	2885			
建昌县黑山科乡	8100	17536	12044	6870	20.0		
建昌县雷家店乡	13600	16714	7939	3693	14430.0		
建昌县小德营子乡	9800	17740	6223	3237			
建昌县二道湾子蒙古族乡	8900	23565	16492	4272			
建昌县巴什罕乡	10400	26020	15400	4238			
建昌县娘娘庙乡	7200	13390	7969	1910	8471.0		
建昌县谷杖子乡	13300	16624	8007	4296	29266.0		
兴城市曹庄镇	6439	27240	13576	6138	242358.0	288	2221
兴城市沙后所满族镇	11343	39398	18357	10015	330187.0	412	13892
兴城市东辛庄满族镇	8260	25829	12471	5249	90000.0	350	5122
兴城市郭家满族镇	11900	10398	3094	835	11000.0	15	2480
兴城市红崖子镇	15010	27538	13862	2603	244081.0	16	4976
兴城市徐大堡镇	8163	14967	11601	4747	8460.0	50	2989
兴城市高家岭满族镇	8100	14804	8132	2901	32000.0	99	1825
兴城市羊安满族乡	8000	20264	11609	6052	89115.0		
兴城市元台子满族乡	11150	18225	16889	5385	4000.0		
兴城市白塔满族乡	6810	11846	4770	2417			
兴城市望海满族乡	8140	19586	7491	2231	32049.0		

续表 102　　（辽宁省、吉林省）　　计算单位：公顷、人、万元

名　称	行政区域面　积	常住人口	从业人员	二三产业从业人员	工　业总产值	城镇建成区　面　积	城镇建成区常住人口
兴城市刘台子满族乡	4020	13548	8485	2920	220.0		
兴城市大寨满族乡	7840	20032	10818	2381	34358.0		
兴城市南大山满族乡	13000	21232	10286	2968	1000.0		
兴城市围屏满族乡	11246	12276	7613	2056	37820.0		
兴城市碱厂满族乡	16120	11492	6662	1219	60000.0		
兴城市三道沟满族乡	16990	20431	11320	2320	480.0		
兴城市旧门满族乡	8340	9763	1779	621	18512.0		
兴城市药王满族乡	13840	14212	7341	2055	39498.0		
吉林省							
南关区幸福乡	1080	11043	4267	4067	370.0		
宽城区兰家镇	10460	44765	35807	20750	543674.0	6	6801
宽城区米沙子镇	30554	77101	35334	16738	883500.0	470	14920
宽城区万宝镇	13741	35589	15759	3641	77182.0	210	2875
宽城区合隆镇	19400	100289	44258	31923	1848000.0	410	21724
长春市朝阳区乐山镇	13400	28376	22428	5109	74818.0	257	1913
长春市朝阳区永春镇	5740	19632	19522	2980	4600.0	55	4960
二道区英俊镇	5458	18791	9783	5445	290000.0	575	6254
二道区龙嘉镇	23035	54500	28373	11590	238000.0	75	6234
二道区卡伦湖镇	16923	73150	49803	45053	3854000.0	875	30725
二道区东湖镇	11344	30472	24509	16928	421200.0	120	8453
二道区劝农山镇	12000	19960	9592	6370		150	2530
二道区泉眼镇	12500	19315	10533	2921	1500.0	50	1436
二道区四家乡	11300	11125	5524	1273	150.0		
绿园区合心镇	8100	18886	14391	4791	6017.0	400	9715
绿园区西新镇	3560	12813	7365	4757	2364314.0	1498	3948
绿园区城西镇	3920	46761	18369	13775	142311.0	300	10164
双阳区齐家镇	27741	47658	23904	7038	12500.0	300	4147
双阳区太平镇	32600	41890	21559	7328	135000.0	90	2074
双阳区鹿乡镇	27226	44994	19909	6880	17100.0	219	2261
双阳区双营子回族乡	6274	16617	9500	8550	98000.0		
九台区沐石河镇	38099	62225	29559	14295	3818.0	3	1650
九台区城子街镇	27429	46287	24122	7995	58000.0	146	3839
九台区其塔木镇	21232	49960	26662	11372	20100.0	225	8627
九台区上河湾镇	25064	54366	26219	9600	2865.0	320	4534
九台区土们岭镇	20322	29345	13456	8484	520152.0	15	2022
九台区苇子沟镇	25329	57035	36127	15297	70000.0	20	1220
九台区兴隆镇	18726	40515	19394	7300	280000.0	210	1390
九台区纪家镇	18470	35385	22375	4552	46500.0	70	1750
九台区波泥河镇	29984	33409	20046	2720	2580.0	10	6542
九台区胡家回族乡	16895	24050	17523	2430	550.0	28	2835
九台区莽卡满族乡	15300	29011	16705	2804	1987.0		
农安县农安镇	60300	291325	75773	27043	1162828.0	2589	193860
农安县伏龙泉镇	30300	78410	23620	12220	87000.0	490	23555
农安县哈拉海镇	43500	79410	42560	8588	215000.0	125	8350
农安县靠山镇	9700	28990	12977	6988	14500.0	200	3915
农安县开安镇	31100	58432	32222	9754	150000.0	510	2160
农安县烧锅镇	13400	34868	13525	6835	51000.0	180	7400
农安县高家店镇	16400	30540	17700	7700	48325.0	45	3052
农安县华家镇	24400	46694	18170	9500	450000.0	60	3970
农安县三盛玉镇	29200	37590	20526	2931	1200.0	120	3100

续表 103　　（吉林省）　　计算单位：公顷、人、万元

名　　称	行政区域面　　积	常住人口	从业人员	二三产业从业人员	工　业总产值	城镇建成区 面 积	城镇建成区常住人口
农安县巴吉垒镇	40800	52608	19928	7040	2630.0	208	5355
农安县三岗镇	19300	32200	19470	4555	20000.0	200	3925
农安县前岗乡	25100	51000	25813	3940	79321.0		
农安县龙王乡	22800	28344	17055	8415	7600.0		
农安县万顺乡	24400	39520	16680	3580	16509.0		
农安县杨树林乡	27900	37620	23368	8168	7000.0		
农安县永安乡	18800	25620	18490	5449	8000.0	10	2000
农安县青山口乡	15900	29400	16820	6820	17256.0		
农安县黄鱼圈乡	15100	33313	20054	5413	10000.0		
农安县新农乡	18400	37201	20885	6265	24195.0		
农安县万金塔乡	16400	34656	21844	9812	12768.0		
农安县小城子乡	18200	22561	18213	5199	35800.0		
长春经济技术开发区兴隆山镇	6130	42375	21799	20446	7900.0	2100	17321
长春净月高新技术产业开发区新立城镇	5200	18294	12499	4983	979500.0	52	6300
长春净月高新技术产业开发区新湖镇	11300	21050	8750	2050	46000.0	115	2210
长春净月高新技术产业开发区玉潭镇	14300	13815	10102	5165	143636.0	221	1261
长春高新技术产业开发区奋进乡	9200	24175	9700	8300	355191.0	5600	23870
长春高新技术产业开发区双德乡	2512	130066	79566	79566		2512	130066
长春汽车经济技术开发区(特殊镇)	10930	33384	33361	30061	1312000.0	2700	23000
榆树市五棵树镇	22367	69715	20920	7010	753805.2	1890	22620
榆树市弓棚镇	23489	62614	46501	26000	167000.0	244	4212
榆树市闵家镇	13880	38506	17560	2562	150946.0	78	6720
榆树市大坡镇	12010	36315	13512	5210	159400.0	1037	5546
榆树市黑林镇	24513	55319	31053	12008	25980.0	82	4674
榆树市土桥镇	37983	72276	39249	19477	39800.0	62	4505
榆树市新立镇	25149	59326	45294	25400	156310.0	109	12340
榆树市大岭镇	28316	55861	24226	8790	89183.0	8	5864
榆树市于家镇	29403	58423	29762	15473	162300.0	123	572
榆树市泗河镇	15283	32263	17560	8774	76000.0	150	4200
榆树市八号镇	24943	57063	42302	19504	4610.0	200	3618
榆树市刘家镇	13722	35073	21010	11428	131000.0	400	3300
榆树市秀水镇	21519	51368	23366	10916	38000.0	84	4085
榆树市保寿镇	15674	39173	20057	11141	21320.0	210	4438
榆树市新庄镇	18615	43051	17994	8437	14531.0	28	1289
榆树市育民乡	15117	31490	13216	6131	9031.0		
榆树市红星乡	15623	34319	16218	8900	42000.0		
榆树市太安乡	12749	31450	12059	1532	7863.0		
榆树市先峰乡	12366	31906	17087	6564	36000.0		
榆树市青山乡	13052	32905	14925	2843	5000.0		
榆树市延和朝鲜族乡	2000	957	790	402	36357.1		
榆树市恩育乡	13478	33710	12125	3795	7000.0		
榆树市城发乡	21425	50106	26424	8634	64000.0		
榆树市环城乡	26567	68783	39390	9369	189568.6		
德惠市大青嘴镇	16579	39423	16749	4610	28900.0	180	3466
德惠市郭家镇	19271	42593	26726	17810	15996.0	300	2276
德惠市松花江镇	16509	42716	22070	8692	63269.0	380	879
德惠市达家沟镇	15951	37979	17475	9823	31000.0	262	4050
德惠市大房身镇	27210	66913	24827	11727	65910.0	250	3567
德惠市岔路口镇	22089	57320	23952	8236	84520.0	310	3208
德惠市朱城子镇	15349	31269	15710	10705	270000.0	300	3522

续表 104　　（吉林省）　　计算单位：公顷、人、万元

名　　称	行政区域面　　积	常住人口	从业人员	二三产业从业人员	工　业总产值	城镇建成区 面 积	城镇建成区常住人口
德惠市布海镇	20137	45323	21169	11343	106327.0	280	1621
德惠市天台镇	18753	40516	19081	9261	78630.0	200	1608
德惠市菜园子镇	18333	52133	22085	7272	601119.0	240	2587
德惠市同太乡	25250	56120	22498	5378	71230.0		
德惠市边岗乡	24134	44960	17703	6668	65236.0		
德惠市五台乡	14110	36571	15402	6289	66680.0		
德惠市朝阳乡	14899	41102	15595	3609	120000.0		
昌邑区孤店子镇	7140	21922	16561	9719	502000.0	860	5269
昌邑区桦皮厂镇	17800	40209	25735	10337	357904.0	750	7935
昌邑区左家镇	23200	28829	18981	10819	97623.0	212	8897
昌邑区两家子满族乡	15568	18650	10365	2394	16087.0		
昌邑区土城子满族朝鲜族乡	9250	20197	9430	2850	123600.0		
龙潭区乌拉街镇	18800	65839	22125	5900	156800.0	200	21000
龙潭区缸窑镇	28803	37153	13941	5540	64000.0	250	11700
龙潭区江密峰镇	31300	41150	17116	8750	46000.0	120	3600
龙潭区大口钦镇	10435	20974	10030	4970	110240.0	200	3540
龙潭区金珠镇	11599	24868	13943	7238	1010000.0	300	14833
龙潭区江北乡	10014	21799	12670	3520	180017.0	7	3100
船营区大绥河镇	14960	19284	7123	3514	6834.0	1100	3768
船营区搜登站镇	29740	51002	25086	8240	11375.0	180	2990
船营区越北镇	3910	17164	4385	2986	569000.0	2900	5630
船营区欢喜乡	9920	22923	15442	8726	97624.0		
丰满区旺起镇	52700	18332	8804	2104	15055.0	74	4111
丰满区江南乡	18600	25485	11714	7745	951906.0		
丰满区前二道乡	11380	19192	8310	1730	104226.0		
丰满区小白山乡	13600	15757	7068	2807	277280.0		
永吉县口前镇	32500	117646	36393	26042	105320.0	1250	85852
永吉县双河镇	31600	24851	13337	8002	7218.0	147	4203
永吉县西阳镇	42236	19250	13904	1844	161023.0	104	2921
永吉县北大湖镇	44456	37324	20447	4664	63295.0	106	3728
永吉县一拉溪镇	34932	43038	24646	8452	120328.0	670	2880
永吉县万昌镇	18100	47404	21678	12536	205000.0	197	5006
永吉县经济开发区(特殊乡镇)	5070	11528	5797	2247	710134.0	454	11528
永吉县金家乡	15400	21097	12401	6520	50900.0		
永吉县黄榆乡	15650	18577	10086	1417	1020.0		
吉林中国新加坡食品区岔路河镇	21600	50064	24610	18090	287500.0	653	14520
蛟河市新站镇	56793	36114	22240	14939	495630.0	370	20131
蛟河市天岗镇	41808	32196	14523	10721	974037.0	370	9877
蛟河市白石山镇	57351	40265	26529	19609	75395.0	283	23526
蛟河市漂河镇	107567	38813	15013	8410	61235.0	470	4668
蛟河市黄松甸镇	58531	15906	7655	3184	90132.0	250	4430
蛟河市天北镇	40991	24161	12129	2440	64838.0	112	2791
蛟河市松江镇	58563	18250	9514	1412	22180.0	79	2888
蛟河市庆岭镇	42032	17045	10863	4030	92850.0	70	2881
蛟河市乌林朝鲜族乡	27784	17328	9067	5409	69005.0		
蛟河市前进乡	59681	16179	9218	3266	11000.0		
桦甸市夹皮沟镇	98900	25611	12969	10350	917462.0	241	15983
桦甸市二道甸子镇	82564	30212	11472	3915	254700.0	77	6636
桦甸市红石砬子镇	129875	49118	25742	17674	442315.0	1472	26873
桦甸市八道河子镇	66878	37538	19317	5722	134821.0	81	4580

续表 105　（吉林省）　计算单位：公顷、人、万元

名　称	行政区域面　积	常住人口	从业人员	二三产业从业人员	工　业总产值	城镇建成区 面 积	城镇建成区常住人口
桦甸市常山镇	50700	20920	9865	3986	213526.2	301	3442
桦甸市金沙镇	63346	29364	14102	3134	178595.8	200	3036
桦甸市桦郊乡	77305	48351	24660	5260	650000.0		
桦甸市横道河子乡	32600	16383	9974	1018	23062.0		
桦甸市公吉乡	51971	28557	15032	5643	554140.0		
舒兰市法特镇	14543	35355	19677	3799	92299.0	197	7699
舒兰市白旗镇	14450	36987	17661	3428	79845.0	420	8206
舒兰市溪河镇	17089	30655	14123	3960	62111.0	79	3015
舒兰市朝阳镇	12192	16972	10976	1324	51594.0	100	1645
舒兰市小城镇	47388	21621	9962	3746	29548.0	153	5046
舒兰市上营镇	32048	15264	6303	1601	125478.0	211	2687
舒兰市水曲柳镇	20261	26547	11997	878	108982.0	400	2420
舒兰市平安镇	15904	33628	17097	5955	239841.0	285	7028
舒兰市金马镇	15479	16850	7875	822	86249.0	140	2136
舒兰市开原镇	44220	28326	11638	3519	35629.0	100	3650
舒兰市莲花乡	7179	16916	9118	3282	30547.0		
舒兰市亮甲山乡	13417	21504	13423	1695	14786.0		
舒兰市新安乡	82583	18501	8032	1051	30850.0		
舒兰市七里乡	26607	26087	15011	1906	46850.0		
舒兰市天德乡	21668	33279	12797	1617	58259.0		
磐石市烟筒山镇	49793	57058	28674	16167	370126.0	450	18585
磐石市红旗岭镇	16780	31510	17982	13603	492657.0	490	18216
磐石市明城镇	26200	48006	22321	13772	706600.0	642	26482
磐石市石嘴镇	24476	30818	20416	13127	96542.0	180	9218
磐石市驿马镇	20588	14068	6710	2384	51220.0	96	3326
磐石市牛心镇	26400	24935	14641	5711	142000.0	155	2461
磐石市呼兰镇	28960	28642	14108	7438	159399.0	146	4715
磐石市吉昌镇	36700	44670	18625	10474	54359.0	240	3896
磐石市松山镇	27300	12815	5279	998	67485.0	71	2132
磐石市黑石镇	23700	21166	7801	867	24500.0	90	4452
磐石市朝阳山镇	24800	23516	8496	3004	78600.0	242	2834
磐石市富太镇	19200	20212	8285	4150	7000.0	90	2400
磐石市取柴河镇	28326	14468	7200	4170	58000.0	108	4304
磐石市宝山乡	24140	29050	13417	5587	105504.0		
四平市铁西区平西乡	15460	49180	26385	10983	14795.0		
四平市铁东区山门镇	18170	27102	12177	6851	562300.0	560	10235
四平市铁东区石岭镇	34000	35989	27429	11300	75000.0	270	15500
四平市铁东区叶赫满族镇	26500	31484	13346	3939	9665.0	200	5834
四平市铁东区四平经济开发区	2250	6810	2662	847	840000.0	950	1860
四平市铁东区城东乡	7412	23135	12063	5462	518500.0		
梨树县梨树镇	18296	148986	36944	16288	326000.0	2108	94650
梨树县郭家店镇	16622	72091	30269	7900	64100.0	982	37169
梨树县榆树台镇	18942	48397	23414	5029	5010.0	130	7121
梨树县孤家子镇(四平辽河农垦管理区)	17276	56811	20707	9331	22766.6	537	22158
梨树县小城子镇	18700	46538	23816	7220	22000.0	150	7300
梨树县喇嘛甸镇	12314	29645	15404	4297	1505.0	80	1466
梨树县蔡家镇	12016	31192	12153	1690	80310.0	120	4179
梨树县刘家馆子镇	29200	28442	13761	851	100.0	20	1334
梨树县十家堡镇	21332	33755	16470	5130	361500.0	403	9120
梨树县孟家岭镇	16397	17688	11475	2395	80000.0	9	3000

续表 106　　（吉林省）　　计算单位：公顷、人、万元

名　　称	行政区域面　　积	常住人口	从业人员	二三产业从业人员	工　业总产值	城镇建成区 面 积	城镇建成区常住人口
梨树县万发镇	20190	41690	22447	2960	20600.0	88	1850
梨树县东河镇	12643	28870	14177	1808	54.0	63	1201
梨树县沈洋镇	16680	23586	10670	1325	1500.0	76	1324
梨树县林海镇	27500	34268	13044	1902	9185.0	375	3855
梨树县小宽镇	9661	22705	10252	2576	4560.0	33	3047
梨树县白山乡	11200	28747	13960	3080	750.0		
梨树县泉眼岭乡	9542	21486	8278	3382	85.0		
梨树县胜利乡	12414	25052	13629	715	12.0		
梨树县四棵树乡	14457	28067	13322	1014	210.0		
梨树县双河乡	11766	26393	10508	490	50.0		
梨树县金山乡	12400	22587	11480	1866			
伊通满族自治县伊通镇	11760	31014	15831	7091	61000.0	600	1933
伊通满族自治县二道镇	16200	19490	17771	5155	260.0	200	1453
伊通满族自治县伊丹镇	15000	26784	12855	2289	13880.0	600	3005
伊通满族自治县马鞍镇	14900	30327	14420	4118	1813.0	210	1167
伊通满族自治县景台镇	22500	39453	11709	1047	38712.0	16	4380
伊通满族自治县靠山镇	14770	27355	17031	4745	64120.0	230	3075
伊通满族自治县大孤山镇	21400	38930	10100	5750	8100.0	350	7100
伊通满族自治县小孤山镇	16800	26950	17726	6370	12000.0	220	3104
伊通满族自治县营城子镇	26500	38274	15768	3370	12460.0	700	12420
伊通满族自治县西苇镇	14921	15120	7110	1350		200	960
伊通满族自治县河源镇	22300	22140	12820	4460		150	3822
伊通满族自治县黄岭子镇	12890	17809	8080	2980	251.0	150	815
伊通满族自治县新兴乡	6800	16630	11150	2150	32300.0		
伊通满族自治县莫里青乡	9600	15848	7299	2116	1680.0		
伊通满族自治县三道乡	11500	16380	8620	2540	76000.0		
公主岭市二十家子镇	11452	23100	10098	2603	3868.0	120	6728
公主岭市黑林子镇	24656	41874	26023	9881	3011.0	383	3437
公主岭市陶家屯镇	11962	30875	12855	2985	173680.0	119	1802
公主岭市范家屯镇	17434	89752	60341	44681	1701021.0	1320	67974
公主岭市响水镇	14506	38809	18027	6171	6695.0	22	2527
公主岭市大岭镇	14737	37815	13255	3502	75000.0	450	2438
公主岭市怀德镇	44640	90340	48816	19300	284290.0	350	7611
公主岭市双城堡镇	37793	75514	25581	6406	25018.0	180	5524
公主岭市双龙镇	12230	17569	11246	3683	76253.0	60	1936
公主岭市杨大城子镇	24598	52966	24015	6655	3511.0	250	7610
公主岭市毛城子镇	16499	22360	9846	1156	1400.0	26	2750
公主岭市玻璃城子镇	24888	31716	11177	2599	2655.0	40	2784
公主岭市朝阳坡镇	12879	27940	13324	6349	1684.0	150	2794
公主岭市大榆树镇	11564	25530	16275	6215	19500.0	50	1026
公主岭市秦家屯镇	19449	51922	22189	8649	247700.0	260	8411
公主岭市八屋镇	13761	30861	13071	4771	171000.0	80	1920
公主岭市十屋镇	15978	28544	10133	919	14580.0	41	2891
公主岭市桑树台镇	14759	24018	12545	2629	3345.0	163	3467
公主岭市龙山乡	11804	14580	8738	1358			
公主岭市永发乡	13578	23530	9927	1581	1200.0		
双辽市茂林镇	46800	42112	16220	3220	64386.0	675	21817
双辽市双山镇	34868	29232	18844	4518	12000.0	200	7542
双辽市卧虎镇	31500	26931	11359	935	6500.0	500	4551
双辽市服先镇	29272	29187	15592	3990	53532.0	108	2810

续表 107 （吉林省） 计算单位：公顷、人、万元

名　　称	行政区域面　积	常住人口	从业人员	二三产业从业人员	工　业总产值	城镇建成区 面 积	城镇建成区常住人口
双辽市王奔镇	12220	24348	17640	2577	3510.0	103	3513
双辽市玻璃山镇	10600	9272	7106	659	186.0	80	3399
双辽市兴隆镇	15500	14179	6248	1637	190.0	130	1860
双辽市东明镇	10765	18153	9721	1520	210500.0	60	2001
双辽市那木乡	21021	20695	10107	3460	3000.0		
双辽市柳条乡	15840	16546	10552	1352	293704.0		
双辽市新立乡	6600	15335	8438	3577	70000.0		
双辽市永加乡	17000	12350	8442	3062	26500.0		
龙山区寿山镇	15400	33180	18583	9465	773225.0	6	1554
龙山区县级直管村级单位(特殊镇)	2183	254398	55555	55555	2042030.0	2183	254398
龙山区工农乡	3400	12913	6696	1850	742000.0		
辽源市西安区灯塔镇	16348	37900	17200	13300	357300.0		
辽源市西安区县级直管村级单位(特殊镇)	1575	134691	12974	10178	1304717.0	1515	120610
东丰县东丰镇	16377	103668	20925	13800	341235.0	1310	81222
东丰县大阳镇	29660	40488	22860	8878	24550.0	600	4668
东丰县横道河镇	28958	32559	12972	9016	112545.0	836	8488
东丰县那丹伯镇	15153	17636	11460	7158	56297.0	250	2572
东丰县猴石镇	12693	14210	8977	5388	14756.0	251	2052
东丰县杨木林镇	13527	15521	15520	4860	2628.0	210	3540
东丰县小四平镇	21430	19801	9651	3522	9156.0	280	2786
东丰县黄河镇	20477	25245	10587	4667	53280.0	20	2158
东丰县拉拉河镇	10321	13651	7677	2962	52646.0	20	1510
东丰县沙河镇	16574	11686	9359	1687	15000.0	59	2922
东丰县南屯基镇	16793	23594	14492	4127	113156.0	60	585
东丰县大兴镇	10228	11895	7223	3058	56010.0	60	1952
东丰县三合满族朝鲜族乡	15454	26472	14039	5036	573750.0		
东丰县二龙山乡	24505	29337	21123	6957	46215.0		
东辽县白泉镇	15036	62986	30456	23328	761123.0	157	26731
东辽县渭津镇	19203	32720	14238	8799	435902.0	400	6918
东辽县安石镇	22892	29760	15623	5730	149829.0	228	2740
东辽县辽河源镇	37688	36190	17664	7838	43300.0	60	3106
东辽县泉太镇	9564	17634	5636	3400	27340.0	60	3816
东辽县建安镇	17691	27600	12856	4826	60685.0	90	3640
东辽县安恕镇	20907	24505	12785	5210	55030.0	410	2670
东辽县平岗镇	9134	27481	7166	3540	42218.0	50	11946
东辽县云顶镇	11104	18908	7612	1801	15641.0	24	2480
东辽县凌云乡	15583	17348	11512	3704	89678.0		
东辽县甲山乡	9113	13269	4736	1421	89110.0		
东辽县足民乡	16484	17675	8081	1653	710.0		
东辽县金洲乡	12880	13545	4660	1080	13500.0		
东昌区金厂镇	17083	17118	11559	4034	623002.0	250	11497
东昌区通化经济开发区(特殊乡镇)	1545	9476	5404	2815	458000.0	10	9476
东昌区环通乡	8420	14602	7708	5019	30150.0		
东昌区江东乡	9193	6909	4313	2961	5801.0		
二道江区鸭园镇	15600	19566	9540	4287	84790.0	150	3659
二道江区铁厂镇	5400	16872	4072	2149	106591.0	1000	12916
二道江区五道江镇	4900	20191	7740	6040	122385.0	1100	15595
二道江区二道江乡	9300	6009	5165	3346	161000.0		
通化县快大茂镇	25761	15952	9368	4368	115600.0	400	4535
通化县二密镇	32268	27985	10971	5672	235755.0	500	12095

续表 108　　（吉林省）　　计算单位：公顷、人、万元

名　　称	行政区域面　　积	常住人口	从业人员	二三产业从业人员	工　业总产值	城镇建成区 面 积	城镇建成区常住人口
通化县果松镇	36260	18102	10576	4659	166897.3	213	5155
通化县石湖镇	28280	4198	2308	840	8941.0	128	3012
通化县大安镇	17580	8792	3370	1770	117582.0	80	1320
通化县光华镇	33310	10593	5164	1888	20700.0	63	4320
通化县兴林镇	25369	5120	2821	1020	19979.0	44	1977
通化县英额布镇	18515	10458	5236	806	3500.0	46	1697
通化县三棵榆树镇	22919	12679	6609	1936	4473.0	400	4524
通化县西江镇	14260	15764	8287	5725	15260.0	25	1596
通化县聚鑫经济开发区管委会	11800	11977	4011	2086	902200.0	400	
通化县富江乡	14269	8612	3745	488	2160.0		
通化县四棚乡	27530	7139	3046	1341	405.0		
通化县东来乡	17422	6010	4127	927	230.0		
通化县大泉源满族朝鲜族乡	33896	23542	11823	3458	10810.0		
通化县金斗朝鲜族满族乡	10509	5782	4280	1802	4882.0		
辉南县朝阳镇	18490	132246	41019	22345	62305.0	1815	91674
辉南县辉南镇	22250	51360	35739	19037	54236.0	500	27375
辉南县样子哨镇	24280	27913	14528	2675	88599.0	100	4712
辉南县杉松岗镇	12480	21650	7678	2138	27800.0	750	12687
辉南县石道河镇	33780	19149	10496	3179	16329.0	100	3865
辉南县辉发城镇	15760	23380	12195	3960	16128.0	150	1825
辉南县抚民镇	34610	16965	9133	2024	12531.0	358	7391
辉南县金川镇	31510	13694	7743	2476	24943.0	384	2464
辉南县团林镇	8910	12872	9459	2079	11000.0	520	2522
辉南县庆阳镇	12220	15143	9904	2221	73866.0	23	1039
辉南县楼街朝鲜族乡	11940	22142	15129	5432	48146.0		
柳河县柳河镇	32289	113705	43185	33314	264366.0	984	81467
柳河县三源浦朝鲜族镇	38542	31200	21483	13882	269047.0	220	7015
柳河县五道沟镇	18619	22130	12120	1690	51000.0	82	1482
柳河县驼腰岭镇	12834	15265	7137	1762	20250.0	50	1282
柳河县孤山子镇	27096	26810	12340	5150	73500.0	98	11291
柳河县圣水河子镇	22873	29545	12787	1300	29560.0	50	2630
柳河县罗通山镇	12442	12755	6002	2498	29695.0	103	2800
柳河县安口镇	25754	21420	10187	1333	50135.0	73	3902
柳河县向阳镇	26656	18600	7882	2700	50400.0	39	1410
柳河县红石镇	14279	10974	6520	954	10960.0	49	1391
柳河县凉水河子镇	57789	18532	8185	3860	8500.0	110	5240
柳河县亨通镇	10991	12124	7006	2958	45373.0	58	2501
柳河县柳南乡	15064	12313	5297	1098	17960.0		
柳河县时家店乡	11093	13926	8071	1921	17242.0		
柳河县姜家店朝鲜族乡	8258	12228	8219	1145	37000.0		
梅河口市山城镇	15060	55334	25257	7257	68432.0	1213	26264
梅河口市红梅镇	9044	57960	29735	26505	207110.0	1190	47210
梅河口市海龙镇	14596	43967	19492	11985	238767.0	800	18015
梅河口市新合镇	14869	31292	12821	3445	24500.0	100	4049
梅河口市曙光镇	8166	15886	8540	2095	163947.0	38	3012
梅河口市中和镇	6475	14740	8636	3022	51754.0	610	1751
梅河口市黑山头镇	4588	12929	5823	4722	206733.0	298	2630
梅河口市水道镇	8616	11210	9800	2569	18445.0	100	817
梅河口市进化镇	9216	13387	5443	1997	35613.0	1500	2012
梅河口市一座营镇	7800	12919	6399	1273	7600.0	100	1785

续表 109　　（吉林省）　　计算单位：公顷、人、万元

名　　称	行政区域面　　积	常住人口	从业人员	二三产业从业人员	工　业总产值	城镇建成区 面 积	城镇建成区常住人口
梅河口市康大营镇	10197	14150	6632	2161	29348.0	420	1486
梅河口市牛心顶镇	18333	30679	12597	3110	52135.0	1175	4062
梅河口市杏岭镇	15971	32500	18920	11000	89661.0	80	2310
梅河口市湾龙镇	11180	23964	9952	6088	80656.0	50	2122
梅河口市李炉乡	6626	13339	5496	2307	11637.0		
梅河口市双兴乡	11556	15191	7201	2135	962.0		
梅河口市兴华乡	11242	12865	6011	711	9373.0		
梅河口市小杨满族朝鲜族乡	18047	14936	7309	2475	19622.0		
梅河口市吉乐乡	9363	9324	4175	2045	57043.0		
集安市青石镇	30000	7750	5751	1925	16923.0	25	1280
集安市榆林镇	28300	12368	6423	3437	10237.0	32	3169
集安市花甸镇	15500	10692	5476	824	18957.0	26	3454
集安市头道镇	33200	26756	12548	1589	70899.0	61	4794
集安市清河镇	50500	22024	9779	4318	193796.0	85	7439
集安市台上镇	42200	15297	10189	2820	17182.0	18	949
集安市财源镇	17500	13401	8324	3051	30297.0	57	2343
集安市大路镇	25500	8195	4019	536	61300.0	100	1162
集安市太王镇	37800	24526	11613	5443	171600.0	115	7043
集安市麻线乡	29300	9632	5688	2799	49762.0		
集安市凉水朝鲜族乡	17800	6310	4145	1281	8565.0		
浑江区七道江镇	26024	24733	11784	7045	267372.0	1500	5357
浑江区六道江镇	15487	21401	8028	4477	1645000.0	40	4965
浑江区红土崖镇	34800	14436	6814	1607	25900.0	200	2704
浑江区三道沟镇	40716	3620	2446	1319	38974.0	426	1257
江源区湾沟镇	29700	56400	13800	9650	172903.0	131	10411
江源区松树镇	20619	29691	8962	5524	170685.0	150	10085
江源区砟子镇	1700	21372	9250	8592	161280.0	70	6808
江源区石人镇	22000	32278	16300	11922	1154600.0	102	18236
江源区大阳岔镇	18100	2351	2082	1217	104508.0	50	1447
江源区大石人镇	6700	9392	2772	1987	107120.0	60	1935
抚松县抚松镇	16110	60158	26707	22578	763979.0	500	58640
抚松县松江河镇	18981	62345	23692	22825	459000.0	2500	60300
抚松县泉阳镇	61990	37856	11401	8617	275500.0	620	34015
抚松县露水河镇	85574	39594	24826	17153	64000.0	3658	31605
抚松县仙人桥镇	34252	10954	5205	2905	31000.0	200	2920
抚松县万良镇	18667	20551	9449	3637	56406.0	146	12279
抚松县新屯子镇	13833	5610	2281	448	32036.0	61	2855
抚松县东岗镇	100774	15934	7100	1930	290.0	557	10361
抚松县漫江镇	129935	3477	2241	526	282.0	1125	2224
抚松县北岗镇	39591	11540	5620	960	1738.0	249	8742
抚松县兴参镇	28100	10700	4208	748	13866.0	260	5422
抚松县长白山保护开发区管委会池西区	73900	17428	6290	3360	4076.0	17300	17428
抚松县长白山保护开发区管委会池南区	24000	2742	1539	29	19.0	8800	2742
抚松县兴隆乡	15600	9618	5476	835	20965.0		
抚松县抽水乡	11970	4976	2469	482	200.0		
抚松县沿江乡	39450	2960	2337	257	756.0		
靖宇县靖宇镇	16580	67522	41444	34226	14700.0	900	58966
靖宇县三道湖镇	54500	14123	7454	1034	4760.0	160	1168
靖宇县龙泉镇	18140	8919	5354	1058	500.0	170	1521
靖宇县那尔轰镇	39230	8427	3482	1220	400.0	40	2007

续表 110　　（吉林省）　　计算单位：公顷、人、万元

名　　称	行政区域面　积	常住人口	从业人员	二三产业从业人员	工　业总产值	城镇建成区 面 积	城镇建成区常住人口
靖宇县花园口镇	52380	15119	7268	1257	57601.0	125	1221
靖宇县景山镇	54360	14917	5099	1508	49528.0	150	4214
靖宇县赤松镇	27550	7074	3186	1085	622.0	220	1914
靖宇县蒙江乡	46700	10852	3890	1215			
长白朝鲜族自治县长白镇	2512	36088	21630	18852	492870.0	400	27682
长白朝鲜族自治县八道沟镇	11002	9355	4827	2729	169800.0	230	5242
长白朝鲜族自治县十四道沟镇	30496	5187	1907	554	127.0	370	2174
长白朝鲜族自治县马鹿沟镇	94320	9481	5608	1763	182370.0	1600	3098
长白朝鲜族自治县宝泉山镇	4833	5803	3291	1490	31480.0	122	1277
长白朝鲜族自治县新房子镇	56880	7120	2440	902	51712.0	500	1742
长白朝鲜族自治县十二道沟镇	30207	7882	2576	1342	20550.0	37	3120
长白朝鲜族自治县金华乡	9400	2568	1316	373	72.0		
临江市桦树镇	66955	17904	11746	6571	23048.0	273	9109
临江市六道沟镇	54090	16811	10941	4440	482517.0	70	4085
临江市苇沙河镇	26800	4255	2925	1243	178753.0	58	1533
临江市花山镇	23208	7063	4248	1361	144369.0	51	3028
临江市闹枝镇	25164	5152	3649	1648	21535.0	51	1268
临江市四道沟镇	36880	8262	5785	1752	54268.0	30	1058
临江市蚂蚁河乡	49942	5860	3639	593	156.0		
宁江区大洼镇	40360	59805	40615	14032	78687.0	500	5232
宁江区善友镇	14946	22104	19760	6200	32328.0	40	3380
宁江区毛都站镇	14230	26295	16503	2815	99634.8	200	4496
宁江区哈达山镇	30593	29434	13780	6216		50	2134
宁江区新城乡	14458	35968	31980	8330	999998.4		
宁江区伯都乡	23324	27046	15500	5996	1320.0	530	27046
前郭尔罗斯蒙古族自治县前郭尔罗斯镇	3935	106118	42784	24021		1600	82000
前郭尔罗斯蒙古族自治县长山镇	18106	72900	36641	24818	273227.0	630	33690
前郭尔罗斯蒙古族自治县海渤日戈镇	28741	26939	9926	5731		460	8615
前郭尔罗斯蒙古族自治县乌兰图嘎镇	39000	27960	10490	7620	372615.0	1000	5219
前郭尔罗斯蒙古族自治县查干花镇	44740	21775	13147	4474	260.0	330	6715
前郭尔罗斯蒙古族自治县王府站镇	20880	33290	20620	4810	260080.0	280	9810
前郭尔罗斯蒙古族自治县八郎镇	22228	27510	11379	3275	159498.0	80	2349
前郭尔罗斯蒙古族自治县哈拉毛都镇	13988	22325	12213	2232	48888.0	137	2568
前郭尔罗斯蒙古族自治县查干湖镇	43654	26160	12660	3536	112558.0	30	342
前郭尔罗斯蒙古族自治县宝甸乡	12501	13593	6788	1512	20.0		
前郭尔罗斯蒙古族自治县平凤乡	67000	28081	8890	2517	189792.0		
前郭尔罗斯蒙古族自治县达里巴乡	8712	12230	3775	735	179492.0		
前郭尔罗斯蒙古族自治县吉拉吐乡	8098	14128	7085	2054	106645.0		
前郭尔罗斯蒙古族自治县白依拉嘎乡	16150	19970	6815	2015	303235.0		
前郭尔罗斯蒙古族自治县洪泉乡	23329	19921	10205	2320	70.0		
前郭尔罗斯蒙古族自治县额如乡	18304	20719	12962	1861	99.0		
前郭尔罗斯蒙古族自治县套浩太乡	15486	13698	7698	2707	93210.0		
前郭尔罗斯蒙古族自治县长龙乡	25198	19220	7850	1870	46889.0		
前郭尔罗斯蒙古族自治县乌兰塔拉乡	30000	20072	10689	1810	37020.0		
前郭尔罗斯蒙古族自治县东三家子乡	25000	12657	10150	1170	65.0		
前郭尔罗斯蒙古族自治县浩特芒哈乡	22110	16420	7130	1410	56.0		
前郭尔罗斯蒙古族自治县乌兰敖都乡	28000	16100	5117	3596	99.0		
长岭县长岭镇	41925	98960	69700	36300	420000.0	1100	57500
长岭县太平川镇	29309	34584	25288	16966	94600.0	1100	29986
长岭县巨宝镇	21090	35880	17920	5620	101550.0	705	3136

续表 111　　　　(吉林省)　　　　计算单位：公顷、人、万元

名　　称	行政区域面　　积	常住人口	从业人员	二三产业从业人员	工　业总产值	城镇建成区 面 积	城镇建成区常住人口
长岭县太平山镇	17516	26570	14467	2588	1800.0	280	5148
长岭县前七号镇	33356	37930	27101	6968	31278.0	150	2498
长岭县新安镇	33500	44106	30362	5095	7071.0	500	6326
长岭县三青山镇	22291	34868	26624	5088	189237.0	138	4197
长岭县大兴镇	40405	33200	14550	2050	57000.0	460	1705
长岭县北正镇	48100	17950	14525	3000	2600.0	600	3996
长岭县流水镇	26943	32650	29870	3310	37789.0	109	1850
长岭县永久镇	13000	20075	15025	2250	44789.0	785	2456
长岭县利发盛镇	12800	16732	7231	628	23136.0	70	1880
长岭县太平川(镇)农业园区(特殊乡镇)	15668	8500	6466	453		363	1256
长岭县双龙工业园区(特殊乡镇)	5839	2326	2147	215	127792.0	225	356
长岭县经济开发区(特殊乡镇)	5289	9520	9120	2230	98624.0	80	1159
长岭县集体乡	12360	18910	8173	2050	637106.0		
长岭县光明乡	19500	19021	14411	3585	902.0		
长岭县三县堡乡	14440	22866	14196	1740	982.0		
长岭县海青乡	10287	12715	9483	3621	2900.0		
长岭县前进乡	12635	21108	10255	940	760.0		
长岭县东岭乡	11969	15962	8574	1138	2123.0		
长岭县腰坨子乡	22212	17066	12739	2329	10326.0		
长岭县八十八乡	28068	13500	9625	536	12980.0		
长岭县三团乡	37447	16153	10465	1246	6805.0		
长岭县三十号乡	19787	12368	8855	1308	765.0		
乾安县乾安镇	5666	89510	26440	21480	1180357.0	1250	79560
乾安县大布苏镇	23543	14001	7205	505	380.0	150	1980
乾安县水字镇	27200	22825	11230	1530	871190.0	350	5975
乾安县让字镇	38750	20178	14036	1001	149017.0	150	3395
乾安县所字镇	45791	27819	19697	717	103282.0	175	1423
乾安县安字镇	40873	20213	13013	348	101499.0	200	2103
乾安县余字乡	40366	21100	12681	1081	42912.0		
乾安县道字乡	33882	17405	8920	1260	300.0		
乾安县严字乡	27100	15860	10114	1220	105463.0		
乾安县赞字乡	33700	21772	11161	1176	346407.0		
吉林松原经济开发区兴原乡	11000	29250	29022	6500	4010000.0		
扶余市三岔河镇	26613	111260	63934	45485	1668458.0	1101	59844
扶余市长春岭镇	25080	52905	21864	8482	10989.0	300	9752
扶余市五家站镇	23260	38152	28991	17377	1020.0	275	19645
扶余市陶赖昭镇	29643	46770	20176	6996	604010.0	300	5981
扶余市蔡家沟镇	19800	33193	22105	11065	425600.0	500	4996
扶余市弓棚子镇	26927	41810	20899	10060	1067210.0	300	4736
扶余市三井子镇	38400	46212	30852	10542	10816.0	120	7907
扶余市增盛镇	34500	35376	28696	19328	7005.0	400	4615
扶余市新万发镇	26000	37750	15887	4086	1940.0	200	2816
扶余市大林子镇	18200	25720	9900	2640	7250.0	176	3530
扶余市新源镇	8200	16977	10618	4485	300.0	100	1546
扶余市得胜镇	31572	45293	22880	4883	6200.0	300	2342
扶余市三骏满族蒙古族锡伯族乡	29642	46246	21117	5907	14620.0		
扶余市永平乡	22911	29890	16121	5631	1720.0		
扶余市新站乡	21300	26130	14661	6070	2140.0		
扶余市更新乡	17700	25610	16013	3991	889.0		
扶余市肖家乡	24240	40258	24125	11794	10123.0		

续表 112 （吉林省） 计算单位：公顷、人、万元

名　　称	行政区域面　　积	常住人口	从业人员	二三产业从业人员	工　业总产值	城镇建成区 面 积	城镇建成区常住人口
洮北区平安镇	11147	20267	9780	3918	2512.0	200	4400
洮北区青山镇	16300	14190	7651	1455	100.0	170	770
洮北区林海镇	8800	10288	6582	1327	54000.0	50	1486
洮北区洮河镇	13870	16510	6983	403	100.0	130	1660
洮北区平台镇	17300	17037	12119	1619	6100.0	655	4220
洮北区到保镇	21379	12910	5936	716	315.0	41	2056
洮北区岭下镇	15700	23056	13885	5768	2880.0	1120	10870
洮北区东风乡	9300	26790	15885	4547	466.0		
洮北区三合乡	8750	12280	5389	1929	123.0		
洮北区东胜乡	16450	22181	16328	2913	155.0		
洮北区金祥乡	12591	16393	9510	2280	125.0		
洮北区德顺蒙古族乡	38800	21490	13920	2970	2500.0		
镇赉县镇赉镇	35660	106272	35876	20636	509304.0	1340	84701
镇赉县坦途镇	32000	33048	14044	7925	43163.0	160	11319
镇赉县东屏镇	38304	11295	6028	2315	406.0	146	2725
镇赉县大屯镇	39000	21905	12813	3446	60309.0	350	6468
镇赉县沿江镇	35000	7476	4160	1002	81.0	153	1710
镇赉县五棵树镇	28112	14032	8245	1484	42104.0	24	2078
镇赉县黑鱼泡镇	58400	17561	11321	1005	24064.0	35	358
镇赉县哈吐气蒙古族乡	15580	4816	3063	409	53.0		
镇赉县莫莫格蒙古族乡	52700	12120	5643	1027	31798.0		
镇赉县建平乡	61267	22430	11893	2961	6590.0		
镇赉县嘎什根乡	27787	21319	14473	1307	193148.0		
通榆县开通镇	52908	127589	38605	13305	305.0	1600	94250
通榆县瞻榆镇	67400	30728	21526	5828	200.0	1500	9480
通榆县双岗镇	32100	10301	4320	720	20.0	60	575
通榆县兴隆山镇	70520	21865	13078	2184	420.0	600	3620
通榆县边昭镇	35000	18032	7650	1150	20.0	225	2900
通榆县鸿兴镇	35172	12912	8021	441	250.0	400	2301
通榆县新华镇	56296	24790	10800	727	38.0	80	4020
通榆县乌兰花镇	53296	24650	11450	2950		300	4562
通榆县新发乡	38000	10098	5758	285			
通榆县新兴乡	19880	11264	6530	430	50.0		
通榆县向海蒙古族乡	74578	23527	12780	680	50.0		
通榆县包拉温都蒙古族乡	15670	4974	2962	175	15.0		
通榆县团结乡	58426	14900	8370	360	15.0		
通榆县十花道乡	44534	12199	6107	1920	20.0		
通榆县八面乡	41899	15201	6806	1186			
通榆县苏公坨乡	30664	13700	7610	410	60.0		
洮南市瓦房镇	13000	23472	15806	1239	289.0	90	3216
洮南市万宝镇	23400	28875	15871	1216	1500.0	24	13500
洮南市黑水镇	33000	18190	9615	2914	2400.0	120	4700
洮南市那金镇	15780	18912	11907	1275	550.0	140	1740
洮南市安定镇	46371	19294	9157	463	280.0	120	1626
洮南市福顺镇	28500	34978	11559	2356	22881.0	98	5399
洮南市胡力吐蒙古族乡	14960	8671	4452	1440	65.0		
洮南市万宝乡	9300	8901	5362	1849	230.0		
洮南市聚宝乡	26600	9657	5586	326	180.0		
洮南市东升乡	18304	14060	7746	977	80.0		
洮南市野马乡	18000	10127	5238	557			

续表 113　　（吉林省）　　计算单位：公顷、人、万元

名　　称	行政区域面　　积	常住人口	从业人员	二三产业从业人员	工　业总产值	城镇建成区 面 积	城镇建成区常住人口
洮南市永茂乡	22500	14191	8687	1459	35.0		
洮南市蛟流河乡	28000	15944	5722	738			
洮南市大通乡	36400	16492	8050	995	21680.0		
洮南市二龙乡	33000	16079	6288	378	46619.0		
洮南市呼和车力蒙古族乡	26281	7805	4630	460	85.0		
大安市月亮泡镇	18800	14640	7824	1758	50.0	40	3400
大安市安广镇	15812	52499	19617	15777	178226.0	980	39203
大安市丰收镇	13467	8253	5968	502		100	991
大安市新平安镇	35600	11006	4340	560		200	1630
大安市两家子镇	41306	20991	9884	1182	78100.0	35	1940
大安市舍力镇	41300	27865	11500	3900	52087.0	120	7235
大安市大岗子镇	39600	7905	4280	1150	14000.0	70	1416
大安市叉干镇	32400	11357	5989	1356	21554.0	75	1810
大安市龙沼镇	39400	15648	8946	1970		150	1849
大安市太山镇	21300	18942	8250	3530	17304.0	17	790
大安市烧锅镇	25258	13200	8478	2150		210	2097
大安市乐胜镇	26339	18750	13495	1695	20.0	45	2160
大安市四棵树乡	20661	20718	10059	1807	307.0		
大安市联合乡	14909	15226	9090	262			
大安市大赉乡	14516	12656	6183	2324	16785.0		
大安市红岗子乡	12393	7874	5394	837	6000.0		
大安市海坨乡	44119	16700	6527	1067	50.0		
大安市新艾里蒙古族乡	8273	5014	2234	254			
延吉市小营镇	15553	21733	9767	6188	224632.0	28	1885
延吉市依兰镇	61500	26488	7597	926	168607.0	30	2320
延吉市三道湾镇	55960	6139	5340	2942		30	1513
延吉市朝阳川镇	37687	53086	26187	16981	401569.0	929	24266
图们市月晴镇	24435	6678	4345	3219	42933.0	608	1229
图们市石岘镇	25797	15860	7413	7297	161836.0	278	15495
图们市长安镇	25465	7177	4833	1840	159362.0	65	2110
图们市凉水镇	37074	5736	4928	2115	47801.0	148	4308
敦化市大石头镇	149027	22752	13087	7383	379318.0	960	13375
敦化市黄泥河镇	41250	12100	12049	5871	201130.0	860	7180
敦化市官地镇	62311	39176	26087	5412	114243.0	500	9775
敦化市沙河沿镇	28166	14516	10885	1989	17160.0	79	2502
敦化市秋梨沟镇	29042	5279	3099	750	18100.0	154	4417
敦化市额穆镇	258480	9115	1368	976	24950.0	195	2917
敦化市贤儒镇	33476	11851	6498	1500	6900.0	195	2911
敦化市大蒲柴河镇	164245	7354	3830	927	8725.0	150	3504
敦化市雁鸣湖镇	149829	10122	5046	720	19611.0	50	3055
敦化市江源镇	64802	9004	5575	1752	12300.0	100	2020
敦化市江南镇	33792	31993	15246	5100	190640.0	60	680
敦化市大桥乡	13334	7104	6970	652	63691.0		
敦化市黑石乡	33774	11139	3386	784	1250.0		
敦化市青沟子乡	55807	3997	3738	381			
敦化市翰章乡	51195	13215	10207	2600	34360.0		
敦化市红石乡	18712	9450	7356	1685	14400.0		
珲春市春化镇	208200	8275	5259	1904	23857.0	100	3200
珲春市敬信镇	34246	2847	1778	495		74	1618
珲春市板石镇	13391	4615	4000	1347	26916.0	114	2096

续表 114　　　　（吉林省、黑龙江省）　　　　计算单位：公顷、人、万元

名　　称	行政区域面　积	常住人口	从业人员	二三产业从业人员	工　业总产值	城镇建成区 面 积	城镇建成区常住人口
珲春市英安镇	66529	41040	10577	9669	490000.0	98	21332
珲春市马川子乡	8300	6976	5210	1362	132679.0		
珲春市杨泡满族乡	22674	4139	2780	432	3420.0		
珲春市三家子满族乡	5962	8616	5619	1393	18634.0		
珲春市密江乡	40966	1343	1000	171	33816.0		
珲春市哈达门乡	110000	9806	5956	2278	27321.0		
龙井市开山屯镇	19975	10990	9870	7500	2170.0	254	10860
龙井市老头沟镇	58195	26960	13470	4965	104980.0	50	4866
龙井市三合镇	32489	1605	708	202	50170.0	300	788
龙井市东盛涌镇	24728	5975	3971	588	18230.0	107	1220
龙井市智新镇	36636	10024	9022	3863	80702.0	7	1104
龙井市德新乡	12039	4335	3320	405	6316.0		
龙井市白金乡	31910	1229	960	73			
和龙市八家子镇	7405	6831	3384	1782	81966.0	311	1841
和龙市福洞镇	19234	5639	1786	753	154311.0	111	3488
和龙市头道镇	51430	18463	11361	3718	21744.0	329	7530
和龙市西城镇	109576	6917	4399	1349	16115.0	105	3301
和龙市南坪镇	68891	3867	3667	483	55964.0	30	504
和龙市东城镇	14899	6090	4268	1876	14050.0	22	1403
和龙市崇善镇	61618	1811	1747	352	37.0	32	573
和龙市龙城镇	172611	16025	11039	2185	5104.0	140	4032
汪清县汪清镇	25861	10678	4113	2137	546127.0	800	7850
汪清县大兴沟镇	90915	20725	19100	3040	225321.0	70	1518
汪清县天桥岭镇	135490	10459	10308	1912	19780.0	135	2258
汪清县罗子沟镇	149073	20985	12168	1039	148624.0	169	5472
汪清县百草沟镇	58402	11845	6587	637	47776.0	124	3980
汪清县春阳镇	92500	10764	7337	3260	8541.0	158	6101
汪清县复兴镇	132073	6558	3379	420		75	1482
汪清县东光镇	125599	10856	9800	2000	11238.0	75	1050
汪清县鸡冠乡	81824	7180	6675	1885	478.0		
安图县明月镇	89499	71083	14555	3105	278540.0	800	59510
安图县松江镇	137866	31650	12962	3150	59600.0	872	14630
安图县二道白河镇	60946	3582	2139	429	35760.0		
安图县两江镇	42907	15476	6335	3260	58050.0	1400	4701
安图县石门镇	32227	7719	3010	690	25150.0	146	2545
安图县万宝镇	75780	9129	2865	420	39867.0	190	3824
安图县亮兵镇	33173	7646	3040	1130	22854.0	300	2775
安图县长白山保护开发区管委会池北区	137749	47135	20000	16500	56712.0	1418	44685
安图县新合乡	87687	5583	2750	625	26425.0		
安图县永庆乡	46587	9766	3940	950	53.0		
黑龙江省							
道里区太平镇	16200	32620	5875	4003	44871.0	1440	5963
道里区新发镇	11200	42847	18113	9722	93967.0	520	42847
道里区新农镇	10400	30184	15727	2837	81471.0	7437	2815
道里区榆树镇	5550	20202	10870	5509	66125.0	90	4510
南岗区王岗镇	5701	76833	6997		1250000.0	284	
南岗区红旗满族乡	6010	19600	10502	6850	322715.0	10	2000
道外区永源镇	16000	36693	21410	5950	13000.0	1600	18280
道外区巨源镇	21000	32881	10366	6064	210.0	60	4319
道外区团结镇	7670	40365	38870	20130	1177592.0	2625	34700

续表 115　　（黑龙江省）　　计算单位：公顷、人、万元

名　　称	行政区域面　　积	常住人口	从业人员	二三产业从业人员	工　业总产值	城镇建成区 面 积	城镇建成区常住人口
道外区民主镇	13200	29867	21060	9560	17500.0	65	18000
平房区平房镇	2275	11106	6451	3900	79973.0	775	4803
松北区对青山镇	19039	33152	15709	6621	32453.0	210	8453
松北区乐业镇	19600	33024	14856	5340	7300.0	101	1453
香坊区成高子镇	6720	32930	15361	12542	12000.0	312	18429
香坊区幸福镇	6750	25110	11952	7252	132100.0	11	1887
香坊区朝阳镇	5400	17247	6132	4122	74470.0	60	3462
香坊区向阳镇	6950	16207	8140	5597	83001.0	65	1089
呼兰区二八镇	11139	23879	15831	2405	1350.0	940	3445
呼兰区石人镇	12840	29115	10734	2972	7560.0	700	2330
呼兰区白奎镇	13700	30793	24225	5325	11256.0	1006	3100
呼兰区方台镇	15343	28055	18120	6882	24354.0	15343	28055
呼兰区莲花镇	13900	24836	11145	7443	84000.0	3074	24900
呼兰区大用镇	11622	27146	11843	3823	5000.0	150	2300
呼兰区利业镇	8743	42190	15121	10261	11256.0	1702	7320
呼兰区杨林乡	177000	25307	15751	7481	21600.0	799	2931
呼兰区许卜乡	17900	29650	18350	8290	19200.0	1046	2584
呼兰区孟家乡	17333	34320	17967	6102	23215.0	310	950
阿城区蜚克图镇	12667	21789	5448	3693	192135.0	1333	2092
阿城区平山镇	18800	21266	9569	8081	246144.0	314	14557
阿城区松峰山镇	36468	11325	4554	2336	69842.0	10	1676
阿城区红星镇	15148	15216	8808	2938	10230.0	40	1830
阿城区金龙山镇	20043	18147	5479	4572	56000.0	2548	2535
阿城区杨树镇	13333	30884	25833	10233	20000.0	28	460
阿城区料甸镇	19200	36700	21670	11070	11245.0	106	2300
依兰县依兰镇	10506	9310	5879	2663	421110.0	928	6351
依兰县达连河镇	63767	19796	10757	3833	911210.0	647	4193
依兰县江湾镇	57501	27201	16065	5614	13895.0	5	535
依兰县三道岗镇	60100	34612	21522	7002	23854.0	7	2043
依兰县道台桥镇	43066	38316	21478	7538	15620.0	6	1926
依兰县宏克利镇	39000	22571	12521	4979	4356.0	8	1054
依兰县团山子乡	36776	28013	16639	5683	15832.0	8	1027
依兰县愚公乡	50377	33982	19264	6243	10137.0	7	787
依兰县迎兰朝鲜族乡	100800	19881	11042	3821	18540.0	10	1153
方正县方正镇	4885	55916	4004	880	135024.0	732	53097
方正县会发镇	46848	28301	14986	3335	36395.0	67	3220
方正县大罗密镇	11251	14902	6293	1390	8916.0	81	4230
方正县得莫利镇	19493	9216	5708	1257	15843.0	79	3200
方正县天门乡	35699	23245	14553	3234	27748.0	65	3400
方正县松南乡	12489	14009	6681	1476	68469.0	39	1100
方正县德善乡	36927	12934	9276	2056	39963.0	40	3000
方正县宝兴乡	17556	17237	10137	2246	92046.0	45	3100
宾县宾州镇	34841	125800	31264	17186	387600.0	999	82946
宾县居仁镇	13133	25341	8642	6378	170.0	58	3800
宾县宾西镇	21024	61160	45960	36620	3799854.0	800	43040
宾县糖坊镇	21029	31489	23823	11542	2642.0	50	4068
宾县宾安镇	15729	31710	27980	5738	4000.0	300	7100
宾县新甸镇	20633	26323	15029	2956	11000.0	691	6255
宾县胜利镇	34515	26991	16277	8032	4120.0	115	8328
宾县宁远镇	45119	38647	20450	4000		200	5480

续表 116　　（黑龙江省）　　计算单位：公顷、人、万元

名　　称	行政区域面积	常住人口	从业人员	二三产业从业人员	工业总产值	城镇建成区面积	城镇建成区常住人口
宾县摆渡镇	25936	15460	6037	2205	210.0	170	2045
宾县平坊镇	23600	29449	8826	2761	40.0	40	2185
宾县满井镇	17930	24421	16636	9742	124.0	103	1589
宾县常安镇	24641	37076	19581	4261	49276.0	399	3725
宾县永和乡	8548	15667	7595	3810		25	1036
宾县鸟河乡	17492	33380	17950	6410		40	2130
宾县民和乡	15744	28139	13723	6944	10.0	75	851
宾县经建乡	13630	21849	19550	6700	50.0	30	860
宾县三宝乡	31672	27984	27230	8050	43447.0	50	2209
巴彦县巴彦镇	13470	105917	65675	58332	138750.0	2773	69690
巴彦县兴隆镇	16620	110900	70430	58330	410000.0	5000	66200
巴彦县西集镇	16251	30148	10754	7804	126560.0	585	9300
巴彦县洼兴镇	17000	30270	30270	330	95000.0	510	9200
巴彦县龙泉镇	13330	31020	16498	10423	11000.0	350	4600
巴彦县巴彦港镇	8600	26172	26172	12746	6000.0	42	1781
巴彦县龙庙镇	15989	30301	19530	2650	4590.0	62	2300
巴彦县万发镇	14780	28048	17613	5551	8600.0	520	8102
巴彦县天增镇	18650	45363	21600	1700	1004.0	92	2200
巴彦县黑山镇	27500	22007	16188	288	1400.0	49	1500
巴彦县松花江乡	19200	32942	13720	6200	28800.0	50	1512
巴彦县富江乡	13600	21873	10222	3730	4800.0	26	400
巴彦县华山乡	15723	25600	9180	2172	7600.0	299	1560
巴彦县丰乐乡	21050	34276	25416	14143	6240.0	80	1800
巴彦县德祥乡	21650	41549	24526	3470	2210.0	45	965
巴彦县红光乡	18707	35060	25410	12310	37860.0	40	1190
巴彦县山后乡	13750	30671	12710	5990	1800.0	60	3800
巴彦县镇东乡	10900	21989	8913	4167	1246.0	32	1517
木兰县木兰镇	8000	60267	6496	1906	436372.0	220	45620
木兰县东兴镇	126000	43630	16257	5961	7050.0	250	21600
木兰县大贵镇	16377	31134	19230	2765	2800.0	210	2389
木兰县利东镇	120000	16481	7332	1442	2370.0	200	4210
木兰县柳河镇	42000	36142	19725	4725	5150.0	250	5100
木兰县新民镇	21100	27759	20584	4700	9830.0	130	4793
木兰县建国乡	35655	20150	14963	6023	3700.0	185	3976
木兰县吉兴乡	37495	26375	16090	6770	3700.0	170	4595
通河县通河镇	20275	63014	17196	12534	244372.0	500	45831
通河县乌鸦泡镇	10566	16158	5086	1782	22312.0	300	3206
通河县清河镇	20565	19298	10839	5309	93572.0	205	5610
通河县浓河镇	26964	24801	11442	3538	55275.0	150	5632
通河县凤山镇	24006	11287	6640	2408	12419.0	150	463
通河县祥顺镇	46402	21788	10336	3922	61403.0	100	1525
通河县三站乡	19735	11926	8247	1952	42594.0	78	931
通河县富林乡	23581	18522	9077	2549	17445.0	75	2169
延寿县延寿镇	36200	80566	23169	13188	506313.0	1100	59740
延寿县六团镇	43000	22007	11232	4705	13246.0	54	1482
延寿县中和镇	13000	13571	8007	1790	26172.0	25	5261
延寿县加信镇	15000	24570	12005	4060	83150.0	320	3945
延寿县延河镇	23000	19987	10805	2779	17987.0	220	1510
延寿县安山乡	25000	20535	8757	2247	85700.0	24	3120
延寿县寿山乡	39500	15520	9405	2590	12410.0	21	558

续表 117 （黑龙江省） 计算单位：公顷、人、万元

名　　称	行政区域面　　积	常住人口	从业人员	二三产业从业人员	工　业总产值	城镇建成区 面 积	城镇建成区常住人口
延寿县玉河乡	49000	23568	9802	5757	95847.0	48	1100
延寿县青川乡	36000	15890	8712	998	6840.0	69	1890
双城市双城镇	11198	139892	51277	24632	170000.0	500	214896
双城市兰棱镇	14870	41064	13310	10655	28270.0	900	6257
双城市周家镇	10174	34544	16272	11273	458700.0	600	15400
双城市五家镇	11610	37433	30069	21369	167770.0	400	19600
双城市韩甸镇	17670	40138	22902	3193	49000.0	304	4843
双城市单城镇	9063	26488	25488	9355	162364.0	450	7371
双城市东官镇	10036	18700	18245	3245	42225.0	16	6653
双城市农丰满族锡伯族镇	13035	21350	7759	2459	750.0	55	3371
双城市杏山镇	15438	30743	8264	5217	15763.0	100	3254
双城市新兴镇	9267	23508	10300	8300	178630.0	6	3850
双城市朝阳乡	17480	53869	32161	10711	8425.0	568	1956
双城市金城乡	13693	26855	14300	5500	36600.0	110	4262
双城市青岭满族乡	9773	20873	11830	7280	83600.0	55	3103
双城市联兴满族乡	9200	20598	12100	6712	104267.0	67	2843
双城市幸福满族乡	11100	19147	16740	6850	8000.0	245	3045
双城市公正满族乡	12500	20551	10125	4030	57600.0	90	3097
双城市永胜乡	13650	22009	17448	3602	35133.0	94	1398
双城市临江乡	14882	16010	13752	2752	95000.0	160	2985
双城市水泉乡	11256	26450	12100	6100	4700.0	210	2700
双城市乐群满族乡	8825	21498	12725	7325	3000.0	82	3258
双城市团结满族乡	15600	36320	7160	3290	72000.0	420	3596
双城市万隆乡	18724	36750	25062	6422	9450.0	29	4152
双城市希勤满族乡	11262	21864	13900	9100	32000.0	350	3300
双城市同心满族乡	9100	19366	12290	7025	40385.0	8	3510
尚志市尚志镇	14790	125730	66970	63210	995108.0	7300	115910
尚志市一面坡镇	33309	43919	12228	10318	41523.0	16654	30030
尚志市苇河镇	61000	46686	30682	15680	270000.0	380	24000
尚志市亚布力镇	42607	48880	14159	4796	246328.0	625	26442
尚志市帽儿山镇	58200	33892	6698	2500	7500.0	420	18796
尚志市亮河镇	92325	22536	5194	1323	7450.0	400	10593
尚志市庆阳镇	100700	17850	12000	2200	54982.0	600	3960
尚志市石头河子镇	51060	13465	4736	2661	45980.2	183	11946
尚志市元宝镇	53430	23907	9985	4240	353166.0	296	5942
尚志市黑龙宫镇	43800	19635	13729	3608	29700.0	410	4640
尚志市长寿乡	35665	26996	11110	1119	86909.0	262	1526
尚志市乌吉密乡	54300	21931	12400	1550	9736.0	188	1652
尚志市鱼池乡	44544	8140	5102	2760	60300.0	182	802
尚志市珍珠山乡	126062	14709	8560	1940	61395.0	176	1023
尚志市老街基乡	61361	19166	19048	6337	6266.0	183	1114
尚志市马延乡	28805	15552	8524	1372	4890.0	148	1492
尚志市河东乡	12000	14881	7025	3486	31842.0	173	1078
五常市五常镇	8700	227410	93572	85062	2154432.0	2600	219365
五常市拉林满族镇	16500	41203	33150	16930	123326.0	329	34273
五常市山河镇	23000	86882	36121	25822	237665.0	545	58480
五常市小山子镇	60200	29289	27620	11010	135122.0	453	21000
五常市安家镇	21000	27178	16594	6274	156327.0	300	6000
五常市牛家满族镇	19000	32445	20771	9022	511237.0	600	7720
五常市杜家镇	11500	26683	23696	2228	275377.0	100	5330

续表 118 （黑龙江省） 计算单位：公顷、人、万元

名称	行政区域面积	常住人口	从业人员	二三产业从业人员	工业总产值	城镇建成区面积	城镇建成区常住人口
五常市背荫河镇	12600	20727	13111	9543	121263.0	170	7210
五常市冲河镇	92000	27791	16828	1718	8233.0	190	7130
五常市沙河子镇	130000	25496	19606	4407	8225.0	430	18650
五常市向阳镇	42000	30192	19153	3314	186637.0	150	7400
五常市龙凤山镇	61000	33920	7670	3470	26654.0	450	7720
五常市兴盛乡	22800	22545	11801	542	94765.0	150	1260
五常市志广乡	22500	18058	11369	1142	106325.0	78	2442
五常市卫国乡	12000	13551	11608	392	236134.0	42	1049
五常市常堡乡	13000	13453	11543	1085	11226.0	240	2160
五常市民意乡	18750	18016	9931	1373	201344.0	45	531
五常市红旗满族乡	26500	32132	24156	10099	13665.0	96	2651
五常市八家子乡	24000	24606	18029	13013	10436.0	72	1735
五常市民乐朝鲜族乡	4150	7794	5826	815	97324.0	97	3337
五常市营城子满族乡	20000	21960	13057	1644	8637.0	23	6100
五常市长山乡	35000	36089	26095	4106	11308.0	12	752
五常市兴隆乡	23000	28769	17414	4004	12337.0	302	4020
五常市二河乡	31710	15952	10486	1237	113367.0	85	2470
铁锋区扎龙镇	56460	35657	24621	6500	195436.0	152	3558
昂昂溪区水师营满族镇	19900	12180	4920	2320	10722.0	150	5680
昂昂溪区榆树屯镇	42500	37711	19348	10402	9800.0	640	9810
富拉尔基区长青乡	16800	31727	14723	8326	366.0		
富拉尔基区杜尔门沁达斡尔族乡	7135	13301	9857	5249	5815.0		
梅里斯达斡尔族区雅尔塞镇	18100	20000	13510	3910	97100.0	114	4975
梅里斯达斡尔族区卧牛吐达斡尔族镇	47300	13201	9430	1918	190.0	286	7600
梅里斯达斡尔族区达呼店镇	53800	33192	16841	1580	1010.0	104	3935
梅里斯达斡尔族区共和镇	19600	17034	14720	2140	20.0	101	2859
梅里斯达斡尔族区梅里斯镇	42500	44300	21900	9100	39120.0	8	281
梅里斯达斡尔族区莽格吐达斡尔族乡	26500	8050	3984	1234	986.0	104	1050
龙江县龙江镇	28987	175999	95337	86410	35596.0	1700	139998
龙江县景星镇	56025	63228	37187	10585	600.0	340	9250
龙江县龙兴镇	62533	53084	27496	6321	2475.0	215	6510
龙江县山泉镇	70635	45622	22905	7160	1680.0	100	2526
龙江县七棵树镇	47998	42131	29721	8575	1500.0	93	2412
龙江县杏山镇	67495	42650	21895	2649	90.0	150	2060
龙江县白山镇	27454	24536	13211	5981	88.0	57	1950
龙江县黑岗乡	25168	19415	10508	1534	6400.0	150	3410
龙江县广厚乡	26260	19445	10716	2393	13700.0	90	3070
龙江县华民乡	29011	30300	16209	1445	129.0	68	3000
龙江县哈拉海乡	34819	21586	11667	1217	90.0	105	2040
龙江县头站乡	39093	28536	15390	4498	340.0	56	1338
龙江县鲁河乡	23656	21401	11915	2770	6400.0	50	1452
龙江县济沁河乡	32029	18070	9802	2135	760.0	40	1498
依安县依安镇	2040	117641	50473	48452	435621.0	380	109200
依安县依龙镇	50770	33885	23779	3489	4000.0	225	4454
依安县双阳镇	17000	17345	14138	430	1100.0	201	5609
依安县三兴镇	22741	20020	15170	6270	809.0	18	19300
依安县中心镇	35345	27000	20821	3321	8000.0	213	3750
依安县新兴镇	46861	31100	18873	7363	4580.0	100	3915
依安县富饶乡	33227	16700	12530	2230	1350.0	75	1020
依安县解放乡	14500	16682	6145	972	1300.0	12	220

续表 119　　（黑龙江省）　　计算单位：公顷、人、万元

名　　称	行政区域面　　积	常住人口	从业人员	二三产业从业人员	工　业总产值	城镇建成区 面 积	城镇建成区常住人口
依安县阳春乡	15352	18260	15650	3950	1200.0	11	350
依安县新发乡	21015	20982	11151	310	581.0	51	2057
依安县太东乡	17855	22136	12940	3070	3200.0	10	832
依安县上游乡	16748	15834	10203	6351	12442.0	20	680
依安县红星乡	18484	22940	5765	2525	1880.0	102	460
依安县先锋乡	20622	7807	6817	2094	2629.0	12	1650
依安县新屯乡	19126	27183	25868	5685	471.0	9	865
泰来县泰来镇	28154	74973	36996	32755	209712.0	1216	62885
泰来县平洋镇	22240	22618	11159	3949	4500.0	198	3787
泰来县汤池镇	41323	16584	8490	2305	21398.0	161	4094
泰来县江桥蒙古族镇	26537	20701	11110	4790	23416.0	327	6015
泰来县塔子城镇	14289	14731	10258	788	266.0	137	4839
泰来县大兴镇	68917	31105	20325	3971	11595.0	325	4860
泰来县和平镇	53957	36101	16172	4374	4510.0	94	3307
泰来县克利镇	38420	45402	21563	2998	31500.0	100	2273
泰来县胜利蒙古族乡	33203	14112	7391	785	2166.0	85	1409
泰来县宁姜蒙古族乡	41725	14515	10900	4280	500.0	87	1147
甘南县甘南镇	41760	82190	27531	8628	405470.0	720	57015
甘南县兴十四镇	26000	24237	9551	4144	86900.0	93	1150
甘南县平阳镇	11840	17669	13932	3276	24700.0	100	6626
甘南县东阳镇	34960	28500	18930	5070	12000.0	200	2405
甘南县巨宝镇	38040	19852	13515	2780	794.0	220	5689
甘南县长山乡	39730	27645	21800	3020	516.0	5	1087
甘南县中兴乡	49290	39980	26884	4998	2890.0	25	2133
甘南县兴隆乡	31530	24618	17598	5644	3913.0	42	1285
甘南县宝山乡	62920	47578	21464	784	3000.0	105	1937
甘南县查哈阳乡	19870	15325	10200	700	30.0	15	1600
富裕县富裕镇	6697	78971	18659	5530	12500.0	1178	69000
富裕县富路镇	52141	29781	18116	5270	678.0	500	6575
富裕县富海镇	24067	19037	15584	6136	290.0	262	3597
富裕县二道湾镇	26667	17305	10840	2690	510.0	130	1040
富裕县龙安桥镇	21000	15798	8140	3010	300.0	165	2400
富裕县塔哈镇	64666	22075	13504	2290	9800.0	205	5478
富裕县繁荣乡	29300	17390	10670	3470	350.0	240	3750
富裕县绍文乡	23733	16851	9920	2520	500.0	165	2360
富裕县忠厚乡	16667	13200	4882	4317	550.0	22	1422
富裕县友谊乡	67273	22954	18639	3981	810.0		
克山县克山镇	2415	87418	44794	40783	423965.0	680	370
克山县北兴镇	20740	27452	10867	4386	2617.0	157	4600
克山县西城镇	18875	25377	14344	4286	1345.0	215	2890
克山县古城镇	21165	27400	12140	8000	52145.0	141	4300
克山县北联镇	22572	22802	12741	6841	2615.0	583	1688
克山县西河镇	20806	25782	17947	12047	2518.0	120	1570
克山县河南乡	21082	27790	16000	7000	2703.0	135	1077
克山县双河乡	28224	31303	17844	10050	41159.0	156	1813
克山县河北乡	26430	25677	16700	8300	5515.0	210	1573
克山县古北乡	15945	21598	14690	7720	2896.0	228	1356
克山县西联乡	16679	23349	14190	8394	2456.0	196	1051
克山县发展乡	15790	22325	8044	2965	2013.0	201	1705
克山县西建乡	16711	20645	13255	6392	1415.0	231	1809

续表 120 （黑龙江省） 计算单位：公顷、人、万元

名　　称	行政区域面　积	常住人口	从业人员	二三产业从业人员	工　业总产值	城镇建成区 面 积	城镇建成区常住人口
克山县向华乡	38131	27877	14676	7566	46789.0	200	2360
克山县曙光乡	17488	22566	12997	5576	2215.0	133	1249
克东县克东镇	6667	70370	35185	29306	248000.0	500	59625
克东县宝泉镇	35700	35802	22892	17220	6404.0	370	4500
克东县乾丰镇	19436	33146	18978	200	9000.0	60	1200
克东县玉岗镇	57000	23790	7750	2150	80.0	56	1312
克东县蒲峪路镇	18900	13300	9093	5580	560.0	60	180
克东县润津乡	32500	14815	12573	4465	82.0	60	185
克东县昌盛乡	23400	18750	12980	7800	80.0	60	186
拜泉县拜泉镇	15500	70615	54155	46030	6884.0	102	59440
拜泉县三道镇	34066	54016	22923	12183		103	3100
拜泉县兴农镇	30700	30515	28680	8200	21015.0		1931
拜泉县长春镇	27200	22875	14368	5084	320.0	160	3100
拜泉县龙泉镇	26200	27190	16928	5110	23685.0	180	3520
拜泉县国富镇	20426	14447	14336	9280	720.0	80	720
拜泉县富强镇	20100	27995	16936	1935	280.0	90	1405
拜泉县新生乡	23100	19638	18276	8023	290.0	60	1610
拜泉县兴国乡	17300	15372	9523	542	82.0	55	1118
拜泉县上升乡	20240	14864	10790	1710	200.0	45	1060
拜泉县兴华乡	19079	12950	12844	6834	307.0	65	1260
拜泉县大众乡	18400	19753	18318	4311	215.0	50	1448
拜泉县丰产乡	31000	23126	21908	9808	1850.0	110	2919
拜泉县永勤乡	16500	17453	9069	1255	39020.0	40	1055
拜泉县爱农乡	23400	24064	8893	1556		62	1440
拜泉县时中乡	14200	19450	15805	4909	1350.0	54	1300
讷河市拉哈镇	6949	29977	17373	15249	119296.0	595	29977
讷河市二克浅镇	50171	42533	26115	6252	28072.0	20	1798
讷河市学田镇	56091	38420	19210	2960	4719.0	103	3358
讷河市龙河镇	88058	15821	9493	1490	9011.0	80	2120
讷河市讷南镇	35796	43221	15225	7647	93677.0	84	2238
讷河市六合镇	38170	25375	14219	4414	27920.0	65	2237
讷河市长发镇	18975	16721	10593	4769	7664.0	85	1560
讷河市通南镇	33197	36716	15965	4983	21509.0	100	6039
讷河市同义镇	26444	38477	14357	3114	58889.0	50	1072
讷河市九井镇	31561	20692	12970	4670	34004.0	42	1510
讷河市老莱镇	45391	31056	16240	4670	7350.0	225	7800
讷河市孔国乡	35149	38652	16022	5901	31110.0	71	1346
讷河市和盛乡	22214	26768	17877	7687	1260.0	60	987
讷河市同心乡	26376	12781	6391	1788	15228.0	48	1182
讷河市兴旺鄂温克族乡	41370	21195	11921	4131	14944.0	58	970
鸡冠区红星乡	7000	17973	11064	5664	220461.0	9	2840
鸡冠区西郊乡	4630	14231	8305	5268	58469.0	4630	14231
恒山区红旗乡	43249	22610	7082	3572	2100.0	630	1600
恒山区柳毛乡	13600	15392	5650	1150	14880.0	600	4500
滴道区滴道河乡	7500	17435	8672	4632	61472.0	10	2550
滴道区兰岭乡	22100	14806	4122	1180	11000.0	40	450
城子河区长青乡	9700	12131	5440	3370	2850.7	6	376
城子河区永丰乡	7400	12534	5546	3288	1150.0	800	970
鸡东县鸡东镇	13172	83640	44516	32326	108900.0	260	67230
鸡东县平阳镇	59233	23100	14000	6200	1600.0	10	6780

续表 121　　（黑龙江省）　　计算单位：公顷、人、万元

名　　称	行政区域面　　积	常住人口	从业人员	二三产业从业人员	工　业总产值	城镇建成区 面 积	城镇建成区常住人口
鸡东县向阳镇	37216	20099	11288	3704	46800.0	15	4500
鸡东县哈达镇	15897	17450	7525	5275	16670.0	15	2184
鸡东县永安镇	13293	20090	10462	5436	27500.0	16	7801
鸡东县永和镇	45062	18670	9530	3630	4100.0	25	1880
鸡东县东海镇	32632	26540	12876	6016	22000.0	160	1033
鸡东县兴农镇	79564	13814	7500	3500	16000.0	50	4680
鸡东县鸡林乡	5033	8895	2755	2330	240.0	8	1281
鸡东县明德乡	6058	7300	5025	1775	1410.0	15	1065
鸡东县下亮子乡	17147	18069	10985	2795	7500.0	85	3373
虎林市虎林镇	19206	13349	7408	358	5860.0	2914	13043
虎林市东方红镇	4480	4132	2268	310	10052.8	1400	1620
虎林市迎春镇	3054	4983	1604	640	1750.0	45	3528
虎林市虎头镇	96000	12180	5560	330	348.0	116	4078
虎林市杨岗镇	49222	14080	6128	738	2400.0	84	2300
虎林市东诚镇	13893	10666	5706	602	7531.0	144	823
虎林市宝东镇	15072	13079	7900	900	50000.0	117	3079
虎林市新乐乡	16250	9741	5215	570	4280.0	65	1193
虎林市伟光乡	11707	7998	5220	217	140.0	54	994
虎林市珍宝岛乡	102400	4802	2100	205		18	998
虎林市阿北乡	23089	4917	2970	247	32.0	30	689
密山市密山镇	16500	18035	8934	4223	8700.0		
密山市连珠山镇	21000	16835	7177	901	16960.0	190	875
密山市当壁镇	22500	11360	6725	403	90.0	350	2102
密山市知一镇	20200	9180	5980	1250	30104.0	300	3240
密山市黑台镇	28200	18980	9005	2105	1280.0	180	4123
密山市兴凯镇	47600	8950	5884	2674	40010.0	295	1710
密山市裴德镇	83500	19135	8900	1100	14444.0	270	1500
密山市白鱼湾镇	65600	17278	8274	1571	22.0	60	1062
密山市柳毛乡	12700	9992	4615	495		14	445
密山市杨木乡	25200	18834	9822	1322	90.0	70	2087
密山市兴凯湖乡	19900	9258	5449	880	1415.0	44	1420
密山市承紫河乡	12800	7400	2659	421		102	835
密山市二人班乡	21100	17177	7862	431	1877.0		
密山市太平乡	21300	12131	5390	870	500.0	70	750
密山市和平乡	19100	12908	5316	1446	73800.0	148	3367
密山市富源乡	68400	17486	8939	840		84	1400
兴安区红旗镇	22500	12656	6080	2970	460.0	350	2840
东山区新华镇	21000	16609	9040	3150	18612.0	100	4960
东山区蔬园乡	40000	19270	7297	2212	24351.0	9	1330
东山区东方红乡	50000	13366	8402	2077	73281.0	6	1752
萝北县凤翔镇	3247	48103	22862	21822	25643.0	780	45677
萝北县鹤北镇	9367	8978	5352	1824	5543.0	30	667
萝北县名山镇	8270	2577	2457	16	5340.0	277	1266
萝北县团结镇	33280	15136	10310	791	8639.0	108	1300
萝北县肇兴镇	14200	8823	5854	170	686.0	140	4579
萝北县云山镇	3569	2995	1839	923	4141.0	12	1062
萝北县东明朝鲜族乡	4913	950	1743	1130	2630.0	32	573
萝北县太平沟乡	4276	2075	1622	102		93	1116
绥滨县绥滨镇	15659	53807	25370	17930	7410.0	60	42209
绥滨县绥东镇	20100	11658	10658	2198	2187.0	200	6412

续表 122 （黑龙江省） 计算单位：公顷、人、万元

名　　称	行政区域面　　积	常住人口	从业人员	二三产业从业人员	工　业总产值	城镇建成区 面 积	城镇建成区常住人口
绥滨县忠仁镇	32364	19286	8301	901	330.0	284	19286
绥滨县连生乡	19002	11354	8093	302	100.0	63	2500
绥滨县北岗乡	15491	11502	7638	1309	2200.0	880	11500
绥滨县富强乡	11856	3287	1712	59		50	1620
绥滨县北山乡	7207	3115	2887	454		57	437
绥滨县福兴乡	6292	4316	2210	740	200.0	92	1476
绥滨县新富乡	5841	4200	2157	130		45	830
尖山区安邦乡	6678	22791	17389	7518	99110.0	257	7485
岭东区长胜乡	2267	3908	3868	2963	1050.0		
四方台区太保镇	17100	16489	9474	2696	4685.0	7100	3461
双鸭山市宝山区七星镇	1683	2410	1198	238	20.0	4	608
集贤县福利镇	47970	26532	13140	6740	59000.0	296	10680
集贤县集贤镇	20800	35578	16903	5658	68000.0	350	7464
集贤县升昌镇	18370	17266	13144	1542	17882.0	350	5039
集贤县丰乐镇	13259	21850	12202	3200	23304.0	30	2300
集贤县太平镇	12803	15597	10287	3663	4451.0	142	7190
集贤县腰屯乡	20800	16382	12583	5521	2094.0	95	2331
集贤县兴安乡	18623	25119	19823	8678	6807.0	25	6411
集贤县永安乡	34571	29253	12082	2037	2131.0	98	3352
友谊县友谊镇	10991	24885	9509	5292	40739.0	5600	24885
宝清县宝清镇	35787	27491	18871	7871	83916.0	1300	26000
宝清县七星泡镇	113867	41486	24410	15510	22190.0	380	8636
宝清县青原镇	29500	20721	12020	2049	27842.0	137	3115
宝清县夹信子镇	13348	18064	10744	6488	853.0	178	2397
宝清县龙头镇	10880	7402	3970	998	5796.0	42	1038
宝清县小城子镇	156863	15153	10160	3820	44900.0	116	3730
宝清县朝阳乡	405300	15007	8732	1427	1300.0	120	2569
宝清县万金山乡	15352	15266	10070	4028	8200.0	135	1584
宝清县尖山子乡	179463	15875	12350	500	79611.0	50	1401
宝清县七星河乡	36262	13935	10936	7011	1435.0	245	4320
饶河县饶河镇	7680	3100	1904	330	36000.0	754	1609
饶河县小佳河镇	47750	10280	6176	1086	15450.0	450	4720
饶河县西丰镇	44390	6852	5340	1688	28500.0	200	2476
饶河县五林洞镇	147550	1587	1460	360	9800.0	35	899
饶河县西林子乡	29590	5910	2805	308	7680.0	250	1000
饶河县四排乡	4200	1773	1005	80		130	712
饶河县大佳河乡	33730	4200	3200	600	15300.0	667	1029
饶河县山里乡	19200	5963	4700	850	2830.0	100	876
饶河县大通河乡	271400	4012	2853	128	8380.0	40	820
龙凤区龙凤镇	18674	27182	17939	8141	592974.0	20	4995
让胡路区喇嘛甸镇	29500	64939	25550	17238	989116.0	1100	9827
红岗区杏树岗镇	45000	37613	17675	9610	48849.0	140	4906
大同区大同镇	11060	17580	8780	3512	16511.0	40	8416
大同区高台子镇	24162	24870	13282	4010	7938.0	80	1285
大同区太阳升镇	14847	17552	9939	5357	345050.0	54	2025
大同区林源镇	36996	32025	20903	4406	169323.0	31	15790
大同区祝三乡	28189	22447	12842	2078	134880.0	36	890
大同区老山头乡	21862	17842	9468	4920	16500.0	15	630
大同区八井子乡	25804	23900	14320	7360	21600.0	60	1085
大同区双榆树乡	41659	15419	9595	2809	9826.0	380	784

续表 123　　　　（黑龙江省）　　　　计算单位：公顷、人、万元

名　　称	行政区域面　　积	常住人口	从业人员	二三产业从业人员	工　业总产值	城镇建成区　面　积	城镇建成区常住人口
肇州县肇州镇	18821	28957	15280	7130	2800.0	20	2768
肇州县永乐镇	18625	20712	15010	3720	700309.0	702	4845
肇州县丰乐镇	13699	29520	16157	5886	22000.0	72	13767
肇州县朝阳沟镇	15331	25173	12467	3293	713.0	678	5085
肇州县兴城镇	33365	37687	25333	6682	3300.0	240	4946
肇州县二井镇	22524	33147	23801	5263	1105.0	80	3455
肇州县双发乡	15264	18156	12786	4573	2628.0	54	2520
肇州县托古乡	18547	19469	10642	3962	4600.0	1180	4357
肇州县朝阳乡	12772	19400	9420	5100	4600.0	210	1300
肇州县永胜乡	13123	16899	15107	5803	270.0	140	1124
肇州县榆树乡	17767	21005	7626	2950	141.0	112	1814
肇州县新福乡	34352	24176	13531	3089	1361.0	41	775
肇源县肇源镇	20261	24055	9491	3339	380.0	973	14514
肇源县三站镇	18182	29917	12003	7000	67620.0	136	5780
肇源县二站镇	28096	42110	15966	5720	5890.0	210	5450
肇源县茂兴镇	21294	20846	10579	3200	49530.0	142	5578
肇源县古龙镇	41179	35011	17878	9564	960.0	20	3674
肇源县新站镇	33859	27910	22400	6710	591400.0	1100	20247
肇源县头台镇	28889	23550	12820	4220	460.0	340	6780
肇源县古恰镇	27122	29210	15000	6100	3500.0	40	5500
肇源县福兴乡	9594	18320	10318	3123	660.0	22	1215
肇源县薄荷台乡	16900	21098	13459	7323	320.0	100	1524
肇源县和平乡	16728	13309	6945	1820	810.0	42	667
肇源县超等乡	24708	17320	12920	3460	415.0	8	2625
肇源县民意乡	13249	17996	9086	1776	430.0	45	2075
肇源县义顺乡	26934	14768	12880	3280	674350.0	112	2432
肇源县浩德乡	15269	6297	5022	631	4740.0	229	2610
肇源县大兴乡	21650	15000	14000	4090	12168.0	35	904
林甸县林甸镇	15211	16545	15598	7591	200551.0	1147	4075
林甸县红旗镇	29472	23352	13294	3254	2545.0	300	3465
林甸县花园镇	48877	33029	27447	4347	120718.0	560	4049
林甸县四季青镇	60240	22800	20558	3282	230.0	600	460
林甸县东兴乡	45660	26809	23355	3354	2520.0	105	1131
林甸县宏伟乡	13498	14570	11900	2900	540.0		
林甸县三合乡	45889	27524	21608	4865	2354.0	120	1355
林甸县四合乡	43646	22748	19194	3573	49.0	1	2123
杜尔伯特蒙古族自治县泰康镇	7745	22956	5964	3544	293137.0	1586	22736
杜尔伯特蒙古族自治县胡吉吐莫镇	42503	11050	7032	2229	1026.0	401	4827
杜尔伯特蒙古族自治县烟筒屯镇	72679	23308	13949	579	813.0	209	5690
杜尔伯特蒙古族自治县他拉哈镇	55190	18850	8376	259	3168.0	450	4855
杜尔伯特蒙古族自治县连环湖镇	56476	15560	6820	1610	11233.0	100	1865
杜尔伯特蒙古族自治县一心乡	64012	16078	12042	1841	209621.0	47	1227
杜尔伯特蒙古族自治县克尔台乡	48904	13024	8613	575	1231.0	126	1540
杜尔伯特蒙古族自治县敖林西伯乡	127010	16087	7833	783	142.0	71	1520
杜尔伯特蒙古族自治县巴彦查干乡	52722	15912	12140	3858	834.0	300	3905
杜尔伯特蒙古族自治县腰新乡	40113	20957	10873	2700	957.0	123	3705
杜尔伯特蒙古族自治县江湾乡	38046	7496	5472	899	4630.0	159	4086
南岔区晨明镇	2010	14489	2316	984	31744.0	380	8025
南岔区浩良河镇	92399	24365	15987	14069	11108.0	800	22574
南岔区迎春乡	2695	7066	4405	2090			

续表 124 （黑龙江省） 计算单位：公顷、人、万元

名　　称	行政区域面　　积	常住人口	从业人员	二三产业从业人员	工　业总产值	城镇建成区 面 积	城镇建成区常住人口
嘉荫县朝阳镇	2886	21209	3156	2138	34500.0	860	21209
嘉荫县乌云镇	34900	10498	3804	887	825.0	350	8841
嘉荫县乌拉嘎镇	124700	4198	2140	1549	14501.0	104	4198
嘉荫县常胜乡	48929	3750	1625	99		79	1532
嘉荫县向阳乡	64900	7089	3225	385	1275.0	102	3600
嘉荫县沪嘉乡	52200	2630	1408	85	170.0	37	620
嘉荫县红光乡	110700	4366	2461	122	2000.0	64	1022
嘉荫县保兴乡	142540	8870	6009	375	4512.0	104	5007
嘉荫县青山乡	94059	3045	1942	963	305.0	47	1002
铁力市铁力镇	6600	116105	59821	47180	95000.0	165	116105
铁力市双丰镇	78800	50235	22745	7325	135000.0	290	26085
铁力市桃山镇	177900	56094	26128	16871	62317.0	354	32514
铁力市朗乡镇	277200	46601	17395	15080	11376.0	1800	45250
铁力市年丰乡	22600	15245	9233	920	5000.0		
铁力市工农乡	81500	11248	7428	2928	6000.0		
铁力市王杨乡	26400	16333	8826	916	11800.0		
东风区建国镇	8100	12952	10624	7174	13000.0	8100	12952
东风区松江乡	6136	53072	22958	13013	31200.0	6136	53072
佳木斯市郊区大来镇	17517	18708	8214	1064	6674.0	35	2705
佳木斯市郊区敖其镇	9003	14805	6300	3264	68576.0	30	3196
佳木斯市郊区望江镇	15500	20508	13436	7256	88310.0	52	1999
佳木斯市郊区长发镇	13952	15491	8150	729	14364.0	20	4230
佳木斯市郊区莲江口镇	10046	17175	6758	3863	169629.0	50	9100
佳木斯市郊区长青乡	3019	37066	8492	5367	355311.0	35	6872
佳木斯市郊区沿江乡	6459	21493	8541	3720	44676.0	73	6117
佳木斯市郊区西格木乡	12585	13651	6617	2606	23534.0	25	2670
佳木斯市郊区平安乡	20200	19278	10426	2511	26036.0	20	981
佳木斯市郊区四丰乡	18600	12272	5833	1936	36832.0	24	1380
佳木斯市郊区群胜乡	18555	12582	5770	1710	6496.0	18	1986
桦南县驼腰子镇	16224	20011	9695	1485	19000.0	300	5990
桦南县石头河子镇	550000	14110	9290	3180	2600.0	35	725
桦南县桦南镇	29400	44989	14263	6314	24435.0	152	13120
桦南县土龙山镇	44180	60515	57948	4523	650.0	160	5112
桦南县孟家岗镇	97300	39990	36866	7370	5100.0	30	4392
桦南县闫家镇	23837	29910	21511	10969		75	2810
桦南县金沙乡	27934	18310	18075	2400	4010.0	69	390
桦南县梨树乡	26300	36615	18985	1270	900.0	81	472
桦南县明义乡	39400	25210	24247	1037	610.0	62	320
桦南县大八浪乡	35400	32910	12635	2885	1250.0	71	610
桦川县横头山镇	25600	17457	7034	304	4230.0	630	2841
桦川县苏家店镇	13800	21074	11020	1785	26638.0	664	3878
桦川县悦来镇	19600	58517	8562	3098	557777.0	969	42979
桦川县新城镇	29900	30260	8481	1592	66235.0	801	8056
桦川县四马架镇	16300	21664	11245	1306	4455.0	72	918
桦川县东河乡	17200	11017	7358	886	50289.0	148	2608
桦川县梨丰乡	24400	17276	10016	1774	18951.0	100	3388
桦川县创业乡	13400	19876	10193	1648	222987.0	148	2608
桦川县星火乡	3400	5368	3126	830	127453.0	61	1614
汤原县香兰镇	13300	24467	10199	2885	629.0	600	8421
汤原县鹤立镇	8301	18114	10580	6464	17500.0	820	14732

续表 125　　（黑龙江省）　　计算单位：公顷、人、万元

名　　称	行政区域面　积	常住人口	从业人员	二三产业从业人员	工　业总产值	城镇建成区 面 积	城镇建成区常住人口
汤原县竹帘镇	11025	12613	7646	2153	730.0	50	1769
汤原县汤原镇	55201	18937	13131	4379	721.0	860	6175
汤原县汤旺乡	5512	10395	4655	540	1612.0	41	2439
汤原县胜利乡	10710	12753	5364	1351		156	1541
汤原县吉祥乡	15123	13896	8115	1995		312	5131
汤原县振兴乡	18011	10956	4724	2009		145	3221
汤原县太平川乡	41507	12893	6148	624		256	3310
汤原县永发乡	16502	15302	9881	2557	1501.0	62	1679
抚远县抚远镇	16006	45072	28737	26516		167	41115
抚远县寒葱沟镇	32300	12023	6888	1263	6000.0	82	2450
抚远县浓桥镇	30750	8829	5493	394	1013.0	600	4637
抚远县乌苏镇	28873	13390	4619	852		20	2581
抚远县通江乡	68028	8845	5610	480		90	1648
抚远县浓江乡	19800	4982	3752	363		30	600
抚远县海青乡	118000	14537	2192	292	3000.0	30	1550
抚远县别拉洪乡	10835	7995	5369	172		2	860
抚远县鸭南乡	45856	9449	6259	195		3	1455
同江市同江镇	6322	6867	3563	784	5926.0	40	2513
同江市乐业镇	17017	12230	6288	353	3800.0	91	2259
同江市三村镇	26460	11331	5463	343	890.0	103	1750
同江市临江镇	16561	6065	3075	110	200.0	81	1939
同江市向阳镇	18272	8780	5830	980	115263.0	60	1460
同江市青河乡	29213	8272	4177	305	7200.0		
同江市街津口乡	25319	3909	2793	414	9101.0		
同江市八岔乡	17156	3862	2941	360	350.0		
同江市金川乡	23397	3540	2925	190	340.0		
同江市银川乡	22181	2760	1965	165			
富锦市长安镇	33519	19070	11599	1913	82668.0	130	1489
富锦市砚山镇	27692	16529	11912	2017	47035.0	140	1862
富锦市头林镇	49857	14332	9763	1001	80.0	140	2342
富锦市兴隆岗镇	67104	14212	9079	619	25000.0	128	2995
富锦市宏胜镇	45150	12050	7637	711	27262.0	120	1859
富锦市向阳川镇	58425	30361	22628	3337	28840.0	170	5660
富锦市二龙山镇	61129	32100	20633	5223	109693.0	579	5076
富锦市上街基镇	37080	25119	14911	1571	67178.0	150	1557
富锦市锦山镇	63142	35659	20394	2153	110980.0	300	4353
富锦市大榆树镇	40767	31359	21250	700	65941.0	80	1200
新兴区红旗镇	9600	24391	6548	3423	31440.0	8	2640
新兴区长兴乡	26267	19321	6429	999	1200.0	195	3670
桃山区万宝河镇	1910	23000	5310	4400	6784.0	1910	23000
茄子河区茄子河镇	9716	23571	21088	6188	39800.0	110	6900
茄子河区宏伟镇	92400	26236	11698	2798	41000.0	24	26236
茄子河区铁山乡	27000	19921	6060	1500	23000.0	100	6900
茄子河区中心河乡	18610	15534	8916	6500	234570.0	76	5025
勃利县勃利镇	19400	29654	11480	2280	20.0	2482	17310
勃利县小五站镇	38253	19093	11650	4830	100.0	110	5710
勃利县大四站镇	53400	24860	8087	447	480.0	38	4960
勃利县双河镇	27500	20866	8247	2213	30.0	5800	6817
勃利县倭肯镇	10567	17284	7703	1947	2820.0	120	5895
勃利县青山乡	15000	15632	5275	1910	600.0	58	3020

续表 126　　（黑龙江省）　　计算单位：公顷、人、万元

名　　称	行政区域面　积	常住人口	从业人员	二三产业从业人员	工　业总产值	城镇建成区 面 积	城镇建成区常住人口
勃利县永恒乡	26977	22500	11768	5900	500.0	9500	4000
勃利县抢垦乡	8860	9812	7670	131	15.0	94	2783
勃利县杏树朝鲜族乡	10512	11065	10340	1500	1000.0	128	3410
勃利县吉兴朝鲜族满族乡	10900	13118	6937	1303	910.0	7	2299
东安区兴隆镇	28900	18341	13783	6873	20690.0		
阳明区铁岭镇	28550	40913	25945	12900	219730.0	800	28923
阳明区桦林镇	7120	11833	7545	5623	58200.0	800	10080
阳明区磨刀石镇	48300	29338	17199	6214	90000.0	500	15000
阳明区五林镇	49669	50167	34046	16215	460.0	500	9280
爱民区三道关镇	34800	25418	16467	11169	181500.0	227	11826
牡丹江市西安区温春镇	29900	54474	24746	13915	29897.0	1200	17313
牡丹江市西安区海南朝鲜族乡	10500	15985	9087	4587	19630.0		
东宁县东宁镇	51300	77820	33580	22430	5400.0	700	67710
东宁县三岔口镇	24300	16846	8667	4604	16000.0	200	3779
东宁县大肚川镇	118100	21287	17829	6212	24788.0	200	2050
东宁县老黑山镇	222000	11737	7408	3440	137000.0	280	3580
东宁县道河镇	174700	16025	10707	3494	16000.0	157	3446
东宁县绥阳镇	123500	32500	23843	14798	205000.0	660	24735
林口县林口镇	19097	91432	50899	43882	8416.0	1200	85387
林口县古城镇	72563	37735	33685	24270	237.0	500	11927
林口县刁翎镇	67378	25582	22057	11797	220.0	400	10445
林口县朱家镇	37193	23015	15780	2805	80.0	500	9500
林口县柳树镇	49557	27196	16323	7261	52.0	500	1465
林口县三道通镇	119895	18053	15192	6401	1275.0	300	3705
林口县龙爪镇	90305	35973	23325	4807	123.0	420	4149
林口县莲花镇	42098	10039	6294	1468		28	312
林口县奎山乡	32786	26484	15231	7536	900.0	290	3580
林口县青山乡	67636	18021	11046	1940	3650.0	350	1930
林口县建堂乡	70299	20590	13674	8457	500.0	278	5460
绥芬河市绥芬河镇	9022	80171	32554	32444	135200.0	1310	79557
绥芬河市阜宁镇	33214	23567	8087	6828	418640.0	1400	10332
海林市海林镇	88440	110942	72705	44310	632721.0	926	78720
海林市长汀镇	119620	26641	14999	9187	37128.0	462	6511
海林市横道镇	79400	12476	7786	3376	90144.0	360	7415
海林市山市镇	70010	20105	12780	6810	495.0	300	12500
海林市柴河镇	80100	23109	16010	10160	23500.0	1500	6390
海林市二道镇	155000	12787	8017	2382	12000.0	163	1002
海林市新安朝鲜族镇	13100	13180	9981	3236	1850.0	400	5429
海林市三道镇	206700	9951	5931	1781	4032.0	400	2650
宁安市宁安镇	13123	26030	20054	6250	94914.0		
宁安市东京城镇	17575	40943	34631	24795	110183.0	610	26274
宁安市渤海镇	50632	30441	19000	10500	225000.0	256	8520
宁安市石岩镇	46165	31489	19444	5599	44265.0	107	3821
宁安市沙兰镇	208300	24651	18170	6020	15912.0	200	5597
宁安市海浪镇	39784	40590	24100	6000	39652.0	165	3482
宁安市兰岗镇	7397	13218	11757	5083	46740.0	69	1620
宁安市江南朝鲜族满族乡	59816	29985	18082	4126	15989.0	100	2845
宁安市卧龙朝鲜族乡	124700	17793	11000	1493	15066.0	130	3829
宁安市马河乡	59224	17565	10321	2164	19273.0	52	1526
宁安市镜泊乡	141800	18324	12405	827	120.0	63	2134

续表 127　　（黑龙江省）　　计算单位：公顷、人、万元

名　称	行政区域面　积	常住人口	从业人员	二三产业从业人员	工　业总产值	城镇建成区 面 积	城镇建成区常住人口
宁安市三陵乡	20584	22714	15275	1275	12400.0	60	1824
穆棱市八面通镇	19000	63066	41412	33700	685725.0	1083	53481
穆棱市穆棱镇	144400	42839	28130	18520	827353.0	1250	28856
穆棱市下城子镇	39100	32894	19701	11409	579016.0	1400	19996
穆棱市马桥河镇	56000	26117	16976	8797	199856.0	323	13261
穆棱市兴源镇	59700	13830	12827	6800	215176.0	400	10853
穆棱市福录乡	81900	13118	9322	3268	81550.0	14	2460
穆棱市河西乡	86000	22648	15671	8243	87105.0	230	8541
穆棱市共和乡	135100	6456	4788	1678	26110.0	47	2455
爱辉区西岗子镇	74480	11226	5000	1400	2524.0	213	5082
爱辉区爱辉镇	18638	7777	5659	766	155.0	175	1901
爱辉区罕达汽镇	401810	7877	3223	1705	35650.0	72	3000
爱辉区幸福乡	19220	16795	7662	3092	5710.0		
爱辉区四嘉子乡	9640	4578	2557	615	108.0		
爱辉区坤河乡	5169	2647	1565	50			
爱辉区上马厂乡	84059	4523	2936	347	25033.0		
爱辉区张地营子乡	120399	5012	3243	828	166.2		
爱辉区西峰山乡	67871	2565	1545	187	93.1		
爱辉区新生乡	171347	833	434	35			
爱辉区二站乡	245107	3096	2359	66			
嫩江县嫩江镇	27923	136637	6864	1165	4384.4	2000	85078
嫩江县伊拉哈镇	21475	31778	14873	2041	16980.0	70	3228
嫩江县双山镇	12744	10246	6357	5537	3318.0	600	6609
嫩江县多宝山镇	320000	23000	2767	1440	178897.0	300	8585
嫩江县海江镇	54641	33431	17765	2170	3200.0	122	5014
嫩江县前进镇	24300	16857	8420	919	11250.0	1400	13256
嫩江县长福镇	36520	20457	20450	10406	4754.0	112	1206
嫩江县科洛镇	203220	14237	4120	173	4560.0	153	14237
嫩江县临江乡	45800	18002	6192	1386	13852.0	430	3045
嫩江县联兴乡	125200	13268	4361	441	840.0	100	738
嫩江县白云乡	123450	18328	17920	327	1900.0	100	738
嫩江县塔溪乡	176030	9189	6408	333	645.0	113	1475
嫩江县霍龙门乡	179130	11729	4717	167	1098.0	125	1430
嫩江县长江乡	59200	7123	4901	30		30	537
逊克县奇克镇	42754	12094	6370	1939	30.0	490	1538
逊克县逊河镇	60213	10972	6243	886		235	4655
逊克县克林镇	373380	5338	2662	78		50	1368
逊克县干岔子乡	32527	7786	4861	290			
逊克县松树沟乡	119600	6068	3526	116	191.0		
逊克县车陆乡	59220	7687	5046	260	612.3		
逊克县新鄂乡	756120	2239	1625	105			
逊克县新兴乡	44327	1353	745	21			
逊克县宝山乡	186713	4036	2547	172	45.0		
孙吴县孙吴镇	39784	6803	3870	1214	155.0	111	1755
孙吴县辰清镇	27927	4128	2510	1285	95.0	200	1060
孙吴县西兴乡	30349	6450	3707	507	145.0		
孙吴县沿江满族乡	46588	7555	3910	130	155.0		
孙吴县腰屯乡	52839	5550	3100	835	46.0		
孙吴县卧牛河乡	45829	2549	1474	67	35.0		
孙吴县群山乡	36087	3343	1743	423	12.0		

续表 128　（黑龙江省）　计算单位：公顷、人、万元

名　　称	行政区域面　　积	常住人口	从业人员	二三产业从业人员	工　业总产值	城镇建成区 面 积	城镇建成区常住人口
孙吴县奋斗乡	27063	4056	2416	38	100.0		
孙吴县红旗乡	19217	3020	1817	282	15.0		
孙吴县正阳山乡	73642	6050	4260	1020	31.0		
孙吴县清溪乡	32107	2473	1489	622			
北安市通北镇	13185	37620	20799	15274	21429.0	900	26640
北安市赵光镇	121543	28600	14800	8300	8350.0	180	14390
北安市海星镇	59508	10225	6951	2158	155.0	101	3157
北安市石泉镇	40603	21452	12306	6091	2000.0	68	2824
北安市二井镇	42907	17250	10325	5393	1948.0	81	941
北安市城郊乡	18834	16184	10432	3732	14732.0		
北安市东胜乡	114613	11476	6859	2704	370.0		
北安市杨家乡	32090	16673	9545	2414	700.0		
北安市主星乡	5800	1804	1275	370	70.0		
五大连池市龙镇	16400	24413	8540	6560	9200.0	614	20100
五大连池市和平镇	20200	25558	16455	12525	1190.0	96	1528
五大连池市五大连池镇	72000	16419	8709	6038	11199.0	1000	11811
五大连池市双泉镇	21000	18776	11859	3383	5494.6	210	3098
五大连池市新发镇	15155	16247	10810	6200	5684.0	4	716
五大连池市兴隆乡	9885	10323	5433		1428.0		
五大连池市建设乡	12446	14972	9802	6138	3210.0		
五大连池市太平乡	15200	18326	7135	3368	1712.0		
五大连池市团结乡	20048	19955	7150	1784	670.0	180	13600
五大连池市兴安乡	9064	2990	1652	404			
五大连池市朝阳乡	17255	8656	5866	1501	310.0		
北林区宝山镇	13670	35200	15090	5580	2600.0	60	4830
北林区绥胜镇	9930	19687	13285	8496	2030.0	225	3436
北林区西长发镇	19100	45105	23068	4528	3720.0	103	5650
北林区永安镇	13230	24017	15013	9413	1400.0	20	7941
北林区太平川镇	15060	24923	12322	4544	6350.0	400	1805
北林区秦家镇	12380	30240	15402	7442	13500.0	120	5250
北林区双河镇	10750	23089	16380	7213	2400.0	201	4105
北林区三河镇	12810	28048	17953	453	3050.0	15	2556
北林区四方台镇	18140	43051	19762	6812	3200.0	173	5900
北林区津河镇	8590	20012	5701	1821	6285.0	18	1605
北林区张维镇	16000	28845	15700	1990	4920.0	263	2598
北林区东津镇	14700	25365	17150	3776	6000.0	50	2530
北林区红旗乡	9980	18285	9045	772	2000.0	65	2145
北林区连岗乡	15470	25290	10241	5026	1260.0	420	4412
北林区新华乡	16470	29814	14450	3880	18500.0	74	1210
北林区兴福乡	17170	34639	18840	2240	300.0	10	4900
北林区东富乡	16010	30420	16305	7175	415000.0	332	5147
北林区三井乡	15190	28757	14422	527	150.0	50	830
北林区五营乡	9210	23540	11246	546	580.0	45	842
北林区兴和乡	2100	3105	1190	910	500.0	16	480
望奎县望奎镇	5664	16823	9518	2500	16961.0	56	1920
望奎县通江镇	16548	27499	16017	2074	500.0	270	4418
望奎县卫星镇	18696	30818	15739	2649	9189.0	210	3705
望奎县海丰镇	16891	23204	12276	5112	2476.0	210	2575
望奎县莲花镇	13250	19805	11961	2617	300.0	200	4162
望奎县惠七满族镇	14638	23297	11120	3382	18510.0	260	2650

续表 129　（黑龙江省）　计算单位：公顷、人、万元

名　　称	行政区域面　积	常住人口	从业人员	二三产业从业人员	工　业总产值	城镇建成区 面 积	城镇建成区常住人口
望奎县先锋镇	22633	33719	15999	2069	262382.0	420	2170
望奎县火箭镇	25387	44657	17265	2755	820.0	300	6030
望奎县东郊镇	10805	19977	9943	3781	28845.0	150	1785
望奎县灵山满族乡	9298	16212	8160	2575	800.0	220	2435
望奎县后三乡	9541	18491	9476	2139	240.0	160	1890
望奎县灯塔乡	16319	27233	14598	2309	520.0	35	1250
望奎县东升乡	9847	13347	6718	1041	510.0	50	1270
望奎县恭六乡	13055	15841	9965	1630	300.0	65	2470
望奎县厢白满族乡	14999	24082	9949	2634	210.0	210	2900
兰西县兰西镇	12293	28198	12439	7715	62598.0	270	8347
兰西县榆林镇	17485	38625	17820	8910	4436.0	220	9977
兰西县临江镇	20068	35531	17450	4550	2241.0	140	4506
兰西县平山镇	20239	33830	14213	1996	3612.0	120	4678
兰西县康荣乡	13733	25585	13816	2355	9180.0	31	577
兰西县燎原乡	17784	17390	10119	2651		21	390
兰西县北安乡	13471	20534	12806	5800	1000.0	25	466
兰西县长江乡	16387	23883	8152	1121	503.0	29	546
兰西县兰河乡	19690	28606	9755	2340	780.0	34	630
兰西县红星乡	10149	17025	8757	3023	14644.0	20	371
兰西县红光乡	13736	24161	9701	3688	2687.0	29	545
兰西县长岗乡	14686	25474	15083	4483	378.0	30	558
兰西县远大乡	29213	31543	14456	6475	664.0	38	701
兰西县星火乡	12201	15185	7915	2807	355.0	18	330
兰西县奋斗乡	15278	24022	10491	2381	260.0	29	536
青冈县青冈镇	6038	12847	7687	691		25	1599
青冈县中和镇	14214	21343	11708	3606	2125.0	580	7936
青冈县祯祥镇	29114	41556	17592	2435	14310.0	1150	7248
青冈县兴华镇	18877	26550	18925	7268		50	5251
青冈县永丰镇	14325	24210	13995	6193	3217.0	600	3102
青冈县芦河镇	12891	21873	6763	1284	3842.0	78	2401
青冈县民政镇	17205	25400	23292	440	780.0	30	689
青冈县柞岗镇	18695	30595	19415	3406	18098.0	75	3145
青冈县劳动镇	24266	28893	17620	3955	4300.0	40	569
青冈县建设乡	17141	18560	10708	1818	2133.0	28	1180
青冈县新村乡	9560	14029	7752	1032	700.0	26	510
青冈县昌盛乡	13967	21150	7096	3576	205.0	20	837
青冈县德胜乡	23150	30680	12722	6756	487.0	80	1946
青冈县迎春乡	12974	18630	8748	3737	1172.0	46	3042
青冈县连丰乡	14400	18006	11425	3797	230.0	89	2514
庆安县庆安镇	12563	23684	12409	3666	169960.0	20	1108
庆安县民乐镇	10696	19090	9176	2652	36.0	5	1834
庆安县大罗镇	14043	21976	10182	2310	220.0	60	1609
庆安县平安镇	9791	17380	8172	1080	6500.0	17	1046
庆安县勤劳镇	13471	18124	11285	2300	3220.0	4	1419
庆安县久胜镇	13739	24320	12810	4510	16379.0	3	1586
庆安县建民乡	12352	19369	9075	760		6	1087
庆安县巨宝山乡	8509	15243	6641	2277	340.0	36	678
庆安县新胜乡	20787	33999	9877	2621	1089.0	6	960
庆安县丰收乡	17711	31707	23989	2288	20941.0	2	323
庆安县发展乡	20584	18985	11693	1227	15000.0	56	768

续表 130　　（黑龙江省）　　计算单位：公顷、人、万元

名　　称	行政区域面　　积	常住人口	从业人员	二三产业从业人员	工　业总产值	城镇建成区 面 积	城镇建成区常住人口
庆安县同乐乡	14737	18756	8178	3918	17000.0	55	2598
庆安县致富乡	11986	23139	12013	1033	8523.0	18	249
庆安县欢胜乡	9902	20019	10942	4262	9200.0	3	194
明水县明水镇	17116	21336	16143	5361	1190.0	36	3966
明水县兴仁镇	11610	14006	8120	2841	813.0	30	2280
明水县永兴镇	18240	19876	13284	4657	1100.0	30	4916
明水县崇德镇	23030	16973	13524	4018	680.0	30	3499
明水县通达镇	34959	24620	20661	6341	1130.0	30	7643
明水县双兴乡	22799	22200	19506	5504	892.0	60	2320
明水县永久乡	12351	10620	10439	2911	660.0	8	396
明水县树人乡	11304	12100	10145	3042	685.0	9	342
明水县光荣乡	12060	12606	10223	3078	830.0	16	438
明水县繁荣乡	10950	10637	10179	2720	17690.0	11	350
明水县通泉乡	14689	15315	13840	4210	8171.0	11	421
明水县育林乡	27357	12896	12266	3584	560.0	7	429
绥棱县绥棱镇	1136	53118	30680	30680		120	52018
绥棱县上集镇	11200	24353	19270	9470	3000.0	143	3400
绥棱县四海店镇	12000	8145	5370	971		40	900
绥棱县双岔河镇	18886	23746	22720	667	300.0	104	1200
绥棱县靠山乡	12000	20987	20722	8635	580.0	10	300
绥棱县后头乡	10000	15544	15478	3939	400.0	11	350
绥棱县长山乡	24424	26880	21900	3420	620.0	60	2320
绥棱县克音河乡	13804	16298	7296	1077	322.0	16	570
绥棱县绥中乡	9960	13809	5747	508		26	932
绥棱县泥尔河乡	12073	23342	23022	1580		26	1062
绥棱县阁山乡	12902	17473	12132	2697		59	1810
安达市安达镇	9600	23298	9032	3522	72304.0		
安达市任民镇	21040	18838	15359	9610	28600.0	200	8768
安达市万宝山镇	28596	24276	13994	2659	111459.0	45	2295
安达市昌德镇	35333	17790	7409	1537	14500.0	56	1462
安达市升平镇	23080	19599	12714	2220	53800.0	57	3008
安达市羊草镇	25591	27205	19267	3538	27500.0	25	743
安达市老虎岗镇	21923	25980	14890	1350	830.0	34	1300
安达市中本镇	12238	10168	5756	1786	51000.0	45	1596
安达市太平庄镇	34400	10765	6478	1948	756000.0	21	469
安达市吉兴岗镇	28219	25427	14886	4372	78000.0	50	2398
安达市火石山乡	18840	13323	10330	1780	123000.0	38	946
安达市卧里屯乡	26000	18140	11363	4028	87660.0	98	4880
安达市青肯泡乡	17457	15900	6615	2855	40200.0	32	902
安达市先源乡	34365	10202	5023	626	407124.0		
肇东市肇东镇	26299	34986	15338	7806	281000.0	566	3172
肇东市昌五镇	13900	38100	20600	9600	73000.0	95	18100
肇东市宋站镇	24751	27152	14157	6399	80000.0	205	16595
肇东市五站镇	23481	57286	35334	11714	199500.0	10	11706
肇东市尚家镇	31000	35430	16555	8031	18000.0	400	6360
肇东市姜家镇	12361	24530	12892	1028	3500.0	180	5980
肇东市里木店镇	10841	22991	13288	3426	27500.0	210	4765
肇东市四站镇	11800	25832	11481	3287	81500.0	527	11672
肇东市涝洲镇	18533	35130	30136	2120	9530.0	80	3760
肇东市五里明镇	18485	37990	14153	4838	8230.0	90	6319

续表 131　　（黑龙江省）　　计算单位：公顷、人、万元

名　　称	行政区域面　　积	常住人口	从业人员	二三产业从业人员	工　业总产值	城镇建成区 面 积	城镇建成区常住人口
肇东市黎明镇	20371	41706	22106	2130	133500.0	40	2973
肇东市太平乡	12627	18446	11630	3502	7012.0	85	2763
肇东市海城乡	12991	23760	14695	1120	22710.0	8	940
肇东市向阳乡	17640	22391	14708	1224	18808.0	54	1752
肇东市洪河乡	13681	23085	14177	3550	910.0	17	2420
肇东市跃进乡	15132	24636	7176	2916	495.0	16	2285
肇东市西八里乡	24636	22954	22778	1476	400.0	10	950
肇东市德昌乡	21213	31450	11558	3479	316.0	20	1382
肇东市宣化乡	52793	22786	8968	4196	1282.0	80	2519
肇东市安民乡	18861	24985	10266	4181	196.0	75	3129
肇东市明久乡	15086	23047	18553	2363	23720.0	12	778
海伦市海伦镇	1580	6995	5027	2377	9000.0	680	6375
海伦市海北镇	27793	43983	36369	5674	14608.0	1450	5811
海伦市伦河镇	19677	32679	25779	7993	5950.0	315	13085
海伦市共合镇	17416	29837	20014	3879	4100.0	169	5786
海伦市海兴镇	15853	24982	19608	7523	8400.0	117	3504
海伦市祥富镇	14280	23773	18048	5936	27115.0	90	3015
海伦市东风镇	21082	27171	16238	2220	2846.0	40	689
海伦市百祥镇	13616	16439	14696	3974	800.0	30	715
海伦市前进乡	19450	33112	26874	5862	7689.0	65	1580
海伦市向荣乡	13137	25451	23356	5474	5820.0	3	2312
海伦市长发乡	10255	17276	11658	1634	5800.0	30	754
海伦市东林乡	22896	31063	25292	6660	9500.0	45	1020
海伦市海南乡	13875	20018	17486	1874	10211.0	14	1721
海伦市共荣乡	15596	24566	20153	8934	300.0	65	2751
海伦市乐业乡	10930	16785	14647	2873	9840.0	35	416
海伦市福民乡	11342	19429	14757	1105	102.0	24	529
海伦市丰山乡	14760	24141	14676	4745	569.0	75	795
海伦市永富乡	24436	39861	24667	5620	115.0	79	814
海伦市联发乡	15458	22124	17044	3023	159.0	32	1994
海伦市永和乡	18081	30857	19580	4211	125.0	36	2027
海伦市爱民乡	17887	20701	12771	1652	12900.0	76	761
海伦市扎音河乡	15688	26760	26548	4816	9825.0	25	784
海伦市双录乡	15032	21390	16412	1823	2756.0	50	2249
加格达奇区加北乡	45800	7015	5358	1516	631.0	80	320
加格达奇区白桦乡	105300	6103	3276	500	115.0	300	400
松岭区小扬气镇	76977	24132	8581	2581	31735.0	5	18600
松岭区劲松镇	219050	5567	897	117		845	5422
松岭区古源镇	196153	2803	619	50		680	7130
新林区新林镇	12580	23852	8766	4291	29195.0	609	23852
新林区翠岗镇	160101	6658	1585	336	6513.0	236	6658
新林区塔源镇	123725	4706	1149	266	4373.0	188	4706
新林区大乌苏镇	82455	4387	1076	253	1186.0	188	4387
新林区塔尔根镇	60997	2046	536	152	1539.0	130	2046
新林区碧洲镇	88391	3394	857	220	1437.0	130	3394
新林区宏图镇	79924	2553	644	165	1779.0	79	2553
呼中区呼中镇	2912	22074	1143	874		840	22074
呼中区碧水镇	184000	3100	1056	551		302	3100
呼中区呼源镇	231243	4004	1151			380	4004
呼中区宏伟镇	62331	892	244	170		70	892

续表 132　　（黑龙江省、上海市）　　计算单位：公顷、人、万元

名　　称	行政区域面　积	常住人口	从业人员	二三产业从业人员	工　业总产值	城镇建成区 面 积	城镇建成区常住人口
呼玛县呼玛镇	243749	25445	8068	5395	9524.0	531	21420
呼玛县韩家园镇	497121	3240	1528	956		330	1855
呼玛县三卡乡	179217	5420	2643	1141		180	1380
呼玛县金山乡	80344	1015	584	159		91	396
呼玛县兴华乡	75394	1713	1001	95		5	767
呼玛县鸥浦乡	140446	1788	927	74		65	525
呼玛县白银纳鄂伦春族民族乡	51437	1998	972	326	1839.0	95	1182
呼玛县北疆乡	152759	1833	851	154		119	1833
塔河县塔河镇	421338	41264	7170	5650	44416.0	1650	46412
塔河县瓦拉干镇	140777	2530	710	95		268	1054
塔河县盘古镇	284688	3830	1005	165		260	2894
塔河县古驿镇	522	20732	160	110			
塔河县十八站鄂伦春族民族乡	253400	3374	2345	590	1790.0	7436	2691
塔河县依西肯乡	189146	1400	883	155	915.0	15	402
塔河县开库康乡	160866	1620	710	60		140	1620
漠河县西林吉镇	718839	36689	12191	5580	78020.0	1617	36689
漠河县图强镇	505541	12085	1152	522	8840.0	552	12085
漠河县阿木尔镇	555606	16869	4133	1698	10279.0	651	16869
漠河县兴安镇	107591	1774	1474	706		225	762
漠河县北极镇	177146	2915	950	630		960	2915
漠河县古莲镇	297752	1745	1011	773	1600.0	193	1745
上海市							
闵行区莘庄镇	1960	292205	127905	127905	1184947.0	1960	292205
闵行区七宝镇	1960	294159	47590	47590	1343009.0	1962	294159
闵行区颛桥镇	3229	180553	115554	115433	2200651.0	733	139091
闵行区华漕镇	2820	205725	119720	119071	866905.0	453	6309
闵行区虹桥镇	1108	175288	87053	87053	1200190.0	1108	175288
闵行区梅陇镇	2847	338614	249362	249108	2240848.0	993	215009
闵行区吴泾镇	3760	120920	69828	68885	3378275.0	1397	45002
闵行区马桥镇	3363	104486	81823	81311	1341469.0	240	42177
闵行区浦江镇	10254	358337	182750	177130	6308112.0	2580	166621
上海市宝山区罗店镇	4519	133273	82286	80058	1095784.0	680	20639
上海市宝山区大场镇	3682	390767	90062	90041	502782.0	3682	390767
上海市宝山区杨行镇	3791	205509	96836	96195	1594284.0	1140	91200
上海市宝山区月浦镇	2808	146552	91590	89483	1001929.8	580	101089
上海市宝山区罗泾镇	3535	58945	28435	27602	1490867.0	239	3360
上海市宝山区顾村镇	4160	300002	93543	92798	1563217.0	1000	227350
上海市宝山区高境镇	697	130669	67487	67487	139105.2	697	130669
上海市宝山区庙行镇	640	102472	48690	48690	207944.0	589	102472
上海市宝山区淞南镇	1365	130604	67205	67205	2420984.0	425	130604
嘉定区南翔镇	3327	157743	74794	74759	2502078.0	2200	47886
嘉定区安亭镇	8934	251210	154290	153362	12458016.0	5844	180502
嘉定区马陆镇	5716	188103	138783	137390	6117138.0	800	18745
嘉定区徐行镇	3995	96004	69621	68085	1994523.0	636	18668
嘉定区华亭镇	3954	49826	31648	29520	902986.0	80	1870
嘉定区外冈镇	5091	91340	67552	66389	1867370.0	468	41547
嘉定区江桥镇	4249	266131	138842	138522	1824608.0	1715	194238
浦东新区川沙新镇	9670	310897	116165	108301	1525009.0	1175	167597
浦东新区高桥镇	3902	187434	120742	119788	1367905.0	600	54896
浦东新区北蔡镇	2371	294082	148278	147894	721542.0	218	51500

续表 133　　　　(上海市)　　　　计算单位：公顷、人、万元

名　　称	行政区域面　　积	常住人口	从业人员	二三产业从业人员	工　业总产值	城镇建成区 面 积	城镇建成区常住人口
浦东新区合庆镇	4186	125528	86125	84275	2184417.0	485	28871
浦东新区唐镇	3232	151254	97067	96290	548667.0	1342	79936
浦东新区曹路镇	4659	193661	125235	123166	2143797.8	674	76450
浦东新区金桥镇	2528	82588	62323	62278	256436.0	154	31575
浦东新区高行镇	2285	139980	5219	5219	1437713.0	131	6196
浦东新区高东镇	3516	110967	34134	33792	1225162.0	281	32442
浦东新区张江镇	4502	210734	155016	147495	418539.0	3266	120251
浦东新区三林镇	3419	343655	105124	103969	666959.0	807	224220
浦东新区惠南镇	5908	278055	87138	69400	235970.0	2122	127356
浦东新区周浦镇	4323	206046	156133	153007	1109758.0	1005	140159
浦东新区新场镇	5345	100442	61040	45988	1291502.0	538	34939
浦东新区大团镇	5058	83544	46785	31600	233300.0	530	11578
浦东新区康桥镇	4104	283253	207192	206527	2302008.0	1026	62733
浦东新区航头镇	5996	151743	58780	44780	1449250.0	1075	48730
浦东新区祝桥镇	15400	252629	108488	98273	1845000.0	6000	100000
浦东新区泥城镇	6150	84721	29493	21794	240000.0	1500	4354
浦东新区宣桥镇	4573	77783	47125	38284	778804.0	268	42733
浦东新区书院镇	6691	62187	39829	27084	467282.0	525	9816
浦东新区万祥镇	2307	31579	19363	14885	244044.0	210	7976
浦东新区老港镇	3890	41077	28872	19768	728092.0	47	4160
浦东新区南汇新城镇	15215	63871	38159	37059	151000.0	2800	62391
金山区朱泾镇	7567	128080	69109	64800	650157.0	1190	70545
金山区枫泾镇	9167	87100	56899	54058	1256163.0	794	30504
金山区张堰镇	3493	40535	20187	19769	1688000.0	206	8518
金山区亭林镇	7912	98674	81936	53031	1638968.0	356	25056
金山区吕巷镇	5979	51024	36592	33920	1001600.0	430	19186
金山区廊下镇	4656	35626	22931	18906	313240.0	100	5265
金山区金山卫镇	5493	82800	45226	41403	207856.0	180	30110
金山区漕泾镇	4492	43658	29756	27567	390447.0	364	12983
金山区山阳镇	4212	79728	58362	57869	978524.0	310	10875
松江区泗泾镇	2360	140150	83219	83152	1327528.0	1099	20236
松江区佘山镇	6688	72982	52028	49360	1025938.0	360	19704
松江区车墩镇	4530	200841	145179	144296	182684.0	320	29006
松江区新桥镇	3535	191082	142429	142094	2402201.8	680	62876
松江区洞泾镇	2450	66173	51615	51244	670079.0	2451	66173
松江区九亭镇	3292	305734	44875	43815	2368262.0	1283	305734
松江区泖港镇	5728	46435	34420	31413	666620.0	230	5880
松江区石湖荡镇	4428	53351	40344	39582	1071257.0	250	3310
松江区新浜镇	4475	30899	19089	18509	804151.0	755	3600
松江区叶榭镇	7254	81375	64416	63180	642851.0	264	19381
松江区小昆山镇	4870	45864	34122	33721	664167.0	261	25485
青浦区朱家角镇	13780	100540	62220	58467	1085900.0	676	22535
青浦区练塘镇	9389	65382	45067	40481	947771.0	486	4529
青浦区金泽镇	10849	60368	49503	46225	897869.0	510	11136
青浦区赵巷镇	3635	87051	65135	64376	599274.0	448	16532
青浦区徐泾镇	3859	162398	111427	111057	1444625.0	1170	54402
青浦区华新镇	4749	187479	91722	90912	2409029.0	764	25742
青浦区重固镇	2536	57862	35454	33461	323044.0	284	19733
青浦区白鹤镇	5733	99533	74675	66175	1069298.0	329	21105
奉贤区南桥镇	7556	365292	134407	130383	2791365.7	1754	230250

续表 134　　（上海市、江苏省）　　计算单位：公顷、人、万元

名　称	行政区域面　积	常住人口	从业人员	二三产业从业人员	工　业总产值	城镇建成区 面 积	城镇建成区常住人口
奉贤区奉城镇	10991	180158	111599	97420	1660193.0	871	60811
奉贤区庄行镇	7001	67239	48435	41430	1111920.0	279	26902
奉贤区金汇镇	7172	140178	104251	94090	1520039.0	675	32922
奉贤区四团镇	5800	74396	53315	45225	721763.0	325	19599
奉贤区青村镇	7315	98756	60967	53227	2214538.0	237	16257
奉贤区柘林镇	9566	89949	53394	47327	1222190.0	370	24834
奉贤区海湾镇	10426	30853	18809	17756	388293.0	6332	30853
崇明县城桥镇	5752	126134	40721	32990	92074.0	1632	99406
崇明县堡镇	6130	58787	23280	13061	71561.0	384	17330
崇明县新河镇	6196	49458	27131	17891	68541.0	188	9490
崇明县庙镇	9551	53345	30998	16633	50128.0	340	4409
崇明县竖新镇	5886	42567	26690	15852	83343.0	36	2243
崇明县向化镇	5378	27106	18692	11850	87932.0	200	7521
崇明县三星镇	6817	36203	21270	10981	26967.0	20	1700
崇明县港沿镇	7492	49304	30269	15748	104086.0	46	1510
崇明县中兴镇	5150	30261	22634	11070	35813.0	243	2744
崇明县陈家镇	8231	65943	27459	12423	174768.0	2942	19652
崇明县绿华镇	3745	8864	6543	2311	14643.0	100	850
崇明县港西镇	4573	25612	13793	8525	20764.7	35	1462
崇明县建设镇	4240	28749	16594	10312	151325.2	68	2848
崇明县新海镇	10504	10623	3647	2584	26396.0	518	2354
崇明县东平镇	11970	20019	9458	4788	61068.0	470	12400
崇明县长兴镇	8296	105108	45088	38768	2071086.0	412	14213
崇明县新村乡	2489	11099	8176	4255	71175.0	65	989
崇明县横沙乡	5174	31807	19829	9506	5288.0	31	4242
江苏省							
六合区竹镇镇	21105	65394	30285	24746	160554.0	253	27228
溧水区永阳镇	12200	103334	67428	64087	2210000.0	2000	75879
溧水区白马镇	12400	43109	20711	16776	269171.0	204	17046
溧水区东屏镇	10617	35220	19964	13577	379793.0	430	17009
溧水区柘塘镇	8000	47682	27612	22707	1794126.0	632	3851
溧水区石湫镇	11900	49817	27160	23035	839000.0	478	8996
溧水区洪蓝镇	10900	46303	27680	22214	683983.0	360	11480
溧水区晶桥镇	13233	38745	22341	17023	510207.0	296	8485
溧水区和凤镇	19000	45416	28451	23414	788959.0	368	12860
高淳区淳溪镇	8357	122842	75152	70350	1533539.0	1089	52527
高淳区阳江镇	12503	71354	42697	28690	931269.0	270	17820
高淳区砖墙镇	6888	35354	22006	11874	470147.0	305	4200
高淳区古柏镇	5067	39015	23960	20443	1101025.0	150	7946
高淳区漆桥镇	5370	26962	15857	13125	700100.0	380	7490
高淳区固城镇	8346	39875	23493	18467	950831.0	220	12101
高淳区东坝镇	10432	45657	27685	22720	1182117.0	400	24290
高淳区桠溪镇	14900	59915	34145	27582	1101000.0	336	29670
锡山区羊尖镇	5046	57886	34525	30214	723994.0	610	18226
锡山区鹅湖镇	5457	71850	40991	39435	939389.0	520	24735
锡山区锡北镇	6238	92326	52232	47317	1294149.0	256	11239
锡山区东港镇	8505	120000	77950	74150	3405519.0	1100	40500
惠山区洛社镇	7757	168597	97132	85908	3470248.0	1672	65623
惠山区阳山镇	3278	58497	31775	25665	826188.0	500	15084
滨湖区胡埭镇	3608	60112	31000	30880	1240000.0	1616	23600

续表 135　　（江苏省）　　计算单位：公顷、人、万元

名　　称	行政区域面　积	常住人口	从业人员	二三产业从业人员	工　业总产值	城镇建成区 面 积	城镇建成区常住人口
江阴市璜土镇	6449	92363	59431	52476	3505276.0	457	14280
江阴市月城镇	3853	51758	31255	25360	1418345.0	860	25975
江阴市青阳镇	6756	94845	58401	48548	1072934.0	629	47293
江阴市徐霞客镇	11017	158802	80470	66670	3152804.0	884	43013
江阴市华士镇	7458	137696	88294	85877	8108091.0	1100	53326
江阴市周庄镇	7596	145758	87895	85864	9424031.0	1280	58862
江阴市新桥镇	2000	55636	37150	36475	5309022.0	530	42386
江阴市长泾镇	5330	91752	64956	62962	1200266.0	600	25107
江阴市顾山镇	4971	90344	57724	53494	1457578.0	768	37451
江阴市祝塘镇	5959	145750	81120	77172	2483693.0	400	64419
宜兴市张渚镇	17530	80159	45358	40970	1275685.0	830	43200
宜兴市西渚镇	6666	27740	16529	11984	354186.0	124	6924
宜兴市太华镇	9157	28079	12250	10035	274500.0	200	5515
宜兴市徐舍镇	17991	99832	55765	37335	2382143.0	610	19275
宜兴市官林镇	12400	97586	42174	34265	10351464.0	750	35620
宜兴市杨巷镇	8642	50841	24894	13323	867639.0	251	14102
宜兴市新建镇	4500	31487	19965	16475	970873.0	132	10918
宜兴市和桥镇	10510	85907	52385	43333	1008616.0	600	35650
宜兴市高塍镇	10860	61286	36401	30145	4168569.0	750	38826
宜兴市万石镇	4377	25265	13755	12287	949840.0	721	13522
宜兴市周铁镇	7300	56420	27402	21729	1343754.0	875	18520
宜兴市丁蜀镇	19185	196884	98752	89450	1998919.0	1766	104635
宜兴市湖父镇	9324	21489	13047	11227	350559.0	240	8340
贾汪区青山泉镇	6647	47149	30113	27391	1465026.0	782	40289
贾汪区紫庄镇	6668	50843	24943	16788	395811.0	661	17151
贾汪区塔山镇	9468	71684	27565	12678	210652.0	605	19760
贾汪区汴塘镇	10080	50201	18802	10225	80177.0	361	8910
贾汪区江庄镇	7496	35588	14651	10319	374963.0	275	4105
铜山区何桥镇	7400	52714	30735	20511	489623.0	270	6842
铜山区黄集镇	8340	58946	32370	20531	475232.0	514	17992
铜山区马坡镇	6900	51901	24182	14142	810224.0	240	11440
铜山区郑集镇	6800	53906	28528	19908	259385.0	328	34890
铜山区柳新镇	8500	73441	35921	26102	1762732.0	610	27315
铜山区刘集镇	8360	64065	28850	16058	509804.0	653	11542
铜山区大彭镇	7600	68710	43621	28436	751005.0	274	10510
铜山区汉王镇	6420	45641	15466	10375	425646.0	302	6809
铜山区棠张镇	8030	57131	36295	28705	176580.0	473	17120
铜山区张集镇	14800	76650	35826	23899	1846813.0	368	7443
铜山区房村镇	13600	75958	38258	22225	653386.0	230	9427
铜山区伊庄镇	8560	47093	21648	12389	112580.0	243	7448
铜山区单集镇	13210	68334	28558	15565	189085.0	224	13884
铜山区利国镇	7769	57610	23510	17260	3101510.0	356	30428
铜山区大许镇	12900	80807	39157	27327	776429.0	406	37552
铜山区茅村镇	8396	76223	32159	24796	1355960.0	372	35220
铜山区柳泉镇	10520	65330	35847	25155	1708248.0	275	21100
丰县首羡镇	12176	84819	52339	34219	1005965.0	312	12692
丰县顺河镇	8648	52170	31985	20485	441000.0	418	19875
丰县常店镇	7727	62747	31980	17285	440350.0	330	9602
丰县欢口镇	10500	101751	54797	46557	865223.0	611	51407
丰县师寨镇	8011	67210	43308	27600	703117.0	170	14740

续表 136 （江苏省） 计算单位：公顷、人、万元

名　　称	行政区域面　　积	常住人口	从业人员	二三产业从业人员	工　业总产值	城镇建成区　面　积	城镇建成区常住人口
丰县华山镇	10100	76675	50012	33642	418219.0	590	45980
丰县梁寨镇	8680	65358	33250	14663	245970.0	415	29049
丰县范楼镇	11610	83012	40132	22920	417001.0	220	11054
丰县宋楼镇	12214	92750	44110	20400	581242.0	290	10775
丰县大沙河镇	8150	62419	27293	15747	382819.0	380	30186
丰县王沟镇	12621	106345	55794	33485	247707.0	240	15040
丰县赵庄镇	9100	62209	40398	24190	357519.0	489	39162
沛县龙固镇	5302	63545	30359	23601	765276.0	586	43612
沛县杨屯镇	4100	57688	35062	25498	2027195.0	240	23823
沛县大屯镇	5540	69389	40630	31249	3246765.0	555	49477
沛县沛城镇	10560	193537	98632	93494	1900743.0	1186	146582
沛县胡寨镇	4594	40387	23023	16345	921520.0	189	5208
沛县魏庙镇	5200	60242	37097	24659	1191304.0	248	25914
沛县五段镇	4700	40648	24563	15451	265639.0	107	7449
沛县张庄镇	11200	101215	67676	46133	652135.0	551	41366
沛县张寨镇	10634	100036	37091	27152	166000.0	88	8874
沛县敬安镇	9600	57039	30486	20656	2684978.0	600	40860
沛县河口镇	8257	58943	33068	22863	542965.0	127	5804
沛县栖山镇	8951	63522	31423	24274	646202.0	70	6759
沛县鹿楼镇	12540	77093	47309	29327	578557.0	178	12073
沛县朱寨镇	7900	60466	27472	19574	630903.0	199	10588
沛县安国镇	10294	82657	44955	25206	721326.0	402	44162
睢宁县睢城镇	10173	262020	170300	150100	506845.0	4220	243000
睢宁县王集镇	13152	77203	46521	26807	251005.0	572	18956
睢宁县双沟镇	8183	48921	30337	17504	70522.0	612	18042
睢宁县岚山镇	12837	74706	47355	26680	108135.0	833	28627
睢宁县李集镇	6368	52045	31043	22027	545042.0	533	24837
睢宁县桃园镇	9682	70618	36956	22676	156957.0	416	17387
睢宁县官山镇	12528	80262	52147	34674	161537.0	484	8013
睢宁县高作镇	4171	35271	22704	16428	30699.0	260	18142
睢宁县沙集镇	4000	57296	29495	24014	331250.0	617	22345
睢宁县凌城镇	9365	72729	39501	27271	306890.0	500	24972
睢宁县邱集镇	14079	101188	55453	37575	91641.0	429	24560
睢宁县古邳镇	10666	72998	46785	21769	148891.0	900	34102
睢宁县姚集镇	16700	94986	45397	29774	131600.0	710	19740
睢宁县魏集镇	12938	72049	42945	24462	105696.0	728	17545
睢宁县梁集镇	11036	51468	27058	15026	99713.0	265	7501
睢宁县庆安镇	11571	63856	35884	17828	339680.0	316	16810
徐州经济技术开发区徐庄镇	13259	69327	37786	27149	197820.0	346	30969
新沂市瓦窑镇	6312	32964	21091	8384	712332.0	259	16713
新沂市港头镇	7118	37552	20483	11458	195892.0	269	7258
新沂市合沟镇	6872	59563	29935	17797	86760.0	400	6250
新沂市草桥镇	10125	67606	39737	30212	932026.0	850	33254
新沂市窑湾镇	11597	60305	33196	21335	210914.0	449	28240
新沂市棋盘镇	17634	72499	37413	21840	803510.0	696	33573
新沂市马陵山镇	10600	57183	33640	19925	361396.0	310	24591
新沂市新店镇	12800	49632	27062	18549	120747.0	368	9314
新沂市邵店镇	5800	38403	18204	13946	87125.0	398	11636
新沂市时集镇	10600	52278	27327	10284	301590.0	180	9031
新沂市高流镇	12290	62274	35690	16620	948567.0	510	26820

续表 137　　　　（江苏省）　　　　计算单位：公顷、人、万元

名　　称	行政区域面　　积	常住人口	从业人员	二三产业从业人员	工　业总产值	城镇建成区　面　积	城镇建成区常住人口
新沂市阿湖镇	12545	63105	35349	17999	221320.0	580	7000
新沂市双塘镇	8800	39382	25332	19885	302614.0	365	5844
邳州市邳城镇	9028	74156	36831	28182	399287.0	52	33569
邳州市官湖镇	8880	99861	63913	57849	3602331.0	870	46598
邳州市四户镇	8100	54276	26585	15374	170218.0	400	8688
邳州市宿羊山镇	9013	76928	41902	16004	746618.0	63	11791
邳州市八义集镇	9112	78129	45916	34769	345352.0	279	8479
邳州市土山镇	6380	53489	33425	22855	512829.0	370	22653
邳州市碾庄镇	12100	91482	39113	22261	1712385.0	305	42294
邳州市港上镇	6400	61915	32317	15474	557983.0	401	21005
邳州市邹庄镇	7366	56907	34657	24444	278900.0	598	8345
邳州市占城镇	8900	42584	19873	10658	180516.0	203	2269
邳州市新河镇	9797	60216	33191	19137	455618.0	367	8796
邳州市八路镇	6695	45826	26280	15157	104860.0	200	11820
邳州市铁富镇	12444	119750	61460	37100	378950.0	968	75890
邳州市岔河镇	7030	44252	22187	14255	713002.0	120	8489
邳州市陈楼镇	3996	51113	26473	23415	1871070.0	181	8253
邳州市邢楼镇	9650	51398	33381	27348	158000.0	178	4058
邳州市戴庄镇	7373	51316	30420	21608	136625.0	212	8741
邳州市车辐山镇	9500	57085	34028	14507	274869.0	467	8315
邳州市燕子埠镇	7700	35591	22804	12055	186171.0	119	3752
邳州市赵墩镇	12000	97610	58813	34515	1361610.0	514	11498
邳州市议堂镇	5760	35482	18432	11787	1611300.0	310	7429
新北区春江镇	17100	148764	72743	64718	10541113.0	218	23182
新北区孟河镇	8824	93896	45132	41227	2012053.0	1595	24325
新北区新桥镇	2714	36546	13208	11716	943319.0	1907	20527
新北区薛家镇	3757	56553	22303	21506	3321185.0	1426	25685
新北区罗溪镇	5351	60485	30318	26528	1830285.0	590	20511
新北区西夏墅镇	5196	58071	20800	15400	1084602.0	403	15698
武进区湖塘镇	8406	275800	122010	121760	3205415.0	2300	116260
武进区牛塘镇	3460	85291	38240	36295	3823439.0	400	27102
武进区洛阳镇	5577	84325	53968	47660	3143173.0	280	24386
武进区遥观镇	4468	102474	57341	55204	4080005.0	413	20243
武进区横林镇	4668	95712	49291	48117	3039072.0	495	33250
武进区横山桥镇	5791	84009	54608	48774	3353768.0	901	32658
武进区郑陆镇	8893	115271	54711	48188	2275608.0	366	26721
武进区雪堰镇	10438	99787	44215	33420	1550320.0	405	8897
武进区前黄镇	10240	87216	39278	30739	1135928.0	313	9477
武进区礼嘉镇	5822	88119	31709	25766	2048361.0	201	9138
武进区邹区镇	6086	95014	46180	42260	1457204.0	1436	33492
武进区嘉泽镇	10632	87980	48400	25996	237432.0	1009	16809
武进区湟里镇	8715	77284	41598	34660	3462662.0	486	14981
武进区奔牛镇	5578	62055	33054	27511	1114800.0	536	24896
溧阳市溧城镇	15520	334986	175210	166157	10472608.0	2445	201123
溧阳市埭头镇	4369	25660	15928	12776	1111518.0	730	14436
溧阳市上黄镇	4760	25996	12959	11681	507139.0	293	16038
溧阳市戴埠镇	13630	47612	30422	23597	1153026.0	531	15752
溧阳市天目湖镇	23897	77562	34614	26840	1242541.0	432	9984
溧阳市别桥镇	11265	70631	45273	36064	1191604.0	467	12378
溧阳市上兴镇	24560	81435	38502	25526	1410000.0	290	4065

续表 138 （江苏省） 计算单位：公顷、人、万元

名　　称	行政区域面　　积	常住人口	从业人员	二三产业从业人员	工　业总产值	城镇建成区　面　积	城镇建成区常住人口
溧阳市竹箦镇	18360	69715	33886	27961	881115.0	536	15721
溧阳市南渡镇	12450	75672	39699	32009	892146.0	310	11680
溧阳市社渚镇	20700	72409	40199	25710	1148721.0	630	13253
金坛市金城镇	19251	206834	155502	145795	1663511.0	2390	108988
金坛市儒林镇	10500	34428	17128	10427	655269.0	169	6967
金坛市直溪镇	10662	58580	40715	34839	905000.0	380	10107
金坛市朱林镇	7699	38458	26583	21455	475528.0	407	9553
金坛市薛埠镇	23610	70178	48608	40197	500107.0	364	18989
金坛市指前镇	9172	41342	25902	19868	352424.0	70	8112
虎丘区浒墅关镇	3200	56007	20900	20430	1710000.0	912	14989
虎丘区通安镇	3698	66535	39925	38475	570692.0	380	31700
虎丘区东渚镇	1541	37255	19480	16450	71440.0	162	2140
吴中区甪直镇	9799	165266	122732	116788	1923894.0	710	50556
吴中区木渎镇	6228	277356	234588	230138	1575781.0	780	96321
吴中区胥口镇	3650	95938	65745	64891	2324027.0	850	23561
吴中区东山镇	9600	57464	32597	19498	512518.0	500	25747
吴中区光福镇	6156	61412	40378	30900	463932.0	323	18291
吴中区金庭镇	8342	47689	27389	17452	100150.0	210	3421
吴中区临湖镇	5430	68534	50589	45850	1016679.0	660	34656
相城区望亭镇	4406	77740	49798	46982	934682.0	290	17178
相城区黄埭镇	5600	147647	91541	88529	4500723.0	610	104989
相城区渭塘镇	3669	83421	52468	51615	1528011.0	460	21694
相城区阳澄湖镇	6284	65218	43196	38418	880487.0	420	14325
吴江区太湖新城镇	35472	544946	378609	370302	14827442.0	7553	277715
吴江区平望镇	13565	125343	64886	61249	2842475.0	850	55713
吴江区盛泽镇	14774	200389	141936	139468	6995918.0	3913	143635
吴江区七都镇	8620	70500	44415	39695	3165000.0	700	25000
吴江区震泽镇	9561	79118	46860	44262	3328800.0	759	35007
吴江区桃源镇	9060	77527	46368	45031	1709000.0	782	19380
吴江区黎里镇	25800	177145	108365	104430	5261425.0	2300	99137
苏州工业园区直属镇	8067	181265	164950	164950	28813830.0	8067	181265
常熟市虞山镇	18900	310326	223768	221207	9188500.0	10500	262094
常熟市梅李镇	8084	91812	60482	54859	2826000.0	1038	27164
常熟市海虞镇	10997	131689	94609	90433	2202900.0	1676	52981
常熟市古里镇	9646	104271	82556	79632	4672080.0	1418	13421
常熟市沙家浜镇	6500	72096	52643	49208	2961084.0	1002	32286
常熟市支塘镇	12896	102798	51884	44981	1667125.0	960	20162
常熟市董浜镇	6261	64529	45457	41540	905000.0	520	19022
常熟市辛庄镇	10426	111827	72446	66127	3009600.0	1920	24717
常熟市尚湖镇	11250	125146	74171	72951	1950000.0	630	21823
张家港市杨舍镇	15309	303650	231506	229723	8595900.0	5632	262452
张家港市塘桥镇	9427	144518	93539	92382	3267549.0	1371	103056
张家港市金港镇	13161	314071	213910	210258	13272777.0	4609	143725
张家港市锦丰镇	11434	172718	107362	102088	22008897.0	2333	106995
张家港市乐余镇	7861	80107	42630	37997	1003242.0	942	33741
张家港市凤凰镇	7877	123116	65643	64331	2845000.0	1035	50170
张家港市南丰镇	6249	83540	51228	45765	4611625.0	713	24982
张家港市大新镇	4048	69709	35831	31810	703210.0	690	19901
昆山市玉山镇	11800	215755	147623	145209	12602585.0	6850	167845
昆山市巴城镇	15700	105177	82079	77072	3300143.0	2469	76008

续表 139 （江苏省） 计算单位：公顷、人、万元

名 称	行政区域面积	常住人口	从业人员	二三产业从业人员	工业总产值	城镇建成区面积	城镇建成区常住人口
昆山市周市镇	8156	143123	108368	107101	5364135.0	1174	68568
昆山市陆家镇	3546	93635	79265	78911	3451092.0	1839	79588
昆山市花桥镇	5000	121175	93288	92934	1402506.0	3000	117010
昆山市淀山湖镇	6587	50718	38637	37916	1850040.0	1250	40025
昆山市张浦镇	10904	143853	139986	136852	6321495.0	1149	108526
昆山市周庄镇	3605	28513	20043	18814	302018.0	400	14240
昆山市千灯镇	7853	171445	109983	107896	5450447.0	910	98431
昆山市锦溪镇	9069	51998	51528	47420	1621208.0	889	49770
太仓市城厢镇	15341	334557	229858	223069	9256889.0	5156	119645
太仓市沙溪镇	12580	148602	85531	79946	3474880.0	650	44000
太仓市浏河镇	6459	91381	71521	62902	1263402.0	1040	27196
太仓市浮桥镇	13720	131970	85779	79914	7951631.0	2969	25920
太仓市璜泾镇	7963	87132	53230	43452	3526036.0	707	24615
太仓市双凤镇	6250	57162	40386	34530	1100000.0	645	12610
南通市通州区金沙镇	16858	240791	132249	114219	5764404.0	4000	139508
南通市通州区西亭镇	5691	41040	22864	17392	231700.0	392	19095
南通市通州区二甲镇	6601	59176	44306	34534	418668.0	1170	39590
南通市通州区东社镇	7215	47490	35643	27056	398573.0	633	32764
南通市通州区三余镇	18734	87075	80536	64616	180594.0	1300	55871
南通市通州区十总镇	5233	28825	18430	13240	851248.0	388	15413
南通市通州区骑岸镇	8084	41596	25240	18795	216015.0	321	22007
南通市通州区五甲镇	4293	24926	17499	13194	194258.0	361	19677
南通市通州区石港镇	11015	67528	43206	36186	878987.0	920	37281
南通市通州区四安镇	5070	37055	24320	20833	420365.0	928	18569
南通市通州区刘桥镇	10728	66883	42489	33535	804792.0	964	30281
南通市通州区平潮镇	6196	74052	45460	40465	2646686.0	600	41930
南通市通州区平东镇	4764	40338	21637	16804	1061479.0	625	19727
南通市通州区五接镇	3894	40420	21328	16389	2093232.0	1269	19520
南通市通州区兴仁镇	3916	45049	30626	28916	998745.0	565	18200
南通市通州区兴东镇	3046	32451	19534	17285	1163930.0	444	22895
南通市通州区张芝山镇	4982	50958	27823	22805	453090.0	1175	30656
南通市通州区川姜镇	4986	79559	33033	25302	2189130.0	1950	33893
南通市通州区先锋镇	2654	36386	20693	16963	697515.0	736	19863
海安县海安镇	21434	250057	180762	169042	10153000.0	5526	185214
海安县城东镇	16388	136950	85520	76712	5750000.0	6100	101800
海安县曲塘镇	11552	88710	40627	31722	2963249.0	910	38954
海安县李堡镇	9453	75416	43575	36901	1149839.0	600	30619
海安县角斜镇	12800	61628	31703	24786	523752.0	600	13353
海安县大公镇	8928	57182	26357	21448	850287.0	405	10400
海安县雅周镇	8330	55745	29020	21987	229363.0	356	18256
海安县白甸镇	5305	29195	15821	12314	366800.0	438	6934
海安县南莫镇	7420	49118	24733	19728	301000.0	269	13066
海安县墩头镇	11556	60882	39570	33471	1316480.0	725	14180
如东县栟茶镇	9570	48953	24090	19723	642800.0	540	29995
如东县洋口镇	12583	67846	38421	29705	3512456.0	400	3792
如东县苴镇	9398	39660	17206	13617	2198603.0	355	14449
如东县长沙镇	9500	36946	24002	14307	510794.0	210	4472
如东县大豫镇	19547	84184	57127	42959	765600.0	248	11000
如东县掘港镇	26314	204837	76124	65982	4675203.0	3500	155240
如东县马塘镇	14083	80147	33519	30187	908450.0	200	5645

续表 140 （江苏省） 计算单位：公顷、人、万元

名　　称	行政区域面　积	常住人口	从业人员	二三产业从业人员	工　业总产值	城镇建成区 面 积	城镇建成区常住人口
如东县丰利镇	14037	81839	33841	26118	836141.0	350	16243
如东县曹埠镇	9236	44452	26834	24125	1043280.0	284	5940
如东县岔河镇	14163	71746	37397	31297	1764072.0	480	31823
如东县双甸镇	11233	70151	33233	28247	1276412.0	230	13832
如东县新店镇	8069	37456	18114	15668	924675.0	240	3776
如东县河口镇	11610	56899	32757	27389	2700050.0	600	12952
如东县袁庄镇	9919	53363	30254	23550	302012.0	169	6690
启东市汇龙镇	13463	252760	112411	99962	7721215.0	3600	212000
启东市惠萍镇	7500	52230	45619	35915	854038.0	258	19530
启东市东海镇	8540	55701	39406	29649	153578.0	213	7006
启东市南阳镇	12680	82314	62249	48939	474438.0	515	21654
启东市海复镇	7380	43703	34766	26461	106828.0	310	12148
启东市合作镇	8870	51990	40045	31417	185333.0	290	13524
启东市王鲍镇	12600	71155	54149	42737	610523.0	310	19802
启东市吕四港镇	15280	138886	101441	75861	5123053.0	791	49700
启东市海工船舶工业园(寅阳镇)	10666	76765	50294	40615	2230759.0	398	18250
如皋市东陈镇	11232	71596	40964	32165	574038.4	780	36370
如皋市丁堰镇	7048	46606	24214	17114	1304440.3	360	24780
如皋市白蒲镇	14489	108559	57895	46615	1516553.9	2650	56750
如皋市下原镇	7076	52584	29668	23142	584621.0	1946	23748
如皋市九华镇	6961	61934	33088	24884	857648.6	360	29513
如皋市石庄镇	8506	74522	41412	30326	1077194.4	508	28112
如皋市长江镇	12209	121787	85217	71270	6175873.2	2173	102145
如皋市吴窑镇	6436	57153	34145	26760	934591.0	450	21112
如皋市江安镇	11836	104688	49653	38701	866472.9	450	49200
如皋市搬经镇	17485	122692	59671	43761	1849182.8	1711	58978
如皋市磨头镇	10315	72587	35752	28744	948202.6	345	29655
海门市常乐镇	9810	63097	38192	31177	1333281.0	450	28209
海门市悦来镇	14144	93260	56771	45090	1486072.0	555	35702
海门市四甲镇	9696	67253	43615	35010	879325.0	100	25903
海门市余东镇	6830	49340	29133	24135	650305.0	375	24648
海门市正余镇	7636	49915	26860	22575	1946881.0	560	28442
海门市海永乡	800	4720	3613	2745	33774.0	121	1741
海门市港新区	16542	116962	73737	58760	2776212.0	1246	58679
海门市工业园区管理委员会	9978	104861	81705	72663	4390000.0	850	37758
连云区前三岛乡	40	2	2				
连云港市海州区锦屏镇	6946	30815	14485	9520	40295.0	42	6241
连云港市海州区浦南镇	5214	57739	29732	15557	178000.0	555	7998
连云港市海州区新坝镇	8064	30886	20075	11935	23180.0	140	9507
连云港市海州区板浦镇	8064	67812	41576	24748	94263.0	390	33268
赣榆区青口镇	9080	207520	89120	75580	309230.0	1500	118460
赣榆区柘汪镇	7230	56510	26432	18231	4899094.0	450	9480
赣榆区石桥镇	29265	58573	28409	15062	901452.0	183	11254
赣榆区金山镇	6690	50855	20613	13190	680000.0	226	14271
赣榆区黑林镇	8262	46256	21633	12632	139237.0	210	11000
赣榆区厉庄镇	6218	37765	14360	10811	194660.0	129	9846
赣榆区海头镇	7900	85558	33652	21244	2054850.0	540	32350
赣榆区塔山镇	10484	63841	28687	17685	181904.0	115	9234
赣榆区赣马镇	8560	85281	35656	23308	528753.0	160	8746
赣榆区班庄镇	17561	100748	43698	26330	325720.0	525	21246

续表 141　　（江苏省）　　计算单位：公顷、人、万元

名　　称	行政区域面　积	常住人口	从业人员	二三产业从业人员	工　业总产值	城镇建成区 面 积	城镇建成区常住人口
赣榆区城头镇	11798	82344	40457	29135	183232.0	521	18840
赣榆区城西镇	4916	48661	20080	13079	239555.0	252	12893
赣榆区宋庄镇	3320	33072	15016	7129	96742.0	213	7943
赣榆区沙河镇	13156	124686	48945	33704	154623.0	410	37945
赣榆区墩尚镇	12854	77789	43231	18990	614383.0	560	26741
东海县白塔埠镇	10329	60927	30445	16313	815000.0	390	21713
东海县黄川镇	9383	62451	31913	15769	254344.0	119	8747
东海县石梁河镇	10216	63695	33639	24000	348046.0	539	16347
东海县青湖镇	9432	61584	36346	24372	188486.0	315	14279
东海县温泉镇	10271	50674	23948	11603	350733.0	178	4150
东海县双店镇	11700	52080	30480	9830	189560.0	360	5321
东海县桃林镇	16978	74456	38686	18101	659824.0	475	27852
东海县洪庄镇	6719	34122	17780	8151	121000.0	325	5719
东海县安峰镇	13417	69336	34962	20482	586671.0	436	15986
东海县房山镇	14972	74215	46425	21729	776325.0	268	15860
东海县平明镇	15731	74744	30586	9633	764952.0	286	13856
东海县驼峰乡	10425	59915	31661	21355	436656.0	538	9384
东海县李埝乡	7009	36196	16179	8156	201885.0	220	5251
东海县山左口乡	8906	46725	18726	9519	282364.0	217	3324
东海县石湖乡	7226	26751	17585	10256	204202.0	157	3778
东海县曲阳乡	7495	38830	16095	9995	112000.0	360	6800
东海县张湾乡	9500	33253	21587	9451	193735.0	305	3812
灌云县伊山镇	8233	159084	66232	50820	166827.0	785	108953
灌云县杨集镇	12135	121294	60631	28980	148876.0	61	5073
灌云县燕尾港镇	2580	14269	8956	7980	216712.0	1056	11937
灌云县同兴镇	10606	82458	36625	17184	93604.0	305	9670
灌云县四队镇	8827	70533	26121	13422	161137.0	431	8266
灌云县圩丰镇	6901	47397	28083	14930	229281.0	148	9412
灌云县龙苴镇	12640	85980	43914	30830	252148.0	180	7595
灌云县下车镇	10368	96213	55100	38684	196871.0	536	12206
灌云县图河乡	9500	62910	32836	15811	184392.0	160	8348
灌云县东王集乡	9197	66271	34159	14887	164216.0	135	4021
灌云县侍庄乡	6611	53567	19723	9424	162240.0	216	2790
灌云县小伊乡	7592	65148	24638	8474	225412.0	55	1559
灌云县南岗乡	13372	109257	40293	25061	196018.0	180	12048
灌南县新安镇	14327	201689	89837	72418	502342.0	1830	109317
灌南县堆沟港镇	14082	90471	40926	34245	1288410.0	1344	19875
灌南县田楼镇	11144	74376	45906	32086	229920.0	94	10000
灌南县北陈集镇	5526	40076	20978	11392	62776.0	56	3880
灌南县张店镇	5918	39152	21041	8811	9213.0	28	2931
灌南县三口镇	8702	62117	31329	21892	216743.0	214	4327
灌南县孟兴庄镇	7809	63985	26641	20585	193675.0	55	6372
灌南县汤沟镇	3260	30364	14877	10473	102084.0	255	11089
灌南县百禄镇	10516	65532	36720	16410	197357.0	31	8518
灌南县新集镇	12738	72368	33677	23522	560000.0	135	6789
灌南县李集乡	8819	74372	35380	28044	181555.0	235	9025
淮安区淮城镇	4200	179124	86001	79989	1155960.0	2220	154122
淮安区平桥镇	4600	37685	19889	12801	268320.0	187	6450
淮安区上河镇	3375	27792	13985	7761	24287.0	55	4875
淮安区马甸镇	3400	30006	14818	11423	128938.0	102	3996

续表 142 （江苏省） 计算单位：公顷、人、万元

名　　称	行政区域面　　积	常住人口	从业人员	二三产业从业人员	工　业总产值	城镇建成区 面 积	城镇建成区常住人口
淮安区朱桥镇	5158	46329	21891	10371	135200.0	198	9513
淮安区溪河镇	4308	29042	15126	6013	353787.0	217	9060
淮安区施河镇	5775	42176	21014	11511	1038640.0	200	17306
淮安区车桥镇	6400	62784	30634	18266	61912.0	370	33286
淮安区泾口镇	5680	42249	19786	12205	246088.0	335	9050
淮安区流均镇	8860	60236	27052	11326	17853.0	122	8211
淮安区博里镇	7191	49776	26297	9228	100350.0	254	5798
淮安区仇桥镇	7447	45161	20639	6898	115568.0	266	4098
淮安区复兴镇	6454	41930	20130	10099	281316.0	57	5285
淮安区苏嘴镇	5987	42018	22467	8037	103370.0	131	7381
淮安区钦工镇	4141	29058	15377	7778	82400.0	208	6009
淮安区顺河镇	7756	43870	22574	10289	90590.0	246	3501
淮安区季桥镇	5140	34872	20264	9365	75733.0	210	7223
淮安区席桥镇	2510	22658	10537	4438	371371.0	121	3578
淮安区林集镇	3660	20127	9423	4324	134435.0	165	6036
淮安区南闸镇	3457	33301	17965	6017	46254.0	196	3351
淮安区建淮乡	3479	35587	17952	8943	322355.0	150	5315
淮安区茭陵乡	3546	34675	18430	9077	65880.0	60	1560
淮安区宋集乡	5723	39880	17995	9628	183643.0	116	4083
淮安区城东乡	3724	51377	22881	16912	168728.0	180	4010
淮安区三堡乡	3708	31501	14157	7346	56525.0	260	2050
淮阴区王营镇	6139	215136	28047	25698	1215276.0	1235	179891
淮阴区赵集镇	9825	43451	21890	12888	645780.0	94	3678
淮阴区吴城镇	5312	34926	21160	13804	146762.0	149	10862
淮阴区南陈集镇	13468	64312	43549	23530	106692.0	291	14982
淮阴区码头镇	4200	25713	14426	9849	198343.0	263	4390
淮阴区王兴镇	6100	34560	20787	11327	51004.0	65	7010
淮阴区棉花庄镇	7078	39842	21882	12076	689016.0	90	6558
淮阴区丁集镇	4030	35221	13589	7204	245231.0	186	2312
淮阴区五里镇	5100	31020	16480	15400	41500.0	350	6130
淮阴区徐溜镇	6430	40112	20611	11711	116997.0	60	4200
淮阴区渔沟镇	9700	57012	25874	17660	105486.0	210	10764
淮阴区吴集镇	5700	33726	17856	13950	137008.0	136	3766
淮阴区西宋集镇	7390	53521	26623	18899	69760.0	173	8176
淮阴区三树镇	7968	39005	19852	9666	138336.0	68	5147
淮阴区韩桥乡	5400	33737	18139	10081	241924.0	161	4239
淮阴区新渡乡	4650	29637	15028	11058	124143.0	150	3448
淮阴区老张集乡	5088	29924	19248	16284	168245.0	263	5139
淮阴区凌桥乡	6856	27874	15872	8545	72719.0	82	3554
淮阴区袁集乡	3940	28495	16239	10630	301715.0	70	4207
淮阴区刘老庄乡	3279	23746	15181	8006	115275.0	42	1232
淮阴区古寨乡	3885	24281	12168	6210	48026.0	140	2740
清浦区和平镇	7202	32744	21133	14501	144255.0	180	1408
清浦区武墩镇	4078	21019	9712	6126	212598.0	131	4512
清浦区盐河镇	3283	21537	13750	9821	193667.0	273	6564
清浦区城南乡	2825	31476	15496	13776	498524.0	1685	23595
清浦区黄码乡	4020	30085	13968	8387	39019.0	218	3095
涟水县涟城镇	5642	154453	137000	134100	1179876.0	706	80236
涟水县高沟镇	10907	106487	58742	47348	940683.0	680	36287
涟水县唐集镇	6508	34923	21074	11285	100824.0	181	5823

续表 143　　(江苏省)　　计算单位：公顷、人、万元

名　称	行政区域面　积	常住人口	从业人员	二三产业从业人员	工　业总产值	城镇建成区 面 积	城镇建成区常住人口
涟水县保滩镇	4082	25348	11690	5555	352694.0	268	2713
涟水县大东镇	5668	28138	16057	6580	43850.0	138	4710
涟水县五港镇	11218	61025	38736	15886	92650.0	640	5795
涟水县梁岔镇	6943	39076	16938	6793	61324.0	332	11687
涟水县石湖镇	8484	46545	30142	18903	46751.0	351	12246
涟水县朱码镇	5913	38612	25096	17768	368831.0	392	8657
涟水县岔庙镇	7647	44525	26314	13446	214815.0	400	7591
涟水县东胡集镇	6686	32649	21024	5564	45146.0	196	2756
涟水县南集镇	6116	32101	13912	8383	61492.0	321	6941
涟水县义兴镇	4441	22675	10068	6126	38541.0	146	6594
涟水县成集镇	7728	45289	22948	15295	21963.0	354	4923
涟水县红窑镇	11314	62123	36120	14122	121301.0	253	6412
涟水县陈师镇	5401	29952	19123	11078	164872.0	204	2075
涟水县前进镇	5105	29143	14640	9161	28847.0	284	3107
涟水县徐集乡	7585	39968	23725	14468	194868.0	110	3286
涟水县黄营乡	11146	58226	25435	12895	195881.0	150	3532
洪泽县高良涧镇	12100	144145	84548	75584	862900.0	916	92234
洪泽县蒋坝镇	326	9897	4466	3878	494560.0	90	5022
洪泽县仁和镇	7468	27802	19429	13148	511682.0	65	4803
洪泽县岔河镇	12500	36278	22895	13490	325620.0	165	13650
洪泽县西顺河镇	1900	9358	5114	3734	325000.0	310	2550
洪泽县老子山镇	1750	15872	9209	7646	124000.0	53	5172
洪泽县三河镇	2938	23923	15516	12325	425876.0	148	7063
洪泽县朱坝镇	3760	30232	17088	13498	446120.0	182	16811
洪泽县黄集镇	5100	21050	13650	9780	112659.0	210	3355
洪泽县万集镇	5562	25673	10752	7506	279400.0	52	3723
洪泽县东双沟镇	4300	35103	22386	16633	568407.0	160	8693
洪泽县共和镇	3850	23327	14018	9077	334162.0	75	3966
盱眙县盱城镇	10613	122725	56587	48743	656827.0	3195	97965
盱眙县马坝镇	19500	68511	47529	36622	700952.0	756	33055
盱眙县官滩镇	13425	39775	19835	8620	424566.0	176	17022
盱眙县旧铺镇	14979	36825	18245	7566	130284.0	219	5103
盱眙县桂五镇	15850	36295	16534	9594	209783.0	732	10112
盱眙县管镇镇	6750	32597	8421	4923	35380.0	242	13715
盱眙县河桥镇	17080	38826	16844	6221	61783.0	144	13288
盱眙县鲍集镇	13200	54285	27976	19925	101157.0	779	6448
盱眙县黄花塘镇	13121	33576	17773	12091	449658.0	270	8774
盱眙县明祖陵镇	13500	34297	20979	10658	232498.0	118	8734
盱眙县铁佛镇	10800	40295	19250	14218	463145.0	524	6188
盱眙县淮河镇	10895	31186	11971	9444	217679.0	145	6021
盱眙县仇集镇	16556	31885	20501	12420	261518.0	288	7396
盱眙县观音寺镇	12197	28987	14863	8834	298146.0	268	8370
盱眙县维桥乡	6647	18990	12025	9024	90125.0	365	3890
盱眙县穆店乡	10270	27565	15526	9718	43256.0	98	6293
盱眙县古桑乡	9310	21388	13658	7623	85672.0	72	4432
盱眙县兴隆乡	10100	35833	21156	13859	605113.0	45	8822
盱眙县王店乡	15958	35610	20740	19100	62265.0	110	4804
金湖县黎城镇	6600	125051	81281	76752	541990.0	956	91304
金湖县金南镇	10201	34876	21668	15480	185109.0	450	5320
金湖县闵桥镇	6791	22541	11119	7629	260584.0	370	10580

续表 144 （江苏省） 计算单位：公顷、人、万元

名　　称	行政区域面　　积	常住人口	从业人员	二三产业从业人员	工　业总产值	城镇建成区　面　积	城镇建成区常住人口
金湖县塔集镇	4221	24607	12129	9218	168190.0	86	8793
金湖县银集镇	5109	19194	10905	8796	412065.0	83	4435
金湖县涂沟镇	5898	24474	10766	7057	225764.0	58	1602
金湖县前锋镇	7329	26942	14470	8144	163128.0	214	3718
金湖县吕良镇	7480	19304	11886	7722	94510.0	318	5682
金湖县陈桥镇	5486	22645	10809	3318	461350.0	96	1407
金湖县金北镇	6667	19391	8664	4496	339876.0	85	3686
金湖县戴楼镇	7596	21257	12727	8634	382365.0	377	1433
淮安经济技术开发区范集镇	4054	6805	3449	1623	10280.0	100	3348
淮安经济技术开发区钵池乡	540	4870	3378	3297	301698.0	178	4785
淮安经济技术开发区徐杨乡	3327	52025	34965	33110	4852010.0	358	4728
淮安经济技术开发区南马厂乡	3600	28023	13230	10055	318260.0	125	3763
亭湖区南洋镇	12942	79547	50725	37372	1682562.0	266	19654
亭湖区新兴镇	9257	61924	27192	18982	391800.0	450	17971
亭湖区便仓镇	7197	37001	15502	9612	240240.0	191	9823
亭湖区盐东镇	14195	56722	26170	20415	705741.0	245	15412
亭湖区黄尖镇	10500	38610	17451	11133	145300.0	225	15413
盐都区大纵湖镇	9498	51894	25464	15727	504000.0	505	22020
盐都区楼王镇	15073	71606	44862	31550	330025.0	550	18200
盐都区学富镇	8336	42679	18712	13926	121546.0	586	17689
盐都区尚庄镇	10336	67769	28372	18840	380380.0	780	25758
盐都区秦南镇	12780	88486	35153	22633	483280.0	690	52378
盐都区龙冈镇	9339	76359	33944	23691	902586.0	487	35326
盐都区郭猛镇	6242	49606	23785	16759	587100.0	428	22760
盐都区大冈镇	13081	87252	28833	19077	508500.0	430	41580
响水县响水镇	5121	119625	68708	64349	341019.0	2089	95236
响水县陈家港镇	8518	48212	28731	18550	48332.0	235	29150
响水县小尖镇	18815	102372	44960	25727	617363.0	686	39770
响水县黄圩镇	6877	33244	17589	11968	69013.0	112	8692
响水县大有镇	11612	57038	31036	18373	217999.0	335	11498
响水县双港镇	10372	61435	31970	19153	166722.0	332	7851
响水县南河镇	11674	55179	24411	12436	91420.0	280	12630
响水县运河镇	13130	70854	35893	17336	92311.0	621	10447
滨海县东坎镇	15007	207791	114793	96584	990342.0	4400	207127
滨海县五汛镇	15267	83493	33685	14250	1022400.0	1848	40568
滨海县蔡桥镇	9212	60528	18486	8428	89000.0	235	22991
滨海县正红镇	14500	107928	35273	19525	205679.0	490	22886
滨海县通榆镇	5600	41136	21340	12777	89175.0	360	10620
滨海县界牌镇	12194	75268	34044	19146	187000.0	234	21410
滨海县八巨镇	6893	52869	22728	11496	332849.0	152	13750
滨海县八滩镇	11185	90238	40237	25757	584520.0	511	45000
滨海县滨淮镇	20132	106906	55093	34846	902851.0	558	24840
滨海县天场镇	8150	50469	20099	12426	374279.0	129	7509
滨海县陈涛镇	11091	68659	33800	20271	113535.0	170	5190
滨海县滨海港镇	10440	58994	29443	19529	224563.0	180	13809
阜宁县沟墩镇	15095	63145	40593	29083	238350.0	690	34653
阜宁县陈良镇	11520	39780	15393	10185	106279.0	208	7093
阜宁县三灶镇	6752	53602	21648	11172	27020.0	36	13492
阜宁县郭墅镇(澳洋工业园)	9120	42286	17783	13071	713256.0	78	13747
阜宁县新沟镇	7071	50909	20279	10964	307210.0	107	5568

续表 145　　（江苏省）　　计算单位：公顷、人、万元

名　称	行政区域面积	常住人口	从业人员	二三产业从业人员	工业总产值	城镇建成区面积	城镇建成区常住人口
阜宁县陈集镇	7742	47043	22465	13487	45200.0	60	19453
阜宁县羊寨镇	8727	57008	21788	12827	44500.0	266	12547
阜宁县芦蒲镇	9420	50546	19326	9768	21211.0	161	5756
阜宁县板湖镇	8673	48115	25989	20929	28125.0	430	14850
阜宁县东沟镇	6906	113341	48702	28822	606051.0	660	17225
阜宁县益林镇	16968	96212	49632	41362	845672.0	980	57063
阜宁县古河镇	10918	57801	24578	9358	48950.0	287	14260
阜宁县罗桥镇	8979	59437	25459	14387	20847.0	116	11805
射阳县合德镇	30200	287447	103638	76104	1480160.0	2191	170344
射阳县临海镇	18628	78612	33780	23915	776735.0	920	23458
射阳县千秋镇	15750	61287	27224	18563	55640.0	192	7169
射阳县四明镇	17341	81528	42070	30370	233643.0	888	18355
射阳县海河镇	24243	103394	46415	32808	483245.0	1213	23616
射阳县海通镇	7333	33068	20226	14361	533600.0	288	11350
射阳县兴桥镇	12914	55271	24609	17544	279531.0	577	8846
射阳县新坍镇	9816	47537	24661	17949	54000.0	120	10598
射阳县长荡镇	9591	46100	22847	16304	231010.0	117	7910
射阳县盘湾镇	9504	40635	22830	16508	505525.0	420	22235
射阳县特庸镇	10295	41385	16302	11420	246000.0	184	8120
射阳县洋马镇	9600	31967	15981	11344	322195.0	480	7285
射阳县黄沙港镇	5922	26345	14421	10101	490211.0	507	9352
建湖县建阳镇	7200	53526	17915	12818	912539.0	450	30644
建湖县九龙口镇	7480	33867	15220	10515	283370.0	310	10125
建湖县恒济镇	8008	30997	17981	11005	324561.0	425	16023
建湖县颜单镇	8974	22998	13576	9566	233867.0	403	12539
建湖县沿河镇	8181	38078	19473	11934	141256.0	306	12447
建湖县芦沟镇	8586	44015	20985	16464	158954.0	225	15014
建湖县庆丰镇	9400	59540	32195	21994	603561.0	245	30118
建湖县上冈镇	23127	151381	67532	41527	879258.0	557	56451
建湖县冈西镇	6811	31387	18761	13710	156427.0	274	11524
建湖县宝塔镇	5078	27289	15324	10109	51882.0	131	9256
建湖县高作镇	7010	36610	20627	14773	167546.0	280	13096
盐城经济技术开发区步凤镇	12790	57286	26398	15666	180160.0	185	7210
东台市溱东镇	7574	42234	21146	16948	2289954.0	472	23423
东台市时堰镇	10226	69299	35263	25602	963709.0	1120	27920
东台市五烈镇	13218	83611	46271	30594	448120.0	711	23742
东台市梁垛镇	13217	82482	44209	27696	1124560.0	885	34600
东台市安丰镇	7128	50414	25474	15127	965000.0	410	35783
东台市南沈灶镇	10323	52617	25628	13639	235400.0	180	8100
东台市富安镇	17001	95716	49261	34921	697533.0	980	46992
东台市唐洋镇	10744	45035	26676	10389	154251.0	321	13153
东台市新街镇	10289	40754	25070	9005	119510.0	312	9125
东台市许河镇	10691	47786	25683	14516	533995.0	406	5972
东台市三仓镇	15726	69821	28621	17693	890000.0	465	42000
东台市头灶镇	20675	74230	35657	16865	1058014.0	665	35617
东台市弶港镇	26392	46619	26925	13284	403580.0	380	15328
东台市东台镇	29657	218921	122346	103712	2503985.0	3400	161015
大丰市大中镇	20012	204388	105537	92071	1008110.0	3000	146065
大丰市草堰镇	9589	39219	18162	11773	171024.0	180	14025
大丰市白驹镇	11300	39434	19405	13691	237000.0	360	20200

续表 146　　（江苏省）　　计算单位：公顷、人、万元

名　　称	行政区域面　积	常住人口	从业人员	二三产业从业人员	工　业总产值	城镇建成区 面 积	城镇建成区常住人口
大丰市刘庄镇	9624	43223	20416	14565	446984.0	300	16535
大丰市西团镇	8681	29326	15696	10221	745495.0	440	13150
大丰市小海镇	12114	41246	20697	14770	159400.0	450	12022
大丰市大桥镇	10254	32435	15676	10987	74657.0	164	9145
大丰市草庙镇	12279	27011	16962	10748	512040.0	580	12865
大丰市万盈镇	14256	47615	25979	19698	225134.0	182	14212
大丰市南阳镇	9352	35321	17287	10066	304260.0	395	13040
大丰市新丰镇	27431	105764	46369	31250	801702.0	936	47694
大丰市三龙镇	15257	54976	30122	19124	92185.0	358	19400
广陵区李典镇	7045	42157	24178	22892	4504932.0	280	20910
广陵区沙头镇	5600	37670	21684	19009	1486983.0	330	14856
广陵区头桥镇	6421	46857	27062	23820	1518186.0	320	6830
广陵区湾头镇	1928	22528	12944	11761	153943.0	120	12100
广陵区汤汪乡	1030	20278	3976	3421	106928.0	1030	19078
广陵区扬州市生态科技新城杭集镇	4026	37858	30073	28460	3570877.0	1475	22320
广陵区扬州市生态科技新城泰安镇	4100	26729	13786	10692	1293701.0	240	11352
邗江区公道镇	10605	36598	18951	17463	1250433.0	340	10819
邗江区方巷镇	8936	46281	23972	20630	714597.0	315	13615
邗江区槐泗镇	6000	39064	19330	16066	1250000.0	400	12000
邗江区瓜洲镇	1602	16673	8311	7536	148519.0	496	10604
邗江区杨寿镇	3940	21281	11523	10164	861955.0	365	3865
邗江区杨庙镇	3102	22858	14456	13002	410915.0	240	6315
邗江区西湖镇	2700	36081	17169	16107	510420.0	1527	31029
邗江区双桥乡	639	10631	4282	4080	286330.0	639	10631
邗江区平山乡	1120	15987	8540	8209	413240.0	120	4794
邗江区城北乡	1800	21325	15523	12355	142632.0	639	16852
江都区仙女镇	14158	140646	90744	84357	13927089.0	3560	63325
江都区小纪镇	17778	92008	47352	40194	3432270.0	1398	43890
江都区武坚镇	6180	45867	26660	25120	1381752.0	330	23530
江都区樊川镇	11758	67288	44927	37692	1157871.0	1540	22586
江都区真武镇	6712	55451	35436	32814	2035802.0	359	15105
江都区宜陵镇	5986	52359	26179	23770	2132370.0	630	30728
江都区丁沟镇	10232	61006	43897	38910	1004370.0	700	28600
江都区郭村镇	10450	91840	39328	33219	1292404.0	438	20016
江都区邵伯镇	11465	76489	65744	57780	2300000.0	1600	64993
江都区丁伙镇	8020	45177	41648	37600	3101309.0	680	25000
江都区大桥镇	15566	147539	95676	84374	3746528.0	5400	53632
江都区吴桥镇	5596	49132	23897	20456	891895.0	300	11011
江都区浦头镇	4290	43290	24139	20262	897743.0	286	7316
宝应县安宜镇	14135	132138	98113	89271	2139125.0	1800	95420
宝应县氾水镇	17200	100132	53624	42687	723200.0	700	25532
宝应县夏集镇	12200	62110	30805	21310	527529.0	490	8340
宝应县柳堡镇	11740	51939	30044	19912	566814.0	712	16330
宝应县射阳湖镇	19650	81727	41748	28273	655000.0	374	13990
宝应县广洋湖镇	9020	33874	21392	18410	502291.0	300	5233
宝应县鲁垛镇	6148	33119	20207	15689	387133.0	215	8102
宝应县小官庄镇	4600	29037	18463	16903	402894.0	220	7591
宝应县望直港镇	9000	63427	43790	35719	934820.0	730	19520
宝应县曹甸镇	10000	63416	36096	28997	1055014.0	420	34824
宝应县西安丰镇	5839	29217	15779	11566	401958.0	180	8272

续表 147　　(江苏省)　　计算单位：公顷、人、万元

名　　称	行政区域面　积	常住人口	从业人员	二三产业从业人员	工　业总产值	城镇建成区 面 积	城镇建成区常住人口
宝应县山阳镇	12277	52249	29684	21707	717350.0	415	5340
宝应县黄塍镇	4200	26805	15575	12371	484857.0	388	8534
宝应县泾河镇	8317	56803	27447	20799	413964.0	255	9350
扬州经济技术开发区施桥镇	3099	38094	21436	20402	463374.0	106	15258
扬州经济技术开发区八里镇	2326	23381	14014	13282	110603.0	50	19889
扬州经济技术开发区朴席镇	4301	32032	18243	14676	100000.0	132	1718
仪征市真州镇	6084	145954	77736	75680	2780000.0	4294	130232
仪征市新集镇	6389	42196	26502	21517	615050.0	400	13173
仪征市新城镇	7822	47915	28796	24901	1070151.0	552	26719
仪征市马集镇	6573	30069	17869	15024	890000.0	165	8400
仪征市刘集镇	9065	45967	27024	24021	881715.0	200	11495
仪征市陈集镇	8155	35993	18878	16643	518322.0	145	15193
仪征市大仪镇	10863	45346	26853	23704	612583.0	200	14357
仪征市月塘镇	14446	55537	28974	24069	398750.0	420	10433
仪征市青山镇	4603	32412	20790	18633	463809.0	250	15029
高邮市龙虬镇	3987	35083	17359	11816	311222.0	149	4705
高邮市汤庄镇	11303	59369	36952	29409	977174.0	558	18143
高邮市卸甲镇	16387	79830	41318	33340	1051827.0	621	17364
高邮市三垛镇	15015	77981	49046	33642	1210216.0	454	28675
高邮市甘垛镇	14972	60389	35988	24373	603058.0	206	7843
高邮市界首镇	8580	32501	16631	13563	485110.0	260	17520
高邮市周山镇	6202	27098	15089	10747	357016.0	155	4936
高邮市临泽镇	19940	92925	52873	39700	1196214.0	369	29336
高邮市送桥镇	14822	69104	44572	38678	2673000.0	1460	23068
高邮市菱塘回族乡	5392	23640	14833	14020	1518169.0	288	11920
丹徒区高桥镇	2980	20161	12929	11385	431290.0	92	6160
丹徒区辛丰镇	7490	53319	34569	29892	1988580.0	520	19785
丹徒区谷阳镇	4675	30173	18938	16084	1275029.0	428	7958
丹徒区上党镇	11263	49876	28899	18595	858076.0	280	14293
丹徒区宝堰镇	4019	22869	13875	10060	256415.0	180	11545
丹徒区世业镇	2930	14602	8244	5979	26579.0	67	3280
镇江新区姚桥镇	5588	39874	25648	18267	275000.0	320	6900
镇江新区大路镇	1750	27762	16177	12694	222000.0	49	8018
镇江新区丁岗镇	3536	23858	13017	12027	369489.0	153	4447
丹阳市司徒镇	9528	45826	31153	23743	1147026.0	205	9894
丹阳市延陵镇	11552	75188	47366	39566	823682.0	546	23674
丹阳市珥陵镇	8367	50168	28610	19210	540006.0	520	12410
丹阳市导墅镇	8060	49635	27588	21507	1264886.0	751	12598
丹阳市皇塘镇	8044	58980	39010	31696	1681428.0	679	20145
丹阳市吕城镇	6799	53924	31190	25779	1366005.0	886	27503
丹阳市陵口镇	6440	44735	27171	21723	556241.0	545	19281
丹阳市访仙镇	7379	51175	29695	25545	670464.0	590	16485
丹阳市界牌镇	2363	56220	35044	34712	2046215.0	650	18500
丹阳市丹北镇	11505	112458	74252	70881	9342535.0	1795	59945
扬中市新坝镇	4920	54364	32816	29228	5705219.0	673	15805
扬中市油坊镇	4593	44688	28174	22222	1450086.0	385	18694
扬中市八桥镇	3458	36902	23906	20734	1413419.0	195	9328
扬中市西来桥镇	1950	19648	11111	9473	462051.0	261	5064
句容市华阳镇	11997	49390	27043	19586	1017315.0	792	8271
句容市下蜀镇	12000	40274	22353	16707	2169724.0	200	7980

续表 148　　(江苏省)　　计算单位：公顷、人、万元

名　　称	行政区域面　　积	常住人口	从业人员	二三产业从业人员	工　业总产值	城镇建成区 面 积	城镇建成区常住人口
句容市白兔镇	11550	35442	17763	12442	995077.0	112	8579
句容市边城镇	10900	35386	17978	12685	1309276.0	350	8697
句容市茅山镇	8100	29396	16905	12051	460511.0	340	6559
句容市后白镇	14328	55316	35386	30300	1416885.0	850	27068
句容市郭庄镇	11700	52108	28364	23593	885239.0	788	18169
句容市天王镇	13154	56754	30735	23305	829401.0	300	26371
句容市宝华镇	10000	23368	11794	9904	931613.0	1565	16021
海陵区九龙镇	2680	24528	15885	14297	3617610.0	900	11526
海陵区罡杨镇	3400	23334	15491	14153	1066711.0	210	8318
海陵区苏陈镇	4580	44778	25806	22287	819046.0	397	9260
高港区永安洲镇	5291	34510	18160	17131	4019144.0	290	12970
高港区白马镇	2402	21916	13563	11265	342210.0	374	7736
高港区胡庄镇	5387	43308	23998	20672	205879.0	269	17700
高港区大泗镇	3670	27510	17998	14699	319454.0	102	10146
姜堰区溱潼镇	3861	34071	19875	16545	449895.0	312	13354
姜堰区蒋垛镇	6505	50179	27135	24024	550829.0	163	17500
姜堰区顾高镇	3820	29888	16597	15330	281665.0	120	8485
姜堰区大伦镇	5503	33053	17970	14253	575599.0	125	8437
姜堰区张甸镇	9360	75128	40225	32979	819585.0	395	35212
姜堰区梁徐镇	6663	52537	27491	24296	729284.0	164	8450
姜堰区桥头镇	3799	24638	15441	13042	249015.0	135	5845
姜堰区淤溪镇	7168	39855	24763	19399	441113.0	141	11445
姜堰区白米镇	5487	44212	27455	23918	2128132.0	371	20423
姜堰区娄庄镇	6792	46290	23448	21268	1473000.0	239	12676
姜堰区沈高镇	5673	39649	20601	19045	941364.0	160	15025
姜堰区兴泰镇	3691	24907	14695	13450	583776.0	196	6514
姜堰区俞垛镇	7980	46588	25416	22343	570546.0	206	14693
姜堰区华港镇	6977	43298	22877	19685	309238.0	192	8469
泰州医药高新技术产业开发区野徐镇	2267	24114	14790	12613	315640.0	334	4724
兴化市戴窑镇	10045	66431	30115	21351	1136786.0	335	24462
兴化市合陈镇	9928	53645	25438	16326	628128.0	512	20216
兴化市永丰镇	7802	51301	22964	11482	195000.0	103	5971
兴化市新垛镇	4908	26715	10961	7612	216965.0	141	2299
兴化市安丰镇	9900	82471	39899	28162	1361998.0	500	29283
兴化市海南镇	7209	39768	15651	7755	133134.0	220	3435
兴化市钓鱼镇	7552	45751	18639	13244	133065.0	215	4815
兴化市大邹镇	4656	27728	10920	5216	163146.0	200	7644
兴化市沙沟镇	7003	25090	11330	7211	31090.0	113	9671
兴化市中堡镇	8320	34864	15569	8148	94143.0	147	8015
兴化市李中镇	8100	32522	16406	9817	117764.0	40	4096
兴化市西郊镇	7024	26878	13469	6072	441256.0	17	6678
兴化市临城镇	9247	52049	26419	18370	962350.0	179	5894
兴化市垛田镇	5955	54464	27566	17440	763936.0	402	6930
兴化市竹泓镇	6450	39654	17190	9715	512773.0	250	13543
兴化市沈沦镇	4959	27569	12368	7883	97005.0	224	7931
兴化市大垛镇	7363	43120	19967	14954	926885.0	361	16691
兴化市荻垛镇	7200	42581	19221	12379	424026.0	200	9908
兴化市陶庄镇	6960	43334	16951	11611	197910.0	150	7043
兴化市昌荣镇	6180	38327	17671	7882	210835.0	180	9072
兴化市茅山镇	4304	30492	12390	8969	375514.0	155	12567

续表 149　　（江苏省）　　计算单位：公顷、人、万元

名　　称	行政区域面　积	常住人口	从业人员	二三产业从业人员	工　业总产值	城镇建成区 面 积	城镇建成区常住人口
兴化市周庄镇	9100	56048	27266	20144	791900.0	385	25535
兴化市陈堡镇	8068	45458	21107	12627	590476.0	210	12107
兴化市戴南镇	10770	131253	61072	57457	6793496.0	800	66134
兴化市张郭镇	8450	62023	34202	30350	2399402.2	600	12979
兴化市昭阳镇	5100	204846	146007	144646	2495258.0	2100	163517
兴化市大营镇	5067	25013	11656	8440	136508.0	225	6775
兴化市下圩镇	4912	22569	13845	8738	30750.0	185	2127
兴化市城东镇	5547	29485	14510	12387	300265.0	25	7130
兴化市老圩乡	5243	25754	10703	8029	118550.0	140	5962
兴化市周奋乡	5730	26366	12344	7517	32526.0	60	3191
兴化市缸顾乡	4633	21752	10052	8807	143256.0	180	3075
兴化市西鲍乡	5241	27764	16278	13443	86930.0	150	3389
兴化市林湖乡	6638	38106	14790	9457	161080.0	150	7560
靖江市新桥镇	6135	62030	30519	26867	3118802.0	830	31876
靖江市东兴镇	3568	35069	22197	17751	1177241.0	220	5052
靖江市斜桥镇	10788	90760	47818	40558	1319260.0	625	27140
靖江市西来镇	4666	48793	23543	17606	1444110.0	180	11694
靖江市季市镇	4163	49603	22530	17911	1432645.0	305	12696
靖江市孤山镇	6327	63617	38056	32886	2058207.0	190	10844
靖江市生祠镇	7019	47426	27984	19688	1023886.0	480	12716
靖江市马桥镇	5031	36921	22103	15091	615872.0	149	10131
泰兴市黄桥镇	17595	193978	104814	90913	1617883.0	2531	64952
泰兴市分界镇	7113	60733	32626	28632	541366.0	293	7296
泰兴市古溪镇	7606	59066	32575	25457	1200030.0	664	12573
泰兴市元竹镇	4749	39274	22626	18062	570470.0	390	9370
泰兴市珊瑚镇	4926	51025	29584	24469	818526.0	160	8642
泰兴市广陵镇	5843	56709	30389	25656	733995.0	280	9872
泰兴市曲霞镇	3531	32794	18514	15852	748123.0	255	9030
泰兴市张桥镇	6176	57225	30692	25809	833145.0	171	11362
泰兴市河失镇	6441	56273	28853	21172	850726.0	113	10417
泰兴市新街镇	7206	60355	34070	28088	593947.0	493	12816
泰兴市姚王镇	5792	53928	30180	25970	1638103.0	490	18784
泰兴市宣堡镇	3227	32516	17611	15273	391885.0	180	13804
泰兴市滨江镇	13257	99518	54180	46989	9757258.0	3742	48672
泰兴市虹桥镇	8825	79408	41050	35706	5507014.0	1300	32876
泰兴市根思乡	5890	50827	25572	19033	556208.0	507	7387
宿城区双庄镇	4178	43770	22980	20676	56750.0	700	31940
宿城区耿车镇	3501	34139	18516	14065	55287.0	219	12541
宿城区埠子镇	4401	47610	28014	22386	76850.0	410	25667
宿城区龙河镇	6641	58600	31646	17760	165060.0	224	17521
宿城区洋北镇	4400	31096	14877	10297	126900.0	207	4510
宿城区中扬镇	9315	51398	30131	18962	36783.0	230	16511
宿城区陈集镇	6867	46932	17218	9308	18972.0	70	4095
宿城区蔡集镇	4433	43832	24111	19273	240737.0	256	15238
宿城区王官集镇	6270	51482	24294	17648	138241.0	300	14277
宿城区洋河镇	8998	110604	55370	43985	1675808.0	1580	70455
宿城区仓集镇	4800	45523	25877	19639	15876.0	450	15846
宿城区郑楼镇	6086	49744	22729	12209	11136.0	271	5225
宿城区罗圩乡	4379	36080	20562	13135	58278.0	260	6598
宿城区屠园乡	6298	36288	21116	15064	15430.0	300	7360

续表 150　　（江苏省）　　计算单位：公顷、人、万元

名　称	行政区域面积	常住人口	从业人员	二三产业从业人员	工业总产值	城镇建成区面积	城镇建成区常住人口
宿豫区仰化镇	5236	35784	19000	9200	106000.0	515	13130
宿豫区大兴镇	5838	51762	31873	23976	281420.0	425	25178
宿豫区丁嘴镇	5300	36293	18809	15539	90000.0	280	6150
宿豫区来龙镇	7496	39394	23416	15072	253106.0	258	15313
宿豫区陆集镇	4208	24148	13498	9271	75498.0	245	7778
宿豫区关庙镇	7946	41921	22599	13964	107276.0	282	7260
宿豫区侍岭镇	5806	29668	14828	8670	197912.0	322	6760
宿豫区新庄镇	5368	22365	12035	8185	45130.0	230	5997
宿豫区晓店镇	14546	50417	28157	18799	75126.0	2502	26124
宿豫区皂河镇	26409	45636	22924	14065	13400.0	270	11252
宿豫区黄墩镇	5125	27027	11318	8698	45603.0	412	8933
宿豫区曹集乡	4700	30320	15537	10405	69193.0	465	12754
宿豫区保安乡	4460	22417	13019	9034	48952.0	285	5871
宿豫区井头乡	4013	19149	9816	7673	316800.0	310	4235
沭阳县陇集镇	4688	25520	14008	7254	171456.0	275	8739
沭阳县胡集镇	6868	50492	29938	17367	345028.0	276	15522
沭阳县钱集镇	4949	32976	18104	12192	82643.0	265	12865
沭阳县塘沟镇	5795	42258	22274	14658	45856.0	235	16185
沭阳县马厂镇	8412	67520	37601	29061	289500.0	350	23100
沭阳县沂涛镇	9456	71645	39022	21998	146005.0	356	16241
沭阳县庙头镇	5847	43259	25598	16722	198567.0	265	21434
沭阳县韩山镇	6557	35847	19528	14607	112546.0	462	12839
沭阳县华冲镇	5455	49236	26156	20724	329468.0	480	28807
沭阳县桑墟镇	5319	42785	23489	18673	655728.0	285	21985
沭阳县悦来镇	8803	43625	24687	15160	88657.0	242	11521
沭阳县刘集镇	7200	38192	19806	11075	210704.0	347	10157
沭阳县李恒镇	6688	39552	22114	12390	47062.0	90	11280
沭阳县扎下镇	5534	59005	28093	22739	260536.0	590	17634
沭阳县颜集镇	9968	55361	33015	12645	39855.0	251	7959
沭阳县潼阳镇	9968	49544	25116	16361	96343.0	300	15796
沭阳县龙庙镇	4860	47251	24057	18449	148620.0	347	12840
沭阳县高墟镇	6115	35930	20076	14778	148637.0	258	10992
沭阳县耿圩镇	7044	34956	19523	12002	125639.0	212	8972
沭阳县汤涧镇	5500	38242	21020	12278	100540.0	241	5547
沭阳县新河镇	4860	37246	20049	9096	43556.0	357	10198
沭阳县贤官镇	5029	49724	27978	20377	791457.0	570	16643
沭阳县吴集镇	7305	40790	21181	10303	75126.0	390	10534
沭阳县湖东镇	6343	38063	21044	16000	148840.0	286	11544
沭阳县青伊湖镇	5000	41317	20821	15582	360748.0	346	10021
沭阳县北丁集乡	3880	25345	13956	9078	49508.0	146	7902
沭阳县周集乡	4387	29161	15504	12590	38520.0	152	7342
沭阳县东小店乡	5099	33964	19688	15525	93587.0	346	8485
沭阳县张圩乡	3902	27269	12540	7630	23111.0	378	9577
沭阳县茆圩乡	7223	40927	22023	13682	90195.0	287	10140
沭阳县西圩乡	4776	31027	13158	7774	56071.0	130	6233
沭阳县万匹乡	3500	36336	19264	14373	102799.0	180	7127
沭阳县官墩乡	5603	30731	16709	10684	86452.0	240	4368
泗阳县众兴镇	26200	308883	162918	128383	3667000.0	3782	191255
泗阳县爱园镇	6501	44393	26798	13531	147200.0	230	18000
泗阳县王集镇	8531	59986	32424	19819	395200.0	590	45162

续表 151　　（江苏省、浙江省）　　计算单位：公顷、人、万元

名　称	行政区域面　积	常住人口	从业人员	二三产业从业人员	工　业总产值	城镇建成区 面 积	城镇建成区常住人口
泗阳县裴圩镇	7686	49575	30136	19530	238900.0	400	21643
泗阳县新袁镇	5359	35783	20948	12215	462291.0	410	21347
泗阳县李口镇	6585	41495	26220	17024	253600.0	303	13814
泗阳县临河镇	5872	38557	21583	16657	441250.0	215	13894
泗阳县穿城镇	5436	30540	18994	10055	103011.0	223	9830
泗阳县张家圩镇	5764	31078	18391	11002	131037.0	132	8269
泗阳县高渡镇	5271	27933	16598	10680	86657.0	252	12685
泗阳县卢集镇	8002	33252	16633	11122	149850.0	260	9356
泗阳县庄圩乡	4876	31193	17552	10590	135000.0	180	5433
泗阳县里仁乡	4482	29286	17173	7920	53100.0	275	11410
泗阳县三庄乡	6588	33527	18533	9773	120239.0	270	8631
泗阳县南刘集乡	5850	29200	17651	12661	121558.0	268	15960
泗阳县八集乡	4250	28512	14874	11206	122261.0	230	7085
泗洪县青阳镇	25322	278265	146315	128663	905000.0	4200	165285
泗洪县双沟镇	7428	34912	30257	19422	836470.0	1687	28278
泗洪县上塘镇	13299	39607	30707	8224	93250.0	1750	10230
泗洪县魏营镇	10615	28636	18005	15151	58500.0	602	22305
泗洪县临淮镇	2100	11593	7024	2705	56394.0	490	6587
泗洪县半城镇	8300	12590	9340	6423	49280.0	255	9368
泗洪县孙园镇	9604	37563	20563	12840	259473.0	374	9114
泗洪县梅花镇	9350	30060	19855	9972	100423.0	643	8132
泗洪县归仁镇	11459	50973	26258	8715	71300.0	355	22192
泗洪县金锁镇	8073	33957	25962	14669	194040.0	140	5928
泗洪县朱湖镇	7370	23859	15415	13132	209000.0	813	10820
泗洪县界集镇	9600	33503	21203	10963	92185.0	390	11285
泗洪县太平镇	7251	28224	17719	12119	101220.0	218	12250
泗洪县龙集镇	8741	29526	18882	11609	98763.0	145	10673
泗洪县四河乡	5983	36582	16854	9502	396155.0	164	6405
泗洪县峰山乡	5684	18467	13627	7093	153754.0	213	7705
泗洪县天岗湖乡	8918	24608	15592	5802	81890.0	210	3436
泗洪县车门乡	8436	24909	15532	9874	142490.0	219	6601
泗洪县瑶沟乡	6924	18653	18035	11879	403344.0	725	5742
泗洪县石集乡	8940	21386	12191	5214	151236.0	241	4801
泗洪县城头乡	7817	15233	10484	4759	102400.0	270	6210
泗洪县陈圩乡	8820	27060	20653	10272	65283.0	160	12230
泗洪县曹庙乡	9185	28851	18700	9850	310850.0	299	7621
宿迁经济技术开发区三棵树乡	3757	39416	22529	17987	278500.0	300	20500
宿迁经济技术开发区南蔡乡	3890	35318	18297	11699	34825.0	295	6103
浙江省							
江干区彭埠镇	1480	51092	41607	40458	80792.0	1480	51092
江干区笕桥镇	1820	53995	37234	35049	1108584.0	283	19003
江干区丁桥镇	1500	48500	26600	26500	308653.0	800	48500
江干区九堡镇	1460	51355	17513	16547	214151.0	1243	41319
杭州市西湖区三墩镇	3870	168597	84499	83299	278230.0	1720	76563
杭州市西湖区双浦镇	8380	59234	31416	22626	306441.0	688	5868
萧山区楼塔镇	5099	35385	12259	7777	195524.6	191	7783
萧山区河上镇	6396	26290	15170	14204	825146.0	83	3655
萧山区戴村镇	6287	37714	23816	20344	773383.0	918	9325
萧山区浦阳镇	4450	46418	26580	24056	1187000.0	119	4175
萧山区进化镇	8710	53704	29898	10941	701775.0	273	4526

续表 152　　（浙江省）　　计算单位：公顷、人、万元

名　　称	行政区域面　　积	常住人口	从业人员	二三产业从业人员	工　业总产值	城镇建成区 面 积	城镇建成区常住人口
萧山区临浦镇	4300	95917	59125	55657	1374334.0	1000	38814
萧山区义桥镇	5800	48764	28193	25533	873615.0	320	9102
萧山区所前镇	4340	45004	21086	18564	1069050.0	200	8115
萧山区衙前镇	1980	27856	14853	13747	6550899.0	1014	25792
萧山区瓜沥镇	12692	210394	130278	121604	10557800.0	1424	74607
萧山区益农镇	4650	45151	27721	21079	7690600.0	141	3916
萧山区党湾镇	3376	43256	42530	36591	1058708.0	170	10312
余杭区塘栖镇	7900	123179	82305	74498	2258500.0	10	79544
余杭区径山镇	15700	37209	21611	16312	484037.0	200	4058
余杭区瓶窑镇	12900	69079	40915	38676	1637515.0	650	37562
余杭区鸬鸟镇	7200	12813	4694	1969	112100.0	200	1861
余杭区百丈镇	6000	11235	7937	5350	314000.0	600	2000
余杭区黄湖镇	5800	15790	7569	5712	267200.0	200	3580
桐庐县富春江镇	19890	26337	14179	9568	738846.0	1235	12677
桐庐县横村镇	11760	43299	24305	19223	1354257.0	640	25785
桐庐县分水镇	29940	71669	39216	35908	826131.0	610	52186
桐庐县瑶琳镇	21660	31551	20853	14220	266240.0	1600	6459
桐庐县百江镇	23500	16645	10360	7430	88101.0	80	3446
桐庐县江南镇	7820	45337	28282	19480	1397864.0	300	9204
桐庐县莪山畲族乡	2870	8911	5475	4300	101583.0	40	2070
桐庐县钟山乡	10780	15979	11559	8051	82986.0	68	7103
桐庐县新合乡	7420	4969	3342	1811	52170.0	15	390
桐庐县合村乡	12230	9191	5770	2790	13462.0	51	4020
淳安县千岛湖镇	35600	81837	63428	59292	1676123.0	2000	63336
淳安县文昌镇	22100	12421	8719	5867	119126.0	400	2778
淳安县石林镇	14400	4596	2987	1482	4254.0	100	950
淳安县临岐镇	22200	19714	12896	6032	104763.0	63	5600
淳安县威坪镇	30100	48422	39070	24877	211460.0	20	11206
淳安县姜家镇	20600	24013	17907	9471	113960.0	210	3892
淳安县梓桐镇	15600	18154	13648	6413	111189.0	270	3778
淳安县汾口镇	23700	52996	38384	23581	352435.0	300	9073
淳安县中洲镇	16600	18458	12177	7900	16655.0	55	3334
淳安县大墅镇	16300	13750	9296	4994	203213.0	300	4526
淳安县枫树岭镇	30800	17677	12581	5959	119570.0	54	2592
淳安县里商乡	27600	10251	6997	4269	10342.0	24	573
淳安县金峰乡	15000	4972	3472	2220	6508.0	240	724
淳安县富文乡	15100	6304	4316	2558	4138.0	150	812
淳安县左口乡	17500	10678	6497	4675	8061.0	212	734
淳安县屏门乡	16300	11510	7760	3958	12134.0	368	1288
淳安县瑶山乡	12800	9370	6064	3063	10516.0	445	1192
淳安县王阜乡	16800	17673	11186	5583	11422.0	425	1355
淳安县宋村乡	8500	5750	3917	2359	3499.0	380	1011
淳安县鸠坑乡	10400	7286	4878	2444	9870.0	386	1203
淳安县浪川乡	10900	18083	11869	6113	34464.0	190	1351
淳安县界首乡	12100	8335	5455	2745	4843.0	310	1047
淳安县安阳乡	14600	11087	7408	3883	17816.0	10	478
建德市莲花镇	8742	10809	6144	2207	66270.0	99	2000
建德市乾潭镇	38600	45801	28251	20451	1070000.0	400	16508
建德市梅城镇	15800	53088	28873	25022	988700.0	757	27087
建德市杨村桥镇	13320	19711	11353	5049	258704.0	188	4062

续表 153　　（浙江省）　　计算单位：公顷、人、万元

名　　称	行政区域面　积	常住人口	从业人员	二三产业从业人员	工　业总产值	城镇建成区 面 积	城镇建成区常住人口
建德市下涯镇	15841	25918	19462	13262	691966.0	860	3985
建德市大洋镇	24126	33396	19533	11496	359220.0	130	4586
建德市三都镇	18300	26768	14359	6343	267478.0	68	3355
建德市寿昌镇	14575	51659	22492	16858	436369.0	439	18892
建德市航头镇	15780	30542	19597	9356	154348.0	87	5689
建德市大慈岩镇	9310	19683	11891	7435	259300.0	68	2310
建德市大同镇	15665	54565	36542	22746	370481.0	95	9009
建德市李家镇	10500	19667	11316	5938	225800.0	100	3600
建德市钦堂乡	5700	8230	5196	3589	204182.0	58	1820
富阳市万市镇	15510	22861	13954	9613	143523.0	200	2765
富阳市洞桥镇	14760	18304	11884	7145	151186.0	125	2282
富阳市渌渚镇	8320	16175	10750	6642	202246.0	100	1315
富阳市永昌镇	4950	10837	6286	3709	159968.0	250	3256
富阳市里山镇	2540	10200	6206	4109	130120.0	80	3299
富阳市常绿镇	4930	15393	8951	6917	71677.0	13	3830
富阳市场口镇	5840	42179	25387	14325	256304.0	300	6259
富阳市常安镇	6330	25227	15453	8270	98564.0	2345	2345
富阳市龙门镇	2720	8202	5162	4760	30790.0	252	6023
富阳市新登镇	17990	104312	65153	53343	2790320.0	1000	68830
富阳市胥口镇	6800	17985	9994	5541	226626.0	400	2981
富阳市大源镇	10500	37078	28143	23641	1352141.0	540	10219
富阳市灵桥镇	5590	28050	15965	13460	1086739.0	580	8746
富阳市新桐乡	4700	11593	7693	4208	140410.0	250	3663
富阳市上官乡	2710	8617	4541	3322	156128.0	34	1944
富阳市环山乡	3850	12300	7363	5483	628393.0	172	1095
富阳市湖源乡	12780	10788	8472	5049	63497.0	11	1189
富阳市春建乡	4470	8816	5845	2691	95145.0	1170	2306
富阳市渔山乡	3679	13328	8812	7224	161754.0	40	3720
临安市高虹镇	11180	24577	17676	14167	602100.0	600	13048
临安市太湖源镇	24040	32682	22975	15283	744055.0	400	3074
临安市於潜镇	26120	56627	31478	27562	476076.0	400	21221
临安市太阳镇	20520	24018	16669	11013	377570.0	400	7112
临安市潜川镇	17550	21056	15650	11152	232206.0	400	2831
临安市昌化镇	23170	25267	11260	8250	365200.0	200	16613
临安市河桥镇	18880	14533	10839	5216	129918.0	1700	3138
临安市湍口镇	20650	11733	9276	3373	30883.0	200	3130
临安市清凉峰镇	28860	28115	19170	14990	231800.0	70	2009
临安市岛石镇	13910	26265	16809	5960	88114.0	510	4433
临安市板桥镇	13860	27322	14156	11990	390000.0	290	2461
临安市天目山镇	24180	35225	20354	12514	510078.0	300	3075
临安市龙岗镇	26120	22681	14944	10914	388924.0	1680	5626
宁波市江北区慈城镇	10230	88627	57608	53911	2491040.0	959	30385
北仑区白峰镇	11040	41429	25899	19890	926800.0	264	29962
北仑区春晓镇	7500	19467	14660	11317	987000.0	150	9125
北仑区梅山乡	3280	13476	11508	6855	22000.0		
镇海区澥浦镇	2930	36466	19088	17028	586970.0	351	12458
镇海区九龙湖镇	6530	33123	20560	16965	759785.0	580	15800
鄞州区瞻岐镇	9400	26856	15723	12477	255362.0	300	10582
鄞州区咸祥镇	5400	31075	19328	13512	437635.0	850	13241
鄞州区塘溪镇	9400	30125	29391	27104	385624.0	216	12530

续表 154　　　　（浙江省）　　　　计算单位：公顷、人、万元

名　　称	行政区域面　　积	常住人口	从业人员	二三产业从业人员	工　业总产值	城镇建成区　面　积	城镇建成区常住人口
鄞州区东钱湖镇	12970	65769	42236	40628	749100.0	650	36090
鄞州区东吴镇	8000	27907	17007	15864	1023969.6	460	11020
鄞州区五乡镇	4800	63459	37686	35934	2178400.0	4800	63459
鄞州区邱隘镇	2300	74573	40359	39143	717000.0	1120	48612
鄞州区云龙镇	4000	54484	34350	32058	2090038.0	250	6935
鄞州区横溪镇	9200	35405	19846	18662	762300.0	2500	21316
鄞州区姜山镇	8800	121381	64616	57243	4414800.0	660	44012
鄞州区高桥镇	5300	78459	61702	61270	1985800.0	1000	13459
鄞州区横街镇	12170	45053	27662	24314	1202000.0	544	15015
鄞州区集士港镇	4900	65192	37115	33490	1914260.0	700	33965
鄞州区古林镇	4700	67560	61641	58285	2395109.0	300	16105
鄞州区洞桥镇	3100	33608	16267	14141	844400.0	310	10682
鄞州区鄞江镇	6443	29301	15330	12770	192950.0	320	16190
鄞州区章水镇	14600	24786	13304	8094	120800.0	300	7628
鄞州区龙观乡	7300	10900	10200	8400	124500.0		
象山县石浦镇	12610	100478	77450	66193	1012897.0	1100	68905
象山县西周镇	15500	48991	42513	36963	1665035.0	600	32668
象山县鹤浦镇	10200	29619	20414	9665	205996.0	880	9380
象山县贤庠镇	6619	25201	18985	12861	308000.0	250	10998
象山县墙头镇	8700	20200	14029	7794	310000.0	196	3350
象山县泗洲头镇	8400	15814	9484	4796	201321.0	70	2996
象山县定塘镇	5950	28128	18908	8187	48601.0	18	1267
象山县涂茨镇	6200	14341	8203	5440	158463.0	250	2816
象山县大徐镇	5580	16732	10960	7840	330000.0	52	3109
象山县新桥镇	12600	20719	13980	9004	170314.0	40	3368
象山县东陈乡	5700	23109	15894	10180	482101.0	98	2356
象山县晓塘乡	4550	17763	14088	6450	105000.0	1002	6485
象山县黄避岙乡	4350	9371	7057	2979	152983.0	59	1917
象山县茅洋乡	4800	14282	9916	5233	159766.0	58	1534
象山县高塘岛乡	5800	18908	12527	3251	36000.0	68	3578
宁海县长街镇	27220	60145	38618	25718	311540.0	500	14248
宁海县力洋镇	16030	32623	21247	11697	182295.0	950	8000
宁海县一市镇	10800	15396	10587	3137	60000.0	140	2688
宁海县岔路镇	10800	21003	12966	8626	150725.0	300	6668
宁海县前童镇	6870	24891	15029	12360	140000.0	96	6090
宁海县桑洲镇	5870	17944	11306	10193	23000.0	100	3114
宁海县黄坛镇	18780	24768	16320	13401	805805.0	400	7647
宁海县大佳何镇	7560	17597	10870	7526	184885.0	170	7563
宁海县强蛟镇	6528	15096	9605	8233	452186.0	130	4491
宁海县西店镇	10230	81906	57758	51417	1901020.0	971	50018
宁海县深甽镇	17280	28760	20028	15617	288400.0	400	7371
宁海县胡陈乡	9690	17473	11894	8156	37500.0	140	1626
宁海县茶院乡	7840	17633	11299	7828	97800.0	62	6498
宁海县越溪乡	8990	18646	11172	7763	42332.0	41	1504
余姚市临山镇	4970	58551	30501	26848	1152838.0	240	6535
余姚市黄家埠镇	4108	45109	30223	24762	1513078.0	442	7083
余姚市小曹娥镇	3340	29476	20393	14564	1552832.0	344	6930
余姚市泗门镇	6630	109856	65952	62597	1768079.0	1600	76766
余姚市马渚镇	6584	61975	34951	29466	994790.0	395	12091
余姚市牟山镇	3850	22270	13494	11933	419054.0	189	8993

续表 155　　（浙江省）　　计算单位：公顷、人、万元

名　称	行政区域面　积	常住人口	从业人员	二三产业从业人员	工　业总产值	城镇建成区　面　积	城镇建成区常住人口
余姚市丈亭镇	5540	42567	23284	20883	834277.0	1000	18385
余姚市三七市镇	6852	40557	21172	16886	656666.0	314	15490
余姚市河姆渡镇	6502	32779	14203	10963	803784.0	100	5518
余姚市大隐镇	3079	11837	6292	5783	152467.0	746	6896
余姚市陆埠镇	11870	54084	33665	27639	1224819.0	480	19527
余姚市梁弄镇	9450	33080	19067	14909	285421.0	500	15300
余姚市大岚镇	6340	8067	6870	2944	56600.0	12	938
余姚市四明山镇	12100	8952	6493	2586	44704.0	40	982
余姚市鹿亭乡	7050	14223	9163	5647	109800.0		
慈溪市掌起镇	6830	55668	34876	29460	1150000.0	260	20225
慈溪市观海卫镇	14600	150296	102137	94782	2712277.0	1300	95033
慈溪市附海镇	2120	34022	25246	22301	990140.0	320	4382
慈溪市桥头镇	4390	57136	26329	21702	1092269.2	323	6580
慈溪市匡堰镇	4200	35836	21704	18905	847452.0	144	8122
慈溪市逍林镇	2602	62020	46490	43099	1068861.0	832	52910
慈溪市新浦镇	5300	52493	32834	25769	1432887.9	420	19953
慈溪市胜山镇	2320	44332	32407	30273	607683.0	216	18520
慈溪市横河镇	8544	65305	40098	32423	1890099.6	623	30000
慈溪市崇寿镇	2000	39034	21639	18083	738627.6	250	13756
慈溪市庵东镇	17130	85097	55729	39042	1203240.0	450	20456
慈溪市长河镇	2730	48744	43398	38662	1453048.0	495	32691
慈溪市周巷镇	8258	179084	121366	107265	3580967.0	1500	105805
慈溪市龙山镇	14086	126231	79092	69683	2852703.0	1302	96308
奉化市溪口镇	38000	99022	63395	49700	516443.0	790	53033
奉化市尚田镇	15610	33969	23099	17585	440899.0	290	8936
奉化市莼湖镇	14532	62186	44886	30537	465831.0	280	12773
奉化市裘村镇	8620	25503	18547	14667	119890.0	2540	9346
奉化市大堰镇	13000	13895	7897	5503	32781.0	41	1642
奉化市松岙镇	7060	14926	13074	10312	456490.0	172	9315
鹿城区藤桥镇	15950	79634	60872	46554	81550.0	13	13202
瓯海区泽雅镇	14540	25103	16233	7621	155000.0	5381	16455
洞头县大门镇	3260	17140	10942	7903	324697.0	50	3715
洞头县鹿西乡	1020	6573	4226	2640	3890.0		
永嘉县桥头镇	9056	73363	51966	47201	501407.0	220	46550
永嘉县桥下镇	27660	93371	60854	47275	327159.8	2665	18871
永嘉县大若岩镇	9200	17530	9473	4461	7850.0	20	2955
永嘉县碧莲镇	17460	24717	17708	5364	8372.7	1800	17370
永嘉县巽宅镇	25390	27719	22234	14975	2500.0	300	3634
永嘉县岩头镇	22300	54582	19691	8437	2782.0	208	31908
永嘉县枫林镇	7360	23777	14660	7338	898.0	83	10030
永嘉县岩坦镇	55380	27747	26747	12737	3920.0	600	3621
永嘉县沙头镇	18045	42546	25903	17584	91823.5	211	3063
永嘉县鹤盛镇	26260	23986	15484	7627	1330.0	204	10542
平阳县昆阳镇	8990	128293	89943	77207	1177654.0	1079	72158
平阳县鳌江镇	19770	238740	186315	160549	1787022.0	1370	115346
平阳县水头镇	17980	169368	105334	88314	903762.0	780	58753
平阳县萧江镇	7960	115236	74918	50029	1317800.0	420	19329
平阳县腾蛟镇	8010	52213	33235	26410	352035.0	471	15812
平阳县山门镇	9860	34571	24563	14293	29793.0	400	5780
平阳县顺溪镇	10030	24478	12547	8987	4469.0	505	5932

续表 156　　(浙江省)　　计算单位：公顷、人、万元

名　称	行政区域面　积	常住人口	从业人员	二三产业从业人员	工　业总产值	城镇建成区　面　积	城镇建成区常住人口
平阳县南雁镇	4351	18083	12251	5224	31471.0	110	11720
平阳县万全镇	6480	75940	45356	29428	812100.0	700	11007
平阳县青街畲族乡	2180	6433	4694	3662		116	3850
苍南县灵溪镇	17140	321179	222053	186406	1543912.0	3800	175307
苍南县龙港镇	17210	442054	264151	226341	3782774.0	1987	258631
苍南县宜山镇	1324	50327	29641	29367	312878.0	300	23958
苍南县钱库镇	9509	151798	80197	67586	546115.0	779	67768
苍南县金乡镇	9250	100784	73497	59046	755600.0	735	39771
苍南县藻溪镇	7820	30529	24547	11700	48446.7	70	5306
苍南县桥墩镇	19110	59298	33114	15681	20690.0	76	11307
苍南县矾山镇	11395	48512	27787	20863	7499.5	381	28010
苍南县赤溪镇	9800	29103	20869	9258	9130.0	100	5958
苍南县马站镇	13715	79585	50370	27630	16800.0	258	24607
苍南县凤阳畲族乡	2100	3168	2743	1969			
苍南县岱岭畲族乡	2100	4827	2998	1430	600.0		
文成县大峃镇	15635	88305	56558	43726	140636.3	954	51697
文成县百丈漈镇	9050	21648	15144	9261	38409.4	160	2315
文成县南田镇	16200	28572	20236	12619	16965.0	2300	8832
文成县西坑畲族镇	13770	15078	9584	5852	9333.1	11	6005
文成县黄坦镇	19550	22936	14613	7624	10129.0	413	7187
文成县珊溪镇	15060	37092	26060	19214	25280.0	188	12285
文成县巨屿镇	5600	21209	12361	8820	105293.0	460	10193
文成县玉壶镇	18210	24280	15536	8116	25178.0	600	11602
文成县峃口镇	8790	19010	13101	6416	14920.0	87	2564
文成县周山畲族乡	1400	3204	1845	974	2166.0		
泰顺县罗阳镇	40980	89320	53038	40475	132435.0	1185	63410
泰顺县司前畲族镇	19930	17390	5056	3794	30495.0	45	5576
泰顺县百丈镇	16530	13008	8190	5681	2565.0	85	973
泰顺县筱村镇	17280	31790	29696	11101	5278.0	500	7083
泰顺县泗溪镇	18440	51110	26741	15535	6288.0	1560	9155
泰顺县彭溪镇	9400	16906	10699	7123	142752.0	32	3312
泰顺县雅阳镇	13080	26518	19588	15335	21750.1	190	6533
泰顺县仕阳镇	16490	42116	21832	11296	47200.0	125	11436
泰顺县三魁镇	18030	42113	33197	22718	16907.0	980	6205
泰顺县竹里畲族乡	4720	1500	1234	713	610.0	10	652
瑞安市塘下镇	8160	335664	215625	205121	3648980.0	1739	207135
瑞安市马屿镇	18940	146163	91525	59405	341771.0	1430	38197
瑞安市陶山镇	15160	133466	75899	46566	571600.0	260	12458
瑞安市湖岭镇	27990	85115	63560	41447	195272.0	581	42000
瑞安市高楼镇	27570	56733	37574	24998	43143.0	9348	46409
乐清市大荆镇	19780	120579	82456	61315	174681.0	560	15992
乐清市仙溪镇	13940	21531	15164	8210	1800.0	1500	11600
乐清市雁荡镇	7450	51684	29581	19984	43059.0	740	10415
乐清市芙蓉镇	15320	62793	36631	27862	310200.0	265	2755
乐清市清江镇	6634	59150	22517	13300	353100.0	210	15570
乐清市虹桥镇	11512	179102	103147	85019	2152568.0	1900	73738
乐清市淡溪镇	8560	48609	22495	15960	206143.0	222	11590
乐清市柳市镇	9200	279954	167504	157124	5938347.0	2320	159132
乐清市北白象镇	8320	149387	80912	68207	3767193.0	1140	61355
南湖区凤桥镇	8037	51197	28741	19732	913545.0	545	11940

续表 157　　　　（浙江省）　　　　计算单位：公顷、人、万元

名　　称	行政区域面　　积	常住人口	从业人员	二三产业从业人员	工　业总产值	城镇建成区 面 积	城镇建成区常住人口
南湖区余新镇	5972	53560	40515	35824	1003078.0	780	14992
南湖区新丰镇	6525	54689	34515	25419	1681618.0	640	28223
南湖区七星镇	3024	49826	26390	24913	393081.0	573	18888
南湖区大桥镇	8480	50841	50043	40863	2420764.0	1580	13384
秀洲区王江泾镇	12730	115956	60187	54528	2280000.0	920	60427
秀洲区油车港镇	5650	67298	41467	33321	614800.0	680	19722
秀洲区新塍镇	13310	98383	41959	30530	641921.0	605	20029
秀洲区王店镇	11590	89501	53993	45539	775236.0	581	30001
秀洲区洪合镇	5720	66832	52399	48326	426422.0	470	20168
嘉善县大云镇	2870	21178	20522	18361	729859.0	303	6288
嘉善县西塘镇	8290	74641	56723	49937	2030926.0	910	42543
嘉善县干窑镇	3708	37325	21748	18151	788805.0	310	10108
嘉善县陶庄镇	4580	29435	19088	16945	489476.0	200	8980
嘉善县姚庄镇	7540	56993	48733	44591	2664312.0	930	48009
嘉善县天凝镇	7560	66873	41237	33988	781153.0	470	15633
海盐县沈荡镇	6600	32254	22605	16927	561087.0	320	3556
海盐县百步镇	5924	33673	24184	20697	1080000.0	300	892
海盐县于城镇	4296	27915	17336	12783	354318.0	110	1500
海盐县澉浦镇	11540	37672	19948	13794	385646.0	605	7587
海盐县通元镇	6912	44138	28200	22859	558900.0	230	2503
海宁市许村镇	9110	114054	73150	65325	2484827.0	644	17155
海宁市长安镇	9190	81763	37963	29889	2703518.0	1198	58954
海宁市周王庙镇	5372	50162	29832	23897	672092.0	393	10715
海宁市丁桥镇	6070	44663	26080	22345	721728.0	100	3609
海宁市斜桥镇	6450	64141	40739	36285	1161524.0	586	6976
海宁市黄湾镇	8950	27360	15877	13422	1856135.0	964	21138
海宁市盐官镇	5602	60247	30563	25167	745111.0	580	13871
海宁市袁花镇	7750	53557	31893	26696	1643634.0	485	4098
平湖市乍浦镇	5440	80607	63919	62601	5449063.0	2010	32103
平湖市新埭镇	7730	74419	49346	45182	842557.0	476	15440
平湖市新仓镇	5750	53728	42337	40723	852224.0	755	21358
平湖市广陈镇	5490	38351	21873	17052	255439.0	130	7275
平湖市林埭镇	4850	38735	29394	22882	336480.0	250	8643
平湖市独山港镇	9340	108231	72453	69047	1924055.0	1197	34836
桐乡市乌镇镇	6720	70857	40296	34306	432540.0	685	13201
桐乡市濮院镇	6400	75836	57252	53370	717614.0	1240	47985
桐乡市屠甸镇	4111	35982	19394	15964	856873.0	290	5976
桐乡市石门镇	6323	54061	35341	28608	885649.0	496	14769
桐乡市河山镇	3930	28259	18240	16641	495181.0	210	6613
桐乡市洲泉镇	7340	65405	38429	33039	4954280.0	900	5689
桐乡市大麻镇	3264	35740	29198	25668	437445.0	361	2931
桐乡市崇福镇	10014	136673	83680	79496	2381737.0	1070	94076
桐乡市高桥镇	5502	47873	35738	29636	809067.0	456	8672
吴兴区织里镇	13010	306973	263721	255817	7302537.0	2100	197369
吴兴区八里店镇	12170	81435	41390	36779	2198900.0	986	19145
吴兴区妙西镇	10600	15529	8233	3342	351780.0	18	645
吴兴区埭溪镇	17360	37853	21122	16837	1075700.0	450	17776
吴兴区东林镇	7817	30494	18182	7132	643748.0	23	5300
吴兴区道场乡	6150	14872	7208	3974	161181.0		
南浔区南浔镇	14130	199318	108735	102732	4672310.0	3250	129800

续表 158　　　　(浙江省)　　　　计算单位：公顷、人、万元

名　称	行政区域面　积	常住人口	从业人员	二三产业从业人员	工　业总产值	城镇建成区　面　积	城镇建成区常住人口
南浔区双林镇	9960	86496	57798	50446	2370044.0	650	24795
南浔区练市镇	12430	90157	49835	43439	1623128.0	720	45112
南浔区善琏镇	5500	33377	20122	16251	676534.0	168	3864
南浔区旧馆镇	3140	20309	10739	9771	1291400.0	300	8000
南浔区菱湖镇	10680	64730	35405	22927	721257.0	700	23563
南浔区和孚镇	9695	48256	28411	23001	1223525.0	170	6992
南浔区千金镇	4200	18091	13160	11244	128180.0	81	4920
南浔区石淙镇	2500	14801	5048	3917	141715.0	100	867
德清县武康镇	25600	183516	111608	102215	5409525.0	2800	147305
德清县乾元镇	6690	57115	30439	27255	2001347.0	767	29593
德清县新市镇	9200	89962	61703	58138	3600000.0	1280	41356
德清县洛舍镇	4730	23001	16933	15507	857959.0	600	7063
德清县钟管镇	7800	47193	26184	21861	1915725.0	580	18021
德清县莫干山镇	9200	14756	10109	8558	140057.0	63	2650
德清县雷甸镇	5400	48439	31411	26608	2031589.0	150	5877
德清县禹越镇	3898	30219	18337	16300	945975.0	1034	610
德清县新安镇	5700	34865	20995	18300	1361004.0	150	1738
德清县筏头乡	10100	15790	9829	7617	173417.0	15	696
德清县三合乡	6250	21643	12802	10045	160582.0		
长兴县洪桥镇	7303	43857	26147	23047	826443.0	450	12350
长兴县李家巷镇	5310	28212	20070	18979	1355196.0	435	11683
长兴县夹浦镇	6560	30267	20386	18364	2810125.0	530	9800
长兴县林城镇	13590	56890	33818	25653	477764.0	400	7955
长兴县虹星桥镇	7210	36959	14413	12543	680500.0	280	6708
长兴县小浦镇	9650	28588	15296	11560	1014500.0	200	3244
长兴县煤山镇	8020	20381	14767	13899	1159722.0	280	12001
长兴县和平镇	18040	55191	30483	23478	1887591.0	680	12320
长兴县泗安镇	23496	89617	61657	53480	664000.0	900	33967
长兴县水口乡	7980	18643	11789	9815	219976.0	150	4392
长兴县吕山乡	3960	20850	13445	10595	74399.0	106	5661
长兴县白岘乡	4270	11078	7198	6326	281000.0	1	3780
长兴县槐坎乡	8310	16898	11072	9568	495000.0	151	2870
安吉县鄣吴镇	4950	11144	8037	7024	20089.0	40	2732
安吉县杭垓镇	26700	35063	19403	13010	120491.0	150	3700
安吉县孝丰镇	19100	53464	33750	31500	850000.0	450	22445
安吉县报福镇	15120	16804	9995	6041	81980.0	878	3468
安吉县章村镇	8920	15864	9692	8232	25000.0	54	3595
安吉县天荒坪镇	11023	22237	15269	14252	338947.0	180	6112
安吉县梅溪镇	19300	64538	50198	42164	412535.0	5	30125
安吉县天子湖镇	20000	41371	31195	22439	1010811.0	1110	13480
安吉县溪龙乡	3230	8580	5294	4797	202798.0		
安吉县上墅乡	7550	14031	8874	6940	97885.0	35	1938
安吉县山川乡	4670	5638	3559	2705	27103.0	2473	5638
越城区东湖镇	3050	55267	27336	19802	244617.0	150	10852
越城区灵芝镇	4280	70251	27303	25678	508654.0	100	10420
越城区东浦镇	3078	64658	28797	26930	250797.0	100	6913
越城区鉴湖镇	5030	26604	17256	12750	171075.0	77	7000
越城区皋埠镇	5928	53886	32611	25507	670176.0	760	12672
越城区马山镇	4400	55594	34664	29131	2221570.0	220	4280
越城区斗门镇	4300	71191	55191	49934	5615000.0	110	8393

续表 159　　（浙江省）　　计算单位：公顷、人、万元

名　　称	行政区域面　　积	常住人口	从业人员	二三产业从业人员	工　业总产值	城镇建成区 面 积	城镇建成区常住人口
越城区孙端镇	3130	37698	22584	18747	230734.0	450	6802
越城区富盛镇	7977	24592	14959	9661	105335.0	104	3136
越城区陶堰镇	2510	23609	12577	8812	327099.0	119	5085
柯桥区齐贤镇	4152	68915	54073	52591	5702876.0	2400	22876
柯桥区钱清镇	5450	149366	79186	76149	6151800.0	1350	107011
柯桥区福全镇	3980	66717	38150	36735	356960.0	16	2710
柯桥区马鞍镇	5970	135050	93135	88806	9119584.0	4700	38838
柯桥区平水镇	17320	49885	32453	25090	1013379.0	350	23582
柯桥区安昌镇	2410	64497	40442	38686	3044945.0	240	16024
柯桥区王坛镇	13790	33441	15256	10617	179843.0	93	4457
柯桥区兰亭镇	8290	42213	31979	28335	1941543.0	460	30150
柯桥区稽东镇	11140	32057	18091	12354	153910.0	80	5457
柯桥区杨汛桥镇	3780	62218	29562	28577	2545033.0	2897	35045
柯桥区漓渚镇	3660	30016	19907	16618	1068907.0	720	8381
柯桥区夏履镇	5100	22581	13292	11811	1149234.0	290	6081
上虞区道墟镇	4300	53724	37574	28306	2613798.0	290	18628
上虞区长塘镇	3730	13261	9035	6020	94281.0	29	2955
上虞区上浦镇	8660	25879	14624	9561	512233.0	200	5446
上虞区汤浦镇	6140	13509	12277	6609	925000.0	440	7759
上虞区章镇镇	14000	41905	23320	10710	580000.0	950	13580
上虞区下管镇	4800	11995	8123	3138	28954.0	240	4062
上虞区丰惠镇	11800	50672	36893	25384	889283.0	2100	21070
上虞区永和镇	3130	14630	9750	5651	167860.0	176	5078
上虞区梁湖镇	6260	29057	16083	11676	350558.0	75	10213
上虞区驿亭镇	5300	21517	12307	8297	484750.0	123	3613
上虞区小越镇	2950	39782	22500	19116	1131408.0	550	18723
上虞区谢塘镇	2800	28865	15592	11372	528200.0	252	8500
上虞区盖北镇	2200	40832	25837	7415	215100.0	73	4325
上虞区崧厦镇	8480	137250	95728	81322	2341216.0	1120	76860
上虞区沥海镇	5700	59745	33839	23043	757041.0	465	15024
上虞区岭南乡	5740	11470	6968	2456	300.0		
上虞区陈溪乡	4200	8612	6094	3494	21.2	22	1320
上虞区丁宅乡	4270	10416	6938	3030	90599.0	75	4590
新昌县澄潭镇	4400	18950	13307	8450	243001.0	150	2275
新昌县梅渚镇	3550	14710	10105	6544	453202.0	48	2055
新昌县回山镇	6270	16733	9836	3049	15278.0	21	4260
新昌县大市聚镇	10860	26510	17470	13320	606569.0	480	7680
新昌县小将镇	14500	13256	9277	3883	80263.0	260	2476
新昌县沙溪镇	11830	10730	7097	3849	125386.0	210	3718
新昌县镜岭镇	9500	24645	15169	9221	233383.0	810	3121
新昌县儒岙镇	13250	32605	22998	14387	358815.0	550	9852
新昌县城南乡	7700	17514	11120	8185	38730.0		
新昌县东茗乡	4800	10404	8069	3959	35478.0		
新昌县双彩乡	3550	10292	6557	3940	50470.0		
新昌县新林乡	6270	9140	5944	3124	16823.0		
新昌县巧英乡	7120	8413	5761	3661	129754.0		
诸暨市大唐镇	5380	54355	44069	41510	4704492.0	860	27985
诸暨市应店街镇	11790	46119	30306	22847	1080231.0	100	4918
诸暨市次坞镇	9720	38586	33724	27614	1888935.0	150	6300
诸暨市店口镇	10490	144821	84278	82136	8120117.0	1561	117056

续表 160　　(浙江省)　　计算单位：公顷、人、万元

名　　称	行政区域面　　积	常住人口	从业人员	二三产业从业人员	工　业总产值	城镇建成区 面 积	城镇建成区常住人口
诸暨市阮市镇	7040	41271	28286	24761	1329562.0	855	5808
诸暨市直埠镇	5830	26676	18366	14206	387937.0	620	8500
诸暨市江藻镇	4700	25334	17792	12224	241049.0	125	5862
诸暨市山下湖镇	4260	31211	18941	14516	1033881.0	1870	9618
诸暨市枫桥镇	16640	74744	44676	37798	1975665.0	1350	57765
诸暨市赵家镇	9400	32529	18817	8624	323055.0	140	5851
诸暨市马剑镇	11800	16891	10827	9560	107948.0	1350	1979
诸暨市五泄镇	3940	16071	9960	8588	351550.0	650	4325
诸暨市草塔镇	8400	44664	25861	24847	2136191.0	488	14006
诸暨市王家井镇	5250	34917	20586	14521	411061.0	145	4221
诸暨市牌头镇	8800	48925	31875	25589	2135854.0	560	29731
诸暨市同山镇	5500	16260	13910	13280	107758.0	200	7250
诸暨市安华镇	6183	33775	22440	15928	1065782.0	289	9750
诸暨市街亭镇	7900	18256	14179	11342	234809.0	1000	8081
诸暨市璜山镇	13169	37987	26458	19740	2456617.0	212	11039
诸暨市陈宅镇	7900	19031	11720	8475	62509.0	100	6956
诸暨市岭北镇	5972	12965	7985	6863	42893.3	400	3729
诸暨市浬浦镇	5700	19300	13748	10748	123720.0	700	3971
诸暨市东白湖镇	19840	31967	21305	14339	194309.0	140	6615
诸暨市东和乡	6340	16339	12718	8796	99692.0		
嵊州市甘霖镇	15950	87521	60295	43030	1734525.0	610	49198
嵊州市长乐镇	20480	71824	46451	36891	1022644.0	490	32641
嵊州市崇仁镇	14760	65506	61486	45368	812974.0	320	19430
嵊州市黄泽镇	9600	46256	26690	18569	401670.0	800	7354
嵊州市三界镇	15500	49638	33560	25130	669906.0	310	8680
嵊州市石璜镇	6300	25072	16349	12055	421500.0	5	7500
嵊州市谷来镇	10368	24176	15301	9888	19342.0	60	3311
嵊州市仙岩镇	7314	10098	6782	4510	251570.0	200	1159
嵊州市金庭镇	7250	20263	14465	8951	73500.0	85	4930
嵊州市北漳镇	8900	13015	11840	7621	47432.0	320	2832
嵊州市下王镇	4529	9832	9610	5109	42151.0	15	1672
嵊州市贵门乡	6860	9869	5735	1310	14666.0		
嵊州市里南乡	8440	9808	6780	3264	3525.0		
嵊州市竹溪乡	2880	3557	1490	380	36000.0	1650	3557
嵊州市雅璜乡	2660	2886	2881	565	42725.0		
嵊州市王院乡	3190	2986	2936	1619	13105.0		
嵊州市通源乡	4300	5106	3441	1401	8345.0		
婺城区罗店镇	7200	20580	13583	7409	72576.0	200	1500
婺城区雅畈镇	7590	20497	12477	5047	105890.0	94	6005
婺城区安地镇	13040	13150	10428	4660	4100.0	30	3280
婺城区白龙桥镇	9140	68603	35574	21667	1569065.0	1100	26532
婺城区琅琊镇	9800	18748	12956	6457	61200.0	138	4652
婺城区蒋堂镇	5550	26407	17354	11761	169840.0	365	6480
婺城区汤溪镇	10682	46483	29526	17309	405868.0	1063	10144
婺城区罗埠镇	4580	33889	21619	10735	271570.0	50	5175
婺城区洋埠镇	2730	12915	10118	7058	248600.0	140	2790
婺城区乾西乡	2400	32106	13027	7764	360103.0		
婺城区竹马乡	1958	11310	7201	3310	250924.0		
婺城区长山乡	6280	11470	8128	2838	29200.0		
婺城区箬阳乡	6280	1898	1026	164	3352.0		

续表 161 （浙江省） 计算单位：公顷、人、万元

名　　称	行政区域面积	常住人口	从业人员	二三产业从业人员	工业总产值	城镇建成区面积	城镇建成区常住人口
婺城区沙畈乡	18700	12571	8424	5078	13704.0		
婺城区塔石乡	11000	6985	5034	2908	5835.9		
婺城区岭上乡	3090	4710	3150	1630	2230.0		
婺城区莘畈乡	7304	3761	3534	2270	9640.0		
婺城区苏孟乡	4400	24380	18762	6179	6010.0		
金东区孝顺镇	15878	136861	82526	70046	1304238.0	740	70291
金东区傅村镇	3500	49688	23948	19850	884052.0	40	17305
金东区曹宅镇	9300	42242	27414	15321	422487.0	439	13530
金东区澧浦镇	9850	34842	21751	6966	111828.0	394	7000
金东区岭下镇	5800	14156	9983	6839	129350.0	400	4657
金东区江东镇	3450	11872	6989	2354	115999.0	310	2382
金东区塘雅镇	5300	29461	20059	9067	87297.0	7	5095
金东区赤松镇	5700	28629	19852	12571	154460.0	190	6160
金东区源东乡	4760	13315	9461	4083	2414.0		
武义县柳城畲族镇	17230	26188	15148	8816	37698.0	390	12289
武义县履坦镇	5060	14324	8905	6841	150400.0	64	5350
武义县桐琴镇	4690	49467	24493	21635	1453116.0	480	25592
武义县泉溪镇	8730	45808	30462	27642	850315.0	307	12105
武义县新宅镇	18120	10012	7804	5123	6190.0	200	2536
武义县王宅镇	10170	24087	16433	9205	320500.0	99	5320
武义县桃溪镇	10560	11580	7884	5616	11950.0	220	3513
武义县茭道镇	5790	15090	9895	8190	233251.0	80	4650
武义县大田乡	4770	10620	6798	3348	7402.0		
武义县白姆乡	10960	8160	6087	4309	19707.0		
武义县俞源乡	6460	11060	7046	4341	19140.0		
武义县坦洪乡	3660	5100	3622	2616	6700.0		
武义县西联乡	12230	6351	3410	1463	3620.0		
武义县三港乡	4773	2451	1548	601	961.0		
武义县大溪口乡	7530	1847	1202	422	851.0		
浦江县黄宅镇	6649	77008	35510	26750	577600.0	800	20950
浦江县白马镇	5940	27955	18350	13764	476503.0	500	11667
浦江县郑家坞镇	2496	11148	8519	7495	535148.0	590	6580
浦江县郑宅镇	4108	30561	16888	12208	468000.0	150	6808
浦江县岩头镇	4910	20169	17299	13277	82580.0	280	4600
浦江县檀溪镇	10944	15820	9110	4460	15000.0	450	3705
浦江县杭坪镇	9792	17311	10749	4559	2000.0	1116	2893
浦江县大畈乡	9001	8604	5961	3754	10248.0		
浦江县中余乡	4440	12598	7000	4235	60359.0		
浦江县前吴乡	6345	12895	10428	3887	34000.0		
浦江县花桥乡	4834	8929	5182	2097	3828.0		
浦江县虞宅乡	5695	9396	7169	5329	39300.0		
磐安县安文镇	12800	36852	10630	7269	239825.0	479	35528
磐安县新渥镇	5300	15400	12258	4688	48283.0	410	1489
磐安县尖山镇	3980	13142	7908	3453	305138.0	420	6371
磐安县仁川镇	10700	15042	8201	3300	37664.0	1300	3569
磐安县大盘镇	7100	7522	4466	1194	16037.0	213	3958
磐安县方前镇	12600	9736	6767	1970	73155.0	500	1323
磐安县玉山镇	6240	16364	9473	5591	48100.0	152	3621
磐安县尚湖镇	10800	16741	9455	2677	57870.0	190	2685
磐安县冷水镇	4100	9071	6005	2204	80348.0	39	1735

续表 162 （浙江省） 计算单位：公顷、人、万元

名　　称	行政区域面　　积	常住人口	从业人员	二三产业从业人员	工　业总产值	城镇建成区 面 积	城镇建成区常住人口
磐安县深泽乡	4409	14151	8061	4754	53000.0		
磐安县双峰乡	4050	5104	3414	1360	9192.0		
磐安县双溪乡	5600	6654	3876	974	31974.0		
磐安县窈川乡	4200	4015	2824	1831	12000.0		
磐安县盘峰乡	4130	3637	2406	1363	7980.0		
磐安县高二乡	4960	3758	2842	1144	6498.4		
磐安县维新乡	5100	2610	1547	694	16637.0		
磐安县胡宅乡	3750	10923	7332	1832	20645.0		
磐安县万苍乡	3741	9145	6540	1065	25295.0		
磐安县九和乡	5600	5490	4500	1928	13000.0		
兰溪市游埠镇	6530	38545	25542	18834	378086.0	244	14245
兰溪市诸葛镇	4890	26995	12891	9614	338728.0	120	7955
兰溪市黄店镇	13530	32371	19864	13699	102265.0	163	3875
兰溪市香溪镇	7700	36100	20257	8778	164005.0	100	7265
兰溪市马涧镇	15900	46920	28370	15570	136532.0	300	4352
兰溪市梅江镇	12540	41664	22137	9734	221049.0	100	4324
兰溪市横溪镇	8260	25727	15217	10739	155000.0	1830	10276
兰溪市灵洞乡	7020	21730	10080	7073	675493.0		
兰溪市水亭畲族乡	4580	18563	11864	7967	174055.0		
兰溪市柏社乡	12160	29158	18795	8447	18740.0		
义乌市佛堂镇	13410	147238	89691	81809	2299592.0	1512	104539
义乌市赤岸镇	14998	34063	22885	19240	365023.0	289	7353
义乌市义亭镇	5400	89028	56022	43990	1170892.0	500	40587
义乌市上溪镇	10280	76526	41630	29965	850301.0	790	35036
义乌市苏溪镇	10910	71879	51971	47779	1573460.0	1030	47656
义乌市大陈镇	13600	66181	56261	51852	659325.0	500	14645
东阳市巍山镇	17800	85012	50439	39117	561200.0	680	21956
东阳市虎鹿镇	9700	30700	25037	14044	81987.0	700	10386
东阳市歌山镇	6400	42412	26919	18259	390148.0	71	12902
东阳市佐村镇	15400	25776	17114	9202	33870.0	75	4008
东阳市东阳江镇	14000	23420	15679	9639	66673.0	340	7377
东阳市湖溪镇	9800	41306	38004	12424	230500.0	500	17213
东阳市马宅镇	11200	24899	17364	13466	41689.0	200	3230
东阳市千祥镇	10400	49890	43620	27080	50619.0	95	35000
东阳市南马镇	10300	86579	48898	38710	1032269.0	601	41985
东阳市画水镇	12000	47395	30980	16680	298500.0	225	17600
东阳市横店镇	12100	165408	111952	107132	2568000.0	1370	127067
东阳市三单乡	8900	11712	7088	3549			
永康市石柱镇	6540	39515	21161	16533	458400.0	135	7842
永康市前仓镇	7910	23099	17924	10163	126647.0	720	2895
永康市舟山镇	7770	22456	14495	7997	3800.0	150	3234
永康市古山镇	4910	88970	49191	44926	1042067.0	500	26486
永康市方岩镇	6713	33591	22368	21340	320014.0	60	11902
永康市龙山镇	5470	54041	22190	16990	508700.0	267	13494
永康市西溪镇	8600	27530	18821	10831	224168.0	246	8176
永康市象珠镇	8500	54246	29575	24438	410212.0	318	35028
永康市唐先镇	8600	43850	27527	20804	221644.0	220	9992
永康市花街镇	11280	26561	18238	12993	689000.0	188	3561
永康市芝英镇	6800	57168	35670	28128	1303271.0	840	12993
柯城区石梁镇	11959	29748	17495	7435	33341.0	120	7785

续表 163　　（浙江省）　　计算单位：公顷、人、万元

名　　称	行政区域面　积	常住人口	从业人员	二三产业从业人员	工　业总产值	城镇建成区 面 积	城镇建成区常住人口
柯城区航埠镇	6640	51952	28620	24140	157091.0	600	19209
柯城区黄家乡	3100	18191	12374	9279	2645.0		
柯城区七里乡	6020	5421	3025	1324	1738.0		
柯城区九华乡	8120	19207	14711	5943	5216.0		
柯城区沟溪乡	4450	15104	9373	4552	6375.0		
柯城区华墅乡	4500	15476	9462	3884	5216.0		
柯城区姜家山乡	1450	11144	6741	2341	30200.0		
柯城区万田乡	2520	19012	10693	5092	24699.0		
柯城区石室乡	4260	16125	9546	5837	90085.0		
衢江区上方镇	15750	28855	19392	10983	202352.0	100	3542
衢江区峡川镇	6380	13152	9318	3132	40093.0	250	3679
衢江区莲花镇	7200	34749	16949	5487	28726.0	400	1653
衢江区全旺镇	9810	23192	14107	5810	15965.0	125	4168
衢江区大洲镇	14640	14976	9690	5726	59366.0	60	4130
衢江区后溪镇	6360	25179	14077	4967	17500.0	170	2841
衢江区廿里镇	6130	33785	19700	11046	300601.0	150	9613
衢江区湖南镇	13700	10405	6892	2534	21924.0	120	2068
衢江区高家镇	12780	51286	30907	14350	101682.0	276	4324
衢江区杜泽镇	10690	25330	17915	6565	21280.0	450	7359
衢江区灰坪乡	5360	2461	1912	921	2937.0		
衢江区太真乡	5070	5255	3644	2024	2805.0		
衢江区双桥乡	3930	2713	1990	889	4543.0		
衢江区周家乡	3970	14277	8000	3214	2821.0		
衢江区云溪乡	4620	24822	15863	6307	50522.0		
衢江区举村乡	7740	2695	1577	690	1600.0		
衢江区岭洋乡	15596	5451	3211	1856	8500.0		
衢江区黄坛口乡	14650	6860	4221	1892	6877.0		
常山县白石镇	4620	9456	5890	3569	22737.0	150	2850
常山县招贤镇	6980	32622	22835	16413	73197.0	400	4900
常山县青石镇	7870	33650	20108	12192	105730.0	160	1053
常山县球川镇	12950	35657	22683	15651	74338.0	110	13193
常山县辉埠镇	12710	31367	20994	14528	585488.0	550	4316
常山县芳村镇	14870	25520	17204	9965	32478.0	210	6265
常山县何家乡	5690	12838	8038	4888	24419.0		
常山县同弓乡	3850	10617	6714	4466	9935.0		
常山县大桥头乡	4990	13581	9248	6159	48967.0		
常山县新昌乡	11060	12909	9019	4961	9226.0		
常山县东案乡	6880	14188	8326	4483	40322.0		
开化县桐村镇	12320	17341	13424	9486	74100.0	200	3430
开化县杨林镇	13910	15639	7604	4092	10688.0	21	1382
开化县苏庄镇	23332	16549	14902	9242	44913.0	1520	1624
开化县齐溪镇	12810	7030	5760	2000	150.0	500	388
开化县村头镇	7201	17874	13564	11125	39972.0	35	3849
开化县华埠镇	43220	117189	43721	25852	736792.0	672	66253
开化县马金镇	18554	44281	27089	13427	48806.0	740	15575
开化县池淮镇	23240	25970	20216	3646	112988.0	250	6200
开化县中村乡	9460	9230	7710	4700	4320.0		
开化县长虹乡	13680	10252	9112	3526	4886.0		
开化县何田乡	10790	9988	7991	4742	3000.0		
开化县林山乡	16700	18094	14100	9300	1500.0		

续表 164　　（浙江省）　　计算单位：公顷、人、万元

名　称	行政区域面积	常住人口	从业人员	二三产业从业人员	工业总产值	城镇建成区面积	城镇建成区常住人口
开化县音坑乡	9960	20666	18000	10000	21378.0		
开化县大溪边乡	8450	13842	4804	1715	10886.0	1520	13842
龙游县湖镇镇	10160	52286	31164	18702	837443.0	429	31953
龙游县小南海镇	8360	30446	18317	9245	127959.0	200	3246
龙游县詹家镇	5589	26114	17356	9912	47112.0	500	8056
龙游县溪口镇	11300	23858	14370	9491	108130.0	280	14025
龙游县横山镇	8920	30460	18044	7461	101289.0	300	3308
龙游县塔石镇	8020	39550	30169	17110	95681.0	100	3715
龙游县罗家乡	5800	9729	6900	2800	22752.0		
龙游县庙下乡	8090	12986	9094	5043	3476.0		
龙游县石佛乡	6800	17863	10031	4730	84119.0		
龙游县社阳乡	9600	9011	5714	2436	12071.0		
龙游县大街乡	4480	6503	4791	2888	3250.0		
龙游县沐尘畲族乡	8070	9575	6313	2951	2168.8		
龙游县模环乡	7730	29836	17461	8555	42800.0		
江山市四都镇	4260	15009	7936	4348	170000.0	1700	3689
江山市清湖镇	7150	37552	27041	18403	384076.0	980	7156
江山市坛石镇	12395	25197	14943	9621	44139.0	1940	9272
江山市大桥镇	8052	12596	9714	7243	49800.0	712	3984
江山市新塘边镇	4788	26498	16705	11666	78983.0	40	4814
江山市廿八都镇	18694	10431	6718	4030	1933.0	200	3961
江山市长台镇	6238	16659	10870	7418	95635.0	230	5586
江山市上余镇	15457	36104	23300	16405	111324.0	1000	10435
江山市凤林镇	8986	37334	24417	16967	63143.0	121	10215
江山市峡口镇	20482	40573	24995	16378	230025.0	370	20562
江山市石门镇	9561	33249	20745	13733	65344.0	1970	7200
江山市贺村镇	13064	94159	57806	46860	1318000.0	850	36753
江山市大陈乡	3071	7075	4314	3018	1900.0		
江山市碗窑乡	10535	16736	10713	7351	33575.0		
江山市保安乡	7549	5377	3256	2159	8796.0		
江山市塘源口乡	10534	9941	7390	4210	1198.0		
江山市张村乡	27492	9552	6275	3514	1795.0		
定海区金塘镇	8820	48650	32667	28943	463170.0	550	32884
定海区白泉镇	8750	46131	29523	23169	420338.0	390	14380
定海区干览镇	2350	12480	7356	5582	301339.0	61	5372
舟山市普陀区六横镇	11880	58790	45340	33006	1918229.0	740	34194
舟山市普陀区虾峙镇	2290	15318	7818	4078	163949.0	8	8537
舟山市普陀区桃花镇	4170	12834	9161	4137	25781.0	950	2912
舟山市普陀区东极镇	1170	1938	758	298	1200.0	67	1930
舟山市普陀区普陀山镇	1250	5132	3475	3461		1250	5132
岱山县高亭镇	5080	89050	53818	45560	530638.0	778	48947
岱山县东沙镇	2300	17028	12230	11310	420278.0	400	9260
岱山县岱东镇	2290	13190	9132	6764	67526.0	470	3230
岱山县岱西镇	3140	10669	8744	6671	369539.0	200	3753
岱山县长涂镇	6420	13104	9740	7782	1405582.0	341	4946
岱山县衢山镇	7360	60801	32403	15600	216151.0	580	29101
岱山县秀山乡	2300	9531	7931	7076	872351.0		
嵊泗县菜园镇	3300	39567	26937	23644	72500.0	228	17301
嵊泗县嵊山镇	800	6956	4967	2479	21145.0	80	6598
嵊泗县洋山镇	2100	9720	6227	4292	25508.0	350	9200

续表 165　　　　（浙江省）　　　　计算单位：公顷、人、万元

名　　称	行政区域面　　积	常住人口	从业人员	二三产业从业人员	工　业总产值	城镇建成区 面 积	城镇建成区常住人口
嵊泗县五龙乡	600	3732	2446	838	10076.0		
嵊泗县黄龙乡	700	8384	3054	669	35018.0		
嵊泗县枸杞乡	160662	7820	5135	1430	29720.9		
嵊泗县花鸟乡	400	622	361	134	424.0		
椒江区大陈镇	1605	2527	2201	775	3555.7	265	1625
黄岩区宁溪镇	9000	29925	20034	14343	155717.0	260	8695
黄岩区北洋镇	6100	32046	18723	8647	68545.0	30	5261
黄岩区头陀镇	5850	32147	25731	17410	101500.0	150	7671
黄岩区院桥镇	7840	76270	51515	35975	509400.0	410	18810
黄岩区沙埠镇	4400	24218	15925	11442	104693.0	50	5445
黄岩区屿头乡	9900	11872	8087	6165	10725.0		
黄岩区上郑乡	7900	11780	8431	7451	642.0		
黄岩区富山乡	5500	8156	5537	3523	164.0		
黄岩区茅畲乡	3032	13333	6796	3605	9548.0		
黄岩区上垟乡	6400	15806	10315	5623	948.0	35	3312
黄岩区平田乡	4030	9452	5337	1817	27.0		
路桥区新桥镇	1380	28396	16294	15166	836437.0	268	5581
路桥区横街镇	1490	28630	17179	16521	1151064.0	330	6312
路桥区金清镇	8140	138748	63377	53499	1269200.0	575	13425
路桥区蓬街镇	4520	68733	36731	29734	285915.0	269	7526
玉环县清港镇	5470	81171	60884	55846	1307297.0	410	30635
玉环县楚门镇	3750	117412	71891	67339	1971036.0	1100	86907
玉环县干江镇	2930	26165	16815	13187	194826.0	159	4963
玉环县沙门镇	3890	39650	29762	26541	709413.0	998	4538
玉环县芦浦镇	1970	39261	32357	29537	538600.0	116	3965
玉环县龙溪镇	3170	28858	21084	19609	721545.0	150	2698
玉环县鸡山乡	881	3330	1685	270	9687.0		
玉环县海山乡	830	7656	3318	1453	176.0		
三门县珠岙镇	8320	41228	27723	23937	451373.0	85	7210
三门县亭旁镇	13100	46690	31041	23876	85712.0	350	8742
三门县健跳镇	16320	62505	42482	29662	431488.0	216	12132
三门县横渡镇	11370	12791	8184	5904	3815.0	200	2547
三门县浦坝港镇	25320	97985	62071	40270	393800.0		
三门县花桥镇	8305	23288	14853	9571	22138.0	101	7146
三门县蛇蟠乡	1970	2983	1942	669			
天台县白鹤镇	14330	62203	36846	21965	346795.0	250	7384
天台县石梁镇	15860	14885	9764	6599	2033.0	180	1383
天台县街头镇	14273	38168	24870	16985	21152.0	250	5136
天台县平桥镇	18177	107370	72473	57108	355104.0	459	22868
天台县坦头镇	8280	37789	24759	18413	520000.0	800	10885
天台县三合镇	5970	39547	21775	16398	334000.0	200	7380
天台县洪畴镇	4060	17288	10267	8497	210800.0	250	7088
天台县三州乡	4350	9198	5780	2784			
天台县龙溪乡	6570	5657	4537	3092	620.0		
天台县雷峰乡	7990	14068	9396	6388	220.0		
天台县南屏乡	5100	8541	5585	3935	1900.0		
天台县泳溪乡	7780	12489	8680	5540	480.0		
仙居县横溪镇	21100	48621	28065	20306	92438.0	470	34620
仙居县埠头镇	6970	16842	11065	8815	21723.0	110	8814
仙居县白塔镇	10702	40878	24640	18368	72179.0	350	12604

续表 166　　（浙江省）　　计算单位：公顷、人、万元

名　　称	行政区域面　积	常住人口	从业人员	二三产业从业人员	工　业总产值	城镇建成区 面 积	城镇建成区常住人口
仙居县田市镇	9258	26850	16398	12585	21484.0	240	8042
仙居县官路镇	8000	22889	14768	10340	58384.0	40	4342
仙居县下各镇	8950	53673	31253	23305	152224.0	92	10950
仙居县朱溪镇	18250	23705	15966	12023	2583.0	100	7315
仙居县安岭乡	4870	9114	6328	3817	902.0		
仙居县溪港乡	6274	5838	3686	2291			
仙居县湫山乡	13010	15278	10223	7760	3427.0		
仙居县淡竹乡	21150	12568	8012	5736	2908.0		
仙居县皤滩乡	7020	15530	9813	6708	14648.0		
仙居县上张乡	10280	10332	6922	5022	6608.0		
仙居县步路乡	7180	14178	9258	6747	12186.0		
仙居县广度乡	8250	9154	5447	3329	302.0		
仙居县大战乡	5910	15576	9393	6775	58625.0		
仙居县双庙乡	6090	10723	6509	4231	13850.0		
温岭市泽国镇	6320	229203	162599	156490	3616438.0	1390	64393
温岭市大溪镇	12950	121611	80378	74292	3080788.0	1010	71669
温岭市松门镇	8270	100260	63702	42750	1051302.0	862	46690
温岭市箬横镇	11790	140320	92018	60950	1148124.0	449	31789
温岭市新河镇	7140	121453	73463	55492	943749.0	705	39893
温岭市石塘镇	2820	69698	50893	28313	627825.0	190	11210
温岭市滨海镇	6170	73790	49481	28497	528094.0	589	17310
温岭市温峤镇	7750	58793	37094	27713	726694.0	323	17780
温岭市城南镇	10910	70435	44179	30799	322500.0	178	12072
温岭市石桥头镇	2840	29213	18741	12392	127990.0	119	9123
温岭市坞根镇	3470	24960	11378	7930	136160.0	155	6043
临海市汛桥镇	5300	18289	11795	7742	347551.0	380	4390
临海市东塍镇	16500	57371	37533	26966	650043.0	358	23997
临海市汇溪镇	5700	12419	7756	5614	21014.0	150	2650
临海市小芝镇	9000	34409	21628	15737	103210.0	40	5279
临海市河头镇	10000	31845	20145	11717	36300.0	120	4810
临海市白水洋镇	21700	72941	46498	32010	195473.0	500	30670
临海市括苍镇	15600	39087	26640	19458	86064.0	120	11852
临海市永丰镇	15600	49505	29490	19607	118015.0	120	7418
临海市尤溪镇	13600	19389	13032	8676	190250.0	275	7923
临海市涌泉镇	11200	49901	33601	21185	394472.0	487	12312
临海市沿江镇	8800	48111	29922	22906	350280.0	168	7250
临海市杜桥镇	18600	261459	155949	129828	2680700.0	600	112500
临海市上盘镇	9900	54080	33811	22186	544864.0	220	40625
临海市桃渚镇	12900	92872	58869	39199	73116.0	400	15105
莲都区碧湖镇	21599	58047	34518	15293	362022.0	504	27405
莲都区大港头镇	9088	12628	8000	3222	14156.0	63	3831
莲都区老竹畲族镇	8206	12680	7790	3946	597.0	13	2927
莲都区雅溪镇	15764	10259	6700	3200	1780.0	68	1982
莲都区太平乡	10534	20500	11326	6322	14622.0		
莲都区仙渡乡	6580	6371	4998	1587	790.0		
莲都区峰源乡	15114	5244	3498	1465	1114.0		
莲都区丽新畲族乡	7899	5925	5197	1418	5688.0		
莲都区黄村乡	10347	6379	3279	957	578.6		
青田县温溪镇	5800	66453	30544	29105	2633763.0	585	58715
青田县东源镇	8600	11360	6053	4655	232600.0	220	7120

续表 167　　（浙江省）　　计算单位：公顷、人、万元

名　　称	行政区域面　积	常住人口	从业人员	二三产业从业人员	工　业总产值	城镇建成区 面 积	城镇建成区常住人口
青田县高湖镇	8900	13225	6255	4200	131119.0	350	11043
青田县船寮镇	16600	34209	20489	9704	155423.0	400	6200
青田县海口镇	11200	11810	10539	6887	21500.0	200	3419
青田县腊口镇	9400	16922	11056	5944	120035.0	183	11025
青田县北山镇	24480	3890	2327	603	1310.0	68	1026
青田县山口镇	3830	8433	5604	4944	116072.0	150	7567
青田县仁庄镇	9300	5157	3062	915	2861.0	35	2368
青田县万山乡	2700	733	479	371	332.0		
青田县黄垟乡	4400	3003	1735	1043	97994.0		
青田县季宅乡	7500	6569	6469	4648	2320.0		
青田县高市乡	5200	3971	2950	1830	6123.0		
青田县海溪乡	3300	4392	2887	587	2745.0		
青田县章村乡	9900	8852	5234	3002	1068.0		
青田县祯旺乡	8400	2540	1445	857	512.0		
青田县祯埠乡	12800	7840	4515	2590	102957.0		
青田县舒桥乡	7400	8670	4835	1505	85.0		
青田县巨浦乡	9900	5995	2162	844	755.0		
青田县万阜乡	7530	3121	1655	794	313.0		
青田县方山乡	3700	5306	3015	447	985.0		
青田县汤垟乡	7900	3122	2053	1026	909.0		
青田县贵岙乡	6000	2026	1389	364	1052.0		
青田县小舟山乡	2500	1336	606	446	4650.0		
青田县吴坑乡	3600	4217	2205	1730	4133.0		
青田县仁宫乡	9100	6181	2475	1394	1650.0		
青田县章旦乡	3530	2430	1460	470	54.0		
青田县阜山乡	12000	10430	6560	1360	2800.0		
青田县石溪乡	2960	3812	2015	1655	6238.0		
缙云县壶镇镇	22800	110168	58279	45520	1730000.0	965	64072
缙云县新建镇	17366	48532	32243	23414	148667.0	275	19417
缙云县舒洪镇	6520	15651	10510	4904	173048.0	116	7586
缙云县大洋镇	16100	12109	7129	2490	1807.0	100	4976
缙云县东渡镇	12800	33881	20840	10210	187926.0	45	5375
缙云县东方镇	8100	24377	12279	6665	235388.0	750	18150
缙云县大源镇	8880	19700	13087	6830	2088.0	40	3543
缙云县七里乡	6140	10823	5997	2668	5802.0		
缙云县前路乡	4450	7044	4683	1840	1008.0		
缙云县三溪乡	4270	5423	3056	1268	1568.0		
缙云县溶江乡	5000	11698	7839	4744	2310.0		
缙云县双溪口乡	3500	11924	7448	4500	4870.0	220	3000
缙云县胡源乡	4450	13310	9195	5185	1925.0		
缙云县方溪乡	3300	4321	2805	1560	729.0		
缙云县石笕乡	5340	5211	3395	1817	551.0		
遂昌县新路湾镇	13600	11654	8925	1963	19591.0	110	1327
遂昌县北界镇	8300	6481	5455	1805	29754.0	15	2145
遂昌县金竹镇	14000	10538	8431	3030	19959.0	37	3220
遂昌县大柘镇	12300	13188	8959	3351	32689.0	150	7365
遂昌县石练镇	10900	13898	7706	2859	12694.0	892	5085
遂昌县王村口镇	16500	5596	5325	2321	15931.0	20	2589
遂昌县黄沙腰镇	16900	4401	3890	1579	2726.0	1	788
遂昌县三仁畲族乡	7900	8469	4061	1725	17981.0		

续表 168　　(浙江省)　　计算单位：公顷、人、万元

名　称	行政区域面积	常住人口	从业人员	二三产业从业人员	工业总产值	城镇建成区面积	城镇建成区常住人口
遂昌县濂竹乡	5500	4140	2635	1194	44098.0		
遂昌县应村乡	8300	8485	3368	1673	13649.0		
遂昌县高坪乡	4800	4661	3516	1129	650.6		
遂昌县湖山乡	18700	10017	6318	2666	18540.0		
遂昌县蔡源乡	5600	1904	1781	814	1264.0		
遂昌县焦滩乡	8500	2536	1409	537	6156.0		
遂昌县龙洋乡	14800	4120	2786	1604	6021.0		
遂昌县柘岱口乡	16900	7178	3553	1751	8060.0		
遂昌县西畈乡	13500	3186	1506	223	1286.0		
遂昌县垵口乡	16300	4727	4473	1938	4077.0		
松阳县古市镇	5000	17806	14061	6643	195357.0	360	9110
松阳县玉岩镇	14300	13974	8441	1401	7405.0	310	1360
松阳县象溪镇	12100	12450	9375	3395	71661.0	206	567
松阳县大东坝镇	21600	16718	10218	3090	16234.0	112	711
松阳县新兴镇	13700	22206	15545	5108	56315.0	103	1124
松阳县叶村乡	4200	5821	3980	1697	3713.0		
松阳县斋坛乡	2800	7210	5110	1300	15600.0		
松阳县三都乡	5800	8437	5540	3587	1381.0		
松阳县竹源乡	5000	6712	4588	473	955.0		
松阳县四都乡	4000	3690	2283	1117	1500.0		
松阳县赤寿乡	4800	10560	6990	2870	68000.0		
松阳县樟溪乡	3000	10373	10120	3770	1350.0		
松阳县枫坪乡	10000	8590	6041	1068	9707.0		
松阳县板桥畲族乡	3200	4901	3766	1826	5488.0		
松阳县裕溪乡	7600	6258	4157	2081	16254.0		
松阳县安民乡	8300	3643	2328	588	1200.0		
云和县崇头镇	22850	11345	8385	5501	22100.0	41	2750
云和县石塘镇	17890	8461	8412	3396	48485.0	100	510
云和县紧水滩镇	14760	8128	5461	4509	9505.0	250	419
云和县雾溪畲族乡	3330	2093	1402	863	2144.0		
云和县安溪畲族乡	3300	2077	1653	1008	984.0		
云和县赤石乡	12400	5746	5038	3618	580.0		
庆元县黄田镇	12580	12843	7369	1667	96828.0	1	1786
庆元县竹口镇	16400	11026	6728	4186	157698.0	112	3844
庆元县荷地镇	10270	2984	2760	791	122.0	568	1300
庆元县左溪镇	14100	2906	1866	821	5172.0	1	2906
庆元县贤良镇	7590	4990	3112	294	275.0	1	821
庆元县百山祖镇	19026	2085	1378	140	436.0	0	35
庆元县岭头乡	12050	4490	2805	1329	539.0		
庆元县五大堡乡	15800	5091	3407	517	583.0		
庆元县淤上乡	6080	7973	4566	1549	41097.0		
庆元县安南乡	8480	8071	3922	1450	70363.0		
庆元县张村乡	6620	1795	1118	139	6716.0		
庆元县隆宫乡	6790	6411	3967	1473	75600.0		
庆元县举水乡	8180	1787	1104	17	192.0		
庆元县江根乡	5820	1814	1606	785	143.0		
庆元县龙溪乡	4450	1178	755	298	726.0		
庆元县官塘乡	5350	1389	1008	199	289.0		
景宁畲族自治县渤海镇	10840	5215	3419	1119	181.0	1	1004
景宁畲族自治县东坑镇	17320	6338	5770	3315	41023.2	61	1989

续表 169　　　　（浙江省、安徽省）　　　　计算单位：公顷、人、万元

名　　称	行政区域面　积	常住人口	从业人员	二三产业从业人员	工　业总产值	城镇建成区 面 积	城镇建成区常住人口
景宁畲族自治县英川镇	13160	7920	5366	2764	9425.0	120	882
景宁畲族自治县沙湾镇	12270	12800	7955	5305	4010.0	100	2880
景宁畲族自治县大均乡	9670	2413	2133	1078	3016.0		
景宁畲族自治县澄照乡	8440	4950	3067	730	15550.0		
景宁畲族自治县梅岐乡	8680	1265	826	406	1360.0		
景宁畲族自治县郑坑乡	3350	3481	2104	909	50.0		
景宁畲族自治县大漈乡	5690	3152	1910	540	1510.0		
景宁畲族自治县景南乡	9500	4256	2487	808	3200.0		
景宁畲族自治县雁溪乡	5640	1835	1285	403	6410.0		
景宁畲族自治县鸬鹚乡	5780	3970	2506	1501	2450.0		
景宁畲族自治县梧桐乡	7600	3821	2291	1501	8610.0		
景宁畲族自治县标溪乡	4970	2298	1449	249	1010.0		
景宁畲族自治县毛垟乡	5692	2246	1707	562	4575.0		
景宁畲族自治县秋炉乡	5420	2703	1699	864	1223.0		
景宁畲族自治县大地乡	10500	2482	1538	540	812.0		
景宁畲族自治县家地乡	4960	1225	674	157	2815.0		
景宁畲族自治县九龙乡	20600	6740	4687	1787	2035.0		
龙泉市八都镇	14280	24574	14661	8374	135000.0	111	10223
龙泉市上垟镇	16200	16472	10199	3569	58000.0	162	3076
龙泉市小梅镇	10250	8448	6252	2423	51541.0	1	2279
龙泉市查田镇	12240	16337	9095	6403	152667.0	210	4103
龙泉市安仁镇	20800	23906	13250	8610	118363.0	2	9331
龙泉市锦溪镇	16200	9466	6485	2825	99335.0	1800	2605
龙泉市住龙镇	26970	5658	3710	1200	10021.0	98	2058
龙泉市屏南镇	28500	2061	2021	176	6200.0	400	1112
龙泉市兰巨乡	15600	13133	8840	3720	30787.0		
龙泉市宝溪乡	14800	5896	4384	1815	12850.0		
龙泉市竹垟畲族乡	10408	6695	4017	1231	4875.0		
龙泉市道太乡	35100	7700	6371	2234	2141.0		
龙泉市岩樟乡	10100	2688	1932	277			
龙泉市城北乡	23180	4134	1994	644	3175.0		
龙泉市龙南乡	20600	4519	3808	1230	3600.0		
安徽省							
瑶海区大兴镇	1570	56955	7996	6867	90295.0	120	32605
庐阳区大杨镇	3602	39712	39393	11873	532682.0	320	24711
庐阳区三十岗乡	3240	12434	8150	5251	13937.0		
蜀山区井岗镇	1900	125712	33547	32317	176900.0	150	125712
蜀山区南岗镇	3960	19014	6608	6057	990000.0	1200	17560
蜀山区小庙镇	20134	71865	60811	42351	245629.0	420	27503
包河区淝河镇	2650	98637	57627	54659	326820.0	5	865
包河区大圩镇	3792	25754	18916	14345	45261.0	49	12000
长丰县水湖镇	12930	121355	57989	19869	350000.0	850	62380
长丰县庄墓镇	4127	28416	14240	2900	41550.0	128	9466
长丰县杨庙镇	10200	40127	32942	16416	275000.0	320	10182
长丰县吴山镇	13100	34688	26660	12637	394360.0	500	15112
长丰县岗集镇	16100	55163	22021	12721	125000.0	826	19400
长丰县双墩镇	21900	103563	57131	43869	916497.0	1435	39443
长丰县下塘镇	23000	83125	52637	32659	351000.0	500	16435
长丰县朱巷镇	10500	28694	24279	19126	48755.0	375	11000
长丰县罗塘乡	13477	56242	23087	7666	186245.0		

续表 170 （安徽省） 计算单位：公顷、人、万元

名称	行政区域面积	常住人口	从业人员	二三产业从业人员	工业总产值	城镇建成区面积	城镇建成区常住人口
长丰县义井乡	9580	26700	14050	2229	8000.0	112	5027
长丰县陶楼乡	10500	28139	17100	9970	10864.0		
长丰县造甲乡	61282	32856	29600	3600	4200.0		
长丰县左店乡	10110	38532	33202	8493	36856.0		
长丰县杜集乡	17100	45486	27295	19655	19766.0	285	5860
肥东县店埠镇	17500	229134	192617	176654	1710126.0	1800	165258
肥东县撮镇镇	11670	79418	49042	42387	2538961.0	1630	58937
肥东县梁园镇	16169	53928	53175	37223	101356.0	650	24503
肥东县桥头集镇	12600	46837	35705	22089	397520.0	21	8379
肥东县长临河镇	10000	32490	30982	17728	20270.0	200	5377
肥东县石塘镇	11990	72120	46880	31970	84225.0	122	13431
肥东县古城镇	18591	38694	37819	24813	10126.0	6	4738
肥东县八斗镇	17670	58032	42875	13363	8527.0	150	2952
肥东县元疃镇	9170	18736	16719	10587	185326.0	410	3880
肥东县白龙镇	20010	72112	44521	32245	121500.0	185	3915
肥东县包公镇	14014	38685	37159	22722	45236.0	192	6151
肥东县陈集镇	8384	30652	18075	3770	11932.0	44	4763
肥东县众兴乡	5100	24715	21028	12713	56123.0	40	4526
肥东县张集乡	7200	33867	18284	12260	3650.0	35	1241
肥东县马湖乡	7900	20540	20530	11890	29550.0	39	2187
肥东县响导乡	8900	19653	19424	9670	6382.0	134	8500
肥东县杨店乡	9200	36040	32200	26000	2500.0	600	5900
肥东县牌坊回族满族乡	8740	43900	42340	22820	18500.0	213	6142
肥西县上派镇	12100	185384	51280	39853	756446.0	95	124052
肥西县三河镇	7365	56603	35960	25376	392426.0	17	31047
肥西县官亭镇	23700	89992	42376	18251	159404.0	1500	12441
肥西县山南镇	20800	61768	43217	22861	183560.0	54	25737
肥西县花岗镇	24520	107649	65101	43756	529393.0	20	13452
肥西县紫蓬镇	8995	29527	17495	9629	403685.0	28	1996
肥西县桃花镇	4100	73351	38138	38138	563110.0	750	4530
肥西县丰乐镇	11600	38900	27598	11587	71000.0	280	13495
肥西县高店乡	10390	32945	24755	18911	13210.0		
肥西县铭传乡	12610	37106	23103	13128	3925.0		
肥西县柿树岗乡	13700	40108	30335	18347	8949.0		
肥西县严店乡	7700	41202	27061	17405	115220.0		
庐江县庐城镇	16900	174193	87939	69903	293980.0	2612	75595
庐江县冶父山镇	15440	37752	26485	14759	206907.0	80	4048
庐江县万山镇	9435	35860	26156	17086	104815.0	418	7550
庐江县汤池镇	9190	33446	30190	21104	44662.0	300	13670
庐江县郭河镇	12030	44525	34079	21213	86469.0	180	11170
庐江县金牛镇	6742	28945	26059	17584	64267.0	218	8199
庐江县石头镇	7667	30956	21882	12525	145968.0	295	9129
庐江县同大镇	11362	54163	48305	34685	158400.0	220	9210
庐江县白山镇	10500	44703	42225	26680	63128.0	210	12650
庐江县盛桥镇	12832	56063	34404	16471	167054.0	286	20995
庐江县白湖镇	31455	81300	52669	34637	147992.0	82	12813
庐江县龙桥镇	10520	45620	29453	19456	122358.0	160	12800
庐江县矾山镇	12600	44250	25219	9970	140541.0	100	17006
庐江县罗河镇	11890	55902	41050	25981	127150.0	296	18161
庐江县泥河镇	18350	84315	56051	34946	193670.0	300	29706

续表 171　　（安徽省）　　计算单位：公顷、人、万元

名　　称	行政区域面　积	常住人口	从业人员	二三产业从业人员	工　业总产值	城镇建成区 面 积	城镇建成区常住人口
庐江县乐桥镇	12872	50146	37229	21265	43913.0	251	9805
庐江县柯坦镇	13600	52592	36688	22715	77617.0	480	9450
合肥经济技术开发区高刘镇	19500	63425	45919	21802	70693.0	525	17820
合肥瑶海经济开发区磨店乡	6140	32195	18744	15935	33500.0	112	4377
巢湖市栏杆集镇	12056	50469	30810	22600	14900.0	180	8360
巢湖市苏湾镇	14390	56017	54829	36478	13604.0	76	10000
巢湖市柘皋镇	14980	68500	32752	14300	250000.0	500	22000
巢湖市银屏镇	9800	37680	14979	8155	229500.0	25	3280
巢湖市夏阁镇	18627	67253	36413	27125	300000.0	90	8600
巢湖市中埠镇	6697	34314	20356	10254	201870.0	40	6921
巢湖市散兵镇	12600	40355	33746	9514	265854.0	69	10257
巢湖市烔炀镇	15953	63198	36720	19550	192500.0	481	23500
巢湖市黄麓镇	8340	42872	21133	8591	622996.0	420	6443
巢湖市槐林镇	14696	72794	64779	27851	820000.0	530	40582
巢湖市坝镇镇	6600	30375	16983	7201	65102.0	202	12247
巢湖市庙岗乡	10700	35737	19036	10948	12000.0		
鸠江区沈巷镇	22300	86173	72878	54556	269360.6	1100	38006
鸠江区二坝镇	11400	59262	66003	39692	895.0	320	22611
鸠江区汤沟镇	11300	63674	21938	15321	55527.0	211	14926
鸠江区白茆镇	12300	71295	54259	20563	55780.0	259	10728
三山区峨桥镇	10500	54993	30405	17643	86445.3	100	3339
芜湖县湾沚镇	20590	117154	91651	69542	126569.0	3085	89533
芜湖县六郎镇	12470	83026	82739	32556	372751.0	250	4598
芜湖县陶辛镇	8540	52752	27761	12393	118692.0	218	2162
芜湖县红杨镇	14060	57006	42484	22291	217281.0	99	9171
芜湖县花桥镇	9490	39530	33832	17002	33540.0	157	7000
繁昌县繁阳镇	10900	97303	45418	42822	936500.0	1760	68750
繁昌县荻港镇	8770	40034	27366	24599	1448364.0	250	13865
繁昌县孙村镇	15400	57402	43142	33828	1387520.0	530	32417
繁昌县平铺镇	9300	31541	19509	9368	54846.0	67	1762
繁昌县新港镇	3470	18596	12255	8733	1550000.0	300	4650
繁昌县峨山镇	7600	24924	13716	9440	295000.0	102	1652
南陵县籍山镇	17210	136605	52915	28160	268620.0	2510	61670
南陵县许镇镇	17754	77252	67437	27682	403000.0	492	34953
南陵县弋江镇	15910	104792	88509	68373	672300.0	405	34667
南陵县三里镇	17236	37682	28281	23604	274878.0	244	16760
南陵县何湾镇	21713	45353	24675	6586	69580.0	150	9321
南陵县工山镇	18010	55981	37156	18921	238832.0	30	1544
南陵县烟墩镇	10390	16957	9711	5473	87695.0	115	2483
南陵县家发镇	8120	30583	18375	9778	212931.0	51	4588
无为县无城镇	12000	220935	63867	41762	661110.0	3300	220245
无为县襄安镇	10700	52869	30857	17768	75392.0	450	25115
无为县陡沟镇	13200	68560	30031	12762	31306.0	454	9016
无为县石涧镇	10533	79729	34402	12473	280000.0	320	16293
无为县严桥镇	18291	65146	31612	11039	39000.0	422	9025
无为县开城镇	11300	66523	27276	16000	32000.0	123	6937
无为县蜀山镇	11200	58123	39198	22295	51316.0	181	6475
无为县牛埠镇	15900	45302	43573	31486	136000.0	632	10101
无为县刘渡镇	7800	40300	28801	3567	86500.0	105	3689
无为县姚沟镇	7930	31259	19785	12663	615685.0	600	14000

续表 172 （安徽省） 计算单位：公顷、人、万元

名　　称	行政区域面　积	常住人口	从业人员	二三产业从业人员	工　业总产值	城镇建成区 面 积	城镇建成区常住人口
无为县泥汉镇	12196	67142	40002	20611	755000.0	56	16360
无为县福渡镇	7200	41726	22333	9884	87306.0	1800	9428
无为县泉塘镇	11095	59120	45141	22242	65470.0	85	4364
无为县赫店镇	5600	37690	15198	5269	128130.0	72	1849
无为县红庙镇	8400	44075	17802	11116	19310.0	86	3221
无为县高沟镇	10000	51236	35371	24019	3137550.0	750	36000
无为县鹤毛乡	7500	30681	17052	11564	13714.0	120	3726
无为县十里墩乡	5230	41363	40301	28066	140533.0	80	1068
无为县昆山乡	10760	33566	15954	10131	73783.0	13	1046
无为县洪巷乡	8460	42887	22301	15460	13760.0	16	576
龙子湖区长淮卫镇	8442	43408	30762	13717	17835.0	22	3266
龙子湖区李楼乡	6100	28245	20249	8921	564273.0	80	3562
蚌山区燕山乡	6700	37502	20290	13730	205000.0	1478	19971
蚌山区雪华乡	650	9220	3296	3296			
禹会区秦集镇	4834	33562	19900	11695	127100.0	998	33360
禹会区马城镇	14500	73400	54076	18708	24200.0	220	10325
禹会区长青乡	7333	38738	25690	16444	101711.0	120	10925
淮上区小蚌埠镇	4400	49887	29612	21146	130000.0	115	7250
淮上区吴小街镇	3700	28765	15071	11115	110720.0	254	10814
淮上区曹老集镇	9800	44230	30330	9969	98776.0	252	10401
淮上区梅桥镇	6023	47036	28980	15420	8900.0	121	5929
淮上区沫河口镇	16671	77543	37295	11242	130091.8	1040	23410
怀远县城关镇	8930	172486	108737	100637	455227.0	2442	132926
怀远县鲍集镇	17495	71447	55130	31518	51469.0	274	24133
怀远县龙亢镇	10440	65711	38995	16160	81255.0	207	12772
怀远县河溜镇	13474	67989	44154	22219	25169.0	154	12893
怀远县常坟镇	13382	100174	60012	31981	165232.0	306	27962
怀远县双桥集镇	13252	60588	28535	16658	16405.0	188	6751
怀远县魏庄镇	10336	47805	23523	14373	15772.0	70	4782
怀远县万福镇	12059	55736	45779	11780	5490.0	151	5609
怀远县唐集镇	15496	66843	45080	21248	68543.0	131	11341
怀远县白莲坡镇	13889	90123	49267	27319	161124.0	60	5358
怀远县淝南乡	10640	55600	32031	12531	14400.0	130	5237
怀远县淝河乡	15444	78606	43246	22648	18880.0	60	4849
怀远县褚集乡	9428	48609	28410	7498	21765.0	74	6336
怀远县陈集乡	9764	39251	26309	11746	11625.0	131	8201
怀远县古城乡	10849	58457	36821	15107	23857.0	50	3474
怀远县徐圩乡	11458	53052	33088	15896	10850.0	88	3014
怀远县兰桥乡	7954	39458	29056	13221	12250.0	59	4082
怀远县荆芡乡	11268	72128	40219	14953	242859.0	56	4775
五河县城关镇	7400	108976	71975	64508	76534.0	452	70725
五河县新集镇	10220	51233	33096	17371	25675.5	150	8351
五河县小溪镇	9900	30139	21740	10869	25351.0	312	5837
五河县双忠庙镇	14300	53053	23056	1793	47203.0	150	9489
五河县小圩镇	10900	45641	26562	21030	98600.0	450	5341
五河县东刘集镇	17300	68729	38122	12102	1020.0	246	7450
五河县头铺镇	9500	55666	24243	17131	8500.0	201	10496
五河县大新镇	5503	29757	17390	6340	8800.0	119	6470
五河县武桥镇	7700	30791	25115	6145	77437.8	166	4892
五河县朱顶镇	10900	50337	37251	13365	59120.0	432	7213

续表 173　　（安徽省）　　计算单位：公顷、人、万元

名　　称	行政区域面　　积	常住人口	从业人员	二三产业从业人员	工　业总产值	城镇建成区 面 积	城镇建成区常住人口
五河县浍南镇	16560	60311	35260	23662	165000.0	480	4439
五河县申集镇	12300	53875	32883	15261	8311.0	200	3210
五河县沱湖乡	2400	10305	6829	4316	800.0	30	4200
五河县临北回族乡	5900	21518	15432	6921	4860.0	80	3452
固镇县城关镇	12100	108062	40653	15636	976000.0	1560	55942
固镇县王庄镇	10800	37913	28308	6191	62473.0	218	7604
固镇县新马桥镇	13700	53165	35522	8657	601230.0	190	6989
固镇县连城镇	10100	49005	25978	3788	60732.0	300	4152
固镇县刘集镇	16500	60126	38824	20203	80642.0	285	16530
固镇县任桥镇	12500	57099	34002	21797	27268.0	286	24136
固镇县湖沟镇	13100	49820	35722	9182	97500.0	370	8650
固镇县濠城镇	7800	32819	32663	11557	21200.0	148	1230
固镇县石湖乡	8000	31583	31557	15040	98500.0	179	2340
固镇县杨庙乡	16200	57539	46572	12399	41737.0	124	2713
固镇县仲兴乡	15200	57156	35846	9293	68197.0	260	8363
大通区上窑镇	6460	31129	15742	14663	112450.0	250	5483
大通区洛河镇	3600	38674	11661	11351	36251.0	21	22378
大通区九龙岗镇	3350	29593	15276	13495	89035.0	60	17513
大通区孔店乡	14800	53043	44872	11808	25518.1	52	5635
田家庵区舜耕镇	4730	43698	5267	4700	11500.0	50	2706
田家庵区安成镇	3990	33145	27274	11662	133000.0	11	1988
田家庵区曹庵镇	5670	37669	23805	12749	70103.0	218	2842
田家庵区三和乡	6800	38062	23280	14496	59686.0	500	38062
田家庵区史院乡	3700	21975	14951	6161	13.3		
谢家集区望峰岗镇	2600	45437	22670	21470	228885.3	280	35000
谢家集区李郢孜镇	2350	42153	28810	26876	109875.0	162	33827
谢家集区唐山镇	4000	15781	14392	10421	120351.0	16	1634
谢家集区杨公镇	6840	28000	18250	9000	70000.0	55	1300
谢家集区孙庙乡	5930	19025	13278	6708	26923.9		
谢家集区孤堆回族乡	3700	16025	14022	8479	39283.0		
八公山区八公山镇	2700	19785	6111	4426	49213.0	40	3259
八公山区山王镇	4400	54960	13141	10210	34450.0	120	32600
八公山区李冲回族乡	2250	18030	11802	4242	29803.0		
潘集区高皇镇	7300	50164	29196	21202	30025.0	403	8529
潘集区平圩镇	5238	41103	22943	17006	111800.0	2604	22688
潘集区泥河镇	4600	38838	19350	11850	62150.0	28	16822
潘集区潘集镇	5700	35736	24490	19172	59231.0	296	7720
潘集区芦集镇	7106	53549	26973	21950	62440.0	430	23195
潘集区架河镇	4278	29798	19583	15430	30000.0	101	2239
潘集区夹沟镇	5644	31712	24166	15625	18210.0	102	2550
潘集区祁集镇	3400	22006	13204	9783	24792.0	83	4680
潘集区贺疃镇	6693	32286	18923	12608	38103.0	120	3810
潘集区古沟回族乡	4065	30222	17089	13999	89600.0		
凤台县城关镇	1947	104396	9492	9363	21547.0	1510	98573
凤台县新集镇	6695	67221	16105	9892	119600.0	72	11985
凤台县朱马店镇	6880	33371	23123	11903	135895.0	150	9336
凤台县岳张集镇	6299	65000	30710	24300	55200.0	400	9210
凤台县顾桥镇	4400	30118	19886	12071	185016.0	120	8804
凤台县毛集镇	6500	48352	24020	16054	91400.0	541	31680
凤台县夏集镇	3960	31938	17981	11760	120688.0	278	14330

续表 174 （安徽省） 计算单位：公顷、人、万元

名　　称	行政区域面　　积	常住人口	从业人员	二三产业从业人员	工　业总产值	城镇建成区 面 积	城镇建成区常住人口
凤台县桂集镇	6560	39901	17834	11324	335618.0	380	15006
凤台县焦岗湖镇	9400	43970	26684	18623	20469.0	80	10796
凤台县凤凰镇	6767	43434	33561	20576	72391.0	470	12284
凤台县杨村镇	5160	39195	21513	12738	88962.0	180	9250
凤台县刘集乡	7338	36871	22744	15109	65148.0		
凤台县古店乡	5472	31889	17259	9798	40216.0		
凤台县钱庙乡	6018	35684	23152	12852	37902.0		
凤台县尚塘乡	6290	34285	24663	13231	59237.0		
凤台县丁集乡	4450	34017	18101	5709	29930.0		
凤台县关店乡	4735	27888	17607	11599	50485.0		
凤台县大兴集乡	4666	25826	24307	8325	60122.0		
雨山区向山镇	5400	57113	10312	7856	275800.0	161	44183
雨山区佳山乡	8600	83826	36717	27542	389000.0	1827	47365
博望区博望镇	13300	85012	66371	23717	1190000.0	880	40700
博望区丹阳镇	12700	53918	32327	20974	426206.0	500	19976
博望区新市镇	7240	42041	24612	18976	245400.0	70	1762
当涂县姑孰镇	11394	147812	109340	80442	48085.0	2800	132216
当涂县黄池镇	6514	39085	33674	13589	186000.0	3	11498
当涂县乌溪镇	4700	22185	11807	8245	28000.0	268	3362
当涂县石桥镇	8900	48866	28544	20959	246782.0	1022	16852
当涂县塘南镇	6300	33270	22758	16637	36610.0	195	8836
当涂县护河镇	8400	29583	16313	10826	96627.0	318	2206
当涂县太白镇	8400	38096	31556	24031	1825418.0	522	12000
当涂县年陡镇	8950	39663	22210	18945	493249.0	9	3560
当涂县湖阳镇	15000	30106	21574	5028	23000.0	160	3670
当涂县大陇乡	5980	32919	15657	10131	51246.0	52	7501
当涂县江心乡	8900	25931	13185	3534	7412.0	13	1624
含山县环峰镇	18070	95734	65373	56130	133200.0	1500	42109
含山县运漕镇	6856	46571	18027	13736	179000.0	318	8996
含山县铜闸镇	7276	26166	13878	9232	101811.0	100	7300
含山县陶厂镇	11640	41058	13340	10323	72368.0	170	4235
含山县林头镇	14460	74075	32845	23600	750000.0	450	29351
含山县清溪镇	11750	41432	19730	15687	321892.0	80	7000
含山县仙踪镇	17422	65398	21141	12850	151066.0	160	5437
含山县昭关镇	8788	21531	11142	7300	57112.0	80	2610
和县历阳镇	18179	136860	79626	56320	1101841.0	1350	83200
和县白桥镇	12879	41765	29552	20550	115037.0	230	17954
和县姥桥镇	11828	66152	30907	12519	70233.0	277	10797
和县功桥镇	12734	39125	27865	21853	8454.0	48	6472
和县西埠镇	16757	39002	24278	13764	240921.0	379	12705
和县香泉镇	14121	29297	25019	14039	64113.0	79	13015
和县乌江镇	15095	65883	41038	27773	1126697.0	710	26833
和县善厚镇	13791	34049	19883	13859	28698.0	358	8538
和县石杨镇	16480	41960	27582	18574	252489.0	290	8212
杜集区朔里镇	5006	32143	14980	10410	448612.0	50	5672
杜集区石台镇	5132	29985	14959	7200	196601.0	319	5600
杜集区段圆镇	4130	28876	19951	9997	431733.0	191	4207
相山区渠沟镇	6000	48745	26455	16450	2018000.0	55	4210
烈山区烈山镇	11800	71761	39042	25163	439550.0	6970	36580
烈山区宋町镇	10103	53065	25389	5753	39251.0	126	4902

续表 175　　　　（安徽省）　　　　计算单位：公顷、人、万元

名　　称	行政区域面　　积	常住人口	从业人员	二三产业从业人员	工　业总产值	城镇建成区 面 积	城镇建成区常住人口
烈山区古饶镇	12620	89452	55834	26609	216240.0	140	5663
濉溪县濉溪镇	6500	98551	15705	12652	844373.0	2920	71218
濉溪县韩村镇	12080	67475	34420	9816	391432.0	274	22699
濉溪县刘桥镇	8419	57517	46468	16856	178000.0	391	21886
濉溪县五沟镇	18876	105236	49449	11120	178143.0	120	21650
濉溪县临涣镇	16738	93620	73031	22926	282350.0	239	27300
濉溪县双堆集镇	25348	104851	57915	5167	7028.0	80	5228
濉溪县铁佛镇	22314	130502	54827	35665	88930.0	157	12050
濉溪县南坪镇	22529	100699	45177	25812	82165.0	109	5249
濉溪县百善镇	25000	114306	51630	25194	581000.0	398	6410
濉溪县孙町镇	18500	104353	79884	20394	97822.0	147	16825
濉溪县四铺镇	19585	88559	21129	8355	185531.0	80	8454
狮子山区西湖镇	4784	25854	14430	10316	122544.0	120	3247
狮子山区虚镇	337	10479	7479	7344	9362.0	265	9073
铜陵市郊区铜山镇	3440	12365	7420	6028	24532.0	468	7625
铜陵市郊区大通镇	7072	26461	15320	11520	390000.0	380	12000
铜陵市郊区灰河乡	1920	6690	3840	2132	19860.0		
铜陵县五松镇	1570	33580	2986	2986	195906.0	1528	30736
铜陵县顺安镇	13500	46244	22040	13654	137038.0	780	13143
铜陵县钟鸣镇	15450	48007	23689	14700	55486.0	700	8187
铜陵县天门镇	16600	45639	25558	21144	189825.0	120	1285
铜陵县老洲乡	4200	12117	10852	7124	250.0		
铜陵县东联乡	5300	19427	15655	13321	311213.0		
铜陵县西联乡	9260	37651	25747	13050	50092.0		
铜陵县胥坝乡	8600	24100	23396	16458	8128.0		
迎江区龙狮桥乡	1157	25494	12533	10929	26124.0	1157	25494
迎江区长风乡	7380	27369	15906	7258	40272.0	2300	7000
迎江区新洲乡	5404	6027	5237	2478	7776.0	25	805
大观区海口镇	6755	44561	25181	3512	37158.0	299	3500
大观区十里铺乡	5000	26167	2800	2800	81342.0	20	3710
大观区山口乡	5550	12446	5863	2009	12056.0	230	1744
宜秀区大龙山镇	5338	45692	10679	8574	103148.0	400	11433
宜秀区杨桥镇	10010	21241	14545	6670	72546.0	310	14700
宜秀区罗岭镇	10200	28347	20780	20780	30500.0	238	5367
宜秀区白泽湖乡	6823	30420	18820	12100	79285.0		
宜秀区五横乡	4898	18397	11844	1997	5230.0		
怀宁县高河镇	8350	80364	24530	17035	427008.0	2000	74393
怀宁县石牌镇	9170	97822	46391	28391	38600.0	600	32168
怀宁县月山镇	7007	31496	14533	8824	360795.0	325	13197
怀宁县马庙镇	8100	47932	28505	19882	910000.0	963	29301
怀宁县金拱镇	6100	31000	15115	6665	461500.0	110	21000
怀宁县茶岭镇	6338	31381	15004	9588	361541.0	130	12286
怀宁县公岭镇	5688	12872	8570	6362	45639.0	256	7113
怀宁县黄墩镇	5692	20496	17965	11615	124407.0	350	15680
怀宁县三桥镇	5407	12947	8934	4642	185717.6	119	6882
怀宁县小市镇	5100	20167	14016	5821	50000.0	190	5002
怀宁县黄龙镇	2769	18932	12014	9943	32214.0	11	1189
怀宁县平山镇	7600	22159	22158	16053	113800.0	93	11207
怀宁县腊树镇	9446	30546	19427	8782	39600.0	44	4137
怀宁县洪铺镇	8440	39327	20545	16535	60310.0	160	14000

续表 176　　（安徽省）　　计算单位：公顷、人、万元

名　　称	行政区域面积	常住人口	从业人员	二三产业从业人员	工业总产值	城镇建成区面积	城镇建成区常住人口
怀宁县江镇镇	7236	15026	14605	12194	56163.0	100	4000
怀宁县凉亭乡	6559	24661	16472	11290	32563.0	100	3100
怀宁县石镜乡	4807	22094	12798	9084	99420.0	95	2008
怀宁县秀山乡	33000	10520	3680	2180	25000.0	35	372
怀宁县清河乡	4530	22017	14751	10643	65000.0	200	3115
怀宁县雷埠乡	5968	22489	15517	10464	56000.0	68	5486
枞阳县枞阳镇	9058	95909	32489	24040	72000.0	66	59281
枞阳县欧山镇	8761	54015	18242	8028	56101.0	150	1120
枞阳县汤沟镇	9960	91928	63200	27400	40000.0	86	4990
枞阳县老洲镇	8376	66127	45226	27009	196000.0	156	12673
枞阳县陈瑶湖镇	9540	37356	26084	13633	628600.0	160	18362
枞阳县周潭镇	7980	45064	23820		253267.0	420	6815
枞阳县横埠镇	11251	72604	40279	20090	281563.0	590	30974
枞阳县项铺镇	3386	27900	13620	7180	38240.0	70	3206
枞阳县钱桥镇	8909	37952	30460	16360	187145.0	219	2510
枞阳县麒麟镇	9216	40719	13208	9420	16300.0	166	4409
枞阳县义津镇	10063	34562	28110	9849	132070.0	280	16208
枞阳县浮山镇	4215	20261	5911	3779	13400.0	6	2218
枞阳县会宫镇	7621	45710	33983	20141	428000.0	12	1840
枞阳县官埠桥镇	10600	32610	19290	13540	341705.0	150	4310
枞阳县铁铜乡	1230	8535	7375	3955	40.0	21	440
枞阳县凤仪乡	1152	3427	3341	1646		49	615
枞阳县长沙乡	1730	3325	3301	176		8	870
枞阳县钱铺乡	6800	29202	12499	8450	209800.0	688	4119
枞阳县金社乡	6230	28140	26869	13784	180000.0	38	3340
枞阳县白梅乡	4417	13587	7188	3770	19761.3	55	1265
枞阳县白湖乡	6200	40158	37972	4845	169422.0	42	2048
枞阳县雨坛乡	8713	30161	27708	17822	5609.0	115	8125
潜山县梅城镇	11500	140626	31993	20350	87000.0	600	83631
潜山县源潭镇	16200	77530	34985	19985	466000.0	505	32000
潜山县余井镇	13400	47054	32937	22655	60000.0	300	4500
潜山县王河镇	9600	43554	33124	26034	14211.0	93	1300
潜山县黄铺镇	15064	38870	29447	21153	73265.0	240	14780
潜山县槎水镇	17600	25799	18932	10690	91252.0	12	5420
潜山县水吼镇	21450	21494	17902	10114	12000.0	48	440
潜山县官庄镇	14200	27135	6767	1965	23140.0	200	2558
潜山县黄泥镇	3200	15433	10707	7745	7958.0	8	2457
潜山县黄柏镇	5700	11037	4652	2969	12625.2	108	872
潜山县天柱山镇	7100	13021	7290	4240	4206.0	250	7120
潜山县塔畈乡	11200	19845	8948	4940	7460.0	38	4350
潜山县油坝乡	3200	12800	11258	8300	17937.0	60	5000
潜山县龙潭乡	9300	9191	8045	5038	8227.0	71	384
潜山县痘姆乡	3800	14597	8821	2795	21168.0	300	3500
潜山县五庙乡	4300	10677	3237	1832	3901.0	48	2499
太湖县晋熙镇	16792	79823	45808	34943	522223.0	3180	49806
太湖县徐桥镇	10300	48628	34469	11309	30200.0	411	12902
太湖县新仓镇	16100	75203	36937	13616	330000.0	95	8000
太湖县小池镇	12600	42335	26204	14021	301250.0	250	12900
太湖县寺前镇	17200	23254	18756	8976		32	4500
太湖县天华镇	18800	31255	22499	10560	27000.0	347	5232

续表 177　　（安徽省）　　计算单位：公顷、人、万元

名　　称	行政区域面　积	常住人口	从业人员	二三产业从业人员	工　业总产值	城镇建成区 面 积	城镇建成区常住人口
太湖县牛镇镇	16300	24712	12658	397	33170.0	32	4250
太湖县弥陀镇	15150	38265	22211	13030	27065.0	385	12285
太湖县北中镇	18400	37245	25070	3770	18907.0	250	4030
太湖县百里镇	9600	24952	15420	3000	25000.0	50	2560
太湖县大石乡	11411	30811	21561	11603	198000.0	75	1425
太湖县城西乡	13120	25925	18620	14420	6400.0		
太湖县江塘乡	10100	35984	24441	12889	11280.0	60	1360
太湖县汤泉乡	12400	17850	3800	1800	5480.0	45	1750
太湖县刘畈乡	11700	20215	17637	9133	54000.0	360	2152
宿松县孚玉镇	7696	108794	65465	53216	116586.0	1810	70026
宿松县复兴镇	7944	42467	30209	3799	186000.0	205	21733
宿松县汇口镇	10600	32383	26028	5770	19693.0	85	21866
宿松县许岭镇	9800	35670	25760	24840	44400.0	204	6639
宿松县下仓镇	12870	25693	25650	8795	45000.0	14	1000
宿松县二郎镇	6014	22016	17178	9911	23000.0	20	4836
宿松县破凉镇	8500	40159	33689	13154	31200.0	30	11000
宿松县凉亭镇	8698	34174	15084	2785	41732.6	217	11326
宿松县长铺镇	8440	28145	14447	8196	72000.0	1	3728
宿松县高岭乡	5107	23006	8619	6730	18604.5		
宿松县程岭乡	6900	28199	21279	12126	18876.0	5	3115
宿松县九姑乡	4400	26641	8817	493	37342.0	245	4167
宿松县千岭乡	9147	40533	20901	9355	38050.0	220	5000
宿松县洲头乡	9380	49178	35633	5342	122880.0	385	37500
宿松县佐坝乡	12800	51844	25919	17934	86725.0		
宿松县北浴乡	4970	12063	7559	2377	20000.0	9	1002
宿松县陈汉乡	9400	26536	20399	10530	15893.0	200	3021
宿松县隘口乡	6240	25097	14272	8958	46800.0	185	2568
宿松县柳坪乡	3502	8772	8339	6069	53214.0	27	1068
宿松县趾凤乡	4604	13601	10358	4679	7850.0	22	1011
宿松县河塌乡	6451	29753	18346	7451	23270.0		
宿松县五里乡	5057	26673	16560	6759	61240.0	139	4907
望江县华阳镇	14329	121174	56912	34279	133000.0	1200	84600
望江县杨湾镇	8351	28605	21232	11041	11347.0	420	3223
望江县漳湖镇	9401	22164	15958	8781	18332.2	73	2999
望江县赛口镇	7384	35067	23218	15029	41000.0	350	3001
望江县高士镇	14625	80187	35498	24237	132790.0	342	21952
望江县鸦滩镇	15950	79013	41574	30126	204212.0	406	23124
望江县长岭镇	18285	76535	42692	31666	189201.0	168	17354
望江县太慈镇	16894	74897	42777	24368	65600.0	90	4730
望江县凉泉乡	10159	44332	25213	13277	36260.0	82	3100
望江县雷池乡	15718	54329	28393	9742	137430.0	100	4500
岳西县天堂镇	4213	58051	22252	13433	397695.0	519	58051
岳西县店前镇	18300	26225	22325	8833	32600.0	360	9840
岳西县来榜镇	13400	23153	19872	18372	100900.0	100	8000
岳西县菖蒲镇	14005	23694	8343	3315	22319.0	414	4139
岳西县头陀镇	12300	10356	6036	2654	17520.0	27	845
岳西县白帽镇	13510	20367	12433	4410	48000.0	510	2045
岳西县温泉镇	8600	34570	18559	9172	95940.0	160	12998
岳西县响肠镇	6437	19663	9975	4660	18100.0	50	1280
岳西县河图镇	172000	11892	4641	719	7806.0	200	2000

续表 178　　(安徽省)　　计算单位：公顷、人、万元

名　　称	行政区域面　　积	常住人口	从业人员	二三产业从业人员	工　业总产值	城镇建成区 面 积	城镇建成区常住人口
岳西县五河镇	13100	10232	8058	3330	46000.0	210	1964
岳西县主簿镇	9900	8226	5460	2775	8500.0	160	3500
岳西县冶溪镇	10600	15345	15106	3608	27000.0	100	4396
岳西县黄尾镇	10300	7008	3478	1066	7500.0	200	1209
岳西县毛尖山乡	9600	13735	7280	2613	43000.0	20	980
岳西县莲云乡	4500	20800	7100	3700	893000.0	400	2440
岳西县青天乡	11700	11720	8240	1060	6340.0	12	1650
岳西县包家乡	190691	5860	3047	1766	360.0	14	1208
岳西县古坊乡	4700	8788	6765	3255		100	3200
岳西县田头乡	9100	12584	9865	5546	3400.0	130	1500
岳西县中关乡	7700	21052	10110	4412	5126.0	112	2489
岳西县石关乡	9600	12397	7304	1902	405.0	7	1500
岳西县姚河乡	7700	8415	5300	3322	7200.0	120	1230
岳西县和平乡	10200	9049	4663	473	2400.0	13	1000
岳西县巍岭乡	4140	3610	2868	963	6000.0	110	1080
安庆经济开发区老峰镇	4800	30008	15900	8300	12000.0		
桐城市孔城镇	14520	80411	47072	35511	316340.0	500	15899
桐城市吕亭镇	16392	61844	41804	25326	501272.0	399	26010
桐城市范岗镇	13344	64542	46469	20653	400000.0	360	17860
桐城市新渡镇	11694	71985	67822	53580	790139.0	600	36589
桐城市双港镇	10200	53843	32535	25696	480000.0	424	24669
桐城市大关镇	16892	67756	35123	23767	297493.0	180	12130
桐城市青草镇	17000	69416	38698	24030	93822.0	210	5618
桐城市金神镇	13200	54967	31441	14588	319489.0	540	23230
桐城市嬉子湖镇	13460	22144	8579	1213	13980.0	74	3127
桐城市唐湾镇	12300	12489	9642	6456	59600.0	22	463
桐城市黄甲镇	9685	12245	6051	1443	15500.0	1	500
桐城市鲟鱼镇	281	907	421	310	22110.0	80	907
屯溪区屯光镇	3200	15677	9546	8281	36478.0	1280	15205
屯溪区阳湖镇	2162	31029	7408	3400	107819.0	625	26895
屯溪区黎阳镇	2289	13892	8890	6987	95544.0	620	10421
屯溪区新潭镇	3400	9833	6382	4801	35125.0	220	7271
屯溪区奕棋镇	3020	10288	6156	3246	80115.0	985	5810
黄山区甘棠镇	10800	57475	11788	5804	340000.0	107	1851
黄山区仙源镇	4400	11049	10290	3931	33400.0	94	3433
黄山区汤口镇	12900	16309	11182	8030	10818.0	2328	8623
黄山区谭家桥镇	13600	7639	3509	1068	13500.0	129	2697
黄山区太平湖镇	16400	9553	6032	2463	30773.0	663	2623
黄山区焦村镇	25815	14732	7717	4626	5600.0	53	2400
黄山区耿城镇	6834	9460	5085	3645	338000.0	210	5070
黄山区三口镇	6000	9110	9091	3639	28695.0	45	3598
黄山区乌石镇	25200	9355	6493	2500	18800.0	21	4657
黄山区新明乡	14100	7789	4300	709	33604.1		
黄山区龙门乡	11400	4893	3682	2073	685.0		
黄山区新华乡	6800	5015	3395	1437	5409.0	35	1792
黄山区新丰乡	4460	7103	4364	1720	10634.0	35	1995
黄山区永丰乡	8400	6729	3272	383	6980.0	2760	2436
徽州区岩寺镇	7900	27929	19891	15924	476320.0	1150	17306
徽州区西溪南镇	5630	17744	9467	4532	56893.0	28	732
徽州区潜口镇	3824	11758	8294	5177	14500.0	520	2100

续表 179　　（安徽省）　　计算单位：公顷、人、万元

名　　称	行政区域面积	常住人口	从业人员	二三产业从业人员	工业总产值	城镇建成区面积	城镇建成区常住人口
徽州区呈坎镇	8240	11120	7863	4480	58000.0	31	1420
徽州区洽舍乡	3800	2867	2125	1043	27105.0		
徽州区杨村乡	5655	4135	3279	2067	72300.0		
徽州区富溪乡	9257	7041	5285	1891	125200.0		
歙县徽城镇	6150	91002	28285	21594	654000.0	2271	81980
歙县深渡镇	9900	29840	14619	7194	39600.0	450	5951
歙县北岸镇	9200	16670	8299	1668	121555.0	72	13360
歙县富堨镇	2699	16428	8689	2874	123111.0	326	3859
歙县郑村镇	4050	16285	11086	4853	202252.0	94	6402
歙县桂林镇	14800	26167	19080	6173	338103.0	80	4125
歙县许村镇	7500	8725	5555	1287	51258.0	2180	3567
歙县溪头镇	12000	16437	9426	4012	36355.0	38	3369
歙县杞梓里镇	15800	30506	19918	11246	14416.0	4	4043
歙县霞坑镇	9506	20069	15743	7548	5419.0	50	6515
歙县岔口镇	9435	17809	8736	5632	15149.0	110	7902
歙县街口镇	5300	12343	11590	3790		2	240
歙县王村镇	8730	24723	14091	8862	37520.0	150	6269
歙县坑口乡	4120	9198	8063	2740	3064.0		
歙县雄村乡	4360	13563	7148	1187	54782.0		
歙县上丰乡	7500	12566	6206	2463	5.0		
歙县昌溪乡	2033	6898	4950	3082	16400.0		
歙县武阳乡	3953	11708	5902	1237	18074.0		
歙县三阳乡	12185	20553	12708	4222	23133.0		
歙县金川乡	5200	10158	7701	2708	1000.0		
歙县小川乡	7200	10863	7162	2060	11400.0		
歙县新溪口乡	4180	6610	4529	937	1950.0		
歙县璜田乡	8605	21457	13783	4753	2540.0		
歙县长陔乡	9060	14013	8549	4206			
歙县森村乡	7165	10316	7430	3079			
歙县绍濂乡	9700	12771	8481	4659	570.0		
歙县石门乡	4700	4053	2384	1519			
歙县狮石乡	5560	1018	785	65			
休宁县海阳镇	13201	58178	20962	12350	398412.8	625	26834
休宁县齐云山镇	10888	13673	8531	4853	1320.0	210	1072
休宁县万安镇	7979	23388	14046	11586	97800.0	14	3600
休宁县五城镇	18450	22958	14736	7079	14664.0	42	10821
休宁县东临溪镇	12133	19760	12715	5111	110069.0	115	9166
休宁县兰田镇	14811	13063	10046	3161	3453.6	21	2257
休宁县溪口镇	22422	23734	12348	3612	55320.0	105	2952
休宁县流口镇	6929	5539	3485	1876	475.0	20	2156
休宁县汪村镇	16699	10773	5643	3038	2156.0	80	1070
休宁县商山镇	9446	22122	16604	7346	30856.0	200	2562
休宁县山斗乡	5124	5023	3353	1725	8280.0		
休宁县岭南乡	7930	3537	2280	724	6000.0		
休宁县渭桥乡	10758	14055	9392	6744	620.0		
休宁县板桥乡	7863	3147	3089	1891	160.0		
休宁县陈霞乡	9789	9765	6370	3060	801.0		
休宁县鹤城乡	13218	8183	2686	677	1900.0		
休宁县源芳乡	4457	5260	3160	2089	1250.0		
休宁县榆村乡	5847	10477	6920	4610	4568.0		

续表 180　　（安徽省）　　计算单位：公顷、人、万元

名　　称	行政区域面积	常住人口	从业人员	二三产业从业人员	工业总产值	城镇建成区面积	城镇建成区常住人口
休宁县龙田乡	9026	5146	3416	2280	490.0		
休宁县璜尖乡	3918	2489	1416	816	355.0		
休宁县白际乡	4150	2041	1127	750	101.0		
黟县碧阳镇	11822	40063	19226	9842	226404.0	502	21447
黟县宏村镇	18895	17694	11592	4607	27229.0	110	5766
黟县渔亭镇	7249	7949	4688	2310	71777.0	90	1800
黟县西递镇	7603	6081	4229	1679	15000.0	40	1399
黟县柯村乡	8743	4455	4192	2121	5913.0		
黟县美溪乡	6793	3818	2463	1313	8668.6		
黟县宏潭乡	12673	4620	2611	790	139.0		
黟县洪星乡	11919	3238	2957	1773	14200.0		
祁门县祁山镇	23016	60845	27161	19480	302416.0	730	2254
祁门县小路口镇	9439	6875	4339	1097	7200.0	180	1328
祁门县金字牌镇	12539	12033	6927	3214	2200.0	6	2228
祁门县平里镇	9278	6995	4732	2140	80.0	64	1893
祁门县历口镇	10524	14083	8406	2932	9395.0	84	5030
祁门县闪里镇	14072	6911	7851	3809	8570.0	495	1440
祁门县安凌镇	19500	13382	7878	1956		300	1624
祁门县凫峰镇	11704	7178	6975	2710	8679.3	75	2290
祁门县塔坊镇	7987	7134	5266	2723	20100.0	4	
祁门县大坦乡	9263	4054	2727	831	20.0		
祁门县柏溪乡	7800	5242	3457	858	16875.0		
祁门县祁红乡	11908	5666	3988	1719			
祁门县溶口乡	8619	5395	3780	2493	12.0		
祁门县芦溪乡	11719	3592	3518	1872			
祁门县渚口乡	10643	7290	4056	1468	8500.0		
祁门县古溪乡	10700	6073	4300	1900	490.0		
祁门县新安乡	12520	7269	4168	1307	5500.0		
祁门县箬坑乡	13015	7349	6792	503			
南谯区乌衣镇	14442	59000	17983	6735	346531.0	662	32000
南谯区沙河镇	10338	22833	15726	6760	141373.0	453	11540
南谯区章广镇	20950	27154	10396	3880		160	9055
南谯区黄泥岗镇	8470	24556	14046	2219	30681.0	118	7686
南谯区珠龙镇	11800	18099	11584	2277		86	5936
南谯区大柳镇	13178	13328	6726	2268	27535.0	1200	5880
南谯区腰铺镇	8970	27509	19101	11792	541893.0	648	14910
南谯区施集镇	20281	31322	15016	9599	23308.0	1236	7146
来安县新安镇	13991	103867	79203	65019	471522.0	1506	57313
来安县半塔镇	28511	67192	46413	26820	52531.0	762	30896
来安县水口镇	18869	50964	32493	13277	103311.0	513	25746
来安县汊河镇	11677	38203	29291	20555	564100.0	1600	19826
来安县大英镇	4779	13615	8694	5298	20421.0	232	6532
来安县雷官镇	9104	23651	17871	2870	5884.0	287	6898
来安县施官镇	14140	34843	26287	6879	34977.0	262	6515
来安县舜山镇	13338	27765	20621	6541	6840.0	207	10117
来安县三城乡	6916	17371	11579	4664	4450.0		
来安县独山乡	7518	19031	12379	3235	4434.0		
来安县张山乡	11259	16815	12730	2884	23579.0		
来安县杨郢乡	9761	16453	12429	3799	17702.0		
全椒县襄河镇	12345	122836	55781	47314	252550.0	990	77858

续表 181 （安徽省） 计算单位：公顷、人、万元

名　　称	行政区域面　　积	常住人口	从业人员	二三产业从业人员	工　业总产值	城镇建成区　面　积	城镇建成区常住人口
全椒县古河镇	10501	38179	17915	7699	137800.0	371	15970
全椒县大墅镇	15846	48807	26691	10904	8330.0	70	4866
全椒县二郎口镇	17797	53202	24228	7599	98264.0	181	4504
全椒县武岗镇	9972	21643	10041	3459	52710.0	80	3740
全椒县马厂镇	18056	36268	23602	4817	2680.0	65	3320
全椒县石沛镇	19699	28143	11642	6812	4200.0	65	2095
全椒县十字镇	18330	39854	17044	8466	65980.0	65	6556
全椒县西王镇	14300	26555	15734	5672	5550.0	58	2062
全椒县六镇镇	20082	43660	20803	6198	44155.0	65	3330
定远县定城镇	27700	161761	105129	58201	136013.0	1805	110595
定远县炉桥镇	17880	103698	64347	52360	445652.0	300	36587
定远县永康镇	19200	62597	29668	16881	91135.0	270	13045
定远县吴圩镇	22700	71323	41423	21525	44725.0	147	3652
定远县朱湾镇	6500	22895	18569	3919	425.0	58	3010
定远县张桥镇	18400	57437	32358	6184	97950.0	253	13157
定远县藕塘镇	19150	55915	26278	15478	41320.0	168	12600
定远县池河镇	22969	56378	27428	12220	43286.0	188	15756
定远县连江镇	10524	28537	16281	3529	4128.0	142	4528
定远县界牌集镇	10978	27330	11884	5142	17659.0	69	4879
定远县仓镇	11550	33228	13181	6728	26383.0	98	2179
定远县三和集镇	13590	34848	21904	5272	47536.0	156	6791
定远县西卅店镇	16900	39051	22874	11108	130691.0	105	2685
定远县桑涧镇	15125	38815	20581	12228	18895.0	85	5119
定远县蒋集镇	9600	29208	13487	8382	9000.0	49	2510
定远县大桥镇	7890	26748	18332	10606	10657.0	61	2578
定远县严桥乡	8960	21869	12317	5859	46935.0		
定远县拂晓乡	11200	24160	18919	3187	7600.0	112	5320
定远县能仁乡	5400	26185	14876	6174	6824.0		
定远县七里塘乡	9600	31793	17986	5661	6475.0		
定远县二龙回族乡	4140	12905	10199	6489	2760.0		
定远县范岗乡	3397	16423	9305	7016	26642.0		
凤阳县府城镇	17472	146231	83629	30656	210582.0	3290	72041
凤阳县临淮镇	2945	46038	29924	24173	214890.0	800	33599
凤阳县武店镇	10500	59940	39386	17299	113561.0	500	17085
凤阳县西泉镇	7420	40356	21368	10831	52111.0	170	5386
凤阳县官塘镇	7831	38240	22345	9955	1020.0	120	1820
凤阳县刘府镇	21729	71374	39310	18880	321240.0	360	14634
凤阳县大庙镇	16416	51777	25667	13094	202188.0	351	3881
凤阳县殷涧镇	20480	27346	19280	6280	825.0	155	4100
凤阳县总铺镇	17643	50630	30180	6521	8671.0	330	4892
凤阳县红心镇	15867	37600	21860	8060	37100.0	298	2850
凤阳县板桥镇	14405	65735	34682	19053	203429.0	260	7015
凤阳县大溪河镇	8909	31449	14625	4075	17125.0	200	6935
凤阳县小溪河镇	20548	53139	29917	11615	81022.0	455	6143
凤阳县枣巷镇	7307	26597	14526	2670	650.0	108	3386
凤阳县黄湾乡	4257	22186	13381	2256	2246.0		
天长市铜城镇	22280	76536	45926	34530	2166983.0	681	42854
天长市汊涧镇	16210	59644	29373	21849	447176.0	560	25421
天长市秦栏镇	10340	60895	49809	45497	663615.0	1250	43118
天长市大通镇	15770	41861	22070	10886	75835.0	86	5273

续表 182 （安徽省） 计算单位：公顷、人、万元

名称	行政区域面积	常住人口	从业人员	二三产业从业人员	工业总产值	城镇建成区面积	城镇建成区常住人口
天长市杨村镇	13960	40893	23850	17865	499328.0	265	11134
天长市石梁镇	10901	32453	26208	21728	142993.0	215	10252
天长市金集镇	9600	40139	20186	12291	233973.0	190	7988
天长市永丰镇	8390	24945	16372	11903	202633.0	205	7841
天长市仁和集镇	13542	42058	25657	19669	216345.0	270	10829
天长市冶山镇	9630	34396	20474	15911	265783.0	286	13043
天长市郑集镇	6450	23044	13125	8966	110898.0	85	2362
天长市张铺镇	13050	32480	20011	12909	155710.0	255	4276
天长市新街镇	8430	24888	16123	13270	126944.0	200	4620
天长市万寿镇	6445	14495	9199	6383	165112.0	116	2143
明光市张八岭镇	23800	26902	16834	9373	11880.0	300	11883
明光市三界镇	13500	19197	11013	7464	8142.0	150	6708
明光市管店镇	7190	17015	9011	5955	34872.0	316	12550
明光市自来桥镇	19200	30413	15780	9709	24622.0	221	5031
明光市涧溪镇	21600	51262	27568	14370	39566.0	180	4124
明光市石坝镇	22600	51364	32763	13289	18671.0	360	6914
明光市苏巷镇	10900	24413	9693	6028	44791.0	240	7605
明光市桥头镇	15000	31634	16947	7485	127873.0	240	5417
明光市女山湖镇	27900	42718	23258	9663	55046.0	250	24998
明光市古沛镇	12610	30371	17021	4597	11924.0	200	5539
明光市潘村镇	15100	65035	31408	9879	29719.0	320	14197
明光市柳巷镇	5800	29408	15564	9136	1523.0	200	1995
明光市泊岗乡	2200	17190	10511	7675	3713.0		
颍州区王店镇	4362	69113	27999	19256	92186.0	212	3452
颍州区程集镇	4810	46068	24803	19382	73766.0	402	14325
颍州区三合镇	4200	38570	19824	11068	26726.0	265	2561
颍州区西湖镇	3600	34250	20643	8257	11982.0	100	3576
颍州区九龙镇	4800	42336	26688	20919	24879.0	124	10212
颍州区三十里铺镇	3800	42251	22816	16884	39968.0	437	5743
颍州区三塔集镇	6970	73412	52091	31782	19953.0	250	7029
颍州区马寨乡	5200	46600	27591	12961	8655.0	286	2621
颍东区口孜镇	8283	77419	36728	25186	8756.0	89	5369
颍东区插花镇	10850	84801	34971	26649	68200.0	550	8762
颍东区袁寨镇	5390	67441	35277	22490	13260.0	200	6006
颍东区枣庄镇	7070	43416	23675	7200	4125.0	284	1661
颍东区老庙镇	5880	43984	21919	12561	4295.0	300	6300
颍东区正午镇	6450	46624	21071	11111	8430.0	200	3423
颍东区杨楼孜镇	4070	35206	24512	15893	20800.0	168	6117
颍东区新乌江镇	6400	48055	28200	15600	12200.0	333	6038
颍东区冉庙乡	5550	36579	21768	6448	13265.0		
颍泉区伍明镇	14150	115518	73981	52905	32334.0	2100	15600
颍泉区宁老庄镇	11720	97659	56752	42474	49000.0	300	17046
颍泉区闻集镇	14310	127139	60843	44981	165271.0	365	13362
颍泉区行流镇	10980	106385	64508	48482	18620.0	275	6987
临泉县城关镇	5750	185284	97016	71266	491560.0	1160	103654
临泉县杨桥镇	7100	59647	39030	23419	47589.0	442	12034
临泉县同城镇	4869	62485	36402	25257	51322.0	352	15817
临泉县谭棚镇	6400	63721	44030	15470	22160.0	248	6782
临泉县老集镇	6200	71344	34225	22828	8481.0	460	7146
临泉县滑集镇	7080	75096	42906	30749	10516.0	395	12045

续表 183　　（安徽省）　　计算单位：公顷、人、万元

名　称	行政区域面　积	常住人口	从业人员	二三产业从业人员	工　业总产值	城镇建成区 面 积	城镇建成区常住人口
临泉县吕寨镇	5600	61844	38593	17138	1210.0	18	5203
临泉县单桥镇	5500	62291	31013	21100	17650.0	170	1541
临泉县长官镇	7400	83025	41935	27544	18515.0	315	8774
临泉县宋集镇	7605	88318	56603	21018	10800.0	479	12130
临泉县张新镇	5260	59863	35556	27710	19670.0	85	6872
临泉县艾亭镇	7300	77069	39346	19255	24180.0	342	5900
临泉县陈集镇	7500	68483	34705	24973	5246.0	311	6321
临泉县韦寨镇	7260	91994	48251	32050	14981.0	210	6421
临泉县迎仙镇	6200	78268	35810	22978	11390.0	180	9160
临泉县瓦店镇	5900	62341	37810	22875	30196.0	274	11669
临泉县姜寨镇	5670	70981	38740	16620	56000.0	350	8505
临泉县庙岔镇	5860	69426	38657	16991	17254.0	375	6215
临泉县黄岭镇	6300	76546	38816	19278	5260.0	132	2410
临泉县白庙镇	4400	55206	29210	13589	6690.0	150	3996
临泉县关庙镇	7200	69246	30103	23087	4600.0	146	2286
临泉县杨小街镇	4200	52688	23256	13029	5676.0	389	5998
临泉县牛庄乡	5600	61206	32597	16605	57676.0		
临泉县高塘乡	5330	53450	38114	8304	24430.0		
临泉县范兴集乡	3960	40893	20476	13719	5700.0		
临泉县土陂乡	6900	65342	33548	20102	6400.0		
临泉县谢集乡	5347	53111	29006	20414	2800.0		
临泉县陶老乡	5047	51762	22108	15594	7230.0		
临泉县田桥乡	3388	64319	33720	13162	8500.0		
临泉县张营乡	5877	56760	36653	22188	9480.0		
临泉县庞营乡	4900	60446	45852	15590	25459.0		
太和县城关镇	5600	241738	132951	102686	497000.0	3600	144305
太和县旧县镇	6280	57506	28649	16545	35091.0	1489	11386
太和县税镇镇	4260	45955	20996	8874	79839.0	122	5560
太和县皮条孙镇	2735	24292	17792	5494	153600.0	367	5674
太和县原墙镇	5746	59998	33587	15300	6250.0	150	5700
太和县倪邱镇	7200	57521	30983	12293	74600.0	215	4920
太和县李兴镇	6800	74192	38599	16818	75128.0	415	12785
太和县大新镇	6401	54389	32017	21062	43039.0	270	5980
太和县肖口镇	5700	59522	34470	24766	457984.0	345	5836
太和县关集镇	6600	51399	35229	22703	2017.0	136	3864
太和县三塔镇	8948	44209	40452	26401	6226.0	670	8345
太和县双浮镇	5500	48381	27918	14499	10152.0	215	7185
太和县蔡庙镇	4500	34139	18692	10702	24205.0	160	2980
太和县三堂镇	6610	49027	32507	17448	30829.0	226	6296
太和县苗老集镇	6400	46840	29182	15082	24960.0	146	4680
太和县赵庙镇	6400	53400	36252	18050	26560.0	82	8520
太和县宫集镇	5879	41677	28711	21178	5012.0	82	6064
太和县坟台镇	11600	83651	57394	39294	14305.0	1460	9836
太和县洪山镇	7500	66559	51235	23640	7190.0	120	5800
太和县清浅镇	4108	41390	17492	6106	4500.0	130	5075
太和县五星镇	5160	38679	28686	14586	51625.0	196	3153
太和县高庙镇	2300	18256	14220	6789	13627.0	62	2300
太和县桑营镇	5840	40943	22692	11528	25367.0	97	4556
太和县大庙集镇	7800	55590	34284	20575	11042.0	232	6210
太和县阮桥镇	6700	46486	29158	15200	3750.0	190	5690

续表 184 （安徽省） 计算单位：公顷、人、万元

名　　称	行政区域面　积	常住人口	从业人员	二三产业从业人员	工　业总产值	城镇建成区 面 积	城镇建成区常住人口
太和县双庙镇	4900	52941	31380	15608	7800.0	150	7210
太和县胡总镇	3600	24697	13645	7717	4600.0	102	3616
太和县赵集乡	5700	35300	23028	14499	10116.0		
太和县郭庙乡	6900	48608	47548	39054	9602.9		
太和县马集乡	5100	42545	23763	14585	146870.0		
太和县二郎乡	4800	34372	21119	13466	9437.0		
阜南县方集镇	4410	41000	18411	6933	9693.0	375	5658
阜南县中岗镇	5520	41664	19832	10653	70000.0	165	4360
阜南县柴集镇	7300	68680	40055	19266	1603.0	40	4869
阜南县新村镇	5970	58228	30939	17376	13125.0	203	12864
阜南县朱寨镇	7130	78901	40649	28590	10325.0	137	7123
阜南县柳沟镇	4240	43607	27410	17489	7250.0	160	8316
阜南县赵集镇	5870	48670	24445	11535	6654.0	57	2340
阜南县田集镇	6300	59613	35217	21958	11962.0	120	5123
阜南县苗集镇	6750	59550	30359	18190	6000.0	200	7500
阜南县黄岗镇	5060	59469	36139	26213	156000.0	430	8990
阜南县焦陂镇	6770	70735	42210	24915	22000.0	80	5160
阜南县张寨镇	6510	58068	33606	25246	20187.0	268	4167
阜南县王堰镇	6320	41532	25044	16739	11600.0	17	7898
阜南县地城镇	5520	41741	16776	10281	16465.0	168	7298
阜南县洪河桥镇	8000	69368	39421	25810	27805.0	66	1665
阜南县王家坝镇	3330	33236	16137	10337	4331.0	460	10800
阜南县王化镇	4610	40241	21813	13752	4200.0	32	6500
阜南县曹集镇	7710	44872	23202	8899	18678.0	10	26850
阜南县鹿城镇	8782	158466	62468	50229	184000.0	4200	83781
阜南县会龙镇	5450	36337	20428	10903	26600.0	7	4328
阜南县王店孜乡	6070	53884	23263	13589	7087.0		
阜南县许堂乡	6600	70529	42433	23060	12660.0		
阜南县段郢乡	7950	60636	29567	19577	5700.0		
阜南县公桥乡	4280	58078	26434	14225	8856.0		
阜南县龙王乡	5260	34403	24846	14252	6987.0		
阜南县于集乡	3970	33296	18098	9545	5964.0		
阜南县老观乡	3500	32222	17028	11666	7921.0		
阜南县郜台乡	10030	58574	26603	9613	333462.0		
颍上县慎城镇	10880	166891	84010	70672	864366.0	4523	128762
颍上县谢桥镇	10594	87620	53172	34400	237000.0	472	16890
颍上县南照镇	6300	52048	28679	21293	365200.0	600	19078
颍上县杨湖镇	4970	58633	31992	13999	9320.0	420	7236
颍上县江口镇	7900	80577	40016	19181	10652.0	850	9760
颍上县润河镇	7800	55643	35881	24527	13045.0	115	5421
颍上县新集镇	5114	42721	24182	10482	1824.0	280	4622
颍上县六十铺镇	7224	60025	36331	19260	45503.0	570	12740
颍上县耿棚镇	8450	79983	39729	24450	67890.0	270	9094
颍上县半岗镇	7200	46521	28826	18731	48817.0	524	7974
颍上县王岗镇	7230	39234	21479	11969	12160.0	318	7278
颍上县夏桥镇	7901	48674	29735	16640	28375.0	510	3387
颍上县江店孜镇	7550	50793	31475	13302	57000.0	210	7569
颍上县陈桥镇	6951	46608	28381	15752	33234.0	393	4968
颍上县黄桥镇	7100	55493	31886	15310	32000.0	370	5610
颍上县八里河镇	7915	56098	26433	13662	11000.0	320	4420

续表 185　　（安徽省）　　计算单位：公顷、人、万元

名　称	行政区域面　积	常住人口	从业人员	二三产业从业人员	工　业总产值	城镇建成区 面 积	城镇建成区常住人口
颍上县迪沟镇	5800	39831	23346	19294	28360.0	480	27758
颍上县西三十铺镇	5121	44475	29641	15955	48285.0	495	10900
颍上县红星镇	5080	36498	16819	9100	17764.0	600	7521
颍上县十八里铺镇	5580	53403	18846	9907	30314.0	169	7285
颍上县鲁口镇	5900	35463	15176	6363	18340.0	570	6320
颍上县古城镇	5720	45176	21469	12679	426851.0	220	3928
颍上县建颍乡	8100	76357	41745	25704	9981.0		
颍上县五十铺乡	6250	40269	21309	15798	13200.0		
颍上县盛堂乡	5200	43127	24223	15438	12046.0		
颍上县关屯乡	5900	33597	15642	9590	3020.0		
颍上县垂岗乡	2470	18616	11950	5544	2212.0		
颍上县赛涧回族乡	4550	24705	14850	6900	40.0		
颍上县刘集乡	7350	60685	49129	26745	9412.0		
颍上县黄坝乡	5335	41020	23120	12420	7100.0		
阜阳合肥现代产业园区袁集镇	4800	51363	24702	11778	46203.0	200	6276
界首市光武镇	4640	58072	34528	22480	651963.0	638	15373
界首市泉阳镇	5030	42664	28210	23450	22000.0	350	15660
界首市芦村镇	3504	31377	17728	10746	1446.0	23	2493
界首市新马集镇	3960	46049	25028	18146	41700.0	145	3329
界首市大黄镇	3360	37848	19470	9675	96850.0	260	11321
界首市田营镇	2900	30882	17390	11810	2230000.0	300	4930
界首市陶庙镇	5602	59886	33242	19690	43000.0	450	6472
界首市王集镇	5244	52218	31520	10020	7300.0	26	4450
界首市砖集镇	4100	50660	23789	19620	3800.0	15	1460
界首市顾集镇	4435	39500	29800	12500	2430.0	81	3730
界首市代桥镇	3600	26633	26130	20529	1170.0	70	3488
界首市舒庄镇	3368	32226	17218	13162	2145.0	200	3738
界首市邴集乡	3374	36176	20390	14360	70.0		
界首市靳寨乡	2100	24629	15019	11300	83000.0		
界首市任寨乡	2920	26248	16569	9654	1760.0		
埇桥区符离镇	13800	91693	44386	27995	543712.0	226	51021
埇桥区芦岭镇	12700	72761	53202	43625	166851.0	664	47331
埇桥区朱仙庄镇	10000	65265	30802	18370	468860.0	721	33680
埇桥区褚兰镇	7908	49404	30315	18385	36000.0	168	4936
埇桥区曹村镇	13323	57815	36936	21493	388500.0	356	12160
埇桥区夹沟镇	17000	71284	36945	15560	66536.0	246	8922
埇桥区栏杆镇	13700	77687	28860	20030	32500.0	410	5895
埇桥区时村镇	12687	85340	31442	18228	47100.0	351	19804
埇桥区永安镇	11948	64630	39996	24400	101537.4	85	4750
埇桥区灰古镇	6144	33202	20299	11670	31200.0	301	4365
埇桥区大店镇	17100	60126	34803	20540	48070.0	680	9624
埇桥区大泽乡镇	11940	53955	34127	12646	56006.0	122	5905
埇桥区桃园镇	9000	35362	19234	13974	135000.0	196	11236
埇桥区蕲县镇	9600	77641	44020	21538	275022.0	52	56145
埇桥区大营镇	9800	38480	19471	10262	9083.0	329	8400
埇桥区杨庄乡	7800	39842	27357	16237	214000.0	160	9650
埇桥区支河乡	7391	27483	20328	10106	61375.0	62	3407
埇桥区解集乡	13800	58157	37838	8977	9676.0	130	5653
埇桥区桃沟乡	6000	37641	22181	11737	25380.0	269	5695
埇桥区顺河乡	8000	45469	23374	13348	320000.0	260	2882

续表 186 （安徽省） 计算单位：公顷、人、万元

名　　称	行政区域面　积	常住人口	从业人员	二三产业从业人员	工　业总产值	城镇建成区 面 积	城镇建成区常住人口
埇桥区永镇乡	6700	29832	10575	6575	19321.0	140	4523
埇桥区西二铺乡	3700	20649	10839	3783	22820.0	339	6258
砀山县砀城镇	9638	194678	51990	24335	297225.0	852	139622
砀山县赵屯镇	7800	54870	32185	15027	78935.0	430	5249
砀山县李庄镇	6500	47698	29068	14323	131000.0	320	6050
砀山县唐寨镇	11300	76174	34750	14235	117600.0	650	6590
砀山县葛集镇	8550	59635	32028	9921	59684.0	295	5897
砀山县周寨镇	12000	75748	31595	9227	165000.0	360	5352
砀山县玄庙镇	14900	87181	47768	17737	163800.0	580	7320
砀山县官庄坝镇	6900	47878	27513	12848	105507.0	312	6436
砀山县曹庄镇	5100	30068	23707	2413	68460.0	300	5200
砀山县关帝庙镇	7000	56546	25793	19115	127850.7	410	9124
砀山县朱楼镇	5700	40898	13742	5065	47634.0	680	7656
砀山县良梨镇	7500	56411	38933	18844	91405.0	345	6355
砀山县程庄镇	7300	63939	41571	6409	20900.0	560	8100
萧县龙城镇	9500	121134	72980	66647	478335.0	1140	79235
萧县黄口镇	9200	101000	41169	22569	185000.0	560	35800
萧县杨楼镇	10500	77100	34329	28141	91000.0	350	18500
萧县闫集镇	6685	50790	17490	6240	64134.0	72	2453
萧县新庄镇	11182	74238	40971	15461	37225.0	215	4230
萧县刘套镇	6169	34132	19965	10929	28409.5	25	5928
萧县马井镇	9000	74257	31979	12354	19635.0	75	5850
萧县大屯镇	9200	68818	36679	24127	45825.0	275	8690
萧县赵庄镇	8900	68543	16532	13412	25813.0	280	7960
萧县杜楼镇	9925	68445	39496	29844	128532.0	142	9216
萧县丁里镇	6700	40670	20221	4969	66516.0	300	4150
萧县王寨镇	9400	74102	36060	23547	48256.0	330	4530
萧县祖楼镇	5200	40877	34643	10622	64200.0	200	10352
萧县青龙集镇	6264	28431	9201	4379	19654.0	42	6838
萧县张庄寨镇	11600	79850	52000	26000	188000.0	400	16000
萧县永堌镇	6100	29165	19162	10141	194360.0	126	5995
萧县白土镇	5856	29830	18650	9340	152460.0	830	5400
萧县官桥镇	5997	18255	13955	8151	182210.0	304	16832
萧县圣泉乡	12000	70460	47760	6465	499350.0	38	4562
萧县酒店乡	8300	61706	28931	3658	29080.0	110	4230
萧县孙圩子乡	7207	45670	22228	11666	92350.0	232	4975
萧县庄里乡	8700	27321	12411	6399	79252.0	265	17463
萧县石林乡	3600	22705	15663	10038	18695.0	120	3652
灵璧县灵城镇	11522	105495	66470	54732	292715.0	1882	79328
灵璧县韦集镇	13668	49920	34450	16830	70006.0	230	7275
灵璧县黄湾镇	13974	41760	31675	15950	43000.0	320	2647
灵璧县娄庄镇	22867	78997	38488	16618	94890.0	120	5083
灵璧县杨疃镇	15700	69421	37742	19430	116210.0	270	9645
灵璧县尹集镇	10895	61736	45115	23416	108390.0	487	7415
灵璧县浍沟镇	7651	45588	33240	16760	23960.0	57	3688
灵璧县尤集镇	8121	55481	31110	15060	138500.0	100	6010
灵璧县下楼镇	12936	68622	40982	20432	269011.0	321	8260
灵璧县朝阳镇	13769	71180	41350	26400	164000.0	95	17140
灵璧县渔沟镇	11314	70950	27482	12682	200400.0	350	5930
灵璧县高楼镇	8981	73821	49800	27700	55120.0	346	9820

续表 187　（安徽省）　计算单位：公顷、人、万元

名称	行政区域面积	常住人口	从业人员	二三产业从业人员	工业总产值	城镇建成区面积	城镇建成区常住人口
灵璧县冯庙镇	10905	78037	45989	20802	210000.0	350	18434
灵璧县向阳乡	11493	41487	21822	10572	38200.0	120	3980
灵璧县朱集乡	7983	44264	20621	9897	124000.0	5	366
灵璧县大路乡	5350	41896	18769	9919	53650.0	78	4247
灵璧县大庙乡	6488	48619	35949	25245	95400.0	65	3945
灵璧县禅堂乡	9500	49227	35565	17585	26600.0	431	3100
灵璧县虞姬乡	8278	43348	25921	16700	80000.0	140	14000
泗县泗城镇	8250	96115	64165	44555	152322.0	2682	76080
泗县墩集镇	9500	30790	23421	9014	12405.0	500	5600
泗县丁湖镇	15000	57910	31199	10974	8650.0	15	6683
泗县草沟镇	21800	71306	40029	12688	34486.0	165	5000
泗县长沟镇	11234	45389	25033	4912	145000.0	521	6243
泗县黄圩镇	8370	63674	22409	8765	177400.0	70	4812
泗县大庄镇	9800	67299	37513	26905	80000.0	395	10209
泗县山头镇	9324	66717	38322	10222	46000.0	20	5000
泗县刘圩镇	8250	44228	30071	14174	62000.0	310	22000
泗县黑塔镇	19290	75284	28718	9848	16538.0	156	4058
泗县草庙镇	6792	19765	10698	4856	52137.0	27	6201
泗县屏山镇	18666	64075	63671	26135	43340.0	285	28145
泗县大路口乡	6252	47873	30014	6228	60325.0	410	8826
泗县大杨乡	5109	40562	25325	6624	21536.0	55	4478
泗县瓦坊乡	9600	60869	30730	9770	39750.0	26	4580
宿州马鞍山现代产业园区蒿沟乡	5100	35929	23227	10580	11201.0	148	7836
宿州马鞍山现代产业园区苗安乡	7419	41432	22883	5618	266.0	140	7890
金安区木厂镇	6600	42467	24901	14401	11850.0	400	13000
金安区马头镇	5228	35410	24303	13720	18672.0	150	4030
金安区东桥镇	10425	36420	12488	3737	46000.0	180	8000
金安区张店镇	14400	52868	52860	24514	24188.0	180	4061
金安区毛坦厂镇	5960	24071	6999	3527	25100.0	463	12536
金安区东河口镇	16050	52976	29955	19866	12000.0	220	3027
金安区双河镇	8950	46353	27338	21438	56000.0	250	7000
金安区施桥镇	11594	58397	30358	18238	29500.0	210	8300
金安区孙岗镇	13600	57300	38087	32577	132680.0	300	6215
金安区三十铺镇	13400	82631	32567	18859	933504.0	8000	28966
金安区椿树镇	10700	24670	22660	12460	34000.0	510	2840
金安区城北乡	6450	27370	21563	14324	662000.0	80	5128
金安区翁墩乡	6067	24429	13171	8713	18000.0	21	1100
金安区淠东乡	3600	42660	24736	12334	4832.0		
金安区中店乡	9125	26810	15273	6178	11000.0		
金安区横塘岗乡	8795	23054	13155	9899	7912.0	112	6052
金安区先生店乡	5820	26992	15893	11240	67800.0		
裕安区苏埠镇	6800	55376	44959	35903	125000.0	436	38221
裕安区韩摆渡镇	4980	52056	30146	13092	1728.0	100	5330
裕安区新安镇	7400	72402	36048	18298	14500.0	100	7088
裕安区顺河镇	9560	47727	24527	13087	89009.0	140	2986
裕安区独山镇	18600	75809	45680	28550	11043.0	350	18586
裕安区石婆店镇	15230	31913	21950	13818	9310.0	150	3031
裕安区城南镇	6500	36598	21802	13108	293400.0	610	34102
裕安区丁集镇	9950	48536	39433	20634	31500.0	150	12000
裕安区固镇镇	9000	42620	19156	18164	360000.0	360	7016

续表 188　　（安徽省）　　计算单位：公顷、人、万元

名　　称	行政区域面　　积	常住人口	从业人员	二三产业从业人员	工　业总产值	城镇建成区 面 积	城镇建成区常住人口
裕安区徐集镇	6331	32496	19741	13044	48837.0	110	8156
裕安区分路口镇	11348	50091	30629	18936	230640.0	96	14225
裕安区江家店镇	11265	44083	34630	14930	105000.0	90	11600
裕安区单王乡	9600	51228	28272	18348	3863.0	245	2911
裕安区青山乡	12200	42616	23414	12518	65000.0	118	8471
裕安区石板冲乡	5060	20389	14034	8960	9600.0	52	2716
裕安区西河口乡	14100	33515	21826	13291	4980.0		
裕安区平桥乡	5000	51850	37892	17742	351000.0		
裕安区罗集乡	11400	46248	27058	14124	30000.0	2	6232
裕安区狮子岗乡	11900	33548	18426	10130	23000.0	120	2866
寿县寿春镇	5878	123108	60436	23873	10500.0	340	83159
寿县双桥镇	5600	42288	38834	18841	26957.0	150	6285
寿县涧沟镇	7640	47009	19896	7286	35000.0	382	8150
寿县丰庄镇	7710	44531	24072	11727	13355.0	52	2372
寿县正阳关镇	10281	43166	37396	19750	94358.0	340	14173
寿县迎河镇	11100	63129	52424	29906	36011.0	120	9915
寿县板桥镇	10771	53737	42350	23560	31000.0	400	3356
寿县安丰塘镇	9300	41154	34295	11414	22000.0	63	4710
寿县堰口镇	14039	64438	24649	3888	78241.0	230	6000
寿县保义镇	13600	61741	39406	17050	38568.0	260	7680
寿县隐贤镇	47262	39244	27647	5343	27000.0	125	13609
寿县安丰镇	19422	62360	50083	17676	47583.0	650	34171
寿县众兴镇	11157	56490	30877	12441	80000.0	208	9778
寿县茶庵镇	10062	24540	13920	4156	24000.0	150	2976
寿县三觉镇	16700	53299	37607	20491	63401.0	500	11983
寿县炎刘镇	19030	73000	42666	18788	97000.0	715	22610
寿县刘岗镇	16120	35121	23222	8544	32360.0	432	5363
寿县双庙集镇	9201	26043	24223	6051	32000.0	420	4356
寿县小甸镇	18022	67638	49735	25785	20123.0	350	3892
寿县瓦埠镇	4300	17833	15178	7287	22950.0	110	4680
寿县大顺镇	10495	39756	38442	14329	32000.0	213	12000
寿县窑口镇	9750	34033	18659	8534	41000.0	75	3550
寿县八公山乡	3215	24944	12761	2598	13000.0	310	
寿县张李乡	76100	56924	28793	9923	23131.0	30	2196
寿县陶店回族乡	3777	7328	6799	2117	714.0	135	6764
霍邱县城关镇	5777	157688	61404	48142	498503.0	1800	111255
霍邱县河口镇	4941	20063	18108	5784	20560.0	180	9397
霍邱县周集镇	10405	86692	37561	13875	286714.0	500	14972
霍邱县临水镇	8811	63992	35282	23728	26000.0	790	18530
霍邱县新店镇	12951	73065	43984	21092	35295.0	101	11262
霍邱县石店镇	12054	54603	30334	9881	275000.0	610	10946
霍邱县马店镇	9286	41927	24038	9049	39780.0	160	8567
霍邱县孟集镇	14573	60617	39599	26227	45304.0	2400	19120
霍邱县花园镇	10494	43329	23332	6844	21910.0	400	4042
霍邱县扈胡镇	14347	64637	63928	13168	13780.0	206	6941
霍邱县长集镇	7174	36139	26260	13712	98635.0	7174	6098
霍邱县洪集镇	10266	44418	23473	16999	89597.0	240	3461
霍邱县姚李镇	14419	58571	34278	9854	169400.0	600	9610
霍邱县乌龙镇	10504	28568	25086	9202	51023.0	1500	5100
霍邱县高塘镇	13107	51202	28116	8736	89000.0	270	11892

续表 189　（安徽省）　计算单位：公顷、人、万元

名　　称	行政区域面　积	常住人口	从业人员	二三产业从业人员	工　业总产值	城镇建成区 面 积	城镇建成区常住人口
霍邱县龙潭镇	9869	44226	21045	10918	75359.0	180	2295
霍邱县岔路镇	8505	28940	22739	1843	132956.0	0	2371
霍邱县冯井镇	11833	41991	30135	7777	27234.0	200	3405
霍邱县众兴集镇	9594	39255	8900	5000	5600.0	7	1600
霍邱县夏店镇	8694	39832	21369	4502	31199.0	43	1833
霍邱县曹庙镇	7762	28783	21596	11588	44419.8	53	2653
霍邱县叶集区镇区办事处	3330	71925	48276	43172	682500.0	602	32100
霍邱县叶集区镇平岗办事处	6600	19965	10010	8987	110968.0	8	1072
霍邱县范桥镇	7930	41230	22018	8385	42000.0	200	11237
霍邱县潘集镇	11524	54180	35127	9015	62215.0	109	3695
霍邱县三元镇	8960	27260	19241	4253	21035.0	9	7128
霍邱县彭塔乡	9208	51261	32954	4777	10485.0	74	5178
霍邱县王截流乡	7961	58100	38981	11865	730.0		
霍邱县临淮岗乡	11297	50175	36820	12214	58932.0	294	22395
霍邱县城西湖乡	9066	60736	38122	23634	151766.0		
霍邱县宋店乡	10663	49158	38385	9742	48000.0		
霍邱县三流乡	10409	37724	14541				
霍邱县邵岗乡	8083	33805	11110	11110	4000.0		
霍邱县白莲乡	9200	36312	22056	4594	8900.0		
霍邱县冯瓴乡	9928	52726	25065	8407	5000.0	50	3003
霍邱县孙岗乡	12880	40415	39580	29435	582361.0		
舒城县城关镇	11170	193293	81727	57101	944126.0	982	152851
舒城县晓天镇	29415	35351	26265	18827	6200.0	175	9531
舒城县桃溪镇	5780	25935	11759	9530	39666.0	182	3682
舒城县万佛湖镇	11006	40736	21513	11326	8557.0	268	12223
舒城县千人桥镇	7176	53375	26502	20335	144760.0	320	2361
舒城县百神庙镇	6644	41748	23605	16010	57128.0	310	2375
舒城县杭埠镇	8000	54906	31823	19618	500000.0	400	14793
舒城县舒茶镇	7840	32025	19974	11320	58124.0	295	9750
舒城县南港镇	12892	47212	31259	19401	142649.0	405	11050
舒城县干汊河镇	8040	54333	35901	29248	135700.0	140	3902
舒城县张母桥镇	6300	30235	20178	16716	63500.0	165	2350
舒城县五显镇	9811	21569	14635	10076	59715.0	226	1500
舒城县山七镇	13150	32028	20001	13780	275.0	92	1914
舒城县河棚镇	7278	19609	13669	10470	6500.0	310	3800
舒城县汤池镇	15800	49103	25475	14819	21360.0	453	3039
舒城县春秋乡	6970	19235	15489	6386	7400.0		
舒城县柏林乡	8998	40326	28809	16035	68000.0		
舒城县棠树乡	7823	35103	22730	8808	31851.0		
舒城县阙店乡	7700	35131	25244	11781	2000.0		
舒城县高峰乡	8400	26115	16819	14373	12900.0		
舒城县庐镇乡	9200	17417	11574	6961	2807.0		
金寨县梅山镇	28061	128015	68527	57095	238500.0	1230	51556
金寨县麻埠镇	13479	16317	7920	3592	32987.0	25	4214
金寨县青山镇	11296	18062	9233	5767	75158.0	45	4191
金寨县燕子河镇	30900	29960	13962	5842	76250.0	102	6500
金寨县天堂寨镇	21435	14297	7257	2993	15000.0	190	3382
金寨县古碑镇	22159	51435	24304	14394	78400.0	425	10960
金寨县吴家店镇	21639	19530	8432	2463	18000.0	225	8028
金寨县斑竹园镇	14810	22381	9604	3981	172793.0	350	4200

续表 190　　（安徽省）　　计算单位：公顷、人、万元

名　　称	行政区域面　　积	常住人口	从业人员	二三产业从业人员	工　业总产值	城镇建成区 面 积	城镇建成区常住人口
金寨县汤家汇镇	26930	35189	21090	12085	35100.0	206	11080
金寨县南溪镇	20500	48679	24275	9000	175700.0	305	22000
金寨县双河镇	11200	26623	11937	6905	82850.0	250	7560
金寨县白塔畈镇	11400	27953	12734	3891	3180.0	1000	1446
金寨县张冲乡	10200	12766	6573	3274	16087.0		
金寨县油坊店乡	19960	22732	13709	7451	29350.0	280	
金寨县长岭乡	12943	17605	8708	3115	8564.0		
金寨县槐树湾乡	12600	21789	14461	7888	850.0		
金寨县花石乡	9583	12252	4624	2825	13964.0	10	1741
金寨县沙河乡	16250	14753	9330	4469	20012.0	15	6580
金寨县桃岭乡	119500	29226	13693	6861	13471.0	20	375
金寨县果子园乡	8030	15489	8000	4657	15855.0		
金寨县关庙乡	16780	11883	7196	2670	16800.0		
金寨县全军乡	10800	10227	4333	2040	12000.0		
金寨县铁冲乡	10420	7242	3835	2815	18780.0	61	2896
霍山县衡山镇	9840	85446	28135	21737	1301000.0	2529	59392
霍山县佛子岭镇	12700	18167	12032	8335	29784.0	350	5362
霍山县下符桥镇	7050	19308	8765	4830	65000.0	72	1650
霍山县但家庙镇	7200	16374	9696	3647	52200.0	30	5000
霍山县与儿街镇	16000	38553	17787	8970	220000.0	150	933
霍山县黑石渡镇	11110	26264	14552	7034	46215.0	129	5427
霍山县诸佛庵镇	17940	34059	15022	6361	197843.0	300	6167
霍山县落儿岭镇	6130	10032	4594	2326	196000.0	260	1080
霍山县磨子潭镇	19173	13807	4829	2335	25845.0	166	1849
霍山县大化坪镇	23090	18955	10466	2636	28952.0	150	2432
霍山县漫水河镇	16900	19014	9557	2285		18	1900
霍山县上土市镇	10440	17732	10791	3902	582.2	7	1750
霍山县单龙寺乡	13693	14649	7593	2022	3635.0		
霍山县东西溪乡	9830	11271	6528	1576	1700.0		
霍山县太平畈乡	8660	14371	3483	226			
霍山县太阳乡	10600	8083	5223	1798	357.0		
谯城区古井镇	11800	86650	36260	17780	876000.0	1400	15420
谯城区芦庙镇	6909	30305	17880	7198	532.0	285	3546
谯城区华佗镇	4105	38792	18990	10181	35600.0	201	4762
谯城区魏岗镇	5200	48427	33817	9682	180000.0	150	3000
谯城区牛集镇	6800	67724	37820	8100	40300.0	265	3120
谯城区颜集镇	5099	52956	34456	14493	4150.0	150	3346
谯城区五马镇	7165	30826	25405	13390	58650.0	380	4050
谯城区十八里镇	11100	68130	43629	22779	297822.0	290	17575
谯城区谯东镇	8800	61646	34377	15560	9110.0	212	7182
谯城区十九里镇	3500	33860	18000	9000	690000.0	510	12000
谯城区沙土镇	9900	53965	35626	17460	15980.0	280	4665
谯城区观堂镇	8500	67616	30440	16740	19500.0	169	7220
谯城区大杨镇	11950	66517	38623	24300	218000.0	312	8800
谯城区城父镇	7139	61970	35328	14030	23050.0	275	5126
谯城区十河镇	11500	68304	47420	19649	56400.0	328	5864
谯城区双沟镇	16000	92488	51926	27980	28700.0	495	16795
谯城区淝河镇	5900	42150	22997	15932	18000.0	265	4500
谯城区古城镇	8900	51000	26544	11481	8500.0	267	13400
谯城区龙杨镇	9420	65960	33930	11400	6000.0	100	2600

续表 191　　（安徽省）　　计算单位：公顷、人、万元

名　称	行政区域面积	常住人口	从业人员	二三产业从业人员	工业总产值	城镇建成区面积	城镇建成区常住人口
谯城区立德镇	8708	43794	26767	4457	6200.0	321	4168
谯城区张店乡	5400	37720	28510	8340	17200.0	106	3070
谯城区赵桥乡	8500	42141	21193	2340	8000.0	120	4000
涡阳县西阳镇	6160	42833	24070	12833	28300.0	105	11036
涡阳县涡南镇	9850	67168	25306	17841	69228.0	275	3987
涡阳县楚店镇	7700	55165	28292	19800	106500.0	182	14600
涡阳县高公镇	5810	46020	22602	15688	42246.0	128	7612
涡阳县高炉镇	8010	43225	30555	26420	217610.0	280	15515
涡阳县曹市镇	13100	72998	33844	25688	21028.0	283	13665
涡阳县青町镇	13830	81285	38364	33422	26600.0	190	6620
涡阳县石弓镇	7940	54335	42045	30150	95235.0	325	7125
涡阳县龙山镇	10470	77978	36736	29285	109733.0	93	9388
涡阳县义门镇	8080	83725	40693	32175	156000.0	210	5570
涡阳县新兴镇	12010	83582	45947	31272	28694.0	148	4795
涡阳县临湖镇	10130	67720	34679	26010	28694.0	152	4316
涡阳县丹城镇	10500	69438	28774	23188	18496.0	190	5466
涡阳县马店集镇	8430	52321	24635	18384	111230.0	109	3033
涡阳县花沟镇	8260	65007	30206	25218	65230.0	118	6560
涡阳县店集镇	5070	39063	22876	18828	21185.0	380	3686
涡阳县陈大镇	6880	58791	25552	17742	27760.0	80	3341
涡阳县牌坊镇	15350	86737	40591	23711	38662.0	202	4536
涡阳县公吉寺镇	6610	54446	28843	17879	22370.0	168	3162
涡阳县标里镇	9090	65007	30606	25218	42110.0	90	5960
蒙城县城关镇	1300	110814	70365	68734	96625.0	920	110814
蒙城县双涧镇	9800	58220	34260	17970	93680.0	330	13998
蒙城县小涧镇	11500	69100	57500	32400	24100.0	100	5900
蒙城县坛城镇	10200	57319	18894	8620	37521.0	148	3510
蒙城县范集工业园区(镇级单位)	2912	16750	10850	2790	33200.0	156	6226
蒙城县许疃镇	12800	72599	43333	31565	195600.0	350	22920
蒙城县板桥集镇	13700	61375	57955	39309	67205.0	260	8130
蒙城县马集镇	10340	63958	38175	18143	41031.0	250	7538
蒙城县岳坊镇	9900	62518	36690	22130	85000.0	180	15600
蒙城县立仓镇	20100	125556	49757	20787	30150.0	160	6712
蒙城县楚村镇	17200	100315	59033	35465	37960.0	125	9015
蒙城县乐土镇	17600	95272	57582	27700	197893.0	105	6890
蒙城县三义镇	11300	75892	63025	26636	6866.0	280	8286
蒙城县篱笆镇	10300	61835	35107	21392	19680.0	100	8120
蒙城县王集乡	13800	75673	46655	24705	62100.0	135	8350
蒙城县小辛集乡	12200	77360	26631	22748	54564.0	150	6178
利辛县城关镇	12247	234177	152031	144960	696057.0	3365	152145
利辛县阚疃镇	11870	87352	42740	20336	46016.0	496	33595
利辛县张村镇	9645	61342	34334	15232	32115.0	291	29456
利辛县江集镇	9636	62150	36127	13858	11861.0	261	7750
利辛县旧城镇	7419	52291	26793	18290	9120.0	210	7435
利辛县西潘楼镇	7294	56220	35451	14986	68641.0	227	11346
利辛县孙集镇	6301	39980	17716	12479	6169.0	200	7645
利辛县汝集镇	10035	62284	54328	32846	42794.0	80	4860
利辛县巩店镇	9834	75916	40273	28138	20314.0	167	6331
利辛县王人镇	7728	63196	28501	6320	17151.0	286	10830
利辛县王市镇	7113	54651	33383	20172	11678.0	159	8612

续表 192　　（安徽省）　　计算单位：公顷、人、万元

名　　称	行政区域面　积	常住人口	从业人员	二三产业从业人员	工　业总产值	城镇建成区 面 积	城镇建成区常住人口
利辛县永兴镇	6992	52155	30643	9013	10294.0	170	4589
利辛县马店孜镇	8876	65344	38552	21328	12662.0	196	9855
利辛县大李集镇	7541	53578	22422	14532	6984.0	12	2747
利辛县胡集镇	11180	53817	36395	11281	11947.0	210	12898
利辛县展沟镇	5295	38000	21530	15393	15026.0	200	5680
利辛县程家集镇	8706	52565	37566	23898	21093.0	153	2783
利辛县中疃镇	9831	59117	36949	29199	26818.0	160	4300
利辛县望疃镇	15313	95877	55669	8520	14655.0	205	7915
利辛县刘家集乡	6677	48751	32580	18020	28755.0	116	4037
利辛县纪王场乡	7199	46438	23931	9949	6150.0	74	5834
利辛县孙庙乡	6450	50050	29450	23950	13222.0	10	3560
利辛县新张集乡	7268	46800	27036	17896	10316.0	510	4985
贵池区殷汇镇	15805	48596	27956	17206	120000.0	208	15120
贵池区牛头山镇	11300	41884	22933	11461	18000.0	300	14800
贵池区涓桥镇	15912	33176	19902	10197	55000.0	100	1370
贵池区梅街镇	26400	20459	12166	4066	52000.0	10	3000
贵池区梅村镇	24670	24350	18857	10307	13450.0	45	2065
贵池区唐田镇	13772	15890	11900	6000	12000.0	185	4500
贵池区牌楼镇	10646	23457	12212	6162	21300.0	18	1700
贵池区乌沙镇	9067	47392	25997	11840	68552.0	45	5546
贵池区棠溪镇	25100	11262	6270	3418	20922.0	15	1548
东至县尧渡镇	38880	118802	45192	19157	250000.0	380	73856
东至县东流镇	12013	31686	27141	19200	169807.0	423	14190
东至县大渡口镇	10017	72866	49081	12279	302000.0	250	12280
东至县胜利镇	14500	59489	38087	19023	43310.0	310	59489
东至县张溪镇	26400	59453	58592	13266	31000.0	6	2770
东至县洋湖镇	18000	31213	22232	15678	22378.0	75	5540
东至县葛公镇	25149	25353	12701	5570	15487.5	48	3900
东至县香隅镇	21800	34624	19974	7136	49230.0	390	21200
东至县官港镇	24366	27516	27316	9779	6582.5	200	4556
东至县昭潭镇	16393	21108	11858	5005	5890.0	14	2178
东至县龙泉镇	18709	25330	20889	5883	55000.0	130	6858
东至县泥溪镇	18332	23176	12523	4423	12873.0	85	4566
东至县花园乡	24861	12046	10230	3163	2100.0	1310	1454
东至县木塔乡	24000	17057	17012	11261	29400.0	21	2693
东至县青山乡	10260	17098	14168	4584	5000.0	0	1000
石台县仁里镇	18900	9940	4488	3668	111153.8	250	9930
石台县七都镇	34500	16845	11940	4482	14525.0	57	3150
石台县仙寓镇	23600	9286	9062	3382	2110.0	23	1820
石台县丁香镇	11280	10013	6599	3252	10253.0	100	1403
石台县小河镇	13400	20655	11528	5567	15360.0	200	2592
石台县横渡镇	17400	8951	8944	2344	315.0	100	1728
石台县大演乡	14400	7094	4016	410	2956.0	120	502
石台县矶滩乡	9700	5688	3166	1462			
青阳县蓉城镇	11931	88916	30017	15877	73135.0	612	30913
青阳县木镇镇	10500	15347	14045	6584	342161.0	110	3642
青阳县庙前镇	5800	22476	15276	8705	9500.0	25	1683
青阳县陵阳镇	21385	22240	15163	8773	48900.0	300	6405
青阳县新河镇	11100	17618	11632	6623	193521.0	58	1045
青阳县丁桥镇	9420	21623	11778	7063	322830.0	60	1132

续表 193　　　　　　　　　　　　（安徽省）　　　　　　　　　　　　计算单位：公顷、人、万元

名　　称	行政区域面　　积	常住人口	从业人员	二三产业从业人员	工　业总产值	城镇建成区 面 积	城镇建成区常住人口
青阳县朱备镇	6767	7867	2779	1817	9890.0	50	1682
青阳县杨田镇	10800	19352	12072	4310	58870.0	130	816
青阳县九华镇	1310	4800	2800	2800		380	3696
青阳县西华镇	11770	14031	13106	5886	252000.0	15	260
青阳县乔木乡	5461	10708	7353	3809	53331.0		
青阳县杜村乡	7460	19944	17965	7007	9480.0		
青阳县九华乡	5040	13619	8970	2535	4009.0	534	3516
宣州区水阳镇	20500	90329	55539	29674	284859.0	310	27191
宣州区狸桥镇	22800	66305	52000	22000	270000.0	500	11568
宣州区沈村镇	10317	39443	26170	15845	18746.0	80	5565
宣州区古泉镇	6134	13135	10280	6860	39600.0	172	3644
宣州区洪林镇	13560	43838	30648	13199	85900.0	300	10498
宣州区寒亭镇	8203	20068	11088	7123	56900.0	124	4901
宣州区文昌镇	3740	20397	12927	5572	33819.0	128	4135
宣州区孙埠镇	11440	53206	32183	23457	514136.0	248	16580
宣州区杨柳镇	15200	36546	22945	10740	26532.0	105	8240
宣州区水东镇	10842	32407	19652	12523	69732.0	182	9091
宣州区新田镇	9429	19628	10334	5730	16000.0	32	3761
宣州区周王镇	10700	19075	10602	6670	21941.0	62	3096
宣州区溪口镇	18777	24936	15608	2977	48297.0	15	5123
宣州区朱桥乡	5847	26226	15842	6933	17936.0	120	4916
宣州区养贤乡	11830	43795	25340	12483	52750.0	71	2213
宣州区五星乡	4250	23331	14538	7051	19400.0	9	796
宣州区黄渡乡	14800	39261	22870	11640	38717.0	91	2921
郎溪县建平镇	18423	118616	50142	25716	376862.0	1402	61499
郎溪县十字镇	18927	38341	19171	8051	451675.0	520	9323
郎溪县新发镇	8670	26697	15439	8186	351120.4	145	7210
郎溪县涛城镇	10109	26594	18519	5877	315126.0	40	10000
郎溪县梅渚镇	7715	26401	13123	8137	496000.0	250	5800
郎溪县毕桥镇	5976	20012	9906	5844	54431.0	185	3157
郎溪县飞鲤镇	15367	39213	17182	3956	21000.0	150	3452
郎溪县凌笪乡	14377	26654	14913	11300	125565.0		
郎溪县姚村乡	10493	17588	13063	4624	8568.0		
广德县桃州镇	22400	127029	86758	68331	265418.0	5100	102561
广德县柏垫镇	25200	47112	26688	13694	134000.0	554	1632
广德县誓节镇	34200	82803	52245	46817	243589.0	120	15380
广德县邱村镇	32800	75332	49976	32556	523950.0	430	23012
广德县新杭镇	32300	80142	44097	37225	1377500.0	803	8657
广德县卢村乡	21400	46130	43383	20312	158137.0		
广德县东亭乡	9800	21275	13437	7589	172419.0		
广德县杨滩乡	27500	49106	26791	10990	218000.0		
广德县四合乡	10900	22617	14867	7433	211844.0		
泾县泾川镇	25392	107680	47219	38224	934382.0	5418	65448
泾县茂林镇	23275	16177	10033	4693	60235.0	17	6128
泾县榔桥镇	34421	27492	23193	11191	69997.0	120	8057
泾县桃花潭镇	25093	31507	17351	7880	9835.0	9	5000
泾县琴溪镇	9312	17537	15519	11984	135000.0	45	1287
泾县蔡村镇	13641	14516	11487	5277	18727.0	23	2061
泾县云岭镇	19363	37935	18889	6522	248760.0	17	1389
泾县黄村镇	15495	21297	16052	10722	19670.0	55	2370

续表 194　　（安徽省、福建省）　　计算单位：公顷、人、万元

名　　称	行政区域面积	常住人口	从业人员	二三产业从业人员	工业总产值	城镇建成区面积	城镇建成区常住人口
泾县丁家桥镇	5748	15634	14911	9734	98200.0	156	4753
泾县汀溪乡	16733	11702	7172	3283	13114.0		
泾县昌桥乡	16977	33638	17273	7218	28261.0		
绩溪县华阳镇	8700	48110	15288	11458	90000.0	87	32850
绩溪县临溪镇	9900	10017	6038	2743	88976.0	20	1500
绩溪县长安镇	12200	23101	12000	8374	16967.0	15	1518
绩溪县上庄镇	7900	14362	12458	3802	43801.0	6	7106
绩溪县扬溪镇	8900	12551	7200	4600	13800.0	9	1116
绩溪县伏岭镇	18300	15163	11648	6378	8971.0	15	2317
绩溪县金沙镇	10800	7807	4089	2257	34000.0	36	1997
绩溪县瀛洲镇	8308	8276	5358	2638	26500.0	12	1598
绩溪县板桥头乡	13000	13875	7684	715	18755.0	13	2018
绩溪县家朋乡	8700	12112	6863	3418	12462.0	22	2045
绩溪县荆州乡	5234	7115	4012	989		200	7115
旌德县旌阳镇	10980	50929	26191	20623	340000.0	700	29354
旌德县蔡家桥镇	10620	15538	8115	3425	34000.0	100	1500
旌德县三溪镇	7008	12129	4626	2894	19300.0	187	4106
旌德县庙首镇	9140	11491	7169	2840	38000.0	100	4143
旌德县白地镇	9578	7459	7357	3665	35000.0	128	3363
旌德县俞村镇	8290	12178	7570	4805	11917.0	55	2997
旌德县版书乡	8460	11425	7931	2385	24000.0		
旌德县云乐乡	8065	6109	3959	2245	21336.7	20	1316
旌德县兴隆乡	8440	8957	8657	1673	16000.0	59	551
旌德县孙村乡	8360	9508	5870	2841	19000.0		
宁国市港口镇	9710	33569	20830	13050	730000.0	474	4015
宁国市梅林镇	18550	22195	14827	7959	134526.0	400	2150
宁国市中溪镇	20400	21060	14658	9178	215000.0	225	16000
宁国市宁墩镇	8206	12103	7655	5950	133869.0	118	1997
宁国市仙霞镇	13650	21027	8520	2660	30000.0	275	7480
宁国市甲路镇	20100	12743	9948	2659	16513.0	4	1739
宁国市胡乐镇	19500	12393	6632	2600	36100.0	30	1983
宁国市霞西镇	20400	21816	13450	7385	3420.0	18	2860
宁国市云梯畲族乡	5110	6125	3955	1993	12250.0	56	1118
宁国市南极乡	12800	8442	6946	2492	40115.0	5	312
宁国市万家乡	13890	14747	8200	5100	5000.0	95	900
宁国市青龙乡	13880	11997	6997	4600	10930.0		
宁国市方塘乡	26700	14215	9603	3391	13444.0		
福建省							
福州市鼓楼区洪山镇	1260	93329	64741	64741	701278.0	1260	93329
仓山区仓山镇	580	22158	21350	21071	827855.0	2	984
仓山区城门镇	5400	85400	32454	31304	1095935.0	2	2257
仓山区盖山镇	3600	76650	45800	42550	1302561.0	2	2100
仓山区建新镇	2400	68613	23663	17560	228630.0	2	1760
仓山区螺洲镇	640	14570	7254	7235	232665.0	2	2478
马尾区马尾镇	6500	28172	7628	7242	5025884.0	201	4787
马尾区亭江镇	11100	19083	6836	6493	1308310.0	180	1453
马尾区琅岐镇	6900	71769	26987	17276	33759.0	1294	25725
晋安区鼓山镇	5000	237956	81330	81110	2078411.0	99	1552
晋安区新店镇	4700	91513	57788	57378	867646.0	300	1305
晋安区岳峰镇	1100	74910	21754	21729	81211.0	100	3503

续表 195　　（福建省）　　计算单位：公顷、人、万元

名　　称	行政区域面　　积	常住人口	从业人员	二三产业从业人员	工　业总产值	城镇建成区 面 积	城镇建成区常住人口
晋安区宦溪镇	12900	12192	6118	3349	442800.0	130	1853
晋安区寿山乡	17200	11980	4962	1897	192000.0		
晋安区日溪乡	13000	6030	3390	1938	24523.0		
闽侯县白沙镇	17500	32988	14946	10047	169521.0	175	12634
闽侯县南屿镇	17000	59526	22315	12700	1058490.0	30	8430
闽侯县尚干镇	500	18378	7047	6533	197634.0	35	2763
闽侯县祥谦镇	8900	61936	28681	23086	959646.0	30	3658
闽侯县青口镇	12700	82016	43123	35873	2356957.0	370	5548
闽侯县南通镇	11200	47380	20685	19767	259858.0	310	3354
闽侯县上街镇	15700	71162	40575	39315	431024.0	200	2317
闽侯县荆溪镇	13100	46279	34047	30668	1463158.0	20	5406
闽侯县竹岐乡	22400	31147	10703	5646	187865.0	240	19065
闽侯县鸿尾乡	15700	36111	19008	17387	439356.0		
闽侯县洋里乡	15100	29650	10580	4380	24400.0		
闽侯县大湖乡	28200	37403	10965	3860	13220.0		
闽侯县廷坪乡	21700	36233	10635	3913	8685.0		
闽侯县小箬乡	4600	11066	3680	2260	15300.0		
连江县凤城镇	710	74089	3551	3101	8345.0	679	74089
连江县敖江镇	4700	47305	20929	16184	1624893.0	87	6885
连江县东岱镇	2440	23035	17069	8893	88632.0	99	11855
连江县琯头镇	6680	46674	22646	13552	663055.0	476	17692
连江县晓澳镇	2150	29812	16722	8210	285968.0	215	15690
连江县东湖镇	4390	17186	8805	4218	248190.0	118	4482
连江县丹阳镇	10770	28610	21846	11793	145310.0	82	4251
连江县长龙镇	4120	7864	7127	4477	892.0	82	3798
连江县透堡镇	2560	16857	8799	5644	9603.0	89	13466
连江县马鼻镇	3820	29618	25482	13165	13506.0	230	22777
连江县官坂镇	3650	21235	13957	7311	14560.0	81	8492
连江县筱埕镇	3400	29223	12724	7137	302488.0	72	5480
连江县黄岐镇	1400	20228	10552	3521	89100.0	189	16537
连江县苔菉镇	820	28811	10547	2222	69203.0	96	14750
连江县浦口镇	5060	30802	19062	10450	46436.8	229	15432
连江县坑园镇	2590	22049	15934	9297	47536.0	98	5341
连江县潘渡乡	13240	20794	8822	3519	910.9		
连江县江南乡	7040	24680	12660	5149	46712.0		
连江县蓼沿乡	12370	21068	16422	10377	102132.0		
连江县安凯乡	2950	18479	8896	3331	113940.0		
连江县下宫乡	3380	14218	9421	2540	53370.0		
连江县小沧畲族乡	5840	2542	2323	1178	86.0		
罗源县凤山镇	3165	85836	46730	44344	77420.0	523	4549
罗源县松山镇	15850	22960	22641	14094	13381.0	167	1503
罗源县起步镇	7309	22230	12118	6748	61833.0	213	3374
罗源县中房镇	13210	9725	9218	3082	28830.0	100	3504
罗源县飞竹镇	12079	7109	6149	1810	56488.0	951	2046
罗源县鉴江镇	6669	7353	4996	2194	19828.0	130	1724
罗源县白塔乡	7143	9511	8386	5021	248566.0		
罗源县洪洋乡	7011	8356	6988	3346	123368.0		
罗源县西兰乡	7764	10628	9293	7118	254993.0		
罗源县霍口畲族乡	19755	8300	4984	1192	12351.0		
罗源县碧里乡	10068	15669	11614	4277	3341.0		

续表 196　　（福建省）　　计算单位：公顷、人、万元

名　　称	行政区域面积	常住人口	从业人员	二三产业从业人员	工业总产值	城镇建成区面积	城镇建成区常住人口
闽清县梅城镇	1200	36112	28652	28178	280666.0	351	2834
闽清县梅溪镇	13400	17360	10276	7364	28912.0	230	1514
闽清县白樟镇	9100	15433	15182	11842	304848.0	150	2535
闽清县金沙镇	16500	8909	8430	3615	62516.0	410	1240
闽清县白中镇	4300	15827	15597	12347	337375.0	500	5538
闽清县池园镇	10200	19588	14752	13329	169664.0	490	11213
闽清县坂东镇	6100	35964	16350	9775	67087.0	351	6651
闽清县塔庄镇	7200	20552	17364	7504	18015.0	269	1845
闽清县省璜镇	10200	10160	7846	3658	1958.0	180	3091
闽清县雄江镇	11100	4862	2103	904	11654.0	1330	1526
闽清县东桥镇	17700	17228	10982	5309	39871.0	230	2105
闽清县云龙乡	4400	10028	5875	2840	367610.0		
闽清县上莲乡	11700	10194	6286	2094	5986.0		
闽清县三溪乡	4600	5819	5557	899	966.0		
闽清县桔林乡	10800	4399	3663	1562	5008.0		
闽清县下祝乡	8160	11824	7573	3765	2025.0		
永泰县樟城镇	480	33807	18106	18026	5150.0	80	6728
永泰县嵩口镇	24680	19144	14894	7916	23576.0	640	9198
永泰县梧桐镇	17190	39953	24071	17854	16525.0	570	1789
永泰县葛岭镇	25590	13359	9786	5540	17039.0	84	8668
永泰县城峰镇	7870	36900	13691	7612	163603.0	400	8240
永泰县清凉镇	10340	12901	7044	5196	29282.0	270	1783
永泰县长庆镇	16520	12963	9834	7924	42620.0	300	8380
永泰县同安镇	14330	18510	16740	11425	11750.0	65	1200
永泰县大洋镇	10920	18132	13895	7822	11041.0	450	3416
永泰县塘前乡	8830	3321	2274	1344	64160.0		
永泰县富泉乡	6380	4523	3466	2080	7350.0		
永泰县岭路乡	11480	6501	5610	3230	1900.0		
永泰县赤锡乡	10050	10030	9637	6555	13556.0		
永泰县洑口乡	13300	7716	7596	5166	11500.0		
永泰县盖洋乡	11280	5800	4990	1330	13500.0		
永泰县东洋乡	4960	5525	3872	1787	6320.0		
永泰县霞拔乡	6310	9530	9327	3517	265.0		
永泰县盘谷乡	3060	6201	5260	3240	9220.0		
永泰县红星乡	4620	5532	5125	2870	6919.0		
永泰县白云乡	10440	7853	6996	5229	9825.0		
永泰县丹云乡	5710	1996	1655	826	4032.0		
平潭县潭城镇	1100	69832	7425	5302	69228.0	80	6735
平潭县苏澳镇	1600	39910	20299	5273	18720.0	160	3389
平潭县流水镇	4200	41935	23750	6645	35296.0	213	4855
平潭县澳前镇	2800	49298	31352	7559	8359.0	80	2104
平潭县北厝镇	5900	32440	14393	6153	172874.0	56	1442
平潭县平原镇	2300	21322	10203	2988	756.0	42	1440
平潭县敖东镇	2400	27812	17224	3076	500.0	36	2028
平潭县白青乡	800	19225	9728	1483			
平潭县屿头乡	900	16632	10249	4827	330.0		
平潭县大练乡	1300	3080	1533	470	230.0		
平潭县芦洋乡	1340	6348	4128	1784			
平潭县中楼乡	1900	24461	9200	2950	3435.0		
平潭县东庠乡	400	8520	4984	2255			

续表 197　　（福建省）　　计算单位：公顷、人、万元

名　　称	行政区域面　　积	常住人口	从业人员	二三产业从业人员	工　业总产值	城镇建成区 面 积	城镇建成区常住人口
平潭县岚城乡	3500	32352	15510	9200	97237.0		
平潭县南海乡	1100	7815	5583	683	23.0		
福清市海口镇	5300	78340	41667	28652	191000.0	204	12965
福清市城头镇	7100	55240	24681	10676	1458100.0	1100	18067
福清市南岭镇	3400	6673	6210	2904	7895.0	84	1748
福清市龙田镇	8800	128754	69129	67284	793581.0	505	24688
福清市江镜镇	5700	99529	48940	23460	143200.0	1025	19330
福清市港头镇	4500	83473	41824	25169	118662.0	120	24107
福清市高山镇	4500	71397	35663	20303	185621.0	595	17498
福清市沙埔镇	4000	46718	29218	10535	46230.0	150	2789
福清市三山镇	10200	119201	54372	30014	125000.0	380	9878
福清市东瀚镇	7000	43865	23379	8622	13402.0	1233	8145
福清市渔溪镇	11530	47201	23095	12665	253678.0	200	13912
福清市上迳镇	5000	33748	19626	10583	289704.0	40	2723
福清市新厝镇	7400	24560	11799	3684	202286.0	336	5678
福清市江阴镇	6900	82321	34041	22500	1265137.0	221	13913
福清市东张镇	12850	32318	13545	7422	29616.0	200	11876
福清市镜洋镇	8900	57091	25409	20373	898392.0	70	4032
福清市一都镇	11500	12900	7245	1433		40	2815
长乐市首占镇	3100	28761	10769	8453	68212.0	300	28295
长乐市玉田镇	5500	42123	18366	12683	82281.0	65	9805
长乐市松下镇	5500	26956	12141	10655	2307611.0	980	11030
长乐市江田镇	8600	58585	33698	26059	3165690.0	1448	16307
长乐市古槐镇	5200	61732	32341	24858	472831.0	160	14800
长乐市文武砂镇	3200	23368	13240	9760	1460053.0	55	2624
长乐市鹤上镇	4700	61011	23444	20644	1628243.0	47	15299
长乐市湖南镇	3200	30150	13910	10610	1666244.0	130	6713
长乐市金峰镇	3000	71462	21744	17886	1329941.0	378	41850
长乐市文岭镇	3300	35048	19327	11006	872156.0	162	9520
长乐市梅花镇	1600	15857	6271	3730	133262.0	129	15845
长乐市潭头镇	4200	56168	32142	24660	597450.0	116	9759
长乐市罗联乡	2100	11582	4721	2566	49906.6	225	1174
长乐市猴屿乡	2200	5161	2529	2327	18.0	76	2389
海沧区东孚镇	8433	54900	38170	32206	1190000.0	1130	16049
集美区灌口镇	7020	113260	67376	58994	2261870.0	1300	39013
集美区后溪镇	4400	54701	36613	32495	412552.0	50	586
同安区莲花镇	19640	40000	17000	12000	88200.0	440	8822
同安区新民镇	5300	97758	62482	58617	1163000.0	100	3548
同安区洪塘镇	3710	47094	23283	15270	352100.0	84	1382
同安区西柯镇	3970	61438	34236	32655	1429484.0	219	9944
同安区汀溪镇	12000	20668	11430	4998	68897.0	136	2860
同安区五显镇	7500	45867	24712	13289	165000.0	37	2664
翔安区马巷镇	6687	153189	114503	107179	828800.0	270	29602
翔安区新圩镇	7987	35250	23857	11430	672365.0	340	3260
翔安区新店镇	11829	90826	73987	36042	152761.0	487	5010
翔安区内厝镇	6994	34012	33633	21938	187683.0	280	4026
城厢区常太镇	19500	28557	16298	3195	611.0	210	1138
城厢区华亭镇	13500	112375	51342	33626	1410092.0	267	7706
城厢区灵川镇	5600	69701	30310	12770	396896.0	151	6268
城厢区东海镇	4700	57128	26192	18003	361788.0	200	6258

续表 198　　（福建省）　　计算单位：公顷、人、万元

名　　称	行政区域面　积	常住人口	从业人员	二三产业从业人员	工　业总产值	城镇建成区 面 积	城镇建成区常住人口
涵江区三江口镇	1750	59691	31246	24974	912890.0	197	4179
涵江区白塘镇	1820	55710	29215	23142	617249.0	80	3025
涵江区国欢镇	1590	53942	35685	32502	1008259.0	227	7860
涵江区梧塘镇	3100	53063	35041	31257	1491332.0	300	8088
涵江区江口镇	7900	101068	56608	48693	2919549.0	680	30226
涵江区萩芦镇	8600	21592	16266	10256	57677.0	168	4281
涵江区白沙镇	7300	12300	8960	5160	4240.0	124	2477
涵江区庄边镇	17000	15495	12224	6440	7290.0	50	4156
涵江区新县镇	13300	13106	10875	5730	3137.0	100	7370
涵江区大洋乡	12000	9263	7346	4116	3125.0	13	2825
荔城区西天尾镇	5800	63113	48069	41846	1961085.0	2923	50935
荔城区黄石镇	6500	148730	91894	62756	1912906.0	1200	34815
荔城区新度镇	6000	104819	69326	48568	481436.0	600	6321
荔城区北高镇	5600	74584	44662	17564	185176.0	1122	9885
秀屿区笏石镇	6800	134216	57384	35524	853480.0	1713	68576
秀屿区东庄镇	6200	42650	30466	19564	1813139.0	145	8827
秀屿区忠门镇	3150	16864	8642	5968	29389.0	168	7803
秀屿区东埔镇	2600	19803	11564	9009	320691.0	100	2573
秀屿区东峤镇	8700	81709	44185	24020	1058810.0	150	20201
秀屿区埭头镇	12600	101178	50614	28501	115203.0	412	11679
秀屿区平海镇	6700	65927	22108	9083	9209.0	109	8231
秀屿区南日镇	5800	42683	13163	4602	58434.0	167	7892
秀屿区湄洲镇	1630	32907	17866	8068	2296.0	55	4255
秀屿区山亭镇	4200	27146	11851	9676	11370.0	173	6896
秀屿区月塘乡	3600	29587	13557	11170	143736.0	55	3306
仙游县枫亭镇	9412	85339	71478	56291	1675327.0	910	72251
仙游县榜头镇	13311	111896	97014	66049	1541930.5	565	38961
仙游县郊尾镇	6024	63804	38900	28297	880958.5	250	17756
仙游县度尾镇	11480	69988	42446	20143	120263.0	181	13968
仙游县鲤南镇	4281	70200	48527	39946	328673.0	602	67882
仙游县赖店镇	8008	49534	30413	15215	264205.8	110	6535
仙游县盖尾镇	7026	65800	51221	31366	362644.0	140	13450
仙游县园庄镇	8252	44163	17879	16577	3814.0	58	4971
仙游县大济镇	11544	72542	49640	5117	198523.0	86	8500
仙游县龙华镇	6047	51231	21844	5160	112345.0	173	11218
仙游县钟山镇	13461	21314	13295	870	7650.0	105	6644
仙游县游洋镇	17903	19335	8814	538	11342.0	51	3011
仙游县西苑乡	30626	7956	4124	279	76566.7	28	2677
仙游县石苍乡	13837	6718	1938	170	5786.0	12	750
仙游县社硎乡	7750	5842	2316	107	1080.0	35	3198
仙游县书峰乡	3938	6437	5385	61		33	2120
仙游县菜溪乡	7903	6255	4506	130	263.7	36	2600
梅列区陈大镇	19600	10097	6748	3620	956000.0	100	4709
梅列区洋溪镇	7200	6045	4580	2740	280000.0	2000	3352
三元区莘口镇	23000	14531	11209	4074	581141.0	32	3265
三元区岩前镇	26500	21267	11455	3535	349264.0	28	4938
三元区城东乡	6700	10751	3685	1063	66146.0	35	10751
三元区中村乡	20100	14133	6587	1105	29421.0	30	1930
明溪县雪峰镇	1600	35744	9438	9248	30458.0	400	22265
明溪县盖洋镇	35500	11716	8773	6612	82400.0	70	3626

续表 199　　（福建省）　　计算单位：公顷、人、万元

名　　称	行政区域面　　积	常住人口	从业人员	二三产业从业人员	工　业总产值	城镇建成区 面 积	城镇建成区常住人口
明溪县胡坊镇	23120	7322	5498	2524	72319.0	157	2056
明溪县瀚仙镇	14200	10289	7301	5273	134021.0	360	1741
明溪县城关乡	13170	10748	5887	4067	97462.0	64	2415
明溪县沙溪乡	14100	6692	3431	2181	71052.0	31	2144
明溪县夏阳乡	34200	10142	7595	3837	80453.0	92	3642
明溪县枫溪乡	12320	3520	2707	1315	23450.0	17	1230
明溪县夏坊乡	22100	5768	3651	2124	63749.0	121	3148
清流县龙津镇	22100	39471	27355	14038	263125.0	400	24361
清流县嵩溪镇	17151	16581	8818	5803	219063.0	186	7985
清流县嵩口镇	22700	15566	8280	4496	116748.0	110	4508
清流县灵地镇	11000	10232	5479	1890	19418.0	98	3387
清流县长校镇	14100	11410	4482	1232	18619.0	113	3890
清流县温郊乡	14000	3929	3181	1102	157408.0	30	1268
清流县林畲乡	11400	9020	3439	619	53600.0	37	2790
清流县田源乡	11400	6041	2623	511	59135.0	42	1815
清流县沙芜乡	13300	3647	2399	574	28648.0	19	1068
清流县赖坊乡	11400	7568	3286	2168	16751.0	45	3428
清流县余朋乡	17281	4879	2302	665	61060.0	19	1151
清流县李家乡	7500	8584	4336	1358	25037.0	67	4340
清流县里田乡	7300	4798	2045	449	29940.0	29	2555
宁化县翠江镇	2500	63494	30258	30258	235364.0	1105	63494
宁化县泉上镇	20200	16325	8340	3148	18259.0	84	6923
宁化县湖村镇	16900	13169	9328	6481	167085.0	125	7665
宁化县石壁镇	13826	25426	12460	7193	36850.0	147	5962
宁化县曹坊镇	20100	15132	10601	5912	39565.0	65	6093
宁化县安远镇	28000	24992	14220	8293	28000.0	78	1463
宁化县城郊乡	20400	18879	11832	5783	51173.0	961	2067
宁化县城南乡	8400	7486	5549	3058	20520.0	410	391
宁化县济村乡	15000	10941	5507	2999	21012.0	18	2201
宁化县淮土乡	10800	19235	11262	7647	21678.0	56	3849
宁化县方田乡	10300	5318	3639	2369	31000.0	45	2070
宁化县安乐乡	18600	13526	7420	3102	30067.0	65	912
宁化县治平畲族乡	13700	8569	6702	3329	26580.0	20	2176
宁化县中沙乡	11700	9969	7384	5340	19260.0	34	2699
宁化县河龙乡	6400	5675	4520	2291	31327.0	22	2301
宁化县水茜乡	23900	18602	11791	2171	22300.0	44	1859
大田县均溪镇	14038	89205	31330	8380	493000.0	70	46257
大田县石牌镇	12952	19161	6345	3935	136380.0	396	1962
大田县上京镇	15297	18792	9315	6579	319398.0	175	7491
大田县广平镇	17158	32209	20793	6185	254788.0	80	9046
大田县桃源镇	21910	16051	11722	3297	119901.0	100	5249
大田县太华镇	24554	27875	15158	4488	394203.0	100	3642
大田县建设镇	6859	21135	9009	5148	145102.0	105	4267
大田县奇韬镇	7074	14899	6752	3345	83170.0	59	4943
大田县华兴乡	9290	6531	5697	2670	20508.0	143	576
大田县屏山乡	10634	6856	6336	3802	40243.0	24	1176
大田县吴山乡	8355	7210	4604	2683	215182.0	46	2342
大田县济阳乡	6642	5156	2941	873	98268.0	13	2553
大田县武陵乡	8030	6871	4180	602	82150.0	89	6391
大田县谢洋乡	11612	4923	3787	1964	13580.0	6	482

续表 200 （福建省） 计算单位：公顷、人、万元

名　　称	行政区域面　　积	常住人口	从业人员	二三产业从业人员	工　业总产值	城镇建成区　面　积	城镇建成区常住人口
大田县文江乡	11271	13991	9649	7954	63754.6	47	2435
大田县梅山乡	19208	14712	7356	1739	25113.0	75	2710
大田县湖美乡	13847	8237	5905	1227	5450.0	80	2866
大田县前坪乡	4586	4954	2419	481	360000.0	60	1638
尤溪县城关镇	12082	69817	7744	3876	441117.8	1322	63126
尤溪县梅仙镇	23945	29173	15669	8550	84136.0	160	11702
尤溪县西滨镇	25251	20478	12670	8087	182338.0	114	11875
尤溪县洋中镇	33888	22000	15005	8433	268520.0	302	13070
尤溪县新阳镇	27411	30673	24049	15647	130493.0	155	11927
尤溪县管前镇	17614	17688	13969	3339	58625.0	67	4275
尤溪县西城镇	34667	43571	32551	19497	1079565.7	250	27896
尤溪县尤溪口镇	210	951	494	395	29472.0	210	951
尤溪县坂面镇	41152	27385	17885	7002	235279.0	336	10596
尤溪县联合乡	10314	14210	11227	4436	10913.0	81	10285
尤溪县汤川乡	30386	12762	9400	5279	28099.0	200	6097
尤溪县溪尾乡	16254	9735	7215	3324	54478.0	70	1694
尤溪县中仙乡	37515	27202	18542	7594	20385.0	80	3904
尤溪县台溪乡	23463	24175	18532	8251	102233.0	75	6615
尤溪县八字桥乡	7885	9549	6413	3398	7265.0	9	710
沙县青州镇	13959	20735	4817	4176	256641.0	260	2678
沙县夏茂镇	25136	25273	17193	11874	41072.0	150	11867
沙县高砂镇	16156	19943	7842	3918	43152.0	180	2201
沙县高桥镇	21095	18797	7734	4610	90934.8	236	4358
沙县富口镇	22609	9776	6687	3386	126971.0	160	3458
沙县大洛镇	11635	10727	5982	2718	15314.0	100	1427
沙县南霞乡	12212	12004	4675	1329	2763.0	14	929
沙县南阳乡	6427	11210	4752	2172	1050.0	22	1627
沙县郑湖乡	11009	6748	4149	515	1534.0	14	1979
沙县湖源乡	3598	6415	2689	925	500.0	78	1565
将乐县古镛镇	16777	45678	25848	22113	990728.0	427	23463
将乐县万安镇	14449	8102	5067	1426	83393.0	103	5102
将乐县高唐镇	25556	9374	6636	3983	79833.0	20	5431
将乐县白莲镇	29361	10647	5551	2171	30796.0	40	3482
将乐县黄潭镇	29397	10644	7225	3112	65066.0	29	3066
将乐县水南镇	2540	23816	8472	7839	254041.0	360	23816
将乐县光明乡	17296	7921	4248	1813	3947.0	26	2615
将乐县漠源乡	12693	4990	2995	980	3950.0	17	1035
将乐县南口乡	19054	9876	7252	5145	76336.0	46	4140
将乐县万全乡	19625	5045	3767	2203	15964.0	6	1710
将乐县安仁乡	11588	7350	5016	1416	17700.0	12	2803
将乐县大源乡	12144	6196	4223	1851	6751.0	120	3511
将乐县余坊乡	13629	5310	3615	597	23400.0	32	2411
泰宁县杉城镇	22937	50819	12430	5584	225899.0	350	33405
泰宁县朱口镇	21614	17741	13798	6784	162076.0	150	10459
泰宁县新桥乡	10776	5613	4630	2346	44137.0	31	2960
泰宁县上青乡	8905	5639	3965	1777	21107.4	28	2219
泰宁县大田乡	14182	6214	4118	1576	60961.2	31	2529
泰宁县梅口乡	16458	4219	2518	1089	22209.6	25	2107
泰宁县下渠乡	12690	7026	3023	883	43602.0	18	1449
泰宁县开善乡	14017	5888	3245	1203	27780.0	25	1853

续表 201 （福建省） 计算单位：公顷、人、万元

名　　称	行政区域面　　积	常住人口	从业人员	二三产业从业人员	工　业总产值	城镇建成区　面　积	城镇建成区常住人口
泰宁县大龙乡	31302	8701	6396	2614	65000.0	24	1810
建宁县濉溪镇	21000	36558	16289	13984	284000.0	319	29986
建宁县里心镇	26000	16924	7473	4021	96744.0	112	5495
建宁县溪口镇	22700	17411	7255	3267	132066.0	87	3555
建宁县均口镇	30000	13948	7858	2781	177537.0	125	3975
建宁县伊家乡	11700	7861	4388	1467	28927.0	32	2000
建宁县黄坊乡	21500	10051	3952	1424	35607.0	72	1116
建宁县溪源乡	14300	6012	3216	1095	32986.0	29	1753
建宁县客坊乡	11000	6598	4705	2282	6150.0	67	3189
建宁县黄埠乡	13400	9780	4638	1752	28782.0	60	2367
永安市西洋镇	33687	15962	10377	4262	181019.0	162	6796
永安市贡川镇	13697	8776	6344	4293	615954.0	97	5124
永安市安砂镇	29474	16922	8138	3401	279788.0	86	3412
永安市小陶镇	41983	25110	16568	8140	421713.0	453	9185
永安市大湖镇	19064	17836	11747	7442	698758.0	251	4102
永安市曹远镇	19875	24007	15075	11214	1076123.0	70	6973
永安市洪田镇	34295	16456	16028	6779	289864.0	50	3281
永安市槐南镇	12686	17983	7938	5022	328352.0	157	4862
永安市上坪乡	16024	5127	4196	1356	190571.0	2	1071
永安市罗坊乡	23229	4233	3160	820	51559.0	15	963
永安市青水乡	25751	18693	11298	3295	124693.0	3	2021
洛江区罗溪镇	10849	47075	17100	12700	86275.0	450	19195
洛江区马甲镇	11572	61368	35380	25380	123785.0	99	11468
洛江区河市镇	8559	36393	33323	26372	1135700.0	220	7500
洛江区虹山乡	2256	13298	8404	5796	6032.0	58	4230
泉港区南埔镇	4000	69232	56262	45280	8574673.0	920	37938
泉港区界山镇	4200	46598	25013	13694	360000.0	110	5752
泉港区后龙镇	2150	47568	20268	14868	280253.0	120	6473
泉港区峰尾镇	1200	50849	33585	21340	79124.0	300	12245
泉港区前黄镇	3330	40320	20983	15073	1156950.0	255	12937
泉港区涂岭镇	15700	46656	26734	14970	429340.0	146	11647
惠安县螺城镇	2750	113341	6917	5677	542100.0	1279	84262
惠安县螺阳镇	5000	101379	35082	28314	2023532.0	971	20786
惠安县黄塘镇	6980	42003	24790	16107	325000.0	510	2761
惠安县紫山镇	8420	31777	19020	13995	501002.0	219	2479
惠安县洛阳镇	5170	79252	43536	35269	963688.0	1613	14672
惠安县东园镇	4100	65584	28460	23897	840245.0	600	18870
惠安县张坂镇	7800	87239	37184	31157	489100.0	1260	12766
惠安县崇武镇	1960	108812	33001	26071	1035600.0	1242	108812
惠安县山霞镇	3000	45680	26327	18847	289852.0	260	6853
惠安县涂寨镇	5000	74952	46407	36918	206000.0	269	10504
惠安县东岭镇	2800	57367	42898	35253	787901.0	252	5225
惠安县东桥镇	3400	55627	37746	34101	3175794.0	320	5385
惠安县净峰镇	3100	54234	32920	23242	98654.0	396	867
惠安县小岞镇	740	28479	17386	7930	46230.0	399	3776
惠安县辋川镇	5600	59941	29772	20103	530860.0	500	16695
惠安县百崎回族乡	1670	22618	16187	15515	417516.0		
安溪县凤城镇	1326	126887	37106	36542	1053059.0	1326	126887
安溪县蓬莱镇	12286	55625	28676	18279	60103.0	300	32394
安溪县湖头镇	10003	109983	35722	23090	944825.7	1500	65127

续表 202　　（福建省）　　计算单位：公顷、人、万元

名　　称	行政区域面　　积	常住人口	从业人员	二三产业从业人员	工　业总产值	城镇建成区 面 积	城镇建成区常住人口
安溪县官桥镇	10543	65298	35972	27440	315206.0	6600	56628
安溪县剑斗镇	12141	35215	18081	9470	45430.0	120	12049
安溪县城厢镇	10720	112570	46387	40613	1835257.1	1550	58935
安溪县金谷镇	10160	39914	20505	12405	23077.0	200	12467
安溪县龙门镇	15633	56824	31412	21159	634325.3	1360	11583
安溪县虎邱镇	16177	38205	20839	13059	233113.0	800	29856
安溪县芦田镇	9100	13072	7162	3732	20161.0	160	3655
安溪县感德镇	22178	43291	23090	7631	109961.0	220	9668
安溪县魁斗镇	5580	19490	11182	6655	67424.0	80	8365
安溪县西坪镇	14550	41697	23132	12637	365662.0	30	7817
安溪县参内乡	4994	22916	13273	7114	169579.0		
安溪县白濑乡	4516	8528	4762	2697	11568.0		
安溪县湖上乡	4904	21065	11693	5785	28930.8		
安溪县尚卿乡	11642	30058	16305	11849	401321.0		
安溪县大坪乡	7865	13533	7545	4507	273862.0		
安溪县龙涓乡	37292	50902	26373	15838	51015.0		
安溪县长坑乡	19216	60766	35342	26855	63700.0		
安溪县蓝田乡	9977	21408	11208	6115	47176.2		
安溪县祥华乡	25834	25512	13543	5368	70500.5		
安溪县桃舟乡	12826	8807	4881	693	11196.0		
安溪县福田乡	16265	7844	3326	2476	5700.0		
永春县桃城镇	7200	81863	29320	24517	1311240.0	1350	50603
永春县五里街镇	4300	32608	14583	13620	405600.0	2000	20278
永春县一都镇	19100	14380	11060	2958	239061.0	320	3910
永春县下洋镇	11000	21215	9186	8088	161203.0	200	5856
永春县蓬壶镇	8100	51755	27747	16902	404320.0	4040	49656
永春县达埔镇	12100	58066	36108	26764	476926.0	1000	27003
永春县吾峰镇	3200	12592	12557	6016	53637.0	60	2902
永春县石鼓镇	4800	29365	12041	9888	264342.0	910	16148
永春县岵山镇	5400	17568	11363	4073	93432.0	850	12843
永春县东平镇	4300	16496	10667	4768	282200.0	150	2983
永春县湖洋镇	14300	15078	14076	4722	158085.0	456	6921
永春县坑仔口镇	7500	15849	9331	8970	296015.0	600	6283
永春县玉斗镇	5700	16880	10638	4934	82215.0	510	4827
永春县锦斗镇	4000	13856	7409	4959	43851.0	180	2876
永春县东关镇	6000	9569	6930	4669	95605.0	375	6720
永春县桂洋镇	7800	8765	7015	4485	58700.0	75	5064
永春县苏坑镇	3000	14211	13780	7817	96900.0	250	3191
永春县仙夹镇	3400	9410	6938	4548	35100.0	178	6990
永春县横口乡	6900	7330	3941	1857	161937.0		
永春县呈祥乡	1900	6350	2964	2248	15330.0		
永春县介福乡	3300	6914	5330	4580	84000.0		
永春县外山乡	3500	3790	3745	835	8300.0		
德化县浔中镇	6770	89250	46932	44247	843906.2	1030	88644
德化县龙浔镇	4040	119467	70039	67129	1202294.0	1130	58236
德化县三班镇	5600	12740	9452	7010	162210.4	220	11368
德化县龙门滩镇	21560	4005	2993	850	14773.8	20	1085
德化县雷峰镇	16640	4909	3659	1112	4074.3	27	2200
德化县南埕镇	24110	3050	2408	654	1421.0	15	1289
德化县水口镇	26030	4916	3578	1344	3026.3	19	3015

续表 203　　（福建省）　　计算单位：公顷、人、万元

名　称	行政区域面积	常住人口	从业人员	二三产业从业人员	工业总产值	城镇建成区面积	城镇建成区常住人口
德化县赤水镇	9100	3613	2670	530	470.6	9	709
德化县上涌镇	14010	7122	4742	1402	2137.5	110	3435
德化县葛坑镇	12720	5538	3788	2250	60785.0	21	3711
德化县盖德镇	9210	5428	4633	2344	23967.2	17	2231
德化县美湖镇	9350	8195	3805	2784	208363.7	26	4113
德化县杨梅乡	10600	2021	1587	565	1157.6	15	1763
德化县汤头乡	12510	2352	1742	562	12924.1	19	1986
德化县桂阳乡	12290	2030	1651	231	1388.8	8	412
德化县国宝乡	6340	2882	2343	873	439.3	16	2263
德化县大铭乡	7640	1361	1156	330	867.5	16	989
德化县春美乡	13480	3128	2323	313	892.4	65	1523
石狮市灵秀镇	1627	124875	81052	79816	1905972.0	1627	124875
石狮市宝盖镇	2600	96282	74733	74602	1811534.0	1500	96282
石狮市蚶江镇	3847	85776	31948	29072	1924000.0	730	24237
石狮市祥芝镇	1600	56215	22574	6001	798000.0	895	18276
石狮市鸿山镇	1515	49764	32929	30411	1814330.0	649	9289
石狮市锦尚镇	1450	33645	10180	9287	369667.0	420	9939
石狮市永宁镇	2900	61612	33283	21211	614800.0	630	20996
晋江市安海镇	5403	171156	84622	78289	4645498.0	1100	58958
晋江市磁灶镇	5646	133233	90141	72225	2840415.0	570	70514
晋江市陈埭镇	3767	327061	239158	226340	5497392.0	1050	35054
晋江市东石镇	6483	162287	114581	101556	2193996.0	760	16369
晋江市深沪镇	3326	101733	84733	79438	2104930.0	1146	37126
晋江市金井镇	5667	100752	75030	60756	1838425.0	1295	30595
晋江市池店镇	2464	147071	59818	55407	1443397.0	1300	7250
晋江市内坑镇	4752	89748	54118	28164	1690866.0	2033	25353
晋江市龙湖镇	6355	138337	56143	54343	2950709.0	1288	25000
晋江市永和镇	4802	69791	37870	34998	2746200.0	330	6755
晋江市英林镇	2993	122392	58432	58321	1926798.0	963	58914
晋江市紫帽镇	2042	16626	6917	5937	830089.0	200	8853
晋江市西滨镇	209	11075	8839	8828	726717.0	210	11075
南安市省新镇	6100	51230	35220	29170	844452.0	827	38230
南安市仑苍镇	4400	100199	45362	40902	1952038.0	1950	48692
南安市东田镇	14000	33117	22335	18250	50000.0	190	8117
南安市英都镇	8180	44847	31260	26535	475200.0	458	29753
南安市翔云镇	6900	15669	10616	8279	1200.0	201	8725
南安市金淘镇	11000	64468	44342	37582	124816.0	390	24960
南安市诗山镇	9620	65972	45246	39963	568296.0	594	24397
南安市蓬华镇	4400	20596	13932	10743	580.0	189	12214
南安市码头镇	10800	59723	41313	35285	462462.0	457	27000
南安市九都镇	10200	13234	8988	7543	90100.0	201	3395
南安市乐峰镇	6500	28850	19499	16135	25750.0	291	17825
南安市罗东镇	6060	48975	32856	27713	174318.0	459	31435
南安市梅山镇	5900	61652	43027	36265	797600.0	1200	55956
南安市洪濑镇	8700	82825	56651	48365	822778.0	2107	72897
南安市洪梅镇	4900	22572	15187	11864	42570.0	89	5437
南安市康美镇	6640	54671	37937	32405	912840.0	567	20055
南安市丰州镇	5400	33480	23314	18098	86256.0	607	29265
南安市霞美镇	5600	81909	51671	44775	932933.0	1031	50052
南安市官桥镇	12000	114013	72024	64204	1612000.0	1890	80812

续表 204　　（福建省）　　计算单位：公顷、人、万元

名　　称	行政区域面　　积	常住人口	从业人员	二三产业从业人员	工　业总产值	城镇建成区 面 积	城镇建成区常住人口
南安市水头镇	12700	200556	88783	79347	2479730.0	2000	142320
南安市石井镇	8300	96281	56749	51413	1482561.0	871	52027
南安市眉山乡	5400	16470	11357	9091	3360.0	61	5600
南安市向阳乡	6850	11220	7810	5790	2250.0	56	2158
芗城区浦南镇	6400	29950	20044	10744	1243615.0	50	2312
芗城区天宝镇	4500	47000	22821	10005	90679.0	154	10500
芗城区芝山镇	1290	32987	23482	22771	2419254.0	447	27718
芗城区石亭镇	4600	56430	33221	26468	856813.0	112	1705
龙文区蓝田镇	3222	85411	42048	41950	1785800.0	402	9145
龙文区步文镇	1440	42501	27210	25745	22954.0	200	25996
龙文区朝阳镇	4220	39355	18924	16010	509895.0	100	8911
龙文区郭坑镇	3700	18333	9383	7506	226653.0	100	2507
云霄县云陵镇	1604	67028	15819	13332	168780.0	589	66125
云霄县陈岱镇	16362	56796	38080	20709	745103.0	800	25303
云霄县东厦镇	12813	52579	24970	8675	90000.0	100	3769
云霄县莆美镇	6200	58383	23404	11204	474393.3	200	18566
云霄县列屿镇	5462	23321	13816	7431	220000.0	300	12947
云霄县火田镇	19600	56618	26426	8824	127600.0	16	1635
云霄县下河乡	13734	47809	27685	15369	189300.0		
云霄县马铺乡	16800	32403	16073	4915	125000.0		
云霄县和平乡	12500	20707	9585	2895	114526.0	16	1680
漳浦县绥安镇	11724	113880	54144	42128	1131897.0	1663	70027
漳浦县旧镇镇	11619	75330	37303	22638	285420.0	525	18964
漳浦县佛昙镇	8010	55718	30667	13895	90142.0	250	13975
漳浦县赤湖镇	9211	57180	32357	18214	331765.0	345	23334
漳浦县杜浔镇	15548	64168	40399	25260	42095.0	255	23012
漳浦县霞美镇	10622	57131	38218	7958	40000.0	123	10789
漳浦县官浔镇	7711	20048	14528	5642	9500.0	150	10096
漳浦县石榴镇	20664	42713	25476	11838	24780.0	200	7093
漳浦县盘陀镇	10634	27301	16251	6523	176128.9	339	6112
漳浦县长桥镇	14139	16066	10352	3657	71078.0	89	3633
漳浦县前亭镇	10189	32243	19448	4575	180100.0	300	7246
漳浦县马坪镇	5264	13707	10758	6308	11250.0	240	9727
漳浦县深土镇	9137	53520	32698	15937	78854.0	504	16405
漳浦县六鳌镇	4587	25948	13017	3534	520350.0	317	11645
漳浦县沙西镇	11935	43504	27640	4453	5717.2	250	14363
漳浦县古雷镇	6413	38296	22373	8748	3225421.6	250	4125
漳浦县大南坂镇	4951	10417	7603	4262	276058.0	590	4839
漳浦县南浦乡	10238	10053	7151	2944	555.0	59	2801
漳浦县赤岭畲族乡	12009	13132	9515	5327	4660.0	60	2188
漳浦县湖西畲族乡	7907	22304	16492	6036	30846.0	210	6490
漳浦县赤土乡	12109	19382	14586	4681	29113.0	150	3297
诏安县南诏镇	928	69173	19295	19183	136743.0	850	69153
诏安县四都镇	10326	54991	26917	18345	250226.0	330	10427
诏安县梅岭镇	3592	31840	19292	7287	229025.0	1100	13500
诏安县桥东镇	10734	53816	35785	11564	109377.0	524	14017
诏安县深桥镇	9086	75772	49006	24759	974207.8	150	16842
诏安县太平镇	14877	48893	28102	7888	95698.0	67	2297
诏安县霞葛镇	8053	35093	26168	15992	39873.0	100	4498
诏安县官陂镇	14920	52763	30091	7476	49133.4	293	13928

续表 205 （福建省） 计算单位：公顷、人、万元

名　称	行政区域面　积	常住人口	从业人员	二三产业从业人员	工　业总产值	城镇建成区 面 积	城镇建成区常住人口
诏安县秀篆镇	13807	38256	29018	15306	26053.0	170	18412
诏安县金星乡	8436	18329	14844	9041	229700.0		
诏安县西潭乡	6636	46806	30706	19407	79584.0	67	2271
诏安县白洋乡	5354	30026	16926	8825	65669.4		
诏安县建设乡	4713	12352	5574	3131	32137.0	67	2271
诏安县红星乡	12965	15436	8974	2250	61754.2	67	2284
诏安县梅洲乡	4938	18894	7542	3630	74803.0	70	2285
长泰县武安镇	11248	76977	52241	44357	3463179.2	400	24910
长泰县岩溪镇	20400	42037	19985	16923	243386.0	451	7823
长泰县陈巷镇	26500	48486	32370	23248	154900.0	114	4870
长泰县枋洋镇	20300	37482	27408	21059	161608.0	120	1686
长泰县坂里乡	11560	11757	5704	3187	30549.0	114	1492
东山县西埔镇	5143	49707	28896	23550	856431.0	214	24263
东山县樟塘镇	2785	16267	12121	7119	359120.0	34	3771
东山县康美镇	2792	22151	12975	7857	612019.0	86	953
东山县杏陈镇	3278	28009	15563	9558	67219.0	61	7623
东山县陈城镇	6259	33986	18375	9686	257806.0	58	5098
东山县前楼镇	3276	13055	8142	4801	8274.0	24	1803
东山县铜陵镇	1301	54825	32387	25385	500471.0	629	54825
南靖县山城镇	22500	95902	50092	36835	451617.2	650	56800
南靖县丰田镇	5900	12236	6156	4696	575208.0	384	7345
南靖县靖城镇	14000	68720	50818	38925	1349025.0	612	62412
南靖县龙山镇	30500	27624	18786	9658	317581.0	392	9042
南靖县金山镇	23400	31041	17292	9213	412348.0	72	22104
南靖县和溪镇	17600	19246	11093	5335	46143.0	195	5674
南靖县奎洋镇	16100	13545	9958	7651	209247.0	63	5856
南靖县梅林镇	10900	13247	6746	3139	15626.0	42	3678
南靖县书洋镇	18100	24533	12323	3999	173712.0	275	8974
南靖县船场镇	20400	20818	11545	4008	72891.0	175	9058
南靖县南坑镇	16800	12450	8594	2661	38523.0	128	3445
平和县小溪镇	13719	98885	49231	19251	464698.0	720	52026
平和县山格镇	17772	42597	24892	12741	191000.0	270	11839
平和县文峰镇	24611	14134	8042	2914	489582.0	144	4130
平和县南胜镇	12720	23407	15500	7258	59800.0	131	11256
平和县坂仔镇	13370	40167	18868	6865	29865.0	285	15257
平和县安厚镇	12234	50149	27972	17612	23580.0	160	7049
平和县大溪镇	13930	40634	20789	10614	5600.0	189	15157
平和县霞寨镇	20390	43015	22007	12954	9019.0	170	14582
平和县九峰镇	20353	36985	35925	15169	54100.0	191	12173
平和县芦溪镇	30740	34381	23028	13790	11846.0	137	6361
平和县五寨乡	9178	16733	8357	4381	42000.0		
平和县国强乡	14409	21348	10822	4475	4627.0		
平和县崎岭乡	12799	21653	8863	3062	27200.0		
平和县长乐乡	6000	6800	5296	1496	3500.0		
平和县秀峰乡	8742	9011	6090	2778	150.0		
华安县华丰镇	16740	38897	13519	11338	315412.2	405	20145
华安县丰山镇	6400	21465	11703	9762	332206.3	70	5607
华安县沙建镇	23120	25710	11102	6333	497629.3	71	7018
华安县新圩镇	21440	12298	6541	3766	361527.7	38	1250
华安县高安镇	10300	12384	4397	2677	105639.9	75	4022

续表 206 （福建省） 计算单位：公顷、人、万元

名　　称	行政区域面　　积	常住人口	从业人员	二三产业从业人员	工　业总产值	城镇建成区 面 积	城镇建成区常住人口
华安县仙都镇	13760	29683	18292	7820	427241.8	153	1310
华安县高车乡	7480	6447	3787	2691	368468.5		
华安县马坑乡	11650	5670	1876	936	75478.7		
华安县湖林乡	16870	9546	4802	1714	145753.9		
龙海市石码镇	443	66576	40000	39035	221815.0	443	66576
龙海市海澄镇	7037	78250	39270	24920	907629.0	333	14500
龙海市角美镇	16045	195160	121362	102924	4447710.0	3500	80941
龙海市白水镇	7223	35840	19914	11522	75433.0	300	5905
龙海市浮宫镇	7792	54525	30077	13053	241503.0	60	10652
龙海市程溪镇	27016	41766	18902	9926	225324.0	203	5079
龙海市港尾镇	15000	78281	56820	44990	1595108.0	2146	28986
龙海市九湖镇	11778	62362	35585	29689	503123.0	210	4851
龙海市颜厝镇	5060	66044	42682	34430	443391.0	178	6558
龙海市榜山镇	9264	90442	56386	46079	629872.0	500	21863
龙海市紫泥镇	7635	63017	33451	19852	196770.0	80	5756
龙海市东园镇	3511	41903	31879	19674	820454.0	340	4439
龙海市东泗乡	5805	23752	13513	6618	6249.0		
龙海市隆教畲族乡	7867	26782	10002	5882	787523.0		
延平区来舟镇	6800	6987	4060	3631	135527.0	210	4978
延平区樟湖镇	19800	23493	11000	6845	6507.0	164	10361
延平区夏道镇	15000	33156	16182	8520	116355.0	196	11021
延平区西芹镇	25100	38027	17545	9855	61809.0	207	9357
延平区峡阳镇	17600	18258	13651	7527	8357.0	100	11195
延平区南山镇	19700	27825	14519	6924	58471.2	950	11847
延平区大横镇	19300	19487	11657	4974	156322.0	200	6670
延平区王台镇	22100	23552	13826	6685	50629.0	100	4658
延平区太平镇	22500	19061	10415	5409	188328.0	110	3340
延平区塔前镇	15400	16886	11968	4902	11208.0	59	4468
延平区茫荡镇	20500	14286	7446	4810	13789.0	89	1359
延平区洋后镇	11000	8632	6806	4146	1330.0	101	6430
延平区炉下镇	9200	13973	6985	3243	81376.0	240	3185
延平区巨口乡	13600	14002	7175	4930	3254.0		
延平区赤门乡	11150	11987	6354	3377	161.0		
顺昌县建西镇	13000	16811	10386	5741	21541.0	105	6378
顺昌县洋口镇	14100	11712	7607	4509	38966.0	44	3479
顺昌县元坑镇	17000	15959	7117	3471	49273.0	66	6295
顺昌县埔上镇	20000	14071	11987	5626	138133.0	96	8994
顺昌县大历镇	8800	5534	5109	1908	2043.0	20	2857
顺昌县大干镇	21120	10231	7729	2732	96889.0	51	3748
顺昌县仁寿镇	17600	12477	6820	1809	9053.0	42	5867
顺昌县郑坊镇	13900	9575	5990	2275	235822.0	62	5558
顺昌县洋墩乡	13400	7502	6449	2042	2800.0		
顺昌县岚下乡	20800	15811	13224	4814	16927.0		
顺昌县高阳乡	22800	14301	13174	2585	22783.0		
浦城县富岭镇	39592	20051	18874	8930	12000.0	230	5523
浦城县石陂镇	28060	22521	18681	6316	11019.0	100	9775
浦城县临江镇	11429	13562	10798	2923	42000.0	153	4838
浦城县仙阳镇	23924	22420	15190	10249	67120.0	140	17966
浦城县水北街镇	34990	14299	10795	3843	2770.0	55	3825
浦城县永兴镇	20790	14412	13541	703	13200.0	16	2331

续表 207　（福建省）　计算单位：公顷、人、万元

名　称	行政区域面　积	常住人口	从业人员	二三产业从业人员	工　业总产值	城镇建成区 面 积	城镇建成区常住人口
浦城县忠信镇	41370	16988	15679	10383	23650.0	300	4760
浦城县莲塘镇	15441	31347	22510	12005	35128.0	100	26650
浦城县九牧镇	15501	8130	6666	3557	20000.0	272	3371
浦城县万安乡	7962	17510	8146	1007	20420.0		
浦城县古楼乡	20750	7331	5980	1045	214534.0	40	3100
浦城县山下乡	10964	6598	5734	2110	3900.0		
浦城县枫溪乡	5610	5551	4451	1428	1834.0		
浦城县濠村乡	12850	5549	3905	1145	1720.0		
浦城县管厝乡	22912	21630	14606	1640	1658.0		
浦城县盘亭乡	11735	10039	7361	3418	5794.0		
浦城县官路乡	10130	7005	5520	2422	5280.0		
光泽县杭川镇	729	41788	25392	25330	747010.4	403	37801
光泽县寨里镇	68713	16594	9692	2880	10017.2	20	1607
光泽县止马镇	16001	13424	8801	4103	2649.0	25	3745
光泽县鸾凤乡	32943	14017	13962	4146	33757.7		
光泽县崇仁乡	13638	10290	7315	2490	19295.7		
光泽县李坊乡	19608	10087	7544	1469	1578.0		
光泽县华桥乡	30486	16404	12050	3586	3147.0		
光泽县司前乡	41900	16845	10469	3459	9366.0		
松溪县郑墩镇	17350	10790	10590	4236	69790.0	79	5335
松溪县渭田镇	17950	23831	14490	4680	6949.0	269	4868
松溪县河东乡	5290	9677	8791	3939	123321.0		
松溪县茶平乡	8420	8350	7256	1876	83542.0		
松溪县旧县乡	13700	9214	8885	2505	24846.0		
松溪县溪东乡	8220	7501	7101	3750	8679.0		
松溪县花桥乡	16520	8120	7499	1889	13091.0		
松溪县祖墩乡	9650	8208	6888	2319	11827.0		
政和县东平镇	21800	20068	13077	5993	56341.0	130	11391
政和县石屯镇	15100	18357	11645	7430	123107.0	482	6265
政和县铁山镇	13300	16464	11645	3889	67150.0	500	7196
政和县镇前镇	23400	18876	16424	2770	6458.0	567	4108
政和县星溪乡	20600	9063	9060	3060	41360.0		
政和县外屯乡	15300	6853	6852	1851	3685.0	7	1800
政和县杨源乡	24200	11023	9026	3902	5148.0	324	11023
政和县澄源乡	27100	18962	16261	5353	6325.0		
政和县岭腰乡	12200	5762	5223	1526	24560.0		
邵武市城郊镇	21100	15915	8614	4806	1036400.0	16	1541
邵武市水北镇	51300	15614	11674	5126	484500.0	1	63
邵武市下沙镇	9300	8867	5855	3099	737062.0	103	1276
邵武市卫闽镇	10600	7084	4464	1605	410346.0	49	2590
邵武市沿山镇	25700	17455	5421	1914	128862.0	260	3702
邵武市拿口镇	34800	20582	12594	8272	381941.4	334	8469
邵武市洪墩镇	14000	9314	6131	2257	112781.0	12	2880
邵武市大埠岗镇	19200	15186	7382	3248	45000.0	475	3826
邵武市和平镇	13400	9878	5971	2294	57564.0	240	3354
邵武市肖家坊镇	10800	14152	6020	4068	8480.0	418	2400
邵武市大竹镇	12500	8767	8663	5980	36710.0	182	1687
邵武市吴家塘镇	11900	8691	5426	3388	30100.0	213	1663
邵武市桂林乡	15600	10796	7463	5100	10290.0		
邵武市张厝乡	13600	5263	3863	2255	21000.0		

续表 208　（福建省）　计算单位：公顷、人、万元

名　　称	行政区域面　积	常住人口	从业人员	二三产业从业人员	工　业总产值	城镇建成区 面 积	城镇建成区常住人口
邵武市金坑乡	13200	5992	3081	155	18000.0		
武夷山市星村镇	66803	23226	11439	4947	82952.0	90	6223
武夷山市兴田镇	33039	25827	19673	4532	381837.0	80	4692
武夷山市五夫镇	17721	9586	8898	1960	1878.0	85	3790
武夷山市上梅乡	23973	9082	7553	3872	7136.0	80	3000
武夷山市吴屯乡	24316	13564	13081	3452	39152.0	70	4000
武夷山市岚谷乡	28668	10545	9211	2432	7776.0	85	4200
武夷山市洋庄乡	47347	10628	8642	2005	30297.0	75	1850
建瓯市徐墩镇	35878	30879	14960	5360	318032.0	89	8740
建瓯市吉阳镇	19921	22589	17654	5221	84020.0	40	8435
建瓯市房道镇	24475	25749	19077	9307	76921.0	64	7150
建瓯市南雅镇	39800	35095	24677	8136	105764.0	85	7614
建瓯市迪口镇	37200	24373	15899	6530	45600.0	30	4443
建瓯市小桥镇	29872	29462	20860	10100	98358.0	181	7320
建瓯市玉山镇	32447	17589	14563	6067	81384.0	60	4578
建瓯市东游镇	42000	29949	29474	13266	179905.0	150	12378
建瓯市东峰镇	30260	31374	24769	6424	273995.0	1700	12234
建瓯市小松镇	23920	22357	11738	5208	80745.0	80	2685
建瓯市顺阳乡	17200	9193	6464	1404	62500.0		
建瓯市水源乡	29920	17294	14532	2570	14048.0	30	3261
建瓯市川石乡	27400	19094	16571	5550	44010.0		
建瓯市龙村乡	20800	13114	10534	3736	66928.0		
建阳市将口镇	19460	16376	13072	7030	79615.0	105	5314
建阳市徐市镇	27680	19512	15668	6559	48931.0	100	5125
建阳市莒口镇	36000	18203	13896	4363	179847.0	100	5876
建阳市麻沙镇	47100	27787	19242	6659	244328.0	207	9965
建阳市黄坑镇	37150	11022	6804	3153	159960.0	57	2991
建阳市水吉镇	27800	27678	21440	9830	203038.0	300	12787
建阳市潼墩镇	30400	23382	13989	3611	19786.0	90	3240
建阳市小湖镇	23720	15585	10580	2700	141757.0	60	3716
建阳市崇雒乡	12880	9302	5271	1901	99218.0		
建阳市书坊乡	21920	9192	4640	1583	81101.0		
建阳市回龙乡	19970	12024	7114	1897	95973.0		
新罗区红坊镇	9240	26604	10390	6965	300996.0	780	7642
新罗区适中镇	30180	39306	15741	11060	356000.0	704	26569
新罗区雁石镇	30670	40251	14252	9376	200710.0	474	23655
新罗区白沙镇	42390	23326	12576	7751	167400.0	103	11320
新罗区万安镇	36400	7864	6840	2187	76544.0	56	1372
新罗区大池镇	10730	11679	5528	2774	86523.0	373	1868
新罗区小池镇	10150	13192	6220	3597	48286.0	100	8721
新罗区江山镇	24190	9236	4637	1944	115767.0	295	4994
新罗区岩山乡	10100	3168	2483	1530	184631.0	13	1276
新罗区苏坂乡	11800	9687	7190	3272	105340.0	22	510
长汀县汀州镇	2900	152861	91716	91716	32030.0	2900	152861
长汀县大同镇	18340	43360	21925	16945	361248.0	39	21710
长汀县古城镇	23600	12895	8765	5870	43802.0	550	7280
长汀县新桥镇	13340	15645	14720	9330	1460.0	171	7389
长汀县馆前镇	16610	7150	6950	3750	503.0	57	3565
长汀县童坊镇	24490	13990	11315	8070	1450.0	300	5584
长汀县河田镇	31580	40814	25874	17353	16794.0	420	18517

续表 209 （福建省） 计算单位：公顷、人、万元

名　　称	行政区域面　积	常住人口	从业人员	二三产业从业人员	工　业总产值	城镇建成区 面 积	城镇建成区常住人口
长汀县南山镇	22600	16339	10659	6314	1822.0	200	3884
长汀县濯田镇	34860	31000	20843	12232	36568.0	400	11239
长汀县四都镇	34030	6709	4784	2811	4162.0	160	3865
长汀县涂坊镇	16690	15760	14090	10566	7000.0	80	9100
长汀县策武镇	16670	13790	10614	6662	639780.0	85	6285
长汀县三洲镇	3900	7301	6214	4289	1100.0	186	4389
长汀县铁长乡	7540	3200	3120	1830	2556.0	6	812
长汀县庵杰乡	6250	3891	3518	2473	2837.0		
长汀县宣成乡	9200	6475	5035	2845	203.0		
长汀县红山乡	20600	3900	3562	2840	188.0		
长汀县羊牯乡	6700	3100	3024	2174	280.0	15	1098
永定县凤城镇	3160	59008	31214	25408	88700.0	3160	59008
永定县坎市镇	6410	27853	21681	12319	174256.2	617	20038
永定县下洋镇	17890	25442	17852	9082	28803.0	300	11128
永定县湖雷镇	16090	21009	19876	11902	2981.0	250	6015
永定县高陂镇	9960	41399	31356	24697	538780.0	510	11475
永定县抚市镇	12950	27001	20901	12245	79218.0	548	8039
永定县湖坑镇	9610	11482	10562	7399	828.0	150	6492
永定县培丰镇	10530	33061	22111	14190	55736.0	500	5770
永定县龙潭镇	8170	14009	6550	4601	132047.0	165	4695
永定县峰市镇	7570	4108	3652	2277	7190.0	50	2012
永定县城郊镇	9540	8712	7334	3514	2406.0	21	2487
永定县仙师镇	14700	11190	10520	4020	1836.0	49	5731
永定县西溪乡	3530	2850	2333	1210	22497.0	11	424
永定县金砂乡	5130	3679	3267	1376	6981.4	80	1079
永定县洪山乡	11760	7169	4332	2690	48387.0	78	5404
永定县湖山乡	12460	5536	4695	2013	902.0	19	1492
永定县岐岭乡	7520	7772	6597	2030	5688.0	785	7618
永定县古竹乡	6560	6319	6132	3407	1695.0	20	2058
永定县堂堡乡	7220	5872	5048	2120	3230.0	795	4123
永定县合溪乡	11000	5825	5113	1433	1435.0	12	1251
永定县虎岗乡	12600	12241	10108	6924	4743.0	80	1600
永定县大溪乡	7520	6246	5808	3475	567.5	342	3814
永定县陈东乡	7520	6968	6061	3537	3217.0	92	2142
永定县高头乡	3000	5230	4408	2418	3882.0	70	4250
上杭县临江镇	1120	31938	20473	20348	24560.0	800	6457
上杭县临城镇	19820	74257	46535	38897	1582091.0	960	1387
上杭县中都镇	15000	10893	9786	5908	5742.0	520	1332
上杭县蓝溪镇	7800	11166	9609	4559	3685.0	600	8802
上杭县稔田镇	14760	12602	11557	5151	4719.0	460	6845
上杭县白砂镇	19600	16488	14590	6735	7985.0	613	9557
上杭县古田镇	22700	16807	12925	8076	100529.0	443	3225
上杭县才溪镇	11600	17840	14696	9037	40134.0	500	14075
上杭县南阳镇	22670	30369	26888	17511	249752.0	624	6490
上杭县蛟洋镇	22800	20741	17132	13471	1604232.0	584	8642
上杭县旧县镇	16000	24265	18805	14803	15537.0	270	2676
上杭县湖洋镇	12500	16515	13293	8385	25746.0	480	4801
上杭县溪口镇	15300	7184	6230	3249	12789.0	247	2170
上杭县太拔镇	14040	9280	8213	3710	19427.2	144	3445
上杭县通贤镇	7260	14279	12704	9253	1499.0	156	5382

续表 210　　(福建省)　　计算单位：公顷、人、万元

名　　称	行政区域面积	常住人口	从业人员	二三产业从业人员	工业总产值	城镇建成区面积	城镇建成区常住人口
上杭县下都乡	9980	7264	6374	3734	713.0	54	2700
上杭县庐丰畲族乡	12400	16966	15200	4735	3124.0	605	3168
上杭县茶地乡	8140	4644	4175	1960	2885.0	142	1640
上杭县泮境乡	5100	2988	2630	1480	3760.0	320	1403
上杭县步云乡	13300	3046	2810	1686	5258.0	14	708
上杭县官庄畲族乡	9000	16289	15536	11760	19824.0	146	6000
上杭县珊瑚乡	5000	4179	3947	2405	635.0	36	3025
武平县平川镇	3300	55469	18503	16650	196269.0	1500	55469
武平县中山镇	19100	12043	10955	7245	61613.0	300	7851
武平县岩前镇	18500	23584	14880	8673	322798.0	1000	6192
武平县十方镇	15600	24089	18624	9495	89143.0	804	17998
武平县中堡镇	17600	18689	17143	10904	58814.0	322	7802
武平县桃溪镇	17800	17177	13141	8622	124467.0	160	7510
武平县城厢镇	16300	17966	11876	4164	210763.0	1000	1771
武平县东留镇	31500	14483	9374	4848	48340.0	30	1842
武平县武东镇	13700	22664	22006	13104	63131.0	62	6136
武平县万安镇	11200	8066	5614	3628	22727.0	131	5607
武平县永平镇	25600	14336	10398	6159	75223.0	68	4510
武平县民主乡	10800	4247	1745	1447	18809.0	2056	2612
武平县下坝乡	9500	4663	4163	2179	9621.0	14	3000
武平县中赤乡	11300	7198	5481	3285	25615.0	57	3452
武平县象洞乡	12800	10395	8698	4162	49568.0	57	4812
武平县湘店乡	10400	7771	7009	3990	6172.0	26	3365
武平县大禾乡	18800	11588	7825	2850	79642.0	72	2896
连城县莲峰镇	3630	48730	23192	19792	198549.0	3529	48730
连城县北团镇	11650	14865	9967	6446	62821.0	836	8762
连城县姑田镇	30660	13800	12436	4806	64000.0	216	11852
连城县朋口镇	21130	21077	12709	9413	164045.0	450	14436
连城县莒溪镇	36626	19768	13791	8665	121783.0	300	4665
连城县新泉镇	18760	20238	18440	6015	91289.0	334	11720
连城县庙前镇	17060	20492	14260	9140	220870.0	300	9678
连城县文亨镇	23640	20150	17057	10483	77021.0	231	4359
连城县揭乐乡	8660	8172	4256	1606	18159.0	44	4842
连城县塘前乡	10020	4220	2400	790	32202.0	79	1564
连城县隔川乡	3080	6987	5870	2955	35278.0	87	6987
连城县四堡乡	5890	17874	8676	4920	4935.0	8	3140
连城县罗坊乡	8280	8910	6064	1914	27989.0	8	2150
连城县林坊乡	5170	8444	5650	2881	53053.0	86	7120
连城县曲溪乡	15790	5289	3175	1360	4470.0	1048	1891
连城县赖源乡	27480	5592	2916	1484	18402.0	105	1225
连城县宣和乡	10080	9587	6954	1793	23251.0	170	3175
漳平市新桥镇	49200	25062	20033	4212	44161.0	220	3649
漳平市双洋镇	27230	9326	6508	1872	64088.0	147	4015
漳平市永福镇	53550	34877	23169	6417	51038.0	460	17250
漳平市溪南镇	26000	15728	10360	2280	55288.0	115	2322
漳平市和平镇	8300	9345	7507	4592	92985.0	200	3538
漳平市拱桥镇	9970	5565	4288	1250	51890.0	34	841
漳平市象湖镇	17000	8876	6870	620	45389.0	210	2095
漳平市赤水镇	18400	6852	4895	1624	47650.0	150	3106
漳平市西园镇	7600	10959	7735	3377	196417.0	193	7035

续表 211　（福建省）　计算单位：公顷、人、万元

名称	行政区域面积	常住人口	从业人员	二三产业从业人员	工业总产值	城镇建成区面积	城镇建成区常住人口
漳平市南洋镇	9600	5292	2906	524	28149.0	23	2050
漳平市芦芝镇	13300	11676	6170	2853	124308.0	30	1221
漳平市官田乡	16750	5758	3527	1945	103731.0	4	279
漳平市吾祠乡	12500	4312	2218	782	23205.0	10	455
漳平市灵地乡	11200	5388	3703	631	36525.0	35	1228
蕉城区城南镇	3400	45143	23011	20776	191770.0	300	22249
蕉城区漳湾镇	5500	53204	33730	19700	132121.0	180	7882
蕉城区七都镇	7800	21557	12515	6465	162939.0	76	12292
蕉城区八都镇	10500	12248	6971	2756	29476.5	42	3845
蕉城区九都镇	9000	6211	3320	1710	18736.0	40	1490
蕉城区霍童镇	16600	23285	12044	5443	39894.0	181	14612
蕉城区赤溪镇	16800	12158	6772	2182	21861.0	102	7363
蕉城区洋中镇	16300	13255	8241	2391	53719.2	38	3351
蕉城区飞鸾镇	10300	24108	12009	8150	433422.0	360	12307
蕉城区三都镇	16200	29553	14482	4471	21152.0	21	3257
蕉城区金涵畲族乡	6200	29746	15019	10707	418871.0	215	18218
蕉城区洪口乡	10400	2105	1418	528	19943.0	7	612
蕉城区石后乡	6000	6846	2981	1331	29343.0	12	2353
蕉城区虎贝乡	15500	13154	6366	3046	29907.0	27	3868
霞浦县长春镇	20190	41727	20413	8546	57857.0	60	7508
霞浦县牙城镇	11480	26893	14806	8541	183153.0	260	16989
霞浦县溪南镇	14940	38303	23605	12037	48156.0	212	11015
霞浦县沙江镇	13710	32113	17515	6298	44884.0	36	3705
霞浦县下浒镇	10080	26966	16371	8509	46410.0	186	20585
霞浦县三沙镇	6550	36210	18188	11353	124061.0	320	31430
霞浦县盐田畲族乡	15380	18371	9708	3801	164357.0		
霞浦县水门畲族乡	14950	10188	6060	4200	40246.0		
霞浦县崇儒畲族乡	14210	10557	6238	2962	43119.0		
霞浦县柏洋乡	17300	10058	6794	3132	32000.0		
霞浦县北壁乡	7150	13842	8251	2408	2648.0		
霞浦县海岛乡	3090	7035	3194	1004	25200.0		
古田县平湖镇	14685	33083	19721	7138	100000.0	161	7786
古田县大桥镇	20200	31094	20508	9742	86102.0	108	6918
古田县黄田镇	21200	21512	13094	6244	200612.0	213	11580
古田县鹤塘镇	26068	30871	20672	12159	447071.0	397	12775
古田县杉洋镇	25896	24286	14585	3752	87992.0	95	8391
古田县凤都镇	16427	20140	12085	3289	48250.0	91	6753
古田县水口镇	12188	8203	6310	1412	76150.0	49	3097
古田县大甲镇	11114	13960	8451	3290	103785.0	60	4369
古田县吉巷乡	20144	27330	18808	4608	61300.0	45	4888
古田县泮洋乡	14533	8102	5550	1335	2800.0	13	1071
古田县凤埔乡	19581	14035	8481	3318	31568.0	32	5602
古田县卓洋乡	9461	12220	7633	2325	11025.0	38	2900
屏南县古峰镇	2000	45801	27481	23359	370281.7	469	38293
屏南县双溪镇	18300	9378	5627	1182	7679.2	80	4286
屏南县黛溪镇	15000	14687	8812	1851	37800.3	33	1997
屏南县长桥镇	14200	11305	6783	1424	76643.0	39	3422
屏南县屏城乡	14300	7938	4763	1000	190776.8		
屏南县棠口乡	16400	12762	7657	1608	71732.6		
屏南县甘棠乡	11700	8520	5112	1074	9029.2		

续表 212　　(福建省)　　计算单位：公顷、人、万元

名　　称	行政区域面　　积	常住人口	从业人员	二三产业从业人员	工　业总产值	城镇建成区 面 积	城镇建成区常住人口
屏南县熙岭乡	10200	8177	4906	1030	10853.5		
屏南县路下乡	16600	6334	3800	798	92667.5		
屏南县寿山乡	10600	4484	2690	565	5109.8		
屏南县岭下乡	15200	7314	4389	922	7797.2		
寿宁县鳌阳镇	4800	53007	34760	32004	77447.2	320	36116
寿宁县斜滩镇	15700	15596	10460	4510	194611.2	200	11388
寿宁县南阳镇	12200	19124	11190	5506	235626.1	650	13188
寿宁县武曲镇	6000	8360	5008	2421	281875.0	200	3561
寿宁县犀溪镇	13000	8658	5700	2597	143997.7	120	3626
寿宁县平溪镇	12400	14222	7117	1555	26471.3		
寿宁县大安乡	11100	6766	4102	345	6811.0		
寿宁县坑底乡	19200	10332	5922	406	16673.5		
寿宁县清源乡	7900	10195	6465	1416	120800.0		
寿宁县竹管垅乡	4000	4416	2922	954	12623.4		
寿宁县芹洋乡	8600	7880	4765	445	7319.2		
寿宁县托溪乡	12200	6632	4033	1014	5556.2		
寿宁县凤阳乡	8600	8762	5491	1726	26944.9		
寿宁县下党乡	6800	2350	1640	220	6089.2		
周宁县狮城镇	5800	24645	15186	11857	128927.0	381	21893
周宁县咸村镇	16400	14451	9287	5688	43898.0	140	11737
周宁县浦源镇	10600	16290	9913	5423	45125.0	300	5438
周宁县七步镇	11500	10382	5347	1035	619089.0	100	2649
周宁县李墩镇	8900	9649	5581	3331	9650.0	185	4539
周宁县纯池镇	20800	13446	8090	4241	8385.0	133	5251
周宁县泗桥乡	10000	9322	5001	2243	13054.0		
周宁县礼门乡	13400	7500	4564	2303	20117.0		
周宁县玛坑乡	7300	7186	4294	1752	15006.0		
柘荣县双城镇	1070	40023	8467	7879	415079.0	420	19635
柘荣县富溪镇	4840	5855	3524	2066	10100.0	60	2052
柘荣县城郊乡	7190	10860	6390	2293	99961.0		
柘荣县乍洋乡	7990	5120	3141	1865	30883.0		
柘荣县东源乡	12260	9945	6060	3034	104668.0		
柘荣县黄柏乡	7560	4894	2598	1538	79836.0		
柘荣县宅中乡	3470	3541	1806	1066	21038.0		
柘荣县楮坪乡	4850	6120	3239	1911	30762.0		
柘荣县英山乡	5170	3676	1946	1149	34262.0		
福安市赛岐镇	7723	53206	23528	20035	276495.0	265	23876
福安市穆阳镇	1257	14110	6375	4435	59976.0	50	14110
福安市上白石镇	7935	17980	8290	6110	8026.0	50	3980
福安市潭头镇	16764	30192	13420	7170	10785.0	46	3915
福安市社口镇	10163	18830	8566	3141	150569.0	42	5060
福安市晓阳镇	9600	6831	3092	389	36541.0	33	4476
福安市溪潭镇	11526	20818	10748	5024	162413.0	48	4306
福安市甘棠镇	9123	36279	16443	12150	771687.0	192	19870
福安市下白石镇	11724	30505	13817	9785	409977.0	178	16542
福安市溪尾镇	6451	10730	4599	1529	6852.0	40	3468
福安市溪柄镇	12955	23163	11246	5413	145696.0	154	6536
福安市湾坞镇	11630	28318	14641	9825	3419502.0	38	6328
福安市城阳镇	16144	34628	15341	11091	1078555.0	227	18260
福安市坂中畲族乡	7646	31287	14047	10622	516311.0	116	15357

续表 213　　（福建省、江西省）　　计算单位：公顷、人、万元

名　　称	行政区域面　积	常住人口	从业人员	二三产业从业人员	工　业总产值	城镇建成区面积	城镇建成区常住人口
福安市范坑乡	11354	13660	6320	5020	12377.0	22	4158
福安市穆云畲族乡	11882	15103	6833	2655	43591.0	56	5479
福安市康厝畲族乡	11357	20846	9430	6420	94611.0	56	6878
福安市松罗乡	8714	10790	4846	2304	18240.0	55	5238
福鼎市贯岭镇	7885	21965	10401	7612	309000.0	720	5263
福鼎市前岐镇	9900	38953	28546	14226	111751.0	135	23175
福鼎市沙埕镇	3800	23954	17127	5892	25200.0	382	9544
福鼎市店下镇	15500	53058	43482	27187	2488109.0	1170	11621
福鼎市太姥山镇	11400	56931	29384	18058	462503.0	1000	29233
福鼎市磻溪镇	22400	20965	17498	6149	58352.0	15	4583
福鼎市白琳镇	13030	30175	18667	10529	307043.0	333	13142
福鼎市点头镇	12000	34760	28411	16780	163500.0	380	21610
福鼎市管阳镇	19763	29980	28875	15983	59233.0	215	8483
福鼎市嵛山镇	2600	3588	3509	711	826.0	96	446
福鼎市硖门畲族乡	5600	17250	8673	4048	224000.0		
福鼎市叠石乡	7967	13210	8225	4845	16140.0		
福鼎市佳阳乡	7313	10661	6331	3121	7593.0		
江西省							
东湖区扬子洲镇	1820	27413	12614	1667	4872.0	38	12863
南昌市西湖区桃花镇	1800	38625	20815	20815	18946.0	1800	38625
青云谱区青云谱镇	1953	56911	28666	27809	431320.0	50	5496
湾里区招贤镇	9250	21103	9555	4246	21316.0	33	1965
湾里区梅岭镇	3870	10642	4931	2893	5727.0	20	1895
湾里区罗亭镇	3574	8865	4205	2505	2956.0	14	890
湾里区太平镇	4739	10196	5504	2761	9210.0	45	1640
青山湖区京东镇	780	83687	38938	38938	147300.0	580	68030
青山湖区罗家镇	4600	56526	17710	12290	830000.0	201	9269
青山湖区湖坊镇	750	168329	93117	93117	1157902.0	750	168329
青山湖区塘山镇	1920	81236	26295	26295	1150000.0	1920	81236
青山湖区蛟桥镇	6800	169742	86013	81379	6150372.0	3944	119115
南昌县莲塘镇	6323	147732	48616	41419	380284.0	4500	52827
南昌县向塘镇	15517	122302	84456	62687	701672.0	734	72230
南昌县三江镇	3257	30852	15621	7553	70310.0	182	14229
南昌县塘南镇	13031	45769	35441	15334	170985.0	385	10297
南昌县幽兰镇	10410	50842	43422	20057	242254.0	112	9939
南昌县蒋巷镇	26611	74477	63912	46881	701524.0	265	11024
南昌县武阳镇	5984	46803	23953	9727	234053.0	200	4911
南昌县冈上镇	9822	46803	23953	9727	9550.0	270	1782
南昌县广福镇	6281	32245	20829	10901	45502.0	68	6248
南昌县昌东镇	13200	121152	58034	42195	91500.0	600	14411
南昌县麻丘镇(南昌高新开发区)	6523	53117	29193	15031	27301.0	580	5200
南昌县泾口乡	12203	56663	31568	6671	83865.0	82	4520
南昌县南新乡	12507	52227	33708	8894	158041.0	60	11000
南昌县塔城乡	9178	33155	16224	7213	28640.0	100	2503
南昌县黄马乡	7880	33946	14821	7382	88809.0	132	3272
南昌县富山乡	4327	24702	11413	4663	50541.0		
南昌县东新乡	3512	55290	29793	26113	154646.0	2980	25150
南昌县八一乡	4121	38051	17678	11415	437213.0		
新建县长埈镇	2400	130635	99573	81100	212320.0	1295	22588
新建县望城镇	5600	27805	6951	5461	44220.0	100	4032

续表 214 （江西省） 计算单位：公顷、人、万元

名 称	行政区域面积	常住人口	从业人员	二三产业从业人员	工业总产值	城镇建成区面积	城镇建成区常住人口
新建县生米镇(红谷滩新区)	12000	41416	22070	7980	3470.0	20	4303
新建县西山镇	12780	41216	20457	8942	41670.0	400	10000
新建县石岗镇	13635	57447	22220	9530	19850.0	400	9886
新建县松湖镇	8890	34474	18842	2683	1284.0	56	2240
新建县樵舍镇	11200	39474	20310	4613	91100.0	1700	8320
新建县乐化镇	5007	20381	12230	7069	30690.0	560	3684
新建县溪霞镇	7840	29782	15693	6458	36256.0	202	5615
新建县象山镇	8175	22931	16399	4189	47686.0	100	5721
新建县石埠镇	6523	34960	18554	3768	2568.0	100	6528
新建县联圩镇	10200	37542	14995	2455	1800.0	400	2001
新建县流湖乡	12468	46317	23223	8711	1810.0	360	7670
新建县厚田乡	7700	19227	11654	5871	9203.0		
新建县金桥乡	4700	26354	11567	6632	640.0		
新建县铁河乡	5130	8560	4413	537	500.0		
新建县大塘坪乡	9450	30188	14413	5750	15560.0		
新建县昌邑乡	5380	23888	13247	3973	7340.0		
新建县南矶乡	30000	3984	2822	962	1500.0		
安义县龙津镇	3840	69184	37562	33659	85000.0	458	57470
安义县万埠镇	5480	19341	10605	5374	169000.0	250	3699
安义县石鼻镇	10800	23555	15350	8448	128900.0	420	10339
安义县鼎湖镇	3900	34885	14637	11513	278900.0	250	3951
安义县长埠镇	6250	9037	8940	6302	20000.0	33	1389
安义县东阳镇	9279	23029	9356	6600	110506.0	20	1780
安义县黄洲镇	6260	17836	9462	6628	5864.0	21	1585
安义县乔乐乡	5110	17188	7422	4420	63998.0	20	420
安义县长均乡	5200	16213	5456	3806	18879.0	6	212
安义县新民乡	11950	12849	4729	1892	24450.0	10	510
进贤县民和镇	15246	184916	81502	73548	1089004.0	3100	153110
进贤县李渡镇	4558	47970	33455	20673	591702.0	486	19163
进贤县温圳镇	5653	47187	23723	16011	636800.0	370	15031
进贤县文港镇	5552	39867	27230	22624	520200.0	454	27415
进贤县梅庄镇	8349	41532	11000	4390	12986.0	142	7953
进贤县张公镇	5053	30785	15392	7660	433791.0	38	2423
进贤县罗溪镇	5396	33086	17771	11457	5840.0	86	3740
进贤县架桥镇	5205	30872	15411	8507	105300.0	123	4972
进贤县前坊镇	8718	29596	19398	11670	116833.0	220	6420
进贤县三里乡	18677	45050	22814	13146	11940.0		
进贤县二塘乡	5602	16250	9103	3470	4138.0		
进贤县钟陵乡	13490	25125	17400	6305	33262.0		
进贤县池溪乡	9821	20905	12148	9033	32043.0		
进贤县南台乡	6808	12448	11099	7353	1238.4		
进贤县三阳集乡	5227	31077	19219	11294	75000.0		
进贤县七里乡	6528	19607	19606	12348	72514.0		
进贤县下埠集乡	11749	35054	31610	17458	56538.0		
进贤县衙前乡	7510	9759	9758	4851	59983.0		
进贤县白圩乡	10934	29368	16706	9347	53795.0		
进贤县长山晏乡	5732	21028	10432	7851	426288.0		
进贤县泉岭乡	5109	31826	15018	8558	155491.0		
昌江区鲇鱼山镇	14000	36664	19235	11935	459025.0	102	12266
昌江区丽阳镇	6867	17254	10405	5195	24153.0	260	6019

续表 215　　（江西省）　　计算单位：公顷、人、万元

名　称	行政区域面积	常住人口	从业人员	二三产业从业人员	工业总产值	城镇建成区面积	城镇建成区常住人口
昌江区荷塘乡	6300	5286	2884	1672	33167.0	0	450
昌江区吕蒙乡	2790	12077	6512	5815	253540.0		
珠山区竟成镇	5127	36840	28013	25080	552100.0	200	11838
浮梁县浮梁镇	12000	31455	17839	13918	571286.0	1600	27635
浮梁县鹅湖镇	20120	27632	16338	12101	368583.0	331	3608
浮梁县经公桥镇	21620	15636	8712	6577	166821.0	65	6272
浮梁县蛟潭镇	36520	24303	7204	5617	414809.0	724	5006
浮梁县湘湖镇	23780	23361	17016	15613	660648.0	600	6763
浮梁县瑶里镇	19500	12801	6617	4456	48876.0	1896	3738
浮梁县洪源镇	8025	16815	9134	8242	631717.0	500	5430
浮梁县寿安镇	12600	15862	13203	11807	440868.0	120	3632
浮梁县三龙镇	10150	11551	8064	5851	658344.0	1347	5048
浮梁县峙滩镇	20062	14042	10431	3032	35886.0	5	982
浮梁县王港乡	8540	10134	5474	3464	102164.0	60	2869
浮梁县庄湾乡	11780	12596	4014	2356	22244.0	64	2696
浮梁县黄坛乡	19110	10730	2840	1322	15664.0	23	2896
浮梁县兴田乡	17480	5907	4782	2948	23400.0	5	1345
浮梁县江村乡	13888	10298	7793	2102	6428.0	36	1456
浮梁县勒功乡	10800	7246	3879	2666	53698.0	24	1345
浮梁县西湖乡	16400	9563	4665	1212	35489.0	10	1200
浮梁县罗家桥乡	2740	11475	4252	2937	173614.0	30	3698
乐平市镇桥镇	10200	53975	39613	30530	104500.0	70	11845
乐平市乐港镇	10970	78661	57150	44891	371553.0	1620	21880
乐平市涌山镇	17991	42891	15025	9304	378480.0	300	32075
乐平市众埠镇	35546	98846	48608	37499	159678.0	151	23680
乐平市接渡镇	8499	77832	30246	21350	84130.0	126	22620
乐平市洪岩镇	11740	17409	7629	1589	71123.0	200	9160
乐平市礼林镇	15640	45280	23601	17734	228450.0	114	9900
乐平市后港镇	5000	48202	26895	18625	63120.0	300	9845
乐平市塔前镇	8639	29626	12781	2654	183720.0	191	11189
乐平市双田镇	11400	35418	17979	16190	69400.0	400	10120
乐平市临港镇	11700	23060	16061	10128	24552.0	80	10000
乐平市高家镇	11300	23271	11374	6356	32930.0	18	4226
乐平市名口镇	11400	16150	15396	9990	34101.0	64	6693
乐平市浯口镇	4267	23820	9957	4425	108690.0	24	4180
乐平市十里岗镇	8135	12737	10604	6726	98629.0	75	6482
乐平市鸬鹚乡	8200	25288	11432	7920	36000.0		
安源区安源镇	2524	37190	20117	17465	663878.0	300	25798
安源区高坑镇	6409	54670	22043	18283	290958.0	200	30046
安源区五陂镇	1425	15680	7199	5045	164281.0	75	2080
安源区青山镇	3100	40112	15257	12517	435827.0	140	22333
湘东区湘东镇	6370	72154	38673	29785	2431546.0	1500	9882
湘东区荷尧镇	5321	31454	17297	11832	168211.0	167	6210
湘东区老关镇	5264	32224	13963	5584	280000.0	829	4927
湘东区腊市镇	4003	28722	17288	10432	167640.0	120	1402
湘东区下埠镇	5638	37031	23519	15831	930015.0	244	5212
湘东区排上镇	7982	36627	25793	14058	135600.0	40	1485
湘东区东桥镇	13034	30432	15630	8040	24156.0	45	7976
湘东区麻山镇	9103	34441	17480	10515	140557.0	22	3893
湘东区广寒寨乡	9785	6709	5793	2128	44321.0		

续表 216　　(江西省)　　计算单位：公顷、人、万元

名　　称	行政区域面积	常住人口	从业人员	二三产业从业人员	工业总产值	城镇建成区面积	城镇建成区常住人口
湘东区白竺乡	18688	11319	8950	3959	36451.0		
莲花县琴亭镇	8055	73557	27639	20202	394045.0	452	33015
莲花县路口镇	5379	12828	5982	2198	46241.0	462	1377
莲花县良坊镇	12055	27710	14799	6826	94951.0	478	1586
莲花县升坊镇	4882	14772	7217	3753	61668.0	218	1269
莲花县坊楼镇	11474	20715	10311	5037	42351.0	920	2420
莲花县闪石乡	6367	9943	4762	1991	11140.0		
莲花县湖上乡	4506	11833	5245	2075	6400.0		
莲花县三板桥乡	3197	9917	5373	2881	16522.0		
莲花县神泉乡	12244	17159	9068	4593	37295.0		
莲花县六市乡	9918	6807	3007	1137	36890.0		
莲花县高洲乡	10693	13052	5755	2001	2182.0		
莲花县荷塘乡	13396	11846	5537	2073	121270.0		
莲花县南岭乡	5034	9963	4547	1676	18929.0		
上栗县上栗镇	5981	65067	34150	29014	843823.0	812	24138
上栗县桐木镇	10950	72031	40835	33985	456591.0	212	6628
上栗县金山镇	9714	70135	37641	30608	533383.0	105	2648
上栗县福田镇	4212	36096	15151	10850	337817.0	150	2902
上栗县彭高镇	3535	28958	12625	10682	325109.0	260	793
上栗县赤山镇	8450	55184	27698	17905	194126.0	220	14890
上栗县鸡冠山乡	5766	30147	16272	11181	201729.0		
上栗县长平乡	9420	42169	25145	16850	156387.0		
上栗县东源乡	6949	43187	24267	14880	127831.0		
上栗县杨岐乡	6945	28791	17494	10186	173563.0		
芦溪县芦溪镇	10574	65865	34486	30160	1410148.0	65	4368
芦溪县宣风镇	10060	32290	18247	13881	179645.0	20	799
芦溪县上埠镇	7708	35105	18793	15778	531376.0	41	6768
芦溪县南坑镇	12256	36053	19737	16166	331380.0	20	1830
芦溪县银河镇	8103	37717	21265	16385	204656.0	35	4039
芦溪县源南乡	3032	14136	8487	5254	160859.0		
芦溪县长丰乡	5328	2384	2354	1597	29809.0		
芦溪县张佳坊乡	7879	8182	5217	3685	26487.0		
芦溪县新泉乡	17904	21539	13158	8921	35624.0		
芦溪县万龙山乡	13273	9456	6293	3910	38766.0		
庐山区姑塘镇	4950	18715	9904	8704	2000.0	305	4428
庐山区威家镇	3570	9798	5511	2810	33600.0	210	2970
庐山区新港镇	9600	30505	14715	10687	41000.0	600	4103
庐山区莲花镇	2800	16083	9922	9157	762000.0	302	7312
庐山区海会镇	10080	28896	10833	2832	81217.0	430	410
庐山区赛阳镇	2890	7179	3480	1000	17000.0	21	837
庐山区牯岭镇	4600	12858	5141	4921		20	12858
庐山区虞家河乡	3334	13028	7460	4274	251200.0		
九江县沙河街镇	2078	52200	13445	11108	15000.0	1610	39718
九江县马回岭镇	10000	27368	16080	10160	118000.0	50	1560
九江县江洲镇	8375	33247	20146	9824	17250.0	396	5923
九江县城子镇	2784	13173	10262	6697	1599.0	10	4720
九江县港口街镇	6288	33172	32924	11961	17748.0	360	2220
九江县新合镇	4431	18227	9952	9372	21000.0	90	2267
九江县狮子镇	5255	20125	10277	6586	38000.0	43	2400
九江县永安乡	4658	28933	17255	11918	820.0	75	8500

续表 217　　（江西省）　　计算单位：公顷、人、万元

名　称	行政区域面　积	常住人口	从业人员	二三产业从业人员	工　业总产值	城镇建成区 面 积	城镇建成区常住人口
九江县涌泉乡	4962	17826	11578	3847	18201.0	19	2600
九江县新塘乡	7760	15411	9925	6030	4800.0		
九江县城门乡	4891	27445	12318	5397	3056.0		
九江县岷山乡	11270	33037	19395	10182	23000.0	20	1489
武宁县新宁镇	29290	22816	12141	5681	14368.0	450	4665
武宁县泉口镇	14300	16416	11807	4224	5600.0	315	750
武宁县鲁溪镇	16842	32123	30559	9114	23900.0	88	11000
武宁县船滩镇	24198	31231	13495	6561	15514.2	120	3880
武宁县澧溪镇	28900	18975	10986	5493	3586.0	29	1793
武宁县罗坪镇	24080	16653	8810	2585	9800.0	230	2278
武宁县石门楼镇	16702	20205	8493	4216	3000.0	30	1577
武宁县宋溪镇	29875	11250	7437	2242	8.0	430	685
武宁县大洞乡	11714	7947	4570	550	1900.0		
武宁县横路乡	14113	21170	4826	1366			
武宁县官莲乡	12324	15295	6079	1184	1150.0		
武宁县巾口乡	8616	8666	2842	1329	13000.0		
武宁县东林乡	9165	9457	4742	1422			
武宁县上汤乡	11304	6276	4513	2724	5600.0		
武宁县甫田乡	20310	14037	6129	5123	5600.0		
武宁县清江乡	12054	12107	5518	1982	4351.0		
武宁县石渡乡	16362	12959	6841	4371	27156.0		
武宁县杨洲乡	20650	8148	4837	350	1097.0		
武宁县罗溪乡	19370	15699	7910	4151	1800.0		
修水县义宁镇	8060	112857	53033	52110	14000.0	1320	106230
修水县白岭镇	7970	35570	13060	5160	22791.0	410	4180
修水县全丰镇	10120	31556	13510	6525	8910.0	385	3852
修水县古市镇	12450	40150	21010	12550	13610.0	410	8078
修水县大桥镇	12520	31956	20764	10501	9400.0	410	12458
修水县渣津镇	14410	71321	26663	17953	58431.0	760	31275
修水县马坳镇	34820	40025	20193	12377	1100.0	512	3288
修水县杭口镇	5470	19628	15915	7550	9500.0	300	3200
修水县港口镇	14400	22906	4947	4258	2045.0	1	2810
修水县溪口镇	18850	34841	15234	9274	3000.0	430	4589
修水县西港镇	5080	23754	11697	5176	680.0	390	4821
修水县山口镇	17750	21222	9485	4065	9300.0	214	2580
修水县黄沙镇	20420	18447	7000	4000	5200.0	370	2500
修水县黄港镇	32960	19176	7585	4995	4650.0	310	4610
修水县何市镇	16230	23800	6040	5098	25000.0	1	3700
修水县上奉镇	12181	17761	10842	2222	620.0	270	4135
修水县四都镇	13080	28764	13554	7923	7463.0	350	3104
修水县太阳升镇	10360	31835	14257	9413	9250.0	350	3870
修水县宁州镇	15190	27103	6720	1763	8650.0	550	4543
修水县路口乡	3910	16952	6269	2249	132.0		
修水县黄龙乡	6280	20168	9640	6014	3000.0		
修水县上衫乡	7710	15806	6928	2112	2115.0		
修水县余段乡	3720	4655	3445	1305			
修水县水源乡	4350	13947	6061	3300	8500.0	50	715
修水县石坳乡	4690	17869	7815	4180	1400.0		
修水县东港乡	15170	13688	6202	1380	1980.0	5	1321
修水县上杭乡	5860	14500	10008	7820	6500.0	230	14500

续表 218 （江西省） 计算单位：公顷、人、万元

名　　称	行政区域面　　积	常住人口	从业人员	二三产业从业人员	工　业总产值	城镇建成区 面 积	城镇建成区常住人口
修水县新湾乡	12890	12670	5595	2243	1600.0		
修水县布甲乡	10400	9385	4501	2201	1236.0		
修水县漫江乡	9870	9813	4840	2130	5100.0		
修水县复原乡	13920	4990	2494	1301	320.0		
修水县竹坪乡	5960	9020	4802	2827			
修水县征村乡	18710	17219	7103	4029	3700.0		
修水县庙岭乡	12450	8105	5001	3811	4000.0		
修水县黄坳乡	17540	15202	7188	1053	438.0		
修水县大椿乡	14590	18130	9103	4873	1512.0		
永修县涂埠镇	2644	70381	32069	27961	890000.0	750	67524
永修县吴城镇	35605	16858	7989	3497	11135.0	100	3702
永修县三溪桥镇	12600	14332	5500	2804	9300.0	360	4530
永修县虬津镇	5939	18223	9110	3580	47529.0	230	3820
永修县艾城镇	6710	32373	11070	3939	53089.0	480	4893
永修县滩溪镇	10820	18792	10929	6967	3220.0	110	1612
永修县白槎镇	5116	13209	6533	2577	5146.0	300	2169
永修县梅棠镇	7846	15380	7633	2460	46603.0	250	1598
永修县燕坊镇	4700	9332	4737	567	4122.0	180	1053
永修县马口镇	5059	30640	11759	7103	12703.0	20	1591
永修县柘林镇	1500	10770	3430	922	12206.0	523	1527
永修县三角乡	6839	23562	13383	5364	225.0		
永修县九合乡	5049	23780	12928	5480			
永修县立新乡	7822	29082	14450	6437	763.0		
永修县江上乡	10500	10297	5598	3693	9528.0		
德安县蒲亭镇	2700	55947	38868	20620	38420.0	1620	40868
德安县聂桥镇	5413	9148	4777	2975	360758.0	35	1918
德安县车桥镇	12500	10878	7875	4217	800.0	250	694
德安县丰林镇	2540	14202	7372	4300	13650.0	12	3042
德安县吴山镇	12600	13718	7021	3524	68318.0	90	2710
德安县宝塔乡	9600	12675	10103	4793	5770.0		
德安县河东乡	3300	13545	7320	5427	190000.0	103	6804
德安县高塘乡	3100	7446	4364	2459			
德安县林泉乡	7400	8039	3374	1539	131401.0		
德安县磨溪乡	10400	11091	6283	5440	24831.0		
德安县爱民乡	4274	6298	2840	1788	420.0	2	570
德安县邹桥乡	7000	8610	8361	7023	3080.0	5	623
德安县塘山乡	2700	6632	4046	2661	438.0		
星子县南康镇	6400	49391	22963	20180	184000.0	40	1575
星子县白鹿镇	10800	29011	12246	9597	174236.0	80	1400
星子县温泉镇	10400	26104	15064	9306	90147.0	650	5872
星子县蓼花镇	4543	21210	12085	5496	74000.0	100	1814
星子县华林镇	4900	27464	11582	5892	82100.0	150	710
星子县蛟塘镇	6100	25478	11800	8300	652847.0	230	1820
星子县横塘镇	4330	16880	8873	6623	113010.0	91	1890
星子县蓼南乡	11339	29873	13522	3868	41160.0	80	1562
都昌县都昌镇	6910	115279	48519	40195	1830000.0	2000	108347
都昌县周溪镇	5107	45571	12502	9487	670.0	300	1230
都昌县三汊港镇	3985	27975	14344	8846	300.0	300	4585
都昌县中馆镇	5132	17125	12311	2986	1120.0	391	850
都昌县大沙镇	4634	32630	14700	7300	6600.0	81	3720

续表 219 （江西省） 计算单位：公顷、人、万元

名　　称	行政区域面　　积	常住人口	从业人员	二三产业从业人员	工　业总产值	城镇建成区 面 积	城镇建成区常住人口
都昌县万户镇	3708	33163	17096	11233	460.0	120	1306
都昌县南峰镇	3500	22048	11072	4940	2003.0	310	2204
都昌县土塘镇	13400	61550	31604	20024		136	9900
都昌县大港镇	14300	26347	13527	8114	923.0	300	994
都昌县蔡岭镇	11700	37541	27266	9626	644.0	300	5122
都昌县徐埠镇	9300	24729	15454	7943	380.0	105	5676
都昌县左里镇	6504	23830	14097	2065	4000.0	86	3783
都昌县和合乡	3412	22182	11943	9033	903.0		
都昌县阳峰乡	4938	30420	16039	10213	75.0		
都昌县西源乡	2760	28752	26869	18629	8000.0		
都昌县芗溪乡	4104	9477	6955	5656	5879.6		
都昌县狮山乡	4830	20400	13220	7292	60.0		
都昌县鸣山乡	6849	20100	12024	6616	1079.0		
都昌县春桥乡	4900	16105	7647	3751	1120.0		
都昌县苏山乡	6933	19256	15775	10993	45117.0		
都昌县多宝乡	6900	11200	8229	3369	320.0		
都昌县汪墩乡	17190	47962	24899	18544	20000.0		
都昌县北山乡	5617	28356	13402	7947	2800.0		
都昌县大树乡	5500	31356	13302	6844		2	1355
湖口县双钟镇	2622	66121	29667	26130	2918493.0	800	65332
湖口县流泗镇	6200	28698	9402	4644	9359.0	150	4280
湖口县马影镇	3690	22154	10396	6381	3100.0	210	3426
湖口县武山镇	5035	14156	8162	3869	4500.0	152	2548
湖口县城山镇	8795	22346	11798	7975	7316.0	188	4101
湖口县均桥镇	6153	29539	15900	8850	17000.0	80	5000
湖口县大垅乡	3157	13751	6762	3242	3400.0		
湖口县凰村乡	3125	17405	10787	6677	5055.0		
湖口县张青乡	3260	19309	10893	7605	1782.0		
湖口县付垅乡	4437	12244	3851	1664			
湖口县舜德乡	9375	17110	8308	4468	5900.0		
湖口县流芳乡	1500	9938	6305	3518	4650.0		
彭泽县龙城镇	6360	79356	27924	24404	123200.0	2000	59380
彭泽县棉船镇	10500	21440	21430	5110	20850.0	750	4860
彭泽县马垱镇	12900	29482	14072	9653	10800.0	160	8068
彭泽县芙蓉墩镇	14574	33060	15339	6604	30000.0	151	5766
彭泽县定山镇	3870	19760	6883	4050	45000.0	141	2776
彭泽县天红镇	11649	15756	1362	729	9700.0	63	4300
彭泽县杨梓镇	23950	33880	19444	8624	9294.0	80	2500
彭泽县东升镇	10960	13108	6780	3710	11600.0	86	2700
彭泽县瀼溪镇	9020	9347	7598	4956	12500.0	135	2640
彭泽县黄花镇	6062	14090	11962	6700	32181.0	37	2124
彭泽县太平关乡	6525	20385	8960				
彭泽县黄岭乡	11860	12891	12888	6988	10900.0		
彭泽县浩山乡	15670	14538	8506	5166	18620.0		
瑞昌市码头镇	10100	50892	23919	20550	477781.0	1680	34345
瑞昌市白杨镇	6100	18514	5241	3542	69334.0	300	3797
瑞昌市南义镇	13700	22463	16463	8730	20000.0	510	2510
瑞昌市横港镇	11000	26506	14640	10409	8572.0	309	2032
瑞昌市范镇	10000	34848	15469	6258	5824.0	500	2455
瑞昌市肇陈镇	5400	14500	5876	3322		300	1208

续表 220 （江西省） 计算单位：公顷、人、万元

名　　称	行政区域面　　积	常住人口	从业人员	二三产业从业人员	工　业总产值	城镇建成区 面 积	城镇建成区常住人口
瑞昌市高丰镇	7000	21850	13449	9179	102000.0	300	1657
瑞昌市夏畈镇	5300	16013	8456	4831	150000.0	300	5983
瑞昌市乐园乡	9500	13110	10920	6440	29345.0	42	2800
瑞昌市洪一乡	9700	17012	10004	6300	16895.0	2	1327
瑞昌市花园乡	8800	14698	9774	5208	29000.0	52	2917
瑞昌市洪下乡	7000	10851	6087	4297	21000.0		
瑞昌市武蛟乡	2600	15063	7535	4928	4000.0		
瑞昌市横立山乡	6400	9460	7460	5560			
瑞昌市黄金乡	6500	10031	4763	2952	550000.0	4	2516
瑞昌市南阳乡	4100	14965	6109	5308	4562.0	2	2219
共青城市甘露镇	4900	16060	8998	5921	534570.0	600	2106
共青城市江益镇	9200	15258	7305	2617	25460.0	200	1943
共青城市金湖乡	2800	8920	5296	4154	34562.0	519	1369
共青城市苏家垱乡	11200	26096	12150	7640	32000.0		
共青城市泽泉乡	4370	17896	7113	5571	6145.0		
渝水区水北镇	12923	54810	35110	26986	51361.0	230	5662
渝水区下村镇	14480	57701	24910	14095	81930.0	10	9810
渝水区良山镇	17600	17000	14894	8724	860000.0	150	2488
渝水区罗坊镇	20500	54787	46547	18180	76500.0	69	5267
渝水区姚圩镇	7100	18990	17990	12378	8000.0	130	8700
渝水区珠珊镇	6382	29226	16108	7974	181717.0	10	28995
渝水区河下镇	10800	35148	11125	7277	75800.0	459	18723
渝水区观巢镇	6890	16342	8526	2023	28731.0	80	3600
渝水区欧里镇	6720	21572	6322	1683	84400.0	120	1932
渝水区水西镇	24300	112751	51403	27547	251524.0	2061	35112
渝水区鹄山乡	4550	15105	9633	3770	7022.0		
渝水区人和乡	7200	20837	12767	5411	47000.0		
渝水区界水乡	6300	12432	5452	2298	7600.0		
渝水区南安乡	11900	12369	6789	2724	39000.0		
渝水区新溪乡	4400	17345	7661	3775	7195.0		
渝水区九龙山乡	7400	8528	6357	2650	169999.0	25	2200
分宜县分宜镇	15600	98803	24946	16211	466236.0	33	75940
分宜县杨桥镇	14478	41332	23854	5929	98120.0	380	12366
分宜县湖泽镇	7000	16096	7353	2160	78000.0	208	10230
分宜县双林镇	10070	29947	16916	9688	187000.0	301	11992
分宜县钤山镇	42060	27533	21073	9225	202510.0	325	6791
分宜县洋江镇	8811	19895	9641	5914	1546.0	33	2850
分宜县凤阳乡	10038	21007	14900	6300	56000.0	80	3580
分宜县洞村乡	6700	10687	7463	3955	8413.0		
分宜县高岚乡	7618	19870	6884	1654	21470.0	15	2400
分宜县操场乡	8984	18565	11862	6961	500.0	195	3450
月湖区童家镇	5319	25175	14622	6779	309776.0	330	1687
月湖区夏埠乡	1670	14271	6937	6492		802	8230
余江县邓埠镇	4800	81629	40988	35599	391948.0	515	64500
余江县锦江镇	12100	55322	29696	18676	50000.0	275	22500
余江县潢溪镇	4600	38499	18580	9690	273659.0	30	3512
余江县中童镇	6700	37057	34821	16280	65573.0	18	4127
余江县马荃镇	10600	29165	10631	2937	150.0	115	3156
余江县画桥镇	10500	12431	7679	5103	248.0	100	2302
余江县春涛镇	10100	37564	16389	2660	5010.0	13	524

续表 221　　（江西省）　　计算单位：公顷、人、万元

名　称	行政区域面　积	常住人口	从业人员	二三产业从业人员	工　业总产值	城镇建成区 面 积	城镇建成区常住人口
余江县平定乡	5600	29397	16873	5907	103.0		
余江县杨溪乡	6800	20202	12002	7989	1980.0		
余江县洪湖乡	768	9965	7546	4683	901200.0		
余江县黄庄乡	6200	13765	6234	3200	1993.0	85	1248
余江县刘家站乡	3600	16381	7218	3358	13140.0	250	6138
贵溪市泗沥镇	14800	29211	11723	4061	34775.0	200	1585
贵溪市河潭镇	12000	27530	14989	8833	8253.0	180	1348
贵溪市周坊镇	20600	26879	20731	11469	4870.0	15	3735
贵溪市鸿塘镇	12000	33512	17980	9365	1202.0	0	4216
贵溪市志光镇	6427	19945	12919	8893	5469.0	204	1265
贵溪市流口镇	6900	21320	10220	4940	10621.0	130	1220
贵溪市罗河镇	13100	44278	40341	16647	36000.0	196	7142
贵溪市金屯镇	10295	14119	11762	7508	3885.0	70	1891
贵溪市塘湾镇	18000	24895	14431	6931	1065.0	400	11600
贵溪市文坊镇	22460	25786	15424	7712	4300.0	52	4780
贵溪市冷水镇	15800	3974	2604	1171	55676.0	48	1349
贵溪市滨江镇	11610	34300	32353	24137	95888.0	40	1360
贵溪市天禄镇	11670	26303	16470	8635	605.0	264	1643
贵溪市龙虎山镇	13600	22778	14092	8750	13530.0	90	596
贵溪市上清镇	8636	14030	9580	4800	680.0	150	9780
贵溪市白田乡	8856	16176	16109	12797	205.0		
贵溪市雷溪乡	5400	21860	14950	12608	1168.0		
贵溪市彭湾乡	6500	12569	7820	4194	1600.0		
贵溪市樟坪畲族乡	12200	4480	2600	1978	5667.0		
贵溪市耳口乡	18000	7352	3981	673	13000.0	4	1101
章贡区沙石镇	13620	31103	18334	9224	216235.0	320	2964
章贡区水东镇	2470	23662	9076	5149	496715.0	130	2090
章贡区水南镇	2050	58010	12926	12604	256332.0	373	3686
章贡区湖边镇	4489	46952	17063	14674	37194.0	120	1950
章贡区沙河镇	6450	55624	7370	4125	253612.0	240	2851
章贡区水西镇	11020	33599	18438	10687	1093800.0	107	2201
章贡区蟠龙镇	4362	38251	17834	12472	1797996.0	94	5700
章贡区潭口镇	5800	53420	18308	13475	1508.0	294	9199
章贡区潭东镇	5835	41662	23305	14132	519875.0	240	2963
南康区唐江镇	9600	112415	49490	25670	11327.0	280	20026
南康区凤岗镇	6300	42778	32409	15437	760.0	155	5469
南康区龙岭镇	5600	53200	28964	18960	101557.8	86	2668
南康区龙回镇	13750	40910	18996	12037	17550.0	86	2798
南康区镜坝镇	3000	36271	27128	17653	67418.0	32	2668
南康区横市镇	11800	19483	13345	7777	131010.0	85	4512
南康区浮石乡	3000	22658	12531	8574	3260.0		
南康区赤土畲族乡	15700	43725	20113	10008	13800.0		
南康区横寨乡	3100	15136	7666	4483	2000.0		
南康区朱坊乡	9900	40881	27471	13053	141984.0		
南康区太窝乡	3500	21981	12501	5775	14456.0		
南康区三江乡	3800	31836	17355	12776	1620.0		
南康区龙华乡	10700	49659	27806	19485	22392.6		
南康区十八塘乡	8000	34107	15491	8047	2189.0		
南康区麻双乡	12350	26540	25640	7421	9839.0		
南康区大坪乡	10700	22513	9897	4603	1866.0		

续表 222　　　　（江西省）　　　　计算单位：公顷、人、万元

名　　称	行政区域面积	常住人口	从业人员	二三产业从业人员	工业总产值	城镇建成区面积	城镇建成区常住人口
南康区坪市乡	9100	20960	12290	5400	472.0		
南康区隆木乡	9100	20027	10223	6351	882.0		
赣县梅林镇	3370	71929	5028	3958	2718300.0	2700	64309
赣县王母渡镇	19703	40489	22058	10295	24100.0	192	15340
赣县沙地镇	27740	34189	17096	9115	27900.0	140	16426
赣县江口镇	10275	35536	17156	7366	31500.0	360	20656
赣县田村镇	22205	47779	26553	14355	27200.0	260	20352
赣县南塘镇	15981	43091	28539	20921	12600.0	340	27310
赣县茅店镇	12283	22936	13110	8345	19200.0	115	11509
赣县吉埠镇	12700	29465	15939	8547	15300.0	275	18226
赣县五云镇	13416	18494	10721	5829	20800.0	120	7980
赣县湖江镇	27531	38936	22093	12872	25700.0	106	18091
赣县储潭镇	9140	15536	9404	4689	13600.0	128	10093
赣县韩坊乡	28191	38298	20188	14939	27600.0		
赣县阳埠乡	15956	21738	11735	5839	8500.0		
赣县大埠乡	23516	17979	9831	6644	8300.0		
赣县长洛乡	14340	11050	5943	2513	3700.0		
赣县大田乡	11070	13739	8060	3707	2500.0		
赣县石芫乡	7404	15678	8612	5885	1500.0		
赣县三溪乡	5580	13687	8012	4390	900.0		
赣县白鹭乡	7655	16567	8895	3645	10800.0		
信丰县嘉定镇	27100	80140	42432	35922	785064.0	2630	10792
信丰县大塘埠镇	20800	61784	29804	23265	18191.0	270	31625
信丰县古陂镇	31100	33861	12270	8422	9592.0	270	4816
信丰县大桥镇	9100	18849	8495	5607	11576.0	47	4959
信丰县新田镇	24200	25026	10269	8156	6836.0	68	5783
信丰县安西镇	22200	42035	15058	8452	8709.8	130	6429
信丰县小江镇	23200	35698	13314	8944	9812.0	280	5992
信丰县铁石口镇	8600	37900	16952	11211	83217.0	297	5816
信丰县大阿镇	9500	46673	19651	13985	28224.0	98	9132
信丰县油山镇	15900	20632	7439	4589	8611.0	56	3863
信丰县小河镇	10500	42614	19199	15255	9603.0	100	3902
信丰县西牛镇	24500	52831	26957	19304	871059.0	70	5466
信丰县正平镇	16200	55816	27625	20960	8390.0	200	3329
信丰县虎山乡	20000	17612	9620	4364	6900.0		
信丰县崇仙乡	14100	20504	9210	6590	8633.0		
信丰县万隆乡	11900	25260	9650	7404	4961.0		
大余县南安镇	14400	68670	43507	40421	655456.0	1123	62938
大余县新城镇	15900	45246	31942	15013	148556.0	233	5050
大余县樟斗镇	8900	7099	4553	2489	17180.0	64	1702
大余县池江镇	12100	44815	21856	10144	45526.0	171	1334
大余县青龙镇	10800	27596	14606	4749	5918.0	93	2013
大余县左拔镇	10000	5378	2676	1429	14821.0	33	2006
大余县黄龙镇	9200	18432	9392	4302	4680.0	66	2013
大余县吉村镇	21800	16393	8829	3295	8812.0	55	1294
大余县浮江乡	12900	8166	4810	2319	44520.0		
大余县河洞乡	9200	3924	2051	972	3406.0		
大余县内良乡	11500	8020	3757	1221	3400.0		
上犹县东山镇	17097	73362	21225	13216	99135.0	841	45432
上犹县陡水镇	4700	4863	2323	1346	31258.0	20	1845

续表 223　　（江西省）　　计算单位：公顷、人、万元

名　　称	行政区域面积	常住人口	从业人员	二三产业从业人员	工业总产值	城镇建成区面积	城镇建成区常住人口
上犹县社溪镇	12760	31682	18306	9861	8843.0	150	3422
上犹县营前镇	6490	30367	15577	9473	22333.0	239	6458
上犹县黄埠镇	7370	17204	10207	6817	556906.0	255	4592
上犹县寺下镇	9570	12884	7049	4272	328.0	113	1186
上犹县梅水乡	9680	14725	8236	5229	1436.0		
上犹县油石乡	8760	17967	10438	5848	18392.0		
上犹县安和乡	6670	8296	5626	2375	768.0		
上犹县双溪乡	12360	11143	6234	3552	2644.0		
上犹县水岩乡	13870	20335	12622	8274	589.0		
上犹县平富乡	8760	10088	6285	3861	642.0		
上犹县五指峰乡	23950	7452	4924	3586	4638.0		
上犹县紫阳乡	12350	12009	6811	3988	6324.0		
崇义县横水镇	22669	56051	11479	7125	535927.0	640	30205
崇义县扬眉镇	7567	16131	6562	2557	870.0	12	2422
崇义县过埠镇	9619	13718	6827	4795	2360.0	280	1095
崇义县铅厂镇	15570	11655	5619	2204	637.0	200	660
崇义县长龙镇	13305	10950	5640	3440	436500.0	26	744
崇义县关田镇	16330	9236	4271	1787	21189.0	38	864
崇义县龙勾乡	6683	15052	9867	5657	1056.0		
崇义县杰坝乡	6071	5048	4108	2184	350.0		
崇义县金坑乡	7092	7400	4319	1656			
崇义县思顺乡	21568	12432	3975	828	350.0		
崇义县麟潭乡	9322	7207	4118	2641	870.0		
崇义县上堡乡	14815	9592	6815	883	352.0		
崇义县聂都乡	15784	9065	4027	1644	2920.0		
崇义县文英乡	10476	6877	3611	1046	895.0		
崇义县乐洞乡	5797	2778	1586	748	1760.0		
崇义县丰州乡	15628	9022	8753	6694	26325.0		
安远县欣山镇	18340	80100	14000	10000	157000.0	500	32900
安远县孔田镇	10800	25800	14000	10000	28700.0	180	3540
安远县版石镇	15500	21520	12000	9000	82200.0	181	4888
安远县天心镇	24800	28950	12580	7500	5750.0	120	3600
安远县龙布镇	14100	20200	12000	8500	5760.0	75	2530
安远县鹤子镇	13500	11770	7600	5600	5900.0	93	3250
安远县三百山镇	12600	13035	8000	5500	5900.0	135	3950
安远县车头镇	14700	15235	9100	5600	5850.0	120	4120
安远县镇岗乡	11500	10850	6900	4900	5750.0		
安远县凤山乡	9400	10250	4200	1700	4770.0		
安远县新龙乡	19100	10250	6600	4100	8300.0		
安远县蔡坊乡	9600	5020	2960	2160	5400.0		
安远县重石乡	6200	12185	6850	3650	4600.0		
安远县长沙乡	7600	10250	6500	3500	3581.0		
安远县浮槎乡	7700	15500	8750	5250	4000.0		
安远县双芫乡	10000	5720	3000	1500	3460.0		
安远县塘村乡	11650	7130	3900	2900	3550.0		
安远县高云山乡	20350	7157	4448	2968	4040.0		
龙南县龙南镇	14822	87873	24600	18383	1428147.0	1200	25126
龙南县武当镇	7880	14351	8391	6103	10435.0	10	1233
龙南县杨村镇	16241	48294	28018	21822	10260.0	146	7178
龙南县汶龙镇	8417	17912	10561	7393	59411.0	156	4667

续表 224 （江西省） 计算单位：公顷、人、万元

名　称	行政区域面积	常住人口	从业人员	二三产业从业人员	工业总产值	城镇建成区面积	城镇建成区常住人口
龙南县程龙镇	11167	9137	5366	2750	14567.0	100	1824
龙南县关西镇	8040	7009	4062	3116	812.0	335	2721
龙南县里仁镇	14010	20906	12260	8369	144604.0	667	3951
龙南县渡江镇	7778	21147	12337	8146	28047.0	68	4196
龙南县桃江乡	9074	17226	9997	5816	30039.0		
龙南县东江乡	4760	11834	6915	4584	804758.0		
龙南县临塘乡	11046	17313	10073	7293	11352.0		
龙南县南亨乡	9720	14474	8450	4313	10625.0		
龙南县夹湖乡	10106	12770	7468	3545	10955.0		
定南县历市镇	24121	86517	21253	8506	849652.0	964	27856
定南县岿美山镇	13628	13063	6527	2861	14751.0	67	2699
定南县老城镇	8509	17565	9543	4091	21921.0	138	2793
定南县天九镇	17108	23966	13323	5107	19518.0	165	4755
定南县龙塘镇	15039	17390	8964	3404	8254.0	153	3483
定南县岭北镇	33233	23369	13132	4442	21801.0	139	3769
定南县鹅公镇	20111	32112	16991	5418	9111.0	150	3602
全南县城厢镇	7983	44946	27847	24386	4960.0	1100	35950
全南县大吉山镇	12466	24247	8323	6089	28389.0	78	10000
全南县陂头镇	29990	21369	11582	6327	2988.0	50	4216
全南县金龙镇	21759	26432	15330	8890	90024.0	516	6452
全南县南迳镇	21093	18990	9369	5375	1640.0	78	3456
全南县龙源坝镇	26280	12550	6645	3300	2595.0	57	1785
全南县中寨乡	9863	12945	6618	3808	2200.0		
全南县社迳乡	11960	12572	6678	3946	12987.0		
全南县龙下乡	10670	6665	3282	2008	4998.0		
宁都县梅江镇	21027	160073	25933	11223	890461.0	980	119011
宁都县青塘镇	18012	39206	19275	5853	9953.0	132	4404
宁都县长胜镇	18726	59190	30497	10618	15661.0	204	5389
宁都县黄陂镇	20852	37927	20534	5533	6240.0	160	4335
宁都县固村镇	28211	40803	21286	8651	3726.0	110	4499
宁都县赖村镇	17930	55763	29191	8251	5912.0	120	3684
宁都县石上镇	18381	30033	15775	6069	8145.0	83	3108
宁都县东山坝镇	17525	26277	13581	4827	6278.0	78	3838
宁都县洛口镇	31607	32629	17404	5545	15849.0	352	3992
宁都县小布镇	15347	15905	8688	3045	4516.0	130	2718
宁都县黄石镇	8076	41135	21816	8931	5119.0	122	4108
宁都县田头镇	7349	39424	20804	6667	6284.0	132	4281
宁都县竹笮乡	8840	30463	16253	6543	4437.0		
宁都县对坊乡	14401	28569	14582	6289	1619.0		
宁都县固厚乡	13715	24769	5708	4879	2921.0		
宁都县田埠乡	16664	26151	13877	5258	7387.0		
宁都县会同乡	17521	31188	16422	6033	4416.0		
宁都县湛田乡	18772	17404	9219	4024	4162.0		
宁都县安福乡	7862	11151	5933	2649	4913.0		
宁都县东韶乡	28432	21461	11308	3861	2052.0		
宁都县肖田乡	21482	10799	5362	3090	5668.0		
宁都县钓峰乡	9391	11569	5698	2464	3061.0		
宁都县大沽乡	17041	15698	7648	3327	5588.0		
宁都县蔡江乡	8345	14559	7233	3196	3545.0		
于都县贡江镇	15465	159818	78503	65979	2251438.0	1560	142897

续表 225　　（江西省）　　计算单位：公顷、人、万元

名　　称	行政区域面　积	常住人口	从业人员	二三产业从业人员	工　业总产值	城镇建成区 面 积	城镇建成区常住人口
于都县铁山垅镇	7070	15583	9399	6141	12526.0	455	5372
于都县盘古山镇	15657	18862	11090	7348	4230.0	638	5884
于都县禾丰镇	13072	53258	29425	20655	13877.0	810	5287
于都县祁禄山镇	17120	10193	6608	3444	45664.0	346	5179
于都县梓山镇	17360	55566	33030	21517	1876.0	914	4272
于都县银坑镇	17088	59278	34210	22251	36674.0	335	4926
于都县岭背镇	14120	52479	28771	20248	22135.0	746	5196
于都县罗坳镇	16266	43234	27292	16461	47219.0	826	5654
于都县罗江乡	11727	31789	18566	12480	299.0		
于都县小溪乡	16085	24530	14986	8116	454.0		
于都县利村乡	14822	28749	18114	9634	520.0		
于都县新陂乡	3688	20557	12397	7706	471.0		
于都县靖石乡	15356	25561	15733	8484	32384.0		
于都县黄麟乡	18740	29772	19211	9837	571.0		
于都县沙心乡	5467	7564	4775	2605	60.0		
于都县宽田乡	14693	34022	22689	10253	388.0		
于都县葛坳乡	19746	51329	32431	18774	71816.0		
于都县桥头乡	3924	13335	8372	4784	16601.0		
于都县马安乡	5042	18705	11309	6951	275.0		
于都县仙下乡	13933	49755	29184	18981	1026.0		
于都县车溪乡	8547	28574	18412	8283	289.0		
于都县段屋乡	4333	20987	13511	6669	476.0		
兴国县潋江镇	5200	110884	50683	47767	1802370.0	1130	92563
兴国县江背镇	11310	28103	16298	9778	25204.0	200	3038
兴国县古龙冈镇	20600	33573	23636	13560	36526.0	250	4617
兴国县梅窖镇	7600	23450	14458	8330	22317.0	150	2664
兴国县高兴镇	21683	54583	32543	19623	50912.0	400	6511
兴国县良村镇	17007	22147	11238	6043	22607.0	100	1634
兴国县龙口镇	6600	19669	13757	6597	21963.0	100	1768
兴国县兴江乡	15600	22136	17589	8024	26541.0		
兴国县樟木乡	7000	14190	10997	7850	12437.0		
兴国县东村乡	8500	17069	11112	7188	15480.0		
兴国县兴莲乡	10400	18885	11467	6025	17504.0		
兴国县杰村乡	11200	20483	12810	7104	18946.0		
兴国县社富乡	17000	45056	24178	15002	38508.0		
兴国县埠头乡	17000	34968	22828	14161	38610.0		
兴国县永丰乡	16100	33125	21685	12306	35871.0		
兴国县隆坪乡	5400	11265	8682	6726	11337.0		
兴国县均村乡	19300	40478	24644	15434	37872.0		
兴国县茶园乡	12000	19044	12616	7360	14229.0		
兴国县崇贤乡	18900	23275	16188	8764	24008.0		
兴国县枫边乡	14800	13139	9709	4537	13745.0		
兴国县南坑乡	12800	10060	6606	4781	10365.0		
兴国县城岗乡	14400	24234	15589	10573	24686.0		
兴国县方太乡	8900	14712	10885	6567	14448.0		
兴国县鼎龙乡	11700	26429	17140	11844	26437.0		
兴国县长冈乡	10400	38843	25521	16376	40407.0		
会昌县文武坝镇	18800	80199	45369	25773	668921.0	926	31785
会昌县筠门岭镇	29584	36506	20504	11648	92016.0	155	10280
会昌县西江镇	18900	55229	29410	16707	77785.0	182	10276

续表 226　　（江西省）　　计算单位：公顷、人、万元

名　　称	行政区域面　　积	常住人口	从业人员	二三产业从业人员	工　业总产值	城镇建成区 面 积	城镇建成区常住人口
会昌县周田镇	22200	53066	28260	16054	14588.0	125	8866
会昌县麻州镇	11800	30315	16143	9171	18859.0	225	6093
会昌县庄口镇	15300	28659	15261	8669	3803.0	90	4770
会昌县清溪乡	9700	3383	1801	1023	17666.0		
会昌县右水乡	12900	14249	7587	4310	16097.0		
会昌县高排乡	8800	13288	7076	4020	1052.0		
会昌县晓龙乡	15900	14504	7724	4388	7818.0		
会昌县珠兰乡	12500	16134	8592	4881	1637.0		
会昌县洞头乡	6600	7964	4241	2409	478.0		
会昌县中村乡	20200	7100	3781	2148	51821.0		
会昌县站塘乡	10400	16437	8753	4972	1387.0		
会昌县永隆乡	12003	7056	3758	2135	1909.0		
会昌县富城乡	23000	14328	7629	4334	1079.0		
会昌县小密乡	8500	17905	9534	5416	59679.0		
会昌县庄埠乡	5700	9148	4871	2767	819.0		
会昌县白鹅乡	9386	19413	10337	5872	112897.0		
寻乌县长宁镇	1156	63629	34915	25323	38576.0	700	63629
寻乌县晨光镇	18036	22537	14166	5406	11248.0	50	4055
寻乌县留车镇	23129	22526	18730	5100	17279.0	75	3621
寻乌县南桥镇	13815	27726	17281	2879	19199.0	194	4568
寻乌县吉潭镇	23849	22669	13180	3328	11283.0	185	3437
寻乌县澄江镇	18974	27515	14806	2995	19273.0	210	5357
寻乌县桂竹帽镇	23586	9875	6258	1818	17206.0	92	2677
寻乌县文峰乡	27498	24802	15158	1539	337038.0		
寻乌县三标乡	20295	13281	7416	1229	6219.0		
寻乌县菖蒲乡	8105	12083	7604	3752	6613.0		
寻乌县龙廷乡	7323	6280	3109	1224	2435.0		
寻乌县丹溪乡	16457	11650	7569	4133	22555.0		
寻乌县项山乡	7706	5563	4141	654	537.0		
寻乌县水源乡	9886	11556	7119	1342	9067.0		
寻乌县罗珊乡	11323	6465	5109	1122	8240.0		
石城县琴江镇	27850	60651	33233	20243	192970.0	2360	28610
石城县小松镇	16700	34886	18087	5544	7406.0	270	18665
石城县屏山镇	11300	33842	15236	7437	13630.0	150	7180
石城县横江镇	30700	44556	20242	6780	1310.0	143	11890
石城县高田镇	23800	24848	13661	6220	1288.0	135	7060
石城县木兰乡	9600	11808	5322	2668	710.0		
石城县丰山乡	12300	17506	9471	4641	843.0		
石城县大由乡	12400	21793	9894	4677	1100.0		
石城县龙岗乡	7200	11627	5448	2453	6754.0		
石城县珠坑乡	6300	15478	7126	2880	440.0		
瑞金市象湖镇	3100	186407	93100	77473	132750.0	2484	120410
瑞金市瑞林镇	20200	34595	14443	7229	11249.0	57	4755
瑞金市壬田镇	16800	36850	23420	8520	11784.0	155	15467
瑞金市九堡镇	20600	49692	23626	13033	17598.0	155	7787
瑞金市沙洲坝镇	8500	23711	13700	6194	873337.0	142	6814
瑞金市谢坊镇	13100	37929	16177	7884	24519.0	86	5333
瑞金市武阳镇	13100	34892	14373	6188	9595.0	37	5600
瑞金市叶坪乡	14100	44304	28717	13323	48483.0		
瑞金市丁陂乡	5000	7030	6603	4322	2700.0		

续表 227　　　　（江西省）　　　　计算单位：公顷、人、万元

名　称	行政区域面　积	常住人口	从业人员	二三产业从业人员	工　业总产值	城镇建成区 面 积	城镇建成区常住人口
瑞金市大柏地乡	16300	9475	7010	3237	5860.0		
瑞金市岗面乡	16100	17013	7943	2540	3850.0		
瑞金市日东乡	18300	19984	9382	3342	13850.0		
瑞金市万田乡	10000	14941	5998	2200	850.0		
瑞金市黄柏乡	10700	38902	17633	7330	5826.0		
瑞金市云石山乡	11200	39046	19050	8515	147859.0		
瑞金市泽覃乡	25400	13036	9115	3154	13706.0		
瑞金市拔英乡	22300	11093	4001	2947	1200.0		
吉州区兴桥镇	13600	26275	13858	7054		72	6871
吉州区樟山镇	6354	25867	11417	4600	1192.0	310	7863
吉州区长塘镇	12830	34502	16886	8190	57800.0	172	14363
吉州区曲濑镇	4080	17186	10497	5051	6851.0	130	1316
吉州区禾埠乡	3590	36753	19762	13919			
青原区天玉镇	4922	15591	7665	4983	10908.0	70	6313
青原区值夏镇	4900	32464	15616	9509	7377.0	210	5412
青原区新圩镇	4900	18195	9873	4619	5019.0	71	3242
青原区富滩镇	18980	26556	14115	8903	9458.0	61	3284
青原区富田镇	21600	31882	17162	10368	10663.0	185	4324
青原区文陂镇	5100	13243	8260	4851	6658.0	130	3076
青原区东固畲族乡	24300	14792	8532	5095	15343.0		
吉安县敦厚镇	8700	89563	26967	18841	438562.0	950	81026
吉安县永阳镇	7300	32116	12183	5494	3325.0	31	1987
吉安县天河镇	15000	14353	10450	8070	28851.0	30	1331
吉安县横江镇	6900	21883	14633	4688	8185.0	115	1644
吉安县固江镇	11100	21973	12431	6646	15526.0	78	2813
吉安县万福镇	10300	41352	24128	14470	6235.0	26	1855
吉安县永和镇	3310	24245	16244	9734	4250.0	37	4872
吉安县桐坪镇	13200	33112	18296	5940	6685.0	121	826
吉安县凤凰镇	5800	19304	10368	4206	81065.0	120	2985
吉安县油田镇	22700	26519	16779	6936	95526.0	15	3452
吉安县敖城镇	22200	20115	16462	9507	13265.0	6	2197
吉安县梅塘镇	13000	24156	13384	7643	3565.0	42	2685
吉安县浬田镇	13700	19124	9227	6072	2759.0	70	1368
吉安县北源乡	5500	16859	9510	4558	2864.0		
吉安县大冲乡	8800	14875	9346	4220	1352.0		
吉安县登龙乡	6900	18166	9170	4267	3210.0		
吉安县安塘乡	8100	9253	5632	1920	20165.0		
吉安县官田乡	14800	10958	5534	2266	468.0		
吉安县指阳乡	10500	11623	6544	2325	268.0		
吉水县文峰镇	21737	131981	69290	66073	1047506.0	975	120586
吉水县阜田镇	13830	27224	21045	15729	16908.0	94	9235
吉水县盘谷镇	9320	30790	16436	10274	2009.0	108	12110
吉水县枫江镇	9350	33995	18209	12264	2237.0	80	7080
吉水县黄桥镇	8870	19813	14200	9805	2312.0	121	6539
吉水县金滩镇	15861	36152	18259	10894	601246.0	449	17500
吉水县八都镇	18630	40853	24269	18214	382134.0	256	26783
吉水县双村镇	9470	12868	6433	3533	5678.0	49	4682
吉水县醪桥镇	12930	18451	10674	6182	6468.0	61	5446
吉水县螺田镇	19900	10091	9401	5300	17363.0	63	4331
吉水县白沙镇	17730	16051	10888	5891	2477.0	84	5613

续表 228 （江西省） 计算单位：公顷、人、万元

名称	行政区域面积	常住人口	从业人员	二三产业从业人员	工业总产值	城镇建成区面积	城镇建成区常住人口
吉水县白水镇	10280	9920	6703	2979	2740.0	54	5029
吉水县丁江镇	12980	10516	7198	4320	2252.0	45	4510
吉水县乌江镇	15620	21178	10993	6738	2105.0	150	8780
吉水县水南镇	34120	20150	15484	7013	2801.0	65	5257
吉水县尚贤乡	4815	19720	11313	6960	1960.0		
吉水县水田乡	7960	11715	9380	6559	1565.0		
吉水县冠山乡	7570	7980	4953	2507	1368.0	29	2439
峡江县水边镇	18300	48602	21405	12372	152000.0	680	23644
峡江县马埠镇	16200	12800	7262	3518	50432.0	61	1722
峡江县巴邱镇	11043	37135	21635	15048	103500.0	350	27026
峡江县仁和镇	13200	14339	6540	4120	11000.0	48	2600
峡江县砚溪镇	12200	10530	6320	3295	22000.0	105	1710
峡江县罗田镇	16250	15878	11960	4430	13850.0	40	1050
峡江县桐林乡	11150	7685	5263	3053	17000.0		
峡江县福民乡	10150	8644	5385	3205	8500.0		
峡江县戈坪乡	8100	7495	3967	1850	14006.0		
峡江县金江乡	10150	7910	4495	1192	36000.0		
峡江县金坪民族乡	2000	3392	1576	718	10410.0		
新干县金川镇	13811	89011	38027	26066	280240.0	1721	66120
新干县三湖镇	4782	41031	15678	9135	31500.0	44	3825
新干县大洋洲镇	7854	24650	12438	6419	150289.0	300	3929
新干县七琴镇	11863	33770	12813	6906	138152.0	380	6372
新干县麦斜镇	13473	19039	10862	4734	12931.0	50	3741
新干县界埠镇	11344	23357	12011	3793	140128.0	62	3627
新干县溧江镇	10001	20052	10806	4688	49892.0	210	1085
新干县桃溪乡	13657	14220	7921	3450	110452.0		
新干县城上乡	8815	14780	7789	2524	71862.0		
新干县潭丘乡	10341	18985	12022	4452	220891.0		
新干县神政桥乡	7674	10126	6078	2653	18203.0		
新干县沂江乡	5224	12399	5873	2878	130752.0		
新干县荷浦乡	3992	19769	11621	4498	131028.0		
永丰县恩江镇	6764	94127	40570	37988	704998.0	2000	84960
永丰县坑田镇	14018	17330	10425	6655	470276.0	200	3800
永丰县沿陂镇	14145	19808	11973	7664	9893.0	230	3080
永丰县古县镇	21540	23034	10270	6021	17600.0	261	2141
永丰县瑶田镇	9169	22815	10648	7708	7890.0	145	2562
永丰县藤田镇	9583	38642	18752	13635	208109.0	340	17325
永丰县石马镇	21402	35205	16829	11698	210535.0	210	5169
永丰县沙溪镇	21664	22983	12019	8943	18920.0	200	2758
永丰县佐龙乡	14312	36966	17909	11864	12727.0		
永丰县八江乡	7022	10307	6294	4473	351140.0		
永丰县潭城乡	9919	14352	8454	6508	13160.0		
永丰县鹿冈乡	15995	10421	7134	5224	14550.0		
永丰县七都乡	14064	12368	7187	3902	8303.0		
永丰县陶塘乡	7385	13439	7637	5065	31625.0		
永丰县中村乡	10549	6275	3232	2212	5072.0		
永丰县上溪乡	9586	5105	2661	1906	12893.0		
永丰县潭头乡	11523	7950	5293	3609	9480.0		
永丰县三坊乡	8524	4662	3118	2411	4065.0		
永丰县上固乡	8168	6779	4677	3597	5121.0		

续表 229　　（江西省）　　计算单位：公顷、人、万元

名　称	行政区域面积	常住人口	从业人员	二三产业从业人员	工业总产值	城镇建成区面积	城镇建成区常住人口
永丰县君埠乡	12057	11302	5720	4040	7720.0		
永丰县龙冈畲族乡	13988	12102	7047	5584	26122.0		
泰和县澄江镇	13045	147088	82253	71560	189934.0	2020	118430
泰和县碧溪镇	15900	20504	11682	4600	2073.0	22	4663
泰和县桥头镇	25300	16910	8965	3084	10815.0	48	3408
泰和县禾市镇	13600	25268	10869	9121	2015.0	100	7300
泰和县螺溪镇	8500	37182	20280	11380	2900.0	160	3000
泰和县苏溪镇	9800	21706	7390	2350	20411.0	71	3637
泰和县马市镇	13700	40789	33430	20980	4475.0	98	10200
泰和县塘洲镇	12417	34530	17826	7241	25221.0	115	10829
泰和县冠朝镇	14540	23675	8407	2682	3623.0	65	5530
泰和县沙村镇	7900	17288	10390	6570	1800.0	56	4900
泰和县老营盘镇	8500	6665	2364	1506	1368.0	23	1700
泰和县小龙镇	9400	7853	2440	1240	23021.0	32	3665
泰和县灌溪镇	16300	28684	15632	9005	268.0	28	2650
泰和县苑前镇	10800	33981	15310	10210	3900.0	76	6532
泰和县万合镇	17400	57003	26297	17619	27290.0	120	3253
泰和县沿溪镇	10811	24621	15163	5301	2167.0	125	6100
泰和县石山乡	6050	14697	7253	4502	3420.0		
泰和县南溪乡	4020	14957	6402	1540	1623.0		
泰和县上模乡	10000	12127	5661	3099	19394.0		
泰和县水槎乡	17139	14695	5784	2214	870.0	1	3626
泰和县上圯乡	9000	9451	6413	3396	10423.0	12	1500
泰和县中龙乡	11000	7715	2731	1086	6201.0		
遂川县泉江镇	18862	121764	65753	56763	928017.0	1420	94350
遂川县雩田镇	19122	58964	31840	26283	517292.0	180	40075
遂川县碧洲镇	11522	13575	3799	2281	28121.0	150	6139
遂川县草林镇	8768	32882	16135	13151	40150.0	255	15141
遂川县堆子前镇	10520	19930	12979	6514	9500.0	34	9060
遂川县左安镇	15650	30464	14433	7070	12799.0	90	10562
遂川县高坪镇	10283	13974	3918	2623	6900.0	40	3970
遂川县大汾镇	30052	37684	19225	10434	31354.0	79	10750
遂川县衙前镇	13453	11642	5899	3093	23584.0	40	4325
遂川县禾源镇	10680	23101	14570	8559	6500.0	170	7732
遂川县汤湖镇	9838	16107	10081	3128	32850.0	200	3940
遂川县珠田乡	8960	21408	12135	6995	71000.0		
遂川县巾石乡	14900	25914	15109	8815	8100.0		
遂川县大坑乡	15770	16103	8041	3868	4253.0		
遂川县枚江乡	6912	22345	16227	9882	10425.0		
遂川县双桥乡	9722	6745	4745	3404	3950.0		
遂川县新江乡	18800	10802	5405	2430	3700.0		
遂川县五斗江乡	22769	12222	7784	3515	18650.0		
遂川县西溪乡	6741	15927	7153	2625	4400.0	13	1135
遂川县南江乡	4675	11493	7090	4629	11355.0		
遂川县黄坑乡	7580	17262	9084	6084	9600.0		
遂川县戴家埔乡	14094	14879	9295	5943	36700.0		
遂川县营盘圩乡	7094	4929	2977	1671	32421.0		
万安县芙蓉镇	11892	58693	32996	30636	293861.0	859	44735
万安县五丰镇	18937	21083	12530	6844	715432.0	120	3382
万安县枧头镇	23422	24165	12806	6346	4557.0	89	1856

续表 230　　（江西省）　　计算单位：公顷、人、万元

名　　称	行政区域面　　积	常住人口	从业人员	二三产业从业人员	工　业总产值	城镇建成区 面 积	城镇建成区常住人口
万安县窑头镇	12344	30632	15804	7598	3906.0	131	4851
万安县百嘉镇	10070	20036	9509	4173	1628.0	62	2915
万安县高陂镇	10534	12781	6869	3481	488.0	94	2395
万安县潞田镇	15357	11938	11262	5865	8138.0	98	2025
万安县沙坪镇	13183	13402	7051	3883	2400.0	51	1465
万安县夏造镇	10671	13885	8068	4524	572.0	49	2001
万安县罗塘乡	13486	15148	8925	4475	3255.0		
万安县弹前乡	6493	12713	7607	3911	2279.0		
万安县武术乡	11542	6386	3683	1852	977.0		
万安县宝山乡	12454	12954	7725	3789	5859.0		
万安县涧田乡	12400	13051	7691	3499	130.0		
万安县顺峰乡	12119	9987	5744	2716	651.0		
万安县韶口乡	4455	21948	12909	6350	1302.0		
安福县平都镇	7827	115952	56635	54115	351287.0	1200	85738
安福县浒坑镇	8280	11815	8207	7768	32060.0	450	11653
安福县洲湖镇	18525	36210	20692	17495	85647.0	360	11394
安福县横龙镇	14093	19865	12996	8282	55155.0	440	9865
安福县洋溪镇	13052	14616	8818	5732	9486.0	53	3572
安福县严田镇	26231	24515	13715	9733	12828.0	195	7018
安福县枫田镇	12910	22458	11876	8111	1149270.0	72	5062
安福县竹江乡	8258	13610	6433	3896	13266.0		
安福县瓜畲乡	8052	10268	6262	3824	142005.0		
安福县钱山乡	19324	10875	6672	3975	13895.0		
安福县赤谷乡	9378	7069	4141	2881	514950.0		
安福县山庄乡	23785	19152	11644	4221	42376.0		
安福县洋门乡	9075	22453	11094	6772	9149.0		
安福县金田乡	13936	15542	9639	5599	9603.0		
安福县彭坊乡	16012	4346	3565	2453	7502.0		
安福县泰山乡	21468	12560	5807	4528	9081.0		
安福县寮塘乡	18845	23350	11020	7568	10145.0		
安福县甘洛乡	6568	10536	6073	2936	3162.0		
安福县章庄乡	23962	6635	4162	2021	4326.0		
永新县禾川镇	3962	93200	37484	31452	275618.0	1200	93200
永新县石桥镇	10500	23622	12177	7278		400	2400
永新县龙源口镇	16500	21288	7461	2511		6	3200
永新县浬田镇	10873	46389	20458	14433	143852.0	230	13956
永新县龙门镇	8700	20080	9900	5200	44502.0	2	1050
永新县沙市镇	8100	19757	7226	4211	554.0	10	3761
永新县文竹镇	1465	15003	7611	4206	2622.0	51	4123
永新县埠前镇	3450	20783	11190	6825	58141.0	360	4593
永新县怀忠镇	7639	21596	9968	4567	21618.0	485	3715
永新县高桥楼镇	9610	14502	7529	3925	80412.0	150	3781
永新县坳南乡	10466	7601	4798	3733			
永新县曲白乡	14334	8301	4238	2278	27060.0		
永新县才丰乡	7037	13307	6008	2132	25834.0		
永新县烟阁乡	6000	14938	8615	5619	224.0		
永新县在中乡	2800	16098	7064	5006	368.0		
永新县三湾乡	12837	5078	2757	1855	700.0		
永新县台岭乡	6500	12290	4700	2580	15400.0		
永新县龙田乡	6500	16298	13905	376	13058.0		

续表 231　　（江西省）　　计算单位：公顷、人、万元

名　　称	行政区域面　　积	常住人口	从业人员	二三产业从业人员	工　业总产值	城镇建成区 面 积	城镇建成区常住人口
永新县高溪乡	12000	19038	9274	3537	211.0		
永新县莲洲乡	4590	17168	8680	6675			
永新县高市乡	6300	12203	5889	3486			
永新县象形乡	13863	31484	15028	7668	2856.0		
永新县芦溪乡	8600	16510	11672	8214	57356.0		
井冈山市厦坪镇	2911	9253	5005	3716	53472.0	200	3626
井冈山市龙市镇	3060	25175	6885	4777	115485.0	480	25875
井冈山市古城镇	6228	12376	6270	4249	12750.0	133	2912
井冈山市新城镇	6134	7004	3685	2175	7000.0	150	1800
井冈山市大陇镇	5252	3131	2785	1939	7983.0	80	556
井冈山市茨坪镇	910	12622	10285	10285	22049.0	90	12622
井冈山市拿山乡	6801	12775	6986	4065	34471.0		
井冈山市黄垇乡	7278	5921	2377	959	4010.0		
井冈山市下七乡	7379	6633	3976	1943	4402.0		
井冈山市长坪乡	4006	1642	906	430	2926.0	1	70
井冈山市坳里乡	2229	3566	3432	2507	2473.0		
井冈山市鹅岭乡	5735	4445	3076	2247	6215.0		
井冈山市柏露乡	3821	2223	1554	976	7448.0		
井冈山市茅坪乡	4119	3037	2441	1183	3374.0		
井冈山市葛田乡	4627	4718	2510	889	7731.0		
井冈山市荷花乡	2934	2029	1976	988	1012.0		
井冈山市睦村乡	3806	5108	3058	1626	7910.0		
井冈山市东上乡	9031	6285	4587	3112	57975.0		
袁州区彬江镇	13693	56355	35100	13100	8600.0	1118	21355
袁州区西村镇	14990	58851	15270	9050	156140.0	320	16758
袁州区金瑞镇	10500	37782	22379	7441	68200.0	210	6075
袁州区温汤镇	17160	43300	19600	11870	600.0	560	43300
袁州区三阳镇	7660	38374	15722	9344	163278.0	367	8135
袁州区慈化镇	20360	74917	48558	18140	126500.0	570	8415
袁州区天台镇	18400	65694	29613	3620	11465.0	300	3267
袁州区洪塘镇	16400	42112	26028	13151	18500.0	300	6968
袁州区渥江镇	4000	16320	7800	2600	45000.0	470	2150
袁州区新坊镇	16200	22491	11482	5272	131940.0	3000	4023
袁州区寨下镇	11800	48958	35783	11880	100010.0	16	2425
袁州区芦村镇	5400	16743	10395	6395	4886.0	200	4642
袁州区湖田镇	8720	36702	17336	9554	108000.0	300	4196
袁州区新田镇	9780	39212	17076	4055	18000.0	320	1334
袁州区南庙镇	7900	18300	11647	4037	43900.0	75	6040
袁州区竹亭镇	5500	21350	9903	2618	33000.0	5	505
袁州区水江镇	6400	19093	12194	714		120	1860
袁州区辽市镇	9600	32157	19916	10460	23800.0	150	5000
袁州区洪江镇	17100	15369	6634	2784	1700.0	30	2000
袁州区楠木乡	7900	13552	10327	4520	22600.0		
袁州区柏木乡	6700	13821	11951	6188	25177.0	200	5600
袁州区飞剑潭乡	8670	25598	25301	2631	1245.0		
奉新县冯川镇	3040	80960	33195	32598	111770.0	2030	76190
奉新县赤岸镇	18730	31790	17922	11916	15020.0	200	4660
奉新县赤田镇	12170	24738	17626	15002	4800.0	132	3190
奉新县宋埠镇	8680	18616	16995	14859	15600.0	316	2330
奉新县干洲镇	17230	31229	20526	10693	35400.0	150	4960

续表 232　　(江西省)　　计算单位：公顷、人、万元

名　　称	行政区域面积	常住人口	从业人员	二三产业从业人员	工业总产值	城镇建成区面积	城镇建成区常住人口
奉新县澡下镇	15560	9179	6228	5143	5247.0	261	1898
奉新县会埠镇	20950	17891	12781	6165	17000.0	130	5215
奉新县罗市镇	12200	12488	9249	5166	4867.0	59	3669
奉新县上富镇	14633	16017	7198	5834	70490.0	145	6511
奉新县甘坊镇	6820	5105	2975	1440	8250.0	102	2911
奉新县仰山乡	10190	6980	3194	1094	2191.0		
奉新县澡溪乡	7440	8406	5091	3251	18800.0		
奉新县柳溪乡	10190	4017	2456	1794	2130.0		
万载县株潭镇	9081	77120	41607	29330	313550.0	320	18456
万载县黄茅镇	13736	66778	38449	26366	509330.0	104	13515
万载县潭埠镇	9689	45076	22014	9906	236124.0	153	8033
万载县双桥镇	13236	36321	29032	9751	205646.0	97	7427
万载县高村镇	20429	16344	8861	3013	29850.0	14	2065
万载县罗城镇	15541	25149	11400	6160	61762.0	180	3150
万载县三兴镇	11281	30557	16776	10795	103826.0	107	4630
万载县高城镇	11677	32150	14635	7874	68922.0	18	2120
万载县白良镇	7375	23691	12381	7580	64319.0	62	1143
万载县鹅峰乡	7122	21911	10185	9005	28687.0		
万载县马步乡	6251	30800	14631	9380	267131.0		
万载县赤兴乡	7774	12986	6309	3396	28100.0		
万载县岭东乡	4615	13200	7760	2760	7000.0		
万载县白水乡	5928	10662	4829	3512	42796.0		
万载县仙源乡	14884	17150	6130	2020	11500.0		
万载县茭湖乡	8742	11825	6185	3815	14210.0		
上高县田心镇	17300	41345	16016	8960	87715.0	33	1960
上高县徐家渡镇	13312	30337	13837	6231	138562.0	60	8721
上高县锦江镇	4262	33734	17083	10791	317717.0	110	5565
上高县泗溪镇	16589	42892	18874	9557	817620.0	499	8906
上高县翰堂镇	9125	18140	11775	6088	150726.0	201	6605
上高县南港镇	11727	15440	8973	6474	109680.0	5	1480
上高县敖山镇	4008	10081	4932	3150	592276.0	250	2298
上高县新界埠镇	10724	20426	13535	7846	70000.0	3	3900
上高县蒙山镇	7418	17323	15713	5687	457238.0	15	340
上高县芦洲乡	8320	13805	10548	4595	68942.0	55	1430
上高县塔下乡	4840	13655	4461	2320	179815.0		
上高县镇渡乡	5535	10836	5582	2171	48964.0		
上高县野市乡	8684	9766	5566	3646	57240.0		
上高县墨山乡	2300	7685	5496	3671	89540.0	150	3550
宜丰县新昌镇	13393	78476	19365	17305	227800.0	360	56169
宜丰县澄塘镇	17800	23191	8706	6226	69873.0	100	3560
宜丰县棠浦镇	11500	23803	10704	5282	183056.0	105	2285
宜丰县新庄镇	8700	13890	2866	2166	159213.0	25	2805
宜丰县潭山镇	20500	15518	5918	4328	216833.0	193	9198
宜丰县芳溪镇	20000	18975	10240	4779	286400.0	100	7100
宜丰县石市镇	15315	27641	15173	10431	400062.0	150	2532
宜丰县黄岗镇	18600	11377	2880	2080	55718.0	300	1680
宜丰县花桥乡	11500	11432	4710	3039	121647.0	100	1193
宜丰县同安乡	9100	7343	3774	2005	93651.0	50	2700
宜丰县天宝乡	14100	15405	6358	3757	186680.0	107	4977
宜丰县桥西乡	14550	17016	5482	3542	181654.0	110	3891

续表 233　（江西省）　计算单位：公顷、人、万元

名　称	行政区域面积	常住人口	从业人员	二三产业从业人员	工业总产值	城镇建成区面积	城镇建成区常住人口
靖安县双溪镇	3790	41318	21610	19674	34017.0	400	4982
靖安县仁首镇	11885	26534	12907	8727	92300.0	196	4810
靖安县宝峰镇	19650	6693	4296	2448	68680.0	150	3976
靖安县高湖镇	15640	10405	5802	2749	64238.0	180	892
靖安县躁都镇	12010	6088	2930	1577	36630.0	99	1310
靖安县香田乡	6200	12652	5020	1916	130865.0	12	2151
靖安县水口乡	18400	12354	5296	2974	65848.0	17	2410
靖安县中源乡	15900	10283	6256	3200	87650.0	71	1441
靖安县罗湾乡	19500	13261	10229	6564	49870.0	25	3753
靖安县三爪仑乡	11815	2889	2290	1737	7500.0	29	635
靖安县雷公尖乡	2960	3216	1207	485	6247.0	115	1623
铜鼓县永宁镇	8505	37685	18986	16702	21225.0	398	29018
铜鼓县温泉镇	16371	19566	8760	2040	23033.0	20	1100
铜鼓县棋坪镇	23890	13896	6492	2722	1780.0	52	3320
铜鼓县排埠镇	13100	11361	6290	2720	41226.0	150	2062
铜鼓县三都镇	25643	15000	7567	2987	23200.0	159	1769
铜鼓县大塅镇	21130	18169	8108	3422	35012.0	196	9100
铜鼓县高桥乡	12670	6801	3429	354	27264.0	16	284
铜鼓县港口乡	12430	3821	2510	1004	16996.0	100	1500
铜鼓县带溪乡	6807	9095	4485	1854	2320.0	66	421
丰城市白土镇	10200	45123	22942	14840	19977.0	116	6207
丰城市袁渡镇	8700	52363	24816	16355	45585.0	150	3013
丰城市张巷镇	9600	49796	25500	13200	22980.0	270	5330
丰城市杜市镇	9600	24189	17384	12241	25654.0	40	2811
丰城市淘沙镇	17550	42522	23620	13352	10080.0	130	3010
丰城市秀市镇	25200	57262	28392	21559	220938.0	220	18579
丰城市洛市镇	10650	23988	23926	14751	304263.0	36	9869
丰城市铁路镇	12830	31765	16762	11566	119731.0	58	3281
丰城市丽村镇	10200	21245	8727	7551	64388.0	51	1842
丰城市董家镇	12680	22006	13116	8373	5708.0	220	2204
丰城市隍城镇	8462	37627	18043	8832	1315.0	145	9062
丰城市小港镇	8478	63122	33029	24116	71235.0	580	13150
丰城市石滩镇	6200	31026	15772	10695	20755.0	520	5879
丰城市桥东镇	11600	41357	32955	23703	160000.0	80	4321
丰城市荣塘镇	9300	65139	28111	19246	49504.0	64	5526
丰城市拖船镇	6700	54824	20612	11628	132741.0	230	7981
丰城市泉港镇	10300	43522	21689	15661	15000.0	260	3910
丰城市梅林镇	8800	33102	14248	7510	48662.0	290	11260
丰城市曲江镇	10500	56752	22684	12563	83235.0	240	15930
丰城市上塘镇	5214	103839	45689	41934	46493.0	1057	58096
丰城市筱塘乡	3500	24082	13284	2361	17768.0		
丰城市段潭乡	5200	37546	35965	20318	610.0	46	2341
丰城市蕉坑乡	6560	13879	8327	6056	8718.0		
丰城市石江乡	9100	12013	5446	3098	8450.0		
丰城市荷湖乡	14000	27489	11802	7476	15670.0	2	1000
丰城市湖塘乡	7800	17035	11288	7762	101304.0		
丰城市同田乡	9590	32085	23643	7455	28109.0		
樟树市临江镇	8479	38423	20460	6380	404577.0	351	28760
樟树市永泰镇	2703	17081	8204	4498	284551.0	165	3508
樟树市黄土岗镇	5378	18430	10853	4381	60500.0	138	3698

续表 234　　(江西省)　　计算单位：公顷、人、万元

名　　称	行政区域面　　积	常住人口	从业人员	二三产业从业人员	工　业总产值	城镇建成区 面 积	城镇建成区常住人口
樟树市经楼镇	8162	19277	9752	3414	41782.0	100	4005
樟树市昌付镇	6910	15276	9708	4088	65230.0	230	5032
樟树市店下镇	13997	12474	6488	2501	52165.0	150	3793
樟树市阁山镇	6986	20163	10765	4572	328661.0	122	2242
樟树市刘公庙镇	8409	15520	9520	4387	67350.0	141	4289
樟树市观上镇	5949	22259	12322	5269	446635.0	15	2037
樟树市义成镇	8610	19660	14077	7470	47369.0	60	1264
樟树市中洲乡	5443	10520	6065	2040	63215.0	26	534
樟树市洲上乡	4713	31035	14821	6897	125166.0	36	2081
樟树市洋湖乡	5754	29718	19170	13005	167000.0	149	3113
樟树市吴城乡	13039	21405	11465	4409	10657.0	42	2912
高安市蓝坊镇	7295	43344	23138	13642	271467.0	205	11303
高安市荷岭镇	7818	24910	13380	4487	31220.0	41	3810
高安市黄沙岗镇	7546	34734	18901	10860	250125.0	180	9790
高安市新街镇	13518	42567	28138	10854	345590.0	200	23600
高安市八景镇	9774	46950	26221	22524	304950.0	650	25602
高安市独城镇	10530	35325	19581	11754	401531.0	500	14130
高安市太阳镇	8560	23073	11832	7133	186538.0	80	5785
高安市建山镇	11245	33373	18934	13618	281877.0	168	16729
高安市田南镇	9889	19852	17457	4977	119800.0	268	3998
高安市相城镇	13392	23131	13521	6380	103754.0	182	5880
高安市灰埠镇	12252	40243	26597	13953	308347.0	350	16723
高安市石脑镇	11680	43258	26502	13450	231246.0	460	21732
高安市龙潭镇	9191	39296	23210	9260	61000.0	80	14147
高安市杨圩镇	14587	43080	22296	14336	331629.0	520	18352
高安市村前镇	16634	23640	14549	8181	123860.0	165	6986
高安市伍桥镇	12741	20166	10053	5727	110086.0	105	4200
高安市祥符镇	12403	31172	15192	6533	154265.0	150	7325
高安市大城镇	15352	31420	14486	5051	50663.0	180	7868
高安市华林山镇	13770	10578	6854	1816	155920.0	80	2784
高安市上湖乡	4092	29622	21061	6972	118724.0	50	2316
高安市汪家圩乡	9367	13993	7182	1120	23216.0	40	3632
临川区上顿渡镇	5260	146860	62693	49063	70976.0	900	70966
临川区温泉镇	5560	32697	13298	4338	51577.0	110	3271
临川区高坪镇	12320	36295	16433	10893	12342.0	115	9708
临川区秋溪镇	5890	25830	14500	6604	27900.0	102	1291
临川区荣山镇	12020	20767	15059	4212	320.0	300	3484
临川区龙溪镇	10600	20273	8233	2210	15713.0	440	4969
临川区大岗镇	12000	30271	13549	8338	62374.0	421	4543
临川区云山镇	9800	39932	28793	19107	23600.0	380	4579
临川区唱凯镇	4690	51188	18978	10278	38080.0	269	20095
临川区罗针镇	4560	50585	24695	16785	8735.0	120	6490
临川区罗湖镇	8850	55386	30859	21048	55072.0	356	8481
临川区太阳镇	4440	24659	12216	8348	58600.0	71	3721
临川区东馆镇	8090	20381	9037	3837	16785.0	120	2300
临川区腾桥镇	12850	28614	13650	9150	40800.0	160	4915
临川区青泥镇	5700	27717	14858	12611	12187.0	100	5998
临川区孝桥镇	2860	25468	13001	4723	19830.0	108	989
临川区抚北镇	1300	12581	3554	1442	37064.0	123	3894
临川区崇岗镇(金巢开发区)	8364	27061	16428	6603	13600.0	67	1862

续表 235　　（江西省）　　计算单位：公顷、人、万元

名　　称	行政区域面　积	常住人口	从业人员	二三产业从业人员	工　业总产值	城镇建成区 面 积	城镇建成区常住人口
临川区展坪乡	6800	21112	10936	6927	50420.0		
临川区连城乡	3900	18922	9268	5298	10460.0		
临川区桐源乡	10600	28269	15641	5200	38015.0		
临川区湖南乡	7740	45169	26002	12625	78224.0		
临川区七里岗乡	4400	21564	9914	5224	18100.0		
临川区嵩湖乡	7200	24335	13300	2742	12363.0		
临川区鹏田乡	6500	14510	5600	1369	13521.0		
临川区茅排乡	5090	6352	2135	1466	5860.0		
临川区河埠乡	8010	12779	6487	1087	19487.0		
南城县建昌镇	12434	110962	51461	45069	935000.0	2512	79682
南城县株良镇	18471	38310	21602	8085	103152.0	158	5803
南城县上唐镇	18445	24661	12258	5138	55085.0	184	7267
南城县里塔镇	15339	14226	9597	3685	22800.0	280	3841
南城县洪门镇	15513	10803	7592	3138	61458.0	26	1868
南城县沙洲镇	9531	15287	8472	3017	21050.0	225	4724
南城县龙湖镇	27050	21210	10524	4404	24390.0	40	3810
南城县新丰街镇	5370	9168	5117	3746	7332.0	42	2892
南城县万坊镇	16891	22060	12742	5181	32240.0	140	2532
南城县徐家乡	12811	18965	11783	6879	108973.0		
南城县天井源乡	7480	17208	9700	3860	26345.0		
南城县浔溪乡	10138	4800	3850	2110	28280.0		
黎川县日峰镇	20900	83550	18124	9450	84550.0	1000	9780
黎川县宏村镇	8500	14896	6363	578	12200.0	280	3589
黎川县洵口镇	11800	9840	6836	3145	5987.0	380	4340
黎川县熊村镇	13100	9198	7788	1573	20400.0	108	4690
黎川县龙安镇	15300	11986	8081	1155	11350.0	180	2572
黎川县德胜镇	9333	21950	10900	7900	3005.0	100	3740
黎川县华山镇	8452	5486	5084	3106		246	5486
黎川县潭溪乡	6800	21094	11701	11683	3620.0		
黎川县湖坊乡	8300	9798	6058	2643			
黎川县荷源乡	7500	5573	5557	328	2563.0	180	2415
黎川县厚村乡	6009	6030	3856	1154	9246.0		
黎川县社苹乡	10000	6445	4805	3509	2584.0		
黎川县樟溪乡	10500	3459	1539	776	6546.0	435	2650
黎川县西城乡	10600	7499	4570	2825	18499.0	4	1849
黎川县中田乡	12500	9963	9931	5131	1890.0		
南丰县琴城镇	7200	110450	67397	55306	716691.6	225	5720
南丰县太和镇	19800	24828	12942	2491	983.0	200	3360
南丰县白舍镇	33350	41675	23865	4580	10761.0	300	8321
南丰县市山镇	22478	37892	20188	7167	29638.0	390	6585
南丰县洽湾镇	10810	18115	10533	2117	10364.0	108	1023
南丰县桑田镇	10238	16336	9232	2337	5345.0	120	2533
南丰县紫霄镇	30160	16000	8863	1753	4052.4	180	1682
南丰县三溪乡	12650	9772	5462	1498	860.0	5	165
南丰县东坪乡	9200	8160	4271	320	160.0	3	211
南丰县莱溪乡	8333	17100	11108	3857	17268.0	7	275
南丰县太源乡	11400	10002	5056	849	128.0	6	196
南丰县傅坊乡	16700	15916	8230	2703	5585.0	33	330
崇仁县巴山镇	14300	116977	56777	43325	155235.0	1430	84464
崇仁县相山镇	26100	21039	10463	3805	25360.0	164	4027

续表 236 （江西省） 计算单位：公顷、人、万元

名　称	行政区域面　积	常住人口	从业人员	二三产业从业人员	工　业总产值	城镇建成区面积	城镇建成区常住人口
崇仁县航埠镇	5400	31580	13634	7057	2900.0	540	3122
崇仁县孙坊镇	6000	23885	10560	2420	3370.0	200	1655
崇仁县河上镇	13300	25632	14793	1073	5050.0	695	2410
崇仁县礼陂镇	9350	12736	7855	3295	4698.0	360	710
崇仁县马鞍镇	12900	17275	9260	1170	2980.0	200	1278
崇仁县石庄乡	7900	9397	5640	1540	380.0		
崇仁县六家桥乡	8600	16385	9412	7389	2606.0		
崇仁县白鹭乡	2100	17680	8111	1948			
崇仁县三山乡	8250	14280	6562	1972	1545.0		
崇仁县白陂乡	6196	11722	7565	2689	8500.0		
崇仁县桃源乡	14950	15079	6959	884	1782.0		
崇仁县许坊乡	8400	13050	6333	4470	2300.0		
崇仁县郭圩乡	8150	14949	7492	754	4600.0		
乐安县鳌溪镇	26533	81830	13107	8820	8150.0	900	59844
乐安县公溪镇	14540	18423	11307	3489	9876.0	320	2996
乐安县山砀镇	13173	29123	11214	1767	2460.0	461	2835
乐安县龚坊镇	15707	18541	12005	7803	3051.0	300	2887
乐安县戴坊镇	25493	32812	10169	2119	18210.0	526	5218
乐安县牛田镇	13480	22605	7537	2069	208.6	200	3748
乐安县万崇镇	9720	16002	7206	2176	1800.0	200	914
乐安县增田镇	13507	19448	5615	1247	1584.0	210	1584
乐安县招携镇	24500	23738	10390	3800	9940.0	122	3973
乐安县湖溪乡	11927	12608	7976	1260	6786.0		
乐安县罗陂乡	6800	13128	9988	2338	1160.0		
乐安县湖坪乡	9800	18518	9243	4663	11200.0	50	1760
乐安县南村乡	13700	16054	11123	5862	2400.0		
乐安县谷岗乡	16100	13856	6327	3070	2521.0		
乐安县金竹畲族乡	24240	11880	5103	2551	6631.0		
宜黄县凤冈镇	23340	64021	22980	14938	45623.0	500	50105
宜黄县棠阴镇	17950	18841	9624	4297	4550.0	50	6550
宜黄县黄陂镇	27570	25562	12852	3619	8600.0	340	6330
宜黄县东陂镇	15600	9602	7708	4483	7000.0	80	3308
宜黄县梨溪镇	14660	19618	9325	2138	6137.0	110	6100
宜黄县二都镇	17280	14735	8372	4104	27800.0	120	3616
宜黄县中港镇	20140	11888	10118	3289	1116.0	80	4628
宜黄县桃陂镇	8720	9617	7207	4292	3652.0	98	512
宜黄县新丰乡	13313	7006	4169	1757	900.0	15	1160
宜黄县神冈乡	15830	8760	5380	1203	6353.0	2	3000
宜黄县圳口乡	12180	10244	6243	2168	4520.0	1	20
宜黄县南源乡	7850	6281	4242	1274	4018.0		
金溪县秀谷镇	17900	79833	51563	42609	813450.0	1442	57366
金溪县浒湾镇	7100	26900	11776	5136	7068.0	740	7680
金溪县双塘镇	6997	11841	5974	3657	16990.0	330	4250
金溪县何源镇	12200	16578	7647	4407	2070.0	903	2679
金溪县合市镇	12065	23806	16294	5407	6500.0	420	5204
金溪县琅琚镇	13650	24986	19055	6679	3750.0	820	1755
金溪县左坊镇	13210	23253	13186	7011	8826.0	40	3255
金溪县对桥镇	10800	16467	11145	6310	3380.0	420	6421
金溪县黄通乡	10500	10926	5585	2700	37830.0	25	371
金溪县陆坊乡	9200	16124	9165	3498	142000.0	30	2322

续表 237　　(江西省)　　计算单位：公顷、人、万元

名　　称	行政区域面　积	常住人口	从业人员	二三产业从业人员	工　业总产值	城镇建成区面积	城镇建成区常住人口
金溪县陈坊积乡	3560	11286	6126	4490	16326.0	20	380
金溪县琉璃乡	9198	23426	10925	7416	12056.0	35	705
金溪县石门乡	9420	14434	6720	3931	3600.0	15	261
资溪县鹤城镇	15311	32608	19203	16877	91780.0	400	29712
资溪县马头山镇	23380	7314	5892	4354	19710.0	120	2450
资溪县高阜镇	15031	11621	8650	6342	34712.0	230	3084
资溪县嵩市镇	12382	8625	5290	3834	6427.0	160	2035
资溪县乌石镇	12700	11673	7934	5862	7412.0	100	2370
资溪县高田乡	12992	11992	7410	5349	11000.0		
资溪县石峡乡	8150	4503	3269	2362	2306.0		
东乡县孝岗镇	12800	126719	69497	59874	66610.0	2000	117013
东乡县小璜镇	14300	31433	29443	23464	30923.0	200	5079
东乡县圩上桥镇	7200	21245	10414	3368	23893.0	2	874
东乡县马圩镇	7500	40216	17898	15169	4016.0	150	4420
东乡县詹圩镇	9200	20866	15081	12175	3086.0	240	3238
东乡县岗上积镇	6100	23932	11392	7511	32400.0	385	7285
东乡县杨桥殿镇	14300	22027	14016	4906	550.0	280	3615
东乡县黎圩镇	8200	16369	7975	5659	10560.0	300	3563
东乡县王桥镇	7300	14512	8777	5191	7200.0	105	658
东乡县珀玕乡	5450	19300	7562	3842	6900.0		
东乡县邓家乡	9250	23693	12248	3808	13119.0		
东乡县虎圩乡	7200	13802	8100	1135	12546.0		
东乡县瑶圩乡	6950	10756	4924	2594	510.0		
广昌县盱江镇	37600	86275	33805	25818	27366.0	171	26295
广昌县头陂镇	18893	20160	13896	1366	3701.0	114	6752
广昌县赤水镇	13600	23289	8265	4868	9178.0	37	4483
广昌县驿前镇	19800	21447	13584	10514		156	7810
广昌县甘竹镇	11400	23983	13910	4129	15000.0	12	5243
广昌县千善乡	6900	6975	3154	948			
广昌县水南圩乡	6300	6657	3678	1825	118.0		
广昌县长桥乡	7200	9415	4704	1355	4100.0		
广昌县杨溪乡	6900	3922	3166	2066			
广昌县尖峰乡	16140	18138	9039	2142			
广昌县塘坊乡	15512	18459	8542	6242	1163.0		
信州区沙溪镇	7600	41021	27249	17155	207602.0	300	15210
信州区朝阳镇	6700	42360	19027	10459	347950.0	320	4084
信州区秦峰镇	5900	24101	23914	16276	52710.0	127	3425
上饶县田墩镇	8933	63138	26432	17780	89545.0	32	4188
上饶县上泸镇	6477	21875	13353	10474	27429.0	351	14200
上饶县华坛山镇	20970	21567	16567	8006	2619.0	40	4992
上饶县茶亭镇	9200	44961	10512	10200	524560.0	102	13025
上饶县皂头镇	4366	36859	15473	7939	26973.0	260	16775
上饶县四十八镇	6051	24428	10818	7738	5850.0	180	9903
上饶县枫岭头镇	7462	36430	13445	11000	221500.0	372	9210
上饶县煌固镇	11585	58187	30152	15241	2400.0	110	7200
上饶县花厅镇	8043	23169	9223	8311	8600.0	186	5429
上饶县五府山镇	43600	16845	9530	5284	19000.0	1212	6000
上饶县郑坊镇	6720	33008	16762	8902	22640.0	160	10966
上饶县望仙乡	9326	18605	7271	6269	1210.0		
上饶县石人乡	6720	32267	14229	7726	11639.0		

续表 238　（江西省）　计算单位：公顷、人、万元

名　　称	行政区域面积	常住人口	从业人员	二三产业从业人员	工业总产值	城镇建成区面积	城镇建成区常住人口
上饶县清水乡	10431	32950	19232	13486	27189.0		
上饶县石狮乡	3817	25157	18912	12276	48069.5		
上饶县湖村乡	17482	34710	23898	16762	18640.0		
上饶县尊桥乡	7200	33465	33286	10485	8569.0		
上饶县应家乡	5830	37967	9335	4483	17900.0		
上饶县黄沙岭乡	5442	24560	11526	7266	23310.0		
上饶县铁山乡	4796	15147	7477	5950	9680.0		
上饶县董团乡	12800	49732	22158	15634	15000.0		
广丰县五都镇	7446	83041	50307	43187	167565.0	1073	49932
广丰县洋口镇	6837	75166	35510	25550	1106756.0	600	13915
广丰县横山镇	6600	45753	21466	20368	18099.0	200	4425
广丰县桐畈镇	7470	49242	31521	18981	25095.8	820	9706
广丰县湖丰镇	3330	24592	14485	8625	290352.0	381	8309
广丰县大南镇	4630	19235	15270	8258	62623.0	85	2469
广丰县排山镇	5850	39650	17553	13524	85050.0	150	3960
广丰县毛村镇	3940	23921	13907	8321	22749.0	69	5546
广丰县枧底镇	2521	22850	10304	7639	142547.0	226	4253
广丰县泉波镇	5751	31973	17066	8156	124965.0	69	3326
广丰县壶峤镇	4420	31021	13430	5261	88043.0	28	4560
广丰县霞峰镇	2852	40030	16191	11065	85681.0	300	7258
广丰县下溪镇	3880	30471	19446	11386	139463.0	170	2350
广丰县吴村镇	7040	41048	25441	12177	84557.0	170	8226
广丰县沙田镇	4570	34800	16612	12016	40452.0	156	7723
广丰县铜钹山镇	31240	26734	23534	11994	5591.0	235	4237
广丰县大石乡	2030	34950	22019	14516	137668.7		
广丰县东阳乡	8570	27016	12281	7440	55161.0		
广丰县嵩峰乡	8750	27367	13828	10215	39500.0	100	4259
广丰县少阳乡	2360	26996	11230	7293	25169.0	8	5876
玉山县冰溪镇	3960	115831	70114	64594	35280.0	2730	98643
玉山县临湖镇	9360	36018	17726	10036	7900.0	458	12000
玉山县必姆镇	8850	33512	13124	7738	2550.0	110	3265
玉山县横街镇	12400	35354	14654	6515	30000.0	300	5256
玉山县文成镇	5230	33445	13780	5920	9610.0	180	1560
玉山县下镇镇	8126	49005	19816	6826	13299.0	148	3860
玉山县岩瑞镇	12910	53210	27371	7370	400000.0	197	2241
玉山县双明镇	13700	27627	11923	9965	5010.0	430	5120
玉山县紫湖镇	14840	20433	9089	4705	12000.0	150	3500
玉山县仙岩镇	6360	28665	10600	6000	2000.0	120	10000
玉山县樟村镇	10200	32478	11760	7076	38240.0	212	10786
玉山县南山乡	9200	15156	6214	4216	800.0		
玉山县怀玉乡	12500	22113	9453	9138	37854.0		
玉山县下塘乡	6090	25530	11531	7078	18730.0		
玉山县四股桥乡	7500	30726	13059	5238	15500.0	150	4200
玉山县六都乡	13710	48191	20284	2200	9540.0		
玉山县三清乡	9100	7144	3207	2206	42.0		
铅山县河口镇	5749	69473	28660	22960	93420.0	1385	47190
铅山县永平镇	14700	45809	24221	16981	23764.0	490	30000
铅山县石塘镇	5400	15568	8113	5139	12350.0	152	5649
铅山县鹅湖镇	10600	40045	22291	16204	59580.0	202	5076
铅山县湖坊镇	11630	26754	11930	5058	73800.0	442	9867

续表 239　　（江西省）　　计算单位：公顷、人、万元

名　　称	行政区域面　　积	常住人口	从业人员	二三产业从业人员	工　业总产值	城镇建成区 面 积	城镇建成区常住人口
铅山县武夷山镇	45573	23568	19523	6386	178692.0	220	4487
铅山县汪二镇	14966	35884	18482	7833	12670.0	200	5378
铅山县陈坊乡	10939	9392	5174	2922	698638.0		
铅山县虹桥乡	7200	18307	10064	6219	35600.0		
铅山县新滩乡	9860	31427	21761	16069	33552.0		
铅山县葛仙山乡	20300	31560	17492	8202	41278.0		
铅山县稼轩乡	8200	18056	11963	7518	6600.0		
铅山县英将乡	8900	8501	7658	6000	8316.0		
铅山县紫溪乡	7600	15629	7390	2890	1800.0		
铅山县太源畲族乡	7850	1847	1094	684	9692.0		
铅山县天柱山乡	18721	5500	3693	2463	2570.0		
铅山县篁碧畲族乡	8100	3510	1235	633	3130.0		
横峰县岑阳镇	7400	12800	7079	6589	33256.0	350	4650
横峰县葛源镇	11459	17530	13875	7190	28000.0	1200	11474
横峰县姚家乡	4506	15512	6933	4833	3294.0		
横峰县莲荷乡	8640	23024	12238	6547	735.3		
横峰县司铺乡	4600	12878	5731	3288	6960.0		
横峰县港边乡	3960	11186	9257	5723	46805.0		
横峰县龙门畈乡	7900	27462	14380	6627	16500.0		
横峰县青板乡	7100	15800	12920	3220	30100.0		
弋阳县曹溪镇	16232	24443	14562	8650	33057.0	220	5260
弋阳县漆工镇	21259	32860	18452	11932	60369.0	300	7800
弋阳县樟树墩镇	5844	12952	6338	3582	110706.0	135	1498
弋阳县南岩镇	12118	35659	17787	14095	175736.0	1211	15915
弋阳县朱坑镇	8389	22760	13282	8070	21038.0	167	2465
弋阳县圭峰镇	17313	26278	16304	9882	181152.0	32	1085
弋阳县叠山镇	10240	10577	6049	3468	47050.0	660	2698
弋阳县港口镇	11343	16761	9602	5257	17524.0	180	3647
弋阳县弋江镇	1266	43185	22648	21239	17795.0	450	43185
弋阳县中畈乡	15435	33437	17256	9992	19387.0		
弋阳县葛溪乡	7863	21344	12586	7656	22974.0		
弋阳县湾里乡	6288	15329	9547	5914	60065.0		
弋阳县清湖乡	5492	14951	8748	4216	34973.0		
弋阳县旭光乡	6353	7428	3890	2475	185153.0		
余干县玉亭镇	5600	132320	34590	20540	243157.0	185	44848
余干县瑞洪镇	12773	76887	29980	1380	1200.0	300	4544
余干县黄金埠镇	14773	83059	32019	15630	28007.0	141	17083
余干县古埠镇	11973	59326	32135	14575	19325.0	130	4918
余干县乌泥镇	1500	10320	5120	2780	3100.0	152	4850
余干县石口镇	8448	41352	28225	10380	12000.0	75	7811
余干县杨埠镇	7833	27727	17317	7949	5312.0	185	6492
余干县九龙镇	10993	26214	22552	12067	4000.0	170	5100
余干县康山乡	1920	10600	4100	900	2134.0		
余干县东塘乡	3410	20581	10690	7110	348.0		
余干县大塘乡	2313	9673	4615	2452	429.0		
余干县鹭鸶港乡	4033	31735	17494	4377	881.0		
余干县三塘乡	10315	83000	24000	19000	3132.0		
余干县洪家嘴乡	5665	86523	60335	14262	7869.0		
余干县白马桥乡	6866	41000	14603	9743	11231.0		
余干县江埠乡	7610	50116	26267	18285	2314.0		

续表 240　　（江西省）　　计算单位：公顷、人、万元

名　　称	行政区域面　　积	常住人口	从业人员	二三产业从业人员	工　业总产值	城镇建成区 面 积	城镇建成区常住人口
余干县枫港乡	12713	43157	20010	6760	7560.0		
余干县大溪乡	10326	38006	16664	9163	3009.0		
余干县梅港乡	14733	53866	24532	12772	3402.0		
余干县社赓乡	14092	35789	15912	7427	334.0		
鄱阳县鄱阳镇	10450	226976	96200	82900	495142.0	2790	184600
鄱阳县谢家滩镇	23000	65830	40252	29950	18500.0	188	8310
鄱阳县石门街镇	9670	26379	14448	6535	8865.0	199	11523
鄱阳县四十里街镇	6580	42683	19384	12584	1610.0	45	4267
鄱阳县油墩街镇	16500	89542	52157	22409	1000.0	624	35683
鄱阳县田畈街镇	23650	80530	39407	15774	269736.0	800	35120
鄱阳县金盘岭镇	20170	37032	21184	2700	1100.0	200	3950
鄱阳县高家岭镇	9600	36450	22506	3532	460.0	450	5574
鄱阳县凰岗镇	25400	83120	47500	23300	1225.0	1450	26570
鄱阳县双港镇	27802	82580	39825	24204	1480.0	121	9000
鄱阳县古县渡镇	19970	103249	58338	49488	900.0	200	13240
鄱阳县饶丰镇	12500	43427	17762	1725	4624.0	259	5791
鄱阳县乐丰镇	7960	32015	19116	4910	55000.0	299	10488
鄱阳县饶埠镇	5890	50600	24030	12730	3450.0	473	9976
鄱阳县侯家岗乡	27150	39280	19640	16640	7610.0		
鄱阳县莲花山乡	12500	7800	3700	1300	2160.0		
鄱阳县响水滩乡	18000	41356	24812	11706	2460.0		
鄱阳县枧田街乡	23360	20100	16465	4560	6800.0		
鄱阳县柘港乡	13930	47176	26142	20089	4021.0		
鄱阳县鸦鹊湖乡	4000	10880	4860	60			
鄱阳县银宝湖乡	8260	27342	12990	8164	5500.0		
鄱阳县游城乡	19324	46108	23663	14699	10023.0		
鄱阳县珠湖乡	10498	34838	18807	14105	700.0		
鄱阳县白沙洲乡	10050	7565	7321	5451			
鄱阳县团林乡	6186	26472	23667	14007	500.0		
鄱阳县昌洲乡	2380	33439	15200	4100	350.0		
鄱阳县庙前乡	6634	73865	65429	54229			
鄱阳县莲湖乡	25100	52700	38700	33100	1000.0		
鄱阳县芦田乡	12800	43526	6931	808	1451276.0		
万年县陈营镇	9040	100550	54442	40549	313000.0	1300	83439
万年县石镇镇	11121	38146	25293	11118	398939.0	250	13177
万年县青云镇	7609	25405	25205	4253	219486.0	284	13000
万年县梓埠镇	8892	26685	26579	19763	51000.0	137	8000
万年县大源镇	8760	21369	8982	6923	25672.0	60	5276
万年县裴梅镇	14976	23213	6140	2043	98500.0	28	2045
万年县湖云乡	6522	20426	14644	11524	59250.0		
万年县齐埠乡	7280	18186	10779	9096	140530.0		
万年县汪家乡	6853	18385	12825	6657	22234.0		
万年县上坊乡	12121	24784	15540	7484	98000.0		
万年县苏桥乡	14974	39780	20872	10177	66542.0		
万年县珠田乡	5827	7453	4407	3607	14000.0		
婺源县紫阳镇	31543	42582	19081	8038	374820.0	900	7350
婺源县清华镇	13108	15670	6803	3915	17990.0	204	9547
婺源县秋口镇	22056	22758	13470	3358	69520.0	370	2521
婺源县江湾镇	29401	31102	18991	10226	13798.0	270	4306
婺源县思口镇	12070	14378	6926	1109	1320.0	200	1300

续表 241　　（江西省、山东省）　　计算单位：公顷、人、万元

名称	行政区域面积	常住人口	从业人员	二三产业从业人员	工业总产值	城镇建成区面积	城镇建成区常住人口
婺源县赋春镇	31155	30415	18163	10283	118120.0	180	7732
婺源县镇头镇	9001	9543	5020	1778	109500.0	200	1720
婺源县太白镇	18464	15120	8339	3351	14523.0	120	3105
婺源县中云镇	23352	25923	14834	3729	8390.0	360	6250
婺源县许村镇	21703	20087	12115	6150	148000.0	62	3812
婺源县溪头乡	11859	12003	6006	2685	4170.0		
婺源县段莘乡	17234	16107	8504	1601	3098.0		
婺源县浙源乡	10064	13780	7306	1201	8265.0		
婺源县沱川乡	8555	6683	3284	1842	1290.0		
婺源县大鄣山乡	20881	21820	9900	3060	17440.0		
婺源县珍珠山乡	12396	11096	5904	95	1591.0		
德兴市绕二镇	27300	30211	13862	6002	12940.0	238	6176
德兴市海口镇	15200	12545	7430	3796	26500.0	152	5631
德兴市新岗山镇	24800	25699	11503	5230	143110.0	978	7762
德兴市泗洲镇	15472	16703	8799	5808	237797.0	394	9085
德兴市花桥镇	15770	15067	7365	4135	298450.3	289	10829
德兴市黄柏乡	14820	33664	20010	11460	15460.0		
德兴市万村乡	12100	13186	9601	6383	18463.0		
德兴市张村乡	14851	23407	14580	7480			
德兴市昄大乡	13700	9076	5250	2100	3327.0		
德兴市李宅乡	12800	10603	5611	2500	3048.0		
德兴市龙头山乡	22500	12349	7892	5068	24640.0		
山东省							
天桥区桑梓店镇	7261	37136	17168	11662	174646.0	140	6740
天桥区大桥镇	11487	53765	40097	30917	67639.0	86	6571
历城区仲宫镇	25601	114893	67295	45433	104531.0	586	34210
历城区柳埠镇	17261	59836	24270	13250	28500.0	294	16025
历城区董家镇	5242	40480	23838	14427	693258.0	200	8125
历城区唐王镇	7274	61820	42770	23744	239252.0	1546	15892
历城区西营镇	13137	30997	17513	9600	38779.0	150	19010
历城区彩石镇	9212	54425	18735	10002	9100.0	280	18962
长清区归德镇	14880	80597	47075	26125	189259.0	850	28820
长清区孝里镇	12460	49137	24338	12713	85295.0	1000	22961
长清区万德镇	21700	74925	42368	23603	197215.0	350	26217
长清区张夏镇	13740	47770	22393	16376	151774.0	188	5653
长清区马山镇	8740	33076	18844	7054	71020.0	300	4020
长清区双泉镇	9350	30987	15493	11500	40985.0	350	10820
平阴县东阿镇	9500	33959	22502	13457	128454.0	268	7253
平阴县孝直镇	14300	62084	40030	18210	361504.0	358	19000
平阴县孔村镇	12600	35359	27862	20311	779055.0	430	27791
平阴县洪范池镇	11500	22646	16810	10226	27610.0	167	4107
平阴县玫瑰镇	13600	37459	26240	16353	135000.0	304	5516
平阴县安城镇	12200	34407	21984	12756	325762.0	447	8896
济阳县垛石镇	18265	68586	49433	35283	179666.0	420	18610
济阳县孙耿镇	10921	47781	29905	20047	617843.0	377	15879
济阳县曲堤镇	15314	69332	41389	27085	419996.0	360	25520
济阳县仁风镇	12698	57421	40422	27575	108576.0	300	6000
济阳县崔寨镇	8636	47341	33823	24056	447778.0	317	16832
济阳县太平镇	12557	48021	35439	25531	110327.0	292	6715
济阳县回河镇	8863	42515	33428	23656	228491.0	163	5526

续表 242　　（山东省）　　计算单位：公顷、人、万元

名　　称	行政区域面　　积	常住人口	从业人员	二三产业从业人员	工　业总产值	城镇建成区　面　积	城镇建成区常住人口
济阳县新市镇	10190	36086	21180	13735	194621.0	207	7222
商河县殷巷镇	12300	61582	31342	15547	23621.0	160	5540
商河县怀仁镇	5930	35115	21276	9571	95216.0	100	8465
商河县龙桑寺镇	9300	45919	21851	4610	53786.0	573	10881
商河县郑路镇	12830	60757	33137	21812	110517.0	156	5769
商河县贾庄镇	10920	54175	35596	11607	226044.0	328	19630
商河县玉皇庙镇	15392	64768	26040	13951	885569.0	410	32746
商河县白桥镇	8340	44290	23348	13581	29638.0	162	2602
商河县孙集镇	10600	54127	30734	16681	53984.0	140	3447
商河县韩庙镇	6811	30274	15370	7959	64374.0	119	7812
商河县沙河乡	8720	36485	18556	5638	22976.0		
商河县张坊乡	3700	17702	11956	8318	18752.4		
章丘市普集镇	11225	56215	25577	18035	976615.0	450	27316
章丘市绣惠镇	5591	57124	32574	26624	627046.0	270	15098
章丘市相公庄镇	8565	62144	36448	31631	1086621.0	442	25371
章丘市垛庄镇	12971	31200	17704	10974	18100.0	200	4136
章丘市水寨镇	6149	35389	17724	14756	958000.0	400	21357
章丘市文祖镇	12008	43083	21617	13434	88632.0	868	5860
章丘市刁镇	7749	66075	36036	19514	1603614.0	460	31122
章丘市曹范镇	12011	35133	19460	7230	223540.0	600	5925
章丘市白云湖镇	5604	35071	23248	11647	40016.0	181	12300
章丘市高官寨镇	13656	50153	27512	13607	272102.0	430	15100
章丘市宁家埠镇	3671	33904	21142	11556	1023680.0	118	6280
章丘市官庄镇	18629	51020	21154	14538	812456.0	181	17061
章丘市辛寨镇	5360	35980	21434	17418	109170.0	243	3329
章丘市黄河镇	12189	49375	39103	34072	234856.0	183	5626
黄岛区王台镇	16100	70912	45960	24908	2493181.0	546	18840
黄岛区张家楼镇	13300	43204	22019	10056	229491.0	185	9965
黄岛区琅琊镇	9800	39752	16883	6521	235460.0	272	8665
黄岛区泊里镇	15600	83011	37991	27353	2388375.0	660	48000
黄岛区大场镇	11700	52530	22222	8070	425593.0	297	9907
黄岛区大村镇	21300	59863	27199	14133	376689.0	269	9936
黄岛区六汪镇	18200	51393	28056	14644	192787.0	350	10321
黄岛区海青镇	10200	41852	20475	5790	42500.0	280	7520
黄岛区宝山镇	12000	29562	14362	4456	20832.0	189	3265
黄岛区藏南镇	8800	30871	15920	9420	612377.0	430	5024
胶州市胶莱镇	15460	69008	54212	36465	2034923.0	2130	17100
胶州市李哥庄镇	7500	85260	52443	46629	2519949.0	1400	32600
胶州市铺集镇	12200	64338	31587	15065	695382.0	1060	35438
胶州市里岔镇	15700	63082	30552	16455	1029833.0	317	7950
胶州市胶西镇	17670	87533	49516	22502	2656817.0	502	20085
胶州市洋河镇	12870	58057	25788	15862	590432.0	230	4233
即墨市蓝村镇	10196	96197	45121	39190	2277196.8	1846	68752
即墨市灵山镇	19000	76575	42174	25792	716540.9	1201	22003
即墨市段泊岚镇	15763	64421	46793	32661	434157.3	374	9916
即墨市移风店镇	19600	92371	57348	25401	115664.4	1321	19103
即墨市大信镇	13200	68295	40276	31057	2105937.7	572	10511
即墨市田横镇	24758	136890	89372	53364	321738.3	644	21252
即墨市金口镇	18780	79839	43931	25223	777452.1	407	13949
平度市古岘镇	8107	46357	23855	8795	118500.0	197	11600

续表 243 （山东省） 计算单位：公顷、人、万元

名称	行政区域面积	常住人口	从业人员	二三产业从业人员	工业总产值	城镇建成区面积	城镇建成区常住人口
平度市仁兆镇	11873	61226	42588	22049	998636.0	302	20988
平度市南村镇	31167	133111	80560	35426	3162478.0	2200	84500
平度市蓼兰镇	23805	81735	50865	20779	851000.0	901	37060
平度市崔家集镇	21370	78095	41578	17665	759712.0	330	15300
平度市明村镇	24681	80858	48411	22630	1228900.0	710	37203
平度市田庄镇	21106	67246	43962	22197	1860000.0	464	20600
平度市新河镇	18918	66482	46402	26170	981010.0	950	50520
平度市店子镇	14052	50620	32310	16450	374200.0	420	21373
平度市大泽山镇	15058	57331	38745	12997	1500000.0	260	27283
平度市旧店镇	40021	101718	60735	19160	566600.0	449	16758
平度市云山镇	15436	49415	32210	17380	544670.0	320	25100
莱西市姜山镇	21731	103448	43328	22797	2623027.0	3200	53904
莱西市夏格庄镇	10836	34023	22146	5508	443925.0	315	7524
莱西市院上镇	17076	82761	53297	30461	612143.0	1186	19960
莱西市日庄镇	10300	45923	25803	16205	749615.0	1238	11468
莱西市南墅镇	15930	46601	27091	7080	669833.0	680	10155
莱西市河头店镇	11628	43030	24176	20141	555321.0	630	5780
莱西市店埠镇	10590	57273	54700	12900	597000.0	510	12732
莱西市马连庄镇	14300	47518	26474	11931	302000.0	307	5168
淄川区昆仑镇	10075	97948	69214	60885	4481375.0	864	61439
淄川区岭子镇	7629	35642	23189	18081	2039451.0	278	25761
淄川区西河镇	12940	40461	23591	15527	202663.0	146	12691
淄川区龙泉镇	4093	42758	25223	20934	2601325.0	394	33195
淄川区寨里镇	11747	56754	32688	23101	772548.0	241	13759
淄川区罗村镇	6397	55558	32469	31567	1821272.0	791	47818
淄川区洪山镇	3119	52247	39514	29902	1479303.0	2032	49957
淄川区双杨镇	5292	89562	61545	59346	4206981.0	896	49562
淄川区太河镇	27032	58501	25844	12010	41400.0	112	3628
张店区马尚镇	2514	128627	31447	30733	423545.0	2239	124213
张店区南定镇	2635	106920	70602	70372	4595454.0	856	104302
张店区沣水镇	4245	39497	18300	17131	4324013.0	340	24532
张店区傅家镇	3297	69740	21961	21738	793450.0	856	39920
张店区中埠镇	2047	49816	32358	30240	797908.0	470	38713
张店区房镇镇	3846	39978	20549	16553	1980413.0	325	15417
博山区域城镇	11739	76608	51812	44318	1411942.0	2393	59996
博山区白塔镇	3192	77056	60891	58125	2023516.0	1351	69264
博山区八陡镇	3976	40903	22742	22052	1426573.0	882	24302
博山区石马镇	6168	30448	16206	13673	176502.0	227	12377
博山区源泉镇	8088	36610	23745	17487	394047.0	180	12341
博山区池上镇	15600	20938	14139	7397	18068.0	315	5143
博山区博山镇	13492	37275	23973	13343	83610.0	693	6438
临淄区齐都镇	5277	44576	25188	10506	599060.0	150	12068
临淄区皇城镇	8742	53914	26016	7821	678844.0	33	5081
临淄区敬仲镇	6058	34817	19884	13974	1031508.0	179	4607
临淄区朱台镇	7450	53675	34028	32220	2511182.0	470	30216
临淄区金岭镇	1870	14893	10013	8245	1558760.0	353	11114
临淄区凤凰镇	10334	87702	53682	45935	3443114.0	518	15696
临淄区金山镇	11877	97374	42704	40738	4996520.0	925	59965
周村区北郊镇	5843	67101	39289	35058	2322837.0	791	31059
周村区南郊镇	5920	42073	28046	25652	2135585.0	415	14729

续表 244　　（山东省）　　计算单位：公顷、人、万元

名　　称	行政区域面　　积	常住人口	从业人员	二三产业从业人员	工　业总产值	城镇建成区 面 积	城镇建成区常住人口
周村区王村镇	5749	55012	32502	31176	2663738.0	481	40597
周村区萌水镇	4840	33514	21684	18650	992713.0	42	7122
周村区商家镇	4192	23997	11104	9313	123500.0	483	3153
桓台县起凤镇	5539	61457	38486	33667	881062.0	550	30926
桓台县田庄镇	5099	53344	21176	13272	449508.0	234	15885
桓台县荆家镇	5589	45200	21700	8150	96877.0	199	7177
桓台县马桥镇	7912	60552	35781	34389	5594342.0	632	45925
桓台县新城镇	4453	35892	19184	12666	429207.0	441	12128
桓台县唐山镇	7112	62425	31777	30098	3499040.0	568	30951
桓台县果里镇	8645	72900	47266	38178	4770019.0	1548	28260
高青县青城镇	7800	39218	24691	16776	191415.0	260	16431
高青县高城镇	12646	49425	25914	18002	851954.0	850	19789
高青县黑里寨镇	9461	42875	25482	14500	78630.0	145	3690
高青县唐坊镇	9665	32755	21329	12305	156311.0	55	4978
高青县常家镇	9370	44338	33945	27518	878623.0	1050	16842
高青县花沟镇	11729	44058	27841	21321	132400.0	105	6718
高青县木李镇	7299	32668	22272	10342	72445.0	219	6520
沂源县鲁村镇	20225	70519	44071	26882	430522.0	190	14051
沂源县东里镇	13217	53363	32448	16858	422736.0	375	22613
沂源县悦庄镇	16524	60045	38915	21779	243967.0	151	15305
沂源县西里镇	12633	48678	28854	7651	86772.0	90	5553
沂源县大张庄镇	19295	40271	28226	3664	62684.0	240	4640
沂源县中庄镇	10650	29872	19572	4065	18976.0	95	5414
沂源县张家坡镇	9319	27139	15799	8284	98216.0	170	11062
沂源县燕崖镇	12641	29501	17839	7137	35089.0	125	2698
沂源县石桥镇	11268	30556	22138	11158	136211.0	170	3646
沂源县南鲁山镇	20637	35916	22290	7163	742015.0	160	15061
枣庄市市中区税郭镇	6928	42406	24601	19812	728810.0	370	28073
枣庄市市中区孟庄镇	5893	31236	16619	10124	741102.0	299	10236
枣庄市市中区齐村镇	8977	75892	41930	35302	496630.0	420	35416
枣庄市市中区永安乡	5556	59689	30951	24409	718296.0	60	4860
枣庄市市中区西王庄乡	5168	46083	26685	18960	727881.0	129	12925
薛城区沙沟镇	8483	49862	42151	21913	82926.0	610	8765
薛城区周营镇	8619	50993	41330	21707	108360.0	180	17219
薛城区邹坞镇	5897	46919	23821	16123	251090.0	483	18157
薛城区陶庄镇	6409	82486	47776	41387	479548.0	537	44278
薛城区常庄镇	5613	66126	33282	24564	260767.0	240	48126
峄城区古邵镇	12920	66328	46355	36197	635000.0	180	15990
峄城区阴平镇	10002	51865	38166	26064	755038.0	247	19003
峄城区底阁镇	7399	44936	35300	20568	656862.0	165	10325
峄城区榴园镇	12296	56849	47848	30721	633667.0	780	25300
峄城区峨山镇	12006	59693	37846	22635	661241.0	210	9156
台儿庄区邳庄镇	5448	30524	22949	9943	529751.0	111	6887
台儿庄区张山子镇	9998	45268	36300	8000	526800.0	255	3700
台儿庄区泥沟镇	11212	59982	40747	12147	559758.0	164	3980
台儿庄区涧头集镇	12179	66532	41710	22256	593566.0	491	30360
台儿庄区马兰屯镇	10140	56804	38339	23545	605020.0	442	9000
山亭区店子镇	6557	33682	22343	9747	239976.0	222	9131
山亭区西集镇	6607	30644	15590	8155	310000.0	263	15907
山亭区桑村镇	7798	58680	44575	28877	555256.0	413	33849

续表 245　　（山东省）　　计算单位：公顷、人、万元

名　　称	行政区域面　积	常住人口	从业人员	二三产业从业人员	工　业总产值	城镇建成区 面 积	城镇建成区常住人口
山亭区北庄镇	13894	40325	20018	12113	201657.0	332	24512
山亭区城头镇	4841	39727	24268	10963	334567.0	300	22103
山亭区徐庄镇	17897	53359	27614	9411	231867.0	212	13740
山亭区水泉镇	10548	44328	23585	7632	179654.0	220	8854
山亭区冯卯镇	9359	54265	28095	7048	192617.0	260	16065
山亭区凫城镇	10790	27910	23466	8921	130970.0	190	9901
滕州市东沙河镇	5289	50184	32914	21886	375990.0	358	17072
滕州市洪绪镇	3792	36395	22933	18817	982889.0	152	9580
滕州市南沙河镇	4620	48377	24935	15625	799095.0	180	11640
滕州市大坞镇	10186	81611	51277	28452	561994.0	591	23286
滕州市滨湖镇	14412	109830	66728	29986	393709.0	675	33342
滕州市级索镇	7887	78243	57211	37893	1013190.0	560	34200
滕州市西岗镇	7986	123676	96916	78563	1650630.0	1658	86294
滕州市姜屯镇	8461	80309	56159	31706	619207.0	126	18773
滕州市鲍沟镇	7439	77441	51232	19339	1236284.0	471	18213
滕州市张汪镇	8547	84239	56449	30176	424806.0	360	16280
滕州市官桥镇	6339	71333	42808	23744	683179.0	448	19160
滕州市柴胡店镇	5762	40207	28431	13880	456505.0	85	7454
滕州市羊庄镇	11830	75077	41571	18248	407073.0	240	12436
滕州市木石镇	6693	54914	39558	21396	1299506.0	633	25579
滕州市界河镇	8232	70811	48725	25144	728209.0	460	20787
滕州市龙阳镇	7877	67184	51326	33742	337890.0	219	11580
滕州市东郭镇	14666	105277	64303	17197	455284.0	385	28196
东营区牛庄镇	11680	40885	26695	16063	1009822.0	495	28840
东营区六户镇	32706	17078	15346	7683	260347.0	188	5244
东营区史口镇	8092	41834	20972	11361	7501923.0	922	27430
东营区龙居镇	10660	35258	25507	16964	559113.7	92	2679
河口区义和镇	13061	25484	16777	4702	1387520.0	234	6467
河口区仙河镇	67221	46113	33092	32860	1978613.0	780	43766
河口区孤岛镇	16336	41289	34521	27274	1846529.0	860	29131
河口区新户镇	73082	26215	19509	7208	2381458.0	127	2668
垦利县胜坨镇	18161	102796	82384	59195	10844472.0	829	6918
垦利县郝家镇	6077	16941	13742	11023	1681125.0	178	3354
垦利县永安镇	42472	21845	18762	15755	2223430.0	340	5169
垦利县黄河口镇	131712	25663	14468	3229	95442.0	255	7060
垦利县董集镇	6767	18063	12744	11131	1859500.0	170	3909
利津县北宋镇	10266	36006	19790	13037	484234.0	192	4312
利津县盐窝镇	24393	72132	46203	22223	2142060.0	284	20800
利津县陈庄镇	22693	56157	33405	24995	3560729.0	880	22474
利津县汀罗镇	20455	36633	24994	14760	191406.0	132	4509
利津县明集乡	11746	19783	11871	4215	34662.5	85	1712
利津县刁口乡	51200	4687	2571	1579	259552.0	61	2706
广饶县大王镇	11829	99741	88260	80487	17507955.0	1920	34013
广饶县稻庄镇	11387	77563	50744	42489	6633600.0	230	26850
广饶县丁庄镇	15599	43365	35003	20305	2043135.0	1632	4211
广饶县李鹊镇	6650	34873	22365	14039	323091.0	155	6378
广饶县大码头镇	13048	47397	26002	15636	142353.0	233	12319
广饶县花官镇	11675	40771	23382	8580	1944572.0	170	5449
广饶县陈官乡	10198	24843	19009	13045	185692.0	207	6500
福山区高疃镇	9800	25762	25546	5890	59768.0	178	2404

续表 246　　（山东省）　　计算单位：公顷、人、万元

名　　称	行政区域面　积	常住人口	从业人员	二三产业从业人员	工　业总产值	城镇建成区 面 积	城镇建成区常住人口
福山区张格庄镇	7349	14536	13938	6340	152550.0	90	2820
福山区回里镇	6893	33717	17278	4040	50900.0	1	3476
牟平区观水镇	21815	54159	26015	5201	27856.0	97	4236
牟平区龙泉镇	10619	23609	18385	8182	6260.0	65	2135
牟平区玉林店镇	21703	29095	11799	7917	62062.0	78	2699
牟平区水道镇	15498	33168	15950	3046	139740.0	100	3796
牟平区高陵镇	15763	32851	17205	8825	21690.0	455	15823
牟平区王格庄镇	12723	19769	11832	5710	121445.0	40	694
牟平区昆嵛镇	17400	12166	9699	2515	84.0	4	493
长岛县砣矶镇	851	5609	3254	1968	5976.0	20	208
长岛县北长山乡	1146	3578	1807	723	4100.0	15	156
长岛县黑山乡	1009	1690	857	115	2300.0	12	125
长岛县大钦岛乡	676	4135	2684	672	2400.0	16	166
长岛县小钦岛乡	131	886	397	100	810.0	8	83
长岛县南隍城乡	188	924	534	144	190.0	18	187
长岛县北隍城乡	269	2060	1033	518	1700.0	21	218
龙口市黄山馆镇	2789	11213	4308	1370	619052.0	95	7810
龙口市北马镇	8782	56196	34279	18468	1578000.0	350	24800
龙口市芦头镇	4235	32116	17241	11929	1755690.0	85	4280
龙口市下丁家镇	6022	15958	9419	5771	657524.0	73	4126
龙口市七甲镇	8015	24508	14317	4353	440507.0	61	1700
龙口市石良镇	12759	55632	26860	9084	1057942.0	126	4932
龙口市兰高镇	6120	33681	20447	7608	868933.0	84	8509
龙口市诸由观镇	10115	53914	40614	23837	6793431.0	1340	25560
莱阳市沐浴店镇	18890	61241	41254	7554	351635.0	150	3060
莱阳市团旺镇	15941	66138	53407	29953	438321.0	721	25120
莱阳市穴坊镇	13165	61575	39710	23114	516536.0	87	8234
莱阳市羊郡镇	8305	28637	20921	9617	495263.0	120	6729
莱阳市姜疃镇	11340	51014	34710	15397	2004504.0	850	30000
莱阳市万第镇	15815	56926	52014	19881	671590.0	112	3935
莱阳市照旺庄镇	10066	52512	27839	5603	398924.0	40	2395
莱阳市谭格庄镇	7880	51076	23395	7212	282079.0	115	2615
莱阳市河洛镇	5932	24636	14102	7567	638994.0	13	4058
莱阳市吕格庄镇	5977	26392	14312	6862	371135.0	60	2526
莱阳市高格庄镇	6086	35492	14586	3930	134390.0	60	2200
莱阳市大夼镇	7379	31420	18468	8283	43870.0	101	3258
莱阳市山前店镇	8927	29528	18551	5613	137312.0	30	2532
莱州市沙河镇	14219	102594	49531	35430	3056162.5	1716	37510
莱州市朱桥镇	15019	59602	31863	19712	313248.7	400	15060
莱州市郭家店镇	23993	50448	30832	11815	76408.0	200	4728
莱州市金城镇	7887	33991	15686	8628	908365.1	500	9540
莱州市平里店镇	7542	41452	21991	12311	249495.0	360	8575
莱州市驿道镇	18007	46538	25968	10399	39006.0	200	4410
莱州市程郭镇	13393	48532	25931	15575	305137.3	1140	25760
莱州市虎头崖镇	11840	48374	29370	18835	910831.7	360	6018
莱州市柞村镇	14759	42414	23401	18163	2318345.0	500	9580
莱州市夏邱镇	6401	38807	23373	15000	2394674.0	1006	19503
莱州市土山镇	21604	55370	25838	19973	1396619.0	400	13210
蓬莱市刘家沟镇	10167	31867	18289	10263	1502867.0	858	8296
蓬莱市潮水镇	7905	30176	21096	15677	783667.0	323	7443

续表 247 （山东省） 计算单位：公顷、人、万元

名　称	行政区域面积	常住人口	从业人员	二三产业从业人员	工业总产值	城镇建成区面积	城镇建成区常住人口
蓬莱市大柳行镇	9604	30315	17643	8685	966216.0	580	2348
蓬莱市小门家镇	13150	37100	19092	14070	888554.0	398	1846
蓬莱市大辛店镇	23212	68374	40085	9163	1440594.0	580	6152
蓬莱市村里集镇	17490	40326	26053	5752	130395.0	520	3635
蓬莱市北沟镇	15490	54364	29891	28238	2916899.0	900	10756
招远市辛庄镇	11334	40148	20179	11415	2567038.0	760	35000
招远市蚕庄镇	12040	34269	12150	7932	1194157.0	480	33193
招远市金岭镇	11528	36829	15028	11150	1194987.0	870	5613
招远市毕郭镇	10705	35263	17245	5100	397196.0	274	5487
招远市玲珑镇	7743	27464	10457	6911	954124.0	7743	27464
招远市张星镇	16070	62336	27858	17202	3345956.4	155	9426
招远市夏甸镇	19059	41586	23339	10782	278329.0	153	3650
招远市阜山镇	19582	50700	20103	10968	617995.0	175	15500
招远市齐山镇	14948	43297	25223	6063	232623.0	150	3451
栖霞市观里镇	9717	30596	15141	2331	113681.0	80	2822
栖霞市蛇窝泊镇	20183	60765	34485	7187	164376.0	1450	10312
栖霞市唐家泊镇	13974	27265	21809	3331	67557.5	72	2509
栖霞市桃村镇	27622	103151	76838	28123	650318.0	1020	41253
栖霞市亭口镇	15132	31047	21069	3023	42064.0	300	2295
栖霞市臧家庄镇	16198	53126	32436	9634	260000.0	800	7396
栖霞市寺口镇	9196	21728	11762	642	91722.0	1439	4420
栖霞市苏家店镇	13574	33921	19062	4598	53577.0	150	5034
栖霞市杨础镇	9103	24689	17621	1749	75214.0	800	2885
栖霞市西城镇	9808	22058	20375	3117	157856.0	65	1390
栖霞市官道镇	11350	28379	17489	3095	151824.0	100	1514
栖霞市庙后镇	8536	20081	15421	3315	137189.0	83	1983
海阳市留格庄镇	16234	60726	21090	16322	286985.0	405	3928
海阳市盘石店镇	13572	31216	18048	8702	32800.0	200	3865
海阳市郭城镇	16595	37008	29606	15975	69505.0	208	4917
海阳市徐家店镇	15541	52104	36315	25081	514916.0	3500	22104
海阳市发城镇	14323	43588	24414	9543	462457.0	76	2576
海阳市小纪镇	16974	53221	24079	15969	238834.0	68	3903
海阳市行村镇	15717	54232	31789	18233	297692.0	264	8305
海阳市辛安镇	14303	58976	34853	20160	498380.0	220	5722
海阳市二十里店镇	10262	32356	25802	15370	211436.0	91	3474
海阳市朱吴镇	19789	43228	32042	11980	208700.0	185	1790
坊子区太保庄镇	32990	129372	50857	21122	181669.0	635	17114
坊子区赵戈镇	15310	75239	71003	10003	13400.0	470	7580
临朐县五井镇	19221	58616	39824	23078	325863.0	1910	35326
临朐县冶源镇	15614	97923	57347	40638	519724.0	983	55236
临朐县寺头镇	25574	57221	44210	21111	243468.0	829	30062
临朐县九山镇	25398	44401	28715	14347	105264.0	245	9426
临朐县辛寨镇	22174	120947	61795	39589	763106.0	753	59567
临朐县山旺镇	16725	66054	39057	15001	246383.0	659	14789
临朐县柳山镇	9717	39852	19926	4750	141980.0	320	11565
临朐县蒋峪镇	26102	69961	45583	21852	111469.0	485	32085
昌乐县乔官镇	19500	89796	53821	37985	423812.0	488	22160
昌乐县唐吾镇	21168	92400	47579	27013	478818.0	803	31088
昌乐县红河镇	19500	99121	47259	34031	539125.0	714	43600
昌乐县营丘镇	21700	98896	54814	26112	507103.0	613	15567

续表 248　　（山东省）　　计算单位：公顷、人、万元

名　　称	行政区域面　　积	常住人口	从业人员	二三产业从业人员	工　业总产值	城镇建成区 面 积	城镇建成区常住人口
青州市弥河镇	8370	51434	27211	11764	908457.0	458	22701
青州市王坟镇	22180	49860	26219	18020	254589.0	88	8216
青州市庙子镇	20310	35823	19570	9630	189415.0	280	23907
青州市邵庄镇	16480	72768	34054	22851	1394587.0	1483	26223
青州市高柳镇	9544	56038	29025	6780	215269.0	251	9846
青州市何官镇	11500	67834	30668	8873	301247.0	120	9536
青州市东夏镇	9107	49875	23408	10081	522578.0	470	9706
青州市谭坊镇	15990	97967	53295	13945	815249.0	605	27360
诸城市枳沟镇	8717	49462	26684	14189	247168.0	350	13812
诸城市贾悦镇	28409	109061	49851	28730	651475.0	420	12005
诸城市石桥子镇	16941	63932	45154	22834	552498.0	231	10618
诸城市相州镇	12013	69337	32401	19364	1855704.0	306	11692
诸城市昌城镇	11835	67777	53880	42815	2909291.0	743	32762
诸城市百尺河镇	12525	48831	36722	14777	1565487.0	350	8260
诸城市辛兴镇	8080	42620	36000	20500	1822454.0	1090	35916
诸城市林家村镇	32372	96547	60312	23510	1027123.0	1342	5736
诸城市皇华镇	22131	73081	34343	22867	1246753.0	319	15170
诸城市桃林镇	13459	34669	16132	7817	370000.0	302	6000
寿光市化龙镇	8762	55700	24536	14494	478593.0	425	22120
寿光市营里镇	19149	58700	22791	10770	303196.0	582	25727
寿光市台头镇	10881	55300	27519	20313	1189545.0	450	7076
寿光市田柳镇	10691	68800	28937	11807	757720.0	248	16050
寿光市上口镇	8079	68930	23978	13108	800615.0	685	19455
寿光市侯镇	21312	102785	52420	42010	3773714.0	1575	36454
寿光市纪台镇	8436	54700	27535	12145	87095.0	316	11420
寿光市稻田镇	13874	99505	57641	26053	206818.0	700	22108
寿光市羊口镇	35201	60656	38953	29820	2907797.0	2648	36198
安丘市景芝镇	20160	139180	62503	23578	716779.0	840	65666
安丘市凌河镇	17129	111800	46225	9545	435943.2	550	31700
安丘市官庄镇	12494	54019	31558	8102	139999.2	575	7022
安丘市大盛镇	7536	31402	17234	5430	63634.1	314	10245
安丘市石埠子镇	15762	53128	33147	10209	59124.9	300	4707
安丘市石堆镇	6705	38801	20132	7123	41914.2	307	7122
安丘市柘山镇	14752	31933	17119	5193	19434.8	120	3430
安丘市辉渠镇	20010	53127	31170	8317	63634.1	752	2392
安丘市吾山镇	11394	37439	17250	6538	115688.0	600	13165
安丘市金冢子镇	8259	38244	19796	3268	93295.8	180	4512
高密市柏城镇	15225	72203	39579	22925	1792340.0	947	16787
高密市夏庄镇	17900	101438	61828	44330	4181020.0	882	49053
高密市姜庄镇	17041	90689	58145	41829	3433539.0	1283	46776
高密市大牟家镇	17214	47736	28604	10054	195000.0	380	9762
高密市阚家镇	13671	79290	50555	33870	1062412.0	100	8820
高密市井沟镇	13859	70591	33418	15562	879552.0	105	6600
高密市柴沟镇	21109	82109	49492	29374	1400202.0	64	13010
昌邑市柳疃镇	32466	48821	30780	25780	2785966.0	405	31402
昌邑市龙池镇	18243	25887	15657	12954	2798632.0	102	9698
昌邑市卜庄镇	14311	51579	33872	11303	1193055.0	248	6452
昌邑市饮马镇	16610	86839	50866	18946	1634300.0	1242	53251
昌邑市北孟镇	17521	71505	40957	25811	316057.0	420	8058
昌邑市下营镇	21759	20491	17319	7009	405329.0	295	450

续表 249　　（山东省）　　计算单位：公顷、人、万元

名　称	行政区域面　积	常住人口	从业人员	二三产业从业人员	工　业总产值	城镇建成区 面 积	城镇建成区常住人口
任城区长沟镇	6849	62895	39355	28755	467735.0	324	12500
任城区石桥镇	6240	52243	29727	21877	25801.0	98	3678
任城区喻屯镇	14477	82863	54364	10705	262450.0	115	5202
兖州区大安镇	7556	47082	33489	28306	692394.0	950	13800
兖州区新驿镇	6680	51945	32169	15740	280000.0	353	20700
兖州区颜店镇	10170	70491	45673	28438	1089601.0	340	16445
兖州区新兖镇	10144	88649	76725	63048	11840010.0	1800	47771
兖州区漕河镇	4740	32061	22328	14334	153869.0	136	4956
兖州区兴隆庄镇	5380	41272	21871	17091	482966.0	450	9665
兖州区小孟镇	5510	41351	21990	7818	196449.0	183	10918
微山县韩庄镇	16020	60342	45081	35022	302561.0	482	25709
微山县欢城镇	10300	100836	46596	25476	595073.0	676	41446
微山县南阳镇	16627	30640	17448	10034	12602.0	41	14564
微山县鲁桥镇	18871	51120	35626	21771	47143.0	330	12960
微山县留庄镇	13247	53390	40544	32284	166428.0	436	27158
微山县两城镇	13405	80166	51766	31781	166448.0	169	11500
微山县马坡镇	7286	57620	50450	22410	54834.0	135	9315
微山县赵庙镇	3286	15096	9026	5781	199250.0	115	7425
微山县张楼镇	6918	12156	9382	5486	127507.0	108	8942
微山县微山岛镇	5331	14157	11022	9889	7569.0	112	7430
微山县高楼乡	39044	18285	16528	10013	15528.0		
微山县西平乡	2045	8985	6026	5446	131767.0		
鱼台县清河镇	7760	41402	24674	12737	66370.0	154	9426
鱼台县鱼城镇	5380	39511	20544	10767	161744.0	500	12965
鱼台县王鲁镇	5470	40476	24372	20341	229416.0	415	21194
鱼台县张黄镇	9600	56728	40367	30956	521148.0	125	32046
鱼台县王庙镇	9570	56848	34274	20206	96758.0	186	3849
鱼台县李阁镇	7370	38586	24677	12249	58463.0	200	2172
鱼台县唐马镇	4050	28981	19812	12523	93285.0	100	8590
鱼台县老砦镇	5190	27748	19656	9357	147490.0	335	18787
鱼台县罗屯镇	5440	29448	19864	8925	59423.0	105	3608
金乡县羊山镇	7202	50756	31458	20577	101896.4	773	24508
金乡县胡集镇	9243	58657	42389	27984	257718.0	296	20339
金乡县肖云镇	7381	45963	29273	19289	99698.1	225	18721
金乡县鸡黍镇	9058	62893	38787	26111	210154.0	260	17694
金乡县王丕镇	3454	22548	13892	9460	63902.4	56	5540
金乡县司马镇	5262	31915	21386	13500	61156.4	67	9617
金乡县鱼山镇	6074	48054	27758	18382	1433588.0	1615	35556
金乡县马庙镇	9711	54662	35793	23683	155896.0	275	26471
金乡县化雨镇	7284	44181	33235	18115	92232.1	72	24089
金乡县卜集镇	8032	42262	27870	18116	50093.0	44	10951
金乡县兴隆镇	5530	38960	26750	17839	26818.1	70	4945
嘉祥县纸坊镇	9196	79405	53749	42683	488902.0	349	12201
嘉祥县梁宝寺镇	9707	71746	43280	34617	299787.0	369	26361
嘉祥县疃里镇	9300	90144	70601	55444	1045277.0	1619	24960
嘉祥县马村镇	4993	43991	31116	25229	148496.0	152	9096
嘉祥县金屯镇	9286	64866	45550	30997	133691.0	787	11160
嘉祥县大张楼镇	7291	36028	26518	20371	153511.0	255	12097
嘉祥县马集镇	4360	36511	26103	21245	209306.0	280	5166
嘉祥县万张镇	5114	42299	31478	23521	141471.0	176	7098

续表 250　　（山东省）　　计算单位：公顷、人、万元

名　　称	行政区域面　　积	常住人口	从业人员	二三产业从业人员	工　业总产值	城镇建成区 面 积	城镇建成区常住人口
嘉祥县孟姑集镇	4569	40437	28279	18041	100020.0	286	9092
嘉祥县老僧堂镇	6038	43837	38651	31387	60899.0	158	4685
嘉祥县仲山镇	8021	60182	42737	28534	77979.0	368	9025
嘉祥县黄垓乡	3787	33609	24661	19165	96667.0	218	6896
嘉祥县满硐乡	4055	31384	19891	15988	64542.0	246	9816
汶上县南站镇	9556	70802	52357	42272	372155.0	764	22962
汶上县南旺镇	5956	53049	40100	28248	132055.0	302	19078
汶上县次丘镇	8675	71151	44361	34113	161649.0	322	10544
汶上县寅寺镇	5273	43074	30083	20731	167700.0	382	13245
汶上县郭楼镇	5876	40345	24252	18564	182936.0	256	13851
汶上县康驿镇	8683	69752	51209	34628	100660.0	1200	28138
汶上县苑庄镇	5038	47868	25819	18994	142149.0	278	19920
汶上县义桥镇	6709	41430	27666	23647	76503.0	617	17276
汶上县郭仓镇	4298	34724	21403	14845	145831.0	324	26427
汶上县白石镇	7837	34257	22680	15846	685612.0	287	14401
汶上县杨店镇	5291	29488	21479	11778	69667.7	165	10319
汶上县刘楼镇	4121	33973	22890	16482	91786.0	303	14728
汶上县军屯乡	5191	21539	15586	9482	77319.0	131	9035
泗水县泉林镇	11183	68432	27397	19441	134256.0	860	17046
泗水县星村镇	9633	47730	18923	5422	97420.0	292	7628
泗水县柘沟镇	6576	33445	26560	14125	108403.0	280	21530
泗水县金庄镇	9970	47288	34461	21068	689227.0	300	13429
泗水县苗馆镇	11192	40872	21871	12589	158869.0	133	7999
泗水县中册镇	6784	34655	29846	24628	108963.0	100	5302
泗水县杨柳镇	5715	35686	25909	12698	91785.0	231	2864
泗水县泗张镇	13946	45289	26833	12913	110902.0	194	6828
泗水县圣水峪镇	13307	38426	27154	9601	75691.0	133	4098
泗水县高峪镇	8289	31344	21923	8278	82215.0	128	9278
泗水县大黄沟乡	5077	21733	12624	6736	53610.0	51	3039
梁山县小路口镇	6917	50446	22710	14682	70200.0	67	4964
梁山县韩岗镇	8224	61213	27137	15551	431942.0	73	8269
梁山县拳铺镇	14506	111209	66340	39714	1410911.0	947	42293
梁山县杨营镇	7329	55965	47480	20568	786520.0	360	24526
梁山县韩垓镇	7771	56713	39158	19899	344623.0	165	17930
梁山县馆驿镇	9572	51969	25503	13077	45791.0	50	5007
梁山县小安山镇	10922	52066	23340	13013	97235.0	67	7106
梁山县寿张集镇	4211	34129	23042	13757	147300.0	90	8200
梁山县黑虎庙镇	4219	30910	16613	10098	151550.0	70	4577
梁山县马营镇	5110	30532	18398	8778	136234.0	130	6138
梁山县赵堌堆乡	3944	29420	16170	7740	71041.0		
梁山县大路口乡	4371	32127	21258	14412	59240.0		
曲阜市吴村镇	7744	35727	21001	9253	136115.0	196	8990
曲阜市姚村镇	7220	48853	44313	32120	139687.0	252	24772
曲阜市陵城镇	7559	57902	36527	24776	332717.0	600	14290
曲阜市尼山镇	10109	54312	34467	26096	26545.0	162	7892
曲阜市王庄镇	7614	47069	27324	11750	68093.0	310	18185
曲阜市息陬镇	5554	47373	28420	19254	226903.0	288	8288
曲阜市石门山镇	8524	35897	23897	12420	77626.0	184	8178
曲阜市防山镇	8300	40862	23429	12284	96827.0	165	4986
邹城市香城镇	17606	71424	59333	34710	49024.0	339	11091

续表 251　　（山东省）　　计算单位：公顷、人、万元

名称	行政区域面积	常住人口	从业人员	二三产业从业人员	工业总产值	城镇建成区面积	城镇建成区常住人口
邹城市城前镇	19099	72879	51794	23282	73547.0	227	5332
邹城市大束镇	14634	74921	53596	35470	228686.0	528	12362
邹城市北宿镇	8573	89160	85813	72519	4656515.0	2013	66406
邹城市中心店镇	9023	82472	60966	46353	864060.0	972	31515
邹城市唐村镇	3657	37237	28353	23779	1127888.0	542	20879
邹城市太平镇	13058	122701	87998	70339	1755787.0	1026	33679
邹城市石墙镇	14404	71616	59927	39599	95499.0	305	13157
邹城市峄山镇	9766	48438	38798	25220	156853.0	280	7356
邹城市看庄镇	7312	32175	26693	17652	70713.0	96	2732
邹城市张庄镇	17265	62476	55303	35032	35825.0	153	6773
邹城市田黄镇	10537	36191	28185	11668	38304.0	165	4215
邹城市郭里镇	8814	43376	35421	22661	21274.0	375	8020
泰山区省庄镇	6894	63150	43715	18925	771655.0	300	7790
泰山区邱家店镇	7430	69956	20135	1774	422200.0	287	12503
泰山区大津口乡	5547	13611	10105	2539	4505.0	200	5017
岱岳区山口镇	5779	53881	35701	26680	537895.0	360	19150
岱岳区祝阳镇	8712	57636	23168	11690	161343.0	140	8045
岱岳区范镇	6868	57992	31703	12651	555485.0	280	30000
岱岳区角峪镇	6370	33253	18765	6765	61300.0	128	4311
岱岳区徂徕镇	13315	57180	26819	17449	192000.0	220	8562
岱岳区满庄镇	10422	75600	48760	38872	1058000.0	5200	49600
岱岳区夏张镇	11674	63733	30838	13755	57696.0	374	9772
岱岳区道朗镇	10536	34788	17329	9565	92548.0	150	15611
岱岳区黄前镇	10440	33770	17918	11200	36689.0	40	4678
岱岳区大汶口镇	9782	75047	37105	21593	841812.0	1280	35876
岱岳区马庄镇	5724	50681	29581	11992	48789.0	580	12253
岱岳区房村镇	9473	59156	33472	20794	118743.0	137	11890
岱岳区良庄镇	13681	68817	47151	15019	89961.0	260	17480
岱岳区下港镇	15475	41441	25614	9067	14573.0	150	12000
岱岳区化马湾乡	9982	37672	21985	14451	48850.0	120	9160
宁阳县泗店镇	5630	42453	23392	16879	618313.0	141	8981
宁阳县东疏镇	8440	55182	34028	26799	915285.0	257	11234
宁阳县伏山镇	8430	55812	34475	23833	1484886.0	166	13207
宁阳县堽城镇	11840	70214	45269	33629	1280658.0	329	15795
宁阳县蒋集镇	6500	41900	24281	12463	396769.0	280	13064
宁阳县磁窑镇	15912	90990	57989	47877	2203810.0	612	36135
宁阳县华丰镇	10808	81194	43442	30941	1691263.7	680	37701
宁阳县葛石镇	13230	54205	33952	23570	1012852.0	210	13972
宁阳县东庄镇	9960	52156	32890	23014	952399.0	111	16857
宁阳县鹤山乡	9810	43516	26562	19566	472552.0	140	10092
宁阳县乡饮乡	6750	31506	18593	9209	436427.0	128	8608
东平县沙河站镇	6622	44944	38639	14024	302297.0	750	8142
东平县老湖镇	11300	69837	47886	29895	138622.0	1535	27533
东平县银山镇	10456	75867	44295	27450	818560.0	710	36471
东平县斑鸠店镇	7597	47547	30005	11901	210419.0	405	12032
东平县接山镇	14952	63686	41344	24224	960973.0	306	27025
东平县大羊镇	8286	34087	20286	10231	169410.0	448	10452
东平县梯门镇	8976	33586	21105	13866	201098.0	46	7268
东平县新湖镇	10511	53288	31081	14654	93948.0	187	10756
东平县戴庙镇	8688	42950	16191	4557	256713.0	314	7466

续表 252　　（山东省）　　计算单位：公顷、人、万元

名　　称	行政区域面　　积	常住人口	从业人员	二三产业从业人员	工　业总产值	城镇建成区 面 积	城镇建成区常住人口
东平县商老庄乡	9382	33805	23764	9549	95409.8	42	2453
东平县旧县乡	7091	27826	21555	11821	234194.0	73	2741
新泰市东都镇	6339	73511	20050	16235	291008.0	215	29135
新泰市小协镇	3908	52136	33446	27825	475285.9	620	35713
新泰市翟镇	6436	72669	34602	26573	2440322.5	251	28896
新泰市泉沟镇	9183	47110	28450	24240	502515.7	920	21340
新泰市羊流镇	17221	89262	54778	44103	2258093.5	1886	17687
新泰市果都镇	4829	37823	20819	14013	749057.0	105	13778
新泰市西张庄镇	4295	52765	23585	21164	1069719.5	832	22121
新泰市天宝镇	14741	79213	40876	34879	10396.7	200	9098
新泰市楼德镇	9384	67505	42230	30798	886742.6	616	51692
新泰市禹村镇	8920	54923	27210	19529	48248.0	307	7789
新泰市宫里镇	8514	63028	34520	23210	254168.4	186	7350
新泰市谷里镇	9479	50475	34785	29037	406510.2	880	26988
新泰市石莱镇	16313	66765	35393	31813	10744.8	680	12620
新泰市放城镇	6895	34159	17895	8008	3507.9	200	10591
新泰市刘杜镇	5158	31083	23330	13610	11450.9	340	1510
新泰市汶南镇	18522	97865	54688	47751	1893838.8	700	28668
新泰市龙廷镇	15215	58993	25009	22580	71937.9	400	3689
新泰市岳家庄乡	6809	35742	26064	16652	7395.4	33	1803
肥城市潮泉镇	5291	22383	6376	3971	61269.0	117	1803
肥城市桃园镇	10080	52356	25078	16523	528689.0	277	11052
肥城市王庄镇	9369	50575	18652	11396	283347.0	165	13116
肥城市湖屯镇	8530	80613	33542	20404	1187457.0	621	23051
肥城市石横镇	9443	87972	58257	50570	3663304.0	1312	69561
肥城市安临站镇	13093	54189	30750	15435	135261.0	36	11710
肥城市孙伯镇	7090	27058	22609	12551	194621.0	260	7789
肥城市安驾庄镇	13415	84412	51639	36802	250284.0	412	27812
肥城市汶阳镇	7950	70427	45255	35555	1642506.0	502	46786
肥城市边院镇	11120	81920	42990	25422	766518.0	625	32260
肥城市仪阳镇	9740	44902	20657	16010	572819.0	175	11187
环翠区张村镇	4904	84060	62270	61400	990188.0	1210	81070
环翠区羊亭镇	7654	28740	20293	16278	440130.0	87	2203
环翠区温泉镇	6659	25892	22491	9493	405919.0	106	8137
文登区文登营镇	11000	31145	22741	10163	1179123.0	784	6864
文登区大水泊镇	12300	38256	25364	16383	1818343.0	252	15262
文登区张家产镇	14135	31461	20885	13900	1135084.0	417	5842
文登区高村镇	9667	29892	15498	11029	1021124.0	1142	12460
文登区泽库镇	9123	23761	17728	8407	512768.0	210	5534
文登区侯家镇	6000	24190	17217	9366	911846.0	266	4865
文登区宋村镇	13800	40673	26894	15019	1296034.0	350	17798
文登区泽头镇	11463	34285	25363	17720	809486.0	196	5101
文登区小观镇	12600	39591	28564	24301	811256.0	1200	16081
文登区葛家镇	16360	49721	37131	28192	3196512.0	405	27590
文登区米山镇	8270	21740	15239	9777	1758627.0	200	4021
文登区界石镇	18800	30498	21831	10659	586913.0	150	5656
威海火炬高技术产业开发区初村镇	8506	14277	10330	5677	77372.0	1777	6673
威海经济技术开发区崮山镇	4900	18096	11482	5459	683000.0	70	2370
威海经济技术开发区泊于镇	7300	24628	12711	4547	83624.0	43	2405
威海经济技术开发区桥头镇	11100	28284	15490	5627	64789.0	380	6376

续表 253　　（山东省）　　计算单位：公顷、人、万元

名　称	行政区域面积	常住人口	从业人员	二三产业从业人员	工业总产值	城镇建成区面积	城镇建成区常住人口
威海临港经济技术开发区草庙子镇	8290	22870	16577	13532	952962.0	966	12836
威海临港经济技术开发区汪疃镇	10700	24356	15488	6531	36060.0	230	5201
威海临港经济技术开发区苘山镇	10500	38192	25989	16315	303352.0	790	17798
荣成市俚岛镇	10614	45189	28655	20670	1901490.0	740	23698
荣成市成山镇	12257	41919	16165	7318	2057234.0	1576	19574
荣成市埠柳镇	9654	22183	19317	8485	429043.0	80	1135
荣成市港西镇	4913	19756	7923	5462	1885648.0	790	2919
荣成市夏庄镇	5033	11438	4686	2490	465432.0	172	1695
荣成市崖西镇	8401	19269	10713	7452	512765.0	132	6587
荣成市荫子镇	4762	12737	11417	4791	665532.0	140	4250
荣成市滕家镇	8403	27104	16170	7158	402602.0	300	6876
荣成市大疃镇	7072	16339	13804	3197	439025.0	120	2600
荣成市上庄镇	8492	24960	14345	6220	854270.0	146	2941
荣成市虎山镇	11525	37140	26294	17274	1652452.0	890	17885
荣成市人和镇	12068	61583	60500	29600	1818376.0	850	16500
乳山市夏村镇	9990	36453	21270	12561	31000.0	1021	7200
乳山市乳山口镇	8921	23776	19059	9401	2805123.0	1100	8250
乳山市海阳所镇	9869	28348	14466	3489	667000.0	1050	16035
乳山市白沙滩镇	11998	38308	16622	7424	203310.0	760	9194
乳山市大孤山镇	9600	26311	14996	8202	381369.0	120	2896
乳山市南黄镇	8933	23480	12507	6222	162238.0	300	6378
乳山市冯家镇	13576	30079	17858	6553	250900.0	350	6701
乳山市下初镇	12631	36211	16911	5477	139000.0	356	7687
乳山市午极镇	10999	25738	24300	4914	10800.0	356	7278
乳山市育黎镇	11000	33591	22619	8722	124404.0	150	4117
乳山市崖子镇	18705	38536	23849	6637	126404.0	210	4137
乳山市诸往镇	15302	39194	22707	6833	145159.0	150	4876
乳山市乳山寨镇	13592	24900	12744	4348	265518.0	259	7574
乳山市徐家镇	6929	18256	8921	3411	228121.0	115	4930
东港区河山镇	6700	26651	14962	6109	99000.0	720	10000
东港区后村镇	12500	58501	33555	13868	27218.0	309	13117
东港区西湖镇	8175	35731	22718	15500	20000.0	120	3040
东港区陈疃镇	7800	29779	16432	7719	18650.0	96	4980
东港区南湖镇	17260	69242	38372	17331	134550.0	230	12000
东港区三庄镇	19360	67224	38136	13817	25250.0	364	11692
岚山区碑廓镇	9266	50775	31720	13130	425305.0	270	13065
岚山区虎山镇	10520	60824	35710	17747	5504911.0	185	11650
岚山区巨峰镇	16093	70739	41140	20785	129080.0	395	18071
岚山区高兴镇	6438	33467	19563	10055	51000.0	190	5675
岚山区黄墩镇	15325	50678	25912	7887	15546.0	138	9672
岚山区中楼镇	13130	62466	38943	16225	191000.0	269	11671
岚山区前三岛乡	948	4047	2300	1100	158600.0		
五莲县街头镇	23068	67992	38287	19577	296836.0	965	28940
五莲县潮河镇	10212	55760	43100	33000	2214000.0	890	41800
五莲县许孟镇	14817	60752	40993	23008	167526.0	726	21932
五莲县于里镇	12818	44996	24835	12675	776823.0	290	11734
五莲县汪湖镇	8421	25521	13528	7086	66526.0	198	5564
五莲县叩官镇	11622	30722	15793	4964	16343.2	148	3692
五莲县中至镇	9902	23553	18847	6220	126576.0	64	2480
五莲县高泽镇	12326	33875	23129	15491	486700.0	351	9958

续表 254　　（山东省）　　计算单位：公顷、人、万元

名　　称	行政区域面　　积	常住人口	从业人员	二三产业从业人员	工　业总产值	城镇建成区 面 积	城镇建成区常住人口
五莲县松柏镇	8363	18987	14154	7257	204824.0	246	6387
五莲县石场乡	8137	19123	12458	2601	34475.0	61	2712
五莲县户部乡	10206	18461	10181	3404	63018.0	68	2311
莒县招贤镇	10716	74159	47040	23600	118156.0	492	23174
莒县阎庄镇	4187	34022	22474	11307	180651.0	134	6712
莒县夏庄镇	11662	72596	44416	22126	1941350.0	1698	28147
莒县刘官庄镇	8104	70047	48096	26546	1092352.0	850	20380
莒县峤山镇	9661	54326	30697	9590	67800.0	83	9540
莒县小店镇	11888	54948	51618	15885	329710.0	91	5425
莒县龙山镇	10879	46445	33378	12374	79209.0	251	14496
莒县东莞镇	10509	37052	21571	8657	238359.0	160	5348
莒县浮来山镇	6599	51417	32701	12049	412525.0	1260	14860
莒县陵阳镇	5403	41350	30324	4919	395371.0	1275	19952
莒县店子集镇	5682	43330	11746	5960	148270.0	2160	22567
莒县长岭镇	5733	39011	20934	8381	129120.0	108	2618
莒县安庄镇	8163	28550	16470	10060	280100.0	260	3050
莒县棋山镇	19874	81099	49606	8509	110814.0	498	10420
莒县洛河镇	7250	41063	38895	12902	402365.0	116	7743
莒县寨里河镇	7188	38237	21907	10940	142543.0	715	8996
莒县桑园镇	12670	52531	29074	13314	23000.0	215	6675
莒县果庄镇	6484	32230	29145	9624	3757.0	38	2822
莒县库山乡	10690	30247	20986	10474	28000.0	30	512
日照国际海洋城涛雒镇	11200	75023	36764	14120	163277.0	600	23502
莱城区口镇	13797	81621	43170	23014	1631368.8	1510	36800
莱城区羊里镇	7566	63500	62388	26101	2860000.0	64	23000
莱城区方下镇	6761	50139	32499	16132	187684.0	13	11775
莱城区牛泉镇	14309	74654	61261	30633	302458.0	80	23000
莱城区苗山镇	21393	59320	27672	14759	178000.0	152	5389
莱城区雪野镇	20505	48489	28210	15429	48100.0	325	16918
莱城区大王庄镇	16118	44239	28270	10841	57740.0	23	10507
莱城区寨里镇	6960	57331	32431	13728	286170.0	17	20300
莱城区杨庄镇	5883	46225	23100	9238	995000.0	23	5239
莱城区茶业口镇	17400	36415	16387	8066	32253.0	16	10003
莱城区和庄镇	8618	24923	23712	9151	152000.0	29	5024
钢城区颜庄镇	7175	57220	19790	11870	428000.0	150	21900
钢城区辛庄镇	16703	48983	27497	12571	70000.0	85	6044
兰山区白沙埠镇	7163	68985	36376	25106	696765.0	1760	32150
兰山区枣沟头镇	6341	69908	41897	27202	1199180.0	363	8531
兰山区半程镇	9563	71826	34472	17944	4976640.0	1095	25018
兰山区义堂镇	10143	145866	70366	54064	4889380.0	1443	54398
兰山区马厂湖镇	7900	54307	34741	21899	1781852.0	138	5631
兰山区李官镇	8330	48276	29596	13013	465430.0	350	5531
兰山区方城镇	11922	103547	56336	36691	490220.0	354	21110
兰山区汪沟镇	10860	59781	37573	31428	270430.0	1300	27068
罗庄区沂堂镇	7500	49306	29032	16422	79649.0	226	5563
罗庄区褚墩镇	7200	60518	33320	21155	406587.0	292	20200
罗庄区黄山镇	5300	49656	26629	20618	149685.0	300	13081
临沂市河东区汤河镇	5226	58873	39428	18160	523200.0	360	10206
临沂市河东区八湖镇	8714	71502	42240	21454	507289.0	316	8457
临沂市河东区郑旺镇	8137	70996	28796	12946	403010.0	388	9330

续表 255　　（山东省）　　计算单位：公顷、人、万元

名　　称	行政区域面　积	常住人口	从业人员	二三产业从业人员	工　业总产值	城镇建成区 面 积	城镇建成区常住人口
沂南县岸堤镇	14350	54007	30505	16235	252510.0	50	13616
沂南县孙祖镇	15202	42198	27469	13987	335360.0	260	11529
沂南县双堠镇	15502	44538	29550	12889	295000.0	152	9085
沂南县青驼镇	14800	60259	42198	21832	473100.0	450	22443
沂南县张庄镇	11447	49253	23752	11623	276851.0	285	24728
沂南县砖埠镇	6994	40188	24501	6975	201584.0	286	10125
沂南县大庄镇	15951	101176	62558	32407	1458313.0	692	46211
沂南县辛集镇	9036	60031	38518	10897	718500.0	210	14503
沂南县蒲汪镇	9980	57826	33763	13638	42281.0	160	9018
沂南县湖头镇	8884	50581	29864	7516	132416.0	260	1255
沂南县苏村镇	6800	54875	36057	15040	526300.0	240	17000
沂南县铜井镇	12325	64961	41460	23235	459220.0	340	13536
沂南县依汶镇	12300	50157	29842	13460	361654.0	206	5218
沂南县马牧池乡	9120	34556	22211	2498	146730.0	45	1389
郯城县马头镇	8549	88139	49911	24621	1658244.0	1392	35540
郯城县重坊镇	8222	100409	54826	35941	552915.7	550	9880
郯城县李庄镇	14154	104249	59168	26503	1259921.0	1168	24320
郯城县杨集镇	8123	54022	34193	13128	178239.0	230	10203
郯城县港上镇	4011	45432	28224	16335	233896.9	219	20685
郯城县高峰头镇	7026	52191	30757	12037	251028.0	225	9813
郯城县庙山镇	7166	48962	26301	7545	246287.0	91	2985
郯城县红花镇	12117	67078	42754	18172	488252.0	1687	11890
郯城县胜利镇	5567	52446	25121	8719	448533.0	175	7670
郯城县花园乡	7429	54835	32204	11891	120189.0	150	11900
郯城县归昌乡	5956	41547	27968	7326	193919.0	230	12360
郯城县泉源乡	11594	53775	29351	10023	71139.0	123	11086
沂水县马站镇	13427	61435	33939	9191	415263.0	498	30570
沂水县高桥镇	11630	58950	42550	8500	680000.0	129	11740
沂水县许家湖镇	20548	113656	73764	33649	1215097.0	850	68820
沂水县黄山铺镇	9446	47089	24171	15639	1041240.0	260	15250
沂水县诸葛镇	21281	65103	49913	30899	1576424.0	201	16320
沂水县崔家峪镇	9409	21663	16654	6326	220000.0	120	6080
沂水县四十里堡镇	12045	59720	39378	11858	600000.0	257	16580
沂水县杨庄镇	15897	57693	31127	16315	1218414.0	138	13705
沂水县夏蔚镇	15027	48265	23408	9326	123780.0	187	11860
沂水县沙沟镇	21032	55834	33236	20789	681500.0	148	11006
沂水县高庄镇	13164	44322	22394	8870	155012.0	180	13734
沂水县院东头镇	10649	24671	16527	10030	662124.0	178	6013
沂水县龙家圈镇	9420	57796	38841	16810	1328231.0	216	20860
沂水县富官庄镇	13335	41493	23145	9866	186000.0	60	4248
沂水县道托镇	8965	37953	23430	8293	352029.0	63	3860
沂水县泉庄镇	9754	28438	20665	7993	278400.0	53	4550
沂水县圈里乡	11006	32768	17949	6557	569083.0	92	5043
苍山县大仲村镇	15129	83836	43963	18603	201569.6	522	37396
苍山县兰陵镇	14160	100131	55828	40716	455470.0	640	40287
苍山县长城镇	12565	95638	70015	32194	105071.3	1216	22943
苍山县磨山镇	7954	67489	46318	25355	312308.0	400	23319
苍山县神山镇	6706	52539	31424	19075	1278626.0	653	26993
苍山县车辋镇	12742	50176	31148	16793	232695.0	180	9100
苍山县尚岩镇	8317	40478	31540	14530	502277.0	1460	12760

续表 256 （山东省） 计算单位：公顷、人、万元

名　　称	行政区域面　　积	常住人口	从业人员	二三产业从业人员	工　业总产值	城镇建成区 面 积	城镇建成区常住人口
苍山县向城镇	10889	90964	69529	33346	298551.6	1677	35651
苍山县新兴镇	6867	40223	28647	9795	91972.0	300	9967
苍山县南桥镇	8520	58813	38737	21812	98282.0	420	16653
苍山县庄坞镇	8872	84637	47788	23803	415128.3	1032	38116
苍山县鲁城镇	8791	36556	22143	12544	613035.0	221	16099
苍山县矿坑镇	8493	33851	21617	10800	620662.0	360	14112
苍山县金岭镇	12466	87136	63245	38225	515170.0	660	12600
苍山县芦柞镇	9567	63080	41931	15591	34497.0	400	22310
苍山县下村乡	12141	39236	27270	13640	12600.0	141	2492
费县上冶镇	7329	58347	36096	25053	640882.0	251	22947
费县薛庄镇	21608	66122	51713	22703	226484.0	246	10121
费县探沂镇	16255	96871	68456	53831	2808216.0	2270	19181
费县朱田镇	15560	58086	39258	18434	65290.0	153	7845
费县梁邱镇	19233	87602	55594	25726	162336.0	87	18423
费县新庄镇	11801	52326	29719	14286	56125.0	220	11230
费县马庄镇	14249	56803	31365	21141	212800.0	266	11880
费县胡阳镇	6587	43872	27606	18224	222235.0	72	3462
费县石井镇	10195	37918	18740	9843	3801.0	76	3350
费县大田庄乡	9645	22421	13785	6833	57170.0	76	3301
费县南张庄乡	7418	35555	17840	9260	157980.0	101	5598
平邑县仲村镇	11860	80193	42290	24034	346557.0	592	45600
平邑县武台镇	8100	38848	28235	8447	118479.0	80	10090
平邑县保太镇	10904	77781	70540	5270	325119.0	270	12940
平邑县柏林镇	13576	56700	42900	19600	39700.0	221	5608
平邑县卞桥镇	7692	53085	29804	18577	463900.0	211	11020
平邑县地方镇	13200	80431	53144	30986	743500.0	710	48200
平邑县铜石镇	15844	74351	42312	9824	317210.0	320	12100
平邑县温水镇	4986	47235	30637	18027	318334.0	365	18123
平邑县流峪镇	11800	51360	28296	6939	239989.0	147	6429
平邑县郑城镇	16695	69550	62380	13860	321541.0	581	14320
平邑县白彦镇	19620	69460	47349	21989	161924.0	390	40022
平邑县临涧镇	12085	52328	30047	21152	263100.0	200	8143
平邑县丰阳镇	9597	30987	22659	8244	126189.0	105	6353
莒南县团林镇	8150	42636	24158	10046	184327.0	163	6642
莒南县大店镇	13157	66966	51388	19061	249129.0	780	41690
莒南县坊前镇	18292	73383	56134	21146	254118.0	620	23353
莒南县坪上镇	11800	55927	46756	35076	878356.0	1277	42116
莒南县板泉镇	10119	65090	55798	23711	462675.0	400	17882
莒南县洙边镇	12102	45504	32998	8287	519902.0	156	9387
莒南县文疃镇	11435	39751	26984	8350	259110.0	215	14148
莒南县壮岗镇	9600	48793	26027	8675	201320.0	238	19893
莒南县石莲子镇	11954	62046	44725	13763	146178.0	186	9140
莒南县岭泉镇	6161	39505	29305	11859	130592.0	110	3550
莒南县筵宾镇	7589	40226	30555	11958	192594.0	148	9639
莒南县涝坡镇	15113	49665	41156	16709	391210.0	193	6824
莒南县朱芦镇	7520	37890	23755	10502	126000.0	226	18169
莒南县道口镇	5254	30470	29702	15149	289635.0	232	5536
莒南县相沟镇	10768	35246	34210	11653	153268.0	63	5167
蒙阴县常路镇	7737	33237	20458	7978	418562.0	150	5747
蒙阴县岱崮镇	18390	46697	31393	15254	170416.0	160	8346

续表 257　　（山东省）　　计算单位：公顷、人、万元

名　　称	行政区域面　　积	常住人口	从业人员	二三产业从业人员	工　业总产值	城镇建成区 面 积	城镇建成区常住人口
蒙阴县坦埠镇	8100	32498	17827	9905	247680.0	120	5872
蒙阴县垛庄镇	25890	74037	58267	17108	569998.0	775	47832
蒙阴县高都镇	9020	33249	16552	5338	432610.0	98	8943
蒙阴县野店镇	19620	35288	20324	7337	140290.0	118	3370
蒙阴县桃墟镇	17100	45829	20346	4276	203069.0	866	8765
蒙阴县联城镇	16090	46318	33823	19302	158919.0	54	4386
蒙阴县旧寨乡	12420	41608	36882	13567	120160.0	89	5414
临沭县蛟龙镇	6958	47784	22493	9659	54511.0	200	7456
临沭县大兴镇	11802	59653	37960	20188	90768.0	230	16526
临沭县石门镇	12966	54392	36171	17587	167678.0	162	5624
临沭县曹庄镇	7816	43292	31202	25615	180642.0	450	9520
临沭县青云镇	16411	92869	52880	30333	280506.0	498	34601
临沭县玉山镇	15661	69880	44841	21121	228012.0	215	4410
临沭县店头镇	8406	43983	30409	25178	206380.0	286	6806
德城区二屯镇	3800	22818	9957	7258	178210.0	326	4018
德城区黄河涯镇	10536	56512	25387	7306	40550.0	100	14800
陵城区郑家寨镇	11700	45811	17694	8473	261267.0	70	3500
陵城区糜镇	10100	52809	27640	11986	361000.0	186	26800
陵城区宋家镇	11100	42459	18451	9961	143589.0	260	4450
陵城区徽王庄镇	10500	42482	27866	13485	907309.0	647	18032
陵城区神头镇	11500	64581	37542	17898	18910.0	46	3967
陵城区滋镇	7300	37788	23824	17635	154672.0	258	4460
陵城区前孙镇	8200	30135	15195	5635	132000.0	100	3670
陵城区边临镇	7300	33126	14042	12732	370850.0	361	17651
陵城区义渡口镇	6600	36504	18954	7299	245050.0	60	8050
陵城区丁庄镇	7000	19056	8759	6083	539900.0	200	5400
陵城区于集乡	5300	21023	13061	4109	392850.0	26	8013
宁津县柴胡店镇	11300	51951	31641	24183	856925.0	211	2485
宁津县长官镇	6500	40656	16515	10525	710940.0	188	6328
宁津县杜集镇	10167	47290	28184	17968	123361.0	124	4017
宁津县保店镇	9000	36628	22656	14435	182361.0	126	2156
宁津县大柳镇	5500	28150	17831	10770	376432.4	125	1599
宁津县大曹镇	8300	29376	18982	11052	604018.0	112	1667
宁津县相衙镇	5102	18896	12338	7255	291373.0	108	899
宁津县时集镇	5300	28839	15706	7805	841722.0	193	857
宁津县张大庄镇	5200	32852	15551	12899	821981.0	199	2150
宁津县刘营伍乡	3879	21986	10747	4697	61737.0	81	1705
庆云县庆云镇	5000	32926	15524	10420	705365.0	280	12850
庆云县常家镇	5600	44890	22545	10600	599682.0	35	1756
庆云县尚堂镇	6000	64300	31401	17901	596821.0	120	22515
庆云县崔口镇	4000	15998	7998	4100	468280.0	45	4530
庆云县东辛店镇	5500	29812	14100	4700	215887.0	61	3929
庆云县严务乡	4000	24724	11700	5300	569887.0	85	13300
庆云县中丁乡	5000	23825	13000	6500	337969.0	20	1100
庆云县徐园子乡	5600	18848	10000	3000	339674.2	20	1215
临邑县临邑镇	8889	51154	33302	23645	510099.0	400	754
临邑县临南镇	11243	60920	19481	12040	412633.0	323	26244
临邑县德平镇	12395	76052	27873	8358	271192.0	431	36580
临邑县林子镇	6413	39062	17869	12718	241680.0	382	15602
临邑县兴隆镇	10276	54210	19459	10050	372890.0	39	12050

续表 258　　（山东省）　　计算单位：公顷、人、万元

名　　称	行政区域面　　积	常住人口	从业人员	二三产业从业人员	工　业总产值	城镇建成区 面 积	城镇建成区常住人口
临邑县孟寺镇	12362	45598	18081	5348	126305.0	16	3792
临邑县翟家镇	5178	29953	13543	8950	136265.0	126	4921
临邑县理合务镇	5655	26557	12186	8926	43877.0	109	4793
临邑县宿安乡	5976	28501	15525	5509	97066.0	94	3564
齐河县表白寺镇	7701	26824	15178	7352	160834.0	502	19808
齐河县焦庙镇	11832	44712	34806	13651	300009.0	326	18048
齐河县赵官镇	6716	49191	24652	14464	447346.5	460	33765
齐河县祝阿镇	11306	47884	33718	19705	178562.5	385	21851
齐河县仁里集镇	12533	50010	26320	9303	151786.0	295	15879
齐河县潘店镇	13791	52450	34805	21648	920657.0	602	36629
齐河县胡官屯镇	10983	36385	16534	9417	263482.0	151	11784
齐河县宣章屯镇	6404	22575	13101	6186	219835.0	120	9700
齐河县马集镇	6650	28730	20580	10362	415663.0	220	13704
齐河县华店镇	9695	37033	19038	12375	858616.0	500	20601
齐河县刘桥镇	8813	36273	17098	9396	242521.0	150	11014
齐河县安头乡	7449	21472	10283	4935	175245.0	160	8634
齐河县大黄乡	6647	25632	17620	8443	549844.0	187	8919
平原县王凤楼镇	12786	51298	21768	13556	318925.4	936	9989
平原县前曹镇	15110	52098	39398	14960	550989.1	388	7896
平原县恩城镇	10510	55495	27047	16427	997768.0	975	18678
平原县王庙镇	11700	36993	20195	7100	237352.0	450	6100
平原县王杲铺镇	7264	34587	16789	4513	144738.0	72	6355
平原县张华镇	6020	22110	10630	5786	1000766.0	64	3587
平原县腰站镇	6133	26321	11924	4879	376351.0	627	3700
平原县王打卦镇	3800	24907	19048	3875	89490.0	75	3190
平原县坊子乡	6207	23100	13470	5350	407053.0	650	3370
平原县三唐乡	7300	22277	11008	3337	37355.0	50	1393
夏津县南城镇	5319	41352	19298	8854	851519.0	185	9001
夏津县苏留庄镇	11990	50067	20659	7635	203411.0	213	15927
夏津县新盛店镇	12031	54663	34284	15573	525680.0	249	9317
夏津县雷集镇	9043	39822	28007	10540	63024.0	268	7609
夏津县郑保屯镇	4733	23495	12969	4556	840351.0	128	10392
夏津县白马湖镇	6633	33358	18585	6429	235749.0	153	8509
夏津县东李官屯镇	5250	30875	12794	6332	272060.0	192	8835
夏津县宋楼镇	4475	31935	19193	7630	1034215.0	236	10908
夏津县香赵庄镇	3678	27083	17693	5443	656451.0	213	19271
夏津县双庙镇	4049	26341	14887	5983	819073.0	452	19751
夏津县渡口驿乡	4148	20851	12277	4243	43825.0	107	7103
夏津县田庄乡	3895	24989	19591	10199	496700.0	112	5898
武城县武城镇	13239	54792	36517	24414	417199.9	550	5031
武城县老城镇	10700	65647	37436	23019	1470710.4	786	26170
武城县鲁权屯镇	16285	70401	43844	28843	3778399.1	2514	30628
武城县郝王庄镇	5478	21475	12429	5075	70000.0	118	8256
武城县甲马营镇	7918	36254	18933	9528	747944.4	45	7599
武城县四女寺镇	12000	40150	31327	18947	483244.1	630	8310
武城县李家户镇	5480	32124	12635	9243	318493.3	312	6215
德州经济技术开发区赵虎镇	10183	42500	32696	11036	116000.0	10	1650
德州经济技术开发区抬头寺镇	5982	59571	25166	11910	443215.0	120	21022
德州经济技术开发区袁桥镇	5102	28657	15166	7845	1079704.0	2000	13461
乐陵市杨安镇	8843	47492	31094	13495	991533.0	366	27587

续表 259　　（山东省）　　计算单位：公顷、人、万元

名　　称	行政区域面　积	常住人口	从业人员	二三产业从业人员	工　业总产值	城镇建成区 面 积	城镇建成区常住人口
乐陵市朱集镇	8824	55153	35861	14049	244009.0	300	27587
乐陵市黄夹镇	12320	63020	40360	14939	302563.0	150	22928
乐陵市丁坞镇	8213	39414	25679	15558	98420.0	154	15678
乐陵市花园镇	8889	47630	31226	14100	64748.0	215	20635
乐陵市郑店镇	14311	50658	34126	29270	117343.0	336	19336
乐陵市化楼镇	8516	40905	26588	12704	157237.6	83	14131
乐陵市孔镇	11126	43786	28133	11091	61423.0	160	15910
乐陵市铁营镇	7500	25794	15030	10005	399435.0	60	7748
乐陵市西段乡	4100	24531	15545	7345	71127.0	123	8121
乐陵市大孙乡	3932	20512	13533	5547	80819.0	47	1698
乐陵市寨头堡乡	4301	25314	16493	9742	166922.0	175	3621
禹城市伦镇	11446	39908	24380	14402	332611.0	252	11082
禹城市房寺镇	14594	71632	45017	34312	3789324.0	264	25072
禹城市张庄镇	5321	22248	13932	10634	128210.0	58	5625
禹城市辛店镇	9346	34162	18116	11942	239399.0	210	11620
禹城市安仁镇	6649	28612	15743	10150	359606.0	36	4811
禹城市辛寨镇	9344	42514	26112	16290	331984.0	125	3637
禹城市梁家镇	9456	38019	22589	14413	218420.0	38	3930
禹城市十里望镇	5738	32634	18391	14164	1229794.0	46	11079
禹城市李屯乡	4233	23428	13624	11318	167890.0	24	4110
禹城市莒镇乡	5527	23982	13586	9917	528606.0	72	4311
东昌府区侯营镇	7644	45807	25044	16191	330000.0	90	14300
东昌府区沙镇镇	14952	101722	75015	17298	786770.0	466	25327
东昌府区堂邑镇	6100	37894	22207	8884	717496.0	309	15950
东昌府区梁水镇	15596	72376	46919	14279	605250.0	230	8662
东昌府区斗虎屯镇	8612	43351	23153	8545	269781.0	56	2456
东昌府区郑家镇	7632	60241	44728	34735	1418000.0	189	30126
东昌府区张炉集镇	5079	34569	18700	4599	698820.0	68	2491
东昌府区于集镇	7040	38610	20310	9454	25996.0	134	3096
东昌府区许营镇	6471	38900	34237	9913	50437.0	140	2141
东昌府区朱老庄镇	6220	40457	26676	18662	173012.0	30	2556
东昌府区顾官屯镇	7239	41510	27442	7599	788071.0	168	10917
东昌府区广平乡	6142	30997	28935	14248	892522.0	67	7077
东昌府区韩集乡	5487	29821	10027	3131	22918.0	62	798
阳谷县阎楼镇	6610	58958	32000	22280	613346.0	157	7869
阳谷县阿城镇	11555	68036	37431	29295	394353.0	123	11230
阳谷县七级镇	7339	41035	27050	9537	217266.0	45	6031
阳谷县安乐镇	6674	42144	29299	25871	783791.0	152	11386
阳谷县定水镇	5838	28035	19074	14894	310053.0	151	2325
阳谷县石佛镇	5777	35096	22445	18926	3215142.0	560	23144
阳谷县李台镇	4347	38200	22676	18161	112543.0	263	6132
阳谷县寿张镇	6863	67135	43161	32115	136108.0	288	25023
阳谷县十五里园镇	5599	43815	33430	26920	159210.0	61	3514
阳谷县张秋镇	6620	47865	38080	29723	680000.0	93	10986
阳谷县郭店屯镇	5492	31457	19594	11000	450237.0	101	4185
阳谷县西湖镇	7113	42951	32640	16293	995897.0	205	18293
阳谷县高庙王镇	6140	40690	31920	22120	140000.0	14	3296
阳谷县大布乡	5725	37307	25368	15157	152654.0	125	2352
阳谷县金斗营乡	3797	30012	17388	10170	141672.0	12	3112
莘县张鲁镇	8276	54803	35068	9283	229898.5	195	18111

续表 260 （山东省） 计算单位：公顷、人、万元

名称	行政区域面积	常住人口	从业人员	二三产业从业人员	工业总产值	城镇建成区面积	城镇建成区常住人口
莘县朝城镇	7118	53815	32948	13742	527656.6	387	27956
莘县观城镇	6537	38428	23325	13698	195058.6	266	7880
莘县古城镇	7495	52420	29994	9342	159361.3	150	6527
莘县大张家镇	6047	41786	29172	7596	838160.7	192	12210
莘县古云镇	6015	47416	33038	18036	2800832.9	448	34908
莘县十八里铺镇	8029	42083	28318	5972	279926.7	206	17880
莘县燕店镇	4652	39658	27168	4056	258215.1	261	9377
莘县董杜庄镇	5104	31550	22290	2300	172507.5	103	7918
莘县王奉镇	8703	49295	30827	6140	56787.4	157	9751
莘县樱桃园镇	8120	57842	34239	6008	145393.3	228	24523
莘县河店镇	4555	33385	22559	6322	292557.0	163	8249
莘县妹冢镇	6768	51485	30335	8485	172337.1	336	7208
莘县魏庄镇	6568	40825	29974	5413	101474.8	119	7626
莘县张寨镇	5919	47954	29216	8327	347153.9	121	9518
莘县大王寨镇	7145	35832	20422	6104	69737.6	91	7610
莘县徐庄镇	4781	28125	20313	4327	199194.3	102	7094
莘县王庄集镇	5563	40336	24841	10345	188933.3	109	7212
莘县柿子园镇	5115	33122	20895	6079	99060.4	90	7213
莘县俎店乡	4104	22109	15137	3905	85316.2	91	3238
茌平县乐平铺镇	12599	54282	36905	17318	597000.0	383	17668
茌平县冯官屯镇	10363	46564	24288	16248	685365.0	258	25500
茌平县菜屯镇	5888	28248	20195	15565	447227.0	177	3340
茌平县博平镇	8724	53505	35755	23608	484598.0	375	27126
茌平县杜郎口镇	7357	33222	21073	11720	361082.0	305	6766
茌平县韩屯镇	7112	33681	27270	13335	607125.0	118	6034
茌平县胡屯镇	4954	26961	21578	9556	744740.0	135	4362
茌平县肖庄镇	5625	26386	15792	8476	111881.0	148	7730
茌平县贾寨镇	5620	29697	16525	7496	167363.0	126	5346
茌平县洪官屯镇	4569	24281	15318	9763	231180.0	121	3293
茌平县杨官屯乡	3654	17735	14039	7081	88507.0	85	3125
东阿县刘集镇	11956	70021	43646	11664	371466.0	212	4716
东阿县牛角店镇	10850	53125	43221	10513	485029.0	360	14023
东阿县大桥镇	5074	22597	12721	5741	279681.0	293	16320
东阿县高集镇	7150	23735	15421	6463	394919.0	466	2996
东阿县姜楼镇	5500	31047	20779	12243	883383.0	329	18041
东阿县姚寨镇	8345	34081	21599	9568	327492.0	210	3145
东阿县鱼山镇	6451	29191	19691	8672	42130.0	441	2644
东阿县陈集乡	4591	20920	14044	6132	283840.0	93	5100
冠县贾镇	6371	40455	24439	9851	493769.7	150	4186
冠县桑阿镇	11198	65242	33405	12614	381817.0	151	4912
冠县柳林镇	7010	51938	40013	23792	1162176.0	400	27208
冠县清水镇	5362	32796	27174	15911	695437.4	500	6165
冠县东古城镇	11350	77982	47030	23910	681739.3	340	13188
冠县北馆陶镇	5136	34962	29794	13211	604418.0	280	10579
冠县店子镇	4260	30417	19171	7640	469530.0	110	12116
冠县定远寨镇	6289	31274	16360	7039	454331.0	93	8858
冠县辛集镇	8186	45403	25830	8774	418032.0	380	9210
冠县斜店乡	5601	38275	24917	8568	281820.0	158	3433
冠县梁堂乡	5455	35047	20505	4355	482963.0	118	11095
冠县范寨乡	5932	34775	22294	11896	658328.0	1380	11156

续表 261　　（山东省）　　计算单位：公顷、人、万元

名　　称	行政区域面　积	常住人口	从业人员	二三产业从业人员	工　业总产值	城镇建成区 面 积	城镇建成区常住人口
冠县甘官屯乡	5943	46673	23486	17227	1531221.9	112	8626
冠县兰沃乡	5387	30916	20525	9688	881792.3	480	12003
冠县万善乡	5882	32213	19995	5060	535182.0	60	8523
高唐县梁村镇	12431	38886	20812	6349	472311.0	76	8102
高唐县尹集镇	8884	34562	17621	4260	420000.0	188	8846
高唐县清平镇	8399	43321	25265	7026	768531.0	392	24925
高唐县固河镇	9144	37521	33765	4630	452355.0	170	2980
高唐县三十里铺镇	7322	26100	21000	12270	2700000.0	198	21150
高唐县琉璃寺镇	8920	38987	23265	4356	627220.0	280	8770
高唐县赵寨子镇	7081	34553	20823	12842	612318.0	83	2687
高唐县姜店镇	9342	43500	23078	10834	1395946.0	138	7080
高唐县杨屯镇	11040	47900	26895	20173	469780.0	125	5400
临清市松林镇	5096	32286	18240	6230	181785.0	75	4497
临清市老赵庄镇	5592	43302	28606	11399	511332.0	145	3742
临清市康庄镇	9738	70782	40297	17167	369709.0	343	25602
临清市魏湾镇	5557	24140	15664	4769	302723.0	56	2853
临清市刘垓子镇	5712	29053	18045	2974	171136.0	62	2932
临清市八岔路镇	4856	29584	24845	10695	113133.0	120	2627
临清市潘庄镇	4483	32953	21002	15816	909689.0	142	6369
临清市烟店镇	5205	54107	43055	31746	986328.0	599	26558
临清市唐园镇	5372	36175	18486	3815	541082.0	66	3899
临清市金郝庄镇	8556	57715	36682	20513	713105.0	104	11119
临清市戴湾镇	6770	31635	17965	3770	117300.0	41	3548
临清市尚店镇	4860	29769	21959	10591	60806.0	37	2614
滨城区三河湖镇	9916	38927	28483	12814	14816.0	83	2219
滨城区杨柳雪镇	10108	45854	26458	18011	38335.0	291	12725
滨城区秦皇台乡	13322	21038	12595	4251	46059.0	400	1415
沾化区下洼镇	15116	49016	45047	21437	223738.0	307	18470
沾化区古城镇	7359	24098	18321	5242	36907.0	52	4652
沾化区冯家镇	25768	51426	38303	22422	169191.0	322	27363
沾化区泊头镇	10740	28752	23474	6978	89317.0	93	2706
沾化区大高镇	10380	36202	24094	3979	85846.0	418	8031
沾化区黄升镇	6153	21856	16842	5005	63464.0	102	5276
沾化区滨海镇	58974	8639	5300	2579	97129.0	49	1940
沾化区下河乡	8670	13238	11070	1566	46606.0	116	3698
沾化区利国乡	10023	11829	9321	1811	78905.0	25	700
沾化区海防办事处	41356	294	207	21	1537.0		
惠民县石庙镇	13601	60165	47072	27200	269005.0	310	6673
惠民县桑落墅镇	6619	24731	19636	9983	298796.0	228	4743
惠民县淄角镇	7013	30526	24184	6862	159822.0	335	3608
惠民县胡集镇	13700	60540	37000	24400	574000.0	650	21210
惠民县李庄镇	10102	66760	36218	22349	383536.0	612	30245
惠民县麻店镇	7746	29597	18889	10506	211184.0	150	3696
惠民县魏集镇	5335	31172	29303	20042	213127.0	1102	8275
惠民县清河镇	6803	33528	21516	6843	172825.0	581	12470
惠民县姜楼镇	13400	51727	32135	20748	413980.0	581	17861
惠民县辛店镇	14636	49986	30038	20146	369274.0	698	20456
惠民县大年陈镇	8349	36154	25935	15146	151072.0	280	5840
惠民县皂户李镇	8200	30326	22592	12060	108019.0	375	3843
阳信县商店镇	9261	50985	35302	19670	467309.0	128	7850

续表 262　　（山东省）　　计算单位：公顷、人、万元

名　　称	行政区域面　　积	常住人口	从业人员	二三产业从业人员	工　业总产值	城镇建成区 面 积	城镇建成区常住人口
阳信县温店镇	7856	39578	18560	12228	142729.0	139	5621
阳信县河流镇	6232	36158	15621	12496	431662.0	240	31257
阳信县翟王镇	6695	40432	17983	13571	138035.0	185	5878
阳信县流坡坞镇	7156	41286	23093	13856	147819.0	7	1091
阳信县水落坡镇	13081	63416	28195	12034	211421.0	362	30012
阳信县劳店镇	9552	40125	21771	8317	285548.0	232	25120
阳信县洋湖乡	10009	50275	25873	9382	170912.0	58	1362
无棣县水湾镇	14267	49278	30711	20414	349496.0	185	18973
无棣县碣石山镇	7108	23021	17017	9357	24696.0	180	13690
无棣县小泊头镇	10817	36308	23098	16418	43501.3	100	12742
无棣县埕口镇	33731	41726	29775	25036	207278.0	300	23067
无棣县马山子镇	51576	36200	27079	18412	468430.0	1231	8291
无棣县车王镇	14800	50396	33602	17884	159662.9	305	28686
无棣县柳堡镇	25773	31387	20387	14096	132246.0	105	12911
无棣县佘家镇	12398	28749	16150	6417	47405.0	93	10222
无棣县信阳镇	4840	29959	20531	14918	108145.0	160	11460
无棣县西小王镇	18712	20179	15088	7055	43008.6	105	4281
博兴县曹王镇	5139	40740	17617	15328	65500.0	45	10577
博兴县兴福镇	5140	69200	45845	41120	1120192.0	1613	37500
博兴县陈户镇	7600	56995	34772	19340	42135.0	960	26000
博兴县湖滨镇	6594	45241	32675	24079	899130.0	435	13359
博兴县店子镇	8592	46553	24618	12892	921436.0	480	9580
博兴县吕艺镇	11373	46327	30764	16343	111459.0	301	4795
博兴县纯化镇	8508	22876	13236	4445	94692.0	200	1850
博兴县庞家镇	6750	26712	13933	4708	438013.0	122	958
博兴县乔庄镇	12990	31438	18965	6342	12327.0	351	6894
邹平县长山镇	10642	69605	36702	23590	1066620.0	1330	26066
邹平县魏桥镇	14677	94140	39790	27410	751758.0	2403	68031
邹平县临池镇	5157	28941	15459	12237	229409.0	360	9594
邹平县焦桥镇	8210	36463	18970	11821	2398149.0	243	12851
邹平县韩店镇	8573	50764	35158	29523	3920091.0	1400	34205
邹平县孙镇镇	9887	36948	17274	4685	98710.0	213	8772
邹平县九户镇	9099	41739	20209	11476	44023.0	365	6653
邹平县青阳镇	4943	36008	18605	14476	751488.0	1059	28241
邹平县明集镇	6867	39407	17969	14906	336194.0	820	18252
邹平县台子镇	8759	30028	12670	6315	108520.0	400	7070
邹平县码头镇	11410	43939	17790	10760	764660.0	300	5948
牡丹区沙土镇	11800	94325	67064	28409	643126.0	95	12214
牡丹区吴店镇	5700	54674	28558	2918	39650.0	68	12068
牡丹区王浩屯镇	7700	57824	30955	6666	93560.0	59	6053
牡丹区黄堽镇	8200	80501	71076	36755	23520.0	35	1864
牡丹区都司镇	4400	39986	26457	2252	2208.0	40	1503
牡丹区高庄镇	8500	62396	61998	16272	2260.0	90	1579
牡丹区小留镇	7900	59603	34082	7572	2784.0	54	3294
牡丹区李村镇	10140	55000	21640	14140	95513.0	90	2523
牡丹区马岭岗镇	8500	98809	76258	30388	5251.0	62	2419
牡丹区安兴镇	5800	44808	26626	5227	124100.0	28	5069
牡丹区大黄集镇	5200	47611	29786	17649	443100.0	41	2796
牡丹区吕陵镇	7410	61771	22441	7931	198000.0	60	2638
牡丹区胡集镇	4900	42154	27673	14539	175654.0	47	2248

续表 263　（山东省）　计算单位：公顷、人、万元

名　　称	行政区域面　　积	常住人口	从业人员	二三产业从业人员	工　业总产值	城镇建成区 面 积	城镇建成区常住人口
牡丹区皇镇乡	4200	31040	30520	10397	127840.0	47	1878
曹县庄寨镇	6434	71800	32630	29100	823020.0	741	43000
曹县普连集镇	7531	53171	21779	17588	434881.0	80	3920
曹县青固集镇	14096	85872	55206	29843	448537.0	570	22208
曹县桃源集镇	8044	70012	36810	23325	540000.0	128	6510
曹县韩集镇	7644	49448	29801	6125	258280.0	145	6621
曹县砖庙镇	5967	32909	18611	5831	146938.0	89	3920
曹县古营集镇	11756	74044	32181	21230	582919.0	212	9810
曹县魏湾镇	11416	60675	41985	28234	420923.0	147	7200
曹县侯集回族镇	5752	35287	26392	11388	301535.0	241	10079
曹县苏集镇	11734	69662	54546	22869	183601.0	163	6990
曹县孙老家镇	5978	45091	25371	6760	230690.0	230	8515
曹县阎店楼镇	7553	48964	33268	18650	209336.0	102	4980
曹县梁堤头镇	6833	38890	24591	16979	208087.0	197	4600
曹县安才楼镇	9442	51108	31453	17751	243600.0	109	5030
曹县邵庄镇	8221	47921	20139	12827	194997.0	79	3270
曹县王集镇	4796	29206	16380	12975	266539.0	79	3490
曹县青岗集镇	9341	46654	35709	31998	206793.0	92	4038
曹县常乐集镇	6149	38353	33269	10953	241711.0	75	3711
曹县楼庄乡	4494	34097	18677	9448	245673.0	122	4994
曹县大集乡	4521	35788	33000	10500	269441.0	114	5580
曹县朱洪庙乡	5404	26337	18813	9017	78641.0	80	6189
曹县仵楼乡	6004	30004	20254	10349	116342.0	121	6430
单县郭村镇	9741	70186	47426	35237	153211.0	687	14862
单县黄岗镇	12217	87597	48872	26873	262000.0	725	10450
单县终兴镇	12106	80965	47712	19054	236377.0	413	11036
单县高韦庄镇	6363	47052	40094	18095	456000.0	301	5968
单县徐寨镇	9858	66169	39919	10742	331656.1	424	5309
单县蔡堂镇	8478	55562	28004	10144	249967.0	837	6321
单县朱集镇	5355	27500	19263	7208	295600.1	540	2345
单县李新庄镇	6836	37583	19381	6022	193058.0	453	10586
单县浮岗镇	11411	70865	32064	23491	309770.7	639	10128
单县莱河镇	7937	50311	22034	14039	305900.0	85	2236
单县时楼镇	6440	45932	22637	11741	192360.0	116	3287
单县杨楼镇	8691	49456	38852	9105	259536.0	621	3923
单县张集镇	7910	51784	31351	19355	452358.0	220	3534
单县龙王庙镇	8590	44513	30006	9247	302000.6	557	4129
单县谢集镇	8746	51926	47852	19202	241063.0	625	12215
单县李田楼镇	8840	49300	36116	15696	283256.0	432	8319
单县高老家乡	9708	58133	36651	19071	224504.0	594	3427
单县曹庄乡	5392	34508	22096	6270	235223.0	360	5974
成武县大田集镇	10710	72326	42781	11183	382982.0	605	22603
成武县天宫庙镇	7943	39958	22067	8788	522804.0	100	12154
成武县汶上集镇	10412	74758	43088	29232	390854.4	593	27524
成武县南鲁集镇	6522	48437	32458	9576	367912.0	292	7116
成武县伯乐集镇	7793	57118	19435	8950	75600.0	162	2482
成武县苟村集镇	6452	36244	24846	7077	590850.0	100	5563
成武县白浮图镇	8539	45708	12553	2469	253320.0	124	3973
成武县孙寺镇	8903	53892	24241	12608	99261.0	100	15265
成武县九女集镇	10501	62269	28147	15482	69266.0	200	10297

续表 264 （山东省） 计算单位：公顷、人、万元

名　　称	行政区域面　　积	常住人口	从业人员	二三产业从业人员	工　业总产值	城镇建成区 面 积	城镇建成区常住人口
成武县党集镇	6294	32310	14334	7124	173000.0	150	7100
成武县张楼镇	5802	35463	11288	4051	173633.0	587	9140
巨野县龙固镇	8147	56727	50901	30045	357380.9	350	35773
巨野县大义镇	10877	63529	31237	17450	215267.2	43	13980
巨野县柳林镇	10335	52551	32761	17940	199985.4	56	8932
巨野县章缝镇	6084	36752	23351	9625	166837.2	88	7928
巨野县大谢集镇	7491	58918	32739	13279	345982.1	310	30516
巨野县独山镇	9475	56919	17657	8091	158435.5	670	13652
巨野县麒麟镇	10147	57960	23765	17148	305694.8	229	9867
巨野县核桃园镇	3813	28375	19040	8383	224670.7	47	4647
巨野县田庄镇	7732	48549	31961	18303	266901.2	70	5680
巨野县太平镇	7310	43823	31681	14999	347101.8	192	26579
巨野县万丰镇	8911	60940	32622	12525	179753.0	25	5873
巨野县陶庙镇	5744	36686	22477	7721	161693.2	124	5841
巨野县董官屯镇	10818	52044	42457	18589	309022.9	36	3116
巨野县田桥镇	6152	37834	31973	20609	347405.7	280	13500
巨野县营里镇	6240	34528	26823	13014	235853.8	69	2978
郓城县黄安镇	7802	56949	25327	15392	327528.0	315	12193
郓城县杨庄集镇	9409	54406	28021	20078	385920.4	294	10417
郓城县侯咽集镇	10516	62252	29054	15254	272889.0	287	10339
郓城县武安镇	9028	58444	30694	22415	410520.0	123	10226
郓城县郭屯镇	5648	33568	17460	11588	185000.0	148	7572
郓城县丁里长镇	5371	39141	24920	15646	459826.0	264	12347
郓城县玉皇庙镇	8707	50732	26942	19184	234130.9	210	5623
郓城县程屯镇	8956	52998	17781	11901	237099.0	151	5478
郓城县随官屯镇	9100	57021	31040	15366	706823.0	350	17069
郓城县张营镇	7843	51762	28166	17743	333315.0	430	11235
郓城县潘渡镇	7932	50752	28601	15496	291428.4	208	9048
郓城县双桥镇	9567	52260	26839	8970	255432.0	55	6175
郓城县南赵楼镇	5829	35103	15818	9606	243236.0	163	10288
郓城县黄堆集镇	5705	36313	24861	21600	346927.7	230	12255
郓城县唐庙镇	7555	47120	20770	13340	195290.0	183	6876
郓城县黄集乡	7605	46832	20334	8849	252148.0	55	5950
郓城县李集乡	8952	49850	22182	10750	145380.0	136	9572
郓城县张鲁集乡	7018	41206	22763	14867	120845.0	92	4295
郓城县水堡乡	3750	24952	15518	4055	123258.0	98	3080
郓城县陈坡乡	4986	27950	17526	7863	137945.7	152	4936
鄄城县什集镇	7640	69270	27214	12354	275210.0	940	4200
鄄城县红船镇	4860	36308	16808	7592	169865.0	345	10300
鄄城县旧城镇	9750	72594	29040	13779	313486.0	1469	13156
鄄城县闫什镇	6833	58046	28662	11666	263565.0	48	1898
鄄城县箕山镇	7100	56860	27620	10897	521000.0	230	10258
鄄城县李进士堂镇	4600	31640	16900	7770	212352.0	1603	10835
鄄城县董口镇	8300	57036	28499	12834	201342.0	412	18375
鄄城县临濮镇	5600	41501	14527	8104	247698.0	978	7160
鄄城县彭楼镇	7900	64975	26475	17199	213926.0	51	5652
鄄城县凤凰镇	5000	38165	15810	9400	349145.0	95	6636
鄄城县郑营镇	6390	46351	28000	12269	426908.0	52	18360
鄄城县大埝镇	4355	37126	18785	6502	289645.0	180	7749
鄄城县引马镇	4454	35210	16166	3656	238826.0	182	3120

续表 265　　（山东省、河南省）　　计算单位：公顷、人、万元

名　　称	行政区域面　　积	常住人口	从业人员	二三产业从业人员	工　业总产值	城镇建成区 面 积	城镇建成区常住人口
鄄城县左营乡	7900	49642	24054	8749	210576.0	52	10680
鄄城县富春乡	4574	40754	23264	11519	477861.0	126	6459
定陶县陈集镇	8260	53193	35327	20965	662589.0	600	24960
定陶县冉固镇	12670	74185	46724	17432	564500.0	470	23340
定陶县张湾镇	6300	44906	20409	14800	246180.0	20	12488
定陶县黄店镇	10300	75400	50629	20329	199700.0	50	3235
定陶县孟海镇	6310	36586	23343	11763	205550.0	132	14300
定陶县马集镇	6970	45913	23205	6585	174177.0	200	3542
定陶县仿山镇	7550	47350	37388	12570	419959.0	65	4170
定陶县半堤镇	6320	35526	34948	13128	249543.0	100	3168
定陶县杜堂镇	4750	26866	16704	3788	260133.0	150	5240
定陶县南王店镇	5340	27272	18841	9440	255748.0	20	2800
东明县东明集镇	11397	58451	23814	9654	17521.0	204	19680
东明县刘楼镇	8817	49836	22264	11772	59233.0	194	16917
东明县陆圈镇	11680	78778	44873	29925	227858.0	654	31881
东明县马头镇	9274	37922	23385	10925	66662.0	265	17419
东明县三春集镇	8223	34083	17893	5382	51824.0	196	13293
东明县大屯镇	8307	37510	18313	8013	155490.0	180	15507
东明县武胜桥镇	7474	48713	26253	16334	3934392.0	253	25689
东明县菜园集镇	9368	42222	25012	18568	292231.0	325	26649
东明县沙窝镇	14099	70276	19418	6180	33516.0	187	13936
东明县小井镇	10289	43401	19949	7528	20093.0	82	5394
东明县长兴集乡	10026	61592	16237	3328	23183.0	34	2748
东明县焦园乡	9670	45981	14611	3745	27634.0	45	2565
河南省							
二七区马寨镇	3040	60101	20848	19500	1660000.0	580	8927
二七区侯寨乡	8120	89542	41293	33721	98236.0		
管城回族区十八里河镇	2856	40597	26386	20141	2916974.0	400	5574
管城回族区南曹乡	5000	44040	20983	13079	12865.0		
管城回族区圃田乡	600	13880	6750	5700			
上街区峡窝镇	4685	46027	38300	33800	1787591.0	4517	37250
惠济区花园口镇	5385	21831	13465	8553	89000.0	400	5325
惠济区古荥镇	7800	26080	21810	18430	105060.0	3580	13280
中牟县韩寺镇	5066	38328	21787	3204	43309.0	45	4378
中牟县官渡镇	12192	64204	33730	11130	138443.0	430	3695
中牟县狼城岗镇	13200	37618	25194	5964	18360.0	720	3136
中牟县万滩镇	8840	17672	16162	4380	36163.0	50	1307
中牟县白沙镇	4250	42505	30595	28587	571670.0	1102	21782
中牟县郑庵镇	7605	21825	14610	6590	180981.0	200	5612
中牟县黄店镇	5500	27400	16637	6232	53096.0	18	3065
中牟县大孟镇	10590	46930	32956	3990	191661.0	50	9360
中牟县刘集镇	2471	20122	10724	4246	133282.0	28	7810
中牟县雁鸣湖镇	9510	26989	17612	2837	38312.0	26	565
中牟县姚家镇	8710	29737	20050	4750	473097.0	170	6945
中牟县刁家乡	8240	31500	20124	7324	83911.0	70	7695
郑州经济技术开发区九龙镇	2903	20276	19276	16276	2384086.0	375	2245
郑州高新技术产业开发区石佛镇	1192	47550	22900	12700	3350220.0	93	1755
郑州高新技术产业开发区沟赵乡	5670	59900	32170	18150	1520340.0		
郑州航空港经济综合实验区张庄镇	4120	26536	15480	8380	3700.0	500	6150
郑州航空港经济综合实验区八岗镇	2449	14753	10463	5253	11000.0	37	2383

续表 266 （河南省） 计算单位：公顷、人、万元

名称	行政区域面积	常住人口	从业人员	二三产业从业人员	工业总产值	城镇建成区面积	城镇建成区常住人口
郑州航空港经济综合实验区三官庙镇	4809	32081	25125	7536	4800.0	117	1170
郑州航空港经济综合实验区龙王乡	3537	28728	17901	6175	12433.0		
巩义市米河镇	5200	46305	30325	24315	1850095.0	440	32210
巩义市新中镇	5290	17647	8776	5778	158654.0	150	10280
巩义市小关镇	6000	31872	18901	7661	182518.0	560	17000
巩义市竹林镇	1900	14677	7751	7518	343576.0	570	13276
巩义市大峪沟镇	9326	38567	15729	13058	1034980.0	400	14736
巩义市河洛镇	11584	30935	20097	10239	842154.0	108	6203
巩义市站街镇	3330	37531	12030	7825	1426373.0	350	4528
巩义市康店镇	9320	46364	21989	15729	962075.0	498	29683
巩义市北山口镇	5600	37027	18750	17630	2152053.0	2300	12640
巩义市西村镇	7361	60494	26613	21164	268150.0	205	12595
巩义市芝田镇	4600	44903	23768	16955	344353.0	393	29892
巩义市回郭镇	5000	111965	98330	59439	5160616.0	1480	81650
巩义市鲁庄镇	9115	65085	33304	26630	937856.0	202	7380
巩义市夹津口镇	5130	24674	18965	16709	205436.0	124	11830
巩义市涉村镇	10300	39936	14362	13744	245013.0	200	13028
荥阳市乔楼镇	7162	40130	25868	23700	834929.0	1237	16143
荥阳市豫龙镇	6172	38690	37604	35838	5635281.0	5210	38285
荥阳市广武镇	15465	77015	56139	54100	602512.0	3650	42500
荥阳市王村镇	9103	53600	36271	32671	865900.0	112	8300
荥阳市汜水镇	5820	21500	21499	17461	629500.0	117	14880
荥阳市高山镇	6150	25560	20622	20186	1443896.0	320	7180
荥阳市刘河镇	5615	26000	14480	12830	139518.0	46	8103
荥阳市崔庙镇	8515	40903	33118	27004	1699954.0	930	34070
荥阳市贾峪镇	8370	38021	31835	28589	1878498.0	1180	29160
荥阳市城关乡	5427	37894	26514	13468	1426735.0		
荥阳市高村乡	9862	47200	29550	28730	732435.0		
荥阳市金寨回族乡	553	6848	2747	1900	60756.0		
新密市城关镇	2430	31556	16118	12731	462664.3	180	12588
新密市米村镇	5800	34067	17351	15498	435709.0	360	18204
新密市牛店镇	7600	48612	27510	24641	130943.0	420	19415
新密市平陌镇	6050	37607	22784	18319	478257.2	350	5189
新密市超化镇	7860	61353	40678	34427	2851063.0	640	33517
新密市苟堂镇	8930	47731	29316	26910	874365.3	380	12600
新密市大隗镇	5880	54615	28266	25635	1241021.1	478	32653
新密市刘寨镇	6100	48681	29722	27517	1368563.4	780	20000
新密市白寨镇	9200	63748	23720	20620	109065.5	250	8820
新密市岳村镇	6200	35536	25441	21780	325007.1	210	21420
新密市来集镇	6300	44130	29838	26287	2273906.2	483	28876
新密市曲梁镇	10200	61619	36187	34823	2952028.0	385	15724
新密市袁庄乡	5300	23821	14072	11056	163374.0		
新郑市新村镇	7112	28615	25122	24667	1599861.0	1080	22265
新郑市辛店镇	8600	58479	47530	40330	2619084.0	950	28200
新郑市观音寺镇	6300	50838	27695	19575	628544.7	218	13027
新郑市梨河镇	4287	29998	23736	21202	612884.0	499	9714
新郑市和庄镇	3976	26638	22589	21440	1416248.0	847	19945
新郑市薛店镇	5600	37544	31006	24121	2000000.0	680	20926
新郑市孟庄镇	8300	39844	22632	11316	35981.0	400	16440
新郑市郭店镇	7700	62560	33565	24439	1080655.0	520	6936

续表 267　　（河南省）　　计算单位：公顷、人、万元

名　称	行政区域面积	常住人口	从业人员	二三产业从业人员	工业总产值	城镇建成区面积	城镇建成区常住人口
新郑市龙湖镇	9600	57911	54306	48941	1872650.0	3200	33506
新郑市城关乡	4004	29090	25284	18886	606671.0		
新郑市八千乡	3515	24762	16096	8091	88762.0	125	5704
登封市大金店镇	9600	62980	51668	31432	889416.0	600	15280
登封市颖阳镇	10837	49250	21744	15488	60471.0	102	17026
登封市卢店镇	3800	9840	9838	8750	772680.0	487	9560
登封市告成镇	7100	49970	42990	29631	822863.0	315	10419
登封市阳城区镇	1500	11583	9032	6141	750426.0	42	1115
登封市大冶镇	14517	57122	53548	48658	3659693.0	2258	46000
登封市宣化镇	5867	23898	16479	13262	867542.0	140	9288
登封市徐庄镇	7200	29743	20334	14989	158607.0	332	12781
登封市东华镇	9000	60996	33120	23364	518560.0	485	9860
登封市白坪乡	3900	11360	11285	10300	328900.0		
登封市君召乡	11900	39760	35630	12620	113833.0		
登封市石道乡	9200	40950	29222	14185	105000.0		
登封市唐庄乡	11000	41180	26488	11345	163848.0		
龙亭区北郊乡	3400	40357	15216	10083	265553.0		
龙亭区柳园口乡	5300	36513	11712	6830	90800.0		
禹王台区南郊乡	2100	23369	18379	9830	104298.0	100	
禹王台区汪屯乡	3400	23685	16843	10020	1019486.0	20	120
金明区西郊乡	3791	32248	17279	16279	319128.0	2938	18244
金明区水稻乡	8493	31720	17250	8000	87116.0		
杞县城关镇	1840	57116	7995	4382	755618.0	900	19750
杞县五里河镇	5600	50816	8322	3310	99451.0	560	3221
杞县傅集镇	6672	48521	8938	3458	65671.0	72	6492
杞县圉镇镇	7434	52786	6802	2462	120895.0	176	14145
杞县高阳镇	7092	58156	11382	3672	113411.0	285	14250
杞县葛岗镇	7912	60051	8623	2944	327419.0	97	4402
杞县阳堌镇	6299	41614	7446	2666	65487.0	137	12900
杞县邢口镇	5543	41947	8357	3790	98058.0	96	6505
杞县裴村店乡	8750	50769	9381	3097	168890.0	97	5159
杞县宗店乡	4650	29577	5042	2456	459851.0	89	6910
杞县板木乡	5150	33429	5687	2430	100894.0	81	5820
杞县竹林乡	4200	27862	4901	2214	58551.0	68	4785
杞县官庄乡	5830	34717	6008	2192	81247.0	73	2864
杞县湖岗乡	4630	35345	5809	3390	111458.0	77	7514
杞县苏木乡	4850	42002	7933	2776	73734.0	54	4621
杞县沙沃乡	4470	37226	6466	2266	58319.0	202	10885
杞县平城乡	7550	55974	8903	2947	487487.0	240	8988
杞县泥沟乡	6650	41756	6760	2726	127700.0	60	3553
杞县柿园乡	6810	52781	8798	2857	85466.0	991	2634
杞县西寨乡	7960	37931	6313	2493	80640.0	93	5025
杞县城郊乡	3270	29146	9606	3466	507822.0		
通许县城关镇	4370	35952	13718	7183	301657.0	1000	12072
通许县竖岗镇	6340	43627	17203	4955	247004.0	458	10206
通许县玉皇庙镇	7999	55102	26694	2810	214056.0	575	12953
通许县四所楼镇	7299	56674	31980	3567	259903.0	436	11921
通许县朱砂镇	8485	62154	32813	5534	221914.0	223	13422
通许县长智镇	6309	42421	28453	3232	249891.0	200	7470
通许县冯庄乡	5540	32219	18243	3409	259770.0	156	6796

续表 268　（河南省）　计算单位：公顷、人、万元

名　称	行政区域面积	常住人口	从业人员	二三产业从业人员	工业总产值	城镇建成区面积	城镇建成区常住人口
通许县孙营乡	7364	39207	28677	1287	226045.0		
通许县大岗李乡	7125	46965	30884	2631	35624.0		
通许县邸阁乡	5576	39360	20849	3303	245273.0		
通许县练城乡	5161	39009	26066	2613	213817.0		
通许县厉庄乡	5107	39510	17985	3405	46684.0		
尉氏县城关镇	1646	67248	22989	21891	1580367.0	1646	67248
尉氏县洧川镇	6570	64921	35824	20732	1180293.0	470	22671
尉氏县朱曲镇	5900	59215	37578	26012	740235.0	80	20477
尉氏县蔡庄镇	6539	65315	16689	14101	494510.0	275	23477
尉氏县永兴镇	10603	70327	16287	7861	908913.0	340	15500
尉氏县张市镇	7393	53128	30909	23388	625760.0	240	17014
尉氏县十八里镇	8021	68207	15070	9250	231384.0	203	30460
尉氏县水坡镇	8401	65834	35209	10698	348933.0	105	8753
尉氏县大营镇	9719	56694	14375	12869	530439.0	85	3574
尉氏县庄头镇	11622	59209	34634	13577	413288.0	79	8400
尉氏县邢庄乡	8874	58766	28203	21480	196357.0	79	4400
尉氏县大马乡	9009	50041	28428	17159	664618.0	593	3022
尉氏县岗李乡	9754	57207	34393	20180	514755.0	88	7750
尉氏县门楼任乡	6104	43456	21177	13470	158085.0	85	5115
尉氏县大桥乡	6528	54397	32926	19771	1372817.0	80	2284
尉氏县南曹乡	8452	64925	28884	27352	624875.0	68	5631
尉氏县小陈乡	4578	32629	19543	4235	213689.0	2	3200
开封县城关镇	1141	43412	7534	4334	174062.0	1020	43400
开封县陈留镇	6834	65331	23460	3315	276542.0	400	18420
开封县仇楼镇	7460	64201	26525	4615	122376.0	103	3760
开封县八里湾镇	8389	59988	14159	5123	144987.0	51	5865
开封县曲兴镇	6511	40211	6080	2867	80466.0	130	7210
开封县朱仙镇	7027	37873	13025	1303	103551.0	434	14180
开封县半坡店乡	9003	58355	32395	4385	171944.0	104	7012
开封县罗王乡	8275	59028	13953	2233	164165.0	53	2453
开封县刘店乡	6396	42697	16629	1683	98443.0	92	7360
开封县袁坊乡	7838	44508	20707	3707	128006.0	220	10340
开封县杜良乡	10204	68325	13861	1861	38382.0	58	2298
开封县兴隆乡	5733	47886	10928	3968	119002.0	31	3160
开封县西姜寨乡	13156	67547	25073	873	53024.0	32	2295
开封县万隆乡	14742	61011	13943	2565	85947.0	43	1823
开封县范村乡	12448	43497	14518	2518	104649.0	72	3098
兰考县城关镇	1285	83517	64929	62097	508539.0	1071	81916
兰考县堌阳镇	6658	78130	56427	46335	347309.0	1293	32000
兰考县南彰镇	7465	63589	44830	28602	372549.0	64	14002
兰考县考城镇	12543	86216	61921	35941	151754.0	318	25460
兰考县红庙镇	6373	50315	38177	33507	150765.0	64	14158
兰考县城关乡	11206	59898	46516	41850	586012.0		
兰考县三义寨乡	9480	56157	36825	26237	171019.0		
兰考县东坝头乡	7744	38073	29323	23339	343219.0		
兰考县爪营乡	3789	44463	29298	17309	233818.0		
兰考县谷营乡	7161	48507	32825	29627	167882.0		
兰考县小宋乡	7429	55678	37222	26525	168342.0		
兰考县孟寨乡	3767	29529	24479	17216	242475.0		
兰考县许河乡	4275	29083	20900	16446	223532.0		

续表 269　　（河南省）　　计算单位：公顷、人、万元

名　　称	行政区域面　积	常住人口	从业人员	二三产业从业人员	工　业总产值	城镇建成区 面 积	城镇建成区常住人口
兰考县葡萄架乡	4992	33096	22780	14548	141491.0		
兰考县阎楼乡	3804	34981	25512	20730	242796.0		
兰考县仪封乡	11872	55642	31903	29365	127958.0		
瀍河回族区瀍河回族乡	2044	35632	19607	9772	261783.0	2000	35632
吉利区吉利乡	8000	36339	33574	10948	37428.0		
洛龙区龙门镇	2158	32182	15885	13112	21079.0	55	7385
洛龙区安乐镇	2180	51414	29020	21554	68757.0	499	22742
洛龙区白马寺镇	2549	26380	15638	9338	80757.0	106	5530
洛龙区李楼镇	3682	55520	30056	16861	97921.0	200	5450
洛龙区丰李镇	3354	40653	21392	14615	39502.0	99	7367
洛龙区诸葛镇	6042	51976	40797	35226	1026069.0	578	22595
洛龙区李村镇	8345	71964	47565	37307	391760.0	459	17329
洛龙区庞村镇	3290	35981	22240	18681	1819465.0	1092	21745
洛龙区寇店镇	6410	35394	21035	15486	385052.0	1039	9663
洛龙区佃庄镇	3870	37172	33243	27817	312163.0	410	5985
孟津县城关镇	7850	81825	56607	49965	282880.0	1250	56480
孟津县会盟镇	12860	52646	41562	26110	159876.0	600	19628
孟津县平乐镇	6380	47782	23581	16906	1463000.0	326	12162
孟津县送庄镇	4330	27550	21509	14459	169250.0	405	13081
孟津县白鹤镇	11740	52639	40400	30568	1062800.0	730	30143
孟津县朝阳镇	6710	44176	43629	28394	612475.0	263	17693
孟津县小浪底镇	11107	36900	31360	21200	55335.0	165	13880
孟津县麻屯镇	5200	36255	35813	24686	1639000.0	615	24842
孟津县横水镇	5550	37932	21034	5478	32000.0	200	12580
孟津县常袋镇	4170	27837	21400	13104	452407.0	33	9043
新安县城关镇	7640	99842	44090	32054	1050023.0	2185	51820
新安县石寺镇	6270	44130	25854	14969	911974.0	260	11218
新安县五头镇	8950	51219	38523	9573	602433.0	194	8418
新安县磁涧镇	10791	47680	31024	23369	986050.0	260	9120
新安县铁门镇	11644	55736	36383	18401	1189013.0	185	12520
新安县南李村镇	10744	35989	18043	5735	713420.0	110	2150
新安县北冶镇	14161	45126	25642	14522	758720.0	312	7400
新安县仓头镇	11657	26288	16198	9199	664281.0	178	6419
新安县正村镇	5746	37892	20706	6858	602710.0	130	3106
新安县石井镇	19470	30081	19065	4229	678190.0	180	5812
新安县曹村乡	14200	20922	10902	4936	761809.0	12	2825
栾川县城关镇	700	38600	23648	23372	10000.0	400	36929
栾川县赤土店镇	15200	15012	9733	5383	707924.0	230	7179
栾川县合峪镇	22300	22349	13600	8860	82935.6	250	8820
栾川县潭头镇	20100	34709	23372	13439	124450.0	375	14553
栾川县三川镇	9100	26882	18253	9649	45144.5	208	8995
栾川县冷水镇	4400	18774	11458	8608	632668.0	225	7725
栾川县陶湾镇	23100	33145	21213	14695	72650.7	320	13060
栾川县石庙镇	9600	19621	17716	15800	385960.0	190	8432
栾川县庙子镇	37600	34112	24682	14565	63693.6	300	7702
栾川县狮子庙镇	16800	20185	12411	7732	42563.9	76	5082
栾川县白土镇	12300	15277	10797	5338	67550.1	72	5866
栾川县叫河镇	15300	20403	10757	6748	40299.6	170	6271
栾川县栾川乡	18900	37092	21510	16926	120750.0	360	13680
栾川县秋扒乡	13100	10830	7271	2209	5366.2	69	5677

续表 270　　(河南省)　　计算单位：公顷、人、万元

名　　称	行政区域面　积	常住人口	从业人员	二三产业从业人员	工　业总产值	城镇建成区 面 积	城镇建成区常住人口
嵩县城关镇	10080	84540	24195	13249	12440.0	278	63650
嵩县田湖镇	12300	69982	52786	30150	11874.0	390	4900
嵩县旧县镇	14920	27294	13620	4503	10225.0	170	5760
嵩县车村镇	55340	53691	28242	7645	19000.0	270	24639
嵩县闫庄镇	13070	39470	26943	7807	14280.0	208	5310
嵩县德亭镇	32100	41812	26717	9190	142552.0	450	4358
嵩县大章镇	26180	34186	21689	9574	35600.0	90	5400
嵩县白河镇	30960	13304	9048	3906	33316.0	310	6263
嵩县纸房镇	18420	35809	19139	5144	38500.0	330	5950
嵩县饭坡镇	8740	25704	15906	7323	6880.0	30	3102
嵩县大坪乡	11690	31207	23087	8712	1800.0		
嵩县库区乡	7230	34242	20900	8490	12320.0		
嵩县何村乡	9280	28063	12565	4840	10103.0		
嵩县九店乡	9390	25267	12476	8344	35600.0		
嵩县黄庄乡	18480	26696	13220	7606	8960.0		
嵩县木植街乡	22710	12538	9414	3350	62880.0		
汝阳县城关镇	9237	43193	23506	12763	186339.0	780	29873
汝阳县上店镇	5167	40370	22205	9698	158285.0	159	13552
汝阳县付店镇	22160	14010	11767	6994	225841.0	68	3753
汝阳县小店镇	7275	45496	31257	18321	305841.0	293	13847
汝阳县三屯镇	14009	39297	25199	13769	92584.0	450	4928
汝阳县刘店镇	7635	32604	23070	14470	94584.0	226	4543
汝阳县内埠镇	3609	26735	17381	8757	189584.0	120	11721
汝阳县陶营镇	5783	37684	22763	13658	112584.0	74	5315
汝阳县柏树乡	7025	26220	18234	4393	94585.0		
汝阳县十八盘乡	11171	20850	14554	5841	119854.0		
汝阳县靳村乡	12838	12896	7659	1518	93684.0		
汝阳县王坪乡	15604	12447	8040	2840	127542.0		
汝阳县蔡店乡	7961	51569	29456	5642	192584.0		
宜阳县城关镇	1246	62621	27287	25418	298851.0	1050	23701
宜阳县柳泉镇	12107	58936	38629	22194	164953.0	201	17682
宜阳县韩城镇	8274	41590	30378	7354	45794.0	283	23892
宜阳县白杨镇	7922	41186	24155	16144	291793.0	179	17940
宜阳县香鹿山镇	12248	57759	43519	30018	1404971.0	131	6604
宜阳县锦屏镇	9001	50795	22775	11725	422116.0	356	4027
宜阳县三乡镇	6775	31256	30976	28080	228353.0	360	9321
宜阳县张坞镇	11512	31292	22691	9997	125077.0	90	3174
宜阳县莲庄镇	7639	30263	17057	7537	177266.0	58	4012
宜阳县赵保镇	13172	30138	19944	14105	100865.0	83	9708
宜阳县樊村镇	5959	26755	18200	8835	161071.0	34	5227
宜阳县盐镇乡	17043	63035	42999	13644	42573.0		
宜阳县高村乡	14865	44068	26265	6330	67357.0		
宜阳县花果山乡	9773	3969	3120	997	64764.0		
宜阳县上观乡	14292	5777	4613	2796	63391.0		
宜阳县董王庄乡	9130	29727	19543	14620	117218.0		
洛宁县城关镇	850	41450	25952	24748	289600.0	526	34105
洛宁县王范回族镇	1500	28885	15264	8251	117782.0	297	26476
洛宁县上戈镇	21090	15251	10339	6134	40017.0	101	2383
洛宁县下峪镇	20600	16006	10708	5735	175002.0	115	2562
洛宁县河底镇	13370	41242	27495	8474	68385.0	101	4678

续表 271　　　　（河南省）　　　　计算单位：公顷、人、万元

名　称	行政区域面积	常住人口	从业人员	二三产业从业人员	工业总产值	城镇建成区面积	城镇建成区常住人口
洛宁县兴华镇	16870	16693	11722	4118	27462.0	77	3891
洛宁县东宋镇	15060	37703	27160	13457	10770.0	135	1968
洛宁县马店镇	12460	21005	16715	5585	28573.0	85	5296
洛宁县故县镇	14150	6701	4947	2442	9454.0	80	1745
洛宁县赵村镇	13880	41834	28930	13332	143541.0	119	4955
洛宁县城郊乡	5660	36722	34699	28509	736602.0		
洛宁县小界乡	18230	26191	17739	5728	30082.0		
洛宁县长水乡	12140	12831	9090	5699	16565.0		
洛宁县罗岭乡	15150	8461	6241	2719	19511.0		
洛宁县底张乡	13680	19112	13558	9291	89759.0		
洛宁县西山底乡	7990	17846	13546	5040	249738.0		
洛宁县陈吴乡	16170	30596	22497	9675	140777.0		
洛宁县涧口乡	12670	22613	15579	8068	302149.0		
伊川县城关镇	8529	60675	37307	24277	804124.0	1800	35625
伊川县鸣皋镇	9400	62426	38083	22144	215782.0	293	17427
伊川县水寨镇	4200	27204	13961	6916	178933.0	360	8305
伊川县彭婆镇	10153	63389	36394	19614	667893.0	422	11637
伊川县白沙镇	13300	74256	46737	21009	463726.0	250	9250
伊川县江左镇	9300	51270	30092	4652	22078.0	210	8756
伊川县高山镇	7300	45681	32032	14469	211359.0	330	10077
伊川县吕店镇	12400	61974	38958	26845	137881.0	73	2747
伊川县半坡镇	4900	17114	10010	7130	179568.0	85	2050
伊川县酒后镇	8200	37465	22610	7473	33876.0	300	4298
伊川县鸦岭乡	15000	65904	39912	21452	55392.0		
伊川县平等乡	5700	47682	28559	14423	210524.0		
伊川县葛寨乡	7600	38421	24354	8577	7655.0		
伊川县白元乡	7800	53140	31741	15450	228379.0		
偃师市翟镇	3181	38782	23318	21650	175465.0	1981	25475
偃师市岳滩镇	2928	41023	29317	23556	2107000.0	1893	23170
偃师市顾县镇	4320	60950	27590	22490	1142710.0	2500	27630
偃师市缑氏镇	8040	66069	37010	30498	210894.0	800	12134
偃师市府店镇	12756	57981	43081	32668	188064.0	475	11480
偃师市高龙镇	3777	34746	20382	16599	329759.0	117	14886
偃师市山化镇	6918	49255	38367	20142	408985.0	210	5025
偃师市邙岭镇	5931	28536	24356	13220	163079.0	990	6814
偃师市大口镇	8856	42915	18171	11700	292895.0	101	6532
平顶山市新华区焦店镇	6100	27801	23798	14101	48681.0	26	1130
湛河区北渡镇	5600	38735	24805	11490	77089.0	400	6956
湛河区曹镇乡	6396	50680	16347	5035	71523.0		
宝丰县城关镇	1150	48126	44658	40752	377436.0	1150	48126
宝丰县周庄镇	5677	35901	25953	14926	576007.0	69	6445
宝丰县闹店镇	6150	38998	32081	14079	57784.0	106	8780
宝丰县石桥镇	7100	46665	31928	18166	183026.0	143	11982
宝丰县商酒务镇	6295	44115	36313	16100	656089.0	135	11039
宝丰县大营镇	12615	53073	40740	16386	566019.0	170	14189
宝丰县张八桥镇	6550	34634	29696	19834	888877.0	51	4332
宝丰县杨庄镇	6200	44533	23834	12484	804382.0	180	4073
宝丰县赵庄镇	4460	37756	26673	13568	46985.0	62	1520
宝丰县肖旗乡	6382	37156	19144	10815	57500.0		
宝丰县前营乡	4878	31045	21590	11499	485873.0		

续表 272　　(河南省)　　计算单位：公顷、人、万元

名　　称	行政区域面　　积	常住人口	从业人员	二三产业从业人员	工　业总产值	城镇建成区 面 积	城镇建成区常住人口
宝丰县李庄乡	4220	28215	19659	11802	129575.0		
叶县昆阳镇	630	62321	15827	14165	525179.0	13	54953
叶县任店镇	8500	61631	61531	34083	92703.0	585	11873
叶县保安镇	11700	36784	36052	18886	67587.0	382	9219
叶县仙台镇	6581	60821	40377	32725	131432.0	122	6255
叶县叶邑镇	9500	62700	60214	23859	132887.0	13	9117
叶县廉村镇	8696	60887	48280	27359	113507.0	246	8986
叶县常村镇	17800	34728	31984	12794	92642.0	207	4600
叶县辛店镇	14000	49657	35184	23165	64765.0	210	2591
叶县城关乡	6865	58389	58314	44093	1013602.0		
叶县夏李乡	11800	47636	31075	16424	108947.0	22	3500
叶县马庄回族乡	9894	11628	6549	4628	216318.0	40	2578
叶县田庄乡	5900	42345	25392	14097	157085.0		
叶县龚店乡	6300	49650	47205	18765	163507.0	79	1260
叶县龙泉乡	7333	41300	38000	13000	71000.0		
叶县水寨乡	5300	35268	34270	14634	99688.0	360	2400
叶县洪庄杨乡	2996	38690	29070	11025	168192.3	44	6000
叶县邓李乡	6600	49657	37621	21800	182759.0	139	1976
鲁山县下汤镇	12186	35300	26549	25023	23030.0	280	12300
鲁山县梁洼镇	6349	36249	29075	18960	834279.0	267	13305
鲁山县张官营镇	8325	59892	43403	36420	92056.0	183	19600
鲁山县张良镇	8988	53384	40105	25076	287978.0	695	36825
鲁山县尧山镇	30500	21405	20103	12666	3361.0	112	5250
鲁山县瓦屋镇	12000	38257	28301	24873	58393.0	121	4390
鲁山县赵村镇	21400	26765	17853	14368	151000.0	98	6515
鲁山县四棵树乡	12784	15790	8671	4733	65700.0		
鲁山县团城乡	10114	14379	9180	5194	34273.0		
鲁山县熊背乡	13007	22780	20548	14160	15538.0		
鲁山县让河乡	8874	53448	39948	25425	213310.0	785	16055
鲁山县观音寺乡	5870	28551	18710	17925	30069.0		
鲁山县昭平台库区乡	10200	25884	18504	15849	30786.0		
鲁山县背孜乡	17210	25922	14842	8136	10403.0		
鲁山县仓头乡	7999	26984	19039	15054	8170.0		
鲁山县董周乡	10100	49987	34949	22877	47019.0		
鲁山县张店乡	6320	35757	23968	13123	12815.0		
鲁山县辛集乡	9083	55826	38395	15631	502575.0		
鲁山县滚子营乡	10503	70305	53707	38126	8663.0		
鲁山县马楼乡	15090	89095	52119	31987	36272.0		
郏县冢头镇	5300	58810	27498	14603	276800.0	560	38810
郏县安良镇	10000	57824	49263	22245	347124.0	395	24189
郏县堂街镇	6200	48211	38505	22163	72623.0	520	17884
郏县薛店镇	7400	65084	52620	16918	148695.0	321	11145
郏县长桥镇	5000	52550	40002	18200	277731.0	150	13803
郏县茨芭镇	10300	53579	41512	12147	279586.0	395	13991
郏县黄道镇	4500	28903	17008	13483	186783.0	380	15912
郏县李口镇	5000	27712	20313	10046	73260.0	132	7873
郏县王集乡	6500	43542	43537	14782	102976.0	337	9563
郏县姚庄回族乡	900	8306	5306	3909	46830.0	78	2807
郏县白庙乡	4700	36580	32570	10370	555357.0	70	5960
郏县广阔天地乡	1400	15414	14478	11781	332796.0	57	4746

续表 273　　（河南省）　　计算单位：公顷、人、万元

名　　称	行政区域面　　积	常住人口	从业人员	二三产业从业人员	工　业总产值	城镇建成区 面 积	城镇建成区常住人口
郏县渣元乡	4100	33321	24612	16303	216887.0	357	8523
平顶山高新技术产业开发区遵化店镇	5200	34881	13554	10416	1100000.0	281	7328
平顶山市新城区滍阳镇	3200	29788	19302	5912	4196.0	37	2278
舞钢市尚店镇	10700	45126	29204	13740	106264.0	162	3244
舞钢市八台镇	5590	30395	19484	10582	94587.0	16	1120
舞钢市尹集镇	10150	26671	18513	9539	98148.0	145	6642
舞钢市枣林镇	8210	52967	31176	10079	98698.0	71	450
舞钢市庙街乡	5630	15601	9261	3335	112979.0		
舞钢市铁山乡	3400	22527	15840	7857	126781.0	13	782
舞钢市武功乡	5120	25539	25404	12387	147492.0	4	241
舞钢市杨庄乡	13400	26535	18632	9532	178862.0	15	884
汝州市寄料镇	17830	68622	46971	34180	638827.0	388	18252
汝州市温泉镇	7600	53068	33105	10065	19458.0	420	4657
汝州市临汝镇	9200	63264	45954	24994	861565.0	960	26741
汝州市小屯镇	12260	88600	63021	44660	1539391.0	1255	32375
汝州市杨楼镇	6998	61750	40841	28031	430790.0	2850	17680
汝州市蟒川镇	14600	53397	35632	26638	1206000.0	256	14680
汝州市庙下镇	8550	73659	65694	18234	89691.0	152	10379
汝州市米庙镇	9490	51217	27186	7886	208409.9	35	3201
汝州市陵头镇	10700	46177	37535	14638	288988.0	38	8860
汝州市纸坊镇	7860	78453	54917	23536	59728.0	340	5890
汝州市大峪镇	14000	22552	20230	12171	32180.0	150	1120
汝州市王寨乡	7500	47302	26459	9594	22394.0		
汝州市骑岭乡	5068	43856	29116	23176	210245.0		
汝州市夏店乡	6710	31280	19813	10867	49700.0		
汝州市焦村乡	6970	26811	18620	4554	21881.0		
文峰区宝莲寺镇	4738	56432	25610	8230	73259.0	425	15902
文峰区高庄镇	6030	55490	34425	9420	82983.0	120	4130
殷都区西郊乡	2330	38643	19843	13020	57724.0		
龙安区龙泉镇	5700	32350	16600	12800	300000.0	150	1800
龙安区马投涧镇	10200	54166	36060	16000	337767.0		
龙安区东风乡	4600	54149	30700	23000	104400.0		
安阳县水冶镇	9610	119936	77101	70586	3229033.0	2358	70044
安阳县铜冶镇	6000	36522	27260	25280	2445380.0	370	11520
安阳县善应镇	6600	29970	18910	15760	148000.0	320	9798
安阳县柏庄镇	5000	35610	24776	21964	774936.0	120	15522
安阳县白璧镇	6560	67469	57005	28994	62640.0	685	30751
安阳县曲沟镇	2965	47697	30218	26408	1344545.0	175	20060
安阳县吕村镇	6213	68541	34731	16417	77834.0	135	15876
安阳县伦掌镇	7027	37742	24359	17564	231755.0	199	8806
安阳县崔家桥镇	5560	49680	32348	21558	29800.0	300	3109
安阳县辛村镇	7610	65680	41619	19734	60796.0	531	9066
安阳县韩陵镇	3640	30953	21344	13591	126327.0	450	4852
安阳县永和镇	4725	47520	28350	16905	31422.0	145	8568
安阳县都里镇	8700	26766	14326	11767	138467.0	62	4890
安阳县磊口乡	5800	22530	15580	9330	150538.0		
安阳县许家沟乡	6000	36168	24137	18749	350349.0		
安阳县马家乡	6100	28527	19123	10098	60000.0		
安阳县安丰乡	7900	56812	33648	23836	44677.0		
安阳县洪河屯乡	5860	39480	22366	21086	132215.0	422	10426

续表 274　　　　(河南省)　　　　计算单位：公顷、人、万元

名　　称	行政区域面　　积	常住人口	从业人员	二三产业从业人员	工　业总产值	城镇建成区　面　积	城镇建成区常住人口
安阳县瓦店乡	5781	48120	32067	16863	120758.0		
安阳县北郭乡	5300	49739	33746	24031	46352.0		
汤阴县城关镇	1951	72639	49992	49368	761875.0	1635	66698
汤阴县菜园镇	7658	51650	32742	21206	79438.0	858	17760
汤阴县任固镇	8025	47969	30987	23407	41493.0	367	15432
汤阴县五陵镇	6351	45936	33140	25002	40538.0	468	14968
汤阴县宜沟镇	12763	55214	41947	40398	402179.0	1564	54109
汤阴县白营镇	3891	34029	24527	23817	621845.0	890	10230
汤阴县伏道镇	7609	43874	30278	19064	361637.0	310	5126
汤阴县韩庄镇	6569	40613	31911	30988	1279495.0	470	8400
汤阴县古贤镇	3791	27946	23982	19446	157604.0	430	6520
汤阴县瓦岗乡	5978	28931	20403	12835	38998.0	79	2795
滑县道口镇	1767	75112	65458	64208	267778.2	1240	51321
滑县城关镇	6690	71013	46006	29049	72148.5	1030	24304
滑县白道口镇	11364	57954	35830	11145	275790.4	395	12312
滑县留固镇	11786	66584	42706	20736	193398.0	417	13715
滑县上官镇	7241	61823	33323	11536	301572.1	275	8000
滑县牛屯镇	11494	60834	37480	7947	177088.6	188	9546
滑县万古镇	8604	49986	30318	9953	116152.3	192	16243
滑县高平镇	9389	54928	35272	15524	243807.4	238	5331
滑县王庄镇	7837	50198	23691	9354	197973.1	342	10189
滑县老店镇	9761	62719	30932	9972	184302.9	138	6510
滑县慈周寨镇	6321	43624	27064	6959	73533.4	190	9011
滑县焦虎镇	8045	60520	27050	7531	105387.0	183	6000
滑县枣村乡	8616	39257	22753	4483	40474.0		
滑县四间房乡	7100	35785	17912	4565	40152.3		
滑县八里营乡	11815	57191	29304	5485	21849.5		
滑县赵营乡	7200	34674	20698	4489	8891.7		
滑县大寨乡	6707	40268	24520	5236	42530.6		
滑县桑村乡	5049	34097	18105	4139	7916.6		
滑县老爷庙乡	7970	50444	28984	5571	23491.8		
滑县瓦岗寨乡	5612	32641	13276	3509	9851.4		
滑县半坡店乡	8913	45368	24468	5254	17533.1		
滑县小铺乡	5424	37330	19472	7336	18495.0		
内黄县城关镇	11400	55528	54828	51205	463328.0	1546	53673
内黄县东庄镇	9160	59232	43004	27678	451678.7	218	5200
内黄县井店镇	4780	40620	35267	25035	685250.5	410	14830
内黄县梁庄镇	10110	34232	24001	11350	262191.0	261	6192
内黄县后河镇	12000	40855	30144	22980	513866.9	400	6238
内黄县楚旺镇	3950	38130	24645	14865	144568.9	280	26530
内黄县田氏镇	5380	50113	33291	17081	33205.5	350	13315
内黄县二安镇	5710	41156	28655	19529	101059.6	231	8840
内黄县张龙乡	4920	31068	22020	16920	60235.5		
内黄县马上乡	7800	44315	34782	22050	198759.0		
内黄县高堤乡	6110	34090	24948	9240	121859.0		
内黄县亳城乡	7220	51261	36388	19185	66372.8		
内黄县六村乡	7200	33830	20522	14485	55457.0		
内黄县中召乡	5890	26071	18633	9953	48690.0		
内黄县宋村乡	4070	33284	24176	12456	61299.0		
内黄县石盘屯乡	4400	29280	17720	8020	41642.0		

续表 275　　（河南省）　　计算单位：公顷、人、万元

名　　称	行政区域面　积	常住人口	从业人员	二三产业从业人员	工　业总产值	城镇建成区 面 积	城镇建成区常住人口
内黄县豆公乡	4400	35072	24433	12355	51396.0		
林州市合涧镇	13426	63218	33546	25892	862274.0	134	13628
林州市临淇镇	18500	77947	51404	24803	476877.0	700	24817
林州市东姚镇	17200	56541	35112	23352	349535.0	202	13360
林州市横水镇	14400	73988	56438	37021	993818.0	531	14211
林州市河顺镇	11400	61992	47822	26951	1136453.0	104	16528
林州市任村镇	18500	42869	29708	17002	143692.0	141	9743
林州市姚村镇	10200	96277	60747	37811	1872561.0	1400	28728
林州市陵阳镇	2600	23951	16921	15980	2235664.2	368	4635
林州市原康镇	13700	38897	20489	14002	674853.0	220	13148
林州市五龙镇	19000	59620	28826	23796	273188.0	113	4957
林州市采桑镇	8500	50735	31348	17487	336074.0	155	5597
林州市东岗镇	13924	46721	29865	18888	680298.0	180	6856
林州市桂林镇	9400	41568	25954	10052	280182.0	640	8097
林州市茶店镇	9403	36138	11613	6858	114521.0	15	7267
林州市石板岩镇	8900	9208	3932	2120	5003.0	600	1500
林州市城郊乡	13900	95880	58873	37618	1385461.0		
鹤山区鹤壁集镇	7340	50461	27474	18589	400640.0	382	16801
鹤山区姬家山乡	5340	14045	5885	3450	223822.0		
山城区石林镇	8500	45601	24285	11024	392632.0	1275	4560
淇滨区大赉店镇	4875	24650	10492	5152	1820.0	10	85
淇滨区钜桥镇	6820	42294	24224	18362	76402.0	325	14006
淇滨区上峪乡	6400	8779	5224	3653	23798.0		
淇滨区大河涧乡	9700	14044	7805	5496	59997.0		
浚县善堂镇	13388	93150	64082	32830	269328.0	420	32105
浚县屯子镇	11899	79292	34895	18683	108825.0	320	17610
浚县新镇镇	13205	88964	42184	21149	94303.0	200	15080
浚县小河镇	11600	73995	43670	23498	68918.0	150	5129
浚县卫贤镇	9280	65198	45739	22157	134992.0	223	16042
浚县王庄镇	9950	64950	38076	22420	468793.0	251	15800
浚县白寺乡	10670	45021	32400	17003	59380.0	210	15525
淇县高村镇	7353	47235	23239	12571	954100.0	1100	15600
淇县北阳镇	11468	41668	23941	13834	1150000.0	587	16800
淇县西岗镇	6338	52525	41030	36080	474900.0	900	23800
淇县庙口镇	9164	32340	24385	10242	926000.0	890	4830
淇县黄洞乡	11325	9304	9158	5066	138600.0	400	4100
红旗区洪门镇	3420	28700	18918	15384	79547.0	546	4996
红旗区小店镇	3360	30329	16725	12042	254502.0	533	9683
卫滨区平原镇	3200	41223	22753	17933	512552.0	400	12568
凤泉区大块镇	5095	46237	24065	21188	1356000.0	114	8578
凤泉区耿黄镇	2900	35218	12860	12060	693000.0	259	18700
凤泉区潞王坟乡	3505	23654	9698	6036	411320.0		
牧野区王村镇	2404	30264	23867	23351	1408244.0	561	26123
牧野区牧野镇	2835	32703	21210	18784	316025.0	768	19242
新乡县翟坡镇	4633	35141	23387	21227	605271.0	1401	26678
新乡县小冀镇	3082	42483	30103	29668	783944.0	1618	37162
新乡县七里营镇	10813	82681	64544	60980	3571044.0	1630	50613
新乡县朗公庙镇	8045	55068	32348	25508	387511.0	2011	8769
新乡县古固寨镇	4858	38984	21972	19560	293066.0	390	26800
新乡县大召营镇	2987	18230	13390	11560	372355.0	472	13008

续表 276 （河南省） 计算单位：公顷、人、万元

名　　称	行政区域面积	常住人口	从业人员	二三产业从业人员	工业总产值	城镇建成区面积	城镇建成区常住人口
新乡县合河乡	3817	32486	22816	20202	107544.0		
获嘉县城关镇	3004	68974	50629	36360	776590.0	2315	68974
获嘉县照镜镇	3298	30301	14017	8805	403229.0	300	3514
获嘉县黄堤镇	2476	22020	13213	9846	81854.0	289	3377
获嘉县中和镇	2477	31190	19949	13430	31493.0	130	12000
获嘉县徐营镇	4217	36958	20498	14382	67125.0	230	7449
获嘉县冯庄镇	5258	47035	24530	10930	52974.0	15	300
获嘉县亢村镇	5571	49132	33696	17740	462015.0	335	18771
获嘉县史庄镇	4419	40520	27196	9400	42385.0	303	6054
获嘉县位庄乡	3530	29944	14358	10280	57368.0		
获嘉县大新庄乡	5212	42036	23078	10154	114218.0	3	126
获嘉县太山乡	6011	45291	18056	4113	124790.0		
原阳县齐街镇	6977	46724	29402	20162	67242.0	17	710
原阳县太平镇	8130	40259	27997	18598	85067.0	63	12471
原阳县福宁集镇	9946	43008	30135	24035	78055.0	20	14365
原阳县韩董庄镇	5758	31436	19217	9737	132735.0	629	15666
原阳县葛埠口乡	5405	30363	18740	14240	55763.0		
原阳县蒋庄乡	7467	31930	22590	17772	27698.0		
原阳县官厂乡	9584	35174	22260	14200	13835.0		
原阳县大宾乡	6480	33412	20437	14373	40744.0		
原阳县陡门乡	13703	58261	33894	20642	39096.0		
原阳县路寨乡	5984	32939	22155	14250	20739.0		
原阳县阳阿乡	7147	31502	16247	10761	39908.0		
原阳县靳堂乡	10101	42970	25573	15772	28818.0		
延津县城关镇	1650	69245	32866	29994	284160.0	879	63014
延津县东屯镇	4992	33394	17000	9900	245383.0	120	10500
延津县丰庄镇	4980	34830	26713	6306	51767.0	485	3817
延津县石婆固镇	10276	45045	22987	16367	78874.0	2550	7620
延津县王楼镇	5750	32611	16134	11711	118803.0	120	6400
延津县僧固乡	5554	34817	14622	9490	57206.0		
延津县位邱乡	10444	42762	29919	11968	42109.0		
延津县司寨乡	7000	39493	22493	9290	72909.0		
延津县马庄乡	10470	44359	23970	16214	84676.0		
延津县胙城乡	9990	39200	28700	18900	85648.0		
延津县榆林乡	6840	26920	21530	5280	56274.0		
延津县小潭乡	7500	38020	21550	11450	166094.0		
封丘县城关镇	1287	62585	29600	28564	320000.0	1193	61920
封丘县黄陵镇	5287	31512	21760	3870	330000.0	265	16000
封丘县黄德镇	5863	30900	23002	8479	65000.0	137	5200
封丘县应举镇	9641	44184	9632	7387	148978.0	260	7600
封丘县陈桥镇	10687	43220	26765	13445	65000.0	165	6000
封丘县赵岗镇	7915	50086	22757	18962	41433.0	107	6532
封丘县留光镇	5854	42850	26719	7677	52741.0	125	8512
封丘县潘店镇	7328	47225	29330	19300	34000.0	155	8651
封丘县李庄镇	8297	32438	17671	11971	26455.0	100	2282
封丘县陈固镇	6352	37188	24126	4773	26000.0	107	6856
封丘县居厢镇	5184	30728	19332	12632	31560.9	350	8396
封丘县鲁岗镇	5291	34343	25588	7831	31234.0	105	6269
封丘县城关乡	6984	48300	27948	19720	84471.9		
封丘县回族乡	780	5785	3349	1649	12965.0		

续表 277　　　　　　　　　　　　（河南省）　　　　　　　　　　计算单位：公顷、人、万元

名　　称	行政区域面　积	常住人口	从业人员	二三产业从业人员	工　业总产值	城镇建成区 面 积	城镇建成区常住人口
封丘县王村乡	5389	42300	24197	12282	140000.0		
封丘县荆宫乡	12601	56187	32597	21477	35921.6		
封丘县曹岗乡	7926	30068	17013	13666	23000.0		
封丘县尹岗乡	4751	26139	13671	11926	185223.0		
封丘县冯村乡	5127	35162	19968	9668	38600.0		
长垣县丁栾镇	4898	44460	30296	21475	88500.0	193	15101
长垣县樊相镇	5506	48652	30300	14100	112500.0	180	11990
长垣县恼里镇	9080	45665	29121	23397	396500.0	620	12763
长垣县常村镇	6577	45200	35038	29285	10620.0	300	5056
长垣县赵堤镇	4588	36846	21331	17055	31000.0	30	8200
长垣县孟岗镇	3396	30402	28817	23800	71838.0	25	4636
长垣县满村镇	4210	36870	25055	19274	177089.0	236	4769
长垣县苗寨镇	5400	46396	40438	35085	2060.0	758	11166
长垣县张三寨镇	4000	32522	26640	16160	12002.0	2	1200
长垣县方里镇	4998	33120	32121	14691	33459.0	4	1846
长垣县佘家镇	5500	46680	10524	1875	20997.0	310	9079
长垣县芦岗乡	7600	56000	31683	21510	19450.0		
长垣县武邱乡	8600	45328	22366	14036	1275.0		
新乡高新技术产业开发区开发区关堤乡	4100	41988	36482	30000	141713.0		
新乡市平原城乡一体化示范区原武镇	5724	22785	13902	10549	17312.0	120	4568
新乡市平原城乡一体化示范区师寨镇	7200	44694	25463	20670	38840.0	10	1331
新乡市平原城乡一体化示范区祝楼乡	6954	29978	18238	11399	14815.0		
新乡市平原城乡一体化示范区桥北乡	7170	33376	23295	17869	28516.0		
卫辉市汲水镇	2000	46210	29899	26469	79870.0	1030	38750
卫辉市太公镇	7800	28902	14682	9369	46230.0	4	547
卫辉市孙杏村镇	4700	24651	16040	8183	190000.0	54	3023
卫辉市后河镇	4500	26891	11243	9791	365000.0	215	3672
卫辉市李源屯镇	6400	54776	10843	9593	774640.0	150	10830
卫辉市唐庄镇	8100	40610	20190	13280	493800.0	1510	32720
卫辉市上乐村镇	6500	36086	31204	8999	41010.0	96	6180
卫辉市狮豹头乡	18410	7660	5364	1020	6600.0		
卫辉市安都乡	7900	38403	18844	6723	173260.0		
卫辉市顿坊店乡	5800	31627	17293	6348	41097.0		
卫辉市柳庄乡	3874	29800	16950	9564	130320.0		
卫辉市庞寨乡	4900	26728	13227	2196	49065.0		
卫辉市城郊乡	5016	61050	43678	37840	337875.0		
辉县市薄壁镇	19700	43450	11694	9094	87207.0	300	10000
辉县市峪河镇	6900	48838	12861	9551	51302.0	280	14800
辉县市百泉镇	8000	81348	39533	30964	2237933.0	1652	35658
辉县市孟庄镇	3600	46737	29187	28297	2830000.0	900	28980
辉县市常村镇	9100	47475	15791	11703	491445.0	530	10100
辉县市吴村镇	9500	61098	30468	7032	719524.0	66	4965
辉县市南村镇	11800	26870	7338	3638	14590.0	198	2930
辉县市南寨镇	14600	19460	4793	3293	34385.0	300	6600
辉县市上八里镇	20450	18787	8483	1672	5680.0	123	3087
辉县市北云门镇	5000	47431	15928	10845	73650.0	206	6050
辉县市占城镇	5900	36676	11193	8008	12975.0	77	2935
辉县市冀屯镇	8100	47482	30760	26940	455462.0	290	24000
辉县市黄水乡	13000	11352	6210	1995	8690.0		
辉县市拍石头乡	13000	9214	3774	1829	2832.0		

续表 278　　（河南省）　　计算单位：公顷、人、万元

名　　称	行政区域面　　积	常住人口	从业人员	二三产业从业人员	工　业总产值	城镇建成区 面 积	城镇建成区常住人口
辉县市高庄乡	9200	38565	15811	7642	249652.0		
辉县市张村乡	10800	16686	6726	4246	35144.0		
辉县市赵固乡	6500	40777	22356	21716	357428.0		
辉县市西平罗乡	5300	18342	8908	2608	3335.0		
辉县市洪洲乡	4650	9620	6814	5354	63345.0		
辉县市沙窑乡	11800	10475	4141	3314	1553.0		
修武县城关镇	2921	45176	13270	9610	150121.0	1074	45176
修武县七贤镇	9079	39464	15903	9471	50351.0	612	27975
修武县郇封镇	8775	65954	32626	21079	641668.0	669	7902
修武县周庄镇	2238	15755	8760	4180	182719.0	25	1552
修武县云台山镇	10300	3365	3305	2970		230	1965
修武县王屯乡	2810	20892	13786	815	6600.0		
修武县五里源乡	5689	39528	15144	8220	767922.0		
修武县西村乡	18873	16855	9918	5242	12478.0		
博爱县清化镇	3420	98510	48076	38215	1798954.1	890	98236
博爱县柏山镇	2980	40176	16765	11065	1197926.4	186	9700
博爱县月山镇	2990	43922	23874	19463	612541.0	182	30450
博爱县许良镇	2993	46420	22956	14420	636521.0	250	17600
博爱县磨头镇	3379	29980	18632	7353	536771.3	250	5060
博爱县孝敬镇	6000	51210	28332	6005	326147.0	80	6370
博爱县寨豁乡	14800	12000	6302	1137	348952.5		
博爱县金城乡	6218	54783	26026	9487	320106.7		
武陟县詹店镇	8900	50528	32843	25343	481460.0	1600	34290
武陟县西陶镇	3800	48369	32726	26378	497100.0	1480	28000
武陟县谢旗营镇	6450	59150	33285	26054	454203.0	872	18810
武陟县大封镇	8500	71330	64120	47370	520000.0	1205	26872
武陟县嘉应观乡	8750	41330	18200	3900	100263.0		
武陟县乔庙乡	8500	46962	31914	10882	122864.0		
武陟县圪当店乡	3860	37600	21403	6126	52000.0		
武陟县三阳乡	6400	47087	41029	18982	230000.0		
武陟县小董乡	5120	42545	21493	5156	17600.0		
武陟县大虹桥乡	8200	58059	35191	14187	143690.0		
武陟县北郭乡	4612	41540	29316	9804	23801.0		
温县温泉镇	6100	101482	50929	42966	1137015.6	1000	66675
温县祥云镇	6200	49035	31722	12734	535468.0	482	6708
温县番田镇	7400	44853	32385	12170	842964.0	360	5456
温县黄庄镇	6600	51925	38225	18828	374642.0	210	2957
温县武德镇	4300	42520	33690	18300	433668.0	320	7228
温县赵堡镇	4900	40806	30395	20550	115446.0	290	9380
温县南张羌镇	3100	29403	22164	14451	334250.0	515	8733
温县岳村乡	2600	21694	14048	9630	187995.0	150	1198
温县招贤乡	3000	19054	18362	9264	167263.0		
温县北冷乡	2000	20244	14498	7273	173500.0		
焦作城乡一体化示范区阳庙镇	3375	36656	16792	6202	215840.0	220	15368
焦作城乡一体化示范区宁郭镇	3870	27342	18848	4882	130520.0	119	11401
焦作城乡一体化示范区苏家作乡	3015	35621	22032	6430	130026.0		
沁阳市崇义镇	4766	33438	21046	9400	713181.8	480	6470
沁阳市西向镇	9930	78247	72650	68600	3329809.0	1256	32786
沁阳市西万镇	3670	38139	25705	18618	637272.7	240	12588
沁阳市柏香镇	8730	61948	37488	18460	986363.6	500	11023

续表 279　　（河南省）　　计算单位：公顷、人、万元

名　　称	行政区域面积	常住人口	从业人员	二三产业从业人员	工业总产值	城镇建成区面积	城镇建成区常住人口
沁阳市山王庄镇	1770	30223	16422	11662	452727.0	220	9988
沁阳市紫陵镇	6850	27660	18568	17357	1472272.7	109	6360
沁阳市常平乡	7237	8450	5789	3800	73181.8		
沁阳市王召乡	6048	50304	31625	13555	529090.9		
沁阳市王曲乡	5770	40159	24410	10150	728636.0		
孟州市化工镇	6644	37275	22613	20060	162296.0	134	11760
孟州市南庄镇	4656	42678	27268	21348	1130695.0	355	21332
孟州市城伯镇	3890	33862	23094	11523	459247.0	100	3300
孟州市谷旦镇	4042	29216	16817	9413	362541.0	209	2837
孟州市赵和镇	7911	37992	22389	2868	46246.0	85	3910
孟州市西虢镇	7641	36167	22636	17330	2521125.0	200	4683
孟州市槐树乡	6823	23567	11170	4920	138000.0		
华龙区岳村镇	2700	26094	15090	10869	284183.0	320	8500
华龙区孟轲乡	2030	25020	13200	9000	320000.0		
清丰县城关镇	2610	63670	19768	13538	610000.0	2450	63670
清丰县马庄桥镇	1648	11715	8668	5344	529807.0	316	4975
清丰县瓦屋头镇	5785	44876	21704	14241	257322.0	115	7530
清丰县仙庄镇	6840	52679	23353	14371	200000.0	2500	23560
清丰县柳格镇	4145	43365	22713	13995	736386.0	110	5462
清丰县六塔乡	5126	41575	26487	14517	254105.0		
清丰县巩营乡	5890	30458	22455	12852	180011.0		
清丰县马村乡	5834	38042	23001	16126	178228.0		
清丰县高堡乡	5126	40720	12103	9454	473122.0	36	4421
清丰县古城乡	5012	41743	21480	7777	203221.0		
清丰县大流乡	4932	35490	14245	7925	313520.0		
清丰县韩村乡	5130	37432	11078	6868	176334.0	60	3200
清丰县大屯乡	4720	38542	24846	19590	246697.0		
清丰县固城乡	5040	35213	10698	5598	321250.0		
清丰县双庙乡	4535	42178	21865	14683	198000.0		
清丰县纸房乡	5716	40742	20472	14265	42280.0		
清丰县阳邵乡	6916	37420	21561	15352	271625.0	49	2970
南乐县城关镇	3100	47910	5286	1019	412909.0	215	37731
南乐县韩张镇	4300	37465	6025	1012	268930.0	219	17362
南乐县元村镇	6000	39148	15106	2431	351244.0	286	25840
南乐县福坎镇	6650	43199	21062	744	590098.0	146	7643
南乐县张果屯镇	5500	30105	11983	885	408369.0	9	1230
南乐县千口镇	6300	47839	22121	1381	206841.0	110	9327
南乐县杨村乡	5205	28490	6800	550	396500.0		
南乐县谷金楼乡	4900	31043	17215	5492	408322.0		
南乐县西邵乡	4800	44590	39815	1195	343719.0		
南乐县寺庄乡	5800	44632	17844	951	312000.0		
南乐县梁村乡	4798	43255	19592	3652	17307.0		
南乐县近德固乡	4897	40324	22567	1691	14734.0		
范县城关镇	1500	37100	6854	4900	135006.0	550	34740
范县濮城镇	4400	69990	51822	43255	2409559.0	882	33758
范县龙王庄镇	6500	43989	30830	18143	177769.0	77	5303
范县高码头镇	4500	34945	33345	8285	174167.0	220	5162
范县王楼镇	3850	27244	16364	7735	827333.0	320	10037
范县辛庄镇	6500	41590	28601	10512	262133.0	340	8890
范县陈庄镇	4520	32884	31613	11381	83075.0	652	8342

续表 280　（河南省）　计算单位：公顷、人、万元

名　称	行政区域面　积	常住人口	从业人员	二三产业从业人员	工　业总产值	城镇建成区 面 积	城镇建成区常住人口
范县杨集乡	5600	40901	29743	9645	83361.0	220	12000
范县白衣阁乡	5600	31033	18710	12460	80505.0	20	13500
范县颜村铺乡	3640	33492	17279	7020	208357.0	518	6518
范县陆集乡	4960	32293	24645	6653	221729.0	15	1590
范县张庄乡	7300	36039	21364	12444	153411.0	50	11054
台前县城关镇	2582	47099	38346	29248	584757.0	732	38457
台前县侯庙镇	5356	45342	25329	8839	260627.0	304	11350
台前县孙口镇	3132	32908	28621	19556	257886.0	120	21000
台前县打渔陈镇	5907	47110	27310	12979	263973.0	35	4320
台前县马楼镇	6738	40460	21528	15398	318684.0	183	15000
台前县吴坝镇	3845	23273	18483	9163	118100.0	8	2542
台前县后方乡	3368	25094	20640	11349	83256.0	52	8424
台前县清水河乡	4336	34229	29349	18802	231552.0	35	3255
台前县夹河乡	4123	25379	17605	8627	215568.0	96	9632
濮阳县城关镇	5132	59860	49656	32149	1993277.0	3985	43945
濮阳县柳屯镇	7500	68160	59208	51817	2656900.0	3567	37320
濮阳县文留镇	8000	85980	63870	52610	2356700.0	800	36350
濮阳县庆祖镇	8000	62850	62820	17400	710582.0	270	20150
濮阳县八公桥镇	7800	60690	59582	5114	16800.0	113	4720
濮阳县徐镇镇	6400	47650	35380	20660	186005.0	550	6958
濮阳县户部寨镇	6900	51620	49450	17190	743752.9	450	4152
濮阳县鲁河镇	7500	50002	38389	21937	374771.2	266	28488
濮阳县子岸镇	7696	51962	51762	15472	11130.0	210	7294
濮阳县胡状镇	6597	49880	39168	6648	114710.0	45	5374
濮阳县王称固镇	7260	53979	29006	852	10718.0	178	5234
濮阳县清河头乡	5800	42789	28565	19737	203567.0		
濮阳县梁庄乡	6700	48730	39608	8738	132987.0	350	8000
濮阳县白罡乡	5500	35428	35426	13842	20145.0		
濮阳县梨园乡	6396	42412	31352	8201	35026.0		
濮阳县五星乡	5100	44353	14033	3918	184826.0		
濮阳县郎中乡	5989	53964	29010	16000	21200.0		
濮阳县海通乡	6318	54885	21463	13418	135600.0	30	17200
濮阳县渠村乡	7800	45831	29130	10020	11025.0		
濮阳县习城乡	7600	44812	24982	5680	6656.0		
濮阳经济技术开发区王助镇	6225	49010	25690	15370	304916.0	106	4489
濮阳经济技术开发区新习镇	7300	52318	31686	12134	33000.0	53	1251
濮阳经济技术开发区胡村乡	5419	25562	15090	6970	20264.0		
许昌县将官池镇	4000	37812	18821	11298	145185.0	800	7500
许昌县五女店镇	7330	36745	16800	12025	200738.0	280	11049
许昌县尚集镇	3592	52724	18877	14017	198725.0	840	11244
许昌县苏桥镇	6600	61690	34916	12616	203500.0	410	14019
许昌县蒋李集镇	8508	54847	28658	14326	100057.0	108	5195
许昌县张潘镇	5432	51266	22767	13247	396500.0	500	10498
许昌县灵井镇	6700	59600	26982	10382	304123.0	740	11500
许昌县陈曹乡	9200	71026	45806	23654	209119.0		
许昌县邓庄乡	3345	48207	38975	12011	3600.0		
许昌县小召乡	6000	45869	15847	10962	170200.0		
许昌县河街乡	5100	47155	39787	9247	266127.0		
许昌县桂村乡	4800	35933	21981	14121	105895.0		
许昌县椹涧乡	7500	56389	29830	8288	281041.0		

续表 281　　（河南省）　　计算单位：公顷、人、万元

名　　称	行政区域面　　积	常住人口	从业人员	二三产业从业人员	工　业总产值	城镇建成区 面 积	城镇建成区常住人口
许昌县榆林乡	7376	52580	30823	12223	232694.0		
许昌县艾庄回族乡	1350	11675	6497	1371	55575.0		
鄢陵县安陵镇	1990	66805	41410	40950	228709.0	1896	37409
鄢陵县马栏镇	7230	57730	28547	24530	432490.0	32	40060
鄢陵县柏梁镇	6930	57127	28196	15297	42660.0	1340	40957
鄢陵县陈化店镇	4946	33715	16776	4992	56780.0	200	5800
鄢陵县望田镇	7950	38922	14493	6451	124142.0	300	13769
鄢陵县大马镇	7670	36215	24242	15374	165000.0	308	20005
鄢陵县陶城镇	10660	64035	62966	32264	117630.0	30	5430
鄢陵县张桥镇	8460	66658	32356	26315	39645.0	152	725
鄢陵县彭店镇	9510	50778	27468	22732	349967.0	99	16580
鄢陵县只乐镇	8700	56368	36080	13469	43560.0	185	14220
鄢陵县南坞乡	6440	40926	15346	7324	25500.0	109	1650
鄢陵县马坊乡	7140	58581	31876	20117	161000.0	455	9583
襄城县城关镇	735	41529	31762	26775	97244.5	98	41529
襄城县颍桥回族镇	950	9078	6277	3410	47272.0	110	9039
襄城县麦岭镇	5000	47677	29335	5976	56112.0	101	6532
襄城县颍阳镇	5887	46625	37160	9945	40513.0	118	6607
襄城县王洛镇	6670	42232	27538	14254	166925.0	128	8348
襄城县紫云镇	8485	37084	29715	15408	253822.0	99	6697
襄城县库庄镇	6400	52705	22578	2068	37845.0	98	6520
襄城县十里铺镇	7700	61521	36744	22644	115528.0	115	7522
襄城县山头店镇	6240	48926	32899	16334	57321.0	118	5923
襄城县湛北乡	5518	24481	22803	14862	2193073.0		
襄城县茨沟乡	5215	42496	18360	13113	38000.2		
襄城县丁营乡	5100	38749	31507	18047	13846.0		
襄城县姜庄乡	8861	44945	25469	14357	48430.0		
襄城县范湖乡	9658	66812	65812	5593	87818.0		
襄城县双庙乡	5400	27660	16153	8326	117149.0		
襄城县汾陈乡	4520	39880	20079	13189	90000.0		
许昌经济技术开发区长村张乡	4200	29918	28955	26312	40896.0		
禹州市火龙镇	4670	44217	32037	24675	872753.0	380	16556
禹州市顺店镇	7030	70192	33125	14841	825390.0	290	13026
禹州市方山镇	7400	37973	23700	18220	686595.0	12	5700
禹州市神垕镇	4910	44059	28920	24610	536954.0	930	39510
禹州市鸿畅镇	6900	49549	33207	25160	769351.0	167	19100
禹州市梁北镇	4650	40170	23314	12784	456823.0	120	26800
禹州市古城镇	5382	46008	27874	9918	263281.0	250	13542
禹州市无梁镇	8648	32943	23255	5490	270850.0	610	7670
禹州市文殊镇	6200	46277	24709	15949	211700.0	120	4210
禹州市鸠山镇	9600	29998	22399	8905	135620.0	12	11987
禹州市褚河镇	7331	63510	34825	26910	754648.0	191	11200
禹州市范坡镇	7180	48192	46812	28422	22912.5	89	12120
禹州市郭连镇	4600	46951	42373	22830	383839.0	55	4762
禹州市朱阁镇	7080	40890	33850	14940	192270.0	75	6185
禹州市浅井镇	11200	32160	14972	6669	442647.0	14	2033
禹州市方岗镇	4398	33217	22644	10446	159765.0	315	4500
禹州市花石镇	7130	62100	52073	29012	180000.0	71	5620
禹州市张得镇	7044	50002	42320	21320	123012.0	63	5000
禹州市苌庄乡	8862	31860	17643	6255	383534.0		

续表 282　　（河南省）　　计算单位：公顷、人、万元

名　　称	行政区域面　　积	常住人口	从业人员	二三产业从业人员	工　业总产值	城镇建成区 面 积	城镇建成区常住人口
禹州市磨街乡	5900	23653	15565	5699	347534.0		
禹州市小吕乡	4906	35538	16568	14294	138580.0		
禹州市山货回族乡	1200	11520	8201	3791	152838.0		
长葛市和尚桥镇	4070	25823	24794	22918	1026045.0	23	23495
长葛市坡胡镇	4662	53805	45067	32162	378400.0	192	8096
长葛市后河镇	4438	49058	43421	33036	623124.0	47	10624
长葛市石固镇	3880	40028	28832	20068	627353.0	405	11384
长葛市老城镇	4914	54218	30751	23095	226132.0	200	15983
长葛市南席镇	6318	46792	28669	12534	34791.0	104	5197
长葛市大周镇	6416	83475	66540	59640	3856500.0	1120	44530
长葛市董村镇	5250	50676	30280	22860	98560.0	247	10188
长葛市石象镇	5600	46276	29590	12090	40827.0	13	
长葛市古桥镇	5630	44524	39222	11293	54280.0	18	11578
长葛市增福庙乡	3285	31212	19066	13087	293420.0		
长葛市官亭乡	6202	43601	32918	20208	47210.0		
源汇区大刘镇	4200	37835	30932	19040	29135.0	16	3540
源汇区阴阳赵镇	4600	41487	25060	5208	158000.0	32	11630
源汇区空冢郭镇	4400	47988	20184	8541	206609.0	120	12247
源汇区问十乡	4200	19898	17474	7236	29388.0		
郾城区城关镇	1370	75207	49007	47248	1467259.0	1100	56282
郾城区孟庙镇	6030	59349	35919	13538	709251.0	412	13877
郾城区商桥镇	5070	45268	26300	10580	97032.0	200	8386
郾城区裴城镇	7970	52571	30271	8805	199306.0	180	6806
郾城区新店镇	6990	48664	30269	13530	160054.0	86	9490
郾城区龙城镇	6390	60451	35569	20135	334572.0	413	26648
郾城区李集镇	5470	45650	29945	12236	262607.0	868	10065
郾城区黑龙潭乡	3890	36551	23494	6084	659412.0		
召陵区召陵镇	6934	81953	51554	42590	803568.0	623	19510
召陵区邓襄镇	4067	44421	33857	10052	334096.0	150	8003
召陵区万金镇	7693	71730	23570	22180	299700.0	280	8260
召陵区老窝镇	7968	73650	45324	16424	230323.0	208	6650
召陵区姬石镇	3441	39479	31548	13548	230323.0	196	13562
召陵区青年镇	7734	61990	24515	14639	321392.0	150	5943
舞阳县舞泉镇	2152	75579	43680	39693	1525886.0	2152	75579
舞阳县吴城镇	6617	41134	27787	16017	133203.0	260	17670
舞阳县北舞渡镇	4138	26588	16662	7609	100665.0	446	19850
舞阳县莲花镇	6310	38748	25325	7592	144659.0	150	11890
舞阳县辛安镇	5070	33936	21635	9315	190506.0	146	8400
舞阳县孟寨镇	6232	40025	25929	11273	150946.0	475	20462
舞阳县太尉镇	3677	24946	16804	6240	99638.0	73	4310
舞阳县侯集镇	5874	42651	31101	10258	77382.0	75	6300
舞阳县九街镇	7038	44462	27356	5124	160425.0	161	11254
舞阳县文峰乡	5692	35385	23520	9930	296795.0		
舞阳县保和乡	6918	45711	30160	13117	101583.0		
舞阳县马村乡	6431	33347	23292	8482	99865.0		
舞阳县姜店乡	6580	34736	23633	7096	57059.0		
舞阳县章化乡	4754	34452	17149	9504	56609.0		
临颍县城关镇	3650	91312	54731	53281	3877701.0	1550	46749
临颍县繁城镇	6900	62006	47307	24170	479723.0	245	10625
临颍县杜曲镇	5850	64128	54593	43180	1926180.0	410	17627

续表 283　　　　　　　　　　（河南省）　　　　　　　　　　计算单位：公顷、人、万元

名　　称	行政区域面　积	常住人口	从业人员	二三产业从业人员	工　业总产值	城镇建成区面积	城镇建成区常住人口
临颍县王岗镇	9400	62560	58209	21144	350250.0	110	5968
临颍县台陈镇	6400	63638	36630	22423	193171.0	42	3307
临颍县巨陵镇	5250	44237	26821	10251	91472.0	70	10012
临颍县瓦店镇	5300	44580	29479	12206	187000.0	58	4451
临颍县三家店镇	4700	34911	23991	7847	195650.0	46	2612
临颍县窝城镇	4900	33511	18274	8229	42300.0	45	4235
临颍县王孟镇	6000	37196	25668	7258	121760.0	15	2178
临颍县大郭乡	7450	51745	32622	15098	21126.0		
临颍县皇帝庙乡	5100	31660	20232	10098	159972.0		
临颍县固厢乡	3550	31260	22205	11155	374970.0		
临颍县石桥乡	4550	27865	21095	12123	137821.0		
临颍县陈庄乡	3100	21025	20511	6221	163379.0		
漯河经济技术开发区后谢乡	4100	56340	41185	40587	916580.0		
湖滨区交口乡	4200	20037	13217	5862	12500.0		
湖滨区磁钟乡	2360	9309	5391	1873	61000.0		
湖滨区高庙乡	5900	8270	6203	3235	40868.0		
渑池县城关镇	3400	79671	32981	30665	260400.0	255	20359
渑池县英豪镇	8900	30132	20698	9977	277631.0	120	7360
渑池县张村镇	5400	26900	21351	11851	765691.0	114	12100
渑池县洪阳镇	6700	21789	15496	9048	401816.0	97	2630
渑池县天池镇	13700	41248	23222	13189	261360.0	40	3216
渑池县仰韶镇	9600	32380	24014	18495	843564.0	385	4674
渑池县仁村乡	13100	17596	11751	6143	196511.0		
渑池县果园乡	12400	43403	25250	11394	492536.0		
渑池县陈村乡	11500	31208	19212	9372	653400.0		
渑池县坡头乡	21200	15270	13170	7070	329156.0		
渑池县段村乡	20400	8540	5640	3650	394265.0		
渑池县南村乡	10700	5362	4446	2626	289569.0		
陕县大营镇	9211	54720	21200	11800	236700.0	95	18000
陕县原店镇	2319	31600	12497	10502	87000.0	66	20020
陕县西张村镇	30035	54232	24980	7420	36000.0	152	14900
陕县观音堂镇	12497	22503	14624	6122	77600.0	260	4080
陕县张汴乡	13253	12112	7789	1113	25121.0		
陕县张湾乡	7163	26130	6450	6450	5813.0		
陕县菜园乡	16182	36621	23194	6662	81120.0		
陕县张茅乡	9183	19750	10438	3478	48500.0		
陕县王家后乡	13478	12618	9278	5151	92000.0		
陕县硖石乡	7651	11250	6333	4279	81700.0		
陕县西李村乡	14432	24304	12334	2067	15028.0		
陕县宫前乡	22259	13031	8468	3056	16810.0		
陕县店子乡	16900	2815	2776	1308			
卢氏县城关镇	6400	42782	19083	18435	36000.0	430	37654
卢氏县杜关镇	20100	17171	8365	3891	45776.0	80	2770
卢氏县五里川镇	16930	20102	10286	2604	46324.0	113	7472
卢氏县官道口镇	21100	21300	9918	1819	9550.0	60	3330
卢氏县朱阳关镇	13750	16480	8153	1060	5923.0	103	3330
卢氏县官坡镇	29300	26891	14180	1824	23000.0	80	4264
卢氏县范里镇	33830	35587	18448	1228	78258.0	78	9026
卢氏县东明镇	20760	31020	15244	4263	232102.0	500	11606
卢氏县双龙湾镇	13850	13450	7568	2419	105059.0	255	4700

续表 284 （河南省） 计算单位：公顷、人、万元

名　　称	行政区域面　　积	常住人口	从业人员	二三产业从业人员	工　业总产值	城镇建成区 面 积	城镇建成区常住人口
卢氏县文峪乡	23700	29778	17826	3198	55812.0		
卢氏县横涧乡	25150	31865	18368	4038	44023.0		
卢氏县双槐树乡	12800	12788	6872	1472	14882.0		
卢氏县汤河乡	15050	10481	5305	885	18026.0		
卢氏县瓦窑沟乡	24700	11720	7711	1210	7261.0		
卢氏县狮子坪乡	23800	10788	6481	869	8296.0		
卢氏县沙河乡	13650	14051	6898	1678	24361.0		
卢氏县徐家湾乡	16050	9612	5693	1416	35902.0		
卢氏县潘河乡	25320	12192	7488	2780	55049.0		
卢氏县木桐乡	17850	8329	4411	811	47551.0		
灵宝市城关镇	1935	8562	7477	5102	831200.0	200	1750
灵宝市尹庄镇	8238	45680	24506	11072	783540.0	390	3000
灵宝市朱阳镇	81482	44236	30105	8511	1387252.0	261	7508
灵宝市阳平镇	27991	73420	46864	13383	2371689.0	164	12453
灵宝市故县镇	19546	40705	16494	9311	1997553.0	272	10694
灵宝市豫灵镇	18305	59810	35724	12500	2969000.0	692	13590
灵宝市大王镇	12161	66699	29246	5295	342326.0	129	8100
灵宝市阳店镇	19515	58498	28490	6820	304390.0	91	2370
灵宝市函谷关镇	6055	25500	14810	1890	213940.0	262	2689
灵宝市焦村镇	12652	52299	38424	9970	152500.0	150	9449
灵宝市川口乡	10630	29450	17905	6663	132500.0		
灵宝市寺河乡	15471	7089	5476	1318	45300.0	10	469
灵宝市苏村乡	26761	28160	18304	2994	559251.0	23	1370
灵宝市五亩乡	24185	36680	20032	3244	429348.0	34	3185
灵宝市西阎乡	14991	52466	36301	6068	300560.0	85	4852
宛城区官庄镇	8860	66136	42032	24107	212578.0	515	8312
宛城区瓦店镇	8600	59628	27508	5855	10020.0	246	15386
宛城区红泥湾镇	13449	76120	64139	35600	17006.0	320	21900
宛城区黄台岗镇	9070	52770	36160	16120	154096.0	300	9950
宛城区溧河乡	8020	43320	25807	16157	572000.0		
宛城区汉冢乡	8000	47660	29927	14077	5800.0		
宛城区金华乡	6512	48123	34963	6447	12300.0	116	12989
宛城区茶庵乡	6680	42300	22765	11865	4800.0		
宛城区高庙乡	7734	47829	24721	7820	4688.0		
卧龙区石桥镇	3970	39267	22596	10141	199777.0	315	16836
卧龙区潦河镇	7625	60120	34233	7032	144550.0	230	7821
卧龙区安皋镇	9159	37553	23271	5583	28156.0	260	5700
卧龙区蒲山镇	13970	87683	58167	24507	305684.0	500	46982
卧龙区陆营镇	7500	72986	46209	15020	86064.0	100	7148
卧龙区青华镇	9159	69066	27314	7574	86657.0	203	6950
卧龙区英庄镇	8940	70925	38681	7323	115187.0	250	4100
卧龙区潦河坡镇	10600	23213	16874	5715	15922.0	550	2924
卧龙区七里园乡	4612	22145	12217	7367	139450.0		
卧龙区谢庄乡	10060	39035	21471	13078	20338.0		
卧龙区王村乡	4422	31106	17440	6230	222542.0		
南召县城关镇	1075	53387	24490	24057	104206.0	1075	53387
南召县留山镇	17600	35208	23000	10150	11230.0	106	3320
南召县云阳镇	12486	83970	41130	18160	352410.0	590	55000
南召县皇路店镇	8150	61421	37719	14922	61265.0	400	20754
南召县南河店镇	12890	56161	38418	24358	246356.0	465	11501

续表 285　　　　　　　　　　（河南省）　　　　　　　　　　计算单位：公顷、人、万元

名　　称	行政区域面　积	常住人口	从业人员	二三产业从业人员	工　业总产值	城镇建成区 面 积	城镇建成区常住人口
南召县板山坪镇	34345	25530	16125	6918	4659.0	600	2920
南召县乔端镇	33826	15620	10400	7550	26000.0	600	3650
南召县白土岗镇	19600	45338	26310	11177	161380.0	216	8109
南召县城郊乡	13537	34513	19621	5676	126240.0		
南召县小店乡	16852	38490	28550	6680	74863.0		
南召县皇后乡	15600	36325	22303	9150	119231.0		
南召县太山庙乡	8157	36785	25576	9457	9858.0		
南召县石门乡	12224	37754	19449	3654	20155.0		
南召县四棵树乡	20235	32893	19441	9381	68000.0		
南召县马市坪乡	29200	22869	12513	3198	51673.0		
南召县崔庄乡	20866	39160	25660	8070	43000.0		
方城县独树镇	24400	88982	54406	34922	181088.0	347	26913
方城县博望镇	15300	105849	69310	27281	123560.0	366	34321
方城县拐河镇	17920	42064	34587	6634	84287.0	365	8868
方城县小史店镇	27700	87972	59929	31617	172114.0	355	9155
方城县赵河镇	15260	112680	67749	33628	20141.0	465	31267
方城县广阳镇	16800	86051	54111	20104	390424.0	360	36162
方城县二郎庙镇	12500	51242	22300	2695	12690.0	580	4891
方城县杨楼镇	17900	80213	45970	30115	263609.0	300	8137
方城县券桥乡	10000	58476	33023	22860	115425.0		
方城县杨集乡	16600	58421	32632	9011	138480.0		
方城县古庄店乡	21600	81034	72034	26414	67825.0		
方城县清河乡	14900	69693	39981	23840	81922.0		
方城县柳河乡	13600	48216	28061	8914	29864.0		
方城县四里店乡	29800	61080	27260	14160	208689.0		
方城县袁店回族乡	3538	17458	10383	4628	28325.0		
西峡县丹水镇	13313	46523	20563	7689	142530.0	370	18127
西峡县西坪镇	25670	37100	18000	8500	48711.0	380	18000
西峡县双龙镇	29367	21975	12086	9233	123650.0	460	13980
西峡县回车镇	18743	34907	32979	14906	587420.0	556	5572
西峡县丁河镇	20320	35782	20856	9910	77993.0	320	7102
西峡县桑坪镇	27503	25443	17792	8272	47276.0	400	12500
西峡县米坪镇	21933	22656	11010	8718	56560.0	350	6601
西峡县五里桥镇	22278	51562	27425	16442	305256.0	1267	19216
西峡县重阳镇	23244	32746	12681	10049	78990.0	280	18580
西峡县太平镇	30234	10911	7200	6351	83467.0	340	4595
西峡县阳城镇	9790	15220	8615	3001	67725.0	170	4213
西峡县二郎坪镇	20219	8722	6557	2585	54147.0	158	2310
西峡县石界河镇	19542	11286	5032	2867	20630.0	191	3850
西峡县军马河镇	16371	17520	6830	4410	86000.0	600	4850
西峡县田关乡	9097	21920	11288	5480	75000.0	156	1236
西峡县寨根乡	16889	8505	4811	2051	38600.0	210	2500
镇平县石佛寺镇	8834	71662	49422	44556	291993.0	2574	51520
镇平县晁陂镇	4200	39508	29396	16550	189813.0	42	4215
镇平县贾宋镇	5590	52567	30890	9175	248232.0	650	15000
镇平县侯集镇	6800	55612	36944	21433	260143.0	25	7493
镇平县老庄镇	13940	27062	18331	8430	126591.0	146	3306
镇平县卢医镇	5246	30749	21808	15510	143838.0	120	6805
镇平县遮山镇	6889	28105	15590	10558	131470.0	156	3542
镇平县高丘镇	17169	48290	30836	9084	225892.0	25	3371

续表 286　　（河南省）　　计算单位：公顷、人、万元

名　称	行政区域面积	常住人口	从业人员	二三产业从业人员	工业总产值	城镇建成区面积	城镇建成区常住人口
镇平县曲屯镇	4871	28392	15941	8813	132813.0	150	4972
镇平县枣园镇	6202	38590	22080	9799	180517.0	62	3490
镇平县杨营镇	5820	47852	35905	19603	223843.0	67	4170
镇平县安字营镇	7100	46153	31269	22673	215896.0	220	12367
镇平县张林镇	8800	37957	30763	9796	177556.0	60	6800
镇平县柳泉铺镇	6260	30922	19406	9174	146827.0	25	5200
镇平县彭营镇	7232	47786	27504	6786	223534.0	115	8700
镇平县二龙乡	17600	12213	6408	4868	57130.0		
镇平县王岗乡	4200	22606	17416	7993	105747.0		
镇平县马庄乡	3752	27498	19786	7085	128631.0		
镇平县郭庄回族乡	1607	11071	6982	1948	51788.0	30	1200
内乡县城关镇	1300	50806	47570	45290	50290.0	1300	50806
内乡县夏馆镇	36000	23291	13217	2701	33197.0	5	3320
内乡县师岗镇	13400	49975	31142	20204	11027.0	320	26165
内乡县马山口镇	28300	49933	22358	12832	12056.0	462	20075
内乡县湍东镇	12340	58330	32625	26313	1472590.0	685	21895
内乡县赤眉镇	15430	39528	28840	19195	72689.0	407	16584
内乡县瓦亭镇	8900	25296	18000	7740	31600.0	7	5850
内乡县王店镇	10600	43298	30580	13794	88633.0	154	12282
内乡县灌涨镇	11600	43471	33538	14616	34787.0	160	5890
内乡县桃溪镇	14000	26103	17923	5360	35487.0	140	4436
内乡县板场乡	18465	9695	5039	3283	14000.0		
内乡县大桥乡	5470	27990	15992	9782	59648.0		
内乡县赵店乡	10800	39087	23751	9875	77523.0		
内乡县七里坪乡	34600	15192	6611	1750	2738.0		
内乡县余关乡	11200	29379	13962	3356	11832.0		
内乡县砟岖乡	12800	23757	14845	5685	67560.0		
淅川县荆紫关镇	16880	57580	35190	6380	167800.0	240	8865
淅川县老城镇	9700	15108	10565	6460	45700.0	230	6541
淅川县香花镇	37400	32200	14630	9770	3300.0	512	22530
淅川县厚坡镇	15400	95050	55020	10360	18200.0	350	20830
淅川县丹阳镇	13600	56200	53710	48360	230000.0	200	9043
淅川县盛湾镇	31700	39723	30154	6037	25671.0	100	3581
淅川县金河镇	13200	35648	20634	9251	2230.0	800	9763
淅川县寺湾镇	12500	39795	25022	10272	55869.5	310	6139
淅川县仓房镇	15300	10550	5389	4831	40015.0	120	3300
淅川县上集镇	18700	73230	35415	13160	143000.0	700	9600
淅川县马蹬镇	20800	33265	23890	15020	32500.0	160	4320
淅川县西簧乡	23500	22100	15120	8120	48500.0	210	8000
淅川县毛堂乡	23000	30020	29110	17750	27000.0	250	1060
淅川县大石桥乡	12900	12378	11475	8955	6265.0	3260	2730
淅川县滔河乡	22000	23855	18829	8667	2000.0		
社旗县赊店镇	1599	64876	22310	12777	128000.0	1400	56208
社旗县桥头镇	8298	47572	26980	10666	19820.0	120	12660
社旗县饶良镇	7900	57834	38892	6396	45300.0	200	7206
社旗县兴隆镇	5133	28995	17703	3961	27500.0	90	9265
社旗县晋庄镇	5543	32856	18640	9896	83000.0	290	11782
社旗县李店镇	10224	59332	36298	5314	67800.0	810	9671
社旗县苗店镇	6264	35576	21571	5389	39150.0	160	8368
社旗县郝寨镇	9110	58975	36992	9031	34200.0	90	9322

续表 287　　（河南省）　　计算单位：公顷、人、万元

名　　称	行政区域面　积	常住人口	从业人员	二三产业从业人员	工　业总产值	城镇建成区 面 积	城镇建成区常住人口
社旗县朱集镇	10786	59715	40182	10949	13570.0	320	9425
社旗县下洼镇	7852	52368	34502	14646	37210.0	590	6422
社旗县太和镇	6100	32418	20952	4328	20130.0	100	6613
社旗县大冯营镇	7500	39982	23944	8307	15630.0	260	5930
社旗县陌陂乡	6700	42285	19917	4225	35200.0	70	5871
社旗县唐庄乡	6780	38965	14024	8380	56320.0	90	7648
唐河县源潭镇	15476	69030	52212	13324	52923.0	529	18349
唐河县张店镇	16240	82360	40048	13767	199000.0	386	9231
唐河县郭滩镇	12200	84560	60162	46082	164502.0	560	26036
唐河县湖阳镇	14950	65523	30984	17083	215789.0	268	15776
唐河县黑龙镇	11980	41906	41554	15612	163693.0	378	6877
唐河县大河屯镇	13700	77989	59991	27484	40764.0	356	6456
唐河县龙潭镇	9800	49801	48814	25547	138389.0	240	7258
唐河县桐寨铺镇	16000	86230	45465	11296	140678.0	382	22354
唐河县苍台镇	8550	53120	29286	6027	27980.0	312	12370
唐河县上屯镇	11700	57740	38977	16831	223309.0	300	13312
唐河县毕店镇	11330	65869	31169	12953	59000.0	255	13694
唐河县少拜寺镇	9900	47820	24708	5467	136548.0	110	3511
唐河县城郊乡	12211	69611	42590	23680	76893.0		
唐河县桐河乡	9536	30662	19550	7270	21514.0		
唐河县昝岗乡	14880	69627	44641	27673	162827.0		
唐河县祁仪乡	18720	47065	30564	20694	80013.0		
唐河县马振抚乡	16171	51007	33993	17018	113362.0		
唐河县古城乡	11270	48786	37612	22760	235220.0		
唐河县东王集乡	8400	37377	33780	4950	15738.0		
新野县王庄镇	6300	35826	23116	15191	108569.0	16	2613
新野县沙堰镇	8000	53095	27522	12757	70719.0	330	8312
新野县新甸铺镇	10600	63323	63311	30339	279160.0	224	8974
新野县施庵镇	10600	68911	41223	11678	220878.0	100	6483
新野县歪子镇	10170	53854	51705	38512	326573.0	234	13542
新野县五星镇	8200	56453	28612	10376	129619.0	145	5479
新野县溧河铺镇	9600	49678	37063	23603	226697.0	20	14972
新野县王集镇	7400	52791	51150	10346	93466.0	200	5330
新野县城郊乡	9570	46118	46018	14267	191234.0	220	815
新野县前高庙乡	5906	42368	27483	9903	116631.6	36	570
新野县樊集乡	4600	34225	17291	8430	84739.0	156	1658
新野县上庄乡	8300	58406	28578	10403	167803.0	76	13198
新野县上港乡	6100	43100	39090	31080	1080059.0	110	15300
桐柏县城关镇	2800	74613	21403	21215	161930.0	2400	74317
桐柏县月河镇	13000	25847	25795	24745	76628.0	106	10772
桐柏县吴城镇	13900	32669	27438	12410	100091.0	362	8101
桐柏县固县镇	12100	27653	20379	7969	62489.0	186	6145
桐柏县毛集镇	17750	44256	22474	5894	112529.0	365	25200
桐柏县大河镇	15100	11142	7174	2415	27148.0	14	1562
桐柏县埠江镇	4300	42706	18134	15522	1020085.0	320	7420
桐柏县平氏镇	4800	20281	19085	7093	106474.0	126	3502
桐柏县淮源镇	17000	21582	14550	10050	63369.0	400	4500
桐柏县黄岗镇	12750	24415	13302	3941	77118.0	572	3750
桐柏县安棚镇	9300	41131	25079	13518	284231.0	1805	26580
桐柏县朱庄镇	13800	21331	15030	7830	142184.0	32	4800

续表 288 （河南省） 计算单位：公顷、人、万元

名称	行政区域面积	常住人口	从业人员	二三产业从业人员	工业总产值	城镇建成区面积	城镇建成区常住人口
桐柏县程湾镇	13000	16358	8924	2955	14993.0	200	3300
桐柏县城郊乡	19800	32180	13953	11869	419082.0		
桐柏县回龙乡	15500	11580	5436	2226	24167.0		
桐柏县新集乡	7000	20192	14132	5798	70949.0		
南阳市城乡一体化示范区新店乡	9600	71603	17635	5685	41056.0		
邓州市罗庄镇	7825	35625	35152	20693	54296.0	39	5216
邓州市汲滩镇	8210	64173	27627	14622	52853.0	202	16220
邓州市穰东镇	9898	133000	65660	31810	289370.0	712	54200
邓州市孟楼镇	5540	27854	27838	11817	71547.0	2	658
邓州市林扒镇	9082	34107	17101	8885	150211.0	15	12015
邓州市构林镇	16374	65982	37092	22494	206000.0	390	38560
邓州市十林镇	9192	68624	21139	7189	25000.0	360	7520
邓州市张村镇	8345	70120	30670	11718	51259.0	1027	7954
邓州市都司镇	9995	52500	51000	20400	172100.0	210	5700
邓州市赵集镇	8400	71022	42903	24377	82452.0	840	19421
邓州市刘集镇	10300	65457	51370	7705	154504.0	200	9348
邓州市桑庄镇	8030	49437	46019	25424	82365.0	300	9354
邓州市彭桥镇	10471	50469	23020	13139	102643.0	532	3245
邓州市白牛镇	7450	47550	44944	15069	57000.0	200	5940
邓州市腰店镇	7400	38451	34863	22716	94712.0	20	12141
邓州市九龙镇	7650	50253	28000	16000	143690.0	290	15380
邓州市文渠镇	7730	71342	46195	7832	39936.0	228	17000
邓州市高集镇	11560	68650	44883	8125	52060.0	107	31633
邓州市张楼乡	6150	42298	42242	21706	31426.0		
邓州市夏集乡	10898	75741	61866	12423	47426.0		
邓州市裴营乡	13858	98667	66971	44976	199865.0		
邓州市陶营乡	9330	47851	36409	768	60454.0		
邓州市小杨营乡	4868	38761	32985	12150	19805.0	100	4560
邓州市龙堰乡	8011	55009	33467	23678	59000.0		
梁园区谢集镇	6029	47910	26246	15306	128000.0	257	15300
梁园区双八镇	5785	52666	30901	11581	123000.0	320	18252
梁园区刘口乡	5635	35000	19500	9500	30393.0	287	7700
梁园区水池铺乡	5228	31765	28080	14770	20120.0	62	1540
梁园区观堂乡	6483	42966	36641	8332	6463.0		
梁园区王楼乡	4829	38326	23060	6688	237500.0		
梁园区李庄乡	9687	43065	42965	13752	180000.0		
梁园区孙福集乡	5840	43866	28981	16119	25700.0	1	560
睢阳区宋集镇	6910	55666	34318	14592	55598.0	280	22022
睢阳区郭村镇	7030	50101	41212	12900	116500.0	150	12065
睢阳区李口镇	4284	42326	28246	14248	41255.0	20	5645
睢阳区高辛镇	6250	49120	24230	10846	214983.0	792	15212
睢阳区坞墙镇	7070	45530	33347	17233	162554.0	2	11930
睢阳区冯桥镇	5930	27240	22057	14005	97253.0	203	7250
睢阳区路河镇	7823	42994	38027	24742	33314.0	120	12000
睢阳区闫集镇	7220	42750	31085	17205	171915.0	420	5000
睢阳区毛固堆镇	6600	49651	34248	14004	40211.0	650	5398
睢阳区包公庙乡	5403	31871	17608	10967	28125.0		
睢阳区娄店乡	4099	35352	19455	13490	19752.0		
睢阳区勒马乡	8100	48821	47001	26542	35971.0		
睢阳区临河店乡	5400	46996	43678	29128	38264.0	28	10682

续表 289　　（河南省）　　计算单位：公顷、人、万元

名　　称	行政区域面　　积	常住人口	从业人员	二三产业从业人员	工　业总产值	城镇建成区 面 积	城镇建成区常住人口
民权县城关镇	9000	104716	80183	69922	863768.0	2950	80236
民权县人和镇	7000	53889	45811	24686	264236.0	285	24123
民权县龙塘镇	6500	57855	38818	21206	168600.0	300	13965
民权县北关镇	9400	52230	38236	20778	582819.0	398	26895
民权县程庄镇	12000	70831	54518	30526	180000.0	300	15008
民权县王庄寨镇	4250	36746	22050	10837	8680.0	450	7320
民权县孙六镇	4400	41625	27928	16534	360000.0	510	12360
民权县白云寺镇	9300	59235	37278	19516	96200.0	285	16000
民权县王桥镇	7500	56395	29993	17748	167785.0	320	13120
民权县庄子镇	5400	31646	18944	15563	62133.0	180	2246
民权县伯党乡	2500	20468	11051	8049	23269.0		
民权县花园乡	4500	29503	19286	12233	457026.0	217	6310
民权县野岗乡	9600	40157	26387	11900	282010.0		
民权县双塔乡	7300	31658	18269	13707	186300.0		
民权县林七乡	4500	36605	21268	15452	95468.0	590	4598
民权县胡集乡	2400	16526	11436	6823	109816.0		
民权县褚庙乡	6700	36222	17559	12503	54050.0		
民权县老颜集乡	5400	36022	22656	15781	144269.0		
睢县长岗镇	4089	27769	19106	4869	13256.0	410	11361
睢县平岗镇	4290	33475	21101	9678	54689.0	300	7874
睢县周堂镇	4014	26823	18260	11095	24567.0	560	8012
睢县蓼堤镇	6052	36597	24727	13422	67325.0	140	8670
睢县西陵寺镇	7038	46692	21412	9051	39044.0	73	692
睢县城关镇	1194	62887	36089	35089	267803.0	1194	62887
睢县潮庄镇	4013	28216	21136	13710	29992.0	51	12000
睢县尚屯镇	5247	34068	16560	6010	38222.0	25	2308
睢县后台乡	2974	19386	12648	5911	14101.0		
睢县河集乡	5108	40815	28107	18456	35183.0		
睢县孙聚寨乡	5179	36700	18350	8350	11859.0		
睢县白楼乡	3463	24326	15142	7392	27080.0		
睢县河堤乡	4116	28561	18513	5991	26726.0		
睢县白庙乡	4090	27186	15445	5612	9672.0		
睢县胡堂乡	2989	16011	9644	7385	8053.0		
睢县尤吉屯乡	4444	31576	21890	16428	61594.0		
睢县董店乡	7646	49896	34342	17164	927806.0		
睢县涧岗乡	5243	28505	18526	5685	26251.0		
睢县匡城乡	5974	40325	27109	9951	18107.0		
睢县城郊乡	5136	52346	30853	16490	171576.0		
宁陵县城关镇	1130	45960	37270	33030	50580.0	1130	45960
宁陵县张弓镇	4030	35980	32435	14150	33352.0	380	12910
宁陵县柳河镇	7530	42593	21885	7203	384683.0	586	16439
宁陵县逻岗镇	10800	36766	30840	8501	43443.0	450	16570
宁陵县石桥镇	6310	48751	34947	12993	87542.0	183	17172
宁陵县黄岗镇	4830	32043	20000	13850	98433.0	350	6073
宁陵县华堡镇	7300	49290	37050	23250	100440.0	300	6650
宁陵县刘楼乡	4670	31679	21921	4857	39244.0		
宁陵县程楼乡	3960	32153	25629	14298	2600.0		
宁陵县乔楼乡	5640	36891	27887	10296	97134.0		
宁陵县城郊乡	4860	28255	10264	3154	221305.0		
宁陵县阳驿乡	6400	39977	31523	16142	68000.0		

续表 290　　(河南省)　　计算单位：公顷、人、万元

名　　称	行政区域面　　积	常住人口	从业人员	二三产业从业人员	工　业总产值	城镇建成区 面 积	城镇建成区常住人口
宁陵县孔集乡	5300	27652	19527	12870	40223.0		
宁陵县赵村乡	4780	31810	19399	10281	39477.0		
柘城县城关镇	799	61839	35979	33854	341061.0	550	38921
柘城县陈青集镇	5301	35635	23646	15634	33546.0	680	8925
柘城县起台镇	5301	35426	19983	8962	17007.0	370	6652
柘城县胡襄镇	5539	32819	21057	11839	33445.0	156	4850
柘城县慈圣镇	6001	36667	22392	7539	49252.0	420	12692
柘城县安平镇	8190	44516	31169	20943	90321.0	185	13786
柘城县远襄镇	5277	29482	18820	9244	32815.0	421	10415
柘城县岗王镇	4862	38517	23202	21992	70022.0	226	8731
柘城县邵元乡	2355	30593	21154	18042	1267872.0		
柘城县张桥乡	3700	29345	16468	8286	68446.0		
柘城县洪恩乡	3400	22686	14571	9470	26025.0		
柘城县老王集乡	4236	26459	26013	15000	30739.0		
柘城县大仵乡	4844	30738	23550	16588	24560.0		
柘城县马集乡	4067	24841	15457	10166	22104.0		
柘城县牛城乡	5600	35764	21370	14605	40563.0		
柘城县惠济乡	6000	35248	23642	16856	43412.0		
柘城县伯岗乡	5600	38941	23125	10374	19894.0		
柘城县申桥乡	3906	33272	19596	11316	34410.0		
柘城县李原乡	4254	33355	22183	13905	36563.0		
柘城县皇集乡	4166	28846	17978	9967	38714.0		
虞城县城关镇	1200	89740	57300	56900	761600.0	1200	89740
虞城县界沟镇	6700	42300	29216	22156	74516.0	2	9675
虞城县木兰镇	4300	28346	18890	11090	28664.0	22	5290
虞城县杜集镇	6500	51494	35946	31109	170798.0	678	31167
虞城县谷熟镇	5100	37432	29085	22317	26166.0	212	16362
虞城县大杨集镇	6010	25832	23080	11034	17777.0	150	9200
虞城县利民镇	6600	54369	38179	26379	810000.0	620	29660
虞城县张集镇	5300	41985	27137	15276	46434.0	240	2998
虞城县站集镇	6000	40579	30128	19979	628128.0	391	6982
虞城县稍岗镇	11200	58570	35282	17392	45679.0	245	4133
虞城县黄冢乡	6200	43000	28600	20560	27392.0		
虞城县沙集乡	4100	41439	29650	26520	20140.0		
虞城县店集乡	5500	41428	26875	18895	26000.0		
虞城县闻集乡	6000	44653	30199	8353	21654.0		
虞城县芒种桥乡	5200	42350	28460	17060	820.0		
虞城县刘店乡	7700	68524	36489	20565	180726.0		
虞城县大候乡	7900	58973	37243	29923	64535.0		
虞城县城郊乡	7900	62585	41040	32630	270710.0		
虞城县郑集乡	4598	32968	19691	10881	6890.0		
虞城县李老家乡	8600	49860	38403	14477	162080.0		
虞城县镇里固乡	4600	29930	19520	9690	134463.0		
虞城县古王集乡	6000	32620	16250	10150	69500.0		
虞城县刘集乡	7400	34424	28450	12625	27640.0		
虞城县乔集乡	4500	30480	20407	15147	6200.0		
虞城县田庙乡	3200	28240	19110	10460	12006.0		
夏邑县城关镇	2497	65935	35951	19451	350170.0	1625	62900
夏邑县会亭镇	6440	54710	24350	15750	397233.0	575	27300
夏邑县马头镇	5288	47179	26125	16289	13656.0	199	9029

续表 291　　（河南省）　　计算单位：公顷、人、万元

名　　称	行政区域面　　积	常住人口	从业人员	二三产业从业人员	工　业总产值	城镇建成区 面 积	城镇建成区常住人口
夏邑县济阳镇	5100	39834	23233	14937	217571.0	280	9695
夏邑县李集镇	10330	73120	43240	24919	125460.0	306	7349
夏邑县车站镇	7102	48817	37885	20825	105252.0	242	23100
夏邑县杨集镇	6225	40800	30600	16400	97327.0	433	13051
夏邑县韩道口镇	6930	50476	33736	22972	20615.0	134	11343
夏邑县太平镇	8640	60590	35059	13924	32088.0	85	3380
夏邑县罗庄镇	4720	36980	18552	14883	26100.0	535	7870
夏邑县火店镇	6920	43512	34516	22836	131848.0	1035	9220
夏邑县北岭镇	6890	40000	27600	21600	57710.0	210	13300
夏邑县曹集乡	4900	42300	35850	29200	359337.0		
夏邑县胡桥乡	6779	47090	24506	15660	137542.0		
夏邑县歧河乡	6578	33197	26486	18026	22174.0		
夏邑县郭店乡	6140	34215	26824	14607	138948.0	368	12000
夏邑县业庙乡	6800	43532	29550	25525	63124.0		
夏邑县中峰乡	4250	25165	23619	16037	164172.0		
夏邑县桑固乡	6990	50921	28730	18720	18840.0		
夏邑县何营乡	4500	35000	21554	16454	27616.0		
夏邑县王集乡	5182	47156	31790	26890	66000.0		
夏邑县刘店集乡	4200	27680	19126	11114	62841.0		
夏邑县骆集乡	6500	27342	25820	14980	99153.0		
夏邑县孔庄乡	7396	44957	30492	16360	29095.0		
豫东综合物流产业聚集区张阁镇	3985	35210	22410	10790	136500.0	78	11106
豫东综合物流产业聚集区贾寨镇	7600	46800	28270	17760	19000.0	60	1200
商丘经济开发区周集乡	3600	31716	22612	17312	19000.0	17	7000
永城市城关镇	1649	64686	59862	56462	424000.0	1649	64686
永城市芒山镇	7241	44104	37426	29776	30283.0	350	43506
永城市高庄镇	7579	51661	30614	23120	524214.0	150	51661
永城市酇城镇	7543	54987	47571	35019	73305.0	260	9560
永城市裴桥镇	12028	51534	34386	17549	83266.0	284	6966
永城市马桥镇	10443	48123	36375	20365	189056.0	12	23920
永城市薛湖镇	12435	70350	29912	19598	154266.0	500	24200
永城市蒋口镇	8074	59013	38764	25076	164511.0	84	4120
永城市陈集镇	7301	58770	28319	21509	613000.0	250	2000
永城市十八里镇	4871	26271	23095	18595	170000.0	60	25590
永城市太邱镇	4872	25073	16256	9700	18975.0	370	16300
永城市李寨镇	7073	30500	23232	10452	87177.0	386	22960
永城市苗桥镇	5218	25373	24358	15000	95403.0	55	3425
永城市顺和镇	6011	27025	26839	19298	59820.0	430	5123
永城市茴村镇	4874	33164	22608	13627	35640.0	215	13614
永城市酇阳镇	7229	52701	29903	17458	68000.0	50	6106
永城市龙岗镇	7569	56817	33400	24472	111000.0	210	9662
永城市马牧镇	6268	31440	23403	15551	71000.0	136	7959
永城市王集镇	5661	46000	20629	16066	19987.0	47	9000
永城市刘河镇	6579	35430	15400	12150	47900.0	360	9270
永城市双桥镇	8209	37555	22710	18730	20000.0	65	7100
永城市卧龙镇	6163	29599	26740	10740	18200.0	216	4096
永城市城厢乡	5877	30118	29000	22900	136000.0		
永城市侯岭乡	9973	58352	27282	23052	75697.0		
永城市黄口乡	7270	29759	12626	9330	36570.0		
永城市新桥乡	7438	34890	33064	10258	46672.0		

续表 292　　（河南省）　　计算单位：公顷、人、万元

名　　称	行政区域面　　积	常住人口	从业人员	二三产业从业人员	工　业总产值	城镇建成区 面 积	城镇建成区常住人口
永城市条河乡	6920	39500	29556	12900	24917.0		
永城市陈官庄乡	3200	22828	11107	7827	24151.0		
浉河区李家寨镇	10140	27100	15653	10025	273067.0	151	7332
浉河区吴家店镇	24750	56481	39757	2866	139300.0	220	4729
浉河区东双河镇	11835	40150	27675	7170	187200.0	125	7500
浉河区董家河镇	28500	42182	26433	2069	165532.0	213	4890
浉河区浉河港镇	23110	31310	19761	9200	209118.0	269	4360
浉河区游河乡	13880	55971	27119	9626	94465.0		
浉河区谭家河乡	30200	32622	18337	5429	196395.3		
浉河区柳林乡	10600	24105	11128	3698	87600.0		
浉河区十三里桥乡	12000	33881	21310	7016	93600.0		
平桥区明港镇	16700	146940	90074	65088	1924988.0	2930	100478
平桥区五里镇	8010	17055	10829	4780	18897.0	150	5518
平桥区邢集镇	16000	40500	20370	12620	25600.0	210	4250
平桥区平昌镇	13300	55269	40555	14795	51825.0	152	7460
平桥区洋河镇	10000	30627	13965	8177	13408.0	230	5735
平桥区肖王镇	9100	27244	13569	6373	29089.0	210	6594
平桥区龙井乡	10100	26597	23121	8249	4885.0		
平桥区胡店乡	14830	32681	19265	4880	1732.0		
平桥区彭家湾乡	6700	19986	8444	2161	13108.0		
平桥区长台乡	5600	26900	24850	8200	25366.0		
平桥区肖店乡	5000	20994	14030	8308	2756.4		
平桥区王岗乡	10000	28917	21995	7975	15310.0		
平桥区高粱店乡	10400	20464	19469	7062	16105.0		
平桥区查山乡	7500	19450	18174	12150	1852.0		
罗山县城关镇	800	75658	24937	9922	41928.0	800	75658
罗山县周党镇	12300	49507	28191	11317	133926.0	415	17433
罗山县竹竿镇	11100	53457	29379	13243	48523.0	1600	5197
罗山县灵山镇	10600	24766	12201	9315	15575.0	490	5576
罗山县子路镇	14800	41852	22901	7300	26762.0	141	5954
罗山县楠杆镇	12700	40320	25893	12391	56932.0	512	5002
罗山县青山镇	9700	27743	18170	8634	71373.0	68	5275
罗山县潘新镇	9500	35672	18128	9276	48000.0	100	3155
罗山县彭新镇	19600	46725	25019	15468	50510.0	216	3905
罗山县莽张镇	12600	44325	21219	9108	74331.0	370	9071
罗山县东卜镇	8930	42167	19504	8517	37613.0	80	1876
罗山县铁铺镇	11800	15245	8914	2585	23138.0	500	3168
罗山县龙山乡	9200	34731	22075	9979	82013.0		
罗山县庙仙乡	9200	33752	17544	14676	5287.0		
罗山县定远乡	10500	33472	17400	8380	58870.0		
罗山县山店乡	10900	20911	9263	4662	26978.0		
罗山县朱堂乡	10200	27786	8377	3368	38073.0		
罗山县尤店乡	8600	30983	13462	7139	19505.0		
罗山县高店乡	10400	30152	20419	7454	66006.0		
光山县十里镇	5400	30928	26207	10883	35120.0	180	1280
光山县寨河镇	11726	46728	17874	5569	28672.0	115	6716
光山县孙铁铺镇	7035	51017	41540	16292	10379.0	280	12341
光山县马畈镇	9900	33886	30159	19147	105000.0	423	18630
光山县泼陂河镇	14180	50942	35268	10038	32620.0	360	19648
光山县白雀园镇	12770	53925	32687	5963	24583.0	300	10020

续表 293　　（河南省）　　计算单位：公顷、人、万元

名　　称	行政区域面　积	常住人口	从业人员	二三产业从业人员	工　业总产值	城镇建成区 面 积	城镇建成区常住人口
光山县砖桥镇	6960	24942	20402	8050	59812.0	47	2388
光山县仙居乡	10200	36159	28336	10417	15311.0		
光山县北向店乡	7000	32965	18079	12774	43500.0		
光山县罗陈乡	7800	26890	22223	8890	42700.0		
光山县殷棚乡	5260	16860	8280	2925	7945.0		
光山县南向店乡	9650	36712	20175	1995	39288.0		
光山县晏河乡	14193	46612	25551	2471	12500.0		
光山县凉亭乡	6086	22711	14587	3329	38783.0		
光山县斛山乡	7034	49956	28750	6492	26724.0		
光山县槐店乡	9740	33679	23341	6669	69187.0		
光山县文殊乡	12300	49346	34518	10055	77123.0		
新县新集镇	18172	64769	19025	17113	79537.0	2018	59821
新县沙窝镇	13158	23144	11957	8237	38664.0	82	6340
新县吴陈河镇	4841	17098	10262	7148	25661.0	84	7285
新县苏河镇	9544	20278	12107	9471	19519.0	71	5953
新县八里畈镇	8858	20998	13600	10463	49985.0	92	6630
新县周河乡	11093	10722	6819	5039	13601.0		
新县陡山河乡	13348	17750	11491	9973	16428.0		
新县浒湾乡	4908	13277	8513	6995	30770.0		
新县千斤乡	9738	25398	12742	9341	38995.0		
新县卡房乡	11614	7131	4181	2625	4282.0		
新县郭家河乡	7704	7916	4712	3306	14148.0		
新县陈店乡	7511	12076	5948	5722	9372.0		
新县箭厂河乡	6196	13720	8029	5455	21840.0		
新县泗店乡	9757	11842	7282	5021	32402.0		
新县田铺乡	10314	5869	4080	2177	6651.0		
商城县上石桥镇	15910	51824	41532	26237	210000.0	350	9000
商城县鄢岗镇	11550	33654	26291	3795	241571.0	96	4257
商城县双椿铺镇	16120	37936	31928	21243	252069.0	180	5623
商城县汪桥镇	9130	36782	25311	11880	123236.0	139	3119
商城县余集镇	8940	34432	25164	15286	67226.0	300	12939
商城县达权店镇	15360	22412	14288	6607	36357.0	150	6085
商城县丰集镇	8519	25439	14332	5340	31721.0	30	7060
商城县汪岗镇	7950	19230	14953	7603	58545.0	11	1320
商城县观庙镇	9140	26001	20410	13155	43644.2	490	10220
商城县河风桥乡	7842	25121	24350	14609	69460.0		
商城县李集乡	9350	22428	14289	2840	59331.0		
商城县金刚台乡	9178	18390	13745	7134	56980.0		
商城县苏仙石乡	9230	13804	5210	3850	39480.0		
商城县伏山乡	14160	21960	15728	8838	49300.0		
商城县吴河乡	11170	21190	16575	10109	32261.0		
商城县冯店乡	13220	16865	13039	8599	43950.0		
商城县长竹园乡	22900	26589	17937	11550	112582.0		
固始县陈淋子镇	10528	39524	36900	23887	531820.0	312	16325
固始县黎集镇	15300	46965	44418	24542	107228.0	337	17861
固始县蒋集镇	7600	29010	26960	6660	21987.0	582	21580
固始县往流镇	9749	34312	27732	6194	75909.0	950	18215
固始县郭陆滩镇	9600	36154	15415	11111	492500.0	860	11235
固始县胡族铺镇	18400	52375	48195	21666	110176.0	365	9875
固始县方集镇	10600	30690	24412	13482	97864.0	480	12560

续表 294　　（河南省）　　计算单位：公顷、人、万元

名　　称	行政区域面　　积	常住人口	从业人员	二三产业从业人员	工　业总产值	城镇建成区 面 积	城镇建成区常住人口
固始县三河尖镇	7920	41010	25873	13974	135580.0	452	6894
固始县段集镇	10500	24695	18472	11536	124210.0	240	11960
固始县汪棚镇	13113	30481	28321	17224	119285.0	121	4761
固始县张广庙镇	9345	24931	21547	9839	80869.0	192	4697
固始县陈集镇	10495	26390	26348	12039	26979.0	300	11926
固始县武庙集镇	11620	31829	18447	11926	12006.0	250	2135
固始县分水亭镇	8300	56984	29877	20912	7124.0	449	2959
固始县石佛店镇	6400	17858	8339	5417	72581.0	225	4520
固始县泉河铺镇	8128	23933	23924	10515	98133.0	74	2915
固始县祖师庙镇	8720	22153	17041	6682	34805.0	358	2737
固始县洪埠乡	8686	36201	33847	17120	21860.0	214	3991
固始县杨集乡	6611	26797	26688	11878	33570.0	155	6856
固始县马堽集乡	10260	27851	13646	11491	88913.0	110	7813
固始县草庙集乡	7650	22003	21864	12599	42235.0	400	9012
固始县南大桥乡	6400	25600	24747	19392	49000.0	50	2600
固始县赵岗乡	6400	29416	15944	6729	42960.0	160	4922
固始县张老埠乡	7660	18269	15307	7668	9885.0	253	4721
固始县沙河铺乡	7500	35177	31422	17934	30744.0	43	3704
固始县徐集乡	7202	27646	27344	14809	25434.0	20	5261
固始县李店乡	7334	28184	24240	14627	5849.0	120	1787
固始县丰港乡	9100	39995	39752	25090	26520.0	223	10200
固始县柳树店乡	4900	39368	20498	14288	3612.0	100	4012
固始县观堂乡	7600	19105	8812	4072	12273.6	200	3218
潢川县双柳树镇	8450	36961	21473	12557	197392.0	512	3683
潢川县伞陂镇	9600	42390	23280	6380	10913.0	570	5033
潢川县卜塔集镇	4200	30070	15436	3130	622.0	150	5020
潢川县仁和镇	9100	33500	26580	9457	276320.0	300	3050
潢川县付店镇	8570	30980	18316	7667	58620.0	190	2099
潢川县踅孜镇	5400	27032	17039	7042	9659.0	69	5368
潢川县桃林铺镇	11600	36100	36000	10000	60000.0	90	3212
潢川县黄寺岗镇	11100	33215	25810	6690	128278.0	165	4992
潢川县江家集镇	9600	35300	20120	14290	43210.0	320	14600
潢川县传流店乡	8210	29357	17566	9225	19596.0		
潢川县魏岗乡	12600	51264	31243	13191	85264.0		
潢川县张集乡	9510	36670	22500	15585	167000.0		
潢川县来龙乡	8200	32753	24938	12449	33645.0		
潢川县隆古乡	7441	25864	9710	3475	3750.0		
潢川县谈店乡	12552	49850	37715	14200	28750.0		
潢川县上油岗乡	8500	22764	22534	10166	585785.0		
潢川县白店乡	12200	46829	18710	13314	87628.0		
淮滨县马集镇	7000	25678	23400	9750	63561.0	125	7712
淮滨县防胡镇	7810	43180	26312	16932	67575.0	624	7315
淮滨县新里镇	7800	43520	26470	13820	74224.0	510	6572
淮滨县期思镇	8500	33692	24563	8973	41711.0	52	7032
淮滨县赵集镇	4800	33100	21800	10400	44596.0	270	6550
淮滨县台头乡	7300	29376	24892	6480	72923.0		
淮滨县王家岗乡	4629	29120	12162	4500	40376.0		
淮滨县固城乡	7900	49102	34285	12104	119495.0		
淮滨县三空桥乡	7100	46320	31902	11542	35408.0		
淮滨县张里乡	6000	35275	22189	15432	43105.0		

续表 295　　（河南省）　　计算单位：公顷、人、万元

名　　称	行政区域面　　积	常住人口	从业人员	二三产业从业人员	工　业总产值	城镇建成区 面 积	城镇建成区常住人口
淮滨县邓湾乡	5100	24500	20295	8195	35397.0		
淮滨县张庄乡	9150	31127	18592	7607	56721.0		
淮滨县王店乡	11400	35235	20896	7268	61213.0		
淮滨县谷堆乡	8466	61320	38640	14440	56913.0		
淮滨县芦集乡	9200	56469	30555	14790	52638.0		
息县包信镇	8700	61221	25457	17540	76304.0	138	7883
息县夏庄镇	8753	46530	22199	13347	114456.0	220	10012
息县东岳镇	10596	60401	31251	21468	6706.0	76	6953
息县项店镇	12609	57625	30512	12869	57228.0	340	5985
息县小茴店镇	13822	81170	36026	22908	114456.0	134	5366
息县曹黄林镇	11871	56597	22153	14677	76304.0	156	5918
息县孙庙乡	9712	39591	21768	10176	133532.0		
息县路口乡	13431	50254	21023	12637	57228.0		
息县彭店乡	8100	40439	13162	5585	133532.0		
息县杨店乡	9690	49162	19194	6329	114456.0		
息县张陶乡	9900	58566	32523	23812	76304.0		
息县白土店乡	8690	47753	23153	8154	60802.0		
息县岗李店乡	6914	62916	28315	6677	76304.0		
息县长陵乡	5499	36266	14678	9079	57228.0		
息县陈棚乡	5196	35055	10578	6552	19076.0		
息县临河乡	8175	49173	21481	9986	19076.0		
息县关店乡	9075	76399	40850	11144	38152.0		
息县八里岔乡	12107	62988	26927	10062	57228.0		
川汇区李埠口乡	5100	51800	37800	22809	25228.0		
川汇区许湾乡	8490	76648	32172	22094	1000.0		
扶沟县城关镇	985	58276	21264	20828	478751.0	700	58276
扶沟县崔桥镇	7333	53420	43092	8160	81600.0	240	19500
扶沟县江村镇	9318	54997	35159	9293	122431.0	204	8032
扶沟县白潭镇	8761	53300	43191	25048	176324.0	137	12680
扶沟县韭园镇	8195	51062	32497	20845	150312.0	4500	13236
扶沟县练寺镇	8200	54350	32765	17200	47000.0	118	13570
扶沟县大新镇	7750	41650	22270	4440	52000.0	240	7020
扶沟县包屯镇	8212	46906	24623	3063	145301.2	153	6733
扶沟县汴岗镇	8231	50242	30948	6719	190284.9	53	8896
扶沟县曹里乡	8210	47914	13833	4287	38557.7		
扶沟县柴岗乡	6880	42636	21593	6901	77478.0		
扶沟县固城乡	7687	47282	29420	6260	65383.3		
扶沟县吕潭乡	9387	50718	33530	13590	58480.0		
扶沟县大李庄乡	2896	22827	16333	3679	602381.0		
扶沟县城郊乡	5011	35697	23326	9834	33389.0		
西华县西夏亭镇	6697	60948	39302	16608	87000.0	303	9205
西华县逍遥镇	5295	56145	41411	22761	17856.0	396	19652
西华县奉母镇	7286	63186	43180	9960	106900.0	220	7870
西华县红花集镇	9000	67290	40262	7952	210000.0	70	5432
西华县聂堆镇	7029	53598	34252	7532	175648.0	220	9980
西华县东夏亭镇	4926	39081	24655	6145	89531.0	320	7612
西华县西华营镇	7400	61230	40090	9630	26856.0	446	7200
西华县址坊镇	5130	39395	23445	13407	112010.0	255	2597
西华县田口乡	4500	32781	18940	3681	93464.0		
西华县清河驿乡	4839	33944	21982	2310	42000.0		

续表 296　　（河南省）　　计算单位：公顷、人、万元

名　　称	行政区域面　积	常住人口	从业人员	二三产业从业人员	工　业总产值	城镇建成区 面 积	城镇建成区常住人口
西华县皮营乡	4945	41140	16967	7171	36112.0		
西华县东王营乡	4060	31182	18927	2995	15273.0		
西华县大王庄乡	3955	36915	18090	3727	23564.0		
西华县李大庄乡	4443	43189	29762	14348	53800.0		
西华县叶埠口乡	5701	57610	44809	18888	75120.0		
西华县迟营乡	5303	42039	27164	8851	61006.0		
西华县黄土桥乡	4480	36082	20546	6266	133000.0		
西华县艾岗乡	5604	44839	30019	6933	44137.0		
商水县黄寨镇	6165	56417	35513	17905	194564.0	402	16220
商水县练集镇	4800	55386	37535	28281	81625.0	532	13607
商水县魏集镇	5977	69866	44253	24327	89886.0	302	15201
商水县固墙镇	8200	74185	48310	29450	132550.0	468	20542
商水县白寺镇	5940	48068	34385	29670	266320.0	200	8544
商水县巴村镇	6377	57800	27300	11400	60750.0	720	6915
商水县谭庄镇	8248	61334	36789	30368	83394.0	440	18398
商水县邓城镇	6977	65000	32500	19700	147126.0	380	14000
商水县胡吉镇	5600	48501	33438	15190	191560.0	267	5056
商水县城关乡	2790	31158	21792	8686	932674.0		
商水县平店乡	5500	44910	35321	23999	107468.0		
商水县袁老乡	5530	51449	26836	9511	77526.0		
商水县化河乡	3800	40624	18336	9980	21940.0		
商水县姚集乡	8209	69125	36850	31947	63529.0		
商水县舒庄乡	6040	31068	25652	14000	27936.0		
商水县大武乡	5506	52203	35172	14237	37150.0		
商水县张明乡	6180	53200	23230	8830	15780.0		
商水县郝岗乡	5100	48400	23620	12387	24150.0		
商水县张庄乡	7589	54000	23292	12460	40152.0		
商水县汤庄乡	5700	46365	30100	15112	97621.0		
沈丘县槐店回族镇	2934	119151	65054	58946	651030.0	2931	117980
沈丘县刘庄店镇	5815	69688	41648	27782	19730.0	211	4771
沈丘县留福集镇	4722	52685	41337	9607	48960.0	206	5942
沈丘县老城镇	5486	73581	48528	23950	103790.0	124	12199
沈丘县赵德营镇	7029	73812	46922	19786	79702.0	370	14594
沈丘县付井镇	6920	70725	45061	32371	480000.0	620	32710
沈丘县纸店镇	3830	46872	30521	16085	44170.0	480	14856
沈丘县新安集镇	5123	59657	31717	29550	29663.0	191	5039
沈丘县白集镇	5600	67452	39887	16266	50150.0	152	12135
沈丘县刘湾镇	3340	37253	28337	13705	72076.8	105	4310
沈丘县莲池镇	3466	49541	23060	5795	99621.0	387	6987
沈丘县洪山镇	6030	65438	29492	14450	29800.0	214	5980
沈丘县石槽集乡	6235	59677	25246	22161	37363.0		
沈丘县范营乡	6400	69952	32156	21351	22800.0		
沈丘县李老庄乡	4200	53512	37091	22388	26320.0		
沈丘县大邢庄乡	2472	31204	19023	9241	13850.0		
沈丘县冯营乡	7029	68279	26273	15878	18216.0		
沈丘县周营乡	4030	42010	28960	12210	28300.0		
沈丘县北杨集乡	5600	55037	53149	17282	9134.0		
沈丘县卞路口乡	5535	52539	24429	7584	27569.0		
郸城县吴台镇	7050	47285	40857	8737	67097.0	238	4788
郸城县南丰镇	7801	43523	41555	17199	43422.0	280	19024

续表 297 （河南省） 计算单位：公顷、人、万元

名　　称	行政区域面积	常住人口	从业人员	二三产业从业人员	工业总产值	城镇建成区面积	城镇建成区常住人口
郸城县白马镇	11040	61597	40325	14270	58864.0	253	6259
郸城县宁平镇	7955	48235	36642	16260	184990.0	286	4891
郸城县宜路镇	7648	50365	42705	12145	94395.1	150	11825
郸城县钱店镇	8800	58637	38572	4580	62486.0	61	5947
郸城县汲冢镇	9463	58539	41355	19836	396781.0	566	9831
郸城县石槽镇	7351	45720	38340	7072	176913.0	127	3350
郸城县城郊乡	5070	36722	33473	9333	26036.0		
郸城县虎头岗乡	8318	46650	42255	13565	39508.0		
郸城县汲水乡	8884	48645	43147	8027	182510.0		
郸城县张完集乡	8842	49262	39910	11354	29075.0		
郸城县丁村乡	7374	42278	38132	8443	37321.0		
郸城县双楼乡	7686	37478	30727	7962	54486.0		
郸城县秋渠乡	7666	51430	50067	14207	44878.0		
郸城县东风乡	4918	30583	28384	6988	32826.0		
郸城县巴集乡	6713	47187	40366	15626	28172.0		
郸城县李楼乡	6675	48262	37438	6180	6203.0		
郸城县胡集乡	6675	40352	40132	11219	261025.0		
淮阳县城关回族镇	3709	136255	53313	33245	46582.0	1800	33902
淮阳县新站镇	6480	74917	51014	37870	58789.0	286	9100
淮阳县鲁台镇	6330	75211	36723	35172	21240.0	190	4000
淮阳县四通镇	6496	52629	28187	14269	25361.0	978	24618
淮阳县临蔡镇	7520	64437	30073	11497	4100.0	195	4368
淮阳县安岭镇	10110	87195	49971	12411	20230.0	170	4953
淮阳县白楼镇	8840	61025	33009	23447	46825.0	108	5902
淮阳县朱集乡	7160	60351	32088	19240	53120.0		
淮阳县豆门乡	5010	52001	27260	15146	48621.0		
淮阳县冯塘乡	8830	83086	51012	30247	26840.0		
淮阳县刘振屯乡	7930	70366	43799	10545	460000.0		
淮阳县王店乡	7400	66615	36520	12690	40920.0		
淮阳县大连乡	9460	84702	50203	16303			
淮阳县葛店乡	6990	75663	48675	15815			
淮阳县黄集乡	6050	55413	30802	11515	27535.0		
淮阳县齐老乡	9336	67971	30313	8751	21423.0		
淮阳县郑集乡	9100	68562	39173	17093	41360.0		
淮阳县曹河乡	8230	55400	33150	18328	40000.0		
太康县城关回族镇	1340	100023	40563	34449	56450.0	300	4570
太康县常营镇	9800	66755	36814	13580	23000.0	222	6430
太康县逊母口镇	9000	68948	37540	9842	53625.0	223	10912
太康县老冢镇	7500	74624	47100	16460	13580.0	40	11169
太康县朱口镇	10700	90216	51583	11564	107841.0	420	7491
太康县马头镇	10800	92389	49162	16976	69423.0	312	11428
太康县龙曲镇	5800	40794	28182	12350	10263.0	595	5412
太康县板桥镇	8900	60800	40675	18085	3927.0	20	3185
太康县符草楼镇	7100	55406	34047	5351	9500.0	721	11255
太康县马厂镇	10020	85238	51118	36589	24360.0	750	5936
太康县毛庄镇	6000	54846	36611	4037	113043.0	6	3265
太康县张集镇	6800	54394	30002	6809	63286.0	330	9397
太康县清集镇	8000	56014	34302	13947	34855.0	213	5070
太康县城郊乡	4520	39885	30346	7390	11224.0		
太康县杨庙乡	9778	53283	33787	8499	38226.0		

续表 298　　（河南省）　　计算单位：公顷、人、万元

名　　称	行政区域面积	常住人口	从业人员	二三产业从业人员	工业总产值	城镇建成区面积	城镇建成区常住人口
太康县王集乡	8420	57332	37229	16374	79923.0		
太康县高贤乡	7410	55209	32039	5571	76531.0		
太康县芝麻洼乡	8100	59255	33923	13808	26654.0		
太康县独塘乡	6200	49963	32977	2141	32449.0		
太康县大许寨乡	8000	56225	43217	9482	66300.0		
太康县五里口乡	4658	52380	43155	10565	12356.0		
太康县高朗乡	8800	56866	23694	6196	59860.0		
太康县转楼乡	7600	54595	34008	11440	35669.0		
鹿邑县涡北镇	5834	34516	23213	6957	2235000.0	1068	3901
鹿邑县玄武镇	5645	63516	38382	28670	380925.0	1691	24765
鹿邑县宋河镇	5323	32830	26520	11610	300000.0	410	13090
鹿邑县太清宫镇	4791	44715	28400	19300	147600.0	400	9100
鹿邑县王皮溜镇	7894	59039	37719	9241	34536.0	569	9637
鹿邑县试量镇	6670	60945	53000	16900	44820.0	145	9460
鹿邑县辛集镇	5847	49068	33620	17751	29120.0	756	7695
鹿邑县马铺镇	6207	52297	33996	10680	27810.0	400	4726
鹿邑县贾滩镇	6387	71329	36739	15387	43380.0	320	11358
鹿邑县杨湖口镇	4392	72538	66144	21865	33820.0	320	16410
鹿邑县张店镇	5483	58575	54760	29780	34000.0	120	15000
鹿邑县观堂镇	7483	61598	36904	18126	21346.0	380	8722
鹿邑县生铁冢镇	5483	51604	35557	17925	15200.0	286	3842
鹿邑县郑家集乡	7610	33856	33651	12997	15000.0		
鹿邑县赵村乡	4235	57549	55541	18838	60880.0		
鹿邑县任集乡	6363	58623	34726	22426	1200.0		
鹿邑县唐集乡	5142	36123	17850	6830	760.0		
鹿邑县高集乡	6363	50177	31578	16106	4420.0		
鹿邑县邱集乡	4200	28910	26882	13693	66920.0		
鹿邑县穆店乡	5879	39625	39616	18840	85719.0		
项城市南顿镇	6810	51811	36590	28554	119864.0	85	16100
项城市孙店镇	7080	51386	45813	31310	383145.0	81	7123
项城市李寨镇	6750	49658	37478	28191	119845.0	100	12000
项城市贾岭镇	8760	61023	43849	32121	210486.0	100	17715
项城市高寺镇	6470	44317	37467	25705	214687.0	120	2588
项城市新桥镇	7450	55040	45585	33245	119519.0	90	3890
项城市付集镇	4700	36422	29626	20552	70903.0	71	4951
项城市官会镇	7250	74880	47864	37509	153124.0	92	9350
项城市丁集镇	6310	59630	49931	34631	35000.2	75	9871
项城市郑郭镇	5570	46451	37609	26984	143784.0	70	4629
项城市秣陵镇	6240	69207	50673	36236	356300.0	203	20360
项城市王明口镇	75102	48962	36635	22649	115671.0	76	2672
项城市范集镇	5810	47800	35455	21110	157065.0	90	11850
项城市三店镇	6150	31624	29120	20108	76876.0	109	8634
项城市永丰镇	5660	54260	35860	18060	142000.0	106	5520
驿城区水屯镇	9955	65342	58062	42992	89760.0	404	7211
驿城区沙河店镇	9600	39705	27474	15043	7902.0	326	9028
驿城区板桥镇	24200	39120	26003	12403	13596.0	115	8670
驿城区诸市镇	8100	34452	31302	10318	27458.0	300	4772
驿城区蚁蜂镇	11600	20981	16311	6233	32371.0	78	2821
驿城区老河乡	13645	34054	16529	5680	6435.0		
驿城区朱古洞乡	6880	21569	12326	5030	8696.0		

续表 299　　（河南省）　　计算单位：公顷、人、万元

名　　称	行政区域面　　积	常住人口	从业人员	二三产业从业人员	工　业总产值	城镇建成区 面 积	城镇建成区常住人口
驿城区胡庙乡	14900	43314	29557	13232	105968.0		
驿城区古城乡	7100	37968	33836	4975	59893.0		
西平县五沟营镇	5262	38384	31967	23878	49565.0	200	9210
西平县权寨镇	5717	27593	26983	19358	27531.0	200	8853
西平县师灵镇	6484	32605	26248	19347	26461.0	800	19639
西平县出山镇	11296	45096	32203	25464	101471.0	102	5429
西平县盆尧镇	6431	61995	37465	32224	9460.0	92	7653
西平县重渠乡	5100	31750	30053	23000	30112.0		
西平县人和乡	6245	42310	35346	28334	76911.0		
西平县宋集乡	6495	38916	35597	21330	218237.0		
西平县谭店乡	4950	41720	41680	20835	15369.0		
西平县吕店乡	6689	45300	29850	22890	59575.0		
西平县芦庙乡	7458	40108	30887	23711	31395.0		
西平县杨庄乡	6287	37905	25990	20128	14707.0		
西平县专探乡	8086	59560	49897	19750	55275.0		
西平县二郎乡	5520	50018	39257	16907	46767.0		
西平县蔡寨回族乡	2284	17048	12321	5501	15923.0		
西平县焦庄乡	4795	29730	26246	20472	50926.0		
上蔡县黄埠镇	4700	42560	18249	12775	118338.0	480	10104
上蔡县杨集镇	5600	41011	28707	18587	59856.0	275	16387
上蔡县洙湖镇	7200	58623	26906	16286	73972.0	270	18860
上蔡县党店镇	6500	38620	27034	17371	23798.0	380	7780
上蔡县朱里镇	8395	41270	27402	18202	45327.0	395	18865
上蔡县华陂镇	7600	65285	38268	28818	37154.0	460	13788
上蔡县塔桥镇	8220	48952	30895	17320	38738.0	450	18362
上蔡县东洪镇	9850	48260	32306	19306	72812.0	1436	10167
上蔡县邵店镇	8000	26662	18663	11163	68805.0	98	3258
上蔡县大路李乡	5700	24970	17468	8968	28991.0		
上蔡县无量寺乡	6250	49820	38898	20098	33699.0		
上蔡县五龙乡	4000	24570	17199	10692	59320.0		
上蔡县杨屯乡	4000	33594	14750	9352	13965.0		
上蔡县和店乡	8500	50276	35121	18328	20286.0		
上蔡县蔡沟乡	7200	39152	34429	12755	50550.0		
上蔡县齐海乡	4987	35771	12932	6198	16742.0		
上蔡县崇礼乡	5600	33716	23601	13646	57623.0		
上蔡县韩寨乡	5600	37871	23737	11196	50602.0		
上蔡县东岸乡	6500	61354	22293	11491	75398.0		
上蔡县小岳寺乡	5000	24571	17200	7409	35932.0		
上蔡县西洪乡	5600	34040	23828	13272	53170.0		
上蔡县百尺乡	8023	64200	43990	20820	24934.0		
平舆县杨埠镇	7860	42700	29356	19238	36800.0	315	4535
平舆县东和店镇	8600	45312	43818	16050	159528.0	220	8632
平舆县庙湾镇	7496	55614	32106	19371	60877.0	236	10735
平舆县射桥镇	6800	52779	50755	26080	68760.0	283	6539
平舆县西洋店镇	13200	49634	44767	21892	120717.0	942	9243
平舆县阳城镇	9441	59423	43235	19965	45710.0	100	7006
平舆县郭楼镇	5100	34508	23138	10226	86806.0	318	5586
平舆县李屯镇	5630	31625	23848	12016	94681.0	387	4207
平舆县万金店镇	7833	38005	37778	19480	99358.0	209	4229
平舆县高杨店镇	7896	43560	31720	8220	71840.0	210	8248

续表 300　　（河南省）　　计算单位：公顷、人、万元

名　　称	行政区域面积	常住人口	从业人员	二三产业从业人员	工业总产值	城镇建成区面积	城镇建成区常住人口
平舆县万冢镇	7900	49500	32972	15503	47185.0	225	7013
平舆县十字路乡	4505	32685	29761	9411	56575.0	158	5902
平舆县玉皇庙乡	6700	30800	23620	7320	108558.0	191	6425
平舆县老王岗乡	7170	36772	27963	9738	41095.0	89	3102
平舆县辛店乡	5360	21982	19213	8984	30105.0	92	3124
平舆县双庙乡	6369	23446	21715	8240	46213.0	17	1835
正阳县真阳镇	10700	92116	56492	43734	77700.0	1330	69507
正阳县寒冻镇	10141	48149	34120	15017	29563.0	423	5015
正阳县汝南埠镇	10562	53418	41452	13862	51756.0	350	5538
正阳县铜钟镇	10794	37847	28921	12341	32816.0	341	5889
正阳县陡沟镇	10426	40842	27743	15011	31422.0	224	6530
正阳县熊寨镇	8148	30342	20153	11000	26150.0	518	5254
正阳县大林镇	12954	42473	33723	15977	42833.0	262	4437
正阳县永兴镇	8999	32876	22264	11010	23840.0	235	2768
正阳县慎水乡	12023	50928	31098	19387	58240.0		
正阳县傅寨乡	9518	34295	26263	11704	29600.0		
正阳县袁寨乡	8948	43912	25663	6993	47909.0		
正阳县新阮店乡	7558	29342	18157	12011	23560.0		
正阳县油坊店乡	8405	38750	28737	14811	38200.0		
正阳县雷寨乡	12541	51930	31003	22468	54650.0		
正阳县王勿桥乡	8544	32860	24455	13800	39900.0		
正阳县吕河乡	9363	33511	21157	12284	53782.0		
正阳县皮店乡	10315	29947	23947	12074	50039.0		
正阳县彭桥乡	7895	27680	19137	11921	25000.0		
正阳县兰青乡	12428	33844	25525	13256	38800.0		
确山县竹沟镇	18500	24310	20176	12082	59612.0	250	6832
确山县任店镇	24800	42060	28228	16287	87350.0	199	5787
确山县新安店镇	16500	39843	34862	22772	87342.0	122	5628
确山县留庄镇	12400	36397	31739	17603	125644.0	195	10753
确山县刘店镇	10457	39290	31432	18510	140087.0	250	7500
确山县瓦岗镇	17500	20013	16823	10851	125911.0	80	3310
确山县双河镇	13000	39380	31746	18200	168837.0	360	6210
确山县石滚河镇	13700	17440	14294	8285	32911.0	256	3894
确山县李新店镇	8500	25290	16306	9742	80532.0	152	2256
确山县普会寺乡	7200	18755	13787	5425	62663.0	96	13600
泌阳县羊册镇	12700	43035	34602	17200	145685.0	432	11192
泌阳县马谷田镇	21500	25557	24014	18225	170362.0	2100	4701
泌阳县春水镇	11755	25525	24906	21780	226572.0	115	6920
泌阳县官庄镇	12650	36373	23178	10554	31372.0	790	9614
泌阳县赊湾镇	7660	22914	16260	11621	45415.0	47	2582
泌阳县郭集镇	10202	28129	22176	11294	149703.0	98	6923
泌阳县泰山庙镇	8808	32091	20106	12645	146778.0	167	9190
泌阳县王店镇	10032	18751	17496	7967	140413.0	601	8200
泌阳县高店乡	6813	15841	14509	4332	95378.0		
泌阳县盘古乡	9272	21808	18833	9072	106891.0	24	2440
泌阳县高邑乡	3600	13123	12276	4691	57497.0		
泌阳县铜山乡	26600	13688	12436	8904	104355.0		
泌阳县下碑寺乡	11000	12390	10179	2938	91792.0		
泌阳县象河乡	13020	15267	14052	10984	189652.0		
泌阳县付庄乡	13860	19293	18858	11932	33017.0		

续表 301　　（河南省）　　计算单位：公顷、人、万元

名　　称	行政区域面　积	常住人口	从业人员	二三产业从业人员	工　业总产值	城镇建成区 面 积	城镇建成区常住人口
泌阳县贾楼乡	10706	11821	11336	2805	71250.0	21	475
泌阳县黄山口乡	12819	22027	15822	7820	13953.0		
泌阳县杨家集乡	8250	20550	16597	9736	125530.0	360	5730
泌阳县双庙街乡	6404	16697	16106	8290	47035.0		
汝南县王岗镇	7300	42094	22547	10547	154702.0	11	3502
汝南县梁祝镇	8000	42079	29133	20187	270677.0	349	9810
汝南县和孝镇	7600	33207	20711	11791	158330.0	22	10101
汝南县老君庙镇	8842	40500	27691	11771	113430.0	110	10800
汝南县留盆镇	8238	60120	35389	15422	47024.0	423	10734
汝南县金铺镇	7114	47990	33581	13531	142926.0	123	7065
汝南县东官庄镇	8442	46050	31481	16761	135971.0	65	3020
汝南县常兴镇	14400	51880	35311	18302	135462.0	217	14386
汝南县罗店镇	5700	40150	27878	6889	92649.0	70	7468
汝南县韩庄镇	7400	35610	23925	12530	27835.0	62	3185
汝南县三桥镇	12881	68960	37626	19696	126995.0	268	7092
汝南县张楼镇	5400	36350	25181	21411	127747.0	110	6026
汝南县南余店乡	6006	25380	15691	3681	17267.0	79	4160
汝南县板店乡	6136	36318	22515	13765	58659.0	91	2458
遂平县玉山镇	6900	31205	20885	9300	50110.0	122	5270
遂平县查岈山镇	9600	27670	18560	9646	3340.0	128	6325
遂平县石寨铺镇	4276	27906	25809	5722	39793.1	120	5782
遂平县和兴镇	14100	70263	47755	16714	167339.0	165	6049
遂平县沈寨镇	10900	37855	37014	28314	166547.1	182	7321
遂平县阳丰镇	8000	33300	21500	13500	71000.0	150	6250
遂平县常庄镇	9600	47208	33778	17673	134851.0	122	3569
遂平县花庄镇	15750	27853	19380	3340	54400.0	120	1080
遂平县槐树乡	8000	34320	23540	7220	31056.0		
遂平县文城乡	5100	18331	11176	5764	69326.9		
遂平县褚堂乡	4898	21192	14804	7577	108964.3		
新蔡县砖店镇	5557	32552	22891	4251	65000.0	235	8600
新蔡县陈店镇	6457	36880	36870	9825	18980.0	19	4374
新蔡县佛阁寺镇	8043	40704	38555	12382	16890.0	276	5237
新蔡县练村镇	8375	65513	62057	12543	34250.0	420	2541
新蔡县棠村镇	4667	51165	36421	31567	67896.0	150	4928
新蔡县韩集镇	4848	49780	48200	22400	6500.0	25	4030
新蔡县龙口镇	6951	45133	44989	10093	74258.0	348	5965
新蔡县李桥回族镇	4521	30015	22100	12045	87730.0	280	5010
新蔡县黄楼镇	6745	37686	37665	17349	38023.0	600	5639
新蔡县孙召镇	6690	43567	34530	16510	73860.0	65	4310
新蔡县余店镇	14907	61000	60900	29000	41590.0	160	4680
新蔡县河坞乡	6000	32089	24358	10597	19421.0		
新蔡县关津乡	8100	50500	50070	20587	61600.0		
新蔡县宋岗乡	5400	28764	22886	8094	10920.0		
新蔡县顿岗乡	5008	40297	34801	19368	11786.0		
新蔡县涧头乡	8095	48559	46559	21045	34000.0		
新蔡县杨庄户乡	4505	33225	33200	15400	42000.0		
新蔡县化庄乡	6803	47804	47797	20495	14205.0		
新蔡县栎城乡	6737	32681	32109	3395	24110.0		
新蔡县弥陀寺乡	5577	33201	32400	8280	27985.0		
河南驻马店经济开发区关王庙乡	5890	40150	28105	9560	182232.0	2650	12400

续表 302　　（河南省、湖北省）　　计算单位：公顷、人、万元

名　称	行政区域面　积	常住人口	从业人员	二三产业从业人员	工　业总产值	城镇建成区 面 积	城镇建成区常住人口
济源市克井镇	20500	57843	51021	46457	897000.0	946	43789
济源市五龙口镇	10421	55116	38470	34305	495000.0	700	22500
济源市轵城镇	13688	74800	52700	44300	840000.0	950	32400
济源市承留镇	19283	62844	62421	57611	1958724.0	448	17985
济源市邵原镇	33700	42502	26883	12383	110806.0	220	13115
济源市坡头镇	13700	27434	16714	8714	76020.0	145	6380
济源市梨林镇	5665	44297	26999	11271	224300.0	51	5123
济源市大峪镇	22570	28132	16138	5706	135000.0	210	2690
济源市思礼镇	6970	31232	19570	18590	1693510.0	508	9670
济源市王屋镇	23845	36175	18101	9376	102899.0	610	6975
济源市下冶镇	16800	34421	16563	11469	349000.0	400	8400
湖北省							
洪山区天兴乡	2600	4068	2793	2042		2600	4068
蔡甸区索河镇	5805	21000	17006	13425	116000.0	155	3658
蔡甸区玉贤镇	4990	16319	9210	5709	25327.0	20	1793
蔡甸区消泗乡	14333	19154	12015	7232	16425.0	80	5223
黄陂区木兰乡	11500	54511	28561	9064	3831.0	253	4977
新洲区辛冲镇	7891	61531	27327	19152	65250.0	134	3685
新洲区徐古镇	8539	42768	16490	10189	125914.0	200	3668
新洲区凤凰镇	5721	29805	16034	13399	79605.0	50	2883
铁山区区直辖村模拟镇	2990	58300	18090	17907	1230454.0	2990	58300
阳新县兴国镇	10036	83562	71640	67628	752365.0	1705	82356
阳新县富池镇	12133	31554	25348	21204	685129.0	1236	29716
阳新县黄颡口镇	8818	32396	24465	20145	25113.0	486	8792
阳新县韦源口镇	7831	26970	16916	12263	230514.0	598	10826
阳新县太子镇	10480	55010	19799	6259	1524.0	95	12430
阳新县大王镇	9116	52096	26068	19803	1080.0	166	5830
阳新县陶港镇	15333	30437	20249	16880	49382.0	290	5538
阳新县白沙镇	18266	80017	60193	49412	196171.0	350	22817
阳新县浮屠镇	18746	62102	46850	38862	68052.0	1035	18890
阳新县三溪镇	14471	38624	30192	25351	16403.0	308	4912
阳新县龙港镇	26438	91993	65714	53931	30661.0	319	13768
阳新县洋港镇	14709	33912	24149	19764	7849.0	1529	6759
阳新县排市镇	15694	39897	20555	13007	12928.0	465	3366
阳新县木港镇	24606	44170	35338	29536	85277.0	390	6738
阳新县枫林镇	26684	43898	30076	24383	76398.0	510	3119
阳新县王英镇	26220	55134	29042	22816	632.0	302	5426
大冶市金牛镇	15440	62247	34062	28626	74125.0	360	38145
大冶市保安镇	13172	58172	34975	30850	824158.0	483	42838
大冶市灵乡镇	13500	47797	25971	23706	2486315.0	3616	34572
大冶市金山店镇	5937	50377	24070	20250	145672.0	335	16610
大冶市还地桥镇	17990	80943	57308	43649	2931285.0	640	45801
大冶市殷祖镇	11970	38560	20979	18140	41550.0	255	10113
大冶市刘仁八镇	11918	34338	24684	18681	288725.0	177	7942
大冶市陈贵镇	10808	55239	31710	27313	1909872.0	671	39206
大冶市大箕铺镇	10200	53175	29146	20358	308376.0	125	6896
大冶市汪仁镇	10460	39100	26640	20653	796250.0	12	4698
大冶市茗山乡	7063	39374	33392	24121	80191.0	8	2813
茅箭区大川镇	6813	3310	1649	467		280	560
茅箭区小川乡	21203	814	739	502			

续表 303　　（湖北省）　　计算单位：公顷、人、万元

名　　称	行政区域面　积	常住人口	从业人员	二三产业从业人员	工　业总产值	城镇建成区 面 积	城镇建成区常住人口
茅箭区茅塔乡	17300	4884	2174	1382	6500.0	2	695
茅箭区鸳鸯乡	4709	35489	25574	19374	1347747.8		
张湾区黄龙镇	12600	20396	6644	2978	29417.0	550	7612
张湾区柏林镇	10700	15944	3057	1857	88000.0	800	8650
张湾区方滩乡	6600	5191	3231	1719	4400.0	50	2000
张湾区西沟乡	11100	4753	2398	1986	100.0	50	2000
郧阳区安阳镇	20679	22480	12527	5077	10896.0	253	775
郧阳区杨溪铺镇	13841	20892	18121	6020	75000.0	129	1625
郧阳区青曲镇	17048	27565	3350	2218	11232.0	231	2738
郧阳区白桑关镇	21781	22820	16821	7388	27412.0	286	1543
郧阳区南化塘镇	41499	50994	25582	3890	38000.0	253	8975
郧阳区白浪镇	6657	12053	5749	3422	30819.0	213	2456
郧阳区刘洞镇	8553	15798	10715	7658	8453.0	181	2458
郧阳区谭山镇	11844	22705	16197	9234	72502.0	130	3497
郧阳区梅铺镇	11054	28089	16657	8384	32631.0	431	731
郧阳区青山镇	13369	13125	11291	4806	51500.0	123	966
郧阳区经济开发区(茶店镇)	9887	36318	19305	16686	1319722.0	1314	21483
郧阳区柳陂镇	17902	45816	21916	9906	125000.0	410	5562
郧阳区鲍峡镇	39576	34541	12044	7702	34200.0	143	5276
郧阳区胡家营镇	21639	24426	14562	6770	14850.0	118	1971
郧阳区谭家湾镇	15040	21457	16224	8181	229000.0	96	4565
郧阳区城关镇	15682	114333	14579	10247	269165.0	984	70528
郧阳区大柳乡	36729	12134	7391	3544	26910.0	75	1998
郧阳区五峰乡	23315	24801	12613	9473	8035.0	66	4388
郧阳区叶大乡	32842	11786	9535	4928	6240.0	87	1760
郧西县城关镇	12775	83256	16470	12903	229000.0	1400	41454
郧西县土门镇	21763	27035	5770	747	9222.0	186	1965
郧西县上津镇	22650	27925	5900	792	33290.0	200	4633
郧西县店子镇	25000	22649	6074	566	3100.0	190	8040
郧西县夹河镇	19749	34839	6560	994	8010.0	490	6452
郧西县羊尾镇	11694	23760	3366	576	20800.0	197	7060
郧西县观音镇	18172	34623	5369	539	21160.0	189	3240
郧西县马鞍镇	17420	19085	3924	370	20019.0	110	7186
郧西县河夹镇	24580	27336	6402	322	3100.0	200	2656
郧西县香口乡	26944	23008	7077	750	30359.0	42	7500
郧西县关防乡	20700	14529	4218	977	8150.0	170	6245
郧西县湖北口回族乡	25149	19165	5255	270	3190.0	64	2158
郧西县景阳乡	21638	28732	5613	809	3000.0	91	7663
郧西县六郎乡	20730	24576	3474	425	7137.0	167	7675
郧西县涧池乡	10530	19143	4022	758	17048.0	147	8900
郧西县安家乡	23388	10810	2287	488	13000.0	26	4745
竹山县城关镇	6900	62756	33172	28875	254625.0	3041	42520
竹山县溢水镇	19109	33081	19797	3670	99000.0	168	13500
竹山县麻家渡镇	21300	32340	16988	3333	92448.0	190	17079
竹山县宝丰镇	18880	63855	28838	18191	194720.0	250	33168
竹山县擂鼓镇	10063	31453	19305	11759	13802.0	14	3186
竹山县秦古镇	9833	26112	15063	10935	32700.0	44	6380
竹山县得胜镇	14208	25078	11353	9038	140000.0	200	7488
竹山县上庸镇	18270	16024	7907	1056	9898.0	66	3419
竹山县官渡镇	40000	19744	9651	3805	31200.0	55	5012

续表 304 （湖北省） 计算单位：公顷、人、万元

名　　称	行政区域面积	常住人口	从业人员	二三产业从业人员	工业总产值	城镇建成区面积	城镇建成区常住人口
竹山县潘口乡	52561	20070	9941	7060	53414.0	512	8534
竹山县竹坪乡	16400	26112	16850	11200	18000.0	135	7500
竹山县大庙乡	12550	13425	7839	834	9634.0	5	3600
竹山县双台乡	41370	18288	8849	6208	80095.0	34	1952
竹山县楼台乡	32800	26189	5950	1271	10120.0	10	1735
竹山县文峰乡	17510	14830	8313	1021	8700.0	41	3100
竹山县深河乡	32413	8295	4296	4144	18060.0	38	3321
竹山县柳林乡	47500	11647	6980	670	212.0	21	2600
竹溪县城关镇	14974	23118	12019	10096	117008.0	1955	13025
竹溪县蒋家堰镇	11852	38362	18741	12364	11493.0	130	13035
竹溪县中峰镇	6280	33504	13477	6682	53635.0	119	5231
竹溪县水坪镇	19200	50939	20819	15472	182933.0	116	15490
竹溪县县河镇	12600	20142	10960	3440	25002.0	17	3391
竹溪县泉溪镇	21134	10744	4475	2067	20883.0	25	2289
竹溪县丰溪镇	38225	10051	5199	3332	38268.0	23	5000
竹溪县龙坝镇	13168	21209	11904	5335	12030.0	34	2530
竹溪县兵营镇	25350	15117	6793	3750	12818.0	38	2501
竹溪县汇湾镇	17280	16650	8280	4270	22873.4	29	1713
竹溪县新洲乡	19946	21365	12223	3145	14680.0	36	2600
竹溪县鄂坪乡	19784	9345	5393	2051	14000.0	30	1306
竹溪县天宝乡	22200	14514	8302	3550	21600.0	19	1266
竹溪县桃源乡	37838	7956	4246	1404	23180.0	7	1172
竹溪县向坝乡	17426	6291	5050	3693	14751.0	12	1155
房县城关镇	6798	84644	22235	17544	428951.0	760	55898
房县军店镇	16080	37497	10289	5758	37501.0	352	11397
房县化龙堰镇	19090	26657	4239	760	205500.0	250	6100
房县土城镇	31300	10846	3083	794	33790.0	85	4280
房县大木厂镇	41800	23015	6502	621	5100.0	412	8360
房县青峰镇	41400	35914	7587	1230	8000.0	280	12000
房县门古寺镇	40000	25631	9640	2231	19500.0	350	5680
房县白鹤镇	22879	32878	9262	400	80260.0	16	1785
房县野人谷镇	35800	4572	1399	643	18590.0	140	1185
房县红塔镇	22200	33496	10105	949	275101.0	16	6785
房县窑淮镇	24724	17350	3585	468	14800.0	103	7320
房县尹吉甫镇	9796	9759	1498	105	13500.0	20	2270
房县姚坪乡	20400	11551	3220	212	1200.0	9	616
房县沙河乡	23460	8350	2173	413	295.0	110	2050
房县万峪河乡	19400	8852	1221	125		13	1034
房县上龛乡	35497	6670	2150	319	37341.3	13	2321
房县中坝乡	23140	9486	2125	221	6090.0	105	3000
房县九道乡	33450	9959	3399	414	26530.0	11	1118
房县回龙乡	14032	2001	675	115	5500.0	10	100
房县五台乡	10800	4050	1556	122	11870.0	3	639
丹江口市土关垭镇	11030	13203	6516	3481	69000.0	3000	3654
丹江口市浪河镇	14667	19070	6529	3051	80500.0	570	14070
丹江口市丁家营镇	8420	13349	9643	6000	75000.0	3200	6267
丹江口市六里坪镇	18691	41064	26036	19855	966543.0	7409	36927
丹江口市盐池河镇	19600	10768	7705	4041	20.0	32	3583
丹江口市均县镇	27286	23509	15484	6511	500.0	120	4258
丹江口市习家店镇	30933	37055	17148	4830	24489.0	447	21920

续表 305　　　　　　　　　　（湖北省）　　　　　　　　　　计算单位：公顷、人、万元

名　　称	行政区域面　　积	常住人口	从业人员	二三产业从业人员	工　业总产值	城镇建成区 面 积	城镇建成区常住人口
丹江口市蒿坪镇	12100	12460	6785	3007	1650.0	121	2395
丹江口市石鼓镇	17600	14451	7533	4573	4850.0	160	1450
丹江口市凉水河镇	24200	27120	15160	8710	8414.0	165	6085
丹江口市官山镇	30160	12746	8155	4288	70.0	210	3087
丹江口市龙山镇	14500	15470	9594	4843	170.0	165	3325
西陵区窑湾乡	2540	14475	11293	8352	327919.0	109	1825
伍家岗区伍家乡	7000	37461	19474	16637	1561035.0	110	14530
点军区艾家镇	6640	7932	4570	2810	13000.0	2	585
点军区桥边镇	13274	27966	13904	10188	198000.0	70	1985
点军区联棚乡	9308	13327	7713	2533	23000.0	1	150
点军区土城乡	17800	21296	13350	5635	24594.0	1	1194
夷陵区樟村坪镇	45686	23419	13009	12129	698005.0	300	3721
夷陵区雾渡河镇	38900	31244	18103	9472	210000.0	177	1834
夷陵区分乡镇	32000	35813	22964	9184	38095.0	122	2800
夷陵区太平溪镇	15230	28858	14364	7092	113887.0	300	7412
夷陵区三斗坪镇	17800	33763	20042	11900	65582.0	164	6035
夷陵区乐天溪镇	25400	28203	16070	9714	432235.0	1569	5517
夷陵区龙泉镇	26139	50588	34540	27853	3785496.0	510	21378
夷陵区鸦鹊岭镇	24300	56267	35455	21878	1056572.0	612	19680
夷陵区黄花镇	28868	35879	19572	12788	265167.0	140	5140
夷陵区下堡坪乡	25700	21337	6732	5597	196921.0	160	1268
夷陵区邓村乡	25387	26653	16814	1893	485825.0	43	1877
远安县鸣凤镇	7600	46730	34960	33139	1230624.0	1902	46107
远安县花林寺镇	21100	15581	10720	6316	219612.0	86	6954
远安县旧县镇	16600	25902	14344	10373	87212.0	160	2153
远安县洋坪镇	23800	35366	22328	14248	214635.0	214	5625
远安县茅坪场镇	45800	24653	14842	10092	115681.0	102	4456
远安县荷花镇	39600	24404	18540	13733	1585761.0	790	2541
远安县河口乡	20700	14105	10243	6779	193360.0	41	2667
兴山县古夫镇	44536	49627	31174	15201	269668.0	379	34386
兴山县昭君镇	14392	24156	9148	3698	14890.0	25	10672
兴山县峡口镇	21633	23659	12944	3692	7265.0	30	2600
兴山县南阳镇	27346	11353	6530	2790	6250.0	25	2513
兴山县黄粮镇	24572	21344	21336	3776	25030.0	48	4560
兴山县水月寺镇	46147	22443	13944	5482	36225.0	65	5529
兴山县高桥乡	17299	14690	7489	3524	1000.0	14	3580
兴山县榛子乡	35791	10896	6762	1953	25000.0	5	939
秭归县茅坪镇	19324	101694	29120	19288	1103278.0	420	71075
秭归县归州镇	12800	25671	14613	6515	660.0	51	8100
秭归县屈原镇	21743	19305	11356	7420	14598.0	23	2114
秭归县沙镇溪镇	18800	35481	25138	6144	40560.0	40	4697
秭归县两河口镇	26900	27180	18439	6278	15800.0	30	4500
秭归县郭家坝镇	29943	50850	31514	13069	92565.0	29	4028
秭归县杨林桥镇	23456	25659	21544	7222	13324.0	33	3690
秭归县九畹溪镇	23934	22956	16937	10667	14297.0	20	4681
秭归县水田坝乡	22400	34522	20666	10095	4215.0	40	6050
秭归县泄滩乡	14500	14727	9471	5091	1325.0	9	1466
秭归县梅家河乡	10139	17984	11236	393	6480.0	18	1918
秭归县磨坪乡	14100	12084	7566	381	2850.0	15	2300
长阳土家族自治县龙舟坪镇	34070	73233	55067	45599	998082.0	1196	55169

续表 306　　（湖北省）　　计算单位：公顷、人、万元

名　　称	行政区域面　　积	常住人口	从业人员	二三产业从业人员	工　业总产值	城镇建成区 面 积	城镇建成区常住人口
长阳土家族自治县高家堰镇	21410	20861	12674	7298	99730.0	176	4364
长阳土家族自治县磨市镇	22650	31223	17972	10868	26119.0	45	8426
长阳土家族自治县都镇湾镇	52500	51560	31351	14791	27876.2	70	2985
长阳土家族自治县资丘镇	37190	35018	24266	9575	9127.0	267	7568
长阳土家族自治县渔峡口镇	29420	36753	9959	8691	10050.0	20	2008
长阳土家族自治县榔坪镇	53130	41493	23017	7196	11849.0	45	2470
长阳土家族自治县贺家坪镇	34720	28209	17025	5443	45975.0	3375	3115
长阳土家族自治县大堰乡	24740	33540	21339	13353	12795.0	47	1689
长阳土家族自治县鸭子口乡	23251	21596	11780	6228	10196.0	15	1864
长阳土家族自治县火烧坪乡	10550	7814	5625	822	30477.0	35	981
五峰土家族自治县五峰镇	43940	36929	19381	9517	35865.0	114	15730
五峰土家族自治县长乐坪镇	37381	22250	14263	4676	12652.0	88	1420
五峰土家族自治县渔洋关镇	35641	45920	30196	19747	345573.0	630	20960
五峰土家族自治县仁和坪镇	24200	23478	13650	6265	13239.0	114	2537
五峰土家族自治县湾潭镇	32600	15721	9920	4151	7910.0	25	1362
五峰土家族自治县付家堰乡	13950	17681	9255	2962	6723.0	15	2000
五峰土家族自治县牛庄乡	15400	7475	4692	1080	6888.0	6	1277
五峰土家族自治县采花乡	31744	27228	14770	5294	14789.0	15	4200
宜都市红花套镇	14900	26983	19680	15211	1556357.0	528	10298
宜都市高坝洲镇	9400	27458	15131	9371	273784.0	409	3871
宜都市聂家河镇	11500	17016	9284	8443	158601.0	397	1007
宜都市松木坪镇	12700	27830	20023	18222	1009005.0	280	7427
宜都市枝城镇	24200	88786	55324	46706	3189956.0	802	36842
宜都市姚家店镇	6700	24608	21381	18226	513191.0	407	1346
宜都市五眼泉镇	10500	20652	13181	11005	354703.0	132	1356
宜都市王家畈镇	25500	29220	17420	12418	512210.0	81	6507
宜都市潘家湾土家族乡	14400	14856	9177	6641	46994.0	35	2127
当阳市两河镇	9053	35829	22888	13132	319626.0	100	5657
当阳市河溶镇	22150	50029	29061	10682	449648.0	610	11696
当阳市育溪镇	37430	55893	54893	27610	390760.0	572	11622
当阳市庙前镇	33220	34348	24703	14022	320685.0	37	2064
当阳市王店镇	26490	36906	26299	16068	828926.0	202	10700
当阳市半月镇	21700	32976	23049	9062	501084.0	305	7148
当阳市草埠湖镇	9787	19731	15880	4206	377572.0	250	6504
枝江市安福寺镇	22300	50259	26865	20135	637286.0	641	23355
枝江市白洋镇	15600	40818	25357	19053	195958.0	200	4932
枝江市顾家店镇	6615	24112	15785	11592	468718.0	149	2836
枝江市董市镇	13700	53262	37185	30163	1930861.0	675	22055
枝江市仙女镇	17100	33013	20652	14611	459549.0	363	8873
枝江市问安镇	16000	45878	23907	16832	359900.0	260	5322
枝江市七星台镇	12900	43445	26539	18440	314140.0	245	12760
枝江市百里洲镇	21400	84004	49680	35176	147360.0	300	15060
襄城区欧庙镇	18300	72396	49545	32926	51598.0	500	28435
襄城区卧龙镇	28298	84615	42261	26450	60113.0	900	35200
襄城区尹集乡	4972	14232	6963	5278	74555.0	420	3796
樊城区牛首镇	16419	74357	41221	25579	96450.0	259	22946
樊城区太平店镇	23270	87895	45704	27212	524311.0	52	32480
樊城区高新区团山镇	6022	51857	20250	9020	1000000.0	155	1820
樊城区高新区米庄镇	5600	55361	32030	26444	884751.0	58	3389
襄州区龙王镇	24300	71750	38665	18854	81000.0	500	18500

续表 307 （湖北省） 计算单位：公顷、人、万元

名　　称	行政区域面　积	常住人口	从业人员	二三产业从业人员	工　业总产值	城镇建成区面积	城镇建成区常住人口
襄州区石桥镇	20300	68007	49419	20694	69028.0	420	6895
襄州区黄集镇	19870	75486	28645	20016	165272.0	450	14938
襄州区伙牌镇	15700	47990	36419	24321	1102480.0	1875	16121
襄州区古驿镇	23700	75768	32698	17975	51200.0	300	7126
襄州区朱集镇	11200	79970	48199	31309	148560.0	1500	18256
襄州区程河镇	12100	70361	50689	23987	57898.0	333	5901
襄州区双沟镇	14000	98942	38663	25298	1843232.0	480	30902
襄州区张家集镇	13500	56903	28007	19374	89843.0	13	7219
襄州区黄龙镇	15200	48571	14707	9685	19350.0	600	8756
襄州区峪山镇	25800	48754	22691	12306	42536.0	364	15726
襄州区东津镇	28900	119107	86040	76187	41630.0	200	28980
南漳县城关镇	31200	196730	63942	31990	861604.0	1160	75600
南漳县武安镇	39800	96422	58770	32447	92782.0	380	35128
南漳县九集镇	47200	86389	54516	29212	908261.0	270	34545
南漳县李庙镇	55700	20011	15659	7353	21744.0	139	3242
南漳县长坪镇	25200	12703	7985	3709	10607.0	128	4897
南漳县薛坪镇	37600	25538	15226	13730	19040.0	130	6579
南漳县板桥镇	27100	14526	9189	5251	15836.0	90	4254
南漳县巡检镇	35700	24930	18273	12781	33407.0	120	5028
南漳县东巩镇	42800	26021	19531	12373	57150.0	130	6374
南漳县肖堰镇	39900	23260	14183	10130	22541.0	45	4583
谷城县城关镇	14410	89463	46906	38447	2997316.0	5963	57870
谷城县石花镇	26318	101810	73101	50430	3185697.0	918	56397
谷城县盛康镇	28128	66200	27210	16894	140345.0	190	16664
谷城县庙滩镇	22138	42162	19499	13291	90500.0	400	19236
谷城县五山镇	25000	35612	17774	11451	231000.0	225	11410
谷城县茨河镇	18440	17332	11222	6110	65120.0	40	1895
谷城县南河镇	24436	18408	10632	7123	47957.0	120	2594
谷城县紫金镇	37850	16742	11458	7819	132542.0	90	5392
谷城县冷集镇	26680	58266	27544	18044	185231.0	400	10223
谷城县赵湾乡	23164	9820	5564	4631	27528.0	110	3202
保康县城关镇	24590	59638	16295	11080	101100.0	950	44080
保康县黄堡镇	29320	23012	13242	6587	50478.5	300	4535
保康县后坪镇	20197	7843	3879	1334	6500.0	32	1510
保康县龙坪镇	20200	8696	5165	2412	7200.0	36	2527
保康县店垭镇	13860	16278	13455	3955	37100.0	1100	2580
保康县马良镇	34196	33199	13688	3328	31299.5	296	13000
保康县歇马镇	65500	45440	18970	6606	6740.0	734	3500
保康县马桥镇	47304	30140	18556	9487	347836.0	450	16960
保康县寺坪镇	35200	27721	10315	3680	6542.0	315	2600
保康县过渡湾镇	15220	10910	6630	4118	23416.0	90	1120
保康县两峪乡	15822	9459	6226	2510	3280.0	125	765
老河口市孟楼镇	6300	32352	17183	10819	252152.8	350	15854
老河口市竹林桥镇	8600	37767	24176	18284	120000.0	295	4477
老河口市薛集镇	9020	35948	27402	13660	106200.0	240	4555
老河口市张集镇	16730	37363	22286	8889	92800.0	237	5662
老河口市仙人渡镇	11400	32092	28166	23736	651676.4	573	15706
老河口市洪山嘴镇	20530	38906	37217	27578	1288000.0	730	17568
老河口市李楼镇	8500	36049	23634	19421	1892700.0	1613	12656
老河口市袁冲乡	12530	32105	17884	8566	33819.9	50	4344

续表 308　　（湖北省）　　计算单位：公顷、人、万元

名称	行政区域面积	常住人口	从业人员	二三产业从业人员	工业总产值	城镇建成区面积	城镇建成区常住人口
枣阳市琚湾镇	21965	68358	36968	29178	253719.0	420	27125
枣阳市七方镇	30203	85833	48851	34779	297592.0	287	20213
枣阳市杨当镇	18790	77466	30087	23458	76584.0	312	25937
枣阳市太平镇	25625	104726	52794	42124	412673.0	360	52328
枣阳市新市镇	23312	58417	29919	22323	49800.0	250	8800
枣阳市鹿头镇	21003	58302	29984	23277	255191.0	310	20610
枣阳市刘升镇	20008	38401	16707	11530	170928.0	155	4910
枣阳市兴隆镇	18771	53336	29070	20678	526015.0	418	31788
枣阳市王城镇	19073	48419	25711	16497	89056.0	248	14386
枣阳市吴店镇	35913	86315	63485	53650	2013244.0	2303	58348
枣阳市熊集镇	26292	39852	26228	11905	137211.0	175	16610
枣阳市平林镇	20564	25362	18467	10623	241268.0	132	5493
宜城市郑集镇	22400	83978	40719	23053	262196.0	192	12997
宜城市小河镇	17900	57682	32499	18329	348965.0	520	28642
宜城市刘猴镇	19300	42951	22472	15668	136230.0	588	8736
宜城市孔湾镇	10100	21709	12437	7386	106840.0	189	3714
宜城市流水镇	52300	48373	24856	3744	99805.0	163	3957
宜城市板桥镇	38100	44200	23393	8149	294850.0	180	5674
宜城市王集镇	14700	40988	22505	12853	49168.0	260	2839
宜城市雷河镇	11100	40102	17588	9967	503934.0	260	13118
梁子湖区太和镇	7900	53886	31645	13366	37688.0	586	17689
梁子湖区东沟镇	4397	17760	8637	3627	14904.0	225	6100
梁子湖区梁子生态管理区(镇)	10900	13591	6039	2397	18665.0	400	10445
梁子湖区涂家垴镇	14900	37526	19183	8057	23312.3	270	7900
梁子湖区沼山镇	6700	41710	24129	10525	40140.0	340	12318
华容区华容镇	7476	50083	25411	13006	1805988.0	816	31879
华容区葛店镇	9373	70605	39029	25878	4348472.0	1965	31230
华容区庙岭镇	9042	31277	17269	6246	159190.0	739	5369
华容区段店镇	7157	34812	18032	7081	436129.0	271	5599
华容区临江乡	7111	33247	16990	5305	456238.0	194	3304
华容区蒲团乡	9117	25483	12006	2463	94420.0	172	3129
鄂城区泽林镇	8389	51083	22818	16289	991984.0	1969	36043
鄂城区杜山镇	4959	22942	12558	3819	40017.0	150	8809
鄂城区新庙镇	4469	37446	20335	13613	271700.0	60	1660
鄂城区碧石镇	3010	27658	14425	8978	544750.0	48	8456
鄂城区汀祖镇	7648	63792	28309	21307	603510.0	600	15432
鄂城区燕矶镇	4692	38560	24373	12073	453620.0	200	18160
鄂城区杨叶镇	3935	25092	15004	8412	480000.0	304	6722
鄂城区花湖镇	5510	36547	31316	29584	993869.0	1037	20720
鄂城区长港镇	4254	18076	9489	1541	79230.0	25	8231
鄂城区沙窝乡	5389	30526	17240	9048	51400.0	20	1643
东宝区栗溪镇	37400	20138	9700	5701	138725.0	88	3396
东宝区子陵镇	27700	40982	31430	26436	1452207.0	238	24008
东宝区漳河镇	38600	44250	32994	8833	129521.0	461	9223
东宝区马河镇	16100	9372	5018	3579	259324.0	200	969
东宝区石桥驿镇	18500	34253	18989	15473	1400859.0	170	6986
东宝区牌楼镇	10315	21412	14656	12051	1282703.0	763	5392
东宝区仙居乡	15900	26159	15273	9416	48946.0	150	3284
掇刀区团林铺镇	26864	59376	24144	9511	115755.0	400	21984
掇刀区麻城镇	17600	32220	15916	12637	252096.0	225	7701

续表 309 （湖北省） 计算单位：公顷、人、万元

名　　称	行政区域面　　积	常住人口	从业人员	二三产业从业人员	工　业总产值	城镇建成区 面 积	城镇建成区常住人口
京山县新市镇	32100	137829	89036	84371	2584728.0	1640	138522
京山县永兴镇	17147	23765	10594	7028	1395658.0	350	9247
京山县曹武镇	18589	24457	15436	6725	197489.0	360	6229
京山县罗店镇	29849	87392	28527	16483	307719.0	150	13505
京山县宋河镇	31200	46265	36148	23650	1659837.0	512	29314
京山县坪坝镇	8880	14367	12534	10336	129000.0	59	4685
京山县三阳镇	23032	25176	16630	10723	91200.0	206	6856
京山县绿林镇	25179	9412	5676	4548	23100.0	70	4002
京山县杨集镇	28330	10186	6306	2821	112362.0	32	2513
京山县孙桥镇	7825	34185	15588	8480	486100.0	190	11108
京山县石龙镇	30100	20012	11325	7303	212879.0	150	3787
京山县永隆镇	8195	46132	28572	24907	579586.0	210	14565
京山县雁门口镇	25800	33082	25809	19384	960102.0	278	14728
京山县钱场镇	20350	33472	25293	16460	1254840.0	390	23100
京山县开发区(镇)	3216	21351	4298	4092	1430430.0	2519	21351
沙洋县沙洋镇	3874	54914	38167	35985	891023.0	2000	51673
沙洋县五里铺镇	20186	40126	20918	12005	267395.0	330	8814
沙洋县十里铺镇	16444	31150	17668	9652	151905.0	570	13503
沙洋县纪山镇	10053	23076	18279	11507	328960.0	150	3963
沙洋县拾回桥镇	14286	42130	27810	15906	307150.0	150	8200
沙洋县后港镇	27379	63285	50157	44062	1420000.0	1160	58960
沙洋县毛李镇	16043	37306	23535	15645	76209.0	240	8696
沙洋县官当镇	14862	41510	14590	10030	825053.0	420	21016
沙洋县李市镇	9282	33736	24646	18227	200000.0	400	6667
沙洋县马良镇	11134	36210	18869	12527	185600.0	200	6150
沙洋县高阳镇	18219	37560	20727	10634	72766.0	185	6620
沙洋县沈集镇	19464	34770	18933	9887	187685.0	189	12000
沙洋县曾集镇	21539	35850	29780	18665	145996.0	290	11911
钟祥市洋梓镇	40300	52546	19920	11920	670239.0	600	6319
钟祥市长寿镇	27500	27437	10915	3803	36335.0	200	6320
钟祥市丰乐镇	16200	67534	26595	15517	238095.0	223	19804
钟祥市胡集镇	39400	126916	50752	37516	1850000.0	2415	83900
钟祥市双河镇	23500	38271	14510	9289	1510600.0	430	16702
钟祥市磷矿镇	21900	42332	23378	11500	973883.0	280	13184
钟祥市文集镇	12800	39915	19662	15357	203938.0	120	3565
钟祥市冷水镇	31400	49852	28042	20512	367230.0	260	5676
钟祥市石牌镇	29500	84301	36947	26690	182200.0	270	25317
钟祥市旧口镇	23400	97247	45371	31934	227740.0	330	25180
钟祥市柴湖镇	15400	109249	69430	37272	462275.0	663	25309
钟祥市长滩镇	15300	17125	10526	3074	141600.0	139	3208
钟祥市东桥镇	24670	23695	9853	4576	71339.0	180	5230
钟祥市客店镇	29300	13168	8581	5363	87412.0	200	4062
钟祥市张集镇	28900	22160	9220	6100	262556.0	290	4800
钟祥市九里乡	9900	11664	4218	1243	28000.0	340	4658
孝南区新铺镇	4500	29802	17833	11766	116543.0	106	5585
孝南区西河镇	5707	19680	13660	8804	16032.0	280	5761
孝南区杨店镇	12340	52617	36690	26710	36925.0	361	17983
孝南区陡岗镇	5580	38719	28192	23612	6700.0	265	5457
孝南区肖港镇	10800	80630	62026	41001	120579.0	480	42536
孝南区毛陈镇	9960	35216	29564	22781	764562.0	785	20304

续表 310　　（湖北省）　　计算单位：公顷、人、万元

名称	行政区域面积	常住人口	从业人员	二三产业从业人员	工业总产值	城镇建成区面积	城镇建成区常住人口
孝南区三汊镇	7140	35398	21717	12624	52360.0	509	7897
孝南区祝站镇	5986	28639	18880	12875	119597.0	450	7896
孝南区朋兴乡	7260	52324	29922	21202	10324.0	300	399
孝南区卧龙乡	6417	53089	20831	13967	44570.0	2	1195
孝南区闵集乡	9710	26714	11615	9825	1684.0	427	2120
孝昌县花园镇	12140	124295	100737	83437	151870.0	3018	50513
孝昌县丰山镇	9630	23048	21935	14620	75852.0	250	5042
孝昌县周巷镇	13830	54927	45474	41657	145128.0	142	10994
孝昌县小河镇	7537	37174	28147	10717	41200.0	267	6220
孝昌县王店镇	7740	40555	33334	27505	42672.0	512	9627
孝昌县卫店镇	7800	26491	17021	13028	9628.0	362	4270
孝昌县白沙镇	7440	42770	24996	15894	10210.0	240	6800
孝昌县邹岗镇	13350	59774	40905	24374	132592.0	216	14362
孝昌县小悟乡	7640	16940	10137	6967	45400.0		
孝昌县季店乡	8340	42141	31591	20333	28450.0		
孝昌县花西乡	8340	43091	31508	25912	44512.0	75	5000
孝昌县陡山乡	10300	31698	30648	20651	56440.0		
大悟县城关镇	10079	82810	18195	9073	436072.0	1899	59167
大悟县阳平镇	11571	21556	11193	6768	54341.0	1578	2702
大悟县芳畈镇	16351	19405	18770	11607	65559.0	242	10344
大悟县新城镇	12083	45777	26065	10585	79070.0	460	16420
大悟县夏店镇	9452	33383	11801	6263	68489.0	560	7674
大悟县刘集镇	6550	30272	4845	2528	139769.0	150	1517
大悟县河口镇	4292	25255	12391	7286	151738.0	678	10846
大悟县四姑镇	6064	27965	18068	10083	34420.0	65	3873
大悟县吕王镇	10916	29141	17485	10648	49970.0	230	10263
大悟县黄站镇	5119	16746	6782	4325	19015.0	24	6158
大悟县宣化店镇	26842	63611	35524	11388	168413.0	5855	24198
大悟县丰店镇	16692	30080	10964	4739	97969.0	81	4211
大悟县大新镇	11628	34999	17940	9484	134346.0	216	7491
大悟县三里镇	11940	19041	16157	9210	36174.0	215	11221
大悟县高店乡	13413	40231	33524	19502	7564.0	98	4564
大悟县彭店乡	11506	29500	17113	6235	81749.0	134	2915
大悟县东新乡	13041	35226	11399	813	51618.0	335	8285
云梦县城关镇	3200	41973	34086	30073	1108888.0	1652	37345
云梦县义堂镇	6300	48160	37249	29711	236000.0	310	8856
云梦县曾店镇	6200	36750	28882	18344	128352.0	348	5763
云梦县吴铺镇	6900	36774	28453	18080	401773.0	349	4941
云梦县伍洛镇	4400	34529	31479	23087	405647.0	420	13560
云梦县下辛店镇	8100	57915	45165	31385	127738.0	310	12845
云梦县道桥镇	3200	26792	21231	15542	246969.0	217	5462
云梦县隔蒲潭镇	6200	55816	45390	33426	443276.0	300	13116
云梦县胡金店镇	3000	31261	25325	18029	106721.0	326	5874
云梦县倒店乡	4800	26541	21670	15767	164083.0	60	2401
云梦县沙河乡	4800	36100	27132	19643	209936.0	99	3900
云梦县清明河乡	3300	26992	21799	17263	178905.0	120	4065
应城市田店镇	6346	16715	16615	8640	19889.0	120	2038
应城市杨河镇	11373	37365	23623	14593	81820.0	205	10842
应城市三合镇	8111	26495	18074	15288	180700.0	51	4508
应城市郎君镇	8065	35970	33477	24877	145600.0	150	7188

续表 311 （湖北省） 计算单位：公顷、人、万元

名　　称	行政区域面　积	常住人口	从业人员	二三产业从业人员	工　业总产值	城镇建成区 面 积	城镇建成区常住人口
应城市黄滩镇	7066	42983	34422	26570	314163.0	89	2798
应城市天鹅镇	7065	23114	20984	14231	9760.0	52	3462
应城市义和镇	9068	25087	14299	11789	2405.0	43	2400
应城市陈河镇	13201	56899	34550	25770	56380.0	170	12885
应城市杨岭镇	12412	42531	24462	9739	121332.0	160	6277
应城市汤池镇	5003	13522	9608	6456	1921.0	250	2302
安陆市赵棚镇	11420	27573	21466	9839	15328.0	75	5564
安陆市李店镇	5700	20596	16543	9122	236245.0	56	8690
安陆市巡店镇	10100	44254	24069	13833	71830.0	460	8187
安陆市棠棣镇	8400	23840	17874	10602	42513.0	76	3816
安陆市雷公镇	12010	27867	22809	13861	28034.0	398	5339
安陆市王义贞镇	13041	20320	16012	9199	28624.0	155	3845
安陆市烟店镇	11000	28451	25395	13833	67822.0	252	7526
安陆市孛畈镇	11720	23677	17908	9690	82546.0	52	4120
安陆市伏水镇	8300	24262	20548	11554	179087.0	169	4051
安陆市陈店乡	8206	24630	21791	11921	33925.0	85	3220
安陆市辛榨乡	4500	27721	21608	13191	63245.0	186	4210
安陆市木梓乡	8600	17266	16343	9871	1839.0	68	3171
安陆市接官乡	10200	19424	15235	9435	25843.0	900	6080
汉川市马口镇	6268	78315	57372	56574	1773633.0	1360	56988
汉川市脉旺镇	4034	33414	23996	16095	94906.0	450	16500
汉川市城隍镇	6223	58193	48940	36709	812400.0	788	29893
汉川市分水镇	7551	61045	38248	28031	959754.0	560	15023
汉川市沉湖镇	7182	67595	35991	26170	1190012.0	1010	35342
汉川市田二河镇	7577	40415	27249	10377	117704.0	420	12371
汉川市回龙镇	6453	32345	24423	17592	31004.0	180	3786
汉川市新堰镇	8107	33455	27767	21659	25687.0	391	4999
汉川市垌塚镇	3485	18860	13962	10158	6123.3	50	2675
汉川市麻河镇	7742	23984	23417	13911	6885.0	110	5800
汉川市刘家隔镇	12176	43583	26262	17162	88717.0	137	9691
汉川市新河镇	11952	63068	63058	53901	3614752.0	2120	32167
汉川市庙头镇	4643	31724	23991	16784	310232.0	310	1658
汉川市杨林沟镇	6721	35507	23411	16105	27508.0	160	2731
汉川市西江乡	9155	47108	26387	19021	76102.0	100	4131
汉川市湾潭乡	4411	19686	18799	12646	29686.0	1	669
汉川市南河乡	7978	40830	24922	17459	46203.0	26	2210
汉川市马鞍乡	4730	30701	20499	14017	259156.0	862	10149
汉川市里潭乡	5966	24565	18615	11839	12408.0	110	1008
汉川市韩集乡	7720	36046	29952	18690	38880.0	46	3317
沙市区锣场镇	3133	7799	5534	3128	1090375.0	1800	1031
沙市区岑河镇	15514	57825	18621	11037	397000.0	320	14528
沙市区观音当镇	17456	47101	18400	14025	160023.0	190	10927
沙市区关沮镇	2892	20692	6535	5621	644576.0	2639	17658
沙市区立新乡	743	39574	4079	3672	150797.0	743	39574
荆州区纪南镇	15985	54619	21596	12878	123733.0	100	4190
荆州区川店镇	17813	37284	19573	9567	165000.0	296	10402
荆州区马山镇	12886	33154	24241	16086	45237.0	67	5126
荆州区八岭山镇	12636	30214	17077	10797	43275.0	61	6435
荆州区李埠镇	9289	22235	12794	8273	156152.0	341	10186
荆州区弥市镇	16862	60020	43371	21732	100149.0	280	35377

续表 312　　（湖北省）　　计算单位：公顷、人、万元

名　称	行政区域面　积	常住人口	从业人员	二三产业从业人员	工　业总产值	城镇建成区　面　积	城镇建成区常住人口
荆州区郢城镇	1847	35375	7297	6604	79000.0	300	6040
公安县埠河镇	22912	82211	50228	19925	128950.0	480	29053
公安县斗湖堤镇	9381	139186	85819	75878	1519520.0	7658	133250
公安县夹竹园镇	13221	45708	23122	12628	151344.0	533	11034
公安县闸口镇	13155	46383	26028	14113	64295.0	793	14661
公安县杨家厂镇	13770	44571	28452	20241	215761.0	820	15891
公安县麻豪口镇	18210	55400	31597	13754	279920.0	450	8950
公安县藕池镇	10287	39330	21792	14989	213890.0	1200	20486
公安县黄山头镇	11880	41182	17968	11396	25135.0	511	8057
公安县孟家溪镇	12271	40619	23560	12157	86955.0	300	12940
公安县南平镇	8706	47316	34070	27762	586042.0	855	33072
公安县章庄铺镇	18260	57950	29233	15490	176966.0	358	13268
公安县狮子口镇	16707	52685	31046	13952	11832.0	278	14536
公安县斑竹垱镇	15920	65525	38018	16915	60000.0	450	15277
公安县毛家港镇	19331	61558	33747	19070	44000.0	540	3563
公安县甘家厂乡	9791	35589	23707	12008	61250.0	97	9672
公安县章田寺乡	11889	44685	16954	9609	86955.0	48	6493
监利县容城镇	11026	147123	79324	77961	718721.0	4300	124680
监利县朱河镇	11968	69243	29448	18850	125696.0	502	53910
监利县新沟镇	16102	70743	42079	32294	1222823.0	600	54480
监利县龚场镇	10754	31434	29163	22030	34108.0	206	8160
监利县周老嘴镇	15081	49591	34811	28775	25960.0	6	11872
监利县黄歇口镇	15184	50072	35381	23997	76658.0	105	10231
监利县汪桥镇	15632	52066	33834	25100	50227.0	120	16366
监利县程集镇	11566	33835	29925	18221	21765.0	150	6964
监利县分盐镇	14593	38923	32419	27252	8484.0	260	7500
监利县毛市镇	13592	39649	38632	34565	49875.0	159	13725
监利县福田寺镇	9862	31089	26292	19869	34275.0	105	4100
监利县上车湾镇	7737	27807	23710	14923	28039.0	106	5951
监利县汴河镇	18707	42883	30622	21964	27351.0	100	7810
监利县尺八镇	15729	51344	31272	21168	21243.0	120	18750
监利县白螺镇	17328	41700	20403	16367	15182.0	360	11995
监利县网市镇	9520	35274	31485	23310	83486.0	100	6230
监利县三洲镇	17666	22215	18089	10732	13552.0	120	8872
监利县桥市镇	14418	43532	32471	17534	5554.0	150	5714
监利县红城乡	21440	73726	56626	36410	73990.0	550	15485
监利县棋盘乡	14402	28018	24808	14600	11114.0	123	9870
监利县柘木乡	16361	51849	36182	20970	7536.0	498	14405
江陵县资市镇	8857	21327	14663	7064	9852.0	200	5960
江陵县熊河镇	13966	38126	27868	13260	88031.0	450	8351
江陵县白马寺镇	14943	46682	28455	14553	8125.0	160	8996
江陵县沙岗镇	14708	40776	30514	14544	29284.0	800	9481
江陵县普济镇	7815	31320	22037	13803	4720.0	205	8415
江陵县郝穴镇	3696	43833	23136	19930	616852.0	850	32729
江陵县马家寨乡	13084	34280	24451	9010	3500.0	135	1690
江陵县秦市乡	5569	22208	15513	8335	5935.0	63	2406
荆州经济技术开发区滩桥镇	6312	21625	18222	9547	65000.0	810	11349
石首市新厂镇	9540	34050	23810	18162	146564.0	390	14910
石首市横沟市镇	6554	35967	21909	17059	148623.0	300	9888
石首市大垸镇	17114	48103	29834	19534	25156.0	218	11510

续表 313　　（湖北省）　　计算单位：公顷、人、万元

名　称	行政区域面积	常住人口	从业人员	二三产业从业人员	工业总产值	城镇建成区面积	城镇建成区常住人口
石首市小河口镇	13800	26941	20751	9777	45262.0	451	9750
石首市桃花山镇	9710	21083	12400	9933	100119.0	150	8316
石首市调关镇	13304	38004	29746	20959	74300.0	250	11531
石首市东升镇	18238	52923	36602	29344	130006.0	450	19118
石首市高基庙镇	8593	30688	18454	9213	119800.0	220	4561
石首市南口镇	9092	26407	13350	8023	32000.0	105	3883
石首市高陵镇	7685	29356	20039	11948	126898.0	160	7000
石首市团山寺镇	6686	28391	18327	12389	78520.0	210	9653
石首市久合垸乡	6144	23192	13262	9998	27132.0	13	1436
洪湖市螺山镇	14083	35216	18801	11072	17540.0	170	5823
洪湖市乌林镇	12184	53860	29179	14077	6920.0	31	6757
洪湖市龙口镇	12386	41425	28510	9945	68850.0	92	10672
洪湖市燕窝镇	15389	35782	24761	7565	22421.0	105	7451
洪湖市新滩镇	16341	35496	19336	8297	81000.0	80	7517
洪湖市峰口镇	13601	80415	45390	11522	65000.0	1320	32000
洪湖市曹市镇	10225	42147	40523	22421	365540.0	200	15823
洪湖市府场镇	2751	19655	14096	11559	394135.0	816	14265
洪湖市戴家场镇	10196	46065	37135	25311	40700.0	474	11657
洪湖市瞿家湾镇	3863	17812	7012	3639	9661.0	320	2383
洪湖市沙口镇	12324	43096	21177	3794	29604.0	340	12169
洪湖市万全镇	16353	54552	42203	23297	39669.0	195	18270
洪湖市汊河镇	14576	54875	35633	18921	21180.0	300	8123
洪湖市黄家口镇	13648	33705	18399	5684	18825.0	391	16705
洪湖市老湾乡	6131	12083	10708	4440	11210.0	2	2120
松滋市新江口镇	10099	137110	107141	98908	1066712.0	2600	105360
松滋市南海镇	17589	57795	43255	31345	140087.0	118	11027
松滋市八宝镇	16014	69734	58558	42660	598190.0	725	23785
松滋市宛市镇	13467	48889	39070	26989	128774.0	160	16537
松滋市老城镇	11403	44457	39542	27027	41537.0	98	5892
松滋市陈店镇	15267	34541	26321	18212	419935.0	77	6101
松滋市王家桥镇	15408	45228	36948	27828	147508.0	201	5493
松滋市斯家场镇	9512	27098	21566	16446	115967.0	132	8297
松滋市杨林市镇	12173	41874	31785	25175	47556.0	455	9439
松滋市纸厂河镇	10642	35470	26640	18318	85047.0	42	6732
松滋市街河市镇	8107	36863	28436	22866	77425.0	170	9116
松滋市危水镇	29004	66452	50586	40729	157589.0	250	41528
松滋市刘家场镇	25272	58350	39042	30546	231348.0	690	42349
松滋市沙道观镇	6954	32921	28908	19676	131131.0	385	21058
松滋市万家乡	6467	23649	19875	14227	164230.0	50	1320
松滋市卸甲坪土家族乡	10315	13170	9869	7062	33739.0	38	1413
黄州区路口镇	6092	27980	14596	10588	139500.0	420	13500
黄州区堵城镇	5911	29911	15794	8396	66430.0	300	14876
黄州区陈策楼镇	5868	34210	17828	12426	151310.0	705	9625
黄州区陶店乡	4764	25669	14573	7522	27410.0	260	4210
团风县团风镇	10320	91361	27753	15649	91158.0	1600	53608
团风县淋山河镇	11650	61206	25728	17071	13279.0	385	7921
团风县方高坪镇	4697	24329	15672	6139	29490.0	307	3320
团风县回龙山镇	6510	30589	11102	4966	37010.0	360	4600
团风县马曹庙镇	5210	18645	9902	5453	65741.0	240	3521
团风县上巴河镇	6150	29167	17562	9197	16178.0	380	8618

续表 314　　（湖北省）　　计算单位：公顷、人、万元

名　　称	行政区域面　积	常住人口	从业人员	二三产业从业人员	工　业总产值	城镇建成区 面 积	城镇建成区常住人口
团风县总路咀镇	5220	18645	13470	5714	19600.0	201	5858
团风县但店镇	12890	37926	24949	13614	18910.0	241	10625
团风县贾庙乡	9570	14520	10367	5982	20580.0	52	1523
团风县杜皮乡	8350	11360	7491	3369	3260.0	25	1519
红安县城关镇	11800	118423	87201	74931	250383.0	1290	118423
红安县七里坪镇	36200	94120	34893	23753	31016.0	600	28767
红安县华河镇	16723	52427	40622	15233	28500.0	230	6100
红安县二程镇	12925	22000	21980	9980	15500.0	40	21800
红安县上新集镇	8572	36107	11112	5316	43261.0	256	5597
红安县高桥镇	15003	65297	46537	29648	40697.0	875	10800
红安县觅儿镇	16641	37805	19275	9413	162713.0	1860	13236
红安县八里镇	10060	46912	16754	9455	38888.0	570	17668
红安县太平桥镇	7545	30128	11415	4925	31700.0	200	4136
红安县永河镇	22581	54048	36571	20168	25766.0	224	3859
红安县杏花乡	16641	120000	56900	13600	40000.0	460	50000
罗田县凤山镇	25654	110117	87419	76263	506000.0	981	94332
罗田县骆驼坳镇	8904	32189	23410	19159	12028.0	181	8132
罗田县大河岸镇	15600	31852	19188	11886	82371.0	311	7706
罗田县九资河镇	28511	32404	24332	16300	26340.0	137	8510
罗田县胜利镇	25435	52087	38985	29677	45076.0	580	14520
罗田县河铺镇	20503	52076	34174	20012	21207.0	267	9926
罗田县三里畈镇	17384	63756	44530	35820	153210.0	285	29784
罗田县匡河镇	19302	59361	41695	29217	35877.0	14	11856
罗田县白莲河乡	10231	23241	18000	11426	92317.0	100	1496
罗田县白庙河乡	17810	30153	19163	13149	9088.0	12	3020
罗田县平湖乡	10289	22652	14102	9922	23650.0	160	5647
罗田县大崎乡	13288	37012	25820	19021	5665.0	15	11295
英山县温泉镇	16202	111524	41811	32797	142850.0	440	62186
英山县南河镇	7671	21181	14899	10883	51000.0	150	4900
英山县红山镇	6981	18064	16977	11352	128115.0	20	1851
英山县金家铺镇	9931	28296	18471	14460	54112.0	47	9953
英山县石头咀镇	26438	41204	15690	9082	26012.0	250	12153
英山县草盘地镇	16705	22915	14638	8514	31539.0	80	4500
英山县雷家店镇	16270	35815	24380	10654	45663.0	218	3518
英山县杨柳湾镇	20687	52200	34239	13305	55980.0	210	3598
英山县方家咀乡	7797	30586	15000	11000	53832.0	60	4600
英山县孔家坊乡	9186	26130	13276	8548	12551.0	16	2200
英山县陶家河乡	7033	10800	7748	4288	15600.0	32	3365
浠水县清泉镇	25950	203233	112020	79020	544152.0	1800	112401
浠水县巴河镇	22350	112518	69210	49083	474200.0	684	43946
浠水县竹瓦镇	13970	61012	40225	29127	52950.0	525	20880
浠水县汪岗镇	9010	45082	32918	21435	33540.0	52	7812
浠水县团陂镇	20580	97362	52986	29088	131000.0	523	20586
浠水县关口镇	22210	90610	47091	36756	267923.0	410	8562
浠水县白莲镇	6227	22580	11110	1470	153800.0	49	5180
浠水县蔡河镇	9660	28235	22580	8368	90318.0	32	7270
浠水县洗马镇	13570	45312	36923	24461	133501.0	485	12569
浠水县丁司垱镇	10836	33847	23409	15770	71236.0	250	7200
浠水县散花镇	14770	62774	36552	19532	300000.0	120	9700
浠水县兰溪镇	11400	49150	28357	14432	296725.0	50	14500

续表 315 （湖北省） 计算单位：公顷、人、万元

名　　称	行政区域面　积	常住人口	从业人员	二三产业从业人员	工　业总产值	城镇建成区 面 积	城镇建成区常住人口
浠水县绿杨乡	13970	23028	22067	11679	25800.0	12	1529
蕲春县漕河镇	16144	167202	134335	126830	658000.0	2290	146342
蕲春县赤东镇	14987	46890	35220	28184	194825.0	268	27800
蕲春县蕲州镇	14356	72789	36733	31375	649511.0	1000	51412
蕲春县管窑镇	7252	26770	14179	9289	78543.0	282	7030
蕲春县彭思镇	10995	25833	23961	15160	110151.8	252	4418
蕲春县横车镇	19270	77471	54543	46628	344529.0	950	36737
蕲春县株林镇	16520	46996	22762	15052	43108.0	300	3227
蕲春县刘河镇	21460	74232	56633	34288	236220.0	360	32017
蕲春县狮子镇	24100	44770	33697	19929	38510.0	146	13078
蕲春县青石镇	19202	43785	35049	22233	120130.0	3	4508
蕲春县张榜镇	20750	46985	34063	20661	111600.0	220	22453
蕲春县大同镇	13968	22161	15697	10956	48008.0	180	4768
蕲春县檀林镇	16692	44693	18852	11978	55119.0	279	6431
蕲春县向桥乡	20512	34237	16858	11366	62985.0	480	5021
黄梅县黄梅镇	8370	150500	97313	78087	325580.0	3800	147200
黄梅县孔垄镇	12536	89512	56191	35505	304608.0	560	24503
黄梅县小池镇	15400	95806	56674	42893	430000.0	3300	50922
黄梅县下新镇	13996	25789	10505	6062	157065.0	98	7120
黄梅县大河镇	14117	61310	28853	24248	60000.0	200	8020
黄梅县停前镇	8327	31280	18252	11770	12800.0	24	2498
黄梅县五祖镇	8523	27589	8248	3458	7315.0	45	16300
黄梅县濯港镇	16353	71335	39556	26125	301875.0	180	8845
黄梅县蔡山镇	11820	75341	43165	28335	178421.0	325	20512
黄梅县新开镇	9570	40398	26960	17757	98000.0	291	8058
黄梅县独山镇	8995	25929	13549	8938	215000.0	211	3845
黄梅县分路镇	7221	42378	24628	16502	130000.0	170	3100
黄梅县柳林乡	6254	13989	9788	6777	3558.0	36	1189
黄梅县杉木乡	7794	41069	24469	14973	133143.0	368	890
黄梅县苦竹乡	9226	23758	17037	10444	33582.0	85	2256
黄梅县刘佐乡	4835	14600	9808	6000	12000.0	52	480
麻城市中馆驿镇	14198	46356	45092	32335	292154.0	1552	20632
麻城市宋埠镇	15303	62011	62010	55836	1010005.0	3600	38155
麻城市歧亭镇	8740	30125	17759	7658	6582.0	2568	7015
麻城市白果镇	11108	102055	71150	53130	401147.0	1294	54360
麻城市夫子河镇	12800	37212	22104	12735	75256.0	312	4834
麻城市阎家河镇	12120	43001	25036	14660	19254.0	385	5165
麻城市龟山镇	28000	48325	25961	12466	57250.0	395	10256
麻城市盐田河镇	13738	46311	29305	17985	18840.0	480	11035
麻城市张家畈镇	21300	60361	41959	23724	34157.0	285	8500
麻城市木子店镇	25600	57461	36754	21473	21000.0	100	8166
麻城市三河口镇	38038	51298	16035	3679	71025.0	345	12598
麻城市黄土岗镇	26930	50787	30298	13724	17543.0	501	9762
麻城市福田河镇	25700	49392	32716	22879	72192.0	270	10752
麻城市乘马岗镇	29700	58854	34625	22392	51235.0	300	2492
麻城市顺河镇	28706	57720	29554	13574	36271.0	432	2221
麻城市铁门岗乡	15770	59547	52164	32056	28750.0	350	2600
武穴市田镇街道办事处	4400	24204	24145	11234	1368620.0	450	12888
武穴市梅川镇	27200	141680	68441	36382	175000.0	650	39861
武穴市余川镇	19900	69260	26180	24610	24140.0	64	6820

续表 316　　（湖北省）　　计算单位：公顷、人、万元

名　　称	行政区域面　　积	常住人口	从业人员	二三产业从业人员	工　业总产值	城镇建成区 面 积	城镇建成区常住人口
武穴市花桥镇	15850	88447	41656	29651	256000.0	380	38800
武穴市大金镇	7400	39240	28167	20116	136557.0	350	8210
武穴市石佛寺镇	10500	55013	24383	17424	124560.0	393	8032
武穴市四望镇	10320	45800	27307	20307	100001.0	206	1790
武穴市大法寺镇	11700	51656	23761	13926	49878.0	400	2319
武穴市龙坪镇	6400	36896	22370	13165	299800.0	210	9621
咸安区汀泗桥镇	17920	29831	11430	5080	21000.0	95	3109
咸安区向阳湖镇	9590	23403	8681	4229	377206.0	77	5613
咸安区官埠桥镇	14340	35622	16430	5033	382321.0	90	4623
咸安区横沟桥镇	11540	36850	14617	11813	413812.0	518	8685
咸安区贺胜桥镇	8120	20646	7714	4164	301425.0	350	5103
咸安区双溪桥镇	17760	52176	18442	8723	381245.0	500	13320
咸安区马桥镇	11950	34129	14578	8240	302000.0	220	8964
咸安区桂花镇	18560	31485	9918	3894	73825.0	50	2712
咸安区高桥镇	9240	19062	7674	3049	42120.0	74	6047
咸安区大幕乡	16600	22768	6856	3762	40000.0	310	9972
嘉鱼县陆溪镇	8967	22700	12300	8400	345112.0	196	6600
嘉鱼县高铁岭镇	12209	24407	15241	10906	433100.0	116	2875
嘉鱼县官桥镇	16172	28122	23887	14403	648674.0	165	3748
嘉鱼县鱼岳镇	11119	99211	42735	36875	1418000.0	2650	82589
嘉鱼县新街镇	12553	21381	10717	6463	201235.0	240	1649
嘉鱼县渡普镇	12404	23309	21693	13094	290160.0	1415	6480
嘉鱼县潘家湾镇	13127	49695	32775	21536	938545.0	650	25200
嘉鱼县牌洲湾镇	15402	47869	30444	22074	318213.0	450	15879
通城县隽水镇	10265	129204	26080	13510	719675.0	1560	59119
通城县麦市镇	10490	37525	17372	9810	81650.0	630	8805
通城县塘湖镇	10700	41970	41093	17383	44559.0	392	7158
通城县关刀镇	11574	45620	17869	10588	114000.0	30	3230
通城县沙堆镇	4614	26007	14589	7974	26887.0	350	3255
通城县五里镇	10480	32184	23751	19100	57225.0	100	2600
通城县石南镇	5485	33736	16195	9256	111437.0	330	6192
通城县北港镇	5285	34322	14362	9245	93287.4	310	8664
通城县马港镇	16140	47304	21000	13210	86350.0	20	5635
通城县四庄乡	15600	22894	20062	9986	43276.0	9	2180
通城县大坪乡	15271	58943	27405	20634	128537.0	118	4765
崇阳县天城镇	20700	99973	26227	14333	910081.0	1702	67503
崇阳县沙坪镇	12700	28270	12740	8506	139711.0	460	21677
崇阳县石城镇	18700	38400	19220	13668	34895.0	423	7208
崇阳县桂花泉镇	14100	10637	5580	2848	13955.0	106	2290
崇阳县白霓镇	14900	47592	26816	20355	112379.0	220	16989
崇阳县路口镇	22600	32181	18230	11833	55000.0	300	4670
崇阳县金塘镇	24400	19527	10656	5599	23219.0	100	2319
崇阳县青山镇	20500	43412	29062	21920	148302.0	133	8973
崇阳县肖岭乡	8800	32407	16416	10228	25860.0	120	7925
崇阳县铜钟乡	8000	16081	6691	4437	29125.0	100	3500
崇阳县港口乡	22600	26163	12183	5523	19832.0	150	2332
崇阳县高枧乡	8800	11262	4236	2575	6189.0	100	2179
通山县通羊镇	21821	98654	16934	12468	366782.5	1220	95632
通山县南林桥镇	21521	30620	16665	9084	55562.0	330	7610
通山县黄沙铺镇	28587	30206	18279	8355	19845.4	153	3557

续表 317　　（湖北省）　　计算单位：公顷、人、万元

名　　称	行政区域面　积	常住人口	从业人员	二三产业从业人员	工　业总产值	城镇建成区 面 积	城镇建成区常住人口
通山县厦铺镇	35301	15115	9573	2507	7835.0	160	2038
通山县九宫山镇	22250	30852	18131	9862	382568.5	622	6812
通山县闯王镇	25250	14257	9310	6991	34500.0	100	1558
通山县洪港镇	28463	23772	14544	6790	126240.0	300	10500
通山县大畈镇	27925	18736	14483	10427	10666.3	230	3967
通山县大路乡	9566	23934	10458	8113	68000.0		
通山县杨芳林乡	14330	16520	6133	2037	724.0	162	2876
通山县燕厦乡	18206	30885	10042	5050	28764.0	220	5108
通山县慈口乡	14753	20110	8710	2031	2388.0	50	4120
赤壁市新店镇	9910	28533	11704	6520	66848.0	550	3134
赤壁市赵李桥镇	10695	32082	18002	15174	516885.0	54	21786
赤壁市茶庵岭镇	8100	18981	10038	6305	67226.0	25	1506
赤壁市车埠镇	14460	43342	22803	17271	653600.0	400	16422
赤壁市赤壁镇	8210	25140	11979	9105	25901.0	405	3993
赤壁市柳山湖镇	3200	9456	5797	2187	34192.0	150	785
赤壁市神山镇	20800	29701	13492	7246	55063.0	665	5680
赤壁市中伙铺镇	14910	32957	17071	7171	137874.0	238	8672
赤壁市官塘驿镇	30187	63105	22057	16852	338500.0	500	24500
赤壁市黄盖湖镇	2840	8805	5060	2550	55123.0	508	4068
赤壁市余家桥乡	13260	16631	8979	5701	6900.0	26	4300
曾都区万店镇	20080	43197	22223	9658	156690.0	46	18760
曾都区何店镇	21896	47117	21575	12627	208092.0	430	7405
曾都区洛阳镇	22851	25000	11284	10380	32895.0	370	5750
曾都区府河镇	19387	54656	24246	15980	90145.0	305	20129
曾都区淅河镇	27980	127032	47625	27392	203982.0	880	29960
随县厉山镇	33100	63147	27311	16288	970257.0	584	24352
随县高城镇	18500	20335	15143	9799	93960.0	86	8400
随县殷店镇	71200	54196	26657	15428	155190.0	550	32000
随县草店镇	30000	24211	15086	6551	95188.0	300	8125
随县小林镇	12500	27843	15110	9180	116890.0	338	26898
随县淮河镇	25200	24971	15631	9593	145686.0	133	7576
随县万和镇	70900	67713	37142	25984	444991.0	403	13896
随县尚市镇	20700	42136	20189	11798	152802.0	210	10875
随县唐县镇	21323	78643	32354	21016	211960.0	520	51900
随县吴山镇	35100	32817	17079	12181	626890.0	412	7841
随县新街镇	14400	36941	19859	13567	109874.8	100	9526
随县安居镇	11500	53253	25715	17164	217090.0	410	14161
随县环潭镇	43900	53941	25902	18730	206814.0	292	31200
随县洪山镇	49760	65037	32238	19908	195413.0	670	36546
随县长岗镇	23000	17250	8778	5661	27784.0	256	4380
随县三里岗镇	31884	37647	27270	14682	348977.1	250	7155
随县柳林镇	19800	20511	11005	5628	117246.0	210	7689
随县均川镇	22600	49581	33627	19370	170118.8	434	26097
随县万福店镇	6600	25419	12730	7400	130547.0	113	10257
广水市武胜关镇	21600	37878	21519	16307	555128.0	521	14512
广水市杨寨镇	11228	39525	31531	14728	335102.0	455	15380
广水市陈巷镇	13100	39405	32446	16541	261235.0	320	7393
广水市长岭镇	21600	68317	43169	27586	240642.0	450	26600
广水市马坪镇	9730	31788	22409	17961	260682.0	806	18660
广水市关庙镇	17200	43555	33330	13562	79865.0	3	4951

续表 318　　（湖北省）　　计算单位：公顷、人、万元

名　　称	行政区域面　积	常住人口	从业人员	二三产业从业人员	工　业总产值	城镇建成区 面 积	城镇建成区常住人口
广水市余店镇	24800	50460	42315	28333	159767.0	408	32640
广水市吴店镇	22800	24422	15941	10762	93070.0	200	7446
广水市郝店镇	22900	30517	23365	10038	46300.0	332	9840
广水市蔡河镇	21200	38536	25259	15999	148732.0	292	10105
广水市李店镇	8300	32057	27663	18686	135982.0	383	11253
广水市太平镇	7600	25902	20795	9355	92268.0	150	7510
广水市骆店镇	10500	36631	31279	23729	105650.0	200	10300
恩施市龙凤镇	27705	69800	35200	20394	57760.0	400	29080
恩施市崔坝镇	22277	40751	22052	9335	2200.0	200	9700
恩施市板桥镇	30400	17880	8829	1808	16800.0	45	3948
恩施市白杨坪镇	24921	57678	29218	16357	20123.0	325	15108
恩施市三岔乡	24902	42535	18321	8670	11329.0	69	5986
恩施市新塘乡	40845	52896	24671	3238	5600.0	38	10215
恩施市红土乡	22872	46229	24765	6760	17070.0	180	6318
恩施市沙地乡	19028	27065	17639	7071	7736.0	150	6000
恩施市太阳河乡	26899	20802	7260	1503	6433.0	20	2000
恩施市屯堡乡	35800	44668	20536	11124	34900.0	135	9600
恩施市白果乡	32450	19486	15357	9708	11338.0	100	5350
恩施市芭蕉侗族乡	28477	64158	35627	16586	114586.0	140	6140
恩施市盛家坝乡	30348	37175	17249	9598	4361.0	63	5300
利川市谋道镇	33827	44236	37299	26109	4350.0	2300	60000
利川市柏杨坝镇	57993	60771	46400	24962	42512.0	210	11608
利川市汪营镇	35502	60984	56150	32254	72685.0	450	25192
利川市建南镇	32595	47264	35207	19728	33076.0	116	11251
利川市忠路镇	51362	59539	43275	25191	5570.0	290	18775
利川市团堡镇	44772	59580	37771	20786	19254.0	710	4475
利川市毛坝镇	32543	25913	8084	2097	27589.0	258	8100
利川市凉雾乡	41904	43379	36304	18698	51900.0	650	12600
利川市元堡乡	26616	23067	17752	10064	16343.0	100	3385
利川市南坪乡	14846	35593	24323	7338	24817.0	320	6418
利川市文斗乡	43189	50015	34956	9274	2592.0	117	8463
利川市沙溪乡	29286	21674	19409	11979	4521.0	30	4759
建始县业州镇	37200	71532	61516	19801	241015.0	900	48769
建始县高坪镇	26000	41779	24244	4721	13544.0	200	15356
建始县红岩寺镇	8500	15976	14178	5048	32393.0	351	11863
建始县景阳镇	16000	27710	16938	9201	23000.0	120	8506
建始县官店镇	37200	40794	25317	12832	45357.0	86	3531
建始县花坪镇	40600	44761	30298	17164	13966.0	215	14693
建始县长梁乡	40000	54963	41342	22566	128276.0	1507	11750
建始县茅田乡	21000	17788	13441	6124	48590.0	120	2040
建始县龙坪乡	22500	30138	15846	6911	86541.0	59	4778
建始县三里乡	17100	29380	21878	12279	57315.0	110	4250
巴东县信陵镇	8720	60487	30702	26922	175841.0	900	46080
巴东县东瀼口镇	10830	22815	15606	8371	42078.0	54	6000
巴东县沿渡河镇	48580	39806	25777	14171	44173.0	150	15000
巴东县官渡口镇	32780	45764	33845	16797	24507.0	6620	13200
巴东县茶店子镇	26630	26795	21898	8713	19049.0	97	5996
巴东县绿葱坡镇	28060	22540	15326	2654	89634.0	20	2625
巴东县大支坪镇	21180	17077	14276	3073	7471.0	500	3810
巴东县野三关镇	52820	61320	30708	13608	231103.0	700	56892

续表 319　　（湖北省）　　计算单位：公顷、人、万元

名　　称	行政区域面　积	常住人口	从业人员	二三产业从业人员	工　业总产值	城镇建成区 面 积	城镇建成区常住人口
巴东县水布垭镇	33010	40107	23675	11175	39080.0	120	4250
巴东县清太坪镇	27880	32961	21114	11248	29944.0	420	3256
巴东县溪丘湾乡	26460	36609	20152	7752	20003.0	1568	13040
巴东县金果坪乡	18290	19350	12815	3915	21741.0	180	5150
宣恩县珠山镇	16377	45867	20348	14342	108869.0	700	45867
宣恩县椒园镇	17597	20859	17846	10281	78231.0	223	6518
宣恩县沙道沟镇	64995	55042	37736	22299	24385.0	350	23500
宣恩县李家河镇	21679	42115	26004	16246	15443.0	250	10743
宣恩县万寨乡	18358	24801	17758	9597	52947.0	128	4680
宣恩县长潭河侗族乡	43271	31174	24223	11811	14062.0	100	5126
宣恩县晓关侗族乡	42138	34833	24343	12743	28004.0	150	6210
宣恩县高罗乡	28718	36925	31360	23685	12969.0	180	6650
宣恩县椿木营乡	20584	10284	7273	2609	12151.0	60	2010
咸丰县高乐山镇	32200	72545	27012	14833	378527.0	1200	71321
咸丰县忠堡镇	14600	16712	14738	11071	74584.0	268	5100
咸丰县坪坝营镇	34700	44494	38051	26043	61305.0	241	7019
咸丰县朝阳寺镇	10500	14700	15166	11549	49000.0	110	6200
咸丰县清坪镇	30500	39801	27800	16483	45380.0	113	8916
咸丰县唐崖镇	30100	32585	33533	22052	14160.0	150	3122
咸丰县丁寨乡	19300	22756	20109	11956	9107.0	198	3216
咸丰县活龙坪乡	28600	30918	28446	18868	9846.0	289	3196
咸丰县小村乡	22600	20377	19459	13840	30000.0	100	3000
咸丰县黄金洞乡	21500	23023	20991	15632	28000.0	120	7047
来凤县翔凤镇	13778	89792	59997	47815	257278.0	1510	55240
来凤县百福司镇	19014	21485	18841	10673	14068.0	52	3082
来凤县大河镇	32484	33086	29293	20943	10834.0	320	12220
来凤县绿水镇	11548	19320	11756	9440	32828.0	410	9174
来凤县旧司镇	19854	35462	32939	21364	22690.0	60	3462
来凤县革勒车镇	11627	13312	12976	8866	23828.0	50	4960
来凤县漫水乡	13358	12553	12546	9529	7326.0	70	2142
来凤县三胡乡	12542	20358	14253	8621	30207.0	150	1780
鹤峰县走马镇	49803	39694	23962	12242	76354.0	310	10425
鹤峰县容美镇	30972	55125	43417	36930	160500.0	1000	43477
鹤峰县太平镇	32022	12939	7416	4206	80620.0	121	1180
鹤峰县燕子镇	36992	18530	11888	5683	44190.0	150	1225
鹤峰县中营镇	41545	22536	11727	1071	52792.0	27	2212
鹤峰县铁炉乡	22841	12100	7200	3700	32300.0	60	2289
鹤峰县五里乡	37970	17388	14649	7006	31812.2	80	3896
鹤峰县下坪乡	16067	11160	7966	4966	59305.0	30	4078
鹤峰县邬阳乡	18614	12064	8579	4477	16200.0	11	1406
仙桃市郑场镇	11099	44859	27107	20008	45325.0	191	13551
仙桃市毛嘴镇	11550	56818	39222	29437	316825.0	480	22367
仙桃市豆河镇	17530	61157	46775	30941	110048.0	215	16000
仙桃市三伏潭镇	11900	52176	38872	28195	144781.0	390	24569
仙桃市胡场镇	7300	51507	39964	26973	322110.0	350	24520
仙桃市长倘口镇	19215	74269	61584	44568	347880.0	210	32662
仙桃市西流河镇	19570	72948	46596	33562	618072.0	307	33553
仙桃市沙湖镇	27740	40763	38401	27146	398584.0	313	13212
仙桃市杨林尾镇	25290	77413	45245	28976	134500.0	365	34385
仙桃市彭场镇	15800	94362	70163	56513	1354324.0	680	61280

续表 320 （湖北省、湖南省） 计算单位：公顷、人、万元

名称	行政区域面积	常住人口	从业人员	二三产业从业人员	工业总产值	城镇建成区面积	城镇建成区常住人口
仙桃市张沟镇	14128	68163	45966	31690	438376.0	490	36017
仙桃市郭河镇	12600	38386	37086	23351	277661.0	500	25708
仙桃市沔城回族镇	3610	24953	14726	9914	241000.0	340	6588
仙桃市通海口镇	12610	59525	30387	22939	352948.0	325	13846
仙桃市陈场镇	15510	58173	46393	35570	690615.0	351	26625
潜江市竹根滩镇	9300	62423	28780	22870	188279.0	170	4415
潜江市渔洋镇	13600	59181	25058	16624	488282.0	130	12638
潜江市王场镇	9873	44422	22136	14679	312258.0	953	9034
潜江市高石碑镇	11226	45881	24783	18503	139400.0	150	7604
潜江市熊口镇	10200	51333	23093	15480	701200.0	1020	12320
潜江市老新镇	13000	54268	30969	14700	361928.0	920	5658
潜江市浩口镇	17090	63619	33000	18320	504032.0	480	21980
潜江市积玉口镇	11000	37165	18803	12788	249335.0	251	8941
潜江市张金镇	15500	67385	23095	18935	1873997.0	536	16615
潜江市龙湾镇	12980	49620	16911	10749	516455.0	321	9655
天门市多宝镇	23208	84952	46615	36293	118920.0	338	12798
天门市拖市镇	12680	75162	35002	21557	269080.0	200	6415
天门市张港镇	15300	84422	41297	18921	85000.0	600	13550
天门市蒋场镇	8091	48603	27037	18201	34285.0	97	2929
天门市汪场镇	7300	38073	16031	8597	8900.0	150	2963
天门市渔薪镇	9200	49395	33200	22321	194534.0	351	18283
天门市黄潭镇	5950	55065	28124	18139	180000.0	140	4569
天门市岳口镇	12500	99632	54370	45405	1574800.0	1098	59316
天门市横林镇	9980	75128	28777	23726	108796.0	286	5272
天门市彭市镇	7760	59527	21178	12797	161000.0	330	6614
天门市麻洋镇	7300	58645	18231	15220	44017.0	1351	16365
天门市多祥镇	11640	70112	34608	17978	661716.0	200	24906
天门市干驿镇	8200	45075	18830	14580	107050.0	1325	12072
天门市马湾镇	7900	40487	20790	16406	116001.0	300	6005
天门市卢市镇	10800	66788	23481	16366	15200.0	242	8920
天门市小板镇	6363	29108	17800	10508	72974.0	998	4935
天门市九真镇	16200	73642	32812	22001	158135.0	320	14952
天门市皂市镇	14439	73000	22001	17561	1206304.0	950	30511
天门市胡市镇	7663	26980	16680	9410	30600.0	162	4100
天门市石河镇	13600	59377	26224	14462	65523.0	165	8321
天门市佛子山镇	13000	38563	13997	8816	37000.0	260	5263
天门市净潭乡	9600	34624	14529	3584	51000.0	180	3160
神农架林区松柏镇	33632	27939	4791	2666	17748.0	7500	27939
神农架林区阳日镇	25987	10961	6827	4640	51150.0	300	3800
神农架林区木鱼镇	46366	11004	2772	1251	3049.0	50	5249
神农架林区红坪镇	74200	5136	2312	814	1315.0	212	364
神农架林区新华镇	22885	3698	2272	1232	79762.0	7	338
神农架林区九湖镇	34806	4482	2531	1041		26	453
神农架林区宋洛乡	54789	6768	3347	1845	8411.0	20	1730
神农架林区下谷坪土家族乡	21600	5136	1655	260	4628.0	13	1580
湖南省							
岳麓区东方红镇	1635	12725	1378	1282		1635	12725
岳麓区莲花镇	11300	50413	28693	16355	11954.0	400	9836
岳麓区雨敞坪镇	8370	35460	25280	5280	25610.0	300	24500
开福区青竹湖镇	2512	15980	2743	1908	38565.0	2150	15500

续表 321　　（湖南省）　　计算单位：公顷、人、万元

名　　称	行政区域面　积	常住人口	从业人员	二三产业从业人员	工　业总产值	城镇建成区 面 积	城镇建成区常住人口
望城区桥驿镇	9639	38035	23631	13959	270000.0	185	8170
望城区茶亭镇	8900	33474	19201	7887	252000.0	122	8251
望城区东城镇	1600	20256	6576	955	31629.0	1300	16632
望城区铜官镇	2953	26611	13085	9744	726000.0	880	15626
望城区靖港镇	4585	35134	20379	10536	70124.0	235	7101
望城区乔口镇	4568	33484	8695	1975	61829.0	205	2059
望城区乌山镇	7287	42223	24053	11113	210000.0	350	11811
望城区雷锋镇	5810	34567	18104	9052	23300.0	610	4215
望城区白箬铺镇	10000	46175	23032	13264	270000.0	142	1518
望城区格塘镇	4668	31662	17555	10043	37682.3	46	5625
望城区新康乡	4763	32944	23439	13516	29277.0	5	1076
长沙县黄兴镇	8415	56321	26601	10576	109811.0	155	16231
长沙县江背镇	17500	58819	38923	30391	834000.0	450	5442
长沙县黄花镇	14083	86732	48515	23146	649000.0	320	28323
长沙县春华镇	13000	44650	23505	13477	45370.0	160	3382
长沙县果园镇	6858	24258	16026	7529	105600.0	100	4133
长沙县路口镇	8900	28276	17858	4968	30000.0	1200	3586
长沙县高桥镇	11200	29651	18321	7227	40944.0	270	5557
长沙县金井镇	14447	43159	28943	17255	338545.0	325	18000
长沙县福临镇	8200	28904	17933	11794	20300.0	287	3100
长沙县青山铺镇	4619	17710	12268	5248	20469.0	120	5654
长沙县安沙镇	15492	53439	14350	12350	168523.0	71	1692
长沙县北山镇	14848	52410	30952	14317	78820.0	421	35000
长沙县双江镇	6510	21407	19176	3988	19988.0	146	5480
长沙县开慧镇	5400	21089	16611	4015	34000.0	300	1200
长沙县跳马镇	17713	65994	59145	9657	57788.0	8	6545
长沙县白沙镇	6140	16402	12446	7068	12650.0	245	548
长沙县干杉镇	7300	36246	15275	7046	219000.0	900	14710
宁乡县玉潭镇	2000	76558	66351	63031	1086530.0	2000	76558
宁乡县道林镇	13500	55752	30004	4778	462000.0	3	8706
宁乡县花明楼镇	11240	48583	27783	13691	350000.0	290	10598
宁乡县东湖塘镇	13100	48795	32112	6395	140000.0	2500	36765
宁乡县夏铎铺镇	10416	41175	25295	17375	1437137.0	280	4325
宁乡县双江口镇	7227	47887	22594	12702	120000.0	53	1035
宁乡县煤炭坝镇	7362	50189	30748	22728	726968.0	362	24500
宁乡县坝塘镇	10007	42542	25498	9774	121700.0	750	2074
宁乡县偕乐桥镇	7650	33056	19390	5206	59200.0	39	1078
宁乡县灰汤镇	4300	23452	17081	7441		830	4421
宁乡县双凫铺镇	8823	40222	33492	26758	430000.0	680	20915
宁乡县老粮仓镇	12198	63998	19322	10972	246486.0	520	15490
宁乡县流沙河镇	14056	47519	46674	36955	110200.0	156	13620
宁乡县巷子口镇	10580	49967	24847	13112	13860.0	321	2387
宁乡县龙田镇	7260	23664	17644	7668	121540.0	90	3125
宁乡县横市镇	12340	52340	29871	18288	200000.0	470	12015
宁乡县回龙铺镇	7180	39637	25280	11635	218000.0	1480	2914
宁乡县黄材镇	22000	65630	33028	20433	145000.0	210	26120
宁乡县大成桥镇	5800	34220	19311	10522	720000.0	13	2816
宁乡县青山桥镇	13800	46721	17851	7451	150000.0	230	2235
宁乡县金洲镇	6210	33095	28901	17451	130850.0	65	8112
宁乡县大屯营镇	10668	44456	27152	11775	190500.0	61	4795

续表 322　　（湖南省）　　计算单位：公顷、人、万元

名　　称	行政区域面积	常住人口	从业人员	二三产业从业人员	工业总产值	城镇建成区面积	城镇建成区常住人口
宁乡县资福镇	7800	39896	20515	12246	50000.0	152	3260
宁乡县朱良桥乡	8270	23313	21052	15463	91000.0	100	2385
宁乡县菁华铺乡	6580	33196	24996	21378	249000.0	61	1576
宁乡县南田坪乡	6400	26815	20973	10184	77000.0	42	790
宁乡县枫木桥乡	9260	39663	23066	9227	32184.0	40	1842
宁乡县喻家坳乡	9685	38425	25830	9066	300000.0		
宁乡县沙田乡	7422	34020	24135	13635	70000.0	300	3611
宁乡县白马桥乡	2280	41215	18372	17749	1089278.0	912	30911
宁乡县历经铺乡	3500	29778	19461	12269	1050000.0	470	4669
宁乡县城郊乡	5200	45698	9290	6610	921600.0	390	10480
宁乡县沩山乡	8180	18468	12666	7898	41235.0	220	1826
浏阳市社港镇	17470	48765	48170	35850	169400.0	250	24500
浏阳市官渡镇	10630	30812	16014	13149	325000.0	1000	13458
浏阳市张坊镇	31930	31783	19689	12444	72002.0	110	8683
浏阳市达浒镇	20200	25751	16561	8085	261608.0	189	9843
浏阳市沿溪镇	11960	30230	22360	16700	512000.0	220	2416
浏阳市古港镇	15150	38994	21487	21092	360124.0	250	13406
浏阳市永和镇	6270	23419	11479	9525	180031.0	400	12658
浏阳市大瑶镇	7370	82508	52020	39590	870000.0	890	38542
浏阳市金刚镇	7988	61074	40508	35022	641258.0	200	20480
浏阳市文家市镇	15590	52531	23031	22083	734570.0	300	8590
浏阳市太平桥镇	9980	21326	13866	11306	658864.0	120	7055
浏阳市枨冲镇	18630	45442	27617	23002	650000.0	155	4670
浏阳市镇头镇	15880	54265	36165	7855	370000.0	200	20325
浏阳市普迹镇	17650	41921	24860	18314	161454.0	100	5398
浏阳市永安镇	11210	72489	41681	37209	2523987.0	685	28652
浏阳市北盛镇	7340	57810	31640	20120	250000.0	290	9250
浏阳市龙伏镇	13200	47012	22390	8989	160000.0	52	4356
浏阳市澄潭江镇	15880	65102	25198	24886	740000.0	170	9016
浏阳市中和镇	15180	23634	10888	10818	115000.0	200	21230
浏阳市柏加镇	5030	23570	14854	14734	1230.0	156	4565
浏阳市洞阳镇	10500	39927	17177	11815	332456.0	110	6932
浏阳市大围山镇	40170	27218	15432	8132	70600.0	91	2943
浏阳市沙市镇	20970	67688	40883	28670	419525.0	360	8120
浏阳市淳口镇	23350	64152	34738	14940	190520.0	84	8750
浏阳市高坪镇	25740	38233	18750	17522	270000.0	150	4900
浏阳市三口镇	5580	23313	16630	12300	196680.0	69	6817
浏阳市官桥镇	8790	27412	23792	13929	81245.0	177	2621
浏阳市小河乡	11180	15047	5856	4981	84958.0	16	2483
浏阳市七宝山乡	17200	15721	9387	9136	120000.0	60	1862
浏阳市溪江乡	9064	23096	22298	9410	200317.0		
浏阳市杨花乡	7560	26466	14617	13942	156000.0	100	3912
浏阳市葛家乡	10680	20689	12933	12495	200000.0		
浏阳市蕉溪乡	8740	26912	18021	9119	173531.0		
荷塘区仙庾镇	5050	21325	21581	11349	140116.0	5050	21311
荷塘区明照乡	4768	20185	12577	7100	17735.0		
芦淞区白关镇	7975	27619	16757	9569	127395.0	300	4620
芦淞区五里墩乡	2400	9891	5763	3643	3110.0		
芦淞区姚家坝乡	7100	19983	9055	2725	28410.0	480	1534
天元区马家河镇	5020	24839	11788	7398	55118.0		

续表 323　　（湖南省）　　计算单位：公顷、人、万元

名称	行政区域面积	常住人口	从业人员	二三产业从业人员	工业总产值	城镇建成区面积	城镇建成区常住人口
天元区群丰镇	5396	22937	21340	7945	23500.0	730	19531
天元区雷打石镇	8600	34238	17738	7341	20055.0	660	4472
天元区三门镇	9200	34150	24298	14324	19751.0	500	3475
株洲县渌口镇	6500	76387	40381	33020	730018.0	1000	46887
株洲县朱亭镇	8800	25969	14736	6340	44313.0	200	1701
株洲县古岳峰镇	7100	23030	12667	6484	1368.0	100	3070
株洲县淦田镇	10300	17338	13118	5483	12101.0	300	6857
株洲县龙凤乡	5800	13687	8082	3144	1150.0		
株洲县龙潭乡	7200	8389	5287	1018	883.0		
株洲县砖桥乡	5800	11902	8072	4169	1398.0		
株洲县平山乡	3800	12243	7658	4150	866.0		
株洲县洲坪乡	8000	17548	16803	6198	131719.0		
株洲县南阳桥乡	5600	19313	16947	8812	58319.0		
株洲县仙井乡	7400	31414	19910	11260	20052.0		
株洲县堂市乡	7700	22564	15858	8175	81363.0		
株洲县王十万乡	8400	18970	14644	4116	17548.0		
株洲县太湖乡	12600	19944	10363	2621	24780.0		
攸县酒埠江镇	12887	26188	24299	12986	305939.0	200	18000
攸县桃水镇	9725	32800	20704	9246	140902.0	100	6600
攸县网岭镇	9691	37962	27388	14480	394962.0	350	20000
攸县渌田镇	10051	45529	23312	10329	16680.0	80	5400
攸县柏市镇	14107	12010	9621	5940	124083.0	40	2000
攸县大同桥镇	5160	29084	16499	8489	102119.0	80	4500
攸县石羊塘镇	8238	25995	19872	9908	69247.0	85	4500
攸县黄丰桥镇	15358	23257	13716	7398	422088.0	90	11000
攸县鸾山镇	22059	22402	13422	9103	333893.0	70	8000
攸县丫江桥镇	16500	30176	23087	10167	43569.0	80	8900
攸县上云桥镇	6040	28938	19957	10334	216362.0	55	6021
攸县皇图岭镇	22323	63210	43513	27973	210026.0	190	21000
攸县新市镇	13196	36249	29138	12234	354497.0	135	13000
攸县菜花坪镇	12564	40028	30452	16565	290690.0	175	16000
攸县莲塘坳镇	28219	50300	23119	7757	91933.0	60	5500
攸县湖南坳乡	10935	26352	14488	6768	226073.0	89	2450
攸县坪阳庙乡	10001	26675	14053	5779	81991.0	61	6012
攸县槚山乡	11250	19850	12985	5180	27353.0	32	1960
攸县鸭塘铺乡	6243	28425	14943	5343	83645.0	30	4200
茶陵县界首镇	8300	28160	14802	7020	7500.0		
茶陵县湖口镇	18000	28928	9968	1643	20135.0	18	1724
茶陵县浣溪镇	13600	16688	8246	2980	46712.0	465	1925
茶陵县马江镇	8500	19045	5895	5413	8086.0	100	2559
茶陵县高陇镇	12556	18224	8732	3840	49857.0	95	4245
茶陵县潞水镇	12700	23171	11728	5700	98542.5	120	2500
茶陵县虎踞镇	8300	29850	18100	9600	65000.0	120	3200
茶陵县平水镇	13760	29872	17015	5675	213185.0	260	2744
茶陵县枣市镇	11269	25390	21303	11437	43500.0	72	2265
茶陵县火田镇	14400	24659	12491	6171	38850.0	42	1928
茶陵县严塘镇	23622	41322	20587	11773	66412.0	1200	6166
茶陵县腰陂镇	22456	55859	17378	1800	46000.0	150	7326
茶陵县秩堂镇	16500	27379	14587	7015	53824.0	164	26752
茶陵县舲舫乡	18740	29454	8334	4783	18960.0		

续表 324　　　　（湖南省）　　　　计算单位：公顷、人、万元

名　　称	行政区域面　　积	常住人口	从业人员	二三产业从业人员	工　业总产值	城镇建成区 面 积	城镇建成区常住人口
茶陵县八团乡	11600	6533	6523	1009	40000.0		
茶陵县桃坑乡	27000	11690	11576	3011	9051.0		
炎陵县霞阳镇	14644	48747	27848	22332	720525.0	500	41353
炎陵县沔渡镇	17457	15435	11377	3113	59874.0	125	3296
炎陵县十都镇	24600	10822	7063	2371	29257.0	80	3062
炎陵县水口镇	19970	15819	9917	3765	42800.0	210	4500
炎陵县三河镇	8280	17111	8988	4719	99611.0	210	6075
炎陵县鹿原镇	14338	21745	15713	8860	53834.0	500	6126
炎陵县垄溪乡	14100	8437	4643	2678	9162.0		
炎陵县石洲乡	10100	4656	3382	1554	19200.0	15	651
炎陵县策源乡	18000	6084	2969	1190	4356.0		
炎陵县下村乡	17400	8199	3964	748	1283.0		
炎陵县中村乡	11129	7783	5450	950	18720.0		
炎陵县龙渣瑶族乡	8900	2411	1224	560	3653.0		
炎陵县平乐乡	8500	2864	1840	678	8653.0	26	2531
炎陵县船形乡	10500	7826	3362	582	15883.0	13	1897
炎陵县东风乡	5388	9425	5848	3083	289.0		
云龙示范区龙头铺镇	2800	14293	9254	5579	149597.0	140	1710
云龙示范区云田镇	5150	23108	13763	5431	18223.0	300	3270
醴陵市南桥镇	9890	45823	28729	21781	576410.0	135	4897
醴陵市富里镇	4698	38935	21302	15354	403963.0	145	2957
醴陵市白兔潭镇	4733	38221	24293	19688	534413.0	438	20045
醴陵市浦口镇	5772	77101	28914	24791	717249.0	189	4520
醴陵市王坊镇	4737	32982	15610	15100	303129.0	61	3580
醴陵市王仙镇	6308	33762	23077	19540	521644.0	415	18351
醴陵市泗汾镇	7057	41336	16694	11682	268963.0	211	10237
醴陵市沈潭镇	5351	29352	16066	7966	129197.0	93	2728
醴陵市船湾镇	6806	27791	21010	12274	244652.0	250	8750
醴陵市大障镇	10595	52765	25858	6757	118606.0	254	7864
醴陵市贺家桥镇	6314	24072	9557	3874	45590.0	35	1256
醴陵市仙霞镇	5965	22614	11935	4836	49684.0	94	3225
醴陵市黄獭嘴镇	5078	24536	15249	4140	39363.6	105	3017
醴陵市均楚镇	17239	43162	24106	7704	139272.0	240	4670
醴陵市东富镇	10114	50673	25348	18181	362606.0	130	4128
醴陵市石亭镇	10615	40136	24768	4658	65893.0	60	4131
醴陵市栗山坝镇	10018	36807	20300	6660	139085.0	36	1412
醴陵市神福港镇	6663	30021	17553	6951	24433.0	207	6861
醴陵市孙家湾乡	5278	22972	11927	9387	174206.0	172	3126
醴陵市清水江乡	5250	25629	13393	4085	90998.0	29	810
醴陵市嘉树乡	6310	25337	20505	16843	512741.0	122	3052
醴陵市新阳乡	6330	25510	12295	5774	115170.0	7	418
醴陵市官庄乡	18492	18525	9368	5506	61813.0	26	740
醴陵市枫林市乡	4973	18371	9332	6217	16559.0	35	2266
醴陵市东堡乡	9293	23641	13919	10017	319140.0	44	1862
醴陵市板杉乡	9457	46492	26449	10965	107899.0	56	1960
雨湖区鹤岭镇	680	23065	10703	10365	188336.3	581	23065
雨湖区楠竹山镇	890	31912	11420	10699	97487.0	890	31912
雨湖区姜畲镇	9023	55731	29969	18104	182617.0	352	17072
雨湖区昭潭乡	250	26528	11723	8383	512868.0	250	26528
雨湖区护潭乡	1120	17960	10920	6790	328000.0	180	5395

续表 325　　（湖南省）　　计算单位：公顷、人、万元

名　　称	行政区域面　积	常住人口	从业人员	二三产业从业人员	工　业总产值	城镇建成区 面 积	城镇建成区常住人口
雨湖区长城乡	2400	24016	13017	7928	495430.0		
雨湖区先锋乡	680	14706	10568	8626	354102.0	0	90
雨湖区响塘乡	14980	62826	41931	41175	175235.0		
岳塘区荷塘乡	4085	19897	10803	5534	335032.0		
湘潭县易俗河镇	7400	78000	50775	40485	433875.0	4138	61257
湘潭县梅林桥镇	13800	49225	47814	22649	190284.0	110	3685
湘潭县谭家山镇	10045	43250	37177	21877	256000.0	96	8107
湘潭县中路铺镇	18360	65321	35107	20349	85179.0	150	19000
湘潭县茶恩寺镇	13721	32150	15607	14451	8.0	110	14521
湘潭县河口镇	9320	32490	29828	13776	170160.0	80	4769
湘潭县射埠镇	17096	65995	44727	10577	92420.0	200	8100
湘潭县花石镇	13340	45905	31088	18741	285000.0	600	7066
湘潭县青山桥镇	10937	49080	29715	17547	93700.0	270	3901
湘潭县石鼓镇	9605	49658	27671	7186	9800.0	453	2336
湘潭县云湖桥镇	12970	60481	34434	21900	193300.0	180	14750
湘潭县石潭镇	12380	75930	41642	16254	112000.0	508	18640
湘潭县杨嘉桥镇	11592	63213	22767	11467	40020.0	599	10413
湘潭县乌石镇	9612	38100	20265	12865	38479.0	105	4100
湘潭县白石镇	9960	40120	29745	10213	320000.0	120	4260
湘潭县分水乡	8533	32980	28147	18367	4390.0	150	7200
湘潭县排头乡	13040	53190	41770	27450	55800.0	65	8438
湘潭县龙口乡	6036	28920	17121	6557	30890.0	1	1562
湘潭县锦石乡	5660	29989	16544	5332	3450.0	131	2093
湘潭昭山示范区易家湾镇	1877	21316	7178	5443	129479.0	780	2695
湘潭昭山示范区昭山乡	5000	14855	6873	5317	229565.0	100	420
湘潭九华示范区响水乡	7763	48316	23852	13619	52170.0		
湘乡市山枣镇	10170	51823	28271	9808	71000.0	453	6000
湘乡市栗山镇	6884	26116	14862	4009	42982.0	410	4665
湘乡市中沙镇	6850	22130	17740	7865	41200.0	460	2654
湘乡市虞塘镇	8671	37598	22188	4538	195000.0	573	11005
湘乡市潭市镇	12750	40229	26767	10465	48211.0	720	7152
湘乡市棋梓镇	13890	51705	45615	33563	231150.0	650	21900
湘乡市壶天镇	14470	51341	30585	12932	44625.0	459	4862
湘乡市翻江镇	13339	42748	27672	10472	16825.0	490	4410
湘乡市金石镇	7997	32400	24881	8381	22113.0	430	4452
湘乡市白田镇	10573	44550	34030	15468	119000.0	240	1700
湘乡市月山镇	14743	67729	36069	16549	80925.0	490	5877
湘乡市泉塘镇	9875	46746	25873	11331	333770.0	16	1499
湘乡市梅桥镇	13760	42900	36458	20560	65534.0	500	3860
湘乡市毛田镇	11093	37898	20332	7252	4210.0	320	2295
湘乡市龙洞镇	7480	28009	23470	10212	60380.0	468	4018
湘乡市东郊乡	9053	54421	26998	8178	468540.0	20	1215
湘乡市金薮乡	10400	40021	29651	11350	6345.0	121	1280
湘乡市育塅乡	8800	39757	26845	11813	19650.0	35	2582
韶山市清溪镇	1378	19952	7319	5999	69500.0	396	11425
韶山市银田镇	3000	17538	8903	4898	54122.0	201	3300
韶山市如意镇	3385	15835	10220	4350	85000.0	110	14803
韶山市韶山乡	5320	20126	12939	8415	20291.0		
韶山市永义乡	2400	11052	5586	2581	21000.0	280	1396
韶山市杨林乡	6047	21210	15252	3023	13510.0		

续表 326 （湖南省） 计算单位：公顷、人、万元

名　　称	行政区域面积	常住人口	从业人员	二三产业从业人员	工业总产值	城镇建成区面积	城镇建成区常住人口
韶山市大坪乡	3200	14624	8659	2770	6937.0	2	220
珠晖区茶山坳镇	5680	38001	17511	6912	288996.0	500	3890
珠晖区东阳渡镇	8760	40128	19690	8800	310000.0	262	1653
珠晖区和平乡	2950	21070	11516	6629	82538.0		
珠晖区酃湖乡	3278	51201	13094	5479	239457.0		
雁峰区岳屏镇	3400	21585	8299	5685	352560.0	2800	17660
雁峰区湘江乡	1120	19023	10195	6617	341123.0	1100	15899
石鼓区松木乡	3310	13156	8445	5430	184654.0	370	1885
石鼓区角山乡	3480	21095	12363	7794	30000.0	250	615
蒸湘区呆鹰岭镇	29000	33566	15725	11526	3299870.0	260	9150
蒸湘区长湖乡	12000	9831	4590	3950	69840.0	240	1056
蒸湘区雨母山乡	4380	23818	15603	12361	39675.0	200	6850
南岳区南岳镇	8400	37584	16245	9100	21060.0	500	8792
南岳区岳林乡	1260	2180	1465	520			
南岳区龙凤乡	1540	2431	1206	1145			
南岳区拜殿乡	1800	1998	859	572			
衡阳县西渡镇	15273	175684	94732	50294	1037676.0	1750	116848
衡阳县集兵镇	6863	31079	12641	6591	31260.0	150	4399
衡阳县杉桥镇	7500	25155	20508	13635	120.0	588	2308
衡阳县井头镇	15518	60757	33597	497	21025.0	400	3350
衡阳县演陂镇	8720	38925	31043	8580	56127.0	113	8876
衡阳县金兰镇	15489	71292	28604	7479	17501.0	98	9810
衡阳县洪市镇	11299	56897	34881	5633	15438.0	1338	41407
衡阳县曲兰镇	11789	49868	36794	18142	236.0	602	5612
衡阳县金溪镇	11243	39140	16479	5455	6427.0	212	3240
衡阳县界牌镇	9894	35486	9023	7898	450000.0	970	21462
衡阳县渣江镇	14900	70627	39219	18787	29325.0	310	7228
衡阳县三湖镇	11256	48564	25054	10491	4536.0	210	4906
衡阳县台源镇	11888	58520	33843	17713	144486.0	280	4830
衡阳县关市镇	9623	51085	24735	16075	84235.0	186	2836
衡阳县库宗桥镇	9973	48121	27147	12426	50981.0	100	1562
衡阳县岘山镇	15661	61055	35468	13938	46830.0	300	11336
衡阳县石市镇	14516	56012	26875	18625	6566.0	150	1022
衡阳县樟木乡	10000	25464	13162	6421	28362.0	126	3325
衡阳县岣嵝乡	10600	20953	14268	4982	21206.0		
衡阳县栏垅乡	5135	24321	14738	2576	388.0		
衡阳县大安乡	7965	40742	20000	6363	15589.0		
衡阳县溪江乡	8422	38138	27310	16210	28136.0		
衡阳县长安乡	3920	17123	12805	8173	21045.0		
衡阳县板市乡	2480	13162	11598	5955	21987.0		
衡阳县樟树乡	2700	13895	5937	2375	146443.0		
衡阳县潮江乡	2900	9295	462	462	122.0		
衡南县云集镇	10180	69110	34806	25944	108717.0	10180	57410
衡南县向阳镇	12800	56925	32752	23710	215460.0	207	23120
衡南县廖田镇	11008	30679	4356	3688	7000.0	155	2415
衡南县茶市镇	7200	38200	20400	8400	54800.0	121	7200
衡南县冠市镇	7913	49700	27023	9100	57700.0	100	6820
衡南县江口镇	9973	61300	35965	16021	3028.0	300	16387
衡南县宝盖镇	17650	56850	27350	14950	40000.0	150	4000
衡南县花桥镇	17605	44454	24022	11725	76325.0	123	6482

续表 327　（湖南省）　计算单位：公顷、人、万元

名　称	行政区域面　积	常住人口	从业人员	二三产业从业人员	工　业总产值	城镇建成区　面　积	城镇建成区常住人口
衡南县铁丝塘镇	7340	32617	24127	6127	13560.0	200	10000
衡南县泉溪镇	5353	42129	32472	12562	47556.0	420	10075
衡南县洪山镇	10775	47281	29362	6266	81443.0	100	5023
衡南县三塘镇	6780	82700	61000	29050	192360.0	660	47600
衡南县谭子山镇	11010	48580	31600	27100	88198.0	130	7800
衡南县鸡笼镇	9600	43980	17014	2054	200000.0	150	8960
衡南县泉湖镇	9045	42862	32377	16770	53400.0	140	5060
衡南县柞市镇	9045	33456	16007	355	265.0	18	3078
衡南县茅市镇	15800	62267	36686	21686	9820.0	800	7460
衡南县硫市镇	12335	36460	27966	3450	21906.0	180	8018
衡南县栗江镇	13017	74150	42245	11305	68775.0	360	11382
衡南县近尾洲镇	8412	31521	19488	12378	35970.0	20	3708
衡南县车江镇	9768	50298	20274	13044	85009.0	260	47135
衡南县咸塘镇	5200	23126	4697	1197	34814.0	211	9722
衡南县松江镇	12940	48519	21700	4700	186000.0	150	2600
衡南县相市乡	7680	28650	24530	6030	1000.0	80	1020
衡南县洲市乡	9478	43486	16090	10047	4609.0		
衡南县川口乡	10059	16023	8189	3939	12980.0	40	4045
衡山县开云镇	10000	89076	62680	30500	776855.0	810	51968
衡山县白果镇	5700	37810	21930	9630	60000.0	339	3659
衡山县东湖镇	5890	21092	14612	7070	12795.0	100	1127
衡山县萱洲镇	5740	22058	13657	6867	1462.0	100	1004
衡山县长江镇	7440	26992	23305	3500	50000.0	110	1985
衡山县新桥镇	7730	31715	20445	4978	18000.0	150	1567
衡山县马迹镇	3460	14020	6915	3800	96541.0	92	3756
衡山县店门镇	9600	30915	25229	13373	2250.0	100	658
衡山县贺家乡	4370	17720	10557	571	26000.0	100	765
衡山县永和乡	6800	29558	20600	2389	5000.0	226	3280
衡山县沙泉乡	3600	20700	16593	6393	10000.0	57	2561
衡山县福田乡	4300	19200	10842	1270	30000.0	120	760
衡山县岭坡乡	4700	14450	9455	1153		48	300
衡山县望峰乡	1428	13680	13308	2338	566.0	12	1035
衡山县长青乡	3720	18958	15092	3484	15000.0	6	445
衡山县贯塘乡	3400	20603	12102	2152	38100.0	42	486
衡山县江东乡	3400	19586	9792	2244		14	2648
衡东县城关镇	3100	67324	30570	27561	260083.0	698	58126
衡东县石湾镇	7700	31991	25526	15917	63950.0	215	10780
衡东县新塘镇	9700	50254	28778	19311	453876.0	218	17895
衡东县大浦镇	11500	54512	33316	18505	765000.0	280	21506
衡东县吴集镇	10600	46805	26247	7729	236875.0	151	2867
衡东县甘溪镇	11000	29600	15956	6436	65790.0	95	5860
衡东县杨林镇	13100	35087	19152	1322	6500.0	89	4680
衡东县草市镇	6900	23443	22934	8191	5900.0	100	3416
衡东县杨桥镇	11200	20586	27836	7490	4980.0	77	2630
衡东县霞流镇	10400	40552	25303	5191	126520.0	86	2650
衡东县荣恒镇	8700	26882	15975	10174	40000.3	56	1389
衡东县高湖镇	9700	32310	30530	8380	5800.0	97	3510
衡东县白莲镇	8500	20621	15843	4158	5672.0	55	1200
衡东县大桥镇	6600	17670	9900	2200		50	1454
衡东县蓬源镇	8500	26431	20795	14168	147.0	150	2211

续表 328　　（湖南省）　　计算单位：公顷、人、万元

名　称	行政区域面积	常住人口	从业人员	二三产业从业人员	工业总产值	城镇建成区面积	城镇建成区常住人口
衡东县莫井乡	5700	12820	6064	4089	4782.0		
衡东县踏庄乡	4400	15459	9300	2715	1221.0		
衡东县高塘乡	7100	23593	14039	7216	11084.0		
衡东县南湾乡	8000	14155	9978	2612	7231.0		
衡东县三樟乡	4300	19965	13260	8915	7236.0		
衡东县栗木乡	5300	20400	13625	5625	12100.0		
衡东县珍珠乡	5600	18199	16593	6952	6036.0		
衡东县石滩乡	9689	41511	26378	16354	8000.0		
衡东县德圳乡	5700	6570	2835	323	789.0		
祁东县金桥镇	7956	47444	18164	4424	36543.0	150	9689
祁东县鸟江镇	6526	26510	16531	8121	102350.0	105	5372
祁东县粮市镇	5428	20325	10788	6032	11904.0	90	5146
祁东县河洲镇	6550	32050	18813	8533	21100.0	220	8260
祁东县归阳镇	7948	54677	20726	10582	76000.0	300	18154
祁东县过水坪镇	9735	42150	31197	12947	59112.0	155	11120
祁东县双桥镇	7291	47591	28027	9750	383457.0	134	10048
祁东县灵官镇	7797	38560	26989	8853	99503.0	106	8295
祁东县风石堰镇	10993	58952	30732	14773	265117.7	150	13724
祁东县白地市镇	10810	68221	38206	18386	159627.0	320	20231
祁东县黄土铺镇	9294	48930	28898	12148	332253.6	310	10029
祁东县石亭子镇	5559	27846	20607	4861	3056.0	80	5329
祁东县官家嘴镇	9366	36400	24205	9815	87252.0	132	8230
祁东县步云桥镇	14984	74969	69955	10852	137520.0	240	17120
祁东县砖塘镇	6835	22842	19123	5598	5000.0	70	4792
祁东县蒋家桥镇	6682	36321	21118	4597	267.0	190	8241
祁东县太和堂镇	12415	60331	28566	10194	36123.0	180	12991
祁东县马杜桥乡	6036	13773	8848	2967	272295.0		
祁东县凤歧坪乡	3955	11167	11009	905	72.0		
祁东县城连圩乡	3983	24733	22228	1390	280.0		
祁东县四明山乡	3714	2157	1211	507			
耒阳市黄市镇	9600	29248	12638	3835	16820.0	9600	29248
耒阳市小水镇	14280	42806	37258	11308	282905.0	250	7076
耒阳市公平圩镇	9720	48260	10953	4952	26500.0	85	600
耒阳市泗门洲镇	6800	56682	11929	1491	71100.0	6800	56682
耒阳市三都镇	7460	40225	17855	5835	10830.0	150	2580
耒阳市南阳镇	10500	42358	11500	10000	80000.0	105	2500
耒阳市竹市镇	6500	35985	34115	16859	37014.0	161	1029
耒阳市夏塘镇	7640	41232	32298	2178	65245.0	30	2126
耒阳市龙塘镇	7600	33546	21036	3898	154267.0	16	1734
耒阳市哲桥镇	13600	51106	20780	10865	235400.0	1810	6107
耒阳市永济镇	4560	20161	11285	4270	5000.0	60	1206
耒阳市遥田镇	5200	28652	18640	11700	300000.0	2	1009
耒阳市新市镇	7500	35580	32450	8129	33152.0	98	9858
耒阳市洲陂乡	4200	19725	10940	2721	1280.0	110	1482
耒阳市亮源乡	10488	23200	14669	1161		720	2250
耒阳市马水乡	12900	29614	22125	3605	2455.0		
耒阳市太平圩乡	5000	22187	14223	1585			
耒阳市导子乡	10300	36886	18063	7416	120000.0	850	2540
耒阳市东湖圩乡	12700	45911	43320	4332	5025.0	420	2150
耒阳市上架乡	4700	19876	9590	4449			

续表 329　（湖南省）　计算单位：公顷、人、万元

名　　称	行政区域面积	常住人口	从业人员	二三产业从业人员	工业总产值	城镇建成区面积	城镇建成区常住人口
耒阳市沙明乡	3400	4553	3018	888	3650.0		
耒阳市大义乡	10440	37012	16820	8364	6325.0	8	520
耒阳市磨形乡	4100	17970	8590	2731	1200.0		
耒阳市南京乡	7600	29291	15150	2250	3600.0	420	1620
耒阳市仁义乡	9700	48875	48799	5212	28615.0	621	2456
耒阳市余庆乡	8250	26668	15900	3580	26590.0	500	1560
耒阳市长坪乡	7700	38145	23340	2395	188.0	42	3855
耒阳市太和圩乡	7900	28685	23002	4992	18210.0		
耒阳市坛下乡	6400	22768	13975	3290	358.0		
耒阳市大市乡	11500	65417	25737	3176	30000.0		
耒阳市肥田乡	5120	16824	15371	7408	9000.0	3	2124
常宁市柏坊镇	13000	64562	28559	11724	690850.0	200	11060
常宁市松柏镇	4220	34869	13342	5377	1810000.0		
常宁市烟洲镇	8512	39562	19129	7228	134716.0	200	11238
常宁市荫田镇	10882	47520	20763	10563	67240.0	170	4652
常宁市白沙镇	8500	37037	20526	3970	229800.0	40	4756
常宁市西岭镇	12436	39221	17379	4480	250010.0	226	3222
常宁市盐湖镇	5846	24955	10822	2742		71	9128
常宁市三角塘镇	6100	32004	15058	6056		210	3458
常宁市洋泉镇	17478	70952	27474	12219	60163.0	230	18796
常宁市庙前镇	7862	19135	8303	3288	9101.0	200	2631
常宁市罗桥镇	10668	36290	19831	9810	41300.0	80	2566
常宁市板桥镇	7976	46889	20376	9375	85767.0	100	2327
常宁市胜桥镇	7774	49662	21566	8541	92672.0	100	2146
常宁市官岭镇	8972	33035	31120	13030	37500.0	160	4699
常宁市新河镇	9235	32091	13983	5482	81010.0	195	8560
常宁市宜潭乡	10100	48272	26940	6440	9616.0		
常宁市蓬塘乡	11225	48121	22760	9212	150234.0	180	360
常宁市兰江乡	7700	36476	20585	5100	31152.0	1	180
常宁市大堡乡	8295	35079	15296	5048	53754.0	2	380
常宁市江河乡	4077	15397	7418	2338			
常宁市弥泉乡	5882	2280	1082	437	3652.0		
常宁市塔山瑶族乡	6131	9155	3968	1210	2450.0		
双清区高崇山镇	3000	26393	8571	3990	125410.0	200	2215
双清区渡头桥镇	2400	21240	9135	2860	4254.0	160	2889
双清区城东乡	1400	12131	8301	2536	235686.5	30	2089
双清区石桥乡	1400	19898	8466	2256	14250.0	110	1528
双清区火车站乡	2800	21504	15219	7299	142000.0	208	2577
双清区云水乡	2260	17200	12309	1040	68633.0		
大祥区雨溪镇	3420	21367	14682	10146	382100.0	315	2871
大祥区罗市镇	4320	23290	22667	1057	22500.0	4	2200
大祥区檀江乡	3471	26001	24050	15550	37783.0		
大祥区蔡锷乡	4079	20845	13556	1900	260.0		
大祥区板桥乡	2880	25818	10855	1479	62365.0		
北塔区田江乡	1300	13350	9699	5051	484000.0		
北塔区茶元头乡	3400	18960	12141	2165	12030.8		
北塔区陈家桥乡	2242	21378	12310	6135	27245.0		
邵东县牛马司镇	5054	34101	28857	10855	98421.4	99	12012
邵东县范家山镇	3112	27225	8608	4928	53480.0	36	1689
邵东县九龙岭镇	8487	25546	25086	9563	53309.0	64	3597

续表 330　　（湖南省）　　计算单位：公顷、人、万元

名　　称	行政区域面积	常住人口	从业人员	二三产业从业人员	工　业总产值	城镇建成区面积	城镇建成区常住人口
邵东县仙槎桥镇	8020	34762	29956	15993	623100.0	320	5392
邵东县火厂坪镇	9715	44042	30567	13299	254680.0	610	25640
邵东县佘田桥镇	5253	22633	8598	4806	82200.0	165	5260
邵东县灵官殿镇	9980	64411	23448	11581	147966.0	1520	64264
邵东县团山镇	9713	72498	55387	9366	60351.0	128	7123
邵东县砂石镇	4131	20981	18280	8110	86000.0	160	2263
邵东县廉桥镇	8677	49111	40456	23958	197582.0	475	24739
邵东县流光岭镇	4024	19459	16652	8638	9124.3	50	7550
邵东县流泽镇	5320	43098	10086	8730	350000.0	268	7690
邵东县魏家桥镇	7118	30302	18369	7993	55000.0	4	3023
邵东县野鸡坪镇	7735	30957	22906	13641	28560.0	120	3066
邵东县杨桥镇	5115	17703	7819	3832	135952.2	60	1924
邵东县水东江镇	9864	51120	48245	19590	24310.0	346	6245
邵东县黑田铺镇	10053	44904	24058	8138	263800.0	107	4756
邵东县黄陂桥乡	3788	29105	21032	1198	354268.0		
邵东县双凤乡	5936	14321	13728	3710	3200.0		
邵东县周官桥乡	4900	35768	21542	16719	441268.0		
邵东县简家陇乡	13038	38799	37730	11851	13170.0		
邵东县堡面前乡	5507	12219	4630	680	180.0		
邵东县石株桥乡	5933	17891	8130	4005	96052.0		
邵东县界岭乡	5274	23156	22158	10720	227413.0		
邵东县斫曹乡	5025	29120	15917	6989	4620.0		
新邵县酿溪镇	6350	96836	37720	20014	922602.0	3325	63441
新邵县严塘镇	12130	52120	29062	17879	125326.0	202	6410
新邵县雀塘镇	9010	53006	37618	16122	49540.0	1650	50514
新邵县陈家坊镇	10300	66027	20994	14461	65196.0	1924	14526
新邵县潭溪镇	10930	32812	17916	9227	4255.0	80	2230
新邵县寸石镇	9720	44485	31715	14006	42572.0	8	2199
新邵县坪上镇	22810	79648	46534	23770	201716.0	358	12046
新邵县龙溪铺镇	15340	54890	36446	15092	60620.0	220	6931
新邵县巨口铺镇	16080	52749	38692	15705	79856.6	213	6641
新邵县新田铺镇	11550	55554	38659	16516	71395.0	174	4310
新邵县小塘镇	10510	47939	22866	11284	18301.0	184	5084
新邵县潭府乡	9870	29234	20316	8492	37561.0		
新邵县太芝庙乡	12840	29759	23281	11656	122147.0		
新邵县大新乡	13440	33966	26548	12604	41573.0		
新邵县迎光乡	5370	31074	16141	6659	3439.0		
邵阳县塘渡口镇	11960	129602	74921	42799	285672.0	2198	84156
邵阳县白仓镇	14027	62479	52307	13492	50110.0	190	12732
邵阳县金称市镇	13788	40316	34019	10265	16375.0	150	9796
邵阳县塘田市镇	9989	43026	25625	8751	40122.0	17	9410
邵阳县黄亭市镇	13482	60776	28524	15528	71552.0	120	17487
邵阳县长阳铺镇	9684	48255	29759	14539	98250.0	190	3840
邵阳县岩口铺镇	8188	31360	28090	7940	461226.0	100	3620
邵阳县九公桥镇	11156	53562	31493	11641	172451.0	625	20136
邵阳县下花桥镇	8160	50559	16730	11155	4727.0	120	8850
邵阳县谷洲镇	8469	57801	29625	9359	157894.0	143	10200
邵阳县郦家坪镇	10967	51677	47200	18560	2300.0	12	2700
邵阳县五峰铺镇	13783	92736	66988	20363	43435.0	530	31205
邵阳县黄塘乡	6420	25293	9362	1710	15099.0		

续表 331　　（湖南省）　　计算单位：公顷、人、万元

名　　称	行政区域面　积	常住人口	从业人员	二三产业从业人员	工　业总产值	城镇建成区 面 积	城镇建成区常住人口
邵阳县小溪市乡	9091	41720	38057	12794	6000.0		
邵阳县霞塘云乡	6487	30589	16026	4441	119597.0		
邵阳县长乐乡	6381	23285	19197	5585	7851.0		
邵阳县蔡桥乡	6972	23515	17142	10242	58000.0	500	657
邵阳县河伯乡	9462	29574	33232	5989	580.0		
邵阳县黄荆乡	4917	17137	14508	11358	1230.0		
邵阳县诸甲亭乡	4900	27012	16514	3064	2730.0		
邵阳县罗城乡	3548	19621	13987	6959	3122.0		
邵阳县金江乡	761	3219	2451	777			
隆回县桃洪镇	9370	128725	52137	32022	869790.0	856	69766
隆回县小沙江镇	13870	21941	11455	3645	37707.2	130	2235
隆回县金石桥镇	16900	69421	41449	13498	4401.0	212	16500
隆回县司门前镇	16890	54284	29229	6773	125872.0	233	5798
隆回县高平镇	15855	72155	42798	12100	19868.0	220	4420
隆回县六都寨镇	14055	60888	59888	16324	53421.0	280	12045
隆回县荷香桥镇	12350	52031	32234	14138	56150.0	190	8410
隆回县横板桥镇	9033	45492	23358	11655	38073.0	175	5140
隆回县周旺镇	7505	32535	20973	7683	90137.0	132	4356
隆回县滩头镇	17830	63082	42762	12386	68573.0	133	14986
隆回县鸭田镇	7800	29960	16072	3974	8834.0	100	6206
隆回县西洋江镇	9940	40167	22636	6177	52697.0	200	8568
隆回县雨山铺镇	8700	42020	34288	8427	26345.0	100	4100
隆回县岩口镇	19270	66464	60778	8428	40925.0	480	6698
隆回县北山镇	10050	37569	26063	2495	60000.0	224	3698
隆回县三阁司镇	11730	63036	41489	15275	52017.0	991	6551
隆回县南岳庙镇	6987	25137	19137	9728	15000.0	21	5365
隆回县七江镇	10683	53835	32038	9625	15238.0	30	3400
隆回县麻塘山乡	6670	14072	7954	3084	95426.0		
隆回县虎形山瑶族乡	9330	12142	10528	1008	36076.0		
隆回县大水田乡	6447	12218	6152	2350	6822.0		
隆回县羊古坳乡	6129	30217	17965	5478	14400.0		
隆回县罗洪乡	6324	23928	13486	4454	4845.0		
隆回县荷田乡	8194	23948	22958	1755	12451.0		
隆回县石门乡	8902	38062	31008	5875	73678.0		
隆回县山界回族乡	13850	16369	12432	5914	11800.0		
洞口县洞口镇	9813	92391	29151	19985	771364.0	950	85009
洞口县江口镇	9609	12827	6112	1329	72817.0	59	8333
洞口县毓兰镇	11538	47265	33991	10557	28208.0	56	7600
洞口县高沙镇	15321	107850	49875	15590	443460.0	600	22036
洞口县竹市镇	13835	77882	57609	29842	39348.0	64	6100
洞口县石江镇	14013	83350	56307	26662	132675.0	276	32000
洞口县黄桥镇	13233	85655	64568	33397	18185.0	196	24605
洞口县山门镇	10129	53430	35112	27906	70984.0	187	12000
洞口县醪田镇	5432	24493	24939	10350	8003.0	50	3430
洞口县花园镇	8177	29007	22085	17302	17015.0	65	7211
洞口县岩山镇	8011	20057	16551	6633	1050.0	105	11000
洞口县水东镇	3489	19013	12935	5015	1365.0	120	12000
洞口县花古乡	4651	20306	12413	4771	78391.0	89	4700
洞口县古楼乡	8252	5967	3970	1976	16712.0		
洞口县长塘瑶族乡	5972	4360	2750	1342	7194.0		

续表 332 （湖南省） 计算单位：公顷、人、万元

名　　称	行政区域面　　积	常住人口	从业人员	二三产业从业人员	工　业总产值	城镇建成区 面 积	城镇建成区常住人口
洞口县罗溪瑶族乡	23583	10250	7280	4106	21011.0		
洞口县月溪乡	12996	12355	9832	4594	19975.0		
洞口县渣坪乡	8879	8431	5288	2813	6960.0		
洞口县杨林乡	4546	23398	11108	6974	945.0	84	8500
洞口县石柱乡	9239	25797	19313	5395	946.0		
洞口县桐山乡	8892	10313	9876	2429	2720.0		
洞口县大屋瑶族乡	7355	4480	2884	717	1051.0		
绥宁县长铺镇	1900	50863	34015	8125	42480.0	1400	37850
绥宁县武阳镇	18600	26478	22857	8960	16842.0	180	2850
绥宁县李熙桥镇	6900	17395	14050	5487	36295.0	212	3563
绥宁县红岩镇	12200	26475	21297	7599	18695.0	480	1942
绥宁县唐家坊镇	9995	20033	16877	3309	25438.0	350	2217
绥宁县金屋塘镇	12800	13918	9030	4765	11628.0	121	3538
绥宁县瓦屋塘镇	10100	18565	16331	5649	13459.0	30	7211
绥宁县东山侗族乡	11600	15710	5181	524	6548.0		
绥宁县鹅公岭侗族苗族乡	7700	11260	8910	655	50.0		
绥宁县朝仪侗族乡	4600	7305	5200	677	166.0		
绥宁县在市苗族乡	13800	14309	13676	3827	19751.0		
绥宁县乐安铺苗族侗族乡	10500	8776	7685	653	13885.0		
绥宁县黄桑坪苗族乡	23600	5127	4079	1059	1337.0		
绥宁县关峡苗族乡	18800	21335	15363	1368	54101.0		
绥宁县长铺子苗族乡	30900	19839	9319	1748	43502.0		
绥宁县党坪苗族乡	10000	9970	5379	1399	10270.0	40	1500
绥宁县联民苗族瑶族乡	11600	5359	909	588	3568.0		
绥宁县麻塘苗族乡	13407	9124	7675	544	5025.0		
绥宁县枫木团苗族侗族乡	16800	5630	3694	632	4100.0		
绥宁县河口苗族乡	6900	5795	4857	1390	4820.0		
绥宁县竹舟江苗族乡	7200	7820	5736	665	2072.0		
绥宁县白玉乡	10800	8449	5395	1085	53410.0		
绥宁县黄土矿乡	5500	15512	10651	522	260.0		
绥宁县水口乡	9700	8710	5707	2392	1400.0		
绥宁县梅坪乡	6600	2670	1077	55	15636.0		
新宁县金石镇	24725	111243	47320	35057	395810.5	3600	79980
新宁县水庙镇	16052	21352	13823	2340	18456.4	215	2954
新宁县崀山镇	26566	27263	19305	4860	2488.3	300	4211
新宁县白沙镇	7856	27151	22290	8423	8692.0	486	7603
新宁县黄龙镇	21282	25079	16284	5379	2486.0	502	7035
新宁县高桥镇	15704	33383	25328	9971	11297.0	190	6625
新宁县回龙寺镇	23490	75046	38796	9689	64520.0	302	23465
新宁县一渡水镇	24101	33607	24590	7239	23685.7	300	5154
新宁县马头桥镇	18283	50810	35261	17188	21248.6	250	3403
新宁县黄金瑶族乡	12920	7164	4899	1827	4345.7		
新宁县麻林瑶族乡	16809	11762	7692	2666	13562.0		
新宁县飞仙桥乡	9667	23714	14763	6514	3011.0		
新宁县万塘乡	10614	24672	17802	3700	11265.8		
新宁县清江桥乡	12987	25021	12352	3382	44181.4	54	2460
新宁县安山乡	10654	24293	21567	3638	10367.6		
新宁县丰田乡	7857	21450	16090	5770	2135.0		
新宁县巡田乡	9462	22825	17823	7821	1620.0	42	726
新宁县靖位乡	6499	6907	5008	1905	720.0		

续表 333　　（湖南省）　　计算单位：公顷、人、万元

名　　称	行政区域面　　积	常住人口	从业人员	二三产业从业人员	工　业总产值	城镇建成区 面 积	城镇建成区常住人口
城步苗族自治县儒林镇	31100	73320	27451	9277	191478.0	984	49954
城步苗族自治县茅坪镇	16820	18414	9486	4014	81240.0	320	5574
城步苗族自治县西岩镇	19400	46260	18753	3777	2159.0	112	3241
城步苗族自治县丹口镇	47600	24357	12486	2664	8335.0	16	1083
城步苗族自治县五团镇	15000	10898	6242	1530	2090.0	220	1689
城步苗族自治县南山镇	15300	2464	1144	718	13811.0	248	1835
城步苗族自治县威溪乡	8300	8161	4374	1192	9900.0		
城步苗族自治县长安营乡	12700	5641	3764	1214	2108.0		
城步苗族自治县白毛坪乡	40400	15279	8165	2700	8206.0		
城步苗族自治县兰蓉乡	13900	8718	6147	1451	7290.0		
城步苗族自治县汀坪乡	27700	16925	10230	2814	9560.0		
城步苗族自治县蒋坊乡	9480	11102	5590	706	7426.0		
城步苗族自治县金紫乡	7000	17560	8204	950	719.0		
武冈市邓元泰镇	14100	72123	31546	10505	20080.0	850	17935
武冈市湾头桥镇	13900	74329	45477	16459	15955.0	669	18456
武冈市文坪镇	8547	32404	28502	6919	27378.0	200	2960
武冈市荆竹铺镇	8542	43173	21893	10214	7964.0	206	3912
武冈市稠树塘镇	10916	36943	22494	5032	7736.0	171	2103
武冈市邓家铺镇	11090	57307	35243	19416	3142.4	220	4231
武冈市龙溪镇	4900	38461	16601	5204	58060.0	219	3837
武冈市司马冲镇	7800	20320	3826	2214	29400.0	100	5440
武冈市龙田乡	5810	31731	12735	7376	27110.0		
武冈市头堂乡	8317	41333	21222	9121	3780.0		
武冈市安乐乡	6600	29133	17065	9092	301542.0		
武冈市大甸乡	6502	24955	17045	6748	18200.0		
武冈市马坪乡	6125	31588	12496	2538	7685.0		
武冈市晏田乡	7200	27577	15102	5702	8200.0		
武冈市秦桥乡	7200	24020	17140	6122	850.0	30	2253
武冈市水浸坪乡	7200	31254	19480	8397			
武冈市双牌乡	10811	50531	26120	9099	4525.0		
岳阳楼区西塘镇	4980	19164	8442	3727	22945.0	416	761
岳阳楼区梅溪乡	5635	26316	14234	5061			
岳阳楼区郭镇乡	8060	16650	8978	3650			
岳阳楼区三荷乡	9280	24183	17268	6632	114782.0	6	1192
岳阳楼区康王乡	7360	32294	15926	11700	555233.0	74	6612
云溪区云溪镇	1519	19485	8409	4483	385498.0	520	12857
云溪区陆城镇	4460	10355	6009	771	229774.0	180	2284
云溪区路口镇	5200	18999	9142	2544	106500.0	220	5100
云溪区道仁矶镇	5980	10048	5295	474	64852.0	100	775
云溪区文桥镇	6700	18992	9979	1965	110048.0	120	1164
云溪区云溪乡	2025	29898	16125	1540	157416.0		
云溪区永济乡	5492	8733	7733	123	4871.0		
君山区柳林洲镇	17593	49800	24600	14500	494100.0	330	25100
君山区广兴洲镇	8612	36550	20004	4888	82063.0	110	13980
君山区许市镇	8286	32240	21287	3120	8972.0	302	7800
君山区钱粮湖镇	9355	48744	36700	6700	82000.0	330	26100
君山区良心堡镇	6987	30850	10080	1080	189560.0	80	4580
君山区采桑湖镇	6755	20068	13842	7042	3548.0	150	4560
岳阳县荣家湾镇	4981	112158	70834	68820	1083745.0	1354	96254
岳阳县麻塘镇	7347	25201	12800	7702	534150.6	163	14790

续表 334　　（湖南省）　　计算单位：公顷、人、万元

名　　称	行政区域面　积	常住人口	从业人员	二三产业从业人员	工　业总产值	城镇建成区 面 积	城镇建成区常住人口
岳阳县鹿角镇	9520	37884	35986	7712	213251.0	200	3530
岳阳县黄沙街镇	13147	56093	30174	9120	62531.0	158	3706
岳阳县新墙镇	7687	33020	16846	12635	531668.0	365	4560
岳阳县柏祥镇	10150	33625	18116	6774	149655.0	200	6200
岳阳县筻口镇	13938	58152	26819	10943	372437.0	190	3894
岳阳县公田镇	8987	31235	14067	3535	278326.0	291	6235
岳阳县毛田镇	8000	22200	7874	6573	8473.0	180	2845
岳阳县月田镇	16900	48426	32118	10213	109985.4	260	15690
岳阳县张谷英镇	14600	30380	14443	7592	110859.0	150	2001
岳阳县新开镇	13100	36922	21011	7610	404271.6	200	3200
岳阳县中洲乡	7647	28056	14484	5806	221966.7	80	1956
岳阳县长湖乡	12073	34290	17084	3898	20773.2	35	1695
岳阳县步仙乡	10366	33406	20130	11380	31202.4		
岳阳县甘田乡	4985	17495	6976	3928	38252.0	68	1422
岳阳县杨林乡	8596	33867	18512	1565	102245.0	16	3912
岳阳县云山乡	4200	11756	5699	3644		23	326
岳阳县相思乡	6980	14350	13889	6604	5968.0	52	1058
岳阳县饶村乡	4860	16672	10925	6233	7131.3	32	920
华容县城关镇	2600	116900	61464	58798	415700.0	2600	116900
华容县三封寺镇	7580	24515	18139	6132	434270.0	1	2354
华容县治河渡镇	4572	27188	6654	1299	268274.0	150	12778
华容县北景港镇	7570	40882	10629	917	220235.0	150	3788
华容县鲇鱼须镇	6760	33904	11728	1787	145090.0	500	3162
华容县宋家嘴镇	4040	21514	10975	2963	84300.0	30	1680
华容县万庾镇	9850	42817	19566	5393	323898.0	48	4332
华容县插旗镇	5230	30754	16129	5967	137822.0	220	3215
华容县注滋口镇	6112	36320	32615	14773	209216.0	190	10009
华容县操军镇	6867	45482	25847	10230	54188.0	100	2026
华容县东山镇	27360	63848	40717	19267	378526.0	512	37100
华容县梅田湖镇	4200	20002	9152	5075	86235.0	30	3562
华容县胜峰乡	6700	16555	10334	4751	290254.0		
华容县新河乡	7050	39800	37432	4118	181050.0		
华容县护城乡	5090	25119	22931	3651	33100.0	810	3580
华容县新建乡	4362	17354	7711	1746	67841.0		
华容县南山乡	8671	22462	13832	3419	159867.0		
华容县终南乡	5500	19971	11924	942	108315.0	10	3200
华容县幸福乡	6384	30025	14724	5387	8250.0		
华容县团洲乡	5100	28355	16896	5084	94580.0		
湘阴县文星镇	3200	145320	44792	37536	2032453.0	1530	105520
湘阴县东塘镇	5205	31300	21341	16127	596051.0	74	2198
湘阴县袁家铺镇	3828	21615	14534	6235	4220990.5	130	1250
湘阴县樟树镇	5519	22302	10771	7758	193110.4	127	4008
湘阴县三塘镇	4053	24580	11363	351	334789.0	20	210
湘阴县长康镇	5400	24928	7565	3039	601256.0	162	587
湘阴县岭北镇	9840	79244	43025	23123	25841.8	31	1396
湘阴县新泉镇	15800	74954	57963	38379	925897.0	180	2551
湘阴县湘滨镇	9403	62047	51261	41247	30887.0	70	1050
湘阴县南湖洲镇	10200	63012	22135	3605	396887.0	600	10080
湘阴县鹤龙湖镇	14050	74480	39858	11558	451088.0	110	1285
湘阴县金龙镇	4318	24891	11904	9765	1006417.1	300	2359

续表 335　　（湖南省）　　计算单位：公顷、人、万元

名　　称	行政区域面积	常住人口	从业人员	二三产业从业人员	工业总产值	城镇建成区面积	城镇建成区常住人口
湘阴县石塘乡	4828	23654	12746	2621	346939.6		
湘阴县六塘乡	3612	16183	10262	2066	75986.0	8	716
湘阴县白泥湖乡	3734	16988	5678	1120	227117.5	7	191
湘阴县静河乡	6092	31320	16889	9219	220574.4	2	3501
湘阴县玉华乡	4600	21274	17972	9011	367481.3		
湘阴县杨林寨乡	3500	30864	18192	887	205.0		
湘阴县青潭乡	1120	2572	1661	346			
平江县城关镇	6307	95905	39027	34815	693285.0	1705	76710
平江县安定镇	16783	73729	20895	6444	70000.0	85	17114
平江县三市镇	13808	58300	33275	16790	95760.0	200	15030
平江县加义镇	35969	55650	29003	11165	80000.0	75	9140
平江县长寿镇	21936	70230	18046	6440	65000.0	300	42000
平江县龙门镇	20338	11925	8244	244	4962.0	15	2900
平江县虹桥镇	18317	37105	22982	5073	650.0	100	33454
平江县南江镇	19521	62537	61045	25445	100753.0	358	37415
平江县梅仙镇	20474	63553	34689	18826	8860.0	320	3698
平江县浯口镇	18993	39929	15405	45	15112.0	80	3420
平江县瓮江镇	25387	56342	3779	2687	20020.0	61	3314
平江县伍市镇	18636	83216	36950	23500	554515.0	300	18660
平江县向家镇	4132	19500	7010	6340	10000.0	100	4820
平江县童市镇	15879	29860	24473	9113	4875.0	80	3410
平江县岑川镇	9206	21109	11580	3166	2131.0	100	3425
平江县福寿山镇	13659	21451	8629	1229	6763.0	1	2130
平江县余坪镇	18210	36000	22122	13622	8000.0	280	8000
平江县石牛寨镇	10832	24021	12609	4744	2000.0	46	3620
平江县三阳乡	20507	42898	36767	18792	90600.0		
平江县咏生乡	7893	3483	2730	1770			
平江县黄金洞乡	19108	4512	1215	454	98.6		
平江县南桥乡	8401	3476	962	112			
平江县木金乡	11894	24374	17314	4738	2560.0		
平江县冬塔乡	5986	22814	12559	5213	2652.0	100	3425
平江县板江乡	7017	12854	11942	1688			
平江县大洲乡	10030	21340	6666	1433	6959.4		
平江县三墩乡	11754	32569	8462	3341	4325.0		
岳阳市屈原管理区营田镇	7168	35167	18330	9924	1364776.0	740	26415
岳阳市屈原管理区河市镇	2152	9517	5656	975	96445.0	100	1353
岳阳市屈原管理区黄金乡	4316	16289	7261	975	140403.0		
岳阳市屈原管理区琴棋乡	3322	7329	3140	378	4651.0		
岳阳市屈原管理区凤凰乡	3914	9522	4662	263	14239.0		
汨罗市城关镇	2650	55688	30582	29928	155322.0	2000	51400
汨罗市汨罗镇	3443	28498	19668	8080	139945.0	81	2090
汨罗市新市镇	5600	33400	11545	5517	518994.0	206	4480
汨罗市古培镇	5118	33532	18995	10565	176520.0	190	7450
汨罗市白水镇	3450	31815	23028	6878	54310.0	200	5798
汨罗市川山坪镇	5350	26152	15348	7496	98677.0	180	1062
汨罗市高家坊镇	5560	27961	21215	6565	66907.0	150	1912
汨罗市弼时镇	6400	30396	19884	11032	59750.0	210	3132
汨罗市李家段镇	5405	20435	14547	6959	457943.0	350	7068
汨罗市黄柏镇	7300	32085	23835	5870	287755.0	260	6582
汨罗市长乐镇	5800	31566	16252	7600	162445.0	120	5152

续表 336　　（湖南省）　　计算单位：公顷、人、万元

名　　称	行政区域面　积	常住人口	从业人员	二三产业从业人员	工　业总产值	城镇建成区 面 积	城镇建成区常住人口
汨罗市大荆镇	4860	10426	8045	3040	176682.0	165	1923
汨罗市桃林寺镇	5800	28719	18220	2820	11657.0	200	2085
汨罗市三江镇	4200	17100	11181	5971	150125.0	250	1328
汨罗市范家园镇	4800	18125	12476	7232	31677.0	132	1699
汨罗市沙溪镇	4860	18400	12275	4460	54750.0	152	1710
汨罗市屈子祠镇	3600	24183	10363	6170	20941.0	120	2038
汨罗市城郊乡	2750	54100	25650	19530	156238.0		
汨罗市红花乡	5810	27289	18650	4260	176580.0		
汨罗市黄市乡	5600	16782	11220	5838	45168.0		
汨罗市玉池乡	4100	8540	4020	1600	32000.0		
汨罗市天井乡	4390	13000	10820	2868	13670.0		
汨罗市智峰乡	3500	10715	6216	2204	125142.0		
汨罗市古仑乡	3500	13200	6840	3830	9800.0		
汨罗市火天乡	5957	20723	15820	6800	20200.0		
汨罗市新塘乡	3500	18343	12217	2342	33462.0		
汨罗市白塘乡	4400	19330	10876	6301	7850.0		
汨罗市磊石乡	1800	5995	3195	1095	50765.0		
汨罗市八景乡	5400	3376	2465	710	11620.0		
临湘市忠防镇	11700	32402	24411	17088	178674.0	300	5000
临湘市白云镇	3875	14680	5325	3525	110260.0	8	1230
临湘市聂市镇	11700	27492	14100	9800	25600.0	120	4473
临湘市源潭镇	9400	13133	13126	8129	33500.0	307	4790
临湘市江南镇	5832	28567	11876	5156	27500.0	119	2680
临湘市桃林镇	7715	40481	22900	10900	570000.0	285	22000
临湘市长塘镇	5800	27538	14670	8670	50000.0	400	3700
临湘市白羊田镇	8400	13686	4000	2327	140000.0	79	3100
临湘市詹桥镇	13870	16880	16015	8755	28000.0	35	5312
临湘市儒溪镇	3600	12530	5937	2335	14500.0	50	2980
临湘市定湖镇	7400	15280	7831	3517	6080.0	200	1936
临湘市黄盖镇	3430	8948	3903	1579	21641.0	48	3486
临湘市羊楼司镇	27600	52543	52542	12992	107895.0	431	26180
临湘市五里乡	11600	25776	16800	9600	950576.7		
临湘市乘风乡	5300	13712	10083	6045	3327.0		
临湘市坦渡乡	7790	17860	9084	1130	33834.0		
临湘市城南乡	5300	14345	4716	1012	43290.0		
临湘市横铺乡	8100	18428	12665	1065	4385.0		
武陵区河洑镇	2590	19753	5572	1720	25365.0	2590	19753
武陵区德山镇	4800	35285	21306	14839	19850.0	1186	7655
武陵区芦荻山乡	5400	30045	13972	8170	144200.0		
武陵区丹洲乡	2779	21662	16464	11028	38000.0		
武陵区白鹤山乡	9700	30300	13460	5760	2440.0		
鼎城区蒿子港镇	5416	31300	16091	8341	10285.0	200	11500
鼎城区中河口镇	6825	29838	10489	2419	12500.0	26	1553
鼎城区十美堂镇	5179	25870	11677	5604	6196.0	293	3296
鼎城区牛鼻滩镇	8651	36339	15141	8651	9850.0	500	5215
鼎城区韩公渡镇	10977	42666	31240	4090		15	4562
鼎城区石公桥镇	9200	36310	11796	2711	33240.0	45	5542
鼎城区镇德桥镇	4347	19478	7730	2452	7900.0	280	2421
鼎城区周家店镇	13453	32400	17400	10100	7200.0	400	6850
鼎城区大龙站镇	4393	9825	5546	4923	7950.0	52	2505

续表 337 （湖南省） 计算单位：公顷、人、万元

名　　称	行政区域面　积	常住人口	从业人员	二三产业从业人员	工　业总产值	城镇建成区 面 积	城镇建成区常住人口
鼎城区双桥坪镇	7110	19192	11128	4948	8100.0	65	1610
鼎城区灌溪镇	6400	35469	12336	6383	855044.0	1000	11628
鼎城区蔡家岗镇	5498	16391	5690	1960	48320.0	500	1200
鼎城区草坪镇	7660	24650	20018	2763	17000.0	270	4015
鼎城区石门桥镇	10125	45175	25628	11747		550	5911
鼎城区谢家铺镇	6115	24175	14293	12993	10800.0	165	4000
鼎城区黄土店镇	7303	20213	7066	4555	6510.0	282	5567
鼎城区尧天坪镇	5434	14672	5900	2700		49	2160
鼎城区港二口镇	6626	16245	11659	7326	7500.0	40	2395
鼎城区雷公庙镇	5800	15349	6232	1072	21800.0	77	1358
鼎城区石板滩镇	6561	22311	11275	4894	107100.0	155	4439
鼎城区祝丰镇	4389	38447	25613	14981	514325.0	800	38447
鼎城区黄珠洲乡	4530	17890	7637	1271			
鼎城区黑山嘴乡	4031	15795	7060	3310	6500.0		
鼎城区长岭岗乡	4247	9883	4012	1662	6800.0		
鼎城区许家桥回族维吾尔族乡	5872	18657	9360	2790	8500.0		
鼎城区丁家港乡	5900	15598	7914	3008	7850.0		
鼎城区钱家坪乡	7700	14278	7040	655	5990.0		
鼎城区唐家铺乡	5799	17750	7644	2555	7020.0		
鼎城区沧山乡	6705	13500	6844	1832			
鼎城区长茅岭乡	6250	17105	8583	4249	1856.0		
鼎城区逆江坪乡	7654	12308	10183	3779	7000.0		
安乡县深柳镇	6812	125926	52779	38925	224500.0	6812	125926
安乡县大鲸港镇	3650	30030	29713	6757	100500.0	210	5860
安乡县黄山头镇	6927	29850	17697	8741	25560.0	60	4891
安乡县三岔河镇	5100	28775	8985	740	6240.0	200	3681
安乡县官垱镇	4372	22654	11420	4415	4000.0	99	7100
安乡县下渔口镇	8064	39890	34113	6644	80561.0	600	5162
安乡县陈家嘴镇	4863	24813	9431	1279	9120.0	60	3186
安乡县焦圻镇	4415	19506	10089	3926	17532.0	18	3958
安乡县安障乡	4633	22496	17586	6586	13000.0		
安乡县安昌乡	4933	28293	14053	2372	30382.0		
安乡县安宏乡	4260	18971	10430	3786	2875.0		
安乡县安生乡	4042	20609	10220	3727	300.0	15	2040
安乡县安全乡	6300	30916	15529	2980	3500.0		
安乡县安福乡	5570	26478	11527	4652	5530.0		
安乡县安凝乡	4533	22116	13610	5032	285.0		
安乡县安丰乡	6485	28102	13341	1211	11952.0		
安乡县安裕乡	6400	18316	12331	773	3550.0		
安乡县安康乡	5716	25320	18250	2870	17000.0		
安乡县安德乡	3600	18930	11478	238	15650.0		
汉寿县蒋家嘴镇	6755	45930	15783	7444	219969.5	572	20429
汉寿县岩汪湖镇	5902	27237	15375	9345	17416.4	80	2580
汉寿县坡头镇	4212	26395	15835	3218	21428.9	300	4000
汉寿县酉港镇	9900	39747	25071	11430	7000.0	53	3558
汉寿县洲口镇	7153	34664	20473	7350	12230.1	15	3100
汉寿县罐头嘴镇	7102	32411	17368	5586	28606.5	173	8815
汉寿县沧港镇	3533	21003	13943	4784	78499.5	20	3400
汉寿县朱家铺镇	7300	23878	11718	4189	5500.0	200	2589
汉寿县太子庙镇	12172	24660	14214	5426	1003299.0	848	10800

续表 338　　　　（湖南省）　　　　计算单位：公顷、人、万元

名　　称	行政区域面　　积	常住人口	从业人员	二三产业从业人员	工　业总产值	城镇建成区 面 积	城镇建成区常住人口
汉寿县毓德铺镇	4982	16416	9840	7286	2750.0	60	2680
汉寿县崔家桥镇	5300	18352	9921	3372	25015.5	55	2560
汉寿县军山铺镇	7034	27152	15435	8832	61385.9	375	17615
汉寿县百禄桥镇	4944	21685	11784	5224	14646.2	83	1598
汉寿县西湖镇	714	15830	6910	5480	8925.0	130	15830
汉寿县洋淘湖镇	2600	15237	10619	6403	96348.2	150	5562
汉寿县龙阳镇	11429	123628	31926	12198	500306.3	1800	123628
汉寿县周文庙乡	3953	21773	12432	9255	39114.9		
汉寿县鸭子港乡	5388	24497	16225	5173	22000.3		
汉寿县文蔚乡	3674	14594	9363	2355	4250.0		
汉寿县新兴乡	7700	23197	11950	5000	25036.9		
汉寿县聂家桥乡	4827	20311	8480	3944	11246.8		
汉寿县毛家滩回族维吾尔族乡	5347	27053	12233	5471	35063.9		
汉寿县丰家铺乡	7961	25775	5886	3103	7750.0		
汉寿县东岳庙乡	6647	24189	14107	7487	20697.0		
汉寿县岩嘴乡	6281	25081	12459	4765	23072.0		
汉寿县株木山乡	5240	29070	10690	2090	33063.0	10	3000
汉寿县三和乡	4884	22005	13389	7063	6151.4		
汉寿县龙潭桥乡	7099	27593	13571	8215	4250.0		
汉寿县月明潭乡	5890	24982	12665	5882	6750.0		
汉寿县大南湖乡	5046	10301	6968	3366	9969.0		
澧县张公庙镇	5113	30375	16845	7531	84500.0	1	6710
澧县小渡口镇	8167	42185	25459	18542	75260.0	128	8500
澧县梦溪镇	8073	32060	15708	6231	19891.0	165	5504
澧县复兴厂镇	6193	19350	8856	3638	40000.0	95	4210
澧县盐井镇	6700	18576	6917	990	23652.0	30	3168
澧县雷公塔镇	4900	21885	12109	7227	42000.0	98	4567
澧县大堰垱镇	5400	43925	17335	8343	98813.0	220	14312
澧县王家厂镇	7457	24896	14910	9355	268784.0	27	6450
澧县金罗镇	3673	28347	17699	3103	172500.0	200	5366
澧县码头铺镇	5938	15189	6150	3024	33561.0	566	4400
澧县方石坪镇	4810	15546	7958	3734	85000.0	112	2645
澧县甘溪滩镇	8056	22409	14400	5952	51680.0	150	4558
澧县火连坡镇	6900	16853	7698	4423	125057.0	213	1635
澧县澧南镇	3600	27584	15956	7889	78000.0	2700	21235
澧县九垸乡	6134	22640	15271	7707	4360.0		
澧县官垸乡	8200	18765	11609	4930	22456.0		
澧县永丰乡	5200	28663	16730	3126	8125.0		
澧县如东乡	6770	28997	12825	5968	36240.0	2204	6176
澧县澧东乡	4197	29152	17643	5148	25230.0		
澧县涔南乡	4166	26680	12581	6597	63420.0		
澧县大坪乡	3552	21688	12489	6025	135000.0		
澧县道河乡	6760	13885	8195	5140	10000.0	3	1280
澧县双龙乡	5790	17038	10029	4641	3000.0		
澧县宜万乡	6243	20926	9043	5929	12800.0	100	3390
澧县车溪乡	6544	26359	16011	8538	10500.0		
澧县中武乡	5811	20297	12929	3025	37660.0		
澧县闸口乡	6129	21411	12562	5208	15267.0		
澧县洞市乡	3000	11664	7125	3720	1200.0		
澧县杨家坊乡	3800	11003	5983	2512	6918.0		

续表 339　　（湖南省）　　计算单位：公顷、人、万元

名　　称	行政区域面　　积	常住人口	从业人员	二三产业从业人员	工　业总产值	城镇建成区 面 积	城镇建成区常住人口
澧县太青乡	10500	19160	11122	5947	29800.0		
临澧县安福镇	4421	81332	52778	52085	54065.0	2250	73912
临澧县合口镇	4914	48412	27112	18015	157300.0	410	18686
临澧县新安镇	5891	49484	28020	18520	286796.0	480	19000
临澧县佘市桥镇	7170	21302	12050	4941	13519.0	35	3395
临澧县太浮镇	7406	15912	8567	4852	5841.0	200	1442
临澧县四新岗镇	9341	22701	12626	7397	44251.0	45	1568
临澧县停弦渡镇	6740	21937	13550	9250	101503.0	165	3191
临澧县修梅镇	7537	20585	11540	6240	17295.0	17	1755
临澧县杉板乡	6739	15883	7609	4941	69133.0	57	5530
临澧县文家乡	8105	15455	8240	4005	21003.0		
临澧县陈二乡	5600	15681	11405	5442	51100.0		
临澧县柏枝乡	10069	27662	20754	5612	6455.0		
临澧县烽火乡	8673	20265	12315	5691	5219.0		
临澧县望城乡	5692	18550	10560	4670	25400.0		
临澧县杨板乡	7790	21041	13567	6367			
临澧县官亭乡	8460	22150	15876	7642	55000.0		
临澧县九里乡	4351	20768	12529	7863	62554.0		
桃源县漳江镇	12978	133098	30712	15731	254785.0	2062	101721
桃源县陬市镇	10481	52656	20210	7609	128501.0	448	28556
桃源县盘塘镇	8496	22812	17368	4423	1357912.0	237	1930
桃源县热市镇	12877	31881	18311	8303	31721.0	114	3521
桃源县黄石镇	14700	20920	9125	2224	2852.0	150	4900
桃源县漆河镇	15431	61790	39687	4063	13260.0	448	22490
桃源县理公港镇	9544	15200	8645	1943	14000.0	187	2453
桃源县观音寺镇	23125	26725	12788	5718	120.0	215	1846
桃源县龙潭镇	25600	28066	13832	7617	12040.0	150	6000
桃源县三阳港镇	9469	22396	15550	9664	9256.0	605	7016
桃源县剪市镇	10168	21859	8900	4345	1000.0	250	5570
桃源县茶庵铺镇	19214	26235	12835	5705	14540.0	124	3044
桃源县西安镇	19929	15715	7276	3261	4300.0	100	1620
桃源县沙坪镇	19496	19673	12254	3600	100.0	528	3546
桃源县桃花源镇	12694	34879	19435	9903	10379.0	599	6139
桃源县架桥镇	9826	29760	16528	4291	51880.0	164	6558
桃源县马鬃岭镇	6847	22515	12569	3510	7109.0	280	2398
桃源县凌津滩镇	13722	18437	15479	7152	13880.0	210	2011
桃源县青林乡	5110	23347	11277	5352	29740.0		
桃源县车湖垸乡	2480	16530	12381	7263			
桃源县枫树维吾尔族回族乡	6827	32551	17480	8398	39518.0		
桃源县木塘垸乡	5689	33659	14708	3277	12369.0		
桃源县双溪口乡	6494	24075	10985	3420	4328.0		
桃源县郝坪乡	6500	11215	4857	1861	2800.0		
桃源县九溪乡	9861	22690	5328	1055	1725.0		
桃源县黄甲铺乡	6755	17201	9210	4938	9868.0		
桃源县钟家铺乡	12466	11230	8750	3064	3014.0		
桃源县牛车河乡	17083	12985	6673	3334	46054.0		
桃源县佘家坪乡	12724	22645	10913	3702	10000.0		
桃源县太平桥乡	8824	16033	5835	1457	15850.0		
桃源县浯溪河乡	5008	13432	8453	3238	900.0		
桃源县深水港乡	7077	20955	13524	6160	30150.0		

续表 340 （湖南省） 计算单位：公顷、人、万元

名　称	行政区域面积	常住人口	从业人员	二三产业从业人员	工业总产值	城镇建成区面积	城镇建成区常住人口
桃源县泥窝潭乡	9182	18320	10453	6021	2678.0		
桃源县兴隆街乡	10877	12206	8820	3420	2885.0		
桃源县太平铺乡	14120	10789	4755	599	9614.0		
桃源县牯牛山乡	11440	5895	3411	661	36090.0		
桃源县杨溪桥乡	7238	11162	6217	1314			
桃源县寺坪乡	8785	13982	8209	1367	3530.0		
桃源县郑家驿乡	6528	11058	8250	3860	6500.0		
桃源县芦花潭乡	10800	14599	7198	1067	1158.0		
石门县楚江镇	6675	86987	49920	44110	448235.0	5860	86427
石门县蒙泉镇	23766	58847	38874	18765	194764.0	758	21448
石门县夹山镇	18498	47856	23127	6598	83975.0	240	4118
石门县易家渡镇	6260	33093	19491	9407	90131.0	70	4803
石门县新关镇	7953	23744	14178	6383	181000.0	320	4660
石门县皂市镇	13780	23038	12587	4498	48440.0	100	8083
石门县维新镇	23900	20530	11034	3608	14572.0	64	3759
石门县太平镇	36053	28627	14424	7318	39846.0	200	3763
石门县磨市镇	11000	31262	17825	8483	13852.0	959	4535
石门县壶瓶山镇	66293	30163	17051	9485	23756.0	844	4905
石门县南北镇	14544	8409	5691	1153	1873.0	1100	1146
石门县二都乡	7050	30650	20092	12625	1424176.0		
石门县新铺乡	16154	33125	16865	7817	67000.0		
石门县白云乡	13379	32711	19114	8291	39865.0		
石门县三圣乡	27140	38587	22152	13955	52000.0		
石门县子良乡	19893	24953	14622	9175	19853.0	120	8237
石门县所街乡	21560	30900	19479	4486	943.3		
石门县雁池乡	21860	33103	16964	5568	23161.0		
石门县罗坪乡	20720	15810	12844	3533	18438.0	8	580
津市市新洲镇	4758	25800	7793	4493	27200.0	900	7925
津市市渡口镇	5481	20768	10195	785	31782.0	65	4012
津市市保和堤镇	5610	23690	10646	1246	72517.0	218	7960
津市市白衣镇	8366	24400	13642	1242	8152.0	100	4000
津市市灵泉镇	5500	15415	6903	1153	12819.0	450	2300
津市市棠华乡	6800	16589	11793	601	19056.0		
津市市李家铺乡	6213	17401	8041	1691	13810.0		
永定区新桥镇	6562	12523	7900	2827	27302.7	828	2487
永定区温塘镇	10140	6060	3994	1569	987.0	130	1882
永定区教字垭镇	13600	29643	13448	6764	2400.0	210	5212
永定区大坪镇	9540	7809	4492	2121	403.0	500	1092
永定区沅古坪镇	14000	15420	11100	7300	1568.0	162	5854
永定区尹家溪镇	9140	29550	13135	2728	21828.9	152	2234
永定区后坪镇	8150	22209	12247	4452	86012.0	130	1305
永定区阳湖坪镇	6597	24000	13945	9033	105629.6	13	2292
永定区王家坪镇	16900	15629	10190	6790	929.0	16	1327
永定区三家馆乡	11400	12627	4287	1497	200.0		
永定区沙堤乡	8270	19631	11426	3219	6769.0	40	3800
永定区枫香岗乡	3460	14283	5414	2164	13833.0	49	501
永定区合作桥乡	6147	14331	11386	1495	7319.0		
永定区双溪桥乡	7000	6547	3760	914	1288.0	9	221
永定区谢家垭乡	7139	10285	4520	998	550.0		
永定区青安坪乡	8800	7650	2337	1400	21751.3		

续表 341　　　　（湖南省）　　　　计算单位：公顷、人、万元

名　　称	行政区域面　积	常住人口	从业人员	二三产业从业人员	工　业总产值	城镇建成区 面 积	城镇建成区常住人口
永定区罗塔坪乡	8786	8021	4302	2002	61.0		
永定区罗水乡	6250	8540	5625	2875	30.0		
永定区桥头乡	5490	13787	8916	1155	17231.0		
永定区三岔乡	6500	6680	4200	600	800.0		
永定区四都坪乡	19100	10814	5801	806	380.0		
武陵源区天子山镇	5420	5200	2985	2062	60.0	7	2720
武陵源区索溪峪土家族乡	10947	10954	2644	275			
武陵源区协合乡	5737	8280	2529	351	134.0		
武陵源区中湖乡	6760	13464	8090	5045	189.5		
慈利县零阳镇	29555	136200	73594	50519	621800.0	1100	70236
慈利县岩泊渡镇	9370	24877	9701	5500	11624.0	790	6550
慈利县溪口镇	11112	16844	8268	4268	8205.0	380	5145
慈利县东岳观镇	10800	29689	22176	2986	6300.0	227	2170
慈利县通津铺镇	9600	28456	26016	4766	5870.0	300	3588
慈利县杉木桥镇	9129	24590	9263	5053	425.0	28	5937
慈利县象市镇	13840	20272	9337	3662	9213.0	180	2264
慈利县江垭镇	29800	47452	16741	7741	100100.0	680	13952
慈利县苗市镇	10414	19500	15950	6250	32280.0	360	5468
慈利县零溪镇	6580	27660	12908	4468	37513.0	320	2642
慈利县高桥镇	14080	11855	5765	2065	10490.0	230	2880
慈利县龙潭河镇	9260	11433	11124	3621	672.0	30	1572
慈利县广福桥镇	7870	13234	6330	2440	684.0	210	1784
慈利县南山坪乡	11892	11800	6532	3600	6432.0		
慈利县宜冲桥乡	11054	16005	7814	1114			
慈利县洞溪乡	11900	9188	3625	875	8500.0	1200	1018
慈利县金坪乡	9400	7728	4250	1450	9000.0	4	1000
慈利县景龙桥乡	8777	9758	3728	970	700.0	60	2810
慈利县二坊坪乡	10900	9294	5794	2657	315.0		
慈利县三合口乡	7400	9030	4662	1978	13875.0	20	2034
慈利县国太桥乡	4400	7581	4355	1235	5000.0	900	1500
慈利县庄塌乡	5587	6235	4500	1010	354.0	45	2250
慈利县杨柳铺乡	10800	19823	8576	2317	7235.0	41	1024
慈利县朝阳乡	5900	8780	8600	1000			
慈利县三官寺土家族乡	11400	23894	11952	5524	1269.0	120	2420
慈利县高峰土家族乡	14454	15416	5888	1326	200.0	3	806
慈利县许家坊土家族乡	8052	16891	9800	2800	220.0	500	1220
慈利县金岩土家族乡	13850	11802	8215	4481		210	4500
慈利县赵家岗土家族乡	6200	8000	7800	1990	365.0	47	1510
慈利县甘堰土家族乡	9700	16640	13200	7600	541.0		
慈利县阳和土家族乡	7349	22000	13823	3200	880.0		
桑植县澧源镇	9800	69919	32045	28000	52000.0	760	45000
桑植县瑞塔铺镇	10800	21982	14879	11498	42000.0	220	6300
桑植县官地坪镇	12600	16976	7346	1520	350.0	70	6553
桑植县凉水口镇	6870	10906	5647	3180		720	2650
桑植县龙潭坪镇	12300	8059	5336	2116	690.0	160	1324
桑植县五道水镇	15100	6185	3617	1275		297	1100
桑植县陈家河镇	10600	16646	4306	485	400.0	150	6200
桑植县廖家村镇	5700	11403	6136	2247	78.0	150	390
桑植县利福塔镇	8095	17790	14662	6462	32000.0	134	1078
桑植县空壳树乡	6863	13824	11036	2593	3500.0	1200	1583

续表 342　　（湖南省）　　计算单位：公顷、人、万元

名　　称	行政区域面积	常住人口	从业人员	二三产业从业人员	工业总产值	城镇建成区面积	城镇建成区常住人口
桑植县汩湖乡	7333	9127	3329	341			
桑植县竹叶坪乡	14100	10297	8297	2358	760.0		
桑植县走马坪白族乡	6800	8705	4363	1557			
桑植县人潮溪乡	11500	6367	2971	979		3	1109
桑植县西莲乡	10700	5017	2815	315	2000.0		
桑植县白石乡	12170	5112	4171	308	120.0		
桑植县刘家坪白族乡	3820	11279	6729	2229		133	1040
桑植县芙蓉桥白族乡	7060	12400	9300	3300	3150.0	150	2200
桑植县麦地坪白族乡	5040	4400	2366	972		10	729
桑植县马合口白族乡	7800	10038	4821	1432			
桑植县长潭坪乡	4544	4572	1989	444	12.0		
桑植县淋溪河乡	9200	3626	1650	270		7	547
桑植县洪家关乡	9100	25234	13366	6602	33000.0	1	2300
桑植县桥自湾乡	7660	14890	7011	3755		32	1080
桑植县谷罗山乡	5600	6809	2438	1433		15	251
桑植县沙塔坪乡	13250	15782	8241	7000			
桑植县苦竹坪乡	5055	6250	5853	1401		3	490
桑植县四方溪乡	8300	4652	3238	1497			
桑植县芭茅溪乡	11900	3828	1977	757	210.0	42	121
桑植县细沙坪乡	9820	5300	4057	598		0	700
桑植县八大公山乡	15800	4820	2654	612			
桑植县蹇家坡乡	6490	6542	2313	244			
桑植县岩屋口乡	5510	5646	3333	1230	600.0	4	465
桑植县河口乡	13800	12474	6936	936		100	1000
桑植县上河溪乡	13300	7915	6794	623	2211.0		
桑植县两河口乡	4200	9886	5180	68	1800.0		
桑植县打鼓泉乡	5300	8350	1315	1235			
桑植县上洞街乡	5300	10803	5363	1465	2700.0		
资阳区迎风桥镇	5700	41512	19281	12012	34486.0	427	16824
资阳区沙头镇	4400	22547	14594	4022	13761.0	150	5326
资阳区茈湖口镇	9476	34453	20740	4761	20655.0	660	11630
资阳区长春镇	12600	81552	36855	10182	362493.0	450	20120
资阳区新桥河镇	14000	79981	30624	7527	69357.0	500	20025
资阳区张家塞乡	9000	40815	26197	2832	11000.0	33	2736
赫山区八字哨镇	3738	21523	14826	7612	71125.0	280	2419
赫山区泉交河镇	10200	46715	21975	7781	121360.0	242	12596
赫山区欧江岔镇	8848	36251	22544	11553	11097.0	88	7347
赫山区沧水铺镇	6962	33736	25304	15947	388754.0	820	19902
赫山区岳家桥镇	8100	36768	20056	7750	53900.0	150	11812
赫山区新市渡镇	6500	18326	11527	6104	154325.0	182	2038
赫山区兰溪镇	10470	71540	49297	25490	734893.0	498	21303
赫山区龙光桥镇	9800	63172	40773	22319	408000.0	1476	17336
赫山区衡龙桥镇	10739	52426	33541	16882	330000.0	420	10280
赫山区泥江口镇	13793	51628	36543	18727	51000.0	500	3980
赫山区牌口乡	3800	21106	14643	7237	12300.0	50	1028
赫山区笔架山乡	8200	31890	14895	4399	47350.0	146	2587
南县明山头镇	6300	32246	22272	9074	3749.0	137	6920
南县青树嘴镇	7700	35681	26031	12785	5769.0	120	5976
南县厂窖镇	6885	34208	19918	7667	31216.0	316	7569
南县武圣宫镇	5200	24492	17310	7267	7917.0	112	5409

续表 343　　（湖南省）　　计算单位：公顷、人、万元

名　　称	行政区域面　积	常住人口	从业人员	二三产业从业人员	工　业总产值	城镇建成区 面 积	城镇建成区常住人口
南县南洲镇	8253	157072	60847	39862	795479.0	1260	73202
南县华阁镇	10900	63659	37298	14450	46384.0	136	6124
南县茅草街镇	9600	61360	42587	16604	171372.0	311	21503
南县三仙湖镇	9200	43266	24388	11020	54991.0	310	10130
南县麻河口镇	10900	46756	31676	7989	20154.0	110	5045
南县浪拔湖镇	9600	54726	29998	12480	97866.0	70	2889
南县乌嘴乡	6666	38950	20675	15128	7237.0	160	1200
南县中鱼口乡	9500	49786	29797	11927	41897.0	38	4852
桃江县修山镇	9300	29557	23881	9669	59114.0	140	7771
桃江县鸬鹚渡镇	10900	32786	24955	10420	182368.0	151	9828
桃江县石牛江镇	6400	30584	24142	14277	66473.0	137	10286
桃江县牛田镇	7100	31725	23953	13210	187168.0	240	9625
桃江县松木塘镇	19500	29730	22047	6570	118736.0	110	9664
桃江县桃花江镇	22200	160521	69058	66572	826116.0	1702	88868
桃江县灰山港镇	22900	120695	63834	49160	621842.0	500	39310
桃江县武潭镇	22500	67938	50170	8795	374527.0	160	21584
桃江县马迹塘镇	21800	58389	38778	13239	184218.0	200	19871
桃江县三堂街镇	14600	53177	36376	14086	128786.0	161	17365
桃江县大栗港镇	17100	59349	46908	33263	220964.0	141	17476
桃江县沾溪镇	6500	24525	15626	7877	34813.0	190	7621
桃江县高桥乡	9200	26231	19334	8943	108415.0	85	5898
桃江县鲊埠回族乡	3900	18729	8697	2598	172586.0	75	4171
桃江县浮丘山乡	12400	47090	40147	15425	95462.0	658	1952
安化县清塘铺镇	22500	54393	32662	13613	110853.0	150	7997
安化县仙溪镇	28019	47600	28382	11112	44870.0	180	8100
安化县长塘镇	17861	40300	23630	6124	37290.0	245	6160
安化县小淹镇	17705	34856	19009	6472	109545.0	90	6231
安化县羊角塘镇	24671	59764	28943	6046	11943.0	120	13112
安化县冷市镇	18337	31755	20030	5281	67616.0	78	6121
安化县奎溪镇	24154	21081	11797	4082	56120.0	19	6852
安化县烟溪镇	19600	22719	10851	3472	67310.0	189	5492
安化县渠江镇	8620	12822	9136	3890	8430.0	40	1330
安化县平口镇	10315	20735	10644	5387	72226.0	303	19638
安化县柘溪镇	15578	14485	8539	5084	169719.0	160	2765
安化县乐安镇	19121	44065	24776	8461	28506.0	102	3465
安化县滔溪镇	15416	23585	13487	4454	15328.0	74	2766
安化县梅城镇	27861	77566	43059	16151	90618.0	550	41473
安化县大福镇	31723	88805	57925	24131	37123.0	260	26200
安化县马路镇	39034	38112	26132	13115	91500.0	235	8095
安化县东坪镇	43585	128634	67692	37842	319200.0	790	51800
安化县江南镇	28875	56621	42048	21382	79201.0	253	5411
安化县高明乡	9740	17398	9490	3810	324500.0	99	2270
安化县龙塘乡	14200	24385	16353	6125	77115.0	66	1435
安化县田庄乡	20950	28362	17940	4488	67637.0	120	1046
安化县南金乡	19500	10845	6607	2086	8762.0	150	710
安化县古楼乡	17170	14812	9774	198	950.0	80	3940
益阳市大通湖管理区河坝镇	8892	42328	26935	11288	210125.0	715	15395
益阳市大通湖管理区沙堡洲镇	8493	2501	1025	573	26880.0	360	1136
益阳市大通湖管理区金盆镇	4759	24009	9366	3834	134585.0	320	7156
益阳市大通湖管理区北洲子镇	4370	20125	9207	2891	255662.0	85	7695

续表 344　　(湖南省)　　计算单位：公顷、人、万元

名　　称	行政区域面　　积	常住人口	从业人员	二三产业从业人员	工　业总产值	城镇建成区 面 积	城镇建成区常住人口
益阳市大通湖管理区千山红镇	7490	32264	11773	3140	193452.0	450	11258
益阳高新技术产业园区谢林港镇	7600	33165	20427	9947	602400.0	103	3996
沅江市四季红镇	1467	14243	9588	4708	10000.0	16	1295
沅江市泗湖山镇	11700	48157	32779	13136	125898.0	198	11702
沅江市南嘴镇	7400	18876	12142	4866	107000.0	53	4120
沅江市新湾镇	5650	19311	11141	4464	31500.0	110	2751
沅江市茶盘洲镇	8762	26606	17279	6924	107850.0	200	13210
沅江市南大膳镇	16000	71464	40929	16400	132118.0	415	14890
沅江市黄茅洲镇	12731	63954	38799	15548	14563.0	340	14107
沅江市草尾镇	15200	74978	42037	16845	141564.0	300	20058
沅江市阳罗洲镇	10267	41419	28665	11488	106635.0	180	10382
沅江市共华镇	15100	58993	39566	15856	89271.0	206	8156
沅江市三眼塘镇	9900	42989	25617	10266	148235.0	221	9132
沅江市万子湖乡	216	10287	5759	2907	100000.0	7	8989
北湖区石盖塘镇	9209	21636	11725	5916	798920.0	154	8207
北湖区华塘镇	17620	33275	20421	10733	62200.0	152	15123
北湖区鲁塘镇	11350	33358	16654	10329	81125.0	590	3482
北湖区保和镇	10955	20980	12673	6403	106595.0	167	5110
北湖区大塘瑶族乡	3200	4313	2306	1241	8190.0		
北湖区月峰瑶族乡	4618	7281	5195	3063	7928.0		
北湖区芙蓉乡	6400	7356	6285	3880	121514.0		
北湖区永春乡	7715	9576	6201	4035	401.0		
苏仙区桥口镇	12534	21721	13205	6901	797298.0	135	572
苏仙区白露塘镇	10500	27443	10141	7391	4674509.0	130	15472
苏仙区良田镇	19192	48863	25938	17696	587371.0	417	15128
苏仙区栖凤渡镇	10396	53403	30621	16560	86361.0	135	18630
苏仙区坳上镇	16205	19707	11259	7274	55000.0	630	6766
苏仙区许家洞镇	6200	17834	14490	1065	81350.0	260	10604
苏仙区五里牌镇	10330	33244	22756	13750	56431.0	740	25378
苏仙区望仙镇	15415	10456	7654	5087	29668.0	100	869
苏仙区五盖山镇	11600	8942	6242	4292	86426.0	323	319
苏仙区马头岭乡	13461	16751	12341	5570	13341.0		
桂阳县仁义镇	19033	34012	20387	8799	23389.0	127	5020
桂阳县太和镇	11720	37024	23437	7080	364861.0	70	3521
桂阳县洋市镇	17210	45423	33528	12423	510.0	144	5252
桂阳县和平镇	11613	22962	15448	5913	5200.0	160	11020
桂阳县流峰镇	17181	65620	37874	17406	33561.2	270	9060
桂阳县塘市镇	7384	18550	16356	6248	3930.2	156	6196
桂阳县莲塘镇	9393	28155	16370	6486	4507.0	180	7660
桂阳县舂陵江镇	25593	97744	77626	53517	70223.0	165	16836
桂阳县荷叶镇	8100	26473	11845	6396	159630.0	356	842
桂阳县方元镇	22108	44978	29757	8981	65721.0	488	28920
桂阳县樟市镇	18800	44112	22078	8267	11501.0	134	3501
桂阳县敖泉镇	11598	22100	17890	7702	25288.0	113	1680
桂阳县正和镇	9390	23331	12074	5485	532614.0	300	2529
桂阳县浩塘镇	14800	21716	13108	3982	93621.3	80	2761
桂阳县雷坪镇	12246	25283	17617	6207	143789.0	240	12956
桂阳县欧阳海镇	10067	27984	16079	7752	14679.2	88	4217
桂阳县四里镇	12700	43265	33280	21960	19886.0	580	24540
桂阳县桥市乡	17807	18770	10697	5074	251365.0		

续表 345　　（湖南省）　　计算单位：公顷、人、万元

名　　称	行政区域面　积	常住人口	从业人员	二三产业从业人员	工　业总产值	城镇建成区 面 积	城镇建成区常住人口
桂阳县华山瑶族乡	3800	3191	2011	456	2113.0		
桂阳县泗洲乡	5400	15823	11324	3201	13154.0		
桂阳县光明乡	7250	14123	10765	4843	3122.0		
桂阳县白水乡	11174	13052	9558	3345	6557.1	90	2511
桂阳县杨柳瑶族乡	2357	2326	1157	196	1046.0		
宜章县白石渡镇	5800	11709	7156	3162	47182.0	280	9996
宜章县杨梅山镇	4045	12914	6937	3002	21046.0	100	7522
宜章县瑶岗仙镇	9976	19582	10834	8303	121696.0	520	16528
宜章县梅田镇	8228	34793	34726	29930	129203.2	319	8016
宜章县麻田镇	5218	20363	11075	6544	171061.0	1000	6180
宜章县黄沙镇	10255	35049	25664	6862	12501.0	1222	7298
宜章县迎春镇	8800	22459	10306	3525	33584.0	1215	5239
宜章县一六镇	6792	41845	20648	13510	304211.0	592	24596
宜章县栗源镇	7154	31640	19759	15797	114778.9	1200	13950
宜章县岩泉镇	7333	36937	23185	20049	182680.0	674	13410
宜章县玉溪镇	23290	109747	22327	10474	187057.0	2620	68354
宜章县浆水乡	8570	20660	13175	7200	150308.0		
宜章县长村乡	5902	14644	6550	3889	17723.0		
宜章县天塘乡	15270	38420	21967	11190	100616.0		
宜章县莽山瑶族乡	28764	8941	4777	2088	1621.0		
宜章县笆篱乡	3200	21675	11159	6238	161708.0		
宜章县白沙圩乡	11230	23321	12000	5429	21240.0		
宜章县关溪乡	5564	13786	9823	5851	6937.0		
宜章县里田乡	7600	20878	9538	1977	17280.0		
宜章县赤石乡	8650	17198	12455	6843	79885.0	122	2314
宜章县平和乡	7637	10572	6655	3888	19326.0		
宜章县五岭乡	14660	30803	18172	8120	17800.0		
永兴县马田镇	10000	83635	57001	47000	345975.0	452	8312
永兴县湘阴渡镇	6400	24802	19925	8717	78742.7	87	9521
永兴县塘门口镇	9600	16905	16215	5157	794090.0	162	5621
永兴县金龟镇	5260	20316	12673	1731	95482.0	168	10423
永兴县柏林镇	10740	43000	38166	10486	951527.0	320	8898
永兴县鲤鱼塘镇	20970	31546	22272	10610	74045.0	300	2654
永兴县油市镇	4200	29720	27835	13054	66151.0	325	14950
永兴县便江镇	19650	119821	115276	54065	85702.0	670	77566
永兴县悦来镇	5620	29986	18295	6411	13500.0	103	3012
永兴县复和镇	4500	21669	18860	6430	201574.0	580	2830
永兴县高亭镇	4800	32451	16287	5057	30451.0	160	870
永兴县黄泥镇	12235	32240	24267	11619	242564.6	1250	18680
永兴县樟树镇	9750	35077	19220	8958	32185.0	224	4591
永兴县太和镇	9895	21108	9625	6445	288986.0	102	1082
永兴县洋塘乡	5393	22758	12412	4400	25632.0		
永兴县油麻乡	4360	22560	11482	5575	8822.0		
永兴县三塘乡	4950	24364	19875	6621	25092.0		
永兴县香梅乡	4200	15410	12330	9908	40233.0		
永兴县大布江乡	11900	15263	12393	2175	13788.0		
永兴县龙形市乡	15700	15176	7111	4719	45417.0		
永兴县七甲乡	12450	14269	7909	7076	26060.7		
嘉禾县珠泉镇	10591	93258	55426	36627	238530.0	8500	91317
嘉禾县车头镇	2336	14324	8233	5221	110502.0	200	1657

续表 346　　（湖南省）　　计算单位：公顷、人、万元

名　　称	行政区域面　积	常住人口	从业人员	二三产业从业人员	工　业总产值	城镇建成区 面 积	城镇建成区常住人口
嘉禾县塘村镇	3170	30293	18718	15040	487836.0	390	21949
嘉禾县袁家镇	5241	32378	23682	18942	635102.0	398	12008
嘉禾县行廊镇	4198	25101	9140	5840	174993.0	310	16510
嘉禾县肖家镇	3505	13848	5810	2653	59304.0	70	6330
嘉禾县龙潭镇	7312	25610	20430	10450	17850.0	47	1520
嘉禾县石桥镇	5794	29429	19805	10705	51063.0	439	20812
嘉禾县坦坪镇	3546	28315	16520	9140	217578.0		
嘉禾县田心镇	3720	24881	13968	8247	29983.0		
嘉禾县广发镇	6836	38424	19509	13150	820.0	95	1345
嘉禾县普满乡	6935	22771	18358	10780	34030.0	2	1268
嘉禾县盘江乡	3568	14456	6633	3846		18	305
临武县舜峰镇	2412	73402	40412	36557	90548.0	735	64563
临武县金江镇	5003	23612	13501	10219	182696.3	212	9360
临武县武水镇	5395	44807	24884	12036	225680.0	260	17920
临武县南强镇	17409	33365	20111	11420	38608.0	100	1591
临武县汾市镇	4815	14662	8995	4115	43491.1	100	2293
临武县水东镇	6881	17869	10472	5379	154001.0	26	1860
临武县楚江镇	7597	17573	7625	3119	7998.5	158	1250
临武县麦市镇	7851	28250	13660	7980	86451.3	78	2310
临武县香花镇	7748	21121	15271	10010	75493.8	438	15785
临武县双溪乡	8039	18045	10161	4472	37247.0		
临武县同益乡	4230	11054	6164	2954	20123.0		
临武县土地乡	5805	12420	6271	3421	44621.0		
临武县花塘乡	6845	16436	8088	3537	97497.0		
临武县武源乡	8157	7978	5065	3060	11320.9		
临武县万水乡	6031	20842	8527	6122	173983.8		
临武县镇南乡	8271	11611	5005	3653	115000.0		
临武县大冲乡	4106	6336	2954	1529	14912.0		
临武县西山瑶族乡	12135	1780	1362	617	12500.0		
汝城县小垣瑶族镇	8613	7105	5307	1859	22152.0	21	1663
汝城县热水镇	13874	9749	6530	3516	8760.0	300	1756
汝城县土桥镇	7515	25798	16295	8357	17263.0	216	16668
汝城县泉水镇	9309	23540	16363	7017	114686.0	37	10120
汝城县暖水镇	7680	9538	7012	2170	13500.0	30	2013
汝城县大坪镇	13600	28208	25058	10367	47178.0	330	8000
汝城县三江口瑶族镇	11149	9786	4652	1851	4512.0	240	1702
汝城县卢阳镇	11559	70681	29977	14742	99254.0	392	61750
汝城县马桥镇	19818	25654	16152	3995	10524.0	30	497
汝城县文明镇	19230	30225	15831	3271	4418.0	110	3356
汝城县井坡乡	10083	17090	11902	1234	47129.6		
汝城县盈洞瑶族乡	7439	6210	4744	572	576.0		
汝城县岭秀瑶族乡	11636	9718	5633	1085	2278.0		
汝城县田庄乡	7259	14292	9202	2793	6717.0		
汝城县南洞乡	15467	7669	5651	3243	6720.0	35	256
汝城县永丰乡	9700	14891	5809	3294	3430.0		
汝城县濠头乡	17738	11060	8370	1743	21698.0		
汝城县延寿瑶族乡	8700	16255	11063	4249	5002.0		
汝城县集益乡	17000	11246	9117	2055	10915.0		
桂东县沤江镇	17960	51045	13850	9500	95916.0	540	34400
桂东县沙田镇	10922	27593	14965	9613	48020.0	372	20856

续表 347　　（湖南省）　　计算单位：公顷、人、万元

名　称	行政区域面积	常住人口	从业人员	二三产业从业人员	工业总产值	城镇建成区面积	城镇建成区常住人口
桂东县清泉镇	6420	10877	7601	1119	4006.2	54	3899
桂东县大塘镇	6204	20087	11133	6913	11936.5	240	12035
桂东县四都镇	16000	21052	9583	2673	3128.5	205	5240
桂东县寨前镇	7433	21390	8319	4449	6493.0	100	1328
桂东县普乐镇	12800	20139	8275	4103	4530.5	250	3580
桂东县桥头乡	8867	10198	5093	1385	10438.1		
桂东县寒口乡	7341	6625	4071	458	5350.0		
桂东县增口乡	7820	10392	7928	7574	12433.8		
桂东县流源乡	4030	4972	2420	1051	274.1		
桂东县新坊乡	8540	10297	5672	2395	1922.8		
桂东县东洛乡	9750	6046	2595	1822	1447.0		
桂东县贝溪乡	5043	6094	3517	1852	600.0		
桂东县青山乡	11300	7466	3100	936	2338.2		
安仁县安平镇	5600	53600	28946	18702	51000.0	187	32065
安仁县龙海镇	7200	17386	7554	5752	99854.0	200	11325
安仁县关王镇	13090	15830	7210	4260	6898.0	60	2700
安仁县灵官镇	7860	18635	10257	6089	102615.0	180	9680
安仁县永乐江镇	35906	131069	70729	48055	255150.0	1301	57584
安仁县龙市乡	8200	16123	8369	4879	890.0		
安仁县渡口乡	5420	22930	12030	7533	2060.0	2	2090
安仁县华王乡	6280	20310	14171	8678	5397.0		
安仁县牌楼乡	7790	33271	21210	13176	2246.0		
安仁县平背乡	4500	21543	18967	4698	166250.0	596	2170
安仁县坪上乡	7410	15528	9820	7210			
安仁县承坪乡	3680	17242	15940	4760	5834.0		
安仁县竹山乡	3102	13050	10686	6441	456.0		
安仁县豪山乡	28500	13018	11620	6220	620.0		
安仁县羊脑乡	10100	9450	9070	7870	27800.0		
安仁县新洲乡	5050	6640	4950	3600	3550.0		
安仁县洋际乡	5560	17276	10591	5557	2114.2		
资兴市滁口镇	16400	12037	11983	7050	65694.0	50	988
资兴市三都镇	8085	33060	16628	14806	177484.0	342	3459
资兴市蓼江镇	8760	17476	11714	4175	153340.0	120	16224
资兴市七里镇	7610	12274	10954	8688	19109.0	168	9500
资兴市兴宁镇	22530	29471	18868	15611	134033.0	2370	18500
资兴市州门司镇	18998	21848	12891	7422	113415.0	50	2015
资兴市青腰镇	14100	8921	8895	4482	57274.0	300	6291
资兴市黄草镇	18667	9870	9514	3230	5931.0	100	1812
资兴市汤溪镇	18960	9831	9026	5406	48922.0	270	3000
资兴市程水镇	12651	26580	17609	14605	977696.0	161	2893
资兴市东坪乡	12076	3028	2941	2155	2943.0		
资兴市团结瑶族乡	6667	2391	2372	834	29739.0		
资兴市连坪瑶族乡	9533	1922	1810	970	2444.0		
资兴市兰市乡	5873	5246	3973	1918	1958.0		
资兴市波水乡	8693	7001	6981	4455	14855.0	17	786
资兴市清江乡	13547	10287	7946	4164	69913.0		
资兴市龙溪乡	14475	3584	3530	679	2673.0	2057	1018
资兴市白廊乡	15715	9768	9367	5782	6381.0		
零陵区水口山镇	11060	49789	24636	11635	90214.0	1286	5620
零陵区珠山镇	19860	69816	34952	10274	179865.0	644	20069

续表 348 （湖南省） 计算单位：公顷、人、万元

名　　称	行政区域面　　积	常住人口	从业人员	二三产业从业人员	工　业总产值	城镇建成区 面 积	城镇建成区常住人口
零陵区黄田铺镇	12600	31685	15787	4318	74300.0	360	2536
零陵区富家桥镇	21400	51892	29043	10620	136024.0	302	13472
零陵区菱角塘镇	15680	26892	21159	6821	36588.0	1200	3218
零陵区邮亭圩镇	32400	54332	28961	8159	29860.0	352	6118
零陵区接履桥镇	10200	27512	12591	3865	42015.0	169	1718
零陵区石岩头镇	9600	42284	19803	6902	64292.0	238	4092
零陵区大庆坪乡	15550	33865	12159	5135	22876.0	1354	15982
零陵区梳子铺乡	9818	28038	16392	4462	29365.0	98	795
零陵区石山脚乡	12800	32399	20624	7670	159316.0	246	5177
零陵区凼底乡	8450	21682	13069	4149	13422.6	8	2520
冷水滩区花桥街镇	6748	17900	10580	4160	805.0	203	3370
冷水滩区普利桥镇	13580	54298	34125	4613	28630.0	50	4599
冷水滩区牛角坝镇	8600	28158	18317	7003	1550.0	55	1596
冷水滩区高溪市镇	8180	17772	8328	4548	49455.0	42	582
冷水滩区黄阳司镇	12970	43700	23140	8780	25000.0	250	10162
冷水滩区上岭桥镇	10600	21791	16508	12108	100200.0	150	1992
冷水滩区竹山桥镇	19300	22525	12670	4070	45000.0	102	699
冷水滩区伊塘镇	8140	23274	14708	3143	14700.0	500	1025
冷水滩区岚角山镇	9010	28179	18681	8451	39800.0	240	2246
冷水滩区蔡市镇	7280	18285	10142	4222	11536.0	100	930
冷水滩区杨村甸乡	8452	20787	11689	7533	2500.0	9	744
祁阳县观音滩镇	9800	39804	17572	11070	137400.0	360	12000
祁阳县茅竹镇	9600	25888	17090	7970	21550.0	189	1870
祁阳县大忠桥镇	11611	52600	26271	15794	39678.0	218	6917
祁阳县三口塘镇	8600	26080	13860	4961	15010.0	208	3900
祁阳县肖家村镇	9352	43218	20309	7349	18980.0	272	2590
祁阳县八宝镇	8100	38512	22846	10935	9552.0	406	5597
祁阳县白水镇	12000	70562	41380	16818	283256.0	286	11356
祁阳县黄泥塘镇	7500	39001	18810	11030	49000.0	272	1450
祁阳县进宝塘镇	6500	33788	16632	6276	24830.0	402	3300
祁阳县潘市镇	12716	50943	26178	12100	40896.0	152	5120
祁阳县梅溪镇	6339	27920	19700	9084	43159.0	185	2580
祁阳县羊角塘镇	12600	60327	32470	19490	22681.3	198	3557
祁阳县下马渡镇	12530	55243	32012	11975	21472.0	152	7104
祁阳县七里桥镇	7600	35262	18403	7872	86187.8	111	2149
祁阳县大村甸镇	9290	39112	29380	13100	92437.9	121	4814
祁阳县黎家坪镇	8600	45311	22982	11002	321894.0	692	24270
祁阳县文富市镇	6135	32562	15603	6017	9395.0	520	2045
祁阳县文明铺镇	11800	56020	27168	14139	70457.0	295	6621
祁阳县龚家坪镇	8000	39641	26349	8983	9265.0	186	3089
祁阳县内下乡	12800	3156	2168	486			
祁阳县挂榜山乡	2605	3546	2880	280	520.0	20	144
祁阳县大江乡	13997	4410	3113	1415			
东安县白牙市镇	15600	98326	50416	45505	644158.0	1931	56456
东安县大庙口镇	20200	41210	28400	5400	120.0	210	2000
东安县紫溪市镇	17200	37512	16033	7085	54241.0	190	6051
东安县横塘镇	14300	33688	18559	4359	4312.0	330	2950
东安县石期市镇	12230	39247	32131	10562	70000.0	394	2675
东安县井头圩镇	16540	56700	56399	8519	700.0	300	3023
东安县端桥铺镇	13600	45627	15639	10420	30208.0	292	4482

续表 349　　(湖南省)　　计算单位：公顷、人、万元

名　称	行政区域面积	常住人口	从业人员	二三产业从业人员	工业总产值	城镇建成区面积	城镇建成区常住人口
东安县鹿马桥镇	7370	24813	21497	11798	9410.3	325	4119
东安县芦洪市镇	13700	61878	28299	9739	344123.0	848	6527
东安县新圩江镇	13250	30172	12389	4945	110.0	980	28350
东安县花桥镇	5300	7747	7635	4600	15601.0	28	3083
东安县大盛镇	10400	29753	26189	12638	8945.0	273	3696
东安县南桥镇	10400	34113	15544	11820	217.0	280	2941
东安县大江口乡	9640	29289	15859	4235	7900.0	170	1468
东安县川岩乡	10000	16586	7976	1577	2909.0	100	4112
东安县水岭乡	5930	13912	5124	1024	1270.0	320	1230
东安县黄泥洞乡	11408	5632	5332	1372	22970.0		
双牌县泷泊镇	9900	52799	44456	34388	53046.0	9900	52799
双牌县江村镇	12400	21994	8610	1930	160.0	160	4680
双牌县五里牌镇	9747	19508	9694	2959	15260.0	120	3061
双牌县茶林镇	15200	10585	6330	1823	11020.0	45	2456
双牌县何家洞镇	19600	10441	2329	2329		10	300
双牌县麻江镇	11400	7198	5681	1605	180.0	130	3100
双牌县平福头乡	3900	9973	5262	821		18	420
双牌县尚仁里乡	8200	5126	2528	888	4584.0	18	320
双牌县永江乡	8600	4522	2950	332	3225.0	15	340
双牌县塘底乡	11700	7500	3838	668	300.0	10	300
双牌县上梧江瑶族乡	19602	16678	6695	1943	68.9	108	1088
双牌县理家坪乡	8800	20077	11567	4401	2502.0	20	238
双牌县五星岭乡	19270	5152	3024	426		1	3698
双牌县打鼓坪乡	13460	3840	1957	191	180.0	15	356
道县梅花镇	9800	30920	19547	8591	21852.0	213	2720
道县寿雁镇	16100	75562	41085	20927	114669.0	200	8301
道县仙子脚镇	12700	28410	19898	8506	17358.0	340	5800
道县清塘镇	12400	43347	19742	8666	18653.0	202	5800
道县祥霖铺镇	14100	40034	25331	8722	45865.0	200	6021
道县蚣坝镇	14400	46253	25384	12396	24106.0	160	5662
道县四马桥镇	11700	31965	19117	6352	15660.0	120	5934
道县白马渡镇	9700	30865	20639	5941	4092.0	121	3843
道县柑子园镇	8100	30851	16219	5163	3596.0	120	3234
道县新车镇	9500	24502	11632	3692	5810.0	80	4928
道县白芒铺镇	10500	29317	13452	5991	5064.0	250	5525
道县桥头镇	15300	25700	14280	6290	7533.0	105	2133
道县乐福堂乡	10600	15465	10755	4343	6123.0	78	1945
道县审章塘瑶族乡	6600	14275	9974	4656	8949.0	86	1359
道县井塘瑶族乡	3800	9197	4328	1110	3206.0	75	1385
道县横岭瑶族乡	10000	6841	5321	2908	3195.0	80	1315
道县洪塘营瑶族乡	22200	11723	6172	2810	4736.0	110	1538
江永县潇浦镇	8690	42996	21026	11626	330410.0	700	31989
江永县上江圩镇	7140	24695	16903	2393	15610.0	50	2132
江永县允山镇	39250	34172	20553	5043	35071.0	51	1813
江永县夏层铺镇	12070	26548	23458	5148	19616.0	52	2097
江永县桃川镇	51750	48731	31470	10683	43402.0	180	15572
江永县粗石江镇	16760	28491	17581	4589	16632.0	51	2956
江永县松柏瑶族乡	12800	14122	10271	1507	9851.0	16	158
江永县黄甲岭乡	12710	15912	11136	4095	14982.0	10	174
江永县千家峒瑶族乡	6820	11242	6691	2185	10704.0	3	61

续表 350　　（湖南省）　　计算单位：公顷、人、万元

名　　称	行政区域面　　积	常住人口	从业人员	二三产业从业人员	工　业总产值	城镇建成区 面 积	城镇建成区常住人口
江永县兰溪瑶族乡	5920	7226	5272	712	11825.0	3	176
江永县源口瑶族乡	7600	9362	5822	1552	8972.0	2	88
宁远县天堂镇	10200	36903	20989	11963	16856.0	100	8710
宁远县水市镇	23990	79140	32706	19676	39838.0	112	14880
宁远县湾井镇	10960	30102	22200	13580	41587.0	171	16026
宁远县冷水镇	19710	82190	40807	22525	29886.0	160	14120
宁远县太平镇	13454	55531	26580	14870	21226.0	200	8220
宁远县禾亭镇	8217	39156	21382	12682	59345.0	213	8120
宁远县仁和镇	8350	29123	16947	10686	39604.0	100	6060
宁远县中和镇	29320	61656	33156	19295	18625.0	210	14385
宁远县柏家坪镇	15990	56128	32574	18603	38796.0	250	12081
宁远县清水桥镇	14806	38546	22399	13384	27322.0	255	6190
宁远县鲤溪镇	14180	45363	24036	13838	6010.0	180	5954
宁远县九疑山瑶族乡	32800	30140	17004	10024	18278.0		
宁远县保安乡	7030	27132	16530	9809	19516.0		
宁远县荒塘瑶族乡	16810	10282	6018	3603	910.0		
宁远县棉花坪瑶族乡	4560	5450	3371	2320	1723.0		
宁远县桐木漯瑶族乡	6910	4832	3183	2043	16866.0		
蓝山县塔峰镇	14200	88693	67423	55800	474563.0	780	61259
蓝山县竹管寺镇	9800	32470	22237	3937	3646.0	100	2429
蓝山县毛俊镇	16600	37144	30359	9315	33917.0	100	2378
蓝山县楠市镇	8900	25897	23878	7935	4094.0	110	2655
蓝山县所城镇	16800	27791	18758	3537	50000.0	160	2015
蓝山县新圩镇	14200	48300	36803	3678	19510.0	220	1914
蓝山县汇源瑶族乡	5100	3032	2948	1190	389.0		
蓝山县犁头瑶族乡	3960	2823	1677	765			
蓝山县浆洞瑶族乡	17100	5267	3815	1120	3995.0		
蓝山县紫良瑶族乡	3300	2314	1412	510	2560.0		
蓝山县大桥瑶族乡	8300	9310	6786	1964	449.0		
蓝山县荆竹瑶族乡	32500	4612	3991	1095	49200.0		
蓝山县祠堂圩乡	7600	22357	10546	6283	9246.0		
蓝山县土市乡	10700	33527	23414	4260	282.0		
蓝山县太平圩乡	7400	28590	28292	12618	214448.0		
新田县龙泉镇	13100	65889	45997	39110	57960.0	700	44886
新田县金陵镇	6750	9860	9334	2684		40	4110
新田县骥村镇	8000	20966	13012	5047	1200.0	410	5489
新田县枧头镇	5300	18691	15486	6442	606.0	2	145
新田县新圩镇	3000	22356	14214	5839	1358.0	34	1705
新田县石羊镇	6100	26300	26217	7866	500.0	16	1322
新田县新隆镇	3500	17756	9551	3273		385	3780
新田县十字镇	4400	19592	19381	4239	14.0	100	944
新田县大坪塘镇	5000	20810	13056	3532		35	3720
新田县莲花乡	3400	12442	12401	2839	89.0		
新田县冷水井乡	3700	11293	7484	3261	324.0		
新田县门楼下瑶族乡	12800	9131	8440	2733	1200.0		
新田县茂家乡	3400	13160	7946	2818			
新田县毛里乡	5100	18276	15175	6350	6298.0		
新田县金盆圩乡	5000	19439	12477	4214	1463.0		
新田县三井乡	3400	16593	10232	3760			
新田县陶岭乡	3400	16556	10192	5336	3200.0		

续表 351　　　　（湖南省）　　　　计算单位：公顷、人、万元

名　　称	行政区域面　　积	常住人口	从业人员	二三产业从业人员	工　业总产值	城镇建成区 面 积	城镇建成区常住人口
新田县高山乡	2900	15212	14835	3253	105.0		
新田县知市坪乡	4400	18786	16401	6159	230.0		
江华瑶族自治县沱江镇	17600	87310	46164	33990	317520.0	952	46601
江华瑶族自治县桥头铺镇	12020	32710	24447	7967	3112.0	270	3550
江华瑶族自治县东田镇	6653	20074	13272	5974	4536.0	110	2227
江华瑶族自治县大路铺镇	15355	24788	7357	1342	456.0	735	2912
江华瑶族自治县白芒营镇	18370	54308	25599	4571	3560.0	110	4895
江华瑶族自治县涛圩镇	9400	33500	15522	5291	8990.0	428	3587
江华瑶族自治县河路口镇	12375	26489	13435	2203	281400.0	680	1311
江华瑶族自治县小圩镇	10500	25433	17853	9675	3986.0	455	3887
江华瑶族自治县大圩镇	13767	33412	21919	5487	3838.0	120	1600
江华瑶族自治县水口镇	8500	9623	3790	2010	6795.0	150	3510
江华瑶族自治县码市镇	41560	30985	17521	8866	105525.0	140	3841
江华瑶族自治县界牌乡	7333	22516	12824	3446	4750.0	3	475
江华瑶族自治县桥市乡	6900	14433	8600	4328	1765.0	15	678
江华瑶族自治县大石桥乡	9373	24276	13306	3396	2816.0	325	3146
江华瑶族自治县清塘壮族乡	4038	7426	5231	2871	765.0	5	1306
江华瑶族自治县两岔河乡	8400	4611	2651	1055	1000.0	3	158
江华瑶族自治县务江乡	13700	6728	3670	473	352.0	2	267
江华瑶族自治县花江乡	13130	8002	4920	2920	830.0	5	270
江华瑶族自治县湘江乡	22480	6139	4000	1600	3250.0	135	285
江华瑶族自治县贝江乡	22000	11589	9210	3310	2010.0	1	83
江华瑶族自治县未竹口乡	15302	8389	4873	2551	2743.0	66	1162
江华瑶族自治县大锡乡	10991	5266	2879	1356	700.0	3	800
永州经济技术开发区仁湾镇	13230	23433	12230	7598	223000.0	100	2295
永州市金洞管理区金洞镇	6600	8117	5229	1938	1826.0	800	3190
永州市金洞管理区小金洞乡	6100	6810	4200	768	19875.0		
永州市金洞管理区晒北滩瑶族乡	15500	5050	4163	1429	50.0		
永州市金洞管理区凤凰乡	4500	9801	5363	1940	1023.0		
永州市金洞管理区白果市乡	10500	5479	3836	1368	1000.0		
永州市金洞管理区石鼓源乡	9641	11357	6910	3728	1521.0		
永州市金洞管理区上司源乡	5000	4832	3160	896	150.0		
永州市金洞管理区万宝山乡	6200	3639	2037	711	60.0		
永州市回龙圩管理区回龙圩镇	10393	13000	6110	2960	16000.0	160	6000
鹤城区黄金坳镇	7506	14757	11825	772	410.0	96	4526
鹤城区盈口乡	800	33190	12850	2850	58500.0		
鹤城区杨村乡	4200	10326	4630	980	650.0	65	1888
鹤城区石门乡	7390	20179	6700	5500	12.0	25	1233
鹤城区贺家田乡	10500	3650	2980	817			
鹤城区凉亭坳乡	8600	9002	7033	1796	12.4		
鹤城区芦坪乡	11200	16550	2100	1150	210.0		
中方县中方镇	12732	32481	15144	9156	29760.0	410	3978
中方县牌楼镇	10292	18793	17153	5518	616985.0	100	4753
中方县泸阳镇	11139	23501	13602	6376	172370.0	100	10790
中方县花桥镇	11196	19860	12963	3739	88615.0	100	2583
中方县铜湾镇	7185	23451	13196	9830	15120.0	106	5010
中方县桐木镇	10148	22699	14728	4707	16000.5	190	2800
中方县铁坡镇	4845	8600	3826	446	200.0	110	1400
中方县新建镇	11802	14827	8910	7327	1147.0	143	2118
中方县接龙镇	5033	9680	6096	445	295.0	50	1165

续表 352　　(湖南省)　　计算单位：公顷、人、万元

名　　称	行政区域面　　积	常住人口	从业人员	二三产业从业人员	工　业总产值	城镇建成区 面 积	城镇建成区常住人口
中方县铜鼎镇	4877	6550	5100	2600	800.0	15	1130
中方县新路河镇	6098	11000	10655	5445	800.0	50	1060
中方县炉亭坳乡	5110	6627	4920	722		10	860
中方县下坪乡	6227	8420	4100	1100	772.0	55	1420
中方县聂家村乡	5628	11810	8507	3497		60	1240
中方县龙场乡	4961	7759	2453	1543	62.0		
中方县袁家乡	4388	6640	5260	660	50.0		
中方县蒋家乡	5074	6120	4178	1942	18.0		
中方县丁家乡	3712	5400	5399	139		100	330
中方县锦溪乡	4534	5769	4290	730	300.0	35	1056
中方县活水乡	2272	6533	4249	267	3200.0	30	1205
中方县石宝乡	4631	10811	9803	4171	835.0	15	1260
中方县蒿吉坪瑶族乡	5910	6253	5640	440	450.0	32	1161
沅陵县麻溪铺镇	9500	17784	11703	5102	95000.0	55	4102
沅陵县五强溪镇	29500	32050	27428	8073	250000.8	328	12155
沅陵县沅陵镇	26100	127684	37760	30514	254401.7	980	106102
沅陵县明溪口镇	24022	19700	8390	3290	65168.6	240	2100
沅陵县凉水井镇	56000	45176	32835	7730	114601.0	407	2915
沅陵县七甲坪镇	43600	43391	25306	8285	6251.0	195	6516
沅陵县筲箕湾镇	24600	30000	20453	6577	39900.0	453	7000
沅陵县官庄镇	46000	51025	29171	11170	120050.0	245	17050
沅陵县杜家坪乡	15610	6987	3351	1786		10	1021
沅陵县楠木铺乡	16687	15308	10413	1837	450.0	13	3779
沅陵县深溪口乡	14211	11306	2904	658		15	780
沅陵县肖家桥乡	14378	12415	8529	1430		15	2085
沅陵县火场土家族乡	10100	6641	3483	1123		60	450
沅陵县陈家滩乡	11334	8810	6002	2522		70	1773
沅陵县清浪乡	31300	20238	12367	6358	110.0	60	4000
沅陵县借母溪乡	28400	15460	11921	4176		95	4262
沅陵县荔溪乡	29800	29300	22760	7900	30.0	105	6820
沅陵县大合坪乡	23900	11347	11313	1233	1141.0	75	4052
沅陵县太常乡	18910	20453	12202	4828		14	868
沅陵县马底驿乡	24100	21153	10692	202		15	1850
沅陵县北溶乡	36230	20689	11230	5938	220.0	40	2739
沅陵县二酉乡	35380	37919	25099	7856		105	7738
沅陵县盘古乡	15700	12260	11427	8802		103	2986
辰溪县辰阳镇	2774	85850	31590	28307	75950.0	745	76966
辰溪县孝坪镇	4962	32892	9220	5351	143656.0	981	16582
辰溪县田湾镇	9200	10267	7806	1058	34989.0	253	2560
辰溪县火马冲镇	8752	22469	14890	6040	389215.0	305	6500
辰溪县黄溪口镇	6090	21200	19047	9547		90	2543
辰溪县潭湾镇	5867	24560	17593	8667	21605.0	270	2405
辰溪县安坪镇	4250	21187	15925	4727	6001.0	901	6130
辰溪县寺前镇	4965	17674	8460	4650	6811.0	12	490
辰溪县船溪乡	7006	13085	5873	1311	23845.0		
辰溪县城郊乡	8534	29452	24194	8320	90889.0	389	1354
辰溪县板桥乡	5000	12356	6798	588	12049.0	1	110
辰溪县长田湾乡	12673	17922	1985	683	200.0	5	356
辰溪县小龙门乡	6240	12912	6736	3895	26359.0	8	886
辰溪县后塘瑶族乡	5233	18741	11660	4040		1	315

续表 353　　　　（湖南省）　　　　计算单位：公顷、人、万元

名　　称	行政区域面　　积	常住人口	从业人员	二三产业从业人员	工　业总产值	城镇建成区 面 积	城镇建成区常住人口
辰溪县苏木溪瑶族乡	5180	9300	4397	681			
辰溪县罗子山瑶族乡	5100	7468	5079	1802		2	216
辰溪县上蒲溪瑶族乡	6275	9571	5561	2416		3	415
辰溪县仙人湾瑶族乡	13268	24016	16985	3631	34265.0	7	1061
辰溪县龙头庵乡	5344	17568	8081	1494	23.0	8	7123
辰溪县锦滨乡	2327	16824	7283	3068	110124.0	25	5890
辰溪县石碧乡	3580	13785	10308	3308	12404.0	1	35
辰溪县桥头乡	4046	16000	14328	6872	100.0	2	160
辰溪县大水田乡	10300	21847	13106	8323		1	167
辰溪县桥头溪乡	6262	10578	8048	134	6344.0	2	256
辰溪县石马湾乡	3600	17278	5629	1769	413.0		
辰溪县龙泉岩乡	3407	12130	4308	668	2754.0	2	150
辰溪县修溪乡	9396	17009	12551	4919	32008.0	20	1610
辰溪县伍家湾乡	9200	8234	5039	1551	110.0	1	120
辰溪县柿溪乡	10270	18850	9220	5351	18.0	2	201
辰溪县谭家场乡	8989	8529	5875	562			
溆浦县卢峰镇	11500	135288	76003	66357	137147.2	83	101256
溆浦县江口镇	8100	43566	2404	1127	28000.0	586	12231
溆浦县低庄镇	10800	51132	25258	9750	63259.0	638	4695
溆浦县桥江镇	7800	56392	46263	35701	260.0	40	2710
溆浦县龙潭镇	7600	33317	5599	913	105982.0	204	15620
溆浦县均坪镇	8500	24950	17152	165	121.0	100	785
溆浦县观音阁镇	9800	36722	20373	3248		823	25698
溆浦县双井镇	12158	40168	13309	2554	14021.0	145	3681
溆浦县水东镇	10000	21355	14365	12875		200	3426
溆浦县两丫坪镇	8300	15601	7899	4022	457215.0	92	7601
溆浦县黄茅园镇	11700	38205	31750	8581	40230.0	400	1412
溆浦县祖市殿镇	6449	22630	695	444		100	5468
溆浦县葛竹坪镇	10600	25126	8695	3507	5200.0	300	12578
溆浦县谭家湾镇	6700	15928	14076	1196	32000.0	200	8500
溆浦县洑水湾乡	9200	19848	13711	3498	25197.0		
溆浦县小江口乡	6500	9999	6508	1467			
溆浦县思蒙乡	8300	17505	11302	1616	68.0	500	16394
溆浦县木溪乡	10500	11589	7559	663			
溆浦县舒溶溪乡	6400	14046	10567	2513	317.0		
溆浦县仲夏乡	4100	15825	10436	6049	381.0		
溆浦县水隘乡	6700	10800	7168	2280	57.0		
溆浦县让家溪乡	11300	8246	4610	413	1880.0		
溆浦县大渭溪乡	9400	7812	4930	480			
溆浦县岩家垅乡	3469	24006	14214	763	591.0		
溆浦县水田庄乡	6100	9058	5735	690			
溆浦县油洋乡	8420	23722	11595	6269	80.0		
溆浦县新田乡	6300	7280	3845	143			
溆浦县岗东乡	11640	11341	7730	1158	120.0		
溆浦县两江乡	11600	13572	10454	331	953.0		
溆浦县善溪乡	5470	6356	5210	994			
溆浦县桐木溪乡	4500	18312	10323	1647	3741.0		
溆浦县小横垅乡	12800	14549	9289	1513	1752.0		
溆浦县统溪河乡	9600	12320	10900	3600	3000.0		
溆浦县龙王江乡	5600	7532	5044	1443	22855.4		

续表 354　　（湖南省）　　计算单位：公顷、人、万元

名　　称	行政区域面　　积	常住人口	从业人员	二三产业从业人员	工　业总产值	城镇建成区　面　积	城镇建成区常住人口
溆浦县陶金坪乡	7049	8004	7259	2442	1880.0		
溆浦县中都乡	11600	8491	6657	5487	10058.0		
溆浦县沿溪乡	17500	12362	7524	320	1020.0		
溆浦县九溪江乡	10700	10816	7416	1066	486.0		
溆浦县北斗溪乡	5500	6720	3831	601	1600.0		
溆浦县横板桥乡	4600	15702	4685	735	200.0		
溆浦县温水乡	7500	8956	5016	1021	1521.0		
溆浦县大华乡	5000	12537	5618	2412	1241.0		
溆浦县龙庄湾乡	5400	8683	5310	790	365.0		
会同县林城镇	10643	59392	34176	31552	130890.0	1064	24569
会同县坪村镇	8740	25513	16009	5951	24980.0	51	1709
会同县堡子镇	6384	11503	10936	1973	1250.0	46	7120
会同县团河镇	13200	13534	8120	2747		48	1563
会同县若水镇	13200	13798	11700	900	7451.0	50	4123
会同县朗江镇	6062	12833	6323	278	3823.0	39	1450
会同县广坪镇	13336	21450	9842	1120	251.0	57	9200
会同县马鞍镇	12085	11751	8131	2947	4328.9	35	3477
会同县沙溪乡	13015	14884	9610	1090	108.0	4	684
会同县金子岩侗族苗族乡	9174	12989	6932	1233		5	823
会同县王家坪乡	8287	11475	6749	2634	110.0		
会同县长寨乡	6935	7460	6754	674			
会同县高椅乡	10036	9269	6024	1994	4922.0		
会同县黄茅乡	7231	7012	4055	1139	200.0		
会同县肖家乡	9200	8360	5134	1354			
会同县金龙乡	10831	10523	5800	1200	600.0		
会同县宝田侗族苗族乡	6450	10000	5548	780	9280.0		
会同县漠滨侗族苗族乡	7600	14071	5869	1355		39	3079
会同县蒲稳侗族苗族乡	5657	9762	6124	2248			
会同县青朗侗族苗族乡	5800	9020	4741	748			
会同县炮团侗族苗族乡	8054	13067	4404	1204			
会同县地灵乡	7515	9758	4498	621			
会同县连山乡	6809	12459	12016	1877	19820.0		
会同县岩头乡	11190	13582	5623	823	1210.0	47	1600
会同县洒溪乡	6920	9216	4703	1044	8788.0		
麻阳苗族自治县锦和镇	8600	21321	11022	3122	2310.0	128	8240
麻阳苗族自治县江口墟镇	10700	16249	12251	946	34068.0	150	2308
麻阳苗族自治县岩门镇	7100	23050	19359	1700	20050.0	65	1595
麻阳苗族自治县兰里镇	8700	26580	15230	1510		870	12400
麻阳苗族自治县吕家坪镇	5115	20691	11362	3181	30821.0	100	2578
麻阳苗族自治县高村镇	4860	74238	22666	16651	364210.0	910	49356
麻阳苗族自治县郭公坪乡	15700	15286	8480	1031	981.0		
麻阳苗族自治县长潭乡	4800	10667	6734	4749	1502.0		
麻阳苗族自治县拖冲乡	8800	9652	5497	525	131.0		
麻阳苗族自治县尧市乡	9000	11854	6170	1018	116.0		
麻阳苗族自治县文昌阁乡	5100	12334	6521	435	270.0		
麻阳苗族自治县大桥江乡	6200	10741	6216	1130	62.0		
麻阳苗族自治县舒家村乡	4200	11900	10561	935	330.0		
麻阳苗族自治县隆家堡乡	6800	13451	7410	1310		465	1500
麻阳苗族自治县谭家寨乡	5100	13200	5375	1095	300.0		
麻阳苗族自治县石羊哨乡	6400	10120	6610	495			

续表 355　　　　（湖南省）　　　　计算单位：公顷、人、万元

名　　称	行政区域面　　积	常住人口	从业人员	二三产业从业人员	工　业总产值	城镇建成区 面 积	城镇建成区常住人口
麻阳苗族自治县板栗树乡	7000	5236	4216	649			
麻阳苗族自治县谷达坡乡	5000	7880	5986	966			
麻阳苗族自治县兰村乡	7300	10067	5611	1223	121.0		
麻阳苗族自治县栗坪乡	4800	11508	7951	1928	2100.0		
麻阳苗族自治县绿溪口乡	4700	18991	8023	2593	21300.0		
麻阳苗族自治县和坪溪乡	6300	14984	9517	215	20.0		
麻阳苗族自治县黄桑乡	5000	18116	7807	912	2336.0		
新晃侗族自治县新晃镇	500	35085	22909	20888	52541.0	425	28674
新晃侗族自治县波洲镇	6300	10547	6396	972	53721.0	302	981
新晃侗族自治县兴隆镇	10314	18342	12160	4035	102167.0	400	2272
新晃侗族自治县鱼市镇	5300	10074	6641	2820	156564.0	220	9373
新晃侗族自治县凉伞镇	9986	12674	8260	2026		100	1642
新晃侗族自治县扶罗镇	9956	13566	8916	3365	9560.0	369	2711
新晃侗族自治县中寨镇	11390	12531	9063	1732	42920.0	788	12422
新晃侗族自治县步头降苗族乡	8260	9748	7242	1934	849.0		
新晃侗族自治县洞坪乡	6910	8010	5724	1868	1154.7		
新晃侗族自治县大湾罗乡	4615	8074	4926	1454	9843.0		
新晃侗族自治县方家屯乡	5180	14371	9177	2312	19421.0		
新晃侗族自治县晏家乡	3949	5788	4369	1218	271.0		
新晃侗族自治县林冲乡	5236	6185	4408	1402	216.5		
新晃侗族自治县天堂乡	5876	6325	3995	1130	247.3		
新晃侗族自治县黄雷乡	5120	5524	3910	1310	120.0		
新晃侗族自治县凳寨乡	5500	7521	4464	1253	96.0		
新晃侗族自治县茶坪乡	4230	3764	2492	817	80.0		
新晃侗族自治县新寨乡	7776	8345	5324	1256	139.6		
新晃侗族自治县贡溪乡	6980	9654	7417	1593	271.6		
新晃侗族自治县李树乡	6590	8327	5712	1315	16108.0		
新晃侗族自治县禾滩乡	7276	8654	5239	1180	75.0		
新晃侗族自治县碧朗乡	4196	6824	5005	1217	278.0		
新晃侗族自治县米贝苗族乡	7390	7561	4382	1347	3889.0		
芷江侗族自治县芷江镇	7739	87552	17596	13068	261658.0	1250	62490
芷江侗族自治县罗旧镇	8200	18680	10914	5762	5128.0	140	3820
芷江侗族自治县新店坪镇	9874	19345	13420	7490	57580.0	18	4850
芷江侗族自治县碧涌镇	9682	14769	7503	4039		5	468
芷江侗族自治县公坪镇	8500	11535	5110	3210	168452.0	65	1520
芷江侗族自治县牛牯坪乡	11733	8047	4590	422		10	320
芷江侗族自治县艾头坪乡	5551	8489	5610	2146			
芷江侗族自治县岩桥乡	9800	21850	11946	3916	19000.0		
芷江侗族自治县水宽乡	5100	11985	7845	4043	4800.0		
芷江侗族自治县木叶溪乡	9800	8265	4554	1144			
芷江侗族自治县五郎溪乡	3600	5111	2335	1211			
芷江侗族自治县麻缨塘乡	7460	16618	7091	266	11370.0		
芷江侗族自治县竹坪铺乡	4720	11098	5804	1213	43800.0		
芷江侗族自治县土桥乡	10200	18142	10552	4621	4100.0		
芷江侗族自治县上坪乡	6190	13510	9195	450	190.0		
芷江侗族自治县大树坳乡	10402	10651	5318	2176	28.0		
芷江侗族自治县大洪山乡	5117	5902	3534	934	160.0		
芷江侗族自治县杨公庙乡	9400	10480	5851	1443	800.0		
芷江侗族自治县梨溪口乡	8331	11833	5108	462		1	208
芷江侗族自治县洞下场乡	6233	10233	3381	705			

续表 356　　（湖南省）　　计算单位：公顷、人、万元

名　　称	行政区域面　积	常住人口	从业人员	二三产业从业人员	工　业总产值	城镇建成区 面 积	城镇建成区常住人口
芷江侗族自治县罗岩乡	3782	5630	2920	997			
芷江侗族自治县板山乡	3500	5363	1905	1025			
芷江侗族自治县大垅乡	3900	7099	4305	2086		14	2600
芷江侗族自治县禾梨坳乡	5242	10675	6471	3017			
芷江侗族自治县冷水溪乡	7500	13300	13290	1350			
芷江侗族自治县楠木坪乡	9400	15950	9373	4707	160.0		
芷江侗族自治县晓坪乡	5600	11789	6504	1951		18	460
芷江侗族自治县罗卜田乡	6300	11433	7201	4984		20	1811
靖州苗族侗族自治县渠阳镇	42727	83769	57820	18119	578483.0	1138	69523
靖州苗族侗族自治县甘棠镇	16154	14393	14007	6470	56023.0	90	2456
靖州苗族侗族自治县大堡子镇	20602	21368	17095	2806	6237.0	140	2258
靖州苗族侗族自治县坳上镇	22358	19656	14834	2726	970.0	80	1965
靖州苗族侗族自治县新厂镇	22124	22084	8387	7124	8520.0	50	738
靖州苗族侗族自治县平茶镇	18144	9360	9179	4094	4288.0	26	338
靖州苗族侗族自治县太阳坪乡	10876	13267	12432	3566			
靖州苗族侗族自治县三锹乡	10172	7045	5143	1928	969.0		
靖州苗族侗族自治县文溪乡	10782	10920	8961	5052	3498.0	5	1213
靖州苗族侗族自治县寨牙乡	9376	5867	5531	4129	5580.0		
靖州苗族侗族自治县横江桥乡	11577	11012	7830	1981	4010.0		
靖州苗族侗族自治县铺口乡	9908	17028	8856	2724	41985.0		
靖州苗族侗族自治县藕团乡	17733	12831	12236	1481	530.0		
通道侗族自治县双江镇	10895	38913	17998	9541	147385.0	420	31831
通道侗族自治县县溪镇	16575	16941	10299	2830	113605.0	120	4973
通道侗族自治县播阳镇	16304	15071	9196	1941	757.0	55	3290
通道侗族自治县临口镇	18258	11389	6567	1242	19403.0	50	2260
通道侗族自治县牙屯堡镇	17972	17892	8239	1397	666.0	55	1600
通道侗族自治县菁芜洲镇	14955	15051	10102	3209	26059.0	35	1705
通道侗族自治县溪口镇	18787	10757	6223	1486	16335.0	40	1425
通道侗族自治县陇城镇	6965	9984	5196	1538	25086.0	42	1356
通道侗族自治县江口乡	13212	6653	3873	775	14630.0	9	51
通道侗族自治县锅冲苗族乡	2106	1302	701	172	94.0	4	145
通道侗族自治县大高坪苗族乡	2790	2664	2309	1156	75.0	5	48
通道侗族自治县独坡乡	15320	12559	7759	2311	148.0		
通道侗族自治县杉木桥乡	10675	5541	2993	343	13509.0	12	423
通道侗族自治县木脚乡	11247	4104	2286	435	1230.0	11	120
通道侗族自治县下乡乡	11785	7884	4769	955	20610.0	24	424
通道侗族自治县马龙乡	6872	7021	4046	790	4718.0	14	654
通道侗族自治县传素瑶族乡	5073	1227	754	278		2	386
通道侗族自治县黄土乡	4460	5130	3192	1066	310.0	6	
通道侗族自治县坪坦乡	5617	7349	3756	647	815.0	11	102
通道侗族自治县坪阳乡	6821	6847	3482	926	1648.0	13	78
通道侗族自治县甘溪乡	5848	7043	4557	1489	871.0	13	
怀化市洪江管理区横岩乡	3300	3345	2474	1449	49365.0	2	402
怀化市洪江管理区常青乡	930	5150	4056	2456	106000.0	90	1021
怀化市洪江管理区桂花园乡	6030	8742	6470	2170	28400.0	73	845
洪江市黔城镇	12600	52837	18433	11037	78198.0	610	19271
洪江市安江镇	820	74263	18856	17680	388233.0	567	72557
洪江市托口镇	11733	30533	13186	8692	8560.0	220	11170
洪江市雪峰镇	6800	15705	12092	5442	25000.0	100	2100
洪江市双溪镇	9700	22208	7600	6500	114609.0	110	742

续表 357　　（湖南省）　　计算单位：公顷、人、万元

名　称	行政区域面积	常住人口	从业人员	二三产业从业人员	工业总产值	城镇建成区面积	城镇建成区常住人口
洪江市江市镇	9560	21608	12867	443	6300.0	60	2560
洪江市沅河镇	5408	12123	8935	4210		20	1391
洪江市塘湾镇	6800	11893	6495	4409	3900.0	100	904
洪江市硖州乡	8080	27142	16926	3915	156.0		
洪江市龙田乡	10308	18542	10852	5426	4540.0		
洪江市岔头乡	11450	8785	8655	4419	190.0		
洪江市茅渡乡	3420	8211	1995	615	256.0		
洪江市大崇乡	7600	10328	4366	466		0	8
洪江市熟坪乡	12700	14281	4530	2885	1650.0		
洪江市铁山乡	10700	6983	6183	3604	1245.0	15	760
洪江市群峰乡	6800	10598	6800	3610	450.0		
洪江市湾溪乡	4350	9550	6297	2602	1380.0		
洪江市洗马乡	6872	16015	8536	2839	3968.0	23	1128
洪江市沙湾乡	8700	21038	12999	7987			
洪江市深渡苗族乡	8720	10212	4416	2379	107.0		
洪江市龙船塘瑶族乡	10400	8689	6448	1313	220.0		
洪江市太平乡	7600	15071	5186	783	180.0		
洪江市土溪乡	7378	7610	2878	100			
洪江市红岩乡	4360	11101	7194	1837		12	1318
洪江市岩垅乡	7300	18100	10790	6140	805.0		
娄星区杉山镇	4130	28456	14832	9820	52000.0	20	1020
娄星区万宝镇	4848	20650	8258	6990	140000.0	130	6065
娄星区茶园镇	3978	21124	14518	9152	210113.0	108	362
娄星区石井镇	3519	20018	11490	6060	237600.0	40	387
娄星区百亩乡	2814	16308	12605	5100	270000.0		
娄星区小碧乡	3361	15992	8770	5228	32000.0		
娄星区双江乡	6500	17087	1370	120	68500.0		
双峰县永丰镇	8900	103510	60889	39414	230412.0	92	51275
双峰县荷叶镇	14140	51386	19343	5056	28965.0	196	6012
双峰县井字镇	7970	18197	8881	2069	30219.0	102	3409
双峰县梓门桥镇	13260	64874	36747	28289	89849.0	3	4358
双峰县杏子铺镇	17530	73725	42120	24490	28500.0	221	7562
双峰县走马街镇	10780	70917	41210	9022	280000.0	180	8500
双峰县蛇形山镇	11200	71872	36948	19946	91488.0	170	8587
双峰县洪山殿镇	6400	47522	23711	14232	161935.0	102	8043
双峰县甘棠镇	13380	67328	44700	22200	110500.0	145	9210
双峰县三塘铺镇	5500	42251	30010	18987	84752.0	21	1452
双峰县青树坪镇	9700	66932	37087	9873	150830.0	265	25711
双峰县花门镇	9400	59886	36967	14655	40126.0	160	5540
双峰县锁石镇	6540	34975	12605	1045	28520.0	200	3320
双峰县石牛乡	17680	47254	32320	5295	42909.2		
双峰县沙塘乡	6900	30852	15112	7514	9820.0	105	1852
双峰县印塘乡	8900	43952	24267	3601	58020.0		
新化县上梅镇	9800	171927	39387	8000	392000.0	9800	171927
新化县石冲口镇	9700	49860	38691	10386	92662.0	70	3040
新化县洋溪镇	13280	58013	38390	26074	77000.0	381	18013
新化县槎溪镇	17300	24613	22012	1300	38200.0	1500	21510
新化县水车镇	11561	28075	19235	4275	2900.0	420	6820
新化县文田镇	9500	20105	10846	3241	11481.6	10	4287
新化县奉家镇	24600	17120	16318	1628	3912.0	100	976

续表 358　　（湖南省）　　计算单位：公顷、人、万元

名　　称	行政区域面　积	常住人口	从业人员	二三产业从业人员	工　业总产值	城镇建成区 面 积	城镇建成区常住人口
新化县炉观镇	11500	59215	58715	16967	113066.0	646	1450
新化县游家镇	14800	56116	38808	10493	24980.0	2800	8550
新化县西河镇	15400	56285	37016	11838	82657.0	350	15366
新化县孟公镇	11400	60462	15382	8910	12521.0	72	5595
新化县琅塘镇	12775	46255	29980	20989	357200.0	155	1685
新化县白溪镇	24365	49851	38459	23151	12500.0	850	4769
新化县圳上镇	26400	47878	38372	16673	27800.0	128	19060
新化县吉庆镇	18250	39426	35843	1190	29500.0	447	3780
新化县温塘镇	16800	53000	32850	9750	163800.0	285	31000
新化县田坪镇	13440	30985	27508	7508	510.0	107	4850
新化县桑梓镇	15150	51596	28434	15739	146900.0	62	1623
新化县曹家镇	13100	48322	17813	3313	24200.0	100	2250
新化县科头乡	6750	31561	11670	6362	53101.0		
新化县维山乡	8525	26010	24573	16000	3420.0		
新化县天门乡	14830	13271	9033	2602	674.0		
新化县荣华乡	12097	19200	15000	2150	2850.0	510	11000
新化县金凤乡	11300	13195	10050	2870	3250.0	301	2568
新化县油溪乡	8860	33232	18664	3574	2450.0	2	2600
新化县坐石乡	7666	22654	21972	7322	10200.0	100	3624
冷水江市禾青镇	2640	26034	5931	2854	310000.0	375	2452
冷水江市岩口镇	1305	22219	8836	5098	127060.0	88	3560
冷水江市渣渡镇	4280	14950	6919	4369	35297.0	80	4461
冷水江市铎山镇	2630	27248	18720	9715	75000.0	186	6300
冷水江市毛易镇	3260	12585	5158	1408	3210.0	1300	5400
冷水江市三尖镇	4300	21760	9656	2856	18060.0	35	160
冷水江市金竹山镇	2770	24967	15683	7715	79800.0	89	1373
冷水江市潘桥乡	2680	16589	8148	2892	19038.0		
冷水江市梓龙乡	3168	10782	7523	4346	16000.0		
冷水江市矿山乡	5900	16707	5542	992	99000.0		
冷水江市中连乡	4500	22012	10890	4763	4536.0		
冷水江市同兴乡	1630	12546	5992	3630	44368.0	867	10738
涟源市六亩塘镇	6998	66681	59574	31356	27650.0	370	15658
涟源市石马山镇	11676	83152	49774	21830	518500.0	422	20297
涟源市安平镇	9080	51507	28227	8278	112100.0	260	15800
涟源市湄江镇	13800	60248	33715	21025	26500.0	323	4875
涟源市伏口镇	18270	60549	30200	14538	62287.0	165	8475
涟源市桥头河镇	14000	121531	73043	7954	89000.0	360	27320
涟源市七星街镇	17400	59800	39900	22100	118900.0	355	31820
涟源市杨市镇	11950	82450	41222	23397	190000.0	450	27500
涟源市枫坪镇	4179	31590	15830	5252	15398.0	120	3159
涟源市斗笠山镇	8000	56069	47422	24044	861000.0	110	25329
涟源市水洞底镇	8180	41563	32868	16160	73410.0	100	8677
涟源市白马镇	9600	46774	23689	5285	5226.0	200	3077
涟源市茅塘镇	5876	38917	21821	10227	94708.0	550	6025
涟源市荷塘镇	10620	54765	36034	6266	15272.0	210	8829
涟源市金石镇	10800	59476	58476	16843	2120.0	210	6230
涟源市龙塘镇	10450	77086	37200	11750	146780.0	178	3992
涟源市渡头塘镇	6380	36450	23608	4393	14300.0	130	6450
涟源市三甲乡	8390	48958	23506	9186	37600.0	100	3061
涟源市古塘乡	5600	21854	12762	8635	26876.3	101	3263

续表 359　　（湖南省）　　计算单位：公顷、人、万元

名　　称	行政区域面积	常住人口	从业人员	二三产业从业人员	工业总产值	城镇建成区面积	城镇建成区常住人口
吉首市矮寨镇	9600	15601	8040	3214		120	2681
吉首市马颈坳镇	9116	20165	12052	5140	755.0	3	1745
吉首市河溪镇	9600	12645	7355	2203	18190.0	159	3970
吉首市双塘镇	7420	13902	5721	589	50.0	780	2132
吉首市丹青镇	6000	7339	6388	3878		131	1089
吉首市寨阳乡	8860	11856	6973	120	5014.0		
吉首市已略乡	7900	8329	2506	135		32	350
吉首市社塘坡乡	8670	9879	5583	2741	500.0	10	654
吉首市太平乡	5805	7159	4197	1022		123	1656
吉首市白岩乡	7800	11227	7500	3410		10	400
吉首市排绸乡	6299	7311	5454	112		104	635
吉首市排吼乡	5800	5806	2392	131		3	681
泸溪县白沙镇	5980	31273	7961	7225	136218.0	555	26653
泸溪县达岚镇	10480	16897	10218	3497		100	1573
泸溪县兴隆场镇	8690	20637	10859	3478	4320.0	155	2260
泸溪县潭溪镇	14790	19250	10254	4302	2055.0	165	2408
泸溪县洗溪镇	12800	13240	7030	2375	25564.0	122	2565
泸溪县武溪镇	11930	21850	13049	7367	421012.0	579	14287
泸溪县浦市镇	23700	54173	30602	19467	24317.0	235	13831
泸溪县合水镇	13270	24358	13844	5599	983.0	163	1995
泸溪县石榴坪乡	5528	14568	7148	2670			
泸溪县永兴场乡	6554	12794	7718	3264			
泸溪县解放岩乡	8738	14250	8528	3874	2030.0		
泸溪县小章乡	7012	12921	6587	3180			
泸溪县白羊溪乡	9243	9986	6218	2285			
泸溪县梁家潭乡	8558	11503	6700	2900			
泸溪县八什坪乡	9104	11371	6278	2447			
凤凰县廖家桥镇	6616	16321	10255	3068	15655.0	50	3005
凤凰县茶田镇	9598	9022	5922	1710	2000.0	38	2312
凤凰县吉信镇	11713	16879	8770	956	9828.0	56	6153
凤凰县腊尔山镇	8299	13944	12871	3325	550.0	54	3201
凤凰县禾库镇	8544	11905	8126	860	2967.0	35	2327
凤凰县沱江镇	11640	81500	15850	5270	23985.0	390	65102
凤凰县阿拉营镇	7614	23576	16098	4252	6188.0	80	7108
凤凰县木江坪镇	11857	20950	12314	949	3050.0	37	1810
凤凰县山江镇	10582	10803	10729	1959	3783.0	50	2170
凤凰县官庄乡	7900	8196	3913	238	105.0	11	1062
凤凰县水打田乡	8662	7715	5684	2307	405.0	17	1586
凤凰县林峰乡	7134	9135	8225	1323	1565.0	28	3082
凤凰县都里乡	4590	8684	7037	2904	3144.0	10	1945
凤凰县落潮井乡	6055	11783	7521	2080	15210.0	25	1392
凤凰县新场乡	5341	10306	7897	2039	5195.0	27	2149
凤凰县茨岩乡	5132	8525	6967	2236	25593.0	20	1493
凤凰县三拱桥乡	7531	11729	8353	2504	1826.0	16	1284
凤凰县竿子坪乡	2730	5901	3116	188	50.0	11	1521
凤凰县麻冲乡	5205	8008	7641	2012		25	1406
凤凰县千工坪乡	6361	12949	7545	2345	1060.0	24	929
凤凰县木里乡	4660	10282	6678	773		18	2002
凤凰县两林乡	7388	11423	7258	888	26.0	15	945
凤凰县柳薄乡	4550	7658	3183	151	35.0	16	1002

续表 360　　（湖南省）　　计算单位：公顷、人、万元

名　　称	行政区域面　积	常住人口	从业人员	二三产业从业人员	工　业总产值	城镇建成区 面 积	城镇建成区常住人口
凤凰县米良乡	4139	4623	2925	350		16	1102
花垣县龙潭镇	5970	15882	9665	5130	26600.0	110	2598
花垣县民乐镇	4900	14658	8239	6596	82920.0	150	3500
花垣县团结镇	4800	20130	16605	11050	288000.0	200	4562
花垣县吉卫镇	8800	17650	8264	595	21.0	140	2240
花垣县麻栗场镇	5365	15880	5755	608	180.0	120	3200
花垣县雅酉镇	5145	8360	5202	370	150.0	60	1037
花垣县边城镇	7520	25700	19285	11230	300.0	150	4020
花垣县花垣镇	11126	78837	23592	8760	346655.0	290	8959
花垣县长乐乡	8166	14659	8994	3927	32.0	18	519
花垣县两河乡	5490	13436	7071	2073	3551.0	2	330
花垣县排碧乡	5485	10361	7164	2862	250.0	5	363
花垣县董马库乡	2640	11328	5130	140	20.0	12	490
花垣县猫儿乡	6907	14183	5984	905	2150.0	7	1120
花垣县道二乡	4578	10751	3417	119	33783.0	8	503
花垣县排吾乡	4793	9470	2640	930	105.0	5	300
花垣县排料乡	4812	6710	4288	341		8	488
花垣县雅桥乡	3952	9350	2235	500	21.0	10	410
花垣县补抽乡	8430	13950	7162	56	30.0	2	112
保靖县普戎镇	4578	13621	7956	1867		174	2861
保靖县野竹坪镇	8600	11026	5687	477	220.0	120	2095
保靖县复兴镇	7823	15475	8255	2475	6270.0	250	3800
保靖县迁陵镇	16770	25832	13331	4251	72800.0	1390	12735
保靖县清水坪镇	11932	23705	12390	1789	11100.0	1000	5082
保靖县比耳镇	8962	16483	8916	457		205	467
保靖县毛沟镇	15133	27370	13350	5394	12960.0	260	5026
保靖县水田河镇	14581	22287	12354	1168	18930.0	1300	11223
保靖县葫芦镇	14993	17552	9253	941	1110.0	220	2085
保靖县碗米坡镇	21519	22360	13628	1348		166	2952
保靖县水银乡	5293	10458	5612	1552	300.0		
保靖县涂乍乡	5400	7879	5273	251			
保靖县大妥乡	8602	18967	10593	1484			
保靖县夯沙乡	6320	7122	3549	2216			
保靖县清水乡	4000	10668	5516	708			
保靖县阳朝乡	9800	17947	6734	895			
古丈县古阳镇	7240	30158	5622	869	34050.0	2096	7991
古丈县罗依溪镇	11617	13355	7069	2570	11325.0	163	3578
古丈县岩头寨镇	10387	14989	8386	3139		191	2807
古丈县默戎镇	10979	13795	7104	2305	112.0	200	3107
古丈县红石林镇	10389	13108	7629	934	31560.0	435	2486
古丈县万龙镇	12390	14015	8660	2030	8755.0	18	1356
古丈县高峰乡	19531	10112	7975	847	150.0		
古丈县河蓬乡	7558	6309	3718	1442	14.0		
古丈县坪坝乡	10694	10894	8247	3586			
古丈县山枣乡	10935	7116	4733	763			
古丈县双溪乡	7892	7730	5148	202	2350.0		
古丈县高望界乡	12992	3340	2182	152	510.0		
永顺县首车镇	11500	13149	4970	2160			
永顺县芙蓉镇	16800	24862	12290	5518	23000.0	131	7768
永顺县永茂镇	8300	9444	5621	1437		12	4126

续表 361 （湖南省） 计算单位：公顷、人、万元

名称	行政区域面积	常住人口	从业人员	二三产业从业人员	工业总产值	城镇建成区面积	城镇建成区常住人口
永顺县长官镇	11700	6612	4516	1079		1550	2465
永顺县青坪镇	15300	9200	5190	1790	1100.0	187	1291
永顺县泽家镇	14900	19249	10295	2827	810.0	87	2857
永顺县石堤镇	30100	48753	29955	10840	700.0	150	16000
永顺县万坪镇	14700	28010	14830	2905	52.0	250	4415
永顺县塔卧镇	14200	39460	21064	4528	5560.0	165	9035
永顺县砂坝镇	13100	26898	16372	4292		141	2653
永顺县灵溪镇	21900	89675	17967	5890	50910.0	600	44751
永顺县松柏镇	15600	22810	12052	1549	120.0	286	3010
永顺县两岔乡	11000	13654	7772	1514			
永顺县勺哈乡	10400	16635	7877	905			
永顺县西歧乡	9100	11512	6396	673			
永顺县对山乡	8720	9426	4817	259			
永顺县列夕乡	8600	9760	4985	1755			
永顺县高坪乡	12800	14595	9661	1761	48.0		
永顺县回龙乡	9600	9082	6617	3328	15.3	7	737
永顺县小溪乡	24800	8243	3774	669			
永顺县朗溪乡	11000	6399	3717	618			
永顺县润雅乡	8700	9450	4985	1885			
永顺县车坪乡	7700	13212	7910	655	42.0		
永顺县毛坝乡	9200	13622	6886	915	20.0		
永顺县万民乡	14200	12290	5650	372	20.0		
永顺县盐井乡	7900	7519	4203	2101			
永顺县抚志乡	9800	9750	6613	1900			
永顺县吊井乡	8600	12251	4740	839	60.0		
永顺县大坝乡	13000	13150	8260	1258	32.0		
永顺县颗砂乡	7767	17558	9131	2630			
龙山县石羔镇	4365	24106	15241	6348	5530.0	285	2561
龙山县洗车河镇	17160	14108	8340	2910	3450.0	112	2750
龙山县隆头镇	6595	7848	5039	4318	235.0	13	1610
龙山县石牌镇	6714	16573	10764	2853		51	4805
龙山县茨岩塘镇	13922	15990	8194	3076		142	4100
龙山县红岩溪镇	18416	21302	14307	6508	2550.0	200	4220
龙山县靛房镇	12900	14701	12729	5717	286.0	91	2145
龙山县苗儿滩镇	15467	20753	10895	4031	1287.0	90	2234
龙山县里耶镇	16443	28036	13101	6690	6714.0	259	6691
龙山县桂塘镇	14807	16845	12575	4897		182	2819
龙山县召市镇	14888	34912	13929	2921	80.0	117	3815
龙山县洛塔乡	17163	12628	8320	1879	1985.0	11	1804
龙山县洗洛乡	7751	17089	7320	1727	3210.0	9	1536
龙山县湾塘乡	6111	14652	7588	2409	92.0	1	534
龙山县白羊乡	3100	12290	7389	3403	19052.0		
龙山县兴隆街乡	7304	14613	7415	2062			
龙山县三元乡	4638	15190	7498	1878			
龙山县桶车乡	6645	12903	5793	942			
龙山县大安乡	11451	6849	3332	691	101.0		
龙山县水田坝乡	13363	10232	4817	2750	507.0		
龙山县乌鸦乡	5745	4532	3027	525			
龙山县猛必乡	5883	4350	2457	1107	5600.0	14	2000
龙山县他砂乡	8979	7000	3362	548			

续表 362　　（湖南省、广东省）　　计算单位：公顷、人、万元

名　　称	行政区域面　积	常住人口	从业人员	二三产业从业人员	工　业总产值	城镇建成区 面 积	城镇建成区常住人口
龙山县内溪乡	9300	15367	8647	3356			
龙山县贾市乡	7046	7590	3301	2720			
龙山县塔泥乡	8083	7800	7300	1800			
龙山县农车乡	8500	7749	7038	3123			
龙山县老兴乡	7568	7260	5427	2471			
龙山县贾坝乡	6100	7182	4753	1735			
龙山县咱果乡	10640	11622	3314	311			
龙山县茅坪乡	9886	13680	12186	2666	4039.6		
广东省							
广州市白云区人和镇	7100	175259	114052	101972	762501.0	640	7109
广州市白云区太和镇	15537	261663	142024	130349	1427730.0	880	2882
广州市白云区钟落潭镇	16900	201297	127818	102261	1097593.0	650	7326
广州市白云区江高镇	9600	178088	108857	82754	3596659.0	1600	23558
番禺区南村镇	4700	200107	158510	156109	1992976.0	1857	81908
番禺区新造镇	1400	28810	18850	16704	586517.0	117	6781
番禺区化龙镇	5373	74259	50884	44309	2908339.0	225	3001
番禺区石楼镇	12600	119508	75897	56843	1726916.0	950	48057
番禺区沙湾镇	3745	121291	77186	74549	901590.0	1082	27111
番禺区石基镇	4703	114292	77071	67135	1079639.0	1569	20453
花都区梯面镇	9600	8904	7098	4999	66959.0	160	1468
花都区花山镇	11600	114348	66893	42322	1061233.0	700	11340
花都区花东镇	20842	144403	83611	62381	944061.0	2942	9709
花都区炭步镇	11350	71888	45069	30091	690316.0	690	40156
花都区赤坭镇	16040	55044	31042	7926	145242.0	540	17892
花都区狮岭镇	13631	265626	185570	180627	1464898.0	2500	87148
南沙区万顷沙镇	14285	47345	29715	16685	3114114.0	300	2130
南沙区横沥镇	5400	29469	18858	10681	860228.0	460	1328
南沙区黄阁镇	7600	47644	26195	22241	11569772.0	600	2967
南沙区东涌镇	9166	183767	135579	113449	3014991.0	544	77769
南沙区大岗镇	9007	136820	87035	75698	1653767.0	1430	91941
南沙区榄核镇	7448	97570	68266	51930	980891.0	890	21774
萝岗区九龙镇	17942	100392	63233	38884	535424.0	816	14806
从化区温泉镇	21224	53323	31148	16323	233621.0	715	3784
从化区良口镇	43915	41698	25463	12067	16900.0	198	4411
从化区吕田镇	39300	30217	16034	7357	3280.0	96	3015
从化区太平镇	21033	104071	58638	39552	548231.0	400	14005
从化区鳌头镇	35179	150077	84233	44895	1091111.0	1068	3726
增城区新塘镇	9072	300688	188073	185513	6796600.0	4442	84810
增城区石滩镇	18390	146643	75835	47657	2014100.0	390	14897
增城区中新镇	23590	95148	55133	35050	1571800.0	560	9847
增城区正果镇	23941	57723	31853	14292	54500.0	160	5679
增城区派潭镇	28900	83751	51274	35085	50300.0	150	7210
增城区小楼镇	13600	50912	27569	9569	58200.0	100	3579
增城区仙村镇	5665	56992	39491	26592	572900.0	5665	56992
武江区西联镇	6900	17060	6309	5557	751226.0	87	3391
武江区西河镇	6300	22544	5701	4303	24206.0	20	1570
武江区龙归镇	23700	38138	21637	13656	8491.0	300	3303
武江区江湾镇	21300	5654	4240	1020	10261.0	3	1250
武江区重阳镇	8200	9943	7756	521	310.0	60	1380
浈江区新韶镇	10600	21456	9511	5894	4515.0	352	7134

续表 363　　（广东省）　　计算单位：公顷、人、万元

名　　称	行政区域面　　积	常住人口	从业人员	二三产业从业人员	工　业总产值	城镇建成区 面 积	城镇建成区常住人口
浈江区乐园镇	1000	72709	36903	36435	443890.0	100	12396
浈江区十里亭镇	5400	56322	28917	25861	188513.0	136	15124
浈江区犁市镇	30500	44018	19735	8880	129688.0	153	10741
浈江区花坪镇	7650	6020	3790	2097		76	1382
曲江区马坝镇	16130	146583	36161	26274	559661.0	900	142215
曲江区大塘镇	17500	35424	13200	7330	31559.0	400	3357
曲江区枫湾镇	22000	17043	7935	2951	29576.0	35	3624
曲江区小坑镇	15100	5982	3340	2028	19299.0	61	1290
曲江区沙溪镇	21000	11669	5839	3197	140374.0	500	1011
曲江区乌石镇	11724	19622	10949	3536	358499.0	965	6260
曲江区樟市镇	22500	27951	19224	9899	27340.0	71	1692
曲江区白土镇	14100	25210	15744	2955	592873.0	151	2630
曲江区罗坑镇	22500	10976	4475	1874	35475.0	42	605
始兴县太平镇	28725	59446	31309	24549	700005.0	649	57648
始兴县马市镇	19800	30124	19798	7524	57420.0	198	2818
始兴县澄江镇	21029	9363	8753	3001	230.0	48	1248
始兴县顿岗镇	9500	22320	11075	3642	420.0	250	1090
始兴县罗坝镇	27087	15754	9990	3238	8153.0	100	1770
始兴县司前镇	19500	9640	6790	2420	308.0	133	2310
始兴县隘子镇	32326	16268	10602	4454	820.0	240	2485
始兴县城南镇	5286	18863	8959	5364	250.0	82	4135
始兴县沈所镇	12513	19675	7989	1207	86.0	21	4797
始兴县深渡水乡	19040	4760	2838	778	6835.0	45	1210
仁化县闻韶镇	9800	4450	3303	350		98	965
仁化县扶溪镇	18000	9746	6240	2636		155	2273
仁化县长江镇	31300	22425	9748	3236	189562.0	219	6548
仁化县城口镇	32200	8582	4276	1261	5797.0	80	3054
仁化县红山镇	16670	7848	7272	3789		10	1497
仁化县石塘镇	8000	9055	7892	4550		35	1097
仁化县董塘镇	19300	46783	29890	22862	472001.0	309	13683
仁化县大桥镇	16900	7390	5912	2398	7233.0	30	716
仁化县周田镇	28900	19285	16068	8784	78513.0	100	3543
仁化县黄坑镇	17500	8649	7161	2507		100	1160
翁源县龙仙镇	43158	127891	37757	20306	164429.0	1030	60750
翁源县坝仔镇	38298	37533	22866	10412	53010.0	66	3124
翁源县江尾镇	33355	33208	22880	10957	53295.0	110	3520
翁源县官渡镇	23695	38055	22819	11377	306380.0	380	3583
翁源县周陂镇	21378	32704	17679	9001	64133.0	80	2525
翁源县翁城镇	13719	28132	14765	4743	214940.0	280	4705
翁源县新江镇	34299	36679	18699	5578	63171.0	70	2930
乳源瑶族自治县乳城镇	20935	34510	15783	10648	959558.0	400	6242
乳源瑶族自治县一六镇	7758	16174	7243	2917	2499.0	60	619
乳源瑶族自治县桂头镇	12451	35577	19581	6928	188617.0	300	7556
乳源瑶族自治县洛阳镇	36026	9913	3856	1557	6008.0	62	362
乳源瑶族自治县大布镇	22026	12059	6206	2035	1014.0	100	1023
乳源瑶族自治县大桥镇	31981	29575	19031	10482	9705.0	300	1563
乳源瑶族自治县东坪镇	33297	11958	5202	2012	1306.0	106	1761
乳源瑶族自治县游溪镇	13360	11640	5929	2269	2728.0	200	445
乳源瑶族自治县必背镇	14677	7445	4120	936	971.0	80	325
新丰县黄礤镇	24700	10330	7420	4113	67589.6	170	720

续表 364　　（广东省）　　计算单位：公顷、人、万元

名　　称	行政区域面　积	常住人口	从业人员	二三产业从业人员	工　业总产值	城镇建成区 面 积	城镇建成区常住人口
新丰县马头镇	52985	29850	18421	10370	170234.4	220	2716
新丰县梅坑镇	31000	15339	13087	8138	44708.9	105	1001
新丰县沙田镇	24250	14985	9059	4865	37097.5	33	1401
新丰县遥田镇	21400	29678	14874	6440	27322.9	142	1436
新丰县回龙镇	19300	22154	9622	5841	255034.8	32	2275
乐昌市北乡镇	9360	15504	7411	1642		500	942
乐昌市九峰镇	15330	12783	10366	3130		100	2262
乐昌市廊田镇	14300	25376	21550	7697	224952.0	460	2149
乐昌市长来镇	11650	18950	7788	3108	34588.0	120	4980
乐昌市梅花镇	19770	40179	22371	8261	41666.0	250	16430
乐昌市三溪镇	11330	6946	6937	2059		400	1512
乐昌市坪石镇	26762	69350	25362	12902	256444.0	1000	52210
乐昌市黄圃镇	7260	12626	9131	3368	1263.0	400	2627
乐昌市五山镇	18600	12313	7036	3938	1000.0	20	732
乐昌市两江镇	13333	8215	4607	1151		71	1366
乐昌市沙坪镇	14600	13829	7293	3621		300	785
乐昌市云岩镇	6600	10587	7008	2708		50	520
乐昌市秀水镇	5600	12397	9229	2826	9706.0	150	621
乐昌市大源镇	27467	8352	5859	2344	11925.0		
乐昌市庆云镇	9025	7665	7143	3449	3948.0	1000	1162
乐昌市白石镇	7930	9032	6333	704		40	1384
南雄市乌迳镇	15702	27641	13608	3649	8998.5	305	16612
南雄市界址镇	5638	8223	6450	2355	2368.0	70	1400
南雄市坪田镇	13826	15014	7932	1854	3315.0	53	1298
南雄市黄坑镇	5826	15350	8190	2200	6931.7	126	3875
南雄市邓坊镇	11804	11327	7224	1945	5211.0	85	2326
南雄市油山镇	14663	17080	9737	2732	5209.0	59	2124
南雄市南亩镇	11126	8951	5840	2539	2842.0	32	1452
南雄市水口镇	10680	17724	8493	2243	3315.0	151	1600
南雄市江头镇	13213	7284	4031	1959	15722.7	130	1637
南雄市湖口镇	7364	18815	12177	2909	42719.5	150	3383
南雄市珠玑镇	19753	23246	13231	6131	22079.7	250	3819
南雄市主田镇	16566	9847	5665	2386	8941.5	30	1864
南雄市古市镇	9862	13057	6939	2644	711957.4	80	1755
南雄市全安镇	19044	16193	9322	4055	51560.8	61	1314
南雄市百顺镇	19142	10945	6018	1866	15628.0	42	1812
南雄市澜河镇	13925	7024	4637	2462	9945.0	95	665
南雄市帽子峰镇	9721	6532	4105	1749	3315.0	52	960
香洲区唐家湾镇	13900	110500	78302	74510	2850938.0	3600	110500
香洲区南屏镇	6070	138198	104649	104349	134945.0	700	22836
香洲区横琴镇	10600	7921	6932	6737	8366.0	10600	7921
香洲区桂山镇	1423	1913	1338	838		100	661
香洲区万山镇	2300	2000	718	193	680.0	178	624
香洲区担杆镇	4000	1126	992	640		100	982
斗门区莲洲镇	8860	44328	28427	9229	58688.0	200	2667
斗门区斗门镇	10500	52168	39098	29327	149.2	460	6686
斗门区乾务镇	19062	80860	26474	19173	954850.0	620	14036
斗门区白蕉镇	17800	125745	96470	78790	473100.0	2200	39225
斗门区井岸镇	9960	142392	93343	87928	5023750.0	7656	86195
金湾区三灶镇	24306	126641	71649	53021	319.0	1600	40037

续表 365　（广东省）　计算单位：公顷、人、万元

名称	行政区域面积	常住人口	从业人员	二三产业从业人员	工业总产值	城镇建成区面积	城镇建成区常住人口
金湾区南水镇	15294	35369	40472	39290	6225325.0	600	23122
金湾区红旗镇	12300	79538	32217	22500	2082700.0	1100	52000
金湾区平沙镇	15500	70434	36714	30099	886972.0	1100	41759
龙湖区外砂镇	2935	86950	44111	25261	910724.0	55	39271
龙湖区新溪镇	2740	69947	34087	15403	289776.0	1000	6084
潮阳区海门镇	2780	121721	44914	28377	169640.0	430	105574
潮阳区河溪镇	6350	62226	28102	20296	4320.0	90	6981
潮阳区和平镇	5894	183395	87178	75138	2880000.0	1100	96923
潮阳区西胪镇	10946	184824	44648	11500	17610.0	2439	12358
潮阳区关埠镇	5445	135944	33668	10285	16026.0	1430	24081
潮阳区谷饶镇	7180	195606	103550	44805	2633260.0	1320	77649
潮阳区贵屿镇	5200	167095	80456	69181	611055.0	66	19002
潮阳区铜盂镇	4240	133351	113351	27353	386000.0	278	21677
潮阳区金灶镇	7890	149588	57014	38250	24859.0	350	41116
潮南区井都镇	4598	100162	42075	25505	71180.0	1551	44086
潮南区成田镇	5708	99335	49901	38900	163392.0	264	48377
潮南区司马浦镇	3064	122690	51803	33191	1060000.0	514	34767
潮南区陈店镇	2677	150507	53347	47265	852752.0	920	69150
潮南区两英镇	8521	235070	89629	63009	1486200.0	760	13440
潮南区仙城镇	5471	118432	51755	31193	122216.0	613	46071
潮南区胪岗镇	5040	157385	67707	46141	793172.0	325	59533
潮南区红场镇	6955	18720	18430	8190	2740.0	251	3313
潮南区雷岭镇	6228	42874	16429	4546	8856.0	100	1612
潮南区陇田镇	7142	146566	55151	20371	169825.0	1186	55014
澄海区上华镇	2174	38612	22267	15912	394652.0	672	5198
澄海区隆都镇	3384	77214	37748	14860	116000.0	150	18900
澄海区莲下镇	5609	129177	58600	41700	1305767.0	976	66833
澄海区莲上镇	2950	57811	26580	16570	422900.0	399	57456
澄海区溪南镇	4066	69890	38478	17410	682600.0	541	55268
澄海区东里镇	3492	78382	30588	21088	688800.0	805	76540
澄海区盐鸿镇	3774	49075	32894	17712	268288.0	400	44448
澄海区莲华镇	1991	27902	13241	4215	36230.0	122	12734
南澳县后宅镇	4082	36370	14454	7739	13381.0	600	35503
南澳县云澳镇	2046	14956	8006	3117	5690.0	300	14835
南澳县深澳镇	4705	10021	6269	1395	4975.0	259	5543
禅城区南庄镇	7603	158529	40502	36601	647528.0	1080	5748
南海区九江镇	9501	188892	125544	113740	2661034.0	259	27038
南海区西樵镇	17663	230000	110596	98844	3189800.0	15014	131135
南海区丹灶镇	14348	160320	97604	87284	2548274.0	500	31827
南海区狮山镇	33060	739959	273527	260282	28073080.0	4450	195506
南海区大沥镇	9590	600239	252024	247522	6819800.0	3820	156434
南海区里水镇	14828	313309	231555	228250	7695593.0	444	29835
顺德区陈村镇	5070	187325	105450	96987	3464500.0	1132	47364
顺德区北滘镇	9211	274416	208900	203200	19865136.0	1509	183219
顺德区乐从镇	7785	257000	168487	163695	1154939.0	1286	78535
顺德区龙江镇	7385	250843	174335	170866	5901351.0	1130	98826
顺德区杏坛镇	12198	152369	95808	86676	4725631.0	604	42017
顺德区均安镇	7945	163905	116039	110594	2967045.0	642	56105
三水区大塘镇	9815	47894	39297	29633	3049600.0	1673	13922
三水区乐平镇	19201	137757	67908	48583	8434023.0	2600	29290

续表 366　　（广东省）　　计算单位：公顷、人、万元

名　称	行政区域面积	常住人口	从业人员	二三产业从业人员	工业总产值	城镇建成区面积	城镇建成区常住人口
三水区白坭镇	6663	65953	60489	55770	4431700.0	660	48232
三水区芦苞镇	10395	40984	30244	23257	2533500.0	646	9425
三水区南山镇	12421	23229	15563	8099	589200.0	466	1825
高明区杨和镇	22833	38513	18088	13300	3297500.0	2500	2290
高明区明城镇	18342	59651	32338	23175	3147653.0	900	12365
高明区更合镇	34703	71102	44000	32380	2971501.0	4600	12375
蓬江区棠下镇	13100	78201	59755	47741	2658774.0	47	4565
蓬江区荷塘镇	3200	82868	56190	50831	966957.0	170	4702
蓬江区杜阮镇	8052	108755	79804	76154	1280115.0	310	8150
新会区大泽镇	8371	40358	18788	11870	376574.0	30	2193
新会区司前镇	8954	65707	36590	25481	802612.0	500	3816
新会区罗坑镇	12029	41742	21683	11735	430603.0	250	1784
新会区双水镇	20700	92366	49063	23661	970903.0	430	6898
新会区崖门镇	20600	51145	21436	13716	404033.0	652	10384
新会区沙堆镇	9788	43942	21859	16017	414913.0	203	1545
新会区古井镇	11160	42240	21392	15624	764057.0	316	4566
新会区三江镇	8237	48765	19477	9951	347583.0	350	1546
新会区睦洲镇	7980	43809	21859	12067	446500.0	29	4546
新会区大鳌镇	5251	39804	21113	11476	287055.0	151	1609
台山市大江镇	6903	46568	28659	16623	907318.0	288	2938
台山市水步镇	11461	41404	24468	12062	501382.0	620	4830
台山市四九镇	24659	32002	15823	6388	210395.0	398	3965
台山市白沙镇	16984	63787	43986	6268	139521.0	300	5205
台山市三合镇	21406	36537	23857	10110	94847.0	200	6606
台山市冲蒌镇	11471	33082	21023	11060	96445.0	350	3553
台山市斗山镇	13705	48470	30056	11785	89645.0	478	6657
台山市都斛镇	15422	43017	27009	6265	105411.0	270	3883
台山市赤溪镇	28223	32442	20615	5822	10030.0	300	1034
台山市端芬镇	29931	45796	30925	9262	114157.0	250	3432
台山市广海镇	13789	44624	23743	15003	266815.0	639	20086
台山市海宴镇	22907	70135	41570	13907	65716.0	485	21967
台山市汶村镇	16434	43658	24637	6609	20316.0	215	1913
台山市深井镇	31979	53735	30639	8460	16952.0	200	1990
台山市北陡镇	17943	26862	15694	5247	18259.0	105	3574
台山市川岛镇	28045	31174	24232	3944	3007.0	185	5292
开平市沙塘镇	8530	22199	19642	10161	102222.0	100	936
开平市苍城镇	12810	31281	19907	10133	249951.0	150	3635
开平市龙胜镇	16380	38297	24063	7185	38235.0	127	4450
开平市大沙镇	21560	22711	15965	4928	981.0	197	2058
开平市马冈镇	9230	38560	30711	7810	72522.0	170	1515
开平市塘口镇	7280	25812	19341	6415	15304.9	220	934
开平市赤坎镇	6210	27571	26536	15586	147000.0	450	6080
开平市百合镇	6630	17707	15824	9134	46334.0	163	1049
开平市蚬冈镇	6790	14631	11971	3689	17845.3	160	1514
开平市金鸡镇	12050	15752	14056	3063	24504.1	114	710
开平市月山镇	12120	47890	25443	10405	141801.0	47	1432
开平市赤水镇	28390	41866	29118	3346	52128.0	50	2060
开平市水口镇	8050	74993	41701	25071	1893075.0	680	3276
鹤山市龙口镇	15889	37100	20611	8625	532721.0	380	8979
鹤山市雅瑶镇	8259	39300	23397	17157	609429.0	363	6549

续表 367　　（广东省）　　计算单位：公顷、人、万元

名　　称	行政区域面　积	常住人口	从业人员	二三产业从业人员	工　业总产值	城镇建成区 面 积	城镇建成区常住人口
鹤山市古劳镇	6822	36100	31936	26924	908000.0	379	3951
鹤山市桃源镇	5547	26301	19863	16564	588701.0	1002	13204
鹤山市鹤城镇	15913	32600	22974	14964	489612.0	441	8890
鹤山市共和镇	8993	41900	28150	19950	970000.0	610	2258
鹤山市址山镇	9822	37912	20042	13434	523000.0	369	1916
鹤山市宅梧镇	20507	33700	17327	3635	105085.0	185	3038
鹤山市双合镇	12345	16800	7908	2168	75330.0	150	6000
恩平市横陂镇	20173	37238	24679	12937	224381.0	320	3034
恩平市圣堂镇	5665	27676	12025	4815	98191.0	395	3368
恩平市良西镇	12175	23143	14136	7598	46243.0	200	2060
恩平市沙湖镇	25000	67933	36350	22188	652314.0	350	8152
恩平市牛江镇	9100	23514	9013	3913	246778.0	500	1786
恩平市君堂镇	10200	48823	27379	12885	131000.0	650	8860
恩平市大田镇	20236	31344	18756	9942		300	2058
恩平市那吉镇	26200	13045	12385	6517	6996.0	250	2215
恩平市大槐镇	12200	26436	9146	4869	131723.0	1100	3918
恩平市东成镇	11297	31020	14636	7648	38230.0	210	1245
坡头区南三镇	19120	66196	41448	9174	3010.0	230	4783
坡头区坡头镇	9209	65859	40484	23583	83517.0	246	7646
坡头区乾塘镇	5352	33614	23102	9846	4514.0	100	1814
坡头区龙头镇	11591	66703	30516	19616	221206.0	790	9068
坡头区官渡镇	9507	56218	31972	21164	417584.0	930	4862
麻章区麻章镇	13444	93842	55576	23302	914000.0	1100	47890
麻章区太平镇	12135	91709	49763	12079	992580.0	650	18935
麻章区湖光镇	15242	75951	42089	8143	26580.0	100	5069
麻章区东山镇	11194	66251	33086	9212	346.0	461	7866
麻章区东简镇	14330	60932	34884	14533	30000.0	290	9695
麻章区民安镇	7800	61683	32379	20656	6500.0	80	3993
麻章区硇洲镇	5600	49650	31024	7039	973.0	320	16772
遂溪县遂城镇	26500	256273	89789	57363	581725.0	3983	148609
遂溪县黄略镇	15422	78355	61416	19694	463722.0	300	1032
遂溪县洋青镇	16833	75028	41772	6467	187426.0	131	6871
遂溪县界炮镇	13297	59817	43311	3238	40618.0	122	5927
遂溪县乐民镇	9650	41098	18565	3554	42645.0	100	5342
遂溪县江洪镇	5950	33061	13804	3992	25126.0	123	11883
遂溪县杨柑镇	18710	81274	26642	3492	190894.0	241	9871
遂溪县城月镇	20909	83269	42490	4549	226838.0	500	39547
遂溪县乌塘镇	4970	18867	9072	1221	31005.0	400	1993
遂溪县建新镇	5743	19525	15335	5090	76981.0	45	1468
遂溪县岭北镇	9993	22460	13450	4758	323540.0	960	12987
遂溪县北坡镇	16400	45685	36476	11842	236903.3	400	12800
遂溪县港门镇	10534	36101	15802	5581	23384.0	6	6734
遂溪县草潭镇	12275	76480	37023	8552	60810.0	300	14971
遂溪县河头镇	14690	34108	20965	5026	96960.0	100	10590
徐闻县迈陈镇	12300	68519	35015	7598	13211.0	68	7677
徐闻县海安镇	3680	18898	12129	3573	10462.0	96	7796
徐闻县曲界镇	15591	44307	27796	2658	17106.0	460	13451
徐闻县前山镇	11522	43375	18363	3797	46570.0	78	16033
徐闻县西连镇	8100	42491	22379	5295	5231.0	40	3505
徐闻县下桥镇	15025	42144	20980	1453	36210.0	420	11268

续表 368　　（广东省）　　计算单位：公顷、人、万元

名　　称	行政区域面　　积	常住人口	从业人员	二三产业从业人员	工　业总产值	城镇建成区 面 积	城镇建成区常住人口
徐闻县龙塘镇	18250	56946	30245	1962	25361.0	100	6100
徐闻县下洋镇	7500	30682	17980	2762	2683.0	130	2743
徐闻县锦和镇	11169	42067	26573	2516	13210.0	480	7538
徐闻县和安镇	5888	34058	17738	660	3100.0	600	11218
徐闻县新寮镇	4610	32662	17955	4230	14499.0	300	1470
徐闻县南山镇	13537	73438	37328	7950	49735.0	20	2678
徐闻县城北乡	12501	38438	23092	1823	8501.0	1	167
徐闻县角尾乡	4962	31422	15402	3000	4259.0	10	1600
廉江市石城镇	12700	66808	28252	17276	99099.0	189	6000
廉江市新民镇	9600	59268	30857	17021	100292.0	115	2461
廉江市吉水镇	11100	77922	36859	22122	1247222.0	100	4359
廉江市河唇镇	13000	85497	44731	28939	284605.0	210	16886
廉江市石角镇	11600	68975	30635	16290	29404.0	95	4043
廉江市良垌镇	26900	129902	62691	38516	166220.0	500	6125
廉江市横山镇	16000	123467	57387	35944	333861.0	450	12633
廉江市安铺镇	8550	134265	65041	39718	466240.0	1050	52652
廉江市营仔镇	20400	88377	42900	10007	326413.0	130	8433
廉江市青平镇	24400	100456	34150	16794	205286.0	420	25815
廉江市车板镇	11100	51455	27643	9919	46661.0	105	4232
廉江市高桥镇	8700	36413	18660	10760	225967.0	150	1078
廉江市石岭镇	17900	119414	57748	34371	626864.0	450	24435
廉江市雅塘镇	7600	54468	27077	3505	79416.0	105	3316
廉江市石颈镇	8900	56869	26668	18959	16046.0	110	2816
廉江市长山镇	13800	69967	34281	21464	89573.0	115	2396
廉江市塘蓬镇	16000	91861	47761	32036	145683.0	265	4410
廉江市和寮镇	10300	55347	26436	16178	15639.0	105	3769
雷州市白沙镇	11240	60274	37522	12259	63135.0	20	4525
雷州市沈塘镇	6097	56508	18906	7994	6136.0	70	2708
雷州市客路镇	33433	110260	66170	19820	106032.0	633	38000
雷州市杨家镇	14860	60135	34726	5525	4450.0	468	14736
雷州市唐家镇	19200	46929	20990	6372	87186.0	601	12348
雷州市企水镇	10600	51314	20332	6220	4012.0	500	18412
雷州市纪家镇	34700	113421	42225	6773	123157.0	220	8565
雷州市松竹镇	6793	71236	25382	6205	31070.0	50	1923
雷州市南兴镇	13500	96024	45205	14867	9212.0	180	24100
雷州市雷高镇	14000	37589	16882	2665	40704.0	210	6921
雷州市东里镇	13600	82723	26324	7208	5060.0	160	8521
雷州市调风镇	22700	66553	35452	2500	49574.0	220	9935
雷州市龙门镇	36800	85879	34643	10256	121023.0	680	38856
雷州市英利镇	26500	81353	26438	11973	118002.0	430	30336
雷州市北和镇	19276	83968	38105	2642	13213.0	443	9657
雷州市乌石镇	12690	85382	55256	14318	85689.0	330	26632
雷州市覃斗镇	9300	48619	23682	3958	8615.0	180	5782
雷州市附城镇	13000	107155	61408	17811	72389.0	200	3391
吴川市浅水镇	7809	35781	24184	9429	7992.0	85	3155
吴川市长岐镇	6050	70132	40448	5276	17232.0	210	3327
吴川市覃巴镇	7706	74410	34793	7283	193146.0	500	6167
吴川市王村港镇	2620	25833	18427	2102	59000.0	100	4813
吴川市振文镇	5821	126671	70554	25990	41608.0	169	7543
吴川市樟铺镇	5400	50173	25488	4873	62066.0	133	1610

续表 369　　（广东省）　　计算单位：公顷、人、万元

名　　称	行政区域面　积	常住人口	从业人员	二三产业从业人员	工　业总产值	城镇建成区 面 积	城镇建成区常住人口
吴川市吴阳镇	7968	84055	51723	22026	6835.0	250	10042
吴川市塘缀镇	10130	140868	78525	28068	16172.0	450	12544
吴川市黄坡镇	14397	158511	100828	35410	292822.0	946	17420
吴川市兰石镇	3214	34701	19346	9145	15512.0	15	3686
茂南区金塘镇	10443	65621	49782	18519	134927.0	230	3966
茂南区公馆镇	10366	69001	45176	17428	474911.0	700	5320
茂南区新坡镇	2479	30581	15151	10004	190722.0	53	7025
茂南区镇盛镇	5959	62302	26918	15280	70184.0	39	2339
茂南区鳌头镇	5476	91510	37044	21556	29773.0	206	2698
茂南区袂花镇	2559	52624	16652	10690	9560.0	20	2129
茂南区高山镇	1500	19227	9308	6303	91255.0	510	3015
茂南区山阁镇	4474	36452	21522	11595	196392.0	15	2302
电白区马踏镇	13800	68787	30072	7776	74190.0	150	4473
电白区岭门镇	7300	69549	24787	10203	325390.0	160	7166
电白区坡心镇	5280	68304	26807	12748	376720.0	203	2458
电白区七迳镇	8400	63368	26557	13401	835600.0	403	3358
电白区树仔镇	5000	61926	24000	10053	635036.0	282	7385
电白区沙院镇	4300	41564	18151	10917	199200.0	320	3794
电白区麻岗镇	9800	63577	30596	9464	346000.0	350	4191
电白区旦场镇	8000	61262	21969	8706	32650.0	361	4191
电白区羊角镇	9900	124323	47940	24339	224536.0	371	9595
电白区小良镇	6323	48489	21128	11994	81030.0	450	2186
电白区霞洞镇	10500	89001	34859	8879	212739.0	490	12194
电白区观珠镇	15400	82324	43641	14474	38625.0	251	12314
电白区沙琅镇	8900	73698	28585	12595	83250.0	1900	17482
电白区黄岭镇	7600	33467	16308	5311	9343.0	200	4332
电白区望夫镇	9300	27898	8650	2759	6274.0	223	4405
电白区罗坑镇	11000	28345	13687	7385	15150.0	137	2956
电白区那霍镇	12700	53154	25418	7755	15021.0	100	4013
电白区水东镇	3720	152721	100207	96279	584628.0	1330	139577
电白区博贺镇	3744	60123	26610	10980	69646.0	350	27441
电白区林头镇	13600	119198	55413	15762	318835.0	305	8482
电白区电城镇	11200	151031	62672	26276	87774.0	330	27531
电白区陈村镇	1700	50316	20304	13005	218136.0	210	12715
高州市谢鸡镇	8000	49651	24897	9394	11700.0	300	4121
高州市新垌镇	16800	56382	32835	11998	39860.0	280	2132
高州市云潭镇	8400	37363	17410	8072	34256.0	250	2717
高州市分界镇	6100	38617	22826	7541	93017.0	819	7066
高州市根子镇	8700	58241	26401	11361	45372.0	350	3725
高州市泗水镇	7600	47445	26931	8563	13230.0	335	3702
高州市镇江镇	10100	41644	21811	10229	119583.0	280	2927
高州市沙田镇	9800	35179	17700	8396	58390.0	460	2349
高州市南塘镇	14400	42220	27879	11953	264311.0	355	2735
高州市荷花镇	10380	43316	37944	19683	61012.0	210	5840
高州市石板镇	9100	37306	21006	11397	63000.0	200	3136
高州市大井镇	13400	38308	18936	5450	66393.0	420	13450
高州市潭头镇	10300	35344	18679	4990	36139.0	260	2184
高州市大坡镇	23600	76533	43115	22683	50881.0	664	2888
高州市平山镇	14900	32380	19404	5008	12311.0	360	1213
高州市深镇镇	10300	22812	9895	4416	5968.0	120	1034

续表 370　　（广东省）　　计算单位：公顷、人、万元

名　　称	行政区域面积	常住人口	从业人员	二三产业从业人员	工业总产值	城镇建成区面积	城镇建成区常住人口
高州市马贵镇	15630	29412	11756	7175	24013.0	250	2543
高州市古丁镇	11300	30215	19995	11118	34575.0	158	1835
高州市曹江镇	12500	60765	31685	11158	32104.0	312	3427
高州市荷塘镇	11600	29756	17541	7386	26846.0	380	1863
高州市石鼓镇	15500	95882	61492	28728	353600.0	530	33462
高州市东岸镇	26000	71312	34456	18380	48562.0	250	3425
高州市长坡镇	21400	68652	36088	12932	163256.0	600	12761
化州市长岐镇	3700	47283	13469	7900	70921.0	154	4390
化州市同庆镇	6020	47217	23854	5859	135086.0	130	6950
化州市杨梅镇	9200	58219	37875	14697	93058.0	206	2985
化州市良光镇	10800	51286	30590	14707	816586.0	322	6647
化州市笪桥镇	8425	31782	18934	8632	79829.0	210	6620
化州市丽岗镇	7800	36827	35688	12756	76931.0	240	2482
化州市新安镇	15600	41285	15470	5364	53989.0	200	4294
化州市官桥镇	11420	39550	23508	7968	73507.0	313	5110
化州市林尘镇	12500	49351	29117	9696	52546.0	310	4276
化州市合江镇	17625	58473	22819	12670	144110.0	495	21632
化州市那务镇	17930	65283	39063	12990	99102.0	418	10793
化州市播扬镇	12590	36420	17965	6435	61278.0	304	3685
化州市宝圩镇	5280	17765	10555	7743	49550.0	756	4473
化州市平定镇	21680	72257	43531	12151	87906.0	650	7480
化州市文楼镇	15905	46162	22085	6755	69120.0	320	6465
化州市江湖镇	5769	18978	9407	4191	67579.0	100	3907
化州市中垌镇	23561	83255	42701	13739	67833.0	380	12591
信宜市镇隆镇	8050	51189	26890	10650	99700.0	350	16065
信宜市水口镇	12380	52885	25988	7753	54321.0	462	3710
信宜市丁堡镇	8149	46983	16941	5879	46500.0	82	4938
信宜市池洞镇	14616	59852	30169	14669	110078.0	380	11034
信宜市贵子镇	15865	38425	21549	8367	172513.0	170	4773
信宜市怀乡镇	16154	49090	38720	14740	251513.0	250	13970
信宜市茶山镇	10120	19632	16577	6032	29132.0	250	5310
信宜市洪冠镇	14891	24183	17708	8008	33266.0	362	2315
信宜市白石镇	17913	45800	27680	10180	50000.0	100	5400
信宜市大成镇	12828	32195	25527	14260	303755.0	180	3526
信宜市钱排镇	20491	52532	27295	7945	21122.0	250	3885
信宜市合水镇	14118	41132	23257	9289	62190.0	675	6843
信宜市新宝镇	18449	39451	22567	5682	49606.0	130	5213
信宜市平塘镇	19058	51398	19920	6236	15806.0	150	4789
信宜市思贺镇	18105	27836	22165	14746	29800.0	78	4210
信宜市金垌镇	19571	63675	28350	13050	67123.0	300	4658
信宜市朱砂镇	28203	75220	25500	10320	89201.0	525	7670
信宜市北界镇	18244	67280	27365	11710	248626.0	260	6382
鼎湖区永安镇	7800	32541	26229	13738	834142.7	40	2973
鼎湖区沙浦镇	10580	15692	14454	5410	16635.5	34	1114
鼎湖区凤凰镇	14350	8539	7971	3093	33298.0	130	1006
鼎湖区莲花镇	6650	32389	15584	10511	1017824.1	100	4596
广宁县排沙镇	15315	25705	17025	6320	82290.0	100	4654
广宁县潭布镇	13204	27138	20748	10642	8295.0	70	5450
广宁县江屯镇	24755	47640	30147	11477	9140.0	263	4310
广宁县螺岗镇	9735	11555	8927	4224	8218.0	183	798

续表 371　（广东省）　计算单位：公顷、人、万元

名　称	行政区域面　积	常住人口	从业人员	二三产业从业人员	工　业总产值	城镇建成区 面 积	城镇建成区常住人口
广宁县北市镇	23024	17794	16968	8836	1545.0	18	4156
广宁县坑口镇	18100	24976	19219	9707	40047.0	15	3296
广宁县赤坑镇	17993	17731	13563	6082	5458.0	13	1941
广宁县南街镇	18924	116937	31055	12776	702385.0	6150	87686
广宁县宾亨镇	17228	39357	29685	12797	329524.0	95	9205
广宁县五和镇	11685	17316	13496	6034	165938.0	230	976
广宁县横山镇	13640	35252	24389	11011	123778.0	62	6412
广宁县木格镇	12319	16523	10675	5630	95478.0	100	1388
广宁县石咀镇	8366	12611	11166	5402	460.0	83	2064
广宁县古水镇	25987	37125	32231	15629	349000.0	60	7582
广宁县洲仔镇	15273	16545	13891	7271	7803.6	55	4688
怀集县怀城镇	33624	150666	54174	15454	320000.0	3981	106000
怀集县闸岗镇	8726	16876	7927	2126	859.0	165	1115
怀集县坳仔镇	22152	34705	16507	4272	49965.0	280	2755
怀集县汶朗镇	8668	11789	6883	1830	41345.0	200	1022
怀集县甘洒镇	12827	22990	11062	2906	5214.0	258	2007
怀集县凤岗镇	27777	34905	16549	4342	187100.0	485	2213
怀集县洽水镇	52582	27416	12793	3405	89600.0	360	1331
怀集县梁村镇	8785	65265	30764	8168	31850.0	550	6002
怀集县大岗镇	11748	63224	30952	8053	3900.0	450	4231
怀集县岗坪镇	5527	30768	15379	3983	12345.0	320	1725
怀集县冷坑镇	19322	99534	47059	12171	8314.0	860	8792
怀集县马宁镇	5878	40275	19103	4978	12352.0	323	2132
怀集县蓝钟镇	19849	17903	8856	2360	2408.0	165	1796
怀集县永固镇	18826	38356	18114	4729	3300.0	216	2430
怀集县诗洞镇	32950	56255	27054	7065	1305.0	412	4880
怀集县桥头镇	21064	45578	22024	5899	9850.0	383	4230
怀集县中洲镇	25185	39367	18730	4882	121945.0	365	5709
怀集县连麦镇	12258	31575	15441	4035	4693.0	250	1706
怀集县下帅壮族瑶族乡	7659	8253	4093	1095	15235.0	127	1605
封开县江口镇	17700	48026	10157	4686	9265.0	3500	11265
封开县江川镇	11900	12281	8464	2584	34963.0	65	1937
封开县白垢镇	14247	12488	10410	4361	3629.0	20	1335
封开县大洲镇	16000	17261	7765	3975	2865.0	30	1263
封开县渔涝镇	11800	18438	7418	3343	20106.0	26	3468
封开县河儿口镇	37782	18592	14475	6075	105637.0	60	2473
封开县连都镇	25240	25460	15951	2604	62311.0	88	5120
封开县杏花镇	3000	31583	14310	3620	5730.0	30	2687
封开县罗董镇	18000	21362	12130	4542	146886.0	220	1991
封开县长岗镇	15300	20071	13517	6283	317972.0	120	3026
封开县平凤镇	8875	17560	13787	5671	2865.0	55	3645
封开县南丰镇	30600	73832	47356	23302	46325.0	300	20878
封开县大玉口镇	13025	16022	9777	1742	2865.0	10	3948
封开县都平镇	13005	11902	4750	797	3247.0	35	1596
封开县金装镇	12541	41543	22471	5076	8402.0	150	3710
封开县长安镇	13904	32187	21556	8406	7640.0	250	7350
德庆县新圩镇	11518	21051	10869	811	42321.0	52	3215
德庆县回龙镇	15812	20095	10462	779	79878.0	36	2834
德庆县官圩镇	23256	32291	17021	1211	523966.0	86	4501
德庆县马圩镇	11065	20121	10538	761	79577.0	102	5250

续表 372 （广东省） 计算单位：公顷、人、万元

名　　称	行政区域面　积	常住人口	从业人员	二三产业从业人员	工　业总产值	城镇建成区 面 积	城镇建成区常住人口
德庆县高良镇	29470	29841	15795	1001	20289.0	102	5250
德庆县莫村镇	26950	29500	15279	1022	31513.0	186	3605
德庆县永丰镇	13241	20869	11074	785	86548.0	45	3926
德庆县武垄镇	8747	16850	9049	700	22206.0	38	1653
德庆县播植镇	8001	17526	9386	685	3793.0	61	3916
德庆县凤村镇	13676	28723	15365	1070	21218.0	83	5614
德庆县悦城镇	20623	32920	15312	1122	385293.0	109	8205
德庆县九市镇	15461	27932	14173	944	49066.0	82	3889
高要市河台镇	14805	16860	12171	5140	37200.0	150	1760
高要市乐城镇	9456	24603	16303	5109	8620.0	18	1637
高要市水南镇	11069	8989	5880	1927	3306.0	23	1183
高要市禄步镇	25138	78515	46435	16977	987628.0	495	10385
高要市小湘镇	19975	35068	20908	7023	382202.0	450	2931
高要市大湾镇	10163	39853	20622	6356	227734.0	500	1783
高要市新桥镇	3484	45428	28683	9317	617328.0	630	6691
高要市白诸镇	12748	45428	25748	6382	315096.0	280	1815
高要市莲塘镇	11946	54617	32716	10974	281385.0	400	2521
高要市活道镇	23106	43999	28128	10209	61551.0	220	2298
高要市蛟塘镇	12990	32162	17820	6138	535700.0	35	1643
高要市回龙镇	11387	25474	14471	4710	417200.0	280	1207
高要市白土镇	10753	75329	42679	14419	1636836.0	600	10532
高要市金渡镇	13132	51424	28048	9775	1099467.0	320	3474
高要市金利镇	15238	91906	75460	42069	1960112.0	540	5959
高要市蚬岗镇	7203	32115	17396	6208	441668.1	150	956
四会市龙甫镇	7986	17582	11319	5975	1146121.0	250	393
四会市地豆镇	9090	28765	19193	10164	178050.2	230	1201
四会市威整镇	6402	16692	11525	6443	1304.9	146	1037
四会市罗源镇	2622	9085	6065	2898	257956.0	250	408
四会市迳口镇	9752	20963	16575	8865	387465.0	300	985
四会市大沙镇	8635	35751	23511	11731	882936.0	200	4225
四会市石狗镇	14247	26787	17578	8326	18600.0	20	1073
四会市黄田镇	8745	15632	10454	3828	33408.4	220	513
四会市江谷镇	13276	29131	27538	14914	21334.0	287	2083
四会市下茆镇	10695	27471	19103	15915	541390.0	286	1836
惠城区汝湖镇	15300	49051	22588	13163	427831.0	673	12932
惠城区三栋镇	6797	27687	15907	9626	334000.0	389	7028
惠城区潼湖镇	11261	43518	28430	20441	121237.0	200	4050
惠城区沥林镇	4900	49010	32183	27612	467000.0	300	21685
惠城区马安镇	7600	46527	25754	17631	339300.0	800	14372
惠城区横沥镇	34283	73849	41747	19242	52942.0	320	9171
惠城区芦洲镇	20487	22371	14015	8455	8758.0	37	1936
惠城区潼侨镇	3098	34261	23006	22031	300100.0	520	6885
惠阳区沙田镇	7384	29413	18952	15321	251685.0	300	12464
惠阳区新圩镇	15352	83688	67835	65975	1328120.0	500	34321
惠阳区镇隆镇	14946	50807	35890	30506	885927.0	250	18000
惠阳区永湖镇	11466	25435	15543	11856	212964.0	218	5321
惠阳区良井镇	7202	26002	14618	7402	68867.0	280	4600
惠阳区平潭镇	9970	33833	17152	7981	159225.0	250	2957
博罗县石坝镇	18091	45999	24651	12677	6201.0	235	9070
博罗县麻陂镇	8896	24286	12215	6442	85492.0	319	5072

续表 373　　（广东省）　　计算单位：公顷、人、万元

名　　称	行政区域面　　积	常住人口	从业人员	二三产业从业人员	工　业总产值	城镇建成区 面 积	城镇建成区常住人口
博罗县观音阁镇	14693	21184	12284	6757	36263.0	200	3522
博罗县公庄镇	30985	69855	32110	18920	248540.0	100	20060
博罗县杨村镇	12494	47045	14351	7236	274134.0	330	7604
博罗县柏塘镇	25587	54218	30911	20191	322758.0	450	9776
博罗县泰美镇	16092	40723	24364	14127	662717.0	400	11676
博罗县罗阳镇	32984	207966	99865	85768	2165642.0	1800	152741
博罗县湖镇镇	24934	54456	34748	21058	980000.0	800	8058
博罗县长宁镇	6140	44228	16994	14531	504000.0	460	6351
博罗县福田镇	9327	36865	20334	12950	728100.0	500	6163
博罗县龙华镇	6197	28279	11148	4983	418648.0	384	3650
博罗县龙溪镇	11594	90752	71419	58931	991370.0	421	32741
博罗县园洲镇	11294	155186	108651	99630	1421495.0	2000	14584
博罗县石湾镇	8296	120438	70095	60219	2142597.0	1400	24535
博罗县杨侨镇	6997	32395	12622	6305	124319.0	250	7204
博罗县横河镇	22478	17857	11014	4702	148540.0	312	2352
惠东县大岭镇	16023	100273	54673	49395	2031757.0	681	16295
惠东县白花镇	20389	76702	43874	32168	854156.0	500	10175
惠东县梁化镇	26310	51743	32349	14473	117171.0	220	11246
惠东县稔山镇	19155	63662	39654	25554	89468.0	750	23896
惠东县铁涌镇	11666	39717	23026	9728	110189.0	178	7217
惠东县平海镇	13895	36874	26041	12525	539830.0	142	12656
惠东县吉隆镇	12802	90714	59148	54656	789113.0	1725	56020
惠东县黄埠镇	8424	79200	50572	45265	902926.0	465	42745
惠东县多祝镇	57529	67149	42853	30153	650620.0	630	13849
惠东县安墩镇	47910	38764	19161	9476	11455.0	105	4535
惠东县高潭镇	19621	7167	3466	606	11683.0	80	2681
惠东县宝口镇	32925	6396	4066	1775	10799.0	150	2581
惠东县白盆珠镇	39772	15686	8958	2565	38274.0	150	1950
龙门县麻榨镇	24139	28846	11633	3313	74455.0	170	6716
龙门县永汉镇	39203	49724	22154	7472	124857.0	305	10114
龙门县平陵镇	13637	39883	25245	9515	328849.0	520	7539
龙门县龙田镇	17426	25947	14238	3306	48067.0	100	3341
龙门县龙潭镇	25754	25993	10903	2002	77719.0	28	2194
龙门县地派镇	25638	11308	10502	6684	92655.0	162	1837
龙门县龙华镇	37460	38255	19377	4632	244652.0	300	1409
龙门县龙江镇	17150	21292	14115	3795	237899.0	310	3600
龙门县蓝田瑶族乡	13220	9955	6193	2294	19298.0	130	786
梅江区三角镇	3900	47489	11874	9091	178491.0	120	6593
梅江区长沙镇	9476	14201	6179	4999	7315.0	133	2078
梅江区城北镇	11940	71576	9749	6187	68945.0	1333	2910
梅江区西阳镇	27250	23234	16183	12674	216343.0	96	4273
梅县区城东镇	7928	17810	13334	6000	147337.0	10	2835
梅县区石扇镇	9140	14201	7986	3141	33000.0	150	1875
梅县区梅西镇	9250	16095	12968	2170	22000.0	66	945
梅县区大坪镇	9260	9047	5423	2692		100	1600
梅县区石坑镇	8720	15787	8059	2990	2385.0	34	1172
梅县区水车镇	12300	11282	7259	2511	27800.0	60	4843
梅县区梅南镇	14560	9358	7598	1995	65000.0	200	3600
梅县区丙村镇	17040	38157	15431	6216	101582.0	257	10528
梅县区白渡镇	18729	17463	17263	5703	9986.0	121	3883

续表 374　　（广东省）　　计算单位：公顷、人、万元

名　　称	行政区域面积	常住人口	从业人员	二三产业从业人员	工业总产值	城镇建成区面积	城镇建成区常住人口
梅县区松源镇	15000	22321	16665	5565	10700.0	318	3884
梅县区隆文镇	11340	16122	12596	7152	3301.0	126	1405
梅县区桃尧镇	11800	8651	4833	1018	1319.0	130	2584
梅县区畲江镇	17500	39614	20004	9843	182356.0	580	20125
梅县区雁洋镇	18300	20834	13748	10370	601230.0	180	5634
梅县区松口镇	32840	38983	29752	14072	23310.0	2100	12544
梅县区南口镇	26220	59950	19752	4845	110148.0	300	3911
梅县区程江镇	5800	88748	47101	41762	151032.0	700	73347
梅县区扶大镇	1950	13879	6020	3644	67185.0	293	1867
大埔县湖寮镇	19860	98128	51263	44481	60069.0	1500	69921
大埔县青溪镇	16606	13600	7306	2303	24203.0	8	430
大埔县三河镇	15023	17090	9121	5916	38970.0	140	1487
大埔县银江镇	20982	12898	6468	1201	790.4	98	799
大埔县洲瑞镇	8398	11406	5585	2370	5313.6	2	2773
大埔县光德镇	13107	19162	10097	8435	55917.0	144	4435
大埔县桃源镇	7698	9773	5189	3378	72348.0	231	2494
大埔县百侯镇	10439	17569	9302	2786	1150.6	503	5993
大埔县大东镇	9929	13874	6813	4358	1870.0	130	1367
大埔县大麻镇	23264	26492	14336	7220	2025.8	554	4730
大埔县枫朗镇	17523	30303	16329	6177	17951.6	234	1742
大埔县茶阳镇	28881	35234	16938	6803	15362.0	800	14251
大埔县高陂镇	30891	50422	25602	15343	107121.0	300	13520
大埔县西河镇	20998	24065	13791	5123	3592.6	9	3168
丰顺县北斗镇	9029	8210	4746	2320	1980.0	120	1451
丰顺县汤西镇	19626	35598	26152	12802	104708.0	240	3930
丰顺县汤南镇	4632	32589	13137	7975	139665.0	50	1992
丰顺县埔寨镇	9538	23056	13440	7400	38572.0	100	9738
丰顺县建桥镇	9410	17531	7170	3729	1765.0	213	6948
丰顺县龙岗镇	11188	11269	7795	4526	15000.0	119	1435
丰顺县潘田镇	14604	20902	13185	3784	1288.0	290	2950
丰顺县黄金镇	15842	24936	11677	7041	10406.0	500	6697
丰顺县小胜镇	7569	7932	5150	2107	3171.0	50	5180
丰顺县砂田镇	14625	12265	8005	5389	3100.0	200	1412
丰顺县八乡山镇	19362	13537	8258	4459	4262.0	332	2345
丰顺县丰良镇	24961	40816	16330	9516	11225.0	230	19252
丰顺县潭江镇	21771	17168	8402	2415	14000.0	1425	5886
丰顺县汤坑镇	23323	142951	37142	13044	708638.0	1700	60202
丰顺县留隍镇	42823	61238	42510	25560	23220.0	350	21119
丰顺县大龙华镇	22039	11890	10680	6482	5955.0	300	4040
五华县转水镇	17567	39460	22565	10965	3342.0	30	3950
五华县潭下镇	23005	41903	19980	9732		668	3677
五华县郭田镇	13660	26306	12908	6055		800	1045
五华县双华镇	14444	20090	15053	8719	4250.0	50	3502
五华县梅林镇	13585	36620	20076	11345		800	2742
五华县华阳镇	14889	42203	22623	15258		100	1780
五华县华城镇	22416	98030	47920	26764	59656.0	486	40044
五华县周江镇	20129	37075	21508	7910		56	1752
五华县水寨镇	8342	144943	34106	21719	423206.0	369	84679
五华县河东镇	23894	101731	47978	36527	4603.0	80	8544
五华县岐岭镇	15486	62203	28566	18534	11237.0	103	4500

续表 375 （广东省） 计算单位：公顷、人、万元

名称	行政区域面积	常住人口	从业人员	二三产业从业人员	工业总产值	城镇建成区面积	城镇建成区常住人口
五华县长布镇	30401	58603	26125	5775		25	3961
五华县横陂镇	24068	90230	35904	9467		70	5265
五华县安流镇	24706	115771	51620	22188	2296.0	100	5523
五华县棉洋镇	24291	83030	34732	15864		60	3416
五华县龙村镇	32894	78082	33108	13940		10	3310
平远县石正镇	10100	27551	16446	7995	16169.0	980	4129
平远县八尺镇	10850	8800	8594	4884	4900.0	60	999
平远县差干镇	9500	8346	4520	2738	16530.0	20	683
平远县河头镇	9210	7603	5609	3822	5907.0	10	713
平远县中行镇	6953	8559	4660	2641	3824.0	160	1650
平远县上举镇	9860	4692	3413	2286	8191.0	44	628
平远县泗水镇	13380	6528	5987	1075	13634.0	580	2238
平远县长田镇	6870	9133	4644	2666	32200.0	590	1950
平远县热柘镇	10480	9670	6059	3763	5984.0	80	1503
平远县东石镇	16300	31242	14471	4859	62834.0	212	2849
平远县仁居镇	18840	23552	12000	3700	27524.0	150	2221
平远县大柘镇	15440	87436	20895	9659	43500.0	4200	42539
蕉岭县三圳镇	9680	11503	8883	6277	2821.0	470	2746
蕉岭县文福镇	12270	16398	13777	9457	11075.0	50	7022
蕉岭县广福镇	10713	15046	7776	2730	12000.0	100	1560
蕉岭县新铺镇	18519	34305	21347	16093	126362.0	64	774
蕉岭县蓝坊镇	12880	11232	8714	5958	550.0	250	1980
蕉岭县南礤镇	16190	12467	12463	7340	3170.0	510	2877
蕉岭县蕉城镇	5760	71412	58074	22570	231904.0	760	55981
蕉岭县长潭镇	9680	18799	12197	3296	12199.0	250	2850
兴宁市永和镇	10955	30777	20335	18232	25522.0	200	4263
兴宁市新圩镇	11800	31421	19164	12278	19330.0	156	2436
兴宁市罗浮镇	29600	40622	24442	17730	18560.0	155	11043
兴宁市罗岗镇	15000	60022	39684	30152	5881.0	200	5228
兴宁市黄槐镇	9510	30453	14574	10031	4321.0	300	1761
兴宁市龙田镇	4640	32684	17903	11090	40225.0	110	3401
兴宁市石马镇	10778	30486	14733	9206	5740.0	15	2374
兴宁市宁中镇	4145	30708	14107	9353	6849.0	300	3780
兴宁市径南镇	14200	30295	15070	8320	6621.0	2	1285
兴宁市坭陂镇	8732	60627	37551	25363	30221.0	153	14233
兴宁市水口镇	22885	60902	36369	25757	144300.0	185	4205
兴宁市黄陂镇	12752	60141	28390	18983	25740.0	355	5943
兴宁市合水镇	10198	30330	14176	7035	326220.0	55	2560
兴宁市大坪镇	18709	60055	32553	22217	5886.0	35	4408
兴宁市叶塘镇	16614	60879	36794	26962	213406.0	389	6376
兴宁市新陂镇	4308	30390	16387	12292	19066.0	65	3598
兴宁市刁坊镇	5383	30530	14214	6580	17800.0	3	1543
汕尾市城区红草镇	6973	43082	22532	10075	738250.0	200	6930
汕尾市城区东涌镇	10358	67625	27652	16536	327015.0	1100	11530
汕尾市城区捷胜镇	4948	55900	25643	18274	108000.0	200	16130
海丰县梅陇镇	15254	109200	61144	33519	672531.0	457	53945
海丰县小漠镇	3445	7620	6885	4062	338294.0	61	3770
海丰县鮜门镇	3298	18473	8987	5302	35900.0	130	6907
海丰县联安镇	5208	38023	23914	14109	2525.0	150	7282
海丰县陶河镇	6413	25209	16386	9668	47801.0	260	3969

续表 376 （广东省） 计算单位：公顷、人、万元

名称	行政区域面积	常住人口	从业人员	二三产业从业人员	工业总产值	城镇建成区面积	城镇建成区常住人口
海丰县赤坑镇	11700	42645	33081	19518	58021.0	151	14215
海丰县大湖镇	2793	7251	7162	4226		9	1664
海丰县可塘镇	7455	63939	27411	16172	579950.7	1650	20820
海丰县黄羌镇	13800	22119	16532	9753	13689.1	396	4215
海丰县平东镇	12558	18265	15326	9042	1150.0	110	4520
海丰县海城镇	20600	171869	44558	37514	113614.1	2893	151226
海丰县鹅埠镇	10000	16370	8216	4847	208470.0	200	4700
海丰县赤石镇	29300	19340	10533	6214	140381.0	10	3908
海丰县公平镇	15414	65022	39651	33703	795000.0	586	58405
海丰县附城镇	4813	94077	26646	15721	214014.0	760	18867
海丰县城东镇	7856	100025	29590	17458	799120.0	1620	18690
陆河县河田镇	8354	86230	21679	12896	130624.0	1600	51893
陆河县水唇镇	12162	30580	15815	9495	12456.0	186	2714
陆河县河口镇	15999	62159	24015	11059	17500.0	400	21650
陆河县新田镇	17453	39679	26700	8900	27520.0	2200	7500
陆河县上护镇	12100	22900	15574	7463		250	4000
陆河县螺溪镇	14453	30000	19500	7300	1200.0	290	4500
陆河县东坑镇	7945	18525	10114	4125	1250.0	30	1645
陆河县南万镇	11119	2955	2373	1306	4333.0	100	1026
陆丰市甲子镇	1472	112236	30922	19621	1120000.0	996	13015
陆丰市碣石镇	10843	194728	90088	62333	978539.0	3300	132438
陆丰市湖东镇	5959	65920	31434	12160	68093.8	370	36130
陆丰市大安镇	9350	47524	14381	10236	320.0	38	8370
陆丰市博美镇	5859	57212	34479	17851	3140.0	885	18504
陆丰市内湖镇	4200	28608	16310	6782	1003.0	355	6412
陆丰市南塘镇	14151	114663	57546	25280	10150.0	52	28000
陆丰市陂洋镇	15900	37900	20090	5905	1705.0	90	13792
陆丰市八万镇	11879	23325	7542	3447	2136.0	37	2604
陆丰市金厢镇	5706	41850	25000	8000	3000.0	80	2300
陆丰市潭西镇	7348	48511	40810	7670	3157.0	580	13680
陆丰市甲东镇	7500	79146	28709	5724	40408.0	280	5708
陆丰市河东镇	5938	30257	17630	6930	41817.0	1344	8022
陆丰市上英镇	5060	25430	9792	2012	3161.0	270	4210
陆丰市桥冲镇	6600	63174	30362	5908	1050.0	1429	12000
陆丰市甲西镇	10700	137840	38130	11930	1000.0	3000	8562
陆丰市西南镇	8355	21998	15944	7658	900.0	1265	3490
源城区源南镇	11860	26257	10580	8900	205445.0	20	4263
源城区埔前镇	16200	89845	37062	29977	252638.0	250	5815
紫金县紫城镇	38096	178626	97155	81012	186372.0	2650	102765
紫金县龙窝镇	31600	83150	46826	10078	7800.0	130	8602
紫金县九和镇	26763	25041	14665	4809	4958.0	20	4522
紫金县上义镇	17891	24736	11108	1083	25600.0	35	2920
紫金县蓝塘镇	30190	76306	51374	28158	311200.0	230	26020
紫金县凤安镇	12368	17650	9622	3062	3298.0	20	1930
紫金县义容镇	35622	54296	23010	11610	81000.0	180	4762
紫金县古竹镇	23644	65943	25865	14031	237800.0	200	22412
紫金县临江镇	17057	34751	23178	13928	693282.0	13000	3980
紫金县柏埔镇	13498	34823	18154	3371	518.0	50	3318
紫金县黄塘镇	22631	44807	16623	2147	721.0	30	2503
紫金县敬梓镇	10910	32054	17799	1259	14200.0	3	893

续表 377　　（广东省）　　计算单位：公顷、人、万元

名　　称	行政区域面　　积	常住人口	从业人员	二三产业从业人员	工　业总产值	城镇建成区 面 积	城镇建成区常住人口
紫金县水墩镇	11484	28008	8011	690	320.0	7	822
紫金县南岭镇	9786	20651	7189	760	889.0	8	1048
紫金县苏区镇	13110	20100	9241	2302	6469.0	11	809
紫金县瓦溪镇	21942	36407	13236	1304	390.0	99	2551
紫金县好义镇	9288	12000	7321	808	6200.0	10	1094
紫金县中坝镇	17633	46091	23161	12775	1010.0	40	2338
龙川县老隆镇	10602	174421	51301	46450	296000.0	1215	124798
龙川县义都镇	10105	26305	5458	1938	2450.0	100	1873
龙川县佗城镇	16513	44074	18623	7360	308200.0	512	5280
龙川县鹤市镇	5022	20597	7717	2715	4875.0	382	4635
龙川县黄布镇	6791	32197	4061	1186	5596.0	65	1353
龙川县紫市镇	10974	33936	8166	1135	7018.0	102	2530
龙川县通衢镇	10512	39279	6805	1882	66524.0	300	3625
龙川县登云镇	6889	23045	5560	2046	133824.0	85	1336
龙川县丰稔镇	13372	18362	13029	2761	3780.0	81	1882
龙川县四都镇	7751	12023	4377	793	46.0	86	886
龙川县铁场镇	19666	72546	21201	3656	5917.0	260	8780
龙川县龙母镇	14904	34346	11708	814	5167.0	109	2541
龙川县田心镇	8840	21000	18355	6100	300.0	130	2100
龙川县黎咀镇	12841	23408	18993	9714	39217.0	97	1631
龙川县黄石镇	10954	5436	1500	537	7759.0	122	869
龙川县赤光镇	14173	32120	19059	9246	5770.0	160	6770
龙川县回龙镇	8376	23150	16517	8534	2958.0	108	2295
龙川县新田镇	6837	8549	7558	3980	675.0	44	603
龙川县车田镇	29110	57370	37080	14490	6979.0	152	4600
龙川县岩镇镇	12164	20950	9571	4649	6375.6	124	4128
龙川县麻布岗镇	18147	44153	23293	10958	4006.0	280	15254
龙川县贝岭镇	10435	9875	8865	4332	5928.0	112	753
龙川县细坳镇	15160	22980	9560	5128	1500.0	960	930
龙川县上坪镇	20815	21320	14645	7047	6099.0	105	1609
连平县元善镇	28533	82943	47016	18301	937628.0	1700	46557
连平县上坪镇	30093	24898	14818	4550	3019.0	150	19375
连平县内莞镇	23081	12932	7340	1040	221000.0	12	1980
连平县陂头镇	36432	22965	12929	1397	3179.0	120	2750
连平县溪山镇	11099	12923	8878	3705	1502.0	180	249
连平县隆街镇	24064	32847	21605	7834	14017.0	520	3523
连平县田源镇	12978	8963	6350	3033	1681.0	100	837
连平县油溪镇	28356	28120	16166	4583	310242.0	24	7828
连平县忠信镇	8767	62770	29765	18223	995887.0	495	32729
连平县高莞镇	6767	16160	12907	3279	124.0	100	783
连平县大湖镇	6423	16651	9353	2358	5619.0	55	3398
连平县三角镇	4708	14471	7630	2510	62425.0	18	383
连平县绣缎镇	6206	13157	10929	5077	8000.0	18	2983
和平县阳明镇	18838	87964	33076	19860	1025249.0	3600	49874
和平县大坝镇	17537	28749	14809	4454	409214.0	150	1605
和平县长塘镇	16918	13805	7217	2124	165.0	15	1425
和平县下车镇	13499	13500	6723	1653	1570.0	120	1792
和平县上陵镇	14465	17482	9114	2068	18572.0	85	1256
和平县优胜镇	11731	9412	3468	1577	985.0	25	1235
和平县贝墩镇	13235	17525	9945	2824	51.0	26	3128

续表 378　　（广东省）　　计算单位：公顷、人、万元

名　　称	行政区域面　积	常住人口	从业人员	二三产业从业人员	工　业总产值	城镇建成区 面 积	城镇建成区常住人口
和平县古寨镇	6428	14929	4574	1818	9289.0	10	998
和平县彭寨镇	20744	49764	20616	8851	56432.0	570	7636
和平县合水镇	12430	20550	7816	3186	6957.0	123	1597
和平县公白镇	6377	9469	4647	1627	50.0	20	506
和平县青州镇	10109	13485	5445	1685	375.0	26	860
和平县浰源镇	13211	15810	6808	1608	13814.0	80	1621
和平县热水镇	14713	13382	4640	1349	180.0	10	1725
和平县东水镇	15621	27540	12539	2623	23427.0	18	2170
和平县礼士镇	7015	15344	6205	2298	3502.0	13	628
和平县林寨镇	9284	19227	10312	3320	2034.0	18	1984
东源县仙塘镇	16262	64159	28375	24090	619487.0	600	19560
东源县灯塔镇	20400	43352	23126	16600	128695.0	1095	12969
东源县骆湖镇	9756	20871	14310	4283	151100.0	321	1117
东源县船塘镇	20843	66982	47962	17765	7015.0	201	7654
东源县顺天镇	11603	13144	13143	6543	17378.0	103	1418
东源县上莞镇	9748	19730	14204	3897	43501.0	25	2488
东源县曾田镇	14910	8779	7974	3192	6862.0	100	1300
东源县柳城镇	10600	13646	11103	7126	81028.0	400	2022
东源县义合镇	17677	10515	9713	7378	10462.0	855	2540
东源县蓝口镇	19600	25000	20233	10452	80100.0	40	5413
东源县黄田镇	24525	25408	20094	9880	9564.0	43	3007
东源县叶潭镇	16951	30381	18968	9935	2479.0	300	3142
东源县黄村镇	22000	57156	27330	19741	18542.0	112	6328
东源县康禾镇	23092	20340	10336	4693	5011.0	356	2015
东源县锡场镇	42000	6852	6850	1035	4120.0	49	1324
东源县新港镇	16375	20947	7913	6504	1831.5	47	5692
东源县双江镇	14550	8210	5916	2402	2000.0	70	880
东源县涧头镇	17420	16798	9413	1380	88200.0	17420	16798
东源县新回龙镇	38600	9411	4488	4382		200	2060
东源县半江镇	24334	3013	532	318	1572.0	6	553
东源县漳溪乡	6825	12853	9724	5093	18542.0	30	1757
江城区埠场镇	7500	40617	24000	3513	39800.0	81	4501
江城区平冈镇	11980	89158	45323	23449	34387.0	540	89158
江城区海陵镇	7300	43809	35879	19618	4522.0	49	1152
江城区闸坡镇	3500	34648	23900	16051	87490.0	853	30927
江城区双捷镇	8241	28222	13121	2991	113000.0	444	2778
阳西县织篢镇	31600	124748	50683	32641	975996.9	1450	62833
阳西县程村镇	17800	55932	27053	9967	46860.0	253	6227
阳西县塘口镇	20100	37341	22831	9427	40891.0	50	3990
阳西县上洋镇	17160	63845	34451	19619	12778.0	128	4770
阳西县溪头镇	21100	75583	38951	23958	536759.0	330	15932
阳西县沙扒镇	3220	32251	13818	6793	84831.2	220	17500
阳西县儒洞镇	16100	44858	19447	6256	183937.9	285	22256
阳西县新圩镇	18100	27156	16534	4650	84005.3	304	4780
阳东县东城镇	4066	68348	42447	40977	2388858.0	1661	21438
阳东县北惯镇	12512	41757	23068	15396	1461240.0	1782	16840
阳东县那龙镇	19698	21595	17028	10341	259059.0	250	5022
阳东县东平镇	12895	53099	27965	18307	494748.0	570	29098
阳东县雅韶镇	6843	26177	15659	10079	130167.0	800	2670
阳东县大沟镇	11370	35227	24833	14665	77552.0	342	3302

续表 379　　（广东省）　　计算单位：公顷、人、万元

名　　称	行政区域面　积	常住人口	从业人员	二三产业从业人员	工　业总产值	城镇建成区 面 积	城镇建成区常住人口
阳东县新洲镇	25508	44206	30798	18579	26750.0	230	12619
阳东县合山镇	10493	45324	21189	13379	616949.0	800	35366
阳东县塘坪镇	20184	40444	24156	14523	32777.0	800	2698
阳东县大八镇	35656	33953	28126	18803	25436.0	400	13890
阳东县红丰镇	10954	42175	24647	15840	155875.0	800	19467
阳春市河朗镇	20000	35856	14931	8871	13993.0	120	1953
阳春市松柏镇	17600	53632	18181	4725	19594.0	260	4465
阳春市石望镇	11000	40564	22352	18529	23480.0	200	1580
阳春市春湾镇	35200	102899	28956	8181	180601.0	562	11937
阳春市合水镇	24000	47054	26608	13717	87801.0	270	13694
阳春市陂面镇	12300	48192	32333	13581	107805.0	416	3985
阳春市圭岗镇	39800	35101	10405	4398	24665.0	150	4341
阳春市永宁镇	35700	33545	20156	14340	13049.0	302	2588
阳春市马水镇	14100	36149	16030	6325	620991.0	493	9130
阳春市岗美镇	20900	47735	28651	18016	151399.0	350	13358
阳春市河口镇	21000	32516	11265	5146	55238.0	191	2718
阳春市潭水镇	22800	57823	42817	33409	879429.0	425	10348
阳春市三甲镇	30300	51603	12864	6353	119272.0	395	11775
阳春市双窖镇	27900	39428	29654	12324	15332.0	375	4862
阳春市八甲镇	28000	48521	32369	7900	21143.0	520	6250
清城区源潭镇	23111	95800	45246	28978	1019004.0	700	37567
清城区龙塘镇	13906	82719	53978	24081	1762592.0	125	11984
清城区石角镇	17797	98678	60829	36230	3168610.0	165	10032
清城区飞来峡镇	35902	85532	48171	25754	97270.0	216	12459
清新区太和镇	8600	200319	103677	89162	1075432.0	1620	177835
清新区太平镇	19907	66135	47932	32570	692500.0	200	10752
清新区山塘镇	8456	59126	29212	10200	89133.0	120	2856
清新区三坑镇	10800	50985	31273	12184	52504.0	380	9070
清新区龙颈镇	58300	65242	51110	21529	274623.0	35	2806
清新区禾云镇	43362	70859	56425	27406	600500.0	804	6715
清新区浸潭镇	46400	62140	53968	28701	14359.5	120	12811
清新区石潭镇	29930	64702	37967	12774	235800.0	300	10046
佛冈县石角镇	34768	135855	41359	17927	653925.0	1585	66767
佛冈县水头镇	14621	24651	13701	3058	6223.0	153	1932
佛冈县汤塘镇	22936	73727	39920	28357	394192.0	320	3818
佛冈县龙山镇	16047	42031	25752	13621	448364.0	68	3418
佛冈县高岗镇	17403	24515	17440	2044		100	779
佛冈县迳头镇	18504	30967	19067	10254	112354.0	82	4525
阳山县青莲镇	21298	25166	21433	12239	5511.0	196	5750
阳山县江英镇	30305	24344	15945	9991	7001.0	148	10003
阳山县杜步镇	15773	18231	9232	3509	21702.0	140	6226
阳山县七拱镇	31323	35951	22763	5060	103301.0	238	11006
阳山县太平镇	25997	27364	23299	3564	5133.0	200	11556
阳山县杨梅镇	17689	3562	3280	460	7554.0	60	1330
阳山县大崀镇	9601	10028	3982	1017	7987.0	148	3825
阳山县小江镇	22692	19205	11454	5712	4029.0	199	8615
阳山县岭背镇	22976	20309	13565	679	3380.0	236	10620
阳山县黄岔镇	15662	9591	6017	738	3620.0	126	3901
阳山县黎埠镇	26917	45528	15051	2100	11857.0	263	14286
阳山县阳城镇	29974	101067	38890	27213	185602.0	1410	61298

续表 380 （广东省） 计算单位：公顷、人、万元

名　　称	行政区域面　　积	常住人口	从业人员	二三产业从业人员	工　业总产值	城镇建成区 面 积	城镇建成区常住人口
阳山县秤架瑶族乡	56673	12648	8702	996	16235.0	152	3224
连山壮族瑶族自治县永和镇	19726	23108	12790	4184	18400.0	54	2738
连山壮族瑶族自治县吉田镇	17340	29544	7356	3735	117624.9	332	15210
连山壮族瑶族自治县太保镇	14787	11226	6615	2470	6202.0	39	2810
连山壮族瑶族自治县禾洞镇	12767	8061	3116	235	6360.0	9	750
连山壮族瑶族自治县福堂镇	18937	18264	9446	5268	4673.0	26	2278
连山壮族瑶族自治县小三江镇	28074	14792	8254	3849	64723.0	46	4320
连山壮族瑶族自治县上帅镇	10214	4280	2535	427	6262.0	5	478
连南瑶族自治县三江镇	21887	42101	13674	6070	87954.0	1270	17413
连南瑶族自治县大麦山镇	14348	19196	11638	2157		100	3601
连南瑶族自治县寨岗镇	33041	50555	23685	14372	21855.0	125	15861
连南瑶族自治县三排镇	14957	25278	14088	4925		150	2948
连南瑶族自治县涡水镇	13198	8027	4479	1417		50	1580
连南瑶族自治县大坪镇	9894	12784	7409	3354		100	2751
连南瑶族自治县香坪镇	16766	10936	6485	967		50	2468
英德市沙口镇	32227	47153	20560	8978	55409.0	320	10629
英德市望埠镇	20730	55415	22203	15117	624466.0	42	13095
英德市横石水镇	11847	32857	14849	2032		200	1607
英德市桥头镇	14555	35148	14379	4072	192842.0	300	2642
英德市青塘镇	12151	33290	17344	4048	169623.0	160	4120
英德市白沙镇	16280	35907	11588	2449	47107.0	210	2235
英德市大站镇	24597	42416	24802	11391	49707.0	399	9432
英德市西牛镇	24522	49463	22281	1639	26561.0	200	9908
英德市九龙镇	23561	33932	29918	5646	36614.0	210	7394
英德市含光镇	23594	68810	34995	20189	7584.0	810	25000
英德市大湾镇	38195	85591	47179	15987	8960.0	300	16814
英德市石灰铺镇	22695	39345	20107	8766	20003.0	220	5518
英德市石牯塘镇	33255	37859	16440	2170	6109.0	88	2055
英德市下太镇	17409	11350	5297	936	20851.0	30	2945
英德市波罗镇	17295	14942	5673	331		100	546
英德市横石塘镇	20183	22751	13820	3017	327.0	110	3142
英德市大洞镇	18479	15459	7860	1039		250	943
英德市连江口镇	38040	35614	19094	15424	58965.0	351	13598
英德市黎溪镇	28499	32746	12569	3067	80093.0	30	14603
英德市水边镇	10514	20412	10802	506		60	5673
英德市英红镇	21875	34384	16644	4351	80553.0	661	3678
英德市东华镇	55869	89983	53070	17098	412769.0	106	2615
英德市黄花镇	20547	48543	19293	9126		96	10324
连州市连州镇	17570	157431	39306	23876	437669.0	1474	73604
连州市星子镇	47890	43633	22365	9685	36259.0	274	21300
连州市大路边镇	23070	47797	26852	10167	29258.0	75	6295
连州市龙坪镇	36170	37497	17534	12299	23174.0	169	4569
连州市西岸镇	21830	48037	22043	6210	14993.0	700	6801
连州市保安镇	18840	37951	15585	3758	24535.0	77	6347
连州市丰阳镇	17770	29640	10058	1810	15215.0	82	1697
连州市东陂镇	11590	23885	8416	3419	17469.0	121	4691
连州市九陂镇	17000	27532	18162	4944	19974.0	48	2400
连州市西江镇	19260	12086	6762	3551	44034.0	50	4320
连州市瑶安瑶族乡	22040	11494	6531	3623	14894.0	50	2200
连州市三水瑶族乡	13720	3337	2066	530	6955.0	3	171

续表 381　　（广东省）　　计算单位：公顷、人、万元

名　称	行政区域面积	常住人口	从业人员	二三产业从业人员	工业总产值	城镇建成区面积	城镇建成区常住人口
东莞市石碣镇	3621	247700	193256	191304	4786941.0	3621	247700
东莞市石龙镇	1383	143300	95617	95273	2411900.0	1383	143300
东莞市茶山镇	4540	157330	123554	122394	2619997.0	2720	104887
东莞市石排镇	4870	160900	120692	111279	1495008.0	4870	160900
东莞市企石镇	5829	123000	95940	83640	1376587.0	5829	123000
东莞市横沥镇	4467	205700	165929	164147	2012397.0	4467	205700
东莞市桥头镇	5600	165400	135958	129415	2698141.0	1323	65263
东莞市谢岗镇	9104	98200	48309	45326	1402966.0	9104	98200
东莞市东坑镇	2380	137100	96221	94871	2782346.0	2380	137100
东莞市常平镇	10300	390523	326996	326803	4452554.0	10300	390523
东莞市寮步镇	7138	419700	189219	187979	5569373.0	7138	419700
东莞市樟木头镇	11878	134927	51673	51156	1256387.8	11878	134927
东莞市大朗镇	11800	313900	172645	170751	4623418.0	11800	313900
东莞市黄江镇	9800	234505	208299	191988	3149391.0	9800	234505
东莞市清溪镇	14000	315900	282237	280431	5480303.0	14000	315900
东莞市塘厦镇	12800	487300	485300	476295	7648016.0	12800	487300
东莞市凤岗镇	8250	318612	205261	204264	3673475.0	8250	318612
东莞市大岭山镇	9553	281200	210547	210007	4403200.0	2853	281080
东莞市长安镇	9800	662349	569888	565215	11665186.0	5600	662243
东莞市虎门镇	17850	639300	559197	554264	7169232.0	17850	639300
东莞市厚街镇	12507	437915	343226	340561	8587294.0	5600	437915
东莞市沙田镇	11154	179400	116610	116027	2363579.0	11154	179400
东莞市道滘镇	6300	141700	107849	94798	1802817.0	3526	120445
东莞市洪梅镇	3320	58300	42627	39947	2070212.0	3317	58300
东莞市麻涌镇	9111	120900	75932	65585	5712603.0	9111	120900
东莞市望牛墩镇	3157	85900	53503	49731	1136233.0	3157	85900
东莞市中堂镇	6000	140505	86672	82635	2603824.0	6000	140505
东莞市高埗镇	3440	217500	152200	140600	2373601.0	3440	217500
中山市小榄镇	7540	322442	245133	241307	5929000.0	7540	322442
中山市黄圃镇	8800	147572	107773	101046	3383038.0	4800	120782
中山市民众镇	12187	110145	69436	56133	1014073.0	818	46321
中山市东凤镇	5624	126347	84266	80739	3336326.0	415	46319
中山市东升镇	7582	122359	84567	75694	3439715.0	2244	97968
中山市古镇镇	4780	150647	101582	96696	2144241.0	2340	74065
中山市沙溪镇	5500	122659	90047	86018	1986700.0	2600	14843
中山市坦洲镇	13000	223134	112256	102006	3045428.0	1754	96821
中山市港口镇	7127	117666	72368	66134	1311218.0	853	74960
中山市三角镇	7013	122900	85095	79056	2846580.0	400	6730
中山市横栏镇	7628	106207	89720	80381	748359.0	140	3864
中山市南头镇	2575	133048	70123	69853	4214426.0	2575	133048
中山市阜沙镇	3710	58502	48543	42845	1139566.0	1690	11652
中山市南朗镇	21886	108884	72081	68771	2477759.0	1341	50310
中山市三乡镇	9361	203509	153616	151031	1273177.0	1692	36784
中山市板芙镇	7970	83868	74577	74125	1795221.0	640	11500
中山市大涌镇	4066	74523	54090	51989	1079757.0	1240	65740
中山市神湾镇	6093	31621	22718	19706	774935.0	186	9331
湘桥区意溪镇	7200	47862	23079	15381	73104.0	977	39114
湘桥区磷溪镇	6900	83350	40524	23557	124500.0	350	22187
湘桥区铁铺镇	6680	27622	20890	16100	186520.0	156	12665
湘桥区官塘镇	2800	30383	11451	1465	285277.0	500	15419

续表 382 （广东省） 计算单位：公顷、人、万元

名　　称	行政区域面积	常住人口	从业人员	二三产业从业人员	工业总产值	城镇建成区面积	城镇建成区常住人口
潮安区古巷镇	6112	92183	38572	34318	1236000.0	806	14329
潮安区登塘镇	15732	38627	22804	16332	108227.0	96	8965
潮安区凤塘镇	3858	95700	35527	25302	825950.0	314	13881
潮安区浮洋镇	3884	102800	47947	33868	635630.0	100	11818
潮安区龙湖镇	2082	62100	27853	21605	333545.0	190	13641
潮安区金石镇	2246	73356	23608	11115	325517.0	250	3844
潮安区沙溪镇	3487	60911	20086	9892	206921.0	372	25749
潮安区彩塘镇	4387	113131	55075	43196	1578862.0	415	31298
潮安区东凤镇	3423	95800	38429	27282	641108.0	315	49300
潮安区庵埠镇	3041	157982	60190	46570	1730600.0	3041	157982
潮安区江东镇	3805	71300	35614	28570	342460.0	923	21968
潮安区归湖镇	12817	22108	16227	8215	12242.0	128	3274
潮安区文祠镇	7146	14336	10496	5821	47367.0	210	986
潮安区凤凰镇	22706	38035	19480	2630	23500.0	90	11958
潮安区赤凤镇	8857	5600	3428	2100	3098.0	3	2800
潮安区枫溪镇	2447	148338	60406	59351	3377810.0	2447	148338
饶平县黄冈镇	8860	219836	77643	67077	630000.0	2000	198645
饶平县上饶镇	9946	47780	22750	14878	39520.0	800	21560
饶平县饶洋镇	8470	52319	29875	7096	80121.0	98	9840
饶平县新丰镇	11738	66379	23700	15200	203606.0	23	20500
饶平县建饶镇	7245	11791	9840	881	8825.0	160	1726
饶平县三饶镇	8425	48362	29794	25074	337500.0	600	26955
饶平县新塘镇	7995	15240	8722	4732	9500.0	115	5500
饶平县汤溪镇	8083	7733	6140	3760	6400.0	25	1978
饶平县浮滨镇	15902	18692	12284	1078	13250.0	30	2125
饶平县浮山镇	6972	22852	17019	6969	6542.0	362	14560
饶平县东山镇	7446	16308	11475	3328	3421.0	590	2137
饶平县新圩镇	9328	26906	24601	10315	10212.0	700	13375
饶平县樟溪镇	10817	14286	9765	3055	2165.5	17	2865
饶平县钱东镇	12266	102571	66446	38461	224533.0	720	51759
饶平县高堂镇	2542	19345	7838	2370	36352.5	2	3573
饶平县联饶镇	8210	29211	12712	7323	17700.0	30	2353
饶平县所城镇	5200	33662	21005	6610	9218.0	397	17186
饶平县大埕镇	3195	27167	11253	2033	4550.0	350	18000
饶平县柘林镇	1198	13596	9953	5936	12948.0	400	11765
饶平县汫洲镇	4260	57480	18140	14390	52412.0	145	50770
饶平县海山镇	5117	69154	33087	14529	32630.0	627	19603
榕城区渔湖镇	4422	117150	73579	43157	2367152.0	23	15271
榕城区炮台镇	5400	131865	80991	53423	971838.0	560	54889
榕城区地都镇	8700	104856	55183	28905	520000.0	40	3053
榕城区登岗镇	3500	79510	29460	29460	122908.0	300	10864
揭东区云路镇	6720	78911	35923	21636	719687.0	630	24991
揭东区玉窖镇	3800	48507	28084	19944	388167.0	65	1890
揭东区锡场镇	4875	110810	55873	39886	773262.8	310	43158
揭东区新亨镇	9660	101021	43156	22965	339500.0	1055	6658
揭东区玉湖镇	13500	83053	61636	35085	150275.0	361	4450
揭东区埔田镇	8130	56479	29564	21061	162910.0	250	7950
揭东区霖磐镇	2807	82290	31313	15270	178938.0	200	3299
揭东区月城镇	1800	57077	26839	15583	229300.0	35	6281
揭东区白塔镇	6300	106080	76627	35757	239838.0	521	32191

续表 383　　（广东省）　　计算单位：公顷、人、万元

名　　称	行政区域面　　积	常住人口	从业人员	二三产业从业人员	工　业总产值	城镇建成区 面 积	城镇建成区常住人口
揭东区龙尾镇	4800	23658	17105	3463	42425.0	200	3466
揭东区桂岭镇	3125	42525	29130	10250	41309.0	280	2899
揭西县龙潭镇	7783	33379	16312	12316	23665.0	160	6880
揭西县南山镇	13625	32160	15103	10532	81200.0	182	7796
揭西县五经富镇	18820	53074	31613	23827	27800.0	312	9009
揭西县京溪园镇	7438	42248	30288	22965	183032.0	300	6850
揭西县灰寨镇	5280	36210	28035	21002	218000.0	220	5450
揭西县塔头镇	2913	52058	20813	15452	67100.0	320	9909
揭西县东园镇	2773	32997	18228	13807	1280.0	130	6231
揭西县凤江镇	3368	73628	39195	29594	263800.0	200	8681
揭西县棉湖镇	3103	187466	48476	36846	768833.0	700	55618
揭西县金和镇	5133	53618	29462	22021	222800.0	200	14479
揭西县大溪镇	3550	19258	11562	8672	3865.0	80	4079
揭西县钱坑镇	4775	30033	16862	12816	30270.0	81	5414
揭西县坪上镇	9140	30227	22620	17257	45600.0	200	6029
揭西县五云镇	14795	46179	26650	20192	84400.0	227	7428
揭西县上砂镇	12288	42920	28283	18643	9500.0	330	6247
揭西县良田乡	12343	21531	7723	5843			
惠来县惠城镇	17300	155271	68328	31156	1260288.0	17200	134290
惠来县华湖镇	6100	74158	27463	19450	383053.0	600	18831
惠来县仙庵镇	8356	96204	55737	24512	93400.0	35	34604
惠来县靖海镇	4900	63372	23945	15870	276055.0	546	24861
惠来县周田镇	7430	84700	34537	14714	192503.0	1618	16583
惠来县前詹镇	6100	40363	32656	14332	111691.0	620	12890
惠来县神泉镇	5086	64356	25236	9753	487800.0	280	31264
惠来县东陇镇	5400	80027	32805	23802	228403.0	400	19393
惠来县岐石镇	5000	75436	21367	13765	106183.0	50	16247
惠来县隆江镇	13216	120829	49267	23775	381675.0	215	45892
惠来县溪西镇	4898	71378	42010	9510	199824.0	120	17110
惠来县鳌江镇	6100	59773	19836	10040	114414.0	280	11232
惠来县东港镇	5200	38826	22803	6185	123522.0	41	8897
惠来县葵潭镇	15600	106189	36379	22692	902415.0	650	58507
普宁市赤岗镇	2400	45980	27590	19475	54000.0	250	13739
普宁市大坝镇	5900	97105	43020	13000	99600.0	475	26000
普宁市洪阳镇	6600	139945	63180	45070	230650.0	800	68560
普宁市南溪镇	5000	82046	29273	11615	79200.0	400	10025
普宁市广太镇	3730	51478	35662	15400	28910.0	350	2211
普宁市麒麟镇	5600	81072	46720	31570	53984.0	85	8449
普宁市南径镇	5289	145586	40276	11716	160000.0	430	27060
普宁市占陇镇	5200	182969	70530	50080	3786000.0	1010	9221
普宁市军埠镇	2720	109583	38606	27000	1288098.0	300	5894
普宁市下架山镇	8200	105200	45078	28300	189000.0	100	15967
普宁市高埔镇	10500	69822	27461	17552	173000.0	380	12416
普宁市云落镇	10300	62635	15440	12514	142506.0	1020	16218
普宁市大坪镇	7600	30669	9816	5508	95640.0	200	6195
普宁市船埔镇	13300	39100	14100	5160	25000.0	280	5000
普宁市梅林镇	14700	51137	13303	10653	32541.0	150	16044
普宁市里湖镇	8490	88158	39910	26594	614500.0	1320	42800
普宁市梅塘镇	7600	107521	42650	28080	827461.0	115	16650
普宁市后溪乡	8100	12258	6830	5620	4750.0	70	3542

续表 384 （广东省） 计算单位：公顷、人、万元

名称	行政区域面积	常住人口	从业人员	二三产业从业人员	工业总产值	城镇建成区面积	城镇建成区常住人口
云城区前锋镇	13370	25867	13716	2120	89683.0	250	6617
云城区腰古镇	10890	33450	11541	5469	102556.0	113	2040
云城区思劳镇	9550	19263	13673	3553	143495.0	50	1080
云城区南盛镇	13934	33375	24695	2665	18510.7	102	4250
云安区六都镇	20400	45934	30137	10562	1177888.7	200	29041
云安区高村镇	18459	20957	20391	5126	13015.0	200	1626
云安区白石镇	7400	24473	18520	5615	37801.0	310	1319
云安区镇安镇	11001	41833	31892	14112	62293.1	170	6500
云安区富林镇	16470	48524	38324	26268	9519.9	130	11025
云安区石城镇	18100	44544	24527	12030	182861.5	100	5842
云安区都杨镇	25483	53986	24221	9023	238000.0	500	4062
新兴县新城镇	11700	138652	69237	51705	2360000.0	1776	96105
新兴县车岗镇	8820	23270	17468	6390	18500.0	110	913
新兴县水台镇	7440	18627	13077	4347	292902.0	240	549
新兴县稔村镇	11250	39172	18006	11866	243690.0	878	5317
新兴县东成镇	12000	27595	19565	14569	120200.0	80	2759
新兴县太平镇	15800	63330	32050	20730	98661.0	144	1486
新兴县里洞镇	12800	17395	11550	4800	5550.0	102	589
新兴县大江镇	8901	8011	4337	1431	7606.0	45	1608
新兴县天堂镇	13390	66478	39268	9050	215000.0	530	8687
新兴县河头镇	16370	22189	13059	1512	35300.0	145	848
新兴县簕竹镇	10180	14887	11849	3297	345605.0	4145	6285
新兴县六祖镇	18690	58172	35830	16431	16418.0	18	1158
郁南县都城镇	9260	84673	60593	43810	174359.7	3000	78099
郁南县平台镇	13200	22879	18025	3245	30125.0	25	2831
郁南县桂圩镇	16690	27805	15849	2148	21025.0	105	3269
郁南县通门镇	15870	18660	10267	2779	14894.0	120	2358
郁南县建城镇	22260	31093	25699	16954	253634.2	250	1548
郁南县宝珠镇	9600	14778	5586	3564	2895.7	100	901
郁南县大方镇	6470	9512	7433	4310	9826.0	80	960
郁南县千官镇	19100	36513	24546	11386	39700.0	150	10265
郁南县大湾镇	4590	16481	12413	5675	216480.0	70	2326
郁南县河口镇	7655	31864	14093	6635	25735.7	500	3315
郁南县宋桂镇	8180	16663	11772	5201	30300.0	240	1726
郁南县东坝镇	10690	42120	10436	4386	48000.0	50	2388
郁南县连滩镇	9800	43648	39130	22470	20320.0	350	14430
郁南县历洞镇	13130	13797	7820	2286	2863.0	30	2414
郁南县南江口镇	20070	28900	18550	10740	187562.0	300	7800
罗定市罗镜镇	16140	66608	57977	27025	27616.0	328	16425
罗定市太平镇	9380	45715	40255	20743	21065.0	260	4812
罗定市分界镇	9750	24356	18678	9048	4132.0	143	6190
罗定市罗平镇	13580	59335	51288	23593	22158.0	204	4879
罗定市船步镇	12920	59235	48630	23665	111436.0	34	9202
罗定市满塘镇	8410	30098	25863	13640	86445.0	334	4033
罗定市苹塘镇	8840	28708	24714	12264	97851.0	150	5379
罗定市金鸡镇	8610	23535	19700	9442	33493.0	235	3241
罗定市围底镇	6610	30482	24370	11082	79431.0	310	1506
罗定市华石镇	6250	21977	19047	10159	15464.0	280	3267
罗定市林滨镇	15410	31219	28514	14528	27593.0	90	6352
罗定市黎少镇	13420	39489	34332	17647	17882.0	200	4835

续表 385 （广东省、广西壮族自治区） 计算单位：公顷、人、万元

名　　称	行政区域面　　积	常住人口	从业人员	二三产业从业人员	工　业总产值	城镇建成区 面 积	城镇建成区常住人口
罗定市生江镇	6200	27257	23575	12087	9566.0	180	5350
罗定市连州镇	12540	38831	33573	16555	8466.0	166	4433
罗定市泗纶镇	23380	53296	45408	22329	28662.0	251	4795
罗定市加益镇	7930	18791	15967	7856	6604.0	125	4482
罗定市龙湾镇	12620	22871	18754	9244	8254.0	130	2739
广西壮族自治区							
兴宁区三塘镇	19200	77655	33434	10389	94179.0	250	2850
兴宁区五塘镇	28000	61182	43037	16913	57463.0	167	16501
兴宁区昆仑镇	13300	29350	19217	9118	3778.0	70	1965
青秀区刘圩镇	16389	57012	30597	11734	7111.0	103	3756
青秀区南阳镇	9700	33825	15451	862	7851.4	48	3245
青秀区伶俐镇	26400	36870	25582	582	17007.0	180	4200
青秀区长塘镇	18954	31391	19060	468	2124.0	17	1415
江南区吴圩镇	39400	107700	42200	22100	273120.0	500	36800
江南区苏圩镇	22300	68770	47677	19077	19308.0	151	11238
江南区延安镇	13189	22697	18623	1888	3850.0	32	3025
江南区江西镇	21400	42986	42735	11012	6339.0	200	3364
西乡塘区金陵镇	22100	76895	40497	6472	42840.0	369	18890
西乡塘区双定镇	18800	30970	20668	3721	128349.0	21	3716
西乡塘区坛洛镇	33500	79922	45622	1846	123694.0	588	15402
良庆区良庆镇	8710	48864	17596	2100	21170.0	100	4500
良庆区那马镇	16766	28345	13948	793	6500.0	470	5011
良庆区那陈镇	29300	33684	29277	1124	7246.0	48	4650
良庆区大塘镇	49800	49689	35481	6305	41213.0	72	10090
良庆区南晓镇	29365	45091	26300	10190	7006.0	47	2638
邕宁区蒲庙镇	24899	140889	68883	23083	171637.0	400	39246
邕宁区那楼镇	35431	81403	69871	18698	3003.0	178	4281
邕宁区新江镇	16500	32480	15790	6880	2133.4	111	1553
邕宁区百济镇	31000	40571	32159	13883	1166.0	150	2412
邕宁区中和乡	17613	32158	28000	8000	746.5		
武鸣县城厢镇	24477	108951	45593	20831	188653.0	1050	57578
武鸣县太平镇	36500	38388	30513	12633	21142.0	30	2650
武鸣县双桥镇	20418	54728	44604	11662	108502.0	630	6284
武鸣县宁武镇	23222	30188	29751	7010	194367.0	435	5225
武鸣县锣圩镇	38300	65626	41974	5397	78957.0	400	8248
武鸣县仙湖镇	20300	44024	34247	6035	7190.0	335	6165
武鸣县府城镇	26462	58878	36766	5633	12434.0	168	5273
武鸣县陆斡镇	24588	61658	45387	4974	31952.0	552	5845
武鸣县两江镇	20030	31885	23457	2184	8475.0	600	3176
武鸣县罗波镇	16292	38087	18000	3301	55769.0	1056	5460
武鸣县灵马镇	19500	38811	36101	26856	33369.0	104	4485
武鸣县甘圩镇	9257	24663	10234	2822	104026.0	212	7210
武鸣县马头镇	16100	24326	14530	1418	37474.0	112	1853
隆安县城厢镇	38600	63577	31099	19424	19286.0	381	30579
隆安县南圩镇	31098	53291	35751	11505	12319.0	512	12055
隆安县雁江镇	12800	18937	14232	5709	3577.0	113	3588
隆安县那桐镇	18700	49562	32777	8212	83000.0	186	9876
隆安县乔建镇	21700	30732	30290	11632	10082.0	227	9998
隆安县丁当镇	26900	28676	28298	6998	10981.0	268	6714
隆安县古潭乡	10800	27834	19511	1261	10574.0	250	3523

续表 386　（广西壮族自治区）　计算单位：公顷、人、万元

名称	行政区域面积	常住人口	从业人员	二三产业从业人员	工业总产值	城镇建成区面积	城镇建成区常住人口
隆安县都结乡	21500	28455	26342	8601	4122.0	106	5805
隆安县布泉乡	17300	15721	13091	3016	1329.0	173	3287
隆安县屏山乡	23400	11304	6585	1100	2050.0	359	3290
马山县白山镇	22336	84722	50660	26196	64173.0	980	48000
马山县百龙滩镇	8783	22164	13185	5625	42660.0	5	4012
马山县林圩镇	30624	95794	63542	21687	23595.0	24	2306
马山县古零镇	25549	57639	52510	22889	4563.0	150	6672
马山县金钗镇	12603	31094	18914	11656	4385.0	23	3258
马山县周鹿镇	33162	94323	52474	29953	8642.0	70	5041
马山县永州镇	21567	55953	33505	21350	4875.0	9	14667
马山县乔利乡	17275	41268	19516	13006	3890.0		
马山县加方乡	20469	30475	19160	9555	923.0		
马山县古寨瑶族乡	15261	21139	16131	7920	1099.0		
马山县里当瑶族乡	14585	21316	18245	5445	985.0		
上林县大丰镇	18584	54500	28241	11441	52844.0	65	54500
上林县明亮镇	9734	26696	18583	3983	365.0	8	4167
上林县巷贤镇	15733	42879	29339	6600	45.0	6	2545
上林县白圩镇	23349	80662	46973	5410	170.0	15	7300
上林县三里镇	18985	57111	35902	2692	6010.0	50	7288
上林县乔贤镇	12637	37347	21350	3980	165.0	5	9920
上林县西燕镇	23089	43290	29768	7268	1380.0	3	6230
上林县澄泰乡	12006	39696	20895	1739		89	2100
上林县木山乡	14983	20838	13647	1747		10	1100
上林县塘红乡	18422	29500	24447	7447	140.0		
上林县镇圩瑶族乡	11278	24935	13708	2838	476.0	556	3481
宾阳县宾州镇	22861	272010	163370	103470	397831.0	655	81750
宾阳县黎塘镇	21900	138276	87492	70074	634486.0	1600	59613
宾阳县甘棠镇	18900	37249	34308	12932	14225.0	136	12237
宾阳县思陇镇	16774	59372	36611	7098	20937.0	10	3271
宾阳县新桥镇	9793	83512	46934	10300	71565.0	150	15219
宾阳县新圩镇	6578	21784	19721	6762	12852.0	20	2500
宾阳县邹圩镇	14377	47926	24375	7428	14653.0	160	5621
宾阳县大桥镇	10531	80635	53378	22847	173131.0	108	8838
宾阳县武陵镇	14690	52143	52043	19062	47384.0	190	8271
宾阳县中华镇	7470	35952	23139	11861	18027.0	75	1785
宾阳县古辣镇	10909	55630	36022	10270	87275.0	112	12450
宾阳县露圩镇	12759	37012	23968	11112	6241.0	136	6968
宾阳县王灵镇	14852	39365	18544	6303	28864.0	23	8120
宾阳县和吉镇	11544	42780	18760	3660	5136.0	13	3700
宾阳县洋桥镇	10575	54000	31622	12980	46548.0	45	9013
宾阳县陈平镇	15350	26493	16840	3584	2470.0	165	2572
横县横州镇	17896	161935	49345	14683	392125.0	33	2860
横县百合镇	18982	106300	48520	22910	17300.0	232	13345
横县那阳镇	13817	55237	35655	12785	149565.0	7	7794
横县南乡镇	32833	96874	53905	11513	5378.0	80	16407
横县新福镇	34369	57358	30850	900	5800.0	63	4980
横县莲塘镇	13296	43898	24290	4400	20128.0	60	3836
横县平马镇	13455	29662	29654	3935	2494.0	30	4957
横县峦城镇	7859	58372	21486	18059	75089.0	150	13225
横县六景镇	31796	102469	81449	48876	18451.0	326	5339

续表 387　　（广西壮族自治区）　　计算单位：公顷、人、万元

名　　称	行政区域面积	常住人口	从业人员	二三产业从业人员	工业总产值	城镇建成区面积	城镇建成区常住人口
横县石塘镇	20384	70700	45454	14554	52100.0	60	4050
横县陶圩镇	17925	88501	54500	32804	31218.0	90	8125
横县校椅镇	23661	102105	101914	34754	50000.0	247	9625
横县云表镇	25139	80990	50465	15615	48530.0	120	6930
横县马岭镇	9243	29700	18594	6562	81857.0	68	3754
横县马山乡	13087	61053	38629	22364	117816.0	6	1526
横县平朗乡	12534	29116	28945	6785	397.0	25	4667
横县镇龙乡	21034	19250	10600	4800	1850.0	12	2350
鱼峰区雒容镇	35300	96989	48251	17995	1075000.0	240	30000
鱼峰区洛埠镇	1530	8137	3606	2046	31200.0	1530	8137
柳南区太阳村镇	11200	40800	23674	14294	127700.5	13	965
柳北区石碑坪镇	8900	20200	12269	1976	370352.0	19	2401
柳北区沙塘镇	8716	57086	27824	22271	1162976.0	405	30950
柳北区长塘镇	7600	35927	23757	14432	585127.0	4410	22455
柳江县拉堡镇	4578	205808	60923	51886	809500.0	510	7950
柳江县里雍镇	24355	32721	20816	2430		30	1302
柳江县百朋镇	32200	71500	29622	8410		400	8293
柳江县成团镇	13360	58445	31541	3876		81	2307
柳江县洛满镇	21644	36750	17208	4630		102	5105
柳江县流山镇	14671	22411	15570	2682	11208.0	65	1164
柳江县三都镇	12700	36645	21155	2525	11513.0	864	4301
柳江县里高镇	21255	25982	14600	4147	1850.0	260	2710
柳江县进德镇	11932	57369	34793	11117	68958.0	100	3580
柳江县穿山镇	44762	65928	40401	2801		86	4009
柳江县土博镇	41667	47671	18365	4865		126	1269
柳江县白沙乡	14580	20808	10410	2400	13110.0	100	1385
柳城县大埔镇	25103	75322	25030	5195	363919.0	570	41233
柳城县龙头镇	11654	17066	10064	1476	869.0	65	1093
柳城县太平镇	29847	41360	23587	6516	4460.0	30	3660
柳城县沙埔镇	15433	31136	20134	6260	157818.0	56	3483
柳城县东泉镇	26236	57582	31210	4020	4200.0	90	4530
柳城县凤山镇	11903	18010	11108	442	21566.0	69	5418
柳城县六塘镇	16778	28212	16493	8427	191450.0	75	2693
柳城县冲脉镇	8615	15401	12615	5330	2352.0	43	1950
柳城县寨隆镇	8396	13222	10502	841	1957.0	61	3250
柳城县古砦仫佬族乡	24757	30251	18588	5413	1260.0	250	5600
柳城县马山乡	14861	21635	12860	3319	52547.0	46	5053
柳城县社冲乡	12867	15339	8905	1379	14538.0		
鹿寨县鹿寨镇	43800	130187	35944	14307	900000.0	1872	95900
鹿寨县中渡镇	37400	32778	20213	8879	6230.0	355	3214
鹿寨县寨沙镇	35600	60543	47582	7717	13000.0	152	6002
鹿寨县平山镇	32300	33476	25270	8190	4000.0	80	1504
鹿寨县黄冕镇	43700	29452	18160	5092	92905.0	54	7100
鹿寨县四排镇	35600	30320	29646	2067	2560.0	126	8246
鹿寨县江口乡	16800	10344	9564	659	1450.0		
鹿寨县导江乡	17500	10402	10212	2156	4812.0		
鹿寨县拉沟乡	24700	7362	6915	363	820.0		
融安县长安镇	22988	115605	37337	17723	300138.0	207	60150
融安县浮石镇	30285	32552	18862	4632	107376.0	250	3200
融安县泗顶镇	28283	18888	11642	1537	15000.0	156	1305

续表 388　　（广西壮族自治区）　　计算单位：公顷、人、万元

名　　称	行政区域面积	常住人口	从业人员	二三产业从业人员	工业总产值	城镇建成区面积	城镇建成区常住人口
融安县板榄镇	42100	24075	13621	3010	13700.0	86	2579
融安县大将镇	25800	25727	16410	1900	1260.0	38	2520
融安县大良镇	20300	25038	15881	2119	2556.0	200	2556
融安县雅瑶乡	2400	15520	9270	4490	3953.0		
融安县大坡乡	21400	14502	9390	456	1036.0		
融安县东起乡	9609	10305	7121	2006	181.0		
融安县沙子乡	14200	13486	5870	1767	29310.0		
融安县桥板乡	23461	19996	13025	7856	7100.0		
融安县潭头乡	17599	23347	14784	4086	500.0		
融水苗族自治县融水镇	26327	90638	25991	6013	352847.0	560	45171
融水苗族自治县和睦镇	15684	25254	14241	5140	68420.0	107	3632
融水苗族自治县三防镇	22222	23307	11795	2947	1248.0	26	1263
融水苗族自治县怀宝镇	26119	17154	8806	2182	620.0	106	1420
融水苗族自治县永乐乡	18822	29381	15462	3831	85.0		
融水苗族自治县四荣乡	27481	19752	10031	2546	815.0		
融水苗族自治县香粉乡	14061	13945	7819	1299	150.0		
融水苗族自治县安太乡	27260	24174	12633	3160	940.0		
融水苗族自治县洞头乡	20490	20153	9632	2181	513.0		
融水苗族自治县汪洞乡	22836	17673	8601	425	506.0		
融水苗族自治县同练瑶族乡	19113	10962	5948	1492	341.0		
融水苗族自治县滚贝侗族乡	27763	19556	9877	998	3285.0		
融水苗族自治县杆洞乡	29587	24758	13149	3302	3585.0		
融水苗族自治县安陲乡	28606	22673	11672	2863	7800.0		
融水苗族自治县大浪乡	21255	23359	10864	2287	11520.0		
融水苗族自治县白云乡	24951	32607	18410	1773	624.0		
融水苗族自治县红水乡	13488	24184	12117	3485	210.0		
融水苗族自治县拱洞乡	15267	26470	13323	3298	120.0		
融水苗族自治县良寨乡	13205	18666	10853	4632	43.0		
融水苗族自治县大年乡	10474	17613	10639	1646	150.0		
三江侗族自治县古宜镇	20791	50015	18941	7400	82528.0	600	32980
三江侗族自治县斗江镇	27860	23278	18278	2160	23200.0	39	4140
三江侗族自治县丹洲镇	23961	14660	10152	3632	4500.0	2227	3306
三江侗族自治县八江镇	24750	35306	26732	11105	2300.0	16	2284
三江侗族自治县林溪镇	15311	30322	17756	8697	4281.0	31	3865
三江侗族自治县独峒乡	17863	49557	28491	5319	3534.0		
三江侗族自治县同乐苗族乡	18200	33863	22743	11207			
三江侗族自治县梅林乡	8981	11203	7459	2438	86.6	7	504
三江侗族自治县富禄苗族乡	16546	32400	27745	14845	1760.0		
三江侗族自治县洋溪乡	11992	19860	11400	1002	1227.0		
三江侗族自治县良口乡	17700	31105	24550	1966	309.0		
三江侗族自治县老堡乡	17008	15367	10320	2632	580.0		
三江侗族自治县高基瑶族乡	16200	7787	4768	2222	720.0		
三江侗族自治县和平乡	10870	7647	4115	927	1670.0		
三江侗族自治县程村乡	6284	8990	8902	2299	1499.0		
叠彩区大河乡	3900	25426	13848	3593	500.0		
象山区二塘乡	6297	19698	8570	4775	128870.0		
七星区朝阳乡	4820	16895	7322	4913	36510.0		
雁山区雁山镇	9056	22176	11628	3544	28487.0	10	588
雁山区柘木镇	6697	22305	14673	3855	256929.0	1	21
雁山区大埠乡	8568	14602	8338	2334	11293.0		

续表 389　　（广西壮族自治区）　　计算单位：公顷、人、万元

名　　称	行政区域面　　积	常住人口	从业人员	二三产业从业人员	工　业总产值	城镇建成区 面 积	城镇建成区常住人口
雁山区草坪回族乡	3104	5051	2820	878			
临桂区临桂镇	21985	124676	48259	33759	3123006.0	2198	85806
临桂区六塘镇	10100	40580	24512	9646	34436.0	28	7255
临桂区会仙镇	17450	55724	30700	9954	232841.0	193	2790
临桂区两江镇	26400	73849	37746	10215	71050.0	155	3592
临桂区五通镇	26000	60551	22985	5636	78339.0	418	10875
临桂区四塘镇	14850	45939	29716	7616	204243.0	45	1846
临桂区南边山乡	15970	29690	15310	6010	19300.0		
临桂区茶洞乡	21750	22500	13100	8047	159022.0		
临桂区中庸乡	6130	20675	10450	7342	7012.0		
临桂区宛田瑶族乡	33000	22838	13600	5150	26989.0		
临桂区黄沙瑶族乡	19800	5122	2170	1115	5304.0		
阳朔县阳朔镇	7598	47122	27005	20768	115839.0	46	47122
阳朔县白沙镇	15250	47214	25632	9654	178000.0	179	1476
阳朔县福利镇	22860	48346	29083	9755	102156.0	156	3629
阳朔县兴坪镇	30540	44525	22467	6767	5407.5	350	4311
阳朔县葡萄镇	13140	36200	19600	8400	138000.0	38	1795
阳朔县高田镇	15660	36923	20623	823	19693.0	15	3541
阳朔县金宝乡	20490	33400	19138	10016	63492.0		
阳朔县普益乡	7020	12016	4899	1729	22619.0		
阳朔县杨堤乡	10280	11481	6880	3479	19019.0		
灵川县灵川镇	11429	81802	21663	6681	521979.0	950	48985
灵川县大圩镇	20947	53285	31550	6499	229833.0	255	10525
灵川县定江镇	8529	30451	14312	6335	473663.0	405	8485
灵川县三街镇	18094	21765	10392	2132	143633.0	43	5968
灵川县潭下镇	14643	37975	22982	6545	185416.0	61	5480
灵川县九屋镇	30493	30427	16142	6130	102465.0	67	891
灵川县灵田镇	26738	30157	18079	2758	27630.0	50	1551
灵川县潮田乡	22683	26875	13966	3013	12759.0		
灵川县大境瑶族乡	26520	12776	7284	491	10125.0		
灵川县海洋乡	21883	24358	12954	1304	1372.0		
灵川县兰田瑶族乡	12489	6196	3422	538	10269.0		
灵川县公平乡	15351	13454	7890	4012	1400.0	11	311
全州县全州镇	16920	111479	19360	14599	645197.0	403	81760
全州县黄沙河镇	11200	26555	14294	4356	35782.0	155	9025
全州县庙头镇	12500	34426	16739	2924	3565.0	41	2592
全州县文桥镇	28380	57601	31061	10068	40000.0	6	2466
全州县大西江镇	33750	37328	14392	2567	602335.0	27	1351
全州县龙水镇	27800	53002	30332	4060	56907.0	30	1706
全州县才湾镇	35828	56566	24425	8108	57090.0	300	2078
全州县绍水镇	25000	52000	31319	3419	80000.0	8	15210
全州县石塘镇	27140	78330	34850	5950	3000.0	144	12810
全州县咸水镇	21549	33827	11010	1994	2110.0	3	1648
全州县凤凰镇	18348	60072	29800	14340	97.0	6	1446
全州县安和镇	16180	37630	12613	6610	397850.0	4	3450
全州县两河镇	15370	42325	21883	11098	9284.0	4	2169
全州县永岁乡	17514	41891	27400	12902	33000.0		
全州县枧塘乡	12300	33471	16054	5333	28163.0	71	1100
全州县蕉江瑶族乡	23000	15077	8712	903			
全州县白宝乡	13070	20394	7149	6552	102.0		

续表 390　　（广西壮族自治区）　　计算单位：公顷、人、万元

名　　称	行政区域面　积	常住人口	从业人员	二三产业从业人员	工　业总产值	城镇建成区 面 积	城镇建成区常住人口
全州县东山瑶族乡	42000	34194	17623	4890	8000.0		
兴安县兴安镇	20457	104367	29716	6601	918123.0	1100	47287
兴安县湘漓镇	15960	41725	30300	2630	56404.0	200	910
兴安县界首镇	15913	34413	21211	1843	154340.0	125	9688
兴安县高尚镇	27239	35633	28878	7478	63972.0	100	6583
兴安县严关镇	12163	17477	8550	867	175433.0	134	1191
兴安县溶江镇	46185	50180	27062	4040	360718.0	185	14025
兴安县漠川乡	31200	15785	13302	1095	30421.0		
兴安县白石乡	8804	8489	6092	74	1489.0		
兴安县崔家乡	9504	15530	10561	1476	86000.0		
兴安县华江瑶族乡	42279	14603	8349	3080	135805.0		
永福县永福镇	27896	45523	16202	1692	354851.0	402	36870
永福县罗锦镇	23690	37350	16499	4598	78383.0	350	5442
永福县百寿镇	41337	28488	16149	2474	8753.0	480	6937
永福县苏桥镇	12404	23745	14469	3415	1108203.0	120	5008
永福县堡里乡	38217	22260	13104	2101	51725.0		
永福县广福乡	44510	18430	10395	2145	64069.0		
永福县三皇乡	19901	21783	12084	1917	32460.0		
永福县永安乡	35273	22526	14124	2854	81293.0		
永福县龙江乡	36253	19495	11411	1471	17054.0		
灌阳县灌阳镇	40600	60100	24824	6654	507542.0	730	25713
灌阳县黄关镇	20600	36800	22515	2904	45512.0	210	8573
灌阳县文市镇	14100	31000	20764	7636	162738.0	1454	10435
灌阳县新街镇	16700	36100	23173	3908	246083.0	230	11896
灌阳县洞井瑶族乡	20700	7500	4987	1319	8751.0		
灌阳县观音阁乡	12900	7400	5669	1216	33079.0		
灌阳县西山瑶族乡	18800	10600	6235	1712	8760.0		
灌阳县新圩乡	18300	21400	13564	2022	14812.0	30	7167
灌阳县水车乡	20800	27200	16951	7110	21741.0		
龙胜各族自治县龙胜镇	32000	32266	10574	3059	28745.0	101	30193
龙胜各族自治县瓢里镇	20782	14154	8298	1882	23958.0	60	5992
龙胜各族自治县三门镇	32788	13526	7194	1389	96103.0	75	5911
龙胜各族自治县龙脊镇	23734	15154	9206	1729	26591.0	37	1180
龙胜各族自治县平等镇	34912	28571	11813	1392	28237.0	33	4496
龙胜各族自治县泗水乡	16780	11287	6028	673	28014.0		
龙胜各族自治县江底乡	25117	7748	3923	552	2600.0		
龙胜各族自治县马堤乡	14184	9786	5096	483	2375.0		
龙胜各族自治县伟江乡	15070	7702	3984	589	1603.0		
龙胜各族自治县乐江乡	22788	17806	8289	1268	12450.0		
资源县资源镇	32600	34312	17645	8183	153266.0	41	9105
资源县中峰镇	31918	29772	15569	11070	152350.0	41	5236
资源县梅溪镇	37630	29431	15491	6528	52718.0	368	5459
资源县瓜里乡	24471	21150	12580	3450	61200.0		
资源县车田苗族乡	30900	24486	13575	2996	8339.0		
资源县两水苗族乡	13270	11115	4836	940	260.0		
资源县河口瑶族乡	10900	4973	2260	303	2283.0		
平乐县平乐镇	31360	98794	50423	45528	300115.0	803	62400
平乐县二塘镇	22616	74520	38032	25465	442776.0	178	14265
平乐县沙子镇	19236	43606	19681	5538	117524.0	68	6869
平乐县同安镇	13715	50349	27761	10118	229547.0	52	4664

续表 391　　（广西壮族自治区）　　计算单位：公顷、人、万元

名　　称	行政区域面　积	常住人口	从业人员	二三产业从业人员	工　业总产值	城镇建成区 面 积	城镇建成区常住人口
平乐县张家镇	11740	45387	25640	7295	27199.0	37	3183
平乐县源头镇	23233	51055	25765	8725	50563.0	51	4965
平乐县阳安乡	7378	27414	13856	5623	8824.0	40	3680
平乐县青龙乡	6433	23635	12965	9055	12899.0	24	2847
平乐县桥亭乡	10584	18143	9449	3538	20480.0	25	2659
平乐县大发瑶族乡	45639	18619	11354	2644	21265.0	12	1378
荔浦县荔城镇	9500	69824	42512	36501	732905.0	957	5036
荔浦县东昌镇	14500	23730	16760	7625	18624.0	62	2712
荔浦县新坪镇	25100	28697	20421	11111	72046.0	61	4315
荔浦县杜莫镇	11900	23230	15346	4143	9562.0	61	3672
荔浦县青山镇	7200	34168	24881	12121	340010.0	115	4836
荔浦县修仁镇	10900	32588	19603	6607	49800.0	142	6815
荔浦县大塘镇	10400	21847	12151	5070	18650.0	32	2776
荔浦县花篑镇	13800	23053	15655	6019	14521.0	76	1519
荔浦县双江镇	14492	28428	14212	5427	63869.0	53	4753
荔浦县马岭镇	14300	41007	23167	10210	133732.0	118	5320
荔浦县龙怀乡	8100	10741	6206	1890	78381.0	24	109
荔浦县茶城乡	9800	9518	6444	1720	2161.0	24	1196
荔浦县蒲芦瑶族乡	25900	10169	4828	1973	15000.0	23	228
恭城瑶族自治县恭城镇	9283	54849	29195	7315	19250.0	95	27637
恭城瑶族自治县栗木镇	27565	43326	22433	4059	100140.0	51	4633
恭城瑶族自治县莲花镇	36500	53779	30276	7312	22300.0	1479	5644
恭城瑶族自治县平安乡	27499	36200	21568	3721	7248.0	33	1800
恭城瑶族自治县三江乡	29600	13402	7146	1526	6769.0		
恭城瑶族自治县嘉会乡	24800	25200	13300	2600	2834.0	130	2400
恭城瑶族自治县西岭乡	43808	41023	18848	2033	118573.0	80	4754
恭城瑶族自治县观音乡	1400	9537	4773	848	308.0		
恭城瑶族自治县龙虎乡	5800	8708	5296	831	73143.0	17	156
万秀区城东镇	12200	17679	11073	6268	16000.0	2	1385
万秀区龙湖镇	6714	12719	7660	4507	232194.0	2	1021
万秀区夏郢镇	22700	44582	27515	8053	44108.0	110	2460
长洲区长洲镇	3625	49314	43263	378	35680.0	7	2795
长洲区倒水镇	27000	41885	34745	1935	47980.0	250	2058
龙圩区龙圩镇	18200	88363	44558	25077	238710.0	2000	45071
龙圩区大坡镇	33160	60730	32756	9430	2450.0	24	1820
龙圩区广平镇	31600	45398	45302	25442		46	9000
龙圩区新地镇	23857	74884	42679	24609	23651.0	3	2300
苍梧县石桥镇	24860	52108	38835	15719	6000.0	420	10203
苍梧县沙头镇	41683	73666	41091	11971	298.0	335	9245
苍梧县梨埠镇	25328	37524	23618	11997	2018.0	205	4590
苍梧县岭脚镇	45600	63770	35390	17170	24000.0	235	16000
苍梧县京南镇	39841	44428	25039	12990	2530.0	250	3651
苍梧县狮寨镇	28387	14207	12630	3951	330.0	235	955
苍梧县旺甫镇	25527	49012	29474	13785	144900.0	465	8890
苍梧县六堡镇	30020	25745	15817	6909	786.0	110	1013
苍梧县木双镇	14572	12322	11362	5941	1041.4	112	4952
藤县藤州镇	37235	156212	82832	54526	1778792.0	1670	113347
藤县塘步镇	24357	56941	35191	12954	164720.0	230	9196
藤县埌南镇	19712	40976	27000	7692	61369.0	65	7320
藤县同心镇	13832	20859	14667	4977	19250.0	60	4280

续表 392　　（广西壮族自治区）　　计算单位：公顷、人、万元

名　　称	行政区域面积	常住人口	从业人员	二三产业从业人员	工业总产值	城镇建成区面积	城镇建成区常住人口
藤县金鸡镇	24267	65304	34570	20052	32711.0	150	8580
藤县新庆镇	13385	33754	24619	13678	1002.0	66	3689
藤县象棋镇	18300	39216	21988	10284	26598.0	91	5026
藤县岭景镇	19005	35215	23429	9474	800.0	45	6250
藤县天平镇	35186	75685	44066	23142	64500.0	90	9857
藤县蒙江镇	29138	78983	45916	21045	430551.0	201	25168
藤县和平镇	16819	70440	45046	28366	6130.0	75	7180
藤县太平镇	28301	100836	50489	22451	260713.0	557	35496
藤县古龙镇	17638	37852	23160	12043	37114.0	79	5750
藤县东荣镇	20931	36418	24822	12404	53027.0	110	4281
藤县大黎镇	30636	34261	25699	12659	16126.0	45	4750
藤县平福乡	33275	31214	18019	4819	39510.0	45	2162
藤县宁康乡	12600	16784	11720	4776		26	1420
蒙山县蒙山镇	7060	51172	19470	11844	481061.0	350	46625
蒙山县西河镇	21587	30831	27928	13450	101027.0	4	270
蒙山县新圩镇	14067	21846	17810	5210	17512.0	34	3058
蒙山县文圩镇	14260	32898	18782	6393	50469.0	69	4605
蒙山县黄村镇	23940	22126	6152	2531	3580.0	55	4120
蒙山县陈塘镇	15229	21929	14329	4475	61524.0	40	3265
蒙山县汉豪乡	10637	8579	8379	1735	2350.0	26	1540
蒙山县长坪瑶族乡	13260	2416	1833	403		3	205
蒙山县夏宜瑶族乡	7887	6384	3543	1369	461.0	18	1681
岑溪市岑城镇	15933	184170	87264	77114	1485590.0	1889	137806
岑溪市马路镇	25580	65426	42300	16876	580355.0	1087	10241
岑溪市南渡镇	24850	76912	44200	19600	87630.0	413	15621
岑溪市水汶镇	21520	53036	40100	20600	47784.0	446	15433
岑溪市大隆镇	13742	33235	18330	7501	6120.0	471	7500
岑溪市梨木镇	20106	46108	23386	10686	76347.0	350	6012
岑溪市大业镇	14870	47960	21900	8900	302008.0	595	10300
岑溪市筋竹镇	18700	44525	22300	14155	299830.0	255	12083
岑溪市城谏镇	18390	44006	28550	12615	392560.0	200	5868
岑溪市归义镇	16500	71166	44074	25544	803951.0	295	15201
岑溪市糯垌镇	18600	69924	47400	21600	356600.0	405	6438
岑溪市安平镇	14640	28600	12120	4300	26000.0	330	7502
岑溪市三堡镇	31713	58995	38035	14635	30115.0	400	8015
岑溪市波塘镇	23271	34158	18887	7500	2980.0	533	4398
海城区涠洲镇	2663	9979	7311	4405	8909.0	465	2905
银海区福成镇	29380	74896	37258	9295	50126.0	1600	16023
银海区银滩镇	7896	71535	18743	9262	70675.0	417	6894
银海区平阳镇	7000	13796	7876	1714	37826.0	100	2602
银海区侨港镇	110	16678	9237	3039	71283.0	110	16678
铁山港区南康镇	17586	71417	40810	19124	54341.0	382	16991
铁山港区营盘镇	9990	60978	33257	11189	2454187.0	200	5926
铁山港区兴港镇	11100	55447	27825	9025	3826942.0	12	129
合浦县廉州镇	17700	151006	75578	62840	974488.0	1879	127255
合浦县党江镇	8200	45594	25181	13533	20872.0	259	3460
合浦县西场镇	17300	83730	44366	23751	53615.0	275	4250
合浦县沙岗镇	9700	34951	17161	8489	5394.0	232	2648
合浦县乌家镇	19600	13482	6896	3814	44000.0	203	1601
合浦县闸口镇	10700	37228	19248	11090	20010.0	207	4978

续表 393　　（广西壮族自治区）　　计算单位：公顷、人、万元

名　　称	行政区域面　积	常住人口	从业人员	二三产业从业人员	工　业总产值	城镇建成区 面 积	城镇建成区常住人口
合浦县公馆镇	17800	116237	72563	44479	89823.0	560	11638
合浦县白沙镇	22800	107836	42145	24775	37662.0	261	8513
合浦县山口镇	12600	40656	34320	16997	29536.0	280	14912
合浦县沙田镇	3200	17186	8872	4857	3766.0	108	2642
合浦县石湾镇	24500	49859	26477	12591	6053.0	213	4153
合浦县石康镇	19500	77274	38000	17121	63148.0	510	11271
合浦县常乐镇	26400	74008	33220	15740	58000.0	386	10860
合浦县曲樟乡	13300	22458	10285	4051	2735.0	39	2418
合浦县星岛湖乡	15400	27202	10514	5217	124090.0	40	1853
港口区企沙镇	8659	34862	24387	14286	389548.0	260	16389
港口区光坡镇	9800	26823	16464	6098	79870.0	23	2756
港口区公车镇	8350	25113	21078	13778	2913443.0	40	2236
防城区大菉镇	22400	40651	24651	7844	55.0	204	2465
防城区华石镇	9160	13925	11169	3404	62651.0	100	1193
防城区那梭镇	25300	32847	12396	4898	26457.0	200	4242
防城区那良镇	38300	56432	29336	12327	53668.0	675	9389
防城区峒中镇	23687	25170	17137	3844	37928.0	32	7720
防城区江山镇	2080	22300	10196	2895	77108.0	68	2980
防城区茅岭镇	12830	17659	14677	5222	266876.0	98	1079
防城区扶隆乡	23070	35562	22026	11200	41482.0	120	3364
防城区滩营乡	24630	37433	21690	9404	297106.0	66	3791
防城区十万山瑶族乡	9880	10020	4110	884	4001.0	6	840
上思县思阳镇	26600	77212	47208	4158	870816.0	400	37258
上思县在妙镇	20600	34591	19943	2818	9192.0	200	3869
上思县华兰镇	14670	12945	6736	1591	6490.0	78	1610
上思县叫安镇	58400	42384	25525	1024	2307.0	154	2684
上思县南屏瑶族乡	52646	12750	6200	1975	6210.0	85	1450
上思县平福乡	27670	19864	10705	2198	17196.0	75	762
上思县那琴乡	30840	19693	12291	2745	10654.0	85	1482
上思县公正乡	33639	17011	8396	1128	482.0	65	892
东兴市东兴镇	12626	85042	22267	13019	869648.0	1500	45111
东兴市江平镇	25709	50101	25423	7214	241414.0	181	8274
东兴市马路镇	16529	15997	9235	3436	19341.0	50	1901
钦南区沙埠镇	14550	44399	26951	5513	499000.0	2128	13083
钦南区康熙岭镇	9207	47646	25832	14963	85321.0	110	7218
钦南区黄屋屯镇	22670	58544	35434	21939	98524.0	110	4700
钦南区尖山镇	8300	28578	16175	3517	28357.0	150	5097
钦南区大番坡镇	13376	25705	13296	5048	96890.0	37	3024
钦南区龙门港镇	3677	8285	4652	1471	3971.0	92	3202
钦南区久隆镇	22292	45930	31322	12143	113700.0	62	3250
钦南区东场镇	17930	21491	16133	4170	1200.0	65	2925
钦南区那丽镇	22608	32580	25890	8330	66100.0	364	12300
钦南区那彭镇	29138	43813	37400	8524	76800.0	273	9472
钦南区那思镇	24476	29324	16769	3412	523.0	40	4861
钦南区犀牛脚镇	25440	61055	37409	21273	39662.0	520	19655
钦北区大垌镇	15588	36430	23632	10185	368800.0	150	3374
钦北区平吉镇	25998	93401	56811	24332	198703.0	296	17233
钦北区青塘镇	12438	53801	34341	12695	2800.0	214	6035
钦北区小董镇	15032	96292	54271	31494	136307.0	510	42000
钦北区板城镇	17864	99333	56396	25629	1760.0	200	3881

续表 394　　（广西壮族自治区）　　计算单位：公顷、人、万元

名　　称	行政区域面　积	常住人口	从业人员	二三产业从业人员	工　业总产值	城镇建成区 面 积	城镇建成区常住人口
钦北区那蒙镇	13679	56023	33597	16447	59968.0	300	8326
钦北区长滩镇	11866	61036	39064	10643		202	2611
钦北区新棠镇	11200	50762	31465	13456	80.0	300	6142
钦北区大直镇	38117	92525	53312	21947	68932.0	800	18576
钦北区大寺镇	27182	93534	58889	31169	133245.0	480	36187
钦北区贵台镇	20600	38142	23153	8954	15014.0	26	3648
灵山县灵城镇	17645	230836	140236	84369	713788.0	1527	124474
灵山县新圩镇	17196	132669	72651	29244	349025.0	522	12978
灵山县丰塘镇	12226	50001	32496	15137	18796.0	115	3647
灵山县平山镇	11764	53135	35411	14910	42500.0	270	3100
灵山县石塘镇	11365	54939	33342	12942	22450.0	155	13612
灵山县佛子镇	16225	71350	39117	19525	29500.0	100	5900
灵山县平南镇	11060	62148	38796	9837	53121.0	160	4851
灵山县烟墩镇	14379	87350	57900	26250	28200.0	250	9156
灵山县檀圩镇	13985	114801	64600	24354	192425.0	203	20267
灵山县那隆镇	22867	126672	68018	35324	23083.0	410	7236
灵山县三隆镇	13687	73188	40517	14150	91750.0	270	7789
灵山县陆屋镇	27792	110630	54574	25578	108000.0	250	20428
灵山县旧州镇	21845	115545	60179	28453	95889.0	204	5868
灵山县太平镇	27785	125316	72852	37180	23568.0	155	10326
灵山县沙坪镇	11782	61399	33517	13842	10299.0	112	8065
灵山县武利镇	18317	83491	47633	13818	147269.0	398	25088
灵山县文利镇	26300	38698	22766	7281	57500.0	215	3961
灵山县伯劳镇	30776	102040	54988	16003	30000.0	202	7397
浦北县小江镇	28300	119255	84576	54007	497730.8	2100	56291
浦北县泉水镇	9803	23120	19638	11428	568925.0	105	3810
浦北县石埇镇	4600	16459	11228	6466	38522.0	35	2855
浦北县安石镇	8667	30612	20243	8118	12475.0	70	2593
浦北县张黄镇	20450	70597	45730	25325	168203.0	260	19726
浦北县大成镇	18800	27631	20115	6580	58722.0	44	1987
浦北县白石水镇	8687	33680	25014	8137	37806.0	150	3981
浦北县北通镇	15000	56659	39650	15805	57126.0	400	6241
浦北县三合镇	8800	31410	21350	10757	9979.0	50	2691
浦北县龙门镇	25939	79860	55744	25927	200000.0	172	7652
浦北县福旺镇	21348	67705	47429	18517	1721.0	172	5724
浦北县寨圩镇	18100	62340	45536	21356	124100.0	430	14000
浦北县乐民镇	8285	39532	29649	11326	86930.0	100	7268
浦北县六硍镇	22500	41305	28289	11484	26268.3	85	3670
浦北县平睦镇	10800	24460	18360	7538	48100.0	57	3625
浦北县官垌镇	20055	36662	27789	11094	31783.0	80	3669
港北区港城镇	13600	73616	38773	27675	42150.0	156	10236
港北区大圩镇	15900	98656	44491	6448	14321.0	132	12616
港北区庆丰镇	13800	94946	38345	9547	15800.0	126	899
港北区奇石乡	13600	33550	16896	8131	432.0		
港北区中里乡	19000	81506	42200	6792	150.0		
港北区根竹乡	11700	27775	13407	4040	99800.0		
港北区武乐乡	9900	37268	18336	7352	210225.0	5	425
港南区桥圩镇	12402	68264	51713	31027	526812.0	160	20667
港南区木格镇	18978	102359	56923	12623	65000.0	35	2302
港南区木梓镇	16418	41565	27534	6191	55939.0	700	2726

续表 395 （广西壮族自治区） 计算单位：公顷、人、万元

名称	行政区域面积	常住人口	从业人员	二三产业从业人员	工业总产值	城镇建成区面积	城镇建成区常住人口
港南区湛江镇	8052	74920	68720	31300	26477.0	157	3019
港南区东津镇	10933	74392	46309	19656	10700.0	120	3135
港南区八塘镇	12012	89492	68249	56693	531182.0	120	8067
港南区新塘乡	9799	59792	39223	5122	90000.0	8	1247
港南区瓦塘乡	21835	37661	37631	20446	25700.0	10	1326
覃塘区覃塘镇	13457	79465	41232	14431	141485.6	335	14723
覃塘区东龙镇	11964	64327	36253	11578	156327.6	200	6856
覃塘区三里镇	12757	59964	32115	11435	26366.1	78	8763
覃塘区黄练镇	13976	48862	25470	9025	326340.3	278	6553
覃塘区石卡镇	20085	74124	40746	13936	80715.1	250	5455
覃塘区五里镇	10134	41481	21808	7527	16703.4	160	9437
覃塘区山北乡	7788	44274	20552	7158	16899.5	108	7149
覃塘区樟木乡	24820	85563	42162	15413	2783.8	181	8220
覃塘区蒙公乡	11705	41592	20312	7216	7085.2	126	2267
覃塘区大岭乡	8538	30967	15049	5153	225923.0	129	7573
平南县平南镇	10845	219010	129100	105300	434400.0	2300	105050
平南县平山镇	14480	51312	27064	15502	110307.0	110	7362
平南县寺面镇	12300	43332	20388	11830	66771.0	63	6100
平南县六陈镇	15317	72528	34916	14189	24045.0	58	5793
平南县大新镇	12500	95469	25763	15876	18926.0	480	22014
平南县大安镇	12400	103402	36627	19406	24703.0	380	41000
平南县武林镇	4300	27760	12754	5851	20145.0	22	2802
平南县大坡镇	11100	36648	15503	9550	4586.0	68	8136
平南县大洲镇	11525	42420	38880	18677	6732.0	480	2526
平南县镇隆镇	15748	80203	46239	23970	28100.0	245	2710
平南县上渡镇	8058	58889	50515	20267	59121.0	60	10980
平南县安怀镇	20900	61393	28667	14089	33060.0	30	9415
平南县丹竹镇	15934	107492	86890	45640	1097082.0	389	11586
平南县官成镇	19816	106455	39871	17614	23678.0	188	5956
平南县思旺镇	16710	97312	42140	25108	21013.0	258	7836
平南县大鹏镇	24500	44505	44000	6600	3000.0	16	3000
平南县同和镇	19800	61417	33257	22085	13483.0	90	3169
平南县东华乡	8608	40380	18111	9000	9750.0	15	3035
平南县思界乡	45000	35436	2837	1802	30546.0	300	3530
平南县国安瑶族乡	14300	19800	11820	3820	10010.0	20	1400
平南县马练瑶族乡	24000	44878	43532	5835	1216.0	40	1637
桂平市木乐镇	8700	72360	33532	16732	592597.0	130	4200
桂平市木圭镇	11000	63696	41685	20785	215321.0	86	1627
桂平市石咀镇	7200	55180	25775	10075	92907.0	35	5510
桂平市油麻镇	16600	51200	23934	10834	6627.0	135	4685
桂平市社坡镇	16100	81972	31514	13714	206481.0	92	3368
桂平市罗秀镇	18500	74367	35461	15161	63940.0	250	9626
桂平市麻垌镇	20800	100568	38432	17532	5252.0	290	17906
桂平市社步镇	12600	51105	19871	5071	51134.0	25	3967
桂平市下湾镇	15500	78468	38485	15485	795.0	20	3000
桂平市木根镇	11000	66980	30232	10032	1023.0	38	3080
桂平市中沙镇	20600	60700	25132	11732	63920.0	150	3600
桂平市大洋镇	12200	79050	32352	11052	2950.0	15	4820
桂平市大湾镇	13400	67281	23102	1802	1639.0	16	4800
桂平市白沙镇	16000	79032	35856	14756	60141.0	687	5326

续表 396　　（广西壮族自治区）　　计算单位：公顷、人、万元

名　　称	行政区域面积	常住人口	从业人员	二三产业从业人员	工业总产值	城镇建成区面积	城镇建成区常住人口
桂平市石龙镇	28400	74139	40797	17997	30360.0	130	11000
桂平市蒙圩镇	23900	87049	40662	17762	71263.0	30	1500
桂平市西山镇	29100	230000	29548	15148	871464.0	1650	22500
桂平市南木镇	22100	122086	53984	22084	11382.0	150	3600
桂平市江口镇	14300	109200	61158	31658	19277.0	300	12510
桂平市金田镇	15300	90917	37792	14792	9996.0	440	16910
桂平市紫荆镇	26500	25928	9085	1685	6374.0	75	1354
桂平市马皮乡	6300	44800	22932	8332	77621.0		
桂平市寻旺乡	10800	65832	31688	16188	649809.0		
桂平市罗播乡	8800	47865	19482	2282	809.0		
桂平市厚禄乡	8800	48650	15582	2182	116443.0		
桂平市垌心乡	11200	26984	12377	4877	5619.0		
玉州区大塘镇	3240	19422	15233	9979	19960.0	29	7780
玉州区茂林镇	11200	83206	48367	24410		78	6120
玉州区仁东镇	6300	57136	6765	1130	90212.0	125	3210
玉州区仁厚镇	3000	30715	19545	8045	19924.0	15	1815
福绵区福绵镇	7300	92837	53137	32700		510	32000
福绵区成均镇	20600	80779	43755	21270		200	2320
福绵区樟木镇	21700	101242	40154	14219		205	4886
福绵区新桥镇	8200	63889	32438	12426		151	3621
福绵区沙田镇	12900	62635	35852	27241	68512.0	160	3427
福绵区石和镇	8700	35109	17176	7299	89320.0	45	2723
容县容州镇	17803	153805	91241	63432	1697269.0	1198	107381
容县杨梅镇	14477	46218	28631	16331	28878.0	195	13379
容县灵山镇	13155	33149	26121	12741	21163.0	45	5544
容县六王镇	18418	54310	38311	20711	30140.0	80	8619
容县黎村镇	19579	64794	48434	23834	13125.0	94	23115
容县杨村镇	20408	44479	28516	8116	51626.0	60	10609
容县县底镇	19495	42690	38041	14677	22999.0	57	7944
容县自良镇	10694	29986	19414	8324	40858.0	75	10469
容县松山镇	13225	33037	21892	11082	20865.0	37	9604
容县罗江镇	7845	19920	15807	5197	7955.0	41	5719
容县石头镇	19198	44200	36772	13472	13525.0	52	10241
容县石寨镇	14788	28861	23603	14346	70321.0	154	7150
容县十里镇	14447	31778	29436	18236	140232.0	48	11774
容县容西镇	4614	14160	10010	6733	87055.0	25	3107
容县浪水镇	12639	16113	11514	7031	1591.0	21	2172
陆川县温泉镇	12674	178968	83231	59093	550456.0	720	93813
陆川县米场镇	8709	60890	29535	15311	169818.0	186	6586
陆川县马坡镇	14500	105982	98699	32857	122453.0	432	10354
陆川县珊罗镇	5340	60077	35230	18108	91000.0	102	3811
陆川县平乐镇	6743	56237	35050	10730	13500.0	176	4203
陆川县沙坡镇	14999	80508	32516	4351	39000.0	77	4489
陆川县大桥镇	10200	56938	32426	4007	194660.0	20	3672
陆川县乌石镇	21350	88630	48323	21230	25190.0	319	7050
陆川县良田镇	14500	96132	44841	28253	151843.0	26	3567
陆川县清湖镇	11400	71261	47488	10506	161257.0	30	8325
陆川县古城镇	11800	65249	34420	16851	11650.0	78	4228
陆川县沙湖镇	7350	30791	17412	13723	35000.0	5	1783
陆川县横山镇	10200	39328	27206	12589	3155.0	83	2886

续表 397　　(广西壮族自治区)　　计算单位：公顷、人、万元

名　称	行政区域面积	常住人口	从业人员	二三产业从业人员	工业总产值	城镇建成区面积	城镇建成区常住人口
陆川县滩面镇	6300	35530	21556	15636	3560.0	27	1070
博白县博白镇	14440	227710	74065	56405	538680.0	1075	148090
博白县双凤镇	9000	28050	15445	8575	5339.0	362	1930
博白县顿谷镇	13200	52665	29882	16330	30050.0	38	2250
博白县水鸣镇	7248	57981	38438	18511	25027.0	121	8332
博白县那林镇	19816	46536	25171	18446	14256.0	29	6985
博白县江宁镇	15300	55728	39436	5689	46509.0	210	2351
博白县三滩镇	9939	72484	41582	12179	83704.0	131	1842
博白县黄凌镇	9178	27312	11659	7742	8630.0	22	812
博白县亚山镇	13150	73428	35314	12046	152592.0	91	2296
博白县旺茂镇	12050	54112	15984	12442	51224.0	78	3125
博白县东平镇	12050	68406	56201	32082	35230.0	78	2907
博白县沙河镇	17280	76849	50365	24662	27191.0	182	3508
博白县菱角镇	8356	49972	40723	5802	3018.0	35	1362
博白县新田镇	11152	59665	38521	13319	11458.0	25	2603
博白县凤山镇	15800	88475	47428	21150	70150.0	65	3200
博白县宁潭镇	13260	76980	32838	18258	15000.0	51	3100
博白县文地镇	12033	81224	62066	27739	170534.0	325	8618
博白县英桥镇	12613	77012	41172	20360	38592.0	350	8658
博白县那卜镇	6329	24759	11535	4043	22945.0	15	1930
博白县大垌镇	11105	36739	19992	13280	28396.0	29	729
博白县沙陂镇	10520	43105	34146	11998	35200.0	85	2357
博白县双旺镇	11148	44350	23696	13234	16500.0	43	2040
博白县松旺镇	19300	45020	22940	10680	5000.0	102	2230
博白县龙潭镇	14440	100480	47108	33847	621852.0	386	21680
博白县大坝镇	8126	34867	19703	10641	56142.0	102	2913
博白县永安镇	10800	35339	14790	7890	18230.0	36	3473
博白县径口镇	16405	57902	19369	12529	12541.0	28	1784
博白县浪平镇	11180	32865	17960	4290	3604.0	35	1435
兴业县石南镇	15100	82968	40538	19508	440805.0	760	15317
兴业县大平山镇	10300	52984	29674	13438	327620.0	601	13352
兴业县葵阳镇	16660	69184	41940	19795	184861.0	400	7520
兴业县城隍镇	16100	60839	29471	10983	53309.0	170	24850
兴业县山心镇	18800	74896	40610	25200	11739.0	100	12820
兴业县沙塘镇	8700	70365	36346	19945	6023.0	23	2177
兴业县蒲塘镇	9717	50937	29492	16901	7998.0	510	6776
兴业县北市镇	11700	64676	38627	20504	5978.0	110	3226
兴业县龙安镇	9400	38925	24310	10230	5406.0	45	1645
兴业县高峰镇	8500	43009	26300	18065	5452.0	150	2293
兴业县小平山镇	10263	35589	19803	6638	8103.0	130	5106
兴业县卖酒镇	7504	28643	16540	8211	14650.0	390	5702
兴业县洛阳镇	3919	29286	20761	13661	3204.0	150	2714
北流市北流镇	14350	78082	42847	21095	453814.0	27	4885
北流市新荣镇	8200	41153	19828	10281	178573.0	124	1920
北流市民安镇	8900	43343	20729	6769	583160.0	122	693
北流市山围镇	8236	37283	19753	5931	67964.0	32	989
北流市民乐镇	16700	77265	38550	15070	111489.0	41	2536
北流市西埌镇	6800	57300	31553	20053	573079.0	163	1739
北流市新圩镇	7517	64970	35902	20262	168066.0	67	2262
北流市大里镇	8200	54911	27822	11923	92669.0	31	3566

续表 398　　（广西壮族自治区）　　计算单位：公顷、人、万元

名　　称	行政区域面　积	常住人口	从业人员	二三产业从业人员	工　业总产值	城镇建成区 面 积	城镇建成区常住人口
北流市塘岸镇	11400	58960	24924	11757	122498.0	184	1655
北流市清水口镇	12756	49097	26237	8211	29321.0	88	1406
北流市隆盛镇	17461	64274	46775	12554	101080.0	204	1754
北流市大坡外镇	12354	46860	21898	8068	43019.0	37	1576
北流市六麻镇	19718	76241	50581	9141	42271.0	44	1799
北流市新丰镇	10300	49795	22646	9646	104030.0	34	2583
北流市沙垌镇	7700	37650	16168	12659	33709.0	31	791
北流市平政镇	15276	67992	33336	17767	45668.0	102	3339
北流市白马镇	7800	52524	28341	20798	161076.0	102	5333
北流市大伦镇	8167	35890	17537	8236	99129.0	82	3748
北流市扶新镇	6300	30582	12615	10409	43453.0	51	1612
北流市六靖镇	11861	73009	37783	21954	133012.0	220	4892
北流市石窝镇	14514	69408	34328	19825	45390.0	71	1903
北流市清湾镇	11192	53693	36921	15901	80592.0	41	2129
右江区阳圩镇	70474	32140	18432	534	106716.0	301	2764
右江区四塘镇	36327	25873	14496	1307	272786.0	302	3210
右江区龙川镇	40364	34190	20813	2064		481	6760
右江区永乐镇	42200	18551	12700	1600	2500.0	198	5482
右江区汪甸瑶族乡	54708	25306	15900	900	10511.0	378	4500
右江区大楞乡	65756	24267	16789	817	2720.8	250	2220
右江区泮水乡	24153	10385	5979	568		200	2714
田阳县田州镇	10472	81200	52286	31065	388290.0	8	81200
田阳县那坡镇	25429	40622	25347	9828	240292.7	76	5729
田阳县坡洪镇	30956	26024	21331	7575	650.0	32	2637
田阳县那满镇	13087	24041	15077	3479		700	2769
田阳县百育镇	13068	28491	18215	1597	76945.0	34	2305
田阳县玉凤镇	57066	39491	23302	2172	1500.0	28	2059
田阳县头塘镇	14437	25958	17378	4073	798760.0	64	4380
田阳县五村镇	22043	27775	15330	7705	530.0	17	1560
田阳县洞靖乡	31567	33173	18362	1982	180.0	20	892
田阳县巴别乡	19180	17125	9870	865	231.4	15	1002
田东县平马镇	21485	79125	35883	11023	1332353.0	1000	59066
田东县祥周镇	26241	51145	33178	9550	109569.0	67	6995
田东县林逢镇	37433	53853	34095	10691	7662.0	70	7865
田东县思林镇	45597	61809	45935	23042	95358.0	92	16892
田东县印茶镇	21139	27569	13162	3180	70.0	27	3086
田东县江城镇	14176	23865	15228	4945	100.0	57	1623
田东县朔良镇	39141	34306	20781	5685	198.0	118	4406
田东县义圩镇	18701	25953	14510	4930	100.0	8	2755
田东县那拔镇	20032	18109	10440	3595	100.0	7	1169
田东县作登瑶族乡	37108	38323	20822	5602	123.0	10	2890
平果县马头镇	22598	96092	28380	23888	280907.0	865	80556
平果县新安镇	22539	44629	40875	22538	1539158.0	1160	18578
平果县果化镇	23080	45218	28302	9977	22397.0	30	3092
平果县太平镇	34055	64691	37555	6390	132.0	71	4004
平果县坡造镇	11653	20316	14002	9430	15951.0	100	2205
平果县四塘镇	17044	19301	12956	4381	775.0	34	792
平果县旧城镇	25463	39230	23740	8703	1841.0	125	4110
平果县榜圩镇	15052	34612	19526	13668	120.0	260	4982
平果县风梧镇	21225	18523	17523	9158	1880.0	60	4880

续表 399　（广西壮族自治区）　计算单位：公顷、人、万元

名　　称	行政区域面　积	常住人口	从业人员	二三产业从业人员	工　业总产值	城镇建成区 面 积	城镇建成区常住人口
平果县海城乡	22906	28110	18987	1278	1289.0	25	2421
平果县黎明乡	10883	12266	7009	3105	30.0	25	2136
平果县同老乡	12695	12795	6731	1653		4	1055
德保县城关镇	14619	51126	10800	4249	116542.0	600	51126
德保县足荣镇	15961	21204	10315	210	26132.0	22	2321
德保县隆桑镇	11023	16311	10796	513	347.0	37	3125
德保县敬德镇	27284	28886	15214	4752	151.0	30	3238
德保县马隘镇	22195	34103	22291	531	48990.0	47	4255
德保县都安乡	13461	16424	8574	565	70.0	19	1760
德保县那甲乡	20644	24301	15714	513	125322.0	19	1915
德保县荣华乡	21944	18403	10705		2561.0	18	1720
德保县燕峒乡	32639	28273	17585	1125	34102.0	25	2824
德保县龙光乡	24825	33423	19527	1339	200.0	28	2762
德保县巴头乡	17846	18775	9777	3225	148.0	19	1572
德保县东凌乡	35082	33436	15667		156.0	16	1800
靖西县新靖镇	11939	98954	37112	11336	60638.7	2200	57100
靖西县化峒镇	9369	21122	14417	4446	301.0	100	3042
靖西县湖润镇	20970	29323	18608	9328	175816.0	20	2260
靖西县安德镇	21950	41504	14293	5930		90	1180
靖西县龙临镇	14922	36359	19850	5640	1423.0	80	3453
靖西县渠洋镇	24049	44190	28077	4965	2088249.6	25	3150
靖西县岳圩镇	9703	13854	5150	1137		19	2926
靖西县龙邦镇	11337	21847	9151	1677	11321.0	52	1327
靖西县禄峒镇	30303	52842	22456	4208	5010.0	15	1320
靖西县武平镇	26896	47984	19487	7534	3000.0	24	1265
靖西县同德乡	15456	27102	18370	8559		13	1125
靖西县壬庄乡	11200	21421	13282	6987	75.0	25	715
靖西县安宁乡	12760	17108	6018	1262	342.0	14	788
靖西县地州乡	18830	30806	10842	3218	450.0	30	1058
靖西县南坡乡	18712	28559	17193	8359	121.0	20	1880
靖西县吞盘乡	13918	17396	10078	6103	26.0	20	589
靖西县果乐乡	13186	27180	14150	4070		13	548
靖西县新甲乡	19295	46966	44726	19688	78092.0	20	1263
靖西县魁圩乡	19432	24090	10889	2942		15	554
那坡县城厢镇	33754	57260	24808	3715	38623.7	557	28730
那坡县平孟镇	22441	15301	9577	3050	52.0	75	2308
那坡县坡荷乡	13302	15806	11286	224	240.0	20	1967
那坡县龙合乡	27626	38597	21091	7243	29933.9	31	3112
那坡县德隆乡	24502	20315	11703	1516	7774.8	32	2722
那坡县百合乡	26502	15425	9407	2652	2241.0	30	2934
那坡县百南乡	13478	9996	5551	1251	525.5	18	1702
那坡县百省乡	33129	17402	10436	756	657.0	24	2330
那坡县百都乡	27534	23266	13476	881	148.0	25	2215
凌云县泗城镇	33323	44455	14952	8020	39783.0	355	42232
凌云县逻楼镇	33318	41300	16842	5694	300.0	75	7800
凌云县加尤镇	27189	25890	19909	6484	9285.0	76	4938
凌云县下甲乡	18514	19740	8591	3117	2438.0	55	4126
凌云县伶站瑶族乡	21157	15348	8167	2378	55602.0	45	2915
凌云县朝里瑶族乡	17571	7645	7248	770	291.0	55	692
凌云县沙里瑶族乡	22103	20170	12853	4357		48	8860

续表 400　（广西壮族自治区）　计算单位：公顷、人、万元

名　称	行政区域面积	常住人口	从业人员	二三产业从业人员	工业总产值	城镇建成区面积	城镇建成区常住人口
凌云县玉洪瑶族乡	31569	26312	12850	2726	190.0	55	23402
乐业县同乐镇	31217	44122	17315	4675	32698.0	314	35000
乐业县甘田镇	15466	17059	8960	2301	4457.0	52	3626
乐业县新化镇	37146	25154	9520	2780	1048.0	42	960
乐业县花坪镇	32536	16330	8548	989	210.0	25	2374
乐业县逻沙乡	23134	19356	8850	897	1053.0	55	3904
乐业县逻西乡	47925	21119	11287	1310	2688.0	40	3366
乐业县幼平乡	45027	20777	9512	847	505.0	45	3194
乐业县雅长乡	30866	8812	4881	83		23	1642
田林县乐里镇	30423	33389	12282	5813	88594.0	400	22551
田林县旧州镇	46546	21333	11580	6080	152.0	47	3004
田林县定安镇	30089	13912	8662	4318	8915.0	53	4291
田林县六隆镇	46349	22154	12783	2847	201.0	29	2469
田林县潞城瑶族乡	78838	26973	16225	3531	32196.0	28	2701
田林县利周瑶族乡	25257	17561	8634	3021	27424.0	27	2536
田林县平塘乡	19059	13779	7704	2282	197.0	23	2066
田林县浪平乡	45450	33698	20400	5050	50.0	27	3068
田林县八桂瑶族乡	33560	15148	9242	2939	280.0	25	2388
田林县八渡瑶族乡	67723	21571	14370	3430	1691.0	27	2395
田林县那比乡	21713	8886	6923	2473	23482.0	22	2061
田林县高龙乡	27127	8822	6737	2634	10546.0	22	2020
田林县百乐乡	52142	12888	10949	2760		26	2097
田林县者苗乡	28101	9967	7284	4809		21	1539
西林县八达镇	35927	37249	12591	1924	41538.0	340	4250
西林县古障镇	62709	32972	19161	5351	3482.0	52	2752
西林县那劳镇	22675	8922	6093	1497	100.0	50	1850
西林县马蚌乡	42345	16858	9394	2188	20.0	20	2071
西林县普合苗族乡	19459	11738	7342	464	6372.0	25	1630
西林县西平乡	28643	14361	8599	733	20.0	30	1841
西林县那佐苗族乡	59751	27007	15169	1277	18.0	22	2022
西林县足别瑶族苗族乡	28220	9379	5875	395	540.0	19	1345
隆林各族自治县新州镇	18895	33958	15842	4540	181401.0	199	21216
隆林各族自治县桠杈镇	9452	13468	7113	1703		54	3065
隆林各族自治县天生桥镇	17174	24483	13090	3710	16459.0	58	4383
隆林各族自治县平班镇	21594	34780	19975	6158	22000.0	28	2740
隆林各族自治县德峨镇	31349	39401	21012	5600	868.0	41	3998
隆林各族自治县沙梨乡	14235	16998	7575	736	46.0	36	2197
隆林各族自治县隆或乡	22965	30076	12321	1139	1078.9	64	5043
隆林各族自治县者保乡	19557	29477	20032	6992		47	3850
隆林各族自治县者浪乡	15980	18941	15724	840	722.0	34	2672
隆林各族自治县革步乡	29528	24337	12762	4170		34	3382
隆林各族自治县金钟山乡	25888	15650	7245	1273		25	2356
隆林各族自治县猪场乡	23839	21633	12907	898	400.0	26	3115
隆林各族自治县蛇场乡	23251	17943	10762	1737		29	2850
隆林各族自治县克长乡	29006	28620	20336	6041		31	3107
隆林各族自治县岩茶乡	28605	21902	12648	4258	370.0	32	3290
隆林各族自治县介廷乡	20010	14315	13395	5010	575.0	22	2046
八步区贺街镇	34825	66428	57582	24921	7123.0	272	11832
八步区步头镇	57927	25763	19846	2588	6850.0	100	2773
八步区莲塘镇	19270	85060	43417	8711	48963.0	213	5710

续表 401　　（广西壮族自治区）　　计算单位：公顷、人、万元

名　　称	行政区域面　积	常住人口	从业人员	二三产业从业人员	工　业总产值	城镇建成区 面 积	城镇建成区常住人口
八步区大宁镇	38904	44473	26463	8507	9644.0	64	3005
八步区南乡镇	28495	24821	12318	6419	9002.0	10	3988
八步区桂岭镇	41480	96954	61845	15195	6068.0	200	7682
八步区开山镇	12365	15940	15433	5333	13620.0	15	1549
八步区里松镇	21312	11400	8881	1780	12950.0	97	3334
八步区信都镇	26077	62017	34146	19255	616615.0	229	17156
八步区灵峰镇	16493	7010	5211	1255	215601.0	25	1170
八步区仁义镇	31350	63464	36805	14623	92935.0	100	2460
八步区铺门镇	17320	62256	45997	14345	29280.0	95	3894
八步区黄洞瑶族乡	18900	7407	4878	753	6025.0	13	1051
平桂管理区黄田镇	21640	79883	55190	26129	271101.0	201	11034
平桂管理区鹅塘镇	20500	53341	33117	9963	39532.0	5	2116
平桂管理区沙田镇	47600	96500	56836	10286	40000.0	250	12000
平桂管理区公会镇	30567	80618	34924	9509	24972.0	200	11933
平桂管理区水口镇	16711	11371	8607	2701	1080.0	15	1946
平桂管理区望高镇	22679	38502	16953	5800	615238.0	80	6512
平桂管理区羊头镇	15900	43895	21150	5824	60500.0	15	1435
平桂管理区大平瑶族乡	18556	13692	13327	3822	572.0	102	1921
昭平县昭平镇	53900	84659	27382	13482	127450.0	2460	41987
昭平县文竹镇	28603	10700	4447	570	1197.0	100	600
昭平县黄姚镇	24400	45396	14254	4939	6580.0	160	4350
昭平县富罗镇	33600	29185	14133	1373	1664.0	10	1159
昭平县北陀镇	26800	38000	15501	2401	100.0	48	1641
昭平县马江镇	31300	39296	22720	5400	51602.0	30	10196
昭平县五将镇	29200	35120	18296	10895	8450.0	26	1600
昭平县仙回瑶族乡	18500	15835	8084	5184	1547.0	3	162
昭平县走马乡	38000	29954	15652	2752	54170.0	310	1136
昭平县樟木林乡	14800	39853	12970	6300	22310.0	5	3945
昭平县凤凰乡	6705	30800	16950	3150	233.0	8	1100
昭平县木格乡	23562	21000	9200	1200	18.0	220	1260
钟山县钟山镇	22700	122395	62500	46500	473500.0	1812	73346
钟山县回龙镇	8834	44566	22013	4579	5120.0	65	3455
钟山县石龙镇	6313	32268	15610	6360	2841.0	20	6876
钟山县凤翔镇	7139	30149	16900	5572	2500.0	33	5368
钟山县珊瑚镇	3731	18211	9164	4332	28819.0	128	5888
钟山县同古镇	14293	28252	18444	8428	7850.0	102	5526
钟山县公安镇	15070	47310	28920	3320	4730.0	176	4893
钟山县清塘镇	15909	57403	36302	17296	5236.0	18	4057
钟山县燕塘镇	10150	26980	15923	2123	9450.0	20	2637
钟山县红花镇	9367	25518	24115	3679	5768.0	20	4218
钟山县花山瑶族乡	15400	8300	3690	990	13216.0	31	2259
钟山县两安瑶族乡	13000	13610	8334	1209	1712.0	72	2321
富川瑶族自治县富阳镇	20177	43560	25482	8412	173625.0	700	6018
富川瑶族自治县白沙镇	9885	12370	7832	2757	70240.0	100	2593
富川瑶族自治县莲山镇	8941	25720	16216	4528	356390.0	105	2426
富川瑶族自治县古城镇	4265	22216	12784	6137	40544.0	104	1518
富川瑶族自治县福利镇	9000	23079	12407	1828	11899.0	103	1854
富川瑶族自治县麦岭镇	19915	20105	12529	4095		210	3961
富川瑶族自治县葛坡镇	9530	18503	12275	3335		105	2561
富川瑶族自治县城北镇	12908	19926	12755	4401		105	3557

续表 402　　(广西壮族自治区)　　计算单位：公顷、人、万元

名　　称	行政区域面　　积	常住人口	从业人员	二三产业从业人员	工　业总产值	城镇建成区 面 积	城镇建成区常住人口
富川瑶族自治县朝东镇	21676	30431	18540	6890		210	2765
富川瑶族自治县新华乡	10525	17950	11890	4220	13157.0	85	3268
富川瑶族自治县石家乡	8915	13621	7780	1513		85	2208
富川瑶族自治县柳家乡	10925	16409	10204	2357		85	2570
金城江区东江镇	19700	31913	20914	3710	1327.0	1800	2911
金城江区六圩镇	23008	27954	19840	10868	5121.0	2130	7050
金城江区六甲镇	8338	14192	9360	5027	79850.0	19	2658
金城江区河池镇	31941	27355	15006	6350	17850.0	100	6617
金城江区拔贡镇	19400	16149	10687	4672	8100.0	12	463
金城江区九圩镇	40800	31254	14640	6628	4200.0	90	2254
金城江区五圩镇	16110	13472	9249	3246	2850.0	141	2028
金城江区白土乡	17800	16977	10732	322	68.0		
金城江区侧岭乡	19400	10819	5286	759	50.0	28	2059
金城江区保平乡	16800	11887	8505	687	2530.0		
金城江区长老乡	18700	14780	13809	5809	200.0		
南丹县城关镇	39309	68653	37696	25213	310788.0	690	52651
南丹县大厂镇	25342	27943	14871	9661	93056.0	300	17256
南丹县车河镇	16317	11321	5045	1440	570054.0	313	4369
南丹县芒场镇	37895	27008	14260	1922		18	2518
南丹县六寨镇	65056	45974	26436	4555	12000.0	26	3300
南丹县月里镇	31830	24453	17551	4379		45	2330
南丹县吾隘镇	27233	18137	11132	1493		19	1175
南丹县罗富乡	44460	27336	13361	1677			
南丹县中堡苗族乡	15830	7916	5831	305			
南丹县八圩瑶族乡	51042	24936	12738	2879			
南丹县里湖瑶族乡	36176	21981	10357	546			
天峨县六排镇	38300	41865	9787	3275	385102.0	3870	23412
天峨县向阳镇	69620	29116	14750	2848		34	3450
天峨县岜暮乡	25810	13939	3530	850			
天峨县八腊瑶族乡	32640	22177	9749	71			
天峨县纳直乡	19790	7042	3798	604			
天峨县更新乡	30910	16691	7669	311			
天峨县下老乡	31120	16119	8955	1489			
天峨县坡结乡	42620	14689	7925	1605			
天峨县三堡乡	24700	15487	7466	948			
凤山县凤城镇	30330	45932	12130	2314	98000.0	440	18653
凤山县长洲镇	19050	19232	11415	2062	2232.0	55	2400
凤山县袍里乡	12150	14665	9695	2701	7650.0	180	6100
凤山县砦牙乡	17600	16850	10583	4054	1920.0		
凤山县乔音乡	32569	35052	14207	3903	3129.0		
凤山县金牙瑶族乡	23040	23500	11091	1032	5931.0		
凤山县中亭乡	10790	15384	11053	2279	1654.0		
凤山县平乐瑶族乡	17510	18565	12619	3887	5430.0		
凤山县江洲瑶族乡	10700	10201	3409	2357	1834.0		
东兰县东兰镇	26292	39165	20081	10477	37692.0	170	31221
东兰县隘洞镇	33026	30112	21807	8220	12648.0	30	4863
东兰县长乐镇	16811	15154	11235	5597	2520.0	14	3639
东兰县三石镇	29557	18165	11266	5463		8	5298
东兰县武篆镇	19012	19373	12860	4509	822.0	24	4774
东兰县泗孟乡	13043	10295	9031	2853	600.0		

续表 403　　（广西壮族自治区）　　计算单位：公顷、人、万元

名　称	行政区域面　积	常住人口	从业人员	二三产业从业人员	工　业总产值	城镇建成区面积	城镇建成区常住人口
东兰县兰木乡	16379	13036	6463	2244			
东兰县长江乡	15335	17445	11785	3966	822.0		
东兰县巴畴乡	11946	10711	8996	1981	1050.0		
东兰县金谷乡	12836	8733	5917	1610			
东兰县三弄瑶族乡	6654	4045	2942	1473	1124.0		
东兰县大同乡	15562	11991	8621	5406	275.0		
东兰县花香乡	18422	15197	10258	4136	275.0		
东兰县切学乡	8371	6343	4300	2338	1600.0		
罗城仫佬族自治县东门镇	38374	98601	30077	11940	168717.0	504	28740
罗城仫佬族自治县龙岸镇	37170	53605	20740	7534	900.0	220	3580
罗城仫佬族自治县黄金镇	17868	24696	8736	1688	800.0	40	3899
罗城仫佬族自治县小长安镇	25200	39033	11330	1830	1520.0	50	2650
罗城仫佬族自治县四把镇	28713	56120	27666	9662	24550.0	120	5880
罗城仫佬族自治县天河镇	19744	23200	5051	1561	6500.0	110	3006
罗城仫佬族自治县怀群镇	17300	23006	6934	1822	6860.0	30	7205
罗城仫佬族自治县宝坛乡	29407	21107	9920	1390	700.0	65	2478
罗城仫佬族自治县乔善乡	14454	18000	10118	1001	480.0	30	3081
罗城仫佬族自治县纳翁乡	20460	6657	3373	1441	2176.0	20	1314
罗城仫佬族自治县兼爱乡	20460	14425	5805	2719	370.0	53	568
环江毛南族自治县思恩镇	27799	48381	29411	11662	154860.0	611	23219
环江毛南族自治县水源镇	35498	28294	21528	11188	690.0	103	6220
环江毛南族自治县洛阳镇	46759	34160	20291	6055	12760.0	136	4290
环江毛南族自治县川山镇	66440	36322	21129	8245	480.0	93	4521
环江毛南族自治县明伦镇	45775	30082	19322	7921	3747.0	210	2430
环江毛南族自治县东兴镇	49514	18352	13446	1858	420.0	90	4500
环江毛南族自治县大才乡	12839	8846	7549	885	908.0		
环江毛南族自治县下南乡	25387	11028	8800	2450			
环江毛南族自治县大安乡	22087	14276	10154	3383	728.0		
环江毛南族自治县长美乡	23817	10149	9530	1280	495.0		
环江毛南族自治县龙岩乡	40999	13841	13748	2070	550.0		
环江毛南族自治县驯乐苗族乡	58359	23469	15277	7013	28388.0		
巴马瑶族自治县巴马镇	27583	42187	19115	5465	100235.0	460	34200
巴马瑶族自治县甲篆镇	15712	29886	14838	5738	7287.4	120	4800
巴马瑶族自治县燕洞乡	22712	28782	12029	3839	1889.0		
巴马瑶族自治县那社乡	17668	17692	12237	7018	388.0		
巴马瑶族自治县所略乡	34444	39470	21815	5789	2100.0		
巴马瑶族自治县西山乡	25360	21963	9254	2216	2122.0		
巴马瑶族自治县东山乡	12060	13584	7166	2304	325.0		
巴马瑶族自治县凤凰乡	8855	11614	5448	2604	1651.0		
巴马瑶族自治县百林乡	11989	18291	9706	2287	1421.0		
巴马瑶族自治县那桃乡	21259	34417	16598	2582	37752.0		
都安瑶族自治县安阳镇	5248	57250	16511	7952	8165.0	1050	33480
都安瑶族自治县高岭镇	30670	81686	43804	15341	1570.0	50	11098
都安瑶族自治县地苏镇	25140	74640	33551	11497	28555.0	4	690
都安瑶族自治县下坳镇	34800	41558	19430	4145			
都安瑶族自治县拉烈镇	31850	38232	22998	7211	2389.0	25	2200
都安瑶族自治县百旺镇	23970	31977	17610	6494	4435.0	15	1628
都安瑶族自治县澄江乡	24320	57663	32305	9132	44300.0		
都安瑶族自治县东庙乡	14090	29392	17413	8071	756.0		
都安瑶族自治县大兴乡	16340	32456	14518	2784			

续表 404　（广西壮族自治区）　计算单位：公顷、人、万元

名　　称	行政区域面积	常住人口	从业人员	二三产业从业人员	工业总产值	城镇建成区面积	城镇建成区常住人口
都安瑶族自治县隆福乡	15320	20827	13673	4498			
都安瑶族自治县保安乡	23560	29927	15312	10704			
都安瑶族自治县板岭乡	28120	36096	23610	11490	200.0		
都安瑶族自治县永安乡	21070	25700	13513	5455			
都安瑶族自治县三只羊乡	26400	14767	12571	4080			
都安瑶族自治县龙湾乡	16740	15588	7711	3771			
都安瑶族自治县菁盛乡	21580	23251	14452	8202			
都安瑶族自治县加贵乡	16380	21772	14168	1000			
都安瑶族自治县拉仁乡	18530	28926	4165	2588	2931.0	20	1648
都安瑶族自治县九渡乡	17390	20042	8377	1556			
大化瑶族自治县大化镇	26326	53474	32719	16539	115460.0	1125	48598
大化瑶族自治县都阳镇	17830	22298	16333	6138	4295.0	20	3650
大化瑶族自治县岩滩镇	18490	32319	14751	4146	133898.0	26	3520
大化瑶族自治县北景镇	22800	27769	18446	8781	3465.0	49	4511
大化瑶族自治县共和乡	11446	21340	15744	4677	80.0		
大化瑶族自治县贡川乡	11320	11637	9688	3823			
大化瑶族自治县百马乡	12640	20691	13566	6724	54.0		
大化瑶族自治县古河乡	5340	7002	4143	2013	0.5		
大化瑶族自治县古文乡	9020	12317	6978	3852			
大化瑶族自治县江南乡	16530	25338	14300	4244	200.0		
大化瑶族自治县羌圩乡	13210	18731	11939	2047	18.0		
大化瑶族自治县乙圩乡	11009	16947	9167	4846			
大化瑶族自治县板升乡	30000	25877	16185	7406			
大化瑶族自治县七百弄乡	20340	17528	10890	4390			
大化瑶族自治县雅龙乡	24910	28992	16295	7438			
大化瑶族自治县六也乡	20470	26291	16731	9708			
宜州市庆远镇	32200	155872	69878	47931	425218.0	3200	95198
宜州市三岔镇	12928	18833	12250	4757	549.0	1250	2510
宜州市洛西镇	12887	30370	15026	6608	879.0	211	4482
宜州市怀远镇	23323	35274	24804	2659	16921.0	250	10012
宜州市德胜镇	30900	50562	22905	6499	23460.9	200	11410
宜州市石别镇	20650	34510	28437	4780	190.0	66	4010
宜州市北山镇	15783	34418	21817	3534	865.0	10	4315
宜州市刘三姐镇	35200	40796	24773	4716	3814.0	119	2312
宜州市洛东镇	10200	29768	22901	7854	30258.0	10	4023
宜州市祥贝乡	20900	20142	13740	4886	54.0		
宜州市屏南乡	14400	27725	15687	6610	1731.0		
宜州市福龙瑶族乡	41300	35297	20713	4586	406.0		
宜州市北牙瑶族乡	36700	60163	27116	7036	863.0		
宜州市同德乡	16000	23092	11926	365	865.0		
宜州市安马乡	28500	24662	16109	4398	415.0		
宜州市龙头乡	30077	42160	33256	8543	4857.0		
兴宾区凤凰镇	40090	79266	41458	10329	24358.0	2300	38381
兴宾区良江镇	20150	53632	32187	6831	493140.0	800	8134
兴宾区小平阳镇	21570	61741	29855	4053	67235.0	789	9142
兴宾区迁江镇	34060	79762	35611	12497	814894.0	800	7999
兴宾区石陵镇	15640	35863	16768	6968	6435.0	460	5050
兴宾区平阳镇	30420	59403	29383	7028	1564.0	100	7787
兴宾区蒙村镇	28225	51535	28755	3628	121412.0	145	10480
兴宾区大湾镇	14278	39443	19375	1872	10267.0	250	18000

续表 405　　（广西壮族自治区）　　计算单位：公顷、人、万元

名　　称	行政区域面　积	常住人口	从业人员	二三产业从业人员	工　业总产值	城镇建成区 面 积	城镇建成区常住人口
兴宾区桥巩镇	19600	42089	26975	4190	934.0	542	2137
兴宾区寺山镇	19680	68485	26070	4866	16583.0	100	2478
兴宾区三五乡	21600	63381	28948	7815	6156.0		
兴宾区五山乡	13420	34921	16083	2177	1994.0		
兴宾区陶邓乡	20120	46412	27415	3050	1687.0		
兴宾区良塘乡	19500	38029	21996	1801	993.0		
兴宾区七洞乡	18700	22835	10473	2227	924.0		
兴宾区城厢乡	17500	39604	19857	4023	292631.0		
兴宾区石牙乡	13520	41894	22590	5108	296.0		
兴宾区南泗乡	17600	39179	16955	2679	513.0		
兴宾区高安乡	8300	19639	8203	1718	705.0		
兴宾区正龙乡	8705	29187	16066	888	41534.0		
忻城县城关镇	41900	67826	50904	25604	131477.0	722	35305
忻城县大塘镇	31300	38811	30528	10528	15101.0	349	7448
忻城县思练镇	37800	40877	28620	11220	33628.0	2200	13382
忻城县红渡镇	22200	29029	21726	7526	89461.0	296	8325
忻城县古蓬镇	14600	27097	23557	9757	2003.0	38	3972
忻城县马泗乡	23466	15223	12029	4829	453.0		
忻城县欧洞乡	13393	12431	6539	2639	292.0		
忻城县安东乡	12000	15514	12338	3038	347.0		
忻城县果遂乡	14800	22256	18075	2975	284.0		
忻城县新圩乡	7200	10813	7333	2533			
忻城县遂意乡	15800	18327	13747	2347	1778.0		
忻城县北更乡	19630	20990	19109	10009			
象州县象州镇	17947	38425	22794	12617	397987.0	460	38425
象州县石龙镇	21799	21835	11416	5708	166927.0	190	5331
象州县运江镇	23683	36357	27671	5004	17939.0	326	4547
象州县寺村镇	21920	36855	30182	9831	123648.0	650	8326
象州县中平镇	9722	23280	19299	8243	8243.0	150	3738
象州县罗秀镇	12913	26334	17870	3905	88471.0	200	4532
象州县大乐镇	11784	23695	16451	3607	108120.0	54	4339
象州县马坪镇	21115	29175	20996	3061	17042.0	65	4800
象州县妙皇乡	21700	22022	13697	3250	6607.0		
象州县百丈乡	9200	15048	13818	1862	10452.0		
象州县水晶乡	13823	19486	14055	1792	11520.0		
武宣县武宣镇	15818	70870	50052	30165	688945.0	1595	64030
武宣县桐岭镇	18477	47817	41904	16010	189560.0	102	4765
武宣县通挽镇	8479	34030	22940	19706	4709.0	850	7213
武宣县东乡镇	24242	42817	33246	8110	6190.0	146	5245
武宣县三里镇	18927	35690	25734	7209	46159.0	52	5100
武宣县二塘镇	26000	40416	30349	6962	50459.0	185	5050
武宣县黄茆镇	10790	21353	17413	2413	2322.0	260	3709
武宣县禄新镇	12516	33099	25926	7295	11395.0	80	2366
武宣县思灵乡	8644	20602	13635	1420	2115.0	90	6880
武宣县金鸡乡	14700	16355	11040	3640	5878.0	34	2700
金秀瑶族自治县金秀镇	30322	15056	4965	1200	10694.0	240	10791
金秀瑶族自治县桐木镇	20486	42226	26313	6169	85155.0	280	8789
金秀瑶族自治县头排镇	10742	16744	8967	3091	22619.0	80	4592
金秀瑶族自治县三角乡	18444	4692	3884	456			
金秀瑶族自治县忠良乡	33635	9182	6963	1848	5840.0		

续表 406　　（广西壮族自治区）　　计算单位：公顷、人、万元

名　　称	行政区域面　积	常住人口	从业人员	二三产业从业人员	工　业总产值	城镇建成区 面 积	城镇建成区常住人口
金秀瑶族自治县罗香乡	29122	10977	6100	1600	1151.0		
金秀瑶族自治县长垌乡	19652	4660	3120	643	421.0		
金秀瑶族自治县大樟乡	37247	10003	7119	664	1155.0		
金秀瑶族自治县六巷乡	26253	4512	3376	866	3450.0		
金秀瑶族自治县三江乡	20976	8648	4640	2225	786.0		
合山市岭南镇	9800	46535	15639	4439	69588.0	600	14956
合山市北泗镇	13440	31703	17760	1778	14952.0	170	6431
合山市河里乡	12813	37842	17636	6530	3806.0		
江洲区新和镇	21700	18867	12795	3680	79035.0	400	7221
江洲区濑湍镇	17476	24062	16484	3753	231.0	330	3144
江洲区江州镇	27911	41250	33485	10417	3155.0	138	9923
江洲区左州镇	38800	33164	29452	7194	187.0	135	6115
江洲区那隆镇	35375	31206	26391	9859	10608.0	144	5889
江洲区驮卢镇	44308	49113	38743	13732	850.0	883	6742
江洲区罗白乡	15960	21546	16370	3351	673.0	725	5742
江洲区板利乡	10700	14744	9175	1608	3556.0	267	2677
扶绥县新宁镇	11180	93003	29937	9615	658124.0	1290	63283
扶绥县渠黎镇	32973	49536	33319	1938	118092.0	1360	5996
扶绥县渠旧镇	15000	24161	17062	2423	253.0	95	2857
扶绥县柳桥镇	29956	29781	19443	3692	2016.0	115	9128
扶绥县东门镇	33512	43778	32181	5370	421618.0	489	11301
扶绥县山圩镇	25661	29228	19547	3203	1179.0	211	6435
扶绥县中东镇	26135	33149	22145	4284	1928.0	315	6601
扶绥县东罗镇	17489	28231	15100	4172	5279.0	1300	8605
扶绥县龙头乡	17975	21683	21625	5076	1616.0	74	6783
扶绥县岜盆乡	15760	24074	17290	3736	506.0	85	4653
扶绥县昌平乡	17771	18520	14270	2965	7676.0	81	3597
宁明县城中镇	25074	77165	22886	6621	512150.0	452	9651
宁明县爱店镇	8370	7358	7090	3364	180.0	57	3978
宁明县明江镇	18753	28251	25488	8432	7022.0	8	1243
宁明县海渊镇	22034	35697	33742	11568	215580.6	114	7835
宁明县桐棉镇	65467	35350	22105	6325	92150.0	45	3150
宁明县那堪镇	29925	37087	19665	2306	48932.0	201	1172
宁明县亭亮乡	37869	28925	24342	3360	5.0		
宁明县寨安乡	23352	20699	13173	1024	1319.0		
宁明县峙浪乡	27788	24301	17533	1933	65000.0	27	2720
宁明县东安乡	14507	20167	12329	2175	500.0		
宁明县板棍乡	24034	17869	15712	6802	600.0		
宁明县北江乡	17890	21896	18777	2136	1060.0		
宁明县那楠乡	55378	19548	13525	2035	50647.0		
龙州县龙州镇	14042	42656	20728	13871	641952.0	65	34890
龙州县下冻镇	11400	18917	10694	3014		71	1300
龙州县水口镇	18300	18025	13434	3517	41064.0	84	2053
龙州县金龙镇	20190	21325	18516	6191	25.0	55	1685
龙州县响水镇	20600	12991	9102	3740		44	2732
龙州县八角乡	9010	7220	7206	2881			
龙州县上降乡	7300	7502	7068	2500	800.0		
龙州县彬桥乡	12100	16640	11623	3988			
龙州县上龙乡	17300	16812	11185	2510			
龙州县武德乡	20400	17085	12678	2963	1210.0		

续表 407　（广西壮族自治区、海南省）　计算单位：公顷、人、万元

名　　称	行政区域面　积	常住人口	从业人员	二三产业从业人员	工　业总产值	城镇建成区 面 积	城镇建成区常住人口
龙州县逐卜乡	22156	16890	12110	3543			
龙州县上金乡	21600	18265	12742	3728			
大新县桃城镇	20630	68312	30765	13706	485574.0	1820	40037
大新县全茗镇	18239	20335	17464	9463		30	2959
大新县雷平镇	38095	43058	36727	3673	156915.0	72	6488
大新县硕龙镇	17140	10953	9103	3317		44	3190
大新县下雷镇	25300	24426	22375	8570	436874.0	105	7000
大新县五山乡	14500	14510	14449	9416			
大新县龙门乡	18814	12987	12605	5935			
大新县昌明乡	11400	13926	13786	6858			
大新县福隆乡	14500	11818	11789	5832			
大新县那岭乡	17900	11689	11086	1635			
大新县恩城乡	14555	12546	12162	3071			
大新县榄圩乡	35900	24605	22524	7322			
大新县宝圩乡	11200	14153	13218	6245			
大新县堪圩乡	12800	15190	11667	5619			
天等县天等镇	21000	68174	37631	17652	151956.0	532	42800
天等县龙茗镇	16800	16684	16173	6831	783.0	50	3901
天等县进结镇	21700	27217	27797	14539	29537.0	68	6589
天等县向都镇	22900	36161	34476	16263	105.0	58	5673
天等县东平镇	13200	20183	17010	7075	51040.0	30	2169
天等县都康乡	13400	24327	22061	10896	86.0		
天等县宁干乡	9400	16916	14810	8060	1474.0		
天等县驮堪乡	21500	27569	28658	12642	319.0		
天等县福新乡	27800	24683	20505	9387	476.0		
天等县进远乡	6500	8401	8705	6830	44.0		
天等县上映乡	17300	29080	23733	9629	1130.0		
天等县把荷乡	14900	18551	16837	10534	172.0		
天等县小山乡	9500	11096	9971	5997	621.0		
凭祥市凭祥镇	5880	62262	23929	14971		400	39162
凭祥市友谊镇	10500	19645	13447	7479		1	48
凭祥市上石镇	12000	14215	12966	3200		107	334
凭祥市夏石镇	19330	18560	18460	12145	123682.0	98	3810
海南省							
秀英区长流镇	4830	39635	14227	6477	56289.0	60	19936
秀英区西秀镇	4230	42583	12043	6762	11600.0	29	1464
秀英区海秀镇	1970	56335	40696	32190	3450.0	27	3241
秀英区石山镇	12074	32568	19476	3066	9408.0	2500	3895
秀英区永兴镇	11200	32586	11768	3655	444718.0	30	4348
秀英区东山镇	13109	61255	35811	14481	3000.0	270	16226
龙华区城西镇	3500	72563	24855	22042	1702359.0	900	24892
龙华区龙桥镇	4950	18439	14704	6880	4550.0	34	2822
龙华区新坡镇	5412	35927	17298	5325		200	4617
龙华区遵谭镇	5570	21950	12820	4470	472.0	105	2730
龙华区龙泉镇	7340	49273	15723	581	9950.0	108	8274
琼山区龙塘镇	3879	30121	18010	11974	26336.0	77	7321
琼山区云龙镇	9600	22596	6880	1292	296000.0	117	5901
琼山区红旗镇	42000	26842	14415	2826	3200.0	200	6892
琼山区三门坡镇	12738	22859	14451	2320	2330.0	301	4000
琼山区大坡镇	5667	11037	5971	881		850	3057

续表 408　　（海南省）　　计算单位：公顷、人、万元

名　　称	行政区域面积	常住人口	从业人员	二三产业从业人员	工业总产值	城镇建成区面积	城镇建成区常住人口
琼山区甲子镇	15178	30385	16926	2851	4826.0	106	2739
琼山区旧州镇	12600	31247	19596	2746	256.0	450	3635
美兰区灵山镇	11230	78152	36479	22552	28004.0	500	29860
美兰区演丰镇	13100	27715	13485	6478	2727.0	200	4669
美兰区三江镇	6582	17601	11680	2910	11346.0	72	5401
美兰区大致坡镇	11394	32296	17911	6453	7915.0	300	10235
海棠区海棠湾镇	25380	54326	26690	14690	27909.0	216	11589
吉阳区吉阳镇	32510	98500	41640	20240	29000.0	550	20415
天涯区天涯镇	13800	38923	19245	5844	19554.0	102	6711
崖州区崖城镇	38325	87014	41696	6080	10380.0	1070	43093
五指山市通什镇	22850	51821	15814	8293	9761.0	202	39026
五指山市南圣镇	14270	9394	7259	623		126	468
五指山市毛阳镇	20630	13734	7875	1552	6119.0	163	1240
五指山市番阳镇	12300	9369	6456	455		118	535
五指山市畅好乡	16200	5634	3689	600		118	459
五指山市毛道乡	16000	5599	3707	709		118	467
五指山市水满乡	10630	4725	3189	1070		118	462
琼海市嘉积镇	13630	198000	57374	38661	46000.0	976	121005
琼海市万泉镇	9740	28252	15057	5400	3704.0	76	3468
琼海市石壁镇	9530	16461	10150	2575		38	1201
琼海市中原镇	10400	30623	18529	8512	14724.4	500	5427
琼海市博鳌镇	8696	28894	18155	7818		150	4850
琼海市阳江镇	11670	28120	15640	4070	11.0	250	3501
琼海市龙江镇	4970	22507	11495	3085	76.0	118	1275
琼海市潭门镇	7810	31361	16310	3940	13329.0	250	7700
琼海市塔洋镇	6330	29385	19802	9140	252.0	120	3550
琼海市长坡镇	16730	51537	25254	5827	298.0	255	12950
琼海市大路镇	9420	26327	17322	4814	10551.0	333	5351
琼海市会山镇	13030	8478	3884	324	791.0	13	491
儋州市那大镇	19680	226850	31935	16505	399218.0	4800	172119
儋州市和庆镇	18000	20480	10780	810	2258.0	120	840
儋州市南丰镇	17300	27152	14986	3555	248.0	50	3181
儋州市大成镇	10000	38875	14765	3795	20.0	100	2080
儋州市雅星镇	55756	51652	27980	1133	1823.0	56	1680
儋州市兰洋镇	32666	19255	11925	1632	41.0	150	1043
儋州市光村镇	8433	32400	13240	3400	14.0	80	4560
儋州市木棠镇	17160	58803	23851	4690	62180.0	300	7990
儋州市海头镇	19800	46654	19040	6674	15059.0	390	5690
儋州市峨蔓镇	7300	29363	11517	6084	6974.0	8	645
儋州市三都镇	6610	31743	20032	9863	600.0	41	1023
儋州市王五镇	12900	30152	11817	3236	4056.0	450	5996
儋州市白马井镇	7350	67029	36335	12320	30071.0	580	26908
儋州市中和镇	6199	44236	22406	7850	13736.0	160	9145
儋州市排浦镇	10900	21707	10549	4794	920.0	52	4178
儋州市东成镇	22650	64839	23414	1801	25245.0	163	1281
儋州市新州镇	7900	85348	23096	7472	235.0	405	31285
文昌市文城镇	31657	132829	60016	32384	171003.0	1800	67158
文昌市重兴镇	11930	30543	13881	3166	1102.0	183	2823
文昌市蓬莱镇	12100	17686	11990	1409	2511.0	67	3248
文昌市会文镇	13560	29152	11611	3064	25392.0	96	6320

续表 409　　（海南省）　　计算单位：公顷、人、万元

名　　称	行政区域面　积	常住人口	从业人员	二三产业从业人员	工　业总产值	城镇建成区 面 积	城镇建成区常住人口
文昌市东路镇	8700	22309	10275	2521	30508.0	93	3952
文昌市潭牛镇	14100	26555	12892	1574	10777.0	92	1867
文昌市东阁镇	10400	24090	11607	3217	1563.0	125	4300
文昌市文教镇	7150	24847	11161	3756	2353.0	82	3069
文昌市东郊镇	8824	48744	29853	5891	43003.0	220	3982
文昌市龙楼镇	9800	22813	15947	3174	7200.0	155	5350
文昌市昌洒镇	15400	17070	7417	2274	11441.0	41	4578
文昌市翁田镇	26487	33095	17525	5898	7827.0	141	8876
文昌市抱罗镇	10933	17330	5784	1385	73322.0	58	1810
文昌市冯坡镇	10500	13650	8295	1190	1500.0	115	3390
文昌市锦山镇	16400	37243	19191	7505	30496.0	467	6100
文昌市铺前镇	13470	41848	27099	12917	3208.0	128	6512
文昌市公坡镇	8460	12336	4067	1615	1707.0	37	1420
万宁市万城镇	10890	179122	54974	16320	69297.0	704	61535
万宁市龙滚镇	15200	24987	11100	2000	13620.0	100	6500
万宁市和乐镇	8040	64117	33474	13239	39498.0	487	10126
万宁市后安镇	9295	52467	48220	3585	30006.0	200	5409
万宁市大茂镇	5210	28479	9343	2231	47670.0	200	5000
万宁市东澳镇	8900	47625	24204	7391	5448.0	100	3497
万宁市礼纪镇	18200	46235	10656	8399	24613.0	87	4177
万宁市长丰镇	10600	30909	11102	2767	44146.0	300	1556
万宁市山根镇	6000	13611	7913	2784	6810.0	31	1297
万宁市北大镇	27609	23570	3855	2186	5448.0	127	2498
万宁市南桥镇	6900	13330	6720	1188	1362.0	18	702
万宁市三更罗镇	12666	11416	5492	1620	6810.0	8	654
万宁市兴隆华侨农场	9429	30784	14116	10695	21836.0	521	9345
东方市八所镇	30300	171404	71975	45296	1359885.0	240	89717
东方市东河镇	32300	23094	11906	1790	573.0	40	5714
东方市大田镇	13538	27467	18772	2545	1265.0	96	1934
东方市感城镇	18667	48011	15576	2546	11052.0	89	17225
东方市板桥镇	30369	36966	19582	3537	2522.0	120	9214
东方市三家镇	11200	38541	24292	2839	603.0	400	5721
东方市四更镇	8009	37374	16539	6481	9122.0	79	9861
东方市新龙镇	8660	20163	9395	2423	546.0	76	1946
东方市天安乡	27236	13241	7605	621	395.0		
东方市江边乡	19853	5637	4905	1299		13	528
定安县定城镇	14682	79934	46243	15037	115300.0	860	74210
定安县新竹镇	8263	17222	9173	4144	260.0	58	5231
定安县龙湖镇	9900	18003	10829	4961	151.0	90	4293
定安县黄竹镇	16076	8604	3946	1853	371.0	482	3684
定安县雷鸣镇	12944	32462	15579	5677	373.0	123	6878
定安县龙门镇	12019	20789	15268	4706	591.0	133	5820
定安县龙河镇	12003	29007	17601	6951	810.0	100	6351
定安县岭口镇	6421	21551	12086	2806	846.0	126	3026
定安县翰林镇	15152	14487	13087	1717	575.0	77	8030
定安县富文镇	12196	16242	10622	1795	295.0	100	1854
屯昌县屯城镇	16999	86474	32584	19599	61060.0	920	63617
屯昌县新兴镇	10919	26711	13298	3024	2535.0	38	3522
屯昌县枫木镇	6052	15518	10106	1949	150.0	112	2966
屯昌县乌坡镇	7896	20987	12331	2097	785.0	39	3510

续表 410　　（海南省）　　计算单位：公顷、人、万元

名　　称	行政区域面积	常住人口	从业人员	二三产业从业人员	工业总产值	城镇建成区面积	城镇建成区常住人口
屯昌县南吕镇	8297	33483	21449	5318	450.0	82	5922
屯昌县南坤镇	15441	36771	19944	2888	1062.0	72	3395
屯昌县坡心镇	5025	11320	8918	1556	4891.0	19	1663
屯昌县西昌镇	5506	9515	8244	1664		17	2510
澄迈县金江镇	38979	169807	99545	51722	176873.0	280	58623
澄迈县老城镇	15600	67371	21766	9913	1935700.0	361	9037
澄迈县瑞溪镇	7574	33562	24419	6701	11320.2	50	9127
澄迈县永发镇	12730	44680	21887	5667	2683.0	250	12590
澄迈县加乐镇	8200	25807	15009	6618	9447.7	100	2620
澄迈县文儒镇	9118	31842	18759	2239	425.0	100	1245
澄迈县中兴镇	15333	23433	11655	3102	1953.2	112	4963
澄迈县仁兴镇	3600	9900	6907	266	80.0	14	1253
澄迈县福山镇	5628	19659	10192	2218	195616.0	46	9071
澄迈县桥头镇	7016	22821	11032	1262	350.0	54	3220
澄迈县大丰镇	10400	13804	10800	1890	4250.0	75	2956
临高县临城镇	16640	89853	42401	13829	64595.0	1200	45070
临高县波莲镇	11700	36136	35724	6382	4429.0	78	3637
临高县东英镇	8330	25268	19815	3935		32	1785
临高县博厚镇	17440	35015	20958	6387	32558.0	200	4691
临高县皇桐镇	12430	21443	12741	1084	4237.7	91	2267
临高县多文镇	9221	20677	10473	2540	32.7	105	2950
临高县和舍镇	13910	27600	20730	7030	44560.0	230	7590
临高县南宝镇	8172	15938	8698	1575		423	3236
临高县新盈镇	5200	58990	19828	9393	12500.0	675	16001
临高县调楼镇	4960	53121	24797	7299	1895.0	300	22001
白沙黎族自治县牙叉镇	26448	37660	15931	1987	13678.0	164	21948
白沙黎族自治县七坊镇	27592	23979	16008	1043	2800.0	278	10000
白沙黎族自治县邦溪镇	12600	11997	8550	1850	12500.0	59	2385
白沙黎族自治县打安镇	17309	15096	8871	1585	2123.0	41	819
白沙黎族自治县细水乡	23947	5888	3538	179			
白沙黎族自治县元门乡	20024	7167	4491	365			
白沙黎族自治县南开乡	31899	5052	2105	92	610.0		
白沙黎族自治县阜龙乡	6380	5348	3322	158	0.6		
白沙黎族自治县青松乡	24879	9340	5573				
白沙黎族自治县金波乡	11662	4892	2659	94			
白沙黎族自治县荣邦乡	8979	7146	4437	104			
昌江黎族自治县石碌镇	23588	57733	12335	880		139	35875
昌江黎族自治县叉河镇	10000	14304	8493	900		85	2234
昌江黎族自治县十月田镇	20420	24267	13169	1490		110	983
昌江黎族自治县乌烈镇	8900	30718	15088	3320		85	12691
昌江黎族自治县昌化镇	12587	25600	14201	1295		180	4731
昌江黎族自治县海尾镇	20260	32702	14247	1170		153	11235
昌江黎族自治县七叉镇	10491	16767	8644	514		2	1317
昌江黎族自治县王下乡	34500	3031	1952	243			
乐东黎族自治县抱由镇	42446	68646	38852	3147	33580.0	326	28256
乐东黎族自治县万冲镇	30799	28460	15868	2788		113	2645
乐东黎族自治县大安镇	13737	30412	16385	3465	100.0	44	2988
乐东黎族自治县志仲镇	26487	26778	26731	2410		179	1839
乐东黎族自治县千家镇	41663	32578	15912	4500	22000.0	288	1686
乐东黎族自治县九所镇	24182	81012	46067	18122		375	4340

续表 411　　（海南省、重庆市）　　计算单位：公顷、人、万元

名　　称	行政区域面　积	常住人口	从业人员	二三产业从业人员	工　业总产值	城镇建成区　面　积	城镇建成区常住人口
乐东黎族自治县利国镇	21912	51680	36059	10047	1775.0	99	9232
乐东黎族自治县黄流镇	14200	67920	44117	21077	432.0	351	5708
乐东黎族自治县佛罗镇	8900	38429	19743	3085	204.0	112	5583
乐东黎族自治县尖峰镇	47460	23400	10780	3380	1610.0	197	4800
乐东黎族自治县莺歌海镇	1400	17999	9527	3509	600.0	200	11390
陵水黎族自治县椰林镇	7350	102695	57307	30204	40567.0	12	80625
陵水黎族自治县光坡镇	7500	25205	11564	1266	1151.9	50	3156
陵水黎族自治县三才镇	4390	14918	14915	1340	1456.0	18	1077
陵水黎族自治县英州镇	13240	41308	18788	965	1252.1	400	6152
陵水黎族自治县隆广镇	8400	21397	8538	344	651.1	40	873
陵水黎族自治县文罗镇	6299	16574	9296	2057	502.5	15	1020
陵水黎族自治县本号镇	39810	31684	17424	2272	1251.1	15	1664
陵水黎族自治县新村镇	8904	33229	4191	2244	1712.8	110	14835
陵水黎族自治县黎安镇	4280	18045	4146	2834	100.0	200	8102
陵水黎族自治县提蒙乡	4700	18298	9571	2940	1439.0		
陵水黎族自治县群英乡	5400	7331	6510				
保亭黎族苗族自治县保城镇	17502	40752	21545	16408	10473.7	523	31930
保亭黎族苗族自治县什玲镇	17688	14864	9724	1947	163.0	99	1629
保亭黎族苗族自治县加茂镇	11009	10531	6188	1145		21	498
保亭黎族苗族自治县响水镇	15847	11267	7975	771	2543.0	20	1442
保亭黎族苗族自治县新政镇	17112	15336	7121	924	190.0	27	1926
保亭黎族苗族自治县三道镇	9996	11315	8566	1620	670.8	45	1058
保亭黎族苗族自治县六弓乡	8173	7215	3394	262	24.0		
保亭黎族苗族自治县南林乡	5981	5598	3996	249			
保亭黎族苗族自治县毛感乡	12752	4378	2441	311	5.2		
琼中黎族苗族自治县营根镇	33580	51145	7747	1736	17026.0	125	21000
琼中黎族苗族自治县湾岭镇	15671	23465	1514	1041	14005.0	88	3144
琼中黎族苗族自治县黎母山镇	8133	19125	8248	1467	866.0	23	495
琼中黎族苗族自治县和平镇	38380	9515	6843	954		20	1247
琼中黎族苗族自治县长征镇	17905	7987	4593	277	500.0	49	720
琼中黎族苗族自治县红毛镇	15677	9411	5275	730	241.8	70	602
琼中黎族苗族自治县中平镇	24929	9581	5562	216		33	782
琼中黎族苗族自治县吊罗山乡	14666	6920	6893	446	784.0		
琼中黎族苗族自治县上安乡	20533	7267	4135	941	957.0		
琼中黎族苗族自治县什运乡	12700	5636	2865		290.0		
重庆市							
万州区小周镇	2600	9526	4582	2129	10400.0	166	2122
万州区大周镇	2250	13518	6846	3123	22833.0	38	1829
万州区新乡镇	4330	10227	5084	2311	17940.0	16	1760
万州区孙家镇	4600	13760	7170	3140	4964.0	74	1707
万州区高峰镇	4620	24961	12125	5427	11659.0	50	4814
万州区龙沙镇	6850	36066	18275	8809	41725.0	175	5621
万州区响水镇	6200	22240	10853	5403	8839.0	50	2428
万州区武陵镇	8070	35500	17248	8932	50041.0	196	10921
万州区瀼渡镇	3640	11911	5924	2782	2879.0	150	3385
万州区甘宁镇	10480	51654	25302	13244	8828.0	76	4589
万州区天城镇	7810	35626	18722	13302	245087.0	411	17623
万州区熊家镇	8250	33913	16979	9013	114651.0	217	17500
万州区高梁镇	10090	43706	22710	12119	180917.0	17	4045
万州区李河镇	7780	33342	16432	8282	92050.0	120	8551

续表 412 （重庆市） 计算单位：公顷、人、万元

名称	行政区域面积	常住人口	从业人员	二三产业从业人员	工业总产值	城镇建成区面积	城镇建成区常住人口
万州区分水镇	22090	86964	43809	23172	181859.0	201	24768
万州区余家镇	13850	50078	24865	11518	18563.0	272	20121
万州区后山镇	7830	28768	13098	2575	11640.0	158	1961
万州区弹子镇	7400	21473	10379	3853	20074.0	145	2214
万州区长岭镇	9940	35254	18146	9821	87030.0	352	9954
万州区新田镇	15200	42314	20482	11925	68700.0	220	18207
万州区白羊镇	9730	47766	23368	11755	4300.0	170	17040
万州区龙驹镇	24150	46633	23203	12555	5312.0	211	14051
万州区走马镇	18030	43415	21277	8396	48329.0	68	8175
万州区罗田镇	8170	27648	13558	1450	2710.0	100	3320
万州区太龙镇	6230	26642	13437	6874	31890.0	130	4221
万州区长滩镇	12780	27035	13808	5519	7450.0	192	3462
万州区太安镇	6870	27255	14095	5877	4965.0	136	8749
万州区白土镇	6630	21787	11108	4083	13553.0	295	5809
万州区郭村镇	5770	21550	10581	4102	5308.0	67	1850
万州区柱山乡	5390	15082	7705	3255	1428.0		
万州区铁峰乡	5000	11849	6046	1116	3200.0		
万州区溪口乡	4460	9041	4638	1908	3220.0		
万州区长坪乡	4430	9726	5166	1882	215.0		
万州区燕山乡	5640	10537	5084	1233	7500.0		
万州区梨树乡	5120	6097	2983	1421	2613.0		
万州区普子乡	8570	12900	6109	1595	1110.0		
万州区地宝土家族乡	4020	6913	3346	1496	835.0		
万州区恒合土家族乡	8200	24430	11862	4470	1538.0		
万州区黄柏乡	2800	12465	6004	2214	410.0		
万州区九池乡	3140	16890	8151	4084	174600.0		
万州区茨竹乡	4380	8120	4045	1764	3960.0		
涪陵区南沱镇	6714	34167	31907	15471	170827.0	41	5491
涪陵区青羊镇	10758	23525	22172	4255	15976.0	54	1761
涪陵区百胜镇	15076	31435	28164	7999	518786.0	130	5908
涪陵区珍溪镇	18145	57260	52955	32843	361736.0	189	13023
涪陵区清溪镇	7933	33264	16517	9958	387100.0	170	14652
涪陵区焦石镇	16707	27500	8298	6822	8700.0	122	14400
涪陵区马武镇	16153	32664	29418	5288	137753.0	68	8122
涪陵区龙潭镇	12390	39725	39627	12585	221964.0	360	12895
涪陵区蔺市镇	16364	43882	24746	6760	334339.0	200	9120
涪陵区新妙镇	13863	49365	31157	21476	114201.0	350	17604
涪陵区石沱镇	10225	26144	18522	12231	23560.0	143	8059
涪陵区义和镇	9945	35887	30674	20267	185473.0	16	4810
涪陵区罗云乡	7284	13950	12625	8477	10260.0		
涪陵区大木乡	9257	3617	2324	1633	4200.0		
涪陵区武陵山乡	13242	6027	4312	2291	16984.0		
涪陵区大顺乡	9697	18812	16481	8181	11655.0		
涪陵区增福乡	8157	20107	14205	2100	12450.0		
涪陵区同乐乡	9761	17130	16674	10661	16984.0		
大渡口区八桥镇	2050	32973	29459	29098	903243.0	734	30682
大渡口区建胜镇	1720	29636	11688	9303	289645.0	385	15838
大渡口区跳磴镇	4970	34116	15755	11168	405536.0	1033	10664
重庆市江北区鱼嘴镇	3967	41372	14647	14447	1811321.0	511	34863
重庆市江北区复盛镇	3050	13362	8789	8024	86835.0	120	11520

续表 413　　（重庆市）　　计算单位：公顷、人、万元

名　　称	行政区域面　积	常住人口	从业人员	二三产业从业人员	工　业总产值	城镇建成区 面 积	城镇建成区常住人口
重庆市江北区五宝镇	4280	8156	7929	4737	2231.0	53	3563
沙坪坝区井口镇	2225	33174	15977	14954	1820000.0	510	31006
沙坪坝区歌乐山镇	3400	45558	17070	15865	471899.0	110	3600
沙坪坝区青木关镇	3227	44115	14216	12231	172680.0	350	23560
沙坪坝区凤凰镇	3170	22400	13203	11446	250000.0	30	2400
沙坪坝区回龙坝镇	3910	23350	22830	19500	278796.0	30	7100
沙坪坝区曾家镇	3403	54132	48156	43033	9710203.6	380	11265
沙坪坝区土主镇	3300	22651	10641	8684	13168.0	46	1306
沙坪坝区中梁镇	3699	19025	11963	7392	46154.0	50	2386
九龙坡区九龙镇	930	88616	46657	46657	312814.0	930	88616
九龙坡区华岩镇	2550	50411	14784	12368	602935.0	90	43376
九龙坡区含谷镇	2856	40149	25718	21794	1127504.0	420	8568
九龙坡区金凤镇	3694	17609	10432	5835	420044.0	100	8190
九龙坡区白市驿镇	5195	72474	50441	47118	576701.0	400	25140
九龙坡区走马镇	3659	16883	14362	8884	39070.0	170	3668
九龙坡区石板镇	2311	10053	5664	4591	74656.0	32	3092
九龙坡区巴福镇	1789	12599	7342	6044	648051.0	88	3200
九龙坡区陶家镇	3602	17784	10158	7255	890432.0	506	13256
九龙坡区西彭镇	8696	110182	32589	20129	1279005.0	1800	60107
九龙坡区铜罐驿镇	2331	20910	15695	13550	325000.0	153	10243
南岸区南坪镇	1000	106920	28858	28348	1231421.0	1000	106920
南岸区涂山镇	890	55843	13379	13008	497728.0	890	55843
南岸区鸡冠石镇	890	15082	8126	7630	797899.0	130	14573
南岸区峡口镇	2300	25167	11310	8445	396457.0	320	6718
南岸区长生桥镇	5857	65732	41800	37561	6286042.0	310	34848
南岸区迎龙镇	4570	19946	12189	8348	137871.0	253	7093
南岸区广阳镇	3712	23538	8236	5597	237952.0	350	9908
北碚区歇马镇	5858	81150	51057	47750	817255.0	128	21200
北碚区澄江镇	6387	35558	17900	12895	139000.0	84	6000
北碚区蔡家岗镇	4574	57365	44294	41626	3573712.0	1760	37210
北碚区童家溪镇	2272	21845	13136	12150	1437500.0	30	8123
北碚区天府镇	5267	26572	26450	22338	365017.0	86	8042
北碚区施家梁镇	1900	11554	4306	3581	378689.0	15	1820
北碚区水土镇	5170	45273	40753	38205	292517.0	295	20430
北碚区静观镇	7250	44322	31669	19315	20533.0	102	17852
北碚区柳荫镇	6383	24290	13208	7603	40987.0	70	3563
北碚区复兴镇	6202	37686	19572	16337	151176.0	65	11789
北碚区三圣镇	6122	27375	16236	9889	132316.0	66	2878
北碚区金刀峡镇	7420	10820	5601	3090	13928.2	52	2287
綦江区万东镇	5597	53313	7560	2858	330806.0	186	18973
綦江区南桐镇	6440	54425	12637	2822	226251.0	302	3396
綦江区青年镇	8340	24162	11642	5877	45253.0	370	5198
綦江区关坝镇	5168	26807	12802	4298	330714.0	41	5047
綦江区丛林镇	5496	18747	5052	3187	50594.0	400	1263
綦江区石林镇	5496	11553	4825	1593	7506.0	277	855
綦江区金桥镇	9564	16828	10045	3842	25759.0	284	2874
綦江区黑山镇	9324	9472	2157	680	23061.0	458	2168
綦江区石角镇	15720	35930	35640	21520	75910.0	112	11364
綦江区东溪镇	15006	42629	41451	21127	17149.0	250	25705
綦江区赶水镇	18489	41787	34475	18961	176000.0	220	32448

续表 414　　　　（重庆市）　　　　计算单位：公顷、人、万元

名　　称	行政区域面　积	常住人口	从业人员	二三产业从业人员	工　业总产值	城镇建成区 面 积	城镇建成区常住人口
綦江区打通镇	12500	72121	51457	24621	283174.0	273	41872
綦江区石壕镇	12933	48524	29523	22740	135890.0	145	33753
綦江区永新镇	24000	40948	28367	15407	39699.0	300	17306
綦江区三角镇	10600	31034	28256	18732	52548.0	112	10620
綦江区隆盛镇	12054	36697	18726	10606	24000.0	208	6914
綦江区郭扶镇	17759	33498	29465	21715	24926.0	253	13004
綦江区篆塘镇	8000	18598	12029	6566	94752.0	55	5594
綦江区丁山镇	2200	11547	7033	5264	8872.0	9	1666
綦江区安稳镇	9703	36781	22206	6376	72040.0	30	19930
綦江区扶欢镇	6400	28928	22391	8928	10270.0	85	6412
綦江区永城镇	5901	22906	12165	9226	284557.0	80	6434
綦江区新盛镇	7800	13794	12896	6575	11354.0	31	984
綦江区中峰镇	8000	17174	7263	3735	3020.0	43	4251
綦江区横山镇	4300	14153	7710	5365	3254.0	132	1684
大足区龙水镇	9930	126853	83306	68023	3220000.0	967	95969
大足区宝顶镇	6490	25428	24827	6627	14000.0	130	9200
大足区中敖镇	12250	58062	52289	37889	22106.0	150	11238
大足区三驱镇	7800	39670	37290	25750	28902.0	106	7481
大足区宝兴镇	5160	22923	20934	14447	125000.0	154	4058
大足区玉龙镇	4480	20731	9874	5550	434380.0	116	10711
大足区石马镇	5160	27643	14625	9657	61200.0	72	4925
大足区拾万镇	4468	30230	16829	12271	115000.0	21	5871
大足区回龙镇	4900	12668	10730	4272	6723.0	43	1743
大足区金山镇	3800	14894	10904	5011	19000.0	60	3012
大足区万古镇	6650	41375	29170	13020	105857.0	210	16400
大足区国梁镇	3890	17434	6838	306	7000.0	19	1657
大足区雍溪镇	3900	14056	11574	7610	29358.0	120	2742
大足区珠溪镇	9310	48745	33620	22200	30000.0	132	5072
大足区龙石镇	3140	13211	9989	2807	1500.0	101	1713
大足区邮亭镇	9010	48400	45714	30854	1200000.0	2650	14950
大足区铁山镇	6150	15912	14160	10175	7563.0	85	4339
大足区高升镇	5000	15022	8374	561	9010.0	152	2392
大足区季家镇	5360	10918	7480	999	7704.0	128	2231
大足区古龙镇	1800	7965	7715	5200	152000.0	45	2238
大足区高坪镇	5070	28297	17558	9865	5080.0	26	2737
大足区通桥镇	1850	12900	9168	8888	273000.0	20	11500
渝北区玉峰山镇	6112	31739	15699	8247	15072.0	150	6978
渝北区龙兴镇	10368	85000	32287	27921	77591.0	900	56000
渝北区统景镇	11730	28143	26623	14322	7048.0	63	14395
渝北区大湾镇	11771	12677	26686	16548	5616.0	100	1901
渝北区兴隆镇	9350	35921	22138	14920	3340.0	220	4340
渝北区木耳镇	8270	38830	18303	10650	59000.0	100	9000
渝北区茨竹镇	11279	21365	21195	12023	17265.0	132	2926
渝北区古路镇	9296	18713	17733	9344	26289.0	300	2565
渝北区石船镇	12970	44261	38007	18170	8823.0	158	8411
渝北区大盛镇	10376	23590	25614	17201	3494.0	50	2053
渝北区洛碛镇	9650	50632	19812	12392	118388.0	300	21445
巴南区界石镇	6840	69957	34805	31276	1117119.0	510	32198
巴南区安澜镇	12242	31091	18997	11267	17620.0	27	1820
巴南区跳石镇	13624	24619	24051	15511	5904.0	63	5623

续表 415　　　　（重庆市）　　　　计算单位：公顷、人、万元

名　　称	行政区域面　积	常住人口	从业人员	二三产业从业人员	工　业总产值	城镇建成区 面 积	城镇建成区常住人口
巴南区木洞镇	10430	41846	25929	20790	122701.0	225	13261
巴南区双河口镇	6200	19070	10831	7285	13852.0	51	3642
巴南区麻柳嘴镇	7790	17634	15948	12801	60482.0	126	1512
巴南区丰盛镇	6900	12789	12716	8920	14980.0	80	3568
巴南区二圣镇	5740	21032	17024	12051	14900.0	63	4584
巴南区东泉镇	12270	19324	19269	11570	8064.0	150	3447
巴南区姜家镇	8036	21583	13754	8211	52800.0	86	1369
巴南区天星寺镇	4610	12528	7235	3985	989.0	29	688
巴南区接龙镇	18820	57710	35356	19827	59645.0	120	7308
巴南区石滩镇	4740	14064	9034	3837	1136.0	53	1916
巴南区石龙镇	11080	18593	18581	12220	2814.0	43	5011
黔江区阿蓬江镇	17300	21370	17010	9910	4595.0	82	5656
黔江区石会镇	12700	14473	14340	8006	12872.0	135	8932
黔江区黑溪镇	9500	18233	17267	3415	430.0	196	2115
黔江区黄溪镇	6700	12105	11200	418	5345.0	88	2476
黔江区黎水镇	8200	9523	5227	717	650.0	15	3215
黔江区金溪镇	8400	14822	5101	1237	926.0	131	4198
黔江区马喇镇	8200	11192	6041	2709	3014.0	68	7243
黔江区濯水镇	9700	21428	16246	3260	10415.0	122	9452
黔江区石家镇	9400	11250	9786	5394	2833.0	82	2896
黔江区鹅池镇	7300	12010	5943	935	1211.0	95	3128
黔江区小南海镇	11100	9406	4575	886	160.0	122	1521
黔江区邻鄂镇	5000	14457	11202	3966	3541.0	50	718
黔江区中塘乡	8000	11812	5296	1624	1450.0		
黔江区蓬东乡	3500	7035	6767	1903	354.0		
黔江区沙坝乡	8000	14265	9494	6479	735.0		
黔江区白石乡	8900	17386	12086	1721	7325.0		
黔江区杉岭乡	5300	10544	5118	1008	480.0		
黔江区太极乡	6300	9104	4881	911	2300.0		
黔江区水田乡	3400	8912	2635	631	11032.0		
黔江区白土乡	6400	4879	3197	432	50.0		
黔江区金洞乡	9700	12429	4775	660	410.2		
黔江区五里乡	4900	9000	8990	4150	60.0		
黔江区水市乡	9700	9410	7919	3621	444.0		
黔江区新华乡	7200	9770	8415	360	60.0		
长寿区邻封镇	5517	34353	22371	20413	24815.0	54	3641
长寿区但渡镇	5470	19188	14686	10644	6871.0	12	3163
长寿区云集镇	11530	24320	20378	8273	2329.0	32	5728
长寿区长寿湖镇	10450	34092	31476	18120	8206.0	581	16468
长寿区双龙镇	5694	27420	23465	16915	16681.0	260	14372
长寿区龙河镇	8990	48033	26495	18238	9061.0	55	5571
长寿区石堰镇	10720	62288	39034	28786	19354.0	250	7200
长寿区云台镇	8900	51836	31539	20326	34310.0	112	4522
长寿区海棠镇	4600	32584	16796	9742	15496.0	33	1230
长寿区葛兰镇	11100	72009	49067	30547	117950.0	234	23400
长寿区新市镇	3700	22449	18851	14125	212986.0	65	6886
长寿区八颗镇	4411	35086	27733	18095	33500.0	49	4520
长寿区洪湖镇	15340	38986	22973	5985	6293.0	14	3378
长寿区万顺镇	5700	21686	19901	14455	2258.0	86	5598
江津区油溪镇	15400	62019	61038	44137	154475.0	230	28387

续表 416　　（重庆市）　　计算单位：公顷、人、万元

名　　称	行政区域面　　积	常住人口	从业人员	二三产业从业人员	工　业总产值	城镇建成区 面 积	城镇建成区常住人口
江津区吴滩镇	8200	31003	28894	15548	10688.0	200	4413
江津区石门镇	8400	31413	30699	23098	28595.0	200	14985
江津区朱杨镇	5800	23699	20710	12586	19877.0	225	15609
江津区石蟆镇	20800	67643	67434	42472	33786.0	230	16445
江津区永兴镇	14100	33615	32180	22157	6826.0	120	8164
江津区塘河镇	6100	12405	10275	6515	3769.0	70	3787
江津区白沙镇	24100	113206	90253	69149	132999.0	805	69175
江津区龙华镇	8100	30642	28939	18541	17480.0	131	4502
江津区李市镇	18000	53013	41572	27134	55485.0	502	10260
江津区慈云镇	5100	19959	17800	12000	8529.0	233	7233
江津区蔡家镇	21000	44218	42514	27552	19552.0	411	9523
江津区中山镇	14300	23642	21952	12763	8027.0	301	3569
江津区嘉平镇	8900	20847	19075	10142	9468.0	100	4011
江津区柏林镇	13400	24340	21490	9530	11325.0	101	5320
江津区先锋镇	12700	47557	39437	21226	70202.0	280	15120
江津区珞璜镇	14800	88214	59984	43973	3924385.0	720	50960
江津区贾嗣镇	8100	26619	24013	12557	16063.0	196	7658
江津区夏坝镇	3700	12567	6560	2737	28903.0	100	2766
江津区西湖镇	14200	37610	31141	22060	8042.0	212	18834
江津区杜市镇	8900	27120	25538	18359	93609.0	200	12858
江津区广兴镇	3700	10951	10640	6217	117056.0	150	2849
江津区四面山镇	30000	15253	14222	7602	8561.0	200	3375
江津区支坪镇	8100	30416	27898	20539	49681.0	450	17806
合川区沙鱼镇	2272	15268	11194	8409	10097.0	40	3815
合川区官渡镇	5775	33282	23363	11001	21382.0	60	3412
合川区涞滩镇	7379	20637	10347	3554	5717.0	195	2738
合川区肖家镇	3004	22810	14478	9468	19557.0	20	3562
合川区古楼镇	4988	23293	19881	6459	26344.0	31	4279
合川区三庙镇	7922	48876	30648	19784	37452.0	445	6740
合川区二郎镇	3709	15422	14238	8336	21133.0	161	11524
合川区龙凤镇	6589	31624	15919	2316	6342.0	67	3996
合川区隆兴镇	9063	20381	20376	9093	6621.0	39	3358
合川区铜溪镇	8348	36769	25036	14765	100000.0	80	3648
合川区双凤镇	9717	27815	21862	4785	164387.0	43	3890
合川区狮滩镇	5219	24272	17781	9960	76000.0	25	1837
合川区清平镇	6035	17868	11296	6754	402706.0	265	11086
合川区土场镇	4024	23122	21989	18003	1073645.0	400	7200
合川区小沔镇	5369	30082	15888	5835	44799.0	105	6381
合川区三汇镇	9393	41898	14222	8173	230337.0	405	24451
合川区香龙镇	5881	16751	15488	9251	6596.0	126	7122
合川区钱塘镇	13925	83660	50442	30666	88316.0	246	36887
合川区龙市镇	11931	74231	52498	30685	92386.0	280	20563
合川区燕窝镇	8644	39432	21691	12456	11040.0	260	7585
合川区太和镇	15671	68335	38883	20050	116530.0	453	36351
合川区渭沱镇	10025	30524	29929	17670	76922.0	89	3097
合川区双槐镇	9544	60240	58097	18406	850121.0	175	11408
永川区青峰镇	4913	27075	14739	9916	130082.0	200	2570
永川区金龙镇	7346	34641	20586	13068	4870.0	16	1495
永川区临江镇	7710	39822	17952	11621	25126.0	825	5744
永川区何埂镇	8038	57834	42154	8475	12454.0	110	5975

续表 417　　（重庆市）　　计算单位：公顷、人、万元

名　　称	行政区域面　积	常住人口	从业人员	二三产业从业人员	工　业总产值	城镇建成区 面 积	城镇建成区常住人口
永川区松溉镇	3446	22100	7585	5083	241000.0	130	3056
永川区仙龙镇	8319	39572	34614	24062	9674.0	80	7000
永川区吉安镇	6001	21432	15589	13089	135498.0	200	4900
永川区五间镇	3770	16251	16097	9638	30368.0	15	5502
永川区来苏镇	9321	57660	30520	13070	196560.0	250	10251
永川区宝峰镇	3817	19863	13658	10686	63140.0	180	2911
永川区双石镇	6432	27186	16392	13128	352188.0	250	4514
永川区红炉镇	6400	19231	10054	6813	239170.0	250	4265
永川区永荣镇	5991	16141	10449	6334	92152.0	41	5662
永川区三教镇	10800	58726	35904	23477	968801.0	351	29556
永川区板桥镇	6000	29852	15411	12074	58621.0	63	3619
永川区朱沱镇	12765	65898	51159	32849	635112.0	580	29800
南川区三泉镇	19150	14395	10931	7928	69299.0	90	5123
南川区南平镇	12992	32526	21086	16166	380278.0	226	6440
南川区神童镇	3916	7300	5578	4638	11000.0	110	1210
南川区鸣玉镇	3668	12812	12054	8868	44031.0	96	3851
南川区大观镇	6642	21406	14731	8083	105306.0	205	8962
南川区兴隆镇	7652	17424	11196	6212	25968.0	100	4528
南川区太平场镇	6710	12527	7539	3129	22879.0	30	6219
南川区白沙镇	3675	7585	5466	3505	225.0	22	1968
南川区水江镇	23303	50877	32976	31416	363773.0	288	23181
南川区石墙镇	3729	7642	6225	4572	7200.0	30	1697
南川区金山镇	10127	10723	8860	5386	72100.0	65	5969
南川区头渡镇	16419	7586	6626	3570	16021.0	20	3845
南川区大有镇	12069	11896	8005	4099	10204.0	80	3780
南川区合溪镇	10353	6986	6465	4186	27270.0	60	1988
南川区黎香湖镇	3480	7844	3293	2008	6600.0	75	3246
南川区山王坪镇	10500	5532	3923	1400	12990.0	1	1100
南川区石莲乡	3767	4762	4107	792	6771.0		
南川区木凉乡	3560	7587	4428	1393	4720.0		
南川区河图乡	3300	7034	6280	4459	9500.0		
南川区乾丰乡	3409	7120	3828	2688	5500.0		
南川区骑龙乡	3824	7959	4470	1690	11418.0		
南川区中桥乡	4328	7687	4670	1363	9000.0		
南川区铁村乡	5037	7679	6348	3843	9786.0		
南川区德隆乡	7505	5886	4026	870	10400.0		
南川区庆元乡	7326	8710	4055	766	9451.0		
南川区古花乡	5800	8365	4435	387	3010.0		
南川区峰岩乡	3838	8633	8356	4345	5792.0		
南川区民主乡	3298	9440	5105	820	1200.0		
南川区冷水关乡	3738	8428	8325	3625	9300.0		
南川区石溪乡	5406	12577	11168	7695	75569.0		
南川区福寿乡	4219	7540	4952	1535	1315.0		
璧山区八塘镇	6256	26324	17791	9683	78779.0	114	6000
璧山区七塘镇	5700	21451	22871	16058	104685.0	120	1015
璧山区河边镇	5250	25482	15689	11922	288600.0	246	6095
璧山区福禄镇	4060	19863	13309	8023	63556.0	27	3932
璧山区大兴镇	10014	42178	40054	26763	140406.0	160	5749
璧山区正兴镇	7281	33042	29432	20437	100876.0	91	9156
璧山区广普镇	4715	25810	14760	8333	67164.0	53	1435

续表 418　　（重庆市）　　计算单位：公顷、人、万元

名　称	行政区域面积	常住人口	从业人员	二三产业从业人员	工业总产值	城镇建成区面积	城镇建成区常住人口
璧山区三合镇	3598	16513	12972	8621	2227.0	45	1829
璧山区健龙镇	4976	27275	10099	3498	98891.0	28	1441
铜梁区土桥镇	4519	14890	13301	9962	246057.0	100	1574
铜梁区旧县镇	7937	48971	27731	18620	285350.0	220	4138
铜梁区二坪镇	2561	14353	9009	5277	21828.0	65	626
铜梁区水口镇	2262	7698	5894	4054	5756.0	20	795
铜梁区安居镇	5657	21138	18767	13242	266500.0	170	8651
铜梁区白羊镇	3819	12365	9130	6977	15462.0	14	936
铜梁区平滩镇	9120	36971	28058	18590	44560.0	80	6982
铜梁区小林镇	2897	7893	7762	4378	16552.0	13	1206
铜梁区双山镇	3291	12653	8620	6034	28629.0	30	625
铜梁区虎峰镇	7665	46240	22720	12329	317500.0	150	5410
铜梁区石鱼镇	3177	20298	11596	8344	140688.0	62	1285
铜梁区福果镇	3842	18995	12690	7483	99456.0	80	1230
铜梁区庆隆镇	2602	10019	7925	6724	28104.0	32	975
铜梁区少云镇	6685	21574	17852	11715	96762.0	157	2594
铜梁区维新镇	4827	19532	9056	6325		28	1639
铜梁区高楼镇	2667	8954	7301	5304	35018.0	38	896
铜梁区大庙镇	4168	21135	14674	9554	75000.0	80	2715
铜梁区围龙镇	4625	15441	15092	10467	132000.0	31	1419
铜梁区华兴镇	3452	14976	7267	6115	95451.0	110	635
铜梁区永嘉镇	6391	22703	21468	14706	119897.0	40	2095
铜梁区安溪镇	2930	10664	5625	3399	41795.0	20	681
铜梁区西河镇	3417	15602	11049	7944	264671.0	42	4899
铜梁区侣俸镇	8847	32698	29673	20497	261000.0	90	2523
铜梁区太平镇	5170	16542	16269	8668	53357.0	26	1712
潼南县上和镇	6814	21319	13925	8558	73508.1	68	7625
潼南县龙形镇	8036	25199	17214	9182	72848.2	58	4125
潼南县古溪镇	11440	35392	27922	13541	148453.4	180	26000
潼南县宝龙镇	4227	15166	13785	5472	57098.9	100	3050
潼南县玉溪镇	5441	17193	16272	7992	87233.8	65	2880
潼南县米心镇	5455	14402	13722	3877	85989.0	60	2100
潼南县群力镇	4856	11471	10314	5856	30884.9	50	1300
潼南县双江镇	11906	34734	27711	17889	171379.3	200	8642
潼南县花岩镇	2530	6458	6133	4055	35224.2	60	2130
潼南县柏梓镇	12670	48915	31795	18082	43530.7	200	12275
潼南县崇龛镇	8510	29012	26330	8300	98341.7	120	10891
潼南县塘坝镇	10160	46401	32256	15490	51174.9	210	16200
潼南县新胜镇	5042	16298	14036	6706	49432.1	50	1350
潼南县太安镇	6081	25091	21300	12488	83142.2	200	3600
潼南县小渡镇	8823	28415	26278	14193	201762.5	200	15000
潼南县卧佛镇	9669	24913	18453	11604	67178.7	110	10893
潼南县五桂镇	3280	8975	7215	2956	60129.4	32	2610
潼南县田家镇	6313	17047	12247	6051	140113.5	100	2290
潼南县别口镇	4133	8375	7604	3386	116936.1	72	3025
潼南县寿桥镇	2094	6861	6331	2879	101249.0	16	2576
荣昌县直升镇	2982	13077	12949	8352	65123.0	9	2722
荣昌县万灵镇	2497	10915	9672	6171	7393.0	10	1195
荣昌县清江镇	1780	10591	7577	2018	74099.0	25	3211
荣昌县仁义镇	8538	38903	36152	15107	224692.0	169	6355

续表 419 （重庆市） 计算单位：公顷、人、万元

名　　称	行政区域面　　积	常住人口	从业人员	二三产业从业人员	工　业总产值	城镇建成区 面 积	城镇建成区常住人口
荣昌县河包镇	6600	28089	26353	15328	382670.0	71	4135
荣昌县古昌镇	3537	15694	14793	7727	68114.0	23	1802
荣昌县吴家镇	8151	37438	21861	16478	554928.0	248	9854
荣昌县观胜镇	4252	14965	14524	3792	49510.0	85	1253
荣昌县铜鼓镇	3877	11012	6651	4350	41946.0	28	1710
荣昌县清流镇	2614	12674	8659	4845	41530.0	28	1705
荣昌县盘龙镇	11800	52774	51340	26853	450511.0	340	8924
荣昌县远觉镇	2710	8904	6555	4483	51992.0	35	1801
荣昌县清升镇	2791	14469	12301	8091	143959.0	31	2316
荣昌县荣隆镇	6422	36412	22680	17596	230559.0	80	11235
荣昌县龙集镇	2147	11767	9684	4580	34213.0	28	2300
梁平县仁贤镇	4058	30126	15871	9884	50931.0	181	4346
梁平县礼让镇	4500	27485	18704	7757	62000.0	100	3279
梁平县云龙镇	7796	25130	21590	13850	83009.0	150	9255
梁平县屏锦镇	10211	57562	34413	19618	155003.0	380	31675
梁平县袁驿镇	4260	22506	15793	10356	135000.0	196	8461
梁平县新盛镇	6050	35643	22753	12957	24858.0	270	9425
梁平县福禄镇	8750	21841	19245	12257	19180.0	150	8924
梁平县金带镇	3145	12280	11030	7325	6619.0	120	9072
梁平县聚奎镇	5700	41236	24625	14042	125869.0	140	10265
梁平县明达镇	5890	31156	18674	11118	44818.0	404	5732
梁平县荫平镇	5400	25324	18013	9982	10040.0	131	4230
梁平县和林镇	5800	18428	16015	9418	10254.0	31	4896
梁平县回龙镇	8950	44823	26312	16295	85500.0	120	8765
梁平县碧山镇	3870	17533	14862	10478	58518.0	80	2725
梁平县虎城镇	7776	41980	22978	12748	24700.0	203	4260
梁平县七星镇	3308	10081	8552	5552	8960.0	281	2525
梁平县龙门镇	5297	28159	13692	9707	36654.0	446	5282
梁平县文化镇	2948	12513	12210	2700	2961.0	102	2200
梁平县合兴镇	5400	15345	14448	8096	23883.0	200	7035
梁平县石安镇	5200	15950	13398	9240	7500.0	105	4000
梁平县柏家镇	6950	16016	11397	6056	18770.0	351	2561
梁平县大观镇	5324	18900	10329	3226	12282.0	162	3126
梁平县竹山镇	4200	5140	4506	2608	34012.0	110	1450
梁平县蟠龙镇	9627	16122	13123	5104	26600.0	100	4691
梁平县安胜乡	2800	13585	8550	4891	15417.0		
梁平县铁门乡	3066	4535	4212	2328	8756.0		
梁平县龙胜乡	3600	5534	4853	1245	24300.0		
梁平县复平乡	3120	5391	3865	1315	3596.0		
梁平县紫照乡	3500	14583	6012	785	2320.0		
梁平县城北乡	5310	15596	12119	7161	3500.0		
梁平县曲水乡	4703	15353	9575	6468	22083.0		
城口县巴山镇	12723	7253	6169	4145	17371.0	130	5982
城口县坪坝镇	6044	7145	3939	1534	2657.0	10	4835
城口县庙坝镇	14683	7741	5078	1404	6140.0	120	5212
城口县明通镇	8051	6091	2890	290	900.0	150	4072
城口县修齐镇	16580	16095	5198	1056	69145.0	100	3791
城口县高观镇	12598	6465	4110	2053	665.0	120	3800
城口县高燕镇	13796	10550	7349	2584	126300.0	48	3210
城口县东安镇	39957	7460	3186	754	200.0	300	1068

续表 420　　（重庆市）　　计算单位：公顷、人、万元

名　　称	行政区域面积	常住人口	从业人员	二三产业从业人员	工业总产值	城镇建成区面积	城镇建成区常住人口
城口县咸宜镇	13030	7468	5600	2600	350.0	50	5000
城口县高楠镇	11219	4743	1744	243	380.0	70	2468
城口县龙田乡	22547	7760	5649	4453	506.0		
城口县北屏乡	13871	4527	4266	739	100.0		
城口县左岚乡	8009	5725	2904	1292	1350.0	3	320
城口县沿河乡	11107	4115	3740	1938	3100.0		
城口县双河乡	17463	5500	4065	1115	3150.0		
城口县蓼子乡	16470	9678	4735	1235	4356.0		
城口县鸡鸣乡	8006	5354	1490	640	2865.0		
城口县周溪乡	12431	4299	1888	665	455.0		
城口县明中乡	17716	4328	3205	516	1187.0		
城口县治平乡	6032	3576	1063	149	250.0		
城口县岚天乡	11127	2559	1966	1016	125.0		
城口县厚坪乡	14591	6319	6310	2280	102.6		
城口县河鱼乡	13383	4629	2465	1009			
丰都县虎威镇	7189	18867	8254	3731	37080.0	36	3523
丰都县社坛镇	10143	35363	19038	8415	25048.0	96	8957
丰都县三元镇	7739	16807	11253	5605	2856.0	45	4967
丰都县许明寺镇	5471	14052	10606	1974	4136.0	32	2322
丰都县董家镇	7119	23108	12424	6060	6872.0	60	5260
丰都县树人镇	8236	19586	13680	8217	6047.0	58	3785
丰都县十直镇	10972	31405	23959	13581	14324.0	68	5120
丰都县高家镇	15512	35709	24581	15164	287637.0	300	25307
丰都县兴义镇	11145	27836	19881	12066	119035.0	70	3820
丰都县双路镇	9552	12719	9513	5089	33418.0	37	3184
丰都县江池镇	6600	11624	10436	5794	3780.0	80	4510
丰都县龙河镇	13901	38319	30293	17759	11545.0	65	6842
丰都县武平镇	12619	11530	9798	1468	25118.0	56	1300
丰都县包鸾镇	17777	20615	10668	3843	22700.0	75	4002
丰都县湛普镇	3532	6437	5244	3768	244491.0	34	1610
丰都县南天湖镇	14706	12865	10896	7173	300.0	68	1440
丰都县保合镇	8193	18086	11110	5357	848.0	17	2083
丰都县兴龙镇	5911	13355	7837	1407	8500.0	35	1245
丰都县仁沙镇	9139	22118	13134	6410	701.0	45	2157
丰都县龙孔镇	7115	21097	11622	2572	19823.0	36	2800
丰都县暨龙镇	15256	9637	5470	994	11000.0	35	1201
丰都县双龙镇	7702	13402	9115	5679	730.0	42	2762
丰都县仙女湖镇	14510	10258	5140	1097	729.0	82	1618
丰都县青龙乡	5152	10000	8212	2517	600.0		
丰都县太平坝乡	3722	4318	3234	956	523.0		
丰都县都督乡	7563	4119	2973	838	110.0		
丰都县栗子乡	4439	9636	7168	2645	810.0	65	4829
丰都县三建乡	6287	14200	5439	3627	1200.0	46	1856
垫江县新民镇	5900	39873	21070	15397	60000.0	98	15968
垫江县沙坪镇	8599	35207	31410	12717	45149.0	61	14760
垫江县周嘉镇	8500	32088	10011	5032	131600.0	350	19752
垫江县普顺镇	8600	28213	20911	9960	37140.0	52	10938
垫江县永安镇	9700	28876	27386	16904	50603.0	35	12870
垫江县高安镇	10016	59387	46383	25266	118780.0	210	29141
垫江县高峰镇	4800	28286	23236	15521	76084.0	144	8566

续表 421 （重庆市） 计算单位：公顷、人、万元

名　　称	行政区域面　积	常住人口	从业人员	二三产业从业人员	工　业总产值	城镇建成区 面 积	城镇建成区常住人口
垫江县五洞镇	4178	16616	13940	4513	44488.0	48	3123
垫江县澄溪镇	5900	36421	26009	16489	518000.0	396	27452
垫江县太平镇	5300	29707	20364	8488	80231.0	32	17632
垫江县鹤游镇	3287	13319	8842	5280	31860.0	280	5791
垫江县坪山镇	7900	33469	18823	9608	80412.0	41	15188
垫江县砚台镇	7800	32028	28561	22989	148600.0	82	16712
垫江县曹回镇	6781	26410	26410	18879	50350.0	24	5880
垫江县杠家镇	6800	27318	25065	15745	56102.0	35	9120
垫江县包家镇	4122	17152	15677	6215	16329.0	11	5723
垫江县白家镇	5807	32051	17085	13415	17985.0	120	6512
垫江县永平镇	3802	10260	9839	5241	27800.0	26	4278
垫江县三溪镇	7200	13872	12397	5921	37629.0	84	4827
垫江县裴兴镇	5847	20585	11993	3358	33000.0	30	3452
垫江县黄沙镇	3200	21230	10945	7295	18126.0	38	7292
垫江县长龙镇	3880	20936	20183	7685	49781.0	35	3500
垫江县沙河乡	3400	9065	8760	4909	10530.0	16	1982
垫江县大石乡	3100	10238	7746	4023	15957.0	23	2486
武隆县巷口镇	27610	78790	22774	12478	129029.0	583	39860
武隆县火炉镇	17960	22615	20062	10372	3030.0	230	3778
武隆县白马镇	22170	25734	17400	9887	345934.0	458	8893
武隆县鸭江镇	12070	19532	15730	7517	33745.0	198	4782
武隆县长坝镇	10440	15225	11874	7956	8500.0	252	5200
武隆县江口镇	12910	20928	14175	6458	127012.0	165	2982
武隆县平桥镇	7340	14414	8775	4950	49389.0	160	3698
武隆县羊角镇	9390	14866	11475	7251	51537.0	94	2697
武隆县仙女山镇	18730	14344	8207	4865	13192.0	486	2519
武隆县桐梓镇	10030	8890	6999	3863	2635.0	210	2450
武隆县土坎镇	4130	8141	5394	2823	53438.0	53	1247
武隆县和顺镇	10320	12760	6962	2952	42464.0	35	2763
武隆县凤来乡	5230	10914	10729	3741	8412.0		
武隆县庙垭乡	3590	8241	7453	3980	1299.0		
武隆县石桥苗族土家族乡	10270	8489	6610	3095	6284.0		
武隆县双河乡	22780	9859	7305	1728	1180.0		
武隆县黄莺乡	14930	7825	5959	555	1983.0		
武隆县沧沟乡	7360	8501	5951	2721	4019.0		
武隆县文复苗族土家族乡	10500	6941	5691	2557	391.0		
武隆县土地乡	7580	5445	4428	2008	1380.0		
武隆县白云乡	4010	5634	4112	1469	3825.0		
武隆县后坪苗族土家族乡	8730	4627	3800	1442	1534.0		
武隆县浩口苗族仡佬族乡	8520	4628	3978	1836	3236.0		
武隆县接龙乡	11240	4334	3406	1461			
武隆县赵家乡	6020	3615	3225	1630	613.0		
武隆县铁矿乡	6270	2850	2078	1151	820.0		
忠县忠州镇	13600	160634	58956	53611	1553099.0	1436	151854
忠县新生镇	8900	22711	14465	10275	47085.0	40	5948
忠县任家镇	7100	15849	12028	8803	7857.0	35	3201
忠县乌杨镇	10300	36920	18016	11211	242853.0	401	15298
忠县洋渡镇	8100	19466	18092	8492	11385.0	180	2848
忠县东溪镇	3900	22213	9985	8143	55000.0	10	3500
忠县复兴镇	4500	15193	13114	6833	263421.0	28	5187

续表 422　　（重庆市）　　计算单位：公顷、人、万元

名　　称	行政区域面　　积	常住人口	从业人员	二三产业从业人员	工　业总产值	城镇建成区　面　积	城镇建成区常住人口
忠县石宝镇	8500	30717	30573	19532	38200.0	131	10171
忠县汝溪镇	9500	32323	25068	11778	98115.0	290	12245
忠县野鹤镇	5800	17558	12768	7823	13262.0	85	2715
忠县官坝镇	9600	28350	22330	13649	27603.0	173	8574
忠县石黄镇	5500	10970	7839	5303	10985.0	70	2020
忠县马灌镇	11400	30835	23522	15015	61743.0	40	10080
忠县金鸡镇	7400	15650	12228	8739	13269.0	52	3343
忠县新立镇	11600	33244	26640	19819	63821.0	562	11268
忠县双桂镇	5300	17863	10339	6474	11638.0	100	2829
忠县拔山镇	15600	44224	29840	21590	87224.0	472	15200
忠县花桥镇	4900	17511	14476	10809	26831.0	190	2511
忠县永丰镇	5300	15133	14910	7145	21355.0	19	3578
忠县三汇镇	10100	22400	18195	14444	22139.0	97	6031
忠县白石镇	14600	27510	26927	21325	24250.0	80	6890
忠县黄金镇	10800	29677	19199	12676	32492.0	48	4115
忠县善广乡	5100	9428	7269	4615	5912.0		
忠县石子乡	4000	4519	3694	2274	8992.0	20	769
忠县磨子土家族乡	3100	12696	7413	5297	3850.0		
忠县涂井乡	7600	16642	12365	10385	15155.0		
忠县金声乡	3700	8542	7551	4893	3805.0		
忠县兴峰乡	2900	7596	4963	3264	14956.0		
开县郭家镇	7900	47699	37588	13873	83770.0	3	16151
开县温泉镇	14900	39276	26100	15069	112372.0	316	25011
开县铁桥镇	11500	63437	38910	27480	128000.0	270	24625
开县南雅镇	7000	32420	31689	12977	8691.0	254	15245
开县和谦镇	8000	20104	14182	8845	5320.0	220	5600
开县镇安镇	4600	18135	13346	10025	22100.0	60	1390
开县竹溪镇	8400	26415	26203	12017	27250.0	86	3569
开县渠口镇	6800	26074	13896	9653	20353.0	9	2676
开县厚坝镇	4900	33686	33676	7000	5600.0	82	5400
开县高桥镇	7800	28250	25485	10893	12250.0	11	2688
开县义和镇	6100	21898	21873	13226	5947.0	121	3894
开县大进镇	25100	36065	30274	11124	9152.0	263	2200
开县长沙镇	13600	40543	43710	32160	24308.0	4	32748
开县临江镇	12300	58235	53920	37363	31685.0	490	37397
开县敦好镇	14400	30976	16160	12707	51397.0	41	13263
开县中和镇	8900	43434	25426	14663	76104.0	653	8542
开县岳溪镇	18100	53936	53840	36328	48753.0	375	14120
开县南门镇	15000	50700	43582	31702	23500.0	160	17300
开县河堰镇	15400	15292	11982	5651	6525.0	111	11398
开县九龙山镇	13500	34408	34367	22644	3885.0	35	3920
开县白桥镇	8400	13796	17339	13067	19844.0	0	2069
开县天和镇	6700	18635	10036	4399	13046.0	58	2371
开县金峰镇	5750	20000	16033	6031	2698.0	46	5000
开县谭家镇	12500	18591	12296	6974	37385.0	15	2482
开县巫山镇	11700	21658	21549	5882	10685.0	3	2042
开县大德镇	11800	38110	34492	9066	10920.0	32	1437
开县白泉乡	19600	8967	5084	2399	2850.0	10	914
开县关面乡	14300	8930	2954	556	3700.0		
开县满月乡	14900	7200	6732	1278	3590.0		

续表 423　　（重庆市）　　计算单位：公顷、人、万元

名　　称	行政区域面　　积	常住人口	从业人员	二三产业从业人员	工　业总产值	城镇建成区 面 积	城镇建成区常住人口
开县五通乡	5000	6783	4633	2382	2316.0	1	2510
开县麻柳乡	9400	23215	20590	4300	2850.0		
开县紫水乡	9400	16854	16662	4010	3658.0	15	1832
开县三汇口乡	7900	22163	11364	7853	12800.0	140	4563
云阳县龙角镇	6554	13350	11416	6814	9445.0	240	6515
云阳县故陵镇	11403	21985	20409	14727	14217.0	90	3065
云阳县红狮镇	13595	18210	17110	13004	12130.0	101	11843
云阳县路阳镇	6360	16590	16126	9606	5011.0	180	12301
云阳县农坝镇	8640	30113	18264	10744	9932.0	129	6213
云阳县渠马镇	3552	16250	15436	7410	3982.0	14	1068
云阳县黄石镇	4165	10888	10885	6192	12520.0	30	2053
云阳县巴阳镇	5130	13863	11665	7047	11957.0	8	3663
云阳县沙市镇	8488	19596	19375	8490	15860.0	271	6235
云阳县鱼泉镇	6220	20211	16867	14354	5212.0	25	6101
云阳县凤鸣镇	12947	39119	39005	18109	18352.9	150	8465
云阳县宝坪镇	12350	16923	16010	9286	1583.0	28	6875
云阳县南溪镇	28120	76704	57724	20072	97291.0	370	32800
云阳县双土镇	9040	21500	18124	11120	7980.0	21	1865
云阳县桑坪镇	11300	18735	18189	10750	11220.0	502	7521
云阳县江口镇	24142	73236	64192	34549	205175.0	460	29250
云阳县高阳镇	13512	27085	22768	12987	31753.0	210	10737
云阳县平安镇	11800	33462	14626	8216	22035.0	200	6344
云阳县云阳镇	12416	15016	14856	10668	9860.0	50	3720
云阳县云安镇	6446	13400	13390	10494	19584.0	553	6776
云阳县栖霞镇	6076	10079	10002	6519	28273.0	192	3354
云阳县双龙镇	7638	26043	23390	12650	13403.0	11	3580
云阳县泥溪镇	10870	8695	7832	3480	8620.0	60	4598
云阳县票草镇	10080	15558	13367	8696	4035.0	150	6651
云阳县养鹿镇	5614	15189	15149	9775	1045.0	6	2518
云阳县水口镇	3942	18050	10393	1988	11695.0	60	6201
云阳县堰坪镇	5161	10618	7100	3400	6653.0	10	4100
云阳县龙洞镇	13270	14857	11839	6355	8593.0	38	3284
云阳县后叶镇	5190	11989	11465	9810	1282.0	48	4283
云阳县外郎乡	4540	7124	6621	4390	5341.0		
云阳县耀灵乡	5380	13026	6665	4455	362.0		
云阳县新津乡	5222	9590	8116	6929	6682.0	100	520
云阳县普安乡	5476	6952	6949	5224	1642.0	1	320
云阳县洞鹿乡	9227	9050	7554	3876	2300.0		
云阳县石门乡	3482	4512	4509	3255	1185.0		
云阳县大阳乡	4363	11421	9980	5864	5020.0		
云阳县上坝乡	7160	6671	6670	4200	360.0		
云阳县清水土家族自治乡	10216	5907	5027	2043	13237.0	200	1271
奉节县白帝镇	18900	27033	18288	8788	49890.0	210	18359
奉节县草堂镇	17066	27502	15750	8080	18652.0	255	4870
奉节县汾河镇	13350	30385	17620	9905	50200.0	115	6450
奉节县康乐镇	14193	30916	13229	7593	29680.0	390	16078
奉节县大树镇	14962	20988	16673	9157	14600.0	100	4725
奉节县竹园镇	17832	26282	19780	12208	32350.0	272	17500
奉节县公平镇	13396	32253	25500	15210	36529.0	137	7370
奉节县朱衣镇	14500	23520	20190	11820	13987.0	750	13529

续表 424 （重庆市） 计算单位：公顷、人、万元

名　　称	行政区域面　　积	常住人口	从业人员	二三产业从业人员	工　业总产值	城镇建成区 面 积	城镇建成区常住人口
奉节县甲高镇	18123	28807	18864	12057	349.0	200	7521
奉节县羊市镇	6614	11187	8009	5242	1100.0	50	4000
奉节县吐祥镇	25261	32967	19028	10358	6315.0	250	15560
奉节县兴隆镇	34713	31757	26098	17566	18562.0	480	18758
奉节县青龙镇	10784	17030	13110	8058	7550.0	65	3352
奉节县新民镇	9601	20032	14377	9551	1528.0	75	8485
奉节县永乐镇	13460	26126	16425	6614	12100.0	115	3716
奉节县安坪镇	15408	27670	14309	8790	12310.0	131	4050
奉节县五马镇	16343	23915	21360	11777	865.0	120	4636
奉节县青莲镇	17936	26418	12519	7840	15000.0	120	5460
奉节县岩湾乡	4905	8659	5461	2997	7536.0		
奉节县平安乡	12698	14017	8141	4372	560.0		
奉节县红土乡	8744	16092	13912	9293	9865.0		
奉节县石岗乡	10130	21325	16085	6702	140.0		
奉节县康坪乡	3503	8224	4161	2758	23.0		
奉节县太和土家族乡	13143	9310	5676	1946	46.0		
奉节县鹤峰乡	8778	11558	8904	3954	1350.0		
奉节县冯坪乡	11248	15228	8417	5540	850.0		
奉节县长安土家族乡	19432	10196	5649	2533	1100.0		
奉节县龙桥土家族乡	11800	6010	5401	3283			
奉节县云雾土家族乡	8099	2852	2417	670	138.0		
巫山县庙宇镇	14400	30618	26104	16469	2300.0	163	12514
巫山县大昌镇	18833	35016	22282	13584	3000.0	150	11245
巫山县福田镇	12233	28267	19383	10673	16000.0	120	11164
巫山县龙溪镇	7440	15652	13992	8582	26500.0	150	2015
巫山县双龙镇	14199	20481	18552	9294	3318.0	37	2297
巫山县官阳镇	11847	11235	5982	1095	800.0	67	3102
巫山县骡坪镇	15940	19637	19540	11410	110.0	185	7124
巫山县抱龙镇	14813	17951	16231	8682	2980.0	68	2035
巫山县官渡镇	20258	36841	27553	13993	4500.0	289	14218
巫山县铜鼓镇	9300	18346	18088	11308	420.0	50	1420
巫山县巫峡镇	14967	19701	15992	7805	16600.0	384	9860
巫山县红椿乡	17000	4835	4492	1618	15000.0		
巫山县两坪乡	13090	13458	11015	4633	8500.0		
巫山县曲尺乡	11700	11856	9303	3867	320.0		
巫山县建坪乡	10492	9055	6504	3382	5600.0		
巫山县大溪乡	7600	9650	7214	2501	460.0		
巫山县金坪乡	4810	3022	2186	636			
巫山县平河乡	16709	9684	6484	2469	510.0		
巫山县当阳乡	11230	5582	2669	984	1862.0		
巫山县竹贤乡	9800	4673	3144	990	780.0		
巫山县三溪乡	12000	15861	11376	5290	28600.0		
巫山县培石乡	4800	5162	4487	1649	421.0		
巫山县笃坪乡	13200	10682	10593	3832	1890.0		
巫山县邓家乡	5800	3315	3215	803	27400.0		
巫溪县城厢镇	14000	22220	12774	6551	7393.0	547	18325
巫溪县凤凰镇	4900	15031	8682	6291	49928.0	132	10373
巫溪县宁厂镇	4000	7457	2388	1320	848.0	30	5781
巫溪县上磺镇	9000	20252	16386	9762	1812.0	235	9573
巫溪县古路镇	10600	24846	18714	9219	1634.0	211	15627

续表 425　　(重庆市)　　计算单位：公顷、人、万元

名　　称	行政区域面　　积	常住人口	从业人员	二三产业从业人员	工　业总产值	城镇建成区 面 积	城镇建成区常住人口
巫溪县文峰镇	66600	25400	18461	9897	20890.0	125	16800
巫溪县徐家镇	15300	15439	7708	4223	18529.0	65	9973
巫溪县白鹿镇	14000	13264	10881	4344	294.0	25	5545
巫溪县尖山镇	12500	20507	10210	5701	37039.0	53	11726
巫溪县下堡镇	19800	11281	9138	4418	10603.0	50	5496
巫溪县峰灵镇	6500	16147	12839	7104	8252.0	15	4591
巫溪县塘坊镇	9600	15814	11248	6594	7136.0	30	5557
巫溪县朝阳镇	14000	12900	7136	3846	778.0	26	6020
巫溪县田坝镇	18100	13280	7393	4294	1886.0	26	4705
巫溪县通城镇	9800	12034	8573	3955	935.0	25	4357
巫溪县胜利乡	6600	8018	6271	3271	1787.0		
巫溪县菱角乡	5800	14620	12492	8359	1709.0		
巫溪县大河乡	6800	8709	4706	2346	1865.0		
巫溪县天星乡	11600	3859	1953	405	1396.0		
巫溪县长桂乡	13300	3117	2925	870	538.0		
巫溪县蒲莲乡	4300	11627	8441	4189	11852.0		
巫溪县鱼鳞乡	10800	6561	3956	1630	261.0		
巫溪县乌龙乡	14800	5030	4070	1720	955.0		
巫溪县中岗乡	23200	12920	11003	5338	11840.0		
巫溪县花台乡	3300	5068	4062	2493	38.0		
巫溪县兰英乡	9700	2416	2093	558	2072.0		
巫溪县双阳乡	9500	2038	1729	974	1628.0		
巫溪县中梁乡	10100	3323	2393	1046	129.0		
巫溪县天元乡	20100	5935	4918	2752	6896.0		
巫溪县土城乡	20200	6467	6458	3704	866.0		
石柱土家族自治县南宾镇	16387	122156	63880	49785	526148.0	900	81653
石柱土家族自治县西沱镇	6143	29678	10255	6342	12486.3	220	15663
石柱土家族自治县下路镇	10795	22865	21360	13798	182108.0	171	6337
石柱土家族自治县悦崃镇	8608	12012	8799	4943	4767.0	100	6813
石柱土家族自治县临溪镇	14964	17234	6325	770	15694.0	104	8470
石柱土家族自治县黄水镇	21349	9862	6943	5051	15635.0	320	6768
石柱土家族自治县马武镇	9164	13348	4309	244	15799.0	62	2912
石柱土家族自治县沙子镇	17834	16517	4828	1011	11281.2	30	3221
石柱土家族自治县王场镇	5735	8731	8730	2875	1759.0	5	4624
石柱土家族自治县沿溪镇	5612	16178	7922	1937	4092.0	62	2389
石柱土家族自治县龙沙镇	7803	7177	7049	4095	24345.0	78	2748
石柱土家族自治县鱼池镇	9768	11069	8574	3312	17023.6	56	2762
石柱土家族自治县三河镇	10114	19056	17899	8894	5360.0	95	3885
石柱土家族自治县大歇镇	12844	17966	10258	2098	24908.7	70	4350
石柱土家族自治县桥头镇	6574	13031	6663	545	5615.0	100	2116
石柱土家族自治县万朝镇	7436	14782	6602	3690	35969.0	100	2012
石柱土家族自治县冷水镇	7187	6328	2267	531	102.0	1	287
石柱土家族自治县黄鹤镇	3919	3261	2695	380	8012.0	16	1467
石柱土家族自治县黎场乡	3596	11382	9054	1833	972.0	63	1107
石柱土家族自治县三星乡	9369	7883	7705	4486	1457.0		
石柱土家族自治县六塘乡	16995	10818	10749	5624	21587.0	70	4377
石柱土家族自治县三益乡	2698	4354	3501	1988	4014.6		
石柱土家族自治县王家乡	4744	6665	4027	1667	21.0		
石柱土家族自治县河嘴乡	5950	12507	8724	5838	11.0	1	401
石柱土家族自治县石家乡	6201	7122	2952	382	31.0	10	2275

续表 426　　　　（重庆市）　　　　计算单位：公顷、人、万元

名　　称	行政区域面　积	常住人口	从业人员	二三产业从业人员	工　业总产值	城镇建成区 面 积	城镇建成区常住人口
石柱土家族自治县枫木乡	13640	9976	2952	382	31.0	10	2275
石柱土家族自治县中益乡	16062	4452	3417	1570			
石柱土家族自治县洗新乡	8939	5140	3125	110	42.5	1	125
石柱土家族自治县龙潭乡	13543	3488	2861	1108	11138.0		
石柱土家族自治县新乐乡	5564	3256	1812	139	42.0	1	825
石柱土家族自治县金铃乡	5891	1842	1696	979	120.2		
石柱土家族自治县金竹乡	3893	1175	1007	114	102.6	1	36
秀山土家族苗族自治县清溪场镇	13200	55378	37307	25933	179495.0	386	11888
秀山土家族苗族自治县隘口镇	12446	14819	10120	1525	11082.0	428	2783
秀山土家族苗族自治县溶溪镇	10940	20916	11614	4674	133845.0	650	4146
秀山土家族苗族自治县官庄镇	10170	26786	20063	11090	66037.0	525	5802
秀山土家族苗族自治县龙池镇	12509	28338	19505	11382	181845.0	500	13363
秀山土家族苗族自治县石堤镇	8710	13505	9891	3298	15933.7	670	3131
秀山土家族苗族自治县峨溶镇	7960	15825	12359	8366	1863.0	146	4589
秀山土家族苗族自治县洪安镇	8770	15165	13663	7102	7672.0	320	3579
秀山土家族苗族自治县雅江镇	7090	10397	8589	6542	852.0	60	2321
秀山土家族苗族自治县石耶镇	3725	9999	8813	6271	55357.0	416	3362
秀山土家族苗族自治县梅江镇	16950	34930	24014	13025	2411.0	371	8116
秀山土家族苗族自治县兰桥镇	7317	13069	8409	2194	16000.0	680	4965
秀山土家族苗族自治县膏田镇	15086	12445	10914	7415	82000.0	135	610
秀山土家族苗族自治县溪口镇	9558	10968	7419	1833	25500.0	194	863
秀山土家族苗族自治县妙泉镇	5970	5569	5328	3595	250395.0	135	956
秀山土家族苗族自治县宋农镇	7491	5923	4806	1851	16668.0	220	2378
秀山土家族苗族自治县里仁镇	7600	9967	7608	4771	870.0	144	1202
秀山土家族苗族自治县钟灵镇	15768	14583	10488	2088	72023.0	185	1287
秀山土家族苗族自治县孝溪乡	7410	9724	5610	1222	54590.2	185	1287
秀山土家族苗族自治县海洋乡	9230	5169	2379	550	750.0		
秀山土家族苗族自治县大溪乡	10990	5510	2758	230	11413.0		
秀山土家族苗族自治县涌洞乡	6776	6881	5422	3073	4500.0		
秀山土家族苗族自治县中平乡	4658	6006	4734	727	135.0		
秀山土家族苗族自治县岑溪乡	5340	6082	4559	164	671.0		
酉阳土家族苗族自治县龙潭镇	36600	60227	36808	27130	198306.0	560	42868
酉阳土家族苗族自治县麻旺镇	26286	31260	17100	8927	19005.0	406	14500
酉阳土家族苗族自治县酉酬镇	20600	18960	12713	7025	18041.0	500	10204
酉阳土家族苗族自治县大溪镇	12700	12591	7719	2351	6801.0	200	4583
酉阳土家族苗族自治县兴隆镇	18000	12850	8543	3183	2326.0	100	4887
酉阳土家族苗族自治县黑水镇	21300	16998	11052	4841	2230.0	150	4970
酉阳土家族苗族自治县丁市镇	16600	19920	11630	5000	3864.0	166	5579
酉阳土家族苗族自治县龚滩镇	13300	15350	11720	5936	1452.0	225	6310
酉阳土家族苗族自治县李溪镇	22400	22785	19004	12603	11923.0	403	13210
酉阳土家族苗族自治县泔溪镇	15300	12936	8680	4922	2750.0	152	4325
酉阳土家族苗族自治县酉水河镇	11994	12431	7043	2491	2206.0	170	5601
酉阳土家族苗族自治县苍岭镇	14000	11218	7455	1390	8378.0	150	4336
酉阳土家族苗族自治县小河镇	9500	10136	5617	2116	7367.0	110	4856
酉阳土家族苗族自治县板溪镇	16008	11249	7561	3639	330494.0	400	2208
酉阳土家族苗族自治县涂市乡	14199	14236	9290	5164	7112.0		
酉阳土家族苗族自治县铜鼓乡	19387	23309	10171	3771	433.0		
酉阳土家族苗族自治县可大乡	10700	10662	6666	2656	145.0		
酉阳土家族苗族自治县偏柏乡	10700	11870	5673	1726			
酉阳土家族苗族自治县五福乡	7200	8340	6424	3340	285.0		

续表 427 （重庆市） 计算单位：公顷、人、万元

名称	行政区域面积	常住人口	从业人员	二三产业从业人员	工业总产值	城镇建成区面积	城镇建成区常住人口
酉阳土家族苗族自治县木叶乡	13100	6255	3281	381	2321.0		
酉阳土家族苗族自治县毛坝乡	15100	7954	5538	1514	553.0		
酉阳土家族苗族自治县花田乡	7900	6522	3823	618	107.0		
酉阳土家族苗族自治县后坪乡	13704	9673	7503	1295	3590.0		
酉阳土家族苗族自治县天馆乡	11900	8844	5433	808	715.0		
酉阳土家族苗族自治县宜居乡	15300	12827	9275	5168	424.0		
酉阳土家族苗族自治县万木乡	10400	13578	10298	3827	98.0		
酉阳土家族苗族自治县两罾乡	7200	7400	4920	720	1531.0		
酉阳土家族苗族自治县板桥乡	7600	8440	5595	1186	1396.0		
酉阳土家族苗族自治县官清乡	6300	8239	5842	2471			
酉阳土家族苗族自治县南腰界乡	9300	12771	8038	2636	1323.0		
酉阳土家族苗族自治县车田乡	7200	4702	3473	1970	774.0		
酉阳土家族苗族自治县腴地乡	8200	7280	4326	903	563.0		
酉阳土家族苗族自治县清泉乡	7400	5486	5332	584	207.0		
酉阳土家族苗族自治县庙溪乡	10800	8899	5518	1238	16407.0		
酉阳土家族苗族自治县浪坪乡	6750	6213	3980	308	713.0		
酉阳土家族苗族自治县双泉乡	14800	8005	4475	321	1045.0		
酉阳土家族苗族自治县楠木乡	5700	3556	3122	457	787.0		
彭水苗族土家族自治县保家镇	16634	37764	25690	3670	131958.0	75	6900
彭水苗族土家族自治县郁山镇	12907	29329	22914	12354	2918.0	84	11932
彭水苗族土家族自治县高谷镇	10719	14537	8460	4465	1009.0	110	9140
彭水苗族土家族自治县桑柘镇	28442	24643	21915	11215	5005.0	98	6250
彭水苗族土家族自治县鹿角镇	11753	8844	6057	3257	203.0	2	3696
彭水苗族土家族自治县黄家镇	10795	11048	6715	4365	137.0	156	1367
彭水苗族土家族自治县普子镇	18027	17052	16202	802	10686.0	325	3933
彭水苗族土家族自治县龙射镇	16047	16117	13260	6560	190.0	68	2050
彭水苗族土家族自治县连湖镇	7206	14802	12314	6544	12.0	110	2440
彭水苗族土家族自治县万足镇	5899	4683	3045	2250	179527.0	98	1200
彭水苗族土家族自治县平安镇	7364	8330	7015	565	99.0	91	2020
彭水苗族土家族自治县长生镇	5957	7324	5711	3721	71.0	940	1800
彭水苗族土家族自治县新田镇	13246	17164	10720	1230	83187.0	210	3900
彭水苗族土家族自治县鞍子镇	12480	11254	9235	3535	162.0	38	4000
彭水苗族土家族自治县太原镇	9923	7330	5953	3213		440	3727
彭水苗族土家族自治县龙溪镇	8076	11810	6168	3324	49.0	12	1394
彭水苗族土家族自治县梅子垭镇	7014	8873	8871	357	147.0	55	3200
彭水苗族土家族自治县大同镇	4689	6518	2949	1474	1180.0	10	2250
彭水苗族土家族自治县岩东乡	7240	6934	5045	405	107.0		
彭水苗族土家族自治县鹿鸣乡	13067	11914	10340	4820	83.0		
彭水苗族土家族自治县棣棠乡	8989	7412	3162	510	1803.0	9	2012
彭水苗族土家族自治县三义乡	4482	4833	4295	1657	16970.0		
彭水苗族土家族自治县联合乡	6866	10425	8495	1015	13418.0		
彭水苗族土家族自治县石柳乡	4173	7341	6770	545	19.0		
彭水苗族土家族自治县走马乡	7854	11817	9205	2766	24.0		
彭水苗族土家族自治县芦塘乡	4819	6371	4739	1135	7279.0		
彭水苗族土家族自治县乔梓乡	6528	8035	4644	600	721.0		
彭水苗族土家族自治县诸佛乡	12234	9864	9075	380	260.0		
彭水苗族土家族自治县桐楼乡	3510	3314	2986	435			
彭水苗族土家族自治县善感乡	7774	5081	4275	1647	116.0		
彭水苗族土家族自治县双龙乡	6096	3356	2744	1150	43.0		
彭水苗族土家族自治县石盘乡	5628	2095	2072	1231			

续表 428　　（重庆市、四川省）　　计算单位：公顷、人、万元

名　称	行政区域面　积	常住人口	从业人员	二三产业从业人员	工　业总产值	城镇建成区 面 积	城镇建成区常住人口
彭水苗族土家族自治县大垭乡	7114	3151	2652	2241	54.0		
彭水苗族土家族自治县润溪乡	10907	8679	8029	2515	394.0		
彭水苗族土家族自治县朗溪乡	6291	5044	4355	1100		21	720
彭水苗族土家族自治县龙塘乡	8643	4955	3975	2110			
四川省							
龙泉驿区洛带镇	4200	30269	15552	10684	56481.0	280	20700
龙泉驿区西河镇	4640	59621	24551	20395	798841.0	406	23088
龙泉驿区洪安镇	2267	15862	10327	8829	25300.0	30	2328
龙泉驿区柏合镇	7257	75069	23305	13646	4435621.0	1200	47306
龙泉驿区茶店镇	6030	13564	9109	4957	462.0	50	898
龙泉驿区黄土镇	3300	25712	15863	10049	17764.0	10	3687
龙泉驿区山泉镇	3700	14335	9726	5204	3344.0	10	757
龙泉驿区万兴乡	5214	8653	6031	1599		30	475
青白江区弥牟镇	2237	32700	23792	20103	736417.0	400	7374
青白江区大同镇	2165	33200	23022	22031	1433726.6	350	23000
青白江区城厢镇	4569	54800	29644	21294	233865.2	440	18175
青白江区祥福镇	4443	47200	27065	20457	399818.0	940	26592
青白江区姚渡镇	2340	15600	7989	3216	19850.0	12	2314
青白江区清泉镇	6667	31700	17707	6506	16176.0	230	9247
青白江区龙王镇	2596	22000	13234	7065	26563.5	45	5187
青白江区福洪镇	3941	19100	8693	2496	22185.0	155	14015
青白江区人和乡	6008	11100	7287	1132		64	11000
新都区石板滩镇	4375	53776	32837	22487	141325.0	430	17350
新都区新繁镇	8300	119891	83703	66488	756359.0	758	46948
新都区新民镇	3630	41100	31538	23180	58746.0	80	5600
新都区泰兴镇	2906	32360	19865	15635	39885.0	80	7740
新都区斑竹园镇	4791	83642	23291	14512	409321.0	290	31000
新都区清流镇	3300	35912	20227	13760	58129.0	65	1830
新都区马家镇	2500	30180	17496	16285	52085.0	83	8000
新都区龙桥镇	2304	57916	36218	28368	262050.0	600	13778
新都区木兰镇	3450	44725	27442	21201	111460.0	350	18117
新都区军屯镇	1800	19940	11464	9755	164205.0	200	8000
温江区和盛镇	4210	35330	20843	11632	23675.0	167	11285
温江区永盛镇	1250	12525	8069	5071	156000.0	121	4103
温江区金马镇	2390	24015	9894	8934	56101.0	670	7259
温江区永宁镇	2360	29392	16140	14535	110544.0	605	6650
温江区万春镇	5330	72823	36860	22510	42727.0	935	39765
温江区寿安镇	5310	43645	25102	10526	38216.0	216	4200
金堂县三星镇	4510	18453	13889	7541	20246.0	102	12389
金堂县清江镇	2266	21612	16793	6991	19653.0	60	4857
金堂县官仓镇	3944	22192	16293	9940	58399.0	60	3258
金堂县淮口镇	10854	77320	52781	35664	862221.0	588	54633
金堂县白果镇	6094	25541	20387	11274	3290.0	90	4200
金堂县五凤镇	5929	25919	13693	5971	8393.0	168	6933
金堂县高板镇	4598	32446	25119	14885	12662.0	126	3967
金堂县三溪镇	5715	44681	25354	12620		70	4790
金堂县福兴镇	7350	37982	30235	12486	3178.0	60	6068
金堂县金龙镇	4267	22755	17637	8447		57	4018
金堂县赵家镇	6158	34169	26755	22477	879.0	75	7582
金堂县竹篙镇	7267	41731	33204	21963	21173.0	140	5069

续表 429　　（四川省）　　计算单位：公顷、人、万元

名　称	行政区域面积	常住人口	从业人员	二三产业从业人员	工业总产值	城镇建成区面积	城镇建成区常住人口
金堂县广兴镇	4559	29206	20318	8728	3902.0	67	4348
金堂县隆盛镇	5660	31015	20020	9625		60	4230
金堂县转龙镇	4643	20537	14114	7282	4472.0	45	2156
金堂县土桥镇	4160	30316	23857	13168	9498.0	114	7930
金堂县云合镇	4596	23962	9767	4951	5893.0	76	3851
金堂县又新镇	5056	25360	19570	11953	1320.0	30	3315
金堂县栖贤乡	5572	19052	13479	5607	20750.0	30	2638
金堂县平桥乡	5134	37159	27525	20340		48	4865
双流县太平镇	4252	25110	16843	10698	68123.0	100	6755
双流县永兴镇	4133	30003	15772	10065	3857.0	88	9340
双流县籍田镇	4804	32189	22203	15384	16430.0	120	9630
双流县正兴镇	4922	33981	22023	19920	11234.9	106	29643
双流县彭镇	3639	50235	25886	22020	734867.0	376	13982
双流县大林镇	5506	27080	19152	12242	2200.0	80	2835
双流县煎茶镇	6157	35267	21001	13892	26658.0	80	1056
双流县黄龙溪镇	5052	27313	18145	8848	11621.0	82	3570
双流县永安镇	5675	35881	23395	8615	13615.0	200	12458
双流县黄水镇	3314	36453	25327	19397	998841.0	140	5124
双流县金桥镇	4087	43074	28648	14393	40200.0	100	3548
双流县胜利镇	3450	19773	10329	6923	12800.0	102	6418
双流县新兴镇	3660	34915	23552	15696	26000.0	150	4520
双流县兴隆镇	4248	27102	19092	15586	6961.0	45	1698
双流县万安镇	3114	33496	15768	12775	21500.0	358	9151
双流县白沙镇	3620	30989	20081	14695	24587.0	50	3571
双流县三星镇	3889	21781	11960	8717	14125.0	63	2768
双流县合江镇	4335	16932	13093	9178	10214.0	62	2380
郫县团结镇	2880	95263	19926	15999	36518.0	342	8827
郫县犀浦镇	2780	144235	47187	46711	140750.0	1800	114052
郫县花园镇	2180	23407	12111	2899	15191.0	40	2480
郫县唐昌镇	4910	47622	22910	12673	57567.0	149	10029
郫县安德镇	3880	46953	25524	19293	784200.0	170	12005
郫县三道堰镇	1780	20710	14059	9694	40429.0	170	8979
郫县安靖镇	2121	110777	85923	76401	173773.0	370	5693
郫县红光镇	3874	58133	27795	17796	3658364.0	1572	47919
郫县新民场镇	1810	17851	7436	4797	19018.0	250	7391
郫县德源镇	3070	52302	41302	33708	1985462.1	200	24233
郫县友爱镇	4630	47225	26904	18564	53918.0	292	13566
郫县古城镇	1783	26237	10261	5386	23052.0	83	23870
郫县唐元镇	2550	24814	13828	1076	20127.0	60	8563
大邑县王泗镇	6508	56186	37477	30664	668408.0	400	26480
大邑县新场镇	3426	23676	14245	8614	57251.0	184	10702
大邑县悦来镇	5676	22764	11743	7183	8570.0	200	6599
大邑县安仁镇	5703	56558	31498	19911	19578.0	408	26930
大邑县出江镇	6202	14323	8792	6432	2472.0	63	3175
大邑县花水湾镇	8874	8485	4731	3316	1108.0	252	4101
大邑县西岭镇	44910	6037	3716	2178	3420.0	70	1552
大邑县斜源镇	6318	6650	3575	2544	32.0	17	655
大邑县董场镇	3607	28042	18156	9709	13845.0	113	11500
大邑县韩场镇	2070	17674	11683	7561	64273.0	211	4572
大邑县三岔镇	4073	33322	17790	10258	55014.0	112	7102

续表 430 （四川省） 计算单位：公顷、人、万元

名　　称	行政区域面　　积	常住人口	从业人员	二三产业从业人员	工　业总产值	城镇建成区 面 积	城镇建成区常住人口
大邑县上安镇	1960	15984	9836	5602	47241.0	49	2543
大邑县苏家镇	2060	20054	9317	5335	9009.0	105	5033
大邑县青霞镇	2803	8225	4028	3210	13280.0	84	2760
大邑县沙渠镇	1894	17698	11230	7710	224551.0	410	10790
大邑县蔡场镇	2176	20251	9920	7353	5375.0	105	8015
大邑县雾山乡	5286	4044	2991	1419	334.0	30	4044
大邑县金星乡	4915	8643	6336	4424	2879.0	21	3160
大邑县鹤鸣乡	4948	11537	7035	5415	121.0	42	3355
蒲江县鹤山镇	11031	83220	33408	19719	65980.0	778	62221
蒲江县大塘镇	2975	12505	9462	4273	36330.0	95	4953
蒲江县寿安镇	8763	57977	33789	18891	123880.0	470	20899
蒲江县朝阳湖镇	2926	10824	5638	4369	5700.0	30	2898
蒲江县西来镇	7895	27560	18650	12140	51200.0	207	6890
蒲江县大兴镇	5917	19470	15542	6363	3621.0	117	3870
蒲江县甘溪镇	2905	11341	6862	2400	9587.0	62	2444
蒲江县成佳镇	4042	11581	7867	2540	20224.0	76	8210
蒲江县复兴乡	3637	14176	8482	3332	5944.0	25	1479
蒲江县光明乡	2256	5773	3951	2829	4210.0	8	331
蒲江县白云乡	3736	5457	3264	2099	218.0	11	756
蒲江县长秋乡	1930	4420	2498	638		57	3250
新津县五津镇	2095	78808	36611	33849	1543926.0	762	60824
新津县花桥镇	3300	29283	17715	9579	70546.0	167	2697
新津县花源镇	3225	51263	24116	20881	49526.0	800	36525
新津县金华镇	3333	18805	14712	11227	460350.0	53	2602
新津县普兴镇	4186	24111	17366	9599	73495.0	268	7856
新津县兴义镇	3787	34759	26763	20815	41052.0	161	5342
新津县新平镇	2514	24486	12457	7767	146186.0	60	4127
新津县方兴镇	1960	14487	10154	6368	31312.0	61	3556
新津县安西镇	1531	13447	9307	4983	31742.0	85	4792
新津县永商镇	2957	17740	10012	7428	70687.0	42	3050
新津县邓双镇	2775	23820	14216	11108	1171247.0	320	4131
新津县文井乡	1330	9102	6762	4217	32546.0	67	4038
都江堰市灌口镇	1918	76612	41724	40394	12793.5	1918	76612
都江堰市幸福镇	2034	96134	75408	72803	113097.2	1869	91396
都江堰市蒲阳镇	5935	50078	32107	27493	1278639.0	230	18368
都江堰市聚源镇	3274	42343	20560	10950	42500.0	216	8718
都江堰市崇义镇	4656	43012	23992	14387	73501.0	155	12534
都江堰市天马镇	3770	33274	18567	7677	30763.0	69	2625
都江堰市石羊镇	4975	46014	22443	10520	7760.0	95	4572
都江堰市柳街镇	4729	39117	26111	13287	18000.0	37	2570
都江堰市玉堂镇	5067	23083	7055	6709	6075.0	475	11105
都江堰市中兴镇	4683	28812	14242	8034	9862.0	125	5830
都江堰市青城山镇	9635	33051	18748	16103	14846.0	830	31292
都江堰市龙池镇	8757	2053	1522	1020	163.0	58	2053
都江堰市胥家镇	4217	49200	36659	27368	23792.7	21	2817
都江堰市安龙镇	2780	25123	16035	10322	24966.0	61	4836
都江堰市大观镇	6147	19199	11253	6852	6166.0	330	5511
都江堰市紫坪铺镇	4916	9896	5217	1858	80981.0	53	2884
都江堰市翠月湖镇	1783	16320	9776	4330	390.0	67	3520
都江堰市向峨乡	5860	14144	7384	4467	3866.0	27	1758

续表 431　　（四川省）　　计算单位：公顷、人、万元

名　　称	行政区域面　　积	常住人口	从业人员	二三产业从业人员	工　业总产值	城镇建成区　面　积	城镇建成区常住人口
都江堰市虹口乡	34932	5769	3492	3286		60	1000
彭州市天彭镇	6719	169877	44212	22802	433500.0	1810	139979
彭州市龙门山镇	33745	11115	5911	2711	47600.0	165	2658
彭州市新兴镇	3382	17500	8614	6234	3000.0	150	2581
彭州市丽春镇	7699	68852	38925	22296	363257.0	216	6626
彭州市九尺镇	2796	28615	20321	7866	106970.0	415	2541
彭州市蒙阳镇	7554	79456	53756	30148	294027.0	744	27562
彭州市通济镇	6877	25710	18210	13200	4765.0	160	3538
彭州市丹景山镇	6450	29565	15530	10423	54808.2	245	11302
彭州市隆丰镇	4946	43620	29476	10836	43000.0	143	7480
彭州市敖平镇	3388	29612	15797	5522	15641.0	49	3030
彭州市磁峰镇	10320	13429	8994	5852	413.0	23	1450
彭州市桂花镇	6463	27388	15341	7879	134587.0	178	3516
彭州市军乐镇	3177	25607	12678	4409	128000.0	119	3152
彭州市三界镇	4227	31853	19247	7198	28923.0	87	4031
彭州市小渔洞镇	5531	12014	7776	3988	20285.0	62	2845
彭州市红岩镇	4177	14092	8991	918	7986.0	20	879
彭州市升平镇	3201	32298	19653	6865	20219.0	51	1190
彭州市白鹿镇	8127	9520	5262	1290		40	3496
彭州市葛仙山镇	6822	35516	23433	10263	4942.0	38	1808
彭州市致和镇	6333	83246	39339	25036	587243.0	313	13618
邛崃市临邛镇	15740	178883	115007	97552	269602.0	3000	100009
邛崃市羊安镇	4936	45367	28708	24178	589500.0	300	23885
邛崃市牟礼镇	6041	53288	26232	17128	3458.0	81	5184
邛崃市桑园镇	3781	27869	14680	9806	188740.0	92	4058
邛崃市平乐镇	7979	35628	14999	8799	19653.0	207	9477
邛崃市夹关镇	4740	19286	10644	2078	34000.0	181	7046
邛崃市火井镇	6800	20456	12311	7136	5375.0	150	5530
邛崃市水口镇	10764	19237	13621	5183	1376.0	31	2640
邛崃市固驿镇	5071	33392	15847	8883	36156.0	83	6260
邛崃市冉义镇	3601	30942	19209	18536	130256.0	83	22668
邛崃市回龙镇	4676	21580	9985	5639	19170.0	154	2377
邛崃市高埂镇	2853	21481	10566	6441	55960.0	62	7405
邛崃市前进镇	2780	18025	12336	7116	30310.0	76	2640
邛崃市高何镇	8544	12702	8517	3189	1230.0	20	2028
邛崃市临济镇	3755	15423	9594	3869	27639.0	45	8653
邛崃市卧龙镇	3734	15976	9531	4356	22323.0	186	7265
邛崃市天台山镇	10618	15813	8960	5310	9501.0	24	1884
邛崃市宝林镇	3800	14683	10088	1620	23571.0	41	13421
邛崃市茶园乡	3087	12965	6940	3885	2236.0	39	1913
邛崃市道佐乡	3071	6539	5157	2115	2196.0	43	1283
邛崃市油榨乡	5139	14463	8014	4897	3162.0	50	3255
邛崃市南宝乡	9498	4648	2617	1341	3216.0	1	388
邛崃市大同乡	7078	16803	9717	5047	1763.0	60	2203
邛崃市孔明乡	2600	10758	6950	4740	12910.0	22	1173
崇州市三江镇	4712	54430	26450	15130	118056.0	218	13356
崇州市江源镇	2711	30856	17710	12466	6330.0	90	4531
崇州市羊马镇	4058	50185	34635	31619	483140.0	465	31132
崇州市廖家镇	2451	20986	11372	8605	8247.0	71	5348
崇州市元通镇	2134	21021	13049	6940	120187.0	223	12137

续表 432　　(四川省)　　计算单位：公顷、人、万元

名　称	行政区域面积	常住人口	从业人员	二三产业从业人员	工业总产值	城镇建成区面积	城镇建成区常住人口
崇州市观胜镇	2434	20098	12428	4513	29469.0	152	6903
崇州市怀远镇	8256	58640	31464	20756	21042.0	420	15986
崇州市三郎镇	8512	15172	9061	7365	3050.0	120	6200
崇州市街子镇	4118	33652	20114	13035	15675.0	230	8815
崇州市文井江镇	5307	7215	3130	1870	1284.0	56	1039
崇州市王场镇	2941	22870	15085	9650	21233.0	243	9977
崇州市白头镇	1513	14930	10196	7268	12170.0	29	1768
崇州市道明镇	3673	20336	14867	9881	18757.0	60	2758
崇州市隆兴镇	1800	17226	10680	8760	36520.0	67	4200
崇州市大划镇	2089	25198	14626	10852	53060.0	251	9510
崇州市崇平镇	1949	18800	12142	10110	105160.0	49	4770
崇州市梓潼镇	1571	13884	7112	4620	30700.0	56	5022
崇州市桤泉镇	1803	15887	10313	6907	37960.0	186	8376
崇州市锦江乡	1950	16098	10712	8781	36220.0	21	1119
崇州市公议乡	2698	13987	9216	7036	66318.0	11	2000
崇州市鸡冠山乡	30014	3010	1763	815	6210.0	3	522
崇州市济协乡	1488	13014	9232	6757	26727.0	32	2516
崇州市燎原乡	2650	24344	16131	11031	5229.0	21	2373
崇州市集贤乡	1636	13326	8867	4762	16235.0	15	821
自流井区仲权镇	3429	21376	15144	11853	96632.0	118	4021
自流井区舒坪镇	2232	21221	10308	7346	369935.0	17	7096
自流井区荣边镇	2824	16145	9585	6817	84476.0	33	687
自流井区红旗乡	64	11535	5016	5016	2254.0	64	11535
自流井区高峰乡	1702	13230	9004	5928	6354.0	29	2727
自流井区农团乡	2343	3280	1825	922	7817.0	23	310
自流井区漆树乡	1047	6719	4070	1757	632.0	20	955
贡井区艾叶镇	1692	16996	10228	5352	492471.9	92	5973
贡井区建设镇	1907	12467	8868	6238	624122.4	36	2216
贡井区长土镇	1719	21710	11040	8151	489205.0	288	11707
贡井区龙潭镇	5299	25571	18327	6550	1989.0	151	8376
贡井区桥头镇	2954	11734	8665	5111	90271.0	27	2787
贡井区五宝镇	7467	23156	14828	6931	13677.0	108	6214
贡井区莲花镇	4419	8622	5862	2939	350.0	28	2030
贡井区成佳镇	7414	45345	29844	11942	43048.0	149	11067
贡井区白庙镇	2175	9379	6408	3361	355.0	39	1929
贡井区章佳乡	1651	7155	5044	2733	253.0	9	453
贡井区牛尾乡	3585	5471	3991	1603	60.0	10	1325
大安区大山铺镇	3125	30409	15227	11436	695071.5	631	10270
大安区团结镇	2066	12479	6634	3045	415526.6	25	1137
大安区三多寨镇	4129	28805	22332	18227	37142.1	35	2101
大安区何市镇	4905	24096	19121	6679	55098.6	15	4423
大安区新店镇	2261	12806	10116	4123	23.2	23	2434
大安区新民镇	3145	26270	15716	9331	478033.7	163	3082
大安区牛佛镇	7579	60081	42596	15129	63728.5	230	26198
大安区庙坝镇	3248	16808	12217	1230	339.0	45	3572
大安区回龙镇	4317	23457	17285	7642	606.0	61	4995
大安区永嘉乡	2138	7406	5253	293	84.2	15	1230
大安区和平乡	1133	16190	11631	6400	601221.9	250	6000
大安区凤凰乡	1089	30485	19786	18560	1594130.0	489	28426
沿滩区沿滩镇	2769	37955	13748	8045	671436.0	987	21741

续表 433　　（四川省）　　计算单位：公顷、人、万元

名　称	行政区域面积	常住人口	从业人员	二三产业从业人员	工业总产值	城镇建成区面积	城镇建成区常住人口
沿滩区卫坪镇	5394	43291	16378	10096	888962.0	471	25631
沿滩区兴隆镇	2789	12993	10214	8857	64698.0	46	3973
沿滩区富全镇	3232	16727	11211	7455	15047.0	44	4261
沿滩区永安镇	3511	17551	12898	10795	211628.8	131	5214
沿滩区联络镇	3134	13552	10422	7740	305.0	79	4080
沿滩区邓关镇	1629	17124	9698	6573	225505.0	169	9973
沿滩区王井镇	2589	14602	8913	7009	152436.0	33	4494
沿滩区黄市镇	3444	20453	12753	8630	8632.0	85	4911
沿滩区瓦市镇	5985	32716	25336	16145	1667.0	102	5940
沿滩区仙市镇	5533	26727	20612	12451	13608.0	88	4282
沿滩区刘山乡	1781	9708	7734	2564	222.0	22	627
沿滩区九洪乡	5118	23403	18100	9521	2836.0	75	978
荣县旭阳镇	14004	151771	87882	65256	1352765.0	1450	98996
荣县双石镇	5698	32903	19231	7990	93091.0	68	5139
荣县望佳镇	3191	17122	13019	8233	406.6	35	2936
荣县鼎新镇	5330	17211	12577	5285	6350.0	41	2096
荣县乐德镇	8761	27614	19808	8896	375.0	52	3879
荣县过水镇	4847	19396	14617	8713	1380.0	13	1420
荣县古文镇	4990	12705	9593	6370	6280.0	19	2135
荣县河口镇	6644	16876	12030	6390	5100.0	33	1527
荣县新桥镇	5241	17311	12632	5989	61815.0	130	3268
荣县正紫镇	3764	11668	4385	1422	267.0	50	821
荣县度佳镇	8341	23486	11668	5058	108736.0	33	7421
荣县东佳镇	7993	15498	11987	7303	6282.0	50	1391
荣县长山镇	8006	31684	17629	10025	115419.0	154	11732
荣县保华镇	6693	20995	12472	6261	83000.0	46	1964
荣县留佳镇	8268	31420	22520	7322	20649.0	36	2884
荣县来牟镇	5694	20412	16213	10271	180369.0	30	3086
荣县双古镇	9577	22143	13405	6462	61387.0	49	2668
荣县观山镇	4428	14968	10870	5066	23300.0	33	1371
荣县高山镇	7001	25910	19331	7342	40344.0	19	1200
荣县东兴镇	5808	6861	4631	3196	28018.0	6	494
荣县铁厂镇	5920	11453	7930	4410	46990.0	26	1159
荣县金花乡	4154	5521	3867	2295	820.0	5	320
荣县雷音乡	3734	5897	3781	2461	660.0	4	493
荣县古佳乡	3809	9022	7206	4430		11	473
荣县于佳乡	2149	6924	5281	2984	4100.0	6	387
荣县复兴乡	2152	6768	5143	2560	650.0	7	380
荣县墨林乡	4303	6886	5414	1454	8278.0	5	410
富顺县富世镇	4859	140733	85109	76246	1293563.0	1750	160791
富顺县东湖镇	7066	52958	42309	26840	548600.0	180	13415
富顺县琵琶镇	5511	29005	20824	11025	54729.0	56	5130
富顺县狮市镇	4301	20028	15751	8605	10223.0	66	3798
富顺县骑龙镇	6902	43833	31150	16374	34533.0	52	4081
富顺县互助镇	5178	26444	18344	9623	6289.0	95	2569
富顺县代寺镇	7230	51352	38461	23942	234185.0	175	13780
富顺县中石镇	3054	18125	11299	5833	11477.0	24	584
富顺县童寺镇	5309	28741	18484	10119	24568.0	127	5130
富顺县古佛镇	3044	19136	13487	8370	37253.0	59	2726
富顺县永年镇	6787	39275	22723	11247	67758.0	78	6018

续表 434 （四川省） 计算单位：公顷、人、万元

名 称	行政区域面积	常住人口	从业人员	二三产业从业人员	工业总产值	城镇建成区面积	城镇建成区常住人口
富顺县彭庙镇	4668	19421	12137	6135	15736.0	30	1227
富顺县兜山镇	7323	32366	22136	12239	10200.0	28	1761
富顺县板桥镇	5785	32569	17907	8938	29281.1	101	10647
富顺县福善镇	6851	27185	19804	11466	320.0	75	5230
富顺县李桥镇	7133	24754	14894	6788	9410.0	58	1577
富顺县赵化镇	4982	31895	19404	11391	47214.0	170	17068
富顺县安溪镇	7512	31795	21927	12106	51250.0	59	3365
富顺县万寿镇	4902	19846	14406	7827	41085.0	50	1320
富顺县飞龙镇	5020	28014	17657	8648	31105.0	26	6549
富顺县怀德镇	4637	25998	17990	9987	42543.0	65	8872
富顺县长滩镇	2627	15109	10808	6682	33569.0	50	2436
富顺县龙万乡	5077	25903	19224	10092	10521.0	35	2015
富顺县宝庆乡	3149	16715	12059	6246	6045.0	75	4850
富顺县富和乡	2755	12104	9566	5302	95.0	18	1493
富顺县石道乡	2538	15209	10723	5602	8237.0	13	1175
东区银江镇	13316	46253	28767	26888	1476945.0	1185	46253
西区格里坪镇	10874	22509	12801	10097	1816446.2	690	19940
仁和区仁和镇	3820	56324	16766	14770	7500.0	320	34692
仁和区平地镇	17443	13849	8330	1830	4800.0	20	2176
仁和区大田镇	10500	8121	5174	1125	2200.0	20	2698
仁和区福田镇	5030	4235	2632	737	19000.0	8	455
仁和区同德镇	9183	13479	6907	2928	1000.0	20	1770
仁和区金江镇	9837	27592	8612	6890	1903179.0	150	15500
仁和区布德镇	13192	16203	8110	3488	87521.0	30	3511
仁和区前进镇	10580	27830	10860	6980	1117444.0	130	4240
仁和区大龙潭彝族乡	23293	14530	10913	793	775.0		
仁和区啊喇彝族乡	17802	8169	5638	1275	1100.0		
仁和区总发乡	10265	8559	5466	2749	12000.0		
仁和区太平乡	21745	17715	6815	3160	367330.0		
仁和区务本乡	9924	7321	4730	1750	38711.0		
仁和区中坝乡	9993	9740	7205	2114	8800.0		
米易县攀莲镇	17808	57198	26819	12821	210349.9	533	49383
米易县丙谷镇	19020	25537	17601	3206	240586.3	55	4050
米易县得石镇	29026	8667	4160	2214	35028.3	41	3128
米易县撒莲镇	11996	16189	7339	2851	2067.0	29	2449
米易县垭口镇	9665	11006	7582	3892	498307.1	28	3267
米易县白马镇	20509	30796	18127	4854	294104.0	66	6702
米易县普威镇	14741	12939	6971	2095	1021.0	52	2040
米易县草场乡	14135	20086	9445	1248	5946.0		
米易县湾丘彝族乡	13240	17215	8345	2145	180093.0		
米易县白坡彝族乡	35378	9074	6160	1526	515.0		
米易县麻陇彝族乡	22280	8842	4978	715	600.0		
米易县新山傈僳族乡	7473	7191	5057	1579	714.0		
盐边县桐子林镇	24000	26562	9770	4377	751736.0	200	9277
盐边县红格镇	16023	15031	7295	4494	157451.0	53	5710
盐边县渔门镇	23664	20571	11076	4294	33910.0	25	7586
盐边县永兴镇	22302	21402	11857	5901	19836.0	33	5610
盐边县益民乡	6675	12850	6392	538	3335.0		
盐边县新九乡	12480	12528	8212	4804	694061.0		
盐边县和爱彝族乡	6450	5493	2966	802	492.0	13	950

续表 435　　（四川省）　　计算单位：公顷、人、万元

名　　称	行政区域面　积	常住人口	从业人员	二三产业从业人员	工　业总产值	城镇建成区 面 积	城镇建成区常住人口
盐边县红果彝族乡	24573	11193	8256	2289	4586.0		
盐边县鳡鱼彝族乡	27200	7211	3505	1230	415.0		
盐边县共和乡	24084	9136	5865	970	30.0		
盐边县国胜乡	32142	17490	12072	4962	15009.0		
盐边县红宝苗族彝族乡	30400	4719	2579	583	1292.0		
盐边县惠民乡	14667	16780	10490	3640	1594.0		
盐边县箐河傈僳族乡	11538	6104	3673	860	4253.0		
盐边县温泉彝族乡	16792	6827	2810	1081	463.0		
盐边县格萨拉彝族乡	33955	11003	8470	2870	3217.0		
江阳区泰安镇	3630	21884	12710	7419	40313.0	71	5909
江阳区黄舣镇	6553	33682	21308	11089	79500.0	130	5673
江阳区弥陀镇	4473	29809	17997	10118	8514.0	90	4120
江阳区况场镇	6982	45134	27428	12904	9877.0	90	4301
江阳区通滩镇	7585	54863	33114	14092	34560.6	47	3729
江阳区江北镇	4737	30101	18415	8144	181035.1	150	2960
江阳区方山镇	5275	28227	15784	8668	8943.0	37	1429
江阳区丹林镇	3574	20012	11811	8020	40123.0	37	3998
江阳区分水岭镇	5846	37021	25231	18904	39152.0	48	9000
江阳区石寨镇	2967	20241	13509	6259	14507.0	56	3182
纳溪区大渡口镇	12982	37157	24428	15000	326899.0	200	6510
纳溪区护国镇	17587	60394	36437	21903	71850.0	720	34287
纳溪区打古镇	13364	34599	21466	8167	32046.0	24	2360
纳溪区上马镇	10703	30066	17695	9520	68406.0	100	5040
纳溪区合面镇	8911	31830	25405	14118	73215.0	83	3351
纳溪区棉花坡镇	4669	22617	17930	7466	112780.0	40	1858
纳溪区丰乐镇	8209	36007	22965	10029	136197.0	45	2375
纳溪区白节镇	12468	32593	24454	11758	95644.0	143	9546
纳溪区天仙镇	6762	17078	11648	5477	34213.5	24	1897
纳溪区新乐镇	4153	21393	13633	6105	47974.0	25	5202
纳溪区渠坝镇	4503	17939	10688	3242	64062.0	31	1823
纳溪区龙车镇	7217	30985	19569	8254	36116.0	84	4474
龙马潭区石洞镇	5521	42758	27660	15010	392059.0	217	10226
龙马潭区胡市镇	3896	30285	19053	8844	265542.0	150	6210
龙马潭区特兴镇	4267	28428	18873	10466	188626.0	100	2517
龙马潭区双加镇	3639	26595	14770	9610	165696.0	24	5571
龙马潭区金龙乡	3728	24026	17270	11518	29225.0	30	2591
龙马潭区长安乡	1947	14005	10750	6882	465619.0	25	3742
泸县福集镇	8240	21268	15685	11533	85166.0	3	2534
泸县嘉明镇	4785	38125	28030	20468	348495.0	146	8828
泸县喻寺镇	6576	34032	26263	15532	224482.0	120	4678
泸县得胜镇	7958	46972	35419	22209	77403.0	85	4160
泸县牛滩镇	7559	38882	29000	12990	162493.0	138	6099
泸县兆雅镇	5968	36922	28033	18038	281941.0	340	11698
泸县玄滩镇	11395	75160	52503	31964	111292.0	340	21509
泸县太伏镇	12276	47631	36417	17619	145981.0	116	9549
泸县云龙镇	6948	49600	38880	23920	438852.0	220	21700
泸县石桥镇	8678	38198	29987	14362	117055.0	100	4754
泸县毗卢镇	6821	28412	20631	12175	75281.0	70	3251
泸县奇峰镇	6871	38842	26906	20625	89357.0	74	2238
泸县潮河镇	8483	49311	39365	23292	90175.0	82	3607

续表 436　　（四川省）　　计算单位：公顷、人、万元

名　　称	行政区域面　　积	常住人口	从业人员	二三产业从业人员	工　业总产值	城镇建成区 面 积	城镇建成区常住人口
泸县云锦镇	10710	58758	45870	28057	156766.0	110	5486
泸县立石镇	6272	34857	27608	17840	316458.0	175	7524
泸县百和镇	8106	41352	31149	20251	92420.0	9	4991
泸县天兴镇	4156	24580	15658	10493	143069.0	22	2059
泸县方洞镇	6930	31742	24678	13303	140465.0	10	3258
泸县海潮镇	5293	27161	18666	12677	133475.0	55	4074
合江县合江镇	7461	132753	43162	38091	267482.0	1715	71248
合江县望龙镇	5510	29386	20018	14694	34569.0	160	6634
合江县白沙镇	3313	24191	18340	12608	38222.0	90	5987
合江县佛荫镇	6358	40575	25729	14558	188408.0	152	6154
合江县先市镇	6538	39562	23408	10751	55676.0	150	11643
合江县尧坝镇	6826	31085	24415	9542	32064.0	164	4089
合江县九支镇	12175	38236	29800	10564	84056.0	280	30000
合江县五通镇	10052	27255	16891	9363	25544.0	10	1065
合江县凤鸣镇	12835	38110	22677	17058	43011.0	116	7542
合江县榕山镇	8799	42883	25760	14893	313200.0	350	22330
合江县白鹿镇	7712	35486	24879	14346	17224.0	40	2373
合江县甘雨镇	8273	30091	17403	11183	14627.0	102	3807
合江县福宝镇	42529	36744	25880	6866	37174.0	185	12088
合江县先滩镇	9163	20145	15947	3695	23938.0	22	1785
合江县自怀镇	18867	14134	6984	2219	1980.0	31	1746
合江县大桥镇	6930	44261	26076	13489	56949.0	67	6541
合江县车辋镇	8518	18085	10909	6831	35957.0	49	5134
合江县白米镇	7408	15085	12060	7534	28065.0	200	7530
合江县参宝镇	4374	26896	19831	11914	11267.0	12	1789
合江县法王寺镇	9916	29215	23080	18155	36716.0	102	3185
合江县虎头镇	6334	20120	13426	7913	74046.7	90	4653
合江县密溪乡	4770	16166	12849	6643	16468.0	21	658
合江县焦滩乡	3386	19987	13699	5956	27092.0	8	1474
合江县实录乡	6121	26843	16414	1097	12600.0	7	2896
合江县榕右乡	7127	20189	13070	7975	10632.6	52	1845
合江县南滩乡	4591	16063	8916	5621	12371.0	20	1487
合江县石龙乡	5507	15483	10366	4108	16522.0	36	1145
叙永县叙永镇	11754	121100	62011	45525	107124.0	850	100000
叙永县江门镇	16478	33436	16498	5132	37337.0	357	11050
叙永县马岭镇	10274	36710	21316	15065	14654.0	30	7415
叙永县天池镇	6657	18126	11466	7185	10245.0	30	2779
叙永县水尾镇	23027	26946	19960	8755	27946.0	180	6465
叙永县两河镇	12476	36356	20844	9485	17829.0	10	3560
叙永县落卜镇	10230	38230	20110	6686	67289.0	138	6443
叙永县后山镇	12631	26418	12729	5715	93043.0	100	3084
叙永县分水镇	14770	27989	15676	6626	2646.0	10	1306
叙永县摩尼镇	13851	34271	16870	6581	10131.0	15	5505
叙永县赤水镇	16322	32018	18537	10107	3938.0	6	1924
叙永县龙凤镇	12331	35038	17710	7940	42221.0	25	2433
叙永县正东镇	12340	36340	18795	10245	260601.0	100	1560
叙永县观兴镇	12074	25081	18610	5959	22998.0	32	2064
叙永县向林乡	14578	19032	10772	2150	25521.0	49	1440
叙永县大石乡	12079	17422	12262	2892	10310.0	85	2213
叙永县兴隆乡	8778	22397	17403	8862	13680.0	10	2023

续表 437　　（四川省）　　计算单位：公顷、人、万元

名　　称	行政区域面积	常住人口	从业人员	二三产业从业人员	工业总产值	城镇建成区面积	城镇建成区常住人口
叙永县黄坭乡	15808	24365	13831	5159	1662.0	11	1548
叙永县营山乡	7994	14527	10650	2965	13511.0	15	492
叙永县麻城乡	8701	20216	12902	5860	3004.0	8	2544
叙永县合乐苗族乡	9744	13017	6220	1356	1138.0	1	365
叙永县白腊苗族乡	13972	20265	12875	5364	5876.0	13	560
叙永县枧槽苗族乡	8113	8784	6075	2242	552.0	1	460
叙永县水潦彝族乡	8272	22013	9361	2910	580.0	10	1132
叙永县石坝彝族乡	3679	8765	4158	2157	104.0	50	550
古蔺县古蔺镇	28416	117674	59407	32743	156358.0	800	45967
古蔺县龙山镇	9008	32659	21141	9276	9246.0	41	6036
古蔺县永乐镇	13576	46521	23370	9935	94481.0	60	4210
古蔺县太平镇	10052	38369	23609	10574	440734.0	150	5368
古蔺县二郎镇	8964	46105	22659	10355	1628864.0	121	7877
古蔺县大村镇	9201	34016	19213	7751	20603.0	50	2614
古蔺县石宝镇	17720	51920	26272	9571	19060.0	156	6905
古蔺县丹桂镇	11516	45520	24722	3646	8516.0	55	1812
古蔺县水口镇	18519	42901	30015	11861	24301.0	133	5240
古蔺县观文镇	12638	35646	26442	7462	5976.0	25	5346
古蔺县双沙镇	19829	49542	27623	8087	17239.0	50	3726
古蔺县德耀镇	9895	20432	14555	4904	5013.0	61	3326
古蔺县护家乡	8956	23846	14856	4983	8145.0	40	1450
古蔺县鱼化乡	8244	29674	13869	1311	1585.0	52	4019
古蔺县石屏乡	8156	39058	20376	8137	137996.0	100	1128
古蔺县东新乡	5969	26183	17311	6488	1149.0	32	1192
古蔺县土城乡	6737	22215	8490	2710	8709.0	38	2600
古蔺县金星乡	12885	43512	29929	16804	2382.0	85	2105
古蔺县白泥乡	6288	15776	10329	5403	655.0	40	1526
古蔺县椒园乡	9793	23457	17049	2762	360.0	14	2214
古蔺县马嘶苗族乡	8859	13543	5329	862	366.0	12	895
古蔺县马蹄乡	12332	25653	17666	3426	1117.0	2	888
古蔺县箭竹苗族乡	14786	15255	5283	1026	14022.0	35	2745
古蔺县大寨苗族乡	6410	7518	3653	777	216.0	1	545
古蔺县桂花乡	12580	12587	8175	1650	216.0	4	1506
古蔺县黄荆乡	27036	4763	2343	725	216.0	10	568
旌阳区黄许镇	8795	64599	34282	20813	285502.0	309	19740
旌阳区孝泉镇	4821	39712	29813	18958	296374.0	369	15603
旌阳区柏隆镇	3738	27026	17962	13467	123259.0	100	5580
旌阳区孝感镇	2591	25430	13786	9590	157660.0	280	10112
旌阳区天元镇	5587	46708	28568	23292	3093483.0	150	11928
旌阳区扬嘉镇	3250	23549	14893	8737	86314.0	33	3299
旌阳区德新镇	4587	32879	22235	13182	143010.0	45	6625
旌阳区双东镇	7910	27145	18764	11926	49280.0	36	2980
旌阳区新中镇	4227	13142	8907	5581	3123.0	10	1418
旌阳区和新镇	5839	13245	9853	5071	2845.0	6	918
旌阳区东湖乡	5404	72628	31918	28047	41286.0	495	34838
中江县凯江镇	1375	116492	59725	59204	188643.0	1375	116492
中江县南华镇	7321	84728	60512	40191	1722532.0	1093	71045
中江县回龙镇	6818	29543	21416	14799	59312.0	101	7259
中江县通济镇	4909	24513	16303	11155	35313.0	40	1945
中江县永太镇	7659	28720	22915	15679	24300.0	109	7441

续表 438　　（四川省）　　计算单位：公顷、人、万元

名　　称	行政区域面　　积	常住人口	从业人员	二三产业从业人员	工　业总产值	城镇建成区 面 积	城镇建成区常住人口
中江县黄鹿镇	5056	17561	10298	7053	43173.0	73	4558
中江县集凤镇	5454	16099	12684	7497	7830.0	47	4100
中江县富兴镇	8074	23786	13857	9623	13628.0	130	4946
中江县辑庆镇	5920	36780	25856	14850	241502.0	368	10035
中江县兴隆镇	6873	36038	28501	18491	298560.0	303	20950
中江县龙台镇	6308	50572	29638	13908	225645.0	180	19316
中江县永安镇	4554	28043	17612	8974	34000.0	60	3813
中江县双龙镇	3583	14139	9941	4570	11504.0	36	1420
中江县玉兴镇	4021	21112	13018	7008	29755.0	91	3531
中江县永兴镇	5433	17185	11070	5364	9357.0	86	3412
中江县悦来镇	3701	17069	8240	2886	5032.0	52	3520
中江县继光镇	5168	16079	12624	5357	8824.0	62	3138
中江县仓山镇	10904	65398	42667	23103	150480.0	455	30710
中江县广福镇	6231	30863	17898	4624	36422.0	106	8588
中江县会龙镇	4416	17626	14075	5697	9939.0	80	5917
中江县万福镇	5214	16060	12024	6420	10061.0	54	3965
中江县普兴镇	4801	17539	12314	6378	6024.0	48	2577
中江县联合镇	4225	15109	11826	5379	10042.0	38	2139
中江县冯店镇	6866	32373	15182	8008	73288.0	90	8447
中江县积金镇	1607	14517	8459	4415	14576.0	50	2550
中江县太安镇	4688	15761	8584	3191	14040.0	23	1885
中江县杰兴镇	2429	12255	7993	2748	29320.0	40	2406
中江县南山镇	2583	15854	12558	5754	9753.0	35	1508
中江县东北镇	5540	52617	15286	6183	43538.0	130	26289
中江县古店乡	4660	8452	6307	3473	4707.0	16	619
中江县青市乡	2694	10545	6787	3533	6667.0	8	950
中江县瓦店乡	2571	6029	4691	2690	17795.0	11	528
中江县石泉乡	3920	9197	6475	3164	20008.0	35	2367
中江县柏树乡	5274	18623	14669	8515	9997.0	50	2025
中江县白果乡	5701	18948	9901	4887	9121.0	45	3359
中江县清河乡	2665	14563	11483	4933	14731.0	18	2146
中江县高店乡	2048	9919	7107	4151	4301.0	11	367
中江县石笋乡	1923	10099	5829	3008	9939.0	28	976
中江县太平乡	3258	15339	6247	3121	7559.0	30	1385
中江县民主乡	3335	10797	7581	3823	5697.0	24	1024
中江县永丰乡	3579	16190	10113	4822	8954.0	30	2614
中江县元兴乡	2961	11025	6837	3816	3875.0	25	1756
中江县通山乡	3454	9560	6966	2939	864.0	35	2120
中江县石龙乡	2917	13419	10231	5598	5189.0	30	2315
中江县合兴乡	3875	10911	5713	3564	4491.0	26	1035
罗江县万安镇	3330	31763	10187	7071	860122.0	680	26456
罗江县鄢家镇	6503	31246	19536	11593	91231.0	51	5122
罗江县金山镇	7702	44554	28263	18285	545140.0	1959	21366
罗江县略坪镇	5573	26378	12474	7362	46465.0	26	5145
罗江县御营镇	2449	13010	7096	4286	184103.0	16	2035
罗江县慧觉镇	2097	12145	8034	4394	30838.0	12	1373
罗江县调元镇	3645	14825	10583	5567	28097.0	62	3001
罗江县新盛镇	6121	24366	15490	8416	57621.0	238	7880
罗江县蟠龙镇	3473	12005	7057	3827	26888.0	60	818
罗江县白马关镇	3883	11708	8379	4533	31102.0	11	814

续表 439　　　　（四川省）　　　　计算单位：公顷、人、万元

名称	行政区域面积	常住人口	从业人员	二三产业从业人员	工业总产值	城镇建成区面积	城镇建成区常住人口
广汉市雒城镇	1600	134886	72342	72122	17095.0	1600	134886
广汉市三水镇	3446	34138	24859	10728	171833.0	111	2719
广汉市连山镇	5315	37342	23798	9796	73447.0	170	3721
广汉市高坪镇	2785	22586	17175	8165	113100.0	12	1425
广汉市南兴镇	5287	42546	29871	17765	491528.0	300	2908
广汉市向阳镇	3404	33802	20854	12651	792779.0	253	16580
广汉市小汉镇	5080	42785	32192	14036	1015203.0	417	5899
广汉市金轮镇	2314	17866	13750	5297	13961.0	110	3879
广汉市新丰镇	5531	62004	36362	24470	5082432.0	12	5658
广汉市兴隆镇	3035	23695	18777	10052	8018.0	59	600
广汉市和兴镇	2118	19112	12786	3979	118000.0	60	1612
广汉市松林镇	3266	18899	14011	8194	21020.0	26	1367
广汉市金鱼镇	3019	26789	17925	11901	131545.0	43	890
广汉市新平镇	1750	13521	7656	5814	182623.0	45	1573
广汉市南丰镇	2180	19725	13085	7074	81732.0	56	1632
广汉市西高镇	2406	15078	12042	5129	14500.0	7	552
广汉市北外乡	1787	17852	9832	3925	191800.0	2	510
广汉市西外乡	2200	13664	7719	5306	125678.0	60	1735
什邡市元石镇	1678	15521	8299	6864	663152.0	163	6451
什邡市回澜镇	2872	24087	15994	10433	278937.0	32	2200
什邡市洛水镇	4450	34058	22707	13491	822006.0	350	8615
什邡市禾丰镇	3146	23301	17655	10492	165101.0	44	707
什邡市双盛镇	2821	22786	15400	11233	334850.0	120	3685
什邡市马祖镇	2389	25886	14785	10914	55516.0	53	8567
什邡市隐丰镇	3602	23451	16354	9118	55324.0	12	606
什邡市马井镇	3951	26660	20545	11238	111558.0	88	3678
什邡市蓥华镇	7414	16425	9129	7193	204438.0	151	5312
什邡市南泉镇	3505	26898	20678	11188	62236.0	32	1615
什邡市湔氐镇	4618	29738	18834	8540	40899.0	80	1305
什邡市红白镇	34175	6211	3844	2212	17487.0	120	2987
什邡市冰川镇	5089	9219	5055	3786	7150.0	21	2363
什邡市师古镇	4607	43487	21843	13765	333310.0	182	4560
绵竹市剑南镇	2470	78033	46300	46300	911187.0	2470	78033
绵竹市东北镇	2596	24837	13277	11021	8341.0	67	3521
绵竹市西南镇	1666	16916	7054	4951	43299.0	45	9773
绵竹市兴隆镇	2529	19762	10658	5521	63321.0	13	1163
绵竹市九龙镇	5010	11080	7069	3705	150075.0	101	922
绵竹市遵道镇	3419	19407	11362	6594	1248850.0	25	1625
绵竹市汉旺镇	7715	41578	32008	17732	359268.0	205	15231
绵竹市拱星镇	3424	17950	10693	5787	76145.0	185	5360
绵竹市土门镇	4201	24518	19361	10782	122091.0	75	2120
绵竹市广济镇	2813	21419	13694	6346	14410.0	180	1694
绵竹市金花镇	18904	5700	3165	2197	9690.0	28	1005
绵竹市玉泉镇	3011	19759	13184	6832	128309.0	110	1311
绵竹市板桥镇	2539	16175	10217	4574	27536.0	20	2186
绵竹市新市镇	6074	35365	26803	12567	375649.0	291	10410
绵竹市孝德镇	8204	48665	31292	16418	312246.0	215	17236
绵竹市富新镇	4491	36147	21155	11419	116515.0	106	2844
绵竹市齐天镇	2030	14489	9532	3425	43202.0	28	1021
绵竹市什地镇	3516	23875	16370	9735	240854.0	180	1371

续表 440　　(四川省)　　计算单位：公顷、人、万元

名　　称	行政区域面　　积	常住人口	从业人员	二三产业从业人员	工　业总产值	城镇建成区 面 积	城镇建成区常住人口
绵竹市绵远镇	2558	14513	6631	3673	42062.0	20	749
绵竹市清平镇	34054	5657	3222	2032	59276.0	20	2610
绵竹市天池乡	5305	2838	1721	1443	34610.0		
涪城区丰谷镇	2519	18650	14521	13280	82136.0	21	8510
涪城区关帝镇	2229	10265	6576	4103	10053.0	11	893
涪城区塘汛镇	2332	41354	25900	24419	430800.0	650	25870
涪城区青义镇	2649	28167	13187	11532	207860.0	34	5879
涪城区龙门镇	2218	13147	9641	7321	26531.0	100	2084
涪城区石塘镇	2799	20353	11062	8999	312838.0	86	9136
涪城区吴家镇	4375	22646	14271	11225	22673.0	82	2696
涪城区杨家镇	3461	29905	10123	7116	8961.0	40	1534
涪城区金峰镇	2537	11811	9132	5732	22600.0	17	1386
涪城区玉皇镇	2692	14933	9667	7604	8416.0	5	1078
涪城区新皂镇	4851	17923	13575	9459	175213.0	130	6028
涪城区河边镇	3396	13115	8895	5903	1658805.0	36	1260
涪城区磨家镇	2435	20601	12353	11133	158100.0	900	6007
涪城区永兴镇	2799	62904	48537	48091	2819154.0	850	62904
涪城区城郊乡	4478	50006	34425	32546	228594.0	4478	50006
涪城区石洞乡	3032	10583	7908	5775	7214.0	10	489
游仙区游仙镇	4393	50278	26907	15318	1001223.0	20	8960
游仙区石马镇	3200	18059	12407	8851	660000.0	190	3980
游仙区新桥镇	3575	17558	13705	9773	327000.0	75	10240
游仙区小枧沟镇	5300	25590	16995	15471	900102.0	98	5858
游仙区魏城镇	8490	41340	27016	18362	48000.0	170	18000
游仙区沉抗镇	7830	21680	13904	8652	1550.0	43	2005
游仙区忠兴镇	4700	19258	13254	5546	4740.0	150	4600
游仙区柏林镇	4290	14061	7487	4725	380.0	10	1317
游仙区徐家镇	4710	16852	9841	6697	347.0	52	2124
游仙区石板镇	5200	18741	10347	4473	12888.0	20	1999
游仙区刘家镇	4330	17081	8364	3796	296.0	15	6587
游仙区玉河镇	5500	18501	10528	5843	5501.0	54	2490
游仙区松垭镇	1075	20121	12055	8640	1020993.0	470	19427
游仙区白蝉乡	2568	9394	6384	3981	10356.0	11	885
游仙区观太乡	3800	13115	8865	5016	220.0	5	550
游仙区建华乡	3760	9352	5804	3010	220.0	15	1070
游仙区云凤乡	2900	10236	7694	5640	500.0	50	1642
游仙区东林乡	2840	8961	6196	4195	5845.0	10	1135
游仙区太平乡	5400	15726	8435	4586	3500.0	60	1800
游仙区梓棉乡	2199	11625	9124	7119	189.0	12	1234
游仙区朝真乡	3780	10992	6941	4324	165.0	20	655
游仙区东宣乡	3540	7691	6150	3635		7	1032
游仙区街子乡	3100	12346	5795	3300	3080.0	40	1578
游仙区凤凰乡	2800	8461	5505	3019	325.0	11	684
三台县北坝镇	1425	56278	42069	41793	165756.0	450	53101
三台县潼川镇	8551	147387	110440	100619	239525.0	1586	108452
三台县东塔镇	3640	12713	7114	4714	18702.0	22	1004
三台县百顷镇	3381	9747	5479	2351	6597.0	120	6914
三台县塔山镇	7895	22149	12581	8079	27123.0	220	11578
三台县柳池镇	2047	6123	3445	1581	1858.0	90	1026
三台县龙树镇	8087	15658	8703	5203	7779.0	70	2355

续表 441　　（四川省）　　计算单位：公顷、人、万元

名　称	行政区域面积	常住人口	从业人员	二三产业从业人员	工业总产值	城镇建成区面积	城镇建成区常住人口
三台县石安镇	6660	15762	8762	5499	1475.0	100	2950
三台县富顺镇	6670	13111	7615	2560	1264.0	121	2136
三台县三元镇	6906	13089	7448	3671	8513.0	85	1282
三台县秋林镇	5079	13413	7480	4472	4938.0	81	3284
三台县永新镇	2680	7610	4199	1953	1185.0	60	1132
三台县新德镇	2941	14090	7667	4061	5215.0	69	2140
三台县新生镇	5351	22063	12186	5812	6070.0	130	2876
三台县鲁班镇	7779	22260	12472	5476	1732.0	43	2369
三台县景福镇	7827	29217	15989	7341	2927.0	155	3940
三台县紫河镇	3345	12803	6967	3855	2364.0	56	1518
三台县安居镇	2155	7553	4185	2331		56	1388
三台县观桥镇	7304	28110	15576	8532	10158.0	57	3454
三台县郪江镇	2545	6900	3842	1835	322.0	18	1093
三台县中新镇	3770	14065	7998	4667	7265.0	25	1664
三台县古井镇	6444	25844	14219	6332	6588.0	73	4617
三台县万安镇	1522	5928	3345	1885	1001.0	50	574
三台县西平镇	7701	37240	20566	11108	18825.0	255	17366
三台县八洞镇	3955	16655	9421	4967	7483.0	96	2186
三台县凯河镇	3187	13348	7594	4552	22528.0	22	1324
三台县乐安镇	6243	24943	13581	8111	28990.0	180	7520
三台县建平镇	4893	19926	11558	5809	5385.0	50	1904
三台县前锋镇	2402	7641	4455	2571	2951.0	12	1155
三台县建设镇	3751	8326	4581	1863	2648.0	46	1840
三台县光辉镇	3263	9811	5649	3449	1351.0	90	2045
三台县中太镇	5885	17986	10161	4954	4867.0	130	1901
三台县金石镇	6555	23528	13299	8068	3815.0	135	2646
三台县新鲁镇	6115	20008	10822	4510	3603.0	110	3340
三台县黎曙镇	1996	8271	4661	2943	20688.0	54	1971
三台县刘营镇	8056	28738	15758	9427	22737.0	180	7767
三台县灵兴镇	2839	11642	6468	2482	16354.0	66	2071
三台县芦溪镇	9485	41900	24116	16761	60088.0	400	40706
三台县立新镇	6930	20547	11644	5895	11596.0	120	2388
三台县花园镇	3961	23068	12716	5596	159373.0	70	6630
三台县永明镇	5550	18817	10435	4878	14936.0	210	8929
三台县高堰乡	2299	6643	3745	1603	585.0	61	395
三台县忠孝乡	3992	6562	3547	1256	672.0	31	371
三台县双胜乡	4925	6282	3465	1617	281.0	20	407
三台县金鼓乡	4347	7374	4200	2213	4904.0	40	389
三台县断石乡	2331	7942	4383	2259	1762.0	30	442
三台县玉林乡	2003	8252	4631	2033	642.0	30	1200
三台县乐加乡	2989	10058	5580	2790	574.0	43	662
三台县曙光乡	2030	7509	4163	2444	236.0	30	232
三台县建中乡	5358	15751	8706	3751	3659.0	80	1200
三台县宝泉乡	2203	5940	3239	1612		15	973
三台县广利乡	2207	6253	3492	2039	317.0	60	369
三台县协和乡	2516	7911	4391	2313	396.0	35	482
三台县双乐乡	2142	8417	4686	2402		30	323
三台县菊河乡	2434	7268	3917	2495	152.0	50	292
三台县幸福乡	2536	9567	5277	2494	1369.0	50	460
三台县下新乡	1876	6791	3743	1057	259.0	32	1061

续表 442 （四川省） 计算单位：公顷、人、万元

名　　称	行政区域面　　积	常住人口	从业人员	二三产业从业人员	工　业总产值	城镇建成区 面 积	城镇建成区常住人口
三台县进都乡	1323	4545	2537	1316	306.0	30	198
三台县上新乡	2393	9481	5314	2958	321.0	30	1534
三台县老马乡	2771	10162	5683	2264	3401.0	40	2315
三台县里程乡	2260	6985	3962	1676	692.0	50	723
三台县争胜乡	1922	5993	3399	1389	734.0	40	372
三台县云同乡	2310	7969	4315	2382	1008.0	110	483
盐亭县云溪镇	8587	67900	53381	47967	145552.0	700	74673
盐亭县玉龙镇	7058	20985	14149	7728	1325.0	240	8700
盐亭县富驿镇	12680	32126	15519	11353	3320.0	210	11825
盐亭县金孔镇	5750	18214	10412	7229	3000.0	130	10836
盐亭县两河镇	5974	20386	9953	7914	3656.0	40	4971
盐亭县黄甸镇	10297	25649	12120	8180	3252.0	210	4852
盐亭县柏梓镇	9360	14822	6460	4194	585.0	70	2463
盐亭县八角镇	5991	17763	8267	4117	569.0	35	3511
盐亭县黑坪镇	5018	8462	6201	3634	155.0	15	1788
盐亭县高灯镇	6241	14888	6223	3247	484.0	23	2716
盐亭县金鸡镇	4204	14296	6783	4143	1252.0	150	4335
盐亭县安家镇	6758	9316	6250	3410	18.0	70	2060
盐亭县林农镇	4791	14715	8537	3736	24.0	80	1850
盐亭县巨龙镇	2810	8206	6336	3513	356.0	30	1405
盐亭县龙泉乡	2391	6995	4814	1764	43.0	7	1119
盐亭县折弓乡	2140	8059	6034	1568	74.0	60	2500
盐亭县麻秧乡	2865	8586	4672	2478	1524.0	18	820
盐亭县三元乡	2967	8297	6243	3242	454.0	40	1358
盐亭县五龙乡	3213	7406	5791	1673	78.5	13	548
盐亭县茶亭乡	4495	5680	3743	1654	52.0	20	862
盐亭县金安乡	3511	8330	5323	2108	655.0	40	1295
盐亭县洗泽乡	4438	13800	7437	1850	133.0	50	1589
盐亭县毛公乡	5404	8675	5615	2340	3254.0	11	1123
盐亭县冯河乡	4906	8558	4378	1140	159.0	29	764
盐亭县石牛庙乡	6296	10315	4148	910	36.0	12	1820
盐亭县大兴回族乡	2407	5109	2133	858	456.0	25	555
盐亭县宗海乡	1710	4964	2396	752	121.0	34	1000
盐亭县两岔河乡	1765	5113	3843	1785	343.0	20	615
盐亭县剑河乡	3393	4021	1995	696	89.0	15	342
盐亭县来龙乡	3078	4081	1720	681	99.0	16	890
盐亭县永泰乡	2548	6127	2178	681	15.0	28	636
盐亭县黄溪乡	2779	6902	2866	663	66.0	20	485
盐亭县榉溪乡	2613	7926	2412	623	521.0	15	780
盐亭县双碑乡	2766	4069	2479	1180	25.0	20	550
盐亭县林山乡	1706	3234	2360	831	356.0	10	898
盐亭县新农乡	2420	4070	2488	1083	569.0	4	159
安县桑枣镇	10100	31217	16622	13791	70135.0	220	5090
安县花荄镇	9500	70681	53402	43971	805997.0	420	35266
安县黄土镇	7600	36762	16442	8526	91950.0	256	5082
安县塔水镇	6800	53632	14943	6428	157896.0	168	10131
安县秀水镇	9300	53576	27329	14547	172373.0	320	9782
安县河清镇	2800	18220	8743	4047	81117.0	80	1742
安县界牌镇	3100	25658	10328	8127	139546.0	300	5578
安县永河镇	3200	20012	9820	5749	3427.0	57	874

续表 443　　(四川省)　　计算单位：公顷、人、万元

名　　称	行政区域面　积	常住人口	从业人员	二三产业从业人员	工　业总产值	城镇建成区 面 积	城镇建成区常住人口
安县睢水镇	7600	21482	14336	10690	453485.0	100	3376
安县清泉镇	3300	13930	7233	3940	1890.0	90	2257
安县宝林镇	2900	14600	6031	2867	17680.0	21	411
安县沸水镇	3900	14125	8571	5894	10430.0	53	546
安县晓坝镇	5600	7957	3196	1882	8100.0	43	2563
安县乐兴镇	5600	17294	10685	6043	9045.0	16	692
安县千佛镇	14814	8511	3730	3241	1948.0	200	3227
安县兴仁乡	2800	13398	7214	3973	2316.0	25	336
安县高川乡	17100	5997	3518	2070	26700.0	16	382
安县迎新乡	2100	13978	8041	4052	33900.0	35	262
梓潼县文昌镇	7842	60518	27811	17027	314993.0	1055	59995
梓潼县长卿镇	3165	16109	9988	8236	690337.0	260	14082
梓潼县许州镇	6565	20565	13968	8909	29889.0	150	5276
梓潼县黎雅镇	4283	13368	9086	5809	1115.0	113	3040
梓潼县白云镇	2938	7699	5696	3740	292.0	13	992
梓潼县卧龙镇	4153	10050	5528	3448	7500.0	66	1960
梓潼县观义镇	5033	8961	6233	3850	240.0	12	1785
梓潼县玛瑙镇	5308	7754	5142	3006	12418.0	36	1587
梓潼县石牛镇	6489	15333	5974	3711	1658.0	92	2004
梓潼县自强镇	2967	5109	3089	1743	2412.0	15	527
梓潼县仁和镇	5663	9135	5259	2973	230.0	24	1499
梓潼县东石乡	3114	6321	3811	2218	544.0	18	227
梓潼县三泉乡	2520	4520	2831	1654		28	1610
梓潼县宏仁乡	3584	7416	4553	2493	39770.0	10	228
梓潼县小垭乡	3568	4949	2920	1686	192.0	15	586
梓潼县演武乡	4635	4810	2812	1589	195.0	15	370
梓潼县仙峰乡	3919	7178	4250	2483	365.0	18	805
梓潼县双板乡	4871	10037	5951	3602	195.0	24	867
梓潼县豢龙乡	3600	4878	3309	1976	462.0	9	236
梓潼县双峰乡	3518	5936	3368	1951	358.0	20	812
梓潼县交泰乡	4274	5140	3119	1830	390.0	12	376
梓潼县金龙场乡	3982	10249	6004	3559	230.0	18	1710
梓潼县石台乡	3993	7866	4890	2938	7282.0	30	1520
梓潼县仙鹅乡	3403	7880	4835	2959	5472.0	10	739
梓潼县马鸣乡	7604	9127	5466	3171	182.0	21	557
梓潼县马迎乡	4317	5264	3095	1790	192.0	9	503
梓潼县二洞乡	2977	3702	2238	1275	195.0	13	456
梓潼县建兴乡	5076	4775	2854	1619	187.0	11	224
梓潼县宝石乡	5670	8327	5015	3010	548.0	10	1421
梓潼县定远乡	4149	7550	4511	2659	372.0	16	710
梓潼县大新乡	5709	9432	5384	3190	258.0	12	562
梓潼县文兴乡	5503	8518	4932	2975	401.0	22	760
北川羌族自治县曲山镇	10968	9523	4603	2759	550.0	89	7900
北川羌族自治县擂鼓镇	14639	15025	11663	9315	57161.0	120	6500
北川羌族自治县通口镇	8694	6012	4010	1889	9973.0	27	1375
北川羌族自治县永昌镇	1997	25843	8280	8260	108195.0	1997	25843
北川羌族自治县安昌镇	9896	49175	27305	22080	39720.0	254	21073
北川羌族自治县永安镇	9934	18790	12441	8284	33801.0	120	3256
北川羌族自治县禹里镇	21827	9846	6505	3174	71.0	70	2099
北川羌族自治县桂溪镇	12077	9086	4732	1589	9355.0	16	616

续表 444　　（四川省）　　计算单位：公顷、人、万元

名　　称	行政区域面　积	常住人口	从业人员	二三产业从业人员	工　业总产值	城镇建成区 面 积	城镇建成区常住人口
北川羌族自治县香泉乡	4518	6073	2407	1278	25600.0	12	410
北川羌族自治县陈家坝乡	12827	9875	6346	3278	2250.0	24	3000
北川羌族自治县贯岭乡	8132	3043	1725	425	58.0	2	280
北川羌族自治县漩坪乡	11273	6801	4037	1916	247.0	14	362
北川羌族自治县白坭乡	12700	3532	2027	984		5	151
北川羌族自治县小坝乡	18672	9695	5736	2450	620.0	22	897
北川羌族自治县片口乡	24958	4887	3588	1515	585.0	20	450
北川羌族自治县开坪乡	17203	3067	2416	1771	298.0	5	204
北川羌族自治县坝底乡	8420	5533	3313	1325	42.0	16	609
北川羌族自治县白什乡	10538	3082	1731	685	920.0	8	610
北川羌族自治县青片乡	54420	2182	1527	604	6447.0	1	125
北川羌族自治县都坝乡	9928	2380	1510	685		6	126
北川羌族自治县桃龙藏族乡	6722	3003	2024	749		6	187
北川羌族自治县墩上乡	6180	1623	1087	231		3	260
北川羌族自治县马槽乡	11811	2024	1187	354	885.0	2	140
平武县龙安镇	18400	38676	11785	6604	72655.0	270	18729
平武县古城镇	17200	13045	8955	5313	538.0	90	1958
平武县南坝镇	32600	16959	12781	8141	16915.0	180	2595
平武县响岩镇	24000	9998	6550	2757	35142.0	58	1515
平武县平通镇	14000	9188	2680	492	8165.0	47	1843
平武县豆叩镇	15000	7727	5246	2372	23748.0	11	733
平武县大印镇	24800	5331	3627	1618	20.0	24	397
平武县大桥镇	25700	7122	4733	1917	3889.0	25	588
平武县水晶镇	22100	11558	7242	2916	38196.0	43	2291
平武县高村乡	18200	5783	2568	585	49.0	15	224
平武县水田羌族乡	11200	3819	2190	179		3	520
平武县坝子乡	14800	7487	4689	1681	22.0	20	700
平武县水观乡	7800	3505	2286	684	528.0	2	353
平武县平南羌族乡	9700	1517	1209	513		2	242
平武县徐塘羌族乡	12100	2565	1507	155		12	72
平武县锁江羌族乡	24800	5966	3841	1506	275.0	1	210
平武县土城藏族乡	22100	5635	2892	1382	1024.0	8	345
平武县旧堡羌族乡	10300	3319	2655	1443	343.0	4	436
平武县阔达藏族乡	13700	4687	3612	2552	8834.0	10	1100
平武县黄羊关藏族乡	19900	1435	1025	423	341.0	1	300
平武县虎牙藏族乡	47900	1163	930	374	8904.0	10	249
平武县泗耳藏族乡	58400	848	580	271	3421.0	3	234
平武县白马藏族乡	58290	1442	912	207	53667.0	2	29
平武县木座藏族乡	46500	1442	1135	635	71.0	1	198
平武县木皮藏族乡	25100	783	570	280	3.0	2	62
江油市中坝镇	1067	104033	75622	74980	50640.0	941	98403
江油市太平镇	8641	82421	65987	55809	301238.0	1084	77112
江油市三合镇	7883	100608	47690	37495	2687021.0	815	68555
江油市含增镇	6827	8759	5982	3468	210430.0	118	8592
江油市青莲镇	2277	16438	8373	6128	55800.0	67	3988
江油市彰明镇	2372	16376	11143	7717	183437.0	100	5320
江油市龙凤镇	3512	13670	9051	5753	105300.0	24	3037
江油市武都镇	14523	47454	19592	12990	350252.0	375	41001
江油市大康镇	11016	18312	10036	568	35186.0	47	3250
江油市新安镇	5129	16658	11059	4027	6443.0	16	1852

续表 445　　（四川省）　　计算单位：公顷、人、万元

名　称	行政区域面积	常住人口	从业人员	二三产业从业人员	工业总产值	城镇建成区面积	城镇建成区常住人口
江油市战旗镇	5115	14894	8274	4006	680.0	42	822
江油市双河镇	5246	16128	11542	7164	10450.0	5	1240
江油市永胜镇	12220	9930	7767	5455	3602.0	86	4500
江油市小溪坝镇	4839	16851	8078	7102	80000.0	30	3455
江油市河口镇	5779	11983	4973	382	5572.0	11	459
江油市重华镇	5804	16563	11397	7034	7800.0	250	5514
江油市厚坝镇	6197	20855	15126	10166	283000.0	150	3428
江油市二郎庙镇	14802	31602	12920	8243	132000.0	121	7048
江油市马角镇	14756	19045	8874	4623	27000.0	145	5546
江油市雁门镇	11021	9478	3556	829	8832.0	16	1042
江油市九岭镇	4346	12526	8688	3590	10890.0	26	1405
江油市西屏镇	4272	15809	9318	5875	2650.0	50	2100
江油市贯山镇	3685	12240	7622	2699	164.0	6	481
江油市大堰镇	4648	17116	10740	7830	789.2	25	2200
江油市文胜镇	12021	9962	6345	3886	4506.0	8	896
江油市八一乡	5823	15834	6870	3770	1600.0	14	2400
江油市方水乡	4806	14037	5671	2767	12308.0	17	1020
江油市香水乡	2965	7794	5803	3169	35682.0	6	1213
江油市东兴乡	3051	8924	7108	4396	2385.0	7	1067
江油市义新乡	4612	12515	8243	4003	150.0	32	2252
江油市新兴乡	4032	13114	8030	3230	350.0	31	2210
江油市新春乡	9235	14177	10895	6755	112.0	30	2116
江油市东安乡	4350	6620	4345	1223		15	610
江油市铜星乡	4032	11139	6725	1964	462.0	25	610
江油市重兴乡	4288	9087	6080	3125	430.0	19	1358
江油市云集乡	8135	7917	6040	3910	2100.0	11	901
江油市石元乡	7630	3336	2439	1616	15100.0	15	623
江油市敬元乡	11180	4347	3255	1621	2000.0	5	257
江油市六合乡	10413	3888	2583	1785	15076.0	4	568
江油市枫顺乡	9456	2160	1658	747	80.0	3	138
利州区荣山镇	22675	24756	14751	6239	39643.0	551	9987
利州区大石镇	13975	22954	14204	7498	111775.0	551	3336
利州区盘龙镇	6443	19200	12766	6601	37124.0	30	1645
利州区宝轮镇	15551	45685	27442	19818	219402.0	451	27123
利州区赤化镇	5628	12893	7615	3594	18261.0	62	1789
利州区三堆镇	21345	18108	13966	8381	53152.0	130	7592
利州区工农镇	8434	10312	6476	3817	143.0	75	3991
利州区白朝乡	14266	6397	3863	1601	143.0		
利州区金洞乡	14238	7386	5730	2775	315.0		
利州区龙潭乡	13793	18035	11363	4925			
元坝区元坝镇	5507	22638	13171	9786	592522.0	200	18053
元坝区卫子镇	5300	8599	3612	1129	18576.0	102	1423
元坝区王家镇	6760	9935	5631	1108	900.0	39	1850
元坝区磨滩镇	9120	9390	7162	4162	109.0	29	2125
元坝区柏林沟镇	4960	7568	3663	2067	1024.0	22	670
元坝区太公镇	4355	9358	5596	2829	18402.0	26	910
元坝区虎跳镇	5310	6897	4245	2141	175.0	50	1273
元坝区红岩镇	4545	5120	3560	2367	15.0	15	458
元坝区昭化镇	4195	15725	9081	5690	31116.0	42	1923
元坝区晋贤乡	5375	7760	3618	2167	206.0	10	320

续表 446　　(四川省)　　计算单位：公顷、人、万元

名称	行政区域面积	常住人口	从业人员	二三产业从业人员	工业总产值	城镇建成区面积	城镇建成区常住人口
元坝区文村乡	4430	6670	3886	2669	11.0	15	490
元坝区清水乡	4960	12458	6657	1633	420.0	30	955
元坝区张家乡	4850	9085	4818	2788	712.0	13	430
元坝区香溪乡	2225	4160	1578	927	42.0	10	362
元坝区青牛乡	3925	6842	2582	1609	120.0	15	460
元坝区陈江乡	3895	3795	2265	1194	37.0	17	523
元坝区丁家乡	3105	4589	3594	2173	550.0	8	296
元坝区黄龙乡	4785	5864	2752	600	11.0	18	565
元坝区石井铺乡	8010	9049	5333	2015	861.0	22	611
元坝区白果乡	8755	7093	4204	2904	4.0	14	420
元坝区梅树乡	5095	6205	3411	1934	243.0	8	290
元坝区明觉乡	4590	5728	3400	1569	27.0	30	1088
元坝区射箭乡	5335	5127	3795	1665	59.0	11	344
元坝区朝阳乡	5085	4541	2835	1247	2.0	3	123
元坝区大朝乡	4635	2662	1946	646	2.0		
元坝区沙坝乡	3245	3305	2477	1665		13	413
元坝区柳桥乡	4170	5276	3704	2490	1587.0	20	635
元坝区紫云乡	5317	3673	2809	610	104.0	6	221
朝天区朝天镇	11465	31606	12810	8185	292766.0	465	11601
朝天区大滩镇	8675	11873	6723	1800	650.0	14	1080
朝天区羊木镇	9638	19430	8291	3569	26744.0	120	4468
朝天区曾家镇	8620	10150	4165	1424	1803.0	90	1290
朝天区中子镇	5770	9253	3384	951	66146.0	250	2816
朝天区沙河镇	6720	8206	2920	1536	14277.0	3	782
朝天区陈家乡	5549	5258	3498	2360	120.0	15	281
朝天区小安乡	3024	3135	1826	272	180.0	13	154
朝天区鱼洞乡	4623	5036	2656	1806	103.0	14	269
朝天区东溪河乡	10100	8731	4841	731	40781.0	20	390
朝天区花石乡	9344	4003	2244	1097	3150.0	8	110
朝天区蒲家乡	2831	4981	2391	590	715.0	25	425
朝天区西北乡	4925	4859	2829	697	13281.0	5	800
朝天区宣河乡	6394	6157	4777	684	1822.0	20	651
朝天区转斗乡	4685	5625	1680	280	420.0	35	640
朝天区青林乡	5502	3517	1708	152	65.0	18	269
朝天区平溪乡	4743	5385	3188	1225	24419.0	15	202
朝天区两河口乡	10539	10155	5508	3459	500.0	50	938
朝天区李家乡	11135	8700	4781	2109	1800.0	43	756
朝天区汪家乡	3680	7364	2583	580	320.0	23	248
朝天区麻柳乡	5131	7950	4626	1867	5540.0	48	528
朝天区临溪乡	5132	6635	3833	710	200.0	35	480
朝天区文安乡	4285	4918	2735	270	150.0	15	162
朝天区马家坝乡	4704	4152	2179	154	115.0	12	168
朝天区柏杨乡	4688	4035	2347	671	50.0	8	124
旺苍县东河镇	12880	79904	44334	38300	331699.0	510	47180
旺苍县嘉川镇	8720	39267	21702	16093	490118.0	150	9865
旺苍县木门镇	5380	18972	10340	6829	7897.0	50	4780
旺苍县白水镇	9780	15153	9875	7140	56435.0	102	4605
旺苍县尚武镇	5300	12878	7444	4114	118013.0	30	2160
旺苍县张华镇	6760	15727	8209	4201	78.0	54	1350
旺苍县黄洋镇	10830	18110	11231	7855	21979.0	115	4728

续表 447　　（四川省）　　计算单位：公顷、人、万元

名　称	行政区域面积	常住人口	从业人员	二三产业从业人员	工业总产值	城镇建成区面积	城镇建成区常住人口
旺苍县普济镇	15720	21243	15647	10077	55235.0	123	8655
旺苍县三江镇	11060	18123	9479	4591	67902.0	100	3939
旺苍县金溪镇	4500	8294	5010	3641	9588.0	79	1516
旺苍县五权镇	9520	16394	10539	3805	1673.0	69	1600
旺苍县高阳镇	9850	8030	4740	2450	78931.0	20	660
旺苍县双汇镇	8910	6722	4443	2652	4523.0	12	800
旺苍县英萃镇	15320	8803	5170	2350	12777.0	3	739
旺苍县国华镇	7900	6576	4295	2465	22.0	56	1000
旺苍县龙凤乡	6870	11245	7168	4721		9	831
旺苍县大河乡	5740	4636	2513	981	12500.0	15	700
旺苍县九龙乡	4970	12195	6984	2469	500.0	35	1200
旺苍县万家乡	13090	4833	2613	1455		7	400
旺苍县燕子乡	8000	6134	3346	1994	6207.0	20	708
旺苍县水磨乡	8760	6806	4393	2266	1040.0	17	497
旺苍县鼓城乡	13650	4301	2697	1222	200.0	20	537
旺苍县檬子乡	19880	2400	976	490	1500.0	17	631
旺苍县福庆乡	8250	8040	3905	1905	2253.0	13	711
旺苍县枣林乡	5200	5639	3242	1890		8	246
旺苍县麻英乡	5570	4415	3217	1522	490.0	15	462
旺苍县柳溪乡	3340	3640	2324	1487		5	181
旺苍县农建乡	4040	5239	2918	1239	670.0	11	526
旺苍县化龙乡	3010	6510	4954	2744		7	897
旺苍县大两乡	8400	4520	3333	1723		10	512
旺苍县万山乡	4730	2986	2165	1173		6	452
旺苍县正源乡	11870	6452	4180	1788	8344.0	20	698
旺苍县天星乡	6740	4515	2743	1473		16	500
旺苍县盐河乡	9560	3330	2355	1618		10	427
旺苍县大德乡	3430	4903	2813	1434	3016.0	10	289
青川县乔庄镇	9390	24370	11532	9753	42447.0	286	22493
青川县青溪镇	52660	15175	8466	4626	24123.0	260	4608
青川县房石镇	9960	6655	4450	1119	122.0	85	1642
青川县关庄镇	3160	5266	2290	906	5977.0	180	1592
青川县凉水镇	7550	7607	3375	449	422.0	170	2415
青川县竹园镇	6050	15096	7967	4532	136391.0	740	5855
青川县木鱼镇	5080	7088	3238	1427	24768.0	120	5183
青川县沙州镇	13070	10868	6171	1279	2399.0	160	4203
青川县姚渡镇	18230	6468	3416	1685		150	2340
青川县三锅镇	18020	8392	4685	933	15860.0	120	2044
青川县黄坪乡	6800	5835	2765	800	158.0		
青川县瓦砾乡	4120	3717	2142	342	195.0		
青川县孔溪乡	8050	7159	3242	505	27525.5		
青川县茶坝乡	13040	5607	3640	1048	275.0		
青川县大坝乡	6500	3166	1028	105			
青川县桥楼乡	9120	6957	3267	614	187.0		
青川县蒿溪回族乡	11150	4071	2223	283	710.0		
青川县乐安寺乡	4460	4666	2428	503	190.0		
青川县前进乡	5710	4632	2279	206	168.0		
青川县曲河乡	6300	4707	2228	287	85.0		
青川县马公乡	6360	1225	714	145			
青川县石坝乡	4080	3002	2356	365	18.0		

续表 448 （四川省） 计算单位：公顷、人、万元

名　　称	行政区域面积	常住人口	从业人员	二三产业从业人员	工业总产值	城镇建成区面积	城镇建成区常住人口
青川县红光乡	3960	3731	2903	258			
青川县苏河乡	6860	3986	2290	294			
青川县茅坝乡	4050	4489	2938	169			
青川县大院回族乡	5020	5868	3032	360			
青川县楼子乡	5600	2324	964	176	15.0		
青川县金子山乡	3920	2688	696	238	15.0		
青川县马鹿乡	6650	9945	4621	1611	4488.0		
青川县七佛乡	4840	3184	1229	338	1344.0		
青川县建峰乡	5440	6710	3422	1847	11785.0		
青川县白家乡	6230	7073	3601	827	3065.0		
青川县板桥乡	5970	7280	4415	794	382.0		
青川县骑马乡	9370	8252	3599	598	130.0		
青川县观音店乡	9010	4453	1519	233	62.0		
青川县营盘乡	15850	6647	3581	788	22.0		
剑阁县普安镇	5811	44642	30037	25814	224933.5	502	35130
剑阁县龙源镇	8858	10786	5467	2000	266.5	90	3940
剑阁县城北镇	9345	12007	6263	2226	181856.1	60	5818
剑阁县盐店镇	6830	5780	2869	1118		33	2623
剑阁县柳沟镇	5373	6372	3076	1146	484.5	70	3070
剑阁县武连镇	7219	10100	5968	2909	2682.0	120	4144
剑阁县东宝镇	6638	9047	4445	1705	61.5	105	4084
剑阁县开封镇	6815	12380	6248	2299	18828.1	260	5872
剑阁县元山镇	9309	20984	15232	6014	13222.3	125	9924
剑阁县演圣镇	4357	7268	3698	1497	2530.8	42	3690
剑阁县王河镇	4192	7663	4719	2398	2227.4	59	3414
剑阁县公兴镇	3438	8981	5529	1855	620.9	200	4052
剑阁县金仙镇	3650	5580	3660	1016	486.4	66	3044
剑阁县香沉镇	5096	7250	4511	2315		56	4630
剑阁县白龙镇	5139	14719	9854	4476	24308.4	185	6093
剑阁县鹤龄镇	8579	17627	12697	3065	9521.9	122	7988
剑阁县杨村镇	3989	9131	5510	1790	10.0	50	3799
剑阁县羊岭镇	6173	10969	6989	2512	1236.7	65	5862
剑阁县江口镇	6560	10235	7194	3040	441.9	85	4678
剑阁县木马镇	6361	7192	4546	1414	1801.5	53	3563
剑阁县剑门关镇	13271	14877	9531	2817	12845.1	143	5450
剑阁县汉阳镇	14060	11419	8020	2549	15613.1	73	5498
剑阁县下寺镇	10648	34458	16069	6814	396926.0	751	30600
剑阁县江石乡	3391	4564	2466	1084	406.0	22	2179
剑阁县田家乡	3701	5266	2727	1132	951.0	24	2380
剑阁县闻溪乡	5172	5357	3076	1453	374.2	16	958
剑阁县姚家乡	7461	6014	3349	574	378.3	42	3851
剑阁县北庙乡	5674	5969	3481	719	5543.6	25	901
剑阁县西庙乡	5265	5136	3364	854		18	1540
剑阁县义兴乡	4731	5511	2748	697	303.5	19	677
剑阁县毛坝乡	4016	3883	2471	722	332.4	50	810
剑阁县凉山乡	4667	5597	3314	665	51013.0	8	610
剑阁县垂泉乡	3569	3068	1487	558	408.0	12	870
剑阁县秀钟乡	5075	5756	3605	908		38	2700
剑阁县正兴乡	4783	4088	2109	585		12	444
剑阁县马灯乡	4013	3860	1825	655		8	162

续表 449　　（四川省）　　计算单位：公顷、人、万元

名　称	行政区域面　积	常住人口	从业人员	二三产业从业人员	工　业总产值	城镇建成区 面 积	城镇建成区常住人口
剑阁县高池乡	5224	5192	3490	964		28	751
剑阁县碗泉乡	5372	4628	2147	746		35	1120
剑阁县迎水乡	6002	5424	3130	438	400.6	20	966
剑阁县国光乡	5330	5280	3006	453	4626.5	42	1069
剑阁县柘坝乡	4871	4810	2936	516	224.1	32	721
剑阁县公店乡	4048	4622	2840	486		19	423
剑阁县吼狮乡	4231	6122	4187	1093	626.6	40	1277
剑阁县长岭乡	4586	5680	4171	1497	326.3	12	802
剑阁县涂山乡	4371	6020	3356	579		6	850
剑阁县圈龙乡	2902	5459	3546	939	223.1	12	584
剑阁县碑垭乡	3705	5889	3793	1055		10	570
剑阁县广坪乡	3816	5160	2663	406	1203.0	18	549
剑阁县禾丰乡	3835	5451	3752	1147		32	1092
剑阁县店子乡	6769	7705	4899	1612		13	688
剑阁县摇铃乡	5861	5412	3455	862		15	350
剑阁县樵店乡	4133	6475	3651	736		20	749
剑阁县锦屏乡	2658	5100	3273	774	511.6	30	615
剑阁县柏垭乡	3582	4536	2421	856	481.1	67	1602
剑阁县高观乡	5558	6778	4325	1223	1534.8	30	2550
剑阁县张王乡	6367	5965	3847	1086	917.0	15	1091
剑阁县上寺乡	2683	3757	1585	351	6565.6	19	702
苍溪县陵江镇	17535	135055	57425	39605	707000.0	760	88050
苍溪县云峰镇	9229	29768	15423	8297	24126.0	68	3500
苍溪县东青镇	5885	20813	10167	4052	11061.6	120	2440
苍溪县白桥镇	6075	15741	8688	2915	2139.0	47	1686
苍溪县八庙镇	3867	8974	6621	3246	2117.0	33	1412
苍溪县五龙镇	6419	12680	7747	3591	53782.0	73	6046
苍溪县永宁镇	4986	10883	5037	1714	2725.0	90	3319
苍溪县鸳溪镇	6979	10282	6468	4126	255.0	61	2215
苍溪县三川镇	8260	20122	8099	1640	276.0	95	2900
苍溪县龙王镇	8263	16679	11544	6734	4680.0	100	4200
苍溪县元坝镇	9070	42355	23000	12020	25880.0	300	12550
苍溪县唤马镇	4192	9128	5518	2058	6897.0	11	2450
苍溪县歧坪镇	8112	43139	20800	10500	34200.0	180	13511
苍溪县白驿镇	6014	24180	8447	2550	1143.0	120	2435
苍溪县漓江镇	8215	20812	11472	4120	20720.0	200	3150
苍溪县文昌镇	6601	20137	8011	3838	12150.0	105	7427
苍溪县岳东镇	7218	22355	8010	3656	6450.0	55	2141
苍溪县石马镇	5516	20120	9890	2276	2311.0	53	2864
苍溪县运山镇	2965	10987	7051	2227	2930.0	51	1601
苍溪县东溪镇	10380	34591	18005	8680	12058.0	166	9546
苍溪县高坡镇	7783	21483	13483	3517	7460.0	16	2816
苍溪县龙山镇	9903	39479	16857	10152	21609.0	142	8274
苍溪县中土镇	3134	10176	6908	3987	3120.0	55	2136
苍溪县亭子镇	4682	10313	4441	1766	1511.0	15	1171
苍溪县禅林乡	3610	8552	4720	568	2028.0	25	812
苍溪县白鹤乡	5788	16246	8581	4561	1549.0	38	1500
苍溪县浙水乡	4889	9683	6856	2216	1990.0	25	763
苍溪县雍河乡	4867	6606	4301	2845	754.0	13	1098
苍溪县新观乡	5247	9420	5819	3261	482.0	25	820

续表 450 （四川省） 计算单位：公顷、人、万元

名　　称	行政区域面积	常住人口	从业人员	二三产业从业人员	工业总产值	城镇建成区面积	城镇建成区常住人口
苍溪县石门乡	3034	12215	6666	3035	2388.0	36	2392
苍溪县月山乡	5335	20684	11170	4256	3039.0	51	1695
苍溪县白山乡	3139	10268	3962	852	1960.0	22	1200
苍溪县彭店乡	3416	10477	8209	3999	958.0	30	941
苍溪县桥溪乡	5648	8901	6764	4000	2950.0	27	1200
苍溪县龙洞乡	4210	7270	4112	962	2328.0	26	930
苍溪县黄猫乡	3450	9800	4265	630	10467.0	25	808
苍溪县石灶乡	3465	7896	3988	1635	2630.0	29	1300
苍溪县河地乡	3344	11395	6653	2115	2050.0	18	592
苍溪县双河乡	2297	9250	3869	2080	800.0	15	985
船山区龙凤镇	3200	17159	11193	8904	82239.0	43	1650
船山区仁里镇	6302	14150	7889	3739	4215.0	100	3378
船山区复桥镇	3213	20173	13175	7850	18500.0	20	1409
船山区永兴镇	8889	65120	35302	23730	73468.0	160	9830
船山区河沙镇	6020	24101	13767	8421	23115.0	100	2980
船山区新桥镇	6087	49781	29171	15751	159866.0	156	6522
船山区桂花镇	5230	27721	12435	7804	70705.0	150	7563
船山区西宁乡	4130	19856	10111	6476	12906.0	70	3106
船山区老池乡	6480	33922	19604	8497	16900.0	80	3280
船山区保升乡	3400	18145	8838	5700	9212.0	70	3293
船山区唐家乡	3183	19876	13345	9312	4235.0	22	1191
船山区北固乡	1337	10384	5545	3995	86000.0	20	860
安居区安居镇	4831	19059	14707	8410	2687.0	14	543
安居区东禅镇	8443	42500	23894	13165	7865.0	54	6715
安居区分水镇	6627	42380	19133	12551	37105.0	93	3285
安居区石洞镇	5630	17796	9139	6621	1425.0	45	2285
安居区拦江镇	6546	37638	22994	12642	4696.0	186	10756
安居区保石镇	5081	32648	17567	8987	9727.0	17	2019
安居区白马镇	7105	27135	20319	9849	12131.0	67	4572
安居区中兴镇	3936	26669	13704	8359	10663.0	106	3084
安居区横山镇	8283	41176	22146	12661	11851.0	33	3145
安居区会龙镇	4398	21526	11710	8554	4458.0	95	3318
安居区三家镇	10663	62975	31607	18450	30187.0	57	8154
安居区玉丰镇	6136	32089	15388	8127	6125.0	197	3350
安居区西眉镇	11083	48516	28161	16599	22542.0	150	8927
安居区磨溪镇	5444	30627	14515	7902	107720.0	51	6850
安居区聚贤镇	5015	26489	13790	7854	986.0	57	1365
安居区观音镇	3238	17068	10275	6453	3356.0	35	1230
安居区常理镇	4424	23497	14551	5425	2574.0	34	582
安居区莲花乡	3415	18541	9776	5094	402.0	14	436
安居区步云乡	2435	12167	8180	4889	1280.0	31	1102
安居区大安乡	5322	31460	13282	5572	1050.0	27	1202
安居区马家乡	3639	10110	7832	5364	1300.0	23	820
蓬溪县赤城镇	9080	103875	25943	18237	850000.0	1685	84467
蓬溪县新会镇	3660	19440	8752	3272	19.0	34	1184
蓬溪县文井镇	6660	35975	13611	5846	12181.0	77	6822
蓬溪县明月镇	4960	25658	19182	11231	130.0	92	5716
蓬溪县常乐镇	4760	28900	7949	2936	345.0	28	4155
蓬溪县天福镇	4660	30787	15660	9317	261.0	275	8531
蓬溪县红江镇	2670	14061	8478	4545	977.0	18	4224

续表 451　　（四川省）　　计算单位：公顷、人、万元

名　　称	行政区域面　　积	常住人口	从业人员	二三产业从业人员	工　业总产值	城镇建成区 面 积	城镇建成区常住人口
蓬溪县宝梵镇	3840	14329	5908	3495	14602.0	40	1926
蓬溪县大石镇	4910	17815	11417	5427	705.0	90	6195
蓬溪县吉祥镇	3550	12759	7185	3012	92.0	120	3808
蓬溪县鸣凤镇	7010	33487	12219	5067	345.0	60	4046
蓬溪县任隆镇	6310	28846	12156	6076	1025.0	138	9851
蓬溪县三凤镇	7010	36325	19241	15111	1020.0	44	4122
蓬溪县高坪镇	3420	10470	5336	4785	19874.6	50	1565
蓬溪县蓬南镇	8140	82338	28822	14951	66171.7	300	39524
蓬溪县群利镇	3360	17022	11329	9091	20.0	10	1912
蓬溪县吉星镇	3690	15000	8522	5212		65	2061
蓬溪县金桥镇	2760	7327	5011	3718	16583.0	63	6032
蓬溪县下东乡	3190	9062	6808	4337		30	915
蓬溪县新星乡	2410	9165	4906	2758	19.0	24	981
蓬溪县罗戈乡	1590	4062	2984	1222		8	722
蓬溪县板桥乡	2750	8433	5576	3048	43.0	2	620
蓬溪县槐花乡	2560	10897	6270	3480	35.0	10	1136
蓬溪县黄泥乡	3840	15727	5173	3743	97.0	25	888
蓬溪县荷叶乡	3100	7123	4688	3388	258.0	20	958
蓬溪县金龙乡	2080	12061	5274	2576	98.0	30	1502
蓬溪县农兴乡	2120	14758	9738	7128	20.0	10	346
蓬溪县新胜乡	1970	6055	2711	918	74.0	20	950
蓬溪县回水乡	3090	6930	2176	425		32	1331
蓬溪县群力乡	1970	7373	5280	4377		30	944
蓬溪县高升乡	3940	9750	7112	6091		11	2137
射洪县太和镇	2730	10720	3040	872	681.0	70	871
射洪县大榆镇	5347	50746	30340	25520	410370.0	110	8213
射洪县广兴镇	5566	32482	19046	11661	187267.0	120	4451
射洪县金华镇	10008	57656	29412	16777	256676.0	278	30372
射洪县沱牌镇	7455	59690	34576	24157	501347.3	490	20034
射洪县太乙镇	6386	30984	22695	10328	19310.9	416	16294
射洪县金家镇	4869	26835	15893	4647	2783.0	16	2998
射洪县复兴镇	5210	22376	13978	9152	4100.0	82	4113
射洪县天仙镇	5260	23356	14155	8827	44826.0	50	2715
射洪县仁和镇	7749	36885	23730	19669	33121.0	40	3964
射洪县青岗镇	8020	33601	17860	12353	3200.0	100	5989
射洪县洋溪镇	6978	42943	24375	16923	162450.0	180	11965
射洪县香山镇	3598	17860	7394	5114	460.0	5	1250
射洪县明星镇	5422	29385	15088	7045	1623.0	23	2900
射洪县涪西镇	3979	20502	10630	4475	7200.0	14	1715
射洪县陈古镇	3556	16812	11997	6282	698.8	4	1885
射洪县凤来镇	3726	17716	9592	6456	139.0	27	1397
射洪县潼射镇	4736	16590	10983	7520	6200.0	105	3200
射洪县曹碑镇	4303	18740	14141	10265	300.0	35	2010
射洪县官升镇	3971	18133	9111	5658		32	4192
射洪县瞿河乡	3737	18788	13258	9033	495213.5	2	501
射洪县伏河乡	2003	6623	4968	3687		10	742
射洪县青堤乡	1662	8558	4933	2485	288.0	11	2312
射洪县双溪乡	4047	13456	9161	6305	258.0	5	1348
射洪县文升乡	4573	17499	11071	7480	1593.0	49	5127
射洪县万林乡	5336	28783	17620	12260	188237.1	11	580

续表 452 （四川省） 计算单位：公顷、人、万元

名　　称	行政区域面　积	常住人口	从业人员	二三产业从业人员	工　业总产值	城镇建成区 面 积	城镇建成区常住人口
射洪县太兴乡	4453	13405	10295	6900	2147.0	24	1427
射洪县东岳乡	5065	17564	8384	4650	4474.0	11	2614
射洪县金鹤乡	2792	10279	5609	4005	800.0	4	1542
射洪县玉太乡	3488	13721	8433	4681		20	1286
大英县蓬莱镇	13400	118199	62581	44512	2609351.0	490	69600
大英县隆盛镇	10770	78802	41124	24633	23175.0	261	8269
大英县回马镇	5140	31155	17981	6753	147120.0	258	8382
大英县天保镇	5160	27983	17741	9614	915.0	56	2019
大英县河边镇	9370	67742	42590	27730	323.5	350	8857
大英县卓筒井镇	4260	11967	6976	1455	1620.0	122	5201
大英县玉峰镇	6600	35254	26472	14438	9582.0	185	4739
大英县象山镇	5280	34198	22630	16320	1180.0	194	7180
大英县通仙乡	3080	13609	5657	1533	200.0	3	1241
大英县金元乡	5350	21672	16886	10077	298.0	47	3450
大英县智水乡	1590	5242	3043	1842		35	1236
内江市市中区白马镇	3707	58930	29808	20721	1065597.0	430	22103
内江市市中区史家镇	1812	17586	7968	4777	56127.0	150	4877
内江市市中区凌家镇	4786	42669	25191	18625	34930.0	13	4253
内江市市中区朝阳镇	3548	30028	19101	10686	8298.0	68	3545
内江市市中区永安镇	4860	44416	24348	13952	12195.0	18	2035
内江市市中区全安镇	2699	25177	15432	7555	10670.0	65	2692
内江市市中区靖民镇	1250	14862	10083	5071	44904.0	25	2794
内江市市中区乐贤镇	1001	16243	11770	9955	1516776.0	28	2114
内江市市中区沱江乡	2675	15006	11040	6690	8586.0	32	821
内江市市中区凤鸣乡	2255	23489	14857	6517	9670.0	26	830
内江市市中区伏龙乡	2400	15006	7802	5126	51418.0	4	702
内江市市中区龚家乡	2117	12831	6076	2626	1934.0	15	794
东兴区田家镇	4066	32220	18526	11717	71712.0	81	3141
东兴区郭北镇	6027	49575	20764	12394	71069.0	200	15824
东兴区高梁镇	5813	31602	16103	12727	14833.0	100	4413
东兴区白合镇	6420	40485	24476	16106	13727.0	68	4415
东兴区顺河镇	8381	45769	24831	13409	12094.0	30	2237
东兴区胜利镇	2444	51005	25697	18165	229898.0	337	37485
东兴区高桥镇	3598	30671	24229	10528	61689.0	365	6840
东兴区双才镇	5564	44725	31691	17281	17393.0	200	9200
东兴区小河口镇	3688	32486	20209	9638	155002.0	37	2811
东兴区杨家镇	4656	28591	15095	8768	6089.0	38	1157
东兴区椑木镇	1345	38410	18711	12841	319558.0	224	26864
东兴区石子镇	4124	26695	17102	9717	19648.0	20	1235
东兴区太安乡	4099	17526	10892	6951	6116.0	13	2010
东兴区苏家乡	4340	25939	18025	5338	4941.0	17	1039
东兴区富溪乡	3892	26125	14222	7590	8399.0	40	1928
东兴区同福乡	2997	17267	8164	4688	79964.0	28	908
东兴区椑南乡	4076	35192	18297	7371	68629.0	62	1903
东兴区永东乡	5444	39721	26656	9006	13498.0	16	4006
东兴区永福乡	4251	25353	12982	7369	3992.0	25	729
东兴区新店乡	4832	23400	11073	8239	11603.0	20	805
东兴区双桥乡	4937	23618	10057	5831	10506.0	36	1801
东兴区平坦乡	6041	28152	16241	8845	9923.0	12	742
东兴区中山乡	2574	21768	14925	4500	5437.0	7	635

续表 453　　　　（四川省）　　　　计算单位：公顷、人、万元

名　称	行政区域面积	常住人口	从业人员	二三产业从业人员	工业总产值	城镇建成区面积	城镇建成区常住人口
东兴区大治乡	3584	14636	7863	4785	9257.0	11	389
东兴区柳桥乡	4561	27909	14264	8985	6580.0	9	1348
东兴区三烈乡	2339	15813	9215	3730	5462.0	9	952
威远县严陵镇	7050	151978	112711	101143	1480745.0	925	110875
威远县铺子湾镇	3267	13944	10326	8058	222904.0	90	2860
威远县新店镇	6964	40536	32099	14288	159872.0	171	5303
威远县向义镇	4720	27835	18174	10362	120276.0	85	2657
威远县界牌镇	4356	22064	16120	10414	43649.0	59	5563
威远县龙会镇	5549	27153	20283	7239	86288.0	118	4412
威远县高石镇	5415	26852	15832	10699	20338.0	50	3690
威远县东联镇	3129	16756	12400	9234	51004.0	29	2148
威远县靖和镇	3475	18793	13368	8368	134808.0	110	3755
威远县镇西镇	10993	55302	36462	21543	52775.0	135	16274
威远县庆卫镇	4035	10993	7548	3877	18108.0	60	5917
威远县山王镇	4766	10421	7747	4500	13300.0	95	2299
威远县黄荆沟镇	5628	18362	12823	7475	38970.0	100	12109
威远县观英滩镇	9983	20172	13043	7503	30624.0	59	2008
威远县新场镇	13530	33315	24258	14272	74605.0	272	8614
威远县连界镇	12867	53665	29180	20849	3134087.0	810	24953
威远县越溪镇	7759	16313	10644	5016	36284.0	50	2020
威远县两河镇	3990	10200	7169	5294	77933.0	63	5158
威远县碗厂镇	3225	8215	5710	4095	86199.0	55	1743
威远县小河镇	8153	19089	13086	5966	133662.0	46	2031
资中县重龙镇	4790	108048	24972	14630	263582.0	568	57751
资中县甘露镇	3711	19487	11250	8295	1200.0	20	1437
资中县归德镇	4561	26750	13600	8430	73431.0	99	2939
资中县鱼溪镇	5378	39458	21942	8674	29237.0	33	3824
资中县金李井镇	4379	22315	13130	6620	61274.0	221	2620
资中县铁佛镇	5528	31933	18870	10304	127087.0	50	4000
资中县球溪镇	5908	48968	27007	17909	219540.0	181	15771
资中县顺河场镇	3561	17230	10940	6440	3500.0	27	1154
资中县龙结镇	5851	39215	20021	7514	4610.0	65	2668
资中县罗泉镇	6459	31535	13978	6518	26350.0	31	1736
资中县发轮镇	5516	37535	20498	12312	8070.0	80	2511
资中县兴隆街镇	3493	20614	12951	5421	145932.0	41	1089
资中县银山镇	8131	39987	30439	19797	202112.0	250	15401
资中县宋家镇	4214	24500	14092	7462	117411.0	100	3994
资中县太平镇	5821	32976	22199	10387	16129.0	57	2654
资中县骝马镇	4004	26766	15670	6263	4850.0	12	1295
资中县水南镇	4651	119346	70144	46568	1181712.0	612	62485
资中县苏家湾镇	6544	33674	22423	13033	4610.0	40	1959
资中县新桥镇	7145	26149	15087	9651	37309.0	26	2023
资中县明心寺镇	3803	31572	16892	8927	75559.0	28	2802
资中县双河镇	5232	33669	19771	12608	164731.0	56	1885
资中县公民镇	6225	48550	23745	16915	234360.0	66	4313
资中县龙江镇	8968	56464	36276	16083	19699.0	50	4058
资中县双龙镇	6215	47120	19200	10250	3040.0	33	2347
资中县高楼镇	4858	38175	19590	8369	27253.0	27	5619
资中县陈家镇	5376	33285	17812	7027	18666.0	15	1585
资中县配龙镇	4071	24886	13047	6957	4610.0	25	1382

续表 454　　(四川省)　　计算单位：公顷、人、万元

名　　称	行政区域面　　积	常住人口	从业人员	二三产业从业人员	工　业总产值	城镇建成区 面 积	城镇建成区常住人口
资中县走马镇	4110	25569	17065	13730	11276.0	35	1368
资中县孟塘镇	9081	33117	19976	8699	16648.0	33	2200
资中县马鞍镇	4145	22025	16628	5718	13661.0	35	1197
资中县狮子镇	4874	30245	18922	9802	3050.0	12	2089
资中县板栗椏乡	4017	23990	13519	6668	18537.0	28	2819
资中县龙山乡	2862	18654	11725	6372	1600.0	35	2360
隆昌县金鹅街道办事处	2720	110201	48814	37935	850254.0	770	68586
隆昌县山川镇	1700	24601	13501	10156	296680.0	110	7900
隆昌县响石镇	6280	49723	30248	16423	113650.0	120	8580
隆昌县圣灯镇	3440	20987	13559	8749	441745.0	98	4283
隆昌县黄家镇	7180	62680	35457	17605	287790.0	265	10315
隆昌县双凤镇	5250	48300	36435	19555	153500.0	130	4100
隆昌县龙市镇	6700	55932	27990	11440	193175.0	92	4150
隆昌县迎祥镇	5500	39140	25585	9370	22921.0	88	4650
隆昌县界市镇	6931	40380	31372	18505	42290.0	200	12000
隆昌县石碾镇	4150	38265	22826	9981	26985.0	105	3310
隆昌县周兴镇	2400	23101	13471	7796	7522.0	104	3671
隆昌县渔箭镇	2150	15688	11505	5830	3435.0	50	2198
隆昌县石燕桥镇	5816	40418	28531	17352	621076.0	89	14952
隆昌县李市镇	1998	16761	10818	5098	170855.0	61	2675
隆昌县胡家镇	4650	48910	28645	14422	181430.0	160	5184
隆昌县云顶镇	5000	30558	23064	9808	150682.0	101	7321
隆昌县桂花井镇	1646	16355	8289	4591	203081.0	50	1940
隆昌县普润镇	2885	21863	12577	6290	2867.0	63	2200
内江经济开发区交通乡	1984	30182	21618	17721	1621740.0	124	5430
内江经济开发区四合乡	2027	23104	12475	7999	230000.0	80	2577
乐山市市中区牟子镇	2152	19288	12600	3100	3192.0	105	5500
乐山市市中区土主镇	4663	16232	12085	8722	445659.0	54	2666
乐山市市中区白马镇	3295	11900	7717	2948	15500.0	15	1326
乐山市市中区茅桥镇	3272	15386	7749	2579	4275.0	80	2580
乐山市市中区青平镇	3977	10620	8363	2666	297.0	19	682
乐山市市中区苏稽镇	4820	41821	15263	11379	48521.0	130	8650
乐山市市中区水口镇	2700	19493	8567	2730	200516.0	30	5637
乐山市市中区安谷镇	5600	30150	19600	4800	77324.0	76	4098
乐山市市中区棉竹镇	3850	13800	7510	3430	100000.0	25	1062
乐山市市中区全福镇	4695	10765	6683	2566	18920.0	24	973
乐山市市中区童家镇	3740	12622	9940	5290	4000.0	11	1083
乐山市市中区九峰镇	2340	17856	6200	4165	28650.0	35	1262
乐山市市中区罗汉镇	2199	12579	6891	3189	37900.0	12	548
乐山市市中区临江镇	2010	8521	5045	1660	1725.0	22	2597
乐山市市中区车子镇	1925	16351	9773	7218	430000.0	275	6856
乐山市市中区悦来乡	4800	9800	6419	2910	4400.0	5	265
乐山市市中区关庙乡	3443	9717	6656	1433	13014.0	15	517
乐山市市中区石龙乡	1558	8485	5254	2986	40972.0	13	572
乐山市市中区剑峰乡	5475	12029	8024	2487	1213.0	18	647
乐山市市中区凌云乡	3487	12546	9619	3725	886.0	30	965
乐山市市中区迎阳乡	1828	5650	3225	725		8	360
乐山市市中区九龙乡	1332	4721	2808	790	850.0	12	425
乐山市市中区普仁乡	1420	5144	3863	1458		8	362
乐山市市中区平兴乡	2693	8765	5505	1790	446.0	14	672

续表 455　　（四川省）　　计算单位：公顷、人、万元

名　称	行政区域面积	常住人口	从业人员	二三产业从业人员	工业总产值	城镇建成区面积	城镇建成区常住人口
乐山市市中区杨湾乡	2240	15643	10716	3453	141350.0	25	1061
沙湾区沙湾镇	7979	68295	46551	41898	1378340.0	100	43837
沙湾区嘉农镇	4207	20071	14101	9995	1884470.0	31	9761
沙湾区太平镇	5590	14745	9090	5422	41979.0	50	4020
沙湾区福禄镇	7293	20742	8981	5117	13581.0	23	5650
沙湾区牛石镇	4282	8350	4134	2084	12663.0	20	1488
沙湾区龚嘴镇	4070	5136	3316	1098	10558.0	30	1102
沙湾区葫芦镇	4750	9868	6394	2324	47528.0	50	1799
沙湾区踏水镇	3841	10162	5190	2740	39607.0	10	1139
沙湾区谭坝乡	2064	8335	5668	2068	80.0	60	3223
沙湾区轸溪乡	3247	5221	3532	886	354.0	60	3023
沙湾区范店乡	5438	3492	1813	562		26	924
沙湾区铜茨乡	3740	6706	4436	501	1070.0	6	4603
沙湾区碧山乡	4034	12213	7824	2346	8894.0	20	727
五通桥区竹根镇	1680	68577	33098	29100	489534.0	150	4290
五通桥区牛华镇	4170	42673	31629	18487	496428.0	25	3035
五通桥区杨柳镇	2907	19207	14705	11618	183300.0	150	5734
五通桥区桥沟镇	2363	15316	11500	10230	1141652.0	150	5539
五通桥区金栗镇	2838	19411	13503	11090	74137.0	51	6307
五通桥区金山镇	4725	25257	17805	11322	800.0	130	5412
五通桥区辉山镇	2904	12597	9152	4178	450.0	150	6430
五通桥区西坝镇	5861	24028	13232	8145	39000.0	50	3526
五通桥区冠英镇	5608	40821	29736	12805	35360.0	160	5732
五通桥区蔡金镇	3456	13956	9228	4427	349.0	35	2350
五通桥区石麟镇	7735	23800	10053	3666	65000.0	60	6055
五通桥区新云乡	2306	11467	7455	4455	330.0	2	423
金口河区永和镇	8900	20051	11666	10597	549204.0	208	18489
金口河区金河镇	13600	7069	4974	1927	123291.0	126	3791
金口河区和平彝族乡	4073	9076	5242	2864	1584.0	8	925
金口河区共安彝族乡	16927	5349	3059	1275	5000.0	41	1231
金口河区吉星乡	4300	3434	2667	227	280.0		
金口河区永胜乡	12000	4281	3211	425	1914.0	50	1558
犍为县玉津镇	2912	96672	66254	58810	1150651.0	518	74032
犍为县孝姑镇	5080	16713	11135	7015	1183.0	50	1808
犍为县石溪镇	5400	18055	13646	7606	21418.0	12	3756
犍为县清溪镇	8150	40349	31936	20264	217027.0	100	12014
犍为县新民镇	10600	18451	14032	7540	3145.0	100	6302
犍为县罗城镇	9500	35061	27986	22439	147594.0	210	16906
犍为县芭沟镇	3713	11041	8745	5425	22690.0	55	4055
犍为县龙孔镇	10100	16007	12740	8085	384.0	11	1950
犍为县定文镇	4525	12180	9726	4778	176.0	20	903
犍为县敖家镇	4810	10577	8410	4521	16454.0	15	7175
犍为县金石井镇	4250	9863	7815	4303	19250.0	21	955
犍为县泉水镇	5200	8648	6828	3328	12926.0	7	672
犍为县双溪乡	4450	7722	5881	2622	9998.0		
犍为县九井乡	830	5126	3999	1193	3.0	6	668
犍为县同兴乡	4504	6233	4767	2170	7919.0		
犍为县榨鼓乡	4110	7833	6189	2768	55.0	10	493
犍为县铁炉乡	3267	5277	4215	1051	57.0	3	220
犍为县大兴乡	4740	7196	5737	1825	387.0	8	756

续表 456　　(四川省)　　计算单位：公顷、人、万元

名　　称	行政区域面　　积	常住人口	从业人员	二三产业从业人员	工　业总产值	城镇建成区 面 积	城镇建成区常住人口
犍为县南阳乡	1453	4851	3875	2372	62837.0	5	550
犍为县纪家乡	3330	3467	2611	1583	51.0	5	566
犍为县新盛乡	1263	3639	2883	1447			
犍为县寿保乡	4010	9673	7039	3880	175.0	4	496
犍为县舞雩乡	3960	10845	8641	6090		8	573
犍为县下渡乡	4283	9724	7729	4565	30743.0	2	107
犍为县玉屏乡	4200	7213	5695	3284		40	737
犍为县岷东乡	2595	8207	6485	4453	62109.0	10	1516
犍为县塘坝乡	4271	11277	8995	6583	200877.0	100	1862
犍为县马庙乡	4400	8003	6336	2580	9875.0	1	231
犍为县公平乡	4800	5372	4281	2501	75.0		
犍为县伏龙乡	2836	6325	4989	2519	124.0	3	161
井研县研城镇	4630	82342	48588	43663	666504.0	810	76000
井研县马踏镇	3786	19331	9540	6492	46099.0	154	11896
井研县竹园镇	3676	11414	8047	3475	42836.0	186	4682
井研县研经镇	4452	12865	6614	2173	504.0	132	3021
井研县周坡镇	5040	11943	4845	1368	2615.0	120	3134
井研县千佛镇	4191	21267	13553	7332	193007.0	69	3072
井研县王村镇	4629	14671	9100	4750	10195.0	149	3658
井研县三江镇	3116	9667	7269	4345	30069.0	150	3348
井研县东林镇	2987	7338	5144	1755		180	1763
井研县磨池镇	1732	6470	4561	1182	5074.0	50	1713
井研县集益乡	2737	9734	6758	775	5267.0		
井研县纯复乡	3035	5174	4040	840			
井研县三教乡	1956	5110	3964	1614	10000.0		
井研县高滩乡	1976	5225	3469	1029	1200.0		
井研县宝五乡	3285	6053	3673	1020	351.0		
井研县四合乡	2403	4245	2694	302			
井研县黄钵乡	3236	6041	4720	720	2640.0		
井研县胜泉乡	2524	5569	2805	616	3000.0		
井研县门坎乡	2244	5170	3754	1735			
井研县石牛乡	2062	4980	2673	1098			
井研县高凤乡	3316	8745	5681	955			
井研县金峰乡	2967	5538	3596	893	385.0		
井研县分全乡	1971	4064	2893	391	700.0		
井研县镇阳乡	3289	5449	4164	975	528.0		
井研县天云乡	2419	4050	2962	1918			
井研县乌抛乡	3134	4059	2989	961			
井研县大佛乡	3231	5983	4452	1410			
夹江县焉城镇	4064	73128	56314	51338	125176.4	1103	50691
夹江县黄土镇	4736	21360	17052	15387	387000.0	172	2293
夹江县甘江镇	5934	35988	22398	9487	59891.0	50	2248
夹江县界牌镇	3393	14737	8692	4571	143112.0	200	6250
夹江县中兴镇	3024	12412	7360	4447	23208.0	19	2133
夹江县三洞镇	3508	12379	7050	3028	189213.0	70	2350
夹江县吴场镇	4431	14508	9959	5551	58770.0	51	3309
夹江县木城镇	3124	14755	9478	4337	7100.0	60	2060
夹江县华头镇	4365	10715	4679	1046	750.0	27	1023
夹江县甘霖镇	2736	15186	9404	4418	294765.0	11	1188
夹江县新场镇	3329	11635	9229	6839	469500.0	4	1631

续表 457　　　　　　　　　　（四川省）　　　　　　　　　　计算单位：公顷、人、万元

名　　称	行政区域面　积	常住人口	从业人员	二三产业从业人员	工　业总产值	城镇建成区 面 积	城镇建成区常住人口
夹江县顺河乡	2195	11092	6738	2024	2350.0	13	880
夹江县马村乡	2834	11897	7746	3197	13698.0	15	541
夹江县土门乡	2565	10023	4374	1943	105123.0	10	1059
夹江县青州乡	2715	8601	5354	2377		15	736
夹江县梧凤乡	1942	6860	4745	1980	6890.0	10	500
夹江县永青乡	1798	5511	3863	1595		5	330
夹江县迎江乡	2882	10729	6458	3188	15523.0		
夹江县龙沱乡	1710	5193	3585	1054		5	105
夹江县南安乡	3147	8497	5565	2478	6099.0		
夹江县歇马乡	5293	11909	6616	3256	97.0	2	495
夹江县麻柳乡	4590	5985	4087	2205			
沐川县沐溪镇	10078	40883	28381	27563	196478.0	315	28316
沐川县永福镇	11194	16117	8948	5347	35910.0	50	2654
沐川县大楠镇	7005	14875	6439	664	350.0	20	1601
沐川县箭板镇	4850	11129	8210	5930	590.6	20	1800
沐川县舟坝镇	8593	13982	9311	4044	33385.5	40	4600
沐川县黄丹镇	7092	11982	7086	4036	56880.0	100	4231
沐川县利店镇	11660	11988	8217	4816	4411.4	21	1914
沐川县建和乡	6970	10073	5508	3333	18000.0	25	1200
沐川县幸福乡	6840	14458	9984	4674	920.0	50	1510
沐川县新凡乡	6643	10974	7353	3849	14925.0	8	1050
沐川县富和乡	3898	5585	4151	2474		4	760
沐川县炭库乡	5897	7362	4752	2966	58.0	4	876
沐川县底堡乡	7030	14500	10898	5918	16909.0	10	1230
沐川县杨村乡	9308	7548	4995	1830	180.0	5	842
沐川县高笋乡	5082	8021	5872	3689	22088.5	4	985
沐川县茨竹乡	9015	8163	5899	3429	9032.0	6	1118
沐川县海云乡	2304	6346	4684	1709	12585.0	5	978
沐川县武圣乡	8499	9988	5410	1985	710.0	5	1020
沐川县凤村乡	6190	8896	4887	1762	7532.0	5	1120
峨边彝族自治县沙坪镇	7978	43474	13744	8985	429985.3	215	32185
峨边彝族自治县大堡镇	9114	10124	6823	2262	6312.0	40	3957
峨边彝族自治县毛坪镇	7800	10334	7318	3034	10443.5	89	3557
峨边彝族自治县五渡镇	14600	9603	6864	3547	9821.0	14600	9603
峨边彝族自治县新林镇	23163	12262	9234	2184	3670.0	98	3093
峨边彝族自治县黑竹沟镇	19751	4077	2333	707	4982.0	34	973
峨边彝族自治县红花乡	2736	2987	1950	1506	115.0		
峨边彝族自治县宜坪乡	4059	7016	4212	1652	1320.0		
峨边彝族自治县杨村乡	3886	5094	2974	1088	1918.0		
峨边彝族自治县白杨乡	1285	2850	1983	678	2985.0		
峨边彝族自治县觉莫乡	12320	2085	1268	253	328.0		
峨边彝族自治县万坪乡	24173	2681	1766	310	2415.0		
峨边彝族自治县杨河乡	12377	3013	1343	93	1240.0		
峨边彝族自治县共和乡	1687	4021	1587	374	2841.0		
峨边彝族自治县新场乡	4818	5248	3435	1702	9978.0		
峨边彝族自治县平等乡	19276	4184	2633	1118	5241.0		
峨边彝族自治县哈曲乡	14460	2250	1337	362	4174.0		
峨边彝族自治县金岩乡	7516	6943	5417	1097			
峨边彝族自治县勒乌乡	41530	5285	2774	464	2091.0		
马边彝族自治县民建镇	7683	29960	21993	13048	171020.0	225	23968

续表 458　　(四川省)　　计算单位：公顷、人、万元

名　　称	行政区域面　　积	常住人口	从业人员	二三产业从业人员	工　业总产值	城镇建成区 面 积	城镇建成区常住人口
马边彝族自治县荣丁镇	9000	10585	6777	2922	2300.0	24	3755
马边彝族自治县下溪镇	6800	10440	6193	3455	510.0	10	462
马边彝族自治县苏坝镇	8650	13206	8069	2526		20	756
马边彝族自治县烟峰镇	21600	9791	7698	3430	2352.0	50	1048
马边彝族自治县劳动乡	6700	10813	7339	5629	45680.0	23	1056
马边彝族自治县建设乡	9017	11328	6055	3203		7	766
马边彝族自治县石梁乡	4100	4473	2943	733		4	500
马边彝族自治县莜坝乡	16100	9892	5690	2698	602.0	6	930
马边彝族自治县民主乡	17943	11754	6260	2196	63.0	6	432
马边彝族自治县老河坝乡	5900	5502	2351	1842		10	363
马边彝族自治县雪口山乡	12000	11090	5483	413	1950.0	7	230
马边彝族自治县镇江庙乡	4800	3563	2224	1042	655.0	5	365
马边彝族自治县大竹堡乡	12000	4256	2413	295	2000.0	3	1358
马边彝族自治县袁家溪乡	11400	4026	2053	302		10	486
马边彝族自治县沙腔乡	7300	7496	5320	1355	6521.0	10	487
马边彝族自治县三河口乡	23600	6931	5529	2949	2537.3	10	724
马边彝族自治县梅子坝乡	7600	4100	1910	790	6500.0	12	582
马边彝族自治县高卓营乡	7500	6893	4494	291		10	486
马边彝族自治县永红乡	29607	4801	2606	881	1185.0	13	677
峨眉山市绥山镇	5650	118959	86005	81621	241578.0	1141	52508
峨眉山市高桥镇	7514	15671	8748	4211	31525.0	150	3863
峨眉山市罗目镇	4467	23609	18304	8200	147369.0	90	4212
峨眉山市九里镇	4480	25842	17135	9465	446264.0	224	2438
峨眉山市龙池镇	19273	25534	14685	5888	16719.0	148	4126
峨眉山市乐都镇	2828	12781	8886	4872	389918.0	15	2895
峨眉山市符溪镇	4259	33062	23850	16354	357521.0	290	30126
峨眉山市峨山镇	1368	13562	8803	5625	29918.0	250	4583
峨眉山市双福镇	4962	20787	15599	5260	393063.0	85	3470
峨眉山市桂花桥镇	4893	40955	23552	13052	434282.0	690	10259
峨眉山市大为镇	12800	15230	11792	3550	14845.0	101	1782
峨眉山市胜利镇	1920	38996	19517	13690	227076.0	110	3541
峨眉山市龙门乡	6980	7685	5779	1663	506.0		
峨眉山市川主乡	4850	6139	4390	1975	9871.0		
峨眉山市沙溪乡	8083	4481	2993	369	3500.0		
峨眉山市新平乡	1455	11520	9204	3970	64879.0	6	1526
峨眉山市普兴乡	4300	10400	8037	1110	140.0		
峨眉山市黄湾乡	10950	19329	14119	9280	1954.0		
顺庆区共兴镇	3602	13145	7896	4650	118234.0	50	2158
顺庆区金台镇	2027	17671	9812	3511	28080.0	54	2153
顺庆区芦溪镇	2515	21790	9396	6036	71429.0	95	4165
顺庆区李家镇	2470	18600	10751	6684	89680.0	81	6250
顺庆区双桥镇	1580	9298	4127	2088	4100.0	33	1380
顺庆区搬罾镇	3088	24015	13033	5748	139950.0	58	1685
顺庆区新复乡	1500	7884	6205	3885	2810.0	10	600
顺庆区同仁乡	2330	5839	4631	2217	3840.0	8	670
顺庆区大林乡	1546	11189	6578	4711	1350.0	9	805
顺庆区梵殿乡	2273	9840	5299	1352	3200.0	9	750
顺庆区顺河乡	2230	10050	6145	3245	3034.0	8	695
顺庆区灯台乡	1813	9864	4117	1756	1250.0	13	805
顺庆区辉景乡	2382	12226	7500	3900	1880.0	7	855

续表 459　　（四川省）　　计算单位：公顷、人、万元

名　　称	行政区域面　　积	常住人口	从业人员	二三产业从业人员	工　业总产值	城镇建成区 面 积	城镇建成区常住人口
顺庆区龙桂乡	2122	11730	6422	3590	2600.0	6	770
顺庆区永丰乡	2784	13584	6125	577	655.0	12	879
顺庆区桂花乡	2108	10350	6942	3822	745.0	10	670
顺庆区凤山乡	1682	9506	6100	2920	11215.0	8	596
顺庆区渔溪乡	1969	9820	6810	3300	141719.0	12	600
高坪区江陵镇	4850	26564	12400	5640	520.0	38	3200
高坪区擦耳镇	3648	13700	9310	3610	805.0	12	1100
高坪区老君镇	2210	15500	7415	3800	400.0	50	1609
高坪区东观镇	5200	40551	26790	11690	3000.0	230	21200
高坪区长乐镇	2800	22674	12405	8927	62985.0	199	5389
高坪区胜观镇	2580	13500	5916	3421	300.0	19	1366
高坪区永安镇	2160	10743	6044	3572	58000.0	20	641
高坪区阙家镇	2260	11644	5621	5001	2000.0	10	530
高坪区石圭镇	2100	12582	5040	2908		18	2052
高坪区青居镇	2800	17276	6735	4502	60544.0	20	1365
高坪区会龙镇	2639	18538	10930	3700	90.0	22	2364
高坪区螺溪镇	1920	19805	9717	4810	733.0	64	2381
高坪区走马乡	2300	19870	13250	8522	420.0	35	1560
高坪区喻家乡	1338	6532	5070	2855	34.0	20	1356
高坪区马家乡	1620	11073	4538	2843	50.0	26	1286
高坪区黄溪乡	2950	12326	9589	4463	210.0	16	798
高坪区万家乡	1460	2462	1312	347		11	362
高坪区御史乡	2000	12544	5493	1972	50.0	26	860
高坪区隆兴乡	4300	16173	11330	6293	90.0	20	1282
高坪区斑竹乡	2450	14052	6775	4204	2500.0	30	1365
高坪区鄢家乡	1966	6021	3908	2523	245.0	28	1180
高坪区佛门乡	4420	21914	12349	8864	1800.0	32	950
高坪区溪头乡	3000	15000	8110	3290	600.0	30	1260
高坪区凤凰乡	1620	7590	5379	3400	460.0	15	967
高坪区南江乡	1600	13220	7386	4536	36870.0	24	1053
嘉陵区曲水镇	3390	15846	9234	5866	170.0	15	750
嘉陵区李渡镇	3560	38466	12569	8069	5235.0	325	20156
嘉陵区吉安镇	2378	19674	10670	7370		50	2500
嘉陵区龙岭镇	3975	20600	10558	7216	75.0	33	1958
嘉陵区金凤镇	4589	28643	11731	9020	976.0	110	4820
嘉陵区安福镇	2664	16500	10500	9700		32	3800
嘉陵区安平镇	5541	31565	16700	10200	250.0	120	4000
嘉陵区世阳镇	4973	20728	13726	11139	354.0	50	1791
嘉陵区大通镇	4575	23490	12555	7215	1313.0	20	4839
嘉陵区一立镇	3928	16925	7600	5620	1856.0	60	5200
嘉陵区龙蟠镇	2909	15216	9184	5951	14381.6	51	2624
嘉陵区里坝镇	2076	11472	6287	3368	25.0	50	1790
嘉陵区集凤镇	1996	10667	5653	4022	51.0	30	3532
嘉陵区金宝镇	2559	14364	7207	3611	33.0	50	1856
嘉陵区三会镇	1839	9951	6081	4626	330.0	16	2655
嘉陵区双桂镇	3384	12239	7837	4939		21	1950
嘉陵区七宝寺镇	1788	8238	4274	1059		48	955
嘉陵区龙泉镇	2448	8110	6323	3593		20	1901
嘉陵区河西镇	2856	16588	8822	4846	7409.3	18	1801
嘉陵区花园镇	2424	9289	6138	4097	750.0	12	574

续表 460　　（四川省）　　计算单位：公顷、人、万元

名　　称	行政区域面　　积	常住人口	从业人员	二三产业从业人员	工　业总产值	城镇建成区 面 积	城镇建成区常住人口
嘉陵区移山乡	2825	10685	6069	4329		20	800
嘉陵区木老乡	1910	8478	6585	3665	1320.0	25	1774
嘉陵区新场乡	2163	11211	7651	2637		15	1266
嘉陵区土门乡	1990	13338	3200	2400		13	700
嘉陵区临江乡	2653	16100	9937	2952	36.0	18	1500
嘉陵区双店乡	2673	16250	10558	6269	50.0	20	1460
嘉陵区白家乡	2982	12389	5970	3320		5	678
嘉陵区华兴乡	2788	13400	7860	4960	360.0	60	2535
嘉陵区大同乡	1701	10128	5802	2554		26	1059
嘉陵区盐溪乡	2489	10164	6051	2146	31.0	25	1560
嘉陵区桥龙乡	1800	7525	3430	2220		14	712
嘉陵区天星乡	1931	8094	3882	2447	2685.0	13	1076
嘉陵区大观乡	1929	7842	4515	3214		15	868
嘉陵区大兴乡	2902	13202	6897	5237		17	1055
嘉陵区新庙乡	1564	8310	2404	1416		12	606
嘉陵区桃园乡	2065	8402	3902	1922		18	1005
嘉陵区太和乡	1946	6372	3919	3516		20	622
嘉陵区积善乡	2033	10694	4876	3011		55	1968
嘉陵区石楼乡	2108	7625	4561	3585		50	2245
嘉陵区礼乐乡	2306	11323	6900	3700	270.0	5	830
南部县南隆镇	5100	48050	13090	7380	26850.0	4	14200
南部县河东镇	1682	14028	7365	7018	1305638.0	21	1515
南部县老鸦镇	3447	18155	14506	8006	4000.0	8	1621
南部县永定镇	2990	18403	12256	9255	86782.0	110	3338
南部县碑院镇	2970	19260	12562	6250	13528.0	122	3978
南部县谢河镇	2070	11407	6532	5832	320.0	25	2630
南部县盘龙镇	4080	42788	18526	10693	1286.0	60	14169
南部县铁佛塘镇	2195	10915	6383	3004	15602.0	50	6450
南部县石河镇	5495	16402	11833	7118	1285.0	31	3892
南部县王家镇	2575	20850	11952	3220	19050.0	230	9687
南部县富利镇	3855	14968	11669	6954	1200.0	60	4002
南部县楠木镇	4080	32314	15480	6715	54321.0	160	4812
南部县长坪镇	4193	14123	7900	3700	1200.0	21	1852
南部县东坝镇	3398	28225	19829	14475	49851.0	60	4095
南部县河坝镇	2820	12836	9248	5596	80.0	150	3045
南部县定水镇	5475	29267	19252	10132	9100.0	255	12295
南部县大王镇	2017	11242	7592	4242	114.0	50	2190
南部县黄金镇	3485	22278	13981	10401	2900.0	40	8120
南部县流马镇	2311	13879	8400	6008		10	943
南部县建兴镇	7460	53874	19476	12238	28600.0	500	46000
南部县三官镇	3020	16354	10492	5834	224.0	94	3171
南部县伏虎镇	2362	27591	15570	9190	845.0	100	10827
南部县双佛镇	2957	14018	9946	7308	29987.5	25	3325
南部县花罐镇	3422	12233	7014	4427	496.0	100	4007
南部县大桥镇	2755	21992	8220	3807	69853.0	20	3300
南部县大河镇	2632	16818	10914	10332	155.0	85	2951
南部县万年镇	2697	11521	7508	4021	562.0	82	4540
南部县升钟镇	4618	12000	8881	4572	60100.0	350	6930
南部县升水镇	2540	11189	6041	3553	245.0	35	2320
南部县大坪镇	3340	8825	5345	2795		125	3760

续表 461　　(四川省)　　计算单位：公顷、人、万元

名　　称	行政区域面　积	常住人口	从业人员	二三产业从业人员	工　业总产值	城镇建成区 面 积	城镇建成区常住人口
南部县神坝镇	4735	11470	6415	95	72.0	50	2200
南部县碾盘乡	2120	11518	6380	3820		6	589
南部县火峰乡	2090	14926	10869	2570	495.0	18	785
南部县群龙乡	2840	8952	4338	2580		21	1408
南部县大富乡	3775	18961	12050	4248		60	1685
南部县碧龙乡	2705	14052	8113	2897	319.0	18	743
南部县三清乡	3325	13953	8829	6709	305.0	30	5685
南部县中心乡	1772	12110	7754	4742	133.0	30	1856
南部县五灵乡	2705	16817	10043	5875	300.0	3	1340
南部县平桥乡	2660	16866	6310	3280	200.0	17	995
南部县梅家乡	2613	11855	3683	2481		15	640
南部县龙庙乡	1823	5088	3124	1099		4	395
南部县马王乡	2263	7089	3440	2229	289.0	10	569
南部县大堰乡	1685	4500	2761	891	269.0	3	1040
南部县窑场乡	2620	7206	4316	2203		7	811
南部县太华乡	1581	8699	6404	4519	365.0	10	1105
南部县兴盛乡	2942	12439	8660	5539	1890.0	102	3882
南部县寒坡乡	2508	8431	5700	4880	415.0	28	1456
南部县肖家乡	1807	6849	4185	3552	368.0	4	582
南部县四龙乡	2185	12598	6612	2624	150.0	15	1135
南部县碾垭乡	2302	8388	6682	4382	29700.0	12	1568
南部县千秋乡	2212	9728	5420	2902	625.0	12	1280
南部县玉镇乡	2907	7450	4100	2044	439.0	30	1222
南部县小元乡	3162	15962	9685	1185		28	1400
南部县柳驿乡	3017	13519	9357	2695		38	1315
南部县石泉乡	3210	18846	12188	7176	32980.0	31	1578
南部县雄狮乡	2165	6620	5008	2863	31584.0	54	1950
南部县宏观乡	3600	16735	8865	3265	93.0	15	1189
南部县永庆乡	1767	4201	1596	173	90.0	10	902
南部县永红乡	4735	14588	11051	6293	163.0	52	1730
南部县柳树乡	3556	8673	5360	380	150.0	6	1621
南部县保城乡	4280	9467	6616	3581		55	1944
南部县双峰乡	5441	12856	7795	653		22	1305
南部县皂角乡	2704	9845	7440	2605	78.0	24	1154
南部县丘垭乡	4326	7504	5360	1940		9	829
南部县光中乡	3450	8285	6072	2733	172.0	6	1312
南部县铁鞭乡	2845	7102	4353	1988		40	1200
南部县太霞乡	3325	7192	5566	1846	156.0	14	746
南部县店垭乡	4305	9020	6242	3747		24	759
南部县桐坪乡	5017	11763	7533	3591	89.0	23	1035
南部县西河乡	2362	3503	2310	1143	20.0	14	615
营山县朗池镇	6592	119812	46145	41652	98470.0	600	86973
营山县渌井镇	3144	12694	6157	2333	68400.0	71	2155
营山县东升镇	4195	26270	11503	5500	25.0	175	5290
营山县骆市镇	5133	53941	22955	12392	45268.0	150	15771
营山县黄渡镇	2984	11412	6288	3906		29	1209
营山县小桥镇	4147	30091	13583	6552	720.0	500	17996
营山县灵鹫镇	3952	27007	14965	5789	160.0	30	2004
营山县老林镇	3643	16000	5360	3060	880.0	204	6165
营山县木垭镇	2508	13200	6870	1370		27	1220

续表 462　　（四川省）　　计算单位：公顷、人、万元

名　称	行政区域面积	常住人口	从业人员	二三产业从业人员	工业总产值	城镇建成区面积	城镇建成区常住人口
营山县消水镇	4723	14009	7492	2337	85.0	85	2712
营山县双流镇	6421	33473	16177	11668	160.0	14	4368
营山县绿水镇	3807	16042	8866	3681	40.0	65	2314
营山县三兴镇	2205	11620	6054	2065		24	1800
营山县蓼叶镇	3059	9585	2585	700	82.0	29	3000
营山县新店镇	5331	22219	8347	6049	330.0	131	4093
营山县回龙镇	4282	36958	12245	6893	160.0	273	12090
营山县星火镇	4505	17453	12684	6930	135.0	130	4331
营山县西桥镇	2305	13778	4817	706	200.0	23	742
营山县城南镇	3067	71213	16041	10141	1406336.0	450	44241
营山县济川乡	2924	19368	10184	4734	4550.0	7	885
营山县茶盘乡	2552	10955	5872	2937	36.0	1	392
营山县双溪乡	2583	14410	7067	3231		16	2144
营山县带河乡	1831	10772	5002	4752	200.0	8	650
营山县四喜乡	1677	8634	5286	3628		6	672
营山县玲珑乡	1495	5868	1808	430		20	680
营山县涌泉乡	2713	10663	5021	1216	219.0	12	1060
营山县木顶乡	2234	10780	5224	2489		4	927
营山县清源乡	2341	8923	3814	2255		3	782
营山县龙伏乡	2435	7500	5081	3479		23	750
营山县双林乡	3269	8602	3964	565	125.0	39	1765
营山县明德乡	4036	9868	6992	4081		18	979
营山县普岭乡	2910	8532	6253	2121	680.0	32	2251
营山县三元乡	2966	9310	5068	3200		14	1012
营山县太蓬乡	2622	8412	4915	2054		18	1096
营山县柏林乡	3061	13455	8385	2845	160.0	30	1135
营山县孔雀乡	2469	10870	5943	3932		4	1134
营山县合兴乡	3825	12089	6420	3525		7	2000
营山县六合乡	1823	5186	2963	1034		3	571
营山县悦中乡	3082	9102	4720	1520		13	760
营山县高码乡	2490	7209	4061	400	120.0	8	360
营山县安固乡	2114	8674	5051	1631	78.0	13	1140
营山县大庙乡	3402	14623	7343	3799	97.0	6	1279
营山县通天乡	4082	13694	6221	3414		50	2201
营山县安化乡	2920	8232	4726	2572		4	1830
营山县法堂乡	2280	11601	6335	4855	93.0	5	1080
营山县增产乡	1847	12038	6075	2320	60.0	9	428
营山县丰产乡	1880	16715	10889	940	49120.0	4	1579
营山县清水乡	2627	10531	5491	1913		10	1010
营山县青山乡	2260	9692	3926	1895		12	1539
营山县福源乡	2546	6599	3194	1302	61.0	16	528
营山县柏坪乡	2243	5920	1957	1188		1	152
营山县七涧乡	1570	7770	3838	1967		7	513
营山县凉风乡	2178	6153	4064	1573		5	150
蓬安县锦屏镇	3803	17585	9319	3798	396.0	200	9248
蓬安县巨龙镇	2699	13352	8140	4154	512.0	29	3438
蓬安县正源镇	2774	13025	10098	3673	141.0	30	1540
蓬安县龙云镇	2338	8026	4632	1796	438.0	21	1085
蓬安县金溪镇	7689	25484	16731	8544	2351.0	121	5041
蓬安县徐家镇	5560	33846	13610	5265	2120.0	34	4120

续表 463 （四川省） 计算单位：公顷、人、万元

名　　称	行政区域面　积	常住人口	从业人员	二三产业从业人员	工　业总产值	城镇建成区 面 积	城镇建成区常住人口
蓬安县河舒镇	3526	16810	10132	4512	2218972.0	235	7150
蓬安县利溪镇	5239	18380	6468	1967	1700.0	32	1509
蓬安县龙蚕镇	3387	13399	8255	2717	423.0	21	2014
蓬安县杨家镇	4121	12461	8272	2294	520.0	25	2304
蓬安县罗家镇	5725	14802	8985	4422	421.0	21	2383
蓬安县福德镇	3253	12491	8171	3433	322.0	21	2409
蓬安县银汉镇	3751	11301	6746	2660	280.0	21	1821
蓬安县兴旺镇	3061	11590	5948	2761	226.0	31	3195
蓬安县相如镇	10387	122924	51251	34426	1332565.0	1623	122621
蓬安县高庙乡	1870	9745	5732	2746	143.0	15	575
蓬安县群乐乡	2319	9482	5736	1164	108.0	16	523
蓬安县长梁乡	3698	15193	10028	3396	98.0	16	653
蓬安县两路乡	1531	5899	4013	585	113.0	14	521
蓬安县睦坝乡	3045	14683	9880	3216	475.0	18	655
蓬安县石梁乡	2314	10045	6919	1399	125.0	15	511
蓬安县平头乡	3421	9362	6350	2989	352.0	15	559
蓬安县鲜店乡	2775	8900	5701	1801	212.0	21	540
蓬安县茶亭乡	3387	9298	4724	1891	442.0	18	741
蓬安县诸家乡	3150	11395	8260	1384	425.0	17	763
蓬安县骑龙乡	1954	7951	5092	2600	403.0	18	756
蓬安县金甲乡	3908	12537	9492	3551	568.0	18	769
蓬安县新园乡	2485	8469	5244	1419	541.0	80	2660
蓬安县三坝乡	2445	10020	4616	2160	280.0	19	750
蓬安县碧溪乡	3279	10781	6359	3414	125.0	18	784
蓬安县柳滩乡	4105	10932	7006	3058	532.0	20	811
蓬安县石孔乡	2772	8689	5250	1030	215.0	14	450
蓬安县开元乡	2269	5159	3518	1156	105.0	12	482
蓬安县新河乡	3266	9432	6470	1988	278.0	15	502
蓬安县南燕乡	3039	11321	5390	1103	338.0	16	603
蓬安县天成乡	2905	10958	5729	2868	292.0	14	504
蓬安县海田乡	2811	8932	5000	2555	245.0	16	523
蓬安县济渡乡	1673	8489	4856	2381	215.0	14	502
蓬安县凤石乡	3127	8009	6186	1817	237.0	15	569
仪陇县金城镇	5016	126101	53795	49461	123373.0	495	47633
仪陇县新政镇	12664	115780	46411	42105	763893.0	1185	50260
仪陇县马鞍镇	5363	67984	26418	6400	44238.0	350	35000
仪陇县永乐镇	4998	23611	16430	5409	5565.0	145	6811
仪陇县日兴镇	4805	36130	11662	7308	3425.0	114	9668
仪陇县土门镇	4678	34810	15472	10464	18995.0	110	11000
仪陇县复兴镇	5310	38101	13093	9268	5907.0	260	11164
仪陇县观紫镇	2963	18000	8452	6210	2997.0	31	3100
仪陇县先锋镇	2077	11716	5491	4026	1605.0	42	702
仪陇县三蛟镇	2593	16749	10007	7007	1391.0	20	2039
仪陇县回春镇	4110	23067	10130	6074	5244.0	48	2651
仪陇县柳垭镇	4146	16029	10770	9334	6635.0	25	3280
仪陇县义路镇	2044	12081	5466	405	1177.0	51	1634
仪陇县立山镇	8476	40220	30928	7148	559373.0	50	5135
仪陇县三河镇	4155	20350	6770	3860	2462.0	146	6476
仪陇县瓦子镇	2402	12030	4581	1581	535.0	14	2730
仪陇县大寅镇	3392	19062	12642	3302	963.0	87	5350

续表 464　　（四川省）　　计算单位：公顷、人、万元

名　　称	行政区域面　　积	常住人口	从业人员	二三产业从业人员	工　业总产值	城镇建成区 面 积	城镇建成区常住人口
仪陇县二道镇	4788	21126	7645	4598	1712.0	38	4000
仪陇县赛金镇	2793	21322	16111	8711	856.0	13	2182
仪陇县丁字桥镇	1324	8335	4192	2332	1712.0	15	2218
仪陇县大仪镇	3229	17421	7801	1421	1819.0	29	970
仪陇县张公镇	3100	16650	9050	1890	1498.0	10	1378
仪陇县五福镇	2473	19631	8678	2092	321.0	6	1165
仪陇县周河镇	1829	10672	7100	2600	1070.0	15	1235
仪陇县杨桥镇	3186	16911	6785	3355	1177.0	20	5702
仪陇县保平镇	3315	19757	9856	5600	963.0	44	1905
仪陇县文星镇	3243	17442	9514	3525	1712.0	19	2384
仪陇县双胜镇	4420	24529	11196	2241	4067.0	21	3250
仪陇县度门镇	3453	18860	11429	7219	1070.0	20	3680
仪陇县老木乡	1929	11678	6555	1241	856.0	38	1158
仪陇县檬垭乡	1793	12000	6809	1494	642.0	20	1300
仪陇县铜鼓乡	2261	18760	5035	3235	1498.0	6	769
仪陇县中坝乡	2222	11536	6903	5878	1819.0	50	1500
仪陇县双盘乡	1691	11285	6032	1049	535.0	1	360
仪陇县凤仪乡	2328	12371	5395	870	2355.0	45	1387
仪陇县双庆乡	1902	11369	6425	2367	185.0	18	670
仪陇县大风乡	2266	12449	6065	944	1284.0	20	651
仪陇县福临乡	2340	8542	6789	1779	1391.0	20	1490
仪陇县来仪乡	2372	12410	6810	1370	535.0	12	1190
仪陇县碧泉乡	1873	11148	4976	1776	214.0	16	630
仪陇县乐兴乡	1651	10780	4253	1743	963.0	15	860
仪陇县石佛乡	3600	13938	4079	628	856.0	14	1587
仪陇县思德乡	3375	8597	2218	2218	749.0	10	445
仪陇县秋垭乡	2075	8432	4926	900	428.0	17	1052
仪陇县大罗乡	1762	8457	4944	1313	817.0	10	762
仪陇县义门乡	2310	9950	4695	1179	863.0	11	1054
仪陇县合作乡	1498	5907	3519	1516	428.0	9	1109
仪陇县龙桥乡	2562	11386	6004	704	321.0	150	3025
仪陇县板桥乡	2708	9953	6165	847	856.0	20	895
仪陇县永光乡	2509	10307	5628	1040	1177.0	10	805
仪陇县炬光乡	1849	7398	3662	1527	1284.0	25	824
仪陇县九龙乡	2920	8386	2800	1200	856.0	10	910
仪陇县芭蕉乡	2440	9500	4270	570	749.0	5	720
仪陇县灯塔乡	2657	10812	5174	2641	214.0	12	549
仪陇县武棚乡	1960	12932	5873	878	445.0	19	816
仪陇县柴井乡	3951	22073	12691	4588	2248.0	42	3595
仪陇县光华乡	1785	10225	4509	3049	1391.0	30	1028
西充县晋城镇	4030	139211	54573	45253	419590.0	625	118720
西充县太平镇	2664	20037	11327	6197	142.0	265	5275
西充县大全镇	2259	10903	6930	3719		100	3168
西充县仙林镇	2394	11055	5997	4045	50.0	11	885
西充县古楼镇	3200	18739	11309	5383		30	3192
西充县义兴镇	3697	21311	9500	2400	4089.0	400	15500
西充县关文镇	2095	9365	6578	4023	220.0	60	1922
西充县凤鸣镇	2329	9064	6089	5344	502.0	59	998
西充县青狮镇	2999	17045	8420	5740	3227.0	20	2668
西充县槐树镇	2799	17728	10914	7831	1131.0	116	4036

续表 465　　　　（四川省）　　　　计算单位：公顷、人、万元

名　　称	行政区域面　积	常住人口	从业人员	二三产业从业人员	工　业总产值	城镇建成区 面 积	城镇建成区常住人口
西充县鸣龙镇	3113	15581	7100	2640	170.0	31	1330
西充县双凤镇	2831	22883	12176	7001	47300.0	418	14390
西充县高院镇	3128	13870	8993	5035	170.0	70	2200
西充县仁和镇	3038	19507	11425	5695	70230.0	180	4810
西充县多扶镇	3464	38607	10730	7730	386000.0	700	24110
西充县莲池镇	2729	12644	7461	5903	75.0	11	1811
西充县常林乡	5163	25980	15517	9485	464620.0	23	4782
西充县占山乡	4132	14670	11461	7460	130.0	20	1010
西充县宏桥乡	2391	8635	4950	3410	41000.0	8	1600
西充县金泉乡	2157	11930	6775	2663	700.0	6	1600
西充县华光乡	2395	11256	7207	4597	123.0	3	546
西充县金源乡	2023	11783	6308	4318	3420.0	48	1608
西充县岱林乡	1712	7896	4764	2408	113.0	8	325
西充县李桥乡	2019	11143	6650	2930	3378.0	9	805
西充县中岭乡	2006	8842	5952	3354	401.0	24	720
西充县西碾乡	1752	11096	6487	2529	350.0	18	1352
西充县紫岩乡	1923	10573	6624	3030	25.0	80	2621
西充县复安乡	1537	6965	4246	3406		21	698
西充县观凤乡	1910	10122	5285	1465		41	1670
西充县青龙乡	2278	10214	5240	2898		8	1740
西充县双洛乡	2208	10422	4647	2524		18	1623
西充县义和乡	1747	7411	5577	2728	79.0	6	1265
西充县中南乡	1372	4680	2140	2000		4	1290
西充县双江乡	1605	7342	2558	2558		19	641
西充县凤和乡	1927	9836	6134	3100	19500.0	6	1210
西充县东岱乡	2140	10090	5850	4450		4	1005
西充县同德乡	1589	10432	6807	3204		25	1430
西充县祥龙乡	2721	15350	7940	4635	258.0	102	3260
西充县车龙乡	3370	16609	8139	4308	3446.2	100	3500
西充县扶君乡	1899	6960	5140	2538	1279.0	2	630
西充县东太乡	2757	11213	7362	3951	76.0	50	1500
西充县永清乡	2496	10720	7332	4082		8	1497
西充县金山乡	1965	6688	4600	2612	510.0	7	1460
西充县罐垭乡	2788	11300	6280	3580		5	1500
阆中市彭城镇	3430	17183	10072	4324	3226.0	113	4430
阆中市双龙镇	2677	11569	5654	3103	1020.0	143	4350
阆中市柏垭镇	9638	41510	19440	12802		300	15000
阆中市飞凤镇	2941	10054	5991	3845	1350.0	48	1567
阆中市思依镇	6293	20000	12664	7270	2850.0	110	3250
阆中市文成镇	4148	13605	7580	4777	54267.0	110	4982
阆中市二龙镇	5032	20999	10830	3900	98.0	25	3450
阆中市石滩镇	3562	11808	6882	4325	34.0	33	1220
阆中市老观镇	6666	26780	6057	5139	2570.0	250	5421
阆中市龙泉镇	4050	11307	8549	5332	1284.0	13	1840
阆中市千佛镇	6328	16550	11015	4515	400.0	130	5133
阆中市望垭镇	4633	15665	8900	6700	40.0	29	2438
阆中市河溪镇	6350	25459	16118	9555	1800.0	399	8256
阆中市妙高镇	5119	17028	10436	3636		28	1406
阆中市洪山镇	3970	20536	10777	4723		96	2900
阆中市石龙镇	3152	15110	8720	4115		40	2200

续表 466 （四川省） 计算单位：公顷、人、万元

名　　称	行政区域面　　积	常住人口	从业人员	二三产业从业人员	工　业总产值	城镇建成区 面 积	城镇建成区常住人口
阆中市宝马镇	2134	11754	7195	5195		20	723
阆中市水观镇	5401	17263	11478	7332	202.0	187	5326
阆中市金垭镇	4810	17110	11100	6100		25	1930
阆中市玉台镇	2080	7132	4842	2386		25	889
阆中市裕华镇	3510	10782	7571	3004		9	330
阆中市木兰镇	2954	5490	4054	1030		19	686
阆中市东兴镇	4291	13884	9886	4973	2460.0	21	679
阆中市凉水镇	4414	15232	9250	4665		9	1500
阆中市五马镇	5400	17002	7730	4020		7	483
阆中市垭口乡	3431	9100	5700	2945		19	755
阆中市治平乡	2510	8126	4932	2830		8	370
阆中市天宫乡	3259	9128	5824	3182		45	1202
阆中市天林乡	3893	11016	7824	2788		16	320
阆中市枣碧乡	2849	7100	4300	2200		13	500
阆中市北门乡	2570	6958	4515	2759		7	312
阆中市桥楼乡	4250	8296	5020	2165		9	360
阆中市河楼乡	3626	8283	5890	3660	200.0	15	403
阆中市清泉乡	2253	6945	4231	2353		11	356
阆中市博树回族乡	2300	7027	3957	2786	780.0	8	418
阆中市解元乡	2665	7000	3481	2731		27	900
阆中市西山乡	2751	10540	6280	4480		23	712
阆中市方山乡	2778	9873	5440	2315		12	392
阆中市金子乡	3490	12613	6799	3847		17	490
阆中市三庙乡	1920	4360	2988	1674		17	582
阆中市峰占乡	2947	10137	7697	5873		13	351
阆中市鹤峰乡	2707	6814	4787	1701		23	472
阆中市金城乡	2142	7009	4661	2451		9	332
阆中市朱镇乡	2220	9217	6146	4290		26	776
阆中市宝台乡	3360	7290	5286	2400		19	670
阆中市福星乡	2495	8846	6287	3424		17	584
东坡区白马镇	4351	15351	11489	6973	26180.0	142	4381
东坡区象耳镇	1833	11283	7500	6249	600000.0	100	7602
东坡区太和镇	4025	32085	21557	11677	354871.0	114	3546
东坡区悦兴镇	5267	25367	17368	8221	16730.0	123	4824
东坡区尚义镇	5264	38926	26957	14480	167000.0	121	3815
东坡区多悦镇	7644	32639	22678	7156	18250.0	182	6305
东坡区秦家镇	8444	29928	20949	7405	9856.0	44	1378
东坡区万胜镇	7193	24302	18024	11032	162520.0	100	3088
东坡区崇仁镇	7544	27159	21169	10067	340000.0	24	761
东坡区思蒙镇	7572	39677	27024	10503	158217.0	440	13200
东坡区修文镇	9573	38998	28525	11512	524657.0	145	4632
东坡区松江镇	6316	34209	21403	15082	415590.0	124	3850
东坡区崇礼镇	5481	36202	25754	14909	41000.0	140	5600
东坡区富牛镇	5437	26277	17758	5632	4635.0	21	564
东坡区永寿镇	4762	42740	32666	14683	44125.0	387	10434
东坡区三苏乡	8539	27784	19682	9855	11556.0	50	1290
东坡区广济乡	6592	18311	13821	5476	14320.0	28	876
东坡区盘鳌乡	7619	14207	11042	3691	3875.0	32	1085
东坡区土地乡	3539	11828	8399	3677	11623.0	38	1263
东坡区复盛乡	2958	11770	8634	4532	30000.0	18	565

续表 467　　(四川省)　　计算单位：公顷、人、万元

名　　称	行政区域面　积	常住人口	从业人员	二三产业从业人员	工　业总产值	城镇建成区 面 积	城镇建成区常住人口
东坡区复兴乡	2944	17951	13794	4536	31180.0	40	1310
东坡区金花乡	3235	13878	9562	4048	6690.0	40	1310
东坡区柳圣乡	2270	10917	8284	3752	9774.0	40	1279
仁寿县文宫镇	5952	23346	14641	10117	17034.0	203	12301
仁寿县禾加镇	2649	13678	9615	6552	69491.0	80	6300
仁寿县龙马镇	4265	20312	12182	7813	33070.0	60	7058
仁寿县方家镇	4615	13746	10620	5666	4577.0	40	3246
仁寿县文林镇	9702	211458	113679	101719	958520.0	3000	147242
仁寿县大化镇	6625	24353	16367	6655	49171.0	200	6986
仁寿县高家镇	5823	16838	13206	7654	1318.0	35	5632
仁寿县中农镇	2872	14146	10496	3174	1351.0	40	2241
仁寿县禄加镇	5429	25258	19874	10506	8323.0	75	8124
仁寿县宝飞镇	4319	23536	17250	14705	125989.0	54	2011
仁寿县彰加镇	5102	23816	16740	7618	26817.0	56	5832
仁寿县慈航镇	6047	23414	16167	4503	43080.0	378	7635
仁寿县汪洋镇	7269	57354	30046	20089	625226.0	320	29657
仁寿县钟祥镇	5258	30187	22071	7857	46654.0	150	6697
仁寿县始建镇	5348	28752	21505	11082	4577.0	96	4500
仁寿县满井镇	6414	25212	17590	9975	110805.0	26	5740
仁寿县富加镇	7092	51859	35054	22822	81697.0	350	26978
仁寿县龙正镇	5774	22238	15883	10897	279358.0	280	10500
仁寿县黑龙滩镇	15050	35814	25073	14077	725.0	120	1667
仁寿县清水镇	6528	20627	13578	2910	17519.0	59	11822
仁寿县视高镇	5004	29013	19585	13669	1528459.0	25	5280
仁寿县北斗镇	5234	30524	17444	8799	4788.4	150	5721
仁寿县兴盛镇	3649	13021	8568	4178	92062.0	16	1645
仁寿县观寺镇	3808	20134	13275	8385	8637.0	15	1585
仁寿县宝马镇	5396	20425	16279	8177	125254.0	15	1606
仁寿县珠嘉镇	5302	21462	16699	7956	1084.0	95	8125
仁寿县四公镇	3562	11764	9316	4523	11337.0	80	7020
仁寿县虞丞乡	3734	4857	3799	1902		2	168
仁寿县青岗乡	2946	10534	8030	2776	657.0	100	3168
仁寿县古佛乡	2259	9852	7691	3708	660.0	4	245
仁寿县板燕乡	2276	9324	6465	1710	261.0	4	233
仁寿县石咀乡	2096	9316	7161	1867	233.0	4	255
仁寿县藕塘乡	2046	9017	7045	2292	243.0	20	554
仁寿县玉龙乡	2159	13636	7251	2722	387.0	4	1850
仁寿县合兴乡	1751	7152	5003	2416	206.0	4	245
仁寿县促进乡	1953	6168	4237	1396		2	446
仁寿县鸭池乡	1914	7422	5856	1519		3	177
仁寿县双堡乡	3080	12503	8495	4834	3423.0	1	160
仁寿县河口乡	2329	10132	7028	2382		2	145
仁寿县板桥乡	1954	8942	6096	2165		2	165
仁寿县元通乡	3076	15410	11805	6380		50	3500
仁寿县向家乡	3010	14105	9485	5332	1155.0	2	170
仁寿县里仁乡	3678	13159	9725	2199	1041.0	3	392
仁寿县兆嘉乡	2248	7072	5529	2220	547.0	20	1308
仁寿县鳌陵乡	3847	9280	5226	1750		3	192
仁寿县中岗乡	3832	15947	11916	6906	1431.0	4	198
仁寿县龙桥乡	5890	18072	11972	4308	762.0	3	185

续表 468　　(四川省)　　计算单位：公顷、人、万元

名　　称	行政区域面　　积	常住人口	从业人员	二三产业从业人员	工　业总产值	城镇建成区 面 积	城镇建成区常住人口
仁寿县曲江乡	3621	10640	8039	3263	1441.0	36	3160
仁寿县城堰乡	4016	9078	6245	1423	295.0	3	172
仁寿县谢安乡	3303	10857	8588	4431	550.0	3	218
仁寿县新店乡	2784	12830	10189	3530	353.0	5	578
仁寿县天峨乡	4749	18420	12421	8155	73220.0	14	1550
仁寿县识经乡	2934	11848	6281	2258	3243.0	24	2648
仁寿县凤陵乡	3326	14060	11242	2640		3	1500
仁寿县涂加乡	3225	9032	7157	2832	3068.0	3	191
仁寿县松峰乡	3108	11253	8933	6102	10586.0	15	1450
仁寿县曹家乡	6125	18198	11722	5702	267.0	17	1580
仁寿县景贤乡	4311	6585	3265	1051		5	186
仁寿县农旺乡	3914	19797	10359	6107	679.0	60	7988
仁寿县洪峰乡	5213	11362	7118	3160	350.0	4	156
彭山县青龙镇	4379	40680	30240	21572	1912000.0	540	22689
彭山县公义镇	4031	22294	15716	8941	6377.0	74	15070
彭山县观音镇	2670	23242	17227	9893	599800.0	46	3497
彭山县彭溪镇	1740	21112	13709	11123	85431.0	139	4187
彭山县黄丰镇	4038	16103	9586	3814	8312.0	11	1801
彭山县谢家镇	4584	23719	16150	8370	3995.0	55	4628
彭山县牧马镇	2800	16029	12158	6133	2785.0	12	1988
彭山县凤鸣镇	3769	81307	54135	46112	105695.0	838	66605
彭山县江口镇	4939	15533	10740	4826	756.0	45	1456
彭山县武阳镇	2897	13799	9002	5672	33000.0	10	1570
彭山县保胜乡	3455	11375	9099	2974	1084.0	11	2526
彭山县义和乡	3518	13870	10740	5373	10487.0	11	419
彭山县锦江乡	3673	11373	8758	5583	8926.0	10	721
洪雅县止戈镇	4603	18138	14154	6295	35600.0	52	3014
洪雅县三宝镇	3860	11725	9170	4250	18752.0	100	2620
洪雅县花溪镇	6100	15664	4473	2595	1463.0	121	1733
洪雅县洪川镇	8003	74216	48346	34990	289850.0	1008	54856
洪雅县余坪镇	9935	32130	24943	13399	11630.0	81	2460
洪雅县槽渔滩镇	8773	17786	12344	2776	3879.0	40	2058
洪雅县中保镇	6766	18756	10795	4657	11862.0	25	6012
洪雅县东岳镇	11530	23188	16948	8881	4500.0	120	3752
洪雅县柳江镇	16039	17503	9776	6031	37190.0	282	4469
洪雅县高庙镇	23421	17570	12093	6421	38512.0	10	2162
洪雅县瓦屋山镇	69473	16982	5592	4679	13568.3	223	5310
洪雅县中山乡	4013	12007	9508	5442	7410.0	70	1286
洪雅县将军乡	5424	16625	12527	8233	80000.0	50	3612
洪雅县汉王乡	7087	9572	5593	1194	1976.0	60	1701
洪雅县桃源乡	4622	4469	1814	1128	75.0	10	601
丹棱县仁美镇	3414	18674	11334	3018	6426.0	33	1045
丹棱县丹棱镇	5934	43215	27314	15183	273152.0	371	18031
丹棱县杨场镇	9082	26540	19421	10790	229295.0	20	1769
丹棱县双桥镇	8957	26354	19426	7175	31108.0	1	2037
丹棱县张场镇	9586	20912	14274	3272	2699.0	56	1711
丹棱县石桥乡	2328	3791	2853	1387	1420.0	9	541
丹棱县顺龙乡	5593	9210	6442	3944	1552.0	7	627
青神县汉阳镇	2220	6700	4848	2447	1685.0	16	1521
青神县河坝子镇	2780	7850	6052	2327	4005.0	20	2800

续表 469　　（四川省）　　计算单位：公顷、人、万元

名　　称	行政区域面　　积	常住人口	从业人员	二三产业从业人员	工　业总产值	城镇建成区 面 积	城镇建成区常住人口
青神县南城镇	1800	15450	12308	7264	216890.0	487	5214
青神县青城镇	1700	36980	23809	19783	234750.0	752	36698
青神县瑞峰镇	4590	12810	8716	4530	9855.0	20	1138
青神县黑龙镇	3280	20960	13142	9022	319726.0	86	2837
青神县西龙镇	7520	24030	17062	7340	117370.0	75	2044
青神县高台乡	1960	10700	6330	3709	3820.0	8	560
青神县白果乡	7870	21080	12474	3562	4809.0		
青神县罗波乡	4966	9840	6294	2999	9141.0	60	6000
翠屏区南广镇	8222	30799	19252	6065	241027.2	180	5545
翠屏区李庄镇	6720	42748	29897	18145	8237.9	250	9459
翠屏区菜坝镇	4473	33165	20149	7126	33273.1	56	1786
翠屏区金坪镇	7820	25957	18566	8158	14566.0	75	3739
翠屏区高店镇	4178	22764	13876	5480	87.8	50	1523
翠屏区牟坪镇	5247	23762	12161	2081	622.0	42	2366
翠屏区李端镇	5090	25981	14833	3681	5384.8	156	4702
翠屏区邱场镇	8905	25798	18464	5994	157132.8	86	2604
翠屏区宗场镇	7220	19213	10843	3993	2900.7	32	2650
翠屏区宋家乡	5816	23942	17974	7883	6220.3	40	3100
翠屏区明威乡	6667	15846	9977	5099	2920.7		
翠屏区凉姜乡	4392	14221	9917	6334	1087.8	8	642
翠屏区思坡乡	10598	22247	14094	3240	37317.4		
南溪区刘家镇	5485	22918	15635	6062	6520.0	35	4735
南溪区江南镇	4182	14004	9946	2860	3499.0	18	1148
南溪区大观镇	7460	27286	18206	7572	42554.0	223	6637
南溪区汪家镇	3996	14613	9135	2295	5485.0	18	745
南溪区黄沙镇	3833	8230	5674	2259	2433.0	18	961
南溪区仙临镇	6814	27066	18011	6542	2326.0	27	5531
南溪区长兴镇	3674	14322	10293	4297	39093.0	50	1085
南溪区裴石乡	3307	16821	11716	5646	38112.0	17	753
南溪区马家乡	5151	8224	5215	1141	240.0	12	1256
南溪区大坪乡	2511	4640	2998	608	275.0	12	484
南溪区石鼓乡	2809	10059	6542	3026	121850.0	60	1403
南溪区林丰乡	3545	5585	3656	1265	9052.0	15	905
南溪区留宾乡	2841	12156	7652	2592	515.0	14	1026
宜宾县柏溪镇	5167	84610	39696	19564	1046606.3	2500	47801
宜宾县喜捷镇	9289	28340	19795	6445	108850.0	57	6500
宜宾县观音镇	24192	58416	39747	17279	59605.0	318	28756
宜宾县横江镇	9874	26633	15179	2944	10745.3	60	5730
宜宾县永兴镇	11457	29593	19741	9722	6998.0	78	3215
宜宾县白花镇	13828	39388	28216	13116	202487.5	120	14288
宜宾县柳嘉镇	17844	36021	25964	14392	5086.5	66	7660
宜宾县泥溪镇	13048	28215	13519	11266	3118.8	95	8200
宜宾县蕨溪镇	21493	41225	26424	10550	26521.9	193	14709
宜宾县商州镇	16360	21189	13552	8319	2731.3	36	5024
宜宾县高场镇	9780	29456	21840	15711	143099.5	95	8786
宜宾县安边镇	5962	20919	15324	11272	439624.3	519	7500
宜宾县双龙镇	15899	41633	25363	10380	75837.5	55	8800
宜宾县李场镇	13698	28112	21830	8255	2684.4	101	3528
宜宾县合什镇	8921	24318	14728	7318	15775.8	52	1996
宜宾县古罗镇	9699	23476	16277	5600	32721.6	22	6586

续表 470　　(四川省)　　计算单位：公顷、人、万元

名　称	行政区域面积	常住人口	从业人员	二三产业从业人员	工业总产值	城镇建成区面积	城镇建成区常住人口
宜宾县孔滩镇	10036	44592	29471	8496	329148.0	120	12510
宜宾县复龙镇	8364	23773	14534	7363	1962.0	52	2928
宜宾县普安镇	9102	28551	20639	9211	87485.0	35	2405
宜宾县双谊镇	12207	24361	16479	7516	85740.0	10	3513
宜宾县古柏乡	7787	18586	13473	7825	1125.0	40	4000
宜宾县王场乡	5413	18113	13792	7557	1006.0	14	2699
宜宾县隆兴乡	13379	17388	11001	6773		20	3252
宜宾县泥南乡	6324	17848	10835	4733	10188.0	40	1629
宜宾县龙池乡	6661	9986	5821	2110	1595.0	14	1010
宜宾县凤仪乡	8177	16086	11617	6604	13056.0	65	3452
江安县江安镇	5593	70845	47749	22662	402536.0	479	72578
江安县红桥镇	4891	23980	19047	11211	10156.0	75	9435
江安县桐梓镇	6015	29977	23248	10768	46026.0	10	1818
江安县井口镇	2486	13902	10849	6554	40569.0	120	6175
江安县怡乐镇	8161	20923	15855	10423	147865.0	63	4752
江安县留耕镇	4709	19297	12362	7471	96859.0	12	1721
江安县底蓬镇	5511	22515	18011	11015	2653.0	173	6763
江安县五矿镇	2095	15280	10411	6855	79865.0	28	2758
江安县迎安镇	4222	21168	15700	9158	33474.0	26	1486
江安县夕佳山镇	3258	16477	12979	8767	2243.0	54	1883
江安县水清镇	2385	12960	10142	5574	63996.0	28	5654
江安县铁清镇	5266	25262	17484	11964	45954.0	17	5093
江安县四面山镇	6454	31145	24284	14747	206895.0	68	3250
江安县大井镇	6567	27546	20195	7498	78852.0	10	1077
江安县阳春镇	4799	23563	18265	14511	803265.0	69	6951
江安县大妙乡	3109	11261	8002	3997	1786.0	25	2200
江安县蟠龙乡	4521	17014	12987	3042	56524.0	20	1985
江安县仁和乡	8756	12185	8754	1318	3652.0	6	324
长宁县长宁镇	9309	109264	75151	59658	509863.0	687	60132
长宁县梅硐镇	8121	14109	10621	3498	3412.0	195	5913
长宁县双河镇	8697	18720	14339	5541	249805.0	150	4732
长宁县硐底镇	5086	15531	12324	7100	184586.0	136	4036
长宁县花滩镇	4893	12444	9615	4303	1167.0	158	4697
长宁县竹海镇	11000	22704	17862	10501	33469.0	137	5761
长宁县老翁镇	5985	17551	13960	6236	6725.0	75	2579
长宁县古河镇	5992	13544	10651	5411	34928.0	59	3540
长宁县下长镇	5455	19641	15702	7089	23963.0	56	2386
长宁县龙头镇	5845	18200	12269	5685	117465.0	92	3387
长宁县开佛镇	3390	10743	8148	3750	56211.0	35	1038
长宁县铜锣乡	3545	7712	6043	3371	2531.0	33	1452
长宁县桃坪乡	3191	7540	5556	2231	97.0	35	1200
长宁县铜鼓乡	3025	10386	6664	2975	156980.0	36	1094
长宁县井江乡	4346	10266	7602	2234	3262.0	22	1106
长宁县三元乡	3425	10762	7288	2445	845.0	35	2733
长宁县富兴乡	4800	9168	6876	3864	6884.0	35	970
长宁县梅白乡	4332	14357	11400	5677	3968.0	40	1262
高县文江镇	15396	67988	37330	19389	707468.0	70	4795
高县庆符镇	13702	56466	32050	11811	274897.0	500	14102
高县沙河镇	11052	38976	25127	13740	134573.0	121	9871
高县嘉乐镇	4813	14476	10489	6714	2807.0	40	3286

续表 471　　　　（四川省）　　　　计算单位：公顷、人、万元

名　　称	行政区域面　　积	常住人口	从业人员	二三产业从业人员	工　业总产值	城镇建成区 面 积	城镇建成区常住人口
高县大窝镇	7309	20931	14338	5323	7266.0	30	1334
高县罗场镇	6938	28014	19550	10350	90927.0	52	4947
高县蕉村镇	8572	22993	16450	8089	50900.0	48	1260
高县可久镇	8787	14612	10316	4748	8856.0	38	1898
高县来复镇	5270	18731	11474	6517	50289.0	61	4351
高县月江镇	8300	26175	18058	9646	455609.0	55	5401
高县胜天镇	8408	23031	15338	5345	25076.0	55	2494
高县复兴镇	5540	13547	10434	4911	2426.1	41	832
高县趱滩乡	2036	3182	2509	1261	283.0	10	620
高县羊田乡	3285	11192	6762	2815	5100.0	14	961
高县落润乡	5916	10182	8062	2665	1305.0	28	1255
高县潆溪乡	4094	7563	5161	1438	240.0	12	571
高县庆岭乡	3369	10593	7852	3313	6576.0	15	1125
高县双河乡	3368	9981	6845	2808	30473.0	20	672
高县四烈乡	6087	13596	8670	3845	118950.0	7	545
珙县珙泉镇	10293	34301	26752	19107	115746.0	66	21765
珙县巡场镇	10722	121582	89358	59193	123628.0	665	46727
珙县孝儿镇	7589	28131	19788	10172	38742.0	43	5311
珙县底洞镇	12620	29324	19588	13354	90478.0	100	6889
珙县上罗镇	11633	33161	22790	13845	13271.6	97	2578
珙县洛表镇	8112	34148	25445	16523	23100.0	220	8210
珙县洛亥镇	6415	23739	14722	7230	75133.0	2	1269
珙县王家镇	10235	22831	17447	9901	16685.0	45	5996
珙县沐滩镇	4744	12956	8493	4988	5100.0	2	715
珙县下罗镇	5597	17319	12274	2449	7912.0	2	585
珙县曹营镇	4486	10672	5974	2357	8800.0	24	1571
珙县恒丰乡	4908	12381	7184	1295	2022.0	3	317
珙县仁义乡	3804	10524	7822	1514	4811.0		
珙县玉和苗族乡	2500	5385	3171	226		4	1531
珙县罗渡苗族乡	4071	14410	10667	3242	9500.0	12	537
珙县石碑乡	4751	10186	6126	2436	10360.0	40	1030
珙县观斗苗族乡	2003	5294	2284	715	15334.0		
筠连县筠连镇	13141	88377	65515	39115	164580.0	1438	58950
筠连县腾达镇	9831	22179	16774	4301	28858.0	35	1670
筠连县巡司镇	8817	39604	23365	17160	255421.0	114	30552
筠连县双腾镇	8723	16366	12966	4325	3314.0	39	1422
筠连县沐爱镇	7936	25004	19598	11886	65138.0	119	5011
筠连县维新镇	7235	19537	15418	8443	155212.2	25	1900
筠连县镇舟镇	6318	14511	11439	6224	134734.0	115	1036
筠连县蒿坝镇	9791	13838	10736	4898	40422.0	94	1870
筠连县大雪山镇	9028	19405	15198	10318	16369.9	91	1650
筠连县武德乡	10062	23136	17860	8687	46235.0	31	1451
筠连县塘坝乡	3167	6268	4817	1915	30796.0	6	1480
筠连县龙镇乡	6698	6909	5384	1099	2557.0	12	876
筠连县孔雀乡	5419	5648	4356	1028	12234.0	26	292
筠连县乐义乡	4440	11587	9182	4214	27100.0	54	2380
筠连县高坎乡	3236	4716	3725	2122	26351.2	13	405
筠连县团林苗族乡	4622	4505	3561	2305	1650.0	18	619
筠连县联合苗族乡	3891	4509	3317	288	1950.0	2	182
筠连县高坪苗族乡	3279	4402	3376	1290	29493.8	30	856

续表 472　　(四川省)　　计算单位：公顷、人、万元

名　称	行政区域面　积	常住人口	从业人员	二三产业从业人员	工　业总产值	城镇建成区 面 积	城镇建成区常住人口
兴文县古宋镇	15640	75154	56520	27811	247493.0	645	68916
兴文县僰王山镇	14696	44594	30095	11667	44100.0	71	6425
兴文县共乐镇	5497	36741	22507	7877	23500.0	36	3296
兴文县莲花镇	7537	24459	17860	5235	58300.0	30	5015
兴文县九丝城镇	12904	22149	13810	2612	2200.0	20	1633
兴文县石海镇	8136	14094	9663	3524	34900.0	14	1278
兴文县太平镇	6430	22163	14068	3404	45607.0	30	3196
兴文县周家镇	6224	8422	6317	3694	98800.0	10	2052
兴文县五星镇	4827	27019	18436	5575	7800.0	70	2163
兴文县玉屏镇	2524	9140	4914	2208	28200.0	60	1553
兴文县大坝苗族乡	12797	25542	16955	4575	7900.0	98	3584
兴文县毓秀苗族乡	5972	5489	3037	649	2300.0	10	194
兴文县大河苗族乡	12505	34166	21349	4572	54600.0	100	2839
兴文县麒麟苗族乡	11413	25471	17295	2788	10500.0	45	1160
兴文县仙峰苗族乡	10887	9997	7662	2695	55300.0	15	805
屏山县锦屏镇	9159	21465	16384	2394	10453.0	27	3650
屏山县新市镇	15103	12803	12321	5491	1792.0	27	1435
屏山县中都镇	14283	22811	21410	9717	15855.0	43	4736
屏山县龙华镇	12166	12565	11034	6174	4480.0	68	3721
屏山县大乘镇	10813	16865	12040	5918	2987.0	36	1950
屏山县富荣镇	11142	12459	6431	2536	2091.0	18	2093
屏山县新安镇	13504	24948	14025	6250	5973.0	29	3850
屏山县书楼镇	11790	23152	17353	8651	3882.0	32	6955
屏山县屏山镇	8636	63218	34294	25048	295704.0	510	35875
屏山县鸭池乡	6284	7857	6330	3129	896.0	52	2930
屏山县龙溪乡	5794	5867	3907	1469	896.0	13	756
屏山县太平乡	6819	8887	6943	1894	3285.0	16	1183
屏山县夏溪乡	7089	8130	5019	1710	1792.0	1	329
屏山县屏边彝族乡	9388	6557	3863	2065	11457.0	5	1824
屏山县清平彝族乡	8420	7238	2781	594	299.0	22	879
广安区枣山镇	3290	30435	16521	8964	13480.0	62	3579
广安区官盛镇	1592	9203	4850	1950	14417.0	52	1992
广安区协兴镇	3831	34847	18140	11684	35225.0	120	9312
广安区浓溪镇	2870	19850	12419	5499	5512.0	50	1453
广安区悦来镇	4105	30158	16389	7537	2300.0	72	3018
广安区兴平镇	3597	19286	12253	6781	600.0	15	1524
广安区井河镇	5151	28465	14491	6866	920.0	80	3200
广安区花桥镇	4830	35455	18752	8631	3236.0	146	6350
广安区龙台镇	6891	48785	27843	13552	4958.0	128	6526
广安区肖溪镇	6141	38477	20804	8353	550.0	82	3286
广安区恒升镇	4919	34653	18443	11008	500.0	170	7426
广安区石笋镇	5880	44321	25157	10002	518.0	90	3500
广安区白市镇	3530	26653	13582	5776	12.0	93	3938
广安区大安镇	2659	19876	9140	5598	12053.0	115	4322
广安区穿石乡	1419	9396	5440	2660	530.0	11	365
广安区广门乡	2340	17250	9456	4301	3500.0	20	663
广安区广罗乡	1720	14000	6548	3800	630.0	11	390
广安区方坪乡	2858	22644	14424	7849	1363.0	10	324
广安区化龙乡	2440	16588	8255	4818	68006.0	21	708
广安区大龙乡	2953	15786	12330	5898	1200.0	22	835

续表 473 （四川省） 计算单位：公顷、人、万元

名　　称	行政区域面　　积	常住人口	从业人员	二三产业从业人员	工　业总产值	城镇建成区 面 积	城镇建成区常住人口
广安区崇望乡	2260	10835	5509	2279	860.0	10	378
广安区龙安乡	1760	10021	6502	2140	575.0	15	526
广安区彭家乡	1890	12110	8122	3530	585.0	24	792
广安区杨坪乡	2203	13190	7340	4517	750.0	10	432
广安区郑山乡	3864	10671	7543	2715	531.0	10	487
广安区蒲莲乡	2889	10011	6272	4171	480.0	10	1302
广安区大有乡	1996	13807	8409	4872	1216.0	10	326
广安区消河乡	1876	14494	8824	3524	3600.0	10	390
广安区东岳乡	3266	19985	10635	5075	500.0	11	386
广安区苏溪乡	2522	9990	6178	4570	550.0	13	455
广安区白马乡	2469	15618	9402	5406	500.0	23	785
前锋区前锋镇	3670	47840	19314	12847	2518237.0	367	20368
前锋区桂兴镇	8798	18993	11585	6904	216253.0	50	3032
前锋区观阁镇	3080	31835	17711	12595	315.0	120	12500
前锋区广兴镇	1630	13347	7249	4644		80	3012
前锋区代市镇	7030	71301	39932	24854	487366.0	500	18192
前锋区观塘镇	4860	38266	21099	11829	61418.0	150	10500
前锋区护安镇	3056	22586	12284	8134	6850.0	45	1450
前锋区小井乡	3899	23351	11820	6466	2278.0	45	2658
前锋区龙滩乡	3649	16884	7286	4582	2002.0	60	3158
前锋区光辉乡	3940	13492	6165	3853	23145.0	89	3589
前锋区新桥乡	2640	20498	11142	5912	557426.0	180	5821
前锋区虎城乡	3520	22515	12313	7218	200.0	40	1562
岳池县九龙镇	6660	161276	92406	57278	1424471.0	1993	143523
岳池县花园镇	5010	31221	17647	6622	36628.0	55	4750
岳池县坪滩镇	4609	32872	21900	9390	22506.0	195	5820
岳池县龙孔镇	3294	17436	12745	4580	1425.0	36	1152
岳池县镇裕镇	1788	11140	7525	2872	425.0	30	835
岳池县白庙镇	6497	28694	20577	7512	2698.0	160	4205
岳池县西溪镇	3967	20397	14907	6286	1503.0	160	4797
岳池县同兴镇	2763	11360	8488	4198	5690.0	50	1590
岳池县兴隆镇	5633	18658	12940	4847	26875.0	105	4013
岳池县秦溪镇	4008	13386	9824	4102	2482.0	35	1172
岳池县顾县镇	5589	30102	21102	11817	41843.0	201	6721
岳池县苟角镇	6895	38385	25023	9823	4750.0	170	5649
岳池县天平镇	6599	23824	16327	6106	2141.0	32	972
岳池县石垭镇	4751	30553	21414	8025	251684.0	211	6869
岳池县乔家镇	3300	22336	14288	5175	1347.0	61	2104
岳池县罗渡镇	2872	23586	13578	8478	93740.0	218	8414
岳池县裕民镇	3341	25284	16229	6117	4861.0	61	1998
岳池县中和镇	3194	22865	12160	5039	2920.0	100	3659
岳池县新场镇	3915	21539	15671	5776	1342.0	50	1698
岳池县普安镇	4076	22315	16808	5481	3187.0	60	1987
岳池县赛龙镇	2340	13977	9778	3663	1296.0	51	1668
岳池县临溪镇	1743	13082	8337	3088	1203.0	37	1205
岳池县朝阳乡	1682	11053	6792	2438	1860.0	4	135
岳池县北城乡	2022	7989	5911	2102	617.0	4	115
岳池县镇龙乡	2003	8905	6102	2450	655.0	16	512
岳池县粽粑乡	3753	16503	10762	2946	25832.0	30	933
岳池县排楼乡	2642	12131	8955	2738	380.0	15	485

续表 474　　(四川省)　　计算单位：公顷、人、万元

名　　称	行政区域面　　积	常住人口	从业人员	二三产业从业人员	工　业总产值	城镇建成区 面 积	城镇建成区常住人口
岳池县西板乡	2913	16213	10019	3844	1305.0	33	1055
岳池县嘉陵乡	1756	8412	5956	1969	970.0	10	385
岳池县石鼓乡	1748	7816	5404	1972	615.0	8	245
岳池县平安乡	2076	6521	5033	1909	481.0	18	618
岳池县恐龙乡	2144	8461	6412	2377		35	1065
岳池县团结乡	2726	5206	3825	1420	212.0	6	185
岳池县黄龙乡	3477	6872	5322	1857	540.0	8	302
岳池县双鄢乡	2534	8867	6127	2815	1621.0	31	1449
岳池县东板乡	2241	5744	4436	1792	640.0	9	288
岳池县长田乡	2219	6724	4555	1825		5	175
岳池县鱼峰乡	3012	7865	5904	2091	1901.0	34	1074
岳池县大石乡	1982	11035	8429	3701	1388.0	42	1962
岳池县花板乡	1789	9942	6749	2482	840.0	10	342
岳池县大佛乡	2280	14122	10480	4055	204.0	22	733
岳池县齐福乡	3330	15877	11235	3995	1663.0	36	1225
岳池县伏龙乡	4619	30560	17068	7212	392.0	35	1256
武胜县沿口镇	6865	96453	66553	56912	2215862.0	1300	86175
武胜县中心镇	6219	27156	21682	8878	42726.0	50	7223
武胜县烈面镇	4910	36182	24016	12135	59010.0	98	16441
武胜县飞龙镇	2800	18157	13019	6695	79420.0	69	6376
武胜县乐善镇	3320	20701	12956	4309	18052.0	60	6973
武胜县万善镇	2390	17299	11212	2992	36990.0	102	7383
武胜县龙女镇	4530	26542	18936	8681	7000.0	49	4167
武胜县三溪镇	3200	16789	13333	5627	4975.0	33	1679
武胜县赛马镇	4140	25934	17903	8695	9500.0	45	3773
武胜县胜利镇	4185	27156	18388	4386	786.0	36	3559
武胜县金牛镇	2865	17235	13219	4419	6800.0	48	3304
武胜县清平镇	3575	14212	11098	3893	6858.0	28	1659
武胜县街子镇	3185	15696	11647	3452	553000.0	120	6427
武胜县万隆镇	2185	16004	9951	3836	16442.0	90	7167
武胜县礼安镇	2445	10658	8209	5911	4998.0	30	1526
武胜县华封镇	3285	20235	13545	5490	36230.0	40	1959
武胜县鸣钟乡	3150	16577	12820	6712	17875.0	15	1069
武胜县真静乡	1860	8835	7065	4228	9339.0	20	1236
武胜县猛山乡	2230	10505	7117	3116	3679.0	30	936
武胜县双星乡	2540	12164	9374	3343	13245.0	10	794
武胜县龙庭乡	1940	8321	6177	3165	181.0	14	679
武胜县石盘乡	3455	16823	10615	2615	6633.0	22	1785
武胜县旧县乡	2260	10115	7299	4089	6050.0	12	1621
武胜县鼓匠乡	2630	13455	10620	4265	6754.0	22	1796
武胜县白坪乡	2845	15782	11936	3949	3465.0	17	1812
武胜县永胜乡	1780	6850	4378	1703	410.0	16	791
武胜县新学乡	2260	11023	7285	4170	8181.0	15	567
武胜县宝箴塞乡	2655	15424	8762	4597	185.0	30	830
武胜县金光乡	2410	11980	6409	2949	210.0	14	538
武胜县八一乡	1630	9687	6483	1831	32.0	10	537
武胜县高石乡	1810	8769	6928	3783	225.0	8	582
邻水县鼎屏镇	784	117958	54101	53226	483569.0	432	117958
邻水县城北镇	9900	34956	23652	10572	27816.0	60	11367
邻水县城南镇	6208	31481	23149	15622	1397214.0	100	9462

续表 475　　（四川省）　　计算单位：公顷、人、万元

名　称	行政区域面　积	常住人口	从业人员	二三产业从业人员	工　业总产值	城镇建成区 面 积	城镇建成区常住人口
邻水县柑子镇	5019	13421	9669	6146	43417.0	52	3896
邻水县龙安镇	5461	11078	7145	4524	21858.0	10	4416
邻水县观音桥镇	6404	17536	12864	5158	14135.0	173	6272
邻水县牟家镇	3416	15017	10855	6576	1968.0	60	3331
邻水县合流镇	4229	14115	10417	4513	7985.0	50	7309
邻水县坛同镇	6415	28828	22548	14895	3235.0	150	5466
邻水县高滩镇	6735	20900	15578	7970	38125.0	74	3758
邻水县九龙镇	6632	44969	29850	16014	42365.0	70	27514
邻水县御临镇	6140	19080	13560	6046	1421.0	65	3646
邻水县袁市镇	2874	19237	14116	7365	11258.0	113	6567
邻水县丰禾镇	6803	37968	26031	17390	216457.0	338	26229
邻水县八耳镇	4677	10771	7828	3763	17589.0	41	4123
邻水县石永镇	4894	20989	14398	9566	1061.0	33	6498
邻水县兴仁镇	6203	17922	13494	7279	11253.0	46	5433
邻水县王家镇	5255	16939	11505	6670	1225.0	65	7015
邻水县太和乡	5644	12412	9322	3639	1336.0	6	695
邻水县新镇乡	2917	5375	3981	2240	1426.0	5	413
邻水县冷家乡	4029	7008	4936	2768	66356.0	5	482
邻水县长安乡	4605	11707	9080	4577	7989.0	5	399
邻水县西天乡	4507	7168	5347	3784	25468.0	6	595
邻水县梁板乡	4828	9577	7222	3635	13125.0	8	288
邻水县甘坝乡	3815	6677	4573	2847	1235.0	7	254
邻水县四海乡	3575	8603	5267	3345	152678.0	6	269
邻水县九峰乡	3434	4067	2892	1762	986.0	4	179
邻水县椿木乡	3070	6760	4992	3181	11489.0	5	193
邻水县华蓥乡	3254	2552	1845	909	26351.0	5	595
邻水县子中乡	3552	9037	6703	3131	1615.0	8	361
邻水县风垭乡	2128	6493	4019	2541	665.0	5	204
邻水县黎家乡	5318	8308	6068	2675	8957.0	7	344
邻水县龙桥乡	2931	10984	5058	2359	1203.0	7	426
邻水县关河乡	3169	7696	5399	1897	1235.0	4	540
邻水县两河乡	2361	7069	5328	2303	948.0	12	512
邻水县长滩乡	1958	9671	6810	3634	658.0	8	322
邻水县凉山乡	4223	6958	4845	1478	6785.0	5	544
邻水县复盛乡	3552	13403	9417	5159	14256.0	10	668
邻水县古路乡	3109	5608	4262	2930	1751.0	5	201
邻水县荆坪乡	2029	8310	6414	3449	1886.0	8	377
邻水县柳塘乡	1827	8909	6312	3428	1768.0	11	609
邻水县石滓乡	4779	12151	7804	4183	29525.0	12	625
邻水县护邻乡	2522	8744	6680	3048	1226.0	8	320
邻水县同石乡	1307	4164	2880	1646	526.0	5	223
邻水县三古乡	4408	11542	8424	3987	689.0	8	319
华蓥市天池镇	3800	20853	12639	12075	67090.0	230	10871
华蓥市禄市镇	2670	24217	14777	5455	92410.0	56	4351
华蓥市永兴镇	2425	24115	18618	8150	96853.0	78	7165
华蓥市明月镇	3820	23865	16720	11652		60	4482
华蓥市阳和镇	4400	26013	14355	6180	70316.0	50	1815
华蓥市高兴镇	3600	19524	10038	5986	105425.0	149	6741
华蓥市观音溪镇	4700	22482	12803	6532	159026.0	84	7544
华蓥市溪口镇	5500	19321	12471	8139	556572.0	133	12402

续表 476　　（四川省）　　计算单位：公顷、人、万元

名　　称	行政区域面　　积	常住人口	从业人员	二三产业从业人员	工　业总产值	城镇建成区 面 积	城镇建成区常住人口
华蓥市庆华镇	3500	32606	14176	4778	266724.0	120	4512
华蓥市红岩乡	4000	3256	2580	2279	61000.0	15	1328
通川区西外镇	2447	35981	9798	6586	268988.0	308	10637
通川区北外镇	4185	31512	18325	13677	59034.0	20	5877
通川区罗江镇	5123	23659	10256	3630	6715.0	290	8446
通川区蒲家镇	5382	29719	15023	9099	11466.0	188	9195
通川区复兴镇	4069	25607	7837	4491	239867.0	195	25607
通川区双龙镇	4682	15105	7615	5661	14800.0	60	2084
通川区魏兴镇	1941	15039	5178	2036	28984.0	68	1997
通川区江陵镇	6933	12980	6369	589	71.0	58	3150
通川区碑庙镇	6020	20992	12685	6775	750.0	150	4710
通川区盘石乡	7255	21385	13865	6400	194861.0	55	7619
通川区东岳乡	3467	14206	9918	5111	89660.0	100	4284
通川区新村乡	3339	6520	4888	3080	160.0	45	1389
通川区檬双乡	2450	7380	3562	1482		160	1450
通川区龙滩乡	3750	9504	6630	3725		33	968
通川区梓桐乡	2980	4588	3218	1356	205.0	56	2650
通川区北山乡	5480	18502	14079	7993	90.0	88	3884
通川区金石乡	6150	21002	8586	2760		100	3121
通川区安云乡	6450	11915	8500	4620	1250.0	100	3000
通川区青宁乡	3870	14109	6373	2510		5	780
达川区亭子镇	6500	44188	29067	13036	46885.0	280	10080
达川区福善镇	4050	15314	8863	4474	11582.0	25	1270
达川区麻柳镇	4990	47319	28064	17999	9500.0	110	10865
达川区檀木镇	3740	19375	12039	6681	9426.0	105	3560
达川区大树镇	7650	31217	15426	7221	19000.0	86	4148
达川区南岳镇	4720	21102	15953	8427	1460.0	30	1226
达川区万家镇	7120	29159	23280	11235	2910.0	120	3840
达川区景市镇	8730	33200	22049	13439	109000.0	41	7600
达川区百节镇	3750	10913	7659	5224	72486.0	12	1858
达川区赵家镇	3440	18610	7156	1287	5279.0	46	7580
达川区河市镇	4850	27283	21775	16620	87533.9	280	23143
达川区石板镇	4700	11117	5679	2880	83000.0	52	2014
达川区金垭镇	3460	12796	6657	2180	7539.0	20	2500
达川区渡市镇	6420	32359	11997	7365	1875.0	150	8925
达川区管村镇	3670	20169	6156	4036	27240.0	100	3499
达川区石梯镇	5280	37586	14268	5543	2100.0	130	6521
达川区石桥镇	5700	53100	35980	7980		170	35600
达川区堡子镇	6670	27100	19324	6325		25	6000
达川区大风乡	3460	8656	5866	2651	2901.6		
达川区江阳乡	3230	8878	5586	2460	220.0	9	350
达川区东兴乡	3314	19554	14728	8177	250.0	20	850
达川区安仁乡	2930	13565	6632	3330		17	758
达川区葫芦乡	3040	3470	2766	1056	4956.0	3	680
达川区大滩乡	2440	8748	6144	3500	2694.0	13	398
达川区花红乡	2860	10592	8289	4889	100.0	2	355
达川区黄庭乡	3290	7505	5129	3609	4129.0	8	1200
达川区黄都乡	2760	19680	11725	6080	28040.0	31	1550
达川区平滩乡	4490	16680	9350	4150	15500.0	22	2235
达川区碑高乡	3440	8593	6194	3091	4700.0	20	600

续表 477　　(四川省)　　计算单位：公顷、人、万元

名　　称	行政区域面　积	常住人口	从业人员	二三产业从业人员	工　业总产值	城镇建成区 面 积	城镇建成区常住人口
达川区马家乡	3460	18408	11168	6416	17823.0	9	4135
达川区木子乡	3350	14958	10982	5124		30	934
达川区双庙乡	5250	21543	16180	7426	7657.0	55	3100
达川区陈家乡	3370	13928	6560	1737	1042.0	15	1434
达川区龙会乡	3180	13450	10137	415	280.0	8	1650
达川区罐子乡	4170	20740	13219	7569	92450.0	10	2580
达川区申家乡	3730	9865	6240	2191	2907.0	4	1977
达川区草兴乡	2034	9570	3896	1359	206.0	19	722
达川区木头乡	1760	7251	5510	3775	7225.0	5	1538
达川区金檀乡	2950	15119	8922	4769	14061.0	19	6570
达川区大堰乡	5300	13630	7740	4620	3010.0	30	2950
达川区赵固乡	5200	15412	9471	2455	731.0	4	1321
达川区九岭乡	36700	22450	15577	1516		18	1507
达川区桥湾乡	6770	20849	14892	8412	4251.2		
达川区五四乡	2500	10971	8342	4490	2210.0	7	1120
达川区银铁乡	2140	8310	5034	3144			
达川区沿河乡	3200	9842	5393	2248		20	821
达川区香隆乡	2520	7812	4069	2119	58.0		
达川区永进乡	2990	11884	6289	3666	152.0	10	497
达川区洛车乡	3020	10671	6876	3376	500.0	6	220
达川区道让乡	2580	6522	3350	2223			
达川区虎让乡	4100	15175	9406	1370	1505.0		
达川区米城乡	3720	10278	7980	4580	135.0	2	680
宣汉县东乡镇	14090	166414	66331	50438	360530.4	968	126218
宣汉县君塘镇	5773	13360	8808	4336	3968.6	56	1883
宣汉县清溪镇	10215	31185	24102	9168	579.1	147	6939
宣汉县普光镇	8347	23876	14237	5990	1329180.0	124	3608
宣汉县天生镇	6171	19120	12551	6801	47260.3	108	3850
宣汉县柏树镇	5813	17346	12743	6239	5797.6	102	4287
宣汉县芭蕉镇	11074	25089	15599	7611	50128.9	108	5142
宣汉县南坝镇	14342	95956	40165	30062	49980.8	715	56851
宣汉县五宝镇	7066	18989	14022	6749	274.5	95	3057
宣汉县峰城镇	8595	20248	11266	5730	1354.3	77	2820
宣汉县土黄镇	10244	30426	17741	8806	4443.2	155	6091
宣汉县华景镇	11230	22944	15689	7341	887.2	66	2196
宣汉县樊哙镇	11465	22601	13566	7193	14795.3	55	1713
宣汉县新华镇	16743	21213	13048	6628	816.4	75	2795
宣汉县黄金镇	11257	25456	14087	7235	556.7	110	4628
宣汉县胡家镇	8877	40268	18467	11026	40593.3	320	17274
宣汉县毛坝镇	14365	21386	13119	6596	574.5	72	3479
宣汉县双河镇	8472	41121	20545	10171	4846.4	190	8820
宣汉县大成镇	9472	36107	18696	9841	1678.6	135	4274
宣汉县土主镇	4400	10048	6409	3039	687.3	20	5262
宣汉县下八镇	7927	25302	18278	8213	1132.0	65	2235
宣汉县明月乡	3628	7237	4922	2319		18	1247
宣汉县红岭乡	3892	16917	9773	3887	1621.5	60	2140
宣汉县柳池乡	6915	29188	11385	2988	47095.3	30	2637
宣汉县三河乡	4861	11876	7439	2604	22148.7	56	1793
宣汉县老君乡	8472	14730	10107	4845		30	998
宣汉县黄石乡	4580	14145	8255	3445		75	2280

续表 478 （四川省） 计算单位：公顷、人、万元

名　　称	行政区域面　　积	常住人口	从业人员	二三产业从业人员	工　业总产值	城镇建成区 面 积	城镇建成区常住人口
宣汉县七里乡	4754	14205	9495	4602	4075.1	90	3003
宣汉县庙安乡	2850	5656	3514	1485		20	798
宣汉县天宝乡	2296	5930	3537	1504	26.6	38	1389
宣汉县东林乡	4335	10102	6372	3084		35	1247
宣汉县凉风乡	5609	8721	5514	2453	15410.9	15	659
宣汉县上峡乡	6409	15656	8334	3475	51554.4	115	6081
宣汉县塔河乡	8430	22263	11046	4789	49515.2	21	2815
宣汉县茶河乡	14801	32163	16817	8123		32	2232
宣汉县天台乡	3769	7571	6056	2610	312.6	20	704
宣汉县观山乡	3220	5828	3441	1615		11	330
宣汉县南坪乡	2774	5207	2824	1687		22	888
宣汉县凤林乡	3651	5783	3853	2322		14	551
宣汉县桃花乡	6190	16492	11807	5432	102.4	40	1266
宣汉县白马乡	7702	13181	8731	4073	46.3	8	3702
宣汉县漆碑乡	6101	8984	5840	2928	553.4	10	2020
宣汉县三墩土家族乡	9117	13272	7639	4015	2256.4	30	1999
宣汉县漆树土家族乡	4187	6177	3446	1838		22	999
宣汉县龙泉土家族乡	22364	9208	5594	2825	42.0	18	1322
宣汉县渡口土家族乡	9086	5728	4065	2335	1815.0	16	988
宣汉县石铁乡	7798	6169	4456	2442	328.6	12	1998
宣汉县厂溪乡	18616	28396	14471	6347	134.4	200	8874
宣汉县红峰乡	9849	15047	9915	4630	152.3	128	2670
宣汉县凤鸣乡	6497	12120	8675	4522		34	1746
宣汉县花池乡	5277	9693	7368	3569	196.3	15	669
宣汉县庆云乡	4590	15453	9640	5096		70	2868
宣汉县马渡乡	4418	12625	8129	4069	30109.7	102	3405
宣汉县隘口乡	4215	9580	6983	3386		36	2245
开江县新宁镇	8250	84942	67876	44874	271095.0	450	68507
开江县普安镇	6801	49507	37377	26767	346896.0	260	12579
开江县回龙镇	3456	13505	7148	4231	108351.0	220	7429
开江县天师镇	4190	11375	7000	3304	50102.0	15	2670
开江县永兴镇	4892	24599	13145	7559	89070.0	80	4267
开江县讲治镇	6485	20763	15476	8195	12679.0	21	2595
开江县甘棠镇	9269	35463	26744	17019	39060.0	337	10963
开江县任市镇	5937	36536	27802	17865	215727.0	220	14712
开江县广福镇	4964	15675	12273	4707	7665.0	65	3297
开江县长岭镇	7504	27624	16991	6452	11664.0	48	5326
开江县长田乡	2595	8254	4138	2181	16997.0	10	1846
开江县骑龙乡	2908	8800	6414	2894	12664.0	100	3220
开江县新太乡	4223	12936	9895	4530	63863.0	52	1573
开江县灵岩乡	6768	12464	7020	5500	57332.0	10	600
开江县沙坝场乡	3969	9922	7902	3065	24263.0	15	1825
开江县梅家乡	4546	10428	8010	3315	3999.0	27	1995
开江县宝石乡	5326	13478	10646	5736	3333.0	48	1529
开江县靖安乡	3430	19018	11370	6135	7665.0	22	1388
开江县新街乡	3104	11626	7913	5138	3333.0	27	1154
开江县拔妙乡	4528	15201	5033	2346	3333.0	24	1602
大竹县竹阳镇	2010	103486	71830	62642	428140.0	480	103285
大竹县乌木镇	4490	16681	11372	5330	19856.0	65	2035
大竹县团坝镇	4820	16180	10086	4417	71608.0	62	2170

续表 479　　（四川省）　　计算单位：公顷、人、万元

名　　称	行政区域面　积	常住人口	从业人员	二三产业从业人员	工　业总产值	城镇建成区 面 积	城镇建成区常住人口
大竹县杨家镇	5720	22963	13420	6663	30252.0	150	4666
大竹县清河镇	5040	14409	11297	8113	55925.0	228	9509
大竹县柏林镇	4370	18769	11319	7387	91480.0	115	3626
大竹县石河镇	6630	39260	17706	8114	267281.0	251	12751
大竹县双拱镇	3120	11708	5990	2912	97838.0	93	3262
大竹县石桥铺镇	4900	23990	13771	9212	24651.0	150	9115
大竹县观音镇	4750	23095	13943	8951	32156.0	50	3056
大竹县周家镇	7200	41237	23771	19726	133954.0	300	10988
大竹县石子镇	7090	19652	12212	5177	12636.0	160	8636
大竹县文星镇	4950	21641	8360	4762	11580.0	182	10193
大竹县妈妈镇	3170	13861	6495	3967	6871.0	100	5201
大竹县高穴镇	6020	25316	11805	7181	21958.0	100	7136
大竹县欧家镇	5070	13565	8587	5288	18310.0	80	2320
大竹县庙坝镇	7070	20913	13344	10117	124857.0	230	13658
大竹县清水镇	8045	27675	14708	8715	105340.0	120	5810
大竹县城西乡	5980	15112	9309	5726	64182.6	90	2986
大竹县竹北乡	2720	22879	16549	8589	251403.0	154	5218
大竹县东柳乡	2620	23253	15770	7290	1009598.2	180	5777
大竹县朝阳乡	5194	14360	10716	8721	127635.0	38	1871
大竹县人和乡	2300	12368	7055	4832	2104.0	13	2000
大竹县中华乡	4450	9386	5506	2770	62960.0	6	598
大竹县黄家乡	2310	7723	5177	3101	82548.0	25	1068
大竹县柏家乡	2410	10048	7173	4620		23	1180
大竹县李家乡	2890	8873	2827	1393	3150.0	40	1268
大竹县月华乡	5920	23399	15543	8676	119165.0	66	3306
大竹县二郎乡	2720	10513	5232	2067	950.0	30	940
大竹县蒲包乡	3000	1999	1592	970	58860.0	7	314
大竹县永胜乡	4820	18125	13088	8076	19452.0	8	930
大竹县新生乡	4230	14587	10049	6194	56012.0	34	2341
大竹县安吉乡	4120	12470	8801	4045	18546.0	33	2541
大竹县白坝乡	4400	12806	9472	5247	22058.0	50	1767
大竹县双溪乡	3260	11853	8427	5753	29315.0	20	1151
大竹县高明乡	5410	18406	7707	3213	26054.0	47	2690
大竹县八渡乡	5400	10442	5978	2821	77405.0	60	1930
大竹县中和乡	3630	8488	4045	2035	27666.8	26	2158
大竹县杨通乡	2550	11744	6950	5111	1430.0	2	705
大竹县天城乡	3330	12798	8245	4348	8756.1	7	1587
大竹县四合乡	2990	13148	7116	4406	3820.0	35	2450
大竹县张家乡	2290	6278	2163	1710	2503.0	20	1540
大竹县童家乡	4830	26108	10622	4629	19360.0	17	1180
大竹县神合乡	3010	9865	7254	5297	12510.0	40	782
大竹县金鸡乡	3710	9776	5160	3940	29501.0	27	1394
大竹县黄滩乡	2350	7698	4949	3797	34198.0	65	2256
大竹县牌坊乡	2610	12840	6530	4080	12056.0	90	3800
大竹县姚市乡	2720	10366	5914	4316	3536.0	16	1022
大竹县莲印乡	2482	13158	8142	4847	25784.7	2	118
大竹县川主乡	2420	10217	5659	1809	3185.0	40	2118
渠县渠江镇	3000	218573	59738	58164	385083.0	500	150355
渠县天星镇	3100	33817	15632	11555	585408.0	372	8369
渠县临巴镇	4700	34248	19987	13705	139266.0	105	7886

续表 480　　(四川省)　　计算单位：公顷、人、万元

名　　称	行政区域面　　积	常住人口	从业人员	二三产业从业人员	工　业总产值	城镇建成区 面 积	城镇建成区常住人口
渠县土溪镇	6300	44140	20875	13328	26141.0	110	6274
渠县三汇镇	4600	49566	38481	33051	109751.0	107	28891
渠县文崇镇	4000	16936	8494	4007		16	2403
渠县涌兴镇	5000	37265	18498	13885	3035.0	36	4649
渠县贵福镇	4200	25790	14329	7751	5100.0	97	4777
渠县岩峰镇	3700	19681	9259	5382	2122.0	23	3393
渠县静边镇	3800	23926	12659	6733	3009.0	36	5218
渠县清溪场镇	5500	29798	14882	8525	2064.0	23	2562
渠县宝城镇	3400	25757	11095	6045	7081.0	21	2431
渠县有庆镇	3100	26476	14104	7932	26209.0	35	5800
渠县鲜渡镇	3900	19111	13639	8803		63	3038
渠县琅琊镇	5800	25419	14711	11001	22216.0	89	7719
渠县渠南乡	3000	17555	13506	9878	22634.0	29	1210
渠县渠北乡	2000	16719	10235	5646	34285.0	5	660
渠县青龙乡	4300	22428	13590	8498	3095.0	68	1246
渠县板桥乡	2600	13847	5296	2294		14	1467
渠县锡溪乡	2200	14206	6610	3885	1032.0	7	933
渠县龙潭乡	7600	13968	9233	5217	3060.0		
渠县河东乡	2000	10644	6839	4823			
渠县李馥乡	6200	25966	17802	10688	4175.0	14	1573
渠县青神乡	2500	14041	6197	2944		5	139
渠县流溪乡	2500	15816	10785	7199	2020.0	13	2000
渠县东安乡	4800	15434	9468	5519	13596.0	4	905
渠县汇东乡	4600	13275	8971	5991	44040.0	3	234
渠县汇南乡	3800	7878	5247	3227	56517.0	8	520
渠县汇北乡	1900	10139	5415	2423	1002.0	11	499
渠县丰乐乡	3700	20131	9861	6581		10	556
渠县报恩乡	4300	17800	8831	3920	3420.0	6	456
渠县安北乡	3100	13711	7845	5483		16	568
渠县平安乡	1800	10129	6892	4945		11	890
渠县千佛乡	1900	9975	5444	3941		11	523
渠县柏水乡	2900	6255	4104	2662		5	209
渠县大义乡	2500	5951	3989	3048		4	582
渠县义和乡	2600	6324	3331	2411		3	199
渠县水口乡	3500	20265	10864	7444	920.0	10	809
渠县三板乡	2800	14845	9159	5666	3128.0	11	606
渠县巨光乡	2300	12133	8187	5140		11	509
渠县蔡和乡	2300	5471	3251	2038		15	600
渠县鹤林乡	2600	12168	5561	3299	3195.0	14	820
渠县白兔乡	2200	9072	4907	3264		14	711
渠县青丝乡	2200	7809	4053	3202	979.0	12	403
渠县万寿乡	1700	6654	5078	1847		12	417
渠县射洪乡	2900	15512	9798	6353		12	384
渠县望江乡	2500	9044	6146	4286	2220.0	18	631
渠县和乐乡	1500	5596	3000	1703	958.0	15	598
渠县龙凤乡	3100	14377	7149	4279		17	1032
渠县新市乡	2300	13746	8031	4882	1122.0	14	1938
渠县宋家乡	2400	12235	4546	1951	1166.0	16	1526
渠县拱市乡	2700	12568	6591	4410	3245.0	31	1719
渠县中滩乡	2000	13509	8299	5735	7147.0	25	2762

续表 481　　（四川省）　　计算单位：公顷、人、万元

名　称	行政区域面积	常住人口	从业人员	二三产业从业人员	工业总产值	城镇建成区面积	城镇建成区常住人口
渠县屏西乡	2900	10645	6722	3746		15	1629
渠县定远乡	2500	17472	9289	4968	1110.0	27	3030
渠县嘉禾乡	1800	11265	5929	3480		9	503
渠县李渡乡	5300	31401	22894	15032	61858.0	19	2050
渠县望溪乡	6300	26586	12785	8085	75761.0	13	4944
渠县双土乡	2600	15185	9847	3476	1021.0	14	2434
渠县卷硐乡	4500	9883	6360	4474	102445.0	22	1938
达州经济开发区斌郎乡	9700	49985	25897	15757	1225680.0	153	5688
达州经济开发区幺塘乡	5100	23284	14020	8335	150177.0	5	413
万源市太平镇	12289	73497	32247	22277	149236.0	428	23221
万源市青花镇	11194	11267	7744	3829	176692.0	119	4354
万源市旧院镇	8990	12768	8757	4144	45686.0	119	4884
万源市罗文镇	11360	12250	8466	4940	68542.0	120	4960
万源市河口镇	7105	8786	5787	2567	52647.0	116	4536
万源市草坝镇	5530	9235	7347	3565	33659.9	100	7834
万源市竹峪镇	10335	9842	4858	1725	44707.4	151	6430
万源市大竹镇	12139	14586	11506	4919	103306.0	180	10415
万源市黄钟镇	8188	7941	4632	2331	52652.0	118	6718
万源市官渡镇	8491	10790	7725	4815	130925.0	105	4900
万源市白沙镇	11900	15233	9895	3990	195527.9	190	8920
万源市沙滩镇	5731	16233	10873	6419	129065.1	128	6113
万源市茶垭乡	8285	7193	5581	2648	32152.0	34	6014
万源市长石乡	10467	5403	4206	1800	27600.0	33	5068
万源市白羊乡	6315	6896	5372	2086	7323.8	30	6125
万源市铁矿乡	7108	5445	2611	1398	8566.0	28	3433
万源市固军乡	6707	7597	5674	1944	8178.0	39	4830
万源市井溪乡	13171	7754	5791	1831	10455.0	10	1871
万源市堰塘乡	5391	3637	2144	1284	6161.0	10	689
万源市蜂桶乡	8862	4165	2020	606	2732.0	8	990
万源市花楼乡	9111	8915	6760	2571	11789.0	25	4062
万源市长坝乡	9416	8545	5420	2169	11485.8	35	1781
万源市曾家乡	8245	6889	5286	1675	9530.0	20	1782
万源市大沙乡	6374	8980	6330	2280	9387.0	18	1821
万源市秦河乡	4882	4565	2034	776	5264.4	12	793
万源市庙垭乡	3310	6292	4815	1281	5212.0	8	1018
万源市鹰背乡	4090	6652	4489	1957	8479.0	10	882
万源市石窝乡	7876	7653	5897	3989	18499.3	13	1678
万源市玉带乡	6919	6300	4046	2282	8476.0	10	752
万源市新店乡	7059	4475	2049	1033	2319.0	8	685
万源市魏家乡	5255	8364	3812	1482	6315.0	8	890
万源市柳黄乡	4305	5259	2216	998	3182.0	10	512
万源市溪口乡	9080	4820	3307	1395	4205.0	10	898
万源市永宁乡	8708	4660	2281	961	45828.0	12	1380
万源市虹桥乡	7322	4714	2768	1142	3892.0	9	712
万源市康乐乡	5604	2112	1417	593	317.0	8	513
万源市白果乡	7857	5090	2732	1277	12245.0	10	689
万源市钟亭乡	4790	4326	2309	1071	4956.3	8	512
万源市庙子乡	12904	6520	3346	1914	7323.8	9	428
万源市紫溪乡	3616	1810	1020	375	305.0	8	290
万源市庙坡乡	8011	5255	2473	871	7137.1	11	783

续表 482 （四川省） 计算单位：公顷、人、万元

名　　称	行政区域面积	常住人口	从业人员	二三产业从业人员	工业总产值	城镇建成区面积	城镇建成区常住人口
万源市梨树乡	9480	4600	2386	1351	28700.0	28	1810
万源市皮窝乡	5164	3233	1446	603	526.0	9	368
万源市丝罗乡	7509	4357	2445	1395	670.5	8	512
万源市罐坝乡	7985	3112	1400	790	172.0	8	485
万源市石人乡	5730	3457	1798	929	558.0	8	741
万源市赵塘乡	7168	3600	2039	865	627.0	8	512
万源市中坪乡	7225	5105	2205	515	2603.0	10	503
万源市八台乡	6274	7571	4028	1740	31865.0	16	1991
万源市花萼乡	1920	1622	1217	666	73.8	6	324
万源市曹家乡	12090	3294	2548	328	178.0	6	321
万源市石塘乡	12000	11210	7733	2881	11308.0	12	1220
雨城区北郊镇	7282	23477	13213	8232	7937.0	92	3833
雨城区草坝镇	4400	23854	15331	8651	182364.0	84	3555
雨城区合江镇	2750	8640	5520	2577	7584.0	24	1189
雨城区大兴镇	6095	20702	14802	10504	47690.0	30	4708
雨城区对岩镇	3605	15092	9430	4828	9232.0	25	1523
雨城区沙坪镇	4894	5807	3483	835	9866.0	20	1883
雨城区中里镇	3700	13485	9058	4660	3866.3	23	2780
雨城区上里镇	6897	12425	7052	3501	1322.0	10	3128
雨城区严桥镇	9620	11112	6584	2075	2568.0	20	1255
雨城区晏场镇	9807	10226	6256	2891	3655.0	75	2376
雨城区多营镇	2870	8359	2297	1587	43265.0	84	4512
雨城区碧峰峡镇	5729	10216	6593	1621	1568.0	11	1219
雨城区南郊乡	4576	13957	8350	4645	57025.0	45	2668
雨城区八步乡	4014	10008	6751	3413	3214.0	15	752
雨城区观化乡	7209	5389	2873	1423	13684.0	22	1120
雨城区孔坪乡	7111	10762	6892	3735	4752.0	32	2335
雨城区凤鸣乡	2310	7792	4794	2620	4562.0	20	1478
雨城区望鱼乡	13100	7239	4661	1920	4602.0	12	1003
名山区蒙阳镇	3239	34892	22352	13426	81549.0	284	29785
名山区百丈镇	3722	18205	11225	4580	11700.0	64	5672
名山区车岭镇	4400	20859	12852	5569	3000.0	60	2280
名山区永兴镇	3356	19758	11266	5797	23189.0	20	5126
名山区马岭镇	3629	10000	5820	1620	13500.0	30	2320
名山区新店镇	4297	21280	11206	3568	49986.0	98	4239
名山区蒙顶山镇	2780	13122	8730	4315	7145.0	30	2530
名山区黑竹镇	2388	11578	5433	1142	2103.0	41	3701
名山区红星镇	3700	13704	4959	1309	16503.0	21	1418
名山区城东乡	2246	8997	5968	3314	18165.0	27	4516
名山区前进乡	3460	15026	9772	1246	2000.0	27	3500
名山区中峰乡	4108	13012	7795	2461	28951.0	12	813
名山区联江乡	2600	11312	4609	1673	13868.0	10	1500
名山区廖场乡	2443	10860	6001	2501	8210.0	15	2012
名山区万古乡	2399	9525	5301	1333	16480.0	13	2238
名山区红岩乡	1775	6400	3810	1700	15000.0	14	420
名山区双河乡	3312	10935	6250	1565	9991.0	17	1450
名山区建山乡	3400	7232	3017	737	1030.0	9	475
名山区解放乡	2242	9197	6990	2480	8776.0	16	1255
名山区茅河乡	1931	8125	6027	2558	9245.0	14	2805
荥经县严道镇	1250	39048	7886	4680	101302.0	450	32000

续表 483　　（四川省）　　计算单位：公顷、人、万元

名　称	行政区域面　积	常住人口	从业人员	二三产业从业人员	工　业总产值	城镇建成区 面 积	城镇建成区常住人口
荥经县花滩镇	5633	12107	5609	3589	202697.0	80	3185
荥经县龙苍沟镇	46207	7515	4344	2257	95423.0	8	2520
荥经县六合乡	2000	10042	7163	3885	125495.0	1	315
荥经县烈太乡	2000	6841	3952	1974	47455.3	100	4000
荥经县安靖乡	13550	4925	2561	1088	24234.5	7	561
荥经县民建彝族乡	3200	4585	3078	1218	1085.0	3	146
荥经县烈士乡	3000	4302	1967	1195	12800.0		
荥经县荥河乡	4340	6288	2743	2098	31327.6		
荥经县新建乡	17500	2761	1194	466	789.0		
荥经县泗坪乡	11400	3900	3112	1881	3246.5		
荥经县新庙乡	14849	2894	1209	756	8370.0		
荥经县三合乡	28100	2583	1997	916	19623.0		
荥经县大田坝乡	600	6335	4611	2933	26215.7		
荥经县天凤乡	1500	3416	2254	640	13.0		
荥经县宝峰彝族乡	1400	2605	1886	1163			
荥经县新添乡	6500	11402	6841	3600	31030.0	100	3165
荥经县附城乡	2000	5571	3113	1167	16020.0		
荥经县五宪乡	2800	4403	2455	958	12.3		
荥经县烟竹乡	4000	3689	1869	851	14360.1		
荥经县青龙乡	5126	6307	4125	1943	2511.0	15	1931
汉源县富林镇	6000	44428	22100	3620	26940.0	310	38211
汉源县九襄镇	8290	56723	40921	25458	1693.0	280	35485
汉源县乌斯河镇	5391	8992	4367	999	440909.3	4	2386
汉源县宜东镇	11140	22584	11560	3590	155.0	40	5425
汉源县富庄镇	6350	12651	7422	1399	938.0	21	1559
汉源县清溪镇	5150	9857	6159	2454	1810.0	40	1954
汉源县大树镇	6870	15097	9805	842	9727.0	193	2811
汉源县皇木镇	5399	7158	3847	1285	154.0	50	2011
汉源县唐家镇	5580	24926	14889	3052	56600.0	42	6817
汉源县富泉镇	4680	14804	6210	1030	2996.0	15	1023
汉源县大田乡	2360	13117	8728	2728	464.2	50	6321
汉源县河西乡	4700	15294	8751	3031	24057.0	15	1360
汉源县前域乡	2470	10094	5844	582			
汉源县后域乡	4570	3964	2634	670	605.0	3	165
汉源县富乡乡	22630	7112	3776	963	2150.0	2	152
汉源县梨园乡	6731	4532	3179	1007	480.0		
汉源县三交乡	14010	4932	3259	134	746.9	3	184
汉源县双溪乡	6310	7283	4922	2217	600.0	4	346
汉源县西溪乡	4460	4136	2801	370		2	109
汉源县安乐乡	2210	9498	6236	2089	592.0	3	135
汉源县万里乡	12560	3925	3003	2015	52681.0	3	165
汉源县马烈乡	13590	5050	2762	1410	750.0	3	165
汉源县河南乡	14710	5873	3020	428		2	260
汉源县晒经乡	2670	4056	2481	761	21.5	2	132
汉源县料林乡	3999	6671	3925	1139			
汉源县小堡藏族彝族乡	5800	2403	1428	739	120.0	4	162
汉源县片马彝族乡	5360	5486	3100	508	426.0		
汉源县坭美彝族乡	6666	2165	1583	533	50.0	2	102
汉源县永利彝族乡	8830	3405	1931	207	98.0	2	123
汉源县顺河彝族乡	7710	5048	3055	1306	140.0	2	135

续表 484　　（四川省）　　计算单位：公顷、人、万元

名　　称	行政区域面　　积	常住人口	从业人员	二三产业从业人员	工　业总产值	城镇建成区 面 积	城镇建成区常住人口
石棉县新棉镇	8847	10640	5997	2839	135.0	249	8687
石棉县安顺彝族乡	21167	8855	4819	1627	53591.0	60	2000
石棉县先锋藏族乡	9351	6607	4282	736	4542.7	33	1295
石棉县蟹螺藏族乡	20303	3956	2963	766	985.0	5	400
石棉县永和乡	7518	5394	3212	1294	1085.0	15	562
石棉县回隆彝族乡	22023	6785	4323	3288	228000.0	7	672
石棉县擦罗彝族乡	7906	4318	2709	885	6364.0	15	1263
石棉县栗子坪彝族乡	51000	4833	3153	2482	6864.0	20	700
石棉县美罗乡	5276	8409	4460	2077	1220.0	8	260
石棉县迎政乡	5928	7036	4472	1855	6103.0	22	830
石棉县宰羊乡	2138	5491	3358	815	800.0	2	248
石棉县丰乐乡	23144	3164	1845	694	4296.0	3	560
石棉县新民藏族彝族乡	8703	6819	4944	1180	1002.0	5	746
石棉县挖角彝族藏族乡	18597	3378	2034	797	5369.0	20	1800
石棉县田湾彝族乡	14865	2536	1650	849	2880.0	4	290
石棉县草科藏族乡	34052	2530	1616	614	6654.0	10	594
天全县城厢镇	4430	40015	8217	5068	152230.0	100	34216
天全县始阳镇	5000	19945	13925	8777	78435.0	207	15261
天全县小河乡	49320	9358	5987	3458	54987.0		
天全县思经乡	13553	10962	6405	2970	19532.0		
天全县鱼泉乡	6720	2518	1683	712	1182.0		
天全县紫石乡	90067	2905	1698	1137	33152.0		
天全县两路乡	31580	2075	1575	1140	1300.0		
天全县大坪乡	2201	5438	3536	2586	7250.0		
天全县乐英乡	3600	9883	5530	2498	485.0		
天全县多功乡	1640	4653	3181	1847	3870.0		
天全县仁义乡	1221	11868	7337	3819			
天全县老场乡	7674	7038	4117	1742	260.0		
天全县新华乡	3445	7140	3453	1023	136.0		
天全县新场乡	5371	12506	5968	1722	5470.0		
天全县兴业乡	11460	8941	4939	2439	2834.0		
芦山县芦阳镇	3813	32651	8885	3172	127315.0	177	16258
芦山县飞仙关镇	5062	13541	6333	3180	80700.0	25	1252
芦山县双石镇	7893	9532	3110	2760	352.0	20	1150
芦山县太平镇	19362	12621	6129	3346	2807.0	31	2220
芦山县大川镇	69279	6970	3849	1421	29279.0	45	1798
芦山县思延乡	2354	13971	5529	1774	21200.0		
芦山县清仁乡	5293	13680	7266	3949	73250.0		
芦山县龙门乡	10009	24359	12030	4298	31048.0		
芦山县宝盛乡	11513	7026	2856	966	21050.0		
宝兴县穆坪镇	21000	12046	4281	1469	72873.0	85	10119
宝兴县灵关镇	19000	18200	10002	6224	190300.0	115	10331
宝兴县陇东镇	52900	5258	3907	2572	48939.0	35	1120
宝兴县蜂桶寨乡	42900	4530	2149	1570	22664.0	16	521
宝兴县硗碛乡	88889	4838	2537	690	680.0	33	1018
宝兴县永富乡	62500	1872	1137	194	10126.5	4	182
宝兴县明礼乡	12100	1345	1048	400	2880.0	11	259
宝兴县五龙乡	7200	6154	3573	1955	9259.0	55	2343
宝兴县大溪乡	5100	3718	2537	1529	1250.0	20	1500
巴州区大茅坪镇	1900	7957	5248	1833	63367.0	12	900

续表 485　（四川省）　计算单位：公顷、人、万元

名　称	行政区域面积	常住人口	从业人员	二三产业从业人员	工业总产值	城镇建成区面积	城镇建成区常住人口
巴州区清江镇	6449	33727	26831	14931	72960.0	100	13923
巴州区水宁寺镇	5400	18633	12960	7940	3346.0	76	2680
巴州区化成镇	5945	23552	10998	6253		56	4467
巴州区曾口镇	10936	33897	26795	16211	12509.0	186	9768
巴州区梁永镇	6977	22695	17598	9600	15915.0	34	5022
巴州区三江镇	3806	13668	9759	5189		26	1700
巴州区鼎山镇	7504	26886	15944	11037	3299.0	70	7603
巴州区大罗镇	5397	13792	9958	4308	387.0	20	1560
巴州区枣林镇	5756	10072	7946	4160	18629.0	11	3613
巴州区平梁乡	11470	32208	25639	14351	52880.0	26	7600
巴州区光辉乡	3218	12854	9692	4790		10	1210
巴州区花溪乡	3337	10558	8267	4677	55.0	16	720
巴州区大和乡	3451	7805	6221	3878	56.0	20	1553
巴州区白庙乡	5370	7609	6046	4059		18	746
巴州区关渡乡	2750	6828	5342	2735		30	1359
巴州区凌云乡	2776	8616	6516	3687	5943.0	15	852
巴州区寺岭乡	6646	8441	6633	3309		7	2600
巴州区梓桐庙乡	5385	12159	7963	4649		12	2640
巴州区金碑乡	2800	7502	5854	2859	18265.0	16	1459
巴州区羊凤乡	3460	9014	6832	3494		20	1895
巴州区凤溪乡	4990	12335	8845	2799		15	1800
巴州区龙背乡	2429	7080	5494	2897		24	1300
恩阳区恩阳镇	12334	81969	37057	25493	352384.0	351	28110
恩阳区玉山镇	10435	38544	21340	14135	9830.0	220	8870
恩阳区渔溪镇	8002	35704	17975	10525	876.9	200	12000
恩阳区三河场镇	3201	11672	5455	2439	12150.0	100	3720
恩阳区青木镇	4431	17445	11194	8619	1059.0	60	5020
恩阳区花丛镇	7834	29847	19241	12350	23158.0	150	6782
恩阳区柳林镇	6778	25634	12614	6794	6316.0	280	15782
恩阳区下八庙镇	4830	17979	13853	8420	4267.0	35	2290
恩阳区茶坝镇	4076	16173	9505	5230	1428.0	170	6520
恩阳区观音井镇	4733	17994	11367	6081		36	1524
恩阳区三汇镇	4222	10347	5754	3761	1450.0	26	1937
恩阳区上八庙镇	3692	12298	8531	4145	541.5	107	4120
恩阳区三星乡	2875	9240	5543	3213	340.0	30	989
恩阳区关公乡	5746	13985	10635	5065	1058.0	75	2565
恩阳区舞凤乡	2044	5864	3726	2361	1092.0	28	1351
恩阳区兴隆场乡	3647	12299	8224	4294		60	5327
恩阳区石城乡	3634	11614	9278	4258		60	3005
恩阳区九镇乡	2803	9224	6118	3059	6700.0	50	2200
恩阳区尹家乡	2775	8931	5128	2312	336.0	50	1626
恩阳区双胜乡	4086	14971	9470	4856	1050.0	75	4300
恩阳区群乐乡	3754	12305	7531	4724		50	1768
恩阳区万安乡	3199	9938	7257	3800	702.0	45	1820
恩阳区玉井乡	3050	6216	4600	2352	198.0	52	1630
恩阳区义兴乡	3337	10358	8282	5040	396.0	50	1860
通江县诺江镇	12954	120924	62931	52258	496967.0	810	85000
通江县民胜镇	6238	22325	12082	3840	21573.0	60	2053
通江县火炬镇	5967	19857	13093	6351		100	2690
通江县广纳镇	9313	35155	13580	5400	7051.0	37	3948

续表 486　　(四川省)　　计算单位：公顷、人、万元

名　　称	行政区域面积	常住人口	从业人员	二三产业从业人员	工业总产值	城镇建成区面积	城镇建成区常住人口
通江县铁佛镇	11634	46105	26886	14958	2268.0	285	32000
通江县麻石镇	4370	12776	5630	2600	542.0	12	2480
通江县至诚镇	9265	19800	5711	3500	1120.0	58	3781
通江县洪口镇	5635	13166	4165	2017		120	4868
通江县沙溪镇	7807	22321	15075	9656	2368.0	34	3725
通江县瓦室镇	8491	14792	7027	3727		24	4582
通江县永安镇	11019	20500	7750	4050		25	3100
通江县铁溪镇	16937	11192	6759	3233	24735.0	25	3802
通江县涪阳镇	6517	11126	5523	2211	787.0	42	4085
通江县诺水河镇	30901	23267	8628	4173	3100.0	90	4500
通江县杨柏乡	5377	18335	11392	2791	633.0	20	1410
通江县大兴乡	2822	7929	4568	1850	16025.0	13	430
通江县东山乡	2121	5116	2603	1365	1136.0	10	400
通江县三溪乡	2941	11353	5772	3587		20	1200
通江县双泉乡	2726	9717	3997	1686	211.5	10	389
通江县文峰乡	3993	12469	3959	2458	9723.0	21	911
通江县春在乡	6210	14120	6790	3260	2200.0	10	530
通江县三合乡	3621	11487	6164	3916		10	506
通江县云昙乡	3488	5526	3271	1639	240.0	4	478
通江县唱歌乡	3523	4100	3183	780	150.0	10	338
通江县芝苞乡	7206	10151	6301	3657		17	1321
通江县龙凤场乡	10036	17020	11933	4481		20	1200
通江县董溪乡	9694	4429	2466	1086		7	750
通江县澌波乡	7364	5100	2150	1250		10	780
通江县松溪乡	10685	9104	4022	1950		18	845
通江县九层乡	2691	7016	3125	1300		5	478
通江县胜利乡	11963	6347	4309	1770	1133.0	10	576
通江县板凳乡	3655	7105	3782	1755		5	423
通江县文胜乡	4797	7079	5071	2133	12643.0	5	412
通江县兴隆乡	9188	14681	7534	3493		5	412
通江县毛裕乡	9282	15043	8010	3668	5716.0	7	487
通江县泥溪乡	8373	13249	4009	1803	1100.0	10	566
通江县烟溪乡	8538	9990	4664	2246	13395.0	10	578
通江县沙坪乡	8700	5052	2665	1716	1177.0	7	385
通江县朱元乡	6402	3206	2232	1213		5	410
通江县长坪乡	15921	10533	5373	2202		6	424
通江县两河口乡	15799	11032	4726	1416	804.0	8	430
通江县空山乡	13734	7080	4055	1775	733.0	10	412
通江县青浴乡	10498	11015	6590	2758		100	1350
通江县板桥口乡	15179	16621	8850	5550		17	1500
通江县铁厂乡	9335	3876	2193	1124		5	343
通江县新场乡	8098	18020	5764	2084	120.0	55	2220
通江县陈河乡	11506	11212	5075	2888		10	932
通江县草池乡	3680	8005	4244	2366	361.0	7	445
通江县回林乡	6358	5035	2327	1354	10.0	6	347
南江县南江镇	11472	110983	44048	35849	712851.0	350	101983
南江县沙河镇	5477	18456	9432	5817	23338.0	20	5516
南江县乐坝镇	1655	4847	3409	2794	19480.0	48	4609
南江县长赤镇	8211	39728	26361	17752	47017.0	215	10041
南江县正直镇	7180	29682	12776	6692	3230.0	220	11788

续表 487　　　　　　　　　　（四川省）　　　　　　　　　　计算单位：公顷、人、万元

名　　称	行政区域面　积	常住人口	从业人员	二三产业从业人员	工　业总产值	城镇建成区 面 积	城镇建成区常住人口
南江县大河镇	11468	24186	15225	3227	195.0	100	4950
南江县光雾山镇	25482	3342	1899	729	1750.0	11	1061
南江县东榆镇	12398	21323	11694	6146	120435.0	170	6967
南江县下两镇	9380	20377	13086	7869	1268.0	30	7783
南江县赶场镇	11254	15085	9760	4140	121.0	55	1706
南江县杨坝镇	17377	7370	5149	2474	385.0	25	2088
南江县天池镇	3853	15394	7688	2309	470.0	6	203
南江县关坝镇	26753	6081	3677	1604		14	1863
南江县红光镇	4492	15569	8276	2957	1140.0	11	783
南江县元潭镇	6164	15743	9540	4435	21200.0	20	1141
南江县赤溪乡	4357	12785	6275	3928	894.0	5	451
南江县燕山乡	2599	8041	4429	2675	525.0	8	222
南江县八庙乡	2652	8982	5552	2692	555.0	10	3560
南江县高塔乡	4757	12308	7886	4527	640.0	3	852
南江县团结乡	5531	7428	5509	2908	178.0	3	168
南江县傅家乡	2456	9167	6890	450	40.0	3	360
南江县红四乡	4086	7467	5624	960	38.0	6	1230
南江县侯家乡	3337	12887	9644	1019	168.0	13	1060
南江县双桂乡	1621	6501	3969	1338	41.0	3	112
南江县凤仪乡	3546	12624	7419	3368	36.0	9	1290
南江县朱公乡	3253	10012	6000	3139	60.1	9	577
南江县黑潭乡	4300	9450	6689	3035	634.0	10	1000
南江县和平乡	4961	13111	7359	4359	51347.0	9	1769
南江县双流乡	6587	16253	8321	4444	712.0	2	165
南江县高桥乡	3845	8300	3891	1576	250.0	10	2267
南江县平岗乡	3926	6721	3456	2151	104.0	6	364
南江县仁和乡	9783	14550	9845	5725	38.0	2	110
南江县石滩乡	5195	13253	6635	2935	1202.0	3	495
南江县关门乡	8275	10072	7997	4447	68.0	2	900
南江县兴马乡	11496	14589	8208	635	220.0	8	564
南江县北极乡	6060	5120	2636	1476	45.0	2	120
南江县关路乡	6075	8653	5460	778	690.0	8	1138
南江县关田乡	3988	3670	2681	1578		2	213
南江县红岩乡	4999	2864	1718	673	310.0	1	101
南江县桥亭乡	6970	7029	4687	2572	523.8		
南江县贵民乡	5364	2726	1667	981	110.0	12	508
南江县沙坝乡	9158	5600	3964	2140	35318.0	6	740
南江县柳湾乡	5958	5629	3390	1933	18282.0	3	159
南江县汇滩乡	5972	3566	1918	437	1750.0	1	364
南江县上两乡	7267	5132	2974	1396	8278.0	5	1026
南江县寨坡乡	5662	2262	1020	460	68.0	5	318
南江县坪河乡	6753	7125	5006	2457	520.0	10	1450
南江县流坝乡	5552	6330	3810	1301	352.0	20	1120
平昌县江口镇	9485	29023	19904	9100	32000.0	106	5086
平昌县响滩镇	5086	22476	13066	1626	600.0	30	9085
平昌县西兴镇	4721	13896	10580	3490		27	3452
平昌县佛楼镇	4416	12225	8276	5698	46.0	13	1859
平昌县白衣镇	8686	25015	13935	6596	25880.0	39	2103
平昌县涵水镇	4049	12516	9419	3314		33	3956
平昌县岳家镇	4470	14817	8168	3318	240.0	15	2950

续表 488 （四川省） 计算单位：公顷、人、万元

名　称	行政区域面　积	常住人口	从业人员	二三产业从业人员	工　业总产值	城镇建成区 面 积	城镇建成区常住人口
平昌县兰草镇	5630	18115	11130	3878		30	3850
平昌县驷马镇	9298	36945	17718	6430	15000.0	65	13200
平昌县坦溪镇	5610	17904	9600	3430	9390.0	32	3802
平昌县元山镇	7503	29885	18603	11618		82	9861
平昌县云台镇	7370	20983	13315	4458	32.0	47	4173
平昌县邱家镇	4958	16442	9306	5391	6500.0	30	2153
平昌县笔山镇	9224	33058	20376	7711		31	1710
平昌县镇龙镇	9140	22136	12862	6575	220.0	23	5754
平昌县得胜镇	4859	17209	12185	2715	6815.0	36	5379
平昌县鹿鸣镇	3515	10059	6175	1300		10	2722
平昌县青凤镇	3625	12857	7072	5800		26	1327
平昌县灵山镇	3434	10678	7451	666		6	843
平昌县土兴镇	7374	26631	15866	5155		34	1750
平昌县望京镇	6227	13824	8187	2027		36	1252
平昌县青云乡	5444	15444	9009	4024	349.0	25	1623
平昌县元石乡	6054	14908	10174	4756	140.0	10	585
平昌县六门乡	3230	9911	6792	2462	140.0	18	910
平昌县大寨乡	4486	13578	8107	2269		10	521
平昌县龙岗乡	5991	14153	9588	3400		18	900
平昌县板庙乡	4010	10242	7286	4306		24	1052
平昌县泥龙乡	4217	16064	10500	6051		29	1569
平昌县岩口乡	3101	10474	6487	1731	23.0	11	689
平昌县喜神乡	4577	8853	5358	3625		34	1150
平昌县土垭乡	4917	11299	8870	1500		10	512
平昌县石垭乡	4405	10450	7231	1910	8920.0	12	496
平昌县澌岸乡	3806	14108	8512	3202		25	830
平昌县马鞍乡	4015	7974	4818	1606	18.0	10	802
平昌县五木乡	3680	11284	8264	1589		17	872
平昌县界牌乡	3468	8756	5334	992		13	650
平昌县粉壁乡	2959	10725	7276	2663		6	335
平昌县澌滩乡	4189	9649	6890	4040		10	550
平昌县高峰乡	3187	10543	7593	1700		10	456
平昌县南风乡	3928	12653	9261	2761		5	870
平昌县福申乡	3248	8101	5629	2175		7	1205
平昌县双鹿乡	2776	9104	5479	679		17	885
平昌县黑水乡	2283	7208	3538	1681			
雁江区雁江镇	5200	25585	19120	15068	168680.0	1330	5699
雁江区松涛镇	4800	33944	26980	21626	3691225.0	1200	15520
雁江区宝台镇	5620	34360	23221	18800	302169.0	153	5431
雁江区临江镇	8950	33822	19068	7118	307704.0	52	3750
雁江区保和镇	11521	39271	27105	15747	25324.0	51	2814
雁江区老君镇	9430	32359	23742	12980	9224.0	32	2089
雁江区中和镇	12176	40979	15291	8501	203349.0	57	4260
雁江区丹山镇	11480	37545	12054	5787	11947.0	140	4921
雁江区小院镇	8320	31469	23889	7254	2968.0	150	2949
雁江区堪嘉镇	5500	20759	15896	9343	8898.0	530	2499
雁江区伍隍镇	7710	37154	28272	17890	6624.0	123	5127
雁江区石岭镇	5412	27539	18402	9645	21369.0	130	4247
雁江区东峰镇	7080	21957	16741	8042	402.0	80	1684
雁江区南津镇	7520	32032	23249	16432	796295.0	200	2952

续表 489　　（四川省）　　计算单位：公顷、人、万元

名　　称	行政区域面　　积	常住人口	从业人员	二三产业从业人员	工　业总产值	城镇建成区 面 积	城镇建成区常住人口
雁江区忠义镇	5470	22021	10914	7669	4999.0	40	4323
雁江区碑记镇	4550	24055	12637	7085	12826.0	6	655
雁江区丰裕镇	5780	27194	17907	13533	190650.0	68	3644
雁江区迎接镇	7493	27912	13538	6070	151922.0	120	2944
雁江区祥符镇	8000	19548	14100	8393	12399.0	26	2030
雁江区新场乡	5430	20107	13495	6979	4093.0	13	982
雁江区回龙乡	5992	14202	8949	8186	5057.0	250	3220
雁江区清水乡	7610	24516	14911	7765	5680.0	67	1601
安岳县岳阳镇	7743	172985	91010	78157	521765.0	1406	131814
安岳县鸳大镇	4713	17120	12005	4965	1102.0	36	3364
安岳县石桥铺镇	4828	21236	14046	8118	1775095.0	1335	4803
安岳县通贤镇	5954	34832	19019	9817	44767.0	156	7589
安岳县龙台镇	4742	44562	22305	14323	203255.0	428	36756
安岳县姚市镇	6372	31876	18212	8667	11777.0	64	5061
安岳县林凤镇	4741	29560	18796	7531	52920.0	53	4520
安岳县毛家镇	3343	16043	9272	3586	1531.0	68	2586
安岳县永清镇	6091	38277	21356	17329	16638.0	130	9158
安岳县永顺镇	5740	27412	15938	6671	1813.0	53	2190
安岳县石羊镇	6230	47580	27247	12233	289770.0	188	26540
安岳县两板桥镇	4853	25103	14490	5800	1010.0	85	3106
安岳县护龙镇	5944	31304	18003	6590	5515.0	62	3551
安岳县李家镇	4637	27368	16380	8769	105980.0	187	15352
安岳县元坝镇	3101	16850	9594	4933	66462.0	83	2295
安岳县兴隆镇	5751	32963	18545	8127	27167.0	85	17011
安岳县天林镇	3493	19754	10353	4060	1830.0	45	3560
安岳县镇子镇	5434	30726	17374	7469	119235.0	144	5237
安岳县文化镇	5392	26893	15201	6207	625.0	63	5050
安岳县周礼镇	5169	45342	20446	10239	61950.0	320	5337
安岳县驯龙镇	4538	20960	16185	7380	168037.0	104	5520
安岳县华严镇	4859	25633	14451	6338	5742.0	64	3986
安岳县城北乡	3775	16863	11762	4968	2154.0	15	676
安岳县城西乡	3371	12072	7117	2632	1344.0	6	450
安岳县思贤乡	3582	17260	11344	4562	1389.0	19	2229
安岳县石鼓乡	2783	12432	7022	2970	860.0	22	1601
安岳县八庙乡	5114	24192	14423	6207	1606.0	41	3560
安岳县来凤乡	4372	16397	10992	4395	2031.0	82	5300
安岳县天马乡	3314	13285	8973	4294	1796.0	40	2473
安岳县人和乡	3008	14486	8137	2772	1433.0	115	2394
安岳县长河源乡	5259	27629	15052	5545	6591.0	82	3701
安岳县团结乡	2692	12619	7230	2821		23	595
安岳县悦来乡	1988	6133	4492	1895		32	712
安岳县白水乡	2816	17043	8721	3187	1661.0	41	1403
安岳县云峰乡	3241	15645	10236	5534	17599.0	36	658
安岳县岳新乡	2803	16380	9925	3925	1610.0	26	1322
安岳县偏岩乡	2578	13530	7740	2808		39	1089
安岳县东胜乡	2860	13905	8157	3115	409.0	73	422
安岳县坪河乡	2066	9151	5211	2541	997.0	32	395
安岳县乾龙乡	3042	12095	8734	3552	5489.0	34	1253
安岳县高升乡	4246	16844	11140	4617	2456.0	65	923
安岳县横庙乡	3436	11394	8831	3659		34	706

续表 490　　(四川省)　　计算单位：公顷、人、万元

名　　称	行政区域面　　积	常住人口	从业人员	二三产业从业人员	工　业总产值	城镇建成区 面 积	城镇建成区常住人口
安岳县瑞云乡	2635	16183	8630	3641	72665.0	16	1302
安岳县白塔寺乡	4927	25768	14977	5652	1726.0	56	2169
安岳县双龙街乡	3793	12766	10016	4021	2083.0	42	1690
安岳县顶新乡	3008	14918	8586	3310		42	2206
安岳县和平乡	2616	11545	6531	2385	498.0	42	3300
安岳县高屋乡	3076	14796	8594	3251	515.0	54	950
安岳县忠义乡	4614	22924	12403	5673	418.0	81	2120
安岳县合义乡	3668	12321	9296	3965	440.0	52	1676
安岳县努力乡	3983	18259	10312	3839		51	2557
安岳县护建乡	4904	25633	14663	6147	2798.0	52	2866
安岳县清流乡	3035	14392	7893	3662	25812.0	23	2907
安岳县共和乡	2926	14605	8447	3334	1592.0	16	705
安岳县天宝乡	3089	14681	8558	3858	1263.0	17	2602
安岳县协和乡	4080	21200	12416	4916	15800.0	27	1481
安岳县鱼龙乡	2236	9043	5280	2047	559.0	20	319
安岳县建华乡	2426	11665	6622	2442		41	426
安岳县大平乡	4969	23194	13321	5090	8595.0	51	905
安岳县九龙乡	2753	12243	7202	3246	1287.0	51	844
安岳县岳源乡	2173	9830	5900	2490	1071.0	41	788
安岳县龙桥乡	2473	14356	8181	3155	1540.0	32	2340
安岳县千佛乡	4132	20474	12745	5033	1015.0	82	2886
安岳县拱桥乡	3066	15231	8643	3191	524.0	51	2983
安岳县宝华乡	2279	10764	6381	2454	514.0	28	1374
安岳县南薰乡	5060	24307	13722	5204	460.0	91	1452
安岳县自治乡	2217	7642	3287	1453		31	671
安岳县大埝乡	2648	11605	6673	2486	359.0	36	712
安岳县朝阳乡	2243	7524	4145	2106	536.0	100	1651
乐至县天池镇	4210	126531	73388	52272	2643598.0	1542	86459
乐至县石佛镇	9700	44530	17860	10439	9561.0	51	4530
乐至县回澜镇	8278	30212	20813	15165	3020.0	150	5537
乐至县石湍镇	6777	19836	13121	3532	28276.0	100	3112
乐至县童家镇	8220	47288	20727	14602	266928.0	200	15010
乐至县宝林镇	6710	46246	26670	18258	15675.0	115	8200
乐至县大佛镇	6996	43770	26359	10979	33280.0	31	3600
乐至县良安镇	8494	51725	28945	20598	29709.0	100	5000
乐至县金顺镇	5912	27813	13898	7320	8642.0	33	2535
乐至县中和场镇	4570	18213	14514	3802	6210.0	26	3631
乐至县劳动镇	6250	38960	17348	10934	5942.0	200	9365
乐至县中天镇	5342	30012	17359	10533	208996.0	75	3780
乐至县佛星镇	6670	31279	18732	12976	11675.0	55	1658
乐至县蟠龙镇	3982	19199	12413	8976	2331.0	41	2183
乐至县东山镇	5450	27030	13723	9902	32424.0	30	2357
乐至县通旅镇	4950	27198	13020	8770	5600.0	40	2766
乐至县高寺镇	7272	36011	18848	12273	38126.0	52	2503
乐至县龙溪乡	3725	7909	5490	2796	4820.0	35	1100
乐至县全胜乡	2250	14983	6004	3726	6378.0	61	2496
乐至县孔雀乡	4230	19285	11373	7694	3972.0	63	2196
乐至县龙门乡	4517	17863	11675	946	360.0	78	3298
乐至县双河场乡	5203	12363	7149	4100	8634.0	95	3631
乐至县放生乡	3692	18433	12025	6200	6419.0	50	2055

续表 491　　（四川省）　　计算单位：公顷、人、万元

名　称	行政区域面积	常住人口	从业人员	二三产业从业人员	工业总产值	城镇建成区面积	城镇建成区常住人口
乐至县盛池乡	4688	20520	14270	9183	906.0	58	1782
乐至县凉水乡	3502	21099	13598	196	120.0	91	2800
简阳市石桥镇	7300	42201	9457	5077	89852.5	50	7980
简阳市新市镇	4627	19075	6912	3514	141567.2	100	4180
简阳市石盘镇	4704	22122	15282	10284	346346.0	250	9120
简阳市东溪镇	3325	17058	10863	7301	64474.6	112	2185
简阳市平泉镇	3775	16043	10590	7570	35943.5	165	4926
简阳市禾丰镇	8427	24206	17299	9905	13289.9	520	9652
简阳市云龙镇	6692	22669	14986	9128	32703.0	150	6012
简阳市三星镇	4213	16195	11871	8056	2541.9	200	6500
简阳市养马镇	4446	27030	21111	16397	463874.5	350	23934
简阳市贾家镇	6376	42110	28200	20052	1187779.4	550	24896
简阳市石板凳镇	4719	20430	16093	9891	66192.5	150	9652
简阳市三岔镇	3522	24994	16026	7159	67626.4	250	20320
简阳市镇金镇	5733	14803	10223	7030	21383.5	150	9156
简阳市石钟镇	4217	16933	9636	6761	119.4	50	1268
简阳市施家镇	4357	12442	8146	4385	74.8	200	4835
简阳市三合镇	4054	12681	5107	1336	364.9	62	2456
简阳市平武镇	4071	13958	9869	6184	8884.4	150	1987
简阳市金马镇	2594	7817	5284	1881	402.8	35	2319
简阳市踏水镇	4166	11902	6661	3724	603.9	120	1726
简阳市江源镇	4616	13703	6526	3759	1626.9	65	2654
简阳市涌泉镇	3041	9230	6000	4213	394.1	125	2145
简阳市芦葭镇	5108	19976	12682	6801	503.7	150	4250
简阳市草池镇	6554	30208	23015	12218	14435.0	100	9200
简阳市太平桥镇	1975	7724	4647	2215	18479.8	40	2467
简阳市青龙镇	4100	13950	9203	5120	980.5	131	2485
简阳市老君井乡	3334	4944	3137	1851	1351.2	55	1200
简阳市福田乡	2900	12091	6287	3141	2148.0	50	2835
简阳市宏缘乡	4472	13614	5853	3702	1310.5	150	3368
简阳市周家乡	5517	15508	9492	5078	190.2	110	2814
简阳市平窝乡	2931	8226	4258	1447	236.2	150	1935
简阳市武庙乡	4521	8565	3086	1526	330.1	50	1050
简阳市高明乡	2302	8992	5102	2790	90.1	100	2038
简阳市玉成乡	4797	24881	17563	10581	1090.9	150	2567
简阳市丹景乡	3675	5205	2944	2032	154.6	60	1730
简阳市望水乡	3566	10365	4747	2707	903.5	150	1650
简阳市清风乡	4947	14233	7761	4658	9418.8	42	2191
简阳市董家埂乡	3614	11989	7561	3441	3273.9	100	1560
简阳市五星乡	3258	8779	4510	2872	601.5	100	1288
简阳市飞龙乡	1583	3983	1756	1049		54	750
简阳市灵仙乡	2271	7949	5254	1976	13.5	40	980
简阳市五指乡	3425	5634	2954	2555	18.0	20	957
简阳市新民乡	4117	5995	4449	2760	33.6	50	2900
简阳市新星乡	2088	5917	4019	1800	415.0	30	386
简阳市同合乡	2360	7485	5086	1998	40.5	50	1387
简阳市老龙乡	2477	5666	3790	1464	101.7	30	820
简阳市壮溪乡	2465	7639	4993	2116	9.0	60	1276
简阳市海螺乡	1266	6314	3825	2069	10774.8	60	1850
简阳市坛罐乡	2158	9280	4414	2388	648.8	100	1125

续表 492　　　　（四川省）　　　　计算单位：公顷、人、万元

名　　称	行政区域面　　积	常住人口	从业人员	二三产业从业人员	工　业总产值	城镇建成区 面 积	城镇建成区常住人口
简阳市雷家乡	3765	7825	4150	2272	1250.6	50	4452
简阳市安乐乡	2233	5565	3421	2228	1.3	60	1230
简阳市普安乡	2315	6852	3960	3046	112.6	40	2300
简阳市平息乡	3064	11744	6241	3910	312.6	50	2500
简阳市五合乡	2681	7202	4208	2132	255.3	90	1213
简阳市永宁乡	2870	7003	4453	1721	2940.8	88	1350
汶川县威州镇	13428	28310	7204	3705	74169.0	404	19714
汶川县绵虒镇	25140	8472	4348	1088	102939.0	27	2911
汶川县映秀镇	11399	6269	4362	3437	64530.0	54	3060
汶川县卧龙镇	82079	2994	1622	577	420.0	26	1586
汶川县水磨镇	8917	12350	5769	3003	93793.0	200	5100
汶川县漩口镇	10424	14376	8932	6100	460000.0	30	1781
汶川县三江镇	49049	4288	2356	907	5593.0	56	640
汶川县耿达镇	84319	3150	1686	410	280.0	105	1849
汶川县龙溪乡	21283	4506	2300	838	780.0		
汶川县克枯乡	6421	3235	1631	745			
汶川县雁门乡	14568	7452	4364	935	269.0		
汶川县草坡乡	52533	4203	2173	849	2300.0		
汶川县银杏乡	28740	2740	1326	1126	254416.0		
理县杂谷脑镇	18682	18600	5541	2436	90909.0	280	3420
理县米亚罗镇	66585	2334	1867	602		130	1832
理县古尔沟镇	50986	2133	1432	200		15	140
理县薛城镇	25738	5530	3535	590		100	1700
理县夹壁乡	36204	1130	862				
理县朴头乡	85580	3876	3314	169	5316.0		
理县甘堡乡	11413	3516	1527	254			
理县蒲溪乡	11809	1525	964	275	1800.0		
理县上孟乡	72330	2856	1626	108	7021.0		
理县下孟乡	7686	2947	1633	633	60000.0		
理县木卡乡	4580	1546	1038		7580.0		
理县通化乡	30756	3230	2045	477			
理县桃坪乡	9459	3055	1890	291			
茂县凤仪镇	17070	38480	15171	6291	341073.0	615	29482
茂县南新镇	36300	8711	4927	615	15810.0	48	1504
茂县叠溪镇	29330	2900	1788	377	16711.0	20	1200
茂县光明镇	10220	6820	3750	700		18	1080
茂县渭门乡	6927	3050	2111	215	175.0		
茂县永和乡	12950	3852	2970	530			
茂县沟口乡	9550	3815	2370	745	95.0		
茂县富顺乡	23600	5787	3187	1296	124500.0		
茂县土门乡	7500	4608	2122	578	32855.0		
茂县东兴乡	8320	4550	3406	1040	85320.0		
茂县黑虎乡	13000	2446	1490	340	240.0		
茂县飞虹乡	6840	1997	1436	556			
茂县回龙乡	6520	2115	958	104	170.0		
茂县三龙乡	22730	2450	1955	455	730.0		
茂县白溪乡	9340	1810	1366	654	1850.0		
茂县洼底乡	11600	1785	1336	436			
茂县石大关乡	15420	1362	1030	242	18801.0		
茂县太平乡	16300	2422	1735	380	203.0		

续表 493　　（四川省）　　计算单位：公顷、人、万元

名　　称	行政区域面　　积	常住人口	从业人员	二三产业从业人员	工　业总产值	城镇建成区 面 积	城镇建成区常住人口
茂县松坪沟乡	38500	1322	725	120			
茂县曲谷乡	7650	2400	1614	470	163.0		
茂县雅都乡	64650	4518	2630	342	4510.0		
松潘县进安镇	1108	8198	5730	5400	6500.0	1108	8198
松潘县川主寺镇	95831	5798	2965	1121	140.0	125	2903
松潘县进安回族乡	1923	7165	2821	891	760.0		
松潘县十里回族乡	3840	3500	2721	1069			
松潘县青云乡	8135	3981	2404	345	100.0		
松潘县安宏乡	12483	4360	2618	407			
松潘县大寨乡	25974	1738	1135	150			
松潘县牟尼乡	35977	1498	1081	275			
松潘县镇江关乡	18866	3693	1967	582	30.0		
松潘县镇坪乡	22119	3750	2264	654	18.5		
松潘县岷江乡	21598	3180	2054	709			
松潘县大姓乡	46113	1198	866	21			
松潘县白羊乡	54699	2759	1561	120			
松潘县红土乡	30080	2415	1285	85			
松潘县红扎乡	22128	1075	779	172			
松潘县小姓乡	31574	2490	965	92	4899.0		
松潘县燕云乡	61980	1226	723	147			
松潘县山巴乡	10399	2379	1613	433	54.0		
松潘县水晶乡	30667	1927	1235	265			
松潘县小河乡	20716	2359	1210	775	32500.0		
松潘县施家堡乡	41948	2248	1566	41			
松潘县黄龙乡	36858	870	542	92			
松潘县上八寨乡	56077	1980	1138	15			
松潘县下八寨乡	81061	1055	443	23	3.5		
松潘县草原乡	46713	1831	885	136			
九寨沟县永乐镇	4267	22653	9095	7219	46935.0	4267	22653
九寨沟县漳扎镇	134161	7609	5842	4760	3240.0	181	5100
九寨沟县双河镇	9885	4370	2316	1055	1350.0	10	394
九寨沟县永丰乡	5910	7592	3197	1665	2652.0	59	4900
九寨沟县永和乡	4883	3761	2233	328			
九寨沟县安乐乡	12733	3346	1033	448			
九寨沟县白河乡	24465	2663	1468	562			
九寨沟县保华乡	4600	2832	1470	628		10	185
九寨沟县罗依乡	5541	2919	1825	475	328.0	2	140
九寨沟县勿角乡	21531	2597	1353	542		12	255
九寨沟县马家乡	29357	1293	662	199		5	100
九寨沟县郭元乡	14505	4499	2754	441		10	259
九寨沟县草地乡	8679	1366	804	241	15872.0	10	256
九寨沟县陵江乡	36545	1909	1134	330		4	200
九寨沟县黑河乡	49415	3206	1699	540		4	281
九寨沟县玉瓦乡	32302	2082	1294	347		6	449
九寨沟县大录乡	129867	2646	1295	652		2	130
金川县金川镇	5373	14785	9097	5948	2407.9	200	6950
金川县观音桥镇	32041	2419	1473	530	150.0	5	510
金川县安宁镇	16172	4298	1556	556		10	1049
金川县沙耳乡	5309	6132	3600	1420		10	1000
金川县庆宁乡	6637	3095	1733	802	1000.0	10	1200

续表 494 （四川省） 计算单位：公顷、人、万元

名　　称	行政区域面　积	常住人口	从业人员	二三产业从业人员	工　业总产值	城镇建成区　面　积	城镇建成区常住人口
金川县咯尔乡	11534	5600	2091	730	50.0	12	1350
金川县勒乌乡	14250	4172	2208	1082	366.0	15	1400
金川县万林乡	36839	2036	1142	192	195.0	21	1200
金川县河东乡	6960	1525	641	130		18	800
金川县河西乡	6138	3610	1873	515		16	2392
金川县集沐乡	32100	1950	1540	250	165.0	8	520
金川县撒瓦脚乡	31425	1132	556	127		8	520
金川县卡拉足乡	20302	1086	710	165		9	500
金川县俄热乡	74658	3000	2089	489		9	800
金川县太阳河乡	26210	764	474	52	244.0	4	321
金川县二嘎里乡	38754	2841	2037	290		5	957
金川县阿科里乡	63100	1980	1024	114			
金川县卡撒乡	24234	4346	2572	462	2900.0	15	1990
金川县曾达乡	16052	3342	2133	433	200.0	8	1060
金川县独松乡	24013	1840	1009	144	2590.0	12	1120
金川县马尔邦乡	11660	1556	700	230	200.0	20	1200
金川县马奈乡	8848	1015	530	318		18	1000
金川县毛日乡	39787	2267	1138	102			
小金县美兴镇	5662	16852	6791	1580	41280.0	121	7934
小金县四姑娘山镇	57676	3290	1832	796	36.0	29	1012
小金县老营乡	3906	3152	1841	991	31632.0	9	866
小金县崇德乡	13683	2816	2108	803	350.0	5	572
小金县新桥乡	11744	4923	2321	446		4	725
小金县美沃乡	49343	4000	2306	636	11430.0	4	453
小金县沙龙乡	13439	2640	1696	565	78.0	3	200
小金县宅垄乡	12851	2893	1988	765	32.0	7	590
小金县新格乡	9499	2725	1814	849	92.0	8	640
小金县达维乡	37900	4590	2542	621	150.0	23	690
小金县日尔乡	18896	3300	2143	728	150.0	7	700
小金县结斯乡	47362	2486	1665	165	270.0	3	452
小金县沃日乡	10331	3618	2686	327	2220.0	23	703
小金县木坡乡	25971	3916	2158	631		5	905
小金县两河乡	103233	5128	3030	470		28	2415
小金县抚边乡	48622	5043	2505	671	240.0	8	1200
小金县八角乡	11067	3320	2466	703	180.0	8	570
小金县双柏乡	5315	2438	1487	359		3	600
小金县窝底乡	34957	2636	1535	235		3	600
小金县汗牛乡	20568	1995	1296	192		2	302
小金县潘安乡	15017	1842	1020	220	502.0	4	500
黑水县芦花镇	117542	14896	9560	5070	4720.0	270	960
黑水县卡龙镇	39844	1080	522	146	1360.0	30	402
黑水县色尔古镇	4235	3141	2104	1771	34100.0	5	100
黑水县沙石多乡	71058	1745	849	241	13400.0		
黑水县红岩乡	10857	3839	1155	145	10605.0		
黑水县麻窝乡	8015	2651	1047	137	3300.0		
黑水县双溜索乡	5733	2114	1125	75	4200.0		
黑水县瓦钵梁子乡	8121	2845	1756	763	802.0		
黑水县石碉楼乡	12394	4148	1971	208	460.0		
黑水县龙坝乡	6134	2527	1510	780	720.0		
黑水县洛多乡	18127	2374	1117	128	910.0		

续表 495　　　（四川省）　　　计算单位：公顷、人、万元

名　　称	行政区域面　　积	常住人口	从业人员	二三产业从业人员	工　业总产值	城镇建成区 面 积	城镇建成区常住人口
黑水县木苏乡	11197	4739	2211	923	1360.0		
黑水县维古乡	5119	3069	1854	886	60827.0		
黑水县知木林乡	19868	4161	2185	302	600.0		
黑水县扎窝乡	18065	4535	2593	321	1460.0		
黑水县晴朗乡	55016	3185	1424	504	29143.0		
黑水县慈坝乡	4037	1051	712	152			
马尔康县马尔康镇	37126	28092	8073	6758	19959.0	300	11880
马尔康县卓克基镇	34787	1240	524	235	110.0	30	590
马尔康县松岗镇	25305	2365	1304	541	4983.0	30	1111
马尔康县梭磨乡	109980	2386	1586	385			
马尔康县白湾乡	25820	2980	2148	1748	850.0		
马尔康县党坝乡	32569	2712	1482	497	3082.0		
马尔康县木尔宗乡	21752	1447	542	75			
马尔康县脚木足乡	43195	3884	2203	619			
马尔康县沙尔宗乡	38664	2186	1125	151			
马尔康县龙尔甲乡	35098	1655	1004	228			
马尔康县大藏乡	40958	1100	509	60			
马尔康县康山乡	65429	1626	800	72			
马尔康县草登乡	58265	3412	2128	487			
马尔康县日部乡	95049	3815	1892				
壤塘县壤柯镇	48	4823	2413	2413	2883.0	48	4823
壤塘县蒲西乡	113545	2730	1447	186			
壤塘县宗科乡	54770	2928	1929	352			
壤塘县石里乡	35118	2000	1414	103			
壤塘县吾伊乡	63152	2988	1960	96			
壤塘县岗木达乡	123861	4120	2145	395			
壤塘县上杜柯乡	102047	3800	2974	302			
壤塘县茸木达乡	23492	2120	874	74			
壤塘县南木达乡	47690	4742	2315	315			
壤塘县尕多乡	31002	5100	3164	412			
壤塘县中壤塘乡	37595	3800	1917	104			
壤塘县上壤塘乡	51280	3004	1486	44			
阿坝县阿坝镇	5500	11736	7930	4790	2271.0	650	2013
阿坝县哇尔玛乡	15800	4208	2135	515			
阿坝县麦昆乡	33519	3979	2157	341			
阿坝县河支乡	17910	3420	1620	220			
阿坝县龙藏乡	39100	3250	1423	76	50.0		
阿坝县求吉玛乡	55674	3857	2463	110			
阿坝县甲尔多乡	17333	3452	1219	68			
阿坝县各莫乡	9270	3388	1566	66			
阿坝县德格乡	18998	2170	550	30			
阿坝县四洼乡	16014	3152	845	97			
阿坝县安斗乡	32838	2386	823	80			
阿坝县柯河乡	76000	1620	410	10			
阿坝县垮沙乡	65100	1537	394	10			
阿坝县安羌乡	25179	2861	1739	45			
阿坝县查理乡	63600	4075	1706	430			
阿坝县茸安乡	95542	3119	1140	20			
阿坝县洛尔达乡	52100	5290	2323	429			
阿坝县麦尔玛乡	73500	5393	2601	180			

续表 496　　　　(四川省)　　　　计算单位：公顷、人、万元

名　　称	行政区域面　　积	常住人口	从业人员	二三产业从业人员	工　业总产值	城镇建成区 面 积	城镇建成区常住人口
阿坝县贾洛乡	113237	8200	2594	224			
若尔盖县达扎寺镇	544401	9644	6737	5189	15500.0	260	9200
若尔盖县唐克镇	146863	7402	4155	385	135.0	61	1043
若尔盖县红星镇	57532	6512	4135	58	360.0	30	503
若尔盖县班佑乡	112354	6233	4439	155		10	175
若尔盖县阿西乡	87221	6188	4187	275	300.0	7	138
若尔盖县辖曼乡	115566	7821	4155	239		28	325
若尔盖县麦溪乡	80610	5607	3007	127		8	295
若尔盖县嫩哇乡	46923	3194	2124	197		9	280
若尔盖县冻列乡	5254	2755	1811	109		18	312
若尔盖县崇尔乡	14823	2935	1847	394		7	253
若尔盖县热尔乡	42146	2533	1685	438		8	173
若尔盖县占哇乡	18863	2639	1928	120	230.0	9	210
若尔盖县降扎乡	23613	2936	1613	98	520.0	8	205
若尔盖县巴西乡	21820	1689	978	78		14	420
若尔盖县阿西茸乡	21890	3215	1937	70	200.0	9	190
若尔盖县求吉乡	49905	3613	2264	101	300.0	14	240
若尔盖县包座乡	132765	3515	2215	108		8	262
红原县邛溪镇	93700	11963	3271	759	78342.0	300	8487
红原县刷经寺镇	41200	2443	1156	151	72.0	192	875
红原县瓦切镇	99300	7126	2886	272		220	1498
红原县安曲镇	86100	4300	2101	110		30	1500
红原县龙日乡	62400	2300	1733	125		40	936
红原县江茸乡	55100	1368	843	65		34	784
红原县查尔玛乡	65700	2160	1511	81		46	1321
红原县阿木乡	84500	2989	1784	101		55	1600
红原县壤口乡	78700	1047	650	45		26	555
红原县麦洼乡	55300	4422	2172	70		75	3562
红原县色地乡	117800	6761	3645	132		99	4065
康定县炉城镇	81696	42854	21380	19635	25980.3	56	7797
康定县姑咱镇	19440	17852	4531	3382	94428.2	119	14200
康定县新都桥镇	46286	8538	3230	545		84	4198
康定县塔公镇	84961	9550	5687	1822	5497.2		
康定县沙德镇	83710	3681	1959	56			
康定县金汤镇	19945	3724	1992	901	786.5	15	331
康定县雅拉乡	72858	4070	1519	292	1095.5		
康定县时济乡	6403	3289	2096	580	786.5		
康定县前溪乡	9154	2090	826	28	786.5		
康定县舍联乡	27954	2459	1678	449	3777.3		
康定县麦崩乡	11438	2550	1392	336	13265.3		
康定县三合乡	26229	2957	1827	773	786.5		
康定县捧塔乡	71335	2901	1659	299	786.5		
康定县贡嘎山乡	214908	2927	1805	97	20519.2		
康定县普沙绒乡	66790	2473	1284	46			
康定县吉居乡	36201	2157	1228	58			
康定县瓦泽乡	50242	4065	3251	1041			
康定县呷巴乡	45920	3981	2241	123			
康定县甲根坝乡	25494	2659	1398	46			
康定县朋布西乡	42802	2879	1423	80			
康定县孔玉乡	119414	5550	3074	1323	18827.3	5	306

续表 497　　（四川省）　　计算单位：公顷、人、万元

名　　称	行政区域面　　积	常住人口	从业人员	二三产业从业人员	工　业总产值	城镇建成区　面　积	城镇建成区常住人口
泸定县泸桥镇	14993	24548	8109	3499	86296.0	133	9526
泸定县冷碛镇	7282	8683	2940	1292	10049.0	41	3944
泸定县兴隆镇	10822	9170	4304	693	15183.0	21	4856
泸定县磨西镇	31083	7221	2387	1239	11165.0	100	3419
泸定县岚安乡	5796	3030	1411	143	306.0		
泸定县烹坝乡	11630	4746	2297	512	69.4		
泸定县田坝乡	22949	4596	2291	245	3495.0		
泸定县杵坭乡	4954	3245	1523	109	69.5		
泸定县加郡乡	13084	4510	2168	450	608.5		
泸定县德威乡	6820	4927	2180	200	290.1		
泸定县新兴乡	59400	5340	2453	244	409.5		
泸定县得妥乡	27722	8030	3667	471	4202.0		
丹巴县章谷镇	1192	9158	4654	4408	8271.0	103	6591
丹巴县巴底镇	40400	6190	3474	791	1697.0	50	980
丹巴县巴旺乡	9540	3763	1189	181	1437.0		
丹巴县聂呷乡	5440	4117	2168	562	913.0		
丹巴县革什扎乡	34189	6696	4021	600	22787.0		
丹巴县边耳乡	123076	2605	1604	32	14020.0		
丹巴县丹东乡	60950	1450	894	41	937.0		
丹巴县东谷乡	85736	4859	3095	69	2485.0		
丹巴县水子乡	7530	3809	2407	497	1237.0		
丹巴县格宗乡	35057	4834	2442	389	2784.0		
丹巴县梭坡乡	12232	3394	1988	186	1191.0		
丹巴县中路乡	4535	3464	2363	1475	1191.0		
丹巴县岳扎乡	7960	4975	2885	244	1191.0		
丹巴县半扇门乡	20514	5888	3129	122	1685.0		
丹巴县太平桥乡	17203	4737	3007	701	851.4		
九龙县呷尔镇	66500	13192	5893	2691	3302.0	250	12040
九龙县烟袋镇	11272	5257	3148	425	1619.0	16	2116
九龙县汤古乡	84870	2103	1085	83			
九龙县斜卡乡	62840	1073	591	80			
九龙县三岩龙乡	94407	3092	1824	98			
九龙县上团乡	35737	586	430	37			
九龙县八窝龙乡	32655	1368	951	106			
九龙县乃渠乡	40127	3160	2473	225	14065.0		
九龙县乌拉溪乡	20941	3432	2685	1209	104691.0		
九龙县魁多乡	7044	5258	4173	1437	44521.0		
九龙县子耳彝族乡	35188	4137	2662	240	4822.0		
九龙县三垭彝族乡	10844	3289	2248	124			
九龙县俄尔彝族乡	11512	2759	1645	103			
九龙县小金彝族乡	4177	1967	1507	153	4105.0		
九龙县朵洛彝族乡	12458	1557	797	75			
九龙县踏卡彝族乡	26906	4076	2734	329			
九龙县湾坝彝族乡	62981	6468	4091	230	6766.0		
九龙县洪坝乡	56164	1037	697	138	6421.0		
雅江县河口镇	49268	9315	2310	611	3211.0	86	8328
雅江县呷拉镇	37020	3640	1803	70	550.0		
雅江县八角楼乡	55139	4056	2607	194			
雅江县普巴绒乡	43608	1980	1130	81	8.0		
雅江县祝桑乡	41173	3644	2355	112			

续表 498　　（四川省）　　计算单位：公顷、人、万元

名　　称	行政区域面积	常住人口	从业人员	二三产业从业人员	工业总产值	城镇建成区面积	城镇建成区常住人口
雅江县米龙乡	30564	2272	1410	83			
雅江县八衣绒乡	41944	2723	1509	73			
雅江县波斯河乡	8749	1184	782	42			
雅江县恶古乡	45334	2401	1643	76	290.0		
雅江县牙衣河乡	55799	1112	558	40			
雅江县西俄洛乡	63898	3482	2112		9.0		
雅江县麻郎错乡	41955	1987	1190	60			
雅江县德差乡	62422	2191	1182	49	8.0		
雅江县红龙乡	47098	3638	1968	90			
雅江县柯拉乡	56143	3509	1474	78			
雅江县瓦多乡	48763	2247	1263	90	9.0		
雅江县木绒乡	56575	2061	1021	95			
道孚县鲜水镇	8496	8676	2848	2615	10473.0	250	6836
道孚县八美镇	28130	5196	2536	656		24	1452
道孚县格西乡	10138	3397	1774	358			
道孚县麻孜乡	32906	4362	2266	276			
道孚县孔色乡	20784	2973	1605	90			
道孚县葛卡乡	32673	2580	1446	246			
道孚县亚卓乡	32317	2063	1036	170			
道孚县仲尼乡	19196	1365	765	149			
道孚县红顶乡	21129	950	550	43			
道孚县扎拖乡	14635	1400	750	50			
道孚县下拖乡	24487	1165	641	61			
道孚县瓦日乡	13405	1970	1096	298			
道孚县木茹乡	28459	1411	762	82			
道孚县甲斯孔乡	97629	2668	1334	118			
道孚县甲宗乡	12928	1009	324	78			
道孚县七美乡	51428	2275	1187	50			
道孚县银恩乡	55997	2300	1223	80			
道孚县维它乡	34578	1655	913	63			
道孚县龙灯乡	38223	2524	1267	60			
道孚县协德乡	33424	2666	1445	148			
道孚县色卡乡	42617	3378	1928	100			
道孚县沙冲乡	51724	1032	556	56			
炉霍县新都镇	4436	9225	4265	2596	10161.0	236	9205
炉霍县泥巴乡	12473	2799	2171	177			
炉霍县雅德乡	9966	2751	1376	122			
炉霍县洛秋乡	80600	2530	1283	29			
炉霍县斯木乡	6546	2669	1328	473			
炉霍县宜木乡	12324	3211	1940	220			
炉霍县仁达乡	11524	2560	1459	184			
炉霍县朱倭乡	8986	2723	1430	90			
炉霍县旦都乡	12708	2805	1786	202			
炉霍县充古乡	3592	1992	1299	89			
炉霍县更知乡	43000	1830	1128	107			
炉霍县卡娘乡	39500	1324	790	30			
炉霍县宗塔乡	33200	2306	1425	51			
炉霍县宗麦乡	87400	3257	2025	102			
炉霍县上罗柯马乡	38983	2678	1321	104			
炉霍县下罗柯马乡	54800	3435	1532	64			

续表 499　（四川省）　计算单位：公顷、人、万元

名　称	行政区域面积	常住人口	从业人员	二三产业从业人员	工业总产值	城镇建成区面积	城镇建成区常住人口
甘孜县甘孜镇	16444	12017	7284	5160	4763.0	330	11350
甘孜县查龙镇	24988	3702	1256	40		25	1724
甘孜县来马镇	68333	4668	2129	84		12	480
甘孜县呷拉乡	12470	2451	1917	331			
甘孜县色西底乡	7242	2228	1379	255			
甘孜县南多乡	8116	1587	817	50			
甘孜县生康乡	17127	2248	1142	59			
甘孜县贡隆乡	17373	1599	1250	40			
甘孜县扎科乡	49143	3519	2754	30			
甘孜县昔色乡	24215	2552	1481	112			
甘孜县卡攻乡	20350	1582	1034	39			
甘孜县仁果乡	4400	1825	1435	50			
甘孜县拖坝乡	6352	3278	1480	170			
甘孜县斯俄乡	7997	3445	2592	70			
甘孜县庭卡乡	22725	2225	1631	32			
甘孜县下雄乡	4057	3257	1949	46			
甘孜县四通达乡	23587	3000	1805	52			
甘孜县夺多乡	37463	1430	982	45			
甘孜县泥柯乡	39792	1840	1223	54			
甘孜县茶扎乡	110987	4397	2066	56			
甘孜县大德乡	160023	4258	1676	38			
甘孜县卡龙乡	47095	3324	905	66			
新龙县如龙镇	9856	6026	3961	2766	2108.0	150	4916
新龙县沙堆乡	35722	2385	1169	55	25.0		
新龙县乐安乡	35997	2174	1079	103	38.0		
新龙县大盖乡	16246	3592	1440	79	133.0		
新龙县绕鲁乡	20857	2218	858	96			
新龙县色威乡	20093	2994	1036	56	136.0		
新龙县甲拉西乡	33173	3392	1235	183			
新龙县拉日马乡	164263	5466	2040	166	370.0		
新龙县博美乡	24678	2985	1137	74	608.0		
新龙县尤拉西乡	21829	2301	902	98	63.0		
新龙县子拖西乡	80119	1907	883	98			
新龙县和平乡	23606	2043	880	28	126.0		
新龙县洛古乡	24915	1710	867	60			
新龙县雄龙西乡	79758	3542	1773	90			
新龙县麻日乡	23157	1596	480	15	12.0		
新龙县通宵乡	31485	2658	748	51	16.0		
新龙县友谊乡	71491	1493	666	93			
新龙县皮擦乡	13896	1201	492	21			
新龙县银多乡	125900	1692	520	56			
德格县更庆镇	41530	7215	2818	331	2218.0	91	3571
德格县马尼干戈镇	65626	3231	1837	77		36	1327
德格县竹庆镇	110104	6228	4002	203		31	1132
德格县阿须镇	29896	2651	1601	81	310.0	29	953
德格县达马乡	28668	1873	1393	203	110.0		
德格县普马乡	30252	2153	1294	94	283.0		
德格县岳巴乡	41847	2013	1363	47			
德格县八帮乡	57019	2981	1581	101			
德格县龚垭乡	25968	3987	2431	70			

续表 500 （四川省） 计算单位：公顷、人、万元

名　　称	行政区域面　　积	常住人口	从业人员	二三产业从业人员	工　业总产值	城镇建成区 面 积	城镇建成区常住人口
德格县白垭乡	18590	2237	1307	167			
德格县汪布顶乡	22528	2921	1639	39			
德格县柯洛洞乡	97807	4713	2872	252			
德格县卡松渡乡	29764	1457	845	145	160.0		
德格县俄南乡	29873	1665	995	45			
德格县俄支乡	31326	4531	2433	55			
德格县玉隆乡	19892	2681	1448	18			
德格县错阿乡	52793	2423	1526	66			
德格县中扎科乡	41036	5227	3234	34			
德格县然姑乡	46557	2513	1411	36			
德格县窝公乡	45454	2288	1280	30			
德格县温拖乡	29311	4212	2497	37			
德格县年古乡	39493	3672	1986	96			
德格县浪多乡	62100	3517	2251	52			
德格县打滚乡	21887	2493	1509	9			
德格县亚丁乡	59166	4192	2358	58			
德格县所巴乡	24025	1943	1275	85			
白玉县建设镇	21000	6347	3323	2350	3406.0	53	5207
白玉县阿察镇	25500	3481	1804	172		14	2492
白玉县金沙乡	36600	3063	1791	66			
白玉县绒盖乡	45800	2424	1494	90			
白玉县章都乡	73100	2722	1685	112			
白玉县麻绒乡	80500	2095	1283	53			
白玉县河坡乡	28800	4281	2481	64	1647.0		
白玉县热加乡	75600	5075	3198	63			
白玉县登龙乡	66300	2348	1267	36			
白玉县赠科乡	25300	4846	2770	56	1318.0		
白玉县麻邛乡	38700	3327	2247	425	50913.0		
白玉县辽西乡	86000	1596	874	39			
白玉县纳塔乡	131900	4005	2605	48			
白玉县安孜乡	91200	2806	1528	20			
白玉县盖玉乡	91500	4438	2620	61			
白玉县沙马乡	82100	1472	951	43			
白玉县山岩乡	44600	3092	1641	20			
石渠县尼呷镇	67700	6990	3755	2517	2038.0	256	4774
石渠县洛须镇	61100	3984	1758	580	68.0	84	1142
石渠县色须镇	187400	7864	2972	330		115	3358
石渠县虾扎镇	101200	4606	1796	355		90	1892
石渠县温波镇	81600	4540	1790	175		94	1789
石渠县真达乡	89500	3078	1305	68			
石渠县奔达乡	42600	1886	645	72			
石渠县正科乡	80800	3768	1456	83			
石渠县麻呷乡	40400	2858	1487	46			
石渠县德荣马乡	99100	4273	1407	89			
石渠县长沙贡马乡	209200	4332	1542	113			
石渠县呷衣乡	241200	5633	2024	94			
石渠县格孟乡	172200	4554	1333	132			
石渠县蒙宜乡	70600	4872	2557	58			
石渠县新荣乡	109100	4050	2220	89			
石渠县宜牛乡	115900	2806	1322	167			

续表 501　　(四川省)　　计算单位：公顷、人、万元

名称	行政区域面积	常住人口	从业人员	二三产业从业人员	工业总产值	城镇建成区面积	城镇建成区常住人口
石渠县起坞乡	123100	4992	1851	106			
石渠县阿日扎乡	180800	6009	3073	84			
石渠县长须贡马乡	98500	4109	1123	67			
石渠县长沙干马乡	86900	4089	1780	72			
石渠县长须干马乡	86800	3901	953	54			
石渠县瓦须乡	148700	4724	2328	72			
色达县色柯镇	82531	9755	5289	1805	2609.0	184	3721
色达县翁达镇	23933	2613	1516	185		21	794
色达县洛若镇	53784	3143	1674	153		15	732
色达县泥朵乡	124159	4545	2269	120			
色达县克戈乡	38793	3016	1345	114			
色达县然充乡	72515	3547	1778	109			
色达县康勒乡	29751	2962	1575	137			
色达县大章乡	138297	3514	1713	116			
色达县大则乡	59799	3975	1611	130			
色达县亚龙乡	38289	3368	1417	90			
色达县塔子乡	45878	3498	1798	117			
色达县年龙乡	75174	2789	1405	108			
色达县霍西乡	81468	5546	2381	171			
色达县旭日乡	16509	2431	1752	203			
色达县杨各乡	14922	3166	1677	148			
色达县甲学乡	24329	1665	1081	118			
色达县歌乐沱乡	13027	846	668	78			
理塘县高城镇	15100	12339	2778	870	8684.0	312	4030
理塘县君坝乡	43000	2826	1683	81			
理塘县哈依乡	17900	1155	672	48			
理塘县觉吾乡	23200	2433	1377	47			
理塘县莫坝乡	24900	1057	430	37			
理塘县亚火乡	21600	1901	1038	64			
理塘县绒坝乡	24100	1523	773	47			
理塘县呷柯乡	57300	2210	1422	85			
理塘县奔戈乡	80700	4413	2012	46			
理塘县村戈乡	86700	2994	1878	78	390.0		
理塘县禾尼乡	188800	4168	1783	44			
理塘县曲登乡	145200	4164	1721	46	936.0		
理塘县喇嘛垭乡	64500	2353	1232	46			
理塘县章纳乡	82100	1763	1123	71			
理塘县上木拉乡	23700	2279	1485	65			
理塘县下木拉乡	42700	2391	1546	171			
理塘县中木拉乡	35700	3085	1924	111			
理塘县雄坝乡	72500	3580	1565	85			
理塘县甲洼乡	21200	2516	1645	306			
理塘县藏坝乡	19900	2168	1266	56			
理塘县格木乡	102100	2815	1809	57			
理塘县拉波乡	44400	2709	1677	296			
理塘县麦洼乡	48100	1401	748	64			
理塘县德巫乡	82300	2770	1730	204	470.0		
巴塘县夏邛镇	61400	11330	4040	1165	20187.0	125	8993
巴塘县中咱镇	55600	4170	2908	328		31	1520
巴塘县措拉镇	24100	1639	884	75		18	785

续表 502　　(四川省)　　计算单位：公顷、人、万元

名　　称	行政区域面　　积	常住人口	从业人员	二三产业从业人员	工　业总产值	城镇建成区 面 积	城镇建成区常住人口
巴塘县拉哇乡	14200	1339	910	30			
巴塘县党巴乡	23400	2430	1804	105			
巴塘县竹巴龙乡	28400	1842	1326	100			
巴塘县中心绒乡	12900	2141	1455	155			
巴塘县苏哇龙乡	47700	3100	1722	146			
巴塘县昌波乡	14500	1579	1019	63			
巴塘县地巫乡	13900	2430	1633	65			
巴塘县亚日贡乡	98600	4100	2636	231			
巴塘县波密乡	116400	2149	1406	65			
巴塘县莫多乡	50100	2320	1491	131			
巴塘县松多乡	42800	2067	1215	190			
巴塘县波戈溪乡	30300	2281	1821	89			
巴塘县甲英乡	29600	1197	785	61			
巴塘县茶洛乡	33600	1504	813	63	16043.0		
巴塘县列衣乡	31100	988	654	32			
巴塘县德达乡	56600	1764	1039	61			
乡城县香巴拉镇	23300	9012	2431	82	16884.0	171	3099
乡城县尼斯乡	7800	2446	1043	18			
乡城县沙贡乡	35700	1269	540	34			
乡城县水洼乡	48900	2479	1704	77			
乡城县青德乡	8400	2836	1216	164			
乡城县青麦乡	20200	2482	1236	67			
乡城县然乌乡	34300	2074	1284	85			
乡城县洞松乡	21600	1433	921	28			
乡城县热打乡	125000	4164	2078	76			
乡城县定波乡	69300	1491	792	60			
乡城县正斗乡	46200	2329	1180	78			
乡城县白依乡	60000	1576	676	30			
稻城县金珠镇	16100	7101	4823	3050	3612.0	125	6771
稻城县香格里拉镇	73600	3195	1891	765	96.0	50	520
稻城县桑堆镇	115200	2790	1815	90		10	310
稻城县省母乡	58000	1835	967	132			
稻城县傍河乡	26300	1590	750	59			
稻城县色拉乡	18470	1961	1020	112			
稻城县巨龙乡	59300	2074	997	167			
稻城县邓波乡	84150	1089	428	69			
稻城县木拉乡	84500	1807	1283	47			
稻城县赤土乡	26200	2817	1847	167			
稻城县蒙自乡	23600	2024	1112	116			
稻城县各卡乡	71080	935	436	48			
稻城县吉呷乡	42300	1510	846	211			
稻城县俄牙同乡	33500	1447	793	57			
得荣县松麦镇	14400	5847	2368	355	2249.0	108	3871
得荣县瓦卡镇	14400	1859	1299	190		10	751
得荣县斯闸乡	14400	1084	649	68	1186.0		
得荣县徐龙乡	16400	1486	877	55			
得荣县日龙乡	10200	1254	790	72			
得荣县曲雅贡乡	21100	1720	832	81			
得荣县奔都乡	35300	1480	844	129	1138.0		
得荣县八日乡	29800	1335	987	105			

续表 503　　　　（四川省）　　　　计算单位：公顷、人、万元

名　　称	行政区域面　　积	常住人口	从业人员	二三产业从业人员	工　业总产值	城镇建成区 面 积	城镇建成区常住人口
得荣县古学乡	25000	2653	1243	63			
得荣县贡波乡	24600	1258	810	55			
得荣县白松乡	39300	3660	2184	83			
得荣县茨巫乡	36900	3058	1567	132			
西昌市马道镇	2290	17065	11034	10144	30000.0	300	13150
西昌市礼州镇	2942	26280	12260	2170	3650.0	90	5410
西昌市安宁镇	3704	22716	12984	3000	610000.0	70	12082
西昌市川兴镇	5218	25966	14271	2021	1028.0	80	2690
西昌市黄联关镇	5400	11489	7118	1923	700.0	85	3574
西昌市佑君镇	3350	15121	7882	1007	6500.0	50	1600
西昌市太和镇	3140	19426	8267	2618	731450.0	200	8919
西昌市安哈镇	13192	5894	4152	442	1000.0	10	336
西昌市西郊乡	4098	67856	42116	40756	36565.0	4000	
西昌市高枧乡	1680	17509	7591	3794	1603.0	60	2253
西昌市小庙乡	3670	20824	10351	3200	400000.0		
西昌市四合乡	6297	10820	4567	817	1000.0		
西昌市月华乡	6700	16878	9961	521	11500.0		
西昌市兴胜乡	2705	21556	15504	4453			
西昌市琅环乡	3180	8318	4692	427	800.0		
西昌市民胜乡	18200	9976	5426	451	820.0		
西昌市西乡乡	2810	22866	13159	4136	4500.0		
西昌市樟木箐乡	5100	14687	9580	1354	800.0		
西昌市响水乡	14141	8608	4189	224	181.0		
西昌市开元乡	14300	8750	3925	275	1000.0		
西昌市大兴乡	2781	7159	4260	1044		60	624
西昌市海南乡	1000	7524	3511	2598			
西昌市大箐乡	8500	5630	3745	403			
西昌市经久乡	3336	16010	12235	4715	3400000.0	30	1835
西昌市西溪乡	3931	12632	9139	1920	40000.0		
西昌市黄水乡	9250	6950	5223	1753	9349.0		
西昌市洛古波乡	5066	9610	4850	750	500.0		
西昌市裕隆回族乡	4422	19234	10386	1615	5250.0		
西昌市高草回族乡	3356	14398	8618	1272	300.0		
西昌市中坝乡	3968	9845	6004	294	2900.0		
西昌市阿七乡	3642	6940	4753	414	500.0		
西昌市荞地乡	11738	8875	4778	563			
西昌市磨盘乡	10655	9150	5002	487			
西昌市巴汝乡	8357	4110	2840	513	500.0		
西昌市银厂乡	24366	3008	2040	140			
西昌市白马乡	18065	4467	2487	87			
西昌市马鞍山乡	14563	5864	3279	176	200.0		
木里藏族自治县乔瓦镇	24137	27095	12737	9118	1254.0	120	17700
木里藏族自治县瓦厂镇	19572	5949	3616	2016		72	1330
木里藏族自治县茶布朗镇	30832	3455	1977	1738		75	1536
木里藏族自治县博科乡	33742	5322	4145	2034			
木里藏族自治县宁朗乡	60792	2325	1633	824	20163.0		
木里藏族自治县依吉乡	26110	3515	2526	754			
木里藏族自治县俄亚纳西族乡	59124	5944	3649	788			
木里藏族自治县水洛乡	134343	7050	5103	2858			
木里藏族自治县牦牛坪乡	23729	3725	2662	1353			

续表 504 （四川省） 计算单位：公顷、人、万元

名称	行政区域面积	常住人口	从业人员	二三产业从业人员	工业总产值	城镇建成区面积	城镇建成区常住人口
木里藏族自治县屋脚蒙古族乡	30677	2680	1787	733			
木里藏族自治县项脚蒙古族乡	14157	3578	2604	1262			
木里藏族自治县李子坪乡	19846	4358	3225	1296			
木里藏族自治县列瓦乡	10485	4293	2502	1376			
木里藏族自治县芽祖乡	17876	4008	2246	664			
木里藏族自治县下麦地乡	11694	4043	2426	1345			
木里藏族自治县西秋乡	13521	3139	2124	1272			
木里藏族自治县克尔乡	25076	4269	3280	1347			
木里藏族自治县白碉苗族乡	37961	6152	3705	1403			
木里藏族自治县三桷桠乡	35183	4946	2827	1461			
木里藏族自治县倮波乡	47065	7411	4909	2674			
木里藏族自治县卡拉乡	123952	5544	3505	1990	27507.0		
木里藏族自治县后所乡	21371	6920	4209	1766			
木里藏族自治县沙湾乡	65287	5637	3804	1594	67489.0		
木里藏族自治县固增苗族乡	47238	3830	2498	1027	10966.0		
木里藏族自治县麦日乡	62529	3070	1745	997			
木里藏族自治县东朗乡	57404	2726	1588	706			
木里藏族自治县唐央乡	125068	7073	5788	3795			
木里藏族自治县博窝乡	80520	2103	1305	775			
木里藏族自治县麦地龙乡	65979	2859	1771	1549			
盐源县盐井镇	22700	41035	10710	2648	442596.0	32	4215
盐源县卫城镇	21800	27224	11938	592	455.0	18	1676
盐源县梅雨镇	16235	27338	15224	1497	790.0	31	3708
盐源县白乌镇	59180	20000	12567	567	210.0	15	2650
盐源县树河镇	36665	11785	6515	475	12554.0	8	2003
盐源县黄草镇	27400	11332	6030	602	131.0	8	3218
盐源县平川镇	40471	16014	8237	1335	557090.0	10	3194
盐源县泸沽湖镇	31426	12690	6934	2620	306.0	15	3183
盐源县双河乡	6997	20817	15107	2355	896.0		
盐源县干海乡	8998	17939	11268	1050	3782.0		
盐源县下海乡	11500	14694	11107	750	28000.0		
盐源县棉桠乡	34944	16208	10192	1272	112.0		
盐源县甘塘乡	29960	7254	5577	530			
盐源县马鹿乡	20892	3438	2684	196	79.0		
盐源县藤桥乡	29313	4252	3165	402	68.0		
盐源县田湾乡	25400	3426	2584	217			
盐源县德石乡	38314	4412	3105	284	56.0		
盐源县大河乡	25337	11425	8898	1796	115.0		
盐源县盐塘乡	17330	8863	4803	821	7963.0		
盐源县巫木乡	23734	6841	3816	205	100.0		
盐源县大草乡	26000	4546	2054	339	2456.6		
盐源县博大乡	31600	8702	5856	754	3200.0		
盐源县金河乡	10527	9600	5823	600	13587.6		
盐源县右所乡	17166	7625	4448	405			
盐源县巴折乡	32855	6305	4076	448	3698.5		
盐源县阿萨乡	27860	5004	2456	202	128.0		
盐源县长柏乡	24171	12305	7236	1445	4685.0		
盐源县桃子乡	23340	5663	3422	208	400.0		
盐源县盖租乡	15028	8398	4412	335	124.0		
盐源县前所乡	24275	7068	4289	266	91.0		

续表 505 （四川省） 计算单位：公顷、人、万元

名　　称	行政区域面　　积	常住人口	从业人员	二三产业从业人员	工　业总产值	城镇建成区 面 积	城镇建成区常住人口
盐源县沃底乡	21700	7115	5599	140	68.0		
盐源县大坡蒙古族乡	11407	4065	2738	128			
盐源县洼里乡	24037	4572	2502	139	131.0		
盐源县梅子坪乡	22038	3215	2431	424	274.0		
德昌县德州镇	12300	51678	17465	13101	379794.0	512	38513
德昌县永郎镇	6900	9398	4656	1148	34599.0	35	3235
德昌县乐跃镇	27600	10965	5488	1220	33270.0	18	1533
德昌县麻栗镇	19300	14845	7624	987	64360.0	40	3922
德昌县阿月镇	11900	13307	6669	1018	1196.0		
德昌县六所镇	6600	11985	6083	698	479.0		
德昌县茨达镇	20300	13637	6660	1022	1240.0		
德昌县小高镇	18900	12686	6126	947	12798.0		
德昌县王所乡	5800	13608	7363	1317	1932.0		
德昌县巴洞乡	11300	9883	5079	768	34452.0		
德昌县宽裕乡	7800	10375	5729	991	1620.0		
德昌县锦川乡	5800	7941	3955	959	14770.0		
德昌县老碾乡	12300	7753	4036	805	40472.0		
德昌县大湾乡	7400	2811	1307	88			
德昌县马安乡	5100	3692	1836	272			
德昌县铁炉乡	11700	6515	3370	256			
德昌县大山乡	9700	3296	1805	170			
德昌县大六槽乡	7800	2685	1451	255	64761.0		
德昌县热河乡	8600	5742	3331	500			
德昌县南山傈僳族乡	3900	2041	1209	94			
德昌县金沙傈僳族乡	7400	3213	1703	196			
会理县城关镇	1800	50142	17246	17246	15147.0	910	31145
会理县鹿厂镇	12747	16923	6040	4400	75178.0	30	4882
会理县黎溪镇	10007	16144	8240	5997	60320.0	100	5000
会理县通安镇	11240	12569	7018	5426	87000.0	98	3224
会理县太平镇	14253	13982	8471	5083	570.0	15	1300
会理县益门镇	8573	7414	4234	2720	56100.0	140	4368
会理县绿水镇	12964	9254	7023	5697	1168500.0	70	1439
会理县新发镇	13573	17211	9211	6872	89000.0	26	1344
会理县云甸镇	10280	14947	4159	1249	44566.0	310	13240
会理县关河镇	14887	9711	7077	5946	37571.0		
会理县富乐镇	13680	11769	5571	4128			
会理县彰冠镇	10380	16243	5109	2758			
会理县木古镇	8940	9595	3334	1994	61.0		
会理县果元乡	10100	31592	16543	13275	115632.0	650	20000
会理县南阁乡	7187	15245	8925	7343	18000.0		
会理县内东乡	9900	10094	6737	4573	2714.0		
会理县老街乡	8734	17669	10795	9731	3600.0		
会理县外北乡	11087	12594	7231	5951	5462.0		
会理县爱民乡	10367	11026	5128	2176			
会理县爱国乡	3940	4129	1536	804			
会理县凤营乡	7587	6232	3734	2182	282.0		
会理县白鸡乡	5547	4372	1154	672			
会理县矮郎乡	8707	3752	1497	1015	80000.0		
会理县小黑箐乡	7753	6346	2058	1216	1192134.0	1	145
会理县河口乡	5880	9841	5499	4405	17673.0		

续表 506　　(四川省)　　计算单位：公顷、人、万元

名　　称	行政区域面　　积	常住人口	从业人员	二三产业从业人员	工　业总产值	城镇建成区 面 积	城镇建成区常住人口
会理县中厂乡	6734	6688	4540	3727	12000.0		
会理县鱼乍乡	8547	3986	2479	1979	3897.0		
会理县黎洪乡	4072	3459	2028	1621			
会理县金雨乡	6727	3137	1583	973			
会理县树堡乡	9059	6397	3386	2659			
会理县江竹乡	5245	4443	2852	2308			
会理县新安傣族乡	8240	4396	3369	1820			
会理县普隆乡	6106	4795	2957	1730			
会理县竹箐乡	6987	7888	2882	1886	9996.5		
会理县杨家坝乡	10400	10368	4018	2730		1	216
会理县江普乡	9407	4102	1755	1225			
会理县海潮乡	5020	7060	2796	1850			
会理县芭蕉乡	6653	4624	3110	1010	1480.0		
会理县横山乡	11954	9378	7013	4732			
会理县马宗乡	8720	3162	1963	1178			
会理县法坪乡	5347	2325	1340	804			
会理县槽元乡	6354	5202	3013	1808			
会理县黄柏乡	7055	2212	1282	769			
会理县仓田乡	7180	8058	3301	1449	8647.0		
会理县白果湾乡	7334	8385	3566	1690	2670.0		
会理县下村乡	8907	7046	4106	2510	368.0	10	2327
会理县龙泉乡	7147	4446	1552	677	9783.0		
会理县六华乡	18097	4834	1588	278	2197.0		
会理县三地乡	13959	1703	794	423			
会理县六民乡	15024	2683	1024	387			
会东县会东镇	7902	43730	33159	26967	769974.6	233	36590
会东县铅锌镇	8633	14576	7113	2500	135397.8	20	6270
会东县堵格镇	18227	19398	10626	958	173.3	60	3660
会东县姜州镇	13801	20815	10650	2043	550.0	45	3205
会东县乌东德镇	23581	24091	14442	2513	75.0	20	2175
会东县淌塘镇	17232	14231	7801	1021	56757.9	5	2240
会东县小岔河乡	4715	12585	6704	771	38946.3		
会东县撒者邑乡	2737	4795	1787	456	171.4		
会东县新云乡	10860	11280	7359	1365	580.0		
会东县长新乡	5894	5182	3440	595			
会东县小坝乡	7289	10892	6366	1829			
会东县火石乡	5634	4689	2559	517			
会东县铁柳乡	6123	8713	4829	1123	11696.0		
会东县龙树乡	7042	5198	3678	576	16272.2		
会东县可河乡	2586	6735	4489	1897	200.0		
会东县嘎吉乡	6862	11906	6430	995	16.0		
会东县柏岩乡	4090	11310	6509	1029	312.1		
会东县海坝乡	3599	4769	2472	748	46.0		
会东县岩坝乡	11149	5075	3015	694	325.0		
会东县新田乡	7066	4752	2841	801			
会东县江西街乡	6086	7296	5032	937			
会东县岔河乡	7236	9325	5096	1676			
会东县双堰乡	5919	13100	7668	3240	45.5		
会东县发箐乡	5003	8347	4054	1552			
会东县铁厂沟乡	6112	3680	1583	382	98.7		

续表 507　　（四川省）　　计算单位：公顷、人、万元

名　　称	行政区域面　　积	常住人口	从业人员	二三产业从业人员	工　业总产值	城镇建成区 面 积	城镇建成区常住人口
会东县新街乡	5440	8135	4235	668	12.0		
会东县马龙乡	6857	7642	4693	930			
会东县新龙乡	4445	3680	1828	472			
会东县红岩乡	3550	6709	4548	1125	185.5		
会东县红果乡	5449	7583	2617	919	51.0		
会东县鲁吉乡	6331	11008	6095	1435	14.6		
会东县溜姑乡	3994	7436	5270	1120	52707.9		
会东县大崇乡	4243	18459	9379	3479	190.0		
会东县黑嘎乡	7966	5400	3271	514			
会东县文箐乡	6430	8956	5780	430			
会东县野牛坪乡	4963	6572	4372	412	73.8		
会东县松坪乡	3976	3490	2554	1155	63.7		
会东县新山乡	3665	3804	2726	496			
会东县小街乡	7486	6933	5021	1467	59644.3		
会东县老口乡	6574	7339	5377	887	50.7		
会东县干海子乡	3867	3515	2510	478	161.9		
会东县黄坪乡	11226	6075	4376	724	1793.5		
会东县野租乡	4069	3543	1678	358	14.5		
会东县拉马乡	1829	2162	1242	262	4248.0		
会东县鲁南乡	2629	1761	1058	168			
会东县雪山乡	6974	4253	2899	419			
会东县柏杉乡	5442	1513	1110	180			
宁南县披砂镇	7463	31565	11073	5996	328504.0	100	9013
宁南县松新镇	5184	12058	8785	2985	132458.0	20	4669
宁南县竹寿镇	4028	6219	4547	1372	57920.0	100	1996
宁南县华弹镇	4526	15892	10074	1960	396.0	42	6006
宁南县白鹤滩镇	4894	8217	5834	1500		65	2812
宁南县葫芦口镇	3557	5500	3997	770	16930.0	93	740
宁南县景星乡	4123	10928	8384	2946	100007.0		
宁南县俱乐乡	6205	4048	2430	198			
宁南县新村乡	5131	5063	4009	490			
宁南县幸福乡	6873	6545	4953	936	450.0		
宁南县海子乡	8307	4626	2596	207			
宁南县六铁乡	10771	6090	3823	390	400.0		
宁南县新建乡	12005	3860	1795	308			
宁南县稻谷乡	10693	3450	1993	130			
宁南县新华乡	3288	7151	4633	1100			
宁南县石梨乡	3339	8021	4487	676			
宁南县松林乡	5204	6155	3780	688			
宁南县杉树乡	9854	3285	1511	250			
宁南县梁子乡	9086	4050	2315	55			
宁南县大同乡	4584	5583	4301	712			
宁南县西瑶乡	4384	4600	3577	638	17440.0		
宁南县红星乡	3344	3571	2608	533			
宁南县骑骡沟乡	7854	6872	3296	453			
宁南县倮格乡	8384	5499	3904	546			
宁南县跑马乡	13576	7600	4148	1000	11024.0		
普格县普基镇	3452	21490	6532	2446	115092.0	230	16705
普格县荞窝镇	14964	8655	4849	869	505.0	100	4261
普格县螺髻山镇	15090	10284	5677	1422	7712.0	100	1796

续表 508　　(四川省)　　计算单位：公顷、人、万元

名　称	行政区域面　积	常住人口	从业人员	二三产业从业人员	工　业总产值	城镇建成区 面 积	城镇建成区常住人口
普格县永安乡	6222	5457	2990	604	717.0		
普格县向阳乡	5060	4781	2620	404			
普格县文坪乡	3139	3302	1881	216			
普格县黎安乡	8941	4186	2347	232			
普格县花山乡	2261	6735	3855	799	16073.0		
普格县东山乡	5972	5347	2941	266			
普格县大坪乡	3895	5786	3271	384	740.0		
普格县辉隆乡	6516	2317	1335	231			
普格县洛乌沟乡	5365	2291	1249	198			
普格县雨水乡	4577	7216	4030	390			
普格县甘天地乡	6483	1896	1120	205			
普格县洛乌乡	2704	4425	2288	429	851.0		
普格县孟甘乡	9115	5730	3195	586			
普格县特兹乡	4880	4106	2280	225			
普格县吉乐乡	1765	3941	2178	465	833.0		
普格县特口乡	3945	1245	690	159			
普格县耶底乡	4837	1120	743	167			
普格县夹铁乡	7129	5904	3489	409	762.0		
普格县瓦洛乡	7423	4666	2630	305			
普格县哈力洛乡	2780	2121	1196	221			
普格县菜子乡	4771	3377	1851	238			
普格县祝联乡	3456	2650	1490	209			
普格县刘家坪乡	3080	4746	2601	540			
普格县月吾乡	4750	2956	1666	257			
普格县特补乡	6228	5298	2851	366			
普格县五道箐乡	4322	3583	1992	432			
普格县特尔果乡	7305	3454	2038	287			
普格县大槽乡	5922	3625	2038	305			
普格县马洪乡	4585	2016	1070	174			
普格县洛甘乡	4814	2031	1196	180			
普格县红莫依达乡	4752	1859	1090	227			
布拖县特木里镇	12709	45000	17787	6995	14390.0	1033	40220
布拖县龙潭镇	4900	7948	5043	1164	73063.0	110	5200
布拖县拖觉镇	10363	13786	7147	444	70145.0	15	1834
布拖县木尔乡	2600	7136	3955	220			
布拖县九都乡	3082	7059	3260	250			
布拖县拉达乡	6014	4607	2940	244	280.0		
布拖县乌科乡	3475	2505	1345	61			
布拖县沙洛乡	3876	4700	3218	218			
布拖县洛古乡	3400	3616	2167	255			
布拖县补尔乡	5080	7513	3805	95			
布拖县觉撒乡	6745	3387	2221	111	370.0		
布拖县美撒乡	4099	4112	2721	275			
布拖县拉果乡	4549	4495	3424	203			
布拖县乌依乡	5162	3578	2693	337			
布拖县浪珠乡	4022	2248	759	81			
布拖县包谷坪乡	8943	5110	2805	342	341.0		
布拖县合井乡	13677	7981	4678	178			
布拖县罗家坪乡	3128	4887	2803	113			
布拖县牛角湾乡	6345	8277	4595	325			

续表 509　　(四川省)　　计算单位：公顷、人、万元

名　称	行政区域面积	常住人口	从业人员	二三产业从业人员	工业总产值	城镇建成区面积	城镇建成区常住人口
布拖县补洛乡	4200	5648	2703	245			
布拖县火烈乡	6765	7019	3799	203			
布拖县乐安乡	9693	9500	5855	379			
布拖县四棵乡	3683	2410	1700	92			
布拖县地洛乡	11218	9987	7675	824			
布拖县俄里坪乡	4510	5300	2628	167			
布拖县瓦都乡	3065	3476	1621	104			
布拖县采哈乡	2600	3481	2415	172			
布拖县委只洛乡	2936	3804	2306	149			
布拖县联补乡	3548	4216	2796	176			
布拖县基只乡	4267	4321	3060	240			
金阳县天地坝镇	5647	13108	9673	6814	99441.9	220	11856
金阳县派来镇	4084	8963	4276	242	80.0	89	4285
金阳县芦稿镇	2656	4034	2230	175	782.6	40	2385
金阳县对坪镇	4643	13798	4859	814	155.8	37	3571
金阳县桃坪乡	3316	6433	3529	1002			
金阳县热水河乡	4193	4295	2684	599	6301.0		
金阳县马依足乡	3378	7539	3565	934			
金阳县红峰乡	3129	2096	1352	180	150.0		
金阳县尔觉西乡	6818	3753	2432	80	11864.4		
金阳县热柯觉乡	7023	2946	2020	42			
金阳县甲依乡	5702	4243	2788				
金阳县木府乡	2792	3966	2026	372	605.0		
金阳县寨子乡	4153	2681	1767	8			
金阳县则祖乡	2991	2276	1511	9			
金阳县基觉乡	6549	5105	2650	15			
金阳县小银木乡	4476	5278	2761	14			
金阳县春江乡	3269	4202	2306	29			
金阳县红联乡	3468	6854	3350	19			
金阳县青松乡	4249	5166	3775	28	19.2		
金阳县放马坪乡	4602	4942	3660	14			
金阳县梗堡乡	4250	3865	2043	50			
金阳县山江乡	3825	3051	1520	25	25.6		
金阳县洛觉乡	5223	6440	2965	65	57.0		
金阳县向岭乡	4373	4796	1485	18			
金阳县谷德乡	3819	2265	1154	122	137.0		
金阳县高峰乡	11808	2939	1374	132	22.0		
金阳县老寨子乡	4047	5110	2338	6			
金阳县德溪乡	3995	5826	2155	628	25.0		
金阳县南瓦乡	4474	7005	3036	12	34.6		
金阳县依莫合乡	3604	2343	957				
金阳县土沟乡	3414	4501	2711				
金阳县丙底乡	9571	4448	1776	18	19.0		
金阳县依达乡	5863	2392	1597	16			
金阳县丝窝乡	3359	3021	1748	365	21.5		
昭觉县新城镇	5776	29482	6343	1365	95111.0	58	1070
昭觉县城北乡	3604	8212	6080	2132			
昭觉县树坪乡	2976	2144	1671	159			
昭觉县谷曲乡	3313	7645	3858	1936			
昭觉县达洛乡	5200	2664	1881	623			

续表 510　　(四川省)　　计算单位：公顷、人、万元

名　　称	行政区域面　　积	常住人口	从业人员	二三产业从业人员	工　业总产值	城镇建成区 面 积	城镇建成区常住人口
昭觉县龙恩乡	3038	4723	3211	415			
昭觉县美甘乡	3673	4128	3110	1373			
昭觉县四开乡	8779	16843	6504	379	64.0		
昭觉县大坝乡	6384	7509	5093	2291			
昭觉县地莫乡	4186	12339	6230	678			
昭觉县柳且乡	5897	7023	3758	867			
昭觉县博洛乡	6810	6420	3050	235			
昭觉县库莫乡	6223	4799	1942	135			
昭觉县解放乡	8983	6453	2600	425			
昭觉县三岗乡	6810	4897	2195	589			
昭觉县洒拉地坡乡	8902	8450	3846	187			
昭觉县三岔河乡	7063	5512	3411	242			
昭觉县尼地乡	7872	2864	2195	213			
昭觉县碗厂乡	6988	3681	1307	661			
昭觉县普诗乡	9633	7056	2579	363			
昭觉县玛增依乌乡	4349	6520	1465	800			
昭觉县塘且乡	2815	3886	2088	600			
昭觉县久特洛古乡	4068	3890	2009	84			
昭觉县齿可波西乡	5376	9540	4222	315			
昭觉县特口甲谷乡	8868	4362	1950	150			
昭觉县竹核乡	6219	11921	8760	438	23791.0		
昭觉县阿并洛古乡	4978	7931	3605	169	6963.0		
昭觉县格吾乡	3002	2606	1283	30			
昭觉县特布洛乡	8329	8003	3700	90			
昭觉县庆恒乡	3784	7329	3834	644			
昭觉县拉一木乡	3625	4418	2124	194			
昭觉县色底乡	5043	2700	1056	29			
昭觉县补约乡	3954	2665	1377	484			
昭觉县比尔乡	6668	10129	6710	2010			
昭觉县库依乡	7215	8655	3570	470			
昭觉县金曲乡	5479	4191	2400	155			
昭觉县宜牧地乡	6836	3915	1230	129			
昭觉县波洛乡	5640	3520	1176	244			
昭觉县央摩租乡	3841	3705	1486	363			
昭觉县则普乡	7126	5700	2724	805			
昭觉县永乐乡	4420	3389	1947	759			
昭觉县且莫乡	5190	4535	2280	327			
昭觉县甘多洛古乡	5043	2338	1154	38			
昭觉县支尔莫乡	5719	3201	1908	48			
昭觉县龙沟乡	4231	2260	1147	72			
昭觉县日哈乡	9405	6073	2440	246			
昭觉县哈甘乡	4547	6120	4383	143			
喜德县光明镇	12762	15551	8473	1475	28146.0	1	341
喜德县冕山镇	19150	14000	7690	1110	21892.0	1	130
喜德县红莫镇	14697	10439	7139	1245	112.0	1	142
喜德县两河口镇	9201	12780	4764	1110	210.0	1	120
喜德县米市镇	12105	6984	4138	752	28.0	0	102
喜德县洛哈镇	12883	4884	3884	640		0	105
喜德县尼波镇	14524	8100	4740	240		1	192
喜德县拉克乡	5544	9550	4892	772	11140.0		

续表 511 （四川省） 计算单位：公顷、人、万元

名　　称	行政区域面　　积	常住人口	从业人员	二三产业从业人员	工　业总产值	城镇建成区 面 积	城镇建成区常住人口
喜德县则约乡	7215	3735	1880	180			
喜德县贺波洛乡	13496	10014	5560	870	65.0		
喜德县鲁基乡	9852	9975	7939	631	418.0		
喜德县李子乡	7012	10010	6941	957	43009.0		
喜德县北山乡	10104	5284	3949	837			
喜德县西河乡	8760	2147	931	197			
喜德县东河乡	8618	8956	3675	763	369.0		
喜德县且拖乡	4278	4884	3027	1027			
喜德县博洛拉达乡	6174	2207	1320	365			
喜德县沙马拉达乡	4516	5385	2540	251			
喜德县巴久乡	6730	4255	2367	371			
喜德县洛莫乡	7206	2690	1474	351			
喜德县依洛乡	5458	2850	2135	475			
喜德县热柯依达乡	7921	2088	1404	241			
喜德县额尼乡	5230	2335	1314	239			
喜德县乐武乡	7164	5675	3984	615			
冕宁县城厢镇	19087	24851	18850	7098	99085.0	400	22185
冕宁县漫水湾镇	4359	11060	7153	1701	6616.0	23	690
冕宁县大桥镇	39113	14400	8789	1906	2326.0	57	1906
冕宁县复兴镇	6350	21168	13028	3351	288470.8	240	3925
冕宁县泸沽镇	9745	22411	12829	3534	120900.0	280	18192
冕宁县沙坝镇	12720	27765	17013	3905	23212.0	100	3625
冕宁县彝海镇	12846	6149	4823	1156	1592.0	15	1500
冕宁县石龙镇	2318	15326	9862	2227	182.0		
冕宁县回龙镇	5070	11854	9264	1535	107.0		
冕宁县河边镇	4379	13822	8874	2079			
冕宁县锦屏镇	3846	4534	2682	647	95.0		
冕宁县回坪乡	4228	13659	8536	1969	65497.1		
冕宁县哈哈乡	13051	9512	4781	1080	57698.0		
冕宁县森荣乡	20137	14206	5775	864	31432.8		
冕宁县林里乡	4280	6212	4403	1009	450.0		
冕宁县铁厂乡	11147	9686	6536	1482	7113.5		
冕宁县河里乡	9411	5922	3446	784	40.5		
冕宁县冶勒乡	36712	1101	582	193	1355.0		
冕宁县拖乌乡	26316	4398	2911	641	764.0		
冕宁县曹古乡	12197	8218	4351	1230	261.4		
冕宁县惠安乡	17464	9952	5858	1417	18192.0		
冕宁县后山乡	10338	16457	8353	1993	36909.6		
冕宁县宏模乡	4705	17328	11076	2617	5565.0		
冕宁县先锋乡	6251	15892	10810	2471	4215.0		
冕宁县泽远乡	16919	13527	7350	1934	5302.0		
冕宁县里庄乡	8465	2234	1450	397	21584.0		
冕宁县金林乡	5133	1638	1146	316	706.0		
冕宁县腊窝乡	9743	2474	1739	378	12693.6		
冕宁县联合乡	21088	3851	2146	476	8600.0		
冕宁县麦地沟乡	10910	3459	2031	465	2289.0		
冕宁县南河乡	16725	3418	2110	829	3312.0		
冕宁县青纳乡	5531	4464	3027	880			
冕宁县和爱藏族乡	9615	3434	1894	416	80.0		
冕宁县棉沙湾乡	9118	2402	1730	419	188.0		

续表 512　　(四川省)　　计算单位：公顷、人、万元

名　　称	行政区域面　　积	常住人口	从业人员	二三产业从业人员	工　业总产值	城镇建成区 面 积	城镇建成区常住人口
冕宁县马头乡	9760	2193	1201	121	93.0		
冕宁县窝堡乡	5386	4229	2411	645	22.5		
冕宁县新兴乡	9125	2665	2081	314	475.0		
冕宁县健美乡	8412	2454	1549	400	180.0		
越西县越城镇	3116	40253	12884	8956	74362.0	150	28819
越西县中所镇	7006	10153	6537	1337	2640.0	210	9024
越西县新民镇	1462	11342	7837	1071	36100.0	112	4217
越西县乃托镇	7135	7134	4099	1821	88985.0	20	1535
越西县普雄镇	4702	15843	9134	4117	462.0	150	7231
越西县新乡乡	6712	3032	1610	236			
越西县马拖乡	3942	13803	6629	1944	49.0		
越西县大瑞乡	2714	14527	9706	4757	241.0		
越西县南箐乡	10055	10502	5816	1144			
越西县丁山乡	1317	8001	3541	1309	45.0		
越西县大花乡	10820	6912	4153	1032	45021.0		
越西县河东乡	2333	8799	5578	1747	610.0		
越西县西山乡	8104	6486	2793	457	312.0		
越西县板桥乡	9274	7263	3492	464			
越西县瓦岩乡	12628	7293	4305	584			
越西县大屯乡	2616	10603	5854	906	613.0		
越西县保安藏族乡	3525	5011	2164	75			
越西县白果乡	6627	6220	3984	1002			
越西县梅花乡	7696	3542	1872	891	102.0		
越西县拉普乡	7142	6601	4211	1743	120.0		
越西县铁西乡	2709	4786	2870	629	33803.0		
越西县尔觉乡	4049	6496	3542	348			
越西县四甘普乡	4598	4892	2691	902			
越西县贡莫乡	2470	6602	3813	1097	112.0		
越西县拉白乡	1696	2617	1640	280			
越西县乐青地乡	2957	6831	4309	1747	252.0		
越西县德吉乡	5528	2508	1530	343	215.0		
越西县依洛地坝乡	6679	8702	4077	1101			
越西县尔赛乡	4550	5435	3127	619			
越西县古二乡	3640	3742	2078	383	64.0		
越西县竹阿觉乡	3385	3853	2158	634	46.0		
越西县保石乡	7484	3595	2038	672			
越西县五里箐乡	5149	8080	4558	738			
越西县书古乡	6247	9248	3868	315	245.0		
越西县瓦普莫乡	3887	3712	2066	169			
越西县申果乡	6314	3365	2468	1210			
越西县瓦曲觉乡	4267	3804	939	105			
越西县申普乡	5692	5608	4087	837			
越西县瓦里觉乡	7328	4036	2432	102	36.0		
越西县拉吉乡	18184	3827	2376	738			
甘洛县新市坝镇	20356	36474	19618	1578	112181.0	356	23170
甘洛县田坝镇	5450	20915	8524	1230	1060.0	105	6588
甘洛县海棠镇	11120	4785	2916	910	680.0	25	1418
甘洛县吉米镇	3144	5799	3383	734		10	1123
甘洛县斯觉镇	2520	7408	4558	868	267.0	44	645
甘洛县普昌镇	7020	14013	7700	670	2188.0	50	1890

续表 513　　（四川省）　　计算单位：公顷、人、万元

名称	行政区域面积	常住人口	从业人员	二三产业从业人员	工业总产值	城镇建成区面积	城镇建成区常住人口
甘洛县玉田镇	4530	6369	3820	522	211.0	40	1502
甘洛县前进乡	2560	7112	4650	430	130.0		
甘洛县胜利乡	5170	6996	3436	1345	241.0		
甘洛县新茶乡	3870	2847	1648	550			
甘洛县两河乡	5370	2316	1302	705			
甘洛县里克乡	2220	5465	3280	638			
甘洛县尼尔觉乡	5220	5282	1869	500			
甘洛县拉莫乡	11620	2307	1010	100			
甘洛县波波乡	9130	1819	742	193	255.0		
甘洛县阿嘎乡	20350	4297	2557	423	185.0		
甘洛县阿尔乡	5340	12205	5239	455	280.0		
甘洛县石海乡	3130	8708	3873	868	460.0		
甘洛县团结乡	8180	5430	3436	706			
甘洛县嘎日乡	4780	9325	4189	896	175.0		
甘洛县则拉乡	5160	3341	1540	509			
甘洛县坪坝乡	13856	3542	2531	590			
甘洛县蓼坪乡	10620	5392	2618	1179			
甘洛县阿兹觉乡	20530	3872	2070	1000	280.0		
甘洛县乌史大桥乡	11810	4003	2486	341			
甘洛县黑马乡	4600	4946	2650	370	452.0		
甘洛县沙岱乡	4500	3317	2084	674			
甘洛县苏雄乡	3440	4567	2536	856	1360.0		
美姑县巴普镇	3400	21560	11785	6184	17598.0	149	10890
美姑县觉洛乡	2900	5598	2761	74			
美姑县井叶特西乡	10656	8350	4901	121			
美姑县合姑洛乡	9333	4490	3350	68			
美姑县巴古乡	4500	6132	3460	93			
美姑县农作乡	4197	6214	3559	105			
美姑县佐戈依达乡	4800	11417	4797	317			
美姑县子威乡	2983	4430	2337	32			
美姑县依洛拉达乡	2983	4364	2839	24			
美姑县典补乡	4462	7877	3306	56			
美姑县哈洛乡	4699	3318	1712	42			
美姑县牛牛坝乡	8675	14920	6910	400	6160.0		
美姑县尔合乡	5086	4943	2760	38			
美姑县竹库乡	5676	6897	3820	40			
美姑县候古莫乡	7496	9756	4741	120			
美姑县候播乃拖乡	8557	8960	4652	130	2720.0		
美姑县采红乡	3484	4126	2517	35			
美姑县苏洛乡	17452	3908	2142	42			
美姑县九口乡	4864	10465	4422	172			
美姑县洛俄依甘乡	4422	7760	3701	263			
美姑县拉木阿觉乡	3864	9950	4403	103	43700.0		
美姑县洛莫依达乡	4774	6740	2755	45			
美姑县柳洪乡	5172	5508	3730	185			
美姑县乐约乡	3942	4335	2634	39			
美姑县尔其乡	3645	3564	1943	38			
美姑县瓦古乡	6529	4479	2500	50			
美姑县峨曲古乡	7643	5724	3416	238			
美姑县炳途乡	6907	4802	2583	51			

续表 514　　(四川省)　　计算单位：公顷、人、万元

名　　称	行政区域面　积	常住人口	从业人员	二三产业从业人员	工　业总产值	城镇建成区 面 积	城镇建成区常住人口
美姑县拖木乡	5084	5447	3030	52			
美姑县尼哈乡	5073	2678	1530	65			
美姑县龙门乡	8917	11567	5950	280			
美姑县依果觉乡	19233	8640	5347	1360			
美姑县洒库乡	8225	9343	3985	152			
美姑县瓦西乡	11140	4585	2353	43			
美姑县树窝乡	16000	2999	1051	41			
美姑县龙窝乡	20466	4628	1927	150			
雷波县锦城镇	3848	16200	6446	2226	43121.0	33	3980
雷波县西宁镇	22394	8995	3887	651	4620.0	105	5012
雷波县汶水镇	8699	13456	7685	1693	624.0	29	3570
雷波县黄琅镇	3580	9838	5561	1624	1352.0	105	4000
雷波县金沙镇	2920	12000	8000	3200	2000.0		
雷波县海湾乡	3139	6076	4716	1716	28000.0		
雷波县杉树堡乡	1393	4994	3575	657	223.0		
雷波县箐口乡	5704	8880	5400	2384	256.0		
雷波县帕哈乡	3805	5189	4047	1067	340.0		
雷波县永盛乡	17425	9465	5430	330			
雷波县溪洛米乡	2698	4548	3476	675	560.0		
雷波县顺河乡	782	2886	2299	918	195808.0		
雷波县渡口乡	4823	7819	4091	491	1450.0		
雷波县回龙场乡	4902	5698	4272	2012	132990.0		
雷波县马湖乡	8057	8241	2667	957	312.0		
雷波县中田乡	3302	6810	4663	1035	240.0		
雷波县谷米乡	3216	8410	4425	736	152.0		
雷波县柑子乡	3545	3381	1713	823	108.0		
雷波县双河口乡	7589	2131	1121	146	134.0		
雷波县罗山溪乡	15527	3230	1859	231	116.0		
雷波县桂花乡	1534	3410	2192	191	101.0		
雷波县烂坝子乡	11096	2670	1644	153	105.0		
雷波县沙沱乡	6178	2891	1864	552	998.0		
雷波县山棱岗乡	7396	6019	4233	475	100.0		
雷波县长河乡	12869	2689	1806	456	118.0		
雷波县谷堆乡	24956	2895	1888	38			
雷波县八寨乡	4321	5346	3256	668	860.0		
雷波县拉咪乡	21258	1658	1079	199	7678.0		
雷波县松树乡	2621	3850	2123	284	780.0		
雷波县曲依乡	2793	4501	2999	749	321.0		
雷波县千万贯乡	3054	4225	2200	190			
雷波县五官乡	3168	5261	3364	254	340.0		
雷波县上田坝乡	3774	2863	1955	322	315.0		
雷波县大坪子乡	2483	1689	1054	74	112.0		
雷波县簸箕梁子乡	4506	1936	1497	199	111.0		
雷波县小沟乡	3797	1109	389	49			
雷波县莫红乡	3505	3380	1069	250	120.0		
雷波县克觉乡	3050	599	334	13			
雷波县坪头乡	2228	2899	2268	970	66890.0		
雷波县雷池乡	7451	4860	3320	450			
雷波县巴姑乡	2381	3799	1910	215	112.0		
雷波县咪姑乡	4923	4807	3059	49			

续表 515　　(四川省、贵州省)　　计算单位：公顷、人、万元

名　　称	行政区域面　　积	常住人口	从业人员	二三产业从业人员	工　业总产值	城镇建成区 面 积	城镇建成区常住人口
雷波县一车乡	4923	3599	2195	106	590.0		
雷波县斯古溪乡	2687	2121	1344	64	126.0		
雷波县卡哈洛乡	4561	3811	2464	450			
雷波县元宝山乡	6660	9989	5382	602	780.0		
雷波县大岩洞乡	3448	2250	1611	46			
雷波县岩脚乡	4354	3981	1921	189	124.0		
贵州省							
南明区后巢乡	1851	117705	8476	7580	32928.0		
南明区云关乡	3860	21758	14798	13924	180000.0		
南明区小碧布依族苗族乡	6596	17118	9626	2764	23995.0		
南明区永乐乡	5712	14352	8644	3748	99200.0		
云岩区黔灵镇	5300	52497	12962	10817	112700.0		
花溪区青岩镇	9230	33056	20510	10020		100	13709
花溪区石板镇	5160	23280	8558	5700		600	5258
花溪区党武镇	6340	21973	10212	4395		243	1637
花溪区麦坪镇	4938	19678	11199	7486		282	1317
花溪区燕楼镇	5700	14272	9301	4057		20	2291
花溪区孟关苗族布依族乡	6829	16692	9185	5638			
花溪区湖潮苗族布依族乡	8931	25521	11055	4264			
花溪区久安乡	4860	12004	9416	4749			
花溪区高坡苗族乡	12000	21109	10209	3200			
花溪区黔陶布依族苗族乡	7480	8616	7440	1400			
花溪区马铃布依族苗族乡	8108	8513	2363	949			
乌当区东风镇	7367	31108	15957	11831	630000.0	323	10874
乌当区水田镇	11303	15988	5575	3113	17442.5	135	4250
乌当区羊昌镇	7358	16486	11302	7007	100.0	510	2034
乌当区下坝镇	10627	14760	9670	5620	24691.0	700	11340
乌当区新场镇	9160	11550	9941	4615	13124.0	805	10159
乌当区百宜镇	9800	10886	7550	2107		16	2007
乌当区新堡布依族乡	5400	5433	3759	732			
乌当区偏坡布依族乡	2193	1743	1157	417			
贵阳市白云区艳山红镇	1800	74709	38113	34472	880000.0	1800	74709
贵阳市白云区麦架镇	4200	48816	11239	3372	1230000.0	74	16166
贵阳市白云区沙文镇	7600	34124	9855	6674	647250.0	245	32965
贵阳市白云区都拉布依族乡	2450	12404	6081	2367	420000.0	270	3696
贵阳市白云区牛场布依族乡	6748	13245	6433	2987	2750.0	312	1302
观山湖区金华镇	6875	53156	14509	9431	42573.0		4686
观山湖区朱昌镇	5490	29310	8722	3844	25014.0	80	6576
观山湖区百花湖乡	10694	27725	12494	5905	4150.0		
开阳县城关镇	17086	104878	16643	11952	482581.0	1912	77014
开阳县双流镇	17886	35792	10756	5438	457000.0	163	5731
开阳县金中镇	7484	24063	4487	4135	1804652.0	216	7686
开阳县冯三镇	17931	26846	12238	3101	14229.0	72	5209
开阳县楠木渡镇	19332	24933	15031	3382	17100.0	141	16000
开阳县龙岗镇	20505	31978	14331	4138	21080.0	314	17608
开阳县永温镇	9980	15279	6143	3047	570600.0	179	6850
开阳县花梨镇	13389	23579	8231	2569	18600.0	135	5160
开阳县南龙乡	12524	14076	5443	1156	4856.0		
开阳县宅吉乡	9987	15878	5441	778	10009.0	352	4026
开阳县龙水乡	5941	8845	3946	798	15420.0		

续表 516　　　　（贵州省）　　　　计算单位：公顷、人、万元

名　　称	行政区域面积	常住人口	从业人员	二三产业从业人员	工业总产值	城镇建成区面积	城镇建成区常住人口
开阳县米坪乡	3913	5330	2193	584	325.0		
开阳县禾丰乡	8313	16984	4770	1620	7355.6		
开阳县南江乡	11957	16782	6152	982	7400.0		
开阳县高寨乡	17734	25012	7977	1246	38000.0		
开阳县毛云乡	8719	9982	3773	1304	17253.0		
息烽县永靖镇	15492	53591	18708	8721	573065.7	700	36247
息烽县温泉镇	8503	19162	14406	10233	915873.3	52	4635
息烽县九庄镇	11436	22273	12098	6821	2429.4	115	10345
息烽县小寨坝镇	13808	44039	16012	12250	1178809.2	450	26772
息烽县西山镇	7419	14281	9030	6032	28773.6	127	5563
息烽县养龙司镇	9626	18244	13335	8037	44108.6	180	3001
息烽县石硐镇	12052	26700	10009	2430	66204.8	17	3521
息烽县青山苗族乡	4947	5203	4888	2923	680.4		
息烽县鹿窝乡	9786	12275	9165	3769	650.3		
息烽县流长乡	10581	17816	10316	4292	345.5	170	17800
修文县龙场镇	17025	41807	33501	21644	800522.3		
修文县扎佐镇	13948	36734	20053	12576	1218319.8	330	17642
修文县久长镇	11751	29332	23153	11464	186833.2	300	6233
修文县六广镇	9410	24462	16724	8298	68850.0	35	5150
修文县六屯镇	7795	14130	9684	5249	631.2		
修文县洒坪镇	8570	14464	10716	5159	4239.2	275	486
修文县六桶镇	11000	24171	16044	5381	422.1		
修文县谷堡乡	12110	22005	17429	6519	8348.1	80	2592
修文县小箐乡	10390	19862	15752	6893	49772.3		
修文县大石布依族乡	5110	11578	8315	4356	630.0		2163
清镇市红枫湖镇	16130	33946	24208	11841	44192.0	22	1687
清镇市站街镇	21700	67565	55739	39238	219154.0	291	17502
清镇市卫城镇	20366	53420	35175	18697	99547.0	18	10512
清镇市新店镇	14200	39563	33812	18499	79000.0	18	2932
清镇市暗流镇	10434	18215	13105	5447	33285.0	13	4985
清镇市犁倭镇	14200	37483	31456	21028	9464.0	18	1257
清镇市麦格苗族布依族乡	12500	17111	11712	4798	81520.0	24	15000
清镇市王庄布依族苗族乡	7500	24253	11642	5094	110572.0	80	5008
清镇市流长苗族乡	15800	35834	32553	19710	10248.0	38	4169
钟山区大河镇	6944	37146	14703	4363	31941.5	23	21450
钟山区汪家寨镇	7735	50992	14873	6393	204500.0	151	4132
钟山区大湾镇	9384	53368	17516	3940	133141.4	280	28000
钟山区双戛彝族乡	5199	10440	4046	2860	218000.0		
六枝特区平寨镇	10440	139565	38277	28840	248116.0	1420	155727
六枝特区郎岱镇	9842	28271	16180	7975	73626.0	105	23610
六枝特区岩脚镇	13193	39941	34243	19038	49798.0	680	25200
六枝特区木岗镇	6136	16641	8090	3951	17496.0	810	12710
六枝特区大用镇	6610	18240	6406	2464	36523.0	333	3983
六枝特区新窑乡	10200	31584	16962	6173	82736.0	25	9100
六枝特区落别布依族彝族乡	9440	21775	18201	11121	52114.0	80	1500
六枝特区折溪彝族乡	5150	9498	5369	3003	6787.0	55	2385
六枝特区牛场苗族彝族乡	8310	15816	10956	4851	3135.0	146	1981
六枝特区新场乡	12880	25522	21092	8329	14629.0	1	1501
六枝特区中寨苗族彝族布依族乡	21960	31815	22748	14578	40363.4	10	1265
六枝特区堕却乡	14350	18613	10650	2762	35725.0	115	3727

续表 517　　（贵州省）　　计算单位：公顷、人、万元

名　　称	行政区域面积	常住人口	从业人员	二三产业从业人员	工业总产值	城镇建成区面积	城镇建成区常住人口
六枝特区箐口彝族仡佬族布依族乡	5640	10086	8868	4189	24929.0	2	521
六枝特区洒志彝族布依族苗族乡	10800	12014	9932	3923	5017.5	1	1210
六枝特区毛口布依族苗族乡	10500	7627	5323	2586	5938.6	160	1454
六枝特区龙场乡	6130	29604	27833	11484	33523.0	278	8594
六枝特区新华乡	6970	19116	17633	8890	44452.0	31	1778
六枝特区梭戛苗族彝族回族乡	5670	14556	9377	5411	5177.0	14	20000
六枝特区陇脚布依族乡	5460	7514	5739	3382	5590.7	5	720
水城县滥坝镇	10291	40637	20548	15320	1698967.0	187	34556
水城县老鹰山镇	6635	41901	10576	6274	316243.0	1008	4585
水城县比德镇	8896	27217	21808	10619	143018.0	48	1432
水城县化乐镇	8436	30153	22466	13154	160970.0	100	1680
水城县蟠龙镇	15070	33841	11703	7688	98361.0	200	3000
水城县阿戛镇	8795	29406	11859	3878	409166.0	56	1462
水城县勺米镇	9917	21675	9726	4207	322021.0	69	1518
水城县玉舍镇	24120	35656	18950	11767	331504.0	106	8807
水城县都格镇	7305	21222	13632	8840	77184.0	56	3675
水城县发耳镇	9371	37667	17833	12278	551662.0	200	5593
水城县鸡场镇	11520	23272	14415	6870	319689.0	84	2427
水城县木果镇	15996	32860	16539	6903	119003.0	77	2600
水城县保华镇	8331	19919	14578	4983	14650.0	10	1260
水城县董地苗族彝族乡	9807	18631	10189	4158	576410.0	35	2021
水城县陡箐苗族彝族乡	13403	19553	10390	5578	146306.0	54	986
水城县南开苗族彝族乡	13794	40667	19905	5847	1727.0	123	2878
水城县青林苗族彝族乡	6416	14035	9415	6801	648.2	25	511
水城县金盆苗族彝族乡	10227	22481	13342	6798	1769.0	40	1500
水城县发箐苗族彝族乡	4525	8781	6154	1503	57518.0	82	1988
水城县纸厂彝族乡	7849	10962	5832	1592	33217.9	25	1870
水城县坪寨彝族乡	9798	7658	5528	2828	1078.0	4	372
水城县龙场苗族白族彝族乡	9621	17589	13077	5828	4425.2	124	6378
水城县营盘苗族彝族白族乡	11462	14902	9281	4238	5369.8	30	1235
水城县顺场苗族彝族布依族乡	11490	19511	15918	6733	4241.4	51	2673
水城县花戛苗族布依族彝族乡	16064	18347	7585	2821	6751.6	90	2046
水城县杨梅彝族苗族回族乡	16849	21316	12357	4556	2245.0	108	2350
水城县新街彝族苗族布依族乡	4794	11364	5062	400	1762.9	30	1401
水城县野钟苗族彝族布依族乡	13447	14978	8974	3230	2847.0	42	1032
水城县果布戛彝族苗族布依族乡	11528	12581	8015	2879	1793.9	30	2390
水城县米箩布依族苗族彝族乡	11813	24881	14478	2112	585.3	55	1960
水城县盐井乡	8465	14473	9461	4319	350.0	10	3426
水城县猴场苗族布依族乡	15442	18745	15430	4228	53306.0	20	1713
水城县红岩布依族彝族苗族乡	9299	12426	11523	6738	126634.9	10	805
盘县红果镇	10587	22033	12888	6383	314306.0	53	2715
盘县城关镇	2145	41109	9897	7083	6629.6	12	3154
盘县板桥镇	13951	38505	22081	8209	55791.0	600	12370
盘县水塘镇	11196	29126	21865	9892	22733.0	210	3395
盘县民主镇	14369	28876	17174	1369	3735.0	2	616
盘县大山镇	13992	33866	22019	9106	207714.0	360	2276
盘县保田镇	11306	18963	12784	4956	1555.2	150	3100
盘县老厂镇	9967	27531	11072	1754	25779.3	21	4210
盘县玛依镇	6819	21846	12063	2600	6880.0	1	1300
盘县石桥镇	5835	21800	13907	4684	232943.0	250	3500

续表 518　　（贵州省）　　计算单位：公顷、人、万元

名　　称	行政区域面　　积	常住人口	从业人员	二三产业从业人员	工　业总产值	城镇建成区 面 积	城镇建成区常住人口
盘县平关镇	12007	25938	15829	2565	58646.7	108	1174
盘县响水镇	8645	27532	20370	11157	53915.0	849	8230
盘县火铺镇	4204	20850	8772	5720	80590.0	400	18045
盘县乐民镇	13561	48623	30249	9714	317633.0	70	4546
盘县西冲镇	5863	19860	12832	8137	1808.0	50	3874
盘县断江镇	8793	35168	19706	15471	85206.0	5	9658
盘县盘江镇	8881	29440	11059	6975	25849.0	60	6000
盘县柏果镇	17515	73318	41718	10893	803800.0	620	23580
盘县洒基镇	3545	25804	14680	13159	136458.0	24	3488
盘县刘官镇	11589	28362	20944	9297	121180.2	200	3200
盘县滑石镇	8859	24797	14935	5460	27056.0	121	2232
盘县新民镇	12789	31920	23490	10574	19516.0	11	2486
盘县珠东镇	12944	20963	15098	7285	26595.8	90	2960
盘县忠义乡	11991	16843	10725	4512	1052.3		
盘县普田回族乡	7142	11187	3549	1582	829.0		
盘县鸡场坪彝族乡	11239	38976	20606	5610	97382.0		
盘县松河彝族乡	8027	25580	15035	10105	74754.0		
盘县坪地彝族乡	15215	32413	21298	7322	38736.0		
盘县四格彝族乡	9926	24093	15104	9256	5119.0		
盘县淤泥彝族乡	17236	24051	15222	9166	293528.0		
盘县普古彝族苗族乡	15459	24229	15846	4131	13056.0		
盘县旧营白族彝族苗族乡	10128	18527	17174	6930	1962.0		
盘县羊场布依族白族苗族乡	13602	25756	25387	13660	105363.0		
盘县保基苗族彝族乡	14473	12071	4883	2964	2492.7		
盘县英武乡	5954	15719	14622	7844	11516.0		
盘县马场彝族苗族乡	10935	12012	8224	2014	1621.0		
红花岗区长征镇	4800	104934	68164	58328	27106.7	416	8150
红花岗区巷口镇	5000	11705	7247	1467	8280.0	25	729
红花岗区南关镇	2900	49806	18052	11761	15604.0	36	875
红花岗区忠庄镇	4780	48121	27399	23178	134820.0	1887	38121
红花岗区海龙镇	4350	16424	7371	4135	4091.0	3	3771
红花岗区深溪镇	10500	29757	20857	16425	674365.2	280	7715
红花岗区金鼎山镇	14650	36165	19471	8921	4700.0	35	2440
红花岗区新蒲镇	12060	47402	30920	22658	61215.0	10200	24880
汇川区高桥镇	3500	89385	18942	14214	19850.0	135	5350
汇川区董公寺镇	5293	29839	12415	10564	336518.0	216	9144
汇川区团泽镇	16800	30442	21653	11326	3148.0	10	5600
汇川区高坪镇	19670	59439	36456	27707	130350.0	350	23350
汇川区板桥镇	13200	19174	11990	6301	10787.0	400	6906
汇川区泗渡镇	11520	25717	22075	14381	51113.0	97	7253
遵义县南白镇	9872	103668	24866	13865	1201211.0	1260	64320
遵义县龙坑镇	9096	48782	35141	28329	700088.0	750	46782
遵义县三岔镇	11800	24729	22376	15795	189471.0	250	13594
遵义县苟江镇	8048	19468	19085	13684	153252.0	85	6503
遵义县三合镇	20804	50245	45612	32269	209362.0	122	14346
遵义县乌江镇	6409	14721	7820	5085	223069.0	219	7851
遵义县虾子镇	21398	57967	46623	34311	191240.0	192	25647
遵义县三渡镇	10396	19463	14147	9083	2950.0	80	5360
遵义县新舟镇	16569	55954	49131	42813	184425.0	4005	31036
遵义县永乐镇	21955	32320	26716	15942	5654.0	12	2587

续表 519　　（贵州省）　　计算单位：公顷、人、万元

名　　称	行政区域面　积	常住人口	从业人员	二三产业从业人员	工　业总产值	城镇建成区 面 积	城镇建成区常住人口
遵义县龙坪镇	12976	32102	31193	22481	317054.0	250	8560
遵义县喇叭镇	9415	15579	15207	10034	14800.0	255	1510
遵义县团溪镇	18438	39334	37881	28920	276905.0	350	34157
遵义县铁厂镇	10613	10523	10463	6591	32413.0	12	1782
遵义县西坪镇	13275	25793	25516	15263	16085.0	170	3622
遵义县尚嵇镇	10549	32014	28413	22447	158274.0	328	15400
遵义县茅栗镇	13497	22654	21624	13776	71235.0	7	3255
遵义县新民镇	9367	18799	11991	7980	8655.0	80	3550
遵义县鸭溪镇	12161	58842	37441	26862	479500.0	700	37790
遵义县石板镇	13244	21084	16403	9506	33268.0	158	1729
遵义县乐山镇	10743	18525	17204	10403	10492.0	78	2641
遵义县枫香镇	14642	32039	24806	17543	97356.0	158	3978
遵义县泮水镇	11116	30723	26885	18659	128600.0	107	8635
遵义县马蹄镇	11651	26653	21800	14500	58276.0	370	4160
遵义县沙湾镇	18455	18151	16240	11265	101210.0	89	1793
遵义县松林镇	15147	15268	14979	7805	6715.0	160	4862
遵义县毛石镇	15252	14310	14267	7049	5100.0	252	2931
遵义县山盆镇	22480	45285	39435	24307	79723.0	245	5687
遵义县芝麻镇	9217	10559	10030	6248	365.0	122	2810
遵义县平正仡佬族乡	14497	14403	12393	5985	31251.0	66	4700
遵义县洪关苗族乡	6297	8017	6277	3152	4213.0	18	542
桐梓县娄山关镇	14056	148033	89171	77995	249641.7	700	134034
桐梓县楚米镇	14036	28753	19100	15280	221880.9	167	19369
桐梓县新站镇	15256	22698	22622	9511	1200.0	206	8790
桐梓县松坎镇	12422	20354	12635	6850	49488.0	155	7797
桐梓县高桥镇	10495	20085	18820	9738	600.0	150	4044
桐梓县水坝塘镇	16390	19949	17321	11035	29313.0	129	8092
桐梓县官仓镇	13809	31097	23790	16478	9000.0	200	9226
桐梓县花秋镇	14671	41571	39028	28963	17850.0	185	12908
桐梓县羊磴镇	18700	14600	14220	10160	18000.0	63	4152
桐梓县九坝镇	14249	36109	17003	8314	39860.0	206	6107
桐梓县大河镇	10762	8564	8019	5001	18150.0	172	2717
桐梓县夜郎镇	14265	21033	16267	7587	3259.0	155	6146
桐梓县木瓜镇	15656	23730	15810	10640	49045.0	180	5632
桐梓县坡渡镇	11225	24556	14637	7144	5878.0	44	5005
桐梓县燎原镇	8525	26004	11799	9616	381650.0	163	5921
桐梓县狮溪镇	19712	42919	27432	17993	20000.0	1300	6714
桐梓县茅石镇	13753	15357	10832	5809	7910.0	135	3752
桐梓县尧龙山镇	12632	27700	16072	8791	5500.0	62	3812
桐梓县风水乡	7072	20877	15909	8727	200.0		
桐梓县容光乡	6665	23008	16222	8819	15000.0		
桐梓县小水乡	13278	11396	9321	5321	55.0		
桐梓县黄莲乡	19783	6289	5640	1798	6809.0		
桐梓县芭蕉乡	12180	8590	4027	2168			
桐梓县马鬃苗族乡	10724	5848	3531	1316			
绥阳县洋川镇	13600	83105	49832	22850	394096.0	533	67206
绥阳县郑场镇	15192	41414	24876	13361	583379.0	400	7420
绥阳县旺草镇	27200	47640	47173	27739	4250.0	280	12018
绥阳县蒲场镇	13600	30120	27017	10769	186727.7	155	13057
绥阳县风华镇	13700	36124	35358	21628	260000.0	145	3365

续表 520　　（贵州省）　　计算单位：公顷、人、万元

名　　称	行政区域面　　积	常住人口	从业人员	二三产业从业人员	工　业总产值	城镇建成区 面 积	城镇建成区常住人口
绥阳县茅垭镇	18070	20112	22386	12413	2369.0	80	2146
绥阳县枧坝镇	24400	15097	13994	8480	61691.0	42	2071
绥阳县宽阔镇	21400	14457	18626	9879	7075.0	110	2187
绥阳县黄杨镇	16400	19905	18978	9601	6120.0	50	4994
绥阳县青杠塘镇	24200	16079	18949	12222	12316.0	45	2314
绥阳县太白镇	17400	16420	15432	8308	300.0	120	2430
绥阳县温泉镇	16850	22427	22371	12405	16301.0	36	3956
绥阳县大路槽乡	9500	14254	13934	6386		9	1578
绥阳县小关乡	14700	13445	13442	8321	3850.0		
绥阳县坪乐乡	10920	12176	13270	8451	656.0	50	3112
正安县凤仪镇	7730	60361	52607	46987	87797.0	800	53201
正安县瑞溪镇	10880	20040	28882	21082	23424.0	98	8912
正安县和溪镇	14780	22486	30035	22285	17636.0	73	6818
正安县安场镇	14790	47814	54953	38700	50000.0	520	24740
正安县土坪镇	21580	27746	35880	19965	1202.0	146	14178
正安县流渡镇	16880	21365	32163	23663	5342.0	151	11070
正安县格林镇	13190	20147	22490	16690	1800.0	15	10509
正安县新州镇	17040	18598	15663	12511	13136.0	150	11256
正安县庙塘镇	19710	13008	10843	6415	3247.0	148	12899
正安县小雅镇	16590	18914	23165	16960	3000.0	120	11250
正安县中观镇	18720	17398	18633	13335	4122.0	142	9325
正安县芙蓉江镇	8230	12213	16266	14077	4001.0	101	6012
正安县班竹镇	13510	16288	21135	14240	15242.0	78	8773
正安县碧峰乡	12840	16155	21560	16660	685.0	20	6221
正安县乐俭乡	9100	9035	12968	10363	6520.0	73	7200
正安县谢坝仡佬族苗族乡	9310	8275	11243	7787	2100.0	101	7980
正安县市坪苗族仡佬族乡	11050	11912	11254	8129	4120.0	131	8676
正安县杨兴乡	8170	11371	13258	9408	500.0	81	5938
正安县桴楇乡	15420	10774	9965	6915	5673.0	75	6938
道真仡佬族苗族自治县玉溪镇	24589	82124	43588	26008	39214.0	3254	43096
道真仡佬族苗族自治县三江镇	7495	7842	7460	5565	3565.0	1586	689
道真仡佬族苗族自治县隆兴镇	16752	19214	17000	1320	8142.0	1952	1465
道真仡佬族苗族自治县旧城镇	15938	16310	15950	1200	6852.0	1942	3996
道真仡佬族苗族自治县忠信镇	15566	13321	11671	5391	5333.0	152	1402
道真仡佬族苗族自治县洛龙镇	22636	14124	12923	1641	6954.0	2754	2795
道真仡佬族苗族自治县阳溪镇	18539	7886	5525	978	765.0	3854	5236
道真仡佬族苗族自治县三桥镇	23520	17754	17370	12296	512.0	1386	5962
道真仡佬族苗族自治县大磏镇	19647	14524	14094	1140	462.0	3884	1340
道真仡佬族苗族自治县平模镇	9078	9892	7130	880	4325.0	1469	289
道真仡佬族苗族自治县上坝土家族乡	10170	12854	11231	6681	36865.0	1522	7717
道真仡佬族苗族自治县棕坪乡	7712	8654	6262	2670	154.0	114	700
道真仡佬族苗族自治县桃源乡	10615	6345	6182	3808	253.0	15	1435
道真仡佬族苗族自治县河口乡	13816	13898	11603	2088	96.0	16	1300
务川仡佬族苗族自治县都濡镇	27300	54923	38867	25036	70300.0	805	45936
务川仡佬族苗族自治县丰乐镇	21800	26395	26393	13249	7584.0	76	6524
务川仡佬族苗族自治县黄都镇	21000	21675	21200	8320	4574.0	64	2800
务川仡佬族苗族自治县涪洋镇	22100	26400	26200	13696	1560.0	132	5000
务川仡佬族苗族自治县镇南镇	14300	27509	17683	9560	2297.0	110	8609
务川仡佬族苗族自治县砚山镇	8900	11552	7572	2720	145.0	60	2411
务川仡佬族苗族自治县泥水镇	20700	35048	11160	3259	514.0	90	11877

续表 521　（贵州省）　计算单位：公顷、人、万元

名　称	行政区域面积	常住人口	从业人员	二三产业从业人员	工业总产值	城镇建成区面积	城镇建成区常住人口
务川仡佬族苗族自治县茅天镇	20400	16867	16485	7562	323.0	261	6880
务川仡佬族苗族自治县柏村镇	9700	10278	8283	2070	10530.0	88	1920
务川仡佬族苗族自治县大坪镇	19500	23581	22755	5985	8350.0	213	4050
务川仡佬族苗族自治县泥高乡	24300	26227	14374	2138	8364.0	152	6902
务川仡佬族苗族自治县分水乡	16700	13906	13288	8409	594.9	10	3125
务川仡佬族苗族自治县蕉坝乡	19700	13998	13846	7793	56.0	90	851
务川仡佬族苗族自治县红丝乡	18000	9856	6691	807	156.0	135	1256
务川仡佬族苗族自治县石朝乡	13300	9336	6932	3032	95.0	40	602
凤冈县龙泉镇	10397	61706	37380	21170		1295	55290
凤冈县进化镇	18133	25884	14540	4480		135	8100
凤冈县琊川镇	11462	21780	20913	5542		164	7520
凤冈县蜂岩镇	18950	22321	19410	4010		84	7500
凤冈县永和镇	11703	16376	14519	3433		76	5801
凤冈县花坪镇	10785	16771	15827	3417		81	4311
凤冈县绥阳镇	15235	24226	22195	4867		158	9860
凤冈县土溪镇	20347	25795	19674	4918		105	2191
凤冈县永安镇	11640	18459	14779	3605		59	5225
凤冈县何坝镇	11756	18847	17315	3804		78	4762
凤冈县天桥镇	15294	16949	14525	3449		90	4478
凤冈县王寨镇	12376	15994	13148	3403		86	3210
凤冈县新建镇	11332	13871	12166	2854		55	2500
凤冈县石径乡	9098	11459	11262	3639			
湄潭县永兴镇	16580	40198	30251	16840	28230.0	138	18720
湄潭县复兴镇	14520	23747	15460	1526	1807.0	22	1768
湄潭县马山镇	8010	19553	19515	3275	1795.0	58	5481
湄潭县鱼泉镇	10670	12230	12176	6451	4436.0	15	4121
湄潭县黄家坝镇	14230	35171	26011	15168	25198.0	123	17266
湄潭县高台镇	16190	19721	19521	7207	8900.0	24	3253
湄潭县茅坪镇	6880	8854	8230	4872	261.0	35	2561
湄潭县兴隆镇	13110	26601	21250	9910	3600.0	45	2026
湄潭县新南镇	13170	18674	17236	3775	6134.0	8	4968
湄潭县石莲镇	20040	19707	18992	8812	9265.0	73	5310
湄潭县西河镇	15000	18365	18170	11720	4200.0	25	4260
湄潭县洗马镇	9490	16887	16610	6842	3600.0	20	2220
湄潭县抄乐镇	9600	13462	9982	3956	8120.0	25	4300
湄潭县天城镇	7060	13015	8172	916	1586.0	45	498
余庆县白泥镇	23073	57257	13109	7085	23043.0	1044	39433
余庆县小腮镇	14209	11721	11158	7951	4083.0	60	4216
余庆县龙溪镇	16049	31089	23998	14621	117566.0	410	10559
余庆县构皮滩镇	20657	26729	25263	13609	244115.0	310	12357
余庆县大乌江镇	25811	23136	23018	12419	4124.0	40	4728
余庆县敖溪镇	10859	19796	17658	8983	6854.0	400	17354
余庆县龙家镇	11468	15153	14407	7486	823.0	220	8568
余庆县松烟镇	13874	26199	23559	15563	44247.0	368	9413
余庆县关兴镇	15588	14553	14299	7840	3217.0	180	8311
余庆县花山苗族乡	10605	10567	10440	5292	1089.0	110	4872
习水县东皇镇	30800	116522	51015	36527	312304.0	295	9148
习水县土城镇	30710	29878	11488	5810	43542.0	650	6253
习水县同民镇	10000	15124	10627	3200	4884.0	300	7000
习水县醒民镇	6900	13524	8898	3125	2592.0	30	3600

续表 522　　（贵州省）　　计算单位：公顷、人、万元

名　　称	行政区域面　积	常住人口	从业人员	二三产业从业人员	工　业总产值	城镇建成区 面 积	城镇建成区常住人口
习水县隆兴镇	12380	33134	25900	11667	99404.0	48	1715
习水县习酒镇	7200	27812	26738	17975	445325.9	175	12431
习水县回龙镇	10670	23741	22778	13994	24159.0	180	2029
习水县桑木镇	10150	16079	6404	4329	1500.0	188	2500
习水县永安镇	10190	16633	8412	5050	1523.0	30	2130
习水县良村镇	17850	26398	19870	13659	32529.0	50	2050
习水县温水镇	16160	37149	24381	13492	10264.0	301	27016
习水县仙源镇	16540	18045	6940	5147	7400.0	10	4275
习水县官店镇	13780	19427	18919	9701	1478.0	4	1190
习水县寨坝镇	16430	16870	16020	10190	719.9	27	4410
习水县民化乡	5080	13831	10365	5670	40252.0	12	3220
习水县二郎乡	6360	13946	15059	9811	25616.0	100	2000
习水县二里乡	8260	13859	13058	7771	6588.0	42	6866
习水县三岔河乡	16030	11270	9550	4680	898.0		
习水县大坡乡	16580	15683	14530	2168	1022.0	15	1853
习水县双龙乡	10170	8302	7336	3941	948.0		
习水县桃林乡	12160	9877	9876	4164	1471.0		
习水县坭坝乡	7760	9018	6310	4308	3250.0		
习水县程寨乡	20610	11675	9593	4369	612.3		
赤水市天台镇	9944	15272	14045	6695	89742.0	34	793
赤水市复兴镇	9931	15386	14068	7865	76143.0	170	2672
赤水市大同镇	11087	15148	12826	6516	4700.0	95	2100
赤水市旺隆镇	10991	15843	15659	5979	9831.0	35	4329
赤水市葫市镇	23252	12545	9327	5243	7607.0	22	1849
赤水市元厚镇	20417	12224	9428	6688	950.0	95	3691
赤水市官渡镇	24072	19953	16953	9751	60890.0	290	12728
赤水市长期镇	11417	17430	15310	7201	10508.0	14	8116
赤水市长沙镇	8750	13931	9710	5065	41250.0	150	7450
赤水市两河口乡	17889	5311	4077	1812	120.0		
赤水市丙安乡	12589	5531	4319	2330	6329.3	0	875
赤水市宝源乡	7112	6906	4804	2116	2562.0		
赤水市石堡乡	9263	5246	5209	3124	3175.0		
赤水市白云乡	4944	6997	5995	3098	17433.0		
仁怀市茅台镇	8720	44928	33260	28991	5836700.0	220	26219
仁怀市坛厂镇	10600	23937	22450	3514	82540.0	223	4500
仁怀市长岗镇	11600	16417	15421	5094	10000.0	10	820
仁怀市鲁班镇	12000	36992	29914	19831	62400.0	670	5018
仁怀市五马镇	12420	25324	21350	8490	42000.0	36	4582
仁怀市茅坝镇	14000	28904	26155	13699	27814.0	30	6496
仁怀市九仓镇	9130	22430	20250	2250	600.0		
仁怀市喜头镇	9140	16454	8931	1868	1762.0	20	1719
仁怀市大坝镇	8700	29120	24202	5730	125800.0	55	1877
仁怀市三合镇	8600	28630	23452	12970	39200.0	210	3890
仁怀市合马镇	5930	16875	11660	4810	10050.0	42	2673
仁怀市二合镇	8700	33087	32087	13700	30256.0	150	950
仁怀市龙井乡	7660	14824	14121	4319	780.0		
仁怀市后山苗族布依族乡	7200	6810	4950	2400	1000.0	20	2834
仁怀市学孔乡	6880	16000	14941	7291	1500.0	150	2500
仁怀市高大坪乡	8830	32808	28379	18047	1230.0		
仁怀市火石岗乡	6200	13650	10410	3760	1900.0		

续表 523　　　　（贵州省）　　　　计算单位：公顷、人、万元

名　　称	行政区域面　　积	常住人口	从业人员	二三产业从业人员	工　业总产值	城镇建成区　面　积	城镇建成区常住人口
仁怀市沙滩乡	4700	9286	7311	933	5500.0		
西秀区宋旗镇	4635	22356	15777	7291	22778.0	200	4021
西秀区幺铺镇	9335	45630	26056	10330	232000.0	172	7155
西秀区宁谷镇	9846	39878	15978	9648	43489.1	350	3568
西秀区龙宫镇	9380	18810	15967	5833	3257.9	35	1382
西秀区双堡镇	13652	37720	22534	11484	109879.3	186	7658
西秀区大西桥镇	7158	32790	21512	10410	175238.6	23	4420
西秀区七眼桥镇	10380	70336	36366	29544	406890.0	900	12398
西秀区蔡官镇	11611	58237	37307	22457	489265.1	800	17583
西秀区轿子山镇	8437	39039	31344	19321	217548.0	349	22936
西秀区旧州镇	11692	44273	25313	14218	65620.6	48	6010
西秀区新场布依族苗族乡	6972	16312	12012	7098	1927.0		
西秀区岩腊苗族布依族乡	11435	14799	9723	6206	932.0		
西秀区鸡场布依族苗族乡	11003	16324	8646	4381	10369.5		
西秀区杨武布依族苗族乡	15227	22627	19432	10152	41000.0		
西秀区东屯乡	10213	19598	16894	12822	13799.0		
西秀区黄腊布依族苗族乡	6039	10615	7023	1681	4236.0		
西秀区刘官乡	4120	12328	9408	5158	37536.0		
平坝县白云镇	7192	27507	24396	8513	75385.0	15	2068
平坝县高峰镇	10562	23385	20806	4216	56538.0	180	2243
平坝县天龙镇	6502	20754	16836	5145	47116.0	350	7532
平坝县夏云镇	6395	33452	25074	13687	197881.0	651	23971
平坝县马场镇	18288	39904	33610	11810	75385.0	233	16481
平坝县乐平镇	12469	35686	29960	13570	131923.0	17	571
平坝县齐伯镇	8074	13508	13444	7882	28269.0		
平坝县十字回族苗族乡	10987	25169	25120	9609	47116.0	620	2762
平坝县羊昌布依族苗族乡	7339	14948	14399	2599	65961.0		
普定县城关镇	14609	85659	34955	14475	21820.0	4	6560
普定县马官镇	11570	44781	36759	15259	327600.0	0	15000
普定县化处镇	10895	40127	37538	19847	25500.0	480	3963
普定县马场镇	9232	38372	26572	9779	8452.0	62	7864
普定县白岩镇	7500	30555	19882	8669	15491.0	65	3213
普定县坪上镇	10317	24792	22000	9000	24436.0	20	1500
普定县龙场乡	10023	25921	22212	9902	8827.0	20	2000
普定县鸡场坡乡	8295	30860	20221	11320	52502.1		
普定县补郎苗族乡	8021	21118	15233	9244	23000.0	10	1680
普定县猴场苗族仡佬族乡	9344	17009	16889	10172	11736.0		
普定县猫洞苗族仡佬族乡	8938	21006	20362	294	46510.0	25	389
镇宁布依族苗族自治县城关镇	12200	81418	56382	35849	119153.8	520	59311
镇宁布依族苗族自治县丁旗镇	10538	29509	22043	10497	80479.0	215	12327
镇宁布依族苗族自治县黄果树镇	8784	15105	14359	6675	5787.2	198	4425
镇宁布依族苗族自治县江龙镇	9222	18147	13525	7098	3125.2	138	9867
镇宁布依族苗族自治县大山镇	8764	18389	16211	6053	33585.2	224	2540
镇宁布依族苗族自治县马厂镇	12341	17186	12593	3213		90	7500
镇宁布依族苗族自治县六马镇	17244	12472	11409	1856	22.0	121	2946
镇宁布依族苗族自治县良田镇	19836	14893	12554	5149	293.0	18	912
镇宁布依族苗族自治县扁担山乡	4941	10225	10053	5053		80	2737
镇宁布依族苗族自治县募役乡	10493	12137	11889	6363	47.0	68	2180
镇宁布依族苗族自治县沙子乡	13577	9219	8082	1444	15.0	59	5000
镇宁布依族苗族自治县朵卜陇乡	5212	8580	7792	3462		30	1069

续表 524　　（贵州省）　　计算单位：公顷、人、万元

名　　称	行政区域面　积	常住人口	从业人员	二三产业从业人员	工　业总产值	城镇建成区 面 积	城镇建成区常住人口
镇宁布依族苗族自治县革利乡	7900	10331	8228	1420	21215.0	40	680
镇宁布依族苗族自治县本寨乡	9907	13098	11994	5006		42	1550
镇宁布依族苗族自治县简嘎乡	12855	8012	6909	3541	1798.2	26	491
镇宁布依族苗族自治县打帮乡	7912	6167	5817	2745	30.0	29	350
关岭布依族苗族自治县花江镇	16000	43148	40910	14660	9071.8	257	15900
关岭布依族苗族自治县永宁镇	11900	24887	18495	9279	4962.9	187	7810
关岭布依族苗族自治县岗乌镇	12000	18269	14875	7192	653.0	135	2397
关岭布依族苗族自治县上关镇	10600	19871	18515	8315	1299.0	127	2458
关岭布依族苗族自治县坡贡镇	6100	15329	15095	5290	7409.2	156	3130
关岭布依族苗族自治县断桥镇	7400	10769	10499	3390	12632.8	132	2130
关岭布依族苗族自治县白水镇	5600	13072	12973	9063	512.0	130	2120
关岭布依族苗族自治县新铺镇	15400	17448	13258	3523	125.0	124	2547
关岭布依族苗族自治县沙营镇	8900	18264	15289	7502	9517.8	118	2633
关岭布依族苗族自治县八德乡	9200	11847	8361	3881	2484.1	14	876
关岭布依族苗族自治县普利乡	10700	15860	14644	5259	5962.0	15	808
关岭布依族苗族自治县板贵乡	13500	16700	13217	5306	16.1	13	1052
紫云苗族布依族自治县松山镇	17829	56158	32276	18965	39912.0	1251	33687
紫云苗族布依族自治县水塘镇	17652	17433	11889	3857	4385.0	200	2752
紫云苗族布依族自治县猴场镇	21690	27707	18857	3091	350.0	82	8574
紫云苗族布依族自治县猫营镇	28544	32009	18702	4839	41828.0	208	3411
紫云苗族布依族自治县板当镇	21352	32181	23496	8470	7746.0	181	5103
紫云苗族布依族自治县白石岩乡	14300	10981	8465	2674	4361.0	90	1000
紫云苗族布依族自治县宗地乡	28770	27675	16896	2585			
紫云苗族布依族自治县大营乡	19058	18193	10768	1201	22.0		
紫云苗族布依族自治县四大寨乡	13500	13162	9599	681	4.0		
紫云苗族布依族自治县坝羊乡	16270	12774	6700	1894	4562.0		
紫云苗族布依族自治县火花乡	16381	15445	11137	2320	500.0		
紫云苗族布依族自治县达帮乡	13054	8181	5107	863	2.0		
七星关区鸭池镇	8533	46222	37138	23785	162105.3	193	3226
七星关区梨树镇	6773	22005	14790	8396	101200.0	81	5616
七星关区岔河镇	12860	28711	26198	11238	5800.0	35	4249
七星关区朱昌镇	9532	33869	28657	16802	2980.0	4	8212
七星关区田坝镇	6822	16075	12460	7650	2944.0	1915	4656
七星关区长春堡镇	12719	38896	33125	20561	9515.2	72	5428
七星关区撒拉溪镇	14545	43863	36110	21510	5012.0	100	6270
七星关区杨家湾镇	9864	36377	26663	9680	4352.4	17	7709
七星关区放珠镇	8610	21059	17682	9724	1401.0	15	3545
七星关区青场镇	9956	26509	19265	11612	2344.0	140	2633
七星关区水箐镇	9908	23023	17076	11203	1637.0	20	4076
七星关区何官屯镇	11032	32004	29055	18468	1688.0	148	3641
七星关区对坡镇	9297	20074	9262	1054	2410.0	13	5560
七星关区大银镇	9939	20572	19650	11488	832.0	20	3771
七星关区林口镇	8369	23950	18245	11824	2300.0	24	5103
七星关区生机镇	11582	24838	24828	9067	2123.5	34	7400
七星关区清水铺镇	12511	25107	23051	10005	1747.0	14	4615
七星关区亮岩镇	8333	16951	15671	8248	2747.0	42	3325
七星关区燕子口镇	12405	32351	31249	13226	5260.3	192	4116
七星关区八寨镇	8462	21734	16282	7645	4472.0	42	4255
七星关区田坝桥镇	6130	14469	13175	7775	1606.0	1	4832
七星关区海子街镇	7390	22787	13856	6096	3038.0	24	4216

续表 525 （贵州省） 计算单位：公顷、人、万元

名 称	行政区域面积	常住人口	从业人员	二三产业从业人员	工业总产值	城镇建成区面积	城镇建成区常住人口
七星关区小坝镇	6462	29108	27025	19080	971758.0	1500	5850
七星关区层台镇	7658	19985	15069	7908	705.0	15	4998
七星关区小吉场镇	12167	38620	38580	15993	2748.0	7	5091
七星关区普宜镇	8800	19901	19708	15323	876.8	86	9127
七星关区龙场营镇	5871	16240	16121	10110	496.0	102	7013
七星关区千溪乡	5468	13501	13009	5147	3480.0	30	2993
七星关区阴底乡	11413	27252	16770	6095	3003.0	8	7212
七星关区野角乡	12153	16787	14360	8859		9	2304
七星关区大河乡	7309	15219	13931	5740	550.0	15	923
七星关区团结乡	8866	15961	11806	6875	431.1	56	2440
七星关区阿市乡	10725	16591	13810	5635	3949.7	30	2362
七星关区大屯乡	5961	12788	11632	6000	1478.8	30	3310
七星关区田坎乡	6115	9693	9642	6182	36.1	45	3010
大方县双山镇	13569	41220	27166	13320	2234.0	73	11394
大方县猫场镇	10220	27369	26060	14838			
大方县马场镇	13208	35648	35235	11475			
大方县羊场镇	8537	21566	16160	5240			
大方县黄泥塘镇	21532	44410	38426	16603			
大方县六龙镇	7708	24893	23920	11600			
大方县达溪镇	11685	18748	20603	12984			
大方县瓢井镇	12865	25228	18652	7112			
大方县长石镇	11601	33241	32984	18109			
大方县对江镇	11714	35516	29842	11512			
大方县东关乡	4837	19602	11267	7747			
大方县竹园乡	5318	15166	14153	8359	26107.0		
大方县响水乡	11153	23851	16526	8945	6129.0	31	4036
大方县文阁乡	5064	12787	9668	6511	100.0		
大方县绿塘乡	7607	12017	13700	8300			
大方县鼎新乡	11026	29474	25414	10624			
大方县牛场乡	10590	27623	27342	7842			
大方县小屯乡	4509	14093	14090	6760			
大方县理化乡	13107	34797	40545	10335			
大方县凤山乡	7920	16436	11225	8160			
大方县安乐乡	6787	10395	10349	5699			
大方县核桃乡	8615	20735	20659	14481			
大方县八堡乡	10854	20915	20649	11548			
大方县兴隆乡	9962	17490	17103	8746			
大方县果瓦乡	9474	9310	11325	7025			
大方县大山乡	8537	11660	11624	6690			
大方县雨冲乡	12290	10236	10014	3034			
大方县黄泥乡	6356	11304	9313	4068			
大方县大水乡	11942	13625	13076	5096	1815.0		
大方县沙厂乡	9715	14877	11683	1983			
大方县普底乡	19524	32215	23865	9755	35262.1		
大方县百纳乡	5450	11572	8645	2693			
大方县三元乡	9367	12905	12876	5796			
大方县星宿乡	12752	9801	6891	4200			
黔西县金碧镇	9460	37544	35207	17658		301	8322
黔西县雨朵镇	5880	23648	12320	4909		166	2261
黔西县大关镇	6990	31907	22121	8414		320	14063

续表 526　　(贵州省)　　计算单位：公顷、人、万元

名　　称	行政区域面　积	常住人口	从业人员	二三产业从业人员	工　业总产值	城镇建成区 面 积	城镇建成区常住人口
黔西县谷里镇	6150	23944	20242	14112	86128.5	280	7836
黔西县素朴镇	10350	23101	21001	10939		150	6078
黔西县中坪镇	11770	20852	20646	13411		650	3210
黔西县重新镇	13980	31256	31143	9593		140	5514
黔西县林泉镇	8450	34576	20254	11596		16	6537
黔西县金兰镇	5430	20311	18729	12803		45	3129
黔西县甘棠镇	11010	27450	20578	14658	47120.0	100	4109
黔西县洪水镇	6620	20252	16112	6735		390	2738
黔西县锦星镇	9710	22715	18597	10627		125	15000
黔西县钟山镇	11050	41049	35824	21141		350	18095
黔西县协和镇	9000	18465	17523	12148		20	2500
黔西县观音洞镇	11810	26501	25889	17360		57	2315
黔西县五里乡	8350	16532	16137	8005		212	4438
黔西县绿化乡	4307	13963	12968	6687		41	3716
黔西县新仁乡	6890	17091	15386	10714	38264.0	22	2018
黔西县铁石乡	9030	18566	13864	8473		38	1567
黔西县太来乡	10030	20948	19739	14509		42	2130
黔西县永燊乡	9500	21614	17990	9531		16	3320
黔西县中建乡	6230	12589	8945	4803		63	2007
黔西县花溪乡	7840	12486	12400	7743		41	2440
黔西县定新乡	9288	16674	14320	6710		45	2005
黔西县金坡乡	7296	20150	9628	3393	98000.0		
黔西县仁和乡	10206	17911	12335	6817	22000.0		
黔西县红林乡	9600	12147	5974	962		15	804
金沙县安底镇	7070	27020	6125	4541	23196.0	250	17926
金沙县沙土镇	20696	51882	18408	12994	99168.0	336	21530
金沙县禹谟镇	12290	27905	15309	9015	32863.0	105	12437
金沙县岚头镇	6510	13313	2973	2123	72163.0	120	10312
金沙县清池镇	10980	20353	11059	4028	21560.0	290	8961
金沙县柳塘镇	9908	18060	3146	1277	46033.0	10	4988
金沙县平坝镇	24190	28380	13805	4424	16824.0	182	10499
金沙县源村镇	8774	24070	14560	6696	33000.0	120	5715
金沙县石场苗族彝族乡	12090	24040	16578	8820	15329.0		
金沙县桂花乡	8610	10502	7950	3801	31680.0		
金沙县太平彝族苗族乡	8580	11430	8204	3062	200.0		
金沙县高坪乡	7800	12805	9321	3281	29500.0		
金沙县化觉乡	8760	16310	11234	5299	15791.0		
金沙县茶园乡	7470	19245	14359	9660	28000.0		
金沙县木孔乡	8060	13160	10552	4980	45960.0		
金沙县长坝乡	10570	19240	13395	6539	89456.0		
金沙县后山乡	10250	12019	11975	7919	952.0		
金沙县安洛苗族彝族满族乡	10720	15748	9217	6238	51352.0		
金沙县新化苗族彝族满族乡	9360	21720	8741	2512	18591.0		
金沙县大田彝族苗族布依族乡	8380	5690	4721	3231			
金沙县马路彝族苗族乡	8330	11529	7295	5805			
织金县桂果镇	11650	22985	15842	5842	10677.0	26	8226
织金县牛场镇	10580	34331	28988	12667	33790.0	150	16066
织金县猫场镇	15850	48680	38526	20880	13172.3	36	18670
织金县化起镇	9630	37129	15908	7254	6379.1	97	11000
织金县龙场镇	8020	21631	17070	12690	7996.2	800	10390

续表 527　　（贵州省）　　计算单位：公顷、人、万元

名　　称	行政区域面　积	常住人口	从业人员	二三产业从业人员	工　业总产值	城镇建成区 面 积	城镇建成区常住人口
织金县以那镇	8430	31196	21156	7916	8258.0	2	15200
织金县三塘镇	13270	32396	11883	7760	53440.6	450	9186
织金县阿弓镇	10110	28180	19105	8865	201604.6	173	4867
织金县珠藏镇	13040	35848	22376	10575	102783.7	25	8460
织金县自强乡	5270	12039	8141	2087	766.1	59	2521
织金县大平乡	5620	13720	13350	4780	2045.8	7	2279
织金县官寨乡	6260	23118	14455	5416	7527.5	101	5008
织金县茶店乡	10620	24889	18000	7797	1067.5	250	2310
织金县金龙乡	10860	36420	18841	2301	1090.9	15	4635
织金县后寨乡	11010	22293	15480	8280	40249.3	16	2097
织金县鸡场乡	10540	34198	17628	4372	2566.0	24	3562
织金县中寨乡	10210	17497	9358	6919	32135.5	453	10500
织金县实兴乡	8970	18050	11724	2804	375.0	10	1800
织金县马场乡	7310	25463	17436	7678	17668.5	13	1689
织金县上坪寨乡	5840	17479	11656	6262	10420.6		
织金县纳雍乡	5260	15656	7977	3622	296.7		
织金县板桥乡	6440	19229	19167	9346	11008.3	33	2823
织金县白泥乡	6740	21180	15370	4570	2459.5	310	10
织金县少普乡	8690	32819	17768	2410	68493.0	7	569
织金县熊家场乡	9670	22798	11800	7800	3186.6		
织金县黑土乡	9900	18606	18360	7680	933.2	14	1808
纳雍县中岭镇	11055	30646	19442	13222	177821.0		
纳雍县阳长镇	10977	43008	42484	24405	556742.0		
纳雍县维新镇	7369	25350	25339	18957	150.0		
纳雍县龙场镇	11361	55491	22198	8618	802.0		
纳雍县乐治镇	7724	31719	15759	12519	1312.0		
纳雍县百兴镇	8509	35420	22420	16840	785.0		
纳雍县张家湾镇	14525	34920	20800	15250	40856.0		
纳雍县勺窝乡	7049	24495	24488	14967	205896.0		
纳雍县新房乡	9967	30268	23031	12401	119526.0		
纳雍县库东关乡	5868	14854	11816	7200	27800.0		
纳雍县董地乡	9909	22184	15850	5594	105.0		
纳雍县寨乐乡	9042	34276	20136	13576	31428.0		
纳雍县化作乡	9747	31427	28532	13050	5980.0		
纳雍县老凹坝乡	10929	31406	31267	19465	16063.0		
纳雍县沙包乡	8573	26828	18152	11127	1421.6		
纳雍县水东乡	13067	26975	21452	13196	1125.0		
纳雍县曙光乡	9785	33132	25363	15503	103562.0		
纳雍县姑开乡	7730	24120	19955	10999	17373.0		
纳雍县羊场乡	11728	17451	17449	8184	358.0		
纳雍县锅圈岩乡	10394	19535	18732	14292	400.0		
纳雍县昆寨乡	8983	23174	16925	4140	13205.0		
纳雍县左鸠戛乡	5667	9733	9133	5874	890.0		
纳雍县猪场乡	8686	11458	8124	4726	1500.0		
威宁彝族回族苗族自治县草海镇	9368	33934	13615	1591	70.0		
威宁彝族回族苗族自治县么站镇	19183	29086	20592	6703	3848.0	110	1820
威宁彝族回族苗族自治县金钟镇	14360	47316	30850	14553	130313.0	102	5083
威宁彝族回族苗族自治县炉山镇	19341	53447	53417	23623	111649.2	420	5670
威宁彝族回族苗族自治县龙场镇	24588	50173	43657	18774	115.0	18	3124
威宁彝族回族苗族自治县黑石头镇	33396	45265	29316	8855	3406.0	388	6172

续表 528　　（贵州省）　　计算单位：公顷、人、万元

名　称	行政区域面积	常住人口	从业人员	二三产业从业人员	工业总产值	城镇建成区面积	城镇建成区常住人口
威宁彝族回族苗族自治县哲觉镇	27791	39809	31242	6652	8000.0	8	1506
威宁彝族回族苗族自治县观风海镇	17504	34186	20200	5400	3703.9	30	2540
威宁彝族回族苗族自治县牛棚镇	17789	39837	24894	7243	275.0	135	10290
威宁彝族回族苗族自治县迤那镇	20536	35698	27872	10519	2350.0	150	12780
威宁彝族回族苗族自治县中水镇	10223	43175	34435	11198	1900.0	80	3583
威宁彝族回族苗族自治县龙街镇	28485	45376	23015	6022	3258.0	702	2046
威宁彝族回族苗族自治县雪山镇	34318	49528	26516	868	8100.0	38	14848
威宁彝族回族苗族自治县羊街镇	15002	37996	27078	8585	2000.0	100	4568
威宁彝族回族苗族自治县小海镇	19738	50165	43724	21924	4650.0	40	7277
威宁彝族回族苗族自治县盐仓镇	16654	28132	9795	1219	1200.0	45	5123
威宁彝族回族苗族自治县东风镇	11055	43583	23405	11685	62900.0	14	10870
威宁彝族回族苗族自治县二塘镇	10480	21588	14244	2685	160000.0	327	7895
威宁彝族回族苗族自治县猴场镇	8530	27086	14750	7943	1200.0	4106	27086
威宁彝族回族苗族自治县秀水镇	13819	26115	14870	3555	360.0	30	2012
威宁彝族回族苗族自治县双龙镇	13239	31117	13691	1605	700.0		
威宁彝族回族苗族自治县麻乍镇	27588	43679	21609	2249	2000.0		
威宁彝族回族苗族自治县金斗乡	10722	21765	17630	10180	13288.0	32	3050
威宁彝族回族苗族自治县新发布依族乡	14882	40586	23824	9329	5600.0	12	1628
威宁彝族回族苗族自治县岔河乡	18597	29512	9027	1577	13288.0	76	7500
威宁彝族回族苗族自治县海拉乡	22157	35435	16072	985	9500.0		
威宁彝族回族苗族自治县哈喇河乡	14242	22495	17151	5932	1800.0	106	1220
威宁彝族回族苗族自治县斗古乡	11821	17405	16400	6770	1200.0	7	945
威宁彝族回族苗族自治县玉龙乡	14978	30595	20614	6094	1250.0	116	1613
威宁彝族回族苗族自治县黑土河乡	12734	20449	17715	3220	19521.0		
威宁彝族回族苗族自治县石门乡	14001	20438	9938	4075	23140.0	232	1246
威宁彝族回族苗族自治县云贵乡	13296	18952	13458	1108	6700.0	15	308
威宁彝族回族苗族自治县兔街乡	14602	26319	19620	4758		9	
威宁彝族回族苗族自治县板底乡	10565	15431	10362	4060	500.0		
威宁彝族回族苗族自治县大街乡	11154	17685	11806	4571	602.0	23	3824
赫章县城关镇	7134	54020	15291	11577	57650.0	428	31220
赫章县白果镇	12919	34007	15020	7040	38760.0	120	17500
赫章县妈姑镇	13722	38723	22039	11798	205000.0	45	16721
赫章县财神镇	18196	34060	17824	9556	8500.0	660	5189
赫章县六曲河镇	10830	27330	19582	8413	27095.0	60	4561
赫章县野马川镇	9257	34050	23410	15405	44824.0	100	17890
赫章县达依乡	7185	15011	12428	8472	8450.0		
赫章县水塘堡乡	12106	17044	10705	5437	48350.0		
赫章县兴发乡	18759	22086	11553	4113	36859.0		
赫章县松林坡乡	11196	24046	12474	4640	24970.0		
赫章县雉街乡	13994	12895	10743	5196	66950.0		
赫章县珠市乡	15819	17904	8500	6820	240500.0		
赫章县罗州乡	11083	26098	12460	4233	22050.0		
赫章县双坪乡	19280	30075	21772	13233	4300.0		
赫章县铁匠乡	8797	13989	7859	5045	253.0		
赫章县辅处乡	8261	13907	10496	4635	990.0		
赫章县可乐乡	13200	33292	23942	9816	265.0		
赫章县河镇乡	17410	27585	19690	11630	3155.0		
赫章县德卓乡	11524	23155	12560	6537	5190.0		
赫章县安乐溪乡	9981	11608	7520	4843	3750.0		
赫章县朱明乡	12588	22596	15780	10070	900.0		

续表 529　　(贵州省)　　计算单位：公顷、人、万元

名　称	行政区域面积	常住人口	从业人员	二三产业从业人员	工业总产值	城镇建成区面积	城镇建成区常住人口
赫章县结构乡	10558	15538	10135	5275	20300.0		
赫章县古基乡	11108	20507	16360	9800	4300.0		
赫章县哲庄乡	8653	28456	19339	11075	22103.0		
赫章县平山乡	8976	25702	16230	8150	9480.0		
赫章县古达乡	12945	17263	14137	10024	2640.0		
赫章县威奢乡	8795	12653	7228	4356	13840.0		
碧江区川硐镇	9771	23785	10122	6909	212799.0	150	1168
碧江区坝黄镇	19014	38689	27164	7599	5623.0	81	2861
碧江区云场坪镇	3564	4816	2430	1145	1421.0	12	980
碧江区漾头镇	8630	7128	3266	1181	4986.0	18	1805
碧江区桐木坪乡	6629	6768	4578	2110	3456.0		
碧江区滑石乡	7787	20856	8520	1960	5861.0		
碧江区和平乡	11762	16814	5929	609	2589.0		
碧江区瓦屋乡	11346	10265	4659	839	16452.0		
碧江区六龙山乡	8306	3710	1790	603	450.0		
万山区万山镇	1551	15348	9336	8706	194411.2	300	14523
万山区高楼坪侗族乡	7578	12283	8309	4770	198563.5		
万山区黄道侗族乡	8921	9394	5691	2206			
万山区敖寨侗族乡	8905	6305	4400	1834	1663.1		
万山区下溪侗族乡	6885	6249	4573	2059	72365.3		
万山区鱼塘乡	14466	20367	10666	4929			
万山区大坪乡	13451	13956	9646	4101			
江口县闵孝镇	26830	20371	15806	6782	8627.0	82	2248
江口县太平镇	36030	12460	11193	3915	1450.0	92	1138
江口县坝盘镇	17910	21455	16185	6926	42932.0	35	1245
江口县民和镇	21840	22641	6512	3722		82	2460
江口县桃映镇	14090	22438	16999	7771	5143.0	120	2880
江口县怒溪镇	13580	12430	10936	5246	5143.0	9	1820
江口县德旺土家族苗族乡	26740	11299	10672	2584	6887.0	54	1953
江口县官和侗族土家族苗族乡	12610	5251	5076	2181		37	864
玉屏侗族自治县平溪镇	7960	37017	18610	12530	405059.0	600	37017
玉屏侗族自治县大龙镇	8570	29816	18596	12189	1158601.0	2050	17340
玉屏侗族自治县朱家场镇	11170	14562	14459	7689	34837.0	81	1982
玉屏侗族自治县田坪镇	14950	23451	20056	11446	57377.0	60	2003
玉屏侗族自治县新店乡	5760	8825	8203	3983	137985.0	33	1038
玉屏侗族自治县亚鱼乡	3250	6231	6039	2759	2243.0	34	1031
石阡县汤山镇	7860	43702	27098	23180	146222.0	1784	25006
石阡县本庄镇	24587	33129	31068	14444	2029.0	290	10640
石阡县白沙镇	12981	20355	19702	8702	3663.0	774	6539
石阡县龙塘镇	11207	28111	12497	3412	3341.0	210	3887
石阡县花桥镇	8760	15472	15135	6314		25	1385
石阡县五德镇	13224	12913	7616	4028	97.0	20	1458
石阡县中坝镇	7533	13621	13388	5233	8928.0	132	3362
石阡县河坝场乡	16680	14856	10226	1886		48	3446
石阡县国荣乡	5560	11725	7418	1418		23	958
石阡县聚凤乡	15100	15112	10749	2634	12574.0	136	2268
石阡县龙井乡	9975	21587	14014	1155		123	1985
石阡县大沙坝乡	6299	15292	13275	5143		11	1352
石阡县枫香乡	6950	7072	6597	1491	280.0	20	1125
石阡县青阳乡	13474	9011	8661	4611		65	1656

续表 530　　（贵州省）　　计算单位：公顷、人、万元

名　称	行政区域面　积	常住人口	从业人员	二三产业从业人员	工　业总产值	城镇建成区 面 积	城镇建成区常住人口
石阡县石固乡	16643	10358	8063	3637		45	3845
石阡县坪地场乡	12320	15608	14292	6767		35	5000
石阡县甘溪乡	15800	10991	7953	3405		68	2664
石阡县坪山乡	12347	5855	5341	830	1278.0	25	1216
思南县塘头镇	12868	41243	28267	17299	15910.9	370	23160
思南县许家坝镇	11382	27589	18451	10414	8547.1	639	8692
思南县大坝场镇	10604	21348	16473	9587	9053.7	285	2926
思南县文家店镇	10938	11195	9956	6477	96.0	274	3147
思南县鹦鹉溪镇	12736	33614	21397	13383	36539.2	253	2582
思南县合朋溪镇	11054	11389	10197	5830	8124.1	65	4016
思南县张家寨镇	15457	16738	15318	7518	11987.4	125	4264
思南县孙家坝镇	6278	16359	13507	6802	108772.9	250	3642
思南县青杠坡镇	8744	19145	14706	7366	3650.5	81	1749
思南县瓮溪镇	6047	21163	15461	9324	147.6	250	6913
思南县凉水井镇	11300	25927	19190	10276	16965.3	31	2259
思南县邵家桥镇	10255	26771	19812	9618	68563.1	85	2580
思南县大河坝镇	8600	18152	13222	4557	58.6	73	2723
思南县亭子坝镇	5888	10127	7688	3440	50.2	82	1894
思南县香坝镇	8094	19915	14419	5093	14949.5	53	1664
思南县长坝镇	6170	9818	8653	3878	6235.1	76	1802
思南县板桥镇	4316	11784	8565	4826	4159.4	64	1656
思南县思林乡	5610	10446	8636	4656	114134.9		
思南县胡家湾乡	6845	12081	10489	5708	8276.0		
思南县宽坪乡	6635	12156	10579	5234	87.4		
思南县枫芸乡	6836	12791	11631	5557	3507.0		
思南县三道水乡	6180	14622	12581	6454	44.6		
思南县天桥乡	6858	11341	9174	3447	36.3		
思南县兴隆乡	5552	12352	9573	3517	34.0		
思南县杨家坳乡	7603	15167	12473	4478	29.2		
印江土家族苗族自治县峨岭镇	8013	51813	21468	16307	101240.0	847	50900
印江土家族苗族自治县板溪镇	11781	23150	21165	13065	20053.0	152	4630
印江土家族苗族自治县沙子坡镇	12184	18731	12652	9407	22058.0	67	4560
印江土家族苗族自治县天堂镇	12236	19092	17068	13125	13034.0	45	5912
印江土家族苗族自治县木黄镇	13774	20087	19697	12712	40106.0	63	8670
印江土家族苗族自治县合水镇	10901	20574	19775	12670	25066.0	28	3158
印江土家族苗族自治县朗溪镇	8418	16083	14052	7232	87512.0	43	2013
印江土家族苗族自治县缠溪镇	15629	14961	13944	8523	14037.0	45	3675
印江土家族苗族自治县洋溪镇	17383	11906	9078	5215	13034.0	47	2650
印江土家族苗族自治县新寨乡	13071	21405	20444	12313	122276.0	51	1200
印江土家族苗族自治县中坝乡	6729	10120	8545	6291	9521.0	34	1500
印江土家族苗族自治县杉树乡	7479	13116	12051	7925	11029.0	10	1460
印江土家族苗族自治县刀坝乡	12659	20944	20192	12989	13010.0	7	3769
印江土家族苗族自治县新业乡	11501	8580	6918	5152	20053.0	20	1900
印江土家族苗族自治县永义乡	16365	8285	8062	4800	26069.0	13	1125
印江土家族苗族自治县罗场乡	8175	9010	8295	5155	8021.0	56	1881
印江土家族苗族自治县杨柳乡	9802	9853	9650	4285	8034.0		
德江县煎茶镇	19327	28462	25228	9241	11718.9	866	27069
德江县潮砥镇	5838	10373	8924	5477	131.0	298	2536
德江县枫香溪镇	10482	17537	14204	8952	3241.7	352	3271
德江县稳坪镇	6127	11205	9762	6555	541.0	186	3311

续表 531 （贵州省） 计算单位：公顷、人、万元

名　　称	行政区域面　积	常住人口	从业人员	二三产业从业人员	工　业总产值	城镇建成区 面 积	城镇建成区常住人口
德江县复兴镇	14206	21795	16624	9401	10741.5	236	3850
德江县合兴镇	12862	16229	12930	8238	3869.5	210	4110
德江县高山镇	8769	10427	9419	5004	561.0	118	2710
德江县泉口镇	12773	14722	11954	7212	555.0	130	1316
德江县长堡镇	9246	15710	13858	7858	267.0	213	3002
德江县共和镇	10508	12623	8260	5567	27837.1	119	2371
德江县平原镇	8564	7922	7641	3459	7145.8	113	2880
德江县荆角乡	9765	8780	8495	4518	420.0		
德江县堰塘乡	10175	11075	9138	4218	712.0		
德江县龙泉乡	8053	7838	7174	3396	236.0		
德江县钱家乡	8036	7126	4514	3301	4771.0		
德江县沙溪乡	11947	7400	6124	3111	2590.7		
德江县楠杆乡	12431	11391	7098	4340	5420.2		
德江县长丰乡	9479	10663	8216	3883	342.0		
德江县桶井乡	9375	12133	9399	6105	288.0		
沿河土家族自治县和平镇	5516	50785	26017	21888	71014.7	380	41832
沿河土家族自治县沙子镇	9682	23667	14699	5184	1843.6	290	7200
沿河土家族自治县谯家镇	16343	32537	23145	14385	6036.0	73	5486
沿河土家族自治县夹石镇	13177	25116	18276	7184	2323.9	72	6960
沿河土家族自治县淇滩镇	10179	30056	26539	7334	164321.0	156	5863
沿河土家族自治县官舟镇	14115	38504	32523	17885	32762.0	246	27000
沿河土家族自治县土地坳镇	9630	18399	13351	5751	4364.0	97	6868
沿河土家族自治县思渠镇	18402	16776	13481	4122	87.0	74	4063
沿河土家族自治县客田镇	14580	15423	9842	1684	65.0	93	5529
沿河土家族自治县洪渡镇	7572	9277	6565	2187	45.0	150	6500
沿河土家族自治县黑獭乡	3579	5390	4491	1623	44.0		
沿河土家族自治县黑水乡	8961	16220	11874	4331	5297.0		
沿河土家族自治县中界乡	7507	21407	13363	4925	6465.0		
沿河土家族自治县晓景乡	8692	13422	10680	4041	27.0		
沿河土家族自治县甘溪乡	10915	22412	12832	2020	70.0	2	500
沿河土家族自治县板场乡	10223	27647	25259	7621	1785.5		
沿河土家族自治县泉坝乡	10334	17827	15110	3723	98.0		
沿河土家族自治县中寨乡	11182	15166	13440	4073	21.0		
沿河土家族自治县黄土乡	17058	11274	9881	2446	59176.9		
沿河土家族自治县新景乡	16387	13241	12305	2959	4976.0		
沿河土家族自治县塘坝乡	12273	16781	12760	3273	6211.7		
沿河土家族自治县后坪乡	10573	11617	9967	4724	23.0		
松桃苗族自治县蓼皋镇	10600	91076	20986	8782	475038.8	697	34487
松桃苗族自治县盘石镇	11850	13460	10575	4225		20	3630
松桃苗族自治县盘信镇	16280	20445	11004	1904		65	4700
松桃苗族自治县大坪场镇	6070	14833	9702	1622	19649.2	20	3925
松桃苗族自治县普觉镇	11560	20414	9801	2791	8989.5	20	4276
松桃苗族自治县寨英镇	19920	23316	19713	7491	58347.4	140	12570
松桃苗族自治县孟溪镇	13240	22812	12647	4720	63958.1	210	7480
松桃苗族自治县乌罗镇	17400	16367	10658	2159	58055.6	20	5436
松桃苗族自治县甘龙镇	11910	19660	12770	1874		22	3367
松桃苗族自治县长兴堡镇	7020	17891	11090	5657	6060.2	20	3646
松桃苗族自治县迓驾镇	7140	14446	8824	2824		200	3331
松桃苗族自治县牛郎镇	9420	13610	9709	1380		20	3045
松桃苗族自治县九江乡	5510	9252	5300	2022	5943.6	6	1008

续表 532　　（贵州省）　　计算单位：公顷、人、万元

名　称	行政区域面积	常住人口	从业人员	二三产业从业人员	工业总产值	城镇建成区面积	城镇建成区常住人口
松桃苗族自治县世昌乡	9450	15917	11870	1740	55160.9		
松桃苗族自治县正大乡	11260	14971	8805	595	32182.2	130	1350
松桃苗族自治县长坪乡	8030	9219	7760	950		15	4120
松桃苗族自治县太平营乡	7390	15843	10750	2600	26261.4		
松桃苗族自治县平头乡	10300	14366	13068	1488	29925.0		
松桃苗族自治县大路乡	7730	18164	11463	4782	15013.5		
松桃苗族自治县妙隘乡	6370	11243	6260	1260		12	1560
松桃苗族自治县冷水溪乡	13540	14742	10200	1294	16067.4		
松桃苗族自治县石梁乡	8310	9182	5313	1070		3	589
松桃苗族自治县瓦溪乡	10810	6436	3135	173		3	507
松桃苗族自治县永安乡	8300	8879	4389	875		43	1350
松桃苗族自治县木树乡	7440	12271	10350	950	2523.3	35	434
松桃苗族自治县黄板乡	10150	18069	10506	738			
松桃苗族自治县沙坝河乡	6820	9400	5776	711		9	4525
兴义市敬南镇	15489	36126	21019	5255	74101.9	17	1586
兴义市泥凼镇	14008	21149	12207	1586	14.0	36	3694
兴义市南盘江镇	14808	18023	13410	2052		12	1328
兴义市捧乍镇	14407	25671	20638	9631	53386.7	67	5443
兴义市鲁布格镇	6149	10420	7078	1043	3064.4	10	3431
兴义市三江口镇	8498	10936	8481	1430	500.0	20	1605
兴义市乌沙镇	13932	27064	18610	5630	82855.3	60	5689
兴义市白碗窑镇	11794	24673	15504	1754	11050.0	20	4145
兴义市马岭镇	3674	20604	8926	2034	225925.6	90	4746
兴义市威舍镇	8872	16749	8430	2513	849992.0	167	9800
兴义市清水河镇	16118	25145	15594	4715	667503.4	50	2192
兴义市顶效镇	18660	74685	27371	17126	233198.7	210	11786
兴义市郑屯镇	15107	22557	16491	6170	108001.4	97	8342
兴义市万屯镇	17798	39969	27023	6020	96062.0	73	7215
兴义市鲁屯镇	6661	21262	14279	6779	0.1	40	6275
兴义市仓更镇	7169	13821	4593	1254	102415.0	15	2323
兴义市七舍镇	13159	18881	13314	2336	250.0	2	3110
兴义市则戎乡	10711	20086	11516	3560		475	4498
兴义市沧江乡	9470	7905	5009	486		34	1100
兴义市洛万乡	16148	10064	5971	247	140.0	2	830
兴义市猪场坪乡	9578	19128	16336	5200	52.1	4	2247
兴义市雄武乡	6824	14180	14120	3105	43438.2	7	14180
兴仁县屯脚镇	12683	22917	20107	2144	19646.0	176	8217
兴仁县巴铃镇	17657	41898	30164	15858	8202.0	388	15027
兴仁县百德镇	9635	28826	7395	6957	3020.0	63	10339
兴仁县雨樟镇	15341	25129	22001	1378	2760.0	104	9013
兴仁县潘家庄镇	10530	24939	28096	9167	248625.0	62	8939
兴仁县回龙镇	11803	31681	24775	4899	47490.0	42	11363
兴仁县下山镇	16511	27651	21968	7373	101484.0	72	9914
兴仁县新龙场镇	9917	24068	15552	3181	88191.0	72	8629
兴仁县大山乡	11252	25825	16097	1178	2283.0	54	9262
兴仁县新马场乡	10580	21889	19083	682	2414.0	52	7850
兴仁县李关乡	6485	12131	9552	1248	22303.0	52	4349
兴仁县田湾乡	8348	21277	14988	626	2903.0	62	7630
兴仁县鲁础营乡	14703	14924	11042	2480	5406.0	32	5349
兴仁县民建乡	8415	12832	9829	1611	4757.0	17	4602

续表 533　　（贵州省）　　计算单位：公顷、人、万元

名　　称	行政区域面　　积	常住人口	从业人员	二三产业从业人员	工　业总产值	城镇建成区 面 积	城镇建成区常住人口
普安县盘水镇	4600	23821	6233	5592	85611.0	236	12201
普安县龙吟镇	17800	15175	14820	684	2450.0	125	1425
普安县罐子窑镇	9100	11106	9668	655	304.0	550	3800
普安县江西坡镇	11100	20605	16600	3767	38638.0	210	1049
普安县三板桥镇	7100	15881	14965	11401	29058.0	165	5241
普安县地瓜镇	10300	19169	12778	2350	15833.0	42	1526
普安县青山镇	11200	25236	15875	4663	13106.0	632	11973
普安县楼下镇	14000	33147	30038	7888	375150.0	190	5244
普安县白沙乡	7000	9029	8604	4610	3460.0		
普安县高棉乡	7300	12902	7211	3169	1125.0		
普安县窝沿乡	6300	15600	14788	452	2610.0		
普安县罗汉乡	10000	15030	12992	3380	1250.0		
普安县新店乡	14200	17923	12804	4081	10113.0		
普安县雪浦乡	12900	21451	13098	468	252.0		
晴隆县莲城镇	7392	28521	11405	3501	18556.0	790	15465
晴隆县沙子镇	11306	18815	12142	1069	37482.0	540	2251
晴隆县碧痕镇	9828	15625	13268	4305	18384.0	580	2989
晴隆县大厂镇	9972	17904	9993	2993	30938.0	205	2985
晴隆县鸡场镇	9987	25665	15270	8827	71820.0	510	4085
晴隆县花贡镇	12903	14972	11673	2421	450.0	710	3386
晴隆县中营镇	8275	17884	9179	1465	76852.0	435	3695
晴隆县光照镇	17031	21069	11295	1874	104755.0	605	3789
晴隆县长流乡	6271	20653	18071	8040	19780.0		
晴隆县大田乡	8681	12168	7860	1021	256.0		
晴隆县马场乡	9661	21602	10461	721	405.0		
晴隆县紫马乡	6984	13066	7548	628	34919.0		
晴隆县安谷乡	10200	16003	8751	701	260.0		
晴隆县三宝彝族乡	2487	4091	2590	316			
贞丰县龙场镇	11487	33745	22422	12000	225168.0	125	4050
贞丰县者相镇	13418	31584	23692	14677	109511.0	199	3219
贞丰县北盘江镇	10808	25637	24769	13518	63730.0	53	1709
贞丰县白层镇	15228	20065	15075	5198	3476.0	20	774
贞丰县鲁贡镇	15740	17768	16761	6636	46678.0	25	2013
贞丰县小屯镇	8793	27615	25249	9056	183191.0	20	1005
贞丰县长田镇	6070	16999	15242	4729	451.0	40	4644
贞丰县沙坪镇	14838	14854	14029	3218	131795.0	27	1777
贞丰县连环乡	7792	12638	10271	5859	72441.0		
贞丰县挽澜乡	9343	13861	13856	8512	121206.0		
贞丰县平街乡	8254	19008	15122	7110	110.0		
贞丰县鲁容乡	13783	13958	10804	5028			
望谟县乐元镇	23660	18583	17076	12117	61.0	351	1341
望谟县打易镇	21110	23162	14775	5986	20.0		
望谟县乐旺镇	21160	15653	11865	4756	6343.6	168	1325
望谟县桑郎镇	11530	8548	5659	2573	8559.0	216	2906
望谟县纳夜镇	11090	7836	7328	4087		25	1164
望谟县新屯镇	18130	23548	15300	8355	50.0	291	1320
望谟县石屯镇	18120	18757	15760	8122			
望谟县蔗香镇	27140	13697	9026	2705	114.0	30	1890
望谟县郊纳镇	11390	13663	12349	6740	52.0	45	1877
望谟县大观镇	16970	12757	7256	4765	16775.0	35	2907

续表 534　　(贵州省)　　计算单位：公顷、人、万元

名　称	行政区域面积	常住人口	从业人员	二三产业从业人员	工业总产值	城镇建成区面积	城镇建成区常住人口
望谟县坎边乡	12930	10779	8650	4845	16.0	16	1135
望谟县岜饶乡	12410	8391	7210	4064		4	307
望谟县昂武乡	9630	7754	7660	4696		250	512
望谟县油迈乡	15020	10106	8650	4670		0	475
望谟县麻山乡	11500	6257	4264	3047			
望谟县打尖乡	10800	7760	4420	2944	12.0	19	2000
册亨县者楼镇	18941	30012	22421	8301	20110.0	210	10890
册亨县坡妹镇	11822	27650	18243	6443		30	1586
册亨县冗渡镇	15895	19712	13490	960	2670.0	51	843
册亨县丫他镇	24603	17729	10621	934	22124.4	186	1287
册亨县巧马镇	23602	13896	8759	2259	42885.4	20	440
册亨县秧坝镇	18216	17626	9050	1630	1000.0	38	1436
册亨县双江镇	23140	11027	7470	1152		50	612
册亨县岩架镇	17439	15086	9705	2055	20260.0	34	721
册亨县八渡镇	22140	9190	6371	2250	235.0	35	510
册亨县庆坪乡	12309	17464	11177	1777	710.0	20	342
册亨县达央乡	19110	10512	7517	1921	1100.0	19	328
册亨县威旁乡	7800	11450	7391	831		12	326
册亨县弼佑乡	20771	14169	8049	569	20.0	18	500
册亨县百口乡	24011	5166	3229	590		18	221
安龙县龙广镇	16631	42654	30398	18580	12400.0	178	26000
安龙县德卧镇	20199	30778	28689	12180	47721.6	18	2388
安龙县万峰湖镇	14053	21339	12021	6723	5978.0	5000	16000
安龙县木咱镇	5530	10781	8435	4900	1000.0	18	2681
安龙县洒雨镇	11468	21718	19767	7671	863.0	60	2655
安龙县普坪镇	13916	14174	14124	5382	540.0	200	2366
安龙县龙山镇	14333	21583	20042	8637	229981.0	250	2458
安龙县戈塘镇	13668	23350	23267	7834	69880.0	103	580
安龙县兴隆镇	18661	22328	22311	3534	465.0	34	10022
安龙县新桥镇	11125	16576	16566	5467	64753.0	210	2820
安龙县海子乡	12910	17900	14890	7645	8060.0	38	1825
安龙县笃山乡	10882	12541	12501	4829	19118.5	963	2547
安龙县平乐乡	12585	12136	7681	4100	18.0	66	1653
安龙县钱相乡	9682	11304	11205	3577	2700.0	1181	3617
安龙县坡脚乡	8879	8134	7245	4180	90.0	56	462
凯里市三棵树镇	14394	41398	20206	9391		150	2890
凯里市舟溪镇	11510	23029	9853	6189		34	6723
凯里市旁海镇	9972	32155	22047	8965		39	1390
凯里市湾水镇	8262	27353	11541	1820		15	2477
凯里市炉山镇	19036	32552	18567	9827		689	13773
凯里市万潮镇	9476	16752	8173	2752		150	2596
凯里市龙场镇	9552	23035	11169	3601		44	1680
凯里市碧波镇	11421	19345	11815	3558		192	2449
凯里市下司镇	15109	25003	17878	8665		1780	8751
凯里市凯棠乡	5126	18776	8444	2568			
凯里市大风洞乡	16833	36050	20455	13650			
黄平县新州镇	31007	62203	40384	24239		471	26998
黄平县旧州镇	22503	37514	35737	16781		220	12580
黄平县重安镇	15611	39722	39338	20087		345	3115
黄平县谷陇镇	22909	50698	42552	20864		140	9120

续表 535　　（贵州省）　　计算单位：公顷、人、万元

名　称	行政区域面积	常住人口	从业人员	二三产业从业人员	工业总产值	城镇建成区面积	城镇建成区常住人口
黄平县平溪镇	10500	10493	8249	3426		10	5157
黄平县野洞河镇	15301	13374	8059	4194			
黄平县浪洞镇	11912	12033	11925	1878			
黄平县上塘镇	14908	9919	8957	1932		136	3567
黄平县一碗水乡	9205	9571	9320	1820			
黄平县纸房乡	8006	7555	7009	3884		102	2140
黄平县翁坪乡	4918	9418	8927	3964			
施秉县城关镇	32875	34480	28600	21577	151084.0	516	33987
施秉县杨柳塘镇	15213	17527	7764	1386	243.0	21	4102
施秉县双井镇	12275	20099	8904	1127	1470.0	35	4032
施秉县牛大场镇	28285	21698	11761	4124	13744.0	684	1532
施秉县白垛乡	19211	8364	3705	251		21	1500
施秉县甘溪乡	10678	7239	3206	194	120.0	21	1500
施秉县马号乡	16892	16110	3987	889	360.0		
施秉县马溪乡	17754	5118	2270	892	400.0	21	3500
三穗县八弓镇	15870	55721	43042	32863		384	29421
三穗县台烈镇	15100	12152	21024	13356		14	3396
三穗县瓦寨镇	8260	20985	20779	9793	2896.3	42	4411
三穗县桐林镇	12890	14545	12765	8454		14	2861
三穗县雪洞镇	9600	13088	12495	7314	964.0	8	1991
三穗县滚马乡	8450	11580	11561	7510			
三穗县长吉乡	9780	15242	14998	9284	2521.0	87	3624
三穗县款场乡	10440	11385	9716	6730			
三穗县良上乡	13190	11287	11249	5338			
镇远县舞阳镇	29950	58985	15343	8675		703	42356
镇远县蕉溪镇	15670	15426	12805	5710		140	1176
镇远县青溪镇	14110	24526	14358	6266		443	6335
镇远县羊坪镇	10370	17895	8468	4237		170	8718
镇远县羊场镇	23150	15698	10146	4392		46	3980
镇远县都坪镇	18790	13519	12145	5089		83	2089
镇远县金堡镇	17930	14097	11642	4337		46	3135
镇远县江古镇	17870	14498	12495	4906		156	3600
镇远县涌溪乡	16060	8818	8146	3518			
镇远县报京乡	6890	6816	5771	2322			
镇远县大地乡	9950	7998	5772	2467		12	410
镇远县尚寨乡	7020	5324	4822	2069			
岑巩县思旸镇	13486	20374	15477	5849		100	17327
岑巩县水尾镇	10073	13455	12684	7089		50	823
岑巩县天马镇	20370	14634	13542	6337		80	892
岑巩县龙田镇	14651	16327	12193	5763		50	2344
岑巩县大有镇	14280	16115	12481	6002		50	2356
岑巩县注溪镇	15657	16506	12168	2956		60	5036
岑巩县凯本镇	15313	13329	10140	4686		60	2805
岑巩县平庄镇	14050	12602	9787	5782		40	3200
岑巩县客楼镇	7026	7019	5972	3261		40	1592
岑巩县天星乡	7664	10336	5542	997			
岑巩县羊桥乡	16080	20203	16526	9143			
天柱县凤城镇	14296	35012	33962	30610		511	33495
天柱县邦洞镇	25145	28541	26217	16569		125	5639
天柱县坪地镇	18623	12876	12444	5724		110	2156

续表 536　　(贵州省)　　计算单位：公顷、人、万元

名　称	行政区域面　积	常住人口	从业人员	二三产业从业人员	工　业总产值	城镇建成区 面 积	城镇建成区常住人口
天柱县兰田镇	19433	20647	19348	9233		154	2085
天柱县瓮洞镇	9038	15163	14210	7692		80	1684
天柱县高酿镇	24386	19920	18884	10716		120	3168
天柱县石洞镇	19860	19869	19014	11151		65	1478
天柱县远口镇	14028	18837	17414	10388		145	3089
天柱县坌处镇	13338	10638	10437	5057		60	1639
天柱县白市镇	13695	23450	21626	13059		160	4775
天柱县社学乡	12648	13715	13160	6374			
天柱县渡马乡	7589	12852	12403	6147			
天柱县注溪乡	4588	3755	3647	2409			
天柱县地湖乡	2928	2976	2800	1792			
天柱县竹林乡	8235	10101	9653	5268			
天柱县江东乡	12280	12048	11450	6326			
锦屏县三江镇	13030	25189	9474	5410		400	21808
锦屏县茅坪镇	4580	3566	2699	1517	7879.3	40	2782
锦屏县敦寨镇	17950	16256	16249	7092	10586.0	500	7131
锦屏县启蒙镇	20490	16409	14981	6027	7100.0	18	2795
锦屏县平秋镇	11010	10931	9850	5198		36	2844
锦屏县铜鼓镇	15030	9954	9563	5314		15	3500
锦屏县平略镇	11700	9144	6563	3700		36	538
锦屏县大同乡	11640	9466	8841	5756	2860.0		
锦屏县新化乡	3500	6580	6012	2480			
锦屏县隆里乡	5390	4118	3989	2421	826.0		
锦屏县钟灵乡	7950	7870	5863	3343	182.0		
锦屏县偶里乡	9150	8553	7401	4302			
锦屏县固本乡	6850	7493	7460	3220		7	960
锦屏县河口乡	12150	10029	9440	5130			
锦屏县彦洞乡	9270	8153	5619	3006			
剑河县柳川镇	23500	17036	13797	6586		221	5980
剑河县岑松镇	14900	18433	15438	7612		217	4628
剑河县南加镇	17900	15179	12684	6290		206	4644
剑河县南明镇	22100	18377	15299	7520		92	5020
剑河县革东镇	13600	30263	29276	16556		953	37324
剑河县太拥镇	26500	12300	9994	4861		65	3245
剑河县磻溪镇	15100	16350	13391	6330		58	2160
剑河县久仰乡	16100	15581	13007	6431		25	2800
剑河县南哨乡	18100	9017	7319	3631		68	2728
剑河县南寨乡	18600	8555	7206	3727		59	2336
剑河县敏洞乡	16600	10636	5828	1422		25	1268
剑河县观么乡	14600	8873	7363	3743		17	1350
台江县台拱镇	22600	35821	26392	11834		1294	23796
台江县施洞镇	10100	13186	11202	5895		1600	5747
台江县南宫乡	27300	13579	10524	5723		2	500
台江县排羊乡	12300	4561	4010	1728		15	107
台江县台盘乡	9600	12967	10232	7295		77	1654
台江县革一乡	9400	11056	9291	4081		21	1014
台江县老屯乡	9500	9237	7453	4776		30	2981
台江县方召乡	10000	10742	10560	5647		2	182
黎平县德凤街道办事处	31000	61938	14783	11514		1023	47880
黎平县中潮镇	29600	21992	20069	8914		91	3403

续表 537 （贵州省） 计算单位：公顷、人、万元

名　　称	行政区域面　积	常住人口	从业人员	二三产业从业人员	工　业总产值	城镇建成区 面 积	城镇建成区常住人口
黎平县孟彦镇	18400	10507	10480	5579		51	2469
黎平县敖市镇	9700	10964	9925	5725		47	3114
黎平县九潮镇	29900	18201	17520	7560		41	3005
黎平县岩洞镇	14600	10441	10341	5235		50	3428
黎平县水口镇	26000	26662	21280	11640		57	3903
黎平县洪州镇	30100	21162	19573	11349		63	3285
黎平县尚重镇	22700	21293	17087	8525		121	3405
黎平县双江镇	26300	16670	12802	5322		44	5778
黎平县肇兴镇	13300	16634	16420	5710		76	3894
黎平县龙额镇	12400	16824	13229	7146		37	2488
黎平县顺化乡	5900	3567	2084	197			
黎平县雷洞乡	8200	9131	6417	2384			
黎平县永从乡	14900	13586	9877	5002			
黎平县罗里乡	16600	11450	4765	2160			
黎平县茅贡乡	17200	12034	11321	6001			
黎平县坝寨乡	13300	9540	6571	573			
黎平县口江乡	11600	7431	6115	2380			
黎平县地坪乡	11800	12614	6845	4792			
黎平县德顺乡	21200	11097	8000	4877			
黎平县大稼乡	11000	9731	9653	4646			
黎平县平寨乡	9100	8115	6967	3291			
黎平县德化乡	11100	6792	6578	2992			
榕江县古州镇	27798	79641	42353	27080		452	63210
榕江县忠诚镇	18077	27072	19317	8909		201	3210
榕江县寨蒿镇	18952	23273	15797	7877		35	5210
榕江县平永镇	15733	19126	14629	6073		85	4021
榕江县乐里镇	18764	24513	13723	4575		69	2780
榕江县朗洞镇	23638	21302	14876	3189		180	2450
榕江县栽麻乡	16494	17796	7972	2868		18	4200
榕江县崇义乡	8929	7033	6398	2786		8	950
榕江县平江乡	17049	12703	8074	3511		15	4211
榕江县三江乡	19903	13610	7657	3668		11	2570
榕江县仁里乡	8217	11248	8667	4579		20	1350
榕江县塔石乡	8972	8741	5871	2172		9	980
榕江县八开乡	23606	20871	13318	2873		23	1880
榕江县定威乡	14469	5876	3842	1609		9	1125
榕江县兴华乡	17582	11313	7000	3588		11	828
榕江县计划乡	26104	11620	7496	1526		5	1134
榕江县水尾乡	17119	3372	2622	730		9	683
榕江县平阳乡	16155	9633	6470	1895		19	1117
榕江县两汪乡	12059	7706	4806	2509		15	1950
从江县丙妹镇	10829	29940	8650	3567		155	19958
从江县贯洞镇	11995	23011	15399	7658		51	7355
从江县洛香镇	12730	21469	14293	3713		45	6771
从江县下江镇	28292	32936	20542	6278		60	3559
从江县宰便镇	17677	12153	6032	3162		54	4125
从江县西山镇	12660	15351	8431	4920		102	3476
从江县停洞镇	12113	26824	11651	6800		31	2210
从江县往洞镇	25713	19443	10987	4796		48	1231
从江县高增乡	14878	16157	8843	2677		202	4496

续表 538 （贵州省） 计算单位：公顷、人、万元

名　　称	行政区域面　　积	常住人口	从业人员	二三产业从业人员	工　业总产值	城镇建成区 面 积	城镇建成区常住人口
从江县谷坪乡	17647	13657	8780	1247		90	1100
从江县雍里乡	18388	16391	9566	2281		21	1260
从江县庆云乡	8551	10690	6721	2711		26	3793
从江县刚边乡	14528	10373	5257	1527		15	1459
从江县加榜乡	20733	9289	5791	467		11	453
从江县秀塘乡	17822	6675	3991	1664		14	680
从江县斗里乡	9788	12848	6680	1504		14	652
从江县翠里乡	16533	11694	7224	2819		20	848
从江县东朗乡	12065	18628	13348	2949		19	2177
从江县加鸠乡	10806	10089	6677	1452		29	1442
从江县加勉乡	15137	7970	4472	1287		30	1502
从江县光辉乡	15536	2879	2065	375		5	273
雷山县丹江镇	13874	34044	32006	16334	56700.0	400	18585
雷山县西江镇	17898	13810	12654	6239		224	5200
雷山县永乐镇	24765	20512	8862	1697		35	2239
雷山县郎德镇	7335	6876	5171	2241		10	1258
雷山县大塘镇	23363	15533	15131	1053	877.0	32	1462
雷山县望丰乡	9870	11924	9773	4748		80	5000
雷山县达地水族乡	7183	9878	5676	1212		50	2818
雷山县方祥乡	16147	4221	3745	1565		15	722
麻江县杏山镇	20245	43105	32048	15900		450	19881
麻江县谷硐镇	18994	19374	15122	6887		130	5668
麻江县宣威镇	22251	24547	20355	5715		1750	3311
麻江县龙山镇	11027	12149	10919	4466		200	2187
麻江县贤昌镇	10380	12261	11648	5006		1067	3770
麻江县坝芒布依族乡	12774	10664	10071	4171			
丹寨县龙泉镇	11897	37908	22356	14603		1529	25656
丹寨县兴仁镇	18930	24265	21266	12116		93	3655
丹寨县排调镇	29363	18232	16313	8403		122	2258
丹寨县扬武镇	14980	35863	24753	13441		198	5010
丹寨县雅灰乡	8670	5372	5140	2253		67	925
丹寨县南皋乡	9930	11697	8557	4302		86	1646
都匀市墨冲镇	33795	47907	28928	12564	86083.0	204	5535
都匀市平浪镇	40124	36043	12757	2125		100	1276
都匀市毛尖镇	25001	21673	14206	7868		7	1128
都匀市匀东镇	49620	91325	45111	21996	273400.0	120	13051
都匀市归兰水族乡	15636	31711	20533	12383		12	263
福泉市凤山镇	11345	24619	11209	3455	9038.2	104	6091
福泉市陆坪镇	36269	47700	17845	2500	31543.0	560	23000
福泉市龙昌镇	13129	22158	13115	9231	214800.0	83	13055
福泉市牛场镇	24332	59222	35510	23193	255063.0	453	30800
福泉市道坪镇	22094	39235	22320	15880	248472.0	39	10235
福泉市仙桥乡	16202	13391	9604	6264			
荔波县朝阳镇	15442	12694	7100	3349	1251.0	85	8042
荔波县茂兰镇	29932	16639	9363	6122	99368.0	98	7366
荔波县甲良镇	24319	29945	20182	7729	11809.0	214	14797
荔波县佳荣镇	35434	15529	13602	7734	21032.0	25	2748
荔波县小七孔镇	30490	28042	17804	6960	11406.0	146	15846
荔波县瑶山瑶族乡	19048	10016	6545	2968	625.0	46	
荔波县黎明关水族乡	48576	19652	11498	5901	1329.0	124	

续表 539　　（贵州省）　　计算单位：公顷、人、万元

名　　称	行政区域面　　积	常住人口	从业人员	二三产业从业人员	工　业总产值	城镇建成区 面 积	城镇建成区常住人口
贵定县新巴镇	8100	10012	5085	1338	53.0	95	6778
贵定县德新镇	19350	24744	15980	4900	21980.8	23	5723
贵定县盘江镇	19720	26771	11615	2328	82063.0	166	4441
贵定县沿山镇	17870	21836	9790	3517	9388.4	100	4124
贵定县昌明镇	43830	48973	27319	7351	145623.1	350	7594
贵定县云雾镇	32800	33017	11096	3700	14321.6	110	5135
瓮安县平定营镇	8300	23342	8474	962	7220.0	10	3500
瓮安县中坪镇	15800	23844	6870	956		171	4424
瓮安县建中镇	22320	28131	17120	1580	90500.0	200	3840
瓮安县永和镇	17880	27644	13894	1544	101000.0	60	1230
瓮安县珠藏镇	27830	41360	20177	1643		225	15635
瓮安县玉山镇	13470	26231	8224	548	131570.0	51	9097
瓮安县天文镇	11940	14901	5420	282		50	2574
瓮安县银盏镇	19750	30628	13658	2045	204200.0	785	20626
瓮安县猴场镇	22700	42620	17422	3152		539	29410
瓮安县江界河镇	16760	22036	15911	500		190	2349
瓮安县岚关乡	11600	14385	2992	1390			
独山县百泉镇	36188	88619	41284	37243	405444.0	6071	39261
独山县影山镇	20700	16800	11594	6312	27986.0	250	3485
独山县基长镇	27823	52680	39550	17927	26200.0	170	15308
独山县下司镇	28400	28304	16378	5252	15000.0	53	2976
独山县麻尾镇	47346	52384	32697	16663	352845.0	200	7258
独山县麻万镇	14093	35052	20764	11773	209320.0	299	25091
独山县上司镇	55550	45648	27687	12947	37757.0	234	12052
独山县玉水镇	14400	19335	18019	8359	18452.0	40	3621
平塘县平舟镇	34940	48779	37679	20755	121868.0	705	30621
平塘县牙舟镇	38401	23767	20841	8432	10449.0	887	11100
平塘县通州镇	31685	25450	20556	7635	36932.0	657	10841
平塘县大塘镇	28954	18651	16653	6360	9133.0	533	7827
平塘县克度镇	27782	29429	24884	11803	8780.0	525	8795
平塘县塘边镇	19427	24246	18578	6409		331	2644
平塘县甲茶镇	32848	24098	21718	9072	8520.0	542	6765
平塘县者密镇	37040	23544	19523	5702	4727.0	764	5800
平塘县四寨镇	20675	11015	9857	5298	2816.0	178	1052
平塘县卡蒲毛南族乡	6012	9830	8491	2727	7915.0		
罗甸县龙坪镇	49956	63158	46358	15318	217199.4	1100	44152
罗甸县边阳镇	52212	59134	46672	14492	13139.1	387	12473
罗甸县沫阳镇	40590	36090	19337	10017	8418.4	7071	14332
罗甸县逢亭镇	22097	16469	15420	7341	35465.0	15	5500
罗甸县罗悃镇	32645	20505	19075	9950	59178.0	14	9968
罗甸县茂井镇	31462	19491	14313	7437	65.0	200	780
罗甸县红水河镇	33346	15201	14911	7625	3099.1	14	4825
罗甸县木引镇	17712	16807	5371	1121	193.0	80	2650
罗甸县凤亭乡	21285	9644	6223	1201			
长顺县长寨镇	33500	68033	24003	7679	3366195.0	724	25164
长顺县广顺镇	38700	68396	47099	17279	706235.0	580	10356
长顺县摆所镇	21900	41131	15960	1691	8400.0	177	15296
长顺县代化镇	16400	26848	8285	1352	60.0	195	3564
长顺县白云山镇	13000	20664	12287	4867	50847.0	43	2998
长顺县鼓扬镇	23991	25912	10599	1789	68.0	76	2384

续表 540 （贵州省、云南省） 计算单位：公顷、人、万元

名称	行政区域面积	常住人口	从业人员	二三产业从业人员	工业总产值	城镇建成区面积	城镇建成区常住人口
长顺县敦操乡	6700	7806	3860	1272	2580.0		
龙里县龙山镇	31950	23396	14022	5562	223209.0	48	4789
龙里县醒狮镇	17800	14027	11223	3534	74018.0	45	4608
龙里县谷脚镇	22400	18838	19686	13669	837106.0	89	4012
龙里县湾滩河镇	24400	30168	20472	3576	30178.0	10	1200
龙里县洗马镇	32050	29674	29874	10454	50775.0	680	6573
惠水县好花红镇	25290	44633	41034	19875	14729.0	170	11296
惠水县摆金镇	33910	46746	44945	18744	14123.1	90	9102
惠水县雅水镇	26800	29282	27179	15968	5297.6	43	5430
惠水县断杉镇	35910	34521	33437	16200	5036.5	83	6345
惠水县芦山镇	9150	16868	14322	9057	2270.4	230	3809
惠水县王佑镇	19280	26894	25060	15155	8195.5	31	5336
惠水县羡塘镇	22740	21882	20911	11374	1702.8	29	3478
惠水县岗度镇	28530	18503	17106	10095	10318.3	25	3960
三都水族自治县三合街道办事处	27720	53261	24467	14747	19563.3	550	22121
三都水族自治县大河镇	30260	57000	38183	10403	2608.0	2095	1732
三都水族自治县普安镇	16670	44863	24352	10297	3020.0	653	3899
三都水族自治县都江镇	59663	53011	31272	15264	2729.0	253	5348
三都水族自治县中和镇	38161	65855	42260	12236	1940.0	895	8642
三都水族自治县周覃镇	29836	54080	32363	9302	1809.0	731	6629
三都水族自治县九阡镇	38190	29762	20834	5516	1369.0	3361	2258
云南省							
东川区汤丹镇	28786	44671	26054	11949	154451.0	196	9342
东川区因民镇	12625	11843	9694	6903	103751.0	27	8614
东川区阿旺镇	28066	34817	21297	8791	16191.0	30	2045
东川区乌龙镇	15000	16154	15076	8232	1046.0	200	7457
东川区红土地镇	32293	23208	11733	3826	150.0	450	636
东川区拖布卡镇	19208	30590	21214	1039	15471.0	81	8800
东川区舍块乡	16618	8192	3871	2464	4156.0	3	158
晋宁县晋城镇	25148	103133	58908	17354	355219.0	400	40788
晋宁县二街镇	16348	17293	9095	3092	371000.0	456	3456
晋宁县上蒜镇	12726	32979	21581	7105	124848.0	274	6392
晋宁县六街镇	10860	14159	8599	1023	80000.0	47	4519
晋宁县双河彝族乡	15203	8316	5995	1267	13826.0		
晋宁县夕阳彝族乡	15609	6716	6045	2537	9986.0		
富民县罗免镇	12500	15416	8665	3388	22539.0	300	14429
富民县赤鹫镇	16700	9903	5858	1054	13723.0	55	4200
富民县东村镇	12460	13504	8613	2422	4846.0	21	4780
富民县款庄镇	18500	24363	14522	6126	24375.0	400	8355
富民县散旦镇	10100	11856	7468	2293	9590.0	26	3420
宜良县北古城镇	25862	58896	36908	10447	766323.0	360	6795
宜良县狗街镇	20749	61959	39073	14620	78295.0	158	11629
宜良县竹山镇	25200	28043	18546	3909	5870.0	30	2416
宜良县马街镇	11282	18549	11247	3903	8258.0	113	3533
宜良县耿家营乡	19433	18373	11047	2305	73740.0		
宜良县九乡乡	30164	16821	11441	2024	1667.0		
石林彝族自治县西街口镇	29147	18881	12283	2644	12000.0	26	2095
石林彝族自治县长湖镇	29912	16761	10346	901	4103.0	52	1124
石林彝族自治县圭山镇	32043	24662	19720	9859	169440.0	380	2238
石林彝族自治县大可乡	10498	16060	9687	1933	13550.0		

续表 541　　(云南省)　　计算单位：公顷、人、万元

名　　称	行政区域面　　积	常住人口	从业人员	二三产业从业人员	工　业总产值	城镇建成区 面 积	城镇建成区常住人口
嵩明县小街镇	12100	69840	35084	16808	174672.0	330	19034
嵩明县杨林镇	16270	61872	27439	13570	266402.0	500	11821
嵩明县牛栏江镇	20900	57783	31069	11296	37079.0	32	8430
禄劝彝族苗族自治县撒营盘镇	51160	43071	27615	2015	200.0	140	8155
禄劝彝族苗族自治县转龙镇	25340	30663	20080	4933	1760.0	300	6955
禄劝彝族苗族自治县茂山镇	23700	37955	21091	6084	130.0	12	9700
禄劝彝族苗族自治县团街镇	19160	26268	2864	1606	480.0	18	765
禄劝彝族苗族自治县中屏镇	25010	18927	18622	9518	4126.0	68	1797
禄劝彝族苗族自治县皎平渡镇	25080	21722	13963	3598		30	578
禄劝彝族苗族自治县乌东德镇	18720	13725	10632	2828	1042.0	17	2240
禄劝彝族苗族自治县翠华镇	31010	38288	20867	4296	2012.0	60	4626
禄劝彝族苗族自治县九龙镇	37850	43259	7414	5379	4328.0	38	4350
禄劝彝族苗族自治县云龙乡	27590	10657	5616	574		40	660
禄劝彝族苗族自治县汤郎乡	21250	14590	8428	1080			
禄劝彝族苗族自治县马鹿塘乡	22220	20855	11058	4155	105.0	40	1450
禄劝彝族苗族自治县则黑乡	33640	28458	16765	3838	95.0	45	1476
禄劝彝族苗族自治县乌蒙乡	17980	17082	11426	3375		2	2500
禄劝彝族苗族自治县雪山乡	13380	12073	6007	2373	212.0	75	1700
寻甸回族彝族自治县羊街镇	16800	48196	27293	8802	61736.0	135	4495
寻甸回族彝族自治县柯渡镇	27196	31650	20932	7117	6121.0	68	1890
寻甸回族彝族自治县倘甸镇	21220	44339	25175	4273	11729.0	144	9500
寻甸回族彝族自治县功山镇	40465	41957	24316	7584	960.0	150	1846
寻甸回族彝族自治县河口镇	44100	36293	21543	3889	640.0	80	2659
寻甸回族彝族自治县七星镇	12700	19443	10594	1616	200.0	26	1219
寻甸回族彝族自治县先锋镇	15600	24083	12595	2771	153500.0	19	3595
寻甸回族彝族自治县鸡街镇	22680	31068	20048	4633	505.0	158	5350
寻甸回族彝族自治县凤合镇	22340	39535	25815	5765	3360.0	104	1425
寻甸回族彝族自治县六哨乡	24600	17140	11677	940			
寻甸回族彝族自治县联合乡	16590	12882	7320	1073	2280.0	42	1020
寻甸回族彝族自治县金源乡	15400	19670	18417	8778	1700.0	20	1129
寻甸回族彝族自治县甸沙乡	20653	19642	13090	1928			
麒麟区越州镇	26200	79898	45363	18187	1253952.0	360	8225
麒麟区东山镇	40700	81523	41634	9237	214560.0	168	6092
麒麟区茨营镇	19400	30757	23094	8573	149567.0	180	1023
马龙县马过河镇	13100	15005	9846	2116	49841.0	3	1134
马龙县纳章镇	15700	13999	8423	710	12356.0	20	2987
马龙县马鸣乡	23900	12871	7996	896	73300.0	49	5500
马龙县大庄乡	13400	13353	8309	910	104000.0	15	2612
马龙县月望乡	22500	28884	18627	3792	8000.0	45	4962
陆良县板桥镇	17788	93985	50929	17916	27500.0	17	12516
陆良县三岔河镇	12140	108816	60263	22455	59297.0	250	15010
陆良县马街镇	16412	105932	52265	11367	134996.0	2256	28923
陆良县召夸镇	18790	29849	16974	2388	58450.0	200	4127
陆良县大莫古镇	21590	45786	27804	5683	148214.0	200	8482
陆良县芳华镇	23400	33850	18821	4770	18018.0	150	5509
陆良县小百户镇	44987	42170	28687	5053	23396.0	147	5814
陆良县活水乡	20235	25565	14666	1210	10200.0		
陆良县龙海乡	17550	27626	17525	5090	9126.0		
师宗县雄壁镇	22500	50900	23940	8322	127979.0	120	8776
师宗县葵山镇	11544	37832	20660	4522	681.0	74	8147

续表 542　　　　（云南省）　　　　计算单位：公顷、人、万元

名　　称	行政区域面　　积	常住人口	从业人员	二三产业从业人员	工　业总产值	城镇建成区 面 积	城镇建成区常住人口
师宗县彩云镇	18260	36553	20973	2674	1936.0	130	10281
师宗县竹基镇	22481	45100	29502	4937		141	11325
师宗县龙庆乡	50120	38106	22876	2220	1020.0		
师宗县五龙乡	47611	32158	20030	4865	1249.0		
师宗县高良乡	56138	26836	13772	2383			
罗平县板桥镇	18300	54260	32624	11582	60.0	400	18463
罗平县马街镇	26600	62987	35103	1712	3760.7	190	7380
罗平县富乐镇	20800	50679	28898	6239	2314.0	383	6590
罗平县阿岗镇	37200	66261	39908	7517	50063.0	250	8265
罗平县大水井乡	26100	26611	15664	4177	1720.0		
罗平县鲁布革乡	24900	18515	9010	1300	4100.0	38	2217
罗平县旧屋基乡	11900	10870	5919	2661	14.0		
罗平县钟山乡	20800	24801	13521	1368	3160.0	133	2902
罗平县长底乡	9700	13788	8961	3632	365.0	35	2198
罗平县老厂乡	20400	34790	24746	5424	8411.0		
富源县营上镇	16066	75637	51825	16381	47783.0	405	31305
富源县黄泥河镇	27183	53430	42791	10111	5500.0	430	24698
富源县竹园镇	16405	49192	26020	9017	108323.0	120	7041
富源县后所镇	43000	62041	43698	12118	103407.0	250	17892
富源县大河镇	24700	83273	35229	7100	42450.0	150	12100
富源县墨红镇	49550	60301	24147	2667	65071.0	156	4160
富源县富村镇	33600	94986	94884	8467	28922.0	300	29897
富源县十八连山镇	33400	66355	37767	15980	73955.0	191	14000
富源县老厂镇	23600	48362	25042	10459	148000.0	265	1943
富源县古敢乡	7654	12990	7671	2836	2472.0	106	3092
会泽县娜姑镇	25800	61118	53043	17072	1825.0	80	4713
会泽县迤车镇	46200	83427	49322	19757	900.0	514	28126
会泽县乐业镇	36200	62827	39694	12285	2294.0	127	8431
会泽县矿山镇	22500	22141	15537	5155	4620.0	88	3223
会泽县者海镇	36500	85537	50366	24549	19182.1	219	34930
会泽县大井镇	25300	37892	26998	8737	940.0	67	4291
会泽县待补镇	35200	45390	31668	18616	6188.0	200	8912
会泽县大海乡	31100	25384	17139	3983	4950.0		
会泽县老厂乡	16300	19570	15519	2541	800.0		
会泽县五星乡	20900	28347	18479	3143	3308.0		
会泽县大桥乡	22200	30911	21132	4889	352.0		
会泽县纸厂乡	9800	17557	10616	2374			
会泽县马路乡	19600	26477	14996	2463			
会泽县火红乡	26800	31790	19994	5382	3850.0		
会泽县新街乡	25200	31394	22095	9304	2990.0		
会泽县雨碌乡	24500	37046	25598	13518	2175.0		
会泽县鲁纳乡	17500	18234	14585	8017			
会泽县上村乡	27000	30583	20477	2757			
会泽县驾车乡	29300	23161	15880	3749	130.0		
会泽县田坝乡	32600	31114	28201	10710	219.0		
沾益县白水镇	35135	40621	20196	6676	1462836.0	19	5640
沾益县盘江镇	22186	79331	35953	20945	1220663.0	66	31540
沾益县炎方乡	45100	42314	15032	1732	196000.0		
沾益县播乐乡	28030	35057	20385	5865	26626.0		
沾益县大坡乡	48400	47366	27358	2444	3120.0		

续表 543　　（云南省）　　计算单位：公顷、人、万元

名　称	行政区域面积	常住人口	从业人员	二三产业从业人员	工业总产值	城镇建成区面积	城镇建成区常住人口
沾益县菱角乡	51165	47539	24998	1470	41892.0		
沾益县德泽乡	15435	20689	10573	2221	33582.0		
宣威市格宜镇	24400	55363	36011	9101	10400.0	200	10281
宣威市田坝镇	27000	66985	32578	13224	49085.0	246	13320
宣威市羊场镇	26900	45893	30966	7354	219000.0	100	10136
宣威市倘塘镇	38440	92279	50795	8664	32800.0	90	11843
宣威市落水镇	23120	38004	22920	8899	16900.0	88	8119
宣威市务德镇	44900	40155	30558	9301	2013.0	70	4090
宣威市海岱镇	21900	57792	29453	11781	11740.0	200	16780
宣威市龙场镇	26169	43227	31050	16216	114497.0	203	12634
宣威市龙潭镇	31800	54453	33062	18700	18160.0	101	9623
宣威市热水镇	60900	79277	51630	4553	1077.0	21	6624
宣威市宝山镇	23100	59844	40607	14444	30775.0	170	8263
宣威市东山镇	29200	57106	30331	10128	50500.0	46	7298
宣威市普立乡	17200	44204	26749	3960	1620.0		
宣威市西泽乡	36000	35859	24249	10524	1240.0		
宣威市得禄乡	21400	31484	22330	4958	640.0	100	8746
宣威市杨柳乡	16100	47072	22356	1942	5127.0		
宣威市双河乡	11130	35976	25723	1193	9650.0		
宣威市乐丰乡	24400	49160	30612	4478	28000.0		
宣威市文兴乡	13529	56380	27991	8151	22798.0	68	8500
宣威市阿都乡	12566	38128	21362	207	467.0		
红塔区小石桥乡	7303	6472	5211	1793	16907.0	166	2574
红塔区洛河乡	17061	9845	6680	2119	16289.7	39	1251
江川县江城镇	17800	71278	45476	11146	58133.0	120	8701
江川县前卫镇	8900	47043	30148	9260	96148.0	40	6729
江川县九溪镇	11400	27587	16779	4463	15757.0	38	3937
江川县路居镇	8100	28341	17575	4922	15383.0	17	5448
江川县安化彝族乡	9560	9146	5920	896	5829.0	20	2203
江川县雄关乡	6367	10897	7053	975	19264.0	21	4251
澄江县右所镇	7920	39581	26142	5769	127977.0	305	15436
澄江县阳宗镇	14346	25200	13210	2366	26000.0	3	3849
澄江县海口镇	10270	11338	7679	783	6950.0	55	2326
澄江县九村镇	11015	12087	9333	1483	278580.4	100	1730
通海县杨广镇	9700	50419	30868	6323	103751.0	134	12747
通海县河西镇	18804	49825	30464	10195	161626.0	135	6499
通海县四街镇	7436	43947	27690	8980	300560.0	350	10525
通海县纳古镇	1200	13924	4614	3639	800003.0	215	8873
通海县里山乡	10011	8747	5749	843	110200.0	42	2516
通海县高大乡	11000	11109	7777	1147	19297.0	45	1852
通海县兴蒙乡	447	5644	3676	1235	9200.0	62	3705
华宁县盘溪镇	17690	53036	31646	9790	188959.0	234	20163
华宁县华溪镇	15100	13677	9351	744	5596.0	60	5119
华宁县青龙镇	43315	53806	31189	4298	75368.0	62	13667
华宁县通红甸乡	11500	8573	6526	347	3942.0	15	870
易门县绿汁镇	23170	14606	8698	2222	24433.0	54	5453
易门县浦贝彝族乡	17890	16568	11190	4667	69940.0	76	4580
易门县十街彝族乡	15944	12685	8351	2493	3967.0	11	2198
易门县铜厂彝族乡	29269	19175	11512	2125	5685.0	19	3778
易门县小街乡	15470	12995	7392	1990	1618.0	63	2226

续表 544 （云南省） 计算单位：公顷、人、万元

名　　称	行政区域面　　积	常住人口	从业人员	二三产业从业人员	工　业总产值	城镇建成区 面 积	城镇建成区常住人口
峨山彝族自治县甸中镇	24900	19936	12093	3734	26301.0	40	5782
峨山彝族自治县化念镇	24600	13740	8191	2785	75975.0	20	747
峨山彝族自治县塔甸镇	21900	14314	8549	1822	23650.0	52	3229
峨山彝族自治县岔河乡	24500	10187	6043	1847		32	335
峨山彝族自治县大龙潭乡	32200	13138	8154	1583	379.0	24	535
峨山彝族自治县富良棚乡	19300	10868	6850	914	1950.0	99	1460
新平彝族傣族自治县扬武镇	48700	22809	13462	4952	874740.0	210	5969
新平彝族傣族自治县漠沙镇	68400	47216	29461	7830	20760.0	163	5354
新平彝族傣族自治县戛洒镇	41079	38630	21930	6663	662804.0	290	30153
新平彝族傣族自治县水塘镇	30200	21586	13086	3156	7238.0	29	3752
新平彝族傣族自治县平甸乡	43560	14365	8776	1396	67.0		
新平彝族傣族自治县新化乡	49000	24349	19275	4873	202.0	42	1772
新平彝族傣族自治县建兴乡	20500	10203	10200	3192	1292.0	24	1575
新平彝族傣族自治县老厂乡	44221	16850	10974	2907	1562.0	15	669
新平彝族傣族自治县者竜乡	30600	12109	7437	1777	565.0	9	535
新平彝族傣族自治县平掌乡	24400	11209	8869	1494	735.0	17	1465
元江哈尼族彝族傣族自治县曼来镇	39400	33835	18372	2362	231.0	141	2903
元江哈尼族彝族傣族自治县因远镇	32980	28324	17338	2189	60100.0	58	5605
元江哈尼族彝族傣族自治县龙潭乡	27200	5535	4998	1532		8	1186
元江哈尼族彝族傣族自治县羊街乡	16100	17593	9185	2091	292.0	20	1558
元江哈尼族彝族傣族自治县那诺乡	15200	16276	12982	3478		9	1056
元江哈尼族彝族傣族自治县洼垤乡	32900	9428	5920	1295	3053.0	19	1633
元江哈尼族彝族傣族自治县咪哩乡	19013	14527	9108	850	120.0	17	1159
隆阳区板桥镇	34600	103058	47055	25603	241566.0	350	8655
隆阳区河图镇	18900	49092	30060	15728	15627.0	150	6440
隆阳区汉庄镇	21700	76189	38127	13056	216000.0	349	9165
隆阳区蒲缥镇	31200	51621	29069	4873	54109.0	120	5760
隆阳区瓦窑镇	44600	38691	22034	5788	136200.0	120	6324
隆阳区潞江镇	75600	76083	42908	4034	67903.0	1485	8000
隆阳区金鸡乡	5200	27710	17024	9136	22097.0	161	6591
隆阳区辛街乡	14100	69453	39012	9095	57202.0	38	6072
隆阳区西邑乡	25600	60065	35372	3819	23574.0	24	645
隆阳区丙麻乡	22900	26978	17831	2973	6783.0	12	1229
隆阳区瓦渡乡	23400	24234	14178	1973	5913.0	35	835
隆阳区水寨乡	10700	14496	7796	1016	3856.0	25	2025
隆阳区瓦马彝族白族乡	30700	25805	14380	1330	944.0	15	1641
隆阳区瓦房彝族苗族乡	30000	32704	13776	1857	9639.0	27	1017
隆阳区杨柳白族彝族乡	49200	39241	23294	2518	19605.0	17	870
隆阳区芒宽彝族傣族乡	54400	44128	28646	9066	78827.0	120	1760
施甸县甸阳镇	13200	51355	21481	8613	30021.0	32	29393
施甸县由旺镇	11700	37274	24346	7646	39651.0	134	5154
施甸县姚关镇	19500	37149	18473	5299	27833.0	98	6000
施甸县仁和镇	13900	53767	30310	7683	20953.0	156	6922
施甸县太平镇	23684	30873	19655	3939	5976.0	85	3437
施甸县万兴乡	9500	14185	10050	2566	7592.0	33	456
施甸县摆榔彝族布朗族乡	8040	7368	4225	1185	259.0	5	263
施甸县酒房乡	31800	25930	15074	1344	17782.0	3	718
施甸县旧城乡	22600	15438	10285	1973	44431.0	89	5884
施甸县木老元布朗族彝族乡	7700	5723	4005	1223	512.0	24	1572
施甸县老麦乡	11200	21893	12964	966	517.0	3	485

续表 545　　　　(云南省)　　　　计算单位：公顷、人、万元

名　　称	行政区域面　积	常住人口	从业人员	二三产业从业人员	工　业总产值	城镇建成区 面 积	城镇建成区常住人口
施甸县何元乡	13800	15907	9595	1434	4037.0	17	2403
施甸县水长乡	9500	17813	9677	1343	67273.0	40	659
腾冲县腾越镇	28000	123951	46684	20664	449203.0	4233	74805
腾冲县固东镇	24200	44080	27763	11699	89000.0	280	5723
腾冲县滇滩镇	40400	28400	17374	7518	118000.0	589	5120
腾冲县猴桥镇	110600	30701	16554	3833	45200.0	200	5981
腾冲县和顺镇	1800	6825	4771	2166	40682.0	1800	6825
腾冲县界头镇	83900	70218	45634	9945	1228.0	67	5686
腾冲县曲石镇	37300	45994	26774	5296	27015.0	180	3976
腾冲县明光镇	73100	40370	25245	8241	69700.0	548	6007
腾冲县中和镇	41200	40877	22485	4446	48000.0	375	4906
腾冲县芒棒镇	29600	44239	24094	2616	11000.0	150	2673
腾冲县荷花镇	13200	28739	18736	9288	140973.0	550	9862
腾冲县马站乡	16800	28700	9490	3520	29000.0	100	5192
腾冲县北海乡	18100	24819	12111	4476		4	345
腾冲县清水乡	9900	16741	8914	1935	4020.0	40	2080
腾冲县五合乡	16900	35495	15352	4053	2210.0	80	2660
腾冲县新华乡	12100	17860	10941	1524	10100.0	50	2000
腾冲县蒲川乡	17500	29211	15516	2897	19854.0	14	2210
腾冲县团田乡	9900	19782	9347	2328	9140.0	55	3379
龙陵县龙山镇	31754	54657	19185	4540	404975.0	480	33594
龙陵县镇安镇	25620	44103	23288	2461	45610.0	87	8700
龙陵县勐糯镇	22782	16307	8599	1490	89155.0	147	8645
龙陵县龙江乡	19480	30230	16284	1341	6901.0	24	7630
龙陵县腊勐乡	18194	20618	13127	864	10864.0	20	2832
龙陵县碧寨乡	28314	21297	12520	1703	22748.0	23	6500
龙陵县龙新乡	31810	28958	17738	2460	74199.0	14	3480
龙陵县象达乡	42587	33696	21087	4282	18883.0	24	6235
龙陵县平达乡	35620	26395	17899	5728	14366.0	34	5240
龙陵县木城彝族傈僳族乡	23420	8257	5539	831	1238.0	15	1884
昌宁县田园镇	25600	62139	27897	14187	330521.0	870	34958
昌宁县漭水镇	31100	26932	15641	3594	21689.0	25	4876
昌宁县柯街镇	21100	32859	19814	3910	49562.0	150	3945
昌宁县卡斯镇	24400	39564	23183	4455	59411.0	122	3693
昌宁县勐统镇	29800	25401	15526	3891	45198.0	60	1458
昌宁县温泉镇	22500	26836	15556	2443	39925.0	240	3000
昌宁县大田坝镇	31200	22198	13145	2770	16300.0	12	2182
昌宁县鸡飞镇	33800	19525	12255	1960	9001.0	55	1710
昌宁县翁堵镇	19100	14785	10039	645	17466.0	3	347
昌宁县湾甸傣族乡	31600	17055	11773	1982	99622.0	72	5436
昌宁县更戛乡	54700	25221	14783	1102	20057.0	2	3869
昌宁县珠街彝族乡	28100	14880	9421	1199	10020.0	13	354
昌宁县耈街彝族苗族乡	35800	23987	13910	1438	22540.0	13	319
昭阳区旧圃镇	8740	68445	56106	24041	4213.0	42	6882
昭阳区永丰镇	9140	42389	16327	4933	6532.0	71	3890
昭阳区北闸镇	12279	55923	36221	14914	90582.0	254	4837
昭阳区盘河镇	15380	26313	12862	4921	2994.0	1	855
昭阳区靖安镇	17608	41998	22519	1381	2460.0	2	2002
昭阳区洒渔镇	20622	51801	33790	2566	2190.0	155	4893
昭阳区乐居镇	8295	25002	19086	12341	2040.0	33	4888

续表 546 （云南省） 计算单位：公顷、人、万元

名　　称	行政区域面　积	常住人口	从业人员	二三产业从业人员	工　业总产值	城镇建成区 面 积	城镇建成区常住人口
昭阳区苏家院镇	10939	35305	17952	6192	762.0	20	861
昭阳区大山包镇	19200	17692	9192	757		15	1098
昭阳区炎山镇	7760	15191	11846	2406		76	2124
昭阳区布嘎回族乡	9390	32480	18401	1570	48.0		
昭阳区守望回族乡	6837	43929	21812	6292	1755.0		
昭阳区小龙洞回族彝族乡	12332	33172	18986	3470	1340.0		
昭阳区青岗岭回族彝族乡	11120	27980	14581	6414	3866.0		
昭阳区苏甲乡	21298	28113	14865	1880	75.0		
昭阳区大寨子乡	7800	16027	8351	1919			
昭阳区田坝乡	5671	14296	7072	474			
鲁甸县文屏镇	8531	77854	32806	16142	68620.0	272	33459
鲁甸县水磨镇	26862	35071	22250	7291	185.0	20	1596
鲁甸县龙头山镇	21213	48970	27278	1832	11106.0	30	3304
鲁甸县小寨镇	9692	18671	13664	1239	2138.0	4	6897
鲁甸县江底镇	14142	27697	27177	1754	5510.0	15	405
鲁甸县火德红镇	9093	19490	10673	2089	7236.0	4	1045
鲁甸县龙树镇	11231	35942	22946	5998	2952.0	50	5652
鲁甸县新街镇	11310	18381	11415	405	1450.0	38	3849
鲁甸县梭山镇	13620	26195	15717	6064	11310.0	4	589
鲁甸县乐红镇	12718	34538	16874	3748	42934.0	15	2575
鲁甸县桃源回族乡	6037	35026	18381	2136	60920.0		
鲁甸县茨院回族乡	3956	27790	15872	4602	148720.0		
巧家县白鹤滩镇	33323	100520	50881	21846	60184.0	76	43687
巧家县大寨镇	19780	35286	22253	2988	711.2	150	7870
巧家县小河镇	18910	38637	23211	1111	1799.0	25	869
巧家县药山镇	38710	40250	24176	5147	983.4	28	2174
巧家县马树镇	29630	33227	20851	761	232.8	26	3714
巧家县老店镇	43430	53397	41192	2051	286.0	11	1046
巧家县茂租镇	13430	18465	9094	924	5002.0	25	856
巧家县东坪镇	15920	25027	14596	1119	1891.0	56	5321
巧家县新店镇	15600	29275	19416	991	10687.0	11	2700
巧家县崇溪镇	24950	34363	20604	2378		100	3704
巧家县金塘镇	12670	16639	10423	1862	146.0	11	1362
巧家县蒙姑镇	12630	14652	7568	360	2330.0	30	500
巧家县红山乡	10950	16020	11653	825	728.0	1	652
巧家县包谷垴乡	12549	22219	15918	1212	275.0	35	602
巧家县中寨乡	8460	12407	9427	1349	90.0	5	785
巧家县炉房乡	13360	17987	16984	339	204.0	1	604
盐津县盐井镇	23400	58196	20705	9442	20235.0	174	23991
盐津县普洱镇	37300	64827	28351	6982	8550.0	150	7182
盐津县豆沙镇	15600	22213	10341	3113	400.0	1	3380
盐津县中和镇	24000	36308	16960	7851	2156.0	200	7807
盐津县庙坝镇	33600	48992	21175	9529	3728.0	50	2776
盐津县柿子镇	17400	24427	10988	4648	90573.0	6	4081
盐津县兴隆乡	15500	37042	18152	8351	2927.0		
盐津县落雁乡	13000	26733	13593	5543	1096.0		
盐津县滩头乡	13700	28739	13427	5666	3810.0		
盐津县牛寨乡	15700	33884	20706	7533	364.0		
大关县翠华镇	15481	41357	16454	5497	48830.0	622	12326
大关县玉碗镇	10207	15754	8777	3951	10800.0	450	4610

续表 547　　（云南省）　　计算单位：公顷、人、万元

名　　称	行政区域面　　积	常住人口	从业人员	二三产业从业人员	工　业总产值	城镇建成区 面 积	城镇建成区常住人口
大关县吉利镇	12627	13510	8803	1098	18014.0	125	1326
大关县天星镇	41003	59425	31230	5217	20328.0	880	4682
大关县木杆镇	24114	26866	13704	2315	700.0	50	1727
大关县悦乐镇	15028	30531	18553	3761	110.0	30	1916
大关县寿山镇	18220	28945	12926	4059	69680.0	8	1197
大关县高桥镇	24779	19742	10020	1820	1420.0	15	1962
大关县上高桥回族彝族苗族乡	10641	18933	5596	2042			
永善县溪洛渡镇	33552	96784	40366	13453	727786.0	635	49906
永善县桧溪镇	9150	16657	9041	2886	10150.0	52	1970
永善县黄华镇	20127	54718	28860	11400	8520.0	190	8544
永善县茂林镇	26567	19373	13021	2170	3160.0	150	2811
永善县大兴镇	14089	30644	17660	6601	21650.0	53	6425
永善县莲峰镇	28661	36652	17640	3821	2956.0	175	1765
永善县务基镇	13451	24208	15943	2395	2133.0	200	1328
永善县码口镇	14493	25536	16631	3509	3623.0	121	2550
永善县团结乡	19829	20275	10486	1678	5263.0	100	751
永善县细沙乡	15993	19191	11091	1810	4253.0	162	1783
永善县青胜乡	9215	11263	6093	1603	1350.0	20	1389
永善县马楠苗族彝族乡	20971	9931	5844	699	1502.0	18	899
永善县水竹乡	17915	7102	5131	760	1306.0	13	853
永善县墨翰乡	16552	22833	13341	3403	5896.0	80	950
永善县伍寨彝族苗族乡	17259	11931	6821	1763	1532.0	10	191
绥江县中城镇	24597	73560	24339	7624	18655.6	560	37698
绥江县南岸镇	8400	15449	7685	2605	115.0	27	4042
绥江县新滩镇	8210	20312	17223	2813	17192.0	16	5762
绥江县会仪镇	10100	17467	8511	6661	4012.0	36	5268
绥江县板栗镇	22792	18479	8433	945	12631.0	1774	1504
镇雄县乌峰镇	13039	140421	40207	14924	199600.0	2050	77803
镇雄县泼机镇	12740	122886	50829	16161	63583.0	85	9028
镇雄县黑树镇	8707	28862	14199	4427	500.0	200	5290
镇雄县母享镇	13000	56933	30985	8560	20150.0	112	8988
镇雄县大湾镇	11935	56704	26145	4042	500.0	220	2985
镇雄县以勒镇	17500	73502	40654	10091	4897.0	260	4578
镇雄县赤水源镇	17400	68619	32516	13816	47039.0	202	6754
镇雄县芒部镇	15300	50137	21470	3770	5630.0	120	9080
镇雄县雨河镇	13700	46240	21547	9374	24278.0	234	4815
镇雄县罗坎镇	21600	79740	37357	4840	1535.0	53	3593
镇雄县牛场镇	16700	45466	18882	5251	12241.0	182	3225
镇雄县五德镇	19000	76107	39637	14226	37856.0	69	5136
镇雄县坡头镇	15124	62829	30773	10218	14152.0	11	8091
镇雄县以古镇	16800	31865	16734	3985		100	2418
镇雄县场坝镇	17500	56598	26473	6817	3400.0	176	3160
镇雄县塘房镇	9500	64540	28728	8797	23869.0	51	2076
镇雄县中屯镇	7367	51310	42638	23781	10248.0	108	6040
镇雄县木卓镇	8700	30822	18067	3229	28489.0	50	2046
镇雄县盐源镇	15300	40944	22808	4215	815.0	70	2060
镇雄县碗厂镇	15240	20440	13353	3698	1050.0	89	1921
镇雄县坪上镇	9800	44686	22675	6934	14808.0	80	2091
镇雄县鱼洞乡	5461	20901	8529	2538	60.0		
镇雄县花朗乡	5948	23703	10654	2979	990.0		

续表 548　　（云南省）　　计算单位：公顷、人、万元

名称	行政区域面积	常住人口	从业人员	二三产业从业人员	工业总产值	城镇建成区面积	城镇建成区常住人口
镇雄县尖山乡	6500	33984	15225	7000	35.0		
镇雄县杉树乡	15900	23588	12082	3503	4550.0		
镇雄县花山乡	18900	29061	16923	4345	12462.0		
镇雄县果珠彝族乡	9089	40230	22150	6690	9152.0		
镇雄县林口彝族苗族乡	11800	45889	23846	7279	32491.0		
彝良县角奎镇	33744	87201	70472	24061	158.0	400	16712
彝良县洛泽河镇	27917	61015	35604	9612	196085.0	40	2647
彝良县牛街镇	17650	35508	18285	5850	4680.0	15	4116
彝良县海子镇	19203	29355	20995	1749		8	321
彝良县荞山镇	20263	42613	26693	5568	5363.0	2	146
彝良县龙安镇	12872	23425	14134	2260	3964.0	30	1191
彝良县钟鸣镇	10566	18852	9591	1794	300.0	4	1267
彝良县两河镇	16364	22315	13470	1250	750.0	28	1749
彝良县小草坝镇	20692	25425	17969	3876	7926.0	20	3000
彝良县龙海镇	15332	21182	13426	1233		14	1758
彝良县龙街苗族彝族乡	23861	47817	17743	4965			
彝良县奎香苗族彝族乡	22825	49694	31915	7155	82.0		
彝良县树林彝族苗族乡	11861	24450	12629	2187			
彝良县柳溪苗族乡	9696	20874	11662	2219	3573.0		
彝良县洛旺乡	17035	29974	16524	5450	860.0		
威信县扎西镇	33800	117038	44109	18062	112421.0	460	44150
威信县旧城镇	16200	24386	14055	3746	27664.0	110	6250
威信县罗布镇	16400	53205	29096	8296	83319.0	6	1100
威信县林凤镇	13300	41450	21171	10248	24469.0	100	12244
威信县长安镇	7800	30129	12537	1140	27830.0	20	4200
威信县庙沟镇	5700	21099	8334	4089	39205.0	15	2761
威信县水田镇	4500	15905	6145	2180	36940.0	100	1394
威信县双河苗族彝族乡	14500	32116	15314	6196	78681.0		
威信县高田乡	17300	30251	16193	7811	20760.0		
威信县三桃乡	10500	32518	16007	481	20760.0		
水富县向家坝镇	6135	18046	12569	4959	104592.0	83	2521
水富县太平镇	19917	17627	9818	3270	420.0	150	935
水富县两碗镇	12228	17412	8522	2775	7470.0	12	960
古城区金安镇	14450	5946	3708	589	304600.0	5	160
古城区七河镇	37300	23828	11434	4529	60.0	5	423
古城区大东乡	22090	6858	4786	967	2560.0		
古城区金江白族乡	8920	3313	3024	1200			
玉龙纳西族自治县黄山镇	9220	7503	4176	2404	100000.0	250	4429
玉龙纳西族自治县石鼓镇	64350	22356	16684	1593	960.0	170	3470
玉龙纳西族自治县巨甸镇	37910	21430	16094	2085	120.0	70	6529
玉龙纳西族自治县白沙镇	26850	8552	6397	2677	15.0	15	1427
玉龙纳西族自治县拉市镇	13920	16659	12033	4140	12600.0	17	2823
玉龙纳西族自治县奉科镇	34630	7881	4868	199		17	1501
玉龙纳西族自治县鸣音镇	33280	7182	5782	1206	2410.0	22	1607
玉龙纳西族自治县太安乡	29430	9431	6413	237	48.0		
玉龙纳西族自治县龙蟠乡	30680	10794	6902	610	100.0		
玉龙纳西族自治县黎明傈僳族乡	81230	15878	10884	1316	4150.0		
玉龙纳西族自治县鲁甸乡	63240	17535	10430	1030	2500.0		
玉龙纳西族自治县塔城乡	26250	8964	6396	617			
玉龙纳西族自治县大具乡	49890	10291	6465	1065			

续表 549　　　　（云南省）　　　　计算单位：公顷、人、万元

名　称	行政区域面　积	常住人口	从业人员	二三产业从业人员	工　业总产值	城镇建成区 面 积	城镇建成区常住人口
玉龙纳西族自治县宝山乡	43180	8566	6474	1884			
玉龙纳西族自治县石头白族乡	57390	9450	6165	283			
玉龙纳西族自治县九河白族乡	37850	28107	22173	8207	1082.0		
永胜县永北镇	24270	57068	29143	13255	126738.0	456	22796
永胜县仁和镇	45530	26354	20944	8944	32786.0	3806	2950
永胜县期纳镇	23480	36795	17530	2003	57468.0	155	6840
永胜县三川镇	26020	46227	33192	16467	33104.0	250	4972
永胜县程海镇	40864	42834	26546	4005	38315.0	2991	4460
永胜县涛源镇	44240	37553	25703	4591	28037.0	92	5494
永胜县鲁地拉镇	48810	12565	7861	410	22987.0	3	2190
永胜县片角镇	38180	22573	13004	1039	1470.0	572	5086
永胜县顺州镇	48550	30795	30794	12126	921.0	462	4953
永胜县羊坪彝族乡	16410	7826	4356	198			
永胜县六德傈僳族彝族乡	33080	14595	6651	361	11447.0		
永胜县东山傈僳族彝族乡	37920	8120	4897	129			
永胜县光华傈僳族彝族乡	17020	14552	11274	2490			
永胜县松坪傈僳族乡	29030	8176	4650	640	347.0		
永胜县大安彝族纳西族乡	24070	14175	9304	3266	1801.0		
华坪县中心镇	32460	48441	18793	9021	179483.0	57	23877
华坪县荣将镇	41290	24827	12929	3104	7658.0	10	6300
华坪县兴泉镇	22870	19178	10355	2500	90802.0	20	6810
华坪县石龙坝镇	31550	13694	11179	4518	108849.0	16	1052
华坪县新庄傈僳族傣族乡	27660	17663	10829	960	2673.0		
华坪县通达傈僳族乡	15170	8199	4929	549	8930.0		
华坪县永兴傈僳族乡	31460	13672	7185	2580	1880.0		
华坪县船房傈僳族傣族乡	17360	8892	7240	955	8560.0		
宁蒗彝族自治县大兴镇	38860	46364	22055	6750	19898.0	430	10373
宁蒗彝族自治县拉伯乡	45366	9566	8834	4052	500.0		
宁蒗彝族自治县永宁乡	61490	21589	9400	4100	500.0		
宁蒗彝族自治县翠玉傈僳族普米族乡	61760	14843	14840	1079	697.0		
宁蒗彝族自治县红桥乡	51500	20925	11615	1347	21394.0		
宁蒗彝族自治县宁利乡	33581	15415	7834	3748			
宁蒗彝族自治县金棉乡	26173	7137	5732	74			
宁蒗彝族自治县西川乡	40475	14989	5130	540	1223.0		
宁蒗彝族自治县西布河乡	50044	19980	12984	7791	30.0		
宁蒗彝族自治县战河乡	49500	25100	12800	1800	33327.0		
宁蒗彝族自治县永宁坪乡	24701	8452	4156	415	2260.0		
宁蒗彝族自治县跑马坪乡	25560	11965	4620		1936.0		
宁蒗彝族自治县蝉战河乡	25976	7630	4293	301	31.0		
宁蒗彝族自治县新营盘乡	22709	19748	9508	4689	355.0		
宁蒗彝族自治县烂泥箐乡	44800	13610	9006	2300	6223.0		
思茅区思茅镇	20350	127868	65212	59473	16806.0	1300	17265
思茅区南屏镇	50500	96638	39213	31436	26585.0	2002	38214
思茅区倚象镇	105052	41206	27385	4405	1769.0	21	5024
思茅区思茅港镇	65000	28617	9681	1233	64355.0	200	11334
思茅区六顺镇	52400	12837	7832	1294	38860.0	230	2547
思茅区龙潭彝族傣族乡	30700	11066	6290	843	705.0	63	776
思茅区云仙彝族乡	68100	18023	10200	3835		120	1800
宁洱哈尼族彝族自治县宁洱镇	53800	71756	23035	5833	110587.0	250	1082
宁洱哈尼族彝族自治县磨黑镇	49000	20250	13460	3275	275.0	82	2783

续表 550　　（云南省）　　计算单位：公顷、人、万元

名　　称	行政区域面　　积	常住人口	从业人员	二三产业从业人员	工　业总产值	城镇建成区 面 积	城镇建成区常住人口
宁洱哈尼族彝族自治县德化镇	34800	13230	7556	1377	1155.0	34	942
宁洱哈尼族彝族自治县同心镇	33200	16065	9514	430	4850.0	31	1908
宁洱哈尼族彝族自治县勐先镇	48300	21236	11851	1709	602.0	99	2023
宁洱哈尼族彝族自治县梅子镇	30900	9240	4938	669	4167.0	50	2500
宁洱哈尼族彝族自治县德安乡	32600	11489	5716	940	11.0	14	360
宁洱哈尼族彝族自治县普义乡	36500	8896	5764	484	80.0	37	1123
宁洱哈尼族彝族自治县黎明乡	46900	8216	5424	730	431.0	32	1168
墨江哈尼族自治县联珠镇	68100	88942	37328	6662	176123.0	480	38400
墨江哈尼族自治县通关镇	54900	29643	14266	2387	2797.0	100	7922
墨江哈尼族自治县龙坝镇	26100	23163	12928	1126		48	1688
墨江哈尼族自治县新安镇	30500	19084	9670	559	2592.0	50	1092
墨江哈尼族自治县团田镇	47900	16621	7277	793		55	3508
墨江哈尼族自治县新抚镇	28900	20213	9041	1061		60	3770
墨江哈尼族自治县景星镇	41100	24185	12028	1378	923.0	48	3164
墨江哈尼族自治县鱼塘镇	29000	17989	7427	328		65	4534
墨江哈尼族自治县文武镇	36500	22665	9992	994		66	3524
墨江哈尼族自治县坝溜镇	26900	26416	12035	1340		50	3157
墨江哈尼族自治县泗南江镇	31000	22197	9562	914	17955.0	45	3021
墨江哈尼族自治县雅邑镇	34300	22750	11439	1093	1150.0	50	3300
墨江哈尼族自治县孟弄彝族乡	21100	13348	5660	226	27.0	50	1698
墨江哈尼族自治县龙潭乡	22800	14959	5999	185		59	1400
墨江哈尼族自治县那哈乡	18900	15849	7468	1105		50	2276
景东彝族自治县锦屏镇	53039	67523	21461	6364	100534.0	570	37700
景东彝族自治县文井镇	84267	68767	39259	7545	29490.0	108	8713
景东彝族自治县漫湾镇	30623	19727	11785	2197	890.0	101	3959
景东彝族自治县大朝山东镇	54382	28179	15413	1771	469.0	60	2746
景东彝族自治县花山镇	29466	26144	18030	4509	3437.0	39	1759
景东彝族自治县大街镇	18783	23168	22295	1153	91462.0	36	2447
景东彝族自治县太忠镇	29288	20198	13204	1011	6215.0	37	1657
景东彝族自治县文龙镇	28626	17612	11458	1076	1241.0	41	1877
景东彝族自治县安定镇	23075	19355	13069	2186	1416.0	41	1933
景东彝族自治县景福镇	28320	22172	11441	2281	2687.0	32	2051
景东彝族自治县曼等乡	17121	15524	9748	1474		33	1484
景东彝族自治县龙街乡	27277	20998	12620	1358	1434.0	20	940
景东彝族自治县林街乡	21856	13645	10213	1638	64.0	30	1901
景谷傣族彝族自治县威远镇	112700	88142	39227	8254	268993.0	890	30285
景谷傣族彝族自治县永平镇	145700	71440	38424	1283	14539.0	261	3941
景谷傣族彝族自治县正兴镇	87000	19687	12629	1526	8129.0	60	3760
景谷傣族彝族自治县民乐镇	71800	25764	16298	2385	16329.0	32	2462
景谷傣族彝族自治县凤山镇	52060	22050	12697	2897	5718.0	18	2910
景谷傣族彝族自治县景谷镇	26700	17594	11315	1770	4799.0	150	5240
景谷傣族彝族自治县碧安乡	94700	23921	13455	2060		41	3200
景谷傣族彝族自治县益智乡	80900	14900	8650	2086	2957.0	25	645
景谷傣族彝族自治县半坡乡	35510	11951	9073	2099	45.0	225	849
景谷傣族彝族自治县勐班乡	47678	21112	13904	2343	2375.0	56	8000
镇沅彝族哈尼族拉祜族自治县恩乐镇	50100	34273	19379	10460	19131.3	250	19939
镇沅彝族哈尼族拉祜族自治县按板镇	44600	21765	12249	3368	39376.9	62	4673
镇沅彝族哈尼族拉祜族自治县勐大镇	86900	44318	23056	1049	2413.0	101	5120
镇沅彝族哈尼族拉祜族自治县者东镇	57590	28144	19591	4462	5918.0	48	3846
镇沅彝族哈尼族拉祜族自治县九甲镇	19850	16037	8799	1567	5405.4	13	524

续表 551　　（云南省）　　计算单位：公顷、人、万元

名　　称	行政区域面　　积	常住人口	从业人员	二三产业从业人员	工　业总产值	城镇建成区 面 积	城镇建成区常住人口
镇沅彝族哈尼族拉祜族自治县古城镇	40640	14650	8950	1112	5958.2	24	3000
镇沅彝族哈尼族拉祜族自治县振太镇	66100	35496	18904	3238	3049.3	50	1516
镇沅彝族哈尼族拉祜族自治县和平镇	21731	12040	7150	2601	74957.6	29	854
镇沅彝族哈尼族拉祜族自治县田坝乡	25700	7172	4551	590	577.0	45	602
江城哈尼族彝族自治县勐烈镇	37440	30804	13969	8909	35765.0	657	17585
江城哈尼族彝族自治县整董镇	29600	12883	5184	1212	12555.0	11	426
江城哈尼族彝族自治县曲水镇	59700	19269	10436	5044	29071.0	36	2642
江城哈尼族彝族自治县宝藏镇	52530	9462	5246	1032	4984.0	32	3226
江城哈尼族彝族自治县康平镇	79690	23950	14661	2586	29898.0	15	805
江城哈尼族彝族自治县国庆乡	35650	13838	8875	1333	8781.0	10	552
江城哈尼族彝族自治县嘉禾乡	54120	15140	7856	528	17907.0	21	774
孟连傣族拉祜族佤族自治县娜允镇	35900	49661	17619	2251	62475.0	464	38400
孟连傣族拉祜族佤族自治县勐马镇	50100	30570	19409	404	22618.0	100	4815
孟连傣族拉祜族佤族自治县芒信镇	34100	15364	7906	60	649.0	43	1364
孟连傣族拉祜族佤族自治县富岩镇	23900	14439	7898	44	4450.0	26	516
孟连傣族拉祜族佤族自治县景信乡	17000	12851	8157	313	1275.0	28	558
孟连傣族拉祜族佤族自治县公信乡	26900	16042	7949	226	1506.0	22	390
澜沧拉祜族自治县勐朗镇	71000	56879	24242	4042	15929.0	470	54816
澜沧拉祜族自治县上允镇	43300	45002	28147	6529	20416.0	300	8705
澜沧拉祜族自治县糯扎渡镇	93700	30177	19169	2696	479.0	15	3000
澜沧拉祜族自治县惠民镇	39400	17672	9891	1023	26442.0	52	2040
澜沧拉祜族自治县东回镇	33000	15046	9839	331	75.0	1	1032
澜沧拉祜族自治县发展河哈尼族乡	46800	16035	10399	947	120.0	21	1204
澜沧拉祜族自治县谦六彝族乡	89600	44996	28168	3477	93.0	24	1425
澜沧拉祜族自治县糯福乡	87967	17314	10963	380	10532.0	100	968
澜沧拉祜族自治县东河乡	25600	14299	9232	601		10	348
澜沧拉祜族自治县大山乡	23300	16703	16309	361	112.0	0	443
澜沧拉祜族自治县南岭乡	47100	24210	15364	1376		35	4600
澜沧拉祜族自治县雪林佤族乡	22200	12649	7320	684		12	398
澜沧拉祜族自治县木戛乡	27800	16292	11017	1694		8	356
澜沧拉祜族自治县酒井哈尼族乡	38100	13739	7505	1161		8	711
澜沧拉祜族自治县拉巴乡	32300	13406	9579	856	50.0	16	1026
澜沧拉祜族自治县竹塘乡	63600	31997	19368	1294	8908.0	12	3200
澜沧拉祜族自治县富邦乡	33200	20409	14773	2577	185.0	15	697
澜沧拉祜族自治县安康佤族乡	19700	12066	7086	652		16	282
澜沧拉祜族自治县文东佤族乡	18000	14429	8389	1239		56	1127
澜沧拉祜族自治县富东乡	23800	13791	7755	1009	200.0	15	456
西盟佤族自治县勐梭镇	25816	23111	8180	1641	226.0	120	4953
西盟佤族自治县勐卡镇	15782	16184	7034	975	956.0	58	4969
西盟佤族自治县翁嘎科镇	22200	11416	6714	233	600.0	188	1491
西盟佤族自治县中课镇	31333	11033	5556	410	4699.7	9	346
西盟佤族自治县新厂镇	13300	12133	7496	218	215.0	8	238
西盟佤族自治县力所拉祜族乡	17770	11813	5361	1017	150.0	5	355
西盟佤族自治县岳宋乡	9218	7716	4468	138	1500.0	3	194
临翔区博尚镇	33500	39225	22917	4414	90730.0	220	12763
临翔区南美乡	12724	4655	2909	198	688.0	32	85
临翔区蚂蚁堆乡	34821	32338	20143	5945	37853.0	28	552
临翔区章驮乡	21504	31210	15102	3647	4941.0	34	2316
临翔区圈内乡	30122	32656	17260	3490	41535.0	39	3634
临翔区马台乡	29232	26640	14424	2777		35	241

续表 552　　（云南省）　　计算单位：公顷、人、万元

名　　称	行政区域面　　积	常住人口	从业人员	二三产业从业人员	工　业总产值	城镇建成区 面 积	城镇建成区常住人口
临翔区邦东乡	19389	13696	7808	3795	4985.0	8	317
临翔区平村乡	28531	8466	5276	1185	4800.0	46	1651
凤庆县凤山镇	21149	74813	30616	17353	194783.0	765	27407
凤庆县鲁史镇	31803	27874	15889	3195	7696.0	40	2765
凤庆县小湾镇	19834	27955	14578	7363	207868.0	40	1608
凤庆县营盘镇	36992	43265	23174	6306	48621.0	144	6047
凤庆县三岔河镇	28078	27472	15621	3481	4092.0	20	3342
凤庆县勐佑镇	38578	52972	29021	11402	36948.0	103	12956
凤庆县雪山镇	23057	28801	16559	9093	1402.0	25	1435
凤庆县洛党镇	25151	38159	22003	8130	20236.0	40	3080
凤庆县诗礼乡	21168	20476	13107	4789	6283.0	52	1223
凤庆县新华乡	31973	25850	13411	4037	3485.0	36	2850
凤庆县大寺乡	20400	34710	22981	12638	4367.0	20	4828
凤庆县腰街乡	9157	8855	5146	2377	1427.0	160	1558
凤庆县郭大寨乡	25337	22320	15618	7143	4263.0	40	972
云县爱华镇	50088	133313	39541	13401	465469.0	908	106000
云县漫湾镇	25441	21313	12754	3362	51220.0	200	5393
云县大朝山西镇	20827	16204	10059	3015	10366.0	53	2552
云县涌宝镇	34837	40116	25398	8256	300.0	180	11311
云县茂兰镇	37888	40790	25542	6384		116	5513
云县幸福镇	61378	42158	24425	3727	58128.0	240	4752
云县大寨镇	23666	34748	24233	6337	3040.0	162	4102
云县忙怀乡	24896	18453	12371	2309		60	1690
云县晓街乡	25299	38439	24049	6145	43079.0	28	6111
云县茶房乡	17972	33996	19051	7560	23926.0	120	5806
云县栗树乡	24433	20558	15993	7048		26	1988
云县后箐乡	19145	20012	11078	3866		20	876
永德县德党镇	36444	64952	37985	17022	48791.0	490	61828
永德县小勐统镇	57150	50945	30964	4210	40279.6	89	4058
永德县永康镇	51421	52931	29797	4154	110011.0	252	13900
永德县勐板乡	21830	29260	15508	1480		25	1650
永德县亚练乡	29341	26166	14174	2430	2120.0	18	3012
永德县乌木龙乡	20606	27898	16395	2933	1870.0	20	1628
永德县大雪山乡	39230	18180	10180	3939	15723.0	50	1480
永德县班卡乡	17103	19660	10431	1589		33	2772
永德县崇岗乡	31320	33500	18807	1789		56	1089
永德县大山乡	17523	22163	13659	2732	3542.0	17	327
镇康县凤尾镇	19276	17681	8340	2086	55230.0	160	9200
镇康县勐捧镇	54813	42598	22711	3696	51628.0	200	4112
镇康县南伞镇	54410	40640	16761	4533	123315.0	200	9984
镇康县忙丙乡	21518	22280	11708	638	1220.0	36	4714
镇康县勐堆乡	52938	21412	12124	2358	32342.0	60	410
镇康县木场乡	31550	19869	10588	704	1000.0	15	2762
镇康县军赛乡	18421	13227	8710	2671	10778.0	100	3000
双江拉祜族佤族布朗族傣族自治县勐勐镇	42196	47034	20014	5020	34215.0	260	16499
双江拉祜族佤族布朗族傣族自治县勐库镇	44690	31850	16272	2651	23620.0	70	9553
双江拉祜族佤族布朗族傣族自治县沙河乡	41399	30320	15257	2953	87141.0	123	2459
双江拉祜族佤族布朗族傣族自治县大文乡	30420	16087	5825	1290	430.0	50	1564
双江拉祜族佤族布朗族傣族自治县忙糯乡	23460	21364	20573	9248	1245.0	15	1022
双江拉祜族佤族布朗族傣族自治县邦丙乡	33545	18119	10037	1342	6000.0	50	3000

续表 553　　（云南省）　　计算单位：公顷、人、万元

名　　称	行政区域面　　积	常住人口	从业人员	二三产业从业人员	工　业总产值	城镇建成区 面 积	城镇建成区常住人口
耿马傣族佤族自治县耿马镇	44195	52976	23181	4749	113709.0	472	49304
耿马傣族佤族自治县勐永镇	39960	31457	17178	2301	64791.0	51	3772
耿马傣族佤族自治县勐撒镇	51511	37277	17407	2232	14487.0	84	10831
耿马傣族佤族自治县孟定镇	106915	92633	47429	7560	104747.0	478	39916
耿马傣族佤族自治县大兴乡	16000	10631	6737	2279	300.0	3	365
耿马傣族佤族自治县芒洪乡	25930	8719	6017	642	720.0	4	471
耿马傣族佤族自治县四排山乡	34986	15317	9882	734	10236.0	15	2389
耿马傣族佤族自治县贺派乡	25174	17828	12059	1392	6108.0	24	3106
耿马傣族佤族自治县勐简乡	28119	14553	7213	455	8295.0	67	2897
沧源佤族自治县勐董镇	26000	37384	10948	1750	31725.0	574	20447
沧源佤族自治县岩帅镇	46800	31287	17508	3940	926.0	15	2652
沧源佤族自治县勐省镇	17991	18012	11627	2514	43821.0	80	5089
沧源佤族自治县芒卡镇	27527	12906	7783	599	3845.0	120	4376
沧源佤族自治县单甲乡	20197	10883	8080	514	30.0	15	118
沧源佤族自治县糯良乡	14035	14228	7615	2009	203.0	7	3122
沧源佤族自治县勐来乡	18810	14454	8275	2646		42	3100
沧源佤族自治县勐角乡	21675	14276	6263	1428	463.0	140	2048
沧源佤族自治县班洪乡	33264	10154	6584	1452	556.0	28	472
沧源佤族自治县班老乡	17200	8915	4907	690	200.0	46	1058
楚雄市鹿城镇	37200	220830	123486	121232	1434700.0	1920	14610
楚雄市东瓜镇	22900	103311	60403	56944	1019761.0	300	4525
楚雄市吕合镇	18600	24062	16391	6270	35504.0	84	5670
楚雄市紫溪镇	24300	14634	10045	2949	48168.0	72	2389
楚雄市东华镇	44800	28964	18224	3241	28650.0	173	6986
楚雄市子午镇	36200	34346	21181	6377	21710.0	95	2208
楚雄市苍岭镇	34448	31040	19803	4076	57624.0	95	1932
楚雄市三街镇	20600	23463	14752	4540	5085.0	58	3205
楚雄市八角镇	14500	16118	11210	1311	2396.0	70	2257
楚雄市中山镇	30101	24057	14390	2667	3995.0	108	3878
楚雄市新村镇	35500	14232	9627	2446	17210.0	58	3020
楚雄市西舍路镇	38100	19271	13371	3602	1380.0	15	1422
楚雄市树苴乡	13400	15600	11614	1468	16397.0		
楚雄市大过口乡	34000	15590	10067	835	816.0		
楚雄市大地基乡	38700	10482	6694	1108			
双柏县妥甸镇	73700	44203	16778	1579	217406.6	360	26135
双柏县大庄镇	55700	26834	13975	3424	8858.0	38	2596
双柏县法脿镇	42900	26618	15192	4094	9732.3	48	4436
双柏县鄂嘉镇	61900	27458	14557	1661	7453.8	47	5325
双柏县大麦地镇	50400	9632	4970	442	635.8	9	480
双柏县安龙堡乡	27000	8053	4590	659	11449.2		
双柏县爱尼山乡	67500	13025	6834	584	1797.2	170	702
双柏县独田乡	25400	4477	2678	254	960.8		
牟定县共和镇	24405	79664	37454	11519	97135.0	473	21434
牟定县新桥镇	15908	30767	17001	3921	28290.0	1	2208
牟定县江坡镇	20940	28718	17072	4431	39244.0	4	4814
牟定县凤屯镇	20623	18984	12428	2671	18981.0	1	1543
牟定县蟠猫乡	17098	10785	7335	1725	200.0		
牟定县戌街乡	20145	17869	8944	2786	11370.0		
牟定县安乐乡	26938	24813	13149	4049	23000.0		
南华县龙川镇	61402	83076	24623	4861	468567.0	642	15726

续表 554　　（云南省）　　计算单位：公顷、人、万元

名　　称	行政区域面　积	常住人口	从业人员	二三产业从业人员	工　业总产值	城镇建成区 面 积	城镇建成区常住人口
南华县沙桥镇	35140	35181	25061	4494	5690.0	100	9236
南华县五街镇	26700	18721	12188	2098	373.0	267	2208
南华县红土坡镇	16700	13772	8278	660	2370.0	125	1557
南华县马街镇	17517	18104	11858	855	1360.0	26	1740
南华县兔街镇	14321	14402	10445	2110	16893.0	100	2013
南华县雨露白族自治乡	24300	14472	10252	2111			
南华县一街乡	16800	19969	14333	866	17488.0		
南华县罗武庄乡	12340	12571	7998	1375	12636.0		
南华县五顶山乡	9080	10432	8489	892	30.0		
姚安县栋川镇	19500	89868	51632	26946	85034.0	150	3686
姚安县光禄镇	13664	34289	19857	6630	32724.0	213	4116
姚安县前场镇	30516	14136	11580	3471	3652.0	31	3027
姚安县弥兴镇	19500	20902	13062	2705	380.0	110	2310
姚安县太平镇	20263	9519	6108	1774	12100.0	82	1490
姚安县适中乡	10913	5535	3577	718	760.0		
姚安县左门乡	20300	4435	2790	68	45.0		
姚安县官屯乡	27461	16287	10456	2857	20044.0	30	1325
姚安县大河口乡	18500	7529	3864	389	21.0		
大姚县金碧镇	45455	99876	50069	20865	329778.9	1622	23022
大姚县石羊镇	41027	26386	18920	2993	15069.0	213	4492
大姚县六苴镇	28758	13295	7195	1659	147269.1	21	3295
大姚县龙街镇	34365	23809	14642	1438	13565.0	18	3075
大姚县新街镇	21800	27368	16702	5236	14892.0	56	4293
大姚县赵家店镇	41381	16509	9981	1665	8983.0	93	256
大姚县三岔河镇	30398	13298	8987	718	7236.0	20	802
大姚县桂花镇	33502	10874	7700	1169	6487.0	41	2140
大姚县昙华乡	19726	7890	5432	163	4293.0		
大姚县湾碧傣族傈僳族自治乡	58156	18305	11219	986	9960.0		
大姚县铁锁乡	21743	10381	6194	347	5649.0		
大姚县三台乡	38423	12234	7697	438	6657.0	66	172
永仁县永定镇	27900	37208	11486	3381	85440.0	4	4049
永仁县宜就镇	33900	16178	9166	310	5117.0	32	4100
永仁县中和镇	43500	11382	7367	1179	10782.0	1	1494
永仁县莲池乡	18000	13695	7672	800	14911.0		
永仁县维的乡	20600	11149	7594	1701	5932.0		
永仁县猛虎乡	21400	8898	5485	194	4455.0	25	3437
永仁县永兴乡	53600	12390	7889	908	6551.0		
元谋县元马镇	13340	59805	11774	5334	204654.0	622	10120
元谋县黄瓜园镇	20000	37604	21567	3343	37282.0	151	6721
元谋县羊街镇	26980	18182	10625	2088	4006.0	18	1116
元谋县老城乡	21640	27456	17870	2956	12286.0		
元谋县物茂乡	24500	16479	9332	1957	14844.0		
元谋县江边乡	25230	16636	10920	1004	908.0		
元谋县新华乡	18390	8010	5586	1389	1627.0		
元谋县平田乡	18800	14331	9732	1253	13444.0		
元谋县凉山乡	8900	4062	2188	263	815.0		
元谋县姜驿乡	25680	13721	8750	1622	3108.0		
武定县狮山镇	43900	89588	58378	21388	257850.0	450	40012
武定县高桥镇	41200	35367	29373	6472	2408.0	250	6035
武定县猫街镇	46100	26782	18913	3355	3640.0	100	4379

续表 555　　（云南省）　　计算单位：公顷、人、万元

名　　称	行政区域面　　积	常住人口	从业人员	二三产业从业人员	工　业总产值	城镇建成区面积	城镇建成区常住人口
武定县插甸镇	34000	23401	16359	6511	6673.0	30	3456
武定县白路镇	30800	14364	10569	1292	55.0	18	1664
武定县万德镇	24000	15227	12432	2783	275.0	22	3698
武定县己衣镇	23600	15451	11059	1450	56.0	20	2678
武定县田心乡	13700	18073	13020	1233	772.0		
武定县发窝乡	28400	14270	9543	557	60.0		
武定县环州乡	24600	11537	8394	1523	160.0		
武定县东坡傣族自治乡	21900	14012	13992	5603	60.0		
禄丰县金山镇	41920	80996	48090	29073	709444.0	856	36219
禄丰县仁兴镇	23100	33252	19600	3990	93850.0	31	5865
禄丰县碧城镇	18710	48591	25762	5610	49642.0	63	8320
禄丰县勤丰镇	25830	26471	15377	3109	336200.0	60	5243
禄丰县一平浪镇	44130	41320	19723	8529	27368.0	153	12720
禄丰县广通镇	35220	37118	17904	5652	110543.0	280	18678
禄丰县黑井镇	13360	15705	11990	5675		37	2780
禄丰县土官镇	9560	12550	7833	3003	311100.0	20	3050
禄丰县彩云镇	30280	19595	11475	3950	7985.0	73	3313
禄丰县和平镇	28470	22782	14139	1419	24747.0	23	1270
禄丰县恐龙山镇	22828	17884	9787	1938	11062.0	17	2752
禄丰县中村乡	30170	17514	9881	1701	24579.0		
禄丰县高峰乡	15550	10032	6054	1069	1029.0		
禄丰县妥安乡	13630	25005	14275	5134	2892.0		
个旧市锡城镇	8587	17001	10384	5451	108561.0	760	1855
个旧市沙甸镇	2570	16160	7704	4903	537347.0	202	4109
个旧市鸡街镇	28397	51670	24617	3880	728764.0	200	9790
个旧市大屯镇	13281	81377	47546	32569	561027.0	185	24615
个旧市老厂镇	14618	30175	10981	8192	14255.0	310	17613
个旧市卡房镇	34260	37214	14266	4271	5283.0	9	10878
个旧市蔓耗镇	10327	5776	3632	583	8600.0	24	1207
个旧市贾沙乡	31650	21579	13685	1842	13784.0		
个旧市保和乡	14370	10709	7261	357	5901.0		
开远市中和营镇	60437	38241	23592	3742	2600.0	323	3061
开远市小龙潭镇	17900	19364	10022	3996	12967.0	10	356
开远市大庄回族乡	10370	18797	11312	4560	8815.0	89	7825
开远市羊街乡	22600	36032	21387	5815	17185.0	160	2552
开远市碑格乡	22960	15703	10442	1494	8.0		
蒙自市文澜镇	23140	234952	89933	49116	572505.0	2688	109187
蒙自市草坝镇	13690	39860	21792	1325	1000.0	134	4000
蒙自市雨过铺镇	8870	23850	14826	4733	11061.0	80	5572
蒙自市新安所镇	8720	34898	19511	3379	37980.0	370	16121
蒙自市芷村镇	30100	33253	23366	1575	17195.0	48	3981
蒙自市鸣鹭镇	22460	19511	10941	1034	4137.0	100	2492
蒙自市冷泉镇	41890	21230	13113	1087		42	2450
蒙自市期路白苗族乡	21240	16350	9570	718			
蒙自市老寨苗族乡	15700	11692	7008	733			
蒙自市水田乡	18130	6460	5596	898			
蒙自市西北勒乡	20020	9439	6132	185			
弥勒市弥阳镇	38800	153895	63534	25296	2073009.0	1520	54972
弥勒市新哨镇	31520	56610	28361	5339	121872.0	93	5844
弥勒市虹溪镇	15674	41922	26944	9998	4852.0	75	12532

续表 556　　（云南省）　　计算单位：公顷、人、万元

名　　称	行政区域面　　积	常住人口	从业人员	二三产业从业人员	工　业总产值	城镇建成区 面 积	城镇建成区常住人口
弥勒市竹园镇	20400	51204	45366	17762	97213.0	200	12180
弥勒市朋普镇	34180	49034	28404	7477	13574.0	300	17066
弥勒市巡检司镇	39900	30707	18056	1973	112150.0	300	7498
弥勒市西一镇	34500	26862	17080	1740	11610.0	100	1499
弥勒市西二镇	39800	41523	24120	2056	5500.0	112	3594
弥勒市西三镇	28880	23983	15030	2314	17203.0	31	1191
弥勒市东山镇	36800	19609	13131	1385	13169.0	84	1920
弥勒市五山乡	36582	17903	10512	690		11	1885
弥勒市江边乡	39100	14713	8752	1142		42	1120
屏边苗族自治县玉屏镇	32106	32616	14693	4922	50121.0	216	14443
屏边苗族自治县新现乡	34716	24415	14475	1158	1531.0	51	3843
屏边苗族自治县和平乡	26700	27824	15594	2325	3070.0	91	1724
屏边苗族自治县白河乡	39000	23226	13925	2328	45765.0	53	2532
屏边苗族自治县白云乡	20268	16441	7989	939	310.0	53	2272
屏边苗族自治县新华乡	19500	20374	8858	1331	9242.0	20	903
屏边苗族自治县湾塘乡	18300	13302	7541	874	4490.6	30	2854
建水县临安镇	35081	187590	52634	35846	677622.0	1180	78800
建水县官厅镇	38165	42318	21226	1047	73800.0	97	5472
建水县西庄镇	14453	34789	19775	9940	12010.0	154	356
建水县青龙镇	33049	15971	10182	793	5050.0	450	1408
建水县南庄镇	21416	54089	53625	26226	550085.0	779	8984
建水县岔科镇	28329	25422	16122	1525	10000.0	11	1320
建水县曲江镇	34737	71280	42416	5186	29564.0	419	9390
建水县面甸镇	35083	40901	24296	2430	18750.0	780	1711
建水县普雄乡	26029	14025	12921	5141	27610.0		
建水县李浩寨乡	16523	17430	10868	428			
建水县坡头乡	31679	24219	16909	2945	15500.0		
建水县盘江乡	22450	11446	7506	738	8718.0		
建水县利民乡	25536	14752	8979	975	10100.0		
建水县甸尾乡	15693	15140	8637	717	2555.0		
石屏县异龙镇	44946	103627	59015	26567	224000.0	654	32120
石屏县宝秀镇	43825	50896	32103	12380	51400.0	150	9798
石屏县坝心镇	22563	27921	18214	7765	1656.0	60	4261
石屏县龙朋镇	29589	26713	20415	4566	7536.0	250	5169
石屏县龙武镇	32501	22321	14938	3888	14135.0	25	1749
石屏县哨冲镇	25550	17726	12261	2317	6300.0	23	1561
石屏县牛街镇	61122	29987	18829	2572	9100.0	47	2429
石屏县新城乡	13263	10419	6822	1183	4200.0	30	2735
石屏县大桥乡	26442	16344	11807	3116	2215.0	92	4800
泸西县中枢镇	25130	121966	55476	23108	214261.0	911	32343
泸西县金马镇	11850	55842	28840	5905	42489.0	300	12905
泸西县旧城镇	15600	59088	42772	13880	288121.0	93	2469
泸西县午街铺镇	21600	47664	31762	6743	9377.0	132	6823
泸西县白水镇	23500	53280	34676	6187	122681.0	110	2619
泸西县向阳乡	21630	29235	15431	2650	80.0	7	742
泸西县三塘乡	21600	22078	14300	2678	151.0	17	758
泸西县永宁乡	22980	23827	14020	2473	6953.0	105	880
元阳县南沙镇	15354	27562	8292	1042	7231.0	120	11782
元阳县新街镇	23433	81356	42296	7831	3316.0	47	2321
元阳县牛角寨乡	11687	33975	17078	1833	2045.0		

续表 557　　（云南省）　　计算单位：公顷、人、万元

名　称	行政区域面积	常住人口	从业人员	二三产业从业人员	工业总产值	城镇建成区面积	城镇建成区常住人口
元阳县沙拉托乡	10200	25891	14420	685	360.0		
元阳县嘎娘乡	12580	20721	12804	786	1060.0		
元阳县上新城乡	13905	23793	14704	2600	2800.0		
元阳县小新街乡	14840	31238	20458	4406	682.5	1	1427
元阳县逢春岭乡	17300	33964	18806	3851	304.0		
元阳县大坪乡	16040	24375	14116	3529	21382.0		
元阳县攀枝花乡	7973	21126	11532	715		21	1278
元阳县黄茅岭乡	18973	18989	17705	6698	478.0	18	2721
元阳县黄草岭乡	22960	36562	21922	6884	232.0		
元阳县俄扎乡	21170	22262	22112	155	385.0		
元阳县马街乡	24600	28021	16432	5006	436.0		
红河县迤萨镇	24100	38047	20304	7903	65884.0	450	30250
红河县甲寅乡	8757	26981	12715	2684	3511.0		
红河县宝华乡	12170	22549	13901	1789	854.0		
红河县洛恩乡	19476	24185	14228	1307	397.0		
红河县石头寨乡	7760	17281	9340	879	1044.0		
红河县阿扎河乡	16790	40989	23416	3284	4304.0		
红河县乐育乡	9412	24416	12600	1735	2089.0		
红河县浪堤乡	10925	28795	23432	3368	2657.0		
红河县大羊街乡	9719	19776	14872	2294	858.0		
红河县车古乡	11771	13011	7284	796	717.0		
红河县架车乡	33225	21545	9617	566	1119.0		
红河县垤玛乡	21989	15200	7455	1112	88.0		
红河县三村乡	16749	13345	8269	1234	605.0		
金平苗族瑶族傣族自治县金河镇	31630	81108	39291	10769	197345.0	385	6375
金平苗族瑶族傣族自治县金水河镇	43617	23115	12664	3334	17405.0	70	519
金平苗族瑶族傣族自治县铜厂乡	28050	31137	18589	4693	12036.0		
金平苗族瑶族傣族自治县勐拉乡	33467	35552	15729	3831	17789.0	80	3923
金平苗族瑶族傣族自治县老集寨乡	32340	27551	17150	1246	3129.0	23	1736
金平苗族瑶族傣族自治县者米拉祜乡	37568	22841	14124	1446	300.0	20	1139
金平苗族瑶族傣族自治县阿得博乡	8400	14620	9055	2026	400.0	9	800
金平苗族瑶族傣族自治县沙依坡乡	14370	21343	11232	1610	112.0	14	1624
金平苗族瑶族傣族自治县大寨乡	17565	15689	8552	2060	12143.0	18	1534
金平苗族瑶族傣族自治县马鞍底乡	30530	19719	11251	2326	5806.0	16	955
金平苗族瑶族傣族自治县勐桥乡	39741	27915	12591	1975	94157.0	23	1854
金平苗族瑶族傣族自治县营盘乡	21078	28438	15038	1552	256.0	19	1473
金平苗族瑶族傣族自治县老勐乡	19440	14705	10527	1417	1667.0	27	2012
绿春县大兴镇	31168	53859	19947	4251	11553.0	144	22936
绿春县戈奎乡	16400	21540	15336	1243			
绿春县牛孔乡	40518	35414	17879	3575	38417.0		
绿春县大水沟乡	23600	18764	11598	3010	12637.0		
绿春县大黑山乡	41100	19090	11276	2523			
绿春县半坡乡	36500	10149	7119	755	17702.0		
绿春县骑马坝乡	48400	13388	9362	1546	19284.0		
绿春县三猛乡	26300	26558	16954	3993	5439.0		
绿春县平河乡	45700	30711	20064	4842			
河口瑶族自治县河口镇	16900	28100	14813	11810	3311.0	182	2611
河口瑶族自治县南溪镇	25900	20027	5081	1480	5793.0	83	1689
河口瑶族自治县老范寨乡	17200	4428	2178	37		2	138
河口瑶族自治县桥头苗族壮族乡	16900	19490	8612	261	43.0	10	135

续表 558　　（云南省）　　计算单位：公顷、人、万元

名　称	行政区域面积	常住人口	从业人员	二三产业从业人员	工业总产值	城镇建成区面积	城镇建成区常住人口
河口瑶族自治县瑶山乡	26150	12126	7466	428	296.0	2	61
河口瑶族自治县莲花滩乡	27750	10519	4857	969	203.0	2	304
文山市古木镇	17166	21181	18295	7490	4917.0	30	6855
文山市平坝镇	26498	32708	16114	360		27	5382
文山市马塘镇	28765	35900	17940	652	391720.3	93	4980
文山市德厚镇	31953	35960	21430	205		58	3250
文山市小街镇	21560	23186	13070	2591	2500.0	75	4231
文山市薄竹镇	29351	30156	18617	2808	5550.0	25	1975
文山市追栗街镇	9168	10979	7713	1008	2800.0	56	5457
文山市东山彝族乡	15917	9639	5792	273	43618.3		
文山市柳井彝族乡	17283	14092	8417	708			
文山市新街乡	14311	14161	8652	322	970.0		
文山市喜古乡	8957	11306	7550	2248			
文山市坝心彝族乡	12613	8068	4570	460		2	1110
文山市秉烈彝族乡	28322	21464	10900	285			
文山市红甸回族乡	9087	12806	7734	602	4356.0		
砚山县江那镇	26600	71778	28072	5238	598385.0	700	46951
砚山县平远镇	58990	86986	44106	4431	243198.0	468	23354
砚山县稼依镇	22730	42830	26039	4985	19068.0	500	19580
砚山县阿猛镇	52900	60341	32479	8596	12880.0	100	8213
砚山县阿舍彝族乡	26800	23025	12351	1837	121050.0		
砚山县维末彝族乡	58100	56217	30062	5421	2970.0		
砚山县盘龙彝族乡	23800	33596	18104	3820	65750.0		
砚山县八嘎乡	37760	34856	20688	8017	1214.0		
砚山县者腊乡	26100	31855	22268	2192	1215.0		
砚山县蚌峨乡	23800	14893	8660	3735	1027.0		
砚山县干河彝族乡	23710	23966	13421	1982	69011.0		
西畴县西洒镇	17578	46352	18786	10151	12720.0	170	15093
西畴县兴街镇	25470	48248	28775	6731	8200.0	130	5830
西畴县蚌谷乡	13280	21099	7993	541	1459.0	12	1136
西畴县莲花塘乡	16552	23432	13927	774	17608.0		
西畴县新马街乡	10610	17775	10163	250	2000.0	18	2000
西畴县柏林乡	7090	10313	6296	1649	773.0		
西畴县法斗乡	22380	30064	14799	448	1099.0		
西畴县董马乡	12785	20308	8418	901	210.0		
西畴县鸡街乡	24851	23419	21806	10457	2650.0		
麻栗坡县麻栗镇	27600	48858	30877	15062	292076.0	548	14214
麻栗坡县大坪镇	18900	24580	15403	5731	9913.0	60	5253
麻栗坡县董干镇	45400	48474	25870	10600	7438.0	104	2096
麻栗坡县天保镇	22900	17298	10193	2431	55432.0	48	1562
麻栗坡县猛硐瑶族乡	20100	14885	8856	1438	11620.0		
麻栗坡县下金厂乡	13200	11649	7184	2323	2335.0		
麻栗坡县八布乡	17600	21264	12964	2846	4657.0		
麻栗坡县六河乡	13773	17382	10059	3677	3326.0		
麻栗坡县杨万乡	14027	17799	11558	4874	46590.0		
麻栗坡县铁厂乡	20800	28324	16229	10272	3788.0		
麻栗坡县马街乡	19100	27284	16263	8515	6081.0		
马关县马白镇	27725	67165	24216	7353	199732.0	576	31865
马关县八寨镇	38109	40220	23848	4327	14740.0	160	5190
马关县仁和镇	19154	34077	18921	3633	6412.0	98	3191

续表 559　（云南省）　计算单位：公顷、人、万元

名　称	行政区域面　积	常住人口	从业人员	二三产业从业人员	工　业总产值	城镇建成区 面 积	城镇建成区常住人口
马关县木厂镇	16263	24381	14856	2091	200.0	90	1408
马关县夹寒箐镇	25228	39576	24315	4930	129375.0	79	1302
马关县小坝子镇	12750	13664	8966	3115	6428.0	30	1292
马关县都龙镇	21168	36324	21249	4806	299386.0	142	7803
马关县金厂镇	6925	9014	6374	1955	240.0	22	3124
马关县坡脚镇	19287	23601	15197	3764	3520.0	56	2640
马关县南捞乡	18454	13748	9035	2187	26932.0		
马关县大栗树乡	24120	30520	18055	3201	120.0		
马关县篾厂乡	16903	16802	10652	2201	1645.0		
马关县古林箐乡	21514	11156	6560	867	362.0		
丘北县锦屏镇	25800	68685	21756	4125	196500.0	569	33115
丘北县曰者镇	34300	35461	14540	911		58	5423
丘北县双龙营镇	63200	76819	38101	9157		309	4940
丘北县八道哨彝族乡	21400	32516	13382	761	43203.0		
丘北县天星乡	40500	45015	21938	4846			
丘北县平寨乡	35500	34803	20938	923			
丘北县树皮彝族乡	58000	44508	24801	3287			
丘北县腻脚彝族乡	41400	26813	12658	2663	351.0		
丘北县新店彝族乡	47200	20143	11251	2127			
丘北县舍得彝族乡	28800	18836	17952	231			
丘北县官寨乡	54200	47671	28056	8917	1434.0		
丘北县温浏乡	49400	38686	17302	2717	5910.0		
广南县莲城镇	64300	103447	50140	20147	365330.0	580	47996
广南县八宝镇	56900	71396	45772	18233	52998.4	611	11554
广南县南屏镇	38000	42598	23561	8457	1450.0	300	5613
广南县珠街镇	26900	40219	20979	7393		30	7858
广南县那洒镇	44700	51631	30239	9581	165.0	60	4793
广南县珠琳镇	49700	64741	33650	9788	580.0	144	8560
广南县坝美镇	88800	61710	36316	11992	35102.0	150	2510
广南县董堡乡	23800	20806	15199	8819	1381.0		
广南县旧莫乡	54500	60256	35587	19221	2325.0		
广南县杨柳井乡	50800	35032	18990	5064	5415.5		
广南县板蚌乡	29700	15336	9734	2314	1122.0		
广南县曙光乡	26100	31602	15985	7408	630.0		
广南县黑支果乡	45300	52470	30080	7531	1317.0		
广南县篆角乡	23200	26936	14576	2397		18	445
广南县五珠乡	24600	28118	16477	9151			
广南县者兔乡	48600	40737	24414	8302			
广南县者太乡	45500	20295	13105	2541	730.0		
广南县底圩乡	39600	34053	19450	6541	331.0		
富宁县新华镇	34000	51072	39389	25716	218108.0	525	28045
富宁县归朝镇	53130	42517	26647	7562	167293.0	75	7652
富宁县剥隘镇	49400	24273	13174	5104	15921.0	43	6685
富宁县里达镇	19000	22916	14240	4735	34728.0	17	3382
富宁县田蓬镇	46200	60755	37799	13614	2302.0	136	8991
富宁县木央镇	57780	53156	34160	13585	96920.0	22	4976
富宁县板仑乡	32000	26580	18266	5696	19940.0		
富宁县谷拉乡	38600	25004	15180	4198	9263.0		
富宁县者桑乡	31333	13871	8275	2492	11300.0		
富宁县那能乡	39600	20126	11013	3414	7380.0		

续表 560　　（云南省）　　计算单位：公顷、人、万元

名　　称	行政区域面　积	常住人口	从业人员	二三产业从业人员	工　业总产值	城镇建成区 面 积	城镇建成区常住人口
富宁县洞波瑶族乡	53330	37900	21896	7044	1965.5		
富宁县阿用乡	49333	18757	10501	3750	22937.0		
富宁县花甲乡	34200	22957	14217	3619	21347.0		
景洪市嘎洒镇	73000	50476	32651	3628	19600.0	140	4260
景洪市勐龙镇	121600	83617	47870	7354	34695.0	2054	23608
景洪市勐罕镇	30100	34580	18038	3398	46649.0	321	7589
景洪市勐养镇	68800	21153	11203	5148	1494.0	500	3115
景洪市普文镇	55400	15924	9411	1848	791.0	200	3700
景洪市景哈乡	39880	18144	8154	378	489.0	605	680
景洪市景讷乡	62700	12931	11967	1382	13.0		
景洪市大渡岗乡	78700	13778	7325	1460	4863.0		
景洪市勐旺乡	76600	14495	7493	341	530.0	5	1586
景洪市基诺乡	62300	14324	8176	422	567.0		
勐海县勐海镇	35759	63344	25189	6428	385617.0	400	23913
勐海县打洛镇	38522	22606	12621	1773	4967.0	108	6891
勐海县勐混镇	35255	31907	20586	3565	3500.0	151	5468
勐海县勐遮镇	48845	57867	36087	6549	25787.0	129	9042
勐海县勐满镇	44853	19327	12970	1425	28328.0	51	3731
勐海县勐阿镇	47291	22021	13125	1595	1250.0	55	4125
勐海县勐宋乡	49370	23113	13649	747	330.0		
勐海县勐往乡	45618	15226	9604	1621	863.0		
勐海县格朗和乡	32074	17232	9676	438	210.0		
勐海县布朗山乡	100066	21935	10689	607	4300.0		
勐海县西定乡	59156	25102	14810	2534			
勐腊县勐腊镇	86813	42412	29710	17357	24252.0	380	22897
勐腊县勐捧镇	66300	35348	19242	1205	10658.0	71	4647
勐腊县勐满镇	36303	15579	7728	94	36.0	105	2743
勐腊县勐仑镇	32787	25779	8771	524	1965.0	150	4097
勐腊县西双版纳磨憨经济开发区(尚勇镇)	75532	21709	10168	561	1371.0	300	7173
勐腊县勐伴镇	58052	12061	6323	292		40	1621
勐腊县关累镇	98106	15312	8096	501	4400.0	33	1866
勐腊县易武乡	93846	20010	8214	351	6102.0	49	3458
勐腊县象明乡	93440	12660	7247	464	1925.0	24	781
勐腊县瑶区乡	48300	9500	5987	1490	45000.0	24	1157
大理市下关镇	16900	223317	125057	102547	492017.0	154	8968
大理市大理镇	7648	69816	32765	18855	90100.0	600	3296
大理市大理创新工业园区凤仪镇	26930	62887	19827	8652	1520001.0	297	10282
大理市喜洲镇	16350	63751	35503	18991	20391.0	2000	4297
大理市海东镇	12549	25419	15883	7390	104072.0	192	9161
大理市挖色镇	10680	22336	13910	6100	6269.0	50	4953
大理市湾桥镇	6380	26702	13364	5462	25600.0	41	4713
大理市银桥镇	6987	31677	16654	7542	109039.0	75	3241
大理市双廊镇	21800	17808	13335	4013	107.0	30	4581
大理市上关镇	12900	43760	24338	8008	18190.0	120	4112
大理市太邑彝族乡	10650	9062	5263	2191	33450.0		
漾濞彝族自治县苍山西镇	37200	46999	17160	4971	137700.0	1044	12843
漾濞彝族自治县漾江镇	41500	15987	8874	1922	9195.9	38	3923
漾濞彝族自治县平坡镇	12929	8772	4556	935	22606.0	20	3225
漾濞彝族自治县顺濞镇	13800	6038	2176	192	60800.0	3	1121
漾濞彝族自治县富恒乡	22900	8328	3942	248	3667.0		

续表 561 （云南省） 计算单位：公顷、人、万元

名　　称	行政区域面　　积	常住人口	从业人员	二三产业从业人员	工　业总产值	城镇建成区 面 积	城镇建成区常住人口
漾濞彝族自治县太平乡	23900	7031	4340	75	6655.0		
漾濞彝族自治县瓦厂乡	11200	5222	2977	184	4598.0		
漾濞彝族自治县龙潭乡	18100	6352	3285	280	3168.0		
漾濞彝族自治县鸡街乡	14300	5155	4200	80	1587.0		
祥云县祥城镇	32500	153010	135813	122048	853259.0	1730	65722
祥云县沙龙镇	5200	33477	17300	8711	30787.0	120	15657
祥云县云南驿镇	21900	100816	62636	38426	81437.0	230	33539
祥云县下庄镇	22550	56039	32523	16937	96118.0	180	17107
祥云县普棚镇	32500	27385	16836	3898	1797.0	200	2310
祥云县刘厂镇	9000	39161	23182	11126	111499.0	168	22938
祥云县禾甸镇	30600	47671	30289	8681	17349.0	260	11999
祥云县米甸镇	41300	29121	18231	5542	47704.0	166	6336
祥云县鹿鸣乡	15322	13123	8285	2373	4471.0		
祥云县东山彝族乡	31600	9899	6874	779	387.0		
宾川县金牛镇	27300	101240	42251	11832	265464.0	625	54421
宾川县宾居镇	15800	38817	16407	2653	38645.0	60	7010
宾川县州城镇	20092	48805	27212	6669	58785.0	250	8770
宾川县大营镇	30254	28041	17369	3217	16650.0	42	1719
宾川县鸡足山镇	31600	30717	16224	2831	15587.0	51	2025
宾川县力角镇	19300	33513	23987	5060	55178.0	40	6287
宾川县平川镇	45900	32796	20374	4519	2150.0	80	4512
宾川县乔甸镇	19600	23127	17391	2883	22252.0	20	6540
宾川县钟英傈僳族彝族乡	29200	9017	5654	788	2610.0		
宾川县拉乌彝族乡	23100	10516	7941	941	458.0		
弥渡县弥城镇	17460	109737	59004	25636	97388.0	480	43242
弥渡县红岩镇	12660	54434	34331	14102	49588.0	125	4411
弥渡县新街镇	12460	54073	30426	8326	79956.0	128	7216
弥渡县寅街镇	20720	45698	27143	9515	76456.0	94	7076
弥渡县苴力镇	19556	25628	15053	3984	53000.0	115	7928
弥渡县密祉镇	13205	14926	10419	5509	5500.0	75	2715
弥渡县德苴乡	29922	24528	16225	2043	11544.0		
弥渡县牛街彝族乡	26389	18875	11451	1327	7200.0		
南涧彝族自治县南涧镇	36293	48393	23641	4203	179774.8	300	25575
南涧彝族自治县小湾东镇	20444	18729	11245	204	12229.3	15	4475
南涧彝族自治县公郎镇	29085	32663	18181	3089	24025.2	160	5944
南涧彝族自治县宝华镇	21520	31218	19465	4049	16996.8	50	2510
南涧彝族自治县无量山镇	25195	36529	23457	6737	57832.1	8	1013
南涧彝族自治县拥翠乡	11812	20860	13542	2024	10482.0		
南涧彝族自治县乐秋乡	16326	18385	11330	3998			
南涧彝族自治县碧溪乡	12488	18249	10811	2195	7160.7		
巍山彝族回族自治县南诏镇	15283	46084	18984	8942	128396.0	872	19799
巍山彝族回族自治县庙街镇	23600	64742	39062	9901	52390.0	160	7360
巍山彝族回族自治县大仓镇	17410	52708	29849	13411	146808.0	405	11009
巍山彝族回族自治县永建镇	20460	56824	32090	14687	35928.0	220	4486
巍山彝族回族自治县巍宝山乡	15659	13708	7773	1738	1291.0		
巍山彝族回族自治县马鞍山乡	24542	16567	9240	948	3011.0		
巍山彝族回族自治县紫金乡	17161	13770	7865	1729	2151.0		
巍山彝族回族自治县五印乡	44228	25926	16017	2917	2581.4		
巍山彝族回族自治县牛街乡	16714	11828	7756	2667	27163.0		
巍山彝族回族自治县青华乡	24947	16209	10280	3123	1737.0		

续表 562　（云南省）　计算单位：公顷、人、万元

名　　称	行政区域面　　积	常住人口	从业人员	二三产业从业人员	工　业总产值	城镇建成区 面 积	城镇建成区常住人口
永平县博南镇	46600	58899	18619	8108	96565.0	470	29702
永平县杉阳镇	42210	38233	24692	6342	21619.0	71	5861
永平县龙街镇	46400	22806	10009	887	5910.0	71	3261
永平县龙门乡	29740	12480	6323	2108	13474.0	25	4128
永平县北斗彝族乡	48190	12044	7183	752	8703.0	28	3371
永平县厂街彝族乡	35700	18704	11270	1302	11857.0	28	1880
永平县水泄彝族乡	39550	16246	8595	856	53368.0	26	2190
云龙县诺邓镇	23505	22867	8691	2576	21889.0	240	12688
云龙县功果桥镇	44599	29143	13612	1965	117361.0	214	5878
云龙县漕涧镇	39365	29834	15554	3930	34674.0	140	11628
云龙县白石镇	32150	14263	7032	1661	757.0	35	2223
云龙县宝丰乡	47474	18253	9560	1528	10620.0		
云龙县关坪乡	26814	11885	6438	1921	3570.0		
云龙县团结彝族乡	30200	11054	5633	838	2272.0	17	2527
云龙县长新乡	46368	20537	14902	1273	5243.0		
云龙县检槽乡	43623	15969	7751	1869	26779.0		
云龙县苗尾傈僳族乡	60414	18253	9097	1953	26464.0		
云龙县民建乡	21475	9256	4619	594	4562.0		
洱源县茈碧湖镇	28000	57404	16219	3996	93721.0	450	21708
洱源县邓川镇	5700	17941	13337	2600	386650.0	200	3340
洱源县右所镇	30243	55845	40749	8440	30836.0	255	6800
洱源县三营镇	27700	40880	19878	3370	22764.0	140	2700
洱源县凤羽镇	20900	32415	20754	8278	13620.0	135	8046
洱源县乔后镇	50500	21766	14044	2686	987.0	138	3380
洱源县牛街乡	26700	24425	13496	6048	10781.0		
洱源县炼铁乡	24700	24520	11729	984	1960.0		
洱源县西山乡	51700	13849	7916	1625			
剑川县金华镇	38600	53394	16861	5324	114960.0	240	21358
剑川县老君山镇	23800	18398	9337	3772	68453.0	80	12400
剑川县甸南镇	28800	34553	14106	4125	115242.0	87	9017
剑川县沙溪镇	28800	23532	9133	3723	3000.0	150	2384
剑川县马登镇	35700	22061	10273	4873	2639.0	20	2012
剑川县羊岑乡	35018	14108	7638	2384	10626.0		
剑川县弥沙乡	28028	9356	4883	1072	68.0		
剑川县象图乡	25000	5781	3652	540	150.0		
鹤庆县云鹤镇	830	23745	13855	11335	83965.8	830	23745
鹤庆县辛屯镇	10090	37865	19484	7278	67266.1	150	7185
鹤庆县松桂镇	33170	31883	16061	4715	27771.1	163	3986
鹤庆县黄坪镇	55170	34072	19187	4125	18121.5	211	4960
鹤庆县草海镇	32800	40925	25591	9107	52443.0	120	6285
鹤庆县西邑镇	30640	14537	8098	2950	216746.7	290	4835
鹤庆县龙开口镇	29770	26535	14304	5598	99272.3	210	1947
鹤庆县金墩乡	22080	36593	21563	5154	69304.2		
鹤庆县六合彝族乡	24950	15554	8388	2746	9134.9		
瑞丽市勐卯镇	20500	113811	52247	39234	299271.0	1600	85051
瑞丽市畹町镇	10300	18127	5316	1512	7528.0	190	5987
瑞丽市弄岛镇	10200	17614	10472	3022	10093.0	42	3786
瑞丽市姐相乡	6400	22040	11230	2809	7334.0		
瑞丽市户育乡	20400	10362	5139	681	3708.0		
瑞丽市勐秀乡	26600	15518	7183	791	5418.0		

续表 563　　（云南省）　　计算单位：公顷、人、万元

名　　称	行政区域面　　积	常住人口	从业人员	二三产业从业人员	工　业总产值	城镇建成区 面 积	城镇建成区常住人口
芒市芒市镇	34950	44361	29308	6520	36948.0	380	13173
芒市遮放镇	41100	47317	30315	5304	66771.0	210	8997
芒市勐戛镇	38900	32185	17212	6140	129.0	200	5598
芒市芒海镇	10500	6247	3492	420		39	854
芒市风平镇	37400	68582	41485	5703	153565.0	73	9853
芒市轩岗乡	15200	23472	13293	1538	2301.0		
芒市江东乡	22800	32869	17665	8384			
芒市西山乡	25700	12203	8553	1731			
芒市中山乡	29600	12734	6637	1079	7737.0		
芒市三台山乡	15800	7193	4464	356	3715.0		
芒市五岔路乡	20200	18916	14637	4183	79.0		
梁河县遮岛镇	3100	22829	6929	4583	36975.0	400	15131
梁河县芒东镇	23700	30302	19856	2832	8014.0	23	4372
梁河县勐养镇	26100	17791	8919	1307	4993.0	8	1438
梁河县平山乡	12700	16601	8197	910	40.0		
梁河县小厂乡	5800	9643	6078	881	78.0		
梁河县大厂乡	4100	8382	4411	1872			
梁河县九保阿昌族乡	16100	14004	8689	1835	17893.0		
梁河县囊宋阿昌族乡	11600	20601	13390	3401	3992.0		
梁河县河西乡	12700	17750	12400	5274	1649.0		
盈江县平原镇	41410	83607	53376	37352	389568.0	800	50958
盈江县旧城镇	13396	20301	12301	3149	131.0	70	4395
盈江县那邦镇	8735	1751	266	110	23.0	34	267
盈江县弄璋镇	34560	45731	28526	1834	92478.0	150	1500
盈江县盏西镇	35140	23591	14319	5904	59625.0	17	5557
盈江县卡场镇	34719	9957	6132	542	33456.0	21	1244
盈江县昔马镇	21400	15807	4716	1445	28710.0	30	3771
盈江县太平镇	42280	27437	15169	1364	27744.0	150	2840
盈江县新城乡	28771	18854	12341	1625	7952.0		
盈江县油松岭乡	10859	14533	8164	917			
盈江县芒章乡	26063	12157	6602	722	2548.0		
盈江县支那乡	37520	15004	8381	2490	10979.0		
盈江县苏典傈僳族乡	32134	8076	3789	195	17569.0		
盈江县勐弄乡	22800	10770	7334	643	162.0		
盈江县铜壁关乡	30091	6357	3679	307	674.0		
陇川县章凤镇	14600	47296	22515	3899	46370.0	600	17776
陇川县陇把镇	21700	19611	4216	372	19683.0	60	1621
陇川县景罕镇	25100	29089	16535	1926	89437.0	59	7160
陇川县城子镇	23700	25993	16242	4551	17758.0	600	8325
陇川县户撒阿昌族乡	25600	25705	14858	1160	46211.0		
陇川县护国乡	16000	6889	3326	234	1302.0		
陇川县清平乡	19800	11724	652	652	598.0		
陇川县王子树乡	26200	15350	5915	500	2309.0		
陇川县勐约乡	19700	8031	4274	4274	7489.0		
泸水县六库镇	37600	57834	22368	7264	107779.0	680	26715
泸水县鲁掌镇	32800	12335	5826	435	3172.0	70	2065
泸水县片马镇	14100	3663	1534	763	39860.0	92	1868
泸水县上江镇	30000	31670	18972	4124	10002.0	86	3160
泸水县老窝镇	31200	15708	9255	1990	105298.0	8	843
泸水县大兴地镇	40600	18146	8476	489	305.0	45	3045

续表 564　　（云南省）　　计算单位：公顷、人、万元

名　　称	行政区域面　　积	常住人口	从业人员	二三产业从业人员	工　业总产值	城镇建成区 面 积	城镇建成区常住人口
泸水县称杆乡	48000	19015	12204	1153	20654.9	46	1690
泸水县古登乡	32800	17187	8833	185	2482.0	52	1423
泸水县洛本卓乡	26700	12544	6957	85	879.0	31	587
福贡县上帕镇	38763	31576	15110	3145	5715.4	250	
福贡县匹河乡	40164	11624	5729	263	4172.0		
福贡县子里甲乡	30592	10492	5476	1061	2319.0		
福贡县架科底乡	27430	13773	7905	2204	1771.3		
福贡县鹿马登乡	46755	15651	8796	369	2478.0		
福贡县石月亮乡	47840	12548	7206	920	5017.4		
福贡县马吉乡	52120	9073	5857	885	3968.6		
贡山独龙族怒族自治县茨开镇	77900	13751	6780	2811	10703.0	210	12387
贡山独龙族怒族自治县丙中洛镇	82300	6658	3917	608	1105.0	10	5261
贡山独龙族怒族自治县捧当乡	48800	6043	2955	705	3069.0		
贡山独龙族怒族自治县普拉底乡	42200	6658	4193	1040	528.0		
贡山独龙族怒族自治县独龙江乡	199400	4166	2388	77			
兰坪白族普米族自治县金顶镇	40648	45248	24666	12880	165869.0	100	5036
兰坪白族普米族自治县啦井镇	50847	16307	9187	1875	1314.0	100	2987
兰坪白族普米族自治县营盘镇	56129	38385	25592	3307	5885.0	100	3722
兰坪白族普米族自治县通甸镇	51957	24619	13417	2701	722.0	100	4917
兰坪白族普米族自治县河西乡	57712	18147	11433	1988	6093.0		
兰坪白族普米族自治县中排乡	70098	24817	15593	2158	6200.0		
兰坪白族普米族自治县石登乡	55174	27607	15982	2334	1260.0		
兰坪白族普米族自治县兔峨乡	54655	20517	12590	1515	1000.0		
香格里拉县建塘镇	145445	56730	23865	17058	269870.0	110	23338
香格里拉县小中甸镇	88094	10603	5499	602	400.0	99	522
香格里拉县虎跳峡镇	81714	20700	11761	2717	127026.0	365	2980
香格里拉县金江镇	62683	17738	10110	2008	1249.0	2	4126
香格里拉县上江乡	37354	11169	7500	1970	27518.0		
香格里拉县三坝乡	97973	18758	11533	477	1953.0	92	315
香格里拉县洛吉乡	100601	4561	2671	527	35.0		
香格里拉县尼西乡	83778	6848	3725	1120	400.0		
香格里拉县格咱乡	282465	6536	3499	530	75397.0		
香格里拉县东旺乡	128169	6390	3117	270			
香格里拉县五境乡	33590	3976	1496	367	820.0		
德钦县升平镇	76625	10160	3342	2038	2150.0	160	4655
德钦县奔子栏镇	116399	10124	4447	522		20	2806
德钦县佛山乡	91352	4114	2718	401	36182.0	1	945
德钦县云岭乡	93199	6886	3578	845		166	1587
德钦县燕门乡	58033	7973	4424	831		4	1274
德钦县拖顶乡	37481	10126	4986	548	651.0	12	2249
德钦县霞若乡	141491	8750	4964	467		15	1724
德钦县羊拉乡	114489	6010	3527	705	40697.0	150	1473
维西傈僳族自治县保和镇	31000	37222	11534	1798	37823.0	620	17890
维西傈僳族自治县叶枝镇	46952	10324	6191	659		25	450
维西傈僳族自治县塔城镇	76672	15949	7412	1703	2083.0	22	701
维西傈僳族自治县永春乡	34986	14961	9071	737	7705.0	36	721
维西傈僳族自治县攀天阁乡	28095	15234	8373	274	1500.0	15	400
维西傈僳族自治县白济汛乡	59048	26171	15640	2161	4525.0	12	791
维西傈僳族自治县康普乡	44960	10825	6397	426	2407.0	12	259
维西傈僳族自治县巴迪乡	56567	7586	4872	613	5916.0	21	903
维西傈僳族自治县中路乡	31190	10912	7066	1378	1000.0	12	392
维西傈僳族自治县维登乡	38180	13584	7450	302	27600.0	16	1015

续表 565 （西藏自治区） 计算单位：公顷、人、万元

名称	行政区域面积	常住人口	从业人员	二三产业从业人员	工业总产值	城镇建成区面积	城镇建成区常住人口
西藏自治区							
拉萨市城关区蔡公堂乡	20560	5344	5314	4570	3457.7		
拉萨市城关区纳金乡	5500	5021	2715	2233	50.0		
拉萨市城关区娘热乡	9700	13223	602	148	6789.0		
拉萨市城关区夺底乡	9700	11156	1135	806			
林周县甘丹曲果镇	20262	12877	5969	366	2065.0	220	6855
林周县春堆乡	29471	6046	3774	309	1761.0		
林周县松盘乡	23369	4805	3030	224	350.0		
林周县强嘎乡	22211	6834	3869	351			
林周县卡孜乡	49754	5932	3630	349	680.0		
林周县边交林乡	13672	5237	3334	932			
林周县江热夏乡	23263	5593	4493	768	5481.7		
林周县阿朗乡	55154	4956	1916	295			
林周县唐古乡	121578	5392	2650	392	510.0		
林周县旁多乡	85592	4412	2183	195	7369.8		
当雄县当曲卡镇	34600	6125	1338	622			
当雄县羊八井镇	114289	5667	1952	912	7028.8		
当雄县格达乡	183840	4717	2055	417			
当雄县宁中乡	173192	9864	3730	1904			
当雄县公塘乡	66411	6294	2358	1433	1623.4		
当雄县龙仁乡	23443	4854	1818	922			
当雄县乌玛塘乡	137683	8522	3390	1188	15321.1		
当雄县纳木湖乡	271544	5271	2445	614			
尼木县塔荣镇	9131	6210	3449	1411			6210
尼木县麻江乡	115861	2679	1509	603			
尼木县普松乡	7346	2354	1305	567			
尼木县卡如乡	27611	1341	715	453			
尼木县尼木乡	24135	7040	3401	1897			
尼木县续迈乡	64605	4819	2378	1037			
尼木县帕古乡	63517	3366	1892	498			
尼木县吞巴乡	15378	1609	1609	1025			
曲水县曲水镇	45906	8827	4462	2503	15998.0		
曲水县达嘎乡	44290	8444	5351	2594			
曲水县才纳乡	16674	5291	3277	1963			
曲水县南木乡	18957	3294	1630	1019	10345.5		
曲水县聂当乡	13421	4833	3824	1939	49471.4		
曲水县茶巴拉乡	23154	4531	2405	1167			
堆龙德庆县东嘎镇	4755	10369	4401	3571	198.2	1000	5632
堆龙德庆县乃琼镇	25378	10179	5294	4084	2560.0		
堆龙德庆县羊达乡	12187	4362	3026	1667	15960.0	9	1338
堆龙德庆县古荣乡	76369	6476	3390	1075			
堆龙德庆县柳梧乡	20532	4918	4689	2319			
堆龙德庆县马乡	47998	5280	3515	2208	2040.0		
堆龙德庆县德庆乡	74620	7593	5309	2470	365.0		
达孜县德庆镇	42450	7313	4377	2160	20000.0		7313
达孜县塔杰乡	17030	3202	1888	1197			
达孜县章多乡	16440	4338	2540	1012			
达孜县唐嘎乡	24670	5288	2191	291			

续表 566　　（西藏自治区）　　计算单位：公顷、人、万元

名　　称	行政区域面　　积	常住人口	从业人员	二三产业从业人员	工　业总产值	城镇建成区 面 积	城镇建成区常住人口
达孜县雪乡	18590	2781	1600	1044			
达孜县帮堆乡	18120	3923	2185	706			
墨竹工卡县工卡镇	19620	9738	3709	1407		529	9738
墨竹工卡县扎雪乡	68444	8000	2145	678			
墨竹工卡县门巴乡	134610	3745	1625	331			
墨竹工卡县扎西岗乡	86770	8013	2755	1537			
墨竹工卡县日多乡	956	2657	2531	231			
墨竹工卡县尼玛江热乡	64600	8605	2922	714			
墨竹工卡县甲玛乡	28269	4265	3071	971			
墨竹工卡县唐加乡	34710	7449	2235	1891			
桑珠孜区曲美乡	35600	6540	4708	1242			
桑珠孜区聂日雄乡	55500	5658	3175	1088			
桑珠孜区曲布雄乡	31000	6039	1731	272			
桑珠孜区联乡	51400	5438	3493	1081			
桑珠孜区甲措雄乡	47100	14039	8415	3733			
桑珠孜区纳尔乡	20700	2218	1332	275			
桑珠孜区年木乡	33000	3910	1758	976			
桑珠孜区东嘎乡	42800	9814	5841	1177			
桑珠孜区边雄乡	23000	4892	4881	892			
桑珠孜区江当乡	30400	5759	4050	900		5	295
南木林县南木林镇	39100	8888	4066	546	79.0	1909	8888
南木林县普当乡	46700	3531	1693	59			
南木林县仁堆乡	135100	1465	758	108			
南木林县拉布普乡	191500	2147	1013	47			
南木林县多角乡	26600	5249	2680	416			
南木林县卡孜乡	25400	6224	5840	2854			
南木林县土布加乡	49500	6559	3016	20			
南木林县艾玛乡	41800	10886	5767	606			
南木林县奴玛乡	2400	3737	1451	62			
南木林县达孜乡	24800	4872	2261	231			
南木林县索金乡	38900	3983	2319	137			
南木林县茶尔乡	27500	2805	1160	107			
南木林县秋木乡	188000	2641	1284	30			
南木林县达那乡	24500	2716	1477	297			
南木林县芒热乡	73700	3386	1556	653			
南木林县热当乡	419900	7943	3839	2084			
南木林县甲措乡	37000	5148	2192	36			
江孜县江孜镇	6200	12428	2267	927		500	10784
江孜县纳如乡	3570	4478	2133	89			
江孜县卡麦乡	18600	5388	2535	1168			
江孜县卡堆乡	6130	5296	2721	495			
江孜县藏改乡	6400	5043	1916	1035			
江孜县日朗乡	8490	1281	627	56			
江孜县达孜乡	16330	2990	1298	66			
江孜县热索乡	9500	3676	1599	377			
江孜县重孜乡	2250	5043	2085	583			
江孜县龙马乡	21040	1910	987	8			
江孜县紫金乡	5560	3861	283	65			
江孜县江热乡	7773	4542	2675	102			
江孜县年堆乡	5757	3769	2089	85			

续表 567　　（西藏自治区）　　计算单位：公顷、人、万元

名　　称	行政区域面　积	常住人口	从业人员	二三产业从业人员	工　业总产值	城镇建成区 面 积	城镇建成区常住人口
江孜县康卓乡	10690	2449	1025	60			
江孜县金嘎乡	18780	2808	852	52			
江孜县日星乡	3489	2473	1270	42			
江孜县热龙乡	17860	2193	1087	17			
江孜县车仁乡	7134	2925	461	136			
江孜县加克西乡	4717	643	401	17			
定日县协格尔镇	72290	9005	5422	2430		270	2322
定日县岗嘎镇	139570	7984	2957	303	6338.7	26	1386
定日县加措乡	129420	1380	1360	20			
定日县绒辖乡	97971	842	490	289			
定日县尼辖乡	46407	1886	1010	367			
定日县盆吉乡	105190	1548	897	19			
定日县曲当乡	266690	6595	2964	1529			
定日县扎果乡	52783	2563	1140	63			
定日县扎西宗乡	292158	7154	3407	1543			
定日县长所乡	24730	3855	2663	900			
定日县曲洛乡	40269	3202	1930	150			
定日县措果乡	67200	3811	2042	810			
定日县克玛乡	105302	4304	2224	1200			
萨迦县萨迦镇	1078	4144	2458	1208			
萨迦县吉定镇	104800	7024	2896	2075			
萨迦县木拉乡	8336	3299	555	436			
萨迦县查荣乡	51359	4146	2321	767			
萨迦县拉洛乡	94954	3879	2067	30			
萨迦县赛乡	32770	3550	1912	331			
萨迦县扯休乡	56500	5525	3057	820			
萨迦县扎西岗乡	59600	4969	2970	795			
萨迦县雄玛乡	38596	6045	3046	570			
萨迦县麻布加乡	562	2540	1363	190			
萨迦县雄麦乡	562	2540	1363	190			
拉孜县曲下镇	5400	8662	2707	1807	617.4	372	5696
拉孜县拉孜镇	27000	6778	3327	2027	39.7	40	6778
拉孜县扎西宗乡	30000	3075	1762	1137			
拉孜县曲玛乡	28700	4985	2363	1440	60.0		
拉孜县彭措林乡	70000	4275	2267	624	115.7		
拉孜县扎西岗乡	60300	7459	3684	1721			
拉孜县柳乡	27000	4250	2219	1017	106.2		
拉孜县热萨乡	35700	3888	1494	701			
拉孜县芒普乡	40600	3604	2641	1356	125.0		
拉孜县锡钦乡	58900	6767	3873	1801	28.0		
拉孜县查务乡	52400	4342	2216	948			
昂仁县卡嘎镇	35600	7939	4020	1005		27	7506
昂仁县桑桑镇	210200	4527	2386	38		63	4287
昂仁县切热乡	161235	1374	613	16			
昂仁县秋窝乡	84218	7553	3808	159			
昂仁县达居乡	53467	4754	4683	362			
昂仁县亚木乡	96313	6839	3696	1694			
昂仁县贡久布乡	118054	1322	635	78			
昂仁县达若乡	195789	666	321	30			
昂仁县措迈乡	275007	1608	749	69			

续表 568　　（西藏自治区）　　计算单位：公顷、人、万元

名　　称	行政区域面　　积	常住人口	从业人员	二三产业从业人员	工　业总产值	城镇建成区 面 积	城镇建成区常住人口
昂仁县尼果乡	200396	1585	654	41			
昂仁县孔隆乡	424674	811	351	23			
昂仁县如萨乡	146399	776	678	40			
昂仁县阿木雄乡	180241	807	382	22			
昂仁县查孜乡	236815	1290	650	55			
昂仁县日吾其乡	114156	5407	2700	383			
昂仁县多白乡	69840	6073	2745	458			
昂仁县雄巴乡	127966	831	351	36			
谢通门县卡嘎镇	15753	9573	3354	399			
谢通门县达木夏乡	83402	4920	2365	259			
谢通门县查布乡	58699	1894	1262	365			
谢通门县春哲乡	77722	1306	1265	96			
谢通门县则许乡	59131	769	426	18			
谢通门县娘热乡	146172	1197	445	121			
谢通门县措布西乡	118789	1825	898	169			
谢通门县纳当乡	95016	1469	878	405			
谢通门县青都乡	103491	729	404	14			
谢通门县切琼乡	109879	707	279	14			
谢通门县美巴切勤乡	213805	1246	694	36			
谢通门县列巴乡	164849	1625	708	317			
谢通门县塔定乡	11209	2197	1032	215			
谢通门县荣玛乡	18087	2613	2194	757			
谢通门县通门乡	13271	3185	1804	97			
谢通门县仁钦则乡	46755	6140	5970	3460			
谢通门县达那普乡	32280	2440	1309	303			
谢通门县达那塔乡	11337	4210	2077	742			
谢通门县南木切乡	24628	1238	618	354			
白朗县洛江镇	16193	6473	3701	882	2600.0	1080	6473
白朗县嘎东镇	18963	8053	4406	1101	3400.0	3	8053
白朗县巴扎乡	98800	5775	3321	2385			
白朗县玛乡	19166	4930	2853	470			
白朗县旺丹乡	22927	4448	1834	350	0.5		
白朗县曲奴乡	12583	3471	1999	735			
白朗县杜琼乡	11649	3547	1936	359			
白朗县强堆乡	9702	2707	1493	739			
白朗县嘎普乡	33779	2210	1333	477			
白朗县者下乡	32016	1958	1144	327			
白朗县东喜乡	89040	1190	796	236			
仁布县德吉林镇	32000	4993	3173	513		71	4483
仁布县帕当乡	16800	3629	1668	1025			
仁布县康雄乡	21271	4001	2191	1033			
仁布县普松乡	15185	2051	876	389	130.0		
仁布县然巴乡	29463	2253	1208	655		1	499
仁布县茶巴乡	31125	3042	2135	1262		56	361
仁布县切洼乡	37658	4209	1357	1248	951.0		
仁布县母乡	14998	4046	1874	1147			
仁布县仁布乡	13510	2960	1718	949		60	411
康马县康马镇	42240	4259	1115	161			
康马县涅如麦乡	30310	1794	1020	110			
康马县涅如堆乡	332500	2230	1159	529			

续表 569　　（西藏自治区）　　计算单位：公顷、人、万元

名　　称	行政区域面　积	常住人口	从业人员	二三产业从业人员	工　业总产值	城镇建成区 面 积	城镇建成区常住人口
康马县嘎拉乡	116370	3492	2492	298			
康马县萨玛达乡	57857	2016	1220	394			
康马县康如乡	30993	1893	859	353			
康马县少岗乡	30740	2565	1281	569			
康马县南尼乡	15200	2380	1116	59			
康马县雄章乡	89100	2040	1083	313			
定结县江嘎镇	35000	2564	1536	533	37.3	30	763
定结县陈塘镇	250000	2307	1114	130	12.0	20	1338
定结县日屋镇	142000	1257	697	132	1.6	28	323
定结县确布乡	38000	1673	926	130	11.2		
定结县扎西岗乡	60000	2126	1521	192	10.0		
定结县多布扎乡	65000	2126	1035	107	9.3		
定结县定结乡	20000	1640	887	150	11.6		
定结县琼孜乡	80000	2728	1740	288	17.3		
定结县萨尔乡	30000	2506	1537	339	39.1		
定结县郭加乡	36600	855	626	130	5.5		
仲巴县帕羊镇	203030	2132	1270	89		320	2132
仲巴县拉让乡	176148	927	546	39			
仲巴县帕江乡	533996	2522	1506	105			
仲巴县仁多乡	391426	2134	1277	89			
仲巴县吉玛乡	301401	2083	1249	87			
仲巴县隆格尔乡	710864	3478	2051	144			
仲巴县霍尔巴乡	286544	1571	938	66			
仲巴县吉拉乡	562862	958	574	40			
仲巴县纳久乡	262572	1390	834	58			
仲巴县偏吉乡	384660	1817	1088	76			
仲巴县布多乡	297820	593	354	25			
仲巴县亚热乡	247561	1466	877	61			
仲巴县琼果乡	249516	1315	787	55			
亚东县下司马镇	225	1643	470	277		225	1643
亚东县帕里镇	35940	2797	1833	300		3594	2797
亚东县下亚东乡	57911	963	576	338			
亚东县堆纳乡	121714	2906	1405	112			
亚东县上亚东乡	34884	1231	637	177			
亚东县吉汝乡	952	900	554	36			
亚东县康布乡	53051	1182	679	99			
吉隆县宗嘎镇	158100	4200	858	335	649.2	2721	4200
吉隆县吉隆镇	160900	3594	2502	393			3594
吉隆县折巴乡	278600	2520	1176	18			
吉隆县贡当乡	146000	1129	557	32			
吉隆县差那乡	183600	2998	1402	346			
吉隆县萨勒乡	131700	1619	586				
聂拉木县聂拉木镇	114141	2387	1288	448			2281
聂拉木县樟木镇	30162	1853	1090	634			
聂拉木县亚来乡	78801	1637	1052	308			
聂拉木县锁作乡	68010	3532	2067	436			
聂拉木县门布乡	130375	2969	1784	191			
聂拉木县乃龙乡	28340	1440	935	191			
聂拉木县波绒乡	340472	2603	1545	211			
萨嘎县加加镇	198564	3101	960	100	237.0	150	1731

续表 570　　（西藏自治区）　　计算单位：公顷、人、万元

名　称	行政区域面积	常住人口	从业人员	二三产业从业人员	工业总产值	城镇建成区面积	城镇建成区常住人口
萨嘎县夏如乡	96317	2760	1925	35			
萨嘎县旦嘎乡	96135	1632	1580	19			
萨嘎县达吉岭乡	109482	1320	612	5			
萨嘎县如角乡	183680	1085	966	5			
萨嘎县拉藏乡	119855	1658	1588	28			
萨嘎县雄如乡	137671	2055	1355	65			
萨嘎县昌果乡	300275	1661	1278	9			
岗巴县岗巴镇	63100	2424	1412	122		12	588
岗巴县昌龙乡	92136	2202	991	132			
岗巴县直克乡	54132	1310	803	53			
岗巴县孔玛乡	82450	1443	834	58			
岗巴县龙中乡	127131	2434	1255	127			
昌都县城关镇	32400	6536	3277	2333			3482
昌都县俄洛镇	77600	6122	2848	577		68	6012
昌都县卡若镇	36540	4285	1742	723		7	4225
昌都县芒达乡	53360	3889	1778	254			
昌都县沙贡乡	84050	6236	3493	64			
昌都县若巴乡	6240	3481	2638	1678			
昌都县埃西乡	65840	5531	2244	173			
昌都县如意乡	38680	3989	2484	575			
昌都县日通乡	72160	5761	2067	867			
昌都县柴维乡	107300	8015	2805	727			
昌都县妥坝乡	100400	8241	3956	791			
昌都县嘎玛乡	66790	3392	1575	741			
昌都县面达乡	90120	6702	4295	115			
昌都县约巴乡	57660	4128	3980	2200			
昌都县拉多乡	119860	8576	5278	148			
江达县江达镇	36770	2680	1535	124	380.0	500	2680
江达县岗托镇	27160	4082	2428	745		350	3766
江达县邓柯乡	165640	6663	4389	317			
江达县岩比乡	44530	4122	3102	160			
江达县卡贡乡	69760	4198	3597	596			
江达县生达乡	188600	12544	9688	223			
江达县娘西乡	47730	2662	1692	202			
江达县字呷乡	174670	9892	6207	195			
江达县青泥洞乡	83740	4192	3248	1233			
江达县汪布顶乡	117630	8949	3283	301			
江达县德登乡	151790	6988	3045	151			
江达县同普乡	92750	8111	4817	297			
江达县波罗乡	107730	7945	3635	310			
贡觉县莫洛镇	6680	9356	3752	3509	1350.0	2	9356
贡觉县敏都乡	133	1573	806	45			
贡觉县则巴乡	1296	2590	1218	111			
贡觉县罗麦乡	12353	1730	1100	298			
贡觉县沙东乡	13433	1738	1109	159			
贡觉县克日乡	21033	938	928	126			
贡觉县木协乡	44832	1636	1134	163			
贡觉县阿旺乡	92190	1965	1272	218			
贡觉县拉妥乡	61600	2070	1190	234			
贡觉县雄松乡	9316	1865	1118	164			

续表 571　　（西藏自治区）　　计算单位：公顷、人、万元

名　　称	行政区域面　积	常住人口	从业人员	二三产业从业人员	工　业总产值	城镇建成区 面 积	城镇建成区常住人口
贡觉县哈加乡	51624	6089	1218	111			
贡觉县相皮乡	102096	7558	3200	965			
类乌齐县桑多镇	78800	8136	2494	578		200	5940
类乌齐县类乌齐镇	79570	7424	2821	494		150	6179
类乌齐县吉多乡	78680	5819	1847	145		20	150
类乌齐县岗色乡	34727	2568	743	70			
类乌齐县宾达乡	33100	2872	1273	315		236	326
类乌齐县卡玛多乡	64060	5579	1746	279		70	380
类乌齐县尚卡乡	56500	3584	1395	147			
类乌齐县伊日乡	39629	3044	869	270		30	45
类乌齐县甲桑卡乡	61930	4204	1598	149			
类乌齐县长毛岭乡	87700	7550	2700	496		50	213
丁青县丁青镇	126800	8972	3058	425		300	8972
丁青县尺犊镇	131200	11299	4121	498		350	11299
丁青县木塔乡	310000	1636	665	17			
丁青县布塔乡	170400	2767	1170	20		250	2767
丁青县巴达乡	45200	2625	1241	55		350	2625
丁青县甘岩乡	50400	2169	1162	27		235	2169
丁青县嘎塔乡	24300	4312	1564	83		350	4312
丁青县色扎乡	73600	11539	2945	240			
丁青县协雄乡	58400	8652	2594	309		260	8652
丁青县桑多乡	41600	4730	3281	75		300	4730
丁青县当堆乡	141600	6509	2973	42			
丁青县沙贡乡	21600	4169	2138	60		200	4169
丁青县觉恩乡	100400	11557	3322	565			
察雅县烟多镇	75000	8741	3203	2181		135	8741
察雅县吉塘镇	55300	4130	2003	291		140	4130
察雅县香堆镇	96600	8928	4018	128		187	8928
察雅县宗沙乡	88100	4840	3388	1408			
察雅县肯通乡	68400	2599	1173	340			
察雅县扩达乡	99600	6035	4638	780			
察雅县新卡乡	27600	1321	725	215			
察雅县王卡乡	32800	5041	2862	147			
察雅县阿孜乡	89300	1748	999	1			
察雅县巴日乡	50000	5065	2024	1272			
察雅县荣周乡	61100	5941	2172	427			
察雅县卡贡乡	65000	4068	2591	381			
察雅县察拉乡	32500	1640	768	42			
八宿县白玛镇	95069	5018	2402	1058		1	4994
八宿县然乌镇	190277	4484	2525	165		22	4346
八宿县帮达镇	43172	2122	1241	238		1	2122
八宿县同卡镇	113184	5155	2263	510		1	5155
八宿县林卡乡	119648	3717	1689	799			
八宿县夏里乡	37163	1003	391	62			
八宿县拥乡	31743	1326	713	260			
八宿县瓦乡	36400	725	418	60			
八宿县吉达乡	140584	4650	2434	706			
八宿县卡瓦白庆乡	79890	1065	885	59			
八宿县集中乡	71866	1918	1053	517			
八宿县益庆乡	83751	2943	1024	313			

续表 572　　（西藏自治区）　　计算单位：公顷、人、万元

名　　称	行政区域面　　积	常住人口	从业人员	二三产业从业人员	工　业总产值	城镇建成区 面 积	城镇建成区常住人口
八宿县拉根乡	42068	2269	1160	190			
八宿县郭庆乡	166407	5952	2375	143			
左贡县旺达镇	127806	10509	4987	970		2	2451
左贡县田妥镇	160481	7163	3635	36		160481	7163
左贡县扎玉镇	178222	6954	4709	120		0	6954
左贡县东坝乡	31732	3042	1739				
左贡县中林卡乡	256237	6464	4259	209			
左贡县美玉乡	1097	4896	2466	30			
左贡县下林卡乡	7060	3063	1430	30			
左贡县碧土乡	102332	2455	1883	141			
左贡县仁果乡	90600	3808	2815	30			
左贡县绕金乡	42784	2160	1339	174			
芒康县嘎托镇	90212	9190	3223	1873	2776.0		
芒康县如美镇	84852	6062	3076	915	1140.9		
芒康县曲孜卡乡	67543	3619	2199	221			
芒康县木许乡	28351	2321	1384	98			
芒康县纳西民族乡	37488	4340	2512	586	2077.0		
芒康县朱巴龙乡	92877	5311	2889	172			
芒康县曲登乡	118004	3652	2515	762			
芒康县徐中乡	103976	6166	3309	359			
芒康县帮达乡	102486	8364	4652	2187			
芒康县戈波乡	57740	3734	1382	160			
芒康县洛尼乡	47208	4196	2350	402			
芒康县措瓦乡	99386	9694	4259	490			
芒康县昂多乡	54640	2089	1030	93			
芒康县宗西乡	102530	5540	2035	160			
芒康县莽岭乡	20550	3628	2881	320			
芒康县索多西乡	55702	5553	2343	801			
洛隆县孜托镇	12090	10525	3469	875	1030.0	2053	9684
洛隆县硕督镇	5790	5202	3259	503		603	2208
洛隆县康沙镇	5350	6769	6669	1500		82	5778
洛隆县马利镇	8200	4681	1157	453		59	2328
洛隆县玉西乡	3450	1321	407	6		24	1321
洛隆县新荣乡	58669	4139	2289	89		50	4139
洛隆县达龙乡	44184	1473	867	298		33	1473
洛隆县腊久乡	198009	5661	2555	98		190	2547
洛隆县俄西乡	87771	6375	2340	508	82.0	70	3452
洛隆县中亦乡	62457	3230	1426	56		54	1772
洛隆县白达乡	9894	820	368	89		18	375
边坝县草卡镇	45100	5603	3916	1120	260.0	75	510
边坝县边坝镇	112400	5534	3305	122		15236	467
边坝县马武乡	41700	2715	1377	177			
边坝县热玉乡	36000	2113	908	25			
边坝县尼木乡	66600	2896	1193	102			
边坝县沙丁乡	68000	3981	2139	38			
边坝县金岭乡	197200	4293	2864	69			
边坝县加贡乡	105500	893	509	13			
边坝县马秀乡	73500	2422	1648	405			
边坝县都瓦乡	68800	3115	1261	30			
边坝县拉孜乡	83100	3965	1943	104			

续表 573 （西藏自治区） 计算单位：公顷、人、万元

名称	行政区域面积	常住人口	从业人员	二三产业从业人员	工业总产值	城镇建成区面积	城镇建成区常住人口
乃东县泽当镇	20638	33125	3877	2294			
乃东县昌珠镇	2108	6944	3894	2711			
乃东县颇章乡	13524	7123	4074	2279			
乃东县结巴乡	20031	4748	2347	919			
乃东县多颇章乡	23786	1694	994	679			
乃东县索珠乡	37889	2433	1183	775			
乃东县亚堆乡	60835	6956	4290	2529			
扎囊县扎唐镇	18899	11931	3930	2381			
扎囊县桑耶镇	80767	4799	1496	971			
扎囊县阿扎乡	28849	2456	839	763			
扎囊县扎其乡	28097	9752	5612	3400			
扎囊县吉汝乡	39398	11006	5612	3400			
贡嘎县吉雄镇	7400	6055	2336	1558			
贡嘎县岗堆镇	32968	7349	3431	2531	280.0		
贡嘎县甲竹林镇	36955	7987	4240	2246	1600.0		
贡嘎县江塘镇	23781	5759	3699	2018	60.0		
贡嘎县杰德秀镇	25841	8469	4977	1631	2861.6		
贡嘎县朗杰学乡	36396	6658	2966	1080			
贡嘎县昌果乡	37619	3402	2125	1028			
贡嘎县东拉乡	27424	4955	3342	2115			
桑日县桑日镇	30225	3706	1884	1665			
桑日县增期乡	124240	4411	1823	1163			
桑日县白堆乡	46058	2924	739	436			
桑日县绒乡	42839	5754	3062	2047			
琼结县琼结镇	50286	6234	2196	1671			
琼结县拉玉乡	17275	4487	2136	1405			
琼结县下水乡	12848	3219	1562	1158			
琼结县加麻乡	29891	4760	2685	2475			
曲松县曲松镇	51300	7869	2583	1900	120.0		
曲松县罗布沙镇	20200	1406	754	476			
曲松县邱多江乡	88967	2708	1355	727			
曲松县堆随乡	16913	2925	1338	900			
曲松县下江乡	36407	1970	936	485			
措美县措美镇	79909	6426	1862	1443			
措美县哲古镇	207997	5466	2919	2022			
措美县乃西乡	74475	2423	1113	411			
措美县古堆乡	77678	1499	829	390			
洛扎县洛扎镇	87091	4857	2199	1432			
洛扎县拉康镇	44545	2003	964	783			
洛扎县生格乡	32600	3127	1457	972			
洛扎县边巴乡	39556	1529	803	463			
洛扎县扎日乡	104260	5215	2512	1729			
洛扎县色乡	100219	2158	1203	417			
洛扎县拉郊乡	26225	240	111	14			
加查县加查镇	51265	3673	1583	1449			
加查县安绕镇	55254	6262	1583	1449			
加查县拉绥乡	54351	3984	1661	999			
加查县崔久乡	108215	709	294	195			
加查县坝乡	109499	1483	677	402			
加查县冷达乡	26759	2303	1093	1068			

续表 574　　（西藏自治区）　　计算单位：公顷、人、万元

名　　称	行政区域面　　积	常住人口	从业人员	二三产业从业人员	工　业总产值	城镇建成区 面 积	城镇建成区常住人口
加查县洛林乡	53795	4440	1377	632			
隆子县隆子镇	80800	8270	3039	2129			
隆子县日当镇	74800	8900	3978	3191			
隆子县加玉乡	73900	3900	2023	1464			
隆子县列麦乡	51800	2400	1280	413			
隆子县热荣乡	69900	4250	2197	1399			
隆子县三安曲林乡	83200	3220	1602	488			
隆子县准巴乡	19300	520	222	24			
隆子县斗玉珞巴民族乡	28100	680	337	129			
隆子县雪沙乡	80600	4460	2316	559			
隆子县扎日乡	55400	630	264	71			
隆子县玉麦乡	362900	34	27	10			
错那县错那镇	130200	3323	801	729			
错那县勒门巴民族乡	22600	150	80	9			
错那县贡日门巴民族乡	8100	202	101	50			
错那县吉巴门巴民族乡	36901	246	114	17			
错那县麻玛门巴民族乡	8300	214	85	70			
错那县库局乡	292645	508	225	63			
错那县曲卓木乡	112700	4551	1473	529			
错那县浪坡乡	90800	360	140	140			
错那县觉拉乡	70100	5162	2928	1016			
错那县卡达乡	132605	2232	981	545			
浪卡子县浪卡子镇	64523	5432	2109	1163			
浪卡子县打隆镇	117968	5474	2800	1680			
浪卡子县普玛江塘乡	181340	1086	672	14			
浪卡子县多却乡	122682	6468	3132	2286			
浪卡子县卡龙乡	23311	2193	1161	614			
浪卡子县阿扎乡	38218	2268	1234	400			
浪卡子县工布学乡	107535	6890	4108	1353			
浪卡子县卡热乡	17422	2595	1220	647			
浪卡子县白地乡	31989	2444	1271	980			
浪卡子县张达乡	46223	3967	2317	617			
那曲县那曲镇	287040	13542	13442	2900			
那曲县罗玛镇	4146	7271	7242	212			
那曲县古露镇	212140	4126	4026	220			
那曲县香茂乡	88300	6805	6705	855			
那曲县油恰乡	14700	6355	5310	55			
那曲县那么切乡	250000	8783	8683	40			
那曲县孔玛乡	77000	5581	5081	12			
那曲县达萨乡	105900	9109	8766				
那曲县劳麦乡	69300	5044	4954				
那曲县色雄乡	51800	5086	4899				
那曲县尼玛乡	107100	6421	6221				
那曲县达前乡	81700	4932	4802				
嘉黎县阿扎镇	162613	3041	1312	391			
嘉黎县嘉黎镇	132060	3676	1542	162		13206	2890
嘉黎县鸽群乡	98987	2674	989	438			
嘉黎县藏比乡	79453	2103	988	175			
嘉黎县忠玉乡	188500	1974	745	498			
嘉黎县措多乡	166387	5402	1990	426			

续表 575 （西藏自治区） 计算单位：公顷、人、万元

名　　称	行政区域面　　积	常住人口	从业人员	二三产业从业人员	工　业总产值	城镇建成区 面 积	城镇建成区常住人口
嘉黎县措拉乡	106367	4824	2207	162			
嘉黎县林堤乡	39433	1714	837	80			
嘉黎县夏玛乡	138973	4700	2168	640			
嘉黎县绒多乡	137433	3597	1375	323			
比如县比如镇	66639	5648	2827	390			
比如县夏曲镇	197909	14638	5880	3926			
比如县白嘎乡	181252	8713	3350				
比如县羊秀乡	227926	7052	2436				
比如县香曲乡	81704	5847	2035				
比如县达塘乡	115190	8372	3013				
比如县良曲乡	85743	4480	1151	156			
比如县茶曲乡	58041	6750	2249	190			
比如县扎拉乡	88041	3799	1382				
比如县恰则乡	41711	2699	915	153			
聂荣县聂荣镇	81800	2413	1107	143			
聂荣县尼玛乡	202870	4954	2535	534			
聂荣县查当乡	434974	3359	1533	348			
聂荣县当木江乡	97339	4130	639	60			
聂荣县永曲乡	233274	1865	759				
聂荣县索雄乡	142880	2094	1116	13			
聂荣县白雄乡	266067	3959	2008	172			
聂荣县桑荣乡	144518	1917	770	10			
聂荣县下曲乡	159210	3685	1954	202			
聂荣县色庆乡	382993	5584	2715	569			
安多县扎仁镇	950000	9385	4605	837			
安多县雁石坪镇	1400000	2953	1264	173			
安多县强玛镇	810000	5053	2194	1290			
安多县帕那镇	400000	3231	1476	1014			
安多县措玛乡	550000	4289	1770	488			
安多县滩堆乡	120000	1210	533	124			
安多县扎曲乡	250000	1179	528	153			
安多县岗尼乡	400000	1823	900	135			
安多县玛曲乡	900000	2691	1390	506			
安多县色务乡	900000	976	250	140			
安多县玛荣乡	470000	1087	468	47			
安多县多玛乡	900000	1763	1114	48			
安多县帮爱乡	750000	2072	987	482			
申扎县申扎镇	196353	3285	1360	340		25	220
申扎县雄梅镇	325000	3747	1452	339		28	365
申扎县马跃乡	421447	1954	1217	365		28	322
申扎县买巴乡	166740	1521	1134	167		26	380
申扎县塔尔玛乡	519253	3665	1721	516		29	629
申扎县下过乡	259447	2507	2002	259		19	489
申扎县卡乡	230620	1664	795	107		19	215
申扎县巴扎乡	310507	2039	1101	280		22	180
索县亚拉镇	77093	8929	2666	1367		20	8929
索县荣布镇	75627	8014	3032	407		25	8014
索县若达乡	47480	3106	1124	297			
索县热瓦乡	26980	2761	821	120			
索县西昌乡	45700	3456	1243	77			

续表 576 （西藏自治区） 计算单位：公顷、人、万元

名　　称	行政区域面　　积	常住人口	从业人员	二三产业从业人员	工　业总产值	城镇建成区 面 积	城镇建成区常住人口
索县嘎木乡	84867	2282	947	146			
索县赤多乡	70847	3511	1516	134			
索县嘎美乡	50153	5440	1651	81			
索县加勒乡	56820	5863	2542	593			
索县江达乡	61393	3779	1576	220			
班戈县普保镇	209233	5624	2825	388		209233	5624
班戈县北拉镇	238706	5310	2654	257		238706	5310
班戈县佳琼镇	515525	3050	1504	213			
班戈县德庆镇	3904	3958	2138	157		3904	3958
班戈县马前乡	304880	2633	1419	111		304880	2633
班戈县门当乡	515525	5128	2830	182		515525	5128
班戈县保吉乡	138433	2134	1195	122		138433	2134
班戈县青龙乡	305973	4109	2212	412		305973	4109
班戈县新吉乡	317226	3907	1819	147		317226	3907
班戈县尼玛乡	68246	2508	1513	157		68246	2508
巴青县雅安镇	150000	5185	2456	488			
巴青县拉西镇	350000	7644	2676				
巴青县杂色镇	260000	9007	2671	642			
巴青县江绵乡	170000	5933	2513	422			
巴青县岗切乡	310000	4259	2246	420			
巴青县巴青乡	140000	2497	1309				
巴青县阿秀乡	130000	2616	459				
巴青县玛如乡	180000	6692	2799	431			
巴青县本塔乡	250000	4526	1666				
巴青县贡日乡	140000	1755	945	520			
尼玛县尼玛镇	14142	4732	2306	140			
尼玛县文布乡	2954	2023	1195	204			
尼玛县中仓乡	14250	2721	1626	174			
尼玛县卓瓦乡	3150	1996	1081	102			
尼玛县卓尼乡	4712	1928	1306	125			
尼玛县吉瓦乡	3332	1840	910	112			
尼玛县甲谷乡	2658	2190	909	71			
尼玛县阿索乡	14000	1782	1112	49			
尼玛县俄久乡	28778	2402	1293	84			
尼玛县荣玛乡	46779	1054	526	36			
尼玛县达果乡	2584	1756	854	76			
尼玛县申亚乡	3459	1902	957	116			
尼玛县来多乡	4201	2155	1079	140			
尼玛县军仓乡	5000	1542	912	103			
双湖县措折罗玛镇	376740	3087	1839	48		59	265
双湖县协德乡	799947	2480	1242	36		130	824
双湖县雅曲乡	958832	1070	577	30		45	293
双湖县嘎措乡	703006	541	372	28		650	315
双湖县措折强玛乡	1305725	1242	910	293		5	306
双湖县多玛乡	676480	2033	969	34		2	200
双湖县巴岭乡	887720	1825	945	33		5	815
普兰县普兰镇	325774	5872	2125	796	938.0	100	2543
普兰县巴嘎乡	383152	1560	809	180			
普兰县霍尔乡	610478	2103	1168	261			
札达县托林镇	431399	2218	392	41		1239	2218

续表 577　　（西藏自治区）　　计算单位：公顷、人、万元

名　　称	行政区域面　　积	常住人口	从业人员	二三产业从业人员	工　业总产值	城镇建成区 面 积	城镇建成区常住人口
札达县萨让乡	317718	724	300	26			
札达县达巴乡	678736	1370	524	53			
札达县底雅乡	290556	862	314	27			
札达县香孜乡	238950	1398	507	40			
札达县曲松乡	214902	468	276	32			
札达县楚鲁松杰乡	287898	537	238	48			
噶尔县狮泉河镇	109891	4219	3451	2310		1247	3920
噶尔县昆莎乡	327193	2271	1186	337			
噶尔县左左乡	491977	1481	958	288			
噶尔县门士乡	484676	2502	1703	213			
噶尔县扎西岗乡	353337	883	564	149			
日土县日土镇	467331	3180	923	483		200	1098
日土县热帮乡	1598936	2441	1870	948			
日土县日松乡	681717	2160	1640	655			
日土县东汝乡	3663694	1342	983	395			
日土县多玛乡	1287684	1342	1087	481			
革吉县革吉镇	1213036	4466	3370	516			
革吉县雄巴乡	789436	3358	1748	15			
革吉县亚热乡	1159413	3644	2590	840			
革吉县盐湖乡	1061450	3334	1718	84			
革吉县文布当桑乡	387093	2166	1904	75			
改则县改则镇	462406	4310	2003	957			
改则县物玛乡	837131	2447	2447	258			
改则县先遣乡	3648644	2172	2172	190			
改则县麻米乡	878791	4974	2407	107			
改则县洞措乡	660137	1962	1368	331			
改则县古姆乡	1255666	2518	1984	51			
改则县察布乡	5818822	3951	1087	54			
措勤县措勤镇	280553	2776	1409	222		110	3500
措勤县磁石乡	464194	2643	1565	287		20	280
措勤县曲洛乡	515240	2304	1487	207		20	300
措勤县江让乡	773532	2935	1478	304		30	350
措勤县达雄乡	255831	2750	1410	50		30	380
林芝县林芝镇	147300	2627	1052	355			2627
林芝县百巴镇	162200	3939	1682	373			
林芝县八一镇	143200	3546	1528	792			
林芝县鲁朗镇	164900	1333	649	1			
林芝县更章门巴民族乡	98000	1293	599	91			
林芝县布久乡	157400	2859	1489	337			
林芝县米瑞乡	150600	2364	919	202			
工布江达县工布江达镇	75900	2763	1365	140		102	2763
工布江达县金达镇	157100	4832	1896	139		6	4832
工布江达县巴河镇	109100	2711	1209	54		55	2711
工布江达县错高乡	119000	2354	1247	122			
工布江达县朱拉乡	185200	2989	1388	65			
工布江达县仲莎乡	185200	2843	1442	84			
工布江达县江达乡	79600	2607	1481	90			
工布江达县娘蒲乡	165000	3098	1101	66			
工布江达县加兴乡	225900	4453	1717	115			
米林县米林镇	34643	7785	3124	2318	573.0	97	7785

续表 578　　（西藏自治区、陕西省）　　计算单位：公顷、人、万元

名　　称	行政区域面　　积	常住人口	从业人员	二三产业从业人员	工　业总产值	城镇建成区 面 积	城镇建成区常住人口
米林县卧龙镇	259190	4359	2231	363			
米林县派镇	105589	2557	1417	598			
米林县丹娘乡	54917	1876	913	183			
米林县南伊珞巴民族乡	64848	683	361	142	30.0		
米林县羌纳乡	45466	3046	1415	280			
米林县里龙乡	218182	1999	1043	210			
米林县扎西绕登乡	167578	3217	1834	373			
墨脱县墨脱镇	121700	2900	2297	1381		12170	2900
墨脱县甘登乡	79000	307	194				
墨脱县加热萨乡	79000	699	335				
墨脱县达木珞巴民族乡	88000	1064	518	98			
墨脱县帮辛乡	100000	1358	932	152			
墨脱县格当乡	94000	599	382	132			
墨脱县德兴乡	110000	1665	439	37			
墨脱县背崩乡	375000	2345	1142				
波密县扎木镇	106813	2629	1042	556			2629
波密县倾多镇	170986	4570	1656	55			4570
波密县松宗镇	76165	2006	771	238			2006
波密县古乡	72474	1357	327	254		6	1357
波密县玉许乡	246211	5954	3273	531			5954
波密县多吉乡	138346	3176	1553	619			
波密县康玉乡	154958	1915	684	145		4	51
波密县玉普乡	200000	1555	657	88		200000	1555
波密县易贡乡	294669	1363	686	257			1363
波密县八盖乡	210013	1318	696	212		53	1318
察隅县竹瓦根镇	2827	3890	1745	291	125.0	1	3890
察隅县上察隅镇	5525	2989	1517	109		5525	2989
察隅县下察隅镇	1215	4960	2786	238		8	4960
察隅县古玉乡	2271	2945	1422	181			
察隅县古拉乡	3318	2703	1244	313			
察隅县察瓦龙乡	4617	7365	3759	2601			
朗县朗镇	44153	2748	1444	30		12	2748
朗县仲达镇	20695	2216	1475	440		207	2216
朗县洞嘎镇	116623	2487	1162	94			2487
朗县金东乡	95845	1708	910	106			
朗县拉多乡	70847	2149	1147	18			2149
朗县登木乡	70531	2975	1730	69			2975
陕西省							
阎良区武屯镇	5330	37733	20204	6856	135163.0	430	3570
阎良区关山镇	8501	55008	27050	11849	228864.0	383	6117
蓝田县蓝关镇	6700	39123	20749	5245	57854.0	131	3298
蓝田县洩湖镇	8400	38456	31190	15800	36919.0	41	2830
蓝田县华胥镇	8000	35050	29520	11260	95000.0	100	5950
蓝田县前卫镇	4900	35251	25274	14009	16593.0	18	1530
蓝田县汤峪镇	12200	24357	15486	5768	738.0	57	1874
蓝田县焦岱镇	4500	21381	16998	7313	772.0	35	1420
蓝田县玉山镇	6200	24000	21736	12972	2760.0	65	1280
蓝田县三里镇	6900	42293	36260	15960	517481.0	43	1658
蓝田县普化镇	11300	48963	37777	16980	2108.0	48	1319
蓝田县葛牌镇	21900	14603	8897	2937	3900.0	100	390

续表 579　　（陕西省）　　计算单位：公顷、人、万元

名　　称	行政区域面　　积	常住人口	从业人员	二三产业从业人员	工　业总产值	城镇建成区 面 积	城镇建成区常住人口
蓝田县灞源镇	18400	17719	8599	2342	385.0	40	976
蓝田县九间房镇	13300	16189	11807	4532	1000.0	40	234
蓝田县蓝桥镇	10100	10605	7670	3417	891.0	39	1013
蓝田县玉川镇	20500	9808	6202	3140	145.0	30	521
蓝田县辋川镇	7600	10516	6285	1758	2250.0	54	1380
蓝田县厚镇	8400	16212	10798	3803	353.0	40	2098
蓝田县三官庙镇	4200	16123	8577	2160	104.0	35	724
蓝田县金山镇	5200	9056	6251	1630	714.0	98	2700
蓝田县安村镇	4500	26700	15412	3710	22135.0	1202	2823
蓝田县孟村镇	4100	28978	15795	4941	2659.0	133	2200
蓝田县小寨镇	9600	19066	11703	3750	69314.0	95	2043
蓝田县史家寨镇	3266	18940	12578	5078	3100.0	52	1352
周至县二曲镇	3244	75360	47640	34952	134353.0	760	61900
周至县哑柏镇	4417	45645	29135	10458	54730.8	800	15500
周至县终南镇	6586	56346	30105	8749	4400.0	546	16547
周至县马召镇	7867	31779	16047	3861	42462.0	200	12488
周至县集贤镇	29455	26714	18609	6284	152251.0	120	11780
周至县楼观镇	19748	44784	21910	6248	39289.0	900	15024
周至县尚村镇	6231	43251	21813	6589	12560.0	458	8230
周至县广济镇	4875	34135	16000	2664	15052.0	512	9138
周至县厚畛子镇	69627	2424	1707	591	3535.0	39	350
周至县青化镇	3392	22301	12418	1545	1995.0	225	3254
周至县竹峪镇	10191	20925	12406	2173	4092.0	414	1497
周至县翠峰镇	4736	22214	13856	3258	7818.0	433	1521
周至县四屯镇	2748	20883	12433	1707	14850.0	65	3290
周至县侯家村镇	2640	20455	11483	1954	10565.0	415	1872
周至县辛家寨镇	2264	18896	12033	2035	14168.0	147	3070
周至县司竹镇	3360	22797	13345	2843	11312.0	112	1562
周至县九峰镇	10688	25234	12906	3324	15637.0	120	1511
周至县富仁镇	4635	19832	12673	1578	29456.0	201	2694
周至县骆峪镇	9565	6170	3614	1221	4396.0	900	802
周至县陈河镇	23749	3990	2893	1060	3550.0	607	305
周至县板房子镇	37444	2785	1819	607	1560.0	1353	368
周至县王家河镇	29412	2488	1492	477		953	549
户县甘亭镇	4260	101712	43766	31500	396600.0	361	59100
户县余下镇	2900	58126	22748	13120	639220.0	22	23228
户县祖庵镇	3100	28373	15349	6962	81000.0	40	5450
户县秦渡镇	4980	46370	29300	9504	152610.0	250	7035
户县大王镇	3000	31245	18223	7223	83055.0	124	4953
户县草堂镇	27800	34550	19538	10998	261400.0	30	6050
户县蒋村镇	14230	35876	21368	6560	100400.0	400	7315
户县庞光镇	3500	27169	13620	4464	81000.0	150	4685
户县涝店镇	4860	36142	15650	5084	67090.0	110	3845
户县甘河镇	3300	27738	9485	2965	50600.0	214	3212
户县石井镇	42380	25238	12604	5085	46300.0	10	1596
户县玉蝉镇	2900	25518	13806	3360	74850.0	11	1125
户县五竹镇	2580	21542	13260	3950	520800.0	10	1210
户县苍游镇	2260	20120	12048	3755	24700.0	8	1365
户县渭丰镇	3650	26980	16469	8797	77810.0	13	1914
户县天桥镇	2500	16543	9616	3495	29172.0	10	312

续表 580　　(陕西省)　　计算单位：公顷、人、万元

名　称	行政区域面　积	常住人口	从业人员	二三产业从业人员	工　业总产值	城镇建成区 面 积	城镇建成区常住人口
高陵县通远镇	3258	34084	9646	2343	59984.0	79	1496
高陵县耿镇	2130	19539	6019	1763		23	1435
高陵县榆楚镇	2892	22815	5995	3075		260	1080
高陵县湾子镇	2121	20335	5677	3712		206	1408
高陵县张卜镇	4351	36533	6975	3302		4080	1097
王益区黄堡镇	8174	35897	13204	4704	886898.0	478	13200
王益区王益乡	2878	9901	6620	5710	1911.0		
印台区陈炉镇	8155	16374	9937	3165	200041.0	200	3750
印台区红土镇	9467	22694	12256	3445	204920.0	120	2934
印台区广阳镇	5868	25928	7199	1137	46776.0	14	12810
印台区金锁关镇	16752	40670	10552	1340	287196.0	2999	1958
印台区阿庄镇	5573	10843	9986	2875	12596.0	50	3698
印台区印台镇	7577	18786	8956	1196	86870.0	2900	1237
印台区高楼河镇	4143	15430	8467	540	19335.0	6	640
耀州区董家河镇	4100	14365	10520	6510	584566.0	315	2550
耀州区庙湾镇	22600	19052	9300	6100	240000.0	22	15000
耀州区瑶曲镇	20600	17580	11480	7520	137000.0	26	2200
耀州区照金镇	24400	10976	8576	2159	383350.0	80	3500
耀州区坡头镇	6006	16185	9740	2570	13000.0	70	830
耀州区小丘镇	15600	28198	22010	4010	88250.0	66	3807
耀州区孙塬镇	7500	16670	7405	6221	382500.0	3	3556
耀州区关庄镇	21000	19046	14797	5172	196.0	21	2682
耀州区石柱镇	18000	20338	12699	2936	261858.0	50	1240
耀州区演池乡	8482	10348	7253	3563	280.0	78	396
宜君县城关镇	17833	18371	7655	3491	33000.0	541	11610
宜君县彭镇	27974	13180	9055	1280	133784.8	31	1230
宜君县五里镇	10659	7034	2971	320	40.0	80	1922
宜君县太安镇	19476	9694	4288	1215	126724.7	45	997
宜君县棋盘镇	15107	7320	3697	963	15620.0	41	1350
宜君县尧生镇	25939	11345	6650	1819	2813.0	26	1189
宜君县哭泉乡	8806	4940	2550	280		8	692
宜君县云梦乡	19497	10438	7230	2117	105.0	5	465
宜君县西村乡	7909	7865	4516	876	330.0	7	1239
渭滨区马营镇	17700	34820	28856	13491	129000.0	5	3890
渭滨区石鼓镇	11199	17839	11180	7242	187394.0	27	901
渭滨区神农镇	12800	15609	9942	8649	233872.0	26	1225
渭滨区高家镇	22847	29393	18675	11166	24443.0	262	2235
渭滨区八鱼镇	16301	25080	14922	11620	130834.0	335	3986
金台区陈仓镇	1620	51951	19118	18888	468043.0	1620	51951
金台区蟠龙镇	4200	39627	18743	12347	1073.0	175	3162
金台区金河镇	6350	31107	17552	10973	135793.0	265	1417
金台区硖石镇	14910	19503	12596	6355	4226.0	2380	1687
陈仓区阳平镇	4000	43458	28472	20912	64564.0	30	2205
陈仓区千河镇	5400	44676	20174	15388	200283.0	25	1605
陈仓区磻溪镇	18200	47190	25334	13521	112438.0	15	2767
陈仓区天王镇	15200	31069	22415	10175	14200.0	18	2200
陈仓区慕仪镇	4300	36153	20443	12250	14186.0	25	2565
陈仓区周原镇	4700	45440	23375	14825	687296.0	170	3724
陈仓区贾村镇	11700	51168	28493	18255	7056.0	25	1150
陈仓区县功镇	26200	40642	30272	22010	84487.0	65	2800

续表 581　　(陕西省)　　计算单位：公顷、人、万元

名　　称	行政区域面　　积	常住人口	从业人员	二三产业从业人员	工　业总产值	城镇建成区 面 积	城镇建成区常住人口
陈仓区新街镇	19800	16309	11598	8145	175.0	17	1820
陈仓区坪头镇	30300	16655	9665	6010	15000.0	20	3000
陈仓区香泉镇	19700	12495	9400	4944	5660.0	17	2023
陈仓区赤沙镇	14700	14785	9314	2869	26.0	15	1917
陈仓区拓石镇	35700	18135	13753	6257	7520.0	15	2775
陈仓区凤阁岭镇	20400	9452	5845	1598	103.0	12	833
陈仓区钓渭镇	11700	35122	23169	15080	377954.0	34	1660
凤翔县城关镇	7200	81857	46760	37735	237793.0	1200	38345
凤翔县虢王镇	4500	32046	17322	14762	63575.0	75	2562
凤翔县彪角镇	11800	57956	37550	26540	189112.0	373	7626
凤翔县横水镇	10100	41812	22580	9080	135384.0	300	4568
凤翔县田家庄镇	4900	24475	14665	8505	129189.0	281	6310
凤翔县糜杆桥镇	19700	35277	20570	10923	74300.0	370	5000
凤翔县南指挥镇	7000	34919	25806	17633	102345.0	85	2411
凤翔县陈村镇	5800	50253	26100	13200	289545.0	244	6665
凤翔县长青镇	4800	25116	7601	4750	893313.0	300	2650
凤翔县柳林镇	16800	65872	31557	24125	919551.0	230	8263
凤翔县姚家沟镇	15000	5374	3084	775	77824.0	130	911
凤翔县范家寨镇	10300	33267	19222	10005	33440.0	35	1717
岐山县凤鸣镇	12270	104299	38460	24740	360448.0	2600	39680
岐山县蔡家坡镇	20980	152688	76027	60000	2375700.0	3236	58493
岐山县益店镇	4940	30000	18660	9340	14872.0	240	4000
岐山县蒲村镇	7770	22856	11980	1970	17300.0	35	2338
岐山县祝家庄镇	6680	20220	12840	9040	81520.0	110	2700
岐山县青化镇	3880	24706	10428	4053	240.0	420	3880
岐山县枣林镇	4580	33434	15467	9280	1541.0	50	1996
岐山县雍川镇	6142	47653	23463	10217	10240.0	146	4620
岐山县故郡镇	14210	18212	7992	6279	16702.0	36	550
岐山县京当镇	4148	9572	5976	5186	3860.0	60	1650
扶风县城关镇	9635	97381	37704	22768	190748.0	600	1340
扶风县天度镇	17868	43084	20103	10323	135985.0	321	2976
扶风县午井镇	5724	36842	17852	10980	56104.0	509	6007
扶风县绛帐镇	8679	76352	32926	25761	566729.0	533	3396
扶风县段家镇	3460	25906	13286	6040	52567.0	243	1472
扶风县杏林镇	6685	48369	24481	10190	12455.0	260	5211
扶风县召公镇	5536	35766	19681	8973	53600.0	625	12030
扶风县法门镇	12942	71386	34428	23644	99190.0	162	11577
眉县首善镇	6251	66790	42952	23147	602000.0	499	27314
眉县横渠镇	10910	49056	26416	11489	187200.0	165	1533
眉县槐芽镇	3310	20450	11233	3372	239900.0	306	1860
眉县汤峪镇	29151	37650	23495	9816	273000.0	15	1532
眉县常兴镇	5954	53296	39371	28750	652900.0	354	10689
眉县金渠镇	5837	32796	18050	4714	691283.0	55	7261
眉县营头镇	17738	20634	11509	7634	6710.0	21	1988
眉县齐镇	6553	32092	16238	7791	177400.0	107	1711
陇县城关镇	17103	77820	30528	21491	90276.0	760	36999
陇县东风镇	23481	34452	19347	9374	268551.0	51	2009
陇县八渡镇	27692	9061	6351	2752	90.0	55	1582
陇县东南镇	9822	46352	24278	13666	9610.0	81	2986
陇县温水镇	15478	22507	12612	4992	642.0	87	3312

续表 582　　（陕西省）　　计算单位：公顷、人、万元

名　　称	行政区域面　　积	常住人口	从业人员	二三产业从业人员	工　业总产值	城镇建成区 面 积	城镇建成区常住人口
陇县天成镇	39909	17076	10001	4004	221.0	44	2847
陇县曹家湾镇	21502	18859	10248	6113	2091.0	86	3839
陇县固关镇	24392	9829	5751	2654	3394.0	66	2922
陇县火烧寨镇	7720	8301	5253	1782	910.0	60	1786
陇县李家河镇	9363	9278	5546	1378		70	1779
陇县河北镇	20782	11740	7834	4054	14.0	99	2856
陇县新集川镇	10450	6038	3649	945	752.0	78	2030
千阳县城关镇	11846	34706	12747	6897	140759.0	900	21189
千阳县崔家头镇	4011	8712	4484	604	103.0	160	1391
千阳县南寨镇	14888	25733	11136	7115	11467.0	500	2860
千阳县张家塬镇	22163	20878	11772	5398	2800.0	308	3450
千阳县水沟镇	4687	9311	5360	2078	33697.0	810	1471
千阳县草碧镇	16300	12901	7110	2260	309202.0	600	2200
千阳县柿沟镇	6727	8599	4491	1918	370.0	60	1005
千阳县高崖镇	19065	4263	2818	775	100.0	11	554
麟游县九成宫镇	28779	34441	7155	3511	584844.0	266	4095
麟游县崔木镇	29096	11458	5996	4827	69897.0	3	990
麟游县招贤镇	43430	10537	5895	901	792.0	12	820
麟游县两亭镇	13016	11508	7155	3635	168217.0	65	1330
麟游县常丰镇	13585	8169	3100		20.0	98	461
麟游县丈八镇	19824	7084	2482	220	30.0	25	521
麟游县酒房镇	22670	8424	5241	1118	200.0	25	169
凤县双石铺镇	27654	31886	19362	9492	1287853.2	125	13176
凤县凤州镇	32735	16416	7565	2227	627603.4	300	4382
凤县黄牛铺镇	45625	8227	4061	1881	20816.4	166	1459
凤县红花铺镇	23093	4045	2532	1180	1844.8	21	717
凤县河口镇	40440	11938	8284	4130	52528.6	300	706
凤县唐藏镇	36757	5467	3464	2829	52029.9	9	1635
凤县平木镇	19837	9681	5024	2966	932.1	200	788
凤县坪坎镇	20438	4062	1350	760	398818.0	15	285
凤县留凤关镇	72121	14778	7317	3512	491024.3	120	2037
太白县咀头镇	61200	25088	11110	3150	70154.0	420	11200
太白县桃川镇	33100	6241	3389	2020	4765.0	230	1117
太白县鹦鸽镇	31300	9383	5822	2230	16794.0	23	2161
太白县靖口镇	19400	3669	2310	1075	3400.0	120	891
太白县太白河镇	26100	1935	1130	1042	71233.0	70	350
太白县黄柏塬镇	85200	1964	1366	691	3321.0	60	286
太白县王家堎镇	13500	1478	1022	720	5653.0	50	476
秦都区马庄镇	4904	29140	17600	11200	439220.0	100	5400
杨陵区五泉镇	2664	24908	15335	7665	18029.6	1785	24635
杨陵区大寨镇	1280	19833	9685	5325	4170.0	646	18354
杨陵区揉谷镇	3610	34227	17756	7480	3184.4	1482	34220
渭城区北杜镇	3202	19644	11992	6867	8120.0	54	4553
三原县城关镇	6768	122207	69474	28350	1543056.5	690	18192
三原县安乐镇	2144	18559	11426	4504	110562.8	20	2020
三原县陂西镇	3087	26818	19507	11094	7623.3	39	1401
三原县独李镇	2565	22754	13027	1647	87199.5	13	1054
三原县大程镇	6780	41991	28288	11794	344881.3	14	1661
三原县西阳镇	3642	22950	15526	9572	430870.8	49	5809
三原县鲁桥镇	3019	25820	15110	6296	11629.2	23	1270

续表 583　　　　（陕西省）　　　　计算单位：公顷、人、万元

名　　称	行政区域面　　积	常住人口	从业人员	二三产业从业人员	工　业总产值	城镇建成区 面 积	城镇建成区常住人口
三原县陵前镇	11290	46517	28030	8331	192849.5	270	3004
三原县新兴镇	7791	27615	18450	8007	7852.5	32	2285
三原县嵯峨镇	7771	22677	11185	6146	2936.4	15	1763
三原县渠岸镇	2839	26421	16221	6999	132151.0	70	2111
泾阳县泾干镇	5440	77822	40513	31361	595236.0	186	74182
泾阳县永乐镇	2580	33028	21198	13306	573164.0	123	29368
泾阳县云阳镇	7510	54205	32134	10047	178624.0	125	21984
泾阳县桥底镇	4470	32509	18057	13765	30556.0	92	18259
泾阳县王桥镇	4270	26180	12574	7448	169200.0	110	12674
泾阳县口镇	5040	22819	11658	6742	12512.0	88	9956
泾阳县三渠镇	5120	42261	20067	15886	85621.0	96	10812
泾阳县高庄镇	4790	30360	14334	13085	28139.0	68	18820
泾阳县太平镇	5370	28924	13150	6198	30960.0	96	7033
泾阳县崇文镇	2780	19020	10397	9116	50212.0	98	17352
泾阳县安吴镇	9740	43729	26257	14036	109123.0	99	5286
泾阳县兴隆镇	15143	40551	17975	10322	86324.0	80	14951
泾阳县中张镇	6947	43592	22337	11846	48150.0	104	9553
乾县城关镇	11857	104634	43272	26799	1466031.0	680	41942
乾县薛录镇	6173	40328	17669	6539	57476.0	120	5280
乾县梁村镇	5791	34102	20897	11130	9644.0	400	3457
乾县临平镇	10177	40230	17797	9596	81973.0	156	7126
乾县姜村镇	4350	28076	16603	7295	168799.6	270	2638
乾县王村镇	4410	30982	11041	2303	56866.0	270	4203
乾县马连镇	3578	25612	10284	7575	90343.0	180	4457
乾县阳峪镇	7270	30399	13920	7271	109846.0	653	4470
乾县峰阳镇	8835	20334	8871	2303	3337.0	266	3179
乾县注泔镇	5648	20613	12676	4557	17680.0	66	3178
乾县灵源镇	3539	21343	11764	4244	85961.0	79	1942
乾县阳洪镇	4046	22187	10273	2453	48219.0	180	5827
乾县梁山镇	11329	26064	9847	1683	3090.0	240	2167
乾县周城镇	3342	25424	14314	5120	16023.0	150	1959
乾县新阳镇	3912	23733	9928	4216	47812.0	120	4986
乾县大杨镇	6014	37949	20332	3609	102703.0	272	5450
礼泉县城关镇	11619	104653	56219	27745	831531.0	560	34408
礼泉县史德镇	8989	41526	24859	5407	38982.0	20	3910
礼泉县西张堡镇	4225	25736	17815	8820	21600.0	45	3800
礼泉县阡东镇	4400	30230	19480	3180	28611.0	36	4431
礼泉县烽火镇	5000	29601	19011	2968	2120.0	27	2932
礼泉县烟霞镇	12000	33414	12982	3698	232928.0	240	8600
礼泉县赵镇	3770	28865	15564	2390	58590.0	20	5026
礼泉县叱干镇	16000	28032	20541	2346	368.0	30	2685
礼泉县南坊镇	13090	25924	9215	714	800.0	45	3854
礼泉县石潭镇	6000	28232	13293	1497	6175.0	218	6329
礼泉县昭陵镇	12540	46987	25944	8886	269.0	46	5183
礼泉县骏马镇	3467	29832	17776	3540	621.0	291	2770
永寿县监军镇	10764	46720	13062	7138	550200.0	96	25779
永寿县店头镇	7300	18640	5283	1880	2651.0	66	1436
永寿县常宁镇	7262	31200	9020	2450	142.0	63	4441
永寿县仪井镇	5240	13514	5618	1280	985.0	40	3515
永寿县甘井镇	8400	17311	4176	1151	805.0	42	871

续表 584　　（陕西省）　　计算单位：公顷、人、万元

名　　称	行政区域面　　积	常住人口	从业人员	二三产业从业人员	工　业总产值	城镇建成区 面 积	城镇建成区常住人口
永寿县马坊镇	5700	12990	4180	760	123.0	30	2000
永寿县豆家镇	4200	9837	2265	1278	472.0	36	1913
永寿县御驾宫镇	9170	16006	4167	1112	890.0	25	1930
永寿县渠子镇	5800	9584	4903	532	894.0	23	1510
永寿县永太镇	9120	6999	2097	571	518.0	28	1422
永寿县永平镇	15944	5256	1997	478	620.0	34	402
彬县城关镇	8940	80711	27212	14876	2190141.0	440	13805
彬县北极镇	11439	38061	15752	4610	9461.5	286	3900
彬县新民镇	8632	30140	13018	2632	11552.8	130	3487
彬县龙高镇	8319	14586	7552	1840	5029.0	90	1784
彬县小章镇	6823	19623	9565	4002	90215.4	22	2731
彬县永乐镇	7372	17482	8876	6736	4356.0	28	2585
彬县义门镇	10770	36063	16114	5528	79563.6	18	1601
彬县水口镇	6297	15996	7381	4132	2510.0	9	788
彬县韩家镇	14590	15166	7639	2111	1025.0	14	716
彬县太峪镇	13190	22965	10323	4410	72134.2	36	1846
彬县香庙镇	6332	11436	6735	2488	5724.8	42	1954
彬县炭店镇	5653	15192	7841	2015	29686.0	34	2170
彬县底店镇	10001	10479	4829	1614	201.0	14	1132
长武县昭仁镇	4760	30205	13252	9115	36333.0	121	9677
长武县相公镇	8070	24054	12444	8625	231636.0	60	1670
长武县巨家镇	7780	16819	10819	5298	3293.0	53	1580
长武县丁家镇	3250	11330	4722	1412	22863.0	25	2956
长武县洪家镇	4900	14102	8245	3115	4350.0	70	2678
长武县亭口镇	13410	30451	15105	6284	510603.0	59	12464
长武县彭公镇	4860	16642	3167	606	2500.0	68	3180
长武县地掌镇	4650	19874	9598	1665	20665.0	35	1780
长武县枣元镇	5020	6850	3015	370	913.7	28	878
旬邑县城关镇	19745	27761	15198	10849	421220.8	440	18560
旬邑县土桥镇	14460	33331	16095	6665	28085.9	121	6330
旬邑县职田镇	7808	26573	12844	3914	6991.0	55	5933
旬邑县张洪镇	8057	33085	15123	9051	28293.0	108	7670
旬邑县太村镇	11587	45344	21536	10083	42854.8	184	5399
旬邑县郑家镇	4329	19087	9447	6620	289109.4	60	5130
旬邑县湫坡头镇	8727	25785	11770	4871	11360.0	61	6430
旬邑县底庙镇	7407	19406	11056	6457	5243.0	58	1212
旬邑县丈八寺镇	4444	11390	6751	4484	3496.0	42	1195
旬邑县马栏镇	73851	12882	7947	5061	4369.0	54	2551
旬邑县清塬镇	17028	10756	7613	5567	494384.4	43	3130
淳化县城关镇	9300	30129	17733	12890	170586.5	32	8100
淳化县官庄镇	7600	17759	6866	1545	5750.0	25	2450
淳化县马家镇	6800	14741	6144	1804	4500.0	38	3850
淳化县方里镇	10500	21957	10863	1776	28542.0	51	1650
淳化县润镇	4800	16917	7190	4147	48323.0	63	4970
淳化县车坞镇	9900	13761	8074	5062	89192.0	40	1960
淳化县铁王镇	15000	13708	12049	4366	56950.0	42	2080
淳化县石桥镇	8700	14560	7165	2144	20421.0	41	1730
淳化县胡家庙镇	7600	17088	6257	1282	34604.0	40	1790
淳化县十里塬镇	8500	17127	7246	2431	14100.0	43	1820
淳化县固贤镇	4000	8612	4932	1057	4270.0	40	1330

续表 585　　(陕西省)　　计算单位：公顷、人、万元

名　　称	行政区域面积	常住人口	从业人员	二三产业从业人员	工业总产值	城镇建成区面积	城镇建成区常住人口
淳化县卜家镇	4900	9349	5098	1290	4700.0	38	1190
武功县普集镇	5656	101310	30171	14148	1123025.0	448	35728
武功县苏坊镇	3503	24912	7723	3221	72564.0	220	1680
武功县武功镇	4302	40002	12549	3724	71856.0	200	11000
武功县游风镇	2965	20124	6436	2249	42456.0	110	486
武功县贞元镇	7815	62985	18187	3855	113895.0	80	989
武功县长宁镇	6756	56521	15891	3361	55628.0	135	1438
武功县小村镇	4656	70526	18566	3331	77235.0	32	3381
武功县大庄镇	4147	41021	13314	3527	73625.0	72	412
兴平市赵村镇	2960	30741	20791	10713	543178.0	249	4149
兴平市桑镇	2730	30842	16685	8385	39652.0	219	4589
兴平市南市镇	5040	32857	23775	11053	83013.0	225	5769
兴平市庄头镇	2790	30544	19347	8116	40968.0	190	4890
兴平市南位镇	5460	36914	22475	8017	15420.0	312	3596
兴平市阜寨镇	5530	45698	25156	11201	14174.0	62	3412
兴平市丰仪镇	3280	26852	14900	7810	107616.0	65	4111
兴平市汤坊镇	3110	30744	16520	6919	72569.0	55	2568
临渭区桥南镇	6443	23864	23683	2094	378.0	10	1389
临渭区阳郭镇	12050	51192	27931	7040	4827.0	33	3210
临渭区故市镇	8600	53129	24208	2048	768.0	281	4998
临渭区下邽镇	7980	63883	51604	6282	16612.0	450	6750
临渭区三张镇	4098	31316	18949	4684	473.0	42	2114
临渭区交斜镇	4774	30706	5078	5078	10106.0	105	2778
临渭区辛市镇	4289	33300	18250	5650	522131.0	300	3570
临渭区崇宁镇	3350	28667	12578	2468	137.0	105	3499
临渭区孝义镇	2885	25185	14186	1071	220.0	160	7212
临渭区吝店镇	6769	47813	28047	3055	140.0	48	4655
临渭区官底镇	4667	34576	17771	7433	608.0	28	4139
临渭区官路镇	4810	25665	9350	4100	5830.0	40	3125
临渭区丰原镇	4347	26794	12918	7400	25.0	31	2678
临渭区阎村镇	3902	36592	16812	10844	6858.0	289	2520
临渭区龙背镇	7300	48865	19747	891	14128.0	50	2468
临渭区官道镇	1705	41182	23760	5228	868.0	36	1120
华县华州镇	2223	93297	27376	23303	3465.0	800	39987
华县杏林镇	10500	14949	5998	4933	30492.0	15	5165
华县赤水镇	7760	46808	24893	3541	3120.0	35	2130
华县高塘镇	23395	48599	27989	4637	7385.0	90	3460
华县大明镇	16325	34060	18859	2337	1726.0	60	2800
华县瓜坡镇	4800	26429	18073	4320	408830.0	500	12000
华县莲花寺镇	11457	23885	13380	2300	34679.0	10	2300
华县柳枝镇	10170	32210	26516	3790	30732.0	80	3924
华县下庙镇	4900	25566	17003	2117	500.0	45	1500
华县金堆镇	22400	14871	14686	11277	1865509.0	8	652
潼关县城关镇	6200	56824	9781	6880	314589.0	322	40481
潼关县秦东镇	6874	27975	17343	6651	7722.7	81	4545
潼关县太要镇	7600	24301	12951	4107	61150.6	1325	8550
潼关县桐峪镇	8440	11816	5560	1665	145373.8	100	3665
潼关县代字营镇	3050	21661	9327	3232	20263.9	48	2048
潼关县安乐镇	4550	15323	6216	2338	108164.3	500	1658
大荔县城关镇	8050	104734	30276	1684	183660.0	1898	61112

续表 586　　(陕西省)　　计算单位：公顷、人、万元

名　　称	行政区域面　　积	常住人口	从业人员	二三产业从业人员	工　业总产值	城镇建成区 面 积	城镇建成区常住人口
大荔县许庄镇	10400	49432	29262	1619	26000.0	106	2756
大荔县朝邑镇	43698	53389	22562	4858	5151.4	1050	15000
大荔县安仁镇	10553	51788	34050	2105	4500.0	64	6732
大荔县两宜镇	4500	19553	12002	1526	1200.0	90	4498
大荔县羌白镇	12500	49435	30142	1423	3420.0	130	5604
大荔县官池镇	16500	59879	52392	3192	370204.0	300	9260
大荔县冯村镇	2990	26848	11749	376	4020.0	632	2510
大荔县双泉镇	5750	30185	14782	1000	230.0	461	3942
大荔县高明镇	4547	26382	15895	1445	4462.3	296	2550
大荔县下寨镇	9760	35914	16041	1300	8400.0	232	330
大荔县韦林镇	9433	42757	7779	141	159872.0	212	2891
大荔县范家镇	4666	33370	18804	2382	16375.1	122	7592
大荔县苏村镇	7693	28251	12641	1213	5426.0	700	976
大荔县赵渡镇	9700	16182	7680	425		26	2326
大荔县平民镇	4050	13012	8263	343	380.0	268	2533
大荔县埝桥镇	5400	30198	17588	315	8351.0	74	1796
大荔县段家镇	7410	26191	16918	1198	14961.2	2	200
合阳县城关镇	9400	82033	62836	53636	70426.0	800	47747
合阳县甘井镇	11400	27077	16585	3949	9645.0	200	2480
合阳县坊镇	18140	61423	34428	15403	18150.0	360	5840
合阳县洽川镇	12500	9270	5834	3758	2300.0	80	1230
合阳县新池镇	8300	28924	17523	5500	2800.0	100	7500
合阳县黑池镇	19662	52052	24954	3709	5600.0	260	11060
合阳县路井镇	12080	42239	23388	8308	3500.0	150	7238
合阳县和家庄镇	13900	27098	12635	4600	1100.0	270	3675
合阳县王村镇	8200	29200	12270	6800	22369.0	300	1655
合阳县同家庄镇	9791	31415	17936	4638	900.0	260	2063
合阳县百良镇	8907	42794	18726	9437	8700.0	500	2832
合阳县金峪镇	11420	25109	14418	3195	300.0	400	1700
澄城县城关镇	5600	74925	7381	781	510828.0	525	1826
澄城县冯原镇	19770	46372	29281	5451	9785.0	344	3070
澄城县王庄镇	17000	45290	28717	2907	2460.0	407	1460
澄城县尧头镇	5740	36760	13278	9043	21010.0	120	4100
澄城县赵庄镇	16000	32234	22886	2860	415.0	223	1312
澄城县交道镇	9500	22444	12389	3839	2597.0	360	4271
澄城县寺前镇	9200	31990	25206	11029	16638.0	51	5013
澄城县韦庄镇	8350	35394	25029	13415	276646.0	820	8958
澄城县安里镇	8300	25531	13622	3732	8052.0	20	2840
澄城县庄头镇	12640	39361	21798	6848	12281.0	220	1675
蒲城县城关镇	10764	129645	103600	79819	329500.0	3218	2900
蒲城县罕井镇	9450	59185	41535	33790	638980.0	30	4700
蒲城县孙镇	10465	74342	66790	36890	508010.0	165	956
蒲城县兴镇	4900	29945	22815	15775	12820.0	56	1800
蒲城县党睦镇	9449	46303	15921	8046	4325.0	42	3325
蒲城县高阳镇	5846	20790	13231	5519	3400.0	41	3260
蒲城县永丰镇	7508	28365	15290	8580	6100.0	36	2710
蒲城县荆姚镇	32800	84194	46657	27395	28620.0	230	7146
蒲城县苏坊镇	4670	33304	14965	6270	22050.0	40	2512
蒲城县龙阳镇	5020	26820	14389	10413	3210.0	46	1461
蒲城县洛滨镇	11930	31190	22570	12330	12718.0	39	3214

续表 587　　　　（陕西省）　　　　计算单位：公顷、人、万元

名　称	行政区域面　积	常住人口	从业人员	二三产业从业人员	工　业总产值	城镇建成区 面 积	城镇建成区常住人口
蒲城县陈庄镇	5867	27001	24611	16651	283644.0	46	3710
蒲城县桥陵镇	13733	71295	56433	39723	18534.0	54	1690
蒲城县上王镇	7019	23171	17712	9831	3500.0	50	630
蒲城县翔村镇	6280	29096	21496	12701	6620.0	19	714
蒲城县椿林镇	5609	37942	23012	13326	7400.0	15	2020
蒲城县龙池镇	7090	35668	24077	9537	4800.0	24	910
白水县城关镇	3996	103285	38648	19863	25865.0	59	12642
白水县冯雷镇	8087	16002	8584	828	10241.0	31	3381
白水县尧禾镇	17108	34856	20382	3820		43	1425
白水县杜康镇	5995	18750	14594	4182	312567.0	32	2012
白水县西固镇	11093	29658	19296	4076	24238.0	28	1921
白水县林皋镇	7474	23156	11642	3386	1450.0	41	3456
白水县史官镇	13618	24567	14401	2116		27	1645
白水县北塬镇	11013	15456	9832	697		6	1356
白水县云台镇	4886	9025	5840	150		4	865
白水县雷牙镇	12730	20108	13872	4044	22658.0	9	1127
富平县庄里镇	12206	82092	52394	34284	600000.0	460	24200
富平县张桥镇	4135	32280	16418	6398	9192.0	42	2200
富平县美原镇	8000	52105	29900	24100	46000.0	36	8126
富平县流曲镇	4600	33600	15313	4313	128220.0	12	4685
富平县淡村镇	7040	42630	27900	15400	6678.0	218	2489
富平县王寮镇	3845	23146	10976	3468	4880.0	230	3116
富平县留古镇	5389	30126	12462	4036	79563.0	170	2066
富平县老庙镇	11160	45086	29262	15042	31603.0	100	6125
富平县薛镇	11748	57841	28297	6452	32943.1	34	5322
富平县到贤镇	2566	18760	11270	5000	38521.0	26	3128
富平县曹村镇	13845	41816	15131	4311	43400.0	33	4610
富平县宫里镇	7144	34596	34525	8844	32000.0	46	3286
富平县梅家坪镇	3584	27018	18263	7463	320000.0	56	3246
富平县刘集镇	8600	42630	32500	20000	26678.0	10	2240
富平县齐村镇	4620	32145	18946	12592	277458.0	56	2014
富平县城关镇	12675	152813	86590	29486	288861.1	180	22126
富平县小惠镇	3107	22373	13759	6636	31200.0	64	3100
韩城市龙门镇	6500	58696	38815	37895	52900000.0	65	1897
韩城市桑树坪镇	19550	21339	11575	7955	137651.0	102	1503
韩城市龙亭镇	4000	16339	15235	9910		27	452
韩城市芝川镇	7900	30389	11833	10578	41069.0	31	3900
韩城市西庄镇	22050	32042	24798	20638	39048.0	50	3120
韩城市昝村镇	2100	17257	16325	15337	1149764.0	31	680
韩城市芝阳镇	17300	32510	31100	14779	150000.0	200	3800
韩城市板桥镇	29200	16545	23249	10996	670.0	60	1520
韩城市王峰镇	38700	16882	12091	6028	27000.0	50	1663
韩城市嵬东镇	6300	15789	11159	7814	1280.3	90	1175
华阴市孟塬镇	11196	25405	11961	3394	48574.0	88	12159
华阴市华西镇	12178	20802	10253	453	37640.0	106	4301
华阴市罗敷镇	23172	57355	32248	25280	483162.0	112	5958
华阴市华山镇	18598	52423	28750	19258	257029.0	251	33296
宝塔区桥沟镇	11230	40610	12831	9510	7900.2	182	7383
宝塔区枣园镇	11570	13564	8027	5303	716593.3	435	1638
宝塔区河庄坪镇	10100	15042	5502	1707	7849.3	53	7918

续表 588　　　　（陕西省）　　　　计算单位：公顷、人、万元

名　　称	行政区域面　　积	常住人口	从业人员	二三产业从业人员	工　业总产值	城镇建成区 面 积	城镇建成区常住人口
宝塔区李渠镇	13957	26142	15602	7614	12944.4	372	6800
宝塔区姚店镇	25900	30839	17164	8194	476007.3	80	6300
宝塔区青化砭镇	8937	14244	7058	3190		325	10675
宝塔区蟠龙镇	26358	23560	9186	5180	1200.0	20	4192
宝塔区柳林镇	25100	27801	7506	3761	14571.7	520	12300
宝塔区南泥湾镇	51398	12579	4085	1155	1790.0	55	2615
宝塔区临镇	56907	14511	6930	685	2512.0	413	2465
宝塔区甘谷驿镇	17244	15762	5220	2100	17.0	450	6300
宝塔区川口乡	16514	12341	3047	1336	4364.6		
宝塔区冯庄乡	18795	13691	3972	887			
宝塔区梁村乡	17466	14245	4297	3482			
宝塔区麻洞川乡	24890	10882	5464	2796	4.7		
宝塔区万花山乡	15800	13471	5476	3556	4164.6		
延长县七里村镇	32962	51343	18807	8289	2660.0	1050	35540
延长县黑家堡镇	17897	9944	3635	1510	4822.0	50	1030
延长县郑庄镇	17133	6550	3093	855	30.0	40	1171
延长县张家滩镇	26023	13060	6405	600	20.0	150	1970
延长县交口镇	24675	11021	6097	570	20.0	150	1120
延长县雷赤镇	41110	11341	5420	665	10.0	1	850
延长县罗子山镇	32611	11165	6140	350		1	1025
延长县郭旗乡	13250	4890	2501	43		1	310
延长县安沟乡	14680	6512	2980	45	10.0	30	546
延川县延川镇	27720	47080	13795	7875	23200.0	24	2995
延川县永坪镇	33600	37386	12305	8205	28332.0	88	18420
延川县延水关镇	13400	10430	5500	650	6500.0	30	1260
延川县文安驿镇	9600	7532	4000	400	750.0	4	715
延川县杨家圪台镇	22360	6572	4156	1056	45.0	11	435
延川县贾家坪镇	21380	11841	4185	1735	30.0	20	1245
延川县禹居镇	18500	12965	5375	2250	350.0	11	650
延川县关庄镇	21240	11820	4070	705	136.0	10	744
延川县马家河乡	17500	11500	5100	1880	4050.0	15	485
延川县土岗乡	13200	5850	3669	444	32.0	35	525
子长县瓦窑堡镇	26316	86721	45259	30043	374680.0	847	86347
子长县杨家园子镇	22184	19181	10304	4433	310.0	320	5593
子长县玉家湾镇	17255	10136	3979	1090	56.0	18	1590
子长县安定镇	21469	15217	5219	717	350.0	195	6103
子长县马家砭镇	20725	15234	5573	1152	182.0	45	961
子长县南沟岔镇	15794	11396	7806	1959	180.0	50	2100
子长县涧峪岔镇	35105	17263	7578	2835	58.0	150	2131
子长县李家岔镇	43412	17243	6212	949	64.0	35	2368
子长县余家坪镇	25325	15196	5765	1423	186129.0	10	817
子长县史家畔乡	12015	10013	4106	1364	816.0	8	694
安塞县真武洞镇	21440	50578	15694	9549	2915.7	172	4043
安塞县砖窑湾镇	33000	13973	5793	3396	1400.0	28	4800
安塞县沿河湾镇	21064	13400	7725	3025	48776.9	75	2690
安塞县招安镇	49470	25646	12211	7603	2939.8	15	3136
安塞县化子坪镇	32540	15832	8119	4046	138405.7	12	2977
安塞县坪桥镇	50700	18364	5940	1549	4659.7	36	2973
安塞县建华镇	32515	19780	6998	3764	2125.5	36	2998
安塞县高桥镇	30930	15107	5176	2335	97.0	25	1536

续表 589　　（陕西省）　　计算单位：公顷、人、万元

名　　称	行政区域面　　积	常住人口	从业人员	二三产业从业人员	工　业总产值	城镇建成区 面 积	城镇建成区常住人口
安塞县镰刀湾乡	23290	9550	5653	2332		30	2950
志丹县保安镇	23830	41450	15724	12363	11420.0	440	33155
志丹县杏河镇	49420	23392	7233	3511	440.0	167	5562
志丹县顺宁镇	52700	17128	6127	2038	5782.0	210	1170
志丹县旦八镇	31940	11043	6750	2038	5100.0	180	1320
志丹县金丁镇	39460	12365	5249	1149	2150.0	100	1050
志丹县永宁镇	81040	12600	5984	2284	260.0	110	3200
志丹县义正镇	56520	14283	5727	1607	1100.0	123	256
志丹县双河乡	43190	15955	10460	3600	28632.0	160	2678
吴起县吴起镇	63820	50361	17716	14536	74552.0	1270	21098
吴起县铁边城镇	79630	22595	7837	4979	140.0	48	6100
吴起县周湾镇	23880	9959	3042	1032	2243.0	160	1331
吴起县白豹镇	47380	14300	4484	1524	790.0	20	2460
吴起县长官庙镇	24470	6140	3385	1345	385.0	30	3300
吴起县长城镇	16780	8440	2651	1370	1750.0	110	1720
吴起县吴仓堡乡	38620	10312	3860	1290	330.0	8	2804
吴起县庙沟乡	37290	8510	2931	1263	170.0	8	2410
吴起县五谷城乡	47030	11274	6582	1393	740.0	55	2814
甘泉县城关镇	29490	41745	13606	8661	208625.0	460	37879
甘泉县下寺湾镇	44900	10996	4467	1832	5428.0	290	1562
甘泉县道镇	69700	8355	7438	1392	5815.0	260	1110
甘泉县桥镇乡	21467	5185	2997	612		2	1085
甘泉县石门乡	2745	7217	4070	70		50	302
甘泉县劳山乡	19200	4820	3633	527	3000.0	45	2480
富县羊泉镇	22638	26905	13404	1403	453.0	88	3052
富县张村驿镇	28270	11955	7339	840	9442.0	100	2215
富县张家湾镇	123955	10655	7675	1450	300.0	230	4133
富县直罗镇	104340	9754	5837	887	100.0	40	3764
富县茶坊镇	46943	50262	21046	7603	47448.0	830	31000
富县牛武镇	38166	7698	4300	450	7469.0	45	863
富县交道镇	13240	11497	5908	752	45.0	93	1008
富县吉子现镇	7097	7641	3230	133	33.0	110	1214
富县寺仙镇	16211	9711	8314	358	63.0	550	689
富县北道德乡	17177	8745	4543	400	260.0	20	610
洛川县凤栖镇	13900	46120	30188	20164	19350.0	100	990
洛川县旧县镇	37400	16409	7989	2778	903.0	13	7100
洛川县交口河镇	7900	22162	7631	4110	1241.0	252	7760
洛川县老庙镇	7900	13946	7696	1931	1021.0	20	2230
洛川县土基镇	17200	20495	14610	2313	605.0	30	960
洛川县石头镇	16200	21500	14706	1806	905.0	4	2651
洛川县槐柏镇	23000	20995	11876	2113	1480.0	11	1500
洛川县菩堤乡	19500	6021	3072	206	266.0	2	260
洛川县黄章乡	8100	8961	5490	138		2	150
洛川县永乡	9100	12605	6973	1746	409.0	2	5000
洛川县杨舒乡	9400	16967	9305	430	471.0	2	647
洛川县朱牛乡	9600	9168	5788	428	211.0	1	105
宜川县丹州镇	30819	38340	8413	2929	12786.0	380	10237
宜川县秋林镇	28906	9951	4104	434	1359.0	15	697
宜川县云岩镇	34858	21552	7378	2191	2128.0	53	1284
宜川县阁楼镇	10460	7545	5052	781	343.0	22	486

续表 590　　(陕西省)　　计算单位：公顷、人、万元

名　　称	行政区域面　　积	常住人口	从业人员	二三产业从业人员	工　业总产值	城镇建成区 面 积	城镇建成区常住人口
宜川县集义镇	76380	12116	5325	569	3367.0	24	1179
宜川县壶口镇	21752	9713	4305	484	159.0	20	889
宜川县英旺乡	50537	6493	2864	273	648.0	12	658
宜川县交里乡	28526	8286	3380	356	194.0	7	636
宜川县牛家细乡	11578	9044	3537	434	251.0	5	339
黄龙县石堡镇	53430	19968	5999	3400	8820.0	382	17420
黄龙县白马滩镇	45307	5955	2555	506	32.0	80	1335
黄龙县瓦子街镇	41086	2160	816	128	496.0	28	632
黄龙县界头庙镇	27132	7701	2885	264	53.0	18	458
黄龙县三岔乡	16352	7545	2910	158	208.0	20	526
黄龙县圪台乡	43037	2336	1035	46		18	594
黄龙县崾先乡	48216	3079	1559	51		24	764
黄陵县桥山镇	28070	14510	5185	1868	7885.0	87	1982
黄陵县店头镇	53817	52832	17493	14511	874325.0	640	26003
黄陵县隆坊镇	13165	16344	5533	1596	281354.0	75	1572
黄陵县田庄镇	14800	14358	9036	1127	242.0	77	1857
黄陵县阿党镇	13550	13830	8844	946	162.0	30	1153
黄陵县双龙镇	96000	5518	4138	3238	88300.0	80	4000
黄陵县仓村乡	9298	8349	2650	1428	177500.0	73	2300
汉台区铺镇	4726	55178	30368	16976	274289.0	400	25968
汉台区武乡镇	9670	32677	16007	6883	24650.0	276	6672
汉台区河东店镇	13600	34944	10536	6470	99768.0	287	1933
汉台区宗营镇	3418	30880	12401	5653	73954.0	125	5432
汉台区老君镇	3518	23188	14276	4947	162990.0	346	7780
汉台区汉王镇	3984	17865	12643	4555	7405.0	98	2032
汉台区徐望镇	4600	20792	11621	6387	40450.0	48	1633
南郑县汉山镇	5726	60178	31680	13880	192156.0	360	36285
南郑县圣水镇	6486	24468	13807	8300	251280.0	178	12578
南郑县大河坎镇	5193	57173	32406	6727	822206.0	1000	49993
南郑县协税镇	3063	16933	13208	7773	2600.0	114	5226
南郑县梁山镇	5723	31770	21317	11690	110076.0	112	7789
南郑县阳春镇	4474	15614	11714	5844	69400.0	124	2200
南郑县高台镇	5004	21456	13981	8343	37950.0	130	2892
南郑县新集镇	10523	40074	31904	22024	29145.5	250	19117
南郑县濂水镇	2572	13352	7121	5001	3500.0	297	1522
南郑县黄官镇	24323	26569	15685	7667	15601.6	135	7349
南郑县青树镇	5847	24041	18345	10218	7104.0	110	7230
南郑县红庙镇	15433	23178	15353	4835	4564.0	100	9546
南郑县牟家坝镇	9039	24713	16509	11757	68343.6	100	4728
南郑县法镇	17992	14573	9775	4555	21483.1	200	2978
南郑县湘水镇	8768	11160	7481	3796	4200.0	70	2140
南郑县小南海镇	24248	12398	9876	280	3098.0	350	1194
南郑县碑坝镇	46141	10741	4430	1171	6194.0	210	4054
南郑县黎坪镇	37836	6689	5314	3465	142.0	445	3350
南郑县福成镇	24472	5542	3210	930	30727.0	43	690
南郑县两河镇	12076	7855	5959	2599	2420.0	49	1141
南郑县胡家营镇	4437	17023	11745	3695	27093.1	235	7437
南郑县忍水镇	3002	8800	6698	5180	10753.0	216	4510
城固县博望镇	4860	101474	35347	15940	507500.0	51	7363
城固县龙头镇	4140	27906	15873	8313	40200.0	89	2281

续表 591　　（陕西省）　　计算单位：公顷、人、万元

名　称	行政区域面积	常住人口	从业人员	二三产业从业人员	工业总产值	城镇建成区面积	城镇建成区常住人口
城固县沙河营镇	2440	16542	8300	4880	92500.0	206	3859
城固县文川镇	2690	15250	6864	3324	11950.0	39	4731
城固县柳林镇	2210	18420	9023	4230	37500.0	56	3836
城固县老庄镇	14170	33971	18717	4961	52800.0	94	16468
城固县崔家山镇	1760	21960	11063	4107	605741.0	200	10836
城固县桔园镇	20400	32776	20069	10960	261806.0	400	5097
城固县原公镇	10130	39279	20083	10531	13216.0	45	2655
城固县上元观镇	6200	38119	14555	9438	20703.0	77	6730
城固县天明镇	18640	24021	12570	6548	13042.5	44	1450
城固县二里镇	35710	20240	10178	6566	8316.0	32	1723
城固县五堵镇	13180	15940	9410	6940	6000.0	57	2430
城固县双溪镇	25720	5950	4439	1523	14690.0	50	529
城固县小河镇	48450	6572	4841	1365	23312.0	88	726
城固县五郎庙镇	1800	12141	6708	4944	57810.0	23	1756
城固县董家营镇	7460	21864	11942	7204	66000.0	127	1808
城固县三合镇	6540	14980	11364	4730	13894.0	121	4710
洋县洋州镇	5900	72940	29512	19190	271034.0	220	5939
洋县戚氏镇	7030	22529	14601	3921	305270.0	40	2256
洋县龙亭镇	5300	20721	10135	1597	7000.0	230	2650
洋县谢村镇	7374	61408	18423	7560	459701.0	70	4126
洋县马畅镇	4740	20291	8773	3077	928578.0	70	2183
洋县溢水镇	26100	10394	3465	972	1610.0	50	1671
洋县磨子桥镇	21051	40241	19831	7423	13407.0	83	1003
洋县黄家营镇	13750	13010	8073	411	740.0	2	1380
洋县黄安镇	11720	20687	7180	2184	4350.0	93	3535
洋县黄金峡镇	16670	11112	3692	1009	750.0	120	440
洋县槐树关镇	21600	23981	10299	1182	3486.0	193	2400
洋县金水镇	29220	15860	5966	623	2365.0	120	1927
洋县华阳镇	54416	6833	2973	739	1647.0	200	748
洋县茅坪镇	28900	6867	2646	243	739.0	50	630
洋县白石镇	3920	5723	1717	338	2566.0	24	526
洋县四郎镇	6950	6832	3600	439	326.0	15	752
洋县长溪镇	7996	7120	2281	220	640.0	12	410
洋县八里关镇	13443	3016	1122	180	598.0	10	140
洋县桑溪镇	13830	9063	4755	2372	92326.0	14	752
洋县关帝镇	20690	6748	3667	672	733.0	4	120
西乡县城关镇	11189	76098	39831	11812	212909.0	290	9025
西乡县杨河镇	12231	30237	15771	8948	46380.0	328	2690
西乡县柳树镇	9943	22941	13462	5858	21873.0	230	2975
西乡县沙河镇	22601	26147	14519	6206	24640.0	670	2635
西乡县私渡镇	11930	9112	5721	4567	7400.0	650	2300
西乡县桑园镇	10279	11120	7605	3945	2930.0	65	1810
西乡县白龙塘镇	16583	15252	8018	3998	30491.0	100	1793
西乡县峡口镇	30135	18179	10240	4744	29384.0	70	2936
西乡县堰口镇	21818	42895	24266	12605	107780.0	200	5170
西乡县茶镇	13769	10617	6720	2652	2098.0	90	1326
西乡县高川镇	15363	15053	8330	5830	1996.0	100	2300
西乡县两河口镇	10607	14062	7608	2850	15112.0	78	905
西乡县五里坝镇	7360	7892	4458	1330	3611.0	66	530
西乡县大河镇	43494	4951	2535	168	1125.0	121	733

续表 592　　　　(陕西省)　　　　计算单位：公顷、人、万元

名　　称	行政区域面积	常住人口	从业人员	二三产业从业人员	工业总产值	城镇建成区面积	城镇建成区常住人口
西乡县罗镇	25353	9532	5274	2174	413.0	33	760
西乡县骆家坝镇	18884	8093	5077	1649	2135.0	115	620
西乡县子午镇	24756	9435	5867	2772	718.0	6	860
西乡县白勉峡镇	19022	11945	7030	5392	1020.0	11	947
勉县勉阳镇	3814	72563	25162	21685	172314.7	130	4149
勉县武侯镇	16014	20015	7718	2842	11968.8	70	1896
勉县周家山镇	4924	33741	17016	7243	105256.3	392	2240
勉县同沟寺镇	19924	16099	7807	4114	4317.4	144	2092
勉县新街子镇	17894	26300	14869	8426	19030.8	30	1623
勉县老道寺镇	7744	35355	20854	8451	25169.4	67	1054
勉县褒城镇	3234	11574	7513	3846	8072.8	122	1899
勉县金泉镇	4314	14728	8163	5027	60256.3	440	3306
勉县定军山镇	8824	37314	19947	15196	1564555.8	61	1972
勉县温泉镇	2824	18290	9121	4052	7487.0	166	2589
勉县元墩镇	10524	14761	7748	3752	4068.2	200	2583
勉县阜川镇	12914	18592	7605	2304	540.9	500	1896
勉县新铺镇	12634	17330	12821	7085	7913.6	40	2048
勉县青羊驿镇	4354	8497	5789	2985	7591.4	244	1654
勉县茶店镇	22424	14549	5616	1570	4265.6	237	1517
勉县镇川镇	5124	13863	9491	5025	852467.9	47	621
勉县漆树坝镇	8704	5280	4861	1290	250.0	47	312
勉县张家河镇	32614	5334	2879	585		31	551
勉县长沟河镇	41804	5296	1703	1579	1299.3	59	419
宁强县汉源镇	27833	54663	18127	9556	90614.0	600	35120
宁强县高寨子镇	9684	18515	15393	7369	152386.0	150	3205
宁强县大安镇	28532	36313	22971	10123	27504.0	110	10243
宁强县代家坝镇	19001	19040	11051	5696	42500.0	300	2661
宁强县阳平关镇	26757	29502	16271	5012	2630.0	270	16480
宁强县燕子砭镇	22597	24492	10320	3143	32866.0	237	7665
宁强县广坪镇	19035	9175	4916	1862	24620.0	60	2487
宁强县青木川镇	19532	6681	5229	2754	13148.0	395	3925
宁强县毛坝河镇	17108	11708	8259	3900	480.0	150	2033
宁强县铁锁关镇	15003	14849	9642	6455	4734.0	150	6225
宁强县胡家坝镇	13228	15254	9643	5677	3840.0	199	1738
宁强县巴山镇	11849	9381	5516	3867	1526.0	29	2013
宁强县巨亭镇	14781	10911	8277	3231	8010.0	200	486
宁强县舒家坝镇	10337	8349	5138	1723	210.0	29	856
宁强县庙坝镇	5620	4095	2664	1193	30912.0	13	1526
宁强县巩家河镇	7523	5869	3857	2180	14702.0	150	1364
宁强县太阳岭镇	8351	5818	3811	1452	1536.0	32	935
宁强县苍社镇	8333	3748	3270	1685	10591.0	17	492
宁强县安乐河镇	14963	8431	4162	1118	10836.0	4	2530
宁强县二郎坝镇	16107	6796	4305	1246	246.0	36	692
宁强县禅家岩镇	9857	5211	3226	411		10	1453
略阳县城关镇	34100	76198	37063	33045	449415.0	84	50998
略阳县接官亭镇	10600	8392	4055	2154	4019.0	53	1088
略阳县横现河镇	8000	7177	3231	2037	15967.0	600	1941
略阳县两河口镇	19900	4597	2489	1116		78	544
略阳县金家河镇	10600	5451	2524	1752	12903.0	44	1080
略阳县徐家坪镇	20400	13056	7861	4797	92.0	84	585

续表 593 （陕西省） 计算单位：公顷、人、万元

名　　称	行政区域面　　积	常住人口	从业人员	二三产业从业人员	工　业总产值	城镇建成区 面 积	城镇建成区常住人口
略阳县白水江镇	15500	9938	4896	3667	7891.0	400	927
略阳县硖口驿镇	10000	9885	4502	2551	29031.0	89	1152
略阳县何家岩镇	4300	4441	2213	1369	131905.0	100	630
略阳县乐素河镇	14100	7958	3941	2387	411.0	21	700
略阳县郭镇	21900	12907	5826	3391	13629.0	220	2620
略阳县黑河镇	14100	10274	4557	2081	21489.0	120	1180
略阳县白雀寺镇	20200	11368	6041	3152	380.0	25	955
略阳县西淮坝镇	11800	3744	2107	1018		37	1011
略阳县五龙洞镇	25800	5261	2901	1504		120	709
略阳县观音寺镇	11800	3797	1483	561		31	669
略阳县马蹄湾镇	9700	3607	2086	1368		25	1278
略阳县仙台坝镇	20300	3763	1256	149		47	1089
镇巴县泾洋镇	28300	32570	11900	6955	20760.0	165	1835
镇巴县渔渡镇	14900	13175	5394	1477	9456.0	866	2520
镇巴县盐场镇	13600	15292	8299	5286	153000.0	800	1100
镇巴县观音镇	21050	18366	7190	965	21651.0	80	2082
镇巴县巴庙镇	16000	16673	8218	4079	1341.0	32	2078
镇巴县兴隆镇	22900	16690	5516	1838	10332.0	94	1272
镇巴县长岭镇	19850	13624	4546	660	1002.0	30	2805
镇巴县三元镇	34800	15349	5805	997	2629.0	81	2346
镇巴县简池镇	7200	6580	2478	1578	102.0	30	1711
镇巴县碾子镇	9800	10348	4495	4100	1660.0	80	1590
镇巴县小洋镇	16720	10396	3919	523	35651.0	35	397
镇巴县青水镇	23300	6218	2411	920	10.0	7	621
镇巴县赤南镇	12700	14085	5150	1380	16380.0	72	520
镇巴县平安镇	11600	9305	3823	863	11028.0	48	780
镇巴县杨家河镇	14500	5594	2461	2330	410.0	6	341
镇巴县巴山镇	14880	10626	4289	1202	28552.0	3	1154
镇巴县黎坝镇	10200	8844	3399	3049	365.0	8	850
镇巴县仁村镇	10800	7148	2807	507	800.0	45	710
镇巴县大池镇	12600	5003	2054	188	295.0	21	828
镇巴县三溪镇	15600	5730	2238	1163	80.0	21	223
镇巴县永乐镇	12400	6408	2365	590	5700.0	21	299
留坝县城关镇	8310	10218	3226	1665	21636.0	17	8466
留坝县马道镇	22420	5105	2420	1093	4276.0	94	1100
留坝县武关驿镇	31830	5365	2513	904	477.0	52	600
留坝县留侯镇	27620	2942	1334	334	21.0	28	481
留坝县江口镇	46080	9458	3366	895	127.0	12	3321
留坝县玉皇庙镇	29550	4953	2019	509		31	1130
留坝县火烧店镇	18460	3356	1773	138		14	803
留坝县青桥驿镇	12250	2003	1116	477	50.0	29	110
佛坪县袁家庄镇	9998	9532	4160	3407	13440.0	36	8386
佛坪县陈家坝镇	8093	3477	1926	1086	330.0	20	1354
佛坪县大河坝镇	7158	3709	1840	837	547.0	15	2460
佛坪县西岔河镇	9638	3682	1900	929	335.0	7	1106
佛坪县岳坝镇	50489	3198	1910	496	18.0	1	512
佛坪县长角坝镇	32598	2936	1345	375	7870.0	36	850
佛坪县石墩河镇	3891	1750	836	360	130.0	3	604
佛坪县十亩地镇	6018	1928	976	411	80.0	50	689
榆阳区鱼河镇	11400	24976	7211	5906	23200.0	310	15021

续表 594　(陕西省)　计算单位：公顷、人、万元

名　称	行政区域面　积	常住人口	从业人员	二三产业从业人员	工　业总产值	城镇建成区 面 积	城镇建成区常住人口
榆阳区上盐湾镇	9800	9266	4813	2752	420.0	300	5000
榆阳区镇川镇	5700	21294	6742	5510	17890.0	730	5720
榆阳区清泉镇	12300	3538	2590	572		320	1008
榆阳区麻黄梁镇	45200	15258	7385	3687	67614.0	150	5756
榆阳区牛家梁镇	23300	24669	16994	8882	1195354.0	500	3215
榆阳区金鸡滩镇	26830	26668	21915	16669	840000.0	140	2536
榆阳区马合镇	28500	12678	12425	5566		400	1500
榆阳区巴拉素镇	44600	11326	6458	2046	1865.0	400	5012
榆阳区榆阳镇	7795	48420	10972	4943	7100.0	500	4160
榆阳区鱼河峁镇	19500	7581	7214	2311	223.0	60	2160
榆阳区青云镇	30300	16684	13383	5322	8956.3	535	5500
榆阳区古塔镇	25890	7824	6337	954	780.0	1002	2490
榆阳区大河塔镇	50700	19023	12876	8408	17877.0	500	1100
榆阳区孟家湾乡	52300	13666	11080	4517		200	1000
榆阳区小壕兔乡	58600	13494	7170	1288	152730.0	347	4209
榆阳区岔河则乡	35200	9527	3671	531		400	1016
榆阳区补浪河乡	49800	8606	5909	311		300	965
榆阳区红石桥乡	55700	11930	7974	760	14723.0	100	1000
榆阳区小纪汗乡	60000	15118	11905	5023	15993.0	400	1150
榆阳区芹河乡	38500	24003	7837	2811	8520.0	100	1006
神木县神木镇	138830	195689	79595	16557	694616.0	12080	145581
神木县高家堡镇	43418	16260	11145	2605	35505.0	125	1680
神木县店塔镇	32500	18250	11980	5260	1232000.0	152	16300
神木县孙家岔镇	42210	12965	5909	3530	149100.0	5	
神木县大柳塔镇	37600	61263	10512	4882	2626199.0	730	50894
神木县花石崖镇	22600	12260	8562	498		110	538
神木县中鸡镇	63345	12080	10410	1960	816500.0	300	610
神木县贺家川镇	35558	14369	10160	310		22	1042
神木县尔林兔镇	54610	13600	10200	700		150	1120
神木县万镇	35717	13520	5881	269		125	947
神木县大保当镇	29281	16605	9037	4845	1269726.0	150	11535
神木县马镇	44879	18120	5278	658		25	1920
神木县栏杆堡镇	54180	16893	5066	321		25	1167
神木县沙峁镇	51033	15126	7350	550	400.0	20	1150
神木县锦界镇	77770	22000	13500	11600	4562263.0	800	38000
府谷县府谷镇	33923	82735	30924	27940	533923.0	1080	78540
府谷县黄甫镇	18526	15426	8789	5135	401220.0	60	1769
府谷县麻镇	11121	6493	2077	327	1600.0	150	1206
府谷县哈镇	23140	11444	3588	848	1500.0	80	1200
府谷县庙沟门镇	34949	18824	9299	5584	1164740.0	246	5275
府谷县新民镇	20420	17645	9214	6500	1149480.0	290	9865
府谷县孤山镇	18192	12854	4782	1931	38425.0	50	3820
府谷县清水镇	23410	18814	6074	1859	199540.0	100	3500
府谷县大昌汗镇	19657	10524	3963	2312	626160.0	104	2915
府谷县古城镇	19156	9904	3160	809	17600.0	40	2960
府谷县三道沟镇	15083	13295	6635	4771	584450.0	150	8376
府谷县老高川镇	23143	13282	9463	6812	1410080.0	180	11318
府谷县武家庄镇	25482	12361	3839	24	500.0	30	1618
府谷县木瓜镇	17242	9873	2926	175	1800.0	30	1100
府谷县田家寨镇	19474	9052	2969	518	90620.0	20	707

续表 595　　(陕西省)　　计算单位：公顷、人、万元

名　称	行政区域面　积	常住人口	从业人员	二三产业从业人员	工　业总产值	城镇建成区 面 积	城镇建成区常住人口
横山县横山镇	34000	70739	41890	24900	26000.0	55	40000
横山县石湾镇	15090	14730	14644	6612		130	2463
横山县高镇	23000	9128	9025	3427		75	1790
横山县武镇	22990	17820	8380	3660		35	550
横山县党岔镇	14548	26384	18421	6421		85	1302
横山县响水镇	41989	21850	13536	6410		17	1200
横山县波罗镇	29720	19975	15678	10135	202987.0	55	701
横山县殿市镇	21220	23566	23450	4700	85000.0	180	900
横山县塔湾镇	34510	16708	9338	3073		122	771
横山县赵石畔镇	49023	14675	13036	3176		265	1278
横山县魏家楼镇	28630	13377	12607	5407		32	2340
横山县韩岔镇	43780	22338	15300	3600	14000.0	30	780
横山县白界乡	37400	13510	13503	7243	20000.0	2	515
横山县雷龙湾乡	34300	10800	8829	3819		20	110
靖边县张家畔镇	19000	171438	69516	45243	4573628.0	1952	59968
靖边县东坑镇	53500	50139	47939	4796	6182.0	80	7985
靖边县青阳岔镇	30600	8950	6262	2100		8	1910
靖边县宁条梁镇	29600	19050	18960	7000	2972.0	200	1953
靖边县周河镇	37100	9018	7440	970		40	2680
靖边县红墩界镇	27600	6560	5950	1550		400	1287
靖边县杨桥畔镇	40400	12804	11417	2725	380128.0	58	1483
靖边县王渠则镇	40800	11360	11278	2906		500	1500
靖边县中山涧镇	25800	7800	5200	1200		40	890
靖边县杨米涧镇	32700	9344	9061	2420		53	1268
靖边县天赐湾镇	35000	7850	7740	4340	19757.0	20	3480
靖边县龙洲乡	22000	6575	4843	720		2	300
靖边县海则滩乡	31300	7813	7613	692		50	3000
靖边县黄蒿界乡	22700	6600	5710	1210	2109.0	50	3010
靖边县席麻湾乡	19900	12821	10005	1115	10696.0	67	1620
靖边县小河乡	19800	6550	6145	935		2	3000
靖边县镇靖乡	21000	8576	8348	1748	4018.0	2	2900
定边县定边镇	15100	127680	43880	37938	3009802.0	1765	82600
定边县贺圈镇	27500	30912	20246	8616	242212.0	431	9610
定边县红柳沟镇	38600	9247	7573	210	24469.0	280	2405
定边县砖井镇	68179	18211	13468	1170	30719.0	370	2738
定边县白泥井镇	60551	18514	13694	1215	12982.0	140	426
定边县安边镇	24900	14202	9324	1044	9736.0	350	5964
定边县堆子梁镇	14900	6269	5630	559		271	992
定边县白湾子镇	28400	6856	5086	672	2110.0	125	2020
定边县姬塬镇	52800	9360	6738	207	13631.0	165	666
定边县杨井镇	43900	12913	10173	1874	9736.0	262	777
定边县新安边镇	30800	5309	4308	286		106	677
定边县张崾先镇	51100	7482	6103	335		103	296
定边县樊学镇	46200	7815	6248	717	2597.0	155	440
定边县盐场堡镇	49470	5624	5007	794	705154.0	117	200
定边县郝滩镇	27700	11495	9458	567	2759.0	117	1184
定边县石洞沟乡	14600	5846	4818	216		51	389
定边县油房庄乡	25100	7566	6108	428		67	940
定边县纪畔乡	14100	4085	3246	119	11846.0	46	368
定边县冯地坑乡	21800	7877	5766	1656	1947.0	145	1524

续表 596　　(陕西省)　　计算单位：公顷、人、万元

名　　称	行政区域面　　积	常住人口	从业人员	二三产业从业人员	工　业总产值	城镇建成区　面　积	城镇建成区常住人口
定边县学庄乡	36300	4717	3735	27		41	380
绥德县名州镇	9600	101980	34626	30339	70478.0	816	75728
绥德县薛家峁镇	10600	15268	5557	2476	35.0	483	380
绥德县崔家湾镇	13600	18426	11249	4072	36.0	619	868
绥德县定仙墕镇	11200	13598	8031	5099	12700.0	387	920
绥德县枣林坪镇	11100	12862	5740	2668	2948.0	437	628
绥德县义合镇	19600	26410	16274	6864	8002.0	892	4877
绥德县吉镇	7800	12210	7870	3530	200.0	355	2682
绥德县薛家河镇	8300	14250	5137	4157	261.0	378	1688
绥德县四十铺镇	16700	36994	17643	9025	45655.0	489	3372
绥德县石家湾镇	8900	11965	8088	4236	790.0	405	1720
绥德县田庄镇	9800	14530	5684	3756	630.0	446	1211
绥德县中角镇	16900	23176	8624	5622	1065.0	469	1078
绥德县白家硷乡	8700	14617	6386	2100	249.0	176	1070
绥德县韭园沟乡	7500	10582	3500	1290	389.0	105	584
绥德县满堂川乡	15400	22306	12169	60	609.0	358	1453
绥德县张家砭乡	9600	23118	11067	5197	15984.0	468	5880
米脂县银州镇	17580	61743	17866	7170	241666.0	492	61028
米脂县桃镇	12800	18611	9787	5168	125.0	35	1762
米脂县龙镇	9067	20200	9618	2660	950.0	120	1100
米脂县杨家沟镇	10395	12320	6155	3865		800	2105
米脂县杜家石沟镇	15200	14195	6325	3790	800.0	44	2056
米脂县沙家店镇	18047	20786	11456	5722		200	2055
米脂县印斗镇	11900	10800	8050	4300		65	978
米脂县郭兴庄镇	7576	9245	5169	2653		80	252
米脂县桥河岔乡	8700	10200	6933	2933	209.0	28	1140
米脂县十里铺乡	9935	14900	6410	2910	5500.0	18	936
佳县佳芦镇	16230	41925	18965	17665	31973.5	1058	20747
佳县坑镇	8300	11389	7902	3062	4413.5	220	543
佳县店镇	8600	13502	10809	4707	94.0	100	891
佳县乌镇	20560	22659	18200	14000	580.0	120	2250
佳县金明寺镇	18170	18830	12648	4428	120.0	100	558
佳县通镇	16360	20500	14460	6115	76721.2	300	1801
佳县王家砭镇	17500	12187	10422	4062	2570.0	200	682
佳县方塌镇	17480	6990	5716	2841	24562.6	120	325
佳县朱家坬镇	9400	8650	7520	2795	162.0	81	456
佳县螅镇	7020	7898	5490	3430	42.0	94	546
佳县朱官寨镇	17330	8972	8714	3607	5679.4	120	1123
佳县刘国具乡	13200	5950	3130	420	2200.0	35	1780
佳县木头峪乡	7730	5950	3130	420	254.0	77	365
佳县大佛寺乡	5900	5895	5043	1861		10	547
佳县康家港乡	6050	6861	6368	2379	20.0	9	678
佳县上高寨乡	13100	6897	5356	1704	130.0	12	548
吴堡县宋家川镇	7810	30571	11625	8718	51210.0	156	1410
吴堡县辛家沟镇	5656	8104	3735	2623	74.0	97	450
吴堡县郭家沟镇	6050	10380	8168	3031	24.0	121	1200
吴堡县寇家塬镇	9670	16720	5228	3469	4200.0	123	690
吴堡县岔上镇	8160	8500	6450	3900	7500.0	95	700
吴堡县张家山镇	4497	8355	4260	2410	60.0	77	140
清涧县宽州镇	28750	72581	57784	18707	417840.0	523	18805

续表 597　　(陕西省)　　计算单位：公顷、人、万元

名　　称	行政区域面　　积	常住人口	从业人员	二三产业从业人员	工　业总产值	城镇建成区 面 积	城镇建成区常住人口
清涧县石咀驿镇	24300	23912	4912	112	520.0	112	3035
清涧县折家坪镇	15340	11981	8415	1473	45261.0	260	2578
清涧县玉家河镇	10420	8765	6500	3300	6047.0	246	1300
清涧县高杰村镇	11000	4460	3951	2109	9244.0	627	1755
清涧县李家塔镇	21370	16547	2916	706	9850.0	365	650
清涧县店则沟镇	13370	12800	4704	498	3350.0	200	1100
清涧县解家沟镇	18100	14204	7246	746	3616.0	328	1053
清涧县下廿里铺乡	12470	5214	5170	4346	33600.0	185	1361
清涧县双庙河乡	13050	11821	7099	1447	4530.0	120	2415
清涧县老舍窠乡	13380	10482	2943	315	17237.0	310	2235
清涧县石盘乡	6540	7276	2137	596	1250.0	50	1047
子洲县双湖峪镇	7100	40300	12150	5200	850.0	842	3915
子洲县何家集镇	16800	11539	9095	5385	820.0	25	1173
子洲县老君殿镇	11800	9569	7128	2746	1360.0	50	590
子洲县裴家湾镇	14000	9562	7618	2679		60	1980
子洲县苗家坪镇	19200	17846	9863	1836	161677.0	80	1332
子洲县三川口镇	17600	9345	7304	2473	480.0	340	583
子洲县马蹄沟镇	20200	18210	14390	7849	496.0	145	7945
子洲县周家硷镇	17600	11504	7544	3944		124	900
子洲县电市镇	22200	13260	10465	4124		75	489
子洲县砖庙镇	9300	5779	4525	1623		20	938
子洲县淮宁湾镇	15000	8452	6233	1870		374	1262
子洲县驼耳巷乡	15000	5625	4250	730		52	800
子洲县马岔乡	6700	9104	3779	1463	36005.0	60	1193
子洲县槐树岔乡	11700	6405	5104	1750		52	1259
汉滨区关庙镇	10470	42044	21050	13543	107763.0	100	21566
汉滨区张滩镇	5150	26757	15980	9660	23140.0	40	5585
汉滨区瀛湖镇	20010	38362	19293	11399	15048.0	191	11560
汉滨区五里镇	13840	61897	33837	15759	282690.0	142	21165
汉滨区大同镇	10930	47612	27428	16610	32406.0	151	26756
汉滨区恒口镇	27390	92687	55959	39542	240771.0	400	48200
汉滨区吉河镇	7520	15624	9113	6163	32334.0	35	1281
汉滨区流水镇	9210	16535	11713	7171	587.0	50	4517
汉滨区大竹园镇	5020	12021	7061	3512	10850.0	20	1130
汉滨区洪山镇	6990	14395	7731	3405	21816.0	20	4380
汉滨区石转镇	6250	7158	4671	3121		20	3547
汉滨区茨沟镇	24620	18828	8120	4320	600.0	38	1115
汉滨区大河镇	20360	19039	10170	4771	2000.0	36	4850
汉滨区沈坝镇	11290	10526	3866	2207	9025.0	67	2109
汉滨区双龙镇	10870	14695	8429	4174	13760.0	25	3925
汉滨区叶坪镇	15210	3820	1921	700	700.0	50	1736
汉滨区中原镇	22670	13714	6431	1830		50	545
汉滨区县河镇	13140	25685	15530	12320	62735.0	35	1135
汉滨区紫荆镇	19370	8566	3970	2330		26	1188
汉滨区早阳镇	14520	21568	13697	5741	1520.0	25	240
汉滨区关家镇	9520	17210	8340	2840	3263.0	25	460
汉滨区石梯镇	6570	16857	9828	5618	17057.0	15	330
汉滨区坝河镇	7940	11177	7352	5000		15	1550
汉滨区共进镇	5980	7934	5597	2838	600.0	17	1256
汉滨区新坝镇	4850	8966	4486	3250	7060.0	20	778

续表 598　　(陕西省)　　计算单位：公顷、人、万元

名　　称	行政区域面　　积	常住人口	从业人员	二三产业从业人员	工　业总产值	城镇建成区 面 积	城镇建成区常住人口
汉滨区牛蹄镇	4700	6608	2535	2175		15	1183
汉滨区田坝镇	7550	11019	6349	3326	230.0	20	890
汉滨区晏坝镇	5040	9378	5725	3731	6412.4	20	4500
汉滨区双溪镇	5960	8567	4946	3176	9823.0	20	1759
汉滨区谭坝镇	12680	12808	6298	2361	1529.0	20	2901
汉阴县城关镇	13334	67807	34617	23392	358425.0	700	25962
汉阴县涧池镇	12764	35014	21364	11724	365581.0	297	14542
汉阴县蒲溪镇	7972	23221	12870	7076	109181.0	150	3560
汉阴县平梁镇	14356	23286	18728	9504	96094.0	370	4179
汉阴县双乳镇	3791	11530	7672	4375	52197.0	58	3903
汉阴县铁佛寺镇	16378	12707	13874	4133	70860.0	21	1620
汉阴县龙垭镇	6243	8871	10378	3370	33531.0	27	478
汉阴县漩涡镇	18728	24701	17454	8229	19949.0	12	2722
汉阴县汉阳镇	11971	16353	10532	5737	12549.0	225	2610
汉阴县酒店镇	6037	4705	3815	1800	981.0	8	1020
汉阴县双河口镇	7925	3937	2219	1210	182.0	32	860
汉阴县上七镇	3769	3561	2184	797	145.0	20	682
汉阴县观音河镇	8880	7213	7012	3654	247.0	18	1756
汉阴县双坪镇	4368	4277	2982	1301	341.0	20	758
石泉县城关镇	23426	52499	20064	14663	644716.0	1100	51235
石泉县饶峰镇	15927	11357	6778	3366	54721.0	54	2378
石泉县两河镇	15057	9630	5706	2791	150000.0	45	1685
石泉县迎丰镇	15091	7531	2676	1156	3950.0	36	2015
石泉县池河镇	9877	19931	15092	8442	252242.0	138	9812
石泉县后柳镇	14663	13621	7361	3521	18000.0	85	1719
石泉县喜河镇	13964	16892	9875	3631	33002.0	32	1233
石泉县熨斗镇	8157	13345	7458	3922	7118.0	56	2300
石泉县云雾山镇	15176	9250	4931	2750	13720.0	5	1728
石泉县中池镇	9452	11378	5486	1797	6059.0	46	2178
石泉县曾溪镇	10850	6566	2383	370	42450.0	8	506
宁陕县城关镇	67800	28096	9192	4149	73068.0	239	17045
宁陕县四亩地镇	37100	4080	1249	906	40.0	60	1253
宁陕县江口镇	47200	8734	4792	1621	66422.0	82	1719
宁陕县广货街镇	34800	3766	2826	1612	54277.0	52	1461
宁陕县龙王镇	25700	5042	1682	581		10	1146
宁陕县筒车湾镇	18500	4820	2911	1334		58	2292
宁陕县金川镇	13300	3920	1844	547	251.0	21	1091
宁陕县皇冠镇	50800	2281	1434	464	25974.0	55	992
宁陕县太山庙镇	27400	5101	1540	498		20	1339
宁陕县梅子镇	7300	2410	1271	574	360.0	8	630
宁陕县丰富镇	8000	1370	754	163	5149.0	30	428
宁陕县新场镇	29900	1143	936	448	11859.0	20	589
紫阳县城关镇	12365	44973	13604	8740	185544.8	290	44870
紫阳县蒿坪镇	10976	28689	13154	6282	136427.0	70	4400
紫阳县汉王镇	8161	12938	8015	5615	8076.6	25	1820
紫阳县焕古镇	10858	12006	8264	5153	2099.0	5	1790
紫阳县向阳镇	13283	16600	9950	6050	47097.3	4	4000
紫阳县洞河镇	9478	16934	12900	7500		25	2640
紫阳县洄水镇	5904	9061	5643	3890	472.0	25	2120
紫阳县斑桃镇	9410	8065	5600	2900	760.0	11	1080

续表 599　　　　（陕西省）　　　　计算单位：公顷、人、万元

名　　称	行政区域面　积	常住人口	从业人员	二三产业从业人员	工　业总产值	城镇建成区 面 积	城镇建成区常住人口
紫阳县双桥镇	16971	15140	9861	8091	1354.6	15	2700
紫阳县高桥镇	15368	17841	10262	6310	2755.0	29	3050
紫阳县红椿镇	11643	12180	9744	6544	168575.4	20	1950
紫阳县高滩镇	10323	10318	7576	5779	14260.1	18	2354
紫阳县毛坝镇	10030	10314	5849	3881	16064.6	24	3156
紫阳县瓦庙镇	8776	10741	7448	5099	7949.0	16	729
紫阳县麻柳镇	8136	10756	6962	4047	71615.7	16	1620
紫阳县双安镇	10390	12802	8229	4134	11.0	21	1790
紫阳县东木镇	13482	12886	7337	4749	2059.0	3	430
紫阳县界岭镇	16554	5130	2660	1500		14	350
紫阳县广城镇	7085	6858	5455	2655		1	564
紫阳县绕溪镇	7433	6621	3545	2410	718.0	13	390
紫阳县联合镇	7417	4310	2977	1910	10202.7	1	300
岚皋县城关镇	11698	35566	24704	19420	180340.0	450	32011
岚皋县佐龙镇	15331	15993	9796	6064	25864.0	34	3300
岚皋县花里镇	9348	6440	3582	2215	12040.0	21	3179
岚皋县滔河镇	38133	9384	5888	2983	43070.0	18	2401
岚皋县官元镇	14245	6618	4551	2977	5200.0	15	1752
岚皋县石门镇	14922	9919	4739	1844	26020.0	28	3370
岚皋县民主镇	10679	16766	8932	4863	36801.0	36	6175
岚皋县大道河镇	2575	5418	2452	925	18791.0	16	2600
岚皋县铁炉镇	8838	9128	4697	2842	5730.0	14	1300
岚皋县堰门镇	7370	8404	3776	1623	210.0	8	1100
岚皋县溢河镇	10328	5840	3398	1561	180.0	10	500
岚皋县蔺河镇	10004	7701	4017	1773	62040.0	20	1189
岚皋县四季镇	13376	5432	2549	1489	6608.0	11	770
岚皋县横溪镇	16073	3113	967	493	12100.0	8	575
岚皋县孟石岭镇	12806	9151	7369	5300	2631.0	14	2100
平利县城关镇	30547	39310	21876	10490	265373.0	30	27946
平利县兴隆镇	19157	11367	5932	1759	4664.0	14	1617
平利县老县镇	16347	21671	9454	4589	136673.0	13	4000
平利县大贵镇	11346	11350	5629	2901	57466.0	86	3198
平利县三阳镇	17250	11893	6541	3437	4524.0	113	1657
平利县洛河镇	32637	13867	7240	2739	106454.0	8	2800
平利县广佛镇	36001	20458	13084	7987	80658.0	105	2361
平利县八仙镇	31359	27592	14252	6565	67000.0	100	5503
平利县长安镇	21636	18122	10720	7668	219115.0	100	4550
平利县正阳镇	41632	8408	5103	2658	8936.0	9	1058
平利县西河镇	6868	9842	4148	1724	12782.0	15	1174
镇坪县城关镇	24350	9266	6452	3365	27691.0	86	8677
镇坪县曾家镇	17757	6697	3305	911	13311.0	27	3170
镇坪县牛头店镇	20658	5920	2570	860	10534.0	17	2100
镇坪县钟宝镇	15144	8634	4550	2522	24032.0	22	2400
镇坪县洪石镇	9490	4051	2062	1252	1905.0	9	1215
镇坪县上竹镇	10978	4507	3514	2080	28230.0	5	619
镇坪县华坪镇	9625	3271	1208	395	2042.0	11	955
镇坪县小曙河镇	27488	4126	1387	343	8284.0	10	1205
镇坪县曙坪镇	14757	4759	2233	866	23643.0	8	1309
旬阳县城关镇	16691	64109	16723	15221	625105.0	960	41163
旬阳县棕溪镇	22670	26202	16152	7391	90095.0	98	5661

续表 600　　(陕西省)　　计算单位：公顷、人、万元

名　　称	行政区域面　　积	常住人口	从业人员	二三产业从业人员	工　业总产值	城镇建成区 面 积	城镇建成区常住人口
旬阳县关口镇	13134	14552	8137	7002	148562.0	20	1720
旬阳县蜀河镇	18031	36785	16064	9171	112154.0	150	10600
旬阳县双河镇	29529	27084	11142	3420	63817.0	200	2824
旬阳县小河镇	28632	26067	13352	4139	107409.0	350	5169
旬阳县赵湾镇	16834	15594	9388	2119	33500.0	131	4776
旬阳县麻坪镇	12648	11023	5243	3160	19000.0	150	4524
旬阳县甘溪镇	14924	13408	10030	3775	131257.0	320	3210
旬阳县白柳镇	19200	14282	8071	4177	214187.0	250	2409
旬阳县吕河镇	19118	30212	15179	7509	81936.0	200	4760
旬阳县神河镇	12903	17975	7213	2025	40200.0	211	5350
旬阳县赤岩镇	20100	18770	8391	4321	35072.0	120	2927
旬阳县段家河镇	11987	17043	8783	4455	24863.0	21	3093
旬阳县仙河镇	11436	21478	11457	6407	22552.0	844	3656
旬阳县金寨镇	13386	13988	6834	3831	16440.0	727	2300
旬阳县桐木镇	12529	12567	6657	2071	16200.0	200	1864
旬阳县构元镇	14035	11959	5726	1485	247307.0	50	1011
旬阳县石门镇	13796	11772	6800	5305	6005.0	75	1530
旬阳县红军镇	16385	10869	5711	2443	58208.0	80	3800
旬阳县仁河口镇	8052	6972	3458	839	8200.0	81	1598
旬阳县铜钱关镇	8048	5942	3397	2179	4100.0	15	1320
白河县城关镇	7043	33818	10218	6603	183516.0	529	33314
白河县中厂镇	14512	10700	6631	2947	168529.0	80	4800
白河县构扒镇	8986	9117	6061	3622	199467.0	71	3450
白河县卡子镇	13309	10569	8175	4555	31252.0	104	4370
白河县茅坪镇	23880	22789	18408	10420	66755.0	417	7250
白河县宋家镇	15410	11276	10137	6058	12433.0	78	5010
白河县西营镇	10391	11806	7656	4135	8858.0	115	3390
白河县仓上镇	10729	12211	11156	6160	32040.0	80	5290
白河县冷水镇	15004	15474	11932	9092	75932.0	61	4770
白河县双丰镇	10341	9014	5915	2658	16176.0	43	2620
白河县麻虎镇	9283	10064	7257	1939	966.0	54	3740
白河县小双镇	6456	7326	4259	2174		69	1580
商州区夜村镇	26470	50796	23373	10850	14950.0	150	3449
商州区沙河子镇	17690	44128	22840	11899	992380.0	400	9121
商州区杨峪河镇	13830	31517	15866	8311	134190.0	480	8050
商州区金陵寺镇	8810	19952	8107	4242	4180.0	120	3198
商州区黑山镇	8980	13583	6649	1852	240.0	150	1988
商州区杨斜镇	19810	15625	6958	3445	7810.0	200	2369
商州区麻街镇	8430	15819	7903	3672	182.0	120	2540
商州区黑龙口镇	18230	26866	11142	4160	15701.0	160	3699
商州区牧护关镇	8040	9286	3851	1137	560.0	230	2746
商州区大荆镇	11290	26578	10191	3753	185.0	250	4391
商州区腰市镇	15650	32881	15251	6711	408.0	150	2489
商州区板桥镇	17580	25009	11515	4575	27369.0	100	1967
商州区北宽坪镇	16690	14141	6337	3437	7352.0	110	1990
商州区砚池河镇	13720	9503	4905	3561	90.0	70	1379
商州区麻池河镇	8600	11369	4925	2091	7550.0	90	1767
商州区西荆镇	6360	10927	4706	2599	1020.0	26	278
商州区三岔河镇	12470	10616	4749	2269	285.0	90	1645
商州区上官坊镇	7210	6434	3204	2392	40.0	80	1238

续表 601　　(陕西省)　　计算单位：公顷、人、万元

名　称	行政区域面　积	常住人口	从业人员	二三产业从业人员	工　业总产值	城镇建成区面积	城镇建成区常住人口
商州区闫村镇	7300	6001	3315	1126	20.0	60	1241
洛南县城关镇	17998	123740	34790	12195	600600.0	1800	123740
洛南县景村镇	20560	40443	16103	6583	26710.0	136	12476
洛南县古城镇	12800	22314	9887	4981	14850.0	1090	12600
洛南县三要镇	10440	16332	5326	2196	13500.0	98	6141
洛南县灵口镇	37500	25052	11576	2660	9260.0	74	4085
洛南县寺耳镇	25666	10432	5568	1556	67890.0	50	1675
洛南县巡检镇	24794	10994	6104	2047	50850.0	66	3362
洛南县石坡镇	26748	20701	8947	4188	45430.0	93	4066
洛南县石门镇	18230	20770	10482	5416	286580.0	187	17748
洛南县麻坪镇	13987	16787	7288	3439	6870.0	35	2954
洛南县洛源镇	14157	14735	6896	4335	2370.0	38	2855
洛南县保安镇	10736	21665	9647	6821	9120.0	111	5591
洛南县卫东镇	3071	10653	4719	1714	42337.0	31	1442
洛南县永丰镇	5892	20209	7463	1880	10210.0	140	9034
洛南县谢湾镇	6667	12927	4453	827	9250.0	523	1089
洛南县四皓镇	6000	13734	5553	2549	9250.0	11	980
洛南县柏峪寺镇	7610	13243	5662	725	8150.0	35	2370
洛南县高耀镇	14700	14063	5594	1132	8010.0	28	1292
洛南县寺坡镇	5460	10358	3808	1598	4593.0	38	3474
丹凤县龙驹寨镇	17867	64103	7429	4346	323289.0	715	38094
丹凤县庾岭镇	19400	16743	9533	5227	23.0	51	2348
丹凤县蔡川镇	11900	8468	4161	2130	40328.0	51	2313
丹凤县峦庄镇	20700	14472	8063	3750	69.0	55	3153
丹凤县铁峪铺镇	12440	15638	8145	4962	1725.0	61	4015
丹凤县武关镇	15820	13922	6645	3761	1954.0	40	2116
丹凤县竹林关镇	21283	27855	12711	6929	8862.0	66	6110
丹凤县土门镇	12770	14953	10092	5505	9927.0	51	3532
丹凤县寺坪镇	17045	15584	7664	4251		32	2435
丹凤县商镇	19523	35034	9379	3212	130521.0	114	10312
丹凤县棣花镇	7800	20683	4850	2215	2436.0	62	5346
丹凤县资峪镇	13761	15542	6383	3135	56779.0	13	1112
丹凤县北赵川镇	12850	7536	3618	2018		16	826
丹凤县桃坪镇	16600	6725	3425	2056	127.0	15	791
丹凤县月日镇	11441	9655	4404	2128	3086.0	30	1499
丹凤县花瓶子镇	12600	9520	4975	1743		13	810
商南县城关镇	23300	60484	35436	13407	677824.0	1933	39905
商南县富水镇	14700	20304	10634	5816	50580.0	100	4103
商南县湘河镇	15880	12143	6717	1992	10221.0	50	1661
商南县白浪镇	6670	7043	3525	1363	3357.0	100	922
商南县赵川镇	17071	11246	7204	4503	14970.0	200	4159
商南县过风楼镇	9860	14911	4998	1505	1800.0	20	2515
商南县试马镇	13310	17935	9085	6955	17148.0	100	1864
商南县清油河镇	25800	11882	7008	4858	9900.0	130	3598
商南县十里坪镇	32240	17882	10145	7392	22586.0	98	1505
商南县金丝峡镇	30060	24004	12456	8651	25500.0	250	1418
商南县青山镇	12049	10859	5935	3135	12089.0	40	1635
商南县水沟镇	15110	7325	4021	2115	74098.0	26	942
商南县魏家台镇	14650	6394	3483	2568	6580.0	20	1240
山阳县城关镇	22392	64179	14699	12030	285372.7	510	63581

续表 602　　(陕西省)　　计算单位：公顷、人、万元

名　称	行政区域面　积	常住人口	从业人员	二三产业从业人员	工　业总产值	城镇建成区　面　积	城镇建成区常住人口
山阳县高坝店镇	17297	29845	9107	5446	4818.0	95	11272
山阳县天竺山镇	10065	10997	3967	2172	16005.2	16	1068
山阳县中村镇	14858	22402	7451	6176	268812.0	40	2735
山阳县银花镇	8747	14712	5149	4178	48479.3	29	1925
山阳县西照川镇	16750	11999	3696	1751	85.0	59	2055
山阳县漫川关镇	23076	25233	8381	2196	107709.9	140	4556
山阳县南宽坪镇	23010	18598	5459	4370	50.0	50	2290
山阳县户家塬镇	16270	28913	8127	6646	180.0	41	2155
山阳县杨地镇	18250	21895	6268	3248	5826.0	26	2005
山阳县牛耳川镇	8660	8200	2214	1661	8096.9	35	3125
山阳县小河口镇	22370	20933	7157	4811	1200.0	28	1445
山阳县色河铺镇	13060	15023	5246	3704	5.0	36	2235
山阳县板岩镇	22120	20896	8559	3136	22760.9	25	1825
山阳县元子街镇	10140	9073	3261	2732	64.0	21	1526
山阳县十里铺镇	14756	29142	8533	6822	205124.1	29	1715
山阳县延坪镇	18149	12728	3620	2314	2100.0	17	605
山阳县两岭镇	12590	10525	4427	3074	15.0	13	685
山阳县王闫镇	12300	6710	2953	2452	29706.0	12	805
山阳县天桥镇	14320	5152	2136	1784	14973.7	13	765
山阳县石佛寺镇	12830	8544	2607	997	5.0	12	675
山阳县法官镇	14510	19054	6023	1552	7.0	45	995
山阳县双坪镇	6980	8747	2575	1833	8068.3	21	908
镇安县永乐镇	38583	70366	46019	39679	495689.0	3660	53469
镇安县回龙镇	12327	10640	2637	610	108830.0	662	2980
镇安县铁厂镇	12778	13777	3942	2862	170.0	1149	2165
镇安县大坪镇	12695	17844	10532	7692	1456.0	845	2523
镇安县米粮镇	17037	24066	12501	8941	1250.0	1056	5210
镇安县茅坪回族镇	10530	11852	7317	4860	860.0	1040	2402
镇安县西口回族镇	16665	17937	8503	2973	803.0	1535	2950
镇安县高峰镇	9976	11579	4013	893	720.0	575	2120
镇安县青铜关镇	27800	20655	13654	9365	71802.0	1382	1849
镇安县柴坪镇	27303	19938	6910	4109	2188.0	1626	1560
镇安县达仁镇	22439	12178	7390	4718	830.0	1331	1730
镇安县木王镇	29962	8638	5616	3706	620.0	3420	3265
镇安县东川镇	34279	12186	5867	3769	59558.0	2720	1969
镇安县云盖寺镇	20971	14030	10289	6919	8000.0	1426	3878
镇安县庙沟镇	16147	9866	5985	1180	750.0	2002	1180
镇安县张家镇	5633	9470	5329	2816	870.0	957	2050
镇安县灵龙镇	7707	11268	6270	3552	975.0	1228	2179
镇安县月河镇	10155	1971	874	460	750.0	1768	547
镇安县杨泗镇	15753	2248	1192	686	724.0	6650	1159
柞水县乾佑镇	21496	36598	14013	9255	62495.0	310	26058
柞水县营盘镇	41855	8106	3703	723	1500.0	18	1050
柞水县下梁镇	21300	19872	12057	6814	12490.0	20	10141
柞水县石瓮镇	11095	7279	2980	1880	25900.0	37	2908
柞水县小岭镇	11506	11543	6921	3187	25377.0	10	1430
柞水县凤凰镇	16710	17610	5973	1245	13400.0	102	5015
柞水县红岩寺镇	19443	16661	8142	3348	10200.0	25	2245
柞水县曹坪镇	8150	8573	5186	1763	12370.0	6	1041
柞水县蔡玉窑镇	13706	7038	4402	1723	313.0	6	2430

续表 603　　(陕西省、甘肃省)　　计算单位：公顷、人、万元

名　　称	行政区域面　　积	常住人口	从业人员	二三产业从业人员	工　业总产值	城镇建成区 面 积	城镇建成区常住人口
柞水县杏坪镇	18719	17417	10156	5028	18186.0	26	2844
柞水县瓦房口镇	20220	15245	10315	4770	3400.0	15	643
柞水县柴庄镇	6400	5108	3129	744	5617.0	5	1050
柞水县丰北河镇	22600	3617	1979	612	3010.0	5	240
甘肃省							
七里河区阿干镇	8550	29489	5164	2551	37012.0	328	16195
七里河区八里镇	4260	24267	9923	5022	342845.0	190	2679
七里河区彭家坪镇	2280	16268	9362	4972	797552.0	67	1216
七里河区西果园镇	8260	20245	10751	2526	296929.0	165	1668
七里河区魏岭乡	6500	12330	6410	2718	15644.0		
七里河区黄峪乡	6850	17636	9242	2391	98260.0		
西固区新城镇	5230	23113	6542	4778	251296.0	610	10983
西固区东川镇	4211	9647	5511	2484	55578.0	120	5972
西固区达川乡	2045	6458	4149	3000	54243.0		
西固区河口乡	11491	14352	7016	4023	48527.0		
西固区柳泉乡	1787	7237	4226	3045	199434.0		
西固区金沟乡	3610	4361	2329	883	127838.0		
红古区海石湾镇	2533	52725	23622	18404	1075103.9	719	43173
红古区花庄镇	20478	15242	7445	2115	77820.6	17	2445
红古区平安镇	12685	17100	7780	2793	1531137.7	133	2204
红古区红古乡	11400	14020	6758	747	40848.5		
永登县城关镇	6733	64183	14516	12412	31373.0	520	61823
永登县红城镇	33778	25572	14754	9658	27349.6	115	7037
永登县中堡镇	8245	23831	13492	9256	304529.6	180	8497
永登县武胜驿镇	46931	35371	20274	6433	24530.2	133	4276
永登县河桥镇	16843	37170	18126	13121	1523374.4	320	13058
永登县连城镇	41900	31196	14423	7401	219651.6	1130	12070
永登县苦水镇	44000	32762	14881	4908	72112.9	155	2515
永登县大同镇	28500	25519	14563	8324	11586.7	150	2428
永登县龙泉寺镇	25500	21826	15394	9299	4375.3	20	1612
永登县树屏镇	32400	14298	8069	3119	371065.1	140	2151
永登县上川镇	34581	28752	15268	5853	9664.0	92	3012
永登县柳树乡	40000	26729	14772	10060	100033.3		
永登县坪城乡	53420	13789	9410	5690	1353.5		
永登县民乐乡	41000	30500	23417	8077	16118.3		
永登县通远乡	40050	16538	8102	1611	2482.5		
永登县七山乡	68300	6438	5030	1376			
皋兰县石洞镇	40600	46250	13823	7518	677281.0	300	36135
皋兰县忠和镇	25100	11350	9218	4379	86660.0	4206	5552
皋兰县什川镇	40500	16800	11113	4581	26247.0	113	10934
皋兰县九合镇	21400	10600	8908	3104	116281.0	46	2386
皋兰县水阜镇	25600	11000	9036	4730	8139.0	124	3885
皋兰县黑石川乡	64200	12500	10555	3377	339865.0	108	3554
榆中县城关镇	8921	65048	30667	24589	18307.0	500	42168
榆中县夏官营镇	13600	47759	9496	3733	3800.0	193	34326
榆中县高崖镇	7412	10899	5889	2385	4955.0	133	2988
榆中县金崖镇	26000	25413	13679	6255	160730.0	162	7532
榆中县和平镇	14293	76328	18790	9021	148600.0	700	65595
榆中县甘草店镇	12148	15942	8940	4853	24650.0	93	5486
榆中县青城镇	13804	20183	12255	4699		138	5983

续表 604　　（甘肃省）　　计算单位：公顷、人、万元

名　　称	行政区域面　　积	常住人口	从业人员	二三产业从业人员	工　业总产值	城镇建成区 面 积	城镇建成区常住人口
榆中县定远镇	6800	18725	10024	3455	8350.0	170	4520
榆中县来紫堡乡	11700	22041	11979	6026	43300.0		
榆中县三角城乡	7097	25626	14189	4011	70659.0		
榆中县小康营乡	10182	26747	9227	2460	85235.6	61	3378
榆中县连搭乡	13300	34662	19655	5731	4000.0	40	1650
榆中县银山乡	7939	8785	4649	2187	335.0	46	3135
榆中县马坡乡	16550	15883	8577	2915	48.0	46	3096
榆中县新营乡	14200	18243	8597	3798		40	2308
榆中县清水驿乡	16350	21340	10470	3481	5650.0	66	2991
榆中县龙泉乡	8400	9804	6189	2331	220.0	23	718
榆中县韦营乡	12300	4842	3232	1744		5	181
榆中县中连川乡	23800	9300	4914	1766		1	200
榆中县贡井乡	15000	7535	4503	2513	20.0	24	236
榆中县园子岔乡	26870	7015	3850	1817		15	347
榆中县上花岔乡	17400	5726	3098	1567		14	328
榆中县哈岘乡	20500	3886	2728	1177	5.9	20	1160
兰州新区中川镇	28000	45146	18857	10273	971550.0	431	6800
兰州新区秦川镇	18841	49523	27600	12467	5862.0	210	6823
兰州新区西岔镇	37600	42517	20567	9190	76613.0	143	5217
嘉峪关市市辖区新城镇	27180	10669	6584	2361	185230.0	28	1478
嘉峪关市市辖区峪泉镇	80000	3005	2992	1842	6984.6	100	708
嘉峪关市市辖区文殊镇	13391	7545	4655	1846	7059.0	700	928
金川区宁远堡镇	96000	34255	23165	16230	22834.0	2144	12250
金川区双湾镇	165896	19978	13215	2792	20638.0	806	4024
永昌县城关镇	21278	57276	8736	3713	28500.0	870	35389
永昌县河西堡镇	66400	54658	12785	8554	345000.0	850	45304
永昌县新城子镇	64200	25182	17145	6884	4785.0	55	2015
永昌县朱王堡镇	40717	28845	15563	6347	41550.0	120	2662
永昌县东寨镇	12400	15458	9145	1710	60150.0	120	1062
永昌县水源镇	59800	18935	12455	3560	9896.0	467	1795
永昌县红山窑乡	153333	25059	12243	2408	5895.0	40	2226
永昌县焦家庄乡	29933	22353	13475	6262	10450.0	350	1312
永昌县六坝乡	31800	13041	7183	1714	3505.0	420	1740
永昌县南坝乡	12800	4810	3287	2130		30	720
白银区水川镇	13994	20168	15318	8400	54856.0	170	6953
白银区四龙镇	9900	10642	5010	2474	65952.0	232	4028
白银区王岘镇	35000	9496	4235	1800	87900.0	31	8982
白银区强湾乡	25503	9664	4594	3009	1856.0	60	1590
白银区武川乡	48100	13522	7253	2691	3285.0	30	1075
平川区王家山镇	23500	15655	12400	9400	3700.0	3	1860
平川区水泉镇	66030	33340	18628	2119	720.0	3	1765
平川区共和镇	29130	19140	12060	2810	165.0	4	1040
平川区宝积乡	35443	14123	6412	1351	564.0	1	592
平川区黄峤乡	31200	12456	6119	1728	2000.0	1	2070
平川区种田乡	17130	7100	3642	1167		1	1770
平川区复兴乡	10610	6358	4271	1707	32.0	0	1073
靖远县北湾镇	25085	39328	22110	10406	86112.0	133	5862
靖远县东湾镇	21280	38677	20024	3945	92531.0	191	4489
靖远县乌兰镇	32855	61053	34035	21017	58872.0	480	59407
靖远县平堡乡	4200	18715	8370	4463	15.0	2	5100

续表 605　　（甘肃省）　　计算单位：公顷、人、万元

名　　称	行政区域面　　积	常住人口	从业人员	二三产业从业人员	工　业总产值	城镇建成区 面 积	城镇建成区常住人口
靖远县糜滩乡	24600	25669	14570	3770	2900.0	15	3501
靖远县三滩乡	22930	21253	12023	1653	14785.0	2	2583
靖远县大芦乡	39470	20265	11217	3075	850.0	3	5870
靖远县兴隆乡	15530	10251	4445	1239		0	997
靖远县双龙乡	18210	15019	8465	1767	3300.0	2	1460
靖远县石门乡	41470	12047	7570	1940	10.0	160	3886
靖远县刘川乡	42200	31007	16197	4450	44782.0	270	2702
靖远县高湾乡	59070	27425	15576	1845	2548.0	1	1865
靖远县靖安乡	29730	13044	9504	1910	1420.0	7	2956
靖远县五合乡	34020	34200	15942	1862	5460.0	100	4050
靖远县东升乡	30930	25730	11701	1747	20320.0	3	2587
靖远县北滩乡	56530	41861	21071	6679	38312.0	24	3500
靖远县永新乡	35730	10698	5095	1760	770.0	1	2104
靖远县若笠乡	45400	7900	4863	1395		6	835
会宁县会师镇	18680	97928	29120	22732	89324.0	1380	80187
会宁县郭城驿镇	32910	35900	16458	4456	9246.0	427	17380
会宁县河畔镇	24340	24259	12861	3473	17950.0	189	6703
会宁县头寨子镇	47300	26713	16480	4180	5854.0	52	2314
会宁县太平店镇	13990	18113	10622	2488	1230.0	30	585
会宁县甘沟驿镇	33620	20345	12158	2553	4512.0	133	2692
会宁县丁家沟乡	16470	16583	10529	3019	3471.0	6	240
会宁县中川乡	13830	13169	7277	955	5825.0	29	688
会宁县新添堡回族乡	21800	14122	9821	2338	3268.0	10	238
会宁县侯家川乡	11230	11347	6652	1843		48	1130
会宁县党家岘乡	14980	15920	8540	1645		7	490
会宁县杨崖集乡	16280	17007	11320	4681	2296.0	2	398
会宁县老君坡乡	14530	18660	11636	2174	2718.0	14	823
会宁县翟家所乡	18190	16496	10504	2450	7306.0	15	935
会宁县柴家门乡	27930	17651	10483	2824	254826.0	15	325
会宁县八里湾乡	19530	15411	11243	2351		2	502
会宁县平头川乡	13830	10340	6995	2111		9	706
会宁县韩家集乡	18870	12299	8175	2315		27	1453
会宁县大沟乡	28570	16519	11654	2805		2	248
会宁县四房吴乡	25880	15958	10354	1719	1234.0	7	844
会宁县汉家岔乡	38570	17705	11757	3196	1155.0	31	1031
会宁县土门岘乡	18590	7694	5783	631		3	268
会宁县新塬乡	28730	11108	7476	481	1334.0	8	975
会宁县刘家寨子乡	29730	15817	9796	5180		30	576
会宁县草滩乡	21110	10156	6311	2406		37	768
会宁县土高山乡	24580	7355	4752	657		1	186
会宁县白草塬乡	17500	20027	12572	1210	2099.0	1	423
会宁县新庄乡	32330	12103	7579	958		27	695
景泰县一条山镇	13970	81431	19701	14697	105920.9	1402	55494
景泰县芦阳镇	35400	24100	18170	5855	56063.0	700	6113
景泰县上沙沃镇	45520	9650	7346	1274	75695.6	110	3460
景泰县喜泉镇	59140	23500	15501	5001	66651.3	400	4230
景泰县草窝滩镇	59150	21689	17953	4289	318000.0	16	5106
景泰县红水镇	30060	18235	10418	1272	57404.0	131	3341
景泰县中泉乡	97640	14927	7458	1747	14631.0	7	1311
景泰县正路乡	65670	10126	10067	5283	27678.0	7	1618

续表 606 （甘肃省） 计算单位：公顷、人、万元

名　称	行政区域面积	常住人口	从业人员	二三产业从业人员	工业总产值	城镇建成区面积	城镇建成区常住人口
景泰县寺滩乡	70680	18656	12268	4979		4	4436
景泰县五佛乡	58330	14512	11347	2234	19730.0	21	3875
景泰县漫水滩乡	13480	11895	7590	3380	15180.0	6	1468
秦州区玉泉镇	8847	33517	16101	9007	9000.0	60	711
秦州区太京镇	13451	30902	23177	11616	500.0	40	2093
秦州区藉口镇	19096	36943	19219	6534	40.0	54	6150
秦州区皂郊镇	22106	36958	20154	3870	720.0	533	5668
秦州区汪川镇	18847	42376	23864	12524	200.0	86	6183
秦州区牡丹镇	13208	27299	14792	4727	80.0	30	3523
秦州区关子镇	11301	28879	15770	6587	260.0	143	5183
秦州区平南镇	9546	44480	26158	14066	122.0	210	5561
秦州区天水镇	9152	32277	15691	5653	740.0	54	10227
秦州区娘娘坝镇	14222	28240	13930	2459	117.0	120	1559
秦州区中梁乡	6894	19119	9375	3085	120.0		
秦州区秦岭乡	7169	13280	8320	4794	120.0		
秦州区杨家寺乡	10854	15538	10356	4815	60.0		
秦州区齐寿乡	7388	23423	12025	6925	12.3		
秦州区华歧乡	10628	23995	12608	5342	2.4		
秦州区大门乡	7525	21820	6190	4175	10.0		
麦积区社棠镇	6400	19109	9745	7208	7160.0	500	5618
麦积区马跑泉镇	9700	52043	25625	10155	16500.0	541	7760
麦积区甘泉镇	21100	40686	20350	9069	4452.0	520	5424
麦积区渭南镇	9400	43139	22079	7795	1402.5	169	2870
麦积区东岔镇	34800	11534	5440	2889	290.0	280	1053
麦积区花牛镇	12300	42996	21969	13366	5091.0	209	3353
麦积区中滩镇	4800	38229	19180	9506	1950.0	150	3525
麦积区新阳镇	8660	30341	16785	6136	825.0	193	4708
麦积区元龙镇	20780	20093	11797	6356	3320.0	200	1026
麦积区伯阳镇	14000	24115	12162	2011	500.0	120	2273
麦积区麦积镇	19300	19624	10261	4498	230.0	121	1720
麦积区石佛镇	10000	42675	22050	11126	2980.0	292	5280
麦积区五龙乡	7000	25742	13194	4224	1550.0		
麦积区琥珀乡	4500	12928	6513	2413	1170.0		
麦积区党川乡	72400	4998	2496	351	455.0		
麦积区利桥乡	54900	4902	2682	882	170.0		
麦积区三岔乡	34200	15360	8443	2150	490.0		
清水县永清镇	14950	42176	24722	4808	22630.0	655	37252
清水县红堡镇	14980	28005	14057	4061	38765.0	120	3008
清水县白驼镇	12920	17243	8994	2789	654.0	100	2403
清水县金集镇	8880	16052	9053	2180	560.3	50	2962
清水县秦亭镇	22520	15834	8178	1446	603.6	30	1541
清水县山门镇	22980	10123	5808	710	425.8	20	1832
清水县白沙乡	13300	19891	9834	3242	1635.0		
清水县松树乡	6420	14372	2142	1497	327.6	51	1983
清水县王河乡	6950	13767	7475	983	471.8		
清水县远门乡	6200	12008	7059	2688	326.5		
清水县土门乡	6550	17228	8826	1416	230.0		
清水县郭川乡	7310	18548	13957	3778	623.5		
清水县贾川乡	4800	12400	7674	4139	340.0		
清水县丰望乡	7200	9740	7453	1622	218.6		

续表 607　　（甘肃省）　　计算单位：公顷、人、万元

名　　称	行政区域面　　积	常住人口	从业人员	二三产业从业人员	工　业总产值	城镇建成区 面 积	城镇建成区常住人口
清水县草川铺乡	11620	11899	6495	1343	204.1	12	1794
清水县陇东乡	10710	12077	6826	1441	242.6		
清水县黄门乡	9800	14791	8433	1581	12614.7	1	220
清水县新城乡	12720	11765	6519	992	22629.4		
秦安县兴国镇	7365	86778	31291	18204	163852.0	1550	60413
秦安县莲花镇	9452	40537	23120	9230	21212.0	420	8267
秦安县西川镇	7282	39368	17548	6043	36916.0	105	17271
秦安县陇城镇	7894	31658	16154	4570	9396.0	105	8538
秦安县郭嘉镇	14372	40063	21784	2885	11123.0	102	3379
秦安县刘坪乡	5806	23078	11562	1837	5038.0		
秦安县五营乡	9033	38423	21173	8447	4534.0		
秦安县中山乡	12865	36908	19950	6838	2771.0		
秦安县叶堡乡	8732	39301	18930	3430	23503.0		
秦安县安伏乡	10687	34076	18204	4914	30618.0		
秦安县魏店乡	13523	30331	16242	6306	4046.0		
秦安县王铺乡	14820	27315	14526	5248	2801.0		
秦安县千户乡	7684	26533	16311	8799	2542.0		
秦安县王窑乡	8514	22167	11430	3663	2285.0		
秦安县云山乡	5863	19213	10049	5730	4598.0		
秦安县王尹乡	7166	29260	16010	2483	5824.0		
秦安县兴丰乡	9099	35635	19135	3487	6269.0		
甘谷县大像山镇	4894	86149	26481	17232	82036.1	830	83256
甘谷县磐安镇	17200	71965	40600	14586	121692.8	160	16274
甘谷县新兴镇	12987	93435	55213	28434	10230.0	18	39000
甘谷县安远镇	15525	42820	26448	14368	850.0	20	6594
甘谷县六峰镇	6288	43350	26251	18767	82000.0	47	6560
甘谷县金山乡	11880	41021	23495	10680	420.0		
甘谷县八里湾乡	10100	30562	14260	7249	280.0		
甘谷县西坪乡	10314	16850	9745	3457	220.0		
甘谷县大庄乡	10710	19620	13631	5472	260.0		
甘谷县大石乡	9795	28654	15816	6862	820.0		
甘谷县礼辛乡	10500	19986	11275	5245	420.0		
甘谷县谢家湾乡	9770	22312	14012	6219	260.0		
甘谷县武家河乡	7600	16344	8243	1855	320.0		
甘谷县古坡乡	13280	9952	5576	2577	280.0		
甘谷县白家湾乡	6329	21440	13332	5625	250.0		
武山县城关镇	11554	45136	26675	18379	68030.7	1200	43110
武山县洛门镇	11468	77778	44136	11156	18794.7	122	12433
武山县鸳鸯镇	11626	26686	12447	4823	107035.8	116	16201
武山县滩歌镇	18733	39240	21382	10692	364.3	120	11269
武山县四门镇	13176	28869	14752	8987	16799.0	150	3029
武山县马力镇	20467	46169	25325	12730	589.2	120	9038
武山县山丹乡	11753	26749	13918	2847	674.7		
武山县榆盘乡	15666	16215	9350	3062	485.9		
武山县咀头乡	11380	19675	10959	3443	128.7		
武山县桦林乡	10173	18857	10050	4622	142.6		
武山县高楼乡	12180	20196	9861	5620	96.9		
武山县杨河乡	16267	18594	9535	5139	163.4		
武山县沿安乡	12220	16876	8620	4190	120.1		
武山县温泉乡	13977	19725	9984	5601	320.8		

续表 608 （甘肃省） 计算单位：公顷、人、万元

名称	行政区域面积	常住人口	从业人员	二三产业从业人员	工业总产值	城镇建成区面积	城镇建成区常住人口
武山县龙台乡	10460	14947	8297	3153	337.4		
张家川回族自治县张家川镇	9080	66389	30144	12827	9132.0	908	19242
张家川回族自治县龙山镇	4230	37755	21419	8293	1590.0	785	11829
张家川回族自治县恭门镇	17800	27223	15010	5113	640.0	9	2941
张家川回族自治县刘堡乡	5810	18370	10467	5487	260.0		
张家川回族自治县张棉乡	9490	11617	6561	4403			
张家川回族自治县胡川乡	6110	17134	10949	4281	308.0		
张家川回族自治县木河乡	4330	20289	11270	4206	502.0		
张家川回族自治县大阳乡	5510	25891	14904	9840	564.0		
张家川回族自治县川王乡	5040	17408	9984	2226	11.0		
张家川回族自治县马关乡	5150	28384	17242	5387	426.0		
张家川回族自治县连五乡	4270	17245	9551	2730	97.0		
张家川回族自治县梁山乡	3930	16027	10087	3005	160.0		
张家川回族自治县平安乡	3170	6661	3851	138			
张家川回族自治县阎家乡	9150	8690	6110	970			
张家川回族自治县马鹿乡	27970	13433	7840	2270	308.0		
凉州区黄羊镇	15792	71158	16845	8489	784700.0	450	28534
凉州区武南镇	8715	50848	14142	9088	137600.0	8	23995
凉州区清源镇	10680	25446	17203	5083	29500.0	31	987
凉州区永昌镇	10400	44015	25618	15089	131268.0	53	5472
凉州区双城镇	7700	33423	27193	15898	32121.0	75	5534
凉州区丰乐镇	14200	15923	7551	2075	249.0	210	2450
凉州区高坝镇	9300	47989	23628	14382	33210.0	1700	21090
凉州区金羊镇	2500	43938	23212	18821	27000.0	62	3100
凉州区和平镇	2552	16972	10389	7024	2800.0	102	2420
凉州区羊下坝镇	2184	14946	5534	1038	238.0	13	2843
凉州区中坝镇	2100	17609	9111	3331	2019.0	27	2407
凉州区永丰镇	4043	10754	6072	3110	34400.8	215	3070
凉州区古城镇	15500	26532	12938	7764	5240.0	85	2856
凉州区张义镇	34700	25673	9785	1089	351.0	281	15421
凉州区发放镇	7700	27251	13158	4905	32570.0	54	3128
凉州区西营镇	35700	23398	13178	7164	26052.0	20	830
凉州区四坝镇	4200	13494	5089	1773	980.0	20	3080
凉州区洪祥镇	7000	21980	7765	2552	11950.0	30	3280
凉州区谢河镇	10500	21174	11960	7481	25420.0	20	1820
凉州区五和乡	4700	11953	3550	746	3180.0		
凉州区韩佐乡	2097	9762	5501	2383	870.0		
凉州区松树乡	12300	14146	9722	5433	21390.0		
凉州区大柳乡	1945	12732	8366	1850	200.0		
凉州区长城乡	9880	16833	10341	1201	704.2	3	1435
凉州区金沙乡	1700	15027	6969	6191	5100.0		
凉州区柏树乡	2567	16665	9158	3315	1854.0		
凉州区金塔乡	1723	14062	6262	2453	10.0		
凉州区下双乡	3316	10189	3768	1464	3485.6		
凉州区九墩乡	3220	8331	2518	450	164.0		
凉州区怀安乡	2886	14014	5399	1679	93856.0		
凉州区金山乡	5806	6546	2843	813	335.8		
凉州区清水乡	3266	19520	13008	4557	102.0		
凉州区吴家井乡	3400	8354	5307	785	400.0		
凉州区新华乡	5693	18272	4564	1695	521.0		

续表 609　　（甘肃省）　　计算单位：公顷、人、万元

名　　称	行政区域面　积	常住人口	从业人员	二三产业从业人员	工　业总产值	城镇建成区 面 积	城镇建成区常住人口
凉州区康宁乡	3935	10196	4143	1831			
凉州区东河乡	4700	15122	6878	4430	3600.0	3	480
凉州区河东乡	3300	12859	7869	3734	58.0		
民勤县三雷镇	4950	46920	30178	22298	381944.4	50	43857
民勤县东坝镇	10500	11635	4559	1490	105.0	50	2828
民勤县泉山镇	8910	11960	5016	1116	899.0	50	2431
民勤县西渠镇	51800	21710	10175	2268	70402.0	60	4815
民勤县东湖镇	530990	12216	6489	1005	1202.0	50	1565
民勤县红沙岗镇	583130	3356	3346	3328	68614.0	320	2081
民勤县昌宁乡	22530	8510	3551	723	395.0		
民勤县蔡旗乡	6640	8457	3319	664	3212.0		
民勤县重兴乡	8330	7635	4005	1085	220.0		
民勤县薛百乡	9140	14412	6000	1805	528.0		
民勤县大坝乡	5860	14526	6648	2790	18924.0		
民勤县苏武乡	23490	28233	13325	2085	37115.0		
民勤县夹河乡	16240	8019	3093	511	255.0		
民勤县大滩乡	7850	10472	5860	990	25743.0		
民勤县双茨科乡	11130	10716	6123	538	395.0		
民勤县红沙梁乡	7060	8105	4442	752	14625.0		
民勤县收成乡	20310	12388	7259	2059	37605.0		
民勤县南湖乡	261840	1868	1081	51			
古浪县古浪镇	8700	17996	9752	3138	89799.0	2980	9888
古浪县泗水镇	14700	23346	12898	4152	55671.0	850	2100
古浪县土门镇	17600	37069	20060	6541	420880.0	2980	6896
古浪县大靖镇	37000	42294	23494	7798	29560.0	315	16231
古浪县裴家营镇	28800	19048	10482	3348	12735.0	30	2336
古浪县海子滩镇	18700	28777	15134	4906	23642.0	167	18322
古浪县定宁镇	16700	23366	13178	4283	10428.0	167	17506
古浪县黄羊川镇	27400	23326	13720	4531	13144.0	79	4555
古浪县黑松驿镇	13400	16528	9983	3313	10690.0	470	2188
古浪县永丰滩乡	8300	10911	5946	1882	21471.0		
古浪县黄花滩乡	28000	21188	11352	3733	14027.0		
古浪县西靖乡	21900	14773	5123	1700	745.0		
古浪县民权乡	25500	20251	10861	3563	1786.0		
古浪县直滩乡	26400	18147	9916	3294	29290.0		
古浪县新堡乡	50100	6929	4281	1308	983.0		
古浪县干城乡	19300	11696	6922	2282	578.0		
古浪县横梁乡	18900	10994	5274	634			
古浪县十八里堡乡	8960	6325	3690	1121	1859.0		
古浪县古丰乡	11800	15316	9227	3075	805.0		
天祝藏族自治县华藏寺镇	54635	18956	11255	5541	35990.0	340	13140
天祝藏族自治县打柴沟镇	40067	17129	8850	2168	9114.0	188	6557
天祝藏族自治县安远镇	20648	9975	5289	1281	95.0	104	2610
天祝藏族自治县炭山岭镇	35643	6659	4110	1047	8010.2	55	2490
天祝藏族自治县哈溪镇	50985	21357	11789	2987	211.0	55	2165
天祝藏族自治县赛什斯镇	40544	11687	6422	1555	1928.0	57	1642
天祝藏族自治县石门镇	17735	5976	3409	1035	9645.0	33	1350
天祝藏族自治县松山镇	71137	12769	8277	3560	1890.0	57	1591
天祝藏族自治县天堂镇	30104	10618	5585	618	1825.0	27	1692
天祝藏族自治县东坪乡	5520	3533	2491	764	16.0		

续表 610　　（甘肃省）　　计算单位：公顷、人、万元

名　称	行政区域面积	常住人口	从业人员	二三产业从业人员	工业总产值	城镇建成区面积	城镇建成区常住人口
天祝藏族自治县赛拉隆乡	15296	233	105	10			
天祝藏族自治县东大滩乡	14466	2815	1412	288	9.0		
天祝藏族自治县抓喜秀龙乡	51089	4473	2567	647	11.3		
天祝藏族自治县西大滩乡	24216	8953	6556	2318	1.3		
天祝藏族自治县朵什乡	31268	9992	4589	2398	289.0		
天祝藏族自治县大红沟乡	35643	7563	5995	3592			
天祝藏族自治县毛藏乡	58636	1318	658	85	3036.0		
天祝藏族自治县祁连乡	48980	3998	2432	1706	398.6		
天祝藏族自治县旦马乡	73941	2228	2039	713		2	208
甘州区梁家墩镇	1650	18922	10939	6972	13850.8	110	8570
甘州区上秦镇	5930	25189	15775	11342	23710.0	60	8534
甘州区大满镇	8400	30315	16784	5797	3200.0	3	1600
甘州区沙井镇	18900	36219	19765	1937	86453.0	180	7260
甘州区乌江镇	9200	25024	16911	9309	5620.0	202	4120
甘州区甘浚镇	25000	22500	15126	5830	842.0	147	6256
甘州区新墩镇	7500	26152	16184	11990	10385.0	147	1384
甘州区党寨镇	11787	30685	20311	12390	71422.0	63	1479
甘州区碱滩镇	9607	20393	11740	4311	990.3	100	1034
甘州区三闸镇	10550	17386	12797	5818	4325.0	75	1001
甘州区小满镇	6700	21300	9373	2909	1231.0	140	3850
甘州区龙渠乡	4700	11181	7556	2792	1050.0		
甘州区安阳乡	12596	13308	8215	2381	944.7		
甘州区花寨乡	13385	4200	2939	739	120.0		
甘州区长安乡	2322	20647	10581	4248	6480.0		
甘州区靖安乡	2500	7110	4579	419	280.0		
甘州区明永乡	9580	13119	8760	1179	7667.0		
甘州区平山湖蒙古族乡	104000	806	383	119	368.0		
肃南裕固族自治县红湾寺镇	520	9445	460	460		360	9445
肃南裕固族自治县皇城镇	397200	8718	3163	1060		105	1690
肃南裕固族自治县马蹄藏族乡	199800	4220	1801	314			
肃南裕固族自治县康乐乡	242800	3822	2001	549			
肃南裕固族自治县白银蒙古族乡	45000	625	267	96			
肃南裕固族自治县大河乡	299290	3982	1888	466			
肃南裕固族自治县明花乡	170480	3536	2136	142			
肃南裕固族自治县祁丰藏族乡	1020200	3441	1542	692			
民乐县洪水镇	15934	35831	19438	5993	1968.3	1776	11554
民乐县六坝镇	25000	22590	12416	7140	1245.0	920	4365
民乐县新天镇	24948	25693	16181	3334	844.0	230	4659
民乐县南古镇	22520	25996	13968	3358	32.7	895	4146
民乐县永固镇	10379	17755	11118	4378	162.0	1200	5793
民乐县三堡镇	7911	16590	10343	2690	4985.6	450	2295
民乐县南丰乡	11213	21215	13914	2389	201.3		
民乐县民联乡	33533	22554	12962	4792	167.1		
民乐县顺化乡	9400	16676	8931	1758	116.0		
民乐县丰乐乡	13900	15007	9478	1826			
临泽县沙河镇	9600	48055	18327	12689	10000.0	650	25478
临泽县新华镇	20000	16159	9914	5062		60	3227
临泽县蓼泉镇	12900	17088	10707	6010	1138.0	30	2722
临泽县平川镇	84100	20432	12452	6350	30410.0	252	2380
临泽县板桥镇	104279	16482	6263	2026		250	3361

续表 611　　　　（甘肃省）　　　　计算单位：公顷、人、万元

名　　称	行政区域面　　积	常住人口	从业人员	二三产业从业人员	工　业总产值	城镇建成区 面 积	城镇建成区常住人口
临泽县鸭暖镇	14015	20032	12493	6377	3429.8	68	1561
临泽县倪家营镇	15862	9814	5892	2930	4800.0	15862	9814
高台县城关镇	467	25992	16894	16808	125387.0	467	25992
高台县宣化镇	6387	16762	11876	4870	915.3	54	3082
高台县南华镇	27087	15942	8876	4639	296550.0	81	2267
高台县巷道镇	9620	26134	13647	10667	11510.2	125	2368
高台县合黎镇	36673	10691	7417	5219	11087.3	11	1800
高台县骆驼城镇	28160	12381	6626	1400	23956.0	150	4471
高台县新坝镇	78613	20176	15644	7520	2112.0	18	780
高台县黑泉乡	89600	14297	9538	4686	240.0		
高台县罗城乡	160233	12394	5434	920	13954.3		
山丹县清泉镇	72370	70582	33048	27612	146385.0	1000	9742
山丹县位奇镇	55600	22969	14885	8950	26702.0	1224	2382
山丹县霍城镇	17919	12078	10749	3507		833	4562
山丹县陈户镇	35822	22113	14567	7772	98.0	1600	1612
山丹县大马营镇	27281	13241	11932	10334	4152.0	62	1807
山丹县东乐镇	56470	9886	8926	4713	34865.0	30	1240
山丹县老军乡	57255	7202	3876	1762	4255.0		
山丹县李桥乡	11376	5792	5655	3960			
崆峒区四十里铺镇	12740	56107	20882	8751	472310.0	750	22356
崆峒区崆峒镇	18060	18751	9465	3642	5432.0	675	4330
崆峒区白水镇	10400	28954	9666	2640	550.0	410	3970
崆峒区草峰镇	20130	30496	11888	1822	310.0	400	1640
崆峒区安国乡	13400	16104	8351	1783	1900.0	30	619
崆峒区柳湖乡	6700	42425	16169	8876	30900.0	550	20352
崆峒区花所乡	6609	17100	6496	2762	1880.0	210	2889
崆峒区索罗乡	5780	12473	3880	1791	230.0	78	1998
崆峒区香莲乡	7756	6943	3067	1382	42.0	34	745
崆峒区西阳乡	8900	12796	4875	1036	490.0	4	1261
崆峒区大秦乡	5848	11445	5143	1766	43.0	25	756
崆峒区白庙乡	6600	13712	7178	3963	9380.0	67	1961
崆峒区寨河乡	8400	14832	8950	2510	770.0	7	576
崆峒区大寨乡	22704	23632	9935	2953	4575.0	50	1286
崆峒区上杨乡	4475	7325	3270	840	165.0	5	920
崆峒区麻武乡	12260	3973	3432	1104	350.0	23	1234
崆峒区峡门乡	20900	20290	10400	3100	170876.0	55	1517
泾川县城关镇	8793	27880	15230	7648	56600.0	709	3710
泾川县玉都镇	6800	24985	13400	4518	12100.0	282	2358
泾川县高平镇	22759	31500	17640	10080	12610.0	200	2735
泾川县荔堡镇	12300	29895	19233	9553	11294.7	310	4882
泾川县王村镇	10800	25710	15750	7670	10500.0	238	2562
泾川县窑店镇	9450	15270	11125	6916	9850.0	205	2420
泾川县汭丰乡	6279	8635	5030	995	34600.0	230	1966
泾川县罗汉洞乡	7500	14520	8300	3760	11000.0	305	1646
泾川县泾明乡	6400	12300	7700	3020	10020.0	200	1210
泾川县红河乡	4980	7490	4620	1540		165	1491
泾川县飞云乡	7840	16310	10451	5932	9920.0	250	2500
泾川县太平乡	15130	13806	9860	4714	8585.0	370	2010
泾川县丰台乡	8710	23930	14665	5665	10050.0	405	3265
泾川县党原乡	13189	31810	17800	5269	11170.0	480	4925

续表 612　　(甘肃省)　　计算单位：公顷、人、万元

名　　称	行政区域面积	常住人口	从业人员	二三产业从业人员	工业总产值	城镇建成区面积	城镇建成区常住人口
灵台县中台镇	12434	17977	4502	711	490.0	52	17390
灵台县邵寨镇	12942	13498	6790	696	395.0	190	7029
灵台县独店镇	17222	28080	14090	1218	1280.0	323	9346
灵台县什字镇	18920	27792	7346	1317	825.0	115	11270
灵台县朝那镇	14303	15235	6561	1014	211.0	78	8672
灵台县新开乡	12193	7973	4021	650	440.0	58	2102
灵台县西屯乡	14259	15929	6496	683	590.0	40	986
灵台县上良乡	9960	12963	3998	603	458.0	66	982
灵台县梁原乡	15878	15632	5449	606	440.0	16	999
灵台县龙门乡	14957	3058	1351	271	87.0	22	825
灵台县星火乡	11544	9038	5171	540	362.0	38	1000
灵台县百里乡	35910	7993	4733	507	388.0	50	544
灵台县蒲窝乡	13278	8032	3310	502	495.0	38	1949
崇信县锦屏镇	30945	49420	17006	7136	17235.0	585	14623
崇信县新窑镇	20130	11240	5317	2671	6385.0	13	1899
崇信县柏树乡	8110	14688	6715	2861	1886.0	5	935
崇信县黄寨乡	9600	10729	3900	1050	2210.0	7	610
崇信县黄花乡	9269	7705	3383	1003	750.0	4	598
崇信县木林乡	6947	9290	5352	2534	98.0	6	823
华亭县东华镇	8290	58861	25518	8615	41541.6	801	25213
华亭县安口镇	17146	31210	15096	4506	17689.0	100	13985
华亭县西华镇	23660	26478	12332	4591	54269.5	87	3952
华亭县马峡镇	15117	12367	6408	2608	8346.9	50	2664
华亭县策底镇	7388	10498	4998	1834	22469.0	80	2581
华亭县上关乡	11512	11092	5018	1926	36.5	80	1355
华亭县神峪乡	10195	11023	5796	1638	992.0	36	1474
华亭县山寨乡	8170	14234	8811	2613	556.6	84	2442
华亭县河西乡	7400	8441	4519	1515	252.0	39	1133
华亭县砚峡乡	7754	4839	2791	1565	34383.5	5	326
庄浪县水洛镇	6600	59047	15430	6353	62606.0	1369	12569
庄浪县南湖镇	8400	22580	13075	3939	350.0	150	8600
庄浪县朱店镇	10600	32896	20664	7362	15348.0	150	10982
庄浪县万泉镇	6250	25021	14990	5210	122.0	20	3940
庄浪县韩店镇	17600	20354	9672	3898	43460.0	80	4945
庄浪县岳堡乡	6358	13625	7081	3488	133.0	40	1885
庄浪县杨河乡	7300	11654	6404	2064	45.0	23	1346
庄浪县赵墩乡	8498	14729	7916	2886	28912.0	11	988
庄浪县柳梁乡	9000	19615	11052	4180	260.0	20	1439
庄浪县卧龙乡	11500	26528	10235	4402	240.0	65	1059
庄浪县大庄乡	5400	16621	7182	1656	186.0	41	1313
庄浪县阳川乡	7000	23183	12165	4620	320.0	38	2399
庄浪县良邑乡	6249	16562	9690	2414	316.0	60	2174
庄浪县通化乡	11400	17766	9474	4201	199.0	30	2250
庄浪县永宁乡	8129	14596	7405	3065	252.0	31	2803
庄浪县郑河乡	8672	10866	5915	2241	38.0	23	899
庄浪县南坪乡	5400	16833	8905	4145	13350.0	47	1839
庄浪县盘安乡	8450	21324	11017	3995	255.0	35	1964
静宁县城关镇	2790	11859	6787	1452	129821.0	799	10422
静宁县威戎镇	9700	29991	12350	1500	27234.0	98	8236
静宁县界石铺镇	15800	25336	8477	1155	136.0	52	3043

续表 613　　　　(甘肃省)　　　　计算单位：公顷、人、万元

名　　称	行政区域面　积	常住人口	从业人员	二三产业从业人员	工　业总产值	城镇建成区面积	城镇建成区常住人口
静宁县八里镇	7200	18072	6948	1568	92066.0	50	2660
静宁县李店镇	8000	18294	8616	545	281.0	58	2133
静宁县城川乡	7500	17388	5109	1396	9211.0	37	3744
静宁县司桥乡	6800	13613	6116	1931		8	1019
静宁县曹务乡	7000	19661	8469	873	280.0	17	2194
静宁县古城乡	14500	32095	14896	2081	9785.0	30	2938
静宁县双岘乡	7800	13860	7679	957		11	1925
静宁县雷大乡	9800	18937	11593	1137	129.0	13	2017
静宁县余湾乡	5000	10069	4112	1031	115.0	14	1322
静宁县仁大乡	10600	24674	11121	1241	241.0	26	3668
静宁县贾河乡	6200	10726	5865	1166		8	911
静宁县深沟乡	6300	7576	4376	838	342.0	7	1183
静宁县治平乡	7200	13482	6823	1055	406.0	13	1401
静宁县新店乡	6400	8530	4219	850	391.0	15	1846
静宁县甘沟乡	17200	32568	14863	1869	1205.0	22	2689
静宁县四河乡	13000	20926	10115	1390	59.0	11	1787
静宁县红寺乡	10900	16713	7713	1548	451.0	12	1303
静宁县细巷乡	10300	18939	6476	965	55.0	17	1689
静宁县三合乡	9300	10496	5283	1132	9.0	8	750
静宁县原安乡	10700	16751	9169	899		6	1379
静宁县灵芝乡	9400	13801	5925	1019		6	1349
肃州区西洞镇	9504	12350	6141	2663	37129.0	232	5350
肃州区清水镇	35100	18925	11675	6356	1835.0	240	2644
肃州区总寨镇	13006	19789	9812	3696	42501.0	450	1681
肃州区金佛寺镇	22411	16888	8283	2340	1305.0	175	618
肃州区上坝镇	11506	20825	11384	6525	65145.0	386	2101
肃州区三墩镇	18209	24538	14002	7410	32150.0	235	2285
肃州区银达镇	23212	29726	17022	7284	97245.0	138	1188
肃州区西峰乡	2901	11066	6166	4274	11201.0	86	889
肃州区泉湖乡	5703	20117	11619	5289	91250.0	128	958
肃州区果园乡	7404	14533	7530	3020	46500.0	78	1055
肃州区下河清乡	5503	6625	3902	1040		120	297
肃州区黄泥堡乡	8704	1675	1073	561		53	316
肃州区铧尖乡	10405	10044	4472	2208	22109.0	76	1092
肃州区东洞乡	14207	8355	4660	1888	8908.0	106	521
肃州区丰乐乡	11306	7173	4614	2571	151.0	111	250
金塔县中东镇	192040	11068	5008	1462	725.0	150	1385
金塔县鼎新镇	244667	11346	6646	1260	3900.0	150	1968
金塔县金塔镇	75453	20874	12284	7073	7250.0	600	2810
金塔县东坝镇	189207	22412	11610	2827	1550.0	44	1535
金塔县航天镇	527400	10518	6260	1768	1650.0	165	1630
金塔县大庄子乡	173887	9166	5836	2195	1885.0	25	537
金塔县古城乡	176973	10792	6644	2543	890.0	20	992
金塔县西坝乡	293060	10146	5630	2301	25000.0	34	1369
金塔县羊井子湾乡	1913	4542	2697	488	185.0	14	370
瓜州县渊泉镇	800	32674	16114	16114	494340.0	800	26474
瓜州县柳园镇	903740	10042	9966	9966	157000.0	892	4089
瓜州县三道沟镇	102049	9320	5410	2266	1500.0	90	3366
瓜州县南岔镇	99564	9147	5704	1330	14460.0	20	482
瓜州县锁阳城镇	482884	5896	3239	1315	15400.0	85	2769

续表 614　　（甘肃省）　　计算单位：公顷、人、万元

名　称	行政区域面　积	常住人口	从业人员	二三产业从业人员	工　业总产值	城镇建成区 面 积	城镇建成区常住人口
瓜州县河东乡	87972	5694	3179	214	2200.0	32	650
瓜州县布隆吉乡	148951	4202	2133	749	975.0	24	245
瓜州县西湖乡	430170	13230	6866	745		15	1466
瓜州县瓜州乡	45024	7769	4217	963		15	341
瓜州县腰站子东乡族乡	13691	8142	4120	852		75	650
瓜州县七墩回族东乡族乡	4413	4086	2353	331		31	360
瓜州县双塔乡	21159	12988	8485	1629		20	450
瓜州县广至藏族乡	6964	9317	5328	2214		60	350
瓜州县沙河回族乡	4755	7022	4042	2936		84	370
瓜州县梁湖乡	5999	7200	3000	231		79	749
肃北蒙古族自治县党城湾镇	603500	10599	3556	2258		260	10190
肃北蒙古族自治县马鬃山镇	3163000	1632	1464	1045		150	554
肃北蒙古族自治县盐池湾乡	1899300	695	174	77		73	29
肃北蒙古族自治县石包城乡	1009000	1557	956	196		50	192
阿克塞哈萨克族自治县红柳湾镇	402356	6986	4552	4058		360	5746
阿克塞哈萨克族自治县阿克旗乡	1103873	932	530	170		0	850
阿克塞哈萨克族自治县阿勒腾乡	1512557	1159	661	126		0	830
玉门市玉门镇	93937	10930	5990	2195	80900.0	540	4852
玉门市赤金镇	188280	12598	6534	1959	1856.0	59	2328
玉门市花海镇	398968	13200	8117	3542	34710.0	1230	4883
玉门市下西号乡	118670	10181	6048	2540	23154.0	33	724
玉门市黄闸湾乡	67516	9736	5789	1512	532.0	45	358
玉门市柳河乡	39615	10294	7552	2812	573.0	33	641
玉门市昌马乡	166924	4145	2879	640	40025.0	15	200
玉门市清泉乡	187389	30049	22129	20827	1585485.0	1800	25699
玉门市小金湾乡	2356	5575	3109	622	65.0	22	867
玉门市柳湖乡	4615	5501	3964	788		4	367
玉门市独山子乡	4521	7470	4489	2906		35	2371
玉门市六墩乡	4400	4844	3450	1935		18	958
敦煌市七里镇	5600	12962	6623	3381	12620.0	300	4425
敦煌市沙州镇	937	51565	22759	22759		937	51565
敦煌市肃州镇	8961	21000	12218	6348	23015.0	220	3022
敦煌市莫高镇	14213	14115	7850	3960	7599.0	221	2091
敦煌市转渠口镇	6859	18578	11137	4269	90746.0	228	4750
敦煌市阳关镇	3187	4643	2998	964	31770.0	267	1860
敦煌市月牙泉镇	2853	9255	4632	2872	5420.0	84	3809
敦煌市郭家堡乡	11200	8889	4567	693	20.0	21	1593
敦煌市黄渠乡	5200	10263	5012	1722	136.7	20	1962
西峰区肖金镇	13460	45706	28002	5255	2901.0	420	6158
西峰区董志镇	13960	59650	26903	12939	2107679.0	598	9256
西峰区后官寨乡	12120	36858	9701	2733	84502.7	162	10684
西峰区彭原乡	17660	41083	24404	14169	12396.0	20	291
西峰区温泉乡	11687	36071	14863	8547	3511.0	616	4890
西峰区什社乡	11940	26263	17275	4318	6018.8	16	4512
西峰区显胜乡	9300	16967	7920	5508	2973.0	13	1760
庆城县庆城镇	10900	39958	7402	2302	208310.0	806	7605
庆城县驿马镇	31024	39321	15623	4116	232182.5	1457	7792
庆城县三十里铺镇	17968	21369	13043	2501	93352.0	185	2748
庆城县马岭镇	23110	22963	8109	2270	79716.0	156	1356
庆城县玄马镇	22903	19777	7034	850	18897.0	410	500

续表 615　　（甘肃省）　　计算单位：公顷、人、万元

名　　称	行政区域面积	常住人口	从业人员	二三产业从业人员	工业总产值	城镇建成区面积	城镇建成区常住人口
庆城县赤城乡	10400	17827	7071	839	1963.0		
庆城县白马铺乡	10419	14249	3022	1422	29653.0		
庆城县桐川乡	28375	17933	7887	565	1680.0		
庆城县太白梁乡	19200	10972	5284	334			
庆城县土桥乡	13900	6569	2704	342			
庆城县蔡口集乡	14513	5738	2791	588			
庆城县高楼乡	10864	9943	6630	1273		1	135
庆城县南庄乡	18411	11296	5266	520			
庆城县翟家河乡	7800	6930	3939	599			
庆城县蔡家庙乡	24985	18255	7119	857	3100.0		
环县环城镇	70090	34764	14027	4515	82810.0	1430	28999
环县曲子镇	40780	25452	9378	4158	29553.8	1402	4832
环县甜水镇	53560	11805	5118	2789	29122.0	198	2172
环县木钵镇	32500	20648	11107	2816	13212.0	250	1971
环县天池乡	39110	17136	6586	1115		10	658
环县演武乡	26360	12010	3380	695		9	512
环县合道乡	52800	21302	13892	1332	1150.0	34	1110
环县樊家川乡	35460	11066	2905	711		25	860
环县八珠乡	35080	12143	3133	745		28	1020
环县洪德乡	59100	24382	8579	958	8605.0	115	2095
环县耿湾乡	29230	10593	3774	1308	1190.0	83	1800
环县秦团庄乡	34210	7630	2139	1138		36	2000
环县山城乡	42890	8821	4090	1186		27	2352
环县南湫乡	41150	5940	2405	1250	15133.6	189	3150
环县罗山川乡	41960	7501	2248	953		85	378
环县虎洞乡	46790	12325	5356	1611	1380.0	82	705
环县小南沟乡	57930	12380	2494	747		11	648
环县车道乡	68290	19955	5250	1116	1120.0	10	652
环县毛井乡	63240	15404	6746	2377	1350.0	15	6350
环县芦家湾乡	29860	9769	3673	1241		12	751
华池县悦乐镇	31309	14354	7402	999	14885.7	330	3701
华池县柔远镇	33514	19397	6048	719	45657.4	1422	16434
华池县元城镇	20180	5365	2764	518	1869.6	132	3212
华池县南梁镇	22209	5588	2742	283	345.7	320	2141
华池县城壕乡	46131	12847	6620	812	503.1	20	1437
华池县五蛟乡	31396	13691	10362	1922	80.0	22	1606
华池县上里塬乡	9930	6145	3183	447	1689.4	12	1794
华池县王咀子乡	8875	6100	3295	848	241.2	9	604
华池县白马乡	16792	5117	2170	604	154.8	8	698
华池县怀安乡	23514	7182	4366	922	62.1	16	1015
华池县乔川乡	27935	6029	3930	445	568.0	11	852
华池县乔河乡	14385	5559	3108	264	2029.2	11	886
华池县山庄乡	25504	5369	3200	599	3473.6	16	1299
华池县林镇乡	50453	4419	2223	451	775.3	16	1204
华池县紫坊畔乡	16968	5838	3517	861		8	857
合水县西华池镇	13938	34676	11794	6915	20274.0	853	17850
合水县老城镇	27481	8740	8631	2084	1850.0	130	4854
合水县太白镇	113515	8194	2930	1709	520.0	60	1008
合水县板桥镇	98333	17874	11794	2432	496.0	15	765
合水县吉岘乡	7363	10354	5252	1641	1030.0	50	950

续表 616　　（甘肃省）　　计算单位：公顷、人、万元

名　称	行政区域面　积	常住人口	从业人员	二三产业从业人员	工　业总产值	城镇建成区 面 积	城镇建成区常住人口
合水县肖咀乡	7496	12887	4666	2265	841.0	22	905
合水县段家集乡	7128	11319	5433	1806	150.0	3	1570
合水县固城乡	31284	8823	3814	1274	205.0	9	282
合水县太莪乡	23542	6463	3940	930	100.0	5	980
合水县店子乡	8072	8019	5414	2136	50.0	40	618
合水县何家畔乡	9937	15385	10206	1277	300.0	9	1789
合水县蒿咀铺乡	28726	4973	3254	401	32.0	4	1015
正宁县山河镇	11920	40937	16633	10834	19205.0	843	19414
正宁县榆林子镇	9370	25844	21465	13536	8290.0	396	9390
正宁县宫河镇	8886	22467	19265	6147	5977.0	453	5927
正宁县永和镇	11520	20717	13199	1796	4644.0	231	3394
正宁县西坡乡	12113	11419	7744	1940	3655.0	116	1491
正宁县永正乡	9533	18777	12543	3129	4200.0	137	1801
正宁县周家乡	7840	17551	12737	4199	6867.0	122	1702
正宁县湫头乡	8627	14142	7475	2347	1433.0	168	551
正宁县五顷原乡	5540	4740	3493	271	1089.0	29	791
正宁县三嘉乡	9360	5056	2898	781	1091.0	64	446
宁县新宁镇	4669	28679	10143	6144	60805.0	1094	15635
宁县平子镇	10290	39863	6027	2563	8765.5	158	5923
宁县早胜镇	10767	19312	19309	1089	21746.0	217	1862
宁县长庆桥镇	2500	9103	5192	1422	20563.0	1022	5649
宁县和盛镇	13261	35553	16572	8820	66149.0	825	8788
宁县湘乐镇	14700	18511	11560	2034	8095.0	199	364
宁县新庄镇	10280	34282	27467	1386	8094.0	916	2184
宁县盘克镇	13965	22045	16515	1155	7895.0	86	5385
宁县中村镇	16792	14682	14675	2365	8733.0	22	2877
宁县焦村镇	18347	40662	14960	2530	40821.0	10	1512
宁县米桥乡	9887	25885	5406	593	10540.0	4	2946
宁县良平乡	7657	19674	9681	835	6603.0	35	996
宁县太昌乡	5500	13019	7440	2716	5005.0	41	1018
宁县南义乡	9100	15565	11751	741	5751.0	23	520
宁县瓦斜乡	3120	13449	5089	870	6496.0	276	2579
宁县金村乡	3028	8411	4617	1674	3940.0	13	368
宁县九岘乡	10800	9133	3369	494	4899.0	20	569
宁县春荣乡	20872	34072	19077	1735	12673.0	161	5564
镇原县城关镇	13160	25881	7967	6598	143500.0	720	2985
镇原县屯字镇	23700	37653	18148	6143	41500.0	663	5239
镇原县孟坝镇	25420	36863	11410	5070	10680.0	680	6800
镇原县三岔镇	24320	15906	5564	2199	20000.0	450	4880
镇原县平泉镇	21253	35229	11925	2730	26400.0	720	3650
镇原县开边镇	15987	17113	13800	4844	13650.0	420	2500
镇原县太平镇	23560	24951	12771	4420	11300.0	638	3414
镇原县临泾乡	18673	29110	16884	6647	11120.0	15	1500
镇原县南川乡	15007	19003	7678	2862	1360.0	22	1415
镇原县上肖乡	15080	30300	14600	6695	12300.0	100	1218
镇原县新集乡	21733	19610	10923	3418	1380.0	31	542
镇原县方山乡	16767	12460	4894	1353	1165.0	14	1350
镇原县殷家城乡	16540	6366	3546	1904	1340.0	15	1145
镇原县马渠乡	15734	12868	6329	2253	1285.0	14	592
镇原县庙渠乡	17807	16571	5736	1990	1230.0	40	680

续表 617　　（甘肃省）　　计算单位：公顷、人、万元

名　　称	行政区域面积	常住人口	从业人员	二三产业从业人员	工业总产值	城镇建成区面积	城镇建成区常住人口
镇原县武沟乡	14873	11599	6076	2107	72.0	41	2200
镇原县郭原乡	13733	15579	7059	2594	1102.0	20	428
镇原县中原乡	11287	20020	8273	2996	3150.0	30	230
镇原县新城乡	22720	30580	17015	6128	782.0	78	3000
安定区凤翔镇	26860	47040	25729	14543	1235.0	507	4684
安定区内官镇	31541	59179	29386	4011	185.2	400	31176
安定区馋口镇	31152	27669	16506	6065	13659.0	606	13500
安定区称钩驿镇	18690	18181	7271	471	46.0	376	2443
安定区鲁家沟镇	28601	15025	8870	3785	492.0	620	2601
安定区西巩驿镇	20502	20138	9623	4634	888.5	593	3925
安定区宁远镇	19325	20383	9860	4754	230.3	593	4430
安定区李家堡镇	23105	23969	16860	8004	140.0	585	2885
安定区团结镇	13443	15436	10925	5703	723.0	450	2753
安定区香泉镇	14441	21158	11840	3230		630	2820
安定区符家川镇	8979	13802	7289	2397	118.0	450	2352
安定区葛家岔镇	15936	11953	7342	2502		410	897
安定区白碌乡	19584	5313	3420	85			
安定区石峡湾乡	17070	8455	4893	299	2672.0		
安定区新集乡	19993	14902	7218	3223			
安定区青岚山乡	21794	18650	9573	3912			
安定区高峰乡	6324	8027	4755	2327			
安定区石泉乡	13073	16731	11427	3338			
安定区杏园乡	10936	7221	3956	1033	38.0		
通渭县平襄镇	21884	55519	25910	11974	54287.2	617	33614
通渭县马营镇	34083	39804	20484	7665	63.0	259	4489
通渭县鸡川镇	12798	16927	9586	3472	124.0	448	1588
通渭县榜罗镇	28054	35870	23189	11511	36.0	391	2985
通渭县常家河镇	18223	33352	21082	9848	2.0	326	4800
通渭县义岗川镇	13608	20221	12329	2154	380.0	110	3661
通渭县陇阳乡	11006	14763	9346	3462	13.0		
通渭县陇山乡	12250	15575	10156	3308	20.0		
通渭县陇川乡	11794	14349	8564	2293	20.0		
通渭县新景乡	10542	12493	7414	3266	12.0		
通渭县碧玉乡	12698	18575	9154	2941	12.0		
通渭县襄南乡	14553	21110	13392	3646	63.0		
通渭县李家店乡	10469	14571	9385	5349	6.0		
通渭县什川乡	17448	18167	11810	4211	8.0		
通渭县第三铺乡	16686	16079	7536	2799	4.0		
通渭县华家岭乡	15700	17187	9842	3929	10825.9		
通渭县寺子川乡	11993	15117	10007	2741			
通渭县北城铺乡	17061	22888	12123	7181	5.0		
陇西县巩昌镇	13540	122116	38689	19345	445500.0	9100	93000
陇西县文峰镇	24220	83996	34143	10682	282800.0	1000	36035
陇西县首阳镇	12340	45035	24428	5105	76656.0	181	16824
陇西县菜子镇	20301	35166	19768	4126	280.0	150	5223
陇西县福星镇	31129	33380	24615	10555	325.0	100	4015
陇西县通安驿镇	21092	26242	11922	8838	350.0	667	3706
陇西县云田镇	15704	24499	13318	2117	2402.0	8	3045
陇西县碧岩镇	7881	20103	10748	1675	14.0	101	2016
陇西县马河镇	7773	13675	7335	2655		140	3288

续表 618　　（甘肃省）　　计算单位：公顷、人、万元

名　　称	行政区域面　　积	常住人口	从业人员	二三产业从业人员	工　业总产值	城镇建成区 面 积	城镇建成区常住人口
陇西县渭阳乡	13366	14798	9392	3826	380.0		
陇西县宏伟乡	13669	13291	6859	1020			
陇西县和平乡	10040	13845	7177	642			
陇西县柯寨乡	9423	13045	4585	1575			
陇西县双泉乡	7323	13039	7075	2225			
陇西县德兴乡	11180	8856	6128	1133			
陇西县永吉乡	9190	9395	5695	2397	170.0		
陇西县权家湾乡	12472	8311	5191	2294			
渭源县清源镇	20900	49552	16063	2966	23900.0	213	6835
渭源县莲峰镇	14500	41115	22180	3626	14900.0	115	3155
渭源县会川镇	11600	41580	20735	4608	39500.0	150	2560
渭源县五竹镇	6300	13087	7903	2379		62	1573
渭源县路园镇	7900	20061	2080	1180	76.0	8	1020
渭源县北寨镇	14400	16297	10663	1180	2140.0	35	1190
渭源县新寨镇	16000	19377	11866	2365	2291.0	41	1071
渭源县麻家集镇	6300	15966	8685	2151		80	1641
渭源县锹峪乡	6700	16310	7159	825	420.0	13	2173
渭源县大安乡	13100	10939	6889	631			
渭源县秦祁乡	11000	9917	4124	1600	1160.0		
渭源县庆坪乡	9400	15208	5528	2873			
渭源县祁家庙乡	9500	17355	6230	630			
渭源县上湾乡	10800	20266	13716	2716	182.0	9	652
渭源县峡城乡	7200	8629	4413	2395	50800.0		
渭源县田家河乡	6900	11041	5985	1300	854.0		
临洮县洮阳镇	12053	114928	34863	24065	142865.4	213	57550
临洮县八里铺镇	12175	34523	22381	9657	1008.8	424	6164
临洮县新添镇	13332	49300	26425	2642	53721.0	308	8812
临洮县辛店镇	18077	38832	16867	2105	51800.0	374	3380
临洮县太石镇	21733	35486	20998	6930	8105.3	260	6224
临洮县中铺镇	25568	18723	8228	2943	90779.0	264	13072
临洮县峡口镇	20174	14770	9583	2032	1187.0	40	2247
临洮县龙门镇	22093	22182	10791	3689	2000.0	218	3342
临洮县窑店镇	14585	20361	13595	3125	2000.0	800	2045
临洮县玉井镇	9888	39136	20247	8180	147598.4	200	925
临洮县衙下集镇	14078	45063	22185	10427	3685.0	154	2898
临洮县南屏镇	12987	30235	15113	6644	8600.0	32	420
临洮县红旗乡	21636	14090	5818	3787	11998.0		
临洮县上营乡	14170	16152	8922	2666			
临洮县康家集乡	9485	14842	8282	1243			
临洮县站滩乡	16558	14790	6511	1406	3100.0		
临洮县漫洼乡	8817	11046	5385	2028	6.0		
临洮县连儿湾乡	17691	16233	7719	613	428.0		
漳县武阳镇	12130	27760	11788	4578	10215.4	815	19698
漳县三岔镇	12260	23447	17067	1067	300.0	200	5342
漳县新寺镇	9027	21328	15500	10500	710.0	8	10056
漳县金钟镇	28020	16500	10303	3316		539	2447
漳县盐井乡	9480	14638	8493	5248	76942.0		
漳县殪虎桥乡	22940	16200	8615	503			
漳县大草滩乡	23540	11239	6179	1590	60.0		
漳县马泉乡	13340	12500	5184	1763			

续表 619　（甘肃省）　计算单位：公顷、人、万元

名　　称	行政区域面　　积	常住人口	从业人员	二三产业从业人员	工　业总产值	城镇建成区 面 积	城镇建成区常住人口
漳县四族乡	12000	12186	8300	800	350.0		
漳县石川乡	20420	13675	7358	1458	6.0		
漳县草滩乡	11750	12292	2465	269			
漳县武当乡	9370	10210	6550	1550	150.0		
漳县东泉乡	23980	8000	5150	1250			
岷县岷阳镇	3730	53741	10628	2126	66494.0	100	1795
岷县蒲麻镇	28839	24935	16028	3386	17.0	90	1203
岷县西寨镇	6768	15525	8695	2581	10.0	75	1366
岷县梅川镇	18402	44622	19737	4472	3050.0	98	1950
岷县西江镇	11407	27674	14405	4272	6.0	130	1855
岷县闾井镇	50300	35853	18325	3602	16.0	98	2210
岷县十里镇	9472	38480	22209	6570	10.0	85	2315
岷县茶埠镇	10506	24000	14165	2833	12266.0	70	1185
岷县中寨镇	19543	35850	17383	6277	6.0	85	1490
岷县清水乡	12556	24086	16416	4190	3586.0		
岷县马坞乡	21755	10600	8267	4665	25.0		
岷县寺沟乡	25471	20917	12313	3873	16.0		
岷县麻子川乡	17020	10057	6196	1783	20.0		
岷县秦许乡	35722	22370	11679	2343	29150.0		
岷县禾驮乡	26601	20660	10616	1336	4.5		
岷县维新乡	14343	23010	15919	7284	10.0		
岷县申都乡	12310	10922	6014	1981	8.0		
岷县锁龙乡	28574	11020	6058	3238	46.0		
武都区城关镇	7430	65290	42569	41401	112836.0	1879	59554
武都区安化镇	17870	32075	11741	8582		350	14890
武都区东江镇	2010	9043	4528	3334	110.0	515	5459
武都区两水镇	16860	27200	15420	6156	2890.0	704	12642
武都区汉王镇	11730	28245	13572	7285	2432.0	235	4582
武都区洛塘镇	27770	27026	10217	3316	700.0	158	7898
武都区角弓镇	10180	21930	10285	7920		65	3866
武都区马街镇	11860	31857	15246	5178	100.0	68	3658
武都区三河镇	8430	12000	7148	5357	230.0	95	1830
武都区甘泉镇	8340	11607	5640	4175		90	1818
武都区鱼龙镇	19800	19318	15642	11427		88	2232
武都区琵琶镇	15130	13956	6763	4963	2698.0	80	1960
武都区外纳镇	18690	19694	11332	7481	480.0	18	1296
武都区马营镇	18500	18354	9426	4480	120.0	11	974
武都区柏林镇	6070	12780	6767	4553	10.0	251	1205
武都区城郊乡	11370	19978	8916	4629	1265.0		
武都区坪垭藏族乡	9450	5816	2421	1080			
武都区蒲池乡	11830	17763	9032	5230	250.0		
武都区石门乡	6570	11756	5137	3487	370.0	42	516
武都区汉林乡	3960	12019	5946	4158			
武都区池坝乡	5220	5796	3168	1426			
武都区佛崖乡	12370	13658	6372	4016	12.0		
武都区黄坪乡	14190	9645	5550	3544	21.0		
武都区隆兴乡	14470	10342	6776	2543	100.0		
武都区龙坝乡	12550	5902	3282	1953	25.0	13	315
武都区龙凤乡	6090	11890	6352	2997	2500.0		
武都区桔柑乡	6700	7635	4282	2721	3942.0		

续表 620 （甘肃省） 计算单位：公顷、人、万元

名　　称	行政区域面　积	常住人口	从业人员	二三产业从业人员	工　业总产值	城镇建成区 面 积	城镇建成区常住人口
武都区磨坝藏族乡	5900	5373	3382	1840	80.0		
武都区玉皇乡	7520	8741	4727	2658			
武都区郭河乡	8970	13959	8536	4552			
武都区枫相乡	37000	9330	5100	3460	16.0		
武都区三仓乡	19280	12557	5576	4033	300.0	13	1388
武都区五库乡	17820	12174	6958	2040			
武都区月照乡	11120	4827	2755	1383			
武都区五马乡	18700	6677	3761	2148	1.0		
武都区裕河乡	26470	4880	2650	1690			
成县城关镇	11121	75962	34610	30390	154764.0	480	65853
成县黄渚镇	8531	8459	4014	1694	240.0	708	4710
成县红川镇	4552	12579	4810	1834	20775.0	300	4558
成县小川镇	7034	19621	9965	4787	10980.0	455	3448
成县纸坊镇	7802	12742	6018	915	2498.0	330	1007
成县抛沙镇	6200	23954	12957	6673	72368.0	450	3900
成县店村镇	6671	17890	9430	6040	3200.0	30	2528
成县王磨镇	10830	8640	4453	1560	26969.0	46	1372
成县陈院镇	8995	10800	5356	1431	665.0	225	1685
成县沙坝镇	6912	10385	6676	2584	365.0	30	1650
成县黄陈镇	5901	11400	6051	1035	83.0	23	1644
成县鸡峰镇	19202	17452	9092	2098	220.0	452	1851
成县宋坪乡	27538	5987	3446	1322	50.0		
成县二郎乡	15979	3819	2888	589	600.0		
成县苏元乡	5381	8000	3633	1342	62.0		
成县索池乡	4960	10263	5683	2302	3280.0		
成县镡河乡	10045	5678	3240	1253	40.0		
文县城关镇	15400	35382	8565	5420	8170.0	230	21365
文县碧口镇	20000	16402	4584	2550	49595.0	150	6475
文县尚德镇	20900	11737	6670	1172	217.0	210	3010
文县中寨镇	37900	21952	14152	6845	311.0		
文县铁楼藏族乡	32400	10795	6030	2794	21.0		
文县丹堡乡	51800	8721	4068	2378	28.0		
文县刘家坪乡	34500	1705	960	367			
文县玉垒乡	23800	5737	2789	235	46.0		
文县范坝乡	48700	11803	7566	3124	200.0		
文县中庙乡	28200	12458	6313	2296			
文县口头坝乡	21700	7438	4146	670	20.0		
文县尖山乡	13000	4460	1950	188	5.0		
文县临江乡	11300	7787	4242	844	2400.0		
文县黎坪乡	17100	12402	6164	539	30.0		
文县舍书乡	6400	4578	2291	100			
文县天池乡	27700	7275	3214	760	40.0		
文县桥头乡	22200	23321	12148	4563	120.0		
文县堡子坝乡	28000	15093	7327	1965	90.0		
文县石坊乡	13200	10313	4993	2685	200.0		
文县石鸡坝乡	25200	14631	7732	3233	5318.0		
宕昌县城关镇	21600	31665	5240	2294	150.0	340	25213
宕昌县哈达铺镇	14060	31430	13378	3037	184.0	720	10346
宕昌县理川镇	8980	22656	14600	2523	50.0	678	5635
宕昌县南阳镇	10500	14382	8642	3893	25.0	800	2496

续表 621　　（甘肃省）　　计算单位：公顷、人、万元

名　　称	行政区域面　　积	常住人口	从业人员	二三产业从业人员	工　业总产值	城镇建成区 面 积	城镇建成区常住人口
宕昌县官亭镇	9141	10688	7769	2079		500	1255
宕昌县沙湾镇	10795	25641	8119	4939	205.0	23	4775
宕昌县阿坞乡	7630	12150	6904	1138			
宕昌县南河乡	34420	7811	5670	2100	2386.0		
宕昌县八力乡	10298	10058	4778	1658	5.0		
宕昌县木耳乡	4950	8197	4726	3370			
宕昌县庞家乡	6410	9241	4805	1178			
宕昌县何家堡乡	19250	6756	4444	1641	2050.0		
宕昌县贾河乡	14710	10699	6264	2684			
宕昌县将台乡	5630	8327	6505	1577			
宕昌县车拉乡	16690	12716	7601	2290	4400.0		
宕昌县新城子藏族乡	20940	7990	4380	660	5.0		
宕昌县临江乡	6690	6347	4301	635			
宕昌县好梯乡	8890	7318	5371	1151	8.0		
宕昌县韩院乡	13690	11718	7616	2218	200.0		
宕昌县竹院乡	10740	5709	3651	761	2300.0		
宕昌县兴化乡	23700	9633	7072	1867	3.0		
宕昌县甘江头乡	8800	7089	4634	1929	2250.0		
宕昌县新寨乡	12670	13340	8480	3338	15.0		
宕昌县狮子乡	19590	6116	3304	962			
宕昌县两河口乡	12294	11804	3846	1778			
康县城关镇	10430	27202	7812	3283	1672.0	115	23138
康县平洛镇	11809	9658	6907	2215	65.0	130	1952
康县大堡镇	9632	9607	6088	1675		53	1749
康县岸门口镇	19650	8684	4675	799	88.0	31	1637
康县两河镇	16527	4251	2862	848	62.0	15	692
康县长坝镇	15327	12508	8619	2993	132.0	51	2221
康县云台镇	11628	10983	6508	2254	49.0	110	2600
康县阳坝镇	50493	11593	6473	1916	69721.0	41	3261
康县望关乡	7877	6120	4216	1609	42.0	15	614
康县寺台乡	5138	5790	4130	863	21.0	14	486
康县大南峪乡	12129	9541	5940	1456	55.0	18	627
康县迷坝乡	14149	5182	3063	1522	31.0	10	270
康县王坝乡	7315	7762	4639	1072	79950.0	14	1830
康县碾坝乡	11063	9437	5840	2132	302.0	15	882
康县豆坝乡	10916	5703	3465	1209	13.0	12	708
康县店子乡	14058	4334	2577	740		10	176
康县豆坪乡	11585	12772	7340	2352	24.0	18	858
康县白杨乡	19527	5853	3426	776		8	246
康县太石乡	5075	3480	2268	210	43.0	5	185
康县铜钱乡	9398	4095	2945	823		16	322
康县三河坝乡	22120	5845	3254	492	1751.0	13	370
西和县汉源镇	1777	40235	9760	5539	460.0	6	8986
西和县长道镇	7785	26776	14128	3026	912.0	5	8316
西和县何坝镇	9698	32609	16668	5522	306.0	6	2612
西和县姜席镇	7082	29675	15432	8999		4	712
西和县石峡镇	9762	10855	7240	1228	250.0	4	1712
西和县洛峪镇	16334	23171	13970	7615		4	1428
西和县西峪镇	2866	23648	12991	5568	19977.2	5	1532
西和县马元镇	11509	13869	7058	1710		5	1674

续表 622　　（甘肃省）　　计算单位：公顷、人、万元

名　　称	行政区域面　　积	常住人口	从业人员	二三产业从业人员	工　业总产值	城镇建成区 面 积	城镇建成区常住人口
西和县大桥镇	9856	10389	5807	3637	20519.0	4	1500
西和县石堡乡	9521	26146	11663	3545	452.0	4	2501
西和县苏河乡	8615	20344	11098	3019	232.0	3	1112
西和县卢河乡	11900	22196	12534	1342	28125.0	4	1080
西和县兴隆乡	6882	20539	11945	6920		5	1254
西和县稍峪乡	4270	16384	12206	3793	6423.0	4	1022
西和县晒经乡	11702	4501	2316	392		4	820
西和县十里乡	14732	41756	19813	7411	31618.4	5	2598
西和县蒿林乡	10068	9100	4906	2120		5	1143
西和县太石河乡	12570	5565	3775	1689		5	655
西和县六巷乡	10783	5598	2890	1397	43965.0	6	1255
西和县西高山乡	7918	16462	8218	1364		6	1255
礼县城关镇	15961	54525	15726	7871	114976.0	33	26800
礼县盐官镇	12172	49208	25719	13888	32000.0	14	9260
礼县石桥镇	19635	36854	17656	5536	400.0	11	3825
礼县白河镇	18546	20930	8347	1686	2100.0	9	3660
礼县宽川镇	13179	36297	19445	3921	200.0	3	4010
礼县永兴镇	8378	28011	14104	4215	7800.0	4	4230
礼县祁山镇	8540	18217	5491	1848	18495.0	3	1610
礼县红河镇	8030	15275	5724	2874		3	935
礼县永坪镇	19261	23872	12127	7197		4	2360
礼县中坝镇	14230	20042	9316	3033	600.0	1	698
礼县马河乡	11538	13397	4192	2143		2	890
礼县固城乡	20839	12212	6500	2290		2	740
礼县崖城乡	17780	12950	6872	4637	34000.0	3	1133
礼县罗坝乡	17780	10992	6956	4659	35000.0	2	810
礼县湫山乡	14508	12225	7514	1738		1	715
礼县洮坪乡	29596	15527	8138	1514	40000.0	2	799
礼县上坪乡	34707	7503	3976	1658		1	409
礼县江口乡	6441	10990	6028	2126		3	1200
礼县雷王乡	6741	14202	6976	2806		2	420
礼县龙林乡	15620	21130	11180	3575		2	1100
礼县白关乡	16231	19506	9103	4646		2	416
礼县沙金乡	20155	7533	4152	1375		1	325
礼县桥头乡	16249	13559	6996	3113		1	282
礼县草坪乡	10516	7168	3257	10		1	205
礼县雷坝乡	10372	10528	4524	2078		1	970
礼县王坝乡	8995	12237	6314	3075		2	935
礼县肖良乡	8612	7682	3272	392		2	270
礼县三峪乡	11718	5663	1683	1075		3	220
礼县滩坪乡	12670	12045	4609	521		3	630
徽县城关镇	6400	36848	7165	4486	26955.0	520	14167
徽县伏家镇	10230	25648	13132	7411	125509.0	310	9401
徽县江洛镇	31250	19222	12344	6205	28420.7	300	9230
徽县泥阳镇	6060	14441	7214	2464	128.0	88	4854
徽县柳林镇	23310	8943	5250	3540	101063.0	60	1502
徽县嘉陵镇	24860	10235	5150	2395	15027.4	62	1648
徽县永宁镇	8520	11796	7423	3696	186.0	700	1351
徽县银杏树乡	9550	16215	8719	5223	3036.0	20	861
徽县水阳乡	9230	14236	6747	3140	1256.5	60	692

续表 623　（甘肃省）　计算单位：公顷、人、万元

名　称	行政区域面积	常住人口	从业人员	二三产业从业人员	工业总产值	城镇建成区面积	城镇建成区常住人口
徽县栗川乡	6160	15260	7539	4979	100.0	2	302
徽县麻沿河乡	30260	10287	6025	3970	102.0	2	299
徽县高桥乡	42770	7280	5420	2892	83.0	5	284
徽县榆树乡	27030	6602	3474	2637		14	688
徽县大河店乡	15040	10962	4311	3401	96.0	2	283
徽县虞关乡	21530	5475	2844	740	161.0	11	600
两当县城关镇	1917	11252	1756	1471		250	9815
两当县站儿巷镇	10071	4053	2226	591	41.4	18	803
两当县西坡镇	8000	3998	2309	1274	2250.0	34	3345
两当县杨店乡	7113	4693	2199	795	20.5	10	1052
两当县左家乡	15300	2793	1570	308	4098.0	7	648
两当县显龙乡	4700	3575	2316	433		9	1740
两当县鱼池乡	3284	2739	1882	764		10	1018
两当县兴化乡	5400	2377	1647	651		7	518
两当县张家乡	12604	1837	921	456	3652.4	10	649
两当县云屏乡	29242	3143	1992	186	3652.4	8	719
两当县泰山乡	5600	1118	672	180		3	246
两当县金洞乡	34170	5285	3318	821	5504.2	6	1680
临夏市城郊镇	917	14800	6433	4400	15800.0	218	5760
临夏市枹罕镇	3057	38500	13687	6820	69000.0	100	4087
临夏市南龙镇	2500	23105	11195	6187	23797.0	664	3650
临夏市折桥镇	2301	20989	10576	5221	77076.7	156	3351
临夏县韩集镇	2146	17815	8105	3988	6483.0	241	7981
临夏县土桥镇	2463	15586	8486	5966	178.0	150	9770
临夏县马集镇	3367	14650	8929	6195	1650.0	70	2640
临夏县莲花镇	4080	6988	4228	1477	252.0	61	2773
临夏县新集镇	3569	22051	10492	5207	1691.0	76	4717
临夏县尹集镇	7180	28714	11468	5052	36122.0	95	7741
临夏县营滩乡	4033	11463	6049	3702	233.0		
临夏县掌子沟乡	2382	8618	4815	2328	521.0		
临夏县麻尼寺沟乡	6395	20184	11141	1944	921.0		
临夏县漠泥沟乡	7510	11938	7680	5182	2150.0		
临夏县刁祁乡	33388	23763	12008	3935	527.1		
临夏县漫路乡	5694	18462	8422	2632	550.0		
临夏县榆林乡	3956	15159	6213	3582	680.0		
临夏县井沟乡	6230	16559	9312	6316	185.0		
临夏县北塬乡	2252	18463	9508	6624	12056.0		
临夏县坡头乡	1753	6541	3407	2256	2085.0		
临夏县桥寺乡	2553	11905	7025	3375	1536.5		
临夏县先锋乡	2039	16404	7256	3769	2676.0		
临夏县河西乡	1309	8775	5232	1703	403.0		
临夏县安家坡乡	1622	10514	5692	2720	920.0		
临夏县南塬乡	4604	10943	5815	3770	140.0		
临夏县红台乡	4915	15297	8151	6692	685.0		
临夏县黄泥湾乡	2098	10606	6071	2846	26580.0		
临夏县路盘乡	3172	5708	3666	1723	260.0		
临夏县民主乡	2530	6900	3580	1565	286.0		
康乐县附城镇	4800	29544	11920	2680	42254.0	660	24011
康乐县苏集镇	4806	19887	11035	3633	310.0	52	1450
康乐县胭脂镇	5335	25229	13659	3881	260.0	31	3762

续表 624 （甘肃省） 计算单位：公顷、人、万元

名　　称	行政区域面积	常住人口	从业人员	二三产业从业人员	工业总产值	城镇建成区面积	城镇建成区常住人口
康乐县景古镇	7355	16372	8077	1899	73.0	30	2107
康乐县莲麓镇	7445	10789	5045	418	520.0	48	1992
康乐县康丰乡	3539	17212	7732	2018	1900.0		
康乐县虎关乡	6868	25355	12480	2180	3868.0		
康乐县流川乡	4144	16850	8130	1535			
康乐县白王乡	4448	13284	6159	790			
康乐县八松乡	7352	12094	6608	529	10.0		
康乐县鸣鹿乡	5558	13580	6780	960	46.0		
康乐县八丹乡	2982	10580	4853	791	150.0		
康乐县上湾乡	6816	20758	9963	5652			
康乐县草滩乡	5358	17704	9072	3013	280.0		
康乐县五户乡	4194	11320	4766	751	300.0		
永靖县刘家峡镇	5860	51553	20800	18034	505280.0	600	35292
永靖县盐锅峡镇	18300	28024	11540	4545	54965.0	104	5816
永靖县太极镇	14800	19155	11558	1773	23320.0	282	4524
永靖县西河镇	17700	12824	7542	2127	17920.0	16	1078
永靖县三塬镇	11700	19667	11724	6265	4950.0	21	1890
永靖县岘塬镇	2700	9713	5046	966	2970.0	8	1332
永靖县陈井镇	8900	11617	6172	2330	2210.0	12	1680
永靖县川城镇	6400	7859	3003	523		10	1673
永靖县王台镇	5600	6463	2299	664	85.0	15	1577
永靖县红泉镇	10200	5204	2911	1453		13	687
永靖县关山乡	11300	8213	3273	2017			
永靖县徐顶乡	5670	4171	2550	1185	2530.0		
永靖县三条岘乡	15790	4934	2462	694	5200.0		
永靖县坪沟乡	19180	4456	1889	439			
永靖县新寺乡	17900	8163	4478	1403			
永靖县小岭乡	5500	7255	4334	1660			
永靖县杨塔乡	8900	4004	1835	1060			
广河县城关镇	5754	44916	21215	12866	12800.0	2000	9864
广河县三甲集镇	9142	49638	8178	3163	146524.0	300	15720
广河县祁家集镇	6181	32520	24655	4177	1138.0	600	1840
广河县庄禾集镇	7928	23842	10997	1760	148.0	300	2002
广河县买家巷镇	5221	24869	16710	2398	356.0	300	2048
广河县齐家镇	6355	22813	7875	1603	8517.0	300	1355
广河县水泉乡	5915	20921	8472	2092	310.0		
广河县官坊乡	3264	9234	4260	1165			
广河县阿力麻土东乡族乡	3500	15189	7778	1466	2712.0		
和政县城关镇	2801	28782	12223	7935	7505.0	217	10521
和政县三合镇	2512	10550	5400	2943	19359.1	18	3602
和政县三十里铺镇	5577	19243	12110	7030	231.0	56	3038
和政县马家堡镇	3737	14435	7884	3344	196.0	14	3184
和政县买家集镇	5400	12175	6934	2676	164.0	66	3223
和政县松鸣镇	6700	14327	8566	3666	76.0	53	1396
和政县梁家寺乡	3868	13886	7310	2941	42.0	28	1298
和政县陈家集乡	3788	12207	5776	2169	43.0	27	1344
和政县罗家集乡	6724	12313	7876	2800	45.0	39	1863
和政县卜家庄乡	2256	10405	6203	2447		27	2159
和政县新营乡	5888	13307	6568	545	23723.9	49	2030
和政县新庄乡	9739	16209	8840	2740	46.0	38	1351

续表 625　　(甘肃省)　　计算单位：公顷、人、万元

名　　称	行政区域面　积	常住人口	从业人员	二三产业从业人员	工　业总产值	城镇建成区 面 积	城镇建成区常住人口
和政县达浪乡	2793	12805	6160	2586	20.0	18	1269
东乡族自治县锁南镇	6194	21364	6557	1985	25341.0	250	8910
东乡族自治县达板镇	5349	26599	10517	4302	16248.0	250	7594
东乡族自治县河滩镇	8827	30434	1693	513	1925.0	1	8192
东乡族自治县那勒寺镇	7605	23858	9252	1552	10.0	40	5921
东乡族自治县唐汪镇	4521	15260	7491	4836	500.0	250	7038
东乡族自治县春台乡	7837	9292	4456	682	200.0		
东乡族自治县柳树乡	6135	6434	3449	418			
东乡族自治县东塬乡	5987	13725	9256	3551	2136.0		
东乡族自治县坪庄乡	5116	13597	4416	96			
东乡族自治县百和乡	4801	10709	5419	2133	2.0		
东乡族自治县关卜乡	3478	7356	2131	470	1850.0		
东乡族自治县赵家乡	3310	9787	4245	1094	20.0		
东乡族自治县五家乡	3755	11619	4326	1396	2000.0		
东乡族自治县果园乡	6824	17016	8399	1128			
东乡族自治县沿岭乡	3570	6107	2991	213	10.0		
东乡族自治县汪集乡	7924	12090	4851	1859	96.0		
东乡族自治县风山乡	5514	5668	2627	68			
东乡族自治县车家湾乡	6046	3792	1720	430			
东乡族自治县高山乡	6737	3892	1918	414			
东乡族自治县大树乡	6540	8634	4555	1774			
东乡族自治县北岭乡	4263	5894	2698	1450	20.0		
东乡族自治县龙泉乡	11331	15955	7402	2399	12.0		
东乡族自治县考勒乡	6687	9399	3924	1336			
东乡族自治县董岭乡	12747	6221	3263	428	4235.0		
积石山保安族东乡族撒拉族自治县吹麻滩镇	3620	36118	7715	5670	17328.0	630	14460
积石山保安族东乡族撒拉族自治县大河家镇	5272	29659	16175	6375	39975.0	520	12785
积石山保安族东乡族撒拉族自治县居集镇	3033	14258	7430	1665	868.0	212	4217
积石山保安族东乡族撒拉族自治县癿藏镇	2967	16380	6166	2466	5648.0	115	2858
积石山保安族东乡族撒拉族自治县刘集乡	5703	17255	8761	461	564.0		
积石山保安族东乡族撒拉族自治县石塬乡	5373	10505	9559	5109	227.0		
积石山保安族东乡族撒拉族自治县柳沟乡	4993	11741	5919	2988	175.0		
积石山保安族东乡族撒拉族自治县关家川乡	6960	12490	6095	2549	155.0		
积石山保安族东乡族撒拉族自治县胡林家乡	5040	12566	6589	1279	5415.0		
积石山保安族东乡族撒拉族自治县安集乡	5040	14124	6453	3338	876.0		
积石山保安族东乡族撒拉族自治县寨子沟乡	3433	14181	6846	3596	129.0		
积石山保安族东乡族撒拉族自治县郭干乡	2440	7332	4446	1826	335.0		
积石山保安族东乡族撒拉族自治县徐扈家乡	2167	10179	4842	2370	240.0		
积石山保安族东乡族撒拉族自治县中咀岭乡	2940	11906	6721	771	140.0		
积石山保安族东乡族撒拉族自治县小关乡	2967	11309	5630	200	178.0		
积石山保安族东乡族撒拉族自治县铺川乡	3000	11817	4349	2953	405.0		
积石山保安族东乡族撒拉族自治县银川乡	6700	19095	10031	3671	225.0		
合作市卡加曼乡	10562	3331	2210	344	30.0		
合作市卡加道乡	36922	2246	1400	12			
合作市佐盖多玛乡	56032	3860	2064	52	500.0		
合作市佐盖曼玛乡	38421	6552	5319	2604			
合作市勒秀乡	49426	8763	5511	356	3485.0		
合作市那吾乡	28266	7377	3475	154	6207.0		
临潭县城关镇	2760	15870	8104	2633	4892.8	1697	14960
临潭县新城镇	13653	20476	10366	2536	15835.8	78	4089

续表 626 （甘肃省） 计算单位：公顷、人、万元

名称	行政区域面积	常住人口	从业人员	二三产业从业人员	工业总产值	城镇建成区面积	城镇建成区常住人口
临潭县冶力关镇	15433	8848	4141	1182	382.0	70	3850
临潭县初布乡	12580	3538	2002	364	106.0		
临潭县古战回族乡	4360	5683	3220	970			
临潭县卓洛回族乡	2200	2705	1324	226	872.0		
临潭县长川回族乡	8700	10867	5075	1636	1420.0		
临潭县羊永乡	5360	9464	4848	853			
临潭县流顺乡	3927	9432	5044	563			
临潭县店子乡	6380	5097	2504	652	1714.0		
临潭县洮滨乡	10007	9488	6178	1142	33427.0		
临潭县三岔乡	8240	2583	1877	407			
临潭县王旗乡	13587	12146	7220	2056			
临潭县石门乡	11867	7612	4557	1010	8.0		
临潭县羊沙乡	23587	5797	3592	882	1082.0		
临潭县八角乡	13420	5423	3383	977			
卓尼县柳林镇	5212	15231	4761	935	39427.0	212	6510
卓尼县木耳镇	79310	9792	5182	1030	12800.0	97	2283
卓尼县扎古录镇	23422	6857	4997	2294	4270.0	30	1792
卓尼县纳浪乡	22800	7944	5064	301	449.0		
卓尼县喀尔钦乡	79100	10648	5207	587	2828.0		
卓尼县刀告乡	33410	4957	1917	155			
卓尼县尼巴乡	77042	5591	2804	230			
卓尼县完冒乡	31800	4119	2310	137			
卓尼县阿子塘乡	9549	7488	3948	1152	207.0		
卓尼县申藏乡	17100	8564	3114	172	345.0		
卓尼县恰盖乡	58400	3512	1532	429	1945.0		
卓尼县康多乡	46631	2566	1532	140	48.0		
卓尼县勺哇土族乡	4024	1884	1379	265			
卓尼县洮砚乡	12769	5446	1011	366			
卓尼县藏巴哇乡	41400	8801	4929	619	33464.0		
舟曲县城关镇	11601	23859	11938	4908	3122.0	237	19642
舟曲县大川镇	4557	6263	3352	2000	7932.1	161	2472
舟曲县峰迭镇	20500	11447	5198	4079	15021.9	128	4098
舟曲县曲瓦乡	14771	4212	1986	328	1403.9		
舟曲县巴藏乡	9339	5174	2635	1600	4756.3		
舟曲县大峪乡	15220	5203	3631	2236	1746.0		
舟曲县立节乡	8284	5273	3133	1097	4318.5		
舟曲县憨班乡	15355	5078	2786	750			
舟曲县坪定乡	6892	5237	2668	1805			
舟曲县江盘乡	3300	5473	3059	1980	9565.0		
舟曲县东山乡	6892	11798	7261	5010			
舟曲县南峪乡	5971	4346	3119	1933			
舟曲县果耶乡	6286	10196	5342	2311			
舟曲县八楞乡	9069	4652	2614	1039	650.0		
舟曲县武坪乡	42833	6005	3446	1634	1248.9		
舟曲县插岗乡	15763	3476	1893	707	1461.0		
舟曲县拱坝乡	18969	5874	3046	2436	1356.0		
舟曲县曲告纳乡	43976	12543	6480	2017	17486.7		
舟曲县博峪乡	41419	4575	3291	1047			
迭部县电尕镇	63614	5897	3545	687	4225.0	191	5849
迭部县益哇乡	35800	4760	2881	1137			

续表 627　（甘肃省、青海省）　计算单位：公顷、人、万元

名　　称	行政区域面　积	常住人口	从业人员	二三产业从业人员	工　业总产值	城镇建成区面积	城镇建成区常住人口
迭部县卡坝乡	43909	2181	959	279	1200.0		
迭部县达拉乡	82673	2102	876	217	5082.6		
迭部县尼傲乡	26903	2224	1231	303			
迭部县旺藏乡	49523	6290	3742	1027	36.0		
迭部县阿夏乡	34417	1307	1095	230			
迭部县多儿乡	50595	3698	1816	106			
迭部县桑坝乡	30581	3487	1804	182			
迭部县腊子口乡	48009	3400	1778	509	556.0		
迭部县洛大乡	25456	5120	1365	260			
玛曲县尼玛镇	93887	13409	2293	512	81181.0	400	9444
玛曲县欧拉乡	134719	5264	2929	259	21.4		
玛曲县欧拉秀玛乡	162927	3422	1714	147	12.0		
玛曲县阿万仓乡	158214	6628	3525	185	36.0		
玛曲县木西合乡	159265	3732	1797	152	18.0		
玛曲县齐哈玛乡	68320	5430	3212	162	20.5		
玛曲县采日玛乡	68425	5572	2799	134	11.0		
玛曲县曼日玛乡	111703	7812	2882	183	18.0		
碌曲县郎木寺镇	58693	5036	2340	418	23079.0	36	1728
碌曲县玛艾镇	79070	11207	2402	314	8109.0	530	5314
碌曲县尕海乡	94570	5297	3251	158	30240.0		
碌曲县西仓乡	23510	2784	1566	126	1495.0		
碌曲县拉仁关乡	78060	3124	1390	133			
碌曲县双岔乡	40485	5483	3006	177	2655.0		
碌曲县阿拉乡	17480	3250	1880	150			
夏河县拉卜楞镇	19253	21940	722	340	71250.0	57	2890
夏河县王格尔塘镇	21513	4290	705	320	820.0	60	1690
夏河县阿木去乎镇	91042	12409	4280	635	21770.0	39	760
夏河县桑科乡	129293	7748	2772	272	210.0		
夏河县甘加乡	77039	7940	4187	87	1020.0		
夏河县达麦乡	19670	3930	2224	624	2050.0		
夏河县麻当乡	35147	5290	4064	484	41000.0		
夏河县曲奥乡	24312	2737	1579	89	1020.0		
夏河县唐尕昂乡	20002	2715	1106	106	350.0		
夏河县扎油乡	37432	3812	1864	114	155.0		
夏河县博拉乡	34098	6355	4067	277	1480.0		
夏河县吉仓乡	31868	4704	1975	155	1220.0		
夏河县科才乡	85462	3741	2164	29	155.0		
青海省							
城东区乐家湾镇政府	47	32783	13116	13116	30127.0	21	25407
城东区韵家口镇政府	3560	73694	36797	36117	21790.4	48	4052
西宁市城中区总寨镇	11700	56836	33910	27010	20050.0	100	1586
城西区彭家寨镇	4590	23519	8897	8710	5300.0	6	14000
城北区大堡子镇	4817	26760	16623	8400	150172.9	30	3820
城北区廿里铺镇	5200	55532	28370	16513	39423.5	99	3463
大通回族土族自治县桥头镇	12015	142172	21746	14660	34214.0	226	103487
大通回族土族自治县城关镇	4364	24465	14088	10376	565.0	169	7865
大通回族土族自治县塔尔镇	7680	32358	18767	10526	111.0	570	4250
大通回族土族自治县东峡镇	9440	15021	9630	6555		84	830
大通回族土族自治县黄家寨镇	6178	27904	13967	10954	600376.0	159	2108
大通回族土族自治县长宁镇	9667	40018	22560	15378	412162.0	300	3052

续表 628　　(青海省)　　计算单位：公顷、人、万元

名　　称	行政区域面积	常住人口	从业人员	二三产业从业人员	工业总产值	城镇建成区面积	城镇建成区常住人口
大通回族土族自治县景阳镇	10640	25558	16060	10058	730.0	343	2741
大通回族土族自治县多林镇	4680	9757	6265	2507	296.0	390	1498
大通回族土族自治县新庄镇	5440	16600	7564	4923	2464.0	557	2987
大通回族土族自治县青林乡	29560	10736	5792	1854			
大通回族土族自治县青山乡	14715	15924	9824	1963			
大通回族土族自治县逊让乡	12800	12524	7046	3180	20.0		
大通回族土族自治县极乐乡	5458	13675	7224	3907			
大通回族土族自治县石山乡	2742	9823	4715	2973	803.2		
大通回族土族自治县宝库乡	117485	8674	5380	3473	2526.0		
大通回族土族自治县斜沟乡	4782	8339	3613	2863			
大通回族土族自治县良教乡	4280	19085	12846	7263	4500.0		
大通回族土族自治县向化藏族乡	17200	8367	4473	2546	320.0		
大通回族土族自治县桦林乡	20880	15776	8854	5565	240.0		
大通回族土族自治县朔北藏族乡	8040	19470	14308	11818	4870.0		
湟中县鲁沙尔镇	18381	57300	23486	19476	52001.0	400	24923
湟中县西堡镇	9401	24530	13867	8398	18584.0	13	443
湟中县上新庄镇	22523	36001	19310	13660	80981.6	66	526
湟中县田家寨镇	32949	42867	30168	12928	10863.0	42	2843
湟中县甘河滩镇	6649	24499	13545	7863	6474.0	25	977
湟中县共和镇	26414	32414	19538	10807	120.0	150	2910
湟中县多巴镇	14876	73213	39416	15389	115342.0	200	10422
湟中县拦隆口镇	14608	42100	23872	18300	4320.0	56	21146
湟中县上五庄镇	56153	34877	20254	11203	1288.0	39	2350
湟中县李家山镇	14495	25782	13856	9539	8850.0	33	2416
湟中县群加乡	9553	2286	1295	463	176.0		
湟中县土门关乡	11232	17977	9887	6327	550.0		
湟中县汉东乡	4019	6018	3917	2391	180.0		
湟中县大才乡	7208	21276	13555	8308	660.0		
湟中县海子沟乡	10400	15940	11092	6642	248.0		
湟源县城关镇	4329	36620	13482	10870	52587.0	545	33620
湟源县大华镇	23570	22383	11843	3205	132717.0	457	4015
湟源县东峡乡	11404	5603	3685	398	3200.0		
湟源县日月乡	47875	14536	7215	1283	628.0		
湟源县和平乡	16795	14503	7602	1677	6378.0		
湟源县波航乡	8541	9468	5168	1778	2362.0		
湟源县申中乡	12215	15615	8769	1386	80020.0		
湟源县巴燕乡	11987	11152	6417	679	6830.0		
湟源县寺寨乡	14184	8010	3715	391	143.0		
乐都区碾伯镇	15268	77319	19605	8677	122782.0	30	3410
乐都区雨润镇	8656	14636	7021	4090	337280.0	30	3373
乐都区寿乐镇	67224	22489	10144	6454	3800.0	20	2012
乐都区高庙镇	10626	23674	10774	7107	47946.0	25	2306
乐都区洪水镇	14118	16618	8640	3888	324905.2	20	1200
乐都区高店镇	6178	8486	4244	2733	66802.0	20	1225
乐都区瞿昙镇	25075	18839	9371	6134	560.0	25	1320
乐都区共和乡	9912	7561	5434	3618			
乐都区中岭乡	13429	5871	4137	2127			
乐都区李家乡	21153	8236	5714	3179			
乐都区下营乡	7791	3665	3338	2531			
乐都区芦化乡	10518	7579	5230	2927	271.0		

续表 629　　（青海省）　　计算单位：公顷、人、万元

名　　称	行政区域面　　积	常住人口	从业人员	二三产业从业人员	工　业总产值	城镇建成区 面 积	城镇建成区常住人口
乐都区马营乡	32445	10309	5664	3297	396.0		
乐都区马厂乡	8198	3730	3078	1442			
乐都区蒲台乡	15009	11901	9055	4435	300.0		
乐都区中坝乡	10611	6745	5028	3583	360.0		
乐都区峰堆乡	7425	5138	3440	2269			
乐都区城台乡	8333	3690	2960	1507			
乐都区达拉乡	13031	7370	6318	4856			
平安县平安镇	10688	54635	29622	27622	671547.8	823	53400
平安县小峡镇	7310	11921	7740	3230	1300.0	30	1932
平安县三合镇	16432	13452	6653	3045	6339.8	36	12300
平安县洪水泉乡	7412	8371	2603	1668		19	720
平安县石灰窑乡	8004	8920	3959	1808		7	568
平安县古城乡	11193	13181	6054	4508	45586.9	16	1208
平安县沙沟乡	8991	11354	5973	4513	41361.6	37	2240
平安县巴藏沟乡	6885	4829	2083	998		15	643
民和回族土族自治县川口镇	8400	70878	24906	17376	54000.0	6500	70220
民和回族土族自治县古鄯镇	8395	19880	10092	6800	105.0	150	3240
民和回族土族自治县马营镇	8687	24339	17619	8906	300.0	19	6845
民和回族土族自治县官亭镇	6165	14550	8145	4625	74000.0	436	7110
民和回族土族自治县巴州镇	12476	19000	10821	5859	400.0	64	3122
民和回族土族自治县满坪镇	6313	17254	5727	1702		100	2600
民和回族土族自治县李二堡镇	8582	18435	10354	5958		14	2510
民和回族土族自治县峡门镇	3400	11865	8158	4943		200	5120
民和回族土族自治县马场垣乡	9900	21715	9414	4867	130733.0		
民和回族土族自治县北山乡	5333	4980	2710	1918	100.0		
民和回族土族自治县松树乡	5066	7450	4321	2898	429.0		
民和回族土族自治县西沟乡	7350	20987	11410	8005	16.0		
民和回族土族自治县总堡乡	6619	10712	8450	2250	2300.0		
民和回族土族自治县隆治乡	10207	7916	5527	3127			
民和回族土族自治县大庄乡	7990	8990	5327	2446			
民和回族土族自治县转导乡	13096	17965	7915	3838	120.0		
民和回族土族自治县前河乡	7980	11386	3295	664			
民和回族土族自治县甘沟乡	5681	13020	6417	2445			
民和回族土族自治县中川乡	14750	20478	12090	5758	1448.0		
民和回族土族自治县杏儿乡	4000	4342	2455	1075			
民和回族土族自治县核桃庄乡	5599	11796	8223	4934	497.0		
民和回族土族自治县新民乡	8658	8310	4982	1710			
互助土族自治县威远镇	8161	68753	24744	18304	421073.0	1140	52635
互助土族自治县丹麻镇	15120	22636	10338	6338	928.0	40	1220
互助土族自治县高寨镇	9420	14776	10361	10361			
互助土族自治县南门峡镇	22252	19090	11523	1531	265.0	26	2025
互助土族自治县加定镇	63020	7654	4465	1308	525.0	15	800
互助土族自治县塘川镇	15554	43675	23458	22413	242307.7	47	820
互助土族自治县五十镇	18420	17642	9189	2832	800.0	12	1225
互助土族自治县五峰镇	8834	23313	12482	2383	3738.0	17	906
互助土族自治县台子乡	8102	22415	8260	3760	1560.0		
互助土族自治县西山乡	9047	19151	10474	1400			
互助土族自治县红崖子沟乡	21080	18684	9549	5633	14597.0		
互助土族自治县巴扎藏族乡	52330	4939	3027	982	1532.0		
互助土族自治县哈拉直沟乡	13040	15413	10179	6591	7810.0		

续表 630　　(青海省)　　计算单位：公顷、人、万元

名　　称	行政区域面　　积	常住人口	从业人员	二三产业从业人员	工　业总产值	城镇建成区 面 积	城镇建成区常住人口
互助土族自治县松多藏族乡	26250	6548	1115	487	414.0		
互助土族自治县东山乡	9048	11233	4307	2410	400.0		
互助土族自治县东和乡	9980	17238	8874	1509	246.3		
互助土族自治县东沟乡	9562	21077	11280	2059			
互助土族自治县林川乡	15870	24974	13934	1843	2711.0		
互助土族自治县蔡家堡乡	7225	8000	4333	807			
化隆回族自治县巴燕镇	15072	36835	21145	7456	134820.0	508	13344
化隆回族自治县群科镇	10012	26400	11561	6937	100712.0	140	2794
化隆回族自治县牙什尕镇	8137	14580	7795	1325	3567.0	105	2103
化隆回族自治县甘都镇	16491	22536	10912	6536	25908.0	120	2188
化隆回族自治县扎巴镇	17431	20032	12500	3489	4824.0	135	1664
化隆回族自治县昂思多镇	19457	19932	8925	3305	106925.0	130	1521
化隆回族自治县雄先藏族乡	22366	8233	4558	1049	179.0		
化隆回族自治县初麻乡	15093	4221	3061	1017			
化隆回族自治县查甫藏族乡	12491	5527	3230	372			
化隆回族自治县塔加藏族乡	19387	3938	1875	158			
化隆回族自治县金源藏族乡	34306	6529	3992	610	202.0		
化隆回族自治县二塘乡	10302	8244	4810	1475	121.0		
化隆回族自治县谢家滩乡	5585	6671	3182	252	352.0		
化隆回族自治县德恒隆乡	26251	9699	5365	2974	223.0		
化隆回族自治县沙连堡乡	10575	4106	2410	1510	967.0		
化隆回族自治县阿什奴乡	10751	3881	2012	1202			
化隆回族自治县石大仓乡	20293	5721	2713	723	34911.0		
循化撒拉族自治县积石镇	11501	23174	12700	6142	70000.0	187	1684
循化撒拉族自治县白庄镇	13436	24475	13575	6275	72600.0	103	2600
循化撒拉族自治县街子镇	8228	24085	24049	9869	41200.0	30	1217
循化撒拉族自治县道帏藏族乡	47549	13044	4492	853		200	266
循化撒拉族自治县清水乡	1480	14785	14744	6632	5500.0	9	1126
循化撒拉族自治县岗察藏族乡	42666	2018	2002	180		4	78
循化撒拉族自治县查汗都斯乡	12105	18223	11437	2822	8010.0	5	408
循化撒拉族自治县文都藏族乡	22042	8328	5192	2941	500.0	68	256
循化撒拉族自治县尕楞藏族乡	19271	4969	2734	2550		1	120
门源回族自治县浩门镇	187114	33867	6155	4036	63412.0	1293	19915
门源回族自治县青石咀镇	74811	33525	14602	2902	18300.0	230	3421
门源回族自治县泉口镇	22318	20200	11350	9025	890.0	34	1499
门源回族自治县东川镇	45224	20178	5982	5002	300.0	45	2310
门源回族自治县北山乡	9320	7855	3370	2655	150.0		
门源回族自治县麻莲乡	10028	7965	2710	2052	15.5		
门源回族自治县西滩乡	6516	10580	6236	3261	89.8		
门源回族自治县阴田乡	12020	9561	4769	2827			
门源回族自治县仙米乡	156430	6260	3773	1082	88546.0		
门源回族自治县珠固乡	101775	5281	2190	557	11143.0		
门源回族自治县苏吉滩乡	69484	2109	1069	152	5850.0		
门源回族自治县皇城蒙古族乡	54261	2056	916	150			
祁连县八宝镇	81425	25197	6370	3765	141.0	640	9785
祁连县峨堡镇	116505	3495	1948	355		28	1600
祁连县默勒镇	304261	7662	4991	339	7666.9	706	806
祁连县扎麻什乡	54523	4962	2358	826			
祁连县阿柔乡	121154	3418	1606	204			
祁连县野牛沟乡	455525	4404	2463	411	1800.0		

续表 631　　(青海省)　　计算单位：公顷、人、万元

名　　称	行政区域面　　积	常住人口	从业人员	二三产业从业人员	工　业总产值	城镇建成区 面 积	城镇建成区常住人口
祁连县央隆乡	255199	2879	1647	45			
海晏县三角城镇	31572	9878	2574	1600	144518.0	550	5621
海晏县西海镇	43696	10391	498	498		500	10391
海晏县金滩乡	34659	7431	4652	3099			
海晏县哈勒景蒙古族乡	44800	1679	1113	336			
海晏县青海湖乡	165793	3103	2040	350			
海晏县甘子河乡	165195	5773	3500	1100			
刚察县沙柳河镇	123782	14483	3246	324	205.4	89	6510
刚察县哈尔盖镇	172901	11739	2696	386	50.8	135	8535
刚察县伊克乌兰乡	178000	6473	2740	595			
刚察县泉吉乡	147498	6068	2141	345	209.5		
刚察县吉尔孟乡	146360	3838	2212	597			
同仁县隆务镇	10471	36538	2627	1505	1500.0	325	29238
同仁县保安镇	31933	8807	5753	1557	380.0	225	2470
同仁县多哇镇	93748	6019	2836	370		136	4453
同仁县兰采乡	40779	4428	2339	122			
同仁县双朋西乡	25299	3498	2016	176			
同仁县扎毛乡	21785	3904	2495	331			
同仁县黄乃亥乡	8441	2839	1643	306			
同仁县曲库乎乡	22366	6110	3159	865	80.0		
同仁县年都乎乡	16935	8767	7105	3321			
同仁县瓜什则乡	40581	4220	2413	158			
同仁县加吾乡	15162	4457	1696	159	50.0		
尖扎县马克堂镇	7508	11603	2915	1025	59107.2	12	6733
尖扎县康扬镇	3503	8932	3528	1517	28320.0	3	502
尖扎县坎布拉镇	37437	13870	5785	1945	72010.0	4	3090
尖扎县贾加乡	11912	2033	662	82			
尖扎县措周乡	19219	4364	2215	90			
尖扎县昂拉乡	7207	2936	1652	202	40.0		
尖扎县能科乡	7608	2117	845	105			
尖扎县当顺乡	13013	2150	963	173	5626.0		
尖扎县尖扎滩乡	64164	5866	2513	231			
泽库县泽曲镇	98996	16642	8093	423	17000.2	225	11108
泽库县麦秀镇	142221	12775	4995	568	163.0	67	11650
泽库县和日镇	109979	13495	5608	2174	551.0	51	6200
泽库县宁秀乡	122012	15949	6205	122	25.0		
泽库县王加乡	72311	4447	1644	468	110.0		
泽库县西卜沙乡	17709	3133	1366	45			
泽库县多禾茂乡	1114108	9807	3460	377			
河南蒙古族自治县优干宁镇	12534	19259	7141	1221	34059.0	334	6720
河南蒙古族自治县宁木特镇	202501	10506	4561	111		300	3650
河南蒙古族自治县多松乡	58071	2709	1215	155			
河南蒙古族自治县赛尔龙乡	1041	3674	1965	135			
河南蒙古族自治县柯生乡	110858	3360	1862	61			
共和县恰卜恰镇	66860	62198	19014	16126	300396.4	2100	35912
共和县倒淌河镇	130200	13596	5064	1228		32	936
共和县龙羊峡镇	74550	12048	5427	1337	32779.0	68	2006
共和县塘格木镇	137630	12687	6605	525		32	1028
共和县黑马河乡	107390	5288	1994	1124			
共和县石乃亥乡	177944	7313	2777	301			

续表 632　　（青海省）　　计算单位：公顷、人、万元

名　　称	行政区域面　　积	常住人口	从业人员	二三产业从业人员	工　业总产值	城镇建成区 面 积	城镇建成区常住人口
共和县沙珠玉乡	63818	7187	4045	1197			
共和县铁盖乡	98260	6122	3827	1167			
共和县廿地乡	74784	4510	2287				
共和县切吉乡	417502	12130	4751				
共和县江西沟乡	67866	6562	2742	707			
同德县尕巴松多镇	104139	15373	7222	1625	395.0	400	14441
同德县唐谷镇	99212	13336	8263	1441	120.0	400	420
同德县巴沟乡	46336	8550	4938	1195	457.8	11	211
同德县秀麻乡	97297	8241	4803	388		13	310
同德县河北乡	97262	6274	3495	300		1	404
贵德县河阴镇	3365	24082	5531	3345	20824.6	629	21356
贵德县河西镇	43454	24192	12337	7323	5922.0	125	3315
贵德县拉西瓦镇	86122	7012	3227	2086	231053.1	115	1138
贵德县常牧镇	125733	18199	8288	4625		92	909
贵德县河东乡	27504	14819	5882	3728	1541.0		
贵德县新街回族乡	6253	6546	3146	2268	140.0		
贵德县尕让乡	58524	15069	4412	1154	82.2		
兴海县子科滩镇	339840	27731	4058	102		560	18200
兴海县河卡镇	223904	14484	5393	212		75	2339
兴海县曲什安镇	72537	4906	2554	452		12	384
兴海县温泉乡	294740	8826	3456	218			
兴海县龙藏乡	86958	5138	2055	85			
兴海县中铁乡	90353	6668	3444	576			
兴海县唐乃亥乡	107545	12062	5406	115			
贵南县茫曲镇	23681	10503	4708	2022	3866.7	206	2027
贵南县过马营镇	298376	14973	5076	306	205.0	265	1023
贵南县森多镇	174710	15087	7376	806	45.7	54	3257
贵南县沙沟乡	42157	8010	4979	2031			
贵南县茫拉乡	12976	7097	4121	1194	156.8		
贵南县塔秀乡	117475	10503	5044	1152			
玛沁县大武镇	160313	3486	1777	92		420	370
玛沁县拉加镇	262620	12717	6532	912		20	1287
玛沁县大武乡	181373	4549	2449	65			
玛沁县东倾沟乡	77967	2109	1060	45			
玛沁县雪山乡	135093	2098	1047	69			
玛沁县下大武乡	164100	1728	880	50			
玛沁县优云乡	262840	2956	2326	41			
玛沁县当洛乡	173486	4271	1628	56			
班玛县赛来塘镇	61856	2371	966	80		200	140
班玛县多贡麻乡	56394	2626	1155	64			
班玛县马可河乡	61166	1992	1105	46			
班玛县吉卡乡	66641	2198	1187	48			
班玛县达卡乡	99034	2800	1143	52			
班玛县知钦乡	89752	2344	1244	60			
班玛县江日堂乡	41239	3088	1363	66			
班玛县亚尔堂乡	36495	2535	1228	78			
班玛县灯塔乡	101289	3811	1332	74			
甘德县柯曲镇	175300	5986	2899	59		315	121
甘德县上贡麻乡	82400	3342	1638	59			
甘德县下贡麻乡	71000	4245	2061	52			

续表 633　　　　（青海省）　　　　计算单位：公顷、人、万元

名　　称	行政区域面　积	常住人口	从业人员	二三产业从业人员	工　业总产值	城镇建成区 面 积	城镇建成区常住人口
甘德县岗龙乡	104200	4149	2016	48			
甘德县青珍乡	131000	5976	2929	70			
甘德县江千乡	70100	3468	1760	58			
甘德县下藏科乡	70600	5357	2631	84			
达日县吉迈镇	92680	2840	1126	137		276	73
达日县满掌乡	100453	2951	1291	69			
达日县德昂乡	95940	2655	1208	57			
达日县窝赛乡	56120	2286	1214	64			
达日县莫坝乡	190546	2122	1117	43			
达日县上红科乡	178533	3547	1641	43			
达日县下红科乡	109560	2773	1306	60			
达日县建设乡	147913	3020	1383	92			
达日县桑日麻乡	300120	2556	1019	48			
达日县特合土乡	212380	2134	1170	41			
久治县智青松多镇	186565	4615	2415	135		200	135
久治县门堂乡	110957	2375	1217	105			
久治县哇赛乡	113333	3690	1560	113			
久治县索呼日麻乡	206246	4361	2367	114			
久治县白玉乡	153179	5065	1868	142			
久治县哇尔依乡	105445	3835	1347	88			
玛多县玛查理镇	565326	2731	1478	70		20	94
玛多县花石峡镇	880466	4953	3064	440		15	733
玛多县黄河乡	560980	2699	1408	45			
玛多县扎陵湖乡	618101	2290	1130	57			
玉树市隆宝镇	85700	8929	4013	553		1198	1258
玉树市下拉秀镇	282700	18049	7516			98	1705
玉树市仲达乡	71000	6031	3370	205			
玉树市巴塘乡	236100	9170	3163	561			
玉树市小苏莽乡	214700	12881	6667	361			
玉树市上拉秀乡	253200	12724	7993	1260			
玉树市哈秀乡	136300	4951	2723				
玉树市安冲乡	92700	5939	3956	338			
杂多县萨呼腾镇	201600	8607	3266			12	2657
杂多县昂赛乡	197300	8041	3485				
杂多县结多乡	498900	8415	5520				
杂多县阿多乡	316600	8492	4585				
杂多县苏鲁乡	377079	6093	4660				
杂多县查旦乡	632200	4887	3120				
杂多县莫云乡	641002	5245	3421				
杂多县扎青乡	552400	6640	2931				
称多县称文镇	102400	7318	2939	357		265	1719
称多县歇武镇	992267	5966	5759	1737		32	2917
称多县扎朵镇	455200	8843	3506	2		11	2200
称多县清水河镇	442700	8388	3807			35	3279
称多县珍秦镇	230500	11799	5560	251		13	3280
称多县尕朵乡	117900	8796	5261			12	523
称多县拉布乡	52400	4416	1718			13	325
治多县加吉博洛格镇	152705	3511	2439			260	3511
治多县索加乡	6531335	6236	4776				
治多县扎河乡	449571	6593	4234				

续表 634　　(青海省)　　计算单位：公顷、人、万元

名　　称	行政区域面　　积	常住人口	从业人员	二三产业从业人员	工　业总产值	城镇建成区 面 积	城镇建成区常住人口
治多县多彩乡	592993	6923	3465				
治多县治渠乡	262568	3754	2746				
治多县立新乡	87117	3152	3098				
囊谦县香达镇	136430	25432	5718	59		106	18819
囊谦县白扎乡	166470	15048	5265	46			
囊谦县吉曲乡	184417	12581	6444	59			
囊谦县娘拉乡	51386	6388	3559	19			
囊谦县毛庄乡	82020	8873	2834	5			
囊谦县觉拉乡	95386	11608	2084	31			
囊谦县东坝乡	113822	8499	3323	24			
囊谦县尕羊乡	132859	5223	1688	22			
囊谦县吉尼赛乡	110502	8407	3784	23			
囊谦县着晓乡	196216	9789	3707	24			
曲麻莱县约改镇	202848	20251	2336	522		16	15557
曲麻莱县巴干乡	194611	5885	2502	688			
曲麻莱县秋智乡	492086	5296	2184	688			
曲麻莱县叶格乡	530330	3556	1582	372			
曲麻莱县麻多乡	1554510	5811	2816	932			
曲麻莱县曲麻河乡	1777220	4758	2507	814			
格尔木市郭勒木德镇	2622397	35427	25007	15697		200	3043
格尔木市唐古拉镇	4754008	1536	893	228		70	256
格尔木市大格勒乡	168050	1993	1027	41		100	689
格尔木市乌图美仁乡	3451712	1801	1314	80		60	238
德令哈市尕海镇	247400	7181	7161	240		4	270
德令哈市怀头他拉镇	1050000	3020	1600	521		60	1854
德令哈市柯鲁柯镇	669200	16600	14600	5059		50	1120
德令哈市蓄集乡	773800	1998	86	86		200	426
乌兰县希里沟镇	17200	14563	3598	2342	35312.0	245	14563
乌兰县茶卡镇	183152	4079	1251	175	28353.0	222	1521
乌兰县柯柯镇	786500	14584	6909	1065	25115.0	151	1612
乌兰县铜普镇	222900	4376	2506	376	350008.4	9	293
都兰县察汉乌苏镇	10700	18479	5351	1238	24758.0	500	9179
都兰县香日德镇	82400	27114	15106	2960	63543.0	322	2364
都兰县夏日哈镇	315300	5985	4110	720	2253.0	80	412
都兰县宗加镇	2372800	5617	1427		145834.0	8	620
都兰县热水乡	87700	4015	1838	337		9	79
都兰县香加乡	507700	5328	4013	293	31.0	3	83
都兰县沟里乡	327100	1537	1033	75	18123.0	1	75
都兰县巴隆乡	823300	6189	3591	401	644.0	40	1020
天峻县新源镇	156220	21596	15191	12113		1	21385
天峻县木里镇	176100	1143	397	193	45712.0	100	486
天峻县江河镇	81000	2080	857			1	985
天峻县快尔玛乡	181300	1936	1170			1	15
天峻县舟群乡	141100	1351	1052	6		1	54
天峻县织合玛乡	77600	1559	1506			1	410
天峻县苏里乡	989700	1371	1341	15		1	470
天峻县生格乡	216800	1146	90			1	28
天峻县阳康乡	315900	1147	1025			40	1105
天峻县龙门乡	184000	1349	1040	90		1	1349
大柴旦行政委员会柴旦镇	1863300	7766	926	90	392958.0	2100	7766

续表 635　　（青海省、宁夏回族自治区）　　计算单位：公顷、人、万元

名　　称	行政区域面　　积	常住人口	从业人员	二三产业从业人员	工　业总产值	城镇建成区面积	城镇建成区常住人口
大柴旦行政委员会锡铁山镇	227100	2464	774	774	225436.0	97	2464
冷湖行政委员会冷湖镇	1750000	2420	1820	1820	290087.0	177	2420
茫崖行政委员会花土沟镇	2997300	29003	1204	1084	11832.0	1250	29003
茫崖行政委员会茫崖镇	210000	5106	2120	2120	29987.0	120	5106
宁夏回族自治区							
兴庆区掌政镇	15300	29015	17355	4785	18940.0	400	7243
兴庆区大新镇	3300	19867	12806	6855	176200.0	500	6522
兴庆区通贵乡	11100	15475	8185	1800	545.0		
兴庆区月牙湖乡	33300	18610	13340	9965	120200.0		
西夏区兴泾镇	2886	22032	10082	6556		200	6019
西夏区镇北堡镇	8345	28579	10873	5546	31028.0	210	10260
金凤区良田镇	7890	27918	16260	5840	400.0	45	590
金凤区丰登镇	4855	23760	6996	3498	9683.0	62	2417
永宁县杨和镇	6299	15282	12271	7629	25000.0	6300	15282
永宁县李俊镇	9820	35280	20395	5145	6100.0	150	1955
永宁县望远镇	12285	43630	27427	6358	298390.0	2142	20792
永宁县望洪镇	11100	38199	18110	998	13254.0	87	2107
永宁县闽宁镇	5622	45256	31796	7147	15286.0	71	5105
永宁县胜利乡	10605	21528	13585	7285	19800.0	91	4478
贺兰县习岗镇	9725	143941	16850	12874	1364500.0	1400	130783
贺兰县金贵镇	12724	35670	35404	16502	19125.0	114	5434
贺兰县立岗镇	16887	27015	17594	9120	14085.0	90	4498
贺兰县洪广镇	22935	36689	12304	8202	526012.4	400	3360
贺兰县常信乡	16656	32286	15723	1358	18260.0	16	682
灵武市东塔镇	11802	21300	12170	10309	2355245.0	33	4701
灵武市郝家桥镇	21115	44314	23799	7866	42914.0	46	1588
灵武市崇兴镇	12128	46863	23234	16664	6979.0	85	3963
灵武市宁东镇	80000	6359	1554	741	3248559.0	13431	2119
灵武市马家滩镇	59200	3526	1789	1074	115790.0	259	1349
灵武市临河镇	60000	7187	4412	1778	2618095.0	32	1241
灵武市梧桐树乡	15793	27725	17582	5856	166214.0		
灵武市白土岗乡	63700	8845	4744	1798	32306.0		
大武口区星海镇	14000	58105	13354	6598	69880.0	1660	21232
惠农区红果子镇	7751	20670	8421	7218	1064927.0	450	10695
惠农区尾闸镇	4059	9896	4681	3128	22131.0	120	331
惠农区园艺镇	847	39000	21800	19600	7782.0	139	5200
惠农区庙台乡	5300	5386	5184	2694	12970.0		
惠农区礼和乡	6723	8430	7537	3557	5188.0		
惠农区燕子墩乡	9600	12961	6930	4720	570.0		
平罗县城关镇	15040	103264	40009	35299	1885235.0	1800	73258
平罗县黄渠桥镇	9023	15124	8858	5198	18000.0	300	1936
平罗县宝丰镇	4061	10309	4572	4093	1186.0	42	2859
平罗县头闸镇	9910	14105	8181	3576	3200.0	180	285
平罗县姚伏镇	11304	17486	11367	4555	5622.0	100	1396
平罗县崇岗镇	43655	13857	11218	5472	203600.0	111	2082
平罗县陶乐镇	11582	13284	7202	4292		300	4692
平罗县高庄乡	7691	15167	9339	2918	247.0		
平罗县灵沙乡	8340	15164	9665	1650	225.0		
平罗县渠口乡	14430	16196	13790	1640	3600.0		

续表 636　　(宁夏回族自治区)　　计算单位：公顷、人、万元

名　　称	行政区域面积	常住人口	从业人员	二三产业从业人员	工业总产值	城镇建成区面积	城镇建成区常住人口
平罗县通伏乡	13206	15450	12542	944	6800.0		
平罗县高仁乡	14809	6206	3565	1622	5332.0		
平罗县红崖子乡	26270	15380	8628	2218	326869.0		
利通区金积镇	7040	46322	28388	14305	508019.0	440	19948
利通区金银滩镇	8700	31700	16260	1878	54964.0	230	1480
利通区高闸镇	6464	21796	9670	2660	14704.8	100	695
利通区扁担沟镇	53000	21017	20907	7692	10766.0	200	2179
利通区上桥镇	1320	21780	10180	8860	625390.0	289	6242
利通区古城镇	3126	26450	14114	11882	45985.0	543	20308
利通区金星镇	1250	57416	24964	24514		1250	57416
利通区胜利镇	820	55300	32268	31780	163617.0	820	55300
利通区东塔寺乡	2470	27302	13915	9394	26420.0	46	9197
利通区板桥乡	3068	30124	19901	18147	34260.0	400	11073
利通区马莲渠乡	3530	25176	18745	7475	48500.0	11	1280
利通区郭家桥乡	2750	20728	12420	4075		910	5890
红寺堡区红寺堡镇	57600	62107	24177	7927	81680.0	998	22850
红寺堡区太阳山镇	44800	18693	11114	1914		25	1247
红寺堡区大河乡	58590	35249	12880	3640	1900.0		
红寺堡区新庄集乡	66300	44215	24203	3995	100.0		
红寺堡区柳泉乡	49410	27149	12100	1794	240.0	30	850
盐池县花马池镇	153100	59349	18810	9321	405686.0	1347	59349
盐池县大水坑镇	145860	24913	12596	4170	16598.0	570	11689
盐池县惠安堡镇	128920	19275	9865	2703	66259.0	350	19275
盐池县高沙窝镇	87350	8213	7106	4192	71259.0	160	4621
盐池县王乐井乡	102820	12659	6121	4230	21.0		
盐池县冯记沟乡	90360	10946	4920	1899	105612.0		
盐池县青山乡	90230	12318	12180	5080	8496.0		
盐池县麻黄山乡	76870	6873	6676	2112	109.0		
同心县豫海镇	11963	51560	30973	16521	26940.0	3415	40126
同心县河西镇	47696	40629	14329	8304	100.0	300	14902
同心县韦州镇	42000	28180	17980	9030	432.0	600	24330
同心县下马关镇	61394	30314	14727	1465	4605.0	920	13882
同心县预旺镇	35297	25642	20610	1260		260	5684
同心县王团镇	49172	29950	18883	12735	3130.0	280	8910
同心县丁塘镇	16669	40912	13734	5137	4509.0	10	2175
同心县田老庄乡	51730	2608	2312	78			
同心县马高庄乡	47030	9406	4183	2895			
同心县张家塬乡	68010	13406	7170	3609	58.0		
同心县兴隆乡	17639	14993	8388	1978			
青铜峡市小坝镇	4597	18379	14594	9667	221000.0	70	3660
青铜峡市大坝镇	20971	28629	17964	13595	386000.0	15	465
青铜峡市青铜峡镇	55700	43952	8464	6469	1743908.0	115	3987
青铜峡市叶盛镇	5600	17443	11693	3475	19300.7	70	1980
青铜峡市瞿靖镇	10210	27954	20614	9460	7000.0	45	1689
青铜峡市峡口镇	33300	28348	14702	9633	15698.0	44	4050
青铜峡市邵岗镇	38100	19841	15927	11663	9800.0	30	1166
青铜峡市陈袁滩镇	6400	19256	12848	8637	64598.0	992	4923
原州区三营镇	17756	31289	15645	3306	5000.0	468	12403
原州区官厅镇	32286	19395	11286	4478	6648.0	3	230

续表 637　　（宁夏回族自治区）　　计算单位：公顷、人、万元

名　称	行政区域面　积	常住人口	从业人员	二三产业从业人员	工　业总产值	城镇建成区 面 积	城镇建成区常住人口
原州区开城镇	26970	26924	15028	7299	8500.0	2	205
原州区张易镇	28416	39153	20010	2750	1100.0	400	2200
原州区彭堡镇	19406	30101	13030	7210	2223.0	100	1533
原州区头营镇	28026	46386	20720	5031	4100.0	70	4313
原州区黄铎堡镇	19382	29574	17743	8871	6960.0	275	1950
原州区中河乡	20205	26798	12490	5500	13499.9		
原州区河川乡	20581	12658	6580	2500			
原州区炭山乡	25352	11235	4493	2957	800.0		
原州区寨科乡	32302	15371	4704	1700			
西吉县吉强镇	25175	60799	15956	9087	79349.0	3203	49555
西吉县兴隆镇	22007	43311	21901	5564	36359.0	411	2822
西吉县平峰镇	19272	22984	18292	1426	360.0	300	1249
西吉县新营乡	28271	25542	11985	7947	27001.0		
西吉县红耀乡	13657	8783	5470	1081			
西吉县田坪乡	16873	11162	5086	2428	300.0		
西吉县马建乡	17713	18544	10451	5173	268.0		
西吉县震湖乡	15223	17530	12026	4760	330.0		
西吉县兴平乡	13971	19954	10551	3152			
西吉县西滩乡	9596	11936	5477	1722			
西吉县王民乡	9424	11530	4419	1567			
西吉县什字乡	11237	20337	10514	1295	240.0		
西吉县马莲乡	10460	17268	7685	2667	18938.0		
西吉县将台乡	11286	21537	11249	3854	6672.0		
西吉县硝河乡	13505	16643	8587	2839	2212.0		
西吉县偏城乡	20053	24368	15997	4712	2050.0		
西吉县沙沟乡	19543	14129	5577	1842	1058.0		
西吉县白崖乡	19676	13497	5782	3339			
西吉县火石寨乡	16061	11602	5236	1768	4584.0		
隆德县城关镇	14387	14044	3701	1911	12600.0	530	4920
隆德县沙塘镇	7580	16021	7587	3524	14886.0	91	1724
隆德县联财镇	4800	9399	4942	233	7557.0	120	2659
隆德县陈靳乡	4688	4612	2384	577	3648.0		
隆德县好水乡	6949	6735	3545	1259	494.0		
隆德县观庄乡	11932	16547	11318	958	2700.0		
隆德县杨河乡	6211	12765	5396	731	9263.0		
隆德县神林乡	5253	8720	4624	1850	11924.0		
隆德县张程乡	7983	10400	4725	371			
隆德县凤岭乡	6684	8740	4561	1254	909.0		
隆德县山河乡	6677	3820	874	323	225.0		
隆德县温堡乡	8053	18452	3462	1225	915.0		
隆德县奠安乡	7118	4138	1703	437	983.0		
泾源县香水镇	18120	24152	10773	6755	12400.0	181	8939
泾源县泾河源镇	18080	20211	11727	4979	38.0	321	3806
泾源县六盘山镇	26040	15289	10006	2063	328.0	32	899
泾源县新民乡	17600	11383	7680	379	22.0		
泾源县兴盛乡	6440	8891	4721	1348	195.0		
泾源县黄花乡	15420	10019	7033	1290	100.0		
泾源县大湾乡	11380	12655	7453	1520	1080.0		
彭阳县白阳镇	26697	42100	23572	16123	14943.0	606	36554

续表 638　　(宁夏回族自治区)　　计算单位：公顷、人、万元

名　　称	行政区域面　　积	常住人口	从业人员	二三产业从业人员	工　业总产值	城镇建成区　面　积	城镇建成区常住人口
彭阳县王洼镇	34156	22194	12216	5444	109436.0	143	3399
彭阳县古城镇	32248	23613	16513	7284	1200.0	100	3510
彭阳县红河镇	16425	18584	13916	5969	860.0	828	2054
彭阳县新集乡	22291	29855	16963	2071	1465.0		
彭阳县城阳乡	18669	15487	11285	4077	3442.0		
彭阳县冯庄乡	17761	7095	3832	813			
彭阳县小岔乡	15159	2887	2144	534			
彭阳县孟塬乡	21188	12769	7092	2064	216.0		
彭阳县罗洼乡	15621	5175	3244	789	172.0		
彭阳县交岔乡	14573	5747	3437	104	236.0		
彭阳县草庙乡	18077	11523	6003	1925	1644.0		
沙坡头区滨河镇	2734	70599	30597	26573	97992.0	2483	58156
沙坡头区文昌镇	2691	86450	41870	37214	19666.0	2400	82030
沙坡头区东园镇	26314	28093	18896	9214	410434.0	378	2215
沙坡头区柔远镇	4111	27053	14084	5281	53429.0	158	2736
沙坡头区镇罗镇	20596	27089	20829	9802	261023.0	183	5780
沙坡头区宣和镇	43840	47010	22999	8509	97101.0	206	5642
沙坡头区永康镇	50954	29290	18331	5899	1010.0	784	3763
沙坡头区常乐镇	89908	22021	9101	6270	85367.0	106	3440
沙坡头区迎水桥镇	122282	29149	21577	10336	248154.0	380	3473
沙坡头区兴仁镇	31870	23080	22720	8120	1733.0	98	4200
沙坡头区香山乡	93200	8976	4886	364			
沙坡头区蒿川乡	47269	392	207	47			
中宁县宁安镇	16283	85104	30260	27108	71899.0	1568	41476
中宁县鸣沙镇	23372	17095	15315	6392	1100.0	210	5881
中宁县石空镇	34726	26329	24608	18118	1776191.0	1766	13851
中宁县新堡镇	20997	20008	11346	6310	276050.0	401	11230
中宁县恩和镇	17370	17121	10212	5047	26106.3	50	4264
中宁县大战场镇	21012	59968	24682	4427	3500.0	286	13000
中宁县舟塔乡	11888	20271	13773	3228	2672.0		
中宁县白马乡	10089	6239	3930	1450	4950.0		
中宁县余丁乡	30614	9167	7665	3880	2000.0		
中宁县喊叫水乡	54919	20551	16309	8849			
中宁县徐套乡	68247	18116	12864	5200			
海原县海城镇	20354	13845	5032	2172	7531.0	178	4250
海原县李旺镇	34909	36117	16273	3215	3730.0	196	6734
海原县西安镇	30265	29273	11227	3882	8604.0	150	6631
海原县三河镇	19061	36523	15277	7777	8720.0	630	2303
海原县七营镇	22997	32042	6885	2635	2957.0	1063	4027
海原县史店乡	21107	21361	7055	1855			
海原县树台乡	33345	25317	12235	8035	1252.0		
海原县关桥乡	58804	27691	13547	1582			
海原县高崖乡	12861	25713	6595	695	6520.0		
海原县郑旗乡	35970	21339	5507	2907	1947.0		
海原县贾塘乡	30032	26108	13672	5027	1947.0		
海原县曹洼乡	21190	8702	1974	594	1947.0		
海原县九彩乡	16993	9098	2750	740			
海原县李俊乡	20853	11867	2481	382	852.0		
海原县红羊乡	33587	9889	4926	1426	1893.0		
海原县关庄乡	12632	4102	4081	565	973.0		
海原县甘城乡	30632	9559	4578	488			

续表 639　（新疆维吾尔自治区）　计算单位：公顷、人、万元

名　　称	行政区域面　　积	常住人口	从业人员	二三产业从业人员	工　业总产值	城镇建成区 面 积	城镇建成区常住人口
新疆维吾尔自治区							
乌鲁木齐市新市区安宁渠镇	4795	13676	5446	1314	5958.0	200	6201
乌鲁木齐市新市区二工乡	1340	7995	1955	835	2317.0	1340	7995
乌鲁木齐市新市区地窝堡乡	1500	8409	2840	1700	38163.0		
乌鲁木齐市新市区青格达湖乡	1500	6113	3028	866	3090.0		
乌鲁木齐市新市区六十户乡	5500	7337	4304	1354	3089.0		
头屯河区乡类似乡镇单位	1350	3180	2210	650	4339.0		
达坂城区达坂城镇	60000	5540	3086	2012	3949.0	810	1507
达坂城区东沟乡	35000	6975	5789	1711	300.0		
达坂城区西沟乡	57800	4300	2630	1230			
达坂城区阿克苏乡	156548	3553	1410	121			
米东区古牧地镇	11404	31267	15267	8532	174191.0	159	10256
米东区铁厂沟镇	11600	6589	2923	1909	263477.0	100	4800
米东区长山子镇	6797	28187	22827	6126	57560.0	57	2053
米东区羊毛工镇	6224	23223	11385	6806	25690.0	56	4368
米东区三道坝镇	7400	13810	8571	3101	1560.0	200	3673
米东区柏杨河乡	76760	5200	4860	4135	40996.0		
米东区芦草沟乡	5000	14583	5865	1599	22240.0		
乌鲁木齐县水西沟镇	53080	9582	5717	2543	2900.0	102	3390
乌鲁木齐县萨尔达坂乡	8100	6954	3279	186	18000.0		
乌鲁木齐县甘沟乡	57200	7651	2980	271	1890.0		
乌鲁木齐县永丰乡	7200	8526	4525	536	2212.0		
乌鲁木齐县板房沟乡	106300	13658	7510	2487	2984.0		
乌鲁木齐县托里乡	8266	5142	2739	904	4800.0		
克拉玛依区小拐乡	380368	1409	693	73			
乌尔禾区乌尔禾镇	9578	1009	627	397			
吐鲁番市七泉湖镇	32975	10870	8735	6235	12411.0	130	1676
吐鲁番市大河沿镇	1809	10027	4100	4100	102900.0	900	10027
吐鲁番市亚尔乡	47267	61780	30760	12530		60	19930
吐鲁番市艾丁湖乡	33611	20985	15411	2561			
吐鲁番市葡萄乡	34956	17715	10198	1117	461.0		
吐鲁番市恰特喀勒乡	44324	31250	15023	1483	250.0		
吐鲁番市二堡乡	13796	14022	7168	745	3200.0		
吐鲁番市三堡乡	20185	15217	11785	2005			
吐鲁番市胜金乡	56219	24760	24715	3750	340.0		
鄯善县鄯善镇	8400	40081	8233	6475	362.0	2040	40081
鄯善县七克台镇	379200	17744	11133	2835	8600.0	44	1923
鄯善县火车站镇	4000	20158	19900	19900	1335280.0	2000	20158
鄯善县连木沁镇	240000	36458	21996	3173	14500.0	94	3185
鄯善县鲁克沁镇	13700	36797	19444	3547	485.0	241	6460
鄯善县辟展乡	2400	28412	15185	1845	1350.0		
鄯善县东巴扎回族民族乡	1900	4661	2217	924			
鄯善县吐峪沟乡	200000	27172	17875	1790	550.0		
鄯善县达浪坎乡	112500	17102	9740	1475	350.0		
鄯善县迪坎乡	1725000	8431	5831	1081	150720.0		
托克逊县托克逊镇	2518	22698	14742	14475	211349.6	750	19930
托克逊县库米什镇	728245	794	435	191	9821.3	179	256

续表 640　　　　　　　　　　　（新疆维吾尔自治区）　　　　　　　　　　　计算单位：公顷、人、万元

名　　称	行政区域面　积	常住人口	从业人员	二三产业从业人员	工　业总产值	城镇建成区 面 积	城镇建成区常住人口
托克逊县库加依镇	46021	2097	837	90	12832.0	38	220
托克逊县阿乐惠镇	872	6571	5769	5754	232214.5	98	5178
托克逊县伊拉湖镇	150785	17516	6841	1946	5283.2	150	4564
托克逊县夏乡	41521	31990	20092	4279	40.0		
托克逊县郭勒布依乡	39000	21668	6080	980	42270.0		
托克逊县博斯坦乡	142470	24532	17278	4478	400.0		
哈密市雅满苏镇	764572	320	1540	1540		300	320
哈密市七角井镇	949674	1375	682	163	21306.2	300	436
哈密市星星峡镇	228604	181	181	181		74	181
哈密市二堡镇	69942	14922	8705	2575	445.0	650	2799
哈密市陶家宫镇	41903	21807	13408	3432	3042.0	203	2645
哈密市五堡镇	1650700	14392	6888	1298		156	1439
哈密市沁城乡	1035603	10020	7713	2584	13967.5		
哈密市乌拉台哈萨克民族乡	14707	919	453	277			
哈密市双井子乡	718271	14	2332	2332	25238.4		
哈密市大泉湾乡	591630	13886	5519	974		156	1439
哈密市回城乡	14736	9962	2417	954	377.5		
哈密市花园乡	30800	12445	5554	1079	80220.7		
哈密市南湖乡	953590	3254	1826	174	56.0		
哈密市德外里都如克哈萨克乡	91900	3282	2027	237			
哈密市西山乡	102164	3786	2375	833	100.0		
哈密市天山乡	184600	8905	6574	1884	5049.4		
哈密市白石头乡	22200	4117	1180	60			
哈密市柳树沟乡	92088	1620	324	54			
巴里坤哈萨克自治县巴里坤镇	1600	14180	6775	6775	3761.3	450	14180
巴里坤哈萨克自治县博尔羌吉镇	19900	1907	1907	1907	44806.5	210	1907
巴里坤哈萨克自治县大河镇	116200	14114	8250	3390	507.5	87	1099
巴里坤哈萨克自治县奎苏镇	102100	9053	5596	1606	186.1	3	772
巴里坤哈萨克自治县萨尔乔克乡	136400	4118	1735	545			
巴里坤哈萨克自治县海子沿乡	289735	7304	2433	471			
巴里坤哈萨克自治县下涝坝乡	227800	4125	2338	798			
巴里坤哈萨克自治县石人子乡	27637	4878	3996	1858	2306.0		
巴里坤哈萨克自治县花园乡	59320	5671	3972	1986	181.6		
巴里坤哈萨克自治县三塘湖乡	1100000	1359	791	215	76711.0		
巴里坤哈萨克自治县大红柳峡乡	1257700	3391	1698	493	55539.1		
巴里坤哈萨克自治县八墙子乡	97900	2241	1510	559			
伊吾县伊吾镇	450	4374	2315	2315	1695.6	450	4374
伊吾县淖毛湖镇	808639	6529	5414	2199	423844.8	580	5332
伊吾县盐池镇	202745	4439	1614	280	247.0	35	4439
伊吾县苇子峡乡	122933	706	635	15			
伊吾县下马崖乡	472075	798	616	19			
伊吾县吐葫芦乡	136349	2592	1719	575		22	2241
伊吾县前山哈萨克民族乡	171168	4017	1240	93			
昌吉市硫磺沟镇	7400	5617	1892	1179	365000.0	300	1354
昌吉市三工镇	12300	21770	12445	3675	573676.0	150	301
昌吉市榆树沟镇	42624	13650	2000	1280	12650.0	58	565
昌吉市二六工镇	10400	14050	7346	978	40577.0	200	2502
昌吉市大西渠镇	12500	15959	8349	657	277000.0	200	3001
昌吉市六工镇	10810	13370	7263	1859	116000.0	100	1500
昌吉市滨湖镇	14190	10110	5918	1576	108500.0	100	2459
昌吉市佃坝镇	10540	7431	4259	238	8900.0	126	2538

续表 641　（新疆维吾尔自治区）　计算单位：公顷、人、万元

名　　称	行政区域面　　积	常住人口	从业人员	二三产业从业人员	工　业总产值	城镇建成区 面 积	城镇建成区常住人口
昌吉市阿什里哈萨克民族乡	300000	8557	4195	1336	21150.0	64	2400
昌吉市庙尔沟乡	117975	5387	3387	636	5532.0	144	2323
阜康市甘河子镇	260	5176	23100	23100	1184564.0	260	5176
阜康市城关镇	5776	29113	7264	2142	9520.0	5776	29113
阜康市九运街镇	16800	19382	11502	3616	321600.0	16800	19382
阜康市滋泥泉子镇	96000	17604	12036	3431	37325.0	96000	17604
阜康市上户沟哈萨克民族乡	378000	11209	9145	2945	169571.0	378000	11209
阜康市水磨沟乡	134667	4488	4458	3402	55506.0	134667	4488
阜康市三工河哈萨克民族乡	13200	4588	1702	641	8200.0	13200	4588
呼图壁县呼图壁镇	1200	43340	26582	22379	29006.0	1010	43340
呼图壁县大丰镇	34300	15196	7210	966	52601.0	471	4844
呼图壁县雀尔沟镇	201839	10080	4354	949	69852.0	20	1283
呼图壁县二十里店镇	29970	16504	8627	1645	134937.0	43	842
呼图壁县园户村镇	22300	23960	9517	2809	44647.0	397	4621
呼图壁县五工台镇	57199	21105	10308	1588	252199.0	114	1923
呼图壁县石梯子哈萨克民族乡	122550	7916	4685	894	5780.0		
玛纳斯县玛纳斯镇	5367	50113	13958	7853	61183.0	5367	50113
玛纳斯县乐土驿镇	13793	11802	9074	2422	50510.0	197	1253
玛纳斯县包家店镇	23600	16412	9509	2579	1030961.0	89	2246
玛纳斯县凉州户镇	7200	6630	6548	2971	136800.0	133	314
玛纳斯县北五岔镇	26667	6799	5275	413		120	1238
玛纳斯县六户地镇	25333	7550	4057	1804	50989.0	150	1410
玛纳斯县兰州湾镇	15300	12093	5786	1266	293000.0	65	1391
玛纳斯县广东地乡	8400	6731	3719	1117	30051.0	7	108
玛纳斯县清水河子哈萨克民族乡	2875	6147	3651	188	8704.0	16	1131
玛纳斯县塔西河哈萨克民族乡	84000	4659	3635	615		6	902
玛纳斯县旱卡子滩哈萨克民族乡	46000	4727	2624	1319	142772.0	33	2320
奇台县奇台镇	3823	47373	5692	5692	544614.0	850	6398
奇台县老奇台镇	18569	13561	7102	654	17733.0	185	2685
奇台县半截沟镇	63378	22624	13282	4629	118.0	289	1237
奇台县吉布库镇	44400	15408	6784	892	86.0	65	816
奇台县东湾镇	19685	10313	9028	2681	96.0	13	3100
奇台县西地镇	47283	16747	9888	3038	26472.0	52	582
奇台县碧流河镇	24033	11291	5724	1058	82.0	36	1700
奇台县三个庄子镇	8932	4782	3199	698	102793.0	80	1056
奇台县西北湾乡	85029	21999	7635	1319	10633.0	100	5250
奇台县坎尔孜乡	4228	5537	2569	217	12384.0	42	12
奇台县五马场乡	13541	8857	4461	105	11.0	36	2450
奇台县古城乡	3692	9645	5277	317	64647.0	135	3857
奇台县乔仁乡	35999	4005	3841	636		141	721
奇台县七户乡	17065	8795	4270	1839	1153.0	53	356
奇台县塔塔尔乡	5373	4633	2175	970	4.0	16	138
吉木萨尔县吉木萨尔镇	3845	30265	13934	9724	1766.0	961	25708
吉木萨尔县三台镇	50939	10964	7134	2207	2720.0	104	5300
吉木萨尔县泉子街镇	45086	6253	6011	325	51.0	32	590
吉木萨尔县北庭镇	19357	6044	5204	842	2000.0	104	1503
吉木萨尔县二工镇	29053	11482	9955	4534	605.0	87	1540
吉木萨尔县大有镇	25117	17795	13959	2778		55	560
吉木萨尔县庆阳湖乡	36277	6361	5759	359	643.0	50	1050
吉木萨尔县老台乡	65282	7129	4745	1535	8545.5	121	445
吉木萨尔县新地乡	34371	3336	2780	441			
木垒哈萨克自治县木垒镇	750	28590	6700	6700	11.0	450	28590

续表 642　　　　　　　　　　　（新疆维吾尔自治区）　　　　　　　　　　　计算单位：公顷、人、万元

名　　称	行政区域面　　积	常住人口	从业人员	二三产业从业人员	工　业总产值	城镇建成区 面 积	城镇建成区常住人口
木垒哈萨克自治县西吉尔镇	12200	7423	4500	1600	200.0	1000	4500
木垒哈萨克自治县东城镇	57600	13774	920	510		450	899
木垒哈萨克自治县英格堡乡	37000	5621	4619	2591			
木垒哈萨克自治县照壁山乡	53000	6784	5066	150		0	441
木垒哈萨克自治县新户乡	36100	8913	5274	501	246.0		
木垒哈萨克自治县雀仁乡	166800	5685	3348	685			
木垒哈萨克自治县白杨河乡	47700	2240	1533	567			
木垒哈萨克自治县大石头乡	772000	8770	6247	882			
木垒哈萨克自治县大南沟乌孜别克乡	139300	3473	1205	560			
木垒哈萨克自治县博斯坦乡	127565	4734	2272	370			
博乐市小营盘镇	115900	26255	21927	6843	13889.0	151	7044
博乐市达勒特镇	119200	17117	10184	1584	2959.5	167	1863
博乐市乌图布拉格镇	75000	18725	8571	3303	14000.0	80	5405
博乐市青得里乡	58100	21325	11236	2613	10234.0	19	1200
博乐市贝林哈日莫墩乡	13700	8519	4490	564	16699.8	90	2222
阿拉山口市艾比湖镇	15	8178	510	190			
精河县精河镇	600	18516	13333	10923	2736.0	600	18516
精河县大河沿子镇	143545	31692	16930	1806	423.0	330	4184
精河县托里镇	117400	18069	8806	2684	200.0	343	7100
精河县茫丁乡	237600	22307	1934	1741		600	22052
精河县托托乡	186400	3921	2760	280	268.0	20	850
温泉县博格达尔镇	520	8427	1845	1845		410	8427
温泉县哈日布呼镇	7500	14273	9418	3204		200	3021
温泉县安格里格镇	81740	11459	3933	2365		56	2980
温泉县查干屯格乡	91800	7934	3670	502			
温泉县扎勒木特乡	47000	1287	738				
温泉县塔秀乡	28000	7620	7032	837		59	
库尔勒市塔什店镇	17907	12878	7234	6876	157311.8	1000	6957
库尔勒市上户镇	15005	14797	6524	3324	25204.6	148	8525
库尔勒市西尼尔镇	4918	17095	11104	7964	80945.1	400	6233
库尔勒市铁克其乡	2626	23076	10878	7226	17.0		
库尔勒市恰尔巴格乡	1306	33143	9854	8036	1323.1		
库尔勒市英下乡	2533	13121	45000	10000	1542.3		
库尔勒市兰干乡	3594	10053	4669	426	6516.7		
库尔勒市和什力克乡	9541	7724	4841	91	21.0	0	106
库尔勒市哈拉玉宫乡	34838	11948	5852	617	2479.7		
库尔勒市阿瓦提乡	16556	14618	7644	713	72.0		
库尔勒市托布力其乡	16256	10681	3424	396	85.0		
库尔勒市普惠乡	13200	3152	1080				
轮台县轮台镇	11050	41807	22408	8646	95764.0	2000	32177
轮台县轮南镇	164023	2362	1903	1030	45809.0	31333	191
轮台县群巴克镇	10343	13445	4977	1325	169463.0	301	2180
轮台县阳霞镇	7326	13800	5064	2587	2.2	16	1195
轮台县哈尔巴克乡	15518	12364	4522	391	8961.0		
轮台县野云沟乡	2868	4011	1427	251			
轮台县阿克萨来乡	4548	6380	2748	690			
轮台县塔尔拉克乡	5814	5249	2814	702			
轮台县草湖乡	120468	1347	665	104			
轮台县铁热克巴扎乡	8589	10977	3480	1017	825.0		
轮台县策达雅乡	4818	6911	4810	1969	1.0		
尉犁县尉犁镇	1090	19870	9690	9407	24216.9	272	19677
尉犁县塔里木乡	47840	10065	3715	193			

续表 643　　（新疆维吾尔自治区）　　计算单位：公顷、人、万元

名　称	行政区域面　积	常住人口	从业人员	二三产业从业人员	工　业总产值	城镇建成区 面 积	城镇建成区常住人口
尉犁县兴平乡	484900	13297	5127	956			
尉犁县团结乡	3400	7330	3976	211			
尉犁县墩阔坦乡	1014260	4762	1387	150			
尉犁县喀尔曲尕乡	1500000	4576	2670	288			
尉犁县阿克苏普乡	39750	2590	1144	203			
尉犁县古勒巴格乡	158464	7411	3281	164			
若羌县若羌镇	2800	11702	7496	5801	52800.0	68	8401
若羌县依吞布拉克镇	550	623	615	615	66872.0	2	313
若羌县罗布泊镇	5100000	7280	6860	6860	431700.0	4	4800
若羌县瓦石峡镇	2410000	6701	4328	508		1	425
若羌县铁干里克乡	2320000	5300	3136	160	3420.0		
若羌县吾塔木乡	1170000	4898	2773	324	7800.0		
若羌县铁木里克乡	2630000	250	80	5			
若羌县祁曼塔克乡	659650	40	32		7800.0		
且末县且末镇	47300	18822	6179	5884	825916.0	298	4000
且末县奥依亚依拉克镇	1660000	1647	640	140	13000.0		
且末县塔提让镇	5000	4675	1928	850	6720.0		
且末县阿热勒乡	5000	2918	1348	188	19400.0		
且末县琼库勒乡	4400	6055	3381	578	67440.0		
且末县托格拉克勒克乡	5200	8427	3720	880	21245.0		
且末县巴格艾日克乡	1063400	6140	5160	2580	29607.0		
且末县英吾斯塘乡	4800	7057	4317	1730			
且末县阿克提坎墩乡	56300	3352	1374	189	34305.0		
且末县阔什萨特玛乡	11900	2950	785	325	6720.0		
且末县阿羌乡	1400000	1900	553	73			
且末县库拉木勒克乡	1491000	2283	1404	120	0.5		
焉耆回族自治县焉耆镇	1186	40113	19267	18757	38403.0	150	7697
焉耆回族自治县七个星镇	75000	19646	9181	3398	22479.0	250	1998
焉耆回族自治县永宁镇	6516	22248	7312	2772	7792.0	90	2322
焉耆回族自治县四十里城子镇	6057	11012	3039	996	43.0	686	2845
焉耆回族自治县北大渠乡	13800	13817	9990	1806	359.0		
焉耆回族自治县五号渠乡	5960	18293	10960	3393	15509.0		
焉耆回族自治县查汗采开乡	2442	4346	2308	300			
焉耆回族自治县包尔海乡	3400	6996	3194	361	3940.0		
和静县和静镇	101128	52990	32498	28241	401497.7	1455	35603
和静县巴仑台镇	500267	9153	5296	3949	216716.0	272	7210
和静县巴润哈尔莫墩镇	48271	24708	15813	3480	17695.9	316	3429
和静县哈尔莫墩镇	335952	23745	11269	3457	18872.4	193	2889
和静县巴音布鲁克镇	571731	10253	4619	1860	81.4	204	1953
和静县巩乃斯镇	298645	1353	658	191	23634.6	31	112
和静县乃门莫墩乡	5639	10337	1635	517			
和静县协比乃尔布呼乡	3641	6579	1850	534	55.1	30	3755
和静县克尔古提乡	75417	1011	599	208			
和静县阿拉沟乡	155350	1526	1456	201	66.4		
和静县额勒再特乌鲁乡	571089	3680	1545	75	16765.1		
和静县巴音郭愣乡	697278	1390	336	50			
和硕县特吾里克镇	2199	17479	9725	9602	19124.5	299	17479
和硕县塔哈其镇	19045	10260	5829	1196	5949.5		
和硕县乌什塔拉回族民族乡	43103	11010	7061	1481	5013.1		
和硕县曲惠乡	18489	3944	2500	205	4750.4		
和硕县苏哈特乡	3093	4142	2025	405	5267.0		
和硕县乃仁克尔乡	284693	1250	610	30	1503.0		

续表 644　　(新疆维吾尔自治区)　　计算单位：公顷、人、万元

名　　称	行政区域面　　积	常住人口	从业人员	二三产业从业人员	工　业总产值	城镇建成区 面 积	城镇建成区常住人口
和硕县新塔热乡	15075	5708	1025	99	200.0		
博湖县博湖镇	3350	15049	5320	3394	30739.3	350	3270
博湖县本布图镇	11699	11058	4833	1958	189.0	100	1560
博湖县塔温觉肯乡	14573	8605	3789	599	1349.0		
博湖县乌兰再格森乡	4188	3435	1998	192			
博湖县才坎诺尔乡	12449	7601	3755	45	123.0		
博湖县查干诺尔乡	7792	8612	5221	1245	2804.4		
博湖县博斯腾湖乡	301035	1489	741	240	13001.2		
阿克苏市喀勒塔勒镇	82818	41480	18297	5450	16124.0	3	3684
阿克苏市阿依库勒镇	141333	49516	17366	11015	1300.0	2	3942
阿克苏市依干其乡	29942	23151	10054	2492	3000.0		
阿克苏市拜什吐格曼乡	20113	27273	11365	2740	409.0		
阿克苏市托普鲁克乡	14092	17285	7278	1038	1800.0		
阿克苏市库木巴希乡	12213	25864	8641	751	700.0		
温宿县温宿镇	3150	36103	3037	2549	51520.0	651	32607
温宿县吐木秀克镇	66145	11292	6397	330		305	2124
温宿县克孜勒镇	23356	18920	10198	1308	17400.0	61	2448
温宿县阿热勒镇	39147	24350	13830	700	910.0	54	2410
温宿县佳木镇	57663	22143	11843	870	19642.1	202	2013
温宿县托乎拉乡	17550	10510	3660	330	3638.8		
温宿县恰格拉克乡	18330	14780	8105	343	227.6		
温宿县依希来木其乡	32719	12301	12151	1081	3749.1		
温宿县古勒阿瓦提乡	93160	19045	9889	469	1592.0		
温宿县博孜墩柯尔克孜族乡	117800	4793	3512	106	10257.0		
库车县乌恰镇	5907	38392	17244	3119	800.0	170	9678
库车县阿拉哈格镇	15340	37465	33467	1483		139	13021
库车县齐满镇	20307	42652	21404	4928	560.0	80	5365
库车县墩阔坦镇	90780	19700	8190	610	760.0	260	1260
库车县牙哈镇	265640	18332	17121	4611	251.0	40	3400
库车县乌尊镇	30887	31075	15605	5175	326.0	230	3562
库车县依西哈拉镇	27967	29143	11904	5754	50.0	203	3515
库车县雅克拉镇	1433	630	223	73		34	262
库车县玉奇吾斯塘乡	32007	33398	26570	1180	45.0		
库车县比西巴格乡	15113	29205	16367	4417			
库车县哈尼喀塔木乡	72540	39788	20417	1590			
库车县阿克吾斯塘乡	37773	17650	8063	580	260.0		
库车县阿格乡	125647	3319	1180				
库车县塔里木乡	47713	2270	1139	45			
沙雅县沙雅镇	3450	47953	21194	20060	223747.4	1150	45313
沙雅县托依堡勒迪镇	91200	45464	22164	2033	18365.0	0	5050
沙雅县红旗镇	24300	35693	11933	1403	243.0	25	6158
沙雅县英买力镇	32300	32625	23114	4620		84	2951
沙雅县哈德墩镇	25173	62	42	37			
沙雅县古勒巴格镇	37049	29633	18993	788	452.0	48	580
沙雅县海楼乡	42696	27183	14102	1177			
沙雅县努尔巴格乡	40700	13141	10991	479	65.0		
沙雅县塔里木乡	94000	6809	9400	153			
沙雅县盖孜库木乡	238800	10069	5850		24.0		
沙雅县央塔克协海尔乡	52700	14044	9760	770			
新和县新和镇	1118	32907	3692	1962	16677.0	380	26500
新和县尤鲁都斯巴格镇	15659	24488	10649	1075	15430.0	151	2226
新和县依其艾日克乡	11629	32489	10083	713	55781.0	92	2868

续表 645　　（新疆维吾尔自治区）　　计算单位：公顷、人、万元

名　称	行政区域面积	常住人口	从业人员	二三产业从业人员	工业总产值	城镇建成区面积	城镇建成区常住人口
新和县排先拜巴扎乡	13000	18661	8672	840			
新和县塔什艾日克乡	9478	17902	8919	389	57560.0		
新和县渭干乡	12936	23410	10063	1511			
新和县玉奇喀特乡	21463	23823	14027	2692			
新和县塔木托格拉克乡	24072	10289	5490	242			
拜城县拜城镇	12462	46424	10384	9234	549347.2	920	40801
拜城县铁热克镇	12901	2987	3057	2658	80020.1	68	2226
拜城县察尔其镇	128360	19591	5743	787	5975.0	92	3031
拜城县赛里木镇	104150	18891	8504	754	81.0	73	1760
拜城县黑英山乡	343072	13872	4380	980	30.3		
拜城县克孜尔乡	119259	10138	6661	2533	8210.5		
拜城县托克逊乡	74237	17864	7107	979	11.2		
拜城县亚吐尔乡	110844	19925	10269	3034	5219.3		
拜城县康其乡	61471	18307	7509	716	185.0		
拜城县布隆乡	50456	10958	4744	358	82.5		
拜城县米吉克乡	80296	15071	6220	825	23378.3		
拜城县温巴什乡	67325	17080	9483	949			
拜城县大桥乡	40150	10455	4895	732	250.0		
拜城县老虎台乡	99218	13828	6279	1223			
乌什县乌什镇	1901	37818	25732	22375	26970.0	450	28946
乌什县阿合雅镇	233571	41065	29509	2184	25.0	102	2600
乌什县阿克托海乡	17700	25430	15614	1208	500.0		
乌什县亚科瑞克乡	16645	19461	13354	765			
乌什县阿恰塔格乡	84350	20372	15817	603	140.0		
乌什县依麻木乡	41900	25557	17399	552			
乌什县英阿瓦提乡	240690	18487	12600	445	72.0		
乌什县亚曼苏柯尔克孜族乡	180555	9970	9833	387			
乌什县奥特贝希乡	39908	26530	19237	532			
阿瓦提县阿瓦提镇	651	38177	25261	24371	20817.0	317	36831
阿瓦提县乌鲁却勒镇	257100	47257	21387	3413	13877.0	33	4625
阿瓦提县拜什艾日克镇	46823	46941	19000	2000	1021.0	25	5066
阿瓦提县阿依巴格乡	64100	28446	20255	4929	1562.2		
阿瓦提县塔木托格拉克乡	169715	22513	11958	893	865.2		
阿瓦提县英艾日克乡	92706	36606	17750	1944	5870.0	25	4625
阿瓦提县多浪乡	4350	9137	4031	405	13528.6		
阿瓦提县巴格托格拉克乡	4429	3848	1726	210	1021.0		
柯坪县柯坪镇	816	10018	1030	169	3663.5	71	8391
柯坪县盖孜力克镇	334296	16122	6068	489	2337.9	110	620
柯坪县玉尔其乡	228999	15073	4226	630			
柯坪县阿恰勒乡	216423	8583	3073	194	28011.0		
柯坪县启浪乡	104082	5486	2869	124	8837.9		
阿图什市上阿图什镇	76700	50382	24451	8303	62.0	225	4522
阿图什市松他克乡	18300	40634	9975	3073	62.0		
阿图什市阿扎克乡	28200	43207	17270	5895	1064.0		
阿图什市阿湖乡	60900	18127	10990	4013	861.0		
阿图什市格达良乡	152800	19442	8450	884			
阿图什市哈拉峻乡	84524	19969	7932	3657	770.0		
阿图什市吐古买提乡	310800	9992	4276	512			
阿克陶县阿克陶镇	13600	22936	4826	1320	5200.0		
阿克陶县奥依塔克镇	153700	5235	3797	2384	82590.0	78000	2510
阿克陶县玉麦乡	19400	28223	13095	2216	3175.0		
阿克陶县皮拉勒乡	18600	46328	16656	948	1400.0		

续表 646　　（新疆维吾尔自治区）　　计算单位：公顷、人、万元

名　　称	行政区域面　　积	常住人口	从业人员	二三产业从业人员	工　业总产值	城镇建成区 面 积	城镇建成区常住人口
阿克陶县巴仁乡	107900	38541	18060	550	5400.0		
阿克陶县喀热克其克乡	10800	5454	2256	1896	75.0		
阿克陶县加马铁热克乡	4400	11393	5954	1125			
阿克陶县木吉乡	760200	4432	1698	106	3400.0		
阿克陶县布伦口乡	411400	7155	2849	602	19450.0		
阿克陶县克孜勒陶乡	388200	9581	3971	1173	12317.0		
阿克陶县恰尔隆乡	220300	5174	2399	1086	871.0		
阿克陶县库斯拉甫乡	103900	4232	1932	862	6768.0		
阿克陶县塔尔塔吉克族乡	102300	5138	2009	699			
阿合奇县阿合奇镇	117000	3903	1344	144	21237.0	220	520
阿合奇县库兰萨日克乡	105861	4776	2428	185			
阿合奇县色帕巴依乡	58302	3798	1853	303			
阿合奇县苏木塔什乡	131562	4988	1841	184			
阿合奇县哈拉奇乡	232940	8950	1296	190			
阿合奇县哈拉布拉克乡	281693	8932	2212	112			
乌恰县乌恰镇	400	13917	5241	5241	5299.0	400	13917
乌恰县康苏镇	2200	1967	1010	1010	14000.0	87	1967
乌恰县乌鲁克恰提乡	174900	4386	2351	341			
乌恰县吾合沙鲁乡	174500	939	366	46			
乌恰县膘尔托阔依乡	422100	6965	2575	273			
乌恰县黑孜韦乡	278240	6320	1840	420			
乌恰县托云乡	171589	2874	1498	112			
乌恰县铁列克乡	150000	3715	1906	76			
乌恰县巴音库鲁提乡	131700	2355	1736	214			
乌恰县波斯坦铁列克乡	455200	9311	4088	745			
乌恰县吉根乡	145200	2321	917	163			
喀什市乃则尔巴格镇	3415	67900	13560	9660	11200.0	25	5215
喀什市夏马勒巴格镇	2256	44105	26750	25445	9700.0	24	13810
喀什市多来特巴格乡	3600	43836	12792	9222	14720.0		
喀什市浩罕乡	7850	33007	7900	6468	59964.0		
喀什市色满乡	3500	21352	9315	4335	15287.0		
喀什市荒地乡	1218	11726	11283	10583	980.0		
喀什市帕哈太克里乡	3188	14671	10622	5287	3082.0		
喀什市伯什克然木乡	22078	40805	19171	2834	5700.0		
喀什市阿瓦提乡	8640	36678	25178	9968	2898.0	25	5213
喀什市英吾斯坦乡	10916	44180	27630	5800	1134.0		
喀什市阿克喀什乡	28241	12290	10334	1246			
疏附县托克扎克镇	3979	33453	13411	9279	9381.0	21	19385
疏附县兰干镇	25957	21606	14100	1400	5181.0	70	2830
疏附县吾库萨克镇	6541	21217	10381	2878	13420.0		
疏附县乌帕尔镇	71244	39523	15324	6662	290.0	51	5000
疏附县塔什米里克乡	28042	34116	27220	3420	138.0		
疏附县铁日木乡	7960	6329	3728	1077			
疏附县布拉克苏乡	18178	46918	27791	7518	170.0		
疏附县萨依巴格乡	15881	27380	16211	4891	2516.0		
疏附县站敏乡	22107	27641	18626	7960	1112.0		
疏附县木什乡	72021	17685	7800	2207	129.0		
疏勒县疏勒镇	1400	44303	17392	14580	22647.0	5	14252
疏勒县罕南力克镇	7600	30107	12684	2340		4	2500
疏勒县牙甫泉镇	15900	31204	17396	2095		4	2254
疏勒县巴仁乡	8200	35961	15091	2100	7012.0		
疏勒县洋大曼乡	9400	19903	11729	1506	1291.0	3	1200

续表 647　（新疆维吾尔自治区）　计算单位：公顷、人、万元

名　称	行政区域面积	常住人口	从业人员	二三产业从业人员	工业总产值	城镇建成区面积	城镇建成区常住人口
疏勒县亚曼牙乡	12500	19550	11689	956	320.0	1	569
疏勒县巴合齐乡	11000	25514	18338	2204	1285.0	2	1052
疏勒县塔孜洪乡	14600	33320	18147	853	2894.0	4	1458
疏勒县英尔力克乡	9800	25440	14740	1144		3	1004
疏勒县库木西力克乡	13100	25938	15025	1103		1	1200
疏勒县塔合其乡	6600	10934	8309	728			
疏勒县艾尔木东乡	17400	14658	10798	2030	1340.0	1	625
疏勒县阿拉力乡	11800	14383	8797	1529		2	859
疏勒县阿拉甫乡	84200	25117	13248	1052		4	896
疏勒县英阿瓦提乡	8900	12503	7675	569	627.0	2	600
英吉沙县城镇	786	40943	40941	40031	84619.0		
英吉沙县城关乡	2708	16710	9008	1985	550.0		
英吉沙县乔勒潘乡	5694	13890	13390	5055	12.0		
英吉沙县龙甫乡	16142	8420	8013	2961	115.0		
英吉沙县芒辛乡	9519	27990	22473	4583			
英吉沙县色提力乡	10451	12336	2941	48	500.0		
英吉沙县萨罕乡	52250	34048	31048	10620	185.6		
英吉沙县英也尔乡	8130	15193	14677	4560			
英吉沙县克孜勒乡	125313	28413	26559	9511			
英吉沙县托普鲁克乡	34653	14485	13277	4586	5.0		
英吉沙县苏盖提乡	20432	26189	25156	9443	45.0		
英吉沙县乌恰乡	21304	48879	43964	14710	15.0		
英吉沙县艾古斯乡	16464	10927	6712	1362	600.0		
英吉沙县依格孜也尔乡	12956	6121	4800	1300			
泽普县泽普镇	965	33524	20864	20864	12047.0	965	33524
泽普县奎依巴格镇	22913	10309	3032	1680	88104.0	5835	6382
泽普县波斯喀木乡	4466	20922	4570	1100	4840.0		
泽普县依玛乡	9946	21950	8188	2296	2058.0		
泽普县古勒巴格乡	11860	20077	7009	1168	647.0		
泽普县赛力乡	6870	18136	6133	2020	3024.0		
泽普县依肯苏乡	9289	22308	7290	1480	335.0		
泽普县图呼其乡	5311	10717	2588	1005	428.0		
泽普县奎依巴格乡	7645	14486	4166	339	1631.0		
泽普县阿克塔木乡	5107	7177	2984	1150	3825.0		
泽普县阿依库勒乡	6224	13167	4201	921	3831.0		
泽普县布依鲁克塔吉克族乡	2561	4175	1872	358	590.0		
莎车县莎车镇	1470	130468	810	75	4800.0	1350	12500
莎车县恰热克镇	35666	27442	10962	2503	15990.0	67	3507
莎车县艾力西湖镇	48747	43352	12651	3638	600.0	180	3700
莎车县荒地镇	23152	40649	17432	2439	450.0	100	2300
莎车县阿瓦提镇	14305	28953	13088	870	700.0	150	3250
莎车县白什坎特镇	14976	43589	12332	5747	180.0	350	3450
莎车县依盖尔其镇	11918	30737	16409	2459	380.0	98	3445
莎车县古勒巴格乡	2563	36990	5741	2788	260.0		
莎车县阿热勒乡	7383	21375	5740	2985	540.0		
莎车县恰尔巴格乡	7448	15363	5267	200	250.0		
莎车县托木吾斯塘乡	8000	34779	11858	1603	200.0		
莎车县英吾斯塘乡	5318	12666	4227	695	600.0		
莎车县乌达力克乡	15348	35194	7049	1643	100.0		
莎车县阿尔斯兰巴格乡	12395	22095	8804	1404	104176.0		
莎车县孜热甫夏提塔吉克族乡	12397	11907	3935	414	420.0		
莎车县亚喀艾日克乡	12342	11657	3180	558	115.3		

续表 648　（新疆维吾尔自治区）　计算单位：公顷、人、万元

名　　称	行政区域面　　积	常住人口	从业人员	二三产业从业人员	工　业总产值	城镇建成区 面 积	城镇建成区常住人口
莎车县喀群乡	219359	21253	9771	545	300.0		
莎车县霍什拉甫乡	40020	21841	6150	3500			
莎车县达木斯乡	117213	10632	2800	930	700.0		
莎车县米夏乡	6571	37106	10065	4659	1400.0		
莎车县伊什库力乡	52053	34110	14361	446	2800.0		
莎车县拍克其乡	57971	22679	6635	2752	100.0		
莎车县塔尕尔其乡	11913	42066	17132	852	350.0		
莎车县阔什艾日克乡	6028	18724	7658	753	280.0		
莎车县墩巴格乡	7301	19700	3928	1998	3000.0		
莎车县阿拉买提乡	13223	27695	5364	444	60.0		
莎车县阿扎特巴格乡	13368	17982	7478	790	300.0		
莎车县巴格阿瓦提乡	12682	19052	3710	710	100.0		
莎车县喀拉苏乡	60159	16175	6085	801	150.0		
叶城县喀格勒克镇	4167	81922	7334	5196	137522.0	4167	81922
叶城县恰尔巴格镇	5733	24132	10631	1301	4502.0	92	24132
叶城县乌夏巴什镇	445890	24700	10975	2347	6952.0	80	24700
叶城县洛克乡	140000	21036	9884	448	1754.0		
叶城县伯西热克乡	17386	38760	14756	2447	50.0		
叶城县铁提乡	27871	18314	7510	570	7569.0		
叶城县恰萨美其特乡	1320	23796	9127	5187	10700.0		
叶城县吐古其乡	4584	23708	11438	1568	3778.0		
叶城县江格勒斯乡	274722	31562	16591	1156	1000.0		
叶城县加依提勒克乡	9738	26413	16015	1267	1740.0		
叶城县巴仁乡	108700	12925	4861	450	4320.0		
叶城县乌吉热克乡	7776	24213	10068	2599	2831.0		
叶城县夏合甫乡	6642	22485	10091	801			
叶城县依力克其乡	34496	17965	8173	2050	1980.0		
叶城县依提木孔乡	10150	42116	24812	9167	3260.0		
叶城县宗朗乡	27978	7734	3545	505	650.0		
叶城县柯克亚乡	366250	25612	10904	1689	586.0		
叶城县西合休乡	182000	5637	4295	1101			
叶城县棋盘乡	154653	17791	9866	3282			
叶城县萨依巴格乡	47330	26491	13715	995	352.0		
麦盖提县麦盖提镇	1725	37531	7903	7802	52815.1	1587	37531
麦盖提县巴扎结米乡	18103	29799	6860	1084	4300.0		
麦盖提县希依提墩乡	16646	16585	6509	984	11161.0		
麦盖提县央塔克乡	70611	34752	11288	1253	749.0		
麦盖提县吐曼塔勒乡	71666	28876	10666	1145			
麦盖提县尕孜库勒乡	60539	29085	7780	840	1560.0		
麦盖提县克孜勒阿瓦提乡	70176	29721	7331	762	500.0		
麦盖提县库木库萨尔乡	510948	15061	6029	1069	2780.0		
麦盖提县昂格特勒克乡	8547	6347	2702	723	600.0		
麦盖提县库尔玛乡	37692	15502	6396	540	1500.0		
岳普湖县岳普湖镇	5257	26725	14955	11262	155050.0	790	11086
岳普湖县艾西曼镇	9690	19465	6439	542	710.0	33	2496
岳普湖县铁热木镇	104529	23925	9551	1161		45	1080
岳普湖县岳普湖乡	26815	16788	5446	792	3820.0		
岳普湖县也克先拜巴扎乡	12947	21949	7055	967			
岳普湖县阿其克乡	24717	25934	9128	1214			
岳普湖县色也克乡	26969	22424	7606	1004			
岳普湖县巴依阿瓦提乡	63274	11639	5688	565			
岳普湖县阿洪鲁库木乡	28101	2899	892	202			

续表 649　　（新疆维吾尔自治区）　　计算单位：公顷、人、万元

名　称	行政区域面　积	常住人口	从业人员	二三产业从业人员	工　业总产值	城镇建成区 面 积	城镇建成区常住人口
伽师县巴仁镇	1785	39297	5818	4270	166549.0	1395	35000
伽师县西克尔库勒镇	13657	1259	365	325	76538.0	150	1080
伽师县夏普吐勒镇	20423	35560	13465	1265	2361.0	60	765
伽师县铁日木乡	5813	17126	6763	963	6138.0		
伽师县英买里乡	79526	33990	13110	1110	2297.0		
伽师县江巴孜乡	26240	37010	13922	1422	9849.0		
伽师县卧里托格拉克乡	153335	49469	16976	976	1413.0		
伽师县克孜勒博依乡	67844	51880	20268	968	2851.0		
伽师县米夏乡	10103	33948	13127	927	553.0		
伽师县和夏阿瓦提乡	39437	56860	22670	1670	1685.0		
伽师县克孜勒苏乡	29188	43880	18212	1027	512.0		
伽师县古勒鲁克乡	52680	28660	10789	861	897.0		
伽师县玉代克力克乡	102203	18130	6756	636	427.0		
巴楚县巴楚镇	2240	61759	9984	5314	95600.0	80	61750
巴楚县色力布亚镇	28000	55261	28420	1942	18000.0	160	35400
巴楚县阿瓦提镇	42750	25767	17204	290	2200.0	130	17000
巴楚县三岔口镇	50000	371	290	290	25200.0	72	371
巴楚县恰尔巴格乡	66766	29960	16286	564	8320.0		
巴楚县多来提巴格乡	71400	27622	26384	550	6500.0		
巴楚县阿纳库勒乡	100000	24837	10989	410	7200.0		
巴楚县夏马勒乡	89800	11626	3243	129	5400.0		
巴楚县阿克萨克玛热勒乡	88000	35768	13750	550	13000.0		
巴楚县阿拉根乡	35750	32079	21691	546	1800.0		
巴楚县琼库恰克乡	129500	44950	23317	2740	3300.0		
巴楚县英吾斯坦乡	37400	27949	13262	620	2250.0		
塔什库尔干塔吉克自治县塔什库尔干镇	1000	11882	3322	2294		1000	11882
塔什库尔干塔吉克自治县塔吉克阿巴提镇	3340	4500	1754	729			
塔什库尔干塔吉克自治县塔什库尔干乡	460600	5476	1060	167	2269490.7		
塔什库尔干塔吉克自治县塔合曼乡	735100	3164	375	250			
塔什库尔干塔吉克自治县科克亚尔柯尔克孜族乡	60200	1096	492	182			
塔什库尔干塔吉克自治县提孜那甫乡	206100	3224	909	214			
塔什库尔干塔吉克自治县达布达尔乡	1140000	2913	2068	937	19241.6		
塔什库尔干塔吉克自治县马尔洋乡	776800	2050	818	98			
塔什库尔干塔吉克自治县瓦恰乡	150800	3040	1160	120			
塔什库尔干塔吉克自治县班迪尔乡	256500	1976	1125	95			
塔什库尔干塔吉克自治县库科西鲁格乡	464400	1820	824	96			
塔什库尔干塔吉克自治县大同乡	214700	1737	854	86			
和田市拉斯奎镇	4765	28934	5825	1705	69.0	358	2320
和田市玉龙喀什镇	4225	25304	10003	1757	201.0	236	5364
和田市肖尔巴格乡	3292	34191	12836	4409	3237.0		
和田市伊里其乡	5218	38195	11023	4753	2053.0		
和田市古江巴格乡	1754	20771	6850	2539	3910.0		
和田市吐沙拉乡	10210	50804	21611	11961			
和田市吉亚乡	17180	23711	8346	2360			
和田市阿克恰勒乡	4380	4906	2415	93			
和田县巴格其镇	10247	60966	31078	11815		504	7239
和田县罕艾日克镇	9551	46736	19665	2854	16105.9	962	4560
和田县英阿瓦提乡	10282	25013	12468	909			
和田县英艾日克乡	22422	11526	5007	457			
和田县布扎克乡	15230	30050	16423	3127	20833.0		
和田县拉依喀乡	6682	31018	12990	1119			

续表 650　　（新疆维吾尔自治区）　　计算单位：公顷、人、万元

名　　称	行政区域面　　积	常住人口	从业人员	二三产业从业人员	工　业总产值	城镇建成区 面 积	城镇建成区常住人口
和田县朗如乡	2323362	18586	7200	445	19198.7		
和田县塔瓦库勒乡	34451	29198	12990	1491			
和田县伊斯拉木阿瓦提乡	53409	25277	9850	788			
和田县色格孜库勒乡	36563	10552	4920	484			
和田县喀什塔什乡	1574582	6731	2717	351	13215.5		
和田县吾宗肖乡	6834	6731	2717	351	13215.5		
墨玉县喀拉喀什镇	3435	45459	10053	4653	3.0	12	2432
墨玉县扎瓦镇	35623	58967	20377	8342		5	3789
墨玉县奎牙镇	7481	47712	14110	3530		3	2047
墨玉县喀尔赛镇	390249	45477	17572	3200		3	4288
墨玉县阿克萨拉依乡	4368	31000	8795	2236			
墨玉县乌尔其乡	24613	18287	5292	1144			
墨玉县托胡拉乡	2071	21438	12767	2533			
墨玉县萨依巴格乡	222655	35031	15536	5376	6800.0		
墨玉县加汗巴格乡	4535	25856	16932	7112	28.0		
墨玉县普恰克其乡	6425	36767	12411	4511			
墨玉县芒来乡	2361	24221	15748	6505			
墨玉县阔依其乡	266910	29301	9060	3232			
墨玉县雅瓦乡	333224	39648	17791	2291			
墨玉县吐外特乡	4661	26003	10107	2713			
墨玉县英也尔乡	7443	13142	5112	860			
墨玉县喀瓦克乡	1237333	12345	2995	595			
皮山县固玛镇	19433	32416	8475	2150		676	22002
皮山县杜瓦镇	321807	8161	3065	654	5783.8	9	1350
皮山县赛图拉镇	825000	375	164	24		24	315
皮山县木吉镇	341376	26747	6668	2573		12	5007
皮山县阔什塔格乡	69216	16722	4858	349			
皮山县克里阳乡	44357	7408	3597	396			
皮山县科克铁热克乡	317233	41112	13586	3092			
皮山县桑株乡	162880	34712	9831	522			
皮山县乔达乡	172250	14520	5157	406			
皮山县木奎拉乡	227617	22669	5260	1578			
皮山县藏桂乡	303488	16341	5899	354			
皮山县皮亚勒玛乡	291560	6515	3130	267			
皮山县皮西那乡	41048	8800	3411	487			
皮山县巴什兰干乡	100200	5870	2377	135			
皮山县垴阿巴提塔吉克民族乡	468409	1031	399	63			
皮山县康克尔柯尔克孜民族乡	1004808	1539	596	46			
洛浦县洛浦镇	4813	21138	10600	2445		275	507
洛浦县山普鲁镇	203518	33618	14509	706	154.0	87	1455
洛浦县布亚乡	9396	36020	19566	2117			
洛浦县恰尔巴格乡	9448	47823	25681	2107			
洛浦县杭桂乡	354218	46516	14770	2688			
洛浦县多鲁乡	282767	37091	20766	1886			
洛浦县纳瓦乡	2755	15263	8650	490			
洛浦县拜什托格拉克乡	543780	7205	2744	178			
洛浦县阿其克乡	664	1768	838	88			
策勒县策勒镇	26301	15575	6140	1210	7564.0	367	1321
策勒县固拉合玛镇	68955	31074	13402	2312	574.0	94	2978
策勒县策勒乡	932716	35540	15269	1870	134.0		
策勒县达玛沟乡	544038	22751	8420	1594	38.0		

续表 651　　（新疆维吾尔自治区）　　计算单位：公顷、人、万元

名　称	行政区域面　积	常住人口	从业人员	二三产业从业人员	工　业总产值	城镇建成区 面 积	城镇建成区常住人口
策勒县恰哈乡	449662	16968	6394	1407	124.0		
策勒县乌鲁克萨依乡	344267	5074	2664	81			
策勒县奴尔乡	459661	12839	6523	1892			
策勒县博斯坦乡	332185	7462	3825	497			
于田县木尕拉镇	5447	29664	13981	1430		90	2851
于田县先拜巴扎镇	4309	22027	9889	1190	4140.0	87	1392
于田县加依乡	1864	19624	8349	934	5.5		
于田县科克亚乡	5433	21920	8790	640	71.0		
于田县阿热勒乡	33533	19459	2990	477	21.0		
于田县阿日希乡	44107	8335	3671	458			
于田县兰干乡	86387	21561	20765	3640	732.1		
于田县斯也克乡	22048	24428	12943	538			
于田县托格日尕孜乡	13260	14519	9000	620			
于田县喀拉克尔乡	83407	16326	6433	1157	13.0		
于田县奥依托格拉克乡	557527	22516	14152	1618	10514.0		
于田县阿羌乡	1024726	9521	4316	565			
于田县英巴格乡	433380	10189	6779	659			
于田县希吾勒乡	43800	4801	2925	963			
于田县达里雅布依乡	1534459	1451	732	107			
民丰县尼雅镇	1426	3226	875	416		218	1118
民丰县尼雅乡	1108383	6282	1602	596			
民丰县若克雅乡	95326	7098	1645	664			
民丰县萨勒吾则克乡	774278	5320	2856	154			
民丰县叶亦克乡	2795591	3987	1072	196			
民丰县安迪尔乡	118729	2620	1279	39			
民丰县亚瓦通古孜乡	863715	390	118	10			
伊宁市巴彦岱镇	26148	24063	15526	9926	38374.0	1178	9098
伊宁市英也尔乡	9058	18983	11590	3320	39000.0		
伊宁市汉宾乡	3178	16101	7870	7440	112.0		
伊宁市塔什科瑞克乡	1373	14362	7520	6720	8100.0		
伊宁市喀尔墩乡	3448	15248	7155	4867	14381.0		
伊宁市托格拉克乡	3075	9503	5452	1810	1020.0		
伊宁市克伯克圩孜乡	1596	6958	4895	1776	2238.0		
伊宁市达达木图乡	5670	30743	13208	2806	9560.0		
伊宁市潘津乡	4921	23765	9268	3802			
奎屯市开干齐乡	47600	1438	916	84	545.0		
伊宁县吉里于孜镇	5755	43920	20124	18113	68692.2	270	6190
伊宁县墩麻扎镇	2700	12232	3488	1368	5613.0	268	4312
伊宁县英塔木镇	12200	29315	4915	2748	2741.9	270	2000
伊宁县胡地于孜乡	11863	21081	10797	3432	20499.0		
伊宁县吐鲁番于孜乡	5763	13644	9174	1459	807.3		
伊宁县喀拉亚尕奇乡	3124	12425	4813	1210	104721.7		
伊宁县武功乡	5305	11036	4143	794			
伊宁县萨地克于孜乡	1309	6974	5561	1060			
伊宁县愉群翁回族乡	15220	57019	27780	13220			
伊宁县阿热吾斯塘乡	10530	21995	12967	4730	981.7		
伊宁县巴依托海乡	14140	22270	8627	1339	690.8		
伊宁县维吾尔玉其温乡	7313	18411	7976	2306	31020.2		
伊宁县萨木于孜乡	12560	21038	13438	1988			
伊宁县喀什乡	21100	25458	12935	2084	1998.0		
伊宁县麻扎乡	19717	12914	12597	1084			

续表 652　　　　（新疆维吾尔自治区）　　　　计算单位：公顷、人、万元

名　　称	行政区域面　　积	常住人口	从业人员	二三产业从业人员	工　业总产值	城镇建成区 面 积	城镇建成区常住人口
伊宁县温亚尔乡	12000	28035	12045	725			
伊宁县阿乌利亚乡	3326	13897	7837	1703			
伊宁县曲鲁海乡	9396	11760	6609	430	73204.4		
察布查尔锡伯自治县察布查尔镇	6317	27126	11501	10055	99193.0	182	3478
察布查尔锡伯自治县爱新色里镇	28800	9507	4448	467		288	8756
察布查尔锡伯自治县孙扎齐牛录镇	20357	10427	7958	2463	133.0	195	4820
察布查尔锡伯自治县堆齐牛录乡	19478	9190	5450	488			
察布查尔锡伯自治县绰霍尔乡	8418	9876	6087	2702	8548.0		
察布查尔锡伯自治县纳达齐牛录乡	6979	5019	2785	940	27592.6		
察布查尔锡伯自治县扎库齐牛录乡	37333	15391	7878	965	13000.1		
察布查尔锡伯自治县米粮泉回族乡	4045	5903	3300	898			
察布查尔锡伯自治县坎乡	50557	13261	7429	1225	842.9		
察布查尔锡伯自治县阔洪奇乡	23119	10011	4503	1545			
察布查尔锡伯自治县海努克乡	25667	15486	8767	1285	42571.9		
察布查尔锡伯自治县加尕斯台乡	50251	15950	8760	1475	51827.1		
察布查尔锡伯自治县琼博拉乡	45333	9391	4610	834	1386.0		
霍城县水定镇	25025	31108	16794	12194	7142.0	2010	29365
霍城县清水河镇	36600	47829	42823	12629	114790.0	196	15489
霍城县芦草沟镇	38516	39056	19847	1891	8941.0	90	2725
霍城县惠远镇	13862	26631	8477	1044	10894.0	955	6785
霍城县萨尔布拉克镇	64170	35978	20755	6364	38.0	75	7012
霍城县兰干乡	4216	24612	23541	2742	23892.0		
霍城县三道河乡	4500	10285	4193	1336	3275.0		
霍城县伊车嘎善乡	8000	13452	7574	845	8232.7		
霍城县三宫乡	7200	17315	6439	667	7745.9		
霍城县大西沟乡	15200	12949	6374	1460	143.0		
巩留县巩留镇	2526	31345	18446	17700	18810.0	83	2768
巩留县阿克吐别克镇	61333	12100	5210	1610	1050.0	151	3100
巩留县库尔德宁镇	56800	15113	4650	1027		56	3887
巩留县东买里镇	31832	34611	17741	4978		162	3866
巩留县阿尕尔森镇	58666	30250	15984	923	97989.0	226	2958
巩留县吉尔格郎乡	42660	8635	5702	619			
巩留县塔斯托别乡	41400	28358	13615	965			
巩留县提克阿热克乡	42667	18399	9298	2345	14544.0		
新源县新源镇	41442	45986	19016	12103	47652.0	500	17732
新源县则克台镇	42914	26791	10683	6591	404214.0	186	7601
新源县阿热勒托别镇	41890	35764	12824	4673	19807.0	920	11063
新源县塔勒德镇	103863	26815	10778	2605		405	10345
新源县那拉提镇	159946	35205	13900	5683		269	7745
新源县肖尔布拉克镇	26137	11091	4828	595	5820.0	100	1997
新源县喀拉布拉镇	59717	21219	9209	5877		529	7213
新源县阿勒玛勒镇	27206	11697	4824	1357		128	6130
新源县别斯托别乡	47740	33803	10934	1178	13813.0		
新源县坎苏乡	37420	14321	5252	619			
新源县吐尔根乡	28861	11561	5142	492	4156.0		
昭苏县昭苏镇	45204	27996	8628	7193	19071.0	920	5094
昭苏县喀夏加尔镇	40765	12413	5346	1860	1536.0	367	2895
昭苏县洪纳海乡	26740	15304	7243	2021	2846.0		
昭苏县乌尊布拉克乡	58630	9531	2997	875	1133.0		
昭苏县阿克达拉乡	40444	12499	4811	758			
昭苏县萨尔阔布乡	98755	13981	5658	1225			

续表 653　　（新疆维吾尔自治区）　　计算单位：公顷、人、万元

名　　称	行政区域面　　积	常住人口	从业人员	二三产业从业人员	工　业总产值	城镇建成区 面 积	城镇建成区常住人口
昭苏县喀拉苏乡	190141	15380	5973	1562			
昭苏县察汗乌苏蒙古族乡	42029	11873	3895	850	115.0		
昭苏县夏特柯尔克孜族乡	106152	14751	5045	1370	1736.0		
昭苏县胡松图喀尔逊蒙古族乡	144736	10350	5244	1637			
特克斯县特克斯镇	67272	37293	5624	3482	3057.1	105	3712
特克斯县乔拉克铁热克镇	164935	38346	16885	3625		11	4298
特克斯县喀拉达拉镇	115126	23776	10733	2460	161762.0	121	5905
特克斯县齐勒乌泽克镇	70175	20607	9337	1138		90	3098
特克斯县呼吉尔特蒙古民族乡	21957	8509	4009	1391	15574.9		
特克斯县阔克苏乡	1316	3224	1889	293	8747.8		
特克斯县阔克铁热克柯尔克孜民族乡	152757	19305	5034	1524			
特克斯县喀拉托海乡	107769	14781	6218	832	24871.4		
尼勒克县尼勒克镇	28867	35855	17671	11949	2964.9	1780	1593
尼勒克县苏布台乡	29333	7374	3412	569			
尼勒克县喀拉苏乡	65786	15276	7103	1119	200.0		
尼勒克县加哈乌拉斯台乡	47600	9523	4416	1467	400.0		
尼勒克县乌赞乡	45333	15544	5402	2117	7333.0		
尼勒克县科克浩特浩尔蒙古民族乡	101333	17980	14526	3615	47931.0		
尼勒克县乌拉斯台乡	59500	9332	4579	838	2348.0		
尼勒克县克令乡	126866	14852	7727	1148	12965.0		
尼勒克县喀拉托别乡	36561	10606	4250	1265			
尼勒克县胡吉尔台乡	80000	12184	7308	1654	2109.0		
尼勒克县木斯乡	94666	15986	7369	2641	114356.0		
塔城市二工镇	45865	23692	9973	3298		200	1168
塔城市恰夏镇	43200	15241	9411	2447		128	3500
塔城市喀拉哈巴克乡	29000	10500	10358	858		292	245
塔城市阿西尔达斡尔民族乡	40200	10111	6898	541		261	1300
塔城市阿不都拉乡	28300	8937	4164	284			
塔城市也门勒乡	37200	9084	5467	727			
乌苏市白杨沟镇	8450	3864	382	131	27400.0	100	550
乌苏市哈图布呼镇	11894	17908	13385	2831	24865.0	298	5640
乌苏市皇宫镇	15200	14976	12820	1430		97	4700
乌苏市车排子镇	25580	6780	4964	834	26452.0	140	2349
乌苏市甘河子镇	35700	10531	9990	650		90	600
乌苏市百泉镇	20989	10500	6380	180	500.0	210	1210
乌苏市四棵树镇	11703	14200	8781	605	25600.0	160	1721
乌苏市古尔图镇	310980	12803	8915	2685		1000	2815
乌苏市西湖镇	45000	8782	650	400		87	1700
乌苏市西大沟镇	267882	10900	6655	94	6800.0	158	600
乌苏市八十四户乡	16000	14336	7490	1550	3000.0		
乌苏市夹河子乡	4500	4003	2290	390		35	1011
乌苏市九间楼乡	12000	7142	4724	205		110	1194
乌苏市石桥乡	16700	6212	3975	745			
乌苏市头台乡	152000	4578	3612	600		590	4578
乌苏市吉尔格勒特郭愣蒙古民族乡	30600	6480	3051	165	2000.0	590	830
乌苏市塔布勒合特蒙古民族乡	185416	2774	1151	66	4337.0		
额敏县额敏镇	1086	41155	13116	786	14780.0	210	5102
额敏县玉什喀拉苏镇	15024	10500	8051	1400		810	10500
额敏县杰勒阿尕什镇	34980	9270	5033	2875	3200.0	14	1750
额敏县上户镇	31700	12436	12369	2509		58	2220
额敏县玛热勒苏镇	8800	13325	11837	1011			560

续表 654　　（新疆维吾尔自治区）　　计算单位：公顷、人、万元

名　　称	行政区域面　　积	常住人口	从业人员	二三产业从业人员	工　业总产值	城镇建成区 面 积	城镇建成区常住人口
额敏县喀拉也木勒镇	15000	8264	7620	1610			
额敏县郊区乡	32000	19069	12207	2321	27000.0		
额敏县额玛勒郭楞蒙古民族乡	6111	3720	2759	634	80.0		
额敏县喇嘛昭乡	1002	2295	2293	600			
额敏县霍吉尔特蒙古民族乡	3581	4118	4114	708			
额敏县二道桥乡	6229	2898	2873	708			
沙湾县三道河子镇	986	61908	23223	22487	213896.0	70	4240
沙湾县四道河子镇	42000	17554	9819	858	700.0	159	1970
沙湾县老沙湾镇	53973	14713	11020	1740	10606.0	176	3367
沙湾县乌兰乌苏镇	10067	19348	10740	2640	13500.0	50	1090
沙湾县安集海镇	35666	15769	10030	1900	6000.0	210	1030
沙湾县东湾镇	38666	11045	6660	539		38	693
沙湾县西戈壁镇	76000	11884	8469	2195	10890.0	63	1031
沙湾县柳毛湾镇	17451	10465	5142	1190	170900.0	127	2237
沙湾县金沟河镇	24000	16152	9691	3876	33801.0	52	618
沙湾县商户地乡	10700	8838	5083	77	6547.0		
沙湾县大泉乡	14700	17655	10750	3958	5816.0	36	1362
沙湾县博尔通古乡	55000	9621	6386	914			
托里县托里镇	9406	25365	9230	4274	254.0	180	4580
托里县铁厂沟镇	230000	9563	8825	7960	306561.0	229	8054
托里县庙尔沟镇	87330	6280	2925	2453	200.0	39	736
托里县多拉特乡	291000	14972	10546	696			
托里县乌雪特乡	476000	13148	6845	295	13409.0		
托里县库普乡	600000	17787	8237	502			
托里县阿克别里斗乡	116000	9295	5909	631	20042.2		
裕民县哈拉布拉镇	580	14983	2313	1961	20135.0	480	14983
裕民县吉也克镇	102170	7692	3469	650		142	2100
裕民县哈拉布拉乡	56000	7923	4315	713		128	3160
裕民县新地乡	61900	6270	3711	570	1041.0		
裕民县阿勒腾也木勒乡	70100	5677	3818	500			
裕民县江格斯乡	67800	6315	4421	337	500.0		
和布克赛尔蒙古自治县和布克赛尔镇	4420	17467	4812	4812			
和布克赛尔蒙古自治县和什托洛盖镇	206175	10110	3380	2135	91540.0	1500	8560
和布克赛尔蒙古自治县夏孜盖乡	114023	4012	1453	48	200.0	3045	4012
和布克赛尔蒙古自治县铁布肯乌散乡	126909	3537	1276	76		3899	520
和布克赛尔蒙古自治县查干库勒乡	190463	4599	930	62		3145	2511
和布克赛尔蒙古自治县巴音傲瓦乡	19000	2600	1128	48			
和布克赛尔蒙古自治县莫特格乡	19170	3463	537	122		3225	450
和布克赛尔蒙古自治县查和特乡	1411552	4000	1850	350		2085	4000
阿勒泰市北屯镇	555	38111	6187	6187	8786.0	555	38111
阿勒泰市阿苇滩镇	100000	10347	7199	456	28.0	122	2755
阿勒泰市红墩镇	108000	11876	6412	1357	3506.0	133	3817
阿勒泰市切木尔切克镇	196000	14364	6436	1220	2295.0	116	3800
阿勒泰市阿拉哈克镇	187600	10257	6355	797	1598.4	30	1465
阿勒泰市汗德尕特蒙古族乡	52800	4083	2623	858	11641.0		
阿勒泰市拉斯特乡	55790	4248	1865	467	6692.6		
阿勒泰市喀拉希力克乡	62400	5605	2645	133	125.0		
阿勒泰市萨尔胡松乡	100724	5576	3612	237	130.0	156	1357
阿勒泰市巴里巴盖乡	99962	4764	2418	437	182.2		
阿勒泰市切尔克齐乡	96450	5064	2453	174			
布尔津县布尔津镇	8022	20223	582	217	8192.0	4850	20223

续表 655　　(新疆维吾尔自治区)　　计算单位：公顷、人、万元

名　　称	行政区域面　　积	常住人口	从业人员	二三产业从业人员	工　业总产值	城镇建成区 面 积	城镇建成区常住人口
布尔津县冲乎尔镇	216800	11828	4349	1984		90	4132
布尔津县窝依莫克乡	213378	17147	6896	646		1270	1530
布尔津县杜来提乡	115500	7013	6913	334			
布尔津县阔斯特克乡	68000	5055	2910	297			
布尔津县也格孜托别乡	110000	5147	3165	759			
布尔津县禾木哈纳斯蒙古民族乡	304000	2364	1396	442			
富蕴县库额尔齐斯镇	1213	27632	11090	10880		620	26902
富蕴县可可托海镇	1710	5935	2666	2500		809	5229
富蕴县恰库尔图镇	12006	2845	1338	748		178	812
富蕴县喀拉通克镇	30330	8018	2332	1210		2	1765
富蕴县杜热镇	1400000	16948	6354	1359		131	1100
富蕴县吐尔洪乡	1787140	14295	7989	2717			
富蕴县库尔特乡	950000	10024	4632	1928			
富蕴县克孜勒希力克乡	682530	6018	1569	445			
富蕴县铁买克乡	300000	5908	3578	1832			
富蕴县喀拉布勒根乡	700000	6324	1725	600			
福海县福海镇	4060	21375	10340	9960		950	21375
福海县喀拉玛盖镇	2020758	10722	5402	423		918	10722
福海县解特阿热勒镇	320507	13721	6873	1648		650	13721
福海县阔克阿尕什乡	138550	7700	3440	601			
福海县齐干吉迭乡	656428	4296	2481	434			
福海县阿尔达乡	8571	2611	1475	944			
哈巴河县阿克齐镇	1200	22547	6879	5989		8	22547
哈巴河县萨尔布拉克镇	181800	13910	4481	710		68	1810
哈巴河县萨尔塔木乡	129500	12159	4373	1157			
哈巴河县加依勒玛乡	124100	13217	5142	1280			
哈巴河县库勒拜乡	136000	15180	6995	1177			
哈巴河县铁热克提乡	132300	2675	1197	457			
哈巴河县齐巴尔乡	57600	8547	4093	379			
青河县青河镇	4584	15815	510	190		760	15612
青河县塔克什肯镇	147027	4299	1915	728		110	756
青河县阿热勒托别镇	346725	11343	5081	750		104	2230
青河县阿热勒乡	433293	15214	7058	865		36	3353
青河县萨尔托海乡	283796	5958	3152	1925		148	1813
青河县查干郭勒乡	174432	6806	2927	507		111	1825
青河县阿尕什敖包乡	184405	6042	2465	467		45	730
吉木乃县托普铁热克镇	617	11160	4859	4765		303	11160
吉木乃县吉木乃镇	125356	2764	1697	405		31	1151
吉木乃县喀尔交镇	242279	4149	2256	598		214	1344
吉木乃县托普铁热克乡	91145	8965	6142	1710			
吉木乃县托斯特乡	112723	4746	2701	455			
吉木乃县恰勒什海乡	17173	1196	762	299			
吉木乃县别斯铁热克乡	118857	3497	1597	547			
阿拉尔市金银川镇	36607	20944	8227	4948	112725.0	300	18882
五家渠市梧桐镇	34500	17854	8346	6033	71389.0	666	14610
五家渠市蔡家湖镇	54600	15780	7403	3697	33013.0	667	10026
皮山县皮山农场	44528	25221	8636	3472	7708.0	440	11630
石河子市北泉镇	47500	47072	25973	19405	535022.0	19520	47072
石河子市石河子镇	7634	18143	5464	1344	22958.0		
阿拉尔市托喀依乡	19333	4218	1130	134			

附录：主要指标解释

主要指标解释

行政区域土地面积 是指辖区内的全部陆地面积和水域面积。包括耕地、荒山、荒地、山林、草原、滩涂、道路和建筑物占地等陆地面积，以及河流、湖泊、水库等水域面积。

居民委员会个数 指根据宪法和其他相关法律法规规定，按城镇居住地区设立的基层群众性自治组织的个数。

村民委员会个数 指农村中经上级政府批准，按居住地区设立的基层群众性自治组织的个数。含城关镇中的村。

通公共交通的村 指有公共交通汽车通过本村，并设有公交汽车站名的村。

通宽带的村 指一个或一个以上自然村内可通过宽带或光纤宽带上网查看各种信息的村。宽带对家庭用户而言是指传输速率超过1M，可以满足语音、图像等大量信息传递的需求。

通有线电视的村 指有线电视网络已经架设到村，并能通过有线网络接收到电视节目的村。

通自来水的村 自来水是指符合卫生标准，并经公用设施处理的管道输送水。通自来水的村指乡镇行政区域内通自来水的村数。

垃圾集中处理的村 指本行政区域内有垃圾处理设施进行垃圾集中处理，或者虽然没有垃圾处理设施，但是对垃圾实行统一集中清运管理的行政村。

污水集中处理的村 指本行政区域内有污水处理设施进行污水集中处理，或者虽然没有污水处理设施，但是对污水进行了净化处理的行政村。

常住户数 指常住人口所在的家庭户与集体户之和。家庭户按公安部门常住户进行统计；集体户包括地区内的国有经济的机关、团体、学校、企业、事业单位的集体户口，同一单位的集体户口无论其人数多少，都以一户进行统计。

常住人口 指本行政区域内的以下四部分人口：居住在本行政区域，户口在本行政区域或者户口待定的人口；居住在本行政区域，户口在外县（市），离开户口登记地半年以上的人口；户口在本行政区域，居住在外县（市），离开户口登记地不到半年的人口；户口在本行政区域，居住在港澳台或国外的人口。

户籍人口 指年末户籍在本行政区域内的人口数，即公安部门户籍人口。

农业户籍人口 指年末本行政区域内户籍人口中的农业户籍人口。

从业人员 指总人口中16岁以上实际参加生产经营活动并取得实物或货币收入的人员，既包括劳动年龄内经常参加劳动的人员，也包括超过劳动年龄但经常参加劳动的人员。但不包括户口在家的在外学生、现役军人和丧失劳动能力的人，也不包括待业人员和家务劳动者。从业人员年龄为16岁以上。从业人员按从事主业时间最长（时间相同按收入）分为农业从业人员、工业从业人员、建筑业从业人员、交运仓储及邮电通讯业从业人员、批零贸易及餐饮业从业人员、其他从业人员。

第一产业从业人员 指从事农、林、牧、渔业的人员。

第二产业从业人员 指从事采矿业，制造业，电力、煤气及水的生产和供应业，建筑业人员。

第三产业从业人员 指从事第一、二产业以外的其他行业人员。

外来从业人员 指从业人员中户籍在外地的乡镇工作人员和乡镇企业外来打工人员。包括从事农业与非农业生产、其他行业从业人员。

公共财政收入 包括国内增值税、营业税、企业所得税、个人所得税、资源税、城市维护建设税、房产税、印花税、城镇土地使用税、土地增值税、车船税、耕地占用税、契税、烟叶税、其他各项税收等税收收入，和专项收入、行政事业性收费收入、罚没收入、国有资本经营收入、国有资源（资产）有偿使用收入、其他收入等非税收入。

企业实交税金 指企业实际缴纳的税金的总额。

公共财政支出 包括一般公共服务、国防、公共安全、教育、科学技术、文化体育与传媒、社会保障就业、医疗卫生、环境保护、城乡社区事务、农林水事务、交通运输等方面的支出。

年末债务总额 指年末乡镇政府承担的以货币计量的，尚未偿还的各种债务累计总额，包括欠银行、政府、社会团体和个人等方面的债务。

耕地面积 指种植农作物的土地。包括熟地，新开发、复垦、整理地，休闲地（含轮歇地、轮作地）；以种植农作物（含蔬菜）为主，间有零星果树、桑树或其他树木的土地；平均每年能保证收获一季的已垦滩地和海涂。耕地中包括南方宽度＜1.0米、北方宽度＜2.0米固定的沟、渠、路和地坎(埂)；临时种植药材、草皮、花卉、苗木等的耕地，以及其他临时改变用途的耕地。

设施农业占地面积 设施农业是指以工厂化生产方式,建造人工设施,改变气候条件,提高农作物抵御自然灾害的能力,改良生物特性,使作物实现错季或反季节生产,达到农作物均衡生产的目的.包括温室、大棚和中小棚。占地面积指三类面积的总和。一是实际使用面积，指沿墙内侧的围绕面积；二是墙体面积，指设施的墙体等其他支撑体自身的占地面积；三是采光占用面积，指设施距遮光物体（其他设施、房屋等）的必要距离所占的面积。

有效灌溉面积 指具有一定的水源，地块比较平整，灌溉工程或设备已经配套，在一般年景下当年能够进行正常灌溉的耕地面积。在一般的情况下，有效灌溉面积应等于灌溉工程或设备已经配套，能够进行正常灌溉的水田和水浇地面积之和。

农作物播种面积 指农业生产经营者应在日历年度内收获农作物在全部土地（耕地或非耕地）上的播种或移植面积。凡是本年内收获的农作物，无论是本年还是上年播种，都算为播种面积，但不包括本年播种，下年收获的农作物面积。移植的农作物面积按移植后的面积计算，不计算移植前的秧田、畦田等面积。多年生作物，即播种后可连续生长多年的缩根性草本植物，如有些麻类、中药等作物的播种面积，按本年新增面积加往年的连续累计面积计算。如果因灾害等原因，应该收获却未能收获，也要按原播种面积计算，新补或改种，并在本年收获的，要按复种作物计算面积。间种、混种的作物面积按比例折算各个作物的面积，如果完全混合、同步生长、收获的作物，按混合面积平均分配。复种、套种的作物，按次数计算面积，每种一次计算一次。再生稻、再生高梁、再生烟等，因其没有经过播种或移植，不算入播种面积。

粮食作物播种面积 指农业生产经营者应在日历年度内收获的粮食作物在全部土地（耕地或非耕地）上的播种或移植面积。凡是本年内收获的粮食作物，无论是本年还是上年播种，都算为当年播种面积，但不包括本年播种，下年收获的粮食作物面积。移植的粮食作物面积按移植后的面积计算，不计算移植前的秧田面积。如果因灾害等原因，应该收获却未能收获，也要按原播种面积计算，新补或改种，并在本年收获的，也要按复种作物计算面积。间种、混种的作物面积按比例折算各个作物的面积，如果完全混合、同步生长、收获的作物，按混合面积平均分配。复种、套种的作物，按次数计算面积，每种一次计算一次。再生稻、再生高粱等，因其没有经过播种或移植，不计入播种面积。

农业技术服务机构个数 指在本行政区域内负责农业技术服务的机构的个数。包括设立在本行政区域的农业技术服务机构，以及独立从事农业技术服务的机构的个数。

农业技术服务机构从业人员数 指年末在本行政区域内所有从事农业技术服务的人员数。

农民合作社个数 指年末由政府或者由农民自发组成、自愿联合、民主管理的互助经济合作组织的个数。该组织主要从事传授农业生产技术、组织农业生产经营、对农业生产进行服务等活动。一般应有5个以上成员，有组织章程，有生产、技术、信息、加工、仓储、销售等某方面的服务内容。

农民合作社成员数 指本行政区域内开展活动的各种类型的农业专业合作经济组织所包括的在册成员总数。

耕地流转面积 指种植农作物的土地流转面积。土地流转是指土地使用权流转，土地使用权流转的含义，是指拥有土地承包经营权的农户将土地经营权（使用权）转让给其他农户或经济组织，即保留承包权，转让使用权。

种植大户数 指本辖区内种植农作物的土地面积在规模（南方50亩、北方100亩）以上的农户数。

畜禽养殖大户数 指本行政区域内的畜禽（猪、牛、羊、禽）养殖大户户数。禽包括鸡、鸭、鹅。

畜禽养殖大户标准以国家农业部门规定的养殖量为准。生猪：年出栏50头；奶牛：存栏20头；肉牛：年出栏10头；羊：年出栏30只；蛋鸡：存栏500只；肉鸡：年出栏2000只。

工业企业单位数 指本行政区域内按国民经济行业划分归属于工业的企业个数和生产单位个数。

规模以上工业企业个数 指年主营业务收入2000万元以上的工业法人企业个数。

工业总产值 指工业企业在报告期内生产的以货币形式表现的工业最终产品和提供工业劳务活动的总价值量。

规模以上工业总产值 指主营业务收入在2000万以上的工业企业在报告期内生产的以货币形式表现的工业最终产品和提供工业劳务活动的总价值量。

工业企业从业人员 指实际上报《产业活动单位基本情况》企业的从业人员汇总数。

建筑业企业单位数 指具有建筑业资质的独立核算的总承包和专业承包建筑业企业与生产单位个数。

建筑业总产值 指建筑业企业在报告期内生产的以货币形式表现的建筑业产品和服务的总和。建筑业总产值包括建筑工程产值、安装工程产值和其他产值三部分内容。

建筑业企业从业人员数 指实际上报《产业活动单位基本情况》企业的从业人员汇总数。

社会消费品零售总额 指企业（单位、个体户）通过交易直接售给个人、社会集团非生产、非经营用的实物商品金额，以及提供餐饮服务所取得的收入金额。个人包括城乡居民和入境人员，社会集团包括机关、社会团体、部队、学校、企事业单位、居委会或村委会等。

限额以上社会消费品零售总额 指限额以上企业（单位、个体户）通过交易直接售给个人、社会集团非生产、非经营用的实物商品金额，以及提供餐饮服务所取得的收入金额。个人包括城乡居民和入境人员，社会集团包括机关、社会团体、部队、学校、企事业单位、居委会或村委会等。

市场个数 指所辖地域范围内，由乡镇管理，经工商部门批准，具有固定场所，专门从事各类商品交换市场的个数。

50平米以上的超市个数 超级市场是以顾客自选方式经营的大型综合性零售商场。又称自选商场。是许多国家特别是经济发达国家的主要商业零售组织形式。超级市场一般在入口处备有手提篮或手推车供顾客使用，顾客将挑选好的商品放在篮或车里，到出口处收款台统一结算。

住宿餐饮业企业个数 指区域内按国民经济行业划分归属于住宿和餐饮的单位个数（分项以企业登记注册类型划分，参见《住宿和餐饮业统计报表制度》中，法人单位基本情况S101-1和住宿和餐饮业产业活动单位S104-3表)。

小学数 指经过县及县以上教育部门批准，以招收适龄儿童为主实施小学教学计划的学校数。

小学专任教师数 指在普通小学中专门从事教学工作的固定教师、民办教师人数，不包括兼职教师和临时代课教师。

小学在校学生数 指学年开学后，在普通小学学习具有学籍的学生总数，包括留级生，不包括复读生和补习生。

幼儿园、托儿所个数 指本行政区域内实有的幼儿园、托儿所个数。包括学前班，以及虽未经有关部门批准，但却有一定规模(儿童数超过10人)的个人办幼儿园、托儿所。

图书馆、文化站个数 指经过文化管理部门批准，设立于本行政区域内，并对公众开放的图书馆和文化站个数。不包括单位内部的图书室。

剧场、影剧院数 指独立核算的专用剧场和属文化部门主管的能演出戏剧的影剧院、兼映电影的剧场，以及附属在剧院、团公开营业的非独立核算的剧场、排演场个数。

体育场馆 体育场指有400米跑道（中心含足球场），有固定道牙，跑道6条以上并有固定看台的室外田径场地。体育场按看台容纳观众人数分为：甲级25000人以上，乙级15000-25000人，丙级5000-15000人，丁级5000人以下；体育馆指有固定看台，可供篮球、排球、羽毛球、乒乓球、体操等项目训练比赛活动用的室内运动场地。体育馆按看台容纳观众人数分为：甲级6000人以上，乙级4000-6000人，丙级2000-4000人，丁级2000人以下。不包括各类学校内专供学生使用的体育场馆。

医疗卫生机构个数 指报告期末辖区范围内的医院、卫生院总数。

医疗卫生机构床位数 指各级各类医院年底的

固定实有床位（非编制床位），包括正规床、简易床、监护床、正在消毒和修理床位、因扩建或大修而停用的床位，不包括产科新生儿床、接产室待产床、库存床、观察床、临时加床和病人家属陪侍床。

执业（助理）医师 包括执业医师和执业助理医师。执业医师是指具有《医师执业证》及其"级别"为"执业医师"且实际从事医疗、预防保健工作的人员，不包括实际从事管理工作的执业医师。执业助理医师是指具有《医师执业证》及其"级别"为"执业助理医师"且实际从事医疗、预防保健工作的人员，不包括实际从事管理工作的执业助理医师。

各种社会福利收养性单位数 指提供食宿、不以盈利为目地的革命伤残军人休养院、复退军人慢性病疗养院、复退军人精神病院、光荣院、社会福利院、儿童福利院、精神病福利院、老年收养性机构（敬老院、养老院、老年公寓）等收养性的社会福利事业单位的总称。这些单位，分事业单位、企业和民办非企业3类。

各种社会福利收养性单位床位数 指收养性单位报告期末床位的实际收养能力。对于炕、通铺，以正常可容纳人员数量折算床位数。

各种社会福利收养性单位收养人数 指收养性单位报告期末实际收养的人数。

新型农村合作医疗参保人数（简称：新农合参保人数） 指根据本地新农合实施方案到年内新农合筹资截至时已缴纳新农合资金的人口数。

新型农村社会养老保险参保人数（简称：新农保参保人数） 指报告期末按照《国务院关于开展新型农村社会养老保险试点的指导意见》（国发[2009]32号），参加新型农村社会养老保险的人数。

农村居民最低生活保障人数 指报告期末在建立农村最低生活保障制度的地区，得到当地政府或集体给予最低生活保障的农业人口家庭，并已发放补助经费的人数。

自来水用水户数 指辖区内通过城镇自来水管道网饮用自来水的所有住户数。

燃气用气户数 指辖区内居民使用燃气家庭户的总户数。

金融机构网点数 指金融机构在辖区内所设立的金融网点个数总和。金融机构，是指专门从事货币信用活动的中介组织。我国的金融机构，按地位和功能可分为中央银行、银行、非银行金融机构和外资、侨资、合资金融机构四大类。

公园及休闲健身广场个数 是指经过有关管理部门批准，设立于本辖区内，供居民休闲游玩的地方。

城镇规划区面积 指对城市未来的发展区域进行的整体构思和安排。城镇规划区面积以乡镇人民政府建设部门（或规划部门）提供的范围为准。

城镇建成区面积 指实际已成片开发建设、市政公用设施和公共设施基本具备的区域。

城镇建成区总户数 指年末实际居住在建成区范围内的住户总数。包括单身户、家庭户和各种类型的集体户。

城镇建成区总人口 指年末实际居住在建成区范围内的乡村人口与城镇人口之和。

城镇建成区绿化面积 根据《城市绿化条例》规定，建成区绿地面积包括公共绿地、居住区绿地、单位附属绿地、防护绿地、生产绿地、风景林地六类绿化面积之和。

2015

CHINA STATISTICAL YEARBOOK (COUNTY-LEVEL)

中国县域统计年鉴(县市卷)

国家统计局农村社会经济调查司 编

中国统计出版社
China Statistics Press

图书在版编目 (CIP) 数据

中国县域统计年鉴 . 2015. 县市卷 / 国家统计局农村社会经济调查司编 . -- 北京 : 中国统计出版社 , 2015.12
ISBN 978-7-5037-7726-4

Ⅰ . ①中 … Ⅱ . ①国 … Ⅲ . ①县级经济 - 经济统计 - 中国 - 2015 - 年鉴 Ⅳ . ① F127-54

中国版本图书馆 CIP 数据核字 (2015) 第 294659 号

中国县域统计年鉴—2015（县市卷）

编　　者 / 国家统计局农村社会经济调查司
责任编辑 / 尹　伊
出版发行 / 中国统计出版社
通信地址 / 北京市丰台区西三环南路甲 6 号　邮政编码 /100073
电　　话 / 邮购 (010) 63376909　书店 (010) 68783171
网　　址 / http://www.zgtjcbs.com
印　　刷 / 河北天普润印刷厂
经　　销 / 新华书店
开　　本 / 880×1230 毫米　1/16
字　　数 / 880 千字
印　　张 / 27.75
版　　别 / 2015 年 12 月第 1 版
版　　次 / 2015 年 12 月第 1 次印刷
定　　价 / 550. 00 元 (全套)

如有印装差错，由本社发行部调换。

《中国县域统计年鉴（县市卷）–2015》
编辑委员会

编 者 说 明

《中国县域统计年鉴》从2014年开始分为《中国县域统计年鉴（县市卷）》和《中国县域统计年鉴（乡镇卷）》两卷。

一、《中国县域统计年鉴（县市卷）-2015》是一部全面反映我国县域社会经济发展状况的资料性年鉴，收录了2014年全国2000多个县域单位的基本情况、综合经济、农业、工业、基本建设、教育、卫生、社会保障等方面的资料。

二、本卷的资料范围包括全国除香港特别行政区、澳门特别行政区和台湾省以外的县（旗）、县级市和上报资料完整的市辖区，行政区划截止到2014年12月31日。

三、本卷的主要内容包括两个部分：一是县（市）社会经济主要指标；二是按主要经济指标分组县（市）资料，包括按公共财政收入、农民人均纯收入分组；篇末另附主要指标解释。

四、本卷的资料来自2014年县（市）社会经济统计年报。

五、本卷指标空栏有如下情况：

（1）该项数据较小，不够规定单位。

（2）该项指标在当年没有统计任务，没有统计数据。

（3）该项指标未掌握确切数据。

六、咨询服务电话：010-68782899。

编 者

2015年10月

目录

一、县（市）社会经济主要指标

二、按主要经济指标分组县（市）资料

附录：主要指标解释

1

县（市）社会经济主要指标

2014年县(市)社会经济主要指标

北京市

指　　标	单位	大兴区	怀柔区	平谷区	密云县	延庆县
一、基本情况						
行政区域面积	平方公里	1036	2123	950	2229	1994
乡个数	个		2	2	1	4
镇个数	个	14	12	14	17	11
街道办事处个数	个	8	2	2	2	3
户籍人口	万人	65	28	40	43	28
第二产业从业人员	人	230567	42078	43792	43607	12654
第三产业从业人员	人	237294	49006	73678	59510	55822
固定电话用户	户	181516	163500	125872	124636	51475
二、综合经济						
地区生产总值	万元	4750244	2193279	1834287	2118809	998044
第一产业增加值	万元	240403	82903	195911	162201	97341
农业增加值	万元	117822	24339	121649	86957	28667
牧业增加值	万元	54059	21912	54296	51322	35171
第二产业增加值	万元	1918404	1279546	880064	997326	276223
公共财政收入	万元	615217	303441	265476	277940	110200
各项税收	万元	1704787	986679	642505	626876	240768
公共财政支出	万元	1596552	978864	832539	955855	741043
居民储蓄存款余额	万元	10588056	2283603	2063542	2486537	1537304
年末金融机构各项贷款余额	万元	12053048	1002455	1371981	1560855	471895
三、农业、工业及投资						
农业机械总动力	万千瓦特	28	12	23	23	15
机收面积	公顷	21571	4029	8121	7972	8117
设施农业占地面积	公顷	7009	358	856	750	627
粮食总产量	吨	145294	30647	52462	50220	62991
棉花产量	吨	7		91		
油料产量	吨	3398	598	368	1491	167
肉类总产量	吨	60155	24733	44731	37808	23412
规模以上工业企业单位数	个	425	171	133	140	43
规模以上工业总产值	万元	6645870	5526979	2539141	3089563	693262
固定资产投资	万元	1916741	959544	646387	1080404	585464
四、教育、卫生和社会保障						
普通中学在校学生数	人	27195	11140	11992	15284	10870
中等职业教育学校在校学生数	人	7706	1913	1749	1670	1920
小学在校学生数	人	56199	16500	16686	21319	11899
医疗卫生机构床位数	床	6675	1596	2001	1696	982
各种社会福利收养性单位数	个	35	23	30	30	36
各种社会福利收养性单位床位数	床	5749	3073	4943	4342	6222

2014年县(市)社会经济主要指标

天津市、河北省

指　　标	单位	宝坻区	宁河县	静海县	蓟县	藁城区
一、基本情况						
行政区域面积	平方公里	1450	1031	1415	1590	836
乡个数	个		3	2	1	1
镇个数	个	16	11	16	25	13
街道办事处个数	个	8			1	
户籍人口	万人	69	39	59	85	78
第二产业从业人员	人	234758	59952	185814	113895	244667
第三产业从业人员	人	74310	44936	132147	88976	198282
固定电话用户	户	224500	124765	167920	143065	56868
二、综合经济						
地区生产总值	万元	5647332	5017157	5833800	3509092	5304001
第一产业增加值	万元	356103	307627	227462	306106	639688
农业增加值	万元	189562	130070	124700	159284	458891
牧业增加值	万元	138073	125472	75990	128632	175793
第二产业增加值	万元	2517148	2478007	3298512	1150275	3576475
公共财政收入	万元	500826	337618	515188	829711	183353
各项税收	万元	341183	104738	299612	328413	675634
公共财政支出	万元	737210	492916	727318	922716	311187
居民储蓄存款余额	万元	2609729	1638455	3150535	3267155	1868569
年末金融机构各项贷款余额	万元	2404793	1267410	2667639	2385430	885458
三、农业、工业及投资						
农业机械总动力	万千瓦特	90	57	67		228
机收面积	公顷	86580	21305	48920		63616
设施农业占地面积	公顷	1474	1370	2592		8879
粮食总产量	吨	446715	96108	227713	363591	544762
棉花产量	吨	11600	15111	2171	48	378
油料产量	吨	327	715	470	2059	9442
肉类总产量	吨	78548	110634	59669	80631	88520
规模以上工业企业单位数	个	418	264	586	152	390
规模以上工业总产值	万元	7777958	6947300	17193280	1764029	14262069
固定资产投资	万元	6392500	5964500	6012326	6352217	2265302
四、教育、卫生和社会保障						
普通中学在校学生数	人	33674	17937	35562	39017	29924
中等职业教育学校在校学生数	人	3578	1802	3045	3540	3611
小学在校学生数	人	35593	26725	57689	51187	46654
医疗卫生机构床位数	床	2223	1301	1646	1596	1862
各种社会福利收养性单位数	个	18	6	18	24	15
各种社会福利收养性单位床位数	床	515	500	2403	956	5836

2014年县(市)社会经济主要指标

河北省

指　　标	单位	鹿泉区	栾城区	井陉县	正定县	行唐县
一、基本情况						
行政区域面积	平方公里	603	326	1381	468	1025
乡个数	个	3	3	7	5	11
镇个数	个	9	4	10	3	4
街道办事处个数	个				2	
户籍人口	万人	41	34	33	50	46
第二产业从业人员	人	88962	104866	50804	119733	71386
第三产业从业人员	人	87011	71910	35283	103783	91423
固定电话用户	户	56360	31500	25236	73036	15655
二、综合经济						
地区生产总值	万元	3414431	1939363	1436280	2526705	1219104
第一产业增加值	万元	222379	284029	132149	312173	257118
农业增加值	万元	143206	134084	50092	161476	126021
牧业增加值	万元	70136	147073	69843	147988	123611
第二产业增加值	万元	1931794	1131338	668016	1050042	626608
公共财政收入	万元	171661	80097	55045	122388	32662
各项税收	万元	280002	151236	121233	79256	42295
公共财政支出	万元	227751	138108	124678	227817	172994
居民储蓄存款余额	万元	1549923	953867	972539	2198100	935307
年末金融机构各项贷款余额	万元	1268005	651232	530867	2138100	368116
三、农业、工业及投资						
农业机械总动力	万千瓦特	64	64	47	147	140
机收面积	公顷	28020	34340	8900	38830	37888
设施农业占地面积	公顷	2000	1670	180	1031	905
粮食总产量	吨	201529	251551	99796	312983	281221
棉花产量	吨	138	9	120	213	402
油料产量	吨	3742	289	5564	20184	22952
肉类总产量	吨	29301	54415	27648	86261	39313
规模以上工业企业单位数	个	209	157	64	136	76
规模以上工业总产值	万元	6954242	3722913	1931128	4452225	2208600
固定资产投资	万元	2973901	1731115	2313672	2145411	1397550
四、教育、卫生和社会保障						
普通中学在校学生数	人	18087	13011	14646	43830	21827
中等职业教育学校在校学生数	人	4329	2222	1325	3144	557
小学在校学生数	人	27948	22183	19578	34185	28971
医疗卫生机构床位数	床	1312	1884	1042	1753	1264
各种社会福利收养性单位数	个	14	5	7	21	7
各种社会福利收养性单位床位数	床	7881	2778	3450	3264	4812

2014年县(市)社会经济主要指标

河北省

指　　标	单位	灵寿县	高邑县	深泽县	赞皇县	无极县
一、基本情况						
行政区域面积	平方公里	1066	222	296	1210	524
乡个数	个	9	2	3	9	5
镇个数	个	6	3	3	2	6
街道办事处个数	个					
户籍人口	万人	35	20	26	27	53
第二产业从业人员	人	11875	36663	58941	39750	142047
第三产业从业人员	人	22557	23952	35680	59692	47923
固定电话用户	户	16300	16500	10578	8000	56123
二、综合经济						
地区生产总值	万元	884699	773031	944413	962588	1684163
第一产业增加值	万元	165875	113075	149361	161567	254224
农业增加值	万元	95720	90513	106387	80383	136128
牧业增加值	万元	56946	21353	40710	69747	117233
第二产业增加值	万元	437380	454297	567437	568699	910559
公共财政收入	万元	25126	35312	34883	25173	42921
各项税收	万元	22149	25488	35840	36385	63505
公共财政支出	万元	129637	101700	96812	121784	144825
居民储蓄存款余额	万元	759963	481000	784023	492080	1172975
年末金融机构各项贷款余额	万元	334062	247000	265752	302560	370323
三、农业、工业及投资						
农业机械总动力	万千瓦特	58	46	67	51	98
机收面积	公顷	19054	22726	29329	18880	42963
设施农业占地面积	公顷	378	4815	752	419	1857
粮食总产量	吨	138074	161656	198552	104666	340084
棉花产量	吨	140	106	486	67	234
油料产量	吨	4951	4847	6514	9855	17010
肉类总产量	吨	31491	13569	24310	25671	56221
规模以上工业企业单位数	个	67	62	77	73	113
规模以上工业总产值	万元	143880	1419516	1970993	1938581	3506386
固定资产投资	万元	961675	647239	667170	1232450	1105756
四、教育、卫生和社会保障						
普通中学在校学生数	人	13772	7801	7367	9293	17756
中等职业教育学校在校学生数	人	2531	1353	1768	1162	2056
小学在校学生数	人	26219	15776	14566	25398	35681
医疗卫生机构床位数	床	1057	560	742	933	1372
各种社会福利收养性单位数	个	7	4	8	7	8
各种社会福利收养性单位床位数	床	3782	1900	2773	1719	4342

2014年县(市)社会经济主要指标

河北省

指　　标	单位	平山县	元氏县	赵县	晋州市	新乐市
一、基本情况						
行政区域面积	平方公里	2648	675	674	619	525
乡个数	个	11	8	4	1	3
镇个数	个	12	7	7	9	8
街道办事处个数	个					1
户籍人口	万人	50	44	61	56	51
第二产业从业人员	人	61245	31803	132940	136402	110361
第三产业从业人员	人	51847	65870	103289	66213	63000
固定电话用户	户	26741	22102	21300	36905	26830
二、综合经济						
地区生产总值	万元	2122834	1711000	1963067	2546152	1821923
第一产业增加值	万元	203488	232339	339182	314174	280553
农业增加值	万元	115233	129438	244443	215545	161764
牧业增加值	万元	49389	96950	92106	95058	116838
第二产业增加值	万元	1360070	934290	1172744	1431467	1023526
公共财政收入	万元	85070	53226	42469	70321	54975
各项税收	万元	154335	84733	52657	50224	58700
公共财政支出	万元	228065	151351	162588	177282	159872
居民储蓄存款余额	万元	1216285	897023	965880	1531638	1018484
年末金融机构各项贷款余额	万元	518217	481806	511317	766372	593940
三、农业、工业及投资						
农业机械总动力	万千瓦特	100	66	260	139	237
机收面积	公顷	10630	40865	67030	42667	41040
设施农业占地面积	公顷	805	1680	2068	760	1248
粮食总产量	吨	197163	326589	549484	350459	317058
棉花产量	吨	576	516			153
油料产量	吨	9214	7622	3972	9464	37232
肉类总产量	吨	23034	45993	45171	53229	58413
规模以上工业企业单位数	个	24	71	112	254	151
规模以上工业总产值	万元	5492698	3441271	5651995	5632344	4130333
固定资产投资	万元	1802263	1688230	1294163	2238581	1904545
四、教育、卫生和社会保障						
普通中学在校学生数	人	21935	21710	24885	15443	23367
中等职业教育学校在校学生数	人	4799	2003	6704	2719	1418
小学在校学生数	人	34446	30553	39977	33421	41617
医疗卫生机构床位数	床	1396	1685	1377	1008	1760
各种社会福利收养性单位数	个	13	6	8	11	9
各种社会福利收养性单位床位数	床	2876	2355	1207	2486	3198

2014年县(市)社会经济主要指标

河北省

指　标	单位	丰南区	丰润区	曹妃甸区	滦县	滦南县
一、基本情况						
行政区域面积	平方公里	1312	1154	1281	1027	1482
乡个数	个	3	3			
镇个数	个	12	17	5	10	16
街道办事处个数	个	1	3	1	4	1
户籍人口	万人	53	95	21	56	57
第二产业从业人员	人	149399	153911	73542	121605	118969
第三产业从业人员	人	110872	80992	48896	154764	79810
固定电话用户	户	103000	192669	84388	69105	70891
二、综合经济						
地区生产总值	万元	6416536	6204737	3798849	4131075	3193220
第一产业增加值	万元	423336	471857	216305	428608	832163
农业增加值	万元	287686	266867	64120	218714	444862
牧业增加值	万元	52043	193259	35429	204763	262419
第二产业增加值	万元	4129243	4264001	2421379	2458142	1094262
公共财政收入	万元	258316	218858	595588	150002	95000
各项税收	万元	394177	452987	655335	232447	68990
公共财政支出	万元	359025	278772	778931	233931	226999
居民储蓄存款余额	万元	2845491	4241922	1121400	1734718	1444296
年末金融机构各项贷款余额	万元	2230543	2368408	7756093	1203258	874049
三、农业、工业及投资						
农业机械总动力	万千瓦特	90	115	56	96	138
机收面积	公顷	27320	38702	22584	27400	51395
设施农业占地面积	公顷	4093	754	906	1281	8155
粮食总产量	吨	247870	359866	200788	293639	462017
棉花产量	吨	10141	1037	314	279	974
油料产量	吨	20877	33062	699	60004	61197
肉类总产量	吨	49184	86400	25922	58032	128186
规模以上工业企业单位数	个	190	148	80	81	72
规模以上工业总产值	万元	15760652	13859149	7287734	6692217	2124824
固定资产投资	万元	3017297	1646193	8697461	2701051	2032452
四、教育、卫生和社会保障						
普通中学在校学生数	人	25711	34185	6897	25655	27407
中等职业教育学校在校学生数	人	4811	4311	1663	5186	4219
小学在校学生数	人	33460	51877	9044	38791	33160
医疗卫生机构床位数	床	1531	3731	804	2049	2100
各种社会福利收养性单位数	个	15	10	4	15	6
各种社会福利收养性单位床位数	床	5816	7596	1260	5389	5460

2014年县(市)社会经济主要指标

河北省

指　　标	单位	乐亭县	迁西县	玉田县	遵化市	迁安市
一、基本情况						
行政区域面积	平方公里	1417	1439	1165	1509	1227
乡个数	个	3	8	6	12	7
镇个数	个	10	9	14	13	10
街道办事处个数	个	1	1	1	2	4
户籍人口	万人	49	40	70	75	76
第二产业从业人员	人	72959	86263	174922	178201	190219
第三产业从业人员	人	104504	66681	133308	194081	184252
固定电话用户	户	60736	66754	106492	117250	107546
二、综合经济						
地区生产总值	万元	3062546	4222778	3338370	5706914	9936761
第一产业增加值	万元	799764	240870	629094	425325	431656
农业增加值	万元	600799	143604	435895	277503	272956
牧业增加值	万元	108606	45374	187089	133411	153525
第二产业增加值	万元	1049363	2654223	1548314	3000684	6459333
公共财政收入	万元	100117	100212	93262	111051	350861
各项税收	万元	114986	159372	137592	168283	569684
公共财政支出	万元	213035	209228	224624	234864	485302
居民储蓄存款余额	万元	1774852	1746480	2446454	3033267	4391813
年末金融机构各项贷款余额	万元	1337796	1048757	1504456	1601014	3918006
三、农业、工业及投资						
农业机械总动力	万千瓦特	99	39	120	149	216
机收面积	公顷	13920	30	56430	12666	12385
设施农业占地面积	公顷	14234	182	3272	894	3503
粮食总产量	吨	258597	81355	500466	253497	183529
棉花产量	吨	687	310	2208	105	45
油料产量	吨	10932	7019	3943	48731	34101
肉类总产量	吨	36195	24333	119798	85160	86959
规模以上工业企业单位数	个	63	119	158	154	186
规模以上工业总产值	万元	2406523	6731347	4731370	6638362	16191785
固定资产投资	万元	1297602	1938662	2337607	2538669	5215186
四、教育、卫生和社会保障						
普通中学在校学生数	人	20097	19771	30422	39507	33571
中等职业教育学校在校学生数	人	3030	3366	4015	1987	5672
小学在校学生数	人	22077	31774	46401	56046	53312
医疗卫生机构床位数	床	1515	1495	2465	2411	3713
各种社会福利收养性单位数	个	7	9	7	8	10
各种社会福利收养性单位床位数	床	5775	9065	4320	7493	4299

2014年县(市)社会经济主要指标

河北省

指　　标	单位	青龙满族自治县	昌黎县	抚宁县	卢龙县	邯郸县
一、基本情况						
行政区域面积	平方公里	3510	1212	1619	961	280
乡个数	个	14	5	2	5	5
镇个数	个	11	11	9	7	2
街道办事处个数	个		3	2		
户籍人口	万人	56	53	48	43	32
第二产业从业人员	人	92041	67618	68116	49215	54753
第三产业从业人员	人	61928	68531	47143	55864	61138
固定电话用户	户	46934	76600	76467	50765	45185
二、综合经济						
地区生产总值	万元	1085822	1944713	1554577	1000802	1465423
第一产业增加值	万元	253823	633151	450530	275309	152167
农业增加值	万元	120130	305943	254527	181863	95284
牧业增加值	万元	117300	285742	161463	89474	55157
第二产业增加值	万元	419653	782162	496288	341875	598110
公共财政收入	万元	54749	81383	74838	38665	57046
各项税收	万元	113663	146586	118292	29437	125839
公共财政支出	万元	201072	211209	181787	166270	135849
居民储蓄存款余额	万元	978678	1824671	1614439	1101360	881632
年末金融机构各项贷款余额	万元	608597	773245	739652	450958	616891
三、农业、工业及投资						
农业机械总动力	万千瓦特	27	83	74	101	66
机收面积	公顷		23333	3851	13010	21660
设施农业占地面积	公顷	210	3889	2506	440	823
粮食总产量	吨	121659	301644	134631	224794	189344
棉花产量	吨		222	611	1225	1579
油料产量	吨	2143	29718	14541	13469	997
肉类总产量	吨	68278	91093	114251	69782	24093
规模以上工业企业单位数	个	58	60	61	43	37
规模以上工业总产值	万元	718719	2312102	1888591	1052341	517544
固定资产投资	万元	716668	1073243	773649	762011	1655962
四、教育、卫生和社会保障						
普通中学在校学生数	人	11402	24240	20997	20518	18707
中等职业教育学校在校学生数	人	7974	4199	2737	4943	3376
小学在校学生数	人	37981	31980	28078	23782	36487
医疗卫生机构床位数	床	1599	2755	1468	1026	1229
各种社会福利收养性单位数	个	4	11	5	4	13
各种社会福利收养性单位床位数	床	600	2698	4165	3871	3317

2014年县(市)社会经济主要指标

河北省

指　　标	单位	临漳县	成安县	大名县	涉县	磁县
一、基本情况						
行政区域面积	平方公里	742	482	1053	1509	995
乡个数	个	9	5	13	8	9
镇个数	个	5	4	7	9	9
街道办事处个数	个				1	
户籍人口	万人	74	45	93	42	64
第二产业从业人员	人	101808	77263	95650	102972	120963
第三产业从业人员	人	86018	90184	293635	129085	159663
固定电话用户	户	24324	19710	46989	39280	56153
二、综合经济						
地区生产总值	万元	1038244	1300016	1234548	2075065	2282678
第一产业增加值	万元	295250	235865	329260	124122	214646
农业增加值	万元	187991	153998	210387	63398	109610
牧业增加值	万元	105317	80368	117041	47986	93513
第二产业增加值	万元	379379	623458	525535	1194973	1118020
公共财政收入	万元	26100	30132	26890	91033	118406
各项税收	万元	34059	56108	39170	126563	112623
公共财政支出	万元	186986	136233	216104	175266	199192
居民储蓄存款余额	万元	636236	442169	829000	1020646	923312
年末金融机构各项贷款余额	万元	327663	286780	700585	844877	645706
三、农业、工业及投资						
农业机械总动力	万千瓦特	112	79	103	58	186
机收面积	公顷	67870	43042	105525	10220	46590
设施农业占地面积	公顷	223	612	564	120	316
粮食总产量	吨	597454	285745	736939	91893	359728
棉花产量	吨	3067	23075	2733	31	2774
油料产量	吨	5530	4638	86639	641	5458
肉类总产量	吨	55031	35917	79324	24213	40341
规模以上工业企业单位数	个	60	81	84	60	69
规模以上工业总产值	万元	1142032	2747686	1997033	3210343	1952656
固定资产投资	万元	1397049	1488189	1497595	2091085	1970542
四、教育、卫生和社会保障						
普通中学在校学生数	人	25065	16809	38728	22340	26542
中等职业教育学校在校学生数	人	3040	2440	1495	3144	2804
小学在校学生数	人	71156	41217	80830	30578	55202
医疗卫生机构床位数	床	1496	1161	2723	1795	1855
各种社会福利收养性单位数	个	6	5	9	8	5
各种社会福利收养性单位床位数	床	4890	8474	5395	5564	3837

2014年县(市)社会经济主要指标

河北省

指　　标	单位	肥乡县	永年县	邱县	鸡泽县	广平县
一、基本情况						
行政区域面积	平方公里	503	847	449	336	314
乡个数	个	6	13	3	4	3
镇个数	个	3	6	4	3	4
街道办事处个数	个					
户籍人口	万人	41	105	26	32	30
第二产业从业人员	人	82866	363030	34114	73210	100489
第三产业从业人员	人	97261	250108	29420	61549	72697
固定电话用户	户	17002	57311	8778	38264	8990
二、综合经济						
地区生产总值	万元	857072	2400096	687316	880505	703030
第一产业增加值	万元	287567	724121	154522	176748	133673
农业增加值	万元	216559	534202	97007	121679	88314
牧业增加值	万元	69410	181012	54041	54178	43792
第二产业增加值	万元	338944	967947	280142	434213	286916
公共财政收入	万元	41323	92606	17066	20367	22938
各项税收	万元	47330	113944	14099	16748	31031
公共财政支出	万元	149237	235455	107508	109912	130836
居民储蓄存款余额	万元	373246	1629343	340280	400467	360390
年末金融机构各项贷款余额	万元	318762	1222696	218724	234873	292415
三、农业、工业及投资						
农业机械总动力	万千瓦特	74	162	45	36	43
机收面积	公顷	42810	62535	13143	40534	26526
设施农业占地面积	公顷	1590	15275	540	3986	673
粮食总产量	吨	333277	516963	99188	213773	223723
棉花产量	吨	16554	3601	33733	4852	5222
油料产量	吨	3143	5540	1218	2455	7700
肉类总产量	吨	37589	75597	23891	28160	16316
规模以上工业企业单位数	个	49	123	57	74	44
规模以上工业总产值	万元	1068463	2755607	1308732	1341282	830589
固定资产投资	万元	1041214	1898857	657683	1152932	826271
四、教育、卫生和社会保障						
普通中学在校学生数	人	18410	52232	11149	12589	9795
中等职业教育学校在校学生数	人	1256	7252	1123	1590	925
小学在校学生数	人	44220	95610	31287	34462	29579
医疗卫生机构床位数	床	1176	3060	680	831	881
各种社会福利收养性单位数	个	7	10	6	8	7
各种社会福利收养性单位床位数	床	6866	379	3166	4214	1693

2014年县(市)社会经济主要指标

河北省

指　　标	单位	馆陶县	魏县	曲周县	武安市	邢台县
一、基本情况						
行政区域面积	平方公里	456	864	677	1806	1848
乡个数	个	4	12	5	9	6
镇个数	个	4	9	5	13	10
街道办事处个数	个					
户籍人口	万人	36	102	50	83	35
第二产业从业人员	人	88469	161893	136434	245433	76475
第三产业从业人员	人	65161	130064	120242	206363	59624
固定电话用户	户	23547	22832	20666	97077	43683
二、综合经济						
地区生产总值	万元	899698	1246727	1089707	5901931	1217505
第一产业增加值	万元	247856	292932	276881	202988	114521
农业增加值	万元	98180	192420	155995	107179	83622
牧业增加值	万元	145565	97789	116347	91041	25269
第二产业增加值	万元	403724	440320	528037	3784642	836570
公共财政收入	万元	28578	48108	31688	325762	56913
各项税收	万元	24329	53476	42570	446788	94350
公共财政支出	万元	130828	232386	171027	508512	158441
居民储蓄存款余额	万元	385348	803783	580924	3182005	1067010
年末金融机构各项贷款余额	万元	332133	459724	495444	2261645	590733
三、农业、工业及投资						
农业机械总动力	万千瓦特	78	127	98	217	34
机收面积	公顷	35333	76600	50207	26587	19935
设施农业占地面积	公顷	1370	1215	2975	163	30
粮食总产量	吨	289780	627444	413989	294253	130684
棉花产量	吨	5712	1709	13364	2771	1062
油料产量	吨	16090	4202	3321	3493	12866
肉类总产量	吨	54587	63987	53651	75207	14049
规模以上工业企业单位数	个	66	66	80	101	48
规模以上工业总产值	万元	1644524	1685406	2012786	12833142	2946004
固定资产投资	万元	1148474	1699227	1291885	2800820	893570
四、教育、卫生和社会保障						
普通中学在校学生数	人	14395	32816	22893	44719	12996
中等职业教育学校在校学生数	人	1277	9326	1574	10381	2330
小学在校学生数	人	40282	72327	54001	72870	19255
医疗卫生机构床位数	床	1251	2190	1374	2831	1738
各种社会福利收养性单位数	个	5	5	14	20	4
各种社会福利收养性单位床位数	床	2559	3342	4962	6036	4383

2014年县(市)社会经济主要指标

河北省

指　　标	单位	临城县	内丘县	柏乡县	隆尧县	任县
一、基本情况						
行政区域面积	平方公里	797	788	268	749	431
乡个数	个	4	4	3	6	4
镇个数	个	4	5	3	6	4
街道办事处个数	个					
户籍人口	万人	22	29	20	55	37
第二产业从业人员	人	21168	45706	31667	99035	70785
第三产业从业人员	人	22323	37375	18663	61609	61384
固定电话用户	户	26719	43000	13291	64536	33000
二、综合经济						
地区生产总值	万元	612517	655949	301306	907339	424950
第一产业增加值	万元	104990	101063	89975	249819	116422
农业增加值	万元	58701	61259	71272	178320	90755
牧业增加值	万元	40839	36013	18134	70634	23957
第二产业增加值	万元	355509	329182	113759	386277	159366
公共财政收入	万元	24725	31859	11173	36952	27403
各项税收	万元	33570	53814	16525	62187	36881
公共财政支出	万元	81523	99587	78426	132673	131322
居民储蓄存款余额	万元	606180	727415	303664	829528	516497
年末金融机构各项贷款余额	万元	230680	295755	234407	472536	292838
三、农业、工业及投资						
农业机械总动力	万千瓦特	25	27	35	95	60
机收面积	公顷	19050	26432	24072	67500	43416
设施农业占地面积	公顷	285	78	71	385	80
粮食总产量	吨	121665	180377	205809	531123	346569
棉花产量	吨	333	876	372	5865	1597
油料产量	吨	6786	15140	4790	14025	2836
肉类总产量	吨	17275	27400	14926	37911	11176
规模以上工业企业单位数	个	67	36	35	68	43
规模以上工业总产值	万元	1176882	701198	303442	1818053	388289
固定资产投资	万元	546093	1008127	258394	737613	463740
四、教育、卫生和社会保障						
普通中学在校学生数	人	14237	11736	8637	14140	11592
中等职业教育学校在校学生数	人	3106	2162	1192	1310	1805
小学在校学生数	人	17107	21481	15218	38384	27057
医疗卫生机构床位数	床	702	1195	750	1343	838
各种社会福利收养性单位数	个	4	3	2	3	2
各种社会福利收养性单位床位数	床	4244	2091	1208	1655	1868

2014年县(市)社会经济主要指标

河北省

指　　标	单位	南和县	宁晋县	巨鹿县	新河县	广宗县
一、基本情况						
行政区域面积	平方公里	405	1032	631	366	504
乡个数	个	5	4	4	4	6
镇个数	个	3	10	6	2	2
街道办事处个数	个					
户籍人口	万人	38	79	42	18	32
第二产业从业人员	人	62746	153921	70373	12071	47230
第三产业从业人员	人	47446	76764	50570	17465	59968
固定电话用户	户	31780	74815	34188	29711	10500
二、综合经济						
地区生产总值	万元	478522	1729749	518846	246324	403054
第一产业增加值	万元	162504	316760	161057	77911	130728
农业增加值	万元	121823	234486	132690	62668	97099
牧业增加值	万元	37186	80304	26722	13823	32283
第二产业增加值	万元	150240	994594	179089	93555	139052
公共财政收入	万元	26680	60041	31398	10146	9976
各项税收	万元	40499	102586	19614	11038	18507
公共财政支出	万元	117329	194129	112636	75015	97827
居民储蓄存款余额	万元	553658	1497003	762913	408771	372272
年末金融机构各项贷款余额	万元	366202	1084112	416812	229164	152350
三、农业、工业及投资						
农业机械总动力	万千瓦特	54	110	67	35	29
机收面积	公顷	35240	94132	26980	28350	14653
设施农业占地面积	公顷	2668	1074	910	185	650
粮食总产量	吨	282400	723759	177717	161964	79579
棉花产量	吨	1207	5354	14479	7082	18485
油料产量	吨	2964	7114	12711	3738	19336
肉类总产量	吨	20400	38965	14676	6607	18036
规模以上工业企业单位数	个	32	194	63	40	49
规模以上工业总产值	万元	655771	4347182	645019	356583	398964
固定资产投资	万元	527298	1871769	604749	192687	473793
四、教育、卫生和社会保障						
普通中学在校学生数	人	15803	25478	16402	5383	7272
中等职业教育学校在校学生数	人	810	3170	896	732	1383
小学在校学生数	人	28356	49449	29538	9478	25883
医疗卫生机构床位数	床	845	2597	1358	646	791
各种社会福利收养性单位数	个	3	4	8	1	1
各种社会福利收养性单位床位数	床	2656	2513	4047	1181	2087

2014年县(市)社会经济主要指标

河北省

指　　标	单位	平乡县	威县	清河县	临西县	南宫市
一、基本情况						
行政区域面积	平方公里	406	994	500	542	861
乡个数	个	4	9		3	5
镇个数	个	3	7	6	6	6
街道办事处个数	个	1				4
户籍人口	万人	35	63	43	39	50
第二产业从业人员	人	78823	78534	109470	48010	88459
第三产业从业人员	人	49918	62062	84158	59535	73260
固定电话用户	户	26150	20754	44306	29610	41280
二、综合经济						
地区生产总值	万元	485247	657637	1176192	549661	845004
第一产业增加值	万元	118165	259246	80267	123521	182130
农业增加值	万元	87879	180977	66452	80079	142906
牧业增加值	万元	27957	76678	12037	41408	37301
第二产业增加值	万元	190690	167907	612012	184156	353683
公共财政收入	万元	29387	33574	51811	29001	33141
各项税收	万元	22467	43564	92472	37501	43635
公共财政支出	万元	125131	182299	141239	126289	156109
居民储蓄存款余额	万元	629680	831719	1113741	513133	1067452
年末金融机构各项贷款余额	万元	279254	396321	761397	266717	557253
三、农业、工业及投资						
农业机械总动力	万千瓦特	37	91	58	61	89
机收面积	公顷	38500	26000	36203	45602	27506
设施农业占地面积	公顷	318	1963	36	193	177
粮食总产量	吨	239079	175771	233767	307595	217511
棉花产量	吨	2860	68402	13811	11169	40872
油料产量	吨	25149	7574	6675	1505	18156
肉类总产量	吨	14205	28388	7242	18378	24380
规模以上工业企业单位数	个	59	75	112	53	80
规模以上工业总产值	万元	537816	546437	1459712	498284	1444864
固定资产投资	万元	563544	563152	1231701	604981	961143
四、教育、卫生和社会保障						
普通中学在校学生数	人	14660	20708	14535	15856	21793
中等职业教育学校在校学生数	人	341	3137	937	1656	4004
小学在校学生数	人	31400	44826	37816	31550	27341
医疗卫生机构床位数	床	1051	2109	1541	1185	1147
各种社会福利收养性单位数	个	1	1	1	1	2
各种社会福利收养性单位床位数	床	2688	3760	863	3078	3498

2014年县(市)社会经济主要指标

河北省

指　　标	单位	沙河市	满城县	清苑县	涞水县	阜平县
一、基本情况						
行政区域面积	平方公里	859	630	867	1662	2496
乡个数	个	4	6	10	7	7
镇个数	个	4	5	8	8	6
街道办事处个数	个	5			1	
户籍人口	万人	44	40	68	36	23
第二产业从业人员	人	92799	66043	131808	51727	13850
第三产业从业人员	人	103278	59543	59944	31195	11189
固定电话用户	户	87500	43286	60324	45052	23124
二、综合经济						
地区生产总值	万元	2107883	962414	1220028	526903	327140
第一产业增加值	万元	84583	196495	292139	118471	87400
农业增加值	万元	33208	147474	232591	65593	42610
牧业增加值	万元	48174	45481	57616	40141	15319
第二产业增加值	万元	1252322	513497	631427	136207	74224
公共财政收入	万元	92392	37016	36721	43091	21237
各项税收	万元	174732	60618	68038	36833	10270
公共财政支出	万元	189702	119861	148851	157595	180451
居民储蓄存款余额	万元	1599961	1145415	1275436	824287	483201
年末金融机构各项贷款余额	万元	1644840	574868	466213	484784	216967
三、农业、工业及投资						
农业机械总动力	万千瓦特	58	54	88	29	37
机收面积	公顷	23900	24600	56870	20550	200
设施农业占地面积	公顷	2	1522	1084	469	67
粮食总产量	吨	127194	173766	455430	139650	66155
棉花产量	吨	333	497	1295	55	
油料产量	吨	4644	2696	19569	10612	3767
肉类总产量	吨	16517	23542	28110	23834	7933
规模以上工业企业单位数	个	86	101	72	37	19
规模以上工业总产值	万元	3732367	1636002	2447074	209923	87243
固定资产投资	万元	1961201	655672	1087692	938553	460629
四、教育、卫生和社会保障						
普通中学在校学生数	人	29249	16091	16313	15597	9648
中等职业教育学校在校学生数	人	4154	3511	4597	1456	1864
小学在校学生数	人	40814	34275	50216	19551	20065
医疗卫生机构床位数	床	1324	1253	1044	723	474
各种社会福利收养性单位数	个	3	4	7	3	3
各种社会福利收养性单位床位数	床	4503	445	822	667	520

2014年县(市)社会经济主要指标

河北省

指　　标	单位	徐水县	定兴县	唐县	高阳县	容城县
一、基本情况						
行政区域面积	平方公里	723	714	1414	495	314
乡个数	个	7	10	12	4	3
镇个数	个	7	6	8	5	5
街道办事处个数	个					
户籍人口	万人	61	60	60	35	27
第二产业从业人员	人	103875	75121	120312	84739	88136
第三产业从业人员	人	110376	91516	39773	38005	44708
固定电话用户	户	79020	56044	53432	46203	33453
二、综合经济						
地区生产总值	万元	1553216	1044486	670797	1068131	577526
第一产业增加值	万元	267699	264646	178843	83310	97123
农业增加值	万元	174712	165257	109805	72161	56266
牧业增加值	万元	89969	95363	63842	10044	39166
第二产业增加值	万元	816007	497017	292626	760303	341545
公共财政收入	万元	88055	43569	24518	48434	34318
各项税收	万元	116305	89932	17791	57342	31599
公共财政支出	万元	222650	162559	142524	113760	92491
居民储蓄存款余额	万元	1538348	1033999	1251526	1021590	732078
年末金融机构各项贷款余额	万元	674889	456770	571521	545282	372137
三、农业、工业及投资						
农业机械总动力	万千瓦特	89	61	54	19	53
机收面积	公顷	53513	61650	18383	23816	26530
设施农业占地面积	公顷	4044	2420	1031	10	455
粮食总产量	吨	391040	475723	201582	166364	205204
棉花产量	吨	40	357	1040	2651	167
油料产量	吨	5570	15824	4235	12698	5508
肉类总产量	吨	62990	63487	34794	6320	29364
规模以上工业企业单位数	个	65	65	47	91	67
规模以上工业总产值	万元	2516871	1280970	579813	2389238	856486
固定资产投资	万元	1323872	1078170	609620	576107	537227
四、教育、卫生和社会保障						
普通中学在校学生数	人	32035	27588	28994	15887	8722
中等职业教育学校在校学生数	人	3809	4301	2125	671	908
小学在校学生数	人	41050	39546	48056	31318	19889
医疗卫生机构床位数	床	1298	1059	1746	895	976
各种社会福利收养性单位数	个	3	2	2	2	3
各种社会福利收养性单位床位数	床	529	441	802	620	1550

2014年县(市)社会经济主要指标

河北省

指　标	单位	涞源县	望都县	安新县	易县	曲阳县
一、基本情况						
行政区域面积	平方公里	2448	370	729	2534	1084
乡个数	个	9	5	3	18	13
镇个数	个	8	3	9	9	5
街道办事处个数	个					6
户籍人口	万人	29	27	46	58	64
第二产业从业人员	人	22945	42200	136123	90451	85729
第三产业从业人员	人	25588	31660	51273	48991	50356
固定电话用户	户	25258	29819	54713	60668	62400
二、综合经济						
地区生产总值	万元	726926	544828	625581	974391	666475
第一产业增加值	万元	39022	185155	88474	261903	110946
农业增加值	万元	21462	149386	53028	140571	61693
牧业增加值	万元	14012	35077	11241	108662	45252
第二产业增加值	万元	477743	218398	360420	393270	262530
公共财政收入	万元	56327	18524	30494	36908	31479
各项税收	万元	77755	23968	44387	24271	37390
公共财政支出	万元	135999	96531	127695	207540	170991
居民储蓄存款余额	万元	580101	666100	916780	1158476	837281
年末金融机构各项贷款余额	万元	417869	342958	504591	462037	315876
三、农业、工业及投资						
农业机械总动力	万千瓦特	19	38	53	31	55
机收面积	公顷	1325	26333	43033	22744	27667
设施农业占地面积	公顷	89	338	131	132	52
粮食总产量	吨	58014	245336	234495	224472	160357
棉花产量	吨		406	6456	569	317
油料产量	吨	292	6371	708	14222	6071
肉类总产量	吨	7159	18818	9555	68413	25518
规模以上工业企业单位数	个	41	21	75	59	58
规模以上工业总产值	万元	961706	369678	1333913	1473538	376612
固定资产投资	万元	671113	468028	726946	1101171	382879
四、教育、卫生和社会保障						
普通中学在校学生数	人	13451	11391	16561	28434	31123
中等职业教育学校在校学生数	人	3284	1539	117	2589	1522
小学在校学生数	人	24388	17891	35964	41629	66834
医疗卫生机构床位数	床	1009	788	702	1638	2066
各种社会福利收养性单位数	个	2	4	2	4	4
各种社会福利收养性单位床位数	床	360	1095	326	593	973

2014年县(市)社会经济主要指标

河北省

指　　标	单位	蠡县	顺平县	博野县	雄县	涿州市
一、基本情况						
行政区域面积	平方公里	652	711	331	514	751
乡个数	个	4	5	3	3	4
镇个数	个	9	5	4	6	7
街道办事处个数	个					3
户籍人口	万人	55	32	28	39	67
第二产业从业人员	人	72043	38718	64990	94885	159470
第三产业从业人员	人	51937	26081	57967	38112	117424
固定电话用户	户	57740	31674	26228	43248	111556
二、综合经济						
地区生产总值	万元	880273	478662	426139	907527	2318958
第一产业增加值	万元	131802	163764	120047	101265	200862
农业增加值	万元	101932	142691	94085	80894	136222
牧业增加值	万元	28553	17905	17788	18239	57849
第二产业增加值	万元	510789	196869	174213	635618	910105
公共财政收入	万元	32378	21292	18255	39878	162297
各项税收	万元	42252	15467	13276	57705	229997
公共财政支出	万元	143185	102894	84503	110647	254929
居民储蓄存款余额	万元	1159543	617545	495744	860712	2487015
年末金融机构各项贷款余额	万元	223601	254362	206594	479740	1684736
三、农业、工业及投资						
农业机械总动力	万千瓦特	63	42	38	34	51
机收面积	公顷	34133	16000	26117	34268	45840
设施农业占地面积	公顷	334	3400	825	262	1572
粮食总产量	吨	240632	127808	190439	232778	308420
棉花产量	吨	3938	83	1737	341	
油料产量	吨	15171	5183	12170	4105	12950
肉类总产量	吨	9177	12469	14038	15273	39533
规模以上工业企业单位数	个	98	51	38	113	75
规模以上工业总产值	万元	2043736	547178	570647	2203201	2508095
固定资产投资	万元	447907	381574	414677	616087	1695862
四、教育、卫生和社会保障						
普通中学在校学生数	人	22695	12558	9908	13067	24834
中等职业教育学校在校学生数	人	10925	2691	1572	1629	5158
小学在校学生数	人	44041	23746	20151	35964	37391
医疗卫生机构床位数	床	929	1167	670	992	2944
各种社会福利收养性单位数	个	5	8	5	2	7
各种社会福利收养性单位床位数	床	814	1519	972	420	834

2014年县(市)社会经济主要指标

河北省

指　　标	单位	安国市	高碑店市	宣化县	张北县	康保县
一、基本情况						
行政区域面积	平方公里	486	618	2057	3863	3365
乡个数	个	4	4	5	13	8
镇个数	个	6	5	8	5	7
街道办事处个数	个	1	5			
户籍人口	万人	42	58	28	37	28
第二产业从业人员	人	88757	112621	36983	64500	24798
第三产业从业人员	人	47954	58410	42761	61810	28492
固定电话用户	户	53217	55486	30006	23380	8520
二、综合经济						
地区生产总值	万元	1017281	1297356	838899	858400	418840
第一产业增加值	万元	204540	146495	234128	223137	191392
农业增加值	万元	168506	101108	97719	125538	99192
牧业增加值	万元	32264	44268	130405	93371	90438
第二产业增加值	万元	487046	785415	331085	406069	115004
公共财政收入	万元	40072	86382	34509	64385	17312
各项税收	万元	29879	65680	43957	74547	14108
公共财政支出	万元	121094	176111	141052	207892	140367
居民储蓄存款余额	万元	1212086	2318963	726258	567561	240679
年末金融机构各项贷款余额	万元	446499	2770461	642131	1063669	164968
三、农业、工业及投资						
农业机械总动力	万千瓦特	66	40	19	39	33
机收面积	公顷	31333	46966	4500	36000	78530
设施农业占地面积	公顷	327	165	423	650	78
粮食总产量	吨	266409	336956	212777	108252	137118
棉花产量	吨	518	579			
油料产量	吨	21019	31473	3238	10283	7624
肉类总产量	吨	22558	36570	59379	20635	29504
规模以上工业企业单位数	个	74	46	51	38	23
规模以上工业总产值	万元	2080577	1490979	937485	669845	136954
固定资产投资	万元	1081180	1090993	1129797	1013922	442248
四、教育、卫生和社会保障						
普通中学在校学生数	人	18995	23553	10567	9831	5747
中等职业教育学校在校学生数	人	2146	3969	2753	2363	178
小学在校学生数	人	28664	35936	15927	20623	7241
医疗卫生机构床位数	床	829	1487	1071	1399	489
各种社会福利收养性单位数	个	3	5	8	24	6
各种社会福利收养性单位床位数	床	698	446	1717	2420	2381

2014年县(市)社会经济主要指标

河北省

指　　标	单位	沽源县	尚义县	蔚县	阳原县	怀安县
一、基本情况						
行政区域面积	平方公里	3363	2601	3198	1849	1698
乡个数	个	10	7	11	9	7
镇个数	个	4	7	11	5	4
街道办事处个数	个					
户籍人口	万人	22	19	50	28	25
第二产业从业人员	人	10440	13191	47227	52440	69745
第三产业从业人员	人	24099	25901	50226	62160	51724
固定电话用户	户	9450	7342	37500	28000	18829
二、综合经济						
地区生产总值	万元	403713	333015	818210	422993	617845
第一产业增加值	万元	169907	103376	157914	118463	118029
农业增加值	万元	113495	69571	67690	20876	67163
牧业增加值	万元	48753	28600	86504	93927	48063
第二产业增加值	万元	124921	141265	247792	127965	207116
公共财政收入	万元	26063	13350	51609	25661	32446
各项税收	万元	28711	16294	34678	31558	52285
公共财政支出	万元	144203	116208	201757	129939	123642
居民储蓄存款余额	万元	278520	237454	1195360	544390	523300
年末金融机构各项贷款余额	万元	226040	169433	681206	533032	345767
三、农业、工业及投资						
农业机械总动力	万千瓦特	47	11	37	13	12
机收面积	公顷	65000	17650	10000	6700	3000
设施农业占地面积	公顷	60	684	610	52	936
粮食总产量	吨	117039	46216	139496	84297	126071
棉花产量	吨					
油料产量	吨	6111	6450	4046	5710	4435
肉类总产量	吨	10346	12777	36951	27543	24925
规模以上工业企业单位数	个	17	16	19	19	35
规模以上工业总产值	万元	115694	259239	273920	147304	470344
固定资产投资	万元	627569	158305	749986	417392	832565
四、教育、卫生和社会保障						
普通中学在校学生数	人	6935	4442	19612	8508	8072
中等职业教育学校在校学生数	人	120	1108	1129	2452	1431
小学在校学生数	人	10465	7030	45833	19860	13763
医疗卫生机构床位数	床	611	688	1429	650	506
各种社会福利收养性单位数	个	5	7	7	7	4
各种社会福利收养性单位床位数	床	1199	1363	1798	1323	2254

2014年县(市)社会经济主要指标

河北省

指　　标	单位	万全县	怀来县	涿鹿县	赤城县	崇礼县
一、基本情况						
行政区域面积	平方公里	1162	1801	2802	5287	2324
乡个数	个	7	6	4	9	8
镇个数	个	4	11	13	9	2
街道办事处个数	个					
户籍人口	万人	22	36	35	30	13
第二产业从业人员	人	23732	22221	15540	18263	13169
第三产业从业人员	人	31534	37210	37268	21073	31379
固定电话用户	户	16214	46521	47012	16477	6411
二、综合经济						
地区生产总值	万元	634602	1240577	891432	746941	362262
第一产业增加值	万元	121447	179793	271703	217716	84787
农业增加值	万元	48570	110918	150968	128984	58748
牧业增加值	万元	70639	59948	116787	73184	17907
第二产业增加值	万元	301741	337646	297496	366518	198078
公共财政收入	万元	38551	116537	47318	47367	39500
各项税收	万元	65313	91712	34566	75628	41857
公共财政支出	万元	117643	191655	194737	153267	138200
居民储蓄存款余额	万元	482086	1114514	761770	613959	249492
年末金融机构各项贷款余额	万元	528889	852345	509697	545006	261958
三、农业、工业及投资						
农业机械总动力	万千瓦特	14	29	24	25	9
机收面积	公顷	733	1270	2000	847	268
设施农业占地面积	公顷	392	137	651	451	1932
粮食总产量	吨	126592	106777	176722	80163	23317
棉花产量	吨					
油料产量	吨	1129	1357	1174	1519	737
肉类总产量	吨	24255	33929	48225	32327	6493
规模以上工业企业单位数	个	45	34	38	36	21
规模以上工业总产值	万元	843763	283248	602378	730541	296759
固定资产投资	万元	778522	1105685	1094665	817085	729785
四、教育、卫生和社会保障						
普通中学在校学生数	人	8428	16548	15566	9589	3352
中等职业教育学校在校学生数	人	459	2895	2165	594	258
小学在校学生数	人	15017	22278	21532	17048	5515
医疗卫生机构床位数	床	880	1391	1254	784	328
各种社会福利收养性单位数	个	6	7	12	5	4
各种社会福利收养性单位床位数	床	1084	1706	2049	2678	1089

2014年县(市)社会经济主要指标

河北省

指　　标	单位	承德县	兴隆县	平泉县	滦平县	隆化县
一、基本情况						
行政区域面积	平方公里	3648	3123	3294	2993	5473
乡个数	个	17	11	7	13	15
镇个数	个	6	9	12	7	10
街道办事处个数	个				1	1
户籍人口	万人	42	33	48	33	45
第二产业从业人员	人	65034	44008	99200	66563	68369
第三产业从业人员	人	56108	44663	64800	51199	57797
固定电话用户	户	26499	34300	28229	20307	30975
二、综合经济						
地区生产总值	万元	1235724	938038	1481363	1512204	1087601
第一产业增加值	万元	270043	206485	408125	240837	290539
农业增加值	万元	152435	175288	351947	95331	115810
牧业增加值	万元	94170	25531	43299	112407	151732
第二产业增加值	万元	626813	460873	640935	872442	511438
公共财政收入	万元	94190	57201	96236	88211	48690
各项税收	万元	137200	78975	145847	222635	102352
公共财政支出	万元	214011	178963	248990	229105	206162
居民储蓄存款余额	万元	955198	841993	1202074	796867	810883
年末金融机构各项贷款余额	万元	749900	584200	891300	814800	668100
三、农业、工业及投资						
农业机械总动力	万千瓦特	31	29	52	45	55
机收面积	公顷	2000		2267	1200	4000
设施农业占地面积	公顷	551	229	4831	1811	571
粮食总产量	吨	191144	30013	202603	76144	276604
棉花产量	吨					
油料产量	吨	338	213	165	211	4212
肉类总产量	吨	96373	20851	23454	106030	68890
规模以上工业企业单位数	个	75	64	78	55	49
规模以上工业总产值	万元	1617895	1446897	1502273	2323873	1128070
固定资产投资	万元	1540935	1316152	1576851	1563077	1295809
四、教育、卫生和社会保障						
普通中学在校学生数	人	15451	12241	21706	14336	13996
中等职业教育学校在校学生数	人	2283	3013	3004	2381	3248
小学在校学生数	人	26063	21757	34167	22519	31717
医疗卫生机构床位数	床	1711	1259	1558	1185	1392
各种社会福利收养性单位数	个	6	11	7	8	5
各种社会福利收养性单位床位数	床	1580	1835	2264	3897	2203

2014年县(市)社会经济主要指标

河北省

指　　标	单位	丰宁满族自治县	宽城满族自治县	围场满族蒙古族自治县	沧县	青县
一、基本情况						
行政区域面积	平方公里	8765	1936	9220	1520	968
乡个数	个	17	10	29	15	4
镇个数	个	9	8	8	4	6
街道办事处个数	个					
户籍人口	万人	41	26	54	73	43
第二产业从业人员	人	59990	58048	35083	174518	113181
第三产业从业人员	人	52660	42242	46614	154873	55960
固定电话用户	户	22000	22821	37000	183907	67000
二、综合经济						
地区生产总值	万元	916188	2120259	949788	2218625	1630652
第一产业增加值	万元	228841	180206	409581	262079	465628
农业增加值	万元	77335	121123	253230	173492	421876
牧业增加值	万元	122952	29674	113061	81543	41854
第二产业增加值	万元	383242	1371583	235118	1012812	616256
公共财政收入	万元	66151	90391	43237	64999	51624
各项税收	万元	100225	268712	70324	116089	112532
公共财政支出	万元	256697	210219	248453	231340	150999
居民储蓄存款余额	万元	820908	1047732	847225	1215546	1219162
年末金融机构各项贷款余额	万元	745200	1165800	730600	605745	660714
三、农业、工业及投资						
农业机械总动力	万千瓦特	61	20	75	146	90
机收面积	公顷	27609		38520	96543	45400
设施农业占地面积	公顷	576	572	484	80	10273
粮食总产量	吨	137146	44600	248180	476182	275882
棉花产量	吨				3019	1358
油料产量	吨	3957	685	3287	1546	1243
肉类总产量	吨	49009	23454	58328	41087	21531
规模以上工业企业单位数	个	51	53	35	182	133
规模以上工业总产值	万元	784342	3243919	353757	3504717	2285069
固定资产投资	万元	1516079	1519432	995702	1658374	1538061
四、教育、卫生和社会保障						
普通中学在校学生数	人	18292	9354	24527	25326	14401
中等职业教育学校在校学生数	人	3600	2082	3780	2082	4539
小学在校学生数	人	28239	20526	38301	53497	30062
医疗卫生机构床位数	床	1624	1198	1802	1627	1119
各种社会福利收养性单位数	个	6	6	14	18	4
各种社会福利收养性单位床位数	床	2445	2786	2383	1591	443

2014年县(市)社会经济主要指标

河北省

指　　标	单位	东光县	海兴县	盐山县	肃宁县	南皮县
一、基本情况						
行政区域面积	平方公里	711	919	795	516	790
乡个数	个	1	4	6	3	3
镇个数	个	8	3	6	6	6
街道办事处个数	个					
户籍人口	万人	38	24	49	36	40
第二产业从业人员	人	71503	39482	88272	76886	139800
第三产业从业人员	人	42890	26503	69588	92589	52254
固定电话用户	户	49813	23500	63326	47188	36330
二、综合经济						
地区生产总值	万元	1357993	371673	1316221	1360119	867446
第一产业增加值	万元	153739	71829	148712	258511	184161
农业增加值	万元	112563	30917	67910	178420	138469
牧业增加值	万元	40470	16863	78962	79564	44247
第二产业增加值	万元	510281	167736	815014	536351	327781
公共财政收入	万元	54502	26843	42440	117460	38192
各项税收	万元	93175	26843	64487	183859	64791
公共财政支出	万元	141654	100433	151796	162937	142779
居民储蓄存款余额	万元	1088426	395784	756834	1063801	764048
年末金融机构各项贷款余额	万元	464488	178221	623077	453060	371750
三、农业、工业及投资						
农业机械总动力	万千瓦特	56	39	65	72	100
机收面积	公顷	45500	31066	52533	39850	64000
设施农业占地面积	公顷	113	130	132	3469	590
粮食总产量	吨	261605	121002	247457	249653	283253
棉花产量	吨	22843	2850	2340	616	15824
油料产量	吨	2097	1413	1412	7644	2665
肉类总产量	吨	21648	9901	49143	29819	17572
规模以上工业企业单位数	个	117	30	140	89	93
规模以上工业总产值	万元	1095116	216500	5417247	1956773	867325
固定资产投资	万元	1091062	426326	1531281	1573162	1069989
四、教育、卫生和社会保障						
普通中学在校学生数	人	7624	6873	17322	13170	13573
中等职业教育学校在校学生数	人	1555	267	740	771	1501
小学在校学生数	人	25404	16491	37929	27902	28105
医疗卫生机构床位数	床	973	551	1107	1014	1370
各种社会福利收养性单位数	个	15	6	5	3	5
各种社会福利收养性单位床位数	床	1746	569	654	663	559

2014年县(市)社会经济主要指标

河北省

指　　标	单位	吴桥县	献县	孟村回族自治县	泊头市	任丘市
一、基本情况						
行政区域面积	平方公里	583	1173	387	1009	1012
乡个数	个	5	11	2	4	6
镇个数	个	5	7	4	8	9
街道办事处个数	个				3	4
户籍人口	万人	28	65	21	63	89
第二产业从业人员	人	72293	118766	43958	145400	200492
第三产业从业人员	人	56046	75211	21845	138557	138975
固定电话用户	户	30260	70347	43177	73364	191701
二、综合经济						
地区生产总值	万元	700344	1741014	856349	1820142	6000536
第一产业增加值	万元	189466	298075	79491	201077	183289
农业增加值	万元	119632	196048	28931	154599	133047
牧业增加值	万元	68566	97098	49949	45074	34781
第二产业增加值	万元	164546	828924	530640	961571	3882598
公共财政收入	万元	27291	55540	31503	68358	245295
各项税收	万元	18385	73585	60638	102331	995205
公共财政支出	万元	111977	194493	92498	189642	326052
居民储蓄存款余额	万元	741230	1253960	450475	1768523	3532978
年末金融机构各项贷款余额	万元	277554	587937	256430	775246	1411800
三、农业、工业及投资						
农业机械总动力	万千瓦特	58	86	33	133	101
机收面积	公顷	39931	87500	26522	52800	65067
设施农业占地面积	公顷	419	2939		190	907
粮食总产量	吨	347343	398128	159197	394651	419663
棉花产量	吨	14488	16198	505	2691	6481
油料产量	吨	1347	31656	1846	428	6371
肉类总产量	吨	30642	58274	37425	29325	44951
规模以上工业企业单位数	个	37	190	126	236	289
规模以上工业总产值	万元	437803	5589383	1771928	3608191	9576207
固定资产投资	万元	842285	1672783	879643	1650193	1430632
四、教育、卫生和社会保障						
普通中学在校学生数	人	10451	25421	7313	24526	34233
中等职业教育学校在校学生数	人	739	1958	603	1699	1328
小学在校学生数	人	16991	54925	18056	52456	71732
医疗卫生机构床位数	床	1185	1689	454	1586	3688
各种社会福利收养性单位数	个	6	5	4	7	13
各种社会福利收养性单位床位数	床	303	1160	789	8274	2252

2014年县(市)社会经济主要指标

河北省

指　　标	单位	黄骅市	河间市	固安县	永清县	香河县
一、基本情况						
行政区域面积	平方公里	1545	1333	703	776	448
乡个数	个	6	13	4	5	
镇个数	个	4	7	5	5	9
街道办事处个数	个	3			1	
户籍人口	万人	47	87	49	40	35
第二产业从业人员	人	118149	256556	55308	86347	88330
第三产业从业人员	人	87354	165211	46671	45976	54844
固定电话用户	户	99898	92000	126648	96690	149116
二、综合经济						
地区生产总值	万元	2320478	2581477	1596996	884359	1360032
第一产业增加值	万元	276511	252301	309279	362994	163634
农业增加值	万元	103041	193778	252671	234398	132559
牧业增加值	万元	87580	52779	52085	118839	24455
第二产业增加值	万元	1051158	1168772	440711	293513	645382
公共财政收入	万元	117705	99322	254137	61973	266010
各项税收	万元	181771	118941	371366	96713	350039
公共财政支出	万元	246113	259188	307878	155397	277308
居民储蓄存款余额	万元	1574253	2317973	1453798	796674	2032247
年末金融机构各项贷款余额	万元	1962179	709555	1122215	741114	2045797
三、农业、工业及投资						
农业机械总动力	万千瓦特	114	138	109	109	50
机收面积	公顷	67370	66980	32060	21913	24690
设施农业占地面积	公顷	97	1253	8814	6146	2731
粮食总产量	吨	277326	493774	235936	152754	153170
棉花产量	吨	2601	16965	468	4147	35
油料产量	吨	3190	39841	9208	10369	144
肉类总产量	吨	59530	33800	37827	73694	16234
规模以上工业企业单位数	个	105	238	87	71	158
规模以上工业总产值	万元	2927367	3811762	1190400	729791	2877158
固定资产投资	万元	2008427	1687823	1497460	1124871	1549056
四、教育、卫生和社会保障						
普通中学在校学生数	人	24228	29821	17384	4038	15801
中等职业教育学校在校学生数	人	3806	1169	2168	1000	1182
小学在校学生数	人	37290	68644	30220	22954	23450
医疗卫生机构床位数	床	2757	2529	888	744	1503
各种社会福利收养性单位数	个	4	13	11	5	5
各种社会福利收养性单位床位数	床	834	1880	2043	2133	1560

2014年县(市)社会经济主要指标

河北省

指　　标	单位	大城县	文安县	大厂回族自治县	霸州市	三河市
一、基本情况						
行政区域面积	平方公里	897	1037	176	802	634
乡个数	个	2	1		5	
镇个数	个	8	12	5	7	10
街道办事处个数	个					5
户籍人口	万人	51	53	13	64	62
第二产业从业人员	人	139420	85089	23712	120686	157335
第三产业从业人员	人	57210	55314	18612	169334	107821
固定电话用户	户	89060	167254	31199	218056	198927
二、综合经济						
地区生产总值	万元	1034320	1275240	781425	3525495	4861994
第一产业增加值	万元	169403	142154	109396	188518	332573
农业增加值	万元	69660	77040	37509	124507	190760
牧业增加值	万元	89147	49548	69660	50756	128701
第二产业增加值	万元	453595	762831	319926	2250653	2524019
公共财政收入	万元	60626	64341	149849	169794	655417
各项税收	万元	65250	43564	115439	267384	881566
公共财政支出	万元	173027	197405	161905	259946	540275
居民储蓄存款余额	万元	1559984	1661667	695411	2625225	3745874
年末金融机构各项贷款余额	万元	659967	1119743	1370722	2928200	7794364
三、农业、工业及投资						
农业机械总动力	万千瓦特	76	77	28	110	92
机收面积	公顷	37133	42820	9860	26600	29710
设施农业占地面积	公顷	1406	332	1003	765	2085
粮食总产量	吨	221001	299955	71362	195173	217987
棉花产量	吨	4298	4882	18	8971	152
油料产量	吨	1497	441		8895	447
肉类总产量	吨	39848	20664	26239	22375	61941
规模以上工业企业单位数	个	108	118	52	210	203
规模以上工业总产值	万元	1363456	3499949	753405	10705054	8431775
固定资产投资	万元	1264970	2256934	1057413	2403994	4229129
四、教育、卫生和社会保障						
普通中学在校学生数	人	17535	20230	6381	31105	19954
中等职业教育学校在校学生数	人	1082	2741	955	6614	3992
小学在校学生数	人	42909	58281	7163	65396	49554
医疗卫生机构床位数	床	1172	1563	437	2283	4065
各种社会福利收养性单位数	个	7	6	2	7	9
各种社会福利收养性单位床位数	床	1500	1835	959	869	4298

2014年县(市)社会经济主要指标

河北省

指　　标	单位	枣强县	武邑县	武强县	饶阳县	安平县
一、基本情况						
行政区域面积	平方公里	905	832	443	572	495
乡个数	个	3	3	3	3	5
镇个数	个	8	6	3	4	3
街道办事处个数	个					
户籍人口	万人	41	32	22	30	34
第二产业从业人员	人	67961	58512	43271	65596	87114
第三产业从业人员	人	44684	31405	16937	53870	36987
固定电话用户	户	53239	27054	25361	27845	55619
二、综合经济						
地区生产总值	万元	824022	594424	503487	497458	1022005
第一产业增加值	万元	121591	155842	82253	159178	103924
农业增加值	万元	95878	110919	57117	124168	44472
牧业增加值	万元	24302	43196	22998	31919	58100
第二产业增加值	万元	466944	239079	252464	183005	543216
公共财政收入	万元	44424	35251	22922	23855	54740
各项税收	万元	90202	38067	29961	25373	84284
公共财政支出	万元	185889	152020	99580	129640	185343
居民储蓄存款余额	万元	1424518	821138	544904	692243	1113145
年末金融机构各项贷款余额	万元	726573	523198	309655	276089	973383
三、农业、工业及投资						
农业机械总动力	万千瓦特	42	52	56	81	48
机收面积	公顷	65035	49351	38500	31200	36521
设施农业占地面积	公顷	654	1082	2042	9531	9
粮食总产量	吨	338493	284939	240204	215584	246977
棉花产量	吨	25530	12675	3292	2402	
油料产量	吨	7927	10537	4405	13346	9966
肉类总产量	吨	22230	35096	17298	27183	69150
规模以上工业企业单位数	个	142	49	79	76	156
规模以上工业总产值	万元	1298704	542266	841117	604226	1291244
固定资产投资	万元	846517	343709	286936	448342	772565
四、教育、卫生和社会保障						
普通中学在校学生数	人	17432	24143	7079	7301	11327
中等职业教育学校在校学生数	人	1269	2015	157	53	907
小学在校学生数	人	34633	23578	15098	14999	23830
医疗卫生机构床位数	床	807	785	529	1396	1386
各种社会福利收养性单位数	个	6	6	5	5	11
各种社会福利收养性单位床位数	床	2449	1351	2298	2273	3050

2014年县(市)社会经济主要指标

河北省

指　　标	单位	故城县	景县	阜城县	冀州市	深州市
一、基本情况						
行政区域面积	平方公里	941	1188	695	878	1245
乡个数	个	4	6	5	4	6
镇个数	个	9	10	5	6	11
街道办事处个数	个					
户籍人口	万人	53	56	36	35	58
第二产业从业人员	人	95610	75967	81236	72522	125502
第三产业从业人员	人	42811	70056	43434	40865	137461
固定电话用户	户	68177	59614	27723	58849	48476
二、综合经济						
地区生产总值	万元	903493	1355000	591422	869256	1340459
第一产业增加值	万元	198708	168590	124275	94272	325457
农业增加值	万元	135712	121735	103589	74037	250089
牧业增加值	万元	60439	43590	19124	16138	70894
第二产业增加值	万元	323355	770232	310773	453735	554576
公共财政收入	万元	65833	59048	24860	60611	46567
各项税收	万元	88619	99693	34116	83859	77405
公共财政支出	万元	223287	204668	168306	193562	216533
居民储蓄存款余额	万元	1089081	1613994	913826	1330338	1238315
年末金融机构各项贷款余额	万元	685222	849557	399501	796623	732009
三、农业、工业及投资						
农业机械总动力	万千瓦特	140	112	74	74	206
机收面积	公顷	62500	81382	51000	34811	98460
设施农业占地面积	公顷	2389	364	11030	457	760
粮食总产量	吨	320061	578203	301549	216200	620873
棉花产量	吨	26278	20160	6212	26106	7261
油料产量	吨	11254	15724	427	11506	36117
肉类总产量	吨	51287	37452	17061	14219	62198
规模以上工业企业单位数	个	106	120	91	98	94
规模以上工业总产值	万元	1099373	2216527	969335	1506400	1602553
固定资产投资	万元	1135159	1124702	540267	962191	794100
四、教育、卫生和社会保障						
普通中学在校学生数	人	23368	22841	14944	29761	19629
中等职业教育学校在校学生数	人	2514	313	145	4130	2054
小学在校学生数	人	43726	40417	27575	22898	32944
医疗卫生机构床位数	床	1660	1483	746	961	1412
各种社会福利收养性单位数	个	7	16	13	7	6
各种社会福利收养性单位床位数	床	3141	3526	6222	3003	1457

2014年县(市)社会经济主要指标

河北省、山西省

指　　标	单位	定州市	辛集市	清徐县	阳曲县	娄烦县
一、基本情况						
行政区域面积	平方公里	1284	951	609	2059	1276
乡个数	个	5	7	5	6	5
镇个数	个	16	8	4	4	3
街道办事处个数	个	4				
户籍人口	万人	124	64	33	15	13
第二产业从业人员	人	376636	202611			
第三产业从业人员	人	185940	115126			
固定电话用户	户	126528	53304	35400	12348	12794
二、综合经济						
地区生产总值	万元	2774236	3759329	1130755	373684	161049
第一产业增加值	万元	767268	477947	142498	49849	19306
农业增加值	万元	518801	289591	109100	30015	11029
牧业增加值	万元	221682	186801	29770	15944	4384
第二产业增加值	万元	1310781	2324733	616309	235295	60008
公共财政收入	万元	144430	115658	59008	39695	38571
各项税收	万元	224025	166913	48153	25908	26169
公共财政支出	万元	323267	237727	115972	87925	130123
居民储蓄存款余额	万元	2877878	2484550	1228600	398919	255400
年末金融机构各项贷款余额	万元	1295374	1162275	1329400	193249	125300
三、农业、工业及投资						
农业机械总动力	万千瓦特	215	200	37	21	11
机收面积	公顷	92360	71266	14427	13550	2600
设施农业占地面积	公顷	5291	2259	913	359	25
粮食总产量	吨	694562	536950	129407	68509	15997
棉花产量	吨	752	6997	22		
油料产量	吨	62321	33911	51	709	1432
肉类总产量	吨	110152	86853	23050	7563	2304
规模以上工业企业单位数	个	189	299	58	20	15
规模以上工业总产值	万元	3261031	8700318	1702882	745656	224524
固定资产投资	万元	2144396	1924776	730611	457242	194905
四、教育、卫生和社会保障						
普通中学在校学生数	人	67168	31493	19666	7768	6384
中等职业教育学校在校学生数	人	11975	2171			
小学在校学生数	人	98170	39568	21234	6863	7655
医疗卫生机构床位数	床	2479	1726	691	1054	290
各种社会福利收养性单位数	个	8	14	6	11	5
各种社会福利收养性单位床位数	床	3010	2775	633	1269	1125

2014年县(市)社会经济主要指标

山西省

指　　标	单位	古交市	阳高县	天镇县	广灵县	灵丘县
一、基本情况						
行政区域面积	平方公里	1584	1678	1629	1284	2731
乡个数	个	7	6	6	7	9
镇个数	个	3	7	5	2	3
街道办事处个数	个	4				
户籍人口	万人	22	29	22	19	25
第二产业从业人员	人		15337	7334	6535	29633
第三产业从业人员	人		24344	27586	9030	17176
固定电话用户	户	38945	39558	26264	16199	23958
二、综合经济						
地区生产总值	万元	235972	270460	205893	207464	317178
第一产业增加值	万元	18920	103266	60428	52750	33317
农业增加值	万元	8992	54449	29807	39128	13601
牧业增加值	万元	5148	47402	30011	11818	17938
第二产业增加值	万元	75051	47655	58798	65873	150363
公共财政收入	万元	58588	14217	10327	10302	18713
各项税收	万元	36180	9004	6267	7897	12163
公共财政支出	万元	118255	125993	119822	114780	129212
居民储蓄存款余额	万元	1168701	492692	426515	366462	577070
年末金融机构各项贷款余额	万元	458749	248706	196672	173097	190153
三、农业、工业及投资						
农业机械总动力	万千瓦特	22	27	19	15	23
机收面积	公顷	3184	8667	7600	5360	5342
设施农业占地面积	公顷	72	1608	580	204	75
粮食总产量	吨	11290	246368	161143	150741	81802
棉花产量	吨					
油料产量	吨	842	1574	1371	2165	1385
肉类总产量	吨	4319	42069	16464	11374	11298
规模以上工业企业单位数	个	17	8	10	10	25
规模以上工业总产值	万元	135401	166299	94926	117025	212079
固定资产投资	万元	512806	715798	621167	592308	822225
四、教育、卫生和社会保障						
普通中学在校学生数	人	13430	8071	11379	11282	15500
中等职业教育学校在校学生数	人		624	527	810	707
小学在校学生数	人	17655	13583	11095	11223	17696
医疗卫生机构床位数	床	1412	968	537	569	864
各种社会福利收养性单位数	个	1	12	7	12	15
各种社会福利收养性单位床位数	床	504	500	189	180	1075

2014年县(市)社会经济主要指标

山西省

指　　标	单位	浑源县	左云县	大同县	平定县	盂县
一、基本情况						
行政区域面积	平方公里	1966	1314	1478	1391	2523
乡个数	个	12	6	7	2	6
镇个数	个	6	3	3	8	8
街道办事处个数	个					
户籍人口	万人	35	15	18	32	31
第二产业从业人员	人	24532	9860	8032	41390	24426
第三产业从业人员	人	40335	15096	20724	50758	25135
固定电话用户	户	24000	9772	5123	49330	30266
二、综合经济						
地区生产总值	万元	381086	385379	249667	857930	1302247
第一产业增加值	万元	107908	26072	71574	45315	40014
农业增加值	万元	46144	10774	37122	25431	26074
牧业增加值	万元	56646	11443	31326	14368	10435
第二产业增加值	万元	121461	162031	56034	468015	831259
公共财政收入	万元	28415	53339	22727	93948	69202
各项税收	万元	9432	27440	42656	83417	36137
公共财政支出	万元	159493	110807	103670	156318	156839
居民储蓄存款余额	万元	554045	652658	334772	1071930	1538251
年末金融机构各项贷款余额	万元	276898	212308	161365	603177	1115416
三、农业、工业及投资						
农业机械总动力	万千瓦特	19	12	22	57	58
机收面积	公顷	8000	12000	12282	2436	3895
设施农业占地面积	公顷	132	142	326	134	142
粮食总产量	吨	156729	33859	95574	126583	137036
棉花产量	吨					
油料产量	吨	2293	2207	117	95	121
肉类总产量	吨	22458	5898	11635	9740	5562
规模以上工业企业单位数	个	10	8	18	45	32
规模以上工业总产值	万元	216654	156747	218804	932275	1818622
固定资产投资	万元	981693	1228367	1380597	1360752	1481666
四、教育、卫生和社会保障						
普通中学在校学生数	人	13409	7836	7292	17142	9379
中等职业教育学校在校学生数	人	1083		45	1114	761
小学在校学生数	人	15681	9658	8867	23122	19460
医疗卫生机构床位数	床	1139	395	391	655	1097
各种社会福利收养性单位数	个	10	9	7	10	12
各种社会福利收养性单位床位数	床	560	226	319	485	819

2014年县(市)社会经济主要指标

山西省

指　标	单位	长治县	襄垣县	屯留县	平顺县	黎城县
一、基本情况						
行政区域面积	平方公里	483	1178	1142	1550	1101
乡个数	个	5	3	4	7	4
镇个数	个	6	8	7	5	5
街道办事处个数	个					
户籍人口	万人	35	27	27	15	17
第二产业从业人员	人	49050	16965	30500	18511	15906
第三产业从业人员	人	44300	23126	19976	11560	20037
固定电话用户	户	35124	26069	24017	14100	19951
二、综合经济						
地区生产总值	万元	1511250	1735108	1152272	219252	366278
第一产业增加值	万元	55801	67259	63534	21044	32530
农业增加值	万元	28714	59520	49928	13727	19371
牧业增加值	万元	26073	6861	12186	5713	8869
第二产业增加值	万元	969068	1220279	878447	101017	167854
公共财政收入	万元	157031	231861	67001	7485	16965
各项税收	万元	283983	191607	175102	12140	33586
公共财政支出	万元	232451	285234	135032	112950	86379
居民储蓄存款余额	万元	890511	1339697	517491	236939	422780
年末金融机构各项贷款余额	万元	438506	1502337	257177	183225	196187
三、农业、工业及投资						
农业机械总动力	万千瓦特	21	22	29	12	13
机收面积	公顷	6280	15284	19467	4550	5667
设施农业占地面积	公顷	350	421	77	58	46
粮食总产量	吨	134923	194151	250174	51760	75409
棉花产量	吨					7
油料产量	吨	137	286	7	85	158
肉类总产量	吨	19758	5209	7932	4320	5353
规模以上工业企业单位数	个	53	48	24	13	11
规模以上工业总产值	万元	1523196	2697101	1851779	267586	1093994
固定资产投资	万元	1250506	1756094	1150371	313931	481029
四、教育、卫生和社会保障						
普通中学在校学生数	人	18363	11765	14059	6244	9578
中等职业教育学校在校学生数	人	2129	606	742	423	445
小学在校学生数	人	21074	16139	17715	6366	12193
医疗卫生机构床位数	床	749	1325	815	655	745
各种社会福利收养性单位数	个	3	6	6	6	9
各种社会福利收养性单位床位数	床	1330	992	1370	630	1216

2014年县(市)社会经济主要指标

山西省

指　　标	单位	壶关县	长子县	武乡县	沁县	沁源县
一、基本情况						
行政区域面积	平方公里	990	1029	1610	1297	2550
乡个数	个	7	5	9	7	9
镇个数	个	5	7	5	6	5
街道办事处个数	个					
户籍人口	万人	30	36	21	18	16
第二产业从业人员	人	40299	28435	12401	11776	19838
第三产业从业人员	人	26125	27114	17242	16111	24567
固定电话用户	户	26556	28314	17678	15251	23005
二、综合经济						
地区生产总值	万元	496237	1008639	612073	195024	949718
第一产业增加值	万元	48629	109695	31245	48969	24229
农业增加值	万元	34598	78870	25792	39176	18736
牧业增加值	万元	12824	28855	4515	7847	2063
第二产业增加值	万元	260801	639546	375836	26298	675007
公共财政收入	万元	23001	101441	86324	7550	107955
各项税收	万元	29998	207129	60721	9131	133832
公共财政支出	万元	143685	166928	158370	101488	155622
居民储蓄存款余额	万元	504027	732517	422067	301394	355840
年末金融机构各项贷款余额	万元	272390	477686	631368	173411	278201
三、农业、工业及投资						
农业机械总动力	万千瓦特	15	25	19	12	11
机收面积	公顷	4433	15533	7120	8066	5340
设施农业占地面积	公顷	84	1577	114	290	95
粮食总产量	吨	124118	237958	124010	182578	78570
棉花产量	吨					
油料产量	吨	49	56	591	96	583
肉类总产量	吨	10320	14643	5308	12467	1503
规模以上工业企业单位数	个	18	25	14	5	18
规模以上工业总产值	万元	1066858	1102995	633364	70167	1433557
固定资产投资	万元	458182	1053782	252086	329759	909282
四、教育、卫生和社会保障						
普通中学在校学生数	人	15452	16600	10096	11729	7167
中等职业教育学校在校学生数	人	1667	1071	2113	1284	978
小学在校学生数	人	14408	17391	11207	9860	9513
医疗卫生机构床位数	床	637	1071	375	468	656
各种社会福利收养性单位数	个	8	7	7	7	6
各种社会福利收养性单位床位数	床	1174	1010	795	1048	1088

2014年县(市)社会经济主要指标

山西省

指　　标	单位	潞城市	沁水县	阳城县	陵川县	泽州县
一、基本情况						
行政区域面积	平方公里	630	2658	1917	1751	2024
乡个数	个	3	7	7	5	3
镇个数	个	4	7	10	7	14
街道办事处个数	个	2		1		
户籍人口	万人	23	20	38	25	49
第二产业从业人员	人	27455	18633	50176	27322	72197
第三产业从业人员	人	13030	33745	35929	28485	65988
固定电话用户	户	27529	32105	57777	26319	75199
二、综合经济						
地区生产总值	万元	985167	1723349	1667015	333341	2179343
第一产业增加值	万元	43929	54186	91321	45188	110467
农业增加值	万元	28674	26103	36999	23880	50610
牧业增加值	万元	11288	22743	51035	18877	55648
第二产业增加值	万元	689480	1264656	999269	106673	1470031
公共财政收入	万元	52610	115409	110885	19381	123829
各项税收	万元	99595	81550	81855	13075	76031
公共财政支出	万元	111874	189933	207400	144888	233232
居民储蓄存款余额	万元	596069	574616	1114968	497271	975550
年末金融机构各项贷款余额	万元	323847	516400	549700	269600	855509
三、农业、工业及投资						
农业机械总动力	万千瓦特	25	35	44	32	76
机收面积	公顷	10868	16320	22260	9858	40500
设施农业占地面积	公顷	80	146	130	78	154
粮食总产量	吨	112460	113869	140715	91600	184517
棉花产量	吨	19	158	32		4
油料产量	吨	166	1209	539	775	1572
肉类总产量	吨	9010	10941	23291	14351	48380
规模以上工业企业单位数	个	49	33	51	13	49
规模以上工业总产值	万元	2000478	823287	1373096	96559	2066978
固定资产投资	万元	1288055	1363300	1406627	329968	1833898
四、教育、卫生和社会保障						
普通中学在校学生数	人	11888	12110	25786	13789	15751
中等职业教育学校在校学生数	人	1021	452	2852	484	9141
小学在校学生数	人	14867	10713	18179	13726	22558
医疗卫生机构床位数	床	608	696	1828	725	1815
各种社会福利收养性单位数	个	7	10	17	6	11
各种社会福利收养性单位床位数	床	588	446	1197	450	550

2014年县(市)社会经济主要指标

山西省

指　　标	单位	高平市	山阴县	应县	右玉县	怀仁县
一、基本情况						
行政区域面积	平方公里	980	1651	1673	1969	1234
乡个数	个	4	9	9	6	6
镇个数	个	9	4	3	4	4
街道办事处个数	个	3	2		1	
户籍人口	万人	48	24	31	11	29
第二产业从业人员	人	92905				
第三产业从业人员	人	62208				
固定电话用户	户	75285	27189	20655	13710	39129
二、综合经济						
地区生产总值	万元	2149949	1509004	640122	527434	1992879
第一产业增加值	万元	126213	141413	126952	52497	92353
农业增加值	万元	65762	69982	84595	14782	44291
牧业增加值	万元	56618	65163	37559	27733	42250
第二产业增加值	万元	1445700	684058	225104	262744	1164093
公共财政收入	万元	121365	89326	18966	43015	86228
各项税收	万元	77327	54383	13141	33680	135525
公共财政支出	万元	216566	164734	151864	137604	190743
居民储蓄存款余额	万元	1671167	1067063	550209	343657	1251231
年末金融机构各项贷款余额	万元	1145800	625580	274750	206528	403642
三、农业、工业及投资						
农业机械总动力	万千瓦特	55	47	46	23	50
机收面积	公顷	21436	29000	25933	20033	29700
设施农业占地面积	公顷	1086	395	448	25	202
粮食总产量	吨	165645	279060	321868	33639	210019
棉花产量	吨					
油料产量	吨		4209	3969	6234	263
肉类总产量	吨	72420	12151	12221	10964	42865
规模以上工业企业单位数	个	54	56	41	20	75
规模以上工业总产值	万元	1423910	1383706	765213	484926	2431162
固定资产投资	万元	1262073	834106	551369	800680	1365549
四、教育、卫生和社会保障						
普通中学在校学生数	人	32361	13286	19559	4409	55185
中等职业教育学校在校学生数	人	3440	698	1783		8772
小学在校学生数	人	26826	14770	16613	5295	42954
医疗卫生机构床位数	床	1348	605	1200	443	1316
各种社会福利收养性单位数	个	12	8	7	6	7
各种社会福利收养性单位床位数	床	745	293	772	725	580

2014年县(市)社会经济主要指标

山西省

指　　标	单位	榆社县	左权县	和顺县	昔阳县	寿阳县
一、基本情况						
行政区域面积	平方公里	1700	2020	2250	1946	2110
乡个数	个	5	5	5	7	7
镇个数	个	4	5	5	5	7
街道办事处个数	个		1			
户籍人口	万人	14	16	14	24	21
第二产业从业人员	人	10408	11028	10544	14887	11082
第三产业从业人员	人	11736	13088	10574	17345	16880
固定电话用户	户	13328	25135	17884	44510	36038
二、综合经济						
地区生产总值	万元	251430	407706	435068	519232	953699
第一产业增加值	万元	43027	38210	27598	46466	119175
农业增加值	万元	31875	32291	21465	36435	107628
牧业增加值	万元	9192	5534	6126	8839	10847
第二产业增加值	万元	106453	199226	238747	269309	527618
公共财政收入	万元	20799	54357	63603	64738	72072
各项税收	万元	12306	29121	29810	36784	48571
公共财政支出	万元	98794	133420	107848	136721	138901
居民储蓄存款余额	万元	285346	596078	513066	794956	805353
年末金融机构各项贷款余额	万元	186008	435827	216667	304090	513746
三、农业、工业及投资						
农业机械总动力	万千瓦特	14	18	17	25	36
机收面积	公顷	1524	1488	3714	2193	25334
设施农业占地面积	公顷	462	104	109	128	226
粮食总产量	吨	75449	59643	65949	178715	333748
棉花产量	吨					
油料产量	吨	307	401	913	176	19
肉类总产量	吨	4070	4326	4216	9930	6721
规模以上工业企业单位数	个	7	24	14	15	35
规模以上工业总产值	万元	347158	389865	384402	528193	801306
固定资产投资	万元	124096	800634	539850	939491	975024
四、教育、卫生和社会保障						
普通中学在校学生数	人	7112	6946	5506	8672	9018
中等职业教育学校在校学生数	人	1308	1952	1555	1973	2560
小学在校学生数	人	8943	11603	8603	13955	11436
医疗卫生机构床位数	床	267	423	582	895	899
各种社会福利收养性单位数	个	2	11	11	6	3
各种社会福利收养性单位床位数	床	82	841	305	195	282

2014年县(市)社会经济主要指标

山西省

指　　标	单位	太谷县	祁县	平遥县	灵石县	介休市
一、基本情况						
行政区域面积	平方公里	1050	854	1260	1202	744
乡个数	个	6	2	9	6	3
镇个数	个	3	6	5	6	7
街道办事处个数	个		3	3		
户籍人口	万人	29	27	53	27	43
第二产业从业人员	人	32162	31260	71121	27707	67375
第三产业从业人员	人	21598	30794	54422	24344	23804
固定电话用户	户	48019	46546	69446	46906	84938
二、综合经济						
地区生产总值	万元	730138	628526	951160	1856208	1413641
第一产业增加值	万元	171119	158795	152853	47643	54826
农业增加值	万元	138575	123004	93121	32030	29906
牧业增加值	万元	29883	35355	55155	13782	20845
第二产业增加值	万元	187765	166157	345955	1230587	825255
公共财政收入	万元	43217	29213	48869	136179	122674
各项税收	万元	28200	18998	34023	73031	87251
公共财政支出	万元	134833	134435	187469	204641	192811
居民储蓄存款余额	万元	1160242	758102	1100389	1283991	1798691
年末金融机构各项贷款余额	万元	451878	397860	506155	647596	1630519
三、农业、工业及投资						
农业机械总动力	万千瓦特	51	42	30	39	33
机收面积	公顷	16864	16945	22127	8043	19915
设施农业占地面积	公顷	3221	392	343	187	199
粮食总产量	吨	224996	224000	280488	68435	148649
棉花产量	吨	81	7	6		
油料产量	吨	7	134	1763	191	46
肉类总产量	吨	54956	22025	23777	15169	20125
规模以上工业企业单位数	个	53	30	45	108	77
规模以上工业总产值	万元	603769	512274	959192	2748989	2814633
固定资产投资	万元	650049	563030	860659	1583696	1192200
四、教育、卫生和社会保障						
普通中学在校学生数	人	25295	13714	23801	13415	19739
中等职业教育学校在校学生数	人	4188	4819	7921	2266	5688
小学在校学生数	人	18444	18800	39158	23715	33051
医疗卫生机构床位数	床	1951	686	1574	976	1744
各种社会福利收养性单位数	个	9	7	10	5	9
各种社会福利收养性单位床位数	床	1028	250	262	730	476

2014年县(市)社会经济主要指标

山西省

指　　标	单位	临猗县	万荣县	闻喜县	稷山县	新绛县
一、基本情况						
行政区域面积	平方公里	1339	1082	1167	686	593
乡个数	个	5	10	6	2	1
镇个数	个	9	4	7	5	8
街道办事处个数	个					
户籍人口	万人	57	44	41	36	33
第二产业从业人员	人	29994	26769	67156	62759	28669
第三产业从业人员	人	74417	29323	38877	26406	24356
固定电话用户	户	99665	57000	51160	29501	17500
二、综合经济						
地区生产总值	万元	1283327	618199	646119	730133	767767
第一产业增加值	万元	438280	166515	103252	119645	161667
农业增加值	万元	421192	136375	80529	75717	124781
牧业增加值	万元	14964	24655	19127	42964	35487
第二产业增加值	万元	377297	214444	230091	299870	359768
公共财政收入	万元	20109	32039	18822	15019	20039
各项税收	万元	14581	30618	12165	28171	34964
公共财政支出	万元	207309	157125	151312	132993	137112
居民储蓄存款余额	万元	905520	654264	910371	552554	601233
年末金融机构各项贷款余额	万元	784587	359126	389042	241549	290442
三、农业、工业及投资						
农业机械总动力	万千瓦特	101	91	42	55	36
机收面积	公顷	53776	47700	56025	38500	43140
设施农业占地面积	公顷	1876	56	898	272	4575
粮食总产量	吨	331290	192161	289191	259626	259145
棉花产量	吨	12439	501	246	69	162
油料产量	吨	3703	2707	1344	1111	681
肉类总产量	吨	14580	15278	18121	12432	17220
规模以上工业企业单位数	个	47	25	30	27	36
规模以上工业总产值	万元	1091870	467134	823927	786512	1413581
固定资产投资	万元	940202	680546	730199	651594	720481
四、教育、卫生和社会保障						
普通中学在校学生数	人	30003	11654	21648	11627	25374
中等职业教育学校在校学生数	人	2456	700	1487	1551	2620
小学在校学生数	人	26876	21607	22780	21140	19397
医疗卫生机构床位数	床	2680	1335	1917	2136	1445
各种社会福利收养性单位数	个	6	14	4	6	6
各种社会福利收养性单位床位数	床	379	1050	610	300	460

2014年县(市)社会经济主要指标

山西省

指　　标	单位	绛县	垣曲县	夏县	平陆县	芮城县
一、基本情况						
行政区域面积	平方公里	994	1620	1351	1174	1178
乡个数	个	2	6	5	4	3
镇个数	个	8	5	6	6	7
街道办事处个数	个					
户籍人口	万人	29	23	36	25	38
第二产业从业人员	人	23437	19282	33082	14281	28720
第三产业从业人员	人	24654	31833	36089	21849	39452
固定电话用户	户	30000	20520	22756	11500	31399
二、综合经济						
地区生产总值	万元	624840	477885	449477	344206	776481
第一产业增加值	万元	88227	39704	170813	91645	235051
农业增加值	万元	66292	23680	153948	77189	208560
牧业增加值	万元	15165	10861	14769	12647	23456
第二产业增加值	万元	290433	249448	116989	117032	253525
公共财政收入	万元	9448	20697	11752	18194	23600
各项税收	万元	19980	17755	8467	13987	24420
公共财政支出	万元	120928	142495	149154	138498	174361
居民储蓄存款余额	万元	461118	545914	488238	491165	529800
年末金融机构各项贷款余额	万元	249824	274399	301540	150782	374922
三、农业、工业及投资						
农业机械总动力	万千瓦特	31	31	39	54	59
机收面积	公顷	29051	22000	46900	31977	49775
设施农业占地面积	公顷	184	127	3631	298	849
粮食总产量	吨	188609	91770	285958	114556	349481
棉花产量	吨	114	369	1179	309	1284
油料产量	吨	644	881	723	981	3042
肉类总产量	吨	7984	8318	7004	11062	20035
规模以上工业企业单位数	个	25	13	23	21	26
规模以上工业总产值	万元	803582	673804	217728	370581	597235
固定资产投资	万元	791451	520300	544354	575197	697890
四、教育、卫生和社会保障						
普通中学在校学生数	人	10049	12898	7950	11885	21062
中等职业教育学校在校学生数	人	1042	1841	138	110	3275
小学在校学生数	人	14104	10826	15142	11547	17771
医疗卫生机构床位数	床	1298	1525	1066	1051	1274
各种社会福利收养性单位数	个	7	12	4	10	7
各种社会福利收养性单位床位数	床	390	750	176	264	220

2014年县(市)社会经济主要指标

山西省

指　　标	单位	永济市	河津市	定襄县	五台县	代县
一、基本情况						
行政区域面积	平方公里	1208	593	865	2865	1729
乡个数	个		5	6	13	5
镇个数	个	7	2	3	6	6
街道办事处个数	个	3	2			
户籍人口	万人	45	41	23	32	21
第二产业从业人员	人	19973	42723	28483	26302	12226
第三产业从业人员	人	60697	31865	18794	35426	7845
固定电话用户	户	65650	52312	48185	23363	23779
二、综合经济						
地区生产总值	万元	1339947	1891567	378644	393184	527731
第一产业增加值	万元	213316	78356	42799	53951	29863
农业增加值	万元	180571	62650	33538	33650	17804
牧业增加值	万元	23679	13359	7311	14819	10366
第二产业增加值	万元	722406	1212918	180196	109433	315128
公共财政收入	万元	32826	198115	15380	37343	61000
各项税收	万元	75751	181601	25405	68670	36477
公共财政支出	万元	180840	174234	91576	185547	132849
居民储蓄存款余额	万元	852321	1216249	661055	949900	982833
年末金融机构各项贷款余额	万元	666095	1076059	310890	687400	427114
三、农业、工业及投资						
农业机械总动力	万千瓦特	64	44	14	15	20
机收面积	公顷	64631	28836	16047	9533	6732
设施农业占地面积	公顷	673	216	164	165	28
粮食总产量	吨	468157	181146	167070	107535	75500
棉花产量	吨	3685	12			
油料产量	吨	968	657	1293	201	1333
肉类总产量	吨	22463	8748	5504	10897	4495
规模以上工业企业单位数	个	48	74	43	17	75
规模以上工业总产值	万元	2635509	4022983	505028	279708	667030
固定资产投资	万元	1015754	1486567	356331	486448	456537
四、教育、卫生和社会保障						
普通中学在校学生数	人	20705	27776	10043	16191	9595
中等职业教育学校在校学生数	人	2668	1729	911	2262	281
小学在校学生数	人	20569	30534	14031	20600	15140
医疗卫生机构床位数	床	2031	1890	543	827	550
各种社会福利收养性单位数	个	15	14	6	9	8
各种社会福利收养性单位床位数	床	1248	1434	210	220	400

2014年县(市)社会经济主要指标

山西省

指　　标	单位	繁峙县	宁武县	静乐县	神池县	五寨县
一、基本情况						
行政区域面积	平方公里	2367	1967	2058	1472	1391
乡个数	个	10	10	10	7	9
镇个数	个	3	4	4	3	3
街道办事处个数	个		1			
户籍人口	万人	28	16	17	10	12
第二产业从业人员	人	12038	6431	16503	2126	3364
第三产业从业人员	人	13391	14799	26177	3902	17965
固定电话用户	户	16200	11875	14300	7226	5360
二、综合经济						
地区生产总值	万元	531822	404584	211595	177526	194574
第一产业增加值	万元	44929	19782	31582	71103	52068
农业增加值	万元	16458	7718	14989	38682	38724
牧业增加值	万元	25045	11352	14576	31785	10503
第二产业增加值	万元	327093	243902	81048	18947	17279
公共财政收入	万元	42461	118354	27921	20215	18789
各项税收	万元	84919	91690	9864	12869	12772
公共财政支出	万元	157658	104937	115296	91820	99345
居民储蓄存款余额	万元	729507	646897	238780	278096	396449
年末金融机构各项贷款余额	万元	325166	426842	80518	55340	434949
三、农业、工业及投资						
农业机械总动力	万千瓦特	22	8	9	19	17
机收面积	公顷	22000	5010	4900	11600	15550
设施农业占地面积	公顷	130	31	60	34	23
粮食总产量	吨	79971	29727	50465	144828	200728
棉花产量	吨					
油料产量	吨	2126	5196	5478	11692	209
肉类总产量	吨	13094	3868	4854	13950	5336
规模以上工业企业单位数	个	56	22	11	4	8
规模以上工业总产值	万元	1221478	312828	156974	50100	71550
固定资产投资	万元	742006	722511	652513	314604	269699
四、教育、卫生和社会保障						
普通中学在校学生数	人	9929	2844	7539	1193	5875
中等职业教育学校在校学生数	人	2032	196	138	307	226
小学在校学生数	人	21388	9441	8817	6505	6294
医疗卫生机构床位数	床	1135	891	648	242	380
各种社会福利收养性单位数	个	6	1	3	3	2
各种社会福利收养性单位床位数	床	243	77	58	255	180

2014年县(市)社会经济主要指标

山西省

指　　标	单位	岢岚县	河曲县	保德县	偏关县	原平市
一、基本情况						
行政区域面积	平方公里	1984	1317	998	1685	2571
乡个数	个	10	9	9	6	11
镇个数	个	2	4	4	4	7
街道办事处个数	个					3
户籍人口	万人	9	15	17	11	50
第二产业从业人员	人	9561	7875	16300	8746	31192
第三产业从业人员	人	7756	11569	13388	14776	37098
固定电话用户	户	8842	14038	16501	7020	46540
二、综合经济						
地区生产总值	万元	187357	700547	627537	260488	1092828
第一产业增加值	万元	37097	35084	39371	44263	121511
农业增加值	万元	16333	22398	24168	14153	67734
牧业增加值	万元	19583	9471	12464	25969	52048
第二产业增加值	万元	40254	467401	457593	83849	491827
公共财政收入	万元	14425	60582	63028	20090	77000
各项税收	万元	10103	41282	114109	23649	51000
公共财政支出	万元	108356	111486	121437	97890	167600
居民储蓄存款余额	万元	226062	714947	591068	331137	1616902
年末金融机构各项贷款余额	万元	69442	315686	291116	93158	907189
三、农业、工业及投资						
农业机械总动力	万千瓦特	13	10	16	16	44
机收面积	公顷	8200	4500	3500	8560	22140
设施农业占地面积	公顷	60	69	126	80	201
粮食总产量	吨	58541	65155	47563	51776	366314
棉花产量	吨					
油料产量	吨	9641	5076	1124	3330	1320
肉类总产量	吨	5404	3028	6419	9039	23682
规模以上工业企业单位数	个	11	16	17	6	37
规模以上工业总产值	万元	191063	949155	562087	152148	1575000
固定资产投资	万元	397812	1163157	1039753	225793	1400926
四、教育、卫生和社会保障						
普通中学在校学生数	人	4897	7801	5800	2283	14675
中等职业教育学校在校学生数	人	209	1661	1400	359	3742
小学在校学生数	人	5649	8085	10823	4592	26485
医疗卫生机构床位数	床	238	475	800	275	1026
各种社会福利收养性单位数	个	9	5	2	2	7
各种社会福利收养性单位床位数	床	235	40	126	72	280

2014年县(市)社会经济主要指标

山西省

指标	单位	曲沃县	翼城县	襄汾县	洪洞县	古县
一、基本情况						
行政区域面积	平方公里	437	1149	1028	1494	1191
乡个数	个	2	4	6	7	3
镇个数	个	5	6	7	9	4
街道办事处个数	个					
户籍人口	万人	23	31	50	76	9
第二产业从业人员	人	27654	42041	61507	94043	11046
第三产业从业人员	人	26126	59683	76512	117621	18956
固定电话用户	户	31277	38482	41825	68007	10010
二、综合经济						
地区生产总值	万元	872658	687928	1222367	1656033	449994
第一产业增加值	万元	125277	85714	141359	118808	24699
农业增加值	万元	101077	54682	116468	72586	19276
牧业增加值	万元	20888	28571	21424	40837	3731
第二产业增加值	万元	528371	300599	681111	1057499	337118
公共财政收入	万元	30159	45008	74660	114732	47800
各项税收	万元	52822	38326	88605	145676	53628
公共财政支出	万元	115464	147800	204301	302807	94815
居民储蓄存款余额	万元	514167	740960	1072804	1356954	225003
年末金融机构各项贷款余额	万元	225779	425662	457674	793105	107541
三、农业、工业及投资						
农业机械总动力	万千瓦特	38	38	59	110	12
机收面积	公顷	33449	39300	72980	61666	6333
设施农业占地面积	公顷	1729	235	755	177	56
粮食总产量	吨	214189	247439	455815	428492	71417
棉花产量	吨	183		113	1	
油料产量	吨	747	404	1588	358	583
肉类总产量	吨	12531	23048	19268	20551	1674
规模以上工业企业单位数	个	23	28	33	54	27
规模以上工业总产值	万元	2620143	1356818	2446908	2833823	761058
固定资产投资	万元	728178	689293	1051813	1411611	502385
四、教育、卫生和社会保障						
普通中学在校学生数	人	11011	19060	25548	38988	4079
中等职业教育学校在校学生数	人	1382	793	2195	1925	262
小学在校学生数	人	12180	18835	26252	51235	6200
医疗卫生机构床位数	床	974	1340	1200	1966	269
各种社会福利收养性单位数	个	5	6	6	10	5
各种社会福利收养性单位床位数	床	194	122	251	626	144

2014年县(市)社会经济主要指标

山西省

指　　标	单位	安泽县	浮山县	吉县	乡宁县	大宁县
一、基本情况						
行政区域面积	平方公里	1959	938	1780	2025	963
乡个数	个	3	7	5	5	4
镇个数	个	4	2	3	5	2
街道办事处个数	个					
户籍人口	万人	8	13	11	23	7
第二产业从业人员	人	10199	16105	13342	29265	8335
第三产业从业人员	人	13887	25432	14599	27864	6895
固定电话用户	户	11623	9328	8135	14574	3830
二、综合经济						
地区生产总值	万元	462686	469589	187165	834249	47780
第一产业增加值	万元	40786	45286	54944	27382	15624
农业增加值	万元	29963	35221	47494	14504	12311
牧业增加值	万元	7578	7058	4692	10972	1932
第二产业增加值	万元	354534	334020	85418	627477	4810
公共财政收入	万元	48827	19833	12021	129216	3518
各项税收	万元	48606	21632	22166	144068	3978
公共财政支出	万元	91180	86001	92250	184834	73307
居民储蓄存款余额	万元	191321	226279	175422	648119	79909
年末金融机构各项贷款余额	万元	116227	107096	106022	531448	46702
三、农业、工业及投资						
农业机械总动力	万千瓦特	15	18	11	30	6
机收面积	公顷	3401	19948	3888	12510	2667
设施农业占地面积	公顷	30	198	27	21	57
粮食总产量	吨	147775	114902	42683	91169	53273
棉花产量	吨		49			27
油料产量	吨	622	1565	2368	1918	452
肉类总产量	吨	2070	4187	3076	6555	884
规模以上工业企业单位数	个	9	24	3	26	1
规模以上工业总产值	万元	719854	656982	103103	697799	4773
固定资产投资	万元	527786	380241	290660	607431	104018
四、教育、卫生和社会保障						
普通中学在校学生数	人	3252	5219	4483	12780	2133
中等职业教育学校在校学生数	人	225	695	851	1970	86
小学在校学生数	人	5003	6291	5971	17552	2884
医疗卫生机构床位数	床	343	366	402	965	223
各种社会福利收养性单位数	个	10	7	3	4	3
各种社会福利收养性单位床位数	床	111	147	90	242	51

2014年县(市)社会经济主要指标

山西省

指　　标	单位	隰县	永和县	蒲县	汾西县	侯马市
一、基本情况						
行政区域面积	平方公里	1413	1213	1509	875	221
乡个数	个	5	5	5	3	3
镇个数	个	3	2	4	5	
街道办事处个数	个					5
户籍人口	万人	11	6	11	15	24
第二产业从业人员	人	13668	8046	13482	18174	29090
第三产业从业人员	人	11760	9490	15400	15442	68918
固定电话用户	户	8423	2672	9223	10088	52568
二、综合经济						
地区生产总值	万元	126454	65494	524864	188965	852101
第一产业增加值	万元	35030	24871	19763	30003	32966
农业增加值	万元	28690	17580	13601	16572	24487
牧业增加值	万元	4565	5006	4053	11749	5692
第二产业增加值	万元	20055	6931	409836	63950	249968
公共财政收入	万元	9300	4405	100031	14058	56367
各项税收	万元	12892	9191	120826	6671	100847
公共财政支出	万元	104396	71305	154869	94071	135524
居民储蓄存款余额	万元	188014	73198	274874	161245	1143230
年末金融机构各项贷款余额	万元	143276	41139	312122	17618	772083
三、农业、工业及投资						
农业机械总动力	万千瓦特	11	4	5	11	19
机收面积	公顷	2604	1831	3918	7066	14864
设施农业占地面积	公顷	24	5	45		351
粮食总产量	吨	102882	74480	73600	90695	91596
棉花产量	吨		146		9	8
油料产量	吨	528	3010	591	353	426
肉类总产量	吨	2198	2683	3309	8578	3457
规模以上工业企业单位数	个		2	28	8	29
规模以上工业总产值	万元			848700	151043	1112082
固定资产投资	万元	221997	109624	504001	269942	689802
四、教育、卫生和社会保障						
普通中学在校学生数	人	4309	2040	4389	7165	11219
中等职业教育学校在校学生数	人	190	232	218	290	1915
小学在校学生数	人	6405	3300	7784	10480	13291
医疗卫生机构床位数	床	344	237	475	398	1508
各种社会福利收养性单位数	个	2	4	4	5	10
各种社会福利收养性单位床位数	床	59	180	200	163	775

2014年县(市)社会经济主要指标

山西省

指　　标	单位	霍州市	离石区	文水县	交城县	兴县
一、基本情况						
行政区域面积	平方公里	764	1324	1064	1827	3166
乡个数	个	3	3	5	4	10
镇个数	个	4	2	7	6	7
街道办事处个数	个	5	7			
户籍人口	万人	31	28	45	23	32
第二产业从业人员	人	38014	16937	44460	41923	23996
第三产业从业人员	人	62833	24822	49592	17937	22891
固定电话用户	户	43869	44631	49544	6760	13102
二、综合经济						
地区生产总值	万元	890268	699081	560216	597858	622860
第一产业增加值	万元	37337	20292	118311	32241	44521
农业增加值	万元	23658	10514	58721	14506	29489
牧业增加值	万元	11594	8450	58252	16767	10174
第二产业增加值	万元	645210	217238	295866	393156	460454
公共财政收入	万元	72053	130206	30868	37923	80212
各项税收	万元	137309	76535	19915	35800	62107
公共财政支出	万元	148592	194608	158799	120604	184442
居民储蓄存款余额	万元	942696	2000026	837254	690776	414464
年末金融机构各项贷款余额	万元	760701	2274356	514537	494215	464960
三、农业、工业及投资						
农业机械总动力	万千瓦特	19	25	37	22	15
机收面积	公顷	10600	2200	24060	5700	3100
设施农业占地面积	公顷	85	82	120	91	25
粮食总产量	吨	75973	32123	267759	50187	93851
棉花产量	吨	15		3		
油料产量	吨	199	643	1648	214	14158
肉类总产量	吨	8741	27706	44486	9912	5495
规模以上工业企业单位数	个	19	24	29	55	24
规模以上工业总产值	万元	1376094	498725	1335804	1352895	1037476
固定资产投资	万元	1516723	871072	439832	531000	620114
四、教育、卫生和社会保障						
普通中学在校学生数	人	15362	18683	28188	14669	6124
中等职业教育学校在校学生数	人	1234	36	2180	1383	230
小学在校学生数	人	19919	35946	29291	16623	16098
医疗卫生机构床位数	床	1436	1291	893	1015	580
各种社会福利收养性单位数	个	12	4	2	1	2
各种社会福利收养性单位床位数	床	826	150	132	72	50

2014年县(市)社会经济主要指标

山西省

指　　标	单位	临县	柳林县	石楼县	岚县	方山县
一、基本情况						
行政区域面积	平方公里	2977	1287	1735	1513	1434
乡个数	个	10	7	5	8	2
镇个数	个	13	8	4	4	5
街道办事处个数	个					
户籍人口	万人	65	35	12	19	15
第二产业从业人员	人	41742	59217	3889	13304	9262
第三产业从业人员	人	47844	45483	11543	24600	7377
固定电话用户	户	47200	49254	7002	15100	8200
二、综合经济						
地区生产总值	万元	444683	1702582	86991	320022	275166
第一产业增加值	万元	95141	22731	27207	29305	15320
农业增加值	万元	67472	14438	20502	22232	9521
牧业增加值	万元	25604	6804	5294	4871	3944
第二产业增加值	万元	144489	1297754	7455	199476	178035
公共财政收入	万元	59665	210194	5888	52368	37084
各项税收	万元	30735	109258	2984	26268	25796
公共财政支出	万元	242564	275040	101261	130687	105137
居民储蓄存款余额	万元	524027	865190	147284	325585	197258
年末金融机构各项贷款余额	万元	522426	686193	147723	200336	114874
三、农业、工业及投资						
农业机械总动力	万千瓦特	19	24	6	10	12
机收面积	公顷	9200	5100	3930	13050	3800
设施农业占地面积	公顷	139	25	3	33	67
粮食总产量	吨	135160	47729	57143	83739	41437
棉花产量	吨	9	17	7		
油料产量	吨	4996	1467	2423	2277	935
肉类总产量	吨	14121	5722	4275	2937	1726
规模以上工业企业单位数	个	15	50	5	13	10
规模以上工业总产值	万元	248783	2444062	26769	603053	379915
固定资产投资	万元	556611	1483730	80523	284678	167466
四、教育、卫生和社会保障						
普通中学在校学生数	人	22469	21724	4730	9116	5704
中等职业教育学校在校学生数	人	2310	1991	1100	1222	466
小学在校学生数	人	25141	25143	8938	12034	8959
医疗卫生机构床位数	床	1224	955	305	467	450
各种社会福利收养性单位数	个	4	5	1	7	7
各种社会福利收养性单位床位数	床	100	470	20	89	250

2014年县(市)社会经济主要指标

山西省、内蒙古自治区

指　　标	单位	中阳县	交口县	孝义市	汾阳市	土默特左旗
一、基本情况						
行政区域面积	平方公里	1439	1258	938	1175	2765
乡个数	个	2	3	5	3	2
镇个数	个	5	4	7	9	7
街道办事处个数	个			5	4	
户籍人口	万人	16	12	48	42	37
第二产业从业人员	人	24730	7963	78850	44492	51213
第三产业从业人员	人	18360	10251	48220	46134	51394
固定电话用户	户	16300	15412	85192	65495	28017
二、综合经济						
地区生产总值	万元	611286	353765	3828682	913072	2584923
第一产业增加值	万元	14415	18736	137863	109134	385855
农业增加值	万元	10229	11765	85033	68367	132578
牧业增加值	万元	3452	6239	48408	38501	240083
第二产业增加值	万元	459708	260649	2570812	398345	1232747
公共财政收入	万元	70386	68671	217419	73873	113316
各项税收	万元	31037	44745	148613	57457	102828
公共财政支出	万元	128910	119832	316115	174578	244482
居民储蓄存款余额	万元	535035	510000	2625835	1297330	539541
年末金融机构各项贷款余额	万元	518241	238000	1797179	568007	365200
三、农业、工业及投资						
农业机械总动力	万千瓦特	13	15	47	52	68
机收面积	公顷	1800	4390	16800	26200	45000
设施农业占地面积	公顷	17	5	1629	194	3180
粮食总产量	吨	25085	30751	139107	233021	524365
棉花产量	吨	2			7	
油料产量	吨	239	839	621	239	26090
肉类总产量	吨	2656	4200	60772	32203	31127
规模以上工业企业单位数	个	34	44	214	50	65
规模以上工业总产值	万元	1376083	1060682	5467982	983156	3397028
固定资产投资	万元	529114	443320	3230706	640309	1165934
四、教育、卫生和社会保障						
普通中学在校学生数	人	9631	6224	34102	24298	10300
中等职业教育学校在校学生数	人	167	1178	2484	2256	787
小学在校学生数	人	11278	9543	36599	26900	12559
医疗卫生机构床位数	床	388	421	2092	1835	489
各种社会福利收养性单位数	个	3	3	16	9	22
各种社会福利收养性单位床位数	床	178	60	641	715	2128

2014年县(市)社会经济主要指标

内蒙古自治区

指　　标	单位	托克托县	和林格尔县	清水河县	武川县	土默特右旗
一、基本情况						
行政区域面积	平方公里	1313	3401	2818	4886	2368
乡个数	个		5	5	6	3
镇个数	个	5	3	3	3	5
街道办事处个数	个					
户籍人口	万人	21	20	14	18	37
第二产业从业人员	人	33671	20198	10073	14281	48779
第三产业从业人员	人	18198	32901	11352	10191	61574
固定电话用户	户	21000	17300	6360	6121	16651
二、综合经济						
地区生产总值	万元	2364208	1409812	644247	782477	3343125
第一产业增加值	万元	209908	221053	73111	99654	403025
农业增加值	万元	81689	59512	49076	88476	233047
牧业增加值	万元	122357	153563	18433	9526	168656
第二产业增加值	万元	1693085	674402	288330	432936	1942000
公共财政收入	万元	238018	98425	27918	24513	193150
各项税收	万元	223770	80170	21020	15884	199000
公共财政支出	万元	233399	193593	140304	149119	290000
居民储蓄存款余额	万元	395286	335000	248222	262798	634850
年末金融机构各项贷款余额	万元	845037	514000	177759	289502	741500
三、农业、工业及投资						
农业机械总动力	万千瓦特	45	39	18	33	57
机收面积	公顷	39915	46433	10700	92000	56667
设施农业占地面积	公顷	423	800	88	44	101475
粮食总产量	吨	253791	174662	70352	203852	759532
棉花产量	吨					
油料产量	吨	5981	2302	11731	32431	18227
肉类总产量	吨	14202	21845	9787	5764	69015
规模以上工业企业单位数	个	33	42	15	14	48
规模以上工业总产值	万元	3753826	1859800	300855	476276	2989564
固定资产投资	万元	900019	1150271	390712	562000	3422389
四、教育、卫生和社会保障						
普通中学在校学生数	人	10327	8434	4922	5601	6467
中等职业教育学校在校学生数	人	1120	1000	503		680
小学在校学生数	人	11885	8202	5036	5229	15708
医疗卫生机构床位数	床	466	432	342	342	525
各种社会福利收养性单位数	个	5	7	8	8	10
各种社会福利收养性单位床位数	床	390	590	453	374	366

2014年县(市)社会经济主要指标

内蒙古自治区

指　　标	单位	固阳县	达尔罕茂明安联合旗	阿鲁科尔沁旗	巴林左旗	巴林右旗
一、基本情况						
行政区域面积	平方公里	5025	17482	14555	6459	9837
乡个数	个		5	7	4	4
镇个数	个	6	7	7	7	5
街道办事处个数	个			1	2	2
户籍人口	万人	21	11	30	36	19
第二产业从业人员	人	30217	8593	18607	30254	3523
第三产业从业人员	人	19222	23119	15466	32267	2507
固定电话用户	户	5200	5900	25951	27826	12000
二、综合经济						
地区生产总值	万元	1161100	2023900	1012728	1188409	720589
第一产业增加值	万元	140600	152200	181437	215708	111257
农业增加值	万元	37132	63012	107632	145859	58520
牧业增加值	万元	102485	85655	65026	60955	46080
第二产业增加值	万元	805500	1428500	468262	631584	409137
公共财政收入	万元	34117	144147	32500	46538	38748
各项税收	万元	32427	83013	27900	36569	27554
公共财政支出	万元	152744	248426	243719	240007	201127
居民储蓄存款余额	万元	260000	226796	283074	432123	267454
年末金融机构各项贷款余额	万元	252000	234751	361673	364091	388785
三、农业、工业及投资						
农业机械总动力	万千瓦特	35	28	58	47	37
机收面积	公顷	73334	43333	88667	34533	40667
设施农业占地面积	公顷	4	2	671	1373	280
粮食总产量	吨	112826	97564	510502	445188	174500
棉花产量	吨					
油料产量	吨	37702	15228	6003	14410	7512
肉类总产量	吨	34110	23631	23210	18346	32004
规模以上工业企业单位数	个	40	45	32	52	23
规模以上工业总产值	万元	1220000	2587197	1003782	1886520	1149502
固定资产投资	万元	1570000	2623737	425982	1574521	539471
四、教育、卫生和社会保障						
普通中学在校学生数	人	4838	2192	13107	16271	8820
中等职业教育学校在校学生数	人	1875		1236	2608	
小学在校学生数	人	5340	3322	15275	19748	10631
医疗卫生机构床位数	床	406	402	1374	1399	669
各种社会福利收养性单位数	个	7	5	13	18	8
各种社会福利收养性单位床位数	床	480	586	775	1901	778

2014年县(市)社会经济主要指标

内蒙古自治区

指　　标	单位	林西县	克什克腾旗	翁牛特旗	喀喇沁旗	宁城县
一、基本情况						
行政区域面积	平方公里	3933	20673	11882	3050	4305
乡个数	个	2	6	6	2	2
镇个数	个	7	7	8	7	13
街道办事处个数	个	2	2	2		3
户籍人口	万人	24	25	48	35	62
第二产业从业人员	人	18376	15068	29913	36797	61982
第三产业从业人员	人	32828	27697	40140	45495	55788
固定电话用户	户	17377	17300	18706	26366	58000
二、综合经济						
地区生产总值	万元	708893	1399455	1387946	672466	1590307
第一产业增加值	万元	122001	175999	406260	127794	346238
农业增加值	万元	72633	109876	297167	76396	247382
牧业增加值	万元	40295	53116	85838	41509	79420
第二产业增加值	万元	336191	925412	638393	289418	693112
公共财政收入	万元	33500	72000	39490	44018	61887
各项税收	万元	26867	115978	27981	31662	49219
公共财政支出	万元	204560	241000	302075	213577	292000
居民储蓄存款余额	万元	358427	321389	495071	547574	1046198
年末金融机构各项贷款余额	万元	372362	544385	501070	452817	765960
三、农业、工业及投资						
农业机械总动力	万千瓦特	31	45	75	35	53
机收面积	公顷	16689	44000	162666	22667	28467
设施农业占地面积	公顷	241	83	18925	4480	17638
粮食总产量	吨	255065	179500	715068	313500	740245
棉花产量	吨					
油料产量	吨	18770	12094	50807	1500	1394
肉类总产量	吨	21648	19049	44869	32917	87243
规模以上工业企业单位数	个	30	32	61	15	70
规模以上工业总产值	万元	1080590	2043335	2081939	702219	1792103
固定资产投资	万元	602824	952893	884950	960362	815611
四、教育、卫生和社会保障						
普通中学在校学生数	人	11319	9455	18000	15350	25496
中等职业教育学校在校学生数	人		732	2291	2414	3506
小学在校学生数	人	10861	10990	20538	18263	33491
医疗卫生机构床位数	床	1185	1399	1231	1150	2639
各种社会福利收养性单位数	个	15	13	18	15	27
各种社会福利收养性单位床位数	床	1250	480	1178	1420	980

2014年县(市)社会经济主要指标

内蒙古自治区

指　标	单位	敖汉旗	科尔沁左翼中旗	科尔沁左翼后旗	开鲁县	库伦旗
一、基本情况						
行政区域面积	平方公里	8294	9573	11500	4488	4714
乡个数	个	8	6	5		3
镇个数	个	8	11	10	10	5
街道办事处个数	个		1			1
户籍人口	万人	61	53	41	40	18
第二产业从业人员	人	46513	41544	14333	46104	10206
第三产业从业人员	人	47179	67974	46395	46572	25536
固定电话用户	户	136987	17829	32000	45882	14160
二、综合经济						
地区生产总值	万元	1565296	1633700	1661339	2254537	687988
第一产业增加值	万元	404226	397600	340583	517850	178023
农业增加值	万元	286747	338560	213188	360775	96968
牧业增加值	万元	86721	45220	108763	144071	76594
第二产业增加值	万元	700442	735200	780448	1212427	340283
公共财政收入	万元	86393	47060	40142	38412	30231
各项税收	万元	75736	22192	25536	29348	18758
公共财政支出	万元	297868	307071	275491	246568	151395
居民储蓄存款余额	万元	672561	221886	253506	413272	144763
年末金融机构各项贷款余额	万元	454937	312362	379715	539691	111576
三、农业、工业及投资						
农业机械总动力	万千瓦特	83	126	120	111	35
机收面积	公顷	54667	200343	47000	44000	30667
设施农业占地面积	公顷	2099	1493	301	4000	3455
粮食总产量	吨	773482	1693506	1007520	1020140	515024
棉花产量	吨					
油料产量	吨	10548	24858	24686	3804	2945
肉类总产量	吨	72993	74434	49952	98072	34540
规模以上工业企业单位数	个	59	55	65	71	25
规模以上工业总产值	万元	831420	1819966	2002800	3071367	810794
固定资产投资	万元	1249649	1400353	1414798	1670313	817030
四、教育、卫生和社会保障						
普通中学在校学生数	人	24167	10303	15743	21127	4538
中等职业教育学校在校学生数	人	1340	420	829	835	783
小学在校学生数	人	32006	25166	23552	29254	10618
医疗卫生机构床位数	床	1932	1035	1114	958	553
各种社会福利收养性单位数	个	18	13	6	14	6
各种社会福利收养性单位床位数	床	948	1099	370	391	330

2014年县(市)社会经济主要指标

内蒙古自治区

指　　标	单位	奈曼旗	扎鲁特旗	霍林郭勒市	东胜区	达拉特旗
一、基本情况						
行政区域面积	平方公里	8130	17193	585	2526	8241
乡个数	个	6	8			1
镇个数	个	8	7		3	7
街道办事处个数	个	1		5	15	6
户籍人口	万人	45	30	8	27	36
第二产业从业人员	人	29602	16812	24142	103389	53133
第三产业从业人员	人	22045	57365	24349	170858	122906
固定电话用户	户	27102	22330	6132	86700	22261
二、综合经济						
地区生产总值	万元	1547400	1858940	3258031	9305330	4950200
第一产业增加值	万元	281292	327019	32124	14489	327417
农业增加值	万元	137689	144842	6781	3627	188905
牧业增加值	万元	129581	177784	24703	6890	124420
第二产业增加值	万元	862400	1164165	1768048	3396100	3022000
公共财政收入	万元	50845	136788	282295	891720	209804
各项税收	万元	36866	93107	141701	663318	156694
公共财政支出	万元	281553	350515	356098	1059268	388069
居民储蓄存款余额	万元	388000	289663	425276	5860400	1018042
年末金融机构各项贷款余额	万元	325000	348695	1241479	16484200	1599715
三、农业、工业及投资						
农业机械总动力	万千瓦特	89	66	2	11	92
机收面积	公顷	59701	87000	15155	3000	83333
设施农业占地面积	公顷	2765	1966	100	14	537
粮食总产量	吨	750510	525017	10560	12188	586923
棉花产量	吨					
油料产量	吨	12996	22012	8939	20	25240
肉类总产量	吨	44874	78827	6013	1736	39672
规模以上工业企业单位数	个	47	66	63	57	56
规模以上工业总产值	万元	1514063	2500457	4298606	5189700	6273246
固定资产投资	万元	837243	780565	2810569	6950000	2603400
四、教育、卫生和社会保障						
普通中学在校学生数	人	21770	8950	7212	30071	14594
中等职业教育学校在校学生数	人	993	1288	609	8059	3841
小学在校学生数	人	27012	16805	7357	35545	19536
医疗卫生机构床位数	床	872	795	786	3964	1887
各种社会福利收养性单位数	个	15	9	1	13	6
各种社会福利收养性单位床位数	床	448	410	107	4417	800

2014年县(市)社会经济主要指标

内蒙古自治区

指　　标	单位	准格尔旗	鄂托克前旗	鄂托克旗	杭锦旗	乌审旗
一、基本情况						
行政区域面积	平方公里	7551	12221	20367	18814	11674
乡个数	个	3		2	1	1
镇个数	个	6	4	4	5	5
街道办事处个数	个	4				
户籍人口	万人	37	8	10	14	11
第二产业从业人员	人	63489	11098	24133	14843	4604
第三产业从业人员	人	88976	16555	31164	25773	39452
固定电话用户	户	75982	7200	17000	9400	8495
二、综合经济						
地区生产总值	万元	11067094	1273490	4594056	842300	4035200
第一产业增加值	万元	93594	113190	76056	179300	127300
农业增加值	万元	50680	60518	28549	105800	61225
牧业增加值	万元	34232	45996	41597	59200	61120
第二产业增加值	万元	6930200	803200	3619200	316500	3127800
公共财政收入	万元	767109	146998	330475	120201	443302
各项税收	万元	483263	103189	311734	90914	141936
公共财政支出	万元	874444	236419	410088	279262	356431
居民储蓄存款余额	万元	2496413	218261	659652	316688	398650
年末金融机构各项贷款余额	万元	3025964	289724	1145664	451088	1077088
三、农业、工业及投资						
农业机械总动力	万千瓦特	28	27	16	50	51
机收面积	公顷	6667	15000	6753	38020	13352
设施农业占地面积	公顷	372	155	22	28	199
粮食总产量	吨	85429	99464	104465	388616	126341
棉花产量	吨					
油料产量	吨	3254	3260	6260	63232	1501
肉类总产量	吨	12874	18555	21529	20721	54324
规模以上工业企业单位数	个	103	15	40	17	24
规模以上工业总产值	万元	10688843	1665822	5933030	208335	6310900
固定资产投资	万元	7100300	2801254	3600724	1853092	4351756
四、教育、卫生和社会保障						
普通中学在校学生数	人	15997	3188	5154	4647	4347
中等职业教育学校在校学生数	人		1173	232		361
小学在校学生数	人	23169	4690	9218	5773	7808
医疗卫生机构床位数	床	1847	407	531	711	488
各种社会福利收养性单位数	个	8	2	4	4	5
各种社会福利收养性单位床位数	床	1718	76	626	510	390

2014年县(市)社会经济主要指标

内蒙古自治区

指　　标	单位	伊金霍洛旗	海拉尔区	阿荣旗	莫力达瓦达斡尔族自治旗	鄂伦春自治旗
一、基本情况						
行政区域面积	平方公里	5487	1440	12063	10356	59880
乡个数	个			4	3	2
镇个数	个	7	2	7	10	8
街道办事处个数	个		6			
户籍人口	万人	17	28	33	33	26
第二产业从业人员	人	67637	20958	11639	5225	7650
第三产业从业人员	人	60764	143395	41764	13709	44145
固定电话用户	户	13801	106670	17772	21000	31940
二、综合经济						
地区生产总值	万元	6755200	2744229	1571789	1036428	642464
第一产业增加值	万元	70200	86867	504894	494913	243787
农业增加值	万元	29711	33767	344312	378059	182980
牧业增加值	万元	29250	50232	133900	102571	38896
第二产业增加值	万元	4083800	1358742	708819	245802	83078
公共财政收入	万元	750075	136556	51885	28231	16633
各项税收	万元	514178	121486	38855	18262	10832
公共财政支出	万元	737789	265865	236087	261586	223750
居民储蓄存款余额	万元	1829072	1831599	345736	247576	485102
年末金融机构各项贷款余额	万元	1906635	2810917	455343	358116	458544
三、农业、工业及投资						
农业机械总动力	万千瓦特	31	12	79	81	52
机收面积	公顷	5080	21880	190000	306667	262375
设施农业占地面积	公顷	75	357	360	136	137
粮食总产量	吨	92074	71002	1566000	1659500	561500
棉花产量	吨					
油料产量	吨		13258	19946	1790	815
肉类总产量	吨	5526	6091	47236	32823	9231
规模以上工业企业单位数	个	58	61	37	16	6
规模以上工业总产值	万元	8086239	1667591	1200178	289856	65000
固定资产投资	万元	4173551	3254547	1481326	348722	280772
四、教育、卫生和社会保障						
普通中学在校学生数	人	6390	19839	8715	7670	6740
中等职业教育学校在校学生数	人	828	5458	1691	218	39
小学在校学生数	人	10379	12446	17272	11238	9360
医疗卫生机构床位数	床	1121	2831	952	952	902
各种社会福利收养性单位数	个	8	6	6	11	7
各种社会福利收养性单位床位数	床	489	900	1211	1270	271

2014年县(市)社会经济主要指标

内蒙古自治区

指　　标	单位	鄂温克族自治旗	陈巴尔虎旗	新巴尔虎左旗	新巴尔虎右旗	满洲里市
一、基本情况						
行政区域面积	平方公里	19111	18634	21634	24839	732
乡个数	个	6	4	7	4	
镇个数	个	4	3	2	3	2
街道办事处个数	个					5
户籍人口	万人	14	6	5	4	17
第二产业从业人员	人	14900	4787	2484	6353	17717
第三产业从业人员	人	11310	4873	9610	8834	84589
固定电话用户	户	43157	9948	4872	6688	40000
二、综合经济						
地区生产总值	万元	1090309	888974	346570	769304	2124403
第一产业增加值	万元	83250	100856	70490	45879	37936
农业增加值	万元	5101	48550	20556	826	5000
牧业增加值	万元	69738	41135	39029	31576	2500
第二产业增加值	万元	754643	605295	174864	608366	572004
公共财政收入	万元	81065	55397	12984	48034	139291
各项税收	万元	58482	197333	16515	37594	201431
公共财政支出	万元	180606	124719	88051	112999	383600
居民储蓄存款余额	万元	437606	131029	47787	69218	1163009
年末金融机构各项贷款余额	万元	435757	125166	73099	66173	1020358
三、农业、工业及投资						
农业机械总动力	万千瓦特	19	22	19	6	2
机收面积	公顷	14867				
设施农业占地面积	公顷	13	9	118		1
粮食总产量	吨	20669	124701	56900	6050	1259
棉花产量	吨					
油料产量	吨	5819	50984	11353		
肉类总产量	吨	18506	18000	21551	17247	3383
规模以上工业企业单位数	个	15	17	8	19	83
规模以上工业总产值	万元	1053835	909954	48089	899620	1464564
固定资产投资	万元	707131	176000	230003	371036	1500223
四、教育、卫生和社会保障						
普通中学在校学生数	人	3892	1153	545	670	10919
中等职业教育学校在校学生数	人	2728			79	
小学在校学生数	人	4892	2199	1573	1674	8444
医疗卫生机构床位数	床	837	290	153	168	915
各种社会福利收养性单位数	个	3	1	2	2	4
各种社会福利收养性单位床位数	床	245	120	80	110	450

2014年县(市)社会经济主要指标

内蒙古自治区

指　　标	单位	牙克石市	扎兰屯市	额尔古纳市	根河市	临河区
一、基本情况						
行政区域面积	平方公里	27803	16800	28958	20010	2354
乡个数	个		4	3	1	2
镇个数	个	9	8	3	4	7
街道办事处个数	个	7	7	2	3	11
户籍人口	万人	35	42	8	15	53
第二产业从业人员	人	67281	23693	6692	12437	39323
第三产业从业人员	人	101576	58834	24315	34862	178353
固定电话用户	户	34000	35061	14848	17493	110000
二、综合经济						
地区生产总值	万元	2271352	1780117	442736	397559	2733344
第一产业增加值	万元	395862	446798	153529	107085	438453
农业增加值	万元	242696	287503	109356	33939	284882
牧业增加值	万元	94686	142255	32269	23850	141375
第二产业增加值	万元	1129930	925865	127829	109137	1401400
公共财政收入	万元	56194	45727	22862	16833	188285
各项税收	万元	18713	36378	12971	6504	143818
公共财政支出	万元	245415	299088	123519	125408	301810
居民储蓄存款余额	万元	1054986	669395	252141	474066	1701100
年末金融机构各项贷款余额	万元	572267	743002	130038	148304	3784800
三、农业、工业及投资						
农业机械总动力	万千瓦特	34	64	22	3	109
机收面积	公顷	156624	11333	154299		88600
设施农业占地面积	公顷	914	486	169	29	29956
粮食总产量	吨	568000	1083153	435000	2797	554316
棉花产量	吨					
油料产量	吨	54486	24020	141970	1385	180976
肉类总产量	吨	25214	53541	8201	2998	58403
规模以上工业企业单位数	个	63	60	12	13	77
规模以上工业总产值	万元	2581686	2201328	287335	190215	3019521
固定资产投资	万元	1760000	1660215	360364	220960	2322142
四、教育、卫生和社会保障						
普通中学在校学生数	人	13684	12192	3454	2114	29691
中等职业教育学校在校学生数	人	831	642		17	11689
小学在校学生数	人	8371	17559	3242	2675	28524
医疗卫生机构床位数	床	3523	1786	448	608	4477
各种社会福利收养性单位数	个	12	26	2	3	7
各种社会福利收养性单位床位数	床	920	4069	125	120	1736

2014年县(市)社会经济主要指标

内蒙古自治区

指标	单位	五原县	磴口县	乌拉特前旗	乌拉特中旗	乌拉特后旗
一、基本情况						
行政区域面积	平方公里	2493	4167	7476	23096	24925
乡个数	个	1	1	2	4	3
镇个数	个	8	4	9	6	3
街道办事处个数	个					
户籍人口	万人	28	12	34	14	6
第二产业从业人员	人	6664	5654	8819	6288	11893
第三产业从业人员	人	26543	15902	38847	18595	10044
固定电话用户	户	29185	21825	24042	13350	6130
二、综合经济						
地区生产总值	万元	1076385	599609	1358503	980600	660700
第一产业增加值	万元	289996	94401	322759	165919	36900
农业增加值	万元	193313	61285	222183	101315	12500
牧业增加值	万元	86376	26382	87779	49878	22000
第二产业增加值	万元	463800	402800	656202	712100	526800
公共财政收入	万元	35707	22010	88490	84333	69386
各项税收	万元	31670	18581	75292	61580	55529
公共财政支出	万元	232605	112314	227037	232519	143778
居民储蓄存款余额	万元	501500	255756	701100	278124	139609
年末金融机构各项贷款余额	万元	526800	258022	782200	317121	111089
三、农业、工业及投资						
农业机械总动力	万千瓦特	101	47	109	40	11
机收面积	公顷	64699	15341	70035	65333	7000
设施农业占地面积	公顷	713	283	1672	515	93
粮食总产量	吨	401129	114263	449998	201219	34131
棉花产量	吨					
油料产量	吨	237444	43641	128812	80222	9275
肉类总产量	吨	36412	11298	29022	16923	5953
规模以上工业企业单位数	个	43	15	48	33	34
规模以上工业总产值	万元	821757	532067	1037228	1575089	1199460
固定资产投资	万元	1177608	415558	1376494	1656150	1261987
四、教育、卫生和社会保障						
普通中学在校学生数	人	11685	4058	13639	3943	1806
中等职业教育学校在校学生数	人	1974		1465		
小学在校学生数	人	12138	3955	13295	4384	2704
医疗卫生机构床位数	床	916	987	1241	481	313
各种社会福利收养性单位数	个	5	3	9	2	1
各种社会福利收养性单位床位数	床	858	532	1286	368	146

2014年县(市)社会经济主要指标

内蒙古自治区

指　　标	单位	杭锦后旗	集宁区	卓资县	化德县	商都县
一、基本情况						
行政区域面积	平方公里	1752	407	3109	2527	4291
乡个数	个		1	3	3	4
镇个数	个	9	1	5	3	6
街道办事处个数	个		8			
户籍人口	万人	31	32	21	17	33
第二产业从业人员	人	11902	23236	18763	7560	14900
第三产业从业人员	人	47887	122374	32864	25780	30686
固定电话用户	户	50400	66483	8154	9519	13800
二、综合经济						
地区生产总值	万元	1305800	1623769	614272	470234	625167
第一产业增加值	万元	337560	43411	91622	78246	136764
农业增加值	万元	202542	19058	38867	29028	49219
牧业增加值	万元	114173	21855	50904	43982	80783
第二产业增加值	万元	637900	790265	311183	272879	294974
公共财政收入	万元	60451	244294	25126	17369	15491
各项税收	万元	42654	232189	22682	15363	14189
公共财政支出	万元	220885	317623	177404	178548	227732
居民储蓄存款余额	万元	559422	1814432	293402	222792	330082
年末金融机构各项贷款余额	万元	613107	2050876	256743	104125	182496
三、农业、工业及投资						
农业机械总动力	万千瓦特	90	23	10	14	24
机收面积	公顷	54000	400	1875	2320	6527
设施农业占地面积	公顷	446	2334	776	46	187
粮食总产量	吨	400444	9325	70961	49791	82394
棉花产量	吨					
油料产量	吨	59095	2700	6338	1200	7355
肉类总产量	吨	44568	4791	18292	13620	23149
规模以上工业企业单位数	个	36	40	24	28	34
规模以上工业总产值	万元	1320134	1225800	820574	623189	682976
固定资产投资	万元	1202433	1838972	336674	338000	530664
四、教育、卫生和社会保障						
普通中学在校学生数	人	10686	31113	3181	4352	8220
中等职业教育学校在校学生数	人	2173		1481	601	1852
小学在校学生数	人	10105	22071	3090	4798	9391
医疗卫生机构床位数	床	1201	2560	309	382	462
各种社会福利收养性单位数	个	5	9	3	11	3
各种社会福利收养性单位床位数	床	1380	1120	320	445	400

2014年县(市)社会经济主要指标

内蒙古自治区

指　　标	单位	兴和县	凉城县	察哈尔右翼前旗	察哈尔右翼中旗	察哈尔右翼后旗
一、基本情况						
行政区域面积	平方公里	3519	3451	2440	4200	3787
乡个数	个	4	3	4	7	3
镇个数	个	5	5	5	5	5
街道办事处个数	个		1		7	
户籍人口	万人	32	24	22	23	23
第二产业从业人员	人	3000	3492	23964	11438	12187
第三产业从业人员	人	8032	23148	13754	13119	21415
固定电话用户	户	9462	7800	9786	19782	9100
二、综合经济						
地区生产总值	万元	602079	735273	897955	478600	753608
第一产业增加值	万元	115856	179145	141849	132916	106608
农业增加值	万元	34432	74695	41885	56229	49026
牧业增加值	万元	72619	98194	96639	71073	51464
第二产业增加值	万元	272706	344980	532489	192581	488000
公共财政收入	万元	31174	33200	31882	12608	26008
各项税收	万元	45196	29980	25983	11259	19730
公共财政支出	万元	253261	188124	221896	174204	197194
居民储蓄存款余额	万元	386794	335821	313619	215000	258695
年末金融机构各项贷款余额	万元	493690	221460	239314	227000	176278
三、农业、工业及投资						
农业机械总动力	万千瓦特	19	25	23	30	18
机收面积	公顷	1912	23667	7498	63900	4100
设施农业占地面积	公顷	265	252	685	24332	8530
粮食总产量	吨	74250	254220	90678	89243	96901
棉花产量	吨					
油料产量	吨	7136	4842	1934	8993	1794
肉类总产量	吨	25152	26571	31847	26480	13615
规模以上工业企业单位数	个	23	10	59	23	53
规模以上工业总产值	万元	4914291	505909	1098810	426190	1569996
固定资产投资	万元	721827	293075	532593	374380	738000
四、教育、卫生和社会保障						
普通中学在校学生数	人	6118	6429	2670	4307	470
中等职业教育学校在校学生数	人		357	270	737	132
小学在校学生数	人	11218	8233	3986	3994	5841
医疗卫生机构床位数	床	462	470	350	496	394
各种社会福利收养性单位数	个	2	37	5	5	33
各种社会福利收养性单位床位数	床	610	3462	680	728	6781

2014年县(市)社会经济主要指标

内蒙古自治区

指　　标	单位	四子王旗	丰镇市	乌兰浩特市	阿尔山市	科尔沁右翼前旗
一、基本情况						
行政区域面积	平方公里	24016	2704	2240	7398	16791
乡个数	个	13	3			5
镇个数	个	4	5	4	4	9
街道办事处个数	个		5	8	4	
户籍人口	万人	22	33	32	5	34
第二产业从业人员	人	6723	38446	20599	2166	15597
第三产业从业人员	人	17000	41400	93502	13207	40962
固定电话用户	户	10300	17601	62333	2700	24559
二、综合经济						
地区生产总值	万元	535806	1382038	1475701	151419	888182
第一产业增加值	万元	155495	168865	95940	25900	339913
农业增加值	万元	71287	72715	50320	8345	212019
牧业增加值	万元	81980	91127	42603	5099	108865
第二产业增加值	万元	194670	818640	693645	37384	300680
公共财政收入	万元	16870	44882	71723	8975	25219
各项税收	万元	14330	38135	52122	6685	21201
公共财政支出	万元	254398	242840	253273	149021	272850
居民储蓄存款余额	万元	261850	537425	1014775	126900	113016
年末金融机构各项贷款余额	万元	261306	505813	1606070	129929	279613
三、农业、工业及投资						
农业机械总动力	万千瓦特	35	19	31	5	97
机收面积	公顷	5867	26867	40117	13316	39612
设施农业占地面积	公顷	41241	781	717	31	330
粮食总产量	吨	113995	91915	234900	62565	1032542
棉花产量	吨					
油料产量	吨	26660	1800	1025	5840	42853
肉类总产量	吨	35700	31157	12764	1788	54528
规模以上工业企业单位数	个	38	45	53	2	33
规模以上工业总产值	万元	589000	1972513	1272706	14568	668736
固定资产投资	万元	329776	807016	1383837	526269	1305248
四、教育、卫生和社会保障						
普通中学在校学生数	人	6350	7884	22860	669	17712
中等职业教育学校在校学生数	人	580	246	5729		
小学在校学生数	人	11142	10411	19212	1010	14615
医疗卫生机构床位数	床	335	515	3054	178	1169
各种社会福利收养性单位数	个	8	8	2	1	18
各种社会福利收养性单位床位数	床	490	754	159	60	370

2014年县(市)社会经济主要指标

内蒙古自治区

指　　标	单位	科尔沁右翼中旗	扎赉特旗	突泉县	二连浩特市	锡林浩特市
一、基本情况						
行政区域面积	平方公里	12790	11116	4797	4015	14780
乡个数	个	6	6	3	1	3
镇个数	个	6	7	6		1
街道办事处个数	个					7
户籍人口	万人	26	40	31	3	18
第二产业从业人员	人	9974	19126	16365	2641	32095
第三产业从业人员	人	35281	44098	34585	31397	80258
固定电话用户	户	8518	16097	27842	13561	49534
二、综合经济						
地区生产总值	万元	575523	840115	663594	883962	2075007
第一产业增加值	万元	178823	355091	228931	6005	137801
农业增加值	万元	90129	235542	173018	1695	31500
牧业增加值	万元	77699	108085	49060	4059	103987
第二产业增加值	万元	205602	255417	286307	328776	1201722
公共财政收入	万元	17924	15613	9344	43780	245310
各项税收	万元	15748	12200	8780	30260	370942
公共财政支出	万元	219627	304963	201235	172693	274131
居民储蓄存款余额	万元	170186	289810	274112	372005	1170317
年末金融机构各项贷款余额	万元	211390	602595	307736	529715	2697375
三、农业、工业及投资						
农业机械总动力	万千瓦特	61	147	55		14
机收面积	公顷	100725	111821	126667		22513
设施农业占地面积	公顷	53	197	2000	70	247
粮食总产量	吨	650031	1112123	1007839		33717
棉花产量	吨					
油料产量	吨	27692	18573	3218		375
肉类总产量	吨	29901	78000	23377	1503	18650
规模以上工业企业单位数	个	34	31	34	30	81
规模以上工业总产值	万元	406766	604810	554734	728761	1788766
固定资产投资	万元	1030454	901576	963019	212616	1742566
四、教育、卫生和社会保障						
普通中学在校学生数	人	10732	11309	9788	3764	22050
中等职业教育学校在校学生数	人	260	1025	785		1834
小学在校学生数	人	14952	19447	13255	5307	16623
医疗卫生机构床位数	床	1395	1796	771	229	1275
各种社会福利收养性单位数	个	7	15	8	1	6
各种社会福利收养性单位床位数	床	656	690	680	229	480

2014年县(市)社会经济主要指标

内蒙古自治区

指标	单位	阿巴嘎旗	苏尼特左旗	苏尼特右旗	东乌珠穆沁旗	西乌珠穆沁旗
一、基本情况						
行政区域面积	平方公里	27495	34240	22455	52321	22459
乡个数	个	4	4	4	4	7
镇个数	个	3	3	3	6	5
街道办事处个数	个				7	
户籍人口	万人	5	3	7	8	8
第二产业从业人员	人	3882	1439	7000	8239	9181
第三产业从业人员	人	11177	6618	14217	17604	11918
固定电话用户	户	4400	2369	1700	6216	3357
二、综合经济						
地区生产总值	万元	610151	447288	542597	1408020	1038045
第一产业增加值	万元	73405	55952	48847	197006	143567
农业增加值	万元	8575	4398	6516	34284	11394
牧业增加值	万元	64235	50764	41051	161318	131410
第二产业增加值	万元	448502	304518	363987	1006835	753546
公共财政收入	万元	18410	20205	27206	170218	176426
各项税收	万元	23076	26466	43011	168932	301888
公共财政支出	万元	86640	93210	139325	193366	190712
居民储蓄存款余额	万元	101502	82385	198258	271092	209414
年末金融机构各项贷款余额	万元	99576	80154	162256	268011	526525
三、农业、工业及投资						
农业机械总动力	万千瓦特	6	10	5	19	12
机收面积	公顷	133	1100		27361	
设施农业占地面积	公顷				81	49
粮食总产量	吨			298	75569	45
棉花产量	吨					
油料产量	吨			367	11700	
肉类总产量	吨	36892	17789	17918	54480	32426
规模以上工业企业单位数	个	31	14	41	53	29
规模以上工业总产值	万元	683320	399921	661612	1774600	1042615
固定资产投资	万元	350331	358229	261200	1559068	1278934
四、教育、卫生和社会保障						
普通中学在校学生数	人	1204	1184	1908	3953	3227
中等职业教育学校在校学生数	人			1055		
小学在校学生数	人	1724	1622	3833	6669	5080
医疗卫生机构床位数	床	237	121	176	330	388
各种社会福利收养性单位数	个	1	1	3	3	3
各种社会福利收养性单位床位数	床	70	100	128	82	288

2014年县(市)社会经济主要指标

内蒙古自治区

指　　标	单位	太仆寺旗	镶黄旗	正镶白旗	正蓝旗	多伦县
一、基本情况						
行政区域面积	平方公里	3426	5137	6253	10206	3864
乡个数	个	2	2	3	7	3
镇个数	个	5	2	2	2	2
街道办事处个数	个		6			
户籍人口	万人	21	3	7	8	11
第二产业从业人员	人	2763	191	1047	4008	10125
第三产业从业人员	人	6574	3773	8082	11817	18372
固定电话用户	户	12433	1300	2560	5900	4806
二、综合经济						
地区生产总值	万元	454050	483028	278959	671071	744641
第一产业增加值	万元	123145	32105	46361	64301	86108
农业增加值	万元	65618	4257	12244	13985	36819
牧业增加值	万元	52633	26808	32912	48506	46747
第二产业增加值	万元	183979	369564	143767	473570	521738
公共财政收入	万元	10338	21664	11432	47204	30209
各项税收	万元	16204	12830	14297	40829	24056
公共财政支出	万元	168950	82818	94492	123516	135024
居民储蓄存款余额	万元	283859	63803	102774	185772	212032
年末金融机构各项贷款余额	万元	212795	79016	103121	625262	298018
三、农业、工业及投资						
农业机械总动力	万千瓦特	24	4	11	16	22
机收面积	公顷	86600	186	12414	18711	32850
设施农业占地面积	公顷	2000		24	9	99
粮食总产量	吨	158504	299	3088	31500	49480
棉花产量	吨					
油料产量	吨	4473	6	40	150	650
肉类总产量	吨	15015	7404	11540	24551	22060
规模以上工业企业单位数	个	25	26	18	9	25
规模以上工业总产值	万元	257146	665993	171600	747744	938643
固定资产投资	万元	349837	173242	242078	545033	420063
四、教育、卫生和社会保障						
普通中学在校学生数	人	5783	1146	1067	1850	4696
中等职业教育学校在校学生数	人		158		52	1229
小学在校学生数	人	4890	1357	2216	3233	5980
医疗卫生机构床位数	床	331	281	190	276	358
各种社会福利收养性单位数	个	11	1	3	5	7
各种社会福利收养性单位床位数	床	472	30	293	310	292

2014年县(市)社会经济主要指标

内蒙古自治区、辽宁省

指　　标	单位	阿拉善左旗	阿拉善右旗	额济纳旗	辽中县	康平县
一、基本情况						
行政区域面积	平方公里	80412	74485	114606	1460	2167
乡个数	个	6	4	5		7
镇个数	个	9	3	3	15	5
街道办事处个数	个	4		7	2	3
户籍人口	万人	14	3	2	53	35
第二产业从业人员	人	14256	4734	3002	52442	86543
第三产业从业人员	人	34938	8143	6759	64210	31183
固定电话用户	户	29034	3570	4711	104025	66600
二、综合经济						
地区生产总值	万元	3714830	372043	491896	3953754	1985467
第一产业增加值	万元	79230	23400	16800	748569	351114
农业增加值	万元	46926	12479	9954	280021	147488
牧业增加值	万元	26577	8160	5147	398486	185655
第二产业增加值	万元	3116811	270730	284532	2293623	1084155
公共财政收入	万元	382333	16408	46509	249650	171611
各项税收	万元	240972	27851	7551	197440	140672
公共财政支出	万元	447739	104484	119277	340343	302313
居民储蓄存款余额	万元	1152721	96599	117880	1205353	553519
年末金融机构各项贷款余额	万元	2778287	39730	157583	670290	460011
三、农业、工业及投资						
农业机械总动力	万千瓦特	23	2		44	36
机收面积	公顷	19333	24400		50000	33000
设施农业占地面积	公顷	75	50	5	9447	856
粮食总产量	吨	163020	15537	1943	625000	517411
棉花产量	吨	95	131	1185		
油料产量	吨	17750	2141		7195	74594
肉类总产量	吨	11457	2984	1658	234334	127164
规模以上工业企业单位数	个	84	19	8	390	468
规模以上工业总产值	万元	5057600	447500	444762	10994143	6497389
固定资产投资	万元	3017313	252157	492396	3912564	2337678
四、教育、卫生和社会保障						
普通中学在校学生数	人	9352	1164	852	20398	13890
中等职业教育学校在校学生数	人	4197	57	33		855
小学在校学生数	人	9970	1073	1148	25059	16300
医疗卫生机构床位数	床	764	102	215	1113	1295
各种社会福利收养性单位数	个	4	1	1	10	8
各种社会福利收养性单位床位数	床	534	104	104	768	200

2014年县(市)社会经济主要指标

辽宁省

指　　标	单位	法库县	新民市	长海县	瓦房店市	普兰店市
一、基本情况						
行政区域面积	平方公里	2281	3297	142	3643	3375
乡个数	个	5	6	3	8	3
镇个数	个	14	18	2	13	5
街道办事处个数	个		5		9	15
户籍人口	万人	45	69	7	99	92
第二产业从业人员	人	95948	94832	5000	184516	229167
第三产业从业人员	人	53316	71526	16625	147021	115991
固定电话用户	户	57693	113716	22000	460000	185593
二、综合经济						
地区生产总值	万元	3115355	4424826	892955	10227642	7123563
第一产业增加值	万元	466839	800807	504888	902108	916613
农业增加值	万元	185107	396161	1251	384622	316298
牧业增加值	万元	259335	356527	905	222627	315606
第二产业增加值	万元	1929886	2703907	72092	6729380	4258829
公共财政收入	万元	310200	303457	48123	728145	433472
各项税收	万元	248200	233833	18373	505827	303300
公共财政支出	万元	368287	445555	83216	806611	517878
居民储蓄存款余额	万元	813110	1503377	345383	4278635	3185730
年末金融机构各项贷款余额	万元	628013	1013358	265100	4054978	2352861
三、农业、工业及投资						
农业机械总动力	万千瓦特	53	110	6	127	93
机收面积	公顷	51667	97733	180	66334	19400
设施农业占地面积	公顷	3484	19906	13	4504	7145
粮食总产量	吨	659000	1001500	3291	233000	243000
棉花产量	吨				8	
油料产量	吨	26228	12935	3	3291	4973
肉类总产量	吨	180445	181098	915	242144	208665
规模以上工业企业单位数	个	327	342	5	829	421
规模以上工业总产值	万元	12440182	12398997	68786	25465502	12894561
固定资产投资	万元	3707096	4597556	502047	10849284	7268017
四、教育、卫生和社会保障						
普通中学在校学生数	人	13727	16001	3129	25635	19551
中等职业教育学校在校学生数	人	624	746	730	1970	1684
小学在校学生数	人	18823	33452	3382	40658	33236
医疗卫生机构床位数	床	896	2191	295	7709	3560
各种社会福利收养性单位数	个	8	10	4	39	32
各种社会福利收养性单位床位数	床	1310	2000	432	5962	4436

2014年县(市)社会经济主要指标

辽宁省

指　　标	单位	庄河市	台安县	岫岩满族自治县	海城市	抚顺县
一、基本情况						
行政区域面积	平方公里	4114	1393	4502	2566	1754
乡个数	个	6		3		4
镇个数	个	15	10	18	21	4
街道办事处个数	个	5	4	5	6	2
户籍人口	万人	90	37	51	108	12
第二产业从业人员	人	144485	36823	56891	276404	13231
第三产业从业人员	人	167475	57832	72921	276464	15077
固定电话用户	户	200922	117179	255710	211253	41688
二、综合经济						
地区生产总值	万元	6683873	2377605	1960335	8285475	878511
第一产业增加值	万元	1216647	476373	305091	448047	168959
农业增加值	万元	304552	201874	201295	220471	71165
牧业增加值	万元	226987	255335	89981	210808	46804
第二产业增加值	万元	3412284	1296973	1003458	4099859	500454
公共财政收入	万元	418251	115700	115004	418570	82831
各项税收	万元	418145	64255	59404	385710	64768
公共财政支出	万元	583670	219689	229469	545710	148919
居民储蓄存款余额	万元	3257167	808431	1442000	4662009	324583
年末金融机构各项贷款余额	万元	2703074	661245	833000	2218857	246917
三、农业、工业及投资						
农业机械总动力	万千瓦特	80	42	36	67	13
机收面积	公顷	33787	44600	13333	51195	3333
设施农业占地面积	公顷	6664	11330	1835	7124	293
粮食总产量	吨	542500	440000	223000	468000	77000
棉花产量	吨					
油料产量	吨	3580	8444	5619	909	652
肉类总产量	吨	205308	431931	102345	132743	28542
规模以上工业企业单位数	个	537	192	155	587	109
规模以上工业总产值	万元	14269400	4722252	4427124	14413384	3099780
固定资产投资	万元	5466208	1836761	1507312	7903073	514045
四、教育、卫生和社会保障						
普通中学在校学生数	人	30248	10477	13866	33928	2428
中等职业教育学校在校学生数	人	1441	1000	814	2181	144
小学在校学生数	人	30675	18075	28259	67160	4474
医疗卫生机构床位数	床	2976	1537	1708	3729	449
各种社会福利收养性单位数	个	30	21	28	44	9
各种社会福利收养性单位床位数	床	5737	2401	2527	3740	686

2014年县(市)社会经济主要指标

辽宁省

指　　标	单位	新宾满族自治县	清原满族自治县	本溪满族自治县	桓仁满族自治县	宽甸满族自治县
一、基本情况						
行政区域面积	平方公里	4287	3921	3343	3547	6115
乡个数	个	6	5	1	8	3
镇个数	个	9	9	10	4	19
街道办事处个数	个			1	1	
户籍人口	万人	30	34	29	30	49
第二产业从业人员	人	19788	23235	29101	29037	25140
第三产业从业人员	人	36679	32781	38042	52975	42569
固定电话用户	户	59133	67056	78211	57707	136101
二、综合经济						
地区生产总值	万元	1227995	1392450	1783341	1659354	1522619
第一产业增加值	万元	256167	257605	216436	256628	282497
农业增加值	万元	105092	102906	63558	94895	116343
牧业增加值	万元	76512	75515	46974	39416	67078
第二产业增加值	万元	516510	695296	1006131	790469	658467
公共财政收入	万元	100900	174982	200600	151139	162169
各项税收	万元	72376	91800	188160	104962	126247
公共财政支出	万元	221978	184973	282489	268576	311939
居民储蓄存款余额	万元	774817	749234	893077	886913	1129639
年末金融机构各项贷款余额	万元	392700	489626	563646	504583	589996
三、农业、工业及投资						
农业机械总动力	万千瓦特	30	22	22	20	54
机收面积	公顷	12000	1626	9666	10150	3660
设施农业占地面积	公顷	424	192	38	268	620
粮食总产量	吨	176500	171000	88000	115000	162615
棉花产量	吨					
油料产量	吨	44	130	245	223	1715
肉类总产量	吨	45937	40812	35925	28473	62092
规模以上工业企业单位数	个	168	183	104	77	155
规模以上工业总产值	万元	2706004	3989755	3298111	1435206	1981705
固定资产投资	万元	1203293	1282557	1481000	1240030	1526233
四、教育、卫生和社会保障						
普通中学在校学生数	人	8914	6692	10740	5374	10338
中等职业教育学校在校学生数	人	1051	707	428	1653	643
小学在校学生数	人	13115	13172	15683	13131	21390
医疗卫生机构床位数	床	1064	1276	1366	1160	2418
各种社会福利收养性单位数	个	15	23	6	11	12
各种社会福利收养性单位床位数	床	1044	1650	550	1130	1059

2014年县(市)社会经济主要指标

辽宁省

指　　标	单位	东港市	凤城市	黑山县	义县	凌海市
一、基本情况						
行政区域面积	平方公里	2399	5515	2497	2476	2585
乡个数	个	1	1	4	3	5
镇个数	个	14	17	16	13	13
街道办事处个数	个	3	3	2	2	2
户籍人口	万人	61	58	61	42	52
第二产业从业人员	人	82553	51811	34421	41973	52990
第三产业从业人员	人	104956	103403	79656	45570	76529
固定电话用户	户	176587	151200	114069	77359	80300
二、综合经济						
地区生产总值	万元	3489016	2739455	1723962	1265077	2748608
第一产业增加值	万元	715405	296434	536254	229549	545290
农业增加值	万元	249450	125561	209880	81650	272228
牧业增加值	万元	64258	106824	315836	143684	170215
第二产业增加值	万元	1583145	1346030	657657	628194	1548569
公共财政收入	万元	335486	289146	123000	120000	210246
各项税收	万元	266072	189280	83505	79379	163554
公共财政支出	万元	510661	439886	318690	255199	344636
居民储蓄存款余额	万元	2496477	1841994	1289875	759516	1255070
年末金融机构各项贷款余额	万元	2177427	1122007	591377	501905	957076
三、农业、工业及投资						
农业机械总动力	万千瓦特	66	71	82	45	74
机收面积	公顷	45424	14000	100103	30320	42000
设施农业占地面积	公顷	8036	1663	8662	2791	4070
粮食总产量	吨	525000	255000	865000	181000	361500
棉花产量	吨					
油料产量	吨	6777	2774	35359	12828	6766
肉类总产量	吨	99659	151479	280140	116874	121095
规模以上工业企业单位数	个	265	185	181	146	186
规模以上工业总产值	万元	5406264	2588940	4188923	3543270	7667104
固定资产投资	万元	2124950	1572348	1260327	1342958	1900069
四、教育、卫生和社会保障						
普通中学在校学生数	人	18969	17586	18778	14417	20598
中等职业教育学校在校学生数	人	1240	2970	1375	2303	1040
小学在校学生数	人	28139	30052	24608	18810	20879
医疗卫生机构床位数	床	2887	3049	1973	1050	1839
各种社会福利收养性单位数	个	24	24	27	18	26
各种社会福利收养性单位床位数	床	1817	1473	1843	1904	1820

2014年县(市)社会经济主要指标

辽宁省

指　　标	单位	北镇市	盖州市	大石桥市	阜新蒙古族自治县	彰武县
一、基本情况						
行政区域面积	平方公里	1694	2946	1598	6718	3623
乡个数	个	3	3		3	6
镇个数	个	12	16	13	32	18
街道办事处个数	个	4	8	5	1	
户籍人口	万人	52	71	70	73	42
第二产业从业人员	人	26796	71578	92002	52191	18433
第三产业从业人员	人	47346	154265	89823	30343	57495
固定电话用户	户	109875	151000	134810		115870
二、综合经济						
地区生产总值	万元	1552909	2070988	4190092	1520895	1178102
第一产业增加值	万元	500716	374047	455227	609944	526408
农业增加值	万元	296818	179535	224533	292773	257870
牧业增加值	万元	189821	87251	156481	298873	224530
第二产业增加值	万元	576464	919607	2460934	346303	301693
公共财政收入	万元	163173	110294	250994	118548	92772
各项税收	万元	92239	88467	166437	90474	66125
公共财政支出	万元	264460	305282	373500	397539	284436
居民储蓄存款余额	万元	1407013	1487778	2359819	1033736	704621
年末金融机构各项贷款余额	万元	930815	997388	2219946	1028175	713053
三、农业、工业及投资						
农业机械总动力	万千瓦特	73	40	48	177	72
机收面积	公顷	40000	17233	29000	176467	72377
设施农业占地面积	公顷	10934	5700	1299	2732	1887
粮食总产量	吨	452500	133386	456000	1070000	750500
棉花产量	吨		5			
油料产量	吨	9408	206	76	128144	116995
肉类总产量	吨	149002	86217	102860	322730	194917
规模以上工业企业单位数	个	114	205	281	122	111
规模以上工业总产值	万元	3130499	3243452	7087985	1443491	1183435
固定资产投资	万元	1268271	1665082	1700095	1036739	1005830
四、教育、卫生和社会保障						
普通中学在校学生数	人	20353	16420	27396	31688	14397
中等职业教育学校在校学生数	人	1724	1218	1530	1767	427
小学在校学生数	人	27156	37107	33705	32934	29014
医疗卫生机构床位数	床	1440	2043	3029	1842	1455
各种社会福利收养性单位数	个	19	30	9	30	12
各种社会福利收养性单位床位数	床	1510	3145	1314	1580	1079

2014年县(市)社会经济主要指标

辽宁省

指　　标	单位	辽阳县	灯塔市	大洼县	盘山县	铁岭县
一、基本情况						
行政区域面积	平方公里	2452	1156	1734	2008	2250
乡个数	个	3	1			2
镇个数	个	12	10	15	13	12
街道办事处个数	个	10	3	2		
户籍人口	万人	48	45	39	28	39
第二产业从业人员	人	65057	53851	51829	34817	36549
第三产业从业人员	人	58674	65597	95046	42609	64276
固定电话用户	户	151892	98900	100192	346000	35239
二、综合经济						
地区生产总值	万元	2584136	2677864	3055855	1550295	1502419
第一产业增加值	万元	253166	262181	639749	470944	367804
农业增加值	万元	107254	143026	281091	210381	138720
牧业增加值	万元	93530	79490	75958	90939	204356
第二产业增加值	万元	1643999	1632881	1756472	690885	695247
公共财政收入	万元	185157	259804	401451	348824	73882
各项税收	万元	131222	234123	308648	144638	63675
公共财政支出	万元	265363	320570	583565	370158	186600
居民储蓄存款余额	万元	1421524	1460295	1116720	950342	558358
年末金融机构各项贷款余额	万元	1219481	1075065	1157931	490324	1223262
三、农业、工业及投资						
农业机械总动力	万千瓦特	30	30	31	36	42
机收面积	公顷	30000		48801	29000	34933
设施农业占地面积	公顷	2808	3800	4149	6748	1505
粮食总产量	吨	336000	395000	520000	510000	510000
棉花产量	吨				3	
油料产量	吨	1274	311	15	236	447
肉类总产量	吨	46142	48527	147310	69631	170806
规模以上工业企业单位数	个	194	157	174	149	121
规模以上工业总产值	万元	5061477	6301430	8329509	4326065	1923833
固定资产投资	万元	1673759	1619509	5118595	2264022	1742193
四、教育、卫生和社会保障						
普通中学在校学生数	人	11814	11801	17582	17904	9683
中等职业教育学校在校学生数	人	1519	812	4328	2201	1117
小学在校学生数	人	19894	22822	21239	12340	12571
医疗卫生机构床位数	床	1977	1670	1410	618	1176
各种社会福利收养性单位数	个	15	14	14	11	6
各种社会福利收养性单位床位数	床	1449	999	719	1585	830

2014年县(市)社会经济主要指标

辽宁省

指　　标	单位	西丰县	昌图县	调兵山市	开原市	朝阳县
一、基本情况						
行政区域面积	平方公里	2683	4317	262	2838	3762
乡个数	个	6			2	15
镇个数	个	12	33	3	16	12
街道办事处个数	个	2	48	2	3	
户籍人口	万人	34	103	24	58	57
第二产业从业人员	人	18372	82956	66433	60395	71791
第三产业从业人员	人	48623	108627	12929	76456	59029
固定电话用户	户	190000	189520	16878	121504	82000
二、综合经济						
地区生产总值	万元	637577	2161776	1095528	1734663	1427205
第一产业增加值	万元	255858	813445	58762	479144	369807
农业增加值	万元	83291	347918	28139	175630	215284
牧业增加值	万元	150895	442858	29168	267772	130488
第二产业增加值	万元	151455	713098	695736	686041	577784
公共财政收入	万元	58103	108810	128066	218788	123049
各项税收	万元	40388	97300	66808	179979	90852
公共财政支出	万元	166599	457590	149084	335199	294236
居民储蓄存款余额	万元	500929	1376000	1219322	1224991	531748
年末金融机构各项贷款余额	万元	530268	1123000	973431	1222009	457045
三、农业、工业及投资						
农业机械总动力	万千瓦特	44	105	8	56	36
机收面积	公顷	492	146666	5333	40600	18750
设施农业占地面积	公顷	833	2034	51	2579	15153
粮食总产量	吨	230500	2006000	90602	513500	309500
棉花产量	吨					62
油料产量	吨	13	120719		2418	3166
肉类总产量	吨	113426	595742	17684	294153	164304
规模以上工业企业单位数	个	45	160	43	162	95
规模以上工业总产值	万元	450917	2243806	1159222	1783915	1877920
固定资产投资	万元	293418	1537557	436769	1269745	1125843
四、教育、卫生和社会保障						
普通中学在校学生数	人	7089	24608	5353	12990	22716
中等职业教育学校在校学生数	人	744	1410	504	870	1120
小学在校学生数	人	13346	44403	9423	25505	35472
医疗卫生机构床位数	床	1291	2043	1033	1992	1100
各种社会福利收养性单位数	个	8	18	3	6	29
各种社会福利收养性单位床位数	床	550	1950	410	2700	2352

2014年县(市)社会经济主要指标

辽宁省

指　　标	单位	建平县	喀喇沁左翼蒙古族自治县	北票市	凌源市	绥中县
一、基本情况						
行政区域面积	平方公里	4868	2238	4491	3282	2763
乡个数	个	8	7	15	8	11
镇个数	个	16	13	12	14	14
街道办事处个数	个	7	3	7	8	
户籍人口	万人	58	43	58	66	65
第二产业从业人员	人	91918	18469	43897	67526	42458
第三产业从业人员	人	113831	69899	74476	67859	46680
固定电话用户	户	140980	77460	111900	297000	63302
二、综合经济						
地区生产总值	万元	1682406	1229419	2002775	1668295	1578934
第一产业增加值	万元	362216	346937	463866	419401	393418
农业增加值	万元	154906	225593	280515	223351	150817
牧业增加值	万元	134130	102819	158398	181430	122585
第二产业增加值	万元	811427	500698	944832	666886	619881
公共财政收入	万元	215007	78516	193507	129016	150155
各项税收	万元	154442	64301	147097	88912	118403
公共财政支出	万元	394788	236441	409476	317020	320000
居民储蓄存款余额	万元	1553545	798867	1271555	57816	1596131
年末金融机构各项贷款余额	万元	957768	610694	782130	107668	1225464
三、农业、工业及投资						
农业机械总动力	万千瓦特	65	26	39	27	77
机收面积	公顷	35533	18000	694	1300	23333
设施农业占地面积	公顷	3140	10654	7349	26535	5392
粮食总产量	吨	755000	140000	402500	84572	211200
棉花产量	吨			19		
油料产量	吨	2373	3072	2147	35	5076
肉类总产量	吨	99245	88287	189584	131039	285997
规模以上工业企业单位数	个	139	117	151	106	99
规模以上工业总产值	万元	1418801	1734334	2417244	1163603	1956022
固定资产投资	万元	1334610	1208684	1803204	1115064	1455572
四、教育、卫生和社会保障						
普通中学在校学生数	人	26422	23544	25549	30892	29770
中等职业教育学校在校学生数	人	4576	632		2200	1312
小学在校学生数	人	30393	21384	25557	40840	35579
医疗卫生机构床位数	床	1887	1377	2871	3332	1145
各种社会福利收养性单位数	个	17	6	75	22	20
各种社会福利收养性单位床位数	床	1850	940	1344	1300	1785

2014年县(市)社会经济主要指标

辽宁省、吉林省

指　　标	单位	建昌县	兴城市	九台区	农安县	榆树市
一、基本情况						
行政区域面积	平方公里	3195	2119	3375	5415	4712
乡个数	个	21	12	2	10	9
镇个数	个	7	7	12	12	15
街道办事处个数	个		9	4		4
户籍人口	万人	63	54	83	115	127
第二产业从业人员	人	59377	41980	112701	101284	137832
第三产业从业人员	人	124097	40160	76980	96854	124580
固定电话用户	户	98400	120855	186519	115643	117759
二、综合经济						
地区生产总值	万元	620309	1281312	3885854	3805271	3894133
第一产业增加值	万元	136083	184774	402809	949013	1016149
农业增加值	万元	54302	36325	254195	572937	658142
牧业增加值	万元	71921	55655	141957	363716	350149
第二产业增加值	万元	161762	511616	2055740	1176760	1071423
公共财政收入	万元	54135	135000	203424	140092	141178
各项税收	万元	41646	122849	180018	101487	92004
公共财政支出	万元	261971	288756	427966	474381	497331
居民储蓄存款余额	万元	800780	1549626	1344241	1836581	1516378
年末金融机构各项贷款余额	万元	628972	1383328	1109392	1868692	1708908
三、农业、工业及投资						
农业机械总动力	万千瓦特	37	22	92	173	154
机收面积	公顷		28150	82800	192000	200000
设施农业占地面积	公顷	1472	1080	651	11612	2659
粮食总产量	吨	86000	81800	1087480	3000963	3349885
棉花产量	吨	4				
油料产量	吨	113	7734	134	18974	348
肉类总产量	吨	75073	62122	192572	307926	259269
规模以上工业企业单位数	个	36	100	217	91	65
规模以上工业总产值	万元	235163	2110500	5035330	2752345	1793051
固定资产投资	万元	363542	1506825	2334491	2230307	2308321
四、教育、卫生和社会保障						
普通中学在校学生数	人	28453	15774	28682	44462	49065
中等职业教育学校在校学生数	人	1603	1372	631	7014	1629
小学在校学生数	人	37330	29234	38503	56112	56928
医疗卫生机构床位数	床	2401	1668	3117	3814	2831
各种社会福利收养性单位数	个	18	10	18	35	38
各种社会福利收养性单位床位数	床	2097	1616	3700	3200	2351

2014年县(市)社会经济主要指标

吉林省

指　　标	单位	德惠市	永吉县	蛟河市	桦甸市	舒兰市
一、基本情况						
行政区域面积	平方公里	3435	2399	6370	6625	4557
乡个数	个	4	2	2	3	5
镇个数	个	12	7	8	6	10
街道办事处个数	个	4		7	5	5
户籍人口	万人	94	34	44	45	64
第二产业从业人员	人	121860	19012	48012	42896	39501
第三产业从业人员	人	99149	52712	87886	84945	51852
固定电话用户	户	115756	40953	62381	67441	76382
二、综合经济						
地区生产总值	万元	3857215	1152094	2220376	3032848	2105188
第一产业增加值	万元	697724	194951	354443	426639	535887
农业增加值	万元	390365	158996	271109	189696	309418
牧业增加值	万元	299181	24865	62659	208868	197603
第二产业增加值	万元	1602306	502562	1102990	1733040	653760
公共财政收入	万元	137613	53605	73481	129636	81425
各项税收	万元	110041	38496	55756	83361	64122
公共财政支出	万元	421341	178457	253912	321056	295611
居民储蓄存款余额	万元	1682095	695198	930790	876403	1029738
年末金融机构各项贷款余额	万元	1196568	841793	902989	724100	725785
三、农业、工业及投资						
农业机械总动力	万千瓦特	115	42	53	52	97
机收面积	公顷	103300	35200	27200	20000	61300
设施农业占地面积	公顷	794	188	120	220	388
粮食总产量	吨	1510165	492192	600253	685672	927465
棉花产量	吨					
油料产量	吨	2677	309	690	2981	120
肉类总产量	吨	296061	48823	81180	88000	115123
规模以上工业企业单位数	个	127	54	127	170	117
规模以上工业总产值	万元	3959798	1232213	2360205	3474492	1725272
固定资产投资	万元	2514358	880991	1842383	1797323	1630988
四、教育、卫生和社会保障						
普通中学在校学生数	人	37529	6452	14143	17422	20953
中等职业教育学校在校学生数	人	115	645		999	725
小学在校学生数	人	58158	12607	19763	23420	29244
医疗卫生机构床位数	床	3036	832	1613	2039	2444
各种社会福利收养性单位数	个	18	12	26	27	35
各种社会福利收养性单位床位数	床	1425	2021	1366	2469	1749

2014年县(市)社会经济主要指标

吉林省

指　　标	单位	磐石市	梨树县	伊通满族自治县	公主岭市	双辽市
一、基本情况						
行政区域面积	平方公里	3867	3232	2524	4141	3121
乡个数	个	1	6	3	2	4
镇个数	个	13	14	12	18	8
街道办事处个数	个	4			10	6
户籍人口	万人	53	70	46	107	37
第二产业从业人员	人	57361	10952	21005	67793	9042
第三产业从业人员	人	104020	33200	68878	74300	24728
固定电话用户	户	104062	77200	39812	234520	48000
二、综合经济						
地区生产总值	万元	2906439	3583104	1567278	4137556	2029585
第一产业增加值	万元	459201	862124	481238	1001722	405211
农业增加值	万元	221368	504126	132644	650006	190461
牧业增加值	万元	223570	279532	342724	338142	211334
第二产业增加值	万元	1284695	1338396	595203	1609795	1105779
公共财政收入	万元	137922	71309	67650	233434	68151
各项税收	万元	120795	24322	49972	172067	35800
公共财政支出	万元	222681	298494	217312	528688	226322
居民储蓄存款余额	万元	895431	1094314	645923	2062447	538567
年末金融机构各项贷款余额	万元	950886	1042027	575932	1928919	882579
三、农业、工业及投资						
农业机械总动力	万千瓦特	49	64	39	108	68
机收面积	公顷	40100	139700	43000	170600	93900
设施农业占地面积	公顷	498	1955	404	1674	370
粮食总产量	吨	732752	2117456	1018838	3061446	1136312
棉花产量	吨					
油料产量	吨	500	13837		435	21905
肉类总产量	吨	123204	221572	99306	167301	117549
规模以上工业企业单位数	个	128	48	29	130	56
规模以上工业总产值	万元	2916254	3618682	1444874	4552369	2813336
固定资产投资	万元	2241103	636552	460811	2724300	830043
四、教育、卫生和社会保障						
普通中学在校学生数	人	22158	20516	18912	41624	15121
中等职业教育学校在校学生数	人	1325	1123	1218	2622	3626
小学在校学生数	人	30627	36786	23943	61028	23129
医疗卫生机构床位数	床	2084	1747	1506	3529	1666
各种社会福利收养性单位数	个	25	23	20	31	16
各种社会福利收养性单位床位数	床	2029	2166	1550	6056	1351

2014年县(市)社会经济主要指标

吉林省

指　　标	单位	东丰县	东辽县	通化县	辉南县	柳河县
一、基本情况						
行政区域面积	平方公里	2522	2173	3726	2272	3346
乡个数	个	2	4	5	1	3
镇个数	个	12	9	10	10	12
街道办事处个数	个					
户籍人口	万人	40	35	24	34	37
第二产业从业人员	人	40637	31394	21509	21095	29075
第三产业从业人员	人	40479	40936	28149	52995	46490
固定电话用户	户	29270	39497	41785	52110	53095
二、综合经济						
地区生产总值	万元	1731270	1434029	1350346	970111	1072554
第一产业增加值	万元	318812	222692	94900	182422	238482
农业增加值	万元	126839	113408	56363	114584	143723
牧业增加值	万元	182563	100581	20878	59109	57418
第二产业增加值	万元	968618	890827	741530	423431	475227
公共财政收入	万元	52255	37196	148077	83836	102083
各项税收	万元	32771	19351	114147	81656	75673
公共财政支出	万元	223999	188297	225577	219244	280777
居民储蓄存款余额	万元	764335	524684	643057	757248	717647
年末金融机构各项贷款余额	万元	675890	581591	760696	402544	708133
三、农业、工业及投资						
农业机械总动力	万千瓦特	62	58	20	38	36
机收面积	公顷	37000	26000	2800	14200	33033
设施农业占地面积	公顷	222	68	418	257	67
粮食总产量	吨	831227	589574	156616	501426	524760
棉花产量	吨					
油料产量	吨			386	160	290
肉类总产量	吨	41474	41104	11458	30037	39414
规模以上工业企业单位数	个	86	82	94	68	82
规模以上工业总产值	万元	2713318	2550817	1720711	859288	1558075
固定资产投资	万元	1292540	1193076	1263968	1017140	1039380
四、教育、卫生和社会保障						
普通中学在校学生数	人	15748	12968	9601	14043	7427
中等职业教育学校在校学生数	人	550	284	221	571	1001
小学在校学生数	人	19513	15391	9857	16736	16562
医疗卫生机构床位数	床	1961	743	1562	1653	1799
各种社会福利收养性单位数	个	33	14	17	43	22
各种社会福利收养性单位床位数	床	1930	1850	1034	2951	1464

2014年县(市)社会经济主要指标

吉林省

指　　标	单位	梅河口市	集安市	江源区	抚松县	靖宇县
一、基本情况						
行政区域面积	平方公里	2179	3341	1348	6150	3094
乡个数	个	5	2		3	1
镇个数	个	14	9	6	11	7
街道办事处个数	个	5	3	4		
户籍人口	万人	62	22	23	30	14
第二产业从业人员	人	64467	23195	29801	20475	11820
第三产业从业人员	人	48081	25549	27719	63516	30854
固定电话用户	户	98722	46061	26994	67834	14363
二、综合经济						
地区生产总值	万元	3154723	976039	1571452	1806639	697324
第一产业增加值	万元	269604	93700	71557	220146	69610
农业增加值	万元	135335	74851	37143	178804	46591
牧业增加值	万元	116422	6978	15518	16557	15090
第二产业增加值	万元	1545785	410266	894897	961411	409938
公共财政收入	万元	269657	105197	86827	112385	43636
各项税收	万元	173887	80523	68313	85056	44273
公共财政支出	万元	526737	227297	213328	301377	152800
居民储蓄存款余额	万元	1592502	746470	487397	879610	275784
年末金融机构各项贷款余额	万元	1181336	480088	309227	725127	279989
三、农业、工业及投资						
农业机械总动力	万千瓦特	44	16	8	9	11
机收面积	公顷	37300	1300	1000	200	1170
设施农业占地面积	公顷	647	258	346	435	171
粮食总产量	吨	547138	69408	28143	76017	49330
棉花产量	吨					
油料产量	吨	161	303	395	616	1892
肉类总产量	吨	48499	5604	6398	5096	6533
规模以上工业企业单位数	个	135	51	85	80	55
规模以上工业总产值	万元	5331312	698217	2652686	3104628	1668347
固定资产投资	万元	2662390	1001259	1233003	1268729	597334
四、教育、卫生和社会保障						
普通中学在校学生数	人	29715	5090	5821	6714	4300
中等职业教育学校在校学生数	人	953	291		781	97
小学在校学生数	人	30733	8729	6128	16352	6358
医疗卫生机构床位数	床	2563	786	1334	2013	498
各种社会福利收养性单位数	个	32	15	11	18	4
各种社会福利收养性单位床位数	床	2625	841	764	822	245

2014年县(市)社会经济主要指标

吉林省

指　　标	单位	长白朝鲜族自治县	临江市	前郭尔罗斯蒙古族自治县	长岭县	乾安县
一、基本情况						
行政区域面积	平方公里	2498	3009	6979	5728	3617
乡个数	个	1	1	13	10	4
镇个数	个	7	6	9	12	6
街道办事处个数	个		6			
户籍人口	万人	9	17	58	64	28
第二产业从业人员	人	9478	24216	55597	32425	15980
第三产业从业人员	人	18605	37016	92918	80228	52940
固定电话用户	户	25787	26800	230000	81216	33613
二、综合经济						
地区生产总值	万元	406570	938196	4008113	3001154	2050791
第一产业增加值	万元	56615	78508	721012	745261	233360
农业增加值	万元	36284	57220	461635	481611	168551
牧业增加值	万元	7278	9601	226682	256933	58185
第二产业增加值	万元	180476	526232	1639958	1295002	1273989
公共财政收入	万元	33070	72872	124864	53529	80769
各项税收	万元	22891	50631	87511	35373	113093
公共财政支出	万元	144556	210583	359547	286172	229029
居民储蓄存款余额	万元	310694	471785	1360431	567727	417589
年末金融机构各项贷款余额	万元	158751	312874	1933293	992100	405939
三、农业、工业及投资						
农业机械总动力	万千瓦特	3	9	165	136	102
机收面积	公顷	600	700	226500	194300	107600
设施农业占地面积	公顷	39	136	3000	3638	350
粮食总产量	吨	19681	43075	2026785	1628982	891190
棉花产量	吨					
油料产量	吨	114	989	146320	194234	15522
肉类总产量	吨	2214	4882	102243	82032	14990
规模以上工业企业单位数	个	31	62	126	95	89
规模以上工业总产值	万元	549990	1984384	3589926	3367931	3111415
固定资产投资	万元	511088	797215	2171460	1950100	1590045
四、教育、卫生和社会保障						
普通中学在校学生数	人	4613	6093	23623	22092	9392
中等职业教育学校在校学生数	人		890			1168
小学在校学生数	人	3512	5867	34820	35143	12573
医疗卫生机构床位数	床	312	1051	1789	1423	1250
各种社会福利收养性单位数	个	11	14	31	23	13
各种社会福利收养性单位床位数	床	301	450	1296	629	542

2014年县(市)社会经济主要指标

吉林省

指　　标	单位	扶余市	镇赉县	通榆县	洮南市	大安市
一、基本情况						
行政区域面积	平方公里	4654	4717	8496	5031	4879
乡个数	个	5	4	8	10	8
镇个数	个	12	7	8	6	10
街道办事处个数	个				8	5
户籍人口	万人	73	28	37	43	41
第二产业从业人员	人	61565	14423	4220	24830	32573
第三产业从业人员	人	117257	30114	31550	64973	21290
固定电话用户	户	65789	25500	29800	32780	60835
二、综合经济						
地区生产总值	万元	3700898	1382794	1224277	1409329	1446716
第一产业增加值	万元	776487	266216	214310	264475	190977
农业增加值	万元	484300	160035	157622	178516	126063
牧业增加值	万元	268007	82999	47880	71630	47304
第二产业增加值	万元	1418293	644178	461212	608331	827368
公共财政收入	万元	51133	62742	70498	61516	155466
各项税收	万元	28859	35873	27777	32082	90099
公共财政支出	万元	265716	265569	299442	307790	322925
居民储蓄存款余额	万元	702810	441728	376357	508615	646517
年末金融机构各项贷款余额	万元	809341	944936	387082	803819	842967
三、农业、工业及投资						
农业机械总动力	万千瓦特	136	94	116	86	66
机收面积	公顷	175500	108300	127300	90400	49700
设施农业占地面积	公顷	1084	1659	500	395	1536
粮食总产量	吨	2112292	1017579	592348	903190	790317
棉花产量	吨			700	92	2
油料产量	吨	112157	26761	93635	81082	13796
肉类总产量	吨	107007	24105	17635	59903	28468
规模以上工业企业单位数	个	118	54	38	64	66
规模以上工业总产值	万元	3962106	896537	734190	1173371	1592900
固定资产投资	万元	1637221	1185612	996908	1313153	1050148
四、教育、卫生和社会保障						
普通中学在校学生数	人	22357	10964	13392	15053	7823
中等职业教育学校在校学生数	人	498	72	3445	580	868
小学在校学生数	人	38385	12988	21625	20073	16482
医疗卫生机构床位数	床	791	784	1222	2205	1405
各种社会福利收养性单位数	个	18	11	17	18	19
各种社会福利收养性单位床位数	床	1192	1464	1186	1439	1132

2014年县(市)社会经济主要指标

吉林省

指　　标	单位	延吉市	图们市	敦化市	珲春市	龙井市
一、基本情况						
行政区域面积	平方公里	1748	1142	11957	5184	2208
乡个数	个			5	5	2
镇个数	个	4	4	11	4	5
街道办事处个数	个	6	3	4	4	2
户籍人口	万人	54	12	47	27	17
第二产业从业人员	人	60576	10461	43820	12093	9446
第三产业从业人员	人	253643	28612	100638	23731	20870
固定电话用户	户	220398	25460	83200	53840	33077
二、综合经济						
地区生产总值	万元	3242669	461313	1836960	1489025	371522
第一产业增加值	万元	54150	17984	302620	56309	47778
农业增加值	万元	40205	13535	235691	41861	32642
牧业增加值	万元	10949	3558	33347	9234	13115
第二产业增加值	万元	1432402	270953	900227	1061589	148446
公共财政收入	万元	286610	34532	143405	216803	32448
各项税收	万元	190852	26410	87550	78073	25848
公共财政支出	万元	445610	134145	386920	364586	171793
居民储蓄存款余额	万元	3665117	435730	1468526	946467	536501
年末金融机构各项贷款余额	万元	2858341	192853	1313081	884817	225558
三、农业、工业及投资						
农业机械总动力	万千瓦特	15	7	73	21	16
机收面积	公顷	8185	4400	107643	21100	12500
设施农业占地面积	公顷	259	76	235	573	85
粮食总产量	吨	87322	41506	493598	109239	134190
棉花产量	吨					
油料产量	吨	402	104	2525	34	55
肉类总产量	吨	4565	2050	19194	7386	5606
规模以上工业企业单位数	个	71	37	111	105	34
规模以上工业总产值	万元	3171367	785927	2713057	3199754	553236
固定资产投资	万元	2189610	400503	1352929	1192714	400538
四、教育、卫生和社会保障						
普通中学在校学生数	人	23482	2451	17143	7844	3122
中等职业教育学校在校学生数	人	2806	313	1780	538	51
小学在校学生数	人	27686	2849	21147	10217	3828
医疗卫生机构床位数	床	4161	478	2265	1295	652
各种社会福利收养性单位数	个	55	4	15	18	20
各种社会福利收养性单位床位数	床	3020	474	1906	528	1027

2014年县(市)社会经济主要指标

吉林省、黑龙江省

指　　标	单位	和龙市	汪清县	安图县	呼兰区	阿城区
一、基本情况						
行政区域面积	平方公里	5069	8918	7444	2229	2452
乡个数	个		1	2	3	
镇个数	个	8	8	7	9	7
街道办事处个数	个	3	3		8	12
户籍人口	万人	18	23	21	63	57
第二产业从业人员	人	10028	18179	9319	32313	56213
第三产业从业人员	人	38147	41181	20940	72567	74984
固定电话用户	户	26457	41381	38694	71214	96000
二、综合经济						
地区生产总值	万元	556423	693607	705120	3047310	2762552
第一产业增加值	万元	61350	117312	77353	588398	341206
农业增加值	万元	39642	91124	52034	270452	218687
牧业增加值	万元	5217	4720	6106	298788	109010
第二产业增加值	万元	340573	360060	251818	1206142	773162
公共财政收入	万元	56001	101189	50571	71031	79180
各项税收	万元	46053	67089	22557	63673	31715
公共财政支出	万元	189492	261121	167730	267599	114133
居民储蓄存款余额	万元	438665	654611	635598	1358070	1277360
年末金融机构各项贷款余额	万元	392209	407080	507831	1046481	739693
三、农业、工业及投资						
农业机械总动力	万千瓦特	16	38	24	56	47
机收面积	公顷	14500	30000	14500	5907	52067
设施农业占地面积	公顷	63	257	173	3268	446
粮食总产量	吨	120474	222556	101936		
棉花产量	吨					
油料产量	吨	163	199	3161		57
肉类总产量	吨	6774	6257	6993	115906	46529
规模以上工业企业单位数	个	31	49	32	57	57
规模以上工业总产值	万元	830133	910206	506776	1136290	546017
固定资产投资	万元	498438	631961	631961	1669403	2849196
四、教育、卫生和社会保障						
普通中学在校学生数	人	3900	6444	4973	13877	21101
中等职业教育学校在校学生数	人	107	1116	1230	423	908
小学在校学生数	人	4571	7735	9233	29332	24199
医疗卫生机构床位数	床	786	889	1054	3763	1469
各种社会福利收养性单位数	个	11	9	12	28	7
各种社会福利收养性单位床位数	床	650	383	1111	2740	1470

2014年县(市)社会经济主要指标

黑龙江省

指　　标	单位	依兰县	方正县	宾县	巴彦县	木兰县
一、基本情况						
行政区域面积	平方公里	4616	2976	3845	3138	3600
乡个数	个	3	4	5	8	2
镇个数	个	6	4	12	10	6
街道办事处个数	个					
户籍人口	万人	40	23	60	70	27
第二产业从业人员	人	14511	3767	48101	104013	6763
第三产业从业人员	人	20825	12459	98269	131634	26039
固定电话用户	户	42529	25746	41000	98842	26106
二、综合经济						
地区生产总值	万元	1619500	626936	2749267	1667961	721742
第一产业增加值	万元	462099	192160	479849	552087	209617
农业增加值	万元	367359	133927	148574	317706	152002
牧业增加值	万元	80371	37093	303608	210912	48564
第二产业增加值	万元	518243	197310	1093015	344961	113933
公共财政收入	万元	57429	38696	101127	41089	16296
各项税收	万元	38302	21722	72924	44548	11567
公共财政支出	万元	238543	161299	316787	283273	143746
居民储蓄存款余额	万元	550447	546200	741582	742441	295941
年末金融机构各项贷款余额	万元	554746	314643	755621	568307	314872
三、农业、工业及投资						
农业机械总动力	万千瓦特	71	73	72	72	70
机收面积	公顷	221141	71333	150000	172000	73933
设施农业占地面积	公顷	1623	3966	723	4646	195
粮食总产量	吨					
棉花产量	吨					
油料产量	吨	89	784	785		392
肉类总产量	吨	39997	31062	111172	130295	35176
规模以上工业企业单位数	个	48	43	82	36	28
规模以上工业总产值	万元	977787	438926	3658399	854170	147332
固定资产投资	万元	1428148	516732	1930500	1526152	320400
四、教育、卫生和社会保障						
普通中学在校学生数	人	7458	9233	19509	17447	7521
中等职业教育学校在校学生数	人	275	284	1001	22	278
小学在校学生数	人	16817	9882	30310	25977	12069
医疗卫生机构床位数	床	878	989	1445	1281	684
各种社会福利收养性单位数	个	2	6	19	9	5
各种社会福利收养性单位床位数	床	370	1120	2688	1490	735

2014年县(市)社会经济主要指标

黑龙江省

指　　标	单位	通河县	延寿县	双城市	尚志市	五常市
一、基本情况						
行政区域面积	平方公里	5676	3150	3112	8891	7512
乡个数	个	2	4	12	7	12
镇个数	个	6	5	12	10	12
街道办事处个数	个					
户籍人口	万人	25	27	81	61	99
第二产业从业人员	人	16156	11588	99132	54942	115078
第三产业从业人员	人	17838	31928	137602	134781	136850
固定电话用户	户	37016	36100	91660	81757	135085
二、综合经济						
地区生产总值	万元	647598	647623	4800506	2426975	3607243
第一产业增加值	万元	203866	182169	1302954	560143	928133
农业增加值	万元	150605	146897	694030	396027	661161
牧业增加值	万元	39937	22482	595391	126022	190186
第二产业增加值	万元	143952	164928	1242808	836026	1144372
公共财政收入	万元	33256	81797	181328	67744	96264
各项税收	万元	18637	66752	142853	66338	88217
公共财政支出	万元	164320	179563	281637	238208	435042
居民储蓄存款余额	万元	363949	331007	1187649	1141007	1304320
年末金融机构各项贷款余额	万元	492298	264919	1225778	669417	771138
三、农业、工业及投资						
农业机械总动力	万千瓦特	82	43	91	65	140
机收面积	公顷	110687	75045	90933	128833	271400
设施农业占地面积	公顷	165	228	2468	600	2478
粮食总产量	吨					
棉花产量	吨					
油料产量	吨		95	14310	8153	
肉类总产量	吨	47404	41118	99182	46282	104004
规模以上工业企业单位数	个	38	39	137	120	199
规模以上工业总产值	万元	268581	424851	3083777	1919772	4222869
固定资产投资	万元	623917	551605	2280809	938098	1953509
四、教育、卫生和社会保障						
普通中学在校学生数	人	15539	7181	25905	20134	27686
中等职业教育学校在校学生数	人	315	226		1320	1489
小学在校学生数	人	19617	12555	39059	21422	38204
医疗卫生机构床位数	床	895	752	1678	2089	2143
各种社会福利收养性单位数	个	5	7	15	21	44
各种社会福利收养性单位床位数	床	699	932	1707	415	5722

2014年县(市)社会经济主要指标

黑龙江省

指　　标	单位	龙江县	依安县	泰来县	甘南县	富裕县
一、基本情况						
行政区域面积	平方公里	5887	3678	3917	4792	4060
乡个数	个	7	9	2	5	4
镇个数	个	7	6	8	5	6
街道办事处个数	个					
户籍人口	万人	60	49	32	33	29
第二产业从业人员	人	47530	27762	14235	9900	31545
第三产业从业人员	人	98433	43490	47189	32400	42598
固定电话用户	户	46254	6282	30388	28400	47685
二、综合经济						
地区生产总值	万元	908308	660699	524157	488317	627614
第一产业增加值	万元	398725	286532	194855	230768	286456
农业增加值	万元	246389	174826	112099	137834	167425
牧业增加值	万元	143530	98143	71168	86552	110879
第二产业增加值	万元	258426	202683	177820	128959	185746
公共财政收入	万元	41747	30267	24819	32868	31897
各项税收	万元	51452	19605	30645	44625	36939
公共财政支出	万元	264275	102413	192934	174157	207174
居民储蓄存款余额	万元	474080	445447	304201	474511	397964
年末金融机构各项贷款余额	万元	675445	948583	271889	495781	301315
三、农业、工业及投资						
农业机械总动力	万千瓦特	165	59	76	68	47
机收面积	公顷	260333	213691	128633	138033	146688
设施农业占地面积	公顷	61	180	425	70	625
粮食总产量	吨					
棉花产量	吨					
油料产量	吨	553	335	12681	580	144
肉类总产量	吨	86847	74168	39329	60571	24035
规模以上工业企业单位数	个	15	25	15	17	19
规模以上工业总产值	万元	573129	606127	296352	475000	275279
固定资产投资	万元	554036	569244	700258	459629	429150
四、教育、卫生和社会保障						
普通中学在校学生数	人	20704	11505	12027	6671	9256
中等职业教育学校在校学生数	人	3556	563	1052	464	530
小学在校学生数	人	29642	15887	12677	18958	13427
医疗卫生机构床位数	床	1758	937	856	783	1520
各种社会福利收养性单位数	个	6	15	11	6	4
各种社会福利收养性单位床位数	床	1240	1580	1656	1103	780

2014年县(市)社会经济主要指标

黑龙江省

指　　标	单位	克山县	克东县	拜泉县	讷河市	鸡东县
一、基本情况						
行政区域面积	平方公里	3320	2083	3599	6660	3243
乡个数	个	9	2	9	4	3
镇个数	个	6	5	7	11	8
街道办事处个数	个				2	
户籍人口	万人	47	29	58	73	29
第二产业从业人员	人	60124	34360	34795	50436	3879
第三产业从业人员	人	80975	38811	15478	77506	10058
固定电话用户	户	52496	9850	45120	38804	58314
二、综合经济						
地区生产总值	万元	658309	358242	867439	1197042	1033870
第一产业增加值	万元	254492	133909	324879	353416	311507
农业增加值	万元	167106	79719	208802	183324	201056
牧业增加值	万元	78851	49011	101836	153245	76742
第二产业增加值	万元	180167	149784	267261	394839	347390
公共财政收入	万元	17126	20698	22902	45101	25457
各项税收	万元	12665	37841	12545	55646	15746
公共财政支出	万元	223424	173975	110391	283046	165373
居民储蓄存款余额	万元	517365	279527	413954	722787	589926
年末金融机构各项贷款余额	万元	398616	236529	349529	1039991	277407
三、农业、工业及投资						
农业机械总动力	万千瓦特	62	53	66	107	47
机收面积	公顷	201803	94867	187426	329333	81606
设施农业占地面积	公顷	133	61	18	171	270
粮食总产量	吨					
棉花产量	吨					
油料产量	吨		546			338
肉类总产量	吨	40580	7947	84621	86679	34630
规模以上工业企业单位数	个	13	13	18	35	20
规模以上工业总产值	万元	472748	519462	519491	662396	196290
固定资产投资	万元	530738	442383	427221	635327	219719
四、教育、卫生和社会保障						
普通中学在校学生数	人	15541	8632	8500	13475	20159
中等职业教育学校在校学生数	人	3160	1142	290	4154	382
小学在校学生数	人	18316	10712	17442	28290	13214
医疗卫生机构床位数	床	1010	500	1188	1335	1282
各种社会福利收养性单位数	个	6	5	10	10	10
各种社会福利收养性单位床位数	床	308	1180	1152	3121	566

2014年县(市)社会经济主要指标

黑龙江省

指　　标	单位	虎林市	密山市	萝北县	绥滨县	集贤县
一、基本情况						
行政区域面积	平方公里	9334	7731	2077	3344	2258
乡个数	个	4	8	2	6	3
镇个数	个	7	8	6	3	5
街道办事处个数	个	1	1		4	
户籍人口	万人	16	35	9	13	29
第二产业从业人员	人	4329	12414	3626	213	20132
第三产业从业人员	人	13293	64754	23980	6421	36431
固定电话用户	户	45900	46000	15550	12010	41088
二、综合经济						
地区生产总值	万元	701219	991012	346071	228013	741797
第一产业增加值	万元	324729	314896	92406	110023	278812
农业增加值	万元	248927	206231	68072	92062	147427
牧业增加值	万元	32553	86114	19961	14730	126084
第二产业增加值	万元	123174	247860	76843	15902	251095
公共财政收入	万元	45345	38957	30361	11836	23348
各项税收	万元	36998	23104	26664	18140	17069
公共财政支出	万元	210838	242547	141972	84901	173059
居民储蓄存款余额	万元	1093098	1198991	585496	345619	616938
年末金融机构各项贷款余额	万元	1369176	635877	1778025	266363	561471
三、农业、工业及投资						
农业机械总动力	万千瓦特	78	71	28	56	58
机收面积	公顷	153153	151933	76027	90067	119543
设施农业占地面积	公顷	190	386	40	1373	522
粮食总产量	吨					
棉花产量	吨					
油料产量	吨	261	434		79	2286
肉类总产量	吨	12575	48727	16933	7301	50874
规模以上工业企业单位数	个	21	14	19	8	45
规模以上工业总产值	万元	543806	198265	139637	38867	393086
固定资产投资	万元	354221	381474	107447	84513	331584
四、教育、卫生和社会保障						
普通中学在校学生数	人	8585	14929	3288	5270	12094
中等职业教育学校在校学生数	人	346	960	151	144	247
小学在校学生数	人	6391	12112	3707	5954	13387
医疗卫生机构床位数	床	1076	1209	400	398	1091
各种社会福利收养性单位数	个	2	17	1	2	9
各种社会福利收养性单位床位数	床	454	1357	125	260	803

2014年县(市)社会经济主要指标

黑龙江省

指　　标	单位	友谊县	宝清县	饶河县	肇州县	肇源县
一、基本情况						
行政区域面积	平方公里	1647	10001	6765	2446	4120
乡个数	个		4	5	6	8
镇个数	个	1	6	4	6	8
街道办事处个数	个					
户籍人口	万人	3	31	8	44	46
第二产业从业人员	人	1238	13400	2598	6565	4067
第三产业从业人员	人	4637	19100	6684	18006	12494
固定电话用户	户	10370	54331	17926	40639	58296
二、综合经济						
地区生产总值	万元	97358	1328848	182130	2133877	1883889
第一产业增加值	万元	9021	391273	119888	433841	424100
农业增加值	万元	6735	227599	67871	176094	206980
牧业增加值	万元	2286	145891	47557	253378	193839
第二产业增加值	万元	44320	664588	17210	1468087	1069031
公共财政收入	万元	19857	40514	9203	70006	62915
各项税收	万元	11198	21650	6554	55693	49121
公共财政支出	万元	65907	212123	118406	118479	113902
居民储蓄存款余额	万元	470739	741863	312531	513946	533004
年末金融机构各项贷款余额	万元	417428	861533	216017	478154	363881
三、农业、工业及投资						
农业机械总动力	万千瓦特		75	30	63	48
机收面积	公顷		162170	90893	81473	125333
设施农业占地面积	公顷		4057	64	917	1037
粮食总产量	吨					
棉花产量	吨					
油料产量	吨		2427	10	3779	21269
肉类总产量	吨	2801	62821	3964	81269	99486
规模以上工业企业单位数	个	12	42	6	51	56
规模以上工业总产值	万元	202689	747687	39304	3288836	2020657
固定资产投资	万元	52221	1052170	221710	504293	480296
四、教育、卫生和社会保障						
普通中学在校学生数	人	2567	11718	3378	18490	18169
中等职业教育学校在校学生数	人		3047	253	63	118
小学在校学生数	人	3024	16024	3783	16580	18335
医疗卫生机构床位数	床	1123	1147	446	971	924
各种社会福利收养性单位数	个	9	7	2	7	8
各种社会福利收养性单位床位数	床	735	1087	128	900	650

2014年县(市)社会经济主要指标

黑龙江省

指　　标	单位	林甸县	杜尔伯特蒙古族自治县	嘉荫县	铁力市	桦南县
一、基本情况						
行政区域面积	平方公里	3504	6054	6739	6443	4415
乡个数	个	4	6	6	3	4
镇个数	个	4	5	3	4	6
街道办事处个数	个					10
户籍人口	万人	26	24	7	38	43
第二产业从业人员	人	3677	1669	2842	2505	24633
第三产业从业人员	人	8448	8966	4995	7767	17512
固定电话用户	户	17401	54205	22130	65575	39010
二、综合经济						
地区生产总值	万元	695099	1334120	232835	738998	1097483
第一产业增加值	万元	223574	397836	141276	391142	444944
农业增加值	万元	93818	100565	104556	247610	246201
牧业增加值	万元	119144	282083	18879	107481	165355
第二产业增加值	万元	329112	717971	26666	132724	328307
公共财政收入	万元	41029	43099	11117	24045	37205
各项税收	万元	28413	37365	5019	32794	23022
公共财政支出	万元	85138	96487	112349	166911	235553
居民储蓄存款余额	万元	377960	380037	183851	886879	499131
年末金融机构各项贷款余额	万元	672907	383027	123824	403336	246190
三、农业、工业及投资						
农业机械总动力	万千瓦特	88	75	17	37	31
机收面积	公顷	89333	90667	75000	83200	229800
设施农业占地面积	公顷	863	745	22	146	392
粮食总产量	吨					
棉花产量	吨					
油料产量	吨		399		48	2000
肉类总产量	吨	63406	34642	5848	64246	97945
规模以上工业企业单位数	个	11	24	4	35	51
规模以上工业总产值	万元	389656	1376254	22169	248036	1148764
固定资产投资	万元	243141	523548	43902	327047	854824
四、教育、卫生和社会保障						
普通中学在校学生数	人	8711	12365	2418	12219	24756
中等职业教育学校在校学生数	人	403	186	360	233	
小学在校学生数	人	12232	10592	3714	10603	33454
医疗卫生机构床位数	床	648	735	479	1335	1296
各种社会福利收养性单位数	个	3	4	3	27	24
各种社会福利收养性单位床位数	床	460	300	516	2466	940

2014年县(市)社会经济主要指标

黑龙江省

指　　标	单位	桦川县	汤原县	抚远县	同江市	富锦市
一、基本情况						
行政区域面积	平方公里	2268	3420	6047	6229	8224
乡个数	个	4	6	5	5	
镇个数	个	5	4	4	5	10
街道办事处个数	个	10	1		9	3
户籍人口	万人	23	25	13	11	39
第二产业从业人员	人	5812	9425	4127	4897	10546
第三产业从业人员	人	7414	23158	26400	18668	43610
固定电话用户	户	31746	18948	13725	15884	38700
二、综合经济						
地区生产总值	万元	400349	787935	276292	436003	1618344
第一产业增加值	万元	122993	352328	168917	187517	718861
农业增加值	万元	80186	221736	130228	153773	586194
牧业增加值	万元	33181	117751	13667	24525	117317
第二产业增加值	万元	188917	254268	30699	83219	466399
公共财政收入	万元	21789	21391	18432	21282	42029
各项税收	万元	11789	27616	11116	14462	16408
公共财政支出	万元	167564	170849	198937	197160	284321
居民储蓄存款余额	万元	276419	388696	236793	269818	745920
年末金融机构各项贷款余额	万元	816909	288472	205548	502279	641481
三、农业、工业及投资						
农业机械总动力	万千瓦特	63	46	59	49	111
机收面积	公顷	126140	108694	157959	145200	315213
设施农业占地面积	公顷	21	110	58	200	106
粮食总产量	吨					
棉花产量	吨					
油料产量	吨	158			45	501
肉类总产量	吨	55214	77989	10743	14167	92715
规模以上工业企业单位数	个	43	37	5	32	68
规模以上工业总产值	万元	1055433	784486	50265	348486	831241
固定资产投资	万元	442290	554500	180846	604250	752536
四、教育、卫生和社会保障						
普通中学在校学生数	人	12411	7478	1678	3435	15405
中等职业教育学校在校学生数	人	1020	329	188	474	556
小学在校学生数	人	13518	8640	4501	7084	20086
医疗卫生机构床位数	床	426	744	219	399	1156
各种社会福利收养性单位数	个	10	9	1	5	24
各种社会福利收养性单位床位数	床	348	675	30	410	1671

2014年县(市)社会经济主要指标

黑龙江省

指　　标	单位	勃利县	东宁县	林口县	绥芬河市	海林市
一、基本情况						
行政区域面积	平方公里	2576	7117	6638	422	8816
乡个数	个	5		2		
镇个数	个	5	6	9	2	8
街道办事处个数	个	5	1	1		1
户籍人口	万人	31	21	36	7	39
第二产业从业人员	人	11038	20925	31795	1719	51623
第三产业从业人员	人	11990	34053	91051	9329	58151
固定电话用户	户	68245	48104	47007	21851	61611
二、综合经济						
地区生产总值	万元	562235	1521418	1019316	1337145	1873435
第一产业增加值	万元	161378	323209	361759	9367	366713
农业增加值	万元	91303	308291	308186	6216	334652
牧业增加值	万元	62527	11082	47144	2876	21615
第二产业增加值	万元	173926	416044	324943	162840	974484
公共财政收入	万元	27188	72369	61289	56714	91892
各项税收	万元	39328	35197	24005	37253	160315
公共财政支出	万元	174508	194960	211915	220874	237290
居民储蓄存款余额	万元	504119	808070	563964	873164	933110
年末金融机构各项贷款余额	万元	466271	531351	291325	620932	390454
三、农业、工业及投资						
农业机械总动力	万千瓦特	40	46	46	4	36
机收面积	公顷	45430	37333	103333	2549	42233
设施农业占地面积	公顷	1151	476	2383	24	766
粮食总产量	吨					
棉花产量	吨					
油料产量	吨	1381	11703	30042	277	3498
肉类总产量	吨	43695	8362	23651	2734	14373
规模以上工业企业单位数	个	26	34	53	18	95
规模以上工业总产值	万元	280289	375975	815390	360256	2270974
固定资产投资	万元	182476	946750	553687	1254495	1959355
四、教育、卫生和社会保障						
普通中学在校学生数	人	10371	5185	10396	6181	8576
中等职业教育学校在校学生数	人	322	496	314	1392	780
小学在校学生数	人	12880	8890	15247	7342	11749
医疗卫生机构床位数	床	627	717	769	697	1646
各种社会福利收养性单位数	个	3	3	8	1	3
各种社会福利收养性单位床位数	床	680	580	1870	556	750

2014年县(市)社会经济主要指标

黑龙江省

指　　标	单位	宁安市	穆棱市	嫩江县	逊克县	孙吴县
一、基本情况						
行政区域面积	平方公里	7227	6247	15109	17344	4319
乡个数	个	5	2	6	6	9
镇个数	个	7	6	8	3	2
街道办事处个数	个	1	1		1	1
户籍人口	万人	43	29	34	8	10
第二产业从业人员	人	50187	63668	36756	1742	2861
第三产业从业人员	人	71454	65208	42886	6101	14572
固定电话用户	户	69003	53997	54546	12550	9364
二、综合经济						
地区生产总值	万元	1903296	1764003	1456084	207812	106657
第一产业增加值	万元	486699	282887	567307	120309	50063
农业增加值	万元	383709	215095	495726	104089	40142
牧业增加值	万元	88815	59700	65668	9737	7681
第二产业增加值	万元	798983	1041046	287426	31846	17483
公共财政收入	万元	98860	94786	76840	22527	9267
各项税收	万元	50271	148171	27197	6370	6211
公共财政支出	万元	286076	287798	267657	132800	119868
居民储蓄存款余额	万元	857002	535733	671572	232560	185488
年末金融机构各项贷款余额	万元	457427	301911	865591	146418	152041
三、农业、工业及投资						
农业机械总动力	万千瓦特	84	26	83	43	40
机收面积	公顷	108667	83453	418913	157200	117362
设施农业占地面积	公顷	2218	528	22	42	19
粮食总产量	吨					
棉花产量	吨					
油料产量	吨	2361	26860		97	213
肉类总产量	吨	85671	36082	61861	6916	5727
规模以上工业企业单位数	个	95	99	21	6	5
规模以上工业总产值	万元	1622993	2645633	400457	66411	85791
固定资产投资	万元	1708743	1582635	836907	124239	88585
四、教育、卫生和社会保障						
普通中学在校学生数	人	11224	9502	12649	3275	3227
中等职业教育学校在校学生数	人	998	1780	889	559	356
小学在校学生数	人	14382	12885	22897	3753	5120
医疗卫生机构床位数	床	1352	900	847	273	242
各种社会福利收养性单位数	个	14	7	4	3	1
各种社会福利收养性单位床位数	床	1658	773	382	220	150

2014年县(市)社会经济主要指标

黑龙江省

指　　标	单位	北安市	五大连池市	望奎县	兰西县	青冈县
一、基本情况						
行政区域面积	平方公里	7194	9874	2316	2499	2685
乡个数	个	4	5	7	11	5
镇个数	个	5	6	8	4	10
街道办事处个数	个	6	1			4
户籍人口	万人	39	36	46	50	51
第二产业从业人员	人	27565	31877	18150	44694	18910
第三产业从业人员	人	82285	33341	21264	48392	33289
固定电话用户	户	58000	23691	50750	56085	39795
二、综合经济						
地区生产总值	万元	787275	526453	697112	549817	535404
第一产业增加值	万元	205150	297388	350690	266747	262675
农业增加值	万元	167278	194790	141096	201288	138052
牧业增加值	万元	31592	27662	208053	59882	116125
第二产业增加值	万元	188411	61532	217650	160969	188026
公共财政收入	万元	54000	23795	38860	21722	15141
各项税收	万元	24879	15027	20866	17953	12571
公共财政支出	万元	273403	219744	236803	220617	233248
居民储蓄存款余额	万元	977790	658237	486447	432261	429891
年末金融机构各项贷款余额	万元	1091544	343932	276577	286154	266209
三、农业、工业及投资						
农业机械总动力	万千瓦特	42	38	36	44	56
机收面积	公顷	171006	225569	153333	144780	134000
设施农业占地面积	公顷	476	55	150	187	345
粮食总产量	吨					
棉花产量	吨					
油料产量	吨		495	254		216
肉类总产量	吨	7846	17434	130640	52829	70823
规模以上工业企业单位数	个	25	8	30	30	18
规模以上工业总产值	万元	359971	74878	659518	403729	453046
固定资产投资	万元	574794	333395	686410	381417	260449
四、教育、卫生和社会保障						
普通中学在校学生数	人	6870	7631	11662	18825	18101
中等职业教育学校在校学生数	人	950	1671	422		250
小学在校学生数	人	11906	9087	15755	16412	15108
医疗卫生机构床位数	床	2694	1599	1120	1031	1250
各种社会福利收养性单位数	个	4	3	5	2	5
各种社会福利收养性单位床位数	床	400	871	1114	2000	1020

2014年县(市)社会经济主要指标

黑龙江省

指　　标	单位	庆安县	明水县	绥棱县	安达市	肇东市
一、基本情况						
行政区域面积	平方公里	5469	2308	4238	3586	4332
乡个数	个	8	7	7	4	10
镇个数	个	6	5	4	10	11
街道办事处个数	个				3	4
户籍人口	万人	38	35	31	47	92
第二产业从业人员	人	34777	27385	7854	45704	21283
第三产业从业人员	人	35734	20882	30090	106195	22767
固定电话用户	户	89890	36891	32001	38555	118693
二、综合经济						
地区生产总值	万元	750640	569919	664928	3904038	5054078
第一产业增加值	万元	323890	297156	370273	642835	1006468
农业增加值	万元	234397	205957	266619	247805	376892
牧业增加值	万元	67887	82007	81865	379536	608363
第二产业增加值	万元	229387	205979	179787	2054739	2163141
公共财政收入	万元	30004	20290	18046	137146	184548
各项税收	万元	14497	13128	10963	142594	164382
公共财政支出	万元	214802	202019	159670	350934	432467
居民储蓄存款余额	万元	587338	277866	473625	795232	1208824
年末金融机构各项贷款余额	万元	430174	202910	493989	472179	1198069
三、农业、工业及投资						
农业机械总动力	万千瓦特	50	24	51	49	58
机收面积	公顷	157800	109931	119600	108488	74206
设施农业占地面积	公顷	1205	500	904	723	409
粮食总产量	吨					
棉花产量	吨					
油料产量	吨				93	24
肉类总产量	吨	39934	31542	28514	83675	236294
规模以上工业企业单位数	个	26	14	23	62	79
规模以上工业总产值	万元	479538	359093	288286	2004118	2425015
固定资产投资	万元	421240	115086	215591	1350091	1550632
四、教育、卫生和社会保障						
普通中学在校学生数	人	15286	13901	8972	15787	37217
中等职业教育学校在校学生数	人	456		1541	228	2296
小学在校学生数	人	16387	11145	10151	20619	33094
医疗卫生机构床位数	床	826	741	772	1641	1972
各种社会福利收养性单位数	个	5	15	4	31	29
各种社会福利收养性单位床位数	床	530	879	528	1507	2295

2014年县(市)社会经济主要指标

黑龙江省、上海市

指　　标	单位	海伦市	呼玛县	塔河县	漠河县	奉贤区
一、基本情况						
行政区域面积	平方公里	4667	14204	14059	18428	720
乡个数	个	15	6	3		
镇个数	个	8	2	4	6	8
街道办事处个数	个		1	11		
户籍人口	万人	79	5	8	8	53
第二产业从业人员	人	51459	1616	3425	2433	228466
第三产业从业人员	人	50298	10190	3561	5350	35356
固定电话用户	户	132009	7100	43152	16228	256068
二、综合经济						
地区生产总值	万元	1149011	191500	275698	374245	6684309
第一产业增加值	万元	650172	112344	151737	150875	167525
农业增加值	万元	500121	81960	22025	40655	97475
牧业增加值	万元	139506	8898	6877	18134	39054
第二产业增加值	万元	317291	38814	45646	93806	3975379
公共财政收入	万元	38025	8148	12720	22276	729109
各项税收	万元	40002	4827	9195	28842	2251207
公共财政支出	万元	315907	85332	73400	93318	1518269
居民储蓄存款余额	万元	754258	141184	313544	269978	6241020
年末金融机构各项贷款余额	万元	829766	66022	46837	131487	8862689
三、农业、工业及投资						
农业机械总动力	万千瓦特	65	23	2	3	9
机收面积	公顷	234000	66220	7264	2855	15604
设施农业占地面积	公顷	1081	25	80	48	1485
粮食总产量	吨					105943
棉花产量	吨					32
油料产量	吨	152	110			1756
肉类总产量	吨	113371	2559	3392	3773	44446
规模以上工业企业单位数	个	36	4	5	9	1147
规模以上工业总产值	万元	787373	43162	36870	91753	15854377
固定资产投资	万元	468394	46079	97270	227000	2909081
四、教育、卫生和社会保障						
普通中学在校学生数	人	18747	2018	1480	3120	29077
中等职业教育学校在校学生数	人	62	68	321	305	4744
小学在校学生数	人	24759	2293	2102	835	44070
医疗卫生机构床位数	床	1246	262	450	688	5186
各种社会福利收养性单位数	个	5	3	1	4	30
各种社会福利收养性单位床位数	床	3601	210	50	334	5394

2014年县(市)社会经济主要指标

上海市、江苏省

指　标	单位	崇明县	浦口区	江宁区	六合区	溧水区
一、基本情况						
行政区域面积	平方公里	1411	911	1563	1471	1064
乡个数	个	2				
镇个数	个	16			1	8
街道办事处个数	个		9	10	11	
户籍人口	万人	68	63	97	90	43
第二产业从业人员	人	140775	182000	342100	237000	164300
第三产业从业人员	人	89381	208700	324000	187300	107000
固定电话用户	户	211283	186582	381107	169559	94736
二、综合经济						
地区生产总值	万元	2721583	7056390	14914976	8926864	5436535
第一产业增加值	万元	227270	348590	514376	518064	330335
农业增加值	万元	135325	220072	332223	376903	234785
牧业增加值	万元	34350	43025	39715	49001	26175
第二产业增加值	万元	1283378	3623000	7886900	5378600	2788400
公共财政收入	万元	715450	830893	1668172	649871	410671
各项税收	万元	1050709	1142924	3297311	1412851	553866
公共财政支出	万元	1367314	735587	1249525	576154	415330
居民储蓄存款余额	万元	4238435				
年末金融机构各项贷款余额	万元	3825146	4635600	9513000	5511800	2574300
三、农业、工业及投资						
农业机械总动力	万千瓦特	24	25	50	56	31
机收面积	公顷	29964	13758	29220	44647	32100
设施农业占地面积	公顷	2039	5413	10153	11987	8400
粮食总产量	吨	247373	116440	237565	345510	249919
棉花产量	吨	407	419	1496	776	783
油料产量	吨	4902	11824	21869	32197	20213
肉类总产量	吨	31688	30133	15318	37035	18300
规模以上工业企业单位数	个	128	354	677	507	460
规模以上工业总产值	万元	3183949	15232114	28798864	26225768	9009057
固定资产投资	万元	1353467	8083469	8867961	7255829	4604061
四、教育、卫生和社会保障						
普通中学在校学生数	人	17920	17795	34148	27824	14661
中等职业教育学校在校学生数	人	5620	20339	19320	5980	5432
小学在校学生数	人	18062	33197	59447	40939	20165
医疗卫生机构床位数	床	3065	2266	5226	3250	1481
各种社会福利收养性单位数	个	47	25	20	30	12
各种社会福利收养性单位床位数	床	6910	4096	8884	5978	3619

2014年县(市)社会经济主要指标

江苏省

指　　标	单位	高淳区	锡山区	江阴市	宜兴市	铜山区
一、基本情况						
行政区域面积	平方公里	790	399	987	1997	2004
乡个数	个					
镇个数	个	8	4	10	13	18
街道办事处个数	个		4	5	5	11
户籍人口	万人	44	43	123	108	132
第二产业从业人员	人	159300	307200	625200	413100	194800
第三产业从业人员	人	95900	131100	320300	242000	202900
固定电话用户	户	82077		446847	329150	178736
二、综合经济						
地区生产总值	万元	4987094	6178088	27539482	12338824	8352678
第一产业增加值	万元	350394	178288	461382	499224	647078
农业增加值	万元	166470	120078	264756	327096	462691
牧业增加值	万元	25255	16110	90576	40541	144823
第二产业增加值	万元	2462600	3255500	15205400	6431500	4508100
公共财政收入	万元	293674	605519	2006618	944501	683156
各项税收	万元	407029	951622	3344498	1440823	749955
公共财政支出	万元	304763	557068	1872766	1002919	945903
居民储蓄存款余额	万元			9387558	8195344	
年末金融机构各项贷款余额	万元	2451200		21981579	13259847	
三、农业、工业及投资						
农业机械总动力	万千瓦特	52	10	25	53	99
机收面积	公顷	23916	9241	26060	62790	111280
设施农业占地面积	公顷	7333	3040	6327	7787	27867
粮食总产量	吨	160655	67508	197835	471826	789400
棉花产量	吨	701				6284
油料产量	吨	27236	170	2876	6191	4887
肉类总产量	吨	15677	3452	41694	34420	101779
规模以上工业企业单位数	个	325	663	1422	932	433
规模以上工业总产值	万元	8027599	11220044	56571367	27843917	29902424
固定资产投资	万元	3950630	5968275	10459732	6021507	5665406
四、教育、卫生和社会保障						
普通中学在校学生数	人	14470	21245	54751	42710	41196
中等职业教育学校在校学生数	人	2812	2811	12861	8620	16449
小学在校学生数	人	19381	35412	91002	60405	100924
医疗卫生机构床位数	床	1717	2010	7605	4856	2848
各种社会福利收养性单位数	个	15	14	28	30	74
各种社会福利收养性单位床位数	床	4721	2809	9340	8850	8939

2014年县(市)社会经济主要指标

江苏省

指　　标	单位	丰县	沛县	睢宁县	新沂市	邳州市
一、基本情况						
行政区域面积	平方公里	1450	1806	1769	1592	2085
乡个数	个					
镇个数	个	12	13	16	13	21
街道办事处个数	个	3			4	4
户籍人口	万人	120	131	144	112	186
第二产业从业人员	人	155000	236600	226800	149200	224000
第三产业从业人员	人	131300	178800	191000	144200	220200
固定电话用户	户	102119	168693	169355	138820	166449
二、综合经济						
地区生产总值	万元	3416729	5649605	4199661	4735493	6844870
第一产业增加值	万元	630129	804605	709761	573593	958170
农业增加值	万元	476608	568377	498734	344274	731605
牧业增加值	万元	144576	210150	176731	140351	157998
第二产业增加值	万元	1539700	2607800	1824400	2000500	2945900
公共财政收入	万元	381167	531284	386294	458167	555789
各项税收	万元	386069	565158	428632	464369	570259
公共财政支出	万元	627100	731506	675628	684991	886240
居民储蓄存款余额	万元	1902973	2523432	2142900	1690732	2544222
年末金融机构各项贷款余额	万元	1280908	1573277	1693980	2020852	2713875
三、农业、工业及投资						
农业机械总动力	万千瓦特	80	98	112	95	116
机收面积	公顷	75360	86820	135579	95930	119595
设施农业占地面积	公顷	15607	24353	16933	20267	17027
粮食总产量	吨	534948	607102	909836	659722	808466
棉花产量	吨	16853	1551	1442		5211
油料产量	吨	4810	2615	14929	62304	14716
肉类总产量	吨	159169	189616	142080	135992	210069
规模以上工业企业单位数	个	307	463	311	478	498
规模以上工业总产值	万元	5205437	13551705	7826852	13942786	20502769
固定资产投资	万元	1801402	4090561	2185526	3862929	5459584
四、教育、卫生和社会保障						
普通中学在校学生数	人	44477	37242	57258	32047	68664
中等职业教育学校在校学生数	人	6575	15130	6252	4196	14136
小学在校学生数	人	78147	89648	81743	100926	165322
医疗卫生机构床位数	床	3969	4476	3566	3117	4867
各种社会福利收养性单位数	个	20	27	23	34	26
各种社会福利收养性单位床位数	床	4280	5860	4700	4814	5862

2014年县(市)社会经济主要指标

江苏省

指　　标	单位	武进区	溧阳市	金坛市	吴中区	吴江区
一、基本情况						
行政区域面积	平方公里	1246	1535	976	2231	1238
乡个数	个					
镇个数	个	14	10	7	7	8
街道办事处个数	个	2		1	6	18
户籍人口	万人	104	79	55	62	81
第二产业从业人员	人	606800	258100	164800	438830	545805
第三产业从业人员	人	253800	122100	117900	255020	281029
固定电话用户	户	494673	227100	183400		295847
二、综合经济						
地区生产总值	万元	19053263	7162967	4714800	9151757	14862695
第一产业增加值	万元	490363	439267	304300	205557	392895
农业增加值	万元	343578	277922	167283	75299	206415
牧业增加值	万元	55631	22852	37977	9139	25377
第二产业增加值	万元	10474600	3751100	2430300	4595600	7945400
公共财政收入	万元	1296317	506188	301172	1108974	1373583
各项税收	万元	2027891	709741	460005	1817720	2197172
公共财政支出	万元	1240363	570050	374591	825465	1262843
居民储蓄存款余额	万元	9450663	4140286	2990087		7387036
年末金融机构各项贷款余额	万元	14603712	6040614	4189840		19713130
三、农业、工业及投资						
农业机械总动力	万千瓦特	48	55	41	16	40
机收面积	公顷	19869	66113	34090	2712	21197
设施农业占地面积	公顷	7840	11093	6984	667	4327
粮食总产量	吨	162406	538917	275519	19529	171800
棉花产量	吨		409	24		
油料产量	吨	1632	30801	8299	643	3742
肉类总产量	吨	54102	23309	50165	7420	16630
规模以上工业企业单位数	个	1911	412	432	905	1537
规模以上工业总产值	万元	42272367	17322880	8207421	11447290	30807047
固定资产投资	万元	10031354	4380078	2689866	4992142	7549021
四、教育、卫生和社会保障						
普通中学在校学生数	人	55666	27846	18911	20524	35569
中等职业教育学校在校学生数	人	12504	6836	2900	4386	5852
小学在校学生数	人	91995	38431	25379	57766	76148
医疗卫生机构床位数	床	4467	2879	2444	4346	5317
各种社会福利收养性单位数	个	24	22	16	27	28
各种社会福利收养性单位床位数	床	12746	7735	4219	5194	6814

2014年县(市)社会经济主要指标

江苏省

指　　标	单位	常熟市	张家港市	昆山市	太仓市	通州区
一、基本情况						
行政区域面积	平方公里	1276	987	932	810	1562
乡个数	个					
镇个数	个	9	8	10	6	19
街道办事处个数	个	2	20	19	1	
户籍人口	万人	107	92	77	48	127
第二产业从业人员	人	655080	474802	756688	273227	338000
第三产业从业人员	人	354643	256340	388432	159799	191000
固定电话用户	户	381358	298360	446123	177684	317000
二、综合经济						
地区生产总值	万元	20093636	21802542	30007053	10653368	8607274
第一产业增加值	万元	384036	286417	271453	352448	522451
农业增加值	万元	263809	200347	95423	192147	356016
牧业增加值	万元	26443	18912	8463	68378	58771
第二产业增加值	万元	10615500	11863925	16871000	5566520	4469923
公共财政收入	万元	1474042	1626618	2636593	1064727	684012
各项税收	万元	2442794	2722199	4579531	1865219	900970
公共财政支出	万元	1380187	1527799	2229762	976823	827497
居民储蓄存款余额	万元	10219900	8770608	9709029	4506142	7150176
年末金融机构各项贷款余额	万元	18162999	17876245	20434725	10680261	6046661
三、农业、工业及投资						
农业机械总动力	万千瓦特	33	29	18	20	51
机收面积	公顷	41029	33520	15034	25316	56726
设施农业占地面积	公顷	6347	4407	3453	5587	10853
粮食总产量	吨	310940	256237	113657	202426	534737
棉花产量	吨	545	35	44	258	7366
油料产量	吨	5521	3947	1641	4669	98633
肉类总产量	吨	18264	12706	5027	45259	68739
规模以上工业企业单位数	个	1441	1235	1900	1166	764
规模以上工业总产值	万元	36686952	48637109	78523910	20813538	18554910
固定资产投资	万元	6318158	7636216	8381846	5133611	5201158
四、教育、卫生和社会保障						
普通中学在校学生数	人	42087	39429	39658	19867	36224
中等职业教育学校在校学生数	人	10466	10401	6375	3396	5308
小学在校学生数	人	81268	75560	106185	40127	46734
医疗卫生机构床位数	床	7052	8588	6300	3577	5671
各种社会福利收养性单位数	个	25	42	16	20	34
各种社会福利收养性单位床位数	床	11082	8950	6218	4963	5333

2014年县(市)社会经济主要指标

江苏省

指　　标	单位	海安县	如东县	启东市	如皋市	海门市
一、基本情况						
行政区域面积	平方公里	1184	2791	1715	1576	1144
乡个数	个			1		1
镇个数	个	10	14	11	11	8
街道办事处个数	个		3	2	1	3
户籍人口	万人	94	104	112	144	100
第二产业从业人员	人	288000	309000	296000	351000	317000
第三产业从业人员	人	141000	173000	187000	194000	164000
固定电话用户	户	322100	262800	322500	335800	313900
二、综合经济						
地区生产总值	万元	6241399	6155074	7391287	7436376	8364999
第一产业增加值	万元	512687	621674	629331	575976	490663
农业增加值	万元	282036	294268	274188	421154	309283
牧业增加值	万元	174417	113177	47373	124362	43353
第二产业增加值	万元	3041312	2971100	3690256	3772400	4431636
公共财政收入	万元	541022	500127	672463	674450	685712
各项税收	万元	712849	671345	896684	832725	902447
公共财政支出	万元	705844	791961	740076	912914	736171
居民储蓄存款余额	万元	5653533	4787332	6379608	5762695	6263399
年末金融机构各项贷款余额	万元	6824926	3429030	5500423	5197046	6305789
三、农业、工业及投资						
农业机械总动力	万千瓦特	64	88	54	84	35
机收面积	公顷	74627	115583	19274	94673	14783
设施农业占地面积	公顷	7920	12533	14347	10733	19733
粮食总产量	吨	641249	927414	249825	746880	189619
棉花产量	吨	12	11801	13616	117	10669
油料产量	吨	15301	46367	93783	38207	90987
肉类总产量	吨	93672	107227	58049	116505	43384
规模以上工业企业单位数	个	863	658	512	820	648
规模以上工业总产值	万元	17899578	16709843	15084775	15897802	17362872
固定资产投资	万元	4489468	4279317	4834148	4450849	5013987
四、教育、卫生和社会保障						
普通中学在校学生数	人	28755	28531	30606	47617	34494
中等职业教育学校在校学生数	人	13103	5500	5789	10789	7291
小学在校学生数	人	33835	30089	37557	61471	46272
医疗卫生机构床位数	床	4232	3286	3815	5189	3480
各种社会福利收养性单位数	个	26	21	43	25	38
各种社会福利收养性单位床位数	床	5583	5357	4669	7026	5273

2014年县(市)社会经济主要指标

江苏省

指　　标	单位	赣榆区	东海县	灌云县	灌南县	淮安区
一、基本情况						
行政区域面积	平方公里	1514	2037	1538	1028	1452
乡个数	个		6	5	1	5
镇个数	个	15	11	8	10	21
街道办事处个数	个		2			
户籍人口	万人	119	122	104	81	120
第二产业从业人员	人	221500	178600	129500	109900	176800
第三产业从业人员	人	167200	200500	163800	103300	199400
固定电话用户	户	184263	158812	114369	91158	150408
二、综合经济						
地区生产总值	万元	4384737	3613120	2749889	2592523	3655210
第一产业增加值	万元	738037	589420	551289	447523	568010
农业增加值	万元	264108	397605	344806	313547	429400
牧业增加值	万元	103133	106791	125342	88536	76000
第二产业增加值	万元	2121900	1631300	1255000	1287600	1495300
公共财政收入	万元	401689	372008	355892	351217	324317
各项税收	万元	416509	355307	367409	384208	345343
公共财政支出	万元	664898	617361	557402	525397	572536
居民储蓄存款余额	万元	1635100	1627416	1182344	829219	
年末金融机构各项贷款余额	万元	2047301	1815055	1358121	1069533	
三、农业、工业及投资						
农业机械总动力	万千瓦特	111	149	126	110	91
机收面积	公顷	71604	158054	108548	272343	125536
设施农业占地面积	公顷	14933	20580	17200	11667	12279
粮食总产量	吨	569784	1119148	817461	631141	932714
棉花产量	吨	575		109	40	
油料产量	吨	63020	48035	736	2026	7133
肉类总产量	吨	79125	77416	54742	54978	50453
规模以上工业企业单位数	个	431	463	263	171	336
规模以上工业总产值	万元	12908301	8140188	5388790	5788707	6211236
固定资产投资	万元	2528033	2336270	1984083	1951657	2338271
四、教育、卫生和社会保障						
普通中学在校学生数	人	56716	49206	40876	31791	41417
中等职业教育学校在校学生数	人	9086	12224	6157	7244	15061
小学在校学生数	人	89934	102056	64895	57420	57489
医疗卫生机构床位数	床	2892	2823	2439	2770	4328
各种社会福利收养性单位数	个	18	27	18	30	30
各种社会福利收养性单位床位数	床	3263	3336	2581	1987	3132

2014年县(市)社会经济主要指标

江苏省

指　　标	单位	淮阴区	涟水县	洪泽县	盱眙县	金湖县
一、基本情况						
行政区域面积	平方公里	1307	1678	1273	2497	1378
乡个数	个	7	2		5	
镇个数	个	14	17	6	14	11
街道办事处个数	个			3		
户籍人口	万人	93	114	39	80	36
第二产业从业人员	人	142500	113200	68800	124500	65700
第三产业从业人员	人	161200	198500	73400	137800	70400
固定电话用户	户	113331	105980	56726	79239	56094
二、综合经济						
地区生产总值	万元	3627257	3023453	2073521	2900331	1936110
第一产业增加值	万元	626957	499653	294421	484131	283010
农业增加值	万元	449579	395492	169630	325969	180284
牧业增加值	万元	146778	79420	56508	60368	21230
第二产业增加值	万元	1569200	1208200	883200	1188600	763900
公共财政收入	万元	392180	297206	222274	307731	214016
各项税收	万元	421791	382240	241188	306003	255910
公共财政支出	万元	616435	540925	363299	471245	337286
居民储蓄存款余额	万元		1387552	696213	1224454	1024242
年末金融机构各项贷款余额	万元		1640707	1142303	2034579	1309216
三、农业、工业及投资						
农业机械总动力	万千瓦特	77	109	78	110	79
机收面积	公顷	81326	110850	62659	131350	73849
设施农业占地面积	公顷	13933	11067	7613	16400	7520
粮食总产量	吨	643838	913219	454128	985632	544881
棉花产量	吨				82	
油料产量	吨	20901	33932	2735	18460	7865
肉类总产量	吨	73938	64988	23684	75259	14216
规模以上工业企业单位数	个	418	329	317	452	271
规模以上工业总产值	万元	10907842	5435989	5509653	7515854	4114435
固定资产投资	万元	2238642	2158371	1329773	2600849	1285301
四、教育、卫生和社会保障						
普通中学在校学生数	人	31504	44741	13936	30072	10824
中等职业教育学校在校学生数	人	10493	15838	5855	14053	4403
小学在校学生数	人	59460	80777	18763	52290	14173
医疗卫生机构床位数	床	5335	3755	1503	3106	1477
各种社会福利收养性单位数	个	25	40	19	25	15
各种社会福利收养性单位床位数	床	2352	3351	1219	2543	1121

2014年县(市)社会经济主要指标

江苏省

指　　标	单位	盐都区	响水县	滨海县	阜宁县	射阳县
一、基本情况						
行政区域面积	平方公里	1050	1474	1950	1439	2606
乡个数	个					
镇个数	个	8	8	12	13	13
街道办事处个数	个	4			4	
户籍人口	万人	72	62	121	112	97
第二产业从业人员	人	147000	94700	178100	165000	185900
第三产业从业人员	人	158200	98800	194400	174300	202600
固定电话用户	户	117615	88192	129437	94436	179858
二、综合经济						
地区生产总值	万元	3701954	2226450	3289655	3298754	3710692
第一产业增加值	万元	396254	388050	538755	500954	731092
农业增加值	万元	218002	187500	304245	252843	362593
牧业增加值	万元	108601	114000	111643	148066	176439
第二产业增加值	万元	1924500	1051100	1386300	1481400	1394700
公共财政收入	万元	517174	278242	334513	335714	175000
各项税收	万元	663625	308056	365370	382823	195156
公共财政支出	万元	442315	436672	580745	564631	450670
居民储蓄存款余额	万元		673193	1317617	1937656	1966054
年末金融机构各项贷款余额	万元		1034664	1567394	1981682	1917406
三、农业、工业及投资						
农业机械总动力	万千瓦特	51	70	81	83	92
机收面积	公顷	81405	222150	101000	127090	137660
设施农业占地面积	公顷	9667	8340	13640	14727	13033
粮食总产量	吨	631162	543523	965227	943990	1129483
棉花产量	吨	1724	58	390	79	12146
油料产量	吨	15757	22603	39857	16657	34272
肉类总产量	吨	65344	54020	118040	188164	85641
规模以上工业企业单位数	个	338	166	216	247	269
规模以上工业总产值	万元	7731500	5833500	5616400	5361500	5293000
固定资产投资	万元	2493622	2039523	2654533	2261791	2134255
四、教育、卫生和社会保障						
普通中学在校学生数	人	24887	19569	33347	34123	31401
中等职业教育学校在校学生数	人	5214	2272	3659	4226	3164
小学在校学生数	人	32879	46304	76476	58832	47233
医疗卫生机构床位数	床	2956	2278	4390	3684	3252
各种社会福利收养性单位数	个	20	18	26	20	25
各种社会福利收养性单位床位数	床	1690	2233	3976	5755	2230

2014年县(市)社会经济主要指标

江苏省

指　　标	单位	建湖县	东台市	大丰市	邗江区	江都区
一、基本情况						
行政区域面积	平方公里	1157	3176	3008	553	1330
乡个数	个				1	
镇个数	个	11	14	12	7	13
街道办事处个数	个	3			7	
户籍人口	万人	80	114	73	58	107
第二产业从业人员	人	162100	220400	149200	162000	276000
第三产业从业人员	人	155000	245100	176100	202000	219000
固定电话用户	户	137993	223905	111708	280202	289439
二、综合经济						
地区生产总值	万元	3903705	6085946	4882300	6026893	7924956
第一产业增加值	万元	435805	828646	702100	170493	528056
农业增加值	万元	203999	454162	401602	102153	375716
牧业增加值	万元	117662	208678	125799	23129	62450
第二产业增加值	万元	1753400	2618100	2044200	2561900	3975900
公共财政收入	万元	447566	613138	600166	560298	479810
各项税收	万元	476578	669115	669000	721854	657814
公共财政支出	万元	658777	842577	829020	493457	574740
居民储蓄存款余额	万元	2173843	4254769	2743841		
年末金融机构各项贷款余额	万元	2355240	3010139	2834331		
三、农业、工业及投资						
农业机械总动力	万千瓦特	54	87	81	20	64
机收面积	公顷	150027	115945	110355	23200	91195
设施农业占地面积	公顷	7933	37900	12733	1633	14333
粮食总产量	吨	743054	1000835	792620	176203	661970
棉花产量	吨	680	7137	25939	635	542
油料产量	吨	18496	78706	58381	2822	19745
肉类总产量	吨	64625	143429	118781	12765	40513
规模以上工业企业单位数	个	415	554	438	407	618
规模以上工业总产值	万元	7900200	9487800	7273100	12659894	22817877
固定资产投资	万元	2523383	4098216	3226723	3091302	4690296
四、教育、卫生和社会保障						
普通中学在校学生数	人	26588	34413	24194	20050	39509
中等职业教育学校在校学生数	人	4288	3681	3670	3100	7297
小学在校学生数	人	41451	35361	27783	31504	45331
医疗卫生机构床位数	床	3335	5246	3216	2586	4306
各种社会福利收养性单位数	个	19	63	48	19	18
各种社会福利收养性单位床位数	床	4200	7159	4781	2648	6704

2014年县(市)社会经济主要指标

江苏省

指　标	单位	宝应县	仪征市	高邮市	丹徒区	丹阳市
一、基本情况						
行政区域面积	平方公里	1462	902	1922	617	1047
乡个数	个			1		
镇个数	个	14	9	10	6	10
街道办事处个数	个			1	2	2
户籍人口	万人	91	57	82	29	81
第二产业从业人员	人	176000	181000	192000	84100	343500
第三产业从业人员	人	116000	121000	136000	73500	225300
固定电话用户	户	153534	147468	176297	12126	273313
二、综合经济						
地区生产总值	万元	4182974	4650598	4451952	3235665	10089655
第一产业增加值	万元	615974	211298	627152	160765	472255
农业增加值	万元	291708	151337	302503	98493	340323
牧业增加值	万元	58110	42289	93254	30222	55110
第二产业增加值	万元	1898000	2557600	2011300	1721500	5185800
公共财政收入	万元	272770	346619	293158	249521	641648
各项税收	万元	343502	710303	404946	334788	911434
公共财政支出	万元	462474	415095	466428	251422	749296
居民储蓄存款余额	万元	2285140	2481310	2691462		4535458
年末金融机构各项贷款余额	万元	2297108	2578528	2415967		7917358
三、农业、工业及投资						
农业机械总动力	万千瓦特	51	36	69	21	41
机收面积	公顷	116420	43830	112000	29439	68903
设施农业占地面积	公顷	8200	6400	10213	5600	10073
粮食总产量	吨	930935	336875	885912	194939	515625
棉花产量	吨		28	1277	50	
油料产量	吨	15604	10233	22936	9533	10188
肉类总产量	吨	48031	21834	47105	23842	24449
规模以上工业企业单位数	个	354	340	503	364	801
规模以上工业总产值	万元	8863323	13961121	10203730	10082590	24198267
固定资产投资	万元	2373946	3141374	2801953	2587079	3867269
四、教育、卫生和社会保障						
普通中学在校学生数	人	34207	20105	30480	9102	32407
中等职业教育学校在校学生数	人	5991	8015	6618	1730	4200
小学在校学生数	人	39550	24226	28557	13291	47405
医疗卫生机构床位数	床	2203	2080	2536	840	3314
各种社会福利收养性单位数	个	17	13	18	23	48
各种社会福利收养性单位床位数	床	3491	2838	4816	2257	5134

2014年县(市)社会经济主要指标

江苏省

指　标	单位	扬中市	句容市	姜堰区	兴化市	靖江市
一、基本情况						
行政区域面积	平方公里	327	1378	928	2395	656
乡个数	个				5	
镇个数	个	4	8	14	29	8
街道办事处个数	个	1	1	2		1
户籍人口	万人	28	59	79	158	67
第二产业从业人员	人	119400	159100	171400	298700	210400
第三产业从业人员	人	81900	128900	159400	230200	129900
固定电话用户	户	120603	158102	174273	257084	206116
二、综合经济						
地区生产总值	万元	4453587	4409666	4885189	6248328	6661870
第一产业增加值	万元	108687	372666	351589	890828	198370
农业增加值	万元	68225	260069	255349	527565	138781
牧业增加值	万元	15020	38642	63745	78150	40140
第二产业增加值	万元	2379000	2154200	2429900	2642800	3491800
公共财政收入	万元	307186	359087	303528	369510	540403
各项税收	万元	425516	447261	420054	497627	669758
公共财政支出	万元	347116	436489	442822	735590	614901
居民储蓄存款余额	万元	2382454	2374988	3387575	3740601	3814658
年末金融机构各项贷款余额	万元	3325890	3154061	3863686	3525406	5490493
三、农业、工业及投资						
农业机械总动力	万千瓦特	22	54	39	113	27
机收面积	公顷	16133	43727	66000	177090	43266
设施农业占地面积	公顷	2433	10020	8153	12207	4240
粮食总产量	吨	102670	352935	561455	1423220	339019
棉花产量	吨		1027	1350	9754	
油料产量	吨	1722	35934	29441	36587	5231
肉类总产量	吨	9518	15443	55362	59186	32650
规模以上工业企业单位数	个	462	604	473	579	456
规模以上工业总产值	万元	11985445	12607762	11313016	13520817	19823091
固定资产投资	万元	2160897	2581573	3455624	2848044	4057644
四、教育、卫生和社会保障						
普通中学在校学生数	人	9513	17485	32911	41044	23930
中等职业教育学校在校学生数	人	1614	5352	3315	7073	3410
小学在校学生数	人	13977	23408	33205	58171	30790
医疗卫生机构床位数	床	970	1832	3311	4281	3689
各种社会福利收养性单位数	个	33	28	28	161	27
各种社会福利收养性单位床位数	床	2288	3526	4099	8471	5495

2014年县(市)社会经济主要指标

江苏省

指　　标	单位	泰兴市	宿豫区	沭阳县	泗阳县	泗洪县
一、基本情况						
行政区域面积	平方公里	1170	1237	2299	1378	2694
乡个数	个	1	2	8	5	9
镇个数	个	14	8	25	11	14
街道办事处个数	个	1	3	6		
户籍人口	万人	120	66	194	106	109
第二产业从业人员	人	265000	135900	303600	165000	162700
第三产业从业人员	人	202900	93100	244700	128400	142800
固定电话用户	户	291090		226307	115881	96228
二、综合经济						
地区生产总值	万元	6758413	2142030	5799610	3322302	3383477
第一产业增加值	万元	469313	238630	788310	498802	602177
农业增加值	万元	325584	160101	635233	315546	293567
牧业增加值	万元	113911	60343	108181	57643	71155
第二产业增加值	万元	3486800	1316400	2685500	1737400	1414200
公共财政收入	万元	450818	208213	640434	300467	280079
各项税收	万元	671112	253759	696439	321165	360049
公共财政支出	万元	612013	334935	1004863	548419	579672
居民储蓄存款余额	万元	3831843		2418627	1467064	1483302
年末金融机构各项贷款余额	万元	3883588		3035203	2401942	2375084
三、农业、工业及投资						
农业机械总动力	万千瓦特	61	63	189	91	134
机收面积	公顷	85000	46567	188533	81180	143697
设施农业占地面积	公顷	9333	7891	23000	11333	16260
粮食总产量	吨	705590	362796	1301456	609840	1064028
棉花产量	吨		21		12	1055
油料产量	吨	42398	1078	14531	9060	18143
肉类总产量	吨	89237	78161	101238	50282	72894
规模以上工业企业单位数	个	612	252	877	493	526
规模以上工业总产值	万元	20544553	4156197	11035111	4980366	6290357
固定资产投资	万元	4545292	1972387	3839077	2834432	2818875
四、教育、卫生和社会保障						
普通中学在校学生数	人	46414	11982	73683	49146	46401
中等职业教育学校在校学生数	人	8246	13697	12668	8473	7981
小学在校学生数	人	51430	25796	127284	79347	75251
医疗卫生机构床位数	床	3964	2045	5608	4336	3904
各种社会福利收养性单位数	个	39	16	68	29	38
各种社会福利收养性单位床位数	床	9104	3534	9426	6431	7699

2014年县(市)社会经济主要指标

浙江省

指　　标	单位	萧山区	余杭区	桐庐县	淳安县	建德市
一、基本情况						
行政区域面积	平方公里	1163	1228	1780	4452	2364
乡个数	个			3	12	1
镇个数	个	12	6	6	11	12
街道办事处个数	个	14	14	4		3
户籍人口	万人	126	93	41	46	51
第二产业从业人员	人	715400	396533	155700	40700	89000
第三产业从业人员	人	302500	274400	98300	80300	81700
固定电话用户	户	615700	305500	99600	81700	86600
二、综合经济						
地区生产总值	万元	17276337	11012328	3061292	1920615	2989338
第一产业增加值	万元	615991	455424	217828	301077	286495
农业增加值	万元	417262	283450	131576	211753	186794
牧业增加值	万元	117152	25425	36080	32769	65069
第二产业增加值	万元	9282655	4412453	1721284	762658	1612988
公共财政收入	万元	1338521	1488016	239132	138599	187008
各项税收	万元	1291990	1443242	220391	130672	176982
公共财政支出	万元	1201955	1371185	329203	435595	312391
居民储蓄存款余额	万元	12092617	8235185	1752856	1222485	1819649
年末金融机构各项贷款余额	万元	28495807	13056117	2841724	2048288	2328534
三、农业、工业及投资						
农业机械总动力	万千瓦特	81	50	26	30	30
机收面积	公顷	23345	16411	7644	1439	10653
设施农业占地面积	公顷	3041	1464	549	308	2397
粮食总产量	吨	143479	102086	54837	75583	73449
棉花产量	吨	314	94		192	141
油料产量	吨	9699	2915	8781	14222	11466
肉类总产量	吨	102913	20684	17210	18428	29424
规模以上工业企业单位数	个	1846	1259	376	126	358
规模以上工业总产值	万元	41515589	14923125	4735006	2494147	4233162
固定资产投资	万元	8508518	7861506	2096371	1450503	1432850
四、教育、卫生和社会保障						
普通中学在校学生数	人	65189	43833	15972	17184	20863
中等职业教育学校在校学生数	人	16102	10656	2809	3679	3953
小学在校学生数	人	106712	82297	22957	16598	20851
医疗卫生机构床位数	床	6997	3655	1587	1585	2154
各种社会福利收养性单位数	个	44	33	20	28	31
各种社会福利收养性单位床位数	床	8520	7491	3540	3132	4102

2014年县(市)社会经济主要指标

浙江省

指　　标	单位	富阳市	临安市	鄞州区	象山县	宁海县
一、基本情况						
行政区域面积	平方公里	1808	3124	1346	1382	1843
乡个数	个	6		1	5	3
镇个数	个	13	13	17	10	11
街道办事处个数	个	5	5	7	3	4
户籍人口	万人	67	53	85	55	63
第二产业从业人员	人	251200	200300	577500	171100	226000
第三产业从业人员	人	143100	115700	364900	111600	175000
固定电话用户	户	185900	152800	554000	168400	144262
二、综合经济						
地区生产总值	万元	6014722	4316686	12966399	3880832	4101376
第一产业增加值	万元	399288	375008	393393	579451	393016
农业增加值	万元	234992	176294	302044	148888	125030
牧业增加值	万元	66822	54113	36123	33927	26541
第二产业增加值	万元	3165902	2338814	7618244	1806461	2131959
公共财政收入	万元	496002	281926	1662205	331678	360643
各项税收	万元	457577	269572	1547233	291316	293923
公共财政支出	万元	576965	456621	1682225	527444	509391
居民储蓄存款余额	万元	3547436	2126988	7699160	1869017	2047575
年末金融机构各项贷款余额	万元	8909331	3624707	15757406	6125929	5838694
三、农业、工业及投资						
农业机械总动力	万千瓦特	46	47	34	80	31
机收面积	公顷	14287	5910	24141	1200	12983
设施农业占地面积	公顷	831	473	3090	396	87
粮食总产量	吨	120187	51547	162371	85612	95530
棉花产量	吨		1	47	58	1273
油料产量	吨	16059	4001	2899	3585	2625
肉类总产量	吨	53784	37128	19436	19722	24404
规模以上工业企业单位数	个	668	593	1763	464	497
规模以上工业总产值	万元	12974658	6837874	23619286	5396165	6118732
固定资产投资	万元	3500717	1975132	5933325	1852034	2251576
四、教育、卫生和社会保障						
普通中学在校学生数	人	32901	21425	41335	21742	27715
中等职业教育学校在校学生数	人	8777	4738	12427	4858	6812
小学在校学生数	人	44489	29027	82051	35322	47669
医疗卫生机构床位数	床	2658	2047	3472	1879	1635
各种社会福利收养性单位数	个	25	27	66	45	17
各种社会福利收养性单位床位数	床	4199	3019	9313	5225	3532

2014年县(市)社会经济主要指标

浙江省

指　　标	单位	余姚市	慈溪市	奉化市	洞头县	永嘉县
一、基本情况						
行政区域面积	平方公里	1527	1361	1268	104	2677
乡个数	个	1			1	
镇个数	个	14	14	6	1	10
街道办事处个数	个	6	5	5	4	8
户籍人口	万人	84	105	48	13	98
第二产业从业人员	人	330200	497000	185300	17500	204463
第三产业从业人员	人	264000	239000	109400	21200	139794
固定电话用户	户	339200	416331	154200	17310	168598
二、综合经济						
地区生产总值	万元	8043565	11094102	3089895	564500	3122739
第一产业增加值	万元	413400	484849	285034	42100	99113
农业增加值	万元	322600	334236	152023	1031	67096
牧业增加值	万元	30400	45787	43110	597	20076
第二产业增加值	万元	4677312	6379252	1405983	206700	1675469
公共财政收入	万元	648070	1000151	290233	45021	223100
各项税收	万元	627030	931554	259390	41667	211831
公共财政支出	万元	804673	1078856	476853	163861	452592
居民储蓄存款余额	万元	6127526	8828280	2450243	229536	2745593
年末金融机构各项贷款余额	万元	12454096	18394949	5264479	555812	4229378
三、农业、工业及投资						
农业机械总动力	万千瓦特	57	43	27	28	17
机收面积	公顷	24976	12532	9695	40	6680
设施农业占地面积	公顷	986	2251	364	8	388
粮食总产量	吨	179207	111085	62529	2995	98196
棉花产量	吨	478	3290			4
油料产量	吨	5962	15092	761	160	4265
肉类总产量	吨	38565	34030	24582	516	18534
规模以上工业企业单位数	个	1193	1323	445	25	336
规模以上工业总产值	万元	13354244	19831411	3763341	472716	4065284
固定资产投资	万元	5156152	6360715	1821652	823411	2411736
四、教育、卫生和社会保障						
普通中学在校学生数	人	39649	48891	19870	10222	43211
中等职业教育学校在校学生数	人	9465	10853	5902	564	6614
小学在校学生数	人	67570	87551	32833	5678	64803
医疗卫生机构床位数	床	2676	3783	2196	175	1589
各种社会福利收养性单位数	个	27	16	20	36	57
各种社会福利收养性单位床位数	床	5609	4178	2863	976	3149

2014年县(市)社会经济主要指标

浙江省

指　　标	单位	平阳县	苍南县	文成县	泰顺县	瑞安市
一、基本情况						
行政区域面积	平方公里	1042	1253	1296	1762	1350
乡个数	个	1	2	1	1	
镇个数	个	9	10	9	9	5
街道办事处个数	个					10
户籍人口	万人	88	133	40	37	123
第二产业从业人员	人	182500	247100	42800	64600	393654
第三产业从业人员	人	145200	197000	62100	54900	251138
固定电话用户	户	124683	224925	43050	32641	306184
二、综合经济						
地区生产总值	万元	3221992	3935998	663816	643106	6768835
第一产业增加值	万元	134546	272537	69821	62457	189618
农业增加值	万元	64823	122501	59351	51695	91365
牧业增加值	万元	16951	35229	5266	7468	28077
第二产业增加值	万元	1568716	1696965	220006	240459	3226595
公共财政收入	万元	220002	256366	64766	61912	484417
各项税收	万元	207053	238595	32381	32394	460602
公共财政支出	万元	405822	494925	273173	275810	553097
居民储蓄存款余额	万元	2279145	2752558	1051419	632234	6159692
年末金融机构各项贷款余额	万元	3561927	6141937	904535	858928	9456127
三、农业、工业及投资						
农业机械总动力	万千瓦特	28	49	7	6	41
机收面积	公顷	17425	22820	833	333	17106
设施农业占地面积	公顷	308	1146	794	44	1294
粮食总产量	吨	118118	147412	47224	47914	107630
棉花产量	吨				29	50
油料产量	吨	2367	913	811	1393	3760
肉类总产量	吨	14011	19209	3618	6461	20587
规模以上工业企业单位数	个	315	358	31	22	1050
规模以上工业总产值	万元	2661783	2923217	232389	187049	8538605
固定资产投资	万元	2977883	3537070	565041	596767	4349674
四、教育、卫生和社会保障						
普通中学在校学生数	人	38102	57291	9111	9461	57075
中等职业教育学校在校学生数	人	7305	7681	1000	2041	8402
小学在校学生数	人	56857	92539	15590	19303	98744
医疗卫生机构床位数	床	2149	3156	804	641	4121
各种社会福利收养性单位数	个	35	63	14	9	139
各种社会福利收养性单位床位数	床	3513	7695	1302	1370	15800

2014年县(市)社会经济主要指标

浙江省

指　　标	单位	乐清市	嘉善县	海盐县	海宁市	平湖市
一、基本情况						
行政区域面积	平方公里	1367	507	508	668	537
乡个数	个					
镇个数	个	9	6	5	8	6
街道办事处个数	个	8	3	4	4	3
户籍人口	万人	129	39	38	67	49
第二产业从业人员	人	305200	229743	175010	390500	286922
第三产业从业人员	人	320200	123025	79189	194700	123733
固定电话用户	户	335798	162751	136946	268345	169473
二、综合经济						
地区生产总值	万元	7246934	4025938	3506987	6690918	4782102
第一产业增加值	万元	199926	236548	210604	227531	164822
农业增加值	万元	104778	167896	126796	140039	107614
牧业增加值	万元	38412	35065	57721	62460	32349
第二产业增加值	万元	3884521	2241751	2044989	3798051	2896938
公共财政收入	万元	556525	313341	270280	600260	456780
各项税收	万元	510334	301657	256044	583528	442547
公共财政支出	万元	613477	396038	283962	606845	449179
居民储蓄存款余额	万元	5720798	2988694	2471263	5363731	3381452
年末金融机构各项贷款余额	万元	10621430	4240233	5086441	8366092	5492241
三、农业、工业及投资						
农业机械总动力	万千瓦特	30	23	15	27	23
机收面积	公顷	21039	24726	26605	19151	34201
设施农业占地面积	公顷	1063	1181	1272	865	519
粮食总产量	吨	136448	150032	205091	142527	246719
棉花产量	吨	78		823	352	427
油料产量	吨	2264	1714	5750	11478	8266
肉类总产量	吨	18645	34061	48241	39005	23301
规模以上工业企业单位数	个	1086	679	467	1167	635
规模以上工业总产值	万元	12272882	9240445	7386276	14018556	12985665
固定资产投资	万元	4859031	2576319	2610382	4481583	2972787
四、教育、卫生和社会保障						
普通中学在校学生数	人	59711	18875	17270	28400	21283
中等职业教育学校在校学生数	人	7241	4404	5305	10827	7097
小学在校学生数	人	101604	31165	23067	44039	27354
医疗卫生机构床位数	床	3552	1967	1541	3370	2484
各种社会福利收养性单位数	个	42	13	10	23	14
各种社会福利收养性单位床位数	床	4198	3145	2758	6342	3583

2014年县(市)社会经济主要指标

浙江省

指　　标	单位	桐乡市	德清县	长兴县	安吉县	柯桥区
一、基本情况						
行政区域面积	平方公里	727	938	1431	1886	1066
乡个数	个		2	4	3	
镇个数	个	9	9	9	8	12
街道办事处个数	个	3		3	4	4
户籍人口	万人	69	44	63	46	65
第二产业从业人员	人	419182	180400	225200	140200	373200
第三产业从业人员	人	221542	99200	140500	105200	228900
固定电话用户	户	222807	138596	156603	150862	307302
二、综合经济						
地区生产总值	万元	6143649	3674969	4380993	2844972	11380793
第一产业增加值	万元	291938	203296	317146	256899	329185
农业增加值	万元	162934	45069	233152	173894	210969
牧业增加值	万元	109443	44198	18872	10341	48656
第二产业增加值	万元	3203545	2062438	2299850	1372762	6306940
公共财政收入	万元	491902	337070	402255	294846	820088
各项税收	万元	461472	606166	689586	503772	789670
公共财政支出	万元	524198	379230	514130	407772	714241
居民储蓄存款余额	万元	5146511	2378867	2352052	1809509	6208736
年末金融机构各项贷款余额	万元	7408327	4067024	4760705	3842904	12851907
三、农业、工业及投资						
农业机械总动力	万千瓦特	31	35	38	37	28
机收面积	公顷	16389	8765	41428	16124	20869
设施农业占地面积	公顷	2921	1164	2118	428	1881
粮食总产量	吨	176143	90070	250722	112813	108773
棉花产量	吨	719	180	25	5	43
油料产量	吨	7272	1909	13713	3290	3193
肉类总产量	吨	61642	49003	16790	10687	28151
规模以上工业企业单位数	个	1057	680	658	385	1223
规模以上工业总产值	万元	13671035	10189409	11348004	4947632	35467362
固定资产投资	万元	3723334	2319746	3266141	1452646	5769451
四、教育、卫生和社会保障						
普通中学在校学生数	人	34103	21253	29274	22156	41873
中等职业教育学校在校学生数	人	9061	4028	11118	7049	11578
小学在校学生数	人	47763	24325	36068	26762	54068
医疗卫生机构床位数	床	3061	1367	2504	1821	3520
各种社会福利收养性单位数	个	23	20	27	34	17
各种社会福利收养性单位床位数	床	6006	3002	3961	2385	4505

2014年县(市)社会经济主要指标

浙江省

指　　标	单位	上虞区	新昌县	诸暨市	嵊州市	武义县
一、基本情况						
行政区域面积	平方公里	1406	1214	2311	1789	1568
乡个数	个	3	5	1	6	7
镇个数	个	15	8	23	11	8
街道办事处个数	个	3	3	3	4	3
户籍人口	万人	78	44	108	73	34
第二产业从业人员	人	299000	124700	465000	242500	104000
第三产业从业人员	人	115200	83700	223100	122500	51700
固定电话用户	户	228350	92637	349202	180640	72600
二、综合经济						
地区生产总值	万元	6810338	3337658	9811166	4230375	1952815
第一产业增加值	万元	413559	207396	490877	370080	152514
农业增加值	万元	264980	174101	295990	289393	105985
牧业增加值	万元	46426	9825	64431	43083	34748
第二产业增加值	万元	3720940	1717322	5333231	2128409	1068717
公共财政收入	万元	465581	247528	663386	250538	158001
各项税收	万元	443004	236276	608593	240859	145453
公共财政支出	万元	500112	330258	741445	344500	263081
居民储蓄存款余额	万元	4447148	1848351	5883236	3076176	1704566
年末金融机构各项贷款余额	万元	7905492	2908598	11112401	4086748	3394604
三、农业、工业及投资						
农业机械总动力	万千瓦特	43	20	82	40	20
机收面积	公顷	41375	2947	36415	16389	8472
设施农业占地面积	公顷	342	391	1886	2332	535
粮食总产量	吨	251693	59758	298029	163133	73593
棉花产量	吨	1260	194	20	133	13
油料产量	吨	9152	6192	7571	5282	5086
肉类总产量	吨	34245	7160	52099	33474	27488
规模以上工业企业单位数	个	638	236	1111	438	488
规模以上工业总产值	万元	16187191	5879974	23414036	3923254	4762977
固定资产投资	万元	4090485	1322752	5687691	1921196	1124585
四、教育、卫生和社会保障						
普通中学在校学生数	人	37089	20250	76691	31140	13519
中等职业教育学校在校学生数	人	7412	4056	12034	6495	2396
小学在校学生数	人	43450	26806	72186	36241	27700
医疗卫生机构床位数	床	2790	2207	4710	2628	1130
各种社会福利收养性单位数	个	26	26	40	61	6
各种社会福利收养性单位床位数	床	4856	2666	6659	5288	1740

2014年县(市)社会经济主要指标

浙江省

指　　标	单位	浦江县	磐安县	兰溪市	义乌市	东阳市
一、基本情况						
行政区域面积	平方公里	918	1195	1312	1105	1747
乡个数	个	5	10	3		1
镇个数	个	7	9	7	6	11
街道办事处个数	个	3		6	8	6
户籍人口	万人	40	21	66	77	83
第二产业从业人员	人	150000	51000	175200	565300	263700
第三产业从业人员	人	87200	15300	72200	318000	169300
固定电话用户	户	86000	27700	93200	432000	193300
二、综合经济						
地区生产总值	万元	1885949	745474	2735646	9714686	4392522
第一产业增加值	万元	94429	106779	236227	211938	173752
农业增加值	万元	68189	89831	129111	152488	135996
牧业增加值	万元	22023	7248	79207	43862	22904
第二产业增加值	万元	1092890	365386	1485664	3699334	2151112
公共财政收入	万元	134018	60050	199533	696800	414838
各项税收	万元	121171	54051	190596	666698	386858
公共财政支出	万元	216350	189624	334858	722345	480546
居民储蓄存款余额	万元	1794380	615535	1896827	11768186	4219262
年末金融机构各项贷款余额	万元	2583553	1056842	3291304	19468700	6432724
三、农业、工业及投资						
农业机械总动力	万千瓦特	14	25	31	28	50
机收面积	公顷	3640	633	2700	8643	21107
设施农业占地面积	公顷	1924	568	1053	401	1941
粮食总产量	吨	57230	31280	116381	51380	122339
棉花产量	吨	105		7277	35	156
油料产量	吨	4578	835	18421	3486	4295
肉类总产量	吨	15629	4456	50602	29497	12650
规模以上工业企业单位数	个	321	137	466	837	501
规模以上工业总产值	万元	3412239	736067	7642062	8558616	4723127
固定资产投资	万元	917074	484779	1501298	4381825	2194071
四、教育、卫生和社会保障						
普通中学在校学生数	人	19295	9289	27568	45616	42292
中等职业教育学校在校学生数	人	3717	1601	5338	12755	7611
小学在校学生数	人	36114	12349	33977	95083	70929
医疗卫生机构床位数	床	1979	715	2049	4091	4258
各种社会福利收养性单位数	个	11	12	22	14	27
各种社会福利收养性单位床位数	床	2342	1611	3865	4808	6506

2014年县(市)社会经济主要指标

浙江省

指　　标	单位	永康市	衢江区	常山县	开化县	龙游县
一、基本情况						
行政区域面积	平方公里	1048	1748	1097	2231	1143
乡个数	个		8	5	6	7
镇个数	个	11	10	6	8	6
街道办事处个数	个	3	2	3		2
户籍人口	万人	59	40	34	36	40
第二产业从业人员	人	293500	57200	49100	41732	79500
第三产业从业人员	人	117900	45300	49800	43968	68300
固定电话用户	户	174300		43655	40773	88432
二、综合经济						
地区生产总值	万元	4595106	1319421	1070878	983899	1883615
第一产业增加值	万元	87782	200929	77570	121277	133432
农业增加值	万元	61797	105113	48891	86149	55377
牧业增加值	万元	14321	66970	12075	9961	58162
第二产业增加值	万元	2816468	640755	546841	419874	1088138
公共财政收入	万元	388485	79872	71903	57685	102129
各项税收	万元	354299	75752	64518	54633	92722
公共财政支出	万元	406350	182769	214095	298987	273177
居民储蓄存款余额	万元	4644730	705178	781321	816021	1219501
年末金融机构各项贷款余额	万元	9047694	1097841	1254333	1086751	2020607
三、农业、工业及投资						
农业机械总动力	万千瓦特	34	34	15	17	31
机收面积	公顷	10253	15552	11496	9075	23764
设施农业占地面积	公顷	435	1050	1279	149	2160
粮食总产量	吨	59457	158112	70580	97622	161550
棉花产量	吨		27	76	47	2097
油料产量	吨	788	11873	7440	12335	14081
肉类总产量	吨	7096	107997	14921	9705	71666
规模以上工业企业单位数	个	651	131	116	81	209
规模以上工业总产值	万元	9132757	1337770	1062232	1034875	2966385
固定资产投资	万元	1825167	1019478	1030091	737613	1269577
四、教育、卫生和社会保障						
普通中学在校学生数	人	31043	15236	12976	13635	16734
中等职业教育学校在校学生数	人	7637	2519	1622	2497	3631
小学在校学生数	人	57285	21245	17842	18516	20832
医疗卫生机构床位数	床	2679	914	777	1084	1336
各种社会福利收养性单位数	个	27	22	20	17	11
各种社会福利收养性单位床位数	床	3242	2430	3259	2031	2299

2014年县(市)社会经济主要指标

浙江省

指　　标	单位	江山市	岱山县	嵊泗县	玉环县	三门县
一、基本情况						
行政区域面积	平方公里	2019	324	97	378	1072
乡个数	个	5	1	4	2	1
镇个数	个	12	6	3	6	6
街道办事处个数	个	2			3	3
户籍人口	万人	61	19	8	43	44
第二产业从业人员	人	97200	47900	7465	268100	98500
第三产业从业人员	人	91000	48700	26531	113500	53500
固定电话用户	户	91685	59406	25708	168297	69044
二、综合经济						
地区生产总值	万元	2501740	1923332	781392	4236762	1564290
第一产业增加值	万元	207920	291326	200466	269149	229206
农业增加值	万元	117936	12955	1127	47795	71132
牧业增加值	万元	70307	5292	330	2920	17334
第二产业增加值	万元	1356799	999869	122411	2485695	609870
公共财政收入	万元	136610	114443	59170	644759	127657
各项税收	万元	127769	97120	40383	624720	116033
公共财政支出	万元	309000	298684	197659	399668	253475
居民储蓄存款余额	万元	1898493	841657	366489	2456449	1039008
年末金融机构各项贷款余额	万元	3053736	1178081	347729	3996499	2467319
三、农业、工业及投资						
农业机械总动力	万千瓦特	40	60	24	27	31
机收面积	公顷	18634	285		1385	7173
设施农业占地面积	公顷	959	130	12	730	733
粮食总产量	吨	199805	8180	260	11978	43618
棉花产量	吨	1055			488	231
油料产量	吨	15716	1095		1567	654
肉类总产量	吨	71106	3138	794	8036	9029
规模以上工业企业单位数	个	293	61	12	761	167
规模以上工业总产值	万元	3416011	3144751	53812	6897510	1786106
固定资产投资	万元	1510210	1220219	610816	1351492	1658844
四、教育、卫生和社会保障						
普通中学在校学生数	人	27844	4929	2263	19344	16129
中等职业教育学校在校学生数	人	7003	537	228	3550	3956
小学在校学生数	人	34843	6955	2746	49365	28611
医疗卫生机构床位数	床	2071	438	300	1470	986
各种社会福利收养性单位数	个	27	19	11	24	34
各种社会福利收养性单位床位数	床	3465	1530	454	3980	2975

2014年县(市)社会经济主要指标

浙江省

指　　标	单位	天台县	仙居县	温岭市	临海市	青田县
一、基本情况						
行政区域面积	平方公里	1426	1992	836	2171	2484
乡个数	个	5	10			20
镇个数	个	7	7	11	14	9
街道办事处个数	个	3	3	5	5	3
户籍人口	万人	60	51	122	119	54
第二产业从业人员	人	65400	70500	438200	325500	65700
第三产业从业人员	人	75900	56500	340500	126900	66300
固定电话用户	户	97356	63382	286522	178172	78045
二、综合经济						
地区生产总值	万元	1737879	1558254	7972117	4393416	1817674
第一产业增加值	万元	121044	135020	582928	385661	75130
农业增加值	万元	87714	93802	176105	209234	54548
牧业增加值	万元	21133	23762	25623	40518	6994
第二产业增加值	万元	756471	658761	3698582	2000999	1065655
公共财政收入	万元	132867	105588	478388	352566	128629
各项税收	万元	118332	98126	449904	322984	99794
公共财政支出	万元	260850	237033	645088	513476	292725
居民储蓄存款余额	万元	1515871	1430675	6461399	3680009	2751496
年末金融机构各项贷款余额	万元	2383130	2287270	9330180	5276494	2011318
三、农业、工业及投资						
农业机械总动力	万千瓦特	16	21	112	47	7
机收面积	公顷	8310	11007	16690	16424	307
设施农业占地面积	公顷	441	356	2184	641	50
粮食总产量	吨	76111	94812	143276	122628	56856
棉花产量	吨	37	2	166	115	6
油料产量	吨	2176	5627	968	4167	1380
肉类总产量	吨	19515	13172	28612	21355	11132
规模以上工业企业单位数	个	136	144	973	464	193
规模以上工业总产值	万元	1796775	1285568	7285629	6703537	3795600
固定资产投资	万元	1307380	1415868	3396117	2514391	952539
四、教育、卫生和社会保障						
普通中学在校学生数	人	29393	26888	52899	55988	18200
中等职业教育学校在校学生数	人	6328	5899	10449	15143	3817
小学在校学生数	人	36774	40041	99306	86699	31400
医疗卫生机构床位数	床	1666	1266	5013	4414	980
各种社会福利收养性单位数	个	45	25	65	63	17
各种社会福利收养性单位床位数	床	8495	5367	17081	11314	2122

2014年县(市)社会经济主要指标

浙江省

指　　标	单位	缙云县	遂昌县	松阳县	云和县	庆元县
一、基本情况						
行政区域面积	平方公里	1482	2539	1406	978	1898
乡个数	个	8	11	11	3	10
镇个数	个	7	7	5	3	6
街道办事处个数	个	3	2	3	4	3
户籍人口	万人	46	23	24	11	21
第二产业从业人员	人	59500	33900	52213	28300	23200
第三产业从业人员	人	106600	39200	32971	27400	19600
固定电话用户	户	82623	37141	36512	20459	23991
二、综合经济						
地区生产总值	万元	1840567	873674	816015	507829	531480
第一产业增加值	万元	97174	103720	128483	43017	74646
农业增加值	万元	65271	72774	101693	36198	44372
牧业增加值	万元	17583	7554	8791	3338	2829
第二产业增加值	万元	1070348	380871	387553	265151	233027
公共财政收入	万元	94876	60016	43818	36598	30057
各项税收	万元	86822	52757	37552	32212	25663
公共财政支出	万元	244622	207846	201380	132922	184677
居民储蓄存款余额	万元	1196910	622081	610652	379932	402846
年末金融机构各项贷款余额	万元	1943597	950289	754731	545654	738059
三、农业、工业及投资						
农业机械总动力	万千瓦特	16	11	15	7	11
机收面积	公顷	2392		739	653	3
设施农业占地面积	公顷	711	164	2459	253	1479
粮食总产量	吨	59231	61969	51677	23494	56025
棉花产量	吨	16		9		
油料产量	吨	3511	3953	3308	309	38
肉类总产量	吨	14626	10492	12987	3416	4324
规模以上工业企业单位数	个	265	52	106	51	67
规模以上工业总产值	万元	3879182	1699841	1799893	707639	618040
固定资产投资	万元	919975	479202	482947	360282	412342
四、教育、卫生和社会保障						
普通中学在校学生数	人	19009	8210	9661	5209	7002
中等职业教育学校在校学生数	人	5309	2110	2164	1909	2002
小学在校学生数	人	30012	12200	13397	7896	10918
医疗卫生机构床位数	床	1693	657	882	400	420
各种社会福利收养性单位数	个	14	8	7	6	7
各种社会福利收养性单位床位数	床	2250	1221	1250	653	910

2014年县(市)社会经济主要指标

浙江省、安徽省

指　　标	单位	景宁畲族自治县	龙泉市	长丰县	肥东县	肥西县
一、基本情况						
行政区域面积	平方公里	1950	3059	1841	2206	1695
乡个数	个	15	7	6	6	4
镇个数	个	4	8	8	12	8
街道办事处个数	个	2	4			
户籍人口	万人	17	29	75	106	80
第二产业从业人员	人	9100	42400			
第三产业从业人员	人	18200	50300			
固定电话用户	户	16731	40080	84274	97000	99125
二、综合经济						
地区生产总值	万元	419983	1026076	3330480	4485291	5088009
第一产业增加值	万元	64443	129410	569490	607847	477587
农业增加值	万元	47876	88413	307514	272091	190163
牧业增加值	万元	4644	8107	200172	199157	195523
第二产业增加值	万元	134173	472939	2056043	2948385	3444117
公共财政收入	万元	47961	61381	246801	320443	331460
各项税收	万元	43717	56806	327034	175047	518379
公共财政支出	万元	206842	203976	420545	441615	484241
居民储蓄存款余额	万元	309709	771829	990571	1673720	1766608
年末金融机构各项贷款余额	万元	568818	1197609	1280414	1824992	1909683
三、农业、工业及投资						
农业机械总动力	万千瓦特	9	21	84	67	55
机收面积	公顷	35	1957	92830	104000	66340
设施农业占地面积	公顷	153	213	11306	3310	1592
粮食总产量	吨	43804	97636	558429	649057	521266
棉花产量	吨			5803	6139	5103
油料产量	吨	552	1851	37736	119271	58713
肉类总产量	吨	5872	12053	133769	119326	120561
规模以上工业企业单位数	个	37	172	391	344	409
规模以上工业总产值	万元	169506	1750571	6320984	8524939	11614328
固定资产投资	万元	397104	764661	3724303	4425028	4899271
四、教育、卫生和社会保障						
普通中学在校学生数	人	5186	12292	29198	68623	31192
中等职业教育学校在校学生数	人	1286	3692	8903	11809	10936
小学在校学生数	人	9118	17200	39186	54876	36728
医疗卫生机构床位数	床	485	842	1924	2304	2198
各种社会福利收养性单位数	个	10	10	26	27	27
各种社会福利收养性单位床位数	床	813	1416	5866	4050	4540

2014年县(市)社会经济主要指标

安徽省

指　　标	单位	庐江县	巢湖市	芜湖县	繁昌县	南陵县
一、基本情况						
行政区域面积	平方公里	2344	2046	650	585	1264
乡个数	个		1			
镇个数	个	17	11	5	6	8
街道办事处个数	个		5			
户籍人口	万人	119	86	35	28	55
第二产业从业人员	人	309933		15865	8907	23094
第三产业从业人员	人	167071		70117	7462	14780
固定电话用户	户	123989	191992	267783	36099	500145
二、综合经济						
地区生产总值	万元	2002343	2323292	1803162	2041845	1724709
第一产业增加值	万元	422778	272444	181007	83915	276634
农业增加值	万元	244368	136572	111745	36660	120554
牧业增加值	万元	74861	72856	20853	17580	38753
第二产业增加值	万元	947400	1259913	1279549	1552635	1075628
公共财政收入	万元	244516	167253	316118	388085	207507
各项税收	万元	191481	130721	178254	323831	118318
公共财政支出	万元	444453	385894	328900	342126	293930
居民储蓄存款余额	万元	2117021	2169365	891400	1150635	1166326
年末金融机构各项贷款余额	万元	1645436	2971233	1421600	1228165	1056830
三、农业、工业及投资						
农业机械总动力	万千瓦特	135	52	32	22	38
机收面积	公顷	136733		33493	13284	54640
设施农业占地面积	公顷	4050	774	369	6526	1050
粮食总产量	吨	796776	295687	202558	89071	362729
棉花产量	吨	4584	7601	4659	1131	5310
油料产量	吨	33104	59174	17550	7382	14134
肉类总产量	吨	40084	36865	15868	14530	50192
规模以上工业企业单位数	个	206	149	356	314	311
规模以上工业总产值	万元	1906390	3253959	5001757	6908996	3026030
固定资产投资	万元	2432266	1814834	2298882	2232732	2034003
四、教育、卫生和社会保障						
普通中学在校学生数	人	50442	39069	13905	6915	24241
中等职业教育学校在校学生数	人	3611	3478		2523	2384
小学在校学生数	人	57134	41707	18478	12961	29337
医疗卫生机构床位数	床	2911	3456	955	698	1055
各种社会福利收养性单位数	个	43	30	10	15	17
各种社会福利收养性单位床位数	床	5214	3341	1750	1560	2164

2014年县(市)社会经济主要指标

安徽省

指　　标	单位	无为县	怀远县	五河县	固镇县	凤台县
一、基本情况						
行政区域面积	平方公里	2083	2192	1428	1360	840
乡个数	个	4	8	2	3	8
镇个数	个	16	10	12	8	7
街道办事处个数	个				3	
户籍人口	万人	122	128	67	64	61
第二产业从业人员	人	332200	124258	4161	60916	148057
第三产业从业人员	人	299200	251267	13867	73211	107231
固定电话用户	户	557808	91400	179415	36202	461704
二、综合经济						
地区生产总值	万元	3370997	2063887	1386430	1443030	2233848
第一产业增加值	万元	382137	599782	500911	460913	293545
农业增加值	万元	179851	331581	227820	269612	151608
牧业增加值	万元	65787	155852	150006	153858	99679
第二产业增加值	万元	2041615	877287	448343	587966	1450083
公共财政收入	万元	295238	205088	122078	108366	162386
各项税收	万元	253140	157956	95525	85337	124398
公共财政支出	万元	454928	453549	278496	258794	361388
居民储蓄存款余额	万元	2364458	1346538	890961	858270	1248703
年末金融机构各项贷款余额	万元	2113724	1373898	757964	578984	1259854
三、农业、工业及投资						
农业机械总动力	万千瓦特	68	268	96	106	83
机收面积	公顷	67050	183000	112590	89260	78040
设施农业占地面积	公顷	2426	6959	2161	1898	601
粮食总产量	吨	517432	1126629	702387	499346	544196
棉花产量	吨	23891	3334	2866	8907	338
油料产量	吨	56922	93035	67427	238569	2180
肉类总产量	吨	47146	98040	73143	120636	43285
规模以上工业企业单位数	个	262	204	101	143	139
规模以上工业总产值	万元	7499098	4219326	2147971	3395338	2762134
固定资产投资	万元	2648639	2089167	1254135	1489171	1812522
四、教育、卫生和社会保障						
普通中学在校学生数	人	48670	58589	29426	28762	32281
中等职业教育学校在校学生数	人	13160	16578	11520	11921	2474
小学在校学生数	人	55517	86492	42026	34626	48368
医疗卫生机构床位数	床	2296	2724	2249	2451	1129
各种社会福利收养性单位数	个	51	50	1	34	21
各种社会福利收养性单位床位数	床	8075	7201	74	3440	2181

2014年县(市)社会经济主要指标

安徽省

指　标	单位	当涂县	含山县	和县	濉溪县	铜陵县
一、基本情况						
行政区域面积	平方公里	1002	1028	1319	1982	845
乡个数	个	3				4
镇个数	个	9	8	9	11	4
街道办事处个数	个					
户籍人口	万人	47	44	54	110	29
第二产业从业人员	人	100072	71496	84950	111792	82166
第三产业从业人员	人	66721	79582	105268	165667	40111
固定电话用户	户	74217	31043	59000	588829	23586
二、综合经济						
地区生产总值	万元	2645127	1160984	1291636	2035054	1232334
第一产业增加值	万元	256428	209229	224779	399734	97334
农业增加值	万元	93209	137761	163308	242639	59511
牧业增加值	万元	25045	25530	31534	131831	14140
第二产业增加值	万元	1884203	607371	699825	1137372	893276
公共财政收入	万元	368688	136516	175724	263612	133721
各项税收	万元	283441	117884	157392	254519	234480
公共财政支出	万元	407501	220863	288404	401016	245469
居民储蓄存款余额	万元	1333594	891856	1380806	1931489	932020
年末金融机构各项贷款余额	万元	1301669	712568	834710	1380690	956268
三、农业、工业及投资						
农业机械总动力	万千瓦特	39	39	50	219	27
机收面积	公顷	52040	28895	53000	173395	13100
设施农业占地面积	公顷	790	690	6850	526	1250
粮食总产量	吨	308600	226100	303345	903539	84823
棉花产量	吨	1818	9262	1145	566	3245
油料产量	吨	26780	38402	20889	1753	16480
肉类总产量	吨	16226	16496	35958	54929	13628
规模以上工业企业单位数	个	253	155	129	239	76
规模以上工业总产值	万元	6168701	2072368	2749584	4783640	3015760
固定资产投资	万元	3914543	1476098	2180936	2169735	1805122
四、教育、卫生和社会保障						
普通中学在校学生数	人	20936	21527	22223	27633	10695
中等职业教育学校在校学生数	人	5613	3923	3606	2039	
小学在校学生数	人	21900	24128	28045	70400	12870
医疗卫生机构床位数	床	1498	1035	1328	3686	706
各种社会福利收养性单位数	个	16	18	11	23	12
各种社会福利收养性单位床位数	床	3652	2161	3243	2765	1295

2014年县(市)社会经济主要指标

安徽省

指　标	单位	怀宁县	枞阳县	潜山县	太湖县	宿松县
一、基本情况						
行政区域面积	平方公里	1276	1808	1686	2040	2394
乡个数	个	5	8	5	5	13
镇个数	个	15	14	11	10	9
街道办事处个数	个				10	
户籍人口	万人	70	96	58	57	85
第二产业从业人员	人	115800		284	6802	91670
第三产业从业人员	人	159537		14289	14283	225230
固定电话用户	户	78846	88451	368567	72333	54306
二、综合经济						
地区生产总值	万元	1745146	1914108	1253123	925766	1443023
第一产业增加值	万元	203712	329277	228555	222560	420503
农业增加值	万元	93324	113165	126525	74131	247299
牧业增加值	万元	67059	82080	51150	82230	63384
第二产业增加值	万元	1117029	1103628	691179	428801	630970
公共财政收入	万元	132664	95504	100028	40158	66427
各项税收	万元	87293	60056	46603	51512	65723
公共财政支出	万元	287019	303169	266386	250351	336000
居民储蓄存款余额	万元	1900615	2016304	1103629	766290	1181783
年末金融机构各项贷款余额	万元	1211077	768568	799814	519857	740854
三、农业、工业及投资						
农业机械总动力	万千瓦特	47		36	26	36
机收面积	公顷	53800		39067	34240	62350
设施农业占地面积	公顷	990		1715	294	805
粮食总产量	吨	349079	506072	230941	201586	352332
棉花产量	吨	6445	10088	4356	9150	30463
油料产量	吨	31196	41594	14723	21991	64438
肉类总产量	吨	31990	42909	28035	73196	36670
规模以上工业企业单位数	个	253	217	165	126	161
规模以上工业总产值	万元	3834113	3576753	1935017	1768500	2165613
固定资产投资	万元	1509288	1751500	961843	896811	1220223
四、教育、卫生和社会保障						
普通中学在校学生数	人	32160	43634	28816	24499	43363
中等职业教育学校在校学生数	人	13745	15992	5142	8270	
小学在校学生数	人	30552	42870	27904	27295	54657
医疗卫生机构床位数	床	1729	1939	1521	990	1993
各种社会福利收养性单位数	个	24	27	21	16	25
各种社会福利收养性单位床位数	床	4490	4048	3504	3835	2688

2014年县(市)社会经济主要指标

安徽省

指　　标	单位	望江县	岳西县	桐城市	歙县	休宁县
一、基本情况						
行政区域面积	平方公里	1348	2372	1546	2236	2125
乡个数	个	2	11		15	11
镇个数	个	8	13	12	13	10
街道办事处个数	个			3		
户籍人口	万人	93	41	75	48	28
第二产业从业人员	人	139330	2329	16200	92659	49821
第三产业从业人员	人	106257	12086	20993	98176	62720
固定电话用户	户	317276	38646	76140	50403	38797
二、综合经济						
地区生产总值	万元	938971	733956	2174689	1306014	678470
第一产业增加值	万元	252058	150350	269344	171374	118521
农业增加值	万元	110280	86078	106241	112957	64043
牧业增加值	万元	74866	30986	109415	45131	29792
第二产业增加值	万元	416705	410193	1435264	674176	294525
公共财政收入	万元	45857	39496	151269	101511	75506
各项税收	万元	31449	29131	103206	67781	52828
公共财政支出	万元	226069	222812	335722	274865	183036
居民储蓄存款余额	万元	1087663	585886	2117610	1296723	694124
年末金融机构各项贷款余额	万元	634860	530094	1658634	1192517	530433
三、农业、工业及投资						
农业机械总动力	万千瓦特	26	12	50	21	17
机收面积	公顷	3378	8290	59700	7400	10310
设施农业占地面积	公顷	304	310	156	399	139
粮食总产量	吨	363563	90310	331748	81144	99333
棉花产量	吨	29406	205	3763	34	39
油料产量	吨	76910	3623	26111	14507	9518
肉类总产量	吨	48516	17926	39005	28932	26487
规模以上工业企业单位数	个	99	103	373	141	54
规模以上工业总产值	万元	1745934	1512564	5242800	1712811	723517
固定资产投资	万元	927993	747165	2213678	895199	823638
四、教育、卫生和社会保障						
普通中学在校学生数	人	30407	15916	37757	16856	9011
中等职业教育学校在校学生数	人	13983	4268	12700	5641	2946
小学在校学生数	人	35126	19832	32558	19993	10756
医疗卫生机构床位数	床	1267	1331	2104	1455	640
各种社会福利收养性单位数	个	14	42	22	39	19
各种社会福利收养性单位床位数	床	3529	2917	8268	4182	2298

2014年县(市)社会经济主要指标

安徽省

指　　标	单位	黟县	祁门县	来安县	全椒县	定远县
一、基本情况						
行政区域面积	平方公里	847	2257	1481	1568	3002
乡个数	个	3	9	4		6
镇个数	个	5	9	8	10	16
街道办事处个数	个					
户籍人口	万人	9	19	49	46	96
第二产业从业人员	人	16170	24308	80360		150250
第三产业从业人员	人	26665	44723	106033		133899
固定电话用户	户	12504	21828	286312	68409	59544
二、综合经济						
地区生产总值	万元	247793	523184	1191241	1067786	1409823
第一产业增加值	万元	34100	59127	208153	240028	525690
农业增加值	万元	13894	33276	122587	129864	249552
牧业增加值	万元	9354	5108	54833	57729	222224
第二产业增加值	万元	120765	224200	658398	493340	462348
公共财政收入	万元	29176	48966	110695	125471	105983
各项税收	万元	18939	33059	123038	136853	117353
公共财政支出	万元	94799	136885	246454	252200	383099
居民储蓄存款余额	万元	320032	554490	843357	982599	1124436
年末金融机构各项贷款余额	万元	321727	308075	774232	1291493	1166392
三、农业、工业及投资						
农业机械总动力	万千瓦特	7	12	85	71	148
机收面积	公顷	4150	4460	69100	62210	180400
设施农业占地面积	公顷	107	107	432	475	2033
粮食总产量	吨	27763	46044	421201	432853	1061600
棉花产量	吨	28	238	309	3786	1627
油料产量	吨	4406	4027	29702	50872	34988
肉类总产量	吨	5682	6409	33884	52317	143536
规模以上工业企业单位数	个	41	57	145	127	119
规模以上工业总产值	万元	231083	477618	1952367	1531089	1349850
固定资产投资	万元	329073	535232	1523959	1270435	1422743
四、教育、卫生和社会保障						
普通中学在校学生数	人	2608	7119	19742	20934	47241
中等职业教育学校在校学生数	人	1068	1620	6348	6014	11994
小学在校学生数	人	3582	8417	21807	19188	53472
医疗卫生机构床位数	床	234	877	1254	1265	2548
各种社会福利收养性单位数	个	12	19	15	22	24
各种社会福利收养性单位床位数	床	1206	1868	150	2413	4838

2014年县(市)社会经济主要指标

安徽省

指　　标	单位	凤阳县	天长市	明光市	临泉县	太和县
一、基本情况						
行政区域面积	平方公里	1937	1751	2335	1818	1820
乡个数	个	1		1	9	4
镇个数	个	14	14	12	22	27
街道办事处个数	个		1	4		
户籍人口	万人	77	63	64	227	173
第二产业从业人员	人		197000		369354	393675
第三产业从业人员	人		134000		339299	319626
固定电话用户	户	63520	69335	93211	86054	91204
二、综合经济						
地区生产总值	万元	1403145	2623629	1110152	1349548	1657161
第一产业增加值	万元	354905	307330	316889	633905	459534
农业增加值	万元	182095	126174	124014	403414	302040
牧业增加值	万元	128101	58212	67956	199838	128395
第二产业增加值	万元	624784	1776836	390095	282355	686322
公共财政收入	万元	197490	204793	112960	102273	170884
各项税收	万元	143669	279502	91206	82414	85885
公共财政支出	万元	327375	369846	275343	472636	533330
居民储蓄存款余额	万元	954662	1305624	934295	2353401	2537604
年末金融机构各项贷款余额	万元	853980	1537290	739844	832768	1014502
三、农业、工业及投资						
农业机械总动力	万千瓦特	121	117	87	164	154
机收面积	公顷	117550	105610	79000	156100	194293
设施农业占地面积	公顷	2000	215	268	5595	3542
粮食总产量	吨	670431	648404	515693	1049392	891417
棉花产量	吨	595		402	3873	3806
油料产量	吨	16353	14057	33563	23630	10390
肉类总产量	吨	51833	34224	51590	150427	103696
规模以上工业企业单位数	个	105	369	103	127	235
规模以上工业总产值	万元	1666882	8007906	1120912	1283037	2788088
固定资产投资	万元	1177841	2664568	1027259	710868	1021529
四、教育、卫生和社会保障						
普通中学在校学生数	人	34583	30773	29337	96910	73555
中等职业教育学校在校学生数	人	8736	9228	8138	18084	16386
小学在校学生数	人	48660	31111	34853	147394	138213
医疗卫生机构床位数	床	1603	3140	1699	3706	6259
各种社会福利收养性单位数	个	32	23	23	58	129
各种社会福利收养性单位床位数	床	2830	2878	2175	17344	11728

2014年县(市)社会经济主要指标

安徽省

指　　标	单位	阜南县	颍上县	界首市	砀山县	萧县
一、基本情况						
行政区域面积	平方公里	1688	1859	667	1193	1885
乡个数	个	8	8	3		5
镇个数	个	20	22	12	13	18
街道办事处个数	个			3		
户籍人口	万人	171	176	80	98	138
第二产业从业人员	人	267027	298823	153460	39441	
第三产业从业人员	人	223814	240720	157407	96164	
固定电话用户	户	64458	512666	351485	68326	611794
二、综合经济						
地区生产总值	万元	1247209	1905018	1219370	1426527	2004922
第一产业增加值	万元	431779	446481	229284	412442	547124
农业增加值	万元	248247	216184	132006	294436	315767
牧业增加值	万元	125027	143626	69140	97091	177665
第二产业增加值	万元	409119	1022817	677124	638902	816457
公共财政收入	万元	89681	250701	183704	61842	95354
各项税收	万元	69162	109081	73001	43961	57207
公共财政支出	万元	454344	439493	268649	286238	384822
居民储蓄存款余额	万元	1685560	1703719	1209914	1349620	1691241
年末金融机构各项贷款余额	万元	779066	941762	676842	593030	719842
三、农业、工业及投资						
农业机械总动力	万千瓦特	124	105	47	108	155
机收面积	公顷	134110	162220	55360	52150	118300
设施农业占地面积	公顷	3442	1733	453	12760	912
粮食总产量	吨	860732	1001462	393958	275344	663504
棉花产量	吨	999	2360	1359	5758	12814
油料产量	吨	20670	4438	4729	50091	27101
肉类总产量	吨	96114	103643	38383	55084	107809
规模以上工业企业单位数	个	193	156	202	217	190
规模以上工业总产值	万元	1565188	2151893	3649924	2431280	2833404
固定资产投资	万元	723643	1231820	633497	1110669	1797007
四、教育、卫生和社会保障						
普通中学在校学生数	人	74616	57975	30085	41913	62476
中等职业教育学校在校学生数	人	15735	10608	5931	7437	9805
小学在校学生数	人	123129	111421	50097	53878	84208
医疗卫生机构床位数	床	3588	3650	2072	2947	2353
各种社会福利收养性单位数	个	60	81	59	62	36
各种社会福利收养性单位床位数	床	10634	20790	5410	2708	3490

2014年县(市)社会经济主要指标

安徽省

指　　标	单位	灵璧县	泗县	寿县	霍邱县	舒城县
一、基本情况						
行政区域面积	平方公里	2054	1787	2948	3487	2100
乡个数	个	6	3	25	9	6
镇个数	个	13	12	22	23	15
街道办事处个数	个					
户籍人口	万人	126	94	139	172	99
第二产业从业人员	人		117000	169100		97391
第三产业从业人员	人		132000	190400		81542
固定电话用户	户	808190	623518	68525	665353	91000
二、综合经济						
地区生产总值	万元	1564944	1457528	1233944	2302445	1495273
第一产业增加值	万元	502926	492342	412721	466134	289774
农业增加值	万元	297455	307642	211910	202516	134165
牧业增加值	万元	177410	147364	133720	159662	81843
第二产业增加值	万元	497331	567417	366217	1216562	715136
公共财政收入	万元	60581	62339	90282	216061	132408
各项税收	万元	39676	43791	77101	169880	113430
公共财政支出	万元	355627	307460	434918	499715	326331
居民储蓄存款余额	万元	1308026	878606	1371709	1567990	1683541
年末金融机构各项贷款余额	万元	530193	578510	768567	1295022	1381220
三、农业、工业及投资						
农业机械总动力	万千瓦特	163	168	195	151	80
机收面积	公顷	174590	155780	113986	221670	62000
设施农业占地面积	公顷	427	300	1129	40	749
粮食总产量	吨	856468	719081	1335514	1393662	387534
棉花产量	吨	1502	3320	4798	2340	2911
油料产量	吨	40892	91344	23151	25987	31858
肉类总产量	吨	106038	116738	146641	164010	50907
规模以上工业企业单位数	个	154	151	84	146	141
规模以上工业总产值	万元	2197539	1085780	946800	2911734	2043095
固定资产投资	万元	828224	814018	1058699	1141006	1082224
四、教育、卫生和社会保障						
普通中学在校学生数	人	47467	43047	62799	52215	39986
中等职业教育学校在校学生数	人	12268	4083	17844	13598	8622
小学在校学生数	人	84235	61818	75834	101024	40494
医疗卫生机构床位数	床	2774	2223	2843	3146	2195
各种社会福利收养性单位数	个	31	20	75	16	42
各种社会福利收养性单位床位数	床	2843	2070	7048		4514

2014年县(市)社会经济主要指标

安徽省

指　　标	单位	金寨县	霍山县	涡阳县	蒙城县	利辛县
一、基本情况						
行政区域面积	平方公里	3814	2043	2107	2091	2005
乡个数	个	23	4		2	4
镇个数	个	12	12	20	12	19
街道办事处个数	个			4	3	
户籍人口	万人	67	36	164	137	166
第二产业从业人员	人	73871	58324		90395	318131
第三产业从业人员	人	81333	64330		136939	324135
固定电话用户	户	70068	96220	48832	645000	54915
二、综合经济						
地区生产总值	万元	835098	1451408	2048063	1933548	1546702
第一产业增加值	万元	174621	123987	443019	481041	446065
农业增加值	万元	91635	58280	319468	363752	297774
牧业增加值	万元	52578	23381	89602	75919	115533
第二产业增加值	万元	333575	1019226	890399	800000	436355
公共财政收入	万元	54570	101667	159131	144183	136893
各项税收	万元	67288	164551	119323	164775	112978
公共财政支出	万元	345571	233312	456376	448990	465441
居民储蓄存款余额	万元	928928	815326	1763711	1446696	1650676
年末金融机构各项贷款余额	万元	862005	798161	978939	1147253	822082
三、农业、工业及投资						
农业机械总动力	万千瓦特	42	32	205	246	187
机收面积	公顷		13110	227300	224295	171190
设施农业占地面积	公顷	618	929	953	967	5326
粮食总产量	吨	148228	107621	1167415	1210786	1023745
棉花产量	吨	61	138	542	3744	841
油料产量	吨	10679	4846	2046	41832	3253
肉类总产量	吨	29553	19525	66100	79673	101026
规模以上工业企业单位数	个	86	144	200	170	134
规模以上工业总产值	万元	1038541	3537119	1943356	1722728	1023815
固定资产投资	万元	1203831	1218405	1213897	1514381	1041125
四、教育、卫生和社会保障						
普通中学在校学生数	人	30919	16786	59954	62980	62571
中等职业教育学校在校学生数	人	7379	6121	14872	19588	15538
小学在校学生数	人	39183	14954	107323	111776	135534
医疗卫生机构床位数	床	1443	1125	3342	3968	2667
各种社会福利收养性单位数	个	38	21	98	39	55
各种社会福利收养性单位床位数	床	3643	3212	7522	4964	6275

2014年县(市)社会经济主要指标

安徽省

指　标	单位	东至县	石台县	青阳县	郎溪县	广德县
一、基本情况						
行政区域面积	平方公里	3256	1403	1100	1105	2165
乡个数	个	3	2	2	2	3
镇个数	个	12	6	9	7	6
街道办事处个数	个					
户籍人口	万人	54	11	27	35	51
第二产业从业人员	人	82673	24736	64900	79430	141998
第三产业从业人员	人	111657	18740	69400	68253	105195
固定电话用户	户	75948	66634	52030	271971	60640
二、综合经济						
地区生产总值	万元	1215758	203901	746042	1035432	1730490
第一产业增加值	万元	254089	38269	98185	140117	186042
农业增加值	万元	145717	21254	36810	77256	75174
牧业增加值	万元	41033	3142	21076	13601	53214
第二产业增加值	万元	566319	83662	389130	672349	929300
公共财政收入	万元	94483	20536	110580	155765	293985
各项税收	万元	71920	16707	76871	106332	252063
公共财政支出	万元	258428	93039	205039	257102	358430
居民储蓄存款余额	万元	1152117	269053	859148	611314	1002273
年末金融机构各项贷款余额	万元	771112	178329	695512	728587	1406642
三、农业、工业及投资						
农业机械总动力	万千瓦特	43	12	27	31	58
机收面积	公顷	40267	3100	20550	47070	24904
设施农业占地面积	公顷	301	622	188	1000	375
粮食总产量	吨	223972	17458	130162	274494	183874
棉花产量	吨	23957	691	196	1145	361
油料产量	吨	47589	5642	7861	13565	18516
肉类总产量	吨	34057	3496	12212	12350	53827
规模以上工业企业单位数	个	152	19	133	217	267
规模以上工业总产值	万元	1658540	145295	1291743	2470150	4108677
固定资产投资	万元	1087864	127188	8151139	1864545	1788098
四、教育、卫生和社会保障						
普通中学在校学生数	人	28240	4627	14644	14220	21451
中等职业教育学校在校学生数	人	5293	1710	2217	4810	6802
小学在校学生数	人	30674	4743	15279	18726	27939
医疗卫生机构床位数	床	1477	363	946	1398	1680
各种社会福利收养性单位数	个	27	17	14	17	13
各种社会福利收养性单位床位数	床	3216	1141	1560	1825	3100

2014年县(市)社会经济主要指标

安徽省、福建省

指　　标	单位	泾县	绩溪县	旌德县	宁国市	闽侯县
一、基本情况						
行政区域面积	平方公里	2055	1116	905	2487	2130
乡个数	个	2	3	2	5	6
镇个数	个	9	8	8	8	8
街道办事处个数	个				6	1
户籍人口	万人	35	18	15	39	66
第二产业从业人员	人	64944	18746	16440	90325	166528
第三产业从业人员	人	100245	24105	32044	87797	107118
固定电话用户	户	47147	38611	84965	85029	88879
二、综合经济						
地区生产总值	万元	777261	537788	318233	2210707	4127314
第一产业增加值	万元	162821	78919	63483	203112	333127
农业增加值	万元	72679	49881	24576	116244	265550
牧业增加值	万元	46026	19495	12733	54145	40552
第二产业增加值	万元	345723	275158	149790	1445011	2569505
公共财政收入	万元	103097	66395	62487	365092	860016
各项税收	万元	73648	54036	47990	315385	415996
公共财政支出	万元	222118	138744	109273	322618	607085
居民储蓄存款余额	万元	869841	486000	329337	970507	1868680
年末金融机构各项贷款余额	万元	597163	472524	249731	1645544	2167651
三、农业、工业及投资						
农业机械总动力	万千瓦特	18	10	8	29	18
机收面积	公顷	21850	4170			3118
设施农业占地面积	公顷	1082	283	412		321
粮食总产量	吨	145958	59960	60502	80759	65078
棉花产量	吨	789	29	135	195	
油料产量	吨	11497	9812	6040	13038	1413
肉类总产量	吨	26064	11461	9301	57945	43245
规模以上工业企业单位数	个	137	70	40	263	326
规模以上工业总产值	万元	1274253	729049	308600	5052788	7548945
固定资产投资	万元	1036237	970223	366555	2388958	3105273
四、教育、卫生和社会保障						
普通中学在校学生数	人	10865	4933	3540	14515	27032
中等职业教育学校在校学生数	人	4045	1825	905	5064	1544
小学在校学生数	人	14116	6732	5552	18038	48613
医疗卫生机构床位数	床	1241	552	450	1732	991
各种社会福利收养性单位数	个	3	14	13	24	4
各种社会福利收养性单位床位数	床	320	1862	830	2475	141

2014年县(市)社会经济主要指标

福建省

指　　标	单位	连江县	罗源县	闽清县	永泰县	平潭县
一、基本情况						
行政区域面积	平方公里	1186	1100	1467	2244	372
乡个数	个	7	5	5	12	8
镇个数	个	16	6	11	9	7
街道办事处个数	个					
户籍人口	万人	66	26	32	38	43
第二产业从业人员	人	86247	27560	67746	68189	24009
第三产业从业人员	人	69799	78465	47239	58300	36639
固定电话用户	户	121300	37200	41126	47308	79993
二、综合经济						
地区生产总值	万元	3253459	1726745	1303494	1237839	1712482
第一产业增加值	万元	1109635	306094	230741	396133	343482
农业增加值	万元	73275	85445	184448	240198	22087
牧业增加值	万元	25465	16886	16023	32064	14409
第二产业增加值	万元	1312150	1140537	741551	462733	552200
公共财政收入	万元	334948	135766	68730	63015	140333
各项税收	万元	269031	120938	57440	47974	114233
公共财政支出	万元	453798	239158	175216	195851	709576
居民储蓄存款余额	万元	1779455	430269	738858	569574	657700
年末金融机构各项贷款余额	万元	2008904	1188777	502392	625330	1873900
三、农业、工业及投资						
农业机械总动力	万千瓦特	39	8	13	5	21
机收面积	公顷	8334	133	447	134	220
设施农业占地面积	公顷	150	251	273	156	
粮食总产量	吨	47860	34766	64696	112439	21185
棉花产量	吨					
油料产量	吨	1297	168	1171	4320	8168
肉类总产量	吨	12748	12125	13361	17731	14438
规模以上工业企业单位数	个	131	127	96	35	15
规模以上工业总产值	万元	4606166	3715390	1526430	444602	337972
固定资产投资	万元	4247074	1580585	494025	71006	2758852
四、教育、卫生和社会保障						
普通中学在校学生数	人	23983	8531	13100	15007	22042
中等职业教育学校在校学生数	人	1993	1790	839	3895	393
小学在校学生数	人	39469	13331	19746	17168	28113
医疗卫生机构床位数	床	1274	738	1509	1105	1100
各种社会福利收养性单位数	个	1	13	16	5	13
各种社会福利收养性单位床位数	床	40	301	532	78	597

2014年县(市)社会经济主要指标

福建省

指　　标	单位	福清市	长乐市	仙游县	明溪县	清流县
一、基本情况						
行政区域面积	平方公里	1518	664	1841	1730	1806
乡个数	个		2	5	5	8
镇个数	个	17	12	12	4	5
街道办事处个数	个	7	4	1		
户籍人口	万人	134	71	113	12	16
第二产业从业人员	人	215495	131391	155033	12850	14302
第三产业从业人员	人	282590	125988	188159	24331	20603
固定电话用户	户	289323	134157	187315	20520	23325
二、综合经济						
地区生产总值	万元	7286802	5330802	2759222	552093	758553
第一产业增加值	万元	882698	427178	290440	138681	151409
农业增加值	万元	211953	132341	205905	88966	86755
牧业增加值	万元	178273	47895	40294	5318	11155
第二产业增加值	万元	3775704	3592249	1383067	250947	374035
公共财政收入	万元	1084635	314854	262149	26566	33400
各项税收	万元	635033	427018	139706	21137	27993
公共财政支出	万元	974407	361596	350158	117186	119628
居民储蓄存款余额	万元	5307282	2597699	2070913	285895	249636
年末金融机构各项贷款余额	万元	6066691	6020311	2096362	268784	288604
三、农业、工业及投资						
农业机械总动力	万千瓦特	29	21	29	10	13
机收面积	公顷	9487	10666	3787	7634	8087
设施农业占地面积	公顷	2489	497	1298	81	625
粮食总产量	吨	114039	85310	126428	98131	92860
棉花产量	吨					
油料产量	吨	34879	1783	14425	2863	4420
肉类总产量	吨	111930	28816	31156	5708	8589
规模以上工业企业单位数	个	345	397	290	99	90
规模以上工业总产值	万元	14000789	17784906	3915181	895553	974768
固定资产投资	万元	5228704	3868331	2215737	627268	765407
四、教育、卫生和社会保障						
普通中学在校学生数	人	60118	25102	53739	2786	5847
中等职业教育学校在校学生数	人	7271	4429	9041	1833	1004
小学在校学生数	人	110940	49576	71955	5862	8478
医疗卫生机构床位数	床	2971	1976	2351	482	685
各种社会福利收养性单位数	个	3	23	24	11	11
各种社会福利收养性单位床位数	床	270	2385	2348	672	246

2014年县(市)社会经济主要指标

福建省

指　　标	单位	宁化县	大田县	尤溪县	沙县	将乐县
一、基本情况						
行政区域面积	平方公里	2407	2233	3422	1799	2241
乡个数	个	9	10	6	4	7
镇个数	个	7	8	9	6	6
街道办事处个数	个				2	
户籍人口	万人	38	39	44	27	18
第二产业从业人员	人	35281	33133	57477	23732	25670
第三产业从业人员	人	64093	32219	49631	65536	28979
固定电话用户	户	34126	54589	58154	47810	29120
二、综合经济						
地区生产总值	万元	1015806	1486782	1766768	1799647	969532
第一产业增加值	万元	258263	270937	466251	260363	161974
农业增加值	万元	143578	186463	293862	119657	83368
牧业增加值	万元	29708	39303	30465	34531	12761
第二产业增加值	万元	449802	793195	794286	978032	529543
公共财政收入	万元	52083	66964	73165	92894	58953
各项税收	万元	45589	46772	54154	57334	43825
公共财政支出	万元	173238	166985	189816	169456	146764
居民储蓄存款余额	万元	526002	475730	684829	746373	380396
年末金融机构各项贷款余额	万元	638779	745088	986164	1728164	601655
三、农业、工业及投资						
农业机械总动力	万千瓦特	19	17	23	12	10
机收面积	公顷	18334	836	14579	8000	8090
设施农业占地面积	公顷	94	168	227	48	245
粮食总产量	吨	205517	120314	182761	94194	83688
棉花产量	吨	9		47		5
油料产量	吨	7460	1882	1868	2369	1908
肉类总产量	吨	15503	22053	26902	22912	6991
规模以上工业企业单位数	个	139	204	193	202	107
规模以上工业总产值	万元	1031879	3054937	2425770	5095630	1550475
固定资产投资	万元	1276003	1899792	1611874	1719546	904491
四、教育、卫生和社会保障						
普通中学在校学生数	人	14703	12900	18382	12964	7779
中等职业教育学校在校学生数	人	1539	2073	2684	2739	398
小学在校学生数	人	18147	23056	19986	20988	10119
医疗卫生机构床位数	床	833	940	1373	1281	764
各种社会福利收养性单位数	个	15	17	16	12	11
各种社会福利收养性单位床位数	床	418	1250	771	724	322

2014年县(市)社会经济主要指标

福建省

指　　标	单位	泰宁县	建宁县	永安市	惠安县	安溪县
一、基本情况						
行政区域面积	平方公里	1529	1716	2931	672	3057
乡个数	个	7	5	3	1	11
镇个数	个	2	4	8	15	13
街道办事处个数	个			4		
户籍人口	万人	14	16	33	100	118
第二产业从业人员	人	9258	13052	63654	269965	156364
第三产业从业人员	人	14598	19453	63620	102431	165645
固定电话用户	户	23762	25092	66998	358060	163241
二、综合经济						
地区生产总值	万元	769323	741394	2972276	6918049	4101940
第一产业增加值	万元	143420	172487	271384	278549	354104
农业增加值	万元	66028	105491	132016	57601	298160
牧业增加值	万元	13770	10452	33125	56462	49457
第二产业增加值	万元	354700	381482	1769218	4654900	2265507
公共财政收入	万元	29333	25577	166864	308702	228888
各项税收	万元	18369	18835	119203	302008	318683
公共财政支出	万元	125259	105133	230979	477517	398342
居民储蓄存款余额	万元	282410	270082	895907	2829344	1814761
年末金融机构各项贷款余额	万元	331350	294376	1816453	3707778	2329903
三、农业、工业及投资						
农业机械总动力	万千瓦特	9	15	23	20	85
机收面积	公顷	7586	14000	8007	3844	931
设施农业占地面积	公顷	52	31	62	436	63
粮食总产量	吨	69414	105496	88803	111070	107975
棉花产量	吨	14		5		
油料产量	吨	1707	591	1978	22175	1407
肉类总产量	吨	7824	6784	21125	32599	31409
规模以上工业企业单位数	个	93	102	277	617	211
规模以上工业总产值	万元	809447	973878	6843152	12456279	5755433
固定资产投资	万元	735844	788655	2200553	3600233	2324212
四、教育、卫生和社会保障						
普通中学在校学生数	人	3412	5656	16076	40461	44648
中等职业教育学校在校学生数	人	479	830	3674	5619	7252
小学在校学生数	人	7341	7858	23469	65045	94134
医疗卫生机构床位数	床	601	502	2451	3185	2651
各种社会福利收养性单位数	个	9	9	15	20	21
各种社会福利收养性单位床位数	床	634	217	1207	1011	796

2014年县(市)社会经济主要指标

福建省

指　　标	单位	永春县	德化县	金门县	石狮市	晋江市
一、基本情况						
行政区域面积	平方公里	1468	2232		160	650
乡个数	个	4	6			
镇个数	个	18	12		7	13
街道办事处个数	个				2	6
户籍人口	万人	59	33		33	111
第二产业从业人员	人	87439	100785		258930	799302
第三产业从业人员	人	84779	33745		121393	309165
固定电话用户	户	89500	57849		201355	505328
二、综合经济						
地区生产总值	万元	2902495	1701525		6383675	14928580
第一产业增加值	万元	218394	100786		194937	186351
农业增加值	万元	179179	55645		5253	47225
牧业增加值	万元	29198	33917		1358	26003
第二产业增加值	万元	1678301	1034116		3797337	9989613
公共财政收入	万元	164755	149218		604451	1141019
各项税收	万元	73687	121365		509860	1751985
公共财政支出	万元	236921	196783		449406	1263935
居民储蓄存款余额	万元	1122800	688027		3600274	6920320
年末金融机构各项贷款余额	万元	1066926	1023429		5619837	9831934
三、农业、工业及投资						
农业机械总动力	万千瓦特	27	8		28	37
机收面积	公顷	5903	1333		413	3084
设施农业占地面积	公顷	134	43		10	160
粮食总产量	吨	133786	86027		5848	51630
棉花产量	吨					
油料产量	吨	266	117		1165	9948
肉类总产量	吨	22196	25126		1069	13616
规模以上工业企业单位数	个	198	104		395	1414
规模以上工业总产值	万元	4067210	2058794		8821029	32201400
固定资产投资	万元	919591	863987		3454892	7658660
四、教育、卫生和社会保障						
普通中学在校学生数	人	24273	14356		25698	80751
中等职业教育学校在校学生数	人	2108	3101		2243	12060
小学在校学生数	人	31121	20932		55148	172093
医疗卫生机构床位数	床	1482	849		1511	4375
各种社会福利收养性单位数	个	17	19		3	26
各种社会福利收养性单位床位数	床	707	981		600	2822

2014年县(市)社会经济主要指标

福建省

指　　标	单位	南安市	云霄县	漳浦县	诏安县	长泰县
一、基本情况						
行政区域面积	平方公里	1985	1051	2146	1294	900
乡个数	个	2	3	4	6	1
镇个数	个	21	6	17	9	4
街道办事处个数	个	3				
户籍人口	万人	157	45	89	65	20
第二产业从业人员	人	566016	58277	104984	89127	66341
第三产业从业人员	人	374954	35077	119574	84957	42433
固定电话用户	户	356395	64156	134331	99107	43800
二、综合经济						
地区生产总值	万元	7805067	1360905	3118317	1662892	1671505
第一产业增加值	万元	232767	237386	600945	356475	158694
农业增加值	万元	130604	109186	273411	155706	105658
牧业增加值	万元	86834	16872	34664	19321	25685
第二产业增加值	万元	4943300	663630	1445208	742071	1043178
公共财政收入	万元	746988	86718	294217	81413	200116
各项税收	万元	677886	75716	265162	61766	144927
公共财政支出	万元	539271	191808	369780	206119	180018
居民储蓄存款余额	万元	4892962	631917	1101446	624227	554977
年末金融机构各项贷款余额	万元	7059036	542345	1393982	452531	531336
三、农业、工业及投资						
农业机械总动力	万千瓦特	35	20	36	14	11
机收面积	公顷	15406	4206	7500	4500	524
设施农业占地面积	公顷	12	250	289	1225	204
粮食总产量	吨	187099	94364	195665	108516	42940
棉花产量	吨					
油料产量	吨	13167	4442	17751	6620	2343
肉类总产量	吨	54705	12885	33131	14860	20738
规模以上工业企业单位数	个	742	163	207	154	219
规模以上工业总产值	万元	14729436	2095547	5948252	2240684	3669465
固定资产投资	万元	4148295	1496700	2800000	1482675	2382833
四、教育、卫生和社会保障						
普通中学在校学生数	人	60117	22873	39881	27996	8009
中等职业教育学校在校学生数	人	10068	3442	2891	1505	1126
小学在校学生数	人	97885	33629	55167	37367	12939
医疗卫生机构床位数	床	4875	1041	2134	1861	703
各种社会福利收养性单位数	个	17	16	29	31	10
各种社会福利收养性单位床位数	床	1192	650	715	1230	179

2014年县(市)社会经济主要指标

福建省

指　　标	单位	东山县	南靖县	平和县	华安县	龙海市
一、基本情况						
行政区域面积	平方公里	248	1962	2310	1278	1315
乡个数	个			5	3	2
镇个数	个	7	11	10	6	11
街道办事处个数	个					1
户籍人口	万人	21	36	61	17	85
第二产业从业人员	人	47252	58066	60994	30214	242261
第三产业从业人员	人	40704	68054	75242	16823	166333
固定电话用户	户	47615	65147	74279	31211	162006
二、综合经济						
地区生产总值	万元	1395029	1954579	1598400	904200	5739036
第一产业增加值	万元	277883	467827	525743	200561	558234
农业增加值	万元	16791	365464	465213	155113	233936
牧业增加值	万元	6886	53091	34058	21766	49801
第二产业增加值	万元	677356	944941	484273	486916	3257882
公共财政收入	万元	173949	120088	85008	70803	706284
各项税收	万元	137203	90891	64115	54025	644815
公共财政支出	万元	197483	180078	208954	114107	519883
居民储蓄存款余额	万元	453860	579000	787534	255746	2142404
年末金融机构各项贷款余额	万元	771832	732500	561352	288840	3074410
三、农业、工业及投资						
农业机械总动力	万千瓦特	21	20	7	34	42
机收面积	公顷	38	65	50	873	9617
设施农业占地面积	公顷	2	1839	342	153	1356
粮食总产量	吨	7511	45961	78136	16449	96012
棉花产量	吨					
油料产量	吨	2847	972	3503	761	2684
肉类总产量	吨	5543	50509	27729	14196	39884
规模以上工业企业单位数	个	89	190	95	125	434
规模以上工业总产值	万元	2125806	3175943	1329674	1427677	10504514
固定资产投资	万元	1300057	1710090	1238024	1003249	3897221
四、教育、卫生和社会保障						
普通中学在校学生数	人	9541	12283	24216	5089	40124
中等职业教育学校在校学生数	人	1944	8721	3220	959	2535
小学在校学生数	人	12444	18846	41960	9248	57913
医疗卫生机构床位数	床	426	872	1708	532	2263
各种社会福利收养性单位数	个	6	13	27	6	46
各种社会福利收养性单位床位数	床	205	1418	1388	298	2790

2014年县(市)社会经济主要指标

福建省

指　　标	单位	顺昌县	浦城县	光泽县	松溪县	政和县
一、基本情况						
行政区域面积	平方公里	1980	3380	2240	1040	1744
乡个数	个	3	8	5	6	5
镇个数	个	8	9	3	2	4
街道办事处个数	个	1	2		1	1
户籍人口	万人	24	43	16	17	23
第二产业从业人员	人	27014	60199	26182	13547	22556
第三产业从业人员	人	30081	61076	21281	15069	25682
固定电话用户	户	44702	57522	91341	15900	35100
二、综合经济						
地区生产总值	万元	840441	1078011	690831	398346	434021
第一产业增加值	万元	197141	279408	310520	120698	128450
农业增加值	万元	100899	166849	47099	71630	88984
牧业增加值	万元	15674	60430	240201	7061	9192
第二产业增加值	万元	318000	420320	225012	148776	159567
公共财政收入	万元	52395	82947	47069	27662	49307
各项税收	万元	44592	44790	38318	17057	25671
公共财政支出	万元	127243	191644	105720	105946	121643
居民储蓄存款余额	万元	445127	759090	317853	251227	268207
年末金融机构各项贷款余额	万元	408876	541268	475974	317032	255474
三、农业、工业及投资						
农业机械总动力	万千瓦特	27	22	12	14	11
机收面积	公顷	4385	32330	9113	3333	3335
设施农业占地面积	公顷	288	273	15	86	220
粮食总产量	吨	71710	252042	80418	66641	91191
棉花产量	吨					
油料产量	吨	1098	10837	1356	1682	682
肉类总产量	吨	10379	57860	296521	5827	6470
规模以上工业企业单位数	个	40	101	22	36	76
规模以上工业总产值	万元	774422	1195277	756582	427922	455109
固定资产投资	万元	488600	1276772	397176	428247	566069
四、教育、卫生和社会保障						
普通中学在校学生数	人	13021	17720	7698	6563	9284
中等职业教育学校在校学生数	人	1011	528	145	75	227
小学在校学生数	人	11400	25467	10934	9011	12544
医疗卫生机构床位数	床	706	1575	600	656	730
各种社会福利收养性单位数	个	15	20	11	8	15
各种社会福利收养性单位床位数	床	638	1263	456	230	372

2014年县(市)社会经济主要指标

福建省

指　　标	单位	邵武市	武夷山市	建瓯市	建阳市	长汀县
一、基本情况						
行政区域面积	平方公里	2859	2814	4233	3379	3099
乡个数	个	3	4	4	3	3
镇个数	个	12	3	10	8	15
街道办事处个数	个	4	3	4	2	
户籍人口	万人	31	24	55	35	53
第二产业从业人员	人	32337	22446	52460	20576	106839
第三产业从业人员	人	68853	51429	108738	76735	101231
固定电话用户	户	36800	72000	56000	66830	60790
二、综合经济						
地区生产总值	万元	1854157	1237681	1759202	1401449	1577238
第一产业增加值	万元	302538	234447	493102	316491	271138
农业增加值	万元	158029	160035	325726	174449	137723
牧业增加值	万元	33338	24857	36073	29616	71402
第二产业增加值	万元	942766	482038	660400	695381	772300
公共财政收入	万元	171069	105271	118767	152023	104915
各项税收	万元	80493	85456	98485	90749	33859
公共财政支出	万元	210342	173153	211865	212061	249250
居民储蓄存款余额	万元	856787	725291	837316	775010	667983
年末金融机构各项贷款余额	万元	964249	1062042	1124020	1323747	864513
三、农业、工业及投资						
农业机械总动力	万千瓦特	27	22	34	36	18
机收面积	公顷	19867	11693	4688	4688	9800
设施农业占地面积	公顷	150	278	2078	1030	179
粮食总产量	吨	206251	133490	230692	217377	218456
棉花产量	吨	5				
油料产量	吨	6194	2550	4923	1519	8495
肉类总产量	吨	19735	12111	18274	14368	54309
规模以上工业企业单位数	个	206	73	146	144	104
规模以上工业总产值	万元	3408975	921025	1926397	2221909	1484766
固定资产投资	万元	2673170	2343699	2141809	2403779	1699058
四、教育、卫生和社会保障						
普通中学在校学生数	人	13256	10335	21763	15901	24042
中等职业教育学校在校学生数	人	1393	2726	975	4679	2195
小学在校学生数	人	17348	16975	34379	20433	29042
医疗卫生机构床位数	床	1795	1000	2307	1257	1935
各种社会福利收养性单位数	个	18	17	17	15	18
各种社会福利收养性单位床位数	床	1260	716	949	466	486

2014年县(市)社会经济主要指标

福建省

指　　标	单位	永定县	上杭县	武平县	连城县	漳平市
一、基本情况						
行政区域面积	平方公里	2224	2859	2638	2579	2976
乡个数	个	12	7	6	9	3
镇个数	个	12	15	11	8	11
街道办事处个数	个					2
户籍人口	万人	50	51	39	34	29
第二产业从业人员	人	80149	119665	42599	58000	29865
第三产业从业人员	人	84138	77188	68806	68000	45413
固定电话用户	户	55623	81220	52248	37160	43683
二、综合经济						
地区生产总值	万元	1850474	2267035	1346085	1377925	1720715
第一产业增加值	万元	269844	285735	291685	279297	245615
农业增加值	万元	133419	137929	157827	150322	160917
牧业增加值	万元	88114	103887	82003	56551	30426
第二产业增加值	万元	966215	1300100	579000	620041	786700
公共财政收入	万元	102319	191395	71609	69329	63580
各项税收	万元	72843	123266	98108	61219	95726
公共财政支出	万元	224625	301185	210537	196615	151606
居民储蓄存款余额	万元	748230	876979	480014	383871	511843
年末金融机构各项贷款余额	万元	1013186	1445512	681159	526763	820249
三、农业、工业及投资						
农业机械总动力	万千瓦特	20	17	15	12	15
机收面积	公顷	5467	6156	7334	7377	4000
设施农业占地面积	公顷	98	184	681	235	447
粮食总产量	吨	140533	193249	220041	172738	79999
棉花产量	吨					
油料产量	吨	2293	1911	3819	4208	620
肉类总产量	吨	81546	86335	66776	39026	23729
规模以上工业企业单位数	个	89	70	119	135	115
规模以上工业总产值	万元	1126887	3154778	1142069	1222463	1234921
固定资产投资	万元	1611610	1679237	1854969	1596698	1629097
四、教育、卫生和社会保障						
普通中学在校学生数	人	18022	21026	14469	12379	10815
中等职业教育学校在校学生数	人	637	4767	1045	400	379
小学在校学生数	人	25789	22564	17995	15282	15805
医疗卫生机构床位数	床	1393	1677	1637	1183	908
各种社会福利收养性单位数	个	25	21	21	18	17
各种社会福利收养性单位床位数	床	772	2290	1769	682	394

2014年县(市)社会经济主要指标

福建省

指　标	单位	霞浦县	古田县	屏南县	寿宁县	周宁县
一、基本情况						
行政区域面积	平方公里	1678	2377	1485	1425	1047
乡个数	个	6	4	7	8	3
镇个数	个	6	8	4	6	6
街道办事处个数	个	2	2			
户籍人口	万人	55	43	19	28	21
第二产业从业人员	人	32853	43861	13428	11606	9231
第三产业从业人员	人	112315	51882	21385	43513	28642
固定电话用户	户	72600	60800	19845	19555	22795
二、综合经济						
地区生产总值	万元	1662654	1398342	588649	636555	450356
第一产业增加值	万元	476248	359378	130215	148800	84018
农业增加值	万元	88130	295617	99402	124056	61268
牧业增加值	万元	14162	16506	12830	2505	8283
第二产业增加值	万元	531575	592139	255906	296779	230752
公共财政收入	万元	109146	97593	31363	37578	45727
各项税收	万元	65731	38907	21630	31724	19284
公共财政支出	万元	218444	192800	129305	148491	115610
居民储蓄存款余额	万元	459283	715843	221403	273916	257654
年末金融机构各项贷款余额	万元	1047020	752191	454831	297786	191114
三、农业、工业及投资						
农业机械总动力	万千瓦特	28	15	10	7	5
机收面积	公顷	3333	2000	540	540	670
设施农业占地面积	公顷	268	3538	410	266	49
粮食总产量	吨	80508	141729	62028	65000	38872
棉花产量	吨					
油料产量	吨	2242	225		50	178
肉类总产量	吨	8904	14122	8937	5384	7283
规模以上工业企业单位数	个	92	150	70	84	22
规模以上工业总产值	万元	1220583	1607687	814760	1066359	770093
固定资产投资	万元	1131811	635742	335868	539794	373049
四、教育、卫生和社会保障						
普通中学在校学生数	人	18678	13655	6025	10045	6839
中等职业教育学校在校学生数	人	1377	785	858	887	725
小学在校学生数	人	29698	19084	8570	14048	9098
医疗卫生机构床位数	床	1563	1332	733	594	521
各种社会福利收养性单位数	个	69	12	11	13	9
各种社会福利收养性单位床位数	床	1101	534	415	204	187

2014年县(市)社会经济主要指标

福建省、江西省

指　　标	单位	柘荣县	福安市	福鼎市	南昌县	新建县
一、基本情况						
行政区域面积	平方公里	544	1880	1530	1811	2160
乡个数	个	7	5	3	7	7
镇个数	个	2	13	10	11	12
街道办事处个数	个		4	3		4
户籍人口	万人	11	67	60	104	92
第二产业从业人员	人	10741	102441	103469	267626	90109
第三产业从业人员	人	12060	82764	93552	373666	191167
固定电话用户	户	15102	93400	91621	83000	79665
二、综合经济						
地区生产总值	万元	454992	3350644	2824745	9771424	5568115
第一产业增加值	万元	74154	413169	378117	511473	488255
农业增加值	万元	54817	253368	139209	228915	189212
牧业增加值	万元	5285	25153	10052	177178	162771
第二产业增加值	万元	259357	2082277	1729513	7070866	2537220
公共财政收入	万元	26102	227896	186002	1516802	932446
各项税收	万元	29730	135848	104395	1389582	753236
公共财政支出	万元	101202	352041	295015	930039	708599
居民储蓄存款余额	万元	136330	983208	1032222	2363658	1581768
年末金融机构各项贷款余额	万元	221220	2811909	3590703	3054877	1714835
三、农业、工业及投资						
农业机械总动力	万千瓦特	5	19	20	83	69
机收面积	公顷	334	3334	3332	122486	
设施农业占地面积	公顷	125	1536	512	435	1080
粮食总产量	吨	36296	99595	82751	1023041	623327
棉花产量	吨					308
油料产量	吨	976	1405	557	16805	34376
肉类总产量	吨	4705	19703	8904	146631	87562
规模以上工业企业单位数	个	60	355	335	382	147
规模以上工业总产值	万元	726021	9600219	7378415	17423944	5714512
固定资产投资	万元	475315	2140800	2136311	9946234	6299726
四、教育、卫生和社会保障						
普通中学在校学生数	人	4709	28895	23147	59047	52571
中等职业教育学校在校学生数	人	1656	5513	4635	1146	574
小学在校学生数	人	6486	47841	33812	87733	74143
医疗卫生机构床位数	床	439	2179	1937	2145	1821
各种社会福利收养性单位数	个	27	47	25	26	23
各种社会福利收养性单位床位数	床	464	1962	911	2230	3095

2014年县(市)社会经济主要指标

江西省

指　标	单位	安义县	进贤县	浮梁县	乐平市	莲花县
一、基本情况						
行政区域面积	平方公里	660	1946	2859	1980	1072
乡个数	个	3	12	8	1	8
镇个数	个	7	9	10	15	5
街道办事处个数	个				2	
户籍人口	万人	30	85	27	93	28
第二产业从业人员	人	20026	89948	63141	148450	44200
第三产业从业人员	人	14000	167104	44071	163560	45500
固定电话用户	户		69564	28232	55132	27050
二、综合经济						
地区生产总值	万元	830274	2527040	968593	2571596	519056
第一产业增加值	万元	101175	469597	151378	323049	79150
农业增加值	万元	47439	160724	106989	207237	34607
牧业增加值	万元	28312	145534	20511	61194	26134
第二产业增加值	万元	421979	1286117	539172	1477467	246262
公共财政收入	万元	96566	131187	89263	338013	70870
各项税收	万元	49342	90133	100413	279404	59024
公共财政支出	万元	163395	310143	203114	451197	148986
居民储蓄存款余额	万元	701440	1547015	513403	1534444	489124
年末金融机构各项贷款余额	万元	821070	1169216	340132	977016	282121
三、农业、工业及投资						
农业机械总动力	万千瓦特	9	60	25	48	19
机收面积	公顷	25574	64400	20730	60900	19210
设施农业占地面积	公顷	73	262	2359	2882	19995
粮食总产量	吨	190289	504108	180819	408527	136264
棉花产量	吨	2485	228	278	1450	9
油料产量	吨	29594	50579	8681	26090	18060
肉类总产量	吨	24580	101441	12882	34054	16959
规模以上工业企业单位数	个	74	116	80	108	65
规模以上工业总产值	万元	1398941	2957371	1994135	3699929	878228
固定资产投资	万元	791466	1088645	570400	3072263	485098
四、教育、卫生和社会保障						
普通中学在校学生数	人	12390	43970	12275	40075	13690
中等职业教育学校在校学生数	人	121	4498	173	588	1369
小学在校学生数	人	16446	62205	18292	80917	22477
医疗卫生机构床位数	床	729	2024	711	2005	729
各种社会福利收养性单位数	个		25	19	23	17
各种社会福利收养性单位床位数	床		2184	1181	3060	1357

2014年县(市)社会经济主要指标

江西省

指　　标	单位	上栗县	芦溪县	九江县	武宁县	修水县
一、基本情况						
行政区域面积	平方公里	727	961	917	3504	4502
乡个数	个	4	5	4	11	17
镇个数	个	6	5	7	8	19
街道办事处个数	个				1	
户籍人口	万人	54	31	33	40	87
第二产业从业人员	人	125900	75800	67836	41305	157032
第三产业从业人员	人	84200	57800	50921	59600	169871
固定电话用户	户	41034	30987	41088	46800	103983
二、综合经济						
地区生产总值	万元	1609494	1174897	910434	880944	1221296
第一产业增加值	万元	149270	144808	116043	133788	170805
农业增加值	万元	49905	60875	55392	49751	80188
牧业增加值	万元	73517	63790	18811	31861	55091
第二产业增加值	万元	1002535	681766	542108	459443	619022
公共财政收入	万元	178688	121502	148492	144552	210398
各项税收	万元	155691	104593	123073	98506	174655
公共财政支出	万元	251632	197128	198000	247441	385557
居民储蓄存款余额	万元	504572	370507	585038	621566	880182
年末金融机构各项贷款余额	万元	347624	257445	599916	593906	744655
三、农业、工业及投资						
农业机械总动力	万千瓦特	17	17	17	21	19
机收面积	公顷	16904	13460	5121	11600	28632
设施农业占地面积	公顷	122	405	947	179	93
粮食总产量	吨	152963	148178	68244	147629	223245
棉花产量	吨		2	21130	2248	598
油料产量	吨	4166	6697	20724	14330	14638
肉类总产量	吨	32823	46349	17755	20589	48065
规模以上工业企业单位数	个	112	130	72	94	100
规模以上工业总产值	万元	2591965	2507223	2499140	2666878	3131609
固定资产投资	万元	1724550	1258271	990346	1082808	1314252
四、教育、卫生和社会保障						
普通中学在校学生数	人	27550	14261	19788	12879	39392
中等职业教育学校在校学生数	人	1526	5371	515	2003	4011
小学在校学生数	人	41344	25438	27509	26697	73959
医疗卫生机构床位数	床	1895	1051	905	917	1222
各种社会福利收养性单位数	个	10	14	13	21	42
各种社会福利收养性单位床位数	床	1428	2092	2588	1322	4439

2014年县(市)社会经济主要指标

江西省

指　　标	单位	永修县	德安县	星子县	都昌县	湖口县
一、基本情况						
行政区域面积	平方公里	2047	868	723	2227	674
乡个数	个	4	8	3	12	6
镇个数	个	11	5	7	12	6
街道办事处个数	个					
户籍人口	万人	40	17	28	81	30
第二产业从业人员	人	44116	28816	46100	113386	42501
第三产业从业人员	人	58337	31131	56210	1407234	40508
固定电话用户	户	7060	33541	36500	97047	38069
二、综合经济						
地区生产总值	万元	1154645	785014	622246	850072	1029371
第一产业增加值	万元	134369	52232	57130	173152	105094
农业增加值	万元	64226	20402	16781	124713	51716
牧业增加值	万元	21500	20887	12662	10684	14603
第二产业增加值	万元	772583	544533	284120	410433	760526
公共财政收入	万元	185267	133008	87858	124568	227183
各项税收	万元	161528	106139	75860	78440	192230
公共财政支出	万元	290603	174270	168585	307539	232157
居民储蓄存款余额	万元	746395	457486	483868	1082602	574350
年末金融机构各项贷款余额	万元	808925	601938	413602	518080	671900
三、农业、工业及投资						
农业机械总动力	万千瓦特	25	9	4	69	8
机收面积	公顷	32350	25000	7500	54037	16966
设施农业占地面积	公顷	183	581	77	35	39
粮食总产量	吨	233377	48563	81232	391220	113075
棉花产量	吨	5466	11595	3729	8255	11322
油料产量	吨	19167	8944	11101	30004	25156
肉类总产量	吨	19374	11332	11758	19236	9427
规模以上工业企业单位数	个	109	103	64	65	68
规模以上工业总产值	万元	4077042	3412733	2016379	203093	3385400
固定资产投资	万元	1749391	821282	607497	738359	1651402
四、教育、卫生和社会保障						
普通中学在校学生数	人	18421	7629	12771	48119	16704
中等职业教育学校在校学生数	人	1246	53	418	2014	156
小学在校学生数	人	28789	14908	22631	61007	20719
医疗卫生机构床位数	床	798	689	1066	1964	780
各种社会福利收养性单位数	个	23	10	13	27	14
各种社会福利收养性单位床位数	床	2817	400	1292	1318	956

2014年县(市)社会经济主要指标

江西省

指标	单位	彭泽县	瑞昌市	共青城市	分宜县	余江县
一、基本情况						
行政区域面积	平方公里	1534	1419	64	1380	931
乡个数	个	3	8	1	4	4
镇个数	个	10	8	2	6	7
街道办事处个数	个		2	1	1	
户籍人口	万人	38	46	7	34	39
第二产业从业人员	人	41000	106358	30369	44268	63135
第三产业从业人员	人	78727	97881	3300	54697	82641
固定电话用户	户	51000	62655	12000	26127	31435
二、综合经济						
地区生产总值	万元	693065	1401050	747728	1916148	926906
第一产业增加值	万元	150628	135227	22980	172541	270416
农业增加值	万元	70969	58597	5395	77610	72624
牧业增加值	万元	22435	30780	8602	18851	151671
第二产业增加值	万元	393092	955410	583890	1085524	482689
公共财政收入	万元	112571	237669	131806	273580	159168
各项税收	万元	130210	200784	110576	194783	132073
公共财政支出	万元	219472	286808	157136	343021	234003
居民储蓄存款余额	万元	628324	829780	262537	681320	637621
年末金融机构各项贷款余额	万元	405763	839111	487091	667758	649888
三、农业、工业及投资						
农业机械总动力	万千瓦特	16	32	5	17	26
机收面积	公顷	13572	15268	2661	20355	41992
设施农业占地面积	公顷		419	4	644	401
粮食总产量	吨	108147	94996	20372	143199	234895
棉花产量	吨	24817	4216	925	52	
油料产量	吨	41824	31863	1139	5165	16425
肉类总产量	吨	14461	27597	6815	25004	89058
规模以上工业企业单位数	个	85	112	62	78	63
规模以上工业总产值	万元	2483603	4108953	3682812	3017222	2659180
固定资产投资	万元	1084143	1878913	1216044	1522082	773215
四、教育、卫生和社会保障						
普通中学在校学生数	人	11001	22488	4662	14396	17308
中等职业教育学校在校学生数	人	2767	1007	189		331
小学在校学生数	人	28816	37794	8725	25882	32276
医疗卫生机构床位数	床	1140	1833	356	785	1194
各种社会福利收养性单位数	个	19	19	2	14	17
各种社会福利收养性单位床位数	床	1990	2221	70	2200	1677

2014年县(市)社会经济主要指标

江西省

指　　标	单位	贵溪市	南康区	赣县	信丰县	大余县
一、基本情况						
行政区域面积	平方公里	2493	2990	2866	1343	1542
乡个数	个	5	12	8	3	3
镇个数	个	13	6	11	13	8
街道办事处个数	个	3	2			
户籍人口	万人	64	86	64	76	31
第二产业从业人员	人	113986	184979	114987	138446	53672
第三产业从业人员	人	127124	190761	133154	154226	60377
固定电话用户	户	6127	100823	46466	61552	36176
二、综合经济						
地区生产总值	万元	3369916	1484801	1255529	1438334	861213
第一产业增加值	万元	175308	223128	189142	260484	104535
农业增加值	万元	87412	85036	98331	133949	58401
牧业增加值	万元	40364	97100	59577	77385	25259
第二产业增加值	万元	2425455	790565	737740	606074	448343
公共财政收入	万元	432229	171923	141158	101751	70059
各项税收	万元	347075	185038	122549	120623	65119
公共财政支出	万元	421214	372076	316237	280336	171508
居民储蓄存款余额	万元	1080026	1787344	1030112	1184290	567796
年末金融机构各项贷款余额	万元	1519405	1909568	888673	835804	443069
三、农业、工业及投资						
农业机械总动力	万千瓦特	45	29	21	30	20
机收面积	公顷	50104	26277	27670	26770	12900
设施农业占地面积	公顷	1557	1634	28	105	32
粮食总产量	吨	357777	234928	196505	259956	90019
棉花产量	吨					
油料产量	吨	7207	17854	6775	13668	3620
肉类总产量	吨	31076	73364	47986	72153	30002
规模以上工业企业单位数	个	82	127	85	72	43
规模以上工业总产值	万元	12990807	2688265	2685142	1665964	880924
固定资产投资	万元	2919405	1218248	1184781	1197454	736500
四、教育、卫生和社会保障						
普通中学在校学生数	人	22672	56923	37727	41333	15631
中等职业教育学校在校学生数	人	1503	1939	2522	2296	1995
小学在校学生数	人	45507	89068	65764	71778	28781
医疗卫生机构床位数	床	2022	2736	1790	1943	1170
各种社会福利收养性单位数	个	25	22	27	17	15
各种社会福利收养性单位床位数	床	1188	3600	2700	1721	1500

2014年县(市)社会经济主要指标

江西省

指　　标	单位	上犹县	崇义县	安远县	龙南县	定南县
一、基本情况						
行政区域面积	平方公里	2208	2350	1646	1321	1534
乡个数	个	8	10	10	5	
镇个数	个	6	6	8	8	7
街道办事处个数	个					
户籍人口	万人	32	22	39	33	22
第二产业从业人员	人	57704	40446	63600	82665	46259
第三产业从业人员	人	66127	43314	34310	81722	47529
固定电话用户	户	28144	23534	33040	38829	31743
二、综合经济						
地区生产总值	万元	469442	629940	488067	1158867	580176
第一产业增加值	万元	96484	92295	143982	112476	87017
农业增加值	万元	34508	25606	93576	60422	21251
牧业增加值	万元	22855	7940	28303	37133	54296
第二产业增加值	万元	190598	373398	118911	666815	265864
公共财政收入	万元	56095	67906	45790	111130	111130
各项税收	万元	61012	67951	52052	119306	119306
公共财政支出	万元	173751	160016	188426	233002	233002
居民储蓄存款余额	万元	476009	381955	445729	559657	559657
年末金融机构各项贷款余额	万元	472712	494451	422741	581840	581840
三、农业、工业及投资						
农业机械总动力	万千瓦特	11	7	11	14	10
机收面积	公顷	6621	6130	18186	4167	9792
设施农业占地面积	公顷	35	36	44	781	136
粮食总产量	吨	93408	44497	99078	64834	60632
棉花产量	吨		4			
油料产量	吨	2178	1373	597	2655	224
肉类总产量	吨	16988	9226	23488	26613	65848
规模以上工业企业单位数	个	27	34	27	83	40
规模以上工业总产值	万元	629679	1015370	255422	2283344	855890
固定资产投资	万元	392663	334091	261072	1089051	505340
四、教育、卫生和社会保障						
普通中学在校学生数	人	16672	10549	24937	16372	10513
中等职业教育学校在校学生数	人	616	1622	3590	1485	1151
小学在校学生数	人	29432	17634	34458	25984	22341
医疗卫生机构床位数	床	914	653	1431	1139	899
各种社会福利收养性单位数	个	14	9	19	8	9
各种社会福利收养性单位床位数	床	2690	1100	2198	1100	1000

2014年县(市)社会经济主要指标

江西省

指　　标	单位	全南县	宁都县	于都县	兴国县	会昌县
一、基本情况						
行政区域面积	平方公里	4049	2892	3215	2712	2352
乡个数	个	3	12	14	18	13
镇个数	个	6	12	9	7	6
街道办事处个数	个					
户籍人口	万人	20	82	109	83	53
第二产业从业人员	人	37612	150603	171872	147099	84402
第三产业从业人员	人	38115	158062	144958	169755	97451
固定电话用户	户	26557	48408	73895	67388	39212
二、综合经济						
地区生产总值	万元	500437	1224612	1534273	1218243	733059
第一产业增加值	万元	77768	272510	223315	272430	150783
农业增加值	万元	43267	163591	106815	110909	70550
牧业增加值	万元	14471	54344	63060	117504	44177
第二产业增加值	万元	264652	495463	799035	587354	313046
公共财政收入	万元	64226	68429	107795	80717	74443
各项税收	万元	53260	77639	122238	106417	86080
公共财政支出	万元	155000	305962	376028	313000	228039
居民储蓄存款余额	万元	322506	1259310	1473256	1042374	637902
年末金融机构各项贷款余额	万元	281430	953246	900338	726426	410088
三、农业、工业及投资						
农业机械总动力	万千瓦特	10	32	24	29	10
机收面积	公顷	10453	50768	28901	33122	12371
设施农业占地面积	公顷	36	296	1253	164	92
粮食总产量	吨	71336	390546	257459	269205	169468
棉花产量	吨	3				
油料产量	吨	4681	8805	13842	6584	1995
肉类总产量	吨	11322	56075	55279	68203	41562
规模以上工业企业单位数	个	45	71	66	62	49
规模以上工业总产值	万元	852224	899358	2241801	1669296	1080611
固定资产投资	万元	297442	575216	1230494	833014	380622
四、教育、卫生和社会保障						
普通中学在校学生数	人	8412	43195	88440	51628	41049
中等职业教育学校在校学生数	人	861	1662	3508	5896	2208
小学在校学生数	人	19165	85927	102255	92036	42747
医疗卫生机构床位数	床	629	2037	3305	1916	1651
各种社会福利收养性单位数	个	4	32	27	27	25
各种社会福利收养性单位床位数	床	600	3300	3700	3400	3000

2014年县(市)社会经济主要指标

江西省

指　　标	单位	寻乌县	石城县	瑞金市	吉安县	吉水县
一、基本情况						
行政区域面积	平方公里	1567	2441	1849	2122	2506
乡个数	个	8	5	10	6	3
镇个数	个	7	5	7	13	15
街道办事处个数	个				1	
户籍人口	万人	33	33	69	51	55
第二产业从业人员	人	22971	51564	102435	135837	124820
第三产业从业人员	人	38873	59369	120792	38227	76415
固定电话用户	户	36670	24639	66260	34820	35000
二、综合经济						
地区生产总值	万元	524181	389120	1131575	1332639	1115413
第一产业增加值	万元	157207	114825	182824	244318	214320
农业增加值	万元	104686	47329	91968	89309	131925
牧业增加值	万元	34330	20860	57538	114387	40069
第二产业增加值	万元	164787	122157	393634	748791	537625
公共财政收入	万元	47384	45205	106964	174249	124053
各项税收	万元	49666	48290	130322	111553	90615
公共财政支出	万元	178518	147600	312588	310975	231765
居民储蓄存款余额	万元	414728	429948	1021819	1059903	924576
年末金融机构各项贷款余额	万元	408195	510306	959990	645072	742471
三、农业、工业及投资						
农业机械总动力	万千瓦特	15	14	17	84	34
机收面积	公顷	11329	13155	22903	55180	69251
设施农业占地面积	公顷		65	356	396	589
粮食总产量	吨	107700	96266	201734	428683	557583
棉花产量	吨			10		
油料产量	吨	2258	1800	7356	22966	19252
肉类总产量	吨	23818	13297	50138	110198	45160
规模以上工业企业单位数	个	32	32	44	105	78
规模以上工业总产值	万元	373094	184285	943028	3042312	1914000
固定资产投资	万元	312241	219614	581528	1752072	1105567
四、教育、卫生和社会保障						
普通中学在校学生数	人	19612	17967	43330	25795	26252
中等职业教育学校在校学生数	人	313	492	3600	2949	1788
小学在校学生数	人	26112	25477	63659	43240	46910
医疗卫生机构床位数	床	692	1252	1768	1380	1698
各种社会福利收养性单位数	个	15	15	32	22	21
各种社会福利收养性单位床位数	床	1700	1300	3600	1261	1942

2014年县(市)社会经济主要指标

江西省

指　　标	单位	峡江县	新干县	永丰县	泰和县	遂川县
一、基本情况						
行政区域面积	平方公里	1298	1245	2710	2660	3102
乡个数	个	5	6	13	6	12
镇个数	个	6	7	8	16	11
街道办事处个数	个		1			
户籍人口	万人	19	35	48	60	61
第二产业从业人员	人	27870	39526	104588	122826	108468
第三产业从业人员	人	24931	58040	57119	77460	91292
固定电话用户	户	13250	32797	27200	27789	49880
二、综合经济						
地区生产总值	万元	557669	967914	1170131	1251665	960660
第一产业增加值	万元	116049	182616	193323	245709	147423
农业增加值	万元	64933	107890	101258	125350	67778
牧业增加值	万元	16590	53562	28518	86207	18350
第二产业增加值	万元	278675	517227	596716	684579	472152
公共财政收入	万元	62934	101029	94863	127535	93503
各项税收	万元	66847	98255	63640	85370	82235
公共财政支出	万元	134656	209999	220212	253374	236882
居民储蓄存款余额	万元	425531	872197	799155	1249705	753994
年末金融机构各项贷款余额	万元	271304	657871	467194	707747	543952
三、农业、工业及投资						
农业机械总动力	万千瓦特	12	27	33	46	19
机收面积	公顷	26200	47136	48150	31914	32938
设施农业占地面积	公顷	79	230	549	2235	60
粮食总产量	吨	234599	338180	343271	514240	252158
棉花产量	吨	70	192			
油料产量	吨	13237	22337	6136	23129	7998
肉类总产量	吨	14712	80294	26350	86469	28567
规模以上工业企业单位数	个	56	91	104	93	89
规模以上工业总产值	万元	1157743	2153051	2354763	2288200	1650605
固定资产投资	万元	651700	980066	1400398	1043380	1029408
四、教育、卫生和社会保障						
普通中学在校学生数	人	8616	18701	22917	24992	24992
中等职业教育学校在校学生数	人	1325	1325	1206	3791	3791
小学在校学生数	人	15574	27892	38260	49553	55211
医疗卫生机构床位数	床	571	1331	1491	2002	2006
各种社会福利收养性单位数	个	13	18	27	24	26
各种社会福利收养性单位床位数	床	1204	1636	1724	1913	2550

2014年县(市)社会经济主要指标

江西省

指　标	单位	万安县	安福县	永新县	井冈山市	奉新县
一、基本情况						
行政区域面积	平方公里	2038	2793	2181	1288	1648
乡个数	个	7	12	13	12	3
镇个数	个	9	7	10	6	10
街道办事处个数	个				1	
户籍人口	万人	32	41	53	17	33
第二产业从业人员	人	48045	63644	110500	28049	52046
第三产业从业人员	人	52306	98266	73435	25619	62909
固定电话用户	户	49547	48233	39321	40547	25621
二、综合经济						
地区生产总值	万元	575617	1118899	790038	546494	1056841
第一产业增加值	万元	118880	203216	158350	46404	161664
农业增加值	万元	51626	106073	68497	13337	83564
牧业增加值	万元	23074	54928	53491	5225	24623
第二产业增加值	万元	276006	622640	372389	196534	659846
公共财政收入	万元	68163	118867	64086	58005	181936
各项税收	万元	43098	89077	70038	51879	162998
公共财政支出	万元	184552	249943	224825	157112	230360
居民储蓄存款余额	万元	588213	868876	926584	473389	639597
年末金融机构各项贷款余额	万元	341328	437873	393502	517067	540123
三、农业、工业及投资						
农业机械总动力	万千瓦特	25	24	16	4	32
机收面积	公顷	37716	49297	39038	5565	23340
设施农业占地面积	公顷	460	2394	31	1164	52
粮食总产量	吨	263627	330176	282472	78892	303639
棉花产量	吨			8		1478
油料产量	吨	12170	22191	27011	2273	15490
肉类总产量	吨	33704	42100	31314	8553	14054
规模以上工业企业单位数	个	57	79	54	26	72
规模以上工业总产值	万元	1010364	1930800	1438464	317558	3906196
固定资产投资	万元	556968	1014881	841462	544093	1095171
四、教育、卫生和社会保障						
普通中学在校学生数	人	15139	16789	27699	7863	15119
中等职业教育学校在校学生数	人	1965	2405	2405	1241	3404
小学在校学生数	人	28985	26651	40926	14004	27557
医疗卫生机构床位数	床	1289	1394	1636	525	1119
各种社会福利收养性单位数	个	19	19	24	8	19
各种社会福利收养性单位床位数	床	1986	1980	2509	550	1600

2014年县(市)社会经济主要指标

江西省

指　　标	单位	万载县	上高县	宜丰县	靖安县	铜鼓县
一、基本情况						
行政区域面积	平方公里	1716	1348	1934	1377	1552
乡个数	个	7	14	4	6	3
镇个数	个	9	9	8	5	6
街道办事处个数	个	1	21			
户籍人口	万人	56	38	30	15	14
第二产业从业人员	人	119187	53475	44187	24521	12278
第三产业从业人员	人	121164	30638	51011	27630	25902
固定电话用户	户	41964	30396	34835	15200	6841
二、综合经济						
地区生产总值	万元	1039046	1242052	908136	339380	338029
第一产业增加值	万元	134640	186517	186543	58362	53218
农业增加值	万元	80006	73515	77803	23139	10968
牧业增加值	万元	13433	73676	54100	5474	8109
第二产业增加值	万元	639812	681149	465157	172785	148675
公共财政收入	万元	121886	209050	100305	71900	71900
各项税收	万元	100791	188545	127537	47176	47015
公共财政支出	万元	245983	240913	200999	138462	121727
居民储蓄存款余额	万元	803773	914720	690902	350382	211112
年末金融机构各项贷款余额	万元	545631	876658	575687	252788	143976
三、农业、工业及投资						
农业机械总动力	万千瓦特	22	35	31	19	18
机收面积	公顷	15000	36806	29615	13420	5999
设施农业占地面积	公顷	298	217	51	159	154
粮食总产量	吨	260346	288285	247776	93356	44682
棉花产量	吨	32	992	419	2767	
油料产量	吨	4984	16720	1372	7197	318
肉类总产量	吨	43224	82756	32593	7378	7200
规模以上工业企业单位数	个	116	127	98	37	22
规模以上工业总产值	万元	2210354	4226138	2098728	637171	326949
固定资产投资	万元	1002592	1412714	670651	362805	202311
四、教育、卫生和社会保障						
普通中学在校学生数	人	33928	17895	14579	5733	5904
中等职业教育学校在校学生数	人	1515	1408	1673	382	665
小学在校学生数	人	63177	29984	23507	10265	11542
医疗卫生机构床位数	床	2331	1471	1120	521	487
各种社会福利收养性单位数	个	20	15	18	11	10
各种社会福利收养性单位床位数	床	3691	2586	1573	1070	753

2014年县(市)社会经济主要指标

江西省

指 标	单位	丰城市	樟树市	高安市	南城县	黎川县
一、基本情况						
行政区域面积	平方公里	2836	1289	2429	1713	1709
乡个数	个	7	4	2	2	8
镇个数	个	20	10	19	10	7
街道办事处个数	个	5	5	2		
户籍人口	万人	149	61	87	34	25
第二产业从业人员	人	184064	87403	124972	54526	35298
第三产业从业人员	人	304166	141440	162578	54890	59317
固定电话用户	户	92371	81937	87137	13163	15200
二、综合经济						
地区生产总值	万元	3704879	2922679	1796783	984055	569551
第一产业增加值	万元	573413	293855	320341	143174	91511
农业增加值	万元	372731	144706	144341	71606	41204
牧业增加值	万元	110651	88596	117449	29714	22744
第二产业增加值	万元	2001121	1708655	939545	481088	295542
公共财政收入	万元	422096	282939	227866	130003	84206
各项税收	万元	310962	365491	185382	112601	86515
公共财政支出	万元	663296	421866	401796	200488	170801
居民储蓄存款余额	万元	2526617	1619071	1747577	614496	442471
年末金融机构各项贷款余额	万元	1949878	1542314	1685216	465181	361127
三、农业、工业及投资						
农业机械总动力	万千瓦特	58	112	92	20	11
机收面积	公顷	126523	88980	88310	28926	13453
设施农业占地面积	公顷	282	185	1727	144	236
粮食总产量	吨	1026113	546520	728548	275512	166394
棉花产量	吨	355	356	11684	122	
油料产量	吨	43786	51925	55797	3513	2267
肉类总产量	吨	101286	96632	165555	24998	21997
规模以上工业企业单位数	个	137	134	133	93	56
规模以上工业总产值	万元	6477180	4849300	4193926	1177200	876600
固定资产投资	万元	2998257	2117348	1672256	1125805	618299
四、教育、卫生和社会保障						
普通中学在校学生数	人	83149	26959	46067	16797	10990
中等职业教育学校在校学生数	人	1109	823	7027	639	1164
小学在校学生数	人	100143	39965	68253	28953	15704
医疗卫生机构床位数	床	4235	2312	3330	687	517
各种社会福利收养性单位数	个	40	22	26	15	15
各种社会福利收养性单位床位数	床	5482	3388	3451	1448	1472

2014年县(市)社会经济主要指标

江西省

指　　标	单位	南丰县	崇仁县	乐安县	宜黄县	金溪县
一、基本情况						
行政区域面积	平方公里	1913	1520	2410	1937	1353
乡个数	个	5	8	7	4	5
镇个数	个	7	7	9	8	8
街道办事处个数	个					
户籍人口	万人	32	37	39	24	32
第二产业从业人员	人	30980	40663	34066	32551	54915
第三产业从业人员	人	64978	43128	20620	51405	48336
固定电话用户	户	23098	13921	16113	7802	12210
二、综合经济						
地区生产总值	万元	979436	907359	471005	543939	673539
第一产业增加值	万元	284173	216564	87146	79728	106901
农业增加值	万元	241810	96219	56564	48219	66004
牧业增加值	万元	19483	103429	13878	13283	25741
第二产业增加值	万元	322109	451756	194384	314971	323005
公共财政收入	万元	86365	101169	48218	80007	91188
各项税收	万元	91236	78085	40622	70281	82913
公共财政支出	万元	179028	195202	181151	143029	168330
居民储蓄存款余额	万元	479733	622758	711126	380122	519543
年末金融机构各项贷款余额	万元	578008	406599	311151	325064	470128
三、农业、工业及投资						
农业机械总动力	万千瓦特	20	23	23	13	23
机收面积	公顷	21332	36695	36377	17109	46851
设施农业占地面积	公顷	33	110	203	106	370
粮食总产量	吨	217701	269478	253211	174763	301293
棉花产量	吨		1624		23	
油料产量	吨	5962	15540	1601	1742	5521
肉类总产量	吨	13729	80980	10117	9191	19820
规模以上工业企业单位数	个	59	92	20	88	65
规模以上工业总产值	万元	725143	1719850	169550	1028227	897097
固定资产投资	万元	659904	1004718	346476	544504	589153
四、教育、卫生和社会保障						
普通中学在校学生数	人	12550	20855	17456	9278	13851
中等职业教育学校在校学生数	人	318	516	131	217	195
小学在校学生数	人	25049	31634	35119	16905	24472
医疗卫生机构床位数	床	710	610	803	480	622
各种社会福利收养性单位数	个	13	18	17	16	15
各种社会福利收养性单位床位数	床	1598	1090	1012	1280	803

2014年县(市)社会经济主要指标

江西省

指　　标	单位	资溪县	东乡县	广昌县	上饶县	广丰县
一、基本情况						
行政区域面积	平方公里	1248	1268	1603	2232	1377
乡个数	个	2	4	6	10	4
镇个数	个	5	9	5	11	16
街道办事处个数	个				3	3
户籍人口	万人	12	48	25	83	95
第二产业从业人员	人	11924	72853	19066	155542	144329
第三产业从业人员	人	33056	76664	42665	131959	153433
固定电话用户	户	9908	31181	20206	11753	78000
二、综合经济						
地区生产总值	万元	293502	1244732	470187	1652925	2698187
第一产业增加值	万元	34204	187176	81548	151693	202127
农业增加值	万元	11176	71464	57098	75608	61014
牧业增加值	万元	4128	101161	5957	30569	105178
第二产业增加值	万元	142499	756715	226721	1268364	1549933
公共财政收入	万元	51511	147768	57931	134897	373323
各项税收	万元	47561	109021	70853	174149	299092
公共财政支出	万元	101166	280376	156655	307622	398921
居民储蓄存款余额	万元	289880	882011	435123	1049320	1043329
年末金融机构各项贷款余额	万元	211578	767384	336993	1213151	1071764
三、农业、工业及投资						
农业机械总动力	万千瓦特	6	33	31	14	17
机收面积	公顷	2162	36300	12466	18500	22100
设施农业占地面积	公顷	114	231	412	372	400
粮食总产量	吨	35629	260695	115211	182957	200365
棉花产量	吨		6		46	22
油料产量	吨	79	6987	417	7274	9161
肉类总产量	吨	3082	95039	6155	11140	52820
规模以上工业企业单位数	个	20	108	43	57	149
规模以上工业总产值	万元	148701	2156275	639209	4941724	5126955
固定资产投资	万元	286249	1500781	424501	1849150	1756676
四、教育、卫生和社会保障						
普通中学在校学生数	人	4718	21150	7234	44850	53512
中等职业教育学校在校学生数	人	559	3360	276	3945	2390
小学在校学生数	人	8150	37828	18908	71966	79063
医疗卫生机构床位数	床	192	2182	343	2725	2351
各种社会福利收养性单位数	个	8	19	12	20	23
各种社会福利收养性单位床位数	床	341	1405	590	1070	1803

2014年县(市)社会经济主要指标

江西省

指　　标	单位	玉山县	铅山县	横峰县	弋阳县	余干县
一、基本情况						
行政区域面积	平方公里	1732	2178	654	1573	2352
乡个数	个	5	10	6	5	12
镇个数	个	11	7	2	9	8
街道办事处个数	个		1	2	1	
户籍人口	万人	61	48	22	42	106
第二产业从业人员	人	79696	64675	53821	100375	121452
第三产业从业人员	人	87125	71489	53833	49165	161247
固定电话用户	户	75000	35027	22684	31390	92456
二、综合经济						
地区生产总值	万元	1254912	904861	771119	804330	1127117
第一产业增加值	万元	141954	156926	64926	136467	344314
农业增加值	万元	45279	70252	26953	58580	98252
牧业增加值	万元	46621	34962	26508	39310	79268
第二产业增加值	万元	661042	429153	511109	389009	411818
公共财政收入	万元	138306	117792	104669	121312	96460
各项税收	万元	145911	111990	59806	98262	73244
公共财政支出	万元	284736	217063	175513	220274	321579
居民储蓄存款余额	万元	1013590	764260	389923	656341	1388481
年末金融机构各项贷款余额	万元	1057062	427411	370571	468030	712976
三、农业、工业及投资						
农业机械总动力	万千瓦特	15	23	5	14	38
机收面积	公顷	8944	10257	11600	29198	137199
设施农业占地面积	公顷	1080	540	96	11	2579
粮食总产量	吨	214569	176200	79134	209180	801532
棉花产量	吨	170		4	39	82
油料产量	吨	13854	3013	5294	6772	22101
肉类总产量	吨	20026	15229	17405	23020	41813
规模以上工业企业单位数	个	110	34	35	69	36
规模以上工业总产值	万元	2424000	1545127	2126390	1387468	1427370
固定资产投资	万元	983146	999165	634224	737146	1036307
四、教育、卫生和社会保障						
普通中学在校学生数	人	34371	14288	6339	17889	85141
中等职业教育学校在校学生数	人	1201	904		1208	
小学在校学生数	人	58400	39451	20790	38438	114301
医疗卫生机构床位数	床	1854	1211	801	1189	1197
各种社会福利收养性单位数	个	18	23	7	20	21
各种社会福利收养性单位床位数	床	1460	1888	679	1971	2581

2014年县(市)社会经济主要指标

江西省、山东省

指　　标	单位	鄱阳县	万年县	婺源县	德兴市	长清区
一、基本情况						
行政区域面积	平方公里	4126	1148	2968	2080	1178
乡个数	个	15	6	10	6	
镇个数	个	14	6	6	5	6
街道办事处个数	个			1	3	4
户籍人口	万人	159	42	37	33	56
第二产业从业人员	人	124636	67003	26108	36540	73503
第三产业从业人员	人	128590	66191	67228	23725	26625
固定电话用户	户	81762	9800	48847	41795	84394
二、综合经济						
地区生产总值	万元	1689748	1046955	799958	1090289	2510099
第一产业增加值	万元	541060	123939	105376	97562	308674
农业增加值	万元	288436	47946	51389	32833	233387
牧业增加值	万元	77842	38238	22463	19334	59446
第二产业增加值	万元	714705	607128	294772	447584	1052341
公共财政收入	万元	114173	150355	117093	245196	159134
各项税收	万元	84522	94910	94865	147440	214966
公共财政支出	万元	475101	237319	203402	328988	219229
居民储蓄存款余额	万元	1701417	712112	747459	799891	
年末金融机构各项贷款余额	万元	796058	644512	555660	651921	
三、农业、工业及投资						
农业机械总动力	万千瓦特	84	9	21	14	51
机收面积	公顷	146590			10000	39805
设施农业占地面积	公顷	4620	188	112	86	367
粮食总产量	吨	1020283	228011	103892	110526	286472
棉花产量	吨	6519	658	107	51	633
油料产量	吨	101635	7344	8283	6841	14852
肉类总产量	吨	41009	66555	15120	10886	32020
规模以上工业企业单位数	个	63	79	29	71	195
规模以上工业总产值	万元	2087769	2088600	465675	1034300	1945642
固定资产投资	万元	1291898	913955	780236	1099964	2113614
四、教育、卫生和社会保障						
普通中学在校学生数	人	85240	26944	17453	9991	24623
中等职业教育学校在校学生数	人	1387	568	816	1527	4880
小学在校学生数	人	136995	46651	30146	28448	30367
医疗卫生机构床位数	床	2859	1232	1206	1700	1128
各种社会福利收养性单位数	个	37	21	16	15	58
各种社会福利收养性单位床位数	床	3450	2167	836	1126	1672

2014年县(市)社会经济主要指标

山东省

指　　标	单位	平阴县	济阳县	商河县	章丘市	胶州市
一、基本情况						
行政区域面积	平方公里	827	1099	1162	1719	1324
乡个数	个			2		
镇个数	个	6	8	9	14	6
街道办事处个数	个	2	2	1	6	6
户籍人口	万人	37	57	64	102	82
第二产业从业人员	人	86563	111206	12059	301391	270815
第三产业从业人员	人	66984	135129	16979	257082	159180
固定电话用户	户	95851	48903	43863	184500	157862
二、综合经济						
地区生产总值	万元	2146969	2596348	1596772	8339137	9195900
第一产业增加值	万元	300590	503433	434563	789888	492947
农业增加值	万元	208673	353295	337514	492281	251359
牧业增加值	万元	82104	133630	76689	268772	98547
第二产业增加值	万元	1220717	1384140	612250	5025510	4972800
公共财政收入	万元	135958	168756	80073	434009	675066
各项税收	万元	229190	241366	111145	552220	886845
公共财政支出	万元	202863	252423	234914	563600	788072
居民储蓄存款余额	万元	925584	991496	878444	3267800	3035607
年末金融机构各项贷款余额	万元	681292	772446	691426	2978885	4339556
三、农业、工业及投资						
农业机械总动力	万千瓦特	51	125	101	127	118
机收面积	公顷	28780	95336	17430	104339	8998
设施农业占地面积	公顷	953	16999	3265	6547	1919
粮食总产量	吨	194504	559496	720798	649959	419346
棉花产量	吨	3968	2343	3827	4988	96
油料产量	吨	11345	10196	840	8073	40711
肉类总产量	吨	47735	61689	82347	122661	57191
规模以上工业企业单位数	个	204	205	167	564	928
规模以上工业总产值	万元	3161375	4310497	1634586	15073712	23606130
固定资产投资	万元	2019219	2086665	937546	4443969	7655697
四、教育、卫生和社会保障						
普通中学在校学生数	人	17598	18051	29400	55424	41677
中等职业教育学校在校学生数	人	3001	2532	1587	11762	10140
小学在校学生数	人	18986	31597	38600	58384	63497
医疗卫生机构床位数	床	1588	1556	1223	4587	3634
各种社会福利收养性单位数	个	9	9	12	33	19
各种社会福利收养性单位床位数	床	1200	2675	1900	3892	3182

2014年县(市)社会经济主要指标

山东省

指　　标	单位	即墨市	平度市	莱西市	桓台县	高青县
一、基本情况						
行政区域面积	平方公里	1780	3176	1568	509	831
乡个数	个					
镇个数	个	7	12	8	7	7
街道办事处个数	个	8	5	3	2	2
户籍人口	万人	115	139	74	50	37
第二产业从业人员	人	334500	204506	100256	169748	92013
第三产业从业人员	人	224000	137136	105689	80506	83272
固定电话用户	户	230158	200000	106109	125888	55184
二、综合经济						
地区生产总值	万元	10002705	8455066	6517000	4865614	1803187
第一产业增加值	万元	592823	997729	591333	197188	237626
农业增加值	万元	259061	749884	351219	124837	169322
牧业增加值	万元	105490	234086	229407	46904	50562
第二产业增加值	万元	5187100	4137800	3095500	3037554	907496
公共财政收入	万元	790400	602749	419867	282697	113706
各项税收	万元	664900	479174	326714	217480	88841
公共财政支出	万元	887600	708989	462328	301273	195653
居民储蓄存款余额	万元	4187600	3609687	2213643	1609120	781052
年末金融机构各项贷款余额	万元	5878400	2530452	2173082	3645738	1163343
三、农业、工业及投资						
农业机械总动力	万千瓦特	129	324	131	62	67
机收面积	公顷	101252	216795	100387	47218	76546
设施农业占地面积	公顷	2723	3652	10419	118	2432
粮食总产量	吨	479437	1442561	618818	383799	544553
棉花产量	吨	84	2182		434	2387
油料产量	吨	72522	110326	85347	57	2534
肉类总产量	吨	75523	189370	193920	15183	38979
规模以上工业企业单位数	个	822	667	659	309	123
规模以上工业总产值	万元	26524450	17109850	10392645	17289905	2770913
固定资产投资	万元	7679652	5831598	5167821	3349343	1248558
四、教育、卫生和社会保障						
普通中学在校学生数	人	54828	61133	36502	35039	23321
中等职业教育学校在校学生数	人	5859	8586	4818	3609	1971
小学在校学生数	人	82066	76138	37342	22872	16745
医疗卫生机构床位数	床	4950	4582	3895	3432	1118
各种社会福利收养性单位数	个	32	15	20	30	8
各种社会福利收养性单位床位数	床	5725	2664	3801	3467	1215

2014年县(市)社会经济主要指标

山东省

指　　标	单位	沂源县	滕州市	垦利县	利津县	广饶县
一、基本情况						
行政区域面积	平方公里	1636	1495	2331	1666	1166
乡个数	个				2	
镇个数	个	10	17	5	4	7
街道办事处个数	个	2	4	2	2	2
户籍人口	万人	56	169	23	28	51
第二产业从业人员	人	108038	351622	84619	52645	162224
第三产业从业人员	人	108157	345756	43566	46660	134045
固定电话用户	户	35245	116028	23715	27000	100735
二、综合经济						
地区生产总值	万元	2420030	9817534	3905661	2450320	7579789
第一产业增加值	万元	293595	688985	189047	266796	415152
农业增加值	万元	216967	540016	67558	145640	288764
牧业增加值	万元	51329	119011	38988	73906	77548
第二产业增加值	万元	1110447	5158500	2410200	1322458	5195486
公共财政收入	万元	174670	640678	208659	117619	400020
各项税收	万元	131106	512602	158594	88078	284063
公共财政支出	万元	252570	766998	265887	221295	501813
居民储蓄存款余额	万元	1152155	3387390	1309560	599686	2001764
年末金融机构各项贷款余额	万元	1191769	4078844	3388543	989284	7357019
三、农业、工业及投资						
农业机械总动力	万千瓦特	46	179	49	47	100
机收面积	公顷	8324	118748	20326	27933	79376
设施农业占地面积	公顷	2232	3292	162	1072	1290
粮食总产量	吨	27475	785000	99038	169721	502446
棉花产量	吨	701	1327	30611	42468	12928
油料产量	吨	12854	37628	502	1386	
肉类总产量	吨	35943	115475	27425	58742	83138
规模以上工业企业单位数	个	140	453	162	149	271
规模以上工业总产值	万元	5050804	13600737	22401982	15645568	41563269
固定资产投资	万元	1663083	5268871	3758032	1928602	6283057
四、教育、卫生和社会保障						
普通中学在校学生数	人	35203	82238	14119	12347	33243
中等职业教育学校在校学生数	人	4217	10724	3326	2437	4440
小学在校学生数	人	25067	92564	12718	11812	27638
医疗卫生机构床位数	床	1886	6769	736	875	2889
各种社会福利收养性单位数	个	18	28	8	33	12
各种社会福利收养性单位床位数	床	2200	7870	1109	1717	1516

2014年县(市)社会经济主要指标

山东省

指　　标	单位	长岛县	龙口市	莱阳市	莱州市	蓬莱市
一、基本情况						
行政区域面积	平方公里	59	901	1732	1928	1129
乡个数	个	6				
镇个数	个	1	8	13	11	7
街道办事处个数	个	1	5	5	6	5
户籍人口	万人	4	64	86	85	45
第二产业从业人员	人	2365	176920	150116	172251	103521
第三产业从业人员	人	14892	89609	76480	165875	79525
固定电话用户	户	10000	182757	103420	159015	128169
二、综合经济						
地区生产总值	万元	689769	10027776	3253473	6850934	4900567
第一产业增加值	万元	351583	348511	432042	667172	275768
农业增加值	万元	112	243527	273136	329236	148647
牧业增加值	万元	119	66940	121198	148095	49854
第二产业增加值	万元	57625	5942369	1627987	3649423	2610451
公共财政收入	万元	11728	795057	125021	520678	272058
各项税收	万元	11164	618964	203354	845784	342798
公共财政支出	万元	83950	787677	248186	556912	331586
居民储蓄存款余额	万元	267487	4164033	2425663	4202404	2214339
年末金融机构各项贷款余额	万元	128027	5589996	1752207	2693488	2779306
三、农业、工业及投资						
农业机械总动力	万千瓦特	12	86	148	150	77
机收面积	公顷	60	22880	9449	107511	31025
设施农业占地面积	公顷		1374	981	1795	881
粮食总产量	吨	467	102710	458342	578528	132858
棉花产量	吨			50	220	
油料产量	吨		9473	94230	54006	43613
肉类总产量	吨	47	36125	106130	89370	50998
规模以上工业企业单位数	个	7	306	218	368	266
规模以上工业总产值	万元	29680	29883795	7715945	16365757	13593617
固定资产投资	万元	58664	5323488	1394835	4430660	3521676
四、教育、卫生和社会保障						
普通中学在校学生数	人	1887	32130	37372	41724	20239
中等职业教育学校在校学生数	人	89	11460	3169	8308	2981
小学在校学生数	人	1136	29964	33441	32253	17210
医疗卫生机构床位数	床	245	3339	3932	7016	2989
各种社会福利收养性单位数	个	6	25	27	31	17
各种社会福利收养性单位床位数	床	124	4036	3296	4923	2508

2014年县(市)社会经济主要指标

山东省

指　　标	单位	招远市	栖霞市	海阳市	临朐县	昌乐县
一、基本情况						
行政区域面积	平方公里	1432	2016	1909	1831	1101
乡个数	个					
镇个数	个	9	12	10	8	4
街道办事处个数	个	5	4	4	2	4
户籍人口	万人	57	62	66	89	62
第二产业从业人员	人	110525	24843	75570	160469	115293
第三产业从业人员	人	62201	92572	181765	160053	97458
固定电话用户	户	66825	84200	92326	114320	81573
二、综合经济						
地区生产总值	万元	6508228	2381185	3241181	2290324	2606359
第一产业增加值	万元	379569	464404	602496	332989	344307
农业增加值	万元	271630	408905	281583	229766	268925
牧业增加值	万元	66631	41153	80833	86983	67122
第二产业增加值	万元	3538602	1038395	1389194	1033829	1229800
公共财政收入	万元	465000	90016	247146	123077	202408
各项税收	万元	509477	82333	198999	116485	162517
公共财政支出	万元	492671	211752	288331	266019	253714
居民储蓄存款余额	万元	2697756	1655797	2120279	2134512	1626936
年末金融机构各项贷款余额	万元	2520394	1146688	2187575	2087940	2119805
三、农业、工业及投资						
农业机械总动力	万千瓦特	92	138	103	56	66
机收面积	公顷	56700	28257	61293	71600	73225
设施农业占地面积	公顷	475	72	1373	2835	12637
粮食总产量	吨	328485	130731	269001	253500	235000
棉花产量	吨				819	1280
油料产量	吨	63829	59509	86587	14191	36038
肉类总产量	吨	48401	25646	51807	137065	122475
规模以上工业企业单位数	个	301	211	215	266	232
规模以上工业总产值	万元	16303940	2642513	2633677	4508855	8808821
固定资产投资	万元	3535759	1244058	3407648	2447200	2592664
四、教育、卫生和社会保障						
普通中学在校学生数	人	29080	23655	29086	35916	36923
中等职业教育学校在校学生数	人	4486	2222	3361	6566	1923
小学在校学生数	人	22623	17685	21338	48756	37513
医疗卫生机构床位数	床	2491	1903	4502	3881	3158
各种社会福利收养性单位数	个	22	21	32	11	12
各种社会福利收养性单位床位数	床	3568	2770	3700	2580	1617

2014年县(市)社会经济主要指标

山东省

指　　标	单位	青州市	诸城市	寿光市	安丘市	高密市
一、基本情况						
行政区域面积	平方公里	1569	2151	1990	1712	1527
乡个数	个					
镇个数	个	8	10	9	10	7
街道办事处个数	个	4	4	6	2	3
户籍人口	万人	93	110	107	95	88
第二产业从业人员	人	190102	254577	190906	80018	246270
第三产业从业人员	人	141678	193682	255421	65466	119760
固定电话用户	户	145085	125458	161206	101276	138000
二、综合经济						
地区生产总值	万元	5479400	7054175	7619962	2704700	5530677
第一产业增加值	万元	485486	584419	892238	466610	483636
农业增加值	万元	412578	255430	717090	407600	332660
牧业增加值	万元	68598	319993	107372	43368	144002
第二产业增加值	万元	2733438	3925800	3591339	1207000	3063000
公共财政收入	万元	380896	617168	792000	165629	406944
各项税收	万元	305744	451014	649886	144150	323526
公共财政支出	万元	419631	637980	826874	322688	441972
居民储蓄存款余额	万元	4015679	3153508	4063094	2307694	2314063
年末金融机构各项贷款余额	万元	4354852	4594295	6732984	2368104	3021987
三、农业、工业及投资						
农业机械总动力	万千瓦特	201	149	139	184	186
机收面积	公顷	95698	164819	98610	69553	143707
设施农业占地面积	公顷	19187	4807	28623	5343	3876
粮食总产量	吨	309000	797500	614500	358000	869500
棉花产量	吨	199	1414	15889	3505	830
油料产量	吨	40	61756	237	43729	39365
肉类总产量	吨	101498	336152	175355	125831	195559
规模以上工业企业单位数	个	493	604	478	337	604
规模以上工业总产值	万元	14528099	23117364	17571437	4433609	17584566
固定资产投资	万元	4293049	4916480	4983346	2350800	4167597
四、教育、卫生和社会保障						
普通中学在校学生数	人	47932	55888	61485	42277	45911
中等职业教育学校在校学生数	人	14089	22449	16197	4089	16317
小学在校学生数	人	50418	80189	66365	66343	66101
医疗卫生机构床位数	床	4852	5410	5306	4117	4012
各种社会福利收养性单位数	个	15	18	86	14	31
各种社会福利收养性单位床位数	床	4300	3616	3990	2704	6530

2014年县(市)社会经济主要指标

山东省

指标	单位	昌邑市	兖州区	微山县	鱼台县	金乡县
一、基本情况						
行政区域面积	平方公里	1628	650	1738	654	888
乡个数	个			2		
镇个数	个	6	7	10	9	11
街道办事处个数	个	3	5	3	2	2
户籍人口	万人	58	64	72	47	65
第二产业从业人员	人	117124	139652	116145	71836	94864
第三产业从业人员	人	93876	195707	194324	95612	145746
固定电话用户	户	149412	47600	68979	70103	37536
二、综合经济						
地区生产总值	万元	3559642	5974132	3669597	1479538	1741400
第一产业增加值	万元	334906	456480	384043	319132	488036
农业增加值	万元	197502	289620	125184	219190	394650
牧业增加值	万元	84009	156736	107556	57321	87050
第二产业增加值	万元	1976000	3425400	1747500	624849	532400
公共财政收入	万元	251969	530436	279866	91456	115766
各项税收	万元	201070	408577	335387	77856	95358
公共财政支出	万元	311556	479712	361768	185010	249901
居民储蓄存款余额	万元	2408604	2254185	1125184	769226	1263048
年末金融机构各项贷款余额	万元	2469481	2492867	852147	437613	1000100
三、农业、工业及投资						
农业机械总动力	万千瓦特	191	74	88	149	96
机收面积	公顷	92661	58140	48527	52772	67665
设施农业占地面积	公顷	4543	221	347	817	2105
粮食总产量	吨	576035	426070	342800	275200	88518
棉花产量	吨	6131	262	460	19876	57754
油料产量	吨	6712	3610	1867		197
肉类总产量	吨	122897	104809	81361	35260	46110
规模以上工业企业单位数	个	262	210	148	116	173
规模以上工业总产值	万元	8775423	14394398	3983625	1000241	2454515
固定资产投资	万元	2845211	3667357	2002100	1143201	1250578
四、教育、卫生和社会保障						
普通中学在校学生数	人	28588	27903	25916	20453	19842
中等职业教育学校在校学生数	人	3444	912	276	1003	4410
小学在校学生数	人	33354	39301	42652	30319	53099
医疗卫生机构床位数	床	1975	4085	2643	1710	2236
各种社会福利收养性单位数	个	11	15	17	11	13
各种社会福利收养性单位床位数	床	1416	2630	2489	1887	1658

2014年县(市)社会经济主要指标

山东省

指　　标	单位	嘉祥县	汶上县	泗水县	梁山县	曲阜市
一、基本情况						
行政区域面积	平方公里	975	889	1118	961	815
乡个数	个	2	1	1	2	
镇个数	个	11	12	10	10	8
街道办事处个数	个	2	2	2	2	4
户籍人口	万人	90	80	63	80	64
第二产业从业人员	人	213984	188455	106626	129735	166062
第三产业从业人员	人	251643	132867	99861	96437	129633
固定电话用户	户	80389	69805	78285	81725	58400
二、综合经济						
地区生产总值	万元	2373000	2314400	1465444	2328047	3618762
第一产业增加值	万元	320719	390872	352833	432355	326629
农业增加值	万元	237491	263184	255809	319295	247677
牧业增加值	万元	74040	120659	95247	92016	67462
第二产业增加值	万元	1204900	1159300	616600	1176700	1342200
公共财政收入	万元	138186	124006	78158	101336	227236
各项税收	万元	179643	104419	63308	131122	231441
公共财政支出	万元	266886	260365	222965	241746	352577
居民储蓄存款余额	万元	1679330	1384020	1004400	1582798	1542220
年末金融机构各项贷款余额	万元	1041015	1117380	768900	880593	1359500
三、农业、工业及投资						
农业机械总动力	万千瓦特	136	118	45	111	77
机收面积	公顷	98960	100333	56529	95441	69590
设施农业占地面积	公顷	542	200	1025	1064	744
粮食总产量	吨	580600	584700	215500	586780	546616
棉花产量	吨	15275	843	2310	5418	825
油料产量	吨	3065	7342	63488	15238	12765
肉类总产量	吨	60517	93962	85975	81208	74787
规模以上工业企业单位数	个	154	158	148	179	199
规模以上工业总产值	万元	2277981	1716465	1491222	2498693	2319429
固定资产投资	万元	1715000	1739992	1129800	1712318	2042432
四、教育、卫生和社会保障						
普通中学在校学生数	人	37175	21834	26206	26019	29148
中等职业教育学校在校学生数	人	5433	2667	1480	3948	15695
小学在校学生数	人	89789	52207	32013	51290	28979
医疗卫生机构床位数	床	3040	3081	1084	2183	2052
各种社会福利收养性单位数	个	17	15	13	15	12
各种社会福利收养性单位床位数	床	2070	1598	1333	1432	1316

2014年县(市)社会经济主要指标

山东省

指　　标	单位	邹城市	宁阳县	东平县	新泰市	肥城市
一、基本情况						
行政区域面积	平方公里	1617	1125	1339	1934	1277
乡个数	个		2	2	1	
镇个数	个	13	9	9	17	11
街道办事处个数	个	3	2	3	3	3
户籍人口	万人	118	83	81	140	99
第二产业从业人员	人	304518	188154	176336	325224	177157
第三产业从业人员	人	309183	159427	159909	340986	177119
固定电话用户	户	151000	107940	72520	131576	195220
二、综合经济						
地区生产总值	万元	7903200	3551190	3462454	7691170	7121797
第一产业增加值	万元	489300	511730	408707	543912	485920
农业增加值	万元	289500	336872	223715	307438	338878
牧业增加值	万元	162600	162649	89827	215995	127569
第二产业增加值	万元	4477600	1589766	1646156	3933879	3760742
公共财政收入	万元	608618	123766	113397	380840	354617
各项税收	万元	414254	169329	100918	281932	261205
公共财政支出	万元	621612	295060	281182	570899	485386
居民储蓄存款余额	万元	2972423	1339560	1451511	3287077	2696118
年末金融机构各项贷款余额	万元	5037106	1015486	1369342	3282219	2578187
三、农业、工业及投资						
农业机械总动力	万千瓦特	91	105	105	114	103
机收面积	公顷	100200	97599	91329	85865	100150
设施农业占地面积	公顷	1248	1432	1701	1200	2470
粮食总产量	吨	532070	597660	643136	430047	584336
棉花产量	吨	2309	714	4832	362	1682
油料产量	吨	61689	73397	20641	98374	11717
肉类总产量	吨	96825	101116	54857	147440	81096
规模以上工业企业单位数	个	290	379	311	451	376
规模以上工业总产值	万元	9227147	13037160	10860153	17930834	13606356
固定资产投资	万元	3592740	2987809	2510182	5048911	4763711
四、教育、卫生和社会保障						
普通中学在校学生数	人	49312	37180	42608	94764	50866
中等职业教育学校在校学生数	人	4960	8114	5846	6339	4577
小学在校学生数	人	65419	42937	35196	68142	68081
医疗卫生机构床位数	床	6374	3160	2485	6360	4518
各种社会福利收养性单位数	个	26	15	36	26	25
各种社会福利收养性单位床位数	床	6350	2622	3038	4373	2137

2014年县(市)社会经济主要指标

山东省

指　　标	单位	文登区	荣成市	乳山市	五莲县	莒县
一、基本情况						
行政区域面积	平方公里	1615	1526	1665	1497	1821
乡个数	个				2	1
镇个数	个	12	12	14	9	18
街道办事处个数	个	3	10	1	1	2
户籍人口	万人	58	67	56	52	110
第二产业从业人员	人	60634	99040	30787	133003	156366
第三产业从业人员	人	29866	48102	22456	100721	152978
固定电话用户	户	387536	189012	101000	108011	50502
二、综合经济						
地区生产总值	万元	6819137	9710235	4415893	2003220	2978000
第一产业增加值	万元	550520	805360	375266	209520	445200
农业增加值	万元	141887	145198	177344	157478	268942
牧业增加值	万元	167526	72377	47367	45037	150262
第二产业增加值	万元	3356564	4803159	2305684	1226900	1312200
公共财政收入	万元	438903	600105	276588	100567	114076
各项税收	万元	389619	702132	234946	81501	106131
公共财政支出	万元	516353	814389	350315	212933	339270
居民储蓄存款余额	万元	2933332	3723957	2168086	1308575	2149672
年末金融机构各项贷款余额	万元	2650813	3959669	1779971	1335244	2475782
三、农业、工业及投资						
农业机械总动力	万千瓦特	191	200	108	55	129
机收面积	公顷	68643	66812	67400	42800	71572
设施农业占地面积	公顷	1599	206	239	1446	9460
粮食总产量	吨	273567	242120	267611	217482	439726
棉花产量	吨				1688	562
油料产量	吨	82939	66455	72880	57752	90887
肉类总产量	吨	47200	37246	83559	47350	90606
规模以上工业企业单位数	个	406	529	335	164	160
规模以上工业总产值	万元	17549216	25980721	7024994	4822000	4695100
固定资产投资	万元	5163414	6431525	4219042	1204011	1980728
四、教育、卫生和社会保障						
普通中学在校学生数	人	22005	31023	18267	23348	46295
中等职业教育学校在校学生数	人	3856	6567	478	5090	7853
小学在校学生数	人	18814	26180	13690	27434	74685
医疗卫生机构床位数	床	4738	6100	2135	1996	3496
各种社会福利收养性单位数	个	33	43	23	13	25
各种社会福利收养性单位床位数	床	5605	5789	5836	1490	2600

2014年县(市)社会经济主要指标

山东省

指　　标	单位	沂南县	郯城县	沂水县	兰陵县	费县
一、基本情况						
行政区域面积	平方公里	1719	1195	2414	1724	1660
乡个数	个	1	3	1	1	2
镇个数	个	13	9	16	15	9
街道办事处个数	个	1	1	1	1	1
户籍人口	万人	93	97	114	136	86
第二产业从业人员	人	164501	120362	187047	173738	183156
第三产业从业人员	人	113570	112801	158729	237196	93682
固定电话用户	户	41130	40801	62532	48847	43114
二、综合经济						
地区生产总值	万元	2055199	2572300	3347900	2979900	2351400
第一产业增加值	万元	348235	263439	344223	550392	319806
农业增加值	万元	249932	193709	247690	495430	271874
牧业增加值	万元	86523	30503	79098	34732	27647
第二产业增加值	万元	860600	1140400	1506700	1024300	1092900
公共财政收入	万元	132268	103577	207076	130085	137789
各项税收	万元	116065	90304	174022	117492	122049
公共财政支出	万元	309004	287600	397972	341088	294509
居民储蓄存款余额	万元	1770926	1522508	2533340	1688533	1624965
年末金融机构各项贷款余额	万元	1082198	968498	2243910	1382510	1231844
三、农业、工业及投资						
农业机械总动力	万千瓦特	81	91	97	123	60
机收面积	公顷	86415	97295	95694	148000	72150
设施农业占地面积	公顷	5252	1737	1042	11094	1712
粮食总产量	吨	372000	754000	370500	660500	300500
棉花产量	吨	2141	460	2652	1084	1829
油料产量	吨	80868	15392	89362	67778	85180
肉类总产量	吨	127590	47972	119381	74986	49657
规模以上工业企业单位数	个	301	218	511	208	359
规模以上工业总产值	万元	5627191	5183575	12455297	5073836	6315437
固定资产投资	万元	1695272	1561504	2209369	1613375	1377815
四、教育、卫生和社会保障						
普通中学在校学生数	人	41055	36449	47162	57486	33693
中等职业教育学校在校学生数	人	4061	3750	8341	2833	2710
小学在校学生数	人	58083	61381	61205	143761	56547
医疗卫生机构床位数	床	3385	2379	5721	4871	2899
各种社会福利收养性单位数	个	18	15	17	21	14
各种社会福利收养性单位床位数	床	3204	2203	3714	2618	2209

2014年县(市)社会经济主要指标

山东省

指　　标	单位	平邑县	莒南县	蒙阴县	临沭县	陵城区
一、基本情况						
行政区域面积	平方公里	1823	1751	1602	1010	1213
乡个数	个			1		1
镇个数	个	13	15	8	7	10
街道办事处个数	个	1	1	1	2	2
户籍人口	万人	104	103	56	64	60
第二产业从业人员	人	143930	174334	81125	145512	96898
第三产业从业人员	人	106635	131757	81147	64684	47439
固定电话用户	户	62134	53246	42445	37402	40464
二、综合经济						
地区生产总值	万元	2539400	2914101	1738799	2015500	2362682
第一产业增加值	万元	349559	362649	280737	187792	294747
农业增加值	万元	270588	224959	222566	109030	175737
牧业增加值	万元	64622	99160	33987	48925	92912
第二产业增加值	万元	1064000	1198700	664200	981600	1125400
公共财政收入	万元	118916	172638	87002	121582	106916
各项税收	万元	102627	154408	79505	104284	124757
公共财政支出	万元	319770	370875	238131	257592	210439
居民储蓄存款余额	万元	1495083	2040566	1148080	1265518	1155034
年末金融机构各项贷款余额	万元	1203741	1502502	817149	1499788	739286
三、农业、工业及投资						
农业机械总动力	万千瓦特	77	93	86	78	150
机收面积	公顷	84180	90231	32004	76173	64660
设施农业占地面积	公顷	230	2374	252	314	523
粮食总产量	吨	307500	503500	143500	299000	950740
棉花产量	吨	297	32	1620	15	9303
油料产量	吨	83189	126455	40983	167984	5
肉类总产量	吨	61473	156657	29755	56379	85151
规模以上工业企业单位数	个	297	287	177	210	237
规模以上工业总产值	万元	4586078	7747514	2935484	5211976	8347237
固定资产投资	万元	1473174	2718824	1155660	1662409	1649228
四、教育、卫生和社会保障						
普通中学在校学生数	人	45441	49083	26878	33304	25070
中等职业教育学校在校学生数	人	3756	4734	1785	7961	801
小学在校学生数	人	57528	51001	31010	48027	35349
医疗卫生机构床位数	床	4122	3460	2310	1676	1920
各种社会福利收养性单位数	个	19	19	15	13	14
各种社会福利收养性单位床位数	床	4186	3116	2207	1580	1009

2014年县(市)社会经济主要指标

山东省

指　　标	单位	宁津县	庆云县	临邑县	齐河县	平原县
一、基本情况						
行政区域面积	平方公里	833	501	1016	1411	1047
乡个数	个	1	3	1	2	2
镇个数	个	9	5	8	11	8
街道办事处个数	个	2	1	3	2	2
户籍人口	万人	52	32	54	63	47
第二产业从业人员	人	120227	32330	98280	120740	65706
第三产业从业人员	人	62333	35554	55996	132427	47079
固定电话用户	户	46741	46620	30000	63600	87958
二、综合经济						
地区生产总值	万元	1988750	1471400	2474380	4157266	2023640
第一产业增加值	万元	231006	118105	298884	350952	260984
农业增加值	万元	141889	77616	163500	214765	162225
牧业增加值	万元	75151	35945	113163	103804	78280
第二产业增加值	万元	1081000	699373	1276800	2180800	1064900
公共财政收入	万元	68500	53638	130310	255736	78467
各项税收	万元	57710	65623	217738	290059	66403
公共财政支出	万元	159432	146221	201008	325446	169260
居民储蓄存款余额	万元	1326823	603615	1227646	1276288	1094115
年末金融机构各项贷款余额	万元	659142	553576	1185468	1251786	600597
三、农业、工业及投资						
农业机械总动力	万千瓦特	237	68	190	250	152
机收面积	公顷	69503	44000	109098	147531	110973
设施农业占地面积	公顷	4695	134	1050	1862	5102
粮食总产量	吨	500516	225031	751026	1014443	750722
棉花产量	吨	8232	5570	2681	4240	432
油料产量	吨	1802		28	5868	379
肉类总产量	吨	31178	11847	129382	116689	79312
规模以上工业企业单位数	个	303	191	355	402	230
规模以上工业总产值	万元	6840205	4686700	7964996	9048516	6283900
固定资产投资	万元	1591700	1014375	1737589	1857769	1612200
四、教育、卫生和社会保障						
普通中学在校学生数	人	20992	14650	24800	29374	24030
中等职业教育学校在校学生数	人	1604	400	3400	4398	1277
小学在校学生数	人	38701	25732	34330	33013	27783
医疗卫生机构床位数	床	1540	1200	1854	1535	1500
各种社会福利收养性单位数	个	16	8	12	50	12
各种社会福利收养性单位床位数	床	1590	1416	2408	2349	2287

2014年县(市)社会经济主要指标

山东省

指　标	单位	夏津县	武城县	乐陵市	禹城市	阳谷县
一、基本情况						
行政区域面积	平方公里	882	751	1173	992	1066
乡个数	个	2		3	2	2
镇个数	个	10	7	9	8	13
街道办事处个数	个	2	1	4	1	3
户籍人口	万人	51	39	70	53	81
第二产业从业人员	人	68437	91265	104476	113613	220453
第三产业从业人员	人	52778	34408	144367	104656	195623
固定电话用户	户	22020	31489	31000	89220	98513
二、综合经济						
地区生产总值	万元	1839326	1814405	2265854	2446162	2837405
第一产业增加值	万元	206461	197865	314906	311383	415605
农业增加值	万元	154434	136517	178129	180882	332920
牧业增加值	万元	45046	47453	112032	101512	74087
第二产业增加值	万元	972705	998100	1153000	1245900	1609600
公共财政收入	万元	75366	82033	100273	168231	111141
各项税收	万元	63308	99046	86353	193511	89697
公共财政支出	万元	188020	155231	198660	253473	268522
居民储蓄存款余额	万元	979158	966714	1170643	1051894	1782968
年末金融机构各项贷款余额	万元	626191	797982	1084420	1384885	1589163
三、农业、工业及投资						
农业机械总动力	万千瓦特	120	69	103	137	142
机收面积	公顷	61244	73067	95900	97533	100010
设施农业占地面积	公顷	779	354	821	4477	4339
粮食总产量	吨	354344	400371	750154	678441	700047
棉花产量	吨	32949	13510	3667	3463	4421
油料产量	吨	2493	4950	468	4809	10334
肉类总产量	吨	36372	15544	88298	100351	72701
规模以上工业企业单位数	个	293	403	282	356	286
规模以上工业总产值	万元	7448115	7602500	7572600	9264300	9763599
固定资产投资	万元	1171209	1655619	1716500	1752395	2094787
四、教育、卫生和社会保障						
普通中学在校学生数	人	24009	18332	22405	26235	44197
中等职业教育学校在校学生数	人	659	6896	2048	2021	4315
小学在校学生数	人	50417	26921	51289	31988	50849
医疗卫生机构床位数	床	1136	972	2214	1657	2615
各种社会福利收养性单位数	个	14	9	13	11	13
各种社会福利收养性单位床位数	床	1130	1970	2100	811	3600

2014年县(市)社会经济主要指标

山东省

指　　标	单位	莘县	茌平县	东阿县	冠县	高唐县
一、基本情况						
行政区域面积	平方公里	1420	1003	729	1161	949
乡个数	个	1	1	1	6	
镇个数	个	19	10	7	9	9
街道办事处个数	个	4	3	2	3	3
户籍人口	万人	104	56	40	83	50
第二产业从业人员	人	114814	119361	70798	140634	65872
第三产业从业人员	人	110322	116704	63665	105095	70304
固定电话用户	户	57725	53471	35774	37965	33472
二、综合经济						
地区生产总值	万元	2868945	4199254	1777200	2497500	3561310
第一产业增加值	万元	485645	479454	193900	435100	359310
农业增加值	万元	385214	393817	140920	340800	283425
牧业增加值	万元	95050	71060	35076	85720	71501
第二产业增加值	万元	1392600	2776500	945000	1263500	2335300
公共财政收入	万元	100203	264295	100146	92422	121457
各项税收	万元	80344	158580	69334	73558	85169
公共财政支出	万元	312790	330098	170189	257988	209148
居民储蓄存款余额	万元	1573510	1366043	950055	1246243	1027755
年末金融机构各项贷款余额	万元	1047601	1905491	1012119	1387581	1699259
三、农业、工业及投资						
农业机械总动力	万千瓦特	245	136	95	151	109
机收面积	公顷	129900	96516	70514	115850	93997
设施农业占地面积	公顷	21825	10065	1370	4919	926
粮食总产量	吨	720162	585595	510252	676802	544964
棉花产量	吨	2529	7693	2010	2256	13651
油料产量	吨	27134	22672	325	15604	17432
肉类总产量	吨	145184	70652	26430	78590	47293
规模以上工业企业单位数	个	276	415	174	268	405
规模以上工业总产值	万元	7805300	14118522	5806992	9896324	15392300
固定资产投资	万元	1947698	2358609	1119293	1917000	2338864
四、教育、卫生和社会保障						
普通中学在校学生数	人	49554	25271	16220	28874	21892
中等职业教育学校在校学生数	人	3771	1327	376	3451	2888
小学在校学生数	人	82705	36984	21344	63802	33687
医疗卫生机构床位数	床	2797	1710	1637	2418	1685
各种社会福利收养性单位数	个	7	8	30	13	18
各种社会福利收养性单位床位数	床	2437	2155	2473	3610	3082

2014年县(市)社会经济主要指标

山东省

指　　标	单位	临清市	沾化区	惠民县	阳信县	无棣县
一、基本情况						
行政区域面积	平方公里	950	2218	1363	798	2090
乡个数	个		3		1	
镇个数	个	12	7	12	7	10
街道办事处个数	个	4	2	3	2	2
户籍人口	万人	78	39	65	46	47
第二产业从业人员	人	137802	42801	122110	115083	120862
第三产业从业人员	人	107714	81997	131584	64810	94407
固定电话用户	户	54111	62812	81700	83900	44664
二、综合经济						
地区生产总值	万元	3572800	1695436	1741231	1328748	2470570
第一产业增加值	万元	243500	372896	336483	231240	360197
农业增加值	万元	187471	258137	277631	141490	179268
牧业增加值	万元	44644	37611	46282	76953	79422
第二产业增加值	万元	2092500	615197	697981	501101	1271130
公共财政收入	万元	156167	103180	80016	66170	174129
各项税收	万元	112203	88782	70999	53669	146161
公共财政支出	万元	271790	192891	240066	188017	287132
居民储蓄存款余额	万元	1860166	558198	929033	627368	897524
年末金融机构各项贷款余额	万元	1542189	769560	1030547	761488	1312923
三、农业、工业及投资						
农业机械总动力	万千瓦特	128	52	96	80	84
机收面积	公顷	87574	33633	105873	66265	56961
设施农业占地面积	公顷	1767	243	7932	1322	210
粮食总产量	吨	581501	185377	632000	471720	243117
棉花产量	吨	5484	34504	18321	5305	30028
油料产量	吨	2388	1957	9658		892
肉类总产量	吨	26877	52216	61614	95789	94734
规模以上工业企业单位数	个	407	119	202	131	162
规模以上工业总产值	万元	12378400	2449252	3143008	2381153	3999977
固定资产投资	万元	2345833	1516430	1682181	1204795	3155091
四、教育、卫生和社会保障						
普通中学在校学生数	人	30933	16577	28199	24671	22221
中等职业教育学校在校学生数	人	1303	1090	1902	2902	4585
小学在校学生数	人	73671	20700	36449	29481	28206
医疗卫生机构床位数	床	2858	1362	3079	999	1705
各种社会福利收养性单位数	个	10	12	50	9	13
各种社会福利收养性单位床位数	床	2480	1928	2633	998	1585

2014年县(市)社会经济主要指标

山东省

指　　标	单位	博兴县	邹平县	曹县	单县	成武县
一、基本情况						
行政区域面积	平方公里	900	1250	1974	1670	998
乡个数	个			4	2	
镇个数	个	9	11	18	16	11
街道办事处个数	个	3	5	5	4	2
户籍人口	万人	49	73	165	124	71
第二产业从业人员	人	134780	229017	217264	157503	84014
第三产业从业人员	人	75099	117273	217022	218324	114922
固定电话用户	户	64490	150926	35542	40101	14422
二、综合经济						
地区生产总值	万元	2977337	7800815	2881377	2624755	1634218
第一产业增加值	万元	229357	382812	360449	370046	229915
农业增加值	万元	166642	233415	226285	250435	164809
牧业增加值	万元	35435	134900	90704	103118	50496
第二产业增加值	万元	1584831	4843117	1582114	1356840	910402
公共财政收入	万元	367974	566317	196787	162016	86519
各项税收	万元	196315	445972	166319	129141	66611
公共财政支出	万元	306392	596497	464426	330742	218908
居民储蓄存款余额	万元	1805069	2161903	2041623	1758086	1109388
年末金融机构各项贷款余额	万元	3571042	6233302	1458096	1355334	803456
三、农业、工业及投资						
农业机械总动力	万千瓦特	143	135	241	245	118
机收面积	公顷	64625	106000	168000	133769	93990
设施农业占地面积	公顷	1752	1653	896	3485	2427
粮食总产量	吨	441900	767601	1074500	687500	502500
棉花产量	吨	13867	1444	10180	26489	34650
油料产量	吨	140	1739	24162	45398	1735
肉类总产量	吨	55384	76870	86997	103337	61864
规模以上工业企业单位数	个	241	339	578	335	203
规模以上工业总产值	万元	12367051	31364803	8930204	6050571	4160834
固定资产投资	万元	2265631	2233231	1140830	807608	672014
四、教育、卫生和社会保障						
普通中学在校学生数	人	27975	42146	75976	67149	31964
中等职业教育学校在校学生数	人	5894	14708	1582	4553	2269
小学在校学生数	人	32797	48401	146860	89234	69261
医疗卫生机构床位数	床	3006	3166	5273	3734	2088
各种社会福利收养性单位数	个	18	104	29	23	17
各种社会福利收养性单位床位数	床	3200	5926	5030	4082	3880

2014年县(市)社会经济主要指标

山东省

指　　标	单位	巨野县	郓城县	鄄城县	定陶县	东明县
一、基本情况						
行政区域面积	平方公里	1308	1643	1032	846	1370
乡个数	个		5	2		2
镇个数	个	15	15	13	10	10
街道办事处个数	个	2	2	2	2	2
户籍人口	万人	106	126	90	69	85
第二产业从业人员	人	140281	205541	113846	74343	81995
第三产业从业人员	人	168145	196574	137783	107413	121670
固定电话用户	户	31393	65490	22866	12802	29621
二、综合经济						
地区生产总值	万元	2385916	2923819	1546394	1291511	2449500
第一产业增加值	万元	273053	354490	244459	230268	235800
农业增加值	万元	201553	248303	172409	158482	186498
牧业增加值	万元	56364	85647	51851	63677	29064
第二产业增加值	万元	1320494	1615953	777736	668486	1598764
公共财政收入	万元	190000	214055	75574	67000	136578
各项税收	万元	152505	167428	53243	45655	86564
公共财政支出	万元	324995	390649	260514	222526	268068
居民储蓄存款余额	万元	1784148	2359178	1466991	1025203	1256890
年末金融机构各项贷款余额	万元	1268606	1470927	853288	697698	1836242
三、农业、工业及投资						
农业机械总动力	万千瓦特	216	163	124	91	139
机收面积	公顷	113006	149760	93408	86868	124305
设施农业占地面积	公顷	1262	1267	926	2223	1742
粮食总产量	吨	501000	1046000	540500	537500	566500
棉花产量	吨	48443	20526	3645	6330	18005
油料产量	吨	10134	31077	60449	5860	61910
肉类总产量	吨	50988	91466	71371	75640	52828
规模以上工业企业单位数	个	245	361	297	183	176
规模以上工业总产值	万元	4853287	6884359	4846605	3271775	10673825
固定资产投资	万元	874044	1102373	659224	642059	1145188
四、教育、卫生和社会保障						
普通中学在校学生数	人	47623	65535	46228	30736	42778
中等职业教育学校在校学生数	人	1371	2662	8663	2908	5476
小学在校学生数	人	91585	112957	83877	55178	87697
医疗卫生机构床位数	床	3497	4099	2710	2425	1980
各种社会福利收养性单位数	个	21	24	16	16	15
各种社会福利收养性单位床位数	床	3968	3742	3685	1907	3962

2014年县(市)社会经济主要指标

河南省

指　　标	单位	中牟县	巩义市	荥阳市	新密市	新郑市
一、基本情况						
行政区域面积	平方公里	1417	1043	943	1001	753
乡个数	个	1		3	1	2
镇个数	个	15	15	9	12	9
街道办事处个数	个	5	5	2	3	3
户籍人口	万人	82	83	68	88	71
第二产业从业人员	人	58353	255049	95327	63773	146234
第三产业从业人员	人	71112	141818	48955	44490	116774
固定电话用户	户	58586	122158	120464	109036	60068
二、综合经济						
地区生产总值	万元	7262709	6075672	5702519	6018650	6973245
第一产业增加值	万元	362556	109772	274304	181910	284051
农业增加值	万元	179567	46503	148266	99262	156139
牧业增加值	万元	122046	53578	115756	62108	123534
第二产业增加值	万元	5465288	3974781	3824965	3514807	4012586
公共财政收入	万元	316544	318355	264803	300088	501299
各项税收	万元	212615	149398	191500	163227	378782
公共财政支出	万元	507136	458931	322099	432405	558576
居民储蓄存款余额	万元	1833036	2056234	1636455	2341464	2030928
年末金融机构各项贷款余额	万元	1485753	1693625	1380964	1747177	2354192
三、农业、工业及投资						
农业机械总动力	万千瓦特	74	59	82	102	90
机收面积	公顷	49852	34647	51704	45852	47220
设施农业占地面积	公顷	2352	132	1061	215	502
粮食总产量	吨	195556	146115	332712	197295	273148
棉花产量	吨	1021	371	230	69	30
油料产量	吨	47654	4890	11482	6820	29410
肉类总产量	吨	42106	27007	49781	22895	53438
规模以上工业企业单位数	个	134	451	372	489	299
规模以上工业总产值	万元	4634857	18165369	15385322	12799758	11593224
固定资产投资	万元	2369881	4041698	4044476	3837903	3924161
四、教育、卫生和社会保障						
普通中学在校学生数	人	36631	37520	31342	44910	34528
中等职业教育学校在校学生数	人	6453	3459	5683	6559	14679
小学在校学生数	人	80870	50647	42598	66507	59276
医疗卫生机构床位数	床	3738	2856	2159	3926	2907
各种社会福利收养性单位数	个	15	22	13	25	22
各种社会福利收养性单位床位数	床	983	1520	4204	2405	2063

2014年县(市)社会经济主要指标

河南省

指　　标	单位	登封市	杞县	通许县	尉氏县	开封县
一、基本情况						
行政区域面积	平方公里	1217	1257	767	1297	1251
乡个数	个	4	13	6	7	9
镇个数	个	8	7	6	10	6
街道办事处个数	个	3				
户籍人口	万人	71	121	68	101	80
第二产业从业人员	人	67332	32437	27605	27316	29480
第三产业从业人员	人	40091	29557	16324	24927	15870
固定电话用户	户	101756	37121	6903	35463	50143
二、综合经济						
地区生产总值	万元	4833880	2467581	2020302	2909310	2001970
第一产业增加值	万元	136131	761372	462276	502273	505946
农业增加值	万元	79335	498967	341575	304621	321807
牧业增加值	万元	41906	245575	114188	181639	170226
第二产业增加值	万元	3009176	873419	900204	1716897	754555
公共财政收入	万元	260645	100556	64699	130561	71933
各项税收	万元	143888	66262	41852	87512	43566
公共财政支出	万元	386982	317770	202389	334918	227498
居民储蓄存款余额	万元	1816656	1074791	801118	1082313	800527
年末金融机构各项贷款余额	万元	1075426	672214	448884	796440	554487
三、农业、工业及投资						
农业机械总动力	万千瓦特	66	211	96	144	162
机收面积	公顷	40866	134796	58610	99756	106200
设施农业占地面积	公顷	93	150	2198	274	413
粮食总产量	吨	170437	650057	379190	554759	573474
棉花产量	吨	274	6570	2408	6330	2780
油料产量	吨	4780	112399	38557	119146	126615
肉类总产量	吨	27229	107705	64971	92173	83126
规模以上工业企业单位数	个	327	210	155	282	172
规模以上工业总产值	万元	11982462	3505650	2602680	6730576	2910237
固定资产投资	万元	3416461	1592992	1265706	2024224	1596383
四、教育、卫生和社会保障						
普通中学在校学生数	人	54049	52938	35465	41433	35044
中等职业教育学校在校学生数	人	17958	2214	4499	5873	6986
小学在校学生数	人	75592	93244	54826	82719	65438
医疗卫生机构床位数	床	2992	2470	2984	3625	980
各种社会福利收养性单位数	个	23	24	12	19	17
各种社会福利收养性单位床位数	床	2414	2182	968	1610	1755

2014年县(市)社会经济主要指标

河南省

指　　标	单位	兰考县	孟津县	新安县	栾川县	嵩县
一、基本情况						
行政区域面积	平方公里	1116	759	1164	2477	3009
乡个数	个	11		1	2	6
镇个数	个	5	10	10	12	10
街道办事处个数	个					
户籍人口	万人	92	48	54	35	62
第二产业从业人员	人	273776	139240	152071	79756	58044
第三产业从业人员	人	195898	77984	139590	73568	133040
固定电话用户	户	22631	60870	36561	21990	28814
二、综合经济						
地区生产总值	万元	2139487	2212200	3488774	1408071	1338446
第一产业增加值	万元	362207	252253	212475	145324	290894
农业增加值	万元	215900	129043	144985	90694	163029
牧业增加值	万元	124999	101170	44987	14361	68632
第二产业增加值	万元	1007899	1223053	2167981	797907	477356
公共财政收入	万元	112935	116510	161179	160055	52569
各项税收	万元	84302	78389	100454	114027	28590
公共财政支出	万元	353889	230180	253879	245736	216219
居民储蓄存款余额	万元	988907	854846	819012	703660	687929
年末金融机构各项贷款余额	万元	619938	573903	801927	499411	315132
三、农业、工业及投资						
农业机械总动力	万千瓦特	98	39	47	28	59
机收面积	公顷	99564	48112	25000	4682	13290
设施农业占地面积	公顷	555	236	593	80	502
粮食总产量	吨	524413	218351	210188	46215	180214
棉花产量	吨	3196	193	198	17	172
油料产量	吨	77960	2959	4524	885	7570
肉类总产量	吨	51510	23416	22196	8138	33023
规模以上工业企业单位数	个	284	247	229	53	36
规模以上工业总产值	万元	3478700	5631958	9599977	1947854	1277882
固定资产投资	万元	1238290	2282587	3507514	1859381	1723567
四、教育、卫生和社会保障						
普通中学在校学生数	人	45418	27069	33579	19268	32570
中等职业教育学校在校学生数	人	1153	7426	13287	2690	5431
小学在校学生数	人	82131	30542	41453	26643	58265
医疗卫生机构床位数	床	4556	1823	2012	1769	1971
各种社会福利收养性单位数	个	18	16	12	16	17
各种社会福利收养性单位床位数	床	1602	986	1368	1260	1288

2014年县(市)社会经济主要指标

河南省

指　　标	单位	汝阳县	宜阳县	洛宁县	伊川县	偃师市
一、基本情况						
行政区域面积	平方公里	1328	1651	2306	1059	668
乡个数	个	5	5	8	4	
镇个数	个	8	11	10	10	9
街道办事处个数	个					4
户籍人口	万人	51	70	51	83	62
第二产业从业人员	人	65947	119863	76135	83293	240736
第三产业从业人员	人	81242	121575	90870	225964	152368
固定电话用户	户	49500	33419	34187	53000	70870
二、综合经济						
地区生产总值	万元	1247814	2077595	1438018	2810272	3806238
第一产业增加值	万元	145561	322591	279974	282033	201746
农业增加值	万元	68257	207514	177634	148474	95424
牧业增加值	万元	16706	101777	79697	126790	104168
第二产业增加值	万元	682593	953895	589632	1548141	2082569
公共财政收入	万元	69262	86169	66254	151899	141372
各项税收	万元	54073	57689	33413	88146	92081
公共财政支出	万元	198893	237688	219255	313018	264215
居民储蓄存款余额	万元	558568	690841	511472	922804	1718331
年末金融机构各项贷款余额	万元	318878	533619	246109	1514141	1013404
三、农业、工业及投资						
农业机械总动力	万千瓦特	42	59	45	73	59
机收面积	公顷	21330	39500	18000	35451	58910
设施农业占地面积	公顷	51	842	75	530	121
粮食总产量	吨	160226	334297	214352	332058	249619
棉花产量	吨	167	634	93	960	135
油料产量	吨	7665	70951	4848	9946	3393
肉类总产量	吨	12780	50355	28044	47513	31987
规模以上工业企业单位数	个	71	122	48	131	317
规模以上工业总产值	万元	1234440	2878188	2018236	5072331	9743690
固定资产投资	万元	1330948	2302953	1763734	3523953	2395012
四、教育、卫生和社会保障						
普通中学在校学生数	人	29171	39507	24304	44555	31301
中等职业教育学校在校学生数	人	1232	4105	967	546	838
小学在校学生数	人	51603	54341	42107	83529	38803
医疗卫生机构床位数	床	1694	2401	1939	2381	2422
各种社会福利收养性单位数	个	16	16	21	15	17
各种社会福利收养性单位床位数	床	1425	1570	1079	1390	857

2014年县(市)社会经济主要指标

河南省

指　　标	单位	宝丰县	叶县	鲁山县	郏县	舞钢市
一、基本情况						
行政区域面积	平方公里	722	1387	2409	737	641
乡个数	个	3	9	13	5	4
镇个数	个	9	8	7	8	4
街道办事处个数	个			4	2	5
户籍人口	万人	54	86	96	65	34
第二产业从业人员	人	13181	11574	11246	14724	29604
第三产业从业人员	人	17997	23554	23261	15961	13622
固定电话用户	户	28896	28467	37879	25196	42092
二、综合经济						
地区生产总值	万元	2484167	1985959	1304504	1423435	1074796
第一产业增加值	万元	198005	437860	273179	214381	109633
农业增加值	万元	100573	221719	207673	124808	43224
牧业增加值	万元	91249	207013	51784	83475	60069
第二产业增加值	万元	1533596	1073158	467892	837308	521887
公共财政收入	万元	116390	66386	71089	83297	104893
各项税收	万元	76875	49924	48422	57302	65842
公共财政支出	万元	219001	235131	265937	226908	170273
居民储蓄存款余额	万元	890764	1027023	1223358	791083	797900
年末金融机构各项贷款余额	万元	741072	521792	768926	580871	813724
三、农业、工业及投资						
农业机械总动力	万千瓦特	47	68	41	54	29
机收面积	公顷	35900	68110	47401	41971	15827
设施农业占地面积	公顷	154	668	1352	81	378
粮食总产量	吨	193763	474184	180215	273448	113134
棉花产量	吨	94	127		941	131
油料产量	吨	10478	37786	18553	18389	6278
肉类总产量	吨	49266	114839	30384	49976	49883
规模以上工业企业单位数	个	111	54	67	137	80
规模以上工业总产值	万元	3959042	3275323	1601576	2814890	2038796
固定资产投资	万元	2386782	2216219	1386981	1685309	1621435
四、教育、卫生和社会保障						
普通中学在校学生数	人	23141	34257	39194	26955	14057
中等职业教育学校在校学生数	人	375	1692	6980	329	3161
小学在校学生数	人	48663	63743	98719	60678	22500
医疗卫生机构床位数	床	2205	2113	2840	2447	1317
各种社会福利收养性单位数	个	14	40	25	14	9
各种社会福利收养性单位床位数	床	863	2966	1986	1162	816

2014年县(市)社会经济主要指标

河南省

指　　标	单位	汝州市	安阳县	汤阴县	滑县	内黄县
一、基本情况						
行政区域面积	平方公里	1872	1193	646	1814	1145
乡个数	个	4	7	1	10	9
镇个数	个	11	12	9	12	8
街道办事处个数	个	5			1	
户籍人口	万人	113	99	52	146	81
第二产业从业人员	人	180256	252038	34776	125120	136742
第三产业从业人员	人	147147	149489	17179	169971	104662
固定电话用户	户	56200	137918	56856	102867	70306
二、综合经济						
地区生产总值	万元	3477958	3439429	1503814	1987028	1634585
第一产业增加值	万元	372732	334045	238768	641529	504290
农业增加值	万元	151852	205514	177853	503795	440106
牧业增加值	万元	178198	90499	54933	124718	50850
第二产业增加值	万元	1731358	1972687	843631	753946	672116
公共财政收入	万元	183168	104805	87748	80062	51302
各项税收	万元	131387	77273	63374	59310	36264
公共财政支出	万元	360018	262711	202355	421516	220616
居民储蓄存款余额	万元	1388571	2026489	662293	1569000	780520
年末金融机构各项贷款余额	万元	1311374	911555	482058	919000	361995
三、农业、工业及投资						
农业机械总动力	万千瓦特	147	91	61	260	115
机收面积	公顷	98210	95990	61133	193066	99800
设施农业占地面积	公顷	490	457	710	19283	5900
粮食总产量	吨	429183	655230	434983	1435394	509811
棉花产量	吨	717	1228	908	2665	743
油料产量	吨	34522	6297	11306	121160	115512
肉类总产量	吨	97798	32490	32614	50729	46090
规模以上工业企业单位数	个	136	195	126	132	99
规模以上工业总产值	万元	2779000	7542222	3572328	2634349	2661138
固定资产投资	万元	2398998	4160264	907107	1258699	979760
四、教育、卫生和社会保障						
普通中学在校学生数	人	45744	45542	24797	61212	21338
中等职业教育学校在校学生数	人	8831	7023	1870	2729	1126
小学在校学生数	人	108481	85158	48541	127373	72692
医疗卫生机构床位数	床	4077	2313	1351	3904	2300
各种社会福利收养性单位数	个	21	35	16	26	20
各种社会福利收养性单位床位数	床	1188	1476	1189	2310	2524

2014年县(市)社会经济主要指标

河南省

指　标	单位	林州市	浚县	淇县	新乡县	获嘉县
一、基本情况						
行政区域面积	平方公里	2046	1088	581	385	473
乡个数	个	1	1	1	1	3
镇个数	个	15	6	4	6	8
街道办事处个数	个	4	4	4		
户籍人口	万人	111	74	30	36	45
第二产业从业人员	人	384510	18900	36123	184385	99973
第三产业从业人员	人	116324	14902	11362	75440	81094
固定电话用户	户	106582	66830	37409	52718	58504
二、综合经济						
地区生产总值	万元	4464927	1615334	1969060	2008451	913950
第一产业增加值	万元	227946	311449	199039	135598	156936
农业增加值	万元	89852	173079	51559	77474	93680
牧业增加值	万元	132513	134313	141908	54570	56710
第二产业增加值	万元	2638976	892810	1514330	1455570	585654
公共财政收入	万元	140303	53219	66032	77864	37000
各项税收	万元	97338	36031	44306	57382	25929
公共财政支出	万元	329238	241360	149556	138771	136022
居民储蓄存款余额	万元	2891734	686256	527462	883985	600117
年末金融机构各项贷款余额	万元	1330180	896272	1163130	982102	302156
三、农业、工业及投资						
农业机械总动力	万千瓦特	59	167	35	49	74
机收面积	公顷	57924	107991	35000	29800	47980
设施农业占地面积	公顷	2	978	64	367	90
粮食总产量	吨	369654	732862	299049	270874	330103
棉花产量	吨	530	182	46	674	462
油料产量	吨	4691	30307	1624	15449	126
肉类总产量	吨	78551	96023	113086	17752	30514
规模以上工业企业单位数	个	259	114	125	140	92
规模以上工业总产值	万元	10007817	3636123	6524788	6441214	1945246
固定资产投资	万元	4280556	1042070	1221904	1148921	812148
四、教育、卫生和社会保障						
普通中学在校学生数	人	53052	42249	15693	19766	23274
中等职业教育学校在校学生数	人	3880	8804	2531	2465	3935
小学在校学生数	人	96257	65391	27745	31592	39430
医疗卫生机构床位数	床	3751	1971	1844	926	1537
各种社会福利收养性单位数	个	21	9	8	10	13
各种社会福利收养性单位床位数	床	1255	1593	519	1055	713

2014年县(市)社会经济主要指标

河南省

指　　标	单位	原阳县	延津县	封丘县	长垣县	卫辉市
一、基本情况						
行政区域面积	平方公里	1330	886	1226	1051	859
乡个数	个	10	7	7	4	6
镇个数	个	6	5	12	9	7
街道办事处个数	个	3			5	
户籍人口	万人	78	51	82	86	54
第二产业从业人员	人	123101	89543	122614	115679	80684
第三产业从业人员	人	100719	77000	112665	36872	80313
固定电话用户	户	68034	53681	100218	101000	55133
二、综合经济						
地区生产总值	万元	1090833	1140937	1100947	2503340	1140391
第一产业增加值	万元	275101	254153	365857	317526	226913
农业增加值	万元	163305	177329	214636	206997	108283
牧业增加值	万元	99136	61881	132574	94059	108046
第二产业增加值	万元	518616	587321	445058	1295276	426020
公共财政收入	万元	61200	65006	37300	131620	76709
各项税收	万元	39077	35299	25371	101017	52680
公共财政支出	万元	212209	174915	241376	385503	181793
居民储蓄存款余额	万元	668270	526722	878978	1967715	719391
年末金融机构各项贷款余额	万元	424100	297435	373398	1479693	465367
三、农业、工业及投资						
农业机械总动力	万千瓦特	130	92	113	114	62
机收面积	公顷	110000	80144	84926	95667	48647
设施农业占地面积	公顷	2160	2368	104	1497	
粮食总产量	吨	732094	444048	636361	626258	367522
棉花产量	吨	579	984	390	501	792
油料产量	吨	49382	145105	53827	54982	16219
肉类总产量	吨	37868	31963	82750	43292	55715
规模以上工业企业单位数	个	119	117	104	131	97
规模以上工业总产值	万元	1462836	2283568	1290722	4738107	1824850
固定资产投资	万元	2069419	884120	1364783	2408000	1027439
四、教育、卫生和社会保障						
普通中学在校学生数	人	41398	32176	39175	59808	22015
中等职业教育学校在校学生数	人	5883	3006	7090	12852	3438
小学在校学生数	人	69392	51228	75691	91125	54819
医疗卫生机构床位数	床	2412	1855	2690	3484	3782
各种社会福利收养性单位数	个	20	14	32	19	23
各种社会福利收养性单位床位数	床	894	1510	2633	1888	1839

2014年县(市)社会经济主要指标

河南省

指　　标	单位	辉县市	修武县	博爱县	武陟县	温县
一、基本情况						
行政区域面积	平方公里	2007	611	428	825	481
乡个数	个	8	3	2	7	3
镇个数	个	12	5	6	4	7
街道办事处个数	个	2			4	
户籍人口	万人	86	27	39	72	47
第二产业从业人员	人	143737				
第三产业从业人员	人	104070				
固定电话用户	户	105717	33442	43421	66510	40926
二、综合经济						
地区生产总值	万元	3039179	1113285	2168997	2772508	2294981
第一产业增加值	万元	405499	102753	185999	359357	241716
农业增加值	万元	224497	49037	123062	198372	179527
牧业增加值	万元	175437	49662	57459	145920	60407
第二产业增加值	万元	1745351	643486	1414834	1736811	1509889
公共财政收入	万元	231493	89950	63322	96800	57500
各项税收	万元	139283	55913	34181	63974	39287
公共财政支出	万元	342357	146666	139816	231626	154277
居民储蓄存款余额	万元	1558077	544192	717417	1003863	694360
年末金融机构各项贷款余额	万元	1306542	484233	585710	734490	588039
三、农业、工业及投资						
农业机械总动力	万千瓦特	83	39	31	119	57
机收面积	公顷	71500	30245	25616	71158	45285
设施农业占地面积	公顷	795	89	388	104	426
粮食总产量	吨	571743	227065	187065	534443	305047
棉花产量	吨	35	20	75	145	520
油料产量	吨	20443	2020	1339	48627	15544
肉类总产量	吨	92840	29621	17504	64611	21511
规模以上工业企业单位数	个	189	85	118	212	175
规模以上工业总产值	万元	7903688	2332313	6141337	7388262	6555326
固定资产投资	万元	2693479	1295609	1631054	2578046	1692035
四、教育、卫生和社会保障						
普通中学在校学生数	人	39150	16652	22370	45845	29008
中等职业教育学校在校学生数	人	4958	796	3152	7485	3951
小学在校学生数	人	81614	19804	29902	49615	29844
医疗卫生机构床位数	床	2623	1120	1867	2223	1920
各种社会福利收养性单位数	个	18	9	10	13	10
各种社会福利收养性单位床位数	床	888	1259	480	1285	746

2014年县(市)社会经济主要指标

河南省

指　标	单位	沁阳市	孟州市	清丰县	南乐县	范县
一、基本情况						
行政区域面积	平方公里	624	524	828	624	590
乡个数	个	3	1	12	6	5
镇个数	个	6	6	5	6	7
街道办事处个数	个	4	4			
户籍人口	万人	49	38	74	57	60
第二产业从业人员	人			112704	5340	104558
第三产业从业人员	人			110374	15663	98745
固定电话用户	户	58811	47120	40496	30495	30495
二、综合经济						
地区生产总值	万元	3387044	2586437	1882271	1430903	1532277
第一产业增加值	万元	192220	200125	399442	304750	168548
农业增加值	万元	123542	147756	277294	168401	70996
牧业增加值	万元	66862	49339	111623	120895	85244
第二产业增加值	万元	2264551	1838448	1156673	862004	1001284
公共财政收入	万元	121953	101566	50112	33725	48701
各项税收	万元	52276	61451	36293	22591	32335
公共财政支出	万元	209292	180114	221936	177003	209786
居民储蓄存款余额	万元	997156	731794	671300	601379	707513
年末金融机构各项贷款余额	万元	713434	623990	342100	244774	342569
三、农业、工业及投资						
农业机械总动力	万千瓦特	58	48	84	82	70
机收面积	公顷	42946	43693	66808	66193	39382
设施农业占地面积	公顷	136	817	6156	11759	1659
粮食总产量	吨	340521	308806	559340	459976	354104
棉花产量	吨	140	451	271	677	112
油料产量	吨	4290	17819	67630	32970	8690
肉类总产量	吨	26330	27893	60723	73173	28828
规模以上工业企业单位数	个	203	208	148	120	173
规模以上工业总产值	万元	8334972	7585630	4492698	3358193	4415146
固定资产投资	万元	2580460	2568756	1976677	1439177	1279042
四、教育、卫生和社会保障						
普通中学在校学生数	人	29262	17606	24441	30693	23824
中等职业教育学校在校学生数	人	3699	3083	10155	1173	3039
小学在校学生数	人	34349	19908	64570	49650	54179
医疗卫生机构床位数	床	1412	1205	2450	1874	1616
各种社会福利收养性单位数	个	8	11	19	14	15
各种社会福利收养性单位床位数	床	455	905	2012	1551	1177

2014年县(市)社会经济主要指标

河南省

指　　标	单位	台前县	濮阳县	许昌县	鄢陵县	襄城县
一、基本情况						
行政区域面积	平方公里	394	1382	1001	870	920
乡个数	个	3	9	9	2	7
镇个数	个	6	11	7	10	9
街道办事处个数	个			2		
户籍人口	万人	41	122	91	70	86
第二产业从业人员	人	68900	190963	125986	112371	71911
第三产业从业人员	人	75200	150440	236087	142984	50147
固定电话用户	户	254985	52494	51000	67613	22000
二、综合经济						
地区生产总值	万元	836379	3161076	3489922	2477857	2921766
第一产业增加值	万元	94960	403443	382023	502887	369973
农业增加值	万元	88590	254434	212808	307283	202128
牧业增加值	万元	2679	135350	157334	159578	156697
第二产业增加值	万元	524877	2042791	2226820	1313164	1569903
公共财政收入	万元	28916	90006	100156	86186	111057
各项税收	万元	21819	71104	83126	64520	83520
公共财政支出	万元	166891	352398	251232	256360	264901
居民储蓄存款余额	万元	534723	1259740	1267470	887881	1286000
年末金融机构各项贷款余额	万元	326134	714309	1149872	1014679	1094000
三、农业、工业及投资						
农业机械总动力	万千瓦特	41	141	82	77	79
机收面积	公顷	24215	115766	88818	67210	70700
设施农业占地面积	公顷	1569	7077	26	39	1370
粮食总产量	吨	199893	932115	661714	538774	541126
棉花产量	吨	110	2101	957	111	406
油料产量	吨	2702	39653	58689	1743	13145
肉类总产量	吨	14773	73675	74910	90182	84576
规模以上工业企业单位数	个	135	194	292	140	126
规模以上工业总产值	万元	1894302	9447879	7437581	4947066	5972377
固定资产投资	万元	618605	2629548	2799227	2000003	2047000
四、教育、卫生和社会保障						
普通中学在校学生数	人	20965	42429	25369	17627	29364
中等职业教育学校在校学生数	人	2126	16877	1068	3180	9997
小学在校学生数	人	36056	96925	59657	55435	68361
医疗卫生机构床位数	床	1325	3073	2187	1828	2464
各种社会福利收养性单位数	个	10	20	27	19	17
各种社会福利收养性单位床位数	床	575	3575	1877	2529	1328

2014年县(市)社会经济主要指标

河南省

指　　标	单位	禹州市	长葛市	郾城区	舞阳县	临颍县
一、基本情况						
行政区域面积	平方公里	1469	650	413	776	821
乡个数	个	4	2	1	5	5
镇个数	个	18	10	7	9	10
街道办事处个数	个	4	4	1		
户籍人口	万人	130	78	50	60	72
第二产业从业人员	人	261838	229131	24243	21149	37156
第三产业从业人员	人	233958	194594	28708	16739	20903
固定电话用户	户	66000	72845	45895	19167	31669
二、综合经济						
地区生产总值	万元	4877155	4656502	1757560	1480987	2316332
第一产业增加值	万元	323142	248699	210424	255504	331184
农业增加值	万元	170100	115756	94411	144055	200788
牧业增加值	万元	139265	107930	112540	106872	127270
第二产业增加值	万元	2955070	3471093	1029131	818283	1561504
公共财政收入	万元	300167	174078	53135	66500	82593
各项税收	万元	196074	131618	38284	47437	60648
公共财政支出	万元	462358	338430	160466	211908	268075
居民储蓄存款余额	万元	1978966	1454977	1198147	788717	968737
年末金融机构各项贷款余额	万元	1572431	1498474	1271196	314544	501666
三、农业、工业及投资						
农业机械总动力	万千瓦特	85	58	46	67	103
机收面积	公顷	84254	67829	41332	81860	76850
设施农业占地面积	公顷	50	1310	168	255	27
粮食总产量	吨	527229	537767	272982	523151	522529
棉花产量	吨	1452	163	1848	1016	3052
油料产量	吨	10058	9938	7132	11386	3033
肉类总产量	吨	84971	74817	71726	69331	79229
规模以上工业企业单位数	个	411	345	148	94	133
规模以上工业总产值	万元	13215824	16561239	4002630	3151143	7677535
固定资产投资	万元	4385261	2998210	1423577	1453313	1583000
四、教育、卫生和社会保障						
普通中学在校学生数	人	57192	34564	35745	21881	35405
中等职业教育学校在校学生数	人	7540	9106	12942	2747	2635
小学在校学生数	人	106190	65007	40025	38062	51901
医疗卫生机构床位数	床	3803	2193	2565	2214	2432
各种社会福利收养性单位数	个	77	15	14	14	16
各种社会福利收养性单位床位数	床	4754	2392	1767	1819	3874

2014年县(市)社会经济主要指标

河南省

指　　标	单位	渑池县	陕县	卢氏县	义马市	灵宝市
一、基本情况						
行政区域面积	平方公里	1421	1609	4004	112	3011
乡个数	个	6	9	10		5
镇个数	个	6	4	9		10
街道办事处个数	个				7	2
户籍人口	万人	36	34	38	16	75
第二产业从业人员	人	78170	35011	19855	71833	56624
第三产业从业人员	人	55310	34397	37318	8561	48207
固定电话用户	户	17539	17046	30202	9264	36903
二、综合经济						
地区生产总值	万元	2236015	1506912	736118	1548437	4713606
第一产业增加值	万元	197621	193492	194963	9581	474515
农业增加值	万元	111840	148109	163157	5333	420635
牧业增加值	万元	78253	38380	20151	3694	43888
第二产业增加值	万元	1528880	731385	263854	1261317	3188822
公共财政收入	万元	196218	128669	59506	125518	179369
各项税收	万元	120694	85519	42776	75061	109445
公共财政支出	万元	256368	196353	205183	155810	341185
居民储蓄存款余额	万元	720779	703313	609625	547201	1683226
年末金融机构各项贷款余额	万元	543497	816447	319313	778057	1447073
三、农业、工业及投资						
农业机械总动力	万千瓦特	37	36	23	3	71
机收面积	公顷	34620	17120	4510	939	33987
设施农业占地面积	公顷	69	281	976	12	1339
粮食总产量	吨	168629	88065	104904	8227	203225
棉花产量	吨	84	101	22	20	900
油料产量	吨	17489	830	905	357	8334
肉类总产量	吨	42413	19294	9216	3842	29157
规模以上工业企业单位数	个	148	47	46	80	216
规模以上工业总产值	万元	6219392	3084239	625505	4413600	15597789
固定资产投资	万元	2567321	2440300	932758	1822581	2952066
四、教育、卫生和社会保障						
普通中学在校学生数	人	21614	14179	15834	5782	36144
中等职业教育学校在校学生数	人	2627	3049	1508	1610	4823
小学在校学生数	人	29999	13651	18494	9819	47020
医疗卫生机构床位数	床	1497	1077	1134	1438	2644
各种社会福利收养性单位数	个	18	13	19	2	24
各种社会福利收养性单位床位数	床	669	549	1316	95	2317

2014年县(市)社会经济主要指标

河南省

指　　标	单位	南召县	方城县	西峡县	镇平县	内乡县
一、基本情况						
行政区域面积	平方公里	2933	2542	3454	1500	2301
乡个数	个	8	7	2	4	6
镇个数	个	8	8	14	15	10
街道办事处个数	个		2	3	3	
户籍人口	万人	67	116	47	108	73
第二产业从业人员	人	19655	32946	69293	158314	18439
第三产业从业人员	人	22434	51344	108850	153648	24931
固定电话用户	户	88389	146861	51200	76000	43700
二、综合经济						
地区生产总值	万元	1129779	1594305	2066174	1972675	1353921
第一产业增加值	万元	168679	349268	260503	282354	329247
农业增加值	万元	99029	267575	185518	210857	184097
牧业增加值	万元	35544	66051	46352	57727	133628
第二产业增加值	万元	574175	689239	1238541	974933	575330
公共财政收入	万元	49549	78018	100369	70886	61516
各项税收	万元	32729	59042	72968	52476	45509
公共财政支出	万元	228131	343002	259491	276566	256205
居民储蓄存款余额	万元	698941	939443	844970	1500185	875953
年末金融机构各项贷款余额	万元	414948	746453	992496	804527	833855
三、农业、工业及投资						
农业机械总动力	万千瓦特	35	130	16	98	76
机收面积	公顷	24600	93583	12267	89522	48520
设施农业占地面积	公顷	689		15546	328	1867
粮食总产量	吨	177732	593890	95269	500066	309345
棉花产量	吨		953		1205	830
油料产量	吨	58850	245159	7513	68705	75556
肉类总产量	吨	24863	42997	30323	34812	96998
规模以上工业企业单位数	个	88	152	163	151	78
规模以上工业总产值	万元	1336491	2104852	5104000	2707486	1366000
固定资产投资	万元	1243906	1553412	2413773	1896197	1754913
四、教育、卫生和社会保障						
普通中学在校学生数	人	30165	40732	30271	31653	36109
中等职业教育学校在校学生数	人	1754	4263	5452	5291	5401
小学在校学生数	人	67810	117849	46994	99786	70309
医疗卫生机构床位数	床	1715	2851	2460	2300	1921
各种社会福利收养性单位数	个	27	53	24	55	70
各种社会福利收养性单位床位数	床	4083	4680	1930	3043	2700

2014年县(市)社会经济主要指标

河南省

指　　标	单位	淅川县	社旗县	唐河县	新野县	桐柏县
一、基本情况						
行政区域面积	平方公里	2818	1152	2497	1062	1915
乡个数	个	4	2	7	5	3
镇个数	个	11	12	12	8	13
街道办事处个数	个	2	2	4	2	
户籍人口	万人	72	77	140	83	51
第二产业从业人员	人	30729	20546	32737	116515	6985
第三产业从业人员	人	24690	19725	36259	83360	18712
固定电话用户	户	20467	61232	90080	42118	26285
二、综合经济						
地区生产总值	万元	1805988	1272717	2439637	2183306	1297792
第一产业增加值	万元	329526	324527	659398	407011	193791
农业增加值	万元	201236	224589	428053	258702	119941
牧业增加值	万元	101460	92236	218917	138538	42270
第二产业增加值	万元	950558	546918	1032218	1116936	727494
公共财政收入	万元	70066	49003	73000	57017	68068
各项税收	万元	49759	37635	49056	34424	44215
公共财政支出	万元	340083	229626	347059	226599	202013
居民储蓄存款余额	万元	1012128	612542	1487551	1102827	700819
年末金融机构各项贷款余额	万元	797328	468235	623578	856412	474917
三、农业、工业及投资						
农业机械总动力	万千瓦特	58	75	229	151	85
机收面积	公顷	50227	86667	228100	74144	40460
设施农业占地面积	公顷	70	170	183	1234	749
粮食总产量	吨	245697	515014	1244490	509070	231453
棉花产量	吨	372	2856	2965	2708	88
油料产量	吨	125142	79689	115251	108696	70766
肉类总产量	吨	59937	68617	120201	49936	28410
规模以上工业企业单位数	个	85	138	184	172	118
规模以上工业总产值	万元	3324971	1741175	2621025	4118845	1428624
固定资产投资	万元	2187000	1195662	1883022	2015768	1373838
四、教育、卫生和社会保障						
普通中学在校学生数	人	42125	29113	46117	30863	22234
中等职业教育学校在校学生数	人	1641	3195	7680	2271	2082
小学在校学生数	人	68907	69213	119817	80486	49200
医疗卫生机构床位数	床	1880	1570	3296	1722	1228
各种社会福利收养性单位数	个	18	15	47	40	39
各种社会福利收养性单位床位数	床	3694	4279	5516	3871	1726

2014年县(市)社会经济主要指标

河南省

指　　标	单位	邓州市	民权县	睢县	宁陵县	柘城县
一、基本情况						
行政区域面积	平方公里	2369	1238	920	797	1042
乡个数	个	8	8	12	7	12
镇个数	个	16	10	8	7	8
街道办事处个数	个	4				2
户籍人口	万人	181	98	90	70	102
第二产业从业人员	人	161130	186500	137478	8821	153216
第三产业从业人员	人	234077	159259	90261	24690	131366
固定电话用户	户	146937	53800	39983	39000	42696
二、综合经济						
地区生产总值	万元	3284763	1700520	1363803	899429	1579797
第一产业增加值	万元	923574	440227	418846	251725	428555
农业增加值	万元	641980	293064	324142	187159	306111
牧业增加值	万元	269395	116728	86111	55738	108420
第二产业增加值	万元	1255115	676844	548104	389719	587671
公共财政收入	万元	110667	64327	48396	31089	55189
各项税收	万元	80308	50029	39841	21257	41226
公共财政支出	万元	511528	294369	271299	210639	318303
居民储蓄存款余额	万元	1844219	970104	874649	657125	1065984
年末金融机构各项贷款余额	万元	1203204	842000	508439	438209	523465
三、农业、工业及投资						
农业机械总动力	万千瓦特	198	128	118	99	120
机收面积	公顷	226520	121031	102260	78070	114930
设施农业占地面积	公顷	2072	13182	538	1069	10733
粮食总产量	吨	1140265	657602	623800	453169	686730
棉花产量	吨	8587	5742	4800	383	1385
油料产量	吨	255430	95303	60688	102532	10010
肉类总产量	吨	153106	60009	56828	41774	66319
规模以上工业企业单位数	个	148	102	66	74	86
规模以上工业总产值	万元	3828416	2640000	1631036	1503601	1886005
固定资产投资	万元	2484552	1395665	1510920	584526	1355583
四、教育、卫生和社会保障						
普通中学在校学生数	人	80525	53865	49896	29984	58007
中等职业教育学校在校学生数	人	7299	9365	5502	1047	8167
小学在校学生数	人	180485	81023	66922	54222	71666
医疗卫生机构床位数	床	5486	4065	2458	1866	4390
各种社会福利收养性单位数	个	120	21	27	17	20
各种社会福利收养性单位床位数	床	4268	2436	1946	1040	2837

2014年县(市)社会经济主要指标

河南省

指　　标	单位	虞城县	夏邑县	永城市	罗山县	光山县
一、基本情况						
行政区域面积	平方公里	1544	1486	2006	2077	1835
乡个数	个	15	12	6	7	10
镇个数	个	10	12	23	12	7
街道办事处个数	个					2
户籍人口	万人	118	123	155	76	91
第二产业从业人员	人	278640	106752	357200	20300	102600
第三产业从业人员	人	218506	281273	338200	30400	171200
固定电话用户	户	61836	67970	61123	29983	45887
二、综合经济						
地区生产总值	万元	2014908	1765588	4122920	1489906	1535512
第一产业增加值	万元	469404	475382	633225	428792	444349
农业增加值	万元	335631	344447	451549	298900	319454
牧业增加值	万元	119868	111788	158174	76054	86968
第二产业增加值	万元	874270	694208	2208119	537887	615365
公共财政收入	万元	70443	55598	317696	44598	45318
各项税收	万元	50090	42260	222192	34819	33801
公共财政支出	万元	356471	352699	587714	257088	283470
居民储蓄存款余额	万元	1175662	1465662	2222198	1360461	1381715
年末金融机构各项贷款余额	万元	817854	675755	2223702	695758	737381
三、农业、工业及投资						
农业机械总动力	万千瓦特	177	174	179	80	44
机收面积	公顷	159380	132583	184608	93333	58394
设施农业占地面积	公顷	24594	12062	6678	1032	2197
粮食总产量	吨	906522	1024001	1279155	736388	590909
棉花产量	吨	5400	950	690	96	128
油料产量	吨	55339	23088	9518	79460	85225
肉类总产量	吨	66035	85413	93174	49668	48588
规模以上工业企业单位数	个	118	122	145	110	113
规模以上工业总产值	万元	3377613	2236166	7772288	1449324	1724985
固定资产投资	万元	1582415	1374163	2600611	1663602	1561125
四、教育、卫生和社会保障						
普通中学在校学生数	人	77621	62760	68016	38841	57907
中等职业教育学校在校学生数	人	14010	4509	18600	5336	4577
小学在校学生数	人	126788	81237	145417	57786	72325
医疗卫生机构床位数	床	4133	2839	5029	1998	1815
各种社会福利收养性单位数	个	35	30	43	56	87
各种社会福利收养性单位床位数	床	4816	4312	60	4199	4613

2014年县(市)社会经济主要指标

河南省

指　　标	单位	新县	商城县	固始县	潢川县	淮滨县
一、基本情况						
行政区域面积	平方公里	1612	2117	2946	1635	1192
乡个数	个	10	8	13	8	10
镇个数	个	5	9	17	9	5
街道办事处个数	个	1	2	3	4	4
户籍人口	万人	38	79	175	87	80
第二产业从业人员	人	43247	138800	248000	79400	137632
第三产业从业人员	人	75320	117200	341200	137400	170825
固定电话用户	户	14301	32188	79422	47253	30042
二、综合经济						
地区生产总值	万元	1005376	1459998	2558549	1962062	1308505
第一产业增加值	万元	248594	396155	761184	564283	336399
农业增加值	万元	134646	233360	496172	355649	222114
牧业增加值	万元	28963	89119	194971	150233	87785
第二产业增加值	万元	435948	604370	878000	702982	559181
公共财政收入	万元	26934	40290	100100	48666	33070
各项税收	万元	18829	30621	62035	35638	25316
公共财政支出	万元	174386	274500	507155	266007	267535
居民储蓄存款余额	万元	693078	1185671	2339679	1241242	924122
年末金融机构各项贷款余额	万元	437856	605496	1356410	1608761	529069
三、农业、工业及投资						
农业机械总动力	万千瓦特	23	39	112	46	74
机收面积	公顷	11082	36334	168333	94473	97735
设施农业占地面积	公顷	363	15	2158	397	12457
粮食总产量	吨	121016	334729	1214286	700817	584043
棉花产量	吨	28	57	121	24	238
油料产量	吨	31255	55712	142407	61694	64805
肉类总产量	吨	22217	43135	158602	149155	54730
规模以上工业企业单位数	个	60	90	181	119	107
规模以上工业总产值	万元	1246468	1334701	2271000	2186800	1632907
固定资产投资	万元	1127144	1152926	2213219	1693969	1132708
四、教育、卫生和社会保障						
普通中学在校学生数	人	22346	51942	91672	42763	46352
中等职业教育学校在校学生数	人	6910	8801	17458	5229	5665
小学在校学生数	人	30043	65587	135390	55802	67241
医疗卫生机构床位数	床	656	1692	4099	1584	1831
各种社会福利收养性单位数	个	16	20	71	21	50
各种社会福利收养性单位床位数	床	2520	2770	5300	1721	3597

2014年县(市)社会经济主要指标

河南省

指　　标	单位	息县	扶沟县	西华县	商水县	沈丘县
一、基本情况						
行政区域面积	平方公里	1835	1173	1194	1314	1081
乡个数	个	12	6	10	11	8
镇个数	个	6	8	8	9	12
街道办事处个数	个	4	1	3	3	2
户籍人口	万人	109	79	99	130	138
第二产业从业人员	人	111837	106400	117900	173900	216200
第三产业从业人员	人	161180	134800	202900	214300	154500
固定电话用户	户	19204	31400	28373	46798	65000
二、综合经济						
地区生产总值	万元	1655907	1458823	1804930	1975435	2046540
第一产业增加值	万元	463397	378294	516005	590879	425542
农业增加值	万元	350093	283883	367940	441358	284362
牧业增加值	万元	72109	83924	122932	122166	129561
第二产业增加值	万元	676559	718406	910141	831901	955723
公共财政收入	万元	37000	55058	53310	56799	101925
各项税收	万元	25991	37191	27616	39609	76206
公共财政支出	万元	291900	262499	281424	352093	383889
居民储蓄存款余额	万元	1382647	1064630	1183861	1379335	1611531
年末金融机构各项贷款余额	万元	562263	561647	470638	453074	886566
三、农业、工业及投资						
农业机械总动力	万千瓦特	126	110	128	126	92
机收面积	公顷	143456	91918	116720	129200	112415
设施农业占地面积	公顷	3062	7625	2405	812	1120
粮食总产量	吨	968736	583030	731260	1035950	878455
棉花产量	吨	485	12292	1968	1657	989
油料产量	吨	36333	33542	39617	48574	28364
肉类总产量	吨	66144	55998	90416	94304	93176
规模以上工业企业单位数	个	113	109	116	126	126
规模以上工业总产值	万元	2097878	2588881	3494731	2675905	2780545
固定资产投资	万元	1677855	1315426	1285230	1266993	1495106
四、教育、卫生和社会保障						
普通中学在校学生数	人	49571	46689	46432	76373	72570
中等职业教育学校在校学生数	人	3978	1911	1377	4834	2834
小学在校学生数	人	90663	52593	65608	109046	96576
医疗卫生机构床位数	床	1482	1928	2604	2727	3122
各种社会福利收养性单位数	个	50	14	22	25	23
各种社会福利收养性单位床位数	床	4358	1729	2040	3256	4807

2014年县(市)社会经济主要指标

河南省

指　　标	单位	郸城县	淮阳县	太康县	鹿邑县	项城市
一、基本情况						
行政区域面积	平方公里	1471	1468	1360	1245	1083
乡个数	个	11	11	9	7	
镇个数	个	8	7	13	13	15
街道办事处个数	个	2	2	3	4	6
户籍人口	万人	154	148	159	134	136
第二产业从业人员	人	184300	195600	181200	65630	249300
第三产业从业人员	人	243100	191700	189300	85620	202500
固定电话用户	户	95336	40220	60121	92000	83240
二、综合经济						
地区生产总值	万元	1959981	1848425	2003814	2441390	2478347
第一产业增加值	万元	492430	588242	537882	478277	418861
农业增加值	万元	379817	389945	359675	307032	314866
牧业增加值	万元	101012	147163	157240	157049	91698
第二产业增加值	万元	950307	800305	842294	1216584	1224641
公共财政收入	万元	80219	60018	82353	100658	83663
各项税收	万元	54010	35542	52975	64617	59086
公共财政支出	万元	391098	374733	460059	416316	350293
居民储蓄存款余额	万元	1485150	1502298	1633486	1444159	1732696
年末金融机构各项贷款余额	万元	667140	445926	620423	891024	492564
三、农业、工业及投资						
农业机械总动力	万千瓦特	162	123	183	125	91
机收面积	公顷	137431	142823	151812	150760	110334
设施农业占地面积	公顷	21024	6637		278	1290
粮食总产量	吨	1000851	1000051	1131439	920461	810282
棉花产量	吨	1631	6850	3269	4423	1546
油料产量	吨	22695	140412	25835	17913	35872
肉类总产量	吨	68728	108654	111357	78627	65650
规模以上工业企业单位数	个	102	127	138	85	139
规模以上工业总产值	万元	3729541	2178881	2663341	4538822	4741397
固定资产投资	万元	1284701	1309252	1133496	1348200	1250550
四、教育、卫生和社会保障						
普通中学在校学生数	人	91195	87690	79984	67871	75996
中等职业教育学校在校学生数	人	4369	649	1398	2214	6709
小学在校学生数	人	116735	106868	129728	133286	90652
医疗卫生机构床位数	床	3824	3187	3816	9561	3843
各种社会福利收养性单位数	个	22	20	21	23	16
各种社会福利收养性单位床位数	床	2982	4134	3078	3156	3650

2014年县(市)社会经济主要指标

河南省

指　　标	单位	西平县	上蔡县	平舆县	正阳县	确山县
一、基本情况						
行政区域面积	平方公里	1100	1529	1282	1889	1612
乡个数	个	11	22	5	11	1
镇个数	个	5	9	11	8	9
街道办事处个数	个	3	4	3		3
户籍人口	万人	88	151	100	85	54
第二产业从业人员	人	12551	180488	217785	119034	100438
第三产业从业人员	人	29733	245079	193952	169963	98169
固定电话用户	户	5925	31836	20017	20201	23760
二、综合经济						
地区生产总值	万元	1708351	1722710	1654862	1360047	1289791
第一产业增加值	万元	471759	391277	368247	483632	312234
农业增加值	万元	304936	233102	232651	274059	169903
牧业增加值	万元	159132	147848	126542	199605	124889
第二产业增加值	万元	601327	699090	728471	386556	545304
公共财政收入	万元	60928	50266	58619	40008	55292
各项税收	万元	49239	32650	41992	23040	38416
公共财政支出	万元	287816	384555	294818	306979	213812
居民储蓄存款余额	万元	1284025	1887165	1378685	1148857	977000
年末金融机构各项贷款余额	万元	644040	869259	481736	623338	458000
三、农业、工业及投资						
农业机械总动力	万千瓦特	145	160	168	215	112
机收面积	公顷	120377	140240	110023	180163	81329
设施农业占地面积	公顷	202	8850	1238	411	950
粮食总产量	吨	925335	1051650	814057	836288	564465
棉花产量	吨		752	238	128	25
油料产量	吨	61405	51126	61529	366972	78219
肉类总产量	吨	114341	83297	82194	101337	73599
规模以上工业企业单位数	个	158	134	179	114	141
规模以上工业总产值	万元	2002683	2290742	2926048	1200497	1732815
固定资产投资	万元	998485	990600	1130479	945428	1003737
四、教育、卫生和社会保障						
普通中学在校学生数	人	44427	59954	55863	27381	32970
中等职业教育学校在校学生数	人	882	1580	5896	3501	705
小学在校学生数	人	48101	140157	82421	73512	48815
医疗卫生机构床位数	床	2976	2848	3988	2041	1968
各种社会福利收养性单位数	个	3	26	19	23	18
各种社会福利收养性单位床位数	床	421	5260	2297	1890	2367

2014年县(市)社会经济主要指标

河南省

指　　标	单位	泌阳县	汝南县	遂平县	新蔡县	济源市
一、基本情况						
行政区域面积	平方公里	2346	1504	1063	1447	1899
乡个数	个	11	2	3	9	
镇个数	个	8	12	8	11	11
街道办事处个数	个	3	3	3	3	5
户籍人口	万人	94	86	57	114	70
第二产业从业人员	人	143463	165777	123508	169134	177531
第三产业从业人员	人	183446	117869	111364	136092	197623
固定电话用户	户	23482	18358	38131	20000	112000
二、综合经济						
地区生产总值	万元	1751001	1536661	1538081	1503797	4804626
第一产业增加值	万元	500005	449410	287577	464371	217329
农业增加值	万元	291965	250254	147525	272136	93408
牧业增加值	万元	191027	164170	133024	180202	91870
第二产业增加值	万元	720324	585008	722654	574661	3272800
公共财政收入	万元	62999	50015	59266	55425	384098
各项税收	万元	48038	31442	44859	33413	269703
公共财政支出	万元	340601	259124	223200	440559	588717
居民储蓄存款余额	万元	933750	1195429	949414	1236279	1753877
年末金融机构各项贷款余额	万元	468543	514366	653733	484384	2097495
三、农业、工业及投资						
农业机械总动力	万千瓦特	164	139	101	163	111
机收面积	公顷	95450	124460	90190	146166	50120
设施农业占地面积	公顷	1772	811	225	181	887
粮食总产量	吨	690780	773655	641255	811786	218476
棉花产量	吨	1754	551	59	4290	137
油料产量	吨	127870	166335	51697	101825	1505
肉类总产量	吨	102288	90327	81273	113134	53226
规模以上工业企业单位数	个	168	163	144	148	225
规模以上工业总产值	万元	2302776	2110453	2524000	1722900	16826232
固定资产投资	万元	1181482	1038088	1180000	1020700	4124975
四、教育、卫生和社会保障						
普通中学在校学生数	人	49310	43646	16967	63124	40643
中等职业教育学校在校学生数	人	6536	11739	1776	989	10300
小学在校学生数	人	79432	61598	40086	116082	48913
医疗卫生机构床位数	床	2561	2531	2674	1980	3216
各种社会福利收养性单位数	个	23	30	20	26	15
各种社会福利收养性单位床位数	床	1631	3510	1957	2008	1571

2014年县(市)社会经济主要指标

湖北省

指　　标	单位	阳新县	大冶市	郧阳区	郧西县	竹山县
一、基本情况						
行政区域面积	平方公里	2788	1566	3832	3509	3586
乡个数	个		1	3	7	8
镇个数	个	16	10	16	9	9
街道办事处个数	个		5			
户籍人口	万人	106	96	63	52	47
第二产业从业人员	人	243846	271572	85788	7526	65236
第三产业从业人员	人	214366	330114	50254	15597	57834
固定电话用户	户	92533	129399	41600	56348	22648
二、综合经济						
地区生产总值	万元	1830188	5001200	828246	590400	741882
第一产业增加值	万元	530888	455199	256307	212446	256714
农业增加值	万元	211804	182619	120373	136845	194660
牧业增加值	万元	106114	164931	123526	66134	49490
第二产业增加值	万元	636100	3399500	330881	173200	299024
公共财政收入	万元	102368	404836	60018	30000	45617
各项税收	万元	67966	551599	44221	21352	32759
公共财政支出	万元	382834	567116	347246	167000	295348
居民储蓄存款余额	万元	1380928	1719563	808389	814747	616752
年末金融机构各项贷款余额	万元	737100	2247078	474655	337159	657133
三、农业、工业及投资						
农业机械总动力	万千瓦特	52	44	38	34	35
机收面积	公顷	68500	45346	12832	7067	949
设施农业占地面积	公顷	3116	2896	5718	402	510
粮食总产量	吨	353732	285102	237301	190501	235301
棉花产量	吨	2646	2552	56	14	
油料产量	吨	48436	43628	20365	16299	42719
肉类总产量	吨	49997	89848	57924	28577	24151
规模以上工业企业单位数	个	107	381	137	41	37
规模以上工业总产值	万元	1665039	11174016	1803310	249216	473346
固定资产投资	万元	2176011	5384000	1359200	623000	1177700
四、教育、卫生和社会保障						
普通中学在校学生数	人	52856	35086	16608	16005	15665
中等职业教育学校在校学生数	人	4598	2007	5480	2109	1754
小学在校学生数	人	104965	60681	28694	24445	25461
医疗卫生机构床位数	床	2718	3478	1817	2181	2273
各种社会福利收养性单位数	个	25	21	21	18	126
各种社会福利收养性单位床位数	床	2073	1854	1854	1915	3986

2014年县(市)社会经济主要指标

湖北省

指　　标	单位	竹溪县	房县	丹江口市	夷陵区	远安县
一、基本情况						
行政区域面积	平方公里	3310	5110	3121	3424	1752
乡个数	个	5	8		2	1
镇个数	个	11	12	12	9	6
街道办事处个数	个			5	1	
户籍人口	万人	37	49	46	51	19
第二产业从业人员	人	38095	11984	45933	66697	43375
第三产业从业人员	人	42556	19600	28348	26562	51305
固定电话用户	户	21000	43016	64309	63400	27920
二、综合经济						
地区生产总值	万元	620236	660832	1658103	4412400	1720197
第一产业增加值	万元	217434	259421	256993	528352	178168
农业增加值	万元	168065	154942	102132	316903	119165
牧业增加值	万元	44118	66703	85215	199234	54318
第二产业增加值	万元	244508	202365	839889	2881500	1124400
公共财政收入	万元	38000	40186	115348	338870	117436
各项税收	万元	27652	28876	80161	220100	79966
公共财政支出	万元	164519	300618	311557	480600	221497
居民储蓄存款余额	万元	575318	757194	1323741	1447867	544121
年末金融机构各项贷款余额	万元	321418	552486	1319943	2428500	433440
三、农业、工业及投资						
农业机械总动力	万千瓦特	28	38	32	34	25
机收面积	公顷	7552	3148	9663	4950	6120
设施农业占地面积	公顷	11241	12112	1011	3680	1434
粮食总产量	吨	241101	149001	120101	217343	103800
棉花产量	吨		28	22	9	
油料产量	吨	25685	17189	10786	28550	13562
肉类总产量	吨	28376	31445	59760	92891	26732
规模以上工业企业单位数	个	42	72	166	220	90
规模以上工业总产值	万元	360336	560083	2584404	9002700	2616793
固定资产投资	万元	649500	1122800	1595100	3927230	1845000
四、教育、卫生和社会保障						
普通中学在校学生数	人	12625	8784	16678	17568	5749
中等职业教育学校在校学生数	人	1206	1657	4352		1775
小学在校学生数	人	21893	23846	26379	20851	6924
医疗卫生机构床位数	床	1523	2390	2935	2109	1045
各种社会福利收养性单位数	个	24	23	25	36	9
各种社会福利收养性单位床位数	床	3683	2390	3451	1758	620

2014年县(市)社会经济主要指标

湖北省

指　　标	单位	兴山县	秭归县	长阳土家族自治县	五峰土家族自治县	宜都市
一、基本情况						
行政区域面积	平方公里	2317	2427	3436	2349	1357
乡个数	个	2	4	3	3	1
镇个数	个	6	8	8	5	8
街道办事处个数	个					1
户籍人口	万人	17	38	40	20	40
第二产业从业人员	人	17518	60643	47742	20147	123234
第三产业从业人员	人	31271	66213	82122	33545	106883
固定电话用户	户	10229	30011	17300	14000	50000
二、综合经济						
地区生产总值	万元	864715	1005636	1098758	552836	4549251
第一产业增加值	万元	108639	207386	334320	183261	399899
农业增加值	万元	60534	130538	150084	123160	198957
牧业增加值	万元	46105	73890	147128	53128	162956
第二产业增加值	万元	484888	395231	336112	161384	2849735
公共财政收入	万元	75688	78366	72766	29119	366188
各项税收	万元	48141	53865	44268	21341	274364
公共财政支出	万元	197084	238347	284908	262226	470683
居民储蓄存款余额	万元	383979	674762	739000	367175	1154918
年末金融机构各项贷款余额	万元	688836	999222	591938	230198	1296160
三、农业、工业及投资						
农业机械总动力	万千瓦特	15	21	22	17	21
机收面积	公顷		2300	160	193	7691
设施农业占地面积	公顷	2265	7	51	20	970
粮食总产量	吨	59866	91941	110303	84400	114262
棉花产量	吨					25
油料产量	吨	8209	14042	13458	5373	21265
肉类总产量	吨	31419	50876	76897	32318	76865
规模以上工业企业单位数	个	22	85	54	38	248
规模以上工业总产值	万元	1821068	1171200	889561	413400	9257800
固定资产投资	万元	337700	947244	710435	436107	4269736
四、教育、卫生和社会保障						
普通中学在校学生数	人	5127	11505	12744	4909	11464
中等职业教育学校在校学生数	人	1076	2601	3491	1155	2372
小学在校学生数	人	5820	13233	14965	6555	14066
医疗卫生机构床位数	床	893	1734	1771	777	2412
各种社会福利收养性单位数	个	8	22	18	10	27
各种社会福利收养性单位床位数	床	510	2260	1505	760	2500

2014年县(市)社会经济主要指标

湖北省

指　　标	单位	当阳市	枝江市	襄州区	南漳县	谷城县
一、基本情况						
行政区域面积	平方公里	2159	1310	2394	3859	2553
乡个数	个					1
镇个数	个	7	8	12	10	9
街道办事处个数	个	3	1	2		
户籍人口	万人	48	49	104	59	60
第二产业从业人员	人	97634	117276	180645	67944	95320
第三产业从业人员	人	80188	120665	206224	92827	87460
固定电话用户	户	52646	71943	72628	27046	146935
二、综合经济						
地区生产总值	万元	3954801	3896253	5015324	1928628	2655837
第一产业增加值	万元	704775	690400	867264	439393	325442
农业增加值	万元	355959	354662	398564	186691	123933
牧业增加值	万元	265193	238078	421978	228405	183925
第二产业增加值	万元	2169899	2141854	2383100	754976	1635471
公共财政收入	万元	250328	253246	238108	103714	159762
各项税收	万元	168699	184549	172186	78306	107090
公共财政支出	万元	422990	420512	472758	318571	337313
居民储蓄存款余额	万元	1354075	1396174	1641665	1073234	1400749
年末金融机构各项贷款余额	万元	980388	894923	837272	635027	791674
三、农业、工业及投资						
农业机械总动力	万千瓦特	64	78	120	61	32
机收面积	公顷	62504	84067	166700	41477	35717
设施农业占地面积	公顷	1144	1200	2094	641	1210
粮食总产量	吨	537426	348202	1361400	450400	278848
棉花产量	吨	5207	15126	10283	343	
油料产量	吨	75437	55072	81415	9414	14530
肉类总产量	吨	109988	105274	200735	117348	80480
规模以上工业企业单位数	个	272	248	210	113	192
规模以上工业总产值	万元	7373450	7393176	7110800	1941697	6343607
固定资产投资	万元	3397483	3617353	4479000	1926696	2095119
四、教育、卫生和社会保障						
普通中学在校学生数	人	15294	14176	28964	10172	19865
中等职业教育学校在校学生数	人	2037	1192	1719	552	1401
小学在校学生数	人	18136	15259	57074	23349	32393
医疗卫生机构床位数	床	1760	2475	3996	2186	3321
各种社会福利收养性单位数	个	14	19	48	14	27
各种社会福利收养性单位床位数	床	1683	1755	5758	1940	3288

2014年县(市)社会经济主要指标

湖北省

指　　标	单位	保康县	老河口市	枣阳市	宜城市	京山县
一、基本情况						
行政区域面积	平方公里	3531	1032	3277	2115	3520
乡个数	个	1	1			
镇个数	个	10	7	12	8	14
街道办事处个数	个		2	3	2	
户籍人口	万人	27	53	113	57	65
第二产业从业人员	人	17041	120500	242000	86476	135519
第三产业从业人员	人	59597	138700	262000	84693	207263
固定电话用户	户	35935	28054	88000	48300	71491
二、综合经济						
地区生产总值	万元	921506	2684615	4795667	2599020	2910279
第一产业增加值	万元	188204	388641	857327	463730	517112
农业增加值	万元	115885	212748	461985	236106	248773
牧业增加值	万元	63404	142064	364233	203619	188813
第二产业增加值	万元	424773	1422593	2285173	1462360	1646200
公共财政收入	万元	91311	210023	262537	190829	118196
各项税收	万元	55164	138544	173382	115631	82818
公共财政支出	万元	177421	431780	534020	402743	319053
居民储蓄存款余额	万元	463800	1113568	2097000	1169515	1665961
年末金融机构各项贷款余额	万元	422300	818196	1247890	831123	1120547
三、农业、工业及投资						
农业机械总动力	万千瓦特	34	72	147	77	98
机收面积	公顷		50760	161192	55758	119990
设施农业占地面积	公顷	2995	660	2047	1580	6392
粮食总产量	吨	143000	372344	1364908	695900	734094
棉花产量	吨		4345	6425	6850	10644
油料产量	吨	10593	21732	14689	73524	51622
肉类总产量	吨	35553	77770	199607	104806	125133
规模以上工业企业单位数	个	80	214	276	190	271
规模以上工业总产值	万元	857600	5569241	7847000	5474400	7606746
固定资产投资	万元	1266263	2178667	3594972	2090800	2819380
四、教育、卫生和社会保障						
普通中学在校学生数	人	7222	18187	38234	20510	19656
中等职业教育学校在校学生数	人	1238	398	3657		2580
小学在校学生数	人	12185	32249	65307	26989	22977
医疗卫生机构床位数	床	1653	2350	5278	2589	3053
各种社会福利收养性单位数	个	18	17	41	18	22
各种社会福利收养性单位床位数	床	1610	2680	3696	1764	3445

2014年县(市)社会经济主要指标

湖北省

指　标	单位	沙洋县	钟祥市	孝昌县	大悟县	云梦县
一、基本情况						
行政区域面积	平方公里	2044	4488	1217	1985	604
乡个数	个		1	4	3	3
镇个数	个	13	15	8	14	9
街道办事处个数	个		1			
户籍人口	万人	59	106	67	64	57
第二产业从业人员	人	113552	162531	126574	105515	178377
第三产业从业人员	人	130220	243265	182521	85663	187575
固定电话用户	户	44526	71514	61445	116852	70830
二、综合经济						
地区生产总值	万元	2139600	3618309	974146	1105502	1751864
第一产业增加值	万元	527881	569492	289302	310047	315961
农业增加值	万元	227130	301470	146608	149962	159573
牧业增加值	万元	158778	129933	106757	105932	113276
第二产业增加值	万元	933300	2053300	317281	312244	903098
公共财政收入	万元	86321	164598	80059	79257	109802
各项税收	万元	70038	94564	48603	47741	70443
公共财政支出	万元	259541	496045	244088	229102	253495
居民储蓄存款余额	万元	1135264	2599028	940142	1030839	1170103
年末金融机构各项贷款余额	万元	524859	1059083	393329	508317	593151
三、农业、工业及投资						
农业机械总动力	万千瓦特	98	163	29	23	27
机收面积	公顷	138912	12810	40000	6867	34300
设施农业占地面积	公顷	2655	2481	1261	697	3711
粮食总产量	吨	837956	890308	269200	289500	220500
棉花产量	吨	7017	13621	1276	256	2686
油料产量	吨	138437	129171	37305	59164	20999
肉类总产量	吨	118242	128708	86838	55680	68973
规模以上工业企业单位数	个	178	295	59	64	148
规模以上工业总产值	万元	3448786	8786885	376856	736282	3556066
固定资产投资	万元	1351418	3313800	1105312	1616400	1983200
四、教育、卫生和社会保障						
普通中学在校学生数	人	13380	35590	22061	21657	19015
中等职业教育学校在校学生数	人	1986	3899	1522	878	1330
小学在校学生数	人	18702	44574	30063	31424	24777
医疗卫生机构床位数	床	2795	5792	1733	2080	2299
各种社会福利收养性单位数	个	20	32	18	22	26
各种社会福利收养性单位床位数	床	2461	3441	2874	2114	4594

2014年县(市)社会经济主要指标

湖北省

指　　标	单位	应城市	安陆市	汉川市	公安县	监利县
一、基本情况						
行政区域面积	平方公里	1103	1355	1659	2257	3201
乡个数	个		4	6	2	3
镇个数	个	10	9	14	14	18
街道办事处个数	个	5	2	2		
户籍人口	万人	67	62	112	104	158
第二产业从业人员	人	166982	112310	261263	30492	8425
第三产业从业人员	人	122855	106219	240469	27519	30195
固定电话用户	户	58891	61204	102283	80586	77000
二、综合经济						
地区生产总值	万元	2205998	1594593	3861532	1948895	2147843
第一产业增加值	万元	398626	334920	530365	584672	865835
农业增加值	万元	154052	124003	260352	315370	406842
牧业增加值	万元	137382	179759	154843	108305	143518
第二产业增加值	万元	1242041	645682	2336075	839924	681244
公共财政收入	万元	141690	87500	175020	92007	54446
各项税收	万元	90779	62544	121835	62199	45818
公共财政支出	万元	264219	254210	342519	134969	456818
居民储蓄存款余额	万元	1462123	1388634	1732718	1852581	1845606
年末金融机构各项贷款余额	万元	984901	972202	1517744	816044	1001265
三、农业、工业及投资						
农业机械总动力	万千瓦特	30	36	70	84	156
机收面积	公顷	38100	43600	82300	104080	199280
设施农业占地面积	公顷	1983	2413	2957	2276	79
粮食总产量	吨	369000	346000	556900	671200	1435900
棉花产量	吨	3363	890	17669	29815	16787
油料产量	吨	32349	20042	38177	125553	121523
肉类总产量	吨	73467	129768	97516	74424	114642
规模以上工业企业单位数	个	217	99	409	141	93
规模以上工业总产值	万元	5325352	2010749	9796479	2858461	2299526
固定资产投资	万元	2149400	1631900	2945900	2194759	1779220
四、教育、卫生和社会保障						
普通中学在校学生数	人	20130	20591	31016	33688	56299
中等职业教育学校在校学生数	人	732	3767	2690	2852	848
小学在校学生数	人	25093	27609	49438	38136	116173
医疗卫生机构床位数	床	2082	1994	4376	3270	3103
各种社会福利收养性单位数	个	30	20	34	23	28
各种社会福利收养性单位床位数	床	3115	1967	2853	4378	2390

2014年县(市)社会经济主要指标

湖北省

指　　标	单位	江陵县	石首市	洪湖市	松滋市	团风县
一、基本情况						
行政区域面积	平方公里	1049	1406	2444	2177	833
乡个数	个	2	1	1	2	2
镇个数	个	7	11	14	14	8
街道办事处个数	个		2	2		
户籍人口	万人	41	66	93	85	37
第二产业从业人员	人	13520	10735	19365	20716	50190
第三产业从业人员	人	12202	18392	27982	22811	37164
固定电话用户	户	54605	29271	79923	82137	25794
二、综合经济						
地区生产总值	万元	622135	1362889	1824208	2008146	717627
第一产业增加值	万元	206396	322950	562296	386380	157904
农业增加值	万元	112063	139602	193061	156178	90694
牧业增加值	万元	61721	90881	54369	189738	35055
第二产业增加值	万元	211497	604946	637874	976714	398727
公共财政收入	万元	24413	61868	66203	108058	43235
各项税收	万元	22023	43074	70920	152809	28973
公共财政支出	万元	169419	230369	237706	356814	200807
居民储蓄存款余额	万元	598979	1308691	1314126	1785047	558794
年末金融机构各项贷款余额	万元	364773	556961	985519	839575	425809
三、农业、工业及投资						
农业机械总动力	万千瓦特	51	50	111	68	25
机收面积	公顷	55040	58040	94020	72570	26827
设施农业占地面积	公顷	173	952	665	293	107
粮食总产量	吨	286300	232200	713300	356500	130300
棉花产量	吨	7068	13841	6798	11200	3532
油料产量	吨	74949	71338	90097	74067	23827
肉类总产量	吨	39485	62721	43831	114028	30478
规模以上工业企业单位数	个	66	135	116	143	64
规模以上工业总产值	万元	762594	2393524	2289702	2931988	804040
固定资产投资	万元	578250	1474610	1285206	1695817	575900
四、教育、卫生和社会保障						
普通中学在校学生数	人	12529	22577	31030	25584	11827
中等职业教育学校在校学生数	人	723	3342	1223	218	471
小学在校学生数	人	14385	25786	41013	31650	16698
医疗卫生机构床位数	床	1195	2025	2292	2476	1440
各种社会福利收养性单位数	个	15	41	24	23	17
各种社会福利收养性单位床位数	床	1119	3091	2450	3697	902

2014年县(市)社会经济主要指标

湖北省

指　　标	单位	红安县	罗田县	英山县	浠水县	蕲春县
一、基本情况						
行政区域面积	平方公里	1881	2129	1449	1949	2398
乡个数	个	1	2	3	1	1
镇个数	个	10	10	8	12	13
街道办事处个数	个	2				1
户籍人口	万人	65	59	41	102	102
第二产业从业人员	人	108689	164500	64402	219000	138943
第三产业从业人员	人	111739	139600	70481	226700	295000
固定电话用户	户	68084	61844	53410	103600	110894
二、综合经济						
地区生产总值	万元	1207600	1056589	785500	1831794	1799778
第一产业增加值	万元	237878	247981	322100	526847	426631
农业增加值	万元	157090	156726	250519	167930	214135
牧业增加值	万元	76430	74962	63079	258317	139377
第二产业增加值	万元	597122	412407	243600	684450	723200
公共财政收入	万元	103746	53747	33421	75160	100193
各项税收	万元	72705	35545	23424	49266	63579
公共财政支出	万元	404710	261882	221099	350182	178396
居民储蓄存款余额	万元	979600	1125628	894302	1825164	2026435
年末金融机构各项贷款余额	万元	510097	578321	402824	723600	790723
三、农业、工业及投资						
农业机械总动力	万千瓦特	33	28	33	41	39
机收面积	公顷	42240	15852	8667	60900	52824
设施农业占地面积	公顷	5571	1785	264	3192	386
粮食总产量	吨	232200	256000	140101	510700	529600
棉花产量	吨	1062	368	506	8046	5008
油料产量	吨	102284	29791	17447	78415	53935
肉类总产量	吨	56655	60683	21432	108625	92392
规模以上工业企业单位数	个	112	86	68	146	139
规模以上工业总产值	万元	783400	805309	634725	1948986	2359076
固定资产投资	万元	1432300	1336086	752432	1724850	2230701
四、教育、卫生和社会保障						
普通中学在校学生数	人	27038	19754	15104	37021	39870
中等职业教育学校在校学生数	人	2681	3264	3943	3234	4091
小学在校学生数	人	30954	27279	20129	50326	56184
医疗卫生机构床位数	床	2615	2654	1998	3710	3443
各种社会福利收养性单位数	个	16	17	63	22	119
各种社会福利收养性单位床位数	床	1794	3102	1707	1984	3893

2014年县(市)社会经济主要指标

湖北省

指　　标	单位	黄梅县	麻城市	武穴市	嘉鱼县	通城县
一、基本情况						
行政区域面积	平方公里	1701	3747	1246	1020	1172
乡个数	个	4	1			2
镇个数	个	12	15	8	8	9
街道办事处个数	个		3	4		
户籍人口	万人	101	116	81	37	51
第二产业从业人员	人	154535	255273	151300	65972	72102
第三产业从业人员	人	190241	185641	129780	67779	70398
固定电话用户	户	93931	126478	91415	45200	61716
二、综合经济						
地区生产总值	万元	1634253	2335454	2224192	1890300	1038430
第一产业增加值	万元	471862	584955	492361	387131	225937
农业增加值	万元	236575	285621	230636	239020	102462
牧业增加值	万元	137138	229836	211193	25910	97771
第二产业增加值	万元	674145	977562	1099330	1020090	457900
公共财政收入	万元	88379	130263	128228	88013	58300
各项税收	万元	56211	130963	85200	87575	37185
公共财政支出	万元	274916	464909	312188	212450	237068
居民储蓄存款余额	万元	1816853	1853462	1467800	589877	787469
年末金融机构各项贷款余额	万元	856600	1467197	821700	565901	379415
三、农业、工业及投资						
农业机械总动力	万千瓦特	50	41	31	35	29
机收面积	公顷	76630	63391	84361	37025	26135
设施农业占地面积	公顷	1098	9600	255	1353	153
粮食总产量	吨	500100	553607	323800	183745	187230
棉花产量	吨	9580	7500	7703	1177	200
油料产量	吨	66445	98414	80597	10829	5403
肉类总产量	吨	71584	136210	84317	18809	71413
规模以上工业企业单位数	个	153	243	186	198	75
规模以上工业总产值	万元	1964106	3307877	3139000	4407220	1241763
固定资产投资	万元	1659976	2629596	2072435	1979163	1219312
四、教育、卫生和社会保障						
普通中学在校学生数	人	42836	43058	30518	10869	11334
中等职业教育学校在校学生数	人	2875	5471	5169	405	667
小学在校学生数	人	61655	53455	56950	15815	36527
医疗卫生机构床位数	床	3786	3610	2757	1295	1745
各种社会福利收养性单位数	个	24	23	72	15	15
各种社会福利收养性单位床位数	床	6700	3200	1347	1355	1347

2014年县(市)社会经济主要指标

湖北省

指　　标	单位	崇阳县	通山县	赤壁市	随县	广水市
一、基本情况						
行政区域面积	平方公里	1968	2680	1723	5673	2647
乡个数	个	4	4	1		
镇个数	个	8	8	10	19	13
街道办事处个数	个			3		4
户籍人口	万人	49	46	53	97	95
第二产业从业人员	人	52055	61547	119784	135078	176010
第三产业从业人员	人	69770	109875	72540	124996	314644
固定电话用户	户	68931	23000	68482	102300	101693
二、综合经济						
地区生产总值	万元	969500	900999	3163900	1648183	2280400
第一产业增加值	万元	240900	140009	420000	580948	455106
农业增加值	万元	109151	71031	237312	314991	252872
牧业增加值	万元	90097	40050	46129	221997	148813
第二产业增加值	万元	359700	322900	1513600	734100	1127100
公共财政收入	万元	53009	58083	157547	41076	87295
各项税收	万元	35156	40062	104817	29002	62641
公共财政支出	万元	222412	250743	309916	238606	327389
居民储蓄存款余额	万元	783900	497312	1015953	1182850	1930789
年末金融机构各项贷款余额	万元	449700	548762	862020	579000	672160
三、农业、工业及投资						
农业机械总动力	万千瓦特	23	17	49	127	42
机收面积	公顷	32612	8637	31023	87847	48472
设施农业占地面积	公顷	1921	65	2125	1954	1050
粮食总产量	吨	202644	87540	217245	926206	420100
棉花产量	吨	560		1500	5356	3000
油料产量	吨	11584	5308	26950	24234	37592
肉类总产量	吨	66890	22397	31689	145528	86961
规模以上工业企业单位数	个	73	69	207	234	207
规模以上工业总产值	万元	844000	968678	4958828	3575000	4030000
固定资产投资	万元	1225100	1360090	2824778	2179500	2358863
四、教育、卫生和社会保障						
普通中学在校学生数	人	17963	17083	20902	19956	31773
中等职业教育学校在校学生数	人	2890	635	4827	1430	2463
小学在校学生数	人	33934	38377	32427	40318	43278
医疗卫生机构床位数	床	1760	1725	2052	2125	2738
各种社会福利收养性单位数	个	14	13	16	34	38
各种社会福利收养性单位床位数	床	1214	1345	2245	3878	1689

2014年县(市)社会经济主要指标

湖北省

指　标	单位	恩施市	利川市	建始县	巴东县	宣恩县
一、基本情况						
行政区域面积	平方公里	3967	4607	2667	3352	2737
乡个数	个	9	5	4	2	5
镇个数	个	4	7	6	10	4
街道办事处个数	个	3	2			
户籍人口	万人	82	92	52	50	36
第二产业从业人员	人	104000	157704	78740	52947	22600
第三产业从业人员	人	156000	151737	49512	135553	113800
固定电话用户	户	69642	44000	14627	24973	22128
二、综合经济						
地区生产总值	万元	1565030	904680	709895	814511	500584
第一产业增加值	万元	253561	296560	173526	165350	139313
农业增加值	万元	150030	186942	92005	87186	80498
牧业增加值	万元	98476	92970	74859	70779	53878
第二产业增加值	万元	630420	253538	240000	340766	144031
公共财政收入	万元	183348	87550	46166	54239	25856
各项税收	万元	159366	66272	35712	40479	22117
公共财政支出	万元	289606	386868	273879	299573	201808
居民储蓄存款余额	万元	1526262	1110784	542151	562052	386482
年末金融机构各项贷款余额	万元	2771226	733259	444404	411688	246902
三、农业、工业及投资						
农业机械总动力	万千瓦特	44	40	29	36	25
机收面积	公顷	7621	19600		3076	6320
设施农业占地面积	公顷	134	143	42		103
粮食总产量	吨	233949	369600	234000	225925	132001
棉花产量	吨	7			8	
油料产量	吨	18091	12891	15849	20948	5536
肉类总产量	吨	96866	76483	70084	73325	54847
规模以上工业企业单位数	个	80	62	68	62	47
规模以上工业总产值	万元	1004845	516534	480324	465441	247785
固定资产投资	万元	1288074	828882	661100	788047	332123
四、教育、卫生和社会保障						
普通中学在校学生数	人	42435	39968	19245	20701	13253
中等职业教育学校在校学生数	人	3755	2652	2815	1240	1186
小学在校学生数	人	49082	63719	28086	27640	20888
医疗卫生机构床位数	床	6473	3778	2881	2108	1325
各种社会福利收养性单位数	个	25	25	13	13	12
各种社会福利收养性单位床位数	床	3325	2030	1527	1090	1395

2014年县(市)社会经济主要指标

湖北省

指　　标	单位	咸丰县	来凤县	鹤峰县	仙桃市	潜江市
一、基本情况						
行政区域面积	平方公里	2550	1342	2868	2538	2004
乡个数	个	4	2	4		
镇个数	个	6	6	5	15	10
街道办事处个数	个				3	6
户籍人口	万人	39	33	22	159	104
第二产业从业人员	人	91300	64952	36422	352069	199600
第三产业从业人员	人	110100	73595	55056	377523	195400
固定电话用户	户	31504	35000	22625	165800	103500
二、综合经济						
地区生产总值	万元	604204	528189	435522	5522705	5402200
第一产业增加值	万元	143343	112513	94671	823987	669000
农业增加值	万元	60275	60024	63635	340865	311000
牧业增加值	万元	77447	46758	20752	170970	108000
第二产业增加值	万元	188097	157743	182603	2959900	3168600
公共财政收入	万元	34100	31399	35720	241605	226878
各项税收	万元	24469	25589	20080	194062	166253
公共财政支出	万元	161820	194976	186726	597612	512394
居民储蓄存款余额	万元	489478	456680	345947	3111400	2892103
年末金融机构各项贷款余额	万元	271731	390811	279131	1590000	1504573
三、农业、工业及投资						
农业机械总动力	万千瓦特	25	21	33	141	120
机收面积	公顷		7050	774	139665	102181
设施农业占地面积	公顷	350	192	27	6413	50
粮食总产量	吨	233835	127850	91359	825849	532700
棉花产量	吨				22858	20874
油料产量	吨	17100	7185	5036	134574	109552
肉类总产量	吨	61622	28596	23016	92173	113186
规模以上工业企业单位数	个	59	55	48	396	273
规模以上工业总产值	万元	577534	363990	517694	9639978	10323000
固定资产投资	万元	465400	513494	373534	3747300	3693400
四、教育、卫生和社会保障						
普通中学在校学生数	人	15080	15025	7338	56348	39500
中等职业教育学校在校学生数	人	2268	2432	1412	2395	6753
小学在校学生数	人	25800	21730	10030	73336	45100
医疗卫生机构床位数	床	1971	1484	968	4350	3999
各种社会福利收养性单位数	个	12	14	14	29	17
各种社会福利收养性单位床位数	床	1366	1120	996	4863	1929

2014年县(市)社会经济主要指标

湖北省、湖南省

指　标	单位	天门市	神农架林区	望城区	长沙县	宁乡县
一、基本情况						
行政区域面积	平方公里	2622	3253	951	1997	2912
乡个数	个	1	2	1		7
镇个数	个	21	6	10	17	22
街道办事处个数	个	3		10	7	4
户籍人口	万人	164	8	53	83	139
第二产业从业人员	人	207606	7843	101795	243700	321400
第三产业从业人员	人	351069	20699	118504	276400	282400
固定电话用户	户	120300	13350	71478	165000	101000
二、综合经济						
地区生产总值	万元	4018600	202402	4697660	11005780	9102255
第一产业增加值	万元	749080	18761	350217	700697	996412
农业增加值	万元	327767	10821	225382	455630	567378
牧业增加值	万元	193570	5834	93950	205609	360034
第二产业增加值	万元	2096900	81654	3416973	7812069	6203310
公共财政收入	万元	173494	33691	354238	741063	353082
各项税收	万元	121045	20891	454499	1218838	446994
公共财政支出	万元	543550	168376	551625	1039861	658353
居民储蓄存款余额	万元	3307500	189030	1703044	3501821	2528933
年末金融机构各项贷款余额	万元	1270200	107032	1857514	5842753	2992909
三、农业、工业及投资						
农业机械总动力	万千瓦特	175	11	59	147	165
机收面积	公顷	109478		53532	81100	131405
设施农业占地面积	公顷	2580	64	301	2365	2770
粮食总产量	吨	734207	22100	370303	585871	855775
棉花产量	吨	30548			19	378
油料产量	吨	117352	398	8456	14260	14227
肉类总产量	吨	97044	6017	88167	173658	234301
规模以上工业企业单位数	个	300	11	250	361	590
规模以上工业总产值	万元	7310800	98474	8375400	19051100	17076600
固定资产投资	万元	3316500	302365	5718811	7618986	7135153
四、教育、卫生和社会保障						
普通中学在校学生数	人	55533	2490	21236	42581	66739
中等职业教育学校在校学生数	人	1508		7808	15304	7260
小学在校学生数	人	70502	3651	31852	66448	77244
医疗卫生机构床位数	床	5035	430	2554	4065	5054
各种社会福利收养性单位数	个	42	9	23	22	34
各种社会福利收养性单位床位数	床	5476	550	3016	2081	3470

2014年县(市)社会经济主要指标

湖南省

指　　标	单位	浏阳市	株洲县	攸县	茶陵县	炎陵县
一、基本情况						
行政区域面积	平方公里	4997	1053	2649	2507	2031
乡个数	个	6	10	4	3	9
镇个数	个	27	4	15	13	6
街道办事处个数	个	4		4	4	
户籍人口	万人	145	35	81	66	19
第二产业从业人员	人	401480	53390	110358	67900	35490
第三产业从业人员	人	249020	65652	158996	128000	37500
固定电话用户	户	152314	25090	119685	49325	22600
二、综合经济						
地区生产总值	万元	10128321	1022034	3135888	1446022	552611
第一产业增加值	万元	838694	178642	440260	306312	73713
农业增加值	万元	537934	85528	232905	151643	37195
牧业增加值	万元	195012	66439	151673	104771	16942
第二产业增加值	万元	7186604	549698	1720644	598328	290066
公共财政收入	万元	427414	70872	194797	76840	56454
各项税收	万元	610187	61428	112426	74363	52860
公共财政支出	万元	718500	165413	380871	254575	141090
居民储蓄存款余额	万元	2802169	773076	1225128	1108685	420190
年末金融机构各项贷款余额	万元	3666324	439400	917205	696486	402965
三、农业、工业及投资						
农业机械总动力	万千瓦特	149	43	88	71	16
机收面积	公顷	101310	27900	79780	39900	8660
设施农业占地面积	公顷	3981	340	482	2133	54
粮食总产量	吨	561949	230387	465905	318030	91461
棉花产量	吨	180	423	638	989	33
油料产量	吨	51590	5818	17479	17066	2637
肉类总产量	吨	175630	42849	94368	67016	12903
规模以上工业企业单位数	个	822	103	264	156	91
规模以上工业总产值	万元	16669100	999700	4370700	1388300	835000
固定资产投资	万元	7258167	815371	2338317	1078232	969233
四、教育、卫生和社会保障						
普通中学在校学生数	人	62661	10865	32080	22288	7138
中等职业教育学校在校学生数	人	4345	2278	1638	1247	671
小学在校学生数	人	95712	12568	43929	37992	11483
医疗卫生机构床位数	床	6882	1294	3403	4747	617
各种社会福利收养性单位数	个	41	15	22	21	15
各种社会福利收养性单位床位数	床	5178	759	1660	1376	550

2014年县(市)社会经济主要指标

湖南省

指　　标	单位	醴陵市	湘潭县	湘乡市	韶山市	衡阳县
一、基本情况						
行政区域面积	平方公里	2157	2140	1967	247	2559
乡个数	个	8	4	3	4	9
镇个数	个	18	15	15	3	17
街道办事处个数	个	4		4		
户籍人口	万人	107	99	93	12	123
第二产业从业人员	人	276200	171842	153467	18451	166584
第三产业从业人员	人	165500	146201	128504	13585	263218
固定电话用户	户	149000	235625	63890	29316	65946
二、综合经济						
地区生产总值	万元	4883654	2940771	2997745	647395	2632969
第一产业增加值	万元	443916	538107	494337	58151	620787
农业增加值	万元	241697	288709	252651	31170	264859
牧业增加值	万元	153859	183954	180922	21566	234506
第二产业增加值	万元	3203953	1516651	1584838	372038	1049363
公共财政收入	万元	286666	165434	119691	36231	80586
各项税收	万元	195352	126642	106853	28825	82993
公共财政支出	万元	495451	383500	338177	89180	362190
居民储蓄存款余额	万元	1711520	1946218	1729977	349481	2015340
年末金融机构各项贷款余额	万元	1224314	1570458	1091057	254124	752712
三、农业、工业及投资						
农业机械总动力	万千瓦特	84	145	97	15	81
机收面积	公顷	67170	99650	95440	10490	88660
设施农业占地面积	公顷	5231	262	104	4	71
粮食总产量	吨	512172	740968	537712	69385	625691
棉花产量	吨	46	165	31	8	10686
油料产量	吨	10079	7681	12768	1142	77498
肉类总产量	吨	112425	176590	157366	22067	174742
规模以上工业企业单位数	个	515	205	220	60	112
规模以上工业总产值	万元	7705500	4253600	5812900	1450800	1758200
固定资产投资	万元	3033139	1663043	1598396	731049	1883408
四、教育、卫生和社会保障						
普通中学在校学生数	人	35750	52167	38301	3075	64970
中等职业教育学校在校学生数	人	7010	6685	2889	744	3120
小学在校学生数	人	57303	44572	44427	5397	77176
医疗卫生机构床位数	床	3687	3268	3526	547	3337
各种社会福利收养性单位数	个	37	50	19	9	27
各种社会福利收养性单位床位数	床	2954	2150	1200	407	210

2014年县(市)社会经济主要指标

湖南省

指　　标	单位	衡南县	衡山县	衡东县	祁东县	耒阳市
一、基本情况						
行政区域面积	平方公里	2633	935	1927	1871	2656
乡个数	个	3	9	9	3	14
镇个数	个	23	8	15	17	17
街道办事处个数	个				4	5
户籍人口	万人	108	45	75	106	141
第二产业从业人员	人	179293	25800	108911	103250	190327
第三产业从业人员	人	289590	83500	188425	219005	314709
固定电话用户	户	87600	32253	180210	66500	121684
二、综合经济						
地区生产总值	万元	2525432	1190135	2134301	2182950	3558540
第一产业增加值	万元	591160	259447	362493	549148	571385
农业增加值	万元	296673	124411	169230	317929	277863
牧业增加值	万元	179417	74309	120808	147122	213542
第二产业增加值	万元	1232655	391592	845107	820262	1443115
公共财政收入	万元	109647	56220	81587	64565	150036
各项税收	万元	96303	50393	65159	65745	148304
公共财政支出	万元	377638	186492	290659	370778	429163
居民储蓄存款余额	万元	356078	819448	1163125	1858900	2044800
年末金融机构各项贷款余额	万元	600852	327888	520146	560600	989400
三、农业、工业及投资						
农业机械总动力	万千瓦特	90	37	60	89	79
机收面积	公顷	105552	38470	43138	56623	38000
设施农业占地面积	公顷	767	379	1454	7	277
粮食总产量	吨	595830	210464	400075	461618	512370
棉花产量	吨	6224	835	1399	324	1240
油料产量	吨	67562	16114	31700	45737	51549
肉类总产量	吨	160205	68725	95041	118491	124607
规模以上工业企业单位数	个	100	85	84	91	132
规模以上工业总产值	万元	1780900	804100	1520900	2109600	3159700
固定资产投资	万元	1610209	744412	1123614	1171550	2940903
四、教育、卫生和社会保障						
普通中学在校学生数	人	59161	21107	37178	54488	68601
中等职业教育学校在校学生数	人	5062	2645	2028	5096	5773
小学在校学生数	人	64360	27181	46051	71313	109107
医疗卫生机构床位数	床	2824	1418	2253	2444	3682
各种社会福利收养性单位数	个	27	22	25	43	35
各种社会福利收养性单位床位数	床	1754	1070	1033	2176	1244

2014年县(市)社会经济主要指标

湖南省

指　　标	单位	常宁市	邵东县	新邵县	邵阳县	隆回县
一、基本情况						
行政区域面积	平方公里	2064	1778	1763	1997	2871
乡个数	个	7	6	4	10	8
镇个数	个	15	19	11	12	18
街道办事处个数	个	4	3			
户籍人口	万人	93	134	82	107	122
第二产业从业人员	人	75335	215200	127208	103000	83723
第三产业从业人员	人	198860	172800	104765	87700	140548
固定电话用户	户	104700	107553	28287	26615	107708
二、综合经济						
地区生产总值	万元	2448805	2830484	1065136	1113475	1260668
第一产业增加值	万元	428584	458851	260849	294713	299784
农业增加值	万元	163958	343607	159683	184698	194033
牧业增加值	万元	156276	89742	88602	86221	85867
第二产业增加值	万元	1060832	1355999	413423	401645	371739
公共财政收入	万元	107939	114438	66116	53446	62605
各项税收	万元	88910	118537	52936	43769	65127
公共财政支出	万元	386434	388136	311595	362014	381821
居民储蓄存款余额	万元	1445000	2054916	967152	895430	1600000
年末金融机构各项贷款余额	万元	652700	1232712	680923	394213	606600
三、农业、工业及投资						
农业机械总动力	万千瓦特	63	76	24	48	29
机收面积	公顷	57610	36071	11855	24200	1680
设施农业占地面积	公顷	1220	1450	1901	343	1402
粮食总产量	吨	406703	445609	311897	450373	456888
棉花产量	吨	2007	114	32	24	34
油料产量	吨	39443	34204	11480	28614	11434
肉类总产量	吨	117027	98404	86560	85245	87234
规模以上工业企业单位数	个	86	235	94	77	102
规模以上工业总产值	万元	2920100	4423200	1591100	937700	1378100
固定资产投资	万元	1343663	2165106	1488899	1299629	1556788
四、教育、卫生和社会保障						
普通中学在校学生数	人	47186	64046	42944	42792	58814
中等职业教育学校在校学生数	人	5441	9702	5481	2063	6635
小学在校学生数	人	73007	99242	66157	62115	100425
医疗卫生机构床位数	床	3343	3679	2360	3272	3847
各种社会福利收养性单位数	个	28	24	15	20	28
各种社会福利收养性单位床位数	床	1764	1500	858	1123	881

2014年县(市)社会经济主要指标

湖南省

指　　标	单位	洞口县	绥宁县	新宁县	城步苗族自治县	武冈市
一、基本情况						
行政区域面积	平方公里	2180	2927	2751	2647	1549
乡个数	个	10	18	9	7	8
镇个数	个	12	7	9	6	9
街道办事处个数	个					4
户籍人口	万人	88	39	63	28	83
第二产业从业人员	人	80845	30800	73299	26146	98144
第三产业从业人员	人	159616	85000	132877	36911	168673
固定电话用户	户	56363	30285	43200	16087	59800
二、综合经济						
地区生产总值	万元	1256758	690487	754080	301494	1070581
第一产业增加值	万元	432230	162746	215910	87462	378272
农业增加值	万元	262173	86645	160158	39149	230430
牧业增加值	万元	136190	47645	43478	35287	130251
第二产业增加值	万元	437960	322845	199997	110062	225360
公共财政收入	万元	52933	30883	47085	26011	58405
各项税收	万元	52625	24119	33697	21606	45631
公共财政支出	万元	319725	208902	241222	180938	282093
居民储蓄存款余额	万元	1289973	585191	823251	360753	1167821
年末金融机构各项贷款余额	万元	620251	240332	369944	188464	571481
三、农业、工业及投资						
农业机械总动力	万千瓦特	68	39	46	15	54
机收面积	公顷	40986	7020	10363		37980
设施农业占地面积	公顷	390		178	75	502
粮食总产量	吨	446873	142478	305899	77743	462990
棉花产量	吨	52				
油料产量	吨	33405	5030	10826	3830	17963
肉类总产量	吨	171280	52120	42663	18214	122807
规模以上工业企业单位数	个	84	65	54	23	57
规模以上工业总产值	万元	1490700	1564700	566500	271100	722600
固定资产投资	万元	1259514	664020	548036	343047	1153409
四、教育、卫生和社会保障						
普通中学在校学生数	人	47714	14886	23879	9448	50106
中等职业教育学校在校学生数	人	9109	768	1435	406	12429
小学在校学生数	人	72499	26184	45310	20166	63515
医疗卫生机构床位数	床	1888	932	2150	1079	2904
各种社会福利收养性单位数	个	21	21	19		20
各种社会福利收养性单位床位数	床	707	611	998		794

2014年县(市)社会经济主要指标

湖南省

指　　标	单位	岳阳县	华容县	湘阴县	平江县	汨罗市
一、基本情况						
行政区域面积	平方公里	2716	1449	1542	4125	1780
乡个数	个	8	8	6	8	15
镇个数	个	12	12	13	19	19
街道办事处个数	个					1
户籍人口	万人	72	72	71	110	75
第二产业从业人员	人	92244	92300	143900	88205	161093
第三产业从业人员	人	168500	107000	60300	139204	182949
固定电话用户	户	52302	238190	48640	156743	128152
二、综合经济						
地区生产总值	万元	2375640	2656114	2919958	1987672	3651068
第一产业增加值	万元	434444	540414	451674	379359	433678
农业增加值	万元	211980	288424	200708	192324	191797
牧业增加值	万元	168930	130369	122235	151229	191481
第二产业增加值	万元	1185921	1337286	1637687	924393	2272508
公共财政收入	万元	45199	47996	82553	59481	146192
各项税收	万元	64540	54295	73551	71957	145272
公共财政支出	万元	280268	295445	315120	372398	406425
居民储蓄存款余额	万元	664360	1106921	696427	1146200	938724
年末金融机构各项贷款余额	万元	506710	731206	664593	554500	568880
三、农业、工业及投资						
农业机械总动力	万千瓦特	75	95	85	79	69
机收面积	公顷	70850	159733	62000	53000	78000
设施农业占地面积	公顷	3000	1400	3630	2434	2440
粮食总产量	吨	518885	552639	600291	429390	494843
棉花产量	吨	8165	29958	1290	1344	1188
油料产量	吨	34444	72072	17766	28233	14821
肉类总产量	吨	108700	68652	76953	84847	121087
规模以上工业企业单位数	个	157	143	159	160	271
规模以上工业总产值	万元	4181100	4670600	6684900	3024800	8083200
固定资产投资	万元	2044602	2243631	2186249	1647946	2556622
四、教育、卫生和社会保障						
普通中学在校学生数	人	28619	26127	30001	47356	29807
中等职业教育学校在校学生数	人	5001	3321	3855	3381	5205
小学在校学生数	人	37536	30593	38237	74097	40425
医疗卫生机构床位数	床	1866	1549	2550	4098	2543
各种社会福利收养性单位数	个	1	35	31	28	33
各种社会福利收养性单位床位数	床	1400	2273	2229	680	1808

2014年县(市)社会经济主要指标

湖南省

指　　标	单位	临湘市	安乡县	汉寿县	澧县	临澧县
一、基本情况						
行政区域面积	平方公里	1754	1087	2089	2075	1204
乡个数	个	5	11	16	16	9
镇个数	个	13	8	16	14	8
街道办事处个数	个	3			4	
户籍人口	万人	53	55	87	92	45
第二产业从业人员	人	61240	32363	67871	114000	81598
第三产业从业人员	人	87981	35039	115447	108297	86413
固定电话用户	户	46000	31340	51100	92900	40300
二、综合经济						
地区生产总值	万元	1977417	1351107	2008810	2525276	1279136
第一产业增加值	万元	259724	310814	458330	494940	257653
农业增加值	万元	125882	169390	262265	257070	117055
牧业增加值	万元	92030	70663	123247	186100	121008
第二产业增加值	万元	1114726	333340	675307	973482	492514
公共财政收入	万元	37783	25135	54245	89842	37963
各项税收	万元	62987	36142	70799	94107	51959
公共财政支出	万元	225469	238906	361324	347486	205012
居民储蓄存款余额	万元	773040	718375	1116200	1827400	969700
年末金融机构各项贷款余额	万元	536885	352759	535500	845800	657000
三、农业、工业及投资						
农业机械总动力	万千瓦特	73	57	87	78	37
机收面积	公顷	29200	67100	111130	73965	50340
设施农业占地面积	公顷	115		116	520	30
粮食总产量	吨	319780	308027	643322	514944	335700
棉花产量	吨	3476	22691	14549	27260	9315
油料产量	吨	22566	66631	78320	91897	53165
肉类总产量	吨	54086	36602	83433	105036	62288
规模以上工业企业单位数	个	136	50	110	99	104
规模以上工业总产值	万元	3390900	413100	2141900	2257000	1134400
固定资产投资	万元	1674013	440527	1544434	2146879	1139773
四、教育、卫生和社会保障						
普通中学在校学生数	人	22673	15581	30391	31819	17325
中等职业教育学校在校学生数	人	3658	3738	5035	8446	2134
小学在校学生数	人	33729	19827	44922	40441	20800
医疗卫生机构床位数	床	2423	2232	3457	3553	1643
各种社会福利收养性单位数	个	47	23	7	36	18
各种社会福利收养性单位床位数	床	1168	1327	342	2500	841

2014年县(市)社会经济主要指标

湖南省

指　　标	单位	桃源县	石门县	津市市	慈利县	桑植县
一、基本情况						
行政区域面积	平方公里	4458	3970	557	3480	3474
乡个数	个	22	8	2	18	29
镇个数	个	18	11	5	13	9
街道办事处个数	个			4		
户籍人口	万人	97	67	25	80	48
第二产业从业人员	人	84175	45199	36239	67780	37200
第三产业从业人员	人	141187	95463	30175	84440	90200
固定电话用户	户	74200	55200	23181	72080	26100
二、综合经济						
地区生产总值	万元	2507804	1938447	1067431	1380589	679164
第一产业增加值	万元	674162	347335	172813	227702	87941
农业增加值	万元	376905	216740	77239	148154	57605
牧业增加值	万元	259095	114333	58115	43749	14040
第二产业增加值	万元	923318	816603	519934	480599	156523
公共财政收入	万元	98045	61259	38735	60364	32024
各项税收	万元	92649	84648	43557	64443	43131
公共财政支出	万元	411588	287705	181508	301556	242355
居民储蓄存款余额	万元	1682614	1149947	616357	1131600	553365
年末金融机构各项贷款余额	万元	703563	587442	281195	751900	419937
三、农业、工业及投资						
农业机械总动力	万千瓦特	88	64	19	54	20
机收面积	公顷	101350	30160	21880	16657	4410
设施农业占地面积	公顷		27		53	67
粮食总产量	吨	790680	265415	139741	296327	145546
棉花产量	吨	21375	4318	6001	1075	10
油料产量	吨	112875	46776	30275	36947	20310
肉类总产量	吨	143298	96812	40594	47549	18998
规模以上工业企业单位数	个	85	106	97	66	29
规模以上工业总产值	万元	2434700	1981800	1567100	699200	222800
固定资产投资	万元	1591951	1416464	785802	655096	450887
四、教育、卫生和社会保障						
普通中学在校学生数	人	33782	24516	6630	26132	20889
中等职业教育学校在校学生数	人	8606	5033	1524	5230	1380
小学在校学生数	人	44681	30062	8790	35647	32097
医疗卫生机构床位数	床	3868	3259	1134	2396	1593
各种社会福利收养性单位数	个	49	37	24	32	13
各种社会福利收养性单位床位数	床	2952	1964	2299	1390	355

2014年县(市)社会经济主要指标

湖南省

指　　标	单位	南县	桃江县	安化县	沅江市	桂阳县
一、基本情况						
行政区域面积	平方公里	1406	2063	4945	2020	2958
乡个数	个	2	3	5	1	6
镇个数	个	14	12	18	12	17
街道办事处个数	个				2	3
户籍人口	万人	79	90	103	75	90
第二产业从业人员	人	64606	127351	60000	81900	96889
第三产业从业人员	人	135075	159543	152806	152600	111877
固定电话用户	户	45610	52280	58762	48514	52100
二、综合经济						
地区生产总值	万元	1922747	1880764	1628404	2176509	2897962
第一产业增加值	万元	559843	344458	371115	474378	383042
农业增加值	万元	322780	157095	167102	246226	205920
牧业增加值	万元	131399	144954	160151	105076	137087
第二产业增加值	万元	609300	881186	645524	878617	1499282
公共财政收入	万元	54724	55196	61914	69623	206299
各项税收	万元	56847	76691	91400	77871	130461
公共财政支出	万元	379122	294661	386749	321275	396549
居民储蓄存款余额	万元	1109600	1227472	1463012	1082512	1270500
年末金融机构各项贷款余额	万元	467300	599006	615533	734614	769700
三、农业、工业及投资						
农业机械总动力	万千瓦特	96	79	75	93	56
机收面积	公顷	150860	58100	21850	124666	37690
设施农业占地面积	公顷	2269	1066	582	320	1435
粮食总产量	吨	589213	367026	243183	476924	283963
棉花产量	吨	37310	289		18450	
油料产量	吨	86981	33799	41526	58941	14620
肉类总产量	吨	71220	82828	86022	68544	78029
规模以上工业企业单位数	个	100	175	113	113	134
规模以上工业总产值	万元	1659000	2995000	1377700	2608400	4993000
固定资产投资	万元	556871	1455750	1134440	1717799	2590885
四、教育、卫生和社会保障						
普通中学在校学生数	人	24089	32813	35291	24712	39151
中等职业教育学校在校学生数	人	2461	3873	3533	2610	2654
小学在校学生数	人	28951	45123	55588	31967	68331
医疗卫生机构床位数	床	2302	3461	3406	3359	3324
各种社会福利收养性单位数	个	105	85	32	34	41
各种社会福利收养性单位床位数	床	2649	2022	2466	2204	1853

2014年县(市)社会经济主要指标

湖南省

指　　标	单位	宜章县	永兴县	嘉禾县	临武县	汝城县
一、基本情况						
行政区域面积	平方公里	2118	1979	699	1375	2400
乡个数	个	11	7	2	9	9
镇个数	个	11	14	11	9	10
街道办事处个数	个					
户籍人口	万人	63	68	42	39	40
第二产业从业人员	人	129300	108592	87515	74030	51370
第三产业从业人员	人	110100	127622	41850	89422	33694
固定电话用户	户	52400	44387	27850	26783	39000
二、综合经济						
地区生产总值	万元	1666622	2668239	1184550	1002902	468475
第一产业增加值	万元	181740	234755	151925	114679	101936
农业增加值	万元	116581	138199	81764	79545	71478
牧业增加值	万元	54212	64933	63812	26850	17953
第二产业增加值	万元	755079	1681460	596949	487784	174526
公共财政收入	万元	120135	185478	81833	77881	59648
各项税收	万元	100511	125489	66953	66750	54945
公共财政支出	万元	305631	354388	193166	201343	245000
居民储蓄存款余额	万元	1034900	907628	696254	737256	626544
年末金融机构各项贷款余额	万元	590600	469302	239995	285065	481643
三、农业、工业及投资						
农业机械总动力	万千瓦特	88	28	41	33	43
机收面积	公顷	14350	25300	6600	15657	15000
设施农业占地面积	公顷	297	362	300	36	275
粮食总产量	吨	242061	235616	131405	125488	196080
棉花产量	吨	19	64			119
油料产量	吨	11237	19005	8988	7099	7187
肉类总产量	吨	58320	62385	56319	28605	29912
规模以上工业企业单位数	个	174	173	115	59	53
规模以上工业总产值	万元	2276400	4875800	1866200	726900	546000
固定资产投资	万元	1661947	2241529	799938	947314	635895
四、教育、卫生和社会保障						
普通中学在校学生数	人	32411	25334	22324	20110	17308
中等职业教育学校在校学生数	人	969	2230	373	510	1321
小学在校学生数	人	64618	56110	34805	42286	35481
医疗卫生机构床位数	床	2942	2126	1366	1264	1339
各种社会福利收养性单位数	个	23	35	10	21	11
各种社会福利收养性单位床位数	床	1012	1792	758	1341	522

2014年县(市)社会经济主要指标

湖南省

指　　标	单位	桂东县	安仁县	资兴市	祁阳县	东安县
一、基本情况						
行政区域面积	平方公里	1452	1462	2747	2538	2211
乡个数	个	8	12	8	10	4
镇个数	个	7	5	10	20	13
街道办事处个数	个			2	3	
户籍人口	万人	21	45	38	107	64
第二产业从业人员	人	26450	72229	96955	137100	50579
第三产业从业人员	人	34037	91251	63524	143200	66169
固定电话用户	户	23854	28400	50400	55044	32075
二、综合经济						
地区生产总值	万元	245417	698497	2770768	2186845	1386090
第一产业增加值	万元	41484	162101	201868	442232	305097
农业增加值	万元	24299	122756	99523	263409	174901
牧业增加值	万元	11071	23544	52990	89839	91204
第二产业增加值	万元	72326	281004	1899115	828121	553112
公共财政收入	万元	13570	30072	237188	75226	58235
各项税收	万元	19822	40676	171083	83136	45577
公共财政支出	万元	126600	197875	429195	371740	239496
居民储蓄存款余额	万元	323000	631129	1060951	1944399	864756
年末金融机构各项贷款余额	万元	172000	371724	614252	822148	445822
三、农业、工业及投资						
农业机械总动力	万千瓦特	12	22	33	85	61
机收面积	公顷	680	39000	13802	24000	23675
设施农业占地面积	公顷	115	110	29	10	
粮食总产量	吨	63633	286406	126519	647010	390681
棉花产量	吨		17	41	559	77
油料产量	吨	2153	33846	7085	40243	11313
肉类总产量	吨	10665	33508	53841	96119	85983
规模以上工业企业单位数	个	16	42	153	97	61
规模以上工业总产值	万元	162700	567300	6669600	1496500	914100
固定资产投资	万元	414420	1064935	2469663	2321914	1505420
四、教育、卫生和社会保障						
普通中学在校学生数	人	8181	21536	15209	45734	21295
中等职业教育学校在校学生数	人	1737	1485	1884	10047	1000
小学在校学生数	人	13584	31673	23181	72331	37045
医疗卫生机构床位数	床	745	1610	1715	3417	1991
各种社会福利收养性单位数	个	19	23	21	48	30
各种社会福利收养性单位床位数	床	1107	880	1197	1925	1050

2014年县(市)社会经济主要指标

湖南省

指　　标	单位	双牌县	道县	江永县	宁远县	蓝山县
一、基本情况						
行政区域面积	平方公里	1739	2441	1633	2489	1807
乡个数	个	8	5	5	4	9
镇个数	个	6	12	7	12	6
街道办事处个数	个		7		3	
户籍人口	万人	21	80	28	86	40
第二产业从业人员	人	25392	84129	43460	61700	48500
第三产业从业人员	人	42900	108325	32340	186500	60700
固定电话用户	户	7781	22300	11231	35990	24913
二、综合经济						
地区生产总值	万元	464533	1387282	474774	1092862	810919
第一产业增加值	万元	138155	367584	170159	243743	148188
农业增加值	万元	34865	206253	101929	115406	72936
牧业增加值	万元	24872	105972	49447	89128	46586
第二产业增加值	万元	202530	391118	139507	398604	312562
公共财政收入	万元	20333	65190	27640	75897	38629
各项税收	万元	28433	59140	21701	74597	32284
公共财政支出	万元	115637	281687	146065	315619	165937
居民储蓄存款余额	万元	264700	968534	433200	972528	540056
年末金融机构各项贷款余额	万元	247479	393183	191920	544098	233721
三、农业、工业及投资						
农业机械总动力	万千瓦特	19	47	23	100	38
机收面积	公顷	8910	33000	9000	26500	4700
设施农业占地面积	公顷	1	1	12	17	85
粮食总产量	吨	72700	392604	121741	302441	126359
棉花产量	吨	236	23	145	34	401
油料产量	吨	2057	14947	14729	9212	13863
肉类总产量	吨	22105	95472	48706	85619	70722
规模以上工业企业单位数	个	34	56	28	67	57
规模以上工业总产值	万元	367700	466700	276500	848500	775100
固定资产投资	万元	567702	1292520	542625	1280090	632375
四、教育、卫生和社会保障						
普通中学在校学生数	人	6640	34297	12205	36623	17396
中等职业教育学校在校学生数	人	631	10296	722	2483	3659
小学在校学生数	人	10801	66597	24189	70636	33313
医疗卫生机构床位数	床	814	2508	1068	1970	1591
各种社会福利收养性单位数	个	11	33	14	25	18
各种社会福利收养性单位床位数	床	538	1186	521	2178	520

2014年县(市)社会经济主要指标

湖南省

指标	单位	新田县	江华瑶族自治县	中方县	沅陵县	辰溪县
一、基本情况						
行政区域面积	平方公里	1022	3216	1479	5828	1977
乡个数	个	10	11	11	15	22
镇个数	个	9	11	11	8	8
街道办事处个数	个					
户籍人口	万人	42	51	28	67	52
第二产业从业人员	人	15400	35549	13550	72600	35542
第三产业从业人员	人	31930	84010	9902	77711	32168
固定电话用户	户	11289	29488	17855	48795	25400
二、综合经济						
地区生产总值	万元	575916	846989	861140	1639506	925276
第一产业增加值	万元	152712	225116	112638	178789	145981
农业增加值	万元	87506	101523	66563	96584	101793
牧业增加值	万元	48575	54531	20625	32132	36696
第二产业增加值	万元	167085	248844	512857	1104701	412490
公共财政收入	万元	36665	58353	30562	55679	40505
各项税收	万元	33126	64172	33747	70655	52004
公共财政支出	万元	184318	282278	135300	288197	223728
居民储蓄存款余额	万元	519750	630194	252630	903729	652944
年末金融机构各项贷款余额	万元	220494	506158	314511	307580	409482
三、农业、工业及投资						
农业机械总动力	万千瓦特	39	38	24	41	28
机收面积	公顷	6000	9976	6500	8580	11220
设施农业占地面积	公顷	21	4	103	260	136
粮食总产量	吨	160430	217942	113686	221022	183114
棉花产量	吨		46	221	20	529
油料产量	吨	4736	12195	12395	21810	21943
肉类总产量	吨	47654	44481	22048	29773	29225
规模以上工业企业单位数	个	42	45	67	55	48
规模以上工业总产值	万元	446800	621700	1109800	1704900	662300
固定资产投资	万元	542873	792422	1233622	864583	770547
四、教育、卫生和社会保障						
普通中学在校学生数	人	17445	22778	8338	22448	15988
中等职业教育学校在校学生数	人	1626	3151	1322	2167	479
小学在校学生数	人	32404	39460	12858	35865	27897
医疗卫生机构床位数	床	2049	2569	919	3354	2548
各种社会福利收养性单位数	个	13	18	13	27	20
各种社会福利收养性单位床位数	床	673	735	475	918	870

2014年县(市)社会经济主要指标

湖南省

指　　标	单位	溆浦县	会同县	麻阳苗族自治县	新晃侗族自治县	芷江侗族自治县
一、基本情况						
行政区域面积	平方公里	3440	2259	1568	1508	2099
乡个数	个	29	17	17	16	23
镇个数	个	14	8	6	7	5
街道办事处个数	个					
户籍人口	万人	91	36	39	26	39
第二产业从业人员	人	158205	31836	30012	25678	19650
第三产业从业人员	人	162209	71024	55120	32766	59188
固定电话用户	户	45400	28013	37120	9200	25100
二、综合经济						
地区生产总值	万元	1147816	555672	580821	454360	832155
第一产业增加值	万元	279704	116287	144453	64615	197138
农业增加值	万元	146332	53400	117139	24760	121093
牧业增加值	万元	95037	24624	19921	27286	53566
第二产业增加值	万元	389753	134946	195793	233906	360793
公共财政收入	万元	36642	27447	24975	20816	40057
各项税收	万元	42408	27654	27290	26044	40931
公共财政支出	万元	311468	170688	181000	150223	192381
居民储蓄存款余额	万元	1223600	606393	454969	328409	604094
年末金融机构各项贷款余额	万元	731300	221252	290794	212068	302230
三、农业、工业及投资						
农业机械总动力	万千瓦特	59	28	18	16	39
机收面积	公顷	27820	6632	5545	948	14840
设施农业占地面积	公顷	137	330	286	44	293
粮食总产量	吨	347669	119216	109486	78945	209702
棉花产量	吨	471	49	27		51
油料产量	吨	24646	11744	15248	4171	15017
肉类总产量	吨	77909	19695	23003	24345	39573
规模以上工业企业单位数	个	71	25	27	34	50
规模以上工业总产值	万元	655200	260600	465400	408800	539300
固定资产投资	万元	807279	384439	446887	381907	440225
四、教育、卫生和社会保障						
普通中学在校学生数	人	31899	13743	16655	9538	15533
中等职业教育学校在校学生数	人	2841	1818	1139	632	3640
小学在校学生数	人	60119	21668	23581	16141	22698
医疗卫生机构床位数	床	3576	1666	1148	1669	1569
各种社会福利收养性单位数	个	30	13	20	14	17
各种社会福利收养性单位床位数	床	1612	403	1100	570	700

2014年县(市)社会经济主要指标

湖南省

指　　标	单位	靖州苗族侗族自治县	通道侗族自治县	洪江市	双峰县	新化县
一、基本情况						
行政区域面积	平方公里	2211	2239	2289	1715	3642
乡个数	个	7	13	20	3	7
镇个数	个	6	8	8	13	19
街道办事处个数	个			4		
户籍人口	万人	27	24	50	96	145
第二产业从业人员	人	24527	16630	42724	82900	115724
第三产业从业人员	人	50662	17879	90800	146800	193282
固定电话用户	户	31764	12300	33166	62786	117012
二、综合经济						
地区生产总值	万元	621183	311837	1187355	1842089	1870041
第一产业增加值	万元	126653	66719	190661	592225	506660
农业增加值	万元	79488	29118	109980	283410	201092
牧业增加值	万元	30660	12619	40641	262932	262863
第二产业增加值	万元	229537	106594	541748	750811	619222
公共财政收入	万元	21968	19540	51593	58776	68515
各项税收	万元	26048	21582	60441	66741	80638
公共财政支出	万元	147800	153542	266310	346060	470765
居民储蓄存款余额	万元	460983	331840	915212	1529100	1706707
年末金融机构各项贷款余额	万元	191880	135499	737737	595300	946738
三、农业、工业及投资						
农业机械总动力	万千瓦特	35	25	32	96	84
机收面积	公顷	14330	3940	9520	45800	21600
设施农业占地面积	公顷	248	96	122	85	1
粮食总产量	吨	124452	80882	166470	539598	477854
棉花产量	吨		180	18	353	177
油料产量	吨	11465	9350	10366	16085	13736
肉类总产量	吨	22963	12211	35338	138421	124191
规模以上工业企业单位数	个	29	26	65	136	130
规模以上工业总产值	万元	561800	280000	1073000	2199300	1696000
固定资产投资	万元	339928	288954	822130	1349037	1144516
四、教育、卫生和社会保障						
普通中学在校学生数	人	11245	9497	18202	44336	60031
中等职业教育学校在校学生数	人	2062	587	5268	4122	1481
小学在校学生数	人	16019	15132	22806	58462	100915
医疗卫生机构床位数	床	1189	923	2150	2623	4703
各种社会福利收养性单位数	个	8	10	29	18	56
各种社会福利收养性单位床位数	床	266	456	1078	847	1658

2014年县(市)社会经济主要指标

湖南省

指 标	单位	冷水江市	涟源市	吉首市	泸溪县	凤凰县
一、基本情况						
行政区域面积	平方公里	439	1912	1058	1566	1745
乡个数	个	5	2	7	7	15
镇个数	个	7	17	5	8	9
街道办事处个数	个	4	1	4		
户籍人口	万人	37	117	31	32	42
第二产业从业人员	人	81634	170179	32700	46583	24100
第三产业从业人员	人	51660	170800	116100	44586	82800
固定电话用户	户	28500	56170	70300	18900	27900
二、综合经济						
地区生产总值	万元	2535852	2231332	1108189	525679	613612
第一产业增加值	万元	89957	456188	60133	69939	76947
农业增加值	万元	28404	229529	47384	50241	58887
牧业增加值	万元	55247	202513	9055	13995	13714
第二产业增加值	万元	1754474	1058372	326242	289818	108087
公共财政收入	万元	90298	66583	65952	26475	54808
各项税收	万元	132172	85140	67976	31193	40361
公共财政支出	万元	249481	394335	252198	197435	249339
居民储蓄存款余额	万元	984657	1086675	1238895	431091	538113
年末金融机构各项贷款余额	万元	1053433	884778	1153239	233607	382363
三、农业、工业及投资						
农业机械总动力	万千瓦特	24	80	20	18	22
机收面积	公顷	2100	35640	1132	6200	650
设施农业占地面积	公顷	2	6	560	3	29
粮食总产量	吨	45472	475522	48351	73711	120378
棉花产量	吨		27		119	
油料产量	吨	1235	12138	7722	12789	11731
肉类总产量	吨	26807	99549	8292	12758	12882
规模以上工业企业单位数	个	134	169	63	42	20
规模以上工业总产值	万元	4114100	2384300	647800	657500	91100
固定资产投资	万元	1654809	1570072	801642	191877	383697
四、教育、卫生和社会保障						
普通中学在校学生数	人	20633	48331	23057	16298	17966
中等职业教育学校在校学生数	人	8311	3862	13290	1911	993
小学在校学生数	人	31571	64246	26432	19835	27842
医疗卫生机构床位数	床	2425	3575	4266	1060	1404
各种社会福利收养性单位数	个	18	22	16	18	20
各种社会福利收养性单位床位数	床	563	1046	820	784	770

2014年县(市)社会经济主要指标

湖南省

指　　标	单位	花垣县	保靖县	古丈县	永顺县	龙山县
一、基本情况						
行政区域面积	平方公里	1109	1754	1297	3810	3131
乡个数	个	10	6	6	18	20
镇个数	个	8	10	6	12	11
街道办事处个数	个					3
户籍人口	万人	31	31	14	54	59
第二产业从业人员	人	59850	22540	15608	42000	77450
第三产业从业人员	人	65200	55600	23231	83800	98610
固定电话用户	户	19500	18200	11255	29814	27300
二、综合经济						
地区生产总值	万元	599590	398382	197895	511064	615634
第一产业增加值	万元	59083	74875	41027	142469	163497
农业增加值	万元	39454	57114	28988	110089	131438
牧业增加值	万元	16060	13287	6179	22402	20390
第二产业增加值	万元	358070	142226	58687	137653	143707
公共财政收入	万元	42049	18496	18481	26546	32059
各项税收	万元	58439	26905	19341	34880	41808
公共财政支出	万元	190838	175995	124991	265549	263300
居民储蓄存款余额	万元	472606	325600	201550	618946	772799
年末金融机构各项贷款余额	万元	310935	199100	162212	379030	345166
三、农业、工业及投资						
农业机械总动力	万千瓦特	19	17	12	36	24
机收面积	公顷	1413	5150	4200	15000	7344
设施农业占地面积	公顷	14	177	7	275	87
粮食总产量	吨	90945	87568	32922	209854	179327
棉花产量	吨			8	16	
油料产量	吨	7035	9847	3860	21984	15054
肉类总产量	吨	13906	12030	5303	19000	19129
规模以上工业企业单位数	个	44	25	22	27	31
规模以上工业总产值	万元	733800	219900	87900	142600	139400
固定资产投资	万元	160787	158258	226970	473421	592847
四、教育、卫生和社会保障						
普通中学在校学生数	人	14946	12871	6096	25195	29594
中等职业教育学校在校学生数	人	1456	1388		2311	2581
小学在校学生数	人	23239	17554	7671	35890	39592
医疗卫生机构床位数	床	843	1089	670	2410	2237
各种社会福利收养性单位数	个	19	22	14	32	36
各种社会福利收养性单位床位数	床	935	660	571	1260	1560

2014年县(市)社会经济主要指标

广东省

指　　标	单位	从化市	增城市	曲江区	始兴县	仁化县
一、基本情况						
行政区域面积	平方公里	1975	1616	1626	2174	2223
乡个数	个				1	
镇个数	个	5	7	9	9	10
街道办事处个数	个	3	4	1		1
户籍人口	万人	61	86	31	25	24
第二产业从业人员	人	95850	284489	42447	25201	16930
第三产业从业人员	人	61886	219203	49679	25789	38180
固定电话用户	户	83000	262000	59500	28000	35900
二、综合经济						
地区生产总值	万元	3170747	10188212	1416284	697364	960595
第一产业增加值	万元	223463	461833	150012	159649	172374
农业增加值	万元	170297	374199	112257	120023	123041
牧业增加值	万元	35983	37187	18364	18796	16717
第二产业增加值	万元	1474186	6175359	779930	254952	440880
公共财政收入	万元	311539	655467	75300	35852	61017
各项税收	万元	438721	871470	46900	25090	42889
公共财政支出	万元	403858	864526	140700	114852	158496
居民储蓄存款余额	万元	1948626	5811304	833500	551641	531937
年末金融机构各项贷款余额	万元	1944065	7478174	683700	326104	307291
三、农业、工业及投资						
农业机械总动力	万千瓦特	22	35	19	19	13
机收面积	公顷	19146	48519	13141	13221	11152
设施农业占地面积	公顷	197	1498	165	123	374
粮食总产量	吨	119788	157300	86100	88719	103720
棉花产量	吨					
油料产量	吨	8870	5270	18493	11277	31427
肉类总产量	吨	36608	24754	21200	13014	16546
规模以上工业企业单位数	个	186	1054	73	51	50
规模以上工业总产值	万元	6680365	19955475	3121900	732718	776164
固定资产投资	万元	1838640	3338153	1309900	571675	506881
四、教育、卫生和社会保障						
普通中学在校学生数	人	35200	55746	15952	12024	10856
中等职业教育学校在校学生数	人	10082	9522	1781	1842	1089
小学在校学生数	人	38426	76636	21695	14705	14338
医疗卫生机构床位数	床	3005	3172	1377	701	666
各种社会福利收养性单位数	个	26	65	10	10	12
各种社会福利收养性单位床位数	床	634	2388	397	560	343

2014年县(市)社会经济主要指标

广东省

指　　标	单位	翁源县	乳源瑶族自治县	新丰县	乐昌市	南雄市
一、基本情况						
行政区域面积	平方公里	2175	2299	2015	2421	2326
乡个数	个					
镇个数	个	7	8	6	16	17
街道办事处个数	个			1	1	1
户籍人口	万人	40	22	26	52	48
第二产业从业人员	人	31348	22916	18782	32120	30705
第三产业从业人员	人	45678	29886	38787	56795	55338
固定电话用户	户	48000	25900	31700	57200	54400
二、综合经济						
地区生产总值	万元	807000	640553	635451	1032413	1131908
第一产业增加值	万元	202189	68897	102951	197772	240116
农业增加值	万元	170405	48053	85271	166806	179048
牧业增加值	万元	15068	6851	8149	19640	31913
第二产业增加值	万元	305000	315077	328800	351335	440653
公共财政收入	万元	37752	50060	34600	60600	55781
各项税收	万元	26841	34156	24400	40352	37674
公共财政支出	万元	146404	140483	139100	208362	184442
居民储蓄存款余额	万元	790685	377581	428600	935679	791700
年末金融机构各项贷款余额	万元	417055	316266	246100	567367	465128
三、农业、工业及投资						
农业机械总动力	万千瓦特	22	8	5	22	39
机收面积	公顷	16980	6108	5560	9190	27542
设施农业占地面积	公顷	560	48	66	327	11
粮食总产量	吨	104075	58830	55216	124243	212143
棉花产量	吨					
油料产量	吨	19172	4411	6015	12231	24809
肉类总产量	吨	12459	6129	8218	22812	35539
规模以上工业企业单位数	个	68	69	61	52	91
规模以上工业总产值	万元	796875	998000	799955	759194	1204769
固定资产投资	万元	517835	557931	435201	883656	918416
四、教育、卫生和社会保障						
普通中学在校学生数	人	17249	9097	12283	22884	22966
中等职业教育学校在校学生数	人	434	1287	1166	2280	1153
小学在校学生数	人	24197	14761	14909	33596	27226
医疗卫生机构床位数	床	1021	546	877	1490	1194
各种社会福利收养性单位数	个	12	7	8	18	18
各种社会福利收养性单位床位数	床	600	188	141	1158	530

2014年县(市)社会经济主要指标

广东省

指标	单位	斗门区	潮阳区	澄海区	南澳县	禅城区
一、基本情况						
行政区域面积	平方公里	680	681	345	112	154
乡个数	个		1			
镇个数	个	5	9	8	3	1
街道办事处个数	个	1	4	3		3
户籍人口	万人	34	176	76	8	67
第二产业从业人员	人	136025	245995	216336	3305	252301
第三产业从业人员	人	90202	178145	94607	10430	245082
固定电话用户	户	123968	237720	188387	17500	507300
二、综合经济						
地区生产总值	万元	2596501	3126879	3527830	143825	14639448
第一产业增加值	万元	341555	215475	313864	37676	5930
农业增加值	万元	56613	130138	203928	5089	1802
牧业增加值	万元	39449	15200	41436	2428	1800
第二产业增加值	万元	1404745	2023592	2004968	52970	6006917
公共财政收入	万元	227312	195262	188686	18858	938021
各项税收	万元	503276	98524	117919	12558	2039236
公共财政支出	万元	269637	266572	273803	95302	1539248
居民储蓄存款余额	万元		3190811	3200775	182704	12662659
年末金融机构各项贷款余额	万元		1375319	1702680	106523	19436657
三、农业、工业及投资						
农业机械总动力	万千瓦特	17	9	12	9	1
机收面积	公顷		16044	5839		
设施农业占地面积	公顷	2	493	174		
粮食总产量	吨	37282	176400	91019	4171	
棉花产量	吨					
油料产量	吨	616	320	490	110	
肉类总产量	吨	36957	23873	44828	4003	3378
规模以上工业企业单位数	个	185	347	363	5	682
规模以上工业总产值	万元	7628313	7008977	5731098	24918	24419438
固定资产投资	万元	1760952	2376436	1015740	170364	4642840
四、教育、卫生和社会保障						
普通中学在校学生数	人	22194	140933	41756	2838	41235
中等职业教育学校在校学生数	人	1385	16371	8338	250	7490
小学在校学生数	人	31994	152831	65853	2827	62630
医疗卫生机构床位数	床	1793	2253	1315	123	9351
各种社会福利收养性单位数	个	7	14	16	1	6
各种社会福利收养性单位床位数	床	1074	359	260	48	1503

2014年县(市)社会经济主要指标

广东省

指　　标	单位	南海区	顺德区	三水区	高明区	新会区
一、基本情况						
行政区域面积	平方公里	1074	807	827	938	1355
乡个数	个					
镇个数	个	6	6	5	3	10
街道办事处个数	个	1	4	2	1	1
户籍人口	万人	127	127	40	30	76
第二产业从业人员	人	788881	976123	194726	145419	229651
第三产业从业人员	人	531468	495613	114512	93059	118242
固定电话用户	户	5238172	808014	127094	81125	222717
二、综合经济						
地区生产总值	万元	23730829	27649821	9201389	6082340	5055074
第一产业增加值	万元	454648	421598	295266	169003	351655
农业增加值	万元	283423	135678	125329	72358	129960
牧业增加值	万元	16266	28002	106431	50438	53783
第二产业增加值	万元	12226884	14534421	7003698	4725600	3316332
公共财政收入	万元	1665889	1739265	393851	267500	406302
各项税收	万元	1253683	3908332	778271	530988	283263
公共财政支出	万元	1522587	2638049	438033	254550	465952
居民储蓄存款余额	万元	20812189	19529028	3223397	1775500	5028819
年末金融机构各项贷款余额	万元	23174440	26519667	3816484	2113300	3641248
三、农业、工业及投资						
农业机械总动力	万千瓦特	20	28	28	13	36
机收面积	公顷			601	6800	21859
设施农业占地面积	公顷	140	46	183	54	60
粮食总产量	吨	7010	449	35491	55473	156601
棉花产量	吨					
油料产量	吨	218	20	2260	2411	987
肉类总产量	吨	18123	29815	117663	58543	54114
规模以上工业企业单位数	个	2279	1709	857	467	433
规模以上工业总产值	万元	51125802	58856886	28463464	25146700	8721300
固定资产投资	万元	7920429	5503818	5001135	3056200	2143375
四、教育、卫生和社会保障						
普通中学在校学生数	人	110828	110771	29413	15522	46643
中等职业教育学校在校学生数	人	31701	28715	8396	5574	10615
小学在校学生数	人	162206	168466	45604	27962	60307
医疗卫生机构床位数	床	8079	9127	2379	1715	3671
各种社会福利收养性单位数	个	19	18	9	6	12
各种社会福利收养性单位床位数	床	2829	4251	1591	564	1381

2014年县(市)社会经济主要指标

广东省

指　标	单位	台山市	开平市	鹤山市	恩平市	遂溪县
一、基本情况						
行政区域面积	平方公里	3286	1657	1083	1698	2132
乡个数	个					
镇个数	个	16	13	9	10	15
街道办事处个数	个	1	2	1	1	
户籍人口	万人	98	69	37	53	109
第二产业从业人员	人	130931	176961	151323	663701	43375
第三产业从业人员	人	109612	92788	59719	80736	79457
固定电话用户	户	896500	732901	629860	127432	55573
二、综合经济						
地区生产总值	万元	3267530	2695603	2313351	1394032	2447463
第一产业增加值	万元	554180	267815	174365	189710	931110
农业增加值	万元	169433	143456	93019	101662	521164
牧业增加值	万元	41305	82540	53413	31758	124543
第二产业增加值	万元	1806306	1334864	1268123	468192	739055
公共财政收入	万元	227148	193528	214426	95283	61390
各项税收	万元	432577	140567	306201	73111	33179
公共财政支出	万元	386520	270736	234157	201020	230995
居民储蓄存款余额	万元	3550899	3501932	2097033	1688386	1396848
年末金融机构各项贷款余额	万元	2186341	1941869	2053941	511578	660754
三、农业、工业及投资						
农业机械总动力	万千瓦特	62	36	18	19	78
机收面积	公顷	57999	40506	12600	19829	30125
设施农业占地面积	公顷		50	865	1139	
粮食总产量	吨	349650	225221	80559	134863	242346
棉花产量	吨					
油料产量	吨	12603	5916	5115	5595	37033
肉类总产量	吨	38634	72496	55821	27564	99349
规模以上工业企业单位数	个	180	245	337	107	88
规模以上工业总产值	万元	5068288	4166753	4629107	1432852	1944909
固定资产投资	万元	1955449	1725971	1335217	901047	1067205
四、教育、卫生和社会保障						
普通中学在校学生数	人	39562	43988	22755	22655	64259
中等职业教育学校在校学生数	人	9619	5343	3036	1147	5224
小学在校学生数	人	48385	54069	32634	29426	59013
医疗卫生机构床位数	床	3017	2799	1244	1005	2850
各种社会福利收养性单位数	个	22	16	11	12	67
各种社会福利收养性单位床位数	床	3529	1312	854	1574	1271

2014年县(市)社会经济主要指标

广东省

指　　标	单位	徐闻县	廉江市	雷州市	吴川市	电白区
一、基本情况						
行政区域面积	平方公里	1862	2867	3662	870	2230
乡个数	个	2				
镇个数	个	12	18	18	10	22
街道办事处个数	个	1	3	3	5	2
户籍人口	万人	76	179	177	118	200
第二产业从业人员	人	15045	206676	60640	101787	187262
第三产业从业人员	人	37718	297708	145942	89856	172948
固定电话用户	户	48500	106401	86533	98636	134900
二、综合经济						
地区生产总值	万元	1362776	3541272	2244753	1999699	5141502
第一产业增加值	万元	672370	884831	921538	267081	982388
农业增加值	万元	559712	537667	645679	116870	449488
牧业增加值	万元	24501	146071	63843	55749	165837
第二产业增加值	万元	135064	1608910	338018	903816	1785346
公共财政收入	万元	40345	94748	55289	60018	208432
各项税收	万元	20815	59281	29785	36689	139325
公共财政支出	万元	273430	446395	353353	234658	612036
居民储蓄存款余额	万元	1089901	2114133	1593347	1649155	2251557
年末金融机构各项贷款余额	万元	603256	1038615	965296	654856	1367343
三、农业、工业及投资						
农业机械总动力	万千瓦特	114	78	123	27	59
机收面积	公顷	28527	58650	54127	20782	39160
设施农业占地面积	公顷		417	626	20	2
粮食总产量	吨	127347	425296	335473	158015	327882
棉花产量	吨					
油料产量	吨	14733	48176	58931	24376	50903
肉类总产量	吨	17573	129123	47087	46445	143357
规模以上工业企业单位数	个	30	237	54	127	229
规模以上工业总产值	万元	228018	4527867	870020	1717805	4482097
固定资产投资	万元	278728	2817127	480691	1169907	2248289
四、教育、卫生和社会保障						
普通中学在校学生数	人	54822	100395	109771	79189	118019
中等职业教育学校在校学生数	人		4688	12874	5245	5604
小学在校学生数	人	52374	114719	118990	74078	134279
医疗卫生机构床位数	床	2378	4180	3539	2622	4631
各种社会福利收养性单位数	个	89	253	227	33	31
各种社会福利收养性单位床位数	床	2358	3588	2019	372	1430

2014年县(市)社会经济主要指标

广东省

指　　标	单位	高州市	化州市	信宜市	广宁县	怀集县
一、基本情况						
行政区域面积	平方公里	3276	2357	3081	2455	3554
乡个数	个					1
镇个数	个	23	17	18	15	18
街道办事处个数	个	5	6	1		
户籍人口	万人	175	170	143	57	109
第二产业从业人员	人	132682	112780	105790	47789	43085
第三产业从业人员	人	151081	152584	135244	86049	58668
固定电话用户	户	147100	106467	124900	66284	258122
二、综合经济						
地区生产总值	万元	4336458	3854340	3500857	1233932	2090882
第一产业增加值	万元	961688	756762	785567	285096	584996
农业增加值	万元	689417	463885	523197	140064	306050
牧业增加值	万元	170170	183193	183204	39677	95883
第二产业增加值	万元	1273565	1252221	1165841	423913	656201
公共财政收入	万元	108421	110735	88164	10666	108691
各项税收	万元	69357	66912	54063	43463	49583
公共财政支出	万元	487670	389725	372495	188742	285468
居民储蓄存款余额	万元	2935376	1995154	1997995	770638	892492
年末金融机构各项贷款余额	万元	1286919	1007247	1011700	553488	526021
三、农业、工业及投资						
农业机械总动力	万千瓦特	44	32	19	15	45
机收面积	公顷	41979	32978	27945	7626	28886
设施农业占地面积	公顷	141	23	9	131	40
粮食总产量	吨	380900	327800	321600	158376	272483
棉花产量	吨					
油料产量	吨	25271	33716	16176	6142	10660
肉类总产量	吨	152503	135703	142335	27217	100029
规模以上工业企业单位数	个	195	174	150	83	57
规模以上工业总产值	万元	1970958	2551236	1899995	1743000	1771686
固定资产投资	万元	1338287	1320213	1403818	529783	785837
四、教育、卫生和社会保障						
普通中学在校学生数	人	116959	115620	109145	21847	79330
中等职业教育学校在校学生数	人	5240	7945	22603	2895	5891
小学在校学生数	人	117305	134767	101416	31392	87524
医疗卫生机构床位数	床	6678	3516	4154	1149	1879
各种社会福利收养性单位数	个	38	28	22	18	26
各种社会福利收养性单位床位数	床	1903	4085	2380	527	1236

2014年县(市)社会经济主要指标

广东省

指　　标	单位	封开县	德庆县	高要市	四会市	惠阳区
一、基本情况						
行政区域面积	平方公里	2723	2003	2186	1263	916
乡个数	个					
镇个数	个	16	12	16	10	6
街道办事处个数	个		1	1	4	3
户籍人口	万人	51	39	80	45	37
第二产业从业人员	人	50882	18310	137105	165321	252502
第三产业从业人员	人	36422	26068	62826	92345	119103
固定电话用户	户	263730	246727	94840	103004	178349
二、综合经济						
地区生产总值	万元	1274810	1136107	3731228	5374825	3301233
第一产业增加值	万元	355625	248592	636259	433457	126004
农业增加值	万元	230908	172885	352648	172879	111625
牧业增加值	万元	38626	24176	93894	149333	10748
第二产业增加值	万元	429884	442349	2233640	3562076	1718317
公共财政收入	万元	75097	85720	276362	330048	349196
各项税收	万元	36954	43750	162550	195218	486075
公共财政支出	万元	190800	194170	373116	451498	395150
居民储蓄存款余额	万元	695815	704684	1984520	2030874	2581857
年末金融机构各项贷款余额	万元	395232	571962	1590353	3090835	2138443
三、农业、工业及投资						
农业机械总动力	万千瓦特	14	17	50	17	9
机收面积	公顷	21771	15760	32242	14687	16636
设施农业占地面积	公顷			2		385
粮食总产量	吨	204100	119624	235500	123279	42791
棉花产量	吨					
油料产量	吨	17859	10396	12532	13078	5256
肉类总产量	吨	31356	17790	87083	126364	2988
规模以上工业企业单位数	个	26	65	267	377	371
规模以上工业总产值	万元	1362686	2313431	9905795	14758374	6666479
固定资产投资	万元	742316	878470	2420957	3780634	2537593
四、教育、卫生和社会保障						
普通中学在校学生数	人	34688	22227	40239	28713	55609
中等职业教育学校在校学生数	人	3912	2360	1794	3382	5072
小学在校学生数	人	35748	30360	49479	46428	79652
医疗卫生机构床位数	床	890	879	1774	1082	2286
各种社会福利收养性单位数	个	19	13	26	14	11
各种社会福利收养性单位床位数	床	714	610	990	757	825

2014年县(市)社会经济主要指标

广东省

指　　标	单位	博罗县	惠东县	龙门县	梅县区	大埔县
一、基本情况						
行政区域面积	平方公里	2855	3527	2267	2483	2468
乡个数	个			1		
镇个数	个	17	13	8	17	14
街道办事处个数	个		1	1	1	
户籍人口	万人	86	85	36	60	56
第二产业从业人员	人	326532	255901	28213	56655	52145
第三产业从业人员	人	150918	179241	46278	87343	73244
固定电话用户	户	235402	226208	52731	71000	49872
二、综合经济						
地区生产总值	万元	5010454	4401652	1407601	1631689	637698
第一产业增加值	万元	434006	401500	197725	395112	174458
农业增加值	万元	303880	288070	179292	322424	135275
牧业增加值	万元	100125	41907	11780	48302	24291
第二产业增加值	万元	2755315	2161935	620833	647966	232644
公共财政收入	万元	339168	302328	100104	180068	64587
各项税收	万元	223399	204132	88845	262737	46596
公共财政支出	万元	516411	528164	212327	388321	215290
居民储蓄存款余额	万元	2903349	2200184	639083	1632697	753291
年末金融机构各项贷款余额	万元	2039090	1667474	386281	971331	417290
三、农业、工业及投资						
农业机械总动力	万千瓦特	55	36	22	27	10
机收面积	公顷	19644	25114	13764	17792	6930
设施农业占地面积	公顷		1066		69	9
粮食总产量	吨	161200	190100	96003	193900	97513
棉花产量	吨					
油料产量	吨	17021	18301	6801	10827	2969
肉类总产量	吨	88566	40033	10777	42464	21481
规模以上工业企业单位数	个	415	248	89	85	47
规模以上工业总产值	万元	9630099	4914881	1540144	1601356	333267
固定资产投资	万元	2303999	2220455	1307624	1062911	497909
四、教育、卫生和社会保障						
普通中学在校学生数	人	54868	59364	15261	24608	23410
中等职业教育学校在校学生数	人	7765	3234	1104	5404	3140
小学在校学生数	人	103570	96667	15884	32379	26093
医疗卫生机构床位数	床	3461	3199	929	2400	1029
各种社会福利收养性单位数	个	18	21	14	24	18
各种社会福利收养性单位床位数	床	1517	1345	776	720	2750

2014年县(市)社会经济主要指标

广东省

指　　标	单位	丰顺县	五华县	平远县	蕉岭县	兴宁市
一、基本情况						
行政区域面积	平方公里	2710	3238	1381	957	2075
乡个数	个					
镇个数	个	16	16	12	8	17
街道办事处个数	个					3
户籍人口	万人	71	136	26	23	120
第二产业从业人员	人	71265	95625	23569	28177	128099
第三产业从业人员	人	61154	145137	23521	36015	167909
固定电话用户	户	79500	76419	33706	35534	119385
二、综合经济						
地区生产总值	万元	814229	1104564	643318	582878	1463668
第一产业增加值	万元	207757	272275	114481	107542	379722
农业增加值	万元	119686	179608	79129	60461	292557
牧业增加值	万元	59034	62542	22417	23996	71404
第二产业增加值	万元	375199	243127	342819	240636	424052
公共财政收入	万元	57496	43119	53640	58304	74810
各项税收	万元	40437	78756	40276	79921	56517
公共财政支出	万元	265302	406698	176681	160188	463595
居民储蓄存款余额	万元	956651	1447382	465909	499732	1881061
年末金融机构各项贷款余额	万元	576242	581324	262831	251192	857612
三、农业、工业及投资						
农业机械总动力	万千瓦特	15	23	8	10	36
机收面积	公顷	7894		4902	4915	31642
设施农业占地面积	公顷	205	1143	10	175	62
粮食总产量	吨	122997	300891	88202	63994	339100
棉花产量	吨					
油料产量	吨	5924	6884	3685	3992	4421
肉类总产量	吨	43195	57428	14503	22814	57534
规模以上工业企业单位数	个	78	26	39	31	43
规模以上工业总产值	万元	872156	503880	460644	427578	534770
固定资产投资	万元	389514	437150	274000	187078	614772
四、教育、卫生和社会保障						
普通中学在校学生数	人	31775	83675	11645	11555	47645
中等职业教育学校在校学生数	人	2201	5462	1118	1248	1085
小学在校学生数	人	38206	91738	12857	10600	58190
医疗卫生机构床位数	床	1311	2215	525	565	2210
各种社会福利收养性单位数	个	17	18	12	11	42
各种社会福利收养性单位床位数	床	912	491	358	627	2592

2014年县(市)社会经济主要指标

广东省

指　　标	单位	海丰县	陆河县	陆丰市	紫金县	龙川县
一、基本情况						
行政区域面积	平方公里	1750	986	1542	3635	3081
乡个数	个					
镇个数	个	16	8	17	18	24
街道办事处个数	个			3		
户籍人口	万人	84	36	187	85	98
第二产业从业人员	人	152499	27314	151451	87522	69801
第三产业从业人员	人	129880	35410	182270	105665	87650
固定电话用户	户	104300	39300	149998	132376	101023
二、综合经济						
地区生产总值	万元	2434387	463039	2198809	1042103	1234415
第一产业增加值	万元	335164	100855	457228	243546	230486
农业增加值	万元	191802	67222	230169	161038	134297
牧业增加值	万元	29616	19650	61693	37756	34108
第二产业增加值	万元	1129948	85056	1029704	386012	493981
公共财政收入	万元	153349	37283	162451	85780	54443
各项税收	万元	72051	20812	68768	79401	84866
公共财政支出	万元	261348	150725	471556	343677	387645
居民储蓄存款余额	万元	1379779	374275	1012146	778645	1204015
年末金融机构各项贷款余额	万元	648725	197429	482299	461074	904778
三、农业、工业及投资						
农业机械总动力	万千瓦特	38	10	36	13	18
机收面积	公顷	30186	6018		19533	19871
设施农业占地面积	公顷	400	236	613	762	255
粮食总产量	吨	182800	59246	197899	221800	276900
棉花产量	吨					
油料产量	吨	6135	3692	16189	17854	12538
肉类总产量	吨	23065	18207	53842	25268	28831
规模以上工业企业单位数	个	95	19	83	58	63
规模以上工业总产值	万元	3593878	138795	3073613	1310661	826562
固定资产投资	万元	2342643	157297	1552182	502910	705364
四、教育、卫生和社会保障						
普通中学在校学生数	人	49574	27408	107563	42526	63785
中等职业教育学校在校学生数	人	4147	2438	19569	3420	3057
小学在校学生数	人	61346	22946	116509	56342	63713
医疗卫生机构床位数	床	2350	616	2266	2190	2703
各种社会福利收养性单位数	个	18	9	19	21	25
各种社会福利收养性单位床位数	床	796	346	575	1355	493

2014年县(市)社会经济主要指标

广东省

指　　标	单位	连平县	和平县	东源县	阳西县	阳东县
一、基本情况						
行政区域面积	平方公里	2275	2310	4009	1435	1703
乡个数	个			1		
镇个数	个	13	17	20	8	11
街道办事处个数	个					
户籍人口	万人	41	54	59	53	50
第二产业从业人员	人	29399	26688	84575	78378	124350
第三产业从业人员	人	46491	42401	82114	79926	66539
固定电话用户	户	41418	47340	55386	58740	73083
二、综合经济						
地区生产总值	万元	1058136	776553	979803	1644502	2569326
第一产业增加值	万元	96513	136455	143841	524660	415140
农业增加值	万元	74852	88847	95527	135973	127754
牧业增加值	万元	13156	19391	22426	35575	40039
第二产业增加值	万元	739476	374616	511337	678382	1493432
公共财政收入	万元	64601	40889	73540	40425	118370
各项税收	万元	38664	56701	73612	30174	73595
公共财政支出	万元	225236	239532	295969	127241	221312
居民储蓄存款余额	万元	544538	563786	626366	737051	1102287
年末金融机构各项贷款余额	万元	294206	420324	687316	508431	778428
三、农业、工业及投资						
农业机械总动力	万千瓦特	14	10		26	21
机收面积	公顷	7020	5715		19702	19975
设施农业占地面积	公顷	1	20	1705	2887	96
粮食总产量	吨	97884	131719	171800	150500	160800
棉花产量	吨					
油料产量	吨	17784	6842	20295	11253	15166
肉类总产量	吨	13724	20542	21294	31870	37656
规模以上工业企业单位数	个	47	58	94	54	182
规模以上工业总产值	万元	1935367	1446062	1599411	1535003	5054244
固定资产投资	万元	431952	391462	668479	466326	2474153
四、教育、卫生和社会保障						
普通中学在校学生数	人	17894	21154	23452	28304	23697
中等职业教育学校在校学生数	人	1648	688		1616	1608
小学在校学生数	人	25836	33508	28006	29423	35159
医疗卫生机构床位数	床	970	1064	1175	1115	1257
各种社会福利收养性单位数	个	14	17	23	9	12
各种社会福利收养性单位床位数	床	428	524	480	576	662

2014年县(市)社会经济主要指标

广东省

指　　标	单位	阳春市	清新区	佛冈县	阳山县	连山壮族瑶族自治县
一、基本情况						
行政区域面积	平方公里	4054	2353	1295	3330	1265
乡个数	个				1	
镇个数	个	15	8	6	12	7
街道办事处个数	个	1				
户籍人口	万人	117	68	33	54	12
第二产业从业人员	人	147577	148640	43610	22010	9021
第三产业从业人员	人	108643	85886	37662	57268	11298
固定电话用户	户	160336	52889	42953	32441	9747
二、综合经济						
地区生产总值	万元	3272743	2135958	948174	810958	283417
第一产业增加值	万元	603668	303645	94928	250482	60777
农业增加值	万元	364620	178939	68670	171103	36438
牧业增加值	万元	142718	52859	10415	48429	7568
第二产业增加值	万元	1572246	889156	447059	187775	96846
公共财政收入	万元	117595	130722	91131	47888	13189
各项税收	万元	83105	214043	54973	28339	8622
公共财政支出	万元	295333	270203	155019	180500	88411
居民储蓄存款余额	万元	1786473	1171049	702416	694646	197512
年末金融机构各项贷款余额	万元	1170990	1223279	583120	411756	117435
三、农业、工业及投资						
农业机械总动力	万千瓦特	31	22	12	11	5
机收面积	公顷	38086	26440	9401	11430	3720
设施农业占地面积	公顷		9			25
粮食总产量	吨	306100	135357	60275	110754	41777
棉花产量	吨					
油料产量	吨	24237	15028	3238	17060	4170
肉类总产量	吨	96477	48269	7706	44238	7216
规模以上工业企业单位数	个	138	126	64	18	3
规模以上工业总产值	万元	4122093	2854262	1569459	232983	103165
固定资产投资	万元	1359180	645411	332169	153114	106218
四、教育、卫生和社会保障						
普通中学在校学生数	人	48750	25393	15873	11664	3108
中等职业教育学校在校学生数	人	8108	7120	1197	3399	41
小学在校学生数	人	68277	51802	24629	24064	6576
医疗卫生机构床位数	床	2821	1673	657	1408	325
各种社会福利收养性单位数	个	21	13	7	14	9
各种社会福利收养性单位床位数	床	1109	648	443	827	480

2014年县(市)社会经济主要指标

广东省

指　　标	单位	连南瑶族自治县	英德市	连州市	潮安区	饶平县
一、基本情况						
行政区域面积	平方公里	1241	5634	2668	1066	1694
乡个数	个			2		
镇个数	个	7	23	10	15	21
街道办事处个数	个		1			
户籍人口	万人	17	110	52	101	105
第二产业从业人员	人	10594	84592	32364	270889	155100
第三产业从业人员	人	10852	100728	51508	83572	99995
固定电话用户	户	12242	78464	37129	196249	171000
二、综合经济						
地区生产总值	万元	332308	2238169	1165508	3817894	2099064
第一产业增加值	万元	52052	470887	279317	167930	380244
农业增加值	万元	31060	299254	217365	122256	171845
牧业增加值	万元	6783	73927	44088	23714	56575
第二产业增加值	万元	122055	778552	264879	2385515	935549
公共财政收入	万元	15672	183105	65481	117280	64613
各项税收	万元	8483	111870	37656	91059	180891
公共财政支出	万元	93329	450845	185376	310368	319197
居民储蓄存款余额	万元	213692	1912774	1026946	2471663	1369456
年末金融机构各项贷款余额	万元	132391	1347820	581119	910531	545794
三、农业、工业及投资						
农业机械总动力	万千瓦特	5	29	16		31
机收面积	公顷	2167	26613	14181		13533
设施农业占地面积	公顷			95	314	147
粮食总产量	吨	35414	215902	121074	106427	140246
棉花产量	吨					
油料产量	吨	5358	32990	15183	716	3314
肉类总产量	吨	4832	33691	44385	19389	51037
规模以上工业企业单位数	个	9	93	29	474	121
规模以上工业总产值	万元	109809	2543504	511491	5242221	2603011
固定资产投资	万元	78785	1606395	292941	1185815	530247
四、教育、卫生和社会保障						
普通中学在校学生数	人	8557	33983	15875	58478	51044
中等职业教育学校在校学生数	人	763	7876	4967	4847	3595
小学在校学生数	人	11275	67017	26889	77745	56141
医疗卫生机构床位数	床	478	3044	2428	1881	1122
各种社会福利收养性单位数	个	8	20	14	16	26
各种社会福利收养性单位床位数	床	415	1548	404	580	3304

2014年县(市)社会经济主要指标

广东省

指　　标	单位	揭东区	揭西县	惠来县	普宁市	云安区
一、基本情况						
行政区域面积	平方公里	498	1365	1251	1620	1204
乡个数	个		1		1	
镇个数	个	6	15	14	17	8
街道办事处个数	个	1	1		7	
户籍人口	万人	67	99	140	243	35
第二产业从业人员	人	82991	185589	145239	279395	51681
第三产业从业人员	人	109748	153629	95520	247322	26817
固定电话用户	户	452000	433215	449225	300000	188478
二、综合经济						
地区生产总值	万元	2666796	2019304	2258403	5580617	718850
第一产业增加值	万元	190571	312278	480474	338063	165511
农业增加值	万元	143078	179852	299879	281106	116237
牧业增加值	万元	20238	84519	41815	33260	27156
第二产业增加值	万元	1952031	1130622	1300459	3740142	383295
公共财政收入	万元	88792	47048	60704	202010	38796
各项税收	万元	57898	34389	41124	139879	53377
公共财政支出	万元	205999	278107	303499	545958	101369
居民储蓄存款余额	万元	1982116	1742041	1224099	4044970	357294
年末金融机构各项贷款余额	万元	1305450	1085001	710016	2443453	316879
三、农业、工业及投资						
农业机械总动力	万千瓦特		8		17	11
机收面积	公顷	5000	10384		10600	3292
设施农业占地面积	公顷		6	69	654	
粮食总产量	吨	190274	175820	204178	212662	95186
棉花产量	吨					
油料产量	吨	5002	2956	8374	1408	7771
肉类总产量	吨	18363	52565	38613	44087	17877
规模以上工业企业单位数	个	352	113	220	547	79
规模以上工业总产值	万元	8466326	1902830	5521441	14528814	1517974
固定资产投资	万元	1035536	769436	1449365	2885556	1275018
四、教育、卫生和社会保障						
普通中学在校学生数	人	40565	58357	69789	178151	11447
中等职业教育学校在校学生数	人	4889	15259	9815	47813	1034
小学在校学生数	人	35989	52469	96612	182402	16831
医疗卫生机构床位数	床	1860	1318	1237	4022	541
各种社会福利收养性单位数	个	91	18	19	28	8
各种社会福利收养性单位床位数	床	1563	2430	2541	4355	885

2014年县(市)社会经济主要指标

广东省、广西壮族自治区

指　　标	单位	新兴县	郁南县	罗定市	邕宁区	武鸣县
一、基本情况						
行政区域面积	平方公里	1522	1966	2327	1254	3389
乡个数	个				1	
镇个数	个	12	15	17	4	13
街道办事处个数	个			4		
户籍人口	万人	49	53	127	35	70
第二产业从业人员	人	89309	78698	247882	45003	42765
第三产业从业人员	人	50719	66891	130662	25541	49846
固定电话用户	户	95505	43899	96788	495	163143
二、综合经济						
地区生产总值	万元	2064232	911109	1486216	586162	2660717
第一产业增加值	万元	497767	255528	366316	232686	689756
农业增加值	万元	157082	178416	171565	139147	450469
牧业增加值	万元	256487	52627	77787	77139	176750
第二产业增加值	万元	893282	336616	523300	144267	1374467
公共财政收入	万元	134977	54580	101200	17685	119017
各项税收	万元	195606	67613	135500	8508	76438
公共财政支出	万元	256179	184998	409016	125092	227545
居民储蓄存款余额	万元	1249194	836118	1693500		1200532
年末金融机构各项贷款余额	万元	973287	510499	992500		1097711
三、农业、工业及投资						
农业机械总动力	万千瓦特	40	23	31	20	78
机收面积	公顷	15774	5860	26932	12364	65857
设施农业占地面积	公顷	167	146	24		665
粮食总产量	吨	146187	144500	259017	137564	379976
棉花产量	吨					15
油料产量	吨	8377	13900	20314	12456	40385
肉类总产量	吨	179148	26456	42041	58753	153055
规模以上工业企业单位数	个	187	111	128	12	204
规模以上工业总产值	万元	3480703	1194258	1188424	167296	2238731
固定资产投资	万元	1390619	553692	1272100	922523	2719802
四、教育、卫生和社会保障						
普通中学在校学生数	人	26548	21429	68431	16431	28033
中等职业教育学校在校学生数	人	2933	2865	10826		8615
小学在校学生数	人	31026	28686	89136	22195	34582
医疗卫生机构床位数	床	1325	1012	3128	1825	2576
各种社会福利收养性单位数	个	15	16	23	8	21
各种社会福利收养性单位床位数	床	695	693	833	296	461

2014年县(市)社会经济主要指标

广西壮族自治区

指　　标	单位	隆安县	马山县	上林县	宾阳县	横县
一、基本情况						
行政区域面积	平方公里	2306	2345	1871	2298	3448
乡个数	个	4	4	4		3
镇个数	个	6	7	7	16	14
街道办事处个数	个					
户籍人口	万人	42	56	49	106	125
第二产业从业人员	人	38217	2935	6750	145511	127513
第三产业从业人员	人	41088	28991	13586	174232	148786
固定电话用户	户	33379	29819	17225	88801	59273
二、综合经济						
地区生产总值	万元	564437	454056	450836	1731012	2386498
第一产业增加值	万元	227009	153176	184126	416592	640580
农业增加值	万元	155482	83504	92769	252974	433794
牧业增加值	万元	50725	50229	65222	116556	149794
第二产业增加值	万元	179017	124657	100927	651189	1077301
公共财政收入	万元	51260	21115	24358	156000	119663
各项税收	万元	20615	23712	33909	117317	122182
公共财政支出	万元	167652	186069	201544	340490	343781
居民储蓄存款余额	万元	557336	452591	532524	1238376	1524167
年末金融机构各项贷款余额	万元	379518	280731	348411	852376	1197885
三、农业、工业及投资						
农业机械总动力	万千瓦特	28	26	50	77	65
机收面积	公顷	11970	11622	20660	51650	40602
设施农业占地面积	公顷	102	72	28	471	396
粮食总产量	吨	168505	183257	187124	368660	422390
棉花产量	吨	21			1	
油料产量	吨	5690	2484	7331	17298	17110
肉类总产量	吨	45508	40614	39309	64141	83076
规模以上工业企业单位数	个	40	16	13	73	97
规模以上工业总产值	万元	543557	134455	260605	1290048	2528764
固定资产投资	万元	536560	480319	525626	1941329	1982018
四、教育、卫生和社会保障						
普通中学在校学生数	人	15924	22802	21435	55096	17184
中等职业教育学校在校学生数	人	1985	68	4525	7875	1724
小学在校学生数	人	29800	36556	30429	65705	14165
医疗卫生机构床位数	床	1805	1429	1268	2911	2375
各种社会福利收养性单位数	个	97	15	28	23	199
各种社会福利收养性单位床位数	床	1002	750	415	2911	2248

2014年县(市)社会经济主要指标

广西壮族自治区

指标	单位	柳江县	柳城县	鹿寨县	融安县	融水苗族自治县
一、基本情况						
行政区域面积	平方公里	2537	2114	2975	2900	4638
乡个数	个	1	3	3	6	16
镇个数	个	11	9	6	6	4
街道办事处个数	个					
户籍人口	万人	56	41	41	33	51
第二产业从业人员	人	47762	30465	31674	23791	26223
第三产业从业人员	人	54007	57346	20769	27791	29277
固定电话用户	户	214095	15213	28949	21149	16487
二、综合经济						
地区生产总值	万元	1878711	1029491	1147187	527044	660707
第一产业增加值	万元	351498	357460	279416	151990	151326
农业增加值	万元	251562	254685	177310	102738	78270
牧业增加值	万元	66229	75407	62851	29379	34626
第二产业增加值	万元	951703	396946	552939	198157	318663
公共财政收入	万元	74184	42771	49420	39588	35540
各项税收	万元	135020	20078	64568	17755	25543
公共财政支出	万元	193945	159328	193834	138885	245813
居民储蓄存款余额	万元	948131	531650	785030	443329	600602
年末金融机构各项贷款余额	万元	1245080	512134	818475	353522	470560
三、农业、工业及投资						
农业机械总动力	万千瓦特	39	44	47	21	25
机收面积	公顷	28253	24393	56805	12566	14905
设施农业占地面积	公顷	154	2066	250	48	33
粮食总产量	吨	174837	173357	170046	101910	118990
棉花产量	吨	7	13	10	10	7
油料产量	吨	3297	8407	9923	1913	2592
肉类总产量	吨	51473	45726	32317	21494	28866
规模以上工业企业单位数	个	107	41	48	33	34
规模以上工业总产值	万元	2518426	803523	1380907	427794	503109
固定资产投资	万元	1842791	876180	1433124	749195	755063
四、教育、卫生和社会保障						
普通中学在校学生数	人	17684	13190	12505	12741	20935
中等职业教育学校在校学生数	人	5250	1178	3058	81	2538
小学在校学生数	人	35609	21489	24866	18683	38995
医疗卫生机构床位数	床	1595	1460	1636	1324	1479
各种社会福利收养性单位数	个	16	46	29	27	21
各种社会福利收养性单位床位数	床	356	648	531	334	471

2014年县(市)社会经济主要指标

广西壮族自治区

指　　标	单位	三江侗族自治县	临桂区	阳朔县	灵川县	全州县
一、基本情况						
行政区域面积	平方公里	2417	2247	1436	2302	3979
乡个数	个	11	5	3	5	5
镇个数	个	4	6	6	7	13
街道办事处个数	个					
户籍人口	万人	39	49	32	38	83
第二产业从业人员	人	56600	57149	42964	30272	77431
第三产业从业人员	人	21251	47341	28950	34908	43242
固定电话用户	户	16876	49404	21800	26700	20441
二、综合经济						
地区生产总值	万元	373132	2157671	979683	1330269	1524640
第一产业增加值	万元	160070	374918	217176	327886	444482
农业增加值	万元	112309	227178	168406	235253	309549
牧业增加值	万元	26369	116330	32621	58494	80954
第二产业增加值	万元	94391	1386078	383773	646239	621704
公共财政收入	万元	17133	162398	55295	107627	38562
各项税收	万元	13568	197226	38250	104048	45398
公共财政支出	万元	170252	287633	136139	226607	238547
居民储蓄存款余额	万元	379789	941515	607707	976479	1141358
年末金融机构各项贷款余额	万元	266865	1371758	455577	977429	707214
三、农业、工业及投资						
农业机械总动力	万千瓦特	21	32	25	51	60
机收面积	公顷	12536	30310	10238	24008	55690
设施农业占地面积	公顷	6	854	158	234	163
粮食总产量	吨	69370	263491	119075	172838	433927
棉花产量	吨	442	51	133	72	137
油料产量	吨	1618	1214	6018	1831	13267
肉类总产量	吨	18869	98626	28947	52626	75931
规模以上工业企业单位数	个	22	63	26	73	45
规模以上工业总产值	万元	60406	3641599	485650	1864430	1538193
固定资产投资	万元	717439	2250306	953236	1604702	1248758
四、教育、卫生和社会保障						
普通中学在校学生数	人	15871	20005	10841	13037	28910
中等职业教育学校在校学生数	人	1035		731	1088	2862
小学在校学生数	人	32429	31584	17907	22946	47718
医疗卫生机构床位数	床	1012	759	773	1493	1630
各种社会福利收养性单位数	个	37	80	15	54	203
各种社会福利收养性单位床位数	床	1535	770	257	565	2184

2014年县(市)社会经济主要指标

广西壮族自治区

指　　标	单位	兴安县	永福县	灌阳县	龙胜各族自治县	资源县
一、基本情况						
行政区域面积	平方公里	2333	2795	1835	2538	1954
乡个数	个	4	5	5	5	4
镇个数	个	6	4	4	5	3
街道办事处个数	个					
户籍人口	万人	38	28	29	18	18
第二产业从业人员	人	11436	10582	23528	6047	12767
第三产业从业人员	人	17770	12085	10953	6970	20703
固定电话用户	户	21529	21575	18930	10405	7689
二、综合经济						
地区生产总值	万元	1461724	1028701	639093	498764	450129
第一产业增加值	万元	299621	224814	163125	100261	96622
农业增加值	万元	221804	146217	116847	67167	63065
牧业增加值	万元	48556	48582	30938	14849	10861
第二产业增加值	万元	778427	643929	324553	287159	222560
公共财政收入	万元	133142	34324	18224	30092	24623
各项税收	万元	90430	41809	25416	35611	19438
公共财政支出	万元	231678	145983	150192	143404	122613
居民储蓄存款余额	万元	944836	436271	472617	299820	322613
年末金融机构各项贷款余额	万元	949323	452060	315391	268598	275775
三、农业、工业及投资						
农业机械总动力	万千瓦特	53	25	31	28	26
机收面积	公顷	26585	24000	16003	4500	5574
设施农业占地面积	公顷	125	274	49	6	18
粮食总产量	吨	216216	147240	169517	65820	57474
棉花产量	吨	27	9	21	51	9
油料产量	吨	6676	1838	3184	366	1180
肉类总产量	吨	47326	42201	31096	11725	9786
规模以上工业企业单位数	个	52	55	26	22	31
规模以上工业总产值	万元	1795143	1629680	832000	466699	443634
固定资产投资	万元	1547835	845167	476074	403241	466186
四、教育、卫生和社会保障						
普通中学在校学生数	人	10905	9398	9367	6041	6368
中等职业教育学校在校学生数	人	1889	2281	1590	1265	814
小学在校学生数	人	19555	15916	15439	9610	11812
医疗卫生机构床位数	床	1421	951	811	533	465
各种社会福利收养性单位数	个	15	53	65	13	12
各种社会福利收养性单位床位数	床	534	561	444	403	127

2014年县(市)社会经济主要指标

广西壮族自治区

指　　标	单位	平乐县	荔蒲县	恭城瑶族自治县	苍梧县	藤县
一、基本情况						
行政区域面积	平方公里	1919	1760	2139	2758	3946
乡个数	个	4	3	6		2
镇个数	个	6	10	3	9	15
街道办事处个数	个			11		
户籍人口	万人	45	39	30	40	107
第二产业从业人员	人	72772	71190	13224	72238	147196
第三产业从业人员	人	50757	75095	17962	51095	128147
固定电话用户	户	28172	34509	20200	16508	46121
二、综合经济						
地区生产总值	万元	960343	1319799	760984	323300	1944225
第一产业增加值	万元	366972	283821	229018	134800	452491
农业增加值	万元	295911	215069	187704	75802	299693
牧业增加值	万元	36764	50430	27089	20572	62535
第二产业增加值	万元	344924	618153	356834	117700	1150228
公共财政收入	万元	30625	84908	32507	47080	121419
各项税收	万元	30239	66507	37741	30652	103862
公共财政支出	万元	159205	176356	145753	165102	340682
居民储蓄存款余额	万元	593081	704102	439723	798982	1070424
年末金融机构各项贷款余额	万元	365301	640448	342156	886026	853318
三、农业、工业及投资						
农业机械总动力	万千瓦特	48	40	54	27	40
机收面积	公顷	20600	19743	7998	11684	23150
设施农业占地面积	公顷	44	235	17	17	26
粮食总产量	吨	168530	128565	83960	129939	264791
棉花产量	吨	21	5	80		
油料产量	吨	12557	5658	13273	6295	11348
肉类总产量	吨	32974	50270	23484	24374	56690
规模以上工业企业单位数	个	20	57	22	11	97
规模以上工业总产值	万元	864232	1593101	932129	181426	2807376
固定资产投资	万元	788877	981958	722459	201892	1872711
四、教育、卫生和社会保障						
普通中学在校学生数	人	15257	14356	11901	17858	55197
中等职业教育学校在校学生数	人	1311	533	1914	3106	6521
小学在校学生数	人	27660	21357	19530	32338	87583
医疗卫生机构床位数	床	1207	1131	838	880	2166
各种社会福利收养性单位数	个	32	13	66	4	26
各种社会福利收养性单位床位数	床	453	481	907	45	595

2014年县(市)社会经济主要指标

广西壮族自治区

指　　标	单位	蒙山县	岑溪市	合浦县	上思县	东兴市
一、基本情况						
行政区域面积	平方公里	1279	2784	2762	2810	589
乡个数	个	3		2	4	
镇个数	个	6	14	13	4	3
街道办事处个数	个					
户籍人口	万人	22	94	106	24	14
第二产业从业人员	人	26949	178345	87280	6830	10118
第三产业从业人员	人	20461	83281	182065	11992	13551
固定电话用户	户	11041	68304	81124		35064
二、综合经济						
地区生产总值	万元	568987	2182961	1869566	659658	809761
第一产业增加值	万元	108853	322697	740524	184105	137860
农业增加值	万元	60189	168661	218907	88913	21453
牧业增加值	万元	23447	81640	107399	16230	8938
第二产业增加值	万元	293313	1483055	536734	333908	349511
公共财政收入	万元	25695	180791	61701	75970	107266
各项税收	万元	22902	88125	84538	58610	84478
公共财政支出	万元	108487	349092	289876	167139	211450
居民储蓄存款余额	万元	282229	1182829	1544790	298243	852416
年末金融机构各项贷款余额	万元	259409	1033369	1056078	232862	702616
三、农业、工业及投资						
农业机械总动力	万千瓦特	11	28	73	31	12
机收面积	公顷	4120	15743	38291	6589	3798
设施农业占地面积	公顷	10	71	1083		45
粮食总产量	吨	66538	235844	327631	46459	24616
棉花产量	吨					
油料产量	吨	4690	9925	27676	1512	562
肉类总产量	吨	16833	79825	96324	11359	7691
规模以上工业企业单位数	个	29	84	62	22	27
规模以上工业总产值	万元	687639	4281480	1302717	979300	1116616
固定资产投资	万元	461687	2269819	1604895	475631	1053739
四、教育、卫生和社会保障						
普通中学在校学生数	人	10575	56761	55180	11313	9184
中等职业教育学校在校学生数	人	1282	11376	3539	660	1866
小学在校学生数	人	15293	80848	79144	19527	19244
医疗卫生机构床位数	床	877	2573	3999	652	408
各种社会福利收养性单位数	个	46	23	130		5
各种社会福利收养性单位床位数	床	545	518	1470		74

2014年县(市)社会经济主要指标

广西壮族自治区

指　　标	单位	灵山县	浦北县	平南县	桂平市	容县
一、基本情况						
行政区域面积	平方公里	3558	2526	2984	4071	2257
乡个数	个			4	5	
镇个数	个	18	16	17	21	15
街道办事处个数	个				20	
户籍人口	万人	163	92	149	196	85
第二产业从业人员	人	269794	118536	170410	217745	156482
第三产业从业人员	人	158403	123041	241601	292347	87841
固定电话用户	户	97479	65021	111777	104709	80633
二、综合经济						
地区生产总值	万元	1631541	1442992	1855805	2648517	1475555
第一产业增加值	万元	579378	356092	467220	553878	329505
农业增加值	万元	393067	223840	218340	290782	183366
牧业增加值	万元	116892	70897	130184	126438	93280
第二产业增加值	万元	523308	692400	701530	1384596	784967
公共财政收入	万元	69726	66340	76535	75963	81083
各项税收	万元	71685	50645	96618	84412	76239
公共财政支出	万元	360705	254462	356199	417868	240400
居民储蓄存款余额	万元	1444248	929525	1600523	2172306	1366255
年末金融机构各项贷款余额	万元	792468	550444	987405	1337881	804038
三、农业、工业及投资						
农业机械总动力	万千瓦特	54	46	77	112	55
机收面积	公顷	51186	23216	60105	68801	29531
设施农业占地面积	公顷	340	185	1	489	174
粮食总产量	吨	411942	262026	359718	562896	232486
棉花产量	吨	72	10		94	
油料产量	吨	4637	4685	26874	37821	3248
肉类总产量	吨	94710	63516	109893	119023	87073
规模以上工业企业单位数	个	64	80	108	117	91
规模以上工业总产值	万元	1726369	1809570	1553270	3059708	2107521
固定资产投资	万元	1160706	1143082	1190116	1653593	1212477
四、教育、卫生和社会保障						
普通中学在校学生数	人	86177	48152	91302	120931	47464
中等职业教育学校在校学生数	人	9500	4539	9168	11808	3245
小学在校学生数	人	140327	70732	139347	179727	68469
医疗卫生机构床位数	床	4369	2432	3622	4565	2356
各种社会福利收养性单位数	个	312	17	110	83	17
各种社会福利收养性单位床位数	床	3380	395	1137	1013	359

2014年县(市)社会经济主要指标

广西壮族自治区

指　　标	单位	陆川县	博白县	兴业县	北流市	右江区
一、基本情况						
行政区域面积	平方公里	1554	3836	1468	2472	3718
乡个数	个					3
镇个数	个	14	28	13	22	4
街道办事处个数	个				3	2
户籍人口	万人	109	182	76	147	35
第二产业从业人员	人	171509	17406	148336	214152	30135
第三产业从业人员	人	133920	34715	54743	84158	82629
固定电话用户	户	75576	88583	52339	131186	61785
二、综合经济						
地区生产总值	万元	2025602	2038586	1195314	2521373	1761902
第一产业增加值	万元	303596	721683	358486	403896	238582
农业增加值	万元	131589	357782	117394	254375	158287
牧业增加值	万元	128654	252294	208957	96896	35016
第二产业增加值	万元	1114209	753223	511223	1354377	899761
公共财政收入	万元	93608	104712	68609	126866	55333
各项税收	万元	80231	92838	43397	133233	79609
公共财政支出	万元	337515	450017	210109	367491	165349
居民储蓄存款余额	万元	1120938	1675911	818150	1907210	1284629
年末金融机构各项贷款余额	万元	712972	1015891	503162	1280800	1926634
三、农业、工业及投资						
农业机械总动力	万千瓦特	53	69	43	59	24
机收面积	公顷	32544	58765	26091	39840	23109
设施农业占地面积	公顷	273	438	714	139	70
粮食总产量	吨	275357	489137	255897	359681	81999
棉花产量	吨			28		8
油料产量	吨	5746	12352	4203	14697	1405
肉类总产量	吨	117209	222262	169183	91826	30730
规模以上工业企业单位数	个	110	110	28	173	47
规模以上工业总产值	万元	3225261	1641808	950648	3196500	77422
固定资产投资	万元	1502652	1870345	1113564	1907175	1215086
四、教育、卫生和社会保障						
普通中学在校学生数	人	55094	103963	31402	89344	12987
中等职业教育学校在校学生数	人	763	2324	226	1797	512
小学在校学生数	人	85226	153723	54165	160011	31309
医疗卫生机构床位数	床	2189	3629	1202	3768	3736
各种社会福利收养性单位数	个	27	38	129	15	24
各种社会福利收养性单位床位数	床	515	3855	1189	447	537

2014年县(市)社会经济主要指标

广西壮族自治区

指　　标	单位	田阳县	田东县	平果县	德保县	靖西县
一、基本情况						
行政区域面积	平方公里	2373	2813	2457	2580	3326
乡个数	个	1	1	3	6	9
镇个数	个	9	9	9	6	10
街道办事处个数	个					
户籍人口	万人	35	43	51	37	66
第二产业从业人员	人	24085	36716	71960	10136	76362
第三产业从业人员	人	46256	45527	47279	12608	59634
固定电话用户	户	26348	31871	33765	26974	28652
二、综合经济						
地区生产总值	万元	1037735	1199086	1322678	635564	1299197
第一产业增加值	万元	224011	243110	135308	97328	144789
农业增加值	万元	161518	173601	67523	64081	97597
牧业增加值	万元	31886	36515	44123	26155	38365
第二产业增加值	万元	579268	678211	941588	408762	910401
公共财政收入	万元	70349	88217	155843	55734	94816
各项税收	万元	135951	222508	83747	65669	66016
公共财政支出	万元	216025	236138	262016	192486	336929
居民储蓄存款余额	万元	500709	606817	699543	320393	562716
年末金融机构各项贷款余额	万元	620219	799890	1174419	531253	516409
三、农业、工业及投资						
农业机械总动力	万千瓦特	37	34	34	20	27
机收面积	公顷	13830	28998	17892	3954	9905
设施农业占地面积	公顷	448	71	2134	20	12
粮食总产量	吨	122345	123822	114382	106639	236143
棉花产量	吨					
油料产量	吨	1889	1528	792	863	1584
肉类总产量	吨	29120	32595	36781	20618	30446
规模以上工业企业单位数	个	29	30	39	22	17
规模以上工业总产值	万元	1310112	1543084	2294458	864226	2332384
固定资产投资	万元	1200103	1530065	1530066	785871	1300110
四、教育、卫生和社会保障						
普通中学在校学生数	人	12202	17266	19090	11857	27205
中等职业教育学校在校学生数	人	2203	4779	549	579	3005
小学在校学生数	人	24439	34408	36432	24099	44643
医疗卫生机构床位数	床	1071	1771	1718	1109	1742
各种社会福利收养性单位数	个	74	68	102	55	104
各种社会福利收养性单位床位数	床	683	1030	1091	1216	1202

2014年县(市)社会经济主要指标

广西壮族自治区

指　　标	单位	那坡县	凌云县	乐业县	田林县	西林县
一、基本情况						
行政区域面积	平方公里	2223	2057	2633	5524	2997
乡个数	个	7	5	4	10	5
镇个数	个	2	3	4	4	3
街道办事处个数	个					
户籍人口	万人	21	22	17	26	16
第二产业从业人员	人	12464	14266	9285	28553	2487
第三产业从业人员	人	8824	19388	4597	23434	11342
固定电话用户	户	7773	9958	7339	15860	9242
二、综合经济						
地区生产总值	万元	197267	246010	174335	323039	186495
第一产业增加值	万元	66386	72110	62008	122748	82170
农业增加值	万元	36582	45398	27593	56011	39484
牧业增加值	万元	18033	16810	12074	27222	14380
第二产业增加值	万元	55263	100500	41967	86779	35361
公共财政收入	万元	18865	10846	10614	15641	8890
各项税收	万元	11372	10846	6237	10788	5696
公共财政支出	万元	152491	153523	126788	170460	123738
居民储蓄存款余额	万元	197279	194909	143346	265168	142221
年末金融机构各项贷款余额	万元	150352	164943	147239	274951	136724
三、农业、工业及投资						
农业机械总动力	万千瓦特	21	10	14	24	19
机收面积	公顷	2047	1688	1562	3403	2802
设施农业占地面积	公顷	13	8	7	122	5
粮食总产量	吨	65621	53072	52997	99104	58176
棉花产量	吨				8	
油料产量	吨	172	1138	1740	712	1557
肉类总产量	吨	12255	12816	9952	22116	11051
规模以上工业企业单位数	个	6	16	3	14	7
规模以上工业总产值	万元	70289	182500	10424	171793	41447
固定资产投资	万元	210021	252099	249090	212147	216226
四、教育、卫生和社会保障						
普通中学在校学生数	人	8182	14400	10844	12144	8871
中等职业教育学校在校学生数	人	584	3305	106	489	1440
小学在校学生数	人	16525	20842	18300	27999	18024
医疗卫生机构床位数	床	613	521	437	423	556
各种社会福利收养性单位数	个	33	22	9	54	12
各种社会福利收养性单位床位数	床	486	247	184	1037	386

2014年县(市)社会经济主要指标

广西壮族自治区

指　　标	单位	隆林各族自治县	八步区	昭平县	钟山县	富川瑶族自治县
一、基本情况						
行政区域面积	平方公里	3518	5517	3273	1472	1572
乡个数	个	10	2	5	2	3
镇个数	个	6	19	7	10	9
街道办事处个数	个		4			
户籍人口	万人	40	117	44	44	33
第二产业从业人员	人	19773	62356	24900	45763	25630
第三产业从业人员	人	35032	134863	32800	58625	30190
固定电话用户	户	15795	60260	19035	13731	16000
二、综合经济						
地区生产总值	万元	452552	2384354	564661	764950	557437
第一产业增加值	万元	96700	455758	183080	154009	187088
农业增加值	万元	41575	296081	99320	80061	140643
牧业增加值	万元	25583	85000	32595	42697	34464
第二产业增加值	万元	196279	1162390	183473	354975	227423
公共财政收入	万元	23250	116648	21100	23092	24641
各项税收	万元	17378	101398	12548	37768	41699
公共财政支出	万元	197269	469009	171742	164153	162238
居民储蓄存款余额	万元	346379	1491938	388269	529253	438880
年末金融机构各项贷款余额	万元	290252	1745869	303365	411192	329606
三、农业、工业及投资						
农业机械总动力	万千瓦特	28	60	25	23	20
机收面积	公顷	8093	29607	12982	13002	10390
设施农业占地面积	公顷	110	667	95	180	165
粮食总产量	吨	92918	314315	141868	149191	130794
棉花产量	吨		65		30	
油料产量	吨	1787	12904	1699	4282	11344
肉类总产量	吨	20473	77384	25752	34403	30441
规模以上工业企业单位数	个	10	87	20	34	27
规模以上工业总产值	万元	270900	2297143	225550	631437	665157
固定资产投资	万元	285098	2996393	700829	872858	732716
四、教育、卫生和社会保障						
普通中学在校学生数	人	20431	53017	19010	19331	14604
中等职业教育学校在校学生数	人	243	13877	1160	2483	342
小学在校学生数	人	51489	93942	33480	32289	22381
医疗卫生机构床位数	床	966	4672	1250	1219	898
各种社会福利收养性单位数	个	20	188	143	3	16
各种社会福利收养性单位床位数	床	513	1597	1617	108	428

2014年县(市)社会经济主要指标

广西壮族自治区

指　　标	单位	金城江区	南丹县	天峨县	凤山县	东兰县
一、基本情况						
行政区域面积	平方公里	2346	3905	3184	1738	2437
乡个数	个	4	4	7	8	8
镇个数	个	7	7	2	1	6
街道办事处个数	个	1				2
户籍人口	万人	34	32	18	22	31
第二产业从业人员	人	27500	15879	1981	11383	47006
第三产业从业人员	人	110000	11603	10020	13506	13267
固定电话用户	户		22256	6358	8404	17085
二、综合经济						
地区生产总值	万元	988388	726768	430617	164814	206352
第一产业增加值	万元	110913	108013	67495	51574	64687
农业增加值	万元	70672	63825	28892	21544	27947
牧业增加值	万元	31587	22648	11401	14996	25921
第二产业增加值	万元	422366	419217	276089	39902	51065
公共财政收入	万元	24864	63078	10704	7899	13161
各项税收	万元	19315	76494	8310	7640	6296
公共财政支出	万元	128999	199997	117167	160176	182373
居民储蓄存款余额	万元	1095650	482049	192774	175990	250203
年末金融机构各项贷款余额	万元	1266341	498590	374929	142356	207829
三、农业、工业及投资						
农业机械总动力	万千瓦特	31	25	22	23	29
机收面积	公顷	8301	4686	1885	1481	2559
设施农业占地面积	公顷	26	20	2	37	
粮食总产量	吨	74013	87068	66477	42821	56208
棉花产量	吨	79	11	101		42
油料产量	吨	772	3015	1082	633	1269
肉类总产量	吨	13609	20438	11486	9951	13521
规模以上工业企业单位数	个	29	13	3	14	6
规模以上工业总产值	万元	873700	1171382	368164	92412	34175
固定资产投资	万元	765669	406591	181720	205505	178524
四、教育、卫生和社会保障						
普通中学在校学生数	人	20788	14900	9896	10405	13524
中等职业教育学校在校学生数	人	13837	2157	834	1002	1320
小学在校学生数	人	26966	30676	18853	18947	24458
医疗卫生机构床位数	床	2762	871	512	653	802
各种社会福利收养性单位数	个	23	13	10	35	23
各种社会福利收养性单位床位数	床	277	285	483	420	342

2014年县(市)社会经济主要指标

广西壮族自治区

指　　标	单位	罗城仫佬族自治县	环江毛南族自治县	巴马瑶族自治县	都安瑶族自治县	大化瑶族自治县
一、基本情况						
行政区域面积	平方公里	2692	4553	1976	4116	2750
乡个数	个	4	6	8	13	12
镇个数	个	7	6	2	6	4
街道办事处个数	个					
户籍人口	万人	38	37	28	70	46
第二产业从业人员	人	66592	37655	33838	55994	39811
第三产业从业人员	人	30115	40568	23016	69977	62049
固定电话用户	户	11700	9850	16563	41910	34001
二、综合经济						
地区生产总值	万元	369745	388684	264916	354649	446730
第一产业增加值	万元	140824	165230	93541	122464	82268
农业增加值	万元	64605	71635	50615	56808	31205
牧业增加值	万元	47064	66970	23467	55009	34203
第二产业增加值	万元	91312	93817	72880	79573	238257
公共财政收入	万元	17126	15243	21144	36566	39933
各项税收	万元	30113	25061	17307	30475	39451
公共财政支出	万元	210177	188438	158843	291062	201969
居民储蓄存款余额	万元	454313	411868	253619	463400	327554
年末金融机构各项贷款余额	万元	248331	312013	178726	342671	364577
三、农业、工业及投资						
农业机械总动力	万千瓦特	27	37	15	41	21
机收面积	公顷	13000	12571	3200	3410	4644
设施农业占地面积	公顷	50	20	27		16
粮食总产量	吨	114406	128826	60326	124853	74242
棉花产量	吨	90		1		116
油料产量	吨	2374	714	1049	85	502
肉类总产量	吨	21619	21680	18945	40372	28701
规模以上工业企业单位数	个	21	23	12	11	8
规模以上工业总产值	万元	151737	175320	127695	103036	231616
固定资产投资	万元	236598	248049	213431	316337	255005
四、教育、卫生和社会保障						
普通中学在校学生数	人	13975	15537	12908	35925	22353
中等职业教育学校在校学生数	人	1903	2435	757	5070	3104
小学在校学生数	人	26057	25456	28824	63045	41846
医疗卫生机构床位数	床	1040	801	628	1821	1492
各种社会福利收养性单位数	个	49	15	13	24	22
各种社会福利收养性单位床位数	床	460	276	297	803	470

2014年县(市)社会经济主要指标

广西壮族自治区

指　　标	单位	宜州市	兴宾区	忻城县	象州县	武宣县
一、基本情况						
行政区域面积	平方公里	3857	4403	2541	1918	1704
乡个数	个	7	10	7	3	2
镇个数	个	9	10	5	8	8
街道办事处个数	个		4			
户籍人口	万人	66	112	43	37	45
第二产业从业人员	人	32292	56299	31894	31128	38497
第三产业从业人员	人	93470	69135	61111	27752	64977
固定电话用户	户	38953	37333	11241	32963	22703
二、综合经济						
地区生产总值	万元	993999	2503985	515500	912894	932848
第一产业增加值	万元	365758	542159	176105	265175	236371
农业增加值	万元	217993	393224	87873	131967	156029
牧业增加值	万元	116106	94959	74852	90882	49679
第二产业增加值	万元	269660	977070	173497	445669	444361
公共财政收入	万元	48846	56026	24703	39872	43753
各项税收	万元	37536	26994	10843	42281	53227
公共财政支出	万元	224419	249214	162216	171361	176210
居民储蓄存款余额	万元	926554	1121090	326828	405923	504848
年末金融机构各项贷款余额	万元	743269	1900764	238675	420530	394586
三、农业、工业及投资						
农业机械总动力	万千瓦特	54	69	22	36	36
机收面积	公顷	15641	44578	9373	33271	25072
设施农业占地面积	公顷	31	1133	26	143	131
粮食总产量	吨	221537	309776	109212	190451	131775
棉花产量	吨	211	3	30		2
油料产量	吨	2666	18448	2620	2552	9795
肉类总产量	吨	27505	66734	18617	19325	38381
规模以上工业企业单位数	个	45	60	13	61	46
规模以上工业总产值	万元	386405	2454085	311418	910706	1076835
固定资产投资	万元	458008	2276209	330703	673330	692204
四、教育、卫生和社会保障						
普通中学在校学生数	人	31097	38751	12417	13860	19843
中等职业教育学校在校学生数	人	4049		551	2240	5516
小学在校学生数	人	46779	80691	24529	32451	30973
医疗卫生机构床位数	床	3051	3991	1871	1226	1647
各种社会福利收养性单位数	个	24	153	14	22	14
各种社会福利收养性单位床位数	床	728	1412	420	497	775

2014年县(市)社会经济主要指标

广西壮族自治区

指　　标	单位	金秀瑶族自治县	合山市	江洲区	扶绥县	宁明县
一、基本情况						
行政区域面积	平方公里	2469	366	2918	2841	3704
乡个数	个	7	1	2	3	7
镇个数	个	3	2	6	8	6
街道办事处个数	个			3		
户籍人口	万人	16	14	37	46	44
第二产业从业人员	人	10051	8848	19069	18821	14985
第三产业从业人员	人	8711	8164	40407	28596	43747
固定电话用户	户	19205	14860		19705	14000
二、综合经济						
地区生产总值	万元	256553	352555	1323978	1287614	998232
第一产业增加值	万元	78246	36899	231139	379167	276883
农业增加值	万元	49853	24959	200320	323853	156728
牧业增加值	万元	13994	6418	11831	16164	17014
第二产业增加值	万元	67886	183249	576980	550031	453020
公共财政收入	万元	20421	22524	90955	102017	85233
各项税收	万元	16420	28165	59676	63079	56044
公共财政支出	万元	108343	102769	139432	224899	245326
居民储蓄存款余额	万元	202281	227272	549737	676937	488043
年末金融机构各项贷款余额	万元	185996	160948	1072681	510004	335956
三、农业、工业及投资						
农业机械总动力	万千瓦特	11	9	40	40	40
机收面积	公顷	6200	4391	6159	9642	8906
设施农业占地面积	公顷	24	11	72	187	42
粮食总产量	吨	48015	28997	43267	64668	71497
棉花产量	吨	3				
油料产量	吨	1276	1171	2964	9373	3318
肉类总产量	吨	8805	4024	8570	16337	20309
规模以上工业企业单位数	个	14	8	29	24	20
规模以上工业总产值	万元	77402	369034	1371200	1261626	1023958
固定资产投资	万元	177825	229279	858921	1145046	770098
四、教育、卫生和社会保障						
普通中学在校学生数	人	5709	4080	9201	17975	13397
中等职业教育学校在校学生数	人	431	1598		4387	4125
小学在校学生数	人	9962	7843	25348	32558	34368
医疗卫生机构床位数	床	670	627	1297	1284	1036
各种社会福利收养性单位数	个	13	4	20	17	17
各种社会福利收养性单位床位数	床	305	150	213	334	529

2014年县(市)社会经济主要指标

广西壮族自治区、海南省

指　　标	单位	龙州县	大新县	天等县	凭祥市	西沙群岛
一、基本情况						
行政区域面积	平方公里	2311	2747	2159	645	
乡个数	个	7	9	8		
镇个数	个	5	5	5	4	
街道办事处个数	个					
户籍人口	万人	27	38	45	11	
第二产业从业人员	人	28604	69251	116567	20308	
第三产业从业人员	人	27458	22795	26714	19985	
固定电话用户	户	19532	24517	24120	15035	
二、综合经济						
地区生产总值	万元	830560	1012900	506389	539115	
第一产业增加值	万元	212437	198537	127582	47995	
农业增加值	万元	169625	151998	79810	26526	
牧业增加值	万元	12258	31721	37265	5991	
第二产业增加值	万元	336283	517057	180365	155744	
公共财政收入	万元	59707	55807	39370	86352	
各项税收	万元	62580	70876	26559	29973	
公共财政支出	万元	209033	205475	174511	144020	
居民储蓄存款余额	万元	403412	491199	437718	539792	
年末金融机构各项贷款余额	万元	384992	363013	287418	403096	
三、农业、工业及投资						
农业机械总动力	万千瓦特	26	54	37	5	
机收面积	公顷	4267	4925	11754	1540	
设施农业占地面积	公顷	19	28	3	1	
粮食总产量	吨	51842	120516	144140	17577	
棉花产量	吨		137	19		
油料产量	吨	2688	1206	1697	216	
肉类总产量	吨	8699	31141	35154	5589	
规模以上工业企业单位数	个	15	25	14	14	
规模以上工业总产值	万元	683001	1058343	237743	234778	
固定资产投资	万元	685090	781115	515940	730177	
四、教育、卫生和社会保障						
普通中学在校学生数	人	8785	12291	14344	4405	
中等职业教育学校在校学生数	人	2218	3516	388	1923	
小学在校学生数	人	15038	22210	30133	9715	
医疗卫生机构床位数	床	940	991	1346	270	
各种社会福利收养性单位数	个	20	40	14	2	
各种社会福利收养性单位床位数	床	440	930	521	120	

2014年县(市)社会经济主要指标

海南省

指　　标	单位	南沙群岛	中沙群岛的岛礁及其海域	五指山市	琼海市	儋州市
一、基本情况						
行政区域面积	平方公里			1131	1710	3394
乡个数	个			4		
镇个数	个			3	12	16
街道办事处个数	个					
户籍人口	万人			11	51	96
第二产业从业人员	人			859	32939	45257
第三产业从业人员	人			9096	102039	133738
固定电话用户	户			18025	113961	132000
二、综合经济						
地区生产总值	万元			213942	1813115	2216248
第一产业增加值	万元			51564	691510	998440
农业增加值	万元			24252	394150	272664
牧业增加值	万元			12397	135682	154471
第二产业增加值	万元			45696	259124	295937
公共财政收入	万元			67793	196655	134023
各项税收	万元			33101	171191	101497
公共财政支出	万元			160876	386802	498342
居民储蓄存款余额	万元			224289	1598566	1291897
年末金融机构各项贷款余额	万元			167523	986737	1206877
三、农业、工业及投资						
农业机械总动力	万千瓦特			8	29	37
机收面积	公顷			35	13890	12548
设施农业占地面积	公顷			105	261	199
粮食总产量	吨			22000	143083	191061
棉花产量	吨					
油料产量	吨			993	3577	18981
肉类总产量	吨			5676	78973	105291
规模以上工业企业单位数	个			4	11	23
规模以上工业总产值	万元			42298	116948	476997
固定资产投资	万元			309847	1500604	1148000
四、教育、卫生和社会保障						
普通中学在校学生数	人			8988	30039	60393
中等职业教育学校在校学生数	人			10365	1760	234
小学在校学生数	人			9215	40952	80162
医疗卫生机构床位数	床			1062	1675	3224
各种社会福利收养性单位数	个			3	16	9
各种社会福利收养性单位床位数	床			30	572	380

2014年县(市)社会经济主要指标

海南省

指　　标	单位	文昌市	万宁市	东方市	定安县	屯昌县
一、基本情况						
行政区域面积	平方公里	2485	4444	2256	1197	1232
乡个数	个			2		
镇个数	个	17	12	8	10	8
街道办事处个数	个					
户籍人口	万人	60	64	46	34	31
第二产业从业人员	人	28688	36102	9436	15440	9563
第三产业从业人员	人	64252	94231	51639	34663	30256
固定电话用户	户	119246	75500	46852	39426	20951
二、综合经济						
地区生产总值	万元	1598021	1651288	1374823	708547	536988
第一产业增加值	万元	643924	462942	351419	269960	221513
农业增加值	万元	279791	245435	243586	155700	114918
牧业增加值	万元	147114	86614	44926	91200	52003
第二产业增加值	万元	399987	380135	648459	107008	78511
公共财政收入	万元	205560	142731	124138	70800	26510
各项税收	万元	116934	123944	93076	27200	18527
公共财政支出	万元	407732	385313	357712	188465	181218
居民储蓄存款余额	万元	1610919	1090010	590751	545700	389810
年末金融机构各项贷款余额	万元	1057113	669265	508102	292000	277788
三、农业、工业及投资						
农业机械总动力	万千瓦特	46	36	21	14	6
机收面积	公顷		6414	10954	6684	9528
设施农业占地面积	公顷	3926	4299	6559	106	118
粮食总产量	吨	172894	94970	179856	112723	89637
棉花产量	吨					
油料产量	吨	13425	4226	18510	9556	4959
肉类总产量	吨	76340	50867	26945	56276	31789
规模以上工业企业单位数	个	18	9	14	15	4
规模以上工业总产值	万元	287193	97281	1351066	217700	65534
固定资产投资	万元	1419074	1467700	803831	344097	349872
四、教育、卫生和社会保障						
普通中学在校学生数	人	28850	27842	30480	12254	13585
中等职业教育学校在校学生数	人	1097	906	458	14	333
小学在校学生数	人	41465	41521	37912	24068	23258
医疗卫生机构床位数	床	1310	1686	1140	702	894
各种社会福利收养性单位数	个	22	8	15	14	11
各种社会福利收养性单位床位数	床	476	610	383	637	316

2014年县(市)社会经济主要指标

海南省

指　　标	单位	澄迈县	临高县	白沙黎族自治县	昌江黎族自治县	乐东黎族自治县
一、基本情况						
行政区域面积	平方公里	2076	1317	2117	1620	2766
乡个数	个			7	1	
镇个数	个	11	10	4	7	11
街道办事处个数	个					
户籍人口	万人	58	51	19	26	55
第二产业从业人员	人	48593	26396	4552	1116	16882
第三产业从业人员	人	84373	76946	17708	9565	65871
固定电话用户	户	39365	35699	16093	27651	35686
二、综合经济						
地区生产总值	万元	2260598	1399003	346975	915412	936426
第一产业增加值	万元	608809	963935	188803	233346	558742
农业增加值	万元	289583	147772	70895	113306	412113
牧业增加值	万元	125863	51556	32188	26932	48800
第二产业增加值	万元	1070100	87802	44847	458536	94288
公共财政收入	万元	205115	64149	26725	104234	124440
各项税收	万元	304282	35469	24825	81211	71144
公共财政支出	万元	437687	385908	189580	282228	335997
居民储蓄存款余额	万元	799316	489250	275759	453882	725657
年末金融机构各项贷款余额	万元	848002	441512	111748	311297	372700
三、农业、工业及投资						
农业机械总动力	万千瓦特	36	49	13	18	66
机收面积	公顷	17552	8121	3504	2433	13286
设施农业占地面积	公顷	650	1481	41	483	4228
粮食总产量	吨	204012	122846	33175	57253	127817
棉花产量	吨					
油料产量	吨	6106	2347	415	2646	11337
肉类总产量	吨	81392	46612	18026	18508	29661
规模以上工业企业单位数	个	43	8	7	13	4
规模以上工业总产值	万元	2294854	133579	48085	839900	56089
固定资产投资	万元	2470020	682342	211000	1014964	661921
四、教育、卫生和社会保障						
普通中学在校学生数	人	23564	24803	8444	13062	31088
中等职业教育学校在校学生数	人	1994	474	166	522	687
小学在校学生数	人	39352	39219	16740	18755	39375
医疗卫生机构床位数	床	1339	730	657	731	1084
各种社会福利收养性单位数	个	9	9	4	10	11
各种社会福利收养性单位床位数	床	504	290	145	128	250

2014年县(市)社会经济主要指标

海南省、重庆市

指　　标	单位	陵水黎族自治县	保亭黎族苗族自治县	琼中黎族苗族自治县	綦江区	大足区
一、基本情况						
行政区域面积	平方公里	1128	1167	2704	2748	1436
乡个数	个	2	3	3		
镇个数	个	9	6	7	25	21
街道办事处个数	个				5	6
户籍人口	万人	37	17	23	121	105
第二产业从业人员	人	2556	4253	2931	234676	219232
第三产业从业人员	人	27392	26373	13206	164968	145422
固定电话用户	户	26799	17900	22331	185359	100000
二、综合经济						
地区生产总值	万元	932930	345424	328058	3579891	3298433
第一产业增加值	万元	373686	154637	160118	466238	364297
农业增加值	万元	162453	99846	80940	330960	246274
牧业增加值	万元	50778	24258	27122	95026	80905
第二产业增加值	万元	223321	45438	54559	1877659	1992091
公共财政收入	万元	651300	48475	33617	340021	313839
各项税收	万元	293891	44735	22270	207591	129650
公共财政支出	万元	428140	150224	207305	713433	574607
居民储蓄存款余额	万元	638234	372359	344739	3024941	1873853
年末金融机构各项贷款余额	万元	818539	173813	184711	2810188	1862434
三、农业、工业及投资						
农业机械总动力	万千瓦特	11	7	28	43	58
机收面积	公顷	615	1270	3466	36017	27400
设施农业占地面积	公顷	12070	292	45	4890	4922
粮食总产量	吨	100900	29579	45852	425058	431840
棉花产量	吨					
油料产量	吨	5827	1086	4211	9001	40685
肉类总产量	吨	24366	15057	16576	72650	64792
规模以上工业企业单位数	个	2	3	8	270	309
规模以上工业总产值	万元	41008	15982	45051	4890624	4337071
固定资产投资	万元	1578089	380778	357476	4235400	4167763
四、教育、卫生和社会保障						
普通中学在校学生数	人	18890	7343	5453	51969	42212
中等职业教育学校在校学生数	人	1300	217	137	13100	5014
小学在校学生数	人	27118	13057	15702	60951	68581
医疗卫生机构床位数	床	708	514	949	5434	3930
各种社会福利收养性单位数	个	11	6	12	41	105
各种社会福利收养性单位床位数	床	58	80	339	3492	3442

2014年县(市)社会经济主要指标

重庆市

指　　标	单位	长寿区	江津区	合川区	永川区	南川区
一、基本情况						
行政区域面积	平方公里	1424	3219	2343	1610	2602
乡个数	个					15
镇个数	个	14	24	23	16	16
街道办事处个数	个	4	4	7	7	3
户籍人口	万人	90	150	155	114	69
第二产业从业人员	人	157257	348307	221960	232131	109890
第三产业从业人员	人	119847	466421	249191	199711	113760
固定电话用户	户	143781	182900	132600	154000	77556
二、综合经济						
地区生产总值	万元	4204068	5546593	4404576	5125385	1731935
第一产业增加值	万元	350982	694952	596896	445784	351947
农业增加值	万元	214284	508323	416568	277016	224477
牧业增加值	万元	102357	148821	121607	126665	99350
第二产业增加值	万元	2508441	3498608	2237928	2937592	628667
公共财政收入	万元	313126	474255	332359	388726	183683
各项税收	万元	233740	291711	221812	223230	103174
公共财政支出	万元	537561	830975	637614	658959	408151
居民储蓄存款余额	万元	2725188	4141555	3775032	3040920	1437851
年末金融机构各项贷款余额	万元	2584437	3358566	2963126	3084373	1476092
三、农业、工业及投资						
农业机械总动力	万千瓦特	37	41	76	27	60
机收面积	公顷	16957	65871	35000	29151	12668
设施农业占地面积	公顷	754	566	321	1582	232
粮食总产量	吨	365686	663512	717890	496230	333134
棉花产量	吨					
油料产量	吨	10278	15057	21685	20524	22023
肉类总产量	吨	69339	97773	96384	111107	70876
规模以上工业企业单位数	个	155	313	293	292	49
规模以上工业总产值	万元	6790754	11070201	5518746	8251000	1247048
固定资产投资	万元	4150005	5750370	4371028	5779944	1451046
四、教育、卫生和社会保障						
普通中学在校学生数	人	35538	62039	57887	46919	28933
中等职业教育学校在校学生数	人	4859	25496	9600	26526	4838
小学在校学生数	人	42154	81175	70126	81704	43610
医疗卫生机构床位数	床	4045	6748	4507	6030	2874
各种社会福利收养性单位数	个	23	121	56	31	36
各种社会福利收养性单位床位数	床	2136	8100	5135	3609	1258

2014年县(市)社会经济主要指标

重庆市

指　　标	单位	璧山区	铜梁区	潼南县	荣昌县	梁平县
一、基本情况						
行政区域面积	平方公里	927	1340	1583	1077	1890
乡个数	个					7
镇个数	个	9	24	20	15	24
街道办事处个数	个	6	4	2	6	2
户籍人口	万人	64	84	96	85	93
第二产业从业人员	人	213398	174722	96634	167151	169326
第三产业从业人员	人	94891	94780	139010	157128	115594
固定电话用户	户	91819	103400	63975	101700	71452
二、综合经济						
地区生产总值	万元	3345173	2810500	2341631	3004235	2178288
第一产业增加值	万元	187762	329536	433294	403498	329525
农业增加值	万元	115949	186612	330492	272887	225448
牧业增加值	万元	55357	111944	67902	105018	77244
第二产业增加值	万元	2372755	1746400	1221111	1903978	1173598
公共财政收入	万元	1257034	207829	169035	221366	150706
各项税收	万元	218211	127659	76034	106506	122211
公共财政支出	万元	1425361	413205	437468	448705	431484
居民储蓄存款余额	万元	2186666	2214322	1644991	1653561	2079134
年末金融机构各项贷款余额	万元	2572307	1694145	919333	1519660	870654
三、农业、工业及投资						
农业机械总动力	万千瓦特	33	6	56	37	52
机收面积	公顷	15600	20270	23200	18400	26800
设施农业占地面积	公顷	4017	2842	4450	3377	2610
粮食总产量	吨	174464	350792	375243	309929	382832
棉花产量	吨					
油料产量	吨	4464	12627	44166	24705	15486
肉类总产量	吨	76673	91589	62380	75608	77755
规模以上工业企业单位数	个	326	284	164	318	126
规模以上工业总产值	万元	7871159	3679551	2316348	5901654	1508814
固定资产投资	万元	5454053	4437209	2649678	3741798	2220111
四、教育、卫生和社会保障						
普通中学在校学生数	人	27207	40293	38107	30577	42013
中等职业教育学校在校学生数	人	3029	4891	2358	4295	6286
小学在校学生数	人	36539	47689	47157	49679	55461
医疗卫生机构床位数	床	3227	3005	2777	3288	3502
各种社会福利收养性单位数	个	26	70	93	102	31
各种社会福利收养性单位床位数	床	1220	3746	2698	3541	2651

2014年县(市)社会经济主要指标

重庆市

指　　标	单位	城口县	丰都县	垫江县	武隆县	忠县
一、基本情况						
行政区域面积	平方公里	3289	2904	1518	2901	2187
乡个数	个	15	5	2	14	6
镇个数	个	8	23	22	12	22
街道办事处个数	个	2	2	2		
户籍人口	万人	25	83	98	42	101
第二产业从业人员	人	17756	75916	200367	45446	112925
第三产业从业人员	人	35625	99587	128659	71263	236512
固定电话用户	户	22836	74600	80665	43214	93827
二、综合经济						
地区生产总值	万元	460039	1353717	2240941	1199849	2078381
第一产业增加值	万元	66617	259090	323139	170790	308364
农业增加值	万元	34215	151178	207878	118484	225643
牧业增加值	万元	24479	80701	86752	39765	68053
第二产业增加值	万元	266188	639444	1272890	481029	1082255
公共财政收入	万元	26332	128093	121001	116077	121038
各项税收	万元	15662	66520	66782	70099	65925
公共财政支出	万元	236900	444659	373098	346469	418635
居民储蓄存款余额	万元	348526	1738038	1806350	847278	2251495
年末金融机构各项贷款余额	万元	304109	1041094	1147632	1271961	1014354
三、农业、工业及投资						
农业机械总动力	万千瓦特	24	31	50	28	53
机收面积	公顷	675	8370	21580	1000	10000
设施农业占地面积	公顷	13	83	178	43	438
粮食总产量	吨	101737	337616	392227	172462	407935
棉花产量	吨					
油料产量	吨	3265	21543	20193	9033	30755
肉类总产量	吨	25524	62841	69960	43772	73967
规模以上工业企业单位数	个	23	42	105	28	54
规模以上工业总产值	万元	233708	839583	1575254	531868	752989
固定资产投资	万元	679711	1861076	2438905	1454595	2190506
四、教育、卫生和社会保障						
普通中学在校学生数	人	12305	45047	49659	18093	44684
中等职业教育学校在校学生数	人	1523	1940	5331	4382	2506
小学在校学生数	人	20473	60184	74504	27484	64675
医疗卫生机构床位数	床	919	3100	3695	1467	3033
各种社会福利收养性单位数	个	25	28	25	27	54
各种社会福利收养性单位床位数	床	83	2557	3107	1499	4187

2014年县(市)社会经济主要指标

重庆市

指　　标	单位	开县	云阳县	奉节县	巫山县	巫溪县
一、基本情况						
行政区域面积	平方公里	3963	3649	4087	2957	4030
乡个数	个	7	9	11	13	15
镇个数	个	26	29	18	11	15
街道办事处个数	个	7	4	3	2	2
户籍人口	万人	169	135	107	65	55
第二产业从业人员	人	273006	246484	141684	47199	74971
第三产业从业人员	人	282940	258103	155040	141171	68276
固定电话用户	户	162000	115810	69951	51337	50149
二、综合经济						
地区生产总值	万元	3001665	1701867	1814112	812686	667202
第一产业增加值	万元	483214	367380	330408	177326	136600
农业增加值	万元	320391	274994	241026	105248	76388
牧业增加值	万元	121313	65676	74579	50142	42038
第二产业增加值	万元	1539661	736344	711194	261460	258638
公共财政收入	万元	187381	104140	125267	80008	60436
各项税收	万元	93121	54890	58570	34855	26616
公共财政支出	万元	656373	531750	512899	360062	340488
居民储蓄存款余额	万元	2893257	2054500	1288891	752550	694203
年末金融机构各项贷款余额	万元	1893621	1024827	1051455	673130	412495
三、农业、工业及投资						
农业机械总动力	万千瓦特	56	43	33	28	35
机收面积	公顷	7935	16700	5020	1470	1700
设施农业占地面积	公顷	601	136	268	356	410
粮食总产量	吨	601190	423960	428842	229381	220529
棉花产量	吨					
油料产量	吨	29569	17340	25347	16928	11043
肉类总产量	吨	108180	82628	66461	45673	51613
规模以上工业企业单位数	个	88	67	25	28	24
规模以上工业总产值	万元	2259579	1045556	236290	109405	210285
固定资产投资	万元	3075173	2011716	2107585	1000617	1345341
四、教育、卫生和社会保障						
普通中学在校学生数	人	85769	71077	55083	34613	25221
中等职业教育学校在校学生数	人	9219	6488	6944	5921	4006
小学在校学生数	人	109670	69293	55770	42005	32965
医疗卫生机构床位数	床	6527	4804	3278	1547	1168
各种社会福利收养性单位数	个	68	67	35	37	49
各种社会福利收养性单位床位数	床	4765	7199	4186	2236	1011

2014年县(市)社会经济主要指标

重庆市、四川省

指标	单位	石柱土家族自治县	秀山土家族苗族自治县	酉阳土家族苗族自治县	彭水苗族土家族自治县	新都区
一、基本情况						
行政区域面积	平方公里	3014	2453	5173	3903	496
乡个数	个	14	6	23	18	
镇个数	个	18	18	14	18	10
街道办事处个数	个		3	2	3	3
户籍人口	万人	55	67	86	70	72
第二产业从业人员	人	68218	93197	94740	42525	268014
第三产业从业人员	人	76825	83995	110580	70058	169894
固定电话用户	户	38826	44927	47736	53070	192964
二、综合经济						
地区生产总值	万元	1199517	1265021	1104184	1087992	5421913
第一产业增加值	万元	210935	170845	218244	202287	237125
农业增加值	万元	127803	116736	124725	133533	150789
牧业增加值	万元	70148	40428	70546	54509	81234
第二产业增加值	万元	600266	656908	515492	480430	3323225
公共财政收入	万元	111033	141527	105540	102702	443544
各项税收	万元	78943	67537	74501	70689	368983
公共财政支出	万元	373074	417486	447626	409890	515552
居民储蓄存款余额	万元	1015686	837161	1023203	901140	4379794
年末金融机构各项贷款余额	万元	690223	952970	639013	1236830	3162181
三、农业、工业及投资						
农业机械总动力	万千瓦特	29	31	43	5	30
机收面积	公顷	3672	17590	2000	705	26711
设施农业占地面积	公顷	67	525	502	54	1147
粮食总产量	吨	257898	306536	379228	310975	206960
棉花产量	吨					
油料产量	吨	10424	35316	27744	22698	22479
肉类总产量	吨	42517	45630	67157	55269	22828
规模以上工业企业单位数	个	55	63	33	31	352
规模以上工业总产值	万元	930998	634456	753703	488500	6641505
固定资产投资	万元	1444132	1461379	1316531	1288837	4051665
四、教育、卫生和社会保障						
普通中学在校学生数	人	30295	32153	47302	40748	37854
中等职业教育学校在校学生数	人	3916	4360	3569	2433	5554
小学在校学生数	人	50102	42266	66442	54627	58108
医疗卫生机构床位数	床	2127	2348	2063	2599	5604
各种社会福利收养性单位数	个	26	58	25	69	4
各种社会福利收养性单位床位数	床	904	4830	1060	2292	1209

2014年县(市)社会经济主要指标

四川省

指　　标	单位	温江区	金堂县	双流县	郫县	大邑县
一、基本情况						
行政区域面积	平方公里	276	1156	1032	438	1248
乡个数	个		2			3
镇个数	个	6	18	18	13	16
街道办事处个数	个	4	1	7	1	1
户籍人口	万人	40	89	101	54	51
第二产业从业人员	人	82911	118600	186100	188800	112786
第三产业从业人员	人	125533	261700	335100	128500	68806
固定电话用户	户	138686	75000	461425	168628	76802
二、综合经济						
地区生产总值	万元	3645078	2520914	8145244	3966603	1653442
第一产业增加值	万元	163709	383180	335269	202046	295223
农业增加值	万元	148270	276771	257425	193857	110045
牧业增加值	万元	13463	91196	65402	7810	169496
第二产业增加值	万元	1892835	1195301	4087590	2312651	709703
公共财政收入	万元	330639	169966	796941	403334	114728
各项税收	万元	264527	113775	674553	323946	85757
公共财政支出	万元	268479	383233	1183939	530284	252193
居民储蓄存款余额	万元	2778842	1836052	6782966	3424972	1700850
年末金融机构各项贷款余额	万元	2574097	1481201	6439041	3125068	1119926
三、农业、工业及投资						
农业机械总动力	万千瓦特	17	25	33	24	24
机收面积	公顷	2400	19342	24014	10400	25400
设施农业占地面积	公顷	54	2727	4050	395	785
粮食总产量	吨	10524	323194	216236	68142	195152
棉花产量	吨		9			
油料产量	吨	1664	45124	28044	10086	15091
肉类总产量	吨	9436	71956	59773	11653	76800
规模以上工业企业单位数	个	205	169	352	338	118
规模以上工业总产值	万元	3882482	1548087	10858800	5776526	1948209
固定资产投资	万元	3251457	2880110	7792171	3213007	2006622
四、教育、卫生和社会保障						
普通中学在校学生数	人	20439	36002	53364	35340	17471
中等职业教育学校在校学生数	人	24092	2576	31667	26090	11637
小学在校学生数	人	25993	47240	62911	42500	21091
医疗卫生机构床位数	床	4908	4519	5998	3493	3462
各种社会福利收养性单位数	个	23	20	41	9	6
各种社会福利收养性单位床位数	床	2611	4279	3571	1121	1929

2014年县(市)社会经济主要指标

四川省

指　　标	单位	蒲江县	新津县	都江堰市	彭州市	邛崃市
一、基本情况						
行政区域面积	平方公里	580	330	1208	1421	1377
乡个数	个	4	1	2		6
镇个数	个	8	10	17	20	18
街道办事处个数	个		1			
户籍人口	万人	27	31	62	81	66
第二产业从业人员	人	50100	69600	149600	161500	92500
第三产业从业人员	人	57500	75800	214000	144200	171500
固定电话用户	户	88178	53877	123448	90000	54000
二、综合经济						
地区生产总值	万元	969361	2083097	2515800	3017443	1838464
第一产业增加值	万元	162423	150112	224268	423767	317019
农业增加值	万元	88479	79822	97122	267074	153904
牧业增加值	万元	70142	63159	93003	145611	140182
第二产业增加值	万元	484102	1217945	945458	1772979	848966
公共财政收入	万元	48363	172652	191928	174297	128454
各项税收	万元	33439	131248	140642	126946	88958
公共财政支出	万元	169979	289661	413212	391593	387762
居民储蓄存款余额	万元	840455	1432464	3042796	2836974	1921066
年末金融机构各项贷款余额	万元	618529	1983079	2671084	1829380	1489889
三、农业、工业及投资						
农业机械总动力	万千瓦特	16	18	24	39	36
机收面积	公顷	12621	14280		31601	33000
设施农业占地面积	公顷		680	1551	1401	665
粮食总产量	吨	99890	105041	158130	287694	275858
棉花产量	吨					
油料产量	吨	18136	11096	20026	17218	40929
肉类总产量	吨	56357	39919	46084	59815	128063
规模以上工业企业单位数	个	90	131	82	155	147
规模以上工业总产值	万元	896073	3377969	1575709	5647613	1722543
固定资产投资	万元	1150807	2743494	1233506	1827321	2107392
四、教育、卫生和社会保障						
普通中学在校学生数	人	10107	13643	25699	26677	25041
中等职业教育学校在校学生数	人	1747	1195	2999	6648	3309
小学在校学生数	人	9766	13803	27544	32971	22933
医疗卫生机构床位数	床	1553	1921	5687	4987	3150
各种社会福利收养性单位数	个	8	10	11	15	11
各种社会福利收养性单位床位数	床	754	1322	1884	1976	1920

2014年县(市)社会经济主要指标

四川省

指　　标	单位	崇州市	荣县	富顺县	米易县	盐边县
一、基本情况						
行政区域面积	平方公里	1090	1605	1342	2153	3269
乡个数	个	6	6	4	5	12
镇个数	个	18	21	22	7	4
街道办事处个数	个	1				
户籍人口	万人	67	69	110	22	21
第二产业从业人员	人	270000	85555	127099	17144	20100
第三产业从业人员	人	146000	129460	210574	22002	25267
固定电话用户	户	95432	67391	92207	28656	17905
二、综合经济						
地区生产总值	万元	2032290	1734299	2068040	1220766	1088915
第一产业增加值	万元	297965	388298	370739	109693	84123
农业增加值	万元	168780	232182	198867	81199	50536
牧业增加值	万元	117090	101442	116702	14920	24456
第二产业增加值	万元	1010408	893526	1107385	823524	824585
公共财政收入	万元	137255	48666	59692	119351	70662
各项税收	万元	108715	45875	40927	92541	55927
公共财政支出	万元	361689	247016	312977	188378	164704
居民储蓄存款余额	万元	2556672	1394351	1912612	475065	306864
年末金融机构各项贷款余额	万元	1554517	651561	1137474	455006	443355
三、农业、工业及投资						
农业机械总动力	万千瓦特	42	43	28	22	13
机收面积	公顷	41533	5401	1310	5053	2590
设施农业占地面积	公顷	1279	4148	3034	2721	133
粮食总产量	吨	281042	407640	473177	83147	67516
棉花产量	吨					
油料产量	吨	24084	14074	15048	1217	1500
肉类总产量	吨	80219	79958	87519	14207	17350
规模以上工业企业单位数	个	148	92	111	35	36
规模以上工业总产值	万元	2297906	1846906	2303073	1406598	1610378
固定资产投资	万元	1937451	863484	951665	1028312	810907
四、教育、卫生和社会保障						
普通中学在校学生数	人	23674	20687	48021	12173	10805
中等职业教育学校在校学生数	人	2407	4165	3709	2464	
小学在校学生数	人	26321	29601	66076	15168	15257
医疗卫生机构床位数	床	4584	3004	2554	863	931
各种社会福利收养性单位数	个	16	29	28	9	10
各种社会福利收养性单位床位数	床	2785	4671	3245	931	913

2014年县(市)社会经济主要指标

四川省

指　　标	单位	泸县	合江县	叙永县	古蔺县	中江县
一、基本情况						
行政区域面积	平方公里	1530	2414	2974	3185	2200
乡个数	个		6	11	14	16
镇个数	个	19	21	14	12	29
街道办事处个数	个	1				
户籍人口	万人	108	90	73	87	143
第二产业从业人员	人	204875	174123	105800	111000	128484
第三产业从业人员	人	174417	158276	92300	90000	309000
固定电话用户	户	64566	63673	44051	49116	63244
二、综合经济						
地区生产总值	万元	2370288	1530161	923620	1253911	2689445
第一产业增加值	万元	428339	322283	194080	193017	763887
农业增加值	万元	246355	188453	115829	117557	340165
牧业增加值	万元	147105	104886	58869	62559	384211
第二产业增加值	万元	1398163	688539	430733	770564	1174824
公共财政收入	万元	100370	80932	60138	148692	72425
各项税收	万元	62807	51499	39556	60880	43039
公共财政支出	万元	370749	323325	321975	378976	411573
居民储蓄存款余额	万元	1925657	1546756	698321	534745	2214076
年末金融机构各项贷款余额	万元	908732	1004000	491954	756111	1078270
三、农业、工业及投资						
农业机械总动力	万千瓦特	53	35	33	20	62
机收面积	公顷	9413	9267	8600	3333	44266
设施农业占地面积	公顷	2474	289	156	59	1215
粮食总产量	吨	519805	508951	233910	230488	770807
棉花产量	吨					191
油料产量	吨	10561	4042	4803	14561	73886
肉类总产量	吨	105005	71314	39446	42788	135307
规模以上工业企业单位数	个	129	81	56	22	199
规模以上工业总产值	万元	2310678	960701	440157	1908845	2933008
固定资产投资	万元	2026052	1750938	801547	1372047	1144634
四、教育、卫生和社会保障						
普通中学在校学生数	人	56790	35771	34824	45382	45752
中等职业教育学校在校学生数	人	12434	19966	4471	8787	8714
小学在校学生数	人	82416	78595	63793	69960	62235
医疗卫生机构床位数	床	3082	3612	2284	2387	4010
各种社会福利收养性单位数	个	37	30	26	31	60
各种社会福利收养性单位床位数	床	5050	3965	2305	2764	9500

2014年县(市)社会经济主要指标

四川省

指　　标	单位	罗江县	广汉市	什邡市	绵竹市	三台县
一、基本情况						
行政区域面积	平方公里	448	549	843	1246	2659
乡个数	个		2		1	22
镇个数	个	10	16	14	20	41
街道办事处个数	个			2		
户籍人口	万人	25	61	44	51	147
第二产业从业人员	人	38000	120275	93000	91583	195606
第三产业从业人员	人	38000	116129	68000	108256	199111
固定电话用户	户	24737	109606	57519	54750	77688
二、综合经济						
地区生产总值	万元	815222	3050124	2201623	2014181	1920238
第一产业增加值	万元	179714	296816	237839	249990	665481
农业增加值	万元	85982	158078	143735	141574	395620
牧业增加值	万元	83052	124072	85209	95538	226907
第二产业增加值	万元	487857	1944564	1379128	1282535	529207
公共财政收入	万元	25829	144294	138849	95363	72015
各项税收	万元	18173	101502	106531	76618	43290
公共财政支出	万元	112530	293702	218449	251158	420552
居民储蓄存款余额	万元	550364	2473328	1452054	1435000	2210140
年末金融机构各项贷款余额	万元	449169	2032840	1316223	1254000	1106223
三、农业、工业及投资						
农业机械总动力	万千瓦特	22	26	26	25	58
机收面积	公顷	14633	42333	26668	44334	45353
设施农业占地面积	公顷	132	4612	859	685	245
粮食总产量	吨	122960	311171	186795	273172	717130
棉花产量	吨					271
油料产量	吨	36171	33506	13562	14179	117619
肉类总产量	吨	41779	54105	39501	50017	128823
规模以上工业企业单位数	个	100	324	168	131	59
规模以上工业总产值	万元	1850308	7834858	4010443	4253979	521835
固定资产投资	万元	791988	1556905	1253417	1455913	748538
四、教育、卫生和社会保障						
普通中学在校学生数	人	8223	20143	14547	15130	50367
中等职业教育学校在校学生数	人	4992	2944	3223	2313	7137
小学在校学生数	人	10399	23904	15004	17573	56207
医疗卫生机构床位数	床	1078	2243	2634	2984	5438
各种社会福利收养性单位数	个	13	20	16	22	66
各种社会福利收养性单位床位数	床	1498	2258	2260	3136	6405

2014年县(市)社会经济主要指标

四川省

指　　标	单位	盐亭县	安县	梓潼县	北川羌族自治县	平武县
一、基本情况						
行政区域面积	平方公里	1645	1181	1444	3083	5946
乡个数	个	22	3	21	15	16
镇个数	个	14	15	11	8	9
街道办事处个数	个					
户籍人口	万人	60	45	39	24	18
第二产业从业人员	人	65379	69624	50246	35209	13167
第三产业从业人员	人	82828	76883	60560	38794	15626
固定电话用户	户	25834	41598	27047	17457	12636
二、综合经济						
地区生产总值	万元	808545	1024710	800518	374563	340534
第一产业增加值	万元	312983	252962	239972	91805	72525
农业增加值	万元	185120	152084	141021	44558	39712
牧业增加值	万元	103415	84787	81879	33153	22463
第二产业增加值	万元	233648	532268	358325	153160	187030
公共财政收入	万元	28087	48122	22719	33674	27625
各项税收	万元	19925	38880	14601	25191	18087
公共财政支出	万元	230516	184936	152023	207054	134727
居民储蓄存款余额	万元	955489	951628	631734	483684	302782
年末金融机构各项贷款余额	万元	466761	801777	475782	856130	568279
三、农业、工业及投资						
农业机械总动力	万千瓦特	35	37	33	8	10
机收面积	公顷	22400	32933	23385	700	667
设施农业占地面积	公顷	199	2272	261	20	145
粮食总产量	吨	292582	246848	204589	44714	60664
棉花产量	吨	100		5		
油料产量	吨	34924	37774	50335	6303	5383
肉类总产量	吨	55203	36833	38262	20210	12087
规模以上工业企业单位数	个	13	81	46	23	28
规模以上工业总产值	万元	82097	1660451	873014	211361	234545
固定资产投资	万元	520724	899992	619875	342011	519532
四、教育、卫生和社会保障						
普通中学在校学生数	人	15368	15859	10297	9914	6030
中等职业教育学校在校学生数	人	3405	1868	1771	2572	1537
小学在校学生数	人	18482	20456	12820	9927	6783
医疗卫生机构床位数	床	2185	1925	1269	1214	689
各种社会福利收养性单位数	个	50	20	16	11	9
各种社会福利收养性单位床位数	床	5217	2534	2090	1340	1080

2014年县(市)社会经济主要指标

四川省

指　　标	单位	江油市	旺苍县	青川县	剑阁县	苍溪县
一、基本情况						
行政区域面积	平方公里	2720	2986	3216	3202	2330
乡个数	个	15	20	26	34	15
镇个数	个	25	15	10	23	24
街道办事处个数	个	4	3			
户籍人口	万人	89	46	24	68	79
第二产业从业人员	人	167481	75400	19234	45502	108000
第三产业从业人员	人	155480	80100	35208	85113	79000
固定电话用户	户	132904	39093	15458	35313	73069
二、综合经济						
地区生产总值	万元	3006171	833127	276097	832175	1046995
第一产业增加值	万元	388665	144073	66866	227808	263835
农业增加值	万元	234952	86253	35928	138329	133952
牧业增加值	万元	128462	48615	19415	82187	99982
第二产业增加值	万元	1536366	463220	114702	313857	450953
公共财政收入	万元	150634	35836	13027	38505	37935
各项税收	万元	92455	25492	9545	24917	29842
公共财政支出	万元	321798	237331	175341	291851	351578
居民储蓄存款余额	万元	2491532	814517	373979	991907	1456816
年末金融机构各项贷款余额	万元	1538746	379114	385173	466015	803200
三、农业、工业及投资						
农业机械总动力	万千瓦特	56	28	9	79	77
机收面积	公顷	31600	6003	4266	35449	33899
设施农业占地面积	公顷	952	210	381	539	1305
粮食总产量	吨	294622	191022	102317	407847	355152
棉花产量	吨					
油料产量	吨	45142	15328	9260	103979	51312
肉类总产量	吨	57038	37047	18187	78487	77546
规模以上工业企业单位数	个	193	67	35	53	44
规模以上工业总产值	万元	4351332	1105115	263758	735307	713636
固定资产投资	万元	1452026	566800	309945	574894	801517
四、教育、卫生和社会保障						
普通中学在校学生数	人	32502	21387	9695	25051	34193
中等职业教育学校在校学生数	人	9688	2268	2413	5785	6588
小学在校学生数	人	32771	23260	8472	25330	39994
医疗卫生机构床位数	床	6334	1742	644	2177	2748
各种社会福利收养性单位数	个	25	15	9	17	19
各种社会福利收养性单位床位数	床	3410	1524	850	2600	3045

2014年县(市)社会经济主要指标

四川省

指　　标	单位	蓬溪县	射洪县	大英县	威远县	资中县
一、基本情况						
行政区域面积	平方公里	1251	1496	703	1289	1735
乡个数	个	13	10	3		2
镇个数	个	18	20	8	20	31
街道办事处个数	个		2			
户籍人口	万人	72	101	55	74	130
第二产业从业人员	人	94118	172600	82913	127516	231100
第三产业从业人员	人	80702	172700	75994	152679	140100
固定电话用户	户	31251	89200	29419	79957	86758
二、综合经济						
地区生产总值	万元	1065486	2600602	1166790	2939962	2340865
第一产业增加值	万元	296671	323163	206235	373055	604333
农业增加值	万元	163464	178314	112898	217222	329241
牧业增加值	万元	106180	116584	75178	119931	215628
第二产业增加值	万元	468535	1687998	713515	2086000	1167305
公共财政收入	万元	33486	80291	42902	79797	75409
各项税收	万元	25022	57987	32516	57194	49352
公共财政支出	万元	238805	296306	188819	280470	388113
居民储蓄存款余额	万元	1018319	1785407	846907	1424524	2062138
年末金融机构各项贷款余额	万元	620909	1183208	857769	1263591	1023716
三、农业、工业及投资						
农业机械总动力	万千瓦特	22	28	21	37	46
机收面积	公顷	22666	23058	700	13400	18933
设施农业占地面积	公顷	631	475	1102	1377	448
粮食总产量	吨	339460	426000	252451	303160	513004
棉花产量	吨	38	4986	2646		
油料产量	吨	48506	27400	23813	19549	37461
肉类总产量	吨	54565	84224	49803	53347	96002
规模以上工业企业单位数	个	68	112	84	108	101
规模以上工业总产值	万元	932703	3915000	2439587	5582373	2638694
固定资产投资	万元	1158750	1603525	1494187	1497513	1283395
四、教育、卫生和社会保障						
普通中学在校学生数	人	23224	38595	19549	28272	46455
中等职业教育学校在校学生数	人	3663	10793	6497	8464	8236
小学在校学生数	人	24798	38865	23928	35528	67940
医疗卫生机构床位数	床	1810	3672	1266	3267	3955
各种社会福利收养性单位数	个	27	39	14	26	56
各种社会福利收养性单位床位数	床	4016	7900	1720	3361	7029

2014年县(市)社会经济主要指标

四川省

指　　标	单位	隆昌县	犍为县	井研县	夹江县	沐川县
一、基本情况						
行政区域面积	平方公里	794	1375	840	743	1405
乡个数	个		18	17	11	12
镇个数	个	17	12	10	11	7
街道办事处个数	个	2				
户籍人口	万人	79	57	41	35	26
第二产业从业人员	人	147006	91200	44094	67626	26414
第三产业从业人员	人	153896	116400	49693	68120	63604
固定电话用户	户	92629	50953	39836	68272	17724
二、综合经济						
地区生产总值	万元	2062373	1223669	755512	1172729	501295
第一产业增加值	万元	278719	215392	193767	172939	114552
农业增加值	万元	129717	106708	82384	111822	65086
牧业增加值	万元	113481	89785	84970	45485	25134
第二产业增加值	万元	1274600	678388	370332	667149	263869
公共财政收入	万元	65100	45463	27217	52886	23256
各项税收	万元	51343	28932	19903	32549	13851
公共财政支出	万元	268622	214139	156350	176310	127186
居民储蓄存款余额	万元	1567100	1045124	846796	1204151	367628
年末金融机构各项贷款余额	万元	834600	753674	611241	671529	340704
三、农业、工业及投资						
农业机械总动力	万千瓦特	29	32	26	40	11
机收面积	公顷	22000	11514	5530	7274	670
设施农业占地面积	公顷	1250	200	96	38	15
粮食总产量	吨	260538	235580	212058	109090	77376
棉花产量	吨					
油料产量	吨	10627	10153	13936	12985	5527
肉类总产量	吨	48223	64280	71119	34896	22547
规模以上工业企业单位数	个	105	61	57	91	32
规模以上工业总产值	万元	3484723	1956053	1331864	1704005	388464
固定资产投资	万元	1284875	679741	328949	918095	366166
四、教育、卫生和社会保障						
普通中学在校学生数	人	29897	19313	12519	10625	8893
中等职业教育学校在校学生数	人	2269	3243	1509	1048	977
小学在校学生数	人	46277	24193	18263	12282	15339
医疗卫生机构床位数	床	3525	1939	1398	2013	698
各种社会福利收养性单位数	个	29	34	16	11	20
各种社会福利收养性单位床位数	床	2856	2232	2407	1200	1233

2014年县(市)社会经济主要指标

四川省

指　　标	单位	峨边彝族自治县	马边彝族自治县	峨眉山市	南部县	营山县
一、基本情况						
行政区域面积	平方公里	2382	2293	1181	2230	1635
乡个数	个	13	15	6	40	34
镇个数	个	6	5	12	31	19
街道办事处个数	个				2	
户籍人口	万人	15	22	43	130	96
第二产业从业人员	人	13812	9200	71468	226300	127400
第三产业从业人员	人	27714	40800	118687	282800	199800
固定电话用户	户	12682	11166	101447	92415	65034
二、综合经济						
地区生产总值	万元	330221	298721	1942110	2555974	1340235
第一产业增加值	万元	40518	69522	158057	493958	350008
农业增加值	万元	13065	46367	81591	263328	213651
牧业增加值	万元	20345	15337	67071	186749	128400
第二产业增加值	万元	191216	134370	1134684	1488263	663543
公共财政收入	万元	20329	27828	133557	74505	48508
各项税收	万元	14189	22698	91558	55273	35138
公共财政支出	万元	148467	128874	245183	461285	371983
居民储蓄存款余额	万元	250876	237503	1748485	1856918	1568122
年末金融机构各项贷款余额	万元	356089	228015	1350548	923612	680460
三、农业、工业及投资						
农业机械总动力	万千瓦特	11	5	27	40	32
机收面积	公顷	666	700	7120	7192	18467
设施农业占地面积	公顷		10	4042	1253	3625
粮食总产量	吨	38110	62743	95763	503552	365779
棉花产量	吨				371	
油料产量	吨	1484	2407	13388	73653	47478
肉类总产量	吨	9499	14640	25761	86167	74820
规模以上工业企业单位数	个	27	23	75	98	45
规模以上工业总产值	万元	441737	196255	2333567	2985122	1648282
固定资产投资	万元	180213	333879	1192681	2215567	650419
四、教育、卫生和社会保障						
普通中学在校学生数	人	4397	8040	17116	54262	37400
中等职业教育学校在校学生数	人	527	993	6831	6037	4064
小学在校学生数	人	10497	22006	17526	69807	48555
医疗卫生机构床位数	床	496	546	2629	3626	3970
各种社会福利收养性单位数	个	7	5	4	50	63
各种社会福利收养性单位床位数	床	620	509	2381	5231	4924

2014年县(市)社会经济主要指标

四川省

指　　标	单位	蓬安县	仪陇县	西充县	阆中市	仁寿县
一、基本情况						
行政区域面积	平方公里	1331	1773	1107	1875	2608
乡个数	个	24	28	28	21	33
镇个数	个	15	29	16	25	27
街道办事处个数	个		56		4	
户籍人口	万人	72	112	65	88	161
第二产业从业人员	人	52300	179100	67800	99800	193426
第三产业从业人员	人	135700	165300	127900	219000	260090
固定电话用户	户	41658	63428	57393	111414	100157
二、综合经济						
地区生产总值	万元	1227070	1459536	949394	1682755	3124699
第一产业增加值	万元	332638	501284	277862	401863	652070
农业增加值	万元	205606	265072	169433	229486	346318
牧业增加值	万元	110113	212839	97400	135675	253487
第二产业增加值	万元	592067	599511	404040	818221	1669335
公共财政收入	万元	40980	53412	41932	77938	182046
各项税收	万元	27934	50522	30022	59347	116046
公共财政支出	万元	278823	374133	291086	370741	536585
居民储蓄存款余额	万元	1196002	1533726	1045401	1726136	3105502
年末金融机构各项贷款余额	万元	561337	788394	487253	1142705	1631127
三、农业、工业及投资						
农业机械总动力	万千瓦特	30	41	24	40	78
机收面积	公顷	6095	8328	6773	7183	54667
设施农业占地面积	公顷	645	5343	1990	1204	6018
粮食总产量	吨	322746	476712	349540	360399	793756
棉花产量	吨		29	972		860
油料产量	吨	43625	62917	37249	40313	39097
肉类总产量	吨	49068	95255	61180	76309	128225
规模以上工业企业单位数	个	64	53	71	56	178
规模以上工业总产值	万元	2233759	1415820	1261934	1245771	3442776
固定资产投资	万元	925088	1169894	720082	1714932	2467519
四、教育、卫生和社会保障						
普通中学在校学生数	人	26344	50878	21282	32370	60283
中等职业教育学校在校学生数	人	2478	5791	7068	9048	19889
小学在校学生数	人	43182	75993	22200	34640	66419
医疗卫生机构床位数	床	2243	3290	2511	3627	5552
各种社会福利收养性单位数	个	86	62	44	64	97
各种社会福利收养性单位床位数	床	3739	3952	2955	3405	12666

2014年县(市)社会经济主要指标

四川省

指　　标	单位	彭山县	洪雅县	丹棱县	青神县	南溪区
一、基本情况						
行政区域面积	平方公里	465	1897	450	387	704
乡个数	个	3	4	2	3	6
镇个数	个	10	11	5	7	7
街道办事处个数	个					2
户籍人口	万人	34	35	16	20	44
第二产业从业人员	人	63556	46343	25700	51000	59329
第三产业从业人员	人	76830	66628	19900	23700	72673
固定电话用户	户	51996	40600	23829	16000	30811
二、综合经济						
地区生产总值	万元	1123251	930926	447010	592293	1020285
第一产业增加值	万元	119609	141885	93132	79520	197770
农业增加值	万元	51533	64197	54160	39167	118616
牧业增加值	万元	53048	61911	32816	31310	64508
第二产业增加值	万元	687141	559940	242297	328178	576083
公共财政收入	万元	123191	73719	26199	36250	70838
各项税收	万元	83564	40849	17274	23900	49266
公共财政支出	万元	239255	194763	115890	121160	208774
居民储蓄存款余额	万元	1078021	933764	453396	527345	625278
年末金融机构各项贷款余额	万元	788724	593244	211271	332469	666863
三、农业、工业及投资						
农业机械总动力	万千瓦特	27	28	21	20	21
机收面积	公顷	15527	10073	9000	7730	4100
设施农业占地面积	公顷	150	831	79	47	3180
粮食总产量	吨	149700	125292	77858	89241	166069
棉花产量	吨					
油料产量	吨	9874	10060	7162	7569	6749
肉类总产量	吨	38929	29482	19534	20625	38877
规模以上工业企业单位数	个	103	39	39	55	76
规模以上工业总产值	万元	2803351	519408	404388	787465	1431461
固定资产投资	万元	1756450	925736	540966	541441	1022626
四、教育、卫生和社会保障						
普通中学在校学生数	人	10097	11231	4489	5963	21850
中等职业教育学校在校学生数	人	1995	3558	1243	2715	5777
小学在校学生数	人	11763	15224	5947	6350	25858
医疗卫生机构床位数	床	1560	1430	545	640	1692
各种社会福利收养性单位数	个	11	13	8	9	22
各种社会福利收养性单位床位数	床	1332	1253	859	1350	1969

2014年县(市)社会经济主要指标

四川省

指　　标	单位	宜宾县	江安县	长宁县	高县	珙县
一、基本情况						
行政区域面积	平方公里	2940	894	1004	1320	1145
乡个数	个	6	3	7	7	6
镇个数	个	20	15	11	12	11
街道办事处个数	个					
户籍人口	万人	103	56	46	54	43
第二产业从业人员	人	164900	90970	70943	38707	74600
第三产业从业人员	人	154000	83943	71424	88821	94972
固定电话用户	户	60950	33129	35178	30802	38417
二、综合经济						
地区生产总值	万元	2010355	1150892	1031279	1070477	1151024
第一产业增加值	万元	386617	215470	214991	190458	157549
农业增加值	万元	221350	119564	91896	104595	72028
牧业增加值	万元	138303	72722	77079	72517	72730
第二产业增加值	万元	1093164	684410	525076	655734	747905
公共财政收入	万元	82651	60651	45783	40052	55815
各项税收	万元	63541	44944	32345	27006	40340
公共财政支出	万元	355341	215748	188064	186955	179223
居民储蓄存款余额	万元	1435908	764760	581333	603895	548205
年末金融机构各项贷款余额	万元	1463264	538915	439433	412225	487906
三、农业、工业及投资						
农业机械总动力	万千瓦特	54	19	27	16	21
机收面积	公顷	7000	4533	5893	2000	2033
设施农业占地面积	公顷	326	302	341	145	415
粮食总产量	吨	500091	222302	206614	228400	142454
棉花产量	吨					
油料产量	吨	33300	6769	12398	9386	8465
肉类总产量	吨	89958	42786	39183	38756	36896
规模以上工业企业单位数	个	90	59	52	61	63
规模以上工业总产值	万元	2265152	2044018	1090117	1494582	1273599
固定资产投资	万元	2011433	1131727	995235	1032030	948911
四、教育、卫生和社会保障						
普通中学在校学生数	人	46558	22116	18279	21228	16596
中等职业教育学校在校学生数	人	10770	5332	6620	3758	6117
小学在校学生数	人	65859	30672	28914	33568	28929
医疗卫生机构床位数	床	3606	1621	1870	1449	1868
各种社会福利收养性单位数	个	38	31	22	25	21
各种社会福利收养性单位床位数	床	3912	2789	2804	1339	1605

2014年县(市)社会经济主要指标

四川省

指　　标	单位	筠连县	兴文县	屏山县	岳池县	武胜县
一、基本情况						
行政区域面积	平方公里	1256	1380	1504	1479	956
乡个数	个	9	5	6	21	15
镇个数	个	9	10	9	22	16
街道办事处个数	个					
户籍人口	万人	44	48	32	119	85
第二产业从业人员	人	55174	32161	32030	81113	95201
第三产业从业人员	人	74444	56725	51010	155301	106504
固定电话用户	户	13347	36017	16348	56242	42357
二、综合经济						
地区生产总值	万元	1060879	747077	376953	1728227	1732694
第一产业增加值	万元	179376	170313	143040	365214	348089
农业增加值	万元	90010	88753	78018	218695	178895
牧业增加值	万元	78059	67398	50065	116385	126695
第二产业增加值	万元	679222	335568	134525	799007	890373
公共财政收入	万元	59015	56468	52774	75114	74255
各项税收	万元	32583	37219	44964	47392	41895
公共财政支出	万元	178930	206842	162207	352089	277548
居民储蓄存款余额	万元	388493	465928	436107	1978845	1539100
年末金融机构各项贷款余额	万元	358164	408271	305522	839710	727837
三、农业、工业及投资						
农业机械总动力	万千瓦特	14	19	14	46	29
机收面积	公顷	466	4800	1333	45010	27866
设施农业占地面积	公顷	183	278	222	1438	1096
粮食总产量	吨	152344	203880	114785	516500	338596
棉花产量	吨					
油料产量	吨	2787	3832	6397	29422	21216
肉类总产量	吨	37350	36886	25310	80488	87883
规模以上工业企业单位数	个	32	48	30	80	92
规模以上工业总产值	万元	588347	545678	290519	1825856	2821855
固定资产投资	万元	682307	717872	497986	1345613	1258423
四、教育、卫生和社会保障						
普通中学在校学生数	人	21838	28102	12922	50206	37879
中等职业教育学校在校学生数	人	4667	6077	1498	12616	7248
小学在校学生数	人	34527	40257	20325	60838	40734
医疗卫生机构床位数	床	1045	1772	1103	2484	2644
各种社会福利收养性单位数	个	18	12	19	51	33
各种社会福利收养性单位床位数	床	1632	1748	1048	4611	2639

2014年县(市)社会经济主要指标

四川省

指　标	单位	邻水县	华蓥市	达川区	宣汉县	开江县
一、基本情况						
行政区域面积	平方公里	1909	464	2245	4271	1032
乡个数	个	27	1	36	33	10
镇个数	个	18	9	18	21	10
街道办事处个数	个		3	2		
户籍人口	万人	104	36	121	132	61
第二产业从业人员	人	107911	56504	175000	124965	79188
第三产业从业人员	人	132806	49811	157000	209592	102625
固定电话用户	户	62921	38019	111643	70633	32926
二、综合经济						
地区生产总值	万元	1806868	1225590	2187456	2505629	1020541
第一产业增加值	万元	350632	107874	450914	528175	282051
农业增加值	万元	219836	54570	293649	352250	175640
牧业增加值	万元	102719	45631	125823	146553	89411
第二产业增加值	万元	886708	808196	1174550	1389863	467027
公共财政收入	万元	68414	44749	100133	140195	38610
各项税收	万元	41867	31026	75534	98902	23139
公共财政支出	万元	350093	188753	434115	499808	217643
居民储蓄存款余额	万元	1450897	934402	1527604	1868551	957574
年末金融机构各项贷款余额	万元	774591	611084	1133837	928391	398082
三、农业、工业及投资						
农业机械总动力	万千瓦特	47	21	41	46	27
机收面积	公顷	28001	7934	18536	20080	12000
设施农业占地面积	公顷	368	1009	5328	2850	396
粮食总产量	吨	443616	100768	482274	557617	254305
棉花产量	吨					
油料产量	吨	36285	2348	53037	85674	37218
肉类总产量	吨	76741	33806	84784	90119	48019
规模以上工业企业单位数	个	113	113	105	74	48
规模以上工业总产值	万元	2174270	2615392	2085759	2080465	563749
固定资产投资	万元	1621614	1289945	2107078	2038646	911270
四、教育、卫生和社会保障						
普通中学在校学生数	人	57384	18364	53538	64734	26259
中等职业教育学校在校学生数	人	11930	2942	13752	12270	3318
小学在校学生数	人	58171	21936	78480	91562	35835
医疗卫生机构床位数	床	2780	1212	3756	3135	3027
各种社会福利收养性单位数	个	41	16	52	35	26
各种社会福利收养性单位床位数	床	2161	1200	4861	3612	1147

2014年县(市)社会经济主要指标

四川省

指　　标	单位	大竹县	渠县	万源市	名山区	荥经县
一、基本情况						
行政区域面积	平方公里	2079	2018	4053	614	1770
乡个数	个	32	45	40	11	18
镇个数	个	18	15	12	9	3
街道办事处个数	个					
户籍人口	万人	112	142	60	28	15
第二产业从业人员	人	175748	156000	40000	28100	36620
第三产业从业人员	人	157355	253000	129000	35500	35646
固定电话用户	户	71322	67872	9800	30798	22400
二、综合经济						
地区生产总值	万元	2533390	2089354	1169883	558886	561303
第一产业增加值	万元	510084	544685	263386	156074	58793
农业增加值	万元	319051	353060	172658	115724	25180
牧业增加值	万元	158729	161278	79277	36681	20857
第二产业增加值	万元	1360709	956392	628271	256980	353360
公共财政收入	万元	105903	82979	33068	14500	16397
各项税收	万元	66297	50014	24886	11089	13512
公共财政支出	万元	400523	435663	268451	313400	223401
居民储蓄存款余额	万元	2193697	2211529	739849	592997	430706
年末金融机构各项贷款余额	万元	1063530	985716	574068	471533	325455
三、农业、工业及投资						
农业机械总动力	万千瓦特	35	36	27	27	16
机收面积	公顷	31280	37000	3420	1994	1800
设施农业占地面积	公顷	1984	3700	435	259	564
粮食总产量	吨	521912	534011	272297	91482	49420
棉花产量	吨					
油料产量	吨	42480	56183	27060	9135	6149
肉类总产量	吨	93987	98700	47924	32546	9550
规模以上工业企业单位数	个	112	66	42	42	65
规模以上工业总产值	万元	1914144	1533700	629683	654639	617845
固定资产投资	万元	2111262	2065548	1051696	619652	531200
四、教育、卫生和社会保障						
普通中学在校学生数	人	48143	58172	28834	9186	5203
中等职业教育学校在校学生数	人	7545	9103	2286		831
小学在校学生数	人	70354	61821	35960	14087	10967
医疗卫生机构床位数	床	3366	4257	1735	1043	891
各种社会福利收养性单位数	个	43	47	42	10	4
各种社会福利收养性单位床位数	床	4224	6449	3354	824	359

2014年县(市)社会经济主要指标

四川省

指　　标	单位	汉源县	石棉县	天全县	芦山县	宝兴县
一、基本情况						
行政区域面积	平方公里	2388	2678	2391	1191	3114
乡个数	个	20	15	13	4	6
镇个数	个	10	1	2	5	3
街道办事处个数	个		1			
户籍人口	万人	33	12	16	12	6
第二产业从业人员	人	29714	11627	28900	18600	12643
第三产业从业人员	人	73977	29900	31700	25300	9870
固定电话用户	户	30116	17986	9000	15400	6850
二、综合经济						
地区生产总值	万元	587458	644499	441828	294394	234267
第一产业增加值	万元	117404	49663	62241	48745	30584
农业增加值	万元	86620	31454	23516	24587	13285
牧业增加值	万元	26007	16706	22147	11547	12005
第二产业增加值	万元	315838	493246	275958	179638	162028
公共财政收入	万元	39508	35651	12043	8111	12457
各项税收	万元	34744	33155	10556	7166	11617
公共财政支出	万元	172932	138372	334072	551466	267921
居民储蓄存款余额	万元	690036	342534	373737	353178	173745
年末金融机构各项贷款余额	万元	504646	569393	476321	242363	166296
三、农业、工业及投资						
农业机械总动力	万千瓦特	22	13	12	16	9
机收面积	公顷	600			1947	
设施农业占地面积	公顷	436		165	146	7
粮食总产量	吨	108236	27295	68403	45797	17815
棉花产量	吨					
油料产量	吨	2088	2684	4929	4204	490
肉类总产量	吨	22005	8719	14701	9360	6168
规模以上工业企业单位数	个	23	37	26	39	36
规模以上工业总产值	万元	723491	788092	315788	335864	297736
固定资产投资	万元	541053	550924	639337	511524	501632
四、教育、卫生和社会保障						
普通中学在校学生数	人	13585	5044	6796	5601	2140
中等职业教育学校在校学生数	人	2766	468	1184		
小学在校学生数	人	18434	10432	10051	6946	3223
医疗卫生机构床位数	床	1120	1339	1127	771	246
各种社会福利收养性单位数	个	4	3	4	4	4
各种社会福利收养性单位床位数	床	826	491	128	307	150

2014年县(市)社会经济主要指标

四川省

指　　标	单位	通江县	南江县	平昌县	安岳县	乐至县
一、基本情况						
行政区域面积	平方公里	4412	3388	2225	2690	1424
乡个数	个	35	33	18	47	8
镇个数	个	14	15	25	22	17
街道办事处个数	个			1		
户籍人口	万人	76	67	102	163	85
第二产业从业人员	人	90463	67834	30000	117500	58600
第三产业从业人员	人	107881	111453	257000	136300	95100
固定电话用户	户	46129	86600	57600	67683	33213
二、综合经济						
地区生产总值	万元	904105	973597	1101266	2638639	1675450
第一产业增加值	万元	180881	158513	198356	822066	395980
农业增加值	万元	106142	91391	96210	502811	142176
牧业增加值	万元	65780	59258	81554	270757	216341
第二产业增加值	万元	387312	552070	583565	1150300	858875
公共财政收入	万元	34554	63895	59442	105520	67818
各项税收	万元	20754	37669	41214	79237	49604
公共财政支出	万元	336178	367474	370449	471991	282728
居民储蓄存款余额	万元	949431	1149236	1135120	2400075	1469568
年末金融机构各项贷款余额	万元	497012	584529	659054	1172450	762981
三、农业、工业及投资						
农业机械总动力	万千瓦特	32	34	46	84	34
机收面积	公顷	18666	7400	20671	62105	33574
设施农业占地面积	公顷	1781	1346	1898	370	148
粮食总产量	吨	376238	352629	375939	707368	359017
棉花产量	吨				182	90
油料产量	吨	35257	20764	41083	74618	54499
肉类总产量	吨	79336	71240	77089	130630	85225
规模以上工业企业单位数	个	42	37	39	169	116
规模以上工业总产值	万元	571973	953491	1706629	3241675	2936890
固定资产投资	万元	1463174	1994407	1941346	1765205	1655173
四、教育、卫生和社会保障						
普通中学在校学生数	人	46824	41242	51151	55303	25730
中等职业教育学校在校学生数	人	5818	9352	8955	13256	6629
小学在校学生数	人	80829	37930	65810	92924	34960
医疗卫生机构床位数	床	2570	2314	4054	5312	2459
各种社会福利收养性单位数	个	19	23	19	72	42
各种社会福利收养性单位床位数	床	572	2051	2050	6896	4038

2014年县(市)社会经济主要指标

四川省

指　　标	单位	简阳市	汶川县	理县	茂县	松潘县
一、基本情况						
行政区域面积	平方公里	2213	4083	4318	4075	8339
乡个数	个	29	5	9	21	23
镇个数	个	25	8	4	4	2
街道办事处个数	个	4				
户籍人口	万人	149	10	5	11	8
第二产业从业人员	人	128700	27900	2100	3875	2892
第三产业从业人员	人	213000	20200	4700	12611	11128
固定电话用户	户	106824	13130	6750	15199	10425
二、综合经济						
地区生产总值	万元	3772216	549934	201043	318240	160223
第一产业增加值	万元	682580	28195	16465	44785	29529
农业增加值	万元	282216	13407	10043	29915	13055
牧业增加值	万元	362697	8256	5518	12633	14231
第二产业增加值	万元	2162798	388085	147305	216872	53569
公共财政收入	万元	158588	37220	11360	13516	13898
各项税收	万元	130709	22061	6088	9053	7599
公共财政支出	万元	461200	153916	76851	110566	107968
居民储蓄存款余额	万元	3034443	271948	84204	239472	121114
年末金融机构各项贷款余额	万元	1898845	288158	169674	210712	148331
三、农业、工业及投资						
农业机械总动力	万千瓦特	59	6	4	5	6
机收面积	公顷	54400				340
设施农业占地面积	公顷	1421	60	1	49	48
粮食总产量	吨	657129	11867	7974	31163	20175
棉花产量	吨	294				
油料产量	吨	61930	896	35	1086	284
肉类总产量	吨	122045	4071	2441	6397	4874
规模以上工业企业单位数	个	190	29	14	21	5
规模以上工业总产值	万元	6635212	894351	247360	588865	41050
固定资产投资	万元	2609432	422373	326698	372527	403343
四、教育、卫生和社会保障						
普通中学在校学生数	人	58505	6605	1212	5755	3000
中等职业教育学校在校学生数	人	12357			912	
小学在校学生数	人	80959	4852	2186	7235	5065
医疗卫生机构床位数	床	6273	480	168	508	307
各种社会福利收养性单位数	个	74	2	2	2	1
各种社会福利收养性单位床位数	床	6609	300	270	54	290

2014年县(市)社会经济主要指标

四川省

指　　标	单位	九寨沟县	金川县	小金县	黑水县	马尔康县
一、基本情况						
行政区域面积	平方公里	5286	5524	5565	4154	6640
乡个数	个	14	20	19	14	11
镇个数	个	3	3	2	3	3
街道办事处个数	个					
户籍人口	万人	7	8	8	6	6
第二产业从业人员	人	1936	3549	4218	939	3200
第三产业从业人员	人	25600	15304	14200	11613	22200
固定电话用户	户	24814	5408	6825	4812	15608
二、综合经济						
地区生产总值	万元	223411	104428	119421	195705	200253
第一产业增加值	万元	16440	23678	24713	18498	20264
农业增加值	万元	6431	7892	10595	5498	5614
牧业增加值	万元	7080	13326	11789	8545	13582
第二产业增加值	万元	73107	40124	48354	145707	31165
公共财政收入	万元	20008	5744	5401	8191	12730
各项税收	万元	14745	3569	3364	6030	19376
公共财政支出	万元	110241	126801	119086	88527	94329
居民储蓄存款余额	万元	180319	103825	129534	94904	191409
年末金融机构各项贷款余额	万元	339428	52208	170582	147513	315896
三、农业、工业及投资						
农业机械总动力	万千瓦特	8	6	11	5	7
机收面积	公顷			14	15	
设施农业占地面积	公顷	62	755			16
粮食总产量	吨	10744	18116	22453	15921	9474
棉花产量	吨					
油料产量	吨	337	173	890		
肉类总产量	吨	3598	5268	5135	4566	6746
规模以上工业企业单位数	个	3	2	7	8	4
规模以上工业总产值	万元	61558	4674	89972	156720	14142
固定资产投资	万元	302386	382936	190929	177519	316336
四、教育、卫生和社会保障						
普通中学在校学生数	人	4139	2879	4340	1837	3884
中等职业教育学校在校学生数	人					1238
小学在校学生数	人	4757	4605	4557	5455	3456
医疗卫生机构床位数	床	344	259	426	175	644
各种社会福利收养性单位数	个	3	5	1	1	3
各种社会福利收养性单位床位数	床	250	453	350	190	336

2014年县(市)社会经济主要指标

四川省

指　　标	单位	壤塘县	阿坝县	若尔盖县	红原县	康定县
一、基本情况						
行政区域面积	平方公里	6694	10116	10620	8398	11486
乡个数	个	11	18	14	7	15
镇个数	个	1	1	3	4	6
街道办事处个数	个					
户籍人口	万人	4	8	8	5	11
第二产业从业人员	人	2200	700	600	800	7600
第三产业从业人员	人	8600	8300	9600	7000	39100
固定电话用户	户	2413	5028	4870	4036	25601
二、综合经济						
地区生产总值	万元	67288	88167	139128	100135	503027
第一产业增加值	万元	22433	32281	64492	33181	42332
农业增加值	万元	4178	3267	3593	3346	21411
牧业增加值	万元	17097	28665	60288	29578	20013
第二产业增加值	万元	13071	16903	26909	27725	233466
公共财政收入	万元	1664	4100	4116	2932	41008
各项税收	万元	1389	1915	2056	2303	36665
公共财政支出	万元	91470	125801	117767	95123	189164
居民储蓄存款余额	万元	36240	68975	76201	47368	423977
年末金融机构各项贷款余额	万元	15949	47915	70005	92988	846807
三、农业、工业及投资						
农业机械总动力	万千瓦特	4	3	6	1	10
机收面积	公顷	275	1498	1300	1200	2475
设施农业占地面积	公顷	1	254	193	51	3
粮食总产量	吨	3114	11424	5357		21500
棉花产量	吨					
油料产量	吨	278		1612		199
肉类总产量	吨	5246	6974	15657	6756	4640
规模以上工业企业单位数	个			3	5	19
规模以上工业总产值	万元			37202	46074	169510
固定资产投资	万元	142323	182849	182772	152687	1132636
四、教育、卫生和社会保障						
普通中学在校学生数	人	1307	2098	5839	2885	8035
中等职业教育学校在校学生数	人					2578
小学在校学生数	人	4170	9265	8298	4475	10555
医疗卫生机构床位数	床	186	334	225	207	1208
各种社会福利收养性单位数	个	5	3	2	4	1
各种社会福利收养性单位床位数	床	550	340	380	272	60

2014年县(市)社会经济主要指标

四川省

指　　标	单位	泸定县	丹巴县	九龙县	雅江县	道孚县
一、基本情况						
行政区域面积	平方公里	2165	4656	6766	7558	7053
乡个数	个	8	13	16	15	20
镇个数	个	4	2	2	2	2
街道办事处个数	个					
户籍人口	万人	9	6	7	5	6
第二产业从业人员	人	3500	2000	1120	800	900
第三产业从业人员	人	13100	10300	9200	4400	8700
固定电话用户	户	10845	3500	5173	3106	3620
二、综合经济						
地区生产总值	万元	185033	122056	224276	89187	67558
第一产业增加值	万元	29821	32503	25483	22983	21247
农业增加值	万元	23899	20352	13483	11212	7461
牧业增加值	万元	5669	11629	9907	9093	12331
第二产业增加值	万元	93608	47068	155039	34968	10300
公共财政收入	万元	15977	9380	24217	17394	5714
各项税收	万元	13258	5656	16071	13868	5133
公共财政支出	万元	118490	106652	122524	108160	97297
居民储蓄存款余额	万元	274482	114442	85667	54196	45248
年末金融机构各项贷款余额	万元	259841	214515	199589	62575	15602
三、农业、工业及投资						
农业机械总动力	万千瓦特	6	8	7	8	7
机收面积	公顷	34		341	1260	3100
设施农业占地面积	公顷	2	1	4	2	7
粮食总产量	吨	13946	11147	16557	9700	14140
棉花产量	吨					
油料产量	吨	2353	1033	323	128	1299
肉类总产量	吨	4680	3878	3064	2141	2867
规模以上工业企业单位数	个	8	4	9		
规模以上工业总产值	万元	116409	33050	174001		
固定资产投资	万元	305968	144843	181809	396135	87834
四、教育、卫生和社会保障						
普通中学在校学生数	人	5485	3136	5160	2375	1586
中等职业教育学校在校学生数	人	3687				
小学在校学生数	人	6157	5872	7385	5086	5586
医疗卫生机构床位数	床	415	249	202	199	179
各种社会福利收养性单位数	个	3	7	1	2	4
各种社会福利收养性单位床位数	床	220	262	104	36	279

2014年县(市)社会经济主要指标

四川省

指　标	单位	炉霍县	甘孜县	新龙县	德格县	白玉县
一、基本情况						
行政区域面积	平方公里	4601	7303	8570	11025	10386
乡个数	个	15	19	18	22	15
镇个数	个	1	3	1	4	2
街道办事处个数	个					
户籍人口	万人	5	7	5	9	5
第二产业从业人员	人	657	474	1008	1272	900
第三产业从业人员	人	6000	11000	4800	6900	4400
固定电话用户	户	2930	3909	1667	2462	2614
二、综合经济						
地区生产总值	万元	51628	77035	75992	67218	98376
第一产业增加值	万元	21508	39340	31660	30355	30110
农业增加值	万元	4263	15712	8633	7254	5878
牧业增加值	万元	16585	22987	21510	22065	21976
第二产业增加值	万元	8512	9442	13410	11102	47468
公共财政收入	万元	3569	10043	6199	2649	11992
各项税收	万元	2531	3690	4777	1825	7481
公共财政支出	万元	86949	106581	88838	109200	93988
居民储蓄存款余额	万元	66116	70164	34974	40688	39580
年末金融机构各项贷款余额	万元	17627	14935	7758	11491	24604
三、农业、工业及投资						
农业机械总动力	万千瓦特	4	6	6	1	4
机收面积	公顷	2349	5818	2001	334	333
设施农业占地面积	公顷	1	4	3	2	3
粮食总产量	吨	12600	35403	11514	13400	11204
棉花产量	吨					
油料产量	吨	624	1717	300		600
肉类总产量	吨	3121	4300	3373	4797	4178
规模以上工业企业单位数	个	1				1
规模以上工业总产值	万元	3011				50913
固定资产投资	万元	52605	142077	126592	71260	121327
四、教育、卫生和社会保障						
普通中学在校学生数	人	1881	2763	830	1187	607
中等职业教育学校在校学生数	人					
小学在校学生数	人	4962	5764	4190	7871	4306
医疗卫生机构床位数	床	246	289	136	339	224
各种社会福利收养性单位数	个	9	4	11	7	2
各种社会福利收养性单位床位数	床	241	218	248	309	192

2014年县(市)社会经济主要指标

四川省

指 标	单位	石渠县	色达县	理塘县	巴塘县	乡城县
一、基本情况						
行政区域面积	平方公里	24944	9332	13677	7852	5016
乡个数	个	17	14	23	16	11
镇个数	个	5	3	1	3	1
街道办事处个数	个					
户籍人口	万人	10	5	7	5	3
第二产业从业人员	人	300	600	1900	1600	1000
第三产业从业人员	人	6100	5400	7000	7000	4100
固定电话用户	户	1276	3470	3461	3029	2903
二、综合经济						
地区生产总值	万元	70688	56049	89134	105752	70808
第一产业增加值	万元	39422	28071	33866	26617	19602
农业增加值	万元	11904	2405	4665	14360	10001
牧业增加值	万元	26158	25210	28275	10945	6889
第二产业增加值	万元	4887	6722	18592	50587	23967
公共财政收入	万元	3763	4588	6915	12385	5266
各项税收	万元	2756	2751	5658	5690	4821
公共财政支出	万元	125508	101647	133452	96528	74045
居民储蓄存款余额	万元	40963	86621	60644	76248	40362
年末金融机构各项贷款余额	万元	30741	17012	27870	29937	102940
三、农业、工业及投资						
农业机械总动力	万千瓦特	2	1	7	2	5
机收面积	公顷	1673	333	1367	127	1573
设施农业占地面积	公顷	1	1	15	1	15
粮食总产量	吨	7846	2626	12527	14818	10022
棉花产量	吨					
油料产量	吨	402		435	898	1200
肉类总产量	吨	4489	5702	4629	2393	2062
规模以上工业企业单位数	个				4	2
规模以上工业总产值	万元				24860	6205
固定资产投资	万元	71021	118580	144730	327984	109193
四、教育、卫生和社会保障						
普通中学在校学生数	人	1137	793	1631	3297	1351
中等职业教育学校在校学生数	人					
小学在校学生数	人	8573	3820	8360	6351	3661
医疗卫生机构床位数	床	196	142	182	233	159
各种社会福利收养性单位数	个	11	7	7	1	2
各种社会福利收养性单位床位数	床	425	188	237	84	130

2014年县(市)社会经济主要指标

四川省

指　　标	单位	稻城县	得荣县	西昌市	木里藏族自治县	盐源县
一、基本情况						
行政区域面积	平方公里	7323	2916	2657	13222	8412
乡个数	个	11	10	29	26	26
镇个数	个	3	2	8	3	8
街道办事处个数	个			6		
户籍人口	万人	3	3	65	14	39
第二产业从业人员	人	610	500	71500	1800	12600
第三产业从业人员	人	5200	3500	206700	42800	38100
固定电话用户	户	4372	1515	170726	3877	13488
二、综合经济						
地区生产总值	万元	55418	57787	4186854	261233	848947
第一产业增加值	万元	17654	17854	394651	50725	161093
农业增加值	万元	8522	9667	252305	23053	103301
牧业增加值	万元	7603	6209	113821	23640	54106
第二产业增加值	万元	14299	19540	2236909	136159	536655
公共财政收入	万元	7171	3118	325839	49447	87376
各项税收	万元	5318	2130	175150	41003	59465
公共财政支出	万元	126466	102727	545284	159252	235793
居民储蓄存款余额	万元	46146	37593	2008625	127349	257031
年末金融机构各项贷款余额	万元	42234	14391	3090071	372517	186060
三、农业、工业及投资						
农业机械总动力	万千瓦特	7	3	61	9	41
机收面积	公顷	140	77	20793		6720
设施农业占地面积	公顷	7	1	3000	577	265
粮食总产量	吨	11605	11627	284300	49771	168252
棉花产量	吨					
油料产量	吨	753	504	3090	57	616
肉类总产量	吨	1645	1994	57776	10991	31379
规模以上工业企业单位数	个			64	5	27
规模以上工业总产值	万元			4194000	126000	956000
固定资产投资	万元	229728	127573	2833969	809066	420434
四、教育、卫生和社会保障						
普通中学在校学生数	人	1146	997	55698	6452	26094
中等职业教育学校在校学生数	人			15131		1210
小学在校学生数	人	2914	2543	71987	13206	37535
医疗卫生机构床位数	床	250	152	5365	480	1085
各种社会福利收养性单位数	个	1	2	11	1	3
各种社会福利收养性单位床位数	床	80	72	469	295	850

2014年县(市)社会经济主要指标

四川省

指　　标	单位	德昌县	会理县	会东县	宁南县	普格县
一、基本情况						
行政区域面积	平方公里	2230	4537	3225	1672	1905
乡个数	个	13	37	41	19	31
镇个数	个	8	13	6	6	3
街道办事处个数	个					
户籍人口	万人	21	47	42	19	20
第二产业从业人员	人	16100	77800	28700	14600	7300
第三产业从业人员	人	35000	166800	59400	29000	14400
固定电话用户	户	18933	38864	16730	13594	5371
二、综合经济						
地区生产总值	万元	578726	2159907	1205849	491878	218361
第一产业增加值	万元	152709	366904	359556	132245	73602
农业增加值	万元	100253	226291	222328	70679	46461
牧业增加值	万元	43525	113282	110613	51672	23125
第二产业增加值	万元	260050	1318326	598318	221391	71282
公共财政收入	万元	48434	114351	87993	30890	16028
各项税收	万元	25145	66662	49879	19782	10238
公共财政支出	万元	146273	262666	227261	145538	129025
居民储蓄存款余额	万元	336789	734909	399388	221430	116513
年末金融机构各项贷款余额	万元	214071	601303	248646	135187	58297
三、农业、工业及投资						
农业机械总动力	万千瓦特	23	51	31	9	9
机收面积	公顷	9240	15930	4213	2867	1000
设施农业占地面积	公顷	313	244	280	35	88
粮食总产量	吨	90999	270188	239982	78073	70620
棉花产量	吨					
油料产量	吨	930	4554	17526	913	337
肉类总产量	吨	24507	78456	49816	21829	11652
规模以上工业企业单位数	个	34	63	25	26	4
规模以上工业总产值	万元	596000	2843000	1108000	663000	113000
固定资产投资	万元	603096	771030	793600	800679	150177
四、教育、卫生和社会保障						
普通中学在校学生数	人	10812	25839	22950	10480	6766
中等职业教育学校在校学生数	人	3429	3571	924	1468	
小学在校学生数	人	18501	30774	40638	17104	27086
医疗卫生机构床位数	床	1000	1588	1569	766	521
各种社会福利收养性单位数	个	8	10	6	2	3
各种社会福利收养性单位床位数	床	653	374	990	313	149

2014年县(市)社会经济主要指标

四川省

指　　标	单位	布拖县	金阳县	昭觉县	喜德县	冕宁县
一、基本情况						
行政区域面积	平方公里	1685	1587	2702	2202	4422
乡个数	个	27	30	46	17	27
镇个数	个	3	4	1	7	11
街道办事处个数	个					
户籍人口	万人	19	20	32	23	40
第二产业从业人员	人	5700	5700	6000	7412	20700
第三产业从业人员	人	10900	15000	31630	24200	65800
固定电话用户	户	3208	4672	6137	6062	23356
二、综合经济						
地区生产总值	万元	237773	280648	233696	191458	931420
第一产业增加值	万元	63445	58774	91629	60333	186393
农业增加值	万元	40231	30920	42976	31875	111203
牧业增加值	万元	20336	23897	42393	26105	66179
第二产业增加值	万元	118411	161483	64011	67393	517284
公共财政收入	万元	12640	14703	13364	9576	63734
各项税收	万元	3541	12063	7520	5665	39572
公共财政支出	万元	123688	131474	170403	130757	191729
居民储蓄存款余额	万元	113561	84280	152299	113531	431252
年末金融机构各项贷款余额	万元	22276	34787	46911	32658	221523
三、农业、工业及投资						
农业机械总动力	万千瓦特	2	8	13	8	15
机收面积	公顷			4133	2100	11399
设施农业占地面积	公顷	5		2	68	148
粮食总产量	吨	67767	61077	101035	76242	163575
棉花产量	吨					
油料产量	吨	105	190		224	3507
肉类总产量	吨	11148	13275	22263	13228	31566
规模以上工业企业单位数	个	4	12	9	11	37
规模以上工业总产值	万元	158000	104000	124000	60000	740000
固定资产投资	万元	165065	152210	193422	120508	500128
四、教育、卫生和社会保障						
普通中学在校学生数	人	3707	5126	10025	8112	21628
中等职业教育学校在校学生数	人			76	146	975
小学在校学生数	人	25002	24840	35777	27277	38087
医疗卫生机构床位数	床	520	625	721	464	1682
各种社会福利收养性单位数	个	2	2	2	1	4
各种社会福利收养性单位床位数	床	510	459	633	303	531

2014年县(市)社会经济主要指标

四川省、贵州省

指　　标	单位	越西县	甘洛县	美姑县	雷波县	开阳县
一、基本情况						
行政区域面积	平方公里	2258	2153	2515	2840	2027
乡个数	个	35	21	35	43	8
镇个数	个	5	7	1	5	8
街道办事处个数	个					2
户籍人口	万人	35	23	27	26	44
第二产业从业人员	人	18000	7300	3500	15800	30023
第三产业从业人员	人	44500	25600	27100	35300	16247
固定电话用户	户	13138	9281	4575	10516	42012
二、综合经济						
地区生产总值	万元	333805	249870	187244	545364	1608888
第一产业增加值	万元	107455	56969	77237	100148	228231
农业增加值	万元	63272	30019	27204	62199	149908
牧业增加值	万元	37369	26281	42628	31662	74913
第二产业增加值	万元	120976	109539	50376	345292	897088
公共财政收入	万元	16992	15577	10445	48082	102200
各项税收	万元	7956	11175	4385	33030	187700
公共财政支出	万元	159356	142310	141843	197679	233000
居民储蓄存款余额	万元	251203	171996	111351	237435	558900
年末金融机构各项贷款余额	万元	97206	62943	48609	104141	841300
三、农业、工业及投资						
农业机械总动力	万千瓦特	9	5	4	14	23
机收面积	公顷	1407				212
设施农业占地面积	公顷	27		2	50	467
粮食总产量	吨	116619	77671	78474	87349	104590
棉花产量	吨					
油料产量	吨	8166	1650	57	2089	20145
肉类总产量	吨	24674	14731	22891	16889	45880
规模以上工业企业单位数	个	17	13	7	10	41
规模以上工业总产值	万元	277000	103000	70000	470000	3286461
固定资产投资	万元	240583	135100	160848	951595	2089703
四、教育、卫生和社会保障						
普通中学在校学生数	人	11392	9720	7142	9359	24987
中等职业教育学校在校学生数	人	428	1645			4696
小学在校学生数	人	42753	24692	34377	30257	23641
医疗卫生机构床位数	床	860	564	789	1070	1458
各种社会福利收养性单位数	个		2	3	2	8
各种社会福利收养性单位床位数	床		520	110	280	124

2014年县(市)社会经济主要指标

贵州省

指　　标	单位	息烽县	修文县	清镇市	六枝特区	水城县
一、基本情况						
行政区域面积	平方公里	1037	1076	1387	1797	3608
乡个数	个	3	3	3	14	20
镇个数	个	7	7	6	5	13
街道办事处个数	个			5		
户籍人口	万人	26	31	51	71	89
第二产业从业人员	人	31259	25851	74000	53010	39952
第三产业从业人员	人	59215	61688	95400	145479	156016
固定电话用户	户	30605	25773	17500	12538	31000
二、综合经济						
地区生产总值	万元	1284727	1197824	2193868	1265706	1811110
第一产业增加值	万元	124688	159650	190105	168412	202793
农业增加值	万元	84552	117420	133693	115386	143292
牧业增加值	万元	33533	41112	51339	42933	53612
第二产业增加值	万元	680622	548450	1001904	510857	1019505
公共财政收入	万元	68771	70305	118960	122210	195076
各项税收	万元	55659	48743	92108	83246	120337
公共财政支出	万元	207353	200911	282634	321911	443543
居民储蓄存款余额	万元	384781	358544	839400	617738	
年末金融机构各项贷款余额	万元	639523	417422	981200	798000	
三、农业、工业及投资						
农业机械总动力	万千瓦特	19	24	31	36	
机收面积	公顷	2600	1200	125	385	
设施农业占地面积	公顷	179	108	360	114	12
粮食总产量	吨	72818	89891	87720	211815	226154
棉花产量	吨					
油料产量	吨	11902	13252	10741	8923	760
肉类总产量	吨	16632	19744	33265	25453	32812
规模以上工业企业单位数	个	43	87	58	28	101
规模以上工业总产值	万元	2746428	2264606	1320545	570755	3766982
固定资产投资	万元	2341929	1633768	2016251	1936690	3006396
四、教育、卫生和社会保障						
普通中学在校学生数	人	14682	15471	31677	30833	12279
中等职业教育学校在校学生数	人	1627	495	11909	13214	6936
小学在校学生数	人	16058	16962	31049	58439	59115
医疗卫生机构床位数	床	956	867	1739	2928	1109
各种社会福利收养性单位数	个	11	11	11	13	32
各种社会福利收养性单位床位数	床	958	396	1395	489	1571

2014年县(市)社会经济主要指标

贵州省

指　　标	单位	盘县	遵义县	桐梓县	绥阳县	正安县
一、基本情况						
行政区域面积	平方公里	4056	4094	3208	2571	2595
乡个数	个	13	2	6	3	6
镇个数	个	23	29	18	12	13
街道办事处个数	个	3				
户籍人口	万人	120	124	74	56	65
第二产业从业人员	人	176681	140875	87508	44089	105529
第三产业从业人员	人	145836	361077	207546	156006	222684
固定电话用户	户	101040	59652	30000	44245	12685
二、综合经济						
地区生产总值	万元	4263034	2733927	1119547	823823	607631
第一产业增加值	万元	318029	485927	261002	254323	199149
农业增加值	万元	190348	352534	170703	192352	127778
牧业增加值	万元	88770	96627	61523	52952	41979
第二产业增加值	万元	2813752	1349900	443240	285400	138920
公共财政收入	万元	461446	165453	130311	49164	40078
各项税收	万元	536664	288141	65551	73736	66117
公共财政支出	万元	795377	406495	263713	212232	233937
居民储蓄存款余额	万元	1344185	1582063	775261	635235	601918
年末金融机构各项贷款余额	万元	1688687	1729831	553075	449149	405577
三、农业、工业及投资						
农业机械总动力	万千瓦特	70	70		44	25
机收面积	公顷		11603	302	5653	
设施农业占地面积	公顷	344	662	11	2522	1337
粮食总产量	吨	354900	575990	232984	242790	224845
棉花产量	吨					
油料产量	吨	2533	78075	20883	32889	22376
肉类总产量	吨	54794	92261	42773	27832	24985
规模以上工业企业单位数	个	117	152	40	87	32
规模以上工业总产值	万元	5993907	3713996	799742	841319	208736
固定资产投资	万元	8020006	2770144	1929944	1394988	707501
四、教育、卫生和社会保障						
普通中学在校学生数	人	91700	87202	41743	23035	34799
中等职业教育学校在校学生数	人	12653	8796	1051	5845	4328
小学在校学生数	人	63937	65925	49465	32223	35965
医疗卫生机构床位数	床	4297	4348	1982	1470	1853
各种社会福利收养性单位数	个	40	33	24	61	20
各种社会福利收养性单位床位数	床	2355	2041	2475	1819	2147

2014年县(市)社会经济主要指标

贵州省

指　　标	单位	道真仡佬族苗族自治县	务川仡佬族苗族自治县	凤冈县	湄潭县	余庆县
一、基本情况						
行政区域面积	平方公里	2161	2777	1885	1845	1622
乡个数	个	4	5	1		10
镇个数	个	10	10	13	15	9
街道办事处个数	个					
户籍人口	万人	35	46	44	50	30
第二产业从业人员	人	39542	26500	32037	52272	16084
第三产业从业人员	人	37784	116008	40554	92035	84765
固定电话用户	户	17354	13200	29060	45713	17295
二、综合经济						
地区生产总值	万元	404432	437434	499150	665728	549160
第一产业增加值	万元	144522	157377	170300	184778	137507
农业增加值	万元	91230	112773	105626	135282	86483
牧业增加值	万元	42815	35135	41892	39484	38213
第二产业增加值	万元	74910	85690	119690	187150	177260
公共财政收入	万元	31700	35800	28814	48938	34225
各项税收	万元	25090	28789	22924	39296	25214
公共财政支出	万元	180582	204035	178317	217278	146829
居民储蓄存款余额	万元	518964	460639	472309	778800	435251
年末金融机构各项贷款余额	万元	273000	357894	371022	618100	446614
三、农业、工业及投资						
农业机械总动力	万千瓦特	19	22	45		26
机收面积	公顷	2397	18	2377		4742
设施农业占地面积	公顷	45	47	35	826	56
粮食总产量	吨	144025	172784	177334	217885	166104
棉花产量	吨					
油料产量	吨	9507	14336	18032	23525	18564
肉类总产量	吨	20803	25415	29543	30580	30740
规模以上工业企业单位数	个	24	15	36	63	20
规模以上工业总产值	万元	134407	118300	293078	540800	385702
固定资产投资	万元	644242	825895	641992	1040700	797858
四、教育、卫生和社会保障						
普通中学在校学生数	人	24401	25023	31789	37608	21164
中等职业教育学校在校学生数	人	4296	3563	3966	2213	5318
小学在校学生数	人	24756	32034	28231	45628	23957
医疗卫生机构床位数	床	764	1341	1425	1693	1214
各种社会福利收养性单位数	个	16	16	14	16	5
各种社会福利收养性单位床位数	床	848	809	999	911	630

2014年县(市)社会经济主要指标

贵州省

指　　标	单位	习水县	赤水市	仁怀市	平坝县	普定县
一、基本情况						
行政区域面积	平方公里	3128	1852	1788	999	1092
乡个数	个	9	5	6	2	5
镇个数	个	14	9	12	7	6
街道办事处个数	个		3	3	2	
户籍人口	万人	75	31	69	36	48
第二产业从业人员	人	85531	35298	106125	48260	45698
第三产业从业人员	人	145217	77095	133480	49729	91871
固定电话用户	户	18400	40502	34351	36120	12946
二、综合经济						
地区生产总值	万元	1125510	701344	4428700	878322	721592
第一产业增加值	万元	206387	108074	194900	107071	119166
农业增加值	万元	107432	49480	113462	68000	78166
牧业增加值	万元	91341	22107	72962	30524	33922
第二产业增加值	万元	517943	328570	3062000	498047	311556
公共财政收入	万元	78017	49049	258089	80368	60366
各项税收	万元	55255	39223	215222	64806	35489
公共财政支出	万元	327729	193046	402661	249444	212730
居民储蓄存款余额	万元	687153	661860	1172784	568766	297813
年末金融机构各项贷款余额	万元	604360	698083	1825460	840923	574188
三、农业、工业及投资						
农业机械总动力	万千瓦特	24	16	30	35	30
机收面积	公顷	3231	7500	3180	5804	1115
设施农业占地面积	公顷	95	139	153	889	3120
粮食总产量	吨	254071	138067	227200	106190	104836
棉花产量	吨					
油料产量	吨	10175	868	14374	12607	13205
肉类总产量	吨	60085	16744	47053	17471	22331
规模以上工业企业单位数	个	53	45	100	101	50
规模以上工业总产值	万元	876175	619046	4745500	714999	747024
固定资产投资	万元	1789752	1361920	2823890	1558582	1127817
四、教育、卫生和社会保障						
普通中学在校学生数	人	50146	14734	50111	17003	19504
中等职业教育学校在校学生数	人	7026	2480	8715	1520	2018
小学在校学生数	人	51238	19862	19159	26992	38338
医疗卫生机构床位数	床	2842	1863	1630	1117	1270
各种社会福利收养性单位数	个	25	19	20	6	25
各种社会福利收养性单位床位数	床	1717	1608	1655	139	500

2014年县(市)社会经济主要指标

贵州省

指　标	单位	镇宁布依族苗族自治县	关岭布依族苗族自治县	紫云苗族布依族自治县	七星关区	大方县
一、基本情况						
行政区域面积	平方公里	1717	1468	2284	3411	3500
乡个数	个	8	3	7	8	24
镇个数	个	8	9	5	27	10
街道办事处个数	个		2		10	3
户籍人口	万人	39	39	38	157	114
第二产业从业人员	人	25933	18689	27100	123381	76076
第三产业从业人员	人	82483	93778	34200	398413	240090
固定电话用户	户	14075	21256	8600	209962	31170
二、综合经济						
地区生产总值	万元	641381	609044	452762	2588975	1587365
第一产业增加值	万元	100558	124453	134118	478735	275456
农业增加值	万元	61898	78129	76664	320801	193908
牧业增加值	万元	29533	37841	45886	148407	73205
第二产业增加值	万元	194361	162145	88556	973688	673766
公共财政收入	万元	48500	47034	46507	196118	384266
各项税收	万元	33560	20204	27801	158432	151238
公共财政支出	万元	191754	202095	221457	480275	623287
居民储蓄存款余额	万元	288901	313312	233539	1569616	731167
年末金融机构各项贷款余额	万元	636592	336170	290091	2377364	585833
三、农业、工业及投资						
农业机械总动力	万千瓦特	23	24	21	5	43
机收面积	公顷	1623		3233		2735
设施农业占地面积	公顷	53	26	3146	577	129
粮食总产量	吨	100583	96270	96096	420254	262018
棉花产量	吨					
油料产量	吨	12680	5686	9747	9085	8799
肉类总产量	吨	12781	19286	33331	68479	41446
规模以上工业企业单位数	个	20	17	24	59	55
规模以上工业总产值	万元	201956	153252	103675	2126608	1312774
固定资产投资	万元	456564	647537	587261	2791000	2634974
四、教育、卫生和社会保障						
普通中学在校学生数	人	17747	17941	21575	111238	72783
中等职业教育学校在校学生数	人	1501		753	20386	5807
小学在校学生数	人	31339	30124	30340	161286	90136
医疗卫生机构床位数	床	994	894	868	5769	4552
各种社会福利收养性单位数	个	21	10	11	44	35
各种社会福利收养性单位床位数	床	1230	263	503	1682	1413

2014年县(市)社会经济主要指标

贵州省

指　　标	单位	黔西县	金沙县	织金县	纳雍县	威宁彝族回族苗族自治县
一、基本情况						
行政区域面积	平方公里	2554	2528	2868	2452	6299
乡个数	个	12	13	17	16	13
镇个数	个	15	8	9	7	22
街道办事处个数	个	4	4	6	3	4
户籍人口	万人	97	67	114	102	148
第二产业从业人员	人	88045	34292	52428	90440	72514
第三产业从业人员	人	286721	126287	226364	239255	235552
固定电话用户	户	37624	32329	29278	25005	25263
二、综合经济						
地区生产总值	万元	1586375	1875309	1363535	1486885	1520300
第一产业增加值	万元	239871	239425	270607	219829	474600
农业增加值	万元	172716	159095	175515	146000	345292
牧业增加值	万元	62947	68331	89907	65536	125315
第二产业增加值	万元	680230	1050137	542168	792471	431200
公共财政收入	万元	127432	484955	305087	64279	79400
各项税收	万元	136968	256665	171793	110606	62547
公共财政支出	万元	384424	492551	527145	420563	534555
居民储蓄存款余额	万元	595545	597728	709012	507117	547036
年末金融机构各项贷款余额	万元	773809	783078	929069	578690	558253
三、农业、工业及投资						
农业机械总动力	万千瓦特	48	45	38	36	43
机收面积	公顷	3400	7748	2000	667	
设施农业占地面积	公顷	26	174	186	39	926
粮食总产量	吨	270850	230705	331762	258024	478049
棉花产量	吨					
油料产量	吨	77703	29938	15216	1061	897
肉类总产量	吨	38849	35531	41788	33901	80090
规模以上工业企业单位数	个	31	126	51	38	91
规模以上工业总产值	万元	783632	1431916	666171	1159918	661914
固定资产投资	万元	2001335	2940000	3182116	2126000	1202021
四、教育、卫生和社会保障						
普通中学在校学生数	人	43352	41840	80757	67792	154552
中等职业教育学校在校学生数	人	3714	5522	3959	3357	7477
小学在校学生数	人	65848	61332	95145	100189	187115
医疗卫生机构床位数	床	3009	2472	4896	2680	4013
各种社会福利收养性单位数	个	23	86	26	27	34
各种社会福利收养性单位床位数	床	905	1840	1595	2218	1364

2014年县(市)社会经济主要指标

贵州省

指　　标	单位	赫章县	碧江区	万山区	江口县	玉屏侗族自治县
一、基本情况						
行政区域面积	平方公里	3243	1012	840	1869	517
乡个数	个	21	5	6	2	2
镇个数	个	6	4	1	6	4
街道办事处个数	个		4	2	2	
户籍人口	万人	82	31	16	24	15
第二产业从业人员	人	34000	19076	10592	21054	18891
第三产业从业人员	人	183189	55761	31209	33666	31705
固定电话用户	户	19808	56900	2960	126375	10532
二、综合经济						
地区生产总值	万元	910718	1108122	314963	347791	554381
第一产业增加值	万元	278930	91032	67464	97310	57146
农业增加值	万元	201876	62699	42355	66192	36302
牧业增加值	万元	68619	20799	18759	23919	17150
第二产业增加值	万元	213058	429396	139133	98377	312093
公共财政收入	万元	29743	110893	18087	15549	71057
各项税收	万元	49829	85527	11323	12427	27561
公共财政支出	万元	361875	306021	141470	131543	194636
居民储蓄存款余额	万元	455310	1121335	127207	276495	236196
年末金融机构各项贷款余额	万元	336032	1875138	136216	395211	423512
三、农业、工业及投资						
农业机械总动力	万千瓦特	33	28	20	8	28
机收面积	公顷			227	890	2702
设施农业占地面积	公顷	47	622	63	1335	225
粮食总产量	吨	249577	82533	52483	67169	40785
棉花产量	吨					
油料产量	吨	603	6091	5847	7616	6002
肉类总产量	吨	40527	13368	11984	14677	10138
规模以上工业企业单位数	个	36	39	56	31	95
规模以上工业总产值	万元	460286	879273	538653	182080	1716102
固定资产投资	万元	1169000	2107371	576652	904138	1132659
四、教育、卫生和社会保障						
普通中学在校学生数	人	72609	38174	8362	14951	9012
中等职业教育学校在校学生数	人	4510	10389	1869	1841	1695
小学在校学生数	人	88955	31132	9334	16282	11137
医疗卫生机构床位数	床	2554	3396	407	902	688
各种社会福利收养性单位数	个	28	8	8	9	6
各种社会福利收养性单位床位数	床	809	560	362	851	303

2014年县(市)社会经济主要指标

贵州省

指　　标	单位	石阡县	思南县	印江土家族苗族自治县	德江县	沿河土家族自治县
一、基本情况						
行政区域面积	平方公里	2173	2231	1961	2172	2469
乡个数	个	11	8	8	8	12
镇个数	个	7	17	9	11	10
街道办事处个数	个		3		2	
户籍人口	万人	42	68	45	54	67
第二产业从业人员	人	20221	82393	42395	60066	69586
第三产业从业人员	人	112703	131098	114771	121645	69099
固定电话用户	户	28230	18305	39120	39660	15028
二、综合经济						
地区生产总值	万元	500888	871042	586305	723547	723188
第一产业增加值	万元	170577	219373	185381	200415	195512
农业增加值	万元	115849	138821	120708	131398	134575
牧业增加值	万元	45522	62754	52634	53911	45660
第二产业增加值	万元	72066	211556	128082	149051	135291
公共财政收入	万元	28880	42357	26527	42410	36681
各项税收	万元	21409	32265	20793	31047	60413
公共财政支出	万元	243178	328926	215750	279921	296729
居民储蓄存款余额	万元	380925	673661	423878	396125	503434
年末金融机构各项贷款余额	万元	398485	787236	518569	497518	406025
三、农业、工业及投资						
农业机械总动力	万千瓦特	30	25	30	30	33
机收面积	公顷	819		1703	830	4294
设施农业占地面积	公顷	48	23	465	170	21
粮食总产量	吨	129947	220915	136203	178256	199214
棉花产量	吨					
油料产量	吨	22936	30388	17108	17246	14200
肉类总产量	吨	24361	44687	29774	28251	38229
规模以上工业企业单位数	个	24	65	53	64	35
规模以上工业总产值	万元	157348	669653	333730	407299	272236
固定资产投资	万元	646053	1738049	956469	857220	1245007
四、教育、卫生和社会保障						
普通中学在校学生数	人	20607	60677	28460	29171	34390
中等职业教育学校在校学生数	人	2522	5897	2644	5416	1219
小学在校学生数	人	29881	52136	37515	48985	74267
医疗卫生机构床位数	床	1816	1490	588	2229	740
各种社会福利收养性单位数	个	18	20	14	13	22
各种社会福利收养性单位床位数	床	1700	790	346	577	553

2014年县(市)社会经济主要指标

贵州省

指　　标	单位	松桃苗族自治县	兴义市	兴仁县	普安县	晴隆县
一、基本情况						
行政区域面积	平方公里	2859	2908	1785	1429	1310
乡个数	个	15	5	6	6	6
镇个数	个	12	17	8	8	8
街道办事处个数	个	1	8	4		
户籍人口	万人	71	84	54	34	34
第二产业从业人员	人	32139	92936	31250	27480	13586
第三产业从业人员	人	179614	90510	56325	25680	24296
固定电话用户	户	22022	77569	10141	4980	3680
二、综合经济						
地区生产总值	万元	894286	2828324	944300	510520	444484
第一产业增加值	万元	226574	288028	169258	92686	83838
农业增加值	万元	148622	190909	119531	66671	50882
牧业增加值	万元	62598	73344	42564	23913	24756
第二产业增加值	万元	296542	1066740	348840	232693	163524
公共财政收入	万元	101697	615238	131423	71520	72696
各项税收	万元	90344	426225	90602	48834	58458
公共财政支出	万元	313845	529207	313560	209577	169760
居民储蓄存款余额	万元	604213	1637636	368044	252346	230942
年末金融机构各项贷款余额	万元	578638	3007833	665131	348061	218880
三、农业、工业及投资						
农业机械总动力	万千瓦特	42	62	33		20
机收面积	公顷	9042	1859		128	
设施农业占地面积	公顷	97	243	35	36	13
粮食总产量	吨	237097	245234	170598	83512	86300
棉花产量	吨					
油料产量	吨	15384	14763	8818	3298	2888
肉类总产量	吨	37826	49538	22583	12632	12983
规模以上工业企业单位数	个	41	107	60	33	20
规模以上工业总产值	万元	806421	2429900	722896	539703	378500
固定资产投资	万元	1299038	2753153	1223457	591309	638274
四、教育、卫生和社会保障						
普通中学在校学生数	人	44641	77753	34856	22909	20779
中等职业教育学校在校学生数	人	2485	6766	3222	2687	356
小学在校学生数	人	49660	75001	54425	30783	32569
医疗卫生机构床位数	床	2856	4592	1376	739	601
各种社会福利收养性单位数	个	20	27	14	13	10
各种社会福利收养性单位床位数	床	894	624	245	306	265

2014年县(市)社会经济主要指标

贵州省

指　　标	单位	贞丰县	望谟县	册亨县	安龙县	凯里市
一、基本情况						
行政区域面积	平方公里	1511	3005	2598	2232	1571
乡个数	个	4	6	5	15	2
镇个数	个	8	10	9	10	9
街道办事处个数	个	2	2		2	7
户籍人口	万人	42	32	24	47	55
第二产业从业人员	人	31294	31491	13579	56889	50832
第三产业从业人员	人	78981	62405	18976	80263	120246
固定电话用户	户	544	8098	6894	21500	90200
二、综合经济						
地区生产总值	万元	765400	361600	289634	742920	1799603
第一产业增加值	万元	130700	123258	95805	174133	103137
农业增加值	万元	90227	80709	48509	97128	65159
牧业增加值	万元	37031	29332	24428	45687	28240
第二产业增加值	万元	393200	47900	36393	248764	588809
公共财政收入	万元	168364	24533	39625	234142	514200
各项税收	万元	142165	37800	14668	42867	225900
公共财政支出	万元	267715	230898	148272	233637	476100
居民储蓄存款余额	万元	379761	181875	181299	440412	1624700
年末金融机构各项贷款余额	万元	375709	235260	231415	317404	2397000
三、农业、工业及投资						
农业机械总动力	万千瓦特	16	12	21	38	29
机收面积	公顷	746	33			1000
设施农业占地面积	公顷	1	5	12	202	78
粮食总产量	吨	117100	75644	52200	190400	99012
棉花产量	吨		1	1		
油料产量	吨	6141	3968	3684	5109	7449
肉类总产量	吨	15059	17139	10654	27192	23162
规模以上工业企业单位数	个	38	11	9	48	65
规模以上工业总产值	万元	977800	111748	106497	637001	1787008
固定资产投资	万元	805221	400887	307075	719882	4000000
四、教育、卫生和社会保障						
普通中学在校学生数	人	23965	21611	16095	27900	46946
中等职业教育学校在校学生数	人	2040	817		3398	21818
小学在校学生数	人	42718	33491	19161	34843	52138
医疗卫生机构床位数	床	578	672	441	1151	3922
各种社会福利收养性单位数	个	15	17	14	16	8
各种社会福利收养性单位床位数	床	267	377	452	326	316

2014年县(市)社会经济主要指标

贵州省

指　　标	单位	黄平县	施秉县	三穗县	镇远县	岑巩县
一、基本情况						
行政区域面积	平方公里	1668	1532	1036	1878	1487
乡个数	个	3	4	4	4	2
镇个数	个	8	4	5	7	9
街道办事处个数	个					
户籍人口	万人	38	17	22	27	23
第二产业从业人员	人	40430	9752	13608	16878	8072
第三产业从业人员	人	64669	20688	87034	37110	49793
固定电话用户	户	14300	8852	6135	11000	13755
二、综合经济						
地区生产总值	万元	386351	274615	308087	544246	319578
第一产业增加值	万元	109704	59068	53663	100332	62556
农业增加值	万元	68975	40360	27783	57620	36422
牧业增加值	万元	28196	12430	16217	21338	18408
第二产业增加值	万元	47254	72441	90873	248747	105778
公共财政收入	万元	29282	19209	27788	90961	31646
各项税收	万元	37935	30344	15360	74281	40365
公共财政支出	万元	171429	103352	133518	145017	141760
居民储蓄存款余额	万元	350398	31687	240172	302044	253183
年末金融机构各项贷款余额	万元	240458	177463	204577	291484	238696
三、农业、工业及投资						
农业机械总动力	万千瓦特	31	18	9	15	24
机收面积	公顷	6000	216	2352	702	1684
设施农业占地面积	公顷	52	967	27	16	16
粮食总产量	吨	105534	56473	53219	80699	63112
棉花产量	吨		7			
油料产量	吨	7009	5034	3203	8790	7003
肉类总产量	吨	12295	7224	13470	10782	9973
规模以上工业企业单位数	个	15	12	30	17	40
规模以上工业总产值	万元	192273	114932	226473	665738	644162
固定资产投资	万元	425100	468155	693822	536656	407624
四、教育、卫生和社会保障						
普通中学在校学生数	人	24939	10222	8196	11994	16591
中等职业教育学校在校学生数	人	1459	962	3815	817	1884
小学在校学生数	人	27871	12855	16234	18239	17003
医疗卫生机构床位数	床	1397	556	871	1107	855
各种社会福利收养性单位数	个	2	3	5	5	3
各种社会福利收养性单位床位数	床	200	60	58	185	106

2014年县(市)社会经济主要指标

贵州省

指　　标	单位	天柱县	锦屏县	剑河县	台江县	黎平县
一、基本情况						
行政区域面积	平方公里	2201	1597	2176	1108	4441
乡个数	个	6	8	5	6	12
镇个数	个	10	7	7	2	11
街道办事处个数	个					2
户籍人口	万人	41	23	26	16	54
第二产业从业人员	人	19591	15022	10973	10991	27190
第三产业从业人员	人	128924	48894	63736	35988	114644
固定电话用户	户	17300	14079	8250	6040	26000
二、综合经济						
地区生产总值	万元	591776	303364	314093	221227	572485
第一产业增加值	万元	110042	47044	75055	43586	116028
农业增加值	万元	60957	15434	30181	15561	42509
牧业增加值	万元	29657	10801	21063	13103	30222
第二产业增加值	万元	230547	106948	57396	50174	166122
公共财政收入	万元	48765	21386	29584	17297	37730
各项税收	万元	58465	11384	15103	11121	49815
公共财政支出	万元	187491	130336	134762	105115	239809
居民储蓄存款余额	万元	499261	303749	270924	166423	522884
年末金融机构各项贷款余额	万元	294015	175798	197425	296229	469036
三、农业、工业及投资						
农业机械总动力	万千瓦特	11	18	14	10	37
机收面积	公顷	5560	2303	8	703	12502
设施农业占地面积	公顷	6	154	12	46	43
粮食总产量	吨	114258	57613	61669	41753	126371
棉花产量	吨		83	102	5	529
油料产量	吨	5684	4672	5583	2873	9052
肉类总产量	吨	22205	9300	13439	5032	16461
规模以上工业企业单位数	个	23	27	14	17	23
规模以上工业总产值	万元	511899	405486	137445	268910	420051
固定资产投资	万元	758921	426264	420050	507062	871014
四、教育、卫生和社会保障						
普通中学在校学生数	人	19753	8038	16751	10085	32715
中等职业教育学校在校学生数	人	368	2413	2289	1977	5626
小学在校学生数	人	23416	13557	19059	13420	35855
医疗卫生机构床位数	床	1357	738	983	697	998
各种社会福利收养性单位数	个	3	10	5	6	20
各种社会福利收养性单位床位数	床	20	410	170	107	509

2014年县(市)社会经济主要指标

贵州省

指　标	单位	榕江县	从江县	雷山县	麻江县	丹寨县
一、基本情况						
行政区域面积	平方公里	3296	3244	1204	957	938
乡个数	个	13	13	3	1	2
镇个数	个	6	8	5	5	4
街道办事处个数	个					
户籍人口	万人	36	35	16	18	18
第二产业从业人员	人	17214	13951	13545	22131	8260
第三产业从业人员	人	75103	49903	24800	21531	48776
固定电话用户	户	16677	3529	13563	12153	15724
二、综合经济						
地区生产总值	万元	415681	411393	209758	226900	215807
第一产业增加值	万元	118240	108477	46772	47133	49162
农业增加值	万元	57855	49974	28773	29806	25278
牧业增加值	万元	24112	22444	13361	13588	14084
第二产业增加值	万元	116507	123548	47147	64375	61976
公共财政收入	万元	49967	35374	20333	16514	11214
各项税收	万元	36272	23288	11590	27088	17522
公共财政支出	万元	201152	202028	127402	120087	193659
居民储蓄存款余额	万元	356127	243775	180031	222590	194402
年末金融机构各项贷款余额	万元	378746	224915	181118	207171	162368
三、农业、工业及投资						
农业机械总动力	万千瓦特	16	19	15	15	7
机收面积	公顷	888	308	92		3545
设施农业占地面积	公顷	16	493	7	49	8
粮食总产量	吨	81573	108092	45533	46554	46240
棉花产量	吨	49	167			
油料产量	吨	7398	6837	695	4248	1165
肉类总产量	吨	11828	15106	6178	9501	8395
规模以上工业企业单位数	个	15	13	11	10	29
规模以上工业总产值	万元	332003	198791	77780	77081	385552
固定资产投资	万元	642461	344817	317251	312153	499101
四、教育、卫生和社会保障						
普通中学在校学生数	人	22093	20841	10477	10691	10875
中等职业教育学校在校学生数	人	2091	3994	1317	2594	3031
小学在校学生数	人	27783	28268	11156	10723	14303
医疗卫生机构床位数	床	992	985	650	690	757
各种社会福利收养性单位数	个	14	11	6	3	5
各种社会福利收养性单位床位数	床	481	448	210	125	310

2014年县(市)社会经济主要指标

贵州省

指　　标	单位	都匀市	福泉市	荔波县	贵定县	瓮安县
一、基本情况						
行政区域面积	平方公里	2285	1692	2432	1631	1974
乡个数	个	1	1	2		1
镇个数	个	4	5	5	6	10
街道办事处个数	个	5	2	1	2	2
户籍人口	万人	48	33	18	29	47
第二产业从业人员	人	52923	51300	10671	14378	6937
第三产业从业人员	人	123790	64700	38641	24903	12752
固定电话用户	户	67809	21400	12975	15300	25020
二、综合经济						
地区生产总值	万元	1517032	1120400	414906	624164	868544
第一产业增加值	万元	120130	116464	81721	92128	171598
农业增加值	万元	81404	81830	48152	63706	112578
牧业增加值	万元	33031	29881	22460	21733	47520
第二产业增加值	万元	546002	512368	121470	277845	327682
公共财政收入	万元	135084	115200	27093	49694	98362
各项税收	万元	92049	79600	19524	39162	66372
公共财政支出	万元	281068	231800	146231	192303	271319
居民储蓄存款余额	万元	1390169	483800	260047	350102	670365
年末金融机构各项贷款余额	万元	1697605	768900	312663	335369	620475
三、农业、工业及投资						
农业机械总动力	万千瓦特	40	23	25	20	41
机收面积	公顷	3333	3886	630	1075	4003
设施农业占地面积	公顷	58	639	177	14	24
粮食总产量	吨	101815	116526	47415	80540	181740
棉花产量	吨			126		
油料产量	吨	10954	12634	4716	7394	18812
肉类总产量	吨	25703	13782	9392	10295	39946
规模以上工业企业单位数	个	31	66	19	45	49
规模以上工业总产值	万元	800057	1849500	337554	814608	1165200
固定资产投资	万元	1278163	1183367	550482	686533	1183367
四、教育、卫生和社会保障						
普通中学在校学生数	人	29729	6971	12226	15828	28847
中等职业教育学校在校学生数	人	9512	3964	3542	3926	5999
小学在校学生数	人	28244	22547	12162	18774	26731
医疗卫生机构床位数	床	886	1273	838	1062	1954
各种社会福利收养性单位数	个	9	6	3	4	8
各种社会福利收养性单位床位数	床	494	187	255	400	1268

2014年县(市)社会经济主要指标

贵州省

指　　标	单位	独山县	平塘县	罗甸县	长顺县	龙里县
一、基本情况						
行政区域面积	平方公里	2445	2825	3013	1543	1521
乡个数	个		1	1	1	
镇个数	个	8	9	8	6	5
街道办事处个数	个					1
户籍人口	万人	36	32	35	26	23
第二产业从业人员	人	26119	12318	12820	21220	16328
第三产业从业人员	人	90356	71875	61682	14709	41217
固定电话用户	户	14407	6860	9077	19860	16397
二、综合经济						
地区生产总值	万元	550147	404123	506050	413681	640257
第一产业增加值	万元	136465	116627	122662	102244	80295
农业增加值	万元	89693	80016	77355	64650	59415
牧业增加值	万元	41269	30162	29353	32781	19186
第二产业增加值	万元	178056	81095	177722	104540	403219
公共财政收入	万元	33337	29051	20888	29450	67069
各项税收	万元	26123	37576	50528	42663	53344
公共财政支出	万元	164489	181751	179372	139830	176488
居民储蓄存款余额	万元	452065	260147	259131	180680	341541
年末金融机构各项贷款余额	万元	373702	256768	314833	229640	442594
三、农业、工业及投资						
农业机械总动力	万千瓦特	24	27	18	18	17
机收面积	公顷	4026	2622	2600	180	
设施农业占地面积	公顷	11	134	9	280	112
粮食总产量	吨	111527	109037	103960	97475	70360
棉花产量	吨					
油料产量	吨	9101	10926	3207	6704	6797
肉类总产量	吨	17400	14053	21083	15436	9169
规模以上工业企业单位数	个	55	48	22	53	85
规模以上工业总产值	万元	969700	211140	321823	1032540	1266185
固定资产投资	万元	760000	650000	652333	560067	1085933
四、教育、卫生和社会保障						
普通中学在校学生数	人	18860	13527	21450	16195	12273
中等职业教育学校在校学生数	人	1610	2918	3590	950	4233
小学在校学生数	人	18985	24498	27591	18113	15579
医疗卫生机构床位数	床	1101	765	1361	836	884
各种社会福利收养性单位数	个	1	3	8	6	2
各种社会福利收养性单位床位数	床	40	420	1550	427	100

2014年县(市)社会经济主要指标

贵州省、云南省

指　　标	单位	惠水县	三都水族自治县	呈贡区	晋宁县	富民县
一、基本情况						
行政区域面积	平方公里	2470	2400	461	1337	994
乡个数	个				2	
镇个数	个	8	6		4	5
街道办事处个数	个	2	1	10	1	1
户籍人口	万人	45	38	19	28	15
第二产业从业人员	人	37271	25422	18489	39800	20276
第三产业从业人员	人	132099	52343	66498	58600	8672
固定电话用户	户	16325	15391	21832	22390	9238
二、综合经济						
地区生产总值	万元	634670	437412	1481094	1024298	539579
第一产业增加值	万元	169588	130544	54402	190590	91531
农业增加值	万元	105205	78206	48440	155928	54222
牧业增加值	万元	54049	36066	2300	31660	30901
第二产业增加值	万元	215966	66403	732982	545708	283594
公共财政收入	万元	100042	27603	232061	144958	47262
各项税收	万元	35890	18155	95304	93079	32448
公共财政支出	万元	219083	200016	172175	249180	99693
居民储蓄存款余额	万元	332944	279569	1559556	886826	366740
年末金融机构各项贷款余额	万元	392318	300375	2055476	748651	420419
三、农业、工业及投资						
农业机械总动力	万千瓦特	30	16	4	29	13
机收面积	公顷	27550				
设施农业占地面积	公顷	364	867	1298	3227	501
粮食总产量	吨	138994	97821	2993	47870	67218
棉花产量	吨		27			
油料产量	吨	7146	12738	20	986	978
肉类总产量	吨	20060	16304	932	33594	24953
规模以上工业企业单位数	个	60	17	79	86	42
规模以上工业总产值	万元	1124959	94098	3278004	1384810	545512
固定资产投资	万元	975600	738362	1621412	1277191	482860
四、教育、卫生和社会保障						
普通中学在校学生数	人	30786	24016	8987	13691	6755
中等职业教育学校在校学生数	人	2815	2338		1878	
小学在校学生数	人	32288	34945	16186	19838	12487
医疗卫生机构床位数	床	1041	861	546	1173	796
各种社会福利收养性单位数	个	14	5	8	6	1
各种社会福利收养性单位床位数	床	1318	300	310	317	150

2014年县(市)社会经济主要指标

云南省

指　　标	单位	宜良县	石林彝族自治县	嵩明县	禄劝彝族苗族自治县	寻甸回族彝族自治县
一、基本情况						
行政区域面积	平方公里	1914	1719	831	4240	3588
乡个数	个	2	1		6	4
镇个数	个	4	3	3	9	9
街道办事处个数	个	2	1	1	1	1
户籍人口	万人	43	25	30	48	55
第二产业从业人员	人	60784	12936	9760	35374	47551
第三产业从业人员	人	65472	19467	12463	31811	58610
固定电话用户	户	21200	14214	22411	10531	16000
二、综合经济						
地区生产总值	万元	1662508	647854	844103	636401	725981
第一产业增加值	万元	414289	180467	137572	197376	198724
农业增加值	万元	244415	104503	89808	98446	92975
牧业增加值	万元	129302	56561	40838	96184	94944
第二产业增加值	万元	501774	172643	464347	208653	249695
公共财政收入	万元	72059	51252	96999	84663	76232
各项税收	万元	54431	42978	84229	69183	56270
公共财政支出	万元	159156	140908	189896	251217	230505
居民储蓄存款余额	万元	1017753	483238	659492	464235	577732
年末金融机构各项贷款余额	万元	823353	709189	771803	556799	625855
三、农业、工业及投资						
农业机械总动力	万千瓦特	32	28	53	39	31
机收面积	公顷	4356	245		2531	4667
设施农业占地面积	公顷	1236	532	4489	103	400
粮食总产量	吨	178213	148312	102414	224757	245611
棉花产量	吨					
油料产量	吨	751	854	36	2578	5639
肉类总产量	吨	101769	59694	34438	72831	95342
规模以上工业企业单位数	个	66	46	63	24	31
规模以上工业总产值	万元	1152170	329304	1354875	239996	1022778
固定资产投资	万元	1021845	1148783	1060930	1013844	1021819
四、教育、卫生和社会保障						
普通中学在校学生数	人	22731	14673	17237	16481	34691
中等职业教育学校在校学生数	人	7241	5063	3493		535
小学在校学生数	人	30043	19152	22876	31301	39069
医疗卫生机构床位数	床	1914	1367	1715	2358	2327
各种社会福利收养性单位数	个	5	7	6	5	1
各种社会福利收养性单位床位数	床	385	344	700	302	410

2014年县(市)社会经济主要指标

云南省

指　　标	单位	安宁市	马龙县	陆良县	师宗县	罗平县
一、基本情况						
行政区域面积	平方公里	1301	1614	1989	2783	3018
乡个数	个		3	2	3	6
镇个数	个		2	7	4	4
街道办事处个数	个	9	5	2	3	3
户籍人口	万人	27	21	68	43	63
第二产业从业人员	人	80200	4903		30768	22169
第三产业从业人员	人	87500	8241		33396	39170
固定电话用户	户	68620	7828	27100	8700	24313
二、综合经济						
地区生产总值	万元	2309359	405319	1335497	985069	1459483
第一产业增加值	万元	118444	82272	499497	366128	378560
农业增加值	万元	61060	39900	214229	149397	204068
牧业增加值	万元	54119	37202	258342	172350	133877
第二产业增加值	万元	1250103	206276	411000	405635	591479
公共财政收入	万元	227439	87200	63777	52157	67033
各项税收	万元	189133	32351	54500	42874	90792
公共财政支出	万元	270634	167782	250300	201490	264095
居民储蓄存款余额	万元	1442439	274405	783189	451059	590610
年末金融机构各项贷款余额	万元	2477430	301708	730800	433641	547915
三、农业、工业及投资						
农业机械总动力	万千瓦特	23	21	48	31	30
机收面积	公顷	786	2380	4267	1183	2870
设施农业占地面积	公顷	237	83	2039	14	
粮食总产量	吨	44154	108800	364213	224505	366043
棉花产量	吨					
油料产量	吨	1590	2441	3419	34602	130185
肉类总产量	吨	59877	55172	202222	115663	152909
规模以上工业企业单位数	个	120	24	45	41	39
规模以上工业总产值	万元	5018187	877658	647209	1151069	748022
固定资产投资	万元	2485719	494796	689871	788320	474460
四、教育、卫生和社会保障						
普通中学在校学生数	人	16514	13818	28954	27065	38030
中等职业教育学校在校学生数	人	7047	1129	593	2931	3942
小学在校学生数	人	24671	17133	54751	41095	58856
医疗卫生机构床位数	床	3291	726	2197	1429	2594
各种社会福利收养性单位数	个	4	6	8	7	4
各种社会福利收养性单位床位数	床	460	560	550	415	133

2014年县(市)社会经济主要指标

云南省

指　　标	单位	富源县	会泽县	沾益县	宣威市	江川县
一、基本情况						
行政区域面积	平方公里	3251	5884	2730	6053	850
乡个数	个	1	13	5	8	2
镇个数	个	9	7	2	12	4
街道办事处个数	个	2	3	4	8	1
户籍人口	万人	81	103	43	153	28
第二产业从业人员	人	68605	27272	43869	105384	33844
第三产业从业人员	人	43285	175212	36779	129548	26658
固定电话用户	户	9100	15647	8296	41600	12062
二、综合经济						
地区生产总值	万元	1345299	1602416	1600627	2293201	612796
第一产业增加值	万元	314123	360332	349092	510105	144566
农业增加值	万元	153565	124216	140275	197166	98302
牧业增加值	万元	150094	206956	199972	310680	35713
第二产业增加值	万元	584459	875558	830815	974667	199008
公共财政收入	万元	83099	101003	68320	150000	50155
各项税收	万元	70622	74552	59706	127424	40557
公共财政支出	万元	299323	501896	215557	597720	155614
居民储蓄存款余额	万元	768476	714750	530011	1564200	603869
年末金融机构各项贷款余额	万元	1071408	636187	696188	1498539	614964
三、农业、工业及投资						
农业机械总动力	万千瓦特	25	25	35	49	26
机收面积	公顷	533	930	1786	333	1720
设施农业占地面积	公顷	81	997	163	4725	140
粮食总产量	吨	379286	483866	332869	800225	42340
棉花产量	吨					
油料产量	吨	16589	2306		303	7381
肉类总产量	吨	202368	301823	157355	474609	31199
规模以上工业企业单位数	个	116	19	57	103	34
规模以上工业总产值	万元	1441495	1066789	2388867	1585600	375675
固定资产投资	万元	1080784	1125652	1473585	2017986	306429
四、教育、卫生和社会保障						
普通中学在校学生数	人	59267	56622	28796	102077	18093
中等职业教育学校在校学生数	人	486	3841	989	3810	1307
小学在校学生数	人	78472	86225	40990	130018	18408
医疗卫生机构床位数	床	2490	2334	963	5439	716
各种社会福利收养性单位数	个	13	23	9	10	11
各种社会福利收养性单位床位数	床	336	1418	253	434	618

2014年县(市)社会经济主要指标

云南省

指　　标	单位	澄江县	通海县	华宁县	易门县	峨山彝族自治县
一、基本情况						
行政区域面积	平方公里	756	721	1313	1571	1972
乡个数	个		3	1	4	3
镇个数	个	4	4	3	1	3
街道办事处个数	个	2	2	1	2	2
户籍人口	万人	17	29	21	17	16
第二产业从业人员	人	14408	23754	13989	18881	12831
第三产业从业人员	人	23399	22310	15047	17478	17548
固定电话用户	户	8766	22192	8064	8785	9779
二、综合经济						
地区生产总值	万元	628171	795428	608351	611822	550378
第一产业增加值	万元	97395	145395	163465	101110	93458
农业增加值	万元	80220	93200	118703	45292	54820
牧业增加值	万元	15113	48602	39185	51160	32296
第二产业增加值	万元	267150	319962	213990	325906	265044
公共财政收入	万元	54054	44050	34649	45761	46012
各项税收	万元	37777	26383	26595	27016	22821
公共财政支出	万元	132913	133066	121668	144808	116680
居民储蓄存款余额	万元	410944	816444	360124	378888	345628
年末金融机构各项贷款余额	万元	405140	741645	334068	397651	358375
三、农业、工业及投资						
农业机械总动力	万千瓦特	15	56	31	18	42
机收面积	公顷	1299	1584	2503	978	1829
设施农业占地面积	公顷	225	365	30	67	423
粮食总产量	吨	36730	37182	58860	59194	69740
棉花产量	吨					
油料产量	吨	431	1651	3380	2704	6078
肉类总产量	吨	15432	38426	43303	45381	28803
规模以上工业企业单位数	个	18	71	25	30	21
规模以上工业总产值	万元	328686	758390	230129	649275	469164
固定资产投资	万元	597641	278831	293019	419054	418184
四、教育、卫生和社会保障						
普通中学在校学生数	人	7940	11235	11795	9256	6581
中等职业教育学校在校学生数	人	645	944	988	1056	3355
小学在校学生数	人	12528	23842	15997	10824	10377
医疗卫生机构床位数	床	432	1136	740	951	764
各种社会福利收养性单位数	个	5	9	5	7	5
各种社会福利收养性单位床位数	床	199	105	390	217	150

2014年县(市)社会经济主要指标

云南省

指　　标	单位	新平彝族傣族自治县	元江哈尼族彝族傣族自治县	施甸县	腾冲县	龙陵县
一、基本情况						
行政区域面积	平方公里	4223	2858	2009	5845	2884
乡个数	个	6	5	8	7	7
镇个数	个	4	2	5	11	3
街道办事处个数	个	2	3			
户籍人口	万人	28	21	34	67	30
第二产业从业人员	人	16026	4712	21547	40758	5701
第三产业从业人员	人	33462	17139	23667	65687	19999
固定电话用户	户	10424	8881	12120	32472	5116
二、综合经济						
地区生产总值	万元	1005315	553860	441895	1333655	551664
第一产业增加值	万元	160012	171348	145102	297887	182489
农业增加值	万元	99520	138343	51021	115434	71835
牧业增加值	万元	49837	24555	67535	119513	66410
第二产业增加值	万元	612501	142539	118271	484104	219950
公共财政收入	万元	109507	33971	37420	153016	42132
各项税收	万元	70435	37181	40077	194658	33250
公共财政支出	万元	219180	146330	196570	418602	217058
居民储蓄存款余额	万元	444348	291304	349487	1295672	380025
年末金融机构各项贷款余额	万元	552039	334702	264771	1477058	402682
三、农业、工业及投资						
农业机械总动力	万千瓦特	33	15	30	54	21
机收面积	公顷	3204	2805	4944	28535	659
设施农业占地面积	公顷	363	156	411	193	43
粮食总产量	吨	155180	95870	162533	415065	146607
棉花产量	吨					
油料产量	吨	1867	3525	3075	45378	918
肉类总产量	吨	46404	22070	74213	118034	31841
规模以上工业企业单位数	个	20	22	16	36	24
规模以上工业总产值	万元	1734862	226914	195924	795278	488756
固定资产投资	万元	628991	366102	320551	1450101	492072
四、教育、卫生和社会保障						
普通中学在校学生数	人	11044	11424	17964	45050	16328
中等职业教育学校在校学生数	人	1086	933	3016	7624	3469
小学在校学生数	人	19670	15924	22849	56939	23582
医疗卫生机构床位数	床	1223	631	1053	2262	765
各种社会福利收养性单位数	个	12	9	3	11	8
各种社会福利收养性单位床位数	床	356	240	300	999	532

2014年县(市)社会经济主要指标

云南省

指　　标	单位	昌宁县	昭阳区	鲁甸县	巧家县	盐津县
一、基本情况						
行政区域面积	平方公里	3888	2167	1484	3245	2092
乡个数	个	4	7	2	4	4
镇个数	个	9	10	10	12	6
街道办事处个数	个		3			17
户籍人口	万人	35	87	45	60	39
第二产业从业人员	人	17321	13867	16219	18061	36796
第三产业从业人员	人	26255	48418	37081	27202	35703
固定电话用户	户	13230	50723	8814	9709	9771
二、综合经济						
地区生产总值	万元	759386	2033440	443579	507154	382212
第一产业增加值	万元	289856	248116	104997	193430	85525
农业增加值	万元	164293	151465	65985	104501	40679
牧业增加值	万元	114612	94227	34497	80997	35401
第二产业增加值	万元	274001	1025480	210459	160458	177863
公共财政收入	万元	63370	106092	35186	26749	15532
各项税收	万元	47331	92012	32108	22575	10088
公共财政支出	万元	243989	434751	466629	356039	192559
居民储蓄存款余额	万元	341788	1325550	259045	386428	284733
年末金融机构各项贷款余额	万元	317833	1999602	293057	257156	173650
三、农业、工业及投资						
农业机械总动力	万千瓦特	47	38	22	19	17
机收面积	公顷	2833	1767	1320		
设施农业占地面积	公顷	1313	23	91	14	44
粮食总产量	吨	206974	329471	174899	250920	168061
棉花产量	吨					
油料产量	吨	5960	164	970	1145	9807
肉类总产量	吨	99879	64294	29817	83883	47652
规模以上工业企业单位数	个	29	27	18	10	9
规模以上工业总产值	万元	538264	1069410	319205	81643	119350
固定资产投资	万元	349836	1201288	520277	463303	352391
四、教育、卫生和社会保障						
普通中学在校学生数	人	21139	64247	29326	31813	25783
中等职业教育学校在校学生数	人	3063	12648	1213	708	369
小学在校学生数	人	24097	82643	52962	54860	36011
医疗卫生机构床位数	床	1142	5152	1362	1331	1311
各种社会福利收养性单位数	个	3	5	5	3	6
各种社会福利收养性单位床位数	床	97	667	254	280	1035

2014年县(市)社会经济主要指标

云南省

指　　标	单位	大关县	永善县	绥江县	镇雄县	彝良县
一、基本情况						
行政区域面积	平方公里	1721	2778	749	3696	2799
乡个数	个	1	7		8	5
镇个数	个	8	8	5	20	10
街道办事处个数	个					
户籍人口	万人	28	47	17	157	60
第二产业从业人员	人	15403	13834	10408	101541	13638
第三产业从业人员	人	26115	44117	9695	116502	65591
固定电话用户	户	9151	13306	6455	26825	10103
二、综合经济						
地区生产总值	万元	247501	645107	189526	801123	468792
第一产业增加值	万元	63763	125252	37094	225885	190273
农业增加值	万元	21678	72551	10284	102405	127727
牧业增加值	万元	37460	49760	17592	119323	54330
第二产业增加值	万元	104295	363532	70785	303365	170339
公共财政收入	万元	11797	37818	31223	50699	24121
各项税收	万元	8823	32505	27265	36182	18436
公共财政支出	万元	168918	251251	116401	503399	269339
居民储蓄存款余额	万元	218866	500470	271315	731330	307558
年末金融机构各项贷款余额	万元	175977	282422	138897	801952	302875
三、农业、工业及投资						
农业机械总动力	万千瓦特	18	16	19	35	17
机收面积	公顷					200
设施农业占地面积	公顷	129	38	74	27	3
粮食总产量	吨	112018	190215	40002	500300	212096
棉花产量	吨					
油料产量	吨	697	8539	2246	8263	5176
肉类总产量	吨	33566	45848	13181	117736	44100
规模以上工业企业单位数	个	10	6	5	63	17
规模以上工业总产值	万元	93888	746015	29252	331669	191705
固定资产投资	万元	392451	439792	278102	884914	457009
四、教育、卫生和社会保障						
普通中学在校学生数	人	18093	28334	9289	116394	35681
中等职业教育学校在校学生数	人	457	326	1401	989	2892
小学在校学生数	人	29158	40950	11237	173787	60493
医疗卫生机构床位数	床	766	1693	500	3157	1581
各种社会福利收养性单位数	个	2	1	1	2	
各种社会福利收养性单位床位数	床	650	354	490	700	

2014年县(市)社会经济主要指标

云南省

指　　标	单位	威信县	水富县	玉龙纳西族自治县	永胜县	华坪县
一、基本情况						
行政区域面积	平方公里	1400	440	6393	5099	2266
乡个数	个	3		9	6	4
镇个数	个	7	3	7	9	4
街道办事处个数	个		1			
户籍人口	万人	43	10	22	40	16
第二产业从业人员	人	24024	10854	4460	6145	4727
第三产业从业人员	人	38225	3046	36012	10185	7694
固定电话用户	户	11091	20963	11797	10739	8387
二、综合经济						
地区生产总值	万元	313834	495114	474714	628916	319784
第一产业增加值	万元	63747	19525	98114	150623	57339
农业增加值	万元	30760	9726	38743	82723	34654
牧业增加值	万元	28602	6449	53752	50970	18277
第二产业增加值	万元	125290	375910	182714	326204	153791
公共财政收入	万元	18894	20638	67969	41586	45972
各项税收	万元	12962	16286	53126	26010	23754
公共财政支出	万元	170988	76885	200426	230208	135023
居民储蓄存款余额	万元	335050	264418	276287	568188	483636
年末金融机构各项贷款余额	万元	245754	666356	229909	394138	362814
三、农业、工业及投资						
农业机械总动力	万千瓦特	12	4	18	33	13
机收面积	公顷			9000	3341	3175
设施农业占地面积	公顷	11	2	163	39	
粮食总产量	吨	201692	27214	118301	187454	74949
棉花产量	吨				283	
油料产量	吨	10913	911	5513	4139	1231
肉类总产量	吨	25299	7729	54247	49386	11105
规模以上工业企业单位数	个	23	9	11	21	27
规模以上工业总产值	万元	138475	742191	245219	474068	218293
固定资产投资	万元	126734	102528	432584	429088	383201
四、教育、卫生和社会保障						
普通中学在校学生数	人	21205	11515	11139	19541	7797
中等职业教育学校在校学生数	人	313		1008	659	179
小学在校学生数	人	35656	8836	11392	24995	11748
医疗卫生机构床位数	床	952	562	618	776	673
各种社会福利收养性单位数	个	7	1	4	3	12
各种社会福利收养性单位床位数	床	510	90	350	440	566

2014年县(市)社会经济主要指标

云南省

指　　标	单位	宁蒗彝族自治县	思茅区	宁洱哈尼族彝族自治县	墨江哈尼族自治县	景东彝族自治县
一、基本情况						
行政区域面积	平方公里	6206	4093	3670	5459	4532
乡个数	个	14	2	3	3	3
镇个数	个	1	5	6	12	10
街道办事处个数	个					
户籍人口	万人	28	23	20	37	37
第二产业从业人员	人	1629	22656	2707	5435	6239
第三产业从业人员	人	10679	35414	6805	9687	9954
固定电话用户	户	5698	74200	14200	22491	14726
二、综合经济						
地区生产总值	万元	307344	1005580	394112	466611	537776
第一产业增加值	万元	72000	123801	97470	137477	212378
农业增加值	万元	29596	73002	44696	72090	87547
牧业增加值	万元	38450	27020	32822	33141	60885
第二产业增加值	万元	122135	441407	150018	179147	172911
公共财政收入	万元	23892	71662	30059	36617	40069
各项税收	万元	11549	58898	18712	28856	22048
公共财政支出	万元	218089	174617	146378	212987	231767
居民储蓄存款余额	万元	221189	980025	281771	300164	360264
年末金融机构各项贷款余额	万元	195849	2510076	273407	323028	331086
三、农业、工业及投资						
农业机械总动力	万千瓦特	5	16	25	26	32
机收面积	公顷	26000	721	592	800	3062
设施农业占地面积	公顷	33	174	50	40	153
粮食总产量	吨	81974	57749	92030	152336	180205
棉花产量	吨				6	
油料产量	吨	154	708	2652	3401	2143
肉类总产量	吨	18797	17120	26428	25733	33951
规模以上工业企业单位数	个	8	28	19	12	11
规模以上工业总产值	万元	144292	653871	189844	182913	189452
固定资产投资	万元	371786	1425529	378715	509824	273335
四、教育、卫生和社会保障						
普通中学在校学生数	人	17910	19680	7467	13888	16295
中等职业教育学校在校学生数	人	256	14189	699	1065	2501
小学在校学生数	人	25491	24592	10591	20417	24293
医疗卫生机构床位数	床	745	3078	750	908	1177
各种社会福利收养性单位数	个	9	8	9	4	6
各种社会福利收养性单位床位数	床	470	205	336	323	427

2014年县(市)社会经济主要指标

云南省

指　　标	单位	景谷傣族彝族自治县	镇沅彝族哈尼族拉祜族自治县	江城哈尼族彝族自治县	孟连傣族拉祜族佤族自治县	澜沧拉祜族自治县
一、基本情况						
行政区域面积	平方公里	7777	4223	3487	1893	8807
乡个数	个	4	1	2	2	15
镇个数	个	6	8	5	4	5
街道办事处个数	个					
户籍人口	万人	32	21	12	13	50
第二产业从业人员	人	9139	3915	9281	3365	4506
第三产业从业人员	人	9157	6416	4279	4946	10612
固定电话用户	户	22579	12236	6905	8733	16500
二、综合经济						
地区生产总值	万元	796877	375069	232737	212663	518715
第一产业增加值	万元	280562	168650	85168	84335	159113
农业增加值	万元	114269	76500	54939	45851	92034
牧业增加值	万元	33147	46800	13403	14238	35778
第二产业增加值	万元	348524	92192	91615	48092	207313
公共财政收入	万元	47616	31445	14969	13319	46258
各项税收	万元	22900	20999	7721	7054	25245
公共财政支出	万元	316547	184245	128001	110432	294244
居民储蓄存款余额	万元	349476	245153	130633	283445	361157
年末金融机构各项贷款余额	万元	329047	229268	179749	160859	358743
三、农业、工业及投资						
农业机械总动力	万千瓦特	27	28	18	17	35
机收面积	公顷	4834	943	27	2589	4520
设施农业占地面积	公顷	440	40	148	235	12
粮食总产量	吨	180011	117010	43455	59190	246103
棉花产量	吨				3	1
油料产量	吨	3990	3691	469	957	2434
肉类总产量	吨	20500	23483	7572	8091	29609
规模以上工业企业单位数	个	31	9	12	4	12
规模以上工业总产值	万元	430609	134422	87720	57785	95079
固定资产投资	万元	448534	249835	237351	131288	360939
四、教育、卫生和社会保障						
普通中学在校学生数	人	13553	8970	5355	5799	18187
中等职业教育学校在校学生数	人	319	233	472	266	1313
小学在校学生数	人	22556	13242	9143	11345	30798
医疗卫生机构床位数	床	886	415	447	401	1078
各种社会福利收养性单位数	个	7	9	1	2	14
各种社会福利收养性单位床位数	床	722	262	222	88	559

2014年县(市)社会经济主要指标

云南省

指　　标	单位	西盟佤族自治县	临翔区	凤庆县	云县	永德县
一、基本情况						
行政区域面积	平方公里	1391	2557	3324	3659	3220
乡个数	个	2	7	5	5	7
镇个数	个	5	1	8	7	3
街道办事处个数	个	3	2			
户籍人口	万人	10	32	44	44	36
第二产业从业人员	人	4447	15807	3570	14148	11305
第三产业从业人员	人	4737	26031	10526	11514	8332
固定电话用户	户	7268	41070	22497	22336	15574
二、综合经济						
地区生产总值	万元	90004	764961	917546	917296	471751
第一产业增加值	万元	26505	141801	321859	264797	144850
农业增加值	万元	12167	81950	243557	167598	107916
牧业增加值	万元	5476	51772	67692	89649	32655
第二产业增加值	万元	19163	309673	390765	445150	190975
公共财政收入	万元	6250	64062	43600	40238	50836
各项税收	万元	2814	42316	26855	24903	20086
公共财政支出	万元	93103	257879	243666	221480	234017
居民储蓄存款余额	万元	63136	595408	325061	388700	236995
年末金融机构各项贷款余额	万元	61404	1877464	486223	326352	283215
三、农业、工业及投资						
农业机械总动力	万千瓦特	6	15	25	24	33
机收面积	公顷	193	872		346	2049
设施农业占地面积	公顷	9	76	197	13	58
粮食总产量	吨	42223	96101	180017	212020	184517
棉花产量	吨					
油料产量	吨	215	15639	2782	2628	1202
肉类总产量	吨	4223	23811	69884	64323	48425
规模以上工业企业单位数	个	5	26	23	24	11
规模以上工业总产值	万元	19169	462724	541471	520540	182782
固定资产投资	万元	86962	1091375	784364	843848	735741
四、教育、卫生和社会保障						
普通中学在校学生数	人	4292	22995	19736	18414	15334
中等职业教育学校在校学生数	人	374	13096	1606	662	777
小学在校学生数	人	7101	26494	29226	34334	27830
医疗卫生机构床位数	床	276	2787	868	1457	720
各种社会福利收养性单位数	个	3	8	2	8	12
各种社会福利收养性单位床位数	床	114	710	93	780	830

2014年县(市)社会经济主要指标

云南省

指　　标	单位	镇康县	双江拉祜族佤族布朗族傣族自治县	耿马傣族佤族自治县	沧源佤族自治县	楚雄市
一、基本情况						
行政区域面积	平方公里	2529	2157	3728	2446	4433
乡个数	个	4	4	5	6	3
镇个数	个	3	2	4	4	12
街道办事处个数	个					
户籍人口	万人	18	17	29	17	52
第二产业从业人员	人	2291	2772	7901	2678	60533
第三产业从业人员	人	7135	5793	8930	7012	158533
固定电话用户	户	15927	13271	18890	10512	69692
二、综合经济						
地区生产总值	万元	361255	334111	698708	327084	2690502
第一产业增加值	万元	81143	95944	263257	85136	224043
农业增加值	万元	51707	60718	172378	50544	113117
牧业增加值	万元	19503	23494	41475	21961	71297
第二产业增加值	万元	179893	142955	232983	150337	1498219
公共财政收入	万元	30048	31392	35395	21776	184260
各项税收	万元	15230	15369	15488	11881	151214
公共财政支出	万元	189600	181181	200473	192529	353028
居民储蓄存款余额	万元	209937	169026	300766	134470	1536663
年末金融机构各项贷款余额	万元	193050	176274	298383	132095	2470523
三、农业、工业及投资						
农业机械总动力	万千瓦特	18	17	33	10	60
机收面积	公顷	647	1300	5133	1681	6508
设施农业占地面积	公顷	36	115	48	936	229
粮食总产量	吨	85508	70007	116011	76007	203908
棉花产量	吨					
油料产量	吨	335	1531	1766	1581	10239
肉类总产量	吨	15896	17231	24022	13343	66239
规模以上工业企业单位数	个	13	15	17	9	64
规模以上工业总产值	万元	201602	179549	243292	202299	2480843
固定资产投资	万元	560362	396268	660985	515021	2075954
四、教育、卫生和社会保障						
普通中学在校学生数	人	9556	7126	11908	8726	39712
中等职业教育学校在校学生数	人	186	320	593	451	22169
小学在校学生数	人	15488	10900	26461	14328	38577
医疗卫生机构床位数	床	765	522	1007	641	5613
各种社会福利收养性单位数	个	2	8	7	3	16
各种社会福利收养性单位床位数	床	230	370	652	124	578

2014年县(市)社会经济主要指标

云南省

指　　标	单位	双柏县	牟定县	南华县	姚安县	大姚县
一、基本情况						
行政区域面积	平方公里	4045	1464	2343	1803	4146
乡个数	个	3	3	4	4	4
镇个数	个	5	4	6	5	8
街道办事处个数	个					
户籍人口	万人	15	20	24	21	28
第二产业从业人员	人	9025	24848	7508	21554	14734
第三产业从业人员	人	12452	33881	13556	27266	20800
固定电话用户	户	5807	6859	7602	6577	10793
二、综合经济						
地区生产总值	万元	261846	400043	407475	379746	525440
第一产业增加值	万元	93663	104100	122943	126551	168318
农业增加值	万元	42830	64128	68427	77061	65102
牧业增加值	万元	36531	32896	44158	41684	47902
第二产业增加值	万元	76981	149270	136073	122434	192005
公共财政收入	万元	22765	26669	38624	22262	39390
各项税收	万元	16390	17415	25252	17007	26455
公共财政支出	万元	165400	132735	175478	128781	183900
居民储蓄存款余额	万元	206790	274241	305979	282707	350678
年末金融机构各项贷款余额	万元	156713	234809	272734	172079	339632
三、农业、工业及投资						
农业机械总动力	万千瓦特	35	12	19	17	25
机收面积	公顷	540	5266	10610	1145	8358
设施农业占地面积	公顷	64	23	21	154	42
粮食总产量	吨	81732	103020	119878	98412	142654
棉花产量	吨					
油料产量	吨	2502	7620	4684	7292	2940
肉类总产量	吨	33787	29660	36044	32533	35705
规模以上工业企业单位数	个	21	20	21	16	24
规模以上工业总产值	万元	195582	176265	359543	99289	415894
固定资产投资	万元	311372	445086	427336	330402	529712
四、教育、卫生和社会保障						
普通中学在校学生数	人	7140	8982	13394	9899	14559
中等职业教育学校在校学生数	人	367	1046	816	326	1276
小学在校学生数	人	9572	10685	17075	10362	16193
医疗卫生机构床位数	床	621	927	830	865	1300
各种社会福利收养性单位数	个	9	9	10	10	14
各种社会福利收养性单位床位数	床	384	357	520	438	1240

2014年县(市)社会经济主要指标

云南省

指　　标	单位	永仁县	元谋县	武定县	禄丰县	个旧市
一、基本情况						
行政区域面积	平方公里	2189	2021	3322	3536	1587
乡个数	个	4	7	4	3	2
镇个数	个	3	3	7	11	7
街道办事处个数	个					1
户籍人口	万人	11	22	28	43	39
第二产业从业人员	人	3526	11455	27124	61501	84680
第三产业从业人员	人	5235	26775	25043	47210	65639
固定电话用户	户	5375	10600	9670	19286	47862
二、综合经济						
地区生产总值	万元	228570	393278	460563	1400738	1926494
第一产业增加值	万元	77012	140154	148194	268269	121749
农业增加值	万元	40870	98164	68295	145224	47269
牧业增加值	万元	30565	38272	75770	113236	62773
第二产业增加值	万元	62338	114208	163444	509521	1192491
公共财政收入	万元	24177	22686	49979	76617	107303
各项税收	万元	19942	16896	36399	36539	170653
公共财政支出	万元	107465	149212	184961	217460	351226
居民储蓄存款余额	万元	159494	305128	344487	714640	1465349
年末金融机构各项贷款余额	万元	144450	191191	349321	664523	1719980
三、农业、工业及投资						
农业机械总动力	万千瓦特	17	28	28	37	28
机收面积	公顷	3608	2433	10367	10838	
设施农业占地面积	公顷	83	420	90	922	102
粮食总产量	吨	60123	89052	124112	206173	75100
棉花产量	吨					
油料产量	吨	2593	2315	4203	14054	1578
肉类总产量	吨	25152	27661	58693	77573	57680
规模以上工业企业单位数	个	15	16	15	27	57
规模以上工业总产值	万元	97582	215608	252284	1119879	3107114
固定资产投资	万元	262393	301042	520008	810757	1565112
四、教育、卫生和社会保障						
普通中学在校学生数	人	5139	10313	13666	23098	20540
中等职业教育学校在校学生数	人	326	285	643	2695	1865
小学在校学生数	人	6492	14353	19374	31465	34195
医疗卫生机构床位数	床	521	921	1442	1616	3419
各种社会福利收养性单位数	个	7	7	12	15	13
各种社会福利收养性单位床位数	床	416	353	998	876	1203

2014年县(市)社会经济主要指标

云南省

指　　标	单位	开远市	蒙自市	弥勒市	屏边苗族自治县	建水县
一、基本情况						
行政区域面积	平方公里	1950	2228	4004	1906	3782
乡个数	个	3	4	2	6	6
镇个数	个	2	7	10	1	8
街道办事处个数	个	2				
户籍人口	万人	28	39	54	16	54
第二产业从业人员	人	45000	37315	13249	3574	30805
第三产业从业人员	人	81600	90086	19882	10303	63132
固定电话用户	户	48175	46444	14275	3500	40933
二、综合经济						
地区生产总值	万元	1413060	1298737	2458891	226329	1177664
第一产业增加值	万元	162805	211071	259459	57395	269858
农业增加值	万元	82791	123471	118379	19787	113052
牧业增加值	万元	72711	77973	131875	24137	146107
第二产业增加值	万元	617978	679274	1760850	90348	465457
公共财政收入	万元	142933	239455	130890	11387	100549
各项税收	万元	69564	89048	86227	6210	88405
公共财政支出	万元	275887	305197	311917	132619	275300
居民储蓄存款余额	万元	927037	1210156	919115	159403	1172315
年末金融机构各项贷款余额	万元	942283	2464658	1091338	139521	782252
三、农业、工业及投资						
农业机械总动力	万千瓦特	36	40	48	5	45
机收面积	公顷	665	462	3387		40
设施农业占地面积	公顷	1295	2549	1648		206
粮食总产量	吨	126000	168100	241800	79100	218600
棉花产量	吨					
油料产量	吨	1697	2695	1375	1106	1813
肉类总产量	吨	45540	77147	119863	30180	132391
规模以上工业企业单位数	个	33	27	30	11	19
规模以上工业总产值	万元	1029833	1892461	2339270	103933	994742
固定资产投资	万元	1561021	1569101	1563120	385001	1564120
四、教育、卫生和社会保障						
普通中学在校学生数	人	16425	20807	30410	5614	32209
中等职业教育学校在校学生数	人	1698	7242	5324	77	2876
小学在校学生数	人	25187	36972	43314	10068	40375
医疗卫生机构床位数	床	4598	2178	2615	451	2889
各种社会福利收养性单位数	个	7	8	3	5	6
各种社会福利收养性单位床位数	床	615	692	69	185	390

2014年县(市)社会经济主要指标

云南省

指　　标	单位	石屏县	泸西县	元阳县	红河县	金平苗族瑶族傣族自治县
一、基本情况						
行政区域面积	平方公里	3037	1674	2212	2029	3677
乡个数	个	2	3	12	12	11
镇个数	个	7	5	2	1	2
街道办事处个数	个					
户籍人口	万人	31	43	45	34	39
第二产业从业人员	人	21112	26987	16504	5608	19200
第三产业从业人员	人	43242	36637	35276	23343	46500
固定电话用户	户	12920	11200	8600	2850	12800
二、综合经济						
地区生产总值	万元	517229	695923	374363	274263	362977
第一产业增加值	万元	209528	170100	118085	103037	99809
农业增加值	万元	81752	75286	49721	44349	43836
牧业增加值	万元	100392	86777	56058	46977	35348
第二产业增加值	万元	160567	288266	111745	73381	169006
公共财政收入	万元	38316	72376	22266	13076	39008
各项税收	万元	21080	54744	10493	7237	11948
公共财政支出	万元	184331	267930	205142	188408	207629
居民储蓄存款余额	万元	593719	638657	247885	183905	258629
年末金融机构各项贷款余额	万元	339518	622044	176948	125311	183082
三、农业、工业及投资						
农业机械总动力	万千瓦特	29	46	8	6	15
机收面积	公顷	331	7840			
设施农业占地面积	公顷	1148	733		69	6
粮食总产量	吨	131100	200972	175100	114800	142000
棉花产量	吨					
油料产量	吨	2074	16619	2399	1018	1725
肉类总产量	吨	100475	96106	63960	42840	36613
规模以上工业企业单位数	个	19	24	4	6	16
规模以上工业总产值	万元	215994	528816	49920	46062	216901
固定资产投资	万元	688010	955518	505013	513120	504012
四、教育、卫生和社会保障						
普通中学在校学生数	人	15979	26702	16264	13257	18060
中等职业教育学校在校学生数	人	406		446	635	672
小学在校学生数	人	24052	35407	37061	33034	35824
医疗卫生机构床位数	床	1518	1982	616	555	772
各种社会福利收养性单位数	个	10	8	3	8	3
各种社会福利收养性单位床位数	床	296	397	74	471	360

2014年县(市)社会经济主要指标

云南省

指　　标	单位	绿春县	河口瑶族自治县	文山市	砚山县	西畴县
一、基本情况						
行政区域面积	平方公里	3097	1332	2977	3822	1506
乡个数	个	8	4	7	7	7
镇个数	个	1	2	7	4	2
街道办事处个数	个			3		
户籍人口	万人	24	9	48	51	26
第二产业从业人员	人	5222	1034	20226	10042	6639
第三产业从业人员	人	20516	18165	45578	40212	47870
固定电话用户	户	4001	15849	52756	27540	8329
二、综合经济						
地区生产总值	万元	232480	337522	1766105	990232	251599
第一产业增加值	万元	70649	85346	165211	208237	87567
农业增加值	万元	27160	60598	112363	142997	31855
牧业增加值	万元	26224	14843	48418	60643	48006
第二产业增加值	万元	99782	90607	887613	461043	42335
公共财政收入	万元	16334	22295	156000	62016	14018
各项税收	万元	5370	15329	129623	47955	13070
公共财政支出	万元	172963	134974	327225	257813	144578
居民储蓄存款余额	万元	129523	316025	1305956	492829	232326
年末金融机构各项贷款余额	万元	118843	253725	2277080	429665	182053
三、农业、工业及投资						
农业机械总动力	万千瓦特	6	3	26	60	14
机收面积	公顷				533	
设施农业占地面积	公顷		432	176	338	881
粮食总产量	吨	105020	29098	189443	262583	108173
棉花产量	吨					
油料产量	吨	2057	312	12294	9781	1942
肉类总产量	吨	27917	7512	61260	65057	48433
规模以上工业企业单位数	个	5	5	29	33	5
规模以上工业总产值	万元	88443	30400	1876080	931404	52000
固定资产投资	万元	503124	404010	1407743	731191	148262
四、教育、卫生和社会保障						
普通中学在校学生数	人	11894	3961	32169	26165	12847
中等职业教育学校在校学生数	人	432	115	18242	1356	867
小学在校学生数	人	19467	7892	46766	44608	17602
医疗卫生机构床位数	床	620	791	1697	1420	636
各种社会福利收养性单位数	个	1	1	2	2	
各种社会福利收养性单位床位数	床	125	272	379	179	

2014年县(市)社会经济主要指标

云南省

指　　标	单位	麻栗坡县	马关县	丘北县	广南县	富宁县
一、基本情况						
行政区域面积	平方公里	2334	2676	4997	7810	5352
乡个数	个	7	4	9	11	7
镇个数	个	4	9	3	7	6
街道办事处个数	个					
户籍人口	万人	29	38	54	88	45
第二产业从业人员	人	8969	6831	7888	14499	19313
第三产业从业人员	人	58800	10412	57318	145381	81216
固定电话用户	户	4831	24686	59491	39598	21900
二、综合经济						
地区生产总值	万元	461775	628070	530943	811449	665990
第一产业增加值	万元	105824	160074	205181	289859	191310
农业增加值	万元	54348	97259	71665	112353	90389
牧业增加值	万元	45135	51285	121745	159259	65344
第二产业增加值	万元	214932	264937	140969	228734	245804
公共财政收入	万元	32828	52506	41500	37800	41066
各项税收	万元	23892	41121	34502	31751	28667
公共财政支出	万元	194876	233017	247166	316985	252346
居民储蓄存款余额	万元	311277	452133	334890	590000	368163
年末金融机构各项贷款余额	万元	331993	411745	315495	413180	374164
三、农业、工业及投资						
农业机械总动力	万千瓦特	17	22	28	47	15
机收面积	公顷	47		2404	926	14
设施农业占地面积	公顷	1	222	78	28	15
粮食总产量	吨	118494	171389	230769	334015	152014
棉花产量	吨		1			
油料产量	吨	3231	7105	5735	24959	5355
肉类总产量	吨	49953	53674	114360	139879	61823
规模以上工业企业单位数	个	11	20	21	17	16
规模以上工业总产值	万元	310037	500794	223447	416189	375243
固定资产投资	万元	321408	294298	506107	494716	592871
四、教育、卫生和社会保障						
普通中学在校学生数	人	14142	15341	26580	41202	25371
中等职业教育学校在校学生数	人	1771	1461	458	1848	854
小学在校学生数	人	21884	28502	62260	78606	43598
医疗卫生机构床位数	床	905	795	1360	1944	922
各种社会福利收养性单位数	个	1	3	4	2	10
各种社会福利收养性单位床位数	床	50	168	85	74	430

2014年县(市)社会经济主要指标

云南省

指　　标	单位	景洪市	勐海县	勐腊县	大理市	漾濞彝族自治县
一、基本情况						
行政区域面积	平方公里	6867	5368	6861	1815	1957
乡个数	个	5	5	3	1	5
镇个数	个	5	6	7	10	4
街道办事处个数	个	1			2	
户籍人口	万人	42	33	24	62	11
第二产业从业人员	人	15023	10252	4321	98140	3995
第三产业从业人员	人	36006	27859	19612	104485	6905
固定电话用户	户	93276	36900	47743	138646	6249
二、综合经济						
地区生产总值	万元	1632119	818482	701642	3135119	174277
第一产业增加值	万元	337554	200724	287082	211920	54065
农业增加值	万元	103901	145035	163351	80512	18988
牧业增加值	万元	16002	26362	21238	118535	9409
第二产业增加值	万元	563643	306187	112466	1562386	76522
公共财政收入	万元	117307	42071	34788	275326	12769
各项税收	万元	41648	24838	19164	351517	10615
公共财政支出	万元	312674	207643	184622	419485	93814
居民储蓄存款余额	万元	1622100	479534	621682	2619022	122115
年末金融机构各项贷款余额	万元	1900300	364836	411972	4256956	110429
三、农业、工业及投资						
农业机械总动力	万千瓦特	39	44	28	47	10
机收面积	公顷	4407	19465	3421	5240	1540
设施农业占地面积	公顷	203	2954	240	89	
粮食总产量	吨	103663	288955	80443	181111	66540
棉花产量	吨	1		5		
油料产量	吨	443	825	571	2118	1083
肉类总产量	吨	14558	13106	11143	83694	18869
规模以上工业企业单位数	个	29	24	9	69	15
规模以上工业总产值	万元	582445	457779	51672	3163817	58859
固定资产投资	万元	2047321	340569	534782	2675741	98700
四、教育、卫生和社会保障						
普通中学在校学生数	人	27454	12022	12979	40010	3664
中等职业教育学校在校学生数	人	3240	1456	1251	15872	1225
小学在校学生数	人	41688	23204	26315	43537	7430
医疗卫生机构床位数	床	3976	937	1254	6553	462
各种社会福利收养性单位数	个	9	5	3	6	3
各种社会福利收养性单位床位数	床	351	189	129	417	240

2014年县(市)社会经济主要指标

云南省

指　　标	单位	祥云县	宾川县	弥渡县	南涧彝族自治县	巍山彝族回族自治县
一、基本情况						
行政区域面积	平方公里	2425	2627	1523	1732	2200
乡个数	个	2	2	2	3	6
镇个数	个	8	8	6	5	4
街道办事处个数	个			7		
户籍人口	万人	48	36	33	23	32
第二产业从业人员	人	83954	11687	24870	12035	36818
第三产业从业人员	人	134567	29706	45572	14464	26888
固定电话用户	户	47705	14410	19985	17000	10291
二、综合经济						
地区生产总值	万元	1134720	885652	448045	414556	475492
第一产业增加值	万元	290611	366108	122359	112002	152383
农业增加值	万元	92427	290541	57993	72134	87764
牧业增加值	万元	148424	60282	49444	37100	49050
第二产业增加值	万元	591204	254819	156024	149405	169456
公共财政收入	万元	71836	36642	31507	25722	33885
各项税收	万元	51484	31551	21940	17148	24035
公共财政支出	万元	234746	177479	187738	130818	173314
居民储蓄存款余额	万元	684252	474279	399605	205021	328016
年末金融机构各项贷款余额	万元	764033	547761	273233	369772	244999
三、农业、工业及投资						
农业机械总动力	万千瓦特	41	50	18	10	20
机收面积	公顷	3443		2372	3624	6108
设施农业占地面积	公顷	228		82		24
粮食总产量	吨	202490	148962	181403	117234	160578
棉花产量	吨					
油料产量	吨	4943	8410	4370	1561	7042
肉类总产量	吨	64145	47115	56191	35688	45020
规模以上工业企业单位数	个	36	21	17	12	18
规模以上工业总产值	万元	887673	262901	183813	139700	246372
固定资产投资	万元	500604	350822	255645	133521	204817
四、教育、卫生和社会保障						
普通中学在校学生数	人	29096	16583	15790	12791	17660
中等职业教育学校在校学生数	人	2064	721	1324	557	1385
小学在校学生数	人	34279	25690	21223	17456	22833
医疗卫生机构床位数	床	1605	1403	1132	725	1028
各种社会福利收养性单位数	个	3	3	5	1	4
各种社会福利收养性单位床位数	床	270	155	450	48	220

2014年县(市)社会经济主要指标

云南省

指　　标	单位	永平县	云龙县	洱源县	剑川县	鹤庆县
一、基本情况						
行政区域面积	平方公里	2884	4401	2614	2250	2395
乡个数	个	4	7	3	3	2
镇个数	个	3	4	6	5	7
街道办事处个数	个					
户籍人口	万人	19	21	30	19	28
第二产业从业人员	人	8603	9832	18781	15621	22885
第三产业从业人员	人	11752	10286	17868	10192	30123
固定电话用户	户	12193	9000	15711	12159	11863
二、综合经济						
地区生产总值	万元	323560	445986	484961	246180	511214
第一产业增加值	万元	119811	88239	164579	52854	102793
农业增加值	万元	92055	37937	101414	21278	40084
牧业增加值	万元	26211	39342	60479	29024	54967
第二产业增加值	万元	104740	239306	172982	121830	306889
公共财政收入	万元	20336	44168	28703	34800	49897
各项税收	万元	12338	38879	19050	25148	40323
公共财政支出	万元	116871	155038	173001	128999	163726
居民储蓄存款余额	万元	199056	208517	331922	234300	417566
年末金融机构各项贷款余额	万元	169929	237194	397918	175100	356493
三、农业、工业及投资						
农业机械总动力	万千瓦特	11	13	21	16	28
机收面积	公顷	3887	1370	6867	5573	9760
设施农业占地面积	公顷	78	11	45	5	1
粮食总产量	吨	102015	130951	200177	89213	150797
棉花产量	吨					
油料产量	吨	1713	907	3092	1390	993
肉类总产量	吨	27037	46160	42355	29797	55221
规模以上工业企业单位数	个	9	6	14	9	21
规模以上工业总产值	万元	52106	153406	553706	156574	441066
固定资产投资	万元	144952	562612	356246	223667	295320
四、教育、卫生和社会保障						
普通中学在校学生数	人	9101	9985	15294	10436	11201
中等职业教育学校在校学生数	人	512	1300	2232	880	1435
小学在校学生数	人	13398	14714	21487	12879	20385
医疗卫生机构床位数	床	681	488	852	752	733
各种社会福利收养性单位数	个	1	5	2		4
各种社会福利收养性单位床位数	床	192	89	473		370

2014年县(市)社会经济主要指标

云南省

指　　标	单位	瑞丽市	芒市	梁河县	盈江县	陇川县
一、基本情况						
行政区域面积	平方公里	1020	2987	1159	4429	1931
乡个数	个	3	6	6	7	5
镇个数	个	3	5	3	8	4
街道办事处个数	个		1			
户籍人口	万人	13	38	17	30	19
第二产业从业人员	人	6234	37946	7965	14299	6203
第三产业从业人员	人	35699	91339	19148	31383	18614
固定电话用户	户	53470	21427	7621	28367	14618
二、综合经济						
地区生产总值	万元	733204	779686	175061	712116	340771
第一产业增加值	万元	90999	202843	58652	215873	137858
农业增加值	万元	40757	110389	30982	143196	92161
牧业增加值	万元	35336	38287	13200	35623	20518
第二产业增加值	万元	148845	169852	39397	281919	76439
公共财政收入	万元	91256	71146	14977	55861	21348
各项税收	万元	62738	53479	10104	42854	16501
公共财政支出	万元	208299	234075	120215	306038	136952
居民储蓄存款余额	万元	1187872	852635	193010	425114	247028
年末金融机构各项贷款余额	万元	1310706	1109948	164786	435715	264179
三、农业、工业及投资						
农业机械总动力	万千瓦特	17	42	15	30	33
机收面积	公顷	6510	13188	3827	14353	11479
设施农业占地面积	公顷	46	111	12	134	22
粮食总产量	吨	93839	232252	69213	219773	154380
棉花产量	吨					
油料产量	吨	1004	1903	1924	3070	6845
肉类总产量	吨	21402	30895	12392	28464	15127
规模以上工业企业单位数	个	19	33	7	50	11
规模以上工业总产值	万元	227706	410901	64247	438139	203691
固定资产投资	万元	1003980	765445	64044	570333	166329
四、教育、卫生和社会保障						
普通中学在校学生数	人	9648	16346	7954	15383	10734
中等职业教育学校在校学生数	人	881	3109	291	1012	467
小学在校学生数	人	17093	33408	10838	28242	15510
医疗卫生机构床位数	床	1017	2809	552	1090	960
各种社会福利收养性单位数	个	1	3	1	3	1
各种社会福利收养性单位床位数	床	108	400	150	600	60

2014年县(市)社会经济主要指标

云南省

指　　标	单位	泸水县	福贡县	贡山独龙族怒族自治县	兰坪白族普米族自治县	香格里拉县
一、基本情况						
行政区域面积	平方公里	2938	2756	4506	4372	11419
乡个数	个	3	6	3	4	7
镇个数	个	6	1	2	4	4
街道办事处个数	个					
户籍人口	万人	18	10	4	22	15
第二产业从业人员	人	9101	4098	2721	12397	9265
第三产业从业人员	人	7387	15976	6125	16361	18381
固定电话用户	户	19584	2900	3600	11785	25810
二、综合经济						
地区生产总值	万元	352150	90195	71502	402115	909421
第一产业增加值	万元	58472	22993	19161	62707	39327
农业增加值	万元	25700	8798	8113	32799	20423
牧业增加值	万元	25582	9908	5806	21139	13023
第二产业增加值	万元	130112	27838	24576	209293	392154
公共财政收入	万元	23790	6736	6008	42518	50462
各项税收	万元	17198	4758	4201	35743	43730
公共财政支出	万元	158585	124659	85059	189786	331192
居民储蓄存款余额	万元	252298	63247	43167	235798	478988
年末金融机构各项贷款余额	万元	460475	74087	66876	301662	1172072
三、农业、工业及投资						
农业机械总动力	万千瓦特	8	4	4	10	26
机收面积	公顷					4072
设施农业占地面积	公顷	27		8	62	12
粮食总产量	吨	67149	35182	11432	88964	73760
棉花产量	吨					
油料产量	吨	397	894	125	585	2973
肉类总产量	吨	17405	6725	2344	13734	14833
规模以上工业企业单位数	个	10	3	2	5	19
规模以上工业总产值	万元	172780	7147	9515	167760	377377
固定资产投资	万元	293861	76467	117721	450025	1247092
四、教育、卫生和社会保障						
普通中学在校学生数	人	9522	3282	1560	11056	5319
中等职业教育学校在校学生数	人	176			220	
小学在校学生数	人	16067	9447	2919	18596	12324
医疗卫生机构床位数	床	989	316	191	678	280
各种社会福利收养性单位数	个	2	2	3	1	3
各种社会福利收养性单位床位数	床	160	96	200	45	108

2014年县(市)社会经济主要指标

云南省、西藏自治区

指标	单位	德钦县	维西傈僳族自治县	林周县	当雄县	尼木县
一、基本情况						
行政区域面积	平方公里	7291	4477	4464	10234	3276
乡个数	个	6	7	9	6	8
镇个数	个	2	3	1	2	1
街道办事处个数	个					
户籍人口	万人	6	16	6	5	3
第二产业从业人员	人	1604	4589	1066	1014	3111
第三产业从业人员	人	6521	5462	3115	6998	4380
固定电话用户	户	2700	4100	2124	975	1290
二、综合经济						
地区生产总值	万元	215187	350823	140400	108800	59600
第一产业增加值	万元	14727	49825	21900	22300	9000
农业增加值	万元	5775	21057	10806	6413	3331
牧业增加值	万元	4622	13181	11036	15618	5573
第二产业增加值	万元	109236	124594	40500	49100	26700
公共财政收入	万元	17988	27114	10717	28207	5180
各项税收	万元	10002	20271	3200	2500	3415
公共财政支出	万元	183206	234261	70995	74680	45972
居民储蓄存款余额	万元	79847	166440	15520	13203	13822
年末金融机构各项贷款余额	万元	120947	224762	56669	56004	25098
三、农业、工业及投资						
农业机械总动力	万千瓦特	4	17	15		8
机收面积	公顷	120	2421	9718		1713
设施农业占地面积	公顷	18	42	80		7
粮食总产量	吨	26580	76914	66501	11536	13010
棉花产量	吨					
油料产量	吨	217	1799	2500		1045
肉类总产量	吨	3507	11620	4000	7001	2953
规模以上工业企业单位数	个	2	4	3	3	1
规模以上工业总产值	万元	78381	49897	13332	22632	1826
固定资产投资	万元	525722	697746	159900	195812	91300
四、教育、卫生和社会保障						
普通中学在校学生数	人	1818	5005	2107	2116	1124
中等职业教育学校在校学生数	人					
小学在校学生数	人	3889	11431	4465	5212	2647
医疗卫生机构床位数	床	222	351	78	73	52
各种社会福利收养性单位数	个	2	1	1	1	1
各种社会福利收养性单位床位数	床	20	22	116	96	99

2014年县(市)社会经济主要指标

西藏自治区

指　　标	单位	曲水县	堆龙德庆县	达孜县	墨竹工卡县	桑珠孜区
一、基本情况						
行政区域面积	平方公里	1624	2670	1373	5492	3875
乡个数	个	5	5	5	8	10
镇个数	个	1	2	1	1	
街道办事处个数	个					2
户籍人口	万人	4	5	3	5	12
第二产业从业人员	人	5613	3719	2481	2919	10570
第三产业从业人员	人	5572	14914	5773	7667	4977
固定电话用户	户	6324	7390	4810	1200	18691
二、综合经济						
地区生产总值	万元	102910	273595	106691	210115	519847
第一产业增加值	万元	13610	15224	13397	23515	44092
农业增加值	万元	9144	7282	7548	7943	38743
牧业增加值	万元	4005	7257	5589	15114	4795
第二产业增加值	万元	78400	206246	54200	165500	206369
公共财政收入	万元	13432	53096	30226	33100	11345
各项税收	万元	12603	49403	29635	34800	9061
公共财政支出	万元	63727	134186	91715	70613	93328
居民储蓄存款余额	万元	20996	124904	103749	18350	46588
年末金融机构各项贷款余额	万元	51263	80372	55774	160661	21857
三、农业、工业及投资						
农业机械总动力	万千瓦特	12	27	35	23	35
机收面积	公顷	3664		4043	2855	15174
设施农业占地面积	公顷	163	266	520		2914
粮食总产量	吨	25121	25274	22939	24005	73451
棉花产量	吨					
油料产量	吨	2023	2368	836	2158	4077
肉类总产量	吨	1916	4787	1934	6544	2133
规模以上工业企业单位数	个	6	14	9	6	3
规模以上工业总产值	万元	38178	172883	41489	237000	8806
固定资产投资	万元	217762	447400	170800	529000	229700
四、教育、卫生和社会保障						
普通中学在校学生数	人	1318	1569	1070	2018	3784
中等职业教育学校在校学生数	人		1250			
小学在校学生数	人	2385	4145	2503	4507	7797
医疗卫生机构床位数	床	54	47	60	66	88
各种社会福利收养性单位数	个	1	28	1	3	2
各种社会福利收养性单位床位数	床	246	173		293	139

2014年县(市)社会经济主要指标

西藏自治区

指　　标	单位	南木林县	江孜县	定日县	萨迦县	拉孜县
一、基本情况						
行政区域面积	平方公里	8848	3800	13961	8126	4405
乡个数	个	16	18	11	9	9
镇个数	个	1	1	2	2	2
街道办事处个数	个					
户籍人口	万人	9	7	5	5	6
第二产业从业人员	人	6777	5373	1553	1930	1999
第三产业从业人员	人	3977	1045	10668	5551	12580
固定电话用户	户	5680	1500	865	2000	628
二、综合经济						
地区生产总值	万元	70148	148491	62582	54875	69971
第一产业增加值	万元	30818	29378	17270	16364	21000
农业增加值	万元	18762	17529	7817	9258	15280
牧业增加值	万元	11312	10978	9256	6593	5317
第二产业增加值	万元	14668	22747	22765	20646	19340
公共财政收入	万元	1424	2674	4020	2501	1473
各项税收	万元	1338	2503	2112	2009	1342
公共财政支出	万元	76089	74753	61565	50345	59506
居民储蓄存款余额	万元	15129	39266	8415	11121	17883
年末金融机构各项贷款余额	万元	39560	31024	16713	26961	29360
三、农业、工业及投资						
农业机械总动力	万千瓦特	15	25	17	16	17
机收面积	公顷	2790	5800	1507	5093	4794
设施农业占地面积	公顷	3	35	1	9	11
粮食总产量	吨	21566	62566	26131	27769	35353
棉花产量	吨					
油料产量	吨	2434	6280	1380	2700	4515
肉类总产量	吨	2501	2152	2194	1435	1526
规模以上工业企业单位数	个					
规模以上工业总产值	万元					
固定资产投资	万元	41600	55207	59833	63127	65077
四、教育、卫生和社会保障						
普通中学在校学生数	人	5084	4225	2292	1711	3158
中等职业教育学校在校学生数	人					
小学在校学生数	人	6920	6926	6005	4435	5105
医疗卫生机构床位数	床	169	500	130	97	152
各种社会福利收养性单位数	个	1	3	2	2	1
各种社会福利收养性单位床位数	床	79	297	124	65	52

2014年县(市)社会经济主要指标

西藏自治区

指　　标	单位	昂仁县	谢通门县	白朗县	仁布县	康马县
一、基本情况						
行政区域面积	平方公里	27600	14043	2759	2124	7453
乡个数	个	15	18	9	8	8
镇个数	个	2	1	2	1	1
街道办事处个数	个					
户籍人口	万人	5	5	5	3	2
第二产业从业人员	人	1987	3331	6070	7010	3468
第三产业从业人员	人	3677	4810	3383	1405	1039
固定电话用户	户	4878	542	607	2275	2303
二、综合经济						
地区生产总值	万元	56375	70937	69954	36973	18951
第一产业增加值	万元	16039	16581	20969	7794	7862
农业增加值	万元	6170	7700	15673	3110	3078
牧业增加值	万元	9637	8273	4963	4521	4719
第二产业增加值	万元	16419	30106	20685	15668	3979
公共财政收入	万元	60280	11923	1312	1322	882
各项税收	万元	1636	8638	1133	1317	694
公共财政支出	万元	60280	66298	47958	43880	45525
居民储蓄存款余额	万元	8508		10798		9173
年末金融机构各项贷款余额	万元	51861		31874		10031
三、农业、工业及投资						
农业机械总动力	万千瓦特	11	10	13	9	17
机收面积	公顷	2067	2359	3297	241	2067
设施农业占地面积	公顷	2	4	180	4	1
粮食总产量	吨	18588	14740	47963	9349	10996
棉花产量	吨					
油料产量	吨	1013	1068	2395	1261	941
肉类总产量	吨	3208	3483	1496	734	1181
规模以上工业企业单位数	个		1	1		
规模以上工业总产值	万元		31621	3500		
固定资产投资	万元	45300	32774	47200	38184	35442
四、教育、卫生和社会保障						
普通中学在校学生数	人	2362	1729	1583	1186	774
中等职业教育学校在校学生数	人					
小学在校学生数	人	5718	3906	4074	2967	2173
医疗卫生机构床位数	床	236	171	45	82	63
各种社会福利收养性单位数	个	11	1	1	1	1
各种社会福利收养性单位床位数	床	129	99	50	55	30

2014年县(市)社会经济主要指标

西藏自治区

指标	单位	定结县	仲巴县	亚东县	吉隆县	聂拉木县
一、基本情况						
行政区域面积	平方公里	7566	45900	4240	9300	7903
乡个数	个	7	12	5	4	5
镇个数	个	3	1	2	2	2
街道办事处个数	个	70				
户籍人口	万人	2	2	1	2	2
第二产业从业人员	人	1235		402	639	942
第三产业从业人员	人	896	718	992	818	2007
固定电话用户	户	2014	656	2500	295	4568
二、综合经济						
地区生产总值	万元	27276	48449	44858	40137	55119
第一产业增加值	万元	5860	16484	5040	5521	7896
农业增加值	万元	2800	5	704	1670	2133
牧业增加值	万元	2975	16479	3790	3831	5725
第二产业增加值	万元	7220	10799	16634	19693	11648
公共财政收入	万元	824	2628	4662	2305	1670
各项税收	万元	637	1905	4429	2074	1150
公共财政支出	万元	43782	55087	41051	42168	40593
居民储蓄存款余额	万元	6224	10042	28900		5332
年末金融机构各项贷款余额	万元	11225	19966	9000		13276
三、农业、工业及投资						
农业机械总动力	万千瓦特	8	16	6	5	7
机收面积	公顷				71	333
设施农业占地面积	公顷	6		7	7	7
粮食总产量	吨	6091		1353	4542	6006
棉花产量	吨					
油料产量	吨	728		67	793	505
肉类总产量	吨	717	3580	842	610	607
规模以上工业企业单位数	个					2
规模以上工业总产值	万元					1902
固定资产投资	万元	19319	36121	78492	53419	32800
四、教育、卫生和社会保障						
普通中学在校学生数	人	698	1001	354	745	980
中等职业教育学校在校学生数	人	42	100			
小学在校学生数	人	1786	4902	1042	1655	1840
医疗卫生机构床位数	床	72	116	63	67	
各种社会福利收养性单位数	个	2	1	2	1	1
各种社会福利收养性单位床位数	床	64	30	50	18	29

2014年县(市)社会经济主要指标

西藏自治区

指　　标	单位	萨嘎县	岗巴县	昌都县	江达县	贡觉县
一、基本情况						
行政区域面积	平方公里	12500	4198	10794	13164	6323
乡个数	个	7	4	12	11	11
镇个数	个	1	1	3	2	1
街道办事处个数	个			9	1	2
户籍人口	万人	2	1	8	8	4
第二产业从业人员	人		323	5885		2380
第三产业从业人员	人	1272	169	6081		5285
固定电话用户	户	1385	425	2170	3403	2961
二、综合经济						
地区生产总值	万元	29344	24406	374500	141217	49232
第一产业增加值	万元	5405	3237	21900	36538	9492
农业增加值	万元	440	947	6600	9184	4823
牧业增加值	万元	4965	2290	14500	27042	4618
第二产业增加值	万元	9538	8329	161700	85623	13131
公共财政收入	万元	860	893	12400	6378	2838
各项税收	万元	850	885	9965	4697	1565
公共财政支出	万元	42122	35726	85503	69562	56583
居民储蓄存款余额	万元	8505		10763	12326	13900
年末金融机构各项贷款余额	万元	13491	4581	66497	92385	51270
三、农业、工业及投资						
农业机械总动力	万千瓦特	3	2	4	5	3
机收面积	公顷			1425	1005	1
设施农业占地面积	公顷	2	7	8	17	
粮食总产量	吨	1304	2796	20872	13757	14473
棉花产量	吨					
油料产量	吨	114	301	424	362	550
肉类总产量	吨	677	943	12323	17041	3531
规模以上工业企业单位数	个			3	1	
规模以上工业总产值	万元			1665	189	
固定资产投资	万元	30048	20618	307484	85353	35667
四、教育、卫生和社会保障						
普通中学在校学生数	人	676	443	982	3502	1671
中等职业教育学校在校学生数	人					
小学在校学生数	人	1544	1033	8466	7511	4232
医疗卫生机构床位数	床	69	39	190	137	97
各种社会福利收养性单位数	个	4	2		1	1
各种社会福利收养性单位床位数	床	56	67		210	212

2014年县(市)社会经济主要指标

西藏自治区

指　　标	单位	类乌齐县	丁青县	察雅县	八宿县	左贡县
一、基本情况						
行政区域面积	平方公里	6147	12955	8413	12564	11837
乡个数	个	8	13	10	10	7
镇个数	个	2	2	3	4	3
街道办事处个数	个	2	1	3	1	1
户籍人口	万人	5	8	6	5	5
第二产业从业人员	人	1122			2359	
第三产业从业人员	人	1865			3080	
固定电话用户	户	6000	2172	982	1375	1513
二、综合经济						
地区生产总值	万元	63902	108867	77140	51854	68197
第一产业增加值	万元	17211	31467	14392	11635	16482
农业增加值	万元	7465	23243	7325	4227	5056
牧业增加值	万元	7740	8142	7043	7206	10734
第二产业增加值	万元	20841	24500	40827	13795	17239
公共财政收入	万元	3021	5449	2561	3386	2461
各项税收	万元	3275	2020	2453	2370	1676
公共财政支出	万元	61212	66857	59678	57590	51493
居民储蓄存款余额	万元	14102	9001	17660	13972	17541
年末金融机构各项贷款余额	万元	27307	62000	36049	35677	46985
三、农业、工业及投资						
农业机械总动力	万千瓦特	9	26	4	5	3
机收面积	公顷	1134	2119		1030	467
设施农业占地面积	公顷		4	60	14	758
粮食总产量	吨	8485	24850	13808	10380	15190
棉花产量	吨					
油料产量	吨		1464	253	288	283
肉类总产量	吨	12683	7562	7464	5296	6342
规模以上工业企业单位数	个		10		1	
规模以上工业总产值	万元		1700		459	
固定资产投资	万元	71700	75751	50000	44100	59632
四、教育、卫生和社会保障						
普通中学在校学生数	人	2156	3279	2012	2017	1831
中等职业教育学校在校学生数	人					
小学在校学生数	人	5530	7853	6302	4307	4771
医疗卫生机构床位数	床	115		82	86	100
各种社会福利收养性单位数	个	3		4	1	2
各种社会福利收养性单位床位数	床	146		69	18	13

2014年县(市)社会经济主要指标

西藏自治区

指　　标	单位	芒康县	洛隆县	边坝县	乃东县	扎囊县
一、基本情况						
行政区域面积	平方公里	11635	8048	8979	2211	1960
乡个数	个	14	7	9	5	3
镇个数	个	2	4	2	2	2
街道办事处个数	个		1	1		
户籍人口	万人	9	5	4	6	4
第二产业从业人员	人	4220	1763	603	8255	9221
第三产业从业人员	人	5379		1602	6141	1694
固定电话用户	户	6752	3222	2449		850
二、综合经济						
地区生产总值	万元	136314	67863	47570	338993	56084
第一产业增加值	万元	24637	16870	14621	8223	5842
农业增加值	万元	8702	8905	3275	3840	2856
牧业增加值	万元	12069	6796	10709	3914	2877
第二产业增加值	万元	60289	29878	15788	94838	29126
公共财政收入	万元	5804	2932	2106	9664	2432
各项税收	万元	5653	1296	1545	8681	1662
公共财政支出	万元	74060	52531	51515	61186	47733
居民储蓄存款余额	万元	20591	7112	9608	80958	19850
年末金融机构各项贷款余额	万元	508886	13570	16048	17541	17489
三、农业、工业及投资						
农业机械总动力	万千瓦特	9	4	6	14	19
机收面积	公顷		2468	1267	3219	1131
设施农业占地面积	公顷	42	68	150	42	5
粮食总产量	吨	27947	21255	10763	22401	23027
棉花产量	吨					
油料产量	吨	757	1014	515	1700	2553
肉类总产量	吨	6982	6493	6652	5224	1486
规模以上工业企业单位数	个					
规模以上工业总产值	万元					
固定资产投资	万元	157585	48926	33000	128709	93778
四、教育、卫生和社会保障						
普通中学在校学生数	人	1806	1839	1260	1193	1541
中等职业教育学校在校学生数	人					210
小学在校学生数	人	7183	5476	3556	2017	2630
医疗卫生机构床位数	床	181	111	99	99	53
各种社会福利收养性单位数	个	7	2	2	9	14
各种社会福利收养性单位床位数	床	63	57	64	204	169

2014年县(市)社会经济主要指标

西藏自治区

指　　标	单位	贡嘎县	桑日县	琼结县	曲松县	措美县
一、基本情况						
行政区域面积	平方公里	2284	2635	1030	1967	4530
乡个数	个	3	3	3	3	2
镇个数	个	5	1	1	2	2
街道办事处个数	个					
户籍人口	万人	5	2	2	2	2
第二产业从业人员	人	9068	4085	5219	3357	2779
第三产业从业人员	人	13109	1226	1490	1131	1487
固定电话用户	户	1800	387	1579	570	750
二、综合经济						
地区生产总值	万元	91392	95918	31527	44436	25132
第一产业增加值	万元	5988	3716	2320	2905	2349
农业增加值	万元	2723	1855	1592	506	710
牧业增加值	万元	3152	1837	685	2347	1636
第二产业增加值	万元	45003	81498	15609	28078	12742
公共财政收入	万元	7680	7600	1663	3680	1235
各项税收	万元	6489	6632	1204	1911	825
公共财政支出	万元	54240	42159	28287	33008	32683
居民储蓄存款余额	万元	33621	14229	13407	12563	13928
年末金融机构各项贷款余额	万元	24236	30340		15650	17225
三、农业、工业及投资						
农业机械总动力	万千瓦特	12	4	5	2	3
机收面积	公顷	1768		1265		
设施农业占地面积	公顷	6	2	3	9	6
粮食总产量	吨	30037	8042	10224	7327	3419
棉花产量	吨					
油料产量	吨	1345	1291	1138	994	420
肉类总产量	吨	2369	2127	941	1899	2323
规模以上工业企业单位数	个				2	
规模以上工业总产值	万元				22540	
固定资产投资	万元	147604	128850	51349	54096	43191
四、教育、卫生和社会保障						
普通中学在校学生数	人	1999	668	579	769	513
中等职业教育学校在校学生数	人					
小学在校学生数	人	3786	1292	1101	1194	935
医疗卫生机构床位数	床	99	53	46	87	46
各种社会福利收养性单位数	个	8	1	1	5	2
各种社会福利收养性单位床位数	床	216	44	76	228	64

2014年县(市)社会经济主要指标

西藏自治区

指　　标	单位	洛扎县	加查县	隆子县	错那县	浪卡子县
一、基本情况						
行政区域面积	平方公里	5570	4430	10566	34979	8500
乡个数	个	5	5	9	9	8
镇个数	个	2	2	2	1	2
街道办事处个数	个					
户籍人口	万人	2	2	4	2	4
第二产业从业人员	人	5031	5537	8011	1743	7571
第三产业从业人员	人	779	2910	2011	1425	2183
固定电话用户	户	486	975	8450	1100	510
二、综合经济						
地区生产总值	万元	36706	105025	73886	37438	43656
第一产业增加值	万元	4042	5811	4978	2019	3977
农业增加值	万元	2034	3865	1874	882	487
牧业增加值	万元	1966	1878	3056	1128	3459
第二产业增加值	万元	20119	83509	55807	18612	19860
公共财政收入	万元	1795	7524	7223	1794	2167
各项税收	万元	1109	5945	6804	1638	1219
公共财政支出	万元	38664	38197	57353	44249	48847
居民储蓄存款余额	万元		47643	25001	20338	14054
年末金融机构各项贷款余额	万元	12811	57208	24406	27900	48088
三、农业、工业及投资						
农业机械总动力	万千瓦特	3	6	11	2	10
机收面积	公顷		1120			447
设施农业占地面积	公顷	7	40	7	6	1
粮食总产量	吨	9700	8233	17782	5170	7940
棉花产量	吨					
油料产量	吨	881	507	1088	391	820
肉类总产量	吨	1108	2074	2918	1130	2921
规模以上工业企业单位数	个			1		
规模以上工业总产值	万元			690745		
固定资产投资	万元	69996	291096	80335	63332	66407
四、教育、卫生和社会保障						
普通中学在校学生数	人	786	863	1265	559	3030
中等职业教育学校在校学生数	人					
小学在校学生数	人	1653	2261	2830	866	2981
医疗卫生机构床位数	床	88	76	84	57	81
各种社会福利收养性单位数	个	3	2	4	2	3
各种社会福利收养性单位床位数	床	91	184	114	49	58

2014年县(市)社会经济主要指标

西藏自治区

指　　标	单位	那曲县	嘉黎县	比如县	聂荣县	安多县
一、基本情况						
行政区域面积	平方公里	16195	13056	11440	9017	100000
乡个数	个	9	10	10	9	9
镇个数	个	3	2	2	1	4
街道办事处个数	个					
户籍人口	万人	8	4	7	4	4
第二产业从业人员	人	1895	985	56		
第三产业从业人员	人	4294	2438	2662	1491	
固定电话用户	户	10020	1077	1148	523	3000
二、综合经济						
地区生产总值	万元	122063	43169	65549	43255	59907
第一产业增加值	万元	25617	8493	19293	8172	10889
农业增加值	万元	12272	6391	16251	2725	
牧业增加值	万元	13303	2099	3043	5447	10889
第二产业增加值	万元	26051	10626	14282	14451	13226
公共财政收入	万元	3570	2419	1156	829	2120
各项税收	万元	3169	1596	1043	746	1269
公共财政支出	万元	71901	46943	52367	45025	58708
居民储蓄存款余额	万元	20586	11390	19881	7936	
年末金融机构各项贷款余额	万元	48306	30923	48016	28008	45363
三、农业、工业及投资						
农业机械总动力	万千瓦特	5	8	3		2
机收面积	公顷					
设施农业占地面积	公顷					
粮食总产量	吨		1286	3434		
棉花产量	吨					
油料产量	吨					
肉类总产量	吨	13480	6409	9768	9172	13566
规模以上工业企业单位数	个		2			
规模以上工业总产值	万元		4600			
固定资产投资	万元	33122	47455	51101	48499	30700
四、教育、卫生和社会保障						
普通中学在校学生数	人	2127	1226	1951	1723	1856
中等职业教育学校在校学生数	人					
小学在校学生数	人	9026	3578	6536	4399	4697
医疗卫生机构床位数	床	146	110	135	127	82
各种社会福利收养性单位数	个		1	3	9	1
各种社会福利收养性单位床位数	床		34	48	173	22

2014年县(市)社会经济主要指标

西藏自治区

指　　标	单位	申扎县	索县	班戈县	巴青县	尼玛县
一、基本情况						
行政区域面积	平方公里	25546	5970	2838	25000	72499
乡个数	个	6	8	10	10	14
镇个数	个	2	2	4	3	1
街道办事处个数	个					
户籍人口	万人	2	5		5	3
第二产业从业人员	人	48				660
第三产业从业人员	人	2325	3676			1902
固定电话用户	户	570	1098	5600	1030	
二、综合经济						
地区生产总值	万元	35948	52246	48544	58780	49083
第一产业增加值	万元	6096	10583	13595	13909	10631
农业增加值	万元		7527		8716	178
牧业增加值	万元	6096	3056	13595	5194	10453
第二产业增加值	万元	7080	12279	12188	10533	7750
公共财政收入	万元	1366	1449	1287	1436	1193
各项税收	万元	918	992	995	1413	942
公共财政支出	万元	37209	46900	48118	48331	47905
居民储蓄存款余额	万元	8624	1584	13105	10576	15720
年末金融机构各项贷款余额	万元	24653	25870	36256	53129	31772
三、农业、工业及投资						
农业机械总动力	万千瓦特		4	6		
机收面积	公顷					
设施农业占地面积	公顷					
粮食总产量	吨		7187		913	182
棉花产量	吨					
油料产量	吨		39			
肉类总产量	吨	6400	5704	5186	6463	7005
规模以上工业企业单位数	个					
规模以上工业总产值	万元					
固定资产投资	万元	36327	45360	38100	20284	10884
四、教育、卫生和社会保障						
普通中学在校学生数	人	983	1986	1292	1983	1388
中等职业教育学校在校学生数	人					
小学在校学生数	人	2238	4947	3944	5701	2956
医疗卫生机构床位数	床	80	55	90	72	94
各种社会福利收养性单位数	个	4	5	1	3	1
各种社会福利收养性单位床位数	床	78	62	16	38	32

2014年县(市)社会经济主要指标

西藏自治区

指　　标	单位	双湖县	普兰县	札达县	噶尔县	日土县
一、基本情况						
行政区域面积	平方公里	11637	13194	24602	17670	76994
乡个数	个	6	2	6	4	4
镇个数	个	1	1	1	1	1
街道办事处个数	个					
户籍人口	万人	1	1	1	2	1
第二产业从业人员	人	331	789	49	638	2681
第三产业从业人员	人	191	448	374	2659	325
固定电话用户	户		1576	709	5222	855
二、综合经济						
地区生产总值	万元	27486	20570	19107	22313	24507
第一产业增加值	万元	6696	3733	2375	4401	6453
农业增加值	万元		953	192	257	332
牧业增加值	万元	6636	2768	2160	4125	6101
第二产业增加值	万元	4527	5202	5745	7190	4494
公共财政收入	万元	1720	2504	1289	5117	2206
各项税收	万元	427	1621	1100	4676	1392
公共财政支出	万元	29596	30593	28772	34821	29997
居民储蓄存款余额	万元	6961	13379	15686	6847	14573
年末金融机构各项贷款余额	万元	7732	11175	32786	13352	19289
三、农业、工业及投资						
农业机械总动力	万千瓦特		1	5	3	4
机收面积	公顷					
设施农业占地面积	公顷		44			
粮食总产量	吨		2659	941	617	992
棉花产量	吨					
油料产量	吨		115	70	4	25
肉类总产量	吨	2250	695	489	1283	2414
规模以上工业企业单位数	个				2	
规模以上工业总产值	万元				244	
固定资产投资	万元	19709	26642	25832	267033	33400
四、教育、卫生和社会保障						
普通中学在校学生数	人	479	344	274	440	511
中等职业教育学校在校学生数	人				540	
小学在校学生数	人	1440	870	500	1587	1113
医疗卫生机构床位数	床	61	45	50	276	76
各种社会福利收养性单位数	个	3	3	1	2	2
各种社会福利收养性单位床位数	床	52	50	15	50	38

2014年县(市)社会经济主要指标

西藏自治区

指　　标	单位	革吉县	改则县	措勤县	林芝县	工布江达县
一、基本情况						
行政区域面积	平方公里	46104	135616	22894	10238	12960
乡个数	个	4	6	4	3	6
镇个数	个	1	1	1	4	3
街道办事处个数	个				1	1
户籍人口	万人	2	2	2	4	3
第二产业从业人员	人	726	353	641	16101	720
第三产业从业人员	人	1853	1346	429	37579	2822
固定电话用户	户	746	860	900	9463	7022
二、综合经济						
地区生产总值	万元	28455	41693	22094	453909	96900
第一产业增加值	万元	8612	17484	6766	11909	15900
农业增加值	万元	45	40	57	5063	6520
牧业增加值	万元	8564	17444	6709	6622	8980
第二产业增加值	万元	7069	5859	4080	170500	30400
公共财政收入	万元	1855	1539	1052	13950	7157
各项税收	万元	958	1224	782	12581	3970
公共财政支出	万元	27254	33528	24975	55597	49138
居民储蓄存款余额	万元		53602	9835	93098	31953
年末金融机构各项贷款余额	万元	8181	13854	22762	92078	74245
三、农业、工业及投资						
农业机械总动力	万千瓦特	2	5	5	11	21
机收面积	公顷				1743	1106
设施农业占地面积	公顷				59	12
粮食总产量	吨	32			11823	8555
棉花产量	吨					
油料产量	吨				810	684
肉类总产量	吨	3870	4554	2702	2274	2436
规模以上工业企业单位数	个				4	
规模以上工业总产值	万元				65036	
固定资产投资	万元	9102	14986	26309	652895	86630
四、教育、卫生和社会保障						
普通中学在校学生数	人	713	1432	878	6850	1014
中等职业教育学校在校学生数	人				1465	
小学在校学生数	人	1556	2963	1480	4735	2860
医疗卫生机构床位数	床	61	109	90	348	59
各种社会福利收养性单位数	个	1	2	6	2	1
各种社会福利收养性单位床位数	床	120	48	116	77	236

2014年县(市)社会经济主要指标

西藏自治区

指　　标	单位	米林县	墨脱县	波密县	察隅县	朗县
一、基本情况						
行政区域面积	平方公里	9504	31395	16760	31659	4200
乡个数	个	5	7	7	3	3
镇个数	个	3	1	3	3	3
街道办事处个数	个					
户籍人口	万人	2	1	3	3	2
第二产业从业人员	人	323	492	1035	2464	195
第三产业从业人员	人	4168	68	1920	1269	633
固定电话用户	户	2300	461	2176	1205	2871
二、综合经济						
地区生产总值	万元	100800	37014	137300	57944	44920
第一产业增加值	万元	10429	2998	18094	10611	7937
农业增加值	万元	5929	1504	10524	6617	2823
牧业增加值	万元	4470	1246	7024	3888	5069
第二产业增加值	万元	36000	20500	46500	23100	12400
公共财政收入	万元	6002	8463	5844	2958	1887
各项税收	万元	3216	8262	2605	2043	1231
公共财政支出	万元	46430	50748	45460	47287	33567
居民储蓄存款余额	万元	39454		40107	28289	19258
年末金融机构各项贷款余额	万元	24199	37700	27697	11199	19716
三、农业、工业及投资						
农业机械总动力	万千瓦特	16		13	11	2
机收面积	公顷	2719		3136		
设施农业占地面积	公顷	23		45	35	17
粮食总产量	吨	10014	4641	18505	18461	5923
棉花产量	吨					
油料产量	吨	434	41	891	372	290
肉类总产量	吨	1253	399	1628	1273	1770
规模以上工业企业单位数	个					
规模以上工业总产值	万元					
固定资产投资	万元	107876	105403	157727	87673	56416
四、教育、卫生和社会保障						
普通中学在校学生数	人	870	574	1645	1335	588
中等职业教育学校在校学生数	人					
小学在校学生数	人	2172	1012	2982	2632	1166
医疗卫生机构床位数	床	87	50	152	90	71
各种社会福利收养性单位数	个	4	1	1	1	3
各种社会福利收养性单位床位数	床	41	23	94	140	70

2014年县(市)社会经济主要指标

陕西省

指　　标	单位	长安区	蓝田县	周至县	户县	高陵县
一、基本情况						
行政区域面积	平方公里	1588	2006	2969	1282	294
乡个数	个					
镇个数	个		22	22	16	5
街道办事处个数	个	25				3
户籍人口	万人	106	66	69	61	33
第二产业从业人员	人	128959	60551	38519	88991	33737
第三产业从业人员	人	140758	87954	82863	75262	18472
固定电话用户	户	160105	43101	49225	87600	64154
二、综合经济						
地区生产总值	万元	4206958	1184532	972043	1592073	3000900
第一产业增加值	万元	336650	259058	276272	271973	259555
农业增加值	万元	282206	173184	215852	203215	168955
牧业增加值	万元	47279	71220	39805	65720	88197
第二产业增加值	万元	1992700	464000	284700	816800	2413300
公共财政收入	万元	357385	38387	35218	82748	132510
各项税收	万元	249191	24483	26124	157081	104105
公共财政支出	万元	497307	251369	284284	269178	202716
居民储蓄存款余额	万元	3642145	969282	968358	1665647	1122680
年末金融机构各项贷款余额	万元	2110502	528341	293056	655804	618725
三、农业、工业及投资						
农业机械总动力	万千瓦特	43	30	42	46	28
机收面积	公顷	65920	26550	37933	58682	25638
设施农业占地面积	公顷	1606	76	300	1268	1753
粮食总产量	吨	338400	250600	224955	296007	190374
棉花产量	吨	8	320		1	
油料产量	吨	2336	2403	2198	825	
肉类总产量	吨	21704	18801	30179	19975	9947
规模以上工业企业单位数	个	40	33	36	66	107
规模以上工业总产值	万元	257551	448932	288171	1009259	8491500
固定资产投资	万元	6782200	1538018	1242559	1526900	3772303
四、教育、卫生和社会保障						
普通中学在校学生数	人	43732	31107	34076	31532	10890
中等职业教育学校在校学生数	人	5436	1000	3725	2503	1933
小学在校学生数	人	58783	31107	32263	29944	15992
医疗卫生机构床位数	床	3778	1158	1398	2780	1436
各种社会福利收养性单位数	个	34	7	4	4	4
各种社会福利收养性单位床位数	床	5900	750	800	583	1012

2014年县(市)社会经济主要指标

陕西省

指　　标	单位	耀州区	宜君县	陈仓区	凤翔县	岐山县
一、基本情况						
行政区域面积	平方公里	1604	1532	2472	1179	856
乡个数	个	1	3			
镇个数	个	8	6	15	12	10
街道办事处个数	个	6		3		
户籍人口	万人	34	9	60	52	48
第二产业从业人员	人	29914	3886	122779	80435	79451
第三产业从业人员	人	43313	8475	107466	97598	60654
固定电话用户	户	84630	7233	84000	45000	50300
二、综合经济						
地区生产总值	万元	1509245	295417	1736368	1818120	1490962
第一产业增加值	万元	104245	61317	239216	241720	225449
农业增加值	万元	80401	52470	115583	145315	149238
牧业增加值	万元	21323	8150	118483	92110	71069
第二产业增加值	万元	1091900	170900	946024	1184900	864483
公共财政收入	万元	71726	32830	36868	44915	36548
各项税收	万元	45483	13130	18088	29140	21884
公共财政支出	万元	234651	96980	183899	190019	177901
居民储蓄存款余额	万元	737199	107536	1277490	943473	1247500
年末金融机构各项贷款余额	万元	390701	61730	710264	544852	453600
三、农业、工业及投资						
农业机械总动力	万千瓦特	23	12	41	43	27
机收面积	公顷	19887	8888	32800	44430	42480
设施农业占地面积	公顷	695	82	1554	1438	1597
粮食总产量	吨	84350	97536	224800	256353	265783
棉花产量	吨					21
油料产量	吨	5042	880	2769	5168	2445
肉类总产量	吨	5502	4953	55829	22108	21972
规模以上工业企业单位数	个	70	8	63	64	56
规模以上工业总产值	万元	2451803	301268	1569628	2088294	1568842
固定资产投资	万元	1715873	286800	2029889	1994100	1748800
四、教育、卫生和社会保障						
普通中学在校学生数	人	15587	2576	25541	23832	21671
中等职业教育学校在校学生数	人	62		9408	5156	2028
小学在校学生数	人	15830	3963	25331	21093	20236
医疗卫生机构床位数	床	1117	315	1343	1656	2236
各种社会福利收养性单位数	个	19	1	6	2	17
各种社会福利收养性单位床位数	床	378	160	253	400	525

2014年县(市)社会经济主要指标

陕西省

指　　标	单位	扶风县	眉县	陇县	千阳县	麟游县
一、基本情况						
行政区域面积	平方公里	705	857	2277	997	1704
乡个数	个					
镇个数	个	8	8	12	8	7
街道办事处个数	个					
户籍人口	万人	45	33	27	13	9
第二产业从业人员	人	62232	61956	50201	17972	9099
第三产业从业人员	人	56447	34757	23004	9073	5113
固定电话用户	户	45000	38702	21100	7300	5076
二、综合经济						
地区生产总值	万元	1005732	1046300	571564	350596	557491
第一产业增加值	万元	197171	203700	166059	91816	65891
农业增加值	万元	112316	173018	78334	37200	22997
牧业增加值	万元	79118	28724	81800	45989	36576
第二产业增加值	万元	497705	608600	240258	187464	439900
公共财政收入	万元	42433	29963	26805	16786	65200
各项税收	万元	14121	18601	22053	7338	16452
公共财政支出	万元	176399	164704	139004	97571	90789
居民储蓄存款余额	万元	973198	697647	497775	261000	150393
年末金融机构各项贷款余额	万元	544929	330112	187953	114700	95400
三、农业、工业及投资						
农业机械总动力	万千瓦特	43	21	17	14	8
机收面积	公顷	56199	22314	20381	10032	8295
设施农业占地面积	公顷	179	589	121	653	180
粮食总产量	吨	265514	126173	100101	56297	66326
棉花产量	吨	39				
油料产量	吨	944	1037	1936	842	919
肉类总产量	吨	24552	16894	9304	7404	8034
规模以上工业企业单位数	个	47	60	13	16	5
规模以上工业总产值	万元	1075048	1379807	368420	475997	820700
固定资产投资	万元	1409274	1907333	1160188	785393	1146982
四、教育、卫生和社会保障						
普通中学在校学生数	人	21299	14184	13463	5899	4059
中等职业教育学校在校学生数	人	2692	5835	1699	1397	
小学在校学生数	人	22110	14003	16535	6940	4357
医疗卫生机构床位数	床	1557	1568	1349	589	792
各种社会福利收养性单位数	个	2	5	3	3	2
各种社会福利收养性单位床位数	床	190	227	500	310	177

2014年县(市)社会经济主要指标

陕西省

指　　标	单位	凤县	太白县	三原县	泾阳县	乾县
一、基本情况						
行政区域面积	平方公里	3187	2698	577	792	1003
乡个数	个					
镇个数	个	9	7	11	13	16
街道办事处个数	个					
户籍人口	万人	10	5	42	54	60
第二产业从业人员	人	13936	4952	74248	72710	59013
第三产业从业人员	人	15041	5976	28492	90448	47680
固定电话用户	户	23396	4433	35325	26829	39300
二、综合经济						
地区生产总值	万元	1456104	171079	1601314	1520067	1450439
第一产业增加值	万元	63719	52932	291714	438354	296239
农业增加值	万元	44493	42759	259047	359353	232740
牧业增加值	万元	13230	4580	30924	78341	59373
第二产业增加值	万元	1151876	78496	873200	618512	674200
公共财政收入	万元	66396	9043	43389	40056	23961
各项税收	万元	39337	4545	30382	31730	12385
公共财政支出	万元	82366	73927	188235	218719	223096
居民储蓄存款余额	万元	247521	125957	902931	912200	795398
年末金融机构各项贷款余额	万元	140253	97808	422112	379700	379408
三、农业、工业及投资						
农业机械总动力	万千瓦特	11	3	29	46	39
机收面积	公顷	787	264	41235	49710	58000
设施农业占地面积	公顷	31	11	904	9626	84
粮食总产量	吨	22389	6405	195125	239839	267077
棉花产量	吨				122	
油料产量	吨	670	335	3822	2838	7988
肉类总产量	吨	11251	3638	16057	25186	17569
规模以上工业企业单位数	个	50	9	101	78	45
规模以上工业总产值	万元	2865315	139700	2532001	1772240	1520401
固定资产投资	万元	1755007	292489	1299700	1794300	1337000
四、教育、卫生和社会保障						
普通中学在校学生数	人	4407	1946	25473	23567	38940
中等职业教育学校在校学生数	人	624	309	5431	5381	548
小学在校学生数	人	4656	2508	23070	24776	42874
医疗卫生机构床位数	床	463	206	1592	2434	1698
各种社会福利收养性单位数	个	2	1	3	1	3
各种社会福利收养性单位床位数	床	607	208	100	300	346

2014年县(市)社会经济主要指标

陕西省

指　　标	单位	礼泉县	永寿县	彬县	长武县	旬邑县
一、基本情况						
行政区域面积	平方公里	1012	889	1184	567	1774
乡个数	个					
镇个数	个	12	11	13	9	11
街道办事处个数	个			4		
户籍人口	万人	51	21	37	19	29
第二产业从业人员	人	38039	7791	32073	16829	28062
第三产业从业人员	人	33487	10839	24921	19661	45560
固定电话用户	户	67785	4271	16640	15300	12010
二、综合经济						
地区生产总值	万元	1450187	448300	1860873	606100	1160200
第一产业增加值	万元	501987	143000	168073	147306	268200
农业增加值	万元	468318	120389	154089	123149	213780
牧业增加值	万元	30698	19183	12250	21850	51278
第二产业增加值	万元	560500	176500	1464500	365900	752600
公共财政收入	万元	21728	14096	108287	32013	20261
各项税收	万元	11769	6635	39059	19184	15869
公共财政支出	万元	195649	117655	210943	110419	145102
居民储蓄存款余额	万元	758956	287993	836044	385906	483206
年末金融机构各项贷款余额	万元	323783	118612	853265	168192	187375
三、农业、工业及投资						
农业机械总动力	万千瓦特	38	17	13	14	11
机收面积	公顷	16586	15784	19565	7333	14533
设施农业占地面积	公顷	184	4	182	228	64
粮食总产量	吨	120041	81018	115331	55175	108028
棉花产量	吨					
油料产量	吨	4948	2827	10906	1359	2575
肉类总产量	吨	8952	10166	6169	5007	28170
规模以上工业企业单位数	个	33	23	29	13	18
规模以上工业总产值	万元	1181653	477976	2400618	784800	1245398
固定资产投资	万元	148669	527387	1659928	1079800	771400
四、教育、卫生和社会保障						
普通中学在校学生数	人	26784	9601	9378	7792	12801
中等职业教育学校在校学生数	人		2430	3704	1875	1977
小学在校学生数	人	26492	12725	25417	9459	15867
医疗卫生机构床位数	床	1193	705	1601	686	900
各种社会福利收养性单位数	个	4	4	6	4	4
各种社会福利收养性单位床位数	床	180	433	800	370	368

2014年县(市)社会经济主要指标

陕西省

指　标	单位	淳化县	武功县	兴平市	华县	潼关县
一、基本情况						
行政区域面积	平方公里	983	398	508	1139	526
乡个数	个					
镇个数	个	12	8	8	10	6
街道办事处个数	个			5		
户籍人口	万人	19	45	62	35	16
第二产业从业人员	人	19869	19408	74999	20127	11889
第三产业从业人员	人	19925	18008	81302	42428	12984
固定电话用户	户	7300	67519	52623	98808	22000
二、综合经济						
地区生产总值	万元	535400	1100371	1834689	1157450	411000
第一产业增加值	万元	229224	202671	243411	93970	34240
农业增加值	万元	179260	132600	171778	78509	22246
牧业增加值	万元	41044	67651	68502	13090	10296
第二产业增加值	万元	172300	569400	1014900	866980	231890
公共财政收入	万元	6065	15274	51300	34300	36862
各项税收	万元	4225	16760	27988	27149	10127
公共财政支出	万元	115757	172433	210795	151161	118600
居民储蓄存款余额	万元	271711	783127	1315206	747833	355004
年末金融机构各项贷款余额	万元	110024	297034	628308	382920	395997
三、农业、工业及投资						
农业机械总动力	万千瓦特		35	32	33	10
机收面积	公顷	17616	39265	37982	29400	8560
设施农业占地面积	公顷	272	438	1864	2809	205
粮食总产量	吨	110000	197222	216995	110102	41009
棉花产量	吨		8		1350	659
油料产量	吨	5733	2257	1009	1405	3543
肉类总产量	吨	14832	23889	43963	8189	7098
规模以上工业企业单位数	个	23	33	111	24	15
规模以上工业总产值	万元	398000	1168000	3571452	2332499	558569
固定资产投资	万元	363473	586500	2123347	1527463	538087
四、教育、卫生和社会保障						
普通中学在校学生数	人	8822	22903	35069	11588	8300
中等职业教育学校在校学生数	人	1578	5743	6223		36
小学在校学生数	人	9659	26163	34964	13650	8781
医疗卫生机构床位数	床	629	1537	2246	912	525
各种社会福利收养性单位数	个	3	3	3	1	3
各种社会福利收养性单位床位数	床	500	110	152	165	180

2014年县(市)社会经济主要指标

陕西省

指　标	单位	大荔县	合阳县	澄城县	蒲城县	白水县
一、基本情况						
行政区域面积	平方公里	1776	1437	1121	1584	960
乡个数	个					
镇个数	个	18	12	10	17	10
街道办事处个数	个					
户籍人口	万人	73	46	40	79	29
第二产业从业人员	人	4525	72177	15437	141255	10722
第三产业从业人员	人	22020	50756	44468	205341	32440
固定电话用户	户	85000	49496	42886	106574	24642
二、综合经济						
地区生产总值	万元	1123694	713854	852880	1516180	663000
第一产业增加值	万元	311324	174894	196430	236160	227910
农业增加值	万元	224049	138135	108177	196944	196318
牧业增加值	万元	77186	26082	85918	35671	29408
第二产业增加值	万元	253620	205480	398560	761060	186090
公共财政收入	万元	28088	24568	40180	61600	23700
各项税收	万元	16666	13636	28803	46255	16256
公共财政支出	万元	262388	211500	200369	304836	167935
居民储蓄存款余额	万元	874390	689141	884138	1300143	488440
年末金融机构各项贷款余额	万元	655621	299132	442929	948276	249359
三、农业、工业及投资						
农业机械总动力	万千瓦特	103	30	35	70	40
机收面积	公顷	80350	35666	36899	77675	27100
设施农业占地面积	公顷	5720	1477	143	11082	377
粮食总产量	吨	270535	197372	167304	325337	105208
棉花产量	吨	7102	5586	8062	9207	
油料产量	吨	27663	3708	12694	3948	7348
肉类总产量	吨	40825	11443	55178	15939	16438
规模以上工业企业单位数	个	47	28	22	37	20
规模以上工业总产值	万元	606828	389431	828939	1691028	385328
固定资产投资	万元	965264	967484	1240415	2060800	685968
四、教育、卫生和社会保障						
普通中学在校学生数	人	29103	23785	22007	27006	15413
中等职业教育学校在校学生数	人	1726	2710	1240	2472	523
小学在校学生数	人	36839	23125	17139	32593	13279
医疗卫生机构床位数	床	2475	1393	1496	2643	592
各种社会福利收养性单位数	个	10	7	6	7	6
各种社会福利收养性单位床位数	床	1571	240	376	1500	181

2014年县(市)社会经济主要指标

陕西省

指　　标	单位	富平县	韩城市	华阴市	延长县	延川县
一、基本情况						
行政区域面积	平方公里	1243	1621	817	2368	1985
乡个数	个				2	2
镇个数	个	17	10	4	7	8
街道办事处个数	个		2	2		1
户籍人口	万人	80	40	26	15	20
第二产业从业人员	人	113816	94861	14789	5032	14537
第三产业从业人员	人	95819	123567	60350	7895	10700
固定电话用户	户	83000	68245	38279	14100	19148
二、综合经济						
地区生产总值	万元	1355020	3030147	783510	410920	1001686
第一产业增加值	万元	263250	138177	56300	86980	59426
农业增加值	万元	169165	111293	41579	77113	47783
牧业增加值	万元	78285	23441	11074	7488	6763
第二产业增加值	万元	688290	2364520	420530	192460	783550
公共财政收入	万元	40365	270558	38701	34562	34133
各项税收	万元	29375	195971	5279	15330	33850
公共财政支出	万元	308006	307921	127778	136330	181568
居民储蓄存款余额	万元	1132818	1494678	606518	247428	267500
年末金融机构各项贷款余额	万元	549432	1510527	520016	141143	665715
三、农业、工业及投资						
农业机械总动力	万千瓦特	61	28	9	10	7
机收面积	公顷	81000	14273	14527	135	350
设施农业占地面积	公顷	2376	1300	185	1057	368
粮食总产量	吨	355004	72790	75000	40077	43018
棉花产量	吨	643	120	1470	560	358
油料产量	吨	5014	1205	1165	3480	1008
肉类总产量	吨	19625	9625	4228	3232	3163
规模以上工业企业单位数	个	43	79	17	2	8
规模以上工业总产值	万元	1602100	6736127	1037298	6733	57908
固定资产投资	万元	1299752	2523942	1190201	527901	346565
四、教育、卫生和社会保障						
普通中学在校学生数	人	18077	20549	7981	4225	8198
中等职业教育学校在校学生数	人	3313	3043	450	720	905
小学在校学生数	人	36974	21526	13160	6405	11896
医疗卫生机构床位数	床	2221	2068	1126	464	484
各种社会福利收养性单位数	个	4	2	1	2	11
各种社会福利收养性单位床位数	床	113	200	150	52	488

2014年县(市)社会经济主要指标

陕西省

指　　标	单位	子长县	安塞县	志丹县	吴起县	甘泉县
一、基本情况						
行政区域面积	平方公里	2396	2949	3781	3789	2272
乡个数	个	1	1	1	3	3
镇个数	个	9	8	7	6	3
街道办事处个数	个					2
户籍人口	万人	27	19	16	14	9
第二产业从业人员	人	21716	7259	12856	9962	12010
第三产业从业人员	人	24249	30340	15734	18770	2850
固定电话用户	户	36400	14366	16700	17282	9439
二、综合经济						
地区生产总值	万元	811240	1064380	1666192	2115141	224370
第一产业增加值	万元	72000	73190	50192	49401	42190
农业增加值	万元	48504	62804	32324	31888	29688
牧业增加值	万元	20514	6363	12183	13110	9356
第二产业增加值	万元	537190	821810	1401270	1876540	97030
公共财政收入	万元	65998	142521	254706	355688	33017
各项税收	万元	26281	80101	142900	200652	11927
公共财政支出	万元	157032	209096	283425	371574	91394
居民储蓄存款余额	万元	336665	281200	418000	307675	148044
年末金融机构各项贷款余额	万元	232656	220499	621539	248113	93296
三、农业、工业及投资						
农业机械总动力	万千瓦特	14	11	15	18	9
机收面积	公顷	280	3800	1000	3223	133
设施农业占地面积	公顷	828	2502	1113	620	688
粮食总产量	吨	77657	71490	53180	62146	42427
棉花产量	吨					
油料产量	吨	6420	4312	600	900	76
肉类总产量	吨	9115	3276	3311	5745	4478
规模以上工业企业单位数	个	22	8	10	7	7
规模以上工业总产值	万元	553803	198261	37537	16215	99274
固定资产投资	万元	1158898	1350074	2059000	2198550	166506
四、教育、卫生和社会保障						
普通中学在校学生数	人	12897	8633	5280	7845	3659
中等职业教育学校在校学生数	人	4300	952	1960	406	652
小学在校学生数	人	17340	14851	13297	12162	6719
医疗卫生机构床位数	床	948	683	744	580	308
各种社会福利收养性单位数	个	1	5	1	1	1
各种社会福利收养性单位床位数	床	70	182	300	248	200

2014年县(市)社会经济主要指标

陕西省

指　　标	单位	富县	洛川县	宜川县	黄龙县	黄陵县
一、基本情况						
行政区域面积	平方公里	4180	1792	2938	2746	2287
乡个数	个	1	5	3	3	1
镇个数	个	9	7	6	4	6
街道办事处个数	个			1		
户籍人口	万人	15	22	12	5	13
第二产业从业人员	人	3120	16102	2125	2188	19475
第三产业从业人员	人	11166	22061	6325	2365	5239
固定电话用户	户	16773	21953	11608	6968	19500
二、综合经济						
地区生产总值	万元	389532	2294430	227170	111105	1113593
第一产业增加值	万元	124682	220480	110820	45615	79823
农业增加值	万元	116898	177811	103811	31694	70304
牧业增加值	万元	5778	40689	4654	7317	7446
第二产业增加值	万元	128620	1895920	14980	10660	850520
公共财政收入	万元	30844	26100	11152	4226	88293
各项税收	万元	23432	15435	5768	3033	68838
公共财政支出	万元	114500	140935	105068	99232	127301
居民储蓄存款余额	万元	255550	420529	226629	100915	521078
年末金融机构各项贷款余额	万元	282987	951555	106102	38974	297536
三、农业、工业及投资						
农业机械总动力	万千瓦特	16	30	27	8	27
机收面积	公顷	1543	4390	1420	5900	609
设施农业占地面积	公顷	655		292	4	153
粮食总产量	吨	35010	99282	37235	86149	47939
棉花产量	吨			229		
油料产量	吨	315	780	878	227	2676
肉类总产量	吨	2993	25741	2518	2526	3043
规模以上工业企业单位数	个	5	4	3		28
规模以上工业总产值	万元	57727	17013	11077		1315230
固定资产投资	万元	487608	528563	234681	105400	723916
四、教育、卫生和社会保障						
普通中学在校学生数	人	6681	13473	6097	2012	6985
中等职业教育学校在校学生数	人	1176	4123	1736	217	985
小学在校学生数	人	10214	14414	6639	2186	8439
医疗卫生机构床位数	床	571	678	416	167	755
各种社会福利收养性单位数	个	2	1	2	4	1
各种社会福利收养性单位床位数	床	252	268	250	294	350

2014年县(市)社会经济主要指标

陕西省

指　标	单位	南郑县	城固县	洋县	西乡县	勉县
一、基本情况						
行政区域面积	平方公里	2824	2265	3206	3253	2406
乡个数	个					
镇个数	个	22	18	20	18	19
街道办事处个数	个					
户籍人口	万人	57	54	45	42	43
第二产业从业人员	人	61759	29271	37206	35504	35568
第三产业从业人员	人	87971	87233	17146	51996	71489
固定电话用户	户	45400	62409	43487	61554	89893
二、综合经济						
地区生产总值	万元	1540416	1688411	944018	753805	1114061
第一产业增加值	万元	212543	415806	224026	174215	195601
农业增加值	万元	112231	319764	150222	97797	119350
牧业增加值	万元	82878	78117	52344	70799	68408
第二产业增加值	万元	916712	763504	424718	259729	601087
公共财政收入	万元	64962	23730	35195	22069	31020
各项税收	万元	53314	19772	15007	15949	26679
公共财政支出	万元	264524	227081	221117	199500	195829
居民储蓄存款余额	万元	1121066	1213539	930121	796761	1079310
年末金融机构各项贷款余额	万元	490065	379326	627866	448310	728483
三、农业、工业及投资						
农业机械总动力	万千瓦特	22	24	22	33	17
机收面积	公顷	16280	18668	13080	10756	10600
设施农业占地面积	公顷	470	362	323	174	369
粮食总产量	吨	148007	140327	156204	98670	133513
棉花产量	吨				1	
油料产量	吨	34596	22987	28182	25924	30220
肉类总产量	吨	39131	49339	45253	50590	43464
规模以上工业企业单位数	个	51	51	31	43	44
规模以上工业总产值	万元	1356291	1630293	902114	472795	2680226
固定资产投资	万元	553457	1387600	817119	606170	346921
四、教育、卫生和社会保障						
普通中学在校学生数	人	29029	25411	22953	20159	22515
中等职业教育学校在校学生数	人	4428	4194	3427	1772	660
小学在校学生数	人	28931	27261	23826	24312	17257
医疗卫生机构床位数	床	1185	1945	1526	1824	1722
各种社会福利收养性单位数	个	13	11	7	9	19
各种社会福利收养性单位床位数	床	1020	1235	1004	1150	767

2014年县(市)社会经济主要指标

陕西省

指　　标	单位	宁强县	略阳县	镇巴县	留坝县	佛坪县
一、基本情况						
行政区域面积	平方公里	3260	2831	3437	1965	1279
乡个数	个					
镇个数	个	21	18	21	8	8
街道办事处个数	个					
户籍人口	万人	33	19	29	4	3
第二产业从业人员	人	31490	23648	18407	1451	2115
第三产业从业人员	人	48163	44451	22243	4564	5786
固定电话用户	户	38172	17596	21600	8721	2656
二、综合经济						
地区生产总值	万元	619349	631949	564234	114236	66477
第一产业增加值	万元	174047	86095	151722	28837	11775
农业增加值	万元	93399	54228	79449	20537	8067
牧业增加值	万元	69141	24760	54114	5617	2405
第二产业增加值	万元	200686	302858	198727	29901	23353
公共财政收入	万元	16072	17016	15176	4346	3117
各项税收	万元	10991	18198	6843	2898	2819
公共财政支出	万元	169701	131970	157028	61465	55700
居民储蓄存款余额	万元	560709	428349	337575	28240	74206
年末金融机构各项贷款余额	万元	206678	310629	163018	71150	46417
三、农业、工业及投资						
农业机械总动力	万千瓦特	17	25	10	3	4
机收面积	公顷	1357	256	360	230	441
设施农业占地面积	公顷	71	136	2	17	
粮食总产量	吨	82549	47119	86865	11691	8581
棉花产量	吨					
油料产量	吨	12653	4966	11521	916	469
肉类总产量	吨	34781	15754	31931	3814	2543
规模以上工业企业单位数	个	35	25	13	5	5
规模以上工业总产值	万元	397302	666261	245736	25848	21302
固定资产投资	万元	717400	313000	467200	157700	100602
四、教育、卫生和社会保障						
普通中学在校学生数	人	16439	6854	13124	1908	1289
中等职业教育学校在校学生数	人	845	794	2107		
小学在校学生数	人	15420	7895	17597	1893	1573
医疗卫生机构床位数	床	1355	708	841	225	175
各种社会福利收养性单位数	个	27	8	7	1	6
各种社会福利收养性单位床位数	床	644	1600	1222	300	380

2014年县(市)社会经济主要指标

陕西省

指　　标	单位	神木县	府谷县	横山县	靖边县	定边县
一、基本情况						
行政区域面积	平方公里	7635	3229	4282	5088	6920
乡个数	个			2	6	5
镇个数	个	15	15	12	11	15
街道办事处个数	个		3		4	
户籍人口	万人	44	25	37	34	35
第二产业从业人员	人	17080	33552	61486	46373	23400
第三产业从业人员	人	37468	31993	33987	35297	35260
固定电话用户	户	53924	37857	19900	46000	34926
二、综合经济						
地区生产总值	万元	9682380	4365781	1360900	3651900	3383900
第一产业增加值	万元	119740	59581	141900	196000	181400
农业增加值	万元	52048	36355	64918	96700	116800
牧业增加值	万元	66646	17836	72441	89900	59000
第二产业增加值	万元	6785300	3727200	785800	2818300	2740500
公共财政收入	万元	540203	231055	37826	200000	211044
各项税收	万元	301320	459832	53343	99100	150169
公共财政支出	万元	388726	317826	196305	327688	327717
居民储蓄存款余额	万元	3671339	2118900	405000	579289	757646
年末金融机构各项贷款余额	万元	4147845	2695800	437900	1468224	874215
三、农业、工业及投资						
农业机械总动力	万千瓦特	29	31	25	55	61
机收面积	公顷			8749	30000	41271
设施农业占地面积	公顷	1587	178	270	2264	1327
粮食总产量	吨	124121	67214	158008	237461	298472
棉花产量	吨		67			
油料产量	吨	6799	2433	1520	7170	14971
肉类总产量	吨	18256	6407	19621	30173	19954
规模以上工业企业单位数	个	186	229	28	42	12
规模以上工业总产值	万元	11386309	6396803	727232	4810472	838764
固定资产投资	万元	2254562	1506681	1025300	2020351	1161100
四、教育、卫生和社会保障						
普通中学在校学生数	人	20012	12695	10393	21288	18536
中等职业教育学校在校学生数	人	5579	1998	2053	1988	627
小学在校学生数	人	34447	17707	18313	32353	19324
医疗卫生机构床位数	床	2458	1296	1019	1433	1398
各种社会福利收养性单位数	个	3	5	1	3	3
各种社会福利收养性单位床位数	床	590	225	55	518	472

2014年县(市)社会经济主要指标

陕西省

指　　标	单位	绥德县	米脂县	佳县	吴堡县	清涧县
一、基本情况						
行政区域面积	平方公里	1853	1212	2029	418	1881
乡个数	个	4	2	5	6	4
镇个数	个	12	8	11	6	8
街道办事处个数	个		4		5	1
户籍人口	万人	36	22	27	9	22
第二产业从业人员	人	48333	22317	48809	12823	18053
第三产业从业人员	人	42158	18854	24687	11439	16302
固定电话用户	户	27531	17012	20985	8461	17942
二、综合经济						
地区生产总值	万元	540584	486560	414700	178100	392234
第一产业增加值	万元	104284	59630	94000	25000	119534
农业增加值	万元	85996	43511	77216	20200	103438
牧业增加值	万元	15303	14734	13580	3600	13141
第二产业增加值	万元	75300	136260	119100	65300	118800
公共财政收入	万元	8261	8041	9002	3256	6600
各项税收	万元	7308	8041	7948	2477	6600
公共财政支出	万元	236000	160277	176687	105906	161229
居民储蓄存款余额	万元	504613	292096	37000	116625	192729
年末金融机构各项贷款余额	万元	461711	277767	139200	148000	184316
三、农业、工业及投资						
农业机械总动力	万千瓦特	18	18	15	7	16
机收面积	公顷					
设施农业占地面积	公顷	532	26	50	13	205
粮食总产量	吨	89895	88080	76731	18816	75119
棉花产量	吨				7	46
油料产量	吨	22104	3919	3224	1242	8856
肉类总产量	吨	4380	4828	4418	951	5449
规模以上工业企业单位数	个	11	13	14	11	25
规模以上工业总产值	万元	62088	235328	137003	75273	176744
固定资产投资	万元	450733	272512	573500	90900	291000
四、教育、卫生和社会保障						
普通中学在校学生数	人	16053	7696	5650	2975	1737
中等职业教育学校在校学生数	人	495	724			745
小学在校学生数	人	16305	8099	14927	4025	5231
医疗卫生机构床位数	床	2426	636	488	393	729
各种社会福利收养性单位数	个	3	7	4	1	3
各种社会福利收养性单位床位数	床	489	177	98	300	223

2014年县(市)社会经济主要指标

陕西省

指　　标	单位	子洲县	汉阴县	石泉县	宁陕县	紫阳县
一、基本情况						
行政区域面积	平方公里	2042	1365	1516	3678	2240
乡个数	个	3				
镇个数	个	11	14	11	12	21
街道办事处个数	个					
户籍人口	万人	30	31	18	7	34
第二产业从业人员	人	20446	60239	15579	7348	17579
第三产业从业人员	人	23226	26063	30830	5549	85660
固定电话用户	户	15361	25763	21819	8906	25022
二、综合经济						
地区生产总值	万元	522600	684351	547592	222224	647899
第一产业增加值	万元	103415	116776	63252	40626	109509
农业增加值	万元	75268	76817	34861	25448	81454
牧业增加值	万元	25170	29530	20662	5911	19470
第二产业增加值	万元	218500	402158	364870	125292	353823
公共财政收入	万元	8258	19900	12985	10499	21342
各项税收	万元	5044	10014	8369	3710	7217
公共财政支出	万元	176603	171000	133666	80040	192301
居民储蓄存款余额	万元	59450	502540	372015	149700	404688
年末金融机构各项贷款余额	万元	184894	274822	245240	87408	248181
三、农业、工业及投资						
农业机械总动力	万千瓦特	12	22	12	6	14
机收面积	公顷		25000	2876		
设施农业占地面积	公顷	25	899	18	2	7
粮食总产量	吨	105898	103270	66859	19212	109089
棉花产量	吨		14			
油料产量	吨	8838	28839	13746	854	12527
肉类总产量	吨	6499	33963	21066	4745	33255
规模以上工业企业单位数	个	6	62	60	13	37
规模以上工业总产值	万元	266300	1038595	912055	174675	655265
固定资产投资	万元	151158	490897	509597	257033	531617
四、教育、卫生和社会保障						
普通中学在校学生数	人	6551	13309	7388	2971	15054
中等职业教育学校在校学生数	人	1197	3723	1918	480	1504
小学在校学生数	人	12462	18526	9465	3753	21213
医疗卫生机构床位数	床	682	1023	688	303	852
各种社会福利收养性单位数	个	7	20	47	4	23
各种社会福利收养性单位床位数	床	392	2263	2194	790	2605

2014年县(市)社会经济主要指标

陕西省

指　　标	单位	岚皋县	平利县	镇坪县	旬阳县	白河县
一、基本情况						
行政区域面积	平方公里	1957	2648	1502	3541	1453
乡个数	个					
镇个数	个	15	11	9	22	12
街道办事处个数	个					
户籍人口	万人	17	23	6	46	21
第二产业从业人员	人	22174	39862	4955	54279	37276
第三产业从业人员	人	34198	12655	7639	48166	23087
固定电话用户	户	18592	25266	5500	29600	20156
二、综合经济						
地区生产总值	万元	351051	605864	120586	1123710	482711
第一产业增加值	万元	60251	97246	29761	120872	69993
农业增加值	万元	39075	65040	16064	71892	51402
牧业增加值	万元	16000	29413	9694	39560	14451
第二产业增加值	万元	195514	405918	42995	669877	295433
公共财政收入	万元	10192	21628	5944	52500	13026
各项税收	万元	5550	7375	2520	134561	6663
公共财政支出	万元	128389	161892	69333	262860	142285
居民储蓄存款余额	万元	297434	395981	99894	736319	320195
年末金融机构各项贷款余额	万元	234044	216536	52454	697204	192569
三、农业、工业及投资						
农业机械总动力	万千瓦特	8	13	4	29	13
机收面积	公顷		130		3800	
设施农业占地面积	公顷	78	2568	13	1039	7
粮食总产量	吨	65530	74132	27056	123708	57364
棉花产量	吨					
油料产量	吨	7022	11597	1693	21038	6593
肉类总产量	吨	21778	30411	15956	46260	15266
规模以上工业企业单位数	个	24	59	15	55	34
规模以上工业总产值	万元	374135	868386	58249	1212882	719010
固定资产投资	万元	318343	370789	126746	914834	373478
四、教育、卫生和社会保障						
普通中学在校学生数	人	7258	9586	2870	20393	9754
中等职业教育学校在校学生数	人	801	1830	316	4136	2312
小学在校学生数	人	9457	12182	3600	22087	11809
医疗卫生机构床位数	床	772	680	258	1875	600
各种社会福利收养性单位数	个	32	23	4	20	19
各种社会福利收养性单位床位数	床	2067	1211	600	1790	2400

2014年县(市)社会经济主要指标

陕西省

指　　标	单位	商州区	洛南县	丹凤县	商南县	山阳县
一、基本情况						
行政区域面积	平方公里	2672	2830	2438	2307	3535
乡个数	个					
镇个数	个	19	19	16	13	23
街道办事处个数	个	4				
户籍人口	万人	56	46	31	25	47
第二产业从业人员	人	55035	36267	2840	12636	41423
第三产业从业人员	人	46854	30575	9980	55296	43662
固定电话用户	户	80332	43000	21200	25267	38205
二、综合经济						
地区生产总值	万元	1176497	920575	732040	633940	955100
第一产业增加值	万元	136167	198025	110632	118620	165230
农业增加值	万元	102889	121850	61811	64567	87981
牧业增加值	万元	23474	63675	42649	38734	72024
第二产业增加值	万元	516000	459900	362200	313450	492100
公共财政收入	万元	64720	50240	29822	31983	38003
各项税收	万元	31352	29744	16599	17602	19990
公共财政支出	万元	245118	243928	195950	180405	252670
居民储蓄存款余额	万元	1523441	771970	590492	424364	689279
年末金融机构各项贷款余额	万元	1332998	309698	203157	250082	373184
三、农业、工业及投资						
农业机械总动力	万千瓦特	17	16	6	8	18
机收面积	公顷	1200	60		625	2950
设施农业占地面积	公顷	230	243	35	178	436
粮食总产量	吨	81183	142081	51142	49332	86812
棉花产量	吨					
油料产量	吨	361	1046	1096	10642	2859
肉类总产量	吨	16737	37714	24614	23401	31543
规模以上工业企业单位数	个	20	46	27	24	35
规模以上工业总产值	万元	1246936	1112170	559461	588223	953229
固定资产投资	万元	1304060	939974	775700	720620	795765
四、教育、卫生和社会保障						
普通中学在校学生数	人	26820	20070	7215	11004	21048
中等职业教育学校在校学生数	人	4046	3487	2305	1487	5216
小学在校学生数	人	26063	21642	16727	13267	26139
医疗卫生机构床位数	床	3463	1717	1200	943	1625
各种社会福利收养性单位数	个	12	11	10	13	14
各种社会福利收养性单位床位数	床	792	1185	1052	1185	2006

2014年县(市)社会经济主要指标

陕西省、甘肃省

指　　标	单位	镇安县	柞水县	永登县	皋兰县	榆中县
一、基本情况						
行政区域面积	平方公里	3487	2332	5622	2174	3302
乡个数	个	14		5	1	15
镇个数	个	14	13	11	5	8
街道办事处个数	个	1				
户籍人口	万人	30	16	44	14	45
第二产业从业人员	人	25571	16321	41863	9176	30468
第三产业从业人员	人	84219	24771	74735	18513	72046
固定电话用户	户	22530	21800	29927	14526	12814
二、综合经济						
地区生产总值	万元	774980	641800	1037030	442760	971571
第一产业增加值	万元	118900	60580	100712	55318	140148
农业增加值	万元	78855	24870	78635	47991	124664
牧业增加值	万元	27287	26787	21013	6399	15222
第二产业增加值	万元	447400	405700	486017	237353	430912
公共财政收入	万元	39300	27519	34735	28930	42216
各项税收	万元	24230	18816	24247	24238	33190
公共财政支出	万元	200995	134277	179633	107296	190746
居民储蓄存款余额	万元	454058	316926	803100	549204	1075032
年末金融机构各项贷款余额	万元	263746	179922	811800	600613	960949
三、农业、工业及投资						
农业机械总动力	万千瓦特	14	7	40	25	41
机收面积	公顷	1065	320	20667	5630	20333
设施农业占地面积	公顷	70	2	1328	1055	1286
粮食总产量	吨	75641	35792	163836	39541	190200
棉花产量	吨	2				
油料产量	吨	5249	336	7912	4543	4897
肉类总产量	吨	12436	8433	10765	3584	9865
规模以上工业企业单位数	个	32	21	51	38	30
规模以上工业总产值	万元	614890	1234185	2604754	1210755	1937980
固定资产投资	万元	756000	680402	621199	293149	960000
四、教育、卫生和社会保障						
普通中学在校学生数	人	14997	12118	20840	4191	22897
中等职业教育学校在校学生数	人	4056	2801	263		227
小学在校学生数	人	18128	10779	21073	6852	21860
医疗卫生机构床位数	床	1075	498	1398	352	1339
各种社会福利收养性单位数	个	14	16	6	7	3
各种社会福利收养性单位床位数	床	1900	269	23	253	260

2014年县(市)社会经济主要指标

甘肃省

指　　标	单位	永昌县	靖远县	会宁县	景泰县	清水县
一、基本情况						
行政区域面积	平方公里	5877	5792	6439	5483	2012
乡个数	个	4	15	22	5	12
镇个数	个	6	3	6	6	6
街道办事处个数	个				7	
户籍人口	万人	25	48	57	24	33
第二产业从业人员	人	27901	33285	22335	16541	12305
第三产业从业人员	人	48361	41638	65496	33470	28411
固定电话用户	户	20720	32340	40337	21900	11217
二、综合经济						
地区生产总值	万元	655851	634180	572158	545175	367078
第一产业增加值	万元	138160	212179	162691	108845	103976
农业增加值	万元	111370	162179	61916	65496	81509
牧业增加值	万元	25933	44355	98517	39336	21882
第二产业增加值	万元	238721	189841	171085	206358	55285
公共财政收入	万元	199384	28687	21436	22813	13500
各项税收	万元	41152	16397	14723	34887	13114
公共财政支出	万元	151808	233345	282504	148115	173233
居民储蓄存款余额	万元	583190	478785	544773	366822	299360
年末金融机构各项贷款余额	万元	797397	439046	474671	541293	252421
三、农业、工业及投资						
农业机械总动力	万千瓦特	74	66	61	59	15
机收面积	公顷	38	7900	13727	23335	860
设施农业占地面积	公顷	616	8573	494	457	666
粮食总产量	吨	296557	198362	396733	177530	183780
棉花产量	吨					
油料产量	吨	15541	4278	3640	14715	18186
肉类总产量	吨	9735	20792	39489	16926	15100
规模以上工业企业单位数	个	51	15	21	40	7
规模以上工业总产值	万元	2210587	249819	353602	543595	93953
固定资产投资	万元	700019	733604	656574	775061	524620
四、教育、卫生和社会保障						
普通中学在校学生数	人	14910	34918	43599	15141	12851
中等职业教育学校在校学生数	人	1880	3006	6435	1218	
小学在校学生数	人	13851	27393	29264	13903	25289
医疗卫生机构床位数	床	852	1015	2195	793	887
各种社会福利收养性单位数	个	2	10	10	13	13
各种社会福利收养性单位床位数	床	282	307	334	579	200

2014年县(市)社会经济主要指标

甘肃省

指　　标	单位	秦安县	甘谷县	武山县	张家川回族自治县	凉州区
一、基本情况						
行政区域面积	平方公里	1602	1572	2011	1312	5081
乡个数	个	12	10	9	12	18
镇个数	个	5	5	6	3	19
街道办事处个数	个					8
户籍人口	万人	58	64	46	34	102
第二产业从业人员	人	764	77374	21541	1481	75928
第三产业从业人员	人	15686	72253	82903	11120	107010
固定电话用户	户	3875	36731	42586	21525	143700
二、综合经济						
地区生产总值	万元	492502	553666	483782	250205	2603442
第一产业增加值	万元	160200	157719	177288	61285	538491
农业增加值	万元	140873	138507	161214	48336	345877
牧业增加值	万元	19152	18770	14637	12102	190550
第二产业增加值	万元	110339	179050	104257	43013	1131543
公共财政收入	万元	33656	30547	14407	11667	87666
各项税收	万元	9858	33348	10577	6847	56944
公共财政支出	万元	238430	224366	193749	167819	545930
居民储蓄存款余额	万元	730570	645635	443154	307224	2874875
年末金融机构各项贷款余额	万元	513368	324182	303072	126603	3359509
三、农业、工业及投资						
农业机械总动力	万千瓦特	28	24	28	14	157
机收面积	公顷	4670	4250	4690	4667	38700
设施农业占地面积	公顷	1958	3524	3219	565	12664
粮食总产量	吨	216643	195415	138980	123845	681908
棉花产量	吨					
油料产量	吨	9187	11077	7286	5507	22618
肉类总产量	吨	15123	16617	10816	6312	90265
规模以上工业企业单位数	个	16	15	13	11	91
规模以上工业总产值	万元	120206	262582	178886	72459	3286230
固定资产投资	万元	398102	747809	684418	424710	4272331
四、教育、卫生和社会保障						
普通中学在校学生数	人	25168	46453	32101	17085	32858
中等职业教育学校在校学生数	人	1068	3818	1750	1993	9369
小学在校学生数	人	38208	64378	38368	36543	62501
医疗卫生机构床位数	床	915	1561	1568	1200	2941
各种社会福利收养性单位数	个	4	3	14	8	18
各种社会福利收养性单位床位数	床	60	450	133	185	2451

2014年县(市)社会经济主要指标

甘肃省

指　　标	单位	民勤县	古浪县	天祝藏族自治县	甘州区	肃南裕固族自治县
一、基本情况						
行政区域面积	平方公里	15907	5130	7147	4240	23887
乡个数	个	12	10	10	7	6
镇个数	个	6	9	9	11	2
街道办事处个数	个	1	1		5	
户籍人口	万人	27	39	17	51	4
第二产业从业人员	人	10296	26790	8550	33498	5570
第三产业从业人员	人	35926	56861	25863	56984	6473
固定电话用户	户	8475	33330	32071	138400	6200
二、综合经济						
地区生产总值	万元	644105	400185	437593	1481585	301424
第一产业增加值	万元	221596	117189	59358	338082	45018
农业增加值	万元	164368	74668	18870	256380	9927
牧业增加值	万元	53895	40742	39694	79104	34772
第二产业增加值	万元	211860	135635	224397	382592	191065
公共财政收入	万元	27508	18331	34400	64995	31704
各项税收	万元	29615	11237	18294	40394	20784
公共财政支出	万元	255949	245981	279518	329777	121922
居民储蓄存款余额	万元	833201	477113	355700	1616900	87576
年末金融机构各项贷款余额	万元	1003347	473371	439900	2200400	108191
三、农业、工业及投资						
农业机械总动力	万千瓦特	142	73	28	74	8
机收面积	公顷	14000	4300	2400	29870	3730
设施农业占地面积	公顷	2793	3325	2296	6684	14
粮食总产量	吨	133990	192072	47125	423369	24752
棉花产量	吨	12249				
油料产量	吨	63668	27127	3752	4872	302
肉类总产量	吨	18214	19080	14929	49149	9931
规模以上工业企业单位数	个	30	27	38	71	25
规模以上工业总产值	万元	503832	517486	531471	971000	494389
固定资产投资	万元	1514143	809493	775949	970200	362032
四、教育、卫生和社会保障						
普通中学在校学生数	人	19422	21367	12319	30901	1282
中等职业教育学校在校学生数	人	4382	2114	380	9016	275
小学在校学生数	人	11091	34811	10888	30163	1703
医疗卫生机构床位数	床	1183	945	777	2942	404
各种社会福利收养性单位数	个	5	8	2	19	1
各种社会福利收养性单位床位数	床	1008	277	398	550	120

2014年县(市)社会经济主要指标

甘肃省

指 标	单位	民乐县	临泽县	高台县	山丹县	崆峒区
一、基本情况						
行政区域面积	平方公里	3687	2729	4426	5402	1936
乡个数	个	4		2	2	13
镇个数	个	6	7	7	6	4
街道办事处个数	个					3
户籍人口	万人	25	15	16	20	51
第二产业从业人员	人	15886	11837	28755	21081	58312
第三产业从业人员	人	31818	30259	29415	50247	117151
固定电话用户	户	38030	35600	32696	33627	90845
二、综合经济						
地区生产总值	万元	440878	474246	503931	418302	1175809
第一产业增加值	万元	134155	127135	158966	86467	155166
农业增加值	万元	101922	83763	125287	69188	115117
牧业增加值	万元	31187	39532	31222	15994	37781
第二产业增加值	万元	153775	166813	168214	134389	364924
公共财政收入	万元	18988	40028	54090	25160	41773
各项税收	万元	10397	24002	23582	16629	37038
公共财政支出	万元	148863	130419	150199	146657	236757
居民储蓄存款余额	万元	280894	325796	320006	391521	1445567
年末金融机构各项贷款余额	万元	428459	366875	397469	405856	1813867
三、农业、工业及投资						
农业机械总动力	万千瓦特	54	42	32	35	32
机收面积	公顷	35210	1501	18467	22708	15340
设施农业占地面积	公顷	850	1261	1905	145	1167
粮食总产量	吨	283560	159107	170931	192002	222324
棉花产量	吨		323	3350		
油料产量	吨	11681	626	1921	16859	10798
肉类总产量	吨	15695	16027	16879	8847	16210
规模以上工业企业单位数	个	27	19	32	23	46
规模以上工业总产值	万元	457391	494371	363985	232627	834104
固定资产投资	万元	357427	350836	353596	362877	1596167
四、教育、卫生和社会保障						
普通中学在校学生数	人	16307	7559	8602	9609	31380
中等职业教育学校在校学生数	人	1359	1363	1588	1166	
小学在校学生数	人	16834	7183	7586	11152	37121
医疗卫生机构床位数	床	1206	778	1062	1294	3605
各种社会福利收养性单位数	个	4	8	10	9	15
各种社会福利收养性单位床位数	床	283	225	590	214	121

2014年县(市)社会经济主要指标

甘肃省

指　　标	单位	泾川县	灵台县	崇信县	华亭县	庄浪县
一、基本情况						
行政区域面积	平方公里	1409	2038	850	1182	1553
乡个数	个	8	8	4	5	13
镇个数	个	6	5	2	5	5
街道办事处个数	个	1				
户籍人口	万人	36	23	10	19	45
第二产业从业人员	人	28387	746	4737	25652	16815
第三产业从业人员	人	48893	8572	12518	18175	53304
固定电话用户	户	21000	12007	7225	16612	15500
二、综合经济						
地区生产总值	万元	470610	295311	289329	502611	358141
第一产业增加值	万元	180644	114975	61752	70348	121322
农业增加值	万元	141696	92756	41755	45979	100214
牧业增加值	万元	34292	21630	19303	24149	19230
第二产业增加值	万元	128092	80589	158727	313829	93759
公共财政收入	万元	16267	10125	26506	57229	9655
各项税收	万元	10743	5294	20223	48412	8627
公共财政支出	万元	178564	130169	93062	125484	215027
居民储蓄存款余额	万元	580500	358426	198100	544474	465011
年末金融机构各项贷款余额	万元	423000	247820	172100	639723	308898
三、农业、工业及投资						
农业机械总动力	万千瓦特	18	21	7	9	29
机收面积	公顷	26550	18770	4800	4670	8060
设施农业占地面积	公顷	725	267	602	152	365
粮食总产量	吨	170520	194315	63307	94343	190486
棉花产量	吨					
油料产量	吨	4926	20170	8177	3020	7333
肉类总产量	吨	14965	8479	7959	12076	14504
规模以上工业企业单位数	个	10	6	9	21	13
规模以上工业总产值	万元	141900	35201	378378	807257	127801
固定资产投资	万元	597421	365641	517738	1297021	423886
四、教育、卫生和社会保障						
普通中学在校学生数	人	21950	13049	5070	10543	34838
中等职业教育学校在校学生数	人	5035	1699	997	1374	5972
小学在校学生数	人	21340	12312	6206	14811	34319
医疗卫生机构床位数	床	1193	717	362	1352	1750
各种社会福利收养性单位数	个	8	20	7	12	13
各种社会福利收养性单位床位数	床	357	532	185	262	396

2014年县(市)社会经济主要指标

甘肃省

指　　标	单位	静宁县	肃州区	金塔县	瓜州县	肃北蒙古族自治县
一、基本情况						
行政区域面积	平方公里	2194	3386	18798	24130	66748
乡个数	个	19	8	4	10	2
镇个数	个	5	7	5	5	2
街道办事处个数	个		7			
户籍人口	万人	49	41	15	13	1
第二产业从业人员	人	12416	23984	11973	19374	2025
第三产业从业人员	人	17182	82213	24386	22481	2375
固定电话用户	户	21266	96600	18126	12200	3781
二、综合经济						
地区生产总值	万元	421263	1958551	704274	694856	341496
第一产业增加值	万元	143402	230073	159593	84195	4519
农业增加值	万元	123481	166630	122381	64397	1036
牧业增加值	万元	17779	60236	27730	15972	3482
第二产业增加值	万元	120372	880199	224547	373564	271368
公共财政收入	万元	14568	53668	17167	37937	28808
各项税收	万元	23466	43327	21436	31738	13358
公共财政支出	万元	237371	186366	107241	87360	78502
居民储蓄存款余额	万元	481988	1892000	334980	321201	45953
年末金融机构各项贷款余额	万元	442867	2691800	431208	840068	45255
三、农业、工业及投资						
农业机械总动力	万千瓦特	30	82	47	36	4
机收面积	公顷	8540	14728	7660	26300	640
设施农业占地面积	公顷	206	6385	2571	852	333
粮食总产量	吨	210000	162762	77632	25398	5508
棉花产量	吨			12241	11230	
油料产量	吨	13106	2525	3653	4935	358
肉类总产量	吨	11231	31311	16171	7213	2136
规模以上工业企业单位数	个	12	54	32	47	20
规模以上工业总产值	万元	233289	3040800	392941	653258	671782
固定资产投资	万元	635906	2428530	868294	1753847	758299
四、教育、卫生和社会保障						
普通中学在校学生数	人	33005	19692	8863	9028	688
中等职业教育学校在校学生数	人	5744	9095	1359	512	
小学在校学生数	人	33459	28536	9300	10311	667
医疗卫生机构床位数	床	1985	2378	687	577	149
各种社会福利收养性单位数	个	14	7	3	1	1
各种社会福利收养性单位床位数	床	388	1282	92	80	50

2014年县(市)社会经济主要指标

甘肃省

指　　标	单位	阿克塞哈萨克族自治县	玉门市	敦煌市	西峰区	庆城县
一、基本情况						
行政区域面积	平方公里	31241	13496	31200	996	2692
乡个数	个	2	8	2	2	10
镇个数	个	1	4	6	5	5
街道办事处个数	个		1		3	
户籍人口	万人	1	16	14	38	29
第二产业从业人员	人	448	27305	13143	49936	8074
第三产业从业人员	人	5105	37677	36643	33317	11304
固定电话用户	户	3081	17620	51678	77514	69132
二、综合经济						
地区生产总值	万元	150705	1255009	1006544	1735714	1032659
第一产业增加值	万元	5141	95989	132632	97802	86811
农业增加值	万元	918	75523	111121	86547	76718
牧业增加值	万元	4201	18526	19742	10068	8874
第二产业增加值	万元	101044	723566	315732	902966	771020
公共财政收入	万元	9936	44691	44965	68053	37026
各项税收	万元	13547	31674	38266	54017	32910
公共财政支出	万元	41471	164106	138561	245672	172700
居民储蓄存款余额	万元	40442	502866	1262766	1446664	562800
年末金融机构各项贷款余额	万元	57874	640857	994237	2048840	457200
三、农业、工业及投资						
农业机械总动力	万千瓦特	3	37	32	30	23
机收面积	公顷	380	26670	1601	32750	22800
设施农业占地面积	公顷	16	1595	1720	1903	727
粮食总产量	吨	699	52603	11098	128415	156977
棉花产量	吨		1494	15848		
油料产量	吨	5	1569		15194	17307
肉类总产量	吨	1760	8730	7995	6356	6178
规模以上工业企业单位数	个	10	58	48	26	25
规模以上工业总产值	万元	292015	2121745	730203	2558241	300300
固定资产投资	万元	324900	2401165	1513340	2395260	827132
四、教育、卫生和社会保障						
普通中学在校学生数	人	557	7737	9824	29415	8010
中等职业教育学校在校学生数	人		1860	1270	11665	1779
小学在校学生数	人	812	9976	10615	29415	15787
医疗卫生机构床位数	床	82	946	705	3151	712
各种社会福利收养性单位数	个	1	27	6	9	2
各种社会福利收养性单位床位数	床	40	275	237	735	192

2014年县(市)社会经济主要指标

甘肃省

指　标	单位	环县	华池县	合水县	正宁县	宁县
一、基本情况						
行政区域面积	平方公里	9236	3791	2933	1320	2653
乡个数	个	15	11	8	6	8
镇个数	个	5	4	4	4	10
街道办事处个数	个					
户籍人口	万人	35	13	18	24	55
第二产业从业人员	人	10544	2281	7057	5583	16312
第三产业从业人员	人	23446	8413	18012	39397	23094
固定电话用户	户	12150	30800	9261	9000	56321
二、综合经济						
地区生产总值	万元	824087	994014	554355	249592	656916
第一产业增加值	万元	88660	52023	71857	88658	141865
农业增加值	万元	59834	38106	60166	82661	118753
牧业增加值	万元	28139	10959	8415	5043	21770
第二产业增加值	万元	513070	841247	377302	29377	276276
公共财政收入	万元	54600	29400	19164	14710	29118
各项税收	万元	39830	18780	12664	7319	15213
公共财政支出	万元	250143	156713	133239	133939	224731
居民储蓄存款余额	万元	331030	217564	284205	417243	657831
年末金融机构各项贷款余额	万元	382835	180286	270139	219676	481932
三、农业、工业及投资						
农业机械总动力	万千瓦特	18	16	17	17	26
机收面积	公顷	16667	11333	6720	8365	39763
设施农业占地面积	公顷	800	680	1410	1496	1127
粮食总产量	吨	380555	133562	102041	90307	258464
棉花产量	吨					
油料产量	吨	12509	7651	11800	16249	35905
肉类总产量	吨	15249	5697	4753	3208	13716
规模以上工业企业单位数	个	10	6	5	9	11
规模以上工业总产值	万元	130115	30579	53758	29751	170312
固定资产投资	万元	1059319	780800	762400	983600	1858813
四、教育、卫生和社会保障						
普通中学在校学生数	人	21904	4103	6796	11000	25913
中等职业教育学校在校学生数	人	3221	939	1001	974	2735
小学在校学生数	人	24255	8948	10974	13585	30996
医疗卫生机构床位数	床	805	546	568	565	970
各种社会福利收养性单位数	个	9	8	3	11	17
各种社会福利收养性单位床位数	床	764	571	180	208	199

2014年县(市)社会经济主要指标

甘肃省

指　　标	单位	镇原县	安定区	通渭县	陇西县	渭源县
一、基本情况						
行政区域面积	平方公里	3500	3639	2909	2409	2066
乡个数	个	12	7	12	8	8
镇个数	个	7	12	6	9	8
街道办事处个数	个		2			
户籍人口	万人	53	46	44	52	35
第二产业从业人员	人	23442	35590	45446	18523	16104
第三产业从业人员	人	49509	42974	46304	68800	35194
固定电话用户	户	32000	38668	23427	24897	6018
二、综合经济						
地区生产总值	万元	626981	657774	339508	576041	263484
第一产业增加值	万元	149710	119043	105890	132794	94398
农业增加值	万元	122791	92479	86196	111525	79852
牧业增加值	万元	25181	25279	18939	20924	13669
第二产业增加值	万元	272770	194918	42410	142751	35469
公共财政收入	万元	32413	34018	13313	44234	15556
各项税收	万元	28076	24272	9481	78685	12629
公共财政支出	万元	246778	239814	209581	249335	192621
居民储蓄存款余额	万元	591201	941963	324179	684037	315547
年末金融机构各项贷款余额	万元	438753	1393047	373598	1011034	305210
三、农业、工业及投资						
农业机械总动力	万千瓦特	30	82	35	39	34
机收面积	公顷	37410	15620	13300	15000	
设施农业占地面积	公顷	532	1896	147	681	175
粮食总产量	吨	391984	422039	435239	222085	150296
棉花产量	吨					
油料产量	吨	30054	1870	14373	3614	455
肉类总产量	吨	15138	17030	10593	13259	9161
规模以上工业企业单位数	个	14	39	11	21	9
规模以上工业总产值	万元	179599	449377	64429	356270	41133
固定资产投资	万元	1015402	1093098	415984	1088090	486300
四、教育、卫生和社会保障						
普通中学在校学生数	人	30892	30584	34381	34574	22678
中等职业教育学校在校学生数	人	1845	7391	2942	2505	1365
小学在校学生数	人	33664	21049	21184	30821	19451
医疗卫生机构床位数	床	1392	1395	1440	2249	1386
各种社会福利收养性单位数	个	19	17	9	7	7
各种社会福利收养性单位床位数	床	461	112	268	150	184

2014年县(市)社会经济主要指标

甘肃省

指　　标	单位	临洮县	漳县	岷县	武都区	成县
一、基本情况						
行政区域面积	平方公里	2851	2164	3533	4683	1677
乡个数	个	6	9	9	21	5
镇个数	个	12	4	9	15	12
街道办事处个数	个				4	
户籍人口	万人	55	21	49	57	27
第二产业从业人员	人	56483	12957	18960	72635	16471
第三产业从业人员	人	37699	20935	47852	114561	51559
固定电话用户	户	25620	6440	22500	22763	25400
二、综合经济						
地区生产总值	万元	565054	187783	311999	849006	461730
第一产业增加值	万元	134778	56623	92607	144872	88741
农业增加值	万元	95061	41630	74978	111112	70042
牧业增加值	万元	39068	13930	17380	24599	15282
第二产业增加值	万元	176540	37660	74800	133508	157738
公共财政收入	万元	41095	13358	21790	41600	37677
各项税收	万元	45444	9383	13224	99541	25531
公共财政支出	万元	248105	191890	326878	250914	146782
居民储蓄存款余额	万元	845477	167260	382209	809300	566115
年末金融机构各项贷款余额	万元	669618	157991	416721	1359700	390943
三、农业、工业及投资						
农业机械总动力	万千瓦特	58	19	19	34	26
机收面积	公顷	11590	433		1400	10000
设施农业占地面积	公顷	2819	863	53	184	119
粮食总产量	吨	233460	61365	62153	178094	149023
棉花产量	吨				14	
油料产量	吨	4352	3182	1064	3000	7618
肉类总产量	吨	21349	7918	12535	17084	10031
规模以上工业企业单位数	个	25	2	12	13	11
规模以上工业总产值	万元	308519	83028	112894	101336	425432
固定资产投资	万元	932081	372739	617643	1004607	659753
四、教育、卫生和社会保障						
普通中学在校学生数	人	15921	13140	26261	26265	13449
中等职业教育学校在校学生数	人	2511	1326	2361	2164	321
小学在校学生数	人	30420	14411	40204	56580	19986
医疗卫生机构床位数	床	2206	378	1620	2369	942
各种社会福利收养性单位数	个	7	4	1	6	10
各种社会福利收养性单位床位数	床	141	39	35	95	80

2014年县(市)社会经济主要指标

甘肃省

指　　标	单位	文县	宕昌县	康县	西和县	礼县
一、基本情况						
行政区域面积	平方公里	4994	3331	2958	1856	4300
乡个数	个	16	19	13	11	19
镇个数	个	4	6	8	9	10
街道办事处个数	个					
户籍人口	万人	25	31	20	40	53
第二产业从业人员	人	7109	18500	6182	21661	11876
第三产业从业人员	人	35619	33200	25057	54175	83624
固定电话用户	户	40000	13189	22308	18974	33600
二、综合经济						
地区生产总值	万元	214784	190484	174304	278967	290549
第一产业增加值	万元	49649	47328	43369	62651	91295
农业增加值	万元	33741	37651	29362	46149	62940
牧业增加值	万元	13297	8628	12268	14643	27139
第二产业增加值	万元	57576	36288	48891	62167	61868
公共财政收入	万元	20177	16490	13145	21978	18234
各项税收	万元	30152	7691	7071	11001	11677
公共财政支出	万元	144792	206574	127554	176503	251566
居民储蓄存款余额	万元	297417	293300	244221	514166	538587
年末金融机构各项贷款余额	万元	406939	197420	224064	297968	319988
三、农业、工业及投资						
农业机械总动力	万千瓦特	25	14	12	22	23
机收面积	公顷	2740	1200	570	2600	4070
设施农业占地面积	公顷	137	71	177	130	1388
粮食总产量	吨	74060	89757	74706	186302	157108
棉花产量	吨					
油料产量	吨	3290	2308	796	4772	6390
肉类总产量	吨	7983	7637	5648	8492	16375
规模以上工业企业单位数	个	17	6	4	11	10
规模以上工业总产值	万元	186805	64513	142529	166823	109896
固定资产投资	万元	658366	523000	593505	662797	577603
四、教育、卫生和社会保障						
普通中学在校学生数	人	5172	15218	8413	20227	24644
中等职业教育学校在校学生数	人	1270	373	223		
小学在校学生数	人	9912	22677	11565	32257	51661
医疗卫生机构床位数	床	266	1400	707	673	699
各种社会福利收养性单位数	个	2	4			17
各种社会福利收养性单位床位数	床	13	27			97

2014年县(市)社会经济主要指标

甘肃省

指 标	单位	徽县	两当县	临夏市	临夏县	康乐县
一、基本情况						
行政区域面积	平方公里	2722	1374	89	1213	1083
乡个数	个	8	9		19	10
镇个数	个	7	3	4	6	5
街道办事处个数	个			6		
户籍人口	万人	22	5	25	40	29
第二产业从业人员	人	8620	1152	18660	37183	16528
第三产业从业人员	人	48559	6724	26000	57366	26292
固定电话用户	户	17000	6674	45630	31309	7112
二、综合经济						
地区生产总值	万元	399439	63166	568028	312959	182568
第一产业增加值	万元	111389	20108	32486	68568	47899
农业增加值	万元	80087	14715	23168	47519	34306
牧业增加值	万元	28335	4185	9008	19289	12468
第二产业增加值	万元	122311	9770	113108	53381	25261
公共财政收入	万元	30633	5408	78503	12551	15156
各项税收	万元	20340	8151	27592	6986	4805
公共财政支出	万元	126120	64620	206207	220072	161625
居民储蓄存款余额	万元	402646	95885	69339	278745	192506
年末金融机构各项贷款余额	万元	453720	114510	282976	252320	210732
三、农业、工业及投资						
农业机械总动力	万千瓦特	23	7	5	15	14
机收面积	公顷	5420	530	470	1870	1750
设施农业占地面积	公顷	170	156	480	831	198
粮食总产量	吨	167979	38117	22793	173444	111300
棉花产量	吨					
油料产量	吨	7109	661	51	5540	7918
肉类总产量	吨	13808	2773	4473	9121	5930
规模以上工业企业单位数	个	14	2	5	8	3
规模以上工业总产值	万元	265735	7573	225456	64326	37314
固定资产投资	万元	472309	193337	521367	259058	187219
四、教育、卫生和社会保障						
普通中学在校学生数	人	11236	2144	21688	13443	14016
中等职业教育学校在校学生数	人	660		4347	276	
小学在校学生数	人	13084	2152	21240	26184	22751
医疗卫生机构床位数	床	567	247	2507	1326	774
各种社会福利收养性单位数	个	2	9	8	4	4
各种社会福利收养性单位床位数	床	6	15	1200	160	132

2014年县(市)社会经济主要指标

甘肃省

指　　标	单位	永靖县	广河县	和政县	东乡族自治县	积石山保安族东乡族撒拉族自治县
一、基本情况						
行政区域面积	平方公里	1864	538	960	1607	910
乡个数	个	7	3	7	19	13
镇个数	个	10	6	6	5	4
街道办事处个数	个					
户籍人口	万人	21	27	21	30	26
第二产业从业人员	人	25950	11001	20981	9693	9515
第三产业从业人员	人	21188	22849	22841	24834	38694
固定电话用户	户	28610	1827	8039	2851	19988
二、综合经济						
地区生产总值	万元	361941	174250	140414	150854	139064
第一产业增加值	万元	55933	30019	37318	40331	34135
农业增加值	万元	39407	23841	24685	10965	28170
牧业增加值	万元	13568	5601	11853	28950	4858
第二产业增加值	万元	190185	38086	29528	30428	16358
公共财政收入	万元	30986	9842	11804	12268	16177
各项税收	万元	52734	4481	5958	11589	2886
公共财政支出	万元	186934	131066	140129	193393	182568
居民储蓄存款余额	万元	316475	178893	194200	67000	151349
年末金融机构各项贷款余额	万元	542604	262668	170030	192835	176951
三、农业、工业及投资						
农业机械总动力	万千瓦特	19	18	10	16	6
机收面积	公顷	3012	1600	1700	2060	1600
设施农业占地面积	公顷	1271	155	48	40	186
粮食总产量	吨	131227	108005	63245	88154	105894
棉花产量	吨					
油料产量	吨	4072	1479	24046	471	15900
肉类总产量	吨	9792	2506	6316	14034	4052
规模以上工业企业单位数	个	19	3	4	7	2
规模以上工业总产值	万元	433887	83883	42751	84711	16327
固定资产投资	万元	586754	311635	329290	228935	213059
四、教育、卫生和社会保障						
普通中学在校学生数	人	11207	12463	8781	11942	11369
中等职业教育学校在校学生数	人	185	390	95		
小学在校学生数	人	11276	26584	18013	31090	33053
医疗卫生机构床位数	床	961	795	926	415	753
各种社会福利收养性单位数	个	5	1	1	3	2
各种社会福利收养性单位床位数	床	196	100	120	451	46

2014年县(市)社会经济主要指标

甘肃省

指　　标	单位	合作市	临潭县	卓尼县	舟曲县	迭部县
一、基本情况						
行政区域面积	平方公里	2291	1558	5420	3010	5108
乡个数	个	6	13	12	16	10
镇个数	个		3	3	3	1
街道办事处个数	个	4				
户籍人口	万人	8	16	11	14	6
第二产业从业人员	人	1552	4248	3073	10733	541
第三产业从业人员	人	1970	21570	5739	28184	5717
固定电话用户	户	21450	7800	2870	8585	3128
二、综合经济						
地区生产总值	万元	313690	167913	143295	139706	101551
第一产业增加值	万元	18816	30460	37184	35680	22580
农业增加值	万元	2831	14021	11009	18343	3737
牧业增加值	万元	15226	16093	23361	8564	11232
第二产业增加值	万元	70539	28164	32804	28236	26305
公共财政收入	万元	17971	9094	11505	11960	10350
各项税收	万元	10046	4827	5441	5843	6104
公共财政支出	万元	108219	175600	176861	141747	109902
居民储蓄存款余额	万元	239180	172043	113476	275021	105560
年末金融机构各项贷款余额	万元	489950	170576	158874	239739	174119
三、农业、工业及投资						
农业机械总动力	万千瓦特	3	13	7	16	
机收面积	公顷		4500	750	493	
设施农业占地面积	公顷		52	73	40	35
粮食总产量	吨	10152	13593	8200	33824	10201
棉花产量	吨					
油料产量	吨	2462	6289	2367	4235	675
肉类总产量	吨	4573	6375	10706	5828	3863
规模以上工业企业单位数	个	8	2	2	3	4
规模以上工业总产值	万元	181752	18274	36292	9066	17859
固定资产投资	万元	350317	250430	237155	141009	238964
四、教育、卫生和社会保障						
普通中学在校学生数	人	7446	4976	7283	10738	4073
中等职业教育学校在校学生数	人		20		128	
小学在校学生数	人	8391	17038	8453	15688	5240
医疗卫生机构床位数	床	610	415	290	382	247
各种社会福利收养性单位数	个	1	1	3	4	3
各种社会福利收养性单位床位数	床	40	40	35	226	100

2014年县(市)社会经济主要指标

甘肃省、青海省

指　　标	单位	玛曲县	碌曲县	夏河县	大通回族土族自治县	湟中县
一、基本情况						
行政区域面积	平方公里	10191	5299	6274	3200	2600
乡个数	个	7	5	10	11	5
镇个数	个	1	2	3	9	10
街道办事处个数	个					1
户籍人口	万人	5	4	9	46	49
第二产业从业人员	人	1637	341	1156	36740	15707
第三产业从业人员	人	4787	3547	3578	43018	10409
固定电话用户	户	2370	1987	11120	52613	34158
二、综合经济						
地区生产总值	万元	131834	92055	158335	1059825	1608850
第一产业增加值	万元	44274	26298	42531	136426	163361
农业增加值	万元		733	3711	54738	92503
牧业增加值	万元	43973	24607	35245	80862	69658
第二产业增加值	万元	31910	31793	33187	736840	1273664
公共财政收入	万元	16158	5403	9806	57743	19471
各项税收	万元	3165	2101	5949	52689	17623
公共财政支出	万元	99953	83263	135514	340607	322987
居民储蓄存款余额	万元	62645	43213	99038	646753	491176
年末金融机构各项贷款余额	万元	90006	71202	105774	879398	446951
三、农业、工业及投资						
农业机械总动力	万千瓦特	184	1	3	45	61
机收面积	公顷		303		14040	23187
设施农业占地面积	公顷			7	2495	832
粮食总产量	吨		3043	9629	85998	122520
棉花产量	吨					
油料产量	吨		356	3526	42404	41360
肉类总产量	吨	17007	7414	13010	30880	29487
规模以上工业企业单位数	个	5	2	1	33	47
规模以上工业总产值	万元	61253	33155	34916	1946109	3785798
固定资产投资	万元	121762	105200	316943	756788	2644751
四、教育、卫生和社会保障						
普通中学在校学生数	人	2557	2717	4324	26845	25514
中等职业教育学校在校学生数	人				7375	9499
小学在校学生数	人	5598	3763	7477	34217	33090
医疗卫生机构床位数	床	218	263	405	1818	1010
各种社会福利收养性单位数	个	1	7	3	2	1
各种社会福利收养性单位床位数	床	30	104	60	112	452

2014年县(市)社会经济主要指标

青海省

指　　标	单位	湟源县	乐都区	平安县	民和回族土族自治县	互助土族自治县
一、基本情况						
行政区域面积	平方公里	1509	2500	769	1891	3424
乡个数	个	7	12	5	14	11
镇个数	个	2	7	3	8	8
街道办事处个数	个	8				
户籍人口	万人	13	29	13	44	40
第二产业从业人员	人	1254	44997	18531	44184	53885
第三产业从业人员	人	5199	29857	28861	57920	109960
固定电话用户	户	21500	30868	23753	22700	19407
二、综合经济						
地区生产总值	万元	238288	733862	605709	657637	966198
第一产业增加值	万元	47046	111836	40357	95847	175114
农业增加值	万元	20152	73006	28276	62424	111745
牧业增加值	万元	26544	36862	10752	31400	61892
第二产业增加值	万元	113502	347643	333727	353923	471101
公共财政收入	万元	12128	23448	25965	31773	33847
各项税收	万元	9385	18008	24051	23869	29158
公共财政支出	万元	167773	277696	173453	303876	321724
居民储蓄存款余额	万元	232962	541105	449856	388081	446017
年末金融机构各项贷款余额	万元	197671	472797	715225	225904	280127
三、农业、工业及投资						
农业机械总动力	万千瓦特	15	23	8	47	47
机收面积	公顷	3278	1835	993	6200	10000
设施农业占地面积	公顷	149	475	205	281	553
粮食总产量	吨	21835	62492	40052	226751	115320
棉花产量	吨					
油料产量	吨	5445	8038	12934	9659	69643
肉类总产量	吨	11155	23725	5903	14425	30007
规模以上工业企业单位数	个	12	25	14	20	20
规模以上工业总产值	万元	246371	789521	7318541	636088	784338
固定资产投资	万元	399830	1091700	1014286	1064656	1072190
四、教育、卫生和社会保障						
普通中学在校学生数	人	7866	16783	7836	24247	22592
中等职业教育学校在校学生数	人	1402	4757	1248	4120	4423
小学在校学生数	人	8018	17784	8734	30662	24039
医疗卫生机构床位数	床	510	474	654	1258	918
各种社会福利收养性单位数	个	5	5	2	4	4
各种社会福利收养性单位床位数	床	411	264	182	250	440

2014年县(市)社会经济主要指标

青海省

指　　标	单位	化隆回族自治县	循化撒拉族自治县	门源回族自治县	祁连县	海晏县
一、基本情况						
行政区域面积	平方公里	2740	1851	6902	14000	4500
乡个数	个	11	6	8	4	4
镇个数	个	6	3	4	3	2
街道办事处个数	个			7		
户籍人口	万人	29	16	16	5	4
第二产业从业人员	人	13177	12470	21325	314	2811
第三产业从业人员	人	28237	11970	12792	3559	7129
固定电话用户	户	9995	12000	9858	22000	12638
二、综合经济						
地区生产总值	万元	481186	243212	337817	206795	240151
第一产业增加值	万元	58242	42105	70419	44648	16810
农业增加值	万元	31476	22937	30028	2575	1748
牧业增加值	万元	24329	17441	39695	40971	15015
第二产业增加值	万元	319121	104116	149073	108396	136629
公共财政收入	万元	10275	8657	15891	10096	25365
各项税收	万元	8935	7097	10372	7906	13721
公共财政支出	万元	204404	154469	184486	131314	697936
居民储蓄存款余额	万元	176932	239308	152866	84688	117765
年末金融机构各项贷款余额	万元	156499	106715	130009	77133	154770
三、农业、工业及投资						
农业机械总动力	万千瓦特	21	10	34	5	5
机收面积	公顷	2675	4440	31245	1333	1667
设施农业占地面积	公顷	132	281	385		7
粮食总产量	吨	64133	36251	45718	3830	5139
棉花产量	吨					
油料产量	吨	21425	8272	34289	798	848
肉类总产量	吨	7798	5554	15584	15345	7602
规模以上工业企业单位数	个	14	12	15	10	15
规模以上工业总产值	万元	547651	78107	169107	128183	365319
固定资产投资	万元	462503	375600	356339	282101	251007
四、教育、卫生和社会保障						
普通中学在校学生数	人	7628	5678	10712	2911	2903
中等职业教育学校在校学生数	人	1133	792	497		1706
小学在校学生数	人	22480	14609	13350	4135	3064
医疗卫生机构床位数	床	562	477	455	168	810
各种社会福利收养性单位数	个	3	4	2	4	3
各种社会福利收养性单位床位数	床	250	122	90	123	121

2014年县(市)社会经济主要指标

青海省

指　　标	单位	刚察县	同仁县	尖扎县	泽库县	河南蒙古族自治县
一、基本情况						
行政区域面积	平方公里	9600	3200	1714	6700	6700
乡个数	个	3	8	6	4	3
镇个数	个	2	3	3	3	2
街道办事处个数	个	2				
户籍人口	万人	5	10	6	8	4
第二产业从业人员	人	297	1363	2634		67
第三产业从业人员	人	3217	7863	3526	2324	2585
固定电话用户	户	3551	10054	5302	620	1984
二、综合经济						
地区生产总值	万元	135912	220311	186625	128998	124310
第一产业增加值	万元	39999	41005	19838	70707	64193
农业增加值	万元	4698	19426	5900	5494	1718
牧业增加值	万元	34631	21421	12304	64934	62475
第二产业增加值	万元	44090	34586	126792	27659	31017
公共财政收入	万元	14745	10955	33088	2270	2270
各项税收	万元	10214	5626	6719	1586	1836
公共财政支出	万元	111397	141552	152630	111798	101714
居民储蓄存款余额	万元	48503	153575	90346	30825	43709
年末金融机构各项贷款余额	万元	65075	114686	106585	49891	51056
三、农业、工业及投资						
农业机械总动力	万千瓦特	2	6	9	2	
机收面积	公顷	9095	839	1067	1703	
设施农业占地面积	公顷			20	2	
粮食总产量	吨	1893	15400	14000		
棉花产量	吨					
油料产量	吨	9835	3464	836	1933	
肉类总产量	吨	12669	7532	2881	16528	18615
规模以上工业企业单位数	个	7		5		4
规模以上工业总产值	万元	217268		273586		11933
固定资产投资	万元	213227	205010	193227	124262	124692
四、教育、卫生和社会保障						
普通中学在校学生数	人	1284	7251	2526	3680	1775
中等职业教育学校在校学生数	人		2010			
小学在校学生数	人	4006	9229	6046	8190	3663
医疗卫生机构床位数	床	217	600	261	149	233
各种社会福利收养性单位数	个	2	1	4	2	2
各种社会福利收养性单位床位数	床	104	100	2585	139	100

2014年县(市)社会经济主要指标

青海省

指　　标	单位	共和县	同德县	贵德县	兴海县	贵南县
一、基本情况						
行政区域面积	平方公里	17209	4653	3600	12182	6650
乡个数	个	7	3	3	4	3
镇个数	个	4	2	4	3	3
街道办事处个数	个	14	10			
户籍人口	万人	14	6	11	8	8
第二产业从业人员	人	2388	2117	12346	1035	781
第三产业从业人员	人	9771	2920	12183	3334	7525
固定电话用户	户	14440	2400	8219	4298	2758
二、综合经济						
地区生产总值	万元	485275	122814	287694	227193	140252
第一产业增加值	万元	73891	65087	27975	67221	72521
农业增加值	万元	7660	11624	14653	16171	22377
牧业增加值	万元	52671	52473	12278	49982	49421
第二产业增加值	万元	241815	33706	191194	109740	31375
公共财政收入	万元	17817	4222	18619	10160	5019
各项税收	万元	14984	3510	14633	8389	8916
公共财政支出	万元	175324	120258	179613	131689	121016
居民储蓄存款余额	万元	239134	54400	172927	74093	45529
年末金融机构各项贷款余额	万元	325411	77400	95981	80097	68273
三、农业、工业及投资						
农业机械总动力	万千瓦特	17	5	11	3	11
机收面积	公顷	18064	12991	3352	1651	29000
设施农业占地面积	公顷	69	31	46	6	2616
粮食总产量	吨	39496	15983	41351	19298	54126
棉花产量	吨					
油料产量	吨	12027	2062	7593	4009	6638
肉类总产量	吨	17658	9095	6202	14232	11261
规模以上工业企业单位数	个	22	1	4	5	
规模以上工业总产值	万元	382043	4522	238124	74385	
固定资产投资	万元	588118	139870	319907	175410	135847
四、教育、卫生和社会保障						
普通中学在校学生数	人	9948	3297	7999	2182	3381
中等职业教育学校在校学生数	人	4201		137		
小学在校学生数	人	11488	6343	8564	8190	7291
医疗卫生机构床位数	床	1017	241	700	258	367
各种社会福利收养性单位数	个	4	6	7	2	2
各种社会福利收养性单位床位数	床	240	10	202	222	120

2014年县(市)社会经济主要指标

青海省

指　　标	单位	玛沁县	班玛县	甘德县	达日县	久治县
一、基本情况						
行政区域面积	平方公里	13400	6139	7100	14842	8757
乡个数	个	6	8	6	9	5
镇个数	个	2	1	1	1	1
街道办事处个数	个					
户籍人口	万人	5	3	4	3	3
第二产业从业人员	人	1325	76	18		164
第三产业从业人员	人	5435	1522	2563	2449	1359
固定电话用户	户	3405	1000	861	1000	1000
二、综合经济						
地区生产总值	万元	174701	30348	26961	27685	29867
第一产业增加值	万元	19352	9047	8338	7802	10089
农业增加值	万元	3470	2167	1038	1988	2120
牧业增加值	万元	15530	6840	7300	5814	7968
第二产业增加值	万元	98875	8715	7818	9662	7518
公共财政收入	万元	6215	1292	1480	1709	1538
各项税收	万元	4368	911	1029	1276	938
公共财政支出	万元	104507	76691	68105	85710	76608
居民储蓄存款余额	万元	97792	12245	7429	18900	17958
年末金融机构各项贷款余额	万元	23655	901	3112	10660	303
三、农业、工业及投资						
农业机械总动力	万千瓦特	1	2			
机收面积	公顷					
设施农业占地面积	公顷					
粮食总产量	吨	45	1324			
棉花产量	吨					
油料产量	吨		66			
肉类总产量	吨	5133	3399	1848	4363	4874
规模以上工业企业单位数	个	1				
规模以上工业总产值	万元	102734				
固定资产投资	万元	245540	65842	75006	64381	62299
四、教育、卫生和社会保障						
普通中学在校学生数	人	2300	1317	1052	1425	1499
中等职业教育学校在校学生数	人	340				397
小学在校学生数	人	5803	2790	3143	4166	2514
医疗卫生机构床位数	床	94	80	96	124	77
各种社会福利收养性单位数	个	6	9	7	10	4
各种社会福利收养性单位床位数	床	312	140	160	232	210

2014年县(市)社会经济主要指标

青海省

指　　标	单位	玛多县	玉树市	杂多县	称多县	治多县
一、基本情况						
行政区域面积	平方公里	26541	15412	35500	14600	88770
乡个数	个	2	6	7	2	5
镇个数	个	2	2	1	5	1
街道办事处个数	个		4			
户籍人口	万人	1	11	6	6	4
第二产业从业人员	人	60	279	122	1568	130
第三产业从业人员	人	1219	4144	1782	2362	2011
固定电话用户	户	900	12157	1604	1631	1800
二、综合经济						
地区生产总值	万元	21300	73471	90967	85558	58737
第一产业增加值	万元	5214	47721	41046	39222	40452
农业增加值	万元		4096	25038	2487	3701
牧业增加值	万元	5214	42073	15680	36217	36730
第二产业增加值	万元	5831	11057	26694	23955	10814
公共财政收入	万元	2471	12353	2352	1886	74755
各项税收	万元	2251	10877	1507	1746	1579
公共财政支出	万元	69755	122787	74880	81780	73751
居民储蓄存款余额	万元	14541	214540	38776	11836	18134
年末金融机构各项贷款余额	万元	1307	133641	732	3720	292
三、农业、工业及投资						
农业机械总动力	万千瓦特	1	4	1	3	
机收面积	公顷		186		1800	
设施农业占地面积	公顷		13		21	
粮食总产量	吨		2714		2240	
棉花产量	吨					
油料产量	吨		12		202	
肉类总产量	吨	1602	8197	5670	3882	5927
规模以上工业企业单位数	个					
规模以上工业总产值	万元					
固定资产投资	万元	69519	46169	55177	43250	49000
四、教育、卫生和社会保障						
普通中学在校学生数	人	481	5804	2547	1650	2175
中等职业教育学校在校学生数	人					
小学在校学生数	人	960	14141	7760	8416	3866
医疗卫生机构床位数	床	78	280	271	184	103
各种社会福利收养性单位数	个	3	20	11	14	8
各种社会福利收养性单位床位数	床	170	846	345	791	552

2014年县(市)社会经济主要指标

青海省

指　标	单位	囊谦县	曲麻莱县	格尔木市	德令哈市	乌兰县
一、基本情况						
行政区域面积	平方公里	12741	46600	119263	27358	12256
乡个数	个	9	5	2	1	
镇个数	个	1	1	2	3	4
街道办事处个数	个			5	3	
户籍人口	万人	11	3	14	8	4
第二产业从业人员	人		1528	23245	5261	1631
第三产业从业人员	人	2537	2488	11783	9603	2139
固定电话用户	户	4900	940	60367	22433	7310
二、综合经济						
地区生产总值	万元	70377	57100	2921071	445842	203627
第一产业增加值	万元	35695	32124	40955	47845	29071
农业增加值	万元	5709	4283	29368	28568	8453
牧业增加值	万元	29707	25002	9909	13123	18008
第二产业增加值	万元	18051	13135	2150931	183475	146967
公共财政收入	万元	2132	1725	197000	55721	27093
各项税收	万元	1933	1385	180511	25830	7790
公共财政支出	万元	111840	78841	346951	150683	98443
居民储蓄存款余额	万元	37018	21798	1014292	331019	75115
年末金融机构各项贷款余额	万元	2042	3701	3294459	1184172	75734
三、农业、工业及投资						
农业机械总动力	万千瓦特	4	1	11	8	5
机收面积	公顷	3800		1682	4357	2333
设施农业占地面积	公顷	23		147	118	99
粮食总产量	吨	10451		8292	21852	9822
棉花产量	吨					
油料产量	吨	334		211	1083	745
肉类总产量	吨	7345	4212	4606	4472	4657
规模以上工业企业单位数	个			70	20	8
规模以上工业总产值	万元			4118733	409040	433354
固定资产投资	万元	71992	60046	2922300	584610	273457
四、教育、卫生和社会保障						
普通中学在校学生数	人	3241	1114	11919	4972	2064
中等职业教育学校在校学生数	人			2463		
小学在校学生数	人	9743	3390	17985	6132	2215
医疗卫生机构床位数	床	334	133	1431	304	180
各种社会福利收养性单位数	个	8	6	2	2	1
各种社会福利收养性单位床位数	床	102	212	21	100	34

2014年县(市)社会经济主要指标

青海省、宁夏回族自治区

指　　标	单位	都兰县	天峻县	永宁县	贺兰县	灵武市
一、基本情况						
行政区域面积	平方公里	45270	25989	1179	1599	4539
乡个数	个	4	7	1	1	2
镇个数	个	4	3	5	4	6
街道办事处个数	个			1		1
户籍人口	万人	7	2	23	22	24
第二产业从业人员	人	973	1687	19873	25223	23540
第三产业从业人员	人	2603	2459	14689	22833	25501
固定电话用户	户	6212	3152	24203	30110	73160
二、综合经济						
地区生产总值	万元	290392	222322	1156403	1060802	3252568
第一产业增加值	万元	106072	28683	133856	140154	92034
农业增加值	万元	76350	535	109458	105574	57040
牧业增加值	万元	26048	28148	20285	20572	31629
第二产业增加值	万元	125610	156544	648537	558335	2839019
公共财政收入	万元	28452	69590	125520	145449	181635
各项税收	万元	15846	47160	102900	111569	154324
公共财政支出	万元	131917	97045	278827	272002	452049
居民储蓄存款余额	万元	128956	55906	742000	816200	945200
年末金融机构各项贷款余额	万元	60156	68788	1121685	1009600	2272137
三、农业、工业及投资						
农业机械总动力	万千瓦特	14	1	45	39	49
机收面积	公顷	15533		29092	29200	24910
设施农业占地面积	公顷	88		6196	6516	316
粮食总产量	吨	40387		256293	180721	165669
棉花产量	吨					
油料产量	吨	6980		783	1747	1870
肉类总产量	吨	8016	6712	14588	7838	19369
规模以上工业企业单位数	个	12	11	70	126	115
规模以上工业总产值	万元	248481	355291	1372582	1688553	5286724
固定资产投资	万元	260089	239503	1692123	1444496	4659600
四、教育、卫生和社会保障						
普通中学在校学生数	人	3979	1291	15547	13454	15376
中等职业教育学校在校学生数	人			5012	3315	2781
小学在校学生数	人	6101	2094	22487	20176	22783
医疗卫生机构床位数	床	270	137	445	417	701
各种社会福利收养性单位数	个	2	3	1	1	1
各种社会福利收养性单位床位数	床	100	115	120	477	178

2014年县(市)社会经济主要指标

宁夏回族自治区

指　　标	单位	平罗县	盐池县	同心县	青铜峡市	西吉县
一、基本情况						
行政区域面积	平方公里	2086	8861	4486	2525	3135
乡个数	个	6	4	4		16
镇个数	个	7	4	7	8	3
街道办事处个数	个				1	
户籍人口	万人	31	17	38	28	51
第二产业从业人员	人	37656	16582	34005	36241	54621
第三产业从业人员	人	37440	14519	41037	38245	23822
固定电话用户	户	48903	14124	6130	39000	16500
二、综合经济						
地区生产总值	万元	1329482	573540	444068	1353013	456501
第一产业增加值	万元	176002	54285	106148	151910	126237
农业增加值	万元	140110	26546	62523	105118	101692
牧业增加值	万元	22412	25651	40666	41157	23560
第二产业增加值	万元	777703	320039	176629	869831	100207
公共财政收入	万元	92585	85229	20246	104150	13604
各项税收	万元	63717	75627	12306	66337	11626
公共财政支出	万元	273453	262616	315483	232467	355083
居民储蓄存款余额	万元	921000	360800	344906	733900	308800
年末金融机构各项贷款余额	万元	997671	424834	443441	1348546	252569
三、农业、工业及投资						
农业机械总动力	万千瓦特	63	46	27	63	53
机收面积	公顷	42895	26686	43600	32454	62111
设施农业占地面积	公顷	1658	903	2161	1719	1187
粮食总产量	吨	375491	105951	313244	263406	306301
棉花产量	吨					
油料产量	吨	18867	12205	20699	710	17080
肉类总产量	吨	15338	18805	23481	17856	19219
规模以上工业企业单位数	个	98	40	34	116	9
规模以上工业总产值	万元	2372417	468734	391318	3068190	91084
固定资产投资	万元	1492851	939945	685684	1051029	245820
四、教育、卫生和社会保障						
普通中学在校学生数	人	15651	9556	25220	14935	29403
中等职业教育学校在校学生数	人	5382	1120	769	3195	3212
小学在校学生数	人	21347	12345	39171	21146	43740
医疗卫生机构床位数	床	890	595	715	1233	777
各种社会福利收养性单位数	个	8	3	6	2	7
各种社会福利收养性单位床位数	床	668	232	467	390	420

2014年县(市)社会经济主要指标

宁夏回族自治区

指　　标	单位	隆德县	泾源县	彭阳县	中宁县	海原县
一、基本情况						
行政区域面积	平方公里	992	1431	2529	4327	6472
乡个数	个	10	4	8	5	12
镇个数	个	3	3	4	6	5
街道办事处个数	个	1				
户籍人口	万人	18	12	26	35	47
第二产业从业人员	人	13353	8778	22427	56125	19207
第三产业从业人员	人	13130	9556	24770	36221	34273
固定电话用户	户	8000	5743	24000	24123	17670
二、综合经济						
地区生产总值	万元	192403	120664	379161	1217924	381605
第一产业增加值	万元	45418	23625	111406	157735	108892
农业增加值	万元	29935	7131	71281	127768	81980
牧业增加值	万元	13477	11711	33066	26657	25697
第二产业增加值	万元	53967	39266	126195	709185	99980
公共财政收入	万元	11479	10138	29296	86143	15819
各项税收	万元	9293	5556	24163	54659	13267
公共财政支出	万元	195738	148593	282891	283986	374280
居民储蓄存款余额	万元	242600	126175	210925	711217	255554
年末金融机构各项贷款余额	万元	185673	117879	196603	1699059	199535
三、农业、工业及投资						
农业机械总动力	万千瓦特	23	20	44	45	52
机收面积	公顷	10667	7843	29000	28858	37250
设施农业占地面积	公顷	2361		2267	207	3759
粮食总产量	吨	83289	24044	235937	289998	250860
棉花产量	吨					
油料产量	吨	4743	1445	3660	5729	24887
肉类总产量	吨	11249	11463	19479	23237	15170
规模以上工业企业单位数	个	7	4	5	47	8
规模以上工业总产值	万元	25029	33786	119164	1915435	141528
固定资产投资	万元	381481	240153	487105	1255151	563427
四、教育、卫生和社会保障						
普通中学在校学生数	人	12414	6041	14608	22178	25489
中等职业教育学校在校学生数	人	2988	486	1705	1775	1158
小学在校学生数	人	12721	10774	18459	32256	43539
医疗卫生机构床位数	床	599	289	755	951	794
各种社会福利收养性单位数	个	8	5	6	4	2
各种社会福利收养性单位床位数	床	679	200	449	410	340

2014年县(市)社会经济主要指标

新疆维吾尔自治区

指　　标	单位	乌鲁木齐县	吐鲁番市	鄯善县	托克逊县	哈密市
一、基本情况						
行政区域面积	平方公里	4141	13650	39548	16561	85587
乡个数	个	5	7	5	3	12
镇个数	个	1	2	5	5	6
街道办事处个数	个		3			5
户籍人口	万人	6	29	23	12	43
第二产业从业人员	人	621	13372	22687	8312	37268
第三产业从业人员	人	6306	47976	10610	23881	42536
固定电话用户	户	9000	74300	59332	28279	165800
二、综合经济						
地区生产总值	万元	203867	698220	1476197	472110	3089378
第一产业增加值	万元	70900	179120	152671	90206	235840
农业增加值	万元	25679	154264	131973	68400	174751
牧业增加值	万元	43429	23197	20034	21228	57991
第二产业增加值	万元	57000	173900	1090168	284206	1661524
公共财政收入	万元	55056	70249	124307	75990	363537
各项税收	万元	41652	51848	66658	47449	260649
公共财政支出	万元	128421	183235	225738	161076	457374
居民储蓄存款余额	万元	10155	499900	534100	189090	2216917
年末金融机构各项贷款余额	万元	248236	725900	516100	254300	3573713
三、农业、工业及投资						
农业机械总动力	万千瓦特	6	22	22	10	19
机收面积	公顷	960				6443
设施农业占地面积	公顷	734	3841	2800	1021	1447
粮食总产量	吨					
棉花产量	吨		7201	8783	20822	52709
油料产量	吨	1211			1875	900
肉类总产量	吨	13506	21500	11263	8975	30191
规模以上工业企业单位数	个	3	26	41	34	85
规模以上工业总产值	万元	42398	304572	1722309	699746	1954606
固定资产投资	万元	434477	770400	1345000	976200	3389350
四、教育、卫生和社会保障						
普通中学在校学生数	人	1732	14642	12793	5921	27760
中等职业教育学校在校学生数	人		2105	756	320	6118
小学在校学生数	人	3879	23283	20802	15867	26703
医疗卫生机构床位数	床	163	1355	790	600	2328
各种社会福利收养性单位数	个	1	4	6	2	7
各种社会福利收养性单位床位数	床	60	150	150	420	921

2014年县(市)社会经济主要指标

新疆维吾尔自治区

指　　标	单位	巴里坤哈萨克自治县	伊吾县	昌吉市	阜康市	呼图壁县
一、基本情况						
行政区域面积	平方公里	36901	19519	8215	8529	9721
乡个数	个	8	4	2	3	1
镇个数	个	4	3	8	4	6
街道办事处个数	个			6	3	
户籍人口	万人	11	2	37	17	22
第二产业从业人员	人	7355	2148	33025	43120	9190
第三产业从业人员	人	15755	3473	66051	29275	23157
固定电话用户	户	12022	3501	144325	64000	22534
二、综合经济						
地区生产总值	万元	477094	453697	3317744	1461062	1330588
第一产业增加值	万元	97496	46974	405145	270198	412395
农业增加值	万元	30548	18916	201359	128168	182939
牧业增加值	万元	66371	22671	194557	139729	223209
第二产业增加值	万元	245664	347215	1608963	876898	512605
公共财政收入	万元	81838	44162	320724	180060	85982
各项税收	万元	40168	41434	234674	131406	56816
公共财政支出	万元	183613	94138	436307	246567	200741
居民储蓄存款余额	万元	144583	36297	1979332	631111	552927
年末金融机构各项贷款余额	万元	185327	74352	3669547	805858	687609
三、农业、工业及投资						
农业机械总动力	万千瓦特	14	3	41	19	36
机收面积	公顷	22233	3685	56653	43150	67080
设施农业占地面积	公顷	37	121	361	390	181
粮食总产量	吨					
棉花产量	吨	293	17	58155	7718	90760
油料产量	吨	205	350	40296	36060	1500
肉类总产量	吨	21788	9300	105482	57583	92686
规模以上工业企业单位数	个	18	7	129	66	53
规模以上工业总产值	万元	170424	427931	3442881	2397570	764820
固定资产投资	万元	777084	809591	2530006	1982558	1300513
四、教育、卫生和社会保障						
普通中学在校学生数	人	3596	1222	30055	8380	8713
中等职业教育学校在校学生数	人	16		4709	1233	959
小学在校学生数	人	4694	1539	28587	8255	11038
医疗卫生机构床位数	床	199	225	4298	728	908
各种社会福利收养性单位数	个	2	3	7	4	4
各种社会福利收养性单位床位数	床	410	238	910	319	158

2014年县(市)社会经济主要指标

新疆维吾尔自治区

指　　标	单位	玛纳斯县	奇台县	吉木萨尔县	木垒哈萨克自治县	博乐市
一、基本情况						
行政区域面积	平方公里	11067	19300	8144	22171	7790
乡个数	个	4	7	3	8	2
镇个数	个	7	8	6	3	3
街道办事处个数	个					3
户籍人口	万人	25	21	14	9	27
第二产业从业人员	人	21146	6784	14083	3771	2005
第三产业从业人员	人	7574	17961	17291	11345	26466
固定电话用户	户	38244	50280	20000	15853	
二、综合经济						
地区生产总值	万元	1734021	1158926	1034197	270168	932210
第一产业增加值	万元	674319	442814	192021	122488	176998
农业增加值	万元	453546	183529	74300	46419	132340
牧业增加值	万元	210657	256338	111569	74478	40424
第二产业增加值	万元	684433	446092	689524	54653	313838
公共财政收入	万元	87959	81172	111017	29565	80939
各项税收	万元	51585	69637	96565	13234	70579
公共财政支出	万元	195314	211798	188808	126477	213494
居民储蓄存款余额	万元	440223	538160	279643	150983	611216
年末金融机构各项贷款余额	万元	587381	841524	345024	206861	836767
三、农业、工业及投资						
农业机械总动力	万千瓦特	36	50	20	17	27
机收面积	公顷	50900	123500	44893	43316	41233
设施农业占地面积	公顷	122	411	277	136	65
粮食总产量	吨					
棉花产量	吨	101485		59		57104
油料产量	吨	5267	33990	10547	5209	435
肉类总产量	吨	73936	128748	47836	18869	10985
规模以上工业企业单位数	个	43	28	27	4	31
规模以上工业总产值	万元	1845789	535446	2227123	52654	278633
固定资产投资	万元	1500721	2468645	2474504	330244	1082280
四、教育、卫生和社会保障						
普通中学在校学生数	人	7065	11294	5872	3214	10466
中等职业教育学校在校学生数	人	670	1476	675		
小学在校学生数	人	8368	11593	6730	4588	12297
医疗卫生机构床位数	床	739	1504	649	820	1347
各种社会福利收养性单位数	个	1	3	4	3	4
各种社会福利收养性单位床位数	床	450	326	400	170	715

2014年县(市)社会经济主要指标

新疆维吾尔自治区

指　　标	单位	精河县	温泉县	库尔勒市	轮台县	尉犁县
一、基本情况						
行政区域面积	平方公里	11187	5881	7267	14182	59700
乡个数	个	4	3	9	7	7
镇个数	个	2	3	3	4	1
街道办事处个数	个			5		
户籍人口	万人	15	8	48	12	11
第二产业从业人员	人	7370	4301	42810	3251	702
第三产业从业人员	人	17105	4932	63295	8861	5779
固定电话用户	户		5030	204423	32128	24934
二、综合经济						
地区生产总值	万元	634231	176363	7282633	572388	459067
第一产业增加值	万元	273173	68616	401200	203755	277668
农业增加值	万元	248761	45454	341063	175515	243822
牧业增加值	万元	22483	21896	59278	27558	29451
第二产业增加值	万元	167893	37880	5748405	96192	67219
公共财政收入	万元	29900	10303	317521	84386	21070
各项税收	万元	25350	6815	269474	74699	15191
公共财政支出	万元	131447	97239	436938	154459	125759
居民储蓄存款余额	万元	271807	102241	2983089	279027	228511
年末金融机构各项贷款余额	万元	288087	97640	3455567	305515	259377
三、农业、工业及投资						
农业机械总动力	万千瓦特	28	14	50	20	32
机收面积	公顷	7520	37727	2376	8333	2000
设施农业占地面积	公顷	83	54	504	129	340
粮食总产量	吨					
棉花产量	吨	122645		161767	115302	128557
油料产量	吨		5315		8	
肉类总产量	吨	5635	6332	22990	10145	7058
规模以上工业企业单位数	个	14	2	46	15	5
规模以上工业总产值	万元	135403	4181	6963055	274810	21921
固定资产投资	万元	562647	156313	4515809	272724	231203
四、教育、卫生和社会保障						
普通中学在校学生数	人	5792	1938	25662	6924	3621
中等职业教育学校在校学生数	人			5912	336	
小学在校学生数	人	9433	3403	46451	11960	6624
医疗卫生机构床位数	床	508	238	4225	714	339
各种社会福利收养性单位数	个	2	2	14	8	4
各种社会福利收养性单位床位数	床	270	280	1300	173	795

2014年县(市)社会经济主要指标

新疆维吾尔自治区

指　　标	单位	若羌县	且末县	焉耆回族自治县	和静县	和硕县
一、基本情况						
行政区域面积	平方公里	202298	138645	2571	33793	12753
乡个数	个	4	9	4	6	5
镇个数	个	4	3	4	6	2
街道办事处个数	个					
户籍人口	万人	3	7	14	19	7
第二产业从业人员	人	8170	825	8453	12974	987
第三产业从业人员	人	6103	4778	23330	8928	12031
固定电话用户	户	14344	10156	35897	22186	12550
二、综合经济						
地区生产总值	万元	657156	238568	589000	720131	319205
第一产业增加值	万元	194988	100269	162000	217406	194679
农业增加值	万元	186638	73225	86700	131305	163946
牧业增加值	万元	7202	26092	59700	82038	27494
第二产业增加值	万元	397156	52711	148000	257212	44683
公共财政收入	万元	86909	27697	30204	59767	14831
各项税收	万元	53992	24250	21224	48448	13710
公共财政支出	万元	125789	116681	125124	187837	107484
居民储蓄存款余额	万元	129200	120944	326800	323272	142099
年末金融机构各项贷款余额	万元	226733	150796	299600	296758	139524
三、农业、工业及投资						
农业机械总动力	万千瓦特	6	13	27	22	17
机收面积	公顷	2370	9807	19160	23273	10853
设施农业占地面积	公顷	286	82	123	630	1843
粮食总产量	吨					
棉花产量	吨	4029	24229	4580	2910	33485
油料产量	吨		38	2997	1294	691
肉类总产量	吨	2227	10943	17209	25045	8205
规模以上工业企业单位数	个	4	1	10	24	11
规模以上工业总产值	万元	436623	5075	69022	687547	81782
固定资产投资	万元	440506	319008	343957	473533	187227
四、教育、卫生和社会保障						
普通中学在校学生数	人	1350	3422	5695	6996	2915
中等职业教育学校在校学生数	人			319	395	
小学在校学生数	人	2547	5155	10136	11433	4648
医疗卫生机构床位数	床	218	529	675	762	296
各种社会福利收养性单位数	个	2	1	5	3	1
各种社会福利收养性单位床位数	床	156	140	540	260	100

2014年县(市)社会经济主要指标

新疆维吾尔自治区

指　　标	单位	博湖县	阿克苏市	温宿县	库车县	沙雅县
一、基本情况						
行政区域面积	平方公里	3581	15033	14336	14603	31955
乡个数	个	5	4	5	6	5
镇个数	个	2	2	5	8	6
街道办事处个数	个		6	9	4	
户籍人口	万人	6	51	23	49	28
第二产业从业人员	人	200	12231	2195	13464	6065
第三产业从业人员	人	4868	49036	14538	22188	25455
固定电话用户	户	13227	128351	25556	33100	13359
二、综合经济						
地区生产总值	万元	236346	1615052	481000	1511000	462181
第一产业增加值	万元	95077	184128	203000	200791	142823
农业增加值	万元	71280	143679	160881	158806	123903
牧业增加值	万元	13801	37099	37030	37648	15824
第二产业增加值	万元	47680	432943	102000	840000	101942
公共财政收入	万元	13371	203329	36006	272671	101234
各项税收	万元	8577	134303	32432	251423	92836
公共财政支出	万元	85845	278250	211384	377446	203028
居民储蓄存款余额	万元	126633	1968565	405251	729710	333428
年末金融机构各项贷款余额	万元	243723	2361429	525061	857299	429071
三、农业、工业及投资						
农业机械总动力	万千瓦特	15	25	43	36	31
机收面积	公顷	7453	659	64750	2843	16000
设施农业占地面积	公顷	1967	3060	369	829	815
粮食总产量	吨					
棉花产量	吨	6857	109361	84161	167934	194767
油料产量	吨	1969		1245	91	54
肉类总产量	吨	6476	64104	26340	55389	14084
规模以上工业企业单位数	个	5	52	21	42	17
规模以上工业总产值	万元	30035	1177252	92072	2624594	215912
固定资产投资	万元	151739	1437728	716135	1416230	495911
四、教育、卫生和社会保障						
普通中学在校学生数	人	2210	27640	10682	31017	11397
中等职业教育学校在校学生数	人		5964	650	510	736
小学在校学生数	人	3450	46819	21107	44107	27016
医疗卫生机构床位数	床	259	3529	754	1764	1305
各种社会福利收养性单位数	个	6	5	5	6	4
各种社会福利收养性单位床位数	床	184	136	211	835	146

2014年县(市)社会经济主要指标

新疆维吾尔自治区

指　　标	单位	新和县	拜城县	乌什县	阿瓦提县	柯坪县
一、基本情况						
行政区域面积	平方公里	5820	19100	9082	13018	8912
乡个数	个	6	10	7	5	3
镇个数	个	2	4	2	3	2
街道办事处个数	个					
户籍人口	万人	19	25	22	26	6
第二产业从业人员	人	2740	14950	3403	3473	727
第三产业从业人员	人	7193	11237	11437	30541	879
固定电话用户	户	8709	15700	5300	14400	6300
二、综合经济						
地区生产总值	万元	312697	491240	238122	426813	83012
第一产业增加值	万元	114297	112619	80841	160198	19569
农业增加值	万元	100572	76051	66508	148894	14282
牧业增加值	万元	11101	29849	12468	10545	4761
第二产业增加值	万元	64000	196708	31000	67200	17447
公共财政收入	万元	36117	108771	8531	16500	3903
各项税收	万元	30319	96270	6523	13666	5245
公共财政支出	万元	147951	219944	166822	174062	80485
居民储蓄存款余额	万元	167749	341030	141545	284381	35830
年末金融机构各项贷款余额	万元	234034	471146	146280	346164	37653
三、农业、工业及投资						
农业机械总动力	万千瓦特	20	41	26	39	
机收面积	公顷	16200	30700	19985	96220	267
设施农业占地面积	公顷	587	877	165		132
粮食总产量	吨					
棉花产量	吨	116421	401	1336	166574	15573
油料产量	吨	123	6472	2481		
肉类总产量	吨	9352	27560	22031	20929	3359
规模以上工业企业单位数	个	9	31	4	7	3
规模以上工业总产值	万元	107362	664346	26169	48020	32526
固定资产投资	万元	271472	680600	194591	272166	114018
四、教育、卫生和社会保障						
普通中学在校学生数	人	7734	13038	12413	11910	3096
中等职业教育学校在校学生数	人	908		855	1387	290
小学在校学生数	人	18998	19471	19982	25142	5625
医疗卫生机构床位数	床	900	825	635	917	180
各种社会福利收养性单位数	个	5	8	7	9	1
各种社会福利收养性单位床位数	床	215	750	560	574	100

2014年县(市)社会经济主要指标

新疆维吾尔自治区

指 标	单位	阿图什市	阿克陶县	阿合奇县	乌恰县	喀什市
一、基本情况						
行政区域面积	平方公里	16151	24540	12737	22000	1059
乡个数	个	6	11	5	9	9
镇个数	个	1	2	1	2	2
街道办事处个数	个	2				4
户籍人口	万人	27	21	4	6	61
第二产业从业人员	人	11851	9680	1130	4910	31509
第三产业从业人员	人	23865	6073	6260	3731	59339
固定电话用户	户	42395	5400	4594	6264	104400
二、综合经济						
地区生产总值	万元	387093	248144	77693	186878	1889000
第一产业增加值	万元	59140	53269	8895	9768	80800
农业增加值	万元	36855	36689	2012	2724	41100
牧业增加值	万元	21120	14768	6539	6944	35000
第二产业增加值	万元	96772	99162	18896	91742	629000
公共财政收入	万元	41547	25013	7748	24450	283900
各项税收	万元	27825	18447	5923	17478	144537
公共财政支出	万元	369517	236448	105480	131682	501652
居民储蓄存款余额	万元	359368	124082	43555	53954	1522700
年末金融机构各项贷款余额	万元	301295	167539	74356	62782	2049800
三、农业、工业及投资						
农业机械总动力	万千瓦特	12	25	3	2	13
机收面积	公顷	9547	18160	3333	1521	
设施农业占地面积	公顷	100	482	233	202	550
粮食总产量	吨					
棉花产量	吨	9038	10933			9808
油料产量	吨	48	41	472	177	
肉类总产量	吨	16320	14182	4876	5879	33493
规模以上工业企业单位数	个	12	9	1	9	23
规模以上工业总产值	万元	140880	107420	16958	93199	561900
固定资产投资	万元	383900	382288	79436	262000	1387003
四、教育、卫生和社会保障						
普通中学在校学生数	人	18006	13213	1962	1948	46131
中等职业教育学校在校学生数	人	1160	502	55	156	9934
小学在校学生数	人	27214	22383	4657	5408	67551
医疗卫生机构床位数	床	1801	781	220	354	6593
各种社会福利收养性单位数	个	2	1	4	2	11
各种社会福利收养性单位床位数	床	220	100	360	185	414

2014年县(市)社会经济主要指标

新疆维吾尔自治区

指　　标	单位	疏附县	疏勒县	英吉沙县	泽普县	莎车县
一、基本情况						
行政区域面积	平方公里	2708	2398	3425	988	8957
乡个数	个	6	12	13	10	22
镇个数	个	4	3	1	2	8
街道办事处个数	个	8				1
户籍人口	万人	28	35	30	20	85
第二产业从业人员	人	18979	15300	25356	11869	20622
第三产业从业人员	人	30999	19489	85399	24140	28990
固定电话用户	户	7460	14300	8100	12500	23309
二、综合经济						
地区生产总值	万元	346000	645862	295044	440560	752559
第一产业增加值	万元	147000	200489	112044	140279	391559
农业增加值	万元	104673	129825	83077	113355	308886
牧业增加值	万元	36982	61606	26268	24475	65194
第二产业增加值	万元	65000	323146	80000	92513	108000
公共财政收入	万元	27399	39056	17823	25017	44051
各项税收	万元	19852	27518	15773	21516	26876
公共财政支出	万元	242085	231206	226228	207998	534521
居民储蓄存款余额	万元	160573	274636	125121	340518	555750
年末金融机构各项贷款余额	万元	159831	230763	114563	185030	504669
三、农业、工业及投资						
农业机械总动力	万千瓦特	34	52	19	24	74
机收面积	公顷	22000	21776	16480	13780	44627
设施农业占地面积	公顷	160	613	853	220	1173
粮食总产量	吨					
棉花产量	吨	16500	30569	29678	26784	105930
油料产量	吨	120		161	30	5075
肉类总产量	吨	37002	42647	21548	28534	57160
规模以上工业企业单位数	个	2	14	4	7	6
规模以上工业总产值	万元	2672	125047	28779	25921	116370
固定资产投资	万元	440157	784738	552739	372731	540337
四、教育、卫生和社会保障						
普通中学在校学生数	人	17047	22400	11843	14338	37362
中等职业教育学校在校学生数	人	779	4102	1248	778	7079
小学在校学生数	人	24203	34513	27929	17910	84576
医疗卫生机构床位数	床	739	828	378	984	2384
各种社会福利收养性单位数	个	8	4	14	13	25
各种社会福利收养性单位床位数	床	125	269	1184	392	932

2014年县(市)社会经济主要指标

新疆维吾尔自治区

指　　标	单位	叶城县	麦盖提县	岳普湖县	伽师县	巴楚县
一、基本情况						
行政区域面积	平方公里	28929	15200	3023	6528	21700
乡个数	个	17	9	6	10	8
镇个数	个	3	1	3	3	4
街道办事处个数	个			6		
户籍人口	万人	52	24	17	44	38
第二产业从业人员	人	30109	198	4508	4983	1950
第三产业从业人员	人	23170	16752	13201	11437	12100
固定电话用户	户	9600	16624	7977	6569	27700
二、综合经济						
地区生产总值	万元	710555	376379	316623	577774	588000
第一产业增加值	万元	324266	185581	88817	221708	192000
农业增加值	万元	253735	153364	73497	161488	159828
牧业增加值	万元	60480	29196	11296	55418	31840
第二产业增加值	万元	167871	73568	126159	175800	117000
公共财政收入	万元	43537	23611	17620	38431	34266
各项税收	万元	30474	16920	11481	28191	26509
公共财政支出	万元	410374	210595	174576	302459	296118
居民储蓄存款余额	万元	366295	251150	101333	175751	331258
年末金融机构各项贷款余额	万元	256550	216699	96279	174105	278684
三、农业、工业及投资						
农业机械总动力	万千瓦特	36	24	17	35	48
机收面积	公顷	35978	16060	9283	71987	16800
设施农业占地面积	公顷	1470	216	53	498	392
粮食总产量	吨					
棉花产量	吨	44472	102053	72173	85294	98839
油料产量	吨	3518		240		
肉类总产量	吨	55082	26815	16158	46073	34534
规模以上工业企业单位数	个	11	4	7	6	25
规模以上工业总产值	万元	128328	18968	85839	164192	43054
固定资产投资	万元	642089	409143	494165	543113	586891
四、教育、卫生和社会保障						
普通中学在校学生数	人	36401	11651	7068	17362	13029
中等职业教育学校在校学生数	人	4097	1192	940	3654	13840
小学在校学生数	人	51040	22437	13484	43413	32661
医疗卫生机构床位数	床	2237	725	663	1481	1495
各种社会福利收养性单位数	个	17	4	5	3	12
各种社会福利收养性单位床位数	床	302	395	300	240	434

2014年县(市)社会经济主要指标

新疆维吾尔自治区

指　　标	单位	塔什库尔干塔吉克自治县	和田市	和田县	墨玉县	皮山县
一、基本情况						
行政区域面积	平方公里	25000	466	41080	25608	39463
乡个数	个	10	6	10	12	12
镇个数	个	2	2	2	4	4
街道办事处个数	个		4		3	1
户籍人口	万人	4	35	30	57	27
第二产业从业人员	人	2584	3555	878	162	4643
第三产业从业人员	人	2754	27398	9315	16491	8068
固定电话用户	户	2596	66877	34386	12580	10310
二、综合经济						
地区生产总值	万元	101224	550892	256136	338631	194000
第一产业增加值	万元	12674	39347	91411	137723	89826
农业增加值	万元	3912	22807	74585	98923	64422
牧业增加值	万元	8762	15210	14301	34844	21846
第二产业增加值	万元	50438	198998	57635	27896	19143
公共财政收入	万元	14743	67859	14087	21121	12386
各项税收	万元	11391	45409	9064	17346	10207
公共财政支出	万元	119250	468443	205209	373916	187789
居民储蓄存款余额	万元	38799	721662	57709	197060	126241
年末金融机构各项贷款余额	万元	30519	475978	102132	196838	144585
三、农业、工业及投资						
农业机械总动力	万千瓦特	3	8	10	20	9
机收面积	公顷		4360	10850	16082	4153
设施农业占地面积	公顷	7	740	510	1544	232
粮食总产量	吨					
棉花产量	吨	469	2465	13545	15159	10122
油料产量	吨		220	695	416	1525
肉类总产量	吨	5395	16645	15818	30394	13053
规模以上工业企业单位数	个	3	6	6		2
规模以上工业总产值	万元	32563	138186	59739		10870
固定资产投资	万元	268000	629336	288498	305076	200123
四、教育、卫生和社会保障						
普通中学在校学生数	人	2487	20045	16403	35186	10300
中等职业教育学校在校学生数	人	68	4830	2573	5442	3490
小学在校学生数	人	3977	32991	31404	49116	20300
医疗卫生机构床位数	床	236	3964	472	2946	1212
各种社会福利收养性单位数	个	2	9	10	17	15
各种社会福利收养性单位床位数	床	109	372	428	565	419

2014年县(市)社会经济主要指标

新疆维吾尔自治区

指　　标	单位	洛浦县	策勒县	于田县	民丰县	伊宁市
一、基本情况						
行政区域面积	平方公里	14114	31592	39034	56703	761
乡个数	个	7	6	13	7	8
镇个数	个	2	2	2	1	1
街道办事处个数	个	1	1	2	1	8
户籍人口	万人	27	16	28	4	53
第二产业从业人员	人	607	967	215	46	28915
第三产业从业人员	人	8874	7587	10263	4278	93762
固定电话用户	户	5750	7335	7890	4532	100126
二、综合经济						
地区生产总值	万元	213112	148102	205770	77564	1887060
第一产业增加值	万元	61250	54089	68309	13901	66359
农业增加值	万元	43499	36961	38967	5568	41975
牧业增加值	万元	14588	15556	26838	7524	22702
第二产业增加值	万元	35285	20564	28708	12520	497745
公共财政收入	万元	14339	7491	14135	8042	245427
各项税收	万元	9773	5884	10173	5673	227354
公共财政支出	万元	205277	158392	210508	76748	400848
居民储蓄存款余额	万元	150056	74472	118474	40458	1899279
年末金融机构各项贷款余额	万元	163236	118445	133206	35068	3885916
三、农业、工业及投资						
农业机械总动力	万千瓦特	11	7	13	3	9
机收面积	公顷	7660	4755	10900	990	9882
设施农业占地面积	公顷	104	57	500	35	1282
粮食总产量	吨					
棉花产量	吨	3948	5553	12143	39	
油料产量	吨	2083	2150	3410	9	853
肉类总产量	吨	11039	9716	20094	5274	14439
规模以上工业企业单位数	个	4		1		33
规模以上工业总产值	万元	29644		11724		584668
固定资产投资	万元	246428	180152	221202	88055	2320471
四、教育、卫生和社会保障						
普通中学在校学生数	人	10060	7067	8990	1939	37285
中等职业教育学校在校学生数	人	2203	892	4038	337	6683
小学在校学生数	人	23333	13350	22367	3220	51172
医疗卫生机构床位数	床	1145	845	1200	296	4157
各种社会福利收养性单位数	个	11	10	13	2	7
各种社会福利收养性单位床位数	床	345	485	562	60	415

2014年县(市)社会经济主要指标

新疆维吾尔自治区

指　　标	单位	奎屯市	伊宁县	察布查尔锡伯自治县	霍城县	巩留县
一、基本情况						
行政区域面积	平方公里	1110	4682	4485	5430	4327
乡个数	个	1	16	10	5	3
镇个数	个		2	3	5	5
街道办事处个数	个	5				
户籍人口	万人	16	43	17	42	20
第二产业从业人员	人	10814	30175	4715	15562	7720
第三产业从业人员	人	22135	38601	16319	31377	22447
固定电话用户	户	103717	37435	30510	57700	35220
二、综合经济						
地区生产总值	万元	1150804	691584	459269	1046374	386893
第一产业增加值	万元	67479	286855	212834	325865	142501
农业增加值	万元	50117	132799	133547	204694	70811
牧业增加值	万元	15488	145186	67132	114820	69794
第二产业增加值	万元	457186	182546	112210	273417	131671
公共财政收入	万元	170187	54559	38000	41840	19210
各项税收	万元	132019	38575	30238	32487	15510
公共财政支出	万元	230550	242233	173708	203006	157070
居民储蓄存款余额	万元	960079	249745	200993	453127	172979
年末金融机构各项贷款余额	万元	1510030	710412	322290	314814	201640
三、农业、工业及投资						
农业机械总动力	万千瓦特	2	32	22	22	22
机收面积	公顷	5111	67158	63667	40500	47000
设施农业占地面积	公顷		186	179	557	180
粮食总产量	吨					
棉花产量	吨	11226	12	3527	2714	
油料产量	吨		8802	11072	4772	4100
肉类总产量	吨	5073	60006	20914	42061	34027
规模以上工业企业单位数	个	27	28	13	17	8
规模以上工业总产值	万元	735761	346029	190094	130272	118917
固定资产投资	万元	828626	823440	1037057	661347	264324
四、教育、卫生和社会保障						
普通中学在校学生数	人	12331	21941	8116	14967	6459
中等职业教育学校在校学生数	人	964	1319	108	439	73
小学在校学生数	人	12249	40767	13300	24706	17353
医疗卫生机构床位数	床	2639	2488	653	1117	810
各种社会福利收养性单位数	个	5	3	1	5	3
各种社会福利收养性单位床位数	床	543	143	155	220	150

2014年县(市)社会经济主要指标

新疆维吾尔自治区

指　　标	单位	新源县	昭苏县	特克斯县	尼勒克县	塔城市
一、基本情况						
行政区域面积	平方公里	7422	11128	8066	10130	4357
乡个数	个	3	8	4	10	4
镇个数	个	8	2	4	1	2
街道办事处个数	个					3
户籍人口	万人	30	19	18	18	16
第二产业从业人员	人	17612	6570	7608	9113	1841
第三产业从业人员	人	24450	14457	16897	21785	8043
固定电话用户	户	48212	23156	18003	20175	51000
二、综合经济						
地区生产总值	万元	789857	394580	237420	427976	775000
第一产业增加值	万元	258462	171219	102124	141940	165000
农业增加值	万元	97618	71514	33895	36552	100650
牧业增加值	万元	138520	99229	67641	102716	61875
第二产业增加值	万元	311343	85466	38388	187253	159000
公共财政收入	万元	63276	14263	18996	34137	45838
各项税收	万元	45424	11039	14000	27289	26294
公共财政支出	万元	194340	151140	139132	148330	175805
居民储蓄存款余额	万元	361410	131850	114000	166888	471300
年末金融机构各项贷款余额	万元	377036	179661	168200	167952	616500
三、农业、工业及投资						
农业机械总动力	万千瓦特	29	16	12	15	30
机收面积	公顷	61850	54300	30300	34000	91148
设施农业占地面积	公顷	178	39	578	170	933
粮食总产量	吨					
棉花产量	吨					
油料产量	吨	5512	12757	9220	6081	1114
肉类总产量	吨	45877	30120	19473	36031	16287
规模以上工业企业单位数	个	15	3	6	9	3
规模以上工业总产值	万元	466601	11960	60611	175487	34603
固定资产投资	万元	496795	359330	247595	413033	430000
四、教育、卫生和社会保障						
普通中学在校学生数	人	19148	7118	8142	7920	10970
中等职业教育学校在校学生数	人			302	152	1759
小学在校学生数	人	26640	12810	17147	14977	10322
医疗卫生机构床位数	床	1201	662	704	755	768
各种社会福利收养性单位数	个	10	1	1	5	3
各种社会福利收养性单位床位数	床	474	120	40	300	428

2014年县(市)社会经济主要指标

新疆维吾尔自治区

指　　标	单位	乌苏市	额敏县	沙湾县	托里县	裕民县
一、基本情况						
行政区域面积	平方公里	20700	9532	13110	21300	6220
乡个数	个	7	12	3	4	4
镇个数	个	10	6	9	3	2
街道办事处个数	个	3				
户籍人口	万人	23	16	22	10	5
第二产业从业人员	人	8326	1911	17000	8459	805
第三产业从业人员	人	28888	10926	28000	8352	3852
固定电话用户	户	40800	35313	41370	7715	15623
二、综合经济						
地区生产总值	万元	1668226	532810	1227343	419451	130107
第一产业增加值	万元	361740	154990	443580	56667	45806
农业增加值	万元	271458	89810	319769	22750	26822
牧业增加值	万元	87391	63814	120833	33407	18269
第二产业增加值	万元	1019246	194622	324805	276337	26128
公共财政收入	万元	120095	38233	74757	28560	6996
各项税收	万元	83085	29011	54619	15109	5312
公共财政支出	万元	247897	174480	211302	118640	87641
居民储蓄存款余额	万元	615662	290810	577885	112818	103360
年末金融机构各项贷款余额	万元	755754	318548	559039	70841	84732
三、农业、工业及投资						
农业机械总动力	万千瓦特	63	30	63	11	14
机收面积	公顷	69831	68666	91860	16800	38919
设施农业占地面积	公顷	1533	481	150	31	3
粮食总产量	吨					
棉花产量	吨	222610		235062	605	
油料产量	吨	2872	4278	6024	2162	7316
肉类总产量	吨	38396	25231	53085	15325	11417
规模以上工业企业单位数	个	17	6	32	11	
规模以上工业总产值	万元	1179398	28476	437393	94705	
固定资产投资	万元	803615	533132	540123	266154	75040
四、教育、卫生和社会保障						
普通中学在校学生数	人	12807	8819	14109	5901	2236
中等职业教育学校在校学生数	人	1909	268			
小学在校学生数	人	16591	12037	14402	8748	3843
医疗卫生机构床位数	床	1368	571	856	514	220
各种社会福利收养性单位数	个	3	1	5	1	1
各种社会福利收养性单位床位数	床	153	70	300	140	102

2014年县(市)社会经济主要指标

新疆维吾尔自治区

指　　标	单位	和布克赛尔蒙古自治县	阿勒泰市	布尔津县	富蕴县	福海县
一、基本情况						
行政区域面积	平方公里	30600	11481	10357	32186	32035
乡个数	个	6	6	5	5	3
镇个数	个	2	5	2	5	3
街道办事处个数	个		3			
户籍人口	万人	5	20	7	10	7
第二产业从业人员	人	2351	4876	4626	5929	5902
第三产业从业人员	人	6120	30860	4928	7155	8108
固定电话用户	户	12670	88600	14000	35620	12323
二、综合经济						
地区生产总值	万元	266667	551691	188164	546541	198698
第一产业增加值	万元	39146	86099	32579	59757	80636
农业增加值	万元	16151	45307	15205	19679	47714
牧业增加值	万元	22738	39632	16200	39305	26130
第二产业增加值	万元	167000	98679	78836	389736	39062
公共财政收入	万元	94588	61700	32293	102600	28446
各项税收	万元	82019	53472	25412	91245	26536
公共财政支出	万元	152758	215149	124546	214156	127943
居民储蓄存款余额	万元	127380	522019	118442	177526	151431
年末金融机构各项贷款余额	万元	154153	776220	161553	290799	162540
三、农业、工业及投资						
农业机械总动力	万千瓦特	5	17	10	14	16
机收面积	公顷	9530	15767	25000		56078
设施农业占地面积	公顷		85	43	3	28
粮食总产量	吨					
棉花产量	吨	3858				
油料产量	吨	14522	29562	27366	6041	24321
肉类总产量	吨	13652	19046	10483	13571	13059
规模以上工业企业单位数	个	5	9	12	15	10
规模以上工业总产值	万元	128091	34213	72829	636701	51629
固定资产投资	万元	229011	545939	400300	461611	193160
四、教育、卫生和社会保障						
普通中学在校学生数	人	2425	10062	3596	5142	3377
中等职业教育学校在校学生数	人		7227		508	276
小学在校学生数	人	4052	12977	5946	9342	5129
医疗卫生机构床位数	床	472	1228	298	400	323
各种社会福利收养性单位数	个	2	1	4	3	2
各种社会福利收养性单位床位数	床	266	150	66	200	110

2014年县(市)社会经济主要指标

新疆维吾尔自治区

指　　标	单位	哈巴河县	青河县	吉木乃县	石河子市	阿拉尔市
一、基本情况						
行政区域面积	平方公里	8186	15743	7146	460	5264
乡个数	个	5	4	4		1
镇个数	个	2	3	3	2	1
街道办事处个数	个				5	4
户籍人口	万人	9	7	4	38	22
第二产业从业人员	人	6215	290	959	62052	24641
第三产业从业人员	人	10195	4875	7820	40407	50219
固定电话用户	户	13593	14719	9378	139360	189000
二、综合经济						
地区生产总值	万元	354827	139540	102572	2903739	2260742
第一产业增加值	万元	71201	35911	13248	103887	985919
农业增加值	万元	41342	14586	5315	65942	921889
牧业增加值	万元	26685	18134	7797	32658	50979
第二产业增加值	万元	203721	49586	60428	1734547	814711
公共财政收入	万元	58451	22913	7651	330848	50831
各项税收	万元	32798	13815	6145	264815	48332
公共财政支出	万元	153876	128742	80766	395872	64215
居民储蓄存款余额	万元	108654	74363	64305	2080390	562300
年末金融机构各项贷款余额	万元	134761	100210	68287	2217735	699900
三、农业、工业及投资						
农业机械总动力	万千瓦特	15	5	3	106	80
机收面积	公顷	28	10461	6610	13612	128977
设施农业占地面积	公顷	13	172	21	216	209
粮食总产量	吨					
棉花产量	吨				27165	354619
油料产量	吨	32893	6417	2916	187	374
肉类总产量	吨	12942	5241	5008	18791	26258
规模以上工业企业单位数	个	8	9	3	100	67
规模以上工业总产值	万元	208636	55597	94620	4595100	943915
固定资产投资	万元	274311	240357	189862	2773400	1650638
四、教育、卫生和社会保障						
普通中学在校学生数	人	5044	3645	1915	28576	10990
中等职业教育学校在校学生数	人		46		15024	942
小学在校学生数	人	7979	5448	2885	21782	20632
医疗卫生机构床位数	床	403	230	116	3716	1134
各种社会福利收养性单位数	个	2	4	1	12	6
各种社会福利收养性单位床位数	床	240	60	30	2371	260

2014年县(市)社会经济主要指标

新疆维吾尔自治区

指　　标	单位	图木舒克市	五家渠市	北屯市
一、基本情况				
行政区域面积	平方公里	1914	740	911
乡个数	个			
镇个数	个	1	2	
街道办事处个数	个	3	3	
户籍人口	万人	14	12	5
第二产业从业人员	人	16617	29351	6353
第三产业从业人员	人	19627	29412	11746
固定电话用户	户	15270	37029	32900
二、综合经济				
地区生产总值	万元	607524	1172585	251788
第一产业增加值	万元	193340	66589	42081
农业增加值	万元	173081	47834	25363
牧业增加值	万元	17913	17346	12126
第二产业增加值	万元	282929	696674	126085
公共财政收入	万元	23514	98089	17483
各项税收	万元	21302	91415	17074
公共财政支出	万元	38960	120625	22183
居民储蓄存款余额	万元	212129	536424	429131
年末金融机构各项贷款余额	万元	265732	1138937	511634
三、农业、工业及投资				
农业机械总动力	万千瓦特	15	7	12
机收面积	公顷	53300		
设施农业占地面积	公顷		298	66
粮食总产量	吨			
棉花产量	吨	92959	14558	
油料产量	吨		2875	4694
肉类总产量	吨	12043	14672	8898
规模以上工业企业单位数	个	31	56	11
规模以上工业总产值	万元	468054	2859903	105013
固定资产投资	万元	903283	2044154	413385
四、教育、卫生和社会保障				
普通中学在校学生数	人	9608	10130	5548
中等职业教育学校在校学生数	人	1245	2046	431
小学在校学生数	人	15250	6439	4058
医疗卫生机构床位数	床	713	1655	632
各种社会福利收养性单位数	个	3	4	7
各种社会福利收养性单位床位数	床	180	485	600

2

按主要经济指标分组县（市）资料

按公共财政收入分组的社会经济基本情况

指　　标	单位	公共财政收入(2014年)			
		1亿元以下	1亿元–5亿元	5亿元–10亿元	10亿元以上
一、基本情况					
县个数	个	141	726	503	709
行政区域面积	平方公里	1691564	3378883	1868994	2062444
乡个数	个	1042	4976	2950	2615
镇个数	个	407	4644	4741	7799
街道办事处个数	个	115	405	577	1811
户籍人口	万人	1060	23003	27785	50220
第二产业从业人员	人	643441	21068430	32170589	94166579
第三产业从业人员	人	1008763	28303810	37181354	85730382
固定电话用户	户	683324	19114840	27320696	85813300
二、综合经济					
地区生产总值	万元	16714638	453004093	675487891	2491261617
第一产业增加值	万元	4397284	110612175	135461026	245473513
农业增加值	万元	2376678	68895421	81439482	138544323
牧业增加值	万元	1770025	31479249	38752686	64610132
第二产业增加值	万元	5365493	192684617	314220012	1346118299
公共财政收入	万元	669801	21275962	35344801	197152397
各项税收	万元	554969	18346195	30836788	199783366
公共财政支出	万元	12126003	126976838	118035634	298316463
居民储蓄存款余额	万元	10224568	333454243	449122574	1359720270
年末金融机构各项贷款余额	万元	9899124	252181428	333080025	1602747016
三、农业、工业及投资					
农业机械总动力	万千瓦特	1168	23006	26020	42781
机收面积	公顷	729106	18259261	18997790	31596651
设施农业占地面积	公顷	12237	528553	622033	1962686
棉花产量	吨	41333	2114438	1800504	2301127
油料产量	吨	212410	6934160	10274709	14111397
肉类总产量	吨	759425	19088376	24905946	46514546
规模以上工业企业单位数	个	486	23822	41298	180427
规模以上工业总产值	万元	6540586	463784127	896709203	4720994220
固定资产投资	万元	19873481	443444770	572413245	1811317172
四、教育、卫生和社会保障					
普通中学在校学生数	人	421946	10273036	12706496	23131759
中等职业教育学校在校学生数	人	26977	1197660	1566516	3715531
小学在校学生数	人	817671	15211941	18827041	33475363
医疗卫生机构床位数	床	35771	724772	885678	1863346
各种社会福利收养性单位数	个	556	7829	10029	16823
各种社会福利收养性单位床位数	床	27213	616727	775680	1877616

公共财政收入达10亿元的县(市)分布

(2014年)　　　　单位：万元

省(区、市)	县(市)	公共财政收入	省(区、市)	县(市)	公共财政收入
北京市	大兴区	615217		达拉特旗	209804
	怀柔区	303441		准格尔旗	767109
	平谷区	265476		鄂托克前旗	146998
	密云县	277940		鄂托克旗	330475
	延庆县	110200		杭锦旗	120201
天津市	宝坻区	500826		乌审旗	443302
	宁河县	337618		伊金霍洛旗	750075
	静海县	515188		海拉尔区	136556
	蓟县	829711		满洲里市	139291
河北省	藁城区	183353		临河区	188285
	鹿泉区	171661		集宁区	244294
	正定县	122388		锡林浩特市	245310
	丰南区	258316		东乌珠穆沁旗	170218
	丰润区	218858		西乌珠穆沁旗	176426
	曹妃甸区	595588		阿拉善左旗	382333
	滦县	150002	辽宁省	辽中县	249650
	乐亭县	100117		康平县	171611
	迁西县	100212		法库县	310200
	遵化市	111051		新民市	303457
	迁安市	350861		瓦房店市	728145
	磁县	118406		普兰店市	433472
	武安市	325762		庄河市	418251
	涿州市	162297		台安县	115700
	怀来县	116537		岫岩满族自治县	115004
	肃宁县	117460		海城市	418570
	任丘市	245295		新宾满族自治县	100900
	黄骅市	117705		清原满族自治县	174982
	固安县	254137		本溪满族自治县	200600
	香河县	266010		桓仁满族自治县	151139
	大厂回族自治县	149849		宽甸满族自治县	162169
	霸州市	169794		东港市	335486
	三河市	655417		凤城市	289146
	定州市	144430		黑山县	123000
	辛集市	115658		义县	120000
山西省	长治县	157031		凌海市	210246
	襄垣县	231861		北镇市	163173
	长子县	101441		盖州市	110294
	沁源县	107955		大石桥市	250994
	沁水县	115409		阜新蒙古族自治县	118548
	阳城县	110885		辽阳县	185157
	泽州县	123829		灯塔市	259804
	高平市	121365		大洼县	401451
	灵石县	136179		盘山县	348824
	介休市	122674		昌图县	108810
	河津市	198115		调兵山市	128066
	宁武县	118354		开原市	218788
	洪洞县	114732		朝阳县	123049
	乡宁县	129216		建平县	215007
	蒲县	100031		北票市	193507
	离石区	130206		凌源市	129016
	柳林县	210194		绥中县	150155
	孝义市	217419		兴城市	135000
内蒙古自治区	土默特左旗	113316	吉林省	九台区	203424
	托克托县	238018		农安县	140092
	土默特右旗	193150		榆树市	141178
	达尔罕茂明安联合旗	144147		德惠市	137613
	扎鲁特旗	136788		桦甸市	129636
	霍林郭勒市	282295		磐石市	137922
	东胜区	891720		公主岭市	233434

续表1　　　　　　　　　　　　　　　　　　　　　　单位：万元

省(区、市)	县(市)	公共财政收入	省(区、市)	县(市)	公共财政收入
	通化县	148077		阜宁县	335714
	柳河县	102083		射阳县	175000
	梅河口市	269657		建湖县	447566
	集安市	105197		东台市	613138
	抚松县	112385		大丰市	600166
	前郭尔罗斯蒙古族自治县	124864		邗江区	560298
	大安市	155466		江都区	479810
	延吉市	286610		宝应县	272770
	敦化市	143405		仪征市	346619
	珲春市	216803		高邮市	293158
	汪清县	101189		丹徒区	249521
黑龙江省	宾县	101127		丹阳市	641648
	双城市	181328		扬中市	307186
	安达市	137146		句容市	359087
	肇东市	184548		姜堰区	303528
上海市	奉贤区	729109		兴化市	369510
	崇明县	715450		靖江市	540403
江苏省	浦口区	830893		泰兴市	450818
	江宁区	1668172		宿豫区	208213
	六合区	649871		沭阳县	640434
	溧水区	410671		泗阳县	300467
	高淳区	293674		泗洪县	280079
	锡山区	605519	浙江省	萧山区	1338521
	江阴市	2006618		余杭区	1488016
	宜兴市	944501		桐庐县	239132
	铜山区	683156		淳安县	138599
	丰县	381167		建德市	187008
	沛县	531284		富阳市	496002
	睢宁县	386294		临安市	281926
	新沂市	458167		鄞州区	1662205
	邳州市	555789		象山县	331678
	武进区	1296317		宁海县	360643
	溧阳市	506188		余姚市	648070
	金坛市	301172		慈溪市	1000151
	吴中区	1108974		奉化市	290233
	吴江区	1373583		永嘉县	223100
	常熟市	1474042		平阳县	220002
	张家港市	1626618		苍南县	256366
	昆山市	2636593		瑞安市	484417
	太仓市	1064727		乐清市	556525
	通州区	684012		嘉善县	313341
	海安县	541022		海盐县	270280
	如东县	500127		海宁市	600260
	启东市	672463		平湖市	456780
	如皋市	674450		桐乡市	491902
	海门市	685712		德清县	337070
	赣榆区	401689		长兴县	402255
	东海县	372008		安吉县	294846
	灌云县	355892		柯桥区	820088
	灌南县	351217		上虞区	465581
	淮安区	324317		新昌县	247528
	淮阴区	392180		诸暨市	663386
	涟水县	297206		嵊州市	250538
	洪泽县	222274		武义县	158001
	盱眙县	307731		浦江县	134018
	金湖县	214016		兰溪市	199533
	盐都区	517174		义乌市	696800
	响水县	278242		东阳市	414838
	滨海县	334513		永康市	388485

续表2　　　　单位：万元

省(区、市)	县(市)	公共财政收入	省(区、市)	县(市)	公共财政收入
	龙游县	102129		仙游县	262149
	江山市	136610		永安市	166864
	岱山县	114443		惠安县	308702
	玉环县	644759		安溪县	228888
	三门县	127657		永春县	164755
	天台县	132867		德化县	149218
	仙居县	105588		石狮市	604451
	温岭市	478388		晋江市	1141019
	临海市	352566		南安市	746988
	青田县	128629		漳浦县	294217
安徽省	长丰县	246801		长泰县	200116
	肥东县	320443		东山县	173949
	肥西县	331460		南靖县	120088
	庐江县	244516		龙海市	706284
	巢湖市	167253		邵武市	171069
	芜湖县	316118		武夷山市	105271
	繁昌县	388085		建瓯市	118767
	南陵县	207507		建阳市	152023
	无为县	295238		长汀县	104915
	怀远县	205088		永定县	102319
	五河县	122078		上杭县	191395
	固镇县	108366		霞浦县	109146
	凤台县	162386		福安市	227896
	当涂县	368688		福鼎市	186002
	含山县	136516	江西省	南昌县	1516802
	和县	175724		新建县	932446
	濉溪县	263612		进贤县	131187
	铜陵县	133721		乐平市	338013
	怀宁县	132664		上栗县	178688
	潜山县	100028		芦溪县	121502
	桐城市	151269		九江县	148492
	歙县	101511		武宁县	144552
	来安县	110695		修水县	210398
	全椒县	125471		永修县	185267
	定远县	105983		德安县	133008
	凤阳县	197490		都昌县	124568
	天长市	204793		湖口县	227183
	明光市	112960		彭泽县	112571
	临泉县	102273		瑞昌市	237669
	太和县	170884		共青城市	131806
	颍上县	250701		分宜县	273580
	界首市	183704		余江县	159168
	霍邱县	216061		贵溪市	432229
	舒城县	132408		南康区	171923
	霍山县	101667		赣县	141158
	涡阳县	159131		信丰县	101751
	蒙城县	144183		龙南县	111130
	利辛县	136893		定南县	111130
	青阳县	110580		于都县	107795
	郎溪县	155765		瑞金市	106964
	广德县	293985		吉安县	174249
	泾县	103097		吉水县	124053
	宁国市	365092		新干县	101029
福建省	闽侯县	860016		泰和县	127535
	连江县	334948		安福县	118867
	罗源县	135766		奉新县	181936
	平潭县	140333		万载县	121886
	福清市	1084635		上高县	209050
	长乐市	314854		宜丰县	100305

续表3

单位：万元

省(区、市)	县(市)	公共财政收入	省(区、市)	县(市)	公共财政收入
	丰城市	422096		乳山市	276588
	樟树市	282939		五莲县	100567
	高安市	227866		莒县	114076
	南城县	130003		沂南县	132268
	崇仁县	101169		郯城县	103577
	东乡县	147768		沂水县	207076
	上饶县	134897		兰陵县	130085
	广丰县	373323		费县	137789
	玉山县	138306		平邑县	118916
	铅山县	117792		莒南县	172638
	横峰县	104669		临沭县	121582
	弋阳县	121312		陵城区	106916
	鄱阳县	114173		临邑县	130310
	万年县	150355		齐河县	255736
	婺源县	117093		乐陵市	100273
	德兴市	245196		禹城市	168231
山东省	长清区	159134		阳谷县	111141
	平阴县	135958		莘县	100203
	济阳县	168756		茌平县	264295
	章丘市	434009		东阿县	100146
	胶州市	675066		高唐县	121457
	即墨市	790400		临清市	156167
	平度市	602749		沾化区	103180
	莱西市	419867		无棣县	174129
	桓台县	282697		博兴县	367974
	高青县	113706		邹平县	566317
	沂源县	174670		曹县	196787
	滕州市	640678		单县	162016
	垦利县	208659		巨野县	190000
	利津县	117619		郓城县	214055
	广饶县	400020		东明县	136578
	龙口市	795057	河南省	中牟县	316544
	莱阳市	125021		巩义市	318355
	莱州市	520678		荥阳市	264803
	蓬莱市	272058		新密市	300088
	招远市	465000		新郑市	501299
	海阳市	247146		登封市	260645
	临朐县	123077		杞县	100556
	昌乐县	202408		尉氏县	130561
	青州市	380896		兰考县	112935
	诸城市	617168		孟津县	116510
	寿光市	792000		新安县	161179
	安丘市	165629		栾川县	160055
	高密市	406944		伊川县	151899
	昌邑市	251969		偃师市	141372
	兖州区	530436		宝丰县	116390
	微山县	279866		舞钢市	104893
	金乡县	115766		汝州市	183168
	嘉祥县	138186		安阳县	104805
	汶上县	124006		林州市	140303
	梁山县	101336		长垣县	131620
	曲阜市	227236		辉县市	231493
	邹城市	608618		沁阳市	121953
	宁阳县	123766		孟州市	101566
	东平县	113397		许昌县	100156
	新泰市	380840		襄城县	111057
	肥城市	354617		禹州市	300167
	文登区	438903		长葛市	174078
	荣成市	600105		渑池县	196218

续表4

单位：万元

省(区、市)	县(市)	公共财政收入
	陕县	128669
	义马市	125518
	灵宝市	179369
	西峡县	100369
	邓州市	110667
	永城市	317696
	固始县	100100
	沈丘县	101925
	鹿邑县	100658
	济源市	384098
湖北省	阳新县	102368
	大冶市	404836
	丹江口市	115348
	夷陵区	338870
	远安县	117436
	宜都市	366188
	当阳市	250328
	枝江市	253246
	襄州区	238108
	南漳县	103714
	谷城县	159762
	老河口市	210023
	枣阳市	262537
	宜城市	190829
	京山县	118196
	钟祥市	164598
	云梦县	109802
	应城市	141690
	汉川市	175020
	松滋市	108058
	红安县	103746
	蕲春县	100193
	麻城市	130263
	武穴市	128228
	赤壁市	157547
	恩施市	183348
	仙桃市	241605
	潜江市	226878
	天门市	173494
湖南省	望城区	354238
	长沙县	741063
	宁乡县	353082
	浏阳市	427414
	攸县	194797
	醴陵市	286666
	湘潭县	165434
	湘乡市	119691
	衡南县	109647
	耒阳市	150036
	常宁市	107939
	邵东县	114438
	汨罗市	146192
	桂阳县	206299
	宜章县	120135
	永兴县	185478
	资兴市	237188
广东省	从化市	311539
	增城市	655467
	斗门区	227312
	潮阳区	195262
	澄海区	188686
	禅城区	938021
	南海区	1665889
	顺德区	1739265
	三水区	393851
	高明区	267500
	新会区	406302
	台山市	227148
	开平市	193528
	鹤山市	214426
	电白区	208432
	高州市	108421
	化州市	110735
	怀集县	108691
	高要市	276362
	四会市	330048
	惠阳区	349196
	博罗县	339168
	惠东县	302328
	龙门县	100104
	梅县区	180068
	海丰县	153349
	陆丰市	162451
	阳东县	118370
	阳春市	117595
	清新区	130722
	英德市	183105
	潮安区	117280
	普宁市	202010
	新兴县	134977
	罗定市	101200
广西壮族自治区	武鸣县	119017
	宾阳县	156000
	横县	119663
	临桂区	162398
	灵川县	107627
	兴安县	133142
	藤县	121419
	岑溪市	180791
	东兴市	107266
	博白县	104712
	北流市	126866
	平果县	155843
	八步区	116648
	扶绥县	102017
海南省	琼海市	196655
	儋州市	134023
	文昌市	205560
	万宁市	142731
	东方市	124138
	澄迈县	205115
	昌江黎族自治县	104234
	乐东黎族自治县	124440
	陵水黎族自治县	651300
重庆市	綦江区	340021
	大足区	313839
	长寿区	313126
	江津区	474255

续表5　　　　单位：万元

省(区、市)	县(市)	公共财政收入	省(区、市)	县(市)	公共财政收入
	合川区	332359		松桃苗族自治县	101697
	永川区	388726		兴义市	615238
	南川区	183683		兴仁县	131423
	璧山区	1257034		贞丰县	168364
	铜梁区	207829		安龙县	234142
	潼南县	169035		凯里市	514200
	荣昌县	221366		都匀市	135084
	梁平县	150706		福泉市	115200
	丰都县	128093		惠水县	100042
	垫江县	121001	云南省	呈贡区	232061
	武隆县	116077		晋宁县	144958
	忠县	121038		安宁市	227439
	开县	187381		会泽县	101003
	云阳县	104140		宣威市	150000
	奉节县	125267		新平彝族傣族自治县	109507
	石柱土家族自治县	111033		腾冲县	153016
	秀山土家族苗族自治县	141527		昭阳区	106092
	酉阳土家族苗族自治县	105540		楚雄市	184260
	彭水苗族土家族自治县	102702		个旧市	107303
四川省	新都区	443544		开远市	142933
	温江区	330639		蒙自市	239455
	金堂县	169966		弥勒市	130890
	双流县	796941		建水县	100549
	郫县	403334		文山市	156000
	大邑县	114728		景洪市	117307
	新津县	172652		大理市	275326
	都江堰市	191928	陕西省	长安区	357385
	彭州市	174297		高陵县	132510
	邛崃市	128454		彬县	108287
	崇州市	137255		韩城市	270558
	米易县	119351		安塞县	142521
	泸县	100370		志丹县	254706
	古蔺县	148692		吴起县	355688
	广汉市	144294		神木县	540203
	什邡市	138849		府谷县	231055
	江油市	150634		靖边县	200000
	峨眉山市	133557		定边县	211044
	仁寿县	182046	甘肃省	永昌县	199384
	彭山县	123191	青海省	格尔木市	197000
	达川区	100133	宁夏回族自治区	永宁县	125520
	宣汉县	140195		贺兰县	145449
	大竹县	105903		灵武市	181635
	安岳县	105520		青铜峡市	104150
	简阳市	158588	新疆维吾尔自治区	鄯善县	124307
	西昌市	325839		哈密市	363537
	会理县	114351		昌吉市	320724
贵州省	开阳县	102200		阜康市	180060
	清镇市	118960		吉木萨尔县	111017
	六枝特区	122210		库尔勒市	317521
	水城县	195076		阿克苏市	203329
	盘县	461446		库车县	272671
	遵义县	165453		沙雅县	101234
	桐梓县	130311		拜城县	108771
	仁怀市	258089		喀什市	283900
	七星关区	196118		伊宁市	245427
	大方县	384266		奎屯市	170187
	黔西县	127432		乌苏市	120095
	金沙县	484955		富蕴县	102600
	织金县	305087		石河子市	330848
	碧江区	110893			

按农民人均纯收入分组的社会经济基本情况

指　　标	单位	农民人均纯收入(2014年)			
		5000元以下	5000—10000元	10000—15000元	15000元以上
一、基本情况					
县个数	个	129	975	726	161
行政区域面积	平方公里	514539	4580642	2735384	978050
乡个数	个	910	6883	2737	234
镇个数	个	787	7491	6875	1408
街道办事处个数	个	144	857	1228	570
户籍人口	万人	4651	41464	40084	9969
第二产业从业人员	人	4037291	43558552	59806234	32976999
第三产业从业人员	人	5090618	56170212	59123581	22039471
固定电话用户	户	6393320	35719673	52713810	33067614
二、综合经济					
地区生产总值	万元	117308742	811338100	1591346651	953988136
第一产业增加值	万元	16708699	174896189	224834692	53107207
农业增加值	万元	9655080	105195999	132843325	29080366
牧业增加值	万元	4302943	52282879	61135733	10553289
第二产业增加值	万元	51098366	370194969	839033123	515406572
公共财政收入	万元	8523424	52439402	107431987	78437497
各项税收	万元	7547034	41730855	93568235	98439973
公共财政支出	万元	27558688	203299398	204874811	93617827
居民储蓄存款余额	万元	85327293	586308177	874783294	515813825
年末金融机构各项贷款余额	万元	92405044	454159970	798695343	793168647
三、农业、工业及投资					
农业机械总动力	万千瓦特	3360	35317	41974	7423
机收面积	公顷	2243555	24455359	34450527	5183628
设施农业占地面积	公顷	83262	950390	1557263	481670
棉花产量	吨	84893	1705503	3291065	937951
油料产量	吨	802854	13323345	12604419	2678236
肉类总产量	吨	3040309	34288063	40690148	6974722
规模以上工业企业单位数	个	6083	44117	104066	81630
规模以上工业总产值	万元	139455060	932720483	2793935805	2005668988
固定资产投资	万元	101601388	785605606	1267007792	566397142
四、教育、卫生和社会保障					
普通中学在校学生数	人	2358365	19635487	17396362	4623852
中等职业教育学校在校学生数	人	275686	2391076	2484161	1032226
小学在校学生数	人	3192317	29397250	25265518	6745805
医疗卫生机构床位数	床	142738	1297210	1402133	453314
各种社会福利收养性单位数	个	1668	15125	12386	3799
各种社会福利收养性单位床位数	床	84467	1178838	1327153	592675

说明：湖南省各县(市)无农民人均纯收入数据，未参加本分组。

农民人均纯收入达15000元的县(市)分布

(2014年)

单位：元

省(区、市)	县(市)	农民人均纯收入	省(区、市)	县(市)	农民人均纯收入
北京市	大兴区	18824		吴江区	23411
	怀柔区	18196		常熟市	23767
	平谷区	18785		张家港市	23722
	密云县	17855		昆山市	23921
	延庆县	17017		太仓市	23590
天津市	宝坻区	16170		通州区	16835
	静海县	16714		海安县	15155
	蓟县	16279		启东市	16762
河北省	迁安市	17125		海门市	17419
内蒙古自治区	海拉尔区	21618		盐都区	15801
	鄂温克族自治旗	16264		东台市	16565
	陈巴尔虎旗	15868		大丰市	16414
	新巴尔虎左旗	15970		邗江区	17203
	新巴尔虎右旗	16078		江都区	16430
	额尔古纳市	19526		丹徒区	15985
	锡林浩特市	19036		丹阳市	18250
	阿巴嘎旗	18588		扬中市	20078
	东乌珠穆沁旗	21935		句容市	15893
	西乌珠穆沁旗	18749		靖江市	16570
	阿拉善右旗	15817		泰兴市	15066
	额济纳旗	15353	浙江省	萧山区	26758
辽宁省	长海县	30400		余杭区	26581
	大石桥市	17492		桐庐县	20627
黑龙江省	东宁县	18090		建德市	18295
	绥芬河市	15444		富阳市	22840
上海市	奉贤区	20611		临安市	21578
	崇明县	16430		鄞州区	26682
江苏省	浦口区	17874		象山县	22146
	江宁区	18108		宁海县	22209
	六合区	17233		余姚市	24312
	溧水区	17233		慈溪市	25222
	高淳区	17693		奉化市	22033
	锡山区	22489		永嘉县	15404
	江阴市	23965		平阳县	15823
	宜兴市	20178		苍南县	15471
	铜山区	15100		瑞安市	21682
	武进区	21777		乐清市	22668
	溧阳市	18222		嘉善县	25048
	金坛市	18733		海盐县	25101
	吴中区	23639		海宁市	25786

续表

单位：元

省(区、市)	县(市)	农民人均纯收入	省(区、市)	县(市)	农民人均纯收入
	平湖市	24758		桓台县	16846
	桐乡市	25195		广饶县	15189
	德清县	22820		长岛县	18466
	长兴县	22685		龙口市	18986
	安吉县	21562		莱州市	18060
	柯桥区	26743		蓬莱市	18159
	上虞区	23018		招远市	18146
	新昌县	19802		海阳市	16033
	诸暨市	25583		诸城市	16036
	嵊州市	20749		寿光市	16065
	浦江县	15141		文登区	18103
	义乌市	25963		荣成市	19632
	东阳市	20466	河南省	巩义市	15427
	永康市	19849		新郑市	15409
	龙游县	15559	湖北省	宜都市	15035
	江山市	16659		当阳市	15114
	岱山县	23894		枝江市	15285
	嵊泗县	23012	广东省	增城市	16032
	玉环县	22950		斗门区	18336
	三门县	17040		南海区	23655
	天台县	15765		顺德区	24536
	温岭市	21786		三水区	18903
	临海市	19180		高明区	16673
	青田县	15546		德庆县	15757
安徽省	肥西县	15070		四会市	16628
	芜湖县	16269		惠阳区	15302
	繁昌县	16118	四川省	新都区	15345
	南陵县	15786		温江区	17125
	当涂县	16585		双流县	15299
	铜陵县	15944		郫县	15701
福建省	福清市	16434	甘肃省	肃北蒙古族自治县	17999
	长乐市	16005		阿克塞哈萨克族自治县	19250
	石狮市	17904	新疆维吾尔自治区	昌吉市	15964
	晋江市	16826		阜康市	15332
	南安市	15480		呼图壁县	16776
江西省	南丰县	15688		玛纳斯县	18085
山东省	章丘市	16977		若羌县	25600
	胶州市	15907		乌苏市	15603
	即墨市	17418		沙湾县	15097
	平度市	16948		石河子市	16100
	莱西市	16990			

附录：主要指标解释

主要指标解释

行政区域土地面积 指辖区内的全部陆地面积和水域面积。包括耕地、荒山、荒地、山林、草原、滩涂、道路和建筑物占地等陆地面积，以及河流、湖泊、水库等水域面积。

乡个数 指农村中经省、自治区、直辖市人民政府批准成立的乡一级行政区划的数量。

镇个数 指农村中经省、自治区、直辖市人民政府批准成立的镇一级行政区划的数量。

村委会个数 指农村中经上级政府批准，按居住地区设立的基层群众性自治组织的个数。含城关镇中的村。

户籍人口 指年末户籍在本行政区域内的人口数，即公安部门户籍人口。

第二产业从业人员 指从事采矿业，制造业，电力、煤气及水的生产和供应业，建筑业人员。

第三产业从业人员 指从事第一、二产业以外的其他行业人员。

固定电话用户 指在电信运营企业营业网点办理开户登记手续并已接入固定电话网上的全部电话用户。包括普通电话用户、公用电话用户、窄带综合业务数字网（N-ISDN）用户、智能网专用接入终端用户等。

地区生产总值 指按市场价格计算的一个地区所有常住单位在一定时期内生产活动的最终成果。

三次产业划分 根据《国民经济行业分类》（GB/T4754-2011）。三次产业的划分标准：

第一产业指农、林、牧、渔业（不含农、林、牧、渔服务业）。

第二产业指采矿业（不含开采辅助活动），制造业（不含金属制品、机械和设备修理业），电力、热力、燃气及水生产和供应业，建筑业。

公共财政收入 包括国内增值税、营业税、企业所得税、个人所得税、资源税、城市维护建设税、房产税、印花税、城镇土地使用税、土地增值税、车船税、耕地占用税、契税、烟叶税、其他各项税收等税收收入和专项收入、行政事业性收费收入、罚没收入、国有资本经营收入、国有资源（资产）有偿使用收入、其他收入等非税收入。

各项税收 包括增值税、消费税、营业税、企业所得税、企业所得税退税、个人所得税、资源税、固定资产投资方向调节税、城市维护建设税、房产税、印花税、城镇土地使用税、土地增值税、车船税、耕地占用税、契税、烟叶税、其他税收收入。

公共财政支出 包括一般公共服务、国防、公共安全、教育、科学技术、文化体育与传媒、社会保障就业、医疗卫生、环境保护、城乡社区事务、农林水事务、交通运输等方面的支出。

居民储蓄存款余额 指城乡居民在某一时点上,在银行和其他金融机构的本（人民币）、外币储蓄存款总额。不包括居民的手存现金和工矿企业、部队、机关、团体等单位存款。

年末金融机构各项贷款余额 指年终时银行或其他信用机构根据必须归还的原则，按一定利率，为企业、个人等提供资金贷款的总额。

农业机械总动力 指全部农业机械动力的额定功率之和。农业机械是指用于种植业、畜牧业、渔业、农产品初加工、农用运输和农田基本建设等活动的机械及设备。

机收面积 指本年度内利用联合收割机或机动收割机等动力机械收获各种农作物的面积。它按收获面积计算，收获多少计算多少。

设施农业占地面积 设施农业是指以工厂化生产方式,建造人工设施,改变气候条件,提高农作物抵御自然灾害的能力,改良生物特性,使作物实现错季或反季节生产,达到农作物均衡生产的目的.包括温室、大棚和中小棚。设施占地面积指三类面积的总和。一是实际使用面积，指沿墙内侧的围绕面积；二是墙体面积，指设施的墙体等其他支撑体自身的占地面积；三是采光占用面积，指设施距遮光物体（其他设施、房屋等）的必要距离所占的面积。

粮食产量 指农业生产经营者日历年度内生产的全部粮食数量。按收获季节包括夏收粮食、早稻和秋收粮食，按作物品种包括谷物、薯类和豆类。其中谷物包括小麦、玉米、早稻、中稻和一季晚稻、双季晚稻、大麦、高粱、谷子、荞麦等禾本科和蓼科粮食作物；薯类只包括马铃薯、甘薯，木薯统计在其它农作物，芋头等其它薯统计在其它蔬菜；豆类包括大豆、绿豆、红小豆、杂豆等。谷物产量按脱粒后的原粮计算，薯类按鲜薯重量的 5：1 折算，豆类按去豆荚后的干豆计算。

棉花产量 按皮棉计算。3 公斤籽棉折 1 公斤皮棉。不包括木棉。

油料产量 指全部油料作物的生产量。包括花生、油菜籽、芝麻、向日葵籽、胡麻籽(亚麻籽)和其他油料。不包括大豆、木本油料和野生油料。花生以带壳干花生计算。

肉类总产量 指报告期内各种牲畜及家禽、兔等动物肉产量总计。猪、牛、羊、马、驴、骡、骆驼肉产量按去掉头蹄下水后带骨肉的胴体重量计算，兔禽肉产量按屠宰后去毛和内脏后的重量计算。猪牛羊禽四个品种肉产量由主要畜禽监测抽样调查获得，马、驴、骡、骆驼、兔肉产量由全面统计获得，其它特种养殖肉产量可用住户调查资料推算获得。

规模以上工业企业单位数 指年主营业务收入 2000 万元以上的工业法人企业个数。

工业总产值 指工业企业在报告期内生产的以货币形式表现的工业最终产品和提供工业劳务活动的总价值量。

固定资产投资 指城镇和农村各种登记注册类型的企业、事业、行政单位及城镇个体户进行的计划总投资 500 万元及 500 万元以上的建设项目投资和房地产开发投资。包括原口径的城镇固定资产投资加上农村企事业组织项目投资，不含农户投资。

普通中学在校学生数 指学年开学后，在普通中学学习具有学籍的学生总数，包括留级生，不包括复读生和补习生。

小学在校学生数 指学年开学后，在普通小学学习具有学籍的学生总数，包括留级生，不包括复读生和补习生。

医疗卫生机构床位数 指各级各类医院年底的固定实有床位（非编制床位），包括正规床、简易床、监护床、正在消毒和修理床位、因扩建或大修而停用的床位，不包括产科新生儿床、接产室待产床、库存床、观察床、临时加床和病人家属陪侍床。

各种社会福利收养性单位数 指提供食宿、不以盈利为目地的革命伤残军人休养院、复退军人慢性病疗养院、复退军人精神病院、光荣院、社会福利院、儿童福利院、精神病福利院、老年收养性机构（敬老院、养老院、老年公寓）等收养性的社会福利事业单位的总称。这些单位，分事业单位、企业和民办非企业 3 类。

各种社会福利收养性单位床位数 指收养性单位报告期末床位的实际收养能力。对于炕、通铺，以正常可容纳人员数量折算床位数。